総合知で課題を克服し世界で活かす力を育てる「国際教養クラス」スタート！

IF YOU CAN

志を立てれば、それはきっとかなえられる

—— YOU CAN DO IT ——

入試対策説明会
[6年生対象]

学校説明会
[5年生以下対象]

校内自由見学
[全学年対象]

10月14日（土）　9:00～13:00 ※6年生のみ
11月 4日（土）13:30～17:00
12月16日（土）13:30～17:00
1月13日（土）　9:00～12:30

予約は、実施約1か月前よりHPにて承ります。
すべての説明会で帰国生向け説明会を実施します。
https://www.yamawaki.ed.jp/

2023年度 合格実績 ※既卒者含む

国公立大学

東京大学	1名	東京外国語大学	1名
筑波大学	1名	横浜国立大学	1名
東京海洋大学	3名	その他	11名

私立大学・海外大学

早慶上理	48名	医学部医学科	19名
GMARCH	196名	コロンビア大学	1名

山脇学園中学校

山脇学園
LINE公式アカウント
友だち追加はこちらから！

帰国生・英語入試特設
LINE公式アカウント
友だち追加はこちらから！

〒107-8371 東京都港区赤坂4-10-36 | 中学校直通:03-3582-5937 | ●赤坂見附●赤坂●永田町●青山一丁目●溜池山王 下車→徒歩5～10分

1

杉並区

全員レギュラー

共学

２０２４年度　募集要項

中　学　校

区分		第1回		第2回	第3回	第4回
募集人員		25名	5名	10名	10名	
インターネット出願※		1/10(水)〜31(水)16:00		1/10(水)〜2/1(木)16:00	1/10(水)〜2/3(土)16:00	1/10(水)〜2/13(火)16:00
試験	試験日	2/1(木)		2/2(金)	2/4(日)	2/14(水)
	午前	●2科目入試	●適性検査型奨学生(Ⅰ・Ⅱ・Ⅲ)入試	●得意科目選択2科入試	●後期奨学生入試 ●SDGs入試	●適性検査Ⅰ(Ⅰ)入試 ●2科目入試 ●得意科目選択2科入試 ●奨学生入試 ●SDGs入試 ●自己プレゼンテーション入試
	午後	●自己プレゼンテーションA入試		●前期奨学生入試	●自己プレゼンテーションB入試	
説明会		9/16(土)・9/30(土)・10/28(土)・11/26(日)・12/9(土)・1/13(土)				

※入力期間

高　等　学　校

区分	推薦入試			一般入試（併願優遇を含む）		
募集人員	スタンダード 75名	イノベーション 15名	アドバンスト 15名	スタンダード 70名	イノベーション 20名	アドバンスト 30名
インターネット出願	入力期間 1/10(水)〜15(月)			入力期間 1/10(水)〜2/2(金)		
試験日	1/22(月)			2/10(土)		2/12(月)(休)
説明会	9/9(土)・10/1(日)・10/14(土)・10/28(土)・11/18(土)・11/25(土)・12/2(土)					

○紫苑祭（学園祭）　9/30(土)・10/1(日)（要予約）

併設＝東京立正短期大学、東京立正保育園　教育提携＝立正大学

先生と生徒の鼓動が響きあう、木もれ日の学園

東京立正
中学校・高等学校

〒166-0013　杉並区堀ノ内2-41-15
☎03(3312)1111(代)　FAX03(3312)1620
https://www.tokyorissho.ed.jp/
東京メトロ丸ノ内線 新高円寺駅下車 徒歩8分
井の頭線 永福町駅より松ノ木公園バス停下車 徒歩5分
環状7号線を通るバス利用 堀ノ内バス停下車 徒歩7分

2024年度（東京圏版）　　　　　　　　大学通信

私立中学校・高等学校受験年鑑

● ● ● ● ● ● 目 次 ● ● ● ● ● ●

いろんな角度から学校を検索しよう！

私立中学校・高等学校
スーパーマルチコンテンツ ...4
ステップ**1** 掲載ページ順目次 ...4
ステップ**2** 中学入試・高校入試別目次 ...7
ステップ**3** 所在地別目次 ...10
ステップ**4** 男子・女子別目次 ...13
ステップ**5** 付属校・大学受験校別目次 ...16

制服をCheck！ お気に入りの一着見つけよう
中高一貫校 ...34
高校単独の学校 ...41

カラーグラビア
私立中高のトレンド・ズームアップ

徹底研究！
未来へ羽ばたく力を育てる私立校の教育 ...45
青山学院中等部 ...46
クラーク記念国際高等学校 ...47
麹町学園女子中学校・高等学校 ...48
実践学園中学校・高等学校 ...49
聖徳学園中学校・高等学校 ...50
昌平中学校・高等学校 ...51
城北中学校・高等学校 ...52
聖学院中学校・高等学校 ...53
青稜中学校・高等学校 ...54
拓殖大学第一高等学校 ...55
多摩大学目黒中学校・高等学校 ...56
中央大学附属横浜中学校・高等学校 ...57
鶴見大学附属中学校・高等学校 ...58
東京家政学院中学校・高等学校 ...59
東京家政大学附属女子中学校・高等学校 ...60
広尾学園中学校・高等学校 ...61
法政大学中学校・高等学校 ...62
宝仙学園中学校・高等学校共学部 理数インター ...63
保善高等学校 ...64
本庄東高等学校附属中学校・本庄東高等学校 ...65
麗澤中学校・高等学校 ...66
和洋国府台女子中学校・高等学校 ...67

解 説 編

学力だけではない私立校の教育力が人間力を伸ばす ...95
特集　学習塾が勧める中高一貫校
いろいろな角度から「行きたい学校」を見つけよう！ ...98
京華中学校・高等学校 ...102
恵泉女学園中学校・高等学校 ...103
東洋大学京北中学校・高等学校 ...104
千葉明徳中学校・高等学校 ...105
常総学院中学校 ...105

ぴったりな学校を探そう！
体験入学＆公開行事日程 ...106
2013年と2023年の大学合格者数を比較
伸びている学校はここだ！ ...118
2024年度私立中学校入試予測 ...128
2024年度私立高等学校入試予測 ...132
表紙のバッジ説明 ...900
本書の利用法 ...136

学 校 案 内 編　137

東京 ...138　　栃木 ...814
神奈川 ...548　　山梨 ...822
埼玉 ...684　　案内編掲載校以外の
千葉 ...746　　私立中学校・高等学校 ...842
茨城 ...794

寮のある学校編　825

海 外 校 編　845

国 公 立 中 高 編　850

大 学 案 内 編　871

学習院大学 ...872　　東京農業大学 ...886
金沢工業大学 ...874　　東京理科大学 ...888
慶應義塾大学 ...876　　日本女子大学 ...890
千葉経済大学 ...878　　法政大学 ...892
中央大学 ...880　　明治大学 ...894
東京情報大学 ...882　　立教大学 ...896
東京都市大学 ...884　　早稲田大学 ...898

デ ー タ 編　901

伸びている学校はどこ？
5年前、10年前との比較が一目瞭然
2023年・2018年・2013年
高校別大学合格者数一覧 ...907
2023年度私立中学校・高等学校学費一覧 ...978
2024年度私立中学校・高等学校予想偏差値一覧 ...993
索引 ...1020

STEP 1

掲載ページ順目次
学校を調べよう！

東京都

愛国中学校・高等学校 138
青山学院中等部・高等部 140
麻布中学校・高等学校 142
足立学園中学校・高等学校 144
跡見学園中学校・高等学校 146
郁文館中学校・高等学校・グローバル高等学校 ... 148
岩倉高等学校 150
上野学園中学校・高等学校 152
穎明館中学校・高等学校 154
江戸川女子中学校・高等学校 156
桜蔭中学校・高等学校 158
桜美林中学校・高等学校 160
鴎友学園女子中学校・高等学校 162
大妻中学校・高等学校 164
大妻多摩中学校・高等学校 166
大妻中野中学校・高等学校 168
大森学園高等学校 170
海城中学校・高等学校 172
開成中学校・高等学校 174
開智日本橋学園中学校・高等学校 176
かえつ有明中学校・高等学校 178
科学技術学園高等学校 180
学習院中等科・高等科 182
学習院女子中等科・高等科 184
神田女学園中学校・高等学校 186
関東国際高等学校 188
北豊島中学校・高等学校 190
吉祥女子中学校・高等学校 192
共栄学園中学校・高等学校 194
暁星中学校・高等学校 196
共立女子中学校・高等学校 198
共立女子第二中学校・高等学校 200
錦城高等学校 202
国本女子中学校・高等学校 204
クラーク記念国際高等学校 206
慶應義塾中等部 208
慶應義塾女子高等学校 210
京華中学校・高等学校 212
京華商業高等学校 214
京華女子中学校・高等学校 216
恵泉女学園中学校・高等学校 218
啓明学園中学校・高等学校 220
小石川淑徳学園中学校・高等学校（現・淑徳SC中等部・高等部）222
光塩女子学院中等科・高等科 224
工学院大学附属中学校・高等学校 226
攻玉社中学校・高等学校 228
麹町学園女子中学校・高等学校 230
佼成学園中学校・高等学校 232
佼成学園女子中学校・高等学校 234
香蘭女学校中等科・高等科 236
国学院高等学校 238
国学院大学久我山中学校・高等学校 240
国際基督教大学高等学校 242
国士舘中学校・高等学校 244

駒込中学校・高等学校 246
駒沢学園女子中学校・高等学校 248
駒澤大学高等学校 250
駒場学園高等学校 252
駒場東邦中学校・高等学校 254
桜丘中学校・高等学校 256
サレジアン国際学園中学校・高等学校 258
サレジアン国際学園世田谷中学校・高等学校 ... 260
サレジオ工業高等専門学校 262
実践学園中学校・高等学校 264
実践女子学園中学校・高等学校 266
品川エトワール女子高等学校 268
品川翔英中学校・高等学校 270
芝中学校・高等学校 272
芝浦工業大学附属中学校・高等学校 274
芝国際中学校・高等学校 276
渋谷教育学園渋谷中学校・高等学校 278
自由ヶ丘学園高等学校 280
十文字中学校・高等学校 282
淑徳中学校・高等学校 284
淑徳巣鴨中学校・高等学校 286
順天中学校・高等学校 288
潤徳女子高等学校 290
松蔭大学附属松蔭高等学校 292
頌栄女子学院中学校・高等学校 294
城西大学附属城西中学校・高等学校 296
聖徳学園中学校・高等学校 298
城北中学校・高等学校 300
昭和第一高等学校 302
昭和第一学園高等学校 304
女子学院中学校・高等学校 306
女子聖学院中学校・高等学校 308
女子美術大学付属中学校・高等学校 310
白梅学園高等学校 312
白百合学園中学校・高等学校 314
巣鴨中学校・高等学校 316
杉並学院高等学校 318
駿台学園中学校・高等学校 320
聖学院中学校・高等学校 322
成蹊中学校・高等学校 324
成女学園中学校・成女高等学校 326
成城中学校・高等学校 328
成城学園中学校・高等学校 330
正則高等学校 332
正則学園高等学校 334
聖パウロ学園高等学校 336
成立学園中学校・高等学校 338
青稜中学校・高等学校 340
世田谷学園中学校・高等学校 342
専修大学附属高等学校 344
創価中学校・高等学校 346
大智学園高等学校 348
大東学園高等学校 350
大東文化大学第一高等学校 352
高輪中学校・高等学校 354

拓殖大学第一高等学校 356
立川女子高等学校 358
玉川学園中学部・高等部 360
玉川聖学院中等部・高等部 362
多摩大学附属聖ヶ丘中学校・高等学校 364
多摩大学目黒中学校・高等学校 366
中央大学高等学校 368
中央大学杉並高等学校 370
中央大学附属中学校・高等学校 372
帝京中学校・高等学校 374
帝京大学中学校・高等学校 376
帝京八王子中学校・高等学校 378
貞静学園中学校・高等学校 380
田園調布学園中等部・高等部 382
東亜学園高等学校 384
東海大学付属高輪台高等学校中等部・高等学校 386
東海大学付属望星高等学校 388
東京高等学校 390
東京家政学院中学校・高等学校 392
東京家政大学附属女子中学校・高等学校 394
東京女子館中学校・高等学校 396
東京女子学院中学校・高等学校 398
東京成徳大学中学校・高等学校 400
東京電機大学中学校・高等学校 402
東京都市大学等々力中学校・高等学校 404
東京都市大学付属中学校・高等学校 406
東京農業大学第一高等学校中等部・高等学校 408
東京立正中学校・高等学校 410
東星学園中学校・高等学校 412
桐朋中学校・高等学校 414
東洋高等学校 416
東洋英和女学院中学部・高等部 418
東洋女子高等学校 420
東洋大学京北中学校・高等学校 422
トキワ松学園中学校・高等学校 424
豊島岡女子学園中学校・高等学校 426
豊島学院高等学校 428
獨協中学校・高等学校 430
中村中学校・高等学校 432
二松学舎大学附属高等学校 434
日本工業大学駒場中学校・高等学校 436
日本学園中学校・高等学校 438
日本女子体育大学附属二階堂高等学校 440
日本大学第一中学校・高等学校 442
日本大学第二中学校・高等学校 444
日本大学第三中学校・高等学校 446
日本大学櫻丘高等学校 448
日本大学鶴ヶ丘高等学校 450
八王子学園八王子中学校・高等学校 452
八王子実践中学校・高等学校 454
広尾学園中学校・高等学校 456
広尾学園小石川中学校・高等学校 458
フェリシア高等学校 460
富士見中学校・高等学校 462
富士見丘中学校・高等学校 464
藤村女子中学校・高等学校 466
雙葉中学校・高等学校 468
普連土学園中学校・高等学校 470
文化学園大学杉並中学校・高等学校 472
文華女子高等学校 474
文京学院大学女子中学校・高等学校 476
文教大学付属中学校・高等学校 478
法政大学中学校・高等学校 480
宝仙学園（理数インター）中学校・高等学校 482

豊南高等学校 484
朋優学院高等学校 486
保善高等学校 488
堀越高等学校 490
本郷中学校・高等学校 492
三田国際学園中学校・高等学校 494
明星学園中学校・高等学校 496
三輪田学園中学校・高等学校 498
武蔵中学校・高等学校 500
武蔵野大学中学校・高等学校 502
千代田国際中学校・武蔵野大学附属千代田高等学院 504
明治学院高等学校 506
明治学院中学校・明治学院東村山高等学校 508
明治大学付属中野中学校・高等学校 510
明治大学付属八王子（現：明治大学付属中野八王子）中学校・高等学校 512
明治大学付属明治中学校・高等学校 514
明星中学校・高等学校 516
明法中学校・高等学校 518
目黒学院中学校・高等学校 520
目黒日本大学中学校・高等学校 522
目白研心中学校・高等学校 524
八雲学園中学校・高等学校 526
安田学園中学校・高等学校 528
山脇学園中学校・高等学校 530
立教池袋中学校・高等学校 532
立教女学院中学校・高等学校 534
立正大学付属立正中学校・高等学校 536
和光中学校・高等学校 538
早稲田中学校・高等学校 540
早稲田大学高等学院中学部・高等学院 542
早稲田大学系属早稲田実業学校中等部・高等部 544
和洋九段女子中学校・高等学校 546

神 奈 川 県

青山学院横浜英和中学校・高等学校 548
浅野中学校・高等学校 550
旭丘高等学校 552
麻布大学附属高等学校 554
アレセイア湘南中学校・高等学校 556
栄光学園中学校・高等学校 558
英理女子学院高等学校 560
柏木学園高等学校 562
神奈川学園中学校・高等学校 564
神奈川大学附属中学校・高等学校 566
鎌倉学園中学校・高等学校 568
鎌倉女学院中学校・高等学校 570
鎌倉女子大学中等部・高等部 572
カリタス女子中学校・高等学校 574
関東学院中学校・高等学校 576
関東学院六浦中学校・高等学校 578
函嶺白百合学園中学校・高等学校 580
北鎌倉女子学園中学校・高等学校 582
鵠沼高等学校 584
公文国際学園中等部・高等部 586
慶應義塾普通部 588
慶應義塾高等学校 590
慶應義塾湘南藤沢中等部・高等部 592
光明学園相模原高等学校 594
相模女子大学中学部・高等部 596
サレジオ学院中学校・高等学校 598
自修館中等教育学校 600
湘南学院高等学校 602
湘南学園中学校・高等学校 604
湘南白百合学園中学校・高等学校 606
逗子開成中学校・高等学校 608

聖光学院中学校・高等学校.............................610
聖セシリア女子中学校・高等学校...............612
清泉女学院中学校・高等学校.....................614
聖ヨゼフ学園中学校・高等学校.................616
聖和学院中学校・高等学校.........................618
捜真女学校中学部・高等学部.....................620
相洋中学校・高等学校.................................622
橘学苑高等学校...624
立花学園高等学校...626
中央大学附属横浜中学校・高等学校.........628
鶴見大学附属中学校・高等学校.................630
桐蔭学園中等教育学校・高等学校.............632
桐光学園中学校・高等学校.........................634
藤嶺学園藤沢中学校・高等学校.................636
日本女子大学附属中学校・高等学校.........638
日本大学中学校・高等学校.........................640
日本大学藤沢中学校・高等学校.................642
白鵬女子高等学校...644
フェリス女学院中学校・高等学校.............646
武相中学校・高等学校.................................648
法政大学国際高等学校.................................650
法政大学第二中学校・高等学校.................652
三浦学苑高等学校...654
聖園女学院中学校・高等学校.....................656
森村学園中等部・高等部.............................658
山手学院中学校・高等学校.........................660
横須賀学院中学校・高等学校.....................662
横浜中学校・高等学校.................................664
横浜共立学園中学校・高等学校.................666
横浜女学院中学校・高等学校.....................668
横浜翠陵中学校・高等学校.........................670
横浜清風高等学校...672
横浜創英中学校・高等学校.........................674
横浜創学館高等学校.....................................676
横浜隼人中学校・高等学校.........................678
横浜富士見丘学園中学校・高等学校.........680
横浜雙葉中学校・高等学校.........................682

埼 玉 県
秋草学園高等学校...684
浦和明の星女子中学校・高等学校.............686
浦和学院高等学校...688
浦和実業学園中学校・高等学校.................690
浦和麗明高等学校...692
叡明高等学校...694
大妻嵐山中学校・高等学校.........................696
大宮開成中学校・高等学校.........................698
開智中学校・高等学校.................................700
開智未来中学校・高等学校.........................702
春日部共栄中学校・高等学校.....................704
慶應義塾志木高等学校.................................706
埼玉栄中学校・高等学校.............................708
栄北高等学校...710
栄東中学校・高等学校.................................712
狭山ヶ丘高等学校付属中学校・狭山ヶ丘高等学校....714
秀明中学校・高等学校.................................716
淑徳与野中学校・高等学校.........................718
城西川越中学校・城西大学付属川越高等学校.........720
昌平中学校・高等学校.................................722
城北埼玉中学校・高等学校.........................724
西武学園文理中学校・高等学校.................726
聖望学園中学校・高等学校.........................728
東京成徳大学深谷中学校・高等学校.........730
東京農業大学第三高等学校附属中学校・高等学校....732
獨協埼玉中学校・高等学校.........................734

花咲徳栄高等学校...736
武南中学校・高等学校.................................738
本庄東高等学校附属中学校・高等学校.....740
立教新座中学校・高等学校.........................742
早稲田大学本庄高等学院.............................744

千 葉 県
市川中学校・高等学校.................................746
植草学園大学附属高等学校.........................748
光英 VERITAS 中学校・高等学校...............750
国府台女子学院中学部・高等部.................752
芝浦工業大学柏中学校・高等学校.............754
渋谷教育学園幕張中学校・高等学校.........756
秀明大学学校教師学部附属秀明八千代中学校・高等学校 758
昭和学院中学校・高等学校.........................760
昭和学院秀英中学校・高等学校.................762
西武台千葉中学校・高等学校.....................764
専修大学松戸中学校・高等学校.................766
千葉経済大学附属高等学校.........................768
千葉商科大学付属高等学校.........................770
千葉日本大学第一中学校・高等学校.........772
千葉明徳中学校・高等学校.........................774
千葉黎明高等学校...776
中央学院高等学校...778
東邦大学付属東邦中学校・高等学校.........780
成田高等学校付属中学校・成田高等学校.....782
二松学舎大学附属柏中学校・高等学校.....784
日出学園中学校・高等学校.........................786
八千代松陰中学校・高等学校.....................788
麗澤中学校・高等学校.................................790
和洋国府台女子中学校・高等学校.............792

茨 城 県
茨城中学校・高等学校.................................794
江戸川学園取手中学校・高等学校.............796
開智望中等教育学校.....................................798
霞ヶ浦高等学校...800
常総学院中学校・高等学校.........................802
つくば国際大学高等学校.............................804
土浦日本大学中等教育学校.........................806
土浦日本大学高等学校.................................808
東洋大学附属牛久中学校・高等学校.........810
茗溪学園中学校・高等学校.........................812

栃 木 県
國學院大學栃木中学校・高等学校.............814
佐野日本大学中等教育学校.........................816
佐野日本大学高等学校.................................818
白鷗大学足利中学校・高等学校.................820

山 梨 県
日本大学明誠高等学校.................................822

寮 の あ る 学 校
函館ラ・サール中学校・高等学校（北海道）.... 826
北嶺中学校・高等学校（北海道）.............828
片山学園中学校・高等学校（富山県）.....830
佐久長聖中学校・高等学校（長野県）.....832
早稲田摂陵高等学校（大阪府）.................834
西大和学園中学校・高等学校（奈良県）.....836
岩田中学校・高等学校（大分県）.............838
国際高等専門学校（石川県）.....................840

海 外 校
慶應義塾ニューヨーク学院（アメリカ）.....846
立教英国学院中学部・高等部（イギリス）.....848

中学入試・高校入試別目次

中学校か高等学校 あなたはどちらから入学する?

中学校からしか入学できない完全中高一貫校

東京都　23区

麻布中学校・高等学校	142
跡見学園中学校・高等学校	146
桜蔭中学校・高等学校	158
鷗友学園女子中学校・高等学校	162
大妻中学校・高等学校	164
大妻中野中学校・高等学校	168
海城中学校・高等学校	172
開智日本橋学園中学校・高等学校	176
学習院女子中等科・高等科	184
暁星中学校・高等学校	196
共立女子中学校・高等学校	198
慶應義塾中等部	208
恵泉女学園中学校・高等学校	218
光塩女子学院中等科・高等科	224
攻玉社中学校・高等学校	228
香蘭女学校中等科・高等科	236
駒場東邦中学校・高等学校	254
サレジオ国際学園世田谷中学校・高等学校	260
実践女子学園中学校・高等学校	266
芝中学校・高等学校	272
渋谷教育学園渋谷中学校・高等学校	278
頌栄女子学院中学校・高等学校	294
女子学院中学校・高等学校	306
女子聖学院中学校・高等学校	308
白百合学園中学校・高等学校	314
成城中学校・高等学校	328
高輪中学校・高等学校	354
田園調布学園中等部・高等部	382
東京女学館中学校・高等学校	396
東京都市大学付属中学校・高等学校	406
東洋英和女学院中学部・高等部	418
豊島岡女子学園中学校・高等学校	426
獨協中学校・高等学校	430
広尾学園小石川中学校・高等学校	458
富士見中学校・高等学校	462
雙葉中学校・高等学校	468
普連土学園中学校・高等学校	470
本郷中学校・高等学校	492
三田国際学園中学校・高等学校	494
三輪田学園中学校・高等学校	498
武蔵中学校・高等学校	500
山脇学園中学校・高等学校	530
立教女学院中学校・高等学校	534
早稲田中学校・高等学校	540

東京都　多摩地区

穎明館中学校・高等学校	154
大妻多摩中学校・高等学校	166
吉祥女子中学校・高等学校	192

神奈川県

青山学院横浜英和中学校・高等学校	548
浅野中学校・高等学校	550
栄光学園中学校・高等学校	558
神奈川学園中学校・高等学校	564
神奈川大学附属中学校・高等学校	566
鎌倉女学院中学校・高等学校	570
カリタス女子中学校・高等学校	574
関東学院中学校・高等学校	576
公文国際学園中等部・高等部	586
慶應義塾普通部	588
サレジオ学院中学校・高等学校	598
自修館中等教育学校	600
湘南学園中学校・高等学校	604
湘南白百合学園中学校・高等学校	606
逗子開成中学校・高等学校	608
聖光学院中学校・高等学校	610
清泉女学院中学校・高等学校	614
桐蔭学園中等教育学校	632
フェリス女学院中学校・高等学校	646
森村学園中等部・高等部	658
横浜共立学園中学校・高等学校	666
横浜女学院中学校・高等学校	668
横浜雙葉中学校・高等学校	682

埼玉県

浦和明の星女子中学校・高等学校	686

千葉県

東邦大学付属東邦中学校・高等学校	780

茨城県

開智望中等教育学校	798
土浦日本大学中等教育学校	806

栃木県

佐野日本大学中等教育学校	816

寮のある学校

北嶺中学校・高等学校（北海道）	828

中学と高校のどちらからでも入学できる学校

東京都　23区

愛国中学校・高等学校	138
青山学院中等部・高等部	140
足立学園中学校・高等学校	144
郁文館中学校・高等学校・グローバル高等学校	148
上野学園中学校・高等学校	152
江戸川女子中学校・高等学校	156
開成中学校・高等学校	174
かえつ有明中学校・高等学校	178
学習院中等科・高等科	182
神田女学園中学校・高等学校	186
北豊島中学校・高等学校	190
共栄学園中学校・高等学校	194
国本女子中学校・高等学校	204
京華中学校・高等学校	212
京華女子中学校・高等学校	216
小石川淑徳学園中学校・高等学校（現・淑徳SC中等部・高等部）	222
麹町学園女子中学校・高等学校	230
佼成学園中学校・高等学校	232
佼成学園女子中学校・高等学校	234
国学院大学久我山中学校・高等学校	240
国士舘中学校・高等学校	244
駒込中学校・高等学校	246
桜丘中学校・高等学校	256
サレジアン国際学園中学校・高等学校	258
実践学園中学校・高等学校	264
品川翔英中学校・高等学校	270
芝浦工業大学附属中学校・高等学校	274
芝国際中学校・高等学校	276

十文字中学校・高等学校 282
淑徳中学校・高等学校 284
淑徳巣鴨中学校・高等学校 286
順天中学校・高等学校 288
城西大学附属城西中学校・高等学校 296
城北中学校・高等学校 300
女子美術大学付属中学校・高等学校 310
巣鴨中学校・高等学校 316
駿台学園中学校・高等学校 320
聖学院中学校・高等学校 322
成女学園中学校・成女高等学校 326
成城学園中学校・高等学校 330
成立学園中学校・高等学校 338
青稜中学校・高等学校 340
世田谷学園中学校・高等学校 342
玉川聖学院中等部・高等部 362
多摩大学目黒中学校・高等学校 366
帝京中学校・高等学校 374
貞静学園中学校・高等学校 380
東海大学付属高輪台高等学校中等部・高等学校 386
東京家政学院中学校・高等学校 392
東京家政大学附属女子中学校・高等学校 394
東京女子学院中学校・高等学校 398
東京成徳大学中学校・高等学校 400
東京都市大学等々力中学校・高等学校 404
東京農業大学第一高等学校中等部・高等学校 408
東京立正中学校・高等学校 410
東洋大学京北中学校・高等学校 422
トキワ松学園中学校・高等学校 424
中村中学校・高等学校 432
日本工業大学駒場中学校・高等学校 436
日本学園中学校・高等学校 438
日本大学第一中学校・高等学校 442
日本大学第二中学校・高等学校 444
広尾学園中学校・高等学校 456
富士見丘中学校・高等学校 464
文化学園大学杉並中学校・高等学校 472
文京学院大学女子中学校・高等学校 476
文教大学付属中学校・高等学校 478
宝仙学園（理数インター）中学校・高等学校 482
千代田国際中学校・武蔵野大学附属千代田高等学院 504
明治大学付属中野中学校・高等学校 510
目黒学院中学校・高等学校 520
目黒日本大学中学校・高等学校 522
目白研心中学校・高等学校 524
八雲学園中学校・高等学校 526
安田学園中学校・高等学校 528
立教池袋中学校・高等学校 532
立正大学付属立正中学校・高等学校 536
早稲田大学高等学院中学部・高等学院 542
和洋九段女子中学校・高等学校 546

日本大学第三中学校・高等学校 446
八王子学園八王子中学校・高等学校 452
八王子実践中学校・高等学校 454
藤村女子中学校・高等学校 466
法政大学中学校・高等学校 480
明星学園中学校・高等学校 496
武蔵野大学中学校・高等学校 502
明治学院中学校・明治学院東村山高等学校 508
明治大学付属八王子（現：明治大学付属中野八王子）中学校・高等学校 512
明治大学付属明治中学校・高等学校 514
明星中学校・高等学校 516
明法中学校・高等学校 518
和光中学校・高等学校 538
早稲田大学系属早稲田実業学校中等部・高等部 544

神奈川県

アレセイア湘南中学校・高等学校 556
鎌倉学園中学校・高等学校 568
鎌倉女子大学中等部・高等部 572
関東学院六浦中学校・高等学校 578
函嶺白百合学園中学校・高等学校 580
北鎌倉女子学園中学校・高等学校 582
慶應義塾湘南藤沢中等部・高等部 592
相模女子大学中学部・高等部 596
聖セシリア女子中学校・高等学校 612
聖ヨゼフ学園中学校・高等学校 616
聖和学院中学校・高等学校 618
聖和学院中学部・高等学部 620
相洋中学校・高等学校 622
中央大学附属横浜中学校・高等学校 628
鶴見大学附属中学校・高等学校 630
桐光学園中学校・高等学校 634
藤嶺学園藤沢中学校・高等学校 636
日本女子大学附属中学校・高等学校 638
日本大学中学校・高等学校 640
日本大学藤沢中学校・高等学校 642
武相中学校・高等学校 648
法政大学第二中学校・高等学校 652
聖園女学院中学校・高等学校 656
山手学院中学校・高等学校 660
横須賀学院中学校・高等学校 662
横浜中学校・高等学校 664
横浜翠陵中学校・高等学校 670
横浜創英中学校・高等学校 674
横浜隼人中学校・高等学校 678
横浜富士見丘学園中学校・高等学校 680

埼玉県

浦和実業学園中学校・高等学校 690
大妻嵐山中学校・高等学校 696
大宮開成中学校・高等学校 698
開智中学校・高等学校 700
開智未来中学校・高等学校 702
春日部共栄中学校・高等学校 704
埼玉栄中学校・高等学校 708
栄東中学校・高等学校 712
狭山ヶ丘高等学校付属中学校・狭山ヶ丘高等学校 714
秀明中学校・高等学校 716
淑徳与野中学校・高等学校 718
城西川越中学校・城西大学付属川越高等学校 720
昌平中学校・高等学校 722
城北埼玉中学校・高等学校 724
西武学園文理中学校・高等学校 726
聖望学園中学校・高等学校 728
東京成徳大学深谷中学校・高等学校 730
東京農業大学第三高等学校附属中学校・高等学校 732
獨協埼玉中学校・高等学校 734
武南中学校・高等学校 738
本庄東高等学校附属中学校・高等学校 740
立教新座中学校・高等学校 742

東京都　　多摩地区

桜美林中学校・高等学校 160
共立女子第二中学校・高等学校 200
啓明学園中学校・高等学校 220
工学院大学附属中学校・高等学校 226
駒沢学園女子中学校・高等学校 248
聖徳学園中学校・高等学校 298
成蹊中学校・高等学校 324
創価中学校・高等学校 346
玉川学園中学部・高等部 360
多摩大学附属聖ヶ丘中学校・高等学校 364
中央大学附属中学校・高等学校 372
帝京大学中学校・高等学校 376
帝京八王子中学校・高等学校 378
東京電機大学中学校・高等学校 402
東星学園中学校・高等学校 412
桐朋中学校・高等学校 414

千葉県

市川中学校・高等学校 746
光英 VERITAS 中学校・高等学校 750
国府台女子学院中学部・高等部 752
芝浦工業大学柏中学校・高等学校 754
渋谷教育学園幕張中学校・高等学校 756
秀明大学学校教師学部附属秀明八千代中学校・高等学校 758
昭和学院中学校・高等学校 760
昭和学院秀英中学校・高等学校 762
西武台千葉中学校・高等学校 764
専修大学松戸中学校・高等学校 766
千葉日本大学第一中学校・高等学校 772
千葉明徳中学校・高等学校 774
成田高等学校付属中学校・成田高等学校 .. 782
二松学舎大学附属柏中学校・高等学校 784
日出学園中学校・高等学校 786
八千代松蔭中学校・高等学校 788
麗澤中学校・高等学校 790
和洋国府台女子中学校・高等学校 792

茨城県

茨城中学校・高等学校 794
江戸川学園取手中学校・高等学校 796
常総学院中学校・高等学校 802
東洋大学附属牛久中学校・高等学校 810
茗溪学園中学校・高等学校 812

栃木県

國學院大學栃木中学校・高等学校 814
白鷗大学足利中学校・高等学校 820

寮のある学校

函館ラ・サール中学校・高等学校（北海道） .. 826
片山学園中学校・高等学校（富山県） 830
佐久長聖中学校・高等学校（長野県） 832
西大和学園中学校・高等学校（奈良県） .. 836
岩田中学校・高等学校（大分県） 838

海外校

立教英国学院中学部・高等部（イギリス） .. 848

高校単独の学校

東京都 23区

岩倉高等学校 150
大森学園高等学校 170
科学技術学園高等学校 180
関東国際高等学校 188
クラーク記念国際高等学校 206
慶應義塾女子高等学校 210
京華商業高等学校 214
国学院高等学校 238
駒澤大学高等学校 250
駒場学園高等学校 252
品川エトワール女子高等学校 268
自由ヶ丘学園高等学校 280
潤徳女子高等学校 290
松蔭大学附属松蔭高等学校 292
昭和第一高等学校 302
杉並学院高等学校 318
正則高等学校 332
正則学園高等学校 334
専修大学附属高等学校 344
大智学園高等学校 348
大東学園高等学校 350
大東文化大学第一高等学校 352
中央大学高等学校 368
中央大学杉並高等学校 370
東亜学園高等学校 384
東海大学付属望星高等学校 388
東京高等学校 390
東洋高等学校 416
東洋女子高等学校 420

豊島学院高等学校 428
二松学舎大学附属高等学校 434
日本女子体育大学附属二階堂高等学校 440
日本大学櫻丘高等学校 448
日本大学鶴ヶ丘高等学校 450
豊南高等学校 484
朋優学院高等学校 486
保善高等学校 488
堀越高等学校 490
明治学院高等学校 506

東京都 多摩地区

錦城高等学校 202
国際基督教大学高等学校 242
サレジオ工業高等専門学校 262
昭和第一学園高等学校 304
白梅学園高等学校 312
聖パウロ学園高等学校 336
拓殖大学第一高等学校 356
立川女子高等学校 358
フェリシア高等学校 460
文華女子高等学校 474

神奈川県

旭丘高等学校 552
麻布大学附属高等学校 554
英理女子学院高等学校 560
柏木学園高等学校 562
鵠沼高等学校 584
慶應義塾高等学校 590
光明学園相模原高等学校 594
湘南学院高等学校 602
橘学苑高等学校 624
立花学園高等学校 626
桐蔭学園中等教育学校・高等学校 632
白鵬女子高等学校 644
法政大学国際高等学校 650
三浦学苑高等学校 654
横浜清風高等学校 672
横浜創英高等学校 676

埼玉県

秋草学園高等学校 684
浦和学院高等学校 688
浦和麗明高等学校 692
叡明高等学校 694
慶應義塾志木高等学校 706
栄北高等学校 710
花咲徳栄高等学校 736
早稲田大学本庄高等学院 744

千葉県

植草学園大学附属高等学校 748
千葉経済大学附属高等学校 768
千葉商科大学付属高等学校 770
千葉黎明高等学校 776
中央学院高等学校 778

茨城県

霞ヶ浦高等学校 800
つくば国際大学高等学校 804
土浦日本大学高等学校 808

栃木県

佐野日本大学高等学校 818

山梨県

日本大学明誠高等学校 822

寮のある学校

早稲田摂陵高等学校（大阪府） 834
国際高等専門学校（石川県） 840

海外校

慶應義塾ニューヨーク学院（アメリカ） .. 846

STEP 3　所在地別目次

行きたい学校は
どこにあるかな？

東京都

千代田区
大妻中学校・高等学校 164
神田女学園中学校・高等学校 186
暁星中学校・高等学校 196
共立女子中学校・高等学校 198
麹町学園女子中学校・高等学校 230
女子学院中学校・高等学校 306
白百合学園中学校・高等学校 314
正則学園高等学校 334
東京家政学院中学校・高等学校 392
東洋高等学校 416
二松学舎大学附属高等学校 434
雙葉中学校・高等学校 468
三輪田学園中学校・高等学校 498
千代田国際中学校・武蔵野大学附属千代田高等学院 ... 504
和洋九段女子中学校・高等学校 546

中央区
開智日本橋学園中学校・高等学校 176
港区
麻布中学校・高等学校 142
慶應義塾中等部 208
慶應義塾女子高等学校 210
芝中学校・高等学校 272
芝国際中学校・高等学校 276
頌栄女子学院中学校・高等学校 294
正則高等学校 332
高輪中学校・高等学校 354
東海大学付属高輪台高等学校中等部・高等学校 386
東洋英和女学院中学部・高等部 418
広尾学園中学校・高等学校 456
普連土学園中学校・高等学校 470
明治学院高等学校 506
山脇学園中学校・高等学校 530

新宿区
海城中学校・高等学校 172
学習院女子中等科・高等科 184
クラーク記念国際高等学校 206
成女学園中学校・成女高等学校 326
成城中学校・高等学校 328
大智学園高等学校 348
保善高等学校 488
目白研心中学校・高等学校 524
早稲田中学校・高等学校 540

文京区
跡見学園中学校・高等学校 146
郁文館中学校・高等学校・グローバル高等学校 148
桜蔭中学校・高等学校 158
京華中学校・高等学校 212
京華商業高等学校 214
京華女子中学校・高等学校 216
小石川淑徳学園中学校・高等学校（現・淑徳SC中等部・高等部）222
駒込中学校・高等学校 246
昭和第一高等学校 302
中央大学高等学校 368
貞静学園中学校・高等学校 380
東洋女子高等学校 420
東洋大学京北中学校・高等学校 422
獨協中学校・高等学校 430
広尾学園小石川中学校・高等学校 458

台東区
文京学院大学女子中学校・高等学校 476
岩倉高等学校 150
上野学園中学校・高等学校 152

墨田区
日本大学第一中学校・高等学校 442
安田学園中学校・高等学校 528

江東区
かえつ有明中学校・高等学校 178
芝浦工業大学附属中学校・高等学校 274
中村中学校・高等学校 432

品川区
攻玉社中学校・高等学校 228
香蘭女学校中等科・高等科 236
品川エトワール女子高等学校 268
品川翔英中学校・高等学校 270
青稜中学校・高等学校 340
文教大学付属中学校・高等学校 478
朋優学院高等学校 486

目黒区
自由ヶ丘学園高等学校 280
多摩大学目黒中学校・高等学校 366
トキワ松学園中学校・高等学校 424
日本工業大学駒場中学校・高等学校 436
目黒学院中学校・高等学校 520
目黒日本大学中学校・高等学校 522
八雲学園中学校・高等学校 526

大田区
大森学園高等学校 170
東京高等学校 390
立正大学付属立正中学校・高等学校 536

世田谷区
鷗友学園女子中学校・高等学校 162
科学技術学園高等学校 180
国本女子中学校・高等学校 204
恵泉女学園中学校・高等学校 218
佼成学園女子中学校・高等学校 234
国士舘中学校・高等学校 244
駒澤大学高等学校 250
駒場学園高等学校 252
駒場東邦中学校・高等学校 254
サレジアン国際学園世田谷中学校・高等学校 260
松蔭大学附属松蔭中学校・高等学校 292
成城学園中学校・高等学校 330
世田谷学園中学校・高等学校 342
大東学園高等学校 350
玉川聖学院中等部・高等部 362
田園調布学園中等部・高等部 382
東京都市大学等々力中学校・高等学校 .. 404
東京都市大学付属中学校・高等学校 406
東京農業大学第一高等学校中等部・高等学校 408
日本学園中学校・高等学校 438
日本女子体育大学附属二階堂高等学校 .. 440
日本大学櫻丘高等学校 448
三田国際学園中学校・高等学校 494

渋谷区
青山学院中等部・高等部 140
関東国際高等学校 188
国学院高等学校 238
実践女子学園中学校・高等学校 266
渋谷教育学園渋谷中学校・高等学校 278
東海大学付属望星高等学校 388
東京女学館中学校・高等学校 396

中野区	富士見丘中学校・高等学校	464
	大妻中野中学校・高等学校	168
	実践学園中学校・高等学校	264
	東亜学園高等学校	384
	宝仙学園（理数インター）中学校・高等学校	482
	堀越高等学校	490
	明治大学付属中野中学校・高等学校	510
杉並区	光塩女子学院中等科・高等科	224
	佼成学園中学校・高等学校	232
	国学院大学久我山中学校・高等学校	240
	女子美術大学付属中学校・高等学校	310
	杉並学院高等学校	318
	専修大学附属高等学校	344
	中央大学杉並高等学校	370
	東京立正中学校・高等学校	410
	日本大学第二中学校・高等学校	444
	日本大学鶴ヶ丘高等学校	450
	文化学園大学杉並中学校・高等学校	472
	立教女学院中学校・高等学校	534
豊島区	学習院中等科・高等科	182
	十文字中学校・高等学校	282
	淑徳巣鴨中学校・高等学校	286
	城西大学附属城西中学校・高等学校	296
	巣鴨中学校・高等学校	316
	豊島岡女子学園中学校・高等学校	426
	豊島学院高等学校	428
	豊南高等学校	484
	本郷中学校・高等学校	492
	立教池袋中学校・高等学校	532
北区	桜丘中学校・高等学校	256
	サレジアン国際学園中学校・高等学校	258
	順天中学校・高等学校	288
	女子聖学院中学校・高等学校	308
	駿台学園中学校・高等学校	320
	聖学院中学校・高等学校	322
	成立学園中学校・高等学校	338
	東京成徳大学中学校・高等学校	400
荒川区	開成中学校・高等学校	174
	北豊島中学校・高等学校	190
板橋区	淑徳中学校・高等学校	284
	城北中学校・高等学校	300
	大東文化大学第一高等学校	352
	帝京中学校・高等学校	374
	東京家政大学附属女子中学校・高等学校	394
練馬区	東京女子学院中学校・高等学校	398
	富士見中学校・高等学校	462
	武蔵中学校・高等学校	500
	早稲田大学高等学院中学部・高等学院	542
足立区	足立学園中学校・高等学校	144
	潤徳女子高等学校	290
葛飾区	共栄学園中学校・高等学校	194
江戸川区	愛国中学校・高等学校	138
	江戸川女子中学校・高等学校	156
八王子市	穎明館中学校・高等学校	154
	共立女子第二中学校・高等学校	200
	工学院大学附属中学校・高等学校	226
	聖パウロ学園高等学校	336
	帝京大学中学校・高等学校	376
	帝京八王子中学校・高等学校	378
	八王子学園八王子中学校・高等学校	452
	八王子実践中学校・高等学校	454
	明治大学付属八王子（現：明治大学付属中野八王子）中学校・高等学校	512
立川市	昭和第一学園高等学校	304
	立川女子高等学校	358
武蔵野市	吉祥女子中学校・高等学校	192
三鷹市	聖徳学園中学校・高等学校	298
	成蹊中学校・高等学校	324
	藤村女子中学校・高等学校	466
	法政大学中学校・高等学校	480
	明星学園中学校・高等学校	496
府中市	明星中学校・高等学校	516
昭島市	啓明学園中学校・高等学校	220
調布市	明治大学付属明治中学校・高等学校	514
町田市	桜美林中学校・高等学校	160
	サレジオ工業高等専門学校	262
	玉川学園中学部・高等部	360
	日本大学第三中学校・高等学校	446
	フェリシア高等学校	460
	和光中学校・高等学校	538
小金井市	国際基督教大学高等学校	242
	中央大学附属中学校・高等学校	372
	東京学芸大学中学校・高等学校	402
小平市	錦城高等学校	202
	白梅学園高等学校	312
	創価中学校・高等学校	346
東村山市	明治学院中学校・明治学院東村山高等学校	508
	明法中学校・高等学校	518
国分寺市	早稲田大学系属早稲田実業学校中等部・高等部	544
国立市	桐朋中学校・高等学校	414
清瀬市	東星学園中学校・高等学校	412
武蔵村山市	拓殖大学第一高等学校	356
多摩市	大妻多摩中学校・高等学校	166
	多摩大学附属聖ヶ丘中学校・高等学校	364
稲城市	駒沢学園女子中学校・高等学校	248
西東京市	文華女子高等学校	474
	武蔵野大学中学校・高等学校	502
神奈川県		
横浜市鶴見区	聖ヨゼフ学園中学校・高等学校	616
	橘学苑高等学校	624
	鶴見大学附属中学校・高等学校	630
	白鵬女子高等学校	644
	法政大学国際高等学校	650
横浜市神奈川区	浅野中学校・高等学校	550
	神奈川学園中学校・高等学校	564
	捜真女学校中学部・高等学部	620
	横浜創英中学校・高等学校	674
横浜市中区	聖光学院中学校・高等学校	610
	フェリス女学院中学校・高等学校	646
	横浜共立学園中学校・高等学校	666
	横浜女学院中学校・高等学校	668
	横浜雙葉中学校・高等学校	682
横浜市南区	青山学院横浜英和中学校・高等学校	548
	関東学院中学校・高等学校	576
横浜市保土ケ谷区	横浜清風高等学校	672
横浜市金沢区	関東学院六浦中学校・高等学校	578
	横浜中学校・高等学校	664
	横浜創学館高等学校	676
横浜市港北区	英理女子学院高等学校	560
	慶應義塾普通部	588
	慶應義塾高等学校	590
	日本大学中学校・高等学校	640
	武相中学校・高等学校	648
横浜市戸塚区	公文国際学園中等部・高等部	586
横浜市旭区	横浜富士見丘学園中学校・高等学校	680
横浜市緑区	神奈川大学附属中学校・高等学校	566
	森村学園中等部・高等部	658
	横浜翠陵中学校・高等学校	670
横浜市瀬谷区	横浜隼人中学校・高等学校	678
横浜市栄区	山手学院中学校・高等学校	660
横浜市青葉区	桐蔭学園中等教育学校・高等学校	632

横浜市都筑区	サレジオ学院中学校・高等学校	598
	中央大学附属横浜中学校・高等学校	628
川崎市中原区	法政大学第二中学校・高等学校	652
	カリタス女子中学校・高等学校	574
川崎市多摩区	日本女子大学附属中学校・高等学校	638
川崎市麻生区	桐光学園中学校・高等学校	634
相模原市中央区	麻布大学附属高等学校	554
相模原市南区	光明学園相模原高等学校	594
	相模女子大学中学部・高等部	596
横須賀市	湘南学院高等学校	602
	三浦学苑高等学校	654
	横須賀学院中学校・高等学校	662
鎌倉市	栄光学園中学校・高等学校	558
	鎌倉学園中学校・高等学校	568
	鎌倉女学院中学校・高等学校	570
	鎌倉女子大学中等部・高等部	572
	北鎌倉女子学園中学校・高等学校	582
	清泉女学院中学校・高等学校	614
藤沢市	鵠沼高等学校	584
	慶應義塾湘南藤沢中等部・高等部	592
	湘南学園中学校・高等学校	604
	湘南白百合学園中学校・高等学校	606
	藤嶺学園藤沢中学校・高等学校	636
	日本大学藤沢中学校・高等学校	642
	聖園女学院中学校・高等学校	656
小田原市	旭丘高等学校	552
	相洋中学校・高等学校	622
茅ヶ崎市	アレセイア湘南中学校・高等学校	556
逗子市	逗子開成中学校・高等学校	608
	聖和学院中学校・高等学校	618
大和市	柏木学園高等学校	562
	聖セシリア女子中学校・高等学校	612
伊勢原市	自修館中等教育学校	600
松田町	立花学園高等学校	626
箱根町	函嶺白百合学園中学校・高等学校	580

埼玉県

さいたま市西区	埼玉栄中学校・高等学校	708
さいたま市大宮区	大宮開成中学校・高等学校	698
さいたま市見沼区	栄東中学校・高等学校	712
さいたま市中央区	淑徳与野中学校・高等学校	718
さいたま市浦和区	浦和麗明高等学校	692
さいたま市南区	浦和実業学園中学校・高等学校	690
さいたま市緑区	浦和明の星女子中学校・高等学校	686
	浦和学院高等学校	688
さいたま市岩槻区	開智中学校・高等学校	700
川越市	秀明中学校・高等学校	716
	城西川越中学校・城西大学付属川越高等学校	720
	城北埼玉中学校・高等学校	724
飯能市	聖望学園中学校・高等学校	728
加須市	開智未来中学校・高等学校	702
	花咲徳栄高等学校	736
本庄市	本庄東高等学校附属中学校・高等学校	740
	早稲田大学本庄高等学院	744
東松山市	東京農業大学第三高等学校附属中学校	732
春日部市	春日部共栄中学校・高等学校	704
狭山市	秋草学園高等学校	684
	西武学園文理中学校・高等学校	726
深谷市	東京成徳大学深谷中学校・高等学校	730
越谷市	叡明高等学校	694
	獨協埼玉中学校・高等学校	734
蕨市	武南中学校・高等学校	738
入間市	狭山ヶ丘高等学校付属中学校・狭山ヶ丘高等学校	714
志木市	慶應義塾志木高等学校	706
新座市	立教新座中学校・高等学校	742
伊奈町	栄北高等学校	710

| 嵐山町 | 大妻嵐山中学校・高等学校 | 696 |
| 杉戸町 | 昌平中学校・高等学校 | 722 |

千葉県

千葉市中央区	植草学園大学附属高等学校	748
	千葉明徳中学校・高等学校	774
千葉市稲毛区	千葉経済大学附属高等学校	768
千葉市美浜区	渋谷教育学園幕張中学校・高等学校	756
	昭和学院秀英中学校・高等学校	762
市川市	市川中学校・高等学校	746
	国府台女子学院中学部・高等部	752
	昭和学院中学校・高等学校	760
	千葉商科大学付属高等学校	770
	日出学園中学校・高等学校	786
	和洋国府台女子中学校・高等学校	792
船橋市	千葉日本大学第一中学校・高等学校	772
松戸市	光英VERITAS中学校・高等学校	750
	専修大学松戸中学校・高等学校	766
野田市	西武台千葉中学校・高等学校	764
成田市	成田高等学校付属中学校・成田高等学校	782
習志野市	東邦大学付属東邦中学校・高等学校	780
柏市	芝浦工業大学柏中学校・高等学校	754
	二松学舎大学附属柏中学校・高等学校	784
	麗澤中学校・高等学校	790
八千代市	秀明大学校教師学部附属秀明八千代中学校・高等学校	758
	八千代松陰中学校・高等学校	788
我孫子市	中央学院高等学校	778
八街市	千葉黎明高等学校	776

茨城県

水戸市	茨城中学校・高等学校	794
土浦市	常総学院中学校・高等学校	802
	つくば国際大学高等学校	804
	土浦日本大学中等教育学校	806
	土浦日本大学高等学校	808
取手市	江戸川学園取手中学校・高等学校	796
牛久市	東洋大学附属牛久中学校・高等学校	810
つくば市	茗溪学園中学校・高等学校	812
つくばみらい市	開智望中等教育学校	798
阿見町	霞ヶ浦高等学校	800

栃木県

足利市	白鷗大学足利中学校・高等学校	820
栃木市	國學院大學栃木中学校・高等学校	814
佐野市	佐野日本大学中等教育学校	816
	佐野日本大学高等学校	818

山梨県

| 上野原市 | 日本大学明誠高等学校 | 822 |

北海道

| 札幌市清田区 | 北嶺中学校・高等学校 | 828 |
| 函館市 | 函館ラ・サール中学校・高等学校 | 826 |

富山県

| 富山市 | 片山学園中学校・高等学校 | 830 |

石川県

| 金沢市 | 国際高等専門学校 | 840 |

長野県

| 佐久市 | 佐久長聖中学校・高等学校 | 832 |

大阪府

| 茨木市 | 早稲田摂陵高等学校 | 834 |

奈良県

| 河合町 | 西大和学園中学校・高等学校 | 836 |

大分県

| 大分市 | 岩田中学校・高等学校 | 838 |

海外

| アメリカ合衆国 | 慶應義塾ニューヨーク学院 | 846 |
| 英国 | 立教英国学院中学部・高等部 | 848 |

STEP4 男子・女子別目次

男子校 vs 女子校 vs 共学校
あなたはどれを選ぶ？

男子校
東京都 23区

麻布中学校・高等学校 142
足立学園中学校・高等学校 144
海城中学校・高等学校 172
開成中学校・高等学校 174
科学技術学園高等学校（定時制）................. 180
学習院中等科・高等科 182
暁星中学校・高等学校 196
京華中学校・高等学校 212
攻玉社中学校・高等学校 228
佼成学園中学校・高等学校 232
駒場東邦中学校・高等学校 254
芝中学校・高等学校 272
城北中学校・高等学校 300
巣鴨中学校・高等学校 316
聖学院中学校・高等学校 322
成城中学校・高等学校 328
正則学園高等学校 334
世田谷学園中学校・高等学校 342
高輪中学校・高等学校 354
東京都市大学付属中学校・高等学校 406
獨協中学校・高等学校 430
日本学園中学校・高等学校 438
保善高等学校 488
本郷中学校・高等学校 492
武蔵中学校・高等学校 500
明治大学付属中野中学校・高等学校 510
立教池袋中学校・高等学校 532
早稲田中学校・高等学校 540
早稲田大学高等学院中学部・高等学院 542

東京都 多摩地区
桐朋中学校・高等学校 414
明法中学校 518

神奈川県
浅野中学校・高等学校 550
栄光学園中学校・高等学校 558
鎌倉学園中学校・高等学校 568
慶應義塾普通部 588
慶應義塾高等学校 590
サレジオ学院中学校・高等学校 598
逗子開成中学校・高等学校 608
聖光学院中学校・高等学校 610
藤嶺学園藤沢中学校・高等学校 636
武相中学校・高等学校 648
横浜中学校 664

埼玉県
慶應義塾志木高等学校 706
城西川越中学校・城西大学付属川越高等学校 ... 720
城北埼玉中学校・高等学校 724
立教新座中学校・高等学校 742

寮のある学校
函館ラ・サール中学校・高等学校（北海道）......... 826
北嶺中学校・高等学校（北海道）...................... 828

女子校
東京都 23区

愛国中学校・高等学校 138
跡見学園中学校・高等学校 146
江戸川女子中学校・高等学校 156
桜蔭中学校・高等学校 158
鴎友学園女子中学校・高等学校 162
大妻中学校・高等学校 164
大妻中野中学校・高等学校 168
学習院女子中等科・高等科 184
神田女学園中学校・高等学校 186
北豊島中学校・高等学校 190
共立女子中学校・高等学校 198
国本女子中学校・高等学校 204
慶應義塾女子高等学校 210
京華女子中学校・高等学校 216
恵泉女学園中学校・高等学校 218
小石川淑徳学園中学校・高等学校（現・淑徳SC中等部・高等部）222
光塩女子学院中等科・高等科 224
麹町学園女子中学校・高等学校 230
佼成学園女子中学校・高等学校 234
香蘭女学校中等科・高等科 236
実践女子学園中学校・高等学校 266
品川エトワール女子高等学校 268
十文字中学校・高等学校 282
潤徳女子高等学校 290
頌栄女子学院中学校・高等学校 294
女子学院中学校・高等学校 306
女子聖学院中学校・高等学校 308
女子美術大学付属中学校・高等学校 310
白百合学園中学校・高等学校 314
成女学園中学校・成女高等学校 326
玉川聖学院中等部・高等部 362
田園調布学園中等部・高等部 382
東京家政学院中学校・高等学校 392
東京家政大学附属女子中学校・高等学校 ... 394
東京女学館中学校・高等学校 396
東京女子学院中学校・高等学校 398
東洋英和女学院中学部・高等部 418
東洋女子高等学校 420
トキワ松学園中学校・高等学校 424
豊島岡女子学園中学校・高等学校 426
中村中学校・高等学校 432
日本女子体育大学附属二階堂高等学校 440
富士見中学校・高等学校 462
富士見丘中学校・高等学校 464
雙葉中学校・高等学校 468
普連土学園中学校・高等学校 470
文京学院大学女子中学校・高等学校 476
三輪田学園中学校・高等学校 498
山脇学園中学校・高等学校 530
立教女学院中学校・高等学校 534
和洋九段女子中学校・高等学校 546

東京都 多摩地区
大妻多摩中学校・高等学校 166
吉祥女子中学校・高等学校 192
共立女子第二中学校・高等学校 200
駒沢学園女子中学校・高等学校 248

白梅学園高等学校 312
立川女子高等学校 358
フェリシア高等学校 460
藤村女子中学校・高等学校 466
文華女子高等学校 474

神奈川県

英理女子学院高等学校 560
神奈川学院中学校・高等学校 564
鎌倉女学院中学校・高等学校 570
鎌倉女子大学中等部・高等部 572
カリタス女子中学校・高等学校 574
函嶺白百合学園中学校・高等学校 580
北鎌倉女子学園中学校・高等学校 582
相模女子大学中学部・高等部 596
湘南白百合学園中学校・高等学校 606
聖セシリア女子中学校・高等学校 612
清泉女学院中学校・高等学校 614
聖和学院中学校・高等学校 618
捜真女学校中学部・高等学部 620
日本女子大学附属中学校・高等学校 638
白鵬女子高等学校 644
フェリス女学院中学校・高等学校 646
聖園女学院中学校・高等学校 656
横浜共立学園中学校・高等学校 666
横浜女学院中学校・高等学校 668
横浜雙葉中学校・高等学校 682

埼玉県

秋草学園高等学校 684
浦和明の星女子中学校・高等学校 686
大妻嵐山中学校・高等学校 696
淑徳与野中学校・高等学校 718

千葉県

国府台女子学院中学部・高等部 752
和洋国府台女子中学校・高等学校 792

男女校

東京都　23区

青山学院中等部・高等部 140
郁文館中学校・高等学校・グローバル高等学校 148
岩倉高等学校 150
上野学園中学校・高等学校 152
大森学園高等学校 170
開智日本橋学園中学校・高等学校 176
かえつ有明中学校・高等学校 178
科学技術学園高等学校（通信制） 180
関東国際高等学校 188
共栄学園中学校・高等学校 194
クラーク記念国際高等学校 206
慶應義塾中等部 208
京華商業高等学校 214
国学院高等学校 238
国学院大学久我山中学校・高等学校 240
国士舘中学校・高等学校 244
駒込中学校・高等学校 246
駒澤大学高等学校 250
駒場学園高等学校 252
桜丘中学校・高等学校 256
サレジアン国際学園中学校・高等学校 258
サレジアン国際学園世田谷中学校・高等学校 260
実践学園中学校・高等学校 264
品川翔英中学校・高等学校 270
芝浦工業大学附属中学校・高等学校 274
芝国際中学校・高等学校 276
渋谷教育学園渋谷中学校・高等学校 278
自由ヶ丘学園高等学校 280
淑徳中学校・高等学校 284
淑徳巣鴨中学校・高等学校 286
順天中学校・高等学校 288

松蔭大学附属松蔭高等学校 292
城西大学附属城西中学校・高等学校 296
昭和第一高等学校 302
杉並学院高等学校 318
駿台学園中学校・高等学校 320
成城学園中学校・高等学校 330
正則高等学校 332
成立学園中学校・高等学校 338
青稜中学校・高等学校 340
専修大学附属高等学校 344
大智学園高等学校 348
大東文化大学第一高等学校 352
多摩大学目黒中学校・高等学校 366
中央大学高等学校 368
中央大学杉並高等学校 370
帝京中学校・高等学校 374
貞静学園中学校・高等学校 380
東亜学園高等学校 384
東海大学付属高輪台高等学校中等部・高等学校 ... 386
東海大学付属望星高等学校 388
東京高等学校 390
東京成徳大学中学校・高等学校 400
東京都市大学等々力中学校・高等学校 404
東京農業大学第一高等学校中等部・高等学校 408
東京立正中学校・高等学校 410
東洋高等学校 416
東洋大学京北中学校・高等学校 422
豊島学院高等学校 428
二松学舎大学附属高等学校 434
日本工業大学駒場中学校・高等学校 436
日本大学第一中学校・高等学校 442
日本大学第二中学校・高等学校 444
日本大学櫻丘高等学校 448
日本大学鶴ヶ丘高等学校 450
広尾学園中学校・高等学校 456
広尾学園小石川中学校・高等学校 458
文化学園大学杉並中学校・高等学校 472
文教大学付属中学校・高等学校 478
宝仙学園（理数インター）中学校・高等学校 482
豊南高等学校 484
朋優学院高等学校 486
堀越高等学校 490
三田国際学園中学校・高等学校 494
千代田国際中学校・武蔵野大学附属千代田高等学院 504
明治学院高等学校 506
目黒学院中学校・高等学校 520
目黒日本大学中学校・高等学校 522
目白研心中学校・高等学校 524
八雲学園中学校・高等学校 526
安田学園中学校・高等学校 528
立正大学付属立正中学校・高等学校 536

東京都　多摩地区

穎明館中学校・高等学校 154
桜美林中学校・高等学校 160
錦城高等学校 202
啓明学園中学校・高等学校 220
工学院大学附属中学校・高等学校 226
国際基督教大学高等学校 242
サレジオ工業高等専門学校 262
聖徳学園中学校・高等学校 298
昭和第一学園高等学校 304
成蹊中学校・高等学校 324
聖パウロ学園高等学校 336
創価中学校・高等学校 346
拓殖大学第一高等学校 356
玉川学園中学部・高等部 360
多摩大学附属聖ヶ丘中学校・高等学校 364

中央大学附属中学校・高等学校 372
帝京大学中学校・高等学校 376
帝京八王子中学校・高等学校 378
東京電機大学中学校・高等学校 402
東星学園中学校・高等学校 412
日本大学第三中学校・高等学校 446
八王子学園八王子中学校・高等学校 452
八王子実践中学校・高等学校 454
法政大学中学校・高等学校 480
明星学園中学校・高等学校 496
武蔵野大学中学校・高等学校 502
明治学院中学校・明治学院東村山高等学校 508
明治大付属八子（現：明治大学付属中野八王子）中学校・高等学校 512
明治大学付属明治中学校・高等学校 514
明星中学校・高等学校 516
明法高等学校 518
和光中学校・高等学校 538
早稲田大学系属早稲田実業学校中等部・高等部 544

神奈川県
青山学院横浜英和中学校・高等学校 548
旭丘高等学校 552
麻布大学附属高等学校 554
アレセイア湘南中学校・高等学校 556
柏木学園高等学校 562
神奈川大学附属中学校・高等学校 566
関東学院中学校・高等学校 576
関東学院六浦中学校・高等学校 578
鵠沼高等学校 584
公文国際学園中等部・高等部 586
慶應義塾湘南藤沢中等部・高等部 592
光明学園相模原高等学校 594
自修館中等教育学校 600
湘南学院高等学校 602
湘南学園中学校・高等学校 604
聖ヨゼフ学園中学校・高等学校 616
相洋中学校・高等学校 622
橘学苑高等学校 624
立花学園高等学校 626
中央大学附属横浜中学校・高等学校 628
鶴見大学附属中学校・高等学校 630
桐蔭学園中等教育学校・高等学校 632
桐光学園中学校・高等学校 634
日本大学中学校・高等学校 640
日本大学藤沢中学校・高等学校 642
法政大学国際高等学校 650
法政大学第二中学校・高等学校 652
三浦学苑高等学校 654
森村学園中等部・高等部 658
山手学院中学校・高等学校 660
横須賀学院中学校・高等学校 662
横浜高等学校 664
横浜翠陵中学校・高等学校 670
横浜清風高等学校 672
横浜創英中学校・高等学校 674
横浜創学館高等学校 676
横浜隼人中学校・高等学校 678
横浜富士見丘学園中学校・高等学校 680

埼玉県
浦和学院高等学校 688
浦和実業学園中学校・高等学校 690
浦和麗明高等学校 692
叡明高等学校 694
大宮開成中学校・高等学校 698
開智中学校・高等学校 700
開智未来中学校・高等学校 702
春日部共栄中学校・高等学校 704
埼玉栄中学校・高等学校 708
栄北高等学校 710

栄東中学校・高等学校 712
狭山ヶ丘高等学校付属中学校・狭山ヶ丘高等学校 714
秀明中学校・高等学校 716
昌平中学校・高等学校 722
西武学園文理中学校・高等学校 726
聖望学園中学校・高等学校 728
東京成徳大学深谷中学校・高等学校 730
東京農業大学第三高等学校附属中学校・高等学校 732
獨協埼玉中学校・高等学校 734
花咲徳栄高等学校 736
武南中学校・高等学校 738
本庄東高等学校附属中学校・高等学校 740
早稲田大学本庄高等学院 744

千葉県
市川中学校・高等学校 746
植草学園大学附属高等学校 748
光英 VERITAS 中学校・高等学校 750
芝浦工業大学柏中学校・高等学校 754
渋谷教育学園幕張中学校・高等学校 756
秀明大学学校教師学部附属秀明八千代中学校・高等学校 758
昭和学院中学校・高等学校 760
昭和学院秀英中学校・高等学校 762
西武台千葉中学校・高等学校 764
専修大学松戸中学校・高等学校 766
千葉経済大学附属高等学校 768
千葉商科大学付属高等学校 770
千葉日本大学第一中学校・高等学校 772
千葉明徳中学校・高等学校 774
千葉黎明高等学校 776
中央学院高等学校 778
東邦大学付属東邦中学校・高等学校 780
成田高等学校付属中学校・成田高等学校 782
二松学舎大学附属柏中学校・高等学校 784
日出学園中学校・高等学校 786
八千代松陰中学校・高等学校 788
麗澤中学校・高等学校 790

茨城県
茨城中学校・高等学校 794
江戸川学園取手中学校・高等学校 796
開智望中等教育学校 798
霞ヶ浦高等学校 800
常総学院中学校・高等学校 802
つくば国際大学高等学校 804
土浦日本大学中等教育学校 806
土浦日本大学高等学校 808
東洋大学附属牛久中学校・高等学校 810
茗溪学園中学校・高等学校 812

栃木県
國學院大學栃木中学校・高等学校 814
佐野日本大学中等教育学校 816
佐野日本大学高等学校 818
白鷗大学足利中学校・高等学校 820

山梨県
日本大学明誠高等学校 822

寮のある学校
片山学園中学校・高等学校（富山県） 830
佐久長聖中学校・高等学校（長野県） 832
早稲田摂陵高等学校（大阪府） 834
西大和学園中学校・高等学校（奈良県） 836
岩田中学校・高等学校（大分県） 838
国際高等専門学校（石川県） 840

海外校
慶應義塾ニューヨーク学院（アメリカ） 846
立教英国学院中学部・高等部（イギリス） 848

大学・短大へは付属校から進学？ それとも大学受験をしますか？

併設（系列）大学・短大がある学校

東京都　23区

愛国中学校・高等学校 138
大妻中学校・高等学校 164
大妻中野中学校・高等学校 168
共立女子中学校・高等学校 198
クラーク記念国際高等学校 206
国学院高等学校 238
国学院大学久我山中学校・高等学校 ... 240
城西大学附属城西中学校・高等学校 ... 296
女子美術大学付属中学校・高等学校 ... 310
帝京中学校・高等学校 374
東京家政大学附属女子中学校・高等学校 ... 394
東京成徳大学中学校・高等学校 400
東京立正中学校・高等学校 410
日本大学第一中学校・高等学校 442
日本大学第二中学校・高等学校 444
日本大学櫻丘高等学校 448
日本大学鶴ヶ丘高等学校 450
文化学園大学杉並中学校・高等学校 ... 472
目黒日本大学中学校・高等学校 522
目白研心中学校・高等学校 524

東京都　多摩地区

大妻多摩中学校・高等学校 166
共立女子第二中学校・高等学校 200
駒沢学園女子中学校・高等学校 248
白梅学園高等学校 312
創価中学校・高等学校 346
拓殖大学第一高等学校 356
帝京大学中学校・高等学校 376
帝京八王子中学校・高等学校 378
日本大学第三中学校・高等学校 446
藤村女子中学校・高等学校 466

神奈川県

鎌倉女子大学中等部・高等部 572
相模女子大学中学部・高等部 596
鶴見大学附属中学校・高等学校 630
日本大学中学校・高等学校 640
日本大学藤沢中学校・高等学校 642

埼玉県

大妻嵐山中学校・高等学校 696
城西川越中学校・城西大学付属川越高等学校 ... 720
東京成徳大学深谷中学校・高等学校 ... 730

千葉県

光英VERITAS中学校・高等学校 750
千葉経済大学附属高等学校 768
千葉日本大学第一中学校・高等学校 ... 772

茨城県

つくば国際大学高等学校 804
土浦日本大学中等教育学校 806
土浦日本大学高等学校 808

栃木県

國學院大學栃木中学校・高等学校 814
佐野日本大学中等教育学校 816
佐野日本大学高等学校 818

山梨県

日本大学明誠高等学校 822

寮のある学校

西大和学園中学校・高等学校（奈良県）... 836

併設（系列）大学がある学校

東京都　23区

青山学院中等部・高等部 140
跡見学園中学校・高等学校 146
江戸川女子中学校・高等学校 156
開智日本橋学園中学校・高等学校 176
かえつ有明中学校・高等学校 178
学習院中等科・高等科 182
学習院女子中等科・高等科 184
共栄学園中学校・高等学校 194
慶應義塾中等部 208
慶應義塾女子高等学校 210
香蘭女学校中等科・高等科 236
国士舘中学校・高等学校 244
駒澤大学高等学校 250
駒場東邦中学校・高等学校 254
実践女子学園中学校・高等学校 266
芝浦工業大学附属中学校・高等学校 ... 274
渋谷教育学園渋谷中学校・高等学校 ... 278
十文字中学校・高等学校 282
淑徳中学校・高等学校 284
淑徳巣鴨中学校・高等学校 286
松蔭大学附属松蔭高等学校 292
女子聖学院中学校・高等学校 308
白百合学園中学校・高等学校 314
聖学院中学校・高等学校 322
成城学園中学校・高等学校 330
専修大学附属高等学校 344
大東文化大学第一高等学校 352
多摩大学目黒中学校・高等学校 366
中央大学高等学校 368
中央大学杉並高等学校 370
田園調布学園中等部・高等部 382
東海大学付属高輪台高等学校中等部・高等学校 ... 386
東海大学付属望星高等学校 388
東京家政学院中学校・高等学校 392
東京都市大学等々力中学校・高等学校 ... 404
東京都市大学付属中学校・高等学校 ... 406
東京農業大学第一高等学校中等部・高等学校 ... 408
東洋英和女学院中学部・高等部 418
東洋大学京北中学校・高等学校 422
トキワ松学園中学校・高等学校 424
獨協中学校・高等学校 430
二松学舎大学附属高等学校 434
日本工業大学駒場中学校・高等学校 ... 436
日本女子体育大学附属二階堂高等学校 ... 440
文京学院大学女子中学校・高等学校 ... 476
文教大学付属中学校・高等学校 478
宝仙学園（理数インター）中学校・高等学校 ... 482
武蔵中学校・高等学校 500
千代田国際中学校・武蔵野大学附属千代田高等学院 ... 504
明治学院高等学校 506
明治大学付属中野中学校・高等学校 ... 510
立教池袋中学校・高等学校 532
立教女学院中学校・高等学校 534
立正大学付属立正中学校・高等学校 ... 536
早稲田中学校・高等学校 540
早稲田大学高等学院中学部・高等学院 ... 542
和洋九段女子中学校・高等学校 546

東京都 多摩地区

桜美林中学校・高等学校 160
工学院大学附属中学校・高等学校................... 226
国際基督教大学高等学校 242
成蹊中学校・高等学校 324
玉川学園中学部・高等部 360
多摩大学附属聖ヶ丘中学校・高等学校 364
中央大学附属中学校・高等学校 372
東京電機大学中学校・高等学校 402
法政大学中学校・高等学校 480
武蔵野大学中学校・高等学校 502
明治学院中学校・明治学院東村山高等学校 508
明治大学付属八王子（現：明治大学付属中野八王子）中学校・高等学校 512
明治大学付属明治中学校・高等学校 514
明星中学校・高等学校 516
和光中学校・高等学校 538
早稲田大学系属早稲田実業学校中等部・高等部 544

神奈川県

青山学院横浜英和中学校・高等学校 548
麻布大学附属高等学校 554
神奈川大学附属中学校・高等学校 566
関東学院中学校・高等学校 576
関東学院六浦中学校・高等学校 578
函嶺白百合学園中学校・高等学校 580
慶應義塾普通部 588
慶應義塾高等学校 590
慶應義塾湘南藤沢中等部・高等部 592
湘南白百合学園中学校・高等学校 606
清泉女学院中学校・高等学校 614
中央大学附属横浜中学校・高等学校 628
桐蔭学園中等教育学校・高等学校 632
日本女子大学附属中学校・高等学校 638
フェリス女学院中学校・高等学校 646
法政大学国際高等学校 650
法政大学第二中学校・高等学校 652
横浜翠陵中学校・高等学校 670
横浜創英中学校・高等学校 674

埼玉県

浦和実業学園中学校・高等学校 690
開智中学校・高等学校 700
開智未来中学校・高等学校 702
春日部共栄中学校・高等学校 704
慶應義塾志木高等学校 706
埼玉栄中学校・高等学校 708
栄北高等学校 710
栄東中学校・高等学校 712
秀明中学校・高等学校 716
淑徳与野中学校・高等学校 718
西武学園文理中学校・高等学校 726
東京農業大学第三高等学校附属中学校・高等学校 732
獨協埼玉中学校・高等学校 734
花咲徳栄高等学校 736
立教新座中学校・高等学校 742
早稲田大学本庄高等学院 744

千葉県

植草学園大学附属高等学校 748
芝浦工業大学柏中学校・高等学校 754
渋谷教育学園幕張中学校・高等学校 756
秀明大学学校教師学部附属秀明八千代中学校・高等学校 758
専修大学松戸中学校・高等学校 766
千葉商科大学付属高等学校 770
中央学院高等学校 778
東邦大学付属東邦中学校・高等学校 780
二松學舍大学附属柏中学校・高等学校 784
麗澤中学校・高等学校 790
和洋国府台女子中学校・高等学校 792

茨城県

開智望中等教育学校 798
東洋大学附属牛久中学校・高等学校 810

栃木県

白鷗大学足利中学校・高等学校 820

寮のある学校

早稲田摂陵高等学校（大阪府）.................... 834
国際高等専門学校（石川県）...................... 840

海外校

慶應義塾ニューヨーク学院（アメリカ）.......... 846
立教英国学院中学部・高等部（イギリス）........ 848

併設（系列）短大がある学校

東京都 23区

上野学園中学校・高等学校 152
サレジアン国際学園中学校・高等学校 258
貞静学園中学校・高等学校 380
豊島学院高等学校 428
三田国際学園中学校・高等学校 494

東京都 多摩地区

フェリシア高等学校 460

埼玉県

秋草学園高等学校 684

千葉県

昭和学院中学校・高等学校 760
昭和学院秀英中学校・高等学校 762
千葉明徳中学校・高等学校 774

大学受験校（併設大学・短大なし）

東京都 23区

麻布中学校・高等学校 142
足立学園中学校・高等学校 144
郁文館中学校・高等学校・グローバル高等学校 148
岩倉高等学校 150
桜蔭中学校・高等学校 158
鷗友学園女子中学校・高等学校 162
大森学園高等学校 170
海城中学校・高等学校 172
開成中学校・高等学校 174
科学技術学園高等学校 180
神田女学園中学校・高等学校 186
関東国際高等学校 188
北豊島中学校・高等学校 190
暁星中学校・高等学校 196
国本女子中学校・高等学校 204
京華中学校・高等学校 212
京華商業高等学校 214
京華女子中学校・高等学校 216
恵泉女学園中学校・高等学校 218
小石川淑徳学園中学校・高等学校（現・淑徳SC中等部・高等部）222
光塩女子学院中等科・高等科 224
攻玉社中学校・高等学校 228
麴町学園女子中学校・高等学校 230
佼成学園中学校・高等学校 232
佼成学園女子中学校・高等学校 234
駒込中学校・高等学校 246
駒場学園高等学校 252
桜丘中学校・高等学校 256
サレジアン国際学園世田谷中学校・高等学校 260
実践学園中学校・高等学校 264
品川エトワール女子高等学校 268
品川翔英中学校・高等学校 270
芝中学校・高等学校 272
芝国際中学校・高等学校 276
自由ヶ丘学園高等学校 280
順天中学校・高等学校 288
潤徳女子高等学校 290
頌栄女子学院中学校・高等学校 294
城北中学校・高等学校 300
昭和第一高等学校 302
女子学院中学校・高等学校 306
巣鴨中学校・高等学校 316

杉並学院高等学校 318
駿台学園中学校・高等学校 320
成女学院中学校・成女高等学校 326
成城中学校・高等学校 328
正則高等学校 332
正則学園高等学校 334
成立学園中学校・高等学校 338
青稜中学校・高等学校 340
世田谷学園中学校・高等学校 342
大智学園高等学校 348
大東学園高等学校 350
高輪中学校・高等学校 354
玉川聖学院中等部・高等部 362
東亜学園高等学校 384
東京高等学校 390
東京女子館中学校・高等学校 396
東京女子学院中学校・高等学校 398
東洋高等学校 416
東洋女子高等学校 420
豊島岡女子学園中学校・高等学校 426
中村中学校・高等学校 432
日本学園中学校・高等学校 438
広尾学園中学校・高等学校 456
広尾学園小石川中学校・高等学校 458
富士見中学校・高等学校 462
富士見丘中学校・高等学校 464
雙葉中学校・高等学校 468
普連土学園中学校・高等学校 470
豊南高等学校 484
朋優学院高等学校 486
保善高等学校 488
堀越高等学校 490
本郷中学校・高等学校 492
三輪田学園中学校・高等学校 498
目黒学院中学校・高等学校 520
八雲学園中学校・高等学校 526
安田学園中学校・高等学校 528
山脇学園中学校・高等学校 530

東京都 多摩地区
穎明館中学校・高等学校 154
吉祥女子中学校・高等学校 192
錦城高等学校 202
啓明学園中学校・高等学校 220
サレジオ工業高等専門学校 262
聖徳学園中学校・高等学校 298
昭和第一学園高等学校 304
聖パウロ学園高等学校 336
立川女子高等学校 358
東星学園中学校・高等学校 412
桐朋中学校・高等学校 414
八王子学園八王子中学校・高等学校 452
八王子実践中学校・高等学校 454
文華女子高等学校 474
明星学園中学校・高等学校 496
明法中学校・高等学校 518

神奈川県
浅野中学校・高等学校 550
旭丘高等学校 552
アレセイア湘南中学校・高等学校 556
栄光学園中学校・高等学校 558
英理女子学院高等学校 560
柏木学園高等学校 562
神奈川学園中学校・高等学校 564
鎌倉学園中学校・高等学校 568
鎌倉女学院中学校・高等学校 570
カリタス女子中学校・高等学校 574
北鎌倉女子学園中学校・高等学校 582
鵠沼高等学校 584
公文国際学園中等部・高等部 586

光明学園相模原高等学校 594
サレジオ学院中学校・高等学校 598
自修館中等教育学校 600
湘南学院高等学校 602
湘南学園中学校・高等学校 604
逗子開成中学校・高等学校 608
聖光学院中学校・高等学校 610
聖セシリア女子中学校・高等学校 612
聖ヨゼフ学園中学校・高等学校 616
聖和学院中学校・高等学校 618
捜真女学校中学部・高等学部 620
相洋中学校・高等学校 622
橘学苑高等学校 624
立花学園高等学校 626
桐光学園中学校・高等学校 634
藤嶺学園藤沢中学校・高等学校 636
白鵬女子高等学校 644
武相中学校・高等学校 648
三浦学苑高等学校 654
聖園女学院中学校・高等学校 656
森村学園中等部・高等部 658
山手学院中学校・高等学校 660
横須賀学院中学校・高等学校 662
横浜中学校・高等学校 664
横浜共立学園中学校・高等学校 666
横浜女学院中学校・高等学校 668
横浜清風高等学校 672
横浜創学館高等学校 676
横浜隼人中学校・高等学校 678
横浜富士見丘学園中学校・高等学校 680
横浜雙葉中学校・高等学校 682

埼玉県
浦和明の星女子中学校・高等学校 686
浦和学院高等学校 688
浦和麗明高等学校 692
叡明高等学校 694
大宮開成中学校・高等学校 698
狭山ヶ丘高等学校付属中学校・狭山ヶ丘高等学校 714
昌平中学校・高等学校 722
城北埼玉中学校・高等学校 724
聖望学園中学校・高等学校 728
武南中学校・高等学校 738
本庄東高等学校附属中学校・高等学校 740

千葉県
市川中学校・高等学校 746
国府台女子学院中学部・高等部 752
西武台千葉中学校・高等学校 764
千葉黎明高等学校 776
成田高等学校付属中学校・成田高等学校 782
日出学園中学校・高等学校 786
八千代松陰中学校・高等学校 788

茨城県
茨城中学校・高等学校 794
江戸川学園取手中学校・高等学校 796
霞ヶ浦高等学校 800
常総学院中学校・高等学校 802
茗溪学園中学校・高等学校 812

寮のある学校
函館ラ・サール中学校・高等学校（北海道）..................... 826
北嶺中学校・高等学校（北海道）..................... 828
片山学園中学校・高等学校（富山県）..................... 830
佐久長聖中学校・高等学校（長野県）..................... 832
岩田中学校・高等学校（大分県）..................... 838

田園調布学園 中等部・高等部

豊かな人生を歩める人になるために

建学の精神「捨我精進」のもと、探究、教科横断型授業、土曜プログラム、行事、
クラブ活動など体験を重視した教育活動を展開しています。生徒が学内での活動にとどまらず、
外の世界へも積極的に踏み出していくよう後押しします。

学校説明会

10月28日(土) 13:00〜　**12月 9日**(土) 10:00〜
11月15日(水) 10:30〜　**12月13日**(水) 18:30〜

帰国生対象説明会　　土曜プログラム見学会
10月28日(土)　　　　**9月 2日**(土) AM

なでしこ祭　**9月23日**(土)(祝)・**9月24日**(日)

※各イベントは、今後変更の可能性もありますので必ず本校HPでご確認ください。

2024年度入試日程

	第1回	午後入試	第2回	第3回	帰国生
試験日	2月1日(木)午前	2月1日(木)午後	2月2日(金)午前	2月4日(日)午前	12月3日(日)午前
募集定員	80名	20名	70名	30名	若干名
試験科目	4教科(国・算・社・理)	算数	4教科(国・算・社・理)	4教科(国・算・社・理)	2教科(国・算または英・算)面接

〒158-8512　東京都世田谷区東玉川2-21-8
TEL.03-3727-6121　FAX.03-3727-2984　**https://www.chofu.ed.jp/**

新しい取り組みは学園ブログやFacebookにて更新していきます。ぜひご覧ください。

行動力と品格ある人を

 学習院中等科
GAKUSHUIN BOYS' JUNIOR HIGH SCHOOL

 学習院高等科
GAKUSHUIN BOYS' SENIOR HIGH SCHOOL

中等科学校説明会

11/18 (土) 14:00〜 一般入試説明会・校内見学会

[内容] ●教育課程 ●学校生活 ●入学試験

高等科学校説明会

10/14 (土) 14:00〜 説明会・校内見学会

[内容] ●教育課程 ●学校生活 ●入学試験(動画配信形式)

鳳櫻祭（文化祭）

11/3 (金)(祝)
11/4 (土)

[入試個別説明コーナー] があります。

※すべて予約が必要です。

詳細はホームページ
(https://www.gakushuin.ac.jp/)
をご覧ください。

学習院中等科・高等科　〒171-0031 東京都豊島区目白1-5-1　TEL 03-5992-1032

 學習院

学校法人 学習院
THE GAKUSHUIN SCHOOL CORPORATION

学習院大学
GAKUSHUIN UNIVERSITY

育てる

 学習院女子中・高等科
GAKUSHUIN GIRLS' JUNIOR & SENIOR HIGH SCHOOL

オープンスクール

10/7㊏・11/25㊏ 14:00~

内容 ●授業紹介 ●生徒作品展示 ●校内見学 など

学校説明会（保護者対象）

9/25㊊ 15:00~・10/4㊌ 17:00~
11/27㊊ 15:00~

内容 ●教育方針・教育課程・学校生活・入試について など

八重桜祭（文化祭）

11/3㊎㊗
11/4㊏

※すべて予約が必要です。

詳細は本校ホームページ
(https://www.gakushuin.ac.jp/girl/)
をご覧ください。

学習院女子中・高等科　〒162-8656 東京都新宿区戸山3-20-1　TEL 03-3203-1901（代）

 学習院女子大学
GAKUSHUIN WOMEN'S COLLEGE

 学習院中等科
GAKUSHUIN BOYS' JUNIOR HIGH SCHOOL

 学習院初等科
GAKUSHUIN PRIMARY SCHOOL

 学習院高等科
GAKUSHUIN BOYS' SENIOR HIGH SCHOOL

 学習院女子中・高等科
GAKUSHUIN GIRLS' JUNIOR & SENIOR HIGH SCHOOL

 学習院幼稚園
GAKUSHUIN KINDERGARTEN

STEAM教育とGlobal教育の実践で
創造力・論理力・思考力・発信力を育む

中学

受験生の特性をいかせる豊富な入試

1 プライマリー入試
- 本校第一志望者におすすめ
  国・算+面接

2 プログラミング入試
- マインクラフト入試

3 適性検査型入試
- 2科型・共通2科型または3科型から選択可能

4 各種検定4級以上の取得者を優遇
- AM・PM入試の得点で加点あり

高校

細やかな指導で難関大学進学を実現

1 併願優遇制度
- 難関国公立・文理コースで利用可能

2 ステップアップチャレンジ
- 推薦で文理進学クラスに合格後、一般入試で難関国公立クラスへ**スライド合格**できるチャンスあり

3 英語免除制度
- 英検準2級取得者は文理進学型で英語を**満点免除**

4 データサイエンスコースを新設（認可申請中）
- Ⅰ型：探究型データリテラシー試験+面接
- Ⅱ型：新思考試験+面接

しょう　とく
聖徳学園中学・高等学校

〒180-8601 東京都武蔵野市境南町2丁目11番8号　TEL 0422-31-5121（代）　（JR中央線「武蔵境」駅南口徒歩3分）
https://jsh.shotoku.ed.jp/

成城学園
SEIJO GAKUEN

募集要項（2024年度）

中 学 校

募集人員	帰国生 男女約10名 一般第1回 男女約70名 一般第2回 男女約50名
願書受付 （WEB出願）	帰国生 11/28(火)〜12/12(火)13:00 　　　書類締切 13(水)16:00必着(窓口可) 一般第1回·第2回 1/10(水)〜26(金)13:00 　　　書類締切 27(土)16:00必着(窓口可) 一般第2回のみ 2/1(木)17:00〜2(金)15:00 　　　書類締切 2(金)16:00まで(窓口のみ)
試験日	帰国生 12/20(水) 一般第1回 2/1(木) 一般第2回 2/3(土)
試験科目	帰国生 基礎学力試験(国·算)·面接 一般 国·算·社·理
学校説明会	10/7(土)14:00〜 11/11(土)14:00〜 12/23(土)10:00〜

高 等 学 校

募集人員	推薦 男女約20名 一般 男女約40名
願書受付 （WEB出願）	推薦 1/15(月)〜17(水)13:00 　　書類締切 18(木)16:00必着(窓口可) 一般 1/27(土)〜2/5(月)13:00 　　書類締切 6(火)16:00必着(窓口可)
試験日	推薦 1/22(月) 一般 2/12(月)
試験科目	推薦 面接(個人·グループ)·作文 一般 国·数·英·面接
学校説明会	10/7(土)14:00〜 11/11(土)14:00〜 12/16(土)未定

お問い合せ先　〒157-8511
東京都世田谷区成城6-1-20

[中学校高等学校] TEL.03-3482-2104
https://www.seijogakuen.ed.jp/chukou/

未来のために、自分のために。
君たちが獨協で身につける力。

学ぶ力

獨 ＋ 力

挑戦する力　共感する力

獨協で
パワーアップ！

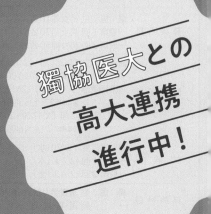

獨協医大との
高大連携
進行中！

学校説明会
9/13（水）
19:00〜20:20

10/15（日）
10:00〜12:00

11/12（日）
10:00〜12:00

獨協祭
9/23（土・祝）、**24**（日）
10:00〜15:00

Your *Stories*

あなただけのストーリーを。

「和」と「洋」のハイブリッド型教育で真のグローバルマインドを育てる

- ▌レベル別英語授業
- ▌各種英語資格試験対策
- ▌豊富な海外語学研修
- ▌日本文化教育（茶道・華道・礼法）
- ▌苦手教科は基礎から徹底サポート
- ▌PBL型授業で思考力を鍛える

和洋九段女子中学校高等学校

イベント等の詳しい情報は
HP をご覧ください

〒102-0073 東京都千代田区九段北1-12-12　TEL.03-3262-4161（代表）　FAX.03-3262-4160　**www.wayokudan.ed.jp**

中学校 学校説明会日程 (web予約制)

第3回	**9/17**(日)	第3回B入試説明会(英語資格入試・T&M入試)	**10/7**(土)
第4回	**10/28**(土)	入試問題説明会	**12/2**(土)〜 動画配信予定
第5回	**11/11**(土)		
第6回	**12/24**(日)	帰国生対象 入試問題説明会	**11/6**(月)〜 動画配信予定

高等学校 学校説明会日程 (web予約制)

| 第3回 | **9/10**(日) | 第5回 | **11/18**(土) |
| 第4回 | **10/8**(日) | 第6回 | **12/17**(日) |

2024年度 中学校 生徒募集要項

| | 帰国生 | 一　般 | | | 第3回B 英語資格入試 T&M入試 |
		第1回	第2回	第3回A	
試験日	**1/5**(金)	**2/1**(木)	**2/2**(金)	**2/3**(土)	**2/3**(土)
募集人員	男子若干名 女子若干名	男子80名 女子50名	男子80名 女子50名	男子 A・B 合計60名 女子 A・B 合計30名	
試験科目	国・算・英より2科目面接	4科目(国・算・社・理)			国・算面接

2024年度 高等学校 生徒募集要項

| | 帰国生 | 推薦 | 一　般 | |
			第1回	第2回
試験日	**1/5**(金)	**1/22**(月)	**2/10**(土)	**2/12**(月)
募集人員	〈男子〉SAコース若干名 〈女子〉SAコース若干名	〈男子〉SAコース40名 〈女子〉SAコース若干名	〈男子〉SAコース60名 〈女子〉SAコース20名	〈男子〉SAコース40名 〈女子〉SAコース20名
試験科目	英語・面接	作文・面接	国語・英語・数学	

桐光学園 中 学 校 高等学校

〒215-8555
川崎市麻生区栗木3-1-2-1
TEL.044-987-0519

●小田急多摩線栗平駅より徒歩約12分
●小田急多摩線黒川駅よりスクールバスにて約5分
●京王相模原線若葉台駅よりスクールバスにて約15分

新宿駅より28分・下北沢駅より20分
―― 小田急線快速急行にて、栗平駅まで

桐光学園は、地下鉄ブルーライン延伸の早期完成を応援しています。

※指定校推薦枠が東京都立大学・早稲田大学・上智大学等多数あります。また、特待生制度や奨学生制度も充実しています。各種の日程や内容については、本校ウェブサイト等にて重ねての確認をお願い致します。

お茶の学びで感受性、探求学習で好奇心
基礎基本の学力を土台に
たくましい男子育成にまっしぐら

入 試 説 明 会 （ 予 定 ）　※事前申込（ホームページからお申し込みください）

●中 学 校

＜学校説明会＞
10／7（土）、11／11（土）、11／24（金）　10:30〜
＜入試問題対策説明会＞　12／16（土）　10:30〜
＜ファイナル説明会＞　1／20（土）　10:30〜
＜オープンスクール（授業体験）＞
10／14（土）　10:00〜【小学4年生以上対象】

●高 等 学 校

＜学校説明会＞
9／30（土）、10／21（土）、11／11（土）
14:00〜
＜個別相談会及びミニ学校説明会＞
11／25（土）、12／2（土）　14:00〜
＜部活体験会＞
9／2（土）

●中 高 共 通　**＜藤嶺祭＞**　10／28（土）、10／29（日）　9:30〜　※相談コーナー設置

◉F 藤嶺学園藤沢 中学校 高等学校
普 通 科 （ 6 年 一 貫 コ ー ス ）

藤嶺藤沢 公式SNS始めました
📷 Instagram　🐦 Twitter

TOHREIFUJISAWA

〒251-0001　神奈川県藤沢市西富1-7-1　☎0466（23）3150
JR線・小田急線藤沢駅下車15分
https://www.tohrei-fujisawa.ed.jp/

飛躍への挑戦！

日本大学高等学校・中学校

学校説明会

◆中学校	◆高等学校
10/21(土) 午前	10/21(土) 午後
11/11(土) 午前	11/11(土) 午後
11/25(土) 午前	11/25(土) 午後

説明会当日は、日吉駅（東急東横線・目黒線／横浜市営地下鉄グリーンライン）より学校まで無料のスクールバスを運行しておりますのでご利用ください。

中学校	高等学校
●アカデミックフロンティアコース（AF）	●特別進学コース
●グローバルリーダーズコース（GL）	●総合進学コース
	●総合進学コース スーパーグローバルクラス（SG）

〒223-8566 横浜市港北区箕輪町2-9-1
TEL.045-560-2600　FAX.045-560-2610

各ターミナル駅から好アクセスでラクラク通学！

センター北 11min CENTER KITA	渋谷 19min SHIBUYA
東急線 横浜市営地下鉄 日吉駅 HIYOSHI	
湘南台 33min SHONANDAI	目黒 20min MEGURO
横浜 14min YOKOHAMA	川崎 23min KAWASAKI

NICHIDAI FUJISAWA

一人ひとりが
輝ける環境

中学校 入試説明会 | 保護者・受験生対象

第1回	第2回	第3回
11月**4**日⊕	**11**月**11**日⊕	**11**月**25**日⊕
14:30〜15:30	14:30〜15:30	14:30〜15:30

●要予約
●説明会後、学校見学・個別相談ができます
●ご予約は本校ホームページよりお申し込みください
※詳細は本校ホームページでご確認ください

高校 入試説明会 | 保護者・受験生対象

第1回	第2回	第3回
11月**4**日⊕	**11**月**11**日⊕	**11**月**25**日⊕
14:00〜15:00	14:00〜15:00	14:00〜15:00

●要予約
●説明会後、ご希望の方には個別の相談をお受けします
●ご予約は本校ホームページよりお申し込みください
※詳細は本校ホームページでご確認ください

HPはこちら

ご予約はいずれも学校ホームページよりお申し込みください。
●公開行事予定は状況により日程・内容を変更する場合があります。最新情報は本校ホームページでご確認ください。

日本大学藤沢中学校・日本大学藤沢高等学校

〒252-0885 神奈川県藤沢市亀井野1866　TEL：高校 0466-81-0123/中学 0466-81-0125　FAX：0466-83-2161
https://www.fujisawa.hs.nihon-u.ac.jp/

Talent & Mission
賜物を用いて使命を担う

2024年度入試　説明会・行事のご案内　※すべて要Web予約

＜中学校（G一貫コース）＞

学校説明会

9／9（土）10:00～11:30

11／11（土）9:00～12:00 ※入試問題体験会を並行開催

12／9（土）10:00～11:30

1／13（土）9:00～12:00 ※入試問題体験会を並行開催

水曜ミニ説明会

実施日時につきましてはHPでご確認ください

＜高等学校（S選抜コース・A進学コース）＞

オープンデー

11／3（金·祝）
10:00～11:30
13:30～15:00

入試説明会

11／23（木·祝）
10:00～11:30
13:30～15:00

12／2（土）
10:00～11:30
13:30～15:00

月曜学校説明会

9／4 10:00～11:30

9／11 10:00～11:30

10月以降の実施日はHPで
ご確認ください

直前入試相談会

12／4（月）

～12／6（水）

説明会・校内見学 14:30～15:20
個別相談　　　　15:30～17:00

状況により、実施日および実施方法が変更となる可能性があります。必ずHPでご確認ください

横須賀学院中学校・高等学校

〒238-8511　横須賀市稲岡町82　☎046-822-3218　https://www.yokosukagakuin.ac.jp/

 横須賀中央駅より徒歩10分  横須賀駅よりバス5分徒歩5分、または、横須賀駅より徒歩18分

2022年度より新校舎・新コース・新制服がスタート

普通科

特進選抜クラス　難関私大に一般選抜で現役合格を目指すクラス。千葉商科大学進学を一定条件で保証。

総合進学クラス　実学（科目×社会で役立つ力を実践的に身につける学び）を総合的に学ぶカリキュラム。

商業科

千葉商科大学進学を見据えた「簿記、ＩＴ、商品開発」を軸とした実学重視のカリキュラム。

千葉商科大学付属高等学校

説明会・個別相談等の日程は
ホームページにて案内いたします。

〒272-0835　千葉県市川市中国分2-10-1　　TEL 047-373-2111　FAX 047-371-8146

交通アクセス

◇JR総武線「市川駅」下車「松戸駅行バス」（国府台病院）下車徒歩８分または「国分操車場 北国分駅行バス」乗車18分（商大付高校）下車

◇京成線「国府台駅」下車徒歩２０分、北総線「矢切駅」下車徒歩18分　　◇JR・新京成線「松戸駅」下車「市川駅行バス」（国府台病院）下車徒歩８分

TOKYO GAKKAN URAYASU HIGH SCHOOL 2024

特別進学コース選抜
特別進学コース
総合進学コース
国際教養コース
スポーツ進学コース

東京学館浦安高等学校

2023年度説明会日程
定員制で事前予約が必要になります。1か月前から本校ホームページの専用サイトからご予約願います。

学校説明会(9:30～11:00)	個別相談会	イブニング説明会
9月2日(土)　9月30日(土)　10月7日(土)	昼の部(12:00～15:00)	(17:30～19:00)
10月21日(土)　11月18日(土)　12月2日(土)	9月2日(土)　9月30日(土)　10月7日(土)	10月12日(木)
	10月21日(土)　11月11日(土)　11月18日(土)	11月1日(水)
授業公開&学校説明会(9:30～12:00)　11月11日(土)	12月2日(土)	11月14日(火)
		12月8日(金)
国際教養コース体験入学(9:30～11:00)　10月21日(土)	夜の部(17:00～19:00)	
※学校説明会と同時進行	10月12日(木)　11月1日(水)　11月14日(火)　12月8日(金)	

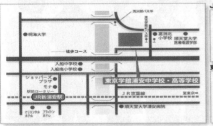

JR 新浦安駅より徒歩13分／バス5分
● JR京葉線新浦安駅前より東京ベイシティ交通バスにて5分「東京学館前」下車
⑩みちと潮（鉄鋼団地）行
⑮新浦海浜公園行（東京学館前・潮音の街経由）
⑯高洲海浜公園行（東京学館前・高洲四丁目経由）

東京メトロ東西線浦安駅よりチャーターバス10分
● 東京メトロ東西線浦安駅よりチャーターバスにて10分（登下校時）又は東京ベイシティ交通バス⑯高洲海浜公園行（新浦安駅・高洲橋緑由）にて16分「高洲」下車徒歩3分
※詳しい時刻表は本校HPをご覧ください。

本校公式ホームページ

〒 279-0023　千葉県浦安市高洲 1-23-1　TEL. 047-353-8821　FAX. 047-355-1123
● JR 新浦安駅より徒歩 13 分／バス 5 分　●東京メトロ東西線浦安駅よりチャーターバス 10 分

お気に入りの一着見つけよう

制服を Check!

中高一貫校

在校生に愛される人気の制服を紹介します。
セレモニーにも映えるキリッとしたスタイル。
着心地がよく、飽きのこないデザインが魅力です。
来年の春、あなたが着るのはどの一着？

国本女子中学校・高等学校

〒157-0067
東京都世田谷区喜多見8-15-33
TEL.03-3416-4722
https://kunimoto.ac.jp/jsh/

交通 小田急線喜多見駅徒歩2分

➡ 学校詳細は本文204ページをご参照ください

浦和実業学園中学校・高等学校

〒336-0025　埼玉県さいたま市南区文蔵3-9-1
TEL.048-861-6131　https://www.urajitsu.ed.jp

交通 JR京浜東北線・武蔵野線南浦和駅西口下車徒歩12分

➡ 学校詳細は本文690ページをご参照ください

国府台女子学院中学部・高等部

〒272-8567 千葉県市川市菅野3-24-1
TEL.047-322-7777
https://www.konodai-gs.ac.jp/

交通 JR市川駅徒歩12分
　　 京成本線市川真間駅徒歩5分

➡ 学校詳細は本文752ページをご参照ください

京華中学校・高等学校

〒112-8612 東京都文京区白山5-6-6
TEL.03-3946-4451
https://www.keika.ed.jp

交通 都営三田線白山駅A1出口徒歩3分
　　　東京メトロ南北線本駒込駅1番出口徒歩8分
　　　東京メトロ千代田線千駄木駅団子坂出口徒歩18分

➡ 学校詳細は本文212ページをご参照ください

京華女子中学校・高等学校

〒112-8613
東京都文京区白山5-13-5
TEL.03-3946-4434
https://www.keika-g.ed.jp

交通 都営三田線千石駅A2出口徒歩5分
　　　東京メトロ南北線本駒込駅
　　　1番出口徒歩8分
　　　東京メトロ千代田線千駄木駅
　　　団子坂出口徒歩18分

➡ 学校詳細は本文216ページをご参照ください

国士舘中学校・高等学校

〒154-8553
東京都世田谷区若林4-32-1
TEL.03-5481-3131
https://hs.kokushikan.ed.jp/

交通 小田急線梅ヶ丘駅徒歩15分
　　　東急世田谷線松陰神社前駅
　　　徒歩6分

➡ 学校詳細は本文244ページをご参照ください

サレジアン国際学園世田谷中学校・高等学校

〒157-0074 東京都世田谷区大蔵2-8-1
TEL.03-3416-1150
https://salesian-setagaya.ed.jp

交通 小田急線祖師ヶ谷大蔵駅徒歩20分
　　　成城学園前駅バス10分
　　　東急田園都市線用賀駅バス20分
　　　二子玉川駅スクールバス15分

➡ 学校詳細は本文260ページをご参照ください

西武学園文理中学校・高等学校

〒350-1336
埼玉県狭山市柏原新田311-1
TEL.04-2954-4080
https://www.bunri-s.ed.jp/

交通 西武新宿線新狭山駅からバス約8分
　　　JR埼京線・東武東上線川越駅
　　　からバス約20分
　　　東武東上線鶴ヶ島駅
　　　からバス約20分
　　　西武池袋線稲荷山公園駅
　　　からバス約20分
　　　JR八高線・西武池袋線
　　　東飯能駅からバス約25分

➡ 学校詳細は本文726ページをご参照ください

淑徳中学校・高等学校

〒174-8643
東京都板橋区前野町5-14-1
TEL.03-3969-7411
https://www.shukutoku.ed.jp/

交通 東武東上線ときわ台駅徒歩15分
　　　都営三田線志村三丁目駅徒歩15分
　　　JR赤羽駅・東武東上線
　　　ときわ台駅からバスあり
　　　西武池袋線練馬高野台駅
　　　からスクールバスあり

➡ 学校詳細は本文284ページをご参照ください

芝浦工業大学附属中学校・高等学校

〒135-8139 東京都江東区豊洲6-2-7
TEL.03-3520-8501
https://www.fzk.shibaura-it.ac.jp

交通 東京メトロ有楽町線豊洲駅6b出口より徒歩7分
新交通ゆりかもめ新豊洲駅南口より徒歩1分

➡ 学校詳細は本文274ページをご参照ください

聖徳学園中学校・高等学校

〒180-8601
東京都武蔵野市境南町2-11-8
TEL.0422-31-5121
https://jsh.shotoku.ed.jp/

交通 JR中央線・西武多摩川線武蔵境駅南口徒歩3分

➡ 学校詳細は本文298ページをご参照ください

聖セシリア女子中学校・高等学校

〒242-0006 神奈川県大和市南林間3-10-1
TEL.046-274-7405
https://www.cecilia.ac.jp

交通 東急田園都市線中央林間駅徒歩10分
小田急江ノ島線南林間駅徒歩5分

➡ 学校詳細は本文612ページをご参照ください

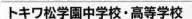

トキワ松学園中学校・高等学校

〒152-0003 東京都目黒区碑文谷4-17-16
TEL.03-3713-8161
https://tokiwamatsu.ac.jp

交通 東急東横線都立大学駅徒歩8分
目黒駅・JR大森駅・京王線新代田駅よりバス

➡ 学校詳細は本文424ページをご参照ください

37

女子美術大学付属中学校・高等学校

〒166-8538 東京都杉並区和田1-49-8
TEL.03-5340-4541
http://www.joshibi.ac.jp/fuzoku/

交通 東京メトロ丸ノ内線東高円寺駅徒歩約8分

➡ 学校詳細は本文310ページをご参照ください

玉川聖学院中等部・高等部

〒158-0083 東京都世田谷区奥沢7-11-22
TEL.03-3702-4141
https://www.tamasei.ed.jp

交通 東急東横線自由が丘駅徒歩約6分
東急大井町線九品仏駅徒歩約3分

➡ 学校詳細は本文362ページをご参照ください

桐蔭学園中等教育学校

〒225-8502 神奈川県横浜市青葉区鉄町1614
TEL.045-971-1411
https://toin.ac.jp/ses/

交通 東急田園都市線市が尾・青葉台駅
バス10〜15分
小田急線柿生駅バス15分

➡ 学校詳細は本文632ページをご参照ください

東京農業大学第一高等学校・中等部

〒156-0053 東京都世田谷区桜3-33-1
TEL.03-3425-4481
https://www.nodai-1-h.ed.jp

交通 小田急線経堂駅徒歩15分
東急世田谷線上町駅徒歩15分
東急田園都市線桜新町駅徒歩20分

➡ 学校詳細は本文408ページをご参照ください

帝京中学校・高等学校

〒173-8555 東京都板橋区稲荷台27-1
TEL.03-3963-4711
https://www.teikyo.ed.jp

交通 JR埼京線十条駅徒歩12分
都営三田線板橋本町駅A1徒歩8分

➡ 学校詳細は本文**374**ページをご参照ください

東洋大学京北中学校・高等学校

〒112-8607 東京都文京区白山2-36-5
TEL.03-3816-6211
https://www.toyo.ac.jp/toyodaikeihoku

交通 都営三田線白山駅出口A1徒歩6分
東京メトロ南北線本駒込駅出口1徒歩10分
東京メトロ丸ノ内線茗荷谷駅出口1徒歩17分
東京メトロ千代田線千駄木駅出口1徒歩19分

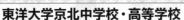

➡ 学校詳細は本文**422**ページをご参照ください

東洋大学附属牛久中学校・高等学校

〒300-1211 茨城県牛久市柏田町1360-2
TEL.029-872-0350
https://www.toyo.ac.jp/ushiku/

交通 JR常磐線牛久駅スクールバス約8分
近隣エリアをカバーするスクールバスを8ルート運行

➡ 学校詳細は本文**810**ページをご参照ください

東京農業大学第三高等学校附属中学校・高等学校

〒355-0005
埼玉県東松山市大字松山1400-1
TEL.0493-24-4611
https://www.nodai-3-h.ed.jp/

交通 東武東上線東松山駅、
JR鴻巣・吹上・熊谷・上尾駅、
西武新宿線本川越駅、
秩父鉄道行田市駅
からスクールバス

➡ 学校詳細は本文**732**ページをご参照ください

普連土学園中学校・高等学校

〒108-0073 東京都港区三田4-14-16
TEL.03-3451-4616
https://www.friends.ac.jp/

交通 JR田町駅徒歩8分
　　都営地下鉄浅草線・三田線三田駅徒歩7分
　　東京メトロ南北線白金高輪駅徒歩10分

➡ 学校詳細は本文470ページをご参照ください

和洋国府台女子中学校・高等学校

〒272-8533 千葉県市川市国府台2-3-1
TEL.047-371-1120
https://www.wayokonodai.ed.jp

交通 京成電鉄国府台駅徒歩9分
　　JR総武線市川駅バス約10分
　　JR常磐線・地下鉄千代田線・新京成線
　　松戸駅バス約20分
　　北総開発鉄道矢切駅バス約7分

➡ 学校詳細は本文792ページをご参照ください

明治学院中学校・明治学院東村山高等学校

〒189-0024 東京都東村山市富士見町1-12-3
TEL.042-391-2142
https://www.meijigakuin-higashi.ed.jp

交通 西武拝島線・西武国分寺線小川駅徒歩約10分
　　JR武蔵野線新小平駅徒歩約25分

➡ 学校詳細は本文508ページをご参照ください

制服を Check!

高校単独の学校

秋草学園高等学校

〒350-1312 埼玉県狭山市堀兼2404
TEL.04-2958-4111
https://www.akikusa.ac.jp/hs/

交通 西武新宿線新所沢駅から西武フラワーヒル行き
バス約15分、秋草学園高等学校下車
または十四軒下車徒歩5分
西武新宿線新所沢駅・狭山市駅、JR川越線・東武東上線
川越駅、JR武蔵野線東所沢駅、東武東上線ふじみ野駅、
西武池袋線稲荷山公園駅からスクールバス

➡ 学校詳細は本文**684**ページをご参照ください

関東国際高等学校

〒151-0071 東京都渋谷区本町3-2-2
TEL.03-3376-2244
https://www.kantokokusai.ac.jp

交通 JR・小田急線・東京メトロ丸ノ内線
新宿駅西口徒歩17分
京王線（京王新線）初台駅東口徒歩8分
都営大江戸線西新宿五丁目駅A2出口徒歩5分

➡ 学校詳細は本文**188**ページをご参照ください

京華商業高等学校

〒112-8612 東京都文京区白山5-6-6
TEL.03-3946-4491
https://www.keika-c.ed.jp

交通 都営三田線白山駅A1出口徒歩3分
東京メトロ南北線本駒込駅
1番出口徒歩8分
東京メトロ千代田線千駄木駅
団子坂出口徒歩18分

➡ 学校詳細は本文**214**ページをご参照ください

杉並学院高等学校

〒166-0004 東京都杉並区阿佐谷南2-30-17
TEL.03-3316-3311
https://suginami.ed.jp

交通 JR中央線・総武線・東京メトロ東西線
　　　高円寺駅徒歩8分
　　　JR中央線・総武線阿佐ヶ谷駅徒歩8分
➡学校詳細は本文318ページをご参照ください

駒澤大学高等学校

〒158-8577 東京都世田谷区上用賀1-17-12
TEL.03-3700-6131
https://www.komazawa.net/

交通 東急田園都市線
　　　桜新町駅・用賀駅徒歩13分
　　　小田急線千歳船橋駅よりバス10分
➡学校詳細は本文250ページをご参照ください

昭和第一高等学校

〒113-0033
東京都文京区本郷1-2-15
TEL.03-3811-0636
https://www.sdh.ed.jp/

交通 JR総武線・都営地下鉄三田線水道橋駅徒歩3分
　　　東京メトロ丸ノ内線・南北線後楽園駅徒歩8分
　　　東京メトロ丸ノ内線・都営地下鉄大江戸線本郷三丁目駅より徒歩8分
　　　東京メトロ千代田線新御茶ノ水駅徒歩10分
➡学校詳細は本文302ページをご参照ください

白梅学園高等学校

〒187-8570 東京都小平市小川町1-830
TEL.042-346-5691
https://highwww.shiraume.ac.jp/

交通 西武国分寺線鷹の台駅徒歩13分

➡ 学校詳細は本文312ページをご参照ください

東洋女子高等学校

〒112-0011 東京都文京区千石3-29-8
TEL.03-3941-2680
https://www.toyojoshi.ac.jp

交通 JR山手線・都営三田線巣鴨駅徒歩7分

➡ 学校詳細は本文420ページをご参照ください

東亜学園高等学校

〒164-0002 東京都中野区上高田5-44-3
TEL.03-3387-6331
https://toagakuen.ac.jp

交通 西武新宿線新井薬師前駅徒歩1分

➡ 学校詳細は本文384ページをご参照ください

桐蔭学園高等学校

〒225-8502 神奈川県横浜市青葉区鉄町1614
TEL.045-971-1411
https://toin.ac.jp/high/

交通 東急田園都市線市が尾・青葉台駅
バス10〜15分
小田急線柿生駅バス15分

➡ 学校詳細は本文632ページをご参照ください

千葉商科大学付属高等学校

〒272-0835 千葉県市川市中国分2-10-1
TEL.047-373-2111
https://www.hs.cuc.ac.jp/

交通 京成線国府台駅徒歩20分
　　北総線矢切駅徒歩20分
　　JR総武線市川駅北口バス18～25分
　　JR常磐線松戸駅西口バス30分

➡ 学校詳細は本文770ページをご参照ください

白鵬女子高等学校

〒230-0074
神奈川県横浜市鶴見区北寺尾4-10-13
TEL.045-581-6721
http://www.hakuhojoshi-h.ed.jp

交通 JR鶴見駅・川崎駅・尻手駅
　　からバス白鵬女子高校前下車
　　東急東横線綱島駅
　　からバス三ツ池口下車

➡ 学校詳細は本文644ページをご参照ください

フェリシア高等学校

〒195-0054
東京都町田市三輪町122
TEL.044-988-1126
https://www.felicia.ed.jp/

交通 小田急線柿生駅徒歩12分
　　小田急線鶴川駅よりバス8分
　　田園都市線市が尾駅
　　よりバス20分

➡ 学校詳細は本文460ページをご参照ください

朋優学院高等学校

〒140-8608 東京都品川区西大井6-1-23
TEL.03-3784-2131
https://www.ho-yu.ed.jp/

交通 JR横須賀線・湘南新宿ライン西大井駅徒歩10分
　　都営地下鉄浅草線中延・馬込駅徒歩8分
　　東急大井町線荏原町・中延駅徒歩9分
　　JR・東急池上線五反田駅よりバス10分

➡ 学校詳細は本文486ページをご参照ください

徹底研究!
未来へ羽ばたく力を
育てる私立校の教育

　近年、どこでも改革が叫ばれていますが、学校も例外ではありません。私立中高では、"校舎の新築・改築""制服の一新""男女共学"を中心とした改革で人気アップとなる学校が数多くありました。

　国際化社会で活躍する下地となる英語力を伸ばす教育や異文化理解教育に力を入れている私立校も少なくありません。ネイティブ教員による英会話授業をはじめ、海外の学校との交流や語学研修など、各校の個性を生かした"改革"が行われています。

　最近では、コロナ下で注目を集めた私立校のICT教育の充実ぶりも改革の一環といえます。また、2021年度大学入試から導入された「大学入学共通テスト」は、知識・技能とともに思考力・判断力・表現力を重視する出題が特徴です。先進的な教育プログラムの開発に常に取り組んでいる私立校にとっては本領発揮といえ、その成果は大学合格実績にはっきりと現れています。

　これらの改革に共通するのは、生徒のためということでしょう。教育に「これでよい」というものはありません。次ページからご紹介する各校の取組みは、生徒第一の考え方を基本に、さらに魅力ある学校に生まれ変わるための改革なのです。

青山学院中等部

「教科センター」方式の新校舎によって
知的好奇心を高め、豊かな人間力を育む

■知的好奇心を刺激する「教科センター方式」

中等部では、変革する未来の社会に向けて、グローバルに活躍する人を育てるため、フロアごとに各教科が特徴を生かした専用のエリアを持つ「教科センター」方式を導入しています。教科の発表や作業のためのメディアスペースと専用教室をそれぞれ隣接させています。この導入によって、教科の魅力をしっかり伝えることができるようになり、学びの場は教室の中だけでなく、校舎全体に及びます。生徒一人ひとりの好奇心を高める、より充実した教科教育が可能になりました。

●知的好奇心を刺激する空間

「メディアスペース」と呼ばれるオープンスペースでは、教科の特徴を生かした展示を行い、生徒たちへメッセージを発信しています。学年を超えた作品や資料、展示物や研究レポートなどを見ることができ、生徒たちの興味や知的好奇心を刺激する空間として機能しています。また、休み時間の憩いの場にもなっています。

休み時間になると、生徒が各教科の教室に移動します。

●豊かな人間力を育む環境

ロッカーなどがあるホーム・ベースを拠点に、生徒たちは自分の時間割に従って授業の準備を行い、教科ごとの専用教室に移動して授業を受けます。生徒自らが授業に「向かう」というスタイルによって、主体的に学ぶ姿勢が育っています。また、授業間の移動の途中で異学年の生徒や先生と触れ合う機会も増え、人間関係が広がり、豊かな人間力が育まれています。

●学び、深め合う次世代型の学習

教室は、電子黒板やタブレット型教材対応の通信インフラを整備しています。また、全校生徒に1人1台ノートパソコンが配布されます。最新のICT設備の活用によって、個別学習支援からプレゼンテーション、グループ活動まで、思考を深め、考える学習を可能にしています。

メディアスペースには、展示物、書籍、グループ学習用のテーブル、発表用のボードなどが整備されています。

学校説明会日程

〈中等部〉（要予約）※受験生同伴可
　9/16(土)、10/14(土)
●オンライン説明会（要予約）
　上記を含む期間、オンデマンド方式で配信予定

●問い合わせ先
〒150-8366　東京都渋谷区渋谷4-4-25
TEL03-3407-7463
〈URL〉https://www.jh.aoyama.ed.jp

本文140・141ページもご参照ください

クラーク記念国際高等学校

夢を見つけ、挑戦し、実現できる環境がここにある

■生徒の好きや得意を伸ばすための全日型通信制

　一般の全日制高校では、授業の大半を卒業に必要な単位が占めています。ところが、クラークでは「全日型通信制」のコース授業を導入しているため、全日制の高校よりも専門的な授業を受けることができます。東京キャンパスには、全日型の8コース（総合進学、パフォーマンス、インターナショナル、ペット生命科学、保育・福祉、食物栄養、美術デザイン、スポーツ〈サッカー専攻〉）を設置。授業はそれぞれが特化しており、自分の将来の進路に合わせた専門的な環境で学べます。また、コース変更、学び方の変更（通学型とオンライン＋通学）も可能です。

　専門性を探究し、一人ひとりの「好き」や「得意」を伸ばすことができる環境が整っており、コース授業で身につけた専門性を武器に、進路を実現しています。

■本物の英語力を体得する国際教育

　英語については、高1レベルから海外大学レベルまで、留学や資格にも挑戦できるさまざまなレベルに対応した教育体制をとっています。英語の授業時間を多く確保し、ネイティブ教員の指導により、普段の授業で触れる単語の数は一般的な高校の約10倍。生きた英語のシャワーを浴びることで本物の力がつきます。レベル別の授業により、

TOEIC® のスコアが600〜700点アップする生徒もいます。また、日本人、ネイティブ、外国人教員がタブレットで生徒の目標を管理。一人ひとりの目標を共有しています。

■豊富な留学実績を誇る留学プログラム

　毎年、500人以上の生徒が留学を経験。留学先は、オーストラリアまたはハワイを選択できます。期間は、3週間の短期留学から、3カ月の中期、7〜27カ月の長期留学まで用意。自分のレベルや目的に合わせて留学先と期間を選べるので、英会話初心者でも参加できます。一般的な全日制の学校では留学中は休学扱いになりますが、クラークでは、課題を提出し、一時帰国して単位認定のための授業やテストを受ければ、長期留学であっても3年間で卒業できます。

■2021年度より、テクノロジー教育に特化した「CLARK NEXT Tokyo」が東京・板橋に新開校！

　「好きは最強。」をモットーに最高の環境で学びを実現する高校が誕生しました。10階建ての完全独立校舎は、全フロアプロ仕様。専門設備を整え、eスポーツ、ゲーム／アプリ、ロボティクスの各コースには専用ルームを用意しています。好きなことの学びが社会実装に繋がり広がるコースを設計。更に専門分野とは別に、一人ひとりの目標レベルに合わせた学習方法で大学進学に必要な基礎学力も身につけることができます。

学校説明会日程

学校説明会、オープンキャンパスを定期的に開催しています。
日程はキャンパスにより異なりますので、詳しくはホームページでご確認ください。

●問い合わせ先
TEL0120-833-350（入試・入学相談窓口）
〈URL〉https://www.clark.ed.jp/
東京キャンパス
〒169-0075　新宿区高田馬場1-16-17
CLARK NEXT Tokyo
〒173-0004　板橋区板橋4丁目11-4

本文206・207ページもご参照ください

麹町学園女子中学校・高等学校

サイエンス探究クラス新設

「聡明」「端正」を教育目標に、豊かな人生を自らデザインできる自立した女性の育成を目指します。教育の柱となるのは、オリジナルのキャリア教育「みらい科」、使える英語を体得する授業「Active English」、思考力・判断力・表現力を育成する「思考型授業」、次代で問われるボーダーを超える力を育む「グローバルプログラム」。見える学力（基礎知識・基礎教養）と見えない学力（考える力・表現する力・自ら学ぶ力）を併せ持つみらい型学力を育んでいます。

高等学校は、スーパーグローバル大学である東洋大学との連携に基づく「東洋大学グローバルコース」を募集し、基準を満たしていれば東洋大学へ進学可能です。

■Active English

「使える英語」を体得し、英語教育改革にも対応する、麹町学園独自の活動型の英語学習です。

始業前の10分間には、英文を音読したり英語の歌を歌い、小さな積み重ねで英語を頭と体に染み込ませていきます。英語の授業は生徒が主役。中学1年から身振り手振りを交えての表現に取り組み、考える力を培う主体的な学びができる授業が工夫されています。「聞く・話す・読む・書く」の4技能を着実に習得し、その成果は英検取得率やライティング力の向上にも表れています。

■Active Scienceから「サイエンス探究クラス」へ

Active Scienceは2021年度より中学生の理科の授業で行っている取り組みです。現代社会において必要とされている「論理的な思考力・批判的な思考力」を身につけることを目的とし、みらいを科学する心を育てます。実験・観察を繰り返すことにより、プロセスを考える能力を養います。さらに2024年4月からは、中2より選択できる「サイエンス探究クラス」を設置。Active Scienceを通じて、理科に興味関心を持った生徒を対象に編成されます。理科への関心をさらに深め、仮説を立てて実験するなど、理科に関する探究を行います。中3では高校の内容も取り入れ、高校での文理選択時に理系にも対応できる生徒を育成し、将来希望する理系の大学に進学できるよう取り組みます。

■海外大学に25人が合格！東洋大学グローバルコース4期生は63%が東洋大学に進学

Active Englishやグローバルプログラムなどによって学習意欲を高め、学びへの明確な目的意識と一定の学力を身につける教育を行ってきた成果として、国際舞台で活躍することをめざし、海外大学への進学を希望する生徒が増えてきました。2020年度に海外協定大学推薦制度（UPAA）に加入、2023年度はこの制度を利用してイギリスの大学に22人、アメリカの大学に2人、オーストラリアの大学に1人が合格しました。また、東洋大学との学校間教育連携協定に基づいて2017年に設置した「東洋大学グローバルコース」は、今春卒業した4期生の63%にあたる67人が東洋大学に進学しました。

●問い合わせ先

〒102-0083 東京都千代田区麹町3-8
TEL03-3263-3011
〈URL〉https://www.kojimachi.ed.jp/

麹町学園のコース制について

中1	グローバルコース （英語選抜コース）	スタンダードコース （みらい探究コース）	
中2	グローバル コース	サイエンス 探究クラス	スタンダード コース
中3	グローバル コース	サイエンス 探究クラス	スタンダード コース
高1	GA・SAコース		Aコース
高2	GAコース （文系） 難関私大 海外大学	SAコース （理系） 難関私大 海外大学	Aコース （文理） 総合型・高大連携 有名私大
高3	GAコース （文系） 難関私大 海外大学	SAコース （理系） 難関私大 海外大学	Aコース （文理） 総合型・高大連携 有名私大

本文230・231ページもご参照ください

実践学園中学校・高等学校

一人ひとりの生徒に最適化された教育を！

　大きく変化するグローバル社会を生き抜くには、「自分で問題を見つけ出し、自分で考えて解決する能力」が必要です。この能力を身につけることを目指し、2022年度よりカリキュラムをリニューアルしました。生徒一人ひとりが「将来の社会で貢献すること」をイメージし、そのために今やるべきことは何かを考え、必要な教養を身につけ、個性を伸ばします。学園は、中学・高校での学習を通して「一生学び続ける力」を生徒自身が育むことができるようにバックアップしていきます。

■中学　「リベラルアーツ＆サイエンス」クラス

　中学校では2022年より「リベラルアーツ＆サイエンス（LA&S）クラス」を設置しました。徹底した少人数教育により、従来の枠組みや発想にとらわれない新しい学びを実現します。「英語で学ぶ」機会を増やすことにより、英語運用力を高めます。また、幅広い教養やグローバルな視点を養い、複数回の海外研修を通して、語学力と国際感覚を養います。その一方でローカルな視点も重視し、フィールドワークで地域が抱える課題と向き合い、その解決を考える地方創生プロジェクトも取り入れます。さらに、異なる文化を理解し文化的な違いを超えて協力をしていく異文化適応力（CQ）を養い、多様性を柔軟に受け入れることのできる真のグローバル人材となることを目指します。

　LA&Sクラスは「LASクラス入試」での募集とします。作文（英語・日本語）、面接（受験生のみ）で選考し、あわせて保護者面談も行います。なお、帰国生も若干名募集します。

■高校　主体的に学べる「新カリキュラム」

　2・3年次に自由選択科目や教科横断型の科目を主体的に選択できるカリキュラムです。

ポイント1　2・3年次に幅広い選択科目が履修でき、個性・興味・適性・レベルに合わせた進路選択が可能になります。

ポイント2　教員と生徒、保護者との定期的な面談を通して、生徒が将来の可能性を見出し、未来の自分をイメージできるキャリア教育を行います。

ポイント3　同一科目でも文系・理系の違いや生徒一人ひとりの学力に合わせたグレード別授業を行うことで、幅広く、深く学ぶことができます。

ポイント4　大学受験に必要な学力を進学講習「J・スクール」で高めることができます。

ポイント5　生徒自身が主体的に授業や学校行事、部活動に取り組む中で、将来につながる目標を発見し、「一生学び続ける力」の土台を作ります。

学校説明会日程

●2024年度入試説明会

〈中高一貫部〉
　いずれも要Web予約
　9/16(土)　10:30〜、10/14(土)　14:30〜、
　11/18(土)　14:00〜、12/17(日)　14:00〜、
　1/14(日)　14:00〜

〈高等学校〉
　いずれも要Web予約
　9/30(土)　14:30〜、10/21(土)　14:30〜、
　11/25(土)　14:00〜、12/2(土)　14:00〜

●問い合わせ先
〒164-0011　東京都中野区中央2-34-2
TEL03-3371-5268
〈URL〉https://www.jissengakuen-h.ed.jp/

本文264・265ページもご参照ください

聖徳学園中学・高等学校

（しょうとく）

自らの強みを伸ばし、世界とつながり、新しい価値を生みだす

■聖徳学園の取り組み

●STEAM教育

急速に進む情報化社会。聖徳学園でも積極的にICTを活用した取り組みが実践され、情報リテラシーや正しく使いこなすスキルの習得についても特別な授業を設定して指導しています。ICTを活用することで学びのスタイルも変わり、創造力も養われています。2021年には「Apple Distinguished School」に認定されました。さらに、STEAM教育の実践により、正解のない

問いについて考え、自由な発想で自らの答えをつくりあげていくことで、これからの社会で最も必要とされるコミュニケーション力や論理的思考力、発信力も身につけることができます。

●Global教育

聖徳学園のGlobal教育は「人のために行動する」ことを目的にさまざまなプロジェクトを実践しています。中3では地域貢献をテーマに、学校周辺の環境について考え、気がついたことを市や自治体に提案します。高2では国際協力プロジェクトとして、日本にいながらできる発展途上国への協力を、JICAや大学と連携して行います。また、海外研修も中3、高2で必修です。中3では、カナダかニュージーランド、高2では、台湾かマルタ島からの選択となります。

●データサイエンスコース新設

2024年4月より高校課程でデータサイエンスコース（認可申請中）がスタートします。このコースでは、文理融合・探究型プログラムのもと、統計学、数学、情報学の学びが他教科と教科横断的に行なわれます。さらに国際バカロレア型イマージョン教育が導入され、一部の教科においては英語で授業が実施されます。また大学進学については総合型選抜入試や海外進学を目指した指導を行います。このようにデータサイエンス教育を通して、生徒の「探究力」に焦点を当てたカリキュラムデザインになっており、新しい価値を生み出す力を育成します。

■進路指導と進学実績

聖徳学園は、中学入学時の実力に比べて卒業時の大学合格実績が良い「学力伸長度」の高い学校として評価されています。発展的な学びの機会として、中学では「教養セミナー」、高校では塾・予備校に頼らなくても大学受験に対応できる「進学セミナー」を開講しています。

さらに、超難関国公立大進学講座や海外大学進学セミナーを開講し、より高い目標に向かって準備ができる環境も整えています。

また、教師陣も年間を通じて数多くの研修に取り組んでいます。教員の質と、少人数ならではの手厚い進路指導で入学時に比べ学力伸長度の高い学校全国1位※として紹介されました。

※週刊東洋経済2019/7/27発行 学力伸長度ランキング100

●問い合わせ先

〒180-8601 東京都武蔵野市境南町2-11-8
TEL0422-31-5121（JR中央線武蔵境駅南口徒歩3分）
〈URL〉https://jsh.shotoku.ed.jp/

●広告22ページもご参照ください。

50

本文298・299ページもご参照ください

昌平中学校・高等学校

変わり続ける社会で活躍するために

■国際社会に羽ばたく人材を育成します

近年、昌平中学・高等学校は意欲的に改革を続けてきた結果、学業・スポーツなどで大きな実績を上げるに至っています。こと大学合格実績においては毎年、東京大学現役合格者を輩出するなど、難関国公立大学・私立大学に続々と進学者を出し、卒業生は大きく羽ばたいています。

昌平は特に英語に力を入れており、「全校生徒が英語を得意教科にする」ことを目的にした「PEP（パワー・イングリッシュ・プロジェクト）」を実施しています。英語の教師のみならず全教職員がプロジェクトメンバーである徹底的な取り組みです。英語を学びたいと生徒自身が思うようになるプログラムがたくさん用意されています。

また中学は全国でも数少ないIB（国際バカロレア）MYP認定校であり、全生徒を対象に授業を実施し大学入試改革にも対応できる力をつけています。そして2019年から高校でもIB（DP）の認定校となり、国際基準での学びに徹底的にこだわり、視野が広く骨太な、国際社会でも活躍できる人材を育成しています。

学校説明会日程

〈中学校〉（完全予約制・定員制）

■学校説明会
- 9/16(土) 10:00〜
- 10/22(日) 10:00〜【同時開催】腕だめしテスト（9:00〜）
- 11/11(土) 10:00〜
- 12/9(土) 10:00〜 入試直前対策講座

〈高等学校〉（完全予約制・定員制）

■学校説明会・個別相談会
- 9/17(日)、10/15(日)、11/19(日)
- 9:30〜、13:30〜
- 12/17(日) 9:30〜

■T特選説明会・個別相談会
- 9/30(土)、10/21(土) 14:00〜

■IB説明会・個別相談会
- 10/14(土) 10:00〜

■特進アスリート説明会・個別相談会
- 9/28(木)、10/24(火) 18:15〜

■個別相談DAY
- 12/17(日)、12/23(土) 9:00〜

主な大学合格実績

特別進学コース

東京大・京都大など旧帝国大、国公立大学医学部をめざす

T特選クラス （過去3年）

■東京大 ■一橋大 ■東京工業大 ■北海道大 ■東北大 ■大阪大 ■東京外国語大 ■お茶の水女子大 ■筑波大 ■横浜国立大 ■千葉大 ■東京学芸大 ■東京農工大
【医学部 医学科】山形大・埼玉医科大・昭和大・兵庫医大

難関国公立大学・難関私立大学をめざす

特選クラス （過去3年）

■筑波大 ■千葉大 ■東京学芸大 ■電気通信大 ■東京海洋大 ■埼玉大 ■宇都宮大 ■東京都立大 ■埼玉県立大 ■早稲田大 ■慶應義塾大

国公立大学・難関私立大学をめざすとともに部活動では全国大会をめざす

特進アスリートクラス （過去3年）

■筑波大 ■横浜国立大 ■千葉大 ■埼玉大 ■宇都宮大 ■茨城大 ■大阪教育大 ■山形大 ■東京都立大 ■埼玉県立大 ■早稲田大 ■上智大
【医学部 医学科】群馬大・長崎大・杏林大・北里大・昭和大・日本大

選抜進学コース

学校指定部活動で全国大会をめざすとともにG-MARCHをめざす

選抜アスリートクラス （過去3年）

■筑波大 ■東京学芸大 ■電気通信大 ■埼玉大 ■群馬大 ■岩手大 ■福島大 ■埼玉県立大 ■早稲田大 ■慶應義塾大 ■国際基督教大 ■明治大
【医学部 医学科】東邦大

現役でG-MARCHをめざす

選抜クラス （過去3年）

■埼玉県立大 ■上智大 ■東京理科大 ■学習院大 ■青山学院大 ■中央大 ■法政大 ■成城大 ■獨協大 ■武蔵大 ■日本大 ■東洋大 ■駒澤大 ■國學院大

IBコース （1・2期生 2022・2023年卒業）

世界基準の教育プログラムで世界のリーダーをめざす

■東京外国語大 ■筑波大 ■東京学芸大 ■早稲田大 ■慶應義塾大 ■上智大 ■学習院大 ■青山学院大 ■立教大 ■中央大 ■法政大 ■Acadia University

●問い合わせ先
〒345-0044 埼玉県北葛飾郡杉戸町下野851
TEL0480-34-3381
〈URL〉https://www.shohei.sugito.saitama.jp/

本文**722・723**ページもご参照ください

城北中学校・高等学校

充実した環境、サポート体制で、自分の未来を切り拓(ひら)く力を育成

■自ら学ぶ力を育てるICT教育

ICT教育では、生徒自身の「やりたいこと」を探求・実現するためのツールやノウハウを提供し、生徒自身のクリエイティビティを発揮できるようサポートすることを目指しています。自ら考え、仲間同士でプロジェクトなどに挑戦していく姿勢を育てます。生徒の私物端末を持ち込むBYODを導入し、さらに授業内でのレンタル用端末として、生徒用にiPadとMacBookを合計500台用意。授業で各教室に持ち込んで使用するほか、校外学習や研修旅行などにも持参し、フル活用します。また、全50教室のホームルームクラスすべてに65inchBRAVIAとApple TVを中心とするICTユニットを導入しています。iPadやMacBookなどとシームレスに操作できるので、生徒の理解が深まりやすく、発信力を養います。教室以外でも、講堂など校内約100カ所に高速インターネットのアクセスポイントを設置しており、いつでも無線接続できます。

中1から中3まで、週1時間「情報」の時間を設置しています。授業内容は動画や音楽制作に挑む「クリエイティブ」を中心に、「リテラシー」「プログラミング」「プレゼンテーション」「PBL」の5つ。基礎から応用まで学び、人型ロボットPepperを使ったプログラミングも実践します。

■希望進路に合わせた進学プログラム

生徒一人ひとりの志望に合わせて、学力向上の

ためのさまざまな取り組みを行っています。

校内実力試験は、定期試験とは別に年3回、教員が作成する特別模試です。今の生徒に必要な幅広い問題を出題し、効率的に学力向上につなげます。夏期講習・冬期講習の講座は、生徒たちの状況に合わせて設定され、分野・レベル・志望校別に最適なものを自由に選択することができます。さらに、高3の夏には、長野県の山荘で希望者対象の「大町学習室」を行い、10日間、みっちり実力を磨き上げます。また、高3からの文Ⅰ・文Ⅱ・理Ⅰ・理Ⅱのそれぞれのコースで選択科目・選択ゼミを履修。選択ゼミでは共通テスト向けの科目のほか、医学部志望者向けの小論文講座などを履修できます。

■80周年記念事業　23区最大級の人工芝グラウンド（2022年9月完成予定）

80周年記念事業として、グラウンドを全面人工芝化しました。クッション性が高くケガ予防につながり、降雨後もすぐに使用することができ、活用の幅が広がりました。

学校説明会日程

〈中学校〉
- ●説明会（要予約・抽選制）
  9/9(土)、10/14(土)、11/4(土)、
- ●ショート学校説明会（要予約・抽選制）
  12/23(土)、12/24(日)、1/27(土)
- ●入試説明会（小6対象　要予約・抽選制）
  11/23(木)(祝)、11/26(日)
  動画配信　11/23(木)(祝)〜11/30(木)

〈高等学校〉
- ●説明会（要予約・抽選制）
  10/7(土)
- ●入試説明会（中3対象　要予約・抽選制）
  11/23(木)(祝)
  動画配信　11/23(木)(祝)〜11/30(木)

●問い合わせ先
〒174-8711　東京都板橋区東新町2-28-1
TEL03-3956-3157
〈URL〉https://www.johoku.ac.jp/

本文300・301ページもご参照ください

聖学院中学校・高等学校

海外大学進学を視野に、世界で活躍する人材を育成

■「Global Innovation Class」を開設

「Only one for others（他者のために生きる個人）」の理念のもと、聖学院では「人間力の育成」「思考力の育成」「国際力の育成」を教育の3本の柱に据えています。2021年から高校に新設されたGlobal Innovation Classは、これまで数多く取り入れてきた探究型教育を一層深め、世界のために、ものづくり、ことづくりで貢献する人材「グローバルイノベーター」の育成が目標です。卒業後は海外大学のほか、国内難関大学へ、総合型選抜、学校推薦型選抜での進学を目指します。

■研究力・協働力・創造力を独自科目で育成

Global Innovation Classのカリキュラムは、「イマージョン」「STEAM」「プロジェクト」を週十数時間設定。イマージョンは、家庭科や現代社会を中心にSDGsを英語で学び、シンキング・ストラテジーやリーダーシップなどを英語で習得するプログラムです。STEAMは科学、技術、工学、芸術、数学を指し、これらのスキルを組み合わせて「ものづ

STEAM授業の様子

くり」「ことづくり」に必要なツールを学び、論理と感性の両面を大切にした創造力を育成します。プロジェクトは、ゼミ形式の授業で、自分でテーマを選んで課題を設定し、その解決に向けて学内外で連携し、協働・研究活動を行い、成果発表と論文作成に取り組みます。また、一般教科とともに、教科を横断した学びの土台として「リベラルアーツ」を学び、思考・探究の基礎を身につけます。

■英語教育プログラム

聖学院の英語は習熟度別4コースで展開しており、新クラスの英語授業は、このうちのSSコース（帰国生及び英語上級者向け）で行います。ネイティブ教員によるオールイングリッシュの授業で、英字新聞を読んでソーシャルイシュー（社会問題）に触れ、自分の考えをまとめ、内容の濃いディスカッションへと深めていきます。プレゼンテーションやエッセイも取り入れ、英語表現はもちろん、世界を俯瞰的に観察する広い視野が養われます。

■「思考力」と「英語力」で選考

Global Innovation Classでは、高校からの入学者10人を募集します。英語、面接のほか、社会問題をテーマにした思考力の試験を課します。英語の入試問題は英検3級〜準2級程度のレベルです。

時間割例

	月	火	水	木	金	土
1	物理基礎	英語C	数学A	体育	歴史総合	STEAM情報
2	英語C	英語論理表現	数学A	言語文化	数学I	
3	言語文化	保健	英語論理表現	数学I	体育	Project
4	聖書	英語C	数学I	英語C	物理基礎	
5	Immersion SDGs	STEAM美術	歴史総合	Liberal Arts	STEAM Science	
6			LHR			
7			Immersion Competency			

学校説明会日程（要予約）

学校HPでご確認ください。
学校HPはこちらから▶
- ●学校説明会・体験会
  9/16(土)、10/21(土)
- ●国際生オンライン入試説明会
  10/14(土)
- ●高校オンライン学校説明会
  9/2(土)、10/28(土)
- ●オンライン学校説明会（イヴニング）
  11/17(金)
- ●入試対策説明会
  11/25(土)、12/23(土)、1/13(土)

●問い合わせ先
〒114-8502 東京都北区中里3-12-1
TEL03-3917-1121
〈URL〉https://www.seigakuin.ed.jp

青稜中学校・高等学校

伸びる 国公立大学・理系大学 合格者実績

　ＪＲ・りんかい線大井町駅から徒歩7分、最寄りの大井町線下神明駅からは1分と交通至便で首都圏各地から通学可能な男女共学の中学高等学校で、大学合格実績数が年々上昇している注目校です。

　大学合格実績の内容も、ここ数年は国公立大学や難関私立大学、医薬学部を含む理系の合格者が伸びてきており、昨年度は273名の卒業者で、国公立大学（医学部医学科含む）に34人、早慶上理に93人の合格者を出し、高い目標を見据えた教育の実践が、大きな結果となって現れてきています。

挑戦 CHALLENGE
変化 CHANGE
3C
建学の精神 社会に貢献できる人間の育成
社会貢献 CONTRIBUTION

現役生の合格者実績 ※卒業生数 2023年：273名

■国公立大学	
東京工業大学	1
大阪大学	1
千葉大学	1
筑波大学	1
電気通信大学	3
東京農工大学	3
東京学芸大学	1
横浜国立大学	3
■早慶上理	
早稲田大学	35
慶應義塾大学	11
上智大学	19
東京理科大学	28

■万全のサポート体制で現役合格を後押し

　こうした実績の礎となる毎日の授業は、大学受験を見据えた問題も多く扱い、生徒の大学への意識を早期から高めています。また少人数制、習熟度別も取り入れ、きめ細かい授業体制も行っています。授業以外のサポートも豊富で、生徒の進度にあわせた放課後講習、長期休暇中の特訓講習・合宿学習、サテライト授業、受験前特別授業なども実施しており、学校に通うだけで十分大学受験の準備が整う体制が揃っています。進路指導も万全で、多様な進路選択にも適切なアドバイスが施され、本人の特性を生かした受験が可能です。

　近年では、創立以来の建学の精神である「社会に貢献できる人間の育成」に加え、「3C」の理念「挑戦（challenge）変化（change）社会貢献（contribution）を掲げ、生徒の多様な希望進路の実現を、きめ細かくサポートしています。

　このような教育と実績のもと、中高一貫校としてだけでなく、都立・県立の難関高校との併願校としても数多くの受験生を集めており、数年にわたって首都圏有数の注目校として毎年多くの受験生を集めています。

学校説明会日程

●学校説明会
〈中学校〉
10/7㈯、10/21㈯、11/25㈯　14:00〜
体験入学（要予約）
　10/14㈯　授業体験、11/11㈯　模擬入試
　14:00〜
〈高等学校〉
10/7㈯、10/21㈯　10:30〜
11/18㈯　14:00〜

●問い合わせ先
〒142-8550　東京都品川区二葉1-6-6
TEL03-3782-1502（代）
〈URL〉https://www.seiryo-js.ed.jp/

本文340・341ページもご参照ください

拓殖大学第一高等学校

豊かな学校生活と確かな進学実績が両立
すべては一人ひとりの生徒のために〜

❶すべては一人ひとりの生徒のために

拓大一高は大学の付属高校ですが、生徒一人ひとりの希望の実現を第一に考えています。現役での大学進学を目指し、授業をベースに様々なことを行っています。勉強面では、必修の授業を中心に多彩な選択科目を設けたり、外部講師による受験講座（校内予備校）を受けることができます。進路指導では、大学の先生による説明会や体験授業などを実施しています。その結果、2023年春は国公立・難関私立大学現役合格を含め、GMARCH以上に282名の合格者を出しました。

❷清潔感溢れる校舎で快適な3年間

白を基調とした校舎は、18年経ちますが生徒たちがきれい使ってくれているおかげで、まだまだ新校舎といってもおかしくないくらいきれいです。生徒たちが集えるテラスやさまざまな場所にテーブルと椅子を配置されており、朝や放課後には、生徒たちの勉強やおしゃべりする姿があちらこちらで見ることができます。

❸「聞く」「話す」「読む」「書く」の4技能の先を行くディスカッションプログラム

英語を学ぶことは、大学受験においても、現代社会においても必要不可欠です。「聞く」「話す」「読む」「書く」の4技能をバランスよく身につけ、大学受験のための十分な英語力を養うことはもちろん、主体的に考える力、コミュニケーション力、プレゼンテーション力を身につけるディスカッションプログラムを1年生全員に実施しています。

❹仲間と切磋琢磨し、自分自身を磨く3年間

拓大一高では、多くの生徒が部活動に参加しており、学業とクラブ活動の両立を実現しています。クラブの中には全国大会に出場するクラブもあり、生徒は日々の練習を通して自分の可能性に挑戦し、心身共に鍛え上げ大きく成長しています。夢中になって過ごす3年間。生徒は仲間と助け合い励まし合いながら、今しかできないかけがえのない時間を過ごしています。

学校説明会日程

●**学校説明会（要予約）**
9/23㊏㊗、10/14㊏、10/28㊏、
11/5㊐、11/12㊐、11/18㊏、11/25㊏
土曜14:00〜、日曜・祝日10:00〜
●**埼玉県受験者対象入試個別相談日**
12/25㊊　9:00〜10:30
埼玉県の公立中学校の受験生で
自己推薦による受験志望者対象。
※来校の際は、上履き・靴袋をご持参ください。
※お車での来校は、ご遠慮ください。

募集要項

●**募集定員**
　普通科　男女共学　400名
　　　特進コース　100名／進学コース　300名
●**試験日**
　推薦入試Ⅰ　　　　　　　　1/22㊊
　推薦入試Ⅱ（都外生対象）　1/22㊊
　一般入試Ⅰ　　　　　　　　2/10㊏
　一般入試Ⅱ　　　　　　　　2/12㊊

●**問い合わせ先**
〒208-0013　東京都武蔵村山市大南4-64-5
TEL042-590-3311（代表）　042-590-3559（入試部）
〈URL〉https://www.takuichi.ed.jp/

本文356・357ページもご参照ください

多摩大学目黒中学校・高等学校

難関大学の合格率が継続して上昇

■早くから進路意識を高め、高い目標と十分な実力の涵養

大らかな校風をもって勉学・クラブ活動に打ち込んでいる男女共学の中学高等学校で、系列校の多摩大学への優先入学制度を持ちながら、生徒の多様な進路希望に応えるため、4年制大学への現役合格を前提とした教育を実施しています。

授業では生徒が好奇心を持って学習することを心がけており、また中学では基本・基礎の徹底、高校では基礎を応用する授業と、土台のしっかりした実践的授業を展開しています。授業以外の指導対策も多彩です。中学では毎日2時間分の宿題で自宅学習の習慣を身につけます。また早くから大学進学への理解を深めるため、進路適性検査や大学出張講義、相談会・オープンキャンパスへの参加促進にも力を入れております。

■入試に直結した授業だから、予備校に行くよりも有利

中高ともに映像講座が受講でき、高校と予備校の双方に通学せずに多くの学習量を得ることができます。基本の徹底から応用力の育成を授業のみならず映像講座を活用した実践力の養成を、さらに3年生は大学受験のセミナーを実施することで受験突破の実力を培っています。センター試験対策授業も設け、全員センター試験の受験を目指します。

この結果、特別進学クラスだけでなく学年全体で有名大学への合格者を輩出していますが、大学進学だけでなく大学生活、社会人生活を見据えた「個性の育成」「総合力の育成」にも努め、オリジナル生徒手帳による意見交換をはじめとした担任の積極的なクラス参加、一泊研修旅行、クラブ活動の奨励などが実施され、快活な学生生活が送られています。

■アクティブラーニング活動開始

このように大学受験対策が充実していますが、社会人になった時、ポジティブな姿勢で社会と関わる生徒の育成を目標として、多摩大学と連携し

た新たな教育プログラムも取り入れています。特に体験型プロジェクトとしての校外アクティブラーニング活動は、表の通り多彩なプログラムが用意されており、生徒の新しい能力を引き出すものとして期待されています。

校外アクティブラーニング活動

❶ 起業体験 Study Group

日本政策金融公庫からの起業セミナーに始まり、企業を訪問したり、新商品（過年度例：南スーダンチャリティハンドクリーム、家具のリメイクサービス）を考えたりして、ビジネスプランを作ることを体験します。

❷ 異文化体験 Study Group

神奈川県藤沢市と姉妹都市関係にある中国雲南省昆明市と、姉妹都市締結40周年の節目の年に、多摩大学SGS、昆明市の提携校、藤沢市の高校および本SG参加者が、オンラインでの継続的な文化交流を進めます。それぞれの居住地の紹介をはじめ、互いに関心の高いテーマについて、各回の担当グループを決めて発表し、その後、参加者で自由な質疑・交流を行います。

❸ プログラミング Study Group

プログラミング言語「Python（パイソン）」を「TOPSIC」を用いて学び、企業・学校対抗プログラミングバトルPG BATTLEに挑戦します。「TOPSIC」は、英語力の検定試験であるTOEICのように、プログラミングスキルを客観的に測定することができます。これを用いてPythonを自在に操り、プログラミング力を向上させます。

❹ 投資戦略 Study Group

「日経STOCKリーグ」という株式投資学習プログラムにチームで取り組みます。チームで議論して自分たちなりの投資テーマを決め、レポートを完成させます。金融の仕組みや、株式市場についてなどが学べ、企業の業績・株価の推移などを分析します。

過去5年の主な大学合格実績

東京工業大学	富山大学	早稲田大学
一橋大学	和歌山大学	慶應義塾大学
北海道大学	山口大学	上智大学
東京外国語大学	宇都宮大学	東京理科大学
東京学芸大学	北見工業大学	国際基督教大学
東京藝術大学	室蘭工業大学	明治大学
東京農工大学	琉球大学	青山学院大学
横浜国立大学	国際教養大学	立教大学
電気通信大学	東京都立大学	中央大学
埼玉大学	横浜市立大学	法政大学
信州大学	大阪府立大学	学習院大学
静岡大学	都留文科大学	芝浦工業大学
東京海洋大学	会津大学	成蹊大学
山形大学	神奈川県立保健福祉大学	成城大学
山梨大学	前橋工科大学	東京女子大学
秋田大学	兵庫県立大学	日本女子大学
茨城大学	防衛大学校	など

学校説明会日程

学校説明会の日程については本文ページをご覧ください。

●問い合わせ先

〒153-0064　東京都目黒区下目黒4-10-24
TEL03-3714-2661
〈URL〉https://www.tmh.ac.jp/

本文366・367ページもご参照ください

中央大学附属横浜中学校・高等学校

未来は自ら切り拓く

2022年度卒業生の68.8%が中央大学に進学しました。しかし、附属生といえども、中高時代に身につけるべき学力は、しっかりと備えて大学へ送り出します。当たり前のことに地道に取り組む6年間。大学附属一貫教育で育む、基礎学力を重視したカリキュラムで自ら考え、行動し、社会で活躍できる力を育てます。

■中学は先取り教育を実施

生徒一人ひとりがよりよい明日をめざすことができるようにプログラムされたカリキュラムを実施しています。

中学での授業の基本は、クラス単位の一斉授業ですが、遅れがちな生徒に対しては、補習、個別対応などによる引き上げを行っています。進度については、中学3年1学期終了時までに中学の範囲を終了し、高校の学習内容へと進みます（国語・数学・英語）。また、理科と社会は中学校と高等学校の学習内容を入れ替える工夫もしています。

■高校卒業後の進路と中央大学との連携

高校3年の12月までに大学への進学が決まった生徒には、レポートの書き方の指導や教科の枠を越えた講座を設定し、大学の学びへの移行をサポートしています。

同時に、本人の興味関心・能力を前提にした第一志望への進学を可能にするために、大学受験のためのカリキュラムを設定しています。高校2年で国語・数学・英語の基本的内容を終え、高校3年では演習なども行います。また、中央大学への被推薦権を留保したまま、他の大学を併願受験できる制度が導入されています。国公立大学と海外の大学は学部・学科を問わず併願可能、私立大学は中央大学にない学部・学科に限り併願可能です。

■フロンティア精神を持って、その先の未来へ

国際理解教育にも力を入れています。その根幹には、日常生活の中で人間力・学力・感性・協調性・発信力を磨き、多様な経験を通じて真のグローバル人材が育つという思いがあります。自国文化への理解を深めるために、伝統文化、古典芸能を体験し、豊かな感性と世界への発信力の基礎を養います。その発信力を高める英語教育、さらには海外研修、留学機会を拡充し、自主的チャレンジを後押しします。国際交流都市であるこの横浜から世界へ。活躍のフィールドを広げる力を育む、中央大学附属横浜中学校・高等学校です。

学校説明会日程

●中学校 学校説明会（要予約）
12/2(土) 14:30～16:30

●高等学校 学校説明会（要予約）
10/28(土)、11/25(土) 14:30～16:30

●問い合わせ先
〒224-8515 神奈川県横浜市都筑区牛久保東1-14-1
TEL045-592-0801
〈URL〉https://www.yokohama-js.chuo-u.ac.jp/

本文628・629ページもご参照ください

鶴見大学附属中学校・高等学校

新感覚!! 新教育!!
「教科エリア型校舎」は完全移動式!!

■教科エリア+ホームベース型校舎

教科エリア型校舎とは、すべての教科が専用の教室を持ち、生徒が自ら各教室に移動して学習を進めるシステムを導入した校舎のこと。各教科の専門性や特色を生かした環境が整うので、効率的な学習が可能となります。

メリットとして、生徒が自ら学習に臨むことにより、自主性、主体性が育まれることが挙げられます。また、専用教室と教科メディアセンターとの組み合わせにより、フレキシブルな教育が実現できます。各教室には図書資料、教材、プリント、教育機器などが用意されており、多様な学習への対応が可能です。

各教科の専用エリアに各教科の先生が待機しているので、いつでも質問ができます。「先生が不在で質問できなかった」と、あきらめてしまうことがなくなり、疑問点はその日のうちに解決することができます。

教科エリアには各教科の参考書、その他関連書籍などが豊富にあり、自習や受験勉強、宿題などの調べ物をするにも最適の環境です。

教科エリア型新校舎の施設

○ホームベース
登下校時にクラスの生徒全員が集まるホームルーム教室。休み時間や昼食時間もここで過ごします。

○教科メディア
各教科のフリースペース。各教科の展示物や関係書籍、生徒が自由に使えるパソコンがあり、自主的に知識を広めることができます。

○ラウンジ
各階にある空間で、学習やクラブ活動などの成果を発表する場。在校生の憩いの場でもあります。

■完全移動式

校舎は生徒の学ぶ姿勢を育成することを目的とした「教科エリア+ホームベース型（知識を育む教育エリアと生活空間のホームエリア）」です。このシステムは各教科に専用の教室があり、生徒は毎時間教科の教室に移動する完全移動式です。各教室にはプロジェクターが完備されており、黒板に写すことにより、理解しやすい授業を展開しています。また、BYOD（Bring Your Own Device）を使った生徒の発表もそのままできるのでより活発なものになります。このように授業を視覚的に捉えることができ、幅広く授業展開ができます。

学校説明会日程

入試説明会等の日程については本文ページをご覧ください。

●問い合わせ先
〒230-0063 神奈川県横浜市鶴見区鶴見2-2-1
TEL045-581-6325
〈URL〉https://tsurumi-fuzoku.ed.jp/

東京家政学院中学校・高等学校

KVA精神
主体性をもち自立した女性へ

創立者の大江スミが理想とするK（知）、V（徳）、A（技）の思いを教育理念にしています。「広く知を求め技を磨き知と技を方向づける徳性を備えた女性の育成」を目指します。

■生活力の基礎を身につける家庭科の授業

中学・高校とも、1年次より調理、被服に関する基本的知識や技術の習得を目指します。調理実習を通して献立作りやカロリー計算を学び、一人で栄養バランスの良い1食分の食事が作れるようになります。また、一人一台ミシンが使用できる被服室では、中1ではかっぽう着、中2ではハーフパンツを全員が製作し、高2では選択授業の中で浴衣を製作します。

2020年度高校2年生よりリベラルアーツコース文系・理系、家政・児童進学コース、管理栄養進学コース、アドバンストコース文系・理系の6コース制がスタートしました。

■楽しく学ぶグローバル教育

英語教育の特徴として、中1でフォニックスを通して発音と綴り字のルールを学び、基礎力を身につけます。中1から中3まで習熟度別授業を実施し、きめ細やかな指導を実践します。高校では、最大週に9時間、英語を選択することが可能で、「読む・聞く・話す・書く」の4技能をバランスよく伸ばします。中1からSDGs探究プログラムを行い、世界の抱えている問題を"自分ごと"として捉え、問題の切実さと解決の可能性について考えます。また、中高ともに希望者向けの夏休みオーストラリア語学研修プログラムもあります。

グローバル社会で活躍する女性として、日本の伝統や文化の知識も必要です。そのため、HR活動の中で、中学では花道、高校では茶道の基本を全員が学びます。

■ICT教育

生徒は一人一台タブレットを持ち、授業中の学習補助としてだけでなく、授業の振り返りやクラブ活動など幅広く活用しています。中学から1日の自分の学びを振り返り、学びの状況を見える化します。高校では、卒業時までに自分が成し遂げた成果物をeポートフォリオに保管します。学習の成果をいつでも確認でき、達成感を得られ、自信に繋がります。

学校説明会日程

〈中学校〉いずれも要予約
●学校説明会
10/22（日）、11/26（日）、12/10（日）
10:00〜

〈高等学校〉いずれも要予約
●学校説明会
9/17（日）10:00〜、11/4（土）14:00〜、
12/2（土）10:00〜
〈授業見学会〉
10/28（土）10:00〜

●問い合わせ先
〒102-8341 東京都千代田区三番町22
TEL03-3262-2559
〈URL〉https://www.kasei-gakuin.ed.jp/

本文392・393ページもご参照ください

東京家政大学附属女子中学校・高等学校

「自主自律」の建学精神のもと IB教育で人間力育成

附属女子中学校は現在IB候補校として日本や国際社会で活躍するために国語力・英語力を軸に豊かな言葉をもち、主体的に学び続ける女性の育成を目指します。特進クラス・進学クラスでの教科学習では、多様な課題に主体的に向き合い、説明する力や論理性を育てます。また、常に切磋琢磨し、自分で考え、伝え表現するとともに、他者の意見を柔軟に聴くしなやかな感性を大切にします。「愛情・勤勉・聡明」を柱に自ら行動する態度を身につけ学校行事や委員会・部活動を生徒の手によって運営することを重視しています。

■英語教育

英語教育では、中学特進クラスは英検2級合格を目標にOxford Big Read Contestへの参加、中2・3においては、LE（ラーニングインイングリッシュ）、レシテーション、ALT（5人）によるプライベートレッスン、高円宮杯参加など、積極的に取り組みます。オンライン英会話や中2のイングリッシュキャンプや高1のターム留学（希望者）・語学研修（希望者）をめざします。

■国際バカロレア中等教育プログラム（MYP）の候補校

「愛情・勤勉・聡明」を生活の中心に掲げ、確かな学力と英語力を備え、常に学び、探究し続ける能力を育成します。都内にありながら、広大で緑豊かな東京家政大学構内に校舎をもち、常に安心して学べる環境を備えています。

中高とも特進クラスを設置し、国公立、早慶進学を目指す外部特進クラスと進学クラスは東京家政大学進学を目指し、豊かな成長を遂げ、夢を実現する教育を行います。2020年よりIB（国際バカロレア）教育・MYP候補校として、教育の一層の充実を図り、10の学習者像を生徒一人ひとりがイメージし目標に据えて「考え探究する自分づくり」に取り組む教育を展開します。

■進学指導

東京家政大学への内部進学を中心に国公立（東京学芸大学・千葉大学・東京海洋大学など）をはじめとする難関私立大学を目指しています。高校在学中、有資格者はバンクーバーアイランド大学附属高校への1年留学が可能です。ニュージーランドのマッセイ大学への進学を計画中です。今後、「KASEIからSEKAIへ」を実現します。

学校説明会日程

〈中学校〉
- **●学校説明会（要予約）**
  9/9(土)、10/14(土)、11/12(日)、
  12/3(日)※、1/7(日) 10:00〜
  ※入試体験プログラムあり
- **●秋のオープンスクール（要予約）**
  11/4(土) 14:00〜
- **●ミニ学校説明会（要予約）**
  ※授業見学あり・ランチ試食（希望者・有料）あり
  9/2(土)、9/16(土)、10/7(土)、10/28(土)、
  11/18(土)、1/27(土) 10:00〜

〈高等学校〉
- **●学校説明会（要予約）**
  9/17(日)※、10/15(日)※、11/19(日)※、
  12/17(日) 10:00〜 ※成績UP講座あり
- **●部活動体験会（要予約）**
  9/30(土)、10/28(土)、11/11(土) 14:00〜
- **●土曜見学会（要予約）**※施設・授業見学あり
  9/2、9/9、10/7、11/4、11/25、
  12/2 9:30〜

〈中学校・高等学校共通〉
- **●緑苑祭（文化祭）** 10/21(土)・10/22(日)
  ※個別相談室あり

※上記日程は変更することがあります。
　詳細は学校HPでご確認ください。

●問い合わせ先
〒173-8602 東京都板橋区加賀1-18-1
TEL03-3961-0748
〈URL〉https://www.tokyo-kasei.ed.jp/

本文394・395ページもご参照ください

広尾学園 中 学 校 高等学校

「自律と共生」の理念のもと、新しい時代に活躍できる人間の育成を目指す

■先端を行く教育プログラムと教育環境

広尾学園は各国大使館が並ぶ国際的環境の中に位置し、日本における従来型の中学高校のレベルを超えながら、常に新しい教育の常識を提示し続けてきた学校です。全コース、中学1年時から「本物との出会い」を大切に積み重ね、教室の枠にとどまらない学びの「環境」と「機会」を生徒に提供することが学校の使命と考えてきました。最先端のテクノロジー活用と同時に、さまざまな体験に基づく人間性、感性、価値観の育成を目指しています。

■医進・サイエンスコース

医学やサイエンスへの興味を軸に、高度なカリキュラムを展開します。6年間を2年間ずつ3段階のステージに分け、それぞれの発達段階に応じて生徒の能力を引き出しながら、医師、研究者として

必要なマインドを育成します。授業、研究活動、社会との連携を3本柱とし、英語教育、ICT教育にも積極的に取り組んでいます。

■インターナショナルコース

広尾学園は、海外帰国子女教育研究指定校として40年以上の伝統があり、語学教育で高い実績を挙げています。インターナショナルコースでは、帰国子女など英語力のある生徒のためのAG、将来国際的な活躍を望む英語未習者のためのSGの2つのグループが、厳しくも励まし合う環境の中で学んでいます。AGはほとんどの教科が英語による授業、SGは日本語授業を基本としながら美術や技術などを英語で学び、英語の授業はSG方式と呼ばれる特別な授業です。25人の外国人教員を配した国際性あふれる学習環境の中、海外大学進学においては国内トップの実績をあげています。

■キャリア教育・中高大連携プログラム

生徒たちの意欲を最も刺激するのは「本物」との出会いです。第一線で活躍する専門家による特別講演会、国立天文台やJAXAの協力で行われる宇宙天文合宿をはじめ、ロボットプログラミング講座、DNA鑑定講座、司法裁判講座などと、その総決算として30名以上の一線級の研究者が集結する「広学スーパーアカデミア」を実施。中学1年の段階から質の高い「本物」とのたくさんの出会いが経験できます。

学校説明会日程

●学校説明会（要予約）
〈中学校〉
　学校説明会　9/9(土)、10/7(土)、11/12(日)、
　　　　　　　12/9(土)
　授業体験会　9/9(土)、10/7(土)
　入試傾向説明会　11/12(日)、12/9(土)
〈高等学校〉
　AGガイダンス（8月下旬に決定）
けやき祭（文化祭）
　9/30(土)、10/1(日)　※オンライン開催を予定。
※詳しくは学園HPにてご確認ください。

●問い合わせ先
〒106-0047　東京都港区南麻布5-1-14
TEL03-3444-7272
〈URL〉https://www.hiroogakuen.ed.jp

本文456・457ページもご参照ください

法政大学中学高等学校

自分の言葉として使える、生きた英語力を身につける

法政大学中高の英語教育の目標は、「英語力と国際性」、「コミュニケーション能力」、「豊かな感性」を育てることにあります。具体的には、英語の文章内容を読み取り、それに対する批評を英語で書くことや、プレゼンテーションができるようになることを目指します。学内スピーチコンテストやブックレビュー、プレゼンテーションなど、実際の使用場面に合わせ、英語を使って自分の意見を伝える学習をします。目標を明確にした授業構成で、自分の考えを自分の言葉で表現できる英語コミュニケーション能力の向上を実現していきます。いろいろな体験を通じて、受験のためではない、「生きた英語力」を身につけます。

★多彩な海外研修プログラム

法政大学中高では、さまざまな海外語学研修プログラムを実施しています。語学とはあくまでも国際社会で活躍するためのコミュニケーションツールです。そのため、英語を「使う」ことに重点を置き、実践力を磨いていきます。現在のプログラムには、中学3年生の希望者を対象として「海外語学研修」（検討中）、高校1〜3年生の希望者を対象とする「夏期カナダ語学研修」がありま

す（2023年度は、中学はオンラインと対面による校内での研修を、高校は8月に現地へ行きます）。このほか、報奨制度により成績優秀者をドイツに派遣する制度などもあり、実践的に語学力を身につける機会もあります。

また、AFSやYFUのような外部の団体を通じての海外留学に対しても、進級留学を認めるなどの支援体制が整っています。

★高大連携プログラム

法政大学とその付属校との連携プログラムのひとつに「英語プレゼンテーション大会」があります。法政大学の三付属校から個人、または団体でエントリーし、お互いの発表内容を競い合います。生徒たちはテーマを決め、リサーチを行い、発表内容を練り上げ、聴衆にどのように伝えるのかを考えることによって、英語力はもとより、発表に必要なさまざまなスキル（パワーポイントの効果的な使い方など）を磨き上げることが可能となります。同時に、お互いの発表を鑑賞し合うことにより、新たな学びを得ることもできます。

学校説明会日程

〈中学校〉
●入試直前対策講習会（要予約）
　12/16(土)　8:30〜（小6対象）
〈中学校・高等学校〉
●学校説明会（要予約）
　9/30(土)中、10/7(土)中高、10/14(土)中高、
　11/18(土)中高
※学校生活、入試情報に関する説明と学校施設の見学。
　その他、「校内自由見学」などを実施。
　詳細は学校HPをご確認ください。

●問い合わせ先
〒181-0002　東京都三鷹市牟礼4-3-1
TEL0422-79-6230
〈URL〉https://www.hosei.ed.jp/

本文480・481ページもご参照ください

宝仙学園中学高等学校共学部 理数インター

理数的思考力で高度な学力を身につけ、世界で活躍するグローバルリーダーを養成

■答えのない学び　教科『理数インター』（中学）

　教科『理数インター』では「答えのない学び」をコンセプトに、グループワークを中心とした学び・体験を行っていきます。

　1年生では「コラボレーション」をテーマに、ゲーム性のあるワークや自己肯定感を高めるようなワークをしたりして、創造的なコラボレーションを感じてもらえるようにしています。2年生は「プレゼンテーション」をテーマ。プレゼンテーションの「型」は教えません。コラボレーションをしていく企業からミッションが各グループに出され、それに対して仲間たちと意見やアイデアをぶつけ合います。そして、ブラッシュアップされたアイデアを「自分たちの言葉」として、企業の方々にプレゼン発表をしていきます。3年生は「ラーニング」がテーマ。様々な人の価値観・ビジョンに触れ、自分の「ありたい姿」を考えてみたり、好奇心をくすぐるような「問い」と出会って考える喜びを体感し、「本当に解きたい問い」を探求していきます。

■「総合的な探究の時間」がスタート（高校）

　2022年から始まった「総合的な探究の時間」では、学外との接点を多く持ち、社会の中の個人としての自分を認識し、自身の成長を言語化することで未来の進路を切り開く準備をします。この授業では、既成概念にとらわれず、答えのない学びに取り組むことを大切にしています。1年生のテーマは「イノベーション」。さまざまな取り組みの中で、多様な文化や価値観に触れ、対話を繰り返す中で、社会をより良くすることを目的とした考え方ができることを目指します。自ら設定した課題について探究し、1年生の終わりには、その成果を発表します。自分自身の成長を受容して言葉にすることにも挑戦する予定です。

学校説明会日程

〈中学校〉 いずれも要予約
- **●中学説明会（来校&オンライン）**
  9/16(土)、10/28(土)
- **●ポイント会**
  11/18(土)、
  1/6(土)（適性検査型）、
  1/13(土)（2科・4科）
- **●新入試説明会**
  9/2(土)、1/20(土)
- **●入試体験会（6年生）**
  12/16(土)

〈高等学校〉 いずれも要予約
- **●高校説明会**
  9/9(土)、11/11(土)、11/25(土)
- **●相談会**
  10/7(土)

※開催時間などは学校HPでご確認ください。

2023年度　合格実績！

- ○国公立大学 計**39**名
  （東京大学・京都大学・東京工業大学・北海道大学・東北大学　など）
- ○医学部医学科 計**23**名
- ○早慶上理ICU 計**73**名
- ○GMARCH.... 計**162**名
- ○海外大学 計**2**名

●問い合わせ先
〒164-8628　東京都中野区中央2-28-3
TEL03-3371-7103
〈URL〉https://www.hosen.ed.jp/

本文482・483ページもご参照ください

保善高等学校

大学入試改革を見据えた学習支援、海外研修など、生徒のニーズに合わせたきめ細かいサポート体制!

■実力とニーズに合わせて選べる3つのクラス

保善高校は中学校を併設せず、大学附属でもない、単独校の特性を活かし、きめ細かい進学指導を特色としています。国公立大や難関私立大を一般入試で合格をめざす「特別進学クラス」と、G-MARCHレベルの大学合格をめざす「大進選抜クラス」、中堅以上の私立大を現役で進学をめざす「大学進学クラス」を設置しています。

■一人ひとりの将来を見据えた進学指導により
東大文科Ⅰ類合格! 現役進学率86%

生徒一人ひとりに合ったサポートで、早い時期から大学入試を見据えた学習指導を行っています。通常授業に加え、朝学習、放課後自習・補習などのほか、希望者には一人からでも教員が親身に指導します。また、長期休暇中には勉強合宿を行います（特別進学クラス以外は希望者）。

特別進学クラスでは、探究学習「未来考動塾」を実施しています。これは、自ら考え主体的に行動することができる学習の場で、1年次では知的好奇心・他者への関心・分析的思考力の3つの力を高めます。2年次ではより高度な知的生産活動に取り組み「知の深化」を図ります。3年次では集大成として論文の執筆に取り組みます。通常の教科学習の枠組では対応できないスキルを身につけることができ、これからの大学入試や社会生活で大いに役立ちます。

こうしたきめ細かい指導体制により、国立大学や早稲田・慶應を含む私立難関大学にも多数合格。四年制大学への現役進学率は86%と高い実績を残しました。昨年は東京大学にも合格者を輩出しています。

2023年春の主な大学合格者数

防衛大学校1、琉球大学1、早稲田大学1、慶應義塾大学1、上智大学1、東京理科大学5、明治大学2、青山学院大学2、立教大学1、中央大学2、法政大学6、学習院大学1、成蹊大学3、成城大学5、獨協大学8、國學院大学4、明治学院大学4、東京農業大学13、芝浦工業大学2、東京都市大学4、東京電機大学20、工学院大学4、日本大学21、東洋大学10、駒澤大学9、専修大学18　など

学校説明会日程

●**学校説明会**（要予約）
9/16(土)、10/14(土)、10/28(土)、11/11(土)、11/18(土)、11/25(土)、12/2(土)
※個別相談も可能

●**個別受験相談会**（要予約）
10/22(日)、11/19(日)、12/3(日)、12/9(土)、12/17(日)
10:00～15:00

●**放課後開催個別受験相談会**（要予約）
12/4(月)～12/8(金)
15:00～18:00

●**問い合わせ先**
〒169-0072　東京都新宿区大久保3-6-2
受験相談フリーダイヤル　0120-845532
〈URL〉https://www.hozen.ed.jp

本文488・489ページもご参照ください

本庄東高等学校附属中学校
本 庄 東 高 等 学 校

心 素直に、知性 輝く。

■6年一貫教育で、豊かな人間性と確かな知性を育てる

自分たちを取り巻くあらゆるものに対して素直な気持ちで向き合ってみる――「素直な心」が「感謝」の気持ちと「謙虚」な姿勢を生み、「学ぶ心」を育てます。この「学ぶ力」を軸として各教科の学習と多くの体験を重ねるのが本庄東高校附属中学校の学びです。

日本を通して世界へのまなざしを育む国際理解教育は、和楽器や茶道の体験から伝統芸能鑑賞、京都・奈良校外研修などの日本文化理解と、洋書購読や英語でダイレクションなどの特別講座、オーストラリア修了研修といった異文化理解の体験が盛りだくさんです。また、各自の興味・関心を引き出しその可能性を広げるキャリア教育は、職業調べ、企業研究、大学の学びを知る学問研究などで、将来についての具体的で明確なビジョンを形成させます。こうした学びにより、確かな知性と豊かな人間性を育てています。

中高一貫の学習プランにより先取り学習と反復を徹底するとともに、補習を実施し基本事項の定着をはかります。中学の履修内容は中2、大学入試に必要な内容は高2の学年末までにほぼ修了。各教科の基礎力を土台に、中学では調べ学習やグループ討論、ジグソー学習などをとおして、多角度から立体的に問題を考察し、その成果を発信するプルーラル・アクティビティ（多元的学習活動）を展開しています。知識の詰め込みに偏りがちな「平面的」学習に終始せず、「立体的」に問題にアプロー

チしてものの考え方を実践として身につけるトレーニングを積み重ねていきます。それにより、個々の「主体的に考える力」をきたえ、論理性や多様性、独創性などが求められる現代社会を生き抜く「人間力」を養います。

附属中生は、本庄東高校に「特進一貫コース」として進学し、高校から入学する生徒とは別のクラス編成となります。

■進路目標に合わせた高等学校の3コース体制！

高等学校からの入学生は3つのコースに分かれます。**特進選抜コース**は、東京大学・京都大学・東京工業大学・一橋大学・国公立大医学部への合格を目指し、全国最高峰のレベルを目標としたエキスパートコース。**特進コース**は、難関国公立大学・最難関私立大学など、ハイレベルな大学、学部への合格を目標としたアドバンスコース。**進学コース**は、多彩な進学目標と文武両道の高校生活を実現するフレキシブルなコース。いずれも生徒の進路目標に合わせた充実したカリキュラムです。

通常授業の外に、タブレット等を利用し自分のペースで学習できる「スタディサプリ」を導入。さらに定期考査前の質問対応体制、長期休業中の教員による特別補習など、万全なバックアップ体制をしいています。また特色の一つとして、生徒の学校生活や勉強のことなどについて、クラス担任が相談に乗り色々なアドバイスをする二者面談があります。

学校説明会日程

●学校説明会
〈中 学 校〉10/1(日) 9:30〜12:00
〈高等学校〉9/16(土)、10/14(土) 9:30〜

●受験相談会
〈中 学 校〉11/23(木・祝)、12/9(土)、12/16(土)
〈高等学校〉10/14(土)、10/15(日)*、10/29(日)*、
11/18(土)、11/19(日)*、
11/23(木・祝)*、11/26(日)*、
12/9(土)、12/17(日)*、
12/23(土)*、12/24(日)*
*は9:00〜 その他は14:00〜

●問い合わせ先
■中学校 〒367-0025 埼玉県本庄市西五十子大塚318
TEL0495-27-6711
■高等学校 〒367-0022 埼玉県本庄市日の出1-4-5
TEL0495-22-6351(代)
〈URL〉https://www.honjo-higashi.ed.jp

本文740・741ページもご参照ください

麗澤中学校・高等学校

言語技術教育を軸に、「本物の叡智」を兼ね備えたグローバル人材を育成

■あらゆる教科に直結する「言語技術教育」

中学1年次から高校1年次（高入生を含む）まで週1時間、「言語技術」という授業を行っています。2003年につくば言語技術教育研究所の全面的支援を受け、麗澤が日本の学校教育において初めて言語技術教育を開始しました。この授業では、あらゆる学びに必要な力「聞く力・読む力・話す力・書く力」を体系的に身につけ、コミュニケーション力と情報処理能力を高めます。毎時間、文学作品や唱歌、絵本の分析、説明・報告の方法など、提示された課題についてディスカッションを行い、"言葉"で説明する力を磨いていきます。また、アウトプットの技術を重視しており、情報を的確に処理し、パラグラフやエッセイ、小論文など、適正な表現方法で伝える訓練を繰り返し行います。こうして身についた論理的思考能力や言語運用能力は、他の教科にも生かされます。

■充実の大学入試対策

大学入試対策については、学校で完結する指導体制が整っています。きめ細やかな学習相談・進路面談はもちろんのこと、放課後の講座や部活動後の夜間講座、長期休暇中の季刊講座、小論文講座など、生徒一人ひとりの第一志望進路実現に向けた多彩な講座を開設しています。夜間講座は食堂で夕食を済ませてから受講できるため、時間のロスがありません。さらに、第一線で活躍する卒業生による職業別講演会や、首都圏有名大学講師陣による出張講義なども開催し、進路決定から入試本番まで、学校全体で進路実現を支援しています。

■SDGs研究会が「100年後の千葉を語ろう ちばミライ会議！」に出演

今年6月、麗澤中高SDGs研究会「EARTH」がイオンモール幕張新都心で開催された千葉県民の日の特別イベント「100年後の千葉を語ろう ちばミライ会議！」にゲストとして出演しました。生徒が研究会の取り組みや活動を、千葉のミライと絡めて発表したほか、「ミライのために今日からできる！SDGs講座」と題し、観客参加型のクイズを取り入れた発表も行いました。同席された熊谷知事から、「中高生の時からこんなにSDGsやミライのことを考えて、生活できていることが素晴らしい。これからも頑張って活動を続けてください」とエールが寄せられました。その後、会場にてフェアトレードコーヒー・フェアトレード紅茶の試飲やドリップバッグの販売、レモネードスタンドの寄付活動も行いました。

学校説明会日程

〈中学校〉（要予約）
- ●学校説明会
  9/24㈰
- ●入試説明会（6年生対象）
  10/15㈰、10/21㈯、11/19㈰
- ●ミニ入試説明会
  12/17㈰

〈高等学校〉（要予約）
- ●入試説明会（3年生対象）
  10/15㈰、10/22㈰、11/19㈰
- ●受験直前対策講座
  12/17㈰

〈中学校・高等学校共通〉（要予約）
- ●部活動見学・体験会
  9/16㈯、10/14㈯、2/17㈯

●問い合わせ先
〒277-8686 千葉県柏市光ヶ丘2-1-1
TEL04-7173-3700
〈URL〉https://www.hs.reitaku.jp

本文790・791ページもご参照ください

和洋国府台女子中学校・高等学校

「凛として生きる」
自立した女性を育てます

　明治の時代に女性の自立を目指して創立されました。以来126年、学問や生活力に加え、女性としての品格、個性の発露としての芸術、科学的な思考力を教育として伝えてきました。

　日本文化を土台に、美意識を磨き、美意識に基づいた生き方を大切にする、これからのグローバル社会で求められる、対話の出来る自立した女性の育成を目指しています。

■中学校から大学院までの総合キャンパス

　中学校、高等学校、和洋女子大学がひとつのキャンパスで学んでいます。明るい校舎には、数多くの実験・実習室のほか、温水プール、図書室、電子黒板を備えた普通教室などの最新施設も充実しています。また大学の施設を使った連携プログラムも実施されています。大学の教員に直接教わる機会がさまざま用意されており、学びの幅が広がります。

■繰り返し学ぶ英語教育

　和洋の英語教育では、「日本」と「世界」の両方に目を向けながら、英語で自己表現できる生徒の育成を目指しています。特に中学では独自の英語教育プログラム『和洋ラウンドシステム（WRS）』で、言語を習得するプロセスのように教科書をくり返しながら英語を学びます。リスニングや英語でのやり取りを通して多様な文化に興味をもつことで

「知りたい」「伝えたい」という気持ちを喚起し、生徒自身の英語力で自分のことや社会のことを表現できるようになることを目標にしています。

ラウンド1：教科書を開かず、音声とピクチャーカード、教員との英語でのやり取りだけで、教科書を学習します。

ラウンド2：初めて教科書を開いて音読を繰り返し、文字として読むことを練習。英単語の確認も行います。

ラウンド3：難易度の高い音読を繰り返して定着。虫食いプリントなどを活用し内容の再現や英文法を確認していきます。

ラウンド4：自分の言葉で教科書の内容を説明。言葉としてのアウトプットがゴールです。

■伝統と先見に基づく教育　中学の特徴

理科教育／中学3年間で約100項目の実験・観察を実施して、理科への興味・関心、科学的思考力を養い、理系学部への進学を後押しします。

日本文化／中1では礼法（マナー）や華道を学び、中2では邦楽（箏）、中3では茶道を総合の時間で学びます。日本の伝統文化を学ぶことで美意識を磨き、価値基準の土台を豊かにします。

五感学習／グループワークやフィールドワークなど、五感を駆使して本物の世界に触れる躍動感のある授業を展開。五感をふるわせるような発見や感動に満ちた学習が和洋の基本です。

学校説明会日程

〈中学校〉
- ●学校説明会（要予約）
  9/10(日) 9:30～、
  10/28(土)、12/9(土) 14:00～、
  1/6(土) 10:00～
- ●オープンスクール（要予約）
  9/10(日) 9:30～
- ●学園祭　9/23(土)(祝)、9/24(日)

〈高等学校〉
- ●学校説明会（要予約）
  10/14(土)、11/11(土) 14:00～
- ●オープンスクール（要予約）
  9/10(日) 13:30～
- ●ミニ見学会（要予約）
  11/25(土) 11:00～
- ●学園祭　9/23(土)(祝)、9/24(日)

●問い合わせ先
〒272-8533　千葉県市川市国府台2-3-1
TEL047-371-1120
〈URL〉https://www.wayokonodai.ed.jp

本文792・793ページもご参照ください

応援します。
受験生のみなさん。

学校別スーパー過去問
中学校別　定価2,200円〜2,970円（税込）
高校別　　定価2,200円〜2,420円（税込）

最近の全入試問題とくわしい解説・解答、出題傾向と対策、学校案内付。
優秀な解説・解答スタッフが執筆!!

中学志望校別262点　高校志望校別250点

首都圏高校受験案内
定価1,540円〜2,310円（税込）

遠隔地の学校は省略し、その都県と通学範囲内の隣接都県の学校情報に
絞った狭域版!!
私立・国立だけではなく、都立・県立の全公立高校の学校情報も掲載。

東京・千葉・埼玉・神奈川・茨城

中学受験案内
定価2,310円（税込）

東京・神奈川・埼玉・千葉・茨城等の全国立・私立中学校を各校2頁で
紹介。

▶ **声の教育社**
〒162-0814　東京都新宿区新小川町8-15
電話 03-5261-5061（代）　FAX 03-5261-5062（代）
https://www.koenokyoikusha.co.jp

多様化していく

教員・学校のあり方を追求し、

教員と私立学校をつなぐ

プロフェッショナルとして、

よりよい教育活動を

サポートしていきます。

私学教員就活エージェント

教員人材センター

📞 0120-542764 通話無料

✉ info@kyoin.co.jp

〒102-0083 東京都千代田区麹町5-4 セタニビル7階

教員人材センターの各種
サービスはこちら！

https://kyoin.co.jp

教員の就活に役立つ情報
を日々発信！

▶ YouTube

教員人材センター公式キャラクター
びす太

もうすぐ受験の人にも、学校選びがこれからの人にも

2023 私立中高 進学相談会 in 秋葉原

高校受験生・
中学受験生と
保護者対象
※中2・小5以下の皆さまも大歓迎

入場無料／予約不要

- ●各学校の相談コーナー
- ●進学総合相談コーナー
- ●㈶海外子女教育振興財団による帰国生相談
- ●過去問題集販売

来場者特典

志望校決定に役立つ本をプレゼント!

10/29 日
12:30〜16:30
会場：住友不動産
ベルサール秋葉原 2F

最寄駅
- ●JR線「秋葉原駅」電気街口徒歩3分
- ●つくばエクスプレス「秋葉原駅」A3出口徒歩5分
- ●日比谷線「秋葉原駅」2番出口徒歩6分
- ●銀座線「末広町駅」1又は3番出口徒歩4分

※車でのご来場はご遠慮ください。

主催 **大学通信** 協賛 声の教育社

志望校が見つかるラストチャンス!!

咳や発熱（37.5度以上）の症状がある場合には、来場をご遠慮ください。

問い合わせ先 ※会場となるベルサール秋葉原へのお問い合わせはご遠慮ください。

大学通信 進学相談会係
TEL.03(3515)3541 〒101-0051 東京都千代田区神田神保町3-2-3

大学通信オンライン

（学）早稲田大学が設置する2つの附属校で早稲田大学の建学理念に基づく一貫教育により健やかな心身と高い知性、豊かな感性を育む

- ●所定の条件を満たす卒業生は全員、早稲田大学に進学できます。
- ●日本医科大学への推薦制度があります。（両学院2名ずつ）
- ●一貫校の特色を生かした、受験にとらわれない独自のカリキュラムを編成します。
- ●文部科学省SSHとSGHの経験を活かし、研究分野や国際分野で活躍できる人材を育成します。
- ●早稲田大学の図書館やインターネット環境を大学生同様に利用できます。

 早稲田大学高等学院

 早稲田大学高等学院中学部

 早稲田大学本庄高等学院

〒177-0044　東京都練馬区上石神井3-31-1
Tel.03-5991-4210
https://www.waseda.jp/school/gakuin/

- ●学校説明会
　9月17日(日) 中学10:00〜／高校14:00〜
　9月18日(月・祝) 高校10:00〜
　10月29日(日) 中学10:00〜／高校14:00〜
- ●学院祭（高校の文化祭）
　10月7日(土)・8日(日)

※詳しくはHPをご覧ください
※上記いずれも変更の可能性あり

〒367-0032　埼玉県本庄市栗崎239-3
Tel.0495-21-2400
https://www.waseda.jp/school/honjo/

- ●学校説明会
　9月30日(土)午後
　11月 4日(土)午後
　場　　所:早稲田大学本庄高等学院
　対　　象:特に制限なし
- ●稲稜祭（文化祭）
　10月28日(土)・10月29日(日)

※詳しくはHPをご覧ください
※上記いずれも変更の可能性あり

つねに前へ。進化する伝統校

明治大学付属 明治高等学校・中学校

■2024年度 募 集 要 項

	中学校		高等学校	
	第1回	第2回	一般	推薦
募集人数	男女計約90名(帰国生含む)	男女計約60名(帰国生含む)	男女計約60名	男女計約40名(指定校推薦含む)
出願期間	1/10(水)～1/25(木)		1/25(木)～2/2(金)	Web出願:1/15(月) 窓口持参:1/15(月)又は16(火) 両方の手続をもって出願完了
出願手続	Web出願受付		Web出願受付	
入学試験日	2/2(金)8:15集合	2/3(土)8:15集合	2/12(月)8:15集合	1/22(月)8:15集合
試験教科	国語・算数・理科・社会		国語・英語・数学	適性検査(国・英・数)・面接
合格発表日	2/2(金)22:00(予定)	2/3(土)22:00(予定)	2/12(月)22:00(予定)	1/23(火)9:00(予定)
入学手続	2/8(木)9:00～11:00／14:00～16:00		2/21(水)9:00～11:00 14:00～15:00	1/25(木)13:00～15:00

■中学校 学校説明会 (要予約)
9月 7日(木)　第1回学校説明会
10月 7日(土)　第2回学校説明会・第3回学校説明会
11月 4日(土)　第4回学校説明会・第5回学校説明会
12月 2日(土)　6年生対象「入試対策説明会」

■高等学校 学校説明会 (要予約)
9月 9日(土)　第1回学校説明会
10月21日(土)　第2回学校説明会・第3回学校説明会
11月18日(土)　第4回学校説明会・第5回学校説明会

■施設見学会(中高)
12月25日(月)

■文化祭(中高)
9月23日(土)・24日(日) ミニ説明会あり(予定)

■体育祭(中学)
10月26日(木)

各種行事については最新情報を本校HPでご確認ください。

◆明治大学への推薦制度があります。

■お問い合わせ
明治大学付属明治高等学校 ・ 中学校事務室
〒182-0033　東京都調布市富士見町4-23-25　☎042-444-9100

ここで学ぶ6年間で、
自分らしい生き方を見つけよう。

Be a Rikkyo Boy

立教池袋中学校・高等学校

代表 **03(3985)2707**
〒171-0021
東京都豊島区西池袋 5-16-5

■ **2024年度 募集要項〔男子〕**

		募集人員	試験日	試験科目
中学校	一般1回	約50名	2月 2日(金)	国語·算数·社会·理科
	一般2回	約20名	2月 5日(月)	国語·算数·自己アピール面接
	帰 国	約20名	12月 3日(日)	国語·算数·児童面接(個人)
高等学校	一 般	若干名	2月13日(火)	作文·個人面接·書類審査

● 池袋駅(西口) 徒歩10分
　(JR線、東京メトロ丸ノ内線·有楽町線·
　副都心線、西武池袋線、東武東上線)
● 要町駅(6番出口) 徒歩5分
　(東京メトロ有楽町·副都心線)
● 椎名町駅 徒歩10分
　(西武池袋線)
※詳細は学校HPをご確認ください。

■ **学校説明会**

中高共通 ※一部プログラム要予約
イブニング　9月 6日(水)18:30〜
第3回　　10月14日(土)13:00〜
※詳細は学校HPをご確認ください。

■ **R.I.F.(文化祭)**

11月2日(水)·11月3日(木)
※詳細は学校HPをご確認ください。

立教池袋　[検索]

６年あるから夢じゃない！

"国際バカロレアの探究学習で「知」と「智」を極める"

LC リーディングコース *Leading Class*

圧倒的な基礎力から応用力を高め、国内の難関大学へ進学を目指すコース

「探究型」「創造型」「発信型」の学びで、世界に通用する学力を育てます

GLC グローバル・リーディングコース *Global Leading Class*

すでに英語の力が十分にあり主に海外大学へ進学を目指すコース

DLC デュアルランゲージコース *Dual Language Class*

英語を中学から本格的に勉強して国内・海外の大学へ進学を目指すコース

国際バカロレアMYP/DP認定校

 Middle Years Programme

2023年度 説明会日程	9/18（月・祝） 10:00～/14:00～ 授業体験会あり	10/28（土） 10:00～ 12:30～	11/11（土） 10:30～ 12:30～
12/2（土） 10:00～ 出題傾向説明会	12/9（土） 10:30～ 12:30～	1/13（土） 10:30～ 12:30～	今後の社会情勢によっては変更される可能性があります。HPにて最新の情報をご確認下さい。

開智日本橋学園中学・高等学校

〒103-8384　東京都中央区日本橋馬喰町2-7-6　　TEL.03-3662-2517

●JR総武線・都営浅草線「浅草橋」徒歩3分 ●JR総武線（快速）「馬喰町」徒歩3分 ●都営新宿線「馬喰横山」徒歩7分

吉祥女子中学・高等学校

建学の精神:「社会に貢献する自立した女性の育成」

【2024年度募集要項】

	中　　学　　校	
	第 1 回	第 2 回
募集人員	134名	100名
試 験 日	2月1日(木)	2月2日(金)
試験科目	国語・算数・社会・理科	
学校説明会	第4回学校説明会　9月13日(水)(ライブ配信) 11:00〜 　　　　　　　　　9月16日(土)(校内実施) ①9:30〜 ②11:50〜 第5回学校説明会　10月11日(水)(ライブ配信) 11:00〜 　　　　　　　　　10月14日(土)(校内実施) ①9:30〜 ②11:50〜 第6回学校説明会　11月15日(水)(ライブ配信) 11:00〜 　　　　　　　　　11月18日(土)(校内実施) ①9:30〜 ②11:50〜 第7回学校説明会(入試会場見学会) 　　　　　　　　　12月16日(土)(校内実施) ①9:50〜 ②11:00〜 ③12:10〜	

吉祥祭(予定) 9月30日(土)・10月1日(日)

※すべての学校説明会等の公開行事は、オンライン上での事前の予約が必要となります。原則的には実施日の3週間前の昼12:00より予約受付を開始いたします。
※吉祥祭のプログラムや予約方法等は、時期が近づきましたら、本校ホームページで発表します。

〈姉妹校・友好校〉

●アメリカ
Miss Porter's School
（一年留学の制度がある。）

●オーストラリア
Ipswich Girls' Grammar School
（1年交換留学の制度がある。夏のオーストラリアセミナーで語学研修を実施。）

●カナダ
Queen Margaret's School
（一年留学および高1カナダ語学体験ツアーで訪問。）

●ベトナム
Junko School
（春の研修ツアーで訪問。）

●ベトナム
Le Quy Don High School
（日本語を学ぶ高校生と交流。）

●アメリカ
Walnut Hill School

●オーストラリア
New England Girls' School

●中国
北京師範大学附属実験中学

●韓国
ソウル芸術高等学校

※留学、オーストラリア・アジアの研修ツアーは高校生のみ実施している。カナダの語学体験ツアーは高校1年生の秋に実施。

所在地：〒180-0002 東京都武蔵野市吉祥寺東町4-12-20　☎0422(22)8117
交　通：JR中央線・総武線・地下鉄東西線直通 西荻窪 下車 徒歩8分
　　　　（中央線快速は、土曜・休日は西荻窪にはとまりません）
　　　　西武新宿線 上石神井駅 から「西荻窪駅」行バスにて15分
　　　　地蔵坂上バス停下車 徒歩8分
〈ホームページ〉https://www.kichijo-joshi.jp/

KUNIMOTO GIRLS

KUNIMOTO GIRLS' JUNIOR AND SENIOR HIGH SCHOOL
KUNIMOTO ALBERTA INTERNATIONAL SCHOOL

Alberta
Accredited
International School
Canada

『なりたい自分』になるための力と自信を身につける
総合進学コース（高校）

世界で輝く私は、きっと、この教室から生まれる
ダブルディプロマコース（高校）

学校法人 国本学園
国本女子中学校・高等学校

〒157-0067 東京都世田谷区喜多見8-15-33
TEL.03-3416-4722 │ 中学入試・高校入試 共に募集
https://kunimoto.ac.jp/jsh/

78

共学？いいえ、男女別学です！

国学院大学久我山中学高等学校

168-0082 東京都杉並区久我山1-9-1
TEL.03-3334-1151

王井の頭線「久我山駅」南口から徒歩12分

HP

instagram
KOKUGAKUIN_KUGAYAMA

LINEも始めました

79

芝浦ならではの 芝浦でしかできない教育

キミの好きはなんですか。熱中していることはありますか。

芝浦には「ものづくり」が好きな生徒がたくさん集まってきます。

実験をしたり、プログラミングをしたり、好きなことに熱中する生徒がたくさんいます。

そんな生徒たちを応援する本校独自の進化系STEAM教育と

先進の探究型授業でサポートしていきます。

最新の設備を備えた校内は、授業中も放課後も活気にあふれています。

芝浦の仲間に入り、ワクワク、ドキドキする未踏の世界に足を踏み入れてみませんか。

● **SHIBAURA DAY**（オープンキャンパス）小学4・5・6年生/要予約

《秋》**11月3日（金・祝）午前・午後**

＊詳細は一月程前より本校HPにて

＊体験授業・部活動体験・行事紹介・ミニ学校説明会・個別相談

● **SHIBAURA GIRLS' DAY** 小学5・6年生/要予約

《秋》**9月17日（日）午前・午後**

● **中学校説明会**（オンライン）春夏・秋それぞれ1まで予約できます

《春夏》第4回　**9月16日（土）10：30～11：50**

＊校長挨拶・教育内容・生徒インタビュー

《 秋 》第5回 **10月20日（金）　9：40～11：45**

《 秋 》第6回 **11月18日（土）14：00～16：05**

《 秋 》第7回 **12月 2日（土）　9：40～11：45**

＊校長挨拶・教育内容・入試問題解説・生徒インタビュー

● **芝浦生による夏の中学施設見学会** 要予約

※同時開催：教員との個別相談会

8月18日（金）・19日（土）・20日（日）各日10：00～16：30

＊入替制・各回一時間・予約は一度のみ人数制限あり

★個別相談は見学者に予約なしで実施

● **芝浦生による秋の中学施設見学会** 要予約

※同時開催：教員との個別相談会

10月15日（日）・29日（日）11月3日（金・祝）・12日（日）各日10：00～16：30

＊入替制・各回一時間・予約は一度のみ人数制限あり

★個別相談は見学者に予約なしで実施

● **芝生祭**（ミニ説明会・個別相談室）要予約

9月30日（土）10月1日（日）10：00～15：00

＊文化祭の見学は直前に実施状況をご確認ください

＊中学高校別校長によるミニ説明会・個別相談・メディア記事紹介など（資料コーナー）

イベントの詳細や予約につきましては本校ホームページにてご確認ください

Shibaura Institute of Technology Junior and Senior High School

芝浦工業大学 附属中学高等学校

〒135-8139 東京都江東区豊洲6丁目2番7号　TEL.03-3520-8501　FAX.03-3520-8504

ACCESS

◎東京メトロ有楽町線「豊洲駅」6b出口より徒歩7分

◎新交通ゆりかもめ「新豊洲駅」南口より徒歩1分

成女で 私は輝く。

学校説明会

全体説明・個別相談・他
9/16（土）10/21（土）11/3（金・祝）
12/2（土）1/27（土）

個別相談会

12/9（土）2/3（土）

創立記念祭

11/3（金・祝）…詳細はHPをご確認下さい

入試対策講座［各回14時より］

入試対策授業・入試ポイント紹介
11/18（土）入試対策講座
1/13（土）入試直前対策説明会

オープンスクール

自主研究成果発表・
全体説明・個別相談・他
9/30（土）14時より

説明会
オープンスクール
WEB・TEL
予約受付中

2023NEWS

教育内容大幅に
パワーアップ！！

学部学科対応のゼミ指導！
大学との連携プログラム！
自主研究ゼミプログラム

全てプロの講師による指導
表現教育プログラム

進路に必要な資格が取れる！
資格取得プログラム

成女学園中学校
成女高等学校

公式HP 　Instagram 　教育コラム

SEIJO_PHOTOCLASS

〒162-0067東京都新宿区富久町7-30
TEL 03-3351-2330　FAX 03-5379-8970

地下鉄　都営新宿線「曙橋駅」A2出口徒歩5分
　　　　丸ノ内線「四谷三丁目駅」2出口徒歩8分
都バス　「市ヶ谷富久町」下車徒歩1分
公式HP　www.seijo-gk.ac.jp

人間力を育む。

伝統男子教育を礎に、「主体的に行動し、果敢に
挑戦し、協力して事を成し遂げる」＝『知・仁・勇』の
精神を涵養していきます。文武両道のもと、人間力
の高いリーダーを育成することが目標です。

■ **学校説明会** 9:45〜11:15 　予約制/HPより申込

9/27(水)　10/14(土)　10/28(土)　11/1(水)　11/25(土)　1/10(水)

※上記日程は変更になることがあります。詳細は学校HPでご確認ください。

https://www.seijogakko.ed.jp/

 # 成城中学校・成城高等学校

SEIJO JUNIOR & SENIOR HIGH SCHOOL SINCE 1885

noblesse oblige
ノブレス・オブリージュ

高潔な若人が果たすべき責任と義務

国公立大学	早慶上理ICU	G-MARCH・関関同立
84名	**145名**	**359名**

卒業生数284名

藍桐祭（文化祭）
9月30日(土)・10月1日(日)
要予約

2024年度生対象　学校説明会日程

中学校　いずれも会場は本校になります

※全て予約制となります。本校ホームページより、1ヶ月前より予約を開始いたします。また、奇数回の説明会の模様はWEBで生中継致します。詳細は、本校ホームページをご覧ください。　※上履きは必要ありません。

第3回	**9月 9日**(土) 15:00〜/15:30〜	第6回	**12月 3日**(日) 10:00〜/10:30〜
第4回	**10月 9日**(月祝) 10:00〜	第7回	**1月13日**(土) 15:00〜/15:30〜
第5回	**11月18日**(土) 15:00〜		

サテライトイブニング説明会(中高共通)

10月18日(水) 19:00 武蔵野公会堂（吉祥寺）		**10月24日**(火) 19:00 ユナイテッドシネマ（豊洲）
10月20日(金) 19:00 町田文化交流センター（町田）		**10月25日**(水) 19:00 ステーションコンファレンス池袋（池袋）
10月21日(土) 19:00 TKP田町カンファレンスセンター（田町）		

 ## 東京都市大学 等々力中学校・高等学校
TOKYO CITY UNIVERSITY TODOROKI JUNIOR AND SENIOR HIGH SCHOOL

〒158-0082 東京都世田谷区等々力8-10-1　TEL.03-5962-0104　FAX.03-3701-2197　http://www.tcu-todoroki.ed.jp

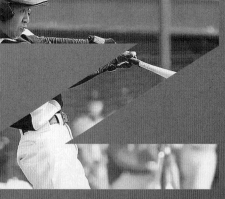

BE THE NEXT

新 時 代 の
開 拓 者 へ

学校説明会 & 帰国生説明会（要予約）

9 / 9（土） 14：00 － 16：30

柏苑祭（文化祭）※予約不要

9 / 30（土） **10 / 1**（日）
両日 10：00 － 16：00

入試説明会 & 帰国生説明会（要予約）

11 / 19（日） 10：00 － 12：30

ミニ説明会 & 帰国生説明会（要予約）

10 / 14（土） **12 / 2**（土）
1 / 13（土） すべて 10：00 － 11：30

帰国生・グローバル入試説明会（要予約）

10 / 7（土）［Web開催］

ミニ見学会（要予約）

2024 年
3 / 25（月）～ **3 / 30**（土）

※ご予約はすべてホームページより承ります。また、状況により、中止や日程の変更もございますので、最新の情報はホームページでお確かめください。

入試日程	名 称	帰国生	第1回	第2回	第3回	第4回	グローバル
	日 程	1/6 午前	2/1 午前	2/1 午後	2/3 午前	2/5 午前	2/3 午前

東京都市大学 付属中学校・高等学校
TOKYO CITY UNIVERSITY JUNIOR AND SENIOR HIGH SCHOOL

〒157-8560 東京都世田谷区成城 1-13-1
TEL：03-3415-0104 FAX：03-3749-0265
https://www.tcu-jsh.ed.jp

お問い合わせはこちら
E-mail：info@tcu-jsh.ed.jp

小田急線
成城学園前駅より
徒歩 **10** 分

東急田園都市線
二子玉川駅より
バス **20** 分

グローバル × 探究

●中学説明会

9/10 日　学校説明会
9/19 火 ～21 木　授業が見られる相談会
　　　　　国際塾体験・部活動見学
9/24 日　Bunkyo Gakuin Global Gateway
10/ 9 祝　スポーツの日特別イベント
10/21 土　授業が見られる説明会
11/10 金 ,24 金　夜から説明会
11/11 土　授業が見られる説明会
11/23 祝　入試解説
　　　　　探究プレゼン・
　　　　　英語インタラクティブ体験
12/ 3 日　あなただけの説明会
12/17 日　教科型入試体験
1/14 日　学校説明会

●高校説明会

9/16 土　授業が見られる説明会
9/19 火 ～21 木
　　　　　国際塾体験・部活動見学
9/24 日　Bunkyo Gakuin Global Gateway
10/ 9 祝　スポーツの日特別イベント
10/15 日　学校説明会
11/ 4 土　授業が見られる説明会
11/10 金 ,24 金　夜から説明会
11/26 日　入試解説
12/ 3 日　あなただけの説明会
※12月の土日は相談会も実施

●文女祭（学園祭）

10/28 土 、29 日

文京学院大学
女子中学校 高等学校

JR 山手線・東京メトロ南北線駒込駅下車 徒歩 5 分
JR 山手線・都営三田線巣鴨駅下車 徒歩 5 分

〒113-8667 東京都文京区本駒込 6-18-3　☎ 03-3946-5301　✉ jrgaku@bgu.ac.jp

次世代の
グローバルリーダーを育てます

Perfect Harmony of
Tradition & Innovation

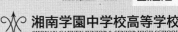

秋のオープンキャンパス
10 / 22 （日）9:30-12:30
全学年対象《申込期間》9/16（土）〜10/20（金）

第1回入試説明会
11 / 18 （土）9:30-12:00
5・6年生対象《申込期間》10/13（金）〜11/16（木）

第2回入試説明会
12 / 16 （土）9:30-12:00
6年生対象《申込期間》11/18（土）〜12/14（木）

※すべて予約制となっております。詳細は本校HPをご確認ください。

湘南学園中学校高等学校
SHONAN GAKUEN JUNIOR & SENIOR HIGH SCHOOL

SHONAN
GAKUEN
Junior & Senior high school

the place for you.
ここは、海のように広く、鮮やかな知識を育てる場所

SEIWA 〖 NEW 〗 COURSES!

新コース開設

インターナショナルコース
リベラルアーツコース

聖和発　未来へ向かって共創力

2024年 入試　学校説明会日程

中学校　説明会（予約不要）10:00〜12:00　対象:小学生・保護者の皆様

体験授業・クリスマスイベントへのご予約は、お電話にて承ります。

2023年 **8**月**19**日 土 体験授業(ダンス・プログラミング・楽器体験)	2023年 **9**月 **9**日 土	2023年 **10**月 **7**日 土
2023年 **11**月**11**日 土	2023年 **12**月 **9**日 土 クリスマスイベント	2024年 **1**月**13**日 土

高等学校　説明会（予約不要）14:30〜16:30　対象:中学生・保護者の皆様

体験授業へのご予約は、お電話にて承ります。

2023年 **8**月**19**日 土 体験授業(ダンス・プログラミング・楽器体験)	2023年 **9**月 **9**日 土
2023年 **10**月**21**日 土	2023年 **11**月**11**日 土
2023年 **11**月**18**日 土	2023年 **11**月**25**日 土
2023年 **12**月 **2**日 土	2023年 **12**月 **9**日 土

2023年 **10**月 **7**日 土

聖和学院高等学校
国立早慶上智＋GMARCH＋関関同立
現役合格者の割合

86.4%
50.0%
21.4%
27.3%

2022年3月卒業　2023年3月卒業
■ 国立早慶上智　■ 国立早慶上智＋GMARCH＋関関同立

予約・お問い合わせ　入試事務局 Tel.046-871-2670

※日程以外の学校見学についてはお電話にてご確認ください。

 聖和学院中学校・高等学校

〒249-0001　神奈川県逗子市久木2−2−1　TEL. 046-871-2670

JR横須賀線・湘南新宿ライン「逗子駅」西口徒歩8分　京浜急行「逗子・葉山駅」北口徒歩10分

●横浜駅→JR逗子駅 29分　●藤沢駅→JR逗子駅 17分　●上大岡駅→逗子・葉山駅 21分　●横須賀中央駅→逗子・葉山駅 16分

立教新座中学校・高等学校

学校説明会		要予約・オンライン同時開催

9/16土 中 学 校 13:30〜
　　　　　高等学校 15:00〜
生徒による学校説明会 申込開始 9/2(土)10:00

11/19日 中 学 校 ① 9:30〜 ②11:00〜
　　　　　　高等学校 ①13:00〜 ②14:30〜

S.P.F.（文化祭）

10/28土・29日
参加方法などは、決まり次第学校Webサイトで
発表します。

＊詳細や予約方法、最新情報は
　学校webサイトでご確認ください。

公式LINEでは、
最新情報を
プッシュ型で
お知らせします。

〒352-8523
埼玉県新座市北野1-2-25
TEL.048（471）2323（代表）
https://niiza.rikkyo.ac.jp/

学校Webサイト

個性は未来をつくる
昭和学院中学校・高等学校

| 中学校 | ※全て要NET予約 | 高等学校 |

中学校

●第1回入試説明会
　10月21日（土）14:00〜16:00
●第2回入試説明会
　11月11日（土）14:00〜16:00
●第3回入試説明会
　12月16日（土）14:00〜16:00

高等学校

●第1回学校説明会
　9月30日（土）10:00〜12:00
●第2回学校説明会
　10月14日（土）10:00〜12:00
●第3回学校説明会
　11月18日（土）10:00〜12:00
●第4回学校説明会
　11月25日（土）10:00〜12:00

●桜和祭（文化祭）公開日　9月17日（日）10:00〜15:00
　入試相談あり

中央学院で
3つの"C"をつかむ!!
"chance" "challenge" "change"

CHUOGAKUIN
HIGH SCHOOL

中央学院の個性を

がんばる生徒を応援します

2018年4月高1から
全コースでタブレット教育を導入

学習習慣の確立をサポート

進路にあわせた特色ある
3コース

●S特進　●進学　●スポーツ。希望や夢の実現をきめ細かにサポートするコース制のカリキュラム。目標にあわせて自分の道を選んでください。

確かな学力づくりの
完全週6日制

生徒一人ひとりの基礎力アップと、より多様な学習機会を提供する授業完全週6日制。大切な高校生活の3年間、ひとつ上へと"伸びる自分"を育てます。

飛躍し、成果あげる
部活動

令和4年度は、陸上部・バドミントン部・弓道部・男子バレー部(ビーチバレー)が全国大会に出場。剣道部・男子バレー部が関東大会出場。書道部は書道パフォーマンス甲子園大会(11位)。めざすは全国レベルへの躍進です。

検定試験チャレンジを
サポート

●英語検定／●漢字検定／
●理科検定／●数学検定／
●ICTプロフィシエンシー検定／
●食の検定／
●硬筆・毛筆検定／
●ニュース時事能力検定／
など多彩な検定が本校で受験可能。昨年度は1,363名がチャレンジ。

入試説明会
(HP予約)

中学生・保護者対象

10月14日(土)・28日(土)
11月 4日(土)・11日(土)・18日(土)・25日(土)

●時間:14:00〜　●場所:本校　●内容:学校概要・入試説明等

— 令和2年度50周年を迎えました —

50年
Chuogakuin High School
50th Anniversary
1970〜2020

中央学院高等学校

https://www.chuogakuin-h.ed.jp/

〒270-1131　千葉県我孫子市都部765　TEL.04-7188-1101　FAX.04-7188-4084

91

94

学力だけではない
私立校の教育力が
人間力を伸ばす

私立校では、明確な教育理念と目標のもと、自由な裁量で個性的な教育の取り組みが行われています。多くの熱意ある教員が、生徒が主体の教育を、その時代に応じた柔軟な姿勢で実践しています。

個性的で多様な教育

私立校には必ず学校創立者がいて、その創立者の教育理念に基づいた教育が行われています。そのため私立校には学校の数だけ個性があり、一つとして同じ校風の学校はありません。平等を重視し、どの学校でも同じ教育を目指す公立校とは大きな違いがあります。

公立校は共学が中心ですが、私立校は共学校だけでなく、男子校や女子校が多く存在します。中には、100年を超える伝統校もあります。別学校では、男子と女子それぞれの特徴を生かした教育が行われています。人気校の中には創立時からの別学を守り続けている学校も多く、別学校を希望する受験生や保護者も少なくありません。

しかし、最近は別学校の共学校化が進んでいます。東京には男子校が32校、女子校が74校、共学校が136校あり、共学校の数が男子

校と女子校を合わせた数を上回っています。神奈川も共学校が半数を超えました。埼玉や千葉では、比較的新しい学校が多いことも影響して、共学校の方が多くなっています。

私立校には、キリスト教や仏教など、宗教に基づいて設立された学校があります。校風や教育活動、学校行事などに宗教理念が反映され、カリキュラムに宗教の時間が含まれます。入学に際して信者である必要はありません。宗教理念を背景とする教育方針に、強い信頼が寄せられている学校が多く見られます。

大学や短期大学が併設されている大学付属校には、優先的に併設大学へ入学できる制度があり、大学進学に有利です。しかし、優先入学には条件があり、それをクリアしないと内部進学できません。卒業すれば全員が進学できる学校から、ほとんどの生徒が他大学へ進学する学校まで、内部進学状況は学校によってさ

まざまです。付属校を選ぶときは、優先入学の条件を把握しておかなければなりません。

また、志望する学部・学科が併設大学にない場合は、他大学を受験することになりますので、併設大学についても調べておく必要があります。最近は、生徒の多様な進路希望に対応するため、併設大学への優先入学の権利を持ちながら、他大学受験が可能な付属校が増えています。

高学力を養成する 独自のプログラム

大学合格実績の良さも私立校の特徴の一つです。難関大学の合格者の多くは私立校出身者です。どうして高い合格実績を残すことができるのでしょうか。それは、カリキュラムに独自の工夫を凝らしているからです。中高6年間、または高校3年間のカリキュラムを柔軟に編成して、無駄を省いた無理のない指導を行っています。

学校週5日制の公立校では、土曜日は休日です。私立校の多くは学校6日制を採用し、土曜日には授業や補習を行ったり、学校行事を実施するなどして、年間の授業時間数を確保しています。

補習や講習の体制も整っています。始業前の0時限目や放課後の7時限目を設定して補習を行ったり、長期休暇中には集中的に講習を行っています。また、自習室を整備する学校が増えています。担当教員やチューターの下で、集中して勉強することができます。

各教科の授業内容においても常に研究を続け、教科書だけでなく、豊富なオリジナルテキストの作成や問題集などの副教材を厳選し、わかりやすく身につきやすい授業の工夫を続けています。英語教育でのネイティブ教師と日本人教師によるWティーチャー制による指導や、オンライン英会話、他教科での英語授業、ディベート授業などは、私立校の先

進性が生みだした授業です。アクティブ・ラーニングは、私立校の授業に自然に取り入れられています。さらにICT（情報通信技術）を積極的に取り入れた教育も行っています。タブレットや電子黒板などを活用して、よりわかりやすい授業を工夫しています。

多くの学校で習熟度別授業が行われていますが、これは生徒を学力によって差別するものではありません。学力にムラがないクラス編成で、学力に合った理解しやすい授業を行うことが目的です。そのため、問題点の解決が早く、効率よく学力を伸ばすことができます。

さらに、希望進路別にコースを設けて、進学に対応できる学力を養成しています。難関大学合格を目指した特進コースや、東大や医学部などの明確な目標を掲げ、高いモチベーションを持たせているコースもあります。

国際理解教育は国際社会で活躍するために必要不可欠です。英語教育では、大学受験のためだけでなく、「聞く」「話す」「読む」「書く」の4技能をバランスよく育成し、コミュニケーション能力を身につけます。英会話の授業や、検定試験の資格取得はもちろんのこと、英語だけを使って過ごす英語デーを設置するユニークな取り組みも見られます。

海外修学旅行や長期休暇中のホームステイによる語学研修も盛んです。中には1年間の留学をしながら高校3年間で卒業できる留学コースを設置している学校もあります。さらに、海外の高校卒業資格も取得できるダブルディプロマや、国際バカロレア資格（国際的に認められる大学入学資格）が取得できるプログラムを取り入れたり、TOEFL®のスコアアップを図るカリキュラムを整え、海外大学への進学希望をかなえる学校も出てきています。

2021年度大学入試から導入された「大学入学共通テスト」では、知識だけでなく、

新学習指導要領の学びのねらいである「思考力、判断力、表現力」が問われます。これに対応する力をつけるには、私立校の教育が有利です。なぜなら、学習指導要領の改訂前から、課題解決型学習を取り入れていた学校も多く、こうした力を伸ばす教育をすでに実施し、多くのノウハウを持っているからです。大学入試がどのように変化しても、十分に対応可能な柔軟性を私立校は備えています。

個々の可能性を見つけて 育てる人間教育

　私立校の教育は、教科学習だけに偏重しているわけではありません。人間教育にも力を入れています。人間力を鍛え伸ばすことが、将来、社会に出てから伸びる人材を育てるという目標につながるからです。

　自主性や社会性を身につけるために、学校行事や委員会・クラブ活動が重視されています。行事では、生徒同士が目標に向かって協力し、作り上げていきます。無事に成功したときの達成感は、授業では得難いものになります。

　クラブ活動では、才能や技術のみを磨くのではなく、一生懸命努力することを目指しています。そこには先輩・後輩の人間関係を円滑にするコミュニケーション能力や、チームの運営能力も求められます。いずれも、将来社会に出てから役立つ貴重な体験となります。

　また、豊かな感受性を育て、情操面を伸ばす教育も熱心に行われています。歌舞伎や能、狂言などの日本の伝統芸能や、演劇やバレエ、コンサートなどの芸術鑑賞が定期的に行われています。そのほか、礼法の授業やテーブルマナーの実践などのしつけ教育、また精神を鍛えるための夜通しの強歩大会や、座禅修養なども実施されています。

　さらに、多くの学校でキャリア教育が行われています。キャリア教育では、大学進学という目の前の目標だけでなく、自分の将来像、どのような人生を過ごしたいのかを考えます。自分自身を見つめ直し、大学の学部・学科研究をし、いろいろな職業を調べ、なりたい自分像を模索します。その手助けとして、ＯＢやＯＧ、保護者、外部の有識者などによる講演が数多く行えるのも、私立校の豊かな財産の一つといえます。

生徒の学びを止めない サポート体制が充実

　私立校では教育のICT化が進んでおり、生徒が１人１台のタブレットやPCを持つことも珍しくありません。コロナ禍による休校時には、早期からオンライン授業を実施して通常時同様の勉強を続け、生徒の学力低下を防ぎました。さらに、課題を与えてグループごとに話し合い、レポートを作成するなどのアクティブラーニングにも、ICT機器を利用して積極的に取り組み、学びを広げました。

　新型コロナウイルスの５類移行後も、感染対策は継続しています。文化祭、体育祭、修学旅行、海外研修などの行事も再開され、感染防止に気をつけながら、有意義な学校生活が送れるように努力が続けられています。

　学校説明会も対面型で開催されるようになり、受験生と保護者が学校を訪れる機会が増加しています。事前予約が必要な学校が多く、人気校はすぐに予約が埋まるので注意が必要です。受験を考えている学校は可能な限り訪問し、自分の目と足で確認するように心がけてください。

　入試では、マスク着用の徹底、席の間隔をあける、頻繁な換気、試験会場の消毒などが行われ、準備万端整えて実施されています。感染状況によっては面接試験をとりやめるなど、入試直前の変更も予想されますので、志望校の情報には最後まで注意しましょう。

　普段から体調管理を心がけ、感染対策を徹底して、万全の態勢で入試に挑んでください。

いろいろな角度から

「行きたい学校」を見つけよう！

特集 学習塾が勧める 中高一貫校

※首都圏の有名進学塾にアンケートを毎年実施。過去3年分（2020〜2022）実施結果を集計。

いつの時代も難しいのが学校選びです。中学受験では学校選びの主役は保護者。私立中受験生が増加する中、わが子に合った学校に進学させるために、上手な併願校選びが必要になります。ただ、合格校が増えても進学できるのは一校だけ。それをどこにするのかが難しく、あらかじめ決めておくことが重要です。

そのためには、志望校選びをしっかりしておく必要があります。志望校選びは当然ながら、いろいろな角度から学校を検討するのが一般的です。偏差値はもちろんのこと、大学合格実績、建学の精神、校風、教育方針、通学時間・経路、安全対策など、検討項目は数多くあります。

そうして多様な視点から検討してピックアップした学校の説明会に参加すると、さらに迷ってしまうケースがあります。「これだ！」という学校を見つけられればいいのですが、どの学校も甲乙つけ難いと思う場合も多いのです。

そんな時、活用したいのが、「エキスパートが勧める学校」です。本誌では毎年、中学受験塾の塾長や大手塾の教室長に、アンケートを実施しています。長年、多くの学校を見てきたエキスパートならではの見方で、学校を選んでもらい、まとめたのが以下の表です。「面倒見が良い私立中」「入学時の偏差値に比べ、大学合格実績が高い私立中」「最近、合格実績が伸びていると思われる私立中」などの項目について、学校をあげてもらい、ポイント化してランキングにしました。表を見ると、ランキングごとにいろいろな学校が登場しており、さまざまな視点から、学校が選ばれていることがわかります。

しかし、これはあくまでもデータです。例えエキスパートが良い学校だと勧めていても、子どもが気に入らなければ諦めた方がいいでしょう。それ以外の面でも条件をクリアしているか、慎重に見極めることも大切になります。

このランキングを参考にして、ここに選ばれている学校だけでなく、広い視野から学校選びをしてほしいものです。

順位	中学校名	ポイント
	新型コロナウィルスの感染拡大で対面授業がストップしたが、オンライン授業を積極的に進め、生徒・保護者から高評価を得た私立中	
1	青稜	154
2	広尾学園	151
3	駒込	77
4	常総学院	71
5	開智未来	70
6	江戸川学園取手	61
7	土浦日本大中教	60
8	玉川聖学院	44
9	千葉明徳	43
	八千代松陰	43
11	栄東	39
	渋谷教育学園幕張	39
13	桐蔭学園中教	38
14	桜丘	37
15	カリタス女子	36
16	明星	34
	日本大	34
18	吉祥女子	32
	聖光学院	32
20	帝京大	31
	宝仙学園（理数インター）	31
	洗足学園	31

面倒見が良い私立中

順位	中学校名	ポイント
1	京華	246
2	常総学院	141
3	帝京大	96
4	駒込	81
5	八雲学園	76
6	桐光学園	71
7	国府台女子学院	70
	城北	70
9	土浦日本大中教	66
10	富士見	62
11	昭和学院秀英	56
12	千葉明徳	53
13	豊島岡女子学園	52
14	佼成学園	49
15	開智未来	48
	自修館	48
17	青稜	47
	横浜隼人	47
19	神奈川学園	46
20	トキワ松学園	45

入学時の偏差値に比べ、大学合格実績が高い私立中

順位	中学校名	ポイント
1	京華	182
2	常総学院	151
3	駒込	91
	青稜	91
5	横浜隼人	87
6	大宮開成	77
7	昌平	73
8	国府台女子学院	69
9	聖徳学園	66
10	順天	64
11	巣鴨	62
12	攻玉社	61
	富士見	61
14	開智未来	60
15	帝京大	52
	神奈川学園	52
17	東京都市大等々力	51
18	世田谷学園	50
19	佼成学園	49
20	公文国際学園	48

最近、大学合格実績が伸びていると思われる私立中

順位	中学校名	ポイント
1	広尾学園	137
2	本郷	115
3	洗足学園	107
4	東京都市大等々力	105
5	大宮開成	98
6	青稜	81
7	東京都市大付	65
8	昌平	57
	駒込	57
10	京華	56
11	渋谷教育学園幕張	53
12	淑徳	50
	浅野	50
14	世田谷学園	45
15	安田学園	39
16	栄東	38
17	土浦日本大中教	37
	豊島岡女子学園	37
19	本庄東高付	35
	市川	35

伸び伸びとした教育を行っている私立中

順位	中学校名	ポイント
1	麻布	144
2	武蔵	77
3	茗溪学園	65
	明星学園	65
5	芝	58
6	和光	54
7	女子学院	51
8	桐朋	50
9	法政大第二	49
10	日出学園	44
	開成	44
12	東邦大付東邦	41
	渋谷教育学園渋谷	41
	湘南学園	41
	東海大付相模	41
16	立正大付立正	39
17	和洋国府台女子	38
18	青山学院	36
	駒込	36
20	公文国際学園	35

保護者に人気がある私立中

順位	中学校名	ポイント
1	渋谷教育学園幕張	167
2	市川	141
3	中央大付横浜	97
4	法政大第二	89
5	早稲田実業	87
6	茗溪学園	86
7	中央大付	84
8	芝	72
9	聖光学院	68
10	慶應義塾湘南藤沢	65
11	浅野	60
12	明治大付明治	59
13	明治大付中野八王子	54
14	青山学院横浜英和	53
15	女子学院	48
16	慶應義塾普通部	47
17	東邦大付東邦	45
	吉祥女子	45
19	成田高付	44
20	香蘭女学校	43
	神奈川大付	43

生徒や保護者に勧めたい私立中

順位	中学校名	ポイント
1	常総学院	101
2	京華	91
3	駒込	81
4	豊島岡女子学園	75
5	城北	61
6	トキワ松学園	53
7	聖光学院	50
8	土浦日本大中教	49
	麻布	49
10	帝京大	47
11	国府台女子学院	46
	千葉明徳	46
13	富士見	41
14	昌平	40
	青稜	40
	武蔵野大	40
17	吉祥女子	39
	浅野	39
	栄光学園	39
	神奈川大付	39

生徒や保護者の入学後の満足度が高い私立中

順位	中学校名	ポイント
1	京華	134
2	渋谷教育学園幕張	100
3	市川	97
4	聖光学院	93
5	城北	71
6	富士見	62
7	常総学院	61
8	青稜	60
9	駒込	57
10	浅野	56
11	茗溪学園	55
12	洗足学園	51
13	国府台女子学院	48
14	芝	45
15	桐光学園	44
16	豊島岡女子学園	38
17	神奈川大付	36
18	公文国際学園	35
	法政大第二	35
20	土浦日本大中教	34

理数教育に力を入れている私立中

順位	中学校名	ポイント
1	芝浦工業大柏	200
2	広尾学園	193
3	宝仙学園（理数インター）	134
4	東邦大付東邦	123
5	豊島岡女子学園	121
6	芝浦工業大付	115
7	品川翔英	82
8	江戸川学園取手	74
9	鷗友学園女子	66
	工学院大付	66
	桐蔭学園中教	66
12	浅野	57
13	巣鴨	54
	東京電機大	54
15	市川	52
	駒込	51
17	東京都市大付	44
	文京学院大女子	44
	本郷	44
20	海城	42

グローバル教育に力を入れている私立中

順位	中学校名	ポイント
1	八雲学園	198
2	広尾学園	162
3	三田国際学園	130
4	昌平	100
5	郁文館	96
6	土浦日本大中教	84
7	渋谷教育学園幕張	76
8	専修大松戸	71
	駒込	71
10	文化学園大杉並	66
11	工学院大付	65
12	公文国際学園	62
13	茗溪学園	57
	洗足学園	57
15	山手学院	56
16	渋谷教育学園渋谷	53
17	武蔵野大	50
18	常総学院	49
19	横浜女学院	48
20	富士見丘	46

図書館が充実している私立中

順位	中学校名	ポイント
1	中央大付	154
2	恵泉女学園	119
3	国府台女子学院	100
4	武蔵	81
5	トキワ松学園	80
6	吉祥女子	67
7	市川	52
8	桐蔭学園中教	51
	桐光学園	51
10	東洋大京北	39
11	土浦日本大中教	37
12	明星	32
13	明治大付明治	31
14	日本女子大付	30
15	常総学院	29
16	聖学院	28
	成蹊	28
18	公文国際学園	26
19	足立学園	24
20	実践女子学園	22
	日本大	22

ICT教育に力を入れている私立中

順位	中学校名	ポイント
1	工学院大付	93
2	広尾学園	90
3	開智未来	80
4	芝浦工業大柏	76
5	三田国際学園	71
6	日本大	50
7	神奈川大付	49
8	東京都市大等々力	45
9	桜丘	43
	城北	43
11	青稜	40
12	千葉明徳	39
13	聖徳学園	37
14	市川	35
15	聖望学園	32
	佼成学園	32
	駒込	32
18	八千代松陰	30
19	成田高付	29
20	常総学院	24
	芝浦工業大付	24
	東京都市大付	24

校舎など施設、設備が充実している私立中

順位	中学校名	ポイント
1	桐蔭学園中教	118
2	東洋大京北	112
3	明治大付明治	100
4	埼玉栄	64
5	桐光学園	56
6	山脇学園	54
7	法政大第二	53
8	昭和学院	47
	日本大豊山	47
10	市川	43
11	中央大付	40
12	広尾学園	37
	立正大付立正	37
14	東洋大付牛久	35
	日出学園	35
	中央大付横浜	35
17	栄東	33
18	国府台女子学院	32
19	土浦日本大中教	30
	工学院大付	30

京華中学校・高等学校

アンケート3部門で1位！
「入学した生徒を最大限に伸ばすこと」
それが、京華中高の使命です。

　一人ひとりの生徒のもつ才能・素質を大切にし、素直に開花させることが、本校の教育理念です。

<京華の教育　3つのテーマ>
1. 自立と自律の精神の育成
   （主体性・行動力・忍耐力）
2. 徹底した進路教育
   （目標設定・学習支援・意欲喚起）
3. コミュニケーション能力の育成
   （自己表現力）

<京華中高の校風>　※在校生・保護者の声から
① 男子だけでのびのびできて、居心地が良い。
② 男子校特有の失敗を恐れないムードと活気がある。
③ 先生と生徒の距離が近い。熱血派の先生が多い。
④ 生徒同士の一体感があり、受験も団体戦で臨む。
⑤ 教師と保護者の連携が強く、アットホームな雰囲気。

　男子は、自分の力に自信をもち、将来に向けて目標が見つかったとき、やる気も学力も飛躍的に伸びます。本校独自の男子教育によって、最初は幼くおっとりした男子が、最後は自分から目標に向かって主体的に努力する逞しい男子に変わっていきます。その結果、入学時の学力に比べると進学実績は大きく飛躍することになるのです。

2023年度大学入試では、211名が卒業し、国公立・私立難関大に合格者を輩出。3コース体制が充実期を迎え、学力を伸ばしています。

埼玉大	1	山口大	1	広島大	1	鹿児島大	1
大分大	3	横浜国立大	1	東京工業大	1	他の国公立大	6
早稲田	6	慶應義塾	2	東京理科	13	明治	11
青山学院	6	立教	18	中央	21	法政	19
学習院	2	日本	50				

（2023年度大学合格実績）

<全国大会進出！急成長を続けるクラブ活動>
スキー部・水泳部・ソフトボール部・・インターハイ出場
テニス部・・・・・・・・・・・・・・・・全国私立大会出場
剣道部・サッカー部・陸上部・バスケットボール部・東京都大会出場
吹奏楽部・・・・・・・・・・・・・・全国大会で金賞受賞

「中学特別選抜」「高校S特進」の新教育体制で大きく躍進。次の目標へ邁進します！

　「主体性」を磨く独自の学習支援プログラムで、学力と人間力をバランスよく向上させます！

<生徒をやる気にさせる様々な学習支援プログラム>
① 7時間目講座・希望者補習（高1〜3）、キャッチアップ補習（中1〜高1）。
② 高校S特進はZ会添削に団体参加。中学は希望者。ティーチングサポーター制度も充実。
③ 夏期講習（中1〜高3）、夏期勉強合宿（中3・高1）、冬期講習（中学・高3）。

<世界に通用する人材育成に向けたグローバル教育>
　中学から段階的かつ体系的なグローバル教育プログラムを実施しています。
① 中1〜高1で行っているイングリッシュコミュニケーション。
② 中2全員参加のイングリッシュキャンプ（国内留学）。
③ 中3全員参加の海外研修旅行inシンガポール（5日間）。
④ 中2〜高2の希望者を対象に行われるオーストラリア夏季海外研修（14日間）。
⑤ 高校在学中の海外留学（1年間）の単位認定制度も整備。

本文 **212・213** ページもご参照ください

「知のひろば」メディアセンターで、発信力を身につける

生徒の視野を広げ、多角的な視点を育む

メディアセンターは生徒の自立的学習を助けるための情報センターです。蔵書は9万冊、HR教室24室分の広さがあり、ガラス張りの天井からの明るい陽の光を受けて、ガジュマルの木が大きく枝を広げています。ところどころにソファーやロッキングチェアなどもあり、とても居心地の良い空間です。

図書室としての機能のほか二つのコンピューター教室、学園の94年の歴史的資料を収蔵・展示する学園史料室、校内放送用のスタジオ、個人用のキャレルデスクや2つの学習室、また、DVDを個人で、あるいは友達と一緒に鑑賞できるスペースなどもあります。国際交流コーナーは留学生たちのホームルームであり、留学カウンセリングを受けられる場所でもあります。このようにメディアセンターは様々な情報が集約され、そして発信されていく「知のひろば」としての役割を果たしています。

中学受験で途絶えてしまった読書習慣を取り戻すためにも読書指導に力を入れており、中学1〜2年生にはオリジナルの「読書ノート」を配布し、その中のリストから年6冊以上読むことを求めています。生徒は読み終わった後、作品の評価と感想を「読書ノート」に書き、提出します。それに2名の司書教諭をはじめ、教員がコメントをつけて教室に掲示するので、読書を通じた生徒間のコミュニケーションも生まれます。リストの本はメディアセンターの中央に展示されていますが、生徒の視点に立った、〈読みやすさ〉、〈面白さ〉を基準に、ノンフィクション作品を重点的に選んでいることが特徴です。分野は生物・科学・美術・社会問題など多岐にわたり、生徒からは「読書の幅が広がった」、「ニュースに関心を持つようになった」と

いった声が聞かれます。中学3年次には新書などのレーベルを複数紹介し、将来の進路開拓を意識した主体的な読書を促しています。

国語の授業では中学3年次に「メディアリテラシー」を学びます。司書教諭から信頼できる情報の選び方について指導を受け、センター内の本やインターネットを活用しながら、ディベートや新聞づくりを通して、メディアからの情報をうのみにせず、批判的に読み解く能力を身につけていきます。メディアセンターには4名のスタッフが常駐しており、いつでもアドバイスを受けることができるため、社会科や理科、同校の特色である園芸の授業などでも生徒たちは資料を活用し、学習の成果をまとめたり、発表したりしています。

メディアセンターに来たくなるような工夫も凝らされています。広いスペースを活かして、家庭科で中学1年生が作ったブックカバーを展示したり、書道や美術クラブの作品を展示したりすることもあります。生徒たちは本やDVDをリクエストすることができ、毎週約40冊程度の新着図書が紹介されています。また、授業や数々の行事に関連した本を展示したコーナーもあり、朝の礼拝で触れられたことがらや時事問題に関する本もその日のうちに展示されます。ブラウジングコーナーには40種類以上の雑誌や新聞があり、こちらも生徒が定期購読をリクエストすることができます。大きなぬいぐるみが置いてあったりして、ここがお気に入りスポットになっている生徒もいます。また、コロナ禍以前は入試の日にこちらで試験終了を待つ保護者の姿もみられました。学習への興味につながりそうな漫画や、おなじみの漫画の英語版もあり、人気があります。

最近では電子図書館のサービスも導入、英語の多読電子書籍でもできるようになりました。

本文 **218・219** ページもご参照ください

東洋大学京北中学高等学校

| 校舎など、施設設備が充実している私立中 | 第 2 位 |
| 図書館が充実している私立中 | 第10位 |

学習効果を高める充実の校舎で「本当の教養を身に付けた国際人」を育成

都心部にありながらゆとりある空間と優れた機能性を整えた校舎は、生徒たちが、より充実した学校生活を送れる環境となっています。文京区の閑静な地域景観への融合・調和を優先し、騒音・日照対策などにも配慮した校舎は、地下2階・地上4階建の1棟のみ。生徒と教員の動線を考慮し、自習室や図書室、職員室前での学習コーナーをはじめ、地下の屋内運動場や武道場などを一つの校舎にまとめることで、効率よくさまざまな活動に取り組むことができます。

柔らかな自然光が差し込む校舎は開放感があり、生徒はのびのびと学校生活を送っています。ICT設備も充実。各教室設置の電子黒板やプロジェクターは日常の授業はもちろんのこと、オンライン講演会などでもフレキシブルに使われています。2室あるPC教室は授業や放課後のWeb学習システムでの予習・復習、大学受験用講座・英検対策講座など幅広く活用されています。

また、英語学習専門の教室「English Conversation Room」には多読用・英会話用の2部屋があり、専任のネイティブ教員や日本人教員が常駐し、実践的な英語学習をサポートしています。

このほか、2層を吹き抜けにした開放感のある図書室と視聴覚室、約150席の自習室のほか、職員室前にも学習スペースを設けています。また、中庭に面して学習机が設置され友だち同士気軽に学習できるスタディ・デッキ、自習コーナーなど、生徒達が学びへとアクセスしやすく能動的学習を支える環境も充実しています。

国公立大、難関私大を目指す進路指導

大学の附属校ながら、複数教科入試の導入傾向にある国公立大や難関私大への進学を目指した学習指導体制を整えていることも特徴です。総合的な学力を身に付けることを目的としたカリキュラム導入に加え、Web学習や大学進学対策講習、チューターが常駐する自習室など、バックアップ体制を整えています。

主体的に考え、行動できる"本当の教養を身に付けた国際人"の育成を目指し、「哲学教育(生き方教育)」「国際教育」「キャリア教育」を3つの柱とした教育を実践しています。東洋大学伝統の哲学を学ぶことで豊かな人間性を育み、国際社会に貢献できる人材を育成します。中高大連携も盛んで、東洋大学の留学生との英会話や、生命科学部、食環境科学部、文学部との連携による「未来の科学者育成プロジェクト」も実践しています。

今年も国公立大学を始め多くの難関私立大学への合格者を輩出。生徒の希望に沿った進路指導により、更なる教育成果が現れることが期待されています。

▲1階の吹き抜け空間は生徒や先生との交流の場

▲グラウンドを臨む大きな窓と高い天井が特徴の開放的な図書館

本文 **422・423** ページもご参照ください

千葉明徳中学校・高等学校

ICT教育に力を入れている私立中	第12位
オンライン授業で生徒・保護者から高評価を得た私立中	第9位
面倒見が良い私立中	第12位
生徒や保護者に勧めたい私立中	第11位

「思考する学び」を積み、地球規模で活躍できる「行動する哲人」を育成します

　本校の目指す人間像は「行動する哲人」です。高い知識と見識のもとで独自の判断力や意見を持ち、正しい行動ができる人になること。その目標のために6年間の中で「自分の意見を発信し、それを受け取り合う」数多くの仕掛けを用意し「思考する学び」を繰り返していきます。

<プレゼンテーションの明徳>

　千葉明徳では、総合学習はもちろん、朝の会、各

教科の授業、さらには学級活動や学園集会など、学校生活のあらゆる場面にさまざまなプレゼンテーションの機会を用意しています。「自分の頭で論理的に考え、自分の想いをまとめ、自分の言葉で発信する」経験を日常的に重ねることで学びを深め、確かな思考力と豊かな表現力を培っていきます。

<総合的な学習の時間>

　開校以来、中学1・2年次の総合で「土と生命の学習」に取り組んでいます。テーマは「つながり」。物事を「ジブンゴト」として捉えるために「食」に起点を置き、農作業の実体験を積みながら、人と人、社会、自然、世界とのつながりを考えます。

　2年次の後半からは「課題研究論文」に取り掛かります。構成を学び、研究課題を決定し、観察や実験を繰り返しながら実データを集めた上で、考察をまとめます。

本文 774・775 ページもご参照ください

常総学院中学校

オンライン授業で生徒・保護者から高評価を得た私立中	第4位
面倒見が良い私立中	第2位
入学時の偏差値に比べ、大学合格実績が高い私立中	第2位
生徒や保護者に勧めたい私立中	第1位
生徒や保護者の入学後の満足度が高い私立中	第7位

5つの特色ある取り組みにより社会に貢献するリーダーを育成

　常総学院では、「社会に貢献する21世紀型リーダーの育成」を教育目標に掲げ、独自の教育活動で生徒の資質と能力を育成している。

　❶英語教育では、「話す・聞く・読む・書く」の4技能をバランスよく鍛え、使える英語を身につける。週9時間のうち4時間は、ネイティブスピーカーによる少人数の英会話の授業を実施し、柔軟な思考とグローバルな視野を育成する。

　❷探究フィールド活動ではクラスに関係なく、生徒の興味・関心に応じて「医学・科学・人文」の3つの探究フィールドのいずれかに所属。探究活動や校外学習・キャリアアップ講座などを通して、社会全体のことを考えられる人間性と、真のリーダーに必要なスキルを養う。

　❸生徒は一人一台ノートPCを所持し、日々の授業や諸活動にICTを活用。Google for Educationをはじめさまざまな教育ツールを効率よく活用することで、日々の学習をサポートし、学力向上につなげている。

　その他、❹リーダーシップWeekや❺プロジェクト活動などの独自の活動を通じて、自己肯定力とともにこれからの社会で必要とされる力の育成をめざしている。

本文 802・803 ページもご参照ください

ぴったりな学校を探そう！

体験入学 & 公開行事日程

自分にぴったりな学校を選ぶには？

中高一貫教育の6年間、高校の3年間、学校生活は楽しく過ごしたいですよね。でも、自分にぴったりな学校が分からない……と、悩んでいる人も多いことでしょう。受験に関する本や各学校のパンフレット、ホームページなどで情報を集めると同時に、興味を持った学校に足を運びたいところ。以前は新型コロナウイルス感染症の感染拡大防止のため、学校説明会の開催を見合わせた学校もありましたが、今年は対策を講じながら、人数制限を設けたり、事前申し込み制で実施する学校が多いようです。

近年増えているのが、体験入学、体験授業、オープンスクール、オープンキャンパスなどの、参加型のイベントです。受験生が授業やクラブ活動に参加できるもので、説明を聞くだけでなく、楽しみながら学校の雰囲気に触れられるので人気を集めています。秋以降に体験入学や入試体験等を予定している学校もありますので、実施の有無は学校ホームページなどで確認してください。

体験入学レポートもチェック ▶ p107、115

オンライン説明会・個別相談も活用しよう

今年は、来校型の説明会を再開している学校がほとんどです。

一方、来校しなくても参加できるように、説明会をインターネットによる動画配信（ライブ配信・オンデマンド配信）に振り替える学校や、オンラインの会議ツールを使った個別相談を行う学校もあります。また、来校型とオンライン型を併催する学校もあります。

状況により、来校型からオンライン型に切り替える場合もあります。最新情報は学校のホームページなどで確認してください。

日本大学中学校
『Nichidai日吉Day』

今年度は、対象学年が全学年に広げられました（「授業体験講座」のみ5・6年生対象）。受付でWeb予約の画面を見せて入場。ミニ説明会、個別相談、学校見学には自由に参加でき、説明会の会場は満席でした。授業体験講座は10講座。講座は下記のほか、「目指せ！日本の伝統マスター（国語）」「円周率を身の回りの物を使って求めよう！（数学）」「時代を超えた新しい地図（社会）」「七宝焼きに挑戦しよう（美術）」など。在校生のサポートを受けながら、中学の学びを体験しました。学校見学の途中では、中3の"生徒コンシェルジュ"と和やかに話す保護者が見られました。このほか各教室では、部員が作成したクラブ紹介の映像が上映されていたりと、楽しみな仕掛けが満載の一日でした。

入試解説の会場

「黒豆の色のヒミツ」

理科

黒豆を使った実験。グループの仲間と交代で、黒豆と水の入ったペットボトルを振って混ぜました。できた水よう液といろいろな薬品を混ぜて、色の変化を調べました。

「漢字で遊ぼう！」

国語

ヒントをもとに、「部首」と「部首でない部分」を組み合わせて、漢字を完成させました。答えが分かった人は前で発表しました。

「割り算で遊ぼう！」

数学

「余りを求めるシステムを作ろう！」をテーマに、ひっ算や図などを使って余りを考えました。

「Let's Dance」

体育

在校生と一緒に1曲分の振り付けをマスターして、元気にダンス！ アクロバットを披露した参加者もいました。

「Island Adventure」

英語

ネイティブの先生と一緒に、iPadを使ったグループワークを体験。学んだ英語表現を実際に使ってみました。

「師匠に弟子入り！ものづくり教室～紙トンボ製作と飛行実験」

技術

紙トンボを題材に、道具の扱い方などを学びました。飛行実験をして、問題解決へのアプローチを考えました。

表の見方

◆表は9月1日～2024年3月までに実施される来校型の体験入学・オープンキャンパス・授業見学・入試体験等の日時。[ ]は開始時間。説明会内のプログラムとして体験授業を行うものは除いている場合もあります。中学校、高等学校の順で、それぞれ都県別の五十音順に並べています。

◆学校名の前の●は男子校、〇は女子校、◎は男女校を示しています。

◆ほとんどの学校で事前の申し込みが必要です。申し込み方法については、各学校のホームページ等で確認してください。

◆日程・内容は8月1日までの判明分で、予定を含みます。

◆日程や開催形式は変更されることがあります。また、事前に申し込みが必要なものは、すでに定員に達している場合があります。必ず学校に確認してください。

体験入学等の日程一覧

▼中学校

中 学 名	日時と主な内容
【東京都】	
●足立学園	授業・部活動体験9/2 11/25 12/16[15:00] 入試直前対策(6年)2024/1/13 [14:00] 体験会2024/2/17 [14:00]
〇跡見学園	入試体験会11/26
◎上野学園	入試体験11/11 12/16 2024/1/13 [14:00]
〇江戸川女子	オープンキャンパス9/2 [13:30]
◎桜美林	総合学力評価テスト入試体験会12/9 [9:30]
〇鷗友学園女子	授業見学会9/11 [6年9:40 全学年10:40] 11/11 [6年9:35 全学年10:30] 部活動見学会10/21 [6年14:00 全学年15:30] 11/4 [6年13:30 全学年15:00] 11/6 [15:30] 11/8 [15:30] 2024/1/20 [5年13:30 5年以下15:00] 2024/3/9(5年) [13:30] 2024/3/16(5年以下) [13:30] 受験会場見学会(6年)12/10 [9:00]
〇大妻多摩	中学生活体験日(3年以上)11/4 [10:00] 入試模擬体験(6年)11/25 2024/1/7 [9:30 11:15] 入試報告会(5年以下)2024/3/15 [14:00]
〇大妻中野	オープンデイ11/25 [10:45]
●海城	ミニオープンキャンパス10/7 11/4 [13:30]
◎開智日本橋学園	授業体験会(3年以上)9/18 [10:00 14:00]
◎かえつ有明	部活動見学会10/14 [9:00] 入試体験会12/9 [8:30]
〇学習院女子	オープンスクール10/7 11/25 [14:00]
〇北豊島	特別奨学生セミナー10/29 11/26 [9:00] 入試問題解説会12/10 12/17 [10:00]
〇吉祥女子	入試会場見学会(6年)12/16 [9:50 11:00 12:10]
◎共栄学園	共栄ウェルカムデイ(見学&説明会)9/9 9/16 9/24 [9:30 10:30 13:30] 模擬入試体験会11/23 12/17 2024/1/14 [10:00]
●暁星	入試直前受験生激励会2024/1/20
〇共立女子	英語・論述チャレンジ(6年)11/12 12/17 2024/1/13 [14:00] オープンキャンパス(4・5年)12/17 [8:30]
〇共立女子第二	入試問題研究会10/14 [14:00] 11/18 [10:00] 入試体験12/2(適性)[14:00] 12/17(2科)[14:00] 理科体験授業2024/1/13 [14:00] 入試報告会2024/3/23 [14:00]
〇国本女子	入試体験会11/19 [10:00]
●京華	KEIKAフェスタ9/18 [10:00]
〇京華女子	入試問題セミナー(6年)11/5 11/26 [9:00] Keika Girls'フェスタ2024/3/20 [10:00]
◎啓明学園	模擬入試 11/11(得意科目入試) 11/18(2科3科) 2024/1/13(2科3科・適性検査・プレゼン) 11/26(適性検査・プレゼン)[14:30] 入試問題解説会12/9 [14:30]
◎工学院大附	入試予想問題体験会(6年)11/26 [13:00] 入試報告会2024/3/9 [14:00]
●攻玉社	オープンスクール(4年以上)11/25
〇麹町学園女子	入試問題チャレンジ10/9 [9:00] 入試模擬体験(5年以上)11/26 12/10 [9:00] 学習アドバイス(5年以上)12/24 [9:00] 体験イベント(5年以下)2024/2/25 [10:00]
●佼成学園	入試問題解説会11/26 12/17 [10:00 14:00] 12/16 [14:00] 入試体験会

中　学　名	日時と主な内容
	2024/1/7 [10:00 14:00] 2024/1/14 [10:00]
◎国学院大久我山	入試直前講座12/17 [10:00]
◎国　士　舘	過去問題解説会(6年)10/21 [14:00] 11/19 [10:00]
◎駒　　込	クラブ体験会9/3 [10:00 14:00]
○駒沢学園女子	オープンキャンパス9/23 [9:30] 入試体験会(5・6年)9/30 10/21 11/4 [13:30] 入試シミュレーション(6年) 12/16 [9:00] 授業見学会2024/2/24 [10:00] 授業体験会2024/3/9 [13:30]
◎桜　　丘	適性検査型体験会11/25 [14:00]
◎サレジアン国際学園	授業体験(5年以上)9/10 [10:00]
◎実　践　学　園	授業公開9/16 [10:30] 体験授業10/14 [14:30] 2024/1/14 [14:00] 入試体験会12/17 [14:00]
○実践女子学園	入試体験会(6年・2科)12/9 [8:40 14:00] オープンスクール11/4 [14:00]
◎品　川　翔　英	入試体験(6年)12/10 [適性検査型8:30 ラーナー型13:30]
◎芝浦工業大附	SHIBAURA GIRLS' DAY9/17 午前・午後 SHIBAURA DAY11/3 午前・午後
○十　文　字	授業部活/見学会・体験会9/9 [10:00 14:00] 10/7 [14:00] 入試体験会11/12 12/10 [10:00]
◎淑　　徳	授業見学会9/9 10/14 [9:40 11:30]
◎淑　徳　巣　鴨	入試体験11/23 [9:00]
◎順　　天	入試チャレンジ(6年) 10/7 (国語) 11/11 (算数) 12/16 (理科・社会) [14:00]
◎城西大附城西	体験入学11/12 [9:00 13:30]
◎聖　徳　学　園	入試解説会12/16 2024/1/13 [14:30] 入試報告会2024/3/23 [14:30]
●城　　北	体験授業10/7(地理、地学) 10/28(理科・生物) 11/4(算数) 11/18(情報)
○女子聖学院	自己表現ワークショップ＋表現力入試説明会9/30 11/25 AM　入試問題早期対策会(6年)10/7 10/14 10/21 [10:00] 入試体験会(6年)12/2 [8:45] 入試直前算数講座(6年)2024/1/13 2024/1/20 [9:30]
○女子美術大付	体験学習9/10 [10:00 13:00] 公開授業10/28 11/18 [8:35] 入試報告会2024/3/23 [10:00]
●聖　学　院	体験会9/16 10/21 2024/3/2
◎成　　蹊	入試対策講座(6年)10/21 11/11 クラブ体験(5年以上)10/7
○成女学園	オープンスクール9/30 [14:00] 入試対策講座11/18 [14:00] 入試直前対策講座2024/1/13 [14:00]
◎成　立　学　園	ナショジオアドベンチャー9/30 わかるテスト12/9 2024/1/13 [8:30]
◎青　　稜	体験入学(5年以上)10/14 11/11 [14:00]
◎玉　川　学　園	オープンスクール9/9 [9:30] 入試問題
○玉川聖学院	チャレンジ会(一般)11/11 [10:00] オープンスクール10/10 [9:00] ウォークラリー10/14 [10:00] プレテスト(6年)11/23 [8:50] 受験生向けクリスマス12/2 [10:00] 適性検査型入試プレテスト(6年)2024/1/6 [9:30]
◎多　摩　大　目　黒	特待・特進入試問題解説会(6年)11/18 12/9 [10:00]
◎千　代　田　国　際	体験授業9/2 [14:00] オープンスクール10/28 [14:00] 入試対策会11/26 [10:00]
◎帝　　京	授業見学会9/16 10/14 [10:30] 過去問研究会11/18 [10:30] 入試問題研究会12/9 [13:30]
◎帝　京　八　王　子	部活動体験11/5 [10:00] 体験入試12/10 [10:00]
◎貞　静　学　園	プレテスト12/10 [10:00] 直前対策講座2024/1/13 [14:00]
◎田　園　調　布　学　園	授業見学11/15 [10:00]
◎東海大付高輪台	プレテスト2024/1/14 [10:00]
○東京家政学院	クリスマスイベント(5年以下)12/17 [10:00] 適性検査型入試対策・新タイプ入試対策2024/1/13 [10:00] 体験イベント(5年以下)2024/2/25 [10:00]
○東京家政大附女子	オープンスクール11/4 [14:00] 入試体験プログラム(5年以上)12/3 [10:00]
◎東京女学館	オープンスクール9/30 [14:00]
◎東京成徳大	体験授業9/10 [10:00] オープンスクール10/14 11/11 [9:00]
◎東京電機大	コンピュータ教室11/25 [14:00] 入試過去問解説会(6年)12/17 [10:00] 入試体験(6年)2024/1/7 [14:30]
◎東　星　学　園	公開授業期間11/1～11/2 11/7～11/9 [14:40] 公開授業日11/4 [10:40] 入試体験・解説会12/16 [14:30]

中　学　名	日時と主な内容
◎東洋大京北	入試報告会(5年以下)2024/3/9 [15:00]
○トキワ松学園	部活体験会(5年以上)9/9 [14:30] 英語授業体験(5年以上)10/29 [14:00] 入試体験(5年以上)12/23 [14:00] 算数勉強教室(5年以上)2024/1/13 [14:30]
○中　　村	入試体験11/19(5年以上) 12/17(5年以上) 2024/2/23(4・5年) [9:30] オープンキャンパス(5年以下)2024/3/20 [9:30]
◎日本工業大駒場	オープンキャンパス10/7 [9:00] 授業見学会10/28 [10:00] 入試プレテスト12/10 (適性検査型) 12/17(教科型) [9:00]
◎日本大第一	学校体験会9/24 11/11
◎日本大第三	学校体験イベント(5年以上)9/24 [9:30]
◎八王子学園八王子	授業見学会9/9 10/14 11/11 12/2 [10:00] 全学授業公開10/7 [8:45] 入試問題ガイダンス11/4 [10:00] 「探究ゼミ」見学11/8 [10:00] 入試模擬問題体験12/10(適性検査型) 12/17(2科・4科型) [10:00]
◎八王子実践	入試問題解説会12/10 12/17 [10:00] 2024/1/13 [14:00]
◎広尾学園	授業体験9/9 10/7 [9:30]
◎広尾学園小石川	授業体験9/16 10/21 [9:30 14:00]
◎富士見丘	オープンスクール10/28 [11:10] チャレンジ体験入試(6年)12/2 2024/1/8 [10:00]
○藤村女子	授業見学会9/16 10/14 11/4 入試問題体験10/21 11/11 12/9 2024/1/13
○普連土学園	学校体験日10/28 2024/2/17(5年以下) [9:00]
◎文化学園大杉並	授業見学会10/24 [9:00] オープンスクール11/18 [10:00]
○文京学院大女子	授業が見られる説明会9/19 9/20 9/21 [14:30] 10/21 11/11 [9:00 11:00] 国際塾・部活動見学9/19 9/20 9/21 [16:00] Bunkyo Gakuin-Global Gateway9/24 [10:00] スポーツの日特別イベント10/9 [10:00] 入試解説11/23 [10:00] 探究プレゼン型入試/英語インタラクティブ入試体験11/23 [14:00] 教科型入試体験12/17 [8:40]
◎文教大付	授業公開デー9/30 10/14[11:00] 11/11 2024/1/20 [10:30] 理科実験教室10/28 [14:00] 入試模擬体験12/16 [14:00]
◎法政大	入試直前対策講習会(6年)12/16 [8:30]
◎宝仙学園(共学部)	体感授業9/30 [14:00] ポイント体験11/18 2024/1/6(公立一貫) 2024/1/13(2科・4科) [14:30] 入試体験会12/16 AM
●本　　郷	オープンキャンパス10/7
◎三田国際学園	オープンスクール9/9 [10:00]
◎明星学園	体験入学(6年)9/16 10/29 [9:00]
○三輪田学園	オープンスクール(4年以上)9/18

中　学　名	日時と主な内容
	[10:30 14:00] 入試問題にチャレンジ10/28(6年) [13:30] 12/2(6年) 2024/2/17(5年) [10:00]
◎武蔵野大	オープンスクール9/30 [14:00] 入試対策11/23 [10:00]
○明治学院	クラブ体験会11/25 [11:00]
●明治大付中野	オープンスクール10/21 [8:45]
◎明治大付八王子 (現:明大付中野八王子)	オープンスクール10/28 11/18
●明　　法	部活動体験会(4年以上)11/4 [14:30] ロボットプログラミング体験会(6年)11/26 [10:00] 入試体験会(6年)12/24 [9:00] 適性検査型入試体験会(6年)2024/1/13 [14:30]
◎目黒学院	体験授業(5年以上)11/3 11/23 12/3 12/17 2024/1/21 [10:00]
◎目白研心	授業見学会11/14 [10:30] 入試体験12/23 [13:30]
◎安田学園	入試出題方針(4年以上)12/2 [14:30 15:50] 2024/1/6 [13:00 14:20]
○立正大付立正	入試問題解説会12/2 [14:00] 12/16 [9:30]
◎和　　光	教育懇談会(和光大)9/22 10/27 [18:00]
◎和洋九段女子	PBL型授業体験会(5年以上)9/9 英検対策講座(4年以上)9/9 10/7 10/28 [15:00] 入試対策勉強会(6年)10/28 11/4 11/25 [10:00] プレテスト(6年)12/17 [8:30]
【神奈川県】	
●浅　　野	部活動見学体験会2024/3/16
◎アレセイア湘南	学校体験(5年以上)10/7 [11:30] 入試体験(5年以上)11/11 [10:00] 入試面接体験(6年)2024/1/6 [10:00]
●栄光学園	キャンパス開放10/7 10/28 11/25 [15:00]
◎神奈川学園	オープンキャンパス11/4 [10:00] 入試問題体験(6年)12/16 [8:30]
◎鎌倉女子大	親子でチャレンジ 入試過去問演習

中学名	日時と主な内容
○カリタス女子	9/30 [10:00] 入試対策会(6年)12/9 [10:00] 入試練習会(6年)2024/1/13 [10:00] 入試過去問解説会(6年)11/23 [10:00] カリタス見学会2024/3/9 [14:00] ツール・ド・カリタス2024/3/26 [10:00]
◎関東学院	部活体験オープンキャンパス10/21 [9:30]
◎関東学院六浦	オープンキャンパス10/14 [9:00] 6年生の勉強会11/11 [4科8:50 2科10:00] 体験！自己アピール型入試11/25 12/16
○北鎌倉女子学園	入試体験(5年以上)10/28 [9:00] 過去問題学習会(5年以上)11/11 [9:00] 音楽コース入試実技試演会(6年)12/9 [9:00]
○相模女子大	適性検査型入試体験(6年)9/9 11/18 [14:00] プログラミング体験会(4年以上)9/16 10/14 [9:30] プログラミング入試体験(6年)11/18 12/9 2024/1/20 [9:30] 過去問解説(6年)11/25 [9:00]
◎自修館中教	入試体験会11/25
◎湘南学園	オープンキャンパス10/22 [9:30] 公開授業11/16 [10:20] 体験入学(4・5年)2024/2/24 [10:00]
○湘南白百合学園	オープンスクール10/28 [9:45 13:45]
◎聖ヨゼフ学園	オープンスクール(4年以上)10/14 [10:00] 過去入試問題勉強会(6年)11/4 [10:00] 体験入試(5年以上)12/17 [9:00] 総合・グループワーク型体験(5年以上)2024/1/8 [10:00]
○捜真女学校	捜真クルーズ9/9 11/11 12/16 [10:00]
◎相洋	オープンスクール(4年以上)9/10 [10:00] 入試結果報告会(4年以上)9/16 [10:00] 部活動見学＆体験会(4年以上)9/30 [13:00] 授業見学会(4年以上)10/7 11/22 [10:00]
◎鶴見大附	校長先生といっしょに学校散歩9/16 10/21 11/18 [10:00] 入試問題の傾向と対策11/25 [10:00] 入試模擬体験12/9 [9:00]
◎桐蔭学園中教	入試体験会(6年)12/16 [9:30]
●藤嶺学園藤沢	オープンスクール(4年以上)10/14 [10:00]
○日本女子大附	入試問題解説会(6年)11/18
●武相	プレ入試にチャレンジ12/16 [9:30]
◎法政大第二	公開授業(6年)9/16 [10:30]
○聖園女学院	授業・校内見学会2024/3/29 [10:00]
◎森村学園	入試問題解説会12/2 [15:00]
◎横須賀学院	入試問題体験会(6年)11/11 2024/1/13
●横浜	過去問解説会(6年)12/9 [9:20]
○横浜女学院	スクールツアー9/2 10/7 10/28

中学名	日時と主な内容
◎横浜翠陵	授業体験9/9 10/14 10/28 12/16(5年以上) [10:00] オープンキャンパス9/23 [10:00] 適性検査型入試ミニ体験会(5年以上)11/18 [10:00] 模擬入試(5年以上)11/23(2・4科) 2024/1/8(1・2科＋適性) [9:30]
◎横浜隼人	地域公開教室9/23 [9:30]
◎横浜富士見丘学園	過去問解説会(5年以上)10/22 [10:00] 入試対策会(5年以上)11/26 [9:00] プレ入試体験会(5年以上)2024/1/6 [9:00] 入試報告会(5年以上)2024/3/23 [10:00]
○横浜雙葉	入試問題を解く会(6年)11/18
埼玉県	
◎浦和実業学園	イマージョン体験9/24 [10:00] 入試別傾向と対策10/15 [10:00] 公開授業11/7 11/8 11/9 [9:00] 入試体験会11/12 [10:00] 入試問題学習会(6年)12/10 [9:30 13:30]
○大妻嵐山	わくわくワークショップ(3年以上)9/16 [午後] 11/25 2024/3/20 入試問題解説会(6年)11/12 [10:00] 入試体験会(6年)12/10 [10:00]
◎大宮開成	入試対策会(6年)10/21 11/23 [9:00]
◎開智未来	体験授業(4年以上)9/23 [9:30] オープンスクール(4年以上)10/7 11/4 [9:50] 探究型入試演習(6年)10/29 [9:30] 12/2 [9:50] 入試解説会(6年)11/26 12/17 [9:30]
◎春日部共栄	部活見学会9/16 [10:00] 体験授業10/21 [10:00] 入試問題体験会・過去問解説会11/11 11/25 [10:00]
◎埼玉栄	入試リハーサルテスト(6年)11/12 [9:00] 入試問題分析会(6年)11/23 11/25 [9:00 11:30]
●城西川越	オープンスクール9/23 10/8 [9:00]
◎昌平	腕だめしテスト10/22 [9:00] 入試直前対策講座12/9 [10:00]
◎西武学園文理	入試対策講座10/22 11/11
◎聖望学園	入試対策特訓11/18 [14:00] 学校体験会2024/3/23 [9:00]
◎東京成徳大深谷	成徳フェスタ9/9
◎東京農業大第三附	入試模擬体験11/23
◎武南	授業公開10/7 [10:00] 入試体験会11/26 12/17 [8:30]
◎本庄東高附	トライアルテスト(6年)11/11 [9:00] 入試問題解説授業(6年)11/23 [9:30]
千葉県	
◎光英VERITAS	部活動見学会9/9 10/14 [14:00]
◎秀明大学校教師学部附	入試直前学習会11/23
秀明八千代	一般入試直前学習会2024/1/13 [10:00]
○千葉明徳	チャレンジ！MEITOKU！10/22(第一志望

中　学　名	日時と主な内容
	対策）10/29（適性対策）11/19（一般対策）
◎成 田 高 付	スクールツアー11/25 [9:00]
◎二松学舎大附柏	授業見学会9/30 [9:30]
	入試体験会11/3 [9:30]
◎八千代松陰	オープンスクール（土曜講座体験）9/9
	一般入試のヒント12/16
◎麗　　　澤	部活動見学・体験会9/16 10/14 2024/2/17
	[14:30] オープンキャンパス（3〜5年）
	2024/3/20 [9:30]
○和洋国府台女子	オープンスクール9/10 [9:30]
【茨城県】	
◎開智望中教	適性検査型入試対策会12/24
◎東洋大附牛久	プレテスト（6年）10/22 [8:45]
◎茗 溪 学 園	授業公開DAY（6年）9/16
【栃木県】	
◎國學院大栃木	オープンスクール10/7 [10:00]
◎佐野日本大中教	模擬試験9/24 [9:00] 模擬試験結果分
	析・学習相談会10/8 入試直前対策12/2
	2024/1/13 [10:00]
◎白鴎大足利	模擬試験9/9 [8:40]
	オープンキャンパス10/21 [9:30]
【北海道】	
●北　　　嶺	オープンスクール10/14 [9:00]
【富山県】	
◎片 山 学 園	理科実験教室10/15

▼高等学校

高　校　名	日時と主な内容
【東京都】	
◎上 野 学 園	音楽講習会12/24〜12/27
◎大 森 学 園	工業科体験教室11/5 11/18 11/25 12/9
◎神 田 女 学 園	授業体験会9/9 [14:00] 授業見学会
	10/28 11/18 [10:30] 出題傾向解説会
	12/16 [14:00] 2024/1/14 [10:00]
◎関 東 国 際	世界教室2023オープンキャンパス
	10/14 10/15 体験授業11/11
◎共 栄 学 園	共栄ウェルカムデイ（見学＆説明会）
	9/9 9/16 9/24 [9:30 10:30 13:30]
□国 本 女 子	在校生交流ツアー9/16 10/21 10/22
	11/11
◎京 華 商 業	商業高校体験フェア9/16 10/7 [14:30]
◎啓 明 学 園	入試問題解説会12/2 [14:30]
◎工 学 院 大 附	授業・部活動体験9/2 [14:00]
◎麹町学園女子	英検対策講座9/23 [10:00]
◎国 学 院	オープンスクール9/17
◎国際基督教大	Campus Walk Hour 10/28 11/11 [13:30]
◎駒沢学園女子	オープンキャンパス9/23 [9:30] クラ
	ブ見学会9/30 10/21 11/4 [13:30] 英語
	クラス体験会9/30 11/4 [13:30] 入試体
	験会11/18 11/23 12/2 [13:30] 面接シ
	ミュレーション12/9 [9:00]
◎駒 場 学 園	食物調理科体験授業10/7 10/14 11/4
	11/18 [13:00]
◎サレジアン国際学園	授業体験会9/9 [14:00]
◎サレジオ高専	体験入学9/23 10/28 [10:00]
	授業見学会11/23 [10:00]
○品川エトワール女子	オープンキャンパス9/3 [10:00] イン
	ターナショナルフェア10/14 [10:00]
○芝浦工業大附	SHIBAURA GIRL'S DAY9/17 午前・午後
	SHIBAURA DAY11/3 午前・午後
◎自由ヶ丘学園	部活動体験9/9 9/16 [14:00]
○十 文 字	授業見学・体験会9/9 [10:00]
	部活見学・体験会9/9 10/7 [14:00]
◎淑　　　徳	授業見学会9/16 [9:40 11:30]
○潤 徳 女 子	体験入学9/10 10/22 11/19 [9:25]
	クラブ体験入部10/29 11/12 [9:30]
○女子美術大付	作品講評会9/30 12/2 公開授業10/28
	11/18 実技講習会（3年）11/3 入試報告
	会2024/3/23 [14:00]
◎駿 台 学 園	スクールガイダンス9/16 10/7 10/15
	11/4 11/25 12/2 [13:30]
●聖 学 院	体験会9/16 10/21
	体験会（プレ）2024/3/2
○成　　　女	オープンスクール9/30 [14:00]
	入試対策講座11/18 [14:00]
●正 則 学 園	授業見学会9/9 9/16 10/7 10/21 10/28
	11/19 [10:00]

高　校　名	日時と主な内容
◎大東文化大第一	オープンスクール10/29 11/18 [9:00]
○玉川聖学院	オープンスクール10/10 [9:00] 受験生向けクリスマス12/2 [10:00]
◎中央大杉並	中杉ツアー9/30 10/28 11/4 [13:30] 公開授業11/13 11/14 [10:00] 中杉トライアル12/16 [10:00]
◎帝京八王子	体験入試10/29 [10:00]
◎貞静学園	受験対策講座11/23 [9:00]
○東京家政大附女子	部活動体験会9/30 10/28 11/11 [14:00]
◎東京成徳大	オープンキャンパス9/2 9/9 9/16 [9:30] 過去問解説会12/17 [9:30]
◎東京立正	部活動紹介9/9 [14:30] 入試問題傾向対策会11/25 [14:30]
◎東星学園	公開授業期間11/1〜11/2 11/7〜11/9 [14:40] 公開授業日11/4 [10:40]
◎東　　洋	体験授業9/17 公開授業11/11 [8:45]
○東洋女子	入試問題解説会11/23 [9:00]
○トキワ松学園	生徒が語るトキワ松9/9 [14:30] 英語授業体験10/14 [14:30] 美術入試体験11/25 [10:00 15:45]
◎豊島学院	体験入学(3年)9/10 10/22 10/29 11/3 11/12 11/19 11/23 12/2 12/3 [15:00] 9/23 10/9 [10:00]
◎二松学舎大附	一般入試問題解説会12/23 [9:00]
◎日本工業大駒場	オープンキャンパス10/7 [9:00]
○日本女子体育大附二階堂	部活動体験会9/2 オープンキャンパス9/10 2024/3/23(1・2年) [9:00] NIKAIDOダンスワークショップ9/10 2024/3/23 [9:00]
◎日本大第一	学校体験会9/24 11/11
◎日本大櫻丘	授業公開11/11 [8:40]
◎日本大鶴ヶ丘	キャンパスツアー9/9 [14:00]
◎八王子学園八王子	enjoy部活体験9/2 9/9 [13:00] 全学授業公開10/7 [8:45] 文理コース(特選)入試問題ガイダンス12/24 [10:30]
○フェリシア	体験学習9/16 [9:00]
○富士見丘	部活動見学ツアー9/2 [11:10] 10/28 [14:10] 英語エッセイ書き方講座(帰国生)10/7 [11:00] ライティング問題対策講座10/28 [14:10] 入試問題傾向と対策11/23 12/2 12/9 [14:00]
○藤村女子	授業見学会9/16 10/14 11/4 [10:30]
◎文化学園大杉並	DDコース体験入試11/25 [14:00]
○文京学院大女子	授業が見られる説明会9/16 11/4 [9:00 11:00] 国際塾・部活動見学9/19 9/20 9/21 [16:00] Bunkyo Gakuin-Global Gateway9/24 [10:00] スポーツの日特別イベント10/9 [10:00] 入試解説11/26 [14:00]
◎文教大付	授業公開デー9/30 10/14 [11:00] 11/11 2024/1/20 [10:30]

高　校　名	日時と主な内容
◎朋優学院	オープンスクール9/9 10/28 11/25 12/2 (臨時会) [14:00]
◎武蔵野大	入試対策会12/2 [14:00]
◎武蔵野大附千代田	オープンスクール9/16 [14:00] 入試対策会11/23 [10:00] 11/26 [14:00]
●明治大付中野	オープンスクール10/21 [8:45]
◎明治大付八王子 （現：明治大付中野八王子）	オープンスクール10/7 11/25 午前
◎安田学園	入試出題方針(3年)11/18 11/25 [14:30 15:50]

【神奈川県】	
◎旭　　丘	体験入学セミナー9/9 9/30 10/7 10/21 10/28 11/18 11/25 12/2 12/9 2024/1/13 [9:00] 全学教研2024/1/26 2024/1/27 [9:00]
◎関東学院六浦	GLEクラス体験ワークショップ11/25 [11:45]
◎北鎌倉女子学園	音楽科入試実技試演会12/9 [9:00]
◎鵠　　沼	オープンスクール(授業体験)9/16 9/30 [14:00]
◎聖ヨゼフ学園	オープンスクール10/14 [10:30]
◎相　　洋	授業見学会10/4 10/5 10/6 [13:20]
●藤嶺学園藤沢	部活体験会9/2
◎白鵬女子	白鵬フェスタ(コース別イベント)9/16 [10:00] オープンスクール9/24 [10:00]
◎法政大第二	公開授業9/16 [10:30]
◎三浦学苑	オープンスクール9/30 入試イベント(特進・工業・IB)10/21 [9:00]
◎横須賀学院	オープンデー11/3 [10:00 13:30]

【埼玉県】	
○秋草学園	オープンスクール(部活動)10/8 [10:00] トワイライトミーティング11/17 [17:30]
◎浦和学院	浦学オープンスクール9/17 10/15 10/22 11/19 11/25 12/17 [9:00] 体験学習会10/9 [9:00]

高校名	日時と主な内容
○大妻嵐山	入試問題解説会11/26 [10:00]
◎開智未来	入試対策講座9/23 11/26 [9:30] オープンキャンパス9/30 10/28 [13:00] 10/29 [9:45]
●城西大付川越	オープンスクール・クラブ活動体験11/14 [9:00]
◎聖望学園	入試対策特講10/22 [9:00 13:30]
◎花咲徳栄	食育実践科体験9/9 10/17 11/11 [9:00] ICT教育・協働学習体験9/17 10/15 アチーブメントテスト10/29 [9:00]
◎武南	オープンスクール9/24 [10:00]
◎本庄東	部活動体験 入部会9/16 10/14 10/28 11/11 [13:30]
【千葉県】	
◎光英VERITAS	部活動見学会9/9 10/14 [14:00]
◎千葉明徳	特別進学コース体験授業9/30 [10:30]
◎千葉黎明	特進コースフェア10/7 11/11 11/25 [9:20] オープンスクール9/16(部活動体験型) 11/18(入試説明会) [9:20] インターネット出願サポート講習会12/22 2024/1/5 [13:00]
◎成田	スクールツアー11/25 [9:00]
◎麗澤	部活動見学・体験会9/16 10/14 2024/2/17 [14:30] 受験直前対策講座12/17 [14:30] オープンキャンパス2024/3/20 [13:30]
○和洋国府台女子	オープンスクール9/10 [13:30]

高校名	日時と主な内容
【茨城県】	
◎常総学院	授業見学会9/16（進学選抜コース・フロンティア）10/7（進学選抜コース・プログレス）10/14（特進選抜コース）[9:30] チャレンジテスト9/24 [9:00]
☆土浦日本大	部活動体験会9/3 [9:00]
◎茗溪学園	授業公開DAY(3年)9/16
【栃木県】	
◎國學院大栃木	学力診断テスト 国栃チャレンジ（学園教育センター）10/8 オープンスクール9/30 [10:00]
◎佐野日本大	One to One9/2 9/16 9/30 2024/2/17 [10:00] 学力判定テスト10/14 [8:30] 学力判定テスト解説講座＆進路相談会10/28 [10:00]
◎白鷗大足利	部活動見学会(3年)9/2 [9:30] オープンキャンパス(3年・富田キャンパス)10/7 10/21 [9:55]
【山梨県】	
◎日本大明誠	キャンパスツアー9/9 9/16 10/7 10/28 10/29 11/11 11/12 11/18 11/25
【長野県】	
◎佐久長聖	オープンスクール10/28 [13:00]
【大阪府】	
◎早稲田摂陵	オープンスクール10/7 11/4

城北中学校
体験授業 「光の反射と屈折」

　城北中学校では今年、7・10・11月に、国語、英語、情報などの体験授業を実施しています。この日は、小学5・6年生を対象に、理科（物理）の授業が行われました。申し込みはインターネットによる抽選制で、1組2人（保護者と受験生）、10組20人限定で、2回行われました。

　まずは、先生から実験についての説明がありました。この実験は中学1年生が入学してすぐに行うもので、実験装置も分かりやすいそうです。さていよいよ、実験。参加者1組に1セット、反射角と屈折角を測る「光学用水槽」と懐中電灯が用意されました。装置の光が見やすいよう消灯され、懐中電灯の灯りで手元を照らしながら実験しました。入射角を30°、40°……と大きくしていき、反射角と屈折角を測定しました。実験終了後は、測定結果をもとに、各自考察しました。

　最後に、先生は「当たり前だと思っていることを確かめるのも実験です。今日の実験をこれからの勉強に生かしてください」と、締めくくりました。実験終了後、質問していた人もいました。中学の学びに触れて、大きな刺激になったようです。

理科（物理）

1組に1台、実験装置が配付されました

実験前に、実験方法などを説明

お父さんが懐中電灯で照らし、反射角を読み取っていました

親子で協力しながら、注意深く観察していました

実験終了後、プリントに考察を記入しました

公開行事の日程一覧（文化祭・体育祭を除く）

　説明会のほかに学校を訪れるチャンスとして、公開行事があります。文化祭、体育祭などは、年に一度の最大のイベントともいえます。文化祭では、個別相談やミニ説明会を行っている学校もあります。また、合唱祭や独自の行事を公開する学校もあります。キリスト教系の学校では、クリスマス礼拝などの行事を、受験生に公開していることもあります。

　新型コロナウイルス感染症拡大の影響で、ここ数年は、行事を公開しない学校が多くみられました。しかし今年は、人数制限を設けたり、対象学年を絞ったりしながら、文化祭、体育祭を始めとする行事を公開する傾向にあります。

　以下の行事は今後の状況により、公開中止または開催中止となることもあります。必ず、各学校に確認してください。

表の見方

◆表は9月1日〜2024年3月に実施される公開行事の日程。中学校、高等学校の順で、それぞれ都県別の五十音順に並べています。ただし、文化祭や体育祭の日程は省いています。それらの日程は各学校の紹介記事を参照してください。

◆学校名の前の●は男子校、○は女子校、◎は男女校を示しています。

◆「要申込」とあるのは、事前の申し込みが必要なことを示します。申し込み方法については、各学校に確認してください。

◆日時・内容は8月1日判明分で、予定や公開未定の行事を含みます。日程、公開の有無、申し込みの要・不要などは、変更される可能性があります。必ず各学校に確認してください。

▼中学校

中　学　名	行事と日時
【東京都】	
○愛　　　国	（要申込）戴帽式11/11
◎桜　美　林	クリスマスキャロリング12/21 [16:00]
○大　妻　多　摩	合唱祭 2/21 [11:45]（府中の森芸術劇場）
○恵泉女学園	（要申込）クリスマス礼拝12/20 [13:00]
◎啓　明　学　園	（要申込）英語・外国語スピーチコンテスト（J:COMホール八王子）2024/2/22
○光塩女子学院	（要申込）親睦会（バザー）11/19 [9:30]
○香蘭女学校	バザー11/23 [10:00]
○駒沢学園女子	合唱コンクール2024/2/17 吹奏楽部定期演奏会2024/3/24

中　学　名	行事と日時
○頌栄女子学院	（要申込）クリスマスこども会11/25 [13:00]
○女子美術大付	卒業制作展（東京都美術館）2024/2/29 〜3/5 [9:30]
◎駿　台　学　園	（要申込）合唱コンクール12/23
○玉川聖学院	（要申込）受験生向けクリスマス12/2 [10:00]
◎中　央　大　附	（要申込）SSH発表会2024/2/14
○田園調布学園	（要申込）定期音楽会（横浜みなとみらいホール）2024/1/25 [12:30]
○東京家政学院	（要申込）クリスマスイベント（5年以下）12/17 [10:00]
◎東　京　立　正	校内弁論大会10/11 [13:00] 合唱コンクール11/18 [9:00]

中　学　名	行事と日時
◎東 星 学 園	(要申込)東星バザー10/29 [10:00] クリスマス会12/22
○東洋英和女学院	(要申込)クリスマス音楽会12/9 [13:00] 15:00]
◎明 治 学 院	(要申込)クリスマスの集い12/20 [15:00] ハンドベル定期演奏会(立川市市民会館)2024/1/26 [19:00]
◎八 雲 学 園	英語祭(要申込)12/9 百人一首大会 12/19 スピーチコンテスト2024/3/9
●早稲田大高等学院	学習発表会11/11
【神奈川県】	
○函嶺白百合学園	(要申込)クリスマス会12/20 [10:00]

中　学　名	行事と日時
○北鎌倉女子学園	音楽コース定期演奏会(鎌倉芸術館) 11/18 [13:30]
●湘 南 学 園	合唱コンクール(鎌倉芸術館) 2024/1/24 [10:00]
●逗 子 開 成	OPヨット帆走実習9/19(中2) 9/20(中2) 9/21(中3) 9/25(中3) 10/5(中1) 10/6(中1)
◎鶴 見 大 附	合唱祭11/21 [13:00]
○日本女子大附	親子天体観望会12/2
○横 浜 女 学 院	(要申込)コーラスコンクール(みなとみらいホール)9/19 [12:30]
【埼玉県】	
◎聖 望 学 園	(要申込)クリスマスツリー点火式 11/24 [17:00]

▼高等学校

高　校　名	行事と日時
【東京都】	
○愛　　　　国	(要申込)戴帽式11/11
◎桜　美　林	クリスマスキャロリング12/21 [16:00]
◎啓 明 学 園	(要申込)英語・外国語スピーチコンテスト(J:COMホール八王子)2024/2/22 [9:00]
○駒沢学園女子	合唱コンクール2024/2/17 吹奏楽部定期演奏会2024/3/24
◎昭 和 第 一	合同定期演奏会(タワーホール船堀) 12/17 [14:00]
○女子美術大付	卒業制作展(東京都美術館)2024/2/29 〜3/5 [9:30]
○玉 川 聖 学 院	(要申込)受験生向けクリスマス12/2 [10:00]
◎中 央 大 附	(要申込)SSH成果発表会2024/2/14
◎東 星 学 園	(要申込)東星バザー10/29 [10:00] クリスマス会12/22 [9:30]
◎明治学院東村山	(要申込)クリスマスの集い12/20 [15:00] ハンドベル定期演奏会(立川市市民会館)2024/1/26 [19:00]
◎八 雲 学 園	英語祭(要申込)12/9 百人一首大会 12/19
●早稲田大学高等学院	学芸発表会11/11
【神奈川県】	
○函嶺白百合学園	(要申込)クリスマス会12/20 [10:00]
○北鎌倉女子学園	音楽科定期演奏会11/18(鎌倉芸術館) [10:30]
◎法 政 大 国 際	(要申込)国際教育プログラム成果発表会2024/3/16 [10:00]
◎横 浜 隼 人	(要申込)国際語科英語スピーチコン

高　校　名	行事と日時
	テスト11/4
【埼玉県】	
◎聖 望 学 園	(要申込)クリスマスツリー点火式 11/24 [17:00]
【千葉県】	
◎中 央 学 院	GAKUINギャラリー(けやきプラザ) 9/12〜18

伸びている学校はここだ！

総合第1位は大宮開成！
立教大、法政大でトップなど複数の難関大学でランクイン。
朋優学院、東京都市大等々力、洗足学園が続く

学校選びで注目したいのが大学合格実績です。大学合格実績は学校の教育力を見極めるのに重要なデータです。ここで注意したいのは、今年の入試結果だけで判断しないということです。過去から近年にかけての動向を追うことによって、学校が伸びているのかどうかをチェックしましょう。ここでは、今年と10年前の大学合格実績を比べ、伸びている学校はどこかを探っていきます。

皆さんはどうやって志望校を決めているのでしょうか。楽しい学校生活を送るために、学校に求めるものは何でしょうか。将来やりたいことが勉強できる学校、部活動が盛んな学校、家から通いやすい学校、自分の成績に合った学校——いろいろな基準で学校を見ることが大切です。

ここではたくさんある基準の中から、大学合格実績に焦点を当て「伸びている学校」を見ていきましょう。合格実績の数字を追うだけでなく、自分の目指している進路とあわせて見てください。その学校の特色が、生徒を送り出す大学の傾向と関係していることも少なくありません。大学合格実績を知ることは、その学校のことをよく知るきっかけにもなります。国公立大に強いのか、理系の大学に合格者が多いのかなどでも学校の教育方針が明らかになります。

ただ、前年度の合格実績だけを見て手っ取り早く判断しては、誤った評価をしてしまう可能性もあります。例えば、東大合格者1人を出した学校があったとします。これが1年限りのものだった場合と、毎年コンスタントに東大合格者1人を輩出している場合とでは、学校の評価は大きく変わってきます。前者であれば、たまたま優秀な生徒が在籍していただけで、学校の指導による実績とは考えにくいこともあります。後者であれば「学校の教育力」が高いというのが自然な判断でしょう。教育力の低い学校で、毎年連続して東大合格者が出ることはあまり考えられないからです。このように、学校の合格実績を正確に知るために

は、過去のデータも含めた形で見ていくことが重要です。

大学入試では就職を視野に入れた志望校選びが主流に

大学別合格実績を見ていく前に、近年の大学入試の傾向を見てみましょう。

近年では大学受験にも就職という要素が重要になってきています。女子の理系学部進出が顕著になってきていますが、これは手に職をつけることを意識している生徒が増えたことが影響しています。とりわけ女子のトップ層では医学部が人気です。薬学部は2006年から薬剤師国家試験受験資格を得るのに大学で6年間学ばなければならず、人気が急落しました。しかし、6年制になって初めての卒業生が出た2012年以降、就職は売り手市場となり、就職率100％の薬学部があるほど好調でした。その結果、志願者が大きく増えました。近年は国家試験の難化に伴い、就職率が低くなっていることから、私立大を中心に人気が下がっていましたが、再び人気が上がっています。この他、人気が高いのが、看護やリハビリテーション系など医療系の学部・学科です。特に看護はいろいろな大学に設置され、人気が高くなっています。いずれも国家試験合格までは厳しい道のりですが、合格すれば就職は他学部に比べて有利です。ここ数年、経済や経営、商学、法学など、社会科学系の人気も高くなっていましたが、徐々に理系学部

へのシフトが進んでいます。

国公立大、私立大ともに
しっかりとした対策が必要

　大学入試の受験生の志望動向では、やはり学費の安い国公立大が人気で、この傾向は首都圏以外の学校で特に強くなっています。

　人気の高い国公立大の、23年度の一般選抜の志願者数（独自日程の大学を除く）は、前年を5476人（1.3%）下回る43万2296人となりました。志願倍率（志願者数÷募集定員）は昨年と同じく4.4倍でした。内訳を見ると、国立大、公立大ともに全体の志願者数が減っています。共通テストの平均点が上がったこともあり難関大では強気の出願が見られましたが、共通テストの内容は依然として難しかったことから、国公立大を諦めたり、もともと学校推薦型選抜や総合型選抜といった年内入試にシフトしていた受験生が多かったとみられています。大学入学共通テストの受験者数が1万4000人以上減ったことも影響しています。

　国立大は、22年は増加したものの、近年は志願者減が続いています。それには後期試験を廃止する大学が続出していることも大きな原因となっています。本来、国立大では前期と後期、2回の受験機会がありますが、近年、後期は縮小の一途をたどっています。東大は16年入試で後期を廃止して推薦入試（現：学校推薦型選抜）を実施、大阪大も、17年から後期を廃止して推薦入試とAO入試（現：総合型選抜）を実施しています。国立大が国の行政法人から国立大学法人に独立して入試も自由に行えるようになったこともあり、後期試験を廃止してコストダウンを図る狙いもあるようです。

　前期と後期の2回受験できる大学が減り、国公立大の中でも難関大はさらに狭き門となっています。私立大受験と異なり、試験科目の多い国公立大入試では、学校の通常の授業でしっかりと基礎学力を身につけ、早くから進路を定めて入試対策を講じることが重要です。また、大学入学共通テストは、従来の大学入試センター試験以上に思考力や判断力が問われる出題となっています。国公立大を目指している人は、国公立大受験に力を入れている学校選びも重要になってくるでしょう。受験を視野に入れたカリキュラムを組んだり、進路指導を徹底するなど、学校はさまざまなサポートを行っています。各校独自の取り組みに注目して、自分を伸ばしてくれそうな学校を探すことが大切です。

　私立大入試では16年入試から、文部科学省が大規模大学の入学定員に対する入学者の超過率を厳格化させているため、合格者の絞り込みが進んで試験が難化してきました。それによりさらに安全志向が広がって総合型・学校推薦型選抜にシフトする受験生が増えた結果、21年の一般選抜では難関大から中堅上位大まで、志願者が軒並み減少しました。22年の一般選抜では、その反動から志願者増となった大学もありましたが、全体的にはまだ志願者が戻らず、23年入試も同様の状況です。

　国公立大・私立大を問わず、これからの大学入試は、単なる知識の暗記だけではなく、それらの知識を活用した「思考力・判断力・表現力」、さらに「主体性」が問われるようになります。こうした力が身につくのかどうかも、学校選びの大事な要素になるのです。

表1　東大合格者が増えている学校上位20校

順位	学 校 名	所在地	男女共学	13-23増加数	合格者数 23	合格者数 13
1	◎渋谷教育学園渋谷	東京	共学	28	40	12
2	横浜翠嵐	神奈川	共学	27	44	17
3	◎早稲田	東京	男子	26	39	13
4	日比谷	東京	共学	22	51	29
5	◎洗足学園	神奈川	女子	18	22	4
6	◎浅野	神奈川	男子	16	43	27
	◎聖光学院	神奈川	男子	16	78	62
8	◎渋谷教育学園幕張	千葉	共学	13	74	61
	駒場東邦	東京	男子	13	72	59
10	南	神奈川	共学	12	12	
11	小石川中教	東京	共学	11	16	5
12	水戸第一	茨城	共学	9	15	6
	◎広尾学園	東京	共学	9	9	
14	大宮	埼玉	共学	8	19	11
	武蔵・都立	東京	男子	8	9	1
16	東葛飾	千葉	共学	7	9	2
	◎昭和学院秀英	千葉	共学	7	8	1
	◎本郷	東京	男子	7	14	7
19	浦和・市立	埼玉	共学	6	7	1
	◎桜蔭	東京	女子	6	72	66
	◎東京都市大付	東京	男子	6	7	1
	湘南	神奈川	共学	6	20	14

表の見方

表2と表3を除き、2013年と2023年の合格者数を比較し、首都圏およびその近県の学校について増加数が多い順に並べた。私立大は2013年の早稲田大を除き、いずれも大学発表データを使用しており、巻末一覧表の高校発表の合格者数とは異なっているので注意。国立大と2013年の早稲田大については、合格者数が未発表の大学は含まれておらず、判明分だけの順位である。各表中の◎印は私立、※印は国立、無印は公立をあらわす。

東大合格者を増やす首都圏の学校
地方は医学部志向強し

入試環境が変わる中で伸びている学校はどこなのでしょうか。ここに掲載した表は、10年前と今年の大学合格者数を比べ、増加人数が多かった首都圏の学校のランキングです（ただし**表2**、**表3**は全国の高校を対象としています）。

それでは**表1**の東大合格者が増えている学校から見ていきましょう。ランキング上位22校中、12校が中高6カ年一貫教育の私立校となっています。

トップは28人増の**渋谷教育学園渋谷**です。前身の渋谷女子から96年に改組を行って共学の渋谷教育学園渋谷となり、8位の**渋谷教育学園幕張**と教育理念やシステムを共有することで、急激に合格実績を伸ばしています。2位は27人増の**横浜翠嵐**です。神奈川の公立校は、以前は低迷が続いていましたが、05年の学区の撤廃や07年の学力向上進学重点校の指定、一貫校の設置など大きく改革が進められ、進学実績をアップさせてきています。この他にも10位に**南**、19位に**湘南**がランクインしています。同様に、東京も都立校を進学指導重点校に指定し、一貫校を作るなど教育改革を進めており、4位の**日比谷**、11位の**小石川中教**、14位の**都立武蔵**など、着実に成果が出てきています。

3位は**早稲田**です。早稲田大学の系属校ですが、内部進学をせず一般入試を受験して難関国公立大や医学部に進学する生徒も多く、23年の東大合格者は過去40年では最高の39人となりました。

次に**表2**を見てください。今年の**全国の東大合格者ランキングベスト20**です。ここでも圧倒的に私立校が強く、表の21校中17校を占めています。6カ年一貫教育校でみると国立校を含めて18校になります。上位5校のうち、トップの**開成**、2位の**筑波大付駒場**、3位の**灘**、4位の**麻布**、5位の**聖光学院**まで5校を男子校が独占しています。21校中、3分の2の14校が男子校です。また女子校の**桜蔭**が8位に入っており、男女別学校の大学合格実績の高さがはっきりと分かります。

表2にランクインしている学校はいずれも進学校として名高く、毎年、大学入試で高い合格実績

表2　2023年全国東大合格者ランキング

順位	学　校　名	所在地	合格者数
1	◎開成	東京	148
2	※筑波大付駒場	東京	87
3	◎灘	兵庫	86
4	◎麻布	東京	79
5	◎聖光学院	神奈川	78
6	◎渋谷教育学園幕張	千葉	74
7	◎西大和学園	奈良	73
8	◎桜蔭	東京	72
	◎駒場東邦	東京	72
10	日比谷	東京	51
11	◎栄光学園	神奈川	46
12	横浜翠嵐	神奈川	44
13	◎海城	東京	43
	◎浅野	神奈川	43
15	◎渋谷教育学園渋谷	東京	40
16	◎早稲田	東京	39
17	◎東海	愛知	38
18	◎久留米大付設	福岡	37
	◎ラ・サール	鹿児島	37
20	浦和・県立	埼玉	36
	◎甲陽学院	兵庫	36

表3　国公立大　医学部・医学科　現役合格者ランキング（全国）

順位	学　校　名	所在地	現役合格者数	卒業生占有率（％）
1	◎東海	愛知	69	18.1
2	◎洛南	京都	43	10.1
	◎久留米大付設	福岡	43	22.6
4	◎灘	兵庫	42	19.1
5	◎桜蔭	東京	39	16.9
	◎東大寺学園	奈良	39	19.5
	◎ラ・サール	鹿児島	39	19.4
8	◎愛光	愛媛	38	15.4
9	◎海城	東京	36	11.9
10	◎滝	愛知	35	9.9
11	札幌南	北海道	34	10.8
12	◎青雲	長崎	30	16.2
13	◎開成	東京	27	6.9
	◎智辯学園和歌山	和歌山	27	10.7
15	新潟	新潟	26	7.3
16	◎大阪星光学院	大阪	25	12.6
17	熊本	熊本	24	6.0
18	◎北嶺	北海道	23	18.3
	仙台第二	宮城	23	7.5
	金沢泉丘	石川	23	4.4
	岐阜	岐阜	23	6.4
	◎南山	愛知	23	5.7
	◎清風南海	大阪	23	7.6
	◎高槻	大阪	23	9.2
	◎西大和学園	奈良	23	6.5

を残しています。しかし、すべての上位校が、10年前に比べて東大合格者数が目立って増加しているわけではありません。なぜ合格者数が伸びていないのでしょうか。

ひとつには、価値観の多様化により、東大にこだわらず、医学部や海外大学への進学を希望する受験生が増えていることがあります。なかでも上位校では医学部人気が高く、学校によっては、東大の理Ⅰや理Ⅱよりも国公立大医学部を目指す生徒が多いことも一つの要因です。

表3は国公立大医学部・医学科現役合格者ランキングです。表を見ますと、上位25校中19校が私立一貫校で、東大ランキングと同様に私立の強さが際立っています。

トップの**東海**は日本で毎年、もっとも多くの医師を輩出しているといっていいほど、医学部進学者がたくさんいます。２位は**洛南**と**久留米大付設**、４位は**灘**です。久留米大付設、灘は卒業生占有率（卒業生数に対する割合）がそれぞれ22.6％、19.1％と高く、医学部志向の強さがうかがえます。５位には**桜蔭**、**東大寺学園**、**ラ・サール**、８位は**愛光**と、医学部に強い常連校が並んでいます。

表3の特徴として、上位20校のうち、首都圏の学校は**桜蔭**、**海城**、**開成**の３校にとどまり、国公立大医学部が首都圏以外の学校で人気が高いことが分かります。医学部は根強い人気があるにも関わらず、首都圏の学校で合格者数が伸びない理由には様々な要因があります。まず、首都圏では地

元にある医学部より東大の人気が高くなっていることがあります。首都圏では国公立大医学部の定員枠が比較的小さい上、東大・理Ⅲや千葉大、東京医科歯科大など、難関大ばかりです。その一方で、慶應義塾大をはじめ、日本医科大や順天堂大など、有力な私立大医学部が数多くあり、わざわざ無理して地方の国公立大医学部に進学しなくていいことも大きな理由になっています。

さて、学校を取り巻く状況も注意深く見ていけば、合格者ランキングに反映されていることがお分かりいただけたでしょうか。ランキングの合格者数を見ているだけでは、伸びている学校は分かりにくいのです。

早慶は首都圏上位校から根強い人気

次に難関私立大について見ていきましょう。まずは**慶應義塾大**です（**表4**参照）。トップは**頌栄女子学院**で67人増でした。頌栄女子学園は近年、

表4 慶應義塾大合格者が増えている学校上位20校

順位	学校名	所在地	男女共学	13-23増加数	合格者数 23	合格者数 13
1	◎頌栄女子学院	東京	女子	67	130	63
2	◎広尾学園	東京	共学	63	76	13
3	◎洗足学園	神奈川	女子	54	95	41
4	◎大宮開成	埼玉	共学	46	55	9
	船橋・県立	千葉	共学	46	71	25
	横浜翠嵐	神奈川	共学	46	146	100
7	◎東京都市大付	東京	男子	40	59	19
8	南	神奈川	共学	39	41	2
9	◎本郷	東京	男子	37	85	48
10	青山	東京	共学	33	69	36
	小山台	東京	共学	33	36	3
	◎鷗友学園女子	東京	女子	33	65	32
	◎開成	東京	男子	33	189	156
14	◎渋谷教育学園渋谷	東京	共学	32	78	46
15	◎桜蔭	東京	女子	27	102	75
16	武蔵・都立	東京	共学	25	30	5
17	浦和・市立	埼玉	共学	23	37	14
18	湘南	神奈川	共学	22	112	90
19	桜修館中教	東京	共学	19	37	18
	◎神奈川大付	神奈川	共学	19	31	12

表5 早稲田大合格者が増えている学校上位20校

順位	学校名	所在地	男女共学	13-23増加数	合格者数 23	合格者数 13
1	◎洗足学園	神奈川	女子	72	118	46
2	◎広尾学園	東京	共学	70	85	15
3	◎大宮開成	埼玉	共学	45	84	39
4	南	神奈川	共学	44	57	13
	横浜翠嵐	神奈川	共学	44	188	144
6	◎朋優学院	東京	共学	42	51	9
7	◎渋谷教育学園幕張	千葉	共学	36	226	190
8	◎本郷	東京	男子	33	123	90
9	◎安田学園	東京	共学	32	35	3
10	船橋・県立	千葉	共学	30	141	111
	小松川	東京	共学	30	39	9
	川崎・市立	神奈川	共学	30	30	
13	小金	千葉	共学	26	30	4
	小山台	東京	共学	26	58	32
	◎東京都市大等々力	東京	共学	26	34	8
16	◎渋谷教育学園渋谷	東京	共学	25	112	87
	稲毛	千葉	共学	24	42	18
18	千葉・市立	千葉	共学	23	43	20
19	小石川中教	東京	共学	22	79	57
20	日比谷	東京	共学	21	184	163

表6　上智大合格者が増えている学校上位20校

順位	学校名	所在地	男女共学	13-23増加数	合格者数 23	合格者数 13
1	◎洗足学園	神奈川	女子	69	97	28
2	◎麻布	東京	男子	55	74	19
3	◎頌栄女子学院	東京	女子	49	123	74
4	国際	東京	共学	45	52	7
5	小石川中教	東京	共学	44	59	15
	◎広尾学園	東京	共学	44	73	29
7	船橋・県立	千葉	共学	40	65	25
8	◎朋優学院	東京	共学	38	40	2
9	※東京学芸大付	東京	共学	37	73	36
	◎鷗友学園女子	東京	女子	37	94	57
11	◎国際基督教大	東京	共学	35	51	16
12	武蔵・都立	東京	共学	32	45	13
	◎国学院大久我山	東京	共学	32	62	30
	◎安田学園	東京	共学	32	36	4
15	◎開成	東京	男子	31	55	24
16	◎学習院女子	東京	女子	30	37	7
17	◎東京都市大付	東京	男子	28	41	13
18	◎桜蔭	東京	女子	27	56	29
	◎聖光学院	神奈川	男子	27	53	26
20	三田	東京	共学	26	34	8

表7　東京理科大合格者が増えている学校上位20校

順位	学校名	所在地	男女共学	13-23増加数	合格者数 23	合格者数 13
1	◎栄東	埼玉	共学	174	247	73
2	◎市川	千葉	共学	142	240	98
3	横浜翠嵐	神奈川	共学	122	184	62
4	船橋・県立	千葉	共学	91	166	75
5	◎大宮開成	埼玉	共学	77	127	50
6	青山	東京	共学	74	107	33
7	◎広尾学園	東京	共学	72	83	11
8	◎芝	東京	男子	59	147	88
	東葛飾	千葉	共学	57	157	100
10	土浦第一	茨城	共学	56	117	61
11	◎東京都市大等々力	東京	共学	54	59	5
12	◎麻布	東京	男子	53	94	41
13	◎洗足学園	神奈川	女子	47	60	13
14	大宮	埼玉	共学	46	138	92
15	◎本郷	東京	男子	42	130	88
	千葉・県立	千葉	共学	41	150	109
	◎昭和学院秀英	千葉	共学	41	107	66
	逗子開成	神奈川	男子	41	101	60
19	水戸第一	茨城	共学	39	104	65
	◎鷗友学園女子	東京	女子	39	67	28

早慶上理（早稲田大、慶應義塾大、上智大、東京理科大）の現役進学率が日本一になるなど、難関大の合格者を大きく増やしている女子校です。

　2位は**広尾学園**で63人増。広尾学園は2007年に共学化とともにインターナショナルコースを設置、英語教育に力を入れることで、海外や国内の難関大の合格実績を伸ばしています。3位は**洗足学園**で54人増、4位は**大宮開成**、**県立船橋**、**横浜翠嵐**が46人増で並びます。7位は**東京都市大付**で40人増、8位は**南**で39人増、9位は**本郷**が37人増で続きます。

　慶應義塾大の本部がある三田キャンパスは東京・港区に所在していますが、日吉、矢上、湘南藤沢の3キャンパスは神奈川県に所在します。そのためか、東京に次いで神奈川の高校が上位に登場しています。

　続く**表5**の早稲田大では、**洗足学園**が72人増でトップに立ちました。洗足学園は**表1**の東大で5位、**表4**の慶應義塾大でも3位となっています。

　2位は**広尾学園**で70人増です。広尾学園も**表4**の慶應義塾大で2位にランクインしており、早慶そろって合格者を大きく増やしています。45人増で3位の**大宮開成**は、MARCH（明治大、青山学院大、立教大、中央大、法政大）の合格者数が19年と22年、23年で全国1位になるなど、難関大の合格者数を急激に伸ばしています。

　ランキング全体では東京と神奈川、千葉の公立校が数多く見られます。東京では10位の**小松川**、

13位の**小山台**、19位の**小石川中教**、20位の**日比谷**の4校、神奈川は4位の**南**と**横浜翠嵐**、10位の**市立川崎**の3校。千葉は10位の**県立船橋**、13位の**小金**、17位の稲毛、18位の**市立千葉**の4校。千葉も公立の中高一貫校を増やすなどの改革を行っており、各都県の公立校の教育改革の成果が表われています。

　表2の東大合格者ランキングでは男子校の多さが目立っていたのに対し、東大や早慶をはじめとする合格者の増加数ランキングでは、多くの共学校や女子校が登場しています。以前は女子の進学先と言えば文や家政系の学部というのが一般的でしたが、近年は社会科学系、理工系、医療系などを含め進路に多様性が出てきています。国公立大、私立大ともに女子受験生の進出が顕著になってきており、それが大学合格実績に反映されているといえるでしょう。

　また、首都圏の上位校に早慶人気が高い理由は、東大をはじめとする難関国立大の併願校として定着していることが挙げられます。その背景には受験生の現役進学熱の高まりも見過ごせません。経済的な問題もあって、浪人するより現役で進学する高校生が増えています。早稲田大、慶應義塾大などの難関私立大は就職もよく、国公立大を上回る実績を残しています。そのため、浪人すれば東大に合格できる実力があっても、現役進学を優先して早慶などの難関私大に進学するわけです。

表8　青山学院大合格者が増えている学校上位20校

順位	学校名	所在地	男女共学	13-23増加数	合格者数 23	合格者数 13
1	◎朋優学院	東京	共学	55	76	21
2	柏陽	神奈川	共学	45	84	39
3	◎東京都市大等々力	東京	共学	44	53	9
4	新宿	東京	共学	38	62	24
5	◎国学院大久我山	東京	共学	37	65	28
	横浜緑ケ丘	神奈川	共学	37	70	33
7	◎桐朋	東京	男子	32	51	19
8	多摩	神奈川	共学	31	66	35
9	◎大宮開成	埼玉	共学	30	51	21
	神奈川総合	神奈川	共学	30	41	11
	相模原・県立	神奈川	共学	30	60	30
12	湘南	神奈川	共学	28	69	41
	◎桐蔭学園中教	神奈川	共学	28	45	17
14	◎女子学院	東京	女子	27	38	11
	小田原	神奈川	共学	27	62	35
	大和	神奈川	共学	27	53	26
17	◎広尾学園	東京	共学	26	37	11
	川崎・市立	神奈川	共学	26	26	
19	三田	東京	共学	25	49	24
	◎麻布大附	神奈川	共学	25	26	1

表9　立教大合格者が増えている学校上位20校

順位	学校名	所在地	男女共学	13-23増加数	合格者数 23	合格者数 13
1	◎大宮開成	埼玉	共学	183	235	52
2	小金	千葉	共学	77	101	24
3	文京	東京	共学	74	94	20
4	三田	東京	共学	65	96	31
5	稲毛	千葉	共学	62	107	45
	北園	東京	共学	62	79	17
7	◎朋優学院	東京	共学	57	79	22
8	国際	東京	共学	56	72	16
9	和光国際	埼玉	共学	53	70	17
10	日野台	東京	共学	50	60	10
11	◎国学院	東京	共学	49	87	38
12	佐倉	千葉	共学	47	93	46
	◎東京都市大等々力	東京	共学	47	54	7
14	豊多摩	東京	共学	46	62	16
15	南	神奈川	共学	45	65	20
16	千葉東	千葉	共学	44	107	63
17	神奈川総合	神奈川	共学	43	62	19
18	橘	神奈川	共学	42	44	2
19	◎山手学院	神奈川	共学	40	117	77
20	小松川	東京	共学	38	58	20

女子から人気の上智大
近年は東京理科大も女子受験生が増加

　表6は上智大のランキングです。1位は洗足学園、2位は麻布、3位は頌栄女子学院の順になりました。

　上智大はカトリック系の大学で英語をはじめとする語学教育に力を入れているため、女子学生の比率が高いのが特徴で、女子受験生から人気を集めています。しかし、近年は国際系の関心の高まりもあり、ランキングに登場する20校のうち共学校が11校、女子校が5校なのに対し、男子校が2位の麻布をはじめとする4校がランクインするなど、男子からの人気も高まっているようです。コロナ禍で国際系人気はやや下火となっていましたが、徐々にコロナ対応の規制緩和が進む中、人気が復活すればさらに男子校の割合も増えてくるかもしれません。

　次に表7の東京理科大を見てみましょう。1位は栄東、2位は市川、3位は横浜翠嵐です。理系というと、男子が多いと思いがちですが、近年では"リケジョ"と言われる理科系女子が増加しています。リケジョには主に医、歯、薬、看護など医療系学部の人気が高いのですが、理、生命科、農、理工などの学部でも女子受験生が増えています。東京理科大の合格者増加数のランキングでも、上位20校のうち男子校は4校にとどまり、ほとんどが共学校です。

キャンパス移転、新設が活発で
通学範囲が変わることにも注意

　表8の青山学院大を見てみましょう。2013年から大半の文系学部が4年間渋谷の青山キャンパスで、理工学部と社会情報学部、地球社会共生学部、コミュニティ人間科学部が相模原キャンパスで4年間学ぶことになり、人気がアップしています。合格者増加数ランキングでは、1位は朋優学院、2位は柏陽、3位は東京都市大等々力の順となりました。

　青山学院大も表6の上智大と同じく女子からの人気が高いからか、上位20校のうち19校を共学校と女子校が占めています。また神奈川が11校、次いで東京が8校と、神奈川からの人気が高まっています。女子の場合、大学へは自宅通学する人が多いことから、キャンパスの再配置により4年間相模原キャンパスで学べるようになり、通いやす

表10　中央大合格者が増えている学校上位20校

順位	学校名	所在地	男女共学	13-23増加数	合格者数 23	13
1	◎東京都市大等々力	東京	共学	98	108	10
2	◎大宮開成	埼玉	共学	92	139	47
3	◎吉祥女子	東京	女子	51	96	45
4	◎朋優学院	東京	共学	47	73	26
5	青山	東京	共学	43	81	38
6	昭和	東京	共学	42	58	16
7	新城	神奈川	共学	40	53	13
8	新宿	東京	共学	38	85	47
	◎明星	東京	共学	38	40	2
10	◎麻布大付	神奈川	共学	36	36	
11	小金井北	東京	共学	35	55	20
	◎頌栄女子学院	東京	女子	35	47	12
13	◎栄北	埼玉	共学	33	40	7
	横浜緑ケ丘	神奈川	共学	33	56	23
	◎鎌倉学園	神奈川	男子	33	83	50
16	千葉東	千葉	共学	32	82	50
	狛江	東京	共学	32	52	20
	◎成城	東京	男子	32	59	27
19	船橋東	千葉	共学	31	47	16
	豊多摩	東京	共学	31	44	13

表11　明治大合格者が増えている学校上位20校

順位	学校名	所在地	男女共学	13-23増加数	合格者数 23	13
1	川和	神奈川	共学	111	216	105
2	◎東京都市大等々力	東京	共学	108	118	10
3	厚木	神奈川	共学	100	207	107
4	◎朋優学院	東京	共学	97	125	28
5	◎大宮開成	埼玉	共学	93	153	60
6	◎洗足学園	神奈川	女子	92	156	64
7	小金	千葉	共学	80	104	24
8	横浜翠嵐	神奈川	共学	75	196	121
9	湘南	神奈川	共学	69	225	156
10	千葉・市立	千葉	共学	68	107	39
	市川	千葉	共学	68	201	133
	◎頌栄女子学院	東京	女子	68	130	62
	柏陽	神奈川	共学	68	207	139
14	東葛飾	千葉	共学	67	168	101
	小山台	東京	共学	67	131	64
16	豊多摩	東京	共学	66	88	22
	大和	神奈川	共学	65	113	48
18	船橋・県立	千葉	共学	63	169	106
	◎東京農業大第一	東京	共学	63	120	57
20	女子学院	東京	女子	60	116	56

くなったことで特に神奈川の女子受験生からの人気が高まっていることがうかがえます。

　近年、キャンパス改革とともに学部改革が進んでいます。現在の中学・高校受験生が大学に進学する頃にはさらに選択肢が増えていることでしょう。これから大学で勉強したいことを念頭において、大学の動きに注意することが大切です。自分の将来に大きく関わるニュースがあるかもしれません。特に大学付属校を目指す人は早い時期から大学の情報集めをすることが必要です。エスカレーター式に大学進学と考えても、併設の大学に自分が学びたい学部・学科がないことも考えられるからです。また、大学受験を前提としている進学校を目指す人にとっても、大学のことをよく知ることはモチベーションのアップや進路の決定に大きく関わることですから重要です。まだ3年、6年先のことだと片付けないで、自分がどんな大学へ行って何を学ぶのかを考えるようにしましょう。

　表9の立教大の1位は**大宮開成**で、2位は**小金**、3位は**文京**です。立教大も上智大、青山学院大と同じく女子からの人気が高く、上位20校すべてが共学校です。また、埼玉、千葉、東京、神奈川と幅広い県で合格者が伸びています。これは池袋キャンパスのアクセスの良さが影響していると考えられます。2013年3月に東急東横線と東京メトロ副都心線が相互乗り入れし、横浜と池袋が結ばれました。これが15位の**南**、17位の**神奈川総合**、18位の**橘**、19位の**山手学院**など、神奈川の学校か

らの合格者増につながっているのかもしれません。

11大学合計のトップの伸びは各大学で上位にランクインした大宮開成

　表10の中央大では、トップは**東京都市大等々力**、2位に**大宮開成**、3位に**吉祥女子**が入りました。中央大は東京西部の八王子市の多摩キャンパスにほとんどの学部があるため、ランキング全体では5位の**昭和**、7位の**新城**、8位の**明星**など東京の多摩地区や神奈川の公立校の伸びが目立ちます。しかし中央大は、以前は4年間、八王子の多摩キャンパスだった法学部が、23年の入学者からは都心の茗荷谷キャンパスで学べるようになりました。これにより、5位の**青山**、8位の**新宿**など、都心の学校がランキングに登場しています。首都圏各地からのアクセスが良くなることで、今後も

表12　法政大合格者が増えている学校上位20校

順位	学　校　名	所在地	男女共学	13-23増加数	合格者数 23	合格者数 13
1	◎大宮開成	埼玉	共学	135	224	89
2	◎朋優学院	東京	共学	129	165	36
3	東葛飾	千葉	共学	97	127	30
4	柏陽	神奈川	共学	96	124	28
5	◎国学院	東京	共学	88	134	46
	◎東京都市大等々力	東京	共学	88	97	9
7	◎本庄東	埼玉	共学	84	126	42
8	厚木	神奈川	共学	80	136	56
9	小金	千葉	共学	79	131	52
10	国立	東京	共学	77	95	18
	大和	神奈川	共学	77	105	28
12	幕張総合	千葉	共学	75	112	37
13	八王子東	東京	共学	66	124	58
14	千葉・市立	千葉	共学	60	119	59
15	小金井北	東京	共学	59	101	42
	昭和	東京	共学	59	78	19
17	稲毛	千葉	共学	57	118	61
18	◎国学院大久我山	東京	共学	56	92	36
19	浦和西	埼玉	共学	55	91	36
	豊多摩	東京	共学	55	92	37
	文京	東京	共学	55	68	13
	◎安田学園	東京	共学	55	75	20
	新城	神奈川	共学	55	67	12
	多摩	神奈川	共学	55	88	33

さらにランキングの顔ぶれが変わってくる可能性があります。

表11の明治大は、1位**川和**、2位**東京都市大等々力**、3位**厚木**の順で、神奈川の公立校がトップ3のうち2校を占めました。ランキングを見ると上位20校のうち14校が、明治大のキャンパスのある東京と神奈川で占められているのが特徴です。

表12の法政大は、1位**大宮開成**、2位**朋優学院**、3位**東葛飾**の順です。上位24校はすべて共学校です。かつては男子のイメージが強かった法政大ですが、近年は女子の受験生が増えてきていることが分かります。

最後に、126ページからの**表13**は、今まで見てきた東大、早稲田大、慶應義塾大、青山学院大、立教大、中央大、明治大、法政大に、京大、東京工業大、一橋大を加えた、**11大学の全合格者合計**を10年前と比べたものです。

増加数トップは**表1**、**表2**、**表3**、**表6**を除く8つのランキングで上位に登場し、うち立教大、法政大でトップだった**大宮開成**で、合計626人増の大躍進です。2位に187人もの差をつけました。2位は青山学院大でトップになるなど7つのランキングで上位に入った**朋優学院**、3位は中央大でトップになるなど8つのランキングで上位に入った**東京都市大等々力**です。国立大にあまり合格者

がいないものの難関私立大に強いタイプの学校も見られます。また、上位20校のうち、公立校は13校でした。公立校の内訳を見ると、神奈川が5校（6位の**横浜翠嵐**、13位の**大和**、14位の**厚木**、19位の**南**、20位の**市立川崎**）、**千葉**が4校（7位の**小金**、8位の**県立船橋**、16位の**稲毛**、18位の**市立千葉**）、東京が4校（9位の**小山台**、10位の**北園**、12位の**豊多摩**、15位の**三田**）と、神奈川、千葉、東京それぞれの教育改革の成果による躍進が目立ちました。

さて、ここまでの大学合格実績を見ながら、学校がそれぞれに特色を持っていることや、大学が入試に独自の傾向を持っていることなど、いろいろなことが読み取れたと思います。大学合格実績が学校選びに重要な要因であることがお分かりいただけたでしょうか。

毎年、合格実績のアップダウンで翌年の私立中高の志願者数が増えたり減ったりすることが多くなっています。特に東大合格者が1人出ると、中学入試で人気になることがよくあります。しかし、大学合格実績だけで学校選びをするのは得策とは言えません。学校の教育方針、校風などもあわせて検討し、学校選択をする必要があります。

各校では生徒の実力を伸ばすために何に力を入れているのかを見究め、学校選びを行っていかなければなりません。学校改革は大学合格実績に反映され、伸びている学校の顔ぶれは年々、変わっています。巻末907ページから始まる「高校別大学合格者数一覧」の5年前、10年前のデータもあわせて参考にしながら、悔いのない志望校選びをしてください。

表13　10年前と比べて合格者が増えている学校上位150校（11大学）

順位	学 校 名	所在地	増加数	全計	東京大	京都大	東工十一橋	早稲田大	慶應義塾大	青山学院大	立教大	中央大	明治大	法政大
1	◎大宮開成	埼玉	626	945	1		3	84	55	51	235	139	153	224
2	◎朋優学院	東京	439	584			5	51	10	76	79	73	125	165
3	◎東京都市大等々力	東京	428	483			5	34	14	53	54	108	118	97
4	◎洗足学園	神奈川	335	652	22	1	7	118	95	62	79	52	156	60
5	◎広尾学園	東京	307	441	9	3	10	85	76	37	50	36	87	48
6	横浜翠嵐	神奈川	303	837	44	14	34	188	146	44	52	50	196	69
7	小金	千葉	302	419				30	3	18	101	32	104	131
8	船橋・県立	千葉	299	734	11	5	43	141	71	39	94	68	169	93
9	小山台	東京	247	498		4	6	58	36	33	69	60	131	101
10	北園	東京	246	337	1		2	27	11	22	79	36	76	83
11	◎頌栄女子学院	東京	245	662	5	1	10	104	130	54	130	47	130	51
12	豊多摩	東京	244	352				23	16	27	62	44	88	92
13	大和	神奈川	238	422			3	31	6	53	53	58	113	105
14	厚木	神奈川	234	748	6	2	13	89	24	89	81	101	207	136
15	三田	東京	233	430	1	1	4	32	22	49	96	38	106	81
16	稲毛	千葉	229	433	1		2	42	10	17	107	45	91	118
	◎国学院	東京	229	469				29	8	38	87	65	108	134
18	千葉・市立	千葉	226	446			3	43	13	26	75	60	107	119
19	南	神奈川	223	365	12	1	10	57	41	29	65	37	68	45
20	川崎・市立	神奈川	222	223	1		5	30	9	26	32	24	52	44
21	◎安田学園	東京	208	263	1		2	35	15	19	28	27	61	75
22	佐倉	千葉	203	463	2	1	4	59	13	25	93	55	105	106
23	東葛飾	千葉	202	650	9	2	22	115	43	18	93	53	168	127
24	新宿	東京	198	575	1	1	10	65	28	62	57	85	161	105
	◎吉祥女子	東京	198	533	6		8	72	35	33	87	96	120	76
	新城	神奈川	198	270			1	19	7	27	32	53	64	67
27	青山	東京	195	650	2	5	18	83	69	61	91	81	166	74
28	文京	東京	193	265				16	1	11	94	25	50	68
29	国立	東京	191	689	10	17	38	129	72	35	56	88	149	95
30	小金井北	東京	190	332			2	20	7	24	57	55	66	101
31	昭和	東京	183	236			3	14	2	16	23	58	42	78
	日野台	東京	183	347			2	37	4	39	60	68	50	87
33	神奈川総合	神奈川	181	294			8	24	12	41	62	34	57	56
34	柏陽	神奈川	178	707	1	2	10	98	32	84	83	66	207	124
35	◎東京農業大第一	東京	176	431	3	1	4	47	28	31	54	72	120	71
36	川和	神奈川	172	629			8	72	36	74	79	51	216	93
37	横浜緑ケ丘	神奈川	171	568			6	57	37	70	96	56	161	85
38	◎東京都市大付	東京	168	423	7	1	19	58	59	29	36	115	117	42
39	浦和・市立	埼玉	162	523	7	2	5	74	37	30	85	46	130	107
40	国際	東京	161	274			1	38	18	28	72	40	58	19
	◎東洋大京北	東京	161	183				16	8	21	22	27	40	49
42	小松川	東京	157	343		2		39	3	19	58	38	79	98
43	井草	東京	155	211				16	2	16	40	37	31	69
44	船橋東	千葉	153	366			3	35	9	14	71	47	84	103
45	◎三田国際学園	東京	152	157			1	17	11	20	27	19	34	28
46	◎本郷	東京	151	595	14	6	8	123	85	21	51	75	142	70
47	◎麻布大付	神奈川	150	154			1	5	3	26	12	36	26	46
48	小平	東京	146	172			1	10	5	8	38	38	27	46
49	◎国学院大久我山	東京	140	598	4		7	55	44	65	102	99	130	92
50	狛江	東京	139	219			1	5	4	18	30	52	38	71
51	湘南	神奈川	138	832	20	8	22	163	112	69	62	61	225	90
52	◎駒込	東京	137	199			1	11	7	18	39	20	36	67
53	桜修館中教	東京	136	367	1	5	9	57	37	31	55	38	77	57
	◎日本大	神奈川	136	179			1	12	4	25	27	32	39	39
55	目黒・都立	東京	135	170				9	3	15	32	22	39	50
56	千葉東	千葉	133	565	1			50	28	30	107	82	120	138
	城東	東京	133	241				24	3	21	32	29	52	80
58	幕張総合	千葉	131	274				18	5	13	34	28	64	112
	横浜平沼	神奈川	131	270			4	16	8	37	44	42	58	61
60	◎宝仙学園	東京	125	178	1	1	1	14	7	12	34	22	40	46
61	◎川越東	埼玉	122	517	2		2	37	24	18	92	118	120	104
	◎本庄東	埼玉	122	287		1	1	21	11	20	27	31	49	126
63	武蔵野北	東京	120	283	2			24	5	24	47	40	60	81
64	雪谷	東京	119	144				9	2	7	25	24	34	43
65	上野	東京	118	224		1		10	3	23	27	28	52	80
66	◎中央大付横浜	神奈川	116	122			9	14	19	13	10	12	38	7
67	薬園台	千葉	115	343			3	33	15	22	47	46	81	97
	◎山手学院	神奈川	115	741		2	10	50	52	87	117	94	188	141
69	浦和西	埼玉	111	280			1	14	7	26	54	24	63	91
	◎淑徳	東京	111	301	1	1	2	12	14	15	60	47	61	79
71	大宮	埼玉	110	599	19	1	20	97	56	32	73	74	145	82
72	◎明星	東京	108	127			2	16	2	4	15	40	16	32
73	多摩	神奈川	105	421			7	34	11	66	53	53	109	88
74	◎女子学院	東京	104	555	27	6	17	143	73	38	62	33	116	40
75	柏南	千葉	103	253			1	12	1	22	49	27	56	85

順位	学 校 名	所在地	増加数	全計	東京大	京都大	東工十一橋	早稲田大	慶應義塾大	青山学院大	立教大	中央大	明治大	法政大
	◎淑徳巣鴨	東京	103	233			1	16	4	20	48	40	55	49
77	越ケ谷	埼玉	102	234			1	20	1	22	36	29	47	78
78	栄東	埼玉	101	573	13	3	5	127	69	30	65	56	105	100
	桜美林	東京	101	215			2	18	6	20	33	47	35	54
	相模原・県立	神奈川	101	357	1		2	21	9	60	34	69	77	84
81	和光国際	埼玉	100	198				9	1	11	70	35	34	38
82	◎開智日本橋学園	東京	99	104		1		9	4	11	23	8	13	35
83	川越・県立	埼玉	96	576	5	6	13	78	40	15	69	80	163	107
84	駒澤大	東京	95	129				8	2	6	23	30	17	43
	◎渋谷教育学園渋谷	東京	95	368	40	7	15	112	78	16	11	16	58	15
86	鎌ケ谷	千葉	94	186	1			8		26	41	18	28	64
87	市川	千葉	93	746	15	7	26	130	99	37	74	67	201	90
	金沢	神奈川	93	293			2	31	7	27	28	41	77	80
89	◎栄北	埼玉	92	145	1			7	2	11	24	40	9	51
	小石川中教	東京	92	341	16	1	17	79	48	20	37	28	69	26
91	長生	千葉	90	236	1		2	17	6	12	46	30	60	62
92	検見川	千葉	89	118				6	3	2	20	20	26	41
	駒場東邦	東京	89	498	72	11	21	128	108	13	9	25	86	25
94	国府台	千葉	88	137				3	2	7	18	19	40	48
	小田原	神奈川	88	455	3	1	6	35	27	62	49	76	105	91
	橘	神奈川	88	134				10	1	11	44	28	14	26
97	◎渋谷教育学園幕張	千葉	87	693	74	12	30	226	136	27	26	37	97	28
	両国	東京	87	306	6	2	6	41	31	20	51	36	65	48
99	海老名	神奈川	85	239		1	1	6	1	33	18	54	58	67
100	◎専修大松戸	千葉	84	330	1			29	7	29	65	47	68	84
	生田	神奈川	84	220				14	3	19	34	49	52	49
102	蕨	埼玉	82	356			1	23	4	12	76	59	89	92
	◎昌平	埼玉	82	145			3	18	5	12	19	32	25	31
104	◎鹿島学園	茨城	81	91			1	5	2	11	9	17	22	24
	◎高輪	東京	81	361	2		7	45	13	21	39	52	115	67
106	成田国際	千葉	79	169				24	1	5	57	13	29	40
	松戸国際	千葉	79	103				6		8	26	6	27	33
108	小平南	東京	78	100				4	1	4		30	18	35
	◎日本大藤沢	神奈川	78	158	1			14	2	25	14	28	31	43
110	川口北	埼玉	77	206				4		9	8	38	46	72
111	◎横須賀学院	神奈川	76	150			1	11	5	18	26	12	43	34
112	◎公文国際学園	神奈川	74	243	5		3	37	32	24	33	26	43	40
	◎横浜創英	神奈川	74	107				2		7	18	15	22	43
114	八千代松陰	千葉	72	198			1	9	6	17	38	40	40	47
115	川越南	埼玉	71	109				10	1	5	30	12	19	32
116	武蔵・都立	東京	70	305	9	2	17	59	30	25	29	33	61	40
	◎開成	東京	70	699	148	10	14	210	189	14	5	32	66	11
	希望ケ丘	神奈川	70	376			1	26	16	48	37	59	103	86
119	多摩大目黒	東京	69	129			1	15	3	13	15	16	29	37
120	◎鷗友学園女子	東京	68	567	3	4	11	71	65	53	118	73	118	51
	◎駒場学園	東京	68	92				5	4	9	11	11	26	26
	成城	東京	68	323	2		2	30	25	15	32	59	88	70
123	◎細田学園	埼玉	67	81			1	12	2	5	12	13	11	25
	※東京学芸大付国際中教	東京	67	149	3	2	5	36	20	13	17	25	23	5
	石神井	東京	67	95				7	1	4	4	19	22	38
	多摩科学技術	東京	67	78			2	1	1	6	7	17	17	27
	◎聖心女子学院	東京	66	99	3	1		14	12	9	25	15	14	6
128	麻溝台	神奈川	66	102				6		8	8	36	15	29
129	神奈川大付	神奈川	65	379	3	2	6	41	31	39	58	41	92	66
130	川越女子	埼玉	64	468	2		7	52	11	28	122	45	89	112
131	◎淑徳与野	埼玉	63	359				41	4	25	123	42	70	54
	調布南	東京	63	82				3		7	4	23	13	32
	◎桜蔭	東京	63	487	72	6	9	149	102	24	17	43	51	14
134	調布北	東京	62	205				7		8	17	58	47	68
	富士	東京	62	268	2	1	11	46	18	19	46	34	60	31
	◎学習院女子	東京	62	121	2	1	1	26	19	17	20	9	17	9
137	江戸川	東京	61	95				1		2	17	12	20	43
	戸塚	神奈川	61	101				3		12	7	23	17	38
139	土浦第一	茨城	60	394	15	5	1	49	37	25	56	33	90	83
140	横浜サイエンスフロンティア	神奈川	59	235	4		13	31	21	19	19	29	66	33
	◎日本航空	山梨	59	62				7	1	5	10	12	10	17
142	◎東洋	東京	58	148				5		13	20	25	30	55
143	浦和麗明	埼玉	57	58				1	1	8	6	12	7	23
	九段中教	東京	57	208	1	1	5	32	13	14	43	24	42	33
	◎横浜翠陵	神奈川	57	58			1	7		16	8	12	15	
146	新宿山吹	東京	56	77				9	6	1	14	21	14	12
147	七里ガ浜	神奈川	55	149				7		11	21	39	26	45
148	八王子東	東京	54	522	2	3	14	53	17	55	47	86	121	124
	向丘	東京	54	61				3		6	13	7	9	15
	◎目黒日本大	東京	54	62				3	4	1	13	17	13	11

私立中学校 2024年度入試予測

コロナ下で3年目となった2023年度の中学入試。その中でも、受験生総数は史上最多の5万3000人にのぼり、上位校に挑む「チャレンジ志向」の高まりも見られました。ただ最近の「付属校人気」は収まってきたようです。2023年度の結果分析から、来春2024年度の入試動向を探っていき、「2月受験」のポイントなどもアドバイスします。

私立中の人気がアップし、受験生総数は「史上最多」に

私立中学校を中心にして、中学受験がかつてないほど「ブーム化」しています。

首都圏（1都3県）では、私立・国立中学校の受験生総数（私立が主体）が、大手塾の推計で2015年度の約4万5500人から毎年増加を続け、2020年度に約5万1400人と「5万人」の大台に。

コロナ禍となった2021年度も横ばいの5万1400人で、2022年度は約5万2000人に増え、今春2023年度には約5万3000人で史上最多になったのです。

私立中受験へ向かうムーブメントは"逆風"のコロナ下でも加速。私立・国立中の受験率（私立が主体）は2021年度17.3%→2022年度17.6%→2023年度18.0%と上がり、「6人に1人」の割合を優に超えるようになりました。

私立中の人気上昇は、将来の見えにくい社会情勢が背景にあります。急激なAI（人工知能）などの技術革新や、波乱をも含んだグローバル化、そのような「新しい時代」に対応するため、私立の中高一貫校ではアクティブラーニングやSTEM教育（理数系教育の総称）、国際化へのプログラムなど各種の先進的な取り組みが活発です。きめ細かな学習指導、面倒見の良さといった私立ならではの基軸も信頼、期待感を高めているようです。

一方で、公立中高一貫校も高い評価が定着し、公立一貫校（1都3県）の受検者を加えると、中学受験率はこの4年間（2020～2023年度）、約22%（推計）が続いており、首都圏では「5人に1人以上」もが中学入試に臨んでいます。

さて、来春の2024年度には、1都3県で小学校卒業者が約8700人も減少する見通しです。このため私立・国立中の受験生総数はいくらか減るでしょう。ただ、受験率がまた上がると、その総数はあまり減らないとも予想されます。いずれにせよ、全体的に「激戦入試が続く」と想定して、本番まで充分な対策学習を行っていきましょう。

埼玉、千葉などの1月入試「試し受験」層の増加も

では、埼玉、千葉県などの「1月入試」から主な学校の受験動向などをチェックしていきます。

埼玉県の私立中入試は1月10日が開始日で、首都圏のなかで最も早い日程です。このため埼玉では、ほかの都県からの「試し受験」層が特に上位校に多数集まっています。

その"筆頭格"が、「マンモス入試校」の**栄東**です。2023年度に同校は4回の入試枠を設け、この合計の受験者は1万1621人で、前年に比べ1474人増とかなり増えました。最も大規模入試のA日程（1月10日または11日を選択）では受験者7689人（前年比820人増）、倍率は1月10日1.4倍→1.5倍、11日1.7倍→1.9倍と上向きました。東大特待合格のみを判定する東大特待Ⅰ（4科または算数1科）は受験者1366人（同101人増）で、倍率は4科2.1倍→2.1倍、算数1科4.3倍→3.9倍。

かたや**開智**では、受験者の合計（5回試験）は3366人で、前年に比べ12人増にとどまりました。先端1で受験者が1562人と最も多く、この倍率は前年と同じ1.6倍に。また、合格者全員が最上位のS特待となる先端特待では受験者279人で、倍率3.0倍と前年から横ばいでした。同校は、2024年度に「創発クラス」を新設、いずれかの試験でS特待合格を取ると、このクラスが選択可能に。

なお、試験の名称がそれぞれ変更され、先端1は第1回に、先端特待は特待Aになります。

ほかの難関・上位校では、2023年度は**浦和明の星女子**の1回は受験者52人減（2001人→1949人）、倍率は2.0倍→1.9倍とわずかに低下。**淑徳与野**の1回では受験者26人増、倍率は前年と同じ1.9倍に。2024年度は、**淑徳与野**が「医進コース入試」（1月11日午後、算数・理科）を新設します。

立教新座の1回は受験者38人増（1647人→1685人）、倍率2.0倍→2.1倍と若干の上昇。

2024年度には、「**開智所沢中等教育学校**」（仮称）が開校する予定で、注目を集めそうです。なお**国際学院**は中学募集を停止します。

千葉県の私立中入試（一般）は1月20日に開始されます。2月入試までの間隔が短いことから、千葉では埼玉に比べ「試し受験」層は少なめですが、それが2023年度はプラスに転じたようです。

市川の1回では、受験者が前年に比べ239人増え（2430人→2669人）、男子枠の倍率は2.1倍→2.3倍に、女子枠では2.6倍→2.9倍に上がりました。

渋谷教育学園幕張は、この10年ほど東大合格者数の全国ベストテンに定着。同校の1次は受験者101人増（1797人→1898人）、しかし合格者が多めに出され倍率は2.8倍→2.7倍と若干低下。

昭和学院秀英の1回は受験者41人増（1149人→1190人）で、倍率は2.9倍→3.0倍に。午後入試（1月20日）は受験者609人、倍率4.1倍でした。

東邦大付東邦の前期も受験者は21人増、ただ合格者の増員により倍率は前年と同じ2.2倍に。

常磐線の沿線では、**専修大松戸**が1回の受験者11人増、2回71人増。倍率は1回2.3倍→2.5倍、2回4.3倍→5.3倍に上昇しています。

なお、茨城県の**江戸川学園取手**は、3コース制の募集で2023年度は1月には試験を2回実施。受験者は1回で20人減（743人→723人）、2回は37人減。1回は合格者減で前年と同じ倍率1.8倍に

なり、2回は2.3倍→2.0倍に下がりました。

寮がある地方の学校の「首都圏会場入試」も1月の"選択肢"です。2023年度は**北嶺**（北海道）、**盛岡白百合学園**（岩手）、**佐久長聖**（長野）、**静岡聖光学院、不二聖心女子学院**（静岡）、**西大和学園**（奈良）、**早稲田佐賀**など約20校が1月に首都圏入試を実施。これらの受験者は合計で約1万1600人でした。

2月の入試動向をチェック 「激戦化」の学校も目立つ

東京都、神奈川県の私立中入試は2月1日に開始され、6日ごろにほぼ終了します。上位校を中心に受験状況などをみていきましょう。

●**男子校** 2023年度に、男子御三家などでは、**開成**の受験者が前年に比べ143人増（1050人→1193人）と急増、倍率は2.5倍→2.8倍に上昇。同校では2023〜2024年度に全ての校舎・施設の建て替えが完了することも「追い風」になったようです。**駒場東邦**も受験者増（31人増）、ただ倍率は1.9倍で前年から横ばいに。一方、**武蔵**（47人減）、**麻布**（10人減）は受験者が減少、**武蔵**の倍率は3.5倍→3.1倍に下がり、**麻布**は前年と同じ2.4倍。

神奈川では、**聖光学院**の1回は受験者が91人増（620人→711人）、2回も91人増。倍率は1回2.8倍→3.2倍に、2回4.1倍→4.9倍にアップ。また**栄光学園**も受験者増（75人増）となり、倍率2.7倍→2.9倍と上向きました。

ほかの難関・上位進学校でも受験者が増えたところが多くなりました。**本郷**（1回81人増・2回201人増・3回41人増）や、**高輪**（A18人増・B86人増・C69人増・算数午後82人増）、**海城**（1回56人増・2回70人増）、**桐朋**（1回54人増・2回66人増）、**逗子開成**（1回49人増・2回56人増・3回94人増）、**城北**（1回31人増・2回63人増・3回29人増）、**芝**（1回7人増・2回110人増）などは全回の試験が受験者増に。例えば、**本郷**の倍率は1回2.9倍→3.5倍、2回2.0倍→2.3倍、3回10.2倍→10.7倍と上がりました。これらの学校の試験は倍率が上昇し、厳しくなっています。

2023年度は、とくに男子進学校で「チャレンジ志向」の高まりがみられ、この「動き」は2024年度も警戒したほうがよいでしょう。

かたや**暁星**（1回43人減・2回67人減）、**攻玉社**（1回16人減・2回2人減・特選〈算数〉12人減）など受験者が減ったところも。**暁星**の倍率は

1回2.8倍→1.7倍に、2回12.3倍→6.2倍にダウン。前年（2022年度）の受験者増の反動が出た模様で、2024年度は「揺り戻し」が予想されます。

大学付属校をみると、**早稲田**（1回61人増・2回52人増）、**立教池袋**（1回51人増・2回9人増）は受験者が増え、倍率が上がりました。**早稲田**は2023年2月の新校舎完成（3号館、複合体育施設）も影響したようです。同校は併設の早稲田大に推薦進学するのは約半数という「半進学校」です。

ほかの難関・上位付属校では、**明治大付中野**（1回124人減・2回80人減）、**学習院**（1回82人減・2回69人減）、**慶應義塾普通部**（18人減）、**早稲田大高等学院中学部**（5人減）などで受験者が減少しています。**学習院**の倍率は1回2.8倍→2.1倍、2回4.7倍→3.4倍に緩和。少し以前の「付属校人気」はピークを過ぎ、一区切りついたことがうかがわれます。

一方、**日本学園**は2026年度に明治大の系列校になって「明治大学付属世田谷」と校名を変更、同時に共学化する予定です。2023年度の中学入学者から「およそ7割が明治大へ推薦進学できることを目指す」と学校側が発表。このため、合計の受験者（3回試験）が885人増と大幅に増えました。倍率は前年の1.5〜1.7倍から急転し4.7〜12.7倍にアップ。合格レベルも大幅に上がっています。

●女子校 女子御三家は、**桜蔭**で受験者が73人増え（534人→607人）、倍率1.9倍→2.1倍とやや上昇。同校は2023年秋に校舎（東館）建て替えが完了することもプラス要素に。**雙葉**は受験者9人増、倍率は2.9倍で前年から横ばい。**女子学院**では受験者64人減で倍率2.6倍→2.3倍とやや低下。

豊島岡女子学園の1回は受験者35人減（999人→964人）、ただ倍率は前年と同じ2.4倍に。2回（4人減）、3回（39人減）も受験者は減って、倍率は9.9倍→8.0倍、10.3倍→7.3倍と下がっても高倍率です。2、3回は「狭き門」が続くでしょう。

上位校などで受験者が増えたのは、**湘南白百合学園**（1回〈国語〉117人増、〈算数〉40人増・2回97人増）や、**田園調布学園**（1回72人増・2回72人増・3回75人増・午後〈算数〉13人増）、**品川女子学院**（1回67人増・2回64人増・算数1科83人増・「表現力・総合」51人増）、**立教女学院**（57人増）、**恵泉女学園**（1回50人増・2回3人増・3回15人増）、**香蘭女学校**（1回27人増・2回105人増）、**東洋英和女学院**（A19人増・B45人増）、**吉祥女子**（1回16人増・2回40人増）など。

このなかで、例えば、**田園調布学園**の倍率は1

回2.1倍→2.7倍、2回1.7倍→2.1倍、3回2.9倍→3.9倍、午後〈算数〉1.5倍→1.8倍とアップ。

一方、受験者が減ったのは、**学習院女子**（A47人減・B86人減）や、**横浜共立学園**（A32人減・B51人減）、**鎌倉女学院**（1次31人減・2次37人減）、**白百合学園**（30人減）のほか、**頌栄女子学院、富士見、大妻、普連土学園、日本女子大附**など。これらは全回の試験で受験者減に。

学習院女子では、倍率がA入試2.6倍→2.2倍、B入試5.9倍→3.7倍にダウンしています。

そのほか、**フェリス女学院**（3人減）、**横浜雙葉**（3人減）の受験者は微減でした。2024年度には、**横浜雙葉**が2回試験を新設し、これまでの定員（90人）を1回60人、2回30人と振り分けるため、「難化する」とも予測されます。

●共学校 2023年度に、大学付属校でトップレベルの**慶應義塾中等部**は、男子枠の受験者が194人減（891人→697人）と急減、女子枠は20人減（372人→352人）。男子枠の倍率は6.4倍→5.2倍に下がり、女子枠では6.2倍→6.1倍とわずかに低下。

早稲田大系属早稲田実業学校でも、男子枠の受験者は13人減（308人→295人）、女子枠は4人減（192人→188人）。倍率は、男子枠3.6倍、女子枠3.9倍で両方とも前年から横ばいに。

また、神奈川の**慶應義塾湘南藤沢**では受験者76人減、倍率は6.1倍→4.7倍に下がっています。

ほかの上位付属校でも、**中央大附横浜**（1回113人減・2回56人減）、**法政大**（1回55人減・2回13人減・3回78人減）、**明治大付明治**（1回6人減・2回45人減）などで受験者減少が目につきました。**中央大附横浜**では、倍率は1回3.3倍→2.6倍、2回2.9倍→2.7倍と特に1回でダウン。

一方、受験者が増えた**青山学院**も19人増にとどまりました（倍率は4.0倍→4.3倍）。

最近の一時期（2016〜2020年度）、大学入試改革（2021年度）を要因として、大学付属校の人気

が目立って高まっていました。しかし、この3年間（2021〜2023年度）の受験状況からして「付属校人気」は落ちついてきたとみられます。

さて、共学の進学校の中では**渋谷教育学園渋谷**がトップ校です。同校の受験者は1回10人減（422人→412人）、2回34人増、3回10人増。倍率は1回3.6倍 →3.7倍、2回3.1倍 →3.6倍、3回8.2倍→8.7倍と全回で上向くという結果に。

大変、注目を集めたのが**芝国際**です。2023年度に共学化し、校名を変更（旧・東京女子学園）。新校舎や新たな教育体制もあって、受験者の合計（5回試験、帰国生入試を除く）は2180人増と膨れ上がりました。倍率は全回の試験で10倍以上（10.6倍〜17.1倍）に。合格レベルも上位校にせまる高さに急上昇。こうした「厳しさ」から2024年度には「敬遠傾向」が出る可能性も。

すでに、**広尾学園小石川**（2021年度開校）は、上位校の一つに“成長”しています。ただ2023年度は、受験者の合計（6回試験）が702人減と急減し、倍率は前年比でかなり緩和（3.9倍〜13.0倍）。受験生が**芝国際**などへ流れたようですが「合格レベルは下がっていない」と分析されます。

2月1、2日で合格取りたい 「午後入試」も上手に活用して

東京、神奈川の2月入試は1日、2日がとくに活発であり、3日以降になると試験を行う学校数や定員が少なくなります。そうした状況を反映し、2023年度に全体の平均倍率（午前）は2月1日が約2.2倍、2日は約2.5倍で、それが3日には約3.2倍に。3日以降は倍率6倍〜10倍以上の「超激戦校」もみられました。

このように、2月3日以降は“危険”もあるため、「午後入試」も使って1日、2日で合格を確保という併願パターンが最近では「当たり前」に。

午後入試は、多数の中堅校や上位校の一部などが2月1日、2日を中心に実施。近年は1教科入試（算数や国語）を午後に取り入れる動きも。

2023年度は、2月1日の午後入試の受験者は約2万8500人で、同1日午前の受験者（約4万3100人）の約66％にのぼっています。また2月2日のその割合も約55％と半数を超えました。

2月1日午後の枠では、例えば、**東京都市大付**は受験者が計1113人、**広尾学園**は計950人、**東京農業大第一**は790人集まっています。

ただ、学校によっては午後入試がレベルや倍率的に「厳しい」ところもあるので、午後の受験校も慎重に選択する必要があります。

2023年度には「チャレンジ志向」の受験生がとくに男子で増え、中には偏差値が高めの学校（試験）ばかりを連続受験して「全滅」（全てに不合格）というケースもかなりあったといわれます。

そんな失敗を避けるために、2月1、2日の午後入試をうまく活用する、あるいは1月中に確実な押さえ校（すべり止め）を併願するといった適切な受験プランを組むようにしましょう。

2024年度のおもな変更点は 「新タイプ入試」も選択肢に

2024年度入試の主な変更点などを挙げましょう。

先に触れたように、**横浜雙葉**は2回募集（2月1日、2日）に変更、面接を廃止します。**鎌倉女学院**では2次を1日前倒しして、1次2月2日、2次3日の形に。なお**横浜雙葉**の「2日」への参入により、同日の**湘南白百合学園**（「4教科」）、**鎌倉女学院**（1次）は受験者が減るかもしれません。

芝浦工業大附では2月4日の試験を廃止し、その分、1回（2月1日）、2回（2日午前）の定員を75人→90人、40人→50人に増やす予定です。また、**日本女子大附**は1回（2月1日）の定員を約10人増員します（約100人→約110人）。

試験教科などは、**日本学園**が3回試験の全てに4科入試を導入、出題レベルは「やや難化の2023年度と同様」（学校側）といいます。また**大妻中野**は「アドバンスト」の1回（2月1日）、4回（3日）を4科入試に変更（2、3回は2科のまま）。**香蘭女学校**（2回試験）では2月1日の1回のみが2科・4科選択から4科入試に変わります。**学習院女子**ではA、B入試とも面接を廃止。**横浜共立学園**は、コロナ対応で面接中止の継続を決めました（A、B方式とも）。

京華女子は、**京華**、京華商業高と同じ敷地内の新校舎（2024年1月完成予定）に移転、「3校ワンキャンパス」に。**橘学苑**は中学募集を停止。

ところで、最近は、英語を取り入れた入試方式（2023年度は約140校）や、公立一貫校の出題に合わせた「適性検査型」の試験が私立中に広がっています。「自己アピール型」も増えており、「思考力型」「教科総合型」「プログラミング」などの試験を行う学校も。これらの「新タイプ入試」に適した能力があれば、併願プランに加えてみるのもよいでしょう。

私立高等学校 2024年度入試予測

首都圏（1都3県）では近年、私立志望者の比率が上昇するなど全体的に私立高校の人気がアップ。ただ都県ごとに、入試制度には違いがあり、受験動向の「変化」もみられます。それぞれのエリアの「入試地図」などを概観し、来春2024年度に私立を勝ち取る作戦を考えていきましょう。

東 京 都

付属校人気は落ちついたか？
「併願優遇」が多数校に定着

　東京都内の私立高校では、受験のメインである一般入試は2月10日以降に行われます。

　近年（2018〜2020年度）の一般入試では「付属校人気」の高まりが目立っていました。これは大学入試改革（2021年度）への不安感などが主な要因に。しかし、そうした風潮も収まってきて付属校人気は「高止まり」になったともいわれます。

　2023年度の一般入試の状況をみてみましょう。「早慶」では、**慶應義塾女子**は受験者13人増、倍率は前年と同じ3.4倍に。また**早稲田大高等学院**（受験者21人増）でも倍率は前年から横ばいの2.7倍。一方、**早稲田大系属早稲田実業学校**は、男子枠は受験者が増え（43人増）、女子枠で減り（62人減）、それぞれ倍率は3.1倍→3.8倍、4.7倍→4.4倍（繰り上げ合格を含む）と上下しています。

　青山学院は、試験日を例年の2月12日から同11日に変更（受験者は78人減、倍率4.6倍）。このため、「11日校」の**中央大**では**青山学院**への流出で受験者が急減（136人減）し、倍率3.7倍→3.1倍に低下。かたや、「12日校」の**明治大付明治**は**青山学院**との競合が解消され、受験者増（男子枠83人増・女子枠94人増）となり倍率上昇（男子枠1.8倍→2.2倍・女子枠2.4倍→2.7倍）。2024年度には、**青山学院**が元の2月12日に戻り、**中央大**は受験者数が「回復」、**明治大付明治**は「受験者減」となるでしょう。

　ほかの上位大学付属校では、**中央大附**で受験者が目立って増加（116人増）、しかし合格者が多め

に出され倍率は4.2倍→4.0倍とやや低下。**明治大付中野八王子**（受験者7人増）も合格者の増員で倍率ダウン（4.3倍→3.7倍）。なお同校は2024年度に「明治大学付属八王子」に校名を変更します。

　また、受験者が減った**法政大**（26人減）では倍率2.8倍→2.5倍（繰り上げ合格を含む）に、**明治大付中野**（23人減）も倍率が下向きました（3.2倍→3.1倍）。かたや、**中央大杉並**では受験者増（27人増）、倍率2.7倍→2.8倍とわずかに上向きに。

　一方、難関・上位レベルの進学校をみると、**開成**では受験者5人増、ただ合格者増により倍率は3.0倍→2.9倍に。**桐朋**の倍率は1.4倍→1.5倍、**城北**は1.8倍→1.9倍とわずかに上がりました。**巣鴨**では「5科」「3科」選択制で、「5科」の倍率は1.4倍→2.2倍に、「3科」は2.0倍→3.5倍に上昇。

　さて、一般入試では、多数の中堅校で「併願優遇」の枠を設けています。都立志望者などが、押さえ（すべり止め）の都内校を確保するには、この枠を利用するのが基本的な受験パターンです。

　併願優遇とは、その高校を第2志望やそれ以下で受験する際の制度で、各校が定めた内申点の基準などを満たせば、入試前の段階でほぼ合格が決まるなどの優遇があります。2023年度は一般募集校182校のうち150校近くが併願優遇を実施。

　この実施校のなかでは、**自由ヶ丘学園**（876人増）や、**芝国際**（527人増）、**東洋大京北**（420人増）、**目黒日本大**（384人増）、**八王子実践**（321人増）などで一般受験者が急増しました。**自由ヶ丘学園**、**芝国際**はともに共学化などで人気アップに。

　次に、推薦入試について述べましょう。2023年度に推薦を行ったのは、全体の9割以上の166校です。推薦の試験は1月22日以降に行われます。

　都内私立では、単願推薦（第1志望）に加え、

他校と併願できる推薦も行う高校がかなりあります（2023年度は約80校）。ただし、併願推薦は埼玉、千葉など都外の受験生のみが対象です。

中堅校などは、単願、併願推薦とも各校の内申基準などを満たせば、中学校を通した12月の「入試相談」でほぼ合格が内定するところが大半です。秋以降の「個別相談会」で推薦や、併願優遇（一般）の合否を打診できる高校も多くなっています。一方で、一部の難関・上位校などは内申基準を出願条件としており、推薦本番の学科試験、面接などで合否を争います。2023年度も上位大学の付属校などは倍率2〜4倍台の「激戦」となりました。

最後に、2024年度の変更点を挙げておきます。

共学化を行うのは蒲田女子で、校名を「羽田国際」に変更する予定です。広尾学園小石川は高校募集を停止し、完全中高一貫校に。

青山学院では定員を減らし、推薦は約70人→約65人、帰国生は約30人→約25人、一般は約80人→約70人となり、「難化」の可能性があります。また、慶應義塾女子は一般の定員を約80人→約70人に削減し、推薦の方を約20人→約30人に増員。

一方、錦城は一般の定員を270人→320人に拡大、推薦の方を150人→130人に減らす予定です。芝国際では推薦を廃止します。

國學院では、一般3回を「公立型」から一般1、2回と同様の出題形式に変更。ただ、この一般3回は「3科」「5科」の選択制に変わり、「5科」の理科、社会は公立レベルの問題とします。

コースなどでは、共栄学園が未来探究、国際共生、理数創造、探究特進、探究進学の新たな5コース制に改編。自由ヶ丘学園はPG（プログレス）、AD（アドバンス）、AC（アカデミック）の3コース、各コースに準じた計9専攻になります。

聖徳学園ではデータサイエンスコースを導入。駒沢学園女子は英語クラスを、昭和第一学園はデザインコースを新設します。安田学園は、下位の進学コースを募集停止とし、3→2コース制に変更。また目黒日本大ではスポーツ・芸能コースが募集停止に。

京華女子は、京華、京華商業と同じ敷地内の新校舎（2024年1月完成予定）に移転します。

神奈川県

「内申重視」の状況変わらず 人気高まる「書類選考」制度

神奈川県の私立高校では、東京の私立高と同じで推薦入試は1月22日以降、一般入試は2月10日以降に行われます。

私立第1志望ならば、まず推薦の受験を検討しましょう。2023年度は神奈川の私立55校のうち、50校が推薦入試を実施しています。

県内私立の推薦は単願（第1志望）のみで、1月の本番では学科試験は行わず、面接、作文などが課されます。2023年度は、一部の高校（北鎌倉女子学園、聖セシリア女子など）は書類審査のみでした。内申点の基準などを満たせば、中学校を通した12月の「入試相談」で合格が内定し、本番は無競争（全員合格）の高校が大多数になっています。2023年度も、推薦で不合格が出されたのは慶應義塾（倍率は2.2倍）などわずかでした。

では、一般入試についてみていきましょう。

県内私立を押さえ（すべり止め）にするときは、一般入試の「書類選考」や「併願受験」の枠を利用するのが受験パターンの基本です。

「書類選考」とは、本番試験が無い制度で、各高校の内申基準などを満たして12月の「入試相談」を経れば合格が決まります。法政大国際、法政大第二の場合は単願（第1志望）のみですが、それ以外の実施校では公立など他校と「併願可」です。

コロナ下で2021年度から一段と導入が増え、2023年度は併願可の書類選考を県内私立37校が実施。この受験者は合計約2万7000人でした。

近年は、「書類選考が受験の中心」という状況の学校も増えており、一般を書類選考のみで募集する学校（2023年度は捜真女学校、向上、湘南学院、横浜創学館など）もあります。

「併願受験」の制度も、各校の内申基準などを満たせば12月の「入試相談」でほぼ合格とされますが、2月の本番試験を受験しないといけません。2023年度は、県内で併願受験の実施校は約30校に。そのほか「単願受験」を併用する高校も多くあります。2023年度に併願、単願受験を利用したのは

約1万3000人でした。2021～2023年度には「書類選考」へと受験生がぐっと流れています。

一方、併願可の書類選考や併願受験を一部の上位校では行っていません。**慶應義塾、日本女子大附、桐光学園、法政大国際、法政大第二**などです。

上位校の一般入試状況をみてみましょう。2023年度に倍率が高かったのは、**桐蔭学園**のA方式（9.5倍）、**中央大附横浜**のB方式（4.1倍）、**法政大第二**の「学科試験」（男子枠3.4倍・女子枠2.6倍）、**山手学院**のオープン（A3.0倍、B2.7倍）、**法政大国際**の「学科試験」（2.9倍）、「思考力入試」（2.9倍）、**慶應義塾**（2.6倍）などがありました。

このなかで、**桐蔭学園**のA方式は受験者が117人増え、合格者の削減（144人→93人）も重なり、前年（2022年度）の5.4倍からさらに倍率高騰に。

さて、2月の一般では「オープン入試」という制度もあります。書類選考（併願可）や併願受験を行っている学校では、内申を使わず本番のテストで合否を決める枠がオープン入試と総称されています。2023年度は、この実施校は33校でした。

"内申本位"の併願制度（書類選考、併願受験）で確保した学校より「『上』を狙いたい」場合などはオープン入試で挑戦するのもよいでしょう。

最後に、2024年度の変更点にふれておきます。**聖園女学院**は、新たに高校募集を実施します。一方、**相洋**は商業科を募集停止に。**桐蔭学園**では海外子女入試、帰国生入試を廃止します。

中央大附横浜では、定員を推薦35人→30人、一般A（書類選考）35人→30人、一般B（オープン）45人→40人と減らし、「難化」の可能性も。

入試制度の変更では、**横浜創英**が注目されます。同校は一般入試の「併願受験」制度を廃止し、一般がフリー受験（入試相談を行わない）のみに。また、下位の普通コースを募集停止とし、3→2コース制に変わります。**光明学園相模原**では一般の単願、併願で面接（2月11日）を廃止し、筆記試験（2月10日）のみで受験しやすくなります。

マ場というのが埼玉私立の「入試地図」です。

1月の併願入試とは、3月の公立・合格発表まで他校との併願が自由で、さらに、入試前の「個別相談会」で合格がほぼ判明する"優遇"があるのです。このため、とても利用しやすく、毎年、受験生は1月併願の枠に集中しています。

2023年度も、県内私立の総応募者数のうち、1月併願入試が約75%と大半を占め、単願入試（単願推薦）は約17%、一般入試は約9%でした。

県内私立47校のうち、1月併願は上位校から中堅校など大多数の高校にすっかり定着。この併願制度がないのは、難関校（**慶應義塾志木、早稲田大本庄高等学院、立教新座**）や、音楽系高校（**東邦音楽大附東邦第二、武蔵野音楽大附**）など少数です。

ただ、そうした中で、「近年は県公立から埼玉私立の『単願』へ流れる動きも出ている」とある受験関係者は分析しています。

とはいえ、一般的には、1月併願で押さえ（すべり止め）の県内私立を確保し、そのうえで公立やさらにレベルの高い私立にチャレンジという受験パターンが埼玉では「定番」になっています。

さて、1月併願入試、または単願入試を受験するときは各高校で夏頃から秋以降に開催される「個別相談会」に必ず出席しましょう。この場で、模試の結果や内申点（通知表のコピー）などの資料を提示すると、私立側が併願、単願入試の合格の可能性を話してくれます。なお、ここ数年は各地域の公的なテストなども資料とする高校が増えています。

2023年度は、併願、単願入試など全体の受験者がかなり増加したのは、**浦和実業学園**（481人増）、**叡明**（300人増）、**大宮開成**（295人増）、**秋草学園**（203人増）などがありました。

一方、難関校では「個別相談型」ではない推薦入試（第1志望）、一般入試を実施しています。

2023年度の一般の状況をみてみましょう。**早稲**

埼玉県

個別相談会で合否打診できる「1月併願」が受験のメインに

埼玉県の私立高校入試は1月22日以降に実施されます。例年、この「初日」（1月22日）からの数日間に、県内私立の大半が併願入試（併願推薦）を2、3回行い、この1月の併願入試が受験のヤ

田大本庄高等学院の男子枠では、受験者67人増、合格者の絞り込みもあって倍率は3.2倍→3.5倍に上昇。一方、同校の女子枠は受験者101人減で、倍率は3.8倍→3.3倍に下がりました。

慶應義塾志木は受験者38人減で、倍率は3.0倍→2.9倍に若干低下。**立教新座**は受験者68人増ですが、合格者が多めで倍率2.3倍→2.1倍と下向きに。

では、2024年度の主な変更点を挙げましょう。**城北埼玉**は、本科コースの募集を新たに特進、進学の2種のクラス別に行います。**春日部共栄**では定員を増やし、単願は150人→160人、併願は計230人→計260人とする予定です。

浦和学院は、国際バカロレア認定校となり、国際バカロレアコースを導入します。**西武学園文理**では、普通科をグローバル選抜、グローバル特進（新設）、グローバル、グローバル総合（新設）、スペシャルアビリティ（単願のみ）の5クラス制に改編。**栄北**はこれまでの4類型から、特類選抜、特類S、特類Aの3類型に変更します。

千葉県

際立つ「前期勝負」の入試地図
併願推薦を「廃止」の動きも

千葉県の私立高校入試は「前期・後期選抜」の枠組みです。試験は、前期では1月17日以降、後期は2月15日以降に行われます。

ただ、千葉の私立入試は「前期勝負」の状況であり、近年はその傾向がより際立っています。

2023年度も、県内私立53校のうち、試験は「前期のみ」で後期を実施しないのが38校と多数派に。上位レベルの高校では、後期の実施校が無くなっていることに注意しましょう。

後期を実施した高校（15校）でも、その大半は後期の定員が20人以下と少なく、「若干名」としたところも（5校）。県内私立の全体では、前期の定員比率が約98%で、後期はわずか約2%に。

受験生の側も、同様に前期へ集中しています。2023年度は、県内私立の総応募者数のうち、前期が占める割合は約99%（途中集計値）にのぼりました。

このように、県内私立は「前期決戦」の入試状況ですから、「前期で合格を勝ち取る」ことが一般的な受験作戦となります。

中堅レベルの高校などは、前期の推薦（単願、併願）が受験の中心で、とくに併願推薦（第2志望以下）に多くの受験生が集まっています。併願推薦で押さえ校（すべり止め）を確保して、公立や私立上位校にチャレンジという受験パターンが千葉では広く普及しているのです。

例年、中堅校などは併願推薦、単願推薦（第1志望）とも、各校の内申点の基準などを満たせば、中学校を通した12月の「入試相談」でほぼ合格とされるところが大半になっています。また、試験の名称は「推薦」ではなくても"入試相談型"で実質的に推薦と同様という高校もあります。

前期の日程で、推薦のほか、一般の試験も行う高校が多いので、推薦の内申基準に届かないときは、その学校を前期の一般（単願・併願）で狙う作戦を取るのもよいでしょう。

なお2023年度に併願、単願推薦など全体の受験者がかなり増えたのは、**日本体育大柏**（347人増）、**東葉**（271人増）、**千葉明徳**（214人増）などでした。

一方、一部の上位レベルの高校は併願推薦を行わず、「テスト勝負」の一般が受験の中心です。

おもな難関・上位校の2023年度の動向をみてみましょう。

県内最上位の**渋谷教育学園幕張**の「学力枠」では受験者が前年に比べ46人減、倍率は3.1倍→2.8倍とやや下向きました。また**市川**の一般は受験者26人増ながらも合格者が多めに出され、倍率2.2倍→1.8倍とやや「緩和」しています。一方、**昭和学院秀英**では、受験者は10人増で倍率1.8倍→1.9倍と若干上がりました。

なお茨城県では、**江戸川学園取手**は一般を1月に2回実施。倍率は、医科コースの1回2.9倍、2回3.1倍。東大コースの1回2.9倍、2回4.7倍。難関大コースでは他コースからのスライド合格を含めると1回1.2倍、2回2.2倍でした。

では、2024年度の変更点をみておきましょう。

日本大習志野では一般入試が1回→2回実施（1月17日、18日）に変わり、受験しやすくなります。一方、**麗澤**では新たに集団面接が必須に。

千葉敬愛は併願推薦（「B推薦」）を廃止します。また、**敬愛学園**、**東葉**ではそれぞれ下位の進学コース、進学クラスに限り併願推薦を廃止。これらを併願（第2志望以下）で受験する場合は、「テスト勝負」の一般に臨むことになるので要注意です。

千葉商科大付では、定員を商業科で40人→70人に増やし、普通科は235人→205人に削減。**国府台女子学院**では英語科が募集停止となります。

·本書の利用法·

学校案内編では、東京、神奈川、埼玉、千葉、茨城、栃木、山梨、北海道、富山、石川、長野、大阪、奈良、大分にある私立中学校・高等学校の中から、特に受験生に勧められる学校を精選して掲載しています。主に左ページは学校紹介記事、右ページはデータとなっており、学校の特色とデータがひと目でわかる構成をとっています。進学実績や学費は、データ編に掲載しています。

学校案内編

中 男 子 高 女 子 普通科
中学・高等学校の男女別を表します。共学は共学、男女別学は男女と記しています。

大 短
併設（系列）の大学、短大があることを示しています。

校風・教育方針、カリキュラムの特色、施設・設備
私立校の特色ともいえる独自の校風・教育方針などを紹介。カリキュラム、施設・設備なども、特徴的なものを紹介しています。

国際教育、情報教育
国際感覚を養いグローバル社会で活躍するための教育やICT環境、情報教育の具体例を紹介しています。

生活指導・心の教育
情操教育のほか、生徒の心のケアにもスポットを当て、各校のカウンセリングの実際などを紹介しています。

学校行事・クラブ活動
年間の行事や修学旅行、活動が活発なクラブや同好会を紹介しています。

データファイル

入試や進路に関する情報です。入試日程、選考方法などは変更される場合があります。必ず各学校の公式資料で確認してください。2024年度入試が未定の場合は、参考として前年度のものを掲載しました。

■2024年度入試日程
募集人員が前年と同じ場合は、省略していることがあります。出願期間は、Web出願では受験票発行日から入力最終日までの期間。出願方法により受付日が異なる場合があります。手続締切日は入学手続金納入期限です。詳細は各校の募集要項で確認してください。

■2024年度選考方法・入試科目
高校の推薦入試の出願条件は、内申や評定平均値の最低ラインです。配点・時間は原則として一般入試のもの。面接は、実施形態、合格判定での重要度、2023年度の主な質問事項なども掲載しました。

■2023年春併設大学・短大への進学
併設（系列）大学・短大への進学条件と、今春の進学

者数（合格者数）です。

■指定校推薦枠のある主な大学
2023年度入試の主な指定校推薦枠を掲載。

■2023年春卒業生進路状況
今春卒業生の進路別人数を掲載しました。

■2023年度入試結果
原則として、入試区分別の志願者数、受験者数、正規合格者数を掲載。競争率は、受験者数を合格者数で割った実質倍率です。特別枠を設けていない帰国生入試などを含む場合もあります。なお、帰国生対象の入試や2次募集など、省略した入試もあります。

■学校説明会・見学できる行事
9月以降に行われる保護者・受験生対象の学校説明会や体験入学の日程を掲載。変更される場合がありますので、学校HPで必ず確認してください。見学できる行事は、感染症拡大防止のためやむを得ず中止や非公開となった行事も一部掲載しています。

■インデックス
ページ右端のインデックスを使って、地域別、男女別、高校募集の有無で学校を探すことができます。

■学校生活情報
右ページ上の寮マークは全国私立寮制学校協議会の加盟校であることを示しています。

データ編

●高校別大学合格者数一覧
弊社は大学合格者出身高校別一覧データのパイオニアです。最も権威をもつ機能を生かして、東京、神奈川、埼玉、千葉、茨城、栃木、山梨にある主な高校および寮のある学校やその他の高校の2023年度大学合格者一覧を、5年前、10年前のデータとともに掲載しました。実績を伸ばしている学校が一目でわかります。

●2023年度私立中高学費一覧
2023年度の学費を中・高別にまとめました。原則として修学旅行費用、寄付、学債などは含みません。

●2024年度私立中高予想偏差値一覧
各社が独自に算出した2024年度入試の予想偏差値を掲載しました。学校のランクを表すものではありません。

学校案内編

東　京.................................138

神奈川.................................548

埼　玉.................................684

千　葉.................................746

茨　城.................................794

栃　木.................................814

山　梨.................................822

中 女子　高 女子　普通科・商業科・家政科・衛生看護科　大 短

愛国中学校・高等学校
（あいこく）

〒133-8585　東京都江戸川区西小岩5-7-1　☎03-3658-4111　学校長　織田　奈美

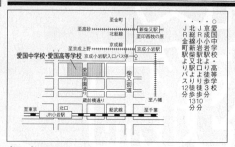

愛国中学校・愛国高等学校

京成小岩駅入口バス停より

愛国中学校・高等学校
JR小岩駅より徒歩10分
京成小岩駅より徒歩3分
北総線新柴又駅より徒歩13分
JR金町駅よりバス12分

〈URL〉https://www.aikokugakuen.ac.jp

沿革　昭和14年（1939）愛国女子商業学校開校。同22年（1947）愛国中学校併設、翌年愛国高等学校設置。同37年（1962）愛国学園女子短期大学開設。同44年（1969）愛国学園保育専門学校開設。平成10年（1998）愛国学園大学設置。

校風・教育方針

校訓となっている「親切正直」の理念のもと、女子校らしい穏やかで落ち着いた雰囲気です。社会人として自立できる女性、家庭人として家族を幸福にできる女性の育成をめざしています。

カリキュラムの特色

中学校は、少人数制により一人ひとりの力を伸ばします。個々の生徒が目的意識を持てるように学習指導を進め、将来の生活基盤となる夢に近づく進学指導を行います。高校と連携し、専門的な教科指導も取り入れています。

高校は4つの学科を設置しています。

普通科と商業科は、1年生は同じ教育内容を学習します。普通科も1年生で簿記を勉強して検定3級取得をめざし、2年進級時に、学科・コースを選択します。

普通科は一般教養コース、進学コースを設置。特に国語力の向上に力を入れ、松尾芭蕉『奥の細道』の集中的な学習や、文学作品や評論を読み、読解力を高めます。豊かな表現力を養う作文教育にも力を入れています。英語教育も特色で、1962年に始まった交換留学制度や1979年から続くアメリカ海外研修制度など、語学力を試す機会が豊富

です。

商業科は、会計コース、情報処理コースがあり、社会で通用するスペシャリストを育成します。簿記、情報処理、ビジネス文書実務等の検定試験に生徒全員が合格できるように基本からていねいに指導しています。また、貯蓄教育を実践し、日本一の伝統と実績を誇る生徒銀行（親銀行・三井住友銀行）では、商業科の授業の一環として、実際の銀行業務を行っています。

家政科は調理師養成施設の指定を受けており、卒業と同時に調理師免許が取得できます。高校課程の一般教科とともに専門教科、調理実習を学び、知識・技術を身につけます。愛国学園短期大学に進学し、栄養士の免許を取得することも可能です。

衛生看護科は、卒業と同時に准看護師試験受験資格が取得でき、全員が合格しています。併設の衛生看護専攻科（2年制）に進学し卒業すると、国家試験を経て最短期間の5年間で看護師になることができます。

環境・施設設備

校舎内は温かみの感じられるフローリングで、中学と高校4学科の特色ある教育に対応した実習施設、特別教室、体育施設などが完備されています。校外施設には、千葉県一宮に一宮臨海寮、長野県軽井沢に軽井沢高原寮があります。

生活指導・心の教育

幸福な人生を送るための徳育に力を入れています。中間・期末試験は各自の正直な心が監督する

今春の進学実績については巻末の「高校別大学合格者数一覧」をご覧ください

「無監督試験」、体育では「武道」の指導、生徒銀行を活用した「貯蓄教育」や、礼儀作法を身につける「生活指導」、国際的な視野を養う希望者対象の「海外研修」などを行っています。

学校行事・クラブ活動

9月の文化祭（なでしこ祭）、11月の創立記念祭（大運動会）のほか、新入生オリエンテーション、スポーツ大会、合唱コンクール、生徒銀行祭など多彩な行事があります。修学旅行は高2の5月に東北、春休みに新中3が関西、新高3が関西・北陸へ行きます。

クラブは学科・学年の垣根を越えて活動しています。文化部にはかるた、書道、合唱、ESSなど15部、運動部はテニス、ソフトボール、なぎなた、ダンス、陸上競技など16部があります。

データファイル

■2024年度入試日程

中学校

募集人員		出願期間	試験日	発表日	手続締切日
1回	40	1/10〜1/31	2/1	2/1	2/2
2回	10	1/10〜2/1	2/2	2/2	2/3
3回	10	1/10〜2/2	2/3	2/3	2/5

高等学校　※併願者は延納可

募集人員		出願期間	試験日	発表日	手続締切日
推薦A	180	1/15・1/16	1/22	1/23	1/25
BC		1/15・1/16	1/23	1/24	1/25※
一般	180	1/25〜1/29	2/10	2/11	2/13※

推薦B・Cは千葉県・埼玉県内中学校在籍者のみ
〔募集人員（推薦/一般）〕普通科80/80　商業科40/40　家政科40/40　衛生看護科20/20

■2024年度選考方法・入試科目

中学校

1回・2回・3回：国語、算数、面接
〈配点・時間〉国・算＝各100点50分
〈面接〉保護者同伴　きわめて重視【内容】志望理由、併願校、学校について、入学後の抱負など

高等学校

A推薦：書類審査、面接、作文（400字50分）
＊2023年度テーマ「私が友人と接する時に気をつけていること」
B・C推薦：書類審査、基礎学力（国語・数学・英語、計100点計60分）、面接、作文（400字50分）
＊2023年度テーマ「中学校生活を漢字一文字で表すとすれば」
一般：国語、数学、英語、面接、作文（300字30分）
＊2023年度テーマ「中学校生活で身についたこと」
※家政・衛生看護は全入試で適性（身体機能）検査あり
〈配点・時間〉国＝100点40分　数・英＝各100点50分
〈面接〉保護者同伴　きわめて重視

■2023年春併設大学・短大への進学

愛国学園大学・短期大学へ内部試験により優先入学できる制度があります。
愛国学園大学―4（人間文化）
愛国学園短期大学―14（家政）

■2023年春卒業生進路状況

卒業生数	大学	短大	専門学校	海外大	就職	進学準備他
137人	24人	14人	83人	0人	4人	12人

■2023年度入試結果

中学校

募集人員		志願者数	受験者数	合格者数	競争率
1回	40				
2回	10	33	30	20	1.5
3回	10				

高等学校

募集人員		志願者数	受験者数	合格者数	競争率
普・商推薦	120	52	52	52	1.0
一般	120	53	37	37	1.0
家政推薦	40	28	28	28	1.0
一般	40	17	11	11	1.0
衛生看護推薦	20	37	37	34	1.1
一般	20	6	6	5	1.2

▼▼入試アドバイス・学校からのメッセージ

2024年度入試もインターネット出願を行います。願書入力は12/20より可能です（予定）。

学校説明会　要予約・当日受付も可
★中学校・高等学校
学園説明会　9/17 10/14 11/5 11/19 11/26 12/3
個別進学相談会　12/9
学校見学は随時可（前日までに要予約）

見学できる行事
なでしこ祭（文化祭）　9/9・9/10
創立記念祭（体育祭）　11/3
戴帽式（衛生看護科）　11/11（要予約）

説明会・行事等は日程・内容が変更される場合があります。必ず学校HP等でご確認ください

東京 あ

青山学院 中等部 高等部
（あおやまがくいん）

〒150-8366　東京都渋谷区渋谷4-4-25　☎中等部03-3407-7463　高等部03-3409-3880

中等部部長　上野　亮
高等部部長　渡辺　健

〈URL〉https://www.jh.aoyama.ed.jp/（中等部）
　　　https://www.agh.aoyama.ed.jp/（高等部）

沿革　青山学院は、1874年（明治7）、アメリカのメソジスト監督教会から派遣された宣教師たちによって創立されました。1947年（昭和22）、中等部開校。1950年（昭和25）共学制高等部が開校。1986年（昭和61）より6年制の中高一貫教育の組織とし、青山学院高中部となりました。今年で創立149周年を迎えました。

校風・教育方針

キリスト教信仰にもとづく教育をめざし、神の前に真実に生き、真理を謙虚に追求し、愛と奉仕の精神をもってすべての人と社会に対する責任を進んで果たす人間の形成を目的としています。また、国際化、情報化の時代に対応して、自発性と創造性、社会の一員としての国際的感覚、感受性と思いやりの心などを持った人間の育成をめざし、視野の広いカリキュラムを組んで指導しています。

カリキュラムの特色

中等部では校舎全体を「学び舎」とした教科センター方式を取り入れ、英語は小クラス、数学は習熟度別クラスを行い、他の全ての教科は1クラス32人で授業を行っています。3年生には週2時間の「選択授業」の時間を設けています。

授業は、知識の詰め込み教育で終わらせることなく、基礎学力の充実と同時に、バランスのとれた人間形成をめざしています。

中等部および高等部では、キリスト教教育・活動を重んじ、毎日の礼拝と週1時間の「聖書」の時間があります。

高等部では、多様な進路に対応できる力をつけさせるため、2年から選択科目を設置。3年では授業時間の半分に選択科目をおいて、関心のあるものを深く学べるようにしています。必修の英語では、全学年で習熟度別クラスを実施しています。

また、総合学習の一環として、青山学院大学の先生方による「学問入門講座」を開講し、進学指導に役立てています。高大連携として、大学の授業を履修し、単位認定する制度もあります。さらに、国際交流やグローバル教育、平和・共生教育にも力を入れています。

環境・施設設備

表参道駅から7分、渋谷駅から13分という交通至便な地にあります。

中等部では、2019年9月に『教科センター型』の新校舎が完成。すべての科目に専用の教科教室が配置され、「生徒が自主的に考え・行動する教育の実現」をめざします。

高等部には、毎日の礼拝が行われる講堂や、噴水のあるウッドデッキがあります。蔵書数が多い図書館、主に英語科で利用するCALL教室も充実。明るく広い体育館、トレーニングルームも整備されています。相談室には臨床心理士が常駐してい

ます。また、校外施設として、軽井沢町に追分寮があり、合宿や研修会に利用しています。

生活指導・心の教育

毎日の礼拝や聖書の授業、年間行事などを通して、人生の意味を根本的に問いつつ自らを高める教育が行われています。また、校内の相談室では専門のカウンセラーが生徒の相談にあたり、保護者の相談にも応じています。

学校行事・クラブ活動

文化祭、クリスマス礼拝に加え、中等部では、HRデー（1年）、裏磐梯キャンプ（2年）、沖縄旅行（3年）といった宿泊行事、運動会、オース

トラリア・ホームステイなど、高等部では、修学旅行（2年）、バレーボール大会（全学年）、カナダ・ホームステイなどがあり、生徒が主体的に関わる多くの行事が学校生活をより豊かなものにします。

クラブ活動は、中等部の文化部は、ハンドベル、創作漫画、吹奏楽など11部。運動部は水泳、バスケットボール、ハンドボール、ラグビー、陸上など15部。高等部の文化部は、ブラスバンド、ボランティア、オルガン、ハンドベル、聖歌隊など、同好会を含めて17部。運動部は、テニス、フェンシング、ラグビー、チアリーディング、馬術、ダンスなど23部。8～9割の生徒が参加し、いずれも積極的に活動しています。

データファイル

■2024年度入試日程

中等部

募集人員	出願期間	試験日	発表日	手続締切日
男女 約140	1/10～1/30	2/2	2/3	2/3

高等部 ※両日とも手続きが必要

募集人員	出願期間	試験日	発表日	手続日
推薦 約65	郵1/15～1/16	1/31	2/1	2/2
帰国 約25	郵1/6～1/10	1/31	2/1	2/2・20※
一般 約70	郵1/25～1/27	2/12	2/13	2/14・20※

■2024年度選考方法・入試科目

中等部

国語、算数、社会、理科
〈配点・時間〉国・算＝各100点50分　理・社＝各50点25分
〈面接〉なし

高等部

推薦：書類審査、適性検査、面接（生徒個人）
【出願条件】内申　9科40以上　2年次学年評定・3年2学期評定に2があると不可　3年次欠席日数5日以内、2・3年次の欠席日数合計10日以内
帰国生：適性検査、面接（生徒グループ）、書類審査
一般：国語、数学、英語（リスニング含む）、書類審査
〈配点・時間〉国・数・英＝各100点50分
〈面接〉推薦：生徒個人　帰国生：生徒グループ

■2023年春併設大学への進学

3年間の学業成績、3年次に行われる2回の学力テストの結果、その他を総合的に判断して推薦さ

れ、大学の決定を経て入学が認められます。
青山学院大学－354（文34、教育人間科31、経済47、法31、経営85、国際政治経済60、総合文化政策47、理工14、社会情報5、地球社会共生0、コミュニティ人間科0）

■指定校推薦枠のある主な大学

慶應義塾大　上智大　東京理科大　北里大など

■2023年春卒業生進路状況

卒業生数	大学	短大	専門学校	海外大	就職	進学準備他
408人	383人	0人	0人	4人	1人	20人

■2023年度入試結果

中等部

募集人員		志願者数	受験者数	合格者数	競争率
男	約140	410	362	111	3.3
女		563	481	86	5.6

高等部 男／女

募集人員	志願者数	受験者数	合格者数	競争率
推薦 約70	88/135	84/134	32/38	2.6/3.5
帰国 約30	87/114	71/94	25/43	2.8/2.2
一般 約80	401/549	328/484	76/100	4.3/4.8

学校説明会 要予約

★中等部
9/16 10/14
★高等部
9/30 10/7
オンライン学校説明会　9月頃～11月頃

見学できる行事

文化祭　中等部 11/11・11/12
　　　　高等部 9/16・9/18

説明会・行事等は日程・内容が変更される場合があります。必ず学校HP等でご確認ください

麻布中学校・高等学校

〒106-0046　東京都港区元麻布2-3-29　☎03-3446-6541　学校長 平 秀明

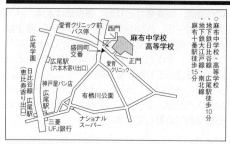

〈URL〉https://www.azabu-jh.ed.jp/

沿革　明治28年（1895）、麻布尋常中学校が江原素六によって創立され、同32年（1899）に麻布中学校と改称。昭和22年（1947）麻布中学校、麻布高等学校となり、6年一貫教育が始まりました。平成27年（2015）には創立120周年を迎えました。

校風・教育方針

　創立以来、物事を自主的に考え、判断し、自立した行動のとれる人物の育成をめざし、自由闊達な校風が伝統となっています。特に今日の複雑多岐な社会の中で、幅広く深い教養を身につけさせ、豊かな人間形成を図ることを主眼にしています。

　非常に自由な雰囲気の中で、生徒一人ひとりが、勉強においても、行動においても主体的、自主的な力を培っていこうという方針です。具体的には、文化祭・運動会・学年行事やクラブ活動などは、生徒が中心になり、計画、運営、下級生への指導を行い、教員はより広い立場から生徒を見守り、指導するようにしています。学習面や生活面の指導は、正副担任と学年会の教員全員があたり、週1回の学年会で情報を共有するようにしています。

カリキュラムの特色

　6年間の連続性に立って生徒の自発的な学習意欲を引き出し、思考力や創造力、感受性を育てる教育を心がけ、独自のカリキュラムを編成しながら、いかに生徒の知的好奇心を刺激するかに配慮しています。本をたくさん読ませ、文章を多く書かせ、自分独自の考えをつくり、表現するための訓練を地道に行います。

　中学校では基礎的な学力を確実につけるため、数学、理科、英語については各学年とも授業時間を多くしています。

　国語は2年生から文語文法を学び、平易な古典の教材を使って基礎的な読解力をつけます。中3ではそれまでに学んだ現代作家の作品についてグループで1年間かけて研究する「卒業共同論文」を課しています。

　数学は、中学1・2年生で中3までの教科書の内容を習得し、中3では「高校数学の基礎」、高1・2では微分積分、数列、ベクトル、いろいろな関数などの単元を学びます。

　英語では基礎力を徹底して養い、生徒の持つ能力を引き出します。中学3年間は週1時間を外国人講師が担当し、「聞く」「話す」の面から語学教育を行っています。中2・中3では、分割授業も導入し、きめ細かい指導に留意しています。高校では、4技能について総合的な力が身につくように、独自のカリキュラムに沿って指導しています。

　社会は、中1では世界の地理と歴史を総合した「世界」という独自の科目を設置しています。中2では日本史と地理を学びます。中3からは公民と近現代史を学びます。高1で社会科全範囲から1つ主題を決め論文にする「基礎課程修了論文」が課せられています。

　理科は、中1から高1までが必修で生徒実験・演示実験を中心とした授業を行い、物理・化学・生物・地学の4科目に分けてそれぞれ専門の教員から学びます。中3・高1では実験だけではなく論理的考察も重視し、それぞれの基礎法則の十分な理解に重点がおかれています。

今春の進学実績については巻末の「高校別大学合格者数一覧」をご覧ください

環境・施設設備

多摩川グラウンドを含めた約３万㎡の校地を持ち、普通教室42、特別教室21、百周年記念館（図書館、分割教室、部室）、体育館、講堂、食堂、柔道場、剣道場などが整備されています。

生活指導・心の教育

生徒の生活指導は、生活指導部は置かずに、各クラス正副二人担任で構成される学年会全員および保健室であたっています。生活の乱れや学業の遅れのみならず、将来の進路の相談や人間関係の問題まで多岐にわたります。問題のある場合には、臨床心理士などの専門家と連携して、何段にもわたって対応できるようにしています。

学校行事・クラブ活動

中１の年間行事は、春の文化祭から始まり、夏のクラブ合宿・クラス旅行（有志）、秋の学年行事（１日は江原素六ゆかりの沼津墓参）と続きます。

秋には各学年がそれぞれ自主的に目的地や旅行の形を企画運営する学年行事があります。春の文化祭、秋の運動会も全校生徒によって選ばれた実行委員会を中心に企画運営されますが、例年創意あふれるユニークなイベントで賑わいます。

文化部、運動部合わせて45のクラブや同好会があります。日常の活動のほか春夏の合宿などでのびのびと心身を鍛えています。オセロ、囲碁、将棋、オリエンテーリング、サッカー、硬式テニス、軟式野球、パソコン研、管弦楽などのクラブがあり、中には全国大会をはじめ各種の大会で優勝したクラブも多く、活気がみなぎっています。

学校長からのメッセージ

来たれ、意欲ある者よ！

学校長　平　秀明

中学高校の６年間は人生の土台とも言うべき「人間としての礎」を形づくる期間です。多くの新しい知識との出会いがあり、また、友人や先生、先輩との出会いがあり、それらの絶えざる刺激によって柔軟な魂は揺さぶられることになります。

真理を探究する力、物事の本質を見抜く力、他者への思いやりと感謝、身体の鍛練、美しいものに感動する心、勇気や希望をもって生きることなど、豊かな人生を送り、より良い社会を築いていくために必要なすべてをこの感受性豊かな時代に磨いていかなくてはなりません。それは決して平坦な道のりではありませんが、私たちは、君たち自身の中にある成長の種を大きく育てていきたいと考えています。意欲をもち、絶えず自己を高めていきたいと考えている諸君を待っています。

港区　中 男子　高 男子　高校募集なし

データファイル

■2024年度入試日程

中学校

出願期間	試験日	発表日	手続締切日
※	2/1	2/3	2/4

※出願期間は学校ホームページ参照

高等学校

募集を行っていません

■2024年度選考方法・入試科目

中学校

国語、算数、理科、社会

〈配点・時間〉国・算＝各60点60分　理・社＝各40点50分

〈面接〉なし

■指定校推薦枠のある主な大学

慶應義塾大（法１）早稲田大（文１・商１・先進理工１・文化構想１）など

■2023年春卒業生進路状況

卒業者数は295人。主な現役合格者数は東京大53、京都大９、東北大３、一橋大４、東京工業大10、横浜国立大２、早稲田大77、慶應義塾大54、東京理科大36など

■2023年度入試結果

中学校

募集人員	志願者数	受験者数	合格者数	競争率
300	918	880	365	2.4

学校説明会

説明会はWeb公開

学校見学会　9/9 10/7

事前予約制、HPで確認

見学できる行事（公開未定）

運動会　9/30

説明会・行事等は日程・内容が変更される場合があります。必ず学校HP等でご確認ください

足立学園中学校高等学校

〒120-0026　東京都足立区千住旭町40-24　☎03-3888-5331　学校長　井上　実

○足立学園中学校・高等学校
・JR・東武スカイツリーライン・東京メトロ千代田線・日比谷線・つくばエクスプレス北千住駅から1分
・京成線・関屋駅から7分

〈URL〉https://www.adachigakuen-jh.ed.jp

沿革　昭和4年（1929）5月4日、地元の有志22人によって設立。初代理事長は上杉米澤藩で藩医を務めた医家7代目で開業医の堀内亮一。初代校長は大審院長（現最高裁判所長官）を務めた牧野菊之助。平成5年（1993）、現在の学校名に改称。同19年（2007）現校舎完成。令和元年（2019）、創立90周年を迎えました。

教育方針・学校の特色

『志（ゆめ）なき者に成功なし』

　建学の精神「質実剛健　有為敢闘」は、誠実で強くたくましいこと、優秀で人の役に立ち、最後までやりとげる人材（人財）を育成することを目指したものです。これを生かしながら、わかりやすい言葉で表現したのが教育目標「自ら学び 心ゆたかに たくましく」です。志を持ち世のため人のために活躍できる人材（人財）を育成していきます。

　志が持てれば、自分自身で将来を切り拓き、世のため人のために活躍できるようになることができます。授業・行事・部活動等様々な学びを通じて自分の特性を見つけ、4J（自尊心・自信・自負心・自己肯定感）を高めて志につなげていきます。

　男子校の良さは、異性や他人の目を気にせず好きなことに打ち込めること、自分をさらけ出して男同士の深い絆を築けることです。この良さを生かして多くの生徒が希望進路を実現し、部活動で好成績を残し、一生涯の友人を得ています。また、生徒と教職員の距離が近く、学園祭のフィナーレでは教職員のバンド演奏が大変盛り上がり、卒業2年後の「ホームカミングデー」にはほとんどの生徒が出席し、普段から卒業生がよく来校します。

カリキュラムの特色

①中学は特別クラスと一般クラスがあり、高校は探究・文理・総合の3コース制です。学力や希望により移動が可能で、成績特待生も毎年チャンスがあります。高3では多くの授業が選択制です。
②高校ではすべてのコースに「探究総合」の授業を設置し、課題探究と進路探究で課題解決能力を育みます。高1は松下政経塾の志探究プログラムに参加し、中学では道徳や特別活動を通して志共育（共に育む）を行います。
③Microsoft Showcase School（教育ICT先進校）に認定。ICTを使いこなせる技術を身に付けます。休校時もオンラインのホームルームや授業・面談が可能です。
④海外プログラムは7種類を用意しています。特にオックスフォード大学（ハートフォード・カレッジ）の特別留学と、アフリカスタディーツアー（タンザニア）は唯一無二のプログラムです。ラオスもあります。
⑤進学サポートは18種類、講習やゼミは無料。OBのサポートによるプログラムが人気です。指定校推薦枠は慶應義塾大学やマレーシアの大学など約130大学。海外大学併願推薦制度に加盟、イギリス・アメリカ・オーストラリア・カナダの88大学と協定を結んでいます。
⑥紳士教育として性教育と主権者教育を行っています。中学では助産師から命について学び、高校ではデートDV学習で男女の在り方の講座を受講します。足立区の協力で模擬選挙を実施します。

3学期制　登校時刻 8:35　昼食 弁当持参、食堂、売店　土曜日 授業

環境・施設設備

　北千住駅から徒歩１分、地上６階地下１階の校舎は、震度７に耐え、優良防火対象物に認定されています。図書館は蔵書数３万冊。約300席の自習室は朝７時から夜８時(中学生は18時)まで利用できます。冷房完備の体育館には、卓球場、トレーニング室、剣道場、柔道場、メインアリーナ、屋上にテニスコートとゴルフ練習場と充実しています。生徒食堂は210席あり、放課後は語らいや勉強の場になっています。

クラブ活動

　中学は運動部13、文化部13が週３日活動し、高校は運動部19、文化部14が活動しています。高校柔道は国際大会や全国大会で活躍、バスケットボール・卓球・剣道・アメリカンフットボール・ソフトボールがこれに続きます。中学バスケットボールは関東大会、野球は全国大会に出場。文化部は吹奏楽・将棋・文芸・書道が活躍しています。

データファイル

■2024年度入試日程

中学校　※１志の出願は1/10～1/25　*2/9正午まで延納可

募集人員		出願期間	試験日	発表日	手続締切日
一般 1 回	70	1/10～1/30※	2/1	2/1	2/6*
2 回	20	1/10～2/1	2/2	2/2	2/6*
3 回	5	1/10～2/2	2/3	2/3	2/6*
4 回	5	1/10～2/3	2/4	2/4	2/6*
特奨 1 回	15	1/10～1/30	2/1午後	2/1	2/6*
2 回	20	1/10～2/1	2/2午後	2/2	2/6*
3 回	5	1/10～2/2	2/3午後	2/3	2/6*
4 回	10	1/10～2/3	2/4午後	2/4	2/6*
5 回	5	1/10～2/4	2/5午後	2/5	2/6*

高等学校　*手続後、公立発表日正午まで延納可(推薦はBのみ)

募集人員		出願期間	試験日	発表日	手続締切日
推薦	80	1/15～1/18	1/22	1/23	1/27*
一般 1 回	50	1/25～1/31	2/10	2/11	2/17*
2 回	30	1/25～1/31	2/12	2/13	2/17*

B推薦(東京・神奈川を除く隣接県生対象)、併願優遇あり

■2024年度選考方法・入試科目

中学校　一般　１回志入試：２科、面接、提出書類　１回（２・４科）～４回：２科か４科　特奨１・４回：４科か適性検査Ⅰ・Ⅱ・Ⅲ　２・３・５回：４科
〈配点・時間〉国・算＝各100点50分　理・社＝各50点30分　※志入試のみ国・算＝各50点計50分
〈面接〉志入試のみ　保護者同伴　きわめて重視

高等学校　推薦：基礎学力テスト(国・数・英)・面接・調査書(志自己推薦のみエントリーシートあり)【出願条件】探究５科23　文理５科20　総合５科18(スポーツ推薦は15、志は基準なし)　９科に１は不可(Bは５科に２も不可)、欠席３年間20日以内　A・Bは加点あり　一般：国・数・英・面接
〈配点・時間〉国・数・英＝各100点50分
〈面接〉生徒個人　重視

■指定校推薦枠のある主な大学

慶應義塾大　上智大　東京理科大　青山学院大　明治大　中央大　学習院大　芝浦工業大など

■2023年春卒業生進路状況

卒業生数	大学	短大	専門学校	海外大	就職	進学準備他
280人	232人	2人	3人	0人	2人	41人

■2023年度入試結果

中学校　一般１回は２科４科／志

募集人員		志願者数	受験者数	合格者数	競争率
一般 1 回	20/50	55/140	41/134	27/125	1.5/1.1
2 回	20	191	81	22	3.7
3 回	5	179	52	16	3.3
4 回	5	191	46	12	3.8
特奨 1 回	15	161	142	15	9.5
2 回	20	144	85	5	17.0
3 回	5	162	74	5	14.8
4 回	10	206	104	10	10.4
5 回	5	183	71	5	14.2

高等学校　推薦はA/B（総合はA/B/志）、一般は1回／2回

募集人員		志願者数	受験者数	合格者数	競争率
探究推薦	20	9/27	9/23	9/23	1.0/1.0
一般	20	24/9	22/6	21/5	1.0/1.2
文理推薦	20	21/39	21/38	21/38	1.0/1.0
一般	20	36/15	27/8	23/7	1.2/1.1
総合推薦	40	40/16/11	40/15/11	40/15/11	1.0/1.0/1.0
一般	40	38/21	33/19	31/15	1.1/1.3

学校説明会　HPから要予約
★中学校　9/2 9/23 10/7 11/25 12/16 1/13
(小6対象)　ナイト説明会　11/15
★高等学校　9/24 10/14 11/18 12/2
入試相談会　10/14 11/18 12/2 12/23
見学できる行事
体育祭　6/20(終了)　学園祭　9/23・9/24

説明会・行事等は日程・内容が変更される場合があります。必ず学校HP等でご確認ください

東京
あ

跡見学園 中学校 高等学校
（あとみがくえん）

〒112-8629　東京都文京区大塚1-5-9　☎03-3941-8167　学校長　松井　真佐美

〈URL〉https://www.atomi.ac.jp/jh/

沿革　明治8年（1875）、跡見女学校創立。昭和22年（1947）、現校名の跡見学園中学校、跡見学園高等学校に改称されました。現在は女子大学、大学院も併設しています。令和7年（2025）には創立150周年を迎えます。

校風・教育方針

学園創立者の跡見花蹊は「本邦女子固有の淑徳を養成する」としました。日本文化に根差した上品でしとやかな美徳を持った女性の育成を目標とした創立者の理想を今日に引き継ぎ、凜とした美意識としなやかで柔軟な心を持った女性の育成を目指しています。

女性として、社会人として求められるしつけについては厳しく行われますが、教師と生徒との親身な話し合いによる日常の指導を大切にして心の交流を図っています。

カリキュラムの特色

自律的な学習が身につくように「学び方」からきめ細かく指導します。学力推移に適した学習環境を提供するために充実した習熟度別授業を展開。高2以降は文理志望別のコースと多彩な演習授業・選択授業で大学進学に備えます。

豊かな授業展開の芸術教育、実験や実習に重きを置く理科教育と家庭科教育、国語科の古典芸術鑑賞による日本文化への深い理解、オーラルコミュニケーションに重点を置く英語教育など、永く守り続けてきた「本物に触れる」精神は、今日の教育にも脈々と受け継がれています。

中学1年から3年までの英語の授業は、ネイティブ・スピーカーによる週1時間の英会話も含めて各学年6時間の授業を行います。生徒全員に配布されているタブレット端末を生かしたマンツーマンのオンライン英会話授業（週1時間）も含まれます。

環境・施設設備

文教地区にあり、交通は至便です。

校舎は、直線を基調にやわらかな曲線を組み合わせた現代風の瀟洒な建物です。普通教室のほか、図書館、作法室、オールシーズン利用が可能な屋内プールなどの施設が整備されています。創立150周年記念事業の一環として、生徒ラウンジや自習スペースを含む新棟を増築します。校外施設として、群馬県北軽井沢の北軽井沢研修所があります。

国際教育

世界で活躍する女性を育成するため、英語力を磨き、異文化を体験する海外研修を毎年実施。姉妹校提携を結んでいるオーストラリアのブリスベンの名門女子校St.Rita's Collegeの生徒宅にホームステイし、一緒に授業を受けるなど、国際交流に力を入れたプログラムになっています。このほかに、ニュージーランドでの研修も実施します。

また、外国人留学生を受け入れています。同世代の留学生と同じクラスで机を並べ、自然に触れ合うことで、異文化の中に生活するお互いを理解

今春の進学実績については巻末の「高校別大学合格者数一覧」をご覧ください

2期制　**登校時刻** 8:10　**昼食** 弁当持参、売店　**土曜日** 平常授業

し合い「国際感覚」を身につけることができます。

学校行事・クラブ活動

　遠足、サイエンス探究教室、英語スピーチコンテスト、合唱コンクール、音楽会など、年間を通して様々な行事があります。中3のSDGs探究旅行では、各自の探究テーマに応じて広島・九州・沖縄から行き先を選びます。

　体育祭では、全校生徒が赤、白、青の3色に分かれて得点を競いあいます。ダンスやユニークな競技、リレーなどが行われます。文化祭においては、各教室ではクラブの発表や美術作品などの展示、跡見李子記念講堂ではクラブや有志の演技、ダンス、合唱などが披露されます。

　クラブは、中1から高3までが合同で行い、社会性や協調性を養う場となっています。文化系は、英語、演劇、器楽、繊維工芸、美術、合唱、謡曲仕舞など、運動系は、バスケットボール、バレーボール、バドミントン、体操、剣道、ダンス、水泳、陸上競技などがあり、生徒が興味・関心を持ったものに自主的に参加します（参加率は、中学で90％前後、高校でも80％前後です）。その他に、放課後に多彩なプログラムを提供。学校創設時から続く「茶道」「華道」「箏曲」といった日本の伝統文化やネイティブ・スピーカーによる「English Channel」講座を設定。普段触れる機会の少ないネイティブ・イングリッシュを毎日聞ける＆話せる環境を提供しています。

データファイル

■2024年度入試日程

中学校

募集人員		出願期間	試験日	発表日	手続締切日
1回	70	1/10〜1/30	2/1	2/1	2/6
特待1回	50※		2/1午後	2/1	2/6
2回	60	1/10〜2/1	2/2	2/2	2/6
特待2回	40※		2/2午後	2/2	2/6
特待3回	20※	1/10〜2/3	2/4	2/4	2/6
特待4回	20※	1/10〜2/4	2/5	2/5	2/6
帰国生	10	12/12〜12/16	12/19	12/19	2/6

※特待は、特待生合格と一般合格の2種の合否を判定

高等学校

募集を行っていません

■2024年度選考方法・入試科目

中学校

一般1・2回：2科か4科　**特待1・2回**：2科
※特待の2回は国語重視型入試として実施

特待3回：思考力（漢字力・計算力・思考力）または英語コミュニケーションスキル（漢字力・計算力・英語・英語面接〈生徒個人〉）

特待4回：2科か4科

帰国：国語・算数、作文（日本語）、面接　英検3級以上取得者は考慮する

〈配点・時間〉国・算＝各100点50分（帰国は40分）理・社＝各50点計50分

〈面接〉帰国：保護者（1人）同伴　【内容】志望動機、小学校でがんばったこと

■2023年春併設大学への進学

在学中一定の基準を満たした者が優先入学できます。

跡見学園女子大学−24（文8、マネジメント10、観光コミュニティ1、心理5）

■指定校推薦枠のある主な大学

青山学院大　学習院大　慶應義塾大　上智大　成蹊大　中央大　津田塾大　東京女子大　東京理科大　日本女子大　法政大　明治大　立教大など

■2023年春卒業生進路状況

卒業生数	大学	短大	専門学校	海外大	就職	進学準備他
135人	118人	2人	5人	1人	0人	9人

■2023年度入試結果

中学校　特待3回は思考力／英語CS

募集人員		志願者数	受験者数	合格者数	競争率
1回	70	203	189	96	2.0
2回	60	342	217	82	2.6
特待1回	50	325	304	155	2.0
2回	40	307	217	90	2.4
3回	20	125/21	83/15	37/9	2.2/1.7
4回	20	342	188	91	2.1
帰国生	10	6	5	4	1.3

学校説明会　要予約
10/28 1/13
入試説明会　11/18 1/13
ナイト説明会　9/20 9/22
入試体験会　11/26
学校見学は9〜12月まで随時可（要電話連絡）

見学できる行事　（非公開となる場合あり）
文化祭　9/9・9/10

説明会・行事等は日程・内容が変更される場合があります。必ず学校HP等でご確認ください

東京
い

いぶんかん 郁文館 中学校・高等学校 グローバル高等学校

〒113-0023　東京都文京区向丘2-19-1　☎03-3828-2206　学校長　渡邉　美樹

〈URL〉https://www.ikubunkan.ed.jp

沿革　明治22年(1889)、棚橋一郎により創立された私立郁文館が前身です。平成15年（2003）新理事の就任に伴い「夢教育」を開始。平成18年（2006）学校法人名を郁文館夢学園としました。平成22年（2010）に新校舎が竣工、共学がスタート。

校風・教育方針

　130年にわたる伝統を誇る郁文館は、平成15年度、新理事長を迎えて生まれ変わりました。「子どもたちの幸せのためだけに学校はある」の基本理念に則り、自分の「夢」を実現する「人間力」を持った優秀な人材を数多く輩出しています。

カリキュラムの特色

中学校：基礎から丁寧にじっくり学ぶ「進学クラス」、応用を含めてバランス良く学ぶ「特進クラス」、アウトプット型授業でアクティブに学ぶ「グローバルリーダー特進クラス」があり、個人の特性に合わせてクラス、カリキュラムが選択できます。さらに、21年4月より全員6カ年特待生で世界人財を育成する新クラス「iPclass」がスタートしました。また、社会とつながる取り組み「NIE（新聞教育）」や1人1台のノートパソコンを利用した「個別対応型英語教育」も充実し、個人の学力に応じて放課後にも指導を行うなど手厚い学習指導を実施しています。3年生が自分の「夢」に関連したテーマで400字詰め原稿用紙50枚以上を執筆する「卒業論文」は、30年以上の歴史があります。
高等学校：1年次は中学出身者との進度差を補うため、高校からの進学者には特に丁寧に指導。2

年次からは、生徒の進路希望に即した文系・理系の各コース別学習により大学入試突破に向け、効率的に学習。また、学年の成績上位者で構成される東大クラスは、東大をはじめ国公立大、難関私大合格を目指しています。
グローバル高等学校：各クラスを日本人、ネイティブスピーカーの専任教員が担任し、日ごろから英語で考え英語で表現する訓練を徹底して行います。2年次に全員がニュージーランド・カナダ・オーストラリアへ1年間留学。帰国後は海外大学もしくは、私立難関大学に合格することを前提としたカリキュラムを組んでいます。

『夢教育』で向上させる3つの力

　夢をかなえるためには、次の3つの力が必要と考えます。①人間力の向上：夢を持ち、夢を追いかけるなかで自ら人間性を高めていく力。②学力の向上：学ぶ意欲に溢れ、学習習慣が確立され、夢実現の推進力となる学力を獲得する力。③グローバル力の向上：精神的な自立とあらゆる困難に屈せぬタフネスを身につけ、将来世界で通用する人間になるための力。

環境・施設設備

　歴史と学問の地、文京区の中でも東大などに囲まれた静かな環境で、交通も至便です。夏目漱石の『吾輩は猫である』に登場する「落雲館中学」のモデルとなっています。施設は、地下総合体育館、剣道場、柔道場、図書館、講堂、人工芝グラウンドを整備。長野県に研修センター「鴻夢館」があり、天文台、講堂、テニスコートなどが整っています。さらに2019年4月より、Ikubun Dream House

今春の進学実績については巻末の「高校別大学合格者数一覧」をご覧ください

| 3学期制 | 登校時刻 8:20 | 昼食 弁当持参、食堂、売店 | 土曜日 授業 | 寮 |

（男子学生寮）の運営がスタートしました。

学校行事・クラブ活動

多彩な年間行事によって生徒の自主・自立の精神を育成します。5月の体育祭と、9月の「郁秋祭」（文化祭）は学校全体が盛り上がる行事です。

クラブ活動は、剣道部や野球部、書道部が活躍しています。

データファイル

■2024年度入試日程

中学校　帰国生入試は12月上旬

募集人員		出願期間	試験日	発表日	手続締切日
1回総合	40	1/10〜試験前日	2/1	試験当日	2/3
1回GL特進	15		2/1		
1回iPクラス	5		2/1午後		
2回総合	30		2/2		
2回GL特進	10		2/2午後		
3回総合	20		2/3		2/4
未来力	若干		2/3午後		
2回iPクラス	10		2/3午後		
4回総合	15		2/4		2/5
1回適性検査型	10	1/10〜試験前日	2/1	2/1	2/11
2回適性検査型	10		2/2	2/2	
適性iPクラス	5		2/4	2/4	

高等学校　併願推薦は隣接県生（神奈川除く）対象

	募集人員	出願期間	試験日	発表日	手続締切日
高	推薦（単・併）40	1/15・1/16	1/22	試験翌日	公立発表翌日※
	一般　40	1/25〜2/2	2/10か11	（一般は2/12）	
	東大　20	1/25〜2/2	2/11		
グローバル高	推薦（単・併）20	1/15・1/16	1/22	1/23	公立発表翌日※
	一般　20	1/25〜2/2	2/10か11*	試験翌日※	

★併願優遇あり　※単願推薦の手続締切日は1/28
＊グローバル高は併願優遇措置2/10、オープン2/11

■2024年度選考方法・入試科目

中学校

1回総合・2回総合・iPクラス選抜：2科
3回総合・4回総合：2科か4科
GL特進クラス選抜：英語
未来力（校長選抜）：校長へのプレゼンテーション
適性検査型：適性検査Ⅰ・Ⅱ・Ⅲ
適性検査型iPクラス：適性検査　国語型・算数型
※英語資格優遇あり（iPクラスと適性検査型iPクラスを除く）
〈時間〉国・算・英＝各50分　理・社＝各20分
適性検査Ⅰ・Ⅱ・Ⅲ・国語型・算数型＝各45分
未来力＝プレゼン10分

高等学校・グローバル高等学校

推薦：適性検査（国数英）、面接
一般：高校─国、数、英、面接　グローバル高─

併願優遇・オープンは国、数、英、面接　インターナショナルオープンは適性検査（英）、英語面接
〈配点・時間〉国・数・英＝各100点50分
〈面接〉生徒個人　重視

■指定校推薦枠のある主な大学

高校　学習院大　成蹊大　中央大　東京理科大　法政大　明治学院大　立教大　國學院大など
グローバル高　青山学院大　上智大　法政大など

■2023年春卒業生進路状況

郁文館高等学校

卒業生数	大学	短大	専門学校	海外大	就職	進学準備他
248人	181人	1人	15人	11人	2人	38人

郁文館グローバル高等学校

卒業生数	大学	短大	専門学校	海外大	就職	進学準備他
78人	65人	0人	2人	8人	1人	2人

■2023年度入試結果

中学校　※1・2回は総合/iP、適性検査型は1・2回／3回

募集人員		志願者数	受験者数	合格者数	競争率
1回	50/10	117/58	105/56	64/7	1.6/8.0
2回	50/10	134/60	85/41	67/5	1.3/8.2
3回	20	151	79	64	1.2
4回	20	174	60	46	1.3
5回	10	181	57	41	1.4
GL30/未来力若干		23/24	18/17	11/14	1.6/1.2
適性検査型約30		347/117	292/83	256/12	1.1/6.9

高等学校　Ⅰ期と東大は一般／併願優遇

	募集人員	志願者数	受験者数	合格者数	競争率
高	推薦　70	110	104	104	1.0
	Ⅰ期　45	70/228	64/214	35/214	1.8/1.0
	Ⅱ期　若干	22	15	7	2.1
	東大　25	14/51	10/39	5/39	2.0/1.0
グローバル高	推薦　25	29	28	28	1.0
	Ⅰ期　25	27/14	25/13	16/13	1.6/1.0

学校説明会

★中学校・高等学校　理事長・校長 学校説明会　9/30 10/1 10/7 10/21 12/2
★グローバル高校　9/16 9/30 10/1 10/28
その他、「入試問題傾向対策講座」など様々なイベントを開催します。HPをご覧ください。

説明会・行事等は日程・内容が変更される場合があります。必ず学校HP等でご確認ください

岩倉高等学校

〒110-0005　東京都台東区上野7-8-8　☎03-3841-3009　学校長　森田　勉

〈URL〉 https://www.tky-iwakura-h.ed.jp/

沿革　明治30年（1897）神田錦町に私立鉄道学校が開学、4年後に現在地へ移転。同36年（1903）鉄道界の恩人岩倉具視公の遺徳を追慕し、岩倉鉄道学校と改称。昭和23年（1948）泰東商業学校と統合し機関科（のち機械科）、運輸科、商業科、普通科を置く岩倉高等学校となりました。平成26年（2014）より普通科・運輸科の二科体制と、男女共学になりました。

校風・教育方針

「正心第一」の校訓のもと、教育目標として「仲間とともに、主体的に学び、考え、創造し、そして行動していく力を身に付ける」を掲げています。多様な生徒一人ひとりの個性を大切にし、素直に伸び伸びと、そしてたくましく成長し、楽しく充実した3年間を送れるよう指導にあたっています。

カリキュラムの特色

●普通科

2022年度入学生より、「7限制」「6限制」の2つの選択制に変更になり、月～金の授業の時間割において授業時数が変わりました。生徒個々の学びや時間の使い方による選択肢ですがどちらも学業特待制度があり、2年次からは文理選択や進路希望によりクラス編成が細分化されます。土曜日は「授業」「特別講習」「自学自習支援」「部活動」など様々な活動が可能な「土曜プログラム」を展開していきます。その中で、進学においては総合型選抜や学校推薦型選抜、就職のどちらでも対応できる進路サポートを実施していきます。

7限制は、充実した演習時間を確保し、生徒たちに深い学びを実践させます。2年次からは「国公立・最難関私大クラス」と「私大クラス（7限制）」に分かれ大学受験に合わせた科目選択を行います。3年次では、各自の目標大学に応じた問題演習や添削指導を行い、一般受験での大学合格を目標に授業を進めていきます。

6限制は、部活動を始めとした課外活動への熱意ある取り組みや自発的な学びを促します。2年次からは「6特クラス」と「私大クラス（6限制）」に分かれ将来へ向けて、幅広い進路希望の選択肢を見据え、きめ細やかなサポートを行っていきます。特に「6特クラス」は6限制の特進クラスです。難関大学等を目指し、部活も頑張る生徒のためのクラスです。同じ志をもった仲間の存在は心の支えとなり、希望進路へ向けて切磋琢磨していきます。

●運輸科（6限制）

運輸科では、伝統の専門教育と実習授業を通して鉄道業務を総合的に学びます。2年次での鉄道実習をはじめ、校外学習では、車両基地等の見学も実施します。また、外部講師の方をお招きしてキャリア教育を進め、「働く」ことへの意識向上へつなげます。また、「サービス」や「旅行・観光」

今春の進学実績については巻末の「高校別大学合格者数一覧」をご覧ください

の分野にも拡げ、幅広い知識を学び、見識を深めていきます。就職へ向けては、マナー教育・履歴書の書き方から面接練習会まで個々に対応していきます。

鉄道・運輸業界の就職だけでなく、大学進学へのサポートや多様な分野でのキャリア育成にも力を注ぎます。

環境・施設設備

JR上野駅入谷口正面に位置しています。地上10階、地下1階の中央館があり、低層階に図書室、カフェテリアとコンビニ、中層階は教室、高層階には体育館と屋上運動場を配置しています。西東京市には専用グラウンドがあります。

生活指導・心の教育

学習は人間の衣食住の根幹をなすものと考え、高校時代にその習慣が身につくように、学校と家庭との連携を密にしながら、生徒の意欲維持、意欲向上に取り組んでいます。

学校行事・クラブ活動

実行委員の生徒たちが主体となる岩倉祭（文化祭）、体育祭をはじめ、高校2年の秋に修学旅行（沖縄）のほか、運動競技大会、班別研修、芸術鑑賞など多彩な行事があります。

部活動は運動部13部、文化部は13部2同好会が活動しています。強化指定部は野球部、陸上競技部、柔道部、サッカー部、吹奏楽部、放送部、鉄道模型部です。柔道は個人でインターハイ出場、その他放送部は全国のコンテストに連続出場を果たしています。また、ラクロス部、ダンス部、バレー部は部員数も増えて活発に活動しています。

データファイル

■2024年度入試日程

募集人員		出願期間	試験日	発表日	手続締切日
推薦A	普300	1/15～1/18	1/22	1/23	1/26
B			1/22	1/23	公立発表翌日
一般1回	運120	1/25～2/2	2/10	2/11	公立発表翌日
2回		併願優遇は1/31まで	2/12	2/13	公立発表翌日

募集人員　普通科：7限制100　6限制200　運輸科：120

※B推薦は東京都・神奈川県の公立中を除く

※帰国生入試は11/29、1/24に実施

■2024年度選考方法・入試科目

推薦：書類審査、面接（A推薦のみ）、適性検査（国・数・英）【出願基準】内申：A推薦・（　）内はB推薦〔普通科〕7限制3科11（11）か5科18（19）　6限制5科15（16）か9科29（30）〔運輸科〕9科30（31）　9科に1があると不可（普通科7限制は5科に2があると不可）　欠席各学年10日以内　英検・漢検・数検取得、1年間皆勤、クラブ活動部長、生徒会役員などで加点あり

一般：「国・数・英」「国・英・社」「数・英・理」（英語はリスニングを含む）から選択し、学科試験、面接（併願優遇はなし）、調査書による総合判定

※併願優遇の出願条件はB推薦と同じ

〈配点・時間〉推薦：国・数・英＝各100点40分

一般：国・数・英・理・社＝各100点50分

〈面接〉生徒個人　重視

■指定校推薦枠のある主な大学

東京理科大　日本大　東洋大　武蔵大　亜細亜大　大東文化大　帝京大　東京電機大　国士舘大　拓殖大　城西大　玉川大　日本工業大　日本体育大　関東学院大　千葉工業大など

■2023年春卒業生進路状況

卒業生数	大学	短大	専門学校	海外大	就職	進学準備他
441人	209人	4人	55人	0人	150人	23人

■2023年度入試結果　一般は一般／併願優遇

募集人員		志願者数	受験者数	合格者数	競争率
普通推薦A	150	169	168	168	1.0
B		51	48	48	1.0
一般1回	150	48/474	47/386	19/386	2.5/1.0
2回		61/345	36/26	16/26	2.3/1.0
運輸推薦A	60	111	111	111	1.0
B		18	17	17	1.0
一般1回	60	16/10	16/8	3/8	5.3/1.0
2回		21/6	15/0	4/—	3.8/—

スライド合格を含まない

学校説明会　要予約
9/2 9/30 10/21 11/4 11/19 12/2

見学できる行事　要予約
岩倉祭（文化祭）　9/23・9/24

説明会・行事等は日程・内容が変更される場合があります。必ず学校HP等でご確認ください

東京
う

上野学園中学校 高等学校
うえのがくえん

〒110-8642　東京都台東区東上野4-24-12　☎03-3847-2201　学校長　吉田 亘

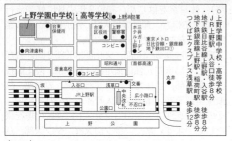

〈URL〉https://www.uenogakuen.ed.jp/

沿革　明治37年（1904）上野女学校創立。昭和24年（1949）高等学校に日本で初めての音楽科を設置。同31年（1956）中学に音楽指導科設置。平成19年（2007）男女共学化。2023年創立119周年。

校風・教育方針

建学の精神は「自覚」。自らを深く見つめ、自らの可能性を見出して高め、責任感と創造性を持って自らを世に問い、前向きに努力する人間の育成を教育の目標としています。

カリキュラムの特色

中学校は習熟度別授業を行い、徹底した学習指導によって国公立・難関私大を目指します。探究学習に力を入れ、生徒の自己解決能力を育てていきます。グローバルな視野を持ち、学び、考える生徒、主体的に行動できる生徒、社会貢献できる生徒を育てます。

高等学校普通科は、国公立大学・難関私立大学を目指す特別進学コース、幅広い分野の四年制大学を目指す総合進学コースを設置しています。特別進学コースはαとβに分かれ、高2からさらに文系と理系に分かれて個々の目標や実力に応じたレベルアップを図ります。総合進学コースは朝学習、予習、復習、補習などを通して基礎学力の定着を図ります。年6回の面接や、進路情報のタイムリーな提供など、少人数小規模校の良さを存分に生かした効果的な指導をしています。

高等学校音楽科は、中高短大8年一貫の音楽教育を実践。完全防音のレッスン室、リハーサル室やホールといった充実した施設と、第一線の演奏家である短大教授陣によるレッスンなど、確かな音楽経験を通して、一人ひとりの才能を伸ばしていきます。

環境・施設設備

校舎は2007年に完成した15階建ての都市型スクールで、居心地の良い施設・設備が整っています。入口には電子ゲートシステムを採用し、安全対策にも配慮しています。

生活指導・心の教育

中学校では豊かな感性を持つ人間形成のために、各自が一つの楽器を選び、専門の先生から指導を受けます。中高ともに「放課後チャレンジプログラム」を用意し、大学教授など専門家の出張授業を行うことで、生徒の可能性を伸ばします。

高等学校では、クラブや行事などを通して自立心、協調性、創造力を養います。音楽科では、演奏会などの活動を通し、音楽家として、人としての基本的なマナーを身に付けます。

学校行事・クラブ活動

9月の桜鏡祭、6月の体育大会は全校挙げて行われる行事です。音楽科は四季を通じてさまざまな演奏会を行う機会があります。

クラブは中高合同で、文化部は鉄道、吹奏楽、軽音楽、英語など15部、運動部は硬式野球（高校のみ）、トランポリン、テニスなど13部が活動しています。このほか、茶道や箏曲など、日本の伝統文化を学ぶ5つの課外活動が設けられています。

今春の進学実績については巻末の「高校別大学合格者数一覧」をご覧ください

🏫 3学期制　登校時刻 8:20　昼食 中 給食　高 弁当持参、食堂　土曜日 授業

データファイル

■2024年度入試日程

中学校

募集人員		出願期間	試験日	発表日	手続締切日
2月1日午前	40*	1/10～1/30*	2/1	2/1	2/10
午後		1/10～1/30	2/1午後	2/1	2/10
2月3日	25	1/10～1/30	2/3	2/3	2/10
2月4日	12*	1/10～2/2*	2/4	2/4	2/10
2月6日	3	1/10～2/4	2/6	2/6	2/10

＊2/1、2/4は音楽コースを含む。出願締切日は
2/1が1/24、2/4が1/31

高等学校　B推薦は隣接県対象（神奈川を除く）

募集人員		出願期間（書類）	試験日	発表日	手続締切日
普 推薦	50	1/16	1/22	1/22	1/27＊
併願優遇	50	1/25	2/10か2/11	試験当日	公立発表翌日
一般		1/27～2/6	2/10か2/11	試験当日	単優2/15＊
音 推薦	17	1/15	1/22	1/22	1/27＊
併願優遇	※	1/25	2/10	2/10	公立発表翌日
一般1回器	演5	1/25～2/6	2/10・2/11	2/11	公立発表翌日
2回	器3	1/25～2/17	2/21	2/21	公立発表翌日
2回	演2	2/15～3/11	3/14	3/14	3/16

※音楽科併願優遇の募集は器楽・声楽8（一般1回との合計）
＊B推薦と一般併願の手続締切日は公立発表翌日

■2024年度選考方法・入試科目

中学校　2科は国算、4科は国算理社
2/1午前＊：2科型、4科型、4科理社得意型、
適性検査型（Ⅰ・Ⅱ・Ⅲ）からいずれかを選択
2/1午後：2科型
2/3：得意科目型2科選択（国算英から2科選択）
2/4＊：得意科目型1科選択（国算理社＝各100点
50分から1科選択）、2科型（音楽コースのみ）、
4科型、特待チャレンジ4科型からいずれかを選
択　2/6：2科型
＊音楽コースは2科型を受験、レベル判定（ソル
フェージュ、実技、面接）あり。
〈配点・時間〉国・算・英＝各100点50分　理・
社＝計100点50分
〈面接〉音楽コース希望者のみ　保護者同伴

高等学校
A推薦・B推薦：適性検査（国数英＝各100点45分）、
A推薦と特待生希望者のみ面接あり【出願条件】特
進α5科21 特進β5科18 総合進学3科10か5科16
か9科28 ※B推薦・併願優遇は＋1　9科に1は
不可、特進は5科に2は不可　欠席3年次7日程度
併願優遇・一般：国語、数学、英語、一般と特待生

希望者のみ面接あり
音楽科：国語、英語、面接、ソルフェージュ、楽
典（演奏家のみ）、専門実技、副科ピアノ（声楽のみ）
※併願推薦は国・英のみ
〈配点・時間〉国・数・英＝各100点50分
〈面接〉生徒個人、音楽科は保護者同伴

■2023年春併設短大部への進学
高等学校音楽科は、上野学園大学短期大学部への
優先入学の道が開かれています。
上野学園大学短期大学部―進学者なし

■指定校推薦枠のある主な大学
専修大　東洋大　帝京大　東京農業大　など

■2023年春卒業生進路状況（普通科）

卒業生数	大学	短大	専門学校	海外大	就職	進学準備他
188人	158人	3人	21人	0人	1人	5人

■2023年度入試結果

中学校　2月1日午前は2科／4科、2日は2科／1科

募集人員		志願者数	受験者数	合格者数	競争率
2月1日午前		24/3	22/3	17/3	1.3/1.0
4科得意	40	2	2	2	1.0
適性検査		86	85	84	1.0
2月1日午後2科		33	31	26	1.2
2月2日得意	25	32/40	9/11	7/7	1.3/1.6
2月4日特待	12	10	7	2	3.5
音楽コース		3	0	―	―
2月6日	3	47	13	9	1.4

高等学校　※推薦はA／B、普通科の一般は一般／併願優遇

募集人員		志願者数	受験者数	合格者数	競争率
普 推薦	50	65/26	65/26	62/23	1.0/1.1
一般	100	43/223	39/175	30/137	1.3/1.3
音 推薦	17	6/2	6/2	6/2	1.0/1.0
一般	18	6	6	5	1.2

学校説明会　要予約
★中学校　10/28　12/2　1/13
入試体験　11/11（2科）12/16（2科、適性）
1/13（適性）
★高等学校〈普通科〉　10/14　11/4　11/25
ナイト個別相談会　11/27～12/1
個別相談　12/2　12/9　12/25　12/26
★高等学校〈音楽科〉・中学校〈音楽コース〉　11/4
音楽相談　11/11　音楽講習会　12/24～12/27

見学できる行事　要予約
桜鏡祭（文化祭）　9/16・9/17（個別相談あり）

説明会・行事等は日程・内容が変更される場合があります。必ず学校HP等でご確認ください

中 共学　高 共学　普通科

穎明館中学校・高等学校
（えいめいかん）

〒193-0944　東京都八王子市館町2600　☎042-664-6000　学校長　橋本　好広

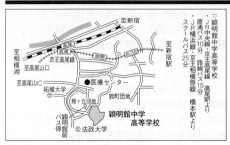

○穎明館中学高等学校
・JR中央線・京王高尾線
　高尾駅より
　直通バス10分、路線バス15分
・JR横浜線・京王相模原線
　スクールバス25分　橋本駅より

〈URL〉https://www.emk.ac.jp

沿革　1985年に穎明館高等学校が開校。1987年には穎明館中学校を併設して、中高一貫教育を始めました。2007年から高校募集を打ち切って、中高完全一貫校になりました。

校風・教育方針

穎明館では、優れた資質を秘めた向学心旺盛な若人を受け入れて、21世紀の国家を担い、国際社会に羽ばたく真のリーダーを育成するという志のもとに、Experience（経験）・Morality（道徳）・Knowledge（知識）を教育の3つの柱とし、教育方針を立てています。

生徒が志望大学に進学できるよう、高い学習到達目標のもとにきめ細かな教科指導に努める一方、生徒の進路意識の成長を促すための教育として、中学1年から高校3年まで、系統的なキャリア教育を推し進めています。それと同時に、生徒の自主的・主体的な諸活動をも重視しています。学力の形成と人格の形成とが車の両輪のように両立することによって、豊かな知性と高い品性を備えた教養人へと育っていくことを願っています。

カリキュラムの特色

中1から高2までは、基礎・基本の定着を重視し、英・国・数には6〜7時間、社・理には4〜5時間をあてています。それとともに、実技系の教科にも必要な時間数を確保して、全体として調和とバランスのとれた学力の形成を図っています。合理的なカリキュラム編成により、中2までに中学の、高2までに高校の学習内容をそれぞれ修得

し、高3では、大学入試に向けてのコース別の演習授業が中心となります。少人数での習熟度別授業は、高1の英語・数学・古典で始まり、理系・文系に分かれる高2からは、習熟度別授業や選択科目授業が大幅に増えます。ただし、まだ科目をしぼりこませることはせず、高2までは全員、5教科を履修することになっており、高3ではできるだけ多くの生徒が国公立大の受験に備えるよう指導しています。

高1では、外国人の講師が担当する第二外国語（フランス語・中国語）・英会話のうち1科目を希望により無料で受講できます。

放課後は、いろいろなレベルに対応した少人数での補習やゼミ、個人指導がさかんにおこなわれています。12月〜1月には、大学入学共通テストに臨む高3生のために、大学共通テスト対策直前講習を実施します。

生徒の自学自習の道しるべとなるよう、6年間の学習内容を盛りこんだ教科別のシラバスを作成して、生徒に配布しています。

環境・施設設備

高尾山を西方に望む、緑豊かな八王子丘陵に位置しています。JR横浜線・京王相模原線の橋本駅からスクールバスを運行しており、小田急線や田園都市線方面からの通学にも便利です。

入り口には長さ120mのシンボルブリッジが架かり、約13万㎡という広大な校地には、モダンで明るく開放的な校舎をはじめ、スクールランチをとる食堂（ホール）、天文学習室・図書閲覧室な

今春の進学実績については巻末の「高校別大学合格者数一覧」をご覧ください

どを備えた無窮館、テニスコート・武道場・温水プールなどを完備した総合体育館、400mトラック付きの人工芝グラウンド、ナイター設備もある野球場など、諸施設が整っています。

2001年に完成した「21世紀記念館」には1200人収容可能な大ホールがあり、式典や芸術鑑賞、講演会などさまざまな目的に使用されています。

学校行事・クラブ活動

最大の学校行事は2学期に行う中高合同の文化祭・体育祭です。高2を中心とした希望者からなる実行委員が主体となり、企画・運営にあたります。この他、球技大会や芸術鑑賞などもあります。

校外行事としては、中1は日帰り、中2は広島、中3は奈良・京都、高1はUSA・カナダ（シアトル・バンクーバー）での体験学習を行っています。海外では語学研修を主目的とし、全員が一般家庭でのホームステイも体験します。

放課後は恵まれた施設を活用した部活動が盛んです。現在、体育系16団体、文化系18団体があり、多くは中高一緒にのびのびと活動しています。

中学生も高校生も男子も女子も、行事や部活

動・委員会活動などを通して絆を深めます。ここで築いた人間関係は一生ものです。

EMK未来プロジェクト

2019年4月より、橋本好広校長のもとで「EMK未来プロジェクト」がスタートしました。これは、これまでの伝統的な穎明館教育プログラムの見直しの上に新たな取り組みを加え、「現在から未来へ」と続く穎明館生たちの目標達成や自己実現を強力にサポートする学校改革です。中3からの「アドバンスト・スタンダードクラス」設置による一人ひとりの個に寄り添う進学指導の進化、学校完結型学習の習慣化を担う「EMK未来サポート」での学習支援の強化、挑戦心を育む「グローバル教育」の活性化、タブレット端末の活用・情報講義に基づくプログラミング実習などの「ICT教育」の充実化、SDGsを視野に入れグローバル体験を踏まえた「EMK探究プロジェクト」の深化、この5つのプロジェクトを柱に、教育環境を発展させ続けています。挑み続ける、変わり続ける穎明館教育にぜひご期待ください。

データファイル

■2024年度入試日程

中学校　＊1回はグローバル入試あり

募集人員		出願期間	試験日	発表日	手続締切日
1回	50*	1/10〜1/31	2/1	2/1	2/10
2回	60	1/10〜2/1	2/2	2/2	2/10
3回	30	1/10〜2/1	2/2午後	2/2	2/10
4回	30	1/10〜2/3	2/4	2/4	2/10
帰国生	10	12/1〜12/18	1/5	1/5	1/10

高等学校

募集を行っていません

■2024年度選考方法・入試科目

中学校

一般1・2回：4科　3回：国・算　4回：総合Ⅰ（国・社）・総合Ⅱ（算・理）　グローバル：3科（国・算・英）　帰国生：国・算、面接

〈配点・時間〉国・算・英・総合Ⅰ・総合Ⅱ＝各100点50分　理・社＝各60点30分

〈面接〉帰国生のみ生徒個人　日本語または英語

■2023年春卒業生進路状況

卒業生数	大学	短大	専門学校	海外大	就職	進学準備他
172人	142人	0人	3人	0人	0人	27人

〈主な現役合格者数〉東京大2、九州大1、埼玉

大1、千葉大1、東京農工大4、横浜国立大4、東京都立大4、横浜市立大2、早稲田大11、慶應義塾大9、上智大13、東京理科大9、明治大29、青山学院大23、立教大20、中央大22、法政大28、学習院大4、国際基督教大1、成城大5、成蹊大4、明治学院大8、北里大17、東京薬科大12など

■2023年度入試結果

中学校　男／女　＊3回の受験者は第2回の合格者を除く

募集人員		志願者数	受験者数	合格者数	競争率
1回	50	95/39	92/38	44/19	2.1/2.0
グローバル		1/3	1/3	0/1	—/3.0
2回	60	136/75	92/59	60/44	1.5/1.3
3回	30	193/93	106*/44*	71/29	1.5/1.5
4回	30	135/52	63/23	29/10	2.2/2.3
帰国生	10	4/1	4/1	4/0	1.0/—

学校説明会　要予約
学校説明会　10/28 11/25
学校見学会　1/13

見学できる行事　要予約
文化祭　9/16・9/17
体育祭　10/4

説明会・行事等は日程・内容が変更される場合があります。必ず学校HP等でご確認ください

東京 え

江戸川女子中学校・高等学校
（えどがわじょし）

〒133-8552 東京都江戸川区東小岩5-22-1 ☎03-3659-1241 学校長 菊池 今次

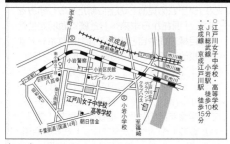

＜URL＞ https://www.edojo.jp

沿革 昭和6年(1931)、東京都より女学校として正式に認可。同23年(1948)江戸川女子高等学校として新発足。同62年(1987)中学校を開校しました。令和3年(2021)中学校に「国際コース」設置。

校風・教育方針

新しい時代にふさわしい「教養ある堅実な女性」の育成を目標として、誠実・明朗・喜働の三つの柱を基本に教育し、生徒の自立をめざしています。

カリキュラムの特色

中学校では、英語の授業を多く設定して週9コマ（45分授業）の授業を行います（2022年度から実施）。一般コースでは、中3での英検準2級の合格率が60～87%、GTECなど外部試験への対策も行っています。英会話の授業は、ネイティブ教員とのチームティーチングを実施し、知識としてだけではなく、伝達手段として生きた英語を修得する教育を行っています。2021年度から開始した「国際コース」は、英検3級・準2級の実力を持つStandard Classと英検2級以上の実力を持つAdvanced Classに分けて少人数レベル別の授業を実施。一般コースに比べてネイティブ教員が行う授業が充実しています。国際コースでは、高校進学後、英語力をさらに高め、理系文系問わず、世界で活躍できる真の国際人の育成を行っています。

国語は、柔軟な思考力・総合的な国語力の育成に力を入れています。中3からはオリジナルテキストを使用した古典授業でさらに実力を高めます。

数学は、中3で数学Ⅰ・Aの学習を進め、6年

一貫教育を生かした先取りも行っています。

2022年度より、新課程に伴い、65分授業から45分授業に授業時間を変更し、45分×1の細分化授業と45分×2の連続展開授業の可変式を取り入れた「Edojo Hybrid教育」を展開しています。細分化することで日々コツコツと学習する習慣が身につき、集中力を高く保つことができること、連続展開することで科目の特性に応じた学習効果を高める工夫がなされていることがメリットです。

高校では、高1までは中入生と高入生に分かれ、高2で普通科・英語科に分かれます。普通科は、Ⅱ類（私立志望）とⅢ類（国公立志望）に分かれています。英語科は、長期海外研修を実施し、国公立・私立大学文系学部への進学を目指すクラスです。

国際教育

普通科では、修学旅行をカナダ・国内から選択、英語科では語学研修旅行先を以下のところから選べるようになりました。ニュージーランドⅠターム留学（10週間）、オーストラリア課題解決型研修（2週間）、イギリス語学研修（4週間）、オーストラリアorニュージーランド1年留学。夏休みには、希望者でオーストラリア短期留学（3週間）もあります。そして、2023年度からアメリカの高校卒業資格を同時取得するU.S.デュアルディプロマプログラム（希望者、2年間で修得）も始まり、さらに国際教育が進化しています。

生活指導・心の教育

90年を超える女子校としての伝統のもと、「教養ある堅実な女性の育成」を目標に、人柄を育てる生徒指導をバランスのとれた形で実践しています。

今春の進学実績については巻末の「高校別大学合格者数一覧」をご覧ください

学校行事・クラブ活動

　「かたばみ祭」とよばれる文化祭、体育祭など中高合同行事のほか、中学校は遠足、軽井沢校外学習、社会科見学、文化教室など、高校は海外研修、ベートーヴェン第九発表会などがあります。

　クラブ活動も盛んで、運動部11部、文化部24部があります。

データファイル

■2024年度入試日程

インターネット出願（書類は郵送・一部持参可）

中学校　※帰国は午前：英語特化、午後：基礎学力。適性発表は2/2

募集人員		出願期間	試験日	発表日	手続締切日
一般1回		1/10～1/31	2/1	2/1	
適性・基礎学力1回		1/10～1/31	2/1午後	2/1※	2/7
一般2回・英語特化	200	1/10～2/1	2/2	2/2	（適性 2/9）
基礎学力2回		1/10～2/1	2/2午後	2/2	
一般3回		1/10～2/2	2/3	2/3	
帰国※		11/1～11/22	11/23※	11/23	1/27

高等学校　＊郵送必着

募集人員		出願期間	試験日	発表日	手続締切日
推薦	普50 25	A・B 1/15～1/18	A1/22 B1/23	A1/22 B1/24	A1/26 B3/5
一般1回	普50	1/25～2/7	2/11	2/11	3/5
2回	普25	1/25～2/21	2/25	2/25	3/5
帰国（12月）	若干	11/16～11/30	12/3	12/3	第一12/4 併願3/5

※B推薦は東京・神奈川以外の受験生対象

■2024年度選考方法・入試科目

中学校　**一般・帰国基礎学力**：基礎学力（国・算）または英・基礎学力（国・算）（国算各100点45分、英100点50分）　**一般1・2・3回**：4科
適性：適性検査Ⅰ・Ⅱ・Ⅲ（各100点45分）　**一般・帰国英語特化型入試**：英語（「Reading, Grammar & Vocabulary」、「Listening & Writing」各100点50分）、面接（日本語・英語）
〈配点・時間〉国・算＝各100点50分　理・社＝各75点35分　〈面接〉英語特化型入試のみ　生徒個人

高等学校　**A推薦**：書類審査、面接、適性検査（国・数・英）【推薦基準】普通科Ⅱ類−内申5科21または9科37　Ⅲ類−5科23または9科40　英語科−5科22または9科38（英語は5）
一般・B推薦・帰国（併）：普通科−国語、数学、英語、面接（帰国のみ）　英語科−国語、英語、リスニング、面接（帰国のみ）
帰国（単）：普通科−国・数、面接　英語科−国、面接　※英検準2級有資格者対象
〈配点・時間〉一般・B推薦・帰国（併）：国・数・英＝各100点50分　リスニング＝100点30分　A推薦・帰国（単）：国・数・英＝50点30分
〈面接〉A推薦・帰国：生徒個人　参考

■2023年春併設大学への進学

在学中一定の成績をとった者全員に資格が与えられます。**江戸川大学**への進学者はいませんでした。

■指定校推薦枠のある主な大学

青山学院大　学習院大　慶應義塾大　上智大　中央大　津田塾大　東京女子大　東京理科大　日本女子大　法政大　明治大　立教大　早稲田大など

■2023年春卒業生進路状況

卒業生数	大学	短大	専門学校	海外大	就職	進学準備他
292人	268人	0人	3人	1人	0人	20人

■2023年度入試結果

中学校　2回は4科／英語特化

募集人員		志願者数	受験者数	合格者数	競争率
1回		136	132	80	1.7
2回		74/7	61/7	33/7	1.8/1.0
3回	200	53	37	18	2.1
AO		168	162	99	1.6
2科		89	71	44	1.6
帰国		38	35	30	1.2

高等学校　普通科はⅡ類／Ⅲ類　スライド合格あり

募集人員		志願者数	受験者数	合格者数	競争率
普通 A推薦	50	13/23	13/23	10/16	1.3/1.4
B推薦		30/374	28/275	20/237	1.4/1.2
一般	50	17/70	15/67	11/49	1.4/1.4
帰国生	若干	2/12	2/12	2/9	1.0/1.3
英語 A推薦	25	5	5	5	1.0
B推薦		20	18	16	1.1
一般	25	27	18	13	1.4
帰国生　若干		8	8	6	1.3

学校説明会　すべて要予約
★**中学校**　9/9 10/7 11/4 1/13
オープンキャンパス　9/2
入試問題説明会　12/2
受験スタート説明会　2/17
学校見学会　月曜から土曜まで毎日実施
★**高等学校**　10/1 10/21 11/4 11/26
施設見学会　9/9

見学できる行事
文化祭　11/11・11/12

説明会・行事等は日程・内容が変更される場合があります。必ず学校HP等でご確認ください

東京 お

桜蔭中学校・高等学校

〒113-0033 東京都文京区本郷1-5-25 ☎03-3811-0147 学校長 齊藤 由紀子

〈URL〉https://www.oin.ed.jp/

沿革 大正13年(1924)桜蔭女学校設立。昭和22年(1947)、桜蔭中学校、翌23年に桜蔭高等学校が発足、令和5年(2023)に99周年を迎えました。

校風・教育方針

建学の精神である「礼と学び」の心を、道徳を始め日々の親身な指導により涵養します。中学1年生は週に1回礼法の時間が設けられ、高校2年生は「総合学習」の中でも指導されています。

また、校訓である「勤勉・温雅・聡明であれ」「責任を重んじ、礼儀を厚くし、よき社会人であれ」を目標とし、基礎学力を育むとともに時代に応じた学習を行い、個性に応じて能力を伸ばし広く社会に寄与する人間の育成を目指します。

カリキュラムの特色

一貫教育のメリットと女子校の特性を生かした独自のカリキュラムを編成しています。

基礎学力の大切な中学校では、主要科目はもちろんのこと、実技・芸術科目にも力を入れています。丁寧な指導を行って基本的な知識を確実にするとともに、高い学習能力を身につけるようにしています。相談コーナーでは、教員が生徒の質問を受けたり、面談をしたりします。土曜の放課後には、卒業生がチューターを務める放課後学習ルームを開室しています。

高等学校でも、基礎学力の充実とさらに高い応用力の養成を図っています。1年生は、芸術科目以外は全員が共通科目を学習します。2年生からは必修科目のほかに、将来の進路と適性に合わせて、一部科目を選択します。3年生になると全員が共通に学習する必修教科は国語、保健体育、英語の3教科のみになり、残る大半の単位は、各教科に設置されている選択科目の中から選んで学習します。進路に対応した高いレベルの学力を身につけることができるようになっています。

また、中学校生活の総仕上げとして、中学3年生では全員に「自由研究」の課題が与えられます。一人ひとりが自分の興味関心のあるテーマを選んで、2年生の3学期から研究の準備を始め、3年生の9月1日に提出します。校内で全作品が展示され、各クラス内での発表、さらに下級生と保護者を対象にした発表会が行われます。1000字に要約した全員の論文を1冊の本にまとめています。

研究テーマは幅広い分野に及び、旺盛な研究心を感じさせる充実した内容になっています。

情報・国際教育

英語は、中学1年生で外国人教師と担当教員によるTT(チームティーチング)授業を行います。中学2年生・高校1年生では、オンライン英会話を行っています。中学3年生でも、外国人教師とLLの分割授業が行われます。

各教室にはプロジェクターを設置。学内のWi-Fi環境が整っています。

希望者を対象に、各国の女性大使を招いて話を聞くなどの英語講演会や、卒業生の仲介によるGoogle社訪問イベントを実施し、毎年多くの生徒が参加しています。

今春の進学実績については巻末の「高校別大学合格者数一覧」をご覧ください

環境・施設設備

校舎敷地は6,799㎡、普通教室のほか、物理室、化学室、生物室、音楽室、美術室、工芸室、書道室、礼法室、被服室、調理室、コンピュータ教室、社会科室、LL教室などの特別教室、講堂、図書室、2つの体育館、カウンセリングルーム、温水プール、プラネタリウム、天体観測ドームなどの施設も完備しています。現在建て替え中の東館は、2023年9月末に竣工予定です。温水プール、体育館、理科教室の集まった理科フロア、各教室が新しくなります。

またそのほかに、校外施設として群馬県北軽井沢に浅間山荘、西東京市にひばりが丘運動場があります。

生活指導・心の教育

「学びて人を愛す」という伝統の心を重んじ、前掲の校訓のもと、学年担任団で教科担当者とも連携をとりつつ、生徒をこまやかに見守っています。スクールカウンセラーも2人います。

学校行事・クラブ活動

春夏秋冬、各種のさまざまな行事が学園生活にアクセントをつけています。

体育大会は、中学1年生から高校3年生までを縦割りにしたチームに分かれて、クラス対抗の大熱戦が繰り広げられます。夏休みには中学1年生と高校1年生の全員が、クラスごとに2泊3日の浅間山荘合宿を体験します。秋の文化祭は、生徒が自主的に企画を立てて運営し、2日間にわたって盛大に行われます。

修学旅行は中学3年生は平泉・十和田・三内丸山などを見学する東北旅行、高校2年生は奈良・京都を巡る関西旅行へ出かけます。ほかにも、校内水泳大会や、校内球技大会、2学年毎の講演会、キャリア教育講演会、音楽発表会などがあります。

クラブは中・高合同組織で、同好の仲間が集まって熱心に活動し、交流を深めています。バスケットボールⅠ・Ⅱ、バレーボールⅠ・Ⅱ、卓球Ⅰ・Ⅱ、ダンス、水泳、リズム水泳などの体育クラブのほかに、文学、かるた、社会科、数学、英会話、英語劇、天文気象、生物、物理、化学、管弦楽、軽音楽、合唱、美術、ボランティア、料理、手芸、放送、新聞、演劇、写真、書道、花道、茶道の文化部があり、クラブ数は全部で33部あります。なお、体育クラブの中のⅠは、週1日のみの活動をするクラブ、Ⅱは複数日の活動を行い、公式戦などに参加するクラブとしています。

データファイル

■2024年度入試日程

中学校

募集人員	出願期間	試験日	発表日	手続締切日
235	1/10～1/16	2/1	2/2	2/3

高等学校

募集を行っていません

■2024年度選考方法・入試科目

中学校

国語、算数、社会、理科、面接
〈配点・時間〉国・算＝各100点50分　理・社＝各60点30分
〈面接〉受験生（4～5人ずつのグループ面接）
参考　【内容】小学校での生活、入学後の抱負、将来の希望、家族・友人についてなど

■指定校推薦枠のある主な大学

慶應義塾大（商）　学習院大（理・文）　早稲田大（創造理工・先進理工・文・文化構想・商）　中央大（国際情報）　東京理科大（創域理工）　芝浦工業大（工・デザイン工・建築）　獨協医科大（医）　北里大（薬）など

■2023年春卒業生進路状況

卒業生数	大学	短大	専門学校	海外大	就職	進学準備他
231人	182人	0人	0人	1人	0人	48人

■2023年度入試結果

中学校

募集人員	志願者数	受験者数	合格者数	競争率
235	629	607	290	2.1

学校説明会 要予約
11/1 11/4 11/11（5・6年生）
11/8（4年生以下）
※11/1と11/8は保護者対象

見学できる行事 要予約・公開方法未定
文化祭　9/29（非公開）・9/30・10/1
（受験生への公開は9/30・10/1のみ）

説明会・行事等は日程・内容が変更される場合があります。必ず学校HP等でご確認ください

東京 お

桜美林中学校・高等学校
（おうびりん）

〒194-0294　東京都町田市常盤町3758　☎042-797-2668（中）・2667（高）　学校長　堂本　陽子

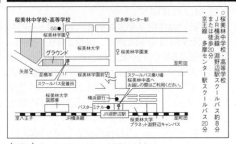

〈URL〉https://www.obirin.ed.jp

沿革　戦前、中国の北京で教育活動を展開していた清水安三夫妻により、昭和21年(1946)に桜美林学園が創立されました。現在は、幼稚園・中高・大学から大学院を擁する総合学園に発展しました。

校風・教育方針

「キリスト教主義に基づいた国際人の育成」を建学の精神とし、なによりも、隣人愛の心を有し、文化の異なる人々とも十分なコミュニケーションのとれる、国際社会に献身・奉仕できる人間の育成を目標としています。

カリキュラムの特色

中学校では、自ら学ぶ姿勢と基礎力の養成を目指します。そのためにも全教科で、すべての学びの土台となる日本語力の向上に努めます。また、英語・数学では少人数制の授業を展開し、きめ細かい指導を行います。特に英語では独自のプログラムを推進、テキストとして、New Treasureを使用、また数多くの外国人教員との交流を通じて、英語が体に染みこむような授業を心がけています。さらに、夏期・冬期休暇の理科・社会の自由研究等を通じて自ら学ぶ姿勢を養います。

高校では、1年次から国公立コース・特別進学コース・進学コースの3コースを設置。2年次からは生徒の進路に応じた文理別カリキュラムとなります。専門スタッフの進路指導部・国際交流部と学年担任団が緊密に連携を取りながら、生徒一人ひとりの希望や個性を踏まえた、きめ細かい進路指導にあたります。その成果が近年の堅調な進路実績に数字として表れています。

なお、中高とも週6日制の3学期制です。

進路

●国公立・難関私大への合格者数が伸びています！

全員が大学志望で、多くの生徒が国公立・難関私立大学にチャレンジしていきます。ここ数年、国公立大学・難関私立大学への進学が飛躍的に伸びており、昨年は国公立大学に36人、早慶上理ICU・GMARCHに276人が合格（浪人含む）。また国内の大学との併願が可能な海外大学推薦制度を利用し、オレゴン州立大学（米）、マンチェスター大学(英)など海外大学に7人

Information

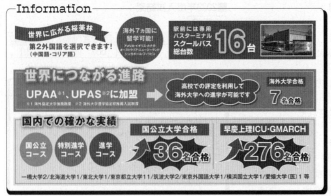

世界に広がる桜美林
第2外国語を選択できます！
（中国語・コリア語）

海外7ヵ国に留学可能！
アメリカ/イギリス/カナダ
オーストラリア/ニュージーランド
シンガポール/フィリピン

駅前には専用バスターミナル
スクールバス総台数 **16**台

海外大学合格 **7**名合格

世界につながる進路
UPAA※1、UPAS※2に加盟　　→　高校での評定を利用して海外大学への進学が可能です

国内での確かな実績

国公立コース　特別進学コース　進学コース

国公立大学合格 **36**名合格

早慶上理ICU・GMARCH **276**名合格

一橋大学2/北海道大学1/東北大学1/東京都立大学11/筑波大学2/東京外国語大学1/横浜国立大学1/愛媛大学（医）1 等

今春の進学実績については巻末の「高校別大学合格者数一覧」をご覧ください

が合格。国内にとどまらず海外にも選択肢は広がっています。併設の桜美林大学へは、原則希望者は全員進学できますが、実際に進学する生徒は例年5〜10%になっています。併願受験制度もあり、桜美林大学への推薦権を保持したまま、他大学受験が可能となっています。生徒たちは自然に恵まれた環境の中、のびのびと可能性を開花させています。

学校行事・クラブ活動

　中高合同の体育祭や文化祭のほか、中1の林間学校、中2のサマースクール、合唱コンクール、ハロウィンパーティー、クリスマスなど、行事は盛んです。クラブ活動も、中高別の運動部は野球、剣道など、中高合同で活動する文化部は美術、吹奏楽、軽音楽、ハンドベル部などがあります。

データファイル

■2024年度入試日程

中学校

募集人員	出願期間	試験日	発表日	手続締切日
1回午前30午後45	1/10〜1/30	2/1	2/1	2/6
2回　　25	1/10〜2/2	2/2午後	2/2	2/6
3回　　15	1/10〜2/3	2/3午後	2/3	2/6
総合学力午前25	1/10〜1/30	2/1	2/2	2/13
午後20	1/10〜1/30	2/1午後	2/2	2/13

高等学校 （オープン、併願優遇、スポーツ専願）

募集人員	出願期間	試験日	発表日	手続締切日
150	1/25〜1/31	2/10、2/17	試験翌日	※

※試験日2/10は2/14　試験日2/17は2/20　第二志望は3/2まで延納可
コース別募集人員：国公立20、特別進学30、進学100（進学にスポーツ専願を含む）
スポーツ専願は試験日2/10

■2024年度選考方法・入試科目

中学校

1回午前：2科または4科
1回午後・2回・3回：2科
総合学力評価：文系総合、理系総合
〈配点・時間〉国・算＝各100点50分　理・社＝各80点40分　総合学力評価：文系・理系＝各100点50分
〈面接〉なし

高等学校

オープン・スポーツ専願：国語、数学、英語、面接　**併願優遇**：書類選考、国語・数学・英語
【出願基準】オープン：内申基準なし　**併願優遇**：英語4かつ5科進学22、特別進学24、国公立25　9科に2は不可　3年間欠席20日以内　※英検・数検準2級は内申に1を加点　**スポーツ専願**：在籍中学校による入試相談が必要
〈配点・時間〉国・数・英＝各100点50分
〈面接〉オープン・スポーツは生徒グループ（約15分）

■2023年春併設大学への進学

内部進学の合格を保持して他大学受験が可能です。
桜美林大学－35（LA6、BM17、健康福祉7、芸術文化2、航空・マネジメント3）

■2023年春主な大学合格状況（現役）

北海道大1　東北大1　筑波大2　埼玉大1　一橋大1　東京外国語大1　東京学芸大1　横浜国立大1　東京都立大9　早稲田大16　慶應義塾大7　上智大15　東京理科大6　明治大35　青山学院大30　立教大31　中央大44　法政大50など

■2023年春卒業生進路状況

卒業生数	大学	短大	専門学校	海外大	就職	進学準備他
420人	380人	0人	7人	6人	0人	27人

■2023年度入試結果

中学校 　1回は午前／午後

募集人員	志願者数	受験者数	合格者数	競争率
1回　30/45	109/309	95/300	35/179	2.7/1.7
2回　25	285	170	71	2.4
3回（算数）10	176	77	13	5.9
総合1回　25	194	191	121	1.6
2回　25	116	114	72	1.6

高等学校 　1回／2回、追試験あり

募集人員		志願者数	受験者数	合格者数	競争率
オープン		32/56	31/47	14/21	2.2/2.2
併願優遇	140	453/328	437/178	437/178	1.0/1.0
帰国優遇		0/0	—	—	—
スポーツ		18	18	18	1.0

学校説明会 すべて要予約
★中学校
10/7　10/14(総合学力評価テスト)　11/11
入試説明会　12/9　1/6
総合学力評価テスト体験会　12/9
★高等学校　9/30　10/21　11/25　12/2
見学できる行事
文化祭　9/23・9/24　クリスマスキャロリング　12/21

説明会・行事等は日程・内容が変更される場合があります。必ず学校HP等でご確認ください

東京 お

鷗友学園女子 中学校／高等学校
（おう ゆう がく えん じょ し）

〒156-8551　東京都世田谷区宮坂1-5-30　☎03-3420-0136　学校長　大井　正智

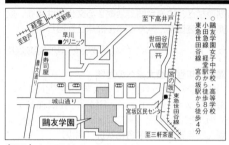

〈URL〉https://www.ohyu.jp/

沿革　昭和10年（1935）東京府立第一高等女学校（現都立白鷗高等学校）の同窓会である鷗友会が、鷗友学園高等女学校を設立。同22年（1947）鷗友学園女子中学校、同23年（1948）鷗友学園女子高等学校を設置して現在に至っています。

校風・教育方針

「慈愛と誠実と創造」を校訓とし、キリスト教精神による全人教育を行っています。また、「女性である前にまず一人の人間であれ」「社会の中で自分の能力を最大限発揮して活躍する女性になれ」という創立当初の校長の教えを教育の根本に据えています。人と人との関係の中で相手も自分も尊重し、社会の中で共に成長しようとする力。自らの可能性を発見し、意欲を持って学べる力。自由な発想を大切にし、新しいものを創造できる力。この三つの力を大切に、グローバル化の進む社会の中で多様な価値観を1つにまとめ、リーダーシップを発揮できる女性を育てます。

カリキュラムの特色

多数のオリジナルテキストを用いて、自ら学び自ら発信する主体的な学習を大切にしたカリキュラムを組んでいます。

理科には5つの実験室とプラネタリウムがあります。数多くの実験に取り組みながら、自分たちで課題を見つけ探究できる力を育みます。

英語では、中学1年生から日本語を使わないオールイングリッシュの授業を展開し、大量の英語に触れる環境の中で英語を英語のままで理解できる力を身につけます。また、約20,000冊の洋書を使って多読・多聴に取り組んでいます。

数学では、特に女子が苦手意識を持ちやすい単元に入る中学2年生で、1クラス20人程度の少人数制授業を行い、生徒と教員との活発なやりとりの中で授業を進めています。

さらに、校内の広い農園で行う園芸の授業や、体育のリトミック、芸術教育の充実など、特定の科目に偏らないバランスのとれた授業が特徴です。

中高とも授業でICT機器が多く活用されています。生徒は各自使い慣れたデジタルデバイスの使用を前提とした学校生活を行っており、授業だけでなくクラブ活動や生徒会活動など日常生活で多く活用しています。ICT機器を活用することで、生徒同士で意見を伝え合う機会が増え、プレゼンテーション力が高まるなど、学びの質の向上が期待できます。

グローバル化の社会に対応するさまざまなプログラムがあります。アメリカのチョート校サマースクールやフォーダム大学研修、イギリスのチェルトナム・レディース・カレッジ研修など夏休みを利用して海外に行くプログラムの他にも、校外で他校と一緒に行うプログラム、校内で行うプログラム、オンラインで行うプログラムがあり、それぞれが目的に合ったプログラムを選択できます。

高校2年生から理系と文系・芸術系のクラスに分かれ、高校3年生になるとどのような入試にも対応できるよう、多くの選択科目を置いています。さらに長期休暇中には国公立、私立難関大学受験のための特別講座を開設し、希望者には小論文の個別指導を行うなど、受験対策も充実しています。

今春の進学実績については巻末の「高校別大学合格者数一覧」をご覧ください

環境・施設設備

　体育施設は校内で運動会が実施できる広々とした土のグラウンドや、全校生徒が収容できる体育館、小体育室、地下体育室など充実しています。

　校内は環境に配慮した雨水利用システムや太陽電池パネルを設置。バリアフリーの観点からエレベーター、スロープ、だれでもトイレ、万一に備えたAED装置などを設置して生徒一人ひとりが気持よく生活できるように配慮しています。

　また、校外施設として、長野県軽井沢町に追分山荘があります。

生活指導・心の教育

　女子は、集団の中に自分の居場所を見つけ、安心して学校生活が送れるようになってはじめて、学習面でも大きな力を発揮できるようになる傾向があります。

　そこで、中学1年生はクラスを30人の少人数編成にし、3日に1回席替えを行うなど、生徒一人ひとりがありのままの自分でいられるような居心地のよい集団づくりに取り組んでいます。また、エンカウンターやアサーショントレーニングを取り入れるなど、互いに自由に発言し合いながらも、他者も自分も尊重できるような人間関係作りを大切にしています。

学校行事・クラブ活動

　鷗友学園では、学校行事や生徒会活動、部活動がとても盛んです。学園祭や運動会などの学校行事は実行委員を中心に1年がかりで準備し、すべて生徒主体で運営しています。中学1年生から高校2年生まで毎年行う宿泊行事では、生徒たちが仲間とともに考え、実行するような体験を多く用意しています。

　クラブ活動は運動部、学芸部、同好会と全部で36の団体があり、活発に活動しています。運動部は、剣道、水泳、ソフトテニス、ソフトボール、体操、ダンス、バトントワリングなど。学芸部は園芸、演劇、カメラ、ブラスバンド、管弦楽、箏曲など。同好会は、イラスト研究、囲碁、英語、聖書、ホームメイキングなどがあります。ほとんどのクラブでは中高生が一緒に活動しており、クラブの技術はもちろん、勉強の仕方なども縦の関係の中で学び、高めあっています。

データファイル

■2024年度入試日程

中学校

募集人員	出願期間	試験日	発表日	手続締切日
1回 約180	1/10〜1/29	2/1	2/2	2/3
2回 約40	1/10〜2/2	2/3	2/4	2/7

出願期間の最終日は24:00まで出願可

高等学校

募集を行っていません

■2024年度選考方法・入試科目

中学校

国語、算数、社会、理科

〈配点・時間〉国・算・理・社＝各100点45分

〈面接〉なし

■指定校推薦枠のある主な大学

青山学院大　学習院大　慶應義塾大　国際基督教大　芝浦工業大　中央大　東京女子大　東京都市大　東京理科大　日本大　日本女子大　明治大　早稲田大など

■2023年春卒業生進路状況

卒業生数	大学	短大	専門学校	海外大	就職	進学準備他
228人	178人	0人	0人	1人	0人	49人

■2023年度入試結果

中学校　帰国生を含む

募集人員	志願者数	受験者数	合格者数	競争率
1回　約180	573	551	200	2.8
2回　約40	754	527	106	5.0

▼▼入試アドバイス・学校からのメッセージ

海外在留経験のある受験生へ：

加点制度があります。帰国生入試担当者へ電話でお問い合わせください。

学校説明会 要予約

9/6*（6年生）9/8 10/21* 11/14

※LIVE配信あり

入試対策講座WEB（6年生対象、要予約）12/6配信開始

受験会場見学 12/10

授業見学会 9/11 11/11

部活動見学会 10/21 11/4 11/6 11/8 1/20

見学できる行事 要予約

学園祭 9/16・9/17（Web説明会あり）

説明会・行事等は日程・内容が変更される場合があります。必ず学校HP等でご確認ください

大妻中学校・高等学校

おお つま

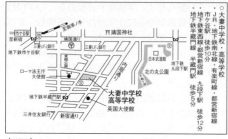

〒102-8357　東京都千代田区三番町12　☎03-5275-6002　学校長　梶取　弘昌

○大妻中学校・高等学校
・JR・地下鉄市ケ谷駅　徒歩10分
・地下鉄東西線・都営新宿線・地下鉄南北線・有楽町線・半蔵門線　九段下駅　徒歩5分
・地下鉄半蔵門線　半蔵門駅　徒歩12分

〈URL〉https://www.otsuma.ed.jp/

沿革　明治41年（1908）、家塾（後の大妻技芸伝習所）創設。大正10年（1921）、大妻高等女学校と改称。昭和23年（1948）、大妻中学校、大妻高等学校設立。平成30年（2018）、創立110周年を迎えました。

校風・教育方針

「社会で50年輝き続ける女性の育成」をめざしています。

中高6年一貫の学校生活を通して、「自律と自立の精神」「協働の心」をはぐくむとともに、広い視野と社会貢献への意欲、夢を実現できる確かな学力を養います。

学習と進路

入学後、予習の仕方・復習の仕方を学び、学習習慣を身につけることに主眼を置いています。特に、復習を習慣化するために小テストが頻繁に行われています。また、5教科に偏らず全教科をバランスよく学んでいます。

高校2年から、自分の進路に必要な科目を4つの類型から選択し、希望進路の実現に向けて実力を伸ばします。3年では選択の中に演習科目を多く置くとともに、長期休暇には多岐にわたる講習（希望制）を開講して、校内で実戦力を養っています。

体系的な進路学習プログラムを中学から実施し、将来、社会とどう関わっていくか考える機会を多数設けています。

高校1年のオリエンテーションでは、将来の夢、生き方などについての話やディベートを行い、その後継続して進路学習を進めていきます。また、

卒業生からの体験を聞く「先輩を囲む会」には毎年たくさんの生徒が集まり、自分の将来を真剣に考える姿が見られます。

大妻女子大学に進学する生徒はわずかで（今春は10人）、他大学への進学が大多数になっています。自然科学系（理系）への進学が3割以上を占め、実学志向が強いのが特徴です。国公立大学に37人、早慶上理に117人、MARCHに265人が現役で、医・歯・薬学部に91人（含過年度生）が合格しました。

大妻では、多角的な視野を持つためにグローバル教育を推進しています。中学1年ではGlobal Studies（国際理解）を週1時間実施し、3学期には全員が各国の大使となり模擬国連を実施しています。模擬国連は中学3年からは有志の活動となり、首都圏の他校の生徒と共に社会課題について積極的に議論しています。このほか2週間の海外研修・学期留学等グローバルな舞台でコミュニケーションを磨く機会が多くあります。

また、「探究」ではさまざまな思考法を学び、6000字の小論を書けるレベルまで指導しています。「情報」では、分析や解決の手段としてプログラミング（パイソン）を学んでいます。

環境・施設設備

皇居の森に近く、都心にありながら緑豊かで、心安らぐ恵まれた教育環境です。近隣には国立劇場や国立近代美術館など、文化の薫り高い建物が

今春の進学実績については巻末の「高校別大学合格者数一覧」をご覧ください

数多く見られます。

校舎は「知性と感性の融和を育む空間」をコンセプトに建てられました。中央の吹き抜けから入る自然光で明るく、3階のコミュニケーションスペース「ラウンジ」はいつもにぎわっています。

生活指導・心の教育

校訓「恥を知れ」を根幹にして、生活の自己管理がきちんとできるようにすることはもちろん、他者を理解し愛する心や、謙虚な心を育むことを、教育活動のあらゆる場面で実践しています。

また、中学・高校時代は、生活や学習、その他の面でもさまざまな悩みを持つ年代であることから、生徒の健全な心身の成長を全教職員のチーム対応により支援し、育成しています。

学校行事・クラブ活動

クラスの係や委員会活動など、一人ひとりに活躍する機会、自立を促す場があり、自分で考えて行動できるようになります。また、女子だけの力で運営する学校行事・クラブ活動を通して、積極性やチームワークが身につきます。学校生活全体を通して、「自律と自立の精神」「協働の心」を養っています。

年間を通じて、学園生活を彩る行事を数多く実施しています。二大行事の文化祭、体育祭は中高合同で行われ、全生徒が一丸となって取り組んでいます。中学1年の林間学校、中学3年、高校2年の修学旅行では早くから準備を始め、事前学習を計画的に行っていきます。また、演劇や音楽などの芸術鑑賞も毎学年実施し、心の成長につなげています。

部活動も盛んで、多くの生徒が勉強と両立させながら、積極的な活動をしています。マンドリン部、バトン部、書道部は全国大会にも数多く出場し、優秀な成績を収めています。

データファイル

■2024年度入試日程

中学校

募集人員		出願期間	試験日	発表日	手続締切日
1回	約100	1/10〜1/31	2/1	2/1	2/5
2回	約100	1/10〜2/1	2/2	2/2	2/5
3回	約40	1/10〜2/2	2/3	2/3	2/5
4回	約40	1/10〜2/4	2/5	2/5	2/6
帰国	若干	11/15〜12/5	12/10	12/11	1/29

高等学校

募集を行っていません

■2024年度選考方法・入試科目

中学校

1・2・3・4回：4科（国語・算数・理科・社会）
帰国：国語・算数・英語より2科選択、面接
〈配点・時間〉1・2・3・4回：国・算＝各100点50分　理・社＝各60点30分　帰国：国・算・英＝各100点50分
〈面接〉一般はなし　帰国は保護者1名同伴

■2023年春併設大学・短大部への進学

大妻女子大学の受け入れ人数枠内で、指定校推薦で入学ができます。

今年度指定校推薦利用の進学者数は、以下のとおり。

大妻女子大学－3（文1、比較文化0、社会情報0、人間関係0、家政2）
大妻女子大学短期大学部－進学者なし

■指定校推薦枠のある主な大学

学習院大　慶應義塾大　国際基督教大　上智大　成蹊大　成城大　中央大　東京薬科大　東京理科大　法政大　明治大　立教大　早稲田大　東京慈恵会医科大　北里大など

■2023年春卒業生進路状況

卒業生数	大学	短大	専門学校	海外大	就職	進学準備他
281人	234人	1人	1人	2人	0人	43人

■2023年度入試結果

中学校

募集人員		志願者数	受験者数	合格者数	競争率
1回	約100	260	239	115	2.1
2回	約100	603	497	247	2.0
3回	約40	345	257	85	3.0
4回	約40	326	237	59	4.0
帰国	若干	83	81	60	1.4

学校説明会 要予約
10/29 11/23 12/17
帰国生対象　10/14
入試説明会　10/29
校内見学　9/9 9/16 9/30 10/7 10/28 11/4 11/11 11/18 11/25 1/13 1/20 1/27
見学できる行事 要予約
文化祭　9/23・9/24

説明会・行事等は日程・内容が変更される場合があります。必ず学校HP等でご確認ください

東京 お

⟨大妻⟩ 大妻多摩 中学校 高等学校
おおつまたま

〒206-8540　東京都多摩市唐木田2-7-1　☎042-372-9113　学校長　熊谷　昌子

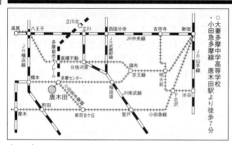

〈URL〉https://www.otsuma-tama.ed.jp/

沿革　大妻学院創立80周年の記念事業の一環として、昭和63年（1988）に大妻学院多摩校を設立。2018年に創立30周年を迎えました。

校風・教育理念

110年を超える伝統の「大妻の女子教育」の良さを残しながらも、国際化と女子の社会進出が進む時代の要請に合わせた教育内容の改革を進めています。予測困難な未来社会で活躍・貢献できる生徒を育てるため、教育理念として「自立自存」「寛容と共生」「地球感覚」の３つを掲げています。

キャンパス

最寄りの唐木田駅は、小田急多摩線の始発駅であり、下り列車で混雑を避けての登下校が可能です。駅から徒歩7分という近さも魅力です。

東京都の学校でありながら、10ヘクタールを超える自然豊かな敷地を有します。同じキャンパス内に大学があり、共用の設備もあるため、教育環境が特に充実しています。３つのCALL教室、5つの実験室、約200席の自習スペースを完備した図書館のほか、体育館が３つ、人工芝の大きなグラウンドを含めグラウンドが３つ、照明つきテニスコートが６面あり、スポーツ活動を行うにも上質な環境です。美しい四季の移ろいの中、同じキャンパスで学ぶ大学生の姿も目にしながら過ごす６年間は、かけがえのないものになるでしょう。

授業の特色

学問の面白さとの出会いを大切にして、無理の

ない先取り教育と発展的な教育を行っています。理科は多摩という立地を活用した観察や実験を積極的に行い、興味を持たせることと実感を大切にして理科好きを、数学では世の中で役立っている数学を学ぶことや教え合う授業などを通して、数学好きを育てます。英語では運用能力と国際的視野を育てるために、ネイティブ教師のスピーキングとCALL教室でのリスニングが６年間展開されます。中学生のスピーキングは約10人で実施するなど発話機会を多くできるようにしています。

国際教育

中学１年生は「グローバルインタラクションチャレンジ」に参加します。約40人のネイティブ教員を招き、３日間英語だけを使って様々なアクティビティを実施します。

中学２年生はオーストラリアで実施する「グローバル・キャリア・フィールドワーク」に必修で参加します。姉妹校や大学、現地企業への訪問を通して"世界"を実感してきます。中学３年生から高校２年生の希望者を対象に「英国セミナー」

---**Information**---

2020年度入学生より国際進学クラスを新設しました。「国際進学入試」で入学した生徒および、「総合進学入試」で入学後、英語の実力がしっかり定着した生徒は、希望制で中学２年生から「国際進学クラス」に在籍できます。「国際進学クラス」は、英語のみレベルの高い授業を展開していきます。

今春の進学実績については巻末の「高校別大学合格者数一覧」をご覧ください

と「トルコセミナー」が実施されます。高校1年生・2年生ではターム留学制度があり、オーストラリア・イギリス・ドイツ・ニュージーランド・カナダ・アメリカの提携校への留学が実施されています。

クラブ活動

中学1年生は必ずクラブに所属することになっています。

バレーボールやバスケットボール、全国大会出場経験があるラクロスやバトンなど体育系12クラブと、演劇や弦楽、科学などの文化系13クラブがあります。中高合同で活動するクラブが多いため、学年の枠を超えて同じ目標に向かって練習に励んでいます。

進路指導・合格実績

大妻女子大学の付属校でありながら多くの生徒が難関大学を目指す進学校です。2022年度卒業生141人は、東京外国語大・東京農工大・横浜国立大などの国公立大に12人、早・慶・上智に20人、GMARCH理科大に75人が合格。約3割が理科系で、歯・薬・看護・獣医などの医療系に51人が合格しました。

░░░░░░░░░░░░░░░░░░ データファイル ░░░░░░░░░░░░░░░░░░

■2024年度入試日程

中学校 ＊帰国生はオンライン入試あり（11/18、11/19）

	募集人員		出願期間	試験日	発表日	手続締切日
総合進学入試	1回	40	1/10〜1/31	2/1	2/1	2/10
	適性型	10	1/10〜1/31	2/1	2/1	2/10
	2回	25	1/10〜1/31	2/1午後	2/1	2/10
	3回	25	1/10〜2/1	2/2午後	2/2	2/10
	4回	20	1/10〜2/3	2/4	2/4	2/10
	帰国生	定めず	11/6〜11/18	11/19	11/19	11/24
国際進学入試	1回	10	1/10〜1/31	2/1	2/1	2/10
	2回	5	1/10〜1/31	2/1午後	2/1	2/10
	3回	5	1/10〜2/1	2/2午後	2/2	2/10
	帰国生	定めず	11/6〜11/18	11/19	11/19	11/24

高等学校

募集を行っていません

■2024年度選考方法・入試科目

中学校

【総合進学】 **1回・4回**：国語、算数、理科、社会
適性型思考力：合科適性（100点50分）、読解表現（作文・100点50分） **2回・3回**：国語、算数
帰国生：日本語作文（50分）、計算力確認試験（20分）、面接（日本語か英語） **帰国生（オンライン）**：日本語作文（事前課題）＋口頭試問（約15分）、面接＋計算力確認試験（20分）、面接（日本語か英語）

【国際進学】 **1回**：国語、算数、英語リスニング（100点20分） **2回・3回**：国語、算数 ※英検3級以上の合格証の提出が必要 **帰国生**：英語（50分）、計算力確認試験（20分）、面接（日本語）
帰国生（オンライン）：面接＋計算力確認試験（20分）、英語面接（約15分）、日本語面接（約10分）

〈配点・時間〉国・算＝各100点50分 理・社＝各60点40分

〈面接〉帰国生入試のみ 生徒個人

■2023年春併設大学・短大部への進学状況

内部推薦制度があり、一定の成績基準を満たせば大学の受け入れ人数枠内で進学できます。

大妻女子大学－4（家政2、社会情報2）
大妻女子大学短期大学部－進学者なし

■指定校推薦枠のある主な大学

東京都立大　早稲田大　慶應義塾大　上智大　東京理科大　学習院大　明治大　青山学院大　立教大　中央大　法政大　芝浦工業大　津田塾大　東京女子大　立命館大など

■2023年春卒業生進路状況

卒業生数	大学	短大	専門学校	海外大	就職	進学準備他
141人	132人	0人	0人	0人	0人	9人

■2023年度入試結果

中学校 ※総合進学／国際進学

募集人員		志願者数	受験者数	合格者数	競争率
1回	40/10	96/7	87/7	48/5	1.8/1.4
適性型	10/—	28	28	21	1.3
午後	20/5	219/15	210/14	143/9	1.5/1.6
2回	35/5	177/8	103/4	55/3	1.9/1.3
3回	15/—	173	71	33	2.2
帰国生	定めず	4/4	4/4	4/4	1.0/1.0

学校説明会 すべて要予約
学校説明会 10/15
入試説明会（6年） 2科・4科：9/26
　　　　　　　　国際進学、適性型思考力：10/28
中学生活体験日（3年以上） 11/4
入試模擬体験（6年） 11/25 1/7
見学できる行事
文化祭（欅祭） 9/16・9/17（個別相談可）

説明会・行事等は日程・内容が変更される場合があります。必ず学校HP等でご確認ください

東京
お

大妻中野 中学校 高等学校

おお　つま　なか　の

〒164 - 0002　東京都中野区上高田2 - 3 - 7　☎03 - 3389 - 7211　学校長　野﨑　裕二

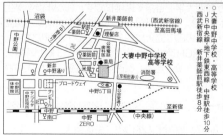

〈URL〉https://www.otsumanakano.ac.jp/

沿革　昭和16年（1941）創立。同46年（1971）大妻女子大の付属校に。平成7年（1995）、現校名に名称を変更。同17年（2005）完全中高一貫校に。

校風・教育方針

建学の精神『学芸を修めて人類のために』 学びを通して自己を高め、世界につながる女性を育成します。

校訓『恥を知れ』 他者に言うのではなく、自分自身の良心に問いかける言葉です。

カリキュラムの特色

2016年度入試から「グローバルリーダーズコース」の募集を開始しました。2015年度、文部科学省よりSGHアソシエイト校の指定を受け、グローバル教育の充実には力を注いでいます。海外帰国生の受け入れ実績は22年目、生徒の1割が海外帰国生です。校内では、日本にいながらにしてグローバルな空気が味わえ、新たな取り組みに意欲を持って臨む姿勢が育っています。

中高の6年間を3つのステップに分け、学力・精神力・社会性をバランス良く身につけるトータルサポートプランを展開。カウンター式の開放的な職員室や、随所に設けられた面談スペースなど、「先生と生徒の距離が近い」雰囲気が実感できる環境で自己肯定感を高め、新たなチャレンジへと向かう心を後押しします。

また、生徒と保護者、教師が連携をとりながら安定した学習習慣を身につけるための学習記録帳「わかば」を効果的に活用。目に見えるかたちか

らも自律心を養う大妻中野独自のツールです。

2018年度より「アドバンストコース」と「グローバルコース」の2コース制になりました。「アドバンストコース」は、難関国公立・私大などの高い目標へ向かう学びをバックアップします。2016年度発足の「グローバルリーダーズコース：GLC」は、英語力の強化を軸に、広い視野で世界を見すえ、多様性に満ちた社会の舵（かじ）取り役を担う女性を育てるコースです。生徒一人ひとりが自分の特性に合わせたコースで学び、理想の未来へ歩むプログラムが進行中です。

国際教育

「英語を学ぶ」でなく「英語で学ぶ」コンセプトで、生きた英語とふれあうプランを学年ごとに整えています。外国人教員は専任だけでも5人おり、日常生活に英語を取り入れる仕掛けを豊富に導入。また、国内行事のイングリッシュ・スタディをはじめ、国外での語学研修は留学先、留学期間が多種多様に設定され、誰にでも英語と親しめるチャンスが訪れます。さらに、授業としてフランス語を選択することが可能です。交換留学も盛んに実施しています。

環境・施設設備

2013年に完成した地上8階建ての新校舎は、光を多く取り入れた明るい構造。全教室に電子黒板

今春の進学実績については巻末の「高校別大学合格者数一覧」をご覧ください

を備え、「目で分かる。動きで納得する」テンポのよい授業を展開し、さらに2016年度から生徒が1人1台のタブレット端末を利用する双方向授業が始まりました。理科室は5室、体育施設は屋内外に4カ所を設置する、体験型・参加型授業を重要視した最新のICT教育環境が整備されています。

学校行事・クラブ活動

クラブ活動への参加率の高さと活動内容の充実ぶりは校内の活発さと正比例しているといえます。全国大会常連の合唱部を筆頭に、ダンス、チアリーディング、硬式テニス、ソフトテニス、剣道、吹奏楽など各種大会・コンクールでめざましい活躍をみせるクラブが数多く存在。活気に満ちた中で行われる中学の合唱コンクールは、学校行事の領域をはるかに超えた高いレベルで展開されます。1年生から3年生までそれぞれのステージが、生涯卒業生の心に強く残る思い出となります。

大妻中野生全員のエネルギーが結集する学園祭（秋桜祭文化の部）の入場はチケット制。受験生とその家族は、受付にて申し出れば見学可能です。

データファイル

■2024年度入試日程

中学校 ＊国公立受験者入学金延納制度あり（帰国を除く）

募集人員		出願期間※	試験日	発表日	手続締切日
アド1回	約50	1/10～1/31	2/1	2/1	2/6
2回	約50	1/10～1/31	2/1午後	2/1	2/6
3回	約45	1/10～2/1	2/2午後	2/2	2/6
4回	約25	1/10～2/2	2/3	2/3	2/6
新思考力	約15	1/10～2/3	2/4	2/4	2/6
グローバル1回		1/10～1/31	2/1	2/1	2/6
2回	約36	1/10～2/2	2/3	2/3	2/6
帰国1回		10/28～11/6	11/10	11/10	1/31
2回		12/11～12/18	12/21	12/21	1/31

※出願方法の詳細はHPの募集要項をご参照ください。アド3・4回・新思考力・グローバル2回の出願は試験当日窓口も可。

高等学校 募集を行っていません

■2024年度選考方法・入試科目

中学校

アドバンスト1・4回：4科

アドバンスト2・3回：2科

新思考力：総合問題Ⅰ（国・社・理）、Ⅱ（論述）、Ⅲ（算数）

グローバル＊：国語・算数、英語スピーキング

帰国：国語・算数（各100点50分）・面接または英語（60点40分）・面接

＊：英語の学習歴のある者対象。英検2級同等以上または他の検定において同等のスコア取得者は面接のみ。

〈配点・時間〉国・算＝各100点50分　理・社＝各50点30分　総合Ⅰ・Ⅱ・Ⅲ＝各60点50分

〈面接〉帰国のみ保護者同伴　重視

■2023年春系列大学・短大部への進学

在学中一定の成績を取った者及び総合型選抜で合格した者は大学の受け入れ人数制限枠内で進学可。

大妻女子大学－29（家政8、文7、社会情報7、比較文化6、人間関係1）

大妻女子大学短期大学部－進学者なし

■指定校推薦枠のある主な大学

上智大　東京理科大　明治大　立教大　青山学院大　中央大　法政大　学習院大　明治学院大　津田塾大　東京女子大　日本女子大など

■2023年春卒業生進路状況

卒業生数	大学	短大	専門学校	海外大	就職	進学準備他
199人	188人	0人	0人	1人	0人	10人

■2023年度入試結果

中学校

募集人員		志願者数	受験者数	合格者数	競争率
アド1回	約50	166	144	51	2.8
2回	約50	429	396	245	1.6
3回	約45	402	247	164	1.5
4回	約25	297	140	82	1.7
新思考力	約15	141	50	32	1.6
グローバル1回		17	15	13	1.2
2回	約36	14	5	2	2.5
帰国		153	139	124	1.1

学校説明会 全て要予約　＊はWeb開催
9/16　10/14

入試問題説明会（小6対象）　11/18　12/2＊
1/6(入試体験付)

タイプ別入試説明会（入試体験付）　12/9

帰国生説明会　9/16　10/14

アフターアワーズ説明会　10/27　11/15

オープンデー　11/25

見学できる行事 要予約
文化祭　9/23・9/24(相談コーナーあり)

説明会・行事等は日程・内容が変更される場合があります。必ず学校HP等でご確認ください

東京 お

⊕ 大森学園高等学校

（おお もり がく えん）

〒143-0015 東京都大田区大森西3-2-12 ☎03-3762-7336 学校長 畑澤 正一

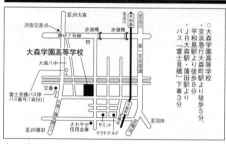

○大森学園高等学校より徒歩5分。・京浜急行大森町駅より徒歩8分。・JR大森駅・蒲田駅よりバス―富士見橋―下車3分

〈URL〉https://www.omori-gakuen.ed.jp/

沿革 昭和14年（1939）大森地区の中小機械工場の従業員を教育する徒弟学校を母体にして創立。同17年（1942）大森工業学校として発足しました。昭和23年（1948）大森工業高等学校に校名変更。平成17年（2005）普通科新設と同時に現校名となりました。平成19年（2007）に普通科で共学がスタート。

校風・教育方針

　智・徳・体ともに健全な人物を育てるとともに、誠実・勤勉で実行力に富み、国家・社会の有為なる形成者を養成することを目的とします。そのため、次の目標の達成に努めます。
1. 個性と適性を開発して、その伸長を期する
2. 体験的学習を重んじ、生きる力を育む
3. 身体強健で、豊かな人間性と強固な意志を持つ、調和のとれた人格の形成に努める
4. 誠実・勤勉で協調性に富み、国家・社会に貢献しようとする精神の涵養に努める
5. 強い責任感に裏付けされた自主独立の精神を養う

カリキュラムの特色

普通科 4つのコースを設置。わかりやすく丁寧な授業によって生徒のやる気を引き出し、学力向上を目指します。自学自習を支援するSSCや各種講習など、サポート体制も万全です。

【特選コース】 国公立大学・最難関私立大学への合格を目指します。国立大学の受験科目を見据えたカリキュラムとSSCとの組み合わせで、きめ細かい指導を行います。

【選抜コース】 GMARCHクラスの難関私立大学への合格を目指し、授業では早期から大学入試を意識した演習を行います。特選コースと選抜コースは2年進級時にコース変更が可能です。

【総進コース】 有名私立大学への合格を目指します。中学時代から苦手に感じているものを見直し、基礎学力を定着させます。総進コースは2年進級時に英語コースを選択できます。

【英語コース】 2年次からのコース。今後、あらゆる分野で必要とされる英語力を向上させ、将来英語を使って仕事ができることを目指す、異文化との共生を意識したコースです。

工業科 1年次は各分野の基礎を学んでやりたいことを見つけ、2年次より3コースに分かれて専門知識を身につけます。就職にも有利な資格取得を講習や補習によってバックアップしており、就職内定率は毎年100%を達成しています。一方、大学進学率も伸びています。

【情報技術コース】 コンピュータのハードウェアとソフトウェアの両面を学び、ITのスペシャリス

┌─ **Information** ─────────
SSC（進学支援センター）
　自学自習の習慣をつけ難関大学合格をサポートする施設です。集中して自学自習できる個人ブースのほか、オープンスペースには教員が常駐し、一人ひとりに合った指導が行われます。
└──────────────

ト を目指します。

【機械技術コース】 機械加工を全般的に学び、産業界で活躍し続けられるエンジニアを目指します。

【電気技術コース】 基礎から実践的技術までを総合的に学び、電気工事のスペシャリストを目指します。ロボットを使った授業も特徴です。

環境・施設設備

　京急線大森町駅から徒歩5分、閑静な住宅地の一角にあります。校舎は地上8階地下1階、校庭は人工芝です。2023年4月には、校内にファミリーマートがオープンしました。このほか、夏の勉強合宿やクラブ活動で使用する合宿所・グラウンドが茨城県にあります。

ボランティア

　大森学園では、授業で学んだ知識・技術を生かしたボランティア活動に取り組んでいます。壊れたおもちゃを修理する「おもちゃの病院」は、月に一度"開院"し、近隣の子どもたちから壊れたおもちゃを預かって"治療"します。1年間で修理するおもちゃは、毎年100個を超えます。そのほか、地域のイベントでは工作教室も行っています。「車いすメンテナンスグループ」は、2つの活動をしています。一つめは老人ホームでの車いすのメンテナンス。月に1度訪問して、入居者の方が普段使っている車いす全てをチェックし、必要があれば修理もしています。二つめは「空飛ぶ車いす」と呼ばれる活動。様々な理由で使われなくなった車いすを集めて修理・再生。再生した車いすは、旅行者の手荷物として無料で空輸され、東南アジアなどの車いすが不足している地域の人たちに届けられます。累計では1,000台以上の車いすを贈ることができました。

クラブ活動

　クラブ活動も活発です。運動部は12部あります。男子バレー部は5年連続関東大会出場。野球部は2020年度東東京大会ベスト4。サッカー部も東都大会で上位進出を続けています。文化部は9部あり、自動車部は毎年全国大会で上位に入ります。そのほか、6つの同好会があります。

大田区

高

男子

共学

データファイル

■2024年度入試日程

募集人員		出願期間	試験日	発表日	手続締切日
推薦	普140工40	1/15・1/16	1/22	1/23	1/24
一般1回	普140 工 40	1/25〜2/5	2/10	2/11	3/5
2回		1/25〜2/5	2/12	2/13	3/5
3回		2/14〜2/16	2/17	2/18	3/5

※一般1・2回は併願優遇あり

〔募集人員〕普通科：特選推薦20一般20、選抜推薦40一般40、総進推薦80一般80　**工業科**（男子）：推薦40一般40

■2024年度選考方法・入試科目

推薦：面接

【出願条件】 3年次欠席10日以内、遅刻・早退10日以内　普通科特選9科36か5科21か英検2級以上、9科に1・2は不可　選抜9科31か5科17か英検準2級以上、5科に2・9科に1は不可　総進9科27か5科15か3年次英語4か英検3級以上、9科に1は不可　工業科9科22、9科に1は不可　いずれも検定などにより加点

一般：国語、数学、英語、面接

〈配点・時間〉国・数・英＝各100点50分

〈面接〉生徒個人

■2023年春主な合格大学

山形大　筑波大　埼玉県立大　東京都立大　横浜国立大　早稲田大　慶應義塾大　上智大　東京理科大　明治大　青山学院大　立教大　中央大　法政大　成蹊大　成城大　明治学院大　日本大など

■2023年春卒業生進路状況

卒業生数	大学	短大	専門学校	海外外	就職	進学準備他
222人	142人	2人	39人	0人	25人	14人

■2023年度入試結果　※一般は1・2回／3回

募集人員		志願者数	受験者数	合格者数	競争率
普推薦	140	91	91	91	1.0
一般	140	454/23	419/19	413/14	1.0/1.4
工業推薦	40	49	49	49	1.0
一般	40	151/6	136/6	134/2	1.0/3.0

〔**学校説明会**〕要予約

学校説明会 9/9 9/30 10/7 10/21 11/5 11/11 11/18 11/25 12/9　クラブ体験など各種体験あり

工業科体験教室 11/5 11/18 11/25 12/9

〔**見学できる行事**〕

体育祭 9/27

説明会・行事等は日程・内容が変更される場合があります。必ず学校HP等でご確認ください

海城中学校・高等学校

（かい じょう）

〒169-0072　東京都新宿区大久保3-6-1　☎03-3209-5880　学校長　大迫　弘和

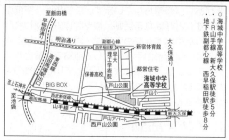

〈URL〉https://www.kaijo.ed.jp/

沿革　明治24年（1891）海軍予備校として創立され、同33年（1900）海城学校と改称。同39年（1906）、海城中学校と改称。昭和23年（1948）、海城中学校、海城高等学校として発足。

校風・教育方針

「国家・社会に有為な人材を育成する」という建学の精神の下、「リベラルでフェアな精神をもった新しい紳士の育成」に取り組んでいます。

カリキュラムの特色

グローバル化が進み、価値観が多様化している現代社会において求められる真のリーダーを育成するために、「新しい人間力」と「新しい学力」をバランスよく養う教育を実践しています。

「新しい人間力」とは、対話的なコミュニケーション能力とコラボレーション能力を備えた力のことです。これからの社会においては、異質な人間同士が関わって生きていき、また、お互いの良いところを引き出し合い、高いパフォーマンスを生み出していく共生、協働、創発の力が求められます。これこそが「新しい人間力」です。「新しい学力」の中心は課題設定・解決能力です。記憶暗記型の学力ではなく、自ら課題を設定し、情報を収集・分析して価値評価し、何らかの解決法を導き出し、それを分かりやすく人に伝える能力が、これからは必要となります。これらのうちの「新しい人間力」を高めるために、体験型のプログラムを導入しています。グループでテーマに取り組む「プロジェクトアドベンチャー」、演劇的手法

を用いる「ドラマエデュケーション」などがそれです。また、社会科総合学習や理科の実験を通して「新しい学力」を養います。

国際教育

2011年度から帰国生の受け入れを開始したことに伴い、2012年度よりグローバル教育部が発足しました。帰国生たちが学校生活に早くなじめるようにさまざまな支援を行うことのほか、高い英語力を備えている生徒の英語力保持・増強のための特別講習も実施しています。また、一般生徒の英語学習への動機づけも図り、"英語漬け"の環境を設定して、生きた英語に触れる機会を提供しています。キャンプ形式、校内合宿など多様な方法を採用しています。高度な海外交流、海外大学への進学支援、分厚いリベラルアーツ教育の研究・開発も当部の取り組み課題です。

現在、中学3年の春休みと高校1年の夏休みに各30人の海外語学研修を実施しています。また、高校1・2年の3学期にカナダへの短期留学も実施しています。

環境・施設設備

都心にありながら13,000㎡という貴重な広さの校庭を擁しています。早稲田大学理工学術院に近接した閑静な環境の中、すべての普通教室に電子白板とWi-Fiを整備し、ICT教育を推進しています。そのほか、音楽室や理科系実験室などの特別教室、

体育館、柔・剣道場、講堂、プール、弓道場、図書館、カフェテリアなど充実した教育環境が整備されています。2021年夏、サイエンスセンターが完成し、9つの実験室と階段教室、緑化された屋上には温室が作られています。

生活指導・心の教育

フェアーな精神、思いやりの心、民主主義を守る意志、明確に意思を伝える能力などの資質を身につけ、社会の変化に創造的に対応して生きていく力を持った「新しい紳士」を育てていくことをめざしています。また、日常社会の道徳心や公徳心の育成に努め、挨拶や清掃、整理整頓など基本的生活習慣を身につけさせるようにしています。

学校行事・クラブ活動

学園祭は最も大きな行事で、中高合同で開かれますが、体育祭は中学独自に行います。各学年クラス対抗で、応援にも工夫をこらして競いあいます。高校ではスポーツ大会を開きます。サッカーやバスケットボールなど得意なスポーツに参加してのクラス対抗戦があります。このほかに中学のスキー教室、中学1年・高校1年の宿泊研修や、観劇会、カルタ会など、中学と高校で独自に計画された行事もたくさんあります。

クラブは、運動部、文化部、同好会などいろいろなクラブがあります。美術部や吹奏楽団のように中高混合で活動するクラブもありますが、原則的に中高それぞれが別々に活動をしています。

中学校は、軟式野球、サッカー、バスケットボール、硬式テニス、将棋囲碁部、古典芸能部、吹奏楽団など32部。高校は、硬式野球、アメリカンフットボール、ラクロス、文芸部など43部。多種多様なクラブで、汗を流し、研究に打ち込むなど、熱心な活動をくり広げています。

データファイル

■2024年度入試日程

中学校

募集人員		出願期間	試験日	発表日	手続締切日
一般①	145	1/10～1/25	2/1	2/2	2/2
②	145	1/10～1/25	2/3	2/4	2/4
帰国	30	12/1～12/15	1/7	1/8	1/8

高等学校

募集を行っていません

■2024年度選考方法・入試科目

中学校

一般①・②：国語・算数・社会・理科
帰国A方式：国語・算数、面接
　　　　B方式：国語・算数・英語、面接
〈配点・時間〉一般＝国・算＝各120点50分　理・社＝各80点45分　帰国A：国＝120点50分　算＝120点60分　帰国B：国＝60点50分　算＝120点60分　英語＝60点40分
〈面接〉帰国のみ　生徒個人（「生活していた国や地域と日本との違い」について日本語による2分程度のスピーチあり）

■指定校推薦枠のある主な大学 （進学実績のある学部）

早稲田大5（文化構想・商・先進理工・創造理工）
慶應義塾大1（法）など

■2023年春卒業生進路状況

卒業者数302人。東京大43（31）、京都大7（6）、一橋大10（9）、東京工業大12（9）、北海道大7（7）、東北大12（7）、大阪大2（2）、九州大3（2）、筑波大6（5）、千葉大9（9）、東京外国語大1（1）、東京医科歯科大3（3）、横浜国立大5（4）、浜松医科大6（6）、防衛医科大7（7）、早稲田大143（106）、慶應義塾大111（90）、上智大37（27）、東京理科大119（90）、明治大93（62）、海外大7（7）など
（）内は現役合格者の内数

■2023年度入試結果

中学校

募集人員		志願者数	受験者数	合格者数	競争率
一般①	145	602	545	160	3.4
②	145	1,418	1,076	304	3.5
帰国A	30	131	122	36	3.4
B		74	71	18	3.9

学校説明会 要WEB予約　すべて校内実施
ミニ・オープンキャンパス　10/7 11/4
学校説明（学校概説・入試問題のポイントなど）は動画で配信中。学校HP参照

見学できる行事
学園祭　9/16・9/17（入試相談コーナーあり）

説明会・行事等は日程・内容が変更される場合があります。必ず学校HP等でご確認ください

東京 か

開成中学校・高等学校
(かいせい)

〒116-0013 東京都荒川区西日暮里4-2-4 ☎03-3822-0741 学校長 野水 勉

〈URL〉https://kaiseigakuen.jp/

沿革 明治4年(1871)、佐野鼎(かなえ)が「共立学校」を創立しました。同28年(1895)、校名を「東京府開成尋常中学校」と改称。開成の名は、易経の「開物成務」という語から出ています。物事の道理と人間性の啓発培養につとめるという意味です。

校風・教育方針

共立学校というのは、開成学園の古い名前です。創立当時の校則に「此の校は、有志の輩、社を結び、共立せしにより」とあります。この共立の精神は、関係者のひとり残らず共同の設立者の気構えをもつ、という建学の精神のひとつになっています。

また、校章に象徴される「ペンは剣よりも強し」は、いかなる暴力にも屈しない、深い知性を身につけるための学問をするという精神です。そして、これらの建学の精神を支えてきたのが、「自由」「質実剛健」の学風です。真理を探求するための自由、また、真実と人間性を見失いがちな時代の波に流されない底力を育てるのが質実剛健の伝統です。

指導においては、次のことを目標にしています。
1.生徒一人ひとりが潜在的に持っている能力を、自分の力で見いだし、これを最大限伸ばせるような指導をめざしています。
2.新時代を切り開く思考力と表現力。その基盤となる基礎学力。それらを身につける努力を通じ、粘り強い人物の育成を心がけています。
3.創造性のある思考力を育成するため、自由闊達な校風を維持していますが、節度ある自由を心がけ、飾り気なくまじめ(質実)で心身ともに健全(剛健)な人物の育成をめざしています。

カリキュラムの特色

習熟度別のクラス編成は特に行わず、生徒の自主性を尊重しながら、日々の授業を重視しています。高校からの入学者は1年間別クラスとして、高2からは内部進学者と混合のクラスになります。

国語は、現代文の分野だけでなく、口語文法、文語文法、古文、漢文と系統的な学習も行います。高校は現代文・古文・漢文が独立し、副教材・自主教材での授業が中心です。高3では大学受験に応じた授業になります。

数学は、中学では代数と幾何を分けて学習します。高2の中ごろから文系・理系を考慮に入れ、高3では問題演習中心の授業を行います。

理科は、中学から物理・化学・生物・地学の4教科に分割されます。高1では上記4科目から化学を含む3科目を選択必修とし、高2・高3では2科目を選択して学習します。

社会は中学から歴史、地理、公民を各科目専門の教員が担当。学校や居住地周辺を題材に、調べ学習や発表を行う授業にも力を入れています。高校では、新教育課程への移行に対応して地理総合・歴史総合・公共の必修科目を設定するほか、今後変化が予想される大学入試に柔軟に対応できるように、世界史・日本史・地理・政経・倫理の選択科目を設定します。

英語は週6時間授業で、読解・作文・文法とともに会話にも重点をおきます。中学では1クラスを半分に分け、英語ネイティブスピーカーによる

今春の進学実績については巻末の「高校別大学合格者数一覧」をご覧ください

英会話の授業も行います。

そのほか、体育は、陸上、武道（柔道・剣道）、球技など、いろいろな運動が経験できます。芸術は、中学で音楽と美術、高校は音楽、美術、書道、工芸の科目を設け、心の豊かな人間の育成をめざします。技術家庭は、中学で木材加工、高校で情報処理の基本的な知識と技術を身につけます。

環境・施設設備

JR・地下鉄西日暮里駅から2～3分、交通至便の立地です。校地23,793㎡に第1グラウンド（テニスコート）・第2グラウンド、体育館、図書館、視聴覚教室、コンピュータ室、理科教室、天体観測ドームや食堂ホールなどが整備されています。

1998年に現中学校舎が完成。2021年9月には高校新校舎も一部完成・使用開始となり、2023年夏にはすべての教育施設が完成しました。

学校行事・クラブ活動

5月に行われる運動会では、紫・白・青・緑・橙・黄・赤・黒の8組に分かれて優勝を競います。馬上鉢巻き取り、綱取り、俵取り、騎馬戦、棒倒し、リレーなど多彩な競技があり、若さと力が躍動する伝統行事です。安全性を配慮した上で、1年前から生徒が自主的に準備し、運営しています。

また、わが国でもっとも長い伝統を持つ筑波大附属高校とのボートレース、秋のマラソン大会など、数々の行事があります。そのほか、修学旅行、学年旅行、文化祭、希望者を対象に実施されるスキー学校や、水泳学校が主な行事です。文化祭は、日ごろの研究成果の発表をはじめ、運動部の交流試合、講演会、名物の古本市、中夜祭、後夜祭など、延べ3万人の観客でにぎわいます。

クラブ活動では、勉学と同様に、自由と質実剛健の伝統が生かされ、活発に活動しています。

運動部には合気道、弓道、ゲートボール、剣道、硬式テニス、硬式野球（高校）、サッカー、山岳、柔道、水泳、ソフトテニス、ソフトボール、卓球、軟式野球、バスケットボール、バドミントン、バレーボール、ハンドボール、フェンシング、ボート、ラグビー、陸上競技があります。

学芸部は囲碁、ESS、演劇、音楽、開成管弦楽団、社会科研究、将棋、書道、数学研究、生物、地質、鉄道研究、天文気象、美術、物理、弁論、理化学、俳句、折り紙研究、クイズ研究、手品などほか8部。同好会は約20の団体があります。

データファイル

■2024年度入試日程

中学校　インターネットによる出願

募集人員	出願期間	試験日	発表日	手続締切日
300	1/10～1/22	2/1	2/3	2/4

高等学校　（推薦入試はなし）

募集人員	出願期間	試験日	発表日	手続締切日
100	1/25～1/27	2/10	2/12	2/13

インターネットによる出願

■2024年度選考方法・入試科目

中学校

国語、算数、理科、社会
〈配点・時間〉国＝85点50分　算＝85点60分　理・社＝各70点40分
〈面接〉なし

高等学校

国語、数学、英語（リスニング含む）、理科、社会
〈配点・時間〉国・英＝各100点50分　数＝100点60分　理・社＝各50点40分
〈面接〉なし

■2023年春卒業生進路状況

卒業者393人ほぼ全員が東大、早稲田大、慶應義塾大など四年制大学への進学を希望し、東大合格者は118人。

■2023年度入試結果

中学校

募集人員	志願者数	受験者数	合格者数	競争率
300	1,289	1,193	419	2.8

高等学校

募集人員	志願者数	受験者数	合格者数	競争率
100	565	555	189	2.9

学校説明会　要予約
★中学校（5・6年生対象）　10/21 10/22
★高等学校（2・3年生対象）　10/21 10/22

見学できる行事
文化祭　9/23・9/24
運動会　5/14（今年度は非公開）

説明会・行事等は日程・内容が変更される場合があります。必ず学校HP等でご確認ください

KNG 開智日本橋学園中学校・高等学校

（かいちにほんばしがくえん）

〒103-8384　東京都中央区日本橋馬喰町2-7-6　☎03-3662-2507　学校長　近藤　健志

開智日本橋学園中学・高等学校・都営浅草線
JR総武線（各駅停車）・都営浅草線
浅草橋駅より徒歩3分、
JR総武線（快速）馬喰町駅より3分、
都営新宿線馬喰横山駅より徒歩7分、
秋葉原駅より徒歩12分

〈URL〉https://www.kng.ed.jp

沿革　明治38年（1905）、旧日本橋区教育会の事業として日本橋女学校設立。平成27年（2015）千葉県柏市の従来の日本橋学館大学を改組、開智国際大学とし、中学は開智日本橋学園中学校となりました。平成30年（2018）、高校は開智日本橋学園高等学校として生まれ変わりました。

校風・教育方針

世界中の人々や文化を理解・尊敬し、平和で豊かな国際社会の実現のために貢献する、創造力・発信力を持った思いやりのあるリーダーの育成を目指す「クリエイティブ・グローバルリーディングスクール」が誕生しました。創立110年以上の伝統があり、人間教育や伝統文化・芸術教育に定評のある日本橋女学館と、21世紀型学力育成のためにアクティブ・ラーニングを推進し高い大学進学実績を持つ開智学園が手を結び、急速に変化する社会に対応でき、世界のリーダーとして活躍できる人材の育成を目指します。

カリキュラムの特色

2022年から全コースで国際バカロレアに準拠した教育を行っています。中1〜高1はミドルイヤーズプログラム（MYP）、高2〜高3はディプロマプログラム（DP）を学び、最終試験を経て所定の成績を収めると、国際的に認められる大学入学資格（国際バカロレア資格）が取得可能です。

中学校では、3つのコースを設置しています。
グローバル・リーディングコース（国際先端クラス）は、帰国子女や英語力の特に高い生徒が、海

外のトップレベルの大学を目指します。**デュアルランゲージコース**（多重言語クラス）では、英語を中学から本格的に勉強して、国内・海外の大学への進学を目指します。**リーディングコース**（最先端クラス）では、日本のトップレベルの大学を目指し、アクティブ・ラーニングを主体とした探究型・協働型の授業を行います。

〈授業の特徴〉
①探究型・協働型・プロジェクト型のアクティブ・ラーニングを行い、探究力・創造力・思考力・コミュニケーション力・発信力を育成します。
②質の高い発問型の授業を通して、探究型授業で必要な知識を学び、アクティブ・ラーニングを通じて学んだ内容を整理分析し、知識を体系化していきます。
③授業・放課後補習、夏期講習、冬期講習等で通常の授業とは異なる角度から学ぶことで、確実な学力を育成します。

高等学校では、きめ細かい学習指導を実現するために、独自の少人数制授業と実践的な学習プロ

今春の進学実績については巻末の「高校別大学合格者数一覧」をご覧ください

グラムを実施。教員と生徒の距離が近いため、双方向の豊かなコミュニケーションが実現できます。中学同様、探究型、協働型、プロジェクト型のアクティブ・ラーニングを行い、構造化された学びを通して、探究力、創造力、思考力、発信力、コミュニケーション力を育成します。

また、放課後の「特別講座」や「チューター制」など、基本から学力増強まで学校の教務サポートですべてをフォローする「All in School」によって、大学進学をバックアップします。

環境・施設設備

2009年に完成した校舎は地上8階・地下1階建て。個別、集団向けの自習スペースや、18時まで利用できるライブラリ、屋上運動場、体育館、多目的ホールなど、魅力的な設備が整っています。

学校行事・クラブ活動

生徒会活動では、生徒の自主的な活動を行い、文化祭、体育祭、卒業生を送る会、その他さまざまな行事を生徒の実行委員会とともに、企画、準備、運営し、行事を自分たちの手で創っていきます。

部活動では、生徒が主体となって、自主的に計画し活動する部活動を創り運営します。バドミントン部、ダンス部、吹奏楽部などが特に活躍しています。

データファイル

■2024年度入試日程

＊募集要項でご確認ください

中学校 ※11/23、12/16に帰国生入試あり

募集人員		出願期間	試験日	発表日	手続締切日
1回	35	Web出願 1/10〜 各試験当日 （集合時間まで）	2/1	2/1	2/10
特待	30		2/1午後	2/1	
2回	25		2/2午後	2/2	
3回	20		2/3午後	2/3	
4回	20		2/4	2/4	

※グローバル・リーディングコース入試は1回と4回で実施

高等学校 募集を行っていません

■2024年度選考方法・入試科目

中学校

1回・2回・3回・4回：2科または4科

特待生：4科または1科（算数・160点70分）

※1回・4回のグローバル・リーディングコース希望者は国・算・英語G（エッセイライティング・100点50分）、面接（英語・日本語）

帰国生：エッセイ（英語）、国・算（基礎学力）、面接（英語・日本語）

〈配点・時間〉国＝100点50分　算＝120点50分
理・社＝各50点25分

〈面接〉グローバル・リーディングコースと帰国生のみあり　生徒個人　きわめて重視

■2023年春併設大学への進学

内部推薦の制度はなく、他校生と同条件です。

開智国際大学－進学者なし

■2023年春卒業生進路状況

卒業生数	大学	短大	専門学校	海外大	就職	進学準備他
140人	104人	0人	4人	13人	0人	19人

■2023年春主な大学合格実績

京都大　千葉大　お茶の水女子大　東京外国語大　東京医科歯科大　早稲田大　慶應義塾大　上智大　東京理科大　国際基督教大　学習院大　明治大　青山学院大　立教大　中央大　法政大　トロント大　メルボルン大など

■2023年度入試結果

中学校　男／女

募集人員		志願者数	受験者数	合格者数	競争率
1回	25	114/200	82/156	25/50	3.3/3.1
GLC		10/10	8/9	2/2	4.0/4.5
適性	10	49/68	46/65	8/17	5.8/3.8
特待	30	170/179	119/117	31/36	3.8/3.3
2回	25	256/290	152/155	24/31	6.3/5.0
3回	20	281/332	145/169	12/26	12.1/6.5
4回	20	245/302	114/139	11/20	10.4/7.0
帰国1回	20*	77/77	73/73	15/33	4.9/2.2
2回		57/54	22/25	10/11	2.2/2.3

＊帰国生の募集人員はグローバル・リーディングコース20（一般との合計）

学校説明会 要予約

★中学校
10/28　11/11　12/9　1/13　帰国生　10/14
授業体験会＆説明会 9/18
出題傾向説明会（オンライン） 12/2
詳細は学校HPをご覧ください

見学できる行事 要予約
開橋祭 10/7・10/8（入試相談コーナーあり）

説明会・行事等は日程・内容が変更される場合があります。必ず学校HP等でご確認ください

東京
か

かえつ有明中学校 高等学校

〒135-8711　東京都江東区東雲2-16-1　☎03-5564-2161　学校長　石川　百代

〈URL〉https://www.ariake.kaetsu.ac.jp/

沿革　明治36年（1903）、嘉悦孝が創立した日本初の私立女子商業学校が母体。1907年私立日本女子商業学校と改称。昭和27年（1952）、嘉悦女子中・高等学校に改称。平成18年（2006）4月臨海副都心エリアへ移転、共学化、現校名に変更。

校風・教育方針

教育理念「生徒一人ひとりが持つ個性と才能を生かして、より良い世界を創りだすために主体的に行動できる基盤の育成」を基に、これからの時代に必要とされるスキルとマインドが身につけられる学校として発展していきます。

優れた「学力」と豊かな「人間性」を備え、高い「志」を持ち、自己表現力・プレゼンテーション力などのコミュニケーション能力を向上させ、知性と感性、他者を理解できる心の力をバランスよく育成する指導を実践します。

カリキュラムの特徴

私学のメリットを生かしたカリキュラムとなっています。その結果として、今春は、東北大・千葉大をはじめ国公立大に9人が合格、早稲田大・慶應義塾大をはじめ早慶上理に51人、GMARCHに116人、医・歯・薬に9人、海外大学12人という結果でした（卒業生191人中）。

大学進学のための対策講座を受けることができる「学習支援センター」を設置しており、個々の学力を最大限に伸ばすために、きめ細かく生徒をサポートします。知識の詰め込みではなく、各教科教育での理解を深め、そこで得た情報を必要に応じて正確に使い発展させていくための力を習得。そのために独自のプログラムである教科横断型科目「サイエンス」では、学びを深化させる上で重要なスキルとマインドを身につけます。また「外国語教育」では、「クリティカルシンカー」の育成を目指し、21世紀の社会で要求されるスキルとして、論理的・科学的思考力に基づいた"柔軟な発想力"を育成するための独自のプログラムで国際教養を学びます。

環境・施設設備

環境に配慮した安全快適なエコスクール。雨水・昼光・風・地中冷熱など自然の力を利用しており、環境問題を意識できる教材ともなります。また、校舎南側には最新の人工芝で、公式のサッカーグラウンドがあり、校舎北側にはテニスなど

学校長からのメッセージ　学校長　石川百代

かえつ有明では生徒の生き生きとした学びを尊重しています。その基本は教職員が教育理念に向けて気持ちを揃え、生徒たちを支える姿勢であると考えています。前向きで活動的な文化がかえつ有明の特徴です。近年、対話を「共感的コミュニケーション」と呼び、力を入れています。生徒間や教職員との率直な対話は、人間同士のつながりや他人に対する理解を生むだけに留まりません。学級・学年の枠をも超えた対話の集会等を通して、自己特性の気付きや、自分軸の確立へと繋がっていきます。これは将来への可能性や進路決定にも影響を及ぼすのです。

今春の進学実績については巻末の「高校別大学合格者数一覧」をご覧ください

🏫 3学期制 🕐 登校時刻 8:15 🍱 昼食 弁当持参、食堂、売店 📅 土曜日 授業

ができる全天候型グラウンドがあります。

クラブ活動

27の部が中高合同で活動しています。全国でもトップレベルのマーチングバンド部やバトントワリング部のほか、サッカー部、硬式テニス部なども活躍しています。このほか、科学部や調理部などの文化部も活発に活動しています。ほかにも鉄道研究会など特色ある同好会があります。

データファイル

■2024年度入試日程
中高とも帰国生の試験日は11/19、12/4

中学校	※2/10まで延納可				

募集人員		出願期間	試験日	発表日	手続締切日
2科4科	45	1/10～1/30	2/1	2/1	2/8※
思考力特待	7	1/10～1/30	2/1	2/1	2/8※
特待1回	35	1/10～1/30	2/1午後	2/1	2/8※
Hon./Adv.	15	1/10～1/25	2/2	2/2	2/8※
特待2回	30	1/10～2/1	2/2午後	2/2	2/8※
特待3回	18	1/10～2/2	2/3午後	2/3	2/8※
AL思考力	10	1/10～2/2	2/3午後	2/3	2/8※

高等学校	＊帰国生入試を含む				

募集人員		出願期間	試験日	発表日	手続締切日
一般＊	10	1/25～2/6	2/11	2/11	2/15※

※入学手続きは公立合否発表日翌日まで延期可
推薦入試、併願優遇は実施しません

■2024年度選考方法・入試科目

中学校

2科4科・特待1・2・3回：2科か4科、4科受験生のみ特待合格の可能性あり

思考力特待：個人探究（150分）

Honors／Advanced：英語筆記・英語作文・英語ペアワーク・日本語作文

アクティブラーニング思考力特待：グループワーク（90分）

〈配点・時間〉国・算＝各100点50分　理・社＝各50点25分

高等学校

一般：国語、数学、英語、グループワーク、プレゼンテーション

〈配点・時間〉国・数・英＝各50点30分
〈面接〉なし

■2023年春併設大学への進学
在学中、一定の成績をとった者に資格があります。
嘉悦大学－進学者なし

■指定校推薦枠のある主な大学
東京理科大　法政大　成蹊大　武蔵大　日本大
東洋大　駒澤大　國學院大　獨協大　東京都市大
日本歯科大　昭和女子大など

■2023年春卒業生進路状況

卒業生数	大学	短大	専門学校	海外大	就職	進学準備他
191人	159人	0人	0人	4人	0人	28人

■2023年度入試結果

中学校	特待は一般合格含む				

募集人員		志願者数	受験者数	合格者数	競争率
2科4科	40	396	296	64	4.6
思考力特待	10	26	24	5	4.8
特待1回	30	511	387	74	5.2
Hon./Adv.	10	27	26	9	2.9
特待2回	25	576	340	61	5.6
特待3回	15	566	302	55	5.5
AL思考力	10	84	75	11	6.8
帰国生	40	597	501	325	1.5

高等学校

募集人員		志願者数	受験者数	合格者数	競争率
一般	30	31	28	9	3.1
帰国生	10	63	57	22	2.6

学校説明会	要予約

★中学校
（オンライン）　9/2 10/7 11/4 1/6
部活動見学会　10/14
入試体験会　12/9
★高等学校
（来校型）　9/2 9/30 11/25
帰国生対象（中・高）（オンライン）　9/9 10/28

見学できる行事

文化祭　9/23・9/24

説明会・行事等は日程・内容が変更される場合があります。必ず学校HP等でご確認ください

東京 か

㊧ 科学技術学園高等学校
かがくぎじゅつがくえん

〒157-8562　東京都世田谷区成城1-11-1　☎03-5494-7711　学校長　吉田　修

〈URL〉https://hs.kagiko.ed.jp/

沿革　昭和39年（1964）、日本科学技術振興財団が、科学技術振興事業の一環として科学技術学園工業高等学校を設置。昭和52年（1977）、科学技術学園高等学校に校名変更。翌年、定時制課程開設。

校風・教育方針

教育理念として「生徒個々の能力・適性に応じた教育をし、『知』『徳』『体』の調和のとれた人間を育成すること」を掲げています。受動的な学習から能動的な学習へと導き、日々変化する社会情勢に適応できる人材を育成します。

カリキュラムの特徴

■総合コースの特徴

1年生では、英語と数学を中心に各自の学習到達地点から「学びなおし」を実践します。ICTの活用はもとより、独自の教材「Kテキスト」で学習をすすめ、定期試験ごとに自信をつけていきます。担任は定期的な学習面談で振り返りを必ず行い、ペースメーカーの役割を担い目標を設定します。同時に各生徒の興味関心を育んでいきます。

2・3年生では進路に合わせた学びを進めていきます。「将来の自分にはどのような学びが必要なのか」を考えさせ、およそ70からなる科目の中から選択し、組み合わせることで自分の時間割を作っていきます。大学進学を目指す者、IT関連を中心に学習を進める者、芸術分野に進む者と将来像はさまざま。特にプログラミングとコンピュータグラフィックなどの情報系科目は人気があり情報スキルを伸ばしています。

■特進コースの特徴（理数・情報・文系クラス）

徹底した少人数制で、1年生では基礎、2・3年生では演習を中心に学習を進め、国公立・難関私大進学を果たします。各クラスで共通している英語学習は、基礎からのアプローチを徹底し、中学3年間で不十分であった学習項目に着目。週に1日「英語デー」を置き「イマージョン授業」を取り入れ、実践的な英語学習をしています。

・理数クラスの特徴

理科好き・実験好きを集めたクラスです。実験・フィールドワークの経験こそが将来の研究者の卵となると考え、実験・フィールドワークの時間を積極的に組み込んでいます。また、サイエンス講座・見学会を定期的に行い、高いレベルの講義を受けることでサイエンスリテラシーを身に付けます。

・情報クラスの特徴

「PCを学びの中心に」と考えている生徒のクラスです。プログラミング、Webサイト制作など実践的な学習を行います。また、ITパスポート取得と情報技術者試験合格を目指しています。

・文系クラスの特徴

歴史・地理・公民の分野について深く知りたいと思っている生徒、国語・英語を中心に言語に興味のある生徒に対し、進学先でも主体的に学ぶ土台を築いていきます。長期休業中の校外での史跡探訪や、語学研修への積極的な取り組みは生徒をより大きく成長させます。

体験学習・校外行事

多彩な研修プログラムを用意しています。1年

今春の進学実績については巻末の「高校別大学合格者数一覧」をご覧ください

次の「アート教室」では、演劇やオーケストラ、歌舞伎、絵画などの芸術文化に触れます。2年次の「体験教室」では、そば作りやシルバークレイ、カヌー、ボルダリング、ギターなどを体験し、新しい趣味との出会いの場としています。また、フィールドワークとして、世田谷ウォーク（1年次）、東京ウォーク（2年次）を実施。2年次の修学旅行は、沖縄コース・瀬戸内コースの2コースから選択します。このほか、希望者対象のオーストラリア・ケアンズでの語学研修があります。

学校行事・クラブ活動

行事は、生徒が主体となって企画から運営まで行います。6月の体育祭をはじめ、強歩大会、剣道大会など、多彩な行事があります。特に盛り上がるのは9月のかるた祭（文化祭）です。

クラブ活動は盛んです。運動部は軟式野球、サッカー、バスケットボール、柔道、剣道、空手道、弓道、陸上競技など。文化部は吹奏楽、鉄道

研究、科学、パソコン、囲碁将棋、ICT・e-sportsなど。同好会は太鼓、合唱、文芸、百人一首の4つが活動しています。また、独自の「マイスタークラブ」では、専門の先生の指導のもと、個性や能力を伸ばすことができます。陶芸、書道、ICT、英語、自然科学など7つのクラブがあります。

通信制課程（共学）

通学型クラス（週5日）、週2日クラス・週1日クラスと、登校が半年に7日程度のeラーニングコースを設置しています。自分の目標や生活スタイルに合わせて、学習を進めることができます。

通学型クラスには、中学校の内容の復習ができる「基礎学習」や興味関心を追求できる多彩な「講座」があります。

それぞれのコースやクラスに所属しながら午前の登校が困難な生徒のためのイブニングクラスもあり、自分の学びたいという意欲に応えられる多彩な学習形態があります。

データファイル

■2024年度入試日程

募集人員		出願期間	試験日	発表日	手続締切日
総合推薦	60	1/15～1/18	1/22	1/23	1/27
一般A	〕60	1/25～2/7	2/10か11	2/13	2/22※
A単願		1/25～2/7	2/12	2/13	2/22
B		1/25～2/15	2/17	2/18	2/22※
特進推薦	20	1/15～1/18	1/22	1/23	1/27
一般A	〕20	1/25～2/7	2/10	2/13	2/22※
B		1/25～2/15	2/17	2/18	2/22※

一般は併願優遇あり（総合コース第一志望を除く）
※併願者の手続締切日は3/3

■2024年度選考方法・入試科目

推薦：書類審査、面接、作文（400字40分）
【出願条件】 総合－内申9科18 欠席3年間10日以内　特進－内申3科（国数英または国数理）9または5科15　加点措置あり
一般：［総合コース］A日程・B日程一般－国語・数学・英語、面接　A日程第一志望－作文、面接
【出願条件（併願優遇）】 総合－内申9科20　欠席3年次10日以内
［特進コース］国語・数学・英語または国語・数学・理科、面接【出願条件（併願優遇）】内申5科16程度または9科28程度　加点措置あり
〈配点・時間〉総合コース：国・数・英＝各100点30分　特進コース：国・数・英・理＝各100点50分

〈面接〉生徒個人

■指定校推薦枠のある主な大学

駒澤大　高千穂大　帝京大　東京農業大　和光大　麻布大　神奈川大　関東学院大　聖学院大　東京国際大　明星大　桜美林大など

■2023年春卒業生進路状況

卒業生数	大学	短大	専門学校	海外大	就職	進学準備等
163人	68人	2人	64人	0人	15人	14人

■2023年度入試結果　総合一般Aは単願／併願

募集人員		志願者数	受験者数	合格者数	競争率
総合推薦	60	57	57	57	1.0
一般A	〕60	62/195	62/191	62/189	1.0/1.0
B		31	25	23	1.1
特進推薦	20	12	12	12	1.0
一般A	〕20	27	24	22	1.1
B		9	7	4	1.8

学校説明会 要予約
9/9 10/7 10/21 10/28 11/4 11/12 11/18 11/25 11/26 12/2 12/3 12/9 12/10 12/16
オープンスクール 10/14
学校公開期間 11/6～11/10
個別相談・学校見学は随時可（要予約）
見学できる行事 要予約
かるた祭（文化祭） 9/24

説明会・行事等は日程・内容が変更される場合があります。必ず学校HP等でご確認ください

世田谷区　高　男子　共学

学習院中等科・高等科
（がく　しゅう　いん）

〒171-0031　東京都豊島区目白1-5-1　☎03-5992-1032　中・高等科長　髙城　彰吾

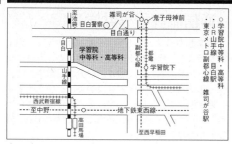

〈URL〉https://www.gakushuin.ac.jp

沿革　学習院は明治10年（1877）、東京神田錦町に開校されました。創立以来約140年の歴史を誇る、日本でも最古の学校の一つです。昭和22年（1947）、私立の学校法人学習院として、新しい教育理念のもとで再出発しました。その後、昭和24年（1949）に新制大学が発足しました。昭和25年（1950）に短期大学部が設置され、その後平成10年（1998）に女子大学に改組。また、昭和38年（1963）には幼稚園が再開されました。さらに平成16年（2004）法科大学院が創設されました。

校風・教育方針

「ひろい視野」「たくましい創造力」「ゆたかな感受性」をそなえた青少年を育成することを教育目標としています。

中等科は、義務教育の完成と同時に、高等科、さらに大学とあわせて目白における10年間の学習院教育のうちの最初の3年間にあたり、将来に向けて必要な基礎学力をしっかり身につけることに力を入れています。また、生徒一人ひとりが心身共に健全で調和のとれた人材として成長するよう、全力を挙げて取り組んでいます。

高等科は、確固とした見識、健全で豊かな思想、感情を培い、自ら考え、様々なことに積極的に挑戦する自主性を育てることが目標です。

また、中学までに養われた基礎学力や基礎生活の本格的応用の場であり大学教育までを視野に入れ、各自がその目的を達成し、かつ充実した学校生活を送ることができる学力をつけられるよう指導しています。その実現のために、生徒と教員そして生徒同士の信頼関係を強化し、日々相互に対話の機会を多く作ることに尽力しています。

カリキュラムの特色

中等科での各教科の授業は、常に高等科との関連から精選され、充実した内容となるよう、教材、器具、機器の利用や教授法についてもそれぞれ工夫と配慮がなされています。英語と数学は20人前後の習熟度別小クラス編成もあり、きめの細かい指導が行われています。特に英語は、外国人教員とのチームティーチングやマルチメディア教室の利用などによって「聞く・話す」能力も高めるように努め、検定試験においても優秀な成績を収めています。社会、理科なども内容によってそれぞれの専門の教員が担当し、成果を挙げています。体育では年間を通して温水プールを利用した水泳指導を行い、基礎体力の育成をはかっています。

高等科では、志望する大学に進学するだけでなく、大学教育の中でさらに向上心を持って成長していくための力を養うことが目標となっています。1年生より英語と数学は主に少人数クラス編成で授業を行います。2年生からは科目選択の幅が広いカリキュラムを組み、それぞれの進路希望に合わせて履修できます。独・仏・中国語も履修できるほか、2年生の「総合選択科目」には「暴力の倫理学」「博物館を知ろう」など19講座を開講。教科の枠を越えた授業を展開しています。

高等科時代は単なる大学進学の準備期間だけではなく、貴重な青春時代の数年間であるという認識に立ち、この期間を有意義に過ごすための心身の鍛練や生活指導にも力を入れています。

今春の進学実績については巻末の「高校別大学合格者数一覧」をご覧ください

環境・施設設備

　総面積20万㎡に大学、高等科、中等科、幼稚園があります。四季折々の美しい自然、武蔵野を象徴するケヤキの大木、イチョウの老木など、目白の森には風格と気品が備わっています。

　体育施設が整備され、学外には、臨海学校や各科の学年行事に利用される沼津游泳場、日光光徳小屋、寸心荘（鎌倉）などの教育活動のための施設があります。

学校行事・クラブ活動

　中等科では学年ごとに全員参加の宿泊行事、赤城林間学校、富士長距離歩行、修学旅行があります。また希望者参加の宿泊行事、沼津游泳、東北自然体験、スキー学校や、選抜された生徒が参加するニュージーランド短期研修があります。高等科では、北海道スキー教室、沖縄研修旅行、ボート大会などがあります。また中等科・高等科合同で鳳櫻祭（文化祭）が行われます。

　中等科の生徒は希望に応じて運動部、文化部、同好会に所属し、活発に活動しています。各クラブは日常の活動のほか、運動部は、各種大会への参加、文化部は鳳櫻祭での発表や新聞雑誌の発行などを通じて、豊かな教養と高い人格の形成とをめざしています。

　部活動では生徒の行動力や指導力が養われますが、中等科では教員の監督のもとに高等科・大学に在学中の優れた先輩が心技にわたる指導にあたるなど、一貫教育の特色を発揮しています。高等科には馬術、漕艇、ホッケーなど多彩な部活動があります。それぞれ顧問やコーチの指導で、放課後や休日、長期休暇期間中に盛んな活動を行っています。

データファイル

■2024年度入試日程

中等科

募集人員	出願期間	試験日	発表日	手続締切日
1回　約75	1/10〜1/31	2/2	2/2	2/3
2回　約50	1/10〜2/2	2/3	2/4	2/5
帰国　約15	11/1〜11/15	12/4	12/5	12/6

高等科　推薦入試は実施していません

募集人員	出願期間	試験日	発表日	手続締切日
一般　約20	1/25〜2/7	2/14	2/14	2/15

■2024年度選考方法・入試科目

中等科

1回・2回：国語、算数、社会、理科
帰国：国語（作文を含む）、算数、面接
〈配点・時間〉国・算＝各100点50分　理・社＝各80点40分　帰国：国・算＝各100点50分
〈面接〉帰国のみ　生徒グループ

高等科

国語、数学、英語（リスニング含む）、面接
〈配点・時間〉国・数・英＝各100点60分
〈面接〉生徒個人　参考

■2023年春併設大学への進学

進学条件は、推薦のための実力テストの成績、平素の学習状況、出欠席状況などの基準を満たしていること。
学習院大学－115（法30、経済53、文11、理4、国際社会科17）

■指定校推薦枠のある主な大学

慶應義塾大　早稲田大　東京理科大　上智大　中央大　日本歯科大など

■2023年春卒業生進路状況

卒業生数	大学	短大	専門学校	海外大	就職	進学準備他
196人	159人	0人	0人	3人	0人	34人

今春の大学合格実績（現役）は、国立では一橋大1、横浜国立大2、防衛医科大2、早稲田大12、慶應義塾大10、上智大7、東京理科大7、明治大13、立教大8、中央大7、法政大7、国際基督教大2、国私立大医歯学部12ほか。

■2023年度入試結果

中等科

募集人員	志願者数	受験者数	合格者数	競争率
1回　約75	389	305	142	2.1
2回　約50	426	220	65	3.4
帰国　約15	83	81	46	1.8

高等科

募集人員	志願者数	受験者数	合格者数	競争率
一般　約20	174	131	36	3.6

学校説明会　要予約
★中等科
入試説明会　11/18
★高等科　10/14
公開行事　要予約
鳳櫻祭　11/3・11/4（個別説明コーナーあり）

説明会・行事等は日程・内容が変更される場合があります。必ず学校HP等でご確認ください

東京
か

（がく　しゅう　いん）
学習院女子中等科
学習院女子高等科

〒162-8656　東京都新宿区戸山3-20-1　☎03-3203-1901　女子中・高等科長　増渕　哲夫

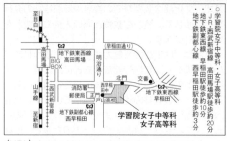

〈URL〉https://www.gakushuin.ac.jp/girl/

沿革　明治18年（1885）、華族女学校創設。同39年（1906）学習院女学部、大正7年（1918）女子学習院を経て、昭和22年（1947）、学習院女子中等科・女子高等科となりました。

校風・教育方針

　伝統的に明るくおおらかな校風をもち、その中で一貫して「その時代に生きる女性にふさわしい品性と知性を身につけること」を教育方針として掲げてきました。生徒は四季折々の花が咲くキャンパスで、伸び伸びと学校生活を送っています。

カリキュラムの特色

〈**主体的学習**〉自ら学ぶ方法を発見し、学ぶことに楽しさ・喜びを感じ取れる生徒を育んでいます。一方的な知識の詰め込みに偏らない、生徒の主体性を重視した授業を運営し、講義形式にとどまらず充実した教育施設を活用した実験・実習を積極的に取り入れています。例えば、構内の豊富な種類の植物を、理科の観察で利用します。英語では中等科からスピーチコンテストや英語劇などが行われ、高度な英語力の育成を目指しています。

　高等科の現代史などでは、グループ発表の機会を設け、生徒が主体的にテーマを決め、調べたことを的確にプレゼンテーションをする技術を高めています。また、コンピュータを用いた授業では、操作の習得からプログラミング、ホームページの作成まで、情報処理はもちろん、情報発信のための技術を学びます。正確に情報を受け、伝達する能力を育成するために、各教科で作文やレポート

など、書くことを重視しています。

〈**中・高一貫の教育**〉中・高一貫した教育課程を編成しています。中1・中2は基礎課程、中3・高1は応用課程、高2・高3は発展課程と3つの期間で編成しています。高2・高3では文系・理系コースを設定して、6年をひとつの流れとした理想的なカリキュラムにより、多様な進路に対応し、高い学習効果を実現しています。

　国語の授業では中1から古文の学習を始め、高3までに「源氏物語」を読む力を身につけられるように、各学年の学習内容を配置しています。中等科では、独自に編集したテキスト「古文の基礎」を用い、「いろは歌」や学習院の「院歌」など身近な古典から学んでいきます。

　英語では外国人教師の授業が6年間を通じて行われ、GTECや英検合格などの成果を確実に上げています。

　体育の授業では、温水プールでの水泳や、ダンスの授業が年間を通じて行われ、健康で体力のある表現力豊かな生徒の育成を目指しています。

〈**少人数授業**〉生徒一人ひとりの能力や習熟度に応じた、きめ細かな指導をするため、教科によっては20人前後の少人数編成で授業を行います。国語は中1の古文と表現、数学は中1と中2、家庭科は中1において、クラスを2分割した授業を行っています。英語は6年間一貫した分割授業を行い、口頭練習や口頭発表の機会を多く設けています。高等科の独語・仏語、日本画・西洋画、被服などの選択授業でも少人数編成を実施しています。

3学期制　**登校時刻** 8:20　**昼食** 弁当持参　**土曜日** 授業

環境・施設設備

　都心にありながら66,123㎡（約2万坪）の広大な校地と自然に恵まれ、四季折々に咲く木々の花々がキャンパスに潤いと落ち着きを与えています。2010年9月に完成した校舎（本館）で、中1〜高3がともに勉学や委員会活動に勤しんでいます。特別教室には理科教室4室、理科実験室4室、美術科教室4室、音楽科教室2室、家庭科教室5室、コンピュータ教室2室、メディアセンター等があります。体育施設には2017年9月完成の総合体育館（プールとアリーナの複合施設）、第二体育館（和室付設）、グラウンド、テニスコート、屋外バレーボールコートなどがあります。また、構内の中心には蔵書約13万冊の図書館があります。

生活指導・心の教育

　「正直と思いやり」の精神を大切にするとともに、誇りを持って規則正しく、健全な学校生活を送るように指導しています。潤いのある情操豊かな人柄を備え、何事にも意欲的に取り組む積極的な近代女性の育成に努めています。校内では、朝夕を問わず、常に挨拶は「ごきげんよう」です。この柔らかで温もりのある美しい言葉が、学習院女子中・高等科の学校生活を象徴しています。

学校行事・クラブ活動

　伝統の筑波大附属との定期戦である「附属戦」、全員が必ず何らかの球技に出場して競う球技会、遠足、林間学校・臨海学校、秋の運動会や文化祭（八重桜祭）など、年間を通して多彩な行事があります。修学旅行は、中等科3年生が山陽旅行、高等科2年生が関西旅行です。夏休みには希望者対象のイートン校（英国）での異文化体験、姉妹校であるメソジスト・レディズ・カレッジ（オーストラリア）での研修も行っています。

　クラブは文化部は、文芸、E.S.S.、仕舞、日舞、放送、演劇、料理研究、化学、コーラスなど20部。運動部は、テニス、バスケットボール、ソフトボール、剣道、水泳、陸上競技など11部。ほかに、ボランティア、手話、かるたの3つの同好会があります。

データファイル

■2024年度入試日程

中等科　※出願はWeb

募集人員		出願期間	試験日	発表日	手続締切日
A	約90	1/10〜1/25	2/1	2/2	2/3
B	約40		2/3	2/4	2/5
帰国	約15	11/20〜12/5	1/20	1/23	1/24

高等科　募集を行っていません

■2024年度選考方法・入試科目

中等科

一般：国語、算数、理科、社会

帰国：作文（日本語または英語）、国語、算数、面接

〈配点・時間〉一般：国・算＝各100点50分　理・社＝各60点30分　帰国：国・算＝各100点40分　作文＝80点50分

〈面接〉帰国生入試のみ保護者同伴　参考

■2023年春併設大学への進学

高等科での成績、および実力考査などに基づいて審議のうえ推薦され、大学の審議を経て進学が決定します。学習院大学へはほとんどの生徒が第一志望の学科に進学しています。

学習院大学－83（法18、経済30、文16、理11、国際社会科8）

学習院女子大学－3（国際文化交流）

■指定校推薦枠のある主な大学

早稲田大　慶應義塾大　上智大　中央大　法政大　津田塾大　東京女子医科大　東京理科大　北里大　日本歯科大　日本女子大など

■2023年春卒業生進路状況

卒業生数	大学	短大	専門学校	海外大	就職	進学準備他
184人	162人	0人	1人	2人	0人	19人

■2023年度入試結果

中等科

募集人員		志願者数	受験者数	合格者数	競争率
A	約90	255	224	104	2.2
B	約40	416	181	49	3.7
帰国	約15	43	23	15	1.5

オープンスクール　要予約
10/7　11/25

学校説明会　要予約
保護者　9/25　10/4　11/27

見学できる行事　要予約
文化祭（八重桜祭）　11/3・11/4

説明会・行事等は日程・内容が変更される場合があります。必ず学校HP等でご確認ください

東京
か

神田女学園中学校・高等学校
（かんだじょがくえん）

〒101-0064　東京都千代田区神田猿楽町2-3-6　☎03-6383-3751　学校長　芦澤　康宏

〈URL〉https://www.kandajogakuen.ed.jp/

沿革　明治23年（1890）、当時極めて低調だった女子教育の必要性を痛感した竹澤里により創設。以来、女子教育の輪を広げ、2023年創立133周年。

校風・教育方針

確実な基礎学力の育成とトリリンガル教育を中心とする多言語教育、さらに長い歴史に育まれた他者の立場を思いやる品格。これらを効果的に融合し「革新的女子校」としてグローバル女子教育に学園一丸となって取り組んでいます。また国内有数のダブルディプロマ校です。

カリキュラムの特色

中学の英語学習では、「学力としての英語力」（文法・読解）と「コミュニケーションとしての英語力」（リスニング・スピーキング）を身につけることができ、「英語で考える力」を伸ばせます。

ネイティブ講師との「英会話」や、生徒の語学力向上のプログラムである「K-SALC」など学内で豊富なアウトプットの機会があります。

中1よりリベラルアーツ教育の導入として、社会の最適解を探していく探究型の学びである「ニコルプロジェクト（探究学習）」が始まります。また、「教養言語としての数学」、「実社会とのつながりを考える理科」など、理数系科目も丁寧に学び、ロジカルシンキングの基礎を養っています。中3からはフランス語・中国語・韓国語から1科目を選択する「トリリンガル教育」が始まります。

高校では進路目標に対応したコースを設定。2024年度より、コースをリニューアルします。

「キャリアデザインコース」は、多角的な学びの経験値を積み上げ、自身のキャリアをデザインしていくコースです。希望進路や興味関心に合わせて授業を選択することができます。また、英語に加え、第二外国語としてフランス語・中国語・韓国語から一つを選択して学ぶ多言語教育を展開しています。テーマに基づき調査・レポート作成・発表する探究活動や、提携先の大学を訪問する機会も多数設けています。

「グローバルコース」は、多層的な思考スキルを磨き、真のグローバル人材への成長を目指すコースです。全員が留学という経験を通して、言語運用能力や多様な価値観を尊重し合う姿勢を養います。世界各地へ6～12カ月の長期留学が可能で、ダブルディプロマプログラム（DDP）により現地校の卒業資格を取得できます。DDPはアイルランド・NZ・カナダ・アメリカ・イギリスから選択でき、国内外の大学を目指すことができます。

「アドバンストコース」は、国公立大学・難関私立大学への現役合格を目指すコースです。基本のコンプリートと正しい学習習慣を獲得し、生徒の可能性を最大限まで広げます。放課後の時間に希望者を募って一般選抜対策講座を用意。理解の固め方や運用の仕方を学び、実践に即した学習の場を提供します。さらに学習目的を的確に絞り効率的に学習を深める「SAMTBシステム」や、「KANDAくもん教室」を活用し、学校完結型の学習環境を整えています。

今春の進学実績については巻末の「高校別大学合格者数一覧」をご覧ください

🏫 **3学期制** ｜ **登校時刻** 8:20 ｜ **昼食** 弁当持参、弁当販売あり ｜ **土曜日** 授業

環境・施設設備

　学園の周辺には多くの書店が並ぶ神田古本屋街や、ニコライ堂、湯島聖堂、神田明神などがあり、東京の古き良き伝統を身近に感じることができます。7階建ての校舎はICT環境も充実。全館でWi-Fiが利用でき、全教室にプロジェクターを完備。生徒は自己所有のパソコンを持参（BYOD）し、授業での課題配布や提出、スケジュール管理、各教員との連絡ツールとして活用しています。

学校行事・クラブ活動

　生徒が主体となって作り上げる体育祭、文化祭、芸術祭などのほか、キャリア講演会、修学旅行、探究型授業発表会等の行事があります。クラブ活動は中高合わせて26部あり、中でも高校ソフトボール部は2022年・2023年インターハイ出場。中学ソフトボール部は2019年全国優勝。

データファイル

■2024年度入試日程

中学校	2/1午後、2/2午前は特待生選抜

募集人員	出願期間	試験日	発表日	手続締切日
1回 2科・適性 30	1/10〜1/31	2/1午前	2/1	
2回 2科・適性 20	1/10〜2/1	2/1午後	2/1	
3回 2科・4科 10	1/10〜2/2	2/2午前	2/2	2/10
4回 2科・得意 20	1/10〜2/2	2/2午後	2/2	
5回 2科・新思考 10	1/10〜2/4	2/4午前	2/4	
6回 得意科目 10	1/10〜2/5	2/5午後	2/5	

高等学校	＊併願は神奈川を除く隣接県生対象

募集人員	出願期間	試験日	発表日	手続締切日
推薦 ＊ 100	1/15〜1/17	1/22	1/22	単1/25併公翌
一般 〔100	1/25〜2/6	2/10	2/10	一般単2/15併公翌
併願優遇	1/25〜2/3	2/10	2/10	
特待 若干	1/25〜2/6	2/11	2/11	

■2024年度選考方法・入試科目

中学校

2科選択型：国・算・英から2科

適性検査型：適性検査Ⅰ・Ⅱ・Ⅲ（各100点45分）

4科必修型：4科

得意科目型：国・算・英から1科（100点45分）

新思考力型：学際的な論述（100点45分）

〈配点・時間〉国・算・英＝各100点45分　理・社＝各50点計50分　〈面接〉なし

高等学校

推薦：グローバルは英、アドバンストは国・数・英から1科、キャリアデザインは国　全コース面接あり　【出願条件】〈単願〉グローバル：3科11か5科18、かつ英語4か英検3級　アドバンスト：3科11か5科18（5科は3科のいずれかが4以上）　キャリアデザイン：9科から任意の5科15　※全コースとも併願は＋1、9科に1は不可検定・3カ月皆勤・課外活動などにより加点

一般・特待：国語、数学、英語（リスニングあり）、面接

併願優遇：グローバルは英、アドバンストは国・数・英から1科、キャリアデザインは国　全コース面接あり

〈配点・時間〉国・数・英＝各100点50分

〈面接〉生徒個人　重視

■指定校推薦枠のある主な大学

日本大　駒澤大　東洋大　神田外語大　順天堂大　共立女子大　立命館大　海外大40校など

■2023年春卒業生進路状況

卒業生数	大学	短大	専門学校	海外大	就職	進学準備他
100人	84人	6人	5人	3人	0人	2人

■2023年度入試結果

中学校	帰国生入試あり

募集人員	志願者数	受験者数	合格者数	競争率
1回 30	40	27	27	1.0
2回特待 20	56	40	26	1.5
3回特待 10	40	18	15	1.2
4回 20	49	9	9	1.0
5回 10	60	14	13	1.1
6回 10	50	7	7	1.0

高等学校	一般は併願優遇／一般　帰国生入試あり

募集人員	志願者数	受験者数	合格者数	競争率
推薦 100	101	100	100	1.0
一般 〔100	71/20	67/18	67/17	1.0/1.1
特待	97	90	27	3.3

学校説明会 要予約
★中学校　9/3 10/8 11/11 11/25 12/9 1/28
授業体験会　9/9　授業見学会　10/28
出題傾向解説会　12/17 1/13
★高等学校　10/7 10/21 11/4 11/25
授業体験会　9/9　授業見学会　10/28 11/18
出題傾向解説会　12/16 1/14　個別相談会 12/2 12/23

見学できる行事
姫竹祭（文化祭）　9/23・9/24

説明会・行事等は日程・内容が変更される場合があります。必ず学校HP等でご確認ください

関東国際高等学校
（かんとうこくさい）

〒151-0071　東京都渋谷区本町3-2-2　☎03-3376-2244　学校長　松平　ダリウス

〈URL〉https://www.kantokokusai.ac.jp

沿革　大正13年（1924）創立。令和6年（2024）年に創立100周年を迎えます。

スクール・モットー

1．「世界につながる教育」
地球社会という新しい時代に適応するため、同じ目標を持つ諸外国の多くの学校と提携して、広く国際的な交流を目指します。
2．自国のみならず他国の教育・生活・歴史等を理解し視野を広めます。
3．友愛と相互尊重の精神を培い、次代の担い手として国際社会に貢献するための教養とマナーを習得します。

「KANTO」3つのポイント

★**言語コミュニケーション教育**
　英語はもちろん、中国語やイタリア語、スペイン語、フランス語など11の言語と文化を専門的に学ぶことができます。

★**体験型教養講座**
　在学中3年間で計5回行われる4泊5日の勝浦研修で、一生涯使える知識や技術を継続して学び、人生をより豊かなものにします。

★**世界教室プログラム**
　関東国際高校を含め世界23の国と地域の学校が提携し、学校間ネットワークを構築しています。このネットワークを生かし、オンライン交流や「世界教室国際フォーラム」への参加など交流活動を行っています。

カリキュラムの特色

＊外国語科【英語、中国語、ロシア語、韓国語、タイ語、インドネシア語、ベトナム語、イタリア語、スペイン語、フランス語の10コース】
・各言語の運用能力と表現力（プレゼンテーション能力）を重視した授業を展開。
・総合的人間力を育み、他国の言語を身に付け、将来広く世界で活躍できる人材になることを目指します。
＊普通科【文理コース・日本文化コース】
・文理コースはバランスの良いカリキュラム構成が特徴です。2年次より理系・文系の2つのクラスに分かれます。理系クラスは論理的思考力を鍛える授業を行います。文系クラスは文系難関私大を進路目標とし、基礎をしっかり固めながら着実に学力を伸ばします。
・日本文化コースは日本語が母語でない生徒が日本の大学進学を目指すコースです。
・大学と提携した体験的に学ぶ機会が用意されています。
＊総合型選抜・学校推薦型選抜など多様な大学入試に対応。英検などの検定試験や小論文対策を入学時より段階的に実施しています。
＊高大連携事業を活用し、生徒の希望と適性に合った独自の進路指導対策を実施しています。

今春の進学実績については巻末の「高校別大学合格者数一覧」をご覧ください

2学期制 | **登校時刻** 8:30 | **昼食** 弁当持参、カフェテリア | **土曜日** 年12日休日・学校行事

環境・施設設備・校外施設

　都心を臨む恵まれた環境にある「渋谷キャンパス」は教室棟、体育館、グラウンド、カフェテリアなど、良好な学習環境が整った教育活動の中心です。また、自然豊かな広大な敷地をもつ「勝浦キャンパス」には、体育館、宿泊棟、グラウンド、農園などがあります。宿泊研修や進路対策プログラム、国際フォーラムなどを行っています。どちらのキャンパスにも、紫外線殺菌装置や靴裏消毒マットを設置し、安全な環境での学びを提供できるよう取り組んでいます。さらに「オンラインキャンパス」では、独自のツール「ごきげんようネット」を活用し、リアルタイムのオンライン授業や海外との交流などを行っています。全生徒へタブレット型ノートPCを貸与しています。

学校行事・クラブ活動

　さまざまなクラブが活発に活動しています。
運動部…馬術、バレーボール、バスケットボール、ソフトボール、フットサルなど
文化部…吹奏楽、書道、合唱、茶道、家庭科、フォークロックなど
インターハイ出場：馬術部（平成19・22・23・25〜29年度、令和元・3〜5年度）
学校行事は、現地研修や勝浦研修など。
　勝浦研修では専門性を身に付ける選択文化講座があり、各種講座（食文化理解、生涯スポーツ、乗馬、ハーブ農園実習ほか）の中から学びたいものを選び、3年間継続して学びます。その他、クイズ大会（普通科）、コーラスコンテスト（外国語科）などを行っています。

データファイル

■2024年度入試日程

出願期間		試験日	発表日
推薦	1/15	1/22	1/22
一般第1回	1/25〜1/26	2/10	2/10
一般第2回	1/25〜1/26	2/13	2/13
一般第3回	2/15〜2/16	2/20	2/20
帰国生第1回	12/18	12/20	12/20
帰国生第2回	1/15	1/22	1/22
外国人生徒対象	1/25〜1/26	2/10	2/10

募集人員：普通科（推薦60・一般／帰国生／外国人60）　外国語科（推薦120・一般／帰国生120）
外国人生徒対象入試は日本文化コースのみ募集。
入学手続日：推薦1/23　一般第1回・第2回2/14、第3回2/21　帰国生第1回12/21、第2回1/23　外国人生徒対象2/14
※公立併願優遇入試あり。一般第1回と同日程・同科目。多言語各コースは実施しない。文理コース・英語コースは自由併願あり。

■2024年度選考方法・入試科目

推薦：面接
一般：英語・国語または英語・数学、面接
帰国生：作文（英語）、面接
外国人生徒対象：作文（日本語）、面接
　〈配点・時間〉国・数・英＝各100点50分
　〈面接〉推薦、帰国生、外国人生徒対象は保護者同伴、一般は生徒個人

■指定校推薦枠のある主な大学

上智大　青山学院大　立教大　中央大　法政大　学習院大　成蹊大　成城大　武蔵大　明治学院大　國學院大　神田外語大　専修大　日本女子大　関西大　関西学院大　立命館大　立命館アジア太平洋大など

■2023年春卒業生進路状況

卒業生数	大学	短大	専門学校	海外大	就職	進学準備他
408人	293人	0人	34人	26人	0人	55人

■2023年度入試結果

募集人員			志願者数	受験者数	合格者数	競争率
[推薦]	普通	60	29	29	29	1.0
	外国語	120	170	170	170	1.0
[一般]	普通	60	218	171	168	1.0
	外国語	120	217	184	181	1.0
[帰国生]	普通	※	2	2	3	−
	外国語		7	7	6	1.2
[外国人]	普通	※	32	28	28	1.0

※一般に公立併願優遇を含む。帰国生入試、外国人生徒対象入試の募集人員は一般に含まれる
＊転科合格を含む

学校説明会 すべて要予約
平日学校説明会　9/14 9/28 10/5 11/16
体験授業　11/11
入試説明会　10/28 11/25 12/2 12/9
世界教室2023（オープンキャンパス）
10/14・10/15
すべての日程で個別相談を実施

説明会・行事等は日程・内容が変更される場合があります。必ず学校HP等でご確認ください

中 女子　高 女子　普通科（全日制・通信制〈共学〉）

北豊島中学校・高等学校

（きたとしま）

〒116-8555　東京都荒川区東尾久6-34-24　☎03-3895-4490　学校長　河村　惠子

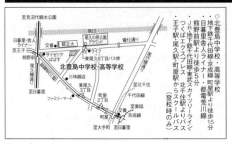

○北豊島中学校・高等学校
地下鉄千代田線・町屋駅より徒歩15分
日暮里舎人ライナー・熊野前駅より徒歩5分
JR・地下鉄千代田線・京成線スカイツリーライナー・都電荒川線
王子駅・尾久駅・町屋駅からスクールバス（登校時のみ）
北千住駅よりスクールバス（登校時のみ）

〈URL〉http://www.kitatoshima.ed.jp

沿革　1926年、秋上ハル氏らにより北豊島女学校として創立。1943年に高等女学校となり、1949年に現校名に変更。1988年、高等学校に国際英語コースを設け、1992年には通信制課程（共学）を設置。

校風・教育方針

　中学・高校を卒業しても、10年後の未来でも、自分自身で発信力、傾聴力、受容力、コミュニケーション力（ツールとしての英語力も）を伸ばし、教養を磨き、様々な場面で自分自身を輝かせ続ける『社会で活躍できる女性』の育成を目指しています。

　少人数制教育でしかできない「学びの方法」を駆使しながら、自分を表現する環境を整えています。

カリキュラムの特色

　中学校は、大きく4つのポイントがあります。

①**リベラルアーツ教育**　「正解のない問題」に対して、自らの知識や知見、仲間との協働で最善解を導き出すために、「考え」「判断し」「行動できる」ための、総合的な教養力を身につけるリベラルアーツ教育を実践しています。

②**パブリックスピーキング力教育**　「自分の考えや思い」を正確に相手にわかりやすく伝え、理解してもらい、聞き手が次の行動につなげていくためのスキルを磨きます。全員がプレゼンをする機会をことあるごとに設け、「伝え方・聞き方・魅せ方」の3要素を合わせてトレーニングしていきます。

③**英語教育**　週8時間のうちE.S.の授業が3時間あり、「英語」と「E.S.」がリンクすることにより、定着度が上がります。自分の主張を伝えられる「発信型英語」と、生活の中で必要な「使える英語」を身につけます。これに加えて、様々なT.P.O.に合わせて英語を使いこなせる力も身につけていきます。

④**少人数制教育**　20人1クラスで、学習面・生活面とも、生徒一人ひとりに合わせた対応をします。家庭学習実行表を使い、「学習計画→実践→自己評価→担任による確認」を実践します。

　ICT教育機器を導入して「文房具」として活用し、学習補助やその他のICTスキルを身につけるツールにしています。

　また、情操教育・感性教育として、華道、茶道、ギターを学年ごとに実施しています。

　高等学校では、新たに3コース制を改編し、1年ごとではなく3年間で先進的な教育を展開します。Inspiring Program（旧特進コース）は、実社会とのつながりを多く持つことで、多様な刺激を受け、自分自身の興味関心を大きく広げて「なぜ」を起点とした学びを継続できる自立型学習者への変貌を目指します。Valuable Program（旧総合コース）は、基礎学力を磨いて考える力を養い、同時に自己肯定感を高める実社会とのつながりを図りながら、自らの価値に気づいていくことを目指します。Global Program（旧国際英語コース）は、ネイティブ教員が担任で、コミュニケーションのツールとして「使える英語」の習得を目指し、リベラルアーツ教育により多様な価値観や考え方を網羅的に学び対応できる幅のある人材を目指します。

　任意で受講できる土曜講座は、プロの指導者による授業が行われます。着物着付け、指圧、洋裁、英語4技能資格試験講座などの講座が約30あり、将来役立つ知識や教養が得られます。

今春の進学実績については巻末の「高校別大学合格者数一覧」をご覧ください

| 2学期制 | 登校時刻 8:20 | 昼食 弁当持参、食堂、売店 | 土曜日 中 授業 高 土曜講座 |

国際教育

　中学では全員必修の研修として、1・2年次にEnglish Challenge Seminar、3年次に海外異文化体験研修があります。高校では1年間の国際ロータリークラブ交換留学プログラムをはじめ、カナダ学期研修、スービック英語強化プログラム、オーストラリア短期留学などの制度があります。

環境・施設設備

　明るく開放的な校舎内には、電子黒板を配置した教室をはじめ、茶道室、理科室、コミュニティスペース、体育館などが設置されています。

学校行事・クラブ活動

　北桜祭（文化祭）をはじめ、校外授業、プロの演奏家を招くスクールコンサート、合唱コンクールなど、多彩な行事が行われます。

　クラブ活動は、体育系としてバレーボール、バトン、卓球、剣道など7部、文化系としてボランティア、吹奏楽、パソコン、書道など11部があり、活発に活動しています。

データファイル

■2024年度入試日程

中学校　面接は事前（出願日〜1/31）も選択可

募集人員		出願期間	試験日	発表日	手続締切日
一般	50	1/10〜2/1	2/1午前	2/1	
特待1回	15	1/10〜2/1	2/1午後	2/1	
英語	10	1/10〜2/1	2/1午後	2/1	
適性検査型	10	1/10〜2/1	2/1午後	2/2	2/11
自己表現①	5	1/10〜1/29	2/1午後	2/1	
特待2回	15	1/10〜2/2	2/2午後	2/2	
特待3回	10	1/10〜2/5	2/5午前	2/5	
自己表現②	5	1/10〜2/2	2/5午後	2/5	

高等学校　推薦Bは神奈川を除く都外生対象

募集人員		出願期間	試験日	発表日	手続締切日
推薦A	75	1/15〜1/18	1/22	1/23	1/30
B		1/15〜1/18	1/22	1/23	併願校発表翌日
一般	75	1/25〜1/28	2/10	2/11	併願校発表翌日

■2024年度選考方法・入試科目

中学校

一般・特待：2科（特待2回は2科か4科）、面接
英語：英語（リスニングを含む）、英会話、面接
適性検査型：検査Ⅰ・Ⅱ（各45分）、面接
自己表現：自己表現「好きなこと」プレゼン、面接
〈配点・時間〉国・算・英＝各100点45分　理・社＝各50点計45分　〈面接〉生徒個人　参考

高等学校

推薦A・B：基礎学力適性検査（3科計100点40分）、面接【出願条件】A：I.P.3科12か5科19か9科33　V.P.3科9か5科14か9科26　G.P.英語4か英検3級　B：I.P.とV.P.はAの3科か5科の基準かつ9科の基準　G.P.はAの基準かつ9科28
一般：I.P.・V.P.−国語、数学、英語（リスニングあり）、面接　G.P.−英語（70点200点）、面接
※併願優遇あり（出願条件は推薦Bと同様）

〈配点・時間〉国・数・英＝各100点50分
〈面接〉生徒グループ（G.P.はネイティブの面接官含む）　重視

■指定校推薦枠のある主な大学

法政大　成蹊大　日本大　武蔵大　日本女子大　大妻女子大　獨協大　立命館大など

■2023年春卒業生進路状況

卒業生数	大学	短大	専門学校	海外大	就職	進学準備他
85人	56人	6人	18人	2人	1人	2人

■2023年度入試結果

中学校　特待の一般合格は1回11、2回3、3回0

募集人員		志願者数	受験者数	合格者数	競争率
一般	50	41	34	28	1.2
適性検査型	20	4	4	4	1.0
英語	10	6	4	3	1.3
特待1回	20	31	21	15	1.4
2回	10	43	14	8	1.8
3回	10	41	10	2	5.0

高等学校　特進／総合／国際英語

募集人員	志願者数	受験者数	合格者数	競争率
推薦	20/35/25	3/17/10	3/17/10	3/17/10	1.0/1.0/1.0
一般	20/35/25	3/31/10	2/24/7	2/24/7	1.0/1.0/1.0

学校説明会　要予約

★中学校　9/16 11/12
入試問題解説会　12/10 12/17
特別奨学生セミナー　10/29 11/26
個別相談会　1/13 1/20 1/27
★高等学校　9/9 9/23 10/22 11/4 11/18 12/2
国際英語コース説明会　9/23 10/22 11/18 12/2
個別相談会　12/9 12/23

見学できる行事

文化祭　10/7・10/8（ミニ説明会あり）

説明会・行事等は日程・内容が変更される場合があります。必ず学校HP等でご確認ください

中 女子　高 女子 普通科

吉祥女子中学校 高等学校
（きちじょうじょし）

〒180-0002　東京都武蔵野市吉祥寺東町4-12-20　☎0422-22-8117　学校長　赤沼 一弘

○吉祥女子中学校・高等学校・地下鉄東西線・JR中央・総武線より徒歩8分・西荻窪駅より徒歩8分・地蔵坂上下車で上石神井駅よりバスで15分・西武新宿線上石神井駅よりバスで15分

〈URL〉 https://www.kichijo-joshi.jp/

沿革　昭和13年（1938）、帝国第一高等女学校が創立され、同22年（1947）吉祥女子と改称。アメリカ、オーストラリア、韓国、カナダ、中国、ベトナムに姉妹校・友好校があります。

校風・教育方針

「社会に貢献する自立した女性の育成」を建学の精神に掲げて、自由な中にも規律があり互いの価値観を尊重し合う校風のもと、一人ひとりの個性と自主性が発揮され、生徒は明るく豊かな学校生活を送っています。中高一貫教育により、中学時から自分の将来の生き方について考え、多様な進学先（文系・理系・芸術系）が特色です。

カリキュラムの特色

中学では独自の教材や教授法に基づき、知的好奇心に訴えかける授業を展開します。国語は古典を積極的に取り入れ、図書館を活用した調べ学習も導入。社会では生徒による時事問題解説やディベート、数学は問題の解法習得のみならず、自然現象とのつながりやその背景となる歴史にも触れます。理科の多彩な実験とレポート、ネイティブの教員との英語・英会話など、肌で知識を吸収し、全身で学力を身につけていくよう工夫されています。英語は英語と英会話とに分け、英会話はクラスを2分割した少人数授業を日本人とネイティブスピーカーが担当します。主要教科では豊富な授業時間を生かして、じっくり取り組み、より深く学ぶことができます。一方、学習が遅れぎみの生徒には補習（数学と英語のそれぞれで週1回実施）

などで基礎学力の定着を図ります。中学3年次には高校の内容に進んでいきます。

高校では、1年次は全員同じ科目を共通して学習し、高校基礎学力の充実を図りながら、適性を見極めます。2年次からは進路目標に応じて、文系（3年次は国公立文系・私立文系）・理系・芸術系（美術）に分かれます。

国公立文系は、さまざまな教科をバランスよく履修し、総合学力のアップを目指します。私立文系は国・英・地歴などの文系科目に重点をおいた学習に集中することができます。

理系は、国公立および私立の両方に対応したカリキュラムを組み、理数系科目に重点をおきながら習熟度別授業も取り入れて進路達成を図ります。

芸術系（美術）は美術の授業を2・3年次に11単位ずつ学び、美術系大学への進学を専門的にサポートします。

進路・進学指導

中学・高校ともさまざまなプログラムや講演会などを通し、自らの将来を考えていきます。

中学校では職業や国際社会に目を向け、高校では学部・学科レポートを作成し、大学見学もします。夏休みには、希望制の夏期講習を中学1年次～高校3年次まで、科目別・レベル別に実施しています。

国際教育

1975年にアメリカのウォールナットヒルスクー

今春の進学実績については巻末の「高校別大学合格者数一覧」をご覧ください

ル、その後オーストラリア、カナダ、中国、韓国、ベトナムに姉妹校・友好校の輪を広げ、積極的に交流を行ってきました。英語の授業の集大成として、また国際的視野の拡大を目指し、高校1年次10月には全員カナダ語学体験ツアーに参加します。高校では夏休みにオーストラリア、春休みにアジアへの研修ツアーを、希望制で実施しています。

高校では、1年留学の制度を設けています。英語のテストと面接に合格した生徒を対象とした帰国後留年しないで進級できるものと、休学をして帰国後進級しないものとがあります。

環境・施設設備

緑豊かな環境に、音楽室や美術室、工芸室、カフェテリア、ホール等、充実した施設があります。

図書館は8万冊を超える蔵書を持ち、パソコンルームが隣接しているほか、学習マンガ・絵本をくつろいだ環境で楽しめるブラウジングエリアもあります。茶室や和室を備えた祥文館は授業や課外授業などで利用されています。また八王子に校外施設を整備し、運動会や部の合宿等が行われています。

学校行事・部活動

芸術鑑賞会や吉祥祭(文化祭)、運動会、スキー教室は、中学・高校合同で行います。中学単独では、合唱コンクールなどがあります。

部活動は、演劇・吹奏楽・生物・コーラス・アフレコ・競技かるた・写真などの文化系部、テニス・サッカー・弓道・ダンス・ソフトボール・バスケットボール・バレーボール・陸上などの運動系部があり、活発に活動しています。弓道部は都大会で優勝、全国大会での入賞も果たしています。

放課後の課外授業では、ピアノ、茶道、声楽、箏曲、ヴァイオリン、中国語会話、華道などが学べます。稽古の年数と技術の進歩に応じて免状または修了証が授与されます。

データファイル

■2024年度入試日程

中学校

募集人員		出願期間	試験日	発表日	手続締切日
1回	134	1/10〜1/30	2/1	2/1	2/7
2回	100		2/2	2/2	2/7

※施設拡充費(70,000円)は、指定の期日までに入学辞退の申し出があれば返還します

高等学校

募集を行っていません

■2024年度選考方法・入試科目

中学校

国語、算数、理科、社会
〈配点・時間〉国・算＝各100点50分　理・社＝各70点35分
〈面接〉なし

■指定校推薦枠のある主な大学

青山学院大　学習院大　北里大　国立音楽大　慶應義塾大　国際基督教大　芝浦工業大　中央大　津田塾大　東京歯科大　東京女子大　東京理科大　東京薬科大　同志社大　東邦大　日本大　日本女子大　法政大　武蔵野美術大　明治大　明治薬科大　立教大　早稲田大　立命館大など

■2023年春卒業生進路状況

卒業生数	大学	短大	専門学校	海外大	就職	進学準備他
242人	188人	1人	1人	2人	0人	50人

■2023年度入試結果

中学校

募集人員		志願者数	受験者数	合格者数	競争率
1回	134	626	581	190	3.1
2回	100	1,006	738	220	3.4

▼▼入試アドバイス・学校からのメッセージ

基本的な事がらを通して、なぜそのようになるのか、ほかの側面から見るとどうなるかなど、いろいろ考えをめぐらせることが大切です。

学校説明会 要予約
校内実施　9/16 10/14 11/18 12/16*
*12/16は6年生対象、入試会場見学会
ライブ配信　9/13 10/11 11/15
見学できる行事 要予約
文化祭　9/30・10/1

説明会・行事等は日程・内容が変更される場合があります。必ず学校HP等でご確認ください

東京 き

共栄学園 中学校 高等学校
きょう　えい　がく　えん

〒124-0003　東京都葛飾区お花茶屋2-6-1　☎03-3601-7136　学校長　御宿　重夫

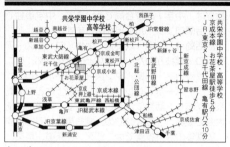

〈URL〉https://www.kyoei-g.ed.jp/

沿革　昭和8年（1933）、前身の本田裁縫女子学校が開設されました。同55年（1980）、春日部共栄高等学校を設置。同59年（1984）に共栄学園短大を開学。その後の中学校再開、大学の開学により、幼稚園から大学までの総合学園となっています。

校風・教育方針

「清明」「誠実」「創造」を校訓とし、中学・高校とも次の3つを教育目標に掲げています。
1. 礼法を尊び、知性豊かな人材の育成
2. 創造性に富み、自立できる人材の育成
3. 社会に貢献できる人材の育成

共栄学園は「至誠一貫」の精神のもと、「文武両道」をモットーに進学、クラブ活動に積極的に取り組むほか、ボランティアやコミュニティサービスにも参加しています。

カリキュラムの特色

共栄学園中学高等学校では、中学2コース×高校5コースから自分に合ったコースを選び、入学時より3ランクアップした大学への進学を目指します。

中学は「特進クラス」「進学クラス」の2クラスで構成されており、先取りやクラス別の演習を行いながら、高校以降で学ぶ内容の土台を作っていきます。授業進度は大きく違いませんが、特進クラスの方がより先の学びに対応した授業を受けています。

高校では「未来探究」「国際共生」「理数創造」「探究特進」「探究進学」の5つのコースに分かれます。

多様な進学先への対応や、先の見えない未来に立ち向かえる生徒を育成する必要性を感じたことから作られたコースです。

「未来探究コース」では世界のトップリーダーとして活躍する人材を育成することを目的としています。「国際共生コース」「理数創造コース」では文理選択を行わず、1年生から国際教育・理系教育に特化したカリキュラムとなります。授業1コマを45分として放課後の時間を確保し、「探究特進コース」「探究進学コース」も含めた全コースで、プラスαの探究活動を行います。教科書の枠を大きく飛び越えて、成長していけるカリキュラムです。

環境・施設設備

校舎は全教室冷暖房完備。中学の全教室には電子黒板が、高校の教室にはプロジェクターが設置され、ICT教育環境が整っています。一人ひとりにタブレットを持たせて、理解度アップの双方向授業を展開しています。エレベーターも3基あり、6階のスカイラウンジで、スカイツリーを見ながらのランチが楽しめます。約400人収容できる講堂では、講演会、ガイダンスなど様々なイベントが行われます。

生活指導・心の教育

中学では個人面談、三者面談、保護者会、教師が工夫をこらした道徳の授業を通じて、服装、頭髪、言葉遣いなど、学校生活での基本的なしつけはしっかりと行います。カウンセリングルームでは専門のカウンセラーによるカウンセリングを受けることができます。また本物の演劇や音楽を鑑

今春の進学実績については巻末の「高校別大学合格者数一覧」をご覧ください

賞するなど、生徒の情操教育に取り組んでいます。

学校行事・クラブ活動

　文化祭は中高合同、体育祭は中高別で行います。そのほか、修学旅行（中学は北海道、高校は沖縄）やスキー教室などがあります。

　クラブ活動は吹奏楽、書道、競技かるたなど21の文化部と硬式野球、バレーボール、バスケットボール、ダンス、少林寺拳法など13の運動部があり、全国レベルで優秀な成績を収めています。

　競技かるたやe-sportsなど、他では見られない部活動もあります。

データファイル

■2024年度入試日程

【中学校】　2・3回もスライド合格あり

募集人員		出願期間	試験日	発表日	手続締切日
1回	特進20・進学50	1/10〜2/1	2/1	2/1	2/8（公立一貫校受験者は2/10）
2回	特進20	1/10〜2/1	2/1午後	2/2	
3回	特進10	1/10〜2/2	2/2	2/2	
4回	特進5・進学5	1/10〜2/3	2/3	2/3	
5回	特進5・進学5	1/10〜2/7	2/7	2/7	

【高等学校】

募集人員		出願期間	試験日	発表日	手続締切日
A推薦	160	1/15〜1/18	1/22	1/22	1/26
B推薦		1/15〜1/18	1/22	1/22	公立発表翌日
一般	160	1/25〜2/5	2/10	2/10	公立発表翌日
チャレンジ		1/25〜2/10	2/11	2/11	公立発表翌日

〔募集人員〕A・B推薦／一般・チャレンジ：未来探究15/15　国際共生15/15　理数創造15/15　探究特進35/35　探究進学80/80
※B推薦は都外生対象（神奈川を除く）

■2024年度選考方法・入試科目

【中学校】

1回：2科か4科か適性検査Ⅰ・ⅡかⅠ・Ⅱ・Ⅲ、面接　2回・4回：2科、面接
3回：1教科セレクト（国・算から選択）、面接
5回：2科か適性検査Ⅰ・Ⅱ、面接
〈配点・時間〉国・算＝各100点50分　理・社＝各50点計50分　適性検査Ⅰ・Ⅱ・Ⅲ＝各100点50分
〈面接〉生徒個人　【内容】志望理由、入学後の抱負、将来の希望、試験の感想など

【高等学校】

推薦：Aは書類審査、面接　Bは書類審査、適性検査（国、数、英）、面接　【基準（優遇条件）】A（単願）：未来5科21　国際・理数・探究特進5科19　探究進学5科17　B（併願）はAに＋1　9科に1があると不可　欠席3年間20日以上は不可
一般・チャレンジ：国語、数学、英語、面接
※併願優遇の基準はB推薦と同様
〈配点・時間〉国・数・英＝各100点50分
〈面接〉A推薦は生徒個人、B推薦・一般は生徒

グループ　参考【内容】志望理由、将来の希望など

■2023年春併設大学への進学

優先合格の資格を得たまま他大学を受験可。なお、共栄大学教育学部では、小学校教諭免許と幼稚園教諭免許が取得できます。

共栄大学−3（国際経営1、教育2）

■指定校推薦枠のある主な大学

東京理科大　学習院大　成蹊大　獨協大　日本大　東洋大　東京女子大　清泉女子大など

■2023年春卒業生進路状況

卒業生数	大学	短大	専門学校	海外大	就職	進学準備他
226人	167人	4人	35人	0人	4人	16人

■2023年度入試結果

【中学校】　男／女　2・3回はスライド合格あり

募集人員		志願者数	受験者数	合格者数	競争率
1回	特進20 進学50	20/40	20/39	20/39	1.0/1.0
2回	特進20	25/32	25/28	8/12	3.1/2.3
3回	特進10	22/28	18/17	13/10	1.4/1.7
4回	特進5 進学5	25/27	13/12	12/11	1.1/1.1
5回	特進5 進学5	30/28	16/13	15/12	1.1/1.1

【高等学校】　特進／進学　スライド合格を含まない

募集人員		志願者数	受験者数	合格者数	競争率
A推薦	特進80	12/74	12/74	12/74	1.0/1.0
B推薦	進学80	11/16	11/15	11/15	1.0/1.0
一般	特進80進学80	101/180	96/173	57/141	1.7/1.2

【学校説明会】　要予約
★中学校　学校説明会　9/17 10/15
模擬入試体験会　11/23 12/17 1/14
★高等学校　学校説明会　10/8 10/22 11/3
個別相談会　11/12 11/25 12/3
学校見学会（中高）　9/9 9/16 9/24
※学校見学は随時可

【見学できる行事】
共栄祭（文化祭）　9/30・10/1（入試相談コーナーあり）
ジョイフルコンサート（中高）　12/25（かつしかシンフォニーヒルズ）

説明会・行事等は日程・内容が変更される場合があります。必ず学校HP等でご確認ください

中 **男子** 高 **男子** 普通科

暁星中学校・高等学校

〒102-8133　東京都千代田区富士見1-2-5　☎03-3262-3291　学校長　髙田　裕和

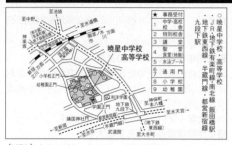

〈URL〉https://www.gyosei-h.ed.jp

沿革　明治21年（1888）私立暁星学校創設。昭和23年（1948）暁星中学校、暁星高等学校が発足。平成30年（2018）に創立130周年を迎えました。

校風・教育方針

幼稚園から高等学校まで一貫してカトリック精神に基づいた教育を行っています。学校生活を通じて他者との関わりを学び、様々な経験を積むことで、社会の核となって多くの人々の幸福のために指導的役割が果たせる人間を育成することを目指しています。

カリキュラムの特色

建学の精神に基づき宗教の時間を設け、中学では聖書を通して人間の生き方を学び、高校はキリスト教精神に基づいた人格の完成を目指しています。

中学では基礎学力の充実を図り、高2より文系、理系、高3では国公立、私立のコースに分かれ大学受験に備えます。多くの生徒が国公立大学をはじめ、難関私立大学、医学部への進学を希望しており、各人の進路に応じたきめ細やかな学習・進学指導を行っています。

習熟度別の少人数授業や課外講習、添削指導を実施するほか、高校の内容の一部を中学で学習するなど、大学進学を視野に入れた効果的なカリキュラムを組んでいます。

国語科では、様々な文章を読むことを通じ、読解力、思考力の伸長を図ります。また、知識や技

─Information─

熱心ですぐれた外国人宣教師の指導にはじまった語学教育には、創立以来130年の歴史と伝統があります。

生徒は第一外国語（基本的に週6時間）と第二外国語（基本的に週2時間）にそれぞれ英語かフランス語を選び、中学3年間は必修で二か国語を学びます。（高校から第二外国語は選択制）。

英語では、基本的にはテスト・進度が同一のグレード別授業を実施（中2は2クラスを3つに分割する少人数授業）。生徒の学習経験・学力に合わせた授業内容となっています。高3で

はクラスをレベル別に分割し、習熟度に合わせたきめ細かな指導を行っています。

また、中2から高3まで、GTECやケンブリッジ英語検定などを校内で受検するほか、高校生にはネイティブ教員によるエッセイライティング指導を年3回実施し、推薦入試や難関国公立大学・医学部受験への備えとしています。

現在コロナ禍により中断していますが、高校1年の夏にはフィリピンでのマンツーマンの語学研修やフランスへの短期留学など、海外研修プログラムも実施しています（2023年度はフランスのみ実施予定）。

今春の進学実績については巻末の「高校別大学合格者数一覧」をご覧ください

能に偏ることなく、言語感覚や表現力の習得も目指しています。高校では現古漢の三分野を満遍なく学習し、問題演習や小論文を書くことなどを通じて、国語力の一層の充実を目指します。

数学科では、大学入試を常に意識し、問題演習を徹底的に行うことで、着実な理解と実力の養成を目指しています。

新しい取り組み

2018年度より、スタディサプリやTeams等の外部システムを順次導入し、学びの履歴を記録したり、配信された課題に取り組み、提出したりすることができるようになりました。

また総合学習として、同窓会のバックアップによる高2での官公庁、企業、病院等の職業体験などの取り組みを行っています。

環境・施設設備

交通のアクセスが良いので、様々な地域から通学可能です。都心にありながら充分な広さを持つ校地は、落ち着いた雰囲気につつまれています。

創立100周年記念事業として竣工した中学・高校校舎には、普通教室のほかに、階段教室、コンピュータ教室、美術室、音楽室、理科実験室などがあります。そのほか、聖堂、プール、人工芝のグラウンドなどがキャンパスを彩っています。

2018年11月には新しい講堂・体育館が、2020年8月には、食堂、情報教室、柔剣道場や多目的室、購買部等から成る多目的棟が完成しました。

学校行事・クラブ活動

中学入学ミサで始まる学園生活には、運動会、文化祭、サッカー大会など、年間を通じて多彩な行事があります。宿泊行事として、中学生は広島、関西方面への研修旅行、高校生は北海道への修学旅行を実施予定です。

クラブは、サッカー、バスケットボール、バレーボール、軟式野球、陸上競技、山岳、ソフトテニス、剣道、水泳など体育系は11部。学芸系は、鉄道研究、将棋、演劇、コンピュータ、競技かるた、音楽など18部あります。高校かるた部は9年連続で全国大会優勝を果たし、中学水泳部は3年連続で全国大会に出場しました(2022年度も出場)。

また、暁星シャリテとして、委員を中心にボランティア活動や施設慰問、各種募金活動などを積極的に行っています。

データファイル

■2024年度入試日程

中学校

募集人員		出願期間	試験日	発表日	手続締切日
1回	約65	1/10〜1/31	2/2	2/2	2/3
2回	約10	1/10〜2/2	2/3午後	2/3	2/4
帰国	若干	11/17〜11/24	12/4	12/5	12/6

高等学校

募集を行っていません

■2024年度選考方法・入試科目

中学校

1回：国語、算数、社会、理科

2回：国語、算数

帰国：国語、算数、英語またはフランス語、面接（英語またはフランス語）

〈配点・時間〉国・算＝各100点50分　理・社＝各75点40分

〈面接〉帰国生のみ生徒個人面接　きわめて重視

■指定校推薦枠のある主な大学

早稲田大（先進理工・創造理工）　慶應義塾大（商）　中央大（法・商）　学習院大（文・理）　東京理科大（経営・創域理工・先進工）　同志社大（経済）　獨協医科大（医）　北里大（医）　など

■2023年春卒業生進路状況

卒業生数	大学	短大	専門学校	海外大	就職	進学準備他
157人	94人	0人	0人	1人	0人	62人

■2023年度入試結果

中学校

募集人員		志願者数	受験者数	合格者数	競争率
1回	約65	246	196	115	1.7
2回	約10	239	105	17	6.2
帰国	若干	40	33	17	1.9

入試説明会　要予約
9/16　10/7　11/11
入試直前受験生激励会　1/20
見学できる行事
文化祭　9/30・10/1（ミニ説明会あり）
詳細は学校HPをご参照ください

説明会・行事等は日程・内容が変更される場合があります。必ず学校HP等でご確認ください

共立女子中学校・高等学校

きょうりつじょし

〒101-8433　東京都千代田区一ツ橋2-2-1　☎03-3237-2744　学校長　前田　好子

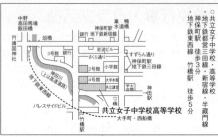

〈URL〉https://www.kyoritsu-wu.ac.jp/chukou/

沿革　明治19年（1886）、鳩山春子・宮川保全ら女子教育の当時の先覚者34人によって設立された共立女子職業学校が前身です。1936年共立高等女学校が設置され、1947年に共立女子中学校、翌年に共立女子高等学校が発足。共立女子大学・短期大学を併設し、2016年に共立女子学園は創立百三十周年を迎えました。2018年春から、高校創立70周年を記念して高校制服が同窓会会長の桂由美さんによるデザインになりました。

校風・教育方針

「女性の自立」という学園の建学精神と「誠実・勤勉・友愛」の校訓のもと、時代を越えて"輝き、翔ばたく女性"の育成を教育方針に掲げています。

幅広い教養とコミュニケーション力を身につけるべく、礼法をはじめとするリベラルアーツの実践を大切にしています。探究学習では、21世紀型の、権限なきリーダーシップ開発を導入。自分の強みを知り、どんな場面でも周囲に良き影響力を発揮できる女性に成長することを目指します。

カリキュラムの特色

中学校では、基幹教科については毎週の授業時間数を標準より2～3時間多くし、学力の充実と伸長を図っています。なかでも英語は1年から少人数制授業やオンライン英会話を実施し、4技能の向上に努めています。多様化する大学入試に必要な表現力の育成を目指し、週1時間、少人数制の「国語表現」を中学3年間設置しています。実技系教科も本格的な内容で、芸術方面に進学する

生徒が一定数いるのも特色です。

また高校では、生徒の希望進路に応じて、2年から文理2コースに分かれます。演習的な科目も多く選択でき、実力をしっかり身につけられるようにしています。近年は生徒の希望から、文系5クラス、理系3クラスの比率です。

環境・施設設備

利用できる駅は地下鉄東西線竹橋駅、半蔵門線・都営三田線・新宿線神保町駅、千代田線新御茶ノ水駅、JR水道橋駅・御茶ノ水駅などがあります。周辺には北の丸公園などの公共施設もあり、都心のもっともよく整備された安全で落ち着いた環境の中にあります。

中1から使える専用食堂、ネイティブ講師が常駐するランゲージスクエア、全教室に設置された電子黒板機能付きプロジェクターをはじめ、施設や環境の整備・拡充が図られています。また、生徒は1人1台iPadを所持しており、文具の1つとして日々活用しています。セキュリティーはかかっていますが、自宅でも利用できます。

今春の進学実績については巻末の「高校別大学合格者数一覧」をご覧ください

| 2期制 | 登校時刻 8:15 | 昼食 弁当持参、食堂、売店 | 土曜日 授業 |

生活指導・心の教育

　きめ細かい指導を行っていますが、厳格といった雰囲気ではなく、その中で基本的な生活習慣の涵養と、自ら律する力や的確な判断力の育成に力を注いでいます。また、「礼法」の隔週授業をはじめ、生活のすべての場面で自己を見つめると同時に、時勢に流されない礼儀作法・服装・容姿・言動など、あるべき姿を生徒が考えながら身につけられるよう努めています。

学校行事・クラブ活動

　健全な心身を育て豊かな感性を養うために、さまざまな学校行事があります。自主性や協調性を育てる宿泊行事は、事前学習から事後のプレゼンまで行うことで深い学びにつなげます。全校生徒が総力をあげて盛り上げる7月の体育会や10月の共立祭のほか、情操教育の一環として、映画会、演劇・音楽・狂言の芸術鑑賞会、合唱コンクール、美術館見学などを行っています。

　中1から高2まで、多様な期間・行き先の海外語学研修やターム留学が実施されます。また、受験対応から教養まで幅広い講座が開設される長期休暇講座が好評です。

　中学校には、吹奏楽、演劇、茶道、弦楽合奏など文化部が15部、剣道、バドミントン、ソフトテニス、太極拳など運動部が10部あります。高校には、文化部20部、運動部12部、ほかに中高共通の華道講座や中国語会話講座もあります。どの部活動も活発ですが、特にバスケットボール部、バトン部、ダンス部、音楽部などは、全国大会や東京都の大会などで輝かしい実績を残しています。

データファイル

■2024年度入試日程

| 中学校 | ＊入学金納入期限は2/9 |

募集人員		出願期間	試験日	発表日	手続締切日
2/1	130	1/10～1/30	2/1	2/1	2/4
2/2	110	1/10～2/1	2/2	2/2	2/4
英語4技能型	15	1/10～2/2	2/3午後	2/4	①2/5②2/10*
合科型	40	1/10～2/2	2/3午後	2/4	①2/5②2/10*
帰国生	25	10/7～11/24	11/26	11/26	2/4

| 高等学校 |

募集を行っていません

■2024年度選考方法・入試科目

| 中学校 |

2/1・2/2：4科（配点は下記参照）

2/3英語4技能型入試（PM）：英語4技能テスト・算数

2/3合科型入試（PM）：合科型論述テスト・算数

帰国生：国語または英語・算数

〈配点・時間〉国・算＝各100点45分　理・社＝各50点30分　英語4技能：英＝100点60分、算＝100点45分　合科型：論述＝100点60分、算＝100点45分　帰国：国・英・算＝各100点45分

〈面接〉なし

■2023年春系列大学・短大への進学

共立女子大・短大へは、指定校推薦のほかに、優遇制度があります。

共立女子大学－26（文芸9、家政5、国際4、看護6、ビジネス2）

共立女子短期大学－進学者なし

■指定校推薦枠のある主な大学

早稲田大　慶應義塾大　上智大　国際基督教大　東京理科大　明治大　立教大　青山学院大　学習院大　中央大　法政大　津田塾大　東京歯科大　東邦大など

■2023年春卒業生進路状況

卒業生数	大学	短大	専門学校	海外大	就職	進学準備他
311人	266人	2人	2人	1人	0人	40人

■2023年度入試結果

| 中学校 |

募集人員		志願者数	受験者数	合格者数	競争率
2/1	130	368	346	154	2.2
2/2	110	643	459	199	2.3
英語4技能	15	26	20	15	1.3
合科型	40	356	213	68	3.1
帰国	25	103	97	63	1.5

| **学校説明会** | 要予約 |
9/16 9/23 10/7 10/19 11/11

| **英語・論述チャレンジ** | 要予約・6年生対象 |
11/12 12/17 1/13

| **オープンキャンパス** | 要予約・4～5年生 |
12/17

| **見学できる行事** | 要予約 |
文化祭 10/28・10/29（入試相談コーナーあり）

説明会・行事等は日程・内容が変更される場合があります。必ず学校HP等でご確認ください

共立女子第二中学校・高等学校
（きょうりつじょしだいに）

〒193-8666　東京都八王子市元八王子町1-710　☎042-661-9952　学校長　晴山　誠也

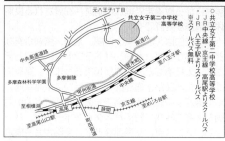

縦書き地図内テキスト：
元八王子1丁目／共立女子第二中学校高等学校／中央高速道路／多摩森林科学園／多摩御陵／南浅川／陣馬街道／高尾／京王線／狭間／至相模湖／至高尾山口駅／町田街道／至あきしろ台駅／中央線／至八王子駅／共立女子第二中学校高等学校／JR中央線・京王線 高尾駅よりスクールバス／八王子駅よりスクールバス無料／※スクールバス無料

〈URL〉https://www.kyoritsu-wu.ac.jp/nichukou/

沿革　明治19年（1886）、鳩山春子、宮川保全等の女子教育の先覚者34人によって創設された共立女子職業学校が母体です。八王子校地に、昭和45年（1970）、共立女子第二高等学校が開校、同59年には共立女子第二中学校が開校しました。

校風・教育方針

創立137年の学園の伝統精神である「誠実・勤勉・友愛」の具現化を基礎とし、校訓から導き出された3つの女性像「豊かな感性を身につけた女性」「自ら考え、発信できる女性」「他者を理解し、共生できる女性」を教育目標の柱に掲げ、セルフリーダーシップを発揮し、広く社会に貢献できる自立した女性の育成をめざします。

カリキュラムの特色

中学高校ともに3学期制、週6日制、34単位の授業を基本としています。英語の授業は、実践的な英語力の養成をめざした「4技能統合型授業」を導入しています。その成果もあり、高校では、英検準1級も含め、各級の取得者が増えてきています。

中学段階ではコース制をあえて設けず、共通クラス体制のもとで学習の基礎・基本の確立を重視します。主要教科の単位数を増やし、無理なく確かな基礎学力の定着を図ります。また、抜群の学びの環境を生かし、体験を重視した学びを大切にしています。中学3年では、英語・数学・国語の3教科で少人数グレード制を導入し、個々の学力に最適なレベルの授業を受けることができます。

なお、高校では、2022年度より高校新コース制をスタートさせました。1年次は難関大学への進学をめざす特別進学コース、多様な進路に対応した総合進学コース、高い英語力とグローバルマインドを身につける英語コースの3コースに分かれます。2年次には、共立女子大学の文系学部への内部進学をめざす生徒を対象に、総合進学コースから共立進学コースを分離させ、3年次より大学の授業の履修を可能とするなど、ハイレベルな高大連携を進めます。これにより、昨今ますます多様化する生徒各々の進路希望に、より的確に対応できるようになります。

大学進学では、共立女子大学の推薦を保持しつつ他大学を併願できる推薦制度もあり、毎年の卒業生の現役進学率は95%にのぼり、他大学と共立女子大学の進学割合は、毎年約半々になっています。

環境・施設設備

豊かな自然に恵まれた広大なキャンパスは八王子の丘陵地にあります。「光」と「風」の体感をコンセプトとして設計された校舎には、本格的な器具や器材を多く備え実験重視の学びができる理科実験教室群や、最新のWi-Fi環境も整い、伸びやかな学校生活が送れるようプランニングされています。9面のテニスコート、ソフトボールやサッカーの専用グラウンド、ゴルフ練習場などのスポーツ施設も充実しています。60,000冊の蔵書を誇る図書館も新しく整備され、自慢の施設となっています。また校外施設として、長野県に軽井沢寮、山梨県に河口湖寮などがあります。

今春の進学実績については巻末の「高校別大学合格者数一覧」をご覧ください

生活指導・心の教育

　教員は勉強を教えるのみならず、生活のマナーや物の考え方、人生や将来のことなど何でも話し相手になり、生徒が気軽に相談できる雰囲気づくりに努めています。また、女子校らしい食育活動の実践や体験を重視したファーム教育や理科教育、3年間で100冊の読書を目標とした読書活動も、豊かな感性や教養の育成に効果をあげています。

クラブ活動

　文化部が11、運動部が13設けられています（一部高校のみもあり）。施設が充実しているため、校内で十分な活動をすることができます。クラブによっては中学と高校が合同で活動しており、伝統的に先輩と後輩の良い関係が築かれています。ゴルフ部、フェンシング部、サッカー部など、女子校としてめずらしいクラブも充実しています。

データファイル

■2024年度入試日程

中学校　※帰国生は2/1（1回AM）で優遇

募集人員		出願期間	試験日	発表日	手続締切日
1回AM	50	1/10～1/30	2/1	2/1	2/5
適性検査型	20		2/1	2/1	2/10
1回PM	40		2/1午後	2/1	2/5
英語	10		2/1午後	2/1	2/5
2回AM	20	1/10～2/1	2/2	2/2	2/5
2回PM	10		2/2午後	2/2	2/5
3回AM	10	1/10～2/3	2/4	2/4	2/5

高等学校　※帰国生は2/10（一般1回）で優遇

募集人員		出願期間	試験日	発表日	手続締切日
推薦	80	1/15～1/17	1/22	1/22	1/25
一般 1回	50	1/25～2/4	2/10	2/11	公立発表翌日
2回	30		2/12	2/13	

■2024年度選考方法・入試科目

中学校　1回AM：2科か4科

1回PM・2回AM・2回PM・3回AM：2科
英語（4技能型）：英語(60分)、日本語作文(30分)、英語面接（英検準2級以上は日本語作文のみ）
適性検査型：適性検査Ⅰ・Ⅱ
〈配点・時間〉国・算・適Ⅰ・適Ⅱ＝各100点50分
理・社＝各50点計60分
〈面接〉英語（4技能型）のみ　生徒個人

高等学校　推薦：書類審査、面接、作文（800字60分）【出願条件】特別進学：5科21か9科36
総合進学：3科10か5科16か9科30　英語：3科10か5科16か9科30かつ英語評定4または英検準2級　原則3教科の2以下は不可　加点措置あり
一般：国語、数学、英語、面接
〈配点・時間〉国・数・英＝各100点50分
〈面接〉生徒個人　重視

■2023年春併設大学・短大への進学
単願推薦制度のほか併願推薦制度もあり、合格を保持したまま他大学にチャレンジできます。

共立女子大学－52(文芸18、家政7、国際12、看護8、ビジネス2、建築・デザイン5)
共立女子短期大学－1（文）

■指定校推薦枠のある主な大学
学習院大　法政大　成蹊大　成城大　中央大　日本大　東京都市大　東京女子大　日本女子大　白百合女子大など多数

■2023年春卒業生進路状況

卒業生数	大学	短大	専門学校	海外大	就職	進学準備他
147人	131人	5人	10人	0人	0人	1人

■2023年度入試結果

中学校　1回AMは2科/4科　帰国生入試あり

募集人員		志願者数	受験者数	合格者数	競争率
1回AM	50	35/28	32/24	25/21	1.3/1.1
適性検査	20	27	27	27	1.0
1回PM	40	109	103	86	1.2
英語	10	4	4	4	1.0
2回AM	20	84	13	9	1.4
2回PM	10	101	17	13	1.3
3回AM	5	84	5	4	1.3

高等学校　帰国生入試あり　一般は1回/2回

募集人員		志願者数	受験者数	合格者数	競争率
推薦	80	87	87	87	1.0
一般	50/40	46/26	46/18	45/16	1.0/1.1

学校説明会　すべて要予約
★中学校　10/14 11/18 12/2 12/17 1/6
入試問題研究会　10/14 11/18
入試体験　12/2(適性検査型)12/17(2科型)
理科体験授業（5年生以下）　1/13
★高等学校　10/7 10/28 11/18 11/25 12/3
個別相談会　12/2 12/6～12/9 12/18 12/19 12/23

見学できる行事
文化祭(白亜祭)　9/16・9/17(ミニ説明会あり)

説明会・行事等は日程・内容が変更される場合があります。必ず学校HP等でご確認ください

東京
き

錦城高等学校
（きんじょう）

〒187-0001　東京都小平市大沼町5-3-7　☎042-341-0741　学校長　阿部　一郎

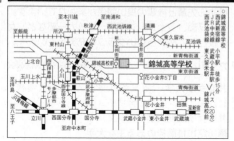

〈URL〉https://www.kinjo-highschool.ed.jp/

沿革　明治13年（1880）三田英学校として創立。同22年（1889）、錦城学校に改称。平成9年（1997）、男女共学校になりました。

校風・教育方針

モットーは「知性・進取・誠意」。すなわち、どんなことにも関心を持って理性的に考え、積極的に取り組む姿勢を持ち、他人や環境を思う優しい心を持つことです。

学業に関しては、小テストを実施して理解度を確認しながら「わかる授業」の実践を心がけています。早朝・放課後の特別指導、夏期・冬期講習など、実力を向上させるためのプログラムが充実。また、進路指導も熱心に行われています。

カリキュラムの特色

特進、進学の2つのコースがあります。

特進コースは、自ら学び、その知識をもとに考え、課題や問題の解決に向かう力をつけるための発展的な授業が多く展開されます。また、バランスの取れたカリキュラムの中で、ハイレベルな授業が展開され、知識や教養を高い水準で身につけ、難関大学の合格を目指します。

1年次は、基礎学力を早く身につけるために、国語・数学・英語の授業時間数を多くしています。授業の進度も早く、演習が多いことが特徴となっています。また、夏休みや春休みには、特別なプログラムが用意されており、より高い学力の修得を目指します。

2年次は、文系・理系を問わず、広い視野に立って、幅広い知識や教養を身につけていきます。また、教科書の基礎的な内容を踏まえたハイレベルな応用力を養います。

3年次は志望に合わせ、3つのコースに分かれます。「特進英語コース」は、高い語学力を生かし、異文化に対する意識を高め、文系難関私立大学を目指します。「特進文理コース」は、文系だけでなく理系も含めた教養を身につけ、文系難関国公立大学を目指します。「特進理数コース」は、理数系科目への強い興味・関心を生かし、幅広く科学に関する知識や教養を身につけ、理系難関国公立大学を目指します。自分の目標の実現に向けて継続して努力し、仲間と互いに切磋琢磨しながら高め合い、新たな挑戦を楽しむ環境があります。

進学コースは、より丁寧な授業で基礎力の充実を図り、多様な入試方式にも対応できるようになっています。

カリキュラムは特進コースと同じですが、より基本的な事項に説明や演習の時間をかけ、授業を通して自分なりの学習ペースや学習法を確立していきます。私立大学だけでなく、国公立大学を目指します。また、近年増えてきた総合型選抜等の多様な入試方式にも対応できるよう、バランスの良い力をつける環境となっています。

国際教育

英語学習の成果を実体験し、異文化理解を推し進めることを目的として、夏はオーストラリア、冬にはアメリカへの語学研修を、希望者を対象に実施しています。オーストラリアのブリスベンには錦城高校の姉妹校があり、語学研修やホームス

今春の進学実績については巻末の「高校別大学合格者数一覧」をご覧ください

テイなど、内容豊かなプログラムです。さらに、1年次の3学期にオーストラリアの高校に短期留学する「ターム留学プログラム」も希望者を対象に用意されています。

また、ネイティブの先生を招いて行う、少人数制の国内語学研修（イングリッシュ・セミナー）も長期休暇中に実施しています。

環境・施設設備

学校生活に必要なすべての施設が一つの敷地の中にそろっています。校舎は7階建てと6階建ての2棟で、教室が50室、各階の学習スペース、多目的ホール、図書室、自習室、食堂などが用意されています。2つの体育館、道場、テニスコート、グラウンドをはじめとした運動施設も充実しています。

生活指導・心の教育

高校生としての良識を身につけることを重視しています。校則を守ることはもちろん、社会に出たときに戸惑わないように「約束事をきちんと守る」ことを徹底して指導しています。

学校行事・クラブ活動

校外学習、宿泊研修旅行、球技大会、錦城祭などの行事があります。修学旅行は2年次に、大自然に親しみ心身を鍛練することを目的として、山形県蔵王へスキー旅行に行きます。10人程度のグループごとに専門の指導員について、初歩から指導を受けます。全員で蔵王山頂の真っ白な樹氷の間を縫って、山麓までの長距離を滑降する光景は壮観です。

クラブ・委員会活動には、90%以上の生徒が参加しています。運動部では野球、陸上、弓道、柔道、剣道、体操、空手道、硬式テニス、ソフトテニス、サッカー、バスケット、バドミントン、ダンス、バレーボール、ハンドボールなどが活発です。文化部は写真、吹奏楽、美術、軽音楽、文芸、将棋、生物、映研、放送、室内楽、合唱、茶道、クッキングなどがとくに活発に活動しています。

データファイル

■2024年度入試日程

募集人員		出願期間	試験日	発表日	手続締切日
推薦	130	1/15～1/16	1/22	1/23	1/25
一般①	320	1/25～2/3	2/10	2/11	2/13※
②			2/12	2/13	公立発表翌日

※併願者の手続締切日は公立校発表翌日

■2024年度選考方法・入試科目

推薦：書類審査、面接、作文（600～800字50分）
＊2023年度テーマ「あなたにとっての『当たり前』や『日常』についての考えを書きなさい」
【出願条件】内申　5科22　9科に2以下は不可　各学年欠席・遅刻・早退それぞれ5回以内　なお、特進コースを希望する場合は、一般①を受験（30点の加点優遇あり）
一般：国語、数学、英語（リスニング含む）
〈配点・時間〉国・数・英＝各100点50分
〈面接〉推薦のみ生徒グループ　重視【内容】志望理由、得意・不得意科目、高校生活への抱負など　教科の口頭試問あり

■指定校推薦枠のある主な大学

東京都立大　早稲田大　上智大　立教大　東京理科大　青山学院大　学習院大　中央大　明治大　法政大　成蹊大　成城大　武蔵大　國學院大　津田塾大　東京女子大　日本女子大など

■2023年春卒業生進路状況

卒業生数	大学	短大	専門学校	海外大	就職	進学準備他
470人	401人	1人	6人	1人	0人	61人

■2023年度入試結果

募集人員		志願者数	受験者数	合格者数	競争率
推薦　進学	150	137	137	137	1.0
一般①進学	270	361	350	277	1.3
特進		718	694	396	1.8
②特進		380	300	198	1.5

一般は特進から進学へのスライド合格あり

▼▼入試アドバイス・学校からのメッセージ

第一志望受験者には20点の加点優遇があります。

【学校説明会】要予約
オンライン説明会　9/24 10/7 10/28 11/5 11/12
個別相談会・学校見学会　10/1 10/8 10/29 11/11 11/18 11/25

【見学できる行事】
錦城祭（文化祭）　9/16・9/17（入試相談コーナーあり）

説明会・行事等は日程・内容が変更される場合があります。必ず学校HP等でご確認ください

東
京
く

国本女子中学校高等学校

〈くにもとじょし〉

〒157-0067　東京都世田谷区喜多見8-15-33　☎03-3416-4722　学園長　安藏　伸治　学校長　豊田　ひろ子

至町田　喜多見駅　小田急線　至新宿
商店街
国本女子中学校
高等学校
正門
CAFE
世田谷通り
喜多見駅入口
二の橋
三軒茶屋・渋谷

○国本女子中学校・高等学校
・小田急線 喜多見駅より徒歩3分

〈URL〉https://kunimoto.ac.jp/jsh/

沿革　昭和17年（1942）、前身である国本高等女学校開校。昭和22年に国本女子中学校、翌年には高等学校設立。

校風・教育方針

豊かな情操を持ち、グローバル社会で活躍できる女性の育成

　国本女子は、2023年に創立81周年を迎えた中高一貫校です。長い歴史の中で培われてきた国本教育の道標となる「眞心の発揮」「自然に対する素直さの涵養」「恩を知り恩に報ゆる心の育成」の3つの校訓を柱に、豊かな情操を育成します。

　世界は今、大きな変革期にあります。そのような変化する時代の中だからこそ、自分で考え行動する力を育んでほしいと思います。そして、多様性を受け入れ、しなやかに生き抜いていく力を養い、世界に羽ばたいてほしいと願っています。

カリキュラムの特色

2023年度より、高校は2コース制へ

　中学校では、基礎学力と学習習慣の定着を図り、ICTツールを活用しながら主体的、協働的に学んでいきます。英語は週7時間あり、日本人教員による体系的な語学学習とネイティブ教員によるアウトプット重視のコミュニケーション活動を行います。平日の放課後には、授業の復習や資格試験対策など、一人ひとりのニーズに応じた個別指導を行います。また、高校DDコースへの進学希望者には、3年次から特別な英語教育プログラムが用意されています。

　スペシャリストを学校に招いて学ぶ「教養プログラム」では、教養や問題意識を身につけるとともに、他者の意見に耳を傾け、自分の考えをまとめ、伝える力を鍛えます。テーマは「日本語の歴史」「草木染め」「SDGs」などです。そのほか、年2回の校外学習、理科体験会、3年次に実施するカナダ語学研修（2～3週間）などを通して、多様な分野への関心を促し、視野を広げます。

　高等学校では、2023年4月より、**総合進学コース**と**ダブルディプロマ（DD）コース**を設置。

　総合進学コースは、1年次は全員共通履修で、確かな学力と基礎知識を身につけ、2年次から多彩な選択科目を設けています。3年次には、個々の進路に対応した講座を展開する総合進学対策を授業に取り入れています。また、音大や美大などの技能系大学への進学希望者には、実技指導も実施しています。部活で活躍している生徒も多く、多様な入試を活用して大学進学を実現しています。

　DDコースは、日本とカナダの授業を受けることになります。日本人としての価値観やアイデンティティをしっかりと身につけるとともに、カナダ・アルバータ州の教育プログラムを受講することにより、洗練された英語力はもちろん、国際感覚や多様性に適応できる力を身につけます。カナダの授業の比率は、約60パーセントになるため、高校入学時に英検2級以上のスキルが求められます。高校卒業時の検定に合格することにより、日本とカナダの卒業資格が取得できます。

学校行事・クラブ活動

　記念祭（文化祭）や体育館、芸術鑑賞会などの行事は、クラスはもちろん、校種を超えての交流の

今春の進学実績については巻末の「高校別大学合格者数一覧」をご覧ください

🏫 **3学期制** **登校時刻** 8:35 **昼食** 弁当持参、売店 **土曜日** 授業

機会です。幼稚園での保育体験も充実しています。
　クラブ活動は、中高合同で活動する部も多く、活発に活動しています。文化系では、吹奏楽部が各種コンクールで金賞を受賞。美術部は各種展覧会で入賞。ほかに茶道部、華道部、軽音楽部など

があります。運動系では、ソフトテニス部はインターハイなど全国大会、バスケットボール部は関東大会出場の実力を持っています。ほかに、フットサル部、ダンス部などがあります。

データファイル

■2024年度入試日程

中学校

募集人員		出願期間	試験日	発表日	手続締切日
1回	30	1/10〜1/31	2/1	2/1	2/10※
2回		1/10〜2/1	2/1午後	2/1	
3回		1/10〜2/2	2/3	2/3	
4回		1/10〜2/5	2/5午後	2/5	

※中高一貫校併願者は発表日翌日まで延納可

高等学校

募集人員	出願期間	試験日	発表日	手続締切日
推薦 100	1/15〜1/17	1/22	当日	1/25※
一般 100	1/25〜2/6	2/10か2/11	当日	3/4

※B推薦の手続締切日は各県公立発表翌日
中高とも、帰国生入試は11/18、1/13に実施

■2024年度選考方法・入試科目

中学校

1回・3回：国算か国英か算数1科か英語1科
2回・4回：国算か国英（特待S1入試あり）
※英語はリスニング含む　英検・漢検・算検の指定級以上の取得者は優遇措置あり
〈配点・時間〉国・数・英＝各100点50分
〈面接〉生徒個人

高等学校

A・B推薦（Bは東京・神奈川以外対象）：書類審査、作文（500〜600字50分）＊2023年度テーマ「これまでの私とこれからの私」（中学校で自分がもっとも成長を感じたこと、それを活かして高校で挑戦したいこと）、面接
【出願条件】内申　A推薦5科15か9科28（9科には加点制度あり）　B推薦・併願優遇5科16か9科29（9科には加点制度あり）　いずれも9科に1は不可　ダブルディプロマ（DD）コースは、出願条件として英検2級以上またはそれに相当する資格を取得していること
一般（併願優遇・オープン）：国語・数学・英語（高得点の2科で判定）、面接
※各種検定優遇制度　総合進学コース：英検・漢検3級は5点、数検3級は10点を筆記試験の合計点に加点　ダブルディプロマ（DD）コース：

漢検3級は5点、英検準2級と数検3級は10点を筆記試験の合計点に加点（両コースとも級が1つ上がるたびに5点加算、加点上限あり）
〈配点・時間〉国・数・英＝各100点50分
〈面接〉DDコースは生徒個人、総合進学コースは生徒グループ　重視

■指定校推薦枠のある主な大学

桜美林大　大妻女子大　白百合女子大　専修大　玉川大　帝京大　東洋英和女学院大　日本大　日本女子大　フェリス女学院大　立命館大など

■2023年春卒業生進路状況

卒業生数	大学	短大	専門学校	海外大	就職	進学準備他
55人	37人	4人	11人	0人	0人	3人

■2023年度入試結果

中学校

募集人員		志願者数	受験者数	合格者数	競争率
1回	30	6	6	4	1.5
2回		7	6	4	1.5
3回		5	1	1	1.0
4回		7	1	0	—

高等学校　総合進学／ダブルディプロマ

募集人員		志願者数	受験者数	合格者数	競争率
推薦A・B	100	29/0	29/—	29/—	1.0/—
一般併願優遇	100	27/2	27/2	27/2	1.0/1.0
オープン		6/0	5/—	2/—	2.5/—

学校説明会 要予約
★中学校
9/23 10/21 11/19 12/16
★高等学校
在校生交流ツアー　9/16 10/21 10/22 11/11
入試直前情報　11/25 12/2 12/3
その他、授業体験会などについては学校HPでご確認ください

見学できる行事 要予約
記念祭　10/21・10/22
体育祭　9月（今年度は非公開）

説明会・行事等は日程・内容が変更される場合があります。必ず学校HP等でご確認ください

クラーク記念国際高等学校
（き ねん こく さい）

（東京・CLARK NEXT Tokyo・CLARK NEXT Akihabara・横浜青葉・横浜・厚木・千葉・柏・さいたま・所沢キャンパス）

東京キャンパス 〒169-0075 東京都新宿区高田馬場1-16-17 ☎03-3203-3600 学校長 吉田 洋一

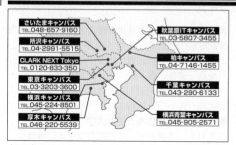

さいたまキャンパス TEL.048-657-9160
所沢キャンパス TEL.04-2991-5515
CLARK NEXT Tokyo TEL.0120-833-350
東京キャンパス TEL.03-3203-3600
横浜キャンパス TEL.045-224-8501
厚木キャンパス TEL.046-220-5539
秋葉原ITキャンパス TEL.03-5807-3455
柏キャンパス TEL.04-7146-1455
千葉キャンパス TEL.043-290-6133
横浜青葉キャンパス TEL.045-905-2571

〈URL〉https://clark.ed.jp

■首都圏キャンパス一覧

〔東京キャンパス〕高田馬場駅より徒歩5分
東京都新宿区高田馬場1-16-17
TEL.03-3203-3600

〔CLARK NEXT Tokyo〕板橋駅より徒歩約10分
東京都板橋区板橋4-11-4
TEL.0120-833-350

〔CLARK NEXT Akihabara〕秋葉原駅より徒歩8分
東京都千代田区外神田6-5-12偕楽ビル2F
TEL.03-5807-3455

〔横浜青葉キャンパス〕たまプラーザ駅南口より徒歩3分
神奈川県横浜市青葉区新石川2-5-5
TEL.045-905-2571

〔横浜キャンパス〕桜木町駅より徒歩5分
神奈川県横浜市西区桜木町4-17-1
TEL.045-224-8501

〔厚木キャンパス〕本厚木駅より徒歩5分
神奈川県厚木市旭町1-32-7 TEL.046-220-5539

〔千葉キャンパス〕千葉駅西口より徒歩5分
千葉県千葉市中央区松波1-1-1
TEL.043-290-6133

〔柏キャンパス〕柏駅南口より徒歩3分
千葉県柏市旭町2-2-3 TEL.04-7146-1455

〔さいたまキャンパス〕大宮駅東口より徒歩12分
埼玉県さいたま市大宮区高鼻町2-69-5
TEL.048-657-9160

〔所沢キャンパス〕所沢駅東口より徒歩7分
埼玉県所沢市北秋津788-3
TEL.04-2991-5515

沿革 「君よ、大志を抱け」で有名なクラーク博士の精神を受け継ぎ、博士の子孫から正式に認められている世界で唯一の教育機関で、名誉校長は平成4年（1992）の開校以来、平成25年（2013）に80歳で3度目のエベレスト登頂に成功した三浦雄一郎が務めます。

教育方針

「自分に自信をつける教育」を基本に、生徒の夢や興味に合わせたコース授業や科目別・習熟度別クラス編成での授業を展開しています。30を超える資格検定講座も充実。また、予備校と提携した積極的な受験対策授業や300以上の大学指定校推薦枠で、難関大学の合格者も多数輩出しています。短期から長期までのオーストラリア・ハワイ留学制度もあり、クラークの日本人教師が常駐しているので、安心して留学でき、英検1級を取得する生徒も多数います。

コースの特色

●東京キャンパス

多彩な選択授業の中から、興味あるものが選べる総合進学コースのほか、週15コマのネイティブ授業があるインターナショナルコース、演劇・歌を中心に、表現教育で個性を伸ばすパフォーマンスコースなどを設置。

●CLARK NEXT Tokyo

2021年度、テクノロジー教育に特化した新しいキャンパスが東京・板橋に誕生。10階建ての完全独立校舎は、全フロアプロ仕様。専門設備を整え、eスポーツ、ゲーム／アプリ、ロボティックスの各コースには専用ルームを用意。「好きは最強。」

今春の進学実績については巻末の「高校別大学合格者数一覧」をご覧ください

🏫 2学期制 | 登校時刻 8:50 | 昼食 弁当持参

をモットーに最高の環境で学びを実現させます。

●CLARK NEXT Akihabara

声優、映像制作、イラストなどクリエイティブに特化したコースを設置。プロ講師による実践的な授業を中心に、進路実現につなげます。

●横浜キャンパス

予備校と連携した特進コースは難関大学受験に特化。ほかにも総合進学、サイエンス、福祉心理、国際、スポーツと多彩な専攻が充実。

●横浜青葉キャンパス

2023年度より共学化。プレゼン授業やボランティア活動、本格的なキッチンスタジオでの製菓実習も充実しており、コミュニケーション力・社会性を育成できます。

●厚木キャンパス

個々の可能性を伸ばす「キャリア教育」に力を入れます。体験学習も多数実施。

●千葉キャンパス

1年次は総合進学コースでさまざまな学びを体験。2年次から国際、心理など進路希望に合わせた専攻が選択できます。

●柏キャンパス

「担任を自分で選べる」パーソナルティーチャー制度を始め、生徒一人ひとりのニーズに合った教育体制が充実。

●さいたまキャンパス

個人に対応した丁寧な指導を行います。進路希望に合わせて総合進学、福祉、国際、スポーツ教育、情報から選択して学習します。

●所沢キャンパス

少人数制ならではの一人ひとりの顔が見える教育を実践。専門学校とも連携したゼミ授業も充実。

系列校

大学／IPU環太平洋大学（岡山）、東京経営短期大学（千葉）、国際大学IPU New Zealand（ニュージーランド）

専門学校／東京国際ビジネスカレッジ（東京・兵庫・福岡）、日本健康医療専門学校（東京）、武蔵野学芸専門学校（東京）など

留学制度

希望者は原則全員、オーストラリアキャンパスに留学できます。期間は3週間から27カ月まで選べ、渡航機会も年10回以上設定されています。現地にはクラークの日本人教員が常駐しており、学習面から生活面まできめ細かくフォローアップするので安心。オンライン留学の制度も充実し、状況に応じて英語力を伸ばしていくことができます。

データファイル

■2024年度入試選考方法・入試科目

入試選考方法はキャンパスにより異なります。詳しくは各キャンパスへお問い合わせください。

■2023年度合格実績

●海外大学　ニューヨーク州立大、国際大IPU New Zealand

●国公立大学　東京大、北海道大、東北大、名古屋大、大阪大、小樽商科大、北見工業大、室蘭工業大、弘前大、岩手大、宇都宮大、筑波大、埼玉大、東京芸術大、横浜国立大、金沢大、福井大、滋賀大、大阪教育大、滋賀大、岡山大、鳥取大、大阪教育大、岡山大、会津大、秋田公立美術大、国際教養大、埼玉県立大、東京都立大、神戸市外国語大、兵庫県立大、名桜大

●私立大学　早稲田大、慶應義塾大、上智大、東京理科大、国際基督教大、明治大、青山学院大、立教大、中央大、法政大、学習院大、成城大、成蹊大、星薬科大、東京女子大、日本大、日本女子大、明治学院大、多摩美術大、南山大、同志社大、立命館大、関西大、近畿大、関西学院大など

■指定校推薦枠のある大学

早稲田大　慶應義塾大　上智大　国際基督教大　中央大　法政大　東洋大　駒澤大　専修大　獨協大　国士舘大　立正大　大東文化大　横浜薬科大　日本女子大　杏林大など全国300大学以上

┌─────────────────────────┐
│ **学校説明会・オープンキャンパス** │
│ 各キャンパスにて実施中。詳しくはホームページをご覧ください。 │
└─────────────────────────┘

東京
け

慶應義塾中等部
（けいおうぎじゅく）

〒108-0073　東京都港区三田2-17-10　☎03-5427-1677　中等部部長　井上　逸兵

〈URL〉https://www.kgc.keio.ac.jp

沿革　慶應義塾は安政5年（1858）に創設され、幼稚舎から大学までの一貫教育を行っています。中等部は、女子教育の重要性を説いた福澤諭吉の理想を実現して、昭和22年（1947）、新学制のスタートとともに男女共学教育の中学校として発足しました。

校風・教育方針

独立自尊を掲げる福澤諭吉の建学の精神に基づき、将来円満な人格と豊かな人間性をもつ人に育つことを目標としています。また、生徒が自ら考え、自ら判断し、自ら行動して、その結果に責任を持てる自立した人物に成長することを願って、学習だけでなく、校友会（クラブ）活動などさまざまな活動が生徒の自覚と自主性に基づいて行われるように指導しています。

カリキュラムの特色

中等部が義塾の一貫教育の一段階であるという考えに立ち、慶應義塾の教育の総合目的に沿ってカリキュラムが設定されています。授業時間は45分単位となっています。将来、義塾の大学各学部に進学するために科目によって偏ることなく幅広い知識を身につけ、経験を積むことを重視しています。

1週間の授業時数は標準時間より5時間多い35時間で、国語、数学、理科、社会、英語については、標準時間よりすべて時間増になっています。

英語は1年生は3時間増、2・3年生は2時間増で、その内の2時間は、ネイティブスピーカーと日本人の先生の2人が1クラスに入って共同指導をする授業を組み入れています。これは、英語を学び始めた初期の段階で外国語を聴く耳を養い、同時に外国語を使っての円滑なコミュニケーションを目的としたもので、効果をあげています。また、週1時間は、習熟度を考慮したクラス編成により、少人数での授業も行っています。

数学についても、2・3年生の授業の一部はクラスを分割して行い、生徒の意欲に応じたきめ細かい指導をしています。すべての生徒の自発的な学習を大切にしながら、放課後などでいつでも質問を受けつけ、個別指導にも努力を払っています。

教科にとらわれないユニークな授業もあります。3年生を対象にした「選択授業」では教員が自分の専門を生かして講座を開きます。授業は各講座のテーマに沿って行われ、大学教員や外部の専門家を招いたり、校外に出かけて実地に体験したりする、ふだんとはひと味違う授業です。教科書では得られない広い世界に目を向ける機会になっています。

国際・情報教育

海外研修は、希望者対象に年3回行います。春期英国研修、夏期英国研修に加え、2019年度より夏期ハワイ研修を実施しています。英国よりホームステイも受け入れています。これら以外にも慶應義塾関連の複数の海外研修プログラムを紹介しています。

また、英語、技術、情報などの教科で、iPadやパソコンを駆使した授業も行っています。

環境・施設設備

　普通教室の本館、特別教室棟、体育館、プール、FUTURE館(多目的教室棟)などがあります。体育の授業や運動部の練習など屋外の活動は、校舎から少し離れたグラウンドを使用しています。特別教室棟のポプラ館には、コンピュータ室、家庭科室、音楽室があります。また、体育館には、アリーナ、小中体育室、セミナールーム、和室、多目的コート、プールが備えられています。

生活指導・心の教育

　学習指導のほか、しつけの面も大切にしており、ホームルームを週2回設けて、担任の教員と生徒がふれあいを図る機会を多くしています。生徒の自主性と自発的な活動を重んじ、そのための個人的な指導にも十分な配慮をしています。勉強でも、生活の上でも、人として生きる活力となるような確かな手応えや感動を、生徒自身が感じられるように指導しています。

学校行事・クラブ活動

　生徒会が校友会キャプテン会議を開いて主催する新入生歓迎会から学校行事が始まります。遠足、校内大会、古典芸能鑑賞会、林間学校、運動会、展覧会、音楽会など、いずれも大切な行事です。3年生は卒業式前に4泊の卒業旅行を行い、九州を中心に、年度によっては福澤先生ゆかりの大分県中津などを訪れています。ほかにも、校友会の合宿・研究旅行、海外研修旅行、1・2年生の工場や施設見学などがあります。

　校友会(クラブ)は、それぞれの個性を伸ばす場として生徒が積極的に参加し、熱心な活動をしています。種類も非常に豊富です。学芸部は、英語研究会、カメラクラブ、気象・天文・生物愛好会、近代劇研究会、マンドリンクラブ、料理と手芸の会、模型部など21部あります。運動部は、体操、弓術、サッカー、山岳、馬術、テニス、フェンシング、ラグビー、野球など17部あり、さまざまな公式戦に参加し、多くの部が優秀な記録を残しています。

港区

中

共学

データファイル

■2024年度入試日程

募集人員	出願期間	試験日	発表日	手続締切日
男　約120 女　約50	1/10～1/11	1次2/3 2次2/5	1次2/4 2次2/6	2/7

※2次試験は1次試験合格者のみ受験可能

■2024年度選考方法・入試科目

1次：国語、社会、理科、算数
2次：体育、面接　※1次合格者のみ
〈配点・時間〉国・算＝各100点45分　理・社＝各50点25分
〈面接〉保護者同伴　きわめて重視

■2023年春併設大学への進学

　中等部卒業後は、本人の希望をもとに男子は慶應義塾高等学校、慶應義塾志木高等学校、慶應義塾ニューヨーク学院高等部のいずれかへ、女子は慶應義塾女子高等学校、慶應義塾ニューヨーク学院高等部のいずれかへ中等部長の推薦で進学し、さらに慶應義塾大学で学ぶことになります。2021年度新入生より慶應義塾湘南藤沢高等部へは進学できなくなりました。

2023年春慶應義塾大学進学状況

○慶應義塾高等学校(卒業者数724人)

慶應義塾大学－711(文15、経210、法225、商93、医22、理工102、総合政策16、環境情報20、看護医療0、薬8)※2022年8月卒業者1人を含む

○慶應義塾志木高等学校(卒業者数237人)

慶應義塾大学－234(文13、経80、法74、商20、医7、理工33、総合政策2、環境情報5、看護医療0、薬0)

○慶應義塾女子高等学校(卒業者数197人)

慶應義塾大学－188(文11、経55、法54、商21、医5、理工25、総合政策2、環境情報6、看護医療2、薬7)

○慶應義塾湘南藤沢高等部(卒業者数232人)

慶應義塾大学－231(文5、経60、法64、商16、医7、理工37、総合政策15、環境情報21、看護医療0、薬6)

■2023年度入試結果

募集人員		志願者数	受験者数	合格者数	競争率
男	約120	856	697	135	5.2
女	約50	448	352	58	6.1

学校説明会 要予約
11/12
慶應義塾大学三田キャンパス西校舎ホールにて

見学できる行事
展覧会(文化祭) 11/11・11/12
運動会　10/5 慶應義塾大学日吉キャンパス陸上競技場

説明会・行事等は日程・内容が変更される場合があります。必ず学校HP等でご確認ください

東京
け

慶應義塾女子高等学校
（けい おう ぎ じゅく じょ し）

〒108-0073　東京都港区三田2-17-23　☎03-5427-1674　学校長　森　さち子

〈URL〉https://www.gshs.keio.ac.jp/

沿革　昭和25年（1950）設立。福澤諭吉の抱いた女子教育の理想を実現するために創立されました。

校風・教育方針

　個性を尊重しながら自由な雰囲気の中で、共に学ぶことを大切にしています。受験教育に偏ることなく、生徒一人ひとりの中に眠る優れた能力を生徒自身が発育させていく場をつくることを目指しています。また、福澤諭吉が説いた「独立自尊」の精神を受け継ぎ、自分を大切にし、他人の立場と意見を尊重し、自分を愛する気持ちで隣人を愛する人となるよう、知性を磨き豊かな情操を育てる教育をしています。

カリキュラムの特色

　カリキュラムは、1年生は芸術科目以外は全員が共通して必修科目を学習しますが、2年生からは、多彩な選択科目の中から将来の進路や適性に合わせて選択した科目を学習できるようになっています。また、2年生からは第2外国語としてフランス語やドイツ語、あるいは中国語を学習することができます。3年生になると、必修科目は論理国語、古典探究、体育、英語コミュニケーションだけで、45以上の豊富な選択科目の中から興味のもてる科目を自由に選んで学習できるシステムになっています。

国際・情報教育

　情報処理の授業はパソコンを使って、コンピュータ教室で行われています。生徒用には約140台のパソコンを設置しており、生徒1人が1台ずつ使えるようになっています。これらのパソコンは、慶應義塾大学のネットワークを通じて塾内はもちろんのこと、世界中のコンピュータとつながっています。授業では主に、情報、数学、理科、英語、現代社会、家庭などの科目で利用され、表計算、ワープロ、電子メール、インターネット、プログラミング言語の習得を通して問題解決技法や情報モラルなどを学びます。

　国際交流は、慶應義塾一貫教育校派遣留学制度によるアメリカやイギリスの名門校への長期留学の機会を設けています。また、国際ロータリークラブやAFSなどの留学制度もあります。ロータリークラブを通じて留学生を受け入れ、生徒たちの国際感覚を身につける機会も設けています。このほか、3年次の2月にニュージーランド・カナダ・英国への短期留学制度も実施しています。

環境・施設設備

　都心にありながら、ひとたび校門をくぐると、周囲の喧騒から隔絶された別天地の静かさです。武家屋敷の庭園の面影が残り、純日本風の門、十三重の石塔がある校庭では、茶道部が野点をする姿も見受けられ、閑雅な雰囲気をかもしています。思う存分走り回れる広い校庭のないのが都心の学校の悩みですが、体育館や屋上の体育施設が不備を補っています。クラブ活動には、慶應義塾のさまざまな施設を利用しています。また、大学のキャンパスに隣接しており、大学図書館で高度な学術書の閲覧も認められているため、アカデミックな雰囲気に触れることができます。明治45年に

今春の進学実績については巻末の「高校別大学合格者数一覧」をご覧ください

開館した図書館旧館、および日本最初の演説会堂といわれる三田演説館は、国の重要文化財に指定されています。

生活指導・心の教育

　慶應義塾大学病院および大学保健管理センターの協力を得て、生徒の健康管理には細心の注意を払っています。その一環として、スクール・カウンセラーが、思春期の生徒たちの悩みに対処します。また、慶應義塾には「スポーツ医学研究センター」が設置されていますが、体育系クラブの練習時や試合中の事故が起こらないよう、専門家が事故防止と応急処置の方法について教えています。

学校行事・クラブ活動

　5月中旬に1年生は草津への野外活動、2年生は奈良への研修旅行、3年生は京都への修学旅行があります。これら学校行事のほかに生徒会が主催する行事として、4月のオリエンテーション、6月の演劇会、9月の運動会、10月の文化祭「十月祭（かんなさい）」があります。
　クラブは、多彩でユニークなクラブが多くあります。生徒が独自に活動するもののほか、日吉の兄弟校と連携して活動するもの、大学生の指導を

─ Information ─

豊かな情操を育てよう
　本校は生徒を校則でしばって型にはめる学校ではありません。自主的精神を育成するために、自由な雰囲気の中で学ばせる学校です。慶應義塾は一貫教育の学校ですから、大学入試のみを目標にすることもありません。自分の力で成長できるように、ゆとりある教育をしています。福澤諭吉が説いた「独立自尊」の精神は、今でも慶應義塾の中に生きています。自分を大切に思い、他人の立場と意見を尊重し、自分を愛する気持ちを隣人にも広げる人になるために、知性を磨き情操を育てるのです。

受けるものなどさまざまです。文化系クラブには、アイリッシュハープアンサンブル、演劇、英語会、奇術、天文研究、マンドリンクラブ、漫画研究や電子計算機研究会、ワグネルソサィエティオーケストラ、クッキング同好会など16部あります。体育系クラブは、バトン、ラクロス、ゴルフ、弓術、馬術、バスケットボール、バレーボール、スキー、剣道などを含めて16部あります。

データファイル

■2024年度入試日程

募集人員	出願期間	試験日	発表日	手続締切日
推薦 約30	1/15	1/22	1/23	1/24
一般 約70	1/25〜1/29	2/10	2/12	2/14
帰国 若干	12/1〜1/11			

■2024年度選考方法・入試科目

推薦：出願書類および面接、適性検査
【出願条件】9科42かつ理科・社会各5　全科に2があると不可　欠席・遅刻・早退合計5以内　中学生として諸活動に積極的に取り組んだ者ほか
一般・帰国：国語、数学、英語、作文（600字）
〈時間〉国・数・英・作文＝各60分　※配点は非公表
〈面接〉推薦のみ

■指定校推薦枠のある主な大学
北里大（医）など

■2023年春卒業生進路状況
〈卒業生197人〉卒業生は原則として全員慶應義塾大学へ推薦されます。
慶應義塾大学－188（文11、経済55、法54、商21、医5、理工25、総合政策2、環境情報6、看護医療2、薬7）

■2023年度入試結果

募集人員	志願者数	受験者数	合格者数	競争率
推薦 約20	113	113	25	4.5
一般 約80	471	450	131	3.4
帰国 若干	45	42	17	2.5

学校説明会
9/30
見学できる行事
十月祭（文化祭）　10/14・10/15
（学校紹介コーナーあり）

説明会・行事等は日程・内容が変更される場合があります。必ず学校HP等でご確認ください

中 **男子**　高 **男子**　普通科

京華中学校・高等学校
けいか

〒112-8612　東京都文京区白山5-6-6　☎03-3946-4451　学校長　町田　英幸

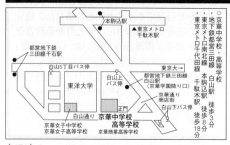

〈URL〉https://www.keika.ed.jp

沿革　明治30年（1897）、京華中学校創立。昭和23年（1948）、京華中学校、京華高等学校となり、令和4年（2022）に創立125周年を迎えました。

校風・教育方針

建学の理念である「英才教育」とは、単に知識だけを詰め込んだ人間ではなく、優れた人格を有し、社会で有用な人材を育てることです。また、「Never die」は目的・目標に向かってやり抜く意志力・行動力といった人格的なバックボーンを身につけようという京華生の合言葉。この2つの言葉をモットーに、自立と自律を目指し、コミュニケーション能力を高め、教師との絆を深め、自ら進んで何ごとにもチャレンジする精神を育み、学ぶことの意義を見つけていきます。

カリキュラムの特色

6年間の中高一貫教育の利点を生かした計画的、効率的なカリキュラムで、一人ひとりの能力を最大限に伸ばす教育を行っています。

中学校では2012年度より「特別選抜クラス」と「中高一貫クラス」の2コース制を導入しています。どちらのコースも2年生まで先取りをせず、あわてず基礎力の徹底を図ります。一人も遅らせず全体を向上させることを主眼とし、数学・英語では週1時間の1クラス2分割の習熟度別授業を展開しています。さらに、Z会添削とティーチングサポーター制度、放課後のキャッチアップ（指名補習）や卒業生サポーター制度で完全にサポートします。

高校では、進学コースと特進コースに加えて

2012年度よりS特進コースを開設して、進路希望の多様化に応えていきます。

「S特進コース」は文系・理系双方の難関国公立大学に対応できる柔軟な新カリキュラムを採用し、豊富な選択授業と「受験対策講座」で「学校完結型受験指導」を展開。東大をはじめとする難関国公立大学合格を目指します。「特進コース」は幅広い選択科目を採用し、志望校に応じた「オンリーワン」カリキュラムを導入。国公立大学も視野に入れながら難関私立大学合格を目指します。「進学コース」は3科目に特化できるよう効率的な授業でゆとりあるカリキュラムを導入。勉強とクラブ活動を両立しながら有名私立大学への現役合格を目指します。どのコースでも学力に応じた指導が年度単位で展開され、希望する大学への合格を導く京華独自の教育ノウハウが活きています。

また、高校生の社会人訪問「ジョブtavi」の実施や起業家の方々等に話が聞ける「社会人特別プログラム」など独自性のある進学行事。放課後や長期休暇の補習体制の充実、創意工夫された授業など個々の力を伸ばす教育システムがあります。

環境・施設設備

文教地区として知られる文京区白山にあり、交通至便。近くには、緑豊かな小石川植物園、六義園、後楽園のほか、東京大学、東洋大学などもあり、都内屈指の教育環境です。

創立125周年記念に体育館などが整備され、冷暖房完備の教室にはプロジェクターなど最新の教育設備が充実。全生徒がChromebookを所持しています。校外施設には浦和運動場があります。

今春の進学実績については巻末の「高校別大学合格者数一覧」をご覧ください

🏫 **3学期制** | 登校時刻 8:25 | **昼食** 弁当持参、食堂、売店 | **土曜日** 授業

生活指導・心の教育

　日常的に先生と生徒の親密なコミュニケーションを図り、学力向上だけでなく豊かな人格の形成に力を注いでいます。そのため、エゴグラム（性格診断テスト）を経てのGC（グループコミュニケーション学習）や職業体験、防災体験、調べ学習をまとめたプレゼンテーションなど、創造性に富んだ授業や趣向を凝らした企画があります。

学校行事・クラブ活動

　中学2年生のイングリッシュキャンプ（国内留学）、中学3年生のシンガポールへの修学旅行、全学年にわたる一年間留学制度や夏季海外語学研修などグローバル教育が充実。部活動では水泳、スキー、テニス、ソフトボールが全国大会に、剣道、サッカー、バスケットボール、陸上が都大会にそれぞれ出場して活躍しています。

データファイル

■2024年度入試日程

中学校　※は帰国生入試を含む

募集人員		出願期間	試験日	発表日	手続締切日
1回	一貫30	1/10～1/31	2/1	2/1	単2/3併2/8
	※特選50	1/10～1/31	2/1*	2/1	単2/3併2/8
適性	特選10	1/10～1/31	2/1	2/1	単2/3併2/10
2回	一貫25特選25	1/10～2/1	2/2午後	2/2	単2/4併2/8
3回	一貫15特選15	1/10～2/2	2/3	2/3	単2/5併2/8
帰国生特別	5	11/27～12/5	12/6	12/6	単12/10併2/5

一貫：中高一貫クラス　特：特別選抜クラス

＊1回特選は午後入試あり

高等学校　一般に帰国生含む

募集人員		出願期間	試験日	発表日	手続締切日
A推薦	進学・特進40	1/15～1/20	1/22	1/22	1/26
B推薦	S特進10	1/15～1/20	1/22	1/22	公立発表翌日
一般1回	進学・特進40	1/25～2/8*	2/10	2/10	公立発表翌日
2回	S特進10	1/25～2/11*	2/13	2/13	公立発表翌日
帰国生特別	5	11/27～12/5	12/6	12/6	公立発表翌日

＊併願優遇の出願締切日は1/30

■2024年度選考方法・入試科目

中学校

一貫：2科か4科　**特選**：4科　1回午後のみ英国か英算か4科　**適性検査型**：適性検査Ⅰ・Ⅱ・Ⅲ

帰国生特別：国算か英算、面接

〈配点・時間〉国・算・適Ⅰ・適Ⅱ＝各100点50分　理・社＝各50点計50分　適Ⅲ＝100点35分　〈面接〉帰国生のみ　受験生と保護者別々

高等学校

A推薦（進学・特進）：面接、作文（600字60分）

A推薦（S特進）・B推薦（都外生〈神奈川除く〉対象）：適性検査（国・数・英 各40分）、面接

一般：国、数、英、面接

帰国：国数か英数、面接

〈配点・時間〉国・数・英＝各100点50分　〈面接〉生徒個人　帰国生入試は受験生と保護者別々

■指定校推薦枠のある主な大学

法政大　学習院大　東京理科大　日本大　成蹊大　芝浦工業大　東京都市大　日本歯科大など

■2023年春大学合格実績（浪人含む）

東京工業大1　電気通信大1　横浜国立大1　広島大1　鹿児島大1　他国公立大8　早稲田大6　慶應義塾大2　東京理科大13　明治大11　青山学院大6　立教大18　中央大21　法政大19など

■2023年度入試結果

中学校　一貫/特選　スライド合格含む

募集人員		志願者数	受験者数	合格者数	競争率
1回午前	一貫50	170/32	142/23	61/14	2.3/1.6
午後	特選60	275	236	76	3.1
適性型	特選10	22	21	10	2.1
2回	一貫20 特選20	349/127	223/67	110/35	2.0/1.9
3回	一貫10 特選10	327/112	133/33	48/7	2.8/4.7

高等学校　A推薦/B推薦　スライド合格含まず

募集人員		志願者数	受験者数	合格者数	競争率
推薦進学	55	39/3	39/3	39/1	1.0/3.0
特進		6/9	6/8	6/3	1.0/2.7
S特	10	2/1	2/1	2/0	1.0/-
一般進学	70	76	65	32	2.0
特進		86	56	22	2.5
S特	10	21	16	9	1.8

学校説明会　すべて要予約

★中学校　10/9 10/29 11/19 12/10 1/7　**適性検査型入試説明会**　12/10　**ナイト説明会**　11/10 12/1　個別相談会　12/10 1/7　**KEIKAフェスタ**　9/18　★高等学校　9/23 10/7 11/3　個別相談会　11/25 12/2 12/26

見学できる行事

文化祭　10/21・10/22（入試説明コーナー開設）　体育祭　10/1 京華学園浦和運動場

説明会・行事等は日程・内容が変更される場合があります。必ず学校HP等でご確認ください

東京
け

京華商業高等学校
けいか しょうぎょう

〒112-8612　東京都文京区白山5-6-6　☎03-3946-4491　学校長　福原　慶明

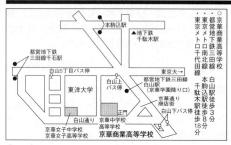

〈URL〉https://www.keika-c.ed.jp

沿革　明治32年（1899）の「実業学校令」に応えるべく、明治34年（1901）に創立。昭和27年（1952）には男女共学化を実施。現在、首都圏で唯一「商業高校」の名称を守り、私立の共学の商業高校として発展しつつ、新たな伝統を築いています。

あきらめない精神力

　孟子の「天下の英才を得て之を教育す」を基本理念に、「ネバーダイ」「尊敬と愛情」を信条としています。高校生活を、かけがえのない自己育成の時期として捉え、いかなることにも全力を尽くして挑戦し、創造する感性豊かな人間性と自立心を育てることを目標にしています。

　伝統ある商業高校として、新たな時代に対応する実学（実践）教育を主眼に、生徒の個性・特性に応じた進路指導を行っています。

資格取得が大きな力に

　近年は、全商情報処理検定、全商簿記検定などの上級資格取得が、大学への推薦資格となるなど、商業高校で学んだ商業の専門知識が大学進学への大きな足がかりとなっています。大学進学希望者が年々増加していることから、大学受験のための効果的な学習も行います。

　一人ひとりの生徒が意欲と目標を持って学習し、自分にふさわしい進路を見つけられるようにバックアップ体制も万全で、各種資格取得のために「直前対策講習」を実施するなど、きめ細かく指導しています。

　1年生は、全員が共通カリキュラムで学習し、将来のための基礎学力を養います。2年生からは進路や希望に応じて大学進学コース、情報処理コース、ビジネスコースの3コースに分かれます。

　大学進学コースは、普通高校並みの充実した英語と国語のカリキュラムを用意しています。日常的な補習・講習体制、推薦入試受験対策として小論文の授業を導入。急増している進学志望者に対応し、毎年着実に実績を上げています。

　情報処理コースは、最新のコンピュータ約100台を導入し、アプリケーションソフトを中心とした情報活用能力と専門的な実務能力の養成を目指しています。また、全商情報処理検定や全商簿記実務検定の1級合格を目標にした授業を行っています。

　ビジネスコースは、実践的・実務的なカリキュラムのもと、社会での諸活動を円滑に行う能力やスキルを育てます。全商ビジネス計算実務検定や全商ビジネス文書実務検定の1級合格を目指します。

環境・施設設備

　古くから文教地区として知られる文京区白山にあり、交通は至便です。近くには緑豊かな小石川植物園、六義園、後楽園、白山神社、根津神社のほか、東京大学をはじめとする教育機関、夏目漱石旧居跡等もあります。

　学園創立120周年記念事業の一つとして改修された学園食堂は、冷暖房完備で快適に食事をとることができます。付設のグラウンドは、弾力に富む人工芝が敷かれ、多目的グラウンドとして効果的に使用されています。

今春の進学実績については巻末の「高校別大学合格者数一覧」をご覧ください

制服はイーストボーイ！

都内初！ 「イーストボーイ」ブランドの制服を着用しています！ ストライプの織組織が醸し出す品性と知性。ワンランク上の濃紺色の新制服です。男女で色分けした襟もとのステッチワークが、きりっとした中に優しい印象をプラス。おしゃれなポイントがいっぱいの制服です。女子はリボン・サブリボン・サブネクタイから選ぶことができ、コーディネートを楽しめます。夏服は、暑い夏を涼しく過ごすニットシャツ。サックスカラーで見た目も涼しく爽やかな印象を与えます。

学校行事

学校行事は豊かな教養と感性を育む人間教育の場としています。情操教育の一環として、体育祭・文化祭はもちろん、自然体験の校外授業、自主研修と体験学習の修学旅行、感動体験の芸術鑑賞教室、今年で108回を数える歴史と伝統の実科競技大会などを行っています。

クラブ活動

入部は義務づけてはいませんが、男女ともに入部率は高いです。都大会出場の陸上競技部や関東大会出場の柔道部、東東京大会でベスト4に入る活躍をしている野球部、都大会で金賞を受賞した京華学園吹奏楽団など、めざましい活躍をしているクラブも多くあります。また商業高校ならではの、コンピュータや簿記、全国大会に出場した珠算電卓部などの実務系クラブも多数あります。

Information

商業高校ならではの情報教育

2つの情報処理室にある、各48台のコンピュータを利用して、1年生、2年生はExcelとWord、3年生（情報処理コース）では、VBAとPowerPointを学びます。1年生で週3時間、2・3年生からはコースにより週2～6時間学習。情報処理検定、国家試験であるITパスポートに合格することが目標。

高

共学

データファイル

■2024年度入試日程

募集人員		出願期間	試験日	発表日	手続締切日
A推薦	70	1/15～1/20	1/22	1/22	1/26
得意技能					
B推薦			1/23	1/23	公立発表翌日
一般1回	80	1/25～2/8	2/10	2/10	（第1志望2/16）
2回			2/11	2/11	

※推薦Bは隣接県生対象（東京・神奈川を除く）
※一般1回は第二志望優先制度あり、2回は第一・第二志望優先制度あり

■2024年度選考方法・入試科目

A推薦・得意技能選抜・B推薦：適性検査（国語・数学・英語）〈各50点30分、B推は各100点45分〉、面接 【出願条件】3年次の欠席20日以内 内申全教科に1がないこと **A推薦**：内申3科9または9科26 **第一志望**：内申3科8または9科25 **得技選**：内申3科8または9科25、クラブ等の活動で優秀な成績を残している者 **B推薦**（第二志望）：内申3科10または9科27 すべてに加点制度あり
一般：国語・数学・英語、面接
※推薦・一般ともマークシート方式
〈配点・時間〉国・数・英=各100点45分
〈面接〉生徒2人のグループ 重視

■指定校推薦枠のある主な大学

武蔵大 日本大 専修大 東洋大 武蔵野大 拓殖大 大東文化大 帝京大 国士舘大 文教大 千葉商科大 淑徳大 共立女子大など

■2023年春卒業生進路状況

卒業生数	大学	短大	専門学校	海外大	就職	進学準備他
153人	98人	3人	37人	0人	8人	7人

■2023年度入試結果　男／女

募集人員		志願者数	受験者数	合格者数	競争率
A推薦		25/16	25/16	25/16	1.0/1.0
得意技能	70	3/0	3/–	3/–	1.0/–
B推薦		13/6	13/6	13/6	1.0/1.0
一般 1回	80	58/31	57/30	45/26	1.3/1.2
2回		58/16	55/15	46/13	1.2/1.2

※第一・第二志望優先制度あり

入試説明会 要予約
11/4 11/11 11/18 11/25 12/2
商業体験フェア 9/16 10/7
個別入試相談会 12/3 12/9 12/23 1/6
学校見学は平日随時可（要事前連絡）

見学できる行事
体育祭 10/4（京華学園浦和運動場）
文化祭 10/21・10/22（入試相談コーナーあり）

説明会・行事等は日程・内容が変更される場合があります。必ず学校HP等でご確認ください

東京
け

京華女子中学校 高等学校
けいかじょし

〒112-8613　東京都文京区白山5-13-5　☎03-3946-4434（代）　学校長　塩谷　耕
〔2024年4月より〕〒112-8612　東京都文京区白山5-6-6

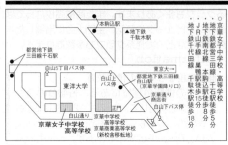

○京華女子中学校・高等学校
・JR山手線　巣鴨駅徒歩18分
・地下鉄都営三田線　千石駅徒歩5分
・地下鉄南北線　本駒込駅徒歩8分
・地下鉄都営三田線　白山駅徒歩5分

〈URL〉https://www.keika-g.ed.jp

沿革　明治42年（1909）、京華高等女学校設立。昭和23年（1948）、京華女子中学校および京華学園高等学校（普通科、商業科）発足。昭和35年、京華女子高等学校として独立。昭和59年、京華女子中学校再開、中高一貫の女子教育校となりました。

校風・教育方針

文教地区にあり、創立110年を超える伝統校です。アクセス抜群で趣ある校舎は小規模校ならではのアットホームな雰囲気にあふれています。「共感力を育てる」「グローバル力をみがく」「学力を高める」という3本の柱を教育方針とし、「21世紀型の賢い女性」の育成を目指します。

カリキュラムの特色

京華女子中学校独自のEHD（Education for Human Development）の授業では、ボランティア体験のほか箏曲・茶道・華道・日本舞踊などの日本の伝統文化の体験もします。また、英語を重視したカリキュラムで、中3で英検準2級取得率は53%です。中1の「イングリッシュキャンプ」、中3の「海外研修旅行」は全員参加です。希望者は中2から「オーストラリア夏季海外研修（2週間）」にも参加できます。また、中国語または仏語の授業も週1時間あります。高校からは希望者による「オーストラリア夏季海外研修（2週間）」のほか「セブ島語学研修（2週間）」、「ニュージーランド中・長期留学」など多くのプログラムがあります。また、1年間の留学単位認定制度も

あります。

高等学校では、特進、進学コースの2コース制を導入し、各自の進路に合わせたカリキュラムが用意されています。3年間、海外にいる外国人講師とマンツーマンでオンライン英会話の授業があります。また、「探究」の授業では、企業からミッションをもらい、よりよい社会を創るという目的のもと課題解決をグループで行っていきます。

環境・施設設備

「マルチパーパスラウンジ」は明るく開放的な雰囲気で、昼食を楽しんだり、DVD鑑賞をしたりもできます。放課後の自習スペースとしても活用されています。「マルチメディアラボ」には40台のパソコンが整備され、いつでも自由に利用できます。また、生徒には一人1台のタブレットPCが配布され、授業などで活用しています。

生活指導・心の教育

携帯電話・スマートフォンの持ち込みは原則禁止で、持ち込む場合は許可制となっています。朝

Information

①2024年には新校舎が完成し、京華中学・高等学校（男子校）・京華商業高等学校（共学校）と同じキャンパスになります。

②制服はブラウスが3種類、スカートが2種類、ネクタイかリボン（中学はリボンのみ）、ハイソックスかローソックス、鞄の正カバン、デイパックと様々なバリエーションが楽しめます。さらにスラックススタイルも選べます。

今春の進学実績については巻末の「高校別大学合格者数一覧」をご覧ください

担任に預け、放課後返却するというシステムです。

「共感力を育てる」という教育方針のもと、体験型の様々な行事・プログラムにより、他者の立場を想像できる心豊かな人の育成に取り組んでいます。

学校行事・クラブ活動

鑑賞教室・校外教室・各種講演会など盛りだく

さんです。体育祭は10月に京華学園浦和グラウンドで、学園祭は10月に京華中学・高等学校、京華商業高等学校と同時に行われます。

クラブ活動は、文化系17、体育系8のクラブが活動しています。マーチングバンド部は全国大会の常連。京華学園の合同クラブである吹奏楽団、バスケットボール部、バレー部も活躍しています。

データファイル

■2024年度入試日程

中学校 1回・2回は帰国生含む

募集人員	出願期間	試験日	発表日	手続締切日
1回午前	50	1/10〜1/31	2/1	2/1	単2/3併2/10
午後		1/10〜1/31	2/1午後	2/1	単2/3併2/10
2回午前	15	1/10〜2/1	2/2	2/2	単2/4併2/10
午後		1/10〜2/1	2/2午後	2/2	単2/4併2/10
3回	5	1/10〜2/2	2/3午後	2/3	単2/5併2/10
特待特別	5	1/10〜2/3	2/4	2/4	単2/6併2/10

高等学校

募集人員	出願期間	試験日	発表日	手続締切日
A推薦	40	1/15〜1/20	1/22	1/22	1/26
B推薦	20	1/15〜1/20	1/22	1/22	公立発表翌日
芸術・スポーツ	15	1/15〜1/20	1/22	1/22	1/26
一般1回	60	1/25〜2/8	2/10	2/10	公立発表翌日
2回	15	1/25〜2/10	2/12	2/12	公立発表翌日

B推薦は、都内生・神奈川県生を除く（併願可）
※中学12/1　高校12/1、1/22に帰国生入試を実施

■2024年度選考方法・入試科目

中学校

2科か4科、面接　2回午前のみ英検資格＋2科（3つの中の上位2つの点数を採用）、面接　1回午前は適性検査型を選択可（面接なし）　3回は2科のみ（2科のうち高得点科目の点数を2倍）

〈配点・時間〉国・算＝各100点45分　理・社＝各50点計50分　適Ⅰ・適Ⅱ＝各100点45分　適Ⅲ（選択制）＝100点45分

〈面接〉生徒個人　重視【内容】志望理由など

高等学校

推薦：A（特進・進学）・芸術・スポーツは作文（600字以内60分）、面接　A（特奨）・Bは適性検査（国数英）、面接　【出願の目安】内申A：特奨5科21　特進3科12か5科20　進学3科10か5科16か9科29（3つのうちいずれか2つを満たすこと）　英検・漢検・数検3級（特進は準2級）、クラブ・委員会などで優遇　B推薦はAの基準に＋1

一般：国語、数学、英語、面接

〈配点・時間〉一般：国・数・英＝各100点45分
A特奨・B推薦：国・数・英＝各100点45分

〈面接〉生徒個人　重視

■指定校推薦枠のある主な大学

法政大　立命館大　東京女子大　日本大　芝浦工業大　東洋大　獨協大　東京都市大　武蔵大　工学院大　東京電機大　白百合女子大　清泉女子大　学習院女子大　大妻女子大　共立女子大など

■2023年春卒業生進路状況

卒業生数	大学	短大	専門学校	海外大	就職	進学準備他
141人	111人	6人	16人	0人	0人	8人

■2023年度入試結果

中学校 1回午後・2・3回は特待チャレンジの受験生を含む

募集人員		志願者数	受験者数	合格者数	競争率
1回午前	50	146	134	78	1.7
午後		130	111	31	3.6
2回午前	15	72	35	13	2.7
午後		144	50	9	5.6
3回	5	162	45	10	4.5
特待特別	5	82	16	3	5.3

高等学校 スライド合格を含まない

募集人員		志願者数	受験者数	合格者数	競争率
A推薦	40	73	73	73	1.0
芸術・スポーツ	15	10	10	10	1.0
B推薦	20	14	14	14	1.0
一般1回	60	63	62	36	1.7
2回	15	25	22	11	2.0

学校説明会 すべて要予約

★中学校　9/17 10/14 11/19 12/10 12/23 1/13
入試問題セミナー（6年生）　11/5（2科・4科）
11/26（2科・適性）　※合格・特待優遇制度あり
★高等学校　9/16 10/7 11/3 11/18 11/25
個別相談会　12/2 12/9 12/23

見学できる行事
京華祭　10/21・10/22（入試相談コーナーあり）
体育祭　10/25（京華学園浦和グラウンド）

説明会・行事等は日程・内容が変更される場合があります。必ず学校HP等でご確認ください

東京
け

恵泉女学園中学校高等学校
けいせんじょがくえん

〒156-8520　東京都世田谷区船橋5-8-1　☎03-3303-2115　学校長　本山　早苗

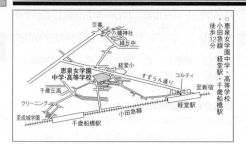

〈URL〉https://www.keisen.jp/

沿革　昭和4年（1929）、5年制の高等女学校として創設され、昭和22年、恵泉女学園中学校が、翌年高等学校が発足し、現在に至っています。

校風・教育方針

　恵泉女学園はキリスト教信仰に基づき、自立し、自然を愛し、世界に心を開き、平和のために力を尽くす女性を育てるという創立者河井道の願いのもとにつくられた学校です。そのための基礎として、思考力と発信力の育成に力を注いでいます。

カリキュラムの特色

　週5日制で、土曜日はクラブ・課外活動、特別講座、補習などが行われています。高2から豊富な選択科目があり、生徒一人ひとりが自分の進路にあったカリキュラムを組むことができます。

　英語は少人数授業、小テスト、直しノートや指名補習など、きめ細かい指導で基礎を着実に積み上げます。少人数制の英会話は高1まで必修。英語エッセイの添削や、中3から高2の全員が参加するスピーチコンテストもあり、読む、聞くはもちろん、自信を持って発信することができる英語力が身につきます。その結果、英検は準1級取得者37人、中学生で2級（高校卒業程度）を取得した生徒も44人いました。GTECの高2平均スコアは952.4（全国平均781）で、うち77人が海外大学進学を視野に入れられるレベルに達しています。高3では大学入試問題演習の他に、英語の新聞を読み、ディスカッションをする時事英語などのユニークな選択授業もあります。

　中1、高2で必修の「園芸」は、「畑を耕すことは自分の心を耕すこと」として、創立以来受け継がれてきた科目です。校内と近隣にある畑で草花や野菜などを栽培し、収穫後は、綿紡ぎやジャム作りなどの加工実習にも取り組みます。

国際教育

　2022年度は、3年ぶりにオーストラリアのブリスベンへの3カ月留学を再開。2023年度は夏休みの短期留学も再開しました。その他、1年間の交換留学など、海外留学制度も充実しています。

環境・施設設備

　メディアセンターは、生徒の自立的学習を支える情報センターです。図書館としての機能のほかに、コンピュータ教室、学習室、放送室、学園史料室などを含め、24教室分の広さがあり、蔵書数は9万冊を超えます。このメディアセンターを利用して、中学ではオリジナルの「読書ノート」を用い、ノンフィクションを中心とした読書指導を実施。また、中3の「情報Ⅰ」の授業、国語の授業のディベートや新聞作りなどメディアリテラシー教育にも力を入れ、聞く・読む・書く・発表することを通して「考える力」を育んでいます。

　理科では、6つの理科教室を使い、実験を重視した授業を行っています。プラネタリウムを備えた地学室もあります。

今春の進学実績については巻末の「高校別大学合格者数一覧」をご覧ください

2期制　**登校時刻** 8:15　**昼食** 弁当持参、カフェテリア、売店　**土曜日** 休日

人間教育

　毎朝25分間の礼拝の時間から一日の生活が始まります。礼拝の中で生徒自身が日頃感じたり考えたりしたことをまとめた「感話」を読む機会があります。感話を書くことは自己を見つめ考える作業であり、聴く側にとっても心を揺さぶられるものです。感話を書き、また聴き続けることで、誠実に人生に向かうことを学びます。

学校行事・クラブ活動

　恵泉デーは、創立を記念して行われる学園最大の行事です。学年の宿泊行事としては、中1…御殿場での「フェロシップ」、中2…清里での「ファームワーク」、高2…京都・奈良方面への「見学旅行」、高3…清里での「修養会」があります。その他芸術鑑賞会や牧場でのキャンプ、平和学習など、学年の枠を越えて共に学ぶ行事や有志参加の行事での体験的学習の場を多く設けています。

　クラブはバスケットボール、バレーボール、バドミントン、ソフトテニス、硬式テニス、サッ

カー、陸上、剣道、ダンス、チアリーディング、園芸、演劇、オペレッタ、軽音楽、写真、美術、理科、映像、文芸、かるた、K.E.S.S.の21部があり熱心に活動しています。また、課外活動としてハンドベル、オーケストラ、聖歌隊、茶道、華道、書道、サイエンス・アドベンチャー（生物、化学、物理、コンピューターサイエンスの4分野にわたる、授業ではできない継続的な研究に取り組むプログラム）もあります。

データファイル

■2024年度入試日程

中学校

募集人員		出願期間	試験日	発表日	手続締切日
第1回	80	1/10〜1/30	2/1午後	Web 2/1	2/3
第2回	70	1/10〜2/1	2/2	Web 2/2	2/4
第3回	30	1/10〜2/2	2/3午後	Web 2/3	2/6

高等学校

募集を行っていません

■2024年度選考方法・入試科目

中学校

第1回・第3回（2科）：国語、算数、質問カード記入

第2回（4科）：国語、算数、理科、社会、質問カード記入

〈配点・時間〉国・算＝各100点45分　理・社＝各70点30分

〈面接〉なし

■指定校推薦枠のある主な大学

東京都立大　青山学院大　学習院大　国際基督教大　上智大　成城大　中央大　津田塾大　東京女子大　東京理科大　日本女子大　法政大　明治大　明治学院大　立教大など

■2023年春卒業生進路状況

卒業生数	大学	短大	専門学校	海外大	就職	進学準備他
183人	164人	3人	1人	1人	1人	13人

■2023年度入試結果

中学校

	募集人員	志願者数	受験者数	合格者数	競争率
1回	80	505	477	239	2.0
2回	70	574	401	179	2.2
3回	30	540	291	66	4.4

帰国生を含む

学校説明会　要予約
9/9　10/7　12/9

入試説明会（6年生対象・要予約）
11/23　1/11
※Web配信（要予約）
12/1〜1/31

見学できる行事　要予約
恵泉デー（文化祭）11/3（入試相談コーナーあり）
クリスマス礼拝　12/20
　　　　　　　　　※終了後ミニ説明会あり
学校見学は随時可（要事前連絡）
詳細はHPをご覧ください

説明会・行事等は日程・内容が変更される場合があります。必ず学校HP等でご確認ください

啓明学園中学校 高等学校

けい めい がく えん

〒196-0002 東京都昭島市拝島町5-11-15 ☎042-541-1003（代） 学校長 大坪 隆明

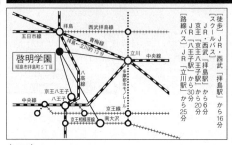

〈URL〉https://www.keimei.ac.jp/

沿革 昭和15年（1940）、港区赤坂台町に啓明学園小学校を創設。翌年、中学部と高等女学部を設置。昭和22年（1947）、三井家別邸の寄贈を受けて現在地に移転。幼稚園、初等学校、中学校、高等学校を擁する啓明学園となりました。

教育理念・校風

創立以来、「広い視野のもと豊かな人間性と独自の見識を持ち、世界を心に入れた人を育てる」ことを学園の理念としています。中高生の約3割が帰国生・外国籍生です。そのため、日本生まれ・日本育ちの生徒にとって、グローバル環境を「日常生活」として体感できます。多感な発達段階を迎える中学・高等学校の時代に、多様な生活経験を持つ友人と互いに刺激を受けながら成長することは、真の世界市民が育つ土壌となり、未来に選択の幅を広げる機会となります。

カリキュラムの特色

人としていかに生きるか、人としての在り方の礎を築く場が啓明学園です。生徒の可能性を信ずるところから教育は始まります。暗記で済ます力よりも広い視野と豊かな人間性を培うこと、世界市民として21世紀を生きる人材に育てることが本学園の命題と考え、次のような教育活動に重点を置いています。

知性を磨く教育（サイエンス教育）

ICTの発展、科学技術が大きく進歩していく現代にあって、先進性、主体性、人間性に優れたリーダーを養成するサイエンス教育を推進してい

きます。科学的な視点に立った論理的な思考力・判断力と、誰とでも協働できるコミュニケーション能力・自己表現力を育てます。

世界をつなぐ教育（グローバル教育）

教育理念に基づき、深く考える力と広く見る力を養います。世界で平和を作るために貢献する「真の世界市民」を育てます。

心を育む教育（人格教育）

キリストの教えをベースに、自己の大切さや共生の重要性を学びます。個人倫理としての「正直」「純潔」、社会倫理としての「無私」「敬愛」。豊かな人間性と優れた人格を育てます。

学習サポート

中学では毎週、漢字・英単語テストを実施し、

┌─ **TOPICS** ─

ラウンドスクエア正式加盟校です
海外協定大学推薦制度(UPAA)協定校です

ラウンドスクエアは世界50カ国の私立学校230校以上が加盟している、国際的な私立学校同盟です。IDEALSという理念のもとに国境を越えて学校間で交流しています。

また、イギリスとアメリカの協定校36大学への学内推薦が可能な、海外協定大学推薦制度（UPAA）と協定を結び、最大で6大学に同時出願できるグローバル出願、国内受験の結果を待って進路を決定できるグローバル併願を行っています。

今春の進学実績については巻末の「高校別大学合格者数一覧」をご覧ください

3学期制	登校時刻 8:30	昼食 弁当持参、カフェテリア、売店	土曜日 授業

日々のノートチェックや教科担当による放課後補習等、基礎学力を身につけるためのサポートが充実しています。難関大学を目指す進路指導を行います。夏季・冬季の休暇中には「特別学習(希望者)」を実施して、基礎学力確立から入試問題演習まで、進路実現のための学力を養成しています。

環境・施設設備

　約3万坪の広大で自然豊かな校地内には、都指定有形文化財である「北泉寮」があり、庭園や森の広がりの中に校舎が置かれています。多摩丘陵を見渡す風光明媚な環境の中で、生徒はのびのびと学校生活を送ることができます。

データファイル

■2024年度入試日程

中学校　＊プレゼンテーション型は午後

募集人員		出願期間	試験日	発表日	手続締切日
1回		1/10～1/31	2/1	2/1	2/3
適性①		1/10～1/31	2/1	2/1	2/10
国際	50	1/9～1/23	2/1	2/2	2/3
算数特待		1/10～1/31	2/1午後	2/1	2/3
英語、国語		1/10～1/31	2/1午後	2/1	2/3
2回、プレゼン	10	1/10～2/1	2/2＊	2/2	2/4
3回	10	1/10～2/4	2/5	2/5	2/7
適性②		1/10～2/4	2/5	2/5	2/10

高等学校

募集人員		出願期間	試験日	発表日	手続締切日
推薦	50	1/15・1/16	1/22	1/23	1/24
一般1回	50	1/25～2/3	2/11	2/11	2/13＊
国際		12/23～1/9	1/22	1/23	1/24(延長可)
一般2回 若干		1/25～2/3	2/13	2/14	2/15

＊一般は単願優遇、国立・公立・私立併願優遇あり

■2024年度選考方法・入試科目

中学校

1回・2回・3回：2科か3科（国算英）　適性検査型：適性検査ⅠⅡ　算数特待型：算数　国語四技能型：国語　英語特化型：英語　プレゼンテーション型：プレゼンテーション
国際：学習歴に応じて英語型、日本語型、外国語型を選択。プレインタビューが必要
〈配点・時間〉国・算・英＝各100点45分
〈面接〉国際のみ生徒個人

高等学校

推薦：作文、面接【出願条件】内申9科30か5科17か3科11（一般の公立併願は9科31か5科18か3科12）　3科に評定「1」を含まないこと　欠席3年次10日以内　[内申加点]英検・漢検・数検取得など諸活動で内申に加点　公立併願優遇も同様
一般：国語、数学、英語（リスニング含む）、面接
国際：学習歴に応じて英語型、日本語型、外国語型を選択。プレインタビューが必要

〈配点・時間〉国・数・英＝各100点50分
〈面接〉生徒個人

■指定校推薦枠のある主な大学

青山学院大　学習院大　国際基督教大　芝浦工業大　順天堂大　上智大　成蹊大　東京女子大　法政大　立教大　明治学院大　関西学院大など

■2023年春卒業生進路状況

卒業生数	大学	短大	専門学校	海外大	就職	進学準備他
122人	95人	2人	6人	2人	0人	17人

■2023年度入試結果

中学校

募集人員		志願者数	受験者数	合格者数	競争率
1回		15	14	13	1.1
適性		11	11	8	1.4
国際	50	7	7	6	1.2
算数特待		6	6	0	—
英語/国語		3/2	3/2	3/2	1.0/1.0
2回/プレゼン	10	17/1	4/0	3/—	1.3/—
3回	10	20	7	7	3.0

高等学校　　一般1回は一般／単願・併願優遇

募集人員		志願者数	受験者数	合格者数	競争率
推薦	50	35	35	35	1.0
一般1回	50	2/86	2/73	1/73	2.0/1.0
国際		15	15	15	1.0
一般2回 若干		9	2	0	—

学校説明会　要予約

★中学校　10/7 10/21 11/4　入試問題解説会　12/9　模擬入試　11/11（算・英特化・国語技能）11/18（2科3科）11/26（適性・プレゼン）1/13（2科3科・適性・プレゼン）
★高等学校　9/30 10/14 10/28 10/29 11/12 11/25 11/26　入試問題解説会　12/2　個別相談会　12/2 12/3 12/9 12/10
国際生入試説明会(中高)　12/9

見学できる行事

文化祭(啓明祭)　9/23・9/24(個別相談コーナーあり)

説明会・行事等は日程・内容が変更される場合があります。必ず学校HP等でご確認ください

小石川淑徳学園 中学校 高等学校

（現：淑徳SC中等部・高等部　2024年度より校名変更）

〒112-0002　東京都文京区小石川3-14-3　☎03-5840-6301　学校長　夘木　幸男

小石川淑徳学園

○小石川淑徳学園中学校・高等学校
・東京メトロ丸ノ内線・南北線後楽園駅徒歩8分
・都営三田線・大江戸線春日駅徒歩8分

〈URL〉https://ssc1892.ed.jp/

沿革　明治25年（1892）浄土宗の尼僧・輪島聞声が淑徳女学校を創立。昭和22年（1947）に淑徳学園中等部を設置。翌年、高等学校を設置。平成20年（2008）に淑徳SC中等部・高等部に校名を改称。令和4年（2022）創立130周年。令和6年（2024）に「小石川淑徳学園中学校・高等学校」に改称。

校風・教育方針

校祖・輪島聞声先生が説いた「進みゆく世に後れることなく、有為な人間となれ」を建学の精神とし、一人ひとりに寄り添った教育を行います。130年以上にわたり、文教地区「小石川」の地で先端の女子教育を行ってきており、伝統の上に進化を続け、時代の要請に応える学校としてあり続けています。英語教育・探究学習・高大連携・日本学・ICT教育など、先進的かつ特長的な取り組みを積極的に展開し、グローバル社会を生き抜く女性に必要なキャリアを身につけます。

カリキュラムの特色

中学校は中高一貫GSCコースの革新的な「英語教育プログラム」を導入するとともに、大学入試で求められる思考力・判断力・表現力の養成を目指します。

高等学校は特別選抜コースと選抜コースがあります。特別選抜コースは、国公立大学や難関私立大学を目指す「特別選抜クラス」と、デジタル社会で活躍する人材の育成を目指す「デジタル教養クラス」を2024年に新設します。選抜コースは四年制大学、短大、専門学校を総合型選抜や学校推薦型選抜などで目指します。高2からは生徒一人ひとりの希望進路に合わせて授業科目を選択する「オーダーメイドカリキュラム」を開講し、目的別進路の学びにより、積極的かつやる気を引き出します。

革新的な「英語教育プログラム」

オリジナルの教材を使用して、英語4技能を総合的・段階的に学習します。中学校のEnglish Campで「英語はできて当たり前」を体験し、6年間の学習プロセスによって生涯使える英語力を育成します。高等学校は学習レベルに合わせたオンライン動画を活用し、個別最適化学習を進めます。高校1・2年には希望制のターム留学を実施し、3カ月間のターム留学では英語だけの環境に身を置き、英語力や人間力を高めます。

ユネスコスクール認定校

社会的な課題解決への取り組みが評価され、「ユネスコスクール」に正式に認定されました。ユネスコの教育理念のもと、「環境」「平和」をテーマに探究学習を行っています。生徒一人ひとりが物事の見方・考え方を学び、様々な問題を発見する力、解決する力を養い、これからの持続可能な社会の創り手を育む教育を進めています。

中央大学理工学部との教育交流

IT分野で将来活躍する夢も描けるような専門的な知見について、楽しく学べるプログラムを構築しました。教育交流を実施している中央大学理工学部の教授陣から指導・アドバイスをいただき、

今春の進学実績については巻末の「高校別大学合格者数一覧」をご覧ください

〔3学期制〕〔登校時刻 8:30〕〔昼食 弁当持参、売店〕〔土曜日 授業〕

本来は大学で学んでいた専門的な内容を、分かりやすさを重視した実践的な授業で学びます。また中央大学で行われている実習・研究に参加する機会も多く、最先端の学びを得ることができます。

学校行事・クラブ活動

体育祭、なでしこ祭（文化祭）、修学旅行、English Camp（中学）、サマースクール（高校）などの行事があります。花まつりや御霊まつりなどの仏教行事は、自分自身を見つめ生き方を考える機会となっています。

クラブはバレーボール部が高い実績をあげています。ダンス＆チア部、硬式テニス部、茶道部、吹奏楽部、ボイスアクトレス部（声優）など、運動部9部、文化部12部が活動しています。

環境・施設設備

2008年に完成した校舎は6階建てで、1～3階には職員室、図書コーナー、和室に加え、2015年に理科室、調理室、被服室を新設しました。

データファイル

■2024年度入試日程

〔中学校〕　募集人員は計80人

募集人員		出願期間	試験日	発表日	手続締切日
1回一般	25	1/10～試験当日	2/1	2/1	2/4
1回スカラシップ	10		2/1午後	2/1	2/4
適性プレミアム	15		2/2	2/2	2/9
2回スカラシップ	10		2/2午後	2/2	2/9
3回スカラシップ	10		2/3午後	2/3	2/9
2回一般	10		2/4	2/4	2/9
3回一般	若干		2/6	2/6	2/9

〔高等学校〕　B推薦（併願）は埼玉・千葉県生

募集人員		出願期間	試験日	発表日	手続締切日
推薦A・B		1/15～1/19	1/22	1/23	A1/27 B公翌
一般1回	80*	1/25～2/8※	2/10	2/11	単2/19 併公翌
2回		1/25～2/8※	2/13	2/13	単2/19 併公翌

*コース別募集人員：特別選抜コース（特別選抜クラス20、デジタル教養クラス20）、選抜コース40
※併願優遇（東京都・神奈川県の公立生）の出願は1/25～1/28

■2024年度選考方法・入試科目

〔中学校〕

一般・スカラシップ：2科か4科　※スカラシップ3回は3科（国・算・英）も選択可（英検3級で英語満点換算）

適性プレミアム：適性（基礎力国算・探究型作文）または1科型（算数）

〈配点・時間〉国・算・英＝各100点50分　理・社＝計100点50分　適性基礎力（国・算）＝100点50分　適性探究型（作文）＝100点50分

〈面接〉なし

〔高等学校〕

推薦：適性検査（国語、数学、英語）〈併願推薦は傾斜配点方式〉　A推薦は面接あり

【出願基準】特別選抜コース5科17（19）　選抜コース9科27（29）　※（　）内は併願推薦・併願優遇　検定、クラブ活動などの加点措置あり　欠席3年次10日以内　9科に評価「1」は不可

一般：国語、数学、英語〈傾斜配点方式〉

〈配点・時間〉国・数・英＝各100点50分　一般は3科のうち任意の1科を1.5倍（150点）とする

〈面接〉A推薦のみ生徒個人

■卒業生の大学進学実績（過去3年間）

上智大　学習院大　中央大　立教大　駒澤大　東洋大　獨協大　大東文化大　聖心女子大　東京女子大　女子栄養大など

■2023年度入試結果

〔中学校〕

募集人員		志願者数	受験者数	合格者数	競争率
1回一般	15	15	14	14	1.0
特待生	5	6	0	—	—
2回一般	5	10	2	2	1.0
3回一般	5	10	2	2	1.0
4回一般	若干	11	0	—	—

〔高等学校〕

募集人員		志願者数	受験者数	合格者数	競争率
推薦	40	20	19	19	1.0
一般1回	40	25	22	22	1.0
2回		12	12	12	1.0

〔学校説明会〕要予約
★中学校　9/16 10/7 11/4 12/9 1/7
イブニング説明会　11/28
★高等学校　9/9 10/14 11/18 12/2 12/23
イブニング説明会　11/2
学校見学は随時可（要予約）
〔見学できる行事〕
なでしこ祭（文化祭）　10/29

説明会・行事等は日程・内容が変更される場合があります。必ず学校HP等でご確認ください

中 **女子** 高 **女子** 普通科

光塩女子学院 中等科 高等科

（こうえんじょしがくいん）

〒166-0003　東京都杉並区高円寺南2-33-28　☎03-3315-1911　学校長　烏田　信二

〈URL〉https://www.koen-ejh.ed.jp/

2018年に完成した新1号館

沿革　昭和6年（1931）スペインに創立されたカトリックメルセス宣教女子修道女会の日本支部によって光塩高等女学校を開校。同22年（1947）学制改革にしたがい、光塩女子学院と改称、高等科・中等科・初等科を設置。

校風・教育方針

キリスト教の人間観・世界観を教育の基盤としています。

「あなたがたは世の光…あなたがたは地の塩」という聖書の言葉から校名「光塩女子学院」が生まれました。「人は誰でも、ありのままで神から愛されており、一人一人はそのままで世を照らす光であり、地に味をつける塩である」という意味です。この精神に則って、日々の教育が行われます。

学習・学校行事・クラブ活動に精一杯打ち込む中で、さまざまな人とのかかわりを通して、自分自身も他者も共にかけがえのないユニークな存在であること、多様な人との共存が相互の豊かさとなることを体験的に学びます。また、これらの体験をもとに世界的な視野と人に対する豊かな愛情を育み、真の国際性の育成を目指します。

カリキュラムの特色

日常生活においては、一人ひとりの長所を伸ばし、きめ細かにケアするために、約6人の教師が、中等科は1学年4クラス、高等科は1学年3クラスを受け持つ「共同担任制」を取り入れています。約6人の目でさまざまな角度から見ることができるため、生徒をよりよく理解することができ、生徒も複数の先生に相談ができるため、結果的につよい信頼関係を築くことができます。

キリスト教の倫理観に基づき、光塩の1日は始業前に朝のお祈りをすることから始まり、生徒たちの心の中に日々あらたな目標と静かな勇気がわいてきます。また、中1から中3まで週1時間「倫理」の時間を設置し、社会の中での自分の役割を自覚しつつ成長できるようサポートします。

社会に出たときに活躍できるための学力を身につけることと、自らの進路に合わせてそれぞれが持つ才能を伸ばすことを目標として、高1までは基礎学力の習得に重点を置いたカリキュラムが組まれています。特に英語教育に力を入れており、英語検定でも、中等科卒業時には在籍者の約5割が3級以上に、高等科卒業時には在籍者の約8割が準2級合格という成績を上げています。また、英会話の授業によって「話す力」「聞く力」を身につけていきます。さらに、毎週土曜日の朝の10分間に、隔週で漢字の書き取りと英語（スペリング）テストを中高6年間を通じて実施しています。

英語と数学については習熟度別授業を行っています。また国語は、文章力を磨き大学入試の小論文にも十分に対応できるよう、中等科から多読にとりくむカリキュラム（IEP）を実施しています。

高等科では、2年次より各自の志望による選択科目が全体の約半分と幅広く設けられています。進学の分野は、理数系・社会科学系・人文科学系と多岐にわたっています。

今春の進学実績については巻末の「高校別大学合格者数一覧」をご覧ください

環境・施設設備

全校生徒を収容できるメルセダリアンホール、聖堂、図書室、体育館、学年ごとに集まれるホールなど、充実した学院生活を送るための施設があり、全教室に冷暖房を完備しています。また、全教室が無線LAN化されており、タブレット・プロジェクター・電子黒板などのICT機器を効果的に用いた授業を行っています。

生活指導・心の教育

生徒が困ったときや悩みごとがあるときに対応できるよう、日頃のコミュニケーションを大切にしています。その一環として、各学期に、全生徒を対象に、生徒一人ひとりと教師が人格的に関わることのできる場である「個人面談」を実施しています。また、カウンセリング制度により生徒・保護者の相談に応じています。

クリスマスには物資援助や募金活動を行います。また、修道院を通じてフィリピンの子どもたちの里親になったり、赤い羽根共同募金運動に協力したりするなど、各方面へのボランティア活動を日常的に行っており、奉仕の精神を育んでいます。

学校行事・クラブ活動

長野県四阿高原で実施される山荘生活をはじめとして、修学旅行、光塩祭(文化祭)、体育祭、親睦会(バザー)、クリスマス会、校内弁論大会など、さまざまな行事が年間を通して行われ、授業では体験できない多くのことを学ぶとともに、学年全体でひとつにまとまるよい思い出として、生徒たちの心に深くきざみ込まれていきます。

クラブ活動は、中等科・高等科合同で行われています。テニス、バスケットボール、バレーボール、バドミントン、ダンス、剣道、水泳、料理、化学、生物、人形劇、演劇、茶道、ESS、美術、ミュージカル、合唱、アンサンブル部、卓球愛好会などのクラブがあり、中学生、高校生が、同じ体験を分かち合いながら互いに成長していく場として活用しています。自由参加にもかかわらず、ほとんどの生徒がいずれかのクラブに所属しています。

杉並区 中 女子 高 女子 高校募集なし

データファイル

■2024年度入試日程

中等科

募集人員		出願期間	試験日	発表日	手続締切日
1回	約30	1/10～1/28	2/1	2/1	2/9
2回	約50	1/10～1/28	2/2	2/2	2/6
3回	約15	1/10～2/3	2/4	2/4	2/6

高等科

募集を行っていません

■2024年度選考方法・入試科目

中等科

1回(総合型):総合(100点50分)、国語基礎(50点25分)、算数基礎(50点25分)

2回・3回:国語、算数、社会、理科、面接
〈配点・時間〉国・算=各100点50分　理・社=各50点30分
〈面接〉2回・3回のみあり　保護者同伴　参考
【内容】志望動機、学校のイメージ、中学校生活への抱負、小学校生活について、試験の感想など

■指定校推薦枠のある主な大学

早稲田大　慶應義塾大　上智大　国際基督教大　東京理科大　青山学院大　明治大　立教大　学習院大　北里大　聖心女子大　清泉女子大　中央大　津田塾大　東京歯科大　東京女子大　東京女子医科大　東京薬科大　日本歯科大　明治薬科大など

■2023年春卒業生進路状況

卒業生数	大学	短大	専門学校	海外大	就職	進学準備他
129人	106人	2人	2人	1人	0人	18人

■2023年度入試結果

中等科

募集人員		志願者数	受験者数	合格者数	競争率
1回	約30	89	88	60	1.5
2回	約50	137	76	54	1.4
3回	約15	126	50	28	1.8

学校説明会 要予約
9/10 10/28 11/24

校内見学会
月に3日ほど実施予定
詳細はHPをご確認ください。

過去問説明会(6年生対象) 12/2

見学できる行事 要予約
親睦会(バザー) 11/19(生徒による学校紹介コーナーあり)

説明会・行事等は日程・内容が変更される場合があります。必ず学校HP等でご確認ください

工学院大学附属中学校・高等学校
（こうがくいんだいがくふぞく）

〒192-8622　東京都八王子市中野町2647-2　☎042-628-4914　学校長　中野 由章

〈URL〉https://www.js.kogakuin.ac.jp/

沿革　昭和19年（1944）に設立された工学院工業高校が前身。平成4年（1992）、校名を工学院大学附属高等学校と改称、同8年から附属中学校が復活しました。平成14年（2002）より男女共学へ移行。

校風・教育方針

「挑戦」「創造」「貢献」をスローガンに掲げ、真の学力と豊かな人間力を育んでいます。世界に目を向け、知識・技能のみならず、思考力・表現力・判断力を身につけ、グローバル化に対応するK-STEAM教育を進化させていきます。

カリキュラムの特色

先端数理情報工学を核としたK-STEAM教育を充実させ、工学院大学と包括的連携を行い、充実した教育環境を提供します。

2022年4月より中学は先進クラス・インターナショナルクラスの2クラス制。高校は先進文理コース・文理コース・インターナショナルコースの3コース制に改編しました。

進路指導
国公立大学や難関私立大学など、文理問わず他大学の受験を積極的に目標とします。工学院大学の推薦試験合格後も無条件で他大学（国公立・私立大学）への挑戦ができ、附属校のメリットを生かした受験進学環境が整い、国公立大学や難関私立大学の合格者も大幅に増加しました。

国際教育

高度情報化社会には伝達手段として国際言語が必要となります。民族・宗教・言語などの文化の違いや多様性を受け入れるためにもできるだけ早期からの海外体験を、という考えから国際交流の機会を積極的に提供しています。中学3年の異文化体験研修では、オーストラリアに2週間ホームステイします（インタークラスはシンガポール）。高校2年はグローバルプロジェクト。世界を含め5つの地域から自分の選んだ国へ課題解決の旅に出ます。

環境・施設設備

MakeRoomと図書館にFabスペース、屋上に天文台を設置しています。全HR教室に電子黒板とWi-Fiを備え、全生徒がパソコンを携帯して授業を行います。

大学受験指導

【K1ゼミ】放課後に予備校よりプロ講師を学校に招いて、進学強化講座を実施。
【チューター自習室】放課後にほぼ毎日、大学生チューターに気軽に相談できる自習室を設置。
【FIゼミ】自校教員による補習です。

Information

■K-STEAMとは

グローバル・リベラルアーツと数理情報工学を融合した先進教育で、失敗を恐れず積極的に挑戦し、新しい価値を創造し、人間性豊かな社会の構築へ主体的に貢献します。

今春の進学実績については巻末の「高校別大学合格者数一覧」をご覧ください

| 3学期制 | 登校時刻 8:45 | 昼食 弁当持参、食堂、売店 | 土曜日 授業 |

学校行事・クラブ活動

　盛大に行われる夢工祭（文化祭）をはじめ、体育祭、自由研究教室など多彩な行事があります。

　高校の部活動は野球、サッカー、テニス、吹奏楽、自動車、ダンスなど23部あります。活動時間は原則18時までで、限られた時間内で集中的に練習しています。一方、中学のクラブはサッカー、野球、バスケットボール、サイエンス、ダンスなど17部が活動しています。

データファイル

■2024年度入試日程

中学校　※神奈川県公立校との併願者は2/10

募集人員		出願期間	試験日	発表日	手続締切日
1回A	30	1/10〜1/31	2/1	2/1	2/5
適性①		1/10〜1/31	2/1	2/2	2/9※
B特待	30	1/10〜1/31	2/1午後	2/1	2/5
2回A	10	1/10〜2/1	2/2	2/2	2/5
B	15	1/10〜2/2	2/2午後	2/2	2/5
3回	10	1/10〜2/3	2/3午後	2/3	2/5
4回	10	1/10〜2/6	2/6午後	2/6	2/9
適性②		1/10〜2/6	2/6午後	2/6	2/9※

高等学校

募集人員		出願期間	試験日	発表日	手続締切日
推薦	80	1/15〜1/17	1/22	1/22	1/27
一般1回	80	1/25〜2/3	2/10	2/10	2/15※
2回	40		2/12	2/12	2/15※

※一般は併願校発表翌日まで延納可

■2024年度選考方法・入試科目

中学校

1回A・2回A：4科か国算か英算か英国

1回B特待・2回B・3回・4回：国算か英算か英国　**適性検査型MT①・②**：適性検査Ⅰ・Ⅱ

※インターナショナルクラス希望者は、英検準2級以上の英語力を必要とし、英語を受験すること
※1回B特待は国算（国語重視型〈国150点、算50点〉）あり

〈配点・時間〉国・算・英＝各100点50分　理・社＝各50点30分　適Ⅰ・適Ⅱ＝各100点50分
〈面接〉なし

高等学校

推薦：書類審査、作文、面接

一般・併願優遇：国・数・英（リスニング含む）、面接

※インターナショナルコースの英検準1級以上はみなし満点とする　英検2級以上の英語力が必要
〈配点・時間〉国・数・英＝各100点50分
〈面接〉生徒個人　重視

■2023年春併設大学への進学

面接、テストの結果、調査書により総合的に判断され、推薦によって進学できます。

工学院大学―76（工17、建築23、先進工8、情報28）

■2023年春卒業生進路状況

卒業生数	大学	短大	専門学校	海外大	就職	進学準備他
269人	248人	0人	9人	0人	1人	11人

■2023年度入試結果

中学校　男／女　帰国生入試あり

募集人員		志願者数	受験者数	合格者数	競争率
1回A	30	84/19	80/19	33/9	2.4/2.1
適性①		11/5	11/5	5/5	2.2/1.0
B特待	30	118/37	111/36	40/18	2.8/2.0
2回A	10	103/23	62/15	21/8	3.0/1.9
B	15	123/37	82/25	19/13	4.3/1.9
3回	10	151/33	71/11	17/5	4.2/2.2
4回	10	133/26	56/7	9/2	6.2/3.5
適性②		9/5	4/2	3/1	1.3/2.0

高等学校　帰国生入試あり

募集人員		志願者数	受験者数	合格者数	競争率
推薦	70	139	139	139	1.0
一般1回	90	239	238	216	1.1
2回	40	99	59	32	1.8

▼▼入試アドバイス・学校からのメッセージ

中学校の1回Bは特待合格を選抜する入試で、30人のうち10人募集。特待合格にならなかった場合は、一般合格へスライド合格します。

学校説明会　すべて要予約

★中学校　9/9* 10/14* 11/26　＊は授業・部活動体験会あり

入試予想問題体験会　11/26

クリスマス学校説明会　12/23

入試対策説明会　1/13

★高等学校　9/16 10/28 11/26 12/2

授業・部活動体験会　9/2

帰国生対象説明会@新宿（中高）　10/7

見学できる行事　（事前予約制の予定）

夢工祭　9/23・9/24（個別相談会あり）

体育祭　中10/25　高10/26（個別相談あり）

説明会・行事等は日程・内容が変更される場合があります。必ず学校HP等でご確認ください

東京 こ

亞 攻玉社中学校・高等学校

こう ぎょく しゃ

〒141-0031　東京都品川区西五反田5-14-2　☎03-3493-0331　学校長　藤田　陽一

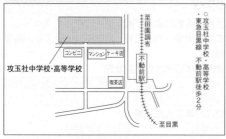

○攻玉社中学校・高等学校
東急目黒線・不動前駅徒歩2分

〈URL〉https://kogyokusha.ed.jp/

沿革　文久3年(1863)、近藤真琴の開いた蘭学塾が始まる。明治2年(1869)、塾名を攻玉社と改称。昭和23年(1948)、攻玉社中学校・高等学校として新発足。2023年、創立160周年を迎えました。

校風・教育方針

「他山ノ石以テ玉ヲ攻クベシ」の「攻玉」を教育理想としています。理想の実現のために、①6年一貫英才開発教育の推進を図る ②道徳教育の充実に努める ③生徒の自主性の尊重と自由な創造活動を重視して、学習活動と学友会やクラブ活動などの両立を図る ④強健な体力と旺盛な気力を養うことなどを目標に掲げています。自啓自発の精神に基づき積極的に勉学する気風を育てるように、平素の授業も入念な指導を行っています。

カリキュラムの特色

6年一貫英才開発教育の推進をめざしています。6年間を低学年(中1・2)中学年(中3・高1)高学年(高2・3)とし、低学年では学習の習慣づけと基礎学力を養成し、中学年では自主的学習態度の確立と基礎学力の充実強化を図り、高学年では進学目標の確立と学力の向上強化によって進学目標の達成をめざすようにしています。

カリキュラムは、中学校では特に主要教科の基礎学力アップのために、授業時間数を標準時間より多くしています。国語は中学2年では週6時間、3年では週5時間、数学も1年は週5時間、2年は週6時間の授業を行い、中学の教科書をすべて終了します。中学3年では高校1年の「数学Ⅰ」

「数学A」を先取りして学習します。国語や英語についても、同じように中学3年で高校1年の教科内容を学習するようにしています。英語は、中学1・2年では英会話の時間を設けて、生きた英語力を養うことに力を入れています。また、中3・高1(希望者)を対象に、夏期休暇中に2週間の海外英語研修(ホームステイ)を行っています。

中学1・2年は国際学級1、一般学級5、中学3年は国際学級1、一般学級4、選択学級1のクラス編成となります。高校1年は一般学級5、選抜学級1、高校2・3年は8クラス少人数制になり、文系3、国公立文系1、理系2、国公立理系2となります。

教科指導では、一人ひとりの個性や能力に配慮をした授業を行っていますが、よりきめ細かい指導を行うために、中学校では英語、数学、国語の3教科について意欲と余力のある生徒(希望者)には、特別講習、授業内容について遅れがちな生徒には放課後に補習授業を実施しています。

高等学校でも高1までは、特別講習・補習、高2以降は補習を継続して行うことで、大学受験に備えています。

環境・施設設備

東急目黒線不動前駅から徒歩2分と交通は至便。2003(平成15)年2月に地下2階・地上7階建ての新校舎(1号館)が完成しました。自然光を採り入れた吹き抜け回廊式の構造になっており、1500人を収容できる体育館兼講堂や図書館、生徒が自由に使える生徒ホール、視聴覚設備を完備し

今春の進学実績については巻末の「高校別大学合格者数一覧」をご覧ください

3学期制 | **登校時刻** 8:20 | **昼食** 弁当持参、売店 | **土曜日** 授業

た250人収容の大教室、70人分の個別ブースが設置された自習室などを備えています。また、2号館には地下に柔道場や剣道場、地上階に化学・物理・生物の実験室や音楽室、美術室があります。

生活指導・心の教育

道徳教育を教育の基礎と考え、その指導に力を入れています。そのために日常の生活規律の大切さと校訓「誠意、礼譲、質実剛健」の精神を、ホームルームやクラブ活動、諸行事を含めたあらゆる教育活動の中で指導しています。また、校内で行われる諸活動には全員参加を原則とし、広く社会にとけこめる柔軟な思考と協調精神、積極的な行動力を養うことをめざしています。

学校行事・クラブ活動

4月中旬には、新入生全員が参加する校外オリエンテーションがあります。

学芸的、文化的行事として中学1・2年生による夏休み明けの自由研究発表会、2月には英語暗誦大会、情操教育の一環としての芸術鑑賞などがあります。中学3年生では、卒業論文に取り組みます。体育的行事としては、5月の耐久歩行大会や7月の林間学校や臨海学校、冬のスキー学校などがあります。

クラブは運動部、文化部、同好会・愛好会が活動を行っています。全国大会出場、東京都大会上位を目標に日々努力しています。

データファイル

■2024年度入試日程

中学校

募集人員		出願期間	試験日	発表日	手続締切日
1回	100	1/10～1/29	2/1	2/1	2/5
2回	80	1/10～2/1	2/2	2/2	2/5
特別	20	1/10～2/4	2/5	2/5	2/6
国際	40	11/20～12/12	1/11	1/11	1/12

高等学校

募集を行っていません

■2024年度選考方法・入試科目

中学校

〈一般学級〉

1・2回：国語、算数、理科、社会
〈配点・時間〉国・算＝各100点50分　理・社＝各50点40分
特別選抜：算数Ⅰ（50点50分）・Ⅱ（100点60分）
〈国際学級〉
国語・算数または英語、面接
〈配点・時間〉国・算＝各100点40分　英＝100点60分
〈面接〉国際のみ　保護者同伴　参考

■指定校推薦枠のある主な大学

早稲田大（商1・文1・文化構想1・創造理工1）慶應義塾大（理工1）明治大（理工2）学習院大（文2・理4）中央大（法1・商1）東京理科大（理1・工1・経営2）北里大（医1）昭和大（歯1）など

■2023年春大学合格実績

東京大13（12）　京都大1　一橋大5（4）　東京工業大10（7）　北海道大5（3）　東北大5（4）　九州大1（1）　東京外国語大1（1）　横浜国立大12（11）　筑波大2（2）　防衛医科大2（2）　慶應義塾大92（80）　早稲田大96（81）　など
※（　）内は現役合格の内数

■2023年春卒業生進路状況

卒業生数	大学	短大	専門学校	海外大	就職	進学準備他
240人	177人	0人	0人	0人	0人	63人

■2023年度入試結果

中学校　国際は国算／英

募集人員		志願者数	受験者数	合格者数	競争率
1回	100	380	341	174	2.0
2回	80	594	344	177	1.9
特別	20	124	86	25	3.4
国際	40	102/42	66/26	45/20	1.5/1.3

学校説明会 要予約
★中学校
10/7 11/4 12/17
※全てWEBによる事前予約制
入試説明会　10月より説明動画配信予定
国際学級説明会　説明動画配信中
オープンスクール（4年生以上対象、要申込）11/25

見学できる行事
輝玉祭（文化祭）9/23・9/24（受験相談あり）

説明会・行事等は日程・内容が変更される場合があります。必ず学校HP等でご確認ください

東京
こ

麹町学園女子 中学校 高等学校

こうじ まち がく えん じょ し

〒102-0083　東京都千代田区麹町3-8　☎03-3263-3011～4　学校長　堀口　千秋

〈地図内〉
至市ケ谷／麹町学園女子中学校 高等学校／至有楽町／半蔵門線／コーヒーショップ／地下鉄麹町駅／麹町小学校／GS／地下鉄半蔵門駅／新宿通り／至四ツ谷／至有楽町／至渋谷

〈地図右〉
四ツ谷駅より徒歩10分／地下鉄半蔵門線半蔵門駅より徒歩1分／地下鉄南北線市ケ谷駅より徒歩2分／JR中央線麹町学園女子中学校高等学校

〈URL〉https://www.kojimachi.ed.jp/

沿革　明治38年（1905）9月、創立者 大築佛郎は、女子教育の重要性を想い、皇居に近く、都心の静かな現在地に麹町女学校を設立しました。

校風・教育方針

教職員と生徒との間に厚い信頼関係があり、明るく和やかな校風です。「豊かな人生を自らデザインできる自立した女性を育てる」という教育ビジョンのもと、教養と思いやりの心を備え、自分の得意な分野を見つけ、そのステージで鮮やかな輝きを放つ女性の育成を目指します。

カリキュラムの特色

成城大学・日本女子大学をはじめとする複数の大学と高大連携を締結し、教育交流を活発にしています。高校の「東洋大学グローバルコース」では、東洋大学と連携し、独自のカリキュラムにより東洋大学進学（推薦基準あり）に必要な学力を身につけます。これらの連携で、新たな価値を創造するグローバルな人材を育成します。

6年一貫コースでは、中学を2つのコースに分け、指導を行っています。「グローバルコース」は、中学入学時に一定の英語力がある生徒を対象とし、より高度な英語力を身につけ、グローバルに活躍できる女性を育成します。「スタンダードコース」は、従来型の知識を中心とした「見える学力」と、思考力や表現力、コミュニケーション力といった「見えない学力」の両方をバランスよく伸ばしていきます。さらに2024年4月からは、中2より選択できる「サイエンス探究クラス」を設置。理科の授業 "Active Science" を通じて、多くの実験や観察により理科に興味関心を持った生徒を対象に編成します。理科への関心をさらに深め、仮説を立てて実験するなど、理科に関する探究を行います。中3では高校の内容も取り入れ、高校での文理選択時に理系にも対応できる生徒を育成し、将来希望する理系の大学に進学できるよう取り組みます。高1からは、海外大学進学も視野に入れた「GAコース」、理系の国内難関大学進学を視野に入れた「SAコース」、様々な進路希望に対応する「Aコース」の3コースから選択します。高2・3では、多彩な選択授業によって、志望大学現役合格をサポートします。

英語は、㈶実用英語推進機構代表理事の安河内哲也氏を英語科特別顧問に迎え、メソッドや教材を共有し、授業を進めています。全学年で朝の10分間の音声活動を行うほか、授業でも生徒主体の学習を増やし、音読や言語活動を通して表現力を磨く "Active English" を行っています。全員が高校卒業までに英検2級以上取得を目指します。

国際教育

休み時間・放課後に、ネイティブ・スピーカーとともに気軽に英語とふれあえるインターナショナルラウンジを設置。また、希望者対象（中3～高2）のニュージーランド語学研修（2週間・3カ月）などを行っています。

2020年からアイルランドの学校と提携し、ダブルディプロマプログラムを導入しました。英検2級以上取得者が対象です。

今春の進学実績については巻末の「高校別大学合格者数一覧」をご覧ください

☷ 3学期制 | 登校時刻 8:30 | 昼食 カフェテリア、弁当持参、売店 | 土曜日 授業

環境・施設設備

地上7階、地下1階の開放的な教育環境が整う校舎です。アトリウム（吹き抜けのフリースペース）やスカイスタジオ、カフェテリア、室内温水プールなど、多機能な施設が整っています。

生活指導・心の教育

道徳の時間には年間指導計画に基づいたテキストを使用して学習を進めています。中学では華道・茶道を学び、日本文化の理解も深めています。

学校行事・クラブ活動

芸術面では音楽・演劇・歌舞伎などの鑑賞教室を実施。体育祭、葵祭（学園祭）、合唱祭、海外研修プログラム、英語レシテーション大会など、多彩な行事があります。

全国大会出場経験のあるソフトテニス部・書道部・フェンシング部をはじめ、水泳部・新体操部・ダンス部・吹奏楽部など多くの部が大会で好成績を残しています。

文化部：ESS、演劇、美術、クッキング、写真、放送、コーラス、軽音楽、吹奏楽、パソコン、書道
運動部：ダンス、バドミントン、バレーボール、卓球、水泳、ソフトテニス、バスケットボール、新体操、剣道、フェンシング
同好会：ジョギング、海外文通、マンガ研究、サイエンス、手芸、映画研究、囲碁将棋、JRC

データファイル

■2024年度入試日程

中学校 1回午後・4回に英語資格型入試あり

募集人員		出願期間	試験日	発表日	手続締切日
1回午前 一般50英15		1/10〜2/1	2/1	2/1	
	午後特待 10	1/10〜2/1	2/1午後	2/1	
2回午前 一般	10	1/10〜2/2	2/2	2/2	2/11
	午後特待 5	1/10〜2/2	2/2午後	2/2	
3回午前 一般	15	1/10〜2/3	2/3	2/3	
4回午前 一般	15	1/10〜2/6	2/6	2/6	

高等学校 推薦Bは千葉・埼玉の公立生対象

募集人員		出願期間	試験日	発表日	手続切切日
推薦A・B	40	1/15〜1/20	1/22	1/23	A1/25 B延納可
一般1回	30	1/25〜2/9	2/10	2/11	2/15
2回	10	1/25〜2/11	2/12	2/13	※延納可

■2024年度選考方法・入試科目

中学校

一般・特待：2科か4科　**英語型**：英語（リスニング・リーディング・英作文、75点約45分）、国語基礎・算数基礎（各50点計50分）、面接（英語・日本語、25点約10分）　**英語資格型**：英検資格、国、算（2科と英語資格を含めた点数のどちらか高い方で判定）
〈配点・時間〉国・算＝各100点45分　理・社＝各50点計50分　〈面接〉英語型のみ

高等学校

推薦A総合型・B：作文（600字50分）、面接　**推薦A英語型**：英語（リスニング）、面接（日本語と英語）　【出願条件】総合型5科18、英語型英検準2級、B方式5科19　英検3級等で加点あり　いずれも5科に2、9科に1不可　3年次欠席10日以内
一般：国語、数学、英語、面接

〈配点・時間〉国・数・英＝各100点50分
〈面接〉生徒個人

■2023年春卒業生進路状況

卒業生数	大学	短大	専門学校	海外大	就職	進学準備他
156人	138人	0人	14人	1人	1人	2人

■2023年度入試結果

中学校 午前/午後、英語型・英語資格型を含む

募集人員	志願者数	受験者数	合格者数	競争率
1回午前70/午後10	136/176	100/141	88/110	1.1/1.3
2回午前10/午後5	160/158	42/41	26/22	1.6/1.9
3回 15	220	61	39	1.6
4回 10	241	46	31	1.5

高等学校 東洋大学グローバルコースを募集

募集人員	志願者数	受験者数	合格者数	競争率
推薦 40	56	56	56	1.0
一般 40	42	34	29	1.2

学校説明会　すべて要予約

★中学校　**入試説明会** 1/13
学校見学会　9/16 10/7 11/11 12/26 1/27
入試問題チャレンジ　10/9
入試模擬体験　11/26 12/10
学習アドバイス　12/24

★高等学校
入試説明会　11/18（推薦）11/23（一般）
学校見学会　9/16 10/7 11/11 12/26
英検対策講座　9/23
東洋大学グローバルコース説明会　10/21 11/4

見学できる行事　要予約
学園祭（葵祭）9/30・10/1

説明会・行事等は日程・内容が変更される場合があります。必ず学校HP等でご確認ください

中 男子　高 男子 普通科

東京
こ

佼成学園中学校 高等学校
（こう せい がく えん）

〒166-0012　東京都杉並区和田2-6-29　☎03-3381-7227　学校長　青木　謙介

〈URL〉https://www.kosei.ac.jp/boys/

沿革　昭和29年（1954）、立正佼成会が母体となり、佼成学園中学校・高等学校を開校。

校風・教育方針

「平和な社会の繁栄に役立つ若者の育成」が建学の精神であり、その実現のための教育方針は、校訓「行学二道」という言葉に集約されます。

「行」が意味する「体験による人格の向上」と「学」すなわち「学問による知識」を鳥の双翼のようにバランスよく実現・習得し、世界に羽ばたく人材になってほしいと願っています。

カリキュラムの特色

中学校の3年間は、学年ごとに「学びのスローガン」を掲げています。学ぶことの好奇心の醸成にはじまり、学習の習慣化、そして目的意識を持った学習姿勢を養います。そのための環境として、アドバンストクラスとマスタリークラスを設置し、数学と英語を中心とした習熟度別・少人数制のクラス編成を行っています。理科は実験や観察に特化するなど、やる気を育て個々の学習姿勢や達成度をチェックする体制が整っています。また、学校独自の道徳教育「佼成の道徳」「よのなか科」などを実施しています。高校1年から進路に向けた本格的な学習が始まり、大学見学会、進路学習、講演会などを実施します。早い時期に将来の目標や進路に対する意識を高めるとともに、補習、講習、学習合宿を効果的に実施し生徒の要望に応えています。2年より多彩な進路計画に合わせたカリキュラムを組み、3年では入試問題演習の時間

を十分に確保しています。中高6年間を通して、英検、数検のほか、高校では外部模試を校内で実施しています。

一方、高校から入学してくる生徒には、3年間で難関大学の合格を果たす確実な実力を身につけられるように指導します。

新しい取り組みとして、2021年度から中学・高校「グローバルコース」がスタートしました。帰国生や語学力の高い生徒を対象に、海外研修、英語教育をはじめグローバル・コンピテンシーを涵養できるプログラムを実践し、国際人として活躍できる人材を育成します。高校では、2015年度から「難関国公立コース」を設置。毎日の授業に加え、ハイレベルな課外授業、学習合宿などにより難関国公立大学進学を目指しています。

国際教育

全校で地球規模での多様な価値観・多文化理解と、コミュニケーションのための実践的英語力育成を目的とした豊富なプログラムを用意しています。中学ではフィリピンでの短期研修、ニュージーランドターム留学、高校はイギリスでの短期語学研修、ニュージーランド1年留学などを行っています。

環境・施設設備

全教室に冷暖房、電子黒板機能付きプロジェクター、スクリーン、Wi-Fiアクセスポイントを備えています。このほか、完全防音で音響的に優れた設計の音楽教室、コンピュータ教室、LL教室、

今春の進学実績については巻末の「高校別大学合格者数一覧」をご覧ください

232

プラネタリウムのある地学教室を含む6つの理科教室や、マルチに対応した豊富な蔵書がある大きな図書室などの充実した設備が、生徒の好奇心を盛り上げます。自習室は3室あり、中学専用の「学びの森」、高校1・2年専用の「学びの泉」はICT機器も設置、グループ学習などでも使用します。朝7時から夜8時まで開室し、卒業生チューターが後輩たちを親身にフォローします。

近くには、人工芝の野球場とテニスコートがある総合グラウンドを有しています。

学校行事・クラブ活動

6月の中学体育祭を皮切りに、高校球技大会、自然教室、学習合宿、9月の文化祭で盛り上がり、修学旅行、歴史教室、スキー教室など多彩な行事があります。

クラブ活動は中高合わせて30のクラブが活動しています。特にアメリカンフットボール、野球、ソフトテニス、バスケットボール、吹奏楽、サイエンス、書道、コンピュータなどは実績を残しています。

データファイル

■2024年度入試日程

中学校　グ：グローバル

募集人員	出願期間	試験日	発表日	手続締切日
1回一般40グ10特奨10	1/10～1/31	2/1※	2/1	2/7
2回一般30グ特奨15	1/10～2/1	2/2※	2/2	2/7
3回一般　　　15	1/10～2/2	2/3	2/3	2/7
2回特奨　　　10	1/10～2/4	2/5	2/5	2/7
適性特奨　　　10	1/10～1/31	2/1	2/1	2/10
SE　　　　　グ10	1/10～2/2	2/3	2/3	2/7

※1回特別奨学生・グローバル特別奨学生入試は午後に実施

高等学校

募集人員	出願期間	試験日	発表日	手続締切日
推薦　　　　30	1/15～1/18	1/22	1/22	1/24
一般1回 ⎫90	1/25～2/9	2/10	2/10	公立発表翌日
2回 ⎭	1/25～2/10	2/11	2/11	公立発表翌日

■2024年度選考方法・入試科目

中学校

一般1回・2回・3回・グローバル：2科か4科
特別奨学生・グローバル特別奨学生：2科
適性検査型特別奨学生：適性検査Ⅰ・ⅡまたはⅠ・Ⅱ・Ⅲ
Super English（SE）：書類審査、面接（英語・日本語）※出願前に要相談
〈配点・時間〉国・算＝各100点50分　理・社＝各50点25分
〈面接〉Super Englishのみ

高等学校

推薦：書類審査、生徒個人面接、作文（800字60分）
【出願基準】**グローバル**　推薦3科12か5科20（併願優遇は3科13か5科22）かつ英語4　**総合進学**　推薦・併願優遇共通　3科12か5科20　**難関国公立**　推薦・併願優遇共通　3科13か5科22
一般：国語、数学、英語

〈配点・時間〉国・数・英＝各100点50分
〈面接〉推薦のみ生徒個人

■指定校推薦で進学者のあった主な大学
東京都立大　上智大　東京理科大　明治大　青山学院大　立教大　中央大　学習院大など

■2023年春卒業生進路状況

卒業生数	大学	短大	専門学校	海外大	就職	進学準備他
227人	177人	1人	2人	1人	0人	46人

■2023年度入試結果

中学校　帰国生入試あり

募集人員	志願者数	受験者数	合格者数	競争率
1回50/特奨　10	184/271	96/204	41/11*	2.3/18.5
2回30/グ特奨15	247/271	137/144	41/15*	3.3/9.6
特奨　　　　10	350	123	10*	12.3
3回　　　　　15	309	124	58	2.1
適性特奨　　10	61	60	10*	6.0
SE　　　　　10	2	2	2	1.0

＊一般合格は1回54、グ特31、2回74、適性37

高等学校　帰国生入試あり

募集人員	志願者数	受験者数	合格者数	競争率
推薦　　　　30	55	55	55	1.0
一般1回 ⎫90	77	77	66	1.2
2回 ⎭	93	89	70	1.3

学校説明会　要予約
★中学校　9/17 10/9 10/29 11/12
イブニング　10/13 11/13
適性検査型入試説明会　12/9 1/8 1/13
入試問題解説会　11/26 12/16 12/17
入試体験会　1/7 1/14
★高等学校　10/8 11/3
イブニング　10/27 11/18 11/25
見学できる行事
文化祭　9/23・9/24（学校説明会あり）

説明会・行事等は日程・内容が変更される場合があります。必ず学校HP等でご確認ください

東京 こ

佼成学園女子中学校・高等学校
こうせいがくえんじょし

〒157-0064　東京都世田谷区給田2-1-1　☎03-3300-2351　学校長　榎並　紳吉

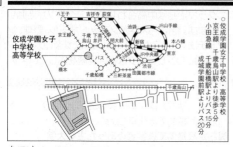

〈URL〉https://www.girls.kosei.ac.jp

沿革　昭和29年（1954）、立正佼成会が佼成学園創立。翌年、佼成学園女子中学校・高等学校開校。

校風・教育方針

建学の精神である「国際社会の平和に貢献できる人材の育成」を目指し、国際社会を生き抜くグローバルリーダーを育てます。校訓「行学二道」の通り、学問のみならず、体験から学ぶことを大切にしています。

カリキュラムの特色

これまでの英語教育の実績が認められ、2014年3月に文部科学省からスーパーグローバルハイスクール（SGH）第1期校に指定されました。"英語の佼成"から"グローバルの佼成"に進化します。

中学校では、無理なく着実に学力を伸ばせるように3段階の習熟度別授業を行っています。放課後には、補習授業と上位者向けの進学講習がとても充実しています。

全授業時間の3分の1以上が英語にかかわる授業で、英語にどっぷりつかるイマージョン教育プログラムを実践しています。英語の授業に加えて、美術、音楽の実技科目も外国人講師が授業を行い、自然な英語力を育てます。

英検に向けては、中学、高校とも試験の2週間前から「英検まつり」を実施します。毎朝25分英単語と英熟語を暗記する「英検チャレンジ」や、希望者対象の英検対策講座を行い、中学生から1級の合格者が出ています。2014年度入学生から中期留学プログラムを導入。3年の3学期を使ってニュージーランドへ留学します。

高等学校には、国際コース、特進コース、進学コースを設置しています。

国際コースはニュージランド1年留学で圧倒的な英語力を身に付ける「留学クラス」、英語と国際理解教育に特化しタイでのフィールドワークやロンドン大学での英語論文作成などを行う「スーパーグローバルクラス」があります。

特進コースは、国公立・難関私立大学合格を目指します。

進学コースは、生徒会活動や部活動と大学進学を両立させながら、多様な進路の実現を目指します。

環境・施設設備

施設は冷暖房完備の講堂、総合体育館、プール、マルチメディア教室や、家庭的なメニューがそろうカフェテリアなどがあります。

生徒は1人1台iPadを持ち、授業やプレゼン、課題提出、事務連絡などを行います。

生活指導・心の教育

5つの実践（挨拶・食前食後の感謝・校門出入り一礼・整理整頓・思いやり）を行っていくことで人間力を高めます。

学校行事・クラブ活動

入学式、オリエンテーションに始まり、5月のスポーツフェスタ、10月の乙女祭、3月のプレゼ

今春の進学実績については巻末の「高校別大学合格者数一覧」をご覧ください

🏫 3学期制　登校時刻 8:20　昼食 弁当持参、食堂、売店　土曜日 授業

ンテーションデーと、友だちと協力しあって作りあげる多彩な行事があります。修学旅行は、中学がニュージーランド、高校はイギリスです。

　クラブ活動は、何度も全国制覇を成し遂げているハンドボールをはじめ、全国大会初出場をしたバスケットボール、バレーボールなど体育部が12部、文化部は全国レベルの吹奏楽、書道をはじめとした8部と5同好会が活発に活動しています。

データファイル

■2024年度入試日程

【中学校】帰国生入試は11/22、12/7、1/11

	募集人員	出願期間	試験日	発表日	手続締切日
1回	50	1/10～1/31	2/1午前・午後	2/1	2/10
2回	20	1/10～2/1	2/2午前・午後	2/2	2/10
3回	10	1/10～2/2	2/3午前・午後	2/3	2/10
4回	15	1/10～2/3	2/4午前・午後	2/4	2/10
5回	5	1/10～2/4	2/5午後	2/5	2/10

【高等学校】帰国生入試は11/22、12/7、1/11

	募集人員	出願期間	試験日	発表日	手続締切日
推薦	80	1/15～1/18	1/22	1/22	1/24
一般1回	80	1/25～2/7	2/10	2/10	3/2＊
2回		1/25～2/10	2/12	2/12	3/2＊

＊併願者は公立校の発表日翌日まで延納可
A推薦（単願）：東京・神奈川生
B推薦（併願）：東京・神奈川生以外

■2024年度選考方法・入試科目

【中学校】

1回：午前 2科か4科か英語資格1科※か適性か英語＊　午後 S特待2科か適性
2回：午前 2科か4科か英語資格1科※か適性　午後 S特待2科
3回：午前 S特待（2科か4科）か英語＊　午後プレゼンテーションか国語か算数
4回：午前 2科か4科か英語資格1科※　午後 S特待2科か適性
5回：S特待2科
※英語資格1科：国語か算数＋英語資格みなし点
＊英語：ライティング、スピーキング（各20分、英検取得者への優遇措置あり）
〈配点・時間〉国・算・適性Ⅰ・適性Ⅱ＝各100点45分　理・社＝計100点45分　英＝100点40分
〈面接〉なし

【高等学校】

推薦：書類審査、面接
【出願条件（受験の目安）】内申　〈進学〉3科10か5科16か9科28　〈特進・国際〉3科12か5科20、留学クラスはかつ英語4か英検3級　9科に1は不可　3年次欠席10日以内　加点措置あり　※進学の併願優遇基準は各＋1

一般：国語、数学、英語（リスニングあり）、面接
〈配点・時間〉国・数・英＝各100点50分
〈面接〉推薦は個人　一般はグループ　※国際コースは個人面接（英語・日本語）　参考

■指定校推薦枠のある主な大学

上智大　青山学院大　立教大　中央大　法政大　学習院大　成蹊大　日本大　津田塾大　東京女子大　日本女子大など

■2023年春卒業生進路状況

卒業生数	大学	短大	専門学校	海外大	就職	進学準備他
195人	164人	1人	18人	4人	0人	8人

■2023年度入試結果

【中学校】1～4回は午前／午後　帰国生入試あり

	募集人員	志願者数	受験者数	合格者数	競争率
1回	50/15	121/74	116/66	111/31	1.0/2.1
2回	10/5	80/47	53/27	34/1	1.6/27.0
3回	5/定めず	51/6	22/4	17/4	1.3/1.0
4回	5/5	67/22	29/10	25/9	1.2/1.1
5回	5	59	19	2	9.5

【高等学校】一般は1回/2回、併願優遇含む

	募集人員	志願者数	受験者数	合格者数	競争率
推薦	留学 10	5	5	5	1.0
	SG 5	3	3	3	1.0
	特進 35	5	5	5	1.0
	進学 30	43	43	43	1.0
一般	留学 10	5/5	5/3	5/3	1.0/1.0
	SG 5	4/5	4/3	4/3	1.0/1.0
	特進 35	34/26	34/21	34/20	1.0/1.1
	進学 30	98/42	92/27	90/26	1.0/1.5

【学校説明会】要予約
★中学校
9/9 9/30 10/14 11/4 11/25 12/10 1/13
★高等学校
9/16 10/28 11/25 12/2
夜の入試個別相談会（中高）　11/15 11/22
11/28 11/30 12/5 12/7
学校見学は随時可（要電話連絡）
【見学できる行事】要予約
乙女祭　10/21・10/22（個別相談あり）

説明会・行事等は日程・内容が変更される場合があります。必ず学校HP等でご確認ください

東京 こ

香蘭女学校 中等科 高等科

〒142-0064　東京都品川区旗の台6-22-21　☎03-3786-1136　学校長　鈴木　弘

〈URL〉https://www.koran.ed.jp/

沿革　英国聖公会のE.ビカステス主教によって創設された「聖ヒルダ・ミッション」の事業の一つとして、1888（明治21）年に開校しました。

　ビカステス主教は日本における女子教育の必要性を強く感じ、キリスト教に基づく人格形成を目指す教育活動を始めました。日本女性固有の徳性をキリスト教倫理によって、より深く豊かなものとし、品位と思いやりのある女性を育てることが建学の願いです。

校風・教育方針

　香蘭女学校は、立教大学や聖路加国際大学と同じ日本聖公会に属するミッション系の女学校です。「人にしてもらいたいと思うことは何でも、あなたがたも人にしなさい」と聖書にあるように、100年以上続くバザーでは、弱い立場に置かれた人達に心を寄せ、自らの働きを捧げます。宗教講話では社会に広く視野を向け、奉仕活動や平和学習では学び得たことを実践します。

カリキュラムの特色

　神様から与えられた「賜物」を磨き、他者とともに他者のために生きていく力を育みます。それは授業や部活動はもちろん、「探究」SEED（Self-Enrichment Education）、カナダ・イギリスでの語

┌─ **Information** ─────────────
│ **全生徒・全教員が1台ずつiPadを所有**
│ 異文化交流や研修、生徒会活動など、オンラインでの教育活動も実施しています。
└─────────────────────

学研修、社会科や理科での課外活動など、生徒の興味・探究心に応じたプログラムを通して行います。

　バランス良く4技能を身に付ける英語教育は年々進化しています。外国人教師のみの時間やチームティーチングの他、Online Speakingなどの多彩な授業形態の中で英語を話し、聞く機会を増やしています。理科では、中等科では築山の植物を使った観察、週に2回程度の実験や実習を行い、高等科での理系選択の進路に繋がる観察力・論理力を養います。数学では、中等科段階から丁寧にノート指導を行い、順序だてて考える力を養います。高等科では数学Ⅲまで選択可能で、学校で完結する進学指導体制があります。

　協働型問題解決能力の育成を目的として所持したiPadは、調べ学習やプレゼンテーション、高等科の論文の制作など、全校生徒が授業や課外活動で活用しています。

環境・施設設備

　最寄り駅の東急池上線・大井町線旗の台駅までは、池袋・横浜から30分のところにあります。旗の台駅からは徒歩5分です。校門からレンガ造りの校舎へと続くアプローチは、四季折々の花々の咲く築山に囲まれています。湧水が築山の木々の間を流れ、小川となります。風の音や鳥のさえずりのする築山が都会の喧騒をさえぎり、中原街道沿いにあることを忘れさせる穏やかな時間が流れています。築山には、本格的な茶室「芝蘭庵」や創立者を記念したビカステス記念館があります。

　校内全域に無線LANが配備され、どこにいてもiPadを利用した学習が可能です。

今春の進学実績については巻末の「高校別大学合格者数一覧」をご覧ください

3学期制	登校時刻 8:10	昼食 弁当持参、売店	土曜日 授業		

学校行事・クラブ活動

優秀なリーダーは優秀なフォロワーの中から育ちます。ヒルダ祭（文化祭）やバザーでは、中高の垣根を越えた縦のつながり、クラスや学年内での横のつながりを活動の中で経験します。生徒は主体的に行事に参加することでフォロワーシップを体験的に身に付けていきます。

香蘭女学校の守護聖人聖ヒルダの名を冠したヒルダ祭は最大の行事で、企画から運営まで生徒達の手で行われます。文化部の研究発表や作品展示、音楽や演劇の公演、模擬店、運動部の招待試合、クラス参加団体など見応えのある行事です。各団体が工夫を凝らした体験コーナーも充実しています。

100年を超える歴史をもつバザーは、明治時代から連綿と受け継がれてきた伝統的な行事です。校舎を空襲で失った戦後もバザーの精神は受け継がれ、そのような時代でも収益金は全て寄付されていました。今でもその伝統を守り、弱い立場に置かれた人達に心を寄せ、自らの働きを捧げることで、他者とととともに他者のために生きることを実感します。バザーでは、生徒達は自分で製作したぬいぐるみやクリスマスカードを販売しています。11月23日のバザーは、香蘭女学校に関わる全ての人々のカミングホームデイになっています。

クラブ活動では、中等科生と高等科生が一緒に活動を行います。ガールスカウト部とクワイヤー（聖歌隊）は2020年に100周年を迎えました。文化部はほかにも、囲碁・英語・演劇・華道・弦楽・茶道・自然科学・社会科・写真・書道・吹奏楽・箏曲・人形劇・ハイキング・美術・フォークソング・漫画研究などがあります。運動部には、スケート・ソフトテニス・卓球・テニス・バスケットボール・バレーボール・陸上競技などがあります。

学校長からのメッセージ

来たりて学べ 出でて仕えよ

学校長　鈴木　弘

香蘭女学校は、創立以来135年、一貫してキリスト教信仰に基づき、女子教育の役割を問い続け、他者と共に生きることのできる心を育ててまいりました。

人間は皆一人ひとり異なった能力や個性を与えられています。香蘭女学校の6年間、私たち教職員は、生徒一人ひとりが、難しく不安な思春期を乗り越え、自分の道を見出せるように、全力でサポートすることを誓います。

データファイル

■2024年度入試日程

中等科

	募集人員	出願期間	試験日	発表日	手続締切日
1回	100	1/10〜1/27	2/1	2/1	2/2
2回	60	1/10〜2/2	2/2午後	2/3	2/3

出願方法の詳細についてはHPでご確認ください。

高等科 募集を行っていません

■2024年度選考方法・入試科目

中等科

1回：4科

2回：2科

〈配点・時間〉国・算＝各100点50分　理・社＝各50点30分

〈面接〉なし

■2023年春系列大学への進学

立教大学全学部（2020年度より97人に増員）へ推薦入学できます。

立教大学－97（文15、異文化コミュニケーション5、経済21、経営12、理2、社会15、法17、観光4、現代心理4、コミュニティ福祉2、GLAP0）

また、**聖路加国際大学**看護学部（2人）へ推薦入学できます。

■指定校推薦枠のある主な大学

青山学院大　慶應義塾大　国際基督教大　学習院大　芝浦工業大　昭和薬科大　白百合女子大　成城大　聖心女子大　清泉女子大　中央大　津田塾大　東京女子大　東京都市大　東京理科大　日本大　日本女子大　明治学院大など

■2023年春卒業生進路状況

卒業生数	大学	短大	専門学校	海外大	就職	進学準備他
162人	157人	1人	0人	0人	0人	4人

■2023年度入試結果

中等科　2科／4科、帰国生を含む

	募集人員	志願者数	受験者数	合格者数	競争率
1回	100	21/391	20/370	1/133	20.0/2.8
2回	60	769	577	127	4.5

学校説明会 要予約
9/9　11/17

入試説明会 12/16(小6対象)

見学できる行事 要予約
文化祭　9/30・10/1　バザー　11/23

説明会・行事等は日程・内容が変更される場合があります。必ず学校HP等でご確認ください

東京 こ

国学院高等学校

〒150-0001　東京都渋谷区神宮前2-2-3　☎03-3403-2331　学校長　中村　彰伸

〈URL〉https://www.kokugakuin.ed.jp

沿革　昭和23年（1948）国学院大学を母体として大学の構内で開校。その後一時期、新宿下落合に移転しましたが、昭和31年（1956）、現在の地に移転。平成30年（2018）、開校70周年を迎えました。

校風・教育方針

国学院大学の建学の精神を教育方針とし、高く優れた人格・徳性の涵養（かん）と有為な社会人の育成をめざしています。

また、①誠実、明朗かつ健康で感謝して日々の生活を楽しむ②人を敬愛し平和で民主的な社会生活を楽しむ③自由と責任をわきまえ自主的な生活を楽しむという「三楽」の精神を教育の基本に据えて学校生活の充実を図ります。

廃止された大学の予科のよき伝統（学問や研究の重視、特に日本文化を継承・発展させるという精神）を持続させようという熱い信念を基に、独自の私学教育を行ってきました。それを順に挙げると、「親身の指導」「きめ細やかな生活指導」「日常授業の重視」「教育環境の充実」「多彩な学校行事」の5つに集約されます。

そして、「生徒の良さ」も挙げられます。よき友人関係を作り各々の目標に向かって巣立っていく、良い素質を持った生徒たちが学校を高めているのです。

カリキュラムの特色

大学の付属校ではあるものの、実際にはほとんどの生徒が早慶上理GMARCHをはじめとする難関大学を志向しています。このため、カリキュラムにおいても、大学受験に対応した独自のものを編成しています。

1年生では、全員が共通科目を学習しますが、基礎学力の充実のために国語、数学、英語の3教科に重点を置いています。2・3年次では、希望により文系・理系の2コースに分かれ、そのうち文系で1～2クラスを「チャレンジクラス」とし、難関大学合格をめざしてハイレベルな授業が行われます。

3年生になると、大学入学共通テストおよび志望大学・学部・学科の受験に対応した科目が履修できるように選択科目の幅を大きく広げ、徹底した受験対策ができるようになっています。

また、正規の授業のほかに外部講師による大学受験のための講習授業や、英検合格を目標にしながら英語力そのものを強化するための英検講習を実施しています。

環境・施設設備

地下鉄外苑前駅から徒歩5分という、交通至便な場所にあります。このほかJR千駄ヶ谷・信濃町駅、都営大江戸線国立競技場駅などが最寄駅となっており、近県からの通学者も多数います。また明治神宮外苑の隣にあるので、都心にありながら緑に恵まれています。

校舎は本館を中心に、文系・理系それぞれの関連施設をまとめた文科館と理科館、体育用の第一記念館と総合用の第二記念館、全天候型タータンの校庭と人工芝の北側運動場、文科館4階に

は、博物館なみの内容を備えた日本文化史資料館があり、充実した施設が整っています。

生活指導・心の教育

勉強だけに偏ることなく、人間として持つべき常識・マナーを体得させるため、きめ細やかな生活指導を行っています。

態度・服装・髪形を整えるのはもちろんのこと、心を磨くという徳育を大切にして、知に偏らない情操豊かな人間の育成をめざしています。

学校行事・クラブ活動

1年次の明治神宮参拝を皮切りに、芸術鑑賞教室、球技大会、全校生徒がエネルギーを燃やす文化祭・体育祭。ほかにも校外教授、合唱コンクール、国内研修、スキー教室など行事は多彩です。また、希望制の海外研修には、多くの生徒が参加しています。

クラブ活動も盛んに行われています。運動部は、野球、テニス、バスケットボール、バレーボール、卓球、陸上競技、剣道、弓道、山岳、サッカー、ソフトボール、ダンス、バトンなど20部あります。文化部は、美術、書道、映画研究、フォークソング、ギター、茶道、演劇、放送、コーラスなど20部。最近では、弓道部、ダンス部、陸上部、バトン部、吹奏楽部がそれぞれ優秀な成績を収めています。このほかユニークなものとして、ミニ雑誌部、競技カルタ部などがあります。

渋谷区 / 高 / 共学

データファイル

■2024年度入試日程

募集人員		出願書類受付期間	試験日	発表日	手続締切日
推薦	150	1/16※	1/22	1/23	1/24
一般 1回	250	1/25〜2/6※	2/10	2/11	2/12*
2回	150	1/25〜2/6※	2/12	2/13	2/14*
3回	50	1/25〜2/16※	2/17	2/18	2/19*

※出願手順の詳細は、必ず生徒募集要項で確認してください。
ネット出願期間は、推薦1/15〜1/16、一般1・2回1/25〜2/5、3回1/25〜2/16
＊延期手続可

■2024年度選考方法・入試科目

推薦：書類審査　適性検査（国語、数学、英語の基礎力検査各30分）、面接　【出願条件】内申3科13かつ5科22で英検準2級を取得　9科に1または2があると不可　3年間の欠席原則として15日以内で遅刻・早退の合計が15日以内
一般：学力検査（1・2回は国・数・英、3回は国・数・英、または国・数・英・社・理）、面接、調査書の総合評価
〈配点・時間〉国・数・英・社・理＝各100点50分
〈面接〉生徒個人

■2023年春併設大学・短大への進学

学校長の推薦により、無試験で進学できます。志願者のほぼ全員が合格しています。
國學院大學－99（文30、法8、経済38、神道文化0、人間開発20、観光まちづくり3）
國學院大學北海道短期大学部－進学者なし
國學院大學栃木短期大学－進学者なし

■指定校推薦枠のある主な大学

早稲田大　慶應義塾大　上智大　東京理科大　青山学院大　学習院大　北里大　成蹊大　成城大　芝浦工業大　昭和大　昭和薬科大　中央大　法政大　明治大　明治学院大　立教大　東京薬科大　明治薬科大　日本赤十字看護大など

■2023年春卒業生進路状況

卒業生数	大学	短大	専門学校	海外大	就職	進学準備他
566人	515人	1人	2人	1人	1人	46人

■2023年度入試結果

募集人員		志願者数	受験者数	合格者数	競争率
推薦男	}150	34	34	34	1.0
女		102	102	102	1.0
一般1回男	}300	690	676	351	1.9
女		616	608	325	1.9
2回男	}100	464	312	99	3.2
女		489	338	89	3.8
3回男	}50	195	184	40	4.6
女		153	144	23	6.3

学校説明会　要予約・中3対象
10/21 10/28 11/11 11/25 12/2
オープンスクール　9/17
詳細はHPをご覧ください
見学できる行事　要予約
文化祭　9/30・10/1

説明会・行事等は日程・内容が変更される場合があります。必ず学校HP等でご確認ください

中 男女　高 男女　普通科　　　　　　　　　　　　　　大 短

東京
こ

国学院大学久我山 中学校・高等学校

〒168-0082　東京都杉並区久我山1-9-1　☎03-3334-1151　学校長　國清　英明

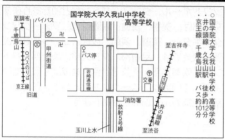

〈URL〉https://www.kugayama-h.ed.jp/

沿革　昭和19年(1944)創立。同27年(1952)國學院大學と合併。同60年(1985)中学校(男子)再開、高校に女子部を開設。平成3年(1991)中学校に女子を迎え入れ、中高一貫体制に。同20年(2008)最難関国公立大学の現役合格を目指すSTクラスを、同30年(2018)より中学女子部にCCクラスを新設。

校風・教育方針

"将来の社会を生き抜く力を身につけるために、中学、高校時代に多くのことに情熱を燃やし、この時期にしか体得できない力を身につけていく"という卒業生考案のことば「きちんと青春」を学園のスローガンとして大切にし、学業・部活動・行事・生徒会活動に全力を注いでいます。

中学女子部CCクラス

2018年度より中学女子部に「CCクラス」を設置。國學院大學が掲げる「もっと日本を。もっと世界へ。」のコンセプトのもと、文化交流に光を当て、「日本の文化・伝統を学び世界に発信できる人、他国の文化・伝統を相互に尊重し合える人、英語を意欲的に学びフレンドシップを深められる人になる」ことを目標にしたクラスです。

"Global Studies"という独自の科目では、留学生との交流や、リサーチ、プレゼンテーションなど、出会いや体験を重ねます。ここ数年来、希望者対象で実施してきたプログラムをCCクラスでは必修化し、修学旅行は総仕上げとしてニュージーランドへ行きます。

カリキュラムの特色

都内でも希少な男女別学校です。短期間で一気に成長する男子、こつこつ積み重ねて成果を出す女子、それぞれの特性に合わせてきめ細やかに指導します。授業は男子校・女子校のように男女別に行い、一方で生徒会活動・学校行事等は共学校のように男女が協働し、互いに高め合っています。

中学では基本的な学習習慣を身につけ、随時講習や個別指導を行うなど成長に合わせた指導を行うことで、自らが能動的に学ぶ姿勢を育んでいきます。進路が具体的になる高校からは、個別の添削指導等で実力向上を図ります。また、大学模擬授業や校内勉強合宿、高3では上位生対象の校外での御岳合宿にて実力養成し、難関国公立や医学部への進学を含め自らの可能性を広げています。

また、6年間を通して男子は柔道・剣道、女子は華道・茶道・能楽・日本舞踊を体験し、日本文化から礼節や感謝の心を育みます。文化・歴史に造詣を深めたら、修学旅行へ。男子は九州、女子は伊勢・奈良・京都を行き先とした「日本文化探究コース」と、ニュージーランドが行き先の「日本文化発信コース」の選択制です。

環境・施設設備

武蔵野の薫り深き自然環境に恵まれた閑静な場所にあります。本館(男子部校舎)、西2号館(女子部校舎)を中心に、天体ドームを備えた理科会館、文科会館、合宿所を備えた練成館や2つの体育館、図書館・CALL教室・カフェテリアを備えた学習センターなどがあります。

今春の進学実績については巻末の「高校別大学合格者数一覧」をご覧ください

3学期制　登校時刻 8:20　昼食 弁当持参、食堂、売店　土曜日 授業

学校行事・クラブ活動

　中学各学年において実施している宿泊行事「自然体験教室」では、自然の厳しさや美しさに触れながら、集団の中でのコミュニケーションや協力、思いやりや感謝の心を育んでいます。また、国語と社会の融合で学校周辺の歴史や文学を学ぶ「地域探訪」など、教科を越えて学びを深められる機会も多くあります。さらに「関西方面校外学習」

「教養講座」「Math in English」などの学年を越えたプログラムも多彩です。

　中学校には運動部・文化部合わせて29あり、活発に活動しています。高校のクラブ活動の水準はきわめて高く、運動部・文化部ともに多くの実績を残しています。2021年度春の甲子園出場の野球部、全国大会準優勝経験のあるサッカー部、全国制覇5回のラグビー部に加え、バスケットボール部、陸上競技部なども全国大会で活躍しています。

データファイル

■2024年度入試日程

中学校　帰国生の出願はweb入力後、書類郵送

募集人員	出願期間	試験日	発表日	手続締切日
1回　男45女30	1/10～1/30	2/1	2/1	2/6
2回　男75女40	1/10～1/30	2/2	2/2	2/6
ST1回男40女20	1/10～1/30	2/1午後	2/1	2/6
ST2回男25女20	1/10～2/3	2/3午後	2/3	2/6
ST3回男約15女約10	1/10～2/4	2/5	2/5	2/6
帰国生　男女若干	郵12/9～12/23	1/7	1/7	1/9

高等学校　出願はweb入力後、書類郵送

募集人員	出願期間	試験日	発表日	手続締切日
推薦　男女50	郵1/15～1/18	1/22	1/22	1/23
一般　約60女約35	郵1/25～2/8	2/12	2/12	2/13
帰国生　男女若干	郵12/9～12/23	1/7	1/7	1/9

■2024年度選考方法・入試科目

中学校

男子一般・女子CC：1・2回4科

男女ST：1・2回2科　3回4科

帰国生：算国か算英、面接（本人・保護者別々）
〈配点・時間〉国・算※・英＝各100点50分　理・社＝各50点40分　※ST1・2回の算は150点60分

高等学校

推薦：書類審査、面接（個人）

【出願条件】内申5科22全科に1、2があると不可　3年2学期末までの欠席10日以内

一般・帰国生：国語、英語（一般はリスニングあり）、数学　帰国生は面接あり（生徒・保護者別々）
〈配点・時間〉国・数・英＝各100点50分

■2023年春併設大学・短大への進学

進学条件は学習態度・成績が良好で、人物及び健康に優れ、3年1学期までの評定平均が大学の定めた基準を満たしていることです。法学部の一部に有試験選抜（他校併願可）があります。

國學院大學－34（文4、法14、経済6、神道文化0、人間開発9、観光まちづくり1）

國學院大學北海道短期大学部・國學院大學栃木短期大学－なし

■指定校推薦枠のある主な大学

東京都立大　青山学院大　学習院大　慶應義塾大　国際基督教大　上智大　中央大　法政大　明治大　明治薬科大　立教大　早稲田大など

■2023年春卒業生進路状況

卒業生数	大学	短大	専門学校	海外大	就職	進学準備他
410人	298人	0人	0人	6人	0人	106人

■2023年度入試結果

中学校　男／女

募集人員	志願者数	受験者数	合格者数	競争率
1回　男45女25	199/94	185/89	59/31	3.1/2.9
ST1回　男40女25	516/180	491/171	130/50	3.8/3.4
2回　男75女35	479/267	310/179	92/83	3.4/2.2
ST2回　男25女25	371/163	323/145	46/27	7.0/5.4
ST3回　男約15女約10	216/102	192/88	27/15	7.1/5.9
帰国生　男女若干	4/1	4/1	0/0	—／—

高等学校　男／女

募集人員	志願者数	受験者数	合格者数	競争率
推薦　男女50	58/10	58/10	58/10	1.0/1.0
一般　約60/約35	223/78	206/72	97/52	2.1/1.4
帰国生　男女若干	10/6	10/6	4/3	2.5/2.0

学校説明会　要Web予約申込

★中学校
9/16 9/30 10/21 11/18 1/13
入試直前講座　12/17

★高等学校
9/30 10/21 11/18

見学できる行事

久我山祭　10/28・10/29（個別相談あり）
中学体育祭　9/27（個別相談あり）

説明会・行事等は日程・内容が変更される場合があります。必ず学校HP等でご確認ください

国際基督教大学高等学校
こく　さい　きり　すと　きょう　だい　がく

〒184-8503　東京都小金井市東町1-1-1　☎0422-33-3401　学校長　中嶋　裕一

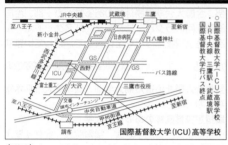

国際基督教大学 (ICU) 高等学校

〈URL〉https://icu-h.ed.jp/

沿革　昭和53年 (1978)、国際基督教大学高等学校を開校しました。

校風・教育方針

海外で多様な文化のもとに育った帰国生徒と、国内中学校出身の一般生徒が、互いに励まし共に学びあいながら、学校生活をつくりあげます。50カ国を超える国々からの帰国生が3分の2を占める学校生活は、まさに「クラスひとつが世界」「隣の席に異文化がある」、そんな毎日です。異なる文化のもとで生活してきた生徒たちは、お互いの考え方や経験を理解し受けとめることで、異文化の壁を乗り越えて大きく成長します。

国際基督教大学 (ICU) とミッションを共有するICU高校は、平和への貢献と世界人権宣言にうたわれる人権が尊重される世界・社会の実現を使命に掲げ、キリスト教を教育の基盤に据えます。

ICU高校は、異なるバックグラウンドを持つ生徒一人ひとりを尊重し、生徒の特性を生かす教育をめざしています。生徒が主体的に参加して切磋琢磨できるように、少人数やレベル別クラスで密度の高い授業を進めます。対面授業の中でもBYODを活用して教室内外の人・知見と出会っています。

ICU高校の主人公は生徒です。生徒たちが自発的に生き生きと学び、活動できる伸びやかで明るい校風を大切にしています。それは、「帰国生受け入れを主たる目的とする高校」として、生徒の経歴・可能性・希望をありのまま受けとめることを教育の出発点とする、1978年の建学からの考え方によるものです。

カリキュラムの特色

帰国生と一般生が同じホームルーム (HR) に集い、学校生活をつくりあげます。他方、多くの授業が少人数またはレベル別クラスで行われます。入学までの学習経歴や学力に応じて、教科ごとに2～5段階のクラスに分かれて授業を受けます。高校1年生の場合、HR単位で行われる授業は一週間のうち4時間のみです。少人数・レベル別のクラスで、生徒は十分に納得するまで質問を重ねることができ、一人ひとりの学力に対応して深くレベルの高い学びを追究することも可能です。

さらに、海外で先進的な学びを経験した帰国生と共に学ぶICU高校では、レポートやプレゼンテーション、ディベートなどのグループワークなど、生徒が主体となる対話的な学びの場面が多く用意されています。

1年生の「英語」では、週6時間すべてがコミュニケーションの授業にあてられ、英語で調べ、英語でまとめ、英語でプレゼンテーションして互いに評価するGlobal Issues Presentation Projectに取り組みます。2年生の公民科目では、帰国生と一般生が共にグループプレゼンテーションとディベートで現代社会の諸課題を探究します。「理科」では「一授業一実験」をめざして実験観察とレポート作成の機会を多く取り入れています。学習の成果だけでなく、学びのプロセスを重視することが、深い学びには欠かせないと考えるからです。

今春の進学実績については巻末の「高校別大学合格者数一覧」をご覧ください

| 3学期制 | 登校時刻 8:30 | 昼食 弁当持参、食堂、売店 | 土曜日 授業 |

　3年生の授業には演習科目を多く配し、大学入試に即した学力養成をはかります。ネイティブ教員による「SAT＋TOEFL　College Prep」など海外大学進学に対応した授業のほか、「Debate」や「International Perspectives」など一人ひとりの興味関心に応じて選択できる科目も多数用意しています。

　国際基督教大学（ICU）へは上位希望者88人が推薦で進学します。国公立や私立の有名大学に多くの生徒が進学します。また、海外大学へ進学する卒業生も少なくありません。

環境・施設設備

　緑が豊富な環境の中、国際基督教大学に隣接した76,000㎡近い校地を有しています。野鳥も生息し、武蔵野の面影を今なお色濃く残しています。

　図書館、多目的ホール、視聴覚教室、理科実験室、広いラウンジ、320人収容の食堂、体育館、300mトラック、サッカー場、野球場、テニスコート、ハンドボールコートなど、施設も充実しています。なお、男子寮（2棟・計50人収容）と女子寮（3棟・計76人収容）も整備されています。

学校行事・クラブ活動

　学校祭、体育祭、修学旅行（3年）、フレッシュマンリトリート（1年）、校外学習、スキー教室などの行事に加え、クリスマス礼拝、ペンテコステ礼拝、キリスト教週間など、キリスト教行事も行われています。また、各学期に1回キリスト教講演会が開かれています。GLP（Global Learning Program）にも力を入れ、国内・海外のスタディツアーやワークショップを企画しています。

　クラブ活動では、バスケットボール、チアリーディング、野球、サッカー、テニス、ハンドボール、バレーボール、陸上競技、水泳、ダンスなどの運動部と、器楽、茶道、オーケストラ、ロック、写真、コーラスなどの文化部があり、校内外で活躍しています。

データファイル

■2024年度入試日程　＊Webエントリー後書類郵送

募集人員		書類受付期間	試験日	発表日	手続締切日
一般	80	1/25～2/1	2/10	2/12	2/13
帰国推薦	60	11/29～12/4	12/16	12/17	12/18
帰国書類	90	12/19～1/6	1/29	1/30	1/31
帰国学力	10	1/25～2/1	2/10	2/12	2/13

＊Webエントリー期間
一般12/20～1/26　帰国生推薦11/1～11/13
帰国生書類選考入試12/8～12/18
帰国生学力試験入試12/20～1/31
※帰国生徒としての受験には、11/25までに資格の認定が必要（推薦入試希望者は10/15まで）

■2024年度選考方法・入試科目
帰国推薦・帰国書類：書類審査、面接
一般・帰国学力：英語、国語、数学、調査書
〈配点・時間〉国・数・英＝各100点70分
※一般入試・帰国学力は学力試験に中学3年次の調査書点（9科各10点）を加えた390点満点で審査
〈面接〉生徒個人　重視

■2023年春併設大学への進学
卒業予定者のうち88人が、学業成績・人物審査に基づいて推薦されます。
国際基督教大学－88（教養）
（2023年春進学者数。このほか一般入試等20人）

■指定校推薦枠のある主な大学
慶應義塾大　早稲田大　上智大　東京理科大　立教大　青山学院大　中央大　法政大　学習院大　東京薬科大など

■2023年春卒業生進路状況

卒業生数	大学	短大	専門学校	海外大	就職	進学準備他
244人	209人	0人	2人	3人	0人	30人

■2023年度入試結果

募集人員		志願者数	受験者数	合格者数	競争率
一般	80	295	271	129	2.1
国際生		14	14	3	4.7
帰国推薦	60	115	112	76	1.5
帰国書類	90	336	302	139	2.2
帰国学力	10	52	50	12	4.2

（学校説明会）要予約
※変更の可能性があるため、学校HPをご確認ください
秋の学校説明会
10/7 11/11（国内一般生・帰国生合同）
（見学できる行事）
学校祭 9/23・9/25
CAMPUS WALK HOUR　10/28 11/11

説明会・行事等は日程・内容が変更される場合があります。必ず学校HP等でご確認ください

国士舘中学校・高等学校

〒154-8553　東京都世田谷区若林4-32-1　☎03-5481-3131　学校長　岩渕　公一

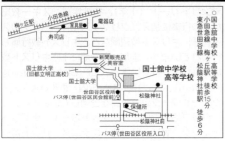

〈URL〉中学　https://jhs.kokushikan.ed.jp/
高校全日制普通科　https://hs.kokushikan.ed.jp/
高校定時制普通科　https://teiji.kokushikan.ed.jp/

沿革　大正6年（1917）、国士舘義塾として創立。昭和23年（1948）、国士舘中学校・高等学校として発足。平成6年（1994）から中学校と高等学校全日制課程が男女共学に移行。同16年（2004）より定時制課程も男女共学となりました。

校風・教育方針

国士舘は「活学」と「心学」を柱に据えた教育を実践しながら、生徒の可能性を引き出し、「生きる力」を育みます。創設者柴田德次郎は106年前の創設時に、「活学」と称してPDCAを「読書・体験・反省」と掲げました。現在まで受け継がれる新しくも伝統あるアクティブラーニングの実践です。「活学」のねらいは「読書・体験・反省」を通して物事を客観的に捉え、社会に貢献できるよう必要な教養を育むことです。さらに「考える力」「表現する力」に磨きをかける校内読書感想文コンクールや、海外語学研修も活学の一環です。

「心学」とは、道徳心や正義感、思いやりの心を備えた人材育成を目的とした心の教育です。「心学」の一環として必修科目に武道（柔道・剣道）を設定しています。武道を通して、礼節やたくましい精神力を身につけた国士舘生には、日々の挨拶を欠かさない、明るく元気な生徒が多くいます。また、中・高・大で一貫した防災教育を行っています。基礎知識を学習し、自ら考え、行動するというアクティブラーニングが実践されています。国士舘防災・救急救助総合研究所の講師により防

災の基礎知識に関する授業が行われています。

カリキュラムの特色

高等学校では全日制課程の「選抜クラス」・「進学クラス」と、昼間定時制課程である「国士舘大学進学クラス」の3つのクラス構成で募集します。「選抜クラス」は難関大学進学を目的としたカリキュラムを設置し、学習内容を深く掘り下げ、質の高い授業で学力の向上を目指します。また、外部模試や長期休暇中の講習を通して実践力を高めます。2年次からは自己の適性により「文系Ⅰ類」と「理系」に分かれます。「進学クラス」は基礎学力の定着と様々な経験を通し、幅広い視野を養います。2年次からは自分の目的に合った4つの類型が選択でき、国士舘大学の内部推薦をはじめ、他大学の多種多様な学部・学科の進路実現を目指せます。「国士舘大学進学クラス」は国士舘大学への進学に特化したカリキュラムです。少人数制を利用し、国士舘大学への内部推薦基準に見合った学力を身につけます。基準を満たした生徒全員が内部推薦の受験資格を獲得できます。

月曜〜金曜は20時30分まで、土曜は18時までK-Improve（ケイ・インプルーブ）という学習システムを中学から高等学校全学年で利用できます。常にチューターが在室し、生徒に個人面接を実施しながら学習目標と学習計画を立てさせ、PDCAサイクルで自学自習の支援を行っています。

国士舘の環境

世田谷区のほぼ中央に位置し、世田谷区役所に隣接しています。周囲には公共施設や、西に松陰神社、東に豪徳寺があり、緑の多い静かなたたず

今春の進学実績については巻末の「高校別大学合格者数一覧」をご覧ください

まいの中にあります。小田急線、東急世田谷線など最寄駅にも近く、通学に適しています。

心の教育

「しつけ教育」を重視。まじめに正しく真心を持って行動する「誠意」、骨身を惜しまず、社会のために尽くす「勤労」、物事を広い目で見て正しく判断する「見識」、強い精神と忍耐力を身につける「気魄」を備えた人間の育成をめざしています。

学校行事・部活動

行事は、移動教室、校外学習、体育祭、秋楓祭（文化祭）、校内言道（弁論）大会、修学旅行、寒稽古・武道大会など多彩です。夏休みには希望者対象の語学研修をオーストラリアで実施します。

部活動は中学、高校とも盛んです。中学は、バスケットボール、柔道、剣道、サッカーなどの運動部、吹奏楽、書道、美術など中・高合同の文化部があります。高校は剣道、硬式野球、サッカー、新体操、空手道、バスケットボール、バレーボール、女子陸上競技（長距離）、バドミントン、チアリーディング、硬式テニス、軟式野球、日本拳法、卓球、水泳などの運動部があり、文化部は科学研究会、生活研究、茶道、パソコンなどがあります。

世田谷区　中　共学　高　共学

データファイル

■2024年度入試日程

中学校　※1・2回は学業優秀奨学生入試含む

募集人員		出願期間	試験日	発表日	手続締切日
1回※	40	1/10〜2/1	2/1	2/1	2/5
2回※	15	1/10〜2/1	2/2	2/2	2/6
3回	15	1/10〜2/1	2/2午後	2/2	2/6
4回	10	1/10〜2/3	2/4	2/4	2/8
5回	若干	1/10〜2/4	2/5	2/5	2/9

高等学校　国士舘大学進学クラス（定時制）は推薦・一般各43

募集人員		出願期間	試験日	発表日	手続締切日
推薦	選抜30進学100	1/15〜1/18	1/22	1/22	1/25
一般併願優遇	選抜30進学100	1/25〜2/5	2/10または2/11	2/12	2/15※

※併願者は併願校の最終合格発表日の翌日（二次募集含まず）

■2024年度選考方法・入試科目

中学校　国算2科、面接
〈配点・時間〉国・算＝各100点45分
〈面接〉生徒個人

高等学校
推薦：適性検査（国数英計100点60分）、面接
【推薦基準】内申：選抜クラス3科13か5科21　検定による加点あり（+1まで）　進学クラス〔（　）内は国士舘大学進学〕3科10（8）か5科17（13）か9科31（24）　英検・漢検その他による加点あり（+3まで。国士舘大学進学は検定3級以上で加点）
一般：国語、数学、英語
【併願優遇の出願基準】内申：9科32（国士舘大学進学は9科28）　検定3級以上で加点あり（+1まで）
〈配点・時間〉国・数・英＝各100点50分
〈面接〉推薦のみ生徒個人

■2023年春併設大学への進学

国士舘大学－156（政経39、経営22、法36、理工7、文10、体育22、21世紀アジア20）
学科試験が免除される内部推薦枠（2023年春卒業生は169枠）があります。

■2023年春卒業生進路状況

卒業生数	大学	短大	専門学校	海外大	就職	進学準備他
333人	284人	1人	14人	4人	4人	26人

■2023年度入試結果

中学校

募集人員		志願者数	受験者数	合格者数	競争率
1回	40	56	43	36	1.2
2回	20	27	14	9	1.6
3回	20	26	15	10	1.5
4回	若干	21	8	5	1.6

高等学校　一般は併願優遇／一般

募集人員		志願者数	受験者数	合格者数	競争率
推薦	130	197	197	197	1.0
一般	130	242/80	224/78	224/43	1.0/1.8

学校説明会　すべて要Web予約
★中学校　10/21* 11/19* 12/23
＊は小6対象過去問題解説会も実施
施設見学・個別相談　9/16 10/14 11/11 12/2 1/13
授業体験会　10/14 11/11 12/23
★高等学校　9/30 10/21 11/18
個別相談会　9/2 9/16 10/7 10/14 10/21 10/28 11/11 11/18 11/25 12/9
見学できる行事（中学・高校）要Web予約
秋楓祭（文化祭）　11/2・11/3
中学体育祭　6/12（終了）
校内言道大会（中学のみ）　10/7

説明会・行事等は日程・内容が変更される場合があります。必ず学校HP等でご確認ください

東京
こ

駒込中学校・高等学校

〒113-0022　東京都文京区千駄木5-6-25　☎03-3828-4141　学校長　河合　孝允

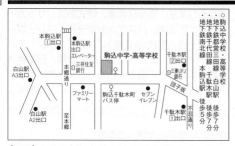

〈URL〉https://www.komagome.ed.jp

沿革　天和2年（1682）に設立された勧学講院が、大正14年（1925）旧制駒込中学校となりました。昭和22年（1947）駒込中学校・高等学校となり、昭和41年男子部、女子部が共学になりました。今年で341年となる歴史と伝統を誇っています。

校風・教育方針

伝教大師最澄上人の教え「一隅を照らす、これすなわち国宝なり」を建学の精神として、不透明な現代を主体的に力強く生きることができるよう仏教的情操教育を基盤に教育を行います。さらにグローバル教育（海外留学制度、海外修学旅行等）、ICT教育など21世紀を担う若者の育成を期しています。生徒の能力を引き出すため、特別講習会や指名補習、夏期講習や大学入試直前講習なども取り入れ、主体的で意欲的な学習を促し、きめ細かな進路指導を実現しています。学校生活で自らの可能性を発見し、自己肯定感と忘己利他の精神を掲げて世界への飛躍を期待します。

カリキュラムの特色

中学では、まず基礎学力の定着と応用力の充実を図り、高校では希望する大学への進学に向けて、高い学力を身につけることに力を入れています。中高共に主要科目は標準よりも単位を多く設定し、タブレット端末を用いた授業展開により、多角的な学習を実現しています。

高校は、多様化するグローバルな時代で活躍できる人を育成する「国際教養コース」、埼玉大学STEM教育研究センターと提携し、身近な課題を科学的な観点から探究をする「理系先進コース」、国公立をはじめGMARCH以上の難関私立大学や芸術系など多彩な進学をフォローする「特S・Sコース」の3コース制です。

中学では併設型中高一貫校の強みを生かし、ICTやグローバル教育はもちろんのこと、インプットすることと並行して、表現力、主体性をより高く身につけることを大切にしています。そのため、入試内容も多彩で、通常の2科（国算）や4科（国算理社）だけでなく、英語入試や、2つの特色入試（プログラミング入試、自己表現入試）、適性検査型入試を実施しています。

また中高ともに教員が指導する放課後の特別講習や補習、夏期講習を含め、学習面を校内で完結させるシステムを構築しています。さらに職業を聞く会や、大学の学部学科説明会など、主体的に進路を決めて、志望大学の現役合格を手厚くサポートする環境が整っています。

学校行事・クラブ活動

仏教主義の学校として、了翁会、涅槃会などの仏教行事があります。入学式は、花祭り（灌仏会）の日に行っています。中高それぞれ体育祭や文化祭（玉蘭祭）、修学旅行（高校は海外）、中学独自の英語スピーチコンテスト、林間学校、合唱コンクール、中学2年の日光山研修、高校1年の比叡山研修、英語エッセイコンテストなど、自身を鍛え活躍できる行事がたくさんあります。

クラブ活動は、約80%の入部率で都大会出場の運動部、受賞者続出の文化部ともに盛んです。

今春の進学実績については巻末の「高校別大学合格者数一覧」をご覧ください

環境・施設設備

"文化香る町"文京区にあって、徒歩数分圏内に地下鉄3線が通っています。地上6階、地下1階の校舎は、吹き抜けのある開放的な学び舎、語らいの場のサンクンガーデンがあります。5・6階は芸術、IT、家庭科、理科実験関係の心を豊かに育てる実習室が揃っています。

生活指導・心の教育

毎時黙想で心を落ちつかせ、ホームルームやクラブ活動を含めたあらゆる機会を通して、積極的に先生と生徒はコミュニケーションを取っています。物質的には十分豊かになっても心が育ちにくい現代こそ、この仏教的精神に基づいた教育の素晴らしさを伝えていきます。

データファイル

■2024年度入試日程

中学校 12/9・2/4に帰国生入試実施

募集人員		出願期間	試験日	発表日	手続締切日
1回	50	1/10～1/31	2/1	2/1*	2/5
2回	25	1/10～1/31	2/1午後	2/1	(公立中高一貫校受験者は延納可)
3回	25	1/10～2/1	2/2	2/2	
4回(特待)	10	1/10～2/1	2/2午後	2/2*	
5回	10	1/10～2/3	2/4	2/4	

＊1回の適性は2/2、4回の国語は2/4

高等学校 12/9、2/11に帰国生入試実施

募集人員		出願期間	試験日	発表日	手続締切日
推薦Ⅰ・Ⅱ	120	1/15～1/17	1/22	1/22	Ⅰ 1/25 Ⅱ 公立発表翌日
併願1回・一般1回		1/25～2/3	2/10	2/10	公立発表翌日
2回・ 2回	120	1/25～2/3	2/11	2/11	
一般3回		2/15～3/2	3/7	3/7	3/8

併願・一般の理系は1回のみ、国際は2回のみ募集

■2024年度選考方法・入試科目

中学校

1回：2科か4科か適性検査Aか適性検査B
2回：2科　**3回**：2科か4科かプログラミング入試か自己表現入試か英語入試（国算英）
4回：国語か算数　**5回**：2科
〈配点・時間〉国・算・英・適＝各100点50分　理・社＝各50点計50分　〈面接〉なし

高等学校

推薦：調査書、適性検査（英・国または英・数、理系先進は数・理、国際教養は英・社）、面接
※Ⅰは単願、Ⅱは都外生対象(神奈川県生を除く)
【出願条件】5段階評価基準合計　※5科目合計

コース	推薦Ⅰ*	推薦Ⅱ	併願優遇
特Sコース	23以上	24以上	24以上
Sコース	21以上	22以上	22以上

＊推薦Ⅰの特Sは3科15、Sは3科13か9科37でも可
理系先進：英数理3科Ⅰ13／Ⅱ14かつ条件あり
国際教養：英検準2級かつ英国社3科Ⅰ13／Ⅱ14

いずれも9科に1・2は不可　3年次欠席10日以内
併願優遇：推薦と同じ
一般：国・数・英、面接　理系先進は数・理か数・特色*、面接、国際教養は英・社か英・特色*、面接
＊特色はポートフォリオ（活動記録と自己推薦）
〈配点・時間〉国・数・英＝各100点50分
〈面接〉生徒個人　重視

■指定校推薦枠のある主な大学

上智大　東京理科大　青山学院大　学習院大　中央大　法政大　明治大　立教大　明治学院大など

■2023年春卒業生進路状況

卒業生数	大学	短大	専門学校	海外大	就職	進学準備他
484人	426人	3人	13人	7人	0人	35人

■2023年度入試結果

中学校 男／女

募集人員		志願者数	受験者数	合格者数	競争率
1回	50	237/153	215/141	86/65	2.5/2.2
2回	25	185/77	162/66	33/23	4.9/2.9
3回	25	188/90	130/63	47/26	2.8/2.4
4回(特待)	10	126/66	83/51	10/11	8.3/4.6
5回	10	171/86	86/37	28/15	3.1/2.5

高等学校 男／女　1・2回は併願優遇を含む

募集人員		志願者数	受験者数	合格者数	競争率
推薦	120	234/203	178/179	178/179	1.0/1.0
一般1回	120	159/102	153/100	131/92	1.2/1.1
2回		80/91	68/83	43/75	1.6/1.1

学校説明会 ＊はオンラインあり
★中学校(要申込・イベント同時開催)
10/14* 11/18 12/10 1/14*
夜の説明会　9/29 11/8　**クラブ体験会**　9/3
★高等学校(要申込・個別相談あり)
9/9 10/7 11/4 12/2

見学できる行事 （公開未定）
文化祭　9/16・9/17
体育祭　中9/28 高10/27

説明会・行事等は日程・内容が変更される場合があります。必ず学校HP等でご確認ください

東京 こ

駒沢学園女子 中学校 高等学校

（こまざわがくえんじょし）

〒206-8511　東京都稲城市坂浜238　☎042-350-7123　学校長　土屋　登美恵

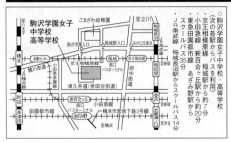

〈URL〉https://www.komajo.ac.jp/jsh/

沿革　昭和2年（1927）、世田谷に創立。平成元年（1989）、稲城市へ全面移転。

校風・教育方針

　1927年、駒沢学園女子の前身、駒沢高等女学院が世田谷の地で開設され、以来曹洞宗の教えである「正念」「行学一如」を建学の精神としたその伝統は、90年以上続いています。さまざまな価値観の中でお互いを認め、共に歩むことができながらも、自分らしく輝ける、しなやかな心と芯の強さをもつ女性の育成を目指しています。

教育の環境

　都心から約30分の稲城キャンパスは、豊かな緑に囲まれた丘にあります。300mトラックのあるグラウンドやコンサートのできる記念講堂、池に面した食堂などは、環境にとけ込むようにゆったりと配置されています。また、校舎内の全教室にICT環境が整い、今まで以上にアクティブラーニングを主としたICT教育が充実しています。

教育の特色

　2019年度より、今までの学習プログラムをさらに進化させた、未来を切り開くための「新しい学び」がスタートしました。社会のどのような場所でも活躍できる女性の育成を目指したキャリア教育のプログラム「ライフデザイン」。思考力・判断力・表現力を重視した探究型の授業「Komajo Quest」。土曜日の授業は教科型の授業から離れ、グループワークやフィールドワーク、ICTスキルを身につけ発表する表現型授業が中心になります。そして生徒たちの個性を最大限に発揮でき、進路に直結する学びの「新しい選択科目」。選択科目には、受験科目や看護・栄養・教育などを志望する生徒のための入門的な講座や社会に出てからの学びにつながる「時事問題探究」など幅広い選択科目があります。

　また、英語の5領域をバランスよく習得するため、通常授業前の時間を活用し、毎朝10分間でListening & Speakingに特化した学習を行います。体験型英語学習施設への参加（中1・中2・高1）や海外英語研修、派遣留学の制度なども充実しています。スピーチコンテストやプレゼンなどの英語表現の活動が多くあり、着実に英語が使えるようになるプログラムがあります。

キャリア教育と進路

　中学ではキャリア学習を主体に、社会人の講演会や職場体験、福祉施設訪問などを通して社会への関心を深めていきます。上級生になってから、また社会で活躍できるように、さまざまな行事を通してリーダーシップ教育に力を入れています。

　高校では3年後の進路はもちろん、将来の生き方まで見通した進路学習を進めています。

　多くの進路ガイダンスや各種セミナー、人として女性として、将来のことを多角的に学ぶ「ライフデザイン」という授業など、進路実現のための講座が多くあります。

　また、併設の女子大学には看護師・保健師を目指す学部や管理栄養士を目指す学部、心理や観光を学ぶ学群、短期大学には保育士・幼稚園教諭を

今春の進学実績については巻末の「高校別大学合格者数一覧」をご覧ください

目指す学科など女子に人気のある課程があります。2023年春卒業生の大学・短期大学進学率は80%です。毎年、学年の約2割〜3割の生徒たちが併設の大学・短期大学に内部推薦で進学しています。

データファイル

■2024年度入試日程

中学校

募集人員		出願期間	試験日	発表日	手続締切日
1回午前	50	1/10〜1/30	2/1	2/1	2/3
午後	5	1/10〜1/30	2/1午後	2/1	2/3
2回午前	15	1/10〜2/1	2/2	2/2	2/4
午後	5	1/10〜2/1	2/2午後	2/2	2/4
3回	5	1/10〜2/4	2/5	2/5	2/7

1回午前2科・4科と1回・2回午後1科はスカラシップ制度を適用

高等学校　※公立併願者は公立発表翌日まで延納可

募集人員		出願期間	試験日	発表日	手続締切日
推薦	100	1/15〜1/17	1/22	1/22	1/24
一般1回	120	1/25〜2/3	2/10	2/11	2/16※
2回	20	1/25〜2/3	2/12	2/12	2/16

■2024年度選考方法・入試科目

中学校

1回午前：2科か4科（英語選択可・5科の中から高得点の2科で判定）、有資格者の1科目選択型（国か算）、英語（リスニングを含む・面接あり）、プレゼンテーション型（自己アピール・プレゼンテーション）から選択　**1回午後**：1科（国か算）　**2回午前**：2科または有資格者の1科目選択型（国か算）　**2回午後**：1科（国か算か英）　**3回**：2科

〈配点・時間〉国・算＝各100点45分（午後1科は国・算・英＝各100点60分）　理・社・英＝各100点45分　プレゼンテーション＝200点45分（自己アピール100点、プレゼンテーション100点）

高等学校

推薦：書類審査、面接　【出願基準】進学9科27または5科15　特進5科17　英語9科29または5科16かつ英語3以上　学業特待（特進）5科20または3科12　学業特待（英語）5科20または3科12かつ英語3以上　進学と英語はポイント制度あり　欠席3年次10日以内

一般：国語・数学・英語（リスニングを含む）※併願優遇あり

〈配点・時間〉国・数・英＝各100点50分　〈面接〉推薦のみ生徒個人　重視

■2023年併設大学・短大への進学

成績・生活態度等、一定の条件を満たしていれば高等学校長の推薦により入学できます。

駒沢女子大学—26（人間総合15、人間健康2、看護9）
駒沢女子短期大学－7（保育）

■指定校推薦枠のある主な大学

中央大　成城大　日本大　専修大　駒澤大　日本女子大　昭和女子大　東洋英和女学院大など

■2023年春卒業生進路状況

卒業生数	大学	短大	専門学校	海外大	就職	進学準備他
140人	94人	18人	24人	0人	0人	4人

■2023年度入試結果

中学校

募集人員		志願者数	受験者数	合格者数	競争率
1回午前	45	37	28	27	1.0
午後	5	36	11	9	1.2
2回午前	20	36	6	5	1.2
午後	5	31	2	1	2.0
3回	5	42	3	3	1.0

高等学校　特進/進学　別日程受験、スライド合格あり

募集人員		志願者数	受験者数	合格者数	競争率
推薦	100	12/84	12/82	12/82	1.0/1.0
一般1回	120	35/167	35/166	35/164	1.0/1.0
2回	20	2/10	1/9	1/9	1.0/1.0

学校説明会　予約制

★**中学校　入試体験会**　9/30 10/21 11/4
入試シミュレーション（小6対象）　12/16
入試直前説明会（小6対象）　1/13
学校説明会・授業見学会　2/24
学校説明会・授業体験会　3/9
★**高等学校**　10/21
学校説明会＋英語クラス体験会　9/30 11/4
入試説明会・入試体験会　11/18 11/23 12/2
面接シミュレーション・入試説明会（中3対象）　12/9
中高オープンキャンパス　9/23
中高学校見学会　9/2 9/9 11/11
※学校見学は随時可（要電話連絡）

見学できる行事

文化祭　10/7・10/8（ミニ説明会あり）
合唱コンクール　2/17
吹奏楽定期演奏会　3/24

説明会・行事等は日程・内容が変更される場合があります。必ず学校HP等でご確認ください

東京
こ

駒澤大学高等学校

〒158-8577　東京都世田谷区上用賀1-17-12　☎03-3700-6131　学校長　貫井　洋

〈URL〉https://www.komazawa.net/

沿革　昭和23年（1948）駒澤大学の最初の附属高校として発足。昭和41年（1966）現在地に高校を建設し移転。平成30年度（2018）、開校70周年。

校風・教育方針

　日々の行いと学びは一体のものであるという駒澤大学の建学の精神「行学一如（ぎょうがくいちにょ）」をすべての教育活動の指針とし、何事にも真摯に取り組むことができる生徒を育成しています。仏教の行事や授業を取り入れながら、礼儀、他者への思いやりや感謝の心、忍耐力など、生きていくうえで大切なことを学んでいます。明るく伸び伸びした校風で、生徒がそれぞれを尊重しながら学校生活を送っています。大人数でありながら、教員と生徒のつながりを大切にしたアットホームな雰囲気があります。また、部活動と学業を両立している生徒が多く、それぞれが「行学一如」を実践しています。

カリキュラムの特色

　全学年共通で宗教を履修します。主に仏教を学び、心の教育に重点を置いています。1年次では

TOPICS
○シェントンカレッジ（オーストラリア）交換交流プログラム……語学留学を目的とした相互的な交換交流プログラムを実施しています。
○推薦入試の「チャレンジ制度」……9教科評定合計36以上、かつ1・2を含まない受験者は、奨学生入試にチャレンジすることができます。

　高校生としての基礎学力の養成を重視し、芸術科目以外はすべて共通履修です。芸術科目は書道・美術・音楽から1科目を選択します。また1年次は、入学前の学力テストを参考に、1クラスのみ習熟度別クラスを編成します。さらに、1・2年次の「体育」と「情報」にも特色があります。体育では、男子は柔道か剣道を選択し、女子はダンスを履修します。情報は、2年次に2単位を履修。情報のやり取り＝コミュニケーションと捉え、読む、聴く、書く、話すなどの日常のやり取りについて学ぶところから始めるのが特色です。その後、コンピュータや通信のしくみを学び、HTMLやPythonを使ったプログラミングやタイピングの実習なども行います。2年次からは進路に合わせた2コースに分かれます。他大学を一般選抜で目指す受験コース（文系受験コース・理系受験コース）と、主に駒澤大学への推薦による進学を目指す進学コース。近年では、進学コースから総合型選抜等を活用して他大学進学を目指す生徒も増えています。3年次では、2年次に選択したコースを継続しながら、さらに徹底した進路別学習を行います。特に進学コースでは、進学を主体とした選択科目を幅広く用意し、自分自身の希望する進路に向けた学習ができるようになっています。

環境・施設設備

　学校の周辺には馬事公苑や砧（きぬた）公園などの緑地がたくさんあり、空気が清澄で騒音も少なく、晴れた日には富士山や箱根、丹沢などの山並みを望める、教育の場としては極めて恵まれた環境にあります。施設は、大体育館と小体育館があり雨天でも困ることなく、充実した授業が行わ

　　　今春の進学実績については巻末の「高校別大学合格者数一覧」をご覧ください

れています。すべての教室には空調設備が取り付けられています。2008年度には校庭を人工芝に改修し、雨があがればすぐに校庭が使用できます。また、校内はWi-Fiが使えます。駒澤大学高校専用回線のため、遅延が起こりにくい環境を構築しています。生徒は配布されたICT端末を使い、インターネット上のクラウドシステムを快適に利用することで、より良いICT教育を享受できます。

学校行事・クラブ活動

　花まつり、みたままつり、両祖忌、達磨忌法要、永平寺拝登、臘八摂心（早朝坐禅会）などの宗教行事のほか、沖縄への修学旅行（2年）、陸上競技大会、駒大高祭（文化祭）、林間学校（1年）、マラソン大会、カナダセミナー、オーストラリアの交換留学プログラムなど、心身の成長をはかるための行事が数多く実施されています。

　クラブ活動には80％以上の生徒が参加し、活発に活動しています。吹奏楽部は全国高校吹奏楽大会で金賞を通算5回受賞。サッカー部は、全国高校サッカー選手権大会で2010年度にベスト16、2015・2016年度はベスト8に進出、2018年に2年ぶりに全国に出場。陸上競技部は400mHなどでインターハイに出場、長距離ブロックでは全国高校駅伝大会に出場するなどめざましい結果を残しています。そのほか、男子ソフトテニス部や体操競技部などもインターハイ等の全国大会に出場、関東大会には男子バレーボール部、陸上競技部や剣道部など数多くの部活動が出場しています。学業と部活動の両立を図り、充実した学校生活を送っています。

データファイル

■2024年度入試日程（予定）

募集人員		出願期間	試験日	発表日	手続締切日
推薦＊	250	1/15・1/16	1/22	1/23	1/25※
一般＊	250	1/25～2/5	2/10	2/11	2/15※
併願優遇		1/25～2/5	2/13	2/14発送	※

＊同日程で併願優遇あり。1/22は東京・神奈川以外
※併願者は併願校発表翌日まで延納可

■2024年度選考方法・入試科目（予定）

推薦・併願優遇：書類審査、面接、小論文（800字50分）＊2023年度テーマ　1/22：「パンフレットにある『直感を養う』から、直感を養うには何が大切だと考えるか、またどのような場面で『直感』力が大切だと感じるか。」2/10：「成年年齢が18歳に引き下げられたことは、あなたにとってどのような意味があるか述べなさい。」2/13：2023年を漢字一文字で表し、あなたが今年一年をどのようにしたいと思っているか、意気込みを述べなさい。」**【出願条件】**単願は内申5科20、かつ9科34　9科に1・2は不可　併願優遇は5科20、かつ9科38　3科に1・2・3を含まない（他の6科に1・2を含まない）　英検準2級取得者は単願は5科か9科、併願は5科が－1でも可

一般：国語、数学、英語（リスニング含む）、面接
〈配点・時間〉国・数・英＝各100点50分
〈面接〉生徒個人　きわめて重視

■2023年春併設大学への優先入学制度

　3年間の学業成績、校内学力試験の総合評価により、駒澤大学の定める人数の範囲内（推薦枠454）で選ばれます。

駒澤大学－377（仏教7、文90、経済92、法69、経営71、医療健康科8、グローバル・メディア・スタディーズ40）

■2023年春卒業生進路状況

卒業生数	大学	短大	専門学校	海外大	就職	進学準備他
564人	529人	2人	13人	3人	0人	17人

■2023年度入試結果　男／女

募集人員		志願者数	受験者数	合格者数	競争率
推薦	250	146/165	146/165	146/165	1.0/1.0
一般	250	203/104	198/104	85/35	2.3/3.0
併願優遇		167/247	147/223	147/223	1.0/1.0

併願優遇は全日程合計。都外生を含む

学校説明会 要予約
10/21 11/4 11/23（大学記念講堂）11/25 12/9
学校見学会 9/2 9/9 9/16 10/7 10/14 10/28
11/11 11/18 12/2　**個別相談会** 1/6
クラブ活動体験会 お問い合わせください
見学できる行事 入試相談コーナーあり
駒大高祭（文化祭）9/30・10/1
※イベントは変更する場合があります

説明会・行事等は日程・内容が変更される場合があります。必ず学校HP等でご確認ください

駒場学園高等学校
（こ　ば　がく　えん）

〒155-0032　東京都世田谷区代沢1-23-8　☎03-3413-5561　学校長　笠原　喜四郎

〈URL〉http://www.komabagakuen.ac.jp/

沿革　昭和22年（1947）開校。同31年、駒場学園高等学校と改称。同49年食物科を新設。平成3年（1991）普通科特別進学コース設置。同5年普通科共学化。同8年食物科共学化。同16年、国際情報コース設置。平成20年、国際情報コースを国際コースに改称。同21年、一般コースを進学コースに改称。同29年（2017）、食物科を食物調理科に改称。制服をリニューアル。

校風・教育方針

「四海に通じる若者を育成します」を教育目標に掲げ、多様化する価値観の中でも変わらぬ真理を追求するとともに、国際社会に通用する資質の育成に力を注いでいます。物事の本質をしっかりと見極め、切磋琢磨する中で自分自身の道を切り開いていく——そんな若人たちを学園から送り出すことを目指します。

カリキュラムの特色

自律学習の確立を大きな目標に掲げ、知識・思考・探究・体験という4つの視点から生徒一人ひとりの学びのモチベーションを高めるため、多岐にわたる細かな各種教育プログラムを展開しています。

特別進学コースは、3年間、学習を「主軸」とし、国公立、難関私立大学受験を通して、自主自律の精神や克己心を高めていきます。0限での小テスト、夏期休業期間中には、進学補習や勉強合宿、また放課後に希望者および選抜者による難関大チャレンジプログラムを実施し、日々の学習意

欲の向上と大学受験に早期から対応できる体制が整っています。

国際コースは、特色ある価値観を受け入れ、多極化した世界で活躍できる人材を育成します。外国人教員によるHR、異文化理解、研修旅行など、多彩な授業を通して難関私立大学文系学部への進学を目指します。

進学コースは、幅広い視野と豊かな知識を身につけながら、有名私立大学を目指します。部活動や学習時間など、毎日を自ら計画・管理できる自律した生徒を育てます。2年次からは進路に応じ、文系・理系のコースを選択し、クラス編成を行います。充実した学園生活を通して、生徒自身の将来の目標を見つけ、夢に向かい着実に進んでいけるようサポートします。

食物調理科は、有名店料理長や一流の講師による高い水準の実習を通し、「食」のスペシャリストになるための専門的な知識・技術が習得できます。卒業と同時に「調理師免許」の資格が取得できます。

また、「KGサポート」と呼ばれる、朝～放課後自習室・オンラインコーチング・メンターによるサポートや、多彩な放課後探究プロジェクトで、生徒の学びの好奇心を育みます。

生活指導

服装については、指定の制服があります。頭髪は、高校生らしいものになるよう指導しています。

今春の進学実績については巻末の「高校別大学合格者数一覧」をご覧ください

環境・施設設備

　全館ICT教育に対応した充実の施設設備が整っています。駒場学園ではいち早く2015年よりiPadを導入しており、生徒1人1台iPadを所持し、授業・探究学習・自宅学習・課外活動など、多くの場面で欠かせないツールとなっています。2018年には、体育館を中心に、武道場・トレーニングルーム・多目的ホール・各種教室などを完備した総合教育施設である新世紀会館が完成しました。

　また、静岡県御殿場市にある第2の校舎である「御殿場校舎」では、特別活動の一環として1年次の各学期、クラスごとに体験学習を行い、スポーツの楽しさ、仲間との絆、コミュニケーション能力など、社会性を育んでいます。

学校行事・クラブ活動

　球技大会・体育祭・文化祭など、年間を通して行事が目白押しです。なお、2年次の体験旅行(修学旅行)は探究学習の実践の場となっており、各自が半年以上かけて準備した地域課題の解決策を、自治体関係者(市長など)にプレゼンテーションします。探究テーマに合わせて進学コースが国内外5カ所、特別進学コース・食物調理科は国内、国際コースは海外(通常時)で4週間の研修旅行を予定しています。

　クラブは運動部門26、文化部門16、同好会5があり、全校生徒の約8割が所属しています。全国大会での優勝経験を持つスケート部、アメリカンフットボール部、全国大会に出場した新体操部、ゴルフ部、ダンス部などが盛んです。

データファイル

■2024年度入試日程

募集人員	出願期間	試験日	発表日	手続締切日
推薦　　180	1/15〜1/17	1/22	1/23	1/27
一般1回135	1/25〜1/27	2/10	2/11	2/14※
一般2回 45	1/25〜1/27	2/11	2/12	2/15※

※普通科併願優遇は3/3まで延納可

■2024年度選考方法・入試科目

推薦：書類審査、適性検査(国語・数学・英語〈リスニングあり〉)、面接
【出願条件】内申　特進：3科12か5科19　国際：英語4かつ3科11か5科17　進学：3科10か5科16か、9科29で3科に2がないこと　食物：3科9か5科15　欠席3年次6日以内　加点項目あり。次のいずれかで5科の評定に＋1(特進・国際：英検準2級　進学：英検3級　食物調理科：3年間皆勤、体育・文化的活動に秀でている、英検・漢検・数検3級　普通科：世田谷区・目黒区・杉並区・狛江市立中学校在籍者)
一般：国語、数学、英語、面接　※英語はリスニングを含む。併願優遇は面接なし
【併願優遇出願条件】(普通科のみ)東京都と神奈川県の公立中学−特進：3科12か5科20　国際：英語4かつ3科11か5科18　進学：3科10か5科16か、9科29で3科に2がないこと　全コース欠席3年次6日以内　※世田谷区・目黒区・杉並区・狛江市立中学校在籍者、英検準2級は5科に＋1
〈配点・時間〉一般：国・数・英＝各100点50分
〈面接〉生徒個人　きわめて重視

■指定校推薦枠のある主な大学

東京理科大　法政大　駒澤大　専修大　東京電機大　日本大　明治学院大など

■2023年春卒業生進路状況 普通科・食物調理科合計

卒業生数	大学	短大	専門学校	海外大	就職	進学準備他
555人	419人	4人	57人	0人	20人	55人

■2023年度入試結果 男/女 上位スライド合格含む

募集人員		志願者数	受験者数	合格者数	競争率
普通推薦特進		2/3	2/3	2/3	1.0/1.0
国際	160	1/4	1/4	1/4	1.0/1.0
進学		57/26	57/26	57/26	1.0/1.0
一般特進		9/4	9/2	0/0	—/—
国際	120	6/2	6/2	2/1	3.0/2.0
進学		69/21	62/20	47/14	1.3/1.4
併願特進		50/45	45/42	45/42	1.0/1.0
国際	40	39/33	38/32	38/32	1.0/1.0
進学		502/305	455/277	455/277	1.0/1.0
食物 推薦	20	14/7	14/7	14/7	1.0/1.0
一般	20	23/5	21/4	17/4	1.2/1.0

【学校説明会】要予約
10/7 10/14 10/28 11/4 11/18 11/25 12/2
食物調理科体験授業　10/7 10/14 11/4 11/18
【見学できる行事】
文化祭　9/17・9/18(入試相談コーナーあり)
体育祭　10/31(東京体育館)

説明会・行事等は日程・内容が変更される場合があります。必ず学校HP等でご確認ください

駒場東邦中学校高等学校

（こまばとうほう）

〒154-0001　東京都世田谷区池尻4-5-1　☎03-3466-8221　学校長　小家　一彦

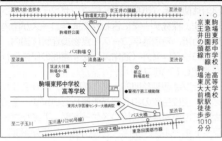

〈URL〉https://www.komabajh.toho-u.ac.jp/

沿革　昭和32年（1957）に東邦大学理事長額田豊と元都立日比谷高校校長菊地龍道が設立。「資源のない日本では、頭脳の資源化こそが急務である」との考えから、自主独立の気概と科学的精神をもつ次代のリーダーとなる人材を育てるため、男子による完全な6カ年一貫教育を行っています。

校風・教育方針

一人ひとりの生徒の個性を伸ばし、能力を高め、豊かな知性と科学的教養を身につけた健康で実践力に富む有為な人材の育成を目指しています。

カリキュラムの特色

中高6年間を有機・系統的に結んだ独自のカリキュラムを編成し、英語・数学や理科の実験などは1クラスを二分する少人数教育を実践しています。「自分で考え、答えを出す」習慣をつけること、そして早い時期に「文・理」に偏ることをせず各教科でバランスの取れた能力を身につけることを目標にしています。

教科書の内容を超えた工夫を凝らした授業に加え、独自の実力試験を行うなどして大学受験に即した学力を養成していきます。ただし、大学進学だけを目標にするのではなく、その先の職業を含め、将来について幅広い視野から指導を行っています。決して受験勉強だけに偏ることがないように、部活や生徒会活動にも5年（高2）の後半まで熱心に取り組むように指導しています。

┏Information━

「豊かな知性と人間性を育む一貫教育」

高校からの外部募集も行わない「純粋なる中学高校の一貫教育」であり、体育祭や文化祭、クラブ活動では中学生と高校生が一緒に活動しています。240人の同級生との6年間の学校生活を通じて、あつい友情が育まれ、生涯の友を得ることができます。

環境・施設設備

講堂、食堂、図書室、化学・物理・生物・地学等の実験室9室、美術・音楽・書道・技術等の特別教室、コンピュータ教室、CALL教室、大教室2室、分割教室6室、ゼミ室、大会議室、体育館、武道場、室内プール、トレーニング室、面談室3室、カウンセリングルーム、グラウンド（人工芝）等が設けられています。また、職員室前のロビーは、生徒が気軽に先生に質問や相談ができる空間になっています。

生活指導・心の教育

生徒自身が《自主・自律》の精神を身につけて、主体的に行動できるようにするということを基本としています。

今春の進学実績については巻末の「高校別大学合格者数一覧」をご覧ください

制服

　前ホック留め濃紺の詰襟の制服ですが、夏期には白無地長袖または半袖のワイシャツでもよいことになっています。創立以来変わらないスタイルには根強い人気があります。

学校行事・クラブ活動

学校行事　春の体育祭と秋の文化祭、校内体育大会、全校マラソン大会など、中高合同の行事は生徒の主体的な企画運営によって盛大に行われています。中学独自の行事としては、総合学習の一環として、中1の霧ケ峰林間学校（夏）、中2の志賀高原林間学校（夏）、中3の奈良・京都研究旅行（秋）があり、自分のテーマを設定して考えることを重視した課題発見学習を行っています。

　ほかに、全校遠足、芸術鑑賞、中2の寒稽古、中3の歌舞伎教室、さらには各学年の企画による課外行事もあります。高2の修学旅行においては、生徒が主体となってプレゼンテーションを行い、学年ごとに行き先を決定しています。

クラブ活動　体育部16、文化部15、同好会16があり、高校生が中学生の面倒を見るなど縦のつながりを大切にしています。2022年度は、サッカー部が全日本中学校サッカー大会ベスト32。囲碁部が全国高等学校囲碁選手権出場、東京都中学校夏季・冬季囲碁大会優勝。アーチェリー部が全国高等学校総合体育大会出場。模擬国連同好会が全日本高校模擬国連大会全国大会出場。軟式野球部（高校）が秋季東京都大会3位、秋季関東大会3位。写真部が東京都私立中学高校協会写真美術展で中学の部で特選、高校の部で奨励賞。剣道部が関東高等学校東京都予選（個人）でベスト16など。

進路状況

　入学生全員が、高校卒業後に大学へ進学するという希望を持っています。外部講師を招いて行う授業や社会の第一線で活躍するOBと対話する講演会などもあり、生徒たちが社会を見据えるきっかけとなっています。高校卒業後は、毎年、東京大をはじめ、一橋大、東京工業大など国公立大学に多く進学しています。私立大学では早稲田大、慶應義塾大への進学者数が多くなっています。

奨学金

　独自の奨学金制度として、菊地龍道記念奨学金、深瀬悟史記念奨学金があります。

◆**新入生に望むこと**

　未知のことや簡単に解くことの出来ない難題に出会った時、あなたはどのように取り組み、どのように行動するだろうか？　あなたが考えたことを実行するために、本校の自由闊達な校風の中で、授業にも、行事やクラブにも積極的に参加し、真摯に活動することのできる生徒になってほしい。知的好奇心を大切にしよう。

データファイル

■2024年度入試日程

中学校

募集人員	出願期間	試験日	発表日	手続締切日
240	1/10〜1/26	2/1	2/2	2/2

高等学校　募集を行っていません

■2024年度選考方法・入試科目

中学校

国語、算数、理科、社会〈面接〉なし
〈配点・時間〉国・算＝各120点60分　理・社＝各80点40分

■2023年春併設大学への進学

東邦大学医学部への推薦は東邦大学付属東邦高等学校（千葉県）と合わせて25人の枠があります。
東邦大学−1（医・推薦）

■指定校推薦枠のある主な大学

早稲田大　東京理科大など

■2023年春卒業生進路状況

卒業者数は229人。主な現役合格者数は、東京大55人、京都大9人、一橋大10人、北海道大2人、東北大6人、大阪大2人、東京工業大5人、防衛医科大6人、早稲田大87人、慶應義塾大75人。

■2023年度入試結果

中学校

募集人員	志願者数	受験者数	合格者数	競争率
240	611	586	304	1.9

学校説明会
10/15　10/21　10/22
学校ホームページからの申し込み制(8/1より)

見学できる行事
文化祭　9/16・9/17　**体育祭**　5/20(終了)
詳しくは学校ホームページをご覧ください。

説明会・行事等は日程・内容が変更される場合があります。必ず学校HP等でご確認ください

桜丘中学校・高等学校
（さくらがおか）

〒114-8554　東京都北区滝野川1-51-12　☎03-3910-6161　学校長　髙橋　知仁

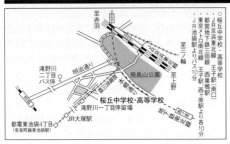

〈URL〉https://sakuragaoka.ac.jp/

沿革　大正13年(1924)、稲毛多喜が「稲毛和洋裁縫院」を創設。平成8年(1996)、中学校の募集を再開。平成16年(2004)4月に共学化。令和3年(2021)より、高等学校を4コース制(難関選抜、文理特進、グローバル探究、キャリア探究)に変更。

校風・教育方針

校訓は「勤労と創造」。桜丘中学・高等学校は1924年の創立以来、たゆまぬ努力(勤労)と創意・工夫(創造)で新しい自分をつくり、仲間とともに社会貢献できる人間の育成を目指しています。

毎日の学習予定や学習時間を管理するスケジュール帳、SS(Self-Study)ノートに象徴されるように、桜丘生は学習方法を工夫しながら、コツコツ努力をする生徒たちです。同時に授業でも部活動でもiPadを使いこなし、広く情報を集め、思考し、意見交換し、まとめた考えをわかりやすく表現するプレゼンテーション能力に優れているのも桜丘生の特徴です。

カリキュラムの特色

中学では先取りよりも、基礎力の定着を大切にしています。中学1年では週7時間の英語授業のうち、5時間をネイティブ教員が担当。4技能をバランスよく伸ばします。英語と数学の演習授業では習熟度別少人数クラス編成を採用。さらにAI機能を搭載した学習ソフトを活用して、一人ひとりに最適な個別トレーニングメニューを提供しています。

高等学校では、変化する時代に合わせて、2021年度よりコースを再編。生徒の興味関心に対応した4コース制となりました。Super Academic(難関選抜)コースは、東大・早慶上理などの最難関大学合格を目指すコース。主体性・表現力・思考力を育てます。Academic(文理特進)コースでは、難関大学合格を目指し、総合的な学力を育成します。Global Studies(グローバル探究)コースでは、英語力重視のプログラムと、プレゼンテーション能力を高めるプログラムを通して、世界で活躍する力を育てます。Career Design(キャリア探究)コースでは、新しいスタイルの企業体験やキャリア教育を通じて、「人間力」を養います。

ICT教育

桜丘では2014年にタブレットの導入を開始し、活用を続けています。授業中の資料の共有や課題提出はもちろんのこと、放課後の個別指導でも人工知能を用いて生徒一人ひとりの苦手分野を分析、効率の良い学習に役立てています。部活動では動画の撮影、記録の蓄積、作品自体をタブレットで作成するなどさらに幅広く活用しています。コロナ禍で休校になった場合でもICT活用により生徒の意欲を下げることなくオンラインで授業を継続できました。

学校行事・クラブ活動

チームカラーに思い思いのデザインをしたクラスTシャツを着て戦う体育祭、クラスの出し物、部活のパフォーマンスが楽しみな桜華祭(文化祭)のほかミュージカル鑑賞会など多彩な学校行事が

今春の進学実績については巻末の「高校別大学合格者数一覧」をご覧ください

あります。

全員参加の国内研修旅行のほか、中学3年次から高校2年次の間にセブ英語研修、オーストラリア研修、アメリカ姉妹校訪問などの海外研修を選択することもできます。

部活や同好会の数はスポーツ系、文化系合わせて約40。ダンス部、バトン部、少林寺拳法部は連続して全国大会に出場しています。

データファイル

■2024年度入試日程

中学校 特待チャレンジ入試

募集人員		出願期間	試験日	発表日	手続締切日
1回		1/10～1/31	2/1	2/1	2/10
2回		1/10～1/31	2/1午後	2/1	2/10
3回	80	1/10～2/1	2/2	2/2	2/10
4回		1/10～2/2	2/2午後	2/2	2/10
5回		1/10～2/3	2/4	2/4	2/10

高等学校 S・A・Gコースは特待判定あり

募集人員		出願締切日	試験日	発表日	手続締切日
単願推薦		1/16	1/23	1/25	1/31
併願Ⅰ	＊	1/16	1/23	1/25	埼玉3/2 千葉3/5
併願Ⅱ		1/27	2/12	2/14	3/2

＊募集人員 単願：S10人、A25人、G10人、C20人 併願：S15人、A35人、G10人、C5人
併願Ⅰは埼玉・千葉生、併願Ⅱは東京・神奈川生対象

■2024年度選考方法・入試科目

中学校

1回：適性検査か2科か4科
2・4回：3年特待チャレンジ入試（2科か4科）
3回：2科か4科か適性検査か英検利用※
5回：2科か4科
※英検利用入試は、英検取得者対象。科目は、算数（45分）
〈配点・時間〉国・算＝各100点45分 理・社＝各50点25分 適Ⅰ・Ⅱ・Ⅲ＝各100点各45分
〈面接〉なし

高等学校

単願推薦・併願Ⅰ・併願Ⅱ：書類審査、3科
※単願推薦・併願Ⅰは適性検査、併願Ⅱは筆記試験
【出願条件】5科に2、9科に1は不可 3年次欠席10日以内
合格の目安：単願 S・A5科22 G5科19＋英検準2級一次合格程度の英語力 C5科19か9科31 併願S・A・Gはそれぞれ＋1（単願G・C、併願Gは加点措置あり）
※併願Cは当日の入試結果による
〈配点・時間〉国・数・英＝各100点50分
〈面接〉なし

■指定校推薦枠のある主な大学

東京理科大 明治大 中央大 法政大 立教大 学習院大 芝浦工業大 成蹊大 成城大 日本大 専修大 東洋大 明治学院大 國學院大など

■2023年春卒業生進路状況

卒業生数	大学	短大	専門学校	海外大	就職	進学準備他
238人	209人	1人	1人	1人	1人	25人

■2023年度入試結果

中学校 男／女

募集人員		志願者数	受験者数	合格者数	競争率
1回		142/173	114/150	58/86	2.0/1.7
2回		135/113	103/96	13/15	7.9/6.4
3回	80	177/207	129/151	49/73	2.6/2.1
4回		135/132	73/75	4/8	18.3/9.4
5回		160/148	82/84	9/22	9.1/3.8

高等学校 S・A・G（特待）は一般合格含む

募集人員		志願者数	受験者数	合格者数	競争率
S・A・G単願推薦	70	117	116	116	1.0
併願Ⅰ	85	81	76	75	1.0
併願Ⅱ		129	111	111	1.0
C単願推薦	20	31	30	30	1.0
併願Ⅰ	5	0	—	—	—
併願Ⅱ		7	7	7	1.0

※特待生は中学の全入試回の成績優秀者と高校のS・A・Gコース入試から選考。中学S特待・高校特待Ⅰ：入学金・施設費・授業料全額免除、中学A特待・高校特待Ⅱ：入学金・施設費・授業料半額免除、中学B特待・高校特待Ⅲ：入学金免除。

学校説明会 すべて要予約
★中学校
9/17 10/15 11/11 12/17 1/13
ナイト説明会（保護者） 10/20 11/30
適性検査型試験入試体験 11/25
入試直前対策会（オンデマンド） 12/18より
★高等学校
9/16 10/14 10/21 11/18 11/23 12/2
個別相談会 12/9 12/23

見学できる行事
桜華祭 9/23・9/24（公開未定）

説明会・行事等は日程・内容が変更される場合があります。必ず学校HP等でご確認ください

東京
さ

サレジアン国際学園中学校高等学校

〒115-8524　東京都北区赤羽台4-2-14　☎03-3906-0054　学校長　森下　愛弓

サレジアン国際学園
中学校高等学校

○サレジアン国際学園中学校・高等学校
・JR京浜東北線・埼玉高速鉄道線　赤羽駅徒歩約10分
・JR埼京線・東京メトロ南北線　赤羽岩淵駅・埼玉高速鉄道　赤羽岩淵駅徒歩約8分

〈URL〉https://www.salesian.international.seibi.ac.jp/

沿革　2人の創立者：聖ヨハネ・ボスコ司祭と修道女・聖マリア・ドミニカ・マザレロにより天保12年(1841)にイタリアで始められた青少年のための教育事業が世界に広がりました。日本には大正14年(1925)に宣教師が、昭和4年(1929)に女子修道会サレジアン・シスターズが来日しました。昭和22年(1947)に現在地に星美学園中学校を開校、令和4年(2022)校名を変更し、共学化しました。

共に喜び、共に生きる

創立者の建学の精神である「宗教・理性・慈愛」のもと、毎日の学校生活の中で、教員や家庭が生徒と関わりをもちながら、生徒一人ひとりの心に愛情と信頼を形成することで教育目標が達成されると考えています。こうした働きかけによる教育をサレジアン国際学園では『共に喜び、共に生きる（アシステンツァ）』教育と呼んでいます。この考え方をすべての基礎として、サレジアン国際学園の教育プログラムが組み立てられています。

カリキュラムの特色

サレジアン国際学園では、教育目標である「21世紀に活躍できる世界市民の育成」のために、「考え続ける力」「コミュニケーション力」「言語活用力」「数学・科学リテラシー」、そして創立者の意志を受け継いだ「心の教育」が必要と考えました。これら5つを柱として教育内容を一新しました。

◆全教科PBL型授業の導入

新たな教育プログラムの中心として全教科で問題解決型の学習法であるPBL型授業を導入します。『論理的に考えるプロセス』を体得していくことを大切にし、自ら問題を発見し、解決することを重視した能動的な学びにより考え続ける力を伸ばします。

◆コース制

【中学】

本科クラスでは、PBLで培った思考力を生かした探究型授業の「個人研究」があり、生徒自身の興味関心のある分野を深く学びます。インターナショナルクラスでは、授業は英語習熟度に応じてStandardとAdvancedの2展開で実施します。Advanced は帰国生など英語が堪能な生徒を対象とし、英語、数学、理科、社会の授業をすべて英語で行います。Standardは週10時間の英語授業をはじめ、学校生活全体に英語でのコミュニケーションが溢れる中で刺激を受けながら英語力を飛躍的に伸ばします。

【高校】

本科コースでは、PBLや探究活動などを軸に確かな学力を構築、2年次からは志望進学先に合わせて専門性を磨くカリキュラムを編成。国公立大学や難関私立大学への進学を想定し、一般入試のほか、総合型選抜入試などにも対応した受験指導を行います。グローバルスタディーズコースでは1・2年次の英語授業は週11時間、日本人と外国人教員のチーム・ティーチングによるPBLを中心に実践的な英語力を身につけます。グローバルな諸問題を扱う協働・探究授業や、長期・短期の海外留学プログラムも用意。英語で学ぶ国際系大学や海外大学への進学を視野に検定試験対策も実施し、スコア向上をサポートします。

今春の進学実績については巻末の「高校別大学合格者数一覧」をご覧ください

| 3学期制 | 登校時刻 8:10 | 昼食 弁当持参（軽食販売あり） | 土曜日 第5休日 |

学校行事・クラブ活動

　学習面に力を注ぐため、クラブ活動は全クラブが週に3日までとしています。

　また学校行事が多く、聖母祭、合唱コンクール、体育祭、学園祭、クリスマスミサ、語学研修などを通じて、自分の個性と強みを発見し自信を養います。やる気のある生徒はどんどん手を挙げて、多様な活動にチャレンジしやすい環境です。

データファイル

■2024年度入試日程

中学校　募集人員は本科／インターナショナル

募集人員	出願期間	試験日	発表日	手続締切日
第1回	20/20	1/10～1/31	2/1	2/1	2/10
第2回	20/10	1/10～1/31	2/1午後	2/1	2/10
第3回	10/20	1/10～2/1	2/2	2/2	2/10
第4回	10/10	1/10～2/1	2/2午後	2/2	2/10
第5回(スカラ)	10/15	1/10～2/2	2/3午後	2/3	2/10
21世紀型	5	1/10～2/4	2/5	2/5	2/10

帰国生入試は11/11、12/3、1/8

高等学校　募集人員は本科／グローバルスタディーズ

募集人員	出願期間	試験日	発表日	手続締切日
A推薦	30/20	1/15～1/16	1/22	1/23	1/25
B推薦		1/15～1/16	1/22	1/23	公立発表翌日
一般第一 併願優遇	30/20	1/25～2/6	2/11	2/12	2/14
一般		1/25～2/6	2/11	2/12	公立発表翌日

B推薦は東京都生・神奈川県生は除く

■2024年度選考方法・入試科目

中学校

1・3・5回：本科・インターナショナルStandardは2科か4科、インターナショナルAdvancedは英語・英語エッセイ、面接

2・4回：国・算・理・社から2科選択

21世紀型自由選択2科：思考力問題（論述）または国・算・理・社より2科選択

※インターAdvancedは1・3・5回のみ実施。CEFR B1以上の者は英語の学力試験免除

〈配点・時間〉国・算＝各100点50分　理・社＝計100点計50分　英＝100点50分　英語エッセイ＝50点30分　自由選択2科＝計100点計60分　思考力＝100点60分

〈面接〉インターナショナルAdvancedのみ生徒個人（日本語と英語）

高等学校

推薦：適性検査（小論文）、面接

【出願条件】内申　A推薦5科17　B推薦5科18　全科に1は不可　学内外での顕著な活動歴、英検・漢検・数検、皆勤に対する加算あり（2点ま

で）、会場テスト、模擬テストによる基準あり　欠席3年次10日以内

一般：国語、数学、英語

〈配点・時間〉国・数・英＝各100点50分

〈面接〉推薦のみ　生徒個人

■2023年春併設短期大学への進学

一定の成績をとった者は、推薦入学できます。

星美学園短期大学─進学者なし

■指定校推薦枠のある主な大学

上智大　青山学院大　立教大　成蹊大　聖心女子大　芝浦工業大　日本女子大　学習院女子大　白百合女子大　日本歯科大　立命館大　南山大など

■2023年春卒業生進路状況

卒業数	大学	短大	専門学校	海外大	就職	進学準備他
51人	46人	2人	0人	0人	0人	3人

■2023年度入試結果

中学校　男／女　スライド合格を含まない

募集人員	志願者数	受験者数	合格者数	競争率
1回	35	37/26	31/22	23/18	1.3/1.2
自由選択①	35	39/30	29/21	23/14	1.3/1.5
2回	25	42/40	18/18	15/17	1.2/1.1
自由選択②	30	41/32	16/9	10/7	1.6/1.3
3回(スカラ)	20	51/56	26/30	11/19	2.4/1.6
21世紀型	5	52/46	11/13	8/11	1.4/1.2

高等学校　推薦はA／B

募集人員	志願者数	受験者数	合格者数	競争率
推薦	50	30/10	30/10	30/10	1.0/1.0
一般	50	33	32	29	1.1

学校説明会 要予約
★中学校　9/10 10/8 10/9 11/3 12/16 1/7
授業体験会　9/10
入試傾向説明会　11/3 12/16 1/7
★高等学校　9/9 10/8 10/9 11/18
授業体験会　9/9　入試傾向説明会　11/18
個別相談会　11/18

見学できる行事 要予約
星美彩（文化祭）　10/8・10/9

説明会・行事等は日程・内容が変更される場合があります。必ず学校HP等でご確認ください

東京 さ

サレジアン国際学園世田谷 中学校 高等学校

（こくさいがくえんせたがや）

〒157-0074　東京都世田谷区大蔵2-8-1　☎03-3416-1150　学校長　森下　ワカヨ

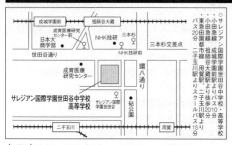

○サレジアン国際学園世田谷中学校・高等学校
・小田急線成城学園前駅よりバス分
・東急田園都市線祖師谷大蔵駅より徒歩10分
・二子玉川駅よりバス分
・二子玉川駅よりスクールバス15分

〈URL〉https://salesian-setagaya.ed.jp

沿革　昭和29年（1954）、カトリックの女子修道会サレジアン・シスターズを設立母体とする学校法人星美学園の第二小学校として開校。昭和31年（1956）学校法人目黒星美学園と改称。昭和35年（1960）、中学校新設。昭和38年（1963）には高等学校を開校しました。令和5年（2023）校名をサレジアン国際学園世田谷と変更し、共学化。

学園が力を入れている教育

◆考え続ける力を養うPBL型授業

全教科でPBL型授業（問題解決型授業）を導入。能動的な学習法であるPBL型授業では、論理的思考の過程を体得して考え続ける力を育みます。これからの時代に必要となる力は、世界的視野で物事をとらえて自分の使命を見出し、他者と協働しながら問題解決のために行動・発信できる「世界市民力」です。「世界市民力」を育むに当たり、新たに5つの柱を意識した教育を実践。カトリック・ミッションスクールとしての「心の教育」を土台に、「考え続ける力」「言語活用力」「コミュニケーション力」「数学・科学リテラシー」を伸ばしていきます。

◆2種類の特色あるコースを設置

サレジアン国際学園世田谷は本科クラス（以下、本科）とインターナショナルクラス（以下、インター）の2コース制をとっています。

本科はPBL型授業で論理的思考能力を高めるとともに、週8時間の英語授業で言語活用力も伸ばします。また、探究の時間である「ゼミ」が週2時間あります。1年生の間は基本的な実験方法

や論文の書き方・ICTの活用方法など、今後個人研究を進めるための必要なスキルを身につけていきます。

インターはインターナショナルティーチャーが担任を務め、日常的に英語に親しむ環境が整っているのが特徴です。中学から本格的に英語を学び始める「スタンダード」の生徒と、帰国生などすでにある程度の英語力を身につけた「アドバンスト」の生徒が在籍し、英語の授業は週10時間用意されているほか、スタンダードでは英語1科、アドバンストでは英語・数学・理科・社会の4科の授業をオールイングリッシュで実施します。

進学希望を実現させる指導

6年間で自身の興味関心を探り、将来どのように社会に貢献するかを一人ひとりが考えます。その先に広がるのは、国内の国公立・私立大学から、海外の大学まで。価値観とアイデンティティをもとに多彩な進路を考える生徒を支援します。

環境・施設設備

共学化に伴い、男子トイレをすべての階に増設しました。また、化学室・生物室の改修を行い、ラボも新設。2023年夏にはコンピュータ室をリニューアルします。カフェテリアも新設し、充実した学校生活を送ることができます。

学校行事・クラブ活動

球技大会、学園祭、体育祭など、全校生徒の手によって盛大に行われる行事のほか、中学では合唱コンクール、野外活動、関西巡歴、高校では修

今春の進学実績については巻末の「高校別大学合格者数一覧」をご覧ください

| 3学期制 | 登校時刻 8:25 | 昼食 弁当持参、弁当・パン販売あり | 土曜日 授業 |

学旅行などの行事があります。

　また、中学・高校の全校生徒を対象にした聖母祭、校内クリスマスなどの宗教行事も設けられています。

　クラブ活動は週１～３回。バスケットボール部やテニス部など、今あるクラブの多くには今年度より男子生徒が加わっており、さらに、サッカー・陸上・囲碁将棋・鉄道研究の各部も新設しています。

データファイル

■2024年度入試日程

中学校

募集人員		出願期間	試験日	発表日	手続締切日
1回		1/10～1/31	2/1	2/1	2/7
2回		1/10～2/1	2/1午後	2/1	2/7
3回特待	90※	1/10～2/2	2/2午後	2/2	2/7
4回		1/10～2/3	2/3午後	2/3	2/7
5回		1/10～2/4	2/5	2/5	2/7
帰国 1回		10/10～11/9	11/12	11/13	11/17
2回		11/13～12/6	12/10	12/11	12/15
3回		12/11～1/4	1/7	1/8	1/12

※募集人員は本科60人、インターナショナル30人。
2回・4回はインターナショナルAdvancedの募集なし。

高等学校
募集を行っていません

■2024年度選考方法・入試科目

中学校

[本科・インターナショナルStandard]

1回・2回：2科（国・算）か4科（国・算・理・社）選択

3回・5回：4科

4回：21世紀型入試（思考力問題100点60分）、自由選択2科（国・算・理・社から2科を選択 各50点計60分）選択

帰国：2科（国・算）

[インターナショナルAdvanced]

1回・3回・5回・帰国：英語（筆記＝100点50分、エッセイ＝30分50点）、面接（日本語・英語）

※英検2級以上の資格保持者は筆記試験優遇制度あり（3回を除く）

〈配点・時間〉国・算＝各100点50分　理・社＝各50点計50分

〈面接〉インターAdvancedのみ　生徒個人

■指定校推薦枠のある主な大学

東京理科大　青山学院大　学習院大　立教大　法政大　成蹊大　北里大　東京薬科大　明治学院大　日本歯科大　芝浦工業大　立命館大　聖心女子大　日本女子大　東京女子大ほか多数

■2023年春卒業生進路状況

卒業生数	大学	短大	専門学校	海外大	就職	進学準備他
55人	49人	1人	3人	0人	0人	2人

■2023年度入試結果

中学校　男／女　スライド合格を除く

募集人員		志願者数	受験者数	合格者数	競争率
1回午前		41/69	23/52	11/25	2.1/2.1
午後		69/125	58/108	24/47	2.4/2.3
2回特待		59/107	34/49	18/18	1.9/2.7
3回	90	114/147	55/69	13/13	4.2/5.3
4回		92/140	32/33	5/6	6.4/5.5
帰国1回		20/32	18/30	8/17	2.3/1.8
2回		14/11	12/11	10/9	1.2/1.2
3回		8/13	7/13	6/12	1.2/1.1

▼▼入試アドバイス・学校からのメッセージ

　本科・Standard入試の4科（国・算・理・社）すべてで基礎・応用問題のほかに思考力問題が出題されます。Advanced入試では、英検準1級以上相当のスコアで英語筆記試験の得点を100点満点に、2級相当のスコアで90点に換算します。また、英語筆記試験を受験した場合、90点は保持されます。

学校説明会　すべて要予約
10/28 1/13（初参加の方対象）
入試説明会　11/18 12/23
見学できる行事　要予約
Salesian Festa（学園祭）　9/16・9/17（ミニ説明会・入試相談コーナーあり）

説明会・行事等は日程・内容が変更される場合があります。必ず学校HP等でご確認ください

高等専門学校　共学　デザイン学科・電気工学科・機械電子工学科・情報工学科

東京 さ

サレジオ工業高等専門学校
（こうぎょう）

〒194 - 0215　東京都町田市小山ヶ丘4 - 6 - 8　☎042 - 775 - 3020　学校長　小島　知博

〈URL〉 https://www.salesio-sp.ac.jp/

沿革　昭和9年（1934）カトリック修道会サレジオ会が、前身となる東京育英工芸学校を杉並区に創立、翌年開校し最初の生徒が入学。工業高校から高専に移行し、同38年（1963）育英高等専門学校が開校。同42年（1967）育英工業高等専門学校と改称。同63年（1988）男女共学化。平成13年（2001）専攻科を設置、学士の学位が取得可能に。同17年（2005）町田市に移転、サレジオ工業高等専門学校に改称。

校風・教育方針

「神は愛なり」「技術は人なり」「真理は道なり」を教育理念としています。創立者ヨハネ・ボスコは、距離においても近く、心に置いても近くに教師の存在が感じられる教育法「アシステンツァ教育（寄り添う教育）」を実践しました。学校教育の基本は豊かな心を持つ「人」の育成にあると考え、学生が迷い、助けを必要とする時には、そばにいてサポートできる環境を整え、安心して充実した学校生活を過ごすことで「夢」の実現に近づける教育を行っています。

カリキュラムの特色

1・2年生は基礎基本を中心に学び、3年生からはより高度な実習・実験などの専門科目の比率が高まり、それぞれの目標に応じて自主研究やプロジェクト活動に打ち込むこともできます。5年生は1年がかりで卒業研究（製作）に取り組み、5年間の集大成を完成させます。

●**デザイン学科**　プロダクト＆インテリアデザイン（立体系）、ヴィジュアルコミュニケーションデザイン（平面形）を柱に据え、木工、金工、陶芸、印刷、Web、パッケージなどを幅広く学びます。1・2年次は造形表現の基礎となる技術と知識を幅広く身につけ、3年次以降は実践的なデザインワークや専門技術・理論を学習します。全国の高専で唯一の学科で、高度な専門性、国際性、人間性あふれるデザイナーを育成します。

●**電気工学科**　再生可能エネルギー、メカトロニクス、マテリアル科学、パワーシステム、パワーエレクトロニクスの各分野の根幹技術をバランスよく学び、社会適応能力と国際的な視野を持った心豊かな実践型エンジニアを育成します。コンテスト型教育（電動ビークル、ミニソーラーカー、ラジコンミニ四駆）が特色で、総合技術や実践力を育みながら、アイディアを実現するための研究・開発能力を養います。

●**機械電子工学科**　機械・電気・電子・情報を中心に、材料・制御・通信・音響など幅広い工学知識と技術が融合した分野を対象としています。IoTを用いた遠隔操作や自動化技術をはじめ、「探究する」「創造する」横断的な学びであるSTEAM教育の実践を通して、持続可能な開発目標（SDGs）を達成できるエンジニア・研究者を育成します。

●**情報工学科**　社会の問題に情報技術で取り組む「プロダクトマインド」の精神を持つ実践的な技術者の養成を目指します。情報工学の基礎を土台として、コンピュータハードウェア、ソフトウェア、情報ネットワークの専門知識・技術を積み上

今春の進学実績については巻末の「高校別大学合格者数一覧」をご覧ください

げます。ソフトウェア開発学習やプログラミングコンテストなど豊富な体験型授業を取り入れ、先が読めない情報工学の世界で活躍できる創造性に富んだIT技術者を育成します。

●**専攻科（2年制）** マンツーマンに近い環境でじっくり研究に取り組み、国際会議にも参加します。近隣大学との単位互換制度もあります。修了時に学士の学位が取得できます。

プロジェクト活動

　高専コンテストを「プロジェクト」と呼び、部活動と同様に、学科や学年を越えて多数の学生が参加しています。苦労しながら仲間と力を合わせてチャレンジする楽しさや達成感を味わえる貴重な体験となっています。目指すコンテストは、「アイデア対決・全国高等専門学校ロボットコンテスト（NHK全国高専ロボコン）」「全国高専プログラミングコンテスト」「全国高専デザインコンペティション」「全国高専英語プレゼンテーションコンテスト」。全国大会や国際大会への出場実績

があります。各種実習やプロジェクト活動の拠点「夢工房」には、高度で本格的な設備や工作機器がそろい、ロボットやソーラーカーの製作にも対応しています。

キャンパスライフ

　1・2年生は制服を着用。冬服は胸元にエンブレムがついた濃紺のジャケットが基本となり、正装日以外は自由な組み合わせができます。2024年から女子の制服にはスラックスが選択肢として加わります。

　主な行事は、育英祭（学園祭）、競技大会、クリスマスのほか、フレッシャーズキャンプ（1年）、野尻湖サマーキャンプ（2年）、シンガポール研修旅行（4年）、卒業研究（5年）を実施。年度末にはプロジェクト活動報告会を開催し、企業や団体など校外から協力者を招いて1年間の活動の成果を報告します。

　クラブ活動は体育系10団体、文化系9団体、同好会2団体が活動しています。

データファイル

■2024年度入試日程 ＊併願者は延納可

募集人員		出願期間	試験日	発表日	手続締切日
AO		10/16～12/6	12/17	12/19	12/21＊
特待推薦ⅠⅡ		12/1～1/9	1/14	1/16	1/18
推薦		12/1～1/9	1/14	1/16	1/18
併願Ⅰ	180	12/1～1/9	1/14	1/16	1/18＊
Ⅱ		12/1～1/22	2/3	2/5	2/7＊
学力選抜Ⅰ		12/1～1/22	2/3	2/5	2/7＊
Ⅱ		2/5～3/3	3/9	3/11	3/13＊

AO入試、特待推薦入試、推薦入試、併願入試は入試相談（中学校）、出願前面談あり。出願前面談はAO12/2、特待推薦12/9、推薦・併願12/21までに実施

〔募集人員〕デザイン学科・電気工学科・機械電子工学科・情報工学科　各45　合計180
帰国子女入試あり（要事前相談）

■2024年度選考方法・入試科目

AO（単願・併願）・特待推薦（単願）：面接（保護者同伴）、書類審査　AOのサレジオ系列校出身者は事前に作文提出

推薦・併願Ⅰ：書類選考

併願Ⅱ・学力選抜Ⅰ・Ⅱ：国語・数学・英語、面接（生徒個人）

【出願基準】 単願　**AO**：3科9かつ9科28（併願は＋1）　**特待推薦**：Ⅰ 3科14かつ9科42、全教科4以上　Ⅱ 3科12かつ9科36、国数英各4以上　**推薦**：3科10かつ9科29、3科各3以上　**併願**：Ⅰ 3科11かつ9科32、Ⅱ 3科10かつ9科31、国数英各3以上　いずれも9科に1があると不可

■2023年春卒業生進路状況

〈卒業生156人〉就職93人、大学編入学41人、専攻科進学11人、留学1人、その他10人

■2023年度入試結果

募集人員		志願者数	受験者数	合格者数	競争率
デザイン	45	56	55	55	1.0
電気工	45	43	42	42	1.0
機械電子工	45	62	59	59	1.0
情報工	45	83	81	80	1.0

（学校説明会） 要予約
9/23 10/28 11/11
体験入学（中学生対象）　9/23 10/28
授業見学会　11/23
受験相談会　11/4 11/18 11/25 12/2 ※個別相談は随時可（電話またはメールで要予約）
（見学できる行事）
育英祭（学園祭）　10/21・10/22（受験相談コーナーあり）

説明会・行事等は日程・内容が変更される場合があります。必ず学校HP等でご確認ください

高専

共学

東京 し

実践学園 中学校 高等学校
（じっせんがくえん）

〒164-0011　東京都中野区中央2-34-2　☎03-3371-5268　学校長　大木 広行

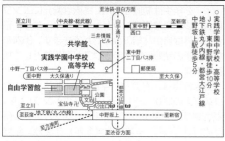

〈URL〉https://www.jissengakuen-h.ed.jp/

沿革　昭和2年（1927）に設立の東京堂教習所が前身。昭和10年（1935）実践商業学校発足。昭和23年（1948）実践学園高等学校と改称。昭和29年（1954）実践商業高等学校と改称。平成2年（1990）普通科を設置、実践学園高等学校と改称。平成8年（1996）中学校を再開。

校風・教育方針

建学の精神に基づき、「志が高く、倫理観を持ち、国際感覚に優れ、グローバル社会で活躍できる人材」を育成するため、様々な教育戦略に取組んでいます。従来の「教育のあり方」を抜本的に変え、新たな教育指導による「生徒一人ひとりに組織で対応可能な教育」を実践していきます。

カリキュラムの特色

中学校では、自然や生命を大切にし、日本の伝統文化を尊重する豊かな心と創造性を育み、主体的に判断して行動する知性を養うために、リベラルアーツ＆サイエンス教育を重視。伝統芸能の体験や、大学模擬授業を行い、高校では課題探究活動と論文作成に取り組みます。2022年度からは少人数での双方向型授業を中心としたリベラルアーツ＆サイエンス（LA&S）クラスを新設。地球規模で物事を考え、英語で学ぶ「Global視点」と地域社会とつながる「Local視点」を大切にしながら、文化的な違いを越えて協働していくための異文化対応能力である「CQ」（Cultural Intelligence）を高めます。

高等学校は特別進学（特進）コース、文理進学

自由学習館

（文理）コース、リベラルアーツ＆サイエンス（LA&S）コース、スポーツ・サイエンス（SS）コースを設置。2022年度からの新カリキュラムは、2・3年次は幅広い科目が履修でき、学力に応じたグレード別授業で深く学ぶことができます。教員と生徒および保護者との綿密なカウンセリングと的確なアドバイスにより、一人ひとりの個性・興味・適性に合わせた進路選択が可能です。さらに受験に必要な科目は進学講習「J・スクール」で補強し、一人ひとりに最適化された教育が特色です。

国際教育

中学校はニュージーランド姉妹校で語学研修を実施。高等学校では、アメリカ・カナダ・ニュージーランド・オーストラリアでの語学研修と海外留学制度が充実しています。また、事前事後の学習の充実をはかり、特にアメリカ・カナダでの留学経験者を中心に、カリフォルニア大バークレー校の教授によるグローバルリーダーシップ研修を実施しています。

環境・施設設備

新宿新都心を望む閑静な教育環境にあります。電子黒板を全教室に導入しつつ、学園保有のiPadやChromebookを利用することにより、インタラクティブな授業を進めています。1号館屋上の「実践の森」と「実践農園」は、体験的学習を通じて、環境問題を身近にとらえる拠点とします。さらに、「自由学習館」は、「J・スクール」（授業と連動した進学講習）及び、生徒の自学自習の

今春の進学実績については巻末の「高校別大学合格者数一覧」をご覧ください

3学期制　登校時刻 8:20　昼食 弁当持参、食堂、売店　土曜日 授業

ための施設として機能が充実しています。

学校行事・クラブ活動

　体育祭や学園祭、校外授業、合唱祭（中学）、修学研修旅行（高２）など、様々な行事があります。
　クラブ活動は一部の体育クラブ以外、中学と高校一緒に活動しています。中学の体育クラブは、バスケットボール、卓球、バドミントンなど15部。文化クラブは、書道、吹奏楽、マンガなど12部。高校の体育クラブは、サッカー、バスケットボールなど15部。文化クラブは、英語、演劇など12部。ほかに棋道、青少年赤十字、パソコン、映画、鉄道研究、箏曲、クイズ研究、JAZZ研究の８つの同好会があります。

データファイル

■2024年度入試日程

中学校　帰国生入試あり

募集人員		出願期間	試験日	発表日	手続締切日
教科	1回30	1/10～2/1	2/1	2/1	2/9※
	2回10	1/10～2/2	2/2午後	2/2	2/9※
LAS	1回5	1/10～2/1	2/1	2/1	2/9※
	2回5	1/10～2/2	2/2午後	2/2	2/9※
特待	1回10	1/10～2/1	2/1午後	2/1	2/9※
	2回5	1/10～2/3	2/3午後	2/3	2/9※
適性検査型	5	1/10～2/2	2/2	2/2	2/9※
自己PR	5	1/10～2/3	2/3	2/3	2/9※
特別	5	1/10～2/5	2/5	2/5	2/9※
Ⅱ期	若干	2/3～2/10	2/10	2/10	2/13

※第一志望は発表翌日

高等学校　帰国生入試あり

募集人員		出願期間	試験日	発表日	手続締切日
推薦	130	1/15・1/16*	1/22	1/23	1/23
一般	140	1/25～1/30*	2/10か2/11	2/13	公立発表日※

＊出願書類は出願締切日の消印有効
※第一志望は2/13

■2024年度選考方法・入試科目

中学校

教科入試：２科か４科　**特待生選抜・Ⅱ期**：２科、面接（生徒個人、Ⅱ期のみ）　**適性検査型**：適性検査Ⅰ型（作文）・Ⅱ型（合教科型）　**自己PR入試**：基礎学力（国・算）、プレゼンテーション、面談（保護者）　**特別入試**：算数１科　**LASクラス入試**：作文（英語・日本語）、面接（生徒個人・50点）、面談（保護者）

〈配点・時間〉国・算・適Ⅰ・適Ⅱ・基礎国算＝各100点45分　理・社＝計100点50分　作文＝50点45分

高等学校

推薦：書類審査、面接、作文（600字50分）　＊2023年度テーマ「コロナ禍で学校活動が制限された状況においても、あなたが挑戦したことや身につけたことについて述べなさい」など４題から選択

一般：国語、数学、英語、面接
〈配点・時間〉国・数・英＝各100点50分
〈面接〉推薦は個人、一般はグループ　重視
【出願条件】全科に１なし　３年次欠席10日以内　９科27以上（　）内は併願優遇
推薦：〈特別進学〉３科12（13）か５科18（20）〈リベラルアーツ＆サイエンス〉３科12（13）か５科18（20）かつ原則英語４〈文理進学、スポーツ・サイエンス〉３科11（12）か５科17（19）

■指定校推薦枠のある主な大学

東京理科大　明治大　青山学院大　立教大　中央大　法政大　明治学院大　日本女子大など

■2023年春卒業生進路状況

卒業生数	大学	短大	専門学校	海外大	就職	進学準備他
298人	246人	5人	17人	3人	1人	26人

■2023年度入試結果

中学校　教科、LAS、特待は1回／2回　帰国生入試あり

募集人員		志願者数	受験者数	合格者数	競争率
教科	30/10	88/130	84/62	74/53	1.1/1.2
LAS	5/5	6/4	6/1	6/1	1.0/1.0
特待	10/5	63/76	53/33	7/4	7.6/8.3
適性検査型	5	26	18	18	1.0
自己PR型	5	34	7	6	1.2
特別	5	62	20	11	1.8
Ⅱ期	若干	25	21	10	2.1

高等学校　一般は併願優遇／一般　帰国生入試あり

募集人員		志願者数	受験者数	合格者数	競争率
推薦	130	162	162	162	1.0
一般	140	406/59	375/53	373/26	1.0/2.0

入試説明会　要Web予約
★中学校　9/16（授業公開）10/14（体験授業）11/18（入試問題説明会）12/17（入試体験会）1/14（体験授業）
★高等学校　9/30　10/21　11/25　12/2
見学できる行事
学園祭　9/23・9/24

説明会・行事等は日程・内容が変更される場合があります。必ず学校HP等でご確認ください

実践女子学園中学校・高等学校

〒150-0011 東京都渋谷区東1-1-11 ☎03-3409-1771 学校長 湯浅 茂雄

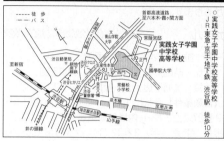

〈URL〉https://hs.jissen.ac.jp/

沿革 明治32年（1899）、女子教育の先覚者下田歌子により、麹町区元園町に実践女学校として創立。明治36年（1903）、現在の渋谷校地に移転。昭和22年(1947)、実践女子学園中学校、同高等学校として発足。2019年5月、創立120周年を迎えました。

校風・教育方針

「女性が社会を変える 世界を変える」という創立者の理念を基に、「堅実にして質素、しかも品格ある女性の育成」を教育方針とする伝統校です。伝統校としての教育を守りながらも、探究教育、グローバル教育には革新的な幅広いプログラムがあります。数多くの体験を通して世の中にある様々な問題や自分の課題と向き合い、乗り越えることでチャレンジする心を育てます。

カリキュラムの特色

実践の学びは、「探究教育」「グローバル教育」「感性表現教育」を3つの柱としています。

中1は1クラス30人の少人数制でスタート。きめ細かにフォローし、宿題や小テストなどで学習習慣を身につけます。中2からは主に英語・数学で到達度別クラス編成となり、一人ひとりに合わせた授業を展開します。特に英語は、レベル別少人数授業で、10人のネイティブ教員が丁寧に指導。4技能をバランス良く身につけます。高1からは進路の希望に応じて、2コースに分かれます。**発展コース**（成績要件あり）は文理両方の学習に対応できるカリキュラム編成で、国公立大学・難関私立大学の受験に対応しています。**総合コース**は、

高2からさらに2コースに分かれます。**教養コース**は受験勉強にとらわれない授業内容になっており、内部推薦、総合型選抜のほか、芸術系進学などに対応しています。文理の区別なく、進路選択に応じて科目を選択できます。**文理コース**は、外部の私立大学を受験する生徒対象で、文系・理系どちらも受験科目にしぼった科目を選択できます。

●**未来デザイン** オリジナルの探究授業です。高2までの5年間で多様な"広がる・深まる・変わる"体験を通し、「自分の枠を越える学び」を展開していきます。「持続可能な開発のための教育」と「グローバルシチズンシップ教育」をベースに、発達段階に応じて深化していくプログラムとなっています。さらに熱意のある希望者には、夏休みに特別集中講座「スコレー」を実施。専門家による解説や本物に触れて学ぶ機会を用意しています。

●**学習サポート** 中学では指名制補習を行い、基礎学力を定着させます。このほか長期休暇には受験対策など発展的な内容から、好奇心を刺激するテーマの講座まで幅広い無料の講座を開講。また、高2では希望者対象の勉強合宿を行っています。

グローバル教育

「地球市民として考え、足もとから行動する人を育成すること」をモットーに、地球とヒトとのつながりを感じる体験活動を豊富に用意しています。まず日本の伝統文化を重視したプログラムにより、日本人としてのアイデンティティを構築します。そして海外提携校との交換留学、異文化交流体験プログラム、イングリッシュキャンプ、海外研修、模擬国連参加など、多彩な国際プログラ

今春の進学実績については巻末の「高校別大学合格者数一覧」をご覧ください

ムによってグローバル感覚を磨きます。また、ネイティブ教員による放課後講座も充実しています。

環境・施設設備

　渋谷駅から徒歩10分、表参道駅からも徒歩12分の閑静な文教地区に、25,000㎡もの緑豊かなキャンパスが広がっています。85,000冊の蔵書を誇る図書館をはじめ、3つの多目的体育施設を有する体育館、日本文化実習室、6つの理科実験室、カフェテリアなどがあります。また、普通教室に電子黒板を設置、全館にWi-Fiを完備しています。

学校行事・クラブ活動

　感性表現教育の一環として、学校行事やクラブ活動を重視し、中1はクラブ活動を必修としています。芸能部・体育部・学術部・同好会合わせて約30のクラブがあり、活発に活動しています。また、中1では「日本文化実習」として、茶道、華道、箏曲、仕舞、和装着付のいずれか一つが必修です。

　盛大に開催される「ときわ祭」のほか、運動会、合唱コンクール、百人一首かるた大会などがあり、いずれも生徒たちが企画・運営を行います。

渋谷区 中 女子 高 女子 高校募集なし

データファイル

■2024年度入試日程

中学校

募集人員		出願期間	試験日	発表日	手続締切日
一般 1回	45	1/10〜1/31	2/1	2/1	2/6
2回	40	1/10〜1/31	2/1午後	2/1	2/6
3回	40	1/10〜2/1	2/2	2/2	2/6
4回	30	1/10〜2/1	2/2午後	2/2	2/6
5回	20	1/10〜2/2	2/3午後	2/3	2/6
6回	20	1/10〜2/3	2/4午後	2/4	2/6
思考表現	10	1/10〜1/24	2/1	2/1	2/6
英語 1回	15	1/10〜1/27	2/1午後	2/1	2/6
2回	10	1/10〜1/27	2/2午後	2/2	2/6
帰国 1回	10	10/14〜11/3	11/10	11/10	11/14*
2回		12/1〜12/11	12/16	12/16	12/20*

＊分割納入を実施。2次納入締切は1/22

高等学校　募集を行っていません

■2024年度選考方法・入試科目

中学校

一般　1・3回：2科か4科選択

2・4・5・6回：2科

思考表現：筆記（算数の要素を含む）、質疑応答

英語資格：国語または算数＋英語資格

※英検4級以上の英語資格を有すること

〈配点・時間〉国・算＝各100点45分　理・社＝各50点計50分

〈面接〉なし

帰国生入試：算数（30分）、面接（15分程度）

〈面接〉生徒個人（音読含む）

■指定校推薦枠のある主な大学（2023年度入試実績）

早稲田大　慶應義塾大　立教大　青山学院大　中央大　法政大　明治大　東京理科大　学習院大　成城大　津田塾大　東京女子大　日本女子大　明治学院大　北里大など

■2023年春併設大学への進学

大学が示す推薦基準を満たし、学校長の推薦を得れば希望する生徒全員が併設大学に入学できる専願制度と、推薦権を保持したまま他大学を受験できる併願制度の2つがあります。

実践女子大学−31（文8、生活科10、人間社会13）

■2023年春卒業生進路状況

卒業生数	大学	短大	専門学校	海外大	就職	進学準備他
190人	169人	1人	4人	3人	1人	12人

■2023年度入試結果

中学校　帰国生は1回／2回

募集人員		志願者数	受験者数	合格者数	競争率
一般 1回	45	203	188	61	3.1
2回	40	378	346	104	3.3
3回	40	378	284	88	3.2
4回	30	447	314	80	3.9
5回	20	491	308	55	5.6
6回	20	528	319	91	3.5
思考表現	10	7	7	6	1.2
英語 1回	15	67	64	32	2.0
2回	10	73	40	15	2.7
帰国	10	30/4	30/4	27/4	1.1/1.0

学校説明会　要予約（＊はオンデマンドあり）
9/9*午前 9/29*（スターライト）

入試説明会　10/21*午前 11/17（スターライト）1/13午前

入試体験会　12/9午前・午後2回

オープンスクール　11/4午後

見学できる行事　要予約
ときわ祭（文化祭）9/16・9/17（相談コーナーあり）

説明会・行事等は日程・内容が変更される場合があります。必ず学校HP等でご確認ください

品川エトワール女子高等学校

〒140-0004　東京都品川区南品川5-12-4　☎03-3474-2231　学校長　阿部　陽一

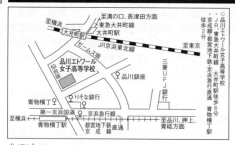

〈URL〉https://www.etoile.ed.jp

2018年春、新2号館校舎完成！

沿革　昭和9年（1934）に町田報徳学舎の設立が認められ、昭和25年（1950）には、普通科の女子高等学校となりました。平成12年度（2000）には、校名を品川エトワール女子高等学校として新たに生まれ変わりました。

校風・教育方針

「品位・品格を身につけ、心豊かで国際感覚に富んだ人材の育成」を教育目標に、明るく、楽しい学校作りを目指しています。カリキュラムは生徒の進路や興味に合わせて専門分野をより深く学習することができ、実習科目も豊富です。土曜日には進学支援講座や基礎力養成講座など、大学受験指導や日ごろの補習体制も充実しています。

進路に合わせて学習できる5コース

「国際キャリアコース」では、英語4技能と国際教養を習得するために、外国人教員が中心となって行事や授業が展開されています。修学旅行ではアイルランドを訪問するなど、在学中に全員が国際経験を積むことができます。

「マルチメディア表現コース」は、一人一台のiMacをはじめとする専門学校並みの機材とソフトを使って、デザイン・アニメ・映像・音楽のデジタルコンテンツ作品を制作する、実習中心の授業を実践しています。授業はプロのデザイナーや大学の講師の方が担当しており、現場で使える実践的な技術とノウハウを学べます。

「ネイチャースタディコース」は、都会で可能な園芸の基礎から、環境にやさしく効率的な循環型農業の実践、フラワーデザインやアロマテラピーなど自然を活用する技術を学びます。また、グローバルな視点で温暖化や食糧不足、代替エネルギーなどの環境問題について、解決策を探究します。自然が好きな人、自然に関心がある人にぴったりのまったく新しいコースです。

「保育コース」では「子どもが好き」「子どもに関わる仕事に興味がある」という人のために、保育の基礎の基礎から学ぶことができます。ピアノや造形表現の授業を始め、ダンスや英語にも力を入れています。また、隣接するエトワール幼稚園と教育連携し、3年間を通じて継続的な実習を行うことで、現場に必要なことを知ることができます。

「キャリアデザインコース」は、「得意」を伸ばし「苦手」を克服できるようサポートします。さらに2年次からは、自分の進路に合わせて週8時間「自由選択科目」を使って時間割をコーディネートすることができます。大学進学をはじめ、調理や保育などの家庭科系や、情報系技術を磨く授業も充実していて、興味・関心のある分野の基礎知識、専門性を身につけられます。

グローバル教育

イギリス・アメリカ・中国に提携校を持ち、国際交流がとても盛んです。特に留学制度が充実しており、3カ月～1年間の海外留学が可能です。行き先も英・米の他に、カナダ・アイルランド・ニュージーランド・フィリピンが選択可能。また、ブータンへの語学研修やオーストラリアへの2週

今春の進学実績については巻末の「高校別大学合格者数一覧」をご覧ください

間のホームステイプログラムも人気で、毎年多くの生徒たちがアメリカを訪問しています。国際キャリア・マルチメディア表現・ネイチャースタディ・保育コースは修学旅行が海外なので、在籍中に必ず国際経験を積むことができるのも魅力です。

環境・施設設備

校舎は全館Wi-FiならびにICT機器が整備され、新しい授業スタイルに対応しています。また本館には図書室兼多目的ライブラリー「カンフォーラ」がオープンし、探究型のAL授業の実践や自習スペースとして活用されています。

校外施設として、千葉県岩井海岸に岩井研修寮と長野県軽井沢に軽井沢国際研修寮があり、クラブ合宿や学習セミナー、クラス合宿、外国語キャンプなどが行われています。

ICT教育

全教室にWi-Fiが整備され、積極的にインターネットが活用されています。特にマルチメディア情報教室には、最新のiMac、ペンタブレット、大型ハイビジョンディスプレイ、5.1chサラウンドシステムといったハイクオリティの音と映像を創る環境が整っています。

2020年度より全生徒にiPadが支給され、より一層ICT教育が充実しました。

学校行事・クラブ活動

5月の体育祭にはじまり、8月のオーストラリアホームステイ、9月の学園祭、10月の修学旅行など年間を通して学校行事が盛んに行われています。修学旅行はコースごとに沖縄、ロンドン、アイルランド、ハワイと行先が異なります。

クラブ活動は、文化部には写真、演劇、ボランティア、軽音楽、吹奏楽、箏曲、茶道、華道、マンガ、料理、創作パフォーマンス、ヨガなどがあります。運動部にはバレーボール、バスケットボール、ダンス、サッカー、バドミントン、卓球などがあり、それぞれに力を入れ充実した活動をしています。

品川区 高 女子

データファイル

■2024年度入試日程

募集人員		出願期間	試験日	発表日	手続締切日
推薦	150	1/15～1/18	1/22	1/23	1/26
一般	150	1/25～2/7	2/10か11	2/12	2/15※
帰国	若干	12/1～12/8	12/8	12/8	12/13

※併願は公立発表翌日
募集人員（推薦／一般）：国際キャリア20/20
マルチメディア表現25/25　ネイチャースタディ15/15　保育20/20　キャリアデザイン70/70

■2024年度選考方法・入試科目

推薦：A推（単願）面接　C推（単願。マルチ、ネイチャースタディ、キャリアのみ実施）マルチは面接、実技審査（デッサン）、ネイチャーは面接、適性検査、キャリアは面接、自己PR、課題作文
【出願条件】 マルチ・国際：単・併願指定5科15（マルチの5科は国・数・英・音・美）　ネイチャー・保育：A推9科22　併願優遇9科24　キャリア：A推9科20　併願優遇9科22　文化祭・説明会等参加は加点
一般・帰国：国語、数学、英語、面接
〈配点・時間〉国・数・英＝各100点50分
〈面接〉生徒個人　きわめて重視

■指定校推薦枠のある主な大学

杉野服飾大　拓殖大　玉川大　東京工芸大　東京造形大　東京農業大　文京学院大　立正大　和光大　鶴見大　横浜美術大　千葉工業大　大妻女子大　聖心女子大　東京家政学院大　日本薬科大　聖徳大など

■2023年春卒業生進路状況

卒業生数	大学	短大	専門学校	海外大	就職	進学準備他
176人	81人	8人	65人	0人	1人	21人

■2023年度入試結果　追加募集あり

募集人員		志願者数	受験者数	合格者数	競争率
推薦	150	148	148	146	1.0
一般	150	220	200	197	1.0
帰国	若干	2	2	1	2.0

スライド合格を含まない

学校説明会・体験入学 要予約
10/21 10/29 11/12 11/19 11/25
スターライト説明会 12/8
オープンキャンパス 9/3
インターナショナルフェア 10/14
個別相談会 12/2 1/6
学校見学は日・祝日を除き随時可（要予約）
見学できる行事 要予約
文化祭 9/23・9/24　個別相談コーナーあり

説明会・行事等は日程・内容が変更される場合があります。必ず学校HP等でご確認ください

東京
し

品川翔英中学校・高等学校
しながわしょうえい

〒140-0015 東京都品川区西大井1-6-13 ☎03-3774-1154（代） 学校長 柴田 哲彦

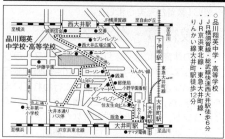

〈URL〉https://www.shinagawa-shouei.ac.jp

沿革 昭和7年(1932)創設の京南家政女学校が前身です。変遷を経て、同22年(1947)大井中学校・女子高等学校設立。同32年(1957)小野学園女子中学校・高等学校に改称。2020年、品川翔英中学校・高等学校に改称、男女共学化。

校風・教育方針

「自主・創造・貢献」のもと、「自主的に未来を切り拓く力」、「新たな価値を創造する英知」、「未来へ飛翔し貢献する心」をもった人間、そして「学ぶことを愉しみ、自主的に学ぶ力を持った人間」＝「学び続けるLEARNER」を育てます。品川翔英で習得した「学ぶ力」を生かし、卒業後も学び続け、人や社会に貢献できる人間となってほしい。そんな願いを込めて、様々な教育活動を行います。

カリキュラムと授業の特色

中高一貫部では、高校のコース制（4コース）とは違った6年一貫のカリキュラムを採用しています。中学では教科学習以外に週6時間のLearner's Timeを設置し、「探究学習」を中心に「プログラミング」「学び方講座」などさまざまなテーマを学びます。そこでは「読解力」「プログラミングスキル」「英語スピーキング力」などの認知スキルに加え、「集中力」や「主体性」のような非認知スキルも身につけます。

高等学校では「難関進学」「国際教養」「特別進学」「総合進学」の各コースの目標や特徴に基づいて学習が行われます。難関進学は、一人ひとりの希望に添った国公立大学や難関私立大学進学を

─ **Information** ─
- Wi-Fi・エアコン完備の新校舎、人工芝の新グラウンド完成
- 生徒企画で海外も選べる「研修旅行」
- 生徒が自分の指導教員を選ぶ「メンター制」

目指すコースです。また国際的な舞台で活躍できる人間を育成することを目標にしている「国際教養」コースでは、海外大学も視野に入れつつ、国際系の大学を目指します。英語の授業はすべてネイティブ教諭が受け持ち、留学を推奨するコースです。「特別進学」「総合進学」コースでは、学習と課外活動の両立を図りながら、学校生活を送ることができます。難関大学から中堅大学まで、本人の将来の希望や目的に合った大学進学を目指すコースです。

高2・高3が受講する「ADVANCED SEMINAR」は大学や予備校のように自由に選択できるセミナーで、一人ひとりの進路・進学の目標に対応することと受験勉強の効率化を目的としています。

環境・施設設備

蔵書が4万冊ある図書室やドラフトチャンバーを持つ2つの理科室、Wi-Fi・冷暖房完備の教室、冷暖房完備の2つの体育館、温水プールなどの施設があり、充実した学習環境が整っています。2023年3月に新中央校舎、9月には人工芝のグラウンドが完成しました。

今春の進学実績については巻末の「高校別大学合格者数一覧」をご覧ください

3学期制　**登校時刻 8:30**　**昼食** 弁当持参、売店（オンライン注文）　**土曜日** 授業

「学び続けるLEARNER」を育成する

すべての教育活動にルーブリック評価表を取り入れ、テストで測れる学力だけでなく「意欲・関心・主体性・コミュニケーション力」などの非認知能力育成を目指します。

また、教科学習では、定期考査を見直し、スモールステップを数多くもうけるための学習定着確認テストを導入し、考査前だけの学習ではなく日常的かつ計画的に学習する姿勢を身につけます。

さらに一人１台のタブレットPC、学習アプリを使ったICT教育では、従来の授業では難しかった個別最適な学びやゲームなどを使用して、愉しみながら学ぶことが実現しています。

部活動など

週２日以上のクラブ活動休日や朝練の禁止などの枠組みを持つため、学業との両立がしやすく、兼部も可能なので、部活動の参加率は約91%と非常に盛んに活動を行っています。運動部は男子サッカー、野球、水泳、バスケット、卓球、ダンスなど、文化部は吹奏楽、軽音楽、演劇、理科、バルーンアートなどに加え、多くの同好会があり、さらに課外活動としてインターアクト、幼稚園ボランティアなどが活動中です。

データファイル

■2024年度入試日程

中学校　＊適性は公立発表翌日

募集人員		出願期間	試験日	発表日	手続締切日
1回（特待）	40	1/10〜1/30	2/1	2/1	2/5＊
2回（特待）	15	1/10〜1/30	2/1午後	2/1	2/5
3回	15	1/10〜2/1	2/2	2/2	2/5
4回	10	1/10〜2/1	2/2午後	2/2	2/5
5回	10	1/10〜2/2	2/3	2/3	2/5
6回	10	1/10〜2/4	2/5	2/5	2/7

高等学校　※一般の併願者は公立発表翌日

募集人員		出願期間	試験日	発表日	手続締切日
推薦	175	1/16・1/17	1/22	1/22	1/25
一般	175	1/25〜2/3	2/10・11	試験当日	2/15※

■2024年度選考方法・入試科目

中学校

特待生１回：２科４科選択か適性検査（適性Ⅰ・Ⅱ）　**特待生２回**：算数・理科　**３回・６回**：２科４科選択　**４回**：ラーナー型（算数＋〈英語または読書または体験のインタビュー〉）　**５回**：表現力総合（Ⅰ：国語〈300字程度の作文〉、Ⅱ：算・理・社の総合問題）

〈配点・時間〉国・算＝各100点50分　理・社＝各50点計60分　２回の理は50点30分　適性Ⅰ・Ⅱ＝各100点45分

高等学校　※変更の場合がありますので学校HP等でご確認ください

推薦：調査書、個人面接
一般：３科、調査書、個人面接（併願優遇は面接なし）

〈配点・時間〉国・数・英＝各100点50分

※特待基準　S特待：単・併　一般入試で上位30位以内　A特待：単・併　５科23または一般入試で上位60位以内　※いずれも総合進学を除く

■指定校推薦枠のある主な大学

東洋大　國學院大　獨協大など

■2023年春卒業生進路状況

卒業生数	大学	短大	専門学校	海外大	就職	進学準備他
268人	203人	4人	30人	0人	0人	31人

■2023年度入試結果

中学校　男／女

募集人員		志願者数	受験者数	合格者数	競争率
1回	40	138/82	118/68	105/61	1.1/1.1
2回特待	10	30/30	14/18	2/1	7.0/18.0
ラーナー型	10	30/13	28/13	24/13	1.2/1.0
3回	10	96/53	39/26	33/22	1.2/1.2
4回	10	120/72	45/23	38/19	1.2/1.2
5回	10	159/70	49/17	41/15	1.2/1.1
6回	10	137/87	35/38	24/30	1.5/1.3

高等学校

募集人員		志願者数	受験者数	合格者数	競争率
推薦	159	74	74	74	1.0
一般	161	425	401	387	1.0

学校説明会　要予約
★中学校　9/16　10/21　11/23　12/16　1/6　1/8　1/13　1/24
入試体験講座　12/10
★高等学校　9/9　9/30　10/14　10/21　11/4　11/18　11/25　12/2
個別相談会　11/19　11/26　12/3　12/10
見学できる行事　要予約
文化祭　10/7・10/8（入試相談コーナーあり）

説明会・行事等は日程・内容が変更される場合があります。必ず学校HP等でご確認ください

東京
し

芝 芝中学校・高等学校
(しば)

〒105-0011　東京都港区芝公園3-5-37　☎03-3431-2629　学校長　武藤　道郎

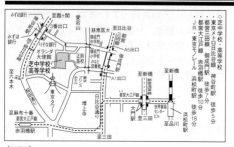

〈URL〉https://www.shiba.ac.jp

沿革　明治20年（1887）浄土宗学東京支校設置。同39年（1906）私立芝中学校設立。昭和23年（1948）新学制により芝中学校・芝高等学校として再出発。同57年（1982）より6年間完全一貫教育制。令和3年（2021）創立115周年を迎えました。

校風・教育方針

「遵法自治」を校訓とし、高邁な理想を達成するために、日常の生活をきびしく、行動は慎み、宇宙の真理に遵って、自らの生活と集団の運営は自らの手で律していく自律の精神を重んじています。のびやかで自由な校風の中、自身を生かし、他者をも生かす豊かな人間性の成長を図ります。

カリキュラムの特色

生徒一人ひとりの個性を発揮させるため、「わかりやすい授業」と「きめ細かい指導」を徹底しています。授業は、英数国の3教科は大学受験に対応するために先取り授業を実施し、高校3年では演習中心に授業を展開します。理科・社会は実験・実習での学びを大切にしています。教科の学習は、単に大学受験のためではないとの教育方針に基づき、音楽・美術・家庭科など全てが主要教科という認識に立って、創造力、情操面を高める教育にも力を入れています。

中学1年から高校1年までは1クラス40人程度7クラスの編成で、成績によるクラス編成は行いません。高校2年から文科系、理科系に分かれます。

進路指導は、中学1年で自分とは何かを考える

ことから始め、学年を追って職業調べや卒業生の話を聞く会などを行い、生徒自身が自分のペースで夢を語り、進むことができるようにサポートします。自分の夢の実現から進学先を探す「逆引き」の指導を実践しています。高校2年からは生徒全員の学力を向上させることはもちろん、理解の早い生徒の学力を伸ばすため、授業の徹底はもとより、生徒が学習を通して「互いに切磋琢磨する意欲を持つ」ことを大切にしています。高校3年の卒業時には、全員の生徒がそれぞれ希望する大学へ進学できるように指導しています。

海外研修

希望者を対象とした海外研修を実施しています。7月はカナダ、3月はニュージーランドで、ホームステイをしながら語学研修を行う2週間のプログラムを実施。12月には、農村の民家にホームステイする9日間のベトナム研修があります。現地での交流を通し、異なる文化への関心、理解を深めてゆきます。

環境・施設設備

緑豊かな芝公園の中に位置し、周囲にはオランダ大使館、増上寺、東京タワーがあります。

地上8階、地下1階の総合校舎は、中心部分が吹き抜けになっており、開放的な空間が、校訓である遵法自治の精神を醸成します。職員室の隣に生徒と教員が気軽に話せるふれあいコーナーがあ

今春の進学実績については巻末の「高校別大学合格者数一覧」をご覧ください

り、生徒同士の交流の場である生徒ロビー、PTAや同窓会の部屋も設置しています。他にも、2つの化学・生物実験室、大がかりな実験も可能な物理実験室、地学実験室、マルチメディア教室、図書室などがあります。

生活指導・心の教育

人間教育の根幹に共生（ともいき）の精神を据え、いつも謙虚に相手の意見や行動を受けとめ、吸収し、信頼し、尊重することの大切さを育んでいます。また、さまざまな宗教行事も特色です。浄土宗宗祖の法然上人の命日に行われる大宗祖日（だいしゅうそび）、全校で増上寺に参拝する御忌参拝（ぎょきさんぱい）、学年ごとに増上寺に参拝して黙想し法話を聞く宗祖日などがあり、豊かな「こころ」を育みます。

相談室では、スクールカウンセラーが生徒、保護者の相談にあたっています。

学校行事・クラブ活動

4月または5月の大運動会と9月の学園祭は、テーマの設定、プログラムの立案から閉会まで、全てを生徒だけで運営する二大イベントです。校外学習は、中学1年が真鶴半島で磯の生物観察、多摩動物公園で脊椎動物の観察などを行い、夏休みにはクラス毎に宿泊し、クラスメイトとの親睦を深めます。中学2年と高校1年の夏期校外学習では学年で企画してラフティング、富士登山、琵琶湖自転車一周などを実施。これらのほか、各学年が荒川30キロウォークや鎌倉での班別自主研修などの企画を立てて実行しています。修学旅行は中学3年が京都・奈良、高校2年が沖縄へ。校外学習・修学旅行はユニークな体験を通して、6年間を一緒に過ごす仲間との絆を自分から積極的に作り、学びの好奇心と人間性・社会性を自然と身につけるための、独自の取り組みです。

クラブ・委員会は8割以上の生徒が参加し、勉強との両立を実践しながら、自分の好きなことに夢中になって興味を深めたり、チームメイトと一つの目標に向かって達成する喜びを体験しています。運動系は硬式野球、軟式野球、ソフトテニス、バレーボール、陸上競技、山岳、柔道、ワンダーフォーゲル、卓球など17部があります。文化系は理化、技術工作、ラジオ、弁論、吹奏楽、写真、天文気象、生物、美術、将棋、ギターなど19部が活動しています。委員会は、生徒会、生徒会ボランティア、図書委員会、放送委員会があり、多数の生徒が参加しています。

データファイル

■2024年度入試日程

【中学校】

募集人員	出願期間	試験日	発表日	手続締切日
1回 150	1/10〜1/26	2/1	2/1	2/3
2回 130	1/10〜2/3	2/4	2/4	2/6

※2024年度入試の詳細は、学校ホームページでご確認ください

【高等学校】
募集を行っていません

■2024年度選考方法・入試科目

【中学校】
4科
〈配点・時間〉国・算＝各100点50分　理・社＝各75点40分
〈面接〉なし

■指定校推薦枠のある主な大学

早稲田大　慶應義塾大　東京理科大　明治大　立教大　中央大　法政大　学習院大　北里大　獨協医科大　東京歯科大　日本歯科大　東京薬科大　明治薬科大など

■2023年春卒業生進路状況

卒業生数	大学	短大	専門学校	海外大	就職	進学準備他
283人	183人	0人	1人	1人	0人	98人

■2023年度入試結果

【中学校】

	募集人員	志願者数	受験者数	合格者数	競争率
1回	150	564	489	193	2.5
2回	130	1,231	867	258	3.4

【学校説明会】要予約
10/18 10/20 11/4
【見学できる行事】
学園祭 9/16・9/17
学校ホームページをご覧ください

説明会・行事等は日程・内容が変更される場合があります。必ず学校HP等でご確認ください

芝浦工業大学附属中学校・高等学校

（しば　うら　こう　ぎょう　だい　がく　ふ　ぞく）

〒135-8139　東京都江東区豊洲6-2-7　☎03-3520-8501　学校長　佐藤 元哉

芝浦工業大学附属中学校・高等学校
○東京メトロ有楽町線 豊洲駅 徒歩7分
・東京臨海新交通ゆりかもめ 新豊洲駅 徒歩1分
6b出口

〈URL〉https://www.fzk.shibaura-it.ac.jp/

沿革　大正11年(1922)鉄道国有50周年記念事業として、東京鉄道中学を設立。昭和19年(1944)東京育英中学校と改称。同23年(1948)学制改革により、東京育英高等学校を開設。同28年(1953)学校法人鉄道育英会を学校法人芝浦学園に合併。翌年9月、高等学校を芝浦工業大学高等学校と改称。同57年(1982)芝浦工業大学中学校設立。2017年4月、江東区豊洲に移転とともに校名変更、高入生を対象に共学化。2021年4月、中学共学化。

教育方針

理工系教育に力を入れ、「ものづくり」マインドを大切に育てながら、グローバル社会に対応する確かな学力を身に付けさせます。また、付属校でありながら、より上位の理系進学や文系進学にもしっかりと対応します。現役での大学進学者は、例年約90%の実績を上げていますが、授業やクラブ活動などのさまざまな場面で、生徒の人間形成の歩みに多く関わるようにしています。

カリキュラムの特色

中入生を対象とした中高一貫コースと、高入生を対象とした高校共学コースの2つのカリキュラムを持つ学校です。中高一貫コースでは、6年間を2年ずつ前期・中期・後期の3段階に分けています。前期の1・2年では英数の基礎力を養成するとともに、コミュニケーション能力を補うべくランゲージアワーという特別授業を設けています。中期の3年では、サイエンス・テクノロジーアワーという実験・工作の体験授業を設け、サイエンスリテラシーの基礎を養成します。

後期からは一般理系コース（主として芝浦工業大進学希望）、特別理系コース（国公立・私立難関大進学希望）、文系コースの3つに分け、「他大学進学にも強い大学付属校」としての特性を強化したカリキュラムになっています。

高校共学コースでは、芝浦工業大学進学を目指して理工学のおもしろさを学びます。

国際・情報教育

ホームステイによって幅広い国際的視野を修得することができるアメリカでの「海外教育旅行」（中学3年・全員参加）、夏休みに行われる「ニュージーランド・ホームステイ」（高校生・希望者）など、海外研修が充実しています。

また、「情報教育」には独自のカリキュラムを採用し、コンピュータの基本的利用技術からプログラミング言語まで、幅広く学べます。

大学との連携プログラム

理工系大学の付属校というメリットを生かして、中学1年で「工学わくわく講座」、中学2年で「ロ

― 2021年4月より中学も共学化 ―

2017年4月、新豊洲への校舎移転にあわせ高等学校が共学となりましたが、2021年4月から中学でも女子の受入れを始めました。共学化に伴い、これまでのSTEAM教育に加えて、グローバル教育、理工系教育のさらなる強化を図ります。

今春の進学実績については巻末の「高校別大学合格者数一覧」をご覧ください

ット入門講座」、中学３年で「ものづくり体験講座」、高校２年で「理系講座」、高校３年で「大学先取り授業」等、大学の最先端の研究に触れる機会を用意しています。

学校行事・クラブ活動

芝生祭（学園祭）・体育祭（中学校）・球技大会（高等学校）・スキー教室など、多彩な行事が実施されています。校外学習では、中学１年は、入学後に１泊２日のオリエンテーション合宿を行い、秋には長野で「登山合宿」を行います。中学２年は長野県で「農村体験合宿」を実施します。

ファームステイを通じて、自然との共生・伝統文化などさまざまなテーマについて学習します。
　クラブ活動は、体育系にはサッカー、硬式野球、バスケットボール、卓球、ゴルフ、水泳、弓道など、文化系には電子技術研究、鉄道研究、理科、歴史、美術、音楽、吹奏楽など、同好会にはESS、ダンスなどがあり、活発に活動しています。

環境・施設設備

豊洲新校舎は、移転前の板橋校舎の約1.5倍の敷地面積。理工学教育設備、先進的なICT設備の導入により、さらに教育環境が充実しました。

データファイル

■2024年度入試日程　中高とも帰国生入試あり

中学校

募集人員		出願期間	試験日	発表日	手続締切日
1 回	90	1/10〜1/31	2/1	2/1	2/5
2 回	50	1/10〜2/1	2/2	2/2	2/5
特色	15	1/10〜2/1	2/2午後	2/2	2/5

高等学校　＊併願は公立発表翌日

募集人員		出願期間	試験日	発表日	手続締切日
推薦	25	1/15〜1/18	1/22	1/22	1/25
一般	25	1/25〜2/7	2/10	2/10	2/12＊

■2024年度選考方法・入試科目

中学校

１・２回：国語、算数、理科　＊３教科全てで聞いて解く問題（リスニング）あり　〈面接〉なし

特色入試：言語技術と探究または英語（100点40分）、算数（100点30分）

〈配点・時間〉１・２回：国・算＝各120点60分　理＝100点50分

高等学校

推薦：数学（100点60分）、小論文（600〜800字程度60分）、面接（生徒個人）

【出願条件】内申　数・理・英12以上かつ９科35以上　９科に２は不可　第一志望　３年次欠席5日以内

一般：国語、数学［基礎］、数学［応用］、英語、面接（生徒個人）

【出願条件】３年次欠席5日以内

〈配点・時間〉国＝100点60分　数＝基礎100点30分、応用100点50分　英＝100点60分

■2023年春併設大学への進学

総合審査により推薦入学が許可され、大学の受け入れ人数制限の枠内で進学することができます。

芝浦工業大学−96（工50、システム理工14、デザイン工14、建築18）

■指定校推薦枠のある主な大学

学習院大　上智大　横浜薬科大　東京理科大　日本大　法政大　明治大　早稲田大　など

■2023年春卒業生進路状況

卒業生数	大学	短大	専門学校	海外大	就職	進学準備他
200人	186人	0人	4人	0人	2人	8人

■2023年度入試結果

中学校　男／女　帰国生入試あり

募集人員	志願者数	受験者数	合格者数	競争率
1 回	75	325/93	298/88	70/27	4.3/3.3
2 回	40	406/115	292/79	48/22	6.1/3.6
3 回	25	374/100	240/49	25/10	9.6/4.9
特色	15	139/42	108/31	16/7	6.8/4.4

高等学校　男／女　帰国生入試あり

募集人員	志願者数	受験者数	合格者数	競争率
推薦	25	55/28	55/28	21/10	2.6/2.8
一般	25	111/27	107/27	24/7	4.5/3.9

学校説明会　すべて要予約

★中学校
オンライン　9/16 10/20 11/18 12/2
SHIBAURA DAY（4〜6年生対象）　11/3
SHIBAURA GIRL'S DAY（5〜6年女子対象）9/17
施設見学会　10/15 10/29 11/12
★高等学校　9/9 10/7 オンライン　11/25
SHIBAURA DAY（2・3年生対象）　11/3
SHIBAURA GIRL'S DAY（女子対象）　9/17

見学できる行事　（要予約）

文化祭　9/30・10/1（ミニ説明会・個別相談室あり）
体育祭（中学）　10/21（ミニ入試相談室あり）

説明会・行事等は日程・内容が変更される場合があります。必ず学校HP等でご確認ください

東京
し

芝国際中学校・高等学校
しば こく さい

〒108-0014　東京都港区芝4-1-30　☎03-3451-0912　学校長　山崎　達雄

〈URL〉https://www.shiba-kokusai.ed.jp

沿革　明治36年(1903)、私立東京高等女学校開校。平成3年(1991)、東京女子学園中学校高等学校に改称。令和4年(2022)11月新校舎竣工。令和5年(2023)芝国際中学校・高等学校に校名変更・共学化。

校風・教育方針

　2023年4月、芝国際は世界標準のグローバルな学びと創造の実践に特化した共学校としてスタートしました。

　教育理念「人の中なる人となれ」に則り、一人ひとりの可能性を広げるための新しい学力を養いながら、世界標準の学びで、多様な価値観をもつ人たちとともに、自分の夢を実現できる力を育てていくことをめざしています。

カリキュラムの特色

　得た知識をどのように使うか、知識を活かしてどう行動するかを授業のゴールに設定しています。ハーバード大学の「白熱教室」で用いられているメソッドと、丁寧に広く知識をインプットする日本の教育を組み合わせた対話形式授業を採用。具体的な課題と向き合って解決をめざすトレーニングを行い、未来の課題を解決する力を養います。

　さらに、学んだことが日常でどう役立つかを理解するSTEAM授業をはじめ、AIバイリンガル教育、考える手法を身につけるCritical & Design Thinking、将来の進路設計につながる起業（アントレプレナーシップ）教育を取り入れています。

　中学は本科と国際ADVANCEDコース、高校は最難関選抜と国際ADVANCEDコースの2

コース制をとっています。どちらのコースも、学んだことを実社会で役立てるために、十分な知識や思考力・判断力を身につけ、世の中の課題に取り組み、解決を図っていきます。また最先端のSTEAM教育とグローバルな体験を通じて、社会で信頼され、世界で活躍できる人を育てます。

　本科コース・最難関選抜コースでは、難関国立大学や医学部も視野に入れたカリキュラムになっています。国際ADVANCEDコースは、英語の授業のみならず、数学・理科・社会の授業も専門性を持ったネイティブスピーカー教員が英語で進めていきます。担任もネイティブスピーカーと日本人の2人体制で、クラス運営は英語でおこなわれます。

　両コースとも、週3回、始業前にチェックテストが実施され、個別最適化された動画と課題が配信されるほか、授業後に全員で課題に取り組む時間も設定されています。さらに、自習室や放課後塾（中学）・放課後予備校（高校）が用意され、学校内のカリキュラムで大学入試に対応できる体制が整っています。

国際教育

　サンフランシスコへの修学旅行（高2）をはじめ、スタンフォード大学でのSTEM研修、タスマニアへのターム留学、アジアでのSDGs研修、セブ島での語学研修等、数多くの海外研修の機会を用意しています。真の国際人を目指し、現地でしかできない経験を積んでほしいと思っています。

今春の進学実績については巻末の「高校別大学合格者数一覧」をご覧ください

施設・設備

2022年11月、探究・協働・創造の場となる地上12階の新校舎が誕生。地域や企業と協働できる庭空間、充実した情報端末や壁一面の書架がある開放的なラウンジなどを備え、自由な探究学習や創造活動をサポートします。

学校行事・クラブ活動

修学旅行（中学）・体育祭・文化祭と生徒主体で企画会議が進んでいます。学校行事も生徒主体で作り上げていきます。クラブ活動も30を超える部活・同好会ができています。

―学校長からのメッセージ―

学校長　山崎　達雄

私たちの願いは、生徒一人ひとりが幸せな人生・豊かな人生を送ることです。そのためには、生徒自身の周りの人や地球全体も幸せになることが必要です。本校が実践する世界標準の教育が目指す学びのゴールは、コミュニケーション力をつけることではなく、コミュニティを創り出せる人財を育てること。生徒たちには様々なことに挑戦・行動・突破し、世界と未来に貢献できる力を身につけてほしいと考えています。

港区

中

共学

高

共学

データファイル

■2024年度入試日程

中学校　特待生あり

募集人員		出願期間	試験日	発表日	手続締切日
1回	40*	1/10〜1/31	2/1午前	2/1	2/9
2回	25*	1/10〜1/31	2/1午後	2/2	2/9
3回	20*	1/10〜2/2	2/2午後	2/3	2/9
4回	15*	1/10〜2/3	2/3午後	2/4	2/9
帰国1回	15	10/25〜11/5	11/10	11/11	1/16
2回	5	10/25〜12/5	12/10	12/12	1/16

＊本科／国際ADVANCED（1回：30/10　2回：25/−　3回：20/−　4回：10/5）

高等学校

募集人員		出願期間	試験日	発表日	手続締切日
一般	50*	1/25〜2/5	2/10	2/11	2/15
帰国1回	10	10/25〜11/5	11/10	11/11	1/16
2回	10	10/25〜12/5	12/10	12/12	1/16

＊一般：最難関選抜35／国際ADVANCED15
帰国生は中学・高校とも国際ADVANCED

■2024年度選考方法・入試科目

中学校

本科1回：4科　**本科2〜4回**：2科
国際ADVANCED：国語・算数・英語（リスニングを含む）
帰国：国語・算数・英語（リスニングを含む）
〈配点・時間〉国・算＝各100点45分　理・社＝各50点計60分　英＝100点45分
〈面接〉なし

高等学校

一般・帰国：国語・数学・英語
※帰国・一般とも、英検（その他の英語の語学検定可）の合格証明書コピーを出願期間内に提出し

た場合、入学試験における英語の得点を保証。英検2級で80点、英検準1級で100点。
〈配点・時間〉一般：国語・数学・英語＝各100点50分　帰国：国・数・英＝各100点45分
〈面接〉なし

■2023年度入試結果

中学校　男／女　国際生は11月〜2月の合計

募集人員		志願者数	受験者数	合格者数	競争率
1回	20	264/268	165/163	13/15	12.7/10.9
2回	25	436/346	338/259	21/16	16.1/16.2
3回	15	456/373	235/169	18/12	13.1/14.1
4回	15	558/457	283/247	13/18	21.8/13.7
5回	約10	453/382	199/150	21/12	9.5/12.5
国際生 アド	15	171/206	147/180	51/62	2.9/2.9
コア	20	171/140	128/107	29/18	4.4/5.9

高等学校　男／女　国際生は2月との合計

募集人員		志願者数	受験者数	合格者数	競争率
推薦	50	49/50	49/50	49/50	1.0/1.0
一般①	50	149/158	129/141	79/107	1.6/1.3
一般②		151/138	110/97	55/58	2.0/1.7
国際生 アド	20	29/34	28/30	11/12	2.5/2.5
コア		25/30	26/31*	9/18	2.9/1.7

＊はスライド

学校説明会　すべて要予約
学校HPを確認の上、予約してください
★**中学校**　9/5 9/29 10/20 11/2 11/16 12/19
土曜説明会　10/7 10/14 10/28 11/11 11/25 1/13
★**高等学校**　9/2 10/14 10/28 11/25 12/2
イブニング　9/25 10/5 11/7

説明会・行事等は日程・内容が変更される場合があります。必ず学校HP等でご確認ください

東京 し

渋谷教育学園渋谷 中学校 高等学校

〒150-0002　東京都渋谷区渋谷1-21-18　☎03-3400-6363　学校長　高際　伊都子

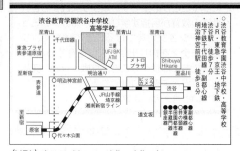

〈URL〉https://www.shibushibu.jp

沿革　大正13年（1924）、中央女学校創立。昭和22年（1947）普通科と商業科を設け、渋谷高等学校として発足しました。昭和38年（1963）、渋谷女子高等学校と改称し、昭和46年（1971）、情報処理科を新設。平成8年（1996）、渋谷教育学園中学校を開校。平成11年（1999）には同高等学校を開校しました。

校風・教育方針

　21世紀の国際化社会で真に必要とされる資質をもった人間を育てることをめざしています。そのために、与えられた知識を自分なりに深化させ、次の知識につなげていく力――「自調自考」の力を伸ばすことを根幹にしています。これに加え「国際人としての資質を養う」「高い倫理観をもつ人材を育てる」の3つを教育目標に掲げ、国際化・情報化の社会で生きる力を身に付けます。

カリキュラムの特色

　教育目標として一番大切にしている「自調自考」の精神を身に付けるため、6年間を通してさまざまな取り組みをしています。常に自分で調べ、判断し行動して、学びとっていきます。

　6年間を2カ年ずつA、B、Cの3ブロックに分けています。中学1・2年は35人程度のクラスで基礎の充実を図り、中学3年・高校1年では習熟度別の学習を取り入れた指導を行います。高校2・3年では大幅な選択制を導入して、大学受験に備えます。

　生徒には新学期の始めにシラバス（syllabus=講座解説）を配布します。これは教科ごとに1年間で学習する内容と計画が細かく書かれたもので、生徒自身が「今何を学んでいるのか」「今学んでいることは何につながるのか」ということを常に確認し、自ら目標を設定することで、学習効果の向上に役立てます。

　主要5教科の授業時間数を多く設定しています。特に英語は社会に出てからも役立つ生きた英語を身に付けることをめざし、中学1・2年では週7時間配置しています。「Academic Skillsの育成」を目標に、「英語を学ぶ」だけでなく、「英語で学ぶ」ことを意識したカリキュラムで、多読や、ネイティブスピーカー教員とのティームティーチングによるEssay Writing指導などを行っています。また、系列校で隣接のブリティッシュ・スクール・イン・東京の生徒と学校行事を含めた交流もあり、英会話の実践だけでなく、国際人としてのあり方を体験を通して身に付けます。

国際教育

　海外で生活した経験をもつ帰国生が多数在籍しており、ともに過ごすことによって、日本では得られない見聞を広めています。帰国生から刺激を

---**Information**---

第2外国語

　中学3年生から、希望者は英語以外にもうひとつの言語を学ぶチャンスがあります。中国語、韓国語、フランス語、スペイン語、ドイツ語の講座を開講しており、ネイティブの教員から学ぶことができます。

今春の進学実績については巻末の「高校別大学合格者数一覧」をご覧ください

受けることで、海外のホームステイに参加したり、留学したりと大きく成長しています。

海外研修は希望者を対象に、中学3年次はオーストラリアホームステイ、高校ではアメリカ、イギリス（フランス）、シンガポール、ベトナム研修を行っています。オーストラリアホームステイは、毎年ほぼ全員が参加しています。高校2年次には修学旅行を実施しています。

環境・施設設備

キャンパスは都心の真ん中にあり、どの地域からも通学が便利です。校舎は快適環境をコンセプトとして設計され、すべての教室の照明には、自然光に最も近くて目に優しいトゥルーライトを採用しています。施設も充実しており、第一・第二体育館、ICT室、カフェテリア、メモリアルホール、視聴覚教室などを備えています。

太陽光発電に取り組んでおり、透過型太陽光発電パネルが第一体育館に設置されています。

生活指導・心の教育

時間の自己管理の大切さを自覚させるため、授業の開始・終了のチャイムを鳴らさないノーチャイムを励行しています。

学校行事・クラブ活動

飛龍祭（文化祭）、スポーツフェスティバル、合唱コンクール、スピーチコンテスト、修学旅行、移動教室、校外研修、歌舞伎教室など、各生徒の希望と個性を尊重した行事を実施しています。

クラブ活動は、希望があれば仲間を募って新たに設立することができます。運動系ではサッカー、テニス、ダンス、バトン、ボクササイズなど17、文化系では美術、演劇、ボランティア、軽音楽、ESS、英語ディベート、模擬国連など25のクラブが活発に活動しています。

データファイル

■2024年度入試日程

中学校

募集人員	出願期間	試験日	発表日	手続締切日
1回	70	1/10〜1/28	2/1	2/2	
2回	70	1/10〜1/28	2/2	2/3	2/12
3回	23	1/10〜2/4	2/5	2/6	
帰国生	12	1/10〜1/24	1/27	1/28	1/30

高等学校

募集を行っていません

■2024年度選考方法・入試科目

中学校

1回・2回・3回：4科

帰国生：国語・算数・英語・英語面接　または、国語・算数・面接・作文（800字以内）

〈配点・時間〉国・算＝各100点50分　理・社＝各50点30分　帰国生の英は100点60分、作文は20点60分

〈面接〉帰国生のみ　生徒グループ（英語選択者は英語面接）　英語面接はきわめて重視、日本語面接は参考

■系列大学

系列大学として**東京医療保健大学・大学院、多摩大学・大学院**を設置しています。

■指定校推薦枠のある主な大学

青山学院大（経営・社会情報・総合文化政策・理工）　学習院大（理・文）　上智大（外国語）　中央大（法・商・理工）　東京理科大（理工）　法政大（社会）　早稲田大（商・国際教養・文化構想・基幹理工・創造理工・先進理工・人間科）　など

■2023年春卒業生進路状況

卒業生数	大学	短大	専門学校	海外大	就職	進学準備他
201人	138人	0人	1人	7人	0人	55人

■2023年度入試結果

中学校　男／女

募集人員		志願者数	受験者数	合格者数	競争率
1回	70	163/283	142/270	54/57	2.6/4.7
2回	70	522/372	455/332	149/72	3.1/4.6
3回	23	422/358	301/275	43/23	7.0/12.0
帰国生	12	97/117	94/113	16/31	5.9/3.6

学校説明会　要Web予約
★中学校
10/21　11/18
詳細は学校HPでご確認ください

見学できる行事　要Web予約
文化祭（飛龍祭）　9/8・9/9
スポーツフェスティバル　6月（終了）

説明会・行事等は日程・内容が変更される場合があります。必ず学校HP等でご確認ください

自由ヶ丘学園高等学校
(じゆうがおかがくえん)

東京 し

〒152-0035　東京都目黒区自由が丘2-21-1　☎03-3717-0388　学校長　田中　道久

○自由ヶ丘学園高等学校
・東急東横線・東急大井町線
自由が丘駅　徒歩約7分

〈URL〉https://www.jiyugaoka.ed.jp

沿革　昭和5年（1930）自由ヶ丘学園創立。

創立100年にむけて
2023年　共学スタート

教育方針

　校訓の「人に親しまれ信頼される人間になれ」に基づき、「信頼と友情」「自立と共創」を重視した人間教育を実践しています。また、これからの時代を見据え、「国際的な教養をもとに情報を正しく判断して科学的に思考できる人材」「他者と協働・共創しながら新しい価値を構築できる人材」の育成にも力を入れています。

教育カリキュラム

　2024年より特色ある3コース9専攻制がスタート
◆**PGプログレスコース（PGS専攻・PGA専攻・PGT専攻）**　・高い学力と国際教養を身に付け、国公立・難関私大を目指す　・特待あり　※3カ月留学（1年次）費用免除もあり　・国際社会プログラム、STEAMプログラムなどの特色ある授業
◆**ADアドバンスコース国際教養専攻**　・世界の多様な価値観にふれ、国際的な言語能力と知識を育成する
・他者と協働しながら新しい価値を生み出す力を養成　・ILA国際教養プログラム、グローバルメディア探究などの特色ある授業
◆**ADアドバンスコースSTEAM理数専攻**　・理数を中心に様々な分野の研究にふれ、創造力を高める　・グローバルな視野から理数分野を幅広く探究　・STEAMプログラム、プログラミング探究

など特色ある授業
◆**ACアカデミックコースグローバル専攻**　・グローバルな視野で多様な価値観を広げる　・英語力の向上と多文化共生の考察　・外国語演習（フランス語・ドイツ語・中国語）、欧米文化探究などの特色ある授業
◆**ACアカデミックコースサイエンス専攻**　・興味関心を掘り下げ、実験・研究に基づいて探究する　・科学的・論理的・理数的思考力の向上　・理科実験探究、データサイエンス探究などの特色ある授業
◆**ACアカデミックコースアスリート専攻**　・アスリートの視点からスポーツサイエンスを学ぶ　・スポーツトレーナーが常駐し、競技力向上をサポート　・スポーツ心理学、スポーツ栄養学などの特色ある授業
◆**ACアカデミックコース文理専攻**　・文系と理系が融合し、グローバルな視野で総合的に学ぶ　・文系・理系両面からの知識を深めていく学習　・日本文化探究、地球環境探究などの特色ある授業

学習支援

　放課後の進学支援が充実しています。学習支援センターを平日20時30分まで開室、学習コーチが丁寧に個別指導します。その他、放課後の受験対策を実施し、生徒一人ひとりをしっかりサポート。また、毎週土曜日には各種検定講座を開講しています。

　2020年より導入したSTEAM教育では、ロボットやAIなど最新の分野も取り上げながら「問題解決力」を育成しています。TED×Tokyoの共同

今春の進学実績については巻末の「高校別大学合格者数一覧」をご覧ください

創立者パトリック・ニュウエル氏をアドバイザーに迎え、企業や大学と連携した授業も含め、生徒参加型の授業プログラムが組まれています。

ICT教育としては、「Google Workspace for Education」を導入し、1人1台クロームブックを使用した教育を実施しています。

施設・制服

全館、冷暖房完備。グラウンドも含め全館にWi-Fiが完備され、全教室にプロジェクター型電子黒板が設置されています。注目すべき施設は、平日20時30分まで開室している学習支援センター、Rカフェ、コンディショニングセンター（アスレティックトレーナー常駐）などがあります。

制服は、男女ともにブレザー。バリエーションが豊富で、ポロシャツ、セーター、カーディガン、ベストなどを自由に組み合わせることができます。

生徒支援

「他者と協働しながら新しい価値を創造する力」を身に付けさせ、これからの時代に必要な人間力とグローバルリーダーシップ力を育成しています。

また、生活指導面では、自分で考えて行動できるようにし、礼儀やマナー、身だしなみ等も「当たり前のことを当たり前にできる」よう指導しています。

学校行事・クラブ活動

4月に新入生コース別オリエンテーション（校外）、6月に体育祭、9月に球技大会、鳳凰祭（学園祭）、10月に2学年修学旅行（オーストラリア／沖縄）。その他、高大連携プログラムや大学訪問などを定期的に実施しています。グローバル体験（希望者対象）として、オーストラリア体験研修、セブ島語学留学、ニュージーランドターム留学（約3ヵ月）を実施します。

運動系の部活動では、強化部のレスリング部が毎年全国大会で優勝・準優勝しています。その他、強化部のバスケットボール部、サッカー部、硬式野球部、準強化部のテニス部、バレーボール部、関東大会連続出場の相撲部などが活発です。新しい部として、2022年度にはバドミントン部、2023年度にはダンス部が創部されました。文化系では、強化部の吹奏楽部をはじめ、人気の鉄道研究部やeスポーツ部など、9団体が活動しています。

目黒区 / 高 / 共学

データファイル

■2024年度入試日程

募集人員		出願期間	試験日	発表日	手続締切日
推薦	135	1/15〜1/18	1/22	1/23	1/25
併願優遇	135	1/25〜2/5	2/10か12	試験翌日	3/2
一般優遇	135	1/25〜2/5	2/10	2/11	2/12
一般A	135	1/25〜2/5	2/10	2/11	単2/12併3/2
B		1/25〜2/5	2/12	2/13	単2/14併3/2
C		1/25〜2/5	2/14	2/15	単2/16併3/2
D		2/10〜2/19	2/23	2/24	単2/25併3/2

■2024年度選考方法・入試科目

推薦：作文、面接

【出願条件】 プログレスPGS 9科45か5科25　PGA 9科41か5科23　PGT 9科37か5科21　アドバンス（国際教養・STEAM理数）9科34か5科19　アカデミック（グローバル・サイエンス・アスリート・文理）9科32か5科18　いずれも3年次欠席10日以内、加点制度あり

併願優遇（アカデミックは実施しない）：2/10・12とも国・数・英、面接　**【出願条件】** プログレス、アドバンスの推薦基準と同じ、加点制度なし

一般優遇・一般：国・数・英、面接　※第一志望の得点優遇あり

※併願優遇・一般は上位コースへのスライド合格あり
〈配点・時間〉国・数・英＝各100点50分
〈面接〉生徒個人　きわめて重視

チャレンジ試験（推薦入試における合格者対象）：無料で上位コースと特待生へのチャレンジ試験を2/23に実施

■指定校推薦枠のある主な大学

國學院大　日本大　東洋大　駒澤大　大東文化大　東海大　亜細亜大　帝京大　国士舘大など

■2023年春卒業生進路状況

卒業生数	大学	短大	専門学校	海外大	就職	進学準備他
198人	156人	1人	15人	0人	6人	20人

■2023年度入試結果　スライド合格を含まない

募集人員		志願者数	受験者数	合格者数	競争率
推薦	135	382	382	336	1.1
一般	135	1,187	1,105	774	1.4

学校説明会 要予約
10/7 10/21 11/3 11/11 11/18 11/25 12/2
個別相談会（ミニ説明会あり）9/9 9/16 12/9
部活動体験 9/9 9/16
見学できる行事 鳳凰祭 9/23・9/24

説明会・行事等は日程・内容が変更される場合があります。必ず学校HP等でご確認ください

十文字中学校・高等学校

〒170 - 0004　東京都豊島区北大塚1 - 10 - 33　☎03 - 3918 - 0511　学校長　横尾　康治

〈URL〉https://js.jumonji-u.ac.jp/

沿革　大正11年（1922）、文華高等女学校として
設立。昭和12年（1937）、十文字ことが単独で経営
することになり、十文字高等女学校と改称。さら
に学制改革により十文字中学校・高等学校と改称。

校風・教育方針

　建学の精神は「たちてかひある人と生きなむ」。
即ち、「社会に貢献できる人となって活躍して欲
しい」という創立者の想いが、100年を超えても
なお脈々と受け継がれている学校です。変化する
時代において、主体性と柔軟性を持ち合わせ、自
らの力で道を切り拓いていけるように「自分で考
え、判断し、行動する」経験を積み重ねます。

カリキュラムの特色

　探究的アプローチを通して、学問や社会におけ
る問題点を総合的に考え、発表につなげる機会が
たくさんあります。中1から、数学を通して学習
における自己調整能力を身につける、十文字独自
の個別最適化という手法を取り入れています。中
2では、企業インターン型探究を行い、企業の協
力を得て、身の回りの課題解決に挑戦します。ま
た、中3では社会の出来事を自分事としてとらえ、
社会課題解決型探究に取り組みます。

　高校では自分の学びたい学び方に応じて3つの
コースから選びます。「**リベラルアーツコース**」は、
2年次から目指す進路に応じて多様な科目を選択
できます。幅広く学ぶことで将来の可能性を広げ
ることができます。「**特選コース**」は、問題演習
を多く取り入れた実践的な授業が展開されます。

こつこつと学びを積み上げ、高い学力の向上を目
指します。「**自己発信コース**」は週4時間の探究
活動を通して自分の意見を確立し、社会をより良
く変えるチェンジメーカーを目指します。英語の
発信力にもこだわります。

国際・情報教育

　外国人教師による英語教育、英検受験など国際
化に対応した教育カリキュラムのほか、海外留学
生の受け入れや、中3・高1・2生の10日間〜1
年間の海外研修、海外ホームステイを実施します。
　またあらゆる教科で電子黒板やICTを活用した
授業も頻繁に行われています。

環境・施設設備

　5階までの吹き抜けなど、ゆとりある造りの本
館は、14の多目的教室（少人数授業用）、理科実
験室、サイエンスパーク、AV教室を備えた図書
館、LL機能とパソコン機能を併せ持つCALL教室
など、最新設備が整っています。校庭は緑深い人
工芝で、球技コート換算で6面を有しています。
　高3生が学ぶ新館には、普通教室9教室、カ

今春の進学実績については巻末の「高校別大学合格者数一覧」をご覧ください

| 3学期制 | 登校時刻 8:15 | 昼食 食堂、弁当持参（校内販売もあり） | 土曜日 授業 |

フェテリア、温水プール、多目的ホール、茶室、百畳敷和室等があります。

生活指導・心の教育

　毎朝の自彊術体操を通じて心身の鍛錬と自立生活の確立を行っています。また、家庭との連携を強化しています。マナーの指導とともに、豊かな表現力や感性を育てる諸活動が積極的に取り入れられ、日本の古典芸能や現代芸術を鑑賞する行事を生徒の発達段階を考えて実施しています。

学校行事・クラブ活動

　学校行事の多くが生徒の自主的な企画・運営のもとで行われています。

　クラブは36の部と3つの同好会が活動。全国的な評価を得ているマンドリン部、サッカー部、水泳部をはじめ、歌劇部、能楽部など珍しい部もあります。

データファイル

■2024年度入試日程 必ず募集要項でご確認ください

中学校 特待生制度あり（思考作文除く）

募集人員		出願期間	試験日	発表日	手続締切日
1回	50	1/10～1/31	2/1	2/1	2/5
英検利用	10	1/10～1/31	2/1	2/1	2/5
思考作文	10	1/10～1/31	2/1	2/1	2/5
2回	50	1/10～2/1	2/1午後	2/1	2/5
3回	20	1/10～2/2	2/2	2/2	2/6
4回	20	1/10～2/2	2/2午後	2/2	2/6
得意型	10	1/10～2/3	2/3午後	2/3	2/7
5回	10	1/10～2/6	2/6	2/6	2/7

高等学校 ＊併願は公立校発表日まで

募集人員		出願期間	試験日	発表日	手続締切日
推薦1回		1/15～1/20	1/22	1/23	単願1/25＊
2回	100	1/15～1/23	1/25	1/26	単願1/28＊
一般1回		1/25～2/8	2/10	2/11	単願2/13＊
2回		1/25～2/11	2/13	2/14	単願2/16＊

※推薦はA単願、B併願　Bは東京都・神奈川県生を除く
※特待生制度・併願優遇あり

■2024年度選考方法・入試科目

中学校

1・3回：2科か4科　**2・4・5回**：2科
英検利用：2科（選考は英検みなし点＋2科のうち高得点科目1科の合計）　**思考作文**：作文
得意型：国算英から2科選択
〈配点・時間〉国・算・英＝各100点50分　理・社＝各50点25分　作文＝100点50分

高等学校

推薦：書類審査、面接、適性検査（国数英、各100点45分）　各コース同一問題【出願条件（優遇基準）】自己発信9科30＋検定など　特選単願5科23　併願5科24　リベラル単願9科32　併願9科33　加点あり
一般：国・数・英、面接
〈配点・時間〉国・数・英＝各100点50分

〈面接〉生徒グループ

■2023年春併設大学への進学

一定の成績をとった者は、推薦入学できます。
十文字学園女子大学－10（人間生活3、教育人文5、社会情報デザイン2）

■指定校推薦枠のある主な大学

青山学院大　学習院大　法政大　立教大　東京理科大　明治大　中央大　成蹊大　津田塾大など

■2023年春卒業生進路状況

卒業生数	大学	短大	専門学校	海外校	就職	進学準備他
215人	189人	1人	7人	0人	1人	17人

■2023年度入試結果

中学校 2科／4科

募集人員		志願者数	受験者数	合格者数	競争率
1回	約50	63/91	61/83	46/66	1.3/1.3
思考力型	約10	16	16	13	1.2
2回	約60	271	255	131	1.9
3回	約20	64/111	38/55	14/31	2.7/1.8
4回	約20	207	110	49	2.2
得意型	約10	217	105	45	2.3
特別	若干	45	40	23	1.7

高等学校 推薦は単願／併願

募集人員		志願者数	受験者数	合格者数	競争率
推薦		40/36	40/32	40/30	1.0/1.1
一般	100	63	57	53	1.1

学校説明会 説明会・行事ともに要予約
★中学校　9/2 10/14 10/28 11/12 12/2 12/16 1/13 1/20（5年生以下）　**イブニング** 9/29 11/22　**入試体験会** 11/12 12/10
★高等学校　9/16 10/21 11/11 11/25 12/9　**イブニング個別相談会** 9/29　**見学・体験会（中高）** 9/9 10/7　**中高個別相談会** 12/25　中高見学会　9/30・11/4（生徒案内）1/27
見学できる行事 文化祭　9/22・9/23

説明会・行事等は日程・内容が変更される場合があります。必ず学校HP等でご確認ください

淑徳中学校・高等学校
しゅく　とく

〒174-8643　東京都板橋区前野町5-14-1　☎03-3969-7411　学校長　安居　直樹

〈URL〉https://www.shukutoku.ed.jp/

校舎全景図

沿革　浄土宗の尼僧輪島聞声先生が明治25年(1892)に創立。令和4年(2022)創立130年。夏目漱石の処女作「吾輩は猫である」にその名が登場し、国際教育、男女共学化、コース別カリキュラムなど私学の先駆けとなり発展してきました。現在もなお利他共生の理念を携えた人間の育成を目指し、進学校として名声を博しています。

校風・教育方針

創立者の教え「進みゆく世におくれるな、有為な人間になれよ」を仏教の教えに基づいた教育理念3L(Life・Love・Liberty)で表し、自分自身の力で未来を切り拓くための学力を持ち、他者を思いやり社会に役に立とうとする豊かな心を持った人間を育てます。

カリキュラムの特色

中学はスーパー特進東大選抜とスーパー特進の2コースがあり、生徒一人ひとりの可能性を伸ばすカリキュラムが特徴です。世界に貢献する人間を目指し、個々の力を伸ばすのはもちろん、国際教育も重視。中3全員での海外語学研修(3カ月・1週間の選択制)は、中学英語教育の集大成と位置づけています。高校は、特進選抜コースと留学コースを加え、さらに高2からは文系理系に分かれ、希望進路に必要な学力を育成します。

どのコースも国公立対応型カリキュラムで、週6日の授業を実施。中高ともに豊富なゼミや講習、さらに早期進路ガイダンスや体験型プログラムなどを組み合わせ、国立大をはじめとした難関大学合格者数はこの10年で飛躍的に上昇しています。

国際教育

中3で英検準2級を全員取得するために英語特別カリキュラムを用意し、中1は週7時間の授業(ネイティブによる英会話1時間)でスタートします。英会話はもちろん、使える英語、考える英語を目指しています。

高校の留学コースは、アメリカ、イギリス、カナダ、オーストラリア、ニュージーランドの5カ国30校から留学先を選びそれぞれ現地で一年間勉強します。30年を越える実績がありフォローアップが万全で、高校3年間で卒業、国立をはじめ多くの有名私立大学に現役で合格しています。海外大学に合格する生徒が年々増えています。

一般クラスでもサマーキャンプや短期留学、韓国語中国語講座など、国際色豊かな学校です。

環境・施設設備

2012年煉瓦造りを基調とした荘厳な新校舎、2020年「洗心館」が完成。武道場や茶道室の他、アクティブラーニング専用の教室があります。校内の全館でWi-Fiを完備し生徒全員のタブレットを使った授業に対応しています。

生活指導・心の教育

週1時間の「淑徳の時間」、朝のお勤めで3L(Life・Love・Liberty)の精神を育みます。挨拶のしっかりできる学校として評判を得ています。

今春の進学実績については巻末の「高校別大学合格者数一覧」をご覧ください

| 3学期制 | 登校時刻 8:30 | 昼食 弁当持参、食堂、売店、カフェテリア | 土曜日 授業 |

学校行事・クラブ活動

　生徒自身が中心となり企画・運営する体育祭、文化祭のほか、オリエンテーションや語学研修、修学旅行、合唱コンクールなど、人と人とがつながる楽しい行事があります。

　クラブ活動は、運動部はソフトボール、バレーボール、バトンダンス、卓球、バドミントン、柔道、バスケットボール、サッカー、軟式野球、硬式野球など。文化部は、ESA、社会福祉、家庭科、華道、吹奏楽、放送、茶道、演劇、書道などがあり、鉄道研究同好会のような同好会もあります。

データファイル

■2024年度入試日程　詳細はHPをご確認ください

中学校　※東大選抜（セレクト）合格者は特待生あり

募集人員		出願期間	試験日	発表日	手続締切日
東大選抜	1回45*	1/10〜1/31	2/1午後	2/1	
	2回40*	1/10〜2/1	2/2午後	2/2	
	3回10	1/10〜2/5	2/5午後	2/5	2/11
スーパー特進	1回25	1/10〜1/31	2/1午前	2/1	
	2回20*	1/10〜2/3	2/3午後	2/3	

＊東大選抜1回はスーパー特進へのスライド合格あり（10人）
　東大選抜2回はスーパー特進へのスライド合格あり（15人）
　スーパー特進2回は東大選抜へのスライド合格あり（5人）

高等学校

募集人員		出願期間	試験日	発表日	手続締切日
推薦（単願）			1/22	1/23	1/25
（併願）	90	1/15〜1/17	1/22	1/23	公立発表日
（併願）			1/24	1/25	公立発表日
一般	90	1/25〜1/31	2/11・14 試験翌日		戦2/15神公立発表日

※推薦（併願）は隣接県公立中学生対象（神奈川県を除く）

■2024年度選考方法・入試科目

中学校

東大選抜（セレクト）・スーパー特進：2科　スーパー特進1回は2科か4科の選択
〈配点・時間〉国・算＝各100点50分　理・社＝各50点25分
〈面接〉なし

高等学校

推薦（単願）・（併願）：書類審査、適性検査（国数英）、面接【出願条件】推薦（単願）：特進選抜9科39または5科21　留学9科36　推薦（併願）：特進選抜9科42または5科23　英検・数検2級は評定に加算あり　9科に1があると不可
一般：国語、数学、英語、面接
〈配点・時間〉国・数・英＝各100点50分
〈面接〉単願推薦は生徒個人、併願推薦・一般は生徒グループ【内容】志望動機、将来の進路など

■2023年春併設大学への進学

在学中、一定の成績をとれば資格が与えられます。
淑徳大学－3

■2023年春の主な大学合格実績（浪人含む）

東京大1　京都大1　北海道大6　名古屋大1　九州大1　筑波大2　千葉大5　埼玉大5　お茶の水女子大3　東京医科歯科大1　東京学芸大2　横浜国立大1　防衛医科大1　早稲田大26　慶應義塾大16　上智大32　東京理科大58　国際基督教大6　明治大62　立教大56など　医学部医学科9

■2023年春卒業生進路状況

卒業生数	大学	短大	専門学校	海外大	就職	進学準備他
448人	371人	0人	4人	4人	2人	67人

■2023年度入試結果

中学校　男／女　スライド合格を含まない

募集人員		志願者数	受験者数	合格者数	競争率
東大選抜	1回 45	150/170	131/144	37/44	3.5/3.3
	2回 40	180/203	115/130	27/43	4.3/3.0
	3回 10	48/60	44/47	4/8	11.0/5.9
スーパー特進	1回 25	74/152	52/130	16/59	3.3/2.2
	2回 20	198/226	83/104	18/29	4.6/3.6

スライド合格者数は、東大選抜1回男35女49、同2回男28女38、スーパー特進2回男18女29

高等学校　男／女

募集人員		志願者数	受験者数	合格者数	競争率
推薦（単願）	90	20/33	20/33	20/33	1.0/1.0
（併願①②）		75/138	66/125	63/123	1.0/1.0
一般1回	90	82/136	66/103	66/101	1.0/1.0
2回		367/178	172/97	168/95	1.0/1.0

学校説明会　予約制

★中学校
Zoomリアルタイム説明会　9/9　10/14
オンライン入試説明会　12/9〜2/5
★高等学校
個別相談会　10/1（留学コース）10/7　10/21　11/12　11/25　12/9
授業見学会　9/16
見学会（中高）　10/7　10/21　11/12　11/25

見学できる行事

文化祭　10/28・10/29（公開予定）

説明会・行事等は日程・内容が変更される場合があります。必ず学校HP等でご確認ください

東京 し

淑徳巣鴨中学校 高等学校
（しゅく とく す がも）

〒170-0001　東京都豊島区西巣鴨2-22-16　☎03-3918-6451　学校長　矢島　勝広

淑徳巣鴨中学校・高等学校
西巣鴨駅より徒歩3分
都営三田線
JR埼京線
板橋駅より徒歩10分
東武東上線
北池袋駅より徒歩15分
都電荒川線
庚申塚停留所より徒歩4分
都営バス
堀割停留所より徒歩0分

〈URL〉http://shukusu.ed.jp

沿革　大正8年（1919）、社会事業家で浄土宗僧侶の長谷川良信により創立され、昭和25年（1950）学校法人大乗淑徳学園が誕生しました。同60年（1985）淑徳巣鴨に校名を変更し、平成4年（1992）男女共学化、同8年（1996）に中学校を開設し、文武両道の進学校として躍進を続けています。同31年（2019）創立100周年を迎え、淑徳巣鴨は新しいステージを拓きました。学園内系列の中高には淑徳と淑徳与野があります。

教育の特色

○「気づきの教育が叡知の包みをひらく」をテーマに、生涯にわたり楽しく学び続ける力を育みます

　淑徳巣鴨には「気づきのきっかけ」がたくさんあります。その「きっかけ」との出会いが生徒の夢を膨らませ、自ら楽しく学び続ける習慣につながります。

　生徒の興味関心を触発する質問や話し合い、知識の定着をはかる授業、生徒主体で運営する文化祭や体育祭、修学旅行などの学校行事。そしてかけがえのない仲間との出会い。全ての「きっかけ」を通して、主体的に行動できる力や探求心、問題解決力を育みます。

　また、それらを支える手法としてICT教育やアクティブ・ラーニングを取り入れています。

○社会に触れ視野を広げます

　社会の第一線で活躍する人々と直に触れ合うことができる「スポンサー講座」を実施しており、広く職業や世の中の様子を知り、将来に向けての具体的な設計図を描くことができます。

○海外への視点を養います

　海外への修学旅行（中学：アメリカ・シアトル／高校：イギリス・ロンドン）では、ホストファミリーとの生活や姉妹校交流を通し、海外の異文化に触れ合います。英語教育の実践の場として、コミュニケーションの重要性と国際社会人としての視点を養います。また、ニーズに合わせたさまざまな留学制度（1カ月、3カ月、1年）、語学研修プログラムを用意しています。

○希望進路に向けた入試対応学習

　大学入試の際には、学校全体で生徒一人ひとりの受験スケジュールを思案します。多岐にわたる複雑な大学入試を生徒まかせ、担任まかせにするのではなく、組織的に分析をし、生徒の第一志望合格への最適プランを提案し、現役合格へ導きます。

希望進路に対応するコース制

【中学】東大をはじめとする難関国立大学や最難関私立大学への進学を目指す「スーパー選抜コース（中高一貫）」と、難関私立大学や有名私立大学への進学を目指す「特進コース（中高一貫）」を設置しています。

【高校】難関国公立大学や難関私立大学への進学

─TOPICS─
文武両道としての一面もあります
　オリンピック出場経験やインターハイ総合優勝経験のある水泳部をはじめ、世界大会上位入賞経験のある空手道部、全国大会常連のバドミントン部、剣道部、ソングリーダー部、ギター部などが活躍し、勉学と両立させています。

今春の進学実績については巻末の「高校別大学合格者数一覧」をご覧ください

を目指す「選抜コース」と、有名私立大学への進学を目指す「特進コース」を設置しています。また、「選抜コース」には、東大をはじめとする最難関国立大を目指す「アルティメットクラス」と、

ネイティブ教員が担任を務めるなど国際教育に特化した「プレミアムクラス」を設置、「特進コース」には私立大学の多様な入試に対応する「特進クラス」を設置しています。

データファイル

■2024年度入試日程

中学校

募集人員	出願期間	試験日	発表日	手続切日
スーパー選抜1回 15	1/10～1/31	2/1午後	2/2	2/4
2回 10	1/10～2/1	2/2午後	2/3	2/9
3回 10	1/10～2/2	2/3午後	2/4	2/9
特進 1回 30	1/10～1/31	2/1	2/1	2/4
2回 25	1/10～2/1	2/2	2/3	2/9
3回 15	1/10～2/3	2/4	2/4	2/9
帰国子女 若干	11/24～11/27	12/2	12/4	12/5

高等学校　※帰国子女入試は一般Ⅱ期と同日程

募集人員	出願期間＊	試験日	発表日	手続締切日
選抜150 特進120	A推薦 1/18郵送必着	1/22	1/23	1/25
	B推薦	1/22	1/23	公立発表翌日
	一般Ⅰ期 2/4郵送必着	2/10	2/12	
	Ⅱ期	2/13	2/15	

＊上記は書類郵送締切日。インターネット出願期間は、推薦1/15～1/16、一般1/25～2/2

■2024年度選考方法・入試科目

中学校

スーパー選抜（スカラシップ入試）：
1回・2回：2科または4科
3回：2科または4科または3科（国・算・英）
特進（一般入試）：
1回・3回：2科
2回（未来力入試）：総合（思考の基礎力検査・思考の展開力検査各100点50分）または算数1科
帰国子女：4科または3科、面接
〈配点・時間〉国・算・英＝各100点50分　理・社＝各50点25分
〈面接〉帰国子女のみ　生徒・保護者別々

高等学校

※B推薦は都外生対象（神奈川除く）
推薦：調査書、基礎力検査（国語、数学、英語〈リスニング含む〉）　A推薦のみ面接あり
一般（併願優遇あり）・帰国子女：国語、数学、英語（リスニング含む）　帰国は3科に英語小論文（40分）の得点を加点
〈配点・時間〉国・数・英＝各100点50分
〈面接〉A推薦のみ生徒個人

■2023年春併設大学への進学

淑徳大学へは内部試験に合格すると進学できます。
淑徳大学－7（経営3、人文2、総合福祉1、地域創生1）

■指定校推薦枠のある主な大学

早稲田大　上智大　東京理科大　青山学院大　立教大　中央大　法政大　学習院大　成蹊大　成城大　明治学院大　日本大　東洋大　駒澤大　専修大　芝浦工業大　東京都市大　東京女子大など

■2023年春卒業生進路状況

卒業生数	大学	短大	専門学校	海外大	就職	進学準備他
364人	294人	3人	14人	2人	1人	50人

■2023年度入試結果

中学校　男／女　スライド合格を含まない

募集人員	志願者数	受験者数	合格者数	競争率
スーパー選抜1回 15	80/117	60/96	11/15	5.5/6.4
2回 10	96/125	58/92	12/10	4.8/9.2
3回 10	126/150	86/96	14/12	6.1/8.0
特進 1回 30	68/114	52/97	16/24	3.3/4.0
2回 25	79/107	55/94	19/31	2.9/3.0
3回 15	126/168	73/99	12/18	6.1/5.5

高等学校　帰国子女を含む、スライド合格を含まない

募集人員	志願者数	受験者数	合格者数	競争率
A推薦 選抜150	75	75	49	1.5
B推薦 特進120	70	68	32	2.1
一般Ⅰ	408	388	224	1.7
Ⅱ	641	405	152	2.7

中学・高校入試説明会 要予約
★中学校
9/9 10/13 10/28 12/16
入試体験＋説明会　11/23
入試対策説明会　1/7
★高等学校
9/2 9/30 10/27 11/11
個別相談会　10/21 11/4 11/25 12/2 12/23

見学できる行事
淑鴨祭（文化祭）　9/16・9/17（公開未定）

説明会・行事等は日程・内容が変更される場合があります。必ず学校HP等でご確認ください

東京 し

順天中学校・高等学校

〒114-0022　東京都北区王子本町1-17-3　☎03-3908-2966　学校長　長塚　篤夫

・〇 京浜東北線・地下鉄南北線　王子駅徒歩3分
順天中学校・高等学校　王子キャンパス
新田キャンパス　体育館・武道館・研修館　メモリアルホール・グラウンド

〈URL〉https://www.junten.ed.jp/

沿革　天保5年（1834）、大阪の南本町に福田理軒先生が開いた「順天堂塾」に始まります。明治4年（1871）に東京・神田に移転して「順天求合社」と改称。昭和26年（1951）に「順天高等学校」となり、平成2年（1990）に男女共学化、同7年（1995）にはかつて有していた「順天中学校」を復活、開設しました。

校風・教育方針

　教育理念は、かつての校名でもあった「順天求合」という建学の精神に発し、2005年度より21世紀を見据えた教育目標として『英知をもって国際社会で活躍できる人間を育成する』に改めました。

　21世紀はグローバル社会ととらえ、そこで活躍するリーダーを育成するために、広い視野と高い理想の下で、問題解決のできる真の学力（創造的学力）と真の人間性（国際的人間性）を育む教育を行います。

　2014年、文部科学省よりSGH（スーパーグローバルハイスクール）に指定されました。

カリキュラムの特色

　創造的学力、国際対話力、人間関係力の3つの資質能力を形成する特色教育を行っています。
●中高一貫進学教育では、カリキュラムを系統学習、探究学習、統合学習の3つに分けて行います。
①系統学習では（国語・数学・英語）に重点を置き、復習テストと独自のサポート学習で完全習得をめざします。
②探究学習（理科・社会）では、体系的な知識と

共に、自然や情報に対する科学的思考方法を会得し、プレゼンテーション力を養います。
③音楽・美術・技家・保体・道徳の実技科目では、国際や福祉をテーマとした合科学習やワークショップを通じて、創造力や表現力、共に生きるコミュニケーション力を身につけます。
●高校進学教育では、類型制進学教育プログラムにより、3類型を設けています。

　特進選抜類型は、最難関国立大学や最難関私立大学への進学に必要な学力を養成します。理数選抜類型（サイエンスクラス）は医学系など理数系への進学に必要な学力を養います。

　英語選抜類型では、国公立・私立大学の国際・英文関係の進学に必要な学力を養います。
●国際教育では、海外研修をはじめとして、留学制度や交流校からの年間・短期受け入れなどを通して国際対話力（多様性）を育みます。
●福祉教育では、青少年赤十字全校加盟校であり、生徒全員が自主的にボランティア活動に参加し、人間関係力（協働性）を育みます。

環境・施設設備

　王子キャンパスは、HR教室・図書館・個別学習室・多目的ホール等を備えた地下1階地上8階の開放感あふれる校舎です。そのほか、美術・音楽教室を備えた5号館、理科実験室が3つある2号館、PCと英会話用教室がある3号館、ラーニングコモンズのある理軒館があります。

　一方、新田キャンパスは、体育館・武道館・グ

今春の進学実績については巻末の「高校別大学合格者数一覧」をご覧ください

ラウンドなどの体育施設や、研修宿泊施設があります。王子キャンパスからスクールバスで約10分の距離にあります。

クラブ活動は、文化系14部、運動系16部が活発に活動しています。特に高校陸上競技部、ダンス部、バトン部は全国大会にたびたび出場しています。

学校行事・クラブ活動

理科探究旅行（中1）、京都・奈良歴史探究（中2）、沖縄修学旅行（中3）、ニュージーランド短期留学（中3・希望制）、海外研修（高2）、学習成果発表会（中学）、探究報告会（高校）、英語・プレゼンテーション大会等行事を実施しています。

生活指導・心の教育

全校的にボランティア活動に取り組んでいます。毎月さまざまな情報を紹介し、生徒は任意で保育園や各種施設での活動に参加しています。特に赤い羽根共同募金や地域ボランティアなどが人気です。

データファイル

■2024年度入試日程

中学校 ※A入試は午前、B入試は午後入試

募集人員	出願期間	試験日	発表日	手続締切日
1回 A25 B25	1/10〜1/30	2/1※	2/1	2/4
2回 A20 B15	1/10〜2/1	2/2※	2/2	2/4
3回多面的 5	1/10〜2/3	2/4午後	2/5	2/6

高等学校

募集人員	出願期間	試験日	発表日	手続締切
推薦Ⅰ・Ⅱ ⎤60	1/15〜1/20	1/22	1/23	1/24※
推薦Ⅲ ⎦	1/15〜1/20	1/25	1/26	1/27※
一般 60	1/25〜2/5	2/10か2/11	2/12	2/13※

※併願は公立発表翌日まで延納可

推薦Ⅰは単願、推薦Ⅱ・Ⅲは併願（神奈川県生を除く都外生のみ）

■2024年度選考方法・入試科目

中学校

1・2回A入試：4科　1・2回B入試：2科
3回多面的入試：2科か算数・英語＊、およびマイ・プレゼンテーション（30点10分）
〈配点・時間〉国・算＝各100点50分　理・社＝各60点30分　＊3回は国・算・英＝各35点50分（2教科を70点換算）
〈面接〉なし

高等学校

推薦：適性（国・数・英〈リスニングあり〉）、面接
【入試相談基準】内申（単願）理数選抜5科22
英語選抜5科21　特進選抜5科21　〈併願〉理数選抜5科24　英語選抜5科23　特進選抜5科23
いずれも原則として2がないこと　英検・数検準2級以上で加点あり
※併願推薦は埼玉・千葉県生対象

一般：国語、数学、英語(リスニングあり)、面接
〈配点・時間〉国・数＝各100点50分　英＝100点60分
〈面接〉生徒個人　重視

■指定校推薦枠のある主な大学

早稲田大　東京理科大　中央大　法政大　明治大
立教大　学習院大　成城大　明治学院大など

■2023年春卒業生進路状況

卒業生数	大学	短大	専門学校	海外大	就職	進学準備他
250人	205人	2人	2人	6人	1人	34人

■2023年度入試結果

中学校 男／女　帰国生入試あり

募集人員	志願者数	受験者数	合格者数	競争率
1回A 25	75/49	68/44	24/16	2.8/2.8
B 25	122/75	116/65	39/27	3.0/2.4
2回A 20	115/87	74/48	28/17	2.6/2.8
B 15	138/103	84/66	30/21	2.8/3.1
3回多面的 5	34/24	22/16	5/4	4.4/4.0
	5/8	5/6	1/1	5.0/6.0

高等学校 推薦はⅠ/Ⅱ/Ⅲ　帰国生入試あり

募集人員	志願者数	受験者数	合格者数	競争率
理数選抜推薦 15	6/15/15	6/15/14	4/13/11	1.5/1.2/1.3
一般 15	50	49	47	1.0
英語選抜推薦 15	14/17/14	14/17/12	11/15/9	1.3/1.1/1.3
一般 15	44	42	34	1.2
特進選抜推薦 30	31/56/40	31/55/34	31/54/32	1.0/1.0/1.1
一般 30	135	130	119	1.1

学校説明会
全て予約制、詳細はホームページにて
★中学校
10/7 11/11 12/16
★高等学校
9/16 10/21 11/25 12/2
個別相談会　9/16 10/21 11/25 12/2 10/1 12/26

見学できる行事
北斗祭（文化祭）　9/30・10/1（個別相談コーナーあり）

説明会・行事等は日程・内容が変更される場合があります。必ず学校HP等でご確認ください

高 **女子** 普通科

潤徳女子高等学校
（じゅんとくじょし）

〒120-0034　東京都足立区千住2-11　☎03-3881-7161　学校長　木村　美和子

○潤徳女子高等学校
・JR常磐線
・東武スカイツリーライン・
地下鉄日比谷線・地下鉄千代田線
・つくばエクスプレス
北千住駅より徒歩5分
・京成電鉄本線・地下鉄千代田線
千住大橋駅より徒歩10分

〈URL〉https://www.juntoku.ac.jp

沿革　地元の医師・堀内亮一の呼びかけにより設立された千住町教育会によって設立。校名は、中国の四書の一つ『大学』の一説「徳は身を潤す」に由来します。昭和23年（1948）、学制改革により、潤徳高等女学校を潤徳女子高等学校と改称。令和6年（2024）学園創立100周年を迎えます。

校風・教育方針

　国際化・情報化が進む社会の中で、生徒たちが主体性と社会性を兼ね備え、個性を発揮して活躍する社会人として成長するために、「一人ひとりを大切にする教育」を行っています。また、生徒の実践目標として「美しい愛の心」「たすけ合う心」「たえず向上する心」という"三つの心"を掲げ、現代社会で活躍する女性の育成を目指します。

Information

オリジナル授業「グローバル教養」
　1・2年次で毎週2時間設置している、潤徳オリジナルの授業です。
●**イングリッシュアイランド**　フィリピンからオンラインでの英会話を実施しています。最大6人の生徒に対して1人の講師がつくので、会話をするチャンスが増大します。
●**ユニバーサル・フォレスト**　現代社会の諸問題について考え、議論を深めます。学習を通して、自分の考えを書き、意見を伝え、また情報を読み取るなど、探究サイクルに重点をおき、日本語での4技能をはじめとした今後の社会で必要な生きる力を養います。

カリキュラムの特色

　将来の目標・希望に対応したカリキュラムで学べるよう、3コース制をとっています。

進学コース　多様な経験を通じて自分の可能性や適性を見きわめ、3年間じっくり考えて自分に合った進路を決定していくコースです。文理それぞれの専門に特化したカリキュラムとなっており、豊富な時間数で希望進路に向けて深く学ぶことができます。活動日の多いクラブと学習を両立させる生徒も多くいます。日頃の学習や活動を生かし、さまざまな分野への大学進学を実現しています。

特進コース　国公立大学・難関私立大学への現役合格を目指すコースです。一般選抜で合格する学力の養成を念頭にシラバスが組まれ、教科書の内容をすすめるだけでなく、外部の模擬試験に向けた対策や演習も、早期から豊富に取り入れています。日頃の学習の様子や模擬試験の結果は、クラスの5教科を担当する教員で共有され、一人ひとりの目標実現に向けた手厚いサポート体制が整えられています。

美術コース　美術を専門的に学び、美大進学を目指すコースです。美大受験において必須であるデッサンを中心に学び、美術教員の専門分野についてもゼミ形式で学ぶことができます。3年次の卒業制作に向けて、独自の制作もすすめていきます。校内デッサンコンクール・外部からの制作依頼など、美術と多く触れ合うことができる環境です。同じ志を持つ仲間と学ぶ環境も、個々の制作によい影響を与えます。

今春の進学実績については巻末の「高校別大学合格者数一覧」をご覧ください

国際教育

姉妹校であるニュージーランドのダイオセサン女子校でのホームステイ、1週間ほどの日程で実施される海外での語学研修、福島県のブリティッシュヒルズへの語学研修（いずれも希望制）と、イングリッシュアイランドで鍛えた英会話力を発揮できる場を多数用意しています。

環境・施設設備

レンガ風の校舎外観は、潤徳のシンボルです。耐震補強済みで、防災設備・用品も整っています。人工芝グラウンド、大小2つの体育施設、蔵書3万冊の図書館、美術室が3部屋と、充実した施設です。全館Wi-Fiが完備されており、どこでもタブレットで検索ができます。教室は落ち着いた空間となるよう、色合いが工夫されています。

学校行事・クラブ活動

6月には「うるおい祭（文化祭）クラブ部門」、9月は「うるおい祭クラス部門」、10月は「体育祭」、2月は「芸術鑑賞（劇団四季）」があります。1年次の3月はTOKYO GLOBAL GATEWAYを訪問します。2年次は沖縄への修学旅行で、自然体験と平和学習を行います。3つの各コースにおいても、将来の進路選択や社会で生かせるよう、コース独自の行事が行われます。

クラブは運動部が7、文化部が19あり、それぞれが目標をもって活動しています。新体操部は全国大会や関東大会で活躍し、ダンス部やバドミントン部、剣道部も活気にあふれています。文化部では吹奏楽部、演劇部が大会で活躍し、多数の文化部があるのも特徴です。加入率は9割を超えます。

データファイル

■2024年度入試日程

募集人員		出願期間	試験日	発表日	手続締切日
推薦A	122	1/15～1/18	1/23	1/24	1/26
B1回	123	1/15～1/18	1/22	1/24	3/11
2回		1/15～1/18	1/23	1/24	3/11
併願優遇1回		1/25～1/29	2/10	2/12	3/11
2回		1/25～1/29	2/11	2/12	3/11
一般1回		1/25～1/29	2/10	2/12	2/16(併願者は3/11)
2回		1/25～1/29	2/11	2/12	2/16(併願者は3/11)

※推薦B（併願）は都内生・神奈川県生を除く
※コース別募集人員（推薦A／推薦B・併願優遇・一般）：進学70/70　特進17/18　美術35/35

■2024年度選考方法・入試科目

推薦：進学・特進―適性検査（Aは国英か数英、Bは国数英）、作文　美術―適性検査（Aは英、Bは国英）、鉛筆デッサン（80分）、作文

【出願条件】 欠席3年間原則20日以内　全科に1がないこと　内申〔（　）内は推薦B、併願優遇〕進学3科9（10）か5科15（16）　特進3科12（13）か5科20（21）　美術9科28（30）、ただし美術の評定4以上　加点制度あり

併願優遇・一般：進学・特進―国語、数学、英語（一般はリスニング含む）、作文（併願優遇のみ）、面接（一般のみ）　美術―国語、英語、鉛筆デッサン(80分)、作文（併願優遇のみ）、面接（一般のみ）

※学力特待、美術特待あり

〈配点・時間〉国・数・英＝各100点30分（進学・特進の一般は各科目45分）
〈面接〉生徒個人
〈作文〉2題・各150字程度

■指定校推薦枠のある主な大学

学習院大　日本女子大　津田塾大　日本大　東洋大　駒澤大　文教大　神田外語大　聖心女子大　女子栄養大　昭和女子大など

■2023年春卒業生進路状況

卒業生数	大学	短大	専門学校	海外大	就職	進学準備他
220人	167人	5人	23人	0人	3人	22人

■2023年度入試結果　進学/特進/美術

募集人員		志願者数	受験者数	合格者数	競争率
推薦A	122	49/3/49	49/3/49	49/3/49	1.0/1.0/1.0
B	123	208/13/60	207/13/59	207/13/59	1.0/1.0/1.0
併願優遇		71/6/63	64/5/52	64/5/52	1.0/1.0/1.0
一般		37/3/17	35/3/17	27/3/13	1.3/1.0/1.3

学校説明会 要予約
9/23 9/24 10/15 11/3 11/23 12/9 12/25
体験入学 9/10 10/22 11/19
クラブ体験入部 10/29 11/12
個別相談会 10/28 11/11 11/18 12/22 12/23
学校見学は随時可（要予約）
見学できる行事
文化祭（うるおい祭） 9/23・9/24
体育祭 10/8(開催方法変更の可能性あり)

説明会・行事等は日程・内容が変更される場合があります。必ず学校HP等でご確認ください

松蔭大学附属松蔭高等学校

しょう いん だい がく ふ ぞく しょう いん

〒155-8611　東京都世田谷区北沢1-16-10　☎03-3467-1511　学校長　川下　進

〈URL〉http://www.shoin.ed.jp/

沿革　昭和16年（1941）、松蔭女学校創立。昭和23年（1948）に松蔭中学校・高等学校に改称。平成17年度（2005）より男女共学となりました。令和3年（2021）4月、松蔭大学附属松蔭中学校・高等学校に校名変更。校舎建て替えのため、令和3年度（2021）より中学校の募集を休止。

校風・教育方針

「知ること」と「実行すること」が常に表裏一体となって表れることを重んじた「知行合一」を創立以来の建学の精神としています。

この実学主義をもとに
○ 難関大学入試に通用する学力を養う
○ 豊かな人間性を培う
○ 国際理解力を育む
という3つの教育方針を掲げ、新しい時代に即した人材の育成をめざしています。

カリキュラムの特色

基礎学力の充実に重点を置き、英語をはじめ国語、数学など主要教科について、楽しく勉強しながら自主的な学習態度を養い、着実に学力をつけていくことを最大の課題にしています。

主要5教科については進度に応じてワークブックや漢字・熟語の徹底学習、英語問題集、社会資料集や計算練習などの副教材を積極的に採り入れて、授業や補習に活用しています。

英語はとくに重視し、教科書中心と文法中心の2通りの授業を実施しています。また、英会話（ATE）とLL教室の授業を行うなど、音声練習を徹底しています。

数学は、先取り授業が特色。各章の各節ごとに小テストを行い、習熟度をチェック。問題集はできるだけ問題数を多くこなすためにレポート等で学習しています。

国語は、読解中心の授業と、文法と文学史の学習を中心にした授業を併行して行います。語彙を豊かにするための指導や補充授業、表現力を充実させるための作文指導などを行っています。

各学年ごとに理解不足の生徒のためには、夏・冬休みや放課後に補習を行ってわかるまで面倒を見るなど、きめ細かな指導をしています。

高校1年で一般コース、2年では文系（一般コース・外国語コース）・理系のコースに分かれ、3年では具体的な進路に応じて大学受験に備えた学力の向上を図っています。

国際教育

夏休みに2週間のオーストラリア語学研修を実施しています。一般家庭にホームステイしながら現地の学校に通います。ホストファミリーとの心の交流も素晴らしい体験の一つです。

環境・施設設備

南に駒場の丘陵を一望できる高台にあり、周辺には日本近代文学館や日本民芸館などのある、恵まれた教育環境の中にあります。

コンピュータ教室、LL教室、英文タイプ室、

図書室、作法室、カウンセラー室などの特別教室や講堂、体育館、プールなど教育施設が充実しています。校外施設として軽井沢に松蔭山荘、湘南キャンパスがあります。

生活指導・心の教育

　1年生の林間学校は毎年 "進路の考察" をテーマにして行い、クラスメートとの親睦を深め、豊かな情操と人間性を育てることをめざしています。

　気持ちの良い挨拶、身だしなみ、基本的な礼儀などを毎日の生活の中で身につけさせ、落ち着きと品格を養います。

学校行事・クラブ活動

　体育祭、球技大会、文化祭のほか、修学旅行や映画教室、水泳教室、合唱コンクール、林間学校、勉強合宿、スピーチコンテストなど年間を通じて多彩な行事があります。

　クラブ活動は、コンピュータ、囲碁将棋、吹奏楽、剣舞、ダンス、バレーボール、バスケットボール、ソフトボール、テニス、水泳、野球、サッカー、体操など、文化系・体育系合わせて31部。全国大会・関東大会出場実績も多くあります。

世田谷区

高

共学

データファイル

■2024年度入試日程

募集人員	出願期間	試験日	発表日	手続締切日
推薦　80※	窓1/15・1/16	1/22	1/23	1/26
一般 1回 }80	窓2/1～2/6 (日曜日は除く)	2/10	2/11	公立発表翌日
2回		2/13	2/14	

※推薦の募集人員は、特別進学推薦10　一般進学推薦・クラブ活動推薦70

■2024年度選考方法・入試科目

推薦：書類審査、面接、作文（800字50分）　＊2023年度テーマ「私の健康管理」「心に残る学校行事」から選択

【出願条件】内申
〈特別進学推薦〉5科20または3科13
〈一般進学推薦〉9科29　9科に1がないこと
〈クラブ活動推薦〉9科27　9科に1がないこと
英検・漢検・数検取得者、生徒会・ボランティア活動・クラブ・課外活動等で活躍した者などは加点あり
※特別進学推薦合格者は、入学金・施設費および授業料1年間免除

一般：国語・数学・英語、面接
【公立併願優遇出願基準】
内申9科30　9科に1がないこと　私立は松蔭のみを受験
〈配点・時間〉国・数・英＝各100点50分
〈面接〉生徒個人　推薦はきわめて重視、一般は重視　【内容】入学後の抱負、中学校生活について、長所・短所、得意・不得意科目、通学時間、最近のニュースなど

■併設大学への進学

在学中一定の成績をおさめた者が**松蔭大学**に推薦されます。

■指定校推薦枠のある主な大学

中央大　成蹊大　成城大　東洋大　日本大　法政大　明治学院大など

■2023年春卒業生進路状況

非公表

■2023年度入試結果

高等学校

募集人員	志願者数	受験者数	合格者数	競争率
推薦　80 }	153	142	113	1.3
一般　80				

▼▼入試アドバイス・学校からのメッセージ

公立併願優遇・一般入試の合格者のうち成績優秀者は、特待制度の対象となります。
A特待：入学金・施設費および授業料1年間免除
B特待：入学金・施設費全額免除

学校説明会
★高等学校
9/9　10/7　11/3　11/23　12/2
校内見学あり
学校見学は随時可
見学できる行事
文化祭（松蔭祭）　10/14　10/15

説明会・行事等は日程・内容が変更される場合があります。必ず学校HP等でご確認ください

中 女子　高 女子 普通科

頌栄女子学院 中学校 高等学校

〒108-0071　東京都港区白金台2-26-5　☎03-3441-2005　学校長　岡見　清明

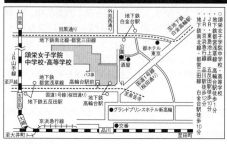

〈URL〉https://www.shoei.ed.jp/

沿革　明治17年（1884）、頌栄学校を開校。同19年（1886）現在地に移転。昭和22年（1947）に頌栄中学校を、翌23年（1948）頌栄高等学校を設置。同39年（1964）、頌栄女子学院中学校・同高等学校と改称。同57年（1982）、英国、ウィンチェスターにWinchester Shoei Collegeを開校しました。

校風・教育方針

神の栄光を讃える意味の「頌栄」を校名とした創立者の建学の精神を受け継いで、聖書の教えを徳育の基本におき、規律ある自由のもとに、高雅な品性や国際感覚を養成し、誠実で愛情豊かな女性を育てることを目標としています。そのために、宗教的・道徳的・美的情操教育に力を入れて、知育偏重にならないように心がけています。

カリキュラムの特色

中学、高校の6カ年一貫教育を行っています。また、授業は週5日制で行われ、土曜日を休日に、日曜日には教会に出席するように奨めています。

中学校では、国語、数学、英語、理科、社会の主要5教科について、発展的な内容を授業の中に、多く取り入れています。とくに英語と数学では、授業時間数が一般よりも多くなっています。英語は、1クラスを2分しての少人数制クラス編成をとり、外国人教師による英会話など、一人ひとりに対応できるようになっています。数学は、3年次に5クラスを7分して少人数習熟度別クラス編成で授業を行っています。

高等学校では、1年次に共通科目を履修して、2年次からは進路や適性により、文科コースと理科コースに分かれて学習します。また、英語・数学では習熟度別授業が行われます。そのほか、英語、国語表現、古典講読、数学B、美術、英会話などの自由選択科目も用意されています。3年次になると、理科コースが2つに細分化されます。なお、自由選択科目には、倫理政経、現代社会、地理B、地学、美術などがあります。

希望者はイギリスのウィンチェスター頌栄カレッジへ優先入学できます。また、青山学院大学、国際基督教大学など、キリスト教学校教育同盟校への推薦入学（指定校）制度もあります。

なお、中学、高校の6年間を通して「聖書」の授業が、高校3年次には「礼法」の授業が設けられています。また、毎朝の礼拝をもって、学院生活が始まります（火・水曜日は中・高別の合同礼拝）。

環境・施設設備

地下鉄都営浅草線高輪台駅すぐ、JR品川駅および五反田駅より徒歩10分と、通学に便利な立地です。運動場は港区保護樹林に囲まれています。100年の歴史がうみだした荘重かつ優美な佇いです。

施設も、普通教室をはじめとして、図書室、物理室、化学室、パソコン教室（2）、音楽室（2）、美術室、調理室、被服室、礼法室ほか、礼拝室、グローリアホール（講堂などに使用できる多目的

今春の進学実績については巻末の「高校別大学合格者数一覧」をご覧ください

ホール）、体育館、プール、武道場など、豊かな学園生活を送るために、整備されています。

なお校外施設として、頌栄山荘（南志賀山田牧場）や軽井沢学荘などがあり、校外学習やクラブ合宿などに使用されています。

生活指導・心の教育

道徳的、美的情操教育も重視して生活指導にも力を注いでいます。女子教育にふさわしい環境をつくる一方、生徒には生来の美しさを損なうことを戒め、服装・言語・動作・身だしなみについて厳しく指導しています。

学校行事・クラブ活動

キリスト教主義の学校であることから、入学式や始業式などは、礼拝形式で行われています。また、6月の第2日曜日に中学生が花を持ち寄って礼拝を行うとともに、病院・交番・消防署・駅などに手作りのカードを添えた花束を、感謝の気持ちを込めて送る「花の日礼拝」のほか、イースター

やクリスマスなど、キリスト教にとって大切な日にも礼拝を捧げています。

また、中1キャンプ、高1キャンプ、ワークキャンプでは、自然の中での生活や老人ホームでの奉仕活動を通じて親睦を深めます。展示や演劇など、学び研究したことを発表するコ・ラーナーズ・デイ（Co-Learners' Day）、ショウエイ・フィールド・デイ（運動会）、歴史研修旅行、全校合唱コンクール、全校ハイキング、スキーキャンプなど、多彩な行事が1年を通して実施されています。

クラブ活動は、ESS、演劇、華道、茶道、書道、手芸、クッキング、写真、聖書研究、箏曲、日本舞踊、美術、文芸、手話、理科研究、模擬国連などの文化部、弓道、硬式テニス、剣道、水泳、ソフトボール、体操、ダンス、卓球、バスケットボール、バレーボール、バドミントン、陸上などの運動部、特別クラブの聖歌隊、ハンドベルクワイアなど、35を超えるクラブが、積極的な活動を展開しています。

データファイル

■2024年度入試日程

中学校

募集人員		出願期間	試験日	発表日	手続締切日
1回	100	1/10～1/26	2/1	2/1	2/3
2回	100	1/10～2/4	2/5	2/6	2/7
帰国	定めず	11/6～11/27	12/9	12/9	12/11

1回にも帰国生含む（別枠）

高等学校

募集を行っていません

■2024年度選考方法・入試科目

中学校

国語、算数、理科、社会、面接
帰国生は英語・英会話または英語・英会話・国語・算数、面接
〈配点・時間〉国・算・理・社＝各100点40分
※帰国生の英語は英語Ⅰ・Ⅱ計100点各40分、国語・算数は各50点40分
〈面接〉保護者同伴　参考【内容】保護者へは家庭での教育方針など

■指定校推薦枠のある主な大学

青山学院大　学習院大　北里大　慶應義塾大　国際基督教大　成城大　中央大　津田塾大　東京女子大　東京理科大　日本女子大　明治大　立教大　早稲田大など

■2023年春卒業生進路状況

卒業数	大学	短大	専門学校	海外大	就職	進学準備他
195人	178人	0人	1人	0人	0人	16人

■2023年度入試結果

中学校

募集人員		志願者数	受験者数	合格者数	競争率
1回	100	276	230	109	2.1
2回	100	437	341	124	2.8
帰国12月	定めず	130	117	80	1.5
2月	定めず	14	14	7	2.0

学校説明会 　すべて要予約
10/12 11/7
学校見学会 　10/21
校内案内日
10/2 10/13 10/27 10/30
11/6 11/10 11/13 11/17 11/20 11/24 11/27
12/1 1/12 1/15 1/19 1/22 1/26
見学できる行事 　要予約
Co-Learners' Day（文化祭）　9/23・9/24（入試相談コーナーあり）
クリスマスこども会　11/25

説明会・行事等は日程・内容が変更される場合があります。必ず学校HP等でご確認ください

城西大学附属城西中学校高等学校

じょう さい だい がく ふ ぞく じょう さい

〒171-0044　東京都豊島区千早1-10-26　☎03-3973-6331　学校長　神杉　旨宣

〈URL〉https://josaigakuen.ac.jp/

沿革　大正7年（1918）中島久万吉によって城西実務学校として創設。同14年城西中学校と改称。昭和23年（1948）、城西高等学校となり、同40年には城西大学を設立。同48年、城西大学附属城西高等学校と改称。平成3年（1991）、城西中学校を再開、翌年には千葉県東金市に城西国際大学を設立。

校風・教育方針

「報恩感謝」を校訓とし、建学の精神に「天分の伸長」「個性の尊重」「自発活動の尊重」を掲げています。各自の個性をお互いに尊重できる校風の下で、生命を受けた恩恵に日々感謝して行動する報恩感謝の実践を通して自己肯定感の高い生徒を育てます。卒業後、より良い人生を送るために、困難を乗り越え成長する強さと、周囲の仲間を巻き込んで社会で活躍する人間的魅力を持った人物になることを目標にしています。

カリキュラムの特色

様々な課題や問題に対して皆で取り組み、知恵を出し合い、力を補い合って解決を目指すことで、個々の思考力、判断力、表現力を磨きます。多様な個性を認め合う中で進路選択ができるように、特進クラスは設けていません。能力よりも成長力に着目し、個に応じた指導を実践しています。

中学校では、答えが択一型ではないオープンクエスチョンで生徒の発言を引き出す全員参加型の授業を展開。本物に触れる体験重視の教育が特色で、理科では中学3年間で100以上の実験・観察を行います。2018年度入学者から3年次3学期に

全員参加のオーストラリア研修がスタート。中学3年間をオーストラリア海外研修の準備期間とし、自立心と基礎学力・語学力・国際感覚を身につけ、有意義な経験を経て、高校生活に生かします。

高校では2024年度より普通クラスをアカデミック＆クリエイティブクラス（ACクラス）に改称。一般選抜で国公立大学を目指すために駿台予備校と提携した放課後ゼミを設けています。さらに修学旅行やαゼミなど地域創生、社会参画型の探究活動への参加機会を数多く用意し、総合型選抜にも対応しています。

国際教育

1982年、アメリカ・オレゴン州の高校との姉妹校協定締結に始まり、現在は7カ国16校の姉妹校・提携校と多彩な交流を行っています。短期、中期、長期の留学も可能です。また、海外からの留学生を多く受け入れており、高校全クラスに平均1人の留学生がいる環境で異文化への理解を育みます。中学では新たな中高一貫プログラムとしてJOSAI Future Global Leader Programを実施し、全員が2週間オーストラリア提携校への留学とホームステイを経験します。高校の修学旅行はハワイ、台湾、国内から選択、海外大学や現地の高校生と交流する探究型プログラムです。

2023年度よりJAACのデュアルディプロマプログラムへの参加が認可され、アメリカの高卒資格を取得することが可能になりました。

環境・施設設備

都心ながら静かな住宅地で、絶好の教育環境にあります。校舎は地下1階、地上5階建てで、一般教室のほか3つの理科実験室、コンピュータ室、

今春の進学実績については巻末の「高校別大学合格者数一覧」をご覧ください

音楽室、家庭科室、図書室、多目的に利用できる食堂ラウンジも設置。全校生徒がタブレット、ノートPCを利用できるICT環境が整い、オンライン授業も可能になりました。

学校行事・クラブ活動

中学では自然体験としてサマースクールや農業体験を行います。さらに海外研修前に日本文化を学ぶための京都研修旅行を実施しています。体育祭、音楽祭、しいの木祭は中高合同で全校規模で行います。

クラブ活動は陸上部、ダンス部、軟式野球部が全国大会出場、硬式野球、柔道、剣道、サッカー、放送部も盛んに活動しています。

データファイル

■2024年度入試日程

中学校 帰国生入試は募集5、試験日12/8、1/10

募集人員		出願期間	試験日	発表日	手続締切日
1回午前	35	1/10〜2/1	2/1	2/1	2/4
午後	20	1/10〜2/1	2/1	2/1	2/6
2回	20	1/10〜2/2	2/2	2/2	2/10
3回	15	1/10〜2/5	2/5	2/5	2/10
4回	10	1/10〜2/7	2/7	2/7	2/10

指定の入試において学力スカラシップ生の選抜あり

高等学校 募集人員はACクラス/CSクラス

募集人員		出願期間	試験日	発表日	手続締切日
推薦・スカラ	75/10	1/15〜1/16	1/22	1/22	1/25*
一般1回	AC40	1/25〜2/5	2/10	2/10	2/15*
2回	35/30		2/12	2/12	2/15*
2次	AC若干	2/19〜3/4	3/6	3/6	3/7

＊B推薦・一般1回・2回は延納可

■2024年度選考方法・入試科目

中学校 1回午前・3回：2科か4科か英語資格型 1回午後：2科か4科 2回：2科か4科か英語資格型か適性検査（Ⅰ・ⅡかⅠ・Ⅱ・Ⅲ） 4回：2科か英語資格型 ※英語資格型は所持する資格により2科か面接か2科＋面接

帰国生：国・算または国・算・英の高得点2科、面接 〈配点・時間〉国・算・英＝各100点50分 理・社＝各60点30分 適Ⅰ・適Ⅱ・適Ⅲ＝各100点45分 〈面接〉生徒個人

高等学校

A推薦Ⅰ：書類審査、適性検査（国数英）、面接 A推薦Ⅱ・B推薦・C推薦（B・Cは東京・神奈川以外の生徒対象）：書類審査、面接 スポーツスカラ（当該部活動顧問を通して個別対応）：個人面接 【出願基準】AⅠは5科17か9科30、AⅡは5科19か9科32、Bは5科20、いずれも加点項目あり 一般・2次：国、数、英（一般はリスニング含む）、面接 ※併願優遇制度あり（Ⅰは5科20、Ⅱは5科22） ※成績上位者を学力スカラシップ生に認定 〈配点・時間〉国・数・英＝各100点50分

〈面接〉生徒グループ 重視

■2023年春併設大学・短大への進学

在学中一定の成績をとった者は全員に資格が与えられます。

城西大学−11（経済3、経営3、薬2、現代政策3）

城西短期大学−進学者なし

城西国際大学−10（国際人文1、メディア5、経営情報4）

日本医療科学大学−進学者なし

■指定校推薦枠のある主な大学

上智大 東京理科大 明治大 法政大 日本大 東洋大 成蹊大 東京薬科大 獨協大など

■2023年春卒業生進路状況

卒業生数	大学	短大	専門学校	海外大	就職	進学準備他
252人	213人	3人	12人	1人	4人	19人

■2023年度入試結果

中学校 男／女

募集人員		志願者数	受験者数	合格者数	競争率
1回午前	35	48/26	39/25	34/19	1.1/1.3
午後	20	100/36	97/34	79/26	1.2/1.3
2回午前	15	49/26	47/25	45/23	1.0/1.1
午後	15	68/38	29/16	13/10	2.2/1.6
3回	15	87/40	38/18	20/8	1.9/2.3

高等学校 男／女 2次あり

募集人員		志願者数	受験者数	合格者数	競争率
推薦・スカラ	75	73/35	72/35	72/35	1.0/1.0
一般1回	35	52/43	45/40	44/39	1.0/1.0
2回	60	66/21	48/14	45/14	1.1/1.0

学校説明会 要Web予約

★中学校 9/9 10/4 12/2 1/13

体験入学 11/12

★高等学校 9/16 10/7 10/28 11/18

説明会終了後、個別相談あり

個別相談会 11/25

見学できる行事 変更の可能性あり

しいの木祭（学園祭） 9/23・9/24（要予約）

説明会・行事等は日程・内容が変更される場合があります。必ず学校HP等でご確認ください

東
京
し

聖徳学園中学校・高等学校

しょう とく がく えん

〒180-8601　東京都武蔵野市境南町2-11-8　☎0422-31-5121　学校長　伊藤　正徳

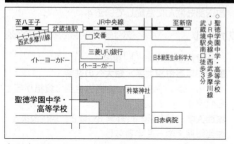

○聖徳学園中学・高等学校
・JR中央線・西武多摩川線
　武蔵境駅南口徒歩3分

〈URL〉 https://jsh.shotoku.ed.jp/

沿革　昭和2年（1927）、和田幽玄が旧制の関東中学校を創立。その後中学校、小学校、幼稚園を併設した総合学園となりました。平成4年（1992）より中高一貫教育を開始。

校風・教育方針

自らの強みを伸ばし、世界とつながり、新しい価値を生みだす生徒を育てる教育を行っています。聖徳太子の「和」の教えを建学の精神とする、全校生徒867人のアットホームな学校です。

1クラスの人数は30人前後で、中学は3クラスが基本です。中学1・2年は2人担任制をとっており、生徒一人ひとりに対してきめ細かな指導を行うことができます。

高校では、1年生の間は一貫生と高入生を別クラスで編成。高2から文系・理系を選択し、一貫生との混合クラスになります。

教育の特色

生徒一人ひとりがiPadを持ち、授業ではICTを活用した主体的・対話的な授業やプレゼンテーションなどを積極的に行っています。特に力を入れているのが、将来必要となるスキルの習得を目的としたSTEAM教育の実践です。教科を超え、多角的に問題を考え、論理的思考で問題を解決、そこから新しいものを創造し、発信する力を育てます。その取り組みが認められ、2021年度には「Apple Distinguished School」に認定されました。そして、2024年度からはデータサイエンスコース（認可申請中）が新設されます。

また近年急速に進むグローバル社会に対応できる人材を育てるため、グローバル教育にも力を入れています。日本を知る機会を中学1・2年で設定し、中学3年では全員が海外研修に参加します。特に力を入れていることは、「人のために行動する」ことです。地域貢献、国際協力をテーマに、大学や企業の協力を得ながら自らの考えを実行に移します。ネイティブ教員も6人常駐し、4技能習得を目指した英語の指導をしています。

海外研修旅行・留学制度

■**中3**　カナダ・ニュージーランドのどちらかでホームステイを通じた異文化体験をします（必修）。
■**高2**　台湾もしくはマルタにて国際研修旅行（必修）。

その他、各学年で、それぞれの目的に合わせた多様なコースを設定しています。（2019年度研修先：中国・フィリピン・ベトナム・カンボジア・アメリカ・ニュージーランド・ルワンダ）
■**留学制度**　3カ月・6カ月・1年の留学制度があります。※内容・行先は年度により異なります。

進路指導

大学入試に向けては、放課後に希望制の進学セミナーを高1から行っています。各教科の習熟度に合わせた講座が受けられ、旧帝大などの難関国公立大学を目指す生徒には超難関国公立大進学プロジェクトを開設。また、海外大学進学セミナーも設置しています。学習の指導はもちろん、メンタルケアも行いながら、生徒一人ひとりにオーダーメイドの進学指導を行います。2019年度、入学時に比べ学力伸長度の高い学校全国1位として紹介されました。

今春の進学実績については巻末の「高校別大学合格者数一覧」をご覧ください

2024年度、制服リニューアル

2024年度より、新制服に変更します。紺を基調として、襟にグリーンのラインが入ったジャケットにチェック柄のスラックスとスカートを合わせます。知的で落ち着いた印象の制服です。

データファイル

■2024年度入試日程

中学校　＊特別奨学生は①・②計5

募集人員		出願期間	試験日	発表日	手続締切日
プライマリー	30	1/10～1/30	2/1	2/1	2/1
適性検査型	20	1/10～1/31	2/1	2/2	2/10
PM①	15	1/10～2/1	2/1午後	2/1	2/6
特別奨学生①	5*	1/10～2/1	2/1午後	2/1	2/6
プログラミング	5	1/10～1/30	2/2	2/2	2/6
AM①	15	1/10～2/2	2/2	2/2	2/6
PM②	10	1/10～2/2	2/2午後	2/2	2/6
特別奨学生②	5*	1/10～2/2	2/3	2/3	2/6
AM②	5	1/10～2/10	2/11	2/11	2/11

高等学校　＊データサイエンスの第1志望者は2/12まで

募集人員		出願期間	試験日	発表日	手続締切日
推薦	30	1/15～1/16	1/22	1/23	1/24
一般 難関・文理	75	1/25～2/3	2/10か	試験 翌日	公立発表 翌日＊
データサイエンス	25	1/25～2/3	2/11		

■2024年度選考方法・入試科目

中学校　プライマリー：国語・算数、面接
AM①：国語・算数・英語から2科選択
AM②・PM①②：2科
適性検査型：適性検査Ⅰ・ⅡまたはⅠ・Ⅱ・Ⅲ
特別奨学生：①4科　②2科
プログラミング：マインクラフト、作文
※英検・漢検・数検4級以上取得者はAM入試・PM入試で入試得点に加点
〈配点・時間〉国・算・英・適Ⅰ・適Ⅱ・適Ⅲ＝各100点45分　理・社＝各75点20分
〈面接〉プライマリーのみ生徒個人　きわめて重視

高等学校
推薦：書類審査、面接【出願資格】9科に1、2がないこと　3年次欠席7日以内【推薦基準】難関国公立型5科22か9科37　文理進学型5科20か9科35　加点制度あり
一般難関・文理（併願優遇あり）：国語、数学、英語
※併願優遇の条件は推薦の基準に＋1、文理進学型の英検準2級以上取得者は英語の試験を満点免除
一般データサイエンス：Ⅰ型　書類審査、探究型データリテラシー試験、面接　Ⅱ型　書類審査、新思考試験（a.対話型探究、b.SDGs探究・データ活用能力）、面接（プレゼンテーション）

※データサイエンスはCEFR/A2以上のレベルを有すること。Ⅰは9科38（第一志望は9科37）
〈配点・時間〉国・数・英＝各100点50分
〈面接〉推薦と一般データサイエンスⅠは生徒個人、一般データサイエンスⅡはプレゼンテーション

■指定校推薦枠のある主な大学

上智大　東京理科大　法政大　中央大　青山学院大　学習院大　成蹊大　成城大　芝浦工業大など

■2023年春卒業生進路状況

卒業数	大学	短大	専門学校	海外大	就職	進学準備他
141人	125人	1人	4人	2人	0人	9人

■2023年度入試結果

中学校　男／女　帰国生入試あり

募集人員		志願者数	受験者数	合格者数	競争率
AO	30	63/18	61/17	59	1.3
適性検査型	20	234/185	229/183	405	1.0
PM①	15	77/30	69/25	59	1.6
特別奨学生	5	21/5	19/4	20	1.2
プログラミング	5	23	13	7	1.9
PM②	10	107/33	35/9	28	1.6
AM①	15	108/32	24/5	14	2.1
AM②	5	107/29	23/2	15	1.7

高等学校　男／女　帰国生入試あり

募集人員		志願者数	受験者数	合格者数	競争率
推薦 難関	10	3/2	3/2	5	1.0
文理	30	14/9	14/9	23	1.0
一般 難関	50	108/110	105/108	103/106	1.0
文理	80	188/129	186/127	178/124	1.0

学校説明会　いずれも要Web予約
★中学校　9/2 10/14 11/11
プライマリー入試説明会　9/2 10/14 11/11 12/16　適性検査型説明会　11/4 11/25 12/16
入試解説会　12/16 1/13
★高等学校　9/30 10/21 10/28 11/4 11/18 11/25 12/2　ナイト説明会　11/13
データサイエンスコース説明会　9/9 11/11
ナイト　9/27 10/25 11/22　個別相談会　12/3

見学できる行事
太子祭（文化祭）　9/16・9/17(公開未定)
※最新の情報は必ず学校HPでご確認ください

説明会・行事等は日程・内容が変更される場合があります。必ず学校HP等でご確認ください

城北中学校・高等学校

〒174-8711　東京都板橋区東新町2-28-1　☎03-3956-3157　学校長　小俣　力

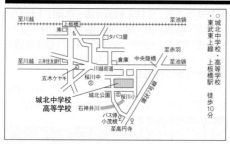

〈URL〉https://www.johoku.ac.jp/

沿革　昭和16年（1941）、府立四中（現都立戸山高校）の前身、私立城北中学校時代から40年以上にわたって同校の校長を務めた深井鑑一郎先生とその教え子の井上源之丞氏によって、明治期の城北中学校再興の目的で創立されました。

校風・教育方針

　深井先生の青年教育の基本は、儒学に裏付けされた規律正しい生活習慣と、社会の指導者を育成するための上級学校進学にありました。その深井精神を受け継ぎ、「着実・勤勉・自主」を校訓として、青年期の人間形成と大学への進学を建学の精神としています。

　中高6カ年一貫教育については、12歳から18歳という、心身ともに大きく成長する時期に安定した心を養い、成長に応じた教育を心がけています。こうした理念のもと、道理をわきまえ、何事にも積極的に可能性を追究し、創造性豊かで、健全な精神を備えた人間の育成をめざします。

カリキュラムの特色

　6カ年を2年ずつの3期に分け、生徒の成長に適応した指導を行うことによって、可能性を飛躍的に広げ、個性を生かすことをめざしています。

　中学1・2年「基礎期」では、何事にも熱中して取り組み、基本的な生活習慣を身につけることが目標です。学習面では、各教科の基礎を着実に学びます。中学3年「錬成期」ではより自主的な学習態度を確立し、知的好奇心を高めていきます。また、クラブ活動や委員会活動にも力を注ぎ、体

力の向上や社会性を身につけるなど、中堅学年としての幅広い活動に努めています。また、将来にむけた適性の発見の機会とし、それに合わせたプログラムを設定しています。

　高等学校では、大学受験の多様化に幅広く対応し、1年次は基礎固め、2年次は応用力の開発、3年次はさらなる発展と、段階的に学びます。

　1年ではさまざまな教科を均等に学んで各自の能力の可能性や適性の発見に努め、進路を考えます。高校からの入学生には特別カリキュラムが設定されており、理数系科目で授業時間数を増やしています。

　2年では文理系別のコース制となり選択科目を大幅に増やして応用力を養います。主要科目では高校段階の学習をほぼ終えることを目標とします。

　3年は文理合わせて4つのコースとし、少人数の選択ゼミや特別講座を設け、主要教科は演習中心の授業を進めて第一志望校の現役合格が果たせる実力を養います。校内外の各種模試のデータを活用した進路指導に万全を期します。

国際・情報教育

　ICT教育とアクティブラーニング用教室「iRoom」、全教室への65インチモニター設置などICT教育環境を整備。生徒はBYODで学校にあるデバイスも利用できます。

　また、オーストラリア語学研修、城北イングリッシュシャワー（国内留学プログラム）、ターム留学、セブ島上級語学研修やネイティブ教員による授業などグローバル教育にも力を入れています。

環境・施設設備

　城北中央公園と石神井川沿いの緑豊かな環境で、

今春の進学実績については巻末の「高校別大学合格者数一覧」をご覧ください

都内でも有数の約4万㎡の広さがあります。校内には全館冷暖房の教室や大小ゼミ室、8つの理科実験室、iRoom、進学センター、食堂、蔵書6万冊の図書館などがあり、美術室、音楽室、技術室、書道室は2つずつあります。体育施設は人工芝グラウンド、2つのアリーナ、屋内温水プール、卓球場、トレーニングルーム、武道館、弓道場を備えています。

生活指導・心の教育

長野県大町市に「城北大町山荘」があります。新入生オリエンテーションや、中2の夏期林間学

---Information---
2024年度入試ネット出願のポイント
■中学・高校12/20登録・支払い開始日
■中学1/10〜、高校推薦1/15〜、一般1/25〜

校などが行われ、生徒たちは協働性の大切さと楽しさを分かち合い、これまでの親の保護のもとに育てられてきた環境から離れ、自分で思考・判断をしていく機会にもなっています。

学校行事・クラブ活動

学校行事は盛んに行われています。大町オリエンテーション、入試懇談会、自分の将来を考える会、理科校外学習、卒業研究発表会、研修旅行、夏期林間学校、大町学習室、体育祭、文化祭、音楽鑑賞会、マラソン大会、順天堂大学との高大連携交流プログラムなど多彩です。

クラブ活動は活発です。運動部はサッカー、ラグビー、野球、水泳(水球)、陸上、弓道、テニス、バレーボールなど23部、文化部は囲碁将棋、ラジオ、吹奏楽など24部あり、全国大会や関東大会に出場して活躍しているクラブも数多くあります。

データファイル

■2024年度入試日程

中学校

募集人員	出願期間	試験日	発表日	手続締切日
1回 約115	1/10〜1/30	2/1	2/1	2/4
2回 約125	1/10〜2/1	2/2	2/2	2/4
3回 約30	1/10〜2/3	2/4	2/4	2/5

高等学校 ※公立発表日まで延納可

募集人員	出願期間	試験日	発表日	手続締切日
推薦 約20	1/15・1/16	1/22	1/23	1/24
一般 約65	1/25〜2/7	2/11	2/12	2/15※

■2024年度選考方法・入試科目

中学校

国語、算数、理科、社会
〈配点・時間〉国・算=各100点50分　理・社=各70点40分
〈面接〉なし

高等学校

推薦：書類審査、適性検査(国数英各100点50分)、面接【出願条件】内申5科20　9科に1・2がないこと　3年次の欠席10日以内、遅刻早退10回以内
一般：国語、数学、英語
〈配点・時間〉国・数・英=各100点60分
〈面接〉推薦のみ生徒個人　参考

■指定校推薦枠のある主な大学

東京都立大　学習院大　北里大　慶應義塾大　国際基督教大　芝浦工業大　上智大　同志社大　中央大　東京都市大　東京薬科大　東京理科大　獨協医科大　立教大　早稲田大　ハンガリー国立大(医)　など

■2023年春卒業生進路状況

ほぼ全員が四年制大学への進学を希望し、2023年春卒業生330人のうち、225人が希望の大学へ進学しました。

■2023年度入試結果

中学校

募集人員	志願者数	受験者数	合格者数	競争率
1回 約115	425	390	139	2.8
2回 約125	810	645	295	2.2
3回 約30	428	299	50	6.0

高等学校

募集人員	志願者数	受験者数	合格者数	競争率
推薦 約20	42	42	24	1.8
一般 約65	340	329	176	1.9

学校説明会 要予約・抽選制
★中学校 9/9 10/14 11/4
ショート学校説明会 12/23 12/24 1/27
入試説明会(小6対象) 11/23 11/26　動画配信 11/23〜11/30
★高等学校 10/7
入試説明会(中3対象) 11/23　動画配信 11/23〜11/30

見学できる行事 要予約
文化祭 9/30・10/1

説明会・行事等は日程・内容が変更される場合があります。必ず学校HP等でご確認ください

高 共学 普通科

昭和第一高等学校

〒113-0033　東京都文京区本郷1-2-15　☎03-3811-0636　学校長　原　高志

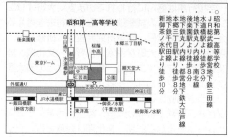

昭和第一高等学校

新御茶ノ水駅より・徒歩8分　地下鉄千代田線
地下鉄丸ノ内線　本郷三丁目駅より・徒歩8分
後楽園駅より・徒歩8分　地下鉄丸ノ内線・南北線
水道橋駅より・徒歩10分　ＪＲ総武線
ＪＲ総武線　昭和第一高等学校
地下鉄都営地下鉄三田線
地下鉄都営地下鉄大江戸線

〈URL〉https://www.sdh.ed.jp/

沿革　昭和4年（1929）昭和第一商業学校創立。同22年（1947）昭和第一中学校、翌23年昭和第一高等学校を設立。同43年（1968）に普通科を併設。平成17年（2005）より共学化。同22年（2010）商業科募集停止。

校風・教育方針

「明るく、強く、正しく」という校訓のもと、生徒一人ひとりがしっかりと目標を持ち、円満な人格と高い教養を身につけ、国際社会にも通用する、心身ともに調和のとれた"紳士淑女"を育成します。また、以下の3つを教育指導目標として掲げています。

・国際社会で活躍する品格のある人間を育成する教育。
・人や自然に優しい豊かな心を養う教育。
・幅広い教養を身につけ、自主自律の精神を養う教育。

カリキュラムの特色

授業、部活動はもちろん、海外研修、情報教育、ボランティア活動などにも力を入れた教育活動を行っています。生徒一人ひとりの進路に合わせ、2コースを設置しています。

特進コース　高い目標を持って難関大学進学を目指すコースで、将来は国際社会の中でリーダーとして活躍できることを目標とします。少人数学級編成により、親身できめ細かな指導を行います。1年次は効率的な学習方法を修得し、進学に必要な基礎学力を徹底的に身につけます。2年次から

は文系・理系に分かれ、3年次には受験科目に重点を置いて指導し、選択科目をより多くして目標大学に合わせた学習を進めます。授業以外のサポートも万全で、毎週土曜日の午後は予備校の講師による全学年英語特別演習授業があります。国語・数学は2年次から、効果的な学力向上を目指した「必修特別演習」を実施。予備校の講師と昭和一高の教員とのティームティーチングによる大学入試対応型の授業を実施します。また、夏季・冬季・春季休暇中の講習会や、予備校の特別講師と昭和一高の教員が大学入試対策講習を行う夏季特別講習「SDHアカデミア」があります。

進学コース　基礎からしっかりと学び、本当の知識を身につけ、目標達成につながる学力と意欲を育てます。1年次には各教科を幅広く学び、2年次には自分の進路に合わせて文系・理系に分かれて科目を選択、本格的な入試対策に入ります。夏季休業中の講習会や合宿講習会、早朝・放課後の講習会など、特別な学習機会を設けて学習意欲を促します。さらに、資格取得講習を開講しており、多くの生徒が漢字検定・英語検定などを取得しています。

国際教育

アメリカ体験・語学研修プログラムは、アイオワ州のブエナ・ヴィスタ大学で寮生活をしながら、語学力を磨き、国際感覚も養います。また3カ月間、ニュージーランド（オークランド）でのターム留学を選択することも可能です。これらの海外での授業や課外活動、異文化での日常生活の経験

今春の進学実績については巻末の「高校別大学合格者数一覧」をご覧ください

を通じ、数々のテーマにチャレンジを続けることは、英語はもちろん、自らの成長に大きく繋がっていきます。

ICT教育・施設設備

近年ではICTを活用した教育が特徴的で、Google Classroomを活用した生徒主体型の四階層の学習サイクルを実現しています。対面授業を補うべく個々の進度に合わせたオリジナルコンテンツの活用や、授業外でもタブレット端末等から質疑応答を可能にし、限られた時間で最大限に成績を向上する仕組みを構築しています。入試対策はもちろん、英検対策などにも効果を上げている昭和第一高校のオリジナルコンテンツです。

他方、施設設備面では、落ち着いて自習できる学習室や、進学相談室、ICT教室、太極拳室、食堂、陶芸室、コミュニティ・ルーム、コンベンション・ルームなどの施設があり、快適な教育環境を整えています。フィットネスプラザには本格的なトレーニングマシンをそろえています。

学校行事・クラブ活動

最大行事である体育大会（5月）、一高祭（9月）のほか、スノーボード教室（1月・希望者対象）など、一年を通して多彩な行事を行います。2年次の修学旅行は九州へ行きます。

部・委員会・同好会活動合わせて28団体が積極的に活動しています。運動部はサッカー、陸上、弓道、バスケットボール（男女）、女子バレーボール、ゴルフ、剣道、硬式野球、ダンス、古武道部など。学芸部は音楽（吹奏楽・合唱）、コンピュータ、絵画・漫画研究、囲碁・将棋、鉄道研究などがあります。なかでもサッカー部、陸上部、女子バレーボール部、ゴルフ部は、都大会や地区大会で上位入賞の実績を誇っています。

データファイル

■2024年度入試日程

募集人員		出願期間	試験日	発表日	手続締切日
推薦Ⅰ	}140	1/15〜1/18	1/22	1/23	1/26
Ⅱ		1/15〜1/18	1/22	1/23	公立発表翌日
併願優遇	}140	1/25〜1/28	2/10	2/11	公立発表翌日
一般Ⅰ		1/25〜2/7	2/10	2/11	2/15*
Ⅱ		1/25〜2/15	2/17	2/18	2/22*
Ⅲ		1/25〜3/4	3/8	3/8	3/9

*は延納可
※推薦Ⅱは神奈川県を除く都外生対象

■2024年度選考方法・入試科目

推薦：Ⅰは書類審査、面接、作文（500字程度50分）
*テーマ「将来の夢と、その達成に向けて高校3年間をどのように過ごしたいか」　Ⅱは書類審査、適性検査（国・数・英から1科選択）、面接
【出願条件】Ⅰ：特進9科33または3科*12　進学9科28または3科*10　Ⅱ：特進9科35または3科*13　進学9科30または3科*11　*いずれも、3科は5科のうち任意の3科　9科に1があると不可　条件により内申に加点あり　欠席3年次10日以内
一般：国語、数学、英語（一般Ⅰはリスニング含む）、面接、書類審査
併願優遇：国・数・英から1科選択、面接、書類審査　※出願条件は推薦Ⅱと同様
〈配点・時間〉国・数・英＝各100点50分

〈面接〉生徒個人　きわめて重視【内容】志望動機、入学後の抱負、長所・短所、通学時間など

■指定校推薦枠のある主な大学

東京理科大　成蹊大　順天堂大　獨協大　日本大　東洋大　駒澤大　東京電機大　千葉工業大など

■2023年春卒業生進路状況

卒業生数	大学	短大	専門学校	海外大	就職	進学準備他
287人	235人	8人	28人	0人	3人	13人

■2023年度入試結果

募集人員			志願者数	受験者数	合格者数	競争率
特進	推薦Ⅰ/Ⅱ	20	10/9	10/9	10/9	1.0/1.0
	併願優遇		102	91	88	1.0
	一般Ⅰ/Ⅱ	20	21/16	15/11	8/6	1.9/1.8
進学	推薦Ⅰ/Ⅱ	120	132/24	132/24	132/24	1.0/1.0
	併願優遇		422	353	346	1.0
	一般Ⅰ/Ⅱ	120	48/51	45/36	29/21	1.6/1.7

【学校説明会・個別相談会】 要予約
学校説明会・見学会　10/7 10/28 11/11 11/18 11/25
入試個別相談会　9/2 10/7 10/28 11/11 11/18 11/25 12/2
※必ず学校ホームページの最新情報を確認の上、予約してください。
【見学できる行事】
文化祭　9/16・9/17（個別相談会あり）

説明会・行事等は日程・内容が変更される場合があります。必ず学校HP等でご確認ください

東京 し

昭和第一学園高等学校

〒190-0003 東京都立川市栄町2-45-8 ☎042-536-1611 学校長 北村 信一

〈URL〉https://www.sdg.ed.jp/

沿革 昭和15年（1940）、昭和第一工業学校を設立。同50年には普通科が募集再開。平成元年（1989）に現校名、昭和第一学園高等学校に改称。同5年には男女共学へ移行、同15年現学科に改組。同30年普通科を3コースに改組。令和4年（2022）、工学科募集停止、普通科のコースを改編。令和6年（2024）、デザインコース新設。

カリキュラムの特色

2024年度よりデザインコースを新設し4コース制となり、新たなスタートを切ります。これからの社会で活躍する人材を育てるために、コースごとに特色あるプログラムを用意し、進学目標やその先の将来を見据えたキャリア教育を実践します。

特別選抜コース 早慶上理レベルの大学合格を目指します。確かな学力を身につけ、かつターム留学などを通じて高いコミュニケーション力や異文化の独自性と多様性を尊重する考え方を育てます。社会問題に関するテーマを生徒自ら設定し、3年間で分析・調査を行う「探究活動プログラム」で、リーダーシップを発揮し、解決する力を養います。

選抜進学コース GMARCHレベルの大学合格を目指します。生徒が興味・関心を持つ分野を研究できる探究授業を実施。教科を横断した体系的な学習プログラムで学習意欲を喚起させ、一人ひとりに合わせた学習指導で計画的に学習に取り組む姿勢を身につけます。学習の計画から振り返りまで生徒自らが行うことで効率の良い学習の仕方を学び、目標達成に向けた実践力の定着を目指します。

総合進学コース 様々な受験方式を活用した大学

進学を目指します。文理進学クラスと探究クラスに分かれます。職業体験などの社会体験活動を軸とした自分自身で「感じる」プログラムを用意。体系的な進路指導で「将来やりたいこと」「自身がどのように社会と関わっていくか」という将来のビジョンをつくります。文部科学大臣表彰の『キャリア教育優良学校』としての特徴を生かし、理想的な未来の発見を目指します。

デザインコース 確かなデッサン力とデザインの基礎を学び、将来のデザイナーを目指すコースです。美術系大学デザイン科への進学を目標に、実技指導を多く取り入れたカリキュラムを実践。専用の「放課後アトリエ」が用意され、美術予備校に通うことなく藝大・美大への"現役合格"を目指します。

■放課後の学習スタイル 一人ひとりの個性に合わせた学習スタイルを用意しています。進学支援センターでは、有名大学出身・在籍のチューターによる個別指導が受けられます。このほか、自分のペースで学べる映像講義、授業と連動し実践力を伸ばす放課後講習があります。

国際教育

希望者を対象に、夏休みに2週間のオーストラリア語学研修を実施しています。2016年度より国際教育研究センターを設置し、語学研修の事前・事後指導も含め、グローバル教育を推進しています。

全コースの通常授業ではALT（外国語指導助手）によるチームティーチング授業を展開しています。生の英語に触れながら本格的なスピーキング指導やリスニング指導を徹底します。さらに英検の取得も奨励しており、2022年度は英検準1級

に6人が合格しました。また、室内公用語All Englishのi-Roomにはネイティブ講師が常駐し、休み時間や放課後などに、生徒の個々の英語力に応じた英会話指導を行います。

環境・施設設備

トリコロールカラーの5階建て本館をはじめ調理実習室、ワークスペース、生徒が自由に使えるスチューデントスペースなどがあります。図書室では約30,000冊の豊富な蔵書が知的好奇心を喚起させます。大小2つのグラウンドは共に人工芝。テニスコートも備えています。

3階建てのクラブハウスには、スポーツジム並みのトレーニングルームがあり、更衣室、シャワールームなどを整備しています。4階建ての学習館には180席の視聴覚教室や図書室、進学支援センターがあります。2014年2月に新館が完成し、2015年には体育館が冷暖房完備に。2022年には1600人を収容可能な講堂兼体育館が完成しました。

生活指導・心の教育

「明るく・強く・正しく」を校訓に、生徒としての自覚と誇りを持ち、自ら進んで規律を守り、正しい生活が送れるよう指導しています。

2003年より「相談室ほっとるーむ」を開設しました。自分らしく健康で明るい学生生活を送れるよう、専門のカウンセラーが支援。保護者も相談できます。また、2014年にはキャリア教育センターを開設。専門の担当者が生徒を支援しています。2015年には「キャリア教育優良学校」として文部科学大臣表彰受賞。

学校行事・クラブ活動

春には1・2年生の校外授業があります。修学旅行は2年生で行われます。例年9月から10月に「菊葉祭」(文化祭・体育祭)を実施します。12月にクラス対抗のスポーツフェスティバルがあります。また、2月にはロードレース大会を行います。

クラブ活動は盛んで、文化部では自動車研究、新聞、放送が、体育部ではハンドボール、空手道、女子ダンスが全国大会に出場。陸上は都の上位。ほかに、創作デザイン、環境研究、ライフセービングなど特色あるクラブが活動しています。

立川市　高　共学

データファイル

■2024年度入試日程

募集人員		出願期間	試験日	発表日	手続締切日
推薦	288	1/15~1/16	1/22	1/23	1/24
一般 1回	288	1/25~1/26	2/10	2/13	2/15※
2回		1/25~1/26	2/11	2/13	2/15※

募集人員：推薦・一般各特別選抜14、選抜進学60、総合進学200、デザイン14
※延納手続者は国公立発表日翌平日まで延納可

■2024年度選考方法・入試科目

推薦：書類審査、面接、作文(600字40分)　※デザインコースはデッサン(40分)、面接
＊2023年度作文テーマ「将来の夢」「夢中になって取り組んだこと」「入学後の抱負」から選択
【内申の目安(推薦)】特選5科21　選進5科18か9科31　総進(文理進学)5科17か9科28(探究)5科16か9科27　デザイン5科17か9科28
※特選・選進は5科各3以上、デザインは美術4以上　全コース9科に1は不可　欠席3年間20日以内　英検・漢検、生徒会役員などは加点措置あり
一般：国語、数学、英語、面接　※デザインコースは国語、英語、デッサン(40分)、面接
〈配点・時間〉国・数・英=各100点40分

〈面接〉生徒個人　重視

■指定校推薦枠のある主な大学

法政大　中央大　日本大　東洋大　駒澤大　専修大　工学院大　大東文化大　東海大など

■2023年春卒業生進路状況

卒業生数	大学	短大	専門学校	海外大	就職	進学準備他
506人	345人	9人	113人	0人	11人	28人

■2023年度入試結果　スライド合格を含まない

募集人員		志願者数	受験者数	合格者数	競争率
推薦特選	17	3	3	3	1.0
選進	60	20	20	19	1.1
総進	200	175	175	172	1.0
一般特選	17	47	37	36	1.0
選進	60	603	484	461	1.0
総進	200	2,313	1,931	1,574	1.2

入試説明会 要予約
10/28 11/4 11/18 11/23 12/2　※開始時間は学校HPをご確認ください
見学できる行事 要予約
文化祭　9/16・9/17(入試相談コーナーあり)

説明会・行事等は日程・内容が変更される場合があります。必ず学校HP等でご確認ください

JG 女子学院中学校高等学校

〒102-0082　東京都千代田区一番町22-10　☎03-3263-1711　学院長　鵜﨑　創

〈URL〉https://www.joshigakuin.ed.jp/

沿革　明治3年（1870）、カロゾルス女史によって創立された私塾がはじまり。同23年（1890）女子学院と改称。昭和23年（1948）、女子学院中学校、女子学院高等学校となり現在に至っています。

校風・教育方針

　キリスト教を根底において、豊かな人間性を育てることに力を注いでいます。全校生徒が行う毎朝の礼拝、聖書の授業、修養会などの宗教行事があり、週5日制を実施して日曜の礼拝をすすめます。

　真理の根源である神への畏敬と隣人への愛に生きる聖書の教えを、すべての教育活動の基礎にしています。一人ひとりが自らの責任と判断で行動し、独自の生き方ができるような主体的な人間の育成に力を入れており、制服やこまかい規則はなく、生徒の自主性を尊重する自由な校風です。

カリキュラムの特色

　カリキュラムは、中高6年間の一貫教育の利点を生かし、学習指導要領をもとに作成しています。女子学院独自の科目として各学年に聖書の時間を週1時間、高校では近現代史とキリスト教音楽の時間を置いています。

　中学では基本的な学力の育成と心身のバランスのとれた成長を目標にして、全科目を共通に学ぶ科目としています。一方、高校では一部に選択制度を取り入れ、一人ひとりの個性や可能性に応じた科目の学習ができるようにしています。中高ともに、学力を培うために、科目によってはクラスを分割した授業を設けています。

　授業は週5日・30時間で行われていますが、どの教科も中高6年間で完成するよう単元を組み替えたり、教科間の重なりを整理したりして、効率のよい授業を行っています。生徒の旺盛な学習意欲を満たすよう、授業は実験・観察とその考察、レポート、作文、作品制作などにも時間をかけ、学習の仕方を体得することを目標に置いています。

　総合的な学習の時間も6年間を見通した目標をたて、学校行事を中心にその準備の活動やまとめを組み合わせて行っています。

　カリキュラムでは文系・理系の枠を超えて、すべての教科を等しく大切にしています。6年間を通して、幅広い知識と多角的にものごとを考える力を身につけていきます。

　国語では、多くのすぐれた文学作品に親しみ、人生について深く考えることを教育の根本においています。中学3年からは古文入門を始め、1年をかけて文法を学習し、百人一首などを覚えて基礎力をつけます。

　数学では、数・式・図形への理解を深め、体系的に組み立てていき、証明問題では皆でさまざまな証明法を出し合ったり、方程式では互いに応用問題を作って解き合ったりと、楽しく考える時間を大切にしています。中学3年から高校の内容に入り、高校1年から習熟度別クラスで、高校2年からは自分に合うコースを選択して学びます。

　英語は、読み書きの力ばかりでなく、聞き話す力も身につける総合的な語学力の習得をめざします。全学年にネイティブスピーカーの授業があります。高校では、習熟度別クラス編成を実施しま

　今春の進学実績については巻末の「高校別大学合格者数一覧」をご覧ください

す。独自の教科書の使用、LL教室を含む視聴覚機器の活用なども行い、語学学力向上をめざします。

環境・施設設備

都心の文教地区にあり、施設設備も充実しています。静岡県御殿場には御殿場寮があり、課外活動やクラブ合宿に利用されています。

生活指導・心の教育

毎朝の礼拝において、キリスト教徒であるなしにかかわらず、聖書の語る真理を聞きとり、その真理の前に、生き方を吟味していきます。聖書の語りかけを通して、人間が生きていく上で最も大切な価値を見いだす努力を大切にしています。

学校行事・クラブ活動

春の体育祭、秋の文化祭、創立記念日集会、クリスマス礼拝、講演会などの行事が、生徒の自発的な企画と運営によって盛大に行われます。中2御殿場教室のほか、遠足や修学旅行、球技会などがあります。

クラブ、同好会は、一貫教育の特性を生かして中学1年生から高校2年生までが協力しあって共に活動しています。

---Information---

JG会

Joshi Gakuinの頭文字をとってのJG会は、生徒の保護者と教師が協力して、キリスト教精神による学校教育、家庭教育さらに社会教育の向上をはかる目的でつくられています。各クラスから3人ずつ選出された父母委員と教師たちが、総会をはじめ、教育懇談会、講演会、聖書に親しむ会、バザーなどを計画し、父母たちも自発的な活動を行っています。それらは生徒一人ひとりの個性と人格を尊重する学校の方針を裏付けています。

また、学校、JG会が共同編集で「女子学院広報」を発行しているのも、女子学院ならではの、特色あるものといえましょう。

運動系は、硬・軟式テニス、卓球、バレーボール、バスケットボール、ダンスの6部です。通常は週3回程度の練習ですが、土曜日と夏休みの御殿場合宿などで技を磨いています。文化系は、管弦楽、数楽、演劇、落語研究、天文、YWCA、マンドリンギター、童話、ESS、吹奏楽など、バラエティに富んだ部が23部あります。

データファイル

■2024年度入試日程

中学校

募集人員	出願期間	試験日	発表日	手続締切日
240	1/10〜1/13	2/1	2/2	2/3

高等学校

募集を行っていません

■2024年度選考方法・入試科目

中学校

国語、算数、社会、理科、面接
〈配点・時間〉国・算・社・理＝各100点40分
〈面接〉生徒グループ【内容】将来の進路、小学校での生活など

■指定校推薦枠のある主な大学

青山学院大　学習院大4　慶應義塾大5　国際基督教大1　中央大1　津田塾大2　東京女子大5　東京理科大2　東京薬科大3　日本歯科大1　明治薬科大2　早稲田大5　など

■2023年春卒業生進路状況

卒業生数	大学	短大	専門学校	海外大	就職	進学準備他
214人	166人	0人	1人	4人	0人	43人

■2023年度入試結果

中学校

募集人員	志願者数	受験者数	合格者数	競争率
240	700	645	275	2.3

学校説明会
Webより申込み・5・6年生の保護者対象
11/7 11/9 11/11
※詳しくは学校HPでご確認ください

見学できる行事　Webより申込み
マグノリア祭（文化祭）　10/7・10/9
※非公開となる場合もあります。
学校HPでご確認ください。

説明会・行事等は日程・内容が変更される場合があります。必ず学校HP等でご確認ください

東京 し

女子聖学院 中学校 高等学校

〒114-8574　東京都北区中里3-12-2　☎03-3917-5377(広報室)　学校長　安藤 守

緑豊かな中庭

〈URL〉https://www.joshiseigakuin.ed.jp/

沿革　女子聖学院は1905年に米国プロテスタント教会の女性宣教師によって創立されたミッションスクール。今年度は118周年を迎えます。スクールモットーは「神を仰ぎ　人に仕える」。2022年4月に第11代校長 安藤守が就任しました。

教育方針・校風

Be a Messenger
～語ることばをもつ人を育てます～
「自分のよさを見出す」
　毎朝の礼拝を通して、神様に愛されているかけがえのない自分と向き合い、生かされている喜びと感謝の思いを6年間通して培っています。
「グローバルマインドが育つ」
　"もっと知りたい"を引き出す授業、"生徒が主体"の学校行事、"本当のチーム"になる学年プログラム、"一人ひとりの未来"を見据える探究活動などを通して、自分に与えられている賜物（良きもの）を見出し、互いの違いを認め合える学びと経験を大切にしています。
「ボーダレスの時代に生きる教育」
　文化や生活習慣などの違いを超えて、互いの理解を深めることがますます重要になります。多くの友達と出会い、共に学び、異なる意見を聴き、自分の考えを深めていくことによって、知識は深まり、広い考えが生まれてきます。
「自分のことばで発信する教育」
　学びを通して、自分に与えられた使命を他者のために活かしていくために、豊かなことばを持ち、社会に対して進んで発信できる女性を育てます。

カリキュラムの特色

英語教育の新しい形～使える英語～
　国際交流、国際理解教育の基本は、互いの違いを認め合い、尊重し合うことです。確かな知識や技能があっても思考力がなければコミュニケーションはできません。そのため、英語を通して理解し合える豊かな心を育てる英語教育を目指しています。
　6人のネイティブ教員がおり、英語礼拝やイングリッシュラウンジでの会話を通して、日常的に英語に触れる環境があります。その他、英会話もネイティブがつき、1クラス2分割の習熟度別で実施し、生徒の力を伸ばしています。また、体験型のGlobal 3days Program（中1～高Ⅱ必修）で国際理解を深め、発信力を身につけています。
発信型女子を育てるプロジェクト学習
　探究学習では、スクールモットー「神を仰ぎ人に仕う」を土台に「仕える人になる」を6年間のテーマに掲げ、「マイ・コンパスプロジェクト」に取り組みます。活動を通して、生徒たちは学びの成果を他者へ伝えることばをもち、自ら表現し社会に貢献できる人材へ成長します。電子黒板、iPadなどICTの環境も整い、各教科で能動的学習を行うことで、発信型女子を育てていきます。

生活指導・心の教育

「共に生きる」人として
　年2回、中学では介助タオル、高校はおむつを全員で縫い、宗教委員が都内の施設に届けます。
　その他、近隣のご高齢の方々とお花見会や夏期ボランティア、アジアキリスト教教育基金へ献金

今春の進学実績については巻末の「高校別大学合格者数一覧」をご覧ください

2期制 週6日制 登校時刻 8:20 昼食 弁当持参、食堂、売店

など、さまざまな形で「共に生きる」人としての関わりを持っています。

進路指導

進路教育は「社会の必要を知り、遣わされた場でリーダーとして立つ女性」を育てることを目指し、目標を明確にした授業や無料の課外講座「JSG講座」、視野を広げる進路プログラム（ライフプランニング、校内大学説明会、卒業生による進路講演など）を実践しています。また「JSGラーニングセンター」では19時までチューターのサポートを受けながらの自学習ができます。

■**進学状況** 2023年3月卒業生（120人）の合格実績は、国立大が2人、早・慶・上智・ICU・三女子大が18人、GMARCHが20人。

学校行事・クラブ活動

入学式、創立記念、クリスマス、卒業式などは礼拝形式で行います。運動会、記念祭は中高合同です。運動会は高校生が中学生を指導して、3チーム対抗で競います。記念祭（文化祭）では、生徒による実行委員会が広報局、事務局、企画局に分かれて運営しています。

宿泊行事としては中1翠の学校、中3北海道旅行、高2修学旅行など。希望者のみの宿泊行事は、英語キャンプ、理科見学旅行、社会科旅行、高1米国ホームステイ、夏期ボランティアなど。このほか、校外学習として鎌倉見学、裁判所見学、歌舞伎鑑賞など教科ごとに工夫しています。

クラブは必修ではありませんが、活発です。

データファイル

■2024年度入試日程

中学校 帰国生入試は11/29

募集人員		出願期間	試験日	発表日	手続締切日
1回	50	1/10〜1/31	2/1	2/1	2/6（公立中高一貫校受験者は2/10）
スカラ(2回) ※30		1/10〜1/31	2/1午後	2/1	
3回	20	1/10〜2/1	2/2午後	2/2	
4回	10	1/10〜2/2	2/3	2/3	
5回	10	1/10〜2/2	2/3午後	2/3	
6回	10	1/10〜2/3	2/4午後	2/4	
BaM・英語 各10		1/10〜1/31	2/2	2/2	

※成績優秀者10人をスカラシップ合格。一般合格あり。4回も成績優秀者にスカラシップ合格が認められる場合がある

高等学校 募集を行っていません

■2024年度選考方法・入試科目

中学校

1回・4回：2科か4科　**スカラシップ（2回）・3・5・6回**：2科　**英語表現力**：リスニング（英検3級程度）、英語課題文の暗誦、英語による自己紹介、算数基礎、面接（日本語）　**BaM表現力**：国語基礎、算数基礎、自己紹介、面接

帰国生：算数基礎、作文、面接、書類

〈配点・時間〉国・算＝各100点50分　理・社＝各100点30分　※1・4回は4科のうち最高得点の科目を2倍　英語表現力・BaM表現力＝各240点　帰国は算数基礎＝80点50分、作文＝80点40分〈面接〉英語表現力とBaM表現力は生徒個人と保護者同伴、帰国生は保護者同伴

■2023年春併設大学への進学

併設大学へ強く入学を希望する者は進学できます。

聖学院大学－1（政治経済）

■指定校推薦枠のある主な大学

青山学院大　立教大　法政大　学習院大　国際基督教大　明治学院大　東京女子大　津田塾大など

■2023年春卒業生進路状況

卒業生数	大学	短大	専門学校	海外大	就職	進学準備他
120人	104人	1人	8人	2人	0人	5人

■2023年度入試結果

中学校 1回・3回は2科／4科

募集人員		志願者数	受験者数	合格者数	競争率
1回	50	33/34	32/28	10/17	3.2/1.6
スカラシップ	30	92	81	32	2.5
2回	20	123	79	47	1.7
3回	10	51/65	28/29	13/22	2.2/1.3
4回	10	110	45	34	1.3
5回	10	9	3	2	1.5
英語表現力	10	4	2	1	2.0
BaM表現力	10	127	34	24	1.4

学校説明会 要予約　＊はAM・PM開催
説明会　9/16 11/18*
自己表現ワークショップ＋表現力入試説明会
9/30 11/25
入試問題早期対策会　10/7 10/14 10/21
入試体験会　12/2
入試直前講座　1/13 1/20
見学できる行事 要予約
記念祭（文化祭）11/2・11/3
　　　　　　　　個別相談・ミニ説明会あり

説明会・行事等は日程・内容が変更される場合があります。必ず学校HP等でご確認ください

⑧ 女子美術大学付属 中 学 校 高等学校

〒166-8538　東京都杉並区和田1-49-8　☎03-5340-4541　学校長　石川　康子

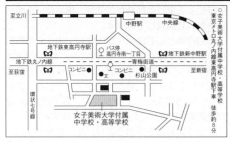

〈URL〉http://www.joshibi.ac.jp/fuzoku/

沿革　明治33年(1900)私立女子美術学校設立の認可を受け、創立。大正4年(1915)に女子美術学校付属高等女学校校長に、佐藤志津が就任しました。昭和22年(1947)学制改革により佐藤中学校、佐藤高等学校、女子美術大学が発足し、翌年短大を併設。昭和26年(1951)女子美術大学付属高等学校、同中学校に改称。平成6年(1994)に大学院修士課程、平成8年(1996)大学院博士後期課程を開設。2020年には創立120周年を迎えました。

校風・教育方針

　創立者佐藤志津女史の「わが国の文化に貢献する有能な女性を育成する」という教育理念をもとに、中学、高校、大学を美術という共通の絆で結ぶ一貫教育を行っています。一般教科の学習によって、幅広く知識や教養を身につけるとともに、美術を通して一人ひとりが個性や感性を磨き、より創造性豊かな人間の育成を目指しています。

カリキュラムの特色

　中学では、主要5教科を含む学習面に力を入れながら美術の授業を週4時間確保しています。
　高等学校は、普通科としての学習を重視しながら美術の授業を週7〜10時間行います。その他、美術系以外希望者は志望大学の出題科目に合わせた学科選択ができ、専門の受験指導を授業の形態で行います。美術(絵を描くこと)が入り口となり、さまざまな学習に生かされ、将来あらゆる可能性につながる知識教養が身につくカリキュラムとなっています。

環境・施設設備

　「斬新でぬくもりのある環境」をコンセプトに完成した新校舎は、エントランスを含め教室間廊下に8つのギャラリーをもち、建物の外観を合わせ美術館の様相です。11室の美術室のほか、最新機器を備えた理科室、書道室などの特別教室が充実しています。
　全HR教室に電子黒板を設置。Wi-Fi環境を整備し、1人が1台のタブレットを持った授業を展開しています。

生活指導・心の教育

　日常的な生徒と教師との対話を通して、指導は生活全般にわたっています。制服は桑沢洋子氏のデザインによるもので、上着、ジレーに他校では見られない手織のリボンタイ(大学の工芸科制作)、「JOSHIBI」のロゴ入りのバッグなど、流行に左

┌Information

　女子美の最大の行事は、中学、高校、短大、大学同日開催の文化祭「女子美祭」です。中学と高校は合同です。美術や家庭科での授業作品の展示をはじめ、クラブ・クラス出展のオリジナリティーあふれるさまざまな催し物などで、創作意欲全開の2日間です。女子美生の創造力をその眼で見て、感じ取っていただきたく、広く一般の方々に公開しています。開催日時は2023年10/21(土)10/22(日)10:00〜17:00(要予約)
＊予約制、自由見学、両日数回の説明会あり

今春の進学実績については巻末の「高校別大学合格者数一覧」をご覧ください

右されない機能的な美しさが女子美スタイルです。2023年度よりスラックスも加わり、より多様な着こなしが可能になりました。

　校舎内には、心安らぐインテリアのカウンセリングルームがあり、常時カウンセラーが待機しています。昼休みなど、生徒が気軽に訪れることができる、開かれた空間であると同時に、一人ひとりを見守り、支える心のオアシスでもあります。

学校行事・クラブ活動

　年間を通して行われるさまざまな行事は美術教育が主軸となっています。例えば、運動会でも、デザイン画を用いた競技のほかに、企画、衣装、振り付けのすべてが生徒の手による応援合戦など、創り、表現する喜びにあふれています。春には京都、奈良の特別拝観の寺院を中心に高3の修学旅行があります。校外学習に適した6月には、高1、中1、中2はスケッチ旅行、高1は女子美術大学の2つのキャンパス見学会、高2は大学の全専攻・領域による説明会、そして中高全学年において毎年1回の中高大連携授業など、併設大学との接続行事が充実しています。中3は関西への修学旅行が実施されています。また、年2回美術、音楽、古典芸能などの鑑賞を行っています。

データファイル

■2024年度入試日程
中高ともインターネット出願後、書類提出

中学校

募集人員	出願期間	試験日	発表日	手続締切日
1回	110	郵1/20～30・窓1/31	2/1	2/1	2/2
2回	約10	郵1/20～30・窓1/31～2/1	2/2午後	2/2	2/3
3回	約15	郵1/20～30・窓1/31～2/2	2/3	2/3	2/4

高等学校　※一般は2/8に窓口受付あり

募集人員	出願期間	試験日	発表日	手続締切日
推薦	32	1/17～1/19	1/22	1/22	1/23
一般	33	1/26～2/7※	2/10	2/10	2/13

■2024年度選考方法・入試科目

中学校

1回：2科か4科選択、面接
2回（女子美自己表現入試）：記述（100点60分）、面接（2回のみの受験者対象）
3回：国語、算数、面接（3回のみの受験者対象）
〈配点・時間〉国・算＝各100点50分　理・社＝計100点50分
〈面接〉生徒個人　重視

高等学校

推薦：面接、提出作品【出願条件】9科33 美術評定4以上　9科に1は不可　3年次の欠席10日以内
一般：国、数、英、実技（水彩・鉛筆デッサンよりいずれか選択）、面接
〈配点・時間〉国・数・英＝各100点50分　実技＝150点120分
〈面接〉生徒個人　重視【内容】学校のイメージ、中学校生活について、提出作品についてなど

■2023年春併設大学・短大部への進学
女子美術大学・女子美術大学短期大学部への無試験推薦入学制度があり、2023年春は大学へ158人、短大部へ1人、計159人が推薦により進学しています。

■指定校推薦枠のある主な大学
東洋学園大　文化学園大　東京工芸大 など

■2023年春卒業生進路状況

卒業生数	大学	短大	専門学校	海外大	就職	進学準備他
206人	177人	1人	6人	0人	0人	22人

■2023年度入試結果

中学校　2科／4科

募集人員		志願者数	受験者数	合格者数	競争率
1回	110	145/164	144/163	46/71	3.1/2.3
2回	約10	170	105	8	13.1
3回	約15	306	162	17	9.5

高等学校

募集人員		志願者数	受験者数	合格者数	競争率
推薦	32	32	32	32	1.0
一般	33	93	93	44	2.1

学校説明会　要予約

★中学校
ミニ説明会　12/2 1/6　体験学習　9/10
★高等学校
ミニ説明会　12/2 1/6
高校作品講評会　9/30 12/2
実技講習会（中3対象）　11/3
公開授業（中高）　10/28 11/18
女子美なんでも質問会（中高）　11/4
入試報告会（中高）　3/23

見学できる行事

女子美祭（要予約）　10/21・10/22（学校説明会あり）
卒業制作展　2/29～3/5（東京都美術館）
運動会　6/20（終了）

説明会・行事等は日程・内容が変更される場合があります。必ず学校HP等でご確認ください

東京 し

白梅学園高等学校

〒187-8570　東京都小平市小川町1-830　☎042-346-5691　学校長　武内　彰

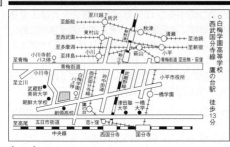

〈URL〉https://highwww.shiraume.ac.jp

沿革　昭和17年（1942）に小松謙助により前身である「東京家庭学園」設立。学制改革を機に白梅学園短期大学と改め、昭和39年（1964）白梅学園高等学校を設置しました。

校風・教育方針

建学の理念である《ヒューマニズム》という言葉には、自分自身を大切にすると共に、他人を思いやる心の暖かさや公平さ、寛大さの意味が含まれています。生徒たちは、この伝統的な理念を受け継ぎながら、明るさに満ちた校風の中で、のびのびと学園生活を送っています。

カリキュラムの特色

特別選抜コースには「特選国公立系」と「特選文理系」（2022年度より）があり、国公立大・難関私立大学に合格する実力を着実につけていくことを目的としています。大学入試問題に対応した授業展開や、毎日の小テストなど日々の努力を重ねることで一人ひとりの学力を最大限に高めるよう、担当者全員で取り組んでいます。

選抜コースには「選抜文理系」があり、難関私立大学への進学を視野に、入試に対応できるように配慮された授業が組まれており、生徒たちの幅広いニーズに応えています。

進学コースには「進学文理系」「保育・教育系」のクラスがあり、併設の「白梅学園大学・短期大学」への内部推薦制度があります。また、外部受験のための指導も行っています。

各コースとも、部活動や学校行事への参加をすすめるなど高校生活が受験勉強に終始することなく、一度しかない高校生活を楽しく豊かに過ごせるよう、様々な工夫を取り入れています。

進路指導は1年次の1学期からスタートし、大学や職業などの正確な情報を研究しながら、自分の進路について3年間かけてじっくり考えていきます。それをサポートするために、年間6回にわたる担任との進路面談や、進路研究のためのさまざまな行事が豊富に組まれています。その結果ほぼ全員が自分の進路をしっかりと定め、大学などの上級学校へ進学しています。

┌学校長からのメッセージ─

学校長　武内　彰

みなさんが生きる時代は、答えのわからない課題を見つけ、解決策をチームで協働しながら模索し、新たな知や価値を創り上げていくことが求められます。そのために、高等学校の3年間で様々な科目の学習を通して「教養の土台」を身に付け、学校行事や部活動等を通して「豊かな人間性」をはぐくむことが大切になります。

学習・学校行事・部活動に全力で取り組みながら、自らの進路実現に向けて仲間とともに、最後まであきらめずに志望を貫く、そんな生徒を求めています。仲間から力を得て、面倒見の良い先生たちに支えられて、そして最後は自分の力で走り抜けていく、人間味あふれる教育があなたの高校生活を充実したものへと導くことでしょう。白梅で共に歩みを進めましょう。

今春の進学実績については巻末の「高校別大学合格者数一覧」をご覧ください

小平市

国際教育

　希望者を対象に、1月～4月に3カ月間のターム留学、春休みに2週間の海外語学研修をニュージーランドで実施。その国の文化や伝統に触れ、コミュニケーション能力を育むプログラムを用意しています。修学旅行は2年次11月に行われ、「ケアンズ（オーストラリア）」、「沖縄・西表島」、「北陸・関西」（予定）から自分で選択します。

環境・施設設備

　玉川上水がすぐ脇を流れる緑豊かな環境です。学園内には、四季折々の草花が咲く中庭や、春には満開の桜が見られる200mのトラックを備えたグラウンドのほか、テニスコート、3つの屋内体育施設などの設備が整えられています。また、大学と共用のコンビニ（生協）があります。

生活指導・心の教育

　個性の発見と伸長を目指す「ヒューマニズム」の建学の理念を貫きながら、常に人と人との結びつきの大切さを教えています。この中で、生徒たちは心の優しさや豊かさを身につけていきます。

学校行事・クラブ活動

　5月に体育祭、6月に合唱コンクール、9月には白梅祭（文化祭）が行われます。1年生は全員が百人一首を覚え、クラス対抗で札を取り合う「カルタ大会」もあります。
　クラブ活動では過去、陸上競技部とハンドボール部がいずれも全国優勝しています。吹奏楽部は東京都のコンクールにおいて、BⅡ組で金賞を受賞しています。他にも多くの部活動があり、活発に活動しています。

高

女子

━━━━━━━━━━━━━━━━━━ データファイル ━━━━━━━━━━━━━━━━━━

■2024年度入試日程

募集人員		出願（書類提出）期間	試験日	発表日	手続締切日
推薦A・A特枠	140	1/15・1/16	1/22	1/22	1/26
B・B特枠		1/15・1/16	1/22	1/22	公立発表翌日
一般 1回	140	1/31～2/3	2/10	2/11	
2回		1/31～2/3・2/11	2/13	2/14	

インターネット出願 募集要項参照
＊Web入力期間は推薦12/20～1/12、一般12/20～1/29
※コース別募集人員は、推薦：特選50、選抜35、進学55、推薦B・B特枠・一般：特選50、選抜35、進学55
※A特枠・B特枠は進学コースのみ

■2024年度選考方法・入試科目

推薦：A 〈特選・選抜〉適性検査（国数英）、面接〈進学〉作文（600字50分）、面接　**A特枠**〈進学〉作文（600字50分）、面接　**B**〈神奈川を除く都外生対象〉〈特選・選抜・進学〉適性検査（国数英）、面接　**B特枠**〈進学〉適性検査（国数英）、面接　**一般：**国語・数学・英語（各100点50分）、面接
※すべて書類審査あり。適性検査は各50点30分
【合格の目安】内申〈特選〉特選国公立系5科23／特選文理系9科35か5科20か3科12〈選抜〉単願9科32か5科17か3科11、併願9科33か5科19か3科12〈進学〉単願9科29か5科16、併願9科31か5科17　いずれも9科に1があると不可　欠席3年間15日以内
〈面接〉推薦A・A特枠は生徒個人
　　　　一般と推薦B・B特枠はグループ

■2023年春併設大学・短大への進学
成績基準に達すれば受け入れ人数枠内で進学可能。
白梅学園大学－40（子ども）
白梅学園短期大学－15（保育）

■指定校推薦枠のある主な大学
中央大　立教大　学習院大　法政大　日本女子大　東京女子大　津田塾大　成城大　日本大など

■2023年春卒業生進路状況

卒業生数	大学	短大	専門学校	海外大	就職	進学準備他
242人	186人	25人	23人	0人	1人	7人

■2023年度入試結果　＊ランクアップ合格者含む

募集人員		志願者数	受験者数	合格者数	競争率
推薦	特選 50	48	48	48	1.0
	選抜 35	67	67	67	1.0
	進学 55	106	106	106	1.0
一般	特選 50	89	78	*83	―
	選抜 35	72	67	*74	―
	進学 55	92	80	*54	―

学校説明会 ※生徒・保護者対象（要予約）
10/15　10/22　10/28　11/11　11/18　11/23
11/25　12/2
夜間個別入試相談会　12/4～12/8（予約不要）
個別相談会　12/23（特別入試相談会・予約不要）

見学できる行事
文化祭（白梅祭）　9/10（入試相談コーナーあり）

説明会・行事等は日程・内容が変更される場合があります。必ず学校HP等でご確認ください

白百合学園 中 学 校 高等学校

〒102-8185　東京都千代田区九段北2-4-1　☎03-3234-6661　学校長　青木　タマキ

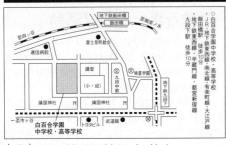

〈URL〉https://www.shirayuri.ed.jp/

沿革　設立母体はシャルトル聖パウロ修道女会で、世界各地で教育および福祉事業を行っています。1881年東京神田猿楽町に学校を新設。1927年現在地千代田区九段へ全面移転。1935年校名を白百合高等女学校と改称。1947年、学制改革により白百合学園中学校を設置。幼小中高は九段に、大学・大学院は調布市にあります。

校風・教育方針

創立以来キリスト教カトリックの精神を基盤に、移り変わる時代の要請に柔軟性をもって応えながら、「キリストの愛の教えに基づく全人教育を通して社会に貢献できる女性の育成」をめざして一貫教育を行っています。一人ひとりに与えられたかけがえのない独自の能力を豊かに開花させるために、きめ細やかな指導を行っています。

校章として用いられている白百合の花は、聖母マリアのシンボルです。清らかさと優しさの中にも強い意志を感じさせる真の女性の姿を象徴しています。

カリキュラムの特色

各教科、バランスのとれたカリキュラムのもと一貫教育を行っています。中学1年から高校1年までを基礎学力を養成する時期と位置づけ、全員が共通の科目を履修します。高校2年からは文系・芸術系・理系それぞれの進路に合わせた科目を選択します。

創立当初からの特色として外国語教育に力を入れ、生徒全員が英語、フランス語の2カ国語を学習します。中学3年間は2カ国語を並行して学び、高校では将来の進路を視野に入れて一方を第一外国語として集中的に学び、応用力と実践力を養います。2カ国語の学習を通して、異文化への理解を深め、豊かな国際感覚を育むことを目標としています。英語は、少人数クラスで毎日授業があり、週2時間はネイティブの教員が担当します。中3から習熟度別クラス編成となり、学期ごとにクラスの入れかえを行います。フランス語は、独自の副教材も使用し、フランス語による大学受験対策も充分に行います。

国公立・私立大学入試の準備は、文系・芸術系・理系のどの分野ともに、授業を通して行うことができ、どのようなタイプの入試にも対応した教育プログラムを用意しています。「日々の授業を大切に」という指導を行い、大学卒業後の社会貢献を念頭においた学力の充実をめざします。

なお、海外在住により生じる受験上の不利を考慮した海外帰国生入試も実施しています。（国語、算数、外国語〈英語またはフランス語〉の3教科の筆記試験、および面接）

環境・施設設備

JR・地下鉄飯田橋駅・市ケ谷駅、地下鉄九段下駅から徒歩10分。靖国神社に隣接しており、都心にありながら緑の多い、学習に適した静かな環境です。

語学室をはじめとして視聴覚室、情報処理室、

生物室・物理室・化学室・地学室、プラネタリウム室、聖歌隊室、学習室、作法室、図書室、調理室、試食室、書道室、音楽室などの特別教室、聖堂、教育相談室、全校生徒を収容できる講堂、体育館、ポーリニアンホールなどがあります。

　校内全域が無線LAN化されており、インターネット接続が可能です。課題解決型の学習や学習履歴を蓄積するためのICT環境が整備されています。

生活指導・心の教育

　学園のすべての教育活動の基盤として、キリスト教精神に基づく宗教教育を実施しています。

　宗教の授業を必修としており、毎日は朝礼の祈りから始まります。学園生活のさまざまな場面で"愛と奉仕"の心を学んでいきます。学校行事の一つ「修養会」では、祈りや講話を通して、人生のさまざまな問題を友人とともに深く考え、自分自身の心を育てます。そして、他人の喜びや痛みを自分のものとするキリスト教精神を培います。

学校行事・クラブ活動

　修養会、聖パウロデー、クリスマスミサなどの宗教行事、合唱祭、修学（研修）旅行、高原学校、学園祭、球技・スポーツ大会、フランス語フェスティバルなどの学校行事も充実しています。

　クラブ活動は、小百合会、演劇、ESS、CCF（フランス語劇）、華道、茶道、箏曲、吹奏楽、弦楽、放送、文芸、バスケットボール、バレーボール、テニス、ダンス、バドミントン、体操競技など34種類あります。中学生全員がクラブに所属し、ほとんどの生徒が高2まで活動を続けます。各クラブで精神の涵養や身体の鍛練、興味・個性の追究などそれぞれの目的のために熱心な活動を行っています。

データファイル

■2024年度入試日程

中学校

募集人員	出願期間	試験日	発表日	手続締切日
一般　　60	1/10～1/25	2/2	2/2	2/5
帰国　約15	10/2～12/8	1/8	1/8	1/11

高等学校

募集を行っていません

■2024年度選考方法・入試科目

中学校

一般：国語、算数、理科、社会、面接
帰国：国語、算数、英語か仏語、面接
〈配点・時間〉一般：国・算＝各100点40分　理・社＝各75点30分　帰国：国・算・外国語＝各100点40分
〈面接〉保護者同伴　参考程度
【内容】志望動機、試験の感想、入学後の抱負、小学校での生活、得意・不得意科目、趣味・特技、長所・短所、将来の夢、家庭の教育方針（保護者）など

■2023年春併設大学への進学

白百合女子大学へは、指定校推薦型選抜、総合型選抜および一般選抜を利用して進学します。
白百合女子大学－3（文1、人間総合2）

■指定校推薦枠のある主な大学

早稲田大　慶應義塾大　上智大　東京理科大　青山学院大　立教大　中央大　学習院大　国際基督教大　津田塾大　東京女子大　北里大　昭和大　東京女子医科大　東京歯科大　聖路加国際大　獨協医科大　明治薬科大など

■2023年春卒業生進路状況

卒業生数	大学	短大	専門学校	海外大	就職	進学準備他
159人	128人	0人	0人	0人	0人	31人

■2023年度入試結果

中学校

募集人員	志願者数	受験者数	合格者数	競争率
一般　　60	306	264	126	2.1
帰国　約15	53	38	25	1.5

学校説明会 定員制・要予約
※各プログラムとも変更や中止の可能性があります。必ず学校HPをご確認ください。
10/14 11/11(終了後、校内見学会) 12/2
見学できる行事
学園祭　9/16・9/17(要予約)

説明会・行事等は日程・内容が変更される場合があります。必ず学校HPでご確認ください

東京 す

巣鴨中学校・高等学校
（すがも）

〒170-0012　東京都豊島区上池袋1-21-1　☎03-3918-5311　学校長　堀内　不二夫

巣鴨中学校・高等学校

〈URL〉https://www.sugamo.ed.jp/

沿革　明治43年(1910)私塾「巣園学舎」として創設。大正11年(1922)巣鴨中学校を創立。

校風・教育方針

　先生や級友たちとの学校生活の中で、「がんばったからできた」「努力が実った」という達成感を味わっていくことを大切にしています。教育理念は「硬教育」という言葉で表されますが、がんばりが必要になる課題に取り組み、努力と達成感をともなう確かな成長を目指すという意味です。男子の成長に欠かせない達成感という良質な経験を積み重ねることで、未来への可能性を切り拓きます。

百年の伝統が創る国際教育

　巣鴨にしかできないグローバル教育を確立し、刻々と変化し続ける社会で力強く活躍する「グローバル人材」の育成に努めています。

　オンラインによる英会話の実践レッスンでは、一人一台ずつノートパソコンとヘッドセットを使用。英語圏の外国人講師とスカイプでつなぎ、授業で学んだ内容を実践しています。最大週5回、4年間のマンツーマンによる英会話は、英語を使うことへの抵抗感を取り除き、リスニング、スピーキング能力の向上と共に、生徒に自信を育んでいます。

　中2〜高1の夏休みには「Sugamo Summer School」を開催。第一線で活躍する英国人を講師として迎え、少人数のグループでディスカッションやアクティビティを行います。オックスフォード、ケンブリッジ出身の人格・教養を兼ね

備えた講師と6日間寝食を共にすることで、英語力の向上はもちろん、大きな感動がもたらされ、将来像の具現化と意欲の涵養が期待できます。

　また、高1〜高2生を対象に、英国の名門イートン校でのサマースクールを実施。3週間にわたりイートン校が作成したプログラムに沿って授業を受け、英国の歴史と文化を体感します。都内の男子校で巣鴨だけが参加を認められたプログラムは、イートン校出身の精鋭スタッフが運営しており、一連の国際教育プログラムの集大成と言えます。この他にも高校1年生の3学期をイギリス、オーストラリア、カナダ、アメリカで過ごすターム留学や、2018年にFriendship Agreementを結んだイギリスの名門クライストカレッジ・ブレコンへの長期留学、世界の名門校によって構成された国際組織World Leading Schools Associationへの日本の高校としての初加盟など、伝統校だからこそできる最先端のグローバル教育を展開しています。

文武両道を支える環境・施設

　池袋という繁華街の近くにありながら、閑静な住宅地や公園に囲まれた環境にあります。

　創立100年を迎え、2016年までに東校舎以外のすべての施設を刷新、伝統と最先端が融合した学習環境で、生徒たちはのびのびと学校生活を送っています。新校舎は耐震性に優れた頑丈な構造で、木材を多用した暖かみのある内装が特徴です。天然木の感触を取り入れた一般教室、300人収容の講堂、屋上庭園のあるスカイラウンジ、最新設備を備えた理科実験室や芸術系特別教室、オンライ

今春の進学実績については巻末の「高校別大学合格者数一覧」をご覧ください

（3学期制）（登校時刻 7:50）（昼食 弁当持参、食堂、売店）（土曜日 授業）

ン授業などでも活用されるWi-Fi環境を完備した情報演習室などが、先進的な学びを支えています。

また、屋上にテニス練習場と投球練習場を備えた新体育館（ギムナシオン）、地上の人工芝グラウンドとテニスコート、ウレタン舗装の100m直線走路など体育施設も充実、学問・芸術・体育を一体的に体得するための教育空間が実現しています。校外施設として、夏休みのSugamo Summer Schoolや、4泊5日の夏合宿（中学全学年と高入生の高1対象）で利用する蓼科学校があります。

カリキュラムの特色

中学からの入学者（中入生）は中2で中学の課程をほぼ終了し、中3では高校課程の学習に入ります。高2から各自の希望で「文数系」「理数系」に分かれ、高3では週24時間の選択制による大学受験対策の授業を実施しています。

高校からの入学者は、高1のみ中入生と別クラスで高校課程の学習を始め、高2で中入生の「文数系」または「理数系」のクラスに合流します。

学校行事・クラブ活動

「達成感」を味わえる多彩な行事を実施しています。英語のスピーチコンテストや各文化部のプレゼンテーション、ポスターセッションを中心とした「アカデミック・フェスティバル」をはじめ、百人一首歌留多大会、書き初め大会、クラス対抗合唱コンクールも活況で、吹奏楽部の演奏会、書道・美術の作品展は一般公開します。体育系も大菩薩峠越え強歩大会、巣園流水泳学校、早朝寒稽古などを実施。個々の能力にあわせているので、全員参加の行事も安心して参加できます。

修学旅行は中3・高2の4月に4泊5日で実施します。中学生は奈良・京都を中心に日本の伝統文化や歴史に触れる旅。高校生はクラスごとに行き先を決めて独自の旅行を実施。北海道から沖縄まで、小笠原諸島も含めた日本全体から選びます。

クラブ活動は文化系が19、体育部系が23団体あり、中高共に大会などで活躍しています。巣園祭（文化祭・体育祭）では各クラブが個性を発揮します。

データファイル

■2024年度入試日程

| 中学校 | ※出願時の申請により2/6まで延納可能 |

募集人員		出願期間	試験日	発表日	手続締切日
Ⅰ期	80	1/10～1/31	2/1	2/1	2/2※
Ⅱ期	100	1/10～2/1	2/2	2/2	2/3※
Ⅲ期	40	1/10～2/3	2/4	2/4	2/5※
算数選抜	20	1/10～1/31	2/1午後	2/1	2/2※

| 高等学校 | ※出願時の申請により延納可能 |

募集人員	出願期間	試験日	発表日	手続締切日
一般　約70	1/25～2/10	2/12	2/13	2/15※

■2024年度選考方法・入試科目

| 中学校 |

国語、算数、理科、社会　算数選抜は算数（100点60分）

〈配点・時間〉国・算＝各100点50分　理・社＝各50点30分

〈面接〉なし

| 高等学校 |

5科（国数英理社）か3科（国数英）

〈配点・時間〉国・数・英＝各100点60分　理・社＝各70点45分

〈面接〉なし

■指定校推薦枠のある主な大学

早稲田大　東京理科大　北里大　学習院大　日本

歯科大　獨協医科大　など

■2023年春卒業生進路状況

卒業者221人のうち、四年制大学への進学者は136人（うち海外大1人）、就職1人、医学部を中心とした受験準備者は84人でした。

■2023年度入試結果

| 中学校 | 帰国生を含む　繰り上げ合格を含む |

募集人員		志願者数	受験者数	合格者数	競争率
Ⅰ期	80	309	281	98	2.9
算数選抜	20	606	556	272	2.0
Ⅱ期	100	588	420	201	2.1
Ⅲ期	40	367	242	66	3.7

| 高等学校 | 3科／5科 |

募集人員	志願者数	受験者数	合格者数	競争率
一般　約70	47/339	42/326	12/146	3.5/2.2

| 学校説明会 | 要予約 |

★中学校　10/7 11/4 12/2

★高等学校　10/14 11/11

授業参観可（中学校の説明会のみ上履き持参）

| 見学できる行事 |

巣園祭文化祭　9/16・9/17

巣園祭体育祭　9/21（国立競技場）

※詳しくはホームページをご参照ください。

説明会・行事等は日程・内容が変更される場合があります。必ず学校HP等でご確認ください

杉並学院高等学校
すぎ なみ がく いん

〒166-0004 東京都杉並区阿佐谷南2-30-17 ☎03-3316-3311 学校長 山田 道夫

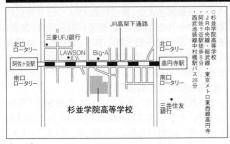

〈URL〉https://www.suginami.ed.jp/

沿革 大正12年（1923）奥田裁縫女学校創立。昭和15年（1940）前田高等家政女学校を創立、同22年（1947）新学制により菊華中学校・高等学校に改称。平成12年（2000）杉並学院中学校・高等学校に校名を変更、男女共学化。同27年（2015）中学校募集停止。令和4年（2022）より新カリキュラムを導入しました。

校風・教育方針

建学の精神は「自立・成楽──社会に役立つ人であれ」。自ら考え判断し、責任ある行動を取ることのできる人間になり、学ぶことの楽しさや努力することの価値を知り、一生を生き生きとたくましく生きる力を身につけてほしいという思いが込められています。さらに、一人ひとりの個性、創造性を磨き、豊かな人間性を培うことにより、社会に貢献する有為の人材を育成することを教育理念に掲げています。校風は、明るく活気に満ちており、教員の情熱と生徒たちの明るさが学校の雰囲気を作り出しています。

カリキュラムの特色

特別進学コースと総合進学コースを設置しています。特別進学コースは、数学・英語で習熟度別の少人数制授業を実施し、きめ細かい指導により幅広い知識と思考力・表現力を養い、難関の国公立大・難関私立大への進学を目指します。総合進学コースは確かな学力を身につけ、国公立大・私立大をはじめとするさまざまな進路を目指します。多様な選択科目を設置し、生徒個々の進路実現を応援します。

1年生は両コース共通カリキュラムで学びます。特別進学コースは習熟度別授業を取り入れ、基礎から無理なくレベルアップしていきます。総合進学コースは特別進学コースと同じ進度で学習し、2年進級時には1年次の成績によって例年数十人が特別進学コースに変更しています。

2022年度からの新カリキュラムでは、1・2年生は基礎学力の定着に重点を置き、授業に集中して取り組める45分授業を7限まで実施。英語・国語・数学は、中高一貫校と同程度の時間数を確保しています。特に英語・数学は大幅に時間を増やして3年生の春頃までに授業範囲を終え、3年生からは演習中心の授業になります。また、ICTの充実にも力を入れ、生徒全員にiPadを配布し、教室には電子黒板を配備しています。情報活用社会に対応した質の高い情報教育を実践しています。

毎日の授業と連携して、生徒一人ひとりの学習効果を高めるために「杉並個別学習支援システム（SILSS）」を導入しています。質問がしやすいよう職員室近くに自習室を設置し、長期休業中には大学入試に向けた講座や英検など、資格試験に対応した講座を開講。学習理解度に合わせた動画・問題配信も行っています。希望者は有料で放課後個別学習カリキュラムの作成や対面型個別指導を受けられます。

国際教育

英語4技能の育成と国際文化の理解を目的とした留学プログラムを用意しています。

今春の進学実績については巻末の「高校別大学合格者数一覧」をご覧ください

夏休みには、オーストラリアの姉妹校への短期留学ができます。異文化での生活体験や語学研修を目的とした２週間のプログラムです。中期（４カ月）・長期（10カ月）留学は、カナダの公立高校に通学し、語学力、コミュニケーション力とともに、異文化に対する理解を深め、自らの意見を発信する力を養うことが目的。事前学習や帰国後のサポートも充実しています。

環境・施設設備

街に開かれた学校として、道路との境界には塀がありません。校舎エントランスにはヨーロッパの広場を思わせる三層吹き抜けのアトリウムが広がります。音楽室、調理室、図書ラウンジ、個別指導学習室やSGホールなど、使いやすく工夫を凝らした施設が整備されています。体育施設には、冷暖房完備のアリーナやランニングコースを備えた体育館、ナイター設備が整ったゴルフレンジ、畳とフローリングの床を備えたアネックスA、壁面に鏡を設置したアネックスB、トレーニングルームなどがあります。カフェテリアは160席の座席があり、温かい昼食がとれます。

生活指導・心の教育

３年間の高校生活を安全で楽しいものにするために、規則やマナーを守れるよう指導しています。

また、成長目標として次の６つを定めています。①学校での生活を通して知性・品位・社会性を身につける ②自分の判断や行動、心情を客観視できるようになる ③誰かの指示を待って行動するのではなく、自分で考えて行動できるようになる ④自分以外の他者に対して、優しさと思いやりを持てるようになる ⑤失敗したときは素直に反省し、成功したときは周囲に感謝する心を持つ ⑥暴力や暴言を慎み、平和や誠実を愛する心を持つ

学校行事・クラブ活動

６月に体育祭、９月に文化祭を開催。文化祭は一年を通して最も盛り上がるイベントです。修学旅行は２年生の秋に実施し、自主研修を交えながら幅広い文化や自然に触れます。

クラブ活動は80％の生徒が加入し、体育部、文化部ともに活発です。全国大会や都大会に出場経験のある部も少なくありません。

杉並区

高

共学

データファイル

■2024年度入試日程

募集人員	出願期間	試験日	発表日	手続締切日
推薦 120	1/15〜1/17	1/22	1/22	1/24
一般 280	1/25〜1/29	2/10か11	2/12	2/14※

※延納手続日は3/4

■2024年度選考方法・入試科目

推薦：書類審査、面接、作文（600〜800字・50分）
＊2023年度テーマ：「高校生活を通して、いかに自分を高めていくのか」または「感銘を受けた本と、そこから学んだこと」

【出願基準】内申　特別進学３科11か５科18か９科34　総合進学３科10か５科17か９科32　加点あり　９科に１があると原則不可　３年次の欠席10日以内

一般：英語（リスニングを含む）、国語、数学、面接

〈配点・時間〉国・数・英＝各100点50分

〈面接〉推薦・併願優遇：生徒グループ　一般（フリー）：生徒個人　重視

■指定校推薦枠のある主な大学

青山学院大　学習院大　國學院大　駒澤大　芝浦工業大　成蹊大　成城大　専修大　中央大　東京女子大　東京薬科大　東京理科大　東洋大　日本大　日本女子大　法政大　武蔵大　明治学院大など

■2023年春卒業生進路状況

卒業生数	大学	短大	専門学校	海外大	就職	進学準備他
449人	375人	1人	17人	0人	0人	56人

■2023年度入試結果　一般は併願／一般

募集人員		志願者数	受験者数	合格者数	競争率
推薦特進	120	22	22	22	1.0
総進		91	91	91	1.0
一般特進	280	388/41	329/38	329/34	1.0/1.1
総進		468/90	429/83	429/65	1.0/1.3
2次	若干	8	8	5	1.6

（学校説明会）要予約
入試説明会　10/21 10/28 11/4 11/18 12/2
個別相談会　11/25 12/9 12/12
（見学できる行事）
杉学祭（文化祭）　9/9・9/10（入試相談コーナーあり）

説明会・行事等は日程・内容が変更される場合があります。必ず学校HP等でご確認ください

東京
す

駿台学園中学校高等学校
すん だい がく えん

〒114-0002　東京都北区王子6-1-10　☎03-3913-5735　学校長　瀬尾　兼秀

〈URL〉http://www.sundaigakuen.ac.jp/

沿革　昭和7年（1932）、神田駿河台に創立。1947年4月駿台学園中学・高等学校となり、全日制（普通科・商業科）と定時制設置。高校は当初より男女共学。1963年現在の北区王子に移転。1991年中学校を再開。1998年高校商業科にかわり「体育コース」新設。2003年中学校男女共学化。2004年高校「特選コース」、2006年中学「特選クラス」新設。2010年体育コースを「スペシャリストコース」に改編、さらに2022年に学業も部活も高レベルを目指す「スペシャリスト・ハイブリッドコース」を増設。

校風・教育方針

創学の精神と校是「置かれた場所の第一人者」を目標に、生徒の個性を尊重しつつ、学業と「それ以外の何か」の間のバランス、さらに世界との接点をもつ、文武両道の開かれた教育がモットーです。

カリキュラムの特色

中学校は、6年一貫のカリキュラムを通して効率の良い進学指導を展開。生徒の習熟度に合わせ、より応用的な内容を扱う「特選クラス」と学力の確実な定着を図る「総合クラス」があります。

高校は、進路の多様化に対応し、難関大学進学を目指す**特選**、学習と部活の両立に適した**進学**、スポーツも学業も得意な人向けの**スペシャリスト・ハイブリッド**、部活やスポーツに熱中できる**スペシャリスト・オリジナル**の4コース制です。

国際教育

駿台学園では国際化社会で活躍するため、生徒

に「日本の外の世界と接した経験」を持ってほしいと考えます。海外サマースクール（中2〜高2対象。7月に2週間アイルランドへ）、国外修学旅行（高2・沖縄との選択制。旅行先はオーストリアやフランスなど）、同世代外国人長期留学生との交流、留学制度（条件次第で留年せず卒業可）、外国人講師との会話等々、様々なチャンスがあります。

環境・施設設備

校舎は鉄筋コンクリート2階建てと5階建ての校舎の他、4階建て体育館が隣接（すべて耐震構造）。アリーナはバレーボールコートが3面とれる広さ。他に剣道場、柔道場、ボクシングジムがあり、独スタインウェイ製フルコンサートピアノを持つ500人収容の小ホールもあります。2号館屋上にはニコン製20cm屈折式望遠鏡の天文台。2022年度体育館に空調機設置、校庭を人工芝化。また群馬県北軽井沢の林間施設「一心荘」には、テニスコート4面、75cm反射式望遠鏡の天文台があります。

「ほんもの」を見てやる気を引き出す教育

中学校では高校受験がない利点をいかし、様々な場所へ行きます。年5回の近郊での校外学習の他、中2で3泊（山陰・山陽）、中3で4泊（中部・京都）の旅行も実施。これらの旅で得た知見は自然に生徒の学習意欲を喚起し、大学受験にも役立ちます。高校の修学旅行は、国内外選択制です。

学校行事・クラブ活動

修学旅行、海外サマースクールのほか、体育祭・運動会（中高別）、文化祭（中高合同）や、

今春の進学実績については巻末の「高校別大学合格者数一覧」をご覧ください

🗓 **3学期制**　⏰ **登校時刻** 8:20　🍴 **昼食** 弁当持参、食堂、売店　📅 **土曜日** 平常授業

中学では英語フェスティバルもあります。

　部活も盛んで、高校の男子バレーボール部はインターハイ・春高ともに常連で優勝経験あり。サッカー部も都内強豪。ボクシング部もインターハイ常連です。その他、硬式野球、バドミントン、男女バスケットボール、フットサル、剣道、弓道、チアリーディングがあります。

　中学の男子バレーボール部は全国優勝6回の超強豪、女子も全国常連。軟式野球部は2022年度全国優勝、サッカー部も全国ベスト16の実績。文化部は中高合同が基本で、天文、演劇、書道、音楽・吹奏楽、ダンス、鉄道などがあります。

データファイル

■2024年度入試日程

中学校

募集人員		出願期間	試験日	発表日	手続締切日
1日午前	70	1/10～1/31	2/1午前	2/1	2/6
午後	10	1/10～1/31	2/1午後	2/1	2/13
2日午前	10	1/10～2/1	2/2午前	2/2	2/13
午後	10	1/10～2/1	2/2午後	2/2	2/13
4日	10	1/10～2/3	2/4午前	2/4	2/13
8日	10	1/10～2/7	2/8午前	2/8	2/13

高等学校　＊Web出願期間。出願書類提出は郵送

募集人員		出願期間＊	試験日	発表日	手続締切日
推薦 A	110	1/15～1/17	1/22	1/22	1/26
B		1/15～1/17	1/22	1/22	国公立発表翌日
一般1回	130	1/25～2/5	2/10	2/10	2/15（3回は2/20）延納手続者は国公立発表翌日
併願		1/25～1/29	2/10	2/10	
2回		1/25～2/5	2/11	2/11	
併願		1/25～1/29	2/11	2/11	
3回		1/25～2/14	2/16	2/16	

※推薦Bは併願・都外生対象（神奈川県生を除く）
※スペシャリスト・ハイブリッド、スペシャリスト・オリジナルは推薦A、一般1回と同日程（募集人員：推薦40人、一般20人）。要事前相談
※詳細は募集要項をご覧ください

■2024年度選考方法・入試科目

中学校

1日午前：2科または4科
1日午後・2日午前午後・4日・8日：1科選択（国・算・社・理・英から1科）＋内申（50点）
※通知表（9科45点・担任所見5点）と筆記試験の結果で合否を判断
〈配点・時間〉国・算＝各50分　理・社＝各40分　内申重視・1科選択型：国・算・社・理＝各50点40分　英＝50点50分　〈面接〉なし

高等学校　推薦：書類、適性検査（国数英）
【出願条件（推薦A）】内申　特選3科11か5科17　進学3科9か5科15か9科27　スペシャリスト・ハイブリッド3科9か5科14か9科26　スペシャリスト・オリジナル3科8か5科13か9科24

推薦B・併願優遇は推薦Aに＋1　加点制度あり
一般・併願優遇：国・数・英、面接（併願優遇はなし）
〈配点・時間〉国・数・英＝各100点50分
〈面接〉生徒個人　参考

■指定校推薦枠のある主な大学

上智大　東洋大　日本大　専修大　東京都市大　東京電機大　神奈川大　獨協大　帝京大　国士舘大　大東文化大　東京経済大など

■2023年春卒業生進路状況（定時制含む）

卒業生数	大学	短大	専門学校	海外大	就職	進学準備他
111人	75人	2人	17人	0人	10人	7人

■2023年度入試結果

中学校　男／女

募集人員		志願者数	受験者数	合格者数	競争率
1回午前	40	42/6	40/6	39/6	1.0/1.0
午後	10	9/0	3/–	2/–	1.5/–
2回午前	40	29/0	21/–	20/–	1.1/–
午後	10	4/1	2/1	2/1	1.0/1.0
3回	10	9/0	2/–	1/–	2.0/–
4回	10	9/0	5/–	5/–	1.0/–

高等学校　男／女　進学一般は追加試験含む

募集人員			志願者数	受験者数	合格者数	競争率
推薦	特選	110	7/4	7/4	7/4	1.0/1.0
	進学		64/30	64/30	64/30	1.0/1.0
	スペ	40	65/0	65/–	65/–	1.0/–
一般	特選	130	13/6	13/3	10/3	1.3/1.0
	進学		184/72	159/62	146/60	1.1/1.0
	スペ	20	3/1	3/1	2/1	1.5/1.0

学校説明会 Webにて要予約
★中学校　9/16　10/15　11/18　11/25　12/9　12/16　1/6　1/13　**個別相談会**　10/1　10/16
★高等学校　9/16　10/7　10/15　11/4　11/25　12/2　**個別相談会**　1/6　1/13
イブニング説明会（中高）　9/27

見学できる行事
文化祭　9/23・9/24（入試相談コーナーあり）
合唱コンクール（中学）　12/23

説明会・行事等は日程・内容が変更される場合があります。必ず学校HP等でご確認ください

東京 せ

聖学院中学校・高等学校
せい　がく　いん

〒114-8502　東京都北区中里3-12-1　☎03-3917-1121　学校長　伊藤　大輔

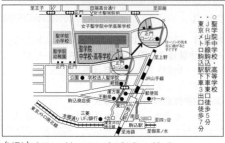

〈URL〉https://www.seigakuin.ed.jp/

沿革　明治39年（1906）、当時学習院教授であった石川角次郎が、米国ディサイプルス派の外国伝道協会宣教師ガイ博士の協力を得て聖学院中学校を創立。昭和22年（1947）聖学院中学校（新制）設置。同23年（1948）、聖学院高等学校を設置し、聖学院中学校・高等学校と改称しました。

校風・教育方針

聖学院はプロテスタントに属するキリスト教学校の男子校です。一人ひとりが神様からかけがえのない賜物を与えられており、その賜物を発見するための様々なオンリーワン教育を展開しています。また、多彩なグローバル教育や豊富な探究・PBL型教育を行い、世界のために創造し貢献するためのマインドやスキルを育成しています。

カリキュラムの特色

「アドバンストクラス」と「レギュラークラス」の2コース制で、高校には2021年度から「グローバルイノベーションクラス」が誕生しました。それぞれ独自のカリキュラムではありますが、授業は探究型教育を軸にしており、自分達の力で課題を発見し、その解決に向けて議論と探究を重ね、表現していくことを大切にしています。

中2～高2では毎年1回、宿泊型体験学習を実施。中2北アルプス登山、中3糸魚川農村体験学習、高1ソーシャルデザインキャンプ、高2沖縄平和学習などを通して、苦労や困難な中での人間関係を構築し、新たな価値観を育てます。

グローバル教育の一つである高いレベルの英語教育は、社会とつながるツールとしての英語を目指し、4技能をバランスよく育てています。また、希望者参加型の海外研修は、米英豪でのホームステイプログラム、タイ・カンボジアでのPBL型研修を用意しています。これらの実体験が進学実績にも表れ、2020年度は米国ペンシルバニア大やワシントン大といった超難関大学へ複数人が合格しています。

環境・施設設備

JR駒込駅より徒歩5分の高台、閑静な住宅地に位置し、近くには六義園や旧古河庭園といった都内有数の名園があります。

校舎は「光と水と風のシンフォニー」をコンセプトにした設計です。全館冷暖房完備、耐震構造で、講堂、6つの理科実験教室、図書館、フューチャーセンター、ファブラボ、パノラマコートなど最新の設備がそろい、機能性と居住性を採り入れた空間になっています。

心の教育・生活指導

毎朝15分の礼拝から一日が始まり、静かに自分と向き合う時間を経て、その日の授業に臨みます。終礼では「自学作戦タイム」を10分間設定し、「できたこと生徒手帳」と「自学ノート」を運用し、自学自習を習慣化させる取り組みを行っています。また、OBの大学生チューターによる学校生活をサポートする基地があり、生徒が勉強や進路のこ

今春の進学実績については巻末の「高校別大学合格者数一覧」をご覧ください

となどを気軽に相談できる仕組みがあります。

学校行事・クラブ活動

　11月の創立記念祭（文化祭）は、生徒達が自分達の手で作り上げる最も盛り上がる学校行事です。中学では10月の自由研究発表会、英語スピーチコンテスト、高校では9月に課題研究発表会があります。母の日礼拝やクリスマスツリー点火式などキリスト教学校ならではの行事も行っています。

　クラブ活動は自分の居場所を見つける絶好の場であり、それぞれが熱心に活動をしています。PBL型課外活動も活発で、みつばちプロジェクトやSDGsプロジェクト、中学グローバルイノベーションLabは聖学院を代表する取り組みです。

データファイル

■2024年度入試日程

中学校　国際生の試験日は11/11（オンライン）か12/2

募集人員		出願期間	試験日	発表日	手続締切日
英語特別	5	1/10～1/31	2/1	2/1	2/6
1回一般	60	1/10～1/31	2/1	2/1	2/6
1回アド	30	1/10～1/31	2/1午後	2/1	2/6
2回一般	20	1/10～2/1	2/2	2/2	2/6
2回アド20/特待生	5	1/10～2/1	2/2午後	2/2	2/6
3回アド	10	1/10～2/3	2/3午後	2/3	2/6
ものづくり思考力	15	1/10～1/31	2/1午後	2/1	2/10
デザイン思考力	10	1/10～2/1	2/2午後	2/2	2/10
G思考力特待	5	1/10～2/3	2/4	2/4	2/10
オンリーワン表現力	5	1/10～2/3	2/4	2/4	2/10

高等学校　国際生の試験日は11/11（オンライン）か1/22

募集人員		出願期間	試験日	発表日	手続締切日
推薦	5	1/16～1/19	1/22	1/22	2/9
一般・併優	10	1/25～2/7	2/11	2/11	2/15

■2024年度選考方法・入試科目

中学校

一般・アドバンスト：2科か4科　**特待生**：2科、面接　**英語特別**：英語、面接（英語・日本語）（英検4級以上取得者対象。TOEFL Junior®670点以上または英検準2級以上は筆記試験を免除）

ものづくり思考力・デザイン思考力：思考力、協働振り返り　**グローバル思考力特待**：思考力、協働振り返り、面接　**オンリーワン表現力**：グループプレゼン、協働振り返り

国際生：〈A方式〉英語、面接（英語・日本語）〈B方式〉国・算、面接（日本語）〈オンライン国際生入試〉英作文あるいは思考力、面接（英語・日本語）

〈配点・時間〉国・算・英＝各100点50分　理・社＝各50点計50分　思考力＝80分

高等学校

推薦：英語（60分）、思考力（90分）、面接（20分）

一般・併願優遇：英語（100点60分）、思考力（100点90分）、面接（20分）

国際生：A方式＝英語、面接（英語・日本語）B方式＝英語、思考力、面接（日本語）　オンライン国際生入試＝英作文、面接（英語・日本語）

■2023年春併設大学への進学

在学中一定の成績を修めた者に資格が与えられます。

聖学院大学－1（政治経済）

■指定校推薦枠のある主な大学

東京理科大　青山学院大　立教大　国際基督教大　学習院大　成蹊大　明治学院大など

■2023年春卒業生進路状況

卒業生数	大学	短大	専門学校	海外大	就職	進学準備他
118人	89人	0人	3人	0人	2人	24人

■2023年度入試結果

中学校　思考力はものづくり思考力／デザイン思考力

募集人員		志願者数	受験者数	合格者数	競争率
1回一般60/英語5		158/12	139/11	72/6	1.9/1.8
1回アド	30	238	213	76	2.8
2回一般	20	236	137	45	3.0
2回アド20/特待5		200/14	94/10	28/1	3.4/10.0
思考力	15/10	50/33	49/24	22/11	2.2/2.2
3回アド	10	217	71	25	2.8
G思考力5/表現力5		18/37	10/19	6/9	1.7/2.1

高等学校　推薦／一般

募集人員	志願者数	受験者数	合格者数	競争率
推薦約5/一般約10	1/3	1/3	1/1	1.0/3.0

学校説明会　すべて要予約

学校HPでご確認ください。

学校HPはこちらから▶

学校体験会　9/16　10/21
校内見学会　9/9　10/7　11/11
オンライン学校説明会　11/17
入試対策説明会　11/25　12/23　1/13
高校オンライン学校説明会　9/2　10/28
国際生入試オンライン説明会　10/14

見学できる行事

創立117周年記念祭（文化祭）　11/2・11/3

説明会・行事等は日程・内容が変更される場合があります。必ず学校HP等でご確認ください

東京
せ

成蹊中学校・高等学校
（せい けい）

〒180-8633　東京都武蔵野市吉祥寺北町3-10-13　☎0422-37-3818　学校長　仙田　直人

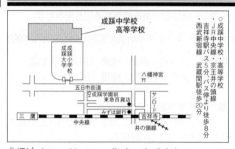

成蹊中学校
高等学校

成蹊
大学
小学校

八幡神宮

五日市街道

成蹊学園前
東急百貨店

みずほ銀行　吉祥寺

三鷹　中央線　井の頭線

○成蹊中学校・高等学校
・JR中央線・京王井の頭線
　吉祥寺駅バス5分バス停より徒歩5分
・西武新宿線武蔵関駅徒歩20分
　バス停より徒歩8分

〈URL〉https://www.seikei.ac.jp/jsh/

沿革　明治39年（1906）成蹊園を開塾。明治45年（1912）、成蹊実務学校として池袋に創立。その後、大正3年（1914）成蹊中学校を創設、同13年（1924）吉祥寺に移転し、その翌年成蹊高等学校（7年制）を創設。昭和22年（1947）新制中学校、同23年（1948）、新制高等学校として再発足。

個性と多様性の尊重
根底からの学び、多彩な進学先

　成蹊学園は、1912年の創立以来、創立者中村春二が画一的教育に陥ることを憂えて提起した理念、「個性の尊重」「品性の陶冶」「勤労の実践」を100年にわたって堅持してきました。人格、学問、心身にバランスのとれた「人間教育」を実践したい、という中村の言葉からは、教育はつまるところ人間づくりであるという明確な意思を読み取ることができます。この理念に共鳴した親友、岩崎小弥太（三菱4代目）と今村繁三（今村銀行頭取）の支援を受けて始まった成蹊学園は、今日では武蔵野市吉祥寺に、小学校から大学・大学院まで約27万平方メートルのキャンパスを擁する総合学園となっています。

多彩な生徒たちがともに学ぶ意味

　成蹊中学校には3種類の入り口があり、背景の異なる生徒たちを迎えています。中学の入学試験、併設する成蹊小学校、さらに中学1年にだけ設置されている帰国生学級の「国際学級」には世界各地から、主に英語で教育を受けてきた生徒が入学します。

　成蹊小学校からの進学者はそれぞれ豊かな趣味

や得意分野を持ち、中学校で友人を増やせることをとても楽しみにしています。

　また、国際学級の生徒たちも授業以外のすべての学園生活、つまり、行事やクラブ活動は全員一緒になるので、自然に日本の学校になじんでいけるような配慮がなされています。

　このように、多様な背景を持つ個性的な生徒たちがともに学び、活動することの意義は大きく、異なる価値観同士のぶつかり合いと、異なる個性を尊重する寛容性の大切さを学ぶ体験、これらが日常的に展開されているのが成蹊中学・高等学校なのです。

創立当初よりリベラルアーツを重視

　成蹊では、一人ひとりが「本物に触れる」体験の中から、自身の「琴線に触れる」機会が多く作られており、創立当初からの教育が時代の変化に合わせ進化しています。その学びを深めるために、自ら課題を発見し、解決するための探究学習が充実しており、それにより、自身をみつめ、将来の目標をみつけることへとつながっています。

根源的体験としての国際理解教育

　成蹊では、外国語によるコミュニケーション能力を持ち、国際社会で個性を発揮できる人材を育むため学園全体で国際理解教育に力をいれています。中高生を対象とした留学プログラムも多数用意しており、留学制度が充実しているのも成蹊ならではです。なかでも1949年から始まった米・名門セントポールズ校と1970年から始まった豪・カウラ高校との交換留学制度は両国とわが国の友好に資するものとして評価されており、追って米・

今春の進学実績については巻末の「高校別大学合格者数一覧」をご覧ください

3学期制　授業開始 8:30（授業前朝礼あり）　昼食 弁当持参、売店（高は食堂有）　土曜日 授業

名門のチョート・ローズマリー・ホール校と、フィリップス・エクセター・アカデミー校との交流も始まりました。カナダへのターム留学も開始され、ホームステイで異文化を体験するなど、語学だけにとどまらない経験を得られます。高校では常時留学生を受け入れているので、日常的に国際交流の機会が設けられており、国際社会の中で自分の人生を考える機会を生徒に提供しています。

多彩な進路を支える教育システム

細分化され、広い分野を網羅したカリキュラムのもとで偏りのない学習をする中から自らの興味

関心を発見するプロセスが、回り道のようですが最善のものです。中学校段階から国語、社会、数学、理科、英語は専門分野別に授業を行います。さらに、中学1年の英語の授業は1クラスを2分割し、小学校での英語指導状況に応じた少人数授業を行っています。また、高校1年の芸術科目で、「音楽」「美術」のほか「書道」「工芸デザイン」まで選択可能としている学校は、かなりの大規模校でも珍しいでしょう。このようなカリキュラムと、卒業生の協力を得た様々な進路ガイダンスなどの行事とが組み合わされて、多彩な進路を実現しています。

データファイル

■2024年度入試日程
※募集要項において9/30より学校HPに公開

中学校 一般1回に帰国生枠あり

募集人員	出願期間	試験日	発表日	手続締切日
一般1回 男約45 女約45	1/10〜1/24	2/1	2/2	※
2回 男約20 女約20	1/10〜24、2/2·3	2/4	2/4	
国際 中1男女約15	12/4〜12/10	1/8	1/8	
中2帰国 男女若干		1/8	1/8	

高等学校

募集人員	出願期間	試験日	発表日	手続締切日
推薦 男女約20	1/15〜1/17	1/22	1/23	※
一般 男女約60	1/25〜30、2/2·3	2/10	2/11	
帰国 男女若干	12/20〜1/11	1/22	1/23	
高2編入 男女若干	2/24〜3/7	3/14	3/14	

■2024年度選考方法・入試科目

中学校

一般：国語、算数、社会、理科

帰国：国語、算数、面接

〈配点・時間〉国・算＝各100点50分　理・社＝各50点30分

国際・中2帰国：国語、算数（中2帰国は数学）、英語、面接

〈面接〉生徒個人（国際・帰国）　重視

高等学校

推薦：書類審査、適性検査（国・数・英〈リスニングを含む〉＝各100点45分）、面接

一般・帰国：国語（帰国は古典除く）、数学、英語（リスニングを含む）、面接

〈配点・時間〉国・数・英＝各100点60分

〈面接〉生徒個人　参考

■2023年春併設大学への進学〈合格者数〉
進学条件は高校3年間の成績および出欠状況の基準を満たすと資格が得られます。成績上位者は、推薦資格を維持しながら他大を受験できる制度あり。

成蹊大学－108（経済20、経営34、法21、文23、理工10）

■指定校推薦枠のある主な大学
国際基督教大　慶應義塾大　早稲田大　中央大
上智大　立教大　東京理科大　北里大（医）など

■2023年春卒業生進路状況

卒業生数	324人
大学	269人
短大	2人
専門学校	0人
海外大	2人
就職	0人
進学準備他	51人

学部系統別　大学進学状況

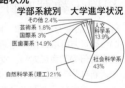

社会科学系 43%
自然科学系（理工）21%
医歯薬系 14.9%
人文科学系 13.9%
国際系 3%
芸術系 1.8%
その他 2.4%

■2023年度入試結果

中学校 男／女　1回は帰国生を含む

募集人員	志願者数	受験者数	合格者数	競争率
一般1回 男約45女約40	186/173	163/160	76/58	2.1/2.8
2回 男約25女約20	328/265	185/161	33/45	5.6/3.6
国際 約15	20/19	15/14	13/11	1.2/1.3

高等学校 男／女

募集人員	志願者数	受験者数	合格者数	競争率
推薦 約20	14/21	14/21	12/12	1.2/1.8
一般 約60	115/98	113/96	40/32	2.8/3.0
帰国 若干	28/35	27/34	15/16	1.8/2.1

学校説明会 全て要予約。詳細はHP参照
★中学校　10/7 11/4
入試対策講座（小6対象）　10/21 11/11
クラブ体験　10/7
★高等学校　10/14 11/25

見学できる行事 要予約
文化祭（中高合同）　9/30・10/1

説明会・行事等は日程・内容が変更される場合があります。必ず学校HP等でご確認ください

東京
せ

成女学園中学校・成女高等学校
（せいじょがくえん）（せいじょ）

〒162-0067　東京都新宿区富久町7-30　☎03-3351-2330　学校長　小泉　潤

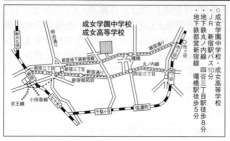

〈URL〉https://www.seijo-gk.ac.jp/

沿革　明治32年（1899）、成女学校創立。同41年（1908）、成女高等女学校と改称。昭和23年（1948）、成女学園中学校、成女高等学校となりました。令和元年（2019）、創立120周年を迎えました。

校風・教育方針

「社会で活躍できる自律・自立した女性の育成」という教育方針は、建学当時当たり前とされていた良妻賢母の教育に対し、女性の社会進出を推奨した斬新なものでした。今もこの精神を教育の指針とし、得意なことで未来を切り拓く「キャリア教育・表現教育・リーダー教育」を掲げています。

夢の実現の先にある社会において、自立し、活躍することができる生徒の育成に努めています。

カリキュラムの特色

授業の基本方針　生徒一人ひとりの進路に合わせたオリジナルのカリキュラムで、一対一対応をモットーに授業が行われます。

土台となる教養　基礎力オールチェック講座（英数国）を入学後に行い、苦手を克服します。大学生チューターが常駐する自習室の利用や、放課後の質問なども盛んで、サポート体制は万全です。

ICT教育では、入学時にChromebookを購入し、最新の教育コンテンツをはじめ、独自の教育システムを活用し、効率的に学習を進めています。どのような情勢でも双方向によるオンライン授業の環境が完備されています。

表現教育　6つのプログラム（トーク、ボイス、ミュージカル、フォト、エッセイ、デザイン）を

組み合わせ、年間を通して「私らしい」表現力を身につけていきます。2月には表現プログラムのまとめとして、各プログラムの総合発表会を行い、自身の考えや感情を表現する力を養います。

また、グローバル教育を表現教育と位置づけ、英語による表現にも力を入れており、「母国語を修得するように」学ぶことで「使える英語」を目指しています。国際感覚を養うために姉妹校であるInternational Pacific University New Zealand（IPUNZ）への留学・研修も積極的に行っています。

キャリア教育・進路指導　キャリア教育と自主研究ゼミを組み合わせ、得意や好きを伸ばす進路指導を行います。キャリア教育では、夢発見プログラムで自分の適性を見極め、夢実現プログラムで教科学習・面接練習・小論文演習を行います。

自主研究ゼミでは、進路に応じた研究テーマを設定し、ゼミに所属して研究を深め、大学で何を学びたいかを明確にします。また、プレゼンテーションを通して、効果的な発表の仕方を学びます。学校推薦型選抜（指定校制・公募制）や総合型選抜なども、自主研究での研究内容をもとに万全の体制で臨み、総合型選抜での受験は第一志望大学合格率100%の実績を誇っています。

資格取得講座（必修検定・選択必修検定）の授業では進路に合わせた資格取得が可能です。必修検定では、全校生徒が英検・漢検・パソコン検定・ニュース検定の合格を目指します。選択必修検定では、より専門的な検定を取得できるよう、数学検定、保育検定、食物調理検定、世界遺産検定、ペン字検定、色彩検定など多数の講座を開講しています。積極的に資格を取得することで将来の可

今春の進学実績については巻末の「高校別大学合格者数一覧」をご覧ください

能性を大きく拡げることができます。

環境・施設設備

　都営新宿線曙橋駅下車徒歩5分、丸ノ内線四谷三丁目駅下車徒歩8分、都バス市ヶ谷富久町下車徒歩1分と交通至便の地にありながら、住宅街の静かな環境にあります。全校空調設備が完備されており、特別教室として自習室、視聴覚室、PC室、音楽室、美術室、調理室、被服室、日本間、体育館、図書室、生徒ホールを備えています。校外設備として、千歳烏山に2,600坪の土地を有し、全天候型テニスコート、弓道場、学習寮があります。

生活指導・心の教育

　制服のスカートの裾に施された横に黒い一本線は、開学当時の生徒たちが学校を自治する際の戒めとして施したものです。以来、伝統的に生徒たちによるルール作りが行われています。なんのためのルールなのか、なぜダメなのか、これを考え

ることにこそ意義があると考えています。
　マナー（挨拶や言葉遣いなど）は大切と考え、社会に出ても恥ずかしくない生徒を育てるべく、礼法やマナーの授業を通して和と協力の精神を培っていきます。

学校行事・クラブ活動

　リーダー教育の一環として、学校行事は生徒が主体となって行事ごとにプロジェクトを立ち上げ、企画・運営しています。自分たちで作るからこそ、思い出深い行事となっています。野遊会（遠足）、体育祭、林間学校、創立記念祭（文化祭）、芸術鑑賞会と多数の行事があり、この他にも生徒たちが企画するミニイベントも楽しく行われています。
　部活動は運動部ではテニス部、バレー部、剣道部、ダンス部が活躍しており、文化部では公式大会でも顕著な成績を収める軽音楽部や食文化部をはじめ、美術部、音楽部、写真部、英会話部、茶道部、華道部、書道部などが活躍しています。

データファイル

■2024年度入試日程

中学校

募集人員	出願期間	試験日	発表日	手続締切日
1回 ⎫ 15 2回 ⎭	1/15～1/30 1/15～1/30	2/1 2/2	2/3 2/3	2/6 2/6

高等学校　※第一志望校発表翌日まで延納可

募集人員	出願期間	試験日	発表日	手続締切日
推薦A・B ⎫ 30 特別推薦 ⎭	1/15～1/19 1/15～1/19	1/22	1/23	1/25
一般1回 ⎫ 30 2回 ⎭	1/25～2/8 1/25～2/8	2/10 2/11	2/14	2/16※

■2024年度選考方法・入試科目

中学校

1回・2回：国語（200字程度の小作文を含む）、算数または英語、面接　※専願入試（2/1のみ）は英検・数検4級で英・算免除
〈配点・時間〉国・算・英＝各100点50分
〈面接〉保護者同伴

高等学校

推薦A：書類審査、作文、面接（保護者同伴）
推薦B・特別推薦：書類審査、作文、適性検査（国数英）、面接（保護者同伴）
【出願条件】内申　A・B：5科15か9科27（併願優遇は9科30）　加点あり　3年次欠席10日未満　特別：基準なし

一般：国語、数学、英語、作文、面接（生徒個人）
※専願入試（2/10のみ）は国語、数学または英語、面接（生徒個人）
※資格活用制度は漢検・数検・英検3級取得で該当科目に加点
〈配点・時間〉国・数・英・作文＝各100点50分
〈面接〉推薦は保護者同伴、一般は生徒個人　重視

■指定校推薦枠のある主な大学

東京農業大　日本獣医生命科学大　日本薬科大　実践女子大　女子栄養大　女子美術大　東京純心大　昭和音楽大　宝塚大など

■2023年春卒業生進路状況

卒業生数	大学	短大	専門学校	海外大	就職	進学準備他
16人	12人	0人	4人	0人	0人	0人

■2023年度入試結果

中学校・高等学校　公表していません

学校説明会　要予約（一部を除き中高同日開催）
学校説明会　9/16 11/3 12/2 2/17 3/2　中学のみ10/21 11/11　高校のみ10/7 1/27
オープンスクール　9/30　**入試対策講座**　11/18
個別相談会　12/9 2/3　**入試直前対策**　1/13
見学できる行事　要予約
創立記念祭（文化祭）11/3(入試相談コーナーあり)

成城中学校・高等学校

〒162-8670　東京都新宿区原町3-87　☎03-3341-6141　学校長　岩本　正

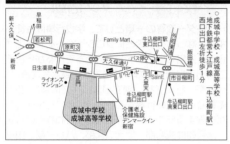

〈URL〉https://www.seijogakko.ed.jp

沿革　明治18年（1885）、日高藤吉郎が文武講習館を創立。翌年、成城学校と改称。林間学校・臨海学校を全国に先駆けて開設。平成27年（2015）、創立130周年を迎えました。

校風・教育方針

文武両道の実践による「知・仁・勇」を備えた男子の育成を継承してきた成城は、リーダー育成の伝統校です。授業を第一とし、クラブ活動などの学年を超えた集団活動によって、生徒はリーダーとしての素養を身につけていきます。時代に合わせた新しい学びも取り入れ、次代をたくましく生きる人間力の高いリーダーの育成をめざしています。

カリキュラムの特色

2021年度より完全中高一貫校化しました。それにともないカリキュラムを改編し、新学習指導要領にも合わせて変更・実施がされています。

1. 2年ずつ3つに分けた教育課程

中高6カ年を2年ずつ3つに分け、時期に適した指導を行っています。「基礎学力養成期（中1・中2）」では、日々の小テストによって学習の到達度をチェックし、居残り学習、再テストを通して、自学自習の習慣化を促します。生徒の知的好奇心を刺激する探究型学習を各所に取り入れながら、基礎学力の定着を図るとともに、高次の学習への礎石を作ります。「進路決定期（中3・高1）」ではさまざまなキャリア教育を通して将来設計と課題発見を促します。「実力完成期（高2・高3）」

は進路別クラス編成になり、長期休業中は分野・レベルを細かく分けた多数の進学講習を開設して「希望する進路実現」をサポートします。

2. 新科目の設定

「総合的な学習の時間」を活用して、学校独自の授業を設定しています。中1「数学統計」では、ビッグデータ時代に対応すべく統計学の基礎を学びます。その他にもプレゼンテーションスキルを学ぶ中3の「国語表現」、ネイティブ教員によるライティング授業の高1「英語表現」などが設定・実施されています。

3. グローバルスタディズ・プログラム（中3〜高2）

カリフォルニア大学等の大学生を成城に招いて行う校内研修（希望制）で、議論・企画・発表をすべて英語で行い、異文化理解・自己確立を促します。2015年度より台湾とオーストラリアで海外研修（希望制）を開始。グローバル時代のリーダーを育成しています。

4. 進学講習（高1〜高3）

夏期・冬期に実施。教材費などの実費を除き全て無償。基礎から教養、個別大学の入試対策まで、多種多様な講座が開講されます。

5. 高校3年次2コース制

高2から文系・理系の2コースに分かれます。高3も文理の2コースを継続し、大学入試方式の多様化に対応できるよう、選択科目を多数用意しています。文理共通の「小論文演習」や「数学演習」などがあります。

今春の進学実績については巻末の「高校別大学合格者数一覧」をご覧ください

🏫 3学期制　📅 登校時刻 8:30　🍴 昼食 弁当持参、食堂、パン販売　📅 土曜日 授業

周辺環境・施設

　都営大江戸線「牛込柳町」駅西口から徒歩1分、大通りや繁華街を通らずに通学できます。大学・研究施設に囲まれた高台に立地し、学習には最適の環境です。

　2015年1月に校舎がリニューアル。チューター常駐の自修館（自習室）、3万5千冊蔵書の図書館、人工芝のグラウンド、バスケットボールコート2面をとれる体育館、地下体育室、屋外温水プールなど、文武両道の実践をハード面でも完全サポート。

生活指導

　男子の特性を熟知している成城では、成長段階に応じて、他律から自律へと促し、自治自律の精神修養を目指しています。知性を高める第一の機会と捉え、授業規律の遵守を指導するとともに、敬愛親和の精神を養い、自他の命・財産を大切にする姿勢を育てます。また、さまざまな課外活動を通して試行錯誤の機会を提供し、あらゆる困難を前にしても解決しようとする力を養います。知・仁・勇が示す徳性は、時空間を問わず必要な普遍的資質であり、こうした資質の涵養こそが生活指導の指針となっています。

学校行事・クラブ活動

　創立以来、文武両道の実践を推進してきた成城では、課外活動を教科教育と同様の大切な教育の場と捉えています。臨海学校には、指導力のある高2が補助員として選抜され、中1の修泳をサポートします。文化祭には延べ約1万人が来場し、各クラスの出店、有志によるウォーターボーイズ、各クラブの招待試合など大いに盛り上がります。

　クラブ活動は野球・サッカー・自転車などの運動部、吹奏楽・鉄道研究などの文化部、釣り・歴史研究などの同好会と計40団体あり、部活動や生徒会活動に熱心な生徒ほど学習成績が良いという傾向があります。

データファイル

■2023年度入試日程（参考）

中学校

募集人員		出願期間	試験日	発表日	手続締切日
1回	100	1/10～1/31	2/1	2/1	2/5
2回	140	1/10～2/2	2/3	2/3	2/5
3回	40	1/10～2/4	2/5	2/5	2/6

高等学校

募集を行っていません

■2023年度選考方法・入試科目（参考）

中学校

1・2・3回：4科

〈配点・時間〉国・算＝各100点50分　理・社＝各60点30分

〈面接〉なし

■指定校推薦枠のある主な大学（前年度参考）

早稲田大　慶應義塾大　上智大　明治大　青山学院大　立教大　中央大　法政大　医学部医学科3、歯学部歯学科9、薬学部薬学科13など、85大学463人の推薦枠があります。

■2023年春卒業生進路状況

卒業生数	大学	短大	専門学校	海外大	就職	進学準備他
253人	196人	0人	5人	0人	0人	52人

現役合格率	88.5%（大学合格者数÷卒業者数）

■2023年度入試結果

中学校

募集人員		志願者数	受験者数	合格者数	競争率
1回	100	396	362	134	2.7
2回	140	1,056	685	228	3.0
3回	40	809	457	70	6.5

▼▼入試アドバイス・学校からのメッセージ

1・2・3回とも、難易度は同じになるよう、作問されています。

学校説明会 要予約
★中学校
9/27 10/14 10/28 11/1 11/25 1/10
見学できる行事
成城祭（文化祭）9/16・9/17
　　　　　　　　（入試相談コーナーあり）
クラブ見学会（一部の部会）11月（要予約）

説明会・行事等は日程・内容が変更される場合があります。必ず学校HP等でご確認ください

成城学園中学校 高等学校

せいじょうがくえん

〒157-8511　東京都世田谷区成城6-1-20　☎03-3482-2104　学校長　中村 雅浩

成城学園中学校高等学校

〈URL〉https://www.seijogakuen.ed.jp/chukou/

沿革　大正6年（1917）、成城小学校創設。大正11年（1922）成城第二中学校開設。昭和22年（1947）成城学園中学校・高等学校と改称し、男女共学校となりました。

校風・教育方針

創設者の掲げた教育理想「個性尊重の教育」「自然に親しむ教育」「心情の教育」「科学的研究を基とする教育」の実現と、時代の要請に応えた質の高い教育をめざしています。そのために、①個性尊重の教育、②自由な教育環境、③少人数教育、④国際理解教育の4つを重点目標としています。

カリキュラムの特色

6年間の中高一貫教育のなかで教育を考えています。中学は35人学級の7クラスの少人数HR編成、高校では、40人程度の学級7クラス編成となっています。そのために、中学校では基礎教育を重視した密度の濃い学習と、独自の学校行事を豊富に採り入れた特色あるカリキュラムを組んでいます。また、中高共に授業によってはクラスを分割して20人以下で行う少人数授業を導入しています。

中学生には補習として、定期試験の前に、学習が遅れがちな生徒を呼んで、7・8時間目に補習を行う「R週間」を行っています。

また、中学卒業を前にした3年の3学期に限って、週4時間の選択授業を実施しています。音楽、美術、書道、技術家庭を約20の講座に分け、希望の1講座を選んで受講できます。

高等学校では、1年生は全員が必修科目を中心に基礎的な学力の養成を図ります。2、3年生では、進路希望別の3コース制となっています。

50年以上の歴史を誇る「自由研究」をさらに進化させた「ゼミナール」が2023年度よりスタートしました。生徒自身でテーマを掲げて視野を広げながらテーマを掘り下げ、発信する力を養う成城学園独自の探究学習です。

また、修学旅行のかわりに「課外教室（校外学習）」を実施しています。学年を超えてさまざまなテーマのもとに希望者が集い、本物の体験をすることが目的です。

環境・施設設備

小田急線成城学園前駅から近く、広いキャンパスには、川が流れ、校舎を包み込むように木々が生い茂っています。2016年3月に中高一貫の新校舎が完成しました。2017年には、理科8実験室のサイエンスゾーンや芸術棟などの校舎改修が完了しました。その他、澤柳記念講堂など施設設備は充実しています。校外施設として、長野県軽井沢の白樺荘、神奈川県伊勢原市の伊勢原合宿所等があります。

自学自習・自治自律の教育

学校は枠にはめることをせず、一人ひとりの個性と自主性を尊重し、可能性に期待しています。一方、生徒は、自由の大切さを理解し、責任と自覚を持って行動しています。教師と生徒、上級生と下級生が気軽に語り合い、協力しあう自由な校風が伝統ですが、自由についての責任の自覚は学

今春の進学実績については巻末の「高校別大学合格者数一覧」をご覧ください

🏫 **3学期制**	🕐 **登校時刻** 8:30	🍴 **昼食** 弁当持参、売店、食堂有	📅 **土曜日** 授業

世田谷区

中

共学

高

共学

園生活を送るなかで自ずと醸成されています。

学校行事・クラブ活動

　生命の教育を主として行う1年生の「海の学校」、槍ヶ岳・白馬岳など北アルプスを登山する2年生の「山の学校」は中学校の特色を表す行事ですが、さらに全校規模の行事として球技大会、10キロの強歩大会、体育祭、文化祭、合唱コンクールなどバラエティに富んだ行事があります。ほかにも、音楽鑑賞会、海外の姉妹校マクダナ校からの来訪など、ユニークな行事がたくさんあります。

　クラブは、各クラブとも活発な活動をしています。中学校のクラブは文化部は文芸、ギター、演劇、吹奏楽など。運動部は野球、男女サッカー、ラグビー、男女テニスなど計27部あります。

　高校はメディアアート、美術、茶道、クライネスコンツェルトなど文化系は13部。スポーツ系は、男女サッカー、野球、ラグビー、男女バスケットボール、柔道、ゴルフなど22部あります。運動部の中には、都内で屈指の強豪クラブもいくつかあります。

データファイル

■2024年度入試日程

中学校

募集人員	出願期間	試験日	発表日	手続締切日
帰国生男女 約10	11/28～12/12	12/20	12/20	1/10
一般1回男女約70	1/10～1/26	2/1	2/1	2/8
一般2回男女約50	1/10～1/26・2/1～2/2	2/3	2/3	2/8

高等学校

募集人員	出願期間	試験日	発表日	手続締切日
推薦約20	1/15～1/17	1/22	1/23	1/25
一般約40	1/27～2/5	2/12	2/13	2/16

■2024年度選考方法・入試科目

中学校

一般：国語、算数、理科、社会
帰国生：基礎学力テスト（国語、算数）、面接
〈配点・時間〉一般＝国・算＝各100点50分　理・社＝各50点25分　帰国＝国・算＝各100点40分
〈面接〉帰国生のみ生徒と保護者を別々に面接

高等学校

推薦：書類審査、面接、作文（600字程度60分）
【出願条件】内申9科36　1、2があると不可　英検準2級合格、生徒会長、皆勤などで優遇
一般：国語、数学、英語（リスニングあり）、面接
〈配点・時間〉国・数・英＝各100点60分
〈面接〉生徒個人（推薦は生徒グループも実施）　推薦は重視、一般は参考　【内容】志望動機、中学校での生活、高校生活への抱負など

■2023年春併設大学への進学

約60％が成城大学へ推薦で進学しています。高校3年間の成績・生活面で一定の基準に達した者が入学を許可されます。

成城大学－152（経済63、文芸43、法12、社会イノベーション34）

■指定校推薦枠のある主な大学

青山学院大（経営・文）　学習院大（理・法・文）　慶應義塾大（理工）　北里大（医）　上智大（文・総合人間科・法・経済・理工・外国語）　中央大（総合政策・法）　東京理科大（創造理工）　立教大（コミュニティ福祉）　早稲田大（先進理工）など

■2023年春卒業生進路状況

卒業生数	大学	短大	専門学校	海外大	就職	進学準備他
274人	245人	1人	0人	0人	0人	28人

■2023年度入試結果

中学校　男／女

	募集人員	志願者数	受験者数	合格者数	競争率
1回	77	233/258	215/240	66/53	3.3/4.5
2回	56	329/383	208/260	41/37	5.1/7.0
帰国	約10	15/17	14/15	8/11	1.8/1.4

高等学校

募集人員		志願者数	受験者数	合格者数	競争率
推薦男	約20	5	5	4	1.3
女		31	31	24	1.3
一般男	約40	78	66	11	6.0
女		130	115	35	3.3

┌─────────────────────────┐
│ **学校説明会** 要予約
│ ★中学校
│ 10/7　11/11　12/23
│ ★高等学校
│ 10/7　11/11　12/16
│ **見学できる行事**
│ 文化祭　11/2・11/3
│ 飛翔祭（中高体育祭）　9月
└─────────────────────────┘

説明会・行事等は日程・内容が変更される場合があります。必ず学校HP等でご確認ください

東京
せ

正則高等学校

〒105-0011　東京都港区芝公園3-1-36　☎03-3431-0913　学校長　千葉　修一

〈URL〉https://www.seisoku.ed.jp/

沿革　1889年（明治22年）、人間としての広がりのある「正則」な教育を精神として創立。2000年度、男子校から共学校として新しくスタート。

校風・教育方針

「特進」を設けず、すべて同じ「普通クラス」という、今日の私立高校の中にあって、独自の生き方をしている高校です。

生徒たちは成績や進路で分けへだてし合うことなく、勉強と、クラス活動や行事に一生懸命に取り組み、そして部活動にも燃える、「活気と充実感のある高校」です。

今日の複雑な社会の中にあって「本来の学校らしさ」を失うことなく求め、学習指導、生活指導、進路指導のどれをも大切にし、すべての生徒が希望する進路を実現していく学力をつけることをめざしています。

生徒たちは3年間、しっかりと勉強をし、人間として成長しつつ、「社会でまともに生きていく力」をつけて、多くの生徒が大学に進学しています。今春の4年制大学進学率は86.1%です。

全員がタブレットを手にして学習に臨みます。オンライン学習や仲間の声を画面で共有しながらの学習などを進めています。

カリキュラムの特色

① 「特進」がないので、すべての生徒が同じスタートラインに立って学習をスタート。「共通授業」では、社会で生きていく上で大切な、そして、どんな進路に進むにも必要な学力を、すべての生徒につけるようにしています。

② 2・3年生に「選択授業」を導入し、そこで進路に合わせた講座を各自が選び、必要な進学学力を重点的につけられる独自のカリキュラムを採用しています。

Information

★「感動」と「熱意」が伝わってくる！
（「説明会」出席者の声・アンケートから）

● 校長先生のお話に感動しました。本当に人として成長するために必要なことを学ばせていただける高校だと思いました。

● いくつかの説明会に参加しましたが、生徒さんの様子がとても好印象で、学校の熱意が伝わってくる説明会でした。

★ しみじみ入学できてよかったと…
（在校生保護者の声・アンケートから）

● 学校見学会で一目惚れして以来、一度も期待を裏切られていません。本来の学校教育がきちんとされています。入学させていただいて良かったとしみじみ思っております。

● 学校全体に活気があり、先生方も熱心さが伝わってきます。高校生になって一番の変化は自分から勉強に取り組むようになったこと。やはり環境が大切だと感じました。

今春の進学実績については巻末の「高校別大学合格者数一覧」をご覧ください

③放課後のいつでも自習ができ、難関大学の学生のメンターに気軽に質問ができる放課後学習の場を設け、主体的に学ぶ姿勢を育てます。

環境・施設設備

・東京タワーのもと、芝公園に隣接し、都心にあって学園にふさわしい緑豊かな閑静な環境にあります。
・全教室に冷暖房を完備しています。
・大型プロジェクターを備えた視聴覚２教室・最新機種を設置したコンピュータ教室・各種マシーンを備えたトレーニングルーム・５万冊の蔵書を備えた図書館などの施設設備が完備。

生活指導・心の教育

・勉強とともに、クラス活動や行事などの生徒の自主活動・集団活動を大切にしています。
・「けじめの中の自主」を求めて、「服装・身なり・持ち物」などにもけじめをつけるなかで、生徒の自主性を伸ばす指導をしています。
・真面目な生徒が自分を出し、伸びることができる校風の学校です。

学校行事・クラブ活動

・全クラス対抗の体育祭、秋の学院祭は全校で燃えあがり、その内容・質の高さで全国から注目されています。
・２年生では学習旅行で九州・沖縄を訪れ、社会のあり方や自分たちの生き方を考え合います。
・部活動　サッカー・バスケットボール・硬式野球・軟式野球・硬式テニス・ソフトテニス・バドミントン・バレーボール・卓球・剣道・空手・陸上・ラグビー・サイクリング・ダンス・吹奏楽・和太鼓・美術・科学・写真・軽音楽・演劇・書道・合唱

港区
高
共学

データファイル

■2024年度入試日程

募集人員	出願期間	試験日	発表日	手続締切日
推薦 160	1/15〜1/18	1/22	1/23	1/30
一般 160	1/25〜2/6	①2/10	2/11	}3/2※
		②2/12	2/13	

※詳しくは学校サイトにて確認

■2024年度選考方法・入試科目

推薦：Aは書類審査、面接、作文（400〜600字50分）＊2023年度テーマ「中学校生活を振り返り、自分の成長した点と改善すべき点」　Bは書類審査、面接、適性検査（国・数・英）
【出願条件】 Aは３科10または５科16または９科30　BはAの基準に満たないが第一志望の者
一般：国語、数学、英語、面接
〈配点・時間〉国・数・英＝各100点50分
第一志望者は試験結果に加点あり。併願者優遇（他校との併願者で成績基準を満たしていること）の出願条件３科10かつ５科16、検定・出席・自治活動にプラス点あり
〈面接〉生徒個人　重視
【内容】 志望動機、中学校での生活、高校生活への抱負など

■指定校推薦枠のある主な大学

法政大　武蔵大　國學院大　獨協大　日本大　駒澤大　専修大　東洋大　工学院大　東京電機大　東京農業大　東京都市大　東京医療保健大　玉川大　神奈川大　亜細亜大　大東文化大など

■2023年春卒業生進路状況

卒業生数	大学	短大	専門学校	海外大	就職	進学準備他
231人	199人	0人	10人	0人	0人	22人

■2023年度入試結果　男／女

募集人員		志願者数	受験者数	合格者数	競争率
推薦A		53/35	53/35	53/35	1.0/1.0
B	160	32/5	32/5	28/5	1.1/1.0
C		6/3	6/3	6/3	1.0/1.0
一般1回	120	169/133	162/129	145/120	1.1/1.1
2回	40	100/30	86/20	77/19	1.1/1.1

学校説明会 事前予約必要
9/2 9/9 9/16 10/14 10/21 10/28 11/4 11/11 11/18 11/19 11/23 11/25 12/2 12/9
イブニング学校説明会　9/22 12/1
見学できる行事
文化祭　9/30・10/1（説明会あり）

説明会・行事等は日程・内容が変更される場合があります。必ず学校HP等でご確認ください

高 正則学園高等学校
せいそくがくえん

〒101-8456　東京都千代田区神田錦町3-1　☎03-3295-3011　学校長　梨本　洋三

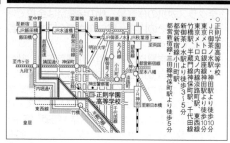

東京メトロ銀座線・半蔵門線・東西線神保町駅より徒歩5分
ＪＲ御茶ノ水駅・神田駅より徒歩10分
東京メトロ丸ノ内線淡路町駅・千代田線新御茶ノ水駅より徒歩5分
都営新宿線・三田線小川町駅より徒歩3分
正則学園高等学校

〈URL〉https://www.seisokugakuen.ac.jp/

沿革　明治29年（1896）正則英語学校設立。昭和8年（1933）正則商業学校開校。同23年（1948）学制改革により正則学園高等学校設置。同26年（1951）正則商業高等学校に名称変更。同48年（1973）現校名に改称。平成7年（1995）商業科廃止。同28年（2016）創立120周年。

校風・教育方針

建学の精神「正義人道」に基づき、創立以来、質実剛健な気風の中にも正義を愛し、人の道を重んじ、明朗誠実で情操豊かなリトルジェントルマンを育成してきました。「楽しく、有意義な学園生活」「規律ある学園生活」、「将来の夢をかなえられる学園生活」の実現を目指しています。

生徒一人ひとりが自分の夢を見つけられるように、先生が親身になって、生徒が未来へ向かう道案内をします。楽しく活気に満ちた校風の中、生徒の可能性を引き出す教育が特徴です。

カリキュラムの特色

基礎力から応用力まで無理なく身につけるため、生徒の個性・適性・能力を伸ばすコース制を導入しています。

「進学クラス」は、1年次に英語と数学の一部で少人数制のクラス授業を行い、わかりやすく丁寧な授業で一層の理解を図ります。

入学時には「特別選抜クラス」を編成します。進学クラスと比較して授業の速度も速く、より深く掘り下げた内容となっており、レベルの高い授業が展開されます。教科、学年によっては進学クラスとは異なる教材を使い、応用・実戦力を養成して難関大学への現役合格を目指します。

2年次には、特別選抜・進学の各クラスが文系・理系コースに細分化。大学進学に必要な科目を少人数授業で効率よく学びます。3年次は、希望する進路や生徒個人の特性・能力に合わせた選択履修ができるカリキュラムになっています。実践力を養い、志望大学合格を目指します。

放課後や夏季・冬季休暇中には、特別講習を実施しています。生徒一人ひとりに合ったカリキュラムとフォロー体制で学力を着実に身につけます。

「スポーツクラス」はスポーツ推薦入学が対象で、柔道、剣道、サッカー、野球、バスケットボールの指定強化クラブに所属する生徒で構成されています。全国大会や関東大会への出場を目指し、毎日稽古・練習に励んでいます。勉強面でも細かい指導が行き届き、クラブ活動で培われた集中力と皆勤率によって、高い進学率を挙げています。

進路指導は、職業についての理解を深め、進路設定と進路の方向性を確立できるように、早期からスタート。職業ガイダンス、進路ガイダンス、個別面談などを通して、職業観を培い、将来の目標をはっきりさせ、そのためにはどの大学・学部、または専門学校に進学すればよいかを明確にしていきます。さらに、多様化する入試制度への理解を深め、自分の学力を分析し、確固とした学習計画を立て、夢を実現させます。また、昨今の教育改革に伴い、生徒全員にタブレットを貸与し、ICT教育を推し進めています。

今春の進学実績については巻末の「高校別大学合格者数一覧」をご覧ください

3学期制 | **登校時刻** 8:15 | **昼食** 弁当持参 | **土曜日** 授業

環境・施設設備

　ＪＲ線２駅、地下鉄線６駅が通学に利用できます。都心という立地条件の中で生徒が学びやすく、活動しやすい環境を第一に考えています。校舎は地下２階地上７階建て、マグニチュード８クラスの地震に耐える構造です。３階のメディアセンター内のコンピュータエリアでは自主学習を進めるための書籍や機器がそろっています。

国際教育

　台湾の２つの高校と姉妹校提携を結んでいます。２年次に台湾、シンガポール、オーストラリア（予定）との選択制の修学旅行を実施します。台湾を訪れる際には姉妹校へ表敬訪問をし、歓迎式典や交流会を通して相互理解を深めています。またニュージーランドの２つの高校とは友好交流校提携を結んでおり、夏季休暇中の３週間、希望者対象の短期語学研修を実施。友好交流校に通う生徒宅にホームステイし、午前中は友好交流校の施設内で英会話のレクチャーを受講し、午後は様々なアクティビティに参加します。

生活指導・心の教育

　学園の伝統として、挨拶や服装、欠席、遅刻などの生活に関する指導はしっかり行っています。

学校行事・クラブ活動

　学園祭（紫紺祭）、体育祭をはじめ、テーブルマナー教室、球技大会、芸術鑑賞、スキー学校などの行事があります。

　クラブ活動は加入率75%。運動系クラブは、指定強化クラブの柔道、剣道、サッカー、野球、バスケットボールのほか、バドミントン、卓球、陸上競技、フットサル、バレーボールなど13部があります。文化系クラブは芸術、科学、放送、ビッグバンド、花いけ男子などの６部とハンディクラフト、eスポーツなど７の同好会が活動しています。

データファイル

■2024年度入試日程

募集人員	出願期間	試験日	発表日	手続締切日
A推薦	1/15〜1/18	1/22	1/23	1/26
B推薦	1/15〜1/18	1/22	1/23	※
一般　125	1/25〜2/5	2/11	2/12	2/17※

A推薦・B推薦は 125

B推薦は東京都、神奈川県以外の者が対象
※国公立高校第一志望者で出願時に入学手続きの延期を申請した者は第１志望校発表日の翌日

■2024年度選考方法・入試科目

推薦：書類審査、面接
【出願条件】 A推薦：内申３科（英＋国・数・理・社より２つ）９か９科25　B推薦：内申３科（英＋国・数・理・社より２つ）11か５科16か９科27　いずれも全科に１があると不可　基準に満たない場合でも、生徒会役員・クラブ活動経験、各種検定試験３級、皆勤、学校見学会・入試説明会・入試個別相談会参加は加点制度あり
＊スポーツ推薦入試あり
一般：英＋国・数・理・社から２科選択、面接
＊併願優遇の基準はB推薦と同じ、加点制度あり
〈配点・時間〉英＝100点50分　国・数・理・社から２科＝各50点計60分
〈面接〉生徒個人　きわめて重視　【内容】志望理由、入学後の抱負、将来の希望など
※特待制度あり

■指定校推薦枠のある主な大学

東京理科大　日本大　東洋大　駒澤大　國學院大　東京電機大　東京農業大　獨協大　など

■2023年春卒業生進路状況

卒業生数	大学	短大	専門学校	海外大	就職	進学準備他
184人	136人	1人	29人		6人	11人

■2023年度入試結果

募集人員	志願者数	受験者数	合格者数	競争率
推薦A	127	127	127	1.0
B　125	5	4	4	1.0
一般　125	257	255	237	1.1

▼▼入試アドバイス・学校からのメッセージ

・内申の３教科は英＋国・数・理・社から２教科
・一般入試の受験教科は、英＋国・数・理・社から２教科（60分各50点）

学校説明会 すべて要予約
入試説明会 11/11 11/25
個別相談会 9/9* 9/16* 10/7* 10/21* 10/28*
11/4 11/12 11/18* 11/19 12/2 12/3 12/9
12/10

＊は授業見学会あり

見学できる行事 要予約
紫紺祭 11/4(入試相談コーナーあり)

説明会・行事等は日程・内容が変更される場合があります。必ず学校HP等でご確認ください

聖パウロ学園高等学校

〒192-0154　東京都八王子市下恩方町2727　☎全日制042-651-3893　通信制042-651-3882　学校長　小島　綾子

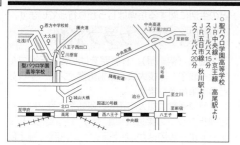

〈URL〉https://www.st-paul.ed.jp

沿革　昭和23年（1948）東京・赤坂に聖パウロ学園を創立。翌年、聖パウロ学園工芸高等学校を開設し、同47年（1972）校舎を八王子に移転するとともに、全寮制教育を開始。平成14年（2002）通学制・男女共学制がスタート。さらに同17年度より通信制を開始。同20年（2008）寮制度を廃止。

校風・教育方針

「人にしてもらいたいことは何でも、あなた方も人にしなさい（マタイによる福音書第7章）」、これがカトリックミッション校・聖パウロ学園のモットーです。一人ひとりのレベルに合わせて学力・個性を伸ばす独自の少人数制教育を行っています。そこから生まれる教師と生徒の深い絆が学びの意欲を育てます。

カリキュラムの特色

1学年定員80人3クラスの徹底した少人数教育だからこそできる対話型教育を日々展開。対話の中から、自ら課題を見つけ解決策を探究する課題探究型授業（PBL）を実践しています。

グローバルクラスでは、英語に特化したPBLを展開。英語4技能の学習から検定取得を目指します。セレクティブクラスでは、"学び直し"に重点を置き、確かな基礎学力の習得から、個性に応じた幅広い進路を実現していきます。

【グローバルクラス】

今までの英語への意識から脱却し、"英語に慣れる"イマージョン教育を重視したクラス。英語4技能（リスニング・スピーキング・ライティン

グ・リーディング）を習得し、CEFR B2レベル以上の到達を目指すことで、2020年度からの大学入試改革に対応しています。英語以外の教科においても、外国人講師による英語での説明を一部取り入れるなど、英語に触れる機会が大変多いのが特徴です。海外語学研修やスピーキング合宿も実施予定。さらに、0時間目（8時25分～）を利用した課題探究型授業（PBL）の実施により、対話の中で思考力や問題解決力を鍛えていきます。聖パウロ学園が築いてきた伝統的な少人数教育の実績に、21世紀型教育を融合したクラスです。

【セレクティブクラス】

9時15分から1日が始まるゆとりある時程の中で、各種講座からクラブ活動・委員会まで、生徒が自らの"学びのスタイルを選択"し、何事にも挑戦できる幅広い学校生活が送れます。21世紀型教育を基盤に、さまざまな授業で課題探究型授業（PBL）を展開。グローバル教育としては、中学英語からの学び直しを徹底フォロー。基礎学力を培い、大学進学を目指します。

●2大学習サポート

〔受験対策講座「ヴェリタス」〕

毎日放課後16時30分より開講される講座。一般入試対策はもちろんのこと、推薦・総合型選抜対策まですべての入試スタイルに対応します。

〔夜間100分学習〕

クラブ活動や委員会活動終了後に、教員監督の下、自習室や教室にて行われる自学自習会。学習習慣の確立や、学習環境の確保に効果的です。個別の質問対応や補習なども適宜行われています。

【2023年春　合格実績】

都留文科大1　上智大5　南山大2　聖心女子大

今春の進学実績については巻末の「高校別大学合格者数一覧」をご覧ください

4　清泉女子大1　日本大1　専修大2　大東文化大1　東海大1　玉川大2　亜細亜大2　桜美林大9　立正大3　帝京大17　拓殖大1など

※聖パウロ学園は併設されている通信課程（エンカレッジコース）があります。詳細はホームページ（左段上部に記載のURL）を参照してください。

環境・施設設備

　大きな森に包まれ、ゆとりの中で学ぶ理想的な環境です。23万㎡もの広大な校地（パウロの森）にはグラウンド、テニスコートのほか、ログハウスや芸術工房、馬場、厩舎が点在しています。

【ICT環境の充実】 電子黒板の一斉導入やタブレット端末による授業展開を予定。少人数教育だからこそ「持たせて満足」「やらせっぱなし」ではない授業があります。

【校内宿泊施設の活用】 学園内にヨーロッパ調建築の宿泊施設があります。夏期勉強合宿や部活動の合宿に幅広く活用しています。

生徒指導

　他者を思いやる心と、自律・自立した生活態度の育成に重点を置き指導しています。

学校行事・クラブ活動

【海外修学旅行】 異文化理解の一環として海外を訪れ、現地の人と交流し文化を肌で体感することでグローバルな視点を養成します。2023年度は4泊5日の行程でフィリピン・セブ島での英会話研修や現地校との交流を行い、日頃の授業で培った英語力を発揮する機会を設けています。

【学園祭】 全校で盛り上がる最大のイベントは、毎年秋に行われる「パウロ祭〈学園祭〉」。生徒だけではなく、父母の会も全面的にバックアップしてくれます（今年度は公開未定）。

【その他の行事】 新入生歓迎レク、自然体験学習、体育祭、クロスカントリー大会、クリスマスミサ、卒業生を送る会など、さまざまな行事が催されます。

【クラブ活動】 多くの生徒が学年の枠を超えて、仲間との交流を深めています。体育系では全国大会に出場した馬術部を中心に、硬式野球部、フットサル部、バスケットボール部、剣道部、卓球部、テニス部など、文化系ではハンドベルクワイア、美術部、吹奏楽部、ESS部など、さまざまなクラブが活動しています。

データファイル

■2024年度入試日程　＊併願優遇は延納可

募集人員		出願期間	試験日	発表日	手続締切日
全日推薦	30	1/15～1/17	1/22	1/23	1/25
全日一般1回	50	1/25～2/5	2/10	2/12	2/16＊
2回			2/12	2/14	2/16＊
エンカレッジ推薦	240	1/15～1/18	1/23	1/24	1/29
一般		2/1～4/19	2/11～	選考日の翌日	※

※エンカレッジ一般の手続締切は、合格通知後およそ一週間以内

■2024年度選考方法・入試科目

全日制推薦：作文、面接【出願条件】内申　グローバル5科15　セレクティブ5科13か9科26　両コースとも9科に1は不可

全日制一般：国語、数学、英語から2科選択、面接【出願条件】併願優遇　内申　グローバル5科16　セレクティブ5科14か9科27　9科に1は不可　第一志望・フリー入試は条件なし

〈配点・時間〉国・数・英＝各100点50分

〈面接〉推薦・一般ともに、生徒個人　重視　**【内容】** 志望動機、試験の感想、中学校での生活、入学後の抱負、将来の進路など

エンカレッジ　推薦・一般：書類選考、面接

■指定校推薦枠のある主な大学

上智大（特別入学試験）　聖心女子大　南山大　亜細亜大　玉川大　桜美林大　工学院大など

■2023年春卒業生進路状況

卒業生数	大学	短大	専門学校	海外大	就職	進学準備他
82人	69人	0人	9人	0人	1人	3人

■2023年度入試結果　全日制

募集人員		志願者数	受験者数	合格者数	競争率
推薦	30	58	58	58	1.0
併願優遇	50	112	105	105	1.0
一般		12	10	5	2.0

学校説明会　要予約

全日制　9/16　10/28　11/5　11/18　11/23　12/3　12/10　※体験授業あり。個別相談可

エンカレッジ　11/3　11/19　12/9　※個別相談可

見学できる行事

パウロ祭　9/30　10/1（公開未定）

体育祭　6/3（終了）

説明会・行事等は日程・内容が変更される場合があります。必ず学校HP等でご確認ください

東京
せ

♬ 成立学園中学校 高等学校

〒114-0001　東京都北区東十条6-9-13　☎03-3902-5494　学校長　福田　英二

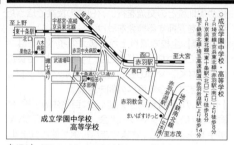

〈URL〉https://www.seiritsu.ac.jp/

沿革　大正14年（1925）、成立商業学校開校。平成16年（2004）成立学園高等学校と改称、男女共学化。平成22年（2010）、中学校開設。

校風・教育方針

校訓である「礼節・勤倹・建設」の精神を受け継いでいます。

将来の目標を具体的に達成する知識習得型の学びの「見える学力」と、幅広い教養を身につけ"発信力"を育成する「見えない学力」の両輪を鍛え、生涯学び続けるための足腰を自ら鍛える力を養います。

カリキュラムの特色

中学からの入学生は、初年度教育に重きを置きます。勉強の習慣を身につけ、基礎学力をつけるよう、ノートの取り方をはじめとした基礎的な学習方法から指導しています。短期・中期・長期の3つの繰り返しサイクルで、学習習慣を定着させます。分からない生徒がそのままにならないよう、講習・補習を充実させ、iPadを活用し、一人ひとりの理解度に応じたサポート体制を用意しています。海外の大学も視野に入れた進路をサポートするため、英語、数学、プログラミング教育にも力を入れています。数学では男女の特性の違いを踏まえた別学の授業を実施し、学習効果を高めています。

高等学校では、国公立大・早慶上理といった難関大への進学を目指す「スーパー特選コース」と、GMARCHなど難関私大への進学を目指す「特進コース」を設置。2年次からは将来の志望に応じて5クラスに分かれます。**探究クラス**では、国内外のグローバルな大学への進学を目指します。英語能力測定試験IELTSで高いスコアを獲得できるよう、専門スタッフが指導します。**難関クラス**では、国公立大、早慶上理など難関私大レベルの大学に一般選抜で合格する力を養います。**選抜クラス**では、基礎学力の徹底を図り、勉強とクラブ活動を両立しながら、GMARCHレベルの難関私大へ一般選抜での合格を目指します。**特進総合クラス**では、基礎学力と総合的な教養を身につけ、日東駒専など有名私大に総合型・学校推薦型や一般選抜での合格を目指します。**アスリートクラス**は硬式野球部・男子サッカー部対象で、プロの世界や強豪大学で活躍できるトップアスリートを目指すクラス。大学進学にも個々に対応します。

┌Information─

■アース・プロジェクト

さまざまな体験学習や校外フィールドワークを通じて、真の知識と教養や自己表現力を身につけます。田植えから稲刈りまで全工程に携わる水田学習をはじめ、屋久島や種子島宇宙センターへのアース・ツアーなど、実体験重視のプログラムを盛り込んでいます。

■ナショジオ学習

成立学園は日本で唯一の「ナショナル ジオグラフィック教育実験校」として認定されています。「ナショナル ジオグラフィック日本版」に掲載された地球をテーマにした記事をもとに、課題を見出し、調査・分析・考察・発表を行い、発信力を高めます。

今春の進学実績については巻末の「高校別大学合格者数一覧」をご覧ください

[3学期制] [登校時刻 8:20] [昼食 給食(中1・2)、弁当持参、売店] [土曜日 授業]

国際教育

英語教育では「英語のシャワー」をモットーに、多読による学習や、オーストラリアでのホームステイを体験する語学研修、外国人留学生との交流授業などを行い、自らの意見を表現できる力を育成します。

高1全員参加のEnglish Campでは2泊3日の活動の中で、留学生交流プログラムを実施します。短期間で英語が使える体験やグループでミッションをクリアする体験から、異文化理解や英語への好奇心を刺激します。

学校行事・クラブ活動

「見えない学力」を育てるための体験を取り入れた多彩な行事を実施。鷲宮祭（体育祭）、成立祭（文化祭）、ナショジオ発表会などがあります。

クラブ活動は盛んです。運動部では、Jリーガーが誕生している男子サッカー部をはじめ、甲子園出場の硬式野球部、男子バスケットボール部、チアリーディング部などが顕著な実績を残しています。文化部では、吹奏楽部、e-sports部などが活発に活動しています。

データファイル

■2024年度入試日程

[中学校] ※1回適性検査型の手続締切日は2/10

	募集人員	出願期間	試験日	発表日	手続締切日
1回	約15	1/10〜1/31	2/1	2/1	2/4※
2回	約10	1/10〜2/1	2/1午後	2/1	2/10
3回	約10	1/10〜2/2	2/2	2/2	2/10
4回	約5	1/10〜2/4	2/4	2/4	2/10

[高等学校] ※公立発表翌日

	募集人員	出願期間	試験日	発表日	手続締切日
推薦	150	1/15〜1/16	1/22	1/25	A1/28B※
一般	170	1/25〜2/3	2/11	2/16	単2/18併※

募集人員：スーパー特選120人、特進200人

■2024年度選考方法・入試科目

[中学校]

1回：2科（算数・国語）か4科か適性検査Ⅰ〜Ⅲ
2回：2科（算数・国語）
3回：2科（算数・国語）か4科
4回：ナショジオ（作文、算数）か算数1科
〈配点・時間〉2科：国・算＝各100点50分　4科：国・算＝各100点50分　理・社＝各50点25分　適Ⅰ・Ⅱ・Ⅲ＝各100点45分　ナショジオ＝100点（作80点、算20点）50分　1科：算＝100点90分
〈面接〉なし

[高等学校]

推薦：3科（国数英）、面接　B推薦は都外生対象
一般・併願優遇：3科、面接
〈配点・時間〉推薦：国・数・英＝各100点45分　一般：国・数・英＝各100点50分
〈面接〉生徒グループ　重視

■指定校推薦枠のある主な大学

東京理科大　中央大　法政大　学習院大　成蹊大　東洋大　駒澤大　獨協大　立命館大など

■2023年春卒業生進路状況

卒業生数	大学	短大	専門学校	海外大	就職	進学準備他
318人	288人	0人	18人	2人	0人	10人

■2023年度入試結果

[中学校]　男／女

	募集人員	志望者数	受験者数	合格者数	競争率
1回	約15	59/24	51/22	36/20	1.4/1.1
2回	約10	66/22	61/20	40/8	1.5/2.5
3回	約10	58/22	31/13	22/9	1.4/1.4
4回	約5	36/19	18/10	12/5	1.5/2.0

[高等学校]　男／女

	募集人員	志願者数	受験者数	合格者数	競争率
推薦	150	125/83	125/83	123/80	1.0/1.0
併願優遇 一般	170	176/192	168/185	97/124	1.7/1.5

[学校説明会] 要予約
★中学校
9/2 10/7 11/4　ミニ説明会　10/21 11/25 12/16 1/20(小6対象)
わかるテスト(小6対象)　12/9 1/13
ナショジオアドベンチャー　9/30
★高等学校
9/9 10/14 11/11　ミニ説明会　9/16 9/30 10/1 10/28 11/18 12/2
個別相談会(中高・予約不要)　9/16 10/28 11/18 12/2 12/23 12/24
[見学できる行事] 要予約
成立祭　9/30・10/1(個別相談コーナーあり)

説明会・行事等は日程・内容が変更される場合があります。必ず学校HP等でご確認ください

東京 せ

青稜中学校・高等学校

〒142-8550　東京都品川区二葉1-6-6　☎03-3782-1502　学校長　青田　泰明

〈URL〉https://www.seiryo-js.ed.jp/

沿革　昭和13年（1938）に創立された青蘭商業女学校が前身です。平成7年より青稜中学校、青稜高等学校に校名を変更し、中学校が共学、同9年より高等学校も共学となりました。

校風・教育方針

「社会に貢献できる人間の育成」という建学の精神に基づき、「意志の教育」「情操の教育」「自己啓発の教育」という3つの教育目標を掲げています。この教育目標を通して「主体的に生きる個の育成」が大切であると考え、指導にあたっています。

カリキュラムの特色

四年制大学現役合格を前提に、中学校から基礎5教科に十分な時間配当をして、一人ひとりの適性に合わせた教育を進めています。つまずきを作らず、やる気さえしっかり持って学習すれば、必ず志望大学に入れるという確信のもとに、「意志の教育」の実践に力を入れています。とくに基礎3教科には、時間数を多くとっています。数学は、数式の計算や公式の利用にとどまらず、1つの問題にさまざまな方法で多面的に考えていく力を養うことをめざします。英語は、1年生からクラスを2つに分け、少人数制授業を実施。外国人教師による英会話も少人数制のメリットを生かしています。また、すべての教科学習の基礎となる国語についても、2人の教師が指導にあたり、いろいろな分野の文章に数多く触れつつ文法や古典の学習に入るようにしています。数学については、従来実施していた習熟度別の授業を廃止し、一人の担当が1年間しっかりと授業にあたり、生徒一人ひとりの特性を把握していきます。

高等学校は、1年生は芸術科目以外は全員が共通科目を学習しますが、2年生から文系と理系に、さらに国公立大系と私立大系に分かれ、受験科目が選択できるようになっています。

一方、高等学校から入学して来る生徒を含め、3年間で志望大学進学を果たすために、多岐にわたる講習を用意しています。

国公立、理系大学への進学ニーズへの対応を強化し、少人数制の受験指導体制を整えています。3年では目標校に合わせた選択科目を中心に、徹底した演習で実力をつけるようにしています。また、多様な講習を各科目で行い、授業以外にも綿密な進学指導を行っています。さらに、大手予備校と提携したサテライト授業を実施するなど、多面的な支援を行っています。中学生対象には早朝英語学習・Sラボ（自学自習システム）があります。

国際・情報教育

国内外における英語研修プログラムを多数実施しています。海外には中2から希望制で参加が可能です。セブ島やニュージーランドでの英語研修や、オーストラリア・カナダでの短期留学を用意しています。

熱心な情報教育が行われており、CAI教室にはインターネットと接続されたノートパソコンが並び、幅広い情報収集の場として利用されています。

今春の進学実績については巻末の「高校別大学合格者数一覧」をご覧ください

| 2期制 | 登校時刻 8:20 | 昼食 弁当持参、売店 | 土曜日 授業 |

環境・施設設備

常設4台・吊り上げ式2台のバスケットゴールを設置した体育館、蔵書3万冊の図書館、多目的ホールなど最新のさまざまな機能を備えた記念館など充実しています。また、理科室では、50種を超える動物を間近に観察することができます。

生活指導・心の教育

情操面での成長を重んじ、思いやりを前提とした判断力の育成をめざし、「自らを律し、温かい心をはぐくむ教育」を行っています。また、生存の土台である地球環境についての認識を深め、「自然と共生できる人間」の育成をめざしています。

学校行事・クラブ活動

各学年ごとに行う宿泊研修や、全校が団結して企画を練り上げる体育祭や青稜祭（文化祭）、演劇観賞会や音楽鑑賞会、スキー教室など、いろいろな行事があります。

クラブは、バレー、野球、ソフトテニス、バトン、ダンス、陸上など運動部14。演劇、漫画研究、茶道、吹奏楽、マイコンなど文化部22。同好会ではJRC、数学研究、家庭科などが活躍。バスケット部は関東大会ベスト8、テニス部はインターハイ、陸上部は関東大会出場、吹奏楽部は東京都コンクール金賞などの実績があります。

データファイル

■2024年度入試日程

中学校 ※Bの掲示発表は翌日

募集人員		出願期間	試験日	発表日	手続締切日
1回A	50	1/10〜1/31	2/1午前	2/1	2/10
B	50		2/1午後	2/1※	2/10
2回A	40	1/10〜2/1	2/2午前	2/2	2/10
B	40		2/2午後	2/2※	2/10

高等学校 一般入試

募集人員	出願期間	試験日	発表日	手続締切日
130	1/25〜2/5	2/12	2/13	2/16＊

＊併願は公立発表翌日まで延期可

■2024年度選考方法・入試科目

中学校

2科か4科の選択

〈配点・時間〉国・算＝各100点50分　理・社＝各60点計60分

〈面接〉なし

高等学校

一般：国語、数学、英語【選考方法】オープン：当日の試験結果で判定　併願優遇：調査書と当日の試験結果で総合判定（基準は3年2学期の成績が3科15または5科24　英検準2級以上は上記5科に加点）

〈配点・時間〉国・数・英＝各100点50分

〈面接〉なし

■指定校推薦枠のある主な大学

横浜市立大　慶應義塾大　早稲田大　東京理科大　明治大　青山学院大　立教大　中央大　法政大　学習院大　成城大　明治学院大　日本大　専修大　東洋大　東京都市大　芝浦工業大　津田塾大　日本女子大　東京女子大　同志社大など

■2023年春卒業生進路状況

卒業生数	大学	短大	専門学校	海外大	就職	進学準備他
273人	234人	1人	1人	0人	0人	37人

■2023年度入試結果

中学校 男／女　帰国生入試あり

募集人員		志願者数	受験者数	合格者数	競争率
1回A	50	177/167	158/146	43/52	3.7/2.8
B	50	307/246	273/213	87/58	3.1/3.7
2回A	40	281/304	200/205	31/46	6.5/4.5
B	40	409/282	223/166	58/39	3.8/4.3

高等学校 男／女　帰国生入試あり

募集人員		志願者数	受験者数	合格者数	競争率
一般	130	197/91	184/88	132/56	1.4/1.6
併願優遇		301/403	295/389	295/389	1.0/1.0

学校説明会 要予約

★中学校

10/7　10/21　11/25

体験入学　10/14(授業体験)　11/11(模擬入試)

入試相談会（6年生保護者対象）　1/10

★高等学校

10/7　10/21　11/18(説明会終了後に個別相談会)

学校見学は随時可

見学できる行事

青稜祭(文化祭)　9/24(入試相談コーナーあり)

説明会・行事等は日程・内容が変更される場合があります。必ず学校HP等でご確認ください

中 男子　高 男子 普通科

世田谷学園 中学校 高等学校
せたがやがくえん

〒154-0005　東京都世田谷区三宿1-16-31　☎03-3411-8661　学校長　山本　慈訓

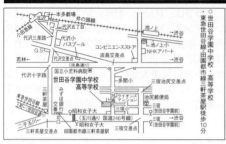

〈URL〉https://www.setagayagakuen.ac.jp/

沿革　文禄元年（1592）江戸神田台（後に本郷駒込）に曹洞宗吉祥寺の学寮として創始（後の旃檀林）。明治35年（1902）曹洞宗第一中学林と改称（私立学校令に準拠しこの年が創立の年）。大正2年現在地に移転。昭和22年世田谷中学校、同23年世田谷高等学校となり、同58年（1983）世田谷学園中学校・高等学校と改称しました。令和8年（2026）には創立125周年を迎えます。

校風・教育方針

「人は一人一人がかけがえのない尊い存在であり、だれもが立派な人間になることのできる力をもっている」という人間観と「人は固有の価値観や文化をもっており、それをお互いが理解し、認め合うことで、平和な地球社会の創造が可能となる」という世界観に基づいた「Think & Share」＝「天上天下唯我独尊」を教育理念としています。

「明日を見つめて、今をひたすらに」「違いを認め合って、思いやりの心を」の2つを学園のモットーとして、学園生活のあらゆる場面で実践しています。

カリキュラムの特色

2021年度の中学1年生より本科コースと理数コースの2コース制になりました。本科コースはさまざまな体験をじっくりと幅広く重ねていくもの、理数コースは1年次から理数系のカリキュラムを充実させたもので、中学入試の段階で本科コース160人と理数コース40人を募集します。

高校1年生全員参加のカナダ研修

世田谷学園の6年間は、中学1・2年生を前期（1・2年）、中学3年・高校1年生を中期（3・4年）、高校2・3年生を後期（5・6年）として位置づけ、大学現役合格を意図した進路別・学力別のカリキュラムを組んでいます。とくにコンパス（各教科の学習指針を示したもの）を学年別にWeb上で閲覧でき、自主的・計画的に学習が進められるようにしています。

本科コースでは1年生は丁寧な授業で実力を養成し、3年生より、1～2年次の成績によって、学力均等クラスの3クラスと、東大をはじめ超難関大学を目指す特進クラスの計4クラス編成をしています。特進クラスは固定的なものではなく、1年間の成績によって、必要に応じて編成替えを行い、知識を総合的な教養に高めるハイレベルな授業を展開します。ほかのクラスは、国公立大学・難関私立大学を目指し、じっくりと着実に力をつける、きめ細やかな指導を行います。

さらに5・6年生になると、すべてのクラスが文系・理系に分かれた進路別の指導に入り、無駄のない密度の濃い授業で、志望大学の現役合格を目指します。

理数コースは、前期では毎週土曜日に体験を重視した特別なプログラムを実施します。中期では、自らが興味・関心を持った分野で研究テーマを設定し、専門的な研究を行います。後期では各自の研究テーマについての論文を執筆し、進路決定に結びつけます。

今春の進学実績については巻末の「高校別大学合格者数一覧」をご覧ください

🏢 （2期制）（登校時刻 8:30）（昼食 弁当持参（食堂利用可能））（土曜日 授業）

国際教育

　学園のモットー「違いを認め合って、思いやりの心を」の実践のために、国際交流を積極的に行っています。いずれもホームステイを中心とした心の交流に主眼が置かれています。

　4年生では、語学研修として全員参加のカナダ研修旅行（11日間）が現地姉妹校にて行われます。また、選抜者によるニュージーランド短期留学（3カ月間）も実施しています。

学校行事・クラブ活動

　釈尊降誕会、達磨忌、太祖降誕会、高祖降誕会などの宗教行事のほか、獅子児祭（学園祭）、体育祭、サマースクール、弁論大会、芸術鑑賞など、多彩な行事があります。クラブ活動は、運動・文化クラブとも盛んです。文化クラブは吹奏楽が全国大会に出場し何度も金賞を受賞しています。そのほか物理、生物、化学、美術、鉄道研究同好会などが熱心な活動を行っています。運動クラブは陸上競技、水泳、バレーボール、空手道、バスケットボールなどが全国大会等で目覚ましい活躍を見せています。

データファイル

■2024年度入試日程

中学校 ＊特待生選抜1次約3、算数特選約20、2次約10を含む

募集人員※	出願期間	試験日	発表日	手続締切日
1次	60*	1/10～1/31	2/1	2/1	2/6
算数特選	30*	1/10～1/31	2/1午後	2/1	2/6
2次	80*	1/10～2/1	2/2	2/2	2/6
3次	30	1/10～2/3	2/4	2/4	2/6

※コース別募集人員：本科160（1次55、算数特選15、2次65、3次25）、理数40（1次5、算数特選15、2次15、3次5）

高等学校

募集人員	出願期間	試験日	発表日	手続締切日
推薦	12	1/21～1/23	1/28	1/28	1/30
一般（スポーツ）	13	1/25～1/27	2/11	2/11	3/3

■2024年度選考方法・入試科目

中学校

本科・理数：国語、算数、社会、理科

算数特選は算数（100点60分）

〈配点・時間〉算＝100点60分　国＝100点50分　社・理＝各50点30分　※理数コースは算数と理科の得点を2倍にします。

〈面接〉なし

高等学校

推薦：書類審査、面接、小論文　【出願条件】内申　3年次全教科3以上　欠席3年次7日以内　入学後は指定するクラブまたは仏教専修科に所属して活動を継続すること

一般（スポーツ）：書類審査、英語・数学・国語、面接　【出願条件】入学後は学園の指定するクラブまたは仏教専修科に所属し活動を継続すること

〈配点・時間〉国・数・英＝各100点50分

〈面接〉生徒個人　重視

※〔指定クラブ〕推薦・一般：硬式野球、柔道、空手道、バスケットボール

■指定校推薦枠のある主な大学

慶應義塾大　早稲田大　東京理科大　青山学院大　学習院大　中央大　明治学院大など

■2023年春卒業生進路状況

卒業生数	大学	短大	専門学校	海外大	就職	進学準備他
205人	140人	0人	0人	0人	0人	65人

■2023年度入試結果

中学校 本科／理数

募集人員		志願者数	受験者数	合格者数	競争率
1次	55/5	190/135	168/120	80/6	2.1/20.0
算数特選	15/15	448/396	405/359	202/79	2.0/4.5
2次	65/15	594/433	422/304	202/54	2.1/5.6
3次	25/5	380/278	207/149	47/7	4.4/21.3

高等学校

募集人員		志願者数	受験者数	合格者数	競争率
推薦	12	12	12	12	1.0
一般（スポーツ）	13	31	31	31	1.0

学校説明会

★中学校（要予約）

○6年生対象　9/23 10/22 11/18 12/10

○5年生以下対象　10/21 11/19 12/9

※日程の変更や中止があり得ますので、詳細は学園HPをご覧ください

見学できる行事

文化祭（獅子児祭）　9/17・9/18（入試相談コーナーあり）

説明会・行事等は日程・内容が変更される場合があります。必ず学校HP等でご確認ください

東京
せ

専修大学附属高等学校
（せんしゅうだいがくふぞく）

〒168－0063　東京都杉並区和泉4－4－1　☎03－3322－7171　学校長　根本　欣哉

専修大学附属高等学校

・・○ 専修大学附属高等学校
京王線 代田橋駅徒歩10分
東京メトロ丸ノ内線 方南町駅徒歩10分

〈URL〉https://senshu-u-h.ed.jp

沿革　昭和4年（1929）、早稲田商業学校の姉妹校として京王商業学校創立。昭和30年（1955）、専修大学の付属校となり、専修大学附属京王中学校・専修大学附属京王高等学校に改称。昭和44年（1969）、中学校を廃止し、専修大学附属高等学校に改称。平成6年（1994）、男女共学を開始。平成8年（1996）檀国大学附属高校（大韓民国）と平成14年（2002）シーリンスグローブエリア高校（アメリカ合衆国）と姉妹校締結。平成16年（2004）10月、現校舎が完成。平成28年（2016）、新泉校舎新設。令和元年(2019) 5月に創立90周年を迎えました。

校風・教育方針

　校訓である「誠実・努力」を基本理念とし、以下の教育方針のもと、みずみずしい探求心と創造力をもった積極性ある生徒を育成しています。

1. 「誠実・努力」の基本理念を、あらゆる教育活動を通して実践し体得させる。
2. 礼儀を重んじ、敬愛、協調、責任など道徳性の高揚をはかり、校内外での規律が守れるような生徒を育成する。
3. 節度ある学園生活の実践により、気力と体力の充実向上をはかる。
4. 適切な教育課程編成により、基礎学力を向上させるとともに、自主的な学習意欲を喚起し、豊かな創造力の育成に努める。
5. 個性の伸長をはかり、適性と能力に応じた学習指導と進路指導を行う。
6. 国際社会についての理解を深め、教養と語学力を身につけさせる。

カリキュラムの特色

　自学自習の精神に基づき、基礎学力の向上と、生徒の多様なニーズに対応できるカリキュラムを組みます。大学の付属校である特色を活かした学習指導と進路指導を行い、大学教育にふさわしい学力と人間性を育成します。また、専修大学以外の進路を希望する生徒への進学指導も積極的に行います。

　1・2年次は全員が共通科目を学習し、将来の進路に対応できる基礎学力を身につけます。各科目をバランス良く学び、基礎・基本をしっかりと身につけ、小テストを実施し、日常の学習の積み上げを実践します。また、国際化社会に向けて豊かな表現力を養うため、1クラスに2人の外国人講師をおき、きめ細かな指導によって生きた英語を身につけるようにします。2年次からは、学校設定科目の土曜講座が設けられており、受験英語、受験数学、英検2級対策、日商簿記3級対策、法学入門など受験科目・将来の希望に合った科目を選択することができます。語学としての選択科目では、韓国語、ドイツ語、フランス語、中国語、スペイン語が準備されています。

　3年次では専修大学進学コース、または他大学受験進学コース（文系・理系カリキュラム）を選択し、必要な科目を選んで学習します。希望者には、放課後に補習授業や、夏休み中に数学・英語の夏期講習を行い、一人ひとりの学力アップを図ります。

今春の進学実績については巻末の「高校別大学合格者数一覧」をご覧ください

環境・施設設備

21世紀を生き抜く"知性"と"生きる力"を育む学びの場・交流の場として、2004年10月現校舎が完成しました。

校舎は全館冷暖房完備です。コンピュータ（パソコン）教室、理科実験室、調理実習室、美術室、音楽室など特別教室のほか、体育館、柔道場、卓球場などの施設も充実しています。図書室や多目的ホール、ランチスペースなどがあります。

生徒へ一人一台のタブレット端末を貸与しています。生徒は学校が許可したアプリケーションを使用することができ、それらを駆使して、学校生活にさまざまな工夫を施しています。

生活指導・心の教育

共学教育の中で、男女がお互いの人格を敬愛しつつ、それぞれの長所を伸ばしていくよう、指導しています。

学校生活を通じて生徒と教師、生徒相互の心の触れ合いを大切にし、礼儀正しい、思いやりのある生徒の育成を目指しています。

学校行事・クラブ活動

球技大会、体育祭、いずみ祭（文化祭）、修学旅行など、クラスの結束力を強め、学校生活を盛り立てる文化とスポーツのイベントが盛りだくさんです。

また、夏休みにはオーストラリア研修、韓国研修を実施しています。毎年希望者が参加して、異文化交流を図っています。

クラブ活動は、スポーツ系、文化系ともに活発な活動をしています。スポーツ系クラブは、ゴルフ、サッカー、ソフトテニス、ラグビー、バレーボール、剣道、野球、卓球、バスケットボール、ハンドボール、陸上競技、柔道、空手道、ダンス、チアリーディング、ワンダーフォーゲルなどがあり、関東大会、全国大会などに出場しているクラブもあります。文化系クラブは、吹奏楽、美術、歴史文芸、放送、演劇、合唱、華道、料理、GCC、軽音楽があります。

データファイル

■2023年度入試日程（参考）※延納可

出願期間	試験日	発表日	手続締切日
推薦 1/15～1/18	1/22	1/23	1/26
一般 1/25～2/6	2/10	2/12	2/15※

＊一般に併願優遇あり

■2023年度選考方法・入試科目（参考）
推薦：書類審査、志望理由書（400字程度）、面接
【出願条件】内申 男子5科20かつ9科33 女子5科20かつ9科34（併願優遇は男子5科21かつ9科37、女子5科21かつ9科38）9科に2があると不可 3年次の欠席10日未満 英検・漢検3級、生徒会役員、委員会の委員長、クラブ部長、3カ年皆勤は9科で加点あり（併願優遇は対象外）、英検・漢検準2級以上は9科または5科に加点あり（併願優遇を含む）
一般：国語、数学、英語、面接
〈配点・時間〉国・数・英＝各100点50分
〈面接〉生徒個人 きわめて重視【内容】志望動機、中学校での生活について、高校生活への抱負、部活動など

■2023年春併設大学への進学
在学中、一定の成績をとった者（3年間で評定3.5以上）の中から選抜します。毎年8割以上が専修大学へ進学しています。
専修大学－398（経済24、法92、経営64、商88、文53、ネットワーク情報24、人間科17、国際コミュニケーション36）
石巻専修大学－1（経営）

■2023年春卒業生進路状況

卒業生数	大学	短大	専門学校	海外大	就職	進学準備他
464人	442人	1人	6人	1人	0人	14人

■2023年度入試結果

募集人員		志願者数	受験者数	合格者数	競争率
推薦男	100	92	92	92	1.0
女	100	145	145	145	1.0
一般男	100	224	221	157	1.4
女	100	261	259	175	1.5

学校説明会 すべて要予約
10/7 10/21 11/4 11/25
進学相談会（中3対象） 12/2 12/9
見学できる行事 公開予定・要予約
いずみ祭（文化祭） 9/23・9/24

説明会・行事等は日程・内容が変更される場合があります。必ず学校HP等でご確認ください

中 共学　高 共学 普通科　　　　　　　　　　　　　　　　　　　　　大 短

創価中学校・高等学校
（そうか）

中 学 校　〒187-0032　東京都小平市小川町1-860　☎042-341-2611　学校長　高柳　喜人
高等学校　〒187-0024　東京都小平市たかの台2-1　☎042-342-2611　学校長　谷　謙作

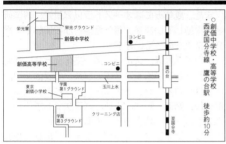

総合教育棟

〈中学校URL〉https://tokyo-junior.soka.ed.jp/
〈高校URL〉https://tokyo-senior.soka.ed.jp/

沿革　昭和43年（1968）創価中学校・同高等学校を開校。同57年（1982）男女共学に移行しました。

校風・教育方針

「健康な英才主義」「人間性豊かな実力主義」の教育方針のもと、21世紀における平和と文化の担い手を育成することを目的として池田大作先生によって創立されました。「英知・栄光・情熱」「良識・健康・希望」をモットーとして、

1．真理を求め、価値を創造する、英知と情熱の人たれ
2．決して人に迷惑をかけず、自分の行動は自分で責任をとる
3．人には親切に、礼儀正しく、暴力を否定し、信頼と協調を重んずる
4．自分の信条を堂々と述べ、正義のためには勇気をもって実行する
5．進取の気性に富み、栄光ある日本の指導者、世界の指導者に育て

を校訓に掲げて、創立以来、国際感覚豊かな人材を育成することを基本理念としています。

校章は、中央に「英知」を表すペン、両側に「未来への雄飛」を象徴する鳳雛をかたどっています。また、スクールカラーは、青が「英知」、黄が「栄光」、赤が「情熱」を表しています。

カリキュラムの特色

4つの資質・能力（人間力、対話力、知力、社会力）の育成に取り組んでいます。創価大学や文系の国公私立大学、海外大学への進学のための「文系クラス」、理系の国公私立大学や創価大学理工学部進学のための「理系クラス」が高校2年次から編成されます。アクティブラーニングも積極的に実施。クリティカルシンキングの力も養います。

「グローバル人材の育成」を掲げ、文部科学省の「スーパーグローバルハイスクール（SGH）ネットワーク校」に選定されています。英語検定1級、準1級はじめ2級以上の合格者を多数輩出し、毎年10人以上が海外の大学に進学。中国語やフランス語などの6カ国語の選択授業があります。

また、ノーベル賞受賞者のコスタリカ共和国アリアス元大統領をはじめ、ハーバード大学教授や各国の大学総長など、世界的に著名な文化人が多数来校しています。コロナ禍にあっても多様な国内外のオンラインフィールドワークやセミナーが用意されており、幅広い教養を身につけるとともに、これからの時代に必要な国際感覚を養っています。

環境・施設設備

総合教育棟（地上6階・地下1階建て）には、10万冊収蔵の図書館（電子図書館システム完備）、実験・実習室、5種類のメニューから選べる食堂、中学校では全校一堂に会しての給食、全教室電子黒板の普通教室と充実しています。

また、生徒の出身地が北海道から沖縄までさらに遠く海外出身の生徒もいて、そうした生徒のために寮・下宿を用意しています。寮生・下宿生（高

今春の進学実績については巻末の「高校別大学合格者数一覧」をご覧ください

校生のみ）たちは学年を超えて起居をともにし、勉学やクラブ活動などに励んでいます。

生活指導・心の教育

授業を根幹に、クラブ活動や諸行事など教員と生徒との人間的交流を重視しています。さらに、一人ひとりの生徒が創立の理念・理想を人生の指針とし、自分の生き方として習得できるよう、三大行事などさまざまな機会を設けています。

学校行事・クラブ活動

3つのスクールモットーの意義を込めて、「英知の日」「栄光の日」「情熱の日」の三大行事を実施しており、創立精神を学び、友情の輪を広げています。SGH校としてグローバルセミナーの他、海外（アメリカ・マレーシア）、国内（沖縄・長崎・広島・岩手）フィールドワークを実施しています。そのほか、サマーセミナー(中)、キャリアガイダンス（中高）など、多彩な行事が行われています。

クラブ活動は、野球、サッカー、バレーボール、バスケットボール、ハンドボール、テニス、剣道、水泳、陸上競技などの運動部、書道、美術、吹奏楽、箏曲、演劇、放送、ディベート、ダンスなどの文化部ともに、活発に活動しています。

データファイル

■2024年度入試日程

中学校

募集人員	出願期間	試験日	発表日	手続締切日
① ② 約110	1/10～1/24	2/1	2/2	2/10
		2/3	2/4	2/10

高等学校

募集人員	出願期間	試験日	発表日	手続締切日
推薦約65	1/15～1/18	1/22	1/23	1/26
一般約70	1/25～2/5	2/10	2/11	2/15

■2024年度選考方法・入試科目

中学校

①以下の（1）、（2）のいずれかを出願時に選択
（1）国語、算数、社会・理科、面接
（2）国語、算数、英語、面接
〈配点・時間〉国、算、英＝各100点45分　理・社＝計100点45分
〈面接〉生徒グループ　重視【内容】志望動機、入学後の抱負、将来の夢、自己アピールなど
②プレゼン型入試：事前に提出されたテーマでのプレゼンテーション、当日与えられたテーマでの作文

高等学校

推薦：適性検査（英語、数学計60分）、面接　【出願条件】内申9科38以上
一般：国語、英語（リスニングを含む）、数学、面接
〈配点・時間〉国・数・英＝各100点50分
〈面接〉生徒グループ　重視【内容】志望動機、高校生活への抱負、将来の夢、自己アピールなど

■2023年春併設大学・短大への進学

創価大学・同女子短大へ推薦入学できる制度があります。

創価大学－205（経済27、経営34、法42、文38、教育29、理工20、国際教養9、看護6）
創価女子短期大学―2（国際ビジネス）

■指定校推薦枠のある主な大学

早稲田大　慶應義塾大　東京理科大　明治大　中央大　立教大　学習院大　東京薬科大など

■2023年春卒業生進路状況

卒業生数	大学	短大	専門学校	海外大	就職	進学準備他
345人	304人	3人	8人	8人	2人	20人

■2023年度入試結果

中学校

募集人員		志願者数	受験者数	合格者数	競争率
男	約110	119	119	66	1.8
女		103	102	52	2.0

高等学校

募集人員			志願者数	受験者数	合格者数	競争率
推薦	男	約65	37	37	37	1.0
	女		32	32	24	1.3
一般	男	約70	47	47	40	1.2
	女		56	56	43	1.3

入試説明会　すべて要予約

★中学校　10/8（6年生）
ミニ入試説明会（6年生）　10/28 11/11
オンライン教員懇談　9/16 12/9
★高等学校
10/8(オンデマンド配信あり)

見学できる行事

合唱祭（中学）　11/26
ラーニングフェスタ（中学）　12/16
学園祭（高校）　10/1
探究成果発表会　2/24

説明会・行事等は日程・内容が変更される場合があります。必ず学校HP等でご確認ください

大智学園高等学校
だいちがくえん

DAICHI GAKUEN

〒169-0074　東京都新宿区北新宿1-21-10　☎03-5925-2773　学校長　金子　良亮

〈URL〉https://www.daichi.ed.jp/

大智学園高等学校

JR総武線・東京メトロ丸ノ内線・都営大江戸線新宿駅から徒歩15分
JR総武線大久保駅から徒歩8分
JR埼京線・私鉄各線新宿駅西口から徒歩12分
西武新宿線西武新宿駅から徒歩5分

沿革　平成18年（2006）4月、大智学園高等学校開校。内閣総理大臣認定の教育特区認可校です。福島県双葉郡川内村大字下川内字宮渡18番地7に本校があります。

校風・教育方針

　新しい時代を切り拓く「英知」と「志」の育成を教育理念に掲げています。「勉強が苦手で自信が持てない」「積極的な行動が苦手」「現状に満足していない」生徒を積極的に受け入れ、基礎学力と規範意識が身につくように指導します。3年間の教育を通して、勉強から逃げずコツコツと努力できる人、人と関わり自信を持って社会に貢献できる人、目標を定め自分の意志で進路を選択できる人を育てていくことをめざしています。

カリキュラムの特色

　授業は、勉強が苦手な生徒にとって「わかる授業」を心掛け、「復習」にも力を入れています。各学年、4クラス編成ですが、国語・数学・英語の3教科は「S・A・B・Cに分かれる習熟度別授業」を取り入れています。わかるところから自分のレベルに合わせて学ぶことができます。S・Aの2クラスは大学進学を目指し、入試問題を交えながら、受験に対応できる力を身につけていきます。B・Cのクラスは、中学校の内容を復習しながら、理解できるまでゆっくり丁寧に基礎を固めていきます。さらに、前期・後期の2学期制を採用しており、3カ月ごとに定期考査を実施しています。そして定期考査後には、国語・数学・英語の習熟度別のクラスを見直すため、年間を通じて、その時その時の理解度に合った授業が受けられます。また定期考査では、各クラスで問題が異なるのも特徴です。どの習熟度別のクラスでも授業内容を一生懸命理解することで結果にもつながりやすく、勉強に対する目標が持てるようになります。

進路指導

　卒業後の進路を自分の意志で選択できるよう、進路指導にも力を入れています。1年生は「高校卒業後の進路について知る」ことを目的として、大学見学会や、興味ある分野の職業について体験する分野別体験授業を実施しています。2年生では「自分の進路目標を見つける」ために、卒業生の実体験を聞いて考える進路ガイダンスや、適性検査を行っています。3年生は「希望進路の実現」に向けて、面接指導会や、小論文やエントリーシートの書き方を個別に指導する放課後勉強会などがあります。勉強を一からやり直した結果、入学時に進学を希望していなかった生徒も進学に対する意欲が高まり、3年次には約9割が進学を希望するようになります。

ICT教育

　一人一台タブレット端末を活用し、eラーニング教材を導入しています。また3年間の高校生活の中で「Word」や「Excel」、「検索エンジン」などPCに触れる機会を意図的に設定し、将来、社会で必要とされるICTスキルの習得を目指します。

今春の進学実績については巻末の「高校別大学合格者数一覧」をご覧ください

2学期制　**登校時刻** 9:00　**昼食** 弁当持参、自動販売機　**土曜日** 休日

環境・施設設備

　最寄り駅は新宿駅のほか、丸ノ内線西新宿駅、JR大久保駅、大江戸線新宿西口駅が利用でき、都内だけでなく隣接県からの通学も便利です。

　大運動場と小運動場があり、都心とは思えない広々としたグラウンドを備えています。校舎内にはトレーニングルーム、図書室、音楽室などがあり、施設・設備も充実しています。

校舎紹介

生活指導・心の教育

　集団生活から社会性を身につけ、規範意識を向上させるために、校則を定めています。言葉づかいや頭髪、服装などの生活指導をしています。

　また、校内には「東京教育カウンセリング研究所」を併設しています。カウンセラーの先生が常駐しており、予約をすればいつでも相談することができます。

制服

　制服は男女ともにブレザースタイルです。スクールカラーのオレンジ色のステッチが入った白いシャツに、ネクタイまたはリボン（女子のみ）を着用します。夏服は白シャツ、ノーネクタイとなります。

学校行事・クラブ活動

　5月の体育祭、11月の大智祭（学園祭）をはじめさまざまな行事があります。学年ごとに校外行事も実施します。1・2年生は大自然の中でさまざまな体験学習を行う林間学校、3年生は研修旅行を行います。

　部活動は、全国大会に出場した経験のある部もあります。運動部は、サッカー、野球、バスケットボール、ダンス、陸上、体操、テニス、柔道、卓球の9部があります。文化部には美術、受験、音楽、写真、eスポーツの5部が活動しています。日々の練習以外にも、夏休みに部活動合宿を行うなど活発に取り組んでいます。

データファイル

■2024年度入試日程

募集人員		出願期間	試験日	発表日	手続締切日
推薦1期		窓12/18・12/19	12/21	3日以内郵送	合格通知書に記載の期日
2期	100	窓1/11・1/12	1/16		
3期		窓1/31・2/1	2/3		
一般1期	20	窓2/9・2/13	2/14		
2期		窓3/4・3/5	3/5		

※推薦入試を併願で受験し、延納手続きを事前に済ませている受験者のみ延納可

■2024年度選考方法・入試科目

推薦（学校推薦・自己推薦）：個人面接、書類審査（自己推薦のみ）

【出願条件】中学校卒業見込み者・卒業者、中学校を卒業した者と同等以上の学力があると大智学園が認めた者　単願は成績・出欠日数に関する基準なし　併願は基準あり（詳しくは入試相談室に相談のこと）

一般：基礎学力試験（国語・数学・英語）、面接〈配点・時間〉国・数・英＝国40点、数・英各30点、計40分〈面接〉生徒個人　重視【内容】志望動機など

■指定校推薦枠のある主な大学

神奈川大　杏林大　桜美林大　大正大　立正大　国士舘大　大東文化大　帝京科学大　フェリス女学院大　城西大　高千穂大　多摩大　和光大　淑徳大　麗澤大　東京福祉大　江戸川大　浦和大　十文字学園女子大　尚美学園大　駿河台大　東京富士大　日本経済大　文京学院大　平成国際大　明海大　東京工芸大　宝塚大　聖学院大　杉野服飾大　など

■2023年春卒業生進路状況

卒業生数	大学	短大	専門学校	海外大	就職	進学準備他
114人	65人	0人	33人	4人	8人	4人

※新宿校のみ

■2023年度入試結果

募集人員		志願者数	受験者数	合格者数	競争率
推薦	100	255	255	255	1.0
一般	20	10	10	10	1.0

学校説明会 要予約
9/23 10/15 11/3 12/10

個別相談会（要予約）　11/11 11/25 12/2 12/10

見学できる行事
大智祭（学園祭）　11/23

説明会・行事等は日程・内容が変更される場合があります。必ず学校HP等でご確認ください

大東学園高等学校

（だいとうがくえん）

〒156-0055　東京都世田谷区船橋7-22-1　☎03-3483-1901　学校長　原 健

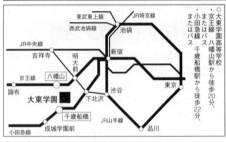

〈URL〉 https://www.daitogakuen.ed.jp

沿革　昭和7年（1932）、守屋東により前身となる「クリュッペルハイム東星学園」が開設。同17年（1942）、大東学園女学校となり、同23年（1948）、大東学園高等学校に校名変更。平成13年（2001）普通科に福祉コースを開設、同15年（2003）共学校として新たなスタートを切りました。令和4年（2022）に創立90周年を迎えました。令和5年度（2023）からコース制を廃止し、新しいカリキュラムがスタート。

校風・教育方針

　教育目標「人間の尊厳を大切にする」のもと、「参加と協同の学校づくり」と「開かれた学校づくり」をめざしています。それを実現するための仕組みの一つとして「三者協議会」という場を設けています。これは生徒・保護者・教職員が意見を出し合い、より良い学校をつくっていくための協同の場です。現在は、生徒会からの提案により、授業改革の課題が進行中です。

カリキュラムの特色

　2023年度より「新しい学びのカタチ」がスタート。学習の優劣ではなく、知らないことを知ることの楽しさや、学ぶことでわくわくする気持ちを大切にします。1年生の学習ではわかるまでじっくりと学ぶことを重視。学びの土台づくりで、「好きなこと」や「得意なこと」を広げます。英会話、数学、情報などの教科で少人数または教員の複数体制（TT/TA）の授業を行い、わかるまでていねいに指導します。ペアワークでの教え合い、グ

ループワークでの助け合いや話し合い、発表での表現などで自ら学ぶ力を身につけます。特に英語は、創立時から力を入れてきた教科の一つで、常に新しい手法を取り入れています。カードゲームやボードゲームなどのアクティビティーも取り入れ、楽しみながら英語力を高めます。英会話の授業は週2時間、クラスを半分にした少人数制で実施。外国人と日本人の2人の先生によるチーム・ティーチングで進められ、基礎を習得します。

　2年生からは豊富な選択科目を用意。「福祉保育フィールド」「人文社会フィールド」「自然科学フィールド」「身体表現フィールド」の4つのフィールドから自ら選んで学びを深めます。

　2021年度入学生より、一人一台ICT端末を導入して、さまざまな授業で活用しています。

●総合的な探究の時間「探究学習」

　1年生では週2時間、「探究基礎」の時間を設け、体験学習や実践を通して「思考力」「判断力」「表現力」の向上をめざします。学園が大切にしている「人権」や「尊厳」に関する学びに始まり、探究のための技術や方法について、学習する「姿勢」や「環境」を自分たちで作ること、選択科目の選び方、進路に関することなどを学びます。「探究」では1年間を通して一つのテーマを学びます。1年生は「性と生」、2年生は「平和」、3年生は「人権」がテーマ。自ら課題を見つけ出し、他者との意見交換をしながら学びを深めます。

●フィールド学習

　2年生では週6時間のフィールド授業、3年生ではさらに選択科目が加わり、週8時間のフィー

今春の進学実績については巻末の「高校別大学合格者数一覧」をご覧ください

ルド授業＋選択科目2時間（フィールド共通）としています。以下の4つのフィールドから選択して学びます。

〈福祉保育フィールド〉「人を知り、体験を通して共感し、行動に移せる人になろう！」を目標にしています。福祉・保育分野を中心に学び、校内外で多くの実習を行います。さらに看護や心理、コミュニケーションなどについても広く学びます。

〈人文社会フィールド〉世界や社会を知り、自分の考えを表現できる力をつけていきます。国語、英語、地理歴史・公民の学びを中心に、3教科に対する関心と理解を深めます。

〈自然科学フィールド〉数学、理科（物理、化学、生物）、情報を中心に学習し、数学的・科学的な発想力と思考力を磨きます。

〈身体表現フィールド〉運動やスポーツ、実習、体験・表現活動などを中心に学びます。さらに健康・保健・栄養学・情報科目（データ分析力）などの座学や芸術系の学びも取り入れています。将来、スポーツや健康、保健分野の進路をめざす人にとって有意義な学びとなります。

生活指導

学校生活のルールは、校則ではなく「規定」と呼びます。規定には、教育目標「人間の尊厳を大切にする」が根底にあり、いじめや暴力が許されないのはもちろん、一人ひとりが安心して生活できるように、学校生活のルールが定められています。三者協議会でも規定について話し合います。

相談室に専任のカウンセラーが常駐しており、悩みを相談できます。落ち着いた学校生活が送れるよう、サポート体制が整っています。

学校行事・クラブ活動

大東3大行事の「体育祭」「大東祭」「送別会」は生徒会執行部が運営します。2年生の修学旅行は探究学習の一環として沖縄へ行き、「平和とは何か」を考えます。民泊などで地元の方々と交流もします。

部活動は活発で、仲間たちと目標に向かって切磋琢磨しています。運動部は空手道、弓道、K-pop copy dance、硬式テニス、硬式野球、卓球、サッカー（男子）、ダンス、バスケットボール、バレーボール、陸上、ワンダーフォーゲルなど15部。文化部はアニメーション、園芸、演劇、軽音楽、コーラス、コンピュータ検定、茶道、写真、吹奏楽、調理、美術、百人一首、ものづくり研究所など17部が活動しています。

データファイル

■2024年度入試日程

募集人員		出願期間	試験日	発表日	手続締切日
推薦	135	1/15	1/22	1/23	1/23
一般	135	1/25〜2/3	2/10か11	2/12	2/13※
公立併願優遇			2/10	2/12	公立発表翌日

※延納手続き者は公立発表日の翌日

■2024年度選考方法・入試科目

推薦：書類審査、作文（400字40分）、面接【出願条件】内申9科20　加点項目あり（出席状況、特別活動、各種検定、世田谷区立の中学生など）3年次欠席10日以内

公立併願優遇・一般：国語、数学、英語、面接【併願優遇出願条件】内申9科23（加点項目は推薦と同様）3年次欠席10日以内

〈配点・時間〉国・数・英＝各100点50分

〈面接〉生徒個人　きわめて重視【内容】志望動機、入学後の抱負、中学校生活について、長所・短所、得意・不得意科目など

■指定校推薦枠のある主な大学

立教大　国士舘大　大東文化大　拓殖大　多摩大　帝京平成大　東洋学園大　明星大　ヤマザキ動物看護大　和光大　淑徳大　聖学院大　城西国際大　千葉工業大　大妻女子大など

■2023年春卒業生進路状況

卒業生数	大学	短大	専門学校	海外大	就職	進学準備他
258人	101人	4人	101人	0人	20人	32人

■2023年度入試結果　男／女　二次募集あり

募集人員		志願者数	受験者数	合格者数	競争率
推薦	135	73/78	73/78	73/78	1.0/1.0
一般(併願優遇)	135	330/180	317/171	316/171	1.0/1.0
(フリー)		87/54	83/48	72/42	1.2/1.1

学校説明会 要予約
9/9　10/14　10/21　10/28　11/4　11/11　11/18
11/19　11/25　12/2　12/3　12/10
平日説明会　11/30　12/5　12/7　12/12
見学できる行事
大東祭（文化祭）　9/30・10/1（入試相談コーナーあり）

説明会・行事等は日程・内容が変更される場合があります。必ず学校HP等でご確認ください

東京 た

大東文化大学第一高等学校

〒175-8571 東京都板橋区高島平1-9-1 ☎03-3935-1115 学校長 橋本 準一

〈URL〉https://www.daito.ac.jp/ichiko/
〈E-mail〉ichiko-nyushi@ic.daito.ac.jp

沿革 大正12年（1923）、漢学振興を目的として、貴衆両院の建議に基づき国が大東文化学院を設立。戦後の学制改革を機に、昭和37年（1962）大東文化大学第一高等学校を設立しました。

校風・教育方針

学園の建学の精神「東洋文化の研究を軸に西洋文化を取り入れ、東西の両文化を融合して新しい文化の創造を目指す」をふまえ、心身ともに健康で学問・徳行に優れた誠実な平和社会の形成者を育成します。

「剛健・中正・努力」を校訓とし、①たくましく健全な心身と克己心・思いやりの心の育成②偏狭でないバランス感覚を身につけた公正で真摯な態度と行動の養成③高き目標を掲げて、それに挑戦する不断の努力の3つを教育目標としています。

カリキュラムの特色

特別進学・選抜進学・進学の3つのクラスがあります。特進クラスは国公立大や難関私大、選進クラスはGMARCH、進学クラスは大東文化大及び、中堅私大を目標にしています。各クラス2年次からは文系・理系に分かれます。多様な進路希望にきめ細かく対応する多彩なカリキュラムを用意しています。

国際社会を視野に入れた実践的な語学教育が特色。英検の全員受験を実施し、2級以上の取得に向け指導しています。また、進学クラスの3年次は外国人講師による英会話を必修授業としています。

進路指導は、各自の個性を見つめ、きめ細かに行っています。1年生では英・国・数3教科の、2・3年生では受験科目の学力充実のため、必修参加・自主参加の夏期・冬期講習を実施します。また、全学年を対象に、年間を通じて放課後に進学講習を用意しており、受験科目の実力アップを図っています。日常的な学習も補習などを多く行い、できるまで、わかるまで指導しています。インターネット学習システムも導入しています。

国際理解教育

グローバルな視野を持ち、国際人としての感覚を身につけた青年の育成に力を注いでいます。ニュージーランドとカナダの姉妹校との交流では、現地でのホームステイを中心に、毎年30〜40人の生徒が参加しています。3カ月、半年、1年間から選べる留学制度が充実しています。

また、年間10団体の外国の生徒が来日するホスピタリティプログラムでは、校内にいながらにして国際交流ができます。

―Information―

○グローバル探究とメンターシステム
グローバル探究プログラム 1年次に、来日している留学生を80人ほど迎え、3日間オールイングリッシュでグループワークを行います。
メンターシステム 東京大学や早稲田大学の学生が「学習メンター」として自習室に常駐する制度です。自習室で勉強の悩み等に答えてくれるだけではなく、通学型の勉強合宿（大東Learning Camp）でも質問対応等してくれます。

今春の進学実績については巻末の「高校別大学合格者数一覧」をご覧ください

板橋区

生活指導・心の教育

　「生徒の自主的で自立的な規範意識の育成」を生徒指導の基本として、自ら率先して規範を守っていく、本来の意味での「自由な」学園をめざします。一方的な厳しい指導ではなく、時間をかけて話し合いながら互いの考えに耳を傾け、生徒が納得できるような生徒指導を心がけています。

　また、毎月の月例通信や学期ごとの学級懇談会を通じて保護者との意志の疎通を図り、生徒・保護者・教師の三位一体の生活指導ができるように、つねに三者の対話の場をつくっています。

学校行事・クラブ活動

　体育祭や文化祭の諸行事は企画から運営まで生徒自身が進めます。

　クラブ活動は、輝かしい実績をあげています。文化部では、書道部が全国大会レベルで活躍し、吹奏楽部・弁論部などが各種大会で優秀な成績を収めています。体育部では、ラグビー部・陸上部・男子ソフトボール部・チアダンス部が全国大会レベルで活躍しています。

高

共学

データファイル

■2024年度入試日程

募集人員		出願期間	試験日	発表日	手続締切日
推薦	A	1/15～1/17	1/22	1/23	1/24
	B	155※	1/15～1/17	1/22	1/23	公立発表日*
	C	1/15～1/17	1/22	1/23	1/24*
一般		160※	1/25～2/4	2/10か11	試験翌日	公立発表日*

※選抜・進学の募集人員。特進は推薦20人・一般15人
＊併願の手続締切日は居住地の公立高校発表日、一般第一志望は発表日翌日
推薦B・C併願は東京都生・神奈川県生は受験不可

■2024年度選考方法・入試科目

推薦A（単願）・B（併願）・C（単願・併願）：適性検査（国・数・英）、面接
【出願基準】内申　いずれも9科に1がないこと、5科に2がないこと
A：特進3科14か5科22か9科39　選抜3科13か5科20か9科34　進学3科12か5科18か9科32
B：特進3科14か5科23か9科39　選抜3科13か5科21か9科36　進学3科12か5科19か9科34
C：単願・併願とも5科各3または9科27
※進学はクラブ活動の正・副部長、生徒会役員や委員会の正・副委員長、検定などによる加点あり
選抜・特進は検定による加点あり　いずれも欠席3年間で15日以内
一般：国語、数学、英語、面接
〈配点・時間〉国・数・英＝各100点50分
〈面接〉推薦A・Bは生徒グループ、推薦Cは生徒個人、一般は個別相談により生徒個人または生徒グループのどちらかに決定　きわめて重視
【内容】志望動機、高校生活への抱負、長所・短所など

■2023年春併設大学への進学

　3年間の評定平均と大東スケールテスト（校内模試）により推薦順位が決定します。例年、90%以上の者が大東文化大学への推薦資格を得ています。4.0以上の者は併願推薦が可能です。
大東文化大学－109（文22、経済13、外国語9、法8、国際関係1、経営38、社会7、スポーツ・健康科11）

■指定校推薦枠のある主な大学

東京理科大　学習院大　成蹊大　日本大　東洋大
専修大　獨協大　東京都市大　工学院大　玉川大
東邦大　東京経済大　東京工科大　北里大など

■2023年春卒業生進路状況

卒業生数	大学	短大	専門学校	海外大	就職	進学準備他
353人	320人	5人	18人	1人	1人	8人

■2023年度入試結果

募集人員			志願者数	受験者数	合格者数	競争率
推薦A・B・C	進学	155	225	223	212	1.1
	選抜		53	53	53	1.0
	特進	20	21	21	21	1.0
一般	進学	160	215	202	187	1.1
	選抜		63	62	53	1.2
	特進	15	22	22	22	1.0

【学校説明会】 すべて要予約
学校説明会・個別相談会（ハイブリッド型）
9/2　9/9　9/30　10/7　10/14　10/21　11/11
11/25　12/2　12/9　12/16　12/23　1/6　1/27
2/17　※オンライン個別相談会を同時開催。
来校は校舎見学あり。
オープンスクール　10/29　11/18
学校見学は随時可（要予約）
【見学できる行事】
雄飛祭　9/23・9/24（個別相談会あり）

説明会・行事等は日程・内容が変更される場合があります。必ず学校HP等でご確認ください

東京 た

高輪中学校・高等学校
たかなわ

〒108-0074 東京都港区高輪2-1-32 ☎03-3441-7201 学校長 平野 豊

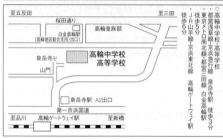

高輪中学校・高等学校
都営浅草線・京浜急行線 泉岳寺駅 徒歩3分
東京メトロ南北線・都営三田線・白金高輪駅 徒歩5分
JR山手線・京浜東北線 高輪ゲートウェイ駅 徒歩6分

〈URL〉https://www.takanawa.ed.jp
〈E-mail〉nyushi@takanawa.ed.jp

沿革 明治18年（1885）京都の地に西本願寺によって、普通教校を創立。同34年（1901）、現在地に移転。同39年（1906）、仏教と離れ高輪中学と改称。昭和22年（1947）新制高輪中学校を設置、翌23年（1948）高輪高等学校を設置。平成元年（1989）、中学校の募集を再開。令和2年（2020）、創立135周年。

校風・教育方針

「自主堅正」の校訓に基づき、「高く・大きく・豊かに・深く」を教育方針として、1. 学習意欲の高揚と学力の向上 2. 能力・適性・進路に応じた的確な進路指導 3. 規律・公衆道徳の尊重と実践する習慣の養成 4. 個別面談等を通して、それに対応する生徒指導 を重視しています。またそれによって 1. 大学へ進学させるための指導 2. 人を育てる指導 を実施しています。

カリキュラムの特色

中学・高校の6カ年一貫教育を実施しており、2年ずつ3期に分けて、それぞれに「教育目標」を達成するための教育指導をしています。

前期学年（中学1・2年）を「基礎学力徹底期」として、中学校生活に早く適応し、教師との信頼関係や生徒同士の友情を互いに深め合うことを目指します。また、学習面では主要5教科について、家庭での学習の実施を徹底させます。

中期学年（中学3年・高校1年）は「進路決定・学力伸長発展期」と位置づけています。日々の学校生活の充実を図ると同時に、なにごとに対しても自ら進んで協力できる態度を修得し、将来の進路についても考えます。

後期学年（高校2・3年）は「総仕上げ・進路達成期」です。自覚を持って学習や学校行事などに参加することにより、充実した学校生活を過ごせるようにします。また、自己を開発するとともに、将来に対する適切な進路を選択し、志望大学に現役合格する能力が育つように援助します。

中学校では、豊かな人間育成を教育の方針としています。一貫教育によって生じるゆとりと特性を生かし、それぞれの個性を大切にして指導していきます。科目では、国語・数学・英語の主要3教科の授業時間数を増やし、3年次では高等学校の内容を先取りします。また、3年次から選抜クラスを導入します。理科では、実験や観察を取り入れた「探求活動主体の楽しい授業」を展開し、高校での学習内容にスムーズに移行できるように努めています。社会では、体験学習を重視して、人間らしい生き方の基礎を学習します。

高等学校では、基礎学力を強固なものとしながら、進路指導を重点的に行っています。1年次にも学力選抜クラス編成を実施します。2年次には進路と適性によって、文系と理系に分かれ、数学では習熟度別授業も導入します。さらに3年次は文系、理系ともに選択科目で国立・私立に対応します。

中学・高校ともに、日々の補習や講習・夏期講習・冬期講習など、さまざまな方法で将来の希望を実現するサポートをしています。

今春の進学実績については巻末の「高校別大学合格者数一覧」をご覧ください

環境・施設設備

忠臣蔵、四十七士で有名な「泉岳寺」に隣接する、高輪の閑静な校地は、都心にありながら緑豊かな環境です。英語教室、パソコン室などの特別教室、図書室、食堂、講堂、体育館、柔剣道場などの施設も充実しています。2018年度には、すべての教室に電子黒板型プロジェクターの設置が完了しました。

生活指導・心の教育

豊かな情操の育成は、毎日の生活を大切にすることから始まるという信念に基づき、学校と家庭の連絡を密にしながら、基本的な生活習慣の指導を行っています。

学校行事・クラブ活動

学期ごとに行われる校外学習や夏休みに実施する体験学習をはじめ、西日本探訪、海外学校交流、体育祭、高学祭（文化祭）など、情操教育の一環として多彩な行事が行われます。

クラブ活動は、運動部11部、文化部16部、そしてESS、ダンス、自転車など10の同好会があり、勉強との両立を図りながら、積極的に活動しています。近年では、陸上競技部が全国大会に出場した経験があります。その他多くのクラブが関東大会を目標に努力しています。

Information

情報教育

生徒一人ひとりが入学時からタブレット型ノートPCを持ち、授業や家庭学習、オンライン授業などで活用しています。休校や学級閉鎖の時には、学校から授業を配信することもあります。

パソコン教室には50台のパソコンがあり、各教室には電子黒板型プロジェクターなども設置されています。

右欄外: 港区　中 男子　高 男子　高校募集なし

データファイル

■2024年度入試日程

中学校

募集人員		出願期間	試験日	発表日	手続締切日
A	70	1/10～1/31	2/1	2/1	2/4
B	70	1/10～2/1	2/2	2/2	2/4
C	30	1/10～2/3	2/4	2/4	2/6
算数午後	20	1/10～2/2	2/2午後	2/2	2/4
帰国生	10	12/10～1/10	1/12	1/12	1/14

高等学校

募集を行っていません

■2024年度選考方法・入試科目

中学校

A・B・C日程：4科

算数午後入試：算数（100点60分）

帰国：2科目型（国語、算数）と3科目型（国語、算数、英語）の選択

〈配点・時間〉国・算＝各100点50分　理・社＝各60点30分　帰国の英は100点50分

■指定校推薦枠のある主な大学

早稲田大　上智大　東京理科大　青山学院大　中央大　明治大　法政大　立教大　学習院大　成城大　明治学院大　日本大　東洋大　芝浦工業大　東京都市大　東邦大など

■2023年春卒業生進路状況

卒業生数	大学	短大	専門学校	海外大	就職	進学準備他
218人	185人	0人	0人	0人	0人	33人

■2023年度入試結果

中学校

募集人員		志願者数	受験者数	合格者数	競争率
A	70	341	306	111	2.8
B	70	622	451	142	3.2
C	30	592	383	82	4.7
算数午後	20	399	320	88	3.6
帰国生	10	20	19	12	1.6

▼▼入試アドバイス・学校からのコメント

2020年春に山手線・京浜東北線「高輪ゲートウェイ」駅が開設されました。徒歩約6分の位置にあり、JR各線からの通学が一層便利になりました。

学校説明会 Webで申込み
★中学校
10/8　11/3　12/2　1/8
帰国生　9/9

見学できる行事
高学祭　9/30・10/1（入試相談コーナーあり）

説明会・行事等は日程・内容が変更される場合があります。必ず学校HP等でご確認ください

東京
た

拓殖大学第一高等学校

（たくしょくだいがくだいいち）

〒208-0013　東京都武蔵村山市大南4-64-5　☎042-590-3311　学校長　宮川 努

〈URL〉https://www.takuichi.ed.jp/

沿革　昭和23(1948)年、拓殖大学予科を改編、紅陵高等学校として小平市花小金井に開校。同25年、正明中・高等学校を吸収合併、校名を正明中・高等学校と改称。同36年、校名を拓殖大学第一高等学校に改称。平成16年4月、玉川上水に移転。令和5年（2023）創立75周年。

校風・教育方針

拓殖大学の建学の理念は「積極進取の気概とあらゆる民族から敬慕されるに値する教養と品格を具えた有為の人材の育成」です。拓殖大学の唯一の付属高校として、その建学精神を受け継いでおり、また、「心身共に健全で、よく勉強し、素直で思いやりある青年を育成する」という教育方針を掲げ、生徒一人ひとりの夢の実現のため全力で教育活動を行っています。

進路希望に沿った2コース制

特進コースと進学コースの2コースを設けています。特進コースは、国公立大学および最難関私立大学への現役合格を目標にしています。2年次で主要教科の全課程をほぼ終了し、3年次は受験に対応した演習を行います。進学コースは、難関私立大学を目指すコースです。2年次から、進路に沿った4系統のクラス編成になり、よりきめ細かい授業および進路指導が行われます。どの教科も、密度の濃い授業に加えて課題や小テストなどで実践力を養成し、大きな成果をあげています。2022年は東大現役合格者を含め国公立大に26人、GMARCH以上の私立大学に266人の合格者が出

ました。2年次に進級する際、希望者は選抜審査を経て、コースの変更もできるようになっています。

2020年度から始まった新しい大学入試への対応として、まずは英語に関して「読む」「聞く」「書く」「話す」という4技能の向上と外部資格試験（英検・GTECなど）に関する教材を使った授業を行っていきます。また、2022年度から、カリキュラムを改定し、多様で深い学びに対応しています。

第一志望にこだわる進路指導

1年次は興味ある分野・学びたい学問を知り、好奇心を具体化していく企画や、OB・OGにお話を伺い、「仕事とは」「大学生活とは」「高校1年生でやっておくべきこと」などについて理解を深める企画を通じ、夢を具体化していきます。1年次はその成果を「志望分野届」という形にまとめ、適切な文理やクラス選択をできるように指導していきます。

2年次は第一志望大学を決めるポイントをお伝えしたり、志望分野ごとの説明会等をおこなったりし、それらの集大成として「第一志望届」を作成してもらい、第一志望への思いを高めます。そして3月には受験を終えた3年生から受験の体験・アドバイスを話してもらい、みなさんの夢実現に向けて具体的な後押しをしていきます。

3年次はさらに細かい進路説明会を複数回実施し、模試の活用、各担任の具体的な進路アドバイス等を通じ、みなさんの夢実現に向けて最後までバックアップします。

幅広い視野の国際理解教育

拓大一高では、1年次に全員参加で行われる

今春の進学実績については巻末の「高校別大学合格者数一覧」をご覧ください

All Englishのディスカッションプログラムに加え、ニュージーランドにおける夏期語学研修や長期の交換留学制度、さらにはオーストラリアへのターム留学など多彩な留学制度があります。英語のほかに中国語やスペイン語の選択授業、海外留学生の受け入れも行い、さまざまなことを通して、真の国際人としてのセンスを身につけることができます。

学校行事・クラブ活動

クラブ活動は活発で、陸上競技部・チアダンス部・演劇部・吹奏楽部をはじめとする全国・関東大会レベルの実力を持ったクラブが数多くあり、生徒たちは勉強とクラブ活動の両立を目指し日々努力をしています。また、文化祭や体育祭、合唱祭などの学校行事は、生徒会や委員会などの生徒組織と、それを支える先生方とが一致団結をして運営しています。

交通至便な快適キャンパス！

校舎は西武拝島線＆多摩都市モノレール「玉川上水駅」から徒歩3分の好立地。登校時間は午前8時30分です。

4層吹き抜けの大空間が心地よいエントランスホール＆アトリウム、オープンエアーの階段状になったパティオ（テラス）、明るいカフェテリアなど、一人ひとりがおおらかに交流できるコミュニケーションスペースを各所に設けました。

TOPICS

制服は格調高い3ツ釦の紺のブレザー、ブルーのシャツです。

男女ともクリーム色のシャツも着用でき、ニットベストとセーターは、紺と白の2色から、女子はリボンに加え、ネクタイ、スカートに加えてスラックスも選択できます。

データファイル

■2024年度入試日程

募集人員		出願期間	試験日	発表日	手続締切日
推薦Ⅰ・Ⅱ	特進100	1/15～1/16	1/22	1/23	1/26
一般Ⅰ	進学300	1/25～2/3	2/10	2/11	2/16
Ⅱ			2/12	2/13	

〈募集人員〉推薦160人、一般240人
※推薦Ⅱ（併願）は隣接県生（神奈川を除く）対象　推薦Ⅱと一般Ⅰ・Ⅱは延納可

■2024年度選考方法・入試科目

推薦：推薦Ⅰ（第一志望者）は面接、作文（700～800字50分）、特進コース希望者と進学コース奨学生審査希望者は作文にかえて適性検査（国・数・英各50分）あり　推薦Ⅱ（神奈川県生を除く都外生対象）は面接、適性検査（国・数・英各50分）

【推薦基準】 Ⅰ・Ⅱ共通：内申9科に1、2があると不可　欠席3年次5日以内かつ3年間15日以内　検定3級以上など内申加点あり（進学コースのみ。要確認）　推薦Ⅰ（単願）：進学3科12かつ5科20　特進3科14かつ5科23　推薦Ⅱ（併願優遇）：進学3科13かつ5科22　特進3科14かつ5科23かつ9科39

一般：国語、数学、英語、面接
併願優遇の内申や加点条件は推薦Ⅱ（併願優遇）と同じ

〈配点・時間〉国・数・英＝各100点50分
〈面接〉生徒グループ　きわめて重視

■2023年春併設大学・短大への進学

校内の推薦基準を満たした者は、全員校長推薦で進学しています。

拓殖大学－9（商3、政経3、国際1、工2）
拓殖大学北海道短期大学－進学者なし

■指定校推薦枠のある主な大学

東京理科大　明治大　青山学院大　立教大　中央大　法政大　学習院大　芝浦工業大　東京薬科大　明治薬科大　津田塾大　東京女子大など

■2023年春卒業生進路状況

卒業生数	大学	短大	専門学校	海外大	就職	進学準備他
379人	336人	0人	4人	0人	0人	39人

■2023年度入試結果

募集人員		志願者数	受験者数	合格者数	競争率
推薦Ⅰ	160	142	142	142	1.0
Ⅱ		68	68	54	1.3
一般Ⅰ	240	934	885	811	1.1
Ⅱ		680	485	347	1.4

学校説明会 要予約・上履き持参
9/23 10/14 10/28 11/5 11/12 11/18 11/25　個別相談あり
＊土曜実施日14:00　日曜・祝日実施日10:00
埼玉県公立中学校からの受験者対象入試個別相談　12/25（予約不要）

見学できる行事
文化祭 9/16・9/17（公開予定）

説明会・行事等は日程・内容が変更される場合があります。必ず学校HP等でご確認ください

高 女子 普通科

東京 た

立川女子高等学校
（たちかわじょし）

〒190-0011　東京都立川市高松町3-12-1　☎042-524-5188　学校長　加藤　隆久

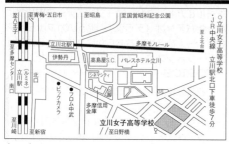

〈URL〉https://www.tachikawa-joshi.ac.jp/

沿革　大正14年(1925)、立川女学校を創立。昭和2年(1927)には立川高等女学校を、昭和17年に立川家政女学校を設立。昭和23年の学制改革により立川女子高等学校を設立し、現在に至っています。

校風・教育方針

　1．教師と生徒との心と心のふれあい　2．幅広い知識と確かな判断　3．自信を持って前向きに生きる　を教育方針とし、新しい時代を自主的に生きる力を持った知性豊かな女性を育成します。
　3つの教育方針は、創立者村井敬民の教育観「教育は愛と誠の教育でなくてはならない」に基づいています。このことは、真の愛情と誠実さに溢れた生活や人間関係を通して、時代に適応できる思いやりのある女性の育成を心がけているものです。

コース紹介

　総合コースと特別進学コースの2コース制。両コースとも、「作法」の時間を設定し、日常生活における所作を学べる点が特徴です。一人一台タブレットを活用し、学びを深め、自らの考えを表現する力をつけます。1・2年次には大学や専門学校の講師による模擬授業などの体験型プログラムを通して、進路を明確にします。
　「特別進学コース」は、少人数のクラス編成で、難関私大や看護・医療系の大学・専門学校への合格を目標としています。一般入試での受験を念頭に置いたカリキュラムですが、総合型選抜、学校推薦型選抜など多様な入試方法の指導も行っています。放課後は、学習メンターによる補習授業で学びを深めることが可能です。
　「総合コース」では、大学・短大・専門学校への進学から、就職までの幅広い進路を選択します。被服室や調理室などの施設が充実している「家庭科」を重点教科とし、3年次にはアートの街・立川の利点も生かして芸術の授業で創作活動を行います。

Sプロジェクト

　2022年度より完全学校週5日制となり、土曜日は、土曜特別講座「Sプロジェクト」を実施しています。実践女子大学と高大連携、大原簿記公務

学校長からのメッセージ

学校長　加藤　隆久

　本校は、多摩地区で最も歴史と伝統のある私立の女子校として、「愛と誠」を校訓に、思いやりと誠実さを実践できる人間の育成に取り組み、今年で創立98年目を迎えました。
　生徒たちは皆、かけがえのない貴重な存在で、一人ひとりに必ずよいところがあります。自分のよいところに気づかせ、そして、自分なりの光が放てるように日々教職員は、愛情を持って生徒たちと向き合っています。競争に勝つための学びよりも、支え合う学びや、自身の興味・関心を深めていくような学びを大切にしています。
　生徒たちの夢の実現に向けて、2022年度から、Sプロジェクト、新カリキュラムが始まりました。ICT環境も整い、いよいよ100周年に向け、「自分らしさ」を育む学びの場として、立川女子高校の新しい歴史と伝統が刻み始められました。

今春の進学実績については巻末の「高校別大学合格者数一覧」をご覧ください

員医療福祉保育専門学校立川校、国際文化理容美容専門学校国分寺校、日本工学院八王子専門学校、吉祥寺二葉栄養調理専門職学校、総合学院テクノスカレッジなどと高専連携をして、30以上の多種多様な講座を開講。「英語検定対策講座」「小論文対策講座」「看護系入試対策講座」「保育・初等教育の世界にふれてみよう」「ネイリストのための講座」など、直接進路に役立つ講座や、「アンニョン韓国語」「いけばな」「表千家茶道」など教養を高める講座を用意。大学や専門学校の一流の施設と、プロフェッショナルな講師による講座は、普段の授業とは違う学びを受けられ、自分の好きが見つかり、究められます。

国際教育

夏休みに希望者による15日間のオーストラリア語学研修があります。ホームステイしながら、現地校の授業に参加。週末はホストファミリーと過ごします。出発前は英会話レッスンがあります。

環境・施設設備

駅から徒歩7分の距離にもかかわらず、緑に囲まれた静かで落ち着いた教育環境のなかにあります。校門には警備室があり、耐震工事も完了していて安心して通うことができます。最新のPC環境を備えたコンピュータ室、70畳の作法室、50人がゆったり調理できる調理室と試食室があり、普

通教室とあわせ全室個別の冷暖房を完備しています。2階建ての体育館と150人収容の視聴覚ホール、また、床暖房のある図書館は4万冊の蔵書に囲まれゆったりと時間を過ごすことができます。広くて明るい食堂は、安くて美味しいと評判です。

生活指導・心の教育

教師と生徒の心のふれあいを大切にしています。ホームルーム担任制により、きめ細やかで面倒見の良い指導が生徒一人ひとりにゆき届きます。また、「作法」の授業で品位ある女性を育てます。

学校行事・クラブ活動

クラブ活動は、全国高等学校演劇大会で全国2位の優秀賞を受賞した演劇部、東京都吹奏楽コンクールで金賞受賞の吹奏楽部、毎年数々の全国大会に出場のダンス部、創部50年以上の歴史と実績を誇る山岳部、東京都私立学校展で会長賞を受賞の美術部、他校にはないそば打ち部や人形劇部、旅行会社とコラボおせちを作ったクッキング部、イラスト研究部、軽音楽部など、文化部21、運動部14が活発に活動しています。

クラスが一致団結する競技や、学年を超えた色別での応援合戦が見事な体育祭、音大の卒業生による歌唱指導がある本格的な合唱祭、様々な部活やクラスの催し物で盛り上がる文化祭など多くの行事があります。

データファイル

■2024年度入試日程 ＊うち特進25

募集人員	出願期間	試験日	発表日	手続締切日
推薦 150＊	1/15～1/16	1/22	1/23	1/30
一般 150＊	1/25～2/3	2/10	2/12	2/19※

※または公立（1次）発表翌日

■2024年度選考方法・入試科目

推薦：書類審査、面接【出願条件】内申総合9科24 特進3科10か5科16 欠席日数3年次7日以内 3科に1があると不可 卒業生子女、特記事項記載者（英・漢検3級、生徒会、顕著な実績、皆勤など）は優遇

一般：国語、数学、英語、面接

【併願優遇出願条件】 推薦の基準プラス1

〈配点・時間〉国・数・英＝各100点50分

〈面接〉推薦：生徒個人 一般：生徒グループ

■指定校推薦枠のある主な大学

桜美林大 大妻女子大 国士舘大 駒沢女子大 実践女子大 白百合女子大 帝京大 帝京平成大 東京医療学院大 東京家政学院大 明星大など

■2023年春卒業生進路状況

卒業生数	大学	短大	専門学校	海外大	就職	進学準備他
202人	70人	6人	101人	0人	11人	14人

■2023年度入試結果 スライド合格を含まない

募集人員		志願者数	受験者数	合格者数	競争率
推薦	150	109	108	108	1.0
一般	150	30	30	26	1.2
併願優遇		383	371	371	1.0

2次募集あり

学校説明会 要予約
10/21 11/11 11/18 11/23 12/9 12/16 12/23
個別見学・相談 11/30 12/1 12/2 12/4 12/5
見学できる行事 要予約
文化祭 9/16・9/17（ミニ説明会あり）

説明会・行事等は日程・内容が変更される場合があります。必ず学校HP等でご確認ください

東京
た

玉川学園 中学部・高等部
(たまがわがくえん)

〒194-8610　東京都町田市玉川学園6-1-1　☎042-739-8931　学園長　小原　芳明

玉川学園 案内図

〈URL〉https://www.tamagawa.jp/academy/
〈E-mail〉k12admit@tamagawa.ed.jp

沿革　玉川学園は昭和4年（1929）、小原國芳によって創立。「全人教育」を教育理念に掲げ、玉川学園一貫教育として、幼稚部から高等学校までの教育活動を展開。大学・大学院も併設。IBワールドスクール（MYP・DP）認定校。

校風・教育方針

「全人教育」「探究型学習」「国際教育」を教育の柱とし、主体的・対話的で深い学びを実現し、大学の学修に必要な資質・能力を身につけます。①スーパーサイエンスハイスクール（SSH）指定校（16年目：4期指定期間2023〜2027年度）②IBワールドスクール（MYP・DP）認定校③国際規模の私立学校連盟ラウンドスクエア正式メンバー校

これらの認証評価を受け、高い学力の獲得だけでなく、創造性や探究心を育みます。

カリキュラムの特色

中学校段階では、すべての教科をバランスよく配分し、確かな学力を身につけます。特に数学・英語は習熟度別に授業を行い学習効果を高めます。すべての授業が図書や資料などの関連教材を常備した専門教室で行われ、各教室に教科の専任教員が常駐し、いつでも質問に対応できる環境が整っています。9年生（中学3年生）では「学びの技」という授業を週2回、年間60時間行い、約3,000文字の論文作成やプレゼンテーションスキルについて1年間かけて学びます。また、9年生（中学

3年生）から「習熟度別クラス」を編成し、少人数のクラスを設定。生徒に最適な授業展開を実現し、一人ひとりの能力を最大限に伸ばします。11年生（高校2年生）からは「進路別クラス」編成によって、きめ細やかな進路指導と能率高き教育を展開し、生徒の将来の目標の実現に向けて、より密度の高い学習活動を展開。なお、併設の玉川大学に進学を希望する生徒は12年生（高校3年生）から大学の授業を受講でき単位認定されます。

国際教育

国際規模の私立学校連盟ラウンドスクエアの正式メンバー校（44カ国240校以上）や8カ国17校の提携校と交流を図りながら、国際感覚を磨きます。8年生（中学2年生）から希望制の海外研修がスタート、約2週間のカナダ研修ではアウトドア活動を通じて英語を習得します。その他、ハワイプナホウ校研修、アメリカ東部研修など、約80%の生徒が海外研修に参加します。9年生（中学3年生）からは、多様な文化を理解し、世界の諸問題に関心を持つことが大事であると捉え、アフリカでの研修では、貧困や人権問題を肌で感じ、その課題について考えます。また、ラウンドスクエア国際会議では、世界の高校生とさまざまなテーマについてディスカッションを行います。こうしたホンモノの体験を通じて、世界に通用する人材を育成します。

生活指導・心の教育

生徒と家庭、教師をコンピュータネットワークで結ぶ学内ネットワークCHaT Net（Children Homes and Teachers Network）を導入しています。「Any Time & Any Place」の教育環境を整備し、「三位一体」の教育の実践を進めています。

今春の進学実績については巻末の「高校別大学合格者数一覧」をご覧ください

また、自己と向き合い、他者への思いやりや生命を慈しむ心を育む礼拝の時間や朝会、体験型心の教育実践施設TAP（Tamagawa Adventure Program）、音楽活動、労作、美術活動など、日々の活動のなかにも心を磨く活動があります。

環境・施設設備

61万㎡の広大なキャンパスに幼稚部から大学院まで設置。理科教育専門校舎サイテックセンターや芸術教育専門校舎アートセンターなど、充実した設備を用意しています。学外施設として、カナダ研修の拠点となるカナダ・ナナイモ校地があります。

学校行事・クラブ活動

学校行事は音楽祭、体育祭、クリスマス礼拝などのほか、玉川学園展では、独自の探究型学習「学びの技・自由研究」の1年間の研究成果を発表します。

クラブ活動は全部で25以上。世界大会に出場したサイエンスクラブやロボット部のほか、吹奏楽部、チアダンス部、エアロビック部、スキー部などが全国大会出場の実績があります。

町田市

中

共学

高

共学

データファイル

■2024年度入試日程

中　一般：一般クラス　IB：国際バカロレア（IB）クラス

募集人員		出願期間	試験日	発表日	手続締切日
一般 1回	約65	1/10～1/30	2/1午前	2/1	2/6
2回			2/1午後		
3回	約45		2/2午前	2/2	2/7
4回			2/2午後		
IB 1回	約15		2/1	2/1	2/6
2回			2/2	2/2	2/7
帰国生	若干	11/17～11/25	12/2午後	12/4	12/7

高　一般入試のみ（専願優遇、併願優遇、オープン）

募集人員	出願期間	試験日	発表日	手続締切日
※	1/25～1/31	2/11	2/12	2/15＊

※一般80、IB若干を募集　＊併願は公立発表翌日

■2024年度選考方法・入試科目

中　一般：1回　4科か2科（国算、英国、英算、算理）、面接　2回　2科（国算）か英語資格利用型（英検3級以上＋国か算）、面接　3回　4科か2科（国算、算理）、面接　4回　2科（国算）、面接　IB：英（英語による出題）、算（英語による出題）、日本語（日本語による出題）、面接

〈配点・時間〉一般：国・算・英＝各100点50分　理・社＝各50点30分、IB：各100点50分

〈面接〉一般：生徒個人　IB：生徒個人・保護者同伴

高　一般：国・数・英、面接　IB：英（英語による出題）、数（英語による出題）、日本語（日本語による出題）、面接

〈配点・時間〉一般：国・数・英＝各100点50分　IB：英・数・日＝各100点50分

〈面接〉一般：生徒個人　IB：生徒個人・保護者同伴

■2023年春併設大学への進学

高校3年間の累積GPAが3.0以上などの条件を満たすことで学内入試制度を用いて進学できます。

玉川大学−51（文2、農2、工8、教育22、芸術7、リベラルアーツ4、観光6）

■指定校推薦枠のある主な大学

早稲田大　青山学院大　上智大　中央大ほか

■2023年春卒業生進路状況

卒業生数	大学	短大	専門学校	海外大	就職	進学準備他
223人	184人	0人	5人	9人	0人	25人

■2023年度入試結果

中　男／女　帰国生入試あり（IBクラスのみ）

募集人員		志願者数	受験者数	合格者数	競争率
一般 1回	65	53/44	43/34	18/21	2.4/1.6
2回		91/78	80/71	36/50	2.2/1.4
3回	45	71/62	24/20	9/12	2.7/1.7
4回		86/78	40/24	13/10	3.1/2.4
IB 1回	10	6/4	6/4	1/4	6.0/1.0
2回	10	4/5	2/1	0/1	—/1.0

高　男／女

募集人員		志願者数	受験者数	合格者数	競争率
一般	80	34/38	33/38	32/37	1.0/1.0
IB	若干	3/1	3/1	1/1	3.0/1.0

学校説明会　すべてweb予約・＊はオンライン
★中　一般：9/15＊ 10/20 10/28 11/2＊ 1/12
IB：9/8＊ 10/21 11/18 12/2 1/12
オープンスクール　9/9
入試問題チャレンジ会　11/11（一般）
入試問題説明会　12/2
★高　一般：9/9 10/20＊ 11/18 12/2
IB：9/8＊ 10/21 11/18 12/2
個別相談会（中高IB）　1/12

見学できる行事（入試相談コーナーあり）
玉川学園体育祭　10/14
玉川学園展ペガサス祭　3/1・3/2

説明会・行事等は日程・内容が変更される場合があります。必ず学校HP等でご確認ください

玉川聖学院 中等部 高等部

（たまがわせいがくいん）

〒158-0083　東京都世田谷区奥沢7-11-22　☎03-3702-4141　学院長　安藤　理恵子

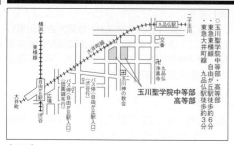

〈URL〉https://www.tamasei.ed.jp

沿革　昭和25年（1950）、キリスト教プロテスタントのミッションスクールとして、谷口茂壽によって自由が丘の地に創立されました。

校風・教育方針

一人ひとりのすばらしい価値と可能性を信じるという教育理念は、「すべての人は神によって造られて、神に愛されている」という聖書の言葉に立脚しています。自分の存在のすばらしさを知り、他の人の価値を同じように認めることによって、心が豊かに育まれていきます。

授業や校外活動を通して国内外の異文化の人々と出会い学ぶ機会が豊富です。自分と違う人々と出会うことで多様性に対する視野が広がり、偏見のない平和な関係を築くために、自分にできることを追求しようとする願いが生まれます。この願いが、世界をつなげる心を育てていきます。

カリキュラムの特色

1. 基礎学力と生活習慣を定着させる中等部

授業では参加型の体験的学習を重視。課題やミニテストの繰り返しによって学力定着を図るとともに、少人数での丁寧な授業によって各自のペースに合わせて実力を伸ばせます。毎週土曜日には卒業生による個別補習も提供しています。

英語教育は中1からネイティブ教師が授業を行い、昼休みや放課後はネイティブ教師が常駐するEnglish Loungeで好きなだけ英会話が楽しめます。中3のInternational Dayで10カ国以上の人々と英会話体験をし、修学旅行はオーストラリアで生の異文化体験。

独自の総合学習では、ICT技能や論文執筆技術だけでなく自分の問題意識を深める探究力を養います。中3で1年間をかけて修了論文を執筆し、調べ学習や論文執筆の基本が身につきます。

2. 自分に出会い、世界に出会う高等部

高等部では高1、2年次の「総合科人間学」において自分と向き合い、人間とは何かという問いに真剣に取り組みます。考える、書く、発表する作業を個人でもグループでも繰り返し、文章力、発表力、洞察力が深まります。多様な異文化と出会い、共感することによって世界をつなげる心が育ちます。高2の修学旅行は韓国へ。多彩な学校行事の他、高齢者・障がい者施設訪問、有志による施設や被災地へのボランティア等の体験学習の機会が充実しています。

「玉聖アクティブプログラム（TAP）」

これまで玉川聖学院で活発に行われてきた体験学習を、地球共生、人間社会、サイエンス、芸術・メディア、言語コミュニケーションという5つのテーマごとに分類し、選択授業と体験プログラムを提供する学習システムです。一人ひとりの興味や関心に合ったプログラムを自由に選択し、テーマを探究することができます。心と体で学んだ直接的な体験は、自分の適性判断や進路選択にも役に立ち、自分だけのポートフォリオ（自分史）として、将来の夢につながっていきます。

今春の進学実績については巻末の「高校別大学合格者数一覧」をご覧ください

| 2期制 | 登校時刻 8:10 | 昼食 弁当持参、売店(コンビニ出張販売あり) | 土曜日 休日 |

環境・施設設備

　自由が丘の静かな住宅街にある校舎は、木目調の広い廊下に光があふれる別世界。バリアフリーかつ耐震構造の安心設計です。2つの大ホールには美しいステンドグラスとパイプオルガンを設置しています。ICT環境も進んでおり、中等部ではChromebookを、高等部ではiPadを学習ツールとして使用し、授業や課題提出等を効率よく行っています。

進路学習

　各自の特質にあった進路・受験方法が選択できるよう丁寧な面談を通してサポート。自習室は毎日19時30分まで開放。高大接続として大学教授の出張講義の機会も多く、進学後のイメージを持ちながら的を射た受験準備ができます。指定校推薦枠は350人以上。総合型や学校推薦型選抜も体験学習の成果により合格率が高く、難関大学志望者のためにはハイレベルな実力養成プログラムSAC(スーパーアドバンスト・コース)があります。

データファイル

■2024年度入試日程

中等部

募集人員		出願期間	試験日	発表日	手続締切日
1回	35	1/10〜1/31	2/1	2/1	2/3
2回	35	1/10〜1/31	2/1午後	2/1	2/5
3回	20	1/10〜2/2	2/2	2/2	2/6
4回	10	1/10〜2/3	2/3午後	2/3	2/11
適性検査型	定めず	1/10〜1/31	2/1	2/1	2/11
帰国子女(A日程)	若干	12/1〜12/13	12/16	12/16	12/18
多文化共生(帰国子女B日程)	定めず	1/10〜1/26	2/1午後	2/1	2/3

高等部

募集人員		出願期間	試験日	発表日	手続締切日
推薦	約50	1/15〜1/16	1/22	1/22	1/24
一般	約90	1/25〜2/5	2/10・13	2/10・13	※

※一般Ⅰ:2/12　Ⅱ:公立発表翌日　Ⅲ:公立私立発表翌日　Ⅳ:3/2

■2024年度選考方法・入試科目

中等部

1・3回:2科か4科、面接　**2・4回**:2科、面接　**適性検査型**:適性検査Ⅰ(作文)・Ⅱ　**帰国**:2科、面接　**多文化共生**:2科か英・算(各100点40分)、面接

〈配点・時間〉1・3回:国・算=各100点45分、理・社=各100点35分　2回・4回:国・算=各100点40分　適Ⅰ:100点45分　適Ⅱ:200点45分　帰国:国・算=各100点40分

〈面接〉一般は生徒グループ　帰国・多文化共生は生徒個人または生徒グループ

高等部

推薦:書類審査、面接【出願条件】内申 9科30か5科17(加点措置あり)　**一般Ⅰ(第一志望)・Ⅱ(公立併願優遇)・Ⅲ(公立私立併願優遇)・Ⅳ(オープン)**:国語、数学、英語(リスニング含む)、面接

〈配点・時間〉国・数・英=各100点50分

〈面接〉推薦は生徒個人　一般は生徒グループ

■指定校推薦枠のある主な大学

青山学院大　学習院大　國學院大　国際基督教大　成蹊大　成城大　専修大　津田塾大　東京女子大　日本女子大　法政大　明治学院大など

■2023年春卒業生進路状況

卒業生数	大学	短大	専門学校	海外大	就職	進学準備他
197人	166人	5人	13人	0人	0人	13人

■2023年度入試結果

中等部　1・3回は2科/4科

募集人員		志願者数	受験者数	合格者数	競争率
1回	35	79/41	71/36	23/23	3.1/1.6
2回	35	201	191	106	1.8
3回	20	97/72	55/37	23/23	2.4/1.6
4回	10	197	97	50	1.9
適性	定めず	8	8	5	1.6
多文化共生	定めず	14	13	11	1.2

高等部　帰国生を含む

募集人員		志願者数	受験者数	合格者数	競争率
推薦	約50	48	48	48	1.0
一般	約90	96	79	76	1.0

学校説明会　HPより要予約

★中等部　10/14(ウォークラリー) 10/31 11/23(プレテスト) 12/2(クリスマス) 1/6(入試教科解説)　**適性検査型入試説明会** 12/16 1/6(プレテスト)

★高等部　10/14 11/23(入試教科解説) 12/2(クリスマス)

ミニ説明会　(中高) 9/9 10/21

オープンスクール(中高) 10/10

公開行事　HPより要予約

学院祭　9/16・9/18

説明会・行事等は日程・内容が変更される場合があります。必ず学校HP等でご確認ください

東京　た

多摩大学附属聖ヶ丘中学校・高等学校
（たまだいがくふぞくひじりがおか）

〒206-0022　東京都多摩市聖ヶ丘4-1-1　☎042-372-9393　学校長　石飛　一吉

○多摩大学附属聖ヶ丘中学校・高等学校
・京王相模原線・小田急多摩線
永山駅からバス12分
・京王線聖蹟桜ヶ丘駅からバス16分
両駅からスクールバスもあり

〈URL〉https://www.hijirigaoka.ed.jp

沿革　昭和12年（1937）、目黒商業女学校（現多摩大学目黒高等学校）が創立され、設置母体の田村学園が同63年（1988）、聖ヶ丘高等学校を開校。平成元年に多摩大学が開学したのを機に、現校名に改称。同3年、同中学校を開校しました。

校風・教育方針

「自主研鑽」「健康明朗」「敬愛奉仕」が教育目標。「少人数できめの細かい指導」「本物から本質に迫る教育」「主体性と協働性の育成」を3つの柱として、時代の変化に対応したリーダーシップの養成と同時に、相互に支え合う心温かい精神を持ち、平和で平等な社会の実現を目指す人材の育成につとめています。「生徒が主役」をモットーとした、1学年120人の小規模校。卒業生が「大きな家族のような学校」というアットホームな雰囲気も大きな特徴です。

カリキュラムの特色

「探究学習」と「基礎学習」を学びの両輪とし、それをバランス良く育むための独自のカリキュラムと時間割を実践しています。

調べ学習だけでは終わらない、体験を伴った探究学習が多摩大聖ヶ丘の探究「A知探Q」です。放課後に中高の有志が様々な取り組みに挑戦している「放課後活動」、教員生徒が全力で学びを楽しむ夏期探究特別講座「A知探Qの夏」。そして、自分たちが生活する多摩地域をフィールドに、実際に行動することにより学びを深める、高校生の「探究ゼミ」。多摩大聖の探究は、"確かな自信"と"語れる経験"を手に入れるチャンスにあふれています。

「全ての学びは授業から」を合言葉に、知識だけでなく"学ぶ姿勢"を身につけてもらうため教員は工夫と研鑽を繰り返し、毎日の授業に入魂しています。確かな力をつけるために、「小テスト↔フィードバック授業」の反復サイクルが、教科を問わずに行われています。教育改革が進む中でも、「覚えること」「立ち向かうこと」から目を背けるわけにはいけません。生徒一人ひとりを想い、時に厳しく、励まし寄り添いながら、学びに向かう姿勢を身につけてもらうための授業が、多摩大聖ヶ丘にはあります。

また、生徒たちが授業でのつまずきや課題に自主的に取り組むための支援として、毎日放課後にSSR（Self Study Room）と呼ばれる自習室を用意しています。大学生メンターの指導のもと、授業の予習復習や進路に関する相談をすることができます。中学生は19時20分、高校生は20時20分まで利用可能です。

環境・施設設備

眼前には多摩ニュータウンが広がり、富士山を臨むキャンパスには、各種特別教室、図書室、体育館はもちろん、640人収容の大教室、室内温水プール、天体観測室、トレーニングルームもあります。

また、多摩大学の各種施設も利用できます。

今春の進学実績については巻末の「高校別大学合格者数一覧」をご覧ください

多摩市　中　共学　高　共学

学校行事・クラブ活動

　5月の体育祭、9月の文化祭「聖祭」、12月に行われる合唱コンクールが3大行事です。

　豊かな感性や広い視野体得のための芸術鑑賞会や各種講演・研修会なども行われます。宿泊行事も多く用意されています。中1は入学直後にオリエンテーション合宿に行き、中学生としての心構えを学びます。中2のイングリッシュキャンプを経て、中3ではニュージーランドで2週間のホームステイを体験します。地元の学校に通い、バディとの交流を深め、マオリの文化なども体験します。高校では2年次に修学旅行があります。先島諸島についてしっかりと事前学習をして、現地でも探究学習を進めます。

　部活動は、野球、ダンスドリル、水泳、剣道、サッカー、硬式テニス、バスケットボール、バドミントン、陸上競技の運動部と、吹奏楽、天文、自然科学、茶道、交通機関研究、歴史研究、漫画イラスト研究、パソコン、ESSの文化部がそれぞれ積極的に活動しています。ダンスドリル部は、世界大会での優勝をはじめ、数々の好成績を残しています。漫画イラスト研究部は「マンガ甲子園」に出場経験があります。

データファイル

■2024年度入試日程

中学校　＊適性型は延納制度あり

募集人員		出願期間	試験日	発表日	手続締切日
1回	30	1/10～1/31	2/1午前	2/1	
2回	30	1/10～2/1	2/1午後	2/1	
3回	10	1/10～2/3	2/3午前	2/3	2/6
4回	10	1/10～2/4	2/4午後	2/4	
5回	10	1/10～2/5	2/5午前	2/5	
適性型	20	1/10～2/2	2/2午前	2/2	2/6＊
リスニング	10	1/10～2/4	2/4午前	2/4	2/6

高等学校

募集人員	出願期間	試験日	発表日	手続締切日
一般　20	1/25～2/5	2/12	2/12	3/1

※推薦入試は実施しません

■2024年度選考方法・入試科目

中学校

1・5回：2科か4科選択

2・3・4回：2科

適性型：適性Ⅰ（作文型）、適性Ⅱ（資料型）

リスニング：基礎学力、リスニング

〈配点・時間〉国・算＝各100点50分　理・社＝各50点計60分　適Ⅰ・Ⅱ＝各100点45分

〈面接〉なし

高等学校

一般：国語、数学、英語、面接

〈配点・時間〉国・数・英＝各100点50分

〈面接〉生徒グループ面接　参考【内容】志望動機、中学校生活、高校生活への抱負、自己PRなど

■2023年春系列大学への進学

合格条件は、一定の基準を充たし、面接試験に合格すること。

多摩大学－進学者なし

■指定校推薦枠のある主な大学

東京理科大　青山学院大　明治大　法政大　中央大　学習院大　成蹊大　日本大　明治学院大など

■2023年春卒業生進路状況

卒業生数	大学	短大	専門学校	海外大	就職	進学準備他
106人	93人	0人	3人	0人	0人	10人

■2023年度入試結果

中学校

募集人員		志願者数	受験者数	合格者数	競争率
1回男	30	96	24	12	2.0
女		70	28	23	1.2
2回男	30	124	101	73	1.4
女		93	78	63	1.2
3回男	10	122	48	23	2.1
女		83	25	12	2.1
4回男	10	131	40	17	2.4
女		87	19	8	2.4
5回男	10	124	20	12	1.7
女		83	5	4	1.3
適性型男	20	24	21	18	1.2
女		26	25	22	1.1
リスニング男	10	12	11	6	1.8
女		7	5	4	1.3

高等学校　男／女

募集人員	志願者数	受験者数	合格者数	競争率
一般　20	15/13	15/12	11/8	1.4/1.5

学校説明会　すべて要予約

★中学校　10/7　11/4　11/25　12/17
個別相談会　1/6
★高等学校　10/7　11/25

見学できる行事
文化祭　9/16・9/17(個別相談コーナーあり)

説明会・行事等は日程・内容が変更される場合があります。必ず学校HP等でご確認ください

東京 た

多摩大学目黒中学校 高等学校

中 共学　高 共学　普通科　大

〒153-0064　東京都目黒区下目黒4-10-24　☎03-3714-2661　学校長　田村 嘉浩

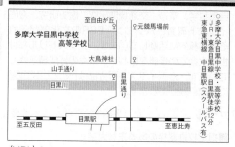

〈URL〉https://www.tmh.ac.jp

沿革　昭和12年(1937)目黒商業女学校創立。平成2年高校に普通科を設置。同6年中学校開校。同8年から男女共学の6年一貫教育体制を確立。

校風・教育方針

独自の中高一貫カリキュラムのもとで、「学力を育てる」「健康な身体をはぐくむ体力を育てる」「優しく、強く、美しい心を育てる」ことをめざしています。また、多摩大学の建学の理念である「実際性」「学際性」「国際性」をバックボーンに、将来の国際社会の担い手となれるように「個性の育成」「総合力の育成」に努めています。

カリキュラムの特色

6年後の一人ひとりの生徒の「個性」と「進路」を明確に見据えた独自のカリキュラムを編成し、

校外アクティブラーニング活動

学校の外にも学ぶ機会を多く設け、社会とつながりを持つ体験型重視の教育が特長です。　①**起業体験**：企業を訪問して新商品を考えるなど、ビジネスプランをつくることを体験します。　②**異文化体験**：神奈川県藤沢市の高校、中国雲南省昆明市の姉妹校、多摩大学と連携し、テーマを決めて発表するなどオンラインで継続的な交流を深めます。　③**プログラミング**：プログラミング言語を学び、企業・学校対抗プログラミングバトルに挑戦します。　④**投資戦略**：日経の株式投資学習プログラムにチームで取り組み、自分たちで投資テーマを設定し、レポートを完成させます。

どの授業も知の好奇心と学ぶ喜びを重視し、少人数のクラス編成で、きめ細かな指導をしています。

英語は週6時間で、中学1年から外国人教師による英会話の時間を採り入れています。マルチメディアによる音声、映像なども活用し、楽しい授業を通して英語を身近なものに感じながら、真のコミュニケーション能力を育てていきます。

数学は週5～6時間で、一人でも多くの生徒が「数学大好き」になれるよう、一人ひとりのつまずきを見逃さないように指導しています。

国語は週5時間で、「読解」と「表現」を大きな柱にしています。相手の言っていることや書かれたものを正しく理解すると同時に、自分の考えや思いを正確に表現し、相手に伝える、理解と伝達をバランスよくできる指導を重視しています。

高校2年生からは文系・理系に分かれ、選択教科制がとり入れられます。進路に合わせて自分に合ったカリキュラムを組みます。

基礎教科の学習についてさらに理解を深めるため、毎週の補習のほか、中学1年から夏休みと冬休みにフィードバック講習を行っています。

2001年度から中学校に特別奨学生制度を設けました。特待生入試と一般入試合格者から選抜された特別奨学生は、入学金および中学3年間または1年間の授業料を免除。入学後より特進クラスとしてクラスを構成、英語・数学・国語においては高レベルの特別カリキュラムによる授業を行います。

国際・情報教育

中学の修学旅行は全員がオーストラリアのブリスベンでホームステイを体験します。高校では、希

今春の進学実績については巻末の「高校別大学合格者数一覧」をご覧ください

366

望者を対象に夏休みに海外語学研修を実施。アメリカやカナダ、ニュージーランドなどでホームステイしながら、英会話の特別集中授業を受講します。

　情報教育に力を注いでいます。クラス全員分のコンピュータのある教室を設置し、コンピュータの入門授業のほか、英語や地歴・公民などの授業でも、インターネットを積極的に利用しています。

環境・施設設備

　マルチメディア教室、情報処理教室、全天候型のテニスコートのほか、最新設備を取り入れた調理室や図書室、理科室、視聴覚室、多様に使用できるオープンスペースなどが整備されています。校外施設として、あざみ野セミナーハウスがあります。

学校行事・クラブ活動

　5月の体育祭と9月の学園祭が最大のイベント。このほか、遠足や合唱コンクール、冬休みスキー教室など、年間を通して多彩な行事があります。

　クラブ活動は、文化系、体育系とも熱心に活動しています。最近では、バレー部やテニス部が関東大会に出場。サッカー部はプロの指導者が中高合わせて8人で指導し、正確な技術を身につけて飛躍を誓っています。

データファイル

■2024年度入試日程

中学校 ※Web出願締切は試験当日午前1時

募集人員		出願期間※	試験日	発表日	手続締切日
進学1回	34	1/10～1/31	2/1	2/1	2/9
2回		1/10～2/1	2/2	2/2	2/9
特待・特進1回	特待20 特進60	1/10～1/31	2/1午後	2/1	2/9
2回		1/10～2/1	2/2午後	2/2	2/9
3回		1/10～2/3	2/3午後	2/3	2/9
4回		1/10～2/3	2/4	2/4	2/9
5回		1/10～2/6	2/6	2/6	2/9

高等学校 ※公立発表翌日までの延納あり

募集人員		出願期間	試験日	発表日	手続締切日
推薦	30	1/15～1/16	1/22	1/23	1/26
一般	120	1/25～2/5	2/10か11	2/12	2/15※

■2024年度選考方法・入試科目

中学校

進学：2科か4科

特待・特進：1・2回4科、3・4・5回2科
〈配点・時間〉国・算＝各100点50分　理・社＝各50点計50分
〈面接〉なし

高等学校

推薦：書類審査、面接、作文（600字50分）【出願条件】内申3科11かつ9科32　英検3級は加点あり　英語か数学5、英検か数検2級も可　全科に2があると不可　欠席年間10日以内

一般：国語、数学、英語（リスニング含む）、面接
〈配点・時間〉国・数・英＝各100点50分
〈面接〉**推薦**：生徒個人　重視　**一般**：生徒グループ　重視【内容】高校生活への抱負など

■2023年春併設大学への進学

校内の成績で評定平均値3.0以上を満たした生徒を対象に多摩大学への優先入学を行っています。

多摩大学－進学者なし

東京医療保健大学－進学者なし

■指定校推薦枠のある主な大学

東京理科大　青山学院大　中央大　法政大　学習院大　成蹊大　成城大　日本大　駒澤大など

■2023年春卒業生進路状況

卒業生数	大学	短大	専門学校	海外大	就職	進学準備他
242人	214人	0人	0人	2人	0人	26人

■2023年度入試結果

中学校 男／女　スライド合格を含む

募集人員		志願者数	受験者数	合格者数	競争率
1回	進学34	48/25	39/21	15/10	2.6/2.1
2回		95/32	60/16	15/4	4.0/4.0
1回	特待20 特進60	146/29	128/25	71/17	1.8/1.5
2回		105/26	51/14	21/4	2.4/3.5
3回		135/43	82/28	35/11	2.3/2.5
4回		115/46	47/28	13/8	3.6/3.5
5回		145/44	72/22	10/9	7.2/2.4

高等学校 男／女　2次あり

募集人員		志願者数	受験者数	合格者数	競争率
推薦	30	55/22	55/22	55/22	1.0/1.0
一般	120	184/151	176/143	169/138	1.0/1.0

学校説明会 要予約

★中学校
11/4 1/12 1/13 （11/4、1/13は授業見学あり）
特待・特進入試問題解説会 11/18 12/9
★高等学校 10/21 11/11

見学できる行事 要予約

学園祭 9/16・9/17（入試相談コーナーあり）
体育祭 5/12（終了・駒沢第二球技場）

説明会・行事等は日程・内容が変更される場合があります。必ず学校HP等でご確認ください

東京 ち

中央大学高等学校
（ちゅう　おう　だい　がく）

〒112-8551　東京都文京区春日1-13-27　☎03-3814-5275　学校長　髙倉　樹

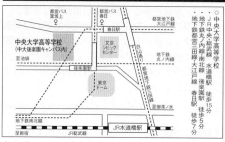

〈URL〉https://www.cu-hs.chuo-u.ac.jp/

沿革　昭和3年（1928）、中央大学商業学校創立。同23年（1948）、中央大学高等学校と改称し、商業科の夜間定時制高等学校になりました。同32年（1957）、普通科を設置。平成元年より3年制（夜間）に、平成5年に昼間定時制に移行しました。

校風・教育方針

　「質実剛健」とは、時流に流されず、忍耐強く、自らを磨いていくこと。「家族的情味」とは、一人ひとりの顔が見える親身な教育を通じて、教師と生徒、保護者を加えた三者が親しみと信頼関係を築くという意味が込められています。その二つの校風・理念のもと、"高校生らしさ"を大切にし、将来社会の真のリーダーとなるための学力、徳力、体力の三つの力の獲得を目指します。生活指導は教職員と生徒との信頼関係のもとに行われます。

カリキュラムの特色

　小規模校の家庭的雰囲気のなかで、中央大学の附属の高等学校であることを根底にすえつつ、受験教育とは一味違った教育をすすめています。
　まず、高校生レベルにおけるオールラウンドな基礎学力を身につけることを目標として、1～2年次では全員が共通の科目を学びます。3年次には理系クラスを設置し、理系進学者に対応しています。
　科目によって分割授業を行い、一人ひとりに目が行き届くようにするとともに、2年次からは自由選択科目を設置し、興味・関心をもってさらに学びたいという意欲のある生徒の要望に応えられ

るようにと考えています。
　しっかりした基礎学力の獲得・生活習慣の確立は、中央大学高校の教育の土台となるものです。地歴・公民科のゼミ形式授業、1クラス10人程度の英会話の授業、さらに自由選択科目としての第2外国語、高大一貫プログラム授業など、多様な選択肢が用意されています。

環境・施設設備

　文京区後楽園駅・春日駅至近の礫川公園に隣接した中央大学後楽園キャンパス内にあり、生徒たちは大学生を身近に感じながら学校生活を送っています。高校にはグラウンドがありませんが、大学のアリーナ等の施設・設備を使用したり、外部施設を利用することで、充実した高校生活を送れ

┌─**学校長からのメッセージ**─────
自分を育てる、世界を拓（ひら）く。
　　　　　　　　　　学校長　髙倉　樹
　中央大学高校は2028年に100周年を迎える、中央大学の付属校の中でもっとも古い歴史を有する学校です。生徒の皆さんがそれぞれの可能性を大きく広げ、人間として大きく成長するための環境を整えることが高校の使命であると考えます。若い世代の皆さんには、日本そして世界中が大きく変化していく中で、他人を思いやる心と希望をもって力強く生きていっていただきたい。生徒全員が社会において活躍できる環境を整えていきます。

今春の進学実績については巻末の「高校別大学合格者数一覧」をご覧ください

るように工夫しています。

学校行事・クラブ活動

　小さな学校の特色を生かして行われる学校行事は、和気あいあい。家族のような絆を培います。5月には1・2年生合同でホームルーム合宿を行い、交流を深めます。また、9月の後楽祭（文化祭）、体育祭、11月の総学講座、2月のマラソン大会と、行事は目白押しです。3年生で行く修学旅行は、生徒の修学旅行委員を中心に、行き場所を1年生の時から検討します。

　クラブは、運動部は、テニス、バドミントン、サッカー、軟式野球、バスケット、剣道、バレーボール（男子のみ）。文化部は、美術、文芸、書道、茶道、演劇、パソコン、吹奏楽、合唱、軽音楽です。ほかに、教養教室として、英会話教室があります。いずれも全国大会レベルではありませんが、放課後、土・日を中心に熱心な活動をしています。夏休みには集中合宿で実力の向上を図っています。

生活指導・心の教育

　礼儀と節度を身につけた、調和のとれた人間形成を目指しています。先生は学年を超えて生徒一人ひとりを理解し、個性にあった指導を心がけています。小規模校のため、「家庭的」という言葉がそのままの、すべての生徒の思いが教師に届くような開放的な雰囲気が校内にあふれており、「先輩がよく面倒をみてくれる」といった言葉が聞かれるほど、温かい交流が生徒間にも育っています。

データファイル

■2024年度入試日程

募集人員	出願期間	試験日	発表日	手続締切日
推薦 50	1/15必着	1/22	1/22	1/24
一般 70	1/25～2/2	2/11	2/12	※2/14

※一般は延納制度あり

■2024年度選考方法・入試科目

推薦：書類審査、面接、基礎学力調査（国社60分・数理60分・英〈リスニングを含む〉40分）

【出願条件】内申9科37　3年間を通じて9科に1、2があると不可　欠席・遅刻・早退が少ないこと

一般：国語、数学、英語（リスニングを含む）、面接〈配点・時間〉国・数＝各100点50分　英＝100点60分

〈面接〉推薦は生徒個人　一般は生徒グループきわめて重視【内容】志望動機、中学校での生活、高校生活への抱負、長所・短所、将来の進路など

■2023年春併設大学への進学

中央大学への進学は、大学へ提出する調査書に基づき、一般の入学試験とは別に大学が選考を行い、各学部への入学が許可されます。推薦枠は卒業予定者の85%以上です。

中央大学－148（法42、経済39、商15、理工33、文6、総合政策7、国際経営2、国際情報4）

■指定校推薦枠のある主な大学

東京農業大　東邦大など

■2023年春卒業生進路状況

卒業生数	大学	短大	専門学校	海外大	就職	進学準備他
158人	157人	0人	0人	1人	0人	0人

■2023年度入試結果

募集人員		志願者数	受験者数	合格者数	競争率
推薦 男	25	70	70	26	2.8
女	25	134	134	33	3.8
一般 男	} 70	293	276	89	3.1
女		365	355	116	3.1

学校説明会　要予約
（高校または中央大学後楽園キャンパス）
学校主催（事前予約制、HP参照）
10/22　11/19　12/10
生徒会主催（完全予約制）　11/11
入試問題解説（動画配信）　10/22（英語一般）
11/19（数学一般）
学校見学は随時受け付けています（要予約）

見学できる行事
後楽祭（文化祭）　9/2・9/3

説明会・行事等は日程・内容が変更される場合があります。必ず学校HP等でご確認ください

中央大学杉並高等学校

東京
ち

〒167-0035　東京都杉並区今川2-7-1　☎03-3390-3175　学校長　高橋　宏明

〈URL〉https://chusugi.jp

あなたらしく始める、
あたらしいステップ。

沿革　昭和38年（1963）、旧中央大学杉並高等学校（現中央大学附属中学校高等学校）が小金井に移転したあと、その名称と校舎を継承し、男子部と女子部併設の全日制普通科高校として設立。平成4年（1992）男女共学制に移行しました。

教育方針

　創立以来130年の伝統を誇る中央大学の学風である「質実剛健」と「家族的情味」を根本に据えつつ、校訓である「真・善・美」の具現を目指しています。

　2012年には、創立50周年を記念して、「共育と共創」という新たな教育理念を掲げました。「共育」とは、自分という存在がつねに他者と共に育っていくこと、「共創」とは、まだ見ぬ自分に出会うために共に未来を作り上げていくためにも、常に他者が必要であることを意味しています。ここで出会った仲間は、生涯を貫く「チームメイト」です。高大一貫教育を通じた他者とのつながりの中で、一人ひとりの優れた個性と独創性が育まれていくのです。

大学附属校だからできること

（1）中央大学との高大一貫

　昨年度、中央大学への内部推薦実績は約90%、ほとんどの生徒が中央大学へと進学していきます。そこで、中央大学杉並では中央大学の附属校としての特色を生かしたカリキュラムを編成しています。

　1・2年次は芸術科目以外、全員が共通の科目を、3年生になると進路と適性に応じて文コースか理コースの科目を選んで学習します。3年次には、大学の授業をも視野に入れた「選択科目」が設けられており、この中には、フランス語・中国語などの第二外国語科目も含まれています。また、入学段階では、一般公募推薦入試・帰国生入試・一般入試と、まったく異なった3種類の入試形態がありますが、入学後は入試の別なくクラスを編成します。中央大学の附属という余裕に支えられながら、多様な個性が集まった集団の中で、「自分は将来どう生きたらいいのか」「自分はどう社会と関わったらいいのか」という、自己の内側へと旅をする機会が持てるのです。

（2）併願制度で他大学へ挑戦

　中央大学への内部推薦を希望する場合でも、海外の大学、国公立大学、または中央大学にない学部・学科を有する私立大学であれば、推薦される権利を保持したまま併願して受験することが認められています。加えて、3年次12月までに合否のわかる総合選抜型入試や学校推薦型入試を利用して、あらゆる大学入試に挑戦することも可能です。東京工業大学・筑波大学・埼玉大学・慶應義塾大学・上智大学・東京理科大学・国際基督教大学・立教大学・早稲田大学などへの進学実績があります。

（3）高校3年生でも海外研修へ

　国際教育の一環として、オックスフォード研修（イギリス）、ユニティカレッジ研修（オーストラリア）、ターム留学（ニュージーランド）を実施しています。オックスフォード研修が行われるの

は、高校3年次の3学期。大学入学が内定した附属生でなければ参加できない時期に、大学で必要となる教養を現地で先取りして学びます。研修の最後には英語でのプレゼンテーションがあり、大学入学へ向けて高い意識を醸成することができます。また、南オーストラリア州にあるユニティカレッジは、2004年以来の協力協定校であり、姉妹校としての相互交流を長きにわたって続けて来ました。2022年度からは、3学期すべてをニュージーランドで学ぶターム留学が始まりました。また、2022年度入学生からの研修旅行の行先にはマレーシアや中国深圳の海外も含まれています（他、奄美大島、沖縄、東北の国内）。時期、期間、目的などそれぞれ異なる海外研修で、多様な価値観に触れ、世界を広げてください。

（4）10年先の「なりたい自分へ」

学校独自の設置科目として3年次に文コースで「論文」という科目を設け、一人ひとり自分が選んだテーマで卒業論文を書きます。一方、理コースでは「理数探究」として、観察、実験、調査などの分析を行い、課題を解決していく力を養います。さらに日弁連主催の模擬裁判選手権や中央大学経理研究所が主催する「簿記講座」へ参加して、自分の将来を形作っていくことができます。司法試験のみならず、公認会計士や税理士といった国家試験も、同じ夢を目指す仲間がいればがんばれるはずです。

（5）クラブや学校行事に熱中

クラブは、文化部・運動部ともに精力的な活動を行っています。文化部は、吹奏楽・音楽・茶道・美術・漫画研究・Cooking・物理、運動部はボート・バレーボール・バスケットボール・サッカー・柔道・ダンス・テニス（硬式）・ソフトテニス・陸上・野球・水泳・バドミントン・剣道・卓球、同好会は落語・合気道・書道・ESS・演劇・合唱・思考ゲーム・生物などが活動しています。参加率は在校生の約80%です。

データファイル

■2024年度入試日程

募集人員	出願期間	試験日	発表日	手続締切日
推薦 130	1/15〜1/17	1/22	1/22	1/24
一般 150	1/25〜2/4	2/10	2/10	2/12
帰国 20	12/1〜1/13	1/23	1/23	1/25

■2024年度選考方法・入試科目

推薦：適性検査（5科各20分）、面接（生徒個人）
【出願条件】内申9科37以上　全科に1か2があると不可　欠席各学年10日以内、かつ3年次の遅刻・早退合わせて10回以内
一般：国語、数学、英語（リスニング含む）
帰国：基礎学力検査（国数英）、面接（生徒個人）
〈配点・時間〉一般：国・数・英＝各100点50分
帰国：国・数・英＝各50点30分

■2023年春併設大学への進学

在学3年間の成績と本人の希望に基づいて推薦され、大学が選考を行い合否を決定します。なお、国立大学や中央大学にない学部・学科を希望する場合、中央大学への推薦の権利を保持したまま併願が可能です。
中央大学−280（法81、経済48、商55、理工35、文27、総合政策20、国際経営7、国際情報7）

■指定校推薦枠のある主な大学

上智大　東京理科大　立教大　学習院大　東京薬科大　明治薬科大など

■2023年春卒業生進路状況

卒業生数	大学	短大	専門学校	海外大	就職	進学準備他
312人	304人	0人	0人	0人	0人	8人

■2023年度入試結果

募集人員		志願者数	受験者数	合格者数	競争率
推薦男	130	147	146	61	2.4
女		199	199	80	2.5
一般男	150	523	498	149	3.3
女		442	434	185	2.3
帰国男	20	74	65	25	2.6
女		80	76	30	2.5

学校説明会　要Web予約
12/16
中杉ツアー（校内見学）　9/30 10/28 11/4
中杉トライアル（模擬授業）　12/16
公開授業　11/13 11/14
見学できる行事　要Web予約
文化祭（緑苑祭）　9/16・9/17（入試相談コーナー・ミニ学校説明会あり）
体育祭　11/2（中央大学多摩キャンパス）

説明会・行事等は日程・内容が変更される場合があります。必ず学校HP等でご確認ください

杉並区

高

共学

中 共学　高 共学 普通科　　　　　　　　　　　　　　　　　　　　　　大

中央大学附属 中学校 高等学校
（ちゅう おう だい がく ふ ぞく）

〒184-8575　東京都小金井市貫井北町3-22-1　☎042-381-5413　学校長　石田 雄一

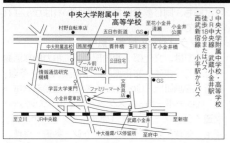

〈URL〉https://www.hs.chuo-u.ac.jp/

（1号館の外観）

沿革　明治42年（1909）前身の目白中学校創立。昭和10年（1935）杉並区に移転し杉並中学校と改称。同23年学制改革により杉並高等学校となり、同27年学校法人中央大学に合併、中央大学杉並高等学校と改称。同38年現在地に移転、中央大学附属高等学校と改称しました。平成13年（2001）男女共学となり、平成22年（2010）中学校が開校。

校風・教育方針

中央大学は「實地應用ノ素ヲ養フ」という建学の精神で、実学の探究を大事にしてきました。実学とは単なる理論の先行ではなく、実社会において本当に役立つ学問を意味します。この伝統は附属中高においても継承されています。中高大の一貫教育だからこそ、受験勉強にとらわれない、将来の生徒にとって本当に力となる学力、教養、ものの考え方の追求が可能です。中高ともに、知的好奇心を喚起する数々の独自科目を設けています。

また、自主・自治・自律の精神を重んじ、他人任せではなく、まず自分自身で考え行動し、責任を取ることが求められます。この点を尊重するうえで、高校では校則らしい校則もない自由な校風の学校です。

カリキュラムの特色

本当に必要な知識、学力、ものの見方とは何か、という視点でカリキュラムが編成されています。中学では年間十数回、4時間目にスクールランチという五感を使って学んで食べる食育の授業や、法科大学院との連携で教授から授業を受け、大学院生とともに事件の有罪か無罪かを討論する法教育の授業を実施。高校では、教養総合という独自の選択必修科目があり、興味関心のある科目を生徒自身が選びます。例えば「マレーシア・ボルネオのジャングル自然調査」であれば、年間を通じて多角的に授業を行い、秋にはフィールドワークでボルネオ島に出向きます。帰国後も学習を続け、その成果をまとめて全校を挙げての発表会に臨みます。高3では卒論の作成も行います。通常の授業とは別に、ネイティブの先生と実学的英語力を養うProject in Englishや、学際的に科学を学び理工学部とも連携する特別科目もあります。2018年度に理数教育の先進性や大学との連携、独創的授業展開が評価され、文部科学省よりスーパー・サイエンス・ハイスクール（SSH）の指定を受け、2023年度より第Ⅱ期の5年間をスタートしました。

環境・施設設備

JR武蔵小金井駅の北西方、玉川上水沿いの閑静な絶好地に位置し、約5万㎡の敷地を誇ります。

7階建て免震構造の1号館は、物理・化学・生物の実験室、コンピュータ教室、LL教室等の各種特別教室のほか、多目的ホール・生徒ホールなども設けられ、教育環境を一段と高めています。日本図書館協会建築賞を受賞した図書館棟（3号館）は、地下部分をもつ3層構造の独立した建物で蔵書数は約20万冊。高校図書館としては最大級の規模といえます。

講堂・第一体育館（4号館）は、地下1階から

地上1階部分にかけてが約1,600人収容の講堂、2・3階部分がバスケットボールの公式試合に対応した本格的な体育館です。2010年には、地下1階地上5階の中学校校舎が完成しました。

生活指導・心の教育

生徒の自主・自治・自律に基盤をおいて学校が運営されています。例えば、高校では制服がなく、生徒自身に服装を判断させています。自分で善し悪しを考え判断し、自分の責任において行動ができるように、また義務教育である中学では、集団生活を送る上での必要なマナー、ルールについて指導をしています。

自己形成の糧となる真に価値あるものを発見する機会として、古典芸能・演劇鑑賞会、コンサート、講演会などを毎年各学年で開催しています。

学校行事・クラブ活動

新入生が中大附属生としての自覚を深めるオリエンテーション旅行や体育祭をはじめ、白門祭（文化祭）、芸術祭、教養総合成果発表会などの学校行事が実施されています。

クラブ活動は非常に盛んで、運動・文化部合わせて中学18、高校28の団体があり、約90%の生徒が加入しています。最近の実績では、生物部が全日本オリエンテーリング選手権大会ミドル・ディスタンス部門優勝、ライフル射撃部が全日本高校生ピストル選手権大会出場、国体代表、ソングリーディング部はUSA Nationalsチアリーディング＆ダンス学生選手権大会2位、マンドリン部は全国ギター・マンドリン音楽コンクールで優秀賞を受賞しました。

小金井市　中　共学　高　共学

データファイル

■2024年度入試日程

中学校

募集人員	出願期間	試験日	発表日	手続締切日
1回　約100	1/10～1/24	2/1	2/2	2/3
2回　約50	1/10～2/3	2/4	2/5	2/6
帰国生　若干	12/8～12/13	1/8	1/9	1/10

高等学校

募集人員	出願期間	試験日	発表日	手続締切日
推薦　約80	1/15～1/17	1/22	1/23	1/24
一般　約120	1/25～2/4	2/10	2/11	2/12
帰国生　若干	12/8～12/13	1/8	1/9	1/10

■2024年度選考方法・入試科目

中学校

国語、算数、理科、社会

〈配点・時間〉国・算＝各100点50分　理・社＝各60点30分

帰国生：国語・算数（各100点60分）

〈面接〉なし

高等学校

推薦：書類審査、基礎学力試験（英語と数学各60点30分）、小論文（600字60分）＊2023年度課題：「励まし言葉」という問題【出願条件】内申　9教科の5段階評定に1、2がないこと

一般：国語、数学、英語（リスニングあり）

〈配点・時間〉国・数・英＝各100点60分

帰国生：国・数・英（各100点60分、英はリスニングあり）

〈面接〉なし

■2023年春併設大学への進学

例年大学より卒業予定者の約91%の推薦枠提示があり、今春の卒業者のうち約83%が中央大学に進学しました。※他大学併願受験制度があります。

中央大学－315（法102、経済54、商63、理工27、文30、総合政策22、国際経営8、国際情報9）

■2023年春卒業生進路状況

卒業数	大学	短大	専門学校	海外大	就職	進学準備他
378人	363人	0人	1人	0人	0人	14人

■2023年度入試結果

中学校　男／女

募集人員	志願者数	受験者数	合格者数	競争率
1回　約100	227/257	195/239	69/67	2.8/3.6
2回　約50	268/415	206/336	49/42	4.2/8.0
帰国　若干	19/16	17/15	4/6	4.3/2.5

高等学校　男／女

募集人員	志願者数	受験者数	合格者数	競争率
推薦　約80	156/207	155/207	41/58	3.8/3.6
一般　約120	495/413	465/407	136/104	3.4/3.9
帰国　若干	48/43	46/39	22/8	2.1/4.9

学校説明会 生徒・保護者対象、要予約
★中学校　9/9 11/4
★高等学校　10/21 12/2

見学できる行事
文化祭　9/23・9/24（公開未定）
教養総合成果発表会（SSH成果発表会）（要予約）2/14

説明会・行事等は日程・内容が変更される場合があります。必ず学校HP等でご確認ください

中 共学 　 高 共学 　**特進コース・インターナショナルコース・**
進学コース・アスリートコース　　　大 短

東京 て

帝京大学系属
てい　きょう
帝京中学校・高等学校

〒173-8555　東京都板橋区稲荷台27-1　☎03-3963-4711　学校長　東海林　啓造

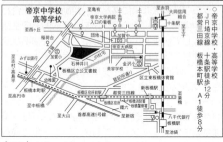

〈URL〉https://www.teikyo.ed.jp

沿革　昭和18年（1943）、杉並区方南町に旧制帝京中学校として開校。同23年（1948）、帝京中学校・高等学校と改称。平成16年（2004）、板橋区稲荷台に新校舎を建設し移転。

校風・教育方針

　校訓は「正直・礼儀」。人は出会いを通して成長していくもの。すべての生徒が、人に認められ、愛され、多くの人の支えを得て可能性の芽を豊かに伸ばしていくことを願い、偽りのない誠実な態度と、礼儀正しい振る舞いを大切にしていきます。特に礼儀は人と人のつながりの基本と考え、きちんとした挨拶ができるよう、丁寧に指導しています。

カリキュラムの特色

　中学校は「一貫進学」「一貫特進」の二つのコースから成り、一貫進学は多様な経験を積むことで潜在能力の開花を目指し、一貫特進は難関大学突破を目標に掲げます。放課後・長期休暇中の講座や効率的な先取り授業を通して、学力の向上を目指します。また、授業だけでなく「学習ガイダンス」や「教科相談会」「面談月間」などで二重三重にサポートしながら学習習慣を確立させ、自学自習への道筋をつけていきます。どちらのコースも「勉強がわからない、だからつまらない」という生徒を出さないように指名補習を実施しています。他にも一貫特進ではハイレベル補習、一貫進学では朝読書の時間が用意されています。週6日制で授業時間にゆとりがあるため、クラブ活動との両立も可能です。

　高等学校は入学時に「進学」「特進」「インターナショナル」の中からコースを選び、希望する進路に即した学習を行います。進学コースは、多様な入試に対応できるカリキュラムを持ったコースです。3年次には進路希望に合わせて自分で時間割を組めるようにしているだけでなく、小論文を含む学校推薦型選抜・総合型選抜対策をきめ細かに行っています。特進コースは少人数指導を徹底させ、現役でGMARCHクラスの難関大学に現役合格することを目指します。インターナショナルコースは、英語圏への留学を通して語学力と国際感覚を養う海外留学課程と、ネイティヴ教員の指導のもとで国内にいながら英語のシャワーを浴びる英語特化課程とに分かれています。時事英語・西洋文化史・国際関係といった独自の授業が多いのが特徴です。

環境・施設設備

　学習効果を上げるための環境づくりとして、全教室にプロジェクターを設置。情報教育の中枢となるITルーム、300人の収容が可能な大スクリーンのある視聴覚堂、外国人講師のマンツーマンの指導が受けられる英語ラウンジ、精選された図書とゆったりとした自習スペースを持つ図書室、人工芝の緑に「Teikyo」の白文字が映えるグラウンドなど、設備の充実にも心を配っています。

学校行事・クラブ活動

　蜂桜祭（文化祭）や体育大会のほか、北海道の農家で農業体験をする高校修学旅行などがありま

今春の進学実績については巻末の「高校別大学合格者数一覧」をご覧ください

| 3学期制 | 登校時刻 8:30 | 昼食 弁当持参、食堂、売店 | 土曜日 授業 |

す。また、野球やサッカーの全校応援では強いきずな、仲間意識が生まれます。中学3年の夏には希望者による海外語学研修があるほか、希望者を対象にしたホームステイ英語研修も行っています。

クラブ活動は、中学生は学業優先の方針で、週3日までとなっていますが、高校生と一緒に活動するクラブも多く、中学校入学から高校卒業まで継続して活動する生徒も少なくありません。全国制覇を目標にしているクラブから、アットホームな雰囲気の中で放課後の時間を楽しむクラブまで、様々なカラーを持ったクラブがあるのが特徴です。

データファイル

■2024年度入試日程

中学校　12/15に帰国生入試を実施

募集人員		出願期間	試験日	発表日	手続締切日
1回午前	60	1/10～2/1	2/1	2/1	2/9
午後		1/10～2/1	2/1午後	2/1	2/9
2回午前	30	1/10～2/2	2/2	2/2	2/9
午後		1/10～2/2	2/2午後	2/2	2/9
3回	15	1/10～2/4	2/4	2/4	2/9
4回	若干	1/10～2/7	2/7	2/7	2/9

高等学校　1/22に帰国生入試を実施

募集人員		出願期間	試験日	発表日	手続締切日
推薦	100	1/15～1/17	1/22	1/22	1/31＊
一般	100	1/25～2/4	2/10・2/11	当日	2/20＊
併願優遇		1/25～2/4	2/10・2/11	当日	公立発表翌日

＊併願推薦、一般併願者は公立校発表翌日

■2024年度選考方法・入試科目

中学校

1回午前・3回・4回：2科（国算英から2科選択）か4科（国算理社）の選択

1回午後：2科（国算英から選択）

2回午前：国語または算数1教科

2回午後：得意教科重視（国算英から2科選択150点＋50点）

〈配点・時間〉国・算・英＝各100点50分　理・社＝各50点計50分　国・算1教科＝Ⅰ100点40分・Ⅱ100点60分

〈面接〉なし

高等学校

推薦：書類審査、面接、適性検査（国・数・英　計50分）【**出願条件**】内申：進学5科17（併願19）、特進5科20（併願22）、インターナショナル5科19（併願20）で英語4以上か英検準2級　英・漢検・数検3級以上は内申点に1加算、特進とインターナショナルは複数取得と準2級（英検は1次合格のみも可）で2加算　※併願推薦は埼玉・千葉県生対象、東京・神奈川は併願優遇あり

一般・併願優遇：国、数、英、面接

〈配点・時間〉国・数・英＝各100点50分

※アスリートコースは一般入試のみ　（出願1/28まで、試験2/11）

〈面接〉生徒グループ（インターナショナルの一般は英語を含む面接）　重視【内容】志望動機など

■2023年春系列大学・短大への進学

優遇制度　本人の希望と学力により、書類審査で帝京大学などのグループ大学への入学が優遇されます。

■指定校推薦枠のある主な大学

上智大　東京理科大　日本大　東洋大　駒澤大　専修大　獨協大　東京都市大ほか

■2023年春卒業生進路状況

卒業生数	大学	短大	専門学校	海外大	就職	進学準備他
354人	308人	3人	18人	2人	3人	20人

■2023年度入試結果

中学校　男／女　スライド合格を含む

募集人員		志願者数	受験者数	合格者数	競争率
1回午前	60	44/36	35/34	27/28	1.3/1.2
午後		66/42	47/25	41/21	1.1/1.2
2回午前	30	45/35	16/13	13/11	1.2/1.2
午後		63/48	21/17	18/15	1.2/1.1
3回	15	82/45	25/18	19/15	1.3/1.3
4回	若干	88/48	33/12	26/9	1.3/1.3

高等学校　男／女

募集人員		志願者数	受験者数	合格者数	競争率
推薦単願	100	87/97	87/97	87/97	1.0/1.0
併願		7/15	6/15	6/15	1.0/1.0
一般	100	114/27	102/27	88/15	1.2/1.8
併願優遇		39/61	37/58	37/58	1.0/1.0

学校説明会　要予約
★中学校
9/16 10/14 11/18 12/9 1/13
帰国生　10/21
★高等学校
9/2 9/16 10/14 10/28 11/25 12/2

見学できる行事
文化祭　9/30・10/1

説明会・行事等は日程・内容が変更される場合があります。必ず学校HP等でご確認ください

帝京大学中学校高等学校

〒192-0361　東京都八王子市越野322　☎042-676-9511　学校長　市川　伸一

〈URL〉https://www.teikyo-u.ed.jp

沿革　昭和46年（1971）、帝京大学高等学校設立。同58年（1983）には帝京大学中学校を設立。

校風・教育方針

中学・高校ともに「努力をすべての基とし、偏見を排し、幅広い知識を身につけ、国際的視野に立って判断ができ、実学を通して創造力および人間味豊かな専門性ある人材の養成を目的とする」という建学の精神に則り、心身ともに健やかで創造力と責任感に富む公人の育成に力を注いでいます。

カリキュラムの特色

帝京大学中高は、進学校として生徒と共に高い目標を目指していく学校です。帝京大学へ進学できる推薦制度もありますが、多くの生徒が希望の進路に挑戦できるよう、入試に通用する学力を育てていくことを第一としています。

中学校から6年間、1クラス30人前後の少人数制できめ細やかな指導を行っています。中学では1年次の2学期から習熟度クラス（英語・数学）を設け、生徒のレベルに合わせて基礎を築いていきます。また、朝のHRでは「朝講座」を開き、聞く力を育てるための聴解力や英単語・漢字・数学といった小テストを行っていくことで、基礎学力の定着に成果をあげています。中学3年次からは特進クラス（Ⅰ類）を1クラス設け、高校受験のない一貫生の目標とするとともに、大学入試に向けた意識づけを行います。

高校からは60人の定員で入学生を受け入れ、大学入試に向けてお互いに切磋琢磨していきます。生徒一人ひとりとの面談から目標を立て、その上で高校2年から進路別のコースに分かれての学習が始まります。東大・難関国立大コースでは5教科7科目の入試に対応するカリキュラムで国公立の難関校へ挑戦します。国公立・早慶／難関私大コースでは、科目選択の自由度が高いカリキュラムで生徒一人ひとりの進路実現を目指します。

また、夏期休暇には補習や夏期講習を無料で行っています。特に3年次には志望校に合わせた講座を100近く開講し、入試に向けて生徒を全力でサポートしていきます。

個別指導も日常的に行い、生徒の自主性を尊重しつつ、共に歩んでいく学校を目指しています。

国際教育

高校1年次にニュージーランド語学研修旅行が実施されます。美しい自然に恵まれた環境のもと、ホストファミリーと生活しながら、午前中には英語研修、午後には班別または自由研修で英語力に磨きをかけます。英語研修では約10人の少人数クラスで、現地の先生による指導を受けます。さらに、テカポ湖やアカロアを訪れるなど、現地の自然や文化に触れるためのスケジュールも組み込まれています。希望制の研修旅行ですが、例年、9割以上の生徒が参加し好評を得ています。高校2年次には、アジア地域への修学旅行が実施され、現地の高等学校と交流することで他文化理解を促し、国際化に対応しています。

環境・施設設備

多摩丘陵の景勝地に、総面積約82,000㎡のキャン

今春の進学実績については巻末の「高校別大学合格者数一覧」をご覧ください

パスがあります。視聴覚教室・ＯＡ教室・書道作法室（紫水乃間）・学習室などの特別教室、図書館（蔵書約48,000冊）、沖永記念ホール（3階建体育館）など、充実した施設を備えています。

生活指導

　21世紀を創っていく生徒たちを育てたいと考えています。そのために、時代の進展に適応する能力と知識を持ち、自ら考え行動できる人間になることを目標として自主性を重んずる教育を行っています。特に「向上心、積極性、けじめある行動、自律心、思いやり」を育む指導を心がけています。これらを通じて、明るく、和やかに、生き生きと学ぶことのできる学園を目指しています。

学校行事・クラブ活動

　生徒は、学校行事やクラブ活動に積極的に力を注ぎ、充実した学園生活を送っています。
　学校行事は、文化祭（邂逅祭）、校外授業、体育大会、合唱祭、マラソン大会、修学旅行など、中学・高校ともに、多彩な行事が実施されています。
　クラブ活動は、運動部に野球、陸上、バスケットボール、サッカー、テニス、剣道、卓球、中国拳法などがあり、文化部には、吹奏楽、南米音楽、天文気象、演劇、映画研究、美術、合唱、マジックなどがあります。他にはバドミントンなどの同好会も盛んです。アットホームな雰囲気の中、日々の練習や合宿で意欲的に練習しています。

八王子市

中

共学

高

共学

データファイル

■2024年度入試日程

中学校

募集人員		出願期間	試験日	発表日	手続締切日
1回	40	1/10〜1/31	2/1	2/1	2/9
2回	40	1/10〜2/1	2/2	2/2	2/9
3回	30	1/10〜2/3	2/3午後	2/3	2/9

高等学校

募集人員	出願期間	試験日	発表日	手続締切日
一般入試 60	1/25〜2/6	2/11	2/12	3/3

■2024年度選考方法・入試科目

中学校

1回：2科か4科の選択
2回（特待・一般選抜）：4科
3回：2科
〈配点・時間〉国・算＝各100点50分　理・社＝各50点30分
〈面接〉なし

高等学校

国語、数学、英語、面接
※併願優遇制度あり
〈配点・時間〉国・数・英＝各100点50分
〈面接〉生徒グループ

■2023年春併設大学・短大への進学

帝京大学医学部・薬学部他、特別推薦枠があります。
帝京大学―2（医）
帝京平成大学―3（人文社会2、健康メディカル1）
帝京短期大学―進学者なし

■指定校推薦枠のある主な大学

東京都立大　早稲田大　慶應義塾大　青山学院大
中央大　明治大　東京理科大　法政大　立教大
学習院大　芝浦工業大　東京女子大　北里大　東京薬科大　明治薬科大　関西学院大など

■2023年春卒業生進路状況

卒業生数	大学	短大	専門学校	海外大	就職	進学準備他
180人	163人	0人	0人	0人	0人	17人

■2023年度入試結果

中学校　1回は2科／4科

募集人員			志願者数	受験者数	合格者数	競争率
1回	男	40	14/67	14/63	2/29	7.0/2.2
	女		3/57	3/55	1/31	3.0/1.8
2回	男	40	123	96	48	2.0
	女		99	69	32	2.2
3回	男	30	174	114	36	3.2
	女		121	82	32	2.6

高等学校　併願優遇含む

募集人員		志願者数	受験者数	合格者数	競争率
男	60	155	151	142	1.1
女		166	165	157	1.1

（学校説明会）すべて要予約
★中学校
9/16　10/7　11/11　12/16
4・5年生対象　3/2
授業見学　9/16　10/7（それぞれ午前の説明会後に可能）
★高等学校
9/30　10/21　11/25
学校見学は随時可（要予約）
（見学できる行事）
邂逅祭（文化祭）　11/2・11/3（公開予定）

説明会・行事等は日程・内容が変更される場合があります。必ず学校HP等でご確認ください

東
京
て

帝京八王子中学校 高等学校
（てい きょう はち おう じ）

〒192-0151　東京都八王子市上川町3766　☎042-654-6141　学校長　木﨑　右成

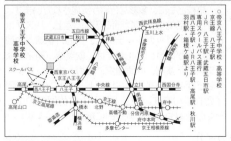

〈URL〉https://teihachi.ed.jp/

沿革　昭和54年（1979）帝京八王子高等学校を設立。平成11年（1999）帝京八王子中学校を開校。

校風・教育方針

「力（つと）むれば必ず達す」という建学の精神を基盤として、「礼儀・努力・誠実」の校訓に則り、心身ともに健やかな「知・徳・体」の調和のとれた人間形成を目標とし、たゆまぬ向上心と強靭な精神力を兼ね備え、勤勉と責任を重んじる、豊かな品性を持った人材の育成をめざしています。

カリキュラムの特色

中学校では、中学・高校の教育課程の重複を省いたカリキュラムを編成し、ゆとりある一貫教育を実現。

高校では2022年度より「国際文化コース」「言語文化コース」「人文社会コース」「科学探究コース」の4コース制に再編。各コースは、2年次から選択し、各自の興味関心を進学レベルまで高める事ができます。また、2年次のコース分けに向けて、1年次には帝京大学の八王子キャンパスで大学の教授等による帝京八王子独自の体験講座を受講します。これも大学付属高ならではのメリットです。

自学のサポートとしてリクルートの「スタディサプリ」を導入しています。また、特別講座を開講し、実践的な学習にも取り組んでいます。

国際教育

中学2年次は奈良・京都への修学旅行。加えて3年次は、全員参加でイギリスでの約2週間の修学旅行を行い、実用的な英語の修得と国際感覚の養成に役立っています。また、高校ではオーストラリアへの修学旅行、アメリカボストンへの研修旅行、オーストラリアへのターム留学という3つの行事を実施しています。これらの行事を通じ2国の文化の違いや共通点を体験的に学ぶことができます。特に、アメリカボストンへの研修旅行では、マサチューセッツ工科大学での体験授業やNBAの試合観戦など、大変充実したものとなっており人気の行事です。

さらに中・高の希望者を対象に、隔年で2週間のカナダでの語学研修旅行を行っています。

環境・施設設備

緑に恵まれた広大な校地にさまざまな施設があります。「2号館」には、1人1台のパソコン（インターネット接続）を備えたコンピュータ教室、美術室、音楽室、食堂などを整備。ほかに図書館、体育館、総合グラウンドなどがあり、全教室に冷暖房を整備。自習室では、スタディサプリを受講できます。

生徒指導・心の教育

心身ともに変化や発達が最も顕著で、人間形成の基礎を確立する時期ともいえる中学・高校時代に、それぞれの人格の発達と精神の健康を維持し、促進するために、一人ひとりが自律的な態度を身につけて、充実した生活を送ることができるように指導しています。とくに遅刻・欠席・身だしなみなどについては、厳しく指導しています。

今春の進学実績については巻末の「高校別大学合格者数一覧」をご覧ください

🏫 2学期制　登校時刻 中 8:30 高 9:30　昼食 弁当持参、食堂(休止中)　土曜日 授業

学校行事・クラブ活動

　学校行事は、日頃の学習活動などの成果を試し、めりはりのある充実した学校生活を送ることに役立っています。オリエンテーション合宿、勉強合宿、校外授業、スキー教室などがあります。

　クラブ活動では、運動部は、野球部、柔道部、バスケットボール部、サッカー部、ラグビー部、卓球部、テニス部、チアリーディング部、バドミントン部、ダンス部などがあります。文化部は吹奏楽部、美術部、華道・茶道部、家庭科部、科学部、囲碁将棋部、ボランティア部などがあります。

データファイル

■2024年度入試日程

中学校　※A：午前入試　B：午後入試

募集人員	出願期間	試験日	発表日	手続締切日*
1回AB※ 20	1/20～1/31	2/1	2/1	2/2
2回AB※ 10	1/20～2/1	2/2	2/2	2/3
3回AB※ 5	1/20～2/3	2/4	2/4	2/5
4回 5	1/20～2/5	2/6	2/6	2/7
2次 若干	2/6～2/11	2/12	2/12	2/13

＊1〜4回の都立一貫校受験者は発表の翌日まで延納可

高等学校

募集人員	出願期間*	試験日	発表日	手続締切日※
推薦 30	1/15～1/20	1/22	1/22	1/23
一般1回 40	1/25～2/10	2/11	2/11	2/13
2回 10	1/25～2/14	2/15	2/15	2/16
2次 若干	2/25～3/4	3/5	3/5	3/6

＊出願：インターネットで出願手続きを行い、願書等の書類を出願期間内必着で郵送
※一般入試の併願希望者は公立高校一般入試（1次募集）発表の翌日まで延納可

■2024年度選考方法・入試科目

中学校

1・2・3回A：2科、面接　1・2回B：国語か算数か適性検査から1科目選択、面接
3回B・4回・2次：国語か算数、面接
〈配点・時間〉国・算・適性検査＝各100点50分
〈面接〉生徒個人

高等学校

推薦：書類審査、作文（400字50分）、面接
一般1回：国語、数学、英語（マークシート式）、面接
一般2回・2次：3科から2科目選択（各100点計100分）、面接
〈配点・時間〉国・数・英＝各100点計120分
〈面接〉生徒個人

■2023年春系列大学・短大への進学

在学中一定の成績を取れば、特別選抜制度にて進学できます。また、特別選抜以外で配点上の優遇措置があります。

帝京大学－67（法13、文11、教育9、経済22、医療技術6、外国語5、薬1）
帝京平成大学－18（人文社会9、健康メディカル6、健康医療スポーツ1、ヒューマンケア2）
帝京科学大学－3（生命環境1、医療科2）
帝京短期大学、帝京大学短期大学への進学者はなし

■指定校推薦枠のある主な大学

成蹊大　専修大　東京都市大　東京農業大　東京薬科大　東洋大　武蔵野大　獨協大　昭和薬科大　など

■2023年春卒業生進路状況

卒業生数	大学	短大	専門学校	海外大	就職	進学準備他
144人	130人	0人	7人	0人	1人	6人

■2023年度入試結果

中学校

募集人員	志願者数	受験者数	合格者数	競争率
1回A/B 20	12/9	12/6	11/5	1.1/1.2
2回A/B 10	3/8	0/4	－/4	－/1.0
3回A/B 5	9/12	5/7	5/6	1.0/1.2
4回 5	7	3	2	1.5
2次 若干	2	1	1	1.0

高等学校

募集人員	志願者数	受験者数	合格者数	競争率
推薦 30	15	15	15	1.0
一般1回 45	49	49	48	1.0
2回 5	7	4	3	1.3
2次 若干	1	1	1	1.0

学校説明会　要予約
★中学校　10/9
11/5(部活動体験あり)　12/10(体験入試あり)
個別相談会　1/13
★高等学校　10/9 10/29 11/12 11/26 12/17
体験入試　10/29
個別相談会　10/29 11/12 11/26 12/17

見学できる行事
文化祭(蔦校祭)　10/8・10/9

説明会・行事等は日程・内容が変更される場合があります。必ず学校HP等でご確認ください

貞静学園 中学校 高等学校

〒112-8625　東京都文京区大塚1-2-10　☎03-3943-3711　学校長　朴木 一史

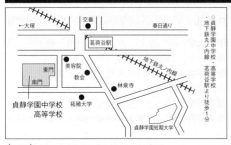

・貞静学園中学校・高等学校
・地下鉄丸ノ内線・茗荷谷駅より徒歩1分

〈URL〉https://teiseigakuen.ac.jp/

沿革　昭和5年(1930)、貞静学園創設。同7年(1932)幼稚園と保姆養成所を創設。昭和22年(1947)学制改革により貞静学園中学校を設置、同23年(1948)高等学校を設置。平成23年(2011)、男女共学化。

校風・教育方針

教育目標は、「教育の中心を『和』とし、礼儀正しく互いに敬愛し、次代を担う自主的で誠実な社会に役立つ人材の育成」。建学の精神「至誠・和敬・慈愛」を受け継ぎ、学校生活の中で育むことで、これからの時代に合った礼儀作法と品格を備えた社会に役立つ人材を育成していきます。

カリキュラムの特色

「知識力・人間力・貢献力」を教育の柱としています。「人間力」の習得として、礼法・マナー研修、専門の講師陣による「茶道」「華道」など、特色ある授業を行っています。また、登下校時に校門から学校に向かって一礼することが、創立当初からのしきたりとなっています。

中高一貫指導クラスでは、中1から中3までを充実期とし、基礎基本を定着させるために先取り教育は行わず、じっくりと学びを深掘りします。分からないところは自分から質問するように指導し、自学自習力を身につけ、「自立」を育みます。英語と数学は中2から習熟度別に分かれ、生徒に合わせて無理のない学習を行います。総合学習では「国際理解」「環境」「人権」のテーマを3年サイクルで探究。文化祭で3学年縦割りでのグループ発表を行い、年度末に個人発表をします。また、

毎朝SHRの時間を使って英語リスニングや単語テスト、小テスト、朝読書などを行って学習習慣を確立させます。さらに、「スコラ手帳ライト」を導入しており、PDCAサイクルを意識し、担任からのコメントを通して生徒の意欲を高めます。

高等学校では、将来の進路に合わせて3コースに分かれます。**特別進学コース**では、少人数徹底指導により、実践的な授業を行い、難関大学をめざします。放課後には「受験講座」で入試内容の細かい解説を聞き、入試への理解を深めます。また、チューターとして常駐する先輩から学習サポートを受けられる「S-navi」もあります。**総合進学コース**は、中堅私立大学や看護系・医療系大学など多様な進路に対応したコース。受験英語、文理選択、面接・小論文対策講座、個人面談などを行い、一人ひとりの目標に合わせて指導します。また、看護系・医療系希望者向けの選択制カリキュラムとして、「メディカル数学」や、医療系大学受験の専門講師から指導を受けられる「基礎保健医療」などを設置しています。**幼児教育・保育系進学コース**は、将来、幼稚園教諭・保育士などを希望する人のためのコース。歴史と伝統を誇る「幼児教育・保育の貞静学園」の強みを生かし、短期大学の教員による出張授業などにより、専門知識や技術を学びます。また、幼稚園での保育補助ボランティア、幼稚園児とのコラボ授業などを通して、現場での経験値を高めます。

国際教育・ICT教育

中学では、HRにおいてネイティブ教員がスピーチやQ&Aを行い、国際感覚を磨きます。ま

今春の進学実績については巻末の「高校別大学合格者数一覧」をご覧ください

た、タブレットを活用した「スタディサプリEnglish」を導入し、聞く力・話す力を鍛えます。このほか、レシテーションコンテスト、TOKYO GLOBAL GATEWAY英語研修、ニュージーランド／オーストラリアホームステイ（希望制）などを行います。

　入学時から一人一台iPadを所持し、校舎全館Wi-Fiを整備した環境の中、ICTを駆使した学びを各教科で展開しています。探究学習、課題提出などにも活用しています。

クラブ活動

　クラブ活動には、中学生は全員参加します。運動部には、男女バスケットボール、テニス、体操、女子フットサル、ダンスなど。文化部には美術、書道、吹奏楽、太鼓、クイズ研究などがあります。

データファイル

■2024年度入試日程

中学校

募集人員		出願期間	試験日	発表日	手続締切日
1 回	15	1/10〜1/31	2/1午前・午後	2/1	2/5
2 回	10	1/10〜2/1	2/2午前・午後	2/2	2/5
3 回	5	1/10〜2/2	2/3午前・午後	2/3	2/5
4 回	若干	1/10〜2/4	2/5	2/5	2/6
5 回	若干	1/10〜2/9	2/10	2/11	2/14
適性1回	10	1/10〜1/31	2/1	2/1	2/5
2回	若干	1/10〜2/1	2/2	2/2	2/5
個性発見	5	1/10〜2/1	2/2	2/2	2/5

高等学校　一般に第一志望優遇あり

募集人員		出願期間	試験日	発表日	手続締切日
A推薦	125※	1/15〜1/17	1/22	1/23	1/27
B推薦		1/15〜1/17	1/22	1/23	1/27*
併願優遇①	125※	1/25・1/26	2/10	2/11	2/14*
②			2/12	2/12	
一般1回		1/25〜2/5	2/10	2/11	
2回		1/25〜2/5	2/12	2/12	

※募集人員：推薦／一般　特別進学15/15　総合進学60/60　幼児教育・保育系進学50/50

＊併願者は併願校一般合格発表翌日まで延納可　B推薦は東京・神奈川を除く受験生対象

■2024年度選考方法・入試科目

中学校

1・2・3回午前：2科、面接　1・2・3回午後：1科、面接　4・5回：2科か1科、面接　2科＝国算か国英　1科＝国・算・英から1科

適性検査型：1回適性検査Ⅰ・ⅡかⅠ・Ⅱ・Ⅲ　2回適性検査Ⅰ（各100点45分）　**個性発見**：プレゼンテーション（約15分）、質疑応答（約10分）

〈配点・時間〉国・算・英＝各100点45分
〈面接〉生徒個人（適性検査型を除く）

高等学校

推薦：A推薦は適性検査（国・数・英）、面接　B推薦は国・数・英、面接

一般・併願優遇・第一志望優遇：国・数・英、面接

〈配点・時間〉国・数・英＝各100点45分
〈面接〉生徒個人　重視

■2023年春併設短期大学への進学

一定の基準を満たせば、内部進学ができます。

貞静学園短期大学－5（保育）

■指定校推薦枠のある主な大学

国士舘大　こども教育宝仙大　拓殖大　帝京大　東京家政大　東京医療保健大　日本薬科大など

■2023年春卒業生進路状況

卒業生数	大学	短大	専門学校	海外大	就職	進学準備他
127人	98人	7人	15人	0人	1人	6人

■2023年度入試結果

中学校　1回〜5回は1科/2科

募集人員		志願者数	受験者数	合格者数	競争率
1 回	15	8/16	6/14	4/10	1.5/1.4
2 回	10	11/22	5/14	2/9	2.5/1.6
3 回	5	15/17	2/6	2/3	1.0/2.0
4 回	若干	3/5	3/3	1/3	3.0/1.0
5 回	若干	3/6	3/5	1/1	3.0/5.0
適性1回10/2回	若干	13/1	13/1	13/1	1.0/1.0
個性1回5/2回	5	1/0	1/−	1/−	1.0/−

高等学校　推薦はA/B、ほかは1回/2回

募集人員		志願者数	受験者数	合格者数	競争率
推薦	125	119/16	119/14	119/14	1.0/1.0
併願優遇		183/17	149/10	149/10	1.0/1.0
第一志望優遇	125	11/5	10/3	8/0	1.3/−
一般		15/18	14/12	10/7	1.4/1.7

学校説明会　要予約
★中学校　9/9 10/14 11/12 12/1 1/7
プレテスト　12/10　直前対策講座　1/13
★高等学校　9/2 10/7 10/28 11/3 11/11
11/18 11/25 12/2　受験対策講座　11/23
個別相談会　11/26 12/3 12/9

見学できる行事　要予約
文化祭　9/23・9/24（入試相談コーナーあり）

説明会・行事等は日程・内容が変更される場合があります。必ず学校HP等でご確認ください

田園調布学園 中等部 高等部
（でん えん ちょう ふ がく えん）

〒158-8512　東京都世田谷区東玉川2-21-8　☎03-3727-6121　学校長　清水　豊

〈URL〉https://www.chofu.ed.jp

沿革　大正15年（1926）、調布女学校創設。平成28年（2016）、創立90周年を迎えました。

校風・教育方針

建学の精神「捨我精進」のもと、体験を重視した教育活動を展開しています。卒業時の具体的な目標として、高い目標を定め学び続けることができる人、他者と協同しながら主体的に行動できる人、広い視野を持って常に探求し実践できる人になるよう生徒を育てていきます。学年ごとに到達目標を示しながら、授業、土曜プログラム、行事、クラブ活動など体験を重視した教育活動を展開しています。生徒が学内での活動にとどまらず、外の世界へも積極的に踏み出していくよう後押しします。

カリキュラムの特色

授業は週5日・32コマで実施。生徒の主体性や協調性を養いながら問題を発見・解決する授業を展開。生徒が一人1台所持するノートPCなどのICT機器も積極的に活用しています。数学と地理、音楽と理科などの「教科横断型授業」を各学年で実施、また理科の実験は6年間で150種類、中1・2は毎週実験を行いながら理数の苦手意識をリセットし知的好奇心を刺激しています。中3と高1の英語と数学では到達度別授業を実施しています。3グレード7クラスに分け、グレードごとの目標達成を目指します。高等部では受験補習を開講し、受験対策にも万全を期しています。

週1コマ「探究」の時間を設置しています。中等部では、「デザイン思考」の基礎を学びながら課題解決スキルを身に付けます。身近な課題から、日本国内の課題にまで目を向けて、社会と繋がりながら課題解決をしていきます。宿泊行事などとも関わりながら、徹底的にデザイン思考を体験・実践していきます。高等部では、世界に目を向けながら自分で課題を発見・設定して、広く深く探究していきます。自分の強みや興味関心から、没頭できること発見する「BOTTOプロジェクト」として、自分の好きや得意を掘り下げ、一人ひとりの「好き」と「得意」に向き合う時間にしていきます。そして、自分で立てた問いについて、企業や大学の力を借りながら探究を行い、成果をまとめていきます。中1から高2の5年間を通して、身近な課題から世界的な課題までを自分事として考えながら、卒業時には学校ルーブリックにある力や姿勢を身に付け、「これだけやったんだ」という自己肯定感をもてるような活動を行います。

土曜日は、「土曜プログラム」を年8回実施。約170もの講座から自由に選択することができるもので、平常の授業ではできない体験から将来の目標や夢につながる活動になっています。生徒が個人の興味・関心に応じて多様な分野に広く浅くふれること。そして将来の進路として深めていきたいこと・自分の課題として取り組みたいことを見つける好機となっています。

国際教育・宿泊行事

英語では洋書の教科書も使用。スピーキングの

今春の進学実績については巻末の「高校別大学合格者数一覧」をご覧ください

活動時間を多く取り入れ、4技能を伸ばしていきます。また、希望者には、放課後を利用したオンラインの英会話レッスンも行っています。

中3の夏休みには希望制の宿泊行事として、カナダ、オーストラリアのホームステイ（15日間）や国内でのEnglish Camp（3泊4日）を実施。さらに、高校生対象のニュージーランドターム留学（3カ月）、グローバル・スタディーズ・プログラムといった海外研修も充実しています。

中1は4月にプロジェクトアドベンチャーを実施し、体験を通した「気づき」で新しい仲間とのつながりを密接にし、よりよい学校生活のスタートにつなげています。中2は山形県でファームステイ、中3は関西・韓国・台湾から選択、高2で

は西九州方面を訪れます。現地での体験を通して、多様性を認識し、自分は何をしたいのか、どのように社会とかかわるのか、自分の将来を見つけるきっかけの一つになります。

学校行事・クラブ活動

なでしこ祭（文化祭）、体育祭、定期音楽会、球技会などのほかに、1日校外学習やスキー教室など多彩な行事があります。

部活動は運動部、文化部とも熱心な活動を繰り広げています。運動部はダンス部・弓道部・テニス部など13部、文化部は管弦楽部・理化部など14部あります。また、課外授業に茶道、箏曲があります。

データファイル

■2024年度入試日程

[中等部]

募集人員		出願期間	試験日	発表日	書類締切日
1回	80	1/10〜1/31	2/1	2/1	2/2※
午後入試	20	1/10〜1/31	2/1午後	2/1	2/2※
2回	70	1/10〜2/1	2/2	2/2	2/3※
3回	30	1/10〜2/3	2/4	2/4	2/5
帰国	若干	11/17〜11/27	12/3	12/3	12/5

※入学金納入日は翌日。全日程、延納届提出により2/9（帰国生入試は1/20）まで延納可

[高等部] 募集を行っていません

■2024年度選考方法・入試科目

[中等部]

1回・2回・3回：国語、算数、理科、社会
午後入試：算数

帰国：「国語・算数」または「英語・算数」または「算数（CEFR B1などの該当者のみ）」、面接
〈配点・時間〉1回・2回・3回：国・算＝各100点50分 理・社＝各60点40分 午後入試：算＝100点60分

〈面接〉帰国のみ保護者同伴 参考【内容】海外での生活について、入学後の生活についてなど

■2023年春併設大学への進学

田園調布学園大学がありますが、進学者はいません。

■指定校推薦枠のある主な大学

青山学院大 学習院大 北里大 慶應義塾大 成蹊大 成城大 中央大 津田塾大 東京女子大 東京理科大 日本大 法政大 明治大 明治学院大 立教大 早稲田大 横浜市立大 海外大など

■2023年春卒業生進路状況

卒業生数	大学	短大	専門学校	海外大	就職	進学準備他
201人	179人	0人	2人	2人	0人	18人

■2023年度入試結果

[中等部]

募集人員		志願者数	受験者数	合格者数	競争率
1回	80	265	255	93	2.7
午後入試	20	217	205	114	1.8
2回	70	514	390	188	2.1
3回	30	390	259	67	3.9
帰国	若干	31	29	21	1.4

▼▼入試アドバイス・学校からのメッセージ

午後入試（算数1教科）について

田園調布学園の授業では教科横断型授業を取り入れたり、探究活動を進化させたりするなど、新しい取り組みが始まっています。じっくり考えることが得意な生徒の資質をより伸ばすしくみが充実してきたため、より深い思考力や表現力を発揮できる入試を行います。

[学校説明会] すべて要予約
※詳細はHPをご覧ください
10/28 11/15
帰国生対象説明会 10/28
入試直前学校説明会(小6対象) 12/9 12/13
土曜プログラム見学会 9/2
校内案内は要予約(平日 10:40、13:20、16:30)
[見学できる行事]
なでしこ祭 9/23・9/24 体育祭 10/7
定期音楽会 1/25 横浜みなとみらいホール

説明会・行事等は日程・内容が変更される場合があります。必ず学校HP等でご確認ください

世田谷区 中 女子 高 女子 高校募集なし

東京 と

東亜学園高等学校
（とうあがくえん）

〒164-0002　東京都中野区上高田5-44-3　☎03-3387-6331　学校長　矢野　隆

・西武新宿線・新井薬師前駅　徒歩1分
○東亜学園高等学校・新井薬師前駅

〈URL〉https://toagakuen.ac.jp

沿革　大正13年（1924）男子5年制実業学校として東亜商業學校創立、同年文部省認可。戦後、野方学園高等学校と改名し、昭和26年（1951）学校法人に改組。昭和28年（1953）東亜商業高等学校へ校名変更。昭和41年（1966）普通課程新設（男女別学）。昭和50年（1975）東亜学園高等学校へ校名変更。昭和57年（1982）普通課程に男女共学制採用。平成16年（2004）商業課程募集停止、普通課程に特進コース設置。

校風・教育方針

「他人親切丁寧　自己奮励努力」を校訓として、社会適応能力の育成と実力養成を教育の2本柱としています。自ら考え行動できる人間の育成を基本に、自由闊達で素直な生徒が多いです。教育方針として、「知誠敬遂」、すなわち、知性を持つこと、誠実であること、他人を敬うこと、最後までやり遂げることの4つを掲げています。1年次の創（So）×トレは、2泊3日の宿泊を含む5日間の集団生活を通して、大人としての基礎を楽しく学びます。

カリキュラムの特色

総合選抜コース　基本的に私立大学受験に対応したコースで、2年次からは、文系選抜、理系選抜、特別選抜の各コースに分かれますが、1年終了時、国立大学に対応したカリキュラムの特進コースに移動することが可能です。クラブ活動と勉学の両立を図りたい、または大学へ進学する希望があるが、1年間は将来についてよく考える時間を持ちたい（持たせたい）という生徒が、本コースを選択しています。

特進コース　国立大学、難関私立大学合格を目標としたコースで、1年次より5教科7科目受験に対応するべく、時間管理と先取り学習で、3年次夏休みにはほぼ正規の学習内容を終了し問題演習に移行します。2年次から文系と理系にコース分けがあります。難関国立大学対応として、1年次から入試でも軸となる英語の学習を固めていきます。

グローバル教育

グローバル教育には、コミュニケーションのための言語と、外国の方々と話をする上で必要となる日本人としてのアイデンティティーおよび、多様性を受け入れる素養が必要です。さらに、いろいろな人の中に分け入っていく際に必要な教養と専門性が求められます。東亜学園では、1年次と2年次に全員が週1コマのマンツーマンのオンライン英会話を受講し、ネイティブの発音や外国の方と話すことに慣れ、卒業時に英検2級以上を取得できるようにしています。外国の方は日本の精神性について興味を持っており、日本人としてのアイデンティティー涵養（かん）のため、2年次の修学旅行では、伊勢神宮、飛鳥サイクリング、熊野古道を訪れることで、その基礎となる文化を学習します。多様性については、週1時間設定している文化教育において、人にはさまざまな考えがあることを学び、その中で自己の価値観を涵養（かん）するよう指導しています。ニュージーランドのウェリントンカレッジ、およびニューランズカレッジとの間に交換留学制度があり、在学中にニュージーラン

今春の進学実績については巻末の「高校別大学合格者数一覧」をご覧ください

| 無学期制 | 登校時刻 8:30 | 昼食 弁当持参、食堂、売店 | 土曜日 授業 |

ドへの短期留学が可能です。

環境・施設設備

中野本校は、最寄り駅の西武新宿線新井薬師前駅から徒歩1分で校舎内に入れます。校舎には、中庭、地下体育館のほか、小体育館であるフェンシング・柔道場がありますが、屋外で体育を行うため、1・2年次には、週に1回、花小金井にある小平総合グラウンドで体育、一般授業演習、家庭科授業を行います。

全ての教室には、電子黒板対応のプロジェクターが設置されており、iPad及び強力なWi-Fi環境により、双方向の立体的な授業、1クラス単位のオンライン英会話授業を行っています。コロナによる欠席者も在宅で授業に参加可能で、さらには、板書の時間節約により、授業進度を早めることが可能となっています。

また、「D-projects」は授業の定着を学校内で完結させる自立型学習支援システムです。全ての生徒が自由に使用することができます。137席の独立自習スペース、個別指導ブースがあり、習熟度に合った問題集、自習プリントが用意されており、分からないところは常駐している現役大学生チューターに質問することが可能です。20時まで利用でき、遅くまで利用しても駅前なので安心です。

学校行事・クラブ活動

1年次の創(So)×トレ、2年次の修学旅行、全学年共通の体育祭、学園祭、弁論大会などがありますが、いずれも、生徒自ら考え主体的に行動することに重点を置いています。

クラブ活動は、8割の生徒が参加しています。体育部門では、甲子園3回出場の野球部、全国優勝8回の男子バレーボール部、インターハイ全国優勝に加え、社会人、大学生を加えたオールジャパンで全国優勝実績のあるフェンシング部、インターハイ全国優勝の重量挙部などが活躍しています。女子生徒には、チアリーダー部、ダンス部が人気です。文化・学芸部門では、コーラス部、ブラスバンド部が活躍しており、写真部は写真甲子園に出場しています。

データファイル

■2024年度入試日程

入試区分	出願期間	試験日	発表日	手続締切日
推薦(単願)	1/15～1/17	1/22	1/23	1/25
一般(併願)	1/25～2/3	2/10, 2/11	試験翌日	2/15※

※公立併願の延納は一次・分割前期発表翌日
募集人員：推薦総合選抜179 特進10
一般総合選抜181 特進35

■2024年度選考方法・入試科目

推薦：書類審査、面接、作文（6項目各120字/50分）
＊2023年度テーマ「志望理由」「中学での生活」「将来の夢」「高校生としての学習計画」などの6つの項目にそれぞれ意見を書く【出願条件】総選5科16 特進5科19 いずれも3科は3、9科は2以上 欠席3年間10日以内 生徒会役員など(総選のみ)、英検・漢検・数検による加点あり
一般：国語、数学、英語（マークシート方式）、面接 ※英語はリスニングを含む
【出願条件】併願優遇：総選5科17 特進5科20 いずれも3科は3、9科は2以上 欠席3年間10日以内 生徒会役員など(総選のみ)、英検・漢検・数検による加点あり
〔成績奨学特待生制度〕推薦：5科20 希望者は特待チャレンジ試験(2/11)受験可 一般入試・併願優遇：5科20または入試得点195点以上 ※付帯事項：推薦・一般とも①入試相談者②検定内申加点なし
〈配点・時間〉国・数・英＝各100点40分
〈面接〉推薦は個人面接 一般はグループ面接 きわめて重視

■指定校推薦枠のある主な大学

東京理科大 中央大 成蹊大 武蔵大 明治学院大 獨協大 日本大 東洋大 専修大など

■2023年春卒業生進路状況

卒業生数	大学	短大	専門学校	海外大	就職	進学準備他
193人	151人	8人	14人	0人	6人	14人

■2023年度入試結果

募集人員	志願者数	受験者数	合格者数	競争率
推薦 総選179/特進10	119/3	119/3	119/3	1.0/1.0
一般 総選181/特進35	446/61	435/60	395/55	1.1/1.1

学校説明会 要予約
9/30 10/7 10/21 10/28 11/3 11/18 11/25 12/2 12/9 ※個別相談会あり
授業・校舎見学会 11月までの木・金曜日
見学できる行事
文化祭(東亜祭) 9/23・9/24

説明会・行事等は日程・内容が変更される場合があります。必ず学校HP等でご確認ください

東海大学付属高輪台高等学校中等部／高等学校
（とうかいだいがくふぞくたかなわだい）

〒108-8587　東京都港区高輪2-2-16　☎03-3448-4011　学校長　片桐　知己治

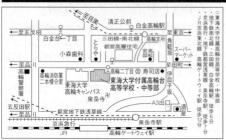

〈URL〉https://www.takanawadai.tokai.ed.jp/

沿革　昭和19年（1944）、前身の電気通信工業学校、電波工業学校設立。平成2年（1990）に現在の校名に改称。創立55周年を迎えた同10年（1998）から男女共学。同19年（2007）、中等部を設置。

校風・教育方針

1．熱意と実力のある教員集団によって、「話す」「聞く」「読む」「書く」の英語4技能を磨きます。
2．**生徒・保護者に明確で開かれた学校**として高等教育（大学教育）に十分耐えうる高い学力を定着させ、徹底した生活指導を行います。
3．部・同好会活動や特別活動を通じて、体力の向上や健全な人間形成を促すために、**指導力・熱意のある教員**を配置します。

カリキュラムの特色

生徒一人ひとりの個性を尊重し、生徒自身が「なぜ？」と問う心を大切に培い、進んで問題を発見し、解決していく力を養うことを目標にしています。ヒューマニズムを根底にしたものの見方、考え方を身につけるため、あらゆる教科の前提として、「現代文明論」の授業を行っています。ユニークな講義を通して、考える力、判断する力、表現する力、観察する力の養成を図っています。

大学の付属校としてのメリットを最大限に活用し、中等部、高校、大学10年間の一貫教育のもとで受験競争から解放し、真の高校教育を進めていくためバランスのとれたカリキュラムを編成しています。

高校3年次の後期には「科目等履修生」として

東海大学の授業を受講し、高校在学時に大学の単位が取得できます。

英語学習には特に力を入れ、中学・高校ともにGTECで高得点をめざすCALL授業や、外国の人々と自在に交流できる人材育成のためにネイティヴ・スピーカーによる実践的な英語教育を行っています。

なお、2004年度から3年間、私学では都内唯一のSSH（スーパーサイエンスハイスクール）校として文部科学省から指定を受け、2007・2012・2017年度には5年の指定延長を受けています。

生活指導・心の教育

一人ひとりの生徒が自分の生き方を真剣に考え、心豊かな人間として自立することをめざして、フレッシュな教員による生活指導体制を整えています。ヒューマニズムに立脚した教養、幅広い視野を身につけるため、ホームルームや部・同好会活動、学校行事の中でも、組織の一員としての責任の自覚、協調の精神について指導しています。

夢は大きく、目標は高く、希望を星につなぐ教育を実践

教育目標

1．中等部・高等学校・大学10か年間の一貫教育により、大きな夢をかなえさせます。
2．少人数制による充実した英語教育と、特徴ある理数科教育を展開します。
3．スポーツ、文化、芸術等の部活動を通じた、人間形成をめざします。

今春の進学実績については巻末の「高校別大学合格者数一覧」をご覧ください

🏫 2期制　登校時刻 8:25　昼食 弁当持参、売店、食堂　土曜日 授業（午前）

環境・施設設備

　地上6階・地下3階の校舎は、全館冷暖房完備です。各教室には電子黒板を設置しています。

　「さいたま新都心」に人工芝サッカー場、野球場、テニスコート、クラブハウスを備えた総合グラウンドを開設しました。

学校行事、部・同好会活動

　自主、自律の精神を養うことをめざして、多彩な行事を行っています。行事は、校外活動、男子約36km、女子約30km、中等部19kmを歩く剛健旅行、体育祭、研修旅行のほか、学園オリンピック、ヨーロッパ研修旅行、カナダ・ハワイへの語学留学制度があり、最大のイベントである建学祭(文化祭)は、若者らしい奇想天外な出し物が有名です。

　部・同好会活動は、学習との両立をさせながら熱心に、堅実な活動をしています。高校、大学と7年間（中等部は10年間）の一貫教育が特長のため、高校を卒業する日まで、しっかりと部・同好会活動に取り組めます。運動系、文化系あわせて31の部・同好会（中等部14）が質の高い活動を展開しています。活動が期待される部を「重点強化部」に指定し、バックアップする制度もあります。

データファイル

■2024年度入試日程

中等部

	募集人員	出願期間	試験日	発表日	手続締切日
1回	45	1/10～1/31	2/1	2/2	2/3
2回	25	1/10～2/2	2/3	2/4	2/5
3回	10	1/10～2/4	2/5	2/6	2/7

高等学校

	募集人員	出願期間	試験日	発表日	手続日
推薦	170	1/15	1/22	1/23	1/24
一般	170	1/25～2/5	2/10	2/11	2/13

■2024年度選考方法・入試科目

中等部

1・2・3回：国語、算数、理科、社会
〈配点・時間〉国・算＝各100点50分　理・社＝各50点30分
〈面接〉なし

高等学校

推薦：書類審査、面接、作文（400字50分）＊2023年度テーマ「将来の自分のために高校生活で身に付けたい力を挙げ、その理由を述べなさい」
【内申の目安】5科20か9科35　9科に1・2は不可　欠席日数各学年10日以内　英検・漢検・数検準2級以上で加点　推薦の目安に不足する場合応相談
一般：国語、数学、英語（リスニングあり）、面接
〈配点・時間〉国・数・英＝各100点50分
〈面接〉生徒グループ　きわめて重視

■2023年春併設大学への進学

卒業生の約80%が学校長による推薦によって東海大学へ進学しています。3年間の学習成績、学園統一テストなどが選考の対象になります。

東海大学－459（国際17、経営39、観光19、情報通信14、政治経済41、法23、文31、文化社会49、教養17、児童教育12、体育14、健康24、理5、情報理工31、建築都市21、工71、医10、人文1、海洋11、文理融合1、農2、国際文化4、生物2）
ハワイ東海インターナショナルカレッジ－5

■2023年春卒業生進路状況

卒業生数	大学	短大	専門学校	海外大	就職	進学準備他
519人	492人	5人	9人	0人	0人	13人

■2023年度入試結果

中等部　男／女

	募集人員	志願者数	受験者数	合格者数	競争率
1回	45	74/45	68/40	28/19	2.4/2.1
2回	25	140/81	92/50	20/7	4.6/7.1
3回	10	112/65	60/33	8/4	7.5/8.3

高等学校　男／女

	募集人員	志願者数	受験者数	合格者数	競争率
推薦	170	108/70	108/70	108/70	1.0/1.0
一般	170	174/75	172/75	154/70	1.1/1.1

学校説明見学会

★中等部　11/12　12/10
1/14(プレテスト実施)
★高等学校　10/1　11/5　12/3
英語模擬授業への参加可。終了後、校内見学会あり
※学校見学は随時可（要予約）

見学できる行事

建学祭（文化祭）　10/7・10/8
　　　　　　（入試相談コーナーあり）
体育祭　中 6/23(終了)　高 10/17
　　　　（さいたま総合グラウンド）

説明会・行事等は日程・内容が変更される場合があります。必ず学校HP等でご確認ください

東京 と

高 東海大学付属望星高等学校
（とう かい だい がく ふ ぞく ぼう せい）

〒151-0063　東京都渋谷区富ケ谷2-10-7　☎03-3467-8111(代)　学校長　吾妻　俊治

〈URL〉https://www.bosei.tokai.ed.jp/

沿革　昭和34年（1959）東海大学付属高等学校「通信教育部」として発足、東海大学開設の「ＦＭ東海」電波を利用する学習システムを採用した日本初の放送利用による高校の誕生。昭和38年単独校となり、昭和54年には「通信制コース」に加え「技能連携コース」を設置。平成元年（1989）、東京校に学習科目の選択計画を学習者が自ら立案するという、画期的な登校型の「単位制コース」を私立で最初に設置。創立以来60年、30,000人を超える卒業生を輩出。平成7年（1995）からは衛星放送ラジオCS-PCMで通信講座が行われ、全国で視聴が可能。平成12年（2000）に留年のない「無学年制」を導入、単位制高校として新たに出発。平成22年（2010）4月からは通信教育講座をインターネット配信（文字・画像付）に切りかえ、履修登録された科目をいつでも何回でもオンデマンドで視聴が可能。

教育方針

東海大学の建学精神に基づき、広く社会に貢献できる人材の育成をめざしています。

・人間性を重んじ、生徒の個性を伸ばして
　心豊かな人材を育成する
・基礎基本の徹底と学びの楽しみを通して、
　知的好奇心の高揚をはかる
・自ら考える態度と正しい判断力を養い、
　モラルと社会性を身につけた人材を育成する

カリキュラムの特色

東海大学の建学精神に基づいた一貫教育システ

ムの中にあって、付属高校としてのメリットを生かした教育を展開しています。

①さまざまな入学動機や学習歴を持つ一人ひとりの生徒の希望や個性に応えるため、入学、卒業の機会を春季と秋季の2回（入学は4・10月、卒業は3・9月）に設けています。
②春学期（4月〜9月）と秋学期（10月〜3月）に分けて学習、単位認定も学期ごとに行います。
③無学年制で必修以外の科目は自由に選択できます。
④一人ひとりの生徒の希望や適性に応えるため、教育相談の体制も整えています。

新入生（本校生）

学習は、望星高等学校が独自に制作する高校通信教育講座（通信講座）を視聴して進めます。生徒は通信講座を視聴してレポートに取り組み、添削指導を受けていくのが学習の基本です。レポートの提出は、1科目につき月1〜2通です。登校は、指定された水曜日もしくは日曜日（1年次生は金曜日）に月2〜3回程度出席します。そのため、少ない出席回数で単位を修得することができます。1年次生は必修科目を中心に学習を進めます。2年次生以上は、各自の関心、進路から科目を選ぶことができます。また、各自の学習状況や東海大学への付属推薦等の進路希望に応じて、週1日〜4日登校を増やして学習することもできます（サポート学習）。

新入生（技能連携生・参考）

連携校での学習は、連携している専修学校に毎日登校し、高等学校科目と専門科目の含まれた時間割に沿って学習します。高等学校科目は、望星

今春の進学実績については巻末の「高校別大学合格者数一覧」をご覧ください

高等学校の教員が専修学校に出向いて直接授業を行います。そして、3年間で専修学校と望星高等学校の2つの学校を卒業することができます。

転入生・編入生 （本校のみ）

1年生
2年生
3年生

環境・施設設備（本校）

　大学の付属高校として、普通教室のほか理科実験室などの実習施設、また保健室、相談室などの健康管理・教育支援施設、そして図書室・全教室ICT完備といった学習環境が整っています。

生活指導・心の教育

　社会的なマナーと良識のある行動、特に「学ぶ自己」を見つめ直す自立の精神を重んじています。また、生徒との対話の時間を多く持ち、学習だけでなく将来の進路や生活上の悩みにも耳を傾け、新しい希望と勇気を持って自己を確立していくように指導しています。

学校行事・部活動（本校）

　生徒の自主活動を尊重し、行事の参加は任意です。しかし、生徒会活動や部活動は盛んです。建学祭には保護者の参加もあり、大いに賑わいます。校内行事は夏季野外教室、冬季野外教室、研修旅行等があり、学園行事として学園オリンピックやヨーロッパ研修、ハワイ中期留学があります。

　部活動は、運動部系に軟式野球、バスケット、卓球など。文化部系に科学、芸術文化、家庭科など。

最新設備の校舎

　2021年4月に、新校舎が完成しました。全教室にICT教育環境を整備しており、電子黒板を使用したスクーリングを実施しています。また、生徒のタブレットとも接続して、授業プリントや動画の双方向型の教育も実現。家庭学習においても教員との質疑応答がより行いやすくなりました。さらに、生徒のタブレットやPC等を使用して、レポートの受け取りや作成、提出も行っています。

データファイル

■2024年度入試日程（本校）　合格発表はWeb

募集人員		出願期間	試験日	発表日	手続締切日
推薦(新入)	40	1/15〜1/18	1/22	1/23	1/26
一般1回		2/1〜2/7	2/10	2/11	2/16
2回	40	2/26〜3/2	3/5	3/6	3/11
3回		3/8〜3/14	3/18	3/19	3/21
4回		3/25〜4/2	4/4	4/5	4/8

〈転編入生〉80人募集（第5回以降は、HP掲載）

■2024年度選考方法・入試科目（本校）

〈新入生〉

推薦・一般：面接、作文（600字50分）、書類選考

〈転入生〉

面接、作文（600字50分）、書類選考

〈面接〉　生徒個人　重視

【内容】志望動機のほか、本校のシステム・学習方法について

■2023年春併設大学への進学

東海大学への推薦入学制度があります。

東海大学－32（文3、文化社会3、政治経済2、法4、教養2、健康1、理2、情報理工1、建築都市2、工5、海洋1、人文1、経営1、情報通信2、医1、農1）

ハワイ東海インターナショナルカレッジ－1

■2023年春卒業生進路状況（本校）

卒業数	大学	短大	専門学校	海外大	就職	進学準備他
159人	78人	6人	24人	0人	2人	49人

本校生の大学・短大進学率は53%

■2023年度入試結果　新入生（本校のみ）

募集人員		志願者数	受験者数	合格者数	競争率
推薦	40	40	40	40	1.0
一般1回	20	52	48	43	1.1
2回	5	17	15	13	1.2
3回	5	5	5	3	1.7
4回	5	5	1	0	－
5回	5	6	6	4	1.5

学校説明会 ※HPにて要予約
（本校にて）13:00〜/15:00〜（1月からは13:00〜のみ）
10/14 11/4 12/2 1/13 2/17 3/9
個別相談会（今年度の説明会・学校見学に参加した中3対象・要予約）11/11 11/26 12/9
※学校見学は火〜金・日（電話にて要予約）

見学できる行事
建学祭 10/29（入学相談ブースあり）

説明会・行事等は日程・内容が変更される場合があります。必ず学校HP等でご確認ください

東京
と

とう きょう
東京高等学校

〒146-0091　東京都大田区鵜の木2-39-1　☎03-3750-2635　学校長　鈴木　徹

〈URL〉https://tokyo-hs.jp

沿革　明治5年(1872)数学者上野清が上野西黒門町(現在の台東区)に上野塾を創立。同32年東京中学校と改称。昭和9年(1934)現在地に移転。同23年の学制改革により東都高等学校、同29年からは東京高等学校と改称。同46年から男女共学となりました。

校風・教育方針

男子校から女子を迎えて50年余、今日では半数近くが女子生徒です。共学校としての施設も整い、互いに励まし合い、競い合いながら成果を上げています。閑静で広々とした教育環境と、長い伝統に培われた穏やかでのびのびとした明るい校風は今も健在です。

校章に表徴されるように円満な人格形成を目指しています。まず、個性と天分を尊び、それを伸長することが最大の目的です。自主と責任を貴ぶこと、勤労と平和を愛すること、そして、礼儀と規律を守り、師恩と友益に感謝すること、以上の三つの姿勢と取り組みが教育方針として掲げられています。また、早くからコース制を取り入れていたため、コース選択による少人数学級編成も受け継がれています。

カリキュラムの特色

カリキュラム(教育課程)は、1年次には全生徒が同一の教科・科目を学習し、2年次からは個性の伸長を図る系統別編成となります。生徒が興味・適性・能力を十分にいかし、生き生きと、楽しく充実した高校生活を送ってほしいとの願いをこめ、新しい時代の教育をめざす多様化のカリキュラムを

設定しました。総合選択制をとり入れ、私学教育として可能な範囲の教科・科目を組み込んでいます。

文系I類　私立大学の文系学部学科への進学を目指す人に最適です。文系教科の授業数を充実させたカリキュラムとなっています。目標達成に向けて学習内容をより深めることができると同時に、ゆとりをもって集中して学ぶことができます。

文系II類　国公立大学文系学部や数学受験型の文系学部進学を希望する生徒を対象にしています。文系教科の授業数を多く確保した上で、数学の授業を取り入れるカリキュラムとなっています。国公立大学受験に向け、授業・講習を通じて各教科をバランスよく学習できるように編成しています。

文系III類　体育への関心が高く、さらに資質がある生徒を対象にしています。自己の能力を向上させ、トップクラスのアスリート(運動選手)を目指す人や体育系大学への進学を考えている人には最適です。ただし、文系III類に所属するには、体育系クラブに所属していることが条件となります。

理系I類　私立大学の理工系学部への進学を目指す人に最適です。国語の一部科目と地理歴史・公民科目を大幅に減らし、理数系科目を強化しています。目的に合わせ、反復学習の大切さを感じし、学力の定着を図るとともに大学受験への実力を養成していくように編成されています。

理系II類　国公立理系大学や私立最難関大学進学を希望している生徒を対象にしています。これらの大学受験に必須となる理科を高いレベルで2科目学習するカリキュラムとなっています。国公立大学受験に向けて授業・講習を通じ、各教科をバ

今春の進学実績については巻末の「高校別大学合格者数一覧」をご覧ください

3学期制 ／ 登校時刻 8:25 ／ 昼食 弁当持参、食堂 ／ 土曜日 授業

ランスよく学習できるように編成されています。

環境・施設設備

　穏やかな多摩川の流れと、遠く連なる丹沢の山並みの下、豊かな自然に育まれるように学舎はたたずんでいます。隣接する多摩川グラウンドと合わせて23,000㎡の校地。事務室や化学・物理・生物教室、視聴覚室などの特別教室を集中させた1号館、普通教室21と家庭科室、教員室を含む2号館、開放的なテラスのついた食堂、録音施設の整備された音楽室、音楽準備室、アートルーム、コンピュータ教室、図書室・視聴覚室、多目的ホール、そのほか普通教室の入っている3号館・新体育館が建ち並んでいます。

生活指導・心の教育

　時間を守る、約束を違えない、身だしなみを整える、友をいたわる、礼節を重んじるなどを、校則というよりも生活の基本にある心がけとして取り上げ、指導しています。

学校行事・クラブ活動

　生徒によって運営される行事、特に体育祭と文化祭（いちょう祭）は一年でもっとも大きなイベントであり、明るく、活気あふれる校風が発揮される一幕でもあります。ほかにも、勉強合宿、体育コースの富士登山など、四季さまざまに行事が織り込まれています。

　1年は校外特別活動、2年は修学旅行を北海道・カナダ・沖縄と三方面に分かれて実施します。夏期休暇中にはオーストラリアで約3週間の海外語学研修（ホームステイ）が行われています。

　多摩川沿いにある広大な河川敷グラウンドや校庭、二階建ての新体育館など充実した設備環境の中で、生徒会体育会系各部の活躍にはめざましいものがあります。陸上部は東京都随一の実力を誇ります。男子は通算38回、女子は通算30回東京都で総合優勝しており、国体・インターハイで全国優勝をしています。またラグビー部は全国大会（花園）に13回、女子硬式テニス部は全国大会に3回、関東大会に11回、女子バレーボール部は関東大会に7回出場しています。そのほかに野球、バスケットボール、チアリーディングなど17の部があります。文化部では吹奏楽をはじめ5の部があります。また同好会として4グループが生徒会に属しています。

大田区

高

共学

データファイル

■2024年度入試日程

募集人員		出願期間	試験日	発表日	手続締切日
推薦 Ⅰ	120	1/15～1/17	1/22	1/23	1/25
Ⅱ	30				
一般 1回	125	1/25～1/27	2/10	2/11	2/15
2回	20	1/25～2/12	2/13	2/13	2/16
3回	5	1/25～2/16	2/17	2/17	2/20

※一般1回に併願優遇制度あり

■2024年度選考方法・入試科目

推薦：書類審査、面接　推Ⅰは作文（400字60分）
推Ⅱは国数英の適性検査（各50点計60分）
【出願条件】欠席各学年5日以内　推Ⅰは内申3科11、5科18、9科32のいずれか（3科に1・2及び他の6科に1があると不可）　英・数・漢検3級取得者、皆勤等加点あり　推Ⅱは内申基準なし
一般：1回：国英か数英（英はリスニング含む）・面接　2回：国数英理社から1科目・面接　3回：国数英から1科目・面接
〈配点・時間〉国・数＝各100点50分（2・3回は各100点60分）　英・理・社＝各100点60分
〈面接〉生徒個人　きわめて重視

■指定校推薦枠のある主な大学

青山学院大　東京理科大　法政大　明治学院大　駒澤大　成城大　専修大　東洋大　日本大など

■2023年春卒業生進路状況

卒業生数	大学	短大	専門学校	海外大	就職	進学準備他
306人	230人	4人	22人	0人	1人	49人

■2023年度入試結果

募集人員		志願者数	受験者数	合格者数	競争率
推薦 Ⅰ	120	140	139	139	1.0
Ⅱ	30	120	120	112	1.1
一般 1回	125	453	424	400	1.1
2回	20	63	52	36	1.4
3回	5	25	20	13	1.5

学校説明会　要予約
10/14 11/3
ミニ説明会　11/18
個別相談会　11/25 11/26 12/2 12/3
冬期学校見学会　12/26 1/5
学校見学は随時可（要電話連絡）
見学できる行事　文化祭　9/23・9/24

説明会・行事等は日程・内容が変更される場合があります。必ず学校HP等でご確認ください

中 女子　高 女子 普通科　　　　　　　　　　　　　　　大

東京家政学院中学校高等学校
とうきょうかせいがくいん

〒102-8341　東京都千代田区三番町22　☎03-3262-2559　学校長　佐野　金吾

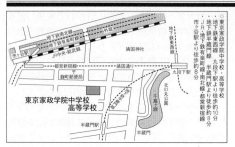

〈URL〉https://www.kasei-gakuin.ed.jp

沿革　大正12年（1923）、東京女子高等師範学校（現・お茶の水女子大学）教授であった大江スミが設立した家政研究所が前身。昭和14年（1939）、東京家政学院高等女学校になり、戦後の学制改革により同22年（1947）東京家政学院中学校、翌年東京家政学院高等学校が発足しました。

校風・教育方針

創立者大江スミが建学の理想としたKVA精神（Knowledge〈知識〉・Virtue〈徳性〉・Art〈技術〉）を身につけ、社会で活躍する「自立した女性を育成する」ことを目標としています。

中高一貫教育のメリットを最大限に生かしたカリキュラムと、穏やかで、アットホームな雰囲気の中で、自分の力で考え、判断し行動できる自立した女性の育成を目指しています。

カリキュラムの特色

コース制をとっており、一人ひとりの学習意欲やキャリアスタンダードに合わせた選択科目の組み合わせが可能です。中1と中2は共通授業で、英語と数学は、習熟度別授業を行います。学び残しや苦手意識をなくすようにきめ細かな学習指導を実践しています。中3からは「アドバンストコース」と「リベラルアーツコース」に分かれます。また、中学生は全員がタブレット端末を持ち、オリジナルのICT教育を行っています。

キャリア教育プログラムでは、多様で体験的な学びを通して自立した女性を育成します。中1・2の合同プロジェクトであるポスタビを通して、リーダーシップやフォロワーシップを育みます。

高等学校では、1年次に2コースから選択できます。リベラルアーツコースは、「豊かな教養・表現力」の育成を目指します。アドバンストコースは、「応用力・論理的思考力」の育成を目指します。高2からリベラルアーツ文系・理系、家政・児童進学、管理栄養進学、アドバンスト文系・理系の6コースに分かれ、一人ひとりの進路に沿って学習します。

環境・施設設備

皇居北西側の閑静な高台に位置しています。近隣には大使館、一流企業のほか、北の丸公園、千鳥ヶ淵公園、靖国神社などがある緑と歴史に抱かれた土地柄です。施設は、本格的な茶室、蔵書約7万3000冊の図書館、視聴覚室、大学との共用のカフェテリアやローズホールなどがあります。

グローバル教育

中高ともに「読む・聞く・話す・書く」の英語4技能を総合的に身につけます。授業外でもネイティブ講師とふれあう機会があり、生きた英語が習得できます。また、中高とも希望者対象のオーストラリア語学研修を実施しています。

高等学校では2019年度より、SDGs探究プログラムを開始。世界の抱えている問題を"自分ごと"として捉え、問題の切実さと解決の可能性について考えます。探究活動を通して、協働性や課題解決力を身につけます。

今春の進学実績については巻末の「高校別大学合格者数一覧」をご覧ください

学校行事・クラブ活動

体育祭・文化祭、合唱祭は、全て生徒の運営で行われます。この他、オリエンテーション旅行、芸術鑑賞、高3テーブルマナーなど行事は多彩です。

クラブ活動には、中1は全員が参加します。ソフトテニス、バスケットボール、バトントワリング、吹奏楽、料理、美術などがあり、特に、ソングリーダー（チアダンス）、バドミントンが優秀な実績を残しています。

データファイル

■2024年度入試日程

〔中学校〕 ※適性検査型の手続締切日は2/19

募集人員		出願期間	試験日	発表日	手続締切日
1回	40		2/1	2/1	2/6※
2回	20		2/1午後	2/1	2/6
3回	15	1/10～	2/2	2/2	2/6
4回	15	試験当日	2/2午後	2/2	2/6
5回	若干		2/5	2/5	2/6
6回	若干		2/10	2/10	2/11

〔高等学校〕

募集人員		出願期間	試験日	発表日	手続締切日
推薦	80	1/15～1/18	1/22	1/22	1/23※
一般1回	60	1/25～2/7	2/10	2/10	公立発表翌日
2回	20	1/25～2/7	2/12	2/12	翌日

※併願推薦（神奈川を除く都外生対象）は公立発表翌日

■2024年度選考方法・入試科目

〔中学校〕

1回：得意2科・4科選択（国と算社英から1科選択か4科）か適性検査型（適性検査1・2・3）かプレゼン入試（自己PRと国か算）　2回：2科かフードデザイン入試（家庭科を題材にした授業および振り返りと発表／70分）か英語資格入試A※　3回：得意2科選択※か英語資格入試A※　4回・5回：得意1科選択入試＊＊か英語資格入試B※　6回：得意1科選択入試＊＊かSDGs入試（SDGsを題材にした授業および振り返りと発表／70分）

※英語資格入試Aは国と英検資格の得点。Bは英検資格の得点と英語面接　＊得意2科選択入試は、国と算理社から1科選択　＊＊得意1科選択入試は、国算から1科選択

〈配点・時間〉国・算＝各100点45分　理・社＝各100点合わせて45分（どちらか1科目選択の場合は25分）　英＝筆記75点25分、面接25点5分

〔高等学校〕

推薦：単願は書類審査、面接　併願は書類審査、適性テスト（国・数・英計100点60分）、面接【出願条件】全科に1があると不可　アドバンスト5科19か9科32　併願は＋1　リベラルアーツ3科

（5科のうちの3科）10か5科16（併願は17）か9科29（併願は30）　英検・漢検・数検3級などで加点　欠席3年次7日以内

一般・併願優遇：国語・数学・英語、面接

〈配点・時間〉国・数・英＝各100点50分

〈面接〉生徒個人

■2023年春併設大学への進学

進学を保証したうえで外部受験することも可能。
東京家政学院大学―11（人間栄養4、現代生活7）

■指定校推薦枠のある主な大学

法政大　成蹊大　日本大　日本女子大など

■2023年春卒業生進路状況

卒業生数	大学	短大	専門学校	海外大	就職	進学準備他
72人	59人	6人	7人	0人	0人	0人

■2023年度入試結果

〔中学校〕

募集人員		志願者数	受験者数	合格者数	競争率
1回	40	92	91	89	1.0
2回	20	39	13	11	1.2
3回	15	36	9	6	1.5
4回	15	39	10	8	1.3
5回	若干	45	6	6	1.0
6回	若干	44	4	4	1.0

〔高等学校〕 推薦は単願／併願

募集人員		志願者数	受験者数	合格者数	競争率
推薦	80	43/5	43/5	43/5	1.0/1.0
一般1回	60	16	16	16	1.0
2回	20	9	9	9	1.0

〔学校説明会〕 要予約
★中学校　9/18
入試対策説明会　10/22 11/11 11/26 12/10 1/7
適性検査型対策　11/1（Web）1/13
クリスマスイベント（5年生以下）　12/17
★高等学校　9/17 10/28 11/4
入試相談会　12/2 12/9

〔見学できる行事〕 要予約
体育祭　9/12
文化祭　10/8・10/9（入試相談コーナーあり）

説明会・行事等は日程・内容が変更される場合があります。必ず学校HP等でご確認ください

東京 と

中 高 東京家政大学附属女子中学校・高等学校

とうきょうかせいだいがくふぞくじょし

〒173-8602　東京都板橋区加賀1-18-1　☎03-3961-0748　中学校長　賞雅 技子　高等学校長　大澤 力

○JR埼京線・十条駅より徒歩5分
○都営地下鉄三田線 新板橋駅より徒歩12分
○東京家政大学附属女子中学校・高等学校

〈URL〉https://www.tokyo-kasei.ed.jp

沿革　明治14年（1881）日本女子教育の先駆けとして、東京家政大学の前身である和洋裁縫伝習所創立。昭和6年（1931）渡辺女学校に改称、同24年（1949）現校名に改称。

校風・教育方針

　「自主自律」の建学の精神と「愛情・勤勉・聡明」の生活信条の下、一貫した未来志向の女子教育を実践し、知性と品性を備え、国際的視野に立ち、「幸福な生活を創造できる」「生涯学び続ける」「多文化共生社会で活躍できる」世界で輝く人材を育成します。

KASEIからSEKAIへ

　附属女子中学校・高等学校は、アドミッション・カリキュラム・グラデュエーションの3ポリシーを掲げ、東京家政大学や外部大学へ進学し活躍するための学力向上・人間教育に取り組んでいます。補習講習・特別進学講座など放課後の学力向上システムを通して一層の充実を図ります。「知識・技能の習得」「思考力・判断力・表現力等の育成」「人間性」の重要視点を軸に、高い英語力を身につけ、探究的な授業を通して考え学び続ける人として世界に活躍する人間を育てます。

　さらに、東京家政大学・短期大学部へ進む進学クラスと、国公立・難関私立大学の合格を目指す特進クラスを設けています。東京家政大学は、小学校教諭・中学（英語・理科・社会・美術・家庭科・養護）教諭、幼稚園教諭・保育士・管理栄養士・看護師などを養成する学科・専攻があり、内部進学においても多様な進路選択が可能です。全学年での模擬試験受験やそれに基づく進路指導面談の実施、特進クラスの生徒を中心に、進学特別講座や補習指導、学年ごとの進路ガイダンスを実施しています。

教育の特色

　特色は「探究学習」と「英語力の育成」です。中1から高2までの総合探究の時間には問いを立て、調査・探究することで思考力や情報収集力・論理性・表現力等、グローバル社会で求められる能力を育成します。中間発表やポスターセッションではプレゼンテーション能力だけでなく、相互評価・自己評価の能力を身につけます。

　「英語力」においては、高2で英検2級取得を目指し、ALTによるプライベートレッスン、オンライン英会話、海外語学研修などを実施し、英語の聞く・話す・読む・書く力を総合的に育成します。

　現在IB（国際バカロレア）教育MYP候補校（中学校）として、国際的な視野を持ち、自分で考え、探究し、挑戦する、「生涯学び続ける人」を育てる全人教育の充実に取り組んでいます。

環境・施設設備

　都心にありながら緑豊かで広大なキャンパスには、中高の校舎のほか温水プールや大小のホール、大学の校舎などの教育施設が充実、自然環境を生かしたビオトープもあります。建学の精神「自主自律」を体現する場として自習室（自学教室）は20時まで開室しています。すべての校舎は建築基準法の耐震基準を満たし、食料や水、医療品等の防災用品を備蓄する保管庫を設置。生徒の安全の

ため校門に守衛室を設け、警備員による巡回等、24時間体制の防災・防犯対策を行っています。

学校行事・部活動

　運動会・文化祭のほかに、学習オリエンテーション・探究発表会・芸術鑑賞会・文化講演会・球技大会・スキー教室・海外修学旅行などの学校行事があります。部活動は盛んで、中学16部、高校33部があり、中学生は全員が参加します。また、放送委員会をはじめ「全国学校・園庭ビオトープコンクール日本生態系協会賞」を受賞したビオトープ委員会など、委員会活動も活発です。

データファイル

■2024年度入試日程

中学校

募集人員		出願期間	試験日	発表日	手続締切日
1回特奨	40	1/10～1/31	2/1	2/1	2/5
2回特奨	40	1/10～1/31	2/1午後	2/1	2/5 適2/10
3回	35	1/10～2/2	2/2	2/2	2/5
4回	15	1/10～2/2	2/2午後	2/2	2/5
5回	15	1/10～2/3	2/3午後	2/3	2/5
6回	約5	1/10～2/4	2/4	2/4	2/5

高等学校　※公立発表当日　＊単願優遇は2/10

募集人員		出願期間	試験日	発表日	手続締切日
A推薦	100	1/15・1/16	1/22	1/22	1/24
B推薦			1/22か1/23	試験当日	※
一般	100	1/25～2/8か2/10	2/10か2/13*	試験当日	単2/15併※

中高とも帰国生入試は12/24に実施

■2024年度選考方法・入試科目

中学校

1回（特別奨学生）：2科か4科　**2回（特別奨学生）**：適性検査（Ⅰ・ⅡかⅠ・Ⅱ・Ⅲ）か2科　**3回**：2科か4科か英検利用（英語〈英検資格点＋面接〉・国語・算数の上位2科で判定）　**4回**：算数　**5回**：国語　**6回**：2科
〈配点・時間〉国・算＝各100点45分（4・5回は各100点60分）　理・社＝各50点計45分　適Ⅰ・Ⅱ・Ⅲ＝各100点45分
〈面接〉3回英検利用のみ英語面接あり

高等学校

推薦：適性検査（国数英、3科60分）【**出願条件**】A推薦/B推薦（Bは神奈川除く隣接県生対象）　進学は3科11/12か5科19/20か9科33/36　特進は3科12/14か5科20/22か9科36/38　3科に2（A推薦進学は1）があると不可　欠席3年次15日以内
一般：国語、数学、英語（リスニングあり）
〈配点・時間〉国・数・英＝各100点50分
〈面接〉なし

■2023年春併設大学・短大部への進学

推薦で入学できる優遇制度があります。
東京家政大学－93（家政16、栄養28、児童15、人文14、健康科7、子ども支援13）
東京家政大学短期大学部－1（栄養科）

■指定校推薦枠のある主な大学

青山学院大　学習院大　成蹊大　成城大　武蔵大　東京都市大　東洋大　日本女子大　立教大　日本体育大など

■2023年春卒業生進路状況

卒業生数	大学	短大	専門学校	海外大	就職	進学準備他
272人	232人	11人	23人	0人	1人	5人

■2023年度入試結果

中学校　スライド合格を含む

募集人員		志願者数	受験者数	合格者数	競争率
1回	55	86	65	50	1.3
2回特奨	35	105	89	74	1.2
3回	20	106	57	54	1.1
4回	20	72	37	18	2.1
5回	15	109	41	26	1.6
6回	約5	120	43	40	1.1

高等学校　特進E／進学i

募集人員		志願者数	受験者数	合格者数	競争率
A推薦	30/70	61/84	61/84	61/84	1.0/1.0
B推薦		70/47	68/46	68/46	1.0/1.0
一般	30/70	107/81	100/81	100/76	1.0/1.1

学校説明会　すべて要予約
★**中学校**　9/9　10/14　11/12　12/3（入試体験プログラムあり）1/7　ミニ説明会　9/2 9/16 10/7 10/28 11/18 1/27
在校生による説明会　12/24
オープンスクール　11/4
予約制個別説明会　12/23 12/25 12/26 1/6
★**高等学校**　9/17* 10/15* 11/19* 12/17
＊は成績UP講座あり　土曜見学会　9/2 9/9 10/7 11/4 11/25 12/2
部活動体験会　9/30 10/28 11/11
予約制個別相談会　12/9 12/23～12/26 1/6
見学できる行事
緑苑祭（文化祭）　10/21・10/22（個別相談室あり）

説明会・行事等は日程・内容が変更される場合があります。必ず学校HP等でご確認ください

東京女学館中学校 高等学校

〒150-0012　東京都渋谷区広尾3-7-16　☎03-3400-0867　学校長　渡部　さなえ

〈URL〉https://tjk.jp/mh/

沿革　東京女学館の創立は明治21年（1888）。開国後の明治初期の日本において、西欧諸国の要人と対等な交際ができる女性を育てるために、当時の内閣総理大臣伊藤博文を委員長とする「女子教育奨励会」によって開校しました。創立以来135年、時代は変わっても揺らぐことなく"人"を育てることを大切に、建学の精神"国際性を備えた知性豊かで気品のある女性の育成"は今も受け継がれています。

校風・教育方針

教育目標は"高い品性を備え、人と社会に貢献する女性の育成"です。高い教養に裏付けられた多様な価値観への理解、思いやりの心、探求心を育てることに力を入れています。学習指導、生活指導においても、日々の小さな積み重ねを誠実に行うことを大切にしています。

カリキュラムの特色

全教科バランス良く学び、確かな基礎力をつけた上で、生徒本人の望む進路実現に向けて力を伸ばしていきます。英語と数学については習熟度別の少人数授業を取り入れ、単元テストを頻繁に実施するなど、着実に土台を築きます。高2から文系、理系に分かれ、多様な進路、変化し続ける入試スタイルに対応します。

国際教育

東京女学館の目指す"高い品性"には、他者への理解、個々を尊重する心を備えている、という意味があります。自国文化への深い理解の上に他文化を尊重する姿勢が生まれる、という考えのもと、国際教育の一環として様々な方面から日本の伝統文化を学びます。中1・中2で体験する茶道・華道、箏曲、体育大会で披露する高1ダンス「御神楽」、高2の京都奈良修学旅行、家庭科で学ぶ日本の伝統料理などを通し、その良さを世界に発信できる生徒が育っていきます。海外交流活動も盛んですが、目的は語学習得だけはなく、人と人との相互交流に重点を置いています。イギリス、オーストラリア、アメリカへの留学制度のほか、英語圏のみならず、韓国、タイ、マレーシアへの文化研修もあり、多感な時期に自分とは異なる価値観に出会う経験が、地球市民として何ができるかを考えるグローバルシティズンシップ教育に繋がっています。

国際学級

国際学級では、Language Artsを基本としたより高い英語運用能力を身につけるとともに、様々なバックボーンを持つ生徒が共に学ぶことで、異文化理解も促進しています。帰国生だけでなく英語を学ぶ意欲の高い一般生も受け入れています。

今春の進学実績については巻末の「高校別大学合格者数一覧」をご覧ください

心の教育

HR教室には「品性を高め 真剣に学べ」という額が掲げてあり、中1から高3まで、発達段階に応じた学年目標があります。「明るい挨拶、きれいな言葉」「けじめをつけよう」「自立」「自己を見つめよう」「視野を拡げよう」「人格の陶冶」。まず自分を知り、他者を知り、そのどちらも大切にできる心を育みます。

学校行事・クラブ活動

東京女学館が大切にしているインクルーシブリーダーシップとは、1人のリーダーが牽引するのではなく、状況に応じて自分ができること、すべきことを考え、各々が役割を果たすことができるチーム力のことを指します。行事やクラブ活動では、各々の個性を生かし、その誰もが活躍できる場があることを体感する6年間です。

クラブは運動部、文化部合わせて35あり、どのクラブも生徒が中心となって週1～3日活動しています。

データファイル

■2024年度入試日程

中学校

募集人員	出願期間	試験日	発表日	手続締切日
1回 35	1/10～1/31	2/1	2/1	2/6
2回 35	1/10～1/31	2/1午後	2/1	2/6
3回 35	1/10～2/2	2/2午後	2/2	2/6
4回 25	1/10～2/3	2/3	2/3	2/6
国際(帰国) 18	11/13～12/9	12/10	12/10	12/13
国際(一般) 20	1/10～2/2	2/2午後	2/2	2/6

高等学校

募集を行っていません

■2024年度選考方法・入試科目

中学校

1回・4回：4科 **2回・3回**：2科

国語：読解を中心に、意見・見解を自分の言葉でまとめる問題を出題しています。

算数：計算など基本的な問題を解く力に重点を置いています。

〈配点・時間〉国・算＝各100点50分 理・社＝各50点30分

【国際学級】帰国（12/10）：国語または算英（各50点・30分）と面接 ※英検準2級以上は英語免除、なお、英検準2級40点・2級45点・準1級以上50点とする

一般（2/2）：国算（各100点・50分）を実施（2/2の一般学級と同じ問題）

〈面接〉帰国のみ生徒個人 重視

■2023年春卒業生進路状況

卒業生数	大学	短大	専門学校	海外大	就職	進学準備他
209人	182人	0人	1人	3人	0人	23人

■指定校推薦枠のある主な大学

青山学院大 学習院大 北里大 慶應義塾大 上智大 成蹊大 成城大 聖心女子大 中央大 津田塾大 東京女子大 東京女子医科大 東京薬科大 東京理科大 日本歯科大 日本女子大 法政大 明治大 明治薬科大 立教大 早稲田大など

■2023年度入試結果

中学校　帰国はオンラインを含む

募集人員		志願者数	受験者数	合格者数	競争率
1回	35	104	85	40	2.1
2回	35	319	280	146	1.9
3回	35	347	203	106	1.9
4回	25	324	166	82	2.0
国際 帰国	18	68	66	51	1.3
一般	20	70	56	28	2.0

学校説明会　要予約

10/26 1/13

入試説明会（6年生） 11/18 12/13

オープンスクール 9/30

校内見学ツアー 12/16 3/16

学校見学は随時可（要予約）

見学できる行事

記念祭 11/11・11/12（入試個別相談会あり）

説明会・行事等は日程・内容が変更される場合があります。必ず学校HP等でご確認ください

東京
と

東京女子学院中学校・高等学校
とうきょうじょしがくいん

〒177-0051　東京都練馬区関町北4-16-11　☎03-3920-5151　学校長　野口　潔人

Select Learning コース　Study Abroad コース　Food Culture コース

〈URL〉https://www.tjg.ac.jp

沿革　昭和11年（1936）芙蓉女学校設立。「至誠努力の日本女性の育成」「道義に立つ教育」「生活即教育」の建学精神を掲げ、女性教育の礎を築きました。昭和24年（1949）東京女子学院中学校・東京女子学院高等学校に改称。

教育方針

社会を生き抜くうえで必要となる3つの力を育成します。

①**豊かな人間力**　社会生活は、人との関わりの上に成り立っています。その中では、他人を理解する心、他人と協調し思いやる心、ものごとに感動し共感する心など「豊かな人間力」が必要です。そのための感性としてその時・場所にふさわしい立ち居振る舞い、相手に届く言い回しが求められます。東京女子学院では、日本女性として持ち合わせたい「目には見えない大切なものを育てる」方法のひとつとして、礼法や華道を学びます。

②**学びの力**　「学びの力」とは、知識を知恵に変える力であり、生涯学び続ける力を身に付けることです。必要な知識を獲得し、活用して問題や課題に対する結論や結果を導くことが大切であると考えています。新しい学びが広がるよう、生涯を通じて学び続ける力を育てていきます。

③**カタチにする力**　実社会は答えのない社会です。答えのない問題に立ち向かうために必要となる能力として、思考力、問題解決力、行動力、コミュニケーション力、チームワーク力などがあります。生徒たちが問題や課題を見つけ、自分の考えをまとめ、グループで検討し結論を導いていく学びの

プロセスを通じて、実社会で直面する課題を解決する能力が培われます。

●**春期イギリス語学研修、高2海外修学旅行**

毎年希望者を募り、春期英国語学研修を実施。ホームステイを含む約10日間で、ヨーロッパの文化とQueen's Englishに触れます。

また、高校2年生全員参加の海外修学旅行では、ホームステイや現地ハイスクールでの交歓会など、さまざまなプログラムを用意しています。

●**グローバル人材を育てる3コース制で自己実現に向けたカリキュラムを展開**

高校では5カ国（US、CA、GB、AU、NZ）から3カ月、6カ月、1年留学を組み込んだ**スタディ アブロードコース**、2年次より文系理系に分かれ大学現役合格を目指す選択力を養っていく**セレクトラーニングコース**、豊かな文化教育の延長、発展として「食」に視点をおいた**フードカルチャーコース**の3コースの中から選択します。

「Be a Global Citizen」を共通項とした3つのコースで、いきいきと学ぶ女子生徒に、充実した学校生活と確かな進路を保証します。

学校行事・クラブ活動

体育祭、合唱祭、芙蓉祭（文化祭）などの行事のほか、中学生は山中湖で、高校生は鴨川で、2泊3日の新入生オリエンテーションキャンプを実施。また、キャリアガイダンスや文化講演会などで豊かな情操を育てています。

クラブ活動は中学が全生徒必須、高校は任意参加です。運動系はバレーボール、硬式テニス、バドミントン、弓道、ダンス、水泳、卓球、フィ

今春の進学実績については巻末の「高校別大学合格者数一覧」をご覧ください

3学期制	登校時刻 8:20	昼食 食堂、弁当持参	土曜日 授業

ギュアスケート、バスケットボール、ソフトボール、合気道、スキー、文化系は合唱、管弦楽、美術、英語、漫画、写真、華道、茶道、家庭科、インターアクト、サイエンスラボ、文芸の各部があります。

施設設備

グラウンドを人工芝に変え、テニスコート、弓道場も整備し、樹木や草花に囲まれた環境です。また、礼法室、美術館、カフェテリア、調理室、図書館、屋内温水プール（高校はプールの授業なし）、ダンススタジオなどがあります。校舎の内装には木や漆喰を使用し、温もりのある学習空間を実現。快適な環境で充実した学校生活が送れます。

制服

ブレザー型の制服になりました。高校生はネクタイ、中学生はリボンで青色が正装、赤色がカジュアルです。2024年4月よりスラックスを採用予定です。

データファイル

■2024年度入試日程

中学校

募集人員	出願期間	試験日	発表日	手続締切
1回	50	1/10～1/31	2/1午前・午後	2/1	2/2
2回	30	1/10～2/1	2/2午前・午後	2/2	2/10
3回	20	1/10～2/3	2/4午前・午後	2/4	2/10
4回	10	1/10～2/10	2/13午前・午後	2/13	2/14
5回	10	1/10～2/22	2/24午前・午後	2/24	2/26

高等学校　併願推薦は神奈川県を除く都外生対象

募集人員	出願期間	試験日	発表日	手続締切日
単願推薦	120	1/15～1/18	1/22	1/22	1/25
併願推薦		1/15～1/18	1/22	1/22	※
併願優遇	120	1/25～1/31	2/10	2/10	※
一般		1/25～2/7	2/10か11	試験当日	2/13

※併願推薦・併願優遇の手続締切日は併願校発表日の翌日

■2024年度選考方法・入試科目

中学校

午前：2科か4科　**1～3回午後**：2科か1科（国か算）か特待生（4科＋面接）　**4・5回午後**：2科
※1回午前は適性検査型あり。1～3回午前・午後は英語特別入試（筆記・アクティビティ〈英語による英会話〉）、芸術・スポーツ・特技・特別入試（書類、面接）、課題解決型入試（プレゼン）あり。
〈配点・時間〉国・算・英＝各100点50分　理・社＝各50点50分
〈面接〉芸ス特技特別、課題解決型、特待生のみ生徒個人　重視

高等学校

推薦：書類審査、面接　【出願条件（単願）】
SA：英語4か3科10か5科16、または英検準2級　SL：3科10か5科16　FC：5科15か9科25
併願推薦、併願優遇の5科（SA・SL）および9科（FC）の条件は、上記単願に1プラス　説明会参加、各種検定・特別活動・出席状況などの加点あり　3

年次欠席14日以内
一般・併願優遇：国語、数学、英語（リスニングを含む）
〈配点・時間〉国・数・英＝各100点50分
〈面接〉推薦のみ生徒個人　重視
※帰国生入試は中学・高校とも11/18、12/9、1/6および中学の1～3回午前、高校の2/10・2/11

■指定校推薦枠のある主な大学

中央大　成城大　東京都市大　女子栄養大　学習院女子大　麻布大　清泉女子大　白百合女子大など

■2023年春卒業生進路状況

卒業生数	大学	短大	専門学校	海外大	就職	進学準備他
90人	64人	9人	11人	1人	1人	4人

■2023年度入試結果

中学校　午前／午後

	募集人員	志願者数	受験者数	合格者数	競争率
1回	50	50/19	49/10	49/10	1.0/1.0
2回	30	19/15	4/2	4/2	1.0/1.0
3回	20	26/23	3/3	3/3	1.0/1.0
4回	10	0/0	—/—	—/—	—/—
5回	10	0/0	—/—	—/—	—/—

高等学校　2次募集あり

	募集人員	志願者数	受験者数	合格者数	競争率
推薦	120	80	80	80	1.0
併願優遇／一般	120	75/20	62/17	62/16	1.0/1.1

学校説明会　HPで要予約

★中学校・高等学校
10/1　10/9(高のみ)　10/15　10/28　11/12
イブニング説明会　11/1　11/17　11/30
個別相談会　11/26　12/2～12/7　12/23　1/6
月曜説明会　10/23　11/6　11/20

見学できる行事

芙蓉祭　9/16・9/17(個別相談コーナーあり)

説明会・行事等は日程・内容が変更される場合があります。必ず学校HP等でご確認ください

東京成徳大学中学校高等学校

（とうきょうせいとくだいがく）

中高一貫部　〒114-8526　東京都北区豊島8-26-9　☎03-3911-7109
高 等 部　〒114-0002　東京都北区王子6-7-14　☎03-3911-5196　学校長　木内　秀樹

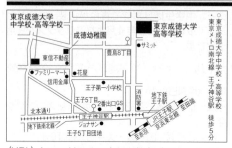

〈URL〉https://www.tokyoseitoku.jp

沿革　大正15年（1925）王子高等女学校として創立。昭和40年（1965）東京成徳短期大学、平成5年（1993）東京成徳大学が開学。同11年より共学化を進め、同15年（2003）に完全共学化。

校風・教育方針

創立者・菅澤重雄の「教育の要は徳育である」という信念と、自らの経験に基づく「実務に役立ち、勤労の尊さを知る教育」の重要性に鑑み、「徳を成す人間の育成」を建学の精神としました。創立からまもなく100年を迎えるに当たり、「東京成徳ビジョン100」を策定し、目指すべき将来像として「『成徳』の精神を持つグローバル人材の育成」を掲げました。創造性とチャレンジ精神を涵養し、主体的に学び、考え、行動する人材の育成に日々取り組んでいます。

カリキュラムの特色

〈中高一貫部〉完全6年一貫教育体制で、6年間の時間を有効に活用して、各教科で基礎学力の構築にとどまらず、実践的なコミュニケーション力や表現力など社会で活用できる力を養っています。2022年度より始まった新課程の中ではそうした社会的なスキルの構築を目的としたオリジナルプログラムへの取り組みを実践しています。

3期・週6日制を基本に、英語と数学は中2より習熟度別の少人数授業を行うほか、英語は週8時間のうち3時間が外国人講師による授業で、中学では年間10時間以上のオンライン英会話を取り

入れています。また、校外学習などを題材に探究活動に取り組み、それぞれが自発的な学びをICT機器の活用でより深く取り組むことができています。自己の中にインプットした体験をプレゼンテーションや動画作成などを通じて表現し、主体的な学びを行っています。

〈高等部〉主に国公立大学への進学を念頭に学習指導を行う**特別進学コース**、難関私立大学への進学支援を軸に据える**進学選抜コース**、中堅私立大学や系列の大学・短大など多様な進路選択を可能にする**進学コース**、以上3つのコースを用意しています。また、特別進学コースにはSクラスを設置して、未来を牽引する志を持ち、最難関の国公立大学を目指す若者を育てています。3コースとも2年になると文系・理系に分かれますが、1・2年は共通のカリキュラムで、学習の理解度や意欲次第で1年から2年へ、2年から3年へ進級する際にコースを変更することも可能です。

環境・施設設備

中高一貫部には、一般教室をはじめ、各種実験室、専門教室、情報図書館、武道体育館、ラーニングコモンズなどがあります。約340人収容のヴェリタスホールには、最新の音響・映像設備が整っています。

一方、高等部の校舎には、プラネタリウムや温水プール、トレーニングジムを整備しています。生徒ホールやラウンジ、カフェテリアといったくつろぎのスペースも好評です。

今春の進学実績については巻末の「高校別大学合格者数一覧」をご覧ください

生活指導・心の教育

　生徒の自律を基本的なテーマとし、適切な生活習慣の定着と、コミュニケーション力の養成に力を入れています。家庭での予習・復習の習慣づけを入学当初から励行。また、ホームルームや自分を深める学習など、教師や友達とふれあい、意見交換する機会を多く設けています。

学校行事・クラブ活動

　修学旅行、校外学習、文化祭、スキー教室、球技大会など季節を追って様々な行事があります。中高一貫部では、歌舞伎鑑賞教室や合唱祭、生徒会選挙なども行われます。クラブ活動も盛んで、中高一貫部は運動系20、文化系13、高等部は運動系・文化系とも21のクラブが活動しています。

データファイル

■2024年度入試日程

中学校　全入試で特待合格判定あり

募集人員		出願期間	試験日	発表日	手続締切日
1回一般	60	1/10～1/30	2/1	2/1	
特待	20		2/1午後	2/1	
2回一般	20	1/10～2/1	2/2	2/2	2/11
特待	20		2/2午後	2/2	
3回一般	20	1/10～2/2	2/3	2/3	
特待	20	1/10～2/3	2/4	2/4	
DL選抜※	若干	1/10～2/3	2/5	2/5	

※DL＝Distinguished Learner

高等学校　一般1回は併願優遇あり

募集人員		出願書類郵送期間	試験日	発表日	手続日
推薦*	170	1/15～1/17	1/22	試験当日	1/31*
一般1回	170	1/25～1/27	2/10		2/22※
2回	60		2/14		

＊推薦Ⅰ（単願）・Ⅱ（併願）・Ⅲ（自己推薦等）。
Ⅱ・Ⅲは東京・神奈川以外。併願は延納可
※国公立の一般1次発表翌日まで延納可

■2024年度選考方法・入試科目

中学校　一般：2科か4科（特待判定は4科のみ）
特待：2科　DL選抜：詳細は学校HP参照
〈配点・時間〉国・算＝各100点50分　理・社＝各60点30分　〈面接〉なし

高等学校
推薦：書類審査、適性検査（国・数・英）
一般：書類審査、国語、数学、英語
【推薦基準】Ⅰ（単願）特待5科22　選抜5科19　進学5科17　Ⅱ・併願優遇は5科に＋1　生徒会役員、英検・漢検・数検などで加点　全教科に1・5科に2がなく、原則3年次欠席10日以内
〈配点・時間〉国・数・英＝各100点50分
〈面接〉なし

■2023年春併設大学・短大への進学
併設大学の受け入れ枠内で、在学中一定の成績を修めた者が進学できます。〈推薦進学者数〉

東京成徳大学―7（子ども4、応用心理3）
東京成徳短期大学―進学者なし

■指定校推薦枠のある主な大学
慶應義塾大　東京理科大　青山学院大　立教大
中央大　法政大　学習院大　日本大　日本女子大
明治学院大　成城大　専修大　獨協大など

■2023年春卒業生進路状況

卒業生数	大学	短大	専門学校	海外大	就職	進学準備他
416人	324人	0人	29人	2人	0人	61人

■2023年度入試結果

中学校　男／女

募集人員		志願者数	受験者数	合格者数	競争率
1回一般	60	51/49	48/44	38/38	1.3/1.2
特待	20	54/37	45/30	32/23	1.4/1.3
2回一般	20	57/49	25/18	17/10	1.5/1.8
特待	20	57/42	31/28	22/24	1.4/1.2
3回一般	20	78/51	33/25	26/19	1.3/1.3
特待	20	64/43	26/20	19/13	1.4/1.5
DL選抜	若干	13/13	3/6	2/5	1.5/1.2

高等学校　一般は1回／2回

募集人員		志願者数	受験者数	合格者数	競争率
推薦	170	382	365	363	1.0
一般	170/60	545/119	452/67	435/48	1.0/1.4

学校説明会　要予約
★中学校　10/22 11/19 1/21
入試説明会　11/19 12/17 1/21
校舎見学会&体験授業　9/10
オープンスクール　10/14 11/11
★高等学校　10/8 11/3 11/19
オープンキャンパス　9/2 9/9 9/16
ミニ説明会　10/14 10/21
過去問解説会　12/17
個別相談会　11/12 11/26 12/3 12/10 12/17
見学できる行事
文化祭　9/23・9/24（入試相談コーナーあり）

説明会・行事等は日程・内容が変更される場合があります。必ず学校HP等でご確認ください

東京電機大学中学校・高等学校

TDU HIGH SCHOOL

〒184-8555　東京都小金井市梶野町4-8-1　☎0422-37-6441　学校長　平川　吉治

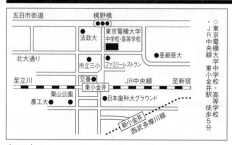

○東京電機大学中学校・高等学校
・JR中央線 東小金井駅 徒歩5分

〈URL〉https://www.dendai.ed.jp/

沿革　明治40年、広田精一、扇本真吉により創立された電機学校が前身。昭和14年に高等学校が設置され、同23年には新制高校として発足。平成4年から現在地に移転し、同8年中学校を併設しました。平成11年度より中高共に男女共学がスタート。

校風・教育方針

「人間らしく生きる」を校訓とし、「生徒一人ひとりが個性をのばし、豊かな人間性と高い知性と強靭な体をそなえ、新しい時代と国際社会の中で活躍し、信頼と尊敬を得る人間になる」ことを目標に教育をすすめています。

豊かな教育環境のもと、生徒同士や生徒と先生とが活発に交流するアットホームな空間には、校訓を実践する明るい校風が息づいています。

カリキュラムの特色

中学校では、中・高一貫教育のメリットを十分に生かしたカリキュラムが組まれています。生徒の進路希望が多岐にわたっていますので、どの科目にも力を注いでいます。数学は数学aと数学bに分け、数学aでは数量を、数学bでは図形を中心に指導し、中学3年では習熟度別の指導を行っています。理科は、生徒に理科への興味を深めさせるため、自然観察や実験を多く取り入れ、体験的に習得できるようになっています。そして英語では、3年次で全員英検3級以上の取得を目指します。2016年度より導入した「TDU 4 D-Lab」という総合学習にかわってさらに探究型学力を育成するために、2021年度より週1時間「探究」の授業が始まりました（中1～中3）。

高等学校では、東京電機大学への推薦制度を活用した生徒は約21％（2022年度）、残りの生徒は他大学へ広く進学しています。なお2019年度より、内部推薦者は、国公立大学であれば併願受験可となりました。2年次に理系・文系に分かれ、国公立大学を目指せるカリキュラムに沿って学習します。3年次より、自分の進路にあわせて、最大10単位の自由選択科目を選択し、重点的に学ぶことができます。

また放課後や長期休暇中に、おもに入試対策を目的とした講習会や補習が多数開かれています。

情報教育

校内では、コンピュータによるネットワークが確立されており、PCの更新も随時行われています。中学では週1時間コンピュータの授業を行います。一貫生は高1で本格的なプログラミングを学び、論理的思考力・問題解決能力を養います。また1人1台のタブレットを持たせており、生徒が主体的に考える授業を展開しています。

環境・施設設備

武蔵野の風情を色濃く残す豊かな自然に囲まれた場所にあります。小ホール、自習室、5つの理科教室など多彩な特別教室を配しています。また、普通教室にも電子黒板を完備しています。アリーナ（講堂兼体育館）は、地下に柔道場、剣道場、卓球場、トレーニングルームを備えています。

今春の進学実績については巻末の「高校別大学合格者数一覧」をご覧ください

| 3学期制 | 登校時刻 8:30 | 昼食 弁当持参、食堂、売店 | 土曜日 授業 |

生活指導・心の教育

自主性の育成を基本理念として貫いています。体育祭、球技大会、TDU武蔵野祭（文化祭）などは、生徒の実行委員会により、自主的かつ活発に行われています。

学校行事・クラブ活動

中学校では林間学校や芸術鑑賞会、修学旅行（奈良・京都）のほか、さまざまなフィールドワークを含む課外授業があります。文化祭（武蔵野祭）は中・高合同で開催されます。

高校では、1年次に高校生活スタートセミナーを実施し、キャリアプログラムなどを行っています。2年次には、西九州への修学旅行があります。

また、高1・高2の希望者にはアメリカ・シアトルでの英語研修ホームステイやカナダへの短期留学、カンボジアへのボランティアツアーも用意。

クラブ活動は生徒の7割以上が参加しています。運動系は少林寺拳法のような珍しいものから、メジャーなものまで16部あります。文化系では、全国大会に出場している放送部をはじめ、科学や吹奏楽、無線、歴史研究、鉄道研究、コンピュータなど同好会を含めて11部あります。

データファイル

■2024年度入試日程

中学校　※2・3回は特待生選抜を含む

募集人員	出願期間	試験日	発表日	手続締切日
1回 男女50	1/10～1/31	2/1	2/1	2/2
2回 男女50	1/10～1/31	2/1午後	2/1	2/9
3回 男女20	1/10～2/2	2/2	2/2	2/9
4回 男女30	1/10～2/4	2/4午後	2/4	2/9

高等学校　※併願者は公立校発表日

募集人員	出願期間	試験日	発表日	手続締切日
推薦 男女約30	1/15・1/16	1/22	1/22	1/23
一般 男女約80	1/25～2/7	2/10	2/11	2/12※

■2024年度選考方法・入試科目

中学校

1・3回：国算または国算理社

2回：国語または算数（100点60分）

4回：国算理社の中から得意2科選択（各100点計70分）

〈配点・時間〉国・算＝各100点50分　理・社＝各60点計50分

〈面接〉なし

高等学校

推薦：書類審査、作文（400～600字50分）、面接
【出願条件】内申：男子5科19、女子5科18　英検・漢検・数検いずれか3級以上の取得者は内申点が−1で可　9科に1があると不可

一般（併願優遇あり、隣接市には基準に優遇あり）：国語、数学、英語、面接

〈配点・時間〉国・数・英＝各100点50分

〈面接〉生徒個人

■2023年春併設大学への進学（内部進学）

進学条件は在学中に一定の成績をとること。

東京電機大学−53（未来科18、工13、システムデザイン工10、理工12）

■指定校推薦枠のある主な大学

早稲田大　上智大　青山学院大　中央大　法政大　明治大　東京理科大　学習院大　東京女子大など

■2023年春卒業生進路状況

卒業生数	大学	短大	専門学校	海外大	就職	進学準備他
257人	217人	2人	6人	1人	0人	31人

■2023年度入試結果

中学校　男／女

募集人員		志願者数	受験者数	合格者数	競争率
1回	50	171/38	150/32	63/21	2.4/1.5
2回	50	403/114	382/113	141/76	2.7/1.5
3回	20	234/64	117/25	18/20	6.5/1.3
4回	30	368/104	229/41	37/17	6.2/2.4

高等学校　男／女

募集人員		志願者数	受験者数	合格者数	競争率
推薦	約30	24/8	24/8	24/8	1.0/1.0
一般	約80	195/49	190/49	183/48	1.0/1.0

学校説明会　すべて要予約

★中学校
9/2 10/8 11/18
1/7(小6対象・入試体験)
1/20(初めての方対象)
過去問題解説　12/17
コンピュータ教室　11月中
★高等学校
10/7 11/4 12/2
学校見学と個別説明は随時可(要電話連絡)

見学できる行事

文化祭　9/16・9/17(ミニ説明会〈要予約〉・入試質問室あり)

説明会・行事等は日程・内容が変更される場合があります。必ず学校HP等でご確認ください

東京
と

東京都市大学等々力 中学校 高等学校

とうきょうとしだいがくとどろき

〒158-0082　東京都世田谷区等々力8-10-1　☎03-5962-0104　学校長　原田 豊

〈URL〉https://www.tcu-todoroki.ed.jp

沿革　昭和14年(1939)東横商業女学校創設。同23年(1948)普通科に改め東横学園高等学校と改称。同24年(1949)中学校を併設。平成21年(2009)現校名に改称。同22年(2010)共学部を開設。

教育方針

　noblesse oblige（ノブレス・オブリージュ）の教育とグローバルリーダーの育成を新しく教育目標に掲げ、人格教育と、英知、健全な身心の育成に努めます。

　首都圏の国公立大学への現役合格を目指すようにカリキュラムを作成しています。

　以下の2つの独自の学習支援システムを導入しています。

【システムZ】毎朝10分間、モノグサ株式会社がつくったアプリ「Monoxer」に取り組みます。これは、英語検定の目標取得級を登録すると、学習計画がAIにより自動的に作成される学習システム。自動的に難易度や出題頻度の調整が行われた問題が次々に出るため、効率的な記憶定着が可能です。また、今まで分からなかった学習内容・記憶状況を可視化できます。個別につくられた学習計画に遅れが出ている生徒には、週に1回コーチングが行われます。目標は全員が高校卒業までに英検2級を取得することです。

【システムLiP】「LiP」とは「Literacy」「Presentation」を組み合わせた造語。言葉で若い精神を活性化させる「読書へのアニマシオン」の取り組みを導入し、難関大の入試対策にも効果的なシステムです。

　また、英語教育と理数教育にも力を入れていま

す。英語では、徹底して「読み」にこだわり文化の背景を理解することに重点を置き、速読、読解のトレーニングを徹底します。高校2年からは本格的な思想書や時事・社会評論を熟読し、その背景に迫れる能力の育成に努めます。

　理科については、中学1年・中学2年で各100回の実験の授業を通して、理系への興味関心を育てていきます。理数教科は高校2年まで文系でも履修し、国公立大受験対策も万全です。

環境・施設設備

　情報通信ネットワークやマルチメディアが普及する時代の新しいタイプの図書館として「ストラテジー・インフォメーション・センター（SIC）」、CLACルーム（7面のスクリーンを備えたICT専用の部屋）やアナライズセンターと呼ばれる学習支援センターが置かれています。また、最新の化学・物理・生物の実験室や環境に配慮した屋上庭園、軽食の取れるラウンジなども設置しています。

　なお、二子玉川駅から徒歩17分の場所に、両翼90mの野球場、サッカー場ほどの多目的グラウンド、テニスコート4面、シャワー・ロッカーを備えミーティングなどもできるクラブハウスまで用意されている総合グラウンドもあります。

学校行事・クラブ活動

　学校行事、生徒会活動、部活動などは、生徒の自主性や連帯意識を高める重要な教育分野であるところから、藍桐祭（学園祭・体育祭）の企画・運営、修学旅行等の校外学習など、自らの手で成功させる喜びを味わうことができるようにしています。

今春の進学実績については巻末の「高校別大学合格者数一覧」をご覧ください

| 3学期制 | 登校時刻 8:30 | 昼食 中 給食 高 弁当持参、学食 | 土曜日 授業 |

中1では、入学後にオリエンテーション合宿、中2では「自己発見と共生の旅」を実施。中3の修学旅行は「命のはぐくみ教育のまとめ」として九州・鹿児島県指宿市、熊本県水俣市、長崎県を訪問。高2の修学旅行はイギリスオックスフォードでの語学研修旅行。オーストラリアでの語学研修も実施しています。また、合唱コンクールやスポーツ大会などのさまざまな行事を実施しています。

データファイル

■2024年度入試日程

中学校　帰国生は出願後書類を郵送

募集人員		出願期間	試験日	発表日	手続締切日
S特選1回	80	1/10〜2/1	2/1午後	2/1	2/10
2回		1/10〜2/2	2/2午後	2/2	2/10
特選1回	100	1/10〜2/1	2/1	2/1	2/10
2回		1/10〜2/3	2/3午後	2/3	2/10
AL、英語※		1/10〜2/3＊	2/4	2/5	2/10
帰国生	20	11/24〜12/4	12/10	12/10	2/10

＊英語1教科入試の出願は試験当日7:00まで
※AL、英語の募集人員は、S特選・特選に含む

高等学校　※併願優遇制度あり

募集人員	出願期間	試験日	発表日	手続締切日
一般 40	1/25〜2/7	2/13	2/13	単2/16・併3/2

■2024年度選考方法・入試科目

中学校

国語、算数、理科、社会
AL（アクティブラーニング型）は検査Ⅰ（個人ワーク）、検査Ⅱ（グループワーク）
英語1教科は英語
〈配点・時間〉国・算＝各100点50分　理・社＝各50点計60分　※英語1教科は英語100点60分
〈面接〉なし
帰国生：算数（必須）と国語または英語（各50分）、作文（日本語）、面接（生徒グループ）

高等学校

一般：国語、数学、英語、面接
〈配点・時間〉国・数・英＝100点50分
〈面接〉生徒グループ　きわめて重視

■2023年春併設大学への進学

大学の定める人数枠内で進学することができます。
東京都市大学−19（理工2、建築都市デザイン2、情報工4、環境1、メディア情報5、デザイン・データ科2、都市生活2、人間科1）

■指定校推薦枠のある主な大学

慶應義塾大　上智大　東京理科大　青山学院大
中央大　法政大など

■2023年春卒業生進路状況

卒業生数	大学	短大	専門学校	海外大	就職	進学準備他
284人	254人	0人	0人	0人	0人	30人

■2023年度入試結果

中学校　男／女　スライド合格を含まない

募集人員		志願者数	受験者数	合格者数	競争率
S特選1回		395/241	304/173	98/57	3.1/3.0
2回	80	506/260	259/117	77/32	3.4/3.7
算数		35/9	20/4	2/1	10.0/4.0
特選1回	100	204/155	111/97	39/30	2.8/3.2
2回		609/348	278/177	101/79	2.8/2.2
AL	含む	36/49	34/37	3/7	11.3/5.3
英語	含む	47/28	14/12	2/5	7.0/2.4
帰国生	20	137/55	115/51	81/41	1.4/1.2

高等学校

募集人員		志願者数	受験者数	合格者数	競争率
一般男	40	161	131	114	1.1
女		102	85	75	1.1

学校説明会　要予約

★中学校　6年生対象　9/9 10/9 11/18 12/3 12/17(AL入試)　全学年対象　1/13
見学会　9/16 11/25
★高等学校　9/9 10/9 11/18 12/3
サテライト・イブニング説明会（中高）　吉祥寺10/18 町田10/20 豊洲10/24 池袋10/25 田町10/26
学校見学・ミニ説明会（中高）　日時は学校HPを参照してください

見学できる行事

文化祭　9/30・10/1

説明会・行事等は日程・内容が変更される場合があります。必ず学校HP等でご確認ください

東京都市大学付属中学校・高等学校

〒157-8560　東京都世田谷区成城1-13-1　☎03-3415-0104　学校長　篠塚　弘康

〈URL〉https://www.tcu-jsh.ed.jp/

沿革　昭和26年(1951)武蔵工業大学の付属校として武蔵工業学園高等学校発足。同31年(1956)同付属中学校を開設。同39年(1964)現在地に移転。平成18年(2006)新校舎完成。同21年(2009)4月、武蔵工業大学の名称変更に伴い現在の校名に変更。

校風・教育方針

「誠実」「遵法」「自主」「協調」が校訓です。豊かな知性を身につけるとともに人格を磨き、高い次元で社会に貢献できる人間を育成していきます。

難関大学受験に対応するため、Ⅱ類(最難関国公立大)とⅠ類(難関国公私立大)のコース制を敷き、効率のよい授業を実施しています。進級時にⅠ類の上位者をⅡ類に転類する制度もあり、学習意欲を高めます。授業も課外活動も生徒の体験を重視し、知的探究心を高める取り組みを続けています。

カリキュラムの特色

6年間を前期(中学1年・2年)、中期(中学3年・高校1年)、後期(高校2年・3年)に分け、生徒の発達段階に応じたプログラムを行っています。

中1、中2の前期2年間は、基本生活を身につけ、学習習慣を確立させることに重点を置いています。中期の高1まではバランスのとれた科目配置で総合的な学力を養成します。さらにキャリア・スタディや学部学科ガイダンス、中期修了論文(4000字以上)の執筆などにより、卒業後の進路に視野を広げていきます。後期の高2からは文理のコース別に、高3では志望校に応じた6コースとなり、難関大学受験に対応した学習を展開して

います。科学実験のレポート作成に代表されるように、「自ら考え、探究し、表現する」力を重視、新しい大学入試制度においてもその真価を発揮します。

また、グローバル化に対応するため中学は各クラスを2分割しネイティブスピーカーを加えたチーム・ティーチングやオンライン個別英会話といった授業で、実践的な英語を身につけます。帰国生入試や英語を入試科目とするグローバル入試を実施しているため、海外経験の豊富な生徒も多数います。

環境・施設設備

閑静な住宅地にある2万㎡余りの敷地は、男子生徒の旺盛な活動量を満たすのに十分です。校舎はガラスを多用して明るく開放的。コンピュータルームやシアター、6つの理科実験室、柔道場やトレーニングルームを持つ体育館などがあります。また、グラウンドは全面人工芝で夜間照明も備えています。

生活指導・心の教育

大学進学を含めた「進路指導」の重要なカギとして、自己実現をはかるためのキャリア教育も段階的に行っています。「大学合格」だけではなく、その先にある自己実現と社会貢献を意識し、大学卒業後の職業選択など、自分の将来を真剣に考え、たくましく生き抜いていくための力を育成します。

学校行事・クラブ活動

高校体育祭は4月、中学体育祭は10月と、体育祭は別々に行われますが、柏苑祭(文化祭)は中

今春の進学実績については巻末の「高校別大学合格者数一覧」をご覧ください

| 3学期制 | 登校時刻 8:30 | 昼食 弁当持参、食堂、売店 | 土曜日 授業 |

高合同で10月に盛大に行われます。

中学生は多摩川徒歩ラリー、林間学校、社会人OB全面バックアップのキャリア・スタディ、弁論大会、体験旅行、京都・奈良研修旅行。高校生は1年で各自がテーマを決める4000字以上の中期修了論文の執筆、「仲間と創る」研修旅行などがあります。ほかにも、希望者によるニュージーランド語学研修、マレーシア異文化体験プログラム、ニュージーランド3カ月ターム留学、スキー学校、学習合宿など年間を通じてさまざまな行事があります。

クラブは中高合わせて52の部が活動しています。加入率は約90%で、原則週3日の活動ではありますが、全国レベルで活躍している部もあります。

中高合同で活動する部も多く、また夏休みには多くの部が合宿を行っています。

Information

60回の実験授業を通して「科学する心を育む」

理科の実験はクオリティの高い伝統の授業です。中学1～3年生の科学実験の授業では、3年間で約60テーマの実験を行います。また、1クラスを2分割し、20人前後の少人数で2時間連続の実験を行うので、よりきめ細かく具体的に指導をすることができます。高校2年で行う実験は、大学入試に出題される頻度の高いテーマも含めて行っています。

データファイル

■2024年度入試日程

中学校　※出願時にⅡ類・Ⅰ類を選択

募集人員		出願期間	試験日	発表日	手続締切日
一般1回	Ⅱ約10 Ⅰ約40	1/10～2/1	2/1	2/1	2/3
2回	Ⅱ約40 Ⅰ約60	1/10～2/1	2/1午後	2/1	2/3
3回	Ⅱ約20 Ⅰ約40	1/10～2/3	2/3	2/3	2/5
4回	Ⅱ約10 Ⅰ約20	1/10～2/5	2/5	2/5	2/7
グローバル	Ⅱ・Ⅰ若干	1/10～2/3	2/3	2/3	2/5
帰国生	Ⅱ・Ⅰ若干	12/1～1/6	1/6	1/6	1/13

高等学校

募集を行っていません

■2024年度選考方法・入試科目

中学校

一般1・3・4回：4科
一般2回：2科
グローバル入試：国語・英語・算数
帰国生入試：A方式は国語・算数・英語　B方式は国・算か国・算・社・理を選択
〈配点・時間〉一般1・3・4回：国・算＝各100点50分　理・社＝各75点40分　一般2回：国・算＝各100点50分　グローバル：国＝50点50分　英・算＝各100点50分　帰国生A方式：国＝50点45分　算・英＝各100点45分　帰国生B方式：国・算＝各100点45分　理・社＝各50点計45分

■2023年春併設大学への進学

東京都市大学－4（理工1、建築都市デザイン1、情報工1、環境0、メディア情報1、デザイン・データ科0、都市生活0、人間科0）

高校在学中の成績など一定基準を満たした生徒に内部進学資格が与えられ、付属進学制度により進学できます。進学の資格を有したまま国公立大（前期）、都市大が認めた私立大の受験が可能です。

■指定校推薦枠のある主な大学（2023年度）

東京都立大　横浜市立大　早稲田大　上智大　東京理科大　学習院大　明治大　青山学院大　中央大　法政大など

■2023年春卒業生進路状況

卒業生数	大学	短大	専門学校	海外大	就職	進学準備他
228人	172人	0人	0人	0人	0人	56人

■2023年度入試結果

中学校　Ⅱ類／Ⅰ類　スライド合格を含まない

募集人員		志願者数	受験者数	合格者数	競争率
一般1回	Ⅱ約10 Ⅰ約40	138/200	93/149	8/45	11.6/3.3
2回	Ⅱ約40 Ⅰ約60	707/578	612/501	157/197	3.9/2.5
3回	Ⅱ約20 Ⅰ約40	355/413	133/227	19/48	7.0/4.7
4回	Ⅱ約10 Ⅰ約20	529/484	175/216	32/22	5.5/9.8
グローバル	Ⅱ・Ⅰ若干	25/32	20/30	2/6	10.0/5.0
帰国生	Ⅱ・Ⅰ若干	201/95	189/86	31/18	6.1/4.8

説明会　すべて要予約

学校説明会　9/9
入試説明会　11/19
「授業見学ができる！」ミニ説明会　10/14　12/2　1/13
帰国生・グローバル入試WEB説明会　10/7
学校案内は随時可（要予約）

見学できる行事

柏苑祭　9/30・10/1（個別相談コーナー開設）

説明会・行事等は日程・内容が変更される場合があります。必ず学校HP等でご確認ください

とう きょう のう ぎょう だい がく だい いち
東京農業大学第一 高等学校中等部
高　等　学　校

〒156-0053　東京都世田谷区桜3-33-1　☎03-3425-4481　学校長　幸田　諭昭

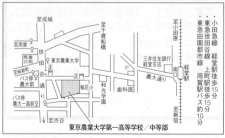

東京農業大学第一高等学校／中等部

〈URL〉https://www.nodai-1-h.ed.jp

沿革　1949年、旧制の東京農業大学予科の伝統を受けて創立されました。1956年、女子部を併設し、1964年、男女共学となりました。2005年4月、完全中高一貫教育を行う中等部が開校しました。

校風・教育目標・教育方針

　在学中に一生取り組みたい夢を見つけ、その実現に向けて取り組み努力することを生徒の目標としています。夢を見つけるための授業、希望の進路を実現するためのサポートについては、特徴的な試みを行っています。

実学教育の積極的実践

　机の上で教科書を使って学ぶ授業だけではなく、教室の外へ飛び出して、実際に自分の目や体で体験し、身につける学習も大切にしています。また、理科系の教科では、実験や実習も多く、データの取り方、発表の仕方に重きを置いています。

土曜日の有効活用

　高校、中等部ともに週6日制とし、十分な授業時間を確保して学力アップをはかります。

教育目標・教育方針

　机に向かう授業だけでなく、いろいろな体験をしながら学びの本質を追求し、知識や技能を「いかに活用し、どう応用するか」という学びの基本を身につけていきます。

　理論を実践し、実践の場から新たに理論を構築することで、本物の「わかった！」を作っていく実践的な学びが農大一中・高の学びです。

　併設校のメリットを生かした東京農業大学への進学という選択も可能になります。

中高のカリキュラムについて

〈中等部〉

　全教科とも中高6年間を見据えたカリキュラム編成となっており、特に英語・数学・国語の主要科目では、基礎基本をしっかり身につけることを目指しています。

　また、「シラバス」の活用によって生徒自らが理解すべき内容をチェックしながら確実に学習能力を高めていくとともに、確認テストを行って、知識の定着・確認を図っています。

〈高等学校〉

　高校においては、2年生までに大学入学共通テスト5教科7科目に対応する範囲をすべて終了させるカリキュラム編成になっています。教科書レベルの内容をきちんと理解し、その上で大学入学共通テストで高得点をとるための知識・理論を整理、構築して、応用・発展に進むことを容易にします。

　そして3年生では、自由選択科目において進路、教科ごとに読解力や判断力、表現力を向上させていきます。これにより、国公立大二次試験や、難関私立大入試に対する問題解決能力を最大限に高めていきます。

施設・設備

　光が燦々と差し込む図書館や広々とした屋上庭園（天空の和の庭）があります。教室にもさまざまな工夫がされ、快適な学びの場となっています。

　2023年秋、2025年秋にそれぞれⅠ期Ⅱ期工事が

今春の進学実績については巻末の「高校別大学合格者数一覧」をご覧ください

3学期制	登校時刻 中 8:00　高 8:10	昼食 弁当持参、食堂、売店	土曜日 授業(週6日制)

終了し、実技・実験棟となる「実学の杜」が完成します。

学校行事・クラブ活動

　クラスの団結力が勝負のクラスマッチ（球技大会）、桜花祭（文化祭）などさまざまな行事が学園生活を彩ります。

　高校では運動部・文化部合わせて36のクラブがあり80%の生徒が活動しています。サッカー部、剣道部、柔道部、陸上競技部、ハンドボール部、バレーボール部、野球部、馬術部、生物部、吹奏楽部などがあります。

　中学のクラブ活動は、野球、サッカーなどの一部が高校生と別々に活動しています。

データファイル

■2024年度入試日程

中等部

募集人員		出願期間	試験日	発表日	手続締切日
1回	90	1/10〜1/31	2/1午後	2/1	
2回	60	1/10〜2/1	2/2午後	2/2	2/6
3回	25	1/10〜2/3	2/4	2/4	

高等学校

募集人員		出願期間	試験日	発表日	手続締切日
推薦	45	郵1/15〜1/17	1/22	1/22	1/24
一般	105	郵1/25〜1/31	2/11	2/12	単2/13※

※併願の手続締切日は3/1

■2024年度選考方法・入試科目

中等部

1回：算数・理科または算数・国語（配点－国・算・理各100点40分）

2回：算数・理科または算数・国語（配点－算150点50分　理・国各100点40分）

3回：国語・算数・社会・理科(配点－各100点40分)

〈面接〉なし

高等学校

推薦：書類審査、英数国の適性検査(各50点40分)、面接
　　　　出願条件：5科18以上（内申点に応じて優遇点あり。内申1ごとに5点加点）

※加点条件：英検2級以上は加点2、英検準2級・漢検準2級・数検準2級は加点1（複数取得の場合も加点は1のみ）

一般：国・数・英（リスニング含む）
併願加点制度出願条件：5科21以上（加点含む）
※加点条件は推薦と同様
〈配点・時間〉国・数＝各100点50分　英＝100点60分
〈面接〉推薦のみ生徒個人　きわめて重視

■2023年春併設大学への進学

　3年間の成績・出席および選考試験の成績により推薦され、合格の決定は大学で実施する推薦試験によって決まります。

東京農業大学－12（農0、応用生物科8、地域環境科1、生命科0、国際食料情報3、生物産業0）

■指定校推薦枠のある主な大学

慶應義塾大　早稲田大　立教大　青山学院大　東京理科大　学習院大　明治大　法政大　中央大　成蹊大　成城大　明治学院大　東京薬科大　明治薬科大　芝浦工業大など

■2023年春卒業生進路状況

卒業生数	大学	短大	専門学校	海外大	就職	進学準備他
329人	263人	0人	0人	2人	0人	64人

■2023年度入試結果

中等部　男／女

募集人員		志願者数	受験者数	合格者数	競争率
1回	90	406/436	376/414	144/214	2.6/1.9
2回	60	440/397	295/230	88/62	3.4/3.7
3回	25	208/305	103/153	13/21	7.9/7.3

高等学校　男／女

募集人員		志願者数	受験者数	合格者数	競争率
推薦	45	63/28	63/27	31/14	2.0/1.9
一般	105	380/241	353/222	242/178	1.5/1.2

▼▼入試アドバイス・学校からのメッセージ

【中】
　2/1、2/2は科目選択制となります。傾向は例年通りです。得意をしっかり伸ばしてください。

【高】
　英語は長文、国語は古文、数学は傾向に慣れることが重要です。

学校説明会 要予約
★中等部　9/17 10/22 12/10(入試対策)
★高等学校　9/17 10/22 11/12

見学できる行事 要予約
文化祭(桜花祭)　9/23・9/24
※予定は変更になることがあります。詳しくは学校HPをご覧ください。

説明会・行事等は日程・内容が変更される場合があります。必ず学校HP等でご確認ください

東京立正中学校・高等学校

とうきょうりっしょう

〒166-0013　東京都杉並区堀ノ内2-41-15　☎03-3312-1111　FAX03-3312-1620　学校長　梅沢　辰也

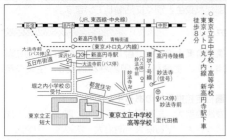

〈URL〉https://www.tokyorissho.ed.jp/

沿革　昭和2年（1927）立正高等女学校開校。昭和22年学制改革により、東京立正中学校設立。昭和23年新制度により、東京立正高等学校設立。平成14年（2002）男女共学へ移行。

校風・教育方針

　建学の精神 "生命の尊重・慈悲・平和" を基本として心豊かな人材を育成するために『生徒を幸せにする5つの目標』を掲げました。

1．「文武両道の極み」を希求し授業が面白くて部活動が楽しい学校
2．「全員レギュラー」補欠は一人もいない学校……仲間との違いを認め合い、居場所があります。
3．「挑戦と失敗」を応援する学校
4．「なぜ」を追求する学校……テレビや雑誌、インターネットの情報を鵜呑みにしません。
5．「教室から世界を変える」と挑戦する学校

　これらの目標達成のための最初の一歩として、東京立正はチャイムをなくしました。合図任せにすることなく、生徒が自ら自由と責任をもって大切な「命」である時間を管理します。

カリキュラムの特色

　「持続可能な探究授業を通じて社会貢献できる人材の育成」という学園ミッションを実現するため、2015年度より中学イノベーションコースを新設しました。独自のグランドデザインにより、SDGsなどの社会貢献事業に積極的に参加する人材を育てます。

　中学では英数国の授業時間が公立中学より多く電子黒板を使って学習活動を充実させています。勉強にじっくり取り組み、繰り返し学習を徹底して大学進学に向けた基礎学習能力を養います。

　高校は、手厚い個別サポートにより現役合格を目指します。アドバンストコースは2年から文系と理系に分かれ、勉強合宿、特訓講習などで難関校を目指します。スタンダードコースも2年から文系と理系に分かれ一般受験から推薦受験まで対応します。イノベーションコースはSDGsを通じてオンライン英会話や海外研修など海外交流に力を入れます。

eラーニング「すらら」

　自立学習応援プログラム「すらら」は、生徒一人ひとりの学力に応じたシステム。英数国の教科書レベルのコンテンツを自宅や学校でパソコンやタブレットを使って予習と復習をします。事前の予習によって授業がスムーズに理解でき、また分からないところは繰り返し学習し、定着させます。

環境・施設設備

　柔道場、プール、トレーニングルームを備えた第一・二体育館は、環境に配慮した総合体育館です。

生活指導・心の教育

　学校生活を通して、心の指導に力を注いでいます。周りに流されることのない、しっかりとした「心」を確立し、思いやりのある優しい心や、喜びや悲しみを共有できる心を育成しています。

学校行事・クラブ活動

　1年を通してさまざまな行事が実施され、体育

今春の進学実績については巻末の「高校別大学合格者数一覧」をご覧ください

祭、クラブ発表会、紫苑祭（学園祭）、合唱コンクール、弁論大会、林間学校、歌舞伎教室、芸術鑑賞、送別会などのほか、校外施設を利用したアドバンストコースの勉強合宿、イノベーションコースの海外研修、ザ・ヤングアメリカンズ、スキー教室、クラブ合宿などが行われています。また、オーストラリアにて、希望者対象ホームステイを実施。

クラブ活動は、体育系・文化系とも盛んです。体育系では、水泳、ソフトボール、バレーボール、ソフトテニス、剣道、ダンスドリルなどが各大会で優秀な成績を残しています。文化系では、コンクールで高く評価されている吹奏楽や書道、人気の高い軽音、ダンス、マイクロドローンレース、鉄研などがあります。

データファイル

■2024年度入試日程

中学校

募集人員	出願期間	試験日	発表日	手続締切日
1回	30	1/10～1/31	2/1午前・午後	2/1	2/9
2回	10	1/10～2/1	2/2午前・午後	2/2	2/9
3回	10	1/10～2/3	2/4午前・午後	2/4	2/9
4回		1/10～2/13	2/14	2/14	2/15

高等学校

募集人員	出願（書類提出）期間	試験日	発表日	手続締切日
推薦	105	1/17～1/18	1/22	1/22	1/24
一般1回	120	1/25～2/3	2/10	2/10	2/12
2回		1/25～2/3	2/12	2/12	2/14

募集はコース別　出願は事前にWebで入力

■2024年度選考方法・入試科目

中学校　※は入学金相当額の奨学生制度あり

1回午前：適性検査型奨学生または2科　1回午後：自己プレゼンテーションA　2回午前：得意科目選択2科　2回午後：前期奨学生　3回午前：後期奨学生またはSDGs入試　3回午後：自己プレゼンテーションB　4回：適性検査型奨学生以外から1つ選択

〔適性検査型奨学生〕適性検査Ⅰ・Ⅱ・Ⅲ（各100点45分）
〔2科目※〕基礎国語・基礎算数（各100点45分）
〔自己プレゼンテーション※〕作文（100点30分）・プレゼンテーション・個人面接（100点20分）
〔得意科目選択2科※〕基礎国語・基礎算数・英語から2科選択（各100点45分）
〔奨学生〕国語・算数（各100点45分）
〔SDGs入試※〕SDGsの授業後、レポート（100点30分）・プレゼンテーション・個人面接（100点20分）
〔適性検査型※〕適性検査Ⅰ（100点45分）

高等学校

推薦：書類審査、面接【出願条件】内申　スタンダード9科27か5科15　イノベーション9科29か5科16　アドバンスト9科31か5科17か3科10　いずれも9科に1は不可　英検・漢検・数検3級以上などは加点　3年次欠席・遅刻・早退10日以内

一般（併願優遇あり）：国語、数学、英語、面接
〈配点・時間〉国・数・英＝各100点50分
〈面接〉生徒個人　きわめて重視

■併設大学・短大への進学

立正大学とは教育提携をしています。**東京立正短大**へは、希望者は全員進学の優遇制度があります。

■指定校推薦枠のある主な大学

工学院大　國學院大　専修大　大東文化大　帝京大　東洋大　日本大　武蔵野大　立正大など

■過去3年間の主な合格大学

都留文科大　福井県立大　兵庫県立大　東京理科大　中央大　法政大　学習院大　成蹊大　日本大　駒澤大　東洋大　明治学院大　國學院大　武蔵大　津田塾大　日本女子大　東京女子医科大など

■2023年春卒業生進路状況

卒業生数	大学	短大	専門学校	海外大	就職	進学準備他
155人	122人	3人	18人	0人	0人	12人

■2023年度入試結果

中学校　1～3回は午前／午後　スライド合格を含む

募集人員	志願者数	受験者数	合格者数	競争率
1回	30	58/22	55/20	32/19	1.7/1.1
2回	10	36/16	17/7	14/4	1.2/1.8
3回	10	19/15	9/2	5/1	1.8/2.0
4回		57	18	12	1.5

高等学校

募集人員	志願者数	受験者数	合格者数	競争率
推薦	105	132	132	132	1.0
一般	120	426	378	360	1.1

学校説明会　要予約

★中学校　9/16 9/30 10/28 11/26 12/9 1/13
高等学校　9/9 10/1 10/14 10/28 11/18 11/25 12/2
部活動紹介　9/9　入試問題傾向対策　11/25

見学できる行事

学園祭（紫苑祭）　9/30・10/1
合唱コンクール（中学・高校）　11/18

説明会・行事等は日程・内容が変更される場合があります。必ず学校HP等でご確認ください

東星学園中学校・高等学校

とうせいがくえん

東京 と

〒204-0024　東京都清瀬市梅園3-14-47　☎042-493-3201　学校長　大矢　正則

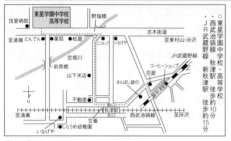

〈URL〉https://www.tosei.ed.jp/

沿革　東星学園中学校は1947年に開校しました。創立者はパリ外国宣教会、ヨゼフ・フロジャック神父。1965年、高等学校（普通科・衛生看護科）を開設し、長年にわたり女子教育を担ってきました。2003年度より普通科のみとし、2006年度より週6日制授業へ移行。2008年度より男子の受け入れを開始し、首都圏初の中高一貫共学カトリック校となりました。

教育方針

　建学の精神は「キリストの愛の精神。人間の個性とその使命を尊ぶ」です。キリストの愛の精神とは、神さまから造られた一人ひとりの人間を大切にするということです。

　東星学園の教職員は、一人ひとりの生徒を、神さまから造られた最高傑作として大切にします。東星学園は、生徒が真の自分、すなわち、神さまから大切にされている存在としての自分と出会う場でもあります。この真の自分との出会いが、人に新しい「いのち」を与え、神さまによって生かされた者として生きるようになります。自分の存在の大切さに気づき、本物の喜びを知る人を育てます。

校風・学校の特色

　カトリック中高一貫校として、教育方針に基づき、一人ひとりに丁寧に向き合って教育活動を実践しています。生徒は日常の関わりの中で「あなたは大切な存在」であることを知り、「お互いを尊重する」ことの大切さを学び、成長していきます。
中学　学習面のみでなく、生活面でもきめ細かくサポートしていきます。2021年度入学生からは1人1台のiPadを導入。授業だけでなくさまざまな場面で文房具として活用しています。補習は1人からでも朝や放課後などを利用して実施。行事や委員会活動は生徒主体で企画・運営することが多く、仲間、先輩、教員をはじめ多くの人と関わり、創造の喜びや達成感を共有します。
高校　一貫校ですが、高校からの入学生も歓迎です。入学してすぐに交流を目的とした宿泊オリエンテーションがあり、それをきっかけに自然と仲間との関わりが深まっていきます。中学同様、2021年度入学生からは1人1台のiPadを導入。質の高い学力を養っていくと同時に、数多くある行事の企画を経験しながら、将来社会の一員として必要な自主性、創造性、協調性、責任性、思いやりなどの力も養います。希望者に提供する放課後の自習スペースや文章力養成講座、選抜者対象の特別講義など、実力を伸ばすための取り組みも積極的に行っています。

　中学・高校ともQ-U、エンカウンターなど予防的カウンセリングを日常的に実施しています。専門性の高いカウンセラーも複数常駐し、個々への迅速な対応に向けて担任・養護教諭・管理職などによるチーム支援体制も整っています。

カリキュラムの特色

　中学・高校ともに土曜日は4時間の平常授業。中学では5教科を中心に時間増をはかり、確かな基礎学力を養います。数学は「体系数学」を使用して代数・幾何に分けて実施。英語は週6時間で、主体的な言語活動に取り組みながら4技能の向上を目指し、1時間は外国人教師による英会話を実

施。国語では学年を超えてビブリオバトルを実施する等、発言力・表現力を養います。音楽や美術など情操を育てる教科も大切にし、総合的な学習では梅干作りなどさまざまな創造的な活動を取り入れています。

高校では1年生から芸術科目が必修選択となり、2年生からは多様な選択科目を、3年生では自由選択科目を設定し、それぞれの進路志望に対応しながらより質の高い学力を養います。プレゼンテーションやスピーチなど主体的な活動も多く取り入れ、論理的思考力・表現力を養います。進路については、それぞれの受験の型に合わせて対応し、小論文・面接指導も随時行います。総合的な学習では老人ホームや同敷地内にある幼稚園での実習など、さまざまな活動を取り入れています。

環境・施設設備

多くの木々が育ち、自然豊かな環境です。桜をはじめ四季折々の花々が美しく咲きます。

校舎・体育棟の耐震化と共にリニューアルを図り、特別教室を含む全教室に冷暖房、ICT環境が完備されています。普通教室棟のほかに特別教室棟が2棟、体育館、広いグラウンドもあります。特別教室棟には講堂、図書室、視聴覚室、コンピュータ室、茶室が整っています。各教室はすみずみまで掃除が行き届き、毎日15分間、全校で取り組む「掃除」の時間を大切にしています。

学校行事

多彩な行事があり、主体的な取り組みを重視します。入学式や卒業式、ヨゼフ祭で行われる舞台発表や展示発表、学習旅行、合唱祭、体育祭、クリスマス会など、それぞれ生徒が中心となり、企画・準備をしていきます。リーダーシップ力やプレゼンテーション力、コミュニケーション力を伸ばすことにもつながります。

清瀬市

中

共学

高

共学

データファイル

■2024年度入試日程

中学校

募集人員		出願期間	試験日	発表日	手続締切日
1回	20	1/10～1/31	2/1	2/1	2/5
国語1科	10	1/10～2/1	2/1午後	2/1	2/5
2回	5	1/10～2/1	2/2	2/2	2/6
3回	5	1/10～2/2	2/2午後	2/2	2/6
4回	5	1/10～2/3	2/4	2/4	2/7

高等学校　※公立併願者は公立発表翌日

募集人員		出願期間	試験日	発表日	手続締切日
推薦	15	1/15～1/19	1/22	1/22	1/26※
一般	35	1/25～2/8	2/10	2/10	2/17※

■2024年度選考方法・入試科目

中学校

1回・2回・3回・4回：2科、面接

国語1教科：国語、面接

〈配点・時間〉国・算＝各100点45分

〈面接〉生徒個人　重視

高等学校

推薦：書類審査（出願時作文提出）、面接

【出願条件】単願：9科28か5科15か3科9　併願（埼玉県）・併願優遇（東京）：9科29か5科16か3科10　9科に1は不可　向学心があり、出席良好

一般・併願優遇：国語、数学、英語、面接

〈配点・時間〉国・数・英＝各100点50分

〈面接〉生徒個人　重視

■指定校推薦枠のある主な大学

東京都市大　東京農業大　桜美林大　立正大　白百合女子大　聖心女子大　清泉女子大など

カトリック高校対象特別入試：上智大

■2023年春卒業生進路状況

卒業生数	大学	短大	専門学校	海外大	就職	進学準備他
22人	16人	1人	2人	0人	1人	2人

■2023年度入試結果

中学校　男／女

募集人員		志願者数	受験者数	合格者数	競争率
1回	25	11/8	11/8	4/7	2.8/1.1
国語1科	5	3/4	3/2	1/1	3.0/2.0
2回	10	10/6	5/2	1/0	5.0/—
3回	5	9/6	3/2	0/0	—/—

高等学校　男／女　※2次募集あり

募集人員		志願者数	受験者数	合格者数	競争率
推薦	10	4/4	4/4	4/4	1.0/1.0
一般	35	7/8	7/8	5/7	1.4/1.1

学校説明会　いずれも要予約

9/23 12/2（高のみ）12/16（中のみ）　**公開授業** 11/4　**公開授業期間** 11/1 11/2 11/7～11/9　**入試体験会・解説会**（中学）12/16

見学できる行事　要予約

東星バザー　10/29　**体育祭**　10/14

クリスマス会　12/22

説明会・行事等は日程・内容が変更される場合があります。必ず学校HP等でご確認ください

桐朋中学校・高等学校

（とうほう）

〒186-0004　東京都国立市中3-1-10　☎042-577-2171　学校長　原口　大助

〈URL〉https://www.toho.ed.jp/

沿革　昭和15年（1940）、山下汽船㈱社長山下亀三郎氏の寄付をもとに財団法人山水育英会を設立、翌16年、第一山水中学校を創立。敗戦により山水育英会解散、昭和22年、東京文理大・東京高師（後の教育大）の協力のもと財団法人桐朋学園を設立、桐朋第一中学校として再発足。同23年、新学制で桐朋中学校・高等学校となり、中高6カ年一貫教育の男子校として、現在に至っています。

校風・教育方針

教育目標に『教育基本法』の謳う「自主的態度を養う・他人を敬愛する・勤労を愛好する」を掲げています。建学以来、教師の教育への情熱とそれに応える生徒の意欲によって、自ら学び互いに啓発しあう「自主」の気風が根づき、桐朋中高の中高一貫教育は伸びやかに、また堅実に発展しています。

武蔵野の面影を今にとどめる緑あふれるキャンパスで、生徒たちは日々勉学に励み、クラブ活動に打ち込んで、活気と友情と若い日の感激に満ちた、豊かな自己形成の過程を歩んでいます。

桐朋中高の教育の基本とするところは、一人ひとりの人間を大切にし、豊かな個性と自主の精神を育む「人間教育」にあります。緑濃く広々とした、そして充実した教育環境の中で、生徒たちをのびのびと育て、豊かな心と高い知性をもつ創造的人間に育成していこうと力を注いでいます。

カリキュラムの特色

すぐれた教師陣が、6カ年一貫教育の利点を生かし、精選された授業内容を高い水準で進めています。全教科を通じて、平常授業がそのまま大学進学に必要な学力および教養の習得になるように配慮しています。

中学では、基礎学力の充実を重点に、偏りのない心身の発達を目指しています。

高校では、一人ひとりの生徒の志望にきめ細かく対応した教育課程を編成して、大学進学に直結させています。

進路指導　桐朋中・高の在学生は全員が大学進学を希望しているため、進学指導を組織的に進めています。独自に編成した教育課程を軸に、模擬試験や特別講習などによって、学力のさらなる向上を図るとともに、先輩社会人や大学で教授をしている卒業生との懇談会などを行うことで、進路選択のサポートをするなど、有効かつ適切な方法で指導を進めています。

環境・施設設備

文教地区国立市にあって、校地の一隅に武蔵野のなごりをとどめる雑木林を持つ75,000㎡の敷地に、小学校・中学校・高等学校の校舎とグラウンドを配し、そこで生徒たちがのびのびとした生活を送っています。

創立75周年の記念行事として進めてきた校舎建築も2017年1月に完了し、理科の実験室、プラネタリウム、天文台、家庭科の教室、ホール、図書館、食堂、中高のホームルーム教室など、すべてが新しくなっています。

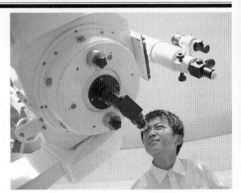

今春の進学実績については巻末の「高校別大学合格者数一覧」をご覧ください

生活指導・心の教育

担任教師と生徒が一体となって、楽しく活気あるクラスをつくっています。クラスや学年での自主的な活動、話し合い、レクリエーションは、互いの心を通わせ、友情を培い、人間同士の理解を深める大切な機会です。また、生徒会活動やクラブ活動を重視し、生徒自らの自覚と責任に基づいた自主的精神を養成しています。

学校行事・クラブ活動

6月に行われる桐朋祭は、生徒が主体となって企画運営をしています。夏期には林間学校、クラブ合宿、夏期講習。秋には、運動会、スポーツ大会、級友との理解と友情を深めるクラスの日や修学旅行を行います。また、質の高い文化と出会い、自己を磨いて行く機会として、さまざまな講演会や演劇教室・狂言教室などを設けています。

クラブ活動は自由参加ですが、とても活発です。文化部には、ESS、音楽、地学、将棋、コンピュータなど17部、運動部にはサッカー、バスケット、テニス、野球、陸上、水泳など19部があります。

Information

受験生のみなさんへ

学校長　原口　大助

桐朋高校を卒業する際、学校の印象を聞くと、多くの諸君が「桐朋は自由だった」「やりたいことを思う存分できた」「個性豊かで、魅力に富んだ仲間とめぐり会えた」と話してくれます。

桐朋には、探究心を刺激し、心ゆくまで打ち込むことのできる環境や施設があり、専門性に優れ、生徒の可能性を信じ支え続ける教職員、そして、互いの個性を尊重し協働する姿勢を持った仲間がいます。

ぜひ、自主・自立の精神を身につけ、新たな時代を拓く「自律的な学び」を実践しませんか。桐朋中高でお待ちしています。

国立市　中 男子　高 男子

データファイル

■2024年度入試日程

中学校

募集人員	出願期間	試験日	発表日	手続締切日
1回　約120	1/10〜1/29	2/1	2/1	2/4
2回　約60	1/10〜2/1	2/2	2/3	2/4

高等学校

募集人員	出願期間	試験日	発表日	手続締切日
一般　約50	1/25〜2/5	2/10	2/11	2/12

推薦入試は行いません

■2024年度選考方法・入試科目

中学校

国語、算数、社会、理科
〈配点・時間〉国・算＝各100点50分　理・社＝各60点30分
〈面接〉なし

高等学校

一般：国語、数学、英語（リスニング含む）
〈配点・時間〉国・数・英＝各100点50分
〈面接〉なし

■指定校推薦枠のある主な大学

早稲田大　慶應義塾大　学習院大　上智大　中央大　東京理科大　北里大　獨協医科大　関西学院大など

■2023年春卒業生進路状況

卒業生数	大学	短大	専門学校	海外大	就職	進学準備他
315人	171人	0人	0人	1人	0人	143人

■2023年度入試結果

中学校

募集人員	志願者数	受験者数	合格者数	競争率
1回　約120	380	353	144	2.5
2回　約60	597	460	216	2.1

高等学校

募集人員	志願者数	受験者数	合格者数	競争率
一般　約50	217	214	144	1.5

学校説明会 要予約
詳細は学校HPでご確認ください
★中学校
9/16 9/30 11/25　校内見学あり
校内見学会　11/26
★高等学校
11/4 11/18　終了後、校内見学可
校内見学会　11/26

見学できる行事
文化祭　6/3・6/4（終了）
中学運動会　10/1
中学自由研究　11/20〜11/24

説明会・行事等は日程・内容が変更される場合があります。必ず学校HP等でご確認ください

東京
と

東洋高等学校
（とうよう）

〒101-0061　東京都千代田区神田三崎町1-4-16　☎03-3291-3824　学校長　石井　和彦

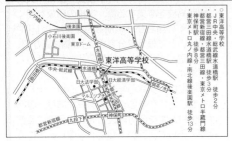

〈URL〉https://www.toyo.ed.jp/

沿革　明治37年（1904）9月、東洋商業専門学校創立。同39年（1906）4月、東洋商業学校創立。昭和47年（1972）東洋高等学校と改称。平成13年（2001）、男子校から共学校へ移行。2021年、創立115周年を迎えました。

校風・教育方針

校訓「自律・共生」には、自らを律して、自身の目標に向かって計画的に努力を重ね、他者とのかかわりの中で目標を達成できるような人間になってほしい、という願いが込められています。教育方針「学び合い・助け合い・高め合い の実践」のもと、自ら学ぶ力、共に生きぬく力を育てます。

カリキュラムの特色

特進選抜コース、特進コースを設置しています。

特進選抜コースは、首都圏国公立大学への現役合格をめざします。大学入学共通テストに対応しながら、国公立大学2次試験に向けた対策や、最難関私立大学の対策を行い、実践力を徹底的に身につけます。いわゆる「学力」だけでなく、思考力と課題発見能力、問題解決力など、自律的な学習能力もあわせて高めていきます。2年次からは、習熟度別のクラス編成（一部）となります。

特進コースは、最難関・難関私立大学や国公立大学合格をめざします。3年次には受験科目となる3科目を中心に、高いレベルの学力を養成しながら、難関私立大学受験に対応した柔軟なカリキュラムで第一志望合格をサポートします。進級時には、前年度の学習成績や模擬試験の成績、志

望先、意欲などにより、特進選抜コースへの変更も可能です。

授業だけではなく、生徒が自身の将来や社会問題、世界とのつながりなどについて考えられるよう、さまざまな課外授業、特別講座、校外学習、探究活動を用意しています。高校で自身の興味・関心を確認し、自らが納得する「なりたい自分」に近づけるよう、さまざまな「考えるヒント」を提供しています。

留学プログラム

希望者を対象として、カナダ、オーストラリア、ニュージーランド、アイルランドへの留学プログラムを用意しています。2017年にオーストラリア・クイーンズランド州バンダバーグ市にあるセントルークス・アングリカンスクールと姉妹校提携を結びました。同校を含め、オーストラリア2校での7月中旬から9月中旬までのターム留学と1年留学の制度があります。

ニュージーランド2校への留学は、1年または3カ月のターム留学を通して、現地生徒とともに高校生活を送ることができます。今年度はターム留学が12人、1年留学が5人でした。希望者は原則として全員が留学に行くことができます。1年留学者は、留学先の成績を東洋高校での単位として認定し、入学時と同じ学年に復帰することができます。

環境・施設設備

JR中央・総武線水道橋駅から徒歩2分の場所にあります。都会の雰囲気を漂わせた地下2階、

今春の進学実績については巻末の「高校別大学合格者数一覧」をご覧ください

地上13階のキャンパスは、LANによるインターネット、メディアコーナーなど先進技術が網羅されたインテリジェントビルです。

生徒全員分のヘルメットや1週間分の水・食料、簡易トイレなどを用意し、震災、火災をはじめあらゆる災害から生命を守るための備えを万全にしています。4月に避難経路の確認訓練、9月には避難訓練を行っています。また、すべてのフロアにAEDを配置しています。

生活指導・心の教育

服装・頭髪は校則で規定され、常時、担任がチェックします。ルールを守れない場合は保護者へ連絡し、改めるまで継続指導、または登校停止になります。生徒間のトラブルについては、担任をはじめ全教職員が生徒からのサインを見落とさないように努力しています。問題がある場合には、まず担任が面談をし、学年主任・生活指導部・教頭・校長などで情報交換をし、保護者の協力のもとで対応しています。

学校行事・クラブ活動

1年生オリエンテーション合宿に始まり、歌舞伎鑑賞教室、球技大会、芸術鑑賞教室、合唱コンクールなどの行事があります。体育祭は6月に実施。全クラスを5色に分けて戦い、コースや学年を超えて盛り上がります。10月に行われる東洋祭（学園祭）は、文化部の1年間の集大成やクラスのお楽しみ企画など盛りだくさんの内容です。修学旅行は2年次の3月にオーストラリアまたは沖縄へ行きます。

クラブ活動は、全生徒の9割近くが加入しています。全国制覇を成し遂げた男子バレーボール部、全国大会に出場経験もあるソングリーダー部など運動系15、吹奏楽部や写真部など文化系16の部活動・同好会が、放課後や日曜日に活動しています。

千代田区

高

共学

データファイル

■2024年度入試日程

募集人員		出願期間＊	試験日	発表日	手続締切日
推薦A	160	1/15〜1/17	1/22	1/23	1/24
B			1/22	1/23	※
一般A	160	1/25〜1/29	2/10か2/11	2/12	2/13
B			2/10か2/11	2/12	※

推薦B（併願）は東京都・神奈川県以外の生徒対象、一般B（優遇入試）は東京都・神奈川県の生徒対象。特進選抜コースに加え2024年度は特進コースでも募集。

＊上記は出願書類郵送期間。インターネット入力の締切は推薦1/11、一般1/27

※推薦B・一般（併願）の手続締切日は、公立高校発表翌日（土・日の場合は翌月曜日）

■2024年度選考方法・入試科目

推薦：書類審査、適性検査（国数英、リスニングあり）、面接　【出願条件】内申5科特進選抜推薦A22（推薦Bは23）特進推薦A21（推薦Bは22）全科に2は不可　推薦Aは加点制度あり（生徒会役員・委員長・部活動部長、3カ年皆勤、卒業生子女、英検・漢検・数検準2級）　欠席3年間20日以内、遅刻20回以内

一般：国語、数学、英語・リスニング　面接
〈配点・時間〉国・数＝各100点50分　英＝100点60分
〈面接〉生徒個人　重視

■指定校推薦枠のある主な大学

東京理科大　学習院大　青山学院大　立教大　法政大　明治学院大　日本大　成蹊大　武蔵大　東洋大　駒澤大　専修大　日本女子大など

■2023年春卒業生進路状況

卒業生数	大学	短大	専門学校	海外大	就職	進学準備他
453人	422人	6人	6人	2人	0人	17人

■2023年度入試結果　特進選抜／特進

募集人員		志願者数	受験者数	合格者数	競争率
推薦A	160	29/63	29/63	29/63	1.0/1.0
推薦B		220/86	150/73	150/73	1.0/1.0
一般1回A	160	8/72	8/72	5/33	1.6/2.2
B		248/115	172/91	172/91	1.0/1.0
2回A		23/121	21/112	12/70	1.8/1.6
B		108/53	89/39	89/39	1.0/1.0

▼▼入試アドバイス・学校からのメッセージ

入試段階から、進路目標と学力に応じて2コース制を敷いています。

学校説明会 すべて要予約
10/8　11/3　11/23　12/3
学校見学会・体験授業　9/17
公開授業　11/11
見学できる行事 要予約
文化祭　10/14・10/15

説明会・行事等は日程・内容が変更される場合があります。必ず学校HP等でご確認ください

東洋英和女学院 中学部 高等部

〒106-8507　東京都港区六本木5-14-40　☎03-3583-0696　中学部長　石澤　友康　高等部長　楠山　眞里子

〈URL〉https://www.toyoeiwa.ac.jp

沿革　明治17年（1884）東洋英和女学校を設立。同22年（1889）高等科を設置。昭和9年（1934）財団法人東洋英和女学校の設立を認可。同16年（1941）東洋永和女学校と改称。同20年（1945）院制を施行し、東洋英和女学院と改称。同22年（1947）学制改革により、東洋英和女学院中学部・高等部と改称。同26年（1951）財団法人を学校法人に改組。

校風・教育方針

聖書の中の言葉（マルコによる福音書　第12章30、31節）より「敬神」、「奉仕」を学校の標語として掲げています。キリスト教の精神に基づいた豊かな人間形成を目標として、一人ひとりを大切にした教育を実施しています。

キリスト教に基づいた人格教育

一人ひとりが神から与えられた賜物を生かし、喜んで神と人のために奉仕する愛の精神を育成する、という使命をもつ教育機関として在り続けています。礼拝、授業、行事、奉仕活動等を通して、神から愛されている、かけがえのない自分に気づき、神を愛し敬うこと＝【敬神】、また同じく神から愛されている隣人（他者）を愛し、隣人に仕えること＝【奉仕】へと導き、自立した女性を育てる、これが東洋英和女学院のキリスト教教育です。

キリスト教教育の特徴ともいえるのが礼拝です。毎朝の礼拝の他、イースター音楽礼拝やクリスマス礼拝、花の日礼拝など、キリスト教の暦に沿った礼拝があります。礼拝で神を讃美すると共に、日々読まれる聖書とお話を通して私たちがどのよ

うに生きるべきか、さらに変えられないものを受け入れる心の静けさ、変えられるものを変える勇気、その両者を見分ける知恵が育まれます。

英語教育・国際教育

グローバル化が進み、「国際語」としての英語の重要性が高まるなか、「世界で通用する英語能力の育成」を目標に掲げています。四技能（聞き、話し、読み、書く）をバランスよく身につけることを基盤に据え、将来国際的なコミュニケーションの場で自分の意見が発信できるよう学習します。英会話の授業ではネイティブ教員が作成した独自の教科書を使用。学校生活など身近な話題もあり中学生も興味を持って触れられる内容となっています。教科書とリンクしたホームページもあり、家庭でも英会話の授業の予習復習ができます。

中学部では英語を使うことに対する自信を育むことを目標とします。多様な価値観を尊重する姿勢を学ぶために英語の様々な作品や本に触れ、ネイティブの教師による英会話の授業で四技能をバランスよく学習します。英語で発表する機会を多く設け、［読む・聞く］インプットの力だけでなく、［書く・話す］アウトプットの力も養成します。

高等部では英語を通して様々な分野を学習します。多岐にわたる教材を読むことで、高度な英語力を身につけるだけではなく、文化、民族、科学、国際社会への関心やcritical thinking（論理的・懐疑的思考力）を養うことを目指します。希望制で以下のような研修・留学制度があります。
【カナダ研修】中3〜高2の夏に実施。大学の寮に滞在して語学研修の後、ホームステイ。

今春の進学実績については巻末の「高校別大学合格者数一覧」をご覧ください

【オーストラリア研修】中3〜高2の春に実施。現地校で授業や課外活動のほか他国の留学生とも交流。

【海外短期留学】加、豪の協定校に約2〜3カ月間留学し、帰国後は次の学年に進級。高1・2対象。

【海外認定留学】1年以内なら留学先を自由に決められ、単位も認定。帰国後は次の学年に進級。

　また、模擬国連研究会は中学3年生以上で構成。英語によるディベートにも力を入れ、積極的に活動しています。各種大会にも参加し同世代との交流を深め、世界に視野を向ける良い機会となっています。

生活指導・心の教育

　中学1年全員が、ギリシャ語で「隣人に仕える」意を表すディアコニア学習活動に参加し、車椅子の体験や視覚障害者の擬似体験、点字の学習、施設訪問などを通じて、感謝し、分かち合う「奉仕」のこころを育んでいます。また、中学1年から高校2年までの有志が所属するYWCAでは、手話や点字の学習、養護施設や老人ホームの訪問など、各種のボランティア活動を行っています。

クラブ活動・学校行事

　クラブ活動は21の文化系クラブ、7つのスポーツ系クラブがあり中学、高校の全生徒がいずれかに所属しています。学年を超えた集団生活の中で、上級生はリーダーシップや下級生を思いやる気持ちを育み、下級生は協調性や組織の中での役割を学びます。また、クラブの特性を生かしたボランティア活動も積極的に行っています。6年間を通じ、同じクラブの仲間と同じ時間を過ごすことは一生の財産となります。

　野尻キャンプ、修養会、楓祭(文化祭)、合唱コンクール、体育祭や球技大会など多彩な行事があります。各行事や委員会活動では生徒主体の取り組みにより、それぞれが個性を光らせて自己実現する機会が豊富です。自己実現を繰り返し経験することで自己肯定感を育み、楽しく充実した学校生活を送ると同時に将来に向けた自信もつきます。

データファイル

■2024年度入試日程

中学部

募集人数		出願期間	試験日	発表日	手続締切日
A日程	約80	1/10〜1/25	2/1	2/1	2/3
B日程	約30		2/3	2/3	2/4
帰国生	若干		2/1	2/1	2/3

高等部

募集を行っていません

■2024年度選考方法・入試科目

中学部

A・B：国語、算数、社会、理科、面接

帰国生：国語、算数、面接

〈配点・時間〉国・算=各100点45分　理・社=各60点30分

〈面接〉生徒個人　帰国生は保護者同伴　参考

■2023年春併設大学への進学

併設の東洋英和女学院大学に進学を希望する場合には、一定の基準による推薦制度があります。

東洋英和女学院大学ー1(人間科1、国際社会0)

■指定校推薦枠のある主な大学

青山学院大　学習院大　北里大　慶應義塾大　国際基督教大　上智大　聖路加国際大　中央大　法政大　津田塾大　東京女子大　東京女子医科大　東京薬科大　東京理科大　日本女子大　日本赤十字看護大　明治大　明治薬科大　立教大　早稲田大など

■2023年春卒業生進路状況

卒業生数	大学	短大	専門学校	海外大	就職	進学準備他
172人	149人	0人	1人	2人	0人	20人

■2023年度入試結果

中学部

募集人数		志願者数	受験者数	合格者数	競争率
A日程	約80	262	224	97	2.3
B日程	約30	567	261	57	4.6
帰国生	若干	8	6	3	2.0

学校説明会 要予約

★中学部

9/2(全学年対象)

11/4(全学年対象)

12/26(全学年対象)

入試説明会　11/25(6年生対象)

見学できる行事 要予約

文化祭　10/20・10/21

クリスマス音楽会　12/9

説明会・行事等は日程・内容が変更される場合があります。必ず学校HP等でご確認ください

東洋女子高等学校

とうようじょし

〒112-0011 東京都文京区千石3-29-8 ☎03-3941-2680 学校長 村上 精一

〈URL〉https://www.toyojoshi.ac.jp

沿革 明治38年（1905）、仏教学者で文学博士の村上専精により東洋女学校として創立。2023年、創立118年を迎えました。

校風・教育方針

開校時の「東洋女学校」という校名には、西洋文化が重んじられた時代にありながらも、「東洋文化を代表する女性としての教養を身につけて欲しい」との思いが込められています。創立者が唱えた「天職」「中庸」「質素」「謙譲」「節操」の五訓を守り続け、「思いやり」「まごころ」「尊敬の気持ち」「感謝の気持ち」を持った、品格ある女性の育成を目指しています。

社会に貢献できる女性を創りあげる

東洋女子高等学校は、創立から118年（創立1905年）を迎えた伝統ある女子高校です。創立以来、積極的に社会で活躍できる女性の育成を手掛けています。中高一貫ではないため、高校から交友関係を築くことができ、生徒自身で学校生活を彩ることができます。「知性」と「品性」を象徴する八重桜をモチーフとしたリボンを胸に、東洋女子高校はこれからも輝く未来へ向かってさらなる歩みを進めていきます。

2015年に校舎を大きくリニューアルし、全教室と体育館に電子黒板を導入するとともに校内無線LANを完備しました。タブレット端末も一人1台使えるようになり、電子黒板と連動させ、思考を深めたり判断力・表現力を高める授業が展開されています。

グローバル教育

グローバル教育では、身近な問題や世界の問題について主体的に学び海外の生徒たちと共に学習することを通して、コミュニケーション能力やリーダーシップを養っていきます。1年生では、SDGsの理解や美術館・博物館を活用する学習により、自分の興味と社会とのつながりに気づいていきます。2年生では、アートマイル国際協働活動プロジェクトに全員で取り組みます。3年生では、それまで行ってきた探究の成果を論文にまとめることにより、発進力を養います。論文の要旨は英語で書きます。

また、国内外の語学研修も行っています。オーストラリア語学研修はブリスベンにある女子校St. Margaret's での研修となります。生徒一人ひとりにバディがつき、現地の授業に参加します。主体的に活動できるプログラムになっています。English Campは河口湖にあるセミナーハウスで行う英語漬けのプログラムです。特にスピーキング力を養い、発信力を磨いていきます。

問題探究型学習

答えのない問題解決に挑む「問題探究型学習」を重視しています。生徒も教員も同じ "自立的探究者" としてひとつのテーマに取り組み、「なぜ？」「どうして？」を問いかけながら、「自分だったらどう考えるか」を考察します。その考えを自分の言葉で発信できる力を身につけていきます。

今春の進学実績については巻末の「高校別大学合格者数一覧」をご覧ください

コース制

　特別進学コースと総合進学コースの2つを用意しています。さらに総合進学コースでは高校3年生から8系統に分かれた細かな指導が行われます。
①グローバル　②人文社会
③保育・幼児教育・福祉　④芸術
⑤経済経営　⑥看護・メディカル・栄養
⑦バイオ　⑧理学・工学・建築

　各系統に必要な授業を豊富な選択科目から選ぶことで、最短距離で進路を目指すことができ、さらに系統別の特別授業や卒業論文の作成などで高校生のうちに将来の進路への確かな知識を深めていくことができます。

　きめ細かい指導を通して一人ひとりの個性や感性を見いだしながら知的好奇心が芽生える学習を実践し、多岐にわたる進路選択に対応します。卒業後に「やりきった！」という充実感が残るように教員が一丸となって生徒をサポートしています。

　また、「授業料の無償化プランeveryone」を新設しました。コースや成績、さらには各都県、世帯年収にかかわらず、無償教育を受けられる助成金制度です。

学校行事・クラブ活動

　学園祭、体育祭には各委員会が設置され、学園祭のイベントの企画立案、体育祭で行う種目など、委員会が中心となって考えていきます。球技大会では各クラスがチーム名を考え、ロゴマークを製作し、勝利への作戦を考えます。

　部活動も、部員自らが「効率的な練習をするにはどうすればいいか」を考えたり、参加したい大会やイベントを探してきたりと「発案と問題解決」のトレーニングができる時間です。運動部はチアリーディング、バドミントン、ダンス、硬式テニスなど7部、学芸部は軽音楽、吹奏楽など6部があります。ほかに同好会もあります。全国大会にはチアリーディング、囲碁、軽音楽が出場しています。

データファイル

■2024年度入試日程

募集人員		出願期間	試験日	発表日	手続締切日
特進	推薦Ⅰ・Ⅱ 15	1/15〜1/19	1/22	1/23	1/31※
	一般 15	1/25〜2/8	2/10	2/11	※
総進	推薦Ⅰ・Ⅱ 60	1/15〜1/19	1/22	1/23	1/31※
	一般 60	1/25〜2/8	2/10	2/11	※

※推薦Ⅱと一般の手続締切日は公立発表日翌日

■2024年度選考方法・入試科目

推薦：推薦Ⅱは東京・神奈川以外
〔特別進学〕書類審査、適性検査（国・英・数）、面接
【出願条件】推薦Ⅰ・Ⅱとも5科20以上　全科に1があると不可　英検準2級以上と生徒会役員は内申加点　いずれも3年次の欠席10日以内
〔総合進学〕書類審査、適性検査（国・英・数）、面接
【出願条件】推薦Ⅰは5科16以上、Ⅱは5科17以上　加点措置あり（上限＋2）　全科に1があると不可　いずれも3年次の欠席10日以内
一般：国語、数学、英語、面接
※併願優遇の出願の目安は推薦Ⅱと同様
〈配点・時間〉国・数・英＝各100点50分
〈面接〉生徒個人　参考【内容】志望動機など

■指定校推薦枠のある主な大学

学習院女子大　白百合女子大　聖心女子大　東京農業大　東洋大　共立女子大　昭和女子大など

■2023年春卒業生進路状況

卒業生数	大学	短大	専門学校	海外大	就職	進学準備他
100人	77人	5人	15人	0人	1人	2人

■2023年度入試結果

募集人員		志願者数	受験者数	合格者数	競争率
特進推薦Ⅰ	15	5	5	4	1.3
Ⅱ		13	13	11	1.2
一般	15	20	20	15	1.3
総進推薦Ⅰ	60	92	92	92	1.0
Ⅱ		74	74	74	1.0
一般	60	109	100	99	1.0

学校説明会　要予約
9/9 9/24 10/14 11/3 11/25
体験コーナー、個別相談会あり
入試問題解説会 11/23
個別相談会 9/2 10/8 10/21 10/28 11/11
11/18 11/26 12/2 12/9 12/10 12/16 1/5
見学できる行事
学園祭(秋桜祭)　9/17
文化発表会　10/5(北とぴあ)

説明会・行事等は日程・内容が変更される場合があります。必ず学校HP等でご確認ください

東洋大学京北中学校高等学校

〒112-8607　東京都文京区白山2-36-5　☎03-3816-6211　学校長　星野　純一郎

〈URL〉https://www.toyo.ac.jp/toyodaikeihoku

沿革　1898（明治31）年、教育者であり哲学者でもある井上円了博士により創立されました。「諸学の基礎は哲学にあり」を建学の精神とし、物事を深く考え着実に実行する力を育む教育を実践しています。2015年4月、新校舎誕生と共に、男女共学の東洋大学附属校として新たにスタートしました。

教育方針

建学の精神を尊重し、自己の哲学を備え持つとともに、国際社会で活躍できる人材を育成します。
1．自己の哲学（倫理観・人生観・世界観・真理の探究）を持つ人材を育成する。
2．初心を忘れずに、学び続ける人材を育成する。
3．他者の考えを尊重し、自他ともに幸せを求める人材を育成する。
4．自国を愛し、国際人として国際社会で活躍する人材を育成する。

東洋大学京北の誕生

テーマは「より良く生きる」
1．国公立大学への進学指導
2．都内唯一の東洋大学附属校
3．生き方を探究する哲学教育の推進
4．世界に羽ばたく国際教育の推進
5．自己実現をめざすキャリア教育

東洋大学への附属校推薦入学枠

東洋大学の附属校化に伴い、「東洋大学附属校推薦入学枠」が導入されました。一定の基準はありますが、日頃の学習に真面目に取り組んでいれ

ば十分にクリアできる基準です。

最新設備の校舎

最新設備の校舎で学校生活を送ることができます。電子黒板を備えるICT教室9室のほか、視聴覚教室やコンピュータ室、理科実験室といった特別教室が充実。ネイティブと英語で会話する英語ルームを併設した図書室、片側全面窓ガラスと吹き抜けによる明るい雰囲気のカフェテリア、生徒同士の歓談や先生への質問のスペースを備えた広く開放的な廊下、放課後に集中して学習ができる自習室など、快適な環境です。また、200メートルトラックを備えた全面人工芝の校庭、地下2層の冷暖房完備のアリーナなど、魅力ある設備が整っています。

国公立・難関私立大への進学指導

高校第6期生（2023年3月卒業生）大学合格実績

国公立大学	14人
早慶上理	31人
歯・薬・看護系	32人
GMARCH	170人
東洋大学	174人

附属校のメリットを生かしつつ、国公立・難関私大への進学指導を強化します。
・国公立大学にも対応したカリキュラム
・平日補習の実施
・自習室での自学自習サポート（チューター配置）

今春の進学実績については巻末の「高校別大学合格者数一覧」をご覧ください

| 2学期制 | 登校時刻 8:10 | 昼食 中 ランチボックスタイプの昼食 高 弁当持参、食堂、売店 | 土曜日 授業 |

・長期休業中の講習（選択制）／夏期：2週間～4週間、冬期：1週間

・Web学習（スタディサプリ）の導入（チューター配置）

データファイル

■2024年度入試日程

中学校　※国立・公立中高一貫校との併願は延期可

	募集人員	出願期間	試験日	発表日	手続締切日
1回	60	1/10～1/31	2/1	2/1	2/3※
2回	25	1/10～1/31	2/1午後	2/1	2/3※
3回	20	1/10～2/1	2/2	2/2	2/4※
4回	15	1/10～2/3	2/4	2/4	2/6※

高等学校　＊出願書類は郵送。締切日翌日必着

	募集人員	出願期間＊	試験日	発表日	手続締切日
推薦	30	1/15～1/19	1/22	1/22	1/24※
一般1回	80	1/25～2/7	2/10	2/10	2/12※
2回	30	1/25～2/7	2/13	2/13	2/15※

※推薦は単願推薦のみ。一般は併願優遇（公立・私立）あり。併願者手続締切日は、公立が公立発表翌日、私立は都立発表翌日

■2024年度選考方法・入試科目

中学校

1・3・4回：国語・算数・理科・社会
2回：国語・算数
〈配点・時間〉国・算＝各100点50分　理・社＝各50点30分
〈面接〉なし
※2回以上の受験をした受験生は2回目以降の受験において加点。保護者、きょうだいが卒業生または在校生の場合に加点。合算可。

高等学校

推薦：適性検査（国・数・英 各100点50分）
【出願条件】単願A（内申点重視型）5科22、B（適性検査重視型）5科20　併願優遇A（内申点重視型）5科23、B（入学試験重視型）5科21　※内申点重視型は英語か数学が5または英検か数検が準2級以上のいずれかを満たすこと　9科に2以下がないこと　3年次欠席7日以内
一般：国語、数学、英語
〈配点・時間〉国・数・英＝各100点50分
〈面接〉なし
※推薦・一般に保護者・きょうだい加点あり

■2023年春併設大学への進学

170人の推薦入学枠があります。
東洋大学－114（文9、経済15、経営20、法12、社会14、国際6、国際観光10、情報連携1、福祉社会デザイン6、健康スポーツ科5、総合情報5、生命科3、理工5、食環境科3）
※付属校推薦による進学者（イブニングコースを含む）

■指定校推薦枠のある主な大学

学習院大　東京理科大　日本大　獨協大　武蔵大　東京農業大　昭和薬科大　日本歯科大など

■2023年春卒業生進路状況

卒業生数	大学	短大	専門学校	海外大	就職	進学準備他
366人	339人	4人	6人	0人	1人	16人

■2023年度入試結果

中学校　男／女

	募集人員	志願者数	受験者数	合格者数	競争率
1回	60	98/118	89/110	27/35	3.3/3.1
2回	25	189/185	178/174	36/33	4.9/5.3
3回	15	131/141	86/102	24/28	3.6/3.6
4回	20	107/95	66/63	17/19	3.9/3.3

高等学校　男／女

	募集人員	志願者数	受験者数	合格者数	競争率
推薦	30	64/68	64/68	47/55	1.4/1.2
一般1回	80	271/195	268/191	79/97	3.4/2.0
2回	30	306/169	219/111	31/32	7.1/3.5

※第一志望優遇制度あり

▼▼入試アドバイス・学校からのメッセージ

高等学校の基準内申点について、東京都・千葉県・神奈川県・茨城県等の公立中学校生は、中学校の先生との「入試相談」（12月）時の内申点で評価します。埼玉県の公立中学校生は、12月に中学校から個々に配布される「成績及び諸活動等の記録通知書」の内申点で評価します。

学校説明会　すべて要予約

★中学校
9/2 10/7 11/11 12/16
入試問題対策会 12/23（動画配信）
★高等学校
9/16 10/28 11/25
個別相談会 12/2 12/9
学校見学は随時可（要電話連絡）

見学できる行事

文化祭　9/23・9/24（入試相談室あり）

説明会・行事等は日程・内容が変更される場合があります。必ず学校HP等でご確認ください

東京
と

⊕ トキワ松学園中学校 高等学校

〒152-0003　東京都目黒区碑文谷4-17-16　☎03-3713-8161　学校長　田村　直宏

〈URL〉https://tokiwamatsu.ac.jp

沿革　大正5年(1916)常磐松女学校創設。昭和26年(1951)に学校法人トキワ松学園中学校・高等学校となりました。平成28年(2016)創立100周年。

校風・教育方針

初代校長の三角錫子が残した「鋼鉄(はがね)に一輪のすみれの花を添えて」という建学の精神をもとに、「世界を視野に、未来の社会を創造する"探究女子"の育成」を掲げ、「思考力教育・国際力教育・美の教育」の3つの教育を柱とした教育活動を行っています。

カリキュラムの特色

探究活動の基盤となる「思考力教育」では、図書室で行う独自の授業「思考と表現」や社会の「商品開発」授業を中心に、課題を発見して、調べ、プレゼンテーションまで行い、探究の姿勢を培います。

「国際力教育」においても、中学の英語(Listening & Speaking)では、日本人と複数の外国人教師のティームティーチングで行い、ゲームやクイズ、ロールプレイ形式で楽しみながら英会話に親しみ、外国人ゲストを招くなどの国際交流活動を行いながら確実に英語力を身につけます。高校のGlobal Studiesでは文化や民族、宗教問題など世界の諸問題について英語で学ぶ中で、課題を発見し、調べスキルを身につけ、英語で自分の意見を述べることができるようになります。海外研修もイギリス(18日間)、アメリカ(2週間)、オーストラリア(3カ月間)と充実の3種類です。

高校からは文理探究コース(英語アドバンス・英語スタンダード)と美術デザインコースが設置され、高校2年から美術デザインコースもデザインとアートに分かれることで、幅広い進路に対応しています。特に、美術デザインコースでは併設の横浜美術大学へ、希望者全員が特別推薦を受けることができます(出席の基準を満たすことが必要)。

環境・施設設備

碑文谷の閑静な住宅街の中にあり、交通の便も良好。耐震構造の新校舎及びグラウンドを有し、P.A.の施設や屋内プールのある体育館も備えています。41,000冊の蔵書を誇る広く明るい図書室、2間続きの和室の他、カフェテリアやイングリッシュルーム、充実した3つの理系教室などを使い、生徒たちはいきいきと生活しています。

生活指導・心の教育

一人ひとりの生徒の自主性を重んじながら、親身になってアドバイスをする教師との信頼関係は深く、校内には家庭的な雰囲気があふれています。

また、日本で初めて学校教育へ導入した教育プログラム「プロジェクト・アドベンチャー」は、アメリカで開発され、信頼・協力・調和・自信・積極性など、「心の骨組み」を育てる教育プログラムです。体育の授業等の中で実践されるほか、放課後には希望者を対象に、体育館に設置されたクライミングウォールなどの施設も使い、実施されます。

学校行事・クラブ活動

スポーツ祭典・文化祭・音楽コンクールなどの

今春の進学実績については巻末の「高校別大学合格者数一覧」をご覧ください

行事をはじめとして、遠足や音楽鑑賞教室、かるた会などの行事を通して中高の生徒が学年を超えた交流を行っています。宿泊行事には中３のサマースクール、高２の修学旅行があり、この他にも勉強合宿や、ホームステイ形式で行う前述の海外研修が３種類あります。

　部活動は全ての部が中高合同で行います。文化系では写真、演劇、国際交流、マンドリン・ギター、吹奏楽、軽音楽、放送、理科、漫画研究、

美術、調理、茶道、書道の14部と、運動系では硬式テニス、水泳、バスケットボール、バドミントン、ダンスの５部があります。

┌─コラム─────────────┐
安心・安全のトキワ松！
　最新の耐震性を備えた校舎と備蓄用品、警備員の配置、各教室の内線電話、メールでの安全情報の伝達など、安心できる環境です。
└───────────────────┘

データファイル

■2024年度入試日程

中学校　適性・英語・2回・3回募集人員は特待/一般

募集人員	出願期間	試験日	発表日	手続締切
1回 40	1/10～1/31	2/1	2/1	2/7
適性検査型 5/15	1/10～1/31	2/1	2/1	2/11
2回 10/30	1/10～2/1	2/1午後	2/1	2/7
英語 5/10	1/10～2/1	2/1午後	2/1	2/7
3回 5/10	1/10～2/2	2/2午後	2/2	2/7
4回 10	1/10～2/3	2/3午後	2/3	2/7

高等学校　募集人員は100人（うち推薦50%）

出願期間	試験日	発表日	手続締切日
推薦	1/15～1/18	1/22	1/22	1/24
一般併願優遇	1/25～1/27	2/11	2/11	併願校発表翌日
一般1回	1/25～2/6	2/11	2/11	
一般2回	2/7～2/12	2/16	2/16	

■2024年度選考方法・入試科目

中学校

1回・2回：2科か4科選択

適性検査型：適性検査Ⅰ（ⅠAまたはⅠB）・Ⅱ

英語コミュニケーション：英語（英検3級以上取得者は免除）、国語または算数

3回・4回：2科

〈配点・時間〉国・算＝各100点45分　理・社＝各50点計60分

〈面接〉英語コミュニケーションのみ英会話面接

高等学校

推薦：面接（生徒個人）、文理探究は作文（800字50分）、美術は作品審査　**【出願条件（推薦・一般併願優遇）】**内申　文理探究（英語アドバンス）＝5科18（併願優遇19）かつ英語4　文理探究（英語スタンダード）＝3科10か5科16か9科29（併願優遇＋1）　美術＝9科28（併願優遇30）かつ美術4　いずれも検定で加点　全科に1は不可　欠席3年次10日以内

一般：**文理探究**＝国・数・英、面接　**美術**＝国・

英・美術実技（120分）、面接

〈配点・時間〉国・数・英（リスニング含む）＝各100点50分　〈面接〉生徒個人　重視

■2023年春併設大学への進学

横浜美術大学へは特別推薦入学制度があります。

■指定校推薦枠のある主な大学

成蹊大　東京都市大　日本女子大　聖心女子大　清泉女子大　白百合女子大など

■2023年度入試結果

中学校　合格者数は特待と一般の合計

募集人員	志願者数	受験者数	合格者数	競争率
1回 40	63	49	45	1.1
適性特待5 一般15	142	142	137	1.0
2回特待10 一般30	117	106	101	1.0
英語 特待5 一般10	19	18	17	1.1
3回特待5 一般10	112	48	45	1.0
4回 10	130	30	28	1.1

高等学校　帰国生入試、2次入試あり

募集人員	志願者数	受験者数	合格者数	競争率
推薦 50	42	42	42	1.0
一般併願優遇 50	119	89	89	1.0
一般1回	12	12	9	1.3
2回 若干	6	3	3	1.0

┌─────────────────────┐
学校説明会　要予約
★中学校　9/9（生徒が語るトキワ松）10/29（英語授業体験）12/2（適性検査型）12/23（入試体験）1/13（算数勉強教室）
★高等学校　9/9（生徒が語るトキワ松）10/14（英語授業体験）11/25（美術入試体験）12/2（説明会）　ミニ見学会　12/9
土曜日のミニ見学会（中高）　9/2 9/16 9/30 10/7 11/4 11/11 11/18 1/20 1/27 2/17 2/24
見学できる行事　要予約
文化祭　9/23・9/24（入試相談コーナーあり）
└─────────────────────┘

説明会・行事等は日程・内容が変更される場合があります。必ず学校HP等でご確認ください

豊島岡女子学園中学校・高等学校

（と　しま　が　おか　じょ　し　がく　えん）

〒170-0013　東京都豊島区東池袋1-25-22　☎03-3983-8261　学校長　竹鼻　志乃

○豊島岡女子学園中学校・高等学校
・JR・西武池袋線・東武東上線・東京メトロ
丸ノ内線　池袋駅　徒歩7分
東京メトロ有楽町線　東池袋駅　東京メトロ
有楽町線
東池袋駅2番口　徒歩2分

〈URL〉 https://www.toshimagaoka.ed.jp/

沿革　明治25年（1892）、河村常により牛込区下宮比町に女子裁縫専門学校として設立。明治31年（1898）に牛込区新小川町に移転。同37年には東京家政女学校と校名変更。大正13年（1924）、牛込区弁天町に牛込高等女学校を併設。昭和23年（1948）、現在地に移転し、豊島岡女子学園中学校・高等学校と校名変更。令和4年（2022）より高校募集を停止。

教育方針・校風

　次の3項目を教育方針として掲げています。①道義実践…生徒に道徳を実行することの大切さを諭し、これを実行する習慣と喜びを体得させます。②勤勉努力…日常の学習やクラブ活動を通じて、努力を積み重ねていく生徒を育みます。③一能専念…人間には、必ずその人特有の才能があるものと信じております。いまそれを「一能」といってみましょう。生徒たちのすぐれた才能を発見、育成し、磨かせることを目標にしています。

　教育方針をふまえて、互いに学び高めあう場を大切にしています。2018年度からスーパーサイエンスハイスクールに指定され、学校全体で探究活動にますます注力しています。探究活動では「志力を持って未来を創る女性」の育成を目標にしています（志力とは志に向け自らの役割を自覚し実現する力）。たとえばAcademic Dayという催しでは、中学生から取り組める、教科の枠を超えて様々な課題に挑戦する探究Basicや高校生の探究活動の成果を発表し、知見を広めます。また、探究活動の土台となる基礎学力の充実にも努めています。

カリキュラムの特色

　中学・高校ともに、四年制大学進学を希望し、明確な目的をもつ生徒にふさわしいカリキュラムを編成しています。移り変わる社会のニーズを的確にとらえ、「本当に役立つ教育とは何か」を検討し、適宜取り入れています。中学では、主要5教科、特に英語・数学の時数を多く設定しています。外国人講師とのティームティーチングの英会話授業は少人数制で、日常会話にとどまらずスピーチの発表をしたり、理科の実験を英語で行ったりしています。国語では「論語の素読」を取り入れています。

　中学3年から高校の内容に入る教科が多く、高校2年からは文系・理系に分かれます。各コースで、基礎学力をつけると共に、演習量を増やして実力を養成します。放課後には各科目の講座が開かれ、個人の必要に応じて自由に申し込むことができます。また夏期講習や冬期講習も開講されます。受験期には大学入学共通テスト、国公立2次試験、私立大学入試向けの直前講習も行われます。

環境・施設設備

　池袋駅から徒歩約7分、東京メトロ有楽町線東池袋駅から2分の交通至便な場所にあります。全館冷暖房完備の校舎には、普通教室のほか、完全防音の音楽室、被服室、調理室、茶室、Creative Learning Room 3つ、図書室、エアロビクススタジオ、808人収容の講堂、プール、

今春の進学実績については巻末の「高校別大学合格者数一覧」をご覧ください

食堂、階段教室の物理実験室、1人1台のコンピュータを備えた情報教室などが設置され、万全の教育環境が整っています。

埼玉県入間市に体育館と合宿施設を完備したグラウンド、長野県小諸市に林間学校があります。

生活指導・心の教育

毎朝5分間、全校一斉に運針を行っています。「無心になる」「基礎の大切さを知る」「努力の積み重ねの大切さを学ぶ」「特技を持つ」ことを目標としており、集中力も養います。また、教養ある現代女性の心得として、美しい立ち居振る舞いを和室と洋室で学ぶ礼法の授業も行っています。

学校行事・クラブ活動

行事は運動会や桃李祭（文化祭）のほか、中学英語弁論大会、中学合唱コンクール、歌舞伎鑑賞、能楽鑑賞、文楽鑑賞なども行われます。

7・8月には、美しい自然の中にある小諸林間学校で、中学ではクラス単位で1泊2日の団体生活を行います。歴史散策や課題解決型の体験学習などを行います。林間学校の生活の中でお互いにいつもと違う姿を発見し友情を深めます。

夏休み中には希望者を対象に、イギリス・カナダ・ニュージーランドでの海外語学研修が実施されます。異文化の社会・家庭の中で約2週間を過ごします。高1・高2の希望者に対して、ニュージーランド3カ月留学も実施しています。

クラブ活動は放課後の1時間30分があてられ、全員参加で行います。人間力を磨くとともに、同級生はもちろん、学年を越えた交流の場となっています。文化系は、文芸、英語劇、英会話、生物、化学、書道、美術、写真、演劇、百人一首、コーラス、ギター、マンドリン、吹奏楽、軽音楽、弦楽合奏、琴、手芸、茶道、花道、礼法、新聞、放送、囲碁、将棋、コンピュータ、漫画イラスト、クイズ研究ほか36部があります。体育系は、バレーボール、バスケットボール、硬式テニス、卓球、水泳、体操、ダンス、エアロビクス、剣道、登山、桃李連（阿波踊り）、舞踊研究の12部があります。

入学者の受け入れに関する方針（アドミッション・ポリシー）

次のような皆さんに入学していただきたいと考えています。①基礎基本を大切にする人②努力を重ねて自らを高めたい人③さまざまなチャレンジを楽しみたい人

豊島岡生の一人として、ともに学び、成長していきましょう。ご入学を心からお待ちしています。

データファイル

■2024年度入試日程

中学校　※試験当日HPで合格発表

募集人員	出願期間	試験日	発表日	手続締切日
1回	160	1/10～1/31	2/2	2/2※	2/3
2回	40	1/10～2/2	2/3	2/3※	2/4
3回	40	1/10～2/3	2/4	2/4※	2/5

高等学校

募集を行っていません

■2024年度選考方法・入試科目

中学校

国語、算数、理科、社会
〈配点・時間〉国・算＝各100点50分　理・社＝計100点50分
〈面接〉なし

■指定校推薦枠のある主な大学

非公表

■2023年春卒業生進路状況

卒業生数	大学	短大	専門学校	海外大	就職	進学準備他
332人	249人	0人	1人	0人	0人	82人

■2023年度入試結果

中学校　（　）内は帰国生で内数

募集人員	志願者数	受験者数	合格者数	競争率
1回	160	1,060(9)	964(7)	404(2)	2.4
2回	40	951(4)	509(3)	64(0)	8.0
3回	40	712(5)	518(4)	71(0)	7.3

学校説明会　すべて要予約

WEB説明会（予約不要）　HP上で一般公開
受験生のための見学会　9/2 9/9 9/30 10/7 10/14 10/28 11/11 11/18 11/25 12/2　※小学6年生とその保護者対象、1組2人まで。予約は1回のみ。
学校見学会（保護者対象）　9/13 11/8
豊島岡生による相談会　11/18
教員によるオンライン個別相談　10/14

見学できる行事　要予約

文化祭（桃李祭）　11/3・11/4

説明会・行事等は日程・内容が変更される場合があります。必ず学校HP等でご確認ください

東京
と

豊島学院高等学校
（としまがくいん）

〒170-0011　東京都豊島区池袋本町2-10-1　☎03-3988-5511　学校長　鮎川　尚文

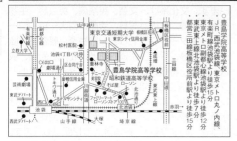

〈URL〉https://toshima-gakuin.jp

沿革　昭和7年（1932）、神田駿河台に神田商業学校創立。同15年（1940）、現在地に移転、豊島商業学校に名称変更。同23年（1948）、豊島実業学校に名称変更。平成4年（1992）、現在の校名に変更。同11年（1999）共学化。同30年（2018）、スーパー特進類型を新設。

校風・教育方針

人間としての生き方を自らの中に見いだし、生きる力を育てていく教育を実践しています。教育目標は「自分の将来を切り拓（ひら）く力を持った、人間性豊かな生徒の育成」「自主性に富み、自治活動へ積極的に参加する生徒の育成」「人間尊重の理念に基づき、進んで世界平和を希求する生徒の育成」。個性あふれる一人ひとりの生徒のニーズや能力にあわせて4つの類型を設定し、また、行事、部活動によって培われる「人間教育」にも重点を置いています。

カリキュラムの特色

4類型を設置しています。2年次に文系・理系の選択を行い、3年次は大学入試に対応した演習や実践的な学習を取り入れています。普通進学類型を除く3類型は3年次1学期で教科書を終える先取り学習を行っています。

スーパー特進類型は、難関国立大学などへ現役合格を目指します。3年間7時間授業日を設定し、効率的に高度な学習内容への理解を深めます。長期休業中は集中講座（1・2年次）、特別講座（3年次）を実施、放課後は難関大学に在学する先輩

から指導を受けられるメンター制度を取り入れています。

特別進学類型は、国公立大学や最難関私立大学への現役合格を目標とする類型です。3年間、7時間授業日を設定し、豊富な授業数をもとに、体系立てた効果的な学習を展開しています。長期休業中の集中講座、特別講座や、メンター制度を取り入れています。

選抜進学類型は、GMARCHなどの難関私立大学への現役合格が目標です。1・2年次に7時間授業日を設定し、基礎学力を徹底的に身につけます。集中授業や有名予備校による特別講座などを夏・冬・春休みに実施し、一層の学力向上を目指します。

普通進学類型は、生徒の個性や能力を踏まえた幅広い進路に対応するカリキュラムを設定。クラブ活動や学校行事、委員会などに積極的に取り組みながら、基礎力を確実に身につけられるように、丁寧できめ細かい授業が進められています。夏・冬・春休みには進学講座や勉強合宿などを実施。志望大学に現役合格できる学力を養います。

環境・施設設備

都心にありながらも静かで落ち着いた住宅地に広がるキャンパス。校舎は近未来をイメージした斬新な設計で、明るい自然光がふりそそぎます。2022年秋には500人収容可能なレクチャーホールや、新しい図書館を備えた新校舎「6号館」が完成。理想的な環境の中で、生徒たちはそれぞれの意欲をのびやかに開花させています。

今春の進学実績については巻末の「高校別大学合格者数一覧」をご覧ください

生活指導・心の教育

制服は、男子はネクタイ、女子はリボンの着用が第一正装です。冬服はブレザーで、季節によりセーターやベスト、ポロシャツも用意しています。持ち物については、学業に関係のない物品が持ち込み禁止。携帯電話は、学内では使用禁止です。

学校行事・クラブ活動

1年を通して、楽しくてためになる学校行事が目白押しです。生徒が中心になって企画運営する文化祭や体育祭は、毎年最高の盛り上がりをみせています。全員で考えて、全員でやり遂げるイベントは、自主性を発揮する大きなチャンスであると同時に、達成感や充実感があじわえます。2年次6月には沖縄研修を実施。希望者はターム留学、オーストラリア海外研修やスキー＆スノーボード教室に参加できます。

クラブ活動は希望制で、全類型で参加可能です。運動部はサッカー、スキー、ラグビー、男子・女子バレーボールなど17部、文化部は吹奏楽、演劇、音楽、ボランティアなど17部と1同好会、1愛好会が活動しています。目標に向かって努力する向上心が学習面でも大いに生かされています。併設の昭和鉄道高等学校と活動しているクラブもあります。

データファイル

■2024年度入試日程　＊書類締切は推薦1/18、一般2/6

募集人員	出願期間(Web)＊	試験日	発表日	手続締切日
推薦 }175	1/15〜1/16	1/22	1/23	1/27
1月併願	1/15〜1/16	1/22	1/23	公立発表翌日
一般 }175	1/25〜2/3	2/10	2/11	2/17(延納可)
2月併願優遇	1/25〜2/3	2/10	2/11	公立発表翌日

1月併願は都外生対象（神奈川を除く）、2月併願優遇は都内・都外生対象。いずれも公私立併願可。
類型別募集人員：スーパー特進30、特別進学80、選抜進学120、普通進学120

■2024年度選考方法・入試科目

推薦：書類審査、適性検査(国・数・英各100点40分)、面接　【出願の目安】内申(推薦、1月併願、2月併願優遇共通) スーパー特進5科23か9科40、特別進学5科22か9科38、選抜進学5科20か9科35、普通進学5科18か9科32　いずれも9科に1は不可　欠席各学年10日以内　【内申への加算制度】単願・併願ともに加算制度あり①資格加算：〈スーパー特進〉英検・漢検・数検準2級を1つ取得で＋1、2つで＋2。2級を1つ取得で＋2（5科・9科共通）。〈特別進学・選抜進学・普通進学〉英検・漢検・数検3級を1つ取得で＋1、2つで9科に＋2、3つで5科に＋2・9科単願は＋3。準2級1つ取得で＋2、2つ取得で単願は＋3。②人物加算：豊島学院の教育を理解し、学習に対する意欲が高いと判断された者（スーパー特進は対象外）。
一般：国語・数学・英語（リスニング含む）、面接〈配点・時間〉国・数・英＝各100点50分〈面接〉推薦・一般とも生徒個人　重視

■2023年春併設短期大学への進学状況

併設短期大学への内部推薦制度はありません。

東京交通短期大学—進学者なし

■指定校推薦枠のある主な大学

東京理科大　学習院大　青山学院大　法政大　成蹊大　明治学院大　東京女子大　芝浦工業大　國學院大　武蔵大　日本大　東洋大　駒澤大　専修大など

■2023年春卒業生進路状況

卒業生数	大学	短大	専門学校	海外大	就職	進学準備他
316人	251人	1人	26人	0人	1人	37人

■2023年度入試結果　一般は併願優遇を含む

募集人員		志願者数	受験者数	合格者数	競争率
S特推薦 }15		10	10	10	1.0
1月併願		4	4	4	1.0
一般	15	57	54	54	1.0
特進推薦 }40		14	14	14	1.0
1月併願		9	9	9	1.0
一般	40	201	190	189	1.0
選抜推薦 }60		17	17	17	1.0
1月併願		13	13	13	1.0
一般	60	205	200	196	1.0
普通推薦 }60		54	54	54	1.0
1月併願		16	16	16	1.0
一般	60	367	357	304	1.2

【体験入学】 すべて要予約
学校説明会 9/2 10/21 11/18
体験入学・個別相談(中3対象) 9/10 9/23 10/9 10/22 10/29 11/3 11/12 11/19 11/23 12/2 12/3
個別相談会 11/25
【見学できる行事】
豊昭祭(文化祭) 9/16・9/17(入試相談コーナーあり・上履き持参)

説明会・行事等は日程・内容が変更される場合があります。必ず学校HP等でご確認ください

東京
と

獨協中学校・高等学校
（どっきょう）

〒112-0014　東京都文京区関口3-8-1　☎03-3943-3651　学校長　上田　善彦

〈URL〉https://www.dokkyo.ed.jp/

沿革　明治16年（1883）、獨逸学協会学校創設。同26年（1893）普通科を獨逸学協会中学校と改称。昭和23年（1948）、獨協中学校・高等学校と改称。

校風・教育方針

「心構えは正しく、身体は健康、知性に照らされた善意志と豊かな情操とを持つ、上品な人間の育成をめざす」という13代校長天野貞祐のことばに表される「人間教育」を目指しています。1997年からは完全中高一貫校として、6年間という長い期間をかけて男子を丁寧に鍛える教育を行うとともに、持続可能社会実現のため「人類と他の生物との共生」を推進できる人材を育成する目的で環境教育にも力を注いでいます。

カリキュラムの特色

6年間を3つのブロックに分け、各成長段階に応じたカリキュラムを編成しています。

第1ブロック（中1・2）ではとくに積み重ねや運用力が求められる英語・数学に十分な時間（英語6、数学5〜6）を確保。「考える力」、「発想する力」をしっかり育むとともに、英語ではプレゼンテーション活動にも取り組み「発信する力」の育成も目指します。また『獨協手帳』による日々の振り返りや時間感覚の養成、小テストやノートチェックによる確認など、学習習慣を身に付けるための工夫がなされ、やり抜く力を育みます。

学力伸長期である第2ブロック（中3・高1）からは英・数で習熟度別授業が始まり、高1からは選抜クラスが作られます。それぞれの理解度に

あった授業が展開され、進度上の違いはなく、授業の深さや演習量に差があります。英数の先取り以外に、長期休暇中の講習、1年間かける研究論文等、考える力が伸びていくこの時期にふさわしいカリキュラムとなっています。家庭学習としては予習型の宿題が出されるという点が大きな特徴です。

4年間かけて形成されてきた学習習慣や考える力を完成させる第3ブロック（高2・3）では、難関大学進学を可能とするカリキュラム構成になっています。高3では多様な選択科目を設置し、一人ひとりの進路選択を支えています。

環境・施設設備

都内を一望のもとに見下ろす目白台にあり、青々とした樹木に包まれた理想的な教育環境の中にあります。

白亜の校舎には、充実した設備の理科実験教室、採光を存分に採り入れた普通教室などが整備されています。中でも、総合情報センターとしてマルチメディアに対応した図書館には、蔵書数約8万冊の資料を迅速に検索できる蔵書管理システムのほか、6つのモニターと可動式デスク44台を備えたTECLabが併設されています。ほかにも、生徒ホールや小講堂などがあり、快適な学園生活が送れるようになっています。既存の100周年記念体育館は地上部分にグラウンドを持つ半地下設計の施設で、多彩な行事にも活用されています。

校外施設として、長野県小諸市に「獨協学園日

今春の進学実績については巻末の「高校別大学合格者数一覧」をご覧ください

新寮」、千葉県館山市に「獨協学園海の家」があります。

生活指導・心の教育

「上品な人間の育成をめざす」人間教育の伝統の下、生徒に問いかけ考えさせる指導を基本としています。個人に関わる指導は担任を中心に丁寧に対応し、内科・精神科の校医やスクールカウンセラーによるカウンセリングも隔週で行われます。

また、ルールやマナーなど全体に関わることについては、全校一致で取り組み、自律した人格を育む指導を行っています。

学校行事・クラブ活動

中1、中2の臨海・林間学校は1クラスずつ行われ、自然に親しむとともに6年間のスタートとなる良い人間関係を築く第一歩とします。臨海学校は館山の海の家で、林間学校は小諸の日新寮で行われます。

中3では、奈良・京都への修学旅行、高校では自然・環境教育を柱とするハワイ修学旅行、また希望者対象の海外研修として、ホームステイ、イエローストーンサイエンスツアー、ドイツ研修旅行があり、自主的な力を培うとともに視野を拡げ、自立の時期にしっかりとした成長を促します。

また、中学では年5回、定期試験終了後に学年毎に、スポーツ大会、ハイキング、街並見学、博物館見学など、その時々に合わせた企画が行われます。

全校行事としては生徒中心に企画・運営される獨協祭をはじめ、高校スポーツ大会、中学体育祭、マラソン大会などがあります。

クラブ活動は、サッカー、野球以外は中高一緒の活動で、先輩の面倒見がよい和気あいあいとした雰囲気が特徴です。全国5位の実績を持つ演劇部や、インターハイ出場のアーチェリー部、スキー部のほか、ハンドボール部などが有名です。

データファイル

■2024年度入試日程

中学校

募集人員	出願期間	試験日	発表日	手続締切日
1回 約80	1/10～1/31	2/1	2/1	2/5
2回 約20	1/10～1/31	2/1午後	2/1	2/5
3回 約70	1/10～2/1	2/2	2/2	2/5
4回 約30	1/10～2/3	2/4	2/4	2/7

※すべての回で帰国生選抜あり

高等学校

募集を行っていません

■2024年度選考方法・入試科目

中学校

1回・3回・4回：4科

2回：国語、算数（各100点40分）

〈配点・時間〉国・算＝各100点50分　理・社＝各70点40分

〈面接〉なし

■2023年春併設大学への進学

獨協大学・姫路獨協大学へは一定の推薦基準（成績・出席状況等）を満たしていれば、推薦試験を受けられます。原則として受験者は入学を許可されます。獨協医科大学へは推薦基準を満たしていれば系列校推薦入試を受験でき、その成績によって入学が許可されます。

獨協大学－7（法2、経済3、外国語2）

獨協医科大学－11（医）

姫路獨協大学－進学者なし

■指定校推薦枠のある主な大学

青山学院大　学習院大　北里大（医）　芝浦工業大　上智大　中央大　東京理科大　法政大　明治大　明治学院大　早稲田大など

■2023年春卒業生進路状況

卒業生数	大学	短大	専門学校	海外大	就職	進学準備他
191人	125人	0人	0人	2人	0人	64人

■2023年度入試結果

中学校　帰国生を含む

募集人員	志願者数	受験者数	合格者数	競争率
1回 約80	341	309	99	3.1
2回 約20	648	603	231	2.6
3回 約70	490	343	93	3.7
4回 約30	474	308	47	6.6

学校説明会 要予約
10/15　11/12　12/17　1/7
夜の説明会　9/13
入試問題説明会（オンデマンド配信）　12/17

見学できる行事（要予約）
獨協祭（文化祭）　9/23・9/24（入試相談コーナーあり）

説明会・行事等は日程・内容が変更される場合があります。必ず学校HP等でご確認ください

中村中学校・高等学校
（なかむら）

〒135-8404　東京都江東区清澄2-3-15　☎03-3642-8041　学校長　藤村　富士男

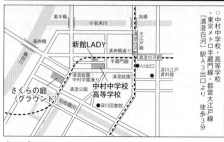

〈URL〉https://nakamura.ed.jp/

沿革　明治36年(1903)明治屈指の実業家中村清蔵により、深川女子技芸学校として創立。同42年(1909)中村高等女学校開校。大正14年(1925)現校地に移転。平成12年(2000)普通科に国際コースを設置。同31年(2019)創立110周年を迎えました。

校風・教育方針

「機に応じて活動できる女性の育成」を建学の精神とし、創立以来一貫して人間性の育成を教育の目標と掲げ、「清く　直く　明るく」を校訓としてきました。さらにこれを生活目標として具現化し、「わがままをおさえる＝Self-Control」「ひとに迷惑をかけない＝Self-Government」「ひとに親切をつくす＝Social Service」という3つのSに翻訳し、その実践に努めています。現在は100年ライフを見据え、すべての土台となる認知型学力とこれからの時代になくてはならない数値化しにくい非認知型智力の育成を目指し、特色ある教育活動を行っています。

カリキュラムの特色

中学ではあえてコース制を採用せず、国語・数学・英語に重点を置いたバランスのよいカリキュラムとなっています。

高校では将来の進路を意識しながら、「先進」、「探究」、「国際」の3つのコースに分かれます。先進コースは、STEAM教育を取り入れて文理をバランスよく学習し、リベラルアーツな力、数学的・科学的見方を高めます。探究コースは、個人探究、PBL型学習、探究フィールドワーク等、様々な探究活動を実践し、これからの時代に必要な表現力や発信力を磨きます。国際コースは、英語圏への留学を必須とし、12・6・3カ月から選択します。日本にいる期間も、週10時間以上の英語授業により高い英語力を身につけます。

進路・進学指導

中学からキャリア教育を実施し、「30歳からの自分」を考える機会を多数設け、高校では個々の進路実現のためのサポートを多く用意しています。キャリア教育を通じて将来設計をしながら、大学進学を強く意識していきます。具体的には、定期的に行われる進学ガイダンス、選択者1人でも行う多彩な選択授業、総合型・学校推薦型選抜に対応したキャリアサポーター制度など、丁寧な進学サポートが実施され、アダプティブラーニング（個別最適化学習）を実践しています。その結果として、2022年春、東大合格者を初めて出すなど、近年進学実績が上昇しています。

グローバル教育

中学2年次の国内サマースクールでは、地元深川を外国の方に紹介しテーマ別に調査した内容を英語で発表します。中学3年次には、夏季休業中に海外サマースクールを実施。アメリカのデンバーに11日間行きます。高校では、国際コースの12・6・3カ月留学とは別に、海外への語学研修やボランティア研修も用意しています。

Think Globally, Act Locally（地球規模で物

事を考え、まずは足元から行動）できる人材を育成する環境が整備されています。

環境・施設設備

　緑豊かな清澄庭園・公園に隣接した閑静な環境にあり、7階建て校舎最上階の図書室「コリドール」からは豊かな自然だけでなく、東京スカイツリーも望めます。校舎から歩いて2分のところに、人工芝化されたさくらの庭（グラウンド）があります。2012年春に完成した新館LADYは、開放感ある空間となっており、併設されたCaféでは、温かいランチを食べることができます。何より、最寄りの「清澄白河駅」より徒歩3分という立地も魅力です。

学校行事・クラブ活動

　体育祭と清澄祭（文化祭）は中村2大行事です。体育祭は、高3から中1まで縦割りにチーム分けされ、競技、応援合戦で競います。メインイベントの応援合戦は、最も緊張し、盛り上がる瞬間です。清澄祭は、例年10月に実施され、受験生をはじめ多くの方が来校する行事です。得票の多かったクラス・団体に贈られる「清澄賞」を目指して、どの団体も工夫を凝らした発表をします。

　部活動は、かつて全国優勝を30回以上した伝統あるバレーボール部をはじめ、サッカー、バトン、新体操など11部の運動部と、吹奏楽、演劇、美術など15の文化部があります。

データファイル

■2024年度入試日程

中学校　帰国生入試は12/4に実施

募集人員		出願期間	試験日	発表日	手続締切日
一般 1回	70		2/1	2/1	2/9
2回			2/2	2/2	2/9
3回			2/5	2/5	2/9
特待生 1回	25	1/10～入試当日	2/1午後	2/1	2/9
2回			2/2午後	2/2	2/9
適性検査型	15		2/1	2/1	2/9
エクスプレス	10		2/3	2/3	2/9
ポテンシャル	4		2/3	2/3	2/9

高等学校　帰国生入試は12/4に実施

募集人員	出願期間	試験日	発表日	手続締切日
推薦	30	1/15～1/18	1/22	1/22	1/26＊
一般	30	1/25～2/8	2/11	2/11	2/16＊

＊併願の手続締切日は公立高校発表翌日

■2024年度選考方法・入試科目

中学校

一般：1・3回は2科か4科　＊英検資格優遇あり　2回は2科（国算基礎）　**特待生**：2科か4科　**適性検査型**：適性検査Ⅰ・Ⅱ・Ⅲ（各100点45分）　**エクスプレス**：国・算・英から1科（各50点3段階評価）　**ポテンシャル**：提出書類、活動アピール、作文（30分）、面接
〈配点・時間〉国・算＝各100点50分　理・社＝各50点計50分
〈面接〉ポ入試のみ生徒個人、きわめて重視

高等学校

推薦：課題作文、面接
一般：国語、数学、英語（各100点50分）、面接

〈面接〉生徒グループ（国際コースは個人）

■指定校推薦枠のある主な大学

青山学院大　立教大　法政大　立命館大　成蹊大　明治学院大　駒澤大　東洋大　日本大　東京女子大など

■2023年春卒業生進路状況

卒業生数	大学	短大	専門学校	海外大	就職	進学準備他
44人	37人	1人	3人	2人	0人	1人

■2023年度入試結果

中学校　エクスプレスは1回／2回　追加募集あり

募集人員		志願者数	受験者数	合格者数	競争率
一般 1回	70	84	65	51	1.3
2回		100	44	24	1.8
3回		132	43	24	1.8
特待生 1回	25	105	82	28	2.9
2回		106	67	13	5.2
適性検査型	15	56	55	49	1.1
エクスプレス	7	52/60	9/15	8/8	1.1/1.9
ポテンシャル	7	10	4	4	1.1

高等学校　一般は併願優遇／一般

募集人員		志願者数	受験者数	合格者数	競争率
推薦	60	32	32	32	1.0
一般		16/10	14/10	9/7	1.6/1.4

学校説明会　要予約
★中学校　9/16　10/14　1/14
入試体験＆説明会　11/19　12/17　2/23
★高等学校　9/16　10/14　11/11　12/2
見学できる行事
清澄祭（文化祭）　10/28・10/29（要予約）

説明会・行事等は日程・内容が変更される場合があります。必ず学校HP等でご確認ください

東京
に

二松学舎大学附属高等学校

〒102-0074　東京都千代田区九段南2-1-32　☎03-3261-9288　学校長　鵜飼　敦之

〈URL〉https://www.nishogakusha-highschool.ac.jp

沿革　明治10年（1877）、前身の漢学塾「二松学舎」創立。昭和23年（1948）、二松学舎大学附属高等学校として開校しました。

校風・教育方針

アドミッション・ポリシーは、「高校生活"三兎"（学習・部活動・行事）を追う生徒」。この方針に共感する生徒のために、「心を育て　学力を伸ばす」教育プログラムを用意しています。そして3年後、4つの校訓（仁愛・正義・弘毅・誠実）を身につけた一人の「大人」として、現役で四年制大学に送り出します。

カリキュラムの特色

入学時より「進学コース」と「特進コース」の2コースに分かれて学習します。いずれのコースも、1年次には主要科目に重点を置き、徹底した基礎固めを行います。

進学コース（5クラス）では、日東駒専レベルや二松学舎大学など、一人ひとりの適性に合った大学への現役合格を目指します。1年次の1学期には、中学校の範囲で理解が不十分な部分の補習を行い、短所を克服します。2年次からは、理系コースの選択が可能で、それぞれのコースで基礎をさらに強化します。3年次には選択科目を設置しており、進路別の受験対策に加え、興味のある授業を通して生徒の可能性を広げます。通常授業以外に、希望者には、勉強合宿（1・2年次）、英語合宿を実施します。その結果、2023年3月卒業生の現役合格率は、94.6%になりました。

特進コース（1クラス）では、GMARCH以上の難関大学への現役合格（一般受験）を目指します。ハイレベルな授業により、学力アップを支援。さらに、英語合宿・勉強合宿などで、学ぶ意欲と学習習慣を身につけます。2年次からは進路によって理系コースを選択することが可能です。3年次には生徒一人ひとりの志望校に合わせた学習指導を行い、教員が個人面談を重ねながら学習計画をサポートします。その結果、2023年3月卒業生の現役合格率は、96.6%になりました。

独自のカリキュラム

グローバル化する社会に向けて、自国を正しく理解し、異国との文化の違いを認識できる人間になれるよう、建学の精神に基づいた『論語』をはじめ、特徴あるカリキュラムを実施しています。付属校のメリットを生かし、二松学舎大学のキャンパスで大学生とともに書道などを履修できる、高大連携の制度も設けています。

■論語教育

『論語』は、文系・理系を問わず3年間学習します。単に知識として「漢文」を学ぶのではなく、仁や礼の大切さを学び、孔子の言行を実生活に反映させ、人生を豊かに過ごすことを学びます。

■ネイティブスピーカーによる直接指導

コミュニケーション英語の授業は、主に「聞く」「話す」ことを中心に行われ、日常会話を練習します。また、ハロウィンや感謝祭などアメリカの文化や風習についても触れ、時には早口言葉・歌・スキットなども取り入れ、楽しみながら学習します。3年次には、希望者は韓国語か中国語を履修

今春の進学実績については巻末の「高校別大学合格者数一覧」をご覧ください

することができ、専門の外部講師による直接指導で、文化や風習についても学びます。

環境・施設設備

　日本の中心ともいえる千代田区九段、千鳥ヶ淵にほど近い場所に位置します。周辺には日本武道館をはじめ国立劇場、東京国立近代美術館など、歴史・文化・芸術の関連施設も点在しており、生徒の人間形成にも影響を与えています。

　校舎は、地上6階・地下2階建て、屋上を含めて9フロアです。一つの校舎に一般教室と特別教室、体育室などすべての施設が集約されています。柏キャンパス内に人工芝グラウンドがあり、年間約5回、体育の授業を実施します。

学校行事・クラブ活動

　希望者を対象に、1週間の台湾語学研修（希望者対象）を実施しています。また2週間・3カ月・1年間から選択制のオーストラリアホームステイ語学研修（希望者対象）もあります。この他に教養を深める歌舞伎教室、球技大会や体育大会など、多彩な行事があります。1年次には全員参加の雪国体験学習を行い、スキーを楽しみます。

　クラブは34の体育部・学芸部があります。近年は、野球部が2014年夏・2015年春・2017年夏・2018年夏・2021年夏・2022年夏の全国大会（甲子園）に出場、ダンス部が2015年から連覇中の日本高校ダンス部選手権冬季東日本大会優勝、書道部が高円宮杯・春の甲子園などで入選しています。

データファイル

■2024年度入試日程

募集人員	出願期間	試験日	発表日	手続締切日
推薦A・B・C 120	1/15～1/16	1/22	1/22	1/25(Bは公立発表翌日)
一般Ⅰ 併願優遇Ⅰ }80	1/25～2/3	2/10	2/10	2/14＊ 公立発表翌日
一般Ⅱ 併願優遇Ⅱ }50	1/25～2/3	2/12	2/12	2/14＊ 公立発表翌日

※B推薦は埼玉・千葉県生対象。併願優遇は都内生・神奈川県生対象
＊併願は公立発表翌日（第一志望優遇者は除く）

■2024年度選考方法・入試科目
A推薦・B推薦・C推薦：適性検査（国・数・英各100点50分）、面接　※C推薦は進学コースのみ
【出願条件】内申　進学：A推薦5科17か9科31、B推薦（併願優遇）5科19か9科33、C推薦5科16か9科30　いずれも全科に1があると不可　特進：A推薦5科20、B推薦（併願優遇）5科21いずれも全科に2があると不可　英検・数検・漢検取得、3年間皆勤、在校生・卒業生の弟妹などは加点　中学3年間の欠席20日以内、遅刻・早退各20回以内
一般：筆記試験（国・数・英）、面接
併願優遇：適性検査（国・数・英）、面接
〈配点・時間〉国・数・英＝各100点50分
〈面接〉生徒個人　きわめて重視

■2023年春併設大学への進学
在学中一定の成績をおさめた者が、大学の受け入れ人数の枠内で優先入学できます。両附属校統一試験を受験することが必要です。
二松学舎大学―24（文14、国際政治経済10）

■指定校推薦枠のある主な大学
立教大　日本大　駒澤大　國學院大　専修大　東洋大　東京農業大　東邦大　武蔵大　獨協大など

■2023年春卒業生進路状況

卒業生数	大学	短大	専門学校	海外大	就職	進学準備他
201人	173人	1人	15人	0人	2人	10人

■2023年度入試結果　男／女

募集人員		志願者数	受験者数	合格者数	競争率
A推薦		65/69	65/69	65/69	1.0/1.0
B推薦	120	21/29	16/28	16/28	1.0/1.0
C推薦		26/19	26/18	16/7	1.6/2.6
一般Ⅰ	80	26/21	26/20	7/5	3.7/4.0
併願優遇Ⅰ		55/115	52/109	52/109	1.0/1.0
一般Ⅱ	50	35/30	24/20	7/5	3.4/4.0
併願優遇Ⅱ		40/50	33/44	33/44	1.0/1.0

学校説明会 要予約
9/2 9/16 10/14 10/21 11/4 11/18 12/2
会場：二松学舎大学中洲記念講堂
受験なんでも相談会 12/9
入試個別相談会 12/26(推薦・併願優遇)
一般入試問題解説会 12/23
見学できる行事 要予約
文化祭 9/30・10/1(個別相談コーナーあり)

説明会・行事等は日程・内容が変更される場合があります。必ず学校HP等でご確認ください

東京
に

日本工業大学駒場 中学校 高等学校

にっぽん こう ぎょう だい がく こま ば

〒153-8508　東京都目黒区駒場1-35-32　☎03-3467-2130　学校長　大塚　勝之

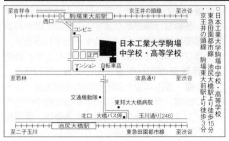

〈中学URL〉https://www.nit-komaba.ed.jp/j/
〈高校URL〉https://nit-komaba.ed.jp/

沿革　明治40年（1907）東京工科学校開学。平成19年（2007）に創立100周年を迎えました。同20年（2008）より校名を変更し、普通科男女共学新設。中高一貫コースは、進学型の男女共学としました。令和3年（2021）、高等学校の理数工学科、創造工学科を募集停止。

校風・教育方針

2008年4月に校名変更し、中高一貫コースでは共学化と普通科展開コースの設置、高校からの入学コースでは普通科を併設しました。中高一貫コースは大学進学成果をいっそう高め、高校からの入学コースでは多様な進路希望に対応できるよう、支援体制を強化しています。それとともに、どんなことがあってもくじけない "勁（つよ）い心" と、まわりの人にできるだけ優しく接することができる "優しい心" を育むこと。これを教育運営の柱としています。

カリキュラムの特色

生徒は、他人にはない自分だけの才能をそれぞれ持っています。それを発見し育て、希望進路が達成できるようにカリキュラム設定をしました。

■中学校

中学1・2年では、クラス単位での授業で基礎力を身につけます。中学3年からは特進クラスを編成し、生徒一人ひとりの学習到達度に応じた授業を展開します。高校に進学する段階で卒業後の希望進路に従い、コース選択をします。

家庭学習の習慣を身につけるため、教員と保護者が一緒に生徒を応援する「ファイトノート」や朝テスト、放課後補習を連関させた学習プログラムを実践しています。また2022年夏に、これまで高校で展開されていた「日駒光風塾」を中学でも開設しました。

■高等学校

特進コース・六年制特進コース：国公立大学、早慶上理、G-MARCHに現役合格を目指します。

理数特進コース・六年制理数コース：自然科学を探究し国公立を含めた難関理系大学を目指します。

総合進学コース・六年制進学コース：部活動、生徒会活動など学校生活を通して自分らしい進路を見つけていきます。

文理未来コース（高校からの入学生のみ）：創作活動を活かし、中堅私大進学を目指します。

理数特進コース・六年制理数コースを除き、高校2年次に文理選択をします。長期休暇中は、学習レベルに応じた講習を選択して受講できます。また、全生徒が小論文の基本的な書き方を学び、希望する生徒には学校推薦型選抜・総合型選抜対策を実施しています。さらに、校舎近くの建物で最難関大学志望者学習支援プログラムである「日駒光風塾」を選抜者に実施し（教材費を除き費用無料）、多くの合格実績を上げています。

設備・施設

コミュニケーションラボ（アクティブルーム、リラックスルーム）という英語特別教室で、ネイティブによるオールイングリッシュの授業を行っ

今春の進学実績については巻末の「高校別大学合格者数一覧」をご覧ください

ています。2020年度には周囲に鏡を配置しダンスを中心に活用するトレーニングスタジオと筋力を鍛えるトレーニングルームが完成しました。2021年度には、日本工業大駒場の知の象徴、知の拠点になることを願い、校舎1階の中心部分に図書館を移設。チュータールームや自習室も新しくなりました。2022年度夏には、女子ラウンジの改装とパウダールームを備えた女子トイレを増設しました。

学校行事・クラブ活動

　生徒会を中心に多彩な学校行事が行われています。部活動も活発で、アーチェリーとレスリングは全国大会へ出場。陸上、卓球、体操競技、ものつくり部、パソコン部で多くの実績をあげています。

データファイル

■2024年度入試日程

中学校

募集人員	出願期間	試験日	発表日	手続締切日
1回(一般・適性) 50	1/10〜1/31	2/1	2/1	2/10
2回 30	1/10〜1/31	2/1午後	2/1	
3回(一般・適性) 40	1/10〜2/2	2/2	2/2	
4回 20	1/10〜2/2	2/2午後	2/2	
5回 20	1/10〜2/3	2/3	2/3	
特別選抜 20	2/2〜2/5	2/5	2/5	

高等学校　　学業・スポーツ特待生制度あり

募集人員	出願期間	試験日	発表日	手続締切日
推薦 124	1/15〜1/17	1/22	1/23	A1/25 B公翌
一般① ② 121	1/25〜2/5	2/10	2/11	公立発表翌日
	1/25〜2/5	2/12	2/13	

＊推薦B(併願)は埼玉・千葉県生対象。併願優遇は都内生・神奈川県生。チャレンジ入試は2/12のみ

■2024年度選考方法・入試科目

中学校

1・3回：得意2科択型※か4科か適性検査Ⅰ・Ⅱ
2・4回：得意2科択型※かプレゼンテーション型入試
5回・特別選抜：得意2科択型※か4科
※得意2科択型は国算、国社、国理、算社、算理のいずれか　1回・2回のみ国英、算英も選択可
〈配点・時間〉国・算・理・社・英＝各100点45分
〈面接〉なし

高等学校

推薦：適性検査(国数英)、面接
【出願基準】( )内はB　全コースとも9科に1は不可　特進5科21(22)、理数特進5科20(21)、総合進学5科18(19)、文理未来5科17(18)　皆勤、数検・英検・漢検などで加点あり
一般：国語、数学、英語、面接
〈配点・時間〉国・数・英＝各100点50分
〈面接〉生徒個人　重視

■2023年春併設大学への進学状況

在学中一定の成績をとった者に資格があります。
日本工業大学−16(基幹工2、建築1、先進工13)

■2023年春卒業生進路状況

卒業生数	大学	短大	専門学校	海外大	就職	進学準備他
265人	215人	3人	19人	0人	5人	23人

■2023年度入試結果

中学校

募集人員	志願者数	受験者数	合格者数	競争率
1回(一般・適性) 40	306	246	140	1.8
2回 25	342	294	82	3.6
3回(一般・適性) 35	365	244	66	3.7
4回 20	348	223	35	6.4
5回 10	381	188	33	5.7
6回 10	430	173	29	6.0
特別選抜 10	157	119	14	8.5

高等学校　　男／女

募集人員	志願者数	受験者数	合格者数	競争率
推薦A B 124	154/44	154/44	154/44	1.0/1.0
	7/0	7/−	7/−	1.0/−
併願 一般 121	520/157	479/151	479/151	1.0/1.0
	120/27	93/21	10/6	9.3/3.5

学校説明会　すべて要予約
★中学校
9/9 9/10 10/28 11/26 12/10 1/14
平日説明会　11/9 12/1　直前説明会　1/27
授業見学会　10/28　放課後見学会　9/22
入試プレテスト　12/10(適性) 12/17(教科型)
★高等学校
9/23 10/21 11/4 11/18
入試ワンポイントアドバイス・入試要項　11/25 12/2
個別入試相談会　11/11 12/5 12/6 12/9
オープンキャンパス(中高) 10/7
見学できる行事　要予約
文化祭(日駒祭)　9/9・9/10(相談コーナーあり)
体育祭　中学10/22　高校10/31

説明会・行事等は日程・内容が変更される場合があります。必ず学校HP等でご確認ください

中 **男子**　高 **男子** 普通科

◇ 日本学園 中学校 高等学校

にほんがくえん

〒156-0043　東京都世田谷区松原2-7-34　☎03-3322-6331（代）　学校長　水野　重均

〈URL〉https://www.nihongakuen.ed.jp

沿革　明治18年に東京英語学校として神田錦町に創立。明治25年、日本中学校と改称しました。昭和11年、現在地である世田谷区松原に移転。昭和23年、新学制により日本学園と改称しました。

校風・教育方針

　「個」を尊重し自主・創造の実践力を育て国際社会で活躍できる人材の育成を目指しています。物事を広く深く理解する力、自主性と創造力、たくましい実践力を身につけるべく、自由闊達な校風の中、志望をかなえる進路指導を行います。

カリキュラムの特色

「創発学」と「NGP」でグローバル社会を生き抜く

　日本学園独自の教育プログラム「創発学」を中学からスタートします。創発とは子ども達がコミュニケーションを通じて互いに切磋琢磨し、新しい知識や能力を生み出すための活動です。そしてその核となっているのが「体験」です。まずは第一次産業を体験し「土」「緑」「水」に直接触れ五感をフルに働かせ、「創発学」を学ぶための「精神的土壌」を養います。その上で「課題設定」「情報収集」「整理分析」「プレゼンテーション」をサイクルで行うような経験を何度も重ね、最終的には自分の将来を見据えるような「キャリア教育」に

―Information―

　2026年4月より明治大学の系列校（共学校）となり、明治大学付属世田谷中学校・高等学校へ校名が変更になります。

つなげていきます。中学3年生で「15年後の自分」を考え「研究論文」を制作、発表します。高校では、21世紀型キャリア教育として、探究学習、問題解決学習、グループワーク・ディベートなどを行いながら思考力・創造力・表現力を養います。

　また、日本語と英語を同時に結合させ育成する独自プログラムで実践的英語力強化を図っています。朝のSHRでの常勤ALTとの会話の時間のほか、各教科でも合科型授業を行います。中1で東京英語村、中2でブリティッシュヒルズでの語学研修、中3では「日本文化についての英文発表会」や「オーストラリア語学研修」を実施。また、高校では3カ月間の短期留学を取り入れたNGP（にちがくグローカルプログラム）で受動型から発信型へ語学力を向上させ、グローバルな視点で自分の周りのローカルな課題に取り組むチャレンジ精神を養います。基礎学力向上では、中学の「にちがく講座」で得意科目を伸ばし苦手科目を克服するなど、自分に合わせた学習課題に取り組むことができます。高校では、50近くの講座から関心や理解度に基づき、自分に合った講習を組み合わせてフォローアップやより高度な学習を行うことができます。

環境・施設設備

　京王井の頭線明大前より徒歩5分という便利な場所に約25,000㎡の敷地を有し立地しています。また、国の登録有形文化財に指定されている1

号館は、卒業生の今井兼次が設計。美術室の大窓は光採りの北窓で美術のための専用の設計です。

生活指導・心の教育

中学生は毎日提出する「デイリーレッスンノート」に日記形式で毎日の出来事を書きます。これはいわば生徒と担任の交換日記。担任は生徒の変化をここで一早く知り、対応します。

学校行事・クラブ活動

年間行事は、学園祭、体育祭、芸術鑑賞教室、マラソン大会などのほか、東京英語村語学研修、ブリティッシュヒルズ英会話合宿、オーストラリアターム留学を実施。修学旅行は中学3年全員が

オーストラリア海外語学研修。高校では、高校1年で東京英語村語学研修と職業講話、高校2年が沖縄に修学旅行。

クラブ活動は、野球部、サッカー部、バスケットボール部、バレーボール部、柔道部、テニス部、トライアスロン部、剣道部などの運動部のほか、吹奏楽部、鉄道研究部、軽音楽部の文化部もあります。

┌ Information ┐

特待制度

高校の特進コースでは入試の成績優秀者に4段階の特待が付きます。

データファイル

■2024年度入試日程

中学校

募集人員		出願期間	試験日	発表日	手続締切日
1回	70	1/10〜1/28	2/1	2/1	2/4
2回	30	1/10〜2/2	2/4	2/4	2/6
3回	20	1/10〜2/4	2/5	2/5	2/6

高等学校　＊書類は郵送

募集人員		出願期間＊	試験日	発表日	手続締切日
推薦	124	1/15〜1/18	1/22	1/23	1/24
一般・併願1回	83	1/25〜2/7	2/10	2/11	3/3
2回	41	1/25〜2/13	2/14	2/15	

入学後のコース変更はできません。

■2024年度選考方法・入試科目

中学校

4科
〈配点・時間〉国・算＝各100点50分　理・社＝各50点30分
〈面接〉なし

高等学校

推薦：書類審査、面接、作文（50分）
【出願条件】内申　特別進学：3科12かつ5科18　進学：9科28　いずれも9科に1があると不可（特別進学は5科に2も不可）　英検・漢検・数検、3年間精勤（特別進学除く）などは内申に加点　3年次欠席10日以内
一般：国語・数学・英語、面接
〈配点・時間〉国・数・英＝各100点50分
〈面接〉推薦：生徒個人　一般：特別進学コースは生徒個人、進学コースは生徒グループ　重視

■指定校推薦枠のある主な大学

獨協大　日本大　東洋大　駒澤大　専修大　東京都市大　神奈川大　東京電機大　日本薬科大など

■2023年春卒業生進路状況

卒業生数	大学	短大	専門学校	海外大	就職	進学準備他
120人	107人	0人	7人	0人	2人	4人

■2023年度入試結果

中学校　2科／4科

募集人員		志願者数	受験者数	合格者数	競争率
1回	70	79/339	77/311	7/76	11.0/4.1
2回	30	91/400	72/309	4/26	18.0/11.9
3回	20	72/341	58/261	2/26	29.0/10.0

高等学校　スライド合格を含まない

募集人員		志願者数	受験者数	合格者数	競争率
推薦	131	112	112	112	1.0
一般・併願1回	90	196	192	181	1.1
2回	42	81	52	33	1.6

┌ 学校説明会 ┐ 要予約

★中学校
入試説明会　6年生　9/9 10/14 11/11
4・5年生　2/24
入試問題解説会　12/16
★高等学校
9/16 10/21 11/4 11/18
入試個別相談会　12/2 12/9
学校見学は随時可（要予約）

┌ 見学できる行事 ┐

文化祭　9/30・10/1
HPでご確認ください

説明会・行事等は日程・内容が変更される場合があります。必ず学校HP等でご確認ください

東京
に

日本女子体育大学附属二階堂高等学校

〒156-0043　東京都世田谷区松原2-17-22　☎03-3322-9159　学校長　工藤　公彦

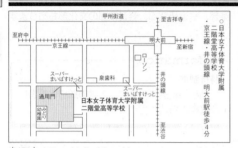

○日本女子体育大学附属二階堂高等学校・井の頭線京王線　明大前駅徒歩4分

〈URL〉https://nikaido.ed.jp

沿革　大正11年（1922）、二階堂トクヨにより創設された二階堂体操塾が母体。昭和23年（1948）、二階堂高等学校として開校し、平成30年（2018）、創立70周年を迎えました。令和3年（2021）、生徒の自発的な学びの場である「N-SALC」の新設など、新たな取り組みにも挑戦しています。令和4年（2022）、学園創立100周年。令和6年（2024）、4コース制に再編。

校風・教育方針

　体育大の附属校ではありますが、体育だけにとらわれず、幅広い教養を身につけることができる普通科の女子校です。創立以来、自立した一人の女性として力強く、自信をもって社会を生きていくための総合的な力を育み、次世代へと受け継いできました。様々な教育活動を通じて、常に「人とかかわる」ことの大切さを学ぶ土壌こそが根幹でもあります。多様な人びとと協働することができる主体性、自分の考えを、自分の言葉で、わかりやすく伝える力、そして自ら考え抜いて行動し、新たな価値を生み出す力を身につけ、将来の変化を予測することが困難な時代でもたくましく活躍する女性の育成、すなわち「人づくり」を目指しています。

カリキュラムの特色

　自分のやりたいこと、なりたい職業を考え、それを実現していくために4つのコースがあり、多様な進路選択に対応できることが特徴です。

◆キャリアデザインコース　幅広い分野の中から

自分の興味や関心を導き出し、夢を見つけ、将来のキャリアビジョンを描きます。自己実現のために必要な基礎学力の定着を図り、多彩な体験型学習を通じて自分の将来をプランニングし、進路に合わせて選択科目をカスタマイズできます。

◆特別進学コース　少人数制に特化し、徹底したサポート体制で自分の進学したい大学への現役合格を目指します。自律学習の習慣を身につけ、ディスカッションやプレゼンテーションなど主体的で対話的な深い学びから大学受験に備えます。

◆ダンスコース　ダンサーとして、舞台人として、指導者として、将来舞踊界で活躍するための基盤を作ります。日本女子体育大学との7年間の学びを通して、ジャンルを超えた様々なダンスの理論やスキルを学び、技能を高めます。

┌─Information─

N-SALC

（Nikaido Self-Access Learning Center）

　英語でのコミュニケーションを中心とした生徒の自発的な学びの場として、全コースの生徒が利用できます。ネイティブスピーカーの外国人講師が常駐し、開放的で気楽な雰囲気の中で、英語を学ぶことができます。自国の文化を知り、異文化を理解する視点を養うとともに、何事も自ら切り拓いていく意欲と学び続ける能力を備えた、グローバルな社会でたくましく活躍する女性の育成を目指します。

今春の進学実績については巻末の「高校別大学合格者数一覧」をご覧ください

◆**スポーツコース** 日本女子体育大学との7年間の学びを通して、スポーツの方法を考え理論を学び、技能の向上を目指します。競技者として、また、これからのスポーツを支える指導者を目指すための基礎を学び、可能性を伸ばします。

環境・設備

京王線、京王井の頭線明大前駅から徒歩4分の静かな住宅街に立地しています。全教室および体育館には、冷暖房が完備しています。その他、壁面鏡張りのダンス教室、トレーニングルーム、パソコン教室、N-SALC、個別ブース型の自習室、個室のシャワールームなどがあります。

学校行事・特別活動

全校行事として体育祭、合唱コンクール、二階堂祭があり、生徒が協働して行事の企画や準備に取り組んでいます。その他、コースの特色を生かした行事や2年次には修学旅行などもあります。ボランティア活動として、近隣地域の清掃活動等に毎年参加し、生徒の主体性を育てています。

クラブ活動は運動系11、文化系4の部があり、技能向上を目指して日々練習に励んでいます。ダンス部、新体操部、バレーボール部は全国大会や関東大会での実績があり、部活動全体の活性化と競技力の向上を図っています。

世田谷区

高

女子

データファイル

■2024年度入試日程

	インターネット出願期間	試験日	発表日	手続締切日
推薦	1/15〜1/16	1/22	1/22	1/25※
併願優遇1回	1/25〜2/5	2/10	2/10	※
2回	1/25〜2/5	2/12	2/12	※
一般 1回	1/25〜2/5	2/10	2/10	2/14※
2回	1/25〜2/5	2/12	2/12	2/16※
帰国生	11/13〜12/3	12/9	12/9	12/12※

※B推薦・併願優遇・一般は併願校の第一次募集合格発表翌日。帰国生の併願は公立高校第一次募集合格発表翌日。

〔募集人員〕キャリアデザイン70、特別進学10、ダンス40、スポーツ40

■2024年度選考方法・入試科目

推薦：書類審査、面接（C推薦は作文あり、舞踊推薦・スポーツ推薦は実技あり）【出願基準】A推薦：キャリアデザイン5科13か9科24、特別進学3科10か5科16か9科29、ダンス・スポーツ9科25、舞踊推薦、スポーツ推薦は都道府県大会入賞以上 B推薦（都外生対象・神奈川を除く）：A推薦の内申に＋1 C推薦（単願・キャリアデザインのみ）：成績基準なし

併願優遇：書類審査、国・数・英から2科選択（特別進学は国・数・英）、面接 【出願基準】内申はB推薦と同じ

※A推薦・B推薦・併願優遇ともに9科に1がないこと 各種検定、部活動、皆勤などで内申に加点あり（要項参照）

一般：書類審査、国・数・英から2科選択（特別進学は国・数・英）、面接

※単願優遇制度あり（要項参照）

帰国生：書類審査、作文（日本語）、面接

学業奨学生・スカラシップ、スポーツ・舞踊奨学生採用試験：基準・試験内容は要項を参照

■2023年春併設大学への進学

日本女子体育大学－9（体育）

■指定校推薦枠のある主な大学

麻布大 東京農業大 帝京平成大 鎌倉女子大 東洋英和女学院大 立正大 産業能率大 国士舘大 目白大 東京医療学院大 城西大 白百合女子大 玉川大 桐蔭横浜大 流通経済大など

■2023年春卒業生進路状況

卒業生数	大学	短大	専門学校	海外大	就職	進学準備他
110人	64人	3人	31人	2人	3人	7人

■2023年度入試結果

募集人員		志願者数	受験者数	合格者数	競争率
推薦 単願／併願	80	55/2	55/2	55/2	1.0/1.0
一般併願優遇	80	74	68	68	1.0
フリー		14	12	12	1.0

学校説明会 すべて要予約
10/7 10/22 11/5 11/19 11/25 12/2
学校見学会 9/16 10/14
オープンキャンパス 9/10 3/23
出願直前相談会 12/9 12/16
部活動体験会 9/2
ダンスワークショップ 9/10 3/23
イブニング進学相談会 11〜12月の月・木曜日
オンライン説明会・相談会 9〜12月（予定）
個別相談・学校見学は随時可（要予約）。

見学できる行事
二階堂祭（文化祭） 9/23・9/24

説明会・行事等は日程・内容が変更される場合があります。必ず学校HP等でご確認ください

日本大学第一 中学校 高等学校
にほんだいがくだいいち

〒130-0015　東京都墨田区横網1-5-2　☎03-3625-0026　学校長　熊谷　一弘

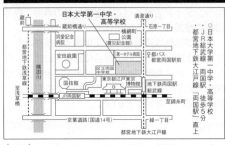

〈URL〉https://www.nichidai-1.ed.jp/

沿革　大正2年（1913）、日本大学最初の付属校として日本大学中学校の名で神田三崎町に創立。大正13年、現在地に移転し、昭和25年（1950）の学制改革により、校名を日本大学第一中学校、日本大学第一高等学校と改称。昭和43年には兄弟校として千葉日本大学第一高等学校を開校、翌年、同中学校を併設、昭和61年には同小学校を開校。平成9年（1997）より男女共学となりました。

校風・教育方針

校訓「真・健・和」―知識を求め、真理を探究し（「真」）、心身健康で鍛錬に耐える力を持ち（「健」）、思いやり、協調の心を培うこと（「和」）によって、絆を重んじ、良き生活習慣をもった次世代人を育成する。
⑴知識偏重に傾くことなく、知育・徳育・体育を一体にした円満な常識ある人間を育成するよう努める。
⑵いかなる困難にも耐える強固な意志と、健康な身体を育成するよう努める。
⑶各人の個性を伸長させるよう努める。

カリキュラムの特色

中学校では、中高一貫教育の利点を生かし、ゆとりをもって、生徒の天性・特技・趣味などの個性を把握し引き伸ばす教育を目指しています。所定の教育課程および学習指導要領に準拠したカリキュラムに基づいて基礎学力の向上を図るだけでなく、2年生からは、イングリッシュキャンプ（中2全員）やオーストラリア語学研修（中2・3希

望者）を実施し、英語に対する視野を広げるようにします。また、英検の積極的な受験をすすめ、確実な指導を行っています。

高等学校では、高校からの入学生（高入生）と付属中学からの進学生（内進生）とを混合してクラス編成をします。高校2年生からは各自の進路目標を達成するために文系・理系に分け、その際それぞれに「日本大学進学クラス」と「難関大学進学クラス」を作り、日大進学はもちろんのこと、GMARCH以上の難関大学への進学にも通じる実力の養成を行います。

環境・施設設備

両国にあるため交通の便のよい立地です。キャンパスは江戸東京博物館の大きな建物が眼前にそびえ、両国国技館が並ぶ中にあります。40の普通教室、特別教室、図書室の入った8階建の本館は冷暖房が完備されており、多目的ホールや特別教室、大講堂兼体育館のある新館、小体育館棟があります。図書室には約37,000冊の蔵書があり、読書の他に、自習スペースとしても活用することができます。特に、理科、芸術科、技術家庭科の施設は十分に整えられており、コンピュータの指導では一人に一台が与えられ、放課後使用することもできます。千葉県船橋市の千葉日大一中・一高内に、硬式野球部のグラウンドがあります。

生活指導・心の教育

中学生は「真」「健」「和」の校訓に照らして、将来の日大一高生の中核をなす健全で誠実な生徒

今春の進学実績については巻末の「高校別大学合格者数一覧」をご覧ください

になるよう指導しています。家庭との密接な連携を保ちつつ、しつけ教育にも力を注いでいます。また高校生は、中学生と共に生活していることで、下級生に対する思いやりを大切にし、上級生として責任感をもった行動がとれるような人間形成を目指しています。

学校行事・クラブ活動

　学校行事は、健全で常識ある人格を育て、またのびのびと学園生活を送る上で欠かせません。中学

1年ではスキー教室、2年でイングリッシュキャンプ、3年では関西方面への修学旅行を実施。また、高校1、2年では宿泊研修を行い、2年時はさらに九州方面への修学旅行を行っています。

　クラブ活動は、中・高一緒です。野球部は春夏あわせて10回の甲子園出場経験を誇ります。全国大会に連続10回出場したことのある卓球部のほか、最近では柔道部や剣道部、ゴルフ部、チアリーダー部がめざましい活躍を見せています。

データファイル

■2023年度入試日程（参考）

中学校

募集人員		出願期間	試験日	発表日	手続締切日
4科1回	110	1/10〜1/31	2/1	2/1	2/5
2回	50	1/10〜2/1	2/2	2/2	2/5
2科1回	20	1/10〜2/2	2/3	2/3	2/5
2回	20	1/10〜2/4	2/5	2/5	2/7

高等学校

募集人員	出願期間※	試験日	発表日	手続締切日
推薦 75	1/15〜1/19（必着）	1/22	1/22	1/24
一般 75	1/25〜2/9（必着）	2/10	2/10	2/12

※インターネット出願。上記は書類提出日

■2023年度選考方法・入試科目（参考）

中学校

4科1回・2回：国語、算数、社会、理科
2科1回・2回：国語、算数
〈配点・時間〉国・算＝各100点50分　理・社＝各50点30分
〈面接〉なし

高等学校

推薦：書類審査、適性検査（国・英・数各30分）、面接（個人）【出願条件】国数英社理5科20　3年間評定に1がないこと　各学年欠席10日以内
一般：国語、英語（リスニング含む）、数学、面接（グループ）
〈配点・時間〉国・数・英＝各100点50分
〈面接〉推薦は個人、一般はグループ

■2023年春併設大学・短大部への進学

3年間の学業成績と日本大学付属高校基礎学力到達度テストの成績、その他（各学部が実施する面接・小論文・実技等）を総合して合否が決定します。
日本大学—212（法29、法二部13、文理18、経済26、商13、芸術6、国際関係7、危機管理4、スポーツ科2、理工58、生産工13、工3、松戸歯1、生物資源科13、薬3）
日本大学短期大学部—5（建築・生活デザイン3、ものづくり・サイエンス総合1、ビジネス教養1）

■指定校推薦枠のある主な大学

上智大　東京理科大　学習院大　法政大　成城大
日本大　東京都市大　東京薬科大　芝浦工業大
東京電機大　武蔵大　神田外語大など

■2023年春卒業生進路状況

卒業生数	大学	短大	専門学校	海外大	就職	進学準備他
336人	308人	8人	8人	0人	0人	12人

■2023年度入試結果

中学校　男／女

募集人員		志願者数	受験者数	合格者数	競争率
4科1回	110	211/102	189/93	85/47	2.2/2.0
2回	50	311/125	183/67	58/25	3.2/2.7
2科1回	20	201/97	98/46	26/7	3.8/6.6
2回	20	236/106	123/53	13/9	9.5/5.9

高等学校

募集人員		志願者数	受験者数	合格者数	競争率
推薦 男	75	46	46	46	1.0
女		42	42	42	1.0
一般 男	75	113	111	95	1.2
女		37	35	33	1.1

学校説明会　要予約

★中学校・高等学校
学校説明会ライブ配信　9/10 10/8 10/22 11/12（中学入試）11/19（高校入試）12/17 ※リアルタイムで質問可能
※詳細は学校ホームページをご覧ください。
動画「日大一の日常」を公開中
来校型学校見学会　9/23 9/24 11/11

見学できる行事

文化祭　9/23・9/24

説明会・行事等は日程・内容が変更される場合があります。必ず学校HP等でご確認ください

日本大学第二中学校高等学校

にほんだいがくだいに

〒167-0032　東京都杉並区天沼1-45-33　☎03-3391-0223　中学校長　寺西　一清　高等学校長　中島　正生

○日本大学第二中学校・高等学校
最寄り駅／荻窪駅、阿佐ヶ谷駅
・JR中央線、阿佐ヶ谷駅、荻窪駅　徒歩15分
・東京メトロ丸ノ内線、荻窪駅　徒歩15分
・西武池袋線・西武新宿線、中村橋駅からバス

〈URL〉 https://www.nichidai2.ac.jp/

沿革　大正15年（1926）日本大学の2番目の付属中学、日本大学第二中学校として創立。翌々年には、日本大学第二商業学校を開校。昭和22年より中学は新制日本大学第二中学校に移行し、同23年高校は新制日本大学第二高等学校に名称変更しました。また、同24年に中学・高校に女子部を併設。平成8年度より中学校が、同9年より高校も男女共学となりました。

校風・教育方針

「明るさ」と「おおらかさ」が校風です。「信頼敬愛」「自主協同」「熱誠努力」の校訓3則のもと、自主性・創造性を育み、知・徳・体・食のバランスのとれた人間の育成をめざします。さらに、「能力と個性の伸長」「集団生活を通しての成長」「社会についての理解と公正な判断力の養成」「勤労を重んじる精神の涵養」「進路の選択」の5項目を教育方針として、「厳しいうちにも楽しくいきいきとした学校生活」「進路の開拓に役立つ学校生活」を実現できるよう、指導にあたっています。

カリキュラムの特色

基礎・基本の徹底

中学では、先取り授業を行わず、しっかりとした基礎学力の定着を図るため振り返り学習に重点を置いています。英語・数学の2科目では、個々の学習進度に合わせた「演習」の分割授業を週2時間実施。また、勉強に遅れをとっている生徒に対する週ごとの学習点検（放課後補習）を行っています。加えて、中3生には、学習の総まとめとして「持続可能な開発目標（SDGs）」を中心課題とした「卒業研究」を行います。

高校では2022年度入学生より、これまで2年では文系・理系コース、3年では文系・理系・国公立文系・国公立理系に分けていたものを改編。文系・理系コースから「人文社会」「理工」「医療」の3つのコースに細分化し、自己の進路や目標に応じた学力向上を図ります。

中高6カ年を通じて、通常の授業のほかに補習や講習を随時行っており、基礎学力の定着や大学受験対策は万全です。また、担任や教科担当者は生徒達と寄り添うような指導を展開しており、個々の目標実現を強力にサポートしています。

国際理解教育

海外研修には、アメリカ・オレゴン州の姉妹校で現地の高校生と机を並べ、授業を受ける年2回のホームステイプログラムと、日本大学主催のイギリスのケンブリッジ大学での春と夏の語学研修があります。アメリカ研修へは毎年50人程度、イギリス研修は4人程度が参加しています。

環境・施設設備

静かな住宅街に囲まれた緑豊かな敷地内には、杉並百景にも選ばれる42本の銀杏並木があり、四季折々の美しい姿は、生徒たちに安らぎを与えています。加えて、南向きで開放的な中学・高校校舎、教科に特化した芸術校舎に理科校舎、武道館がゆったりと配置されており、落ち着いた雰囲気に包まれています。また、4コーストラックを有

今春の進学実績については巻末の「高校別大学合格者数一覧」をご覧ください

した大きな人工芝グラウンドに寛ぎスペースの中校庭、隣には4面のテニスコートがあり、生徒たちがのびのびと学校生活を送る環境が整っています。

学校行事・クラブ活動

中学では中1林間学校、中2勉強合宿（2022年度より）、中3修学旅行の3つ、高校では高1行事、高2修学旅行の2つの宿泊行事を実施。その他、中高同時開催の文化祭（銀杏祭）やマラソン大会、中高別開催の体育大会などが行われます。

部活動は42部あり、在校生の80%以上が所属しています。運動部は、軟式野球（中学）、硬式野球（高校）、サッカー（高校）、水泳、テニス、チアダンスなどが活躍。文化部では、演劇、フォークソング、吹奏楽、放送などが各種コンクールで上位入賞を果たしています。

データファイル

■2024年度入試日程 中高ともWeb出願

（下記日程は予定です。詳細は9月以降の「入試要項」を参照）

中学校

募集人員		出願期間	試験日	発表日	手続締切日
1回	男80 女80	1/10〜1/31	2/1	2/1	2/3
2回	男40 女40	1/10〜2/2	2/3	2/3	2/5

高等学校

募集人員		出願期間	試験日	発表日	手続締切日
推薦	男女105	窓口1/15	1/22	1/23	1/24
一般A B	男女105	郵送 1/25〜2/6※	A2/11 B2/11	A2/12 B2/12	A2/13 B3/2

※一般のデータ入力締切は2/5

■2024年度選考方法・入試科目

中学校

国語、算数、理科、社会

〈配点・時間〉国・算＝各100点50分　理・社＝各50点計50分

〈面接〉なし

高等学校

推薦：書類審査、面接、作文（600字60分）

＊2023年度テーマ「高校三年間で挑戦したいこと」

【出願条件】第一希望の者で内申5科20かつ9科35　東京都、埼玉県、千葉県、神奈川県の国公立中学卒業見込者

一般：国語、数学、英語（リスニングあり）

〈配点・時間〉国・数・英＝各100点50分

〈面接〉推薦のみ　生徒個人　重視

■2023年春併設大学・短大部への進学

日本大学が実施する高2春・高3春・秋の3回に分けて行われる基礎学力到達度テストの成績、学内成績、面接等を参考に各学部で決めた一定の基準に従って選抜。

日本大学－126(法17、法二部3、文理16、経済7、商9、芸術15、国際関係1、危機管理3、スポーツ科1、理工22、生産工8、工1、歯6、松戸歯2、生物資源科12、薬3）

日本大学短期大学部－1（ものづくり・サイエンス総合）

■指定校推薦枠のある主な大学

早稲田大　上智大　東京理科大　明治大　青山学院大　中央大　法政大　立教大　学習院大　成蹊大　成城大　東京女子大　日本女子大　日本歯科大　昭和薬科大など

■2023年春卒業生進路状況

卒業生数	大学	短大	専門学校	海外大	就職	進学準備他
400人	351人	2人	6人	0人	0人	41人

■2023年度入試結果

中学校

募集人員		志願者数	受験者数	合格者数	競争率
1回男	80	213	186	89	2.1
女	80	200	188	86	2.2
2回男	40	352	204	58	3.5
女	40	295	170	51	3.3

高等学校

募集人員		志願者数	受験者数	合格者数	競争率
推薦	男女105	98	98	98	1.0
一般A	男女105	242	227	142	1.6
B		88	86	45	1.9

学校説明会　要Web予約

★**中学校**

10/14 11/4 12/2　※ライブ配信あり

★**高等学校**

9/2 10/28 11/25 12/9　※ライブ配信あり

学校見学会(中高)　9/9 10/21

個別学校見学は随時可（要電話連絡）

見学できる行事

文化祭　11/11・11/12(公開予定)

体育大会　中学　10/7(公開予定)

　　　　　　高校　6/17(終了)

説明会・行事等は日程・内容が変更される場合があります。必ず学校HP等でご確認ください

東京
に

日本大学第三中学校 高等学校
（にほんだいがくだいさん）

〒194-0203　東京都町田市図師町11-2375　☎042-789-5535　学校長　樋山　克也

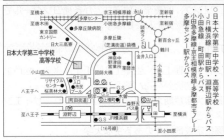

〈URL〉https://www.nichidai3.ed.jp/

沿革　昭和4年（1929）、日本大学赤坂中学校として創立し、翌年日本大学第三中学校と改称。同22年より新制日本大学第三中学校に移行、翌年、新制日本大学第三高等学校を開校しました。同62年より高等学校が、平成4年、中学校も男女共学となり、中高一貫の共学校となりました。

校風・教育方針

教育目標は、日本大学の目的および使命に基づき教育基本法、ならびに学校教育法の趣旨に則っています。人格の形成を目指し、平和的な国家社会の形成者として、真理を愛し、個人の価値を尊び、勤労と責任を重んじ、自主精神に充ちた心身ともに健康な国民の育成を期するとともに、特に以下に掲げる伝統的な校風の助長に努力します。

1. 「明・正・強」の建学の精神に徹し、質実剛健、明朗闊達、気品のある人格を養う。
2. 学問を愛し、礼儀を尊び、社会と人生に対する深い理解と公正な判断を養う。
3. 自主独立の気風と志操を保ち、実行力に富む人材を養う。
4. 環境の整理と美化に意を用い、清潔を重んずる気風を作り、あわせて健康な身体を養う。

カリキュラムの特色

中学校では一貫教育の利点を生かして主要教科に十分な時間を配当し、教材の精選と指導の工夫により学習効果をあげるようにしています。高校・大学への進学を踏まえたカリキュラムのもと、数学ではティームティーチング方式を取り入れ、細かく指導しています。また英語では1年次よりネイティブスピーカーの教員によるOC（オーラルコミュニケーション）の授業が行われます。なお、英検・数検・漢検は校内で受検できます。

高等学校では、1年次から国公立・難関私大の理系及び医科歯科系大学進学を目指す特進クラス、運動の練習に専念できるよう配慮されたスポーツクラス、日本大学や他大学進学を目指す普通クラスの3つのコースに分かれて学習します。付属中学出身者は1年次修了まで他の中学からの進学者とは別クラスに編成され、2年次からは出身中学に関係なく文理別のクラスに分かれます。3年次ではそれぞれの進路に合わせて、選択科目別の同時開講授業が行われています。

環境・施設設備

多摩丘陵の緑豊かな自然に囲まれている学園は、四季を通じて爽やかな環境にあります。広大な敷地（約150,000㎡）に、教材教具が充実した特別教室、1,200人収容の講堂、吹き抜け高窓の図書室、パラソルドーム型の体育館、夜間照明施設を備えた400mトラックの総合グラウンド（今年度中に人工芝化）、野球場、食堂などの施設が充実しています。

創立80周年記念事業の一環として、新施設（①総合体育館〈1階アリーナ／3階柔道場／4階剣道場［冷暖房完備］〉②屋内温水プール〈25m×8レーン〉③進路指導室④女子更衣棟〈1階は購買「サンカフェ」〉）が完成。また、図書室・

3期制 ／ 登校時刻 8:45 ／ 昼食 弁当持参、食堂、売店 ／ 土曜日 授業

PCルームをリニューアルしました。

生活指導・心の教育

中学では、社会活動の基礎となる融和の精神を重んじ、豊かな情操と公正な判断力が養われるよう指導します。高校においては、日々の学習や行事、クラブ活動などを通して、自己能力の発見に努め、あわせて協調する心と相互理解の精神を通して、社会の有為な人となる生徒を育てます。

学校行事・クラブ活動

主な学校行事として、体育大会（中高別）、三鸚祭（文化祭）、校外学習（中1〜高1）、芸術鑑賞会、合唱コンクール（中）、修学旅行（中3…3泊、高2…4泊）などが計画されています。

クラブ活動としては、演劇、絵画工芸、茶華道、写真、吹奏楽、鉄道研究、放送など15の文化部と、硬式野球、アメリカンフットボール、柔道、剣道、サッカー、水泳、卓球、テニス、バドミントン、バレーボール、陸上競技、ダンス、パワーリフティング、女子サッカーなど20の運動部があります。

データファイル

■2024年度入試日程

中学校

募集人員		出願期間	試験日	発表日	手続締切日
1回	160	1/10〜1/27	2/1	2/1	2/10
2回	60	1/10〜2/1	2/2	2/2	2/10
3回	20	1/10〜2/2	2/3	. 2/3	2/10

高等学校　＊一般に併願優遇あり

募集人員		出願期間	試験日	発表日	手続締切日
推薦	65	1/15・1/16	1/22	1/23	1/26
一般＊	85	1/25〜1/31	2/10	2/11	A2/13 B3/1

■2024年度選考方法・入試科目

中学校

1・2回：2科か4科

3回：2科

〈配点・時間〉国・算＝各100点50分　理・社＝各50点計60分

〈面接〉なし

高等学校

推薦：書類審査、面接（参考）、作文【出願条件】内申5科22（英検・漢検・数検、生徒会、皆勤等考慮項目あり）　9科に1・2があると不可　欠席3年次10日未満

一般：国語、数学、英語、面接（重視）

※併願優遇制度あり

〈配点・時間〉国・数・英＝各100点50分

〈面接〉推薦は生徒個人　一般は生徒グループ　【内容】志望動機、高校生活への抱負、将来の進路、中学校での生活など

■2023年春併設大学・短大部への進学

在学中の学業成績・人物評価などの内申、日本大学基礎学力到達度テストの成績により推薦資格が得られます。

日本大学－142（法10、法二部3、文理29、経済8、商21、芸術6、国際関係1、危機管理7、スポーツ科1、理工12、生産工6、工1、松戸歯1、生物資源科36）

日本大学短期大学部－進学者なし

■指定校推薦枠のある主な大学

東京都立大　神奈川県立保健福祉大　東京理科大　明治大　青山学院大　立教大　中央大　法政大　学習院大　北里大　昭和薬科大　東京薬科大など

■2023年春卒業生進路状況

卒業生数	大学	短大	専門学校	海外大	就職	進学準備他
367人	332人	2人	3人	0人	1人	29人

■2023年度入試結果

中学校　男／女

募集人員		志願者数	受験者数	合格者数	競争率
1回	160	281/130	253/119	121/89	2.1/1.3
2回	60	327/159	207/70	86/40	2.4/1.8
3回	20	293/143	114/32	31/16	3.7/2.0

高等学校　男／女

募集人員		志願者数	受験者数	合格者数	競争率
推薦	65	50/30	50/30	50/30	1.0/1.0
一般	85	74/30	73/27	61/27	1.2/1.0

学校説明会　要予約

★中学校

10/28　11/25　1/13

学校体験イベント（5・6年生対象）　9/24

★高等学校

10/21　11/4　12/2

中学、高校とも9/16にオンライン説明会あり

見学できる行事　予約不要

文化祭　9/30・10/1

説明会・行事等は日程・内容が変更される場合があります。必ず学校HP等でご確認ください

日本大学櫻丘高等学校

〒156-0045　東京都世田谷区桜上水3-24-22　☎03-5317-9300（事務室）・9323（入試関係）　学校長　大木　治久

〈URL〉https://www.sakura.chs.nihon-u.ac.jp/

沿革　昭和25年（1950）日本大学世田谷教養部（現文理学部）の併設校として創設。日本大学世田谷高等学校　定時制普通科（男女共学）としてスタート。1959年、文理学部の教育モデル校として全日制普通科を開設（男女別学）。定時制は1963年募集停止。1961年、校名を日本大学櫻丘高等学校と改称。2001年、男女共学に移行。2017年、特別進学（S）クラスと総合進学（G）クラスの2コース制を導入。同年、Wi-Fi環境が整備された生徒会館・体育館、人工芝のグラウンド完成。

校風・教育方針

日本大学の教育理念である「自主創造」の精神のもと、「基礎学力の向上」、「自主性の確立」、「連帯と協調性の育成」、「基本的生活習慣の形成」の4つの具体的教育目標を掲げ、教育活動を展開しています。生活習慣と学習習慣を確立する中で、知性溢れ思いやりのある心豊かな人格形成を目指すとともに、社会で活躍できる自主創造型パーソンの育成を行っています。

─Information─

「自ら学び・自ら考え・自ら道をひらく」力を育むための日本大学櫻丘独自の教育"櫻イノベーション"はセカンドステージに突入します。これまでの4つの柱は、「グローバル教育×ダイバーシティ」「アクティブラーニング×ICT教育」「体験型高大連携教育×サイエンスリテラシー」「クリティカルシンキング×プレゼンテーションリテラシー」にバージョンアップ。そして、「ルーブリック×PDCA」を5つ目の柱に加え、学力のみならず思考力・判断力などのスキルや主体性・協働性などの価値観の伸長・向上を目指します。

カリキュラムの特色

特別進学（S）クラスと総合進学（G）クラスの2クラス制を採用しています。

特別進学（S）クラスは、主体的に向上心を持って自らの可能性を追求し、一般選抜に対応できるカリキュラムとハイレベルな授業のもとで、選抜された仲間とともに国公立や難関私立大学、日本大学医学部などへの進学を目指すクラスです。高い目標を持つ選抜された少人数クラスで、3年後の「第1志望校合格！」を合言葉に現役合格を目指すとともに豊かな人間力の育成を図ります。

総合進学（G）クラスは付属高校ならではの充実したサポート体制のもと、基礎学力の定着・向上と幅広い進路に対応できる学力を身につけることを目指します。文理学部の併設校という利点を生かした高大連携教育や推薦入試（日本大学基礎学力到達度テスト）での日本大学への進学はもちろん、他大学への進学など様々な進路へ対応できる力を身につけます。また、学習面だけではなく、クラブ活動にも力を入れ、文武両道の充実した高校生活を送れる環境が整っています。

特別進学（S）クラスと総合進学（G）クラスの2コースの中で互いに高め合う仲間とともに、充実した3年間で自らの進むべき道を見つけることはもちろんのこと、思いやりの心や人権尊重の精神を涵養し、豊かな人格形成を目指します。

今春の進学実績については巻末の「高校別大学合格者数一覧」をご覧ください

世田谷区　高　共学

環境・施設設備

いち早く免震構造装置を取り入れ大規模地震等に対する安全性にも配慮した本館は、開放感溢れ、冷暖房空調設備の整った教室、各フロアーに設置した学習スペース、電気分解殺菌システムを利用し皮膚の弱い人に配慮した25mの室内プールなどを完備。隣接する文理学部敷地内にある2,000人収容の百周年記念館、400mトラックを有する日本大学陸上グラウンドやカフェテリア、食堂などの施設が利用できるのも併設校ならではです。

2017年3月に新装された生徒会館には、協働学習などで活用できる生徒ホールをはじめ、図書室、CAI教室、音楽室、美術室、自習室など充実した学習環境を整備。また本館にもWi-Fi環境と電子黒板を設置、より充実した授業が展開されています。

生活指導・心の教育

規律やマナーの重要性に気付き、社会生活の中で義務と責任の所在を自覚することは大変重要です。節度ある生活態度の確立と規範意識を育み、心豊かな生徒の育成を目指すために、基本的生活習慣の定着やマナー指導、ルール遵守の指導をします。

学校行事・部活動

学校行事や部活動・委員会活動がとても盛んで、充実したスクールライフがあなたを待っています。河口湖での新入生校外教育（1年）、数々のイベントで盛り上がる櫻高祭（文化祭）、4団対抗で行う体育大会、芸術鑑賞会や夏休みには英国海外語学研修（1・2年生希望者）、秋には修学旅行（2年）や校外教育（1年）などの行事があります。

部活動は、運動部は野球、サッカー（男女）、バスケットボール（男女）、アメリカンフットボール、水泳、ゴルフ、ライフル射撃、陸上競技など20部、文化部は吹奏楽、演劇、華道、茶道など9部で合わせて28部と多彩。野球、サッカー部のみならず女子生徒を中心としたバトントワラー部やチアリーディング部などが活動に華を添えています（詳細は学校案内及びホームページ参照）。

データファイル

■2024年度入試日程

募集人員	出願期間	試験日	発表日	手続締切日
推薦　　220	1/15・1/18	1/22	1/23	1/25
一般A日程　230	1/25～2/4	2/10	2/11	2/13
B日程		2/12	2/13	2/15

帰国生入試あり（推薦と同日程）

■2024年度選考方法・入試科目

一般・帰国：国語、数学、英語(リスニング含む)、面接

併願優遇措置：全教科3かつ、東京都は5科22（特別進学（S）は23）、他道府県は5科23
〈配点・時間〉国・数・英＝各100点60分

推薦：書類審査、面接【出願条件】総合進学（G）5科20（他県21 ※基準に1不足している場合特別措置あり）　特別進学クラス(S)5科22（他県23）　3年間の欠席20日以内、遅刻・早退20回以内かつ3年次の欠席6日以内、遅刻・早退6回以内〈面接〉一般はグループ　推薦は個人（きわめて重視）

■2023年春併設大学・短大部への進学

3年間の学業成績と大学が実施する共通試験、その他（各学部が実施する面接・小論文・実技等）を総合して合否が決定します。

日本大学－368（法69、法二部2、文理71、経済59、商39、芸術13、国際関係2、危機管理11、スポーツ科3、理工41、生産工9、生物資源科40、薬9）

日本大学短期大学部－1（ビジネス教養）

■他大学への合格状況

北海道大　筑波大　東京都立大　防衛大　慶應義塾大　早稲田大　上智大　東京理科大　学習院大　明治大　青山学院大　立教大　中央大　法政大　成蹊大　成城大　明治学院大　東京薬科大など

■指定校推薦枠のある主な大学

上智大　中央大　法政大　立教大　青山学院大　学習院大　成蹊大　昭和薬科大など

■2023年春卒業生進路状況

卒業生数	大学	短大	専門学校	海外大	就職	進学準備他
479人	459人	2人	3人	2人	1人	12人

■2023年度入試結果　帰国生入試あり

募集人員	志願者数	受験者数	合格者数	競争率
推薦　220	237	237	237	1.0
一般A　230	390	377	263	1.4
B	429	280	172	1.6

学校説明会　要予約
9/16　10/28　11/18　文理学部百周年記念館
授業公開　11/11

説明会・行事等は日程・内容が変更される場合があります。必ず学校HP等でご確認ください

東京
に

日本大学鶴ヶ丘高等学校

〒168-0063　東京都杉並区和泉2-26-12　☎03-3322-7521　学校長　川原　容子

日本大学鶴ヶ丘高等学校

日本大学鶴ヶ丘高等学校
京王線・井の頭線　明大前駅徒歩8分

〈URL〉https://www.tsurugaoka.hs.njhon-u.ac.jp

沿革　120余年の伝統を持つ日本大学直属の付属高校として昭和26年（1951）に設置。同43年、高校多様化の時運に応じ、芸術課程（美術・音楽）を新設。その後の教育状況の変化により、同61年、新たに普通科のみの高等学校に改組しました。

校風・教育方針

日本大学建学の精神を具体化した「自主創造・真剣力行・和衷協同」という3つの校訓を基に、心の教育に重点を置いた真に期待される人間の育成を目指しています。

日本大学の付属校として、熱心な指導者による、高校、大学と一貫した「7年間教育」を実践しています。日本大学への進学はもとより、他の大学への進学にも視野を広げ、総合的・弾力的な教育を実践しています。

さらに、年間行事や部活動などを通して、生徒と教師とのふれあいの場を多く設けて、人間教育の成果を上げるよう、たゆまぬ努力を続けています。なお、1951年以来の男女共学校で、豊かな共学教育の経験があり、生徒が明るく、のびのびとしているという定評があります。

カリキュラムの特色

総進コースと特進コースがあります。

総進コースの進学指導は、主に日本大学を志望する生徒たちが第1志望に合格できるよう、3カ年の計画に基づいて行っています。国公立大、難関私大を志望する特進コースの進路指導も、目標に応じた適切な指導を行っています。

進路指導はあくまでも生徒各自の能力と特性を伸ばすための学力指導ですが、学力が存分に発揮できるための精神と人間性、体力の育成も十分に考慮しています。

総進コース、特進コース共に、1年次では基礎学力の充実をはかり、2年からは各自の志望によって文系・理系のクラスに分かれます。3年次では、文系は地理歴史・公民、理系は理科の選択によってクラス編成されます。特進コースは、志望にあわせた選択が可能なカリキュラムになっています。バランスよく教科を配置し、基本を軸に学ぶことで、活躍の場を広げています。

環境・施設設備

新宿・渋谷・吉祥寺から約10分、バス・地下鉄などの交通の便がよい所にあります。白亜の地上4階地下1階、冷暖房完備の校舎には普通教室のほか、各種研究室、特別教室、CAI教室、図書館、生徒食堂、生徒談話室などがあり、体育館、柔道場、剣道場、トレーニングセンター、温水プール、記念館、合宿もできる修学寮、夜間照明付人工芝の総合グラウンドなどの設備が整っています。

生活指導・心の教育

思いやりのある心豊かな人格を育てる教育に力を入れています。そのため、年間を通じての体育行事や文化的行事、部活動や生徒会活動などを奨励し、より良い人間形成を目指しています。挨拶・礼儀・身だしなみ等の大切さを教え、心身ともに

今春の進学実績については巻末の「高校別大学合格者数一覧」をご覧ください

バランスのとれた人間を育てる教育をしています。

また1964年より生活相談室を設け、生徒の心のケアを図っています。専門的な知識を持った経験豊かなスクールカウンセラーが、学年や保健室と連携をとりながら一人ひとりに対応し、生徒や保護者が気軽に利用しやすい環境を整えています。

学校行事・クラブ活動

行事は1年を通して、学習・進路・体育・文化などの行事をバランスよく実施。芸術鑑賞教室、講演会、校外授業、修学旅行、海外語学研修、体育祭、夏期講習、鶴ヶ丘祭、英語スピーチコンテストなど、校内だけではなく校外でも数多く実施しており、情操教育や心身の鍛錬などに効果をあげています。

生徒会活動は、自発的に積極的に行われています。学校の大きな行事である鶴ヶ丘祭（文化祭）・

体育祭・3年生を送る会は、各実行委員会の協力によって企画運営がなされ、盛大に行われています。

部活動は、部活動運営委員会のもとに、体育系18、文化系12と同好会1があり、活動は活発です。各部とも、体力を高め精神力や連帯感を養い、お互いの友情が育まれています。例年、多くの部が全国的なレベルに達し、各種の研究会や大会に参加・出場して相応の成果・成績をあげています。体育系では、スキー部、野球部、アメリカンフットボール部、空手道部、テニス部、ウエイトリフティング部など、文化系では、放送部、演劇部などが関東や全国レベルで活躍しています。

┌─ TOPICS ─

特進コースは、国公立大学へ4人に1人以上の合格。年々飛躍しています。

杉並区

高

共学

データファイル

■2024年度入試日程

※新型コロナ感染防止に伴い、変更の可能性あり

募集人員		出願締切	試験日	発表日	手続締切日
総進推薦Ⅰ・Ⅱ＊		1/18 (Web1/16)	1/22	1/23	1/24
特進推薦Ⅰ	10				
一般総進	175	2/6 (Web2/4)	2/10	2/11	2/13
特進	40				

＊推薦Ⅰ175　推薦Ⅱ若干名
出願：書類は郵送（推薦・一般ともに必着）

■2024年度選考方法・入試科目

推薦Ⅰ：書類審査、面接
推薦Ⅱ（総進のみ）：書類審査、適性検査（国数英基礎60分）、面接
【出願条件】推薦Ⅰ内申総進5科21かつ9科35 特進5科23　推薦Ⅱ内申5科20かつ9科34　ⅠⅡとも9科に2がないこと（国立・公立中学校の基準）英検・漢検・数検などによる基準緩和措置あり　欠席3年間20日以内、遅刻・早退20回以内
一般：国語、数学、英語(リスニング含む)、面接
※テスト範囲は配慮事項による変更あり
〈配点・時間〉国・数・英＝各100点60分
〈面接〉生徒個人　推薦はきわめて重視、一般は重視【内容】志望動機、中学校での生活、高校生活への抱負など

■2023年春併設大学・短大部への進学

進学希望者は日本大学推薦入学制度に基づき、本人の適性などに応じて各学部に推薦されます。推薦された生徒は、内申書の評定、付属校基礎学力

到達度テストおよび面接試験等の総合評価により、入学の許可が与えられます。

日本大学－283（法52、文理50、経済41、商22、芸術16、国際関係3、危機管理1、スポーツ科3、理工32、生産工9、工1、歯1、松戸歯1、生物資源科48、薬3）

日本大学短期大学部－進学者なし

■指定校推薦枠のある主な大学

上智大　青山学院大　学習院大　法政大　東京理科大　中央大　明治大　立教大　東京女子大　東京女子医科大など多数

■2023年春卒業生進路状況

卒業生数	大学	短大	専門学校	海外大	就職	進学準備他
423人	404人	0人	4人	0人	1人	14人

■2023年度入試結果　男／女

募集人員		志願者数	受験者数	合格者数	競争率
推薦Ⅰ総進	165	48/90	48/90	48/90	1.0/1.0
特進	20	0/4	—/4	—/4	—/1.0
Ⅱ総進	若干	25/24	25/24	22/22	1.1/1.1
一般　総進	165	188/126	185/123	171/118	1.1/1.0
特進	50	37/54	37/54	37/53	1.0/1.0

┌─────────────────
│ 学校説明会　すべて要予約
│ 10/21 11/4 11/18
│ キャンパスツアー　9/9
│ ミニ説明会　12/2 12/9
│ 見学できる行事
│ 鶴ヶ丘祭（文化祭）　6/24・6/25（終了）
└─────────────────

説明会・行事等は日程・内容が変更される場合があります。必ず学校HP等でご確認ください

東京
は

🔺高 八王子学園八王子 中学校 高等学校

（はち おう じ がく えん　はち おう じ）

〒193-0931　東京都八王子市台町4-35-1　☎042-623-3461　学校長　齋藤　智文

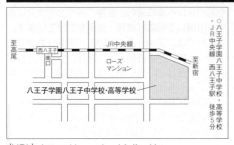

・八王子学園八王子中学校・高等学校
・JR中央線・西八王子駅・高等学校徒歩5分

八王子学園八王子中学校・高等学校

〈URL〉https://www.hachioji.ed.jp

沿革　昭和3年（1928）、八王子市内の有志により多摩勤労中学設立、同10年八王子中学校と改称。同23年学制改革により八王子高等学校発足。平成24年（2012）八王子学園八王子中学校開校。

校風・教育方針

「人格を尊重しよう」「平和を心に培おう」をモットーに、健全な人格をもった生徒の育成を目指します。高いレベルで「文武両道」を目指すと共に、進路獲得のために、自らの能力を伸長させる前向きで主体的な高校生活を送り、「思いやりと優しさ」の感受できる人間性あふれる教育を展開します。

カリキュラムの特色

■中学校〈学校改革進行中〉

アクティブ・ラーニングを中核とする学校改革が進行中。少人数制の「探究ゼミ」で課題解決能力・プレゼンテーション能力・論理的思考力を育て、電子黒板・タブレットを活用してICTリテラシーを身につけていきます。2016年より「**東大・医進クラス**」を開設し、開校以来培ってきた「中高特進教育」を基本として「学力養成」にさらに力を入れています。「**特進クラス**」では、大学合格に向けた学習指導とならび「人間の育成」にも力を注ぎます。

■高等学校〈個性と能力を伸ばす3コース制〉

2017年度より「文理」・「総合」・「アスリート」の3コースを新設し、生徒一人一人の進路実現に向けてきめ細かくサポートしています。

「**文理コース・特選クラス**」は、最難関大学現

役合格に向けた充実のプログラムを導入。探究型の学びを付加的に行うことで、社会で活躍するための資質も身につけます。

「**文理コース・特進クラス**」は、東大をはじめとする難関国公立大学・早慶上理レベルの難関私立大学進学を目標に、ハイレベルな授業や夏期授業を通して、入試に必要な学力を養成します。

「**文理コース・進学クラス**」は、特進クラスに準拠したカリキュラムのもとで、クラブ活動との両立をはかりながら、MARCHレベル以上の大学合格を目指します。

「**文理コース**」は、2年次より、進路に合わせて文系クラス・理系クラスに分かれます。また、英数国の3教科では確認テストと放課後のリピート学習がセットになったCRPを実施し、学力の定着をはかります。「**総合コース**」は、リベラルアーツ系/音楽系/美術系の3類系に分かれ、文・理系の学部や音大・美大への進学を目指します。「**アスリートコース**」は、トップアスリート育成を主眼とし、科学的理論に基づいた指導により、運動能力と人間性を高めていくことを目標にしています。また、将来指導者として活躍することも念頭に、文武両道を目指し大学進学のための学力を養成します。なお、アスリートコースの生徒は、強化指定クラブに所属することが前提となります。

国際教育

中学では、英会話を少人数クラス編成で行い、2年次までには簡単な日常会話の修得を目指し、3年次に海外語学研修旅行を実施。高校では、2年次に希望者・選抜制によりニュージーランドで約3カ月のホームステイを行っています。

八王子市

中

共学

高

共学

環境・施設設備

　ＪＲ中央線の西八王子駅南口から徒歩５分で、交通至便。近郊の県からも多数通学しています。

　Ａ館の９階建て校舎には、最新の設備を整えた理科実験室やコンピュータ演習室、図書館、講堂、体育館などがあり、落ち着いた雰囲気で学習やコミュニケーションがはかれます。

生活指導・心の教育

　中高校とも、学園モットーに基づいた諸活動を通して社会に奉仕する心を育てます。また、時間の使い方をはじめ、自律した学校生活を送れるよう親身に指導します。頭髪や服装にも気を配り、乱れがないように注意します。さらに、カウンセラーを配置し、思春期の悩みに適切に対応します。

学校行事・クラブ活動

　球技大会、体育祭、学園祭など年間を通じて楽しいイベントが盛りだくさんです。

　高校は学芸系20クラブ、体育系20クラブがあり、文武両道を目指し活動しています。学芸系では、吹奏楽部が毎年数々の賞を獲得し各方面への訪問演奏でも有名です。体育系では、インターハイ出場常連の陸上部、水泳部、男子バスケットボール部や、毎年都内上位を占める野球部などがあります。ユニークな車人形同好会は、地元八王子の郷土芸能の伝承を目指し本物の芸術に親しみます。

データファイル

■2024年度入試日程

中学校

募集人員		出願期間	試験日	発表日	手続締切日
1日午前	東大50	1/10〜1/31	2/1	2/1	2/12
午後	東大15	1/10〜2/1	2/1午後	2/1	2/12
2日午前	東大10	1/10〜2/1	2/2	2/2	2/12
午後	東大10	1/10〜2/2	2/2午後	2/2	2/12
3日午後	特進20	1/10〜2/3	2/3午後	2/3	2/12

高等学校 ※併願は公立一般１次発表翌日

募集人員		出願期間	試験日	発表日	手続締切日
一般1回	170	1/25〜2/4	2/10	2/12	第一志望
2回	140		2/11	2/12	2/13※
2次	若干	3/3・3/4	3/5	3/6	3/7

■2024年度選考方法・入試科目

中学校
　東大・医進クラス：１日午前は２科か４科か適性検査型（適性検査Ⅰ・Ⅱ）から選択、１日午後・２日午後は２科、２日午前は適性検査型（適性検査Ⅰ・Ⅱ）　特進クラス：２科
〈配点・時間〉国・算・適Ⅰ＝各100点50分　適Ⅱ＝200点50分　理・社＝各50点計50分
〈面接〉なし

高等学校
　一般：国語、数学、英語、面接（フリーのみ）　※総合コースの音楽系は演奏、美術系は作品提出あり
〈配点・時間〉国・数・英＝各100点50分
〈面接〉フリー入試のみグループ　参考

■指定校推薦枠のある主な大学
東京都立大　早稲田大　明治大　青山学院大　立教大　中央大　学習院大　法政大　東京薬科大　東京理科大　同志社大など

■2023年春卒業生進路状況

卒業生数	大学	短大	専門学校	海外大	就職	進学準備他
483人	409人	4人	15人	0人	0人	55人

■2023年度入試結果

中学校　男／女　スライド合格を含まない

募集人員		志願者数	受験者数	合格者数	競争率
1日午前	東大 50	186/171	185/171	38/37	4.9/4.6
午後	東大 15	81/49	79/46	16/6	4.9/7.7
2日午前	東大 10	50/40	45/36	6/4	7.5/9.0
午後	東大 10	55/27	46/21	7/1	6.6/21.0
3日午後	一貫 20	45/28	40/22	25/9	1.6/2.4

高等学校　男／女　２次、帰国も実施

募集人員		志願者数	受験者数	合格者数	競争率
一般1回	170	596/651	588/645	455/525	1.3/1.2
2回	140	252/270	247/260	162/181	1.5/1.4

学校説明会　すべて要予約
★中学校　保護者9/14 10/12 1/11 1/15　授業見学9/9 10/14 11/11 12/2　ナイト10/4 11/8　生徒による説明会10/14　保護者による説明会11/18　「探究ゼミ」見学11/8　入試問題ガイダンス11/4　入試問題体験12/10 12/17　入試対策1/13　学校見学1/6　オンライン1/20
★高等学校　9/9 9/16 9/30　文理10/7 10/14 10/21 10/28 11/4 11/11 11/18 11/25 12/2　総合10/14 11/11 12/2　アスリート9/16　部活体験9/2 9/9　オンライン9/16　文理10/14 11/4 12/2 12/9　入試問題ガイダンス(特選) 12/24
全授業公開(中高)　10/7

見学できる行事　学園祭　9/23・9/24

説明会・行事等は日程・内容が変更される場合があります。必ず学校HP等でご確認ください

東京
は

八王子実践中学校 高等学校
はちおうじじっせん

〒193-0931　東京都八王子市台町1-6-15　☎042-622-0654　学校長　矢野　東

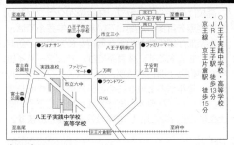

〈URL〉https://www.hachioji-jissen.ac.jp

沿革　大正15年（1926）に創設された八王子和洋裁縫女学院が前身。平成10年（1998）に普通科・調理科を持つ男女共学校となりました。平成20年度に普通科を改編し、コース名称を変更しました。平成28年（2016）に創立90周年を迎えました。同29年（2017）調理科の募集を停止。

校風・教育方針

「実践」と「自重・自愛・自制・自立」の建学の精神を根幹に、個性を尊重し、考える力と創造性を磨いて、国際社会で活躍する人材の育成をめざしています。

カリキュラムの特色

中学校は、国語と数学、英語を重視したカリキュラム編成になっていることが特色です。国語では、日本文化への関心を深めるために「百人一首大会」、読書指導の一環としての「作文コンクール」を実施し、生徒一人ひとりの能力や個性を伸ばす授業を行います。英語では、語学学習のポイントとなる「聞く、話す、読む、書く」をゆとりをもって指導します。1年次から外国人教師の会話授業を行い、会話力を養います。数学では、少人数編成の利点を生かしたきめ細かい指導で、基礎学力の充実をはかります。高等学校への進学は、中学校3年間の成績により、希望する科・コースへ無試験で優先的に認められます。

高等学校は令和元年（2019）より3つのコースを設置しています。

特進コース（J特進・特選・特進）は国公立大学受験

を目標とし、1年次に主要5教科の定着と充実を徹底します。文系・理系に分かれる2年次からは選択科目を多く取り入れ、学力アップと進路の実現に向けた授業を展開。3年次は、問題演習や発展学習の時間を増やした受験直結のプログラムとなっています。

選抜コースは難関私大進学を見据え、基礎学力養成をねらいとした1年次に国・数・英中心の授業を、2年次からは文系か理系を選択し、進路に応じた少人数制の授業を行って大学入試に対応します。3年次では問題演習に取り組み、さらに実力の向上を図ります。

総合進学コースは、大学・専門学校進学、就職など多様な進路に対応したコース。新しい学びを選択科目で体験し、AI・ロボット探究講座や、日本文化の探究、さまざまな資格取得講座を設け、今後経験する「新しい仕事」と自分の進路を探求します。

なお、特進・選抜コースを対象として、2013年から大学入試問題の演習を中心とした特別講習「J-Plus」を実施しています。放課後に70分×2コマの補習授業を行い、専任スタッフが20時まで対応。3年後の夢実現へ向けてサポートします。また、長期休業中は基礎から受験レベルまで多数の単科講座を開講。

環境・施設設備

教育環境・設備が整っており、校内は冷暖房完備です。約220人を収容し、講演・演劇などに活用

今春の進学実績については巻末の「高校別大学合格者数一覧」をご覧ください

| 3学期制 | 登校時刻 8:30 | 昼食 弁当持参、コンビニ | 土曜日 授業 |

される多目的ホールのほか、体育館、図書館、ゼミ室、進路指導室、LL教室、コンピュータ教室、茶道室・華道室などがあります。2020年9月より食堂に替わってコンビニエンスストア＆ラウンジを設置しました。

生活指導・心の教育

　基本的な生活習慣を身につけ、互いに個性を尊重しあう豊かな心と、自ら「考える力」を持って社会に貢献する人材の育成をめざしています。

学校行事・クラブ活動

　学園生活のハイライトとなる体育祭、明鏡祭、修学旅行のほか、芸術鑑賞会（2年生）などがあります。

　クラブ活動は伝統的にとても盛んです。なかでも高校女子バレーボール部は、12回の全国優勝を達成しています。また、最近は剣道部、陸上競技部、吹奏楽部、書道部、チアリーディング部、中学女子バレーボール部の躍進も目立っています。

データファイル

■2024年度入試日程

中学校

募集人員		出願期間	試験日	発表日	手続締切日
適性1回	20	1/10～1/30	2/1午前	2/1	2/10
適性2回		1/10～1/30	2/1午後	2/1	2/10
プレゼン1回	10	1/10～1/30	2/2	2/2	2/6
適性3回	5	1/10～2/2	2/4	2/4	2/10
プレゼン2回	5	1/10～2/2	2/4午後	2/4	2/6

高等学校　一般に書類選考型あり（都外生対象）

募集人員		出願期間	試験日	発表日	手続締切日
推薦	245	1/15～1/17	1/22	1/22	1/24
一般1回			2/10	2/12*	
2回	285	1/25～2/3	2/11	2/12	単2/16併※
3回			2/12	2/12	

※併願・併願優遇は国公立発表日翌日　＊Bは2/11

■2024年度選考方法・入試科目

中学校

適性検査入試：適性検査（Ⅰ・Ⅱ）
プレゼンテーション入試：プレゼンテーション（自己表現・英語・プログラミングから選択）、面接（自己表現はなし）
〈面接〉英語入試・プログラミング入試　生徒個人　重視　【内容】志望理由、中学校生活への抱負、小学校生活について、得意不得意科目など

高等学校

推薦：書類審査、面接、作文(600字、出願時提出)
＊2024年度テーマ「本校を選んだ理由」「高校生活での抱負」「地球環境について」から選択【出願条件】内申 J特進5科22　特選5科21　特進5科20　選抜5科17か9科31　総合進学5科16か9科28　欠席・遅刻3年次10日以内　加点措置あり
一般・併願優遇：国語、数学、英語、面接
書類選考型（都外生対象）：調査書、作文
〈配点・時間〉国・数・英=各100点50分

〈面接〉生徒個人（併願優遇はグループ）　重視
【内容】志望動機、高校生活への抱負、将来の希望など

■指定校推薦枠のある主な大学

中央大　専修大　北里大　東京電機大　東京都市大　日本大　東洋大　國學院大　東京農業大　東洋英和女学院大など

■2023年春卒業生進路状況

卒業生数	大学	短大	専門学校	海外大	就職	進学準備他
628人	448人	21人	110人	0人	7人	42人

■2023年度入試結果

中学校　男／女

募集人員		志願者数	受験者数	合格者数	競争率
適性1回	20	10/14	10/14	7/9	1.4/1.6
適性2回		3/8	3/7	3/6	1.0/1.2
プレゼン1回	10	5/16	4/16	4/16	1.0/1.0
適性3回	5	3/10	0/4	—/4	—/1.0
プレゼン2回	5	6/13	1/4	1/4	1.0/1.0

高等学校

募集人員		志願者数	受験者数	合格者数	競争率
特進	推薦 45	9	9	9	1.0
	一般 75	525	523	390	1.3
選抜	推薦 110	60	60	60	1.0
	一般 120	750	743	586	1.3
総進	推薦 90	52	52	52	1.0
	一般 90	536	531	392	1.4

学校説明会　要Web予約
★中学校　9/9　10/14　11/11
入試問題解説　12/10　12/17　1/13
★高等学校
11/3　11/4　11/18　11/19　11/25　12/2　12/3　12/9
見学できる行事　要予約
明鏡祭(文化祭)　9/16・9/17(相談コーナーあり)

説明会・行事等は日程・内容が変更される場合があります。必ず学校HP等でご確認ください

中 共学　高 共学　普通科

東京 ひ

広尾学園 中学校 高等学校
（ひろおがくえん）

〒106-0047　東京都港区南麻布5-1-14　☎03-3444-7272　学校長　南風原 朝和

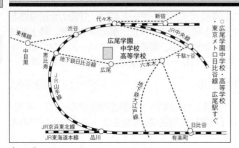

〈URL〉https://www.hiroogakuen.ed.jp

広尾学園校舎

沿革　大正7年（1918）、板垣退助、夫人絹子たちが順心女学校を設立。大正13年（1924）には順心高等女学校を設立。平成19年（2007）4月男女共学となり、校名を「広尾学園中学校・高等学校」に変更。同年、海外の名門大学への進学も可能なインターナショナルコースを設置。平成22年（2010）、中学インターナショナルコースに英語をゼロから学べるスタンダードグループを新設。平成23年（2011）には高校に医進・サイエンスコースを新設。平成27年（2015）には中学に医進・サイエンスコースを新設。令和3年（2021）に、本科、インターナショナルコースを擁する広尾学園小石川中学校・高等学校が文京区でスタートしました。

校風・教育方針

中学、高校ともに本科、インターナショナル、医進・サイエンスの3コース制です。2007年の共学化にともなう学校改革に続き、2012年からは教育環境の整備と教育活動の高度化を推進。「次世代を担う生徒たちにふさわしい環境と機会を提供する」というミッションのもと、英語教育、サイエンス教育、ICT活用、そして人間教育において、日本では他に類を見ない教育を展開しています。

カリキュラムの特色

学園内のさまざまな学習プログラムは、生徒たちが自らの意志で確かな学力を身につけていくこと、部活や学園行事と勉強を両立することを通じて『自律と共生』の精神を培っていけるように考えられています。そこには、バランスのとれた学園生活こそが生徒たちの成長を最大限のものにしていくという信念があります。

中学の「朝の学習」はコース、学年ごとに、その時点で必要な学力を短時間の学習の積み重ねで身につけていくプログラムです。広尾学園の一日は、全コースともこの「朝の学習」の集中の時間からスタートします。

高度なサイエンス教育

広尾学園が特に力を入れているのがサイエンス教育です。新校舎完成で3つのサイエンスラボがそろうことになり、生物・物理・化学それぞれの実験環境が整いました。大学や研究所との連携も盛んで、年間を通じて先端分野に触れるサイエンス講座や一線で活躍する医師や研究者の方々の講演などが生徒の視野を広げモチベーションを高めています。iPS細胞の培養などの研究活動には、目を見張るものがあります。

革新的な英語教育

中学のインターナショナルクラスには高度な英語力を持った生徒のためのアドバンストグループと、これから高度な英語力を身につけようとするスタンダードグループがあります。

高校のインターナショナルコースはアドバンストグループのみとなり、国内・海外の名門大学を目指します。各分野の高い専門性を持つ外国人教師（25人）たちによる革新的な授業が展開されています。

今春の進学実績については巻末の「高校別大学合格者数一覧」をご覧ください

456

| 🏫 3学期制 | 🕐 登校時刻 8:15 | 🍱 昼食 弁当持参、食堂 | 📅 土曜日 授業 |

クラブ活動

ブラスバンド、チア、剣道、野球、テニス、ダンス、ディベートなど運動部と文化部がそれぞれの目標をたてて頑張っています。自分の考えや生活スタイルに合った部活動の選択が可能です。

■■■■■■■■■ データファイル ■■■■■■■■■

必ず募集要項でご確認ください

■2024年度入試日程

中学校　2・3回はインターナショナルSGを含む

募集人員		出願期間	試験日	発表日	手続締切日
1 回	50	1/10～1/31	2/1	2/2	
2 回	70	1/10～1/31	2/1午後	2/2	
医進・サイエンス回	35	1/10～2/1	2/2午後	2/3	2/9
国際生AG回	15	1/10～2/1	2/3	2/4	
3 回	35	1/10～2/4	2/5	2/6	
帰国生	35*	11/27～12/8	①12/21②12/22	12/23	12/26

＊帰国生の募集人員は、①インターナショナルAG25、②本科／医進・サイエンス／インターナショナルSG10

高等学校　＊併願は第一志望校発表翌日

募集人員		出願期間	試験日	発表日	手続締切日
1回医進・サイエンス	15	1/25～2/9	2/10	2/10	
インター	10	1/25～2/9	2/10	2/10	2/22＊
2回医進・サイエンス	15	1/25～2/11	2/12	2/12	
帰国生	若干	11/27～12/8	①12/21②12/22	12/23	12/26

※①はインターナショナル、②は医療・サイエンス

■2024年度選考方法・入試科目

中学校

1～3回、医進・サイエンス回：4科

国際生AG回・帰国生①：英語※（100点50分）、算数※（50点50分）、国語（50点30分）、面接（英語・日本語）　※英語・算数は英語による出題。TOEFLiBTスコア90以上の者は英語試験免除

帰国生②：国語、算数、面接（日本語）

〈配点・時間〉国・算＝各100点50分　理・社＝各50点30分　※医進・サイエンス回は算・理＝各100点50分、国・社＝各50点30分

〈面接〉国際生AG回、帰国生入試のみ生徒個人

高等学校

医進・サイエンス：英語（リスニング含む）・数学・国語、面接

インターナショナル：英語（英語による出題）、数学（英語による出題）、国語（日本語による出題）、面接（英語・日本語）

〈配点・時間〉医進・サイエンス：国・数・英＝各100点50分　インターナショナル：国＝50点30分　数＝50点50分　英＝100点50分

〈面接〉生徒個人

■指定校推薦枠のある主な大学

横浜市立大　国際基督教大　早稲田大　明治大　青山学院大　立教大　中央大　法政大　学習院大　東京理科大　津田塾大など

■2023年春卒業生進路状況

卒業生数	大学＊	短大	専門学校	海外大	就職	進学準備他＊
270人	206人	0人	0人	32人	0人	32人

＊海外大秋入学予定者を含む

■2023年度入試結果

中学校　男／女

募集人員		志願者数	受験者数	合格者数	競争率
1回	50	138/316	121/282	31/45	3.9/6.3
2回本科	50	256/369	226/329	75/91	3.0/3.6
インター	20	161/266	146/249	28/35	5.2/7.1
医進・サイエンス	35	247/255	169/156	57/42	3.0/3.7
インターAG	10	43/60	41/54	4/6	10.3/9.0
3回本科	20	322/431	197/312	30/33	6.6/9.5
インター	15	131/222	78/147	5/8	15.6/18.4
国際生	40	297/288	286/271	74/75	3.9/3.6

＊インターナショナルSGはこのほか本科合格あり（2回男25人、女41人、3回男12人、女18人）

高等学校　男／女

募集人員		志願者数	受験者数	合格者数	競争率
一般1回医進	15	47/68	42/65	8/9	5.3/7.2
インター	10	3/9	2/8	1/1	2.0/8.0
2回医進	15	59/91	51/77	8/15	6.4/5.1
国際生インター	若干	23/36	22/33	4/14	5.5/2.4
医進	若干	16/22	15/21	5/8	3.0/2.6

※2019年度入試より一般での本科募集はなし

学校説明会　要予約

★中学校
学校説明会　9/9 10/7 11/12 12/9
授業体験会　9/9 10/7
入試傾向説明会　11/12 12/9
★高等学校
医進・サイエンスガイダンス　11月以降実施予定　AGガイダンス（小6・中3対象）学校HPをご覧ください

見学できる行事

けやき祭（文化祭）　9/30・10/1

説明会・行事等は日程・内容が変更される場合があります。必ず学校HP等でご確認ください

東京
ひ

広尾学園小石川中学校 高等学校
ひろおがくえんこいしかわ

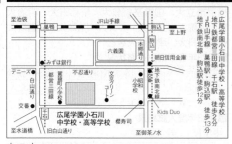

〒113-8665　東京都文京区本駒込2-29-1　☎03-5940-4187　学校長　松尾　廣茂

〈URL〉https://hiroo-koishikawa.ed.jp

沿革　明治42年（1909）創立の村田簿記学校が母体。平成30年（2018）広尾学園と教育連携。2021年、校名を変更し中学校募集再開、共学化。2024年度からは高校募集を停止し、完全中高一貫校になる予定です。

校舎外観

校風・教育方針

「自律と共生」を教育理念に掲げ、多様な考えを持った生徒が日々、切磋琢磨して学ぶ環境が整えられています。その中で、将来出会うさまざまな人と共生することの大切さ、問題を自らの力で発見し、解決する自律の能力を育み、「世界をめざすことのできる人材の育成」を叶える学習プログラムを展開していきます。

カリキュラムの特色

広尾学園で実績を上げている「本科コース」「インターナショナルコース」の2コースを設置。

本科コースは、国公立・難関私立大の幅広い学部への進学をめざします。高校2年の段階で高校主要科目を修了し、問題発見・解決能力を養うプログラムを充実させ、効率良く学力を向上させていきます。読解力と発信力の育成に力を入れており、主体的な学習活動の成果をプレゼンテーションにまとめ上げ、探究論文活動にも取り組みます。

インターナショナルコースは、日本人教員と外国人教員が二人で担任を務めるなど、日常的に異文化に触れられるコース。主に帰国生などすでに英語力のある生徒のための「アドバンストグループ（AG）」と、基礎から英語力を伸ばす「スタンダードグループ（SG）」があります。興味・関心の広がりや、学力伸長度に合わせて、高校進級時でのコース変更も可能です。

いずれのコースにおいても、サイエンス教育、国際教育、ICT教育に力を入れています。さらに、中学段階からキャリア教育を開始し、広尾学園と合同でおこなう、第一線で活躍する方々を招いての講演会や、近隣の東洋学研究図書館、東洋文庫との博学連携によるワークショップの開催など、生徒のモチベーションを高める取り組みを行っていきます。また、東大生チューターが学習をサポートする放課後学習も行います。

国際教育

希望者には、3週間の海外語学研修が行われます。場所は、オーストラリアのクイーンズランド州。ホームステイや現地の高校への通学などの体験によって、生きた英語を身につけます。

情報教育

生徒が一人一台のノートパソコンを持ち、学園内のどこからでもインターネットにアクセスできます。授業だけでなく、定期試験の振り返りや予習復習にも使用します。特に数学では基本事項をあらかじめ家で学び、授業では応用的な学習に取り組む「反転授業」が実施されるため、自宅学習でも活用します。

今春の進学実績については巻末の「高校別大学合格者数一覧」をご覧ください

環境・施設設備

キャンパスの周囲には緑あふれる六義園など、都内とは思えないほど落ち着いた環境が広がっています。通学には徒歩2分の都営三田線千石駅をはじめ、JRなど3線4駅が利用できます。

学校行事・クラブ活動

新入生オリエンテーション合宿をはじめ、天文観測会、体育祭、文化祭、合唱コンクール、芸術鑑賞などを行います。また、広尾学園との学校間交流イベント、共同参加型の教育講演会などの計画も進んでいます。中学の修学旅行は、広島を予定しています。

クラブ活動は盛んで、サッカー、ダンスなどが実績を残しています。卓球、テニス、バスケットボールに加え、eスポーツ、鉄道研究、軽音楽、バドミントン、将棋などが創部されました。

文京区 中 共学 高 共学 高校募集なし

データファイル

■2024年度入試日程

中学校

募集人員※		出願期間	試験日	発表日	手続締切日
一般1回	30	1/10〜1/31	2/1午前	2/1	
2回	20	1/10〜1/31	2/1午後	2/1	
AG回	15	1/10〜1/31	2/2午前	2/3	2/9
3回	20	1/10〜2/2	2/3午後	2/3	
4回	10	1/10〜2/6	2/6午後	2/6	
帰国1回AG	25	10/23〜10/31*	11/12	11/13	11/20
2回AG		11/25〜12/8*	12/18	12/20	12/25
本科・SG回 若干		11/25〜12/8*	12/19	12/20	12/25

※一般の募集人員は本科40、SG40、AG15

＊帰国の書類提出締切日は翌日

高等学校

2024年度入試より募集を行いません

■2024年度選考方法・入試科目

中学校

〔本科・インターナショナルSG〕

一般1回：国算理社

一般2・3・4回：国算

帰国：国算、面接

〔インターナショナルAG〕

一般・帰国：国算英、面接 ※英語・算数は英語による出題

〈配点・時間〉国・算＝各100点50分 理・社＝各50点30分 ※AGは国50点30分、算50点50分、英100点50分

〈面接〉帰国生入試および一般AGのみ生徒個人 ※AGは英語・日本語

■2023年春卒業生進路状況

卒業生数	大学	短大	専門学校	海外大	就職	進学準備他
58人	42人	3人	8人	0人	2人	3人

卒業生は女子のみ

■2023年度入試結果

中学校　男／女　スライド合格を含まない

募集人員		志願者数	受験者数	合格者数	競争率
一般1回本科	15	39/84	23/65	9/8	2.6/8.1
SG	15	38/65	23/42	7/8	3.3/5.3
2回本科	10	89/127	71/90	17/24	4.2/3.8
SG	10	68/91	46/63	6/11	7.7/5.7
3回本科	5	115/164	63/89	10/14	6.3/6.4
SG	5	86/125	39/53	5/6	7.8/8.8
4回本科	5	129/189	52/87	8/10	6.5/8.7
SG	5	95/151	46/82	4/6	11.5/13.7
5回本科	5	150/210	64/110	6/11	10.7/10.0
SG	5	99/151	42/75	2/7	21.0/10.7
インターAG	5	20/32	19/25	1/4	19.0/6.3
国際1回AG	35	111/136	111/133	30/42	3.7/3.2
2回AG		79/91	78/88	28/33	2.8/2.7
本科・SG 若干		99/78	92/74	36/31	2.6/2.4

学校説明会	すべて要予約
★中学校	
授業体験会	9/16 10/21
入試傾向説明会	11/18 12/10
見学できる行事	要予約
いちょう祭(文化祭)	9/23・24

説明会・行事等は日程・内容が変更される場合があります。必ず学校HP等でご確認ください

F フェリシア高等学校

（旧：鶴川高等学校）

〒195-0054　東京都町田市三輪町122　☎044-988-1126　学校長　一之瀬　貴子

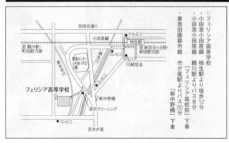

○フェリシア高等学校
・小田急小田原線　柿生駅より徒歩12分
・小田急小田原線　鶴川駅よりバス8分
　「フェリシア高校前」下車
・東急田園都市線　市が尾駅よりバス20分
　「新中野橋」下車

フェリシア高等学校

〈URL〉https://www.felicia.ed.jp

沿革　昭和36年（1961）、鶴川高等学校開設。同43年（1968）、鶴川女子短期大学（現・フェリシアこども短期大学）開設。平成23年（2011）、創立50周年。令和5年（2023）現在の校名に変更。

プロフィール

〜信望愛忍の四徳により心豊かな女性を育てる〜

　1961年に創立した鶴川高等学校は、2023年にフェリシア高等学校に学校名を変更しました。建学の精神の「愛の教育」を基幹とし、信仰・希望・愛・忍耐の四徳（信望愛忍）を校訓に、生徒一人一人が自分と他者とを大切にする人間性を育むことを目標としています。個々の個性を大切にし、丁寧できめ細やかな教育活動を積み重ね、社会に貢献する人材を育成することを教育方針としています。

カリキュラム

〜個性や適性を伸ばす学習指導〜

　2022年度から1時間目開始を10時とし、遠方から通う生徒の立場も考慮しています。9時開始の0時間目講座では小学校・中学校の学習から立ち返り、数学と英語の学び直し、全学年対象で英検・漢検・パソコン検定・金融リテラシー検定等の資格取得のための講座を開講しています。

　また、コース制が導入され、総合コースと保育コースから選択できます。総合コースは文系・理系問わず幅広い選択肢を考えられるコースで、簿記（必修）や、金融リテラシー講座（0時間目）

ひとこと　〜校長先生から受験生にひとこと〜

　フェリシアは、鮮やかなブルーが爽やかな印象を与える可愛らしい花です。そして「幸福」「恵まれている」という花言葉を持ちます。「恵み」という言葉は、聖書の中で繰り返し使われる大切な言葉です。神様は皆さん一人ひとりのありのままを、無条件で受け入れてくださり、神の恵みは無限に注がれています。本校では『建学の精神』の基幹となる『愛の教育』をもって、一人ひとりの個性を大切に、目をかけ、手をかけ、心をかける教育を行ってまいります。2022年度より義務教育の学びまで立ち返り、0時間目を「学び直しの時間」としました。「わかった！」「できた！」を大切にゆっくり楽しみながら学んでいます。

　制服のリニューアルにあたり、フェリシアの花の蕾が美しく開花するように、新入生の皆さんが、希望と喜び、そして笑顔に満ち溢れる充実した高校生活になりますように願っております。

を通して金融トラブルの回避等、実用的に活かせる金融知識の習得を目指します。保育コースは、保育士になるための基礎を学べるコースで、隣接しているフェリシア幼稚園での保育体験もあり、園児たちとの直接のふれあいで感じ、学ぶことを大切にしています。その他に、幼高大の連携を大切にしており、高大連携授業は1年生から履修可能でオムニバス形式の入門編の授業から、造形・ピアノまで幅広く展開しています。

学校生活

登校時間　夏・冬9時50分
※0時間目履修者は9時
新制服　2023年度生からO.C.S.D茅野しのぶデザインの新制服にフルモデルチェンジしました。鮮やかなブルーの花であるフェリシアの色を取り入れたスカートやリボン、また、おしゃれで女性にも似合うパンツスタイルとネクタイも取り入れ、一人ひとりの個性を大切に、多様性を尊重し、組み合わせの自由を楽しめる制服へと進化しました。

進路

~併設校への多数進学と、きめ細かい進路指導~
　生徒一人ひとりの夢の実現に向けて、丁寧でき

め細やかな指導を展開しています。生徒の多様化するニーズにこたえるべく、多くの情報を収集・分析・整理してそれを基に進路指導に当たっています。4年制大学・短期大学・専門学校・専門職大学等から合わせて196校より指定校推薦を受けており、進学者の多くは推薦入試制度を活用し進学しています。

　また、就職を考えている生徒にはハローワークの協力のもと、企業選定から履歴書作成指導や面接指導まで幅広く就職のサポートをしています。

　併設校のフェリシアこども短期大学（国際こども教育学科）を希望する者は優先入学制度を活用し、多数進学しています。

データファイル

■2024年度入試日程

募集人員		出願期間	試験日	発表日	手続締切日
推薦	140	1/15~1/17	1/22	1/23	1/27
一般	140	1/25~2/3	2/10	2/11	2/16※

※願書に延納願いのある者（但し、公立高校併願者に限ります）は都立高校第一次募集・分割前期募集、神奈川県公立高校選抜試験合格発表の翌日15時までに入学手続きを完了してください。

■2024年度選考方法・入試科目

推薦：調査書、面接
一般：国語・数学・英語から1科目選択、面接、調査書
〈面接〉生徒個人　きわめて重視　【内容】志望動機、入学後の抱負、将来の希望、中学校生活について、最近のニュースなど

■2023年春併設短大への進学

フェリシアこども短期大学へは優先入学制度があり、在学中一定の成績をとった者全員に進学の資格が与えられます。
フェリシアこども短期大学—55(国際こども教育)

■指定校推薦枠のある主な大学

大妻女子大　帝京科学大　東京医療学院大　東京家政学院大　東京女子体育大　東京福祉大　日本文化大　ヤマザキ動物看護大　相模女子大　横浜美術大　横浜薬科大　日本薬科大など

■2023年春卒業生進路状況

卒業生数	大学	短大	専門学校	海外大	就職	進学準備他
159人	28人	61人	48人	0人	8人	14人

■2023年度入試結果

募集人員		志願者数	受験者数	合格者数	競争率
推薦	140	185	185	185	1.0
一般	140	241	241	241	1.0

学校説明会
学校見学会　9/9 9/30 10/7 10/14 10/28 11/4 11/11 11/18 11/23 11/25 12/2 12/9 12/23 1/13 1/27
体験学習(要予約)　9/16
見学できる行事
文化祭　10/21(要予約)

説明会・行事等は日程・内容が変更される場合があります。必ず学校HP等でご確認ください

中 女子 高 女子 普通科

東京 ふ

F 富士見 中学校 高等学校 （ふじみ）

〒176-0023　東京都練馬区中村北4-8-26　☎03-3999-2136　学校長　佐藤　真樹

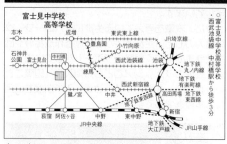

〈URL〉https://www.fujimi.ac.jp

沿革　大正13年（1924）、富士見高等女学校として発足。昭和22年（1947）、富士見中学校を、また同23年（1948）、富士見高等学校を設立しました。平成23（2011）年から高校での募集を行わない完全中高一貫校になりました。

教育目標

　教育活動の目標として「社会に貢献できる自立した女性」の育成を掲げています。その実現のために、次の3つの力を育てます。その一つ、「自分と向き合う力」は、自己を管理し自分の生活を前向きに捉える習慣を身につけます。次に、「人と向き合う力」は、学校行事の運営やボランティア活動、卒業生との意見交換などを通して他者と深く関わり、共生・協働の精神を育みます。もう一つ、「課題と向き合う力」は、学びの基本となる「問う・調べる・伝える」という学習サイクルを繰り返し、知識を活用して複雑な課題を解決し、新しい価値を生み出す姿勢を確立していきます。

教育方針

　自分と向き合い、自分を知り、他者と協働して課題を解決する「生きる力」を主体的に養うために、教育改革が進んでいます。

　なかでも、従来のアクティブラーニングをさらに進化させ、論理的・批判的な思考力を育て、主体的に学ぶ力を養う探究学習に力を入れています。学年ごとにテーマを設定し、グループワークなどで「課題設定→情報収集→整理・分析→まとめ・表現」という探究活動を6年間を通してくり返し

Learning Hub

行います。社会貢献のできる自立した女性に必要な力として「17の力」をあげ、17の力それぞれの到達度をルーブリック表で客観的に評価することで、生徒自身が自分の現状を把握できるようになっています。17の力とは、自分の意見を形成する力、やりとげる力、自らを振り返る力、聴く力、人を巻き込む力、発表する力、課題を発見する力、多角的に考える力、社会に貢献しようとする力など、教育目標に掲げる「3つの力」の育成に必要とされる具体的な能力です。統一的な評価基準があるため、教科を越えた取り組みも可能です。これらの力をもとに生徒たちは外部の活動やコンクールに積極的に参加し、その情報を他の生徒と共有することで、さらに他の生徒も触発される好循環が発生しています。

　2018年完成の図書館は「Learning Hub」と呼ばれ、学習の拠点として探究活動に活用されます。校内の全教室にICT環境が整備されました。2019年度からはタブレットを使っての教育活動も本格的に始まり、主体的な学びを行うことが可能となっています。

グローバルセンター

　グローバル教育を推進するため、校内に専門スタッフの常駐する「グローバルセンター」を設置しています。海外の高校留学や大学進学を希望する生徒へのサポート、海外研修や国内でのグローバル体験プログラムの企画・紹介など、海外との

今春の進学実績については巻末の「高校別大学合格者数一覧」をご覧ください

つながりから学びを深めることのできる環境が整っています。

環境・施設設備

2020年の創立80周年記念事業の一環として、校舎を建設。2015年7月から5階建ての新しい校舎で授業が始まり、2017年6月に理科実験室、芸術関係・選択教室の入る西館、人工芝グラウンドが完成し、2018年9月の図書館棟竣工をもって、すべての建設が完了しました。

また、校内には横山大観、梅原龍三郎、北村西望らの手による絵画や彫刻60点以上が展示されています。

生活指導・心の教育

道徳の時間にグループワークや、講演会を多く取り入れ、相手の気持ちを理解し、自分の気持ちの伝え方を学んでいきます。

担任、保健室だけでなく三人のスクールカウンセラーが小さな悩みから生徒の相談にのれる体制も整えています。毎年行うアンケート調査で生徒の心身の状態を確認し、必要であれば担任・学年主任・保健室・カウンセラー・教頭が連携を密にして生徒を見守っています。

学校行事・クラブ活動

芙雪祭（文化祭）や体育祭は、生徒会が中心になって企画・運営されています。そのほか、グローバルビレッジ、合唱祭などの行事を実施しています。一流の芸術を味わう芸術鑑賞会では、人間国宝を招いての狂言教室をはじめ音楽鑑賞、演劇鑑賞、歌舞伎鑑賞会などが行われています。

クラブ活動は、基本的に中学・高校は別に活動しています。高校では、ダンス部が全国規模の大会で優秀な賞を受賞しているほか、吹奏楽部、新体操部、美術部、写真部、硬式テニス部、英語部などが、各大会で高く評価されています。

データファイル

■2024年度入試日程

中学校

募集人員		出願期間	試験日	発表日	手続締切日
1回	100	1/10～1/31	2/1	2/1	2/6
2回	80	1/10～2/1	2/2	2/2	2/6
算数1教科	20	1/10～2/1	2/2午後	2/2	2/6
3回	40	1/10～2/2	2/3	2/3	2/6

高等学校

募集を行っていません

■2024年度選考方法・入試科目

中学校

1・2・3回：国語、算数、理科、社会
算数1教科：算数（100点60分）
〈配点・時間〉国・算=各100点50分　理・社=各60点40分
〈面接〉なし

■指定校推薦枠のある主な大学（2024年度）

青山学院大（経済・理工）　学習院大（文・経済・理）　慶應義塾大（法・理工）　国際基督教大（教養）　上智大（理工）　中央大（商・総合政策・理工・国際経営・国際情報）　津田塾大（学芸・総合政策）　東京女子大（現代教養）　東京薬科大（薬・生命科）　東京理科大（先進工・工）　日本女子大（家政・人間社会・理）　法政大（GIS・情報科・理工・生命科）　明治大（国際日本・総合数理・情報コミュニケーション）　早稲田大（文化構想・創造理工・先進理工）　など

■2023年春卒業生進路状況

卒業生数	大学	短大	専門学校	海外大	就職	進学準備他
228人	203人	1人	1人	0人	0人	23人

■2023年度入試結果

中学校

募集人員		志願者数	受験者数	合格者数	競争率
1回	100	308	302	115	2.6
2回	80	441	348	139	2.5
算数1教科	20	216	158	67	2.4
3回	40	312	207	59	3.5

学校説明会　すべて要Web予約

★中学校

学校説明会A（小6優先）　9/9 9/30 10/14 10/28 11/4 11/25 12/2

学校説明会B（ライブ配信）　9/16 11/11

事前準備会（ライブ配信）（小6対象）　12/16

何でも相談会（ライブ配信）（小6対象）　1/13

放課後の個別見学（要電話予約）

月・火・木・金 16:00　土 14:00

見学できる行事

文化祭　9/23・9/24（入試相談コーナーあり）

説明会・行事等は日程・内容が変更される場合があります。必ず学校HP等でご確認ください

中 女子　　高 女子 普通科

富士見丘 中学校 高等学校

ふ　じ　み　が　おか

〒151-0073　東京都渋谷区笹塚3-19-9　☎03-3376-1481　学校長　吉田 晋

富士見丘中学校・高等学校

京王線・都営地下鉄・新宿線 笹塚駅徒歩5分

〈URL〉https://www.fujimigaoka.ac.jp/

沿革　昭和15年（1940）、昭和商業実践女学校創立。昭和23年、富士見丘高等学校、富士見丘中学校に改称。平成14年（2002）3月、校舎完成。令和2年（2020）、創立80周年を迎えました。

校風・教育方針

「思いやりの心」を持った、「国際性豊かな若き淑女」の育成を教育目標に掲げています。どのような状況下においても、グローバルな視野に立った理知的な判断、行動、発言ができる女性が富士見丘の理想です。

教育の特色

富士見丘は文部科学省からグローバルリーダーを育成している学校としての実績を評価され、2015年度にSGH（スーパーグローバルハイスクール）、2020年度にWWL（ワールドワイドラーニング）コンソーシアム・カリキュラム開発拠点校に指定されました。富士見丘のグローバル教育プログラムの特徴は一部の生徒だけでなく、入学した生徒全員が、この教育を受けることにあります。高校1年生は、慶應義塾大大学院メディアデザイン研究科大川研究室によるワークショップ、そして二泊三日で実施される国内フィールドワークを中心に生徒たちが能動的に学びます。

また、高校生だけでなく中学生にも探究学習プログラムを実施。中学・高校を通して「思考力・判断力・表現力」を磨く仕掛けがたくさん用意されています。

近年は、国内の難関大学だけでなく、海外大学に進学する生徒も増加し、卒業生の活躍の舞台が世界へと広がっています。

英語4技能を伸ばす授業

2017年度、高校に「アドバンストコース」、中学に「英語特別コース」という英語特進コースを設置。帰国生が全生徒の約20%いますが、そこに英語が好きで、英語力を伸ばしたいという日本育ちの生徒が加わり、習熟度別・少人数授業を展開しています。8人のネイティブ教員が日本人教員とTTで、レベル別にオールイングリッシュの授業を行うので、それぞれの生徒に合わせて4技能を身に付けることができるのです。授業以外にもネイティブ教員が朝や帰りのHRに参加したり、一緒にランチをしたり、放課後に希望制で1対1の英会話を楽しむこともできます。

海外研修制度

英語力を実践する場として、全員参加の修学旅行では中学がオーストラリア、高校はアメリカの姉妹校を訪問します。また、希望制のイギリス短期留学や、イギリス・カナダ・オーストラリアの姉妹校へのターム留学制度もあります。高校2年生はグローバルスタディプログラムの一環で、グアム・台湾・マレーシアに海外フィールドワークに出かけ、現地校と英語での交流を行います。さらに、欧米の姉妹校からはもちろんのこと、タイ・インド等アジアの中高生が富士見丘を訪問してくれるなど、校内で海外交流を行う機会に溢れています。

今春の進学実績については巻末の「高校別大学合格者数一覧」をご覧ください

🏫 **2期制**　**登校時刻** 8:25　🍴 **昼食** 弁当持参、売店　**土曜日** Flex5×2（特別講座、学校行事あり）

学校行事・クラブ活動

　体育祭、文化祭、合唱コンクール、球技大会、カルタ大会、芸術鑑賞等、行事は多彩です。

　文化部は11部。2016年度に新設された模擬国連部は様々な大会で入賞。運動部は8部のうち、テニス部と少林寺拳法部は全国高校総体、全国高校選抜にほぼ毎年出場しています。

環境・施設設備

　校舎の耐震性はもちろんのこと、大容量発電機・蓄電池、太陽光ソーラーパネルを設置し、電力を確保。非常用食料・飲料水の準備。また、雨水を中水として日頃から使用しており、トイレの心配もありません。震災の際は保護者の方が迎えに来るまで、生徒をしっかりと預かります。

データファイル

■2024年度入試日程

中学校　帰国生入試は11/11、1/16に実施

募集人員		出願期間	試験日	発表日	手続締切日
WILL	30	1/10～試験前日（試験当日窓口出願あり）※	2/1	2/1	2/2
一般①・英語資格①			2/1午後	2/1	2/10
一般②・英語資格②			2/2	2/2	2/10
一般③・英語資格③			2/2午後	2/2	2/10
一般④・英語資格④			2/3午後	2/3	2/10
一般⑤・英語資格⑤			2/4	2/4	2/10
適性検査型思考力	10		2/1午後	2/1	2/10
グローバル・アスリート	10		2/1	2/1	2/10

※一般・英語資格の募集は5回計60人（一般30、英語30）

高等学校　帰国生入試は12/7、1/16に実施

募集人員		出願期間	試験日	発表日	手続締切日
WILL推薦	60	1/15～1/17	1/22	1/22	1/23
一般アドバンスト	80	1/25～2/5	2/10、2/11、2/12から選択	当日	公立発表翌日
グローバル	80				

■2024年度選考方法・入試科目

中学校

WILL：一般コースは国・算、面接　英語特別コースは国か算+英語資格、面接

一般（一般コース）：国・算または国・算+理か社

英語資格（英語特別コース）：国または算+英語資格

適性検査型思考力（一般コース）：読解問題、融合問題（各100点45分）

グローバル・アスリート：一般コースは国か算+作文、面接　英語特別コースは英語資格、作文、面接
※英語特別コースは英語資格必須、英語取り出し授業希望者は英語面接（5分）あり
※WILL、グローバル・アスリート、英語資格は英検の取得級によって得点を優遇
〈配点・時間〉国・算＝一般・英語資格は各100点45分　WILL・グローバルアスリートは各50点30分　理・社＝各50点30分　〈面接〉保護者同伴

高等学校　**WILL推薦**：書類審査、作文、面接
一般アドバンスト：国・算か数・英（英語はリスニ
ング含む）、英語取り出し授業希望者は英語面接あり　グローバル：国・数・英
〈配点・時間〉国・数＝各100点50分　英＝アド150点80分、グロ100点50分　〈面接〉生徒個人

■指定校推薦枠のある主な大学

上智大　学習院大　中央大　法政大　成蹊大　津田塾大　東京女子大　日本女子大など

■2023年春卒業生進路状況

卒業生数	大学	短大	専門学校	海外大	就職	進学準備他
102人	92人	1人	4人	3人	0人	2人

■2023年度入試結果

中学校

募集人員		志願者数	受験者数	合格者数	競争率
WILL	30	47	40	38	1.1
一般①～⑤	30	318	106	88	1.2
英語資格①～⑤	30	84	29	29	1.0
適性検査型思考力	10	13	13	13	1.0
グローバル・アスリート	10	7	6	6	1.0
帰国生	20	31	30	29	1.0

高等学校

募集人員		志願者数	受験者数	合格者数	競争率
WILL推薦	40	28	28	28	1.0
一般アドバンスト	80	118	101	88	1.1
グローバル	80	57	50	45	1.1
帰国生	40	38	34	34	1.0

学校説明会　すべて要予約
★中学校　10/28　入試説明会　11/23　12/2
1/8　オープンスクール　10/28　チャレンジ体験入試　12/2　1/8　学校見学会　12/25
★高等学校　部活動見学ツアー　9/2　10/28
入試問題傾向と対策&個人相談会　11/23　12/2　12/9　学校見学会　12/25
個人説明会（月～土）・相談会は随時、要予約
見学できる行事　要予約
文化祭　9/23・9/24（9/24は説明会あり）

説明会・行事等は日程・内容が変更される場合があります。必ず学校HP等でご確認ください

465

東京
ふ

藤村女子中学校・高等学校

ふじ　むら　じょ　し

藤村女子 中学校
高等学校

〒180－8505　東京都武蔵野市吉祥寺本町2－16－3　☎0422－22－1266　学校長　廣瀬　真奈美

〈URL〉https://www.fujimura.ac.jp/

沿革　昭和7年（1932）日本の女子教育の先駆者藤村トヨが井之頭学園女学部を設立。同22年藤村女子中学校、翌年に同高等学校となりました。

藤村の教育

　自ら考え、行動し、表現する力を伸ばします。一人ひとりの個性を大切に日々の指導を行います。

カリキュラムの特色

　2022年度より、藤村では、2030年以降の社会で活躍できる女性の輩出を目指し、教育内容をアップデートします。中高ともに「探究」に特化したカリキュラムで、理想とする「自ら考え、行動し、表現する女性」を目指します。

　中学は通常の科目のほかに、学校オリジナル授業の「自己表現」「自己探求」「自己研鑽」が時間割の中に組み込まれています。この授業では、仲間と一緒に楽しみながら学びます。基礎的な学力をしっかり培いながら、自分をみつめ、表現し、磨き上げることで未来を「生きる力」を育成します。その他にも、学年の壁をこえて地域の方々と関わりを持たせてもらう「ふじ活」という授業では幅広い世代の方々とコミュニケーションをとることで、自然と社会性が身につきます。このように、ワクワクしながら生きる力を身につけることができるプログラムになります。

　高校では、新たに「アカデミッククエスト」「キャリアデザイン」「スポーツウェルネス」の3コース編成となりました。高校でも全コース共通して「探究」に力を入れますが、実際に行う取り組み

に各コースの特色が詰まっています。アカデミッククエストでは学問から、キャリアデザインでは職業から、スポーツウェルネスではスポーツや健康から、自分の未来について考えます。この3つの入口から将来を見据えることで本当に進みたい道を見つけられるよう、サポートします。

環境・施設設備

　文化と自然と世界がほどよく調和する街、吉祥寺駅から徒歩5分にある立地です。生徒1人1台のタブレットを使用し、日々の連絡や授業、探究活動などを充実させます。校内の3つの自習室「メンターカフェ」「サイレント自習室」「学習相談室」では教員やメンターが常駐しており、文武両道のサポートを行います。

生活指導・心の教育

　規律や礼儀を重んじながらも、家庭的で温かい雰囲気の中、生徒の自主性、協調性、忍耐力、向上心、寛容の精神を育てます。また、生徒一人ひとりが自らの個性や特性を見出し、明確な目標を持って生きていくことができるよう中高ともにキャリアガイダンスを行い、生徒たちの将来の自己実現を、全力でバックアップしていきます。

学校行事・部活動

　たくましく創造的に生きる力を養うため、クラブ活動への参加を奨励しています。体育系クラブには、各種の競技会や発表会で輝かしい成績を収めるクラブが多数あります。新体操、器械体操、競泳、水球、ソフトボール、バスケットボール、柔道、バレーボールなどの各クラブが全国のトッ

今春の進学実績については巻末の「高校別大学合格者数一覧」をご覧ください

🏫 3学期制　🕐 登校時刻 8:20　🍱 昼食 弁当持参、パン、売店　📅 土曜日 授業

プレベルの実力を誇っています。また、文化系クラブの成績も優秀です。全国大会出場の吹奏楽部、吉祥寺大正通り壁画制作の美術、ボランティアに力を入れている児童文化などが活躍しています。

データファイル

■2024年度入試日程

中学校　特待生制度あり

募集人員		出願期間	試験日	発表日	手続締切日
一般①	}15		2/1	2/1	2/6
得意科目			2/1	2/1	2/6
適性	15	1/10〜1/31	2/1	2/1	2/10
国語1科	10		2/1午後	2/1	2/6
自己アピール 若干			2/1午後	2/1	2/6
一般②	＊	1/10〜2/1	2/2	2/2	2/6
一般③	＊		2/2午後	2/2	2/6
特待生	10	1/10〜2/2	2/3午後	2/3	2/6
一般④	＊	1/10〜2/3	2/4	2/4	2/6
1科目 若干		1/10〜2/10	2/11午後	2/11	2/13

＊一般②〜④計10

高等学校　※推薦B、一般併願は公立発表翌日

募集人員		出願期間	試験日	発表日	手続締切日
推薦AB	115	1/15〜1/17	1/22	1/23	1/25※
オープン	}115	1/25〜2/6	2/10＊か11	試験翌日	2/13※
併願優遇		1/25〜2/6	2/10＊か11	試験翌日	2/13※

推薦Bは東京・神奈川以外対象
＊2/10は午前・午後
オープン第1志望型は加点あり

■2024年度選考方法・入試科目

中学校

一般①〜④・特待生：2科　**得意科目**：国、算、英、理、社から1科選択　**適性検査型**：適性検査Ⅰ・Ⅱ　**国語1科目表現力**：日本語リスニング、作文（200字程度）など（計50分）　**自己アピール**：プレゼンテーション形式　**1科目**：国、算、英から1科選択
〈配点・時間〉国・算・英・理・社＝各100点50分　適Ⅰ・適Ⅱ＝各100点45分
〈面接〉なし

高等学校

推薦：適性検査（国数か国英・各50分）【出願条件】内申（A／B）：アカデミッククエスト9科32/33か5科17/18か5科に5がある　キャリアデザイン・スポーツウェルネス9科24/25か5科13/14か9科に4がある　皆勤・精勤、英検・漢検・数検3級以上、特別活動などは加点
一般①・併願優遇：2/10午前と2/11は国英か国数2/10午後は国語※

※国語1科は日本語リスニング、作文含む
〈配点・時間〉国・数・英＝各100点50分　適性検査（国・数・英）＝各100点50分

■2023年春併設大学・短大への進学

成績上位の生徒から希望の学科へ進学できます。
東京女子体育大学－4（体育）
東京女子体育短期大学－進学者なし

■指定校推薦枠のある主な大学

亜細亜大　白梅学園大　成蹊大　大東文化大　東京農業大　日本女子大　帝京大　東海大　武蔵大　東洋英和女学院大など

■2023年春卒業生進路状況

卒業生数	大学	短大	専門学校	海外大	就職	進学準備他
139人	94人	4人	30人	0人	3人	8人

■2023年度入試結果

中学校

募集人員		志願者数	受験者数	合格者数	競争率
一般①	15	17	17	16	1.1
適性検査型	15	4	4	4	1.0
国語表現力	10	3	3	3	1.0
ナゾ解き 若干		11	10	10	1.0
一般②		7	6	5	1.2
一般③		5	4	3	1.3
一般④	20	4	3	3	1.0
一般⑤		6	3	2	1.5
一般⑥		3	2	1	2.0

高等学校

募集人員		志願者数	受験者数	合格者数	競争率
推薦AB	115	74	74	74	1.0
一般単願	}115	6	5	5	1.0
併願		129	126	126	1.0

学校説明会　要Web予約
★中学校
入試体験会　10/21 11/11 12/9 1/13
★高等学校
10/14 10/28 11/3 11/18 11/25 12/2
授業見学会（中高）　9/16 10/14 11/4
見学できる行事　要予約
文化祭　9/30・10/1（入試相談コーナーあり）
体育祭　10/18

説明会・行事等は日程・内容が変更される場合があります。必ず学校HP等でご確認ください

東京
ふ

雙葉中学校・高等学校
ふた ば

〒102-8470　東京都千代田区六番町14-1　☎03-3261-0821　学校長　日下部　和子

〈URL〉https://www.futabagakuen-jh.ed.jp

沿革　明治42年（1909）、雙葉高等女学校創設。昭和22年（1947）雙葉中学校、翌23年（1948）に雙葉高等学校として発足しました。令和5年（2023）、創立114周年を迎えました。

校風・教育方針

「徳においては純真に　義務においては堅実に」を校訓に、カトリックの精神に基づく全人教育を行っています。

カリキュラムの特色

中学校は雙葉小学校からの進学者約80人と中学入試を受けた約100人の、合わせて約180人の新入生を迎えています。高等学校では外部募集は行いません。

カリキュラムの大きな特色は、宗教教育と外国語教育にあります。毎週1時間、宗教の時間があり、カトリックの精神を通して健全な人格をはぐくみ、一人ひとりを大切にする気持ちを育てることを目指しています。外国語教育においては、中

学校は1・2年生とも週6時間の英語の授業を行っています。各自がじっくり英語にとり組み、基本的な力が身につくように丁寧に指導しています。3年生では英語のほかにフランス語の授業が週1.5時間加わります。英語に加えてさらに別の外国語を学ぶことは、言語全般に対する理解を深めることにつながります。高等学校では外国語の授業は週6～9時間になっています。

そのほかのどの教科においても、実験、実習、観察、話し合いなどの機会が多く、生徒が主体的に教科の本質を深く学べるように工夫されています。

高等学校では2年生からは必修科目のほかに選択科目が数多く置かれ、各自が将来の進路や興味、適性に応じて学習することができます。3年生になるとそれぞれの志望や進路に対応した多様な選択科目が用意され、志望大学の受験科目に合わせて、演習問題も含めた実践力、応用力が身につけられる授業内容となっています。

各教科の学習は、内容の精選を図り、中学校で

┌Information┐
雙葉学園の概略

17世紀にフランスのニコラ・バレ神父によって創設された「幼きイエス会」の修道女メール・マチルドほか4人が、明治5年に来日。明治8年に築地に開いた語学校が、雙葉学園の前身です。英語、フランス語の語学などを教授する一方、孤児の養育等慈善事業も行っていました。明治42年（1909）、初代校長メール・セン・テレー

ズが雙葉高等女学校を創立しました。私財を投じて現在の四谷の土地を購入し、翌年、ルネサンス様式の優雅な木造2階建ての校舎が完成。雙葉女子尋常小学校と附属幼稚園も設立されました。

今日までの卒業生は、各界で活躍しています。

今春の進学実績については巻末の「高校別大学合格者数一覧」をご覧ください

(3学期制) (登校時刻 8:00) (昼食 弁当持参、売店(パン販売)) (土曜日 授業)

高校の内容まで深めた授業を行うこともあります。学習習慣の確立はもちろん、基礎事項の徹底的な理解のために生徒の到達度を見さだめながらきめ細かな指導を行って、個々人の学力の充実を図っています。

　高等学校では、一人ひとりの高い学習意欲を尊重して、より深い学習に力を入れ、将来、どのような場面でも通用する学力の土台を築くように指導しています。

生活指導・心の教育

　豊かで温かい心を育て、他者と共に生きる人格の形成を図っています。校内で行われる宗教行事は自己を見つめ、他者を思う機会となります。クリスマスには、各学年が老人ホームや乳児施設などに手作りのプレゼントを用意して訪問し、交流を深めています。日常生活においては厳しい校則はありませんが、生徒が自覚をもって己を律し、秩序ある学校生活が営まれています。

環境・施設設備

　校舎内の幼きイエス像や、校庭に静かに佇むルルドのマリア像など、学園の中には敬虔な中にも温かみのある宗教的雰囲気があふれています。2001年1月に完成した現在の校舎は地下1階、地上7階でパソコン教室、ＬＬ教室、視聴覚教室の他各教科の特別教室の設備も充実しています。一般教室はすべて南向きで明るく、教室前にはゆとりの生徒ラウンジがあります。小さいながらも校舎内に聖堂があり、静かな祈りの場となっています。最上階にある図書室は広く、眺望も素晴らしい快適な学習の場です。生徒の好きな場所として屋上庭園もあります。校外施設に日光霧降高原荘があり、クラブ合宿などに活用されています。

学校行事・クラブ活動

　雙葉祭(文化祭)や運動会は、生徒主体の最大の行事です。修学旅行は、中学3年生は広島・宮島に、高校2年生は奈良・京都に行きます。また、中学1年生は蓼科、2年生は黒部での夏期学校があります。

　宗教にちなむ行事もいくつかあります。4月の始業式には1年の始まりの日として、聖イグナチオ教会で心をあわせて祈ります。12月8日の「学園感謝の日」には、全校生徒がミサにあずかります。

　クラブ活動は、研究系、公演系、運動系クラブや奉仕的な活動など多彩です。バレーボール部、バスケットボール部、卓球部は対外試合にも参加しています。全部で約40のクラブがあり、生徒は必ずどれかに所属して主体的に活動しています。

データファイル

■2024年度入試日程

中学校

募集人員	出願期間	試験日	発表日	手続締切日
100	1/10〜1/17	2/1	2/2	2/3

高等学校

募集を行っていません

■2024年度選考方法・入試科目

中学校

国語、算数、理科、社会、面接

〈配点・時間〉国・算＝各100点50分　理・社＝各50点30分

〈面接〉生徒個人　参考　【内容】中学校生活への抱負、小学校生活について、友人について、長所短所など

■指定校推薦枠のある主な大学

早稲田大　慶應義塾大　上智大　中央大　学習院大　明治大　国際基督教大　聖心女子大　津田塾大　東京女子大　東京女子医科大　東京理科大　東京薬科大　北里大など

■2023年春卒業生進路状況

卒業生数	大学	短大	専門学校	海外大	就職	進学準備他
166人	125人	0人	0人	0人	0人	41人

■2023年度入試結果

中学校

募集人員	志願者数	受験者数	合格者数	競争率
100	401	355	122	2.9

(学校説明会) 保護者対象・要Web予約
10/21 10/28 10/30

(見学できる行事) 要Web予約
文化祭　9/17・9/18

※5年生以上の小学生と保護者1人。
　保護者のみ、小学生のみの入場不可。

説明会・行事等は日程・内容が変更される場合があります。必ず学校HP等でご確認ください

普連土学園 中学校 高等学校

ふ れん ど がく えん

〒108-0073　東京都港区三田4-14-16　☎03-3451-4616　学校長　青木　直人

〈URL〉https://www.friends.ac.jp/

沿革　明治20年（1887）、米国フィラデルフィアのキリスト教フレンド派（クエーカー）、婦人伝道会の人々によって創立されました。全世界にフレンド派の学校は100校以上ありますが、日本では唯一の学校です。

校風・教育方針

フレンド派の精神「簡素」「誠実」を旨として、生徒一人ひとりの持つ神の種子を大切に育てることを目標としています。少人数の家庭的な学園です。

また、自分の持てるものを捧げる奉仕の精神を尊びます。そのほか、ネイティブの専任教師が、語学指導だけでなく国際的視野に立ったものの見方ができるように常に指導しています。国際性を育成するための教育活動として、イングリッシュ・ランチやイングリッシュ・キャンプなどの伝統ある行事も継承されています。

カリキュラムの特色

主要教科については、中学3年生のうちに高校の課程について学習する先取り授業を行っています。そのため、たとえば国語は、2年と3年では標準時間より週1〜2時間程度多い時間配当になります。数学は中学1〜2年生では代数・幾何ともにチームティーチングで行い、中学3年生はクラスを2分割にし、より細やかな指導を心がけています。英語は3年間を通してクラス2分割で行われます。

高校では、古典、数学、化学、そして英語の授業の一部で習熟度別授業を行って、一人ひとりの進度に合わせた学習ができるようにしています。

高校1年までは、全員が共通科目を学習します。英語の授業は1年生は週7時間、そのうちの1時間は英会話にあてています。2年生からは全員が共通に学ぶ必修科目のほかに、選択科目の中から進路や適性に合わせて必要な科目を選んで学習します。英語は2年生では週6時間が必修になっていますが、さらに多くの英語の授業を選択科目の中から選んで受けることができます。3年生になると、選択科目の幅がさらに広がり、各自の進路に合った科目を選んで学習できます。

英語にはネイティブ教員によるイングリッシュ・コンポジションの授業があり、英語で論文を書くなど専門性の高い指導をしています。また、英語ボキャブラリーと漢字について中高別の一斉テストを行っています。

ほかにも、補習授業を充実させて、進学に役立てるとともに、理解の足りない生徒のための指導も行っています。小論文個人指導や古典、数学での習熟度別クラス編成、週5日・二学期制など、特色ある指導体制です。夏休みには、中学3年以上の学年に30を超える夏期講座を設けています。

国際教育

高1・高2の希望者を対象に、夏休みに約10日間、クエーカーの創始者であるジョージ・フォックスの足跡を訪ねるイギリス夏期研修があります。ほかに、アメリカの名門女子大学スミスカレッジの寮に滞在しての研修（高2）や、長年支援を続けてきたカンボジアの関係者を訪ねる研修（高2）、

今春の進学実績については巻末の「高校別大学合格者数一覧」をご覧ください

ニュージーランドでの2カ月間のターム留学（高1）など、多彩な海外研修プログラムがあります。さらに近年では、普連土学園を含め世界に3校しかない女子のフレンズスクールであるリンカンスクール（アメリカ）、マウントスクール（イギリス）との交流も始まっています。

環境・施設設備

　緑に恵まれた落ち着いた教育環境です。生徒の机、椅子、床はすべて"自然"の手触りを大切にした木製を使用しています。

　どの校舎も、生徒の生活の場として、学習・健康・情報・安全などの面から配慮されています。中学校舎は、2016年に東京都歴史的建造物に指定されました。本校舎には、ローズホール・静黙室・理科実験室・特別教室などがそろっています。

生活指導・心の教育

　キリスト教による人格形成を教育の基盤としており、毎週1時間「聖書」（中学）「宗教」（高校）の授業を行っています。落ち着いた心で学校生活を送れるように毎朝20分の礼拝を行い、週に1日は"沈黙の礼拝"があります。また、各学年において奉仕活動を奨励し、奉仕の精神を重んじています。

学校行事・クラブ活動

　5月に行われる体育祭、趣向をこらした展示や舞台発表でにぎわう10月の学園祭は、中学生と高校生が一緒になって繰り広げる最大のイベントです。ほかにも、遠足、プレイデイ（球技大会）、合唱コンクール、歌舞伎鑑賞教室、文楽鑑賞教室、能楽鑑賞教室など、多彩な行事が年間を通じて行われています。

　中学3年希望者の夏のイングリッシュ・キャンプは、生きた英語を身につける楽しさいっぱいの伝統あるキャンプです。修学旅行は中学3年生は東北、高校2年生は奈良・京都方面へ出かけます。

　クラブ活動は、中学生と高校生が一緒になって活発な活動をしています。文化系クラブは、演劇、手話、陶芸、茶道、吹奏楽、美術など12部。体育系は、剣道、ソフトボール、体操、バレーボール、フォークダンスなど9部あります。

データファイル

■2024年度入試日程

中学校　出願はすべてインターネット

募集人員	出願期間	試験日	発表日	手続締切日
帰国若干	1/10～1/31・1/10～2/3	2/1・2/4	2/1・2/4※1	2/4・2/6※2
1日午前4科50	1/10～1/31	2/1	2/1※1	2/4※2
1日午後算数20	1/10～1/31	2/1午後	2/1※1	2/4※2
2日午後2科30	1/10～2/1	2/2午後	2/3※1	2/6※2
4日午前4科20	1/10～2/3	2/4	2/4※1	2/6※2

※1はインターネット発表　校内掲示は試験翌日
※2は入学金の分納により2/8まで延納可

高等学校
募集を行っていません

■2024年度選考方法・入試科目

中学校

一般1日・4日午前4科：算数、国語、理科、社会
一般1日午後算数：算数
一般2日午後2科：国語、算数
帰国：算数、国語、作文（作文は日本語か英語）、面接

〈配点・時間〉国・算※＝各100点60分　理・社＝各75点30分　※1日午後算数、2日午後2科の国・算は各100点50分

〈面接〉帰国生のみ実施（保護者1人同伴）

■指定校推薦枠のある主な大学

東京都立大　慶應義塾大　早稲田大　国際基督教大　東京理科大　中央大　立教大　法政大　学習院大　津田塾大　東京女子大など

■2023年春卒業生進路状況

卒業生数	大学	短大	専門学校	海外大	就職	進学準備他
126人	111人	0人	0人	0人	0人	15人

■2023年度入試結果

中学校

募集人員		志願者数	受験者数	合格者数	競争率
1日午前4科	50	99	90	61	1.5
1日午後算数	20	266	247	188	1.3
2日午後2科	30	226	107	71	1.5
4日午前4科	20	168	75	54	1.4

学校説明会　要予約
10/10 10/13 11/7 11/17 11/24（イブニング）
入試解説会（6年生対象）　12/9（動画配信）
生徒による説明会　9/2 12/16
学校体験日　10/28 2/17

見学できる行事
学園祭　10/21（個別入試相談あり）
※今後の情勢により、Web配信や中止の可能性があります

説明会・行事等は日程・内容が変更される場合があります。必ず学校HP等でご確認ください

文化学園大学杉並 中学校 高等学校

〒166-0004　東京都杉並区阿佐谷南3-48-16　☎03-3392-6636　学校長　松谷 茂

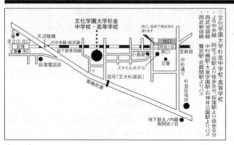

〈URL〉 https://bunsugi.jp/

沿革　大正15年(1926)城右高等女学校創立。昭和49年(1974)文化女子大学の附属となりました。平成23年(2011)大学の校名変更に伴い、現校名に変更。同27年(2015)カナダ・ブリティッシュコロンビア(BC)州の海外校に認定、日本初のダブルディプロマコース設置。同30年(2018)男女共学化。

校風・教育方針

■中学の特色

　中学1年は英語の授業はレベル別で、英語初心者はStarterクラスに所属します。週9時間ある英語の授業のうち、7時間がネイティブ教員の主導する授業になります。英検2級以上の希望者に対しては「DD7」または「Advanced 7」を設定。一年次からカナダブリティッシュコロンビア州の教員が英語の授業を展開します。「DD7」では理数科目7時間を含めた週17時間英語の授業を指導します。

　Starterクラスは中学2年から、ダブルディプロマ準備コースか中高一貫コースのどちらかを選択します。中学ダブルディプロマ準備コースは、早期からハイレベルのBC州教育メソッドで学び、英語力のアドバンテージを生かしながら高等学校の卒業スコアをより高くすることを目指します。中高一貫コースは、高校特進コース・進学コースの上位層を育てるべく幅広い学びを展開します。DD7の生徒はDD8、DD9と継続して週17時間の英語を展開します。

■高校の特色

　高校は、進学コース、特進コース、ダブルディプロマコースの3コース制です。進学コースは、文化学園系列や日東駒専レベル以上の大学進学を目指します。特進コースは、早期の進路指導と、バランスの良いカリキュラムで国公立大学や早慶上理、G-MARCHの大学を目指します。2022年度からは新たに「国公立クラス」を設立。ダブルディプロマコースは、日本とカナダのカリキュラムを同時並行で行い、卒業時には日本とカナダの2つの卒業資格を取得することができる日本初のコースです。夏には5週間の短期留学があり、充実した海外研修で本物のGLOBAL教育を体験。海外の生活に親しむ等の一般的な留学と異なり、カナダの学校の単位を取得することが目的です。

　ダブルディプロマコースの生徒は、国内生としてだけでなく国外生としても出願でき、さらにBC州の生徒として海外大学へダイレクトに出願ができます。1期生から6期生まで155人の卒業生が出ていますが、毎年早稲田大学、上智大学、ICUなどの難関大学に合格しています。また、実際の進学先も海外大学25%、国公立早慶上理ICU21%、GMARCH関関同立20%と、これらの大学が全体の66%を占めています。

環境・施設設備

　6つの体育館があります。校内は冷暖房完備、快適な学校生活を送ることができます。教室には電子黒板機能付きプロジェクターとWi-Fiを設置し、ICT教育も充実。図書館に併設された読書自習室や、入試問題集がそろう学習ホール、カフェスタイルの自習スペースなど、校内には多くの自習室があり、勉強に集中できる環境が整っています。

今春の進学実績については巻末の「高校別大学合格者数一覧」をご覧ください

共学化に合わせて食堂のメニューが増え、セブンイレブンの自動販売機は、生徒に大変人気です。

学校行事・海外研修・クラブ活動

　四季折々の心に残る行事やイベントが開催されます。文化祭の目玉はファッションショー。デザイン・制作はもちろん、舞台構成や照明、ヘアメイク、モデルまで生徒たちがこなし、文化学園大学の附属校ならではの完成度の高いイベントです。

　また、「燃えよ！価値あるものに」をモットーに、多くのクラブが活動し、輝かしい実績を残しています。過去には弓道、ソフトテニス、卓球、なぎなた、ハンドボール、剣道、バスケットボール、レスリングなどが全国大会に出場。文化部では、書道、吹奏楽、ボランティア、生物探究、マンガ研究などが活躍しています。

データファイル

■2024年度入試日程

中学校　（11/23・12/24・1/14に帰国生入試あり）

募集人員		出願期間	試験日	発表日	手続締切日
1回・適性	\}40	1/10～1/31	2/1	2/1	
2回・英語①		1/10～1/31	2/1午後	2/1	
3回	\}40	1/10～2/2	2/2	2/2	2/8
4回・英語②		1/10～2/2	2/2午後	2/2	適性は2/10
5回	20	1/10～2/3	2/3	2/3	
6回	若干	1/10～2/4	2/4	2/4	

高等学校　（11/23・12/24・1/14に帰国生入試あり）

募集人員	出願期間	試験日	発表日	手続締切日
推薦　80	1/15～1/17	1/22	1/23	1/24※
一般　100	1/25～＊	2/10か12	試験翌日	2/14※

＊出願締切：試験2/10は2/6、2/12は2/12
※併願者は出願校発表翌日まで延納可（推薦の併願は神奈川を除く都外生対象）

■2024年度選考方法・入試科目

中学校

1・4・6回：2科
2・3・5回：2科か4科
適性検査型：適性検査Ⅰ・ⅡまたはⅠ・Ⅱ・Ⅲ
英語特別：英語＋国語か算数か日本語面接
〈配点・時間〉1～6回：国・算＝各100点50分　理・社＝各75点計60分　適Ⅰ・適Ⅱ・適Ⅲ＝各100点45分　英語特別：英＝100点50分（リスニング25分、リーディング・ライティング計25分）、国・算＝各100点50分、面接（100点10分）

高等学校

推薦：進学・特進コース－作文（600～800字50分）、面接（5分）　ダブルディプロマコース－英語（筆記90分・口頭試問約20分）、面接（5分）
一般：国、数、英（リスニング含む）※、面接（5分）
〈配点・時間〉国・数・英※＝各100点50分
※ダブルディプロマコースの英語は筆記90分、英語口頭試問（約20分）、筆記と口答試問で100点
〈面接〉生徒個人　参考

■2023年春併設大学への合格状況

成績が一定以上の基準に達していれば最優先で入学できます。現代文化学部は他大学との併願可。
文化学園大学－22（服装7、造形3、国際文化12）

■指定校推薦枠のある主な大学

中央大　法政大　学習院大　立教大　成蹊大　成城大　東京女子大　津田塾大など約130大学

■2023年春卒業生進路状況

卒業生数	大学	短大	専門学校	海外大	就職	進学準備他
249人	189人	5人	14人	5人	0人	36人

■2023年度入試結果

中学校　帰国生入試あり

募集人員		志願者数	受験者数	合格者数	競争率
1回/適性	\}40	63/59	45/59	25/52	1.8/1.1
2回		126	109	49	2.2
3回	\}40	117	49	20	2.5
4回/算①/英①		115/7/13	56/4/9	30/2/7	1.9/2.0/1.3
5回	\}20	119	39	23	1.7
算数②/英②		43/10	12/0	5/－	2.4/－
6回	若干	142	34	17	2.0
特別	若干	7	6	4	1.5

高等学校　男／女　帰国生入試あり

募集人員		志願者数	受験者数	合格者数	競争率
推薦	110	26/52	26/52	26/52	1.0/1.0
一般	110	195/244	176/224	165/217	1.1/1.0

学校説明会　すべて要予約
★中学校　9/9 10/7 11/4 12/2（入試体験2科）12/17 1/13
オープンスクール　11/18
授業見学会　10/24
★高等学校　10/28 11/16(夜) 11/25
個別相談会　12/3
見学できる行事　要予約
文化祭　9/23・9/24(相談コーナーあり)

説明会・行事等は日程・内容が変更される場合があります。必ず学校HP等でご確認ください

東京
ふ

文華女子高等学校

ぶんかじょし

〒188-0004　東京都西東京市西原町4-5-85　☎042-463-2903　学校長　梅田　浩一

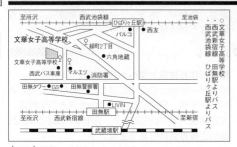

〈URL〉https://www.bunkagakuen.ac.jp

沿革　大正5年（1916）創立者河口アイが小石川に東京家事裁縫研究所を設立。昭和23年（1948）、大正12年に設置許可をうけた小石川高等女学校を文華女子高等学校と名称変更。同45年（1970）現在地に移転。平成28年（2016）に創立100周年を迎えました。

校風・教育方針

建学の精神は「質実」「貞純」「勤勉」です。この精神は、人間として、どのように成長してほしいのかを示しています。

文華女子では毎年クラス替えをするため、各学年ほぼ全員が知り合いとなり、友達も増えていきます。先生と生徒の距離がとても近く、ガラス張りの職員室には、休み時間や放課後などに多くの生徒が足を運んでいます。学習面や進路の相談はもちろん、プライベートも含めたどんな相談にも寄り添えるように教員が待機しています。

全校でとりくむ多くの行事、そして部活動でも、上級生と下級生の仲が良くお互い協力し合い、支え合いながら活動しています。その結果、校内の雰囲気は明るく、生徒たちの表情も輝いています。

カリキュラムの特色

将来、社会に出てから求められる能力として、①基礎学力②専門知識③人間性が挙げられますが、大切な力がもう一つあります。それは「培ってきた能力を連動させる力」であり、これを社会人基礎力といいます。文華女子では2年次よりコース分けをし、各自の学力に合わせた指導、生徒の学

ぶ意欲を確実にサポートするシステムによって、「考え抜く力」「自ら行動を起こす力」「チームで働く力」を養い、社会人基礎力の基盤を身につけ、もっている能力を存分に発揮できるような人へと成長していきます。

選抜コースでは、志望大学受験に備えて幅広い選択科目の中からそれぞれ必要な科目を選んで学習していきます。3年次では特に受験科目を中心に授業選択ができます。また、各科目の演習の時間では志望大学合格に向けての実践力を養います。長期休暇中には集中特別講座を行っており、基礎学習から、受験に向けた応用まで、問題を解く力を養います。

進学コースでは、大学、短大、各種専門学校のどれを志望していても対応できるカリキュラムが用意されており、3年次には幅広い希望進路に合わせた実践的科目を選択できます。

国際教育

全学年対象の英語研修としてTGG（東京英語村）を毎年訪れ、施設内で生きた英語を学びます。2年次には修学旅行でオーストラリア・シドニーを訪れ、姉妹校ローズビルカレッジにて日本語授業にも参加します。校内では1人1台のiPadを使用し、英語に特化した授業支援システム「スタディサプリEnglish」を導入。英検対策にも力を入れています。

環境・施設設備

全館には冷暖房が整えられているほか、合宿室

今春の進学実績については巻末の「高校別大学合格者数一覧」をご覧ください

や講堂、体育館などを備えた文の華記念館、宿泊実習に利用される家庭教育寮をはじめ、視聴覚室、コンピュータルームなど施設設備も整っています。

1人1台iPadを使用する授業を行っており、校内には Wi-Fi 環境を完備しています。資料共有、課題、探究活動などに Google Classroom を活用し、ICT教育においても最適化された学びを実現しています。

生活指導・心の教育

文華女子では、自分の未来を自分の力で良い方向に切り拓いていく力、すなわち「未来自立力」を教育の柱とし、充実した礼法や家庭科の授業と、伝統の教育である「家庭教育寮」での実習により、自立力の育成を進めています。

生活力や身につけたい作法、「おもてなしの」精神を指導するため、学校の敷地内にある家庭教育寮で宿泊研修を行っています。1泊2日、6～8人ずつの生徒と寝食をともにしながら、掃除、買い物、食事作り、お弁当作りなど、家庭の中で誰かが担っている仕事を経験します。

また、週2時間の総合学習の時間には、宝塚歌劇団やミュージカル、校内での演奏会などの芸術鑑賞、文化人による講演会を行い、豊かな情操の育成や本物にふれる機会を設けています。

部活動

運動部はハンドボール、硬式テニス、ダンス、バドミントン、バトン、バレーボールがあります。文化部は珍しい声優、よさこいをはじめ、華道、茶道、箏曲、クッキング、吹奏楽、服飾手芸、軽音楽があります。同好会は、美術があります。

※※※※※※※※※※※※※※ データファイル ※※※※※※※※※※※※※※

■2024年度入試日程

募集人員	出願期間	試験日	発表日	手続締切日
推薦 120	1/15～1/18	1/22	1/22	1/23＊
一般 120	1/25～2/7	2/10	2/11	2/12＊

＊併願者は延納可（B推薦：3/2まで　一般・併願優遇：東京都・埼玉県3/2まで）
※B推薦は埼玉・千葉県生対象

■2024年度選考方法・入試科目

推薦：書類審査、面接、課題作文（800字、出願時に提出）＊2024年度テーマ「私が考える文華女子高等学校での3年間」

【出願条件】 3年次欠席10日以内、遅刻・早退10回以内 〈A推薦〉9科25または5科14〈B推薦・併願優遇〉9科27または5科15　いずれも各種検定、部活動、皆勤・精勤、生徒会・委員会活動などで加点あり

一般：国語、数学、英語、面接
〈配点・時間〉国・数・英＝各100点50分
〈面接〉生徒個人　参考、一般第一志望・一般（フリー）は重視【内容】志願理由、入学後の抱負、部活動など

■指定校推薦枠のある主な大学

亜細亜大　大妻女子大　工学院大　国士舘大　実践女子大　拓殖大　玉川大　帝京大　東京家政大　東京経済大　東京理科大　東洋大　武蔵野大　横浜薬科大　立命館大など

■2023年春卒業生進路状況

卒業生数	大学	短大	専門学校	海外大	就職	進学準備他
70人	46人	6人	18人	0人	0人	0人

■2023年度入試結果

募集人員		志願者数	受験者数	合格者数	競争率
A推薦	120	50	50	50	1.0
B推薦		9	9	9	1.0
併願優遇	120	102	99	99	1.0
一般		7	6	4	1.5

▼▼入試アドバイス・学校からのメッセージ

A推薦は単願特典制度として、受験料20,000円と入学手続金300,000円が全額免除となります。

学校説明会 要Web予約
学校説明会・個別相談会　9/2 9/30 10/7 11/3 11/11 11/25 12/2　終了後、学校見学可
個別相談日　11/27～12/14(12/2と日を除く)
学校見学は随時可(要予約)

見学できる行事
文華祭　9/17・9/18（要予約、入試相談コーナーあり）
体育祭　6/3(終了)

説明会・行事等は日程・内容が変更される場合があります。必ず学校HP等でご確認ください

文京学院大学女子 中学校 高等学校
ぶん きょう がく いん だい がく じょ し

〒113-8667　東京都文京区本駒込6-18-3　☎03-3946-5301　学校長　清水　直樹

〈URL〉https://www.hs.bgu.ac.jp/

沿革　創立者島田依史子が、大正13年(1924)に「女性の自立」を掲げて開学し、令和6年(2024)には創立100周年を迎えます。自立の手段として学んだ「運針」に加えて、「ペン習字」、「礼法(茶道・華道)」、食育としての「給食」を伝統教育として実施しています。同時に、時代に先駆けた改革を重ね、令和3年(2021)には隣接するインター共用棟にアオバジャパン・インターナショナルスクール(AJIS)文京キャンパスが開校。両校で施設と学びを共有しています。海外にある教育提携校との交流も活発です。文部科学省より、平成24年(2012)にSSH(スーパーサイエンスハイスクール)、平成27年(2015)にSGHアソシエイト(スーパーグローバルアソシエイト)の指定を受け、近年では探究活動で培った研究成果が各種大会やコンクール、大学入試においても高く評価されています。

グローバル×探究

軽やかに国境を越えて、
自分で描く、私だけのストーリー

「グローバル」と「探究」を教育の柱に据えて、20年後の社会でも強く、しなやかに生き抜く力を育みます。

急速に進むグローバル社会に対応し、世界標準の学力と英語力、多様性を受容する力を身につけるために、ネイティブ教員の学年担当制や同じキャンパスで生活するAJISへの「One Day留学」など、自然と英語や多文化に触れる、英語が日常になる教育環境が整っています。海外語学研修(米・英・豪)、長短期の留学(NZ他)、2012年

から続くPrincess Chulabhon Science High School(タイ)との科学交流など、「もっと学びたい」気持ちに応え、進路を切り開くチャンスがたくさんあります。

これからの時代に必要な思考力は、「仮説・検証」を繰り返す探究活動を通して育まれていきます。探究活動に必要な技法を段階的に取得し、最終的には自分でテーマを設定して研究活動を行います。教員全員が専門分野を担当するゼミ形式で展開します。これらの成果が総合型選抜入試で生かされています。また、基盤となる学力を育成するために、放課後や長期休暇は補習や進学講座を展開。英語運用能力を高める講座「国際塾」は、原則all Englishで行われ、全員が英検2級以上を取得できるようにサポートします。生徒個々が、必要に応じて選択し受講することで一般入試に対応する力も育まれていきます。

Information

2014年高校生・高専生科学技術チャレンジ(JSEC)に初めて挑戦して以来、年々レベルアップをしてきた理数キャリアコースの科学研究。2019年に受賞した審査員奨励賞に続いて、2022年はソニー賞を受賞。ダラス(アメリカ)で開催された国際学生科学技術フェア(ISEF)材料科学部門で4等となり、これに伴い、文部科学大臣賞も受賞しました。探究活動による研究成果とグローバル教育が融合した結果です。

部活動

インターハイ出場の名門バレーボール部を筆頭に、関東大会出場のサッカー部、新体操部、テニス部(硬・軟)、チアダンス部、カラーガード部、ソフト

今春の進学実績については巻末の「高校別大学合格者数一覧」をご覧ください

ボール部などが活発です。書道部、美術部、吹奏楽 部、演劇部など、文化部も活発に活動しています。

データファイル

■2024年度入試日程　中高とも特待生制度あり

中学校　※公立校受験者は2/10まで延納可

募集人員	出願期間	試験日	発表日	手続切日
1回 60	1/10～1/31	2/1	2/1	2/2
特待選抜① 15	1/10～1/31	2/1午後	2/1	2/6
2回 10	1/10～2/2	2/2午後	2/2	2/6
3回 5	1/10～2/3	2/3午後	2/3	2/6
特待選抜② 若干	1/10～2/4	2/4午後	2/4	2/6
適性検査型	1/10～1/31	2/1	2/1	2/6※
探究プレゼン 15	1/10～1/31	2/1午後	2/1	2/6※
英語	1/10～1/31	2/1午後	2/1	2/6※

高等学校　※延納あり

入試区分＊	出願期間	試験日	発表日	手続締切日
A推薦・推薦	1/15～1/20	1/22	1/22	1/26
B推薦 1回	1/15～1/20	1/22	1/22	1/26※
2回		1/23	1/23	
一般 1回	1/25～2/8	2/10	2/11	2/18※
2回		2/11		
3回	1/25～2/15	2/16	2/16	2/19※
特別入試	1/25～2/15	2/16	2/16	2/19※

＊A推薦(第1志望)・B推薦は東京・神奈川以外、推薦(第1志望)・併願優遇は東京・神奈川の受験生
＊一般に第一志望優遇と併願優遇含む
＊募集人員(推薦/一般)：〈理数キャリア〉Tクラス12/13、Aクラス12/13〈国際教養〉Tクラス12/13、Aクラス25/25

■2024年度選考方法・入試科目

中学校

1・2・3回(文京学院方式)：2科または2科＋選択(理科2題・社会2題・英語2題の計6題から2題以上選択、各25点、250点満点)
特待選抜①・②：2科(高得点科目の点数を2倍して判定)
適性検査型：適性検査Ⅰ・Ⅱ(各100点45分)
探究プレゼン型：事前に出されたテーマに沿ったレポートの内容に基づいてプレゼンテーション(約10分)、質疑応答
英語インタラクティブ：ネイティブスピーカーと受験生複数人での英語活動(100点50分)
※英検取得者は考慮(特待選抜を除く)
〈配点・時間〉国・算＝各100点50分(特待はどちらか高得点を2倍)　選択(理・社・英)＝各題25点計30分

高等学校

推薦A：個人面接　**推薦B**：適性検査(国・数・英)
【出願条件】内申　推薦A　3科10か5科17　Tクラス(理数キャリア・国際教養)のみ3科12か5科20　特待生は5科20または英検準2級など　特待生を除き諸活動で加点あり　B推薦・併願優遇は推薦Aの内申に＋1
一般・第一志望優遇・併願優遇：国語、数学、英語(リスニング含む)　**特別入試**：数学か英語
〈配点・時間〉国・数・英＝各100点50分

■2023年春併設大学への進学
定められた成績基準と出欠基準を満たせば、推薦を受け、選考の結果併設大学へ進学できます。他四年制大学との併願受験が認められています。
文京学院大学－55(経営10、人間15、外国語6、保健医療技術24)〈合格者数〉

■指定校推薦枠のある主な大学
立教大　学習院大　日本大　成蹊大　成城大　明治学院大　東洋大　東京女子大　日本女子大など

■2023年春卒業生進路状況

卒業生数	大学	短大	専門学校	海外大	就職	進学準備他
169人	144人	4人	13人	1人	0人	7人

■2023年度入試結果

中学校　帰国生入試あり

募集人員	志願者数	受験者数	合格者数	競争率
105	496	231	150	1.5

高等学校　帰国生入試あり

募集人員	志願者数	受験者数	合格者数	競争率
推薦61/一般64	61/127	61/121	61/116	1.0/1.0

学校説明会・個別相談　要予約
★中学校
9/10 9/24（英語特化）　10/9（部活動体験）
12/3（個別）1/14　夜から説明会　11/10 11/24
授業見学あり　9/19～9/21 10/21 11/11　入試体験　11/23 12/17　入試解説　11/23
★高等学校
9/24（英語特化）10/9（部活動体験）10/15
12/3（個別）夜から説明会　11/10 11/24
授業見学あり　9/16 11/4　入試解説　11/26
国際塾・部活動見学(中高)　9/19～9/21
見学できる行事　要予約
文女祭　10/28・10/29　ミニ説明会あり

説明会・行事等は日程・内容が変更される場合があります。必ず学校HP等でご確認ください

東京 ふ

文教大学付属中学校 高等学校

〒142-0064　東京都品川区旗の台3-2-17　☎03-3783-5511　学校長　銅谷　新吾

至東急大井町線　至文教大学付属
荏原町駅　　　　　地下鉄都営浅草線旗の台駅・荏原町駅
　　　　　　　　　東急大井町線旗の台駅
　　　　　　　　　中延駅　徒歩3分
　　　　　　　　　中学校・高等学校

〈URL〉https://www.bunkyo.ac.jp/jsh/

沿革　昭和2年（1927）、立正裁縫女学校創立。同51年（1976）立正女子大学が文教大学に改称したのに伴い、文教大学付属中学校、文教大学付属高等学校と改称。平成10年（1998）より共学。

校風・教育方針

校訓である「人間愛」の精神をベースに、「慈愛の心を育てる」、「輝く知性を身につける」、「世界に飛翔する力を養う」の3つを柱とした教育活動を展開します。さらに2022年度からは世界に貢献できる人材を育むべく、文教ユニバーサルコンピテンシーを策定。「発見力」、「思考力」、「行動力」、「探究力」、「表現力」を培うための教育活動を展開します。

カリキュラムの特色

現役で国公立大学を含めた難関大学に進学することを目標とし、英・国・数・理・社の5教科に重点が置かれたカリキュラムとなっています。豊富な授業時数を生かし、先取り学習を行ったり、演習の時間を多く取り入れたりしています。英語・数学は、少人数での授業により一人ひとりの生徒に合わせた指導を行い、学力を確実に伸ばします。新校舎の全教室に電子黒板と無線Wi-Fiが完備され、1人1台保有するタブレットPCとあわせて主体的な学びが展開されています。また、学習塾と提携した放課後の学習支援システム「文教ステーション」を導入し、学習習慣の定着化を図っています。

クラス編成は、学力に応じた編成を中学3年次

より展開。中学3年はアドバンストクラス、スタンダードクラスの2編成、高校1年以降はアルティメットクラス、アドバンストクラス、スタンダードクラスの3編成となります。

併設の文教大学への進学者は少なく、大半の生徒は一般受験で難関大学進学を目指しています。

環境・施設設備

交通至便な都心の一等地にあり、都内はもとより川崎・横浜方面からの通学も容易です。2016年10月、新校舎が完成しました。新校舎には電子黒板が完備された普通教室をはじめ、図書室・理科実験室・音楽室・美術室・講堂「LOTUS HALL」、食堂、自習室、人工芝グラウンドなどがあります。また体育館は冷暖房完備で、地下には25メートル×5コースの温水プールがあります。文教では校舎のことを「PORT」（港）と呼びます。港では船の点検をし、荷物を積んだり燃料を補充したりし、大海原への長い航海に向けた準備をします。それは中高の6年間も一緒で、学習に励み、心身を鍛え、進路を見定め、長い人生に向け念入りに準備をします。

学校行事・クラブ活動

「今日の最新が、日々変化する世界の中で、常に学び続け、活躍することのできる人材の育成」を目標として、2015年度より「文教キャリアプロジェクト」NEWTONを始動しました。キャリア教育を主軸に、授業・総合的な学習の時間・学校行事を統合し、日々の教育活動を展開しています。

おもな行事は、中学修学旅行（京都・奈良・広島）、高校修学旅行、合唱コンクール、白蓉祭（文

今春の進学実績については巻末の「高校別大学合格者数一覧」をご覧ください

化祭）などです。また、教育目標のひとつ「世界に飛翔する力」を育むため、国際理解教育にも力を入れています。オーストラリア（クイーンズランド州）やカナダ・アメリカへの中・長期留学や短期語学研修、セブ島への英語研修など多彩な留学プログラムや、台湾の大学へ進学するための中国語講座をオンラインで開設しています。

部活動は28の部と2つの同好会があり、各部・同好会とも熱心に活動をしています。活動時間は中学・高校ともに最大18時までです。近年は水泳部やソングリーディング部、ゴルフ部などが顕著な成績をあげています。「文教ステーション」での学習は、部活動後でも認められており、中学生は19:30まで、高校生は20:00まで利用できます。

データファイル

■2024年度入試日程

中学校　※試験当日は学校にてWeb出願

募集人員		出願期間	試験日	発表日	手続締切日
1回	64	1/10〜2/1※	2/1	2/1	2/4
2回	30	1/10〜2/1※	2/1午後	2/1	2/4
3回	20	1/10〜2/2※	2/2	2/2	2/4
4回	10	1/10〜2/2※	2/2午後	2/2	2/4
5回	20	1/10〜2/4※	2/4	2/4	2/6

高等学校　※一般のみ試験当日は学校にてWeb出願

募集人員		出願期間★	試験日	発表日	手続締切日
推薦	70	1/15・1/16	1/22	1/22	1/23
一般1回	40	1/25〜2/10※	2/10	2/10	2/11＊
2回	20	1/25〜2/11※	2/11	2/11	2/22＊
3回	10	1/25〜2/23	2/23	2/23	2/27＊

★併願優遇は1回・2回2/3まで、3回2/22まで
＊一般は第一志望発表日翌日まで延納可

■2024年度選考方法・入試科目

中学校

1〜5回：2科か4科選択
〈配点・時間〉国・算＝各100点45分　理・社＝計140点60分
〈面接〉なし

高等学校

推薦：書類審査、面接、作文（800字60分）＊2023年度テーマ『「高校生活への抱負」〜自己発見とは〜（未知の世界と出会い自分を発見しなおす体験をいかしどのような高校生活を送りたいか）』
【出願条件】内申（推薦／併願優遇）　スタンダード・アドバンスト3科12/14か5科19/22　アルティメット5科24/25　英検・漢検・数検などで2まで加点可
一般：国語、数学、英語（リスニングあり）
〈配点・時間〉国・数・英＝各100点50分
〈面接〉推薦のみ生徒個人　参考

■2023年春併設大学への進学

併設の大学へは在学中一定の成績をおさめ、受入れ人数の枠内で進学できます。

文教大学−20

■指定校推薦枠のある主な大学

成城大　専修大　東洋大　日本大　法政大　明治学院大　東京都市大　日本女子大　白百合女子大　清泉女子大など

■2023年春卒業生進路状況

卒業生数	大学	短大	専門学校	海外大	就職	進学準備他
237人	212人	1人	10人	1人	1人	12人

■2023年度入試結果

中学校　男／女　帰国生入試あり

募集人員		志願者数	受験者数	合格者数	競争率
1回	64	114/89	55/46	29/25	1.9/1.8
2回	30	174/131	130/95	64/31	2.0/3.1
3回	20	163/131	64/70	25/21	2.6/3.3
4回	10	180/129	60/56	26/18	2.3/3.1
5回	20	205/170	64/54	22/23	2.9/2.3

高等学校　男／女

募集人員		志願者数	受験者数	合格者数	競争率
推薦	70	26/33	26/33	26/33	1.0/1.0
一般1回	45	96/67	94/66	84/62	1.1/1.1
2回	20	55/43	49/42	36/35	1.4/1.2
3回	5	33/23	17/11	8/9	2.1/1.2

学校説明会　学校見学は随時可（要予約）
すべて要予約
★中学校
9/9 10/7 11/25 12/2　ミニ説明会　9/15
10/24　入試問題対策説明会　1/13　理科実験教室　10/28　入試模擬体験　12/16
★高等学校
9/9 10/7 11/25 12/2
イブニング説明会　11/7 11/21
入試問題対策説明会　12/9
個別相談ウィーク　11/28〜12/3
授業公開デー（中高）9/30 10/14 11/11 1/20

見学できる行事
白蓉祭（文化祭）　9/23・9/24（相談コーナーあり）

説明会・行事等は日程・内容が変更される場合があります。必ず学校HP等でご確認ください

法政大学中学校高等学校

ほう　せい　だい　がく

〒181-0002　東京都三鷹市牟礼4-3-1　☎0422-79-6230　学校長　松浦　麻紀子

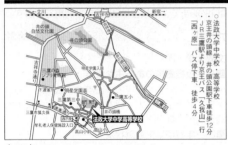

〈URL〉https://www.hosei.ed.jp/

沿革　明治13年に創立された市ヶ谷の法政大学校地に昭和11年（1936）、前身である法政中学校および商業学校が創立。その後、戦災にあい、昭和21年（1946）に、武蔵野市吉祥寺東町に移転。昭和23年（1948）、新学制により法政大学第一中・高等学校を開設。平成19年（2007）三鷹市牟礼に移転、男女共学となり、法政大学中学高等学校を開校。

校風・教育方針

法政大学の「自由と進歩」、法政大学中学校・高等学校の「自主・自律」の精神のもと、確かな学力と既成概念にとらわれず、自由な発想で考え、世界や日本の諸課題に積極的にチャレンジしていく自立した人間を中高大の一貫教育の中で育てます。

カリキュラムの特色

確かな学力と学習習慣を着実に身につけるためのカリキュラムを、中高それぞれの段階に応じて設けています。中学では英数国に力を入れ、基礎学力と学習習慣を育成します。高校では大学進学や将来を見すえ、文系・理系の枠にとらわれない幅広い視野と豊かな教養を育成しつつ、将来の進路に応じた選択授業を設けています。選択授業の中には、マスコミやビジネス、法学や簿記など、大学で学ぶ教養の入門的な内容を学習できるものや、大学のようにゼミを設置し、文献の輪読や調査、討論・発表などをする専門的なものもあり、大学進学後の学習を一歩リードできます。

英語教育にも力を入れており、英語の文章を読

み取り、それに関する批評を英語でプレゼンテーションすることを目指して学習に励んでいます。自らの英語力を客観的に評価し、向上させていくために、各種の英語資格試験にも取り組んでいます。さらに、実践力を磨くため、中学・高校それぞれで夏期海外語学研修（希望者対象）を実施し、短期ドイツ留学の報奨制度もあります。

このほか、大学付属校であることを生かし、大学見学や説明会、法政大学推薦入学内定後の高3の3学期には論文やレポート作成など、大学進学に向けたさまざまな取り組みを行い、将来の自分のイメージを深めていきます。

施設

井の頭公園を中心とした武蔵野の森に隣接し、校舎はたくさんの緑に囲まれています。どの教室からも木々の緑を目にすることができ、落ち着いた環境で学校生活を送ることができます。食堂や図書室などは優しい自然の光が差し込む開放的な設計になっています。

クラブ活動・学校行事

多くの生徒たちが、大学付属校という環境をいかし、自由な発想で仲間とともにさまざまなことにチャレンジしており、クラブや生徒会、行事など、活発な活動を行っています。これらの活動はもちろんのこと、日々の学習や生活も含めたさまざまな場面で、自分の頭で考え、判断し、仲間とともに行動できる力を養うことを重視しています。

クラブへの参加率は高く、各種の大会や発表会

今春の進学実績については巻末の「高校別大学合格者数一覧」をご覧ください

などで努力が実を結んでいます。中高合同で活動するクラブもあり、幅広い仲間関係の構築の機会にもなっています。現在、野球、ラグビー、サッカー、テニス、剣道、バスケ、バレー、水泳、スキー、ブラスバンド、美術、茶道、華道、演劇、英語研究、写真、放送などといったクラブがあります。

行事についても、生徒たち自らが仲間と協同して企画し、考え、実行する中でさまざまなことを学び、成長していくことを重んじています。現在、陸上競技大会（中学）やスポーツ大会（高校）、文化祭（中高）をはじめ、スキー教室（中1・高

1）や修学旅行（中3は広島・長崎、高2は沖縄・シンガポールの選択制）などを実施しています。

生活指導

中高ともに、爽やかさとフォーマルさを重視したブレザー型の制服を着用しています。ジェンダーフリーの観点から、制服選択制を導入しています。学習中心の生活を送り、自分自身を成長させるため、日常生活についての指導をはじめ、将来を豊かにするための「他者や社会と関わっていく力」「社会的な常識やマナー」についても身につけていくことを目指しています。

データファイル

■2024年度入試日程

中学校　※インターネット発表のみ

募集人員	出願期間	試験日	発表日	手続締切日
1回約50	1/10〜1/24	2/1	2/1※	2/4
2回約50	1/10〜2/2	2/3	2/3※	2/6
3回約40	1/10〜2/4	2/5	2/5※	2/6

高等学校　＊インターネット発表のみ

募集人員	出願期間	試験日	発表日	手続締切日
推薦 46	1/15	1/22	1/22＊	1/24
一般 46	1/25〜1/31	2/10	2/11＊	公立発表日

■2024年度選考方法・入試科目

中学校

国語、算数、理科、社会

〈配点・時間〉国・算＝各150点50分　理・社＝各100点35分

〈面接〉なし

高等学校

推薦：書類審査、適性検査（英語・数学・国語各100点40分）、面接（個人）【出願条件】内申9科38以上、9科に2以下がないこと

一般：国語、数学、英語（リスニングを含む）

〈配点・時間〉一般：国・数＝各100点50分　英＝150点60分

※一般は内申による加点措置あり（最大30点を加点。推薦入試受験者はさらに20点を加点）

〈面接〉推薦のみ生徒個人

■2023年春併設大学への進学

3年間の総合成績、学力試験、英語資格の基準を満たした生徒は、法政大学のいずれかの学部への推薦入学資格を得ることができます。

法政大学以外の大学については、国公私立大学

を問わず、一定の条件の下で、法政大学への推薦入学資格を有したまま受験することができます。

法政大学－203（法29、文22、経営28、国際文化9、人間環境12、キャリアデザイン9、デザイン工12、GIS1、経済30、社会27、現代福祉4、スポーツ健康4、理工6、生命科3、情報科7）

■2023年春卒業生進路状況

卒業生数	大学	短大	専門学校	海外大	就職	進学準備他
232人	227人	0人	0人	1人	0人	4人

■2023年度入試結果

中学校　男／女

募集人員	志願者数	受験者数	合格者数	競争率
1回 約50	99/133	87/119	28/34	3.1/3.5
2回 約50	221/313	156/226	40/46	3.9/4.9
3回 約40	210/314	135/248	36/43	3.8/5.8

高等学校　男／女

募集人員	志願者数	受験者数	合格者数	競争率
推薦 40	33/81	33/81	12/28	2.8/2.9
一般 52	103/141	94/131	37/52	2.5/2.5

学校説明会　要予約

★中学校

9/30 10/7 10/14 11/18

入試直前対策講習会（小6対象）12/16

★高等学校

10/7 10/14 11/18

校内自由見学は予約不要（詳細はHPでご確認ください）

見学できる行事

文化祭　9/23・9/24

説明会・行事等は日程・内容が変更される場合があります。必ず学校HP等でご確認ください

東京 ほ

宝仙学園 中学校（共学部）高等学校（理数インター）
ほう せん がく えん

〒164-8628　東京都中野区中央2-28-3　☎03-3371-7103　学校長　富士　晴英

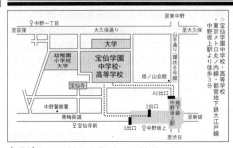

〈URL〉https://www.hosen.ed.jp/

沿革　昭和3年(1928)、前身となる中野高等女学校創設。平成19年(2007)共学部「理数インター」設置。

校風・教育方針

宝仙学園は90余年の歴史を持ち、仏教精神を基調とした人間教育により、品格と知性を兼ね備えた人材を輩出してきました。理数インターはその建学の精神に基づき、次の100年の社会を見据え、21世紀の世界標準（グローバルスタンダード）となる教育を実践するために創立。一人ひとりの可能性を最大限に伸ばし、理数的思考力を育成し、人と学力を育みます。

カリキュラムの特色

中学では2016年から新教科『理数インター』が始まりました。教科書は使わず、多教科の要素の入ったチーム・ティーチングによる授業。答えのない問いにアプローチし、コミュニケーション力、プレゼンテーション力など、自ら考え答えを導きだせる力を養います。

主要5教科の授業時数を増やし、6カ年の教育の土台となる中学3年間で、教科の基礎基本を定着させます。国語・数学・英語では「Follow」の時間を設け、一人ひとりの理解度に応じた学習指導をし、家庭学習を促します。教員は会議を行い、一人ひとりの定期試験や模試の結果など総合力を把握。分析結果を面談・コーチングし、目標を定めた学習を指導しています。

高校では、自主・自立できるよう、各自の目標大学合格へ向けてサポートし、選択科目や一人ひとりへの進路支援により、生徒全員の希望の進路実現を目指します。また、中学・高校共に、英語の授業では、Advantageのある英語圏からの帰国生や国内のインターナショナルスクール出身者、英語が得意な生徒を対象にしたグローバルコースがあり、中学では英検3級〜準2級程度のAL（アドバンストラーナー）コースで取り出し授業も実施します。

環境・施設設備

ホームルーム校舎は2009年に完成しました。クラシックな講堂や蔵書約3万冊の図書室、物・化・生・地の教室がある理科室、約200席の食堂など、快適な学校生活が送れる環境を整えています。

生活指導・心の教育

授業やクラブ活動、委員会活動、さまざまな学校行事を通し、クラスや部活の仲間と創り上げる苦労や達成感を味わいます。中学では「明るく・楽しく・一生懸命」を、高校では「自己ベストの更新」を目指しています。

学校行事・クラブ活動

体育祭、宝仙祭（文化祭）のほか、宿泊行事、校外活動も豊富です。修学旅行は中学ではシンガポールへ行き、高校ではアメリカの名門・スタンフォード大学を訪れます。

クラブ活動は週3日に限定し、文武両道を実現しています。野球、弓道、剣道、吹奏楽、合唱、ESS、囲碁・将棋など多数の部があります。

今春の進学実績については巻末の「高校別大学合格者数一覧」をご覧ください

■3学期制　■登校時刻 8:20　■昼食 弁当持参、食堂、売店　■土曜日 授業

データファイル

■2024年度入試日程

中学校　2/2（午前・午後）に国際生入試あり

募集人員		出願期間	試験日	発表日	手続締切日
2科・4科1回	15	1/10～2/1	2/1	2/1	2/5
新4科	15	1/10～2/1	2/1午後	2/1	2/5
2科・4科2回	15	1/10～2/2	2/2午後	2/2	2/5
公立一貫1回	15	1/10～2/1	2/1	2/1	2/9
2回	15	1/10～2/2	2/2	2/2	2/9
3回	15	1/10～2/4	2/4	2/4	2/9
プレゼン型※1回	10	1/10～2/1	2/1午後	2/1	2/5
2回	10	1/10～2/4	2/4午後	2/4	2/5
アクティブラーニング型1回	5	1/10～2/1	2/1午後	2/1	2/5
2回	5	1/10～2/2	2/2午後	2/2	2/5
英語AL	5	1/10～2/2	2/2午後	2/2	2/5

※プレゼン型入試＝リベラルアーツ、AAA、グローバル、読書プレゼン、オピニオン（1回のみ）の合計

高等学校　2/12に国際生入試あり

募集人員		出願期間	試験日	発表日	手続締切日
A・B推薦	若干	1/15～1/18	1/22	1/22	1/24*
一般1回・併願優遇	20	1/25～2/8	2/10	2/10	2/15*
2回・併願優遇		1/25～2/10	2/12	2/12	2/15*

＊B推薦、一般は届け出れば延納可。
B推薦は神奈川県除く都外生（公立中学校）。国立中学校出身者は要相談

■2024年度選考方法・入試科目

中学校

2科・4科：国・算または国・算・理・社
〈配点・時間〉国・算＝各100点40分　理・社＝各50点計40分

新4科特別総合：4科総合（100点60分）

公立一貫型：適性検査Ⅰ（作文／40点45分）・Ⅱ（総合問題／50点45分）、調査書（10点）

リベラルアーツ・AAA（世界標準）・グローバル・読書プレゼン・オピニオン：日本語リスニング（45分）、プレゼンテーション（グローバルは英語プレゼンテーション。出願時に英語エッセイ提出）

アクティブラーニング型：日本語リスニング（45分）、教科『理数インター』授業（約90分）

英語AL：日本語リスニング、英語（各100点45分）

国際生型：〈午前〉英・算（各100点50分）〈午後〉日本語リスニング・英語（各100点45分）

高等学校

A推薦（単願）：日本語リスニング、プレゼンテーション（プレゼンテーション5分、質疑応答15分）

B推薦（併願）：面接（生徒個人）

【出願条件】A・B推薦：5科22　3年次の欠席10日未満

併願優遇・一般フリー：国語、数学、英語

国際生：日本語リスニング、英語プレゼンテーション（プレゼンテーション5分、質疑応答15分）〈配点・時間〉国・数・英＝各100点50分

■2023年春併設大学への進学

こども教育宝仙大学―共学部からの進学者なし

■2023年春卒業生進路状況

卒業生数	大学	短大	専門学校	海外大	就職	進学準備他
214人	171人	0人	5人	2人	0人	36人

■2023年度入試結果

中学校　男／女　帰国生入試あり　＊AAA 5、他各10

募集人員		志願者数	受験者数	合格者数	競争率
2科・4科1回	15	50/31	36/24	31/16	1.2/1.5
新4科	15	86/44	75/35	61/26	1.2/1.3
2科・4科2回	10	163/76	81/31	61/24	1.3/1.3
公立一貫1回	15	203/251	196/241	136/193	1.4/1.2
2回	15	139/174	99/131	59/98	1.7/1.3
3回	10	126/146	73/93	51/84	1.4/1.1
リベ・AAA・グロ・読書1回	＊	8/9	8/8	6/7	1.3/1.1
2回		27/23	14/13	9/10	1.6/1.3
理数インター1回	10	13/7	13/7	9/6	1.4/1.2
2回		12/8	5/4	2/3	2.5/1.3
英語AL	5	4/7	4/7	3/5	1.3/1.4
オピニオン	若干	1/0	1/—	1/—	1.0/—

高等学校　一般は一般／併願優遇

募集人員		志願者数	受験者数	合格者数	競争率
A・B推薦	若干	3	3	3	1.0
一般1回	35	14/37	14/35	11/34	1.3/1.0
2回		20/39	15/27	13/27	1.2/1.0

学校説明会　すべて要予約

★中学校
来校＆オンライン説明会　9/16 10/28
ポイント会　11/18 1/6（公立一貫）1/13（2科4科）　新入試説明会　9/2 1/20
入試体験会（6年生）　12/16
『理数インター』体感授業　9/30
★高等学校　9/9 11/11 11/25　相談会　10/7
※開催時間等は学校HPをご確認ください

見学できる行事　要予約

宝仙祭　10/21・10/22（入試相談コーナーあり）

説明会・行事等は日程・内容が変更される場合があります。必ず学校HP等でご確認ください

東京 ほ

豊南高等学校
（ほうなん）

〒171-0042　東京都豊島区高松3-6-7　☎03-3959-5511　学校長　守隨　憲道

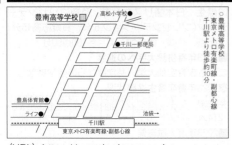

・豊南高等学校
・東京メトロ有楽町線・副都心線
千川駅より徒歩約10分

〈URL〉https://www.hs.honan.ac.jp

2016年に完成した第二校舎・体育館

沿革　昭和17年（1942）、豊南商業学校設置。同29年（1954）女子部を新設し、男女別学制。平成16年（2004）、男女共学となりました。令和4年（2022）創立80周年を迎えました。

校風・教育方針

　建学の精神は「自主獨立」。この言葉には「自分の足で立てる人になりなさい。自分の足で歩ける人になりなさい。自分の頭で考えられる人になり、考えたことを決断し実行して責任を全うしなさい」という思いが込められています。2004年からはコース制を取り入れ、難関大学を目指す生徒、クラブ活動に熱中する生徒、それぞれが特性を伸ばせる教育を推進しています。時代の変化に柔軟に対応し、社会から真に望まれる人材を育成します。

カリキュラムの特色

　1年間を4学期に分ける4ターム制を導入しており、年間240日以上の授業日を確保。授業時数は3学期制の高校のおよそ4年分に相当します。各ターム終了後に休暇を設ける一方、夏休みを短めにして授業の分断を防ぎます。第1～3タームまでで1年分の学習課程を終え、第4タームは次年度の先取りカリキュラムや補習などフレキシブルに活用されます。

　特進コースでは、国公立大学、早慶上理などの難関私立大学を目指します。2年次からは文系・理系に分かれ、3年次ではさらに、各自が目指す大学受験に必要な科目を選択して学習し、着実に学力を養っていきます。通常の6時間授業に加え、放課後

講習なども実施し、十分な学習量を確保します。

　選抜コースは、課外活動と勉強を両立させ、学校の中核として活躍したいという意欲を持つ生徒のためのコース。学習面では一人ひとりの進路を実現するバランスの良いカリキュラムを設定し、基礎を大切にした授業に重点を置いています。2年次からは文系・理系に分かれ、3年次ではさらに掘り下げて学習していきます。放課後の講習、夏期講習、勉強合宿なども充実しており、GMARCHなどの難関大学を目指します。

　進学コースでは、学校生活を楽しみながら学力を積み上げ、日東駒専をはじめ中堅・上位大学への進学を目指します。基礎基本を重視したカリキュラムにより、生徒一人ひとりの面倒をじっくりと見るきめ細かな指導をしています。授業は「分かりやすく」「興味を引く」ことに重点を置き、勉強に対する苦手意識をなくし、生徒一人ひとりが希望の進路を実現できるよう導きます。

伸学システム

　受験に直結する実践的なプログラムを豊富に用意しています。

●**Study Lab**　学習支援専門のスタッフが常駐し、一人ひとりの生活パターンに合わせた学習計画を提案してくれます。分からないことがあれば、質問にも対応。夜7時40分まで利用可能です。

●**スタディサプリ**　ネット配信型の映像教材で、授業の予習・復習、定期テスト対策、さらに大学受験対策として活用できます。年2回実施する到達度テストの結果から弱点を把握し、理解不足の

単元の講義をいつでも受けることができます。
●**講習・勉強会** 特進コースは長期休暇に集中勉強会を行っています。また、すべてのコースの希望者は勉強合宿に参加することができます。

環境・施設設備

2016年3月に完成した第2校舎の中には、広々と使える特別教室、明るいカフェテリア、図書室と自習室が一体となったスタディ・ラボなどが配置されています。新体育館は冷暖房完備で、授業・行事・部活動などを快適な環境で行うことができます。第1校舎と第2校舎を上空連絡通路で結び、生徒の安全を確保します。

生活指導・心の教育

文武両道を実践しており、課外活動を奨励しています。活発なクラブ活動・委員会活動を通して友情を育んでいます。また、全学年で年2回小論文を課しており、自己理解を深め、論理的思考力を身につけます。

学校行事

1年次の校外HRに始まり、銀杏祭体育祭の部（6月）・文化祭の部（9月）、芸術鑑賞、合唱祭、2年次の修学旅行など、3年間で人間としての幅が広がる多彩な年間行事を開催しています。また、1・2年生を対象に、国内で行うイングリッシュキャンプと海外語学研修を実施。英語のレッスンや観光・スポーツアクティビティなどを体験できるコースを設定しています。オーストラリアのブリスベンに姉妹校があり、夏は2週間の語学研修、冬は約3カ月間の短期留学制度があります。

豊島区

高

共学

データファイル

■2024年度入試日程

募集人員		出願期間	試験日	発表日	手続締切日
推薦1回(A・B・C)	}160	1/15〜1/17	1/22	1/22	A推1/25＊
2回(B・C)			1/23	1/23	1/25＊
一般1回	}160	1/25〜2/5	2/10	2/10	2/15＊
2回			2/12	2/12	2/15＊

＊併願者は公立高校発表翌日まで延納可
※募集人員は推薦・一般とも特進コース20人、選抜コース40人、進学コース100人

■2024年度選考方法・入試科目

推薦：書類審査、適性検査（国語・数学・英語〈リスニング含む〉各100点45分）、面接
【出願条件】A推薦：特進3科12か5科20か9科36　選抜3科11か5科18か9科32　進学3科10か5科17か9科30　B推薦：特進3科13か5科22か9科39　選抜3科12か5科19か9科35　進学3科11か5科18か9科31　C推薦（自己推薦）：基準なし　全教科に1があると不可　欠席3年間10日以内、遅刻・早退3年間10回以内　英検・漢検・数検、生徒会役員、部活動実績などで加点あり　※B推薦・C推薦は併願、東京・神奈川以外の生徒対象
一般：国語、数学、英語(リスニング含む)、面接
※併願優遇（東京・神奈川の生徒対象、一般1・2回と同日程）の基準はB推薦と同じ
〈配点・時間〉国・数・英＝各100点50分
〈面接〉生徒個人　参考

■指定校推薦枠のある主な大学

学習院大　國學院大　成城大　成蹊大　大東文化大　東京電機大　東洋大　獨協大　日本大　日本女子大　法政大など

■2023年春卒業生進路状況

卒業生数	大学	短大	専門学校	海外大	就職	進学準備他
312人	253人	5人	33人	0人	1人	20人

■2023年度入試結果　男／女　スライド合格を含まない

募集人員		志願者数	受験者数	合格者数	競争率
推薦1回(A・B・C)	}160	96/84	95/83	95/83	1.0/1.0
2回(B・C)		12/4	10/4	10/4	1.0/1.0
一般1回	}160	428/398	423/389	406/387	1.0/1.0
2回		98/69	82/58	68/51	1.2/1.1
3回	若干	4/1	4/1	1/1	4.0/1.0

▼▼入試アドバイス・学校からのメッセージ

上位のコースや特進コース学業特待生にチャレンジを希望する場合、追加の受験料はかかりません。希望者は出願期間中にお申し込みください。願書は必要ありません。

┌─────────────────────────┐
学校説明会 すべて要予約
10/7 10/21 10/28 11/3 11/23 12/2
オンライン　9/30 10/15 11/11 11/18 12/9
個別相談会　11/19 11/25 12/3 12/9
放課後個別相談会　11/29〜12/1 12/4〜12/8
冬休み個別相談会　12/25 12/26
見学できる行事
文化祭　9/16・9/17
└─────────────────────────┘

説明会・行事等は日程・内容が変更される場合があります。必ず学校HP等でご確認ください

東京
ほ

朋優学院高等学校

〒140-8608　東京都品川区西大井6-1-23　☎03-3784-2131　学校長　佐藤　裕行

〈URL〉https://www.ho-yu.ed.jp/

沿革　昭和21年（1946）中延学園高等女学校創立。平成13年（2001）、朋優学院高等学校に名称変更、男女共学化。

校風・教育方針

校名の「朋優」には、「優れた知性と優しい心を仲間とともに育む」という意味があります。のびのびとした校風の中で、より豊かな個性と凛とした知性を持った生徒を育成します。

教育理念は「自立と共生」。「自立」は自己肯定感を背景とした主体性と自ら考え自ら伸びていく力。「共生」は仲間と切磋琢磨する精神や、他者を敬い多様性を受容する心をもつこと。確かな自分を持ち、多様な人々と協力し合い、さまざまな個性や能力が刺激し合う中で、お互い支え合って成長していく学校生活を目指します。

カリキュラムの特色

高校単独校のため、全員が一緒にスタートできます。1年次は、「学習習慣の定着と基礎学力の充実」を目指し、一人ひとりの学力に合わせた学習をしていきます。2年次からは、卒業後の目標に合わせて、コースを選択します。コース指導が本格化する2年次以降は少人数できめ細かなフォローができるよう、豊富な選択科目を用意。特に、主要5教科については、大学入試に備えて演習を多く取り入れています。

従来の2コースに加え、2022年度からは、**国公立TGコース**を新設。東大・京大への現役合格を目標としており、近年増えている高いポテンシャ

ルと学習意欲を持つ入学者に対応したコースです。すべての科目を深く学ぶことができる、質・量ともに最上級の授業が展開されます。レポート課題や添削指導も頻繁に行い、考える力と書く力を徹底的に鍛えます。

国公立AGコース（文系・理系）では、文系・理系それぞれの核となる教科を軸に5教科7科目をバランス良く学び、幅広い知識の拡充を図ります。大学入学共通テストから二次試験の対策まで、生徒一人ひとりに合わせたきめ細かな受験指導で、難関国公立大学の現役合格をサポートします。

特進SGコースは、2年次から科目を絞り込んで高度な内容を学び、難関大学合格を目指します。文系では読解力・表現力・思考力を養い、理系では論理的思考力・課題解決力を重点的に養います。文系・理系とも個人指導や大学別の対策講座により、現役合格力を高めています。

ICT活用　ICTを授業や日常生活に取り入れています。BYOD方式（自身のデバイスを持ち込んで使用する）を導入しており、各自のデバイスをオンライン小テストや課題の提出などに活用しています。また、全HR教室にプロジェクターと電子黒板を設置し、授業中の説明で図形を表示するなど、双方向発信型の授業に活用しています。さらに、「HOYU PRIDE」（弁論大会）を1年次で実施。生徒が興味のある社会問題などに対して意見を論理的に整理してまとめ、学年全体で演説を行います。

進路指導　1年次より、担任との個人面談や進路ガイダンスを通して、進路選択に向けた意識づけを行っています。放課後特別講座や勉強合宿（特進SGコースは希望制）、夏期・冬期講習などのサポートも充実しています。また、放課後、卒業

今春の進学実績については巻末の「高校別大学合格者数一覧」をご覧ください

| 3学期制 | 登校時刻 8:30 | 昼食 弁当持参、売店 | 土曜日 授業 |

生の現役大学生のアドバイスを受けられるチューター制度があり、気軽に勉強の相談ができます。

グローバル教育

　1・2年次では週1回、各自のデバイスを利用したオンライン英会話の授業を実施。1対1の英会話で日常的に英語を話すことに慣れていきます。学んだ成果を実際に使う場として、1年次の夏にはブリティッシュヒルズ国内語学研修（2泊3日）、冬にはTGG（東京都英語村）研修があり、国内にいながら留学生活を疑似体験することができます。2年次はさらに高度なオンライン英会話とエッセイライティングを継続し、英語を使いこなせるカリキュラムとなっています。さらに、希望者対象の留学制度として、オーストラリア短期留学（夏期休暇中・約2週間）、ニュージーランド中期留学（約3カ月）などを用意しています。また、海外大学進学希望者には、協定校推薦制度があり、国内大学との併願も可能です。

環境・施設設備

　無線LANを整備した教室のほか、プロジェクターを完備した実験室、自習用の机を数多く設置した図書室、AL（アクティブ・ラーニング）室など、快適な学習環境を整えています。カフェラウンジ、体育館、グラウンドなどの施設もあります。本校舎から30mほど離れた場所にある馬込校舎には、選択教室や部室、トレーニングルームがあり、体育の授業や部活動で活用しています。

学校行事・クラブ活動

　6月の体育祭、9月の虹色祭（文化祭）は、朋優の2大イベント。コース・クラス、学年の枠を超えて、生徒が主体となって企画・運営をし、先輩・後輩との新しい出会いや友情が芽生える機会となっています。このほか、3つのコースから選択する海外修学旅行、社会人講演、ミュージカル鑑賞など、多彩な行事があります。

　部活動の加入率は約80%。土日を含め週4日までの活動とし、学業との両立を図っています。体育部には、バスケットボール部、野球部、テニス部、サッカー部、ダンス部、剣道部など。文化部には、演劇部、理工学部、軽音楽部、クイズ研究部、アトラクション部、模型部など。e-sports部はメディアにも取り上げられます。このほか、同好会、サークルがあります。

データファイル

■2024年度入試日程

募集人員		出願期間	試験日	発表日	手続締切日
推薦	100	1/15〜1/18	1/22	1/22	1/26
一般	295	1/25〜1/30	2/10か12か13	2/14	2/16

募集人員（推薦／一般）：国公立TGコース−/25 国公立AGコース40/130　特進SGコース60/140
※国公立TGコースは推薦なし
※一般は複数日受験可。一般に併願優遇制度あり

■2024年度選考方法・入試科目

推薦：書類審査、面接
【出願条件】内申　国公立AG5科25　特進SG5科23　9科に2は不可　欠席3年次10日以内
一般：5科か3科　※英語はリスニングを含む
（国公立TGコースは5科選択者のみ）
【併願優遇の基準】内申　5科24
〈配点・時間〉国・数・理・社＝各100点50分
英＝100点60分
〈面接〉推薦のみ　生徒個人

■指定校推薦枠のある主な大学

早稲田大　上智大　東京理科大　青山学院大　法政大　成城大　日本大　東京女子大など

■2023年春の主な大学合格実績

北海道大　東北大　大阪大　九州大　東京医科歯科大　東京工業大　東京外国語大　一橋大　横浜国立大　東京都立大　慶應義塾大　早稲田大　上智大　東京理科大　明治大　東京医科大など

■2023年春卒業生進路状況

卒業生数	大学	短大	専門学校	海外大	就職	進学準備他
337人	310人	0人	3人	0人	0人	24人

■2023年度入試結果　＊複数コース合格を含む

募集人員		志願者数	受験者数	合格者数	競争率
推薦	100	87	87	87	1.0
一般国公立TG	25			147	—
国公立	130	2,407	2,074	713*	—
特進	140			1,295*	—

学校説明会　要予約
オープンスクール　9/9 10/28 11/25 12/2
オンライン説明会（予約不要）　HPにて24時間閲覧可
見学できる行事　要予約
虹色祭（文化祭）　9/23・9/24

説明会・行事等は日程・内容が変更される場合があります。必ず学校HP等でご確認ください

東京
ほ

保善高等学校

〒169-0072 東京都新宿区大久保3-6-2 ☎受験相談フリーダイヤル0120-845532 学校長 戸嶋 直彦

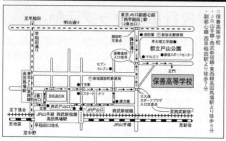

縦書き：
保善高等学校
JR山手線・西武新宿線・東武東上線高田馬場駅より徒歩7分
副都心線・西早稲田駅より徒歩8分

〈URL〉https://hozen.ed.jp/

HOZEN HIGH SCHOOL

沿革 大正12年（1923）、東京保善商業学校創立。昭和23年（1948）普通科を併設し、東京保善高等学校として新発足。同47年（1972）、校名を保善高等学校と改称しました。

校風・教育方針

教育方針として、
1. 豊かな人間性を育成する
2. 能力を開発し、創造力を育成する
3. 主体性・自律性確立のための教育を推進する
4. 国際社会に対応し得る能力を養成する
の4つの柱を掲げ、「剛健質実」の校風と「初志貫徹」の伝統精神のもとに、豊かな人間性と創造性、自主性を持った生活力、実行力のある人物を育成しています。

カリキュラムの特色

個性伸長の教育を目指し、生徒の目標に対応した独自のカリキュラムを採用しています。

特別進学クラスは、国公立大や難関私立大への合格を目指すクラスです。5教科7科目入試に対応できる実力を養成するため、週2回の7時間授業で進度の速い授業を展開し、3年次からは、国公立大コース（文系・理系）・難関私大コース（文系・理系）に分かれて希望進路に沿った授業を選択し、少人数で高い学力を養成していきます。

大進選抜クラスは、G-MARCHレベルの大学進学を目標に、基礎から応用への展開を速くしているクラスです。2年進級時には特別進学クラスへのステップアップも可能です。

大学進学クラスは、中堅以上の私立大学への進学を目指すクラスです。1年次には基礎学力の充実を図った上で、2年次からは文系と理系に分かれ、大学受験に対応した入試問題演習を増やしながら、受験学力の養成を目指していきます。

国際教育

生徒の国際性を高めるために、夏期休暇中に約2週間にわたりニュージーランドを訪れ、ホームステイをしながら異文化を体験し、語学力・国際性を養う「海外ホームステイ英語研修」があります。

環境・施設設備

アクセスの良い学生の街・高田馬場駅・西早稲田駅の文教地域にあって、都心とは思えないほどの緑に囲まれた、閑静な環境の中にあります。

7階建ての校舎、科学芸術棟、視聴覚教室、コンピュータ教室、図書館、食堂、柔道場と剣道場を備えた武道館などを完備。また、2015年8月に校庭を人工芝に改修し、充実した環境で学習できます。

┌─**Information**─
│　特別進学クラスを対象に、総合的な探究の時間を活用した「未来考動塾」を実施。大学入試改革に対応した"知的生産活動"の能力向上を目指します。

今春の進学実績については巻末の「高校別大学合格者数一覧」をご覧ください

生活指導・心の教育

　人間形成上、最も大切な高校時代において、厳しさの中にも温かみのある、きめ細かな指導に努めています。

　一度しかない大切な高校生活を豊かに過ごせるように、健康面や食事面など生徒のことを第一に考え、社会人として信頼される大人に成長していくためにこの時期に生活の基盤をしっかりと作ります。

　生活指導には保護者の協力が欠かせないことから、定期的に担任と保護者との三者面談や保護者会の機会を作って、保護者との間にもコミュニケーションの場を築いています。

進路指導

　1年次から生徒・保護者を対象にした進路説明会等で自分の将来設計を考えさせます。3年間で答えを出す保善は、大学の入試担当者を招いて行われる秋の進路研究会や、進路ガイダンスを企画して、生徒自らが熱意を持って志望大学に入学できるようにサポートしていきます。

クラブ活動

　運動部・文化部に所属する生徒の現役大学実進学率は90%。まさに文武両道を実現しています。学習とクラブの両立で、きちんとした高校生活を送りながら大学進学を果たせるように指導していきます。

データファイル

■2024年度入試日程

出願期間		試験日	発表日	手続締切日
単願推薦	1/15〜1/18	1/22	1/23	1/24
併願推薦	1/15〜1/18	1/22	1/23	＊
一般A	1/25〜2/6	2/10	2/11	2/13＊
B	1/25〜2/6	2/12	2/13	2/14＊
C	2/15〜2/23	2/24	2/25	2/26＊

※募集人員〈推薦〉単願130　併願 20
　　　　　　〈一般〉A85　B55　C10
※併願推薦は隣接県(神奈川を除く)対象
＊延納制度あり(公立一次発表翌日まで。私立高のみの併願受験者は2/22まで)
※一般入試A・Bに併願優遇制度あり(公立・私立併願可)
※特待生制度あり(5科22以上)

■2024年度選考方法・入試科目

推薦：単願・併願：適性検査(英国または英数各100点45分)、面接
【出願条件】9科に1は不可〈単願〉特進−5科20　大選−5科18大進−5科15〈併願〉特進−5科20　大選−5科18　大進−5科16　欠席1・2年次各30日以内、欠席・遅刻・早退3年次各15日以内　英・漢・数検は優遇
一般：国語・数学・英語(リスニング含む)、面接
※A・Bはベスト2科目合否判定
〈配点・時間〉国・数・英＝各100点50分
〈面接〉生徒個人　きわめて重視　【内容】志望動機、中学校で熱中したこと、高校生活への抱負、将来の進路、併願校、通学時間・経路など

■2023年春の主な大学合格実績

琉球大　防衛大　早稲田大　慶應義塾大　上智大　東京理科大　明治大　青山学院大　立教大　中央大　法政大　学習院大　成蹊大　成城大　明治学院大　日本大　専修大　東洋大　駒澤大　獨協大　國學院大　東京都市大　芝浦工業大　東京薬科大ほか多数

■2023年春卒業生進路状況

卒業生数	大学	短大	専門学校	海外大	就職	進学準備他
228人	195人	0人	12人	0人	3人	18人

■2023年度入試結果

区分		志願者数	受験者数	合格者数	競争率
単願推薦	130	135	135	135	1.0
併願推薦	20	10	10	10	1.0
一般A	85	253	250	248	1.0
B	55	148	112	108	1.0
C	10	68	62	17	3.6

スライド合格を含む

学校説明と施設見学 要予約
9/16 10/14 10/28 11/11 11/18 11/25 12/2
(終了後、個別受験相談会あり)
学校見学は説明会と同時開催
個別受験相談会(要予約)
10/22 11/19 12/3 12/9 12/17
放課後開催個別受験相談会(要予約)
12/4〜12/8

見学できる行事 予約不要
文化祭　9/30・10/1(個別相談あり)

説明会・行事等は日程・内容が変更される場合があります。必ず学校HP等でご確認ください

堀越高等学校
（ほりこし）

〒164-0011　東京都中野区中央2-56-2　☎03-3363-7661　学校長　掛本　寿雄

◯堀越高等学校・JR中央線・地下鉄東西線「中野駅」徒歩15分・地下鉄丸ノ内線・都営大江戸線「中野坂上駅」2番出口より徒歩12分

〈URL〉 https://www.horikoshigakuen.ed.jp/

沿革　大正12年（1923）、「和魂洋才」の理念を掲げて創立。この建学の精神は、時代に即応して、今もなお受け継がれています。

校風・教育方針

校訓 "太陽の如く生きよう" は、太陽が全ての生物にとって不可欠な存在であるように、豊かな個性と特技、燃えるような情熱を持ち、社会にとって有用な人となってほしい。そして、太陽のように誰に対しても公平に暖かく接し、「あなたがいてくれてよかった」と言われるような人になってほしいという想い（おも）が込められています。

カリキュラムの特色

生徒が自分の個性や能力を磨き、将来の目標達成を実現しやすいコース制度を設けています。出願の時は、「総合」「体育」、「トレイト」から希望コースを選んで受験してください。

総合コースはキャリアプログラムや選択科目「ライフデザイン」などを通して将来の進路を決めたい人のコースです。全員がゼロからのスタート。心機一転、新しい自分作りを始めるチャンスです。学業や学校行事、部活動、生徒会活動などを通して、集団行動のルールやチームプレーの大切さを学ぶ中から豊かな個性を身につけ、夢を実現してください。「目標を見つけた生徒は、一気に成長する」それが、高校生の素晴らしさです。

体育コースは大好きなスポーツに集中できる環境を整え、豊富な練習量を確保します。あなたの成長は、チームの力。みんなで全国をめざそう。

トレイトコースは歌手、役者、スポーツ選手などで活躍している人が対象のコース。出席日数が不足しても進級、卒業に向けてサポートする制度があります。礼儀、身だしなみを大切にし、プロとしての活躍が光り輝くよう厳しく指導します。最近は、大学へ進学する生徒が増えています。

進路指導

毎日15分、朝学習を行います。国・数・英の基礎学習を積み重ねて学ぶ習慣を身につけます。進路指導は、生徒一人ひとりの資質、個性を重視し、本人と保護者の希望を総合的に考慮した上で、納得のいく進路を決定できるように指導しています。個人面談を多く設けているのも、生徒の心の声を聴く機会を増やし、生徒自身に本当に進みたい道を考えさせたいからです。2022年度卒業生は、大学・短大への進路希望者97.1%が現役合格しました。

環境・施設設備

八王子には公式戦で使用される野球場や全天候型400mトラック、国際試合ができる人工芝のサッカーグラウンド、1,200人を収容する多目的ホール「21世紀記念大教室」などがあります。

制服紹介

2017年度より、男女ともに制服が新しくなりました。制服、学園スローガンやキャラクターなど、生徒の声を反映しています。

今春の進学実績については巻末の「高校別大学合格者数一覧」をご覧ください

中野区

生活指導・心の教育

　学校生活の中でルールとマナーを守る、そして若いうちに心身を鍛える、いい意味での競争をどんどんさせる。そのために様々なことを体験できる学びの場を用意しています。また、生徒自身が考え、悩み、結論を出して、歩み出すことができるよう面談の機会を多く設けています。

学校行事・クラブ活動

　堀越祭は、生徒たち自身で企画・運営します。運動を通してクラスが一つになる体育祭、日頃の作品や研究成果を披露する文化祭。堀越祭を経験した生徒は、仲間と力を合わせて一つの事を成し遂げる充実感を胸に成長していきます。

　校外学習は、1年次は大自然の中に身をおき、山登りやスポーツを通して、仲間と汗を流す喜びを体験。2年次は、日本文化や歴史に触れる地域学習から教室や教科書では学ぶことができない貴重な経験を積みます。

　3年次の研修旅行は、北海道・沖縄・アメリカ・オーストラリアのコースから選択。異国文化は、自分再発見の絶好の機会となります。

　クラブ活動への積極的な参加を呼びかけ、夢中になれることの素晴らしさを伝えています。甲子園大会出場10回を誇る名門野球部を始め、テニス部、サッカー部、陸上競技部など11の運動部、4つの文化部、10の同好会があります。

　さらに、生徒と先生のコミュニケーションを深めるために、そして生徒が新たな学園生活の楽しみを見つけられるように、趣向を凝らした校内ゼミを実施しています。

Information

　推薦入試（単願）合格者には入学金の単願推薦割引制度が適用されます。また、特待生制度、奨学生制度もあります。詳細は個別相談でおたずねください。

高

共学

データファイル

■2024年度入試日程　入試情報の詳細は入試部まで

募集人員		出願期間	試験日	発表日	手続締切日
学校推薦	約180	1/15～1/16	1/22	1/22	1/24
一般A日程＊	約180	1/25～2/5	2/10	2/10	2/15※
B日程＊		1/25～2/5	2/11	2/11	2/15※

＊A日程に併願優遇あり
※一般入試合格者で公立併願の延納希望者は延納可

【対象コース】
学校推薦（単願）：総合、体育、トレイト
一般：総合、体育

【受験料】
2万円で推薦入試・一般入試A日程・一般入試B日程の計3回の受験が可能

■2024年度選考方法・入試科目
※詳細はホームページをご参照ください
推薦：書類、面接（生徒個人）
一般・併願優遇：書類審査（調査書）、筆記試験（3教科：国語、数学、英語）、面接（生徒個人）

■指定校推薦枠のある主な大学
亜細亜大　桜美林大　神奈川大　工学院大　国士舘大　駒澤大　産業能率大　大東文化大　拓殖大　帝京大　帝京平成大　東京経済大　東洋大　など

■2023年春卒業生進路状況

卒業生数	大学	短大	専門学校	海外外	就職	進学準備他
397人	265人	3人	84人	0人	20人	25人

（**学校説明会**）※要予約
○9/3　10/21　11/23
……個別相談、部活動相談、施設見学他

（**学校見学会**）※要予約
○10/28～12/10（11/23を除く）の土・日・祝日に実施
……個別相談
※入試委員が個別相談を受けます。

（**見学できる行事**）
文化祭　9/24（中学校を通じて要予約）

【中野校舎アクセス】
●JR中央線・地下鉄東西線「中野」駅から
徒歩：南口線路沿い道路を「なかのZERO」経由約15分
●バス：南口から京王バス（渋谷行）堀越学園前下車2分　ガード下から関東バス（新宿西口行）堀越学園前下車2分
●地下鉄丸ノ内線・都営大江戸線「中野坂上」駅から　青梅街道沿い徒歩12分
【堀越学園八王子総合体育施設アクセス】
●JR中央線・京王線「高尾」駅から
京王バス（館ケ丘団地行）穎明館高校前下車すぐ

説明会・行事等は日程・内容が変更される場合があります。必ず学校HP等でご確認ください

東京
ほ

本郷中学校・高等学校
（ほんごう）

〒170-0003　東京都豊島区駒込4-11-1　☎03-3917-1456　学校長　佐久間　昭浩

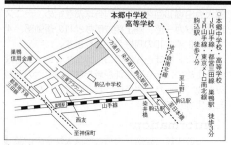

文武両道を目指す

〈URL〉https://www.hongo.ed.jp/

沿革　大正11年（1922）本郷中学校として開校、昭和23年に本郷高等学校と改称。昭和63年（1988）から中学校の募集を再開。2021年度入試から高校からの募集を停止し、完全中高一貫校となりました。令和4年（2022）には創立100周年をむかえ、さらなる改革をすすめています。

校風・教育方針

「個性を尊重した教育を通して、国家有為の人材を育成する」を建学の精神として掲げています。「強健な心身の育成」を目指し、自己に厳しく、どのような困難に対しても真正面から挑戦し、最後までやり抜く責任感、そして常に自分の可能性を追求していく力を育てます。また、先輩と後輩の縦のつながりを重視しており、生徒会やクラブ活動などを通じ、クラスだけでは学べない社会のルールや人間関係、そして基本的な生活習慣や自立心・礼儀などを学びます。

カリキュラムの特色

中高一貫教育による無理・無駄を省いた指導で、効率的な学習を図り、ゆとりある学園生活を送ることができます。中学では学力均等クラスによる授業を行い、中学2年が終了するまでに英・数・国の中学課程を終わらせ、理社でも一部高校の内容を取り入れ、効率化を促進しています。

中学1年～高校1年の英会話はネイティブスピーカーによる授業で、1クラスを2分割しての少人数で実施されます。また、中学3年・高校1年ではオンライン英会話の授業も行っています。

そして、中学生は3年間かけて卒業論文を執筆します。段階的な準備学習を経て、一人ひとりがテーマを設定して資料収集・取材を行い、論文の作法に則って考えをまとめます。夏休みに初稿の添削を受け、冬休みに完成させます。優秀作品に対しては発表の場が設けられ、そこで行われるプレゼンテーションは、生徒の言語感覚やコミュニケーション能力を磨く機会にもなっています。

高校1年から、進学希望に応じた進学コースと最難関の国立大学を目指す特進コースを設けています。高校2年からは文科・理科に分かれ、生徒の希望に添ったカリキュラムを選択。高校3年で

Information

●大学合格の特徴

四年制大学への進学希望者はほぼ100%。国公立大学と早稲田・慶應・上智・東京理科大の合格者数（浪人を含む）は、19年416、20年453、21年494、22年453、23年507となっています。近年は国公立上位校や私立難関校への志向が一層強まり、医歯薬系の進学希望者も増えています。

●海外ホームステイ

英語に対する興味・関心を高める教育プログラムとしてカナダ、オーストラリアへの研修をレベルに応じた3パターン実施。文化の違いを体験しながら国際観を養いつつ、さらなる英語力を身につける体験学習として、中学3年・高校1・2年の希望者を対象に実施しています。

今春の進学実績については巻末の「高校別大学合格者数一覧」をご覧ください

は選択科目を多数用意し、国立・私立の大学受験に対応しています。さらに高校では、学年により、理解度に差のつきやすい数学・理科・英語などで習熟度別同時限授業や少人数授業を導入するなど、きめ細かい指導も心掛けています。

夏のセミナー

　夏休みの「サマーセミナー」は、教養講座と教科講習を開講。教養講座は普段の授業では触れることのできない実学的な内容が中心で、講師の多くは在校生の保護者やOBが担当します。一方、教科講習は基礎固めから大学入試に直結する演習まで幅広く開講。また難関大学進学セミナーでは、卒業生の現役大学生が、受験勉強の方法などについて講演やグループワークを行います。保護者向けのプログラムもあり、学校と家庭が一丸となって難関大突破をサポートします。希望する進路の実現を目指して、生徒各自の知識欲や学習意欲を高める様々な刺激に満ちています。

環境・施設設備

　都心には珍しく、ラグビー、サッカーの公式試合ができる広さの人工芝グラウンドがあります。
　また、ラーニングコモンズや自習室など、自学自習を実践する環境も充実しています。

生活指導・心の教育

　一人ひとりの生徒をきちんと把握するため、中学1年では各クラスに主担任と専属の副担任がつく複数担任制を設けています。さらに人間関係や勉強の悩みなど、先生や友達に言いにくいことはスクールカウンセラーに相談することができます。

クラブ活動

　クラブは中学1年のみ全員参加で中学での活動日数は週に3日（日曜除く）。入部率は中学全体が98％、高校全体が88％。高校のクラブ活動も活発であり、ラグビーは全国大会出場の実績があります。また、剣道、フェンシング、陸上競技部も関東大会レベルでの活躍が見られます。さらに、文化部の活動も活発で、科学部や地学部、社会部などは外部コンテストで高い評価を受けています。

データファイル

■2024年度入試日程

中学校 ※帰国子弟優遇制度あり

募集人員		出願期間	試験日	発表日	手続締切日
1回	100	1/10〜1/31	2/1	2/1	2/2
2回	140	1/10〜2/1	2/2	2/2	2/5
3回	40	1/10〜2/4	2/5	2/5	2/6

高等学校

募集を行っていません

■2024年度選考方法・入試科目

中学校

国語、算数、理科、社会
〈配点・時間〉国・算＝各100点50分　理・社＝各75点40分
〈面接〉なし

■指定校推薦枠のある主な大学

東京都立大　早稲田大　慶應義塾大　上智大　青山学院大　中央大　学習院大　東京理科大　芝浦工業大　東京農業大　東京都市大　明治学院大　日本大　東邦大　北里大（医・獣医・薬）など

■2023年春卒業生進路状況

卒業生数	大学	短大	専門学校	海外大	就職	進学準備他
314人	212人	0人	0人	0人	0人	102人

■2023年度入試結果

中学校

募集人員		志願者数	受験者数	合格者数	競争率
1回	100	603	564	163	3.5
2回	140	1,385	1,202	522	2.3
3回	40	602	469	44	10.7

学校説明会 すべて事前予約制
★中学校
9/3 9/9 10/1 10/14
入試説明会（6年生） 11/4 11/18 11/19
オープンキャンパス（予約制） 10/7（クラブ体験入部、体験授業など）
学校見学会（生徒による説明会） 12/17
学校見学は随時可（要予約）
見学できる行事
本郷祭 9/23・9/24
体育祭 6/7（終了）

説明会・行事等は日程・内容が変更される場合があります。必ず学校HP等でご確認ください

中 共学　高 共学　普通科　　　　　　　　　　　　短

東京 み

MITA International School
三田国際学園 中学校 高等学校
（みたこくさいがくえん）

〒158-0097　東京都世田谷区用賀2-16-1　☎03-3700-2183　FAX03-3700-2185　学園長　大橋 清貴

〈URL〉https://www.mita-is.ed.jp

沿革　明治35年（1902）、芝公園の一角に戸板裁縫学校が開校。三田高等女学校、戸板高等女学校を経て、昭和22年（1947）、学制改革により戸板中学校・戸板女子高等学校に改組。平成5年（1993）に港区芝より、現在の世田谷区用賀に移転しました。同27年（2015）戸板中学校・戸板女子高等学校から三田国際学園中学校・高等学校に校名変更、共学化。

発想の自由人をめざして

〈貢献〉とは、三田国際学園の学びの姿勢です。授業を聞き、ノートに書き写して覚え、先生が求めているであろう予定調和的な答えにたどり着くことだけでは〈貢献〉ではありません。自分自身で考え、自分の意見を表明することこそ、クラス全体の学びに貢献できるという考え方です。〈貢献〉によって醸成される学園の文化は、豊かな水をたたえる大地のように、生徒のあふれるエネルギーを受け止め、世界へと羽ばたいていくための力をぐんぐん伸ばしていきます。

今春の進学実績については巻末の「高校別大学合格者数一覧」をご覧ください

カリキュラムの特色

三田国際学園教育は、なぜから始まる「THINK&ACT」、多様性を受け入れ学ぶ環境「INTERNATIONAL」、誰もが身に備える習慣の「SCIENCE」。この3つのキーワードで展開される世界標準の教育で、発想力を磨き社会で活躍しうる人材を育成し続けます。

■インターナショナルサイエンスクラス（ISC）

クラスには一般生と帰国生をともに受け入れ、副担任を務めるInternational TeacherはHRや行事にも関わります。日本語と英語が飛び交う、多様性に富んだ環境です。基礎ゼミナールは2年間を通して一つのテーマに取り組みます。一人ひとりが自由な発想を楽しみながら、創造性をいかんなく発揮できるプログラムです。理数分野への意欲が旺盛な生徒は、2年次より始まるMSTCに在籍できる可能性もあります。高校2年次からは希望の進路に合わせた選択・自由科目を取り入れ、国内外の文系・理系の受験に対応しています。

■メディカルサイエンステクノロジークラス（MSTC）

中学2年次から始まるMSTCは、MST入試で入学した生徒とISCの中から選抜された生徒で構成されます。文理の枠を超えてサイエンスの基礎を学んだあとに専門性を深めることで、創造的な発想の素地が培われます。基礎研究αでは研究テーマを設定し、多面的に専門知識を深め、高校の基礎研究βへと発展的につなげていきます。高校では、理系学部への進学を想定して国内・海外どちらの受験にも対応しています。

■インターナショナルクラス（IC）

帰国生が多数を占めるクラスで、HRは

494

International Teacherが英語で進行し、日本人教員もペアでサポートします。英語を初歩から学ぶImmersionグループも英語・数学・理科・社会は、段階的にAll Englishに移行し、英語で思考し表現する力を身につけます。中学3年次にターム留学または長期留学に参加することができ、英語力の伸長だけでなく、視野を広げ、グローバルマインドを身につけます。国際生はAcademyグループに所属し英語・数学・理科・社会の授業をAll Englishで受けます。国際的な環境で、英語力をさらに高めていくことができます。高校では日本とオーストラリアの2つのカリキュラムで学ぶデュアルディプロマプログラム（DDP）で、三田国際学園に通学しながら海外の高校卒業資格の取得を目指します。

学校行事・クラブ活動

行事は、体育祭、学園祭、音楽会などがあります。中学1年、高校1年の4月にオリエンテーション合宿が行われ、コーチングやプレゼンテーションを通して自分の将来の夢や目標を明確にし、新たな学校生活をスタートさせます。

クラブ活動は、サッカー、ラグビー、テニス、バスケット、バレー、新体操、陸上競技などの運動部と、吹奏楽、サイエンス、English、鉄道研究などの文化部が活動しています。

データファイル

■2024年度入試日程

中学校

募集人員	出願期間	試験日	発表日	手続締切日
1回	25/20	1/10〜1/31	2/1	2/1	
2回	10/10	1/10〜2/1	2/1午後	2/2	
3回	15/10	1/10〜2/2	2/2午後	2/3	2/8
MST	30	1/10〜2/3	2/3午後	2/4	
4回	10	1/10〜2/4	2/4午後	2/5	
帰国生1回	30	11/7〜11/14	11/21	11/22	11/25
2回		11/22〜12/5	12/12	12/13	12/15

募集人員：1・2・3回はインターナショナルサイエンスクラス／インターナショナルクラス　MSTはメディカルサイエンステクノロジークラスのみ（1年次はインターナショナルサイエンスクラスに所属）。4回はインターナショナルサイエンスクラスのみ。帰国生はインターナショナルサイエンスクラスとインターナショナルクラス。

高等学校 帰国生入試のみ行います

■2024年度選考方法・入試科目

中学校

インターナショナルサイエンス：2回は4科　1・3・4回は4科または英語・国語・算数・面接

インターナショナル：2回は4科　1・3回は4科または英語・面接

メディカルサイエンステクノロジー：算数、理科

帰国生：インターナショナルサイエンスは英・国・算・面接　インターナショナルは英語・面接

〈配点・時間〉4科　国・算＝各100点50分　理・社＝各50点計50分　英＝100点60分

※MSTCの算・理は各100点60分、ISCの英語選択者の国・算は各50点計50分　英語はリスニングを含む

〈面接〉英語選択者と帰国生は生徒個人、日本語と英語

■2023年春併設短大への進学

在学中一定の成績をとった者全員に資格が与えられます。

戸板女子短期大学－進学者なし

■指定校推薦枠のある主な大学

立教大　法政大　成城大　日本大　駒澤大　立命館アジア太平洋大　東京都市大　東洋大　昭和薬科大など

■2023年春卒業生進路状況

卒業数	大学	短大	専門学校	海外大	就職	進学準備他
163人	131人	0人	0人	10人	0人	22人

■2023年度入試結果

中学校　ISC／IC　4回募集はISCのみ

募集人員		志願者数	受験者数	合格者数	競争率
1回	15/15	207/72	143/48	35/15	4.1/3.2
2回	25/25	350/184	249/145	52/27	4.8/5.4
3回	25/20	496/182	275/119	37/21	7.4/5.7
MST	30	404	207	48	4.3
4回	5	643	282	41	6.9
国際生1回	30	92/189	92/186	64/52	1.4/3.6
2回		31/141	31/136	12/20	2.6/6.8

学校説明会 要予約
9/9 10/7 11/11 12/2

オープンスクール 9/9

入試傾向説明会（6年生） 11/11 12/2

見学できる行事 要予約
文化祭 10/28・10/29（保護者のみの入場不可）

説明会・行事等は日程・内容が変更される場合があります。必ず学校HP等でご確認ください

東京
み

Myojo 明星学園 中学校 高等学校

みょう じょう がく えん

中学校 〒181-0001 東京都三鷹市井の頭5-7-7 ☎0422-43-2196 Fax 0422-47-6905
高等学校 〒181-0002 東京都三鷹市牟礼4-15-22 ☎0422-48-6221 Fax 0422-41-6091　　学校長　平野　康弘

○明星学園中学校・高等学校
・JR中央線・地下鉄東西線
　井の頭公園駅徒歩約12分
・JR中央線
　吉祥寺駅南口より井の頭通り
　徒歩約15分

公式ウェブサイト　www.myojogakuen.ed.jp

それぞれの表現を求めて

find yourself

express yourself

イントロダクション

「自分で感じる・自分で考える・自分で生きる」

あなたは、中学・高校の6年間にどのような希望を抱き、それをどのように実現していこうと考えますか？　まず、"自分で感じ・自分で考える"ことを大切にしてください。みずからが関心をもって取り組むさまざまな経験は、パズルのかけらとして、あなたの記憶におかれます。その一片一片が、あなた自身の未来のための、だいじな要素となるのです。明星学園は、はじめの一歩をふみだすための、時間と場所とチャンスなのです。迷ったり、自信を失うこともあるでしょう。けれども、そういう時にこそ、友人がいて、わたしたち教師のサポートがあることを忘れないでください。日常のなかのすべての経験は、あなたというフィルターを通して表現される、あなた自身の個性であり"自分で生きる"ちからとなるのです。

沿革　明星学園の歴史は、1924年（大正13年）、大正自由教育運動を背景にした小学校の開学にはじまり、1928年（昭和3年）に旧制の中学校と高等女学校が設立されました。戦後の学制改革の中で新制の中学校と高等学校に改組され、12年の教育を担う体制を整え、現在に至っています。「個性尊重」「自主自立」「自由平等」の建学の精神の

下、未来に夢と希望を持ち、主体的・創造的に力強く生きる人間を育てることを目標にしています。

学園の環境

明星学園は、玉川上水に隣接し、文化人たちの見出した武蔵野の豊かな自然に囲まれています。また、吉祥寺の町にもほど近く、都心へ30分程度でアクセスできる好立地にあります。

カリキュラムの特色

中学高校とも基礎学力の定着を土台とし、同時に「共同性」と「自ら考え、自ら感じ、自ら行動していく」人間力を養えるようにカリキュラムを構成しています。中学校では「課題解決型の授業」が行われ、各教科の基礎的、本質的な概念を理解し「自ら考え、みんなで探求していくことの基礎」を学びます。高校では1年次の必修授業で各教科の基礎・基本をしっかりと身につけ、2年次・3年次では「自ら授業を選択すること」によって自分の進路としっかりと向き合えるよう、必修授業のほかに「文系・理系・実技系のコース別必修授業・コース別選択授業・自由選択授業」を選択できます。必修授業の英語・数学・国語は、習熟度別あるいは少人数制の授業を実施します。自由選択授業では10人から20人のゼミ形式や教員2人のティームティーチング等、それぞれの内容にあった形態や人数による多彩な授業を設定しています。こうしたカリキュラムを通して自分自身と向き合い、進路と向き合いながら、夢や目標に向かう時間割を自分の頭で考え選択していきます。

今春の進学実績については巻末の「高校別大学合格者数一覧」をご覧ください

3学期制　**登校時刻** 8:30　**昼食** 弁当持参、売店、高は食堂有　**土曜日** 授業

留学制度

　オーストラリア、ドイツ、タイの3校を対象にした長期の交換留学制度（特別留学制度）を設けています。また、明星学園の基準や条件を満たす範囲で、留学先の学校の単位を明星学園高校の単位として認定する制度（一般留学制度）もあります。

海外・国内研修旅行

　研修旅行は生徒が選択します。国内では、歴史を辿る奈良・京都旅行、海外では、オーストラリア短期留学や、タイ短期留学があります。

進路へ向けて

　明星学園では、自分と社会との関係や、"働くこと"の意味について考えることを通して、生徒が自ら希望する進路を切り開き、それを実現することを目標にしています。個別面談や実力テストなどを実施し、一人ひとりの生徒に応じた進路選択と実現をサポートしています。

　進学を目指す生徒を対象にした補習も行われます。長期休み期間は、教員と予備校の講師が入試に向けた講習を行っています。

データファイル

■2024年度入試日程

中学校

募集人員	出願期間	試験日	発表日	手続締切日
A入試	約50	1/10～1/31	2/1午前	2/1	2/2
B入試	約15	1/10～2/1	2/1午後	2/1	2/5
C入試	約15	1/10～2/2	2/2午後	2/2	2/6
D入試	約10	1/10～2/4	2/4午後	2/4	2/6
帰国	若干	11/27～12/1	12/2午後	12/2	12/4

高等学校

募集人員	出願期間	試験日	発表日	手続締切日
推薦単	75	1/15	1/22	1/23	1/30
一般1回 国公立併願	55	1/25～2/3 1/25～2/3	2/10	2/11	2/19 国公立発表日
一般2回 私立併願	20	1/25～2/3 1/25～2/3	2/13	2/14	2/19
帰国	若干	12/10～12/12	12/16	12/16	12/18（延納可）

■2024年度選考方法・入試科目

中学校

A・C・D：国語・算数、面接
B：2科か4科、面接
〈配点・時間〉2科：国・算=各100点50分　4科：国・算=各50点50分、理・社=各50点30分
〈面接〉生徒個人

高等学校

推薦：A方式=一般面接、教科面接　B方式=一般面接　**【出願条件】**A方式：得意教科の内申5か4　B方式：内申5科18　ABともに3年次欠席・遅刻各6日以内　9科に2以下なし
一般：国・数・英、面接（併願：内申9科36か5科20　3年次の欠席・遅刻各6日以内　9科に2がない）　推薦B方式・併願の加算基準あり
※奨学制度あり（推薦B方式、国公立併願）

〈配点・時間〉国・数・英=各100点50分
〈面接〉生徒個人　重視

■指定校推薦枠のある主な大学

学習院大　成蹊大　成城大　日本大　法政大　明治学院大　立教大　獨協大　白百合女子大など

■2023年春卒業生進路状況

卒業生数	大学	短大	専門学校	海外大	就職	進学準備他
244人	162人	1人	20人	10人	1人	50人

■2023年度入試結果

中学校　男／女　帰国生入試あり

募集人員	志願者数	受験者数	合格者数	競争率
A入試	約50	54/64	51/63	15/40	3.4/1.6
B入試	約15	14/20	11/18	6/11	1.8/1.6
C入試	約15	61/74	41/25	6/11	6.8/2.3
D入試	約10	59/71	28/17	6/5	4.7/3.4

高等学校　男／女　帰国生入試あり

募集人員	志願者数	受験者数	合格者数	競争率
推薦	75	70/79	70/79	70/79	1.0/1.0
一般1回	55	51/103	45/96	26/64	1.7/1.5
2回	20	28/37	19/29	4/11	4.8/2.6

学校説明会　要予約
★**中学校**　来校型＋オンライン　9/2 10/14
入試対策説明会（オンライン）　11/11 12/23
体験入学（6年生）　9/16 10/29
入試直前ミニ個別相談会　1/6
★**高等学校**
10/7 10/22 10/29 11/18 11/24 11/25
個別相談会　12/2

見学できる行事
明星祭　9/16・9/17（公開未定）
運動会（中学）　10/1（公開未定）

説明会・行事等は日程・内容が変更される場合があります。必ず学校HP等でご確認ください

中 女子　高 女子 普通科

三輪田学園中学校 高等学校
みわだがくえん

〒102-0073　東京都千代田区九段北3-3-15　☎03-3263-7801　学校長　塩見 牧雄

さあ、ここから 進め、私。

〈URL〉https://www.miwada.ac.jp/

沿革　明治20年（1887）翠松学舎創立。明治36年（1903）三輪田高等女学校と改称。学制改革に伴い、昭和22年（1947）に三輪田学園中学校、昭和23年（1948）に三輪田学園高等学校となりました。

校風・教育方針

豊かな人間性と高い学力を併せ持つ「徳才兼備」の女性を育てるという教育理念は136年を経た現在も受け継がれています。校訓は「誠のほかに道なし」。誠実で誰とでもつながることができ、自らの人生を切り拓いていける徳才兼備の女性を育成します。

カリキュラムの特色

「英語を伸ばす三輪田」

中学は一人ひとりの英語力に合わせて3つのコースに分かれています。

海外研修は希望制でカナダホームステイ（中3）、イギリス語学研修（高1）、マルタ研修（高2）、オーストラリア留学制度（高1・高2）があります。

「ICTで道を切り開く」

情報リテラシーや主体的にICT技術を利用するスキルを身につけます。高1の必修授業ではPCやソフトウェアの基本的な知識・操作の習得のほか、pythonでのプログラミングやデータサイエンスなどを通じて、論理的思考力と問題解決能力を養います。高2・高3の選択授業では主に情報系学部進学者を対象に、より高度なスキル習得を目指します。

「探究学習・中学のHUBと高校のLAB」

社会の急速な変化とともに、新しい力（思考力・表現力・判断力・対話しつつ共感する力）が求められています。中2・中3は9つの講座から前期・後期に1つずつ選択。自ら課題を見つけ思考し、自分の考えをまとめ発信する力を伸ばします。

「理系を伸ばす」

4つの理科実験教室があり、中学3年間で約100回の実験を行い、自ら考察する姿勢、論理的思考力を養います。数学では小テストや補習を頻繁に行うことで、つまずきをなくし、学力の伸長を目指します。高校は習熟度別クラス編成で行い、大学受験のための演習も充実しています。

環境・施設設備

都心にありながら、緑に囲まれた環境です。2010年に新校舎が完成しました。施設面では、6レーン25メートルの室内温水プールが5、6階に設置されています。そのほか、蔵書5.5万冊、床暖房完備で630㎡のゆったりとした図書館、60台のMacBookを配備したクリエイティブルーム、談話室、茶室などが整っています。

隣接する法政大学とは高大連携を結び、さまざまな学びの交流を行っています。

制服「多様性とチョイス」

選択できるアイテムは中高共通で、どの組み合わせでも着用できるように作られています。3種類のスカート、スラックス、複数のカラーバリエーションのシャツ・セーター・ベストからコーディネートできます。盛夏服のボトムスは爽やかなライトグレーのチェックのスカートとスラックスから、トップスは2種類のシャツとポロシャツ

今春の進学実績については巻末の「高校別大学合格者数一覧」をご覧ください

から選べます。

学校行事・クラブ活動

芸術鑑賞教室、オペラ教室、歌舞伎教室、文楽教室、中3の邦楽教室、高3の能楽教室など、一流の芸術との出会いの機会を多く設けています。また、球技大会、運動会、三輪田祭（文化祭）など、友情を深める行事も多彩です。

異年齢の人たちとの協調や協力を目的にクラブ活動を奨励しており、バレーボール、バスケットボール、ソフトテニス、卓球、バドミントン、体操、水泳、演劇、長唄、器楽、音楽、天文など27のクラブがあります。兼部もできるので、クラブ加入率は中・高共に100％を超えています。外部から専門のコーチや講師を招いているのも魅力の一つで、日ごろの活動の成果は文化祭などで発揮されます。

英検利用入試が充実

2022年度入試より、第1回と第2回に英検利用入試を導入しました。国語と算数を受験し、どちらかの高い方の点数と、英検級による見なし点（英検4級CSEスコア1000点以上で70点、3級で80点、準2級で90点、2級以上で100点）の合計で判定する入試です。

法政大学との高大連携

法政大学との高大連携を今年度よりさらに深め、高3対象で法政大学各学部の教授による全12回の講座と法政大学データサイエンス聴講制度がスタート。法政大学協定校推薦制度を締結し、全15学部で最大30人の推薦枠が設定されることになりました。

データファイル

■2024年度入試日程

中学校

募集人員	出願期間	試験日	発表日	手続締切日
1回午前 70	1/10～1/31	2/1	2/1	2/6
午後 25	1/10～1/31	2/1午後	2/1	2/6
2回 50	1/10～2/1	2/2	2/2	2/6
3回 25	1/10～2/2	2/3	2/3	2/6
帰国 若干	11/1～11/17	11/18	11/18	2/6

1回午前の募集人員は2科4科60、英検利用10
2回の募集人員は2科4科40、英検利用10

高等学校

募集を行っていません

■2024年度選考方法・入試科目

中学校

1回午前2科4科・2回2科4科・3回：2科または4科

1回午後：2科

1回午前英検利用・2回英検利用：2科および英検級 ※国・算の得点の高い方と、英検級を合計して判定（英検4級70点、英検3級80点、英検準2級90点、英検2級100点）

帰国生：国語（作文）・算数、面接 または英語（英検級によるみなし点）・算数、面接

〈配点・時間〉国・算＝各100点45分 理・社＝各50点25分 ※帰国生の算は30分

〈面接〉帰国のみ保護者同伴面接あり【内容】外国での学校・生活について、世界のニュースについて、中学校生活への抱負など

■2023年春卒業生進路状況

卒業生数	大学	短大	専門学校	海外大	就職	進学準備他
150人	140人	2人	3人	0人	0人	5人

■指定校推薦枠のある主な大学

明治大 立教大 法政大 学習院大 日本大 成蹊大 成城大 明治学院大 東京理科大 芝浦工業大 東邦大 北里大 東京薬科大 明治薬科大 津田塾大 東京女子大 日本女子大など

■2023年度入試結果

中学校 追試験、帰国生入試あり

募集人員	志願者数	受験者数	合格者数	競争率
1回午前 70	259	231	93	2.5
英検 10	34	31	27	1.1
午後 25	440	389	195	2.0
2回 35	406	275	83	3.3
英検 10	57	31	23	1.3
3回 20	473	293	61	4.8

学校説明会 すべて要予約
9/18 11/4
入試説明会（5・6年生対象） 10/14 11/25
入試説明会（6年生対象） 12/24 1/13
オープンスクール 9/18
入試問題にチャレンジ（6年生対象）
10/28 12/2
テーマ別説明会 9/5
見学できる行事 要予約
文化祭 9/30・10/1（各日800組、4年生以上対象予定）

説明会・行事等は日程・内容が変更される場合があります。必ず学校HP等でご確認ください

武蔵中学校・高等学校

むさし

〒176-8535　東京都練馬区豊玉上1-26-1　☎03-5984-3741　学校長　杉山　剛士

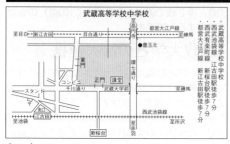

〈URL〉https://www.musashi.ed.jp/

沿革　初代根津嘉一郎の寄付による基金および校地を基本とし、大正10年（1921）に設立された「財団法人根津育英会」により、わが国最初の旧制七年制高等学校として同11年（1922）に開校しました。新学制により、昭和23年（1948）、新制武蔵高等学校、同24年（1949）に、新制武蔵中学校として、旧制七年制の教育理念を引継ぎ、6年一貫の学校に移行し、現在に至っています。

校風・教育方針

初代校長一木喜徳郎が訓示した次の三理想にかなう人物を育成することを創立以来の教育目標としています。

①東西文化融合のわが民族理想を遂行し得べき人物

②世界に雄飛するにたえる人物

③自ら調べ自ら考える力ある人物

前身である旧制七年制高校は、卒業後も引き続いて専門的・学問的な知的活動を続けることを前提に、十分な勉学と研究ができるだけの人格と学力の形成をめざして、小学校卒業後から高校卒業までの年代に一貫した教育を行ってきました。それを引き継ぎ、この三つの理想を基本として、自覚的な人間形成の最重要期に、若くして伸びるべき才能を十分に伸ばします。日本の中核となる人材の素地を鍛えつくることを目的として、大いにその成果をあげています。

中学、高校を通じた6年間において、長い歴史と絶え間ない工夫の積み重ねをもって人格形成の基礎を固めます。のびのびと一人ひとりの才能を伸ばしながら、その成果を土台として希望の進路を歩み得るような教育をめざします。

カリキュラムの特色

中学、高校とも1学年4学級ですが、授業の一部で1学級を2つに分ける、20〜22人の分割授業を行い、少人数教育を進めています。

中学1・2年では、基礎的・入門的教科学習をさせるとともに、身体の発育に特に留意し体力の増進をはかっています。教科においては、数学・英語の基礎学力の充実に重点を置き、分割授業によりそれを推進し、国語においては読解力を身につけさせます。理科では特に実験を重視し自然に対する観察力を養います。

中学3年・高校1年では、系統的基礎学習を行い、全教科にわたって平衡のとれた力を修得させることに重点を置いています。中学3年修了者は原則として全員高校に進級します。

高校2・3年では、高度な教科内容による学習が進められ、将来の進路に応じた課程の選択に幅をもたせて、演習が重視されます。選択によって進路別にグループが分かれる基本的な組編成は行っていません。

また、中学3年から第二外国語として、ドイツ語、フランス語、中国語、韓国朝鮮語から自由に選択できます。高校2年まで履修を続けた者のうち、選考された10数人が、海外の提携校に短期留学をすることができます。留学期間は約2カ月で、

今春の進学実績については巻末の「高校別大学合格者数一覧」をご覧ください

各言語の話されている国々に派遣されるものです。ホームステイや寮生活をしながら提携校に通学し、個人旅行をすることもあります。提携校からも、日本語を学ぶ生徒を毎年10数人受け入れています。

環境・施設設備

江古田キャンパスは総面積7万㎡で、南半分を高校・中学で使用しています。キャンパス中央には小川が流れ、保護樹林などの古木が立ち並び、武蔵野の面影を残した快適な学習環境を形成しています。

運動施設は、体育館（2階建て）、プール（屋外、屋内）、サッカー場（人工芝）、野球場（人工芝）、テニスコート（4面）があり、運動部の活動はキャンパスの中で行われています。

学習環境としては、図書館（高中8万冊、大学65万冊）、理科実験室（5室）、講義室（4室）、分割教室（2室）、演習室（10室）などがあり、多様な教育に対応しています。

また校外では、埼玉県入間郡に学校山林、群馬県前橋市赤城山に赤城青山寮、長野県八方尾根に武蔵山荘（山岳部が使用）があります。

生活指導・心の教育

自由な校風でありながら、個人の責任のもとで常に良識ある行動を心がけるよう生活指導にあたっています。また、他に頼ることなく自立することをめざして、自主性の涵養も重視しています。

中学1年では、夏休みの初め、7月中〜下旬に4日間、赤城青山寮を使っての山上学校に全員参加させ、教職員と生活を共にして、自主的なグループ活動を行います。このほか中学2年でのみなかみ民泊実習、中学3年での天文実習などがあります。中学3年から高校3年は、生徒会活動やクラブ活動の重要構成要員であり、特に高校2年から高校3年の前半にかけては、その指導的な役割を担います。

学校行事・クラブ活動

学校行事は、記念祭、学校山林遠足、秋の体育祭、冬季・春季スキー教室、強歩大会など、年間を通して多彩に催されます。

またドイツ、フランス、中国、韓国など6カ国に8校の提携校があり、国外研修を行うほか、提携校からも毎年10数人の留学生を迎えています。

クラブ活動は、体育部はサッカー、野球、バスケット、山岳、卓球など12部、文化部は、太陽観測、気象、音楽、民族文化、化学、生物、将棋、E.S.S.など13部、同好会は、書道、軽音楽など6団体があります。ほかには報道班、放送班があります。

データファイル

■2024年度入試日程

中学校

募集人員	出願期間	試験日	発表日	手続締切日
160	1/10〜1/20	2/1	2/3	2/4

高等学校

募集を行っていません

■2024年度選考方法・入試科目

中学校

国語、算数、社会、理科
〈配点・時間〉国・算＝各100点50分　理・社＝各60点40分
〈面接〉なし

■2023年春併設大学への進学

在学中一定の条件を満たした者は、指定校推薦により**武蔵大学**に進学できます。

■指定校推薦枠のある主な大学

早稲田大　慶應義塾大　東京理科大　学習院大　北里大　明治薬科大など

■2023年春卒業生進学状況

卒業生数	大学	短大	専門学校	海外大	就職	進学準備他
171人	95人	0人	0人	0人	0人	76人

■2023年度入試結果

中学校

募集人員	志願者数	受験者数	合格者数	競争率
160	601	579	186	3.1

2023年度学校説明会 要予約
10/7 11/11 11/12
（上履き不要）※詳細は学校HPをご覧ください。

見学できる行事
記念祭　4/29・4/30（終了）
体育祭　9/28・9/29（公開未定）

説明会・行事等は日程・内容が変更される場合があります。必ず学校HP等でご確認ください

東京 む

武蔵野大学中学校高等学校

〒202-8585　東京都西東京市新町1-1-20　☎042-468-3256　学校長　中村　好孝

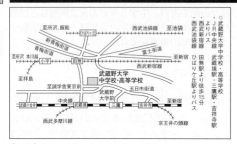

〈URL〉https://musashino-u.ed.jp/

沿革　大正13年（1924）、武蔵野女子学院が創立され、昭和22年に中学高校開設。平成31年（2019）4月、校名を武蔵野大学に変更し中学校が共学化。2020年には高等学校が共学化しました。

校風・教育方針

「仏教精神にもとづく、真の人間教育、人間成就の教育」が建学の精神です。学祖である高楠順次郎博士の理想は、知、情、意具備の全人的で、仏教的な愛に根ざす家庭的な教育でした。それは現在まで連綿と受け継がれ、生徒一人ひとりを重視し、コミュニケーションを重んじる校風となっています。

カリキュラムの特色

中学校は探究心と自主性を育て、最先端のグローバル＆サイエンスを習得します。「グローバル」では、英語をツールに、仲間と協働し、課題解決していく力を養成します。また、英語4技能の育成に力を入れ、学習活動の幅を広げます。

高校は3つのコースを設置。**ハイグレード**は、国公立・難関私立・医学系大学への進学を目指します。**PBLインターナショナル**は、PBL（課題解決型学習Project Based Learning）の手法を用いて、目の前の社会課題を解決するプロセスの中から深い学びを習得するコースです。問題解決を通じて幅広い視野を身につけると同時に、自らのアイデアを的確に表現するためのスピーチ力や発信力を養成します。また、希望者は豊富な留学実績をもとに、長期海外留学を行うことができます。**本科**は、幅広い教養を軸とした総合力を身につけ、

12学部20学科を擁する武蔵野大学も視野に様々な進路を実現します。

国際教育

高校の希望者を対象に、アントレプレナーシップ海外短期研修制度（アメリカ・ボストン）があるほか、高校のPBLインターナショナルコースでは留学実績をもとに、希望者は1年間の長期留学を行うこともできます。

生活指導・心の教育

週5日カウンセラーが常駐し、生徒の心のケアのための体制を整えています。さらに、家庭とも密接な関係を保つよう努め、三者面談週間も設置しています。

宗教の時間　各学年に週1時間。「宗教に対するしっかりとした判断力を養う」「生きることの意味を考える」を大きな柱として授業を進めています。宗教の時間は、自分は多くの人々の支えがあって、初めて存在している、つまり「生かされている」のだという事を考えていく「心の授業」です。

環境・施設設備

100,000㎡の広大な敷地に付属幼稚園、大学を含む各施設が点在。常時約58,000冊の蔵書がある中高専用の図書館、全面人工芝のグラウンドなど、学習やスポーツに最適な設備が整っています。2024年の創立100周年に向けて新しい施設を建設予定です。

今春の進学実績については巻末の「高校別大学合格者数一覧」をご覧ください

☖ 2期制　登校時刻 8:20　昼食 弁当持参、食堂、売店　土曜日 授業（午前中4限授業）

学校行事・クラブ活動

中高合同で行う樹華祭（文化祭）や体育祭、合唱祭（中学のみ）をはじめ、聖誕節（花祭り）や彼岸会の仏法行事等、多くの行事があります。

また、クラブ活動も盛んです。サッカー部、バスケットボール部、バドミントン部、ダンス部など12の体育部と、ブラスバンド部、科学部、書道部、LEGO部など13の文化部、計27クラブが活動しています。

データファイル

■2024年度入試日程　中高ともに帰国生入試あり

中学校　公立一貫校受検者は延納可

募集人員		出願期間	試験日	発表日	手続締切日
1 回	70	1/10〜1/30	2/1	2/1	2/6
2 回	40	1/10〜1/30	2/1午後	2/1	2/6
3 回	30	1/10〜2/1	2/2	2/2	2/6
4 回	15	1/10〜2/1	2/2午後	2/2	2/6
適性検査型	15	1/10〜1/30	2/1	2/1	2/10
アドベンチャー	10	1/10〜2/3	2/4午後	2/4	2/6

高等学校　※公立発表翌日まで延納可（A推薦を除く）

募集人員		出願期間	試験日	発表日	手続締切日
推薦	130	1/15〜1/16	1/22	1/23	1/25※
併願優遇 一般	}130	1/25〜1/26 / 1/25〜2/6	2/10	2/11	}2/12※

募集人員（推薦/一般）：ハイグレード40/40、PBLインターナショナル30/30、本科60/60

■2024年度選考方法・入試科目

中学校

1回・3回：2科か4科　**2回**：国算社理英から2科（国算から1科以上選択）　**4回**：算数（75点45分×2コマ）か英語（英語〈リスニング含む〉＋基礎学力〈50点30分〉）

適性検査型：適性Ⅰ・Ⅱか適性Ⅰ・Ⅱ・Ⅲ（各45分）

アドベンチャー：スカベンジャーハント（90分）、国算基礎学力（30分）

〈配点・時間〉国・算・理・社・英＝各100点45分（4科の理・社＝各50点計45分）

〈面接〉なし

高等学校

推薦：適性検査【出願基準】内申A/B〔ハイグレード〕5科19/21　評定2は不可　〔PBLインターナショナル〕5科18/20　うち英語は4　評定2は不可　〔本科〕5科17/19　評定1は不可　全コース欠席3年間15日程度　※A推薦＝第1志望、B推薦＝第2志望・隣接県対象（神奈川県除く）

一般：国語、数学、英語（リスニング含む）

〈配点・時間〉国・数・英＝各100点50分

〈面接〉なし

■2023年春併設大学への進学

専願制度、他大学受験後も優先の対象となる併願制度あり（コースにより異なる）。

武蔵野大学－専願・併願による合格139（法15、経済9、経営21、文6、グローバル13、人間科22、教育13、薬3、看護11、工17、アントレプレナーシップ3、データサイエンス6）

■指定校推薦枠のある主な大学

北里大　上智大　成蹊大　成城大　中央大　日本大　日本女子大　法政大　明治薬科大など

■2023年春卒業生進路状況

卒業生数	大学	短大	専門学校	海外大	就職	進学準備他
434人	398人	4人	16人	2人	3人	11人

■2023年度入試結果

中学校　4回は算数/英語　適性検査型はⅠⅡ型/ⅠⅡⅢ型

募集人員		志願者数	受験者数	合格者数	競争率
1 回	60	162	138	103	1.3
2 回	40	260	237	165	1.4
3 回	30	232	70	46	1.5
4 回	20	179/22	51/9	33/6	1.5/1.5
適性検査型	10/10	46/23	45/23	42/19	1.1/1.2
アドベンチャー	10	28	14	5	2.8
帰国生	10	8	8	6	1.3

高等学校　スライド合格を除く（アップ合格含む）

募集人員		志願者数	受験者数	合格者数	競争率
推薦 A/B	130	133/14	133/14	133/14	1.0/1.0
一般	130	310	270	254	1.1

学校説明会　すべて要予約

★中学校
オープンスクール　9/30　入試対策会　11/23
中学ミニ説明会（初めての方対象）　1/13

★高等学校
高校説明会　10/21 11/18　入試対策会　12/2
個別相談会　11/25 12/9

見学できる行事
文化祭　10/28・10/29（要予約）
社会情勢によって非公開の可能性あり
体育祭　5/27（今年度は非公開）

説明会・行事等は日程・内容が変更される場合があります。必ず学校HP等でご確認ください

東京
む

千代田国際中学校
武蔵野大学附属千代田高等学院

〒102-0081　東京都千代田区四番町11　☎03-3263-6551　中高学園長・中学校長　日野田　直彦　高校校長　木村　健太

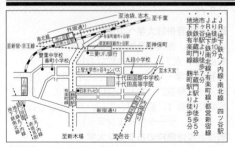

〈URL〉https://chiyoda.ed.jp

沿革　明治21年(1888)、明治初期の欧州視察や日本赤十字設立などに関わった島地黙雷師により、現在の地に「女子文芸学舎」として創立された宗門校。平成28年(2016)4月に武蔵野大学と法人合併を行い、高大連携を強化。同30年(2018)2月に国際バカロレア(IB)ディプロマプログラムの認定校となりました。同30年(2018)4月から共学化、校名を武蔵野大学附属千代田高等学院に変更しました。2022年4月、中学校を再開。

校風・教育方針

困難な課題が待ち受ける時代にあっても、生涯にわたって探究し続けることができる世界市民の育成を目指しています。

教育方針として、「Challenge Change Contribute」を掲げています。失敗を恐れずに挑戦し、世の中の変化に対して柔軟に向き合い、常に目的意識を持った行動ができるようサポートし、偏差値に偏らない「未来の学校」を目指します。

カリキュラムの特色

[中学]　授業は大きく3つの分野に分かれており、講義型授業中心の「SBL(Subject Based Learning)」では教科の基礎知識・技能を習得し、土台を固めます。課題解決型学習「PBL(Project Based Learning)」では、知識をアウトプットする力を培います。「LAP(Liberal Arts Project)」では視野を広げる多彩なプログラムを展開。実体験から学びを深めます。

[高校]　2021年度より、新たな2コース編成にな

りました。

選抜探究コースでは、世界で活躍するためのグローバル・マインドセットを土台に、さまざまな軸から物事を考え、ハイレベルな問題解決に挑み続けるための教養を身につけます。2年次以降は、志望内容に合わせて、3つの系から選択します。IB系は、海外大学・国内難関大学を目指します。グローバル探究系（文系）では、国際的な視野を育て、難関国公立大・私立大などへの進学を目指します。医進探究系（理系）では、高度な研究・考察に力を入れます。

附属進学コースでは、多くのことを経験して、幅広い知識を身につけます。「自分の未来は自分で見つける」をテーマに、文理、芸術、体育など多様なジャンルの学びをサポート。進路指導では系列の武蔵野大学への優先入学をはじめ、他大学進学も的確に支援します。2年次からは、進路の志望に合わせて、文系・理系を選択します。

環境・施設設備

交通アクセスの便利な都心ながら閑静な文教地区にあり、学内無線LANを完備しています。全面ホワイトボードの教室ARC(Academic Resource Center)や大学レベルの理科実験器具を備えた理科室など、新しい学習環境をフルに活用することで、これからの時代で特に大切な「思考力」を大きく伸ばすことが可能です。都心では珍しい土のグラウンド、目的に応じて使い分ける3つの体育館もあります。

生活指導・心の教育

創立以来、仏教教育をベースとした心の教育を

今春の進学実績については巻末の「高校別大学合格者数一覧」をご覧ください

| 🏫 2期制 | 登校時刻 中 8:20 高 8:30 | 昼食 弁当持参、売店 | 土曜日 授業 |

大切にしています。毎朝の朝拝で三帰依文、黙想などによって穏やかな気持ちで学習に臨みます。年間の仏教行事では、各界で活躍する方々の話を聞く機会があります。また、登下校時には、一日のはじまりと終わりに校門で一礼をします。さらに、食前・食後のことばを唱和するなど、日々の学校生活のなかで感謝をする心を育んでいます。

学校行事・クラブ活動

学校行事として、仏教行事や学園祭、体育祭などがあります。また、多くの生徒が学業と両立しながら、さまざまな活動に積極的に取り組んでいます。運動部は全国レベルで活躍するソフトテニス部やバトン部をはじめ、ダンス・バスケットボール・バドミントンがあり、文化部は吹奏楽・茶道・美術・漫画研究・クッキング・自然科学・文芸・競技かるた・ICTG・軽音楽部があります。中学は放課後アクティビティとして、3 on 3（バスケ）・ダンス・将棋・英語・プログラミング・空手・卓球などを展開しています。

データファイル

■2024年度入試日程

中学校 ※公立中高一貫校受験者は延納可

募集人員		出願期間	試験日	発表日	手続締切日
1回	20	1/10～1/31	2/1	2/1	2/7※
2回	25	1/10～2/1	2/1午後	2/2	2/7※
3回	20	1/10～2/1	2/2	2/2	2/7※
4回	20	1/10～2/2	2/2午後	2/2	2/7※
5回	5	1/10～2/3	2/4午後	2/4	2/7※
思考力	5	1/10～2/2	2/5午後	2/5	2/7※
適性	5	1/10～1/31	2/1	2/1	2/10

帰国生は11/19、12/10（オンライン）

高等学院 帰国生は11/19、12/10（オンライン）

募集人員		出願期間	試験日	発表日	手続締切日
推薦	100	1/15～1/17	1/22	1/23	単1/25併3/7
併願優遇	100	1/25・1/26	2/10	2/11	3/5
一般		1/25～2/4	2/10	2/11	3/5

〔コース別募集人員（推薦／併願優遇・一般）選抜探究50/50　附属進学50/50

■2024年度選考方法・入試科目

中学校 ※詳細は必ず募集要項をご確認ください

1・2回：2科か4科　**3回**：国算か英算　**4回**：算理か算英　**5回**：算数のみか2科　**思考力**：基礎学力試験（国・算）＋思考力試験　**適性**：適性検査ⅠⅡⅢ（各45分）

〈配点・時間〉国・算・英・理＝各100点45分
※1・2回4科の理社は各50点計45分　基礎学力（国・算）＝30分　思考力＝60分　〈面接〉なし

高等学院

推薦：適性検査（国・数・英、各30分）【出願条件】欠席3年間15日以内　全科目2以上　内申選抜探究3科11か5科19　附属進学5科17か9科32　併願推薦はそれぞれ＋1　英語資格検定、生徒会役員などで加点

一般・併願優遇：国語、数学、英語

併願優遇の基準は併願推薦と同様
〈配点・時間〉国・数・英＝各100点50分
〈面接〉なし

■2023年春卒業生進路状況

卒業生数	大学	短大	専門学校	海外大	就職	進学準備他
260人	220人	4人	15人	4人	0人	17人

■2023年春系列大学への進学

一定の成績基準を満たせば、武蔵野大学に内部進学ができます。また、内部推薦の権利を確保しながら、他大学を受験することも可能です。

武蔵野大学―46

■2023年度入試結果

中学校 男／女　帰国生入試あり

募集人員		志願者数	受験者数	合格者数	競争率
1回	20	36/31	25/25	17/19	1.5/1.3
2回	25	54/45	45/38	31/33	1.5/1.2
3回	20	69/56	39/33	21/24	1.9/1.4
4回	20	48/44	14/10	6/5	2.3/2.0
5回	5	70/38	57/26	27/10	2.1/2.6
思考力	5	10/9	6/4	2/2	3.0/2.0
適性検査型	5	7/6	6/4	4/6	1.5/1.0

高等学院 帰国生入試あり

募集人員		志願者数	受験者数	合格者数	競争率
推薦	100	89	89	88	1.0
併優/一般	100	112/37	101/37	101/24	1.0/1.5

学校説明会 すべて要予約
★中学校　体験授業　9/2
オープンスクール　10/28　入試対策会　11/26
ミニ説明会　1/8
★高等学院　10/14 11/11　オープンスクール　9/16
入試対策会　11/23 11/26　個別相談会　12/2

見学できる行事 要予約
藤華祭（文化祭）　10/21・10/22※高校のみ公開

説明会・行事等は日程・内容が変更される場合があります。必ず学校HP等でご確認ください

明治学院高等学校

めいじがくいん

〒108-0071　東京都港区白金台1-2-37　☎03-5421-5011（代）　学校長　德永　望

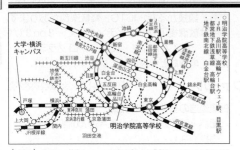

〈URL〉https://www.meigaku.ed.jp

沿革　文久3年（1863）J.C.ヘボンが英学塾（ヘボン塾）を開設したのが明治学院の始まりです。昭和23年（1948）学制改革により、明治学院高等学校を開校。同41年（1966）中学校を東村山に移転。平成3年（1991）男女共学に移行しました。

校風・教育方針

創立者であり、アメリカ人宣教師でもあるヘボン、ブラウン、フルベッキらが「聖書こそが人を真に生かし、幸せにするものである」との信念のもとに行ってきた教育の伝統を受け継いでいます。「隣人を自分のように愛しなさい」をスクールモットーとし、「一人ひとりを大切にする教育」と「他者を思いやる教育」を行い、「自主と自律の確立」を身につける教育を行っています。学習や諸活動など様々な教育活動を通して、普通課程の高校に求められ、かつ生徒の進路実現に求められる学力を身につけ、集団の中における個人の育成、仲間との協調を育むことを目指しています。

カリキュラムの特色

すべての教科にわたって調和のとれたカリキュラムとして、生きていくために求められる大切な基礎学力を養うと共に、生徒の進路の目標を実現するために必要な編成にもなっています。キリスト教の信仰に根を下ろして、「聖書」の授業を3年間通して行っています。

1年次では、教科で偏りのない全教科必修の授業で基礎を固める編成です。英会話の授業は少人数クラスで行い、「聞く・話す」などの実用的な英語を身につけることができます。2年次以降は、必修科目に加えて文系・理系の進路に合わせた授業や多様な選択科目を配置し、生徒は自分に必要な授業を選択できるようになっています。「英語演習＝個々の力に応じたクラス編成」・「古典＝作品別に編成してその作品を読みこんでいく」などのように理解をより深める授業や、「受験英語」やセンター対策授業などのように受験に結び付く授業、「企業経済＝グループでビジネスプランを作成」・「English Practice＝英語でのディスカッションやプレゼンテーションに取り組む」などのように、教科書を超えた学習や体験ができる授業があります。

研修旅行・体験学習とテーマに基づく授業を行う総合探究は、「沖縄」「長崎」「京都」「田舎暮らし」「韓国」「台湾」の6コースから選択して取り組みます。さらに、「英単語テスト」・「漢字テスト」を実施すると共に、各種の講習「指名補習」や「早朝補習」などで一人ひとりをサポートしています。

●進路指導

様々な進路ガイダンスや「スタディサポート」などを実施して、「いかに生きるか」・「進路の目標をどうするのか」について、考えられるようなプログラムの下に進路指導を行っています。

系列校である明治学院大学へは、優先的に進学できる特別推薦試験制度があります。大学の系列校のメリットを生かして、「学部学科説明会」「ゼミ体験」「入学前プログラム」など多様なプログラムを設定しています。他大学進学を目指す生徒にも対応して実践に即した授業を配置し、各種の

今春の進学実績については巻末の「高校別大学合格者数一覧」をご覧ください

3学期制 | **登校時刻 8:30** | **昼食 弁当持参、食堂** | **土曜日 授業**

講習や全国模試を実施して学力向上をサポートし、面談を通して適切なアドバイスを行っています。

生活指導・心の教育

毎日行っている朝の礼拝の中で、教師が語る人生の問題や、人間としての生き方などを、みんなで考える機会を作っています。

学校行事・クラブ活動

入学後4月に、ガイダンス合宿を実施し、「明治学院の歴史と聖書に基づく教育」を学びます。1泊2日の中で、クラス討論、交歓会等を通じ、生徒の主体性を育成し、その後のホームルーム活動に役立てる目的を持っています。また、イースター礼拝、聖霊降臨日礼拝、クリスマス礼拝などのキリスト教行事のほか、スキー教室、オリーブ祭(文化祭)、体育祭、合唱コンクール、校外ホームルーム、水泳大会など、1年を通して様々な行事が実施されています。

また、授業では決してできない経験や友人に巡り会う場としてのクラブ活動は、ギター、美術、ブラスバンド、クッキング、ハイグリー、写真、天文、ＥＳＳ、演劇などの文化部、陸上、軟式・硬式テニス、バレーボール、バスケットボール、水泳、サッカー、アメフト、卓球、ダンス、バドミントン、軟式野球、剣道などの運動部、ＦＴＣ(Free the Children)、書道、デジタルコンテンツなどの同好会が、熱心な活動を展開しています。

このほか、ホームルームを中心に全校生徒が参加する生徒会活動も活発です。

環境・施設設備

学院のシンボルともいえる礼拝堂と記念館の周りには、都心の学校には珍しく豊かな緑が生い茂っています。2022年9月からレンガ積み工法で作られた新校舎となりました。図書館・情報科教室・進路指導室・国際交流の機能を統合・連携させたラーニングセンターを設置し、多種多様な学習活動にも対応した特別教室を多数設置、各教室に充実したICT環境を整備しました。1学年が一堂に会して礼拝や集会を行える礼拝ホール、チャペルガーデン、室内温水プールや柔剣道場を有する3層構造の体育館、人工芝のグラウンド、食堂などの施設も充実しています。

港区 **高** **共学**

データファイル

■2024年度入試日程

募集人員		出願期間	試験日	発表日	手続締切日
推薦	120	1/15~1/17	1/26	1/26	1/29
一般 1 回	150	1/25~1/31	2/10	2/12	2/13
2 回	60	2/1~2/7	2/17	2/19	2/20(延納可)

■2024年度選考方法・入試科目

推薦：書類審査、面接
【出願条件】内申9科36以上 欠席3年間30日以内
一般：国語、数学、英語、面接
〈配点・時間〉国・数・英=各100点50分
〈面接〉生徒個人 重視【内容】志望動機、中学校での生活、高校生活への抱負、将来の進路など

■2023年春併設大学への進学

明治学院大学へは、高校3年1学期までの成績が上位30%以内の場合書類審査のみで、成績上位30%~80%の生徒は、書類審査と面接試験および小論文により定員の枠内で進学が認められます。他大学併願可能な特A推薦の制度もあります。
明治学院大学－126(文14、経済43、社会22、法22、国際10、心理15)

■指定校推薦枠のある主な大学

青山学院大 学習院大 慶應義塾大 国際基督教大 上智大 中央大 東京女子大 東京理科大 法政大 明治大 立教大 成蹊大 昭和薬科大 明治薬科大など

■2023年春卒業生進路状況

卒業生数	大学	短大	専門学校	海外大	就職	進学準備他
302人	257人	0人	5人	3人	1人	36人

■2023年度入試結果　男／女

募集人員		志願者数	受験者数	合格者数	競争率
推薦	60/60	113/280	72*/75*	72/75	1.0/1.0
一般 1 回	75/75	218/486	208/465	90/90	2.3/5.2
2 回	30/30	235/377	157/315	42/36	3.7/8.8

＊推薦入試の受験者数は書類選考後の人数

学校説明会 要予約
10/7 11/18 12/2

見学できる行事
オリーブ祭(文化祭) 9/23(要予約)
クリスマスツリー点灯式 11/17

説明会・行事等は日程・内容が変更される場合があります。必ず学校HP等でご確認ください

東京 め

明治学院中学校
明治学院東村山高等学校

〒189-0024　東京都東村山市富士見町1-12-3　☎042-391-2142　学校長　大西　哲也

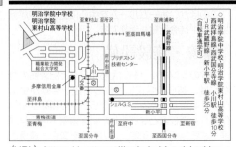

〈URL〉https://www.meijigakuin-higashi.ed.jp

沿革　ヘボン式ローマ字で有名なヘボン博士らが1863年に設立したヘボン塾（英学塾）が明治学院の母体です。1887年に明治学院中学校が港区白金台に開校し、1963年に明治学院東村山高校が東村山に開校しました。1966年に明治学院中学校が東村山に移転し中学・高校の一貫教育の体制が整った上、1991年からは男女共学になりました。

プロフィール　伝統あるキリスト教学校

　明治学院は、創立以来160年にわたる歴史をとおして、日本におけるキリスト教学校教育の要としての役割を担ってきました。

　高校進学率が急速に高まり、教育をめぐる様々な問題があらわれる中で設立された本校も、キリスト教に基づく人間形成を目指して「道徳人・実力人・世界人」の育成という教育目標を掲げています。例えば、一日の学校生活が礼拝によって始まるのはキリスト教学校ならではの光景です。また、中学・高校ともに週1時間の聖書の時間が設けられるなど、キリスト教に立脚した「自立した人間」の育成のために、教育活動を展開しています。

環境　豊かな自然環境と広い校地

　桜や松の樹木が多い5万6千㎡の広大な校地に、校舎をはじめとする施設が点在しています。特に、チャペルやライシャワー館は歴史を感じさせる建物であり、聖書に登場する植物が植えられている「聖書植物園」は明治学院創立120周年を記念して作られたものです。また、陸上競技場、体育館、柔剣道場、テニスコート、プールなど体育施設が充実しているのも特徴です。約2万㎡のグラウンドは全面人工芝。校舎は、バリアフリーで車椅子にも十分対応できます。既存の校舎も耐震工事済みです。校舎全室に冷暖房完備。

カリキュラム　ネイティブによる授業 演習で実力養成

　中学・高校とも週6時間の英語の授業があり、高3ではさらに多く選択することも可能です。各学年に週2時間のネイティブ教師による授業があり、卒業までに中学は英検準2級、高校は英検2級を目指します。また、主教材として「プログレス21」を使用しています。進路指導については、高2で文系・理系に分かれた後、高3ではA.明治学院大学推薦進学　B.文系他大受験進学　C.理系受験進学の3コースに分かれて学習に取り組みます。芸術関係など多様な進路に対応した指導も行っています。

学校生活　生徒を活かす多様な行事

　学校行事は、6月の修養会・研修旅行、9・10月の中高別体育祭、11月のヘボン祭（文化祭）、2月の中学合唱祭など盛りだくさんです。さらに、夏休みの臨海教室や冬休みのスキー教室など、希望者を対象とする行事もあります。クラブ活動は自由参加で、運動系の数が多いのが特色です。ダンス部の活動は全国レベル、ハンドベル部はアメリカ演奏旅行も行います。キリスト教研究会やゴスペルクワイアもキリスト教学校ならではのクラブです。

　国際交流面では、高校生を対象としたアメリカホームステイを実施し、教会に所属するクリスチャンファミリーの家庭に、夏休みの40日間一人

今春の進学実績については巻末の「高校別大学合格者数一覧」をご覧ください

ずつ滞在します。その他、高3の3学期に、大学進学内定者を対象としたアメリカでのウインターイングリッシュプログラムも実施しています。また、フィリピン青年の就学を支援するボランティア活動にも取り組んでいます。

進路 併設大へ内部推薦 難関大学進学者も増加

ほぼ全員が進学を希望。併設の明治学院大学へは特別推薦制度があり、大学の定める定員枠と条件にあう生徒は①志望理由書の提出②面接と小論文による合否判定で進学することができます（学科試験はありません）。

他大学への進学は、北海道、一橋、東京学芸、横浜国立、琉球などの国公立大をはじめ、早稲田、慶應義塾、上智、青山学院、中央、法政、明治、東京理科、学習院、立教など難関私立大も増加傾向です。また、国際基督教など指定校推薦大学も多数あります。

データファイル

■2024年度入試日程

中学校

募集人員	出願期間	試験日	発表日	手続締切日
1回男女各約30	1/10～1/31	2/1午後	2/1	2/4
2回男女各約30	1/10～2/2	2/2	2/2	2/4
3回男女各約10	1/10～2/4	2/4	2/4	2/5

高等学校 併願優遇は一般と同日程

募集人員	出願期間	試験日	発表日	手続締切日
推薦男女各約25	1/15～1/16	1/22	1/22	1/24
一般男女各約35	1/25～2/6	2/12	2/13	2/15

■2024年度選考方法・入試科目

中学校

1回：2科　**2回・3回**：4科
〈配点・時間〉国・算＝各100点50分　理・社＝各60点30分
〈面接〉なし

高等学校

推薦：書類審査、面接、作文（800字50分）
【出願条件】9科男子37、女子38　全科に1・2があると不可　欠席3年間10日以内、遅刻3年次5回以内　英検・漢検・数検他加点あり（最大＋3点）運動クラブ推薦あり（男子のみ。1学期9科32　最大＋2点検定他加点あり）
一般：国語、数学、英語（リスニング含む）、面接
〈配点・時間〉国・数・英＝各100点50分　内申45点
〈面接〉推薦・一般とも生徒個人　重視

■2023年春併設大学への進学

明治学院大学－129（文20、経済36、社会22、法29、国際7、心理15）
系列校特別推薦入試制度により、次の手続きによって進学できます。①3年間の評定平均値上位8割までの生徒が対象で、成績が上位の生徒から順に希望学科に出願する。②各学科には特別推薦入試制度の定員枠がある。③判定は「面接」「小論文」「志望理由書」で行われる。④成績上位30%以内の者は希望すれば2校まで他大を明治学院大と併願出願することができる。その他の併願は不可。⑤欠席・遅刻・早退の状況や、処罰によっては特別推薦が受けられない。

■指定校推薦枠のある主な大学

青山学院大　学習院大　国際基督教大　上智大　成蹊大　成城大　東京理科大　中央大　東京女子大　日本大　法政大　東京薬科大など

■2023年春卒業生進路状況

卒業生数	大学	短大	専門学校	海外大	就職	進学準備他
255人	238人	0人	3人	0人	0人	14人

■2023年度入試結果

中学校　男／女

募集人員	志願者数	受験者数	合格者数	競争率
1回	約60	224/223	214/215	80/81	2.7/2.7
2回	約60	162/190	113/132	40/40	2.8/3.3
3回	約20	143/173	77/86	26/24	3.0/3.6

高等学校　男／女　＊書類選考後の人数

募集人員	志願者数	受験者数	合格者数	競争率
推薦	約50	36/52	30*/39*	30/39	1.0/1.0
一般	約70	81/84	71/80	54/41	1.3/2.0

学校説明会　要予約

★中学校
9/9　10/14　11/15　12/9　1/13
クラブ体験会　11/25
★高等学校
10/7　10/28　11/18　12/2　1/20

見学できる行事　要予約

体育祭　中学校10/4
　　　　高等学校9/30
文化祭　11/3・11/4（ミニ説明会あり）
クリスマスの集い　12/20
ハンドベル定期演奏会　1/26（立川市市民会館）

説明会・行事等は日程・内容が変更される場合があります。必ず学校HP等でご確認ください

明治大学付属中野中学校・高等学校

〒164-0003　東京都中野区東中野3-3-4　☎03-3362-8704　学校長　清水　孝

〈URL〉https://www.nakanogakuen.ac.jp

沿革　昭和4年（1929）私立中野中学校として創立。同24年（1949）、明治大学付属になりました。同59年（1984）、明治大学付属八王子中学・高等学校を開校しました。

校風・教育方針

「質実剛毅・協同自治」を校訓とし、心身共に健全な人間の育成を目指しています。合言葉「みんなで仲良く、正直に真面目に精一杯努力しよう」をもうけ、日々の指導にあたっています。学校行事や特別教育活動を通じて、強い身体と精神力を養う「文武両道」の精神が、6カ年一貫教育の中で伝統的に生き続けています。

カリキュラムの特色

約8割の生徒が明治大学に進学していますが、他の大学を受験する生徒にも十分に対応できるカリキュラムが組まれています。

中学校では高等学校との関連を重視し、6カ年一貫教育により真の実力がつくよう、工夫されています。特に英語の授業では、中学1・2年は1クラスを2分割し、週に1度、外国人講師と英語教師による少人数の英会話授業を実施し、中学3・高校1・2年でオンライン英会話を実施しています。

体育の授業では中・高とも球技種目を主に学びますが、特に中学1・2年では、年間を通して週1時間温水プールで水泳の授業を行います。

高等学校では併設中学からの進学者に高校からの入学者が加わって学級が編成されます。また、2学期に明大特別進学講座が実施され、明治大学の各学部の説明を受けます。2年次からは文・理のコース別に学級が編成されますが、できるだけ文系コース・理系コースの履修科目に共通性を持たせるよう配慮しています。3年次では、各人の進路志望に応じた専門的知識を深めています。

国公立大や難関私大に挑戦し合格する生徒もおり、明治大学推薦希望者の国公立大の併願受験も認めています。

情報教育

生徒一人1台のiPadを配備。2024年度高校1年次よりPCを使い、授業等で活用します。

全教室にプロジェクターを完備しています。

コンピュータ教室では一人一台のパソコンを設置し、中学では「技術」、高校では「情報」の授業で活用しています。

環境・施設設備

最寄り駅はJR・都営大江戸線東中野駅または東京メトロ東西線落合駅、各徒歩10分以内です。プロジェクター完備の普通教室のほか、中学・高校特別教室、コンピュータ教室、温水プール、射撃場など、さまざまな教育施設が整備されており、全室にエアコンも設置されています。また校外施設として、長野県諏訪郡原村に岳明寮があります。

生活指導・心の教育

「知育・徳育・体育」のバランスの取れた教育の実践を心がけ、中・高・大の10年一貫教育を目

今春の進学実績については巻末の「高校別大学合格者数一覧」をご覧ください

指しています。個性を生かす環境づくりが図られ、生徒は明るくのびのびと学園生活を送っています。中学、高校ともに、「時間を守る」「勉学に励む」「清潔を心がける」「決まりを守る」「挨拶をする」の5つの実践目標を掲げ、達成に努めています。

学校行事・クラブ活動

協同と自治のもと、さまざまな学校行事が行われています。4月には学年ごとに校外学習があり、夏休み中には中学1年、2年、高校1年が参加する移動教室が開かれます。文化祭と体育祭は、生徒会を中心に全校で取り組みます。生徒会は各クラスから2人選出された中央委員によって構成されており、生徒の自主的な活動の場として文化祭、体育祭のほか、あしなが学生募金、周辺美化活動なども行っています。

クラブには8割以上の生徒が所属しています。高校3年の最後までクラブ活動を続ける生徒も少なくありません。文化部には音楽、美術、写真映画、棋道、新聞、放送など16部が、運動部ではラグビー、柔道、相撲、水泳、野球、ゴルフ、射撃、スケート、サッカーなど19部があり、毎年のように全国大会や関東大会に出場し、活躍しているクラブもあります。

中野区

中 男子

高 男子

データファイル

■2024年度入試日程

中学校

募集人員	出願期間	試験日	発表日	手続締切日
1回　約160	1/10～1/30	2/2	2/2	2/4
2回　約80	1/10～2/3	2/4	2/4	2/6

高等学校　推薦は窓口出願

募集人員	出願期間	試験日	発表日	手続締切日
推薦Ⅰ　約30	1/15～1/16	1/22	1/23	1/24
推薦Ⅱ　約30	1/15	1/22	1/23	1/24
一般　約105	1/25～2/5	2/12	2/13	2/14

■2024年度選考方法・入試科目

中学校

1回・2回： 4科
〈配点・時間〉国・算＝各100点50分　理・社＝各50点30分
〈面接〉なし

高等学校

推薦Ⅰ（総合） －書類審査、面接、適性検査（国・数・英、各40分）
推薦Ⅱ（スポーツ特別） －書類審査、面接、作文（600字45分）
【出願条件】 推薦Ⅰ：9科37かつ5科21、1・2があると不可　3年次欠席・遅刻・早退7日以内
推薦Ⅱ：5段階9科30、1・2があると不可　対象クラブは柔道、水泳（水球）、相撲、バレーボール、ラグビー、剣道、バドミントン、卓球、野球、陸上で入学後も継続する意思を持ち、次のいずれかの基準を満たす者　①全国・関東大会で16位以内　②都道府県大会で8位以内
一般： 国語、数学、英語
〈配点・時間〉国・数・英＝各100点50分
〈面接〉推薦のみ生徒個人面接　重視

■2023年春併設大学への進学

大学の受け入れ人数の枠内で進学できます。
明治大学 －325（法56、商57、政治経済60、文24、理工33、農16、経営38、情報コミュニケーション20、国際日本9、総合数理12）

■指定校推薦枠のある主な大学

慶應義塾大　東京理科大　青山学院大　学習院大　日本大など

■2023年春卒業生進路状況

卒業生数	大学	短大	専門学校	海外大	就職	進学準備他
406人	387人	0人	2人	0人	0人	17人

■2023年度入試結果

中学校

募集人員	志願者数	受験者数	合格者数	競争率
1回　160	886	766	273	2.8
2回　約80	673	530	120	4.4

高等学校

募集人員	志願者数	受験者数	合格者数	競争率
推薦Ⅰ　約30	102	102	35	2.9
Ⅱ　約30	24	24	24	1.0
一般　約105	961	892	285	3.1

学校説明会 要予約
状況により中止、もしくは実施内容に変更が生じる場合があります
★中学校
10/9　11/25
★高等学校
10/8　11/26
オープンスクール（中高） 10/21

見学できる行事 要予約
櫻山祭（文化祭）　9/23・9/24

説明会・行事等は日程・内容が変更される場合があります。必ず学校HP等でご確認ください

東
京
め

めいじだいがくふぞくはちおうじ
明治大学付属八王子中 学 校
高等学校

（現：明治大学付属中野八王子　2024年度より校名変更）

〒192-0001　東京都八王子市戸吹町1100　☎042-691-0321　学校長　林　健司

〈URL〉https://www.mnh.ed.jp/

沿革　昭和59年(1984)開校。平成6年(1994)男女別学から共学化。令和6年(2024)校名変更予定。

校風・教育方針

「質実剛毅・協同自治」の校訓に基づき、「知・徳・体」のバランスのとれた人間の育成を目指しながら、人と人、人と自然のあるべきかかわり方を求める学びの探究を教育理念としています。「みんなで仲良く　正直に　真面目に　精一杯努力しよう」を学園の合言葉に、日常生活や行事、部活動などでの人とのつながりを通じて、心の成長を育む取り組みにも力を注いでいます。生徒たちは緑あふれる自然の中で、明るく伸び伸びと、そして前向きに自らの課題に取り組みながら成長していきます。

カリキュラムの特色

中学校では、基礎知識を習得します。また、思考力・表現力を伸ばすために、作文やスピーチ、プレゼンテーションなど、さまざまな方法で自己表現に取り組んでいます。英語の授業では、1クラスを2つに分けて少人数で実施し、きめ細かく指導しています。特に英会話では、ネイティブの教師と日本人のAT（アシスタントティーチャー）の授業により、使える英語の習得を目指します。さらに中学3年では、オンライン英会話を実施しています。また、一定の成績に達しない生徒に対して、放課後に講習を行い、手厚くフォローしています。

高等学校では、中学で養った学力をさらに伸ばすため、1年では基礎力の徹底を図るとともに、幅広い視点から将来の目標が設定できるよう共通科目を履修します。2年次からは文系・理系コースに分かれ、個々の適性に合わせた学習へと進みます。また、両コースとも2年次から全生徒にオンライン英会話を実施し、英語によるアウトプットの機会を確保するとともに、異文化理解を深めることを目指しています。

中高ともに2021年度から1人1台Chromebookを持ち（入学時に購入）、より充実した教育活動を目指して学級活動や授業で活用しています。

環境・施設設備

7万坪を超えるキャンパスは雄大な自然の中にあります。屋外施設は、陸上、ラグビー、サッカー等さまざまな競技をプレイできる400mトラックの人工芝グラウンド、両翼90mのスタンド付野球場を備え、四季折々の変化を楽しみながら健やかさを育みます。屋内では、2つの音楽教室、2つのPC教室、自習室、劇場やコンサート会場としても利用できる1,500人収容の講堂などがあります。さらに、バレーボールの公式試合ができる天井の高い体育館、室内練習場等の施設があります。この環境の中、生徒たちは知識や教養を修得し、体力と精神力を養います。

学校行事・クラブ活動

修学旅行、移動教室のほか、クラスや先輩後輩の団結力を競う体育祭、クラス・部活・有志団体で盛り上げる文化祭、親睦を深めるオリエンテーション旅行(中1)、感動の嵐の合唱祭(中学)等、学

今春の進学実績については巻末の「高校別大学合格者数一覧」をご覧ください

校行事は多彩です。社会性や協調性を養うため、主体的に関わり、チャレンジ精神と創造力を発揮します。

　クラブ活動は運動系13、文化系9があり、全校生徒の約90%が参加。限られた時間の中での中身の濃い活動により、学年を超えて友情を育み、切磋琢磨しながら練習に励んでいます。

進路・進学指導

　一人ひとりの進路実現のために、6年（3年）間を段階的に指導しています。中学では、職業インタビュー（中1）や職業理解のための講演会（中

2）等を通じて職業観を啓発しています。中学3年では大学のオープンキャンパスに参加し、高校卒業後の進路について考えます。

　高校では、各学年で最低2回実施する「進路志望調査」を基にした担任との面談の中で、生徒の志向性、適性、将来性を見極めていきます。明治大学進学志望者には、大学主催の特別進学講座（高1）、中野・生田キャンパス見学会（高2）、公開授業見学（高3）や学部主催の法学部法曹入門講座、理工学部・総合数理学部サマーセミナー、大学経理研究所主催簿記講座等、高大連携行事が充実しています。

データファイル

■2024年度入試日程

中学校

募集人員		出願期間	試験日	発表日	手続締切日
A1回	100	1/10～1/31	2/1	2/1	2/3
2回	40	1/10～2/2	2/3	2/3	2/5
B	20	1/10～2/4	2/5午後	2/6	2/7

高等学校　B推薦は埼玉県内国公立生対象

募集人員		出願期間	試験日	発表日	手続締切日
推薦	85	1/15～1/19＊	1/23	1/24	1/25
一般	85※	1/25～2/3＊	2/11	2/12	2/13

※一般は単願優遇20人以内を含む

＊書類郵送期間(Web入力は1/10から郵送締切の前日まで)

■2024年度選考方法・入試科目

中学校

A方式：国語、算数、理科、社会
B方式：4科総合問題
〈配点・時間〉国・算＝各100点50分　理・社＝各50点30分　4科総合＝120点60分
〈面接〉なし

高等学校

推薦：書類審査、適性検査（国語・数学・英語各100点30分）、面接
【出願条件】9科34　1があると不可
一般：国語、数学、英語（リスニング含む）
※一般入試単願優遇（スポーツ・文化・芸術）入試：対象　①野球部②卓球部③陸上部④ラグビー部⑤一能者　①～④は競技成績などの条件を満たす者、⑤は全国レベルの大会・コンクールにおいて入賞の成績を収めた者。内申9科各3かつ合計34
〈配点・時間〉国・数・英＝各100点50分
〈面接〉推薦のみ　生徒グループ　参考

■2023年春併設大学への進学

高校3年間の学業成績などにより、推薦されます。国公立大学との併願制度もあります。

明治大学－282（法49、商47、政治経済48、文17、理工23、農16、経営38、情報コミュニケーション23、国際日本10、総合数理11）

■指定校推薦枠のある主な大学

東京理科大　成城大　日本大　東京都市大　昭和薬科大　東京薬科大　明治薬科大など

■2023年春卒業生進路状況

卒業生数	大学	短大	専門学校	海外大	就職	進学準備他
318人	308人	0人	4人	0人	0人	6人

■2023年度入試結果

中学校　男／女

募集人員		志願者数	受験者数	合格者数	競争率
A1回	100	229/177	222/171	86/64	2.6/2.7
2回	40	253/207	197/173	21/33	9.4/5.2
B	20	127/136	111/106	11/9	10.1/11.8

高等学校　男／女

募集人員		志願者数	受験者数	合格者数	競争率
推薦	75	173/192	170/188	32/57	5.3/3.3
一般	75	240/197	230/187	30/25	7.7/7.5

学校説明会　要予約

★中学校
10/28 11/18　※オープンスクール同日開催
★高等学校
10/7 11/25　※オープンスクール同日開催
学校説明会・オープンスクールは変更の可能性があるため、学校HPにてご確認ください。

見学できる行事　要予約
文化祭　9/23・9/24(個別質問会ブースあり)

説明会・行事等は日程・内容が変更される場合があります。必ず学校HP等でご確認ください

中 共学　高 共学 普通科　　　　　　　　　　　　　　　　　　大

明治大学付属明治中学校 高等学校

〒182-0033　東京都調布市富士見町4-23-25　☎042-444-9100　学校長　井家上　哲史

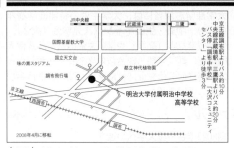

・京王線調布駅よりバス約10分・調布駅より中央高速バス約20分・大沢コミュニティセンター）より徒歩3分・中央線武蔵境駅よりバス約10分

2008年4月に移転

〈URL〉https://www.meiji.ac.jp/ko_chu/

沿革　明治45年（1912）に旧制明治中学校として創立。平成20年（2008）調布に移転、男女共学となり、令和4年（2022）創立110周年を迎えました。

校風・教育方針

　自ら調べ、考え、発見・解決し、人にそれを伝えることのできる、創造性と個性に富んだ「生きる力」の養成を目指しています。さらに知性・感性・体力のバランスの取れた、人間性あふれる人物を育てること、学校行事や班・部活動等を通じ、「質実剛健」「独立自治」の精神を養うことを教育方針に掲げ、時代に先駆ける力と心を培い、グローバル社会に貢献できる人材の育成を目指します。

カリキュラムの特色

　土曜日を含めて週34時間の授業を行い、確かな学力をつけるためのカリキュラムを編成しています。
　中学校では、検定外教科書の利用（英語、数学）や、宿題・小テスト等によって学習量を確保し、基礎学力の育成・定着を図ります。特に英語は、クラスを分割した少人数授業（中2からは習熟度別授業）を週7時間中4時間行い、残りは英文法の授業を2時間、外国人講師による英会話の授業を1時間行っています。また、学力の差がつきやすい英語と数学に対して、成績不振者を対象に毎週1回ずつの補習講座を放課後に設けているほか、1週間の夏期補習も行っています。
　高等学校でも十分な基礎学力を育成するため、2年生まではほとんどの科目を必修としつつ、2年生から3年生にかけての「探究選択」では興味に合わせた深い学びを追究します。3年生になると文系・理系クラスに分かれ、大学の志望にあわせた選択科目が充実しています。密接な高大連携体制により、明治大学の教員が直接授業を担当する週2時間の「高大連携講座」を全生徒が履修します。「プレカレッジプログラム」は、希望者が高校在学中に明治大学の授業の一部を受講できる制度で、取得した単位は、大学入学後に大学の単位として認められます。

環境・施設設備

　学校の中心に図書館を配置。学習センターと位置づけています。また、PC教室、CALL教室が各2室、理科実験室が4室、全面人工芝のグラウンド、第1・第2体育館など、充実した施設がそろっています。そのほか、約350席の食堂・カフェテリアや、幅6mの廊下、パブリックスペースには数多くのベンチを置き、ゆとりある空間が学校生活を豊かにしています。

生活指導・心の教育

　「何でも自由な学校」を望む人には合わないかもしれません。あいさつや身だしなみなど、基本的なマナーや生活習慣を大切にしているからです。このことは、中学校や高校だけでなく、これから大学や社会で生活していくうえでも大切だと考えています。校風の「質実剛健」は、共学になった現在でも変わっていません。外見ではなく自らの内面を磨き、飾り気のない、地に足のついた学校生活を送ることを目標にしています。

今春の進学実績については巻末の「高校別大学合格者数一覧」をご覧ください

3学期制	登校時刻 8:35	昼食 弁当持参、食堂、売店	土曜日 授業

生徒・保護者のための相談室「ほっと・スペース」が週5回開設されており、専門のスクールカウンセラーが相談に応じています。

学校行事・クラブ活動

　多彩な学校行事や活発なクラブ活動を通じ、建学の精神である「質実剛健」「独立自治」の精神を育てます。学校行事は多く、多彩です。9月に行われる紫紺祭（文化祭）を始めとし、体育祭（中学）、球技大会（高校）がその代表例で、生徒が中心になって企画・運営し、「独立自治」の精神の体得を図っています。そのほかに、東京六大学野球応援、修学旅行、移動教室、林間学校など、さまざまな行事があります。こうした体験を通じ、協力することの大切さや企画・運営することの難しさなどを学びます。

　クラブ活動・生徒会活動には、ほとんどの生徒（中学で約95%、高校で約90%）がいずれかに所属しています。

　38のクラブがあり、活動はとても活発です。なかでも、スキー部、硬式テニス部などは、近年全国大会・関東大会などへの出場を果たしています。学校に対する奉仕的な活動も行う団体を「班」と呼んでいます。また、入試やオープンキャンパスなどの行事を陰で支えているのが生徒会本部で、生徒会を運営しています。

進路

　3年間の学習成績（含む英検・TOEIC）と人物評価により、明治大学への推薦資格が得られ、毎年約90%の生徒が進学しています。

　2022年度の卒業生278人中244人が明治大学に推薦で進学しました。国公立大学へは明治大学の推薦資格を保持したまま受験ができます。この制度を利用して国公立大学への進学を果たす者もいます。

データファイル

■2024年度入試日程

中学校

募集人員	出願期間	試験日	発表日	手続締切日
1回 男約45女約45	1/10～1/25	2/2	2/2	2/8
2回 男約30女約30	1/10～1/25	2/3	2/3	2/8

高等学校　推薦の募集人員は指定校推薦を含む

募集人員	出願期間	試験日	発表日	手続締切日
推薦 男約20女約20	窓1/15・1/16*	1/22	1/23	1/25
一般 男約30女約30	1/25～2/2	2/12	2/12	2/21

＊推薦は1/15にWeb出願後、窓口に書類提出

■2024年度選考方法・入試科目

中学校

国語、算数、理科、社会
〈配点・時間〉国・算=各100点50分　理・社=各75点40分　〈面接〉なし

高等学校

推薦：適性検査（国数英、各50点40分）、面接
一般：国語、数学、英語（リスニングあり）
〈配点・時間〉国・数=各100点50分　英=120点60分〈面接〉推薦のみ　生徒個人

■2023年春併設大学への進学

中学から高校へは、「明治高等学校推薦基準」に達した者を推薦しています。高校から大学へは、高校3年間の学習成績（英検・TOEIC成績を含む）と、人物・適性・希望などに基づいて推薦しています。
明治大学－244（法18、商57、政治経済48、文13、理工33、農11*、経営17、情報コミュニケーション17、国際日本10、総合数理20）　＊農は自己推薦特別入試を含む

■2023年春卒業生進路状況

卒業生数	大学	短大	専門学校	海外大	就職	進学準備他
278人	277人	0人	0人	0人	0人	1人

■2023年度入試結果

中学校　男／女　帰国生を含む

募集人員	志願者数	受験者数	合格者数	競争率
1回 約90	283/290	252/256	119/77	2.1/3.3
2回 約60	269/282	142/169	40/46	3.6/3.7

高等学校　男／女　推薦は指定校を除く

募集人員	志願者数	受験者数	合格者数	競争率
推薦 約40	34/66	34/66	18/18	1.9/3.7
一般 約60	404/377	373/356	140/122	2.7/2.9

学校説明会　すべて要予約
★中学校　9/7 10/7 11/4
6年生対象入試対策説明会　12/2
★高等学校　9/9 10/21 11/18
施設見学会（中高）　12/25

見学できる行事
文化祭　9/23・9/24(ミニ説明会あり)
体育祭　中10/26
※変更・中止の場合があります。直前に学校HPをご確認ください。

説明会・行事等は日程・内容が変更される場合があります。必ず学校HP等でご確認ください

東京 め

111 明星中学校・高等学校
MEISEI GAKUEN

〒183-8531　東京都府中市栄町1-1　☎042-368-5201（入学広報室）　学校長　福本　眞也

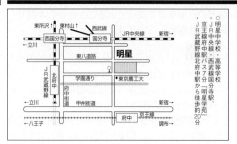

〈URL〉https://www.meisei.ac.jp/hs/

沿革　経営母体の学校法人明星学苑は大正12年に設立された明星実務学校をその前身としています。昭和2年に財団法人明星中学校に改組。昭和23年に高等学校を開校。児玉九十の教育理念のもと着実な歩みを続け、幼稚園・小学校から大学・大学院に至る総合学園に成長しています。現在、中高は一貫の共学体制となっています。

校風・教育方針

「世界に貢献する人の育成」を目標に、「健康・真面目・努力」の校訓を日々実践しています。また、創立以来一貫して「凝念」を指導し続け、「知・徳・体」の調和ある人格形成をめざしています。

カリキュラムの特色

中学校　週6日制を実施し、学習指導要領にとらわれず主要教科の時間数を多くした独自のカリキュラムで、中高一貫の教育を行っています。国際理解とともに英語の多読・多聴に力を入れ、確実に英語力を伸ばしています。また、理科も実験を中心とした学習などで強化しています。中高6年間で効率的な学習と実践的な進路指導を行い、一人ひとりが希望する進路の達成を支援しています。3年の英語・数学は習熟度別授業によって確かな学力を培っています。外国人講師による英会話や、Skypeを使ったオンライン英会話もあります。希望者対象のエクストラスタディーや夏期講習も実施しています。読書や作文指導、英検・数検・漢検等の検定指導にも力を入れています。学内のレシテーションコンテストや作文・漢字コ

ンクール等をはじめ学外の各種コンクールにも積極的に参加しています。

高等学校　数学は1年次から習熟度別授業を行い、学力に応じた授業を展開しています。2年次から、文系・理系に分かれて進路に応じた授業を実施しています。3年次の土曜日は選択授業だけとなり、受験に対応した様々な講座の中から必要な講座が選べます。また夏期講習をはじめ、放課後・早朝のエクストラスタディー、個別補習等により学びを応援します。さらに1年次より、新大学入試に向けたeポートフォリオの活用に力を入れています。

クラス編成　中学では、探究・創造に主眼を置く特別選抜クラスと、体験・活躍に主眼を置く総合クラスを設置し、中高一貫教育を行う体制になっています。高校では、深みのある思考力の養成に力を注ぐSMGSクラス、英語力を磨くMGクラス、理数分野を掘り下げるMSクラス、文武両道で青春を謳歌（おうか）する本科クラスを設置しています。

環境・施設設備

校舎には、蔵書約9万3千冊を誇る図書館・コンピュータ制御の望遠鏡を備えた天体観測ドーム・PC教室・カフェテリアなど、最新の設備が整っています。さらに、約1,200人を収容できる記念講堂や総合体育館があります。

生活指導・心の教育

目を閉じて姿勢を正し、心を落ち着かせる「凝念」を教育の基本としています。これによって「物ごとに真剣に取り組む心がまえ」を養い、「知・徳・体」の調和ある人格形成をめざしています。

今春の進学実績については巻末の「高校別大学合格者数一覧」をご覧ください

(3学期制) (登校時刻 8:30) (昼食 カフェテリア、弁当持参、売店) (土曜日 授業)

学校行事・クラブ活動

　中1でEnglish Campを実施して英語漬けの日々を過ごし、中3ではフィリピンのセブ島で語学留学を通して異文化体験をします。高2では目的に応じて旅行先を選ぶ選択制修学旅行を実施しています。

　部活動では、全国大会常連のハンドボール部・スキー部などの運動部の他、吹奏楽部や鉄道研究部など文化部も活発に活動しています。

データファイル

■2024年度入試日程

中学校

募集人員		出願期間	試験日	発表日	手続締切日
特選・総合1回	65	1/10〜1/30	2/1	2/1	2/3*
特選2回	10	1/10〜1/30	2/1午後	2/1	2/3
総合2回	25	1/10〜2/1	2/2	2/2	2/6
総合3回	10	1/10〜2/2	2/3	2/3	2/6
特選3回	5	1/10〜2/2	2/3午後	2/3	2/6
特選・総合4回	10	1/10〜2/3	2/4午後	2/4	2/6

＊特別選抜の適性検査型は2/10まで

募集人員：総合クラス85　特別選抜クラス40

総合クラス　1回：2科45　2回：2科20、英語試験5　3回：2科10　4回：2科5

特別選抜クラス　1回：4科15、適性検査型5　2回：2科10　3回：2科5　4回：2科5

高等学校　Aは第一志望優遇、Bは一般、Cは併願優遇

募集人員		出願期間	試験日	発表日	手続締切日
推薦	110	1/15〜1/17	1/22	1/23	1/25
一般1回AB	200	1/25〜2/7	2/10	2/11	A2/12 B・C※
C		1/25〜2/2			
2回AB	10	1/25〜2/11	2/12	2/13	A2/14 B※

募集人員は、SMGSクラス、MGSクラス、本科クラスの合計

※B志望・C志望の手続締切日は居住地公立高校第一次合格発表日

■2024年度選考方法・入試科目

中学校

4科：国語・算数・理科・社会　面接

適性検査型：適性検査Ⅰ・Ⅱ　面接

2科：国語・算数　面接

英語試験：国語か算数、英語　面接

〈配点・時間〉国・算・英・適Ⅰ・適Ⅱ＝各100点45分　理・社＝計100点45分

〈面接〉生徒個人　重視

高等学校

推薦：調査書、面接、作文（800字30分）【**出願条件**】内申SMGS5科22　MGS9科34か5科20　本科9科31か5科18　いずれも9科に1は不可　欠席3年次6日以内　加点条件あり

一般：国語、数学、英語（リスニング含む）、調査書、面接　併願優遇は面接なし

〈配点・時間〉国・数・英＝各100点50分（本科は40分）

〈面接〉生徒個人　重視

■2023年春併設大学への進学

推薦は在学中一定の成績をとることが条件で、大学の受け入れ人数枠内で進学できます。

明星大学－64（理工3、人文8、経済1、情報0、教育15、経営16、デザイン12、心理7、建築2、データ・サイエンス0）

■指定校推薦枠のある主な大学

学習院大　中央大　法政大　成蹊大　専修大　獨協大　明治学院大　東洋大　日本大　東京理科大　芝浦工業大　東京都市大　東京女子大など

■2023年春卒業生進路状況

卒業生数	大学	短大	専門学校	海外大	就職	進学準備他
371人	340人	2人	12人	0人	0人	17人

■2023年度入試結果

中学校　総合クラス／特別選抜クラス

募集人員		志願者数	受験者数	合格者数	競争率
1回	55	78/23	64/19	49/14	1.3/1.4
2回	15	68/28	55/25	43/16	1.3/1.6
3回	25	96/23	28/11	17/7	1.6/1.6
4回	10	85/43	27/20	12/7	2.3/2.9
5回	10	113/44	21/14	9/6	2.3/2.3
6回	10	122/48	21/8	12/5	1.8/1.6

高等学校

募集人員		志願者数	受験者数	合格者数	競争率
推薦	110	86	86	86	1.0
一般1回	200	590	584	573	1.0
2回	10	54	32	21	1.5

学校説明会 すべて要予約
★中学校　9/9 10/14 11/18 12/9 1/6
★高等学校　9/16 10/28 11/25 12/2　終了後、個別相談あり
見学できる行事
文化祭　10/7・10/8

説明会・行事等は日程・内容が変更される場合があります。必ず学校HP等でご確認ください

東京 め

明法中学校・高等学校
（めい　ほう）

〒189-0024　東京都東村山市富士見町2-4-12　☎042-393-5611　学校長　岡田　貴之

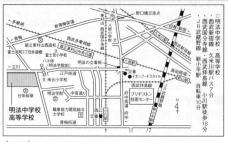

〈URL〉 https://www.meiho.ed.jp

沿革　昭和39年（1964）、学校法人明法学院によって、明法中学校・高等学校が創立されました。平成31年（2019）4月、高等学校が男女共学化。

校風・教育方針

「知性を磨き、よい習慣を身につけ、社会のため、国家のため、人類のために役に立ち、世界平和に貢献できる人間を育成する」という建学の精神を掲げ、少人数教育に徹し、人と人の繋がりを大切にしています。2023年4月には新校長が就任し、21世紀社会に真に貢献できる人材の育成をめざし、学校改革を進めています。

カリキュラムの特色

■中学－国際教育GSPの基礎も学べる

中学では、2024年度より教育プログラムを改編し、ロボットを使ったプログラミング教育「サイエンスGE」に加え、これまで高校のプログラムだった国際教育GSPの基礎も学べるようにします。中1で両プログラムの入門編を学んだうえで、どちらかを選んで中2～高1で集中的に学びます。GSPは高1でのターム留学、GEでは高1でのロボットプログラミングの大会を集大成とし、それ以降は、その実績を大学入試に生かしていきます。

創立以来のオーケストラ授業、充実の理科実験授業も継続し「本物に触れる教育」をより充実させていきます。

■高校－文武両道で難関大学進学をめざす

高校では、高1で特別進学クラスと総合進学クラスが編成され、習熟度に応じた学習指導を行い

ます。高2からは文理別に「国公立大進学コース」「私大進学コース」で志望進路別のカリキュラムが組まれています。高2秋からは「大学現役合格に向けた400日プラン」に沿って、専門の進路指導スタッフが丁寧に進路指導をします。また、19：30まで利用できる学習道場（自習室）には、放課後に専門の講師や卒業生チューターが常駐し、自学自習をバックアップしています。

■高校－充実の国際教育

明法高校伝統の国際教育プログラム「GSP」は、カナダでのターム留学を中心に、日本文化を学ぶ事前指導や、留学経験を後輩にシェアする英語プレゼンテーションコンテストなどの事後指導も充実。英検1級・準1級合格者や海外名門大学への進学者も出ています。

環境・施設設備

東京ドームの1.2倍もある広大なキャンパスには、図書館を中心に据えた本校舎の他、理科や音楽の専門棟や約1000人収容の大講堂があります。運動施設も充実しており、400mトラックのとれる第1グラウンド、全面人工芝の第2グラウンド、50mプール、人工芝テニスコート4面などを完備。さらに、キャンパス内に約40人収容の宿泊施設「明法学院ハウス」もあり、部・同好会の合宿に活用しています。

学校行事

「知・徳・体」のバランスがとれた人材を育て

今春の進学実績については巻末の「高校別大学合格者数一覧」をご覧ください

| 🏫 3学期制 | 登校時刻 8:25 | 昼食 弁当持参、食堂、売店 | 土曜日 授業 |

る観点から、行事にも力を入れています。体育祭・明法祭（文化祭）の２大行事は、生徒の実行委員会を中心に企画運営されます。

■**中学宿泊行事**

中１では博物館・科学館めぐり、中２ではフィールドワーク、中３では京都奈良に研究旅行に行きます。

■**高校宿泊行事**

高２修学旅行は沖縄で実施。戦跡訪問や伊江島での「民泊」などを通じ、沖縄の自然・歴史・生活を肌で感じさせます。

◆◆◆◆◆◆◆ **データファイル** ◆◆◆◆◆◆◆

■**2024年度入試日程**

【中学校】

募集人員	出願期間	試験日	発表日	手続締切日
1回午前 〉48	1/10〜1/30	2/1午前	2/1	2/3, 適性2/10
午後	1/10〜1/30	2/1午後	2/1	
2回午前・午後 16	1/10〜2/2	2/2	2/2	2/10
3回 8	1/10〜2/5	2/5	2/5	

1回午前適性・午後、2回午後、3回は特待生入試
※帰国生入試は1/22に実施

【高等学校】

募集人員	出願期間	試験日	発表日	手続締切日
A推薦 〉約90	1/15・1/16	1/22	1/22	1/25
B推薦	1/15・1/16	1/22	1/22	公立発表翌日
一般 1回 〉約90	1/25〜2/7	2/10	2/10	公立発表翌日
2回	1/25〜2/7	2/11	2/11	公立発表翌日

GSPの募集人員は、A・B推薦計約15、一般1・2回計約15で上記に含まれる
※B推薦は都外生（神奈川県生を除く）対象

■**2024年度選考方法・入試科目**

【中学校】

1回午前・2回午前：2科4科選択　1回午前は適性検査型（Ⅰ・Ⅱ）との選択もあり　**1回午後・2回午後・3回**：2科または算数1科
〈配点・時間〉国・算＝各100点40分（1回午前は各50分）　理・社＝各60点30分　適Ⅰ・適Ⅱ＝各100点45分
〈面接〉なし

【高等学校】

推薦：適性検査（英・数・国＝各100点30分）、面接　【出願条件】〈総合進学〉合格の目安：A（単願）5科18　BⅠ（併願）5科20　加点優遇の基準：BⅡ（併願）5科17　〈特別進学〉合格の目安：A（単願）3科13かつ5科20　BⅠ（併願）3科13かつ5科22　総合進学は9科に1、特別進学は9科に2がないこと　加点措置あり　欠席3年次10日以内

一般（併願優遇あり）：英語、数学、国語、面接
※GSPは推薦・一般とも英語スピーキングテス

ト あり（英検準2級以上取得者は免除）
〈配点・時間〉国・数・英＝各100点50分
〈面接〉A推は生徒個人、B推・一般はグループ

■**指定校推薦枠のある主な大学**

東京理科大　中央大　法政大　成蹊大　成城大　芝浦工業大　日本大　東洋大　埼玉医科大など

■**2023年春卒業生進路状況**

卒業生数	大学	短大	専門学校	海外大	就職	進学準備他
127人	103人	0人	7人	0人	0人	17人

■**2023年度入試結果**

【中学校】　午前／午後

募集人員		志願者数	受験者数	合格者数	競争率
1回	72	54/39	50/37	33/22	1.5/1.7
2回	30	41/46	21/25	10/16	2.1/1.6
3回	6	14	11	5	2.2

【高等学校】　男／女　（　）内はスライド合格者で外数

募集人員		志願者数	受験者数	合格者数	競争率
A推薦 〉45		76/27	76/27	76/27	1.0/1.0
C推薦		7/3	7/3	4/1	1.8/3.0
B推薦		10/11	10/10	10/9	1.0/1.1
一般総進 〉約45		133/65	130/62	115/56	1.1/1.1
特進		61/44	57/43	26(13)/18(17)	2.2/2.4
GSP推薦	15	12/13	12/13	9(3)/12(1)	1.3/1.1
一般	約15	26/27	25/26	18(6)/24(2)	1.4/1.1

【**学校説明会**】 すべて要予約
★**中学校**　9/9 初回者限定　1/27
部活動体験会（4年生以上）11/4
ロボットプログラミング体験会（6年生）11/26
入試体験会（6年生）　12/24
適性検査型入試体験会（6年生）　1/13
★**高等学校**　9/23 10/28 11/5 11/18 11/25
個別相談会　12/1〜12/4 12/6 12/9 12/16
12/23 1/6

【**見学できる行事**】
明法祭　9/23・9/24（個別相談コーナーあり）
体育祭　6/9（終了）

説明会・行事等は日程・内容が変更される場合があります。必ず学校HP等でご確認ください

東京
め

目黒学院中学校 高等学校
（めぐろがくいん）

〒153-8631　東京都目黒区中目黒1-1-50　☎03-3711-6556　学校長　関口　隆司

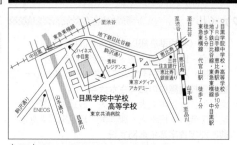

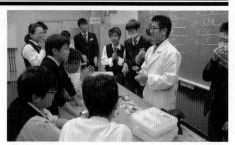

〈URL〉https://www.meguro.ac.jp/

沿革　昭和15年（1940）、東京機械工科学校として創立され、同23年（1948）に学校法人目黒高等学校と改称、普通科を併設。平成7年に目黒学院中学校を開校。同10年より目黒学院高等学校と改称。創立70周年を記念し、同23年（2011）共学化。令和2年（2020）創立80周年をむかえました。

校風・教育方針

建学の精神は「明朗・勤勉・礼節」。礼節をわきまえた生徒は、あらゆる意味で優秀な人物であると言えますが、誰でも努力すればできることだけに難しく、礼節ができている青少年は少ないのが実情です。基本的な生活習慣が身につき、心が安定していれば、成績は大きく向上します。そのため、礼節を大事にする人間教育を通じて、生徒の「キャリアデザイン」する力の育成を目指しています。

カリキュラムの特色

中高一貫コースは、カリキュラムを国公立対応とし、全科目を履修させることを前提としています。中学校段階では校外行事を多く取り入れ、富士山登山や芸術鑑賞、農村体験などを実施しています。高校2年生の希望者に対し、アジア研修旅行を実施しています。

高等学校は4コースに分けて募集します。

スーパープレミアム、プレミアム、アドバンス、スタンダードキャリアの各コースがあり、スーパープレミアムは全員が3年間特待生です。1年次終了時に一部のコース移動が可能です。なおスタンダードキャリアコース内に、指定部活動（ラ

グビー、女子バスケット、空手、個人競技）への支援を目的に、スポーツサイエンスクラスが設置されています。

国際理解教育

中学3年生または高校1年生（一貫コース）を対象に、2週間のアメリカ研修旅行を実施します。異文化体験を通じて視野を広げ、将来の進路を模索することが目的です。そのため、日本の現地法人見学、先端企業の訪問、大学でのセミナー受講、ホームステイなど、興味深いプログラムを盛り込んでいます。

高校からの入学生は、沖縄または北海道に出かける修学旅行のほか、高2の夏休みに希望者全員が、ホームステイをしながらオーストラリアでの3週間のサマーセミナーに参加し、生きた英語を身につける語学研修を実施します。行き先は、現在はブリスベン近郊の治安の良い地域となっています。

環境・施設設備

由緒ある寺院や公園、各国大使館などが周辺に散在しています。理科実験室、音楽室、家庭科室、ウエイト・トレーニング室、生徒ホールなど、充実した施設設備が完備しています。耐震工事は2010年度に全施設を対象に実施済みです。

生活指導・心の教育

常に学校と家庭との連絡をとりながら、生徒・父母・教師が一体となった教育活動を進めています。職員室は生徒の出入りを自由にしているため、

今春の進学実績については巻末の「高校別大学合格者数一覧」をご覧ください

勉強の質問だけでなく、進路や生活上のさまざまな迷いも心を開いて語りあっています。

学校行事・クラブ活動

5月下旬または6月上旬に体育祭、9月には梧林祭（文化祭）が盛大に行われます。

クラブ活動は、各部とも活発です。

文化部は、吹奏楽、放送メディア、生物、囲碁・将棋、鉄道研究など9部。

運動部は、陸上競技、ラグビーフットボール、野球、バスケット、サッカー、水泳、空手道、弓道、ゴルフ、ソフトボール、ダンスなど20部。運動部の活動は目覚ましく、全国制覇を成し遂げた部活が8部もあります。女子は、男子と一緒に練習できるクラブに入部でき、女子だけの部も希望に応じて対応していきます。

データファイル

■2024年度入試日程

中学校　※総合能力は2/7、それ以外は2/14

	募集人員	出願期間	試験日	発表日	手続締切日
1回	13	1/10〜1/31	2/1	2/1	※
2回	13	1/10〜2/1	2/1午後	2/1	
3回	5	1/10〜2/3	2/3午後	2/3	2/14
4回	5	1/10〜2/5	2/5	2/5	

高等学校

	募集人員	出願期間	試験日	発表日	手続締切日
推薦	約110	1/15	1/22	1/22	1/25
一般1回A	約90	1/25〜2/9	2/11	2/12	都立
B	約40	1/25〜2/12	2/13	2/14	発表
C	約40	1/25〜2/14	2/15	2/16	翌日
2回	若干	3/3〜3月上旬(試験当日)	3月上旬まで	試験当日	3/10

■2024年度選考方法・入試科目

中学校

1回：総合能力入試（「漢字と計算」、作文またはプレゼンテーション）、または適性検査入試（適性検査Ⅰ・Ⅱ）、または1科（英語か数学）

※総合能力入試はスポーツ・芸術文化（音楽、バレエ、舞台演劇等）の活動歴を評価する。事前に相談後、エントリーシートを提出すること。

2回：4科または2科またはサイエンス　※サイエンス入試は、素材文をもとに受験生の科学的能力を見出すことを目的とした入試（実験は実施しない）。

3回：4科または2科

4回：2科

〈配点・時間〉国・算・英・数・適Ⅰ・適Ⅱ・「漢字と計算」＝各100点45分　社・理＝各100点計45分
〈面接〉なし

高等学校

推薦：書類審査、面接　※合格後3科で学力検査
【出願条件】第一志望　内申スーパープレミアム5科22か9科38　プレミアム5科19か9科35　アドバンス5科17か9科33　スタンダード5科15か9科27（運動部活動者優遇制度あり）　皆勤・部活実績・検定などで加点　いずれも各学年の欠席10日以内

一般：国語、数学、英語、面接
〈配点・時間〉国・数・英＝各100点50分
〈面接〉生徒個人　重視

■2023年春卒業生進路状況

卒業生数	大学	短大	専門学校	海外大	就職	進学準備他
267人	196人	4人	43人	4人	1人	19人

■2023年度入試結果

中学校　男／女

	募集人員	志願者数	受験者数	合格者数	競争率
1回	13	15/1	15/1	15/1	1.0/1.0
2回	13	24/2	23/2	20/2	1.2/1.0
3回	5	25/3	16/2	15/1	1.1/2.0
4回	5	21/5	12/3	10/3	1.2/1.0

高等学校　一般A〜C回は一般／併願優遇

	募集人員	志願者数	受験者数	合格者数	競争率
推薦	約110	111	111	111	1.0
一般1回A	約90	60/489	57/427	28/427	2.0/1.0
B	約40	43/171	33/107	12/107	2.8/1.0
C	約40	55/188	41/66	18/66	2.3/1.0
2回	若干	11	11	7	1.6

学校説明会 要予約
状況により日程を変更する場合があります。
学校ホームページを随時ご確認ください
★中学校　9/22(夜) 10/7 10/21 11/4 11/17(夜) 12/2 1/20　**体験授業** 11/3 11/23 12/3 12/17 1/21
★高等学校　9/30 10/7 10/15 10/28 11/3 11/18 11/23 11/25 11/26 12/2
学校見学は随時可（要電話連絡）

見学できる行事
文化祭(梧林祭)　9/9・9/10

説明会・行事等は日程・内容が変更される場合があります。必ず学校HP等でご確認ください

東京
め

目黒日本大学 中学校・高等学校
めぐろにほんだいがく

〒153-0063　東京都目黒区目黒1-6-15　☎03-3492-3388　学校長　小野　力

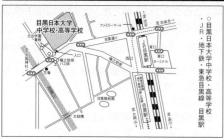

〈URL〉https://www.meguro-nichidai.ed.jp

沿革　明治36年（1903）創立。平成17年（2005）に高校が男女共学に、翌年、中学が男女共学となりました。2019年4月、日本大学の付属校化と同時に日出中学校・高等学校から校名変更。日本大学の付属校が誕生するのは50年ぶりとなります。

校風・教育方針

「しなやかな強さを持った自立できる人間を育てる」ことを教育理念とし、家庭と連携して、生徒の夢や目標を達成することを全力で応援し、指導しています。ボランティア活動を通して、生徒の市民性の育成に努め、また、文武両道を大切にしており、クラブ活動や委員会の活動も盛んです。生徒の興味関心を引き出すためのプログラムや学校行事、キャリアガイダンスを通じて、生徒自らが希望進路を発見し、それに向かって努力できるように「進路学習」も徹底させています。

2019年から日本大学の付属校となり、110余年にわたりすぐれた人材を輩出してきた日出学園のもつ「オリジナリティ」と、日本大学のもつ「総合性」が融合し、教育システムやカリキュラムもバージョンアップします。

カリキュラムの特色

中高一貫生が高校に進学する際、外部生とクラスが混合することはありません。国公立大・難関私大・医歯薬科系を目指します。日本大との高大連携を軸に、早い段階でキャンパス見学などのキャリア教育に取り組んでいます。

アクティブラーニング・ICT教育については、

他校に先行した取り組みがあり、全授業において導入。具体的には全員にタブレットを持たせ、プレゼンや映像授業、テストの電子化だけでなく、学習時間や成績管理を共有できる学習支援クラウド（「Classi」）も活用しています。ハイレベルな英語力習得のため、タブレットを活用したオンライン英会話レッスン、ネイティブ教員によるHRなどを実現。中3では全員が海外短期留学を行います。第1ターム（中1・2）では主要5教科重視のカリキュラムを設定するとともに、第2ターム（中3）では先取り教育を行います。朝のHRは、「English HR」「新聞学習（天声人語）」「朝読書」「小テスト」を実施しています。

また、高校では、進学コースは、国公立大・難関私大・医歯薬科系を目標とします。N進学クラスのうち1クラスを「選抜クラス」という習熟度の高いクラスを設置します。N進学クラスのカリキュラムは同じで2年次に文理選択があります。N進学クラスは、付属の特典を生かして日大への進学を目指します。

国際教育

高校では、希望者対象の中長期留学プログラムがあります。3・6・12カ月から留学期間を選び、休学することなく留学できます。また条件により、費用の半額が助成されます。

環境・施設設備

特別教室、図書館のほか、約50台のPCを備え

今春の進学実績については巻末の「高校別大学合格者数一覧」をご覧ください

たコンピュータ室、体育館、温水プール、室内トレーニング室、武道場、ダンスホールなど、最新鋭の設備を備えています。

学校行事・クラブ活動

6月の体育祭、9月のすずかけ祭（文化祭）など、行事は多彩です。修学旅行は探究型・選択制で行います。行先は、海外です。

クラブ活動には、生徒全員が所属することを奨励しています。特に、水泳、バドミントン、ダンス、ボクシングなどが活躍しています。

データファイル

■2024年度入試日程

中学校

募集人員		出願期間	試験日	発表日	手続締切日
1回	15	1/10～1/31	2/1	2/1	2/4
2回	5	1/10～1/31	2/1午後	2/1	2/4
3回	15※	1/10～2/1	2/2	2/2	2/4
4回	5	1/10～2/3	2/4午後	2/5	2/7

※2科4科で10、適性検査型で5

高等学校

募集人員		出願期間	試験日	発表日	手続締切日
推薦	122	1/15・1/16※	1/22	1/23	1/25
一般	123	1/25～2/3※	2/10、2/12	試験翌日	2/15

※出願書類は郵送

■2024年度選考方法・入試科目

中学校

1回：4科

2回：算理合教科型

3回：2科か4科か適性検査型　※適性特待あり

4回：2科　※特待あり

〈配点・時間〉国・算＝各100点50分　理・社＝各50点30分　適性Ⅰ・適性Ⅱ＝各100点50分　算理＝100点70分

〈面接〉なし

高等学校

推薦：推薦Ⅰは面接　推薦Ⅱは小論文（50分）、面接

【出願条件】N進学5科20　9科に2があると不可　遅刻・欠席3年間15日以内

一般・併願優遇：国語、数学、英語、面接（一般のみ）

※併願優遇の基準は推薦の基準に各＋1

〈配点・時間〉国・数・英＝各100点50分

〈面接〉生徒個人　きわめて重視

■2023年春併設大学・短大部への進学

日本大学・日本大学短期大学部へは、在学中の学業成績・人物評価などの内申、日本大学基礎学力到達度テストの成績により推薦資格が得られます。

日本大学－217（法22、法二部3、文理29、経済33、商21、芸術16、国際関係7、危機管理1、スポーツ科4、理工31、生産工10、工1、生物資源33、薬6）

日本大学短期大学部－3

■指定校推薦枠のある主な大学

亜細亜大　跡見学園女子大　国士舘大　駒澤大専修大　拓殖大　帝京大など

■2023年春卒業生進路状況

卒業生数	大学	短大	専門学校	海外大	就職	進学準備他
301人	278人	1人	10人	0人	2人	10人

■2023年度入試結果

中学校　男／女

募集人員		志願者数	受験者数	合格者数	競争率
1回	15	112/140	69/89	23/23	3.0/3.9
2回	5	123/97	79/35	16/6	4.9/5.8
3回	15	214/267	135/179	23/39	5.9/4.6
4回	5	267/242	154/135	26/25	5.9/5.4

高等学校　男／女

募集人員		志願者数	受験者数	合格者数	競争率
推薦Ⅰ	105	114/147	114/147	114/147	1.0/1.0
Ⅱ		32/35	32/35	27/32	1.2/1.1
併願優遇	105	51/62	46/57	46/57	1.0/1.0
一般		296/236	264/220	22/21	12.0/10.5

学校説明会　すべて要予約

★中学校

9/16 10/21 11/25 12/16

★高等学校

9/30 10/28 11/18 12/2

学校見学は随時可（要予約）

見学できる行事　※チケット抽選

文化祭　6/17・6/18（終了）

説明会・行事等は日程・内容が変更される場合があります。必ず学校HP等でご確認ください

目黒区 | 中 | 共学 | 高 | 共学

東京
め

● 目白研心 中学校 高等学校
（めじろけんしん）

〒161-8522　東京都新宿区中落合4-31-1　☎03-5996-3133　学校長　吉田　直子

〈URL〉https://mk.mejiro.ac.jp

沿革　大正12年（1923）に創立された研心学園が前身。昭和4年（1929）目白商業学校、同19年（1944）目白女子商業学校を経て、学制改革により目白学園高等学校・中学校に改称。平成21年（2009）共学化、校名も目白研心中学校・高等学校へ変更。令和5年（2023）創立100周年を迎えます。

目白研心のコース制と学習支援センター

　3つのコースがあり、「総合」はGMARCH等の難関私大、「特進」は国公立・早慶上理等の難関私大、「SEC（Super English Course）」は海外大学または世界レベルの教育研究を行う国内大学への進学が目標です。また、総合コースには英語力を生かして早慶上智等を目指す『英語難関クラス』があります。

　中高一貫の特色として3段階の選択ステージを用意しています。第一の選択は中3。「総合」「特進」「SEC」の3コースから生徒自身が選択します。中1、中2はコース選択に向けた進路指導を実施。中3はトライアル期間と位置づけ、高1でコースを決定する第二の選択をします。高2ではコース内で文理を選択する第三の選択を行い、進路希望の実現を目指すとともに、人生を自分で切りひらく意志を養います。高校入学者は、入学時にコースを選択します。

　学習支援センターは基礎力を身につけ、自学自習のできる生徒を育てることを目的として開室しました。主に次の3つのプログラムを設けています。①弱点を翌日に積み残さない「基礎学力定着プログラム」、②プリント学習や映像講座によって予習・復習・問題演習・大学受験対策ができる「ステップアッププログラム」、③国公立・早慶上理・GMARCHを志望する生徒に向けた「受験対策プログラム」。③はチューターによる志望校別の個別指導を受けられます。また、クラブ活動と勉強の両立に配慮した「学習支援センター利用優先時間帯制度」を設けており、個々の生徒の進路実現に向けたサポートを提供しています。

英語の目白

　40年以上前から英語によるスピーチコンテストを実施するなど、英語教育・国際教育に力を入れ、「英語の目白」と呼ばれています。英語の授業は、日本人教員が週4時間担当して基礎力を鍛え、ネイティブ教員がコミュニケーション中心の授業を週3時間、少人数で実施します。日本人教員もネイティブ教員も「読む・書く・聞く・話す」の4技能の指導にあたり、効率よい授業で実践的な英語力が身につきます。

　特進・総合コースの中3の修学旅行はカナダで10日間の語学研修を行います。SECは中3はカナダで3週間の語学研修、高2はオーストラリアで70日間の海外留学を経験します。このほか中3から高2の希望者を対象とするオーストラリア語学研修を春休みに行い、カナダ、オーストラリア、ニュージーランド、イギリスでの3カ月から1年間の留学プログラムを用意しています。これまで、400人を超える生徒が留学を体験しています。

施設設備

　5階建ての校舎は白を基調とし、また、外光を

3学期制	登校時刻 8:20	昼食 弁当持参、食堂、売店	土曜日 授業

多く取り入れ、明るく、広々とした学びの場となっています。校舎内には体育館、3つの理科室、多目的のCreative Lab教室、200席完備のカフェテリアや、茶室もあり、生徒たちはここで一日を過ごします。同じ敷地内に大学が併設されているので、大学の体育館、講堂も使用することができ

ます。また、人工芝のサブグラウンドがあり、おもにサッカー部、ラクロス部が練習に使用しています。

さらに、埼玉県の目白大学岩槻キャンパスには、12,000㎡の広大なグラウンドや、宿泊施設もあり、クラブの合宿等に使われています。

データファイル

■2024年度入試日程

中学校　全試験特待制度あり

募集人員	出願期間	試験日	発表日	手続締切日
1回・適性型 ⎫70	1/10～1/31	2/1	2/1	2/7（適性型は2/10）
2回 ⎭	1/10～1/31	2/1午後	2/1	
3回・英スピーチ ⎫20	1/10～2/1	2/2	2/2	
4回・英資格 ⎬	1/10～2/1	2/2午後	2/2	
5回・英資格 ⎫10	1/10～2/2	2/3	2/3	
自己表現・算数 ⎭	1/10～2/2	2/3午後	2/3	

高等学校　＊出願時、延納願提出者は併願校合格発表翌日

募集人員	出願期間	試験日	発表日	手続締切日
単願推薦 ⎫100	1/15～1/18	1/22	1/22	1/25
併願推薦 ⎭	1/15～1/18	1/22	1/22	併願発表翌日
一般1回 ⎫130	1/25～2/3	2/10	2/10	2/15＊
2回 ⎭	1/25～2/3	2/11	2/11	

中高とも帰国生入試は11/18、12/5。受験はいずれか1回

■2024年度選考方法・入試科目

中学校

1回・2回：2科か4科　3回・4回・5回：2科

適性検査型入試：適性検査Ⅰ・Ⅱ・Ⅲ

算数アドバンスト入試：計算力・思考力（各100点50分）

英語スピーチ入試：英語スピーチ及び英語による質問（10分程度）

英語資格入試：国語、英語資格換算点

自己表現グループワーク入試：個人ワーク、グループワーク、発表

〈配点・時間〉国・算＝各100点50分　理・社＝各100点計60分　適＝各100点45分

〈面接〉なし

高等学校

単願推薦・併願推薦（千葉県・埼玉県生対象）：書類審査、面接、作文（800字50分）＊2023年度テーマ「3年後の私」【出願条件】3年次欠席7日以内　全科に1は不可　単願　特進5科19　SEC5科18かつ英検準2級　総合5科17か9科31　併願はそれぞれ＋1（総合の9科は＋2）　特進は英検・漢検・数検3級以上、SECは英検

2級以上、総合は英検・漢検・数検3級以上、生徒会役員・部長・大会出場等で加点あり

一般（併願優遇あり）：国語、数学、英語（リスニング含む）、面接（フリーのみ）

〈配点・時間〉国・数・英＝各100点50分

〈面接〉生徒個人（推薦・フリーのみ）　重視

■2023年春併設大学・短大部への進学

在学中の成績によって進学ができます。

目白大学－6（経営1、人間4、メディア1）

目白大学短期大学部－進学者なし

■指定校推薦枠のある主な大学

法政大　成蹊大　明治学院大　日本大　東洋大　東京都市大　日本女子大　聖心女子大　清泉女子大　白百合女子大　獨協大など

■2023年春卒業生進路状況

卒業生数	大学	短大	専門学校	海外大	就職	進学準備他
284人	230人	5人	12人	3人	2人	32人

■2023年度入試結果

中学校

募集人員		志願者数	受験者数	合格者数	競争率
1回/適性型	⎫70	76/61	65/61	38/41	1.7/1.5
2回	⎭	109	92	43	2.1
3回/英スピーチ	⎫20	100/10	48/10	23/7	2.1/1.4
4回/英資格	⎬	95/21	47/15	12/4	3.9/3.8
5回/英資格	⎫10	101/23	38/16	9/6	4.2/2.7
次世代/算数	⎭	27/28	14/5	4/2	3.5/2.5

高等学校　帰国生入試あり　一般は併願／フリー

募集人員		志願者数	受験者数	合格者数	競争率
推薦（含併願）	115	123	122	122	1.0
一般1回	⎫115	218/36	213/35	213/7	1.0/5.0
2回	⎭	160/57	155/55	155/9	1.0/6.1

学校説明会　すべて要予約

★中学校　10/14　11/4　1/13(小6対象)

授業見学会　11/14　**入試体験会**　12/23

★高等学校　9/30　10/28　11/25　12/2

見学できる行事　要予約

文化祭(桐陽祭)　9/16・9/17(公開未定)

説明会・行事等は日程・内容が変更される場合があります。必ず学校HP等でご確認ください

八雲学園 中学校 高等学校

（やくもがくえん）

〒152－0023　東京都目黒区八雲2－14－1　☎03－3717－1196　理事長・学校長　近藤　彰郎

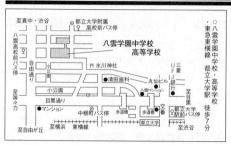

〈URL〉 https://www.yakumo.ac.jp

沿革　昭和13年(1938)八雲高等女学校として創設、昭和22年(1947)八雲学園中学校高等学校と改称。平成8年(1996)中学校を再開。平成30年(2018)中学共学化、令和3年(2021)高等学校共学化。

カリキュラムの特色

中学では、進路指導・英語教育・チューター方式（学習アドバイザー）・文化体験の4つの柱を指導の中心に据え、特色ある教育を実践しています。特に英語は、授業数も3年間で26時間と多く、「レシテーションコンテスト」「英語劇」「英語祭」「スピーチコンテスト」などの行事の場を借りて、実践的な使える英語を効果的に学ぶシステムが完成しています。授業でも1年次からネイティブの教員のみの授業を週4時間設けるなど、妥協のない指導を行っています。また、生徒全員がタブ

レットPCを持ち、独自のeラーニングシステムを使って、データの双方向のやりとりやプレゼンテーション、英検対策を行います。

高等学校では、2年生から、志望と能力に応じて、文系・理系コースに分かれて学習。早い段階から受験を意識させ、土曜日には、SSP（サタデーサポートプログラム）で英・国・数の受験対策授業を行っています。高校2・3年次には早慶上理、GMARCH合格を目指した「特別進学プログラム」を実施。予備校のトップ講師による授業と、八雲学園の教員による問題演習を組み合わせながら、確実な実力アップを図り、一人ひとりの夢の実現に向けた進路指導を行っています。

さらに、2020年度より、海外協定大学推薦制度（UPAA）を導入し、2023年はシェフィールド大学をはじめ7校に合格するなど、海外大学進学も推進しています。

学校長からのメッセージ

時代を切り拓く「伝統」と「革新」の確かな調和で次世代のグローバルリーダーを育てます！

理事長・学校長　近藤　彰郎

八雲学園は1938年に創立し、今年で85年の歴史を刻みます。建学の精神である「生命主義」「健康主義」という教育方針を堅持し、その教育を全うしてきました。この伝統の重みを感じつつ、常に時代を敏感に察知し、学園の新しき一歩を進めるべく、時代に即応した教育を目指し模索し続けています。

今年度、全学年が男女共学となり、学園の新たな歴史がスタートしました。本校の伝統ある教育を継承しながらさらに進化させるべく、新

たな歴史を刻んでいきます。これまでも行ってきた、「グローバル教育」および「文化体験」によって、英語力のみならず総合的な人間力を高めてゆくことが可能になり、さらに世の中の変化に応じた教育を視野に入れた時には男女が互いに理解を深め、尊重してゆくことが必要だと考えます。多種多様な価値観の溢れる時代だからこそ、賢明に物事に向き合い、受容すべきものは果敢に受容し、また応用もしていける次世代のリーダーを育てていきたいと思います。

今春の進学実績については巻末の「高校別大学合格者数一覧」をご覧ください

生活指導・心の教育

モーニングアッセンブリーで１日が始まります。黙想し、創立以来唱和している三つの言葉・挨拶を通して、連帯の意識を高めます。また、"清掃美化活動"を重視し、感じる力を養います。

中学部では、生徒一人ひとりの学校生活の様子や性格などを考慮して、担任以外の先生（チューター）がつく、チューター方式（学習アドバイザー）を導入しています。勉強、進路、友人関係、クラブ活動について定期的に面談を行い、生徒の立場に立った親身の指導をしています。

学校行事・クラブ活動

クラスが一丸となって取り組む体育祭、文化祭、球技大会、合唱コンクール、百人一首大会や、文化体験、修学旅行、遠足などがあり、アメリカのサンタバーバラにある研修センターの「９カ月プログラム」や高校生の希望者対象の語学研修、中学３年生全員を対象とした海外研修が行われます。

クラブは、中学生と高校生が一緒に活動し、学年の枠を越えた関係を築いています。バスケットボール部はインターハイ第３位、空手道部も全国大会優勝の実績があります。

データファイル

■2024年度入試日程

中学校

募集人員	出願期間	試験日	発表日	手続締切日※
1回	1/10～1/31	2/1	2/1	2/13
2回	80 1/10～1/31	2/1午後	2/1	2/13
3回 20	1/10～2/1	2/2午後	2/2	2/13
4回 20	1/10～2/2	2/3午後	2/3	2/13
未来発見 24	1/10～2/4	2/5	2/5	2/13
帰国 定めず	11/20～12/1	12/6	12/6	2/13

※2/8までに書類を受け取ること

高等学校　特待生制度あり

募集人員	出願期間	試験日	発表日	手続締切日
推薦 25	1/15～1/17	1/22	1/22	1/25
一般 25	1/25～2/2	2/10か13	試験当日	2/15

■2024年度選考方法・入試科目

中学校

1・2・3回：2科か4科の選択

4回：「国・算」「国・社理」「算・社理」のいずれか　※社会・理科は各50点計60分、得点の高い方を2倍し、100点換算

未来発見入試：国・算・英から1科選択（100点50分）、自己表現文（400～600字50分）

〈配点・時間〉国・算＝各100点50分　理・社＝計100点60分

※4科受験生で得点率80％以上は特待生制度あり

〈面接〉なし

帰国生：国語または英語、算数（各100点50分）、面接（保護者同伴）

高等学校

推薦：書類審査、面接、作文（400～600字60分）

【出願条件】内申特進5科21　進学5科18か9科33　加点制度あり　9科に1があると不可

一般：国語、数学、英語

〈配点・時間〉国・数・英＝各100点50分

■指定校推薦枠のある主な大学

立教大　青山学院大　学習院大　國學院大　駒澤大　成蹊大　成城大　聖心女子大　専修大　東京女子大　日本大　日本女子大　明治学院大など

■2023年春卒業生進路状況

卒業生数	大学	短大	専門学校	海外大	就職	進学準備他
89人	78人	1人	4人	0人	2人	4人

■2023年度入試結果

中学校　男／女

募集人員	志願者数	受験者数	合格者数	競争率
1回	39/43	27/25	21/20	1.3/1.3
2回 80	78/774	62/61	45/51	1.4/1.2
3回 40	74/69	27/20	20/18	1.4/1.1
4回	85/102	35/30	27/25	1.3/1.2
未来発見 24	71/91	28/27	23/24	1.2/1.1

高等学校　一般は併願優遇／一般

募集人員	志願者数	受験者数	合格者数	競争率
推薦 25	11	11	11	1.0
一般 25	18/16	16/14	16/13	1.0/1.1

学校説明会　要予約

★中学校　9/2 9/9 9/17 9/30 10/22 11/11 12/16 1/6 1/17
★高等学校　9/16 10/28 11/4 11/25 12/2

見学できる行事

文化祭（要予約）　10/7・10/8
体育祭　9/27（武蔵野の森）
英語祭（要予約）　12/9　**百人一首大会**　12/19
学校説明会・行事についての情報は八雲学園のLINEでも配信中。

説明会・行事等は日程・内容が変更される場合があります。必ず学校HP等でご確認ください

東京　や

安田学園中学校・高等学校
やすだがくえん

〒130-8615　東京都墨田区横網2-2-25　☎03-3624-2666　学校長　稲村　隆雄

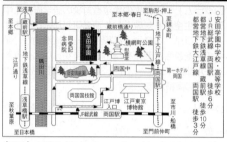

〈URL〉https://www.yasuda.ed.jp

沿革　大正12年(1923)、東京保善商業学校として創設。昭和23年(1948)、安田学園中学校・高等学校として発足。平成26年(2014)4月、男女共学化。

2023年度入学生から制服リニューアル

校風・教育方針

「実業界の有用な人材の育成は社会発展の基礎である」という創立者の信念を実践し、すでに100年の歴史を有しています。

自ら考え学ぶ力を伸ばす授業と、課題を追究する教科外学習により、創造的学力を形成する「自学創造」の教育を実践しています。また、その力を社会に生かすため、思いやり・倫理観・道徳観を兼ね備えた人間力も育てます。このような創造的学力と人間力を統合することで、与えられた問題を解決する力だけでなく、自ら問題を発見し創造的に考え、多くの人々と協力して解決していける人材の育成を目指しています。

カリキュラムの特色

中学では、東大など最難関国立大学を目指す**先進コース**を設置しています（総合コースは2023年度より募集停止）。授業は「自ら考え学ぶ授業」を核にしています。中1から高2の2学期までは、「学び力伸長システム」により、自学力（＝基礎学力・自ら考え学ぶ力）を伸ばします。年5回の定期考査前の1週間を「独習ウィーク」とし、試験に向けた学習計画を立て、朝と放課後の時間に実行し学習習慣を身につけます。この自学力をベースに活用力・応用力を伸長し、難関大学に対応できる進学力を高めます。

英語については、基本的な学習法の習得、学習習慣の形成からていねいに指導します。授業は、「書く・読む・聴く・話す」の英語4技能をバランスよく取り入れて展開していきます。発信型の英語を身につけ、グローバル社会で活躍できるコミュニケーション能力を育成します。英会話の授業はネイティブ教員がオールイングリッシュで行います。また、ゲームやスピーチ、スキット（寸劇）、プレゼンテーション、ディベートなどさまざまなスピーチ活動を行って「話す」技能を伸ばします。その結果、中学1年修了時点の英検4級以上の取得率は92%となっており、中には2級・準2級を取得している生徒もいます（2023年3月現在）。

高校からの入学生は、グローバルな探究力を育て東大などの最難関国立大を目指す「**S特コース**」、自ら学ぶ力を育て難関国公立大・早慶上理を目指す「**特進コース**」の2つのコースに分かれます。

中学から入学する生徒も高校から入学する生徒も、高校2年生の3学期以降は、大学入試に対応した現役進学力をつける「進学力伸長システム」のステージに入ります。ここでは志望校別に特化したさまざまな講習が開設されています。毎日の「放課後進学講座」に加えて、夏休みには5週間の「夏期講習」、さらに「入試直前演習」も含め、入試直前までのきめ細かなサポート体制で現役進学に向けた活用力・応用力を伸ばします。

環境・施設設備

総武線・両国駅から徒歩6分、都営地下鉄大江戸線・両国駅から徒歩3分のところにあります。

今春の進学実績については巻末の「高校別大学合格者数一覧」をご覧ください

緑も多く静かで落ち着いた、勉学にもっとも適した環境といえます。学園の東には東京都慰霊堂の三重の塔が建つ横網町公園があり、西には同愛記念病院を隔て隅田川がゆったりと流れ、南側には安田邸の庭をそのまま残す旧安田庭園があります。本館・北館・南館・体育館・講堂・武道場の建物からなり、本館・北館は6階建てで屋上があり、北館は地下に大ホール、南館は9階建ての中学棟です。自習室、作法室、カフェテリア、PCフロア、5つの理科実験室と施設も充実しています。

学校行事・クラブ活動

　2日間にわたる文化祭をはじめ、体育祭や修学旅行、野外探究（中学）など、豊かな人間性を育むための多彩な行事を行っています。

　クラブ活動は、運動系は野球、サッカー、バレーボール、硬式テニス、柔道、剣道、チアリーディングなど21、文化系は吹奏楽、生物、鉄道研究、クッキング、茶道など21のクラブがあります。

データファイル

■2024年度入試日程

中学校

募集人員		出願期間	試験日	発表日	手続締切日
1回	50/30	1/10〜試験前日	2/1	2/1	2/10
2回	25		2/1午後	2/1	2/10
3回	40/20		2/2	2/2	2/10
4回	10		2/2午後	2/2	2/10
5回	5		2/3	2/3	2/10

1・3回の募集人員は適性／教科

高等学校

募集人員		書類郵送期間※	試験日	発表日	手続締切日
A推薦(単)	120	1/15・1/16	1/22	1/22	1/24
B推薦(併)		1/15・1/16	1/22	1/22	公立発表翌日
一般1回	120	1/25・1/26	2/10	2/10	公立発表翌日
2回		1/25・1/26	2/11	2/11	公立発表翌日

※インターネット出願期間：推薦1/6〜1/16、一般1/6〜1/26
募集人員：S特80　特進160

■2024年度選考方法・入試科目

中学校

1回：4科か3科（国・算・英）か適性検査Ⅰ・Ⅱ・Ⅲ

2回・4回・5回：4科

3回：4科か適性検査Ⅰ・Ⅱ・Ⅲ

〈配点・時間〉国・算・英＝各100点50分　理・社＝各50点30分　適Ⅰ・適Ⅱ・適Ⅲ＝各100点45分　〈面接〉なし

高等学校

A推薦（単願）・**B推薦**（併願、都内・神奈川除く）：調査書、適性検査（国語・数学・英語〈リスニング含む〉各50分）

【出願条件】A推薦：S特5科23、特進5科21
B推薦：S特5科24、特進5科23

※すべての教科、原則3以上。英検加点あり。3

年次の欠席・遅刻合わせて10以内
一般（併願優遇制度あり・基準はB推薦に準ずる）：国・数・英（リスニング含む）
〈配点・時間〉国・数・英＝各100点50分
〈面接〉なし

■指定校推薦枠のある主な大学

早稲田大　東京理科大　中央大　法政大　日本大　東洋大　芝浦工業大　専修大など

■2023年春卒業生進路状況

卒業生数	大学	短大	専門学校	海外大	就職	進学準備他
375人	344人	2人	11人	0人	0人	18人

■2023年度入試結果

中学校　男／女

募集人員	志願者数	受験者数	合格者数	競争率
1回	65	364/323	325/301	139/131	2.3/2.3
2回	35	240/141	204/115	87/37	2.3/3.1
3回	50	341/310	248/242	72/87	3.4/2.8
4回	20	250/138	110/57	18/7	6.1/8.1
5回	5	190/122	68/42	9/5	7.6/8.4
6回	5	146/172	67/73	12/6	5.6/12.2

高等学校　推薦はA／B　転コース合格を含まない

募集人員		志願者数	受験者数	合格者数	競争率
推薦	120	139/666	139/468	139/459	1.0/1.0
一般1回	120	384	325	278	1.2
2回		196	170	126	1.3

学校説明会 すべて要予約（来型型・オンライン型）
★**中学校**　9/16 10/7 10/28 11/3
入試出願方針　12/2 1/6
★**高等学校**（すべて中3対象）
9/2 9/30 10/21 12/2
入試出題方針　11/18 11/25
見学できる行事 要予約
文化祭　9/9・9/10

説明会・行事等は日程・内容が変更される場合があります。必ず学校HP等でご確認ください

墨田区　中　共学　高　共学

東京 や

山脇学園中学校高等学校

〒107−8371　東京都港区赤坂4−10−36　☎03−3582−5937　学校長　西川　史子

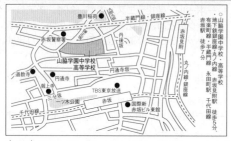

〈URL〉https://www.yamawaki.ed.jp/

沿革　明治36年(1903)山脇玄法学博士により創設されました。同41年(1908)山脇高等女学校と改称。昭和22年(1947)、学制改革により山脇学園中学校、高等学校を設置。令和5年(2023)創立120周年。

校風・教育方針

120年の歴史と伝統を礎に、「社会で生き生きと活躍する女性のリーダーの育成」を教育目標とした学校改革を推進してきました。現代社会で活躍できる、高い教養を身につけた女性の育成をめざし、実践的な授業や多様な学びの経験を通して生徒一人ひとりの「志」を大切に育みます。

ハートの中に富士山を抱いた校章のようにやわらかくまるい心と気高い志を育て、人生を歩んでいく礎となる6年間を実現します。

カリキュラムの特色

1. 志を育てる「総合知」カリキュラム

これからの社会で活躍するために必要な、課題に対応し解決する力の育成を目指し、2022年度より自然科学の「知」と人文・社会科学の「知」を結集した「総合知」育成カリキュラムが始まりました。

このカリキュラムには、人文・社会科学系のアプローチとして、中1・中2「知の技法（国語）」、中3「ELSI（社会）」「探究基礎」、中1〜中3「EIS（イングリッシュアイランドステイ）」、自然科学系では、中1・中2必修科目「サイエンティスト」の時間があります。中3では「マイチャレンジ」「英語チャレンジ」「科学研究チャレンジ」のいずれかを選択します。2022年度からは、高校にもサ

イエンスクラスを設置し、コンテストや学会発表に向けた研究・開発を継続できるようになりました。高1〜高3必修の「総合探究」では、中学までの活動で得た探究的な手法で社会課題の解決に取り組みます。

中学時より様々な情報に直接触れ、体験することで、豊かな感性を育むとともに、自分が未来社会とどう関わっていきたいのかを考える機会を大切にして、志を育てていきます。

2. 学習進路支援

個人的な「夢」を高め、自分の道を自分で切り開く「志」を育てるために、各学年で様々な進路・キャリアイベントを行っています。卒業生によるキャリア講演会をはじめ、「女性とキャリア」ワークショップ、大学研究室でのインターンシップなど、自分の特性を生かした進路選択ができる力を育成しています。

3. 英語既習生クラス

2016年度より、中1で「帰国生入試」と「英語入試」で入学した生徒による「英語既習生クラス」を設置しています。このクラスは「多様性の尊重」を特徴とし、ハイレベルな英語力にも対応した5段階習熟度別授業を行いながら、英語をツールとして国際社会で活躍する力を育成します。

4. 大学合格を支援する教育プログラム

中高一貫教育を生かし、生徒一人ひとりを着実にのばすための先取り授業、習熟度別授業を行っ

今春の進学実績については巻末の「高校別大学合格者数一覧」をご覧ください

ています。習熟度別授業は、英語は中1から、数学は中3から実施しており、高校ではすべての受験科目で行っています。「放課後特別講座」などの補習やレベルアップ講座、英検対策講座など課外の授業も充実しています。

環境・施設設備

学園は赤坂見附、赤坂、永田町、青山一丁目のいずれの駅からも徒歩圏にある交通至便なところに、都心とは思えない広大で緑豊かなキャンパスが広がっています。特色ある施設として、課題解決型の実践的な学びを行う「イングリッシュアイランド」「サイエンスアイランド」、図書館、プレゼンエリアなどを含む「探究活動の拠点」Learning Forestのほか、カフェテリアもあります。電子黒板を完備した教室や、リフレッシュコーナー、情報ステーションなどのスペースがあり、生徒たちは恵まれた環境で生き生きと学び、豊かなスクールライフを送っています。

多彩な校外教育・語学研修

校外教育は「探究プログラム」として、各学年テーマを設定し、アクティブに行います。各地で行うフィールドワークには、現地調査活動や、国際交流・英語での活動「未来の平和について」などのプログラムがあります。

語学研修も、中1から高2まで、レベルや目標によって多彩な希望制のプログラムがあります。夏休み3日間の「英語イマージョンウィーク（中1・中2）」をはじめイギリス・オーストラリア・アメリカ・カナダへ赴いて行う海外研修、短期・1年留学も多彩です。

港区 中 女子 高 女子 高校募集なし

データファイル

■2024年度入試日程

中学校 ＊英語入試含む

募集人員		出願期間	試験日	発表日	手続締切日
一般A	65	1/10〜2/1	2/1	2/1	2/4
B	50	1/10〜2/2	2/2午後	2/2	2/4
C	40	1/10〜2/4	2/4	2/4	2/5
国算1科	60	1/10〜2/1	2/1午後	2/1	2/4
探究サイエンス	10	1/10〜2/2	2/3午後	2/3	2/5
帰国I期	＊55	11/13〜11/25	11/25	11/25	12/12

※英語入試と帰国生入試合わせて募集55人、英語・帰国生II期は一般A・B・Cと同日程（英語AL入試は2/1午後・2/3午後）

高等学校 募集を行っていません

■2024年度選考方法・入試科目

中学校 一般A・C：4科（国算各100点50分、理社各60点30分）

一般B：2科（国算各100点50分）

1科：国語か算数（いずれも100点60分）

探究サイエンス：理科（30分）、課題研究（60分）

英語：国語・算数（各100点50分）またはAL入試〔算数（45分）、ALアプリ基本問題・論理的記述〕

＊英語入試とAL入試は英検3級相当以上の合格証のコピー提出必須

帰国I期：①国語・算数②国語・面接③算数・面接（②・③の面接は生徒のみ・英語含む）のいずれか　②・③は英検3級相当以上の合格証のコピー提出が必須

帰国II期：国語・算数（各100点50分）

■指定校推薦枠のある主な大学

早稲田大　上智大　明治大　立教大　青山学院大
中央大　法政大　学習院大　成蹊大　明治学院大
東京理科大　津田塾大　東京女子大　北里大など

■2023年春卒業生進路状況

卒業生数	大学	短大	専門学校	海外大	就職	進学準備他
253人	236人	0人	2人	1人	0人	14人

■2023年度入試結果

中学校 A〜Cは一般／英語、1科は国／算

募集人員		志願者数	受験者数	合格者数	競争率
一般A	65	328/48	310/44	72/14	4.3/3.1
B	50	702/85	571/61	134/14	4.3/4.4
C	40	592/70	444/42	64/9	6.9/4.7
国算1科	60	474/306	451/292	134/125	3.4/2.3
探究サイエンス	10	77	67	10	6.7
英語AL		74	64	15	4.3
帰国Web	55	44	42	24	1.8
プレゼン		155	155	57	2.7
I／II		109/10	108/4	58/1	1.9/4.0

学校説明会 要予約
入試対策説明会 10/14 11/4 12/16 1/13
見学できる行事 要予約
文化祭 9/16・9/17

説明会・行事等は日程・内容が変更される場合があります。必ず学校HP等でご確認ください

東京 り

立教池袋中学校 高等学校

りっきょういけぶくろ

〒171-0021　東京都豊島区西池袋5-16-5　☎03-3985-2707　学校長　豊田　由貴夫

〈URL〉https://ikebukuro.rikkyo.ac.jp/

立教池袋について

　1874年(明治7)、アメリカ聖公会宣教師のチャニング・ムーア・ウィリアムズ主教が、東京・築地の外国人居留地に聖書と英語を教える私塾としてスタートしたのが立教の始まりです。2000年(平成12)に、次世代に向けた総合発展計画の柱として立教中学校を再編。池袋の地に高等学校を併設し、中高一貫校としての立教池袋中学校・高等学校を開校しました。今もなお、「道ヲ伝ヘテ己ヲ伝ヘズ」と言われたウィリアムズ主教の生きざまを受け継ぎながら、変わらぬ理念で新しい時代にあった教育改革を実践し続けています。

生き方に「テーマ」を見つける6年間

　キリスト教に基づく人間教育を基盤に、教育目標を「テーマをもって真理を探究する力を育てる」「共に生きる力を育てる」と定め、生き方にテーマのある主体的な人間の育成を目指しています。
　生徒一人ひとりが持つ能力・個性は、かけがえのない「賜物(たまもの)」。それぞれの賜物を引き出し、伸ばしていくこと。立教池袋における教育の大きなテーマのひとつです。日常における教科教育や学友会(クラブ活動)を始めとする様々な場面で生徒自身が考え、行動していく。そのような経験を通じて、生徒たちは自由と自律の精神を育み、それぞれの能力や個性を磨いていきます。

豊富な選択講座　選修教科・自由選択講座

　中学校では1・2年次は週3時間、3年次は週

2時間の選修科目を開講しています。選科には大きく分けて基礎(選科A)と発展(選科B)の2種類の講座があります。1年を通じて前半をI期、後半をII期としているため、苦手な科目について選科Aで基礎を学び直し、II期で選科Bに移動してさらに学習を進めることができます。わからないところをフォローし、興味を持ったことはどんどん伸ばしていける授業を目指しています。
　高等学校では、3年から必修科目のほかに毎日2時間ずつ自由選択講座を履修します。約50種類におよぶ多彩な講座の中から、自分の興味や進路に合わせて自由に選択することができます。大学講師が担当する講座や、英語だけではなく他言語の修得に向けた講座も展開しており、卒業後につながる「主体的な学び」を追究しています。

テーマを見つける実践的な学び

　「社会とのつながり」、「世界とのつながり」、「未来とのつながり」を見据えて、自らのテーマをより実践的に見つけるための機会が多く設けられています。

●キャリア教育

　通常の授業を1週間行わず、特別プログラムと称して「キャリア学習(高校1年)」「TOEIC WEEK(高校3年)」を実施しています。また、これまでの学びの集大成として、高校2年生から卒業研究論文に取り組みます。生徒たちがテーマを持って主体的に取り組むことで、将来の自分をデザインする大切な機会となっています。

今春の進学実績については巻末の「高校別大学合格者数一覧」をご覧ください

| 3学期制 | 登校時刻 8:20(水のみ8:00) | 昼食 弁当持参、売店 | 土曜日 授業 |

●国際プログラム

夏休み期間を中心に、様々な海外プログラムを展開しています。英語学習のモチベーション向上につながるだけでなく、多様な価値観を持った人々と出会い、見知らぬ土地や文化での生活を通して、経験的な異文化理解につながっています。アメリカキャンプ（中学2年～高校1年、約2週間）、英国語学研修（高校1・2年、約2週間）、短期交換留学（中学2年、約2週間）、ギャップイヤー留学（高校3年、約1カ月）、立教英国学院留学（高校1・2年、1年間）のほか、中高とも1年以内の個人留学が可能です。

●大学との連携教育

立教学院では、いわゆる「中高一貫教育」を超えて、大学までを視野に入れた「立教学院一貫連携教育」の実現を目指しています。立教学院全体としての教育改革を検討するための教学運営委員会が設けられ、各学校間で教育の連携が進められています。

【一貫連携教育における事例】立教大学教員による「特別授業」／立教大学の講義を受けることができる「特別聴講生制度」／立教大学生による夏休み集中補習（数学・英語）／中高OBによる学友会（クラブ）活動のサポート／小・中・高・大、各教員による教科ごとの教育研究活動

卒業生の約9割が立教大学に進学

立教大学への推薦制度により、例年卒業生の9割程度が立教大学に進学しています。高校1年生より実施される大学教授による「特別授業」や、学部・学科説明会などを通じて、立教大学ではどのような学問、研究が進められるのかを知り、それぞれの進路を考えます。

立教池袋では受験のための授業や講座は基本的に設けていませんが、立教大学にはない学部への進学を希望する生徒のためのサポートを行っています。また、指定校推薦枠を活用して立教大学以外の大学に進学しています。

データファイル

■2024年度入試日程

中学校

募集人員		出願期間	試験日	発表日	手続締切日
帰国	約20	11/13～11/24	12/3	12/5	12/5
一般1回	約50	1/15～1/31	2/2	2/3	2/3
2回	約20	1/15～2/4	2/5	2/6	2/6

高等学校

募集人員	出願期間	試験日	発表日	手続締切日
若干	1/29～2/7	2/13	2/14	2/14

■2024年度選考方法・入試科目

中学校

一般：第1回…国語、算数、社会、理科
第2回…国語、算数、自己アピール面接
帰国：国語、算数、面接（生徒個人）
〈配点・時間〉国・算＝各100点50分　理・社＝各50点30分

高等学校

第一志望・オープン：作文、個人面接、書類審査
※第一志望受験は事前に入試相談を受けること
【入試相談を受ける際の条件】3年次の評定値が5科20、9科40、9科に2は不可　体育活動や文化活動で実績のある者または学校や地域社会で優れたリーダーシップを有する者　欠席3年間10日以内　※詳細は入試要項を確認すること

■2023年春併設大学への進学

立教大学－128（文22、経済27、理9、社会18、法24、観光2、コミュニティ福祉0、経営16、現代心理2、異文化コミュニケーション6、GLAP1、スポーツウエルネス1）

■近年の他大学合格実績

東北大　東京外国語大　横浜国立大　慶應義塾大（医含む）　早稲田大　国際基督教大　上智大　明治大　東京理科大　東京慈恵会医科大　東邦大（医）　日本大（医・歯・獣医）　日本歯科大など

■2023年度入試結果

中学校

募集人員		志願者数	受験者数	合格者数	競争率
一般1回	約50	343	301	96	3.1
2回	約20	219	192	20	9.6
帰国	約20	83	78	31	2.5

高等学校　※二次募集を含む

募集人員		志願者数	受験者数	合格者数	競争率
一般	若干	57	53	12	4.4

学校説明会　一部プログラム要予約
★中高共通　9/6（イブニング）10/14
個別相談　11/2・11/3(R.I.F〈文化祭〉)
※学校説明会、その他プログラムの詳細は学校HPをご確認ください。

説明会・行事等は日程・内容が変更される場合があります。必ず学校HP等でご確認ください

立教女学院 中学校 高等学校
りっきょうじょがくいん

〒168-8616　東京都杉並区久我山4-29-60　☎03-3334-5103　学校長　浅香　美音子

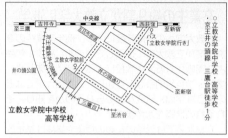

・京王井の頭線　三鷹台駅徒歩1分
○立教女学院中学校・高等学校

立教女学院中学校
高等学校

<URL> https://hs.rikkyojogakuin.ac.jp/

沿革　安政6年（1859）、アメリカ聖公会から日本に派遣された宣教師チャニング・ムーア・ウィリアムズによって、日本の女子教育のために明治10年（1877）9月に、神田明神下に立教女学校として創立されました。大正13年（1924）、関東大震災を転機に、より優れた教育環境を求めて現在地に移転、立教女学院の名のもと、発展してきました。昭和6年（1931）小学校を併設、学制改革により、中学校、高等学校となりました。池袋にある立教学院の創立者も同師であり、建学の精神を同じくする両校は現在も密接な姉妹関係を保っています。令和4年(2022)、創立145周年を迎えました。

校風・教育方針

キリスト教に基づく女子教育機関として、中高6年間の一貫教育を通じて、真の自由と豊かな人間性を求め続ける人格の育成に努めています。学校で学んだ知識、経験を単に自己目的化せず、他者と共に生きることをめざして、教育活動が行われています。

教科教育にとどまらず、直接人間性に触れ、広く社会に目を開かせることを目的とした特別カリキュラムを積極的に組んでいます（「カリキュラムの特色」で後述）。明確な目的意識と自らの意思で将来の道を切り拓く力を身につけた生徒の育成を目標としています。

カリキュラムの特色

教育課程は6年一貫教育で、基本的には学習指導要領に準拠して、編成されています。教育方針の特色の一つとして、毎日の礼拝、週1時間の聖書の授業があります。また、中1からARE学習を導入しています。ARE学習とはテーマ課題を自ら求め（ASK）徹底的に調べ（RESEARCH）その過程と結果を発表する（EXPRESS）学習で、地域の課題や平和・人権について学びます。高校ではARE学習を通して希望者が卒業論文に取り組みます。また、教科授業は週5日で、年間10日ほど土曜日の午前中に、人間性を豊かに養う教育として「土曜集会」を行っています。この集会では、日々の礼拝や授業の枠をこえて、「隣人を大切にして、平和な社会をつくろう」をテーマに、平和学習、環境問題などを全校をあげて学習します。

中学段階では5学級制（40人学級）を行っています。また、1年を前期（4/1～9/30）と後期（10/1～3/31）に分けた2学期制をとっています。

高等学校では、高2・高3でコース制を導入し、受験をめざす生徒にも十分配慮する体制を整えています。中学・高校とも週1回、7時限目には、教師の指導のもと、学級単位、場合によっては学年単位で、学級活動・ホームルーム活動を行っています。

環境・施設設備

井の頭公園に隣接する東京都の緑地保護指定区

今春の進学実績については巻末の「高校別大学合格者数一覧」をご覧ください

域に位置し、キャンパスも、緑に恵まれた環境にあります。杉並区指定文化財の礼拝堂、講堂、屋内プールを有する総合体育館、小体育館、全天候型テニスコート、特別音楽教室、コンピュータ教室、視聴覚室、生徒ホール（食堂）などが整備されています。

生活指導・心の教育

中学・高校時代は、自分の生き方を見つける大事な時期です。保健室では、生徒の心身の成長を願って、健康相談・保健指導などを通して、一人ひとりの健康管理を援助しています。また、心や身体のバランスをくずし、自分自身では調和を保つことが難しい生徒のために、いつでも保健室や学院付チャプレン等が中心に支援します。

さらに、相談室には、スクールカウンセラーが2人待機しています。小・中・高全体の生徒を対象にしており、学習問題、友人関係、進学進路などについての悩みに応じます。また、家庭教育など、保護者の悩みについても、スクールカウンセラーが一緒に考えます。

学校行事・クラブ活動

イースター礼拝、昇天日礼拝、クリスマス礼拝など、宗教行事が多彩です。そのほか、学年キャンプ（中1・中2・高1）、修学旅行（中3・高2）、体育祭、マーガレット祭（文化祭）、合唱交歓会、修養キャンプ(高3)、中学ボランティアキャンプ、高校聖歌隊キャンプ、高校ハンドベルクワイヤーキャンプ、アメリカ、ニュージーランド、フィリピンの5つの姉妹校との長期・短期の交換留学、UC Davis短期留学、英語スピーチ・レシテーションコンテスト、ニューイヤーコンサート、スキー学校などを実施し、学校生活を彩っています。

中学校・高等学校には、それぞれ文化部（学芸部）、運動部があり、20以上の部が毎週放課後1～4回ほど、活発に活動しています。部活動のほかにも聖歌隊、ハンドベルクワイヤー、ボランティアグループなどが積極的に活動しています。

データファイル

■2024年度入試日程

中学校

募集人員	出願期間	試験日	発表日	手続締切日
一般 約120	1/10～1/22	面1/27試2/1	2/1(HP上)	2/2
帰国 若干	11/25～12/2	12/21	12/21(HP上)	12/22

高等学校

募集を行っていません

■2024年度選考方法・入試科目

中学校

一般：国語、算数、社会、理科、面接
帰国：国語、算数、作文（日本語）、面接
〈配点・時間〉国・算＝各90点45分　理・社＝各60点30分　※帰国は国・算各40点30分、作文20点30分
〈面接〉保護者同伴

■2023年春関係大学への推薦進学

立教大学－122（文14、異文化コミュニケーション6、経済28、経営15、理2、社会24、法19、観光1、コミュニティ福祉1、現代心理11、スポーツウエルネス0、GLAP1）

■指定校推薦枠のある主な大学

早稲田大　国際基督教大　慶應義塾大　上智大　東京理科大　聖路加国際大　芝浦工業大　明治薬科大など

■保証される立教大学への進学

一定の推薦要件を満たせば、受入総枠203人の中で立教大学へ進学できます。

■2023年春卒業生進路状況

卒業生数	大学	短大	専門学校	海外大	就職	進学準備他
185人	172人	1人	0人	1人	0人	11人

■2023年度入試結果

中学校

募集人員		志願者数	受験者数	合格者数	競争率
一般	約110	353	334	136	2.5
帰国	若干	44	40	21	1.9

学校説明会
入試科目説明会　9月下旬より動画配信予定
見学できる行事
すべてHPから要予約
校内見学会（個別相談含む）　9/2　11/18
マーガレット祭（文化祭）　10/27・10/28

説明会・行事等は日程・内容が変更される場合があります。必ず学校HP等でご確認ください

東京 り

立正大学付属立正 中学校 高等学校

〒143-8557　東京都大田区西馬込1-5-1　☎03-6303-7683　学校長　大場　一人

〈URL〉https://www.rissho-hs.ac.jp/

沿革　明治5年(1872)に設立された日蓮宗宗教院が始まりです。大正14年(1925)立正中学と改称し、一般子弟の教育機関として開放されました。平成6年(1994)より中学校で男女共学を実施。平成9年(1997)から高等学校も男女共学になりました。平成25年(2013)、西馬込へ移転しました。

校風・教育方針

　中高一貫教育を基本とし、一人ひとりの個性に応じた学力の育成と人間教育に力を注いでいます。

　知恵を磨き、体を鍛え、人格をつくる、知・徳・体の三位一体の教育を進め、単に進学のための学力だけでなく、豊かな宗教的情操と自主的精神を養うことを目標にしています。

カリキュラムの特色

　基礎学力の最も大切な中学3年間では、問題点を発見し、自分で解決していく力をつけることを重視しています。そのために、無理のない学習法で、学ぶ楽しさを知ることができるよう、少人数制クラスや習熟度別クラス編成を行っています。

　カリキュラムは、中学・高校6カ年一貫教育で、大学への進学実績を着実にするため、独自のカリキュラムを編成しています。中学1～2年では基礎学力の養成。中学3～高校1年では基礎学力の充実と強化。高校2～3年では学力の向上と応用力の定着という目標を掲げて指導しています。

　国語、数学、英語については、各学年とも標準時間より増時間にして、中学の教科内容について確実に理解させ、3年生のうちに高校の教科書に一部進むように先取り授業を行っています。

　全生徒が大学進学を希望している高校では、万全な受験対策を行っています。主要教科では、学力差に応じた習熟度別クラス編成をしています。2年生からは、立正大学を含めた文科系大学や理科系大学をめざす生徒のために文系・理系コースを設定し、それぞれの大学進学に備えて、学力の向上をめざしています。3年生の1学期までに、高等学校の課程を終了させ、3年生では全面的に受験体制をとっています。多彩な選択科目を設定し、きめ細かな指導で入試問題などの応用力をつけ、大学進学に万全の体制をとっています。

　また、国公立大学および有名私立大学の現役合格をめざす「特別進学クラス」を設定。3年生では演習中心の受験指導を行っています。

情報教育

　電子黒板およびタブレットを授業に導入し、調べ学習や、各授業の運営に利用し、成果を上げています。また、学校と家庭をインターネット経由で接続し、学校からの情報提供や遠隔学習の手段として「ウェブでスクールプラス」システムを積極的に利用しています。

環境・施設設備

　創立110周年を迎えた2013年、馬込キャンパスに移転しました。広大な敷地を施設ごとに教室・交流・芸術・体育の4つのゾーンに分け、6階建ての校舎棟をはじめ、図書館、ランチルーム、体育館、テニスコート、屋内温水プールなど快適で過ごしやすい施設設備を設置しました。自然エネ

今春の進学実績については巻末の「高校別大学合格者数一覧」をご覧ください

ルギーを活用し、災害時の非常設備としても備えます。防犯対策も万全で、24時間警備システムがキャンパスを守ります。

　また、2013年度入学生より制服をリニューアルしました。

生活指導・心の教育

　宗教的情操を養うために、週1時間「宗教」の時間を設けています。生徒一人ひとりが心の中の自分と向き合い、自分を見つめ、理想の自分を発見していくことをめざしています。

学校行事・クラブ活動

　体育祭、立正祭（文化祭）と全校挙げての行事は多彩。このほか弁論大会や球技大会、高校生にはウインドサーフィン教室やスキー教室など、個々の可能性を開く行事が多数あります。夏休みにはアメリカまたはイギリスでホームステイを実施。クラブは、野球、水泳、サッカー、バスケット、ゴルフ、弓道、剣道、柔道、バレーなど運動部は17部。放送、書道、吹奏楽など文化部は10部。イラスト、競技かるたなど4の同好会があります。

データファイル

■2024年度入試日程

中学校 ＊1回は午前・午後

募集人員		出願期間	試験日	発表日	手続締切日
1回	110	1/10～2/1	2/1＊	2/1	2/15
2回	20	1/10～2/2	2/2	2/2	2/15
3回	10	1/10～2/3	2/3	2/3	2/15
4回	10	1/10～2/7	2/7	2/7	2/15

高等学校

募集人員		出願期間	試験日	発表日	手続締切日
推薦	100	1/15～1/18	1/22	1/22	1/25
一般1回	70	1/25～2/6	2/10	2/10	公立発表翌日
2回	30	1/25～2/6	2/11	2/11	公立発表翌日

■2024年度選考方法・入試科目

中学校

1回午前：2科か4科か英語か適性検査Ⅰ・Ⅱ

1回午後・2回：2科か4科か英語

3・4回：2科か4科

〈配点・時間〉国・算・適Ⅰ・適Ⅱ＝各100点50分　英＝100点60分　理・社＝各50点計50分

〈面接〉なし

高等学校

推薦：面接、作文（600字50分）【出願条件】進学9科34か5科19(特進5科20)　9科に1は不可欠席3年間で15日以内

一般：国数英か国社英か数理英（英はリスニングを含む）、面接　併願優遇入試あり（9科35か5科20）

〈配点・時間〉国・数＝各100点50分　英＝100点60分　理・社＝各100点50分

〈面接〉生徒個人　推薦は参考、一般はきわめて重視

■2023年春併設大学への進学

大学側の受入れ人数の枠内で、在学中一定の成績をおさめたものが進学できます。

立正大学－64（経済14、経営12、社会福祉1、文14、心理10、法9、仏教2、地球環境科0、データサイエンス2）

■指定校推薦枠のある主な大学

青山学院大　上智大　成蹊大　東京理科大　明治学院大　東洋大　日本大　駒澤大など

■2023年春卒業生進路状況

卒業生数	大学	短大	専門学校	海外大	就職	進学準備他
312人	266人	2人	25人	3人	0人	16人

■2023年度入試結果

中学校 男／女

募集人員		志願者数	受験者数	合格者数	競争率
1回午前	｝110	137/69	89/55	73/50	1.2/1.1
午後		183/66	95/25	67/16	1.4/1.6
2回	20	168/65	34/13	14/8	2.4/1.6
3回	10	178/68	37/16	14/7	2.6/2.3
4回	10	214/83	36/12	15/8	2.4/1.5

高等学校 男／女

募集人員		志願者数	受験者数	合格者数	競争率
推薦	100	105/45	105/45	105/45	1.0/1.0
一般1回	70	128/64	126/62	101/54	1.2/1.1
2回	30	74/48	68/42	51/36	1.3/1.2

学校説明会　すべて要予約

★中学校　9/9＊ 10/7 11/4 12/2＊ 12/16＊ 1/13
＊9/9は授業見学、12/2・12/16は入試問題解説会あり

イブニング説明会　11/29

★高等学校　9/2 10/21 11/25 12/3
学校見学は随時可（要予約）

見学できる行事

文化祭　9/30・10/1（入試相談あり）

東京
わ

和光中学校・高等学校
（わこう）

〒195-0051　東京都町田市真光寺町1291　☎042-734-3402（中）・3403（高）　学校長　橋本　暁

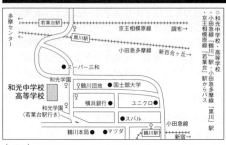

〈URL〉https://www.wako.ed.jp/

沿革　昭和8年（1933）11月、成城小学校を母体として、「大正自由教育」の伝統を継ぐ学校として開校。戦後昭和22年（1947）に中学校、昭和25年（1950）に高等学校を設置。昭和41年（1966）和光大学開学により総合学園に。

校風・教育方針

　自由と自治の精神を大事にしており、生徒たちで話し合い、考え実行していく場が中高ともにたくさんあります。学校行事にも生徒が積極的に関わっています。生徒会と学校が、日常生活の要求について話し合う機関が中高ともに設けられています。こうした活動の中で、仲間と共感できる力が磨かれ、自分たちで行動できる力が育っていきます。これは教育目標（中学では「共に生きる」高校では「民主的な人格を養う」）につながっているのです。校則は最小限のものとしており、髪型や服装も自由です。

カリキュラムの特色

　中高とも、基礎・基本的な知識を身につける学習だけではなく、発展的な学習にも力を入れています。生徒たちが関心を持てるようオリジナルの教材を使うことも多くあります。授業は知識の一方的な吸収ではなく、さまざまな場面で意見表明をし、生徒同士で意見交換をする機会を大切にしています。自分と異なる意見と向き合いながら、自分の意見・ものの観方を育てていきます。この過程の中で思考力も育ちます。さらに、学習のまとめとしてレポート作成も行います。

　中学校のカリキュラムは、行事とのリンクや他教科との連携が考えられて組まれています。「学習活動のある行事」、「現代社会の多様な問題を調査研究し、考える視点を持つ総合学習の時間」、「教科を横断した授業」があり、これらを通して、生徒が自ら問題や課題を発見し、自分の考えを主張できるようになっていきます。

　高等学校では、さらにレポートの作成・発表、討論、フィールドワークなどの活動に取り組み、多様なものの見方を獲得します。2年生になると、少人数で受けることのできる選択授業が設定されます。その内の一枠は授業ごとに3泊4日の研究旅行に行きます。少人数で、通常の修学旅行では行けないところを訪ね、フィールドワークをしながら学びを深めていきます。3年生では必修の時間が週9時間で、残りは幅広い選択講座の中から選んで、自主的に時間割を作ります。文系・理系の枠にとらわれず、実習や作業を中心とする授業、制作をする授業など、さまざまな形態の授業を受講できます。選択科目の中には「職業的専門科目」が設けられており、講師にプロの写真家や映画監督を迎えて、現場で使われている技術の一部を学ぶ講座もあります。これらの授業から、また、自分で授業を選ぶ中で自分のやりたいことを発見して、卒業後の進路を切り拓いていきます。

環境・施設設備

　緑に囲まれ、循環型農業を体験できる畑も校内にあります。Wi-Fiが教室に完備され、中学の教室にはプロジェクタが整備されています。3つの

今春の進学実績については巻末の「高校別大学合格者数一覧」をご覧ください

3学期制 **登校時刻** 8:45 **昼食** 弁当持参、食堂、売店 **土曜日** 休日

コンピュータ室があり、一人一台のPCが用意されています。図書館には5万冊の蔵書があり司書も二人いて自ら調べる学習をサポートしてくれます。メニュー豊富な食堂もあり、温かい食事を取ることができます。

学校行事・クラブ活動

中学では、毎年夏に、4泊5日の館山水泳合宿を行います。水泳合宿を通して自治・自立を学ぶとともに、体力の限界に挑戦します。2年生の秋田学習旅行では、農作業を体験し、働くこと、生きることを考えます。和光祭では、中1生は演劇の発表、2年は「秋田学習旅行報告会」、3年生は「総合学習展示発表」を行います。さらに、3年生はクラス活動の集大成として卒業公演を行います。高等学校では、5月に4日間の体育祭、10月末に和光祭が生徒会行事として取り組まれます。

クラブ活動は、生徒が自主的に活動しています。中学では男子バスケットボール部、男女テニス部、野球部、卓球部などが活躍しています。文化系クラブとして吹奏楽部、技術部、美術部、ジャムセッション研究部があります。高等学校では、野球部、男女バスケットボール部、男女バレーボール部、ダンス部、ワンダーフォーゲル部、サッカー部、ブラスバンド部、ロック研究部、写真部、演劇部、チアダンスサークルなどがあります。

データファイル

■2024年度入試日程

中学校

募集人員	出願期間	試験日	発表日	手続締切日
1回 約40	1/10～1/26	2/1	2/1	2/3
2回 約10	1/10～2/1	2/3	2/3	2/5
3回 約10	1/10～2/10	2/11午後	2/11	2/14

高等学校

募集人員	出願期間	試験日	発表日	手続締切日
推薦 約70	1/15	1/22	1/22	1/24
一般 約70	1/25～2/3	2/10	2/11	2/14※

※併願は、3/2

■2024年度選考方法・入試科目

中学校

国語、算数、面接
〈配点・時間〉1・2回：国・算＝各100点45分
3回：国・算＝各100点40分
〈面接〉生徒個人　きわめて重視【内容】志望動機、入学後の抱負、将来の希望、小学校生活について、趣味特技、得意・不得意科目など

高等学校

推薦：書類審査、作文（60分）、面接
【出願条件】a推薦：9科29以上　9科に1があると不可　中学3年間で欠席30日以内　英検・漢検・数検3級以上で加点　b推薦：9科28以下で人物的に優れている者
一般：国語、数学、英語、面接
併願優遇の出願基準は9科32（英検・漢検・数検3級以上で加点）
〈配点・時間〉国・数・英＝各100点50分
〈面接〉生徒個人

■2023年春併設大学への進学

一定の成績基準を満たしている者は、大学の受け入れ人数の枠内で進学できます。

和光大学－13（現代人間5、表現3、経済経営5）

■指定校推薦枠のある主な大学

上智大　立教大　法政大　東邦大　日本大　専修大　東洋大　東京都市大　東洋英和女学院大　立命館アジア太平洋大など

■2023年春卒業生進路状況

卒業生数	大学	短大	専門学校	海外大	就職	進学準備他
239人	175人	4人	31人	0人	2人	27人

■2023年度入試結果

中学校　男／女

募集人員	志願者数	受験者数	合格者数	競争率
1回 約40	40/24	40/24	16/15	2.5/1.6
2回 約10	34/17	28/8	7/3	4.0/2.7
3回 約10	33/11	19/2	6/1	3.2/2.0

高等学校　一般は併願優遇／一般

募集人員	志願者数	受験者数	合格者数	競争率
推薦 約70	123	123	101	1.2
一般 約70	49/39	49/38	49/28	1.0/1.4

学校説明会　要予約（HPを確認してください）

★中学校
10/7 小6対象　12/10 1/13
夜の教育懇談会（保護者対象）　9/22 10/27
★高等学校
10/14 11/11 11/18 12/3

見学できる行事

文化祭　高11/4・11/5（予約未定）

町田市

中

共学

高

共学

説明会・行事等は日程・内容が変更される場合があります。必ず学校HP等でご確認ください

539

早稲田中学校・高等学校

〒162-8654　東京都新宿区馬場下町62　☎03-3202-7674（代）　学校長　笹倉　和幸

〈URL〉https://www.waseda-h.ed.jp/

沿革　明治28年（1895）早稲田中学校を創立。昭和23年（1948）学制改革により早稲田高等学校を発足。同54年（1979）から、早稲田大学の系属校となりました。

校風・教育方針

常に誠を基本とする人格の養成に努めるとともに、国家社会に貢献できる、健康で民主的な人材を育成することに教育目標を置いています。具体的には、

1. 人間としての基本となるべき心の持ち方であり、言行の一致に基づく誠意や真剣さなどとして発現される「誠」を校訓としています。
2. 個性の立つべき根幹を「独立・自主・剛健」に置き、個性の発揚や伸長を促すことに努めています。
3. 社会のために役立つことのできる人材の育成を目指しています。

カリキュラムの特色

6カ年一貫教育を通して、心身の自然な成長をサポートし、未来への志を成し遂げることのできる学力を育成します。

中学校では、全科目を必修にして基礎学力の定着を図ります。実用的な英語を身につけるため、2・3年次にネイティブスピーカーによる少人数制英会話の授業を行っています。

高等学校1年次は芸術（音楽、美術、書道より1科目選択）以外のすべての教科を共通履修としています。2年次からは文系、理系のコースに分

かれ、3年次には高2までの内容を一層深化させたカリキュラムで学習し、それぞれが希望する大学・学部への進学を目指します。

早稲田大学への推薦入学制度（2023年度の枠は167人）がありますが、一般入試を受験して難関国公立大学や医学部に進学する生徒も多数います。進路決定の際には、進学に関するさまざまな情報や卒業生の受験結果などを収録した「大学進学資料」が大いに参考になります。

入学後1年を経過した生徒で、家庭の事情などによって経済的に学業の継続が困難になった生徒については、選考のうえで、大隈重信記念基金奨学金・大久保健男奨学金・校友会奨学金・早稲田中高奨学金などを給付する制度があります。また高校生については、東京都の制度も利用できます。

情報教育

高1で週2時間の情報の授業で、情報モラル・機器の操作・プログラミングの初歩を学習します。新校舎の完成に伴い、情報教室もリニューアルされました。

生活指導・心の教育

自主性を最大限に尊重しているため厳しい校則はありませんが、生徒たちは良識をもって学校生活を送っています。放任ではなく、コミュニケーションを密にとった上で、深く考え、自ら判断することを促す指導を基本にしています。

今春の進学実績については巻末の「高校別大学合格者数一覧」をご覧ください

環境・施設設備

　2023年に新興風館と新３号館が完成しました。人の動きが見えるよう、敷地内の外観は大部分がガラス張り。互いに刺激を与え合い、一体感のある環境を生み出す「見える学校」を実現しています。敷地外から見た外壁はレンガ造りで、伝統ある早稲田の町と調和。レトロとモダンが混ざり合った斬新なデザインです。開放的で心地よく、災害時の安全性にも万全を期しています。

　新興風館に新設された誠ホールは、通常は体育館、行事の際には約1,000人収容の講堂（集会ホール）として使用されるハイブリッド設計。アリーナ、柔剣道場を含め、体育施設はすべて冷暖房完備です。その他、蔵書約６万冊の図書館、食堂と学習スペースの機能を併せ持つラーニングカフェ、25mの温水プールなど充実した設備を備えています。新３号館には理科実験室を６室配置。ガラスの間仕切り、設備機器の配管がむき出しのグリッ

ド天井、研究施設さながらの実験機器が科学への興味を刺激します。充実した学習環境での学びが豊かな知性と感性を育みます。

学校行事・クラブ活動

　春の体育大会や秋の興風祭のほかに、関西研修、校外授業、林間学校、志賀高原でのスキー学校、オーストラリアの姉妹校との交換留学など、さまざまな行事が行われています。

　クラブは、物理、化学、歴史、吹奏楽、軽音楽、バスケットボール、バレーボール、陸上競技、フェンシング、野球、サッカー、テニス、バドミントン、クイズ研究、囲碁、将棋などがあります。クラブ活動や生徒会活動は、中学生と高校生が一体となって行います。上級生と下級生が連帯して自主的かつ自律的に活動することによりさまざまな個性が交じり合い、多様性を尊重する姿勢が自然に生まれます。

データファイル

■2024年度入試日程

中学校

募集人員		出願期間	試験日	発表日	手続締切日
1 回	200	1/10～1/23	2/1	2/2	1次手続き 2/5※
2 回	100		2/3	2/4	

※２次手続きは2/11に来校

高等学校

募集を行っていません

■2024年度選考方法・入試科目

中学校

国語、算数、理科、社会
〈配点・時間〉国・算＝各60点50分　理・社＝各40点30分
〈面接〉なし

■2023年春併設大学への進学

早稲田大学への推薦入学には、大学各学部からそれぞれ定員が指定されています。早稲田高等学校の推薦基準に従い、候補者を決定しています。
早稲田大学－153（政治経済20、法13、商15、文化構想11、文９、基幹理工15、創造理工13、先進理工15、教育17、社会科15、人間科７、スポーツ科１、国際教養２）

■指定校推薦枠のある主な大学

慶應義塾大　東京理科大　学習院大　東京都市大　芝浦工業大など

■2023年春卒業生進路状況

卒業生数	大学	短大	専門学校	海外大	就職	進学準備他
315人	255人	0人	0人	0人	0人	60人

■2023年度入試結果

中学校

	募集人員	志願者数	受験者数	合格者数	競争率
1 回	200	825(5)	719(4)	257(0)	2.8
2 回	100	1,382(9)	955(8)	225(3)	4.2

（　）内は帰国生で外数

▼▼入試アドバイス・学校からのメッセージ

2024年度入試より、帰国生の募集を停止します。

学校見学会　予約未定
詳細は、学校ホームページをご覧ください。
見学できる行事　予約未定
興風祭（文化祭）　9/30・10/1
※入構制限あり

説明会・行事等は日程・内容が変更される場合があります。必ず学校HP等でご確認ください

東京
わ

早稲田大学高等学院中学部 高等学院

〒177-0044　東京都練馬区上石神井3-31-1　☎03-5991-4210　学院長　武沢　護

〈URL〉https://www.waseda.jp/school/gakuin/

【沿革】　明治15年（1882）大隈重信が早稲田大学の前身である東京専門学校を創設、大正9年（1920）旧制早稲田大学早稲田高等学院が設置されました。昭和24年（1949）学制改革により、新制高校として現早稲田大学戸山キャンパス（東京都新宿区）に開校。同25年（1950）早稲田大学高等学院に改称し、同31年（1956）現在地へ移転。平成22年（2010）には早稲田大学として唯一の附属中学を併設しました。

校風・教育方針

　"学問の独立"を中心とする「三大教旨」や「進取の精神」といった早稲田大学の建学理念に基づく一貫教育により、基礎学力・健やかな心身・豊かな感性を育み、時流に流されることなく、信念を持って次代を切り拓いていける人材の育成を目指します。
　旧制高校以来受け継がれてきたアカデミズムと自由にして自主自立を重んじる校風のもと、受験にとらわれることなく、自ら興味のあることに打ち込むことのできる環境があります。

カリキュラムの特色

　【中学】　高校・大学へとつながる基礎学力、幅広い教養、応用力の育成をはかるため、1クラス30人編成（4クラス）での少人数教育を行います。各教科の授業では、主体的に考える力や学びの姿勢を養うとともに、体験や実験を重視し、発展的な内容にまで深くふみこみます。総合的な学習の時間では教科の枠を超えた課題を調査研究し、成果をまとめて発表できるよう指導しています。

　【高校】　早大各学部進学後に深く専門を学んでいく上で必要となる知的好奇心や探究力といった資質を育むため　①2年次より緩やかな文・理コース制を導入し、多彩な選択科目を設置　②第二外国語（ドイツ語・フランス語・中国語・ロシア語から選択）を3年間必修　③コンピュータによる徹底した情報教育　④「総合的な探究の時間」の活用　⑤3年次の卒業論文や卒業制作などに取り組みます。また、文部科学省のSSHとSGHの経験を発展させた活動やさまざまなプログラムが用意され、全生徒に参加の機会が開かれています。

国際教育

　【中学】　全学年でネイティブスピーカーによる国際理解の時間があります。さらに3年次には英語以外の諸外国語圏の文化・歴史・言語を学習します。2・3年次の希望者を対象に夏休みを利用してオーストラリア研修（2週間）を行っています。
　【高校】夏休みに希望者を対象とした海外研修（カナダ・ニュージーランド）を実施します。ホームステイをしながら現地の企業訪問や高校に通うなど、語学研修と同時に、国際交流の促進を図ります。また、ドイツ・フランス・中国・台湾・韓国・オーストラリア・ロシア・ニュージーランドの学校・教育機関と学術交流協定を締結しており、海

今春の進学実績については巻末の「高校別大学合格者数一覧」をご覧ください

外からの留学生や短期の学校訪問も積極的に受け入れています。

環境・施設設備

　練馬区上石神井にあるキャンパスは、約6万㎡の校地に緑豊かな恵まれた環境を整えています。2014年に1500人収容の講堂、地上4階・地下1階建の総合体育館が完成し、2015年にはグラウンド全面が人工芝となりました。特別教室には、コンピュータ教室、CALL教室、多目的教室、理科実験室、音楽室、家庭科調理室などがあります。図書室は蔵書13万冊を備え、早大図書館の利用も可能です。

生活指導・心の教育

　【中学】中学生としてふさわしい生活の指導を行い、制服（詰襟）の着用を義務づけています。

　【高校】「自学自習」「自主自律」を掲げ、細かな校則は設けず、主体的に物事を判断できる人間の育成に努めています。標準服はありますが、学校生活にふさわしいものであれば着用は自由です。

　また、カウンセラーが週3日在室し、中学・高校生徒の心身のケア・相談に対応しています。

学校行事・クラブ活動

　【中学】各学年で行われる国内各地への宿泊研修、日頃の学習・研究活動の成果を発表する学習発表会、体育祭、音楽祭、スピーチコンテスト、早慶戦野球応援など年間を通じてさまざまな行事を実施しています。

　クラブは体育系・文化系あわせて11あり、中学3年2学期から高校の一部クラブに参加可能です。

　【高校】生徒主導で企画・運営される学院祭や体育祭、校外活動（宿泊）、学芸発表会、学校主催の早大学部説明会や大学教員によるモデル講義、社会人OBによる進路講演会など多彩な年間行事があります。

　また、体育部門28・文化部門25のクラブ、生徒有志による5つのプロジェクト活動があり、課外活動がとても盛んです。

練馬区
中
男子
高
男子

データファイル

■2024年度入試日程
中高ともWEB出願後、郵送出願

中学

募集人員	郵送出願期間	試験日	発表日	手続締切日
120	1/17～1/19	2/1	2/3	2/5

高校　※帰国生18含む

募集人員		郵送出願期間	試験日	発表日	手続締切日
推薦	約100	1/15・1/16	1/22	1/23	1/24
一般	※260	1/25～1/30	2/11	2/15	2/16

■2024年度選考方法・入試科目

中学

国語、算数、社会、理科、面接

〈配点・時間〉国・算＝各100点50分　理・社＝各80点40分

〈面接〉グループ（受験生のみ）

高校

推薦（自己推薦）：書類審査、面接（個人）

【出願条件】第一志望、内申9科40以上（3年2学期の学期成績）、現役、3年間の欠席30日以内

一般：英語、国語、数学（各50分）、小論文（90分）

■2023年春併設大学への進学

所定の進学基準を満たし、3年間の課程を修了した者全員が早稲田大学各学部に進学できます。

早稲田大学－470（政治経済110、法76、文化構想27、文14、教育25、商45、基幹理工68、創造理工35、先進理工30、社会科30、人間科0、スポーツ科0、国際教養10）

■学校推薦型選抜による進学
日本医科大学－医学部　1人

■2023年度入試結果

中学

募集人員	志願者数	受験者数	合格者数	競争率
120	465	433	131	3.3

高校　帰国の募集人員は18(内数)

募集人員		志願者数	受験者数	合格者数	競争率
自己推薦	約100	204	204	103	2.0
一般	260	1,800	1,410	516	2.7

学校説明会
中学　9/17 10/29
高校　9/17 9/18 10/29
校舎見学（外観のみ）の可能日はHPを参照のこと

見学できる行事
中学　学習発表会　11/11
高校　学院祭　10/7・10/8
　　　学芸発表会　11/11
※上記はいずれも変更の可能性あり

説明会・行事等は日程・内容が変更される場合があります。必ず学校HP等でご確認ください

東京
わ

早稲田大学系属　早稲田実業学校 中等部・高等部

〒185-8505　東京都国分寺市本町1-2-1　☎042-300-2121　学校長　恩藏　直人

〈URL〉https://www.wasedajg.ed.jp/

沿革　明治34年（1901）設立。昭和38年（1963）早稲田大学の系属校に復帰。平成13年（2001）創立100周年を迎え、キャンパスを国分寺に移転しました。平成14年（2002）より商業科の募集を停止し、早稲田大学の系列校として初めての男女共学に移行しました。

校風・教育方針

創立以来、校是「去華就実」、校訓「三敬主義」を掲げます。「去華就実」とは表面的な事象に惑わされることなく、物事の本質を見極めることの大切さを説きます。虚飾が横行する高度情報化社会にこそ求められる資質です。「三敬主義」は、他者を敬し、己を敬し、事物を敬すことを意味します。つながりが希薄な現代社会に、その教えは重みを持って響きます。

カリキュラムの特色

中高等部のカリキュラムは、バランスのとれた基礎学力の育成と習得した知識の活用を重視しています。

中等部の総合的な学習の時間では、1年次に国分寺巡検やボランティア体験、2年次にはJTBパブリッシング社と連携し国分寺の魅力を紹介する早実版「るるぶ」の製作、3年次は個人で課題を設定、取材・実験を経て、卒業研究レポートに取り組みます。

高等部では2年次に、早実セミナーと呼ばれる少人数ゼミ形式の授業を全員が受講し、人文学、社会科学、自然科学のユニークなテーマにつき、

個人で研究を行い、論文を作成・発表します。公認留学制度、個人研修を財政的に支援するプログラムなど、生徒の主体的な学びを支える制度が整っています。

情報教育

高等部では、「情報」を必修とし、情報化社会に対応します。

環境・施設設備

国分寺キャンパスは、全ての教室にインターネットと大型ディスプレーが設置され、さらに床暖房を施した快適な学習環境です。3つのPC教室と2つのCALL教室にはパソコンを各教室50台設置し、図書館には、7万冊の蔵書が収容されています。その他、体育施設として、2つの体育館、柔道場、剣道場、野球場、ゴルフ練習場、雨天練習場などもそろっています。また、437人収容できるホールも備えています。

Information

推薦入試（高等部）

学業のみならず、中学時代に芸術、スポーツの諸分野で優秀な活動実績をおさめ、入学後も実力を伸ばし、学業との両立を図る意志をもつ生徒を対象に行う入試制度です。出願の際に、スポーツ分野・文化分野のいずれかを選択します。両分野の併願はできません。

今春の進学実績については巻末の「高校別大学合格者数一覧」をご覧ください

2期制　**登校時刻 8:30**　**昼食** 弁当持参、食堂、売店　**土曜日** 授業

学校行事・クラブ活動

　クラスが一体となる体育祭、演劇、演奏といった華やかさに満ちた文化祭など、生徒の自主性が色濃く出ている行事の多いことが特色です。委員会がさまざまな行事を実施したり、充実した学校生活を送るための整備を担当します。各委員会を統括する生徒会は、生徒の自主的な運営に任され

ており、会長以下生徒会役員が中心となって運営しています。

　クラブ活動では、硬式野球をはじめ、ラグビー、硬式テニス、ゴルフ、バスケットボール、バレーボール、少林寺拳法、山岳、弓道など毎年好成績をおさめている体育系クラブが多くあります。また、音楽部、書道部、美術部、演劇部、吹奏楽部などの文化系クラブも盛んです。

データファイル

■2024年度入試日程

中等部　帰国生は男女若干の募集

募集人員	出願期間※	試験日	発表日	手続締切日
男70 女40	郵 1/10〜1/12	2/1	2/3	2/5

※検定料振込は1/10まで

高等部　帰国生は男女若干の募集

募集人員	出願期間※	試験日	発表日	手続締切日
推薦　約40*	郵1/15〜1/16	1/22	1/23	1/24
一般 男50 女30	郵1/25〜1/27	2/10	2/12	2/13

※検定料振込は推薦1/12、一般1/25まで

＊推薦の募集は、スポーツ・文化分野約40人、指定校若干

■2024年度選考方法・入試科目

中等部

国語、算数、社会、理科
〈配点・時間〉国・算＝各100点60分　理・社＝各50点30分
〈面接〉なし

高等部

推薦：書類審査、面接、作文（60分）【出願条件】（スポーツ・文化共通）卒業見込の男女　第一志望者　12月に実施される活動実績資格相談を受けた者　入学後出願資格に関わる課外活動を継続し学業との両立のできる者　欠席年間が原則として7日以内　保護者などと同居　内申が3年次12月末までの合計94（平均3.5）、1がない者　都道府県大会入賞、全国・関東大会出場など優秀な活動実績を持ち、人物的にも優秀である者　※指定校推薦あり

一般：国語、数学、英語（リスニング含む）
〈配点・時間〉国・数＝各100点60分　英＝100点70分
〈面接〉推薦のみ生徒個人　きわめて重視

■2023年春併設大学への進学

人物・成績ともに優れた生徒が、早稲田大学各学部へ推薦されます。生徒本人の希望する学部・学

科と、在学時におさめた成績、人物の評価などを総合的に判断した上で実施されます。

早稲田大学－375（政治経済65、法33、文化構想25、文20、教育42、商55、基幹理工29、創造理工16、先進理工23、社会科50、人間科4、スポーツ科2、国際教養11）

■2023年春卒業生進路状況

卒業生数	大学	短大	専門学校	海外大	就職	進学準備他
394人	384人	0人	2人	1人	1人	6人

■2023年度入試結果

中等部

募集人員		志願者数	受験者数	合格者数	競争率
一般男	約70	320(3)	295(3)	82(0)	3.6
女	約40	204(0)	188(−)	48(−)	3.9

（　）内は帰国の内数。募集人数は一般のうち男女若干

高等部　推薦は指定校を含む

募集人員		志願者数	受験者数	合格者数	競争率
推薦男	約40	90	90	36	2.5
女		23	23	10	2.3
一般男	約50	493(36)	449(33)	123(7)	3.7
女	約30	264(19)	240(15)	60(4)	4.0

（　）内は帰国の内数。募集人数は一般のうち男女若干

学校説明会　要予約
★中等部(小6対象)
10/21 10/22
★高等部(中3対象)
推薦：10/14　一般：10/21 10/22
学校見学（外観のみ）可。日程はホームページをご覧ください
見学できる行事
文化祭（いなほ祭）　10/7・10/8
体育祭　高等部10/3　中等部10/4

説明会・行事等は日程・内容が変更される場合があります。必ず学校HP等でご確認ください

和洋九段女子 中学校 高等学校

〒102-0073　東京都千代田区九段北1-12-12　☎03-3262-4161　学校長　中込　真

〈URL〉https://www.wayokudan.ed.jp

沿革　明治30年（1897）、和洋裁縫女学院として創立。昭和24年（1949）、和洋女子大学附属九段女子中学校・高等学校、さらに平成4年（1992）に和洋九段女子中学校・高等学校と改称しました。令和4年（2022）創立125周年を迎えました。

校風・教育方針

　生徒が自ら考えて学ぶPBL型授業へと授業改革を進めるとともに、英語・サイエンスリテラシー・コミュニケーション能力・ICTリテラシー・考える力に重点をおいた教育を展開しています。

　PBL型授業では、教員からの質問・発問（トリガークエスチョン）をもとに情報収集し、一人で課題に取り組み、自分の考え＝仮説を構築。それをもとにグループディスカッションへと発展させます。グループごとの結論を説得力のあるプレゼンテーションに組み立てて教室全体で共有し、自分の考えに起こった変化や、授業で得た新たな知識を整理してレポートを作成します。このような訓練の積み重ねによって、主体的に思考し他者と協働して意欲的に問題解決に取り組む姿勢が身

につきます。PBL型授業は基礎知識も重要です。授業や補習、講習の学びを主体的なものとし、自学自習の姿勢を身につけ知識の定着を図るためにスタディステーションを開設。質問可能なブース型自習室で、20時まで利用でき、クラブの後でも校内で宿題・予習・復習をすることができます。

カリキュラムの特色

　中学は**本科クラス**と**グローバルクラス**を設置。本科クラスはPBL型授業とプレゼンテーション能力の育成を重視します。小笠原流礼法、茶道、華道の体験や日本について学ぶジャパノロジー、使える英語の習得も特徴です。グローバルクラスは、英語の授業はオールイングリッシュで行います。海外大学進学も視野に入れ、世界標準の英語を使いこなすことが目標です。高校は**グローバルコース**のみ入学枠を設置。コース変更は可能です。

　オーストラリア・シドニーの名門校セントスカラスティカスカレッジへのホームステイや、アメリカ・カナダ・ニュージーランドへのターム留学など、多彩な研修プログラムを導入しています。

学校からのメッセージ

　和洋九段の他者を尊重して、個性を認め合う和やかな雰囲気は、創立以来126年間連々と受け継がれてきたものです。創立者の堀越千代は、「世の中がどんなに変化しようとも、人として大切なことは変わらない」と遺しています。

　和洋九段は、最新の教育を通して21世紀に活躍する人材を育成していきます。それと同時に、人格形成に必要な普遍的な価値観を身につけていく教育を提供します。

　私たちは「伝統」と「新生」の両面が調和した教育こそ今後の日本に必要な教育だと考えています。

今春の進学実績については巻末の「高校別大学合格者数一覧」をご覧ください

| 3学期制 | 登校時刻 8:40 | 昼食 弁当持参、売店、カフェテリア | 土曜日 授業 |

施設設備

北の丸公園、千鳥ヶ淵公園等の緑が豊かで、交通も至便な、千代田区九段の高台にあります。1,100人収容の講堂、温水プールや二つの体育館、ダンス室のほか、日本文化の授業やクラブ活動で使用する和室を完備、パソコン50台をそろえたCALL教室、5万冊の蔵書を誇る図書室、最新設備の理科室も4室あります。日替わりランチ等を提供するカフェテリアや充実したICT環境を備えたフューチャールーム等、最新設備の校舎です。

学校行事・クラブ活動

体育祭や文化祭は中高合同で行います。実行委員の生徒主催で行う文化祭は、全校生徒が一丸となってクラスやクラブが研究成果を発表します。クラブ活動も中高一緒に活動します。体育部門はバスケ、バレー、ダンス、水泳、陸上、テニスなど10部、文化部門は管弦楽、箏曲、英語、演劇、歴史・人形箱、文芸、放送など19部があります。

また、研修旅行は中学3年でシンガポール、高校2年で広島・京都を訪れます。

データファイル

■2024年度入試日程

中学校　帰国2回はオンラインのみ

募集人員		出願期間	試験日	発表日	手続締切日
1回	40	1/10～試験当日	2/1AM	2/1	2/6
2回	40		2/1PM	2/1	2/6
3回	15		2/2AM	2/2	2/6
4回	15		2/2PM	2/2	2/6
5回 一般5 特待5			2/3PM	2/3	2/6
6回	5		2/5AM	2/5	2/6
7回	5	2/5～2/9	2/10AM	2/10	2/10
帰国1回	定めず	11/1～11/9	11/11AM	11/11	12/27
帰国2回	定めず	11/1～12/13	12/22AM	12/22	12/27

高等学校　併願推薦は東京神奈川以外　※併願者は延納可

募集人員		出願期間	試験日	発表日	手続締切日
推薦	10	郵1/15～1/19	1/22	1/22	専1/25併2/15※
一般	10	郵1/25～2/8、窓2/11	2/13	2/13	2/15※
帰国生	若干	郵12/1～12/16	12/22	12/22	推薦12/27一般2/15※

■2024年度選考方法・入試科目

中学校　＊英は英語スピーキング・リスニング含む

1・3回：2科、4科、英＊、PBL（1回のみ）から選択　2回：国算、理算、国社、英語インタビュー、プレゼンから選択　4回：2科か英語インタビュー　5回：2科か4科　6・7回：到達度確認テスト（国算）か英＊（6回のみ）かプレゼン（7回のみ）　帰国生：1回国算英から2科か英、面接（保護者同伴）、2回オンライン面接（自己アピール・スピーチ）、事前に課題を提出

〈配点・時間〉国・算・理・社＝各100点45分（4科の理・社は各50点計40分）　PBL＝100点90分　帰国：国・算・英＝各100点45分

高等学校　グローバルコースのみ募集

推薦：調査書、面接（個人）【出願基準】内申（単願/併願）5科19/20または9科31/33　9科に1

がないこと　3年次欠席10日以内　**一般**：調査書・英語能力検定書類、面接（個人）　**帰国生**：調査書・英語能力検定書類（一般のみ）、面接（個人）

■2023年春併設大学への進学

併設大学の受入れ人数の枠の中で進学できます。

和洋女子大学－3（家政1、人文2）

■指定校推薦枠のある主な大学

上智大　青山学院大　中央大　法政大　学習院大　成蹊大　成城大　日本大　立命館大　関西学院大

■2023年春卒業生進路状況

卒業者数	大学	短大	専門学校	海外大	就職	進学準備他
82人	65人	2人	10人	2人	1人	2人

■2023年度入試結果

中学校　帰国生入試あり

募集人員		志願者数	受験者数	合格者数	競争率
1回	40	62	43	40	1.1
2回	40	115	93	83	1.1
3回一般・特待	20	84	21	17	1.2
4回	20	108	29	21	1.4
5回特待	10	120	43	36	1.2
6回	若干	132	18	15	1.2

高等学校　帰国生入試あり

募集人員	志願者数	受験者数	合格者数	競争率
推薦/一般 10/10	0/2	—/1	—/1	—/1.0

学校説明会　要予約
★中学校　10/14　1/13　**PBL型授業体験会**　9/9　**英検対策講座**　9/9　10/7　10/28　**入試対策勉強会**（小6対象）10/28　11/4　11/25　1/13　**プレテスト**　12/17　**校舎見学会**　9/2　10/28　11/25　12/2　12/23　1/20
★高等学校　10/7

見学できる行事　文化祭　9/30・10/1

説明会・行事等は日程・内容が変更される場合があります。必ず学校HP等でご確認ください

青山学院横浜英和中学校 高等学校

（あおやまがくいんよこはまえいわ）

〒232-8580　神奈川県横浜市南区蒔田町124　☎045-731-2861・2862　学校長　小久保　光世

○青山学院横浜英和中学校・高等学校
・市営地下鉄 蒔田駅下車、徒歩8分
・京浜急行 井土ヶ谷駅下車、徒歩18分

〈URL〉https://www.yokohama-eiwa.ac.jp/chukou/

沿革　明治13年（1880）、アメリカ人宣教師ブリテン先生によって、横浜山手の地に「ブリテン女学校」が創立され、その後、1916年に現在の蒔田の丘に移転しました。

　そして100年後の2016年4月より、青山学院大学の系属校として新たな歴史を刻むことになりました。2018年4月より共学化が開始し、キャンパスでは生徒たちがのびのびと、活気あふれる活動をしています。

校風・教育方針

　「心を清め、人に仕えよ」を校訓に、キリスト教に基づいた「神を畏れる　自立する　隣人と共に生きる」の3つの教育方針を掲げています。キリスト教を基盤とし、国際性をもって、社会で活躍するグローバルパーソンの育成を目指しています。

カリキュラムの特色

　6年間一貫カリキュラムによる中・高の連続した教育を行っています。中学1年から高校1年までは基礎学力の充実を目標とし、5教科に重点をおいて授業時間を配分しています。オリジナル教材や習熟度別授業、学力試験、土曜セミナー、補習や補講を通して学力向上を目指します。

　中学の英語は「ニュー・トレジャー」を使用しています。中学1年前半はクラスを2つに分けた少人数で授業を行い、中学1年後半から高校3年までは、習熟度別のクラス編成にしています。さらに、レシテーションや発表活動を通して、各自の英語力の向上を目指します。Chromebookを

使ったオンラインスピーキングを実施し、海外の講師と1対1で学びます。英会話の授業では、専任外国人教師によって生きた英語を楽しく学べます。

アイリス学習センター

　放課後と土曜に運営管理者が常駐し、生徒の自学自習を支援しています。運営管理者は授業と連携を図りながら課題を配信。解答の正誤をAIが分析して、生徒一人ひとりの弱点を補充する個別最適化学習で効率よく学習をすすめていくことができます。

土曜セミナー

　すべての学年で開講している講座です。集団指導型、個別指導型から各人に合った形式を選んで受講することができます。

国際教育

　アメリカ・オーストラリア・韓国・ニュージーランドに6つの姉妹校・提携校があり、活発な交流を行っています。高校1年生が全員参加のカナダへの海外研修旅行は、ホームステイのほか、ブリティッシュコロンビア大学での特別講義や世界遺産の見学などを行います。その他、希望制の短期留学やターム留学、カナダ1年間留学などが行われます。

環境・施設設備

　緑あふれる美しい教育環境にあります。

　すべての教室に電子掲示板機能付きのプロジェ

クターを導入し、無線LANを100%整備。1人1台ノートパソコンを持ち、生徒自らが考えてつくる授業を展開しています。

生活指導・心の教育

各クラスには担任、副担任がつき、学校生活を見守っています。また、生徒たちが心静かに生活できるように、専門のカウンセラーのいるカウンセリングルームを設置しています。

昼食は、完全給食制。管理栄養士のもと、栄養バランスのとれた給食で食育を行っています。休み時間や放課後は、コンビニエンスストアの自動販売機を利用できます。

学校行事・クラブ活動

シオン祭（学院祭）、国内研修、海外研修、体育祭、合唱コンクール、音楽教室など、豊かな心と健やかな体を育てる行事を実施しています。修養会では、皆で寝食をともにして、主題講演を聞いて話し合ったり、自然散策などをしたりして、友情を深めていきます。

クラブ活動は、文化系18クラブ、体育系11クラブが勉強と両立しながら盛んに活動しています。生徒のクラブ活動や生徒会活動の拠点として、「スチューデントセンター・オリーブ（部室棟）」が完成し、放課後の生徒たちの活動がますます活発になっています。

とどろきアリーナでの体育祭

データファイル

■2024年度入試日程

中学校

募集人員		出願期間	試験日	発表日	手続締切日
A	60	1/6〜1/31	2/1AM	2/1	2/5
B	30	1/6〜2/2	2/2PM	2/2	2/5
C	30	1/6〜2/3	2/3PM	2/3	2/5

A日程の募集人員は帰国生枠10人程度を含む

高等学校

募集を行っていません

■2024年度選考方法・入試科目

中学校

A：国語・算数・社会・理科
B・C：国語・算数
帰国：国語・算数、面接
〈配点・時間〉国・算＝各100点50分
社・理＝各50点30分
〈面接〉帰国生のみ
【内容】志望動機、将来の夢、小学校生活について、趣味・特技、得意・不得意科目など

■2023年春系属大学への進学

大学が定める進学条件を満たす生徒は**青山学院大学**へ推薦されます。高校3年間の学業成績と学力試験、そのほか人物などを総合的に判断して決定します。

青山学院大学－92（文18、教育人間科7、経済2、法12、経営10、国際政治経済13、総合文化政策13、理工4、社会情報6、地球社会共生4、コミュニティ人間科3）

■指定校推薦枠のある主な大学

国際基督教大　立教大　学習院大　法政大　成城大　明治学院大　日本大　東京女子大　芝浦工業大　横浜市立大　立命館大　神奈川県立保健福祉大など

■2023年春卒業生進路状況

卒業生数	大学	短大	専門学校	海外大	就職	進学準備他
154人	142人	3人	2人	3人	0人	4人

■2023年度入試結果

中学校　男／女

募集人員		志願者数	受験者数	合格者数	競争率
A	60	94/218	82/206	24/66	3.4/3.1
帰国		8/8	8/8	3/3	2.7/2.7
B	30	200/404	154/325	24/65	6.4/5.0
C	30	209/393	155/276	14/34	11.1/8.1

学校説明会　要予約
10/13 午前　11/23 午前・午後
12/16（6年生対象）午前

説明会・行事等は日程・内容が変更される場合があります。必ず学校HP等でご確認ください

神奈川
あ

浅野中学校・高等学校
（あさの）

〒221-0012　神奈川県横浜市神奈川区子安台1-3-1　☎045-421-3281（代）　学校長　古梶　裕之

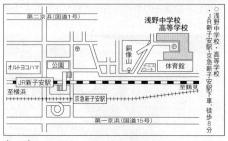

〈URL〉https://www.asano.ed.jp/

沿革　大正9年（1920）、事業家の浅野總一郎が浅野綜合中学校を創立。昭和23年（1948）、学制改革により、浅野綜合中学校を浅野中学校、同高等学校として戦災からの復興に努めました。

校風・教育方針

　創立者の浅野總一郎翁は努力の人であり、その生きる姿勢を表した＜九転十起＞という言葉は校訓のひとつです。失敗をすることが悪いことではなく、大切なことは、失敗をしても諦めずに、もう一度そこから学んで、諦めずに挑戦をしていくことです。前に進んでいく努力を重ねる精神です。浅野は努力をすることを評価して、諦めない心を育てる学校です。

　浅野の使命は"社会に奉仕をして貢献できる人材育成"です。人に奉仕をすること、周りの人と協力をして誠実に物事に向きあうことにこだわってほしいと思います。

カリキュラムの特色

　中学校・高等学校6年間の一貫教育カリキュラムを編成・実施しています。6年間を2年ごとに分けて、それぞれにテーマを設定しています。すなわち、前期（中学1・2年次）＝基礎学力養成期間　中期（中学3・高校一年次）＝実力養成期間　後期（高校二・三年次）＝応用力養成期間と位置づけて、それにしたがった学習を進めていきます。また、高一では選抜クラス「英数クラス」を1クラス設置しています。

　高校二年からは文系と理系の2コースに分かれます。どちらのコースに進むのかは、生徒の希望に即して面接を行って決めていきます。ここ数年を平均すると、文系と理系の比率はほぼ2.5：3.5クラスとなっています。理系選択者のクラスには、1クラス選抜クラスがあります。高校三年からは8クラス体制になります。理系コースは①東大コース②難関国公立理系コース③国公立理系コースの3コース、文系は①東大コース②国公立文系コース（数学選択の私立文系を含む）③私立文系の3コースに分かれます。コースを決めるのは、本人の志望校を確認した上で、志望するコースの学習に適合できるかどうかを個人面談で十分に話し合い、慎重に判断していきます。それぞれのコースでは志望大学に合わせた、密度の濃い授業を計画していますので、個々の生徒の到達度を十分に考慮した上でのコース選択をすすめています。

　国語　現代文では、中学で読解・論述・語彙などの基礎学力を充実させるとともに、高校における古文の授業に備えるため、2・3年次に文語文法を学習します。また、中1から漢文の学習を始めます。高校では現代文、古文、漢文を、演習を交えて徹底的に学習します。

　数学　中1から高二までは「体系数学」、高二・高三では「高二数学演習」や「数学講究（高三）」などの独自教材を使っています。特に高二・三年次の授業では、これらの教材に加えて多様な補助教材を使用、実力向上・応用力養成のための授業が展開されます。

　英語　大学受験に通用する英語力の養成を目的としています。中学1・2年次では、基本的な文

今春の進学実績については巻末の「高校別大学合格者数一覧」をご覧ください

法を身につけるため、ほぼ毎時間小テストを実施します。また、外国人教師による授業やリスニング教材の使用により、将来英語を使えるようになるための基礎訓練を行っています。

環境・施設設備

58,000㎡以上の広い校地には、神奈川県愛護林鳥獣保護区に認定（1971年）された通称「銅像山」の森林があり、京浜工業地帯やベイブリッジが一望できる高台、創立100周年記念広場・100年リングが2020年に完成。また、校舎も全館冷暖房完備で、全教室にプロジェクターが設置され、充実した授業が行われています。

教室機能の融合を目指す図書館「清話書林」、冷暖房完備室内プール付きの体育館「打越アリーナ」も2014年に完成しました。

生活指導・心の教育

6年間の中高一貫教育のなかで、将来の進路に向けて進学校としての学習指導を行うだけではなく、「強さと逞しさ」および「優しさと思いやり」を兼ね備えた人間を社会に送り出すことを教育活動の目標としています。

学校行事・クラブ活動

自己の発見と自主性・創造性・社会性・公共心・責任感の育成のために、打越祭（文化祭および体育祭）・林間学校・スキー教室・スポーツ大会・研修旅行・芸術鑑賞会など、さまざまな行事が実施され、希望者には海外研修を行っています。

一方、クラブは運動系17部、文化系15部が活動し、中1の部活加入率は約99％と活発で、ボクシング部はインターハイレベル、ディベート部、書道部、棋道部、化学部は全国大会レベルの実績があります。クラブ活動を通して、心身の鍛練や技術の習練をし、リーダーシップ・協調性・判断力・ルールの意味などを学んでいます。

データファイル

■2024年度入試日程

[中学校]

募集人員	出願期間	試験日	発表日	手続締切日
270	1/6〜1/31	2/3	2/4	2/4※

※手続き締切は16:00まで

[高等学校]

募集を行っていません

■2024年度選考方法・入試科目

[中学校]

国語、算数、理科、社会

〈配点・時間〉国・算＝各120点50分　理・社＝各80点40分

〈面接〉なし

■指定校推薦枠のある主な大学

早稲田大　慶應義塾大　東京理科大　学習院大
中央大　法政大　立教大　北里大（医）など

■2023年春卒業生進路状況

卒業生数	大学	短大	専門学校	海外大	就職	進学準備他
257人	179人	0人	0人	1人	0人	77人

■2023年度入試結果

[中学校]

募集人員	志願者数	受験者数	合格者数	競争率
270	1,734	1,399	608	2.3

[説明会] HPから要予約、上履き持参
学校説明会 10/7（保護者）10/14（受験生・保護者、個別相談あり）
WEB学校説明会（要申込）　随時
WEB入試説明会（要申込）　10月
[見学できる行事]（変更の可能性あり）
打越祭（文化祭）9/17・9/18（入試相談コーナーあり）
　　　　（体育祭）5/29（終了）

説明会・行事等は日程・内容が変更される場合があります。必ず学校HP等でご確認ください

神奈川
あ

 旭丘高等学校
あさひがおか

〒250-0014 神奈川県小田原市城内1-13 ☎0465-24-2227 理事長・学校長 水野 浩

〈URL〉http://www.niina-gakuen.jp/

第2校地 〒250-0042 神奈川県小田原市荻窪1980 TEL0465-21-0660

沿革 明治35年（1902）、女子の実学教育の場として創立者新名百刀が新名学園創立。昭和28年（1953）普通科開設。同36年（1961）商業科（現・総合学科）開設。昨年令和4年（2022）10月1日、創立120周年。

校風・教育方針

創立者の箴言「なくてはならぬ指折り仲間の一人となれ」を校訓の軸に据え、生徒一人ひとりの人間発達の可能性を重視し、今日では「進路を拓くキャリア教育」を各学年の教育方針の基調に据えています。創立120周年を機に、「Think Globally, Act Locally（地球規模で考え、地域で行動する）」という視点を起こし、地域に根ざし国際的視野をもった教育を展開。国連提起の「SDGs」運動に主体的に参加し、未来をつくる人間の育成をめざしています。

カリキュラムの特色

全生徒が、タブレット端末を所持して学びを深め、生活を充実させます。

普通科【一般クラス】一般教科、普通科目群を中心に、その知識を身につけ学力を伸ばし、進路に備えます。2・3年次では、多彩な進学・進路講座を設置。各自の進路目標に合わせて学び、得意分野の強化と苦手科目の克服を図ります。平和、人権、環境などの問題について学ぶことも特徴です。【クリエイティブクラス】学習に対する苦手意識を抱えてきた人や、学び直しをして進路を開きたいという意欲のある人に対応したクラスです。1年次は主に小・中学校の学び直しから基礎学力を回復し、2年次以降は進路を見通し、応用・発展的に学力と人間力を培います。さまざまなバックボーン、個性をもったクラスメイトと関わりながら、豊かな人間性と進路力を育みます。

総合学科【国際クラス】将来国際分野で活躍したい日本人の生徒と、日本在住の外国籍の生徒がともに学び、刺激し合います。外国籍の生徒には、日本語学習のためのカリキュラムが準備されています。日本人の生徒は、英語のほか中国語、韓国語、イタリア語、モンゴル語や国際理解などの講座が選択できます。国際社会の学力を培う進路進学クラスです。【大学進学 学業進学クラス】一定の偏差値が要求される大学・短大への進学を目標にしたクラスです。国・数・英を重点的に学び、2・3年次の選択科目で各自の進路に合った科目を選択します。グレード別の「進学特別講座」や朝学習、放課後学習など、サポート体制が充実。キャリアガイダンスや三者面談などで的確なアドバイスを受け、進路を絞ります。【大学進学 スポーツ進学クラス】体育・スポーツ・健康分野の科目群をバランス良く学びます。最新機器を使い、専門性の高い授業を行っています。アスリートをめざして進学するだけではなく、医療、健康、教育、福祉、経営、観光、情報など、スポーツにかかわる多様な進路が広がっています。【進路探求クラス】1年次に基礎的な知識と技能を習得し、2年次からは情報、ビジネス、国際、福祉、アート、スポーツなど自分の関心や進路に応じた科目を選択します。3年次には、地域の事業所で働くインターンシップの授業があります。

ベーシッククラス（普通科・総合学科） 中学で不登校の経験をもつ生徒の学び直しと、コミュニケーション力を身につける授業を行います。全日

今春の進学実績については巻末の「高校別大学合格者数一覧」をご覧ください

3学期制 | **登校時刻** 9:00 | **昼食** 弁当持参、売店 | **土曜日** 休日

制課程での不登校生徒の受け入れる県内唯一の学校です。「ことばと交わり」「からだ」「基礎の数学」といった独自の科目を設け、自主性を重んじるホームルーム活動で成長を後押しします。30人以下の少人数編成により、一人ひとりの成長を見守り、サポートします。

国際連携教育

中国とモンゴルに姉妹校があり、交流・提携を行っています。これまで、相互訪問し、ホームステイや、日中高校生文化・スポーツ交流を行ってきました（現在休止中、間もなく再開予定）。現在、中国のほかにニュージーランドでの長・短期留学生講座開設が準備されています。

環境・施設設備

校地・校舎は2つあり、いずれも全教室にWi-Fi環境を整備しています。第1校地（城内キャンパス）は、小田原城内にある冷暖房完備の近代的校舎で、主に普通科の学びの根拠地です。第2校地（久野・荻窪キャンパス）は、主に総合学科の学びの根拠地です。緑豊かで、校地の森林や川も学びの場となっています。スポーツ施設として、アリーナ体育館、トレーニングルーム、ボルダリングウォール、相撲場、剣道場、公式のサッカーコート、夜間照明付人工芝グラウンドなどがあり、文化施設として、木工加工室、陶芸室、農業実習地などがあります。

学校行事・クラブ活動

体育祭・文化祭は、生徒会が主体となって企画・立案を行い、仲間との絆を深めます。2年次には長崎修学旅行を行います。事前学習を含め、「平和のうちに生存する権利」を学ぶ総合学習として展開されます。

クラブ活動は盛んで、運動部18、文化部15が活動しています。また、地域に貢献しているクラブもあります。地域のお祭りや催し物では、相撲部がちびっ子相撲の指導をし、吹奏楽部が演奏活動をします。幼稚園や保育園での相撲指導、クリスマスコンサートなどに招かれます。野球部、サッカー部等は清掃ボランティアに取り組んでいます。

データファイル

■2023年度入試日程（参考）

募集人員		出願期間	試験日	発表日	手続締切日
推薦	266	1/18・1/19	1/22	1/24	1/28
一般	237	1/28・2/1	2/10	2/12	単2/18併3/3
特別奨学生1回	10	1/18・1/19	1/22	1/24	1/28
2回	10	1/28・2/1	2/10	2/12	単2/18併3/3
二次	若干	3/2・3/3	3/3	3/3	3/6

募集人員（推薦/一般）：普通科 一般・クリエイティブ120/120 ベーシック15/15 総合学科 学業15/15 スポーツ15/15 進路探求71/72 国際15/15 ベーシック15/15

※特別奨学生は総合学科大学進学クラス・国際クラス対象

■2023年度選考方法・入試科目（参考）

推薦：書類審査、作文（50分）、面接

一般：[一般クラス] A方式－作文（50分） B方式－国・数・英 [ベーシッククラス] 作文、面接

特別奨学生：1回（推薦）－作文、面接　2回（一般）－国・数・英、面接

〈配点・時間〉国・数・英＝各50点50分

〈面接〉生徒個人　ベーシッククラス、特別奨学生は保護者面接あり

■指定校推薦枠のある主な大学

日本体育大　関東学院大　玉川大　尚美学園大　亜細亜大　大東文化大　和光大　湘南工科大など

■2023年春主な大学合格状況

慶應義塾大　青山学院大　法政大　明治大　日本大　明治学院大　國學院大　帝京大　東海大　東京電機大　和光大　神奈川大など

■2023年春卒業生進路状況

卒業生数	大学	短大	専門学校	海外大	就職	進学準備他
326人	132人	11人	120人	0人	31人	32人

■2023年度入試結果

募集人員		志願者数	受験者数	合格者数	競争率
普推薦	150	70	70	70	1.0
一般	150	361	361	361	1.0
総合推薦	126	151	151	151	1.0
一般	127	313	313	313	1.0

学校説明会 入試相談は随時可（要電話予約）
体験入学セミナー・学校説明・相談会（要予約）
9/9 9/30 10/7 10/21 10/28 11/18 11/25 12/2 12/9 1/13

見学できる行事 要予約
文化祭　11/11（相談会あり）

説明会・行事等は日程・内容が変更される場合があります。必ず学校HP等でご確認ください

神奈川 あ

麻布大学附属高等学校
あざぶだいがくふぞく

〒252-0206 神奈川県相模原市中央区淵野辺1-17-50 ☎042-757-2403 学校長 飯田 敦往

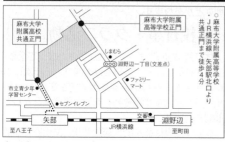

〈URL〉https://www.azabu-univ-high-school.jp

沿革 昭和36年(1961)、麻布獣医学園創立70周年記念事業の一つとして現在の地に創立。

校風・教育方針

麻布大学附属高校は中学校を併設していないため、新入生は全員「はじめまして」から始められます。友人作りから授業の進め方まで、すべて同じスタートラインです。高校の3年間は未来につながる大切な時期です。自分の能力の限界を決めつけずにさまざまな世界に飛び込み"自ら感じ・自ら考え"興味のあることにとことん取り組み、"未来を拓く力"を育んでください。そのために麻布大学附属高校の教育環境を存分に活用してください。この時期でなければできないことを精一杯満喫する3年間を送ってほしいと願っています。

カリキュラムの特色

3クラス制習熟度別教育 生徒の習熟度に合わせて、「S特進」「特進」「進学」の3クラスを設置しており、模試成績をもとに毎年クラスの入れ替えを行っています。3年間緊張感を維持しながら、上を目指す意識で勉強できる環境となっています。また、高校単体の学校であり、併設中学校はありません。どのクラスも3年間で大学入試に対応できるようなカリキュラムが組まれています。

英語力アップの取り組み 高校1・2年次の夏休みには希望者を対象にイングリッシュキャンプを実施します。ネイティブスピーカーと過ごし、英語に親しむこの行事では、常に笑い声が絶えず、楽しみながらディベートやプレゼンテーションを行

います。また、土曜の午後には英会話講座や全校朝テストなど、英語力をアップさせるイベントが多数あります。近年大学入試で重要度が高まる英検については、日々の授業でも対策を行うほか、2次試験のスピーキング対策も個別に行っています。

45分授業の特徴 1単位45分に設定することで、集中度の高い授業を実践しており、平日7時間、土曜日3時間（高校1・2年次）の授業を行います。45分×7時間授業により、高校の3年間で大学入試に対応できる学力を養います。

ICT学習環境 生徒はiPadを1台ずつ持ち、毎日の勉強に活用しています。授業の課題やワークシートはiPad経由で配られるので無くしたり忘れたりする心配がなく、分からないことはその場でネットで調べて理解を深められます。日頃の自主学習でもノート機能や単語帳アプリを活用しており、大学受験などの情報収集にも役立てています。また、全教室に電子黒板「ミライタッチ」が設置され、活用されています。

充実した学習サポート 毎年全学年を対象に行われる夏期集中講座では、大学入試対策から日々の復習レベルまで多くの講座が受講料無料で開講されます。高校3年生を対象とした大学入試対策の土曜講座や一般入試直前講座も受講料は無料です。生徒アンケートでは「土曜講座でもらったプリントは入試直前まで重宝した」など、受講者の満足度も高い講座です。その他希望者を対象とした勉強合宿（1・2年生対象）も実施しています。

今春の進学実績については巻末の「高校別大学合格者数一覧」をご覧ください

| 2学期制 | 登校時刻 8:40 | 昼食 弁当持参、食堂、売店 | 土曜日 授業（1・2年） |

環境・施設設備

　麻布大学のキャンパスと一体になっており、学園全体の敷地は約11万㎡もの広さがあります。

　校舎は各教室で個別の温度調整ができる冷暖房完備で、エレベーターも設置。約1,500人収容できる麻布獣医学園アリーナは多目的利用が可能です。このほか、広大な面積を誇る総合グラウンド、1人1台、専用のパソコンを設置したコンピュータルーム、ICTに対応した教室、3.7万冊の蔵書とCD・DVDを備えた図書館などがあります。

進路指導・キャリア教育

　他大学進学希望者に手厚い指導を行っており、進路説明会（年2回、生徒・保護者対象）、進路適性検査、文理選択説明会、卒業生講演会などを通じて、進路意識を向上させ、将来を見据えて進路を選択できるようにプログラムが組まれています。また、大学入試合格判定ソフトで生徒の出願指導を行うとともに、総合型選抜・学校推薦型選抜希望者向けには一人ひとりに担当教員がつき、小論文・面接の個別指導をしています。最後まであきらめずに取り組ませる指導で、難関大学合格者数も飛躍的に伸びています。

学校行事・クラブ活動

　体育祭は5月、文化祭は9月に行われ、そのほかに球技大会（11月）、校外行事（6月）、クラスマッチ（2月）などがあります。2年次の修学旅行は、一般的なレジャー型の修学旅行と一線を画し、アクティブラーニングを取り入れた関西方面への教育旅行です。

　高校生活を充実させるため、クラブ活動参加を推奨しており、約70%の生徒が入部しています。サッカー部と陸上競技部、ワンダーフォーゲル部は全国大会出場、演劇部は関東大会出場、吹奏楽部は東関東大会出場など輝かしい実績を残しています。そのほか、運動部では剣道、柔道、野球、男・女ソフトテニス、男・女バスケットボール、男・女バレーボール、バドミントン、格技があります。文化部には、写真、自然科学、美術、文芸、家庭科、情報、ボランティアがあります。

データファイル

■2024年度入試日程

募集人員		出願期間	試験日	発表日	手続締切日
推薦	55	1/16～1/18	1/22	1/23	1/26
一般A			2/10	2/11	2/14※
B	200	1/24～2/3	―	2/10	2/14※
オープンⅠ期			2/10	2/11	2/14※
オープンⅡ期			2/11	2/12	2/14※

※延納制度あり

■2024年度選考方法・入試科目

推薦：書類選考、面接

一般A方式：国語、数学、英語(リスニングあり)、適性試験（10分）

一般B方式：書類選考（内申、作文）

一般オープン：国語、数学、英語（リスニングあり）、面接

〈配点・時間〉国・数・英＝各100点50分

〈面接〉生徒個人　重視　【内容】志望理由、併願校、入学後の抱負、将来の希望、中学校生活についてなど

■2023年春併設大学への進学

麻布大学には特別入試で優先的に進学できるほか、入学金25万円が全額免除となっています。

麻布大学－17（獣医4、生命・環境科13）

■2023年春主な大学合格状況

東北大　千葉大　東京海洋大　横浜国立大　東京都立大　横浜市立大　神奈川県立保健福祉大　早稲田大　慶應義塾大　上智大　東京理科大　明治大　青山学院大　立教大　中央大　法政大　学習院大　成蹊大　成城大　東京薬科大　北里大ほか

■2023年春卒業生進路状況

卒業生数	大学	短大	専門学校	海外大	就職	進学準備他
490人	415人	11人	28人	0人	3人	33人

■2023年度入試結果　男／女

募集人員		志願者数	受験者数	合格者数	競争率
推薦	55	44/40	44/40	44/40	1.0/1.0
一般A		318/253	318/253	318/253	1.0/1.0
B	200	235/244	235/244	235/244	1.0/1.0
オープン		86/33	79/30	49/22	1.6/1.4

┌─────────────────────┐

学校説明会　すべて要web予約
9/16 10/15 11/23

オンライン学校説明会　11/3 12/1

個別進学相談会　10/21 11/11 12/2 12/9

見学できる行事
文化祭　9/3

└─────────────────────┘

説明会・行事等は日程・内容が変更される場合があります。必ず学校HP等でご確認ください

神奈川 あ

アレセイア湘南 中学校・高等学校

〒253-0031　神奈川県茅ヶ崎市富士見町5-2　☎0467-87-7760（中）・0132（高）　学校長　小林　直樹

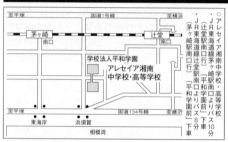

〈URL〉（中）https://www.aletheia.ac.jp/jr/
　　　　（高）https://www.aletheia.ac.jp/h/

沿革　1946年に私立平和女学校が開校。1949年平和学園中学校・高等学校と改称。1999年アレセイア湘南中学校と改称、共学化。2000年アレセイア湘南高等学校と改称、共学化。

校風・教育方針

"アレセイア"とは、ギリシア語で「真理」を意味します。「真理はあなたたちを自由にする」（ヨハネによる福音書8章32節）に示される教育理念に基づき、「精神の自由（真の知性）」と「良心の自由（人間としての品位）」を育て、生徒達がこの自由を胸に「喜びある人生」に向かうことを目指します。

カリキュラムの特色

創立70周年を迎えた2016年度より、建学の精神を土台とし、『「小さな平和」から「大きな平和」を』をコンセプトとする一貫グローバル教育カリキュラムを実施しています。このカリキュラムでは、「自分の意見を持ち、日本語と英語で主張できる力」を伸ばしていきます。

中学では社会福祉体験、職業体験、日本文化体験、長崎研修旅行など、高校では探究的な学びの方法を身につけ、地域企業と連携した学びや、SDGsをターゲットとした学びなど、課題解決学習を重ねます。地域の専門家に協力を得ながら学びを深め、ワークショップやディスカッション、プレゼンテーションの経験を積み重ね、この繰り返しの中から、自分の意見を持ち、母国語で主張できるようにと成長していきます。

英語での発信力を高めるネイティブ教師による授業は、中学では週3時間、高校では週1時間、クラスを2つに分けた少人数制で行われています。さらに放課後には希望者を対象とした国際英語塾も行っています。英語で考え、英語でプレゼンすることを繰り返し、「使える英語力」を育てます。

高校は目的別2コース制です。『特進コース』は「確かな学力」を磨き、難関私大の入試を突破する力を身につけます。『探求コース』は興味関心に基づく「自らの学び」と「基礎学力」の徹底をはかり、探求的な学びを多様な進路へとつなげます。2年生では必修選択、3年生では午後が自由選択となり、多様な選択科目から各自が必要な学びを深めることが可能です。

授業外の学びとして、土曜日、放課後、夏冬春休みにはGU（GROW UP）セミナーとして受験対応講座を行っています。さらに生徒全員が持つiPadによるAI学習システムを活用した基礎力定着支援や放課後オンライン講座も行い、授業の復習から受験対策まで、幅広く学習をサポートしています。

環境・施設設備

中学、高校の校舎は2006年完成。明るいランチルーム、友人とのコミュニケーションを演出するユニークな憩いの広場など、さまざまな工夫をこらした環境に優しい校舎です。全校舎にWi-Fi環境が整っており、全クラスに電子黒板が導入されています。また「賀川村島記念講堂」は約600人を収容。毎朝の礼拝に使用されるほか、パイプオルガンコンサートなども開催されます。宿泊棟「ダイアンサス」も併設しています。

今春の進学実績については巻末の「高校別大学合格者数一覧」をご覧ください

| 3学期制 | 登校時刻 8:30 | 昼食 弁当持参、食堂、売店 | 土曜日 セミナー |

生活指導・心の教育

　キリスト教に基づく教育として、目に見える物だけにとらわれない価値観の中で、生徒は自分が受容されていることを自覚し、生き生きと学校生活を送っています。教師間の連携も綿密で、一人ひとりの生徒の状況を細かく把握します。

学校行事・部活動

　体育祭、平和祭は生徒が最も盛り上がる行事です。讃美歌コンクール、クリスマス礼拝など、キリスト教学校ならではの行事も行われます。

　研修旅行は中学が長崎研修、高校は海外・国内研修を行います。希望者を対象にオーストラリア、英国の語学研修も行われています。

　部活動は中学が16部、高校が21部、熱心に活動しています。特に高校バスケットボール部は、男女とも県代表として関東大会に出場する実力です。

データファイル

■2024年度入試日程

中学校　※受験は3回まで。同日の2回受験不可

募集人員		出願期間	試験日	発表日	手続締切日
1回午前・午後	40	1/5〜2/1	2/1 2/1午前	2/1	
ポテンシャル・グローバル					
適性検査型			2/1		2/8 一部延納可
2回午前・午後 ポテンシャル	30	1/5〜2/2	2/2 2/2午前	2/2	
3回午前・午後 特待	10	1/5〜2/5	2/5 2/5午前	2/5	

高等学校

募集人員		出願期間	試験日	発表日	手続締切日
推薦	70	1/16〜1/18	1/22	1/22	1/27
一般	110	1/24〜2/1	—	2/12	2/29
オープン	20		2/12	2/12	

■2024年度選考方法・入試科目

中学校

1回：2科または4科　**2・3回・特待**：2科
ポテンシャル：国語、算数、面接
グローバル：英語・国語または英語・算数、面接（日本語）
適性検査型：適性検査
※数検5級1・2次合格者は教科入試の算数免除
〈配点・時間〉国・算＝各100点50分　理・社＝各50点計50分　適性検査＝100点50分
〈面接〉ポテンシャル・グローバルは生徒個人　重視

高等学校

推薦：書類審査、面接
一般：書類選考
オープン：国語、数学、英語、面接
〈配点・時間〉国・数・英＝各100点50分
〈面接〉生徒個人　重視

■2023年春主な大学合格状況

群馬大　信州大　静岡大　神奈川県立保健福祉大　早稲田大　慶應義塾大　上智大　青山学院大　中央大　法政大　明治大　立教大　学習院大　明治学院大　日本大　駒澤大　東洋大　國學院大　東京都市大　神奈川大　関東学院大など

■2023年春卒業生進路状況

卒業生数	大学	短大	専門学校	海外大	就職	進学準備他
138人	102人	2人	19人	1人	1人	13人

■2023年度入試結果

中学校

募集人員		志願者数	受験者数	合格者数	競争率
1回午前／午後 ポテンシャル/グローバル	40	15/12 20/5	15/12 20/5	9/8 9/1	1.7/1.5 2.2/5.0
2回午前／午後 ポテンシャル	30	10/8 15	8/5 13	4/4 5	2.0/1.3 2.6
3回午前／午後 特待	10	14/14 32	11/10 13	6/3 1	1.8/3.3 13.0

高等学校　特進／探求

募集人員		志願者数	受験者数	合格者数	競争率
推薦	70	6/130	6/130	6/130	1.0/1.0
一般	110	49/649	49/649	49/649	1.0/1.0
オープン	20	7/32	7/31	6/2	1.2/15.5

学校説明会　HPから要申込

★中学校
10/7　11/11
学校体験 10/7　**入試体験** 11/11
入試説明会 12/16
ミニ説明会 1/6（入試面接体験・初来校者向け説明）1/13（初来校者向け説明）
★高等学校
10/21　10/28　11/18　11/25
ミニ説明会 12/2　12/19

見学できる行事

文化祭　9/9（個別相談コーナーあり）

説明会・行事等は日程・内容が変更される場合があります。必ず学校HP等でご確認ください

神奈川
え

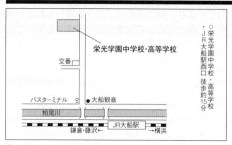

栄光学園中学校高等学校
（えいこうがくえん）

〒247-0071　神奈川県鎌倉市玉縄4-1-1　☎0467-46-7711　学校長　望月　伸一郎

○栄光学園中学校・高等学校
・JR大船駅西口・徒歩約15分

栄光学園中学校・高等学校
交番
バスターミナル　大船観音
柏尾川
鎌倉・藤沢　JR大船駅　横浜

2017年、新校舎完成

〈URL〉https://ekh.jp/

沿革　1947年敗戦の混乱のさなか、新しい教育の光をともすことを願って、横須賀市の旧海軍施設跡に、イエズス会によって設立されました。

校風・教育方針

初代校長、ドイツ人神父のグスタフ・フォス師の教えが「成績より誠実、進学より人格」であったように、現在でもその教育方針は変わっていませんし、将来的にもこの理念は変わることはないでしょう。

フォス師の言う、「真の人間形成」を具現化するためには、学習と生活は切り離して考えることはできません。生活を律することは学習効果の向上に役立つだろうし、反対に学習への真摯な取り組みは自ずと生活態度の変化へと結びついてくるものです。

そこで、学校生活の中心は、あくまでも授業参加ですが、より効果的なものにするために、授業前後の眼目や2・3校時の間にグラウンドに全員で飛びだして体操を行うなどの集中力とけじめを養うための工夫をこらしています。さらに毎日最低2時間の自宅学習を習慣化させ、「自学自習の精神」を涵養することに努めています。よい習慣を身につけ、早い時期に勉学の基礎をつくることは、人間形成のうえで大切な要素をなすものであります。

「親が協力しない限り、学校は無能である」というフォス師の言葉どおり、栄光学園では、学校と家庭との連携は必要不可欠であると考えられています。年2回の学年別父母会、通学区域によっ

て20の地区に分かれて実施される地区別懇談会、個人面談等を通して、学校と家庭とで協力し合って生徒の成長を見守っていきます。

進学指導については、高校に上がると自分の将来について段階的に考えることのできるようになっている、「進路ガイダンス」があります。

カリキュラムの特色

人間形成を教育における第一義の目標としているため、生活指導の一環としてカリキュラムにも工夫が加えられています。

中高一貫校の特性を生かし、6年間を初級・中級・上級に分けた2学年単位の指導計画を採用し、学習指導、生活指導に取り組んでいます。また、各学年週一度、倫理の授業が行われます。

環境・施設設備

栄光学園は、大船駅から徒歩15分、大船観音の後方、遠く富士・丹沢を望む丘陵地にあります。総面積11万㎡という広々とした土地の中に、本校舎、講堂、体育館、及びサッカー・陸上・野球・庭球・バスケットボール等の各種グラウンドを設置しています。

また、70周年記念事業として、2017年3月に新校舎が完成。安全性の高い2階建ての校舎で、豊かな自然環境を生かしながら先進のコンセプトを取り入れた「みらいの学校」となりました。

校外施設としては、丹沢札掛に山小屋があり、中2の夏休みに全員が6つのグループに分かれて参加する山のキャンプなどが行われます。

今春の進学実績については巻末の「高校別大学合格者数一覧」をご覧ください

3学期制　登校時刻 8:15　昼食 弁当持参、売店　土曜日 授業

生活指導・心の教育

キリスト教的価値観を基盤としているため、朝礼、式典等で折に触れて聖書の教えに言及することは言うまでもありません。しかし、決して礼拝や聖書の勉強を正課として押しつけるのではなく、キリスト教的人間観に基づいて、生徒が人間について幅広い理解を得、正しい判断力を養うことをねらいとしています。そして最終的には、人間的な社会の建設に貢献できるような人に成長して欲しいという願いがこめられています。

実際の活動としては、違う環境に生きる人々とのふれあいのなかで何事かを学んで欲しいということから、ボランティア活動を実施しています。この活動は現在「愛の運動」と呼ばれ、養護施設などを訪問したりしています。

学校行事・クラブ活動

毎日の生活の中にも、栄光学園独自の様々な特色があります。まず、一日の始まりとして、校庭や教室で朝礼。授業の始まりと終わりには瞑目。2校時が終わると生徒は一斉に教室を出て太陽の光を浴びながら体操を行います。元気いっぱいの生徒諸君にとって、この15分間はとてもいい気分転換の時間になっています。

大きな行事としては、栄光祭や体育祭、夏には丹沢札掛で山のキャンプ、秋には歩く大会など体を鍛える行事が盛りだくさん用意されています。

クラブ活動は多種多様で、中学生は生徒全員が参加します。運動部はサッカー、体操、卓球、硬式テニス、ソフトテニス、バスケットボール、バドミントン、バレーボール、野球、陸上競技、剣道の11部、文化部は生物研究、美術、物理研究、ブラスバンド、囲碁将棋、歴史研究、英語の7部があり、活発に活動しています。また、聖書研究会があり、委員会活動としては図書委員会と愛の運動委員会（ボランティア活動）、保健委員会があります。そのほか、中学2年以上が入会できるグループ活動があり、部活動に準じた同好会的な活動が行われています。

Information

全国に広がる姉妹校

長い鎖国時代が終わり、明治末期に再渡来したイエズス会は1913年に上智大学を設立したのを皮切りに、再び日本における教育活動を開始します。年代順にいえば、神戸に六甲学院、神奈川に栄光学園、広島に広島学院を創立、そして福岡の泰星学園（現上智福岡）を姉妹校に加え、その独自の教育伝統を現代に生かしながら活動を続けています。

急激に変化の進む現代において、時代の流れに即した教育を行えるよう、姉妹校間で様々な交流を持ち情報交換を行っています。教員を交えての合同研修も緒についたところです。全国に広がるネットワークがあるからこそできる教育活動です。

鎌倉市　中　男子　高　男子　高校募集なし

データファイル

■**2024年度入試日程**

中学校　Web出願

募集人員	出願期間	試験日	発表日	手続締切日
180	1/6～1/21	2/2	2/3	2/4

高等学校

募集を行っていません

■**2024年度選考方法・入試科目**

中学校

国語、算数、理科、社会

〈配点・時間〉国＝70点50分　算数＝70点60分　理・社＝各50点40分

〈面接〉なし

■**2023年春卒業生進路状況**

栄光学園では進学指導だけではなく、将来の進路選択を土台に据えた指導を行っています。

卒業生数	大学	短大	専門学校	海外大	就職	進学準備他
178人	115人	0人	0人	0人	0人	63人

■**2023年度入試結果**

中学校

募集人員	志願者数	受験者数	合格者数	競争率
180	816	760	259	2.9

学校説明会　要予約

10/7 10/28 11/25

見学できる行事

栄光祭（文化祭） 5/13・5/14(終了)

体育祭 9/30(公開未定)

説明会・行事等は日程・内容が変更される場合があります。必ず学校HP等でご確認ください

神奈川
え

英理女子学院高等学校
（えいりじょしがくいん）

〒222-0011　神奈川県横浜市港北区菊名7-6-43　☎045-431-8188（代表）　学校長　髙木　暁子

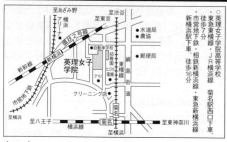

〈URL〉https://www.eiri.ed.jp

沿革　明治41年（1908）高木学園創立。昭和26年（1951）、高木女子商業高等学校に組織変更。平成5年（1993）、高木学園女子高等学校に校名を改称。2018年秋に創立110周年を迎えました。2019年4月、英理女子学院高等学校に校名変更。

校風・教育方針

　創立以来、広く社会で「信頼され、役に立つ女性」として活躍できる力の育成をめざし、一人ひとりの個性を重んじ、夢を大切にする教育を行っています。グローバル化が進む現代社会で、文化の多様性を尊重し、受け入れる姿勢を育むとともに、自国の文化を理解し継承していくことにも力を入れてきました。こうした理念に基づいて、2019年度からは「グローバルな社会で自立し、さまざまな分野で知的に活躍できる女性を育成する」新しい学校がスタートしました。

Information

　iグローバル部は、海外大、国公立・早稲田・慶應・上智・東京理科大などをめざすとともに、海外研修やターム留学、スタンフォード大とのオンライン交流などを行うことで、世界に通用する力を養います。
　キャリア部は、大学進学を前提に、4つのコースを持つ普通科として新たにスタートしました。総合的な探究の時間として「女性としての生き方（キャリア）」教育の充実や、社会で役立つ女性を実感できる授業、多様な世界に触れる海外研修などを用意しています。

カリキュラムの特色

　神奈川県で初の1校2学部制（1つの学校の中に2つの学校）となります。

世界の幸せに創造的に貢献できる女性へ～iグローバル部～

　現代の社会に、さまざまな課題が山積していることはニュース等で報道されている通りです。普通科iグローバル部は、グローバル・英語教育に特に力を入れ、3つの「i」の力で世界にふみ出す（世界に目を向けた将来を考える）教育を行います。他校にはない新しい普通科です。世界とつながるための「知識・教養」（intelligence）、世界に出会える「語学・コミュニケーション力」（international communication）、世界のさまざまな課題を解決するために大切な「ICT＆リテラシー」（ict&steam）を、高校時代に身につけ、新たな時代を切りひらく女性の力を育成します。

私らしく輝く人生を見つけよう～キャリア部～

　求められる女性のキャリア（人生）のために「キャリア部」を設置。4つのコースを用意しました。
　普通科キャリア部は、自分らしく自立して、社会のさまざまな分野で活躍することをめざします。
　進学教養コースは、幅広い教科を学習し、希望の進路に対応した選択科目と受験指導のもと、上位大学への進学をめざします。
　ビジネスデザインコースは、簿記検定への挑戦や、ビジネスに必要な会計の基礎固め、商品開

今春の進学実績については巻末の「高校別大学合格者数一覧」をご覧ください

発・マーケティングなどを学びます。企業との協働による商品開発なども実践します。

情報デザインコースは、アート・デザインの基礎を身につけ、パソコンやソフト・アプリの活用と実践を学びます。

ライフデザインコースは、衣食住に関わる分野を広く対象とし、生活と暮らしを楽しくデザインし、ファッション・フードデザインなどを専門的に学び実践します。

環境・施設設備

2008年の創立百周年を機に普通教室棟、体育館棟、グラウンドなどを一新し、女性らしく明るい色調の家具やデザインを配置した居心地のよい校舎になりました。一日の大半を過ごす校舎は、単に勉学の場としてではなく、多感な高校時代の感性を磨く舞台として用意されています。

国際交流

海外の姉妹校との交流を通して語学力や国際感覚を養います。夏休みにオーストラリアにある姉妹校セントモニカズカレッジを訪問します。

冬休みには、フィリピンのセブ島での語学研修で「使える」英語力を育てます。

学校行事・クラブ活動

体育祭、芸術鑑賞会、宿泊研修、マラソン大会など、各種行事が多彩です。文化祭は文化系クラブをはじめ日頃の取り組みを発表する場です。

クラブ活動は体育系・文化系ともに活発です。体育系はバスケットボール、ダンスなど11部。文化系は吹奏楽、茶道など14部あります。ライフル射撃部は全国大会で6回も優勝し高校日本一の実力を持ち、ソフトテニス部は関東大会に進出するなど、優れた成績を収めています。JRC部は各種の記念賞を受賞しています。

データファイル

■2024年度入試日程

募集人員＊	出願期間	試験日	発表日	手続締切日
推薦 i 30 キャリア140	1/16～1/19	1/22	1/22	1/25
一般 i 50 キャリア140	1/24～2/3	2/10※	2/11	2/29
3月入試　若干	2/28～3/1	3/1	3/1	3/2
帰国生　若干	11/1～11/15	11/19	11/22	2/29

※一般の試験日はオープン入試の試験日
＊iグローバルの募集人員は推薦30、一般・3月・帰国計50

■2024年度選考方法・入試科目

推薦：書類審査、面接

一般：〔併願〕書類選考

〔オープン〕国語、数学、英語、面接

3月入試：小論文、面接

帰国生：【iグローバル部】小論文またはエッセイ、面接

〈配点・時間〉国・数・英＝各100点50分

〈面接〉推薦・オープン・3月入試は生徒個人
帰国生は保護者同伴

■指定校推薦枠のある主な大学

大妻女子大　桜美林大　駒澤大　専修大　日本大
立正大　神奈川大　関東学院大　相模女子大
フェリス女学院大など

■2023年春卒業生進路状況

卒業生数	大学	短大	専門学校	海外大	就職	進学準備他
166人	113人	12人	27人	1人	2人	11人

■2023年度入試結果　3月入試あり

募集人員		志願者数	受験者数	合格者数	競争率
iグローバル推薦	30	10	10	10	1.0
書類	50	20	20	20	1.0
オープン		0	ー	ー	ー
帰国	20	4	4	3	1.3
キャリア進学推薦	40	26	26	26	1.0
一般	40	85	85	85	1.0
ビジネス推薦	20	9	9	9	1.0
一般	40	43	43	43	1.0
情報推薦	40	25	25	25	1.0
一般	40	90	90	90	1.0
ライフ推薦	40	24	24	24	1.0
一般	40	46	46	46	1.0

学校説明会 要予約
9/30 10/7 10/21 11/4 11/18 12/2

個別相談会 12/1～12/9

学校見学会は随時可（要予約）

見学できる行事
文化祭　9/9・9/10

説明会・行事等は日程・内容が変更される場合があります。必ず学校HP等でご確認ください

神奈川（か）

柏木学園高等学校
かしわぎがくえん

〒242-0018　神奈川県大和市深見西4-4-22　☎046-260-9011　学校長　小野　充

○柏木学園高等学校
・小田急線・相模鉄道・大和駅より徒歩18分
　またはバス
・小田急江ノ島線　鶴間駅よりバス

〈URL〉https://www.kashiwagi.ac.jp

沿革　平成9年（1997）柏木学園高等学校（通信制）開校。平成17年（2005）には全日制課程普通科を開設しました。

校風・教育方針

教育方針は、「個（個性をいかす）・教（自己教育力を伸ばす）・心（豊かな心と体を育てる）」。

建学の精神「社会に貢献する人材の育成」のもと、それぞれの形で社会貢献し、幸福感を与えられるような人を育てます。すべてが「キャリア教育」の視点により、学習環境と生活環境を整えており、社会で必要となる豊かな人間性と知識、技能、想像力を身につけた人を育成します。

カリキュラムの特色

各自が描く理想の高校生活に合わせて、3コースを設置しています。

●**アドバンスコース**

大学入学共通テストに照準を合わせた難関・中堅大学への現役合格を目指すコースです。1年次では他コースに比べて国語・数学・英語を1単位ずつ多く設定しています。2年次では、文系・理系を選択し毎日7～8時間の授業を設定。1クラス30人以下の少人数クラス編成で、個々に応じた大学進学に向けた授業を行います。

●**スタンダードコース**

幅広い進路に対応しており、多彩なカリキュラムによって、新しい目標を見つけられるコースです。1年次では英語と数学で習熟度別授業を実施。学期ごとに理解度に合わせたクラス編制を行うこ

とで、自分のペースで理解度を高めることができます。2年次に文系・理系を選択し、アドバンスコースへの移動も可能です。部活動に参加している生徒が多いため、放課後の補習・講習、長期休業期間の講習によってバックアップします。

●**情報コース**

社会が求めているICTスキルの習得のみでなく、簿記検定をはじめ、情報処理技能検定、文書デザイン検定、計算実務検定など、資格検定試験の取得を目指します。また、実践的な商業の知識・技術を学び商業系、情報系の「専門性」を身につけることができます。もっとも活用頻度の多いWord、Excel、Power Pointを中心に実践的に指導し、その上で、専門的なプログラミングを学ぶことができます。大学受験を視野に入れた生徒にも対応し、国語・数学・英語の3教科を中心に基礎力を強化するカリキュラムを設定しています。また、放課後講習や夏期講習も実施しています。

環境・施設設備

小田急線と相鉄線が交差する大和市は、行政施設や文化施設が集中していながら、緑豊かな自然環境と古い歴史的環境にも恵まれた理想的な教育環境です。

冷暖房完備の総合体育館は、大型アリーナ、トレーニングスペースを備え、授業、武道、部活動対外試合会場などで使用しています。

リニューアルされた図書室や、可動式の208席の椅子が収納可能なメモリアルホール（講堂）も

今春の進学実績については巻末の「高校別大学合格者数一覧」をご覧ください

完備し、ステージ、小体育館としてさまざまな行事で活用されています。

オーストラリア・グローバル研修

　今年度は行き先をオーストラリアへ変更し、4年ぶりに実施します。研修では、ホームステイをしながら現地の高校に通い、ESL講座を受講し、実際の授業に参加したり、現地の高校生とアクティビティ体験をしたりする予定です。それらの経験を通し、アカデミックな英語力だけでなく、日常に必要な英語力を身につけるとともに、多様な価値観に触れることができます。グローバル化が加速する現代社会において、英語力はもとより多様な文化や価値観を理解し尊重する態度も大切です。英語が苦手でも、この研修がきっかけとなり英語学習に積極的に取り組み、異文化理解に興味を持つことで、社会に貢献できる人材へと成長する第一歩となるはずです。

ICT教育

　校舎全館にWi-Fi環境を整備。ICT環境をさらに進め、生徒全員がiPadを所持し、自ら学び方を選んで学習に取り組むことができます。家庭にWi-Fiがなくても自宅学習、復習ができる学習用端末（iPad LTEモデル）を活用し、通学時など、いつでもどこでも学習ができる環境を整えています。また、さまざまな視点で学習理解度を測ることができ、Webテストが可能な「スタディサプリ」「スタディサプリイングリッシュ」、学習状況をリアルタイムに把握できる授業支援アプリ「MetaMoji ClassRoom」などを導入しています。

学校行事・部活動

　3年間を実り豊かなものとするため、多数の行事を実施しています。宿泊研修に始まり、体育祭、柏高祭（文化祭）、芸術鑑賞会、修学旅行などを行い、仲間との絆を深め、協調性を養います。

　部活動は活発で、多くの生徒が勉強と両立させています。運動系は硬式野球、剣道、柔道、バレーボール、バスケットボール、ダンス、ワンダーフォーゲルなど。文化系は、陶芸、吹奏楽、短歌書道、演劇、軽音楽、美術、交通研究、マルチメディアなどがあります。

データファイル

■2023年度入試日程（参考）

募集人員	出願期間	試験日	発表日	手続締切日
推薦　120	1/16〜1/18	1/22	1/23	1/30
一般　115	1/24〜1/27	2/10	2/11	※
オープン　5		2/11	2/12	
2次　若干	3/2	3/3	3/3	3/6

※手続締切日は専願2/17、併願3/2
募集人員：推薦/一般　アドバンスコース30/30
スタンダードコース70/70　情報コース20/15
オープンは全コース合計

■2023年度選考方法・入試科目（参考）

推薦：面接
普通推薦のほかに入学金全額免除となる特別推薦がある（アドバンスコースはすべて特別推薦）
一般：アドバンスコースは書類選考　スタンダード・情報コースは国語、数学、英語
オープン・2次：国語、数学、英語、面接
〈配点・時間〉国・数・英＝各100点40分
〈面接〉生徒個人　きわめて重視【内容】志望動機、中学校での生活について、入学後の抱負など

■指定校推薦枠のある主な大学

東洋大　日本大　神奈川大　国士舘大　駒澤大　玉川大　東海大　東京農業大　二松学舎大　亜細亜大　帝京大　大妻女子大　立正大　文教大ほか

■2023年春卒業生進路状況

卒業生数	大学	短大	専門学校	海外大	就職	進学準備他
326人	174人	19人	82人	0人	21人	30人

■2023年度入試結果　男／女

募集人員	志願者数	受験者数	合格者数	競争率
推薦アドバンス 30	22/16	22/16	22/16	1.0/1.0
スタンダード 70	82/53	82/53	82/53	1.0/1.0
情報　20	6/0	6/—	6/—	1.0/—
一般アドバンス 30	179/186	178/185	178/185	1.0/1.0
スタンダード 70	803/641	795/636	795/636	1.0/1.0
情報　15	79/27	78/27	78/27	1.0/1.0
オープン　5	8/4	8/4	2/2	4.0/2.0

（学校説明会）HPから要予約
10/14　11/3　11/11　11/18　11/25　12/3
個別相談会　12/5　12/9
（見学できる行事）
柏高祭（文化祭）　9/9（入試相談コーナーあり）

説明会・行事等は日程・内容が変更される場合があります。必ず学校HP等でご確認ください

神奈川学園中学校・高等学校

〒221-0844　神奈川県横浜市神奈川区沢渡18　☎045-311-2961　学校長　及川　正俊

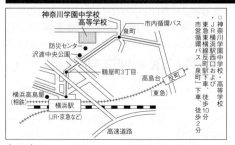

〈URL〉https://www.kanagawa-kgs.ac.jp/

沿革　1914年（大正3）、創立者佐藤善治郎は、「女子に自ら判断する力を」「女子に生活の力量を」と、前身である横浜実科女学校を設立。創立以来、宗教色のない学校として、自覚・心の平和・勤勉を校訓に、現代に生きる人間教育を進めています。

校風・教育方針

「判断する力」と「生きる力」を育てること――これが学園に流れる大きな教育理念です。生徒一人ひとりに潜む無限の可能性を引き出し、価値ある人生をつくりだすため、自学力と自治活動を大切にします。

また、一人ひとりが自らの夢を見出せるよう、多様な機会を設けています。中3ではホームステイプログラムを柱とした全員参加の海外研修を実施。海の向こうのもう一つの家族との出会いです。

高校では沖縄、水俣、四万十川、奈良・京都、岩手・宮城から希望する方面を選び、日本の良さと課題を知る国内FW（フィールドワーク）を実施します。

さらに、第一線で活躍する方々をお迎えしての講演会も実施。上野千鶴子さん、辻村深月さん、サヘル・ローズさん、重松清さん、鎌田實さん、あさのあつこさんといった方々をお迎えしています。出会いが、生徒の生きる目標につながっていきます。

カリキュラムの特色

中学では二人担任制をとり、多面的な視点で指導します。入学後すぐに行われるPA（プロジェクト・アドベンチャー）研修は、友人への理解を深めます。学習の基礎をしっかり身につけるため、実験・実習などの時は理科、技術家庭、体育など複数の教師で指導。英語は 読む・聞く・書く・話すの4技能をバランスよく伸ばすラウンド制と、知識の定着をめざす授業を融合させたオリジナルカリキュラム。また、数学は中2から習熟度別授業を行っています。

高校では、進路講演や国内FWなど体験の中から、一人ひとりの問題意識を育て、学びの再発見をさせます。そして、生き方と進路を探り、国公立理系・文系、私立理系・文系などに細かく対応できる選択制のカリキュラムを実施します。高2では週22時間、高3では週21時間の多彩で少人数の選択授業があり、自分だけの時間割を組んで学びます。週6日制の授業で、高1までに必履修科目を無理なくほぼ終える、充実したカリキュラムです。

国際・情報教育

中学3年次に、オーストラリア方面に向かう海外研修を実施。事前学習で、現地文化やホームステイシミュレーション、現在の国際情勢を学んで海外へ旅立ちます。多くの生徒が「もっと英語を、世界のことを勉強したい！」という気持ちとともに帰国します。高校1年次にはニュージーランドへのターム留学、2年次にはカナダ研修（いずれも希望制）も実施しています。

情報教育では、中学入学時に一人1台のタブレットを配付。教科学習だけでなく、自分の興味

今春の進学実績については巻末の「高校別大学合格者数一覧」をご覧ください

関心を深く掘り下げてレポートやプレゼンにまとめる探究学習にも大いに活用されています。

新建築・施設設備

横浜駅から徒歩10分、緑に囲まれた静かな高台にあり、関東大震災でも1棟も倒れなかった堅固な地盤です。全校生徒が宿泊できるよう毛布等も完備され、2011年の震災時にも不安なく過ごせました。教室は木の温もりが感じられるフローリング。トイレは雨水や人感センサーを活用するエコスクールです。2017年1月には700人収容の記念ホールが完成しました。

校内はWi-Fiが整備され、全HR教室に電子黒板が完備されています。

生活指導・心の教育

宗教色のないことが特徴であるため、生徒にとって学校が「居場所であるように」「一人ひとりが認められ、生かしあえる場であるように」という願いをもって、一人ひとりへの細やかな視点と、多様な個性を受け止められる広さと深さを持った指導を心がけています。

中学では、各クラスに担任と副担任を配して、一人ひとりの生徒にきめ細かい指導をしています。毎日担任とやりとりをする「Diary」を通して、一人ひとりの状況をつぶさにつかむことができます。心身ともに大きく変化する時期に「性と生の教育」を通し、自分の性を受け止め、生き方を考えるとともに、誤った性情報に惑わされず、多様な生き方、価値観の中で、自分で判断し行動できる力を育てています。悩みや不安を抱いたときはカウンセラーと相談室がいつでも利用できます。

学校行事・クラブ活動

三大行事の「球技大会」「文化祭」「音楽会」で、一人ひとりの個性を発見し、協力しあって作り上げる喜びを実感します。特に文化祭では、学校が広く社会に開かれて、クラス・クラブの研究発表や公演が多くのお客様に高く評価されています。

クラブ活動は、運動系11・文化系18のクラブが放課後を中心に活動。校内の縦の人間関係を豊かにし、学校生活に目的と達成感をもたらしています。

データファイル

■2024年度入試日程

中学校

募集人員	出願期間	試験日	発表日	手続締切日
A午前 80	1/7〜1/30	2/1	2/1	2/6
A午後 30	1/7〜1/30	2/1午後	2/1	2/6
B 60	1/7〜2/1	2/2	2/2	2/6
C 20	1/7〜2/3	2/4	2/4	2/6

帰国子女入試は12/13に実施（募集若干）

高等学校

募集を行っていません

■2024年度選考方法・入試科目

中学校

A午前・C：2科か4科

A午後：2科

B：2科か3科（国・算・英）か4科

※3科は上位点数の2科で判定

〈配点・時間〉国・算・英＝各100点50分　理・社＝各60点30分

〈面接〉なし

■指定校推薦枠のある主な大学

青山学院大　学習院大　上智大　法政大　中央大　成蹊大　芝浦工業大　東京女子大　東京都市大　東邦大　日本大　明治学院大　昭和薬科大　北里大など、400人以上の指定校推薦

■2023年春卒業生進路状況

卒業生数	大学	短大	専門学校	海外大	就職	進学準備他
169人	160人	1人	4人	0人	0人	4人

■2023年度入試結果

中学校　2科／4科、Bは2科・3科／4科

募集人員	志願者数	受験者数	合格者数	競争率
A午前 80	49/115	46/109	26/79	1.8/1.4
A午後 30	199	189	109	1.7
B 60	83/178	55/103	27/76	2.0/1.4
C 20	67/142	36/52	16/33	2.3/1.6

学校説明会 要予約

★中学校

9/6 10/14* 12/2* 12/8 1/13

終了後、個別相談会あり　＊は6年生対象

オープンキャンパス　11/4

入試問題体験会（6年生対象）　12/16

学校見学は随時可（要予約）

見学できる行事 要予約

文化祭　9/16・9/17

神奈川
か

神奈川大学附属中学校高等学校

〒226-0014　神奈川県横浜市緑区台村町800　☎045-934-6211　学校長　中野　宏一

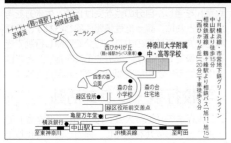

〈URL〉https://www.fhs.kanagawa-u.ac.jp/

沿革　1984年開校。男子校としてスタートし、1988年共学に移行。2004年度に併設型中高一貫校に移行し、2023年度、開校39周年。

校風・教育方針

建学の精神である「質実剛健」「積極進取」「中正堅実」を体現する人材を育成します。人間形成のなかでもっとも大切ともいえる中学・高校の6年間において、神大附属は「学び続ける生徒」を育む学校として、教科学習とともに、先進的な教育あるいは体験を重視したプログラムなど幅広い学びの機会を用意します。それらをもって、知力と人間力を養い、グローバルな視座から社会で活躍し、社会に貢献できる人間に成長していく。その人間性の土台を、神大附属はつくります。

また、「のびのびとした校風」を堅持し、生徒の希望を確かに実現する「高い進学実績」とともに、信頼感のある「地域で一番の中高一貫共学校」を目指します。

カリキュラムの特色

●6年間を通して

中学段階では、英語、数学、国語の時間数を増やしながらも、実技教科も含めてバランスよく学びます。英語と数学の授業は、中学1・2年生ではクラスを2分割した少人数授業、中学3年生・高校1年生では少人数に加え、上位クラスを設置する習熟度別の授業を展開することで、きめ細かいサポートとともに上位層の伸長も図ります。中学3年生・高校1年生の「探究の時間」では、自分たちで「問い」を立て、研究方法を学びながら、主体性や協働性を磨きます。「探究の時間」を通じて「何を学び、なぜ学ぶのか」に向き合うことで、自らの進路につなげていきます。高校2年生よりコース制（Ⅰ型：最難関国立大、Ⅱ型：難関国公立・私立大）を導入し、同じ目標を持つ仲間で互いを高めあう集団づくりをし、大学受験を「団体戦」と捉え、受験に挑む確かな学力と精神力を涵養します。

●「学び続ける生徒」を育てるために

1人1台タブレットPCを持ち、授業はもちろん、学習管理システムを活用した自己管理や探究活動を通じて、生徒の主体性と協働性を引き出しています。ICTの活用により、学力とともに社会で求められる資質と「力」の土台を形成します。グローバル教育のプログラムとして海外研修(中3～高2希望者)やBreakthrough English Camp(中学)などがあります。いずれも、自分と世界との関わりを自覚し、多様な他者との交流を通じて「自分は何者なのか」「どうあるべきか」を考えることを意図したものです。

┌─ **Information** ─┐

海外大学への進学も将来の選択肢に！
海外大学推薦制度を導入

e-learningシステムの採用に伴い、海外協定大学推薦制度（UPAA）を導入し、一定の条件を満たした生徒に対して、海外大学への進学を支援します。この制度は、英米豪36の海外協定大学へ推薦での進学が可能になるもので、国内大学との併願もでき、グローバルな進路選択ができます。2023年度入試では計5大学に延べ8人が合格しました。

今春の進学実績については巻末の「高校別大学合格者数一覧」をご覧ください

（3期制）（登校時刻 8:20）（昼食 弁当持参、売店、食堂）（土曜日 授業）

●放課後自習室学習支援プログラム

　放課後、校舎の4号館をまるごと自習室とし、中学1年生から高校3年生まで利用することができ、必要に応じて学習コーチのサポートを受けることもできます。中学生は「部活動の後に復習・宿題を学校で完結させる」ことができ、高校生は「部活動等を両立しながら、自らの進路実現に向けて、学校でとことん取り組む」ことができる、「学校完結型・自律型」の学習環境となっています。

環境・施設設備

　閑静な住宅が並ぶ高台に位置し、豊かな緑に囲まれた東京ドーム3.7個分の広大なキャンパスと清々しい空気の中で、充実した施設・設備が整えられています。校舎は耐震構造になっており、全教室とも冷暖房・Wi-Fiを完備し、窓ガラスには飛散防止フィルムが貼ってあります。そのほか、人工芝のサッカー場と陸上グラウンドや、野球場・テニスコートなどの屋外運動施設には夜間照明も完備しています。

生活指導・心の教育

　相手の立場に立ち、ルールはもちろん社会に生きる人としての思いやりやモラルを大事にし行動する「KUプライド」を備える生活指導をします。近年の取り組みを挙げると、中学1年生では、道徳の授業でSNS講演会を開き、SNSの利用方法や向き合い方をクラスで話し合っています。中学2年生では、新生児医療に携わる外部講師による「いのちの授業」のなかで、命の尊さを学びます。

学校行事・部活動

　中1地域調査、中2岩手安比高原スキー教室、中3奈良・京都校外学習、高1沖縄校外学習、その他に古典芸能鑑賞、ミュージカル鑑賞などを行っています。

　また、中3から高2の希望者対象の海外研修には、①問題解決型（ベトナム）、②語学型（フィリピン）、③国際交流・文化体験型（イギリス）の3つのプログラムがあります。

　文武両道をめざし、部活動も活発です。運動部は、野球、バスケット、バレー、硬式庭球、サッカー、陸上競技、水球、なぎなた、剣道、卓球。学芸部は、理科、音楽、美術、囲碁・将棋、技術家庭、演劇、歴史研究、漫画研究があります。

データファイル

■2024年度入試日程

【中学校】

募集人員		出願期間	試験日	発表日	手続締切日
1回	60	1/7〜2/1	2/1午後	2/1	2/3
2回	120	1/7〜2/2	2/2	2/2	2/3
3回	20	1/7〜2/4	2/4	2/4	2/5
帰国生	若干	12/1〜12/18	12/22	12/22	1/6

【高等学校】　募集を行っていません

■2024年度選考方法・入試科目

【中学校】

1回：国・算

2・3回：国・算・理・社

帰国生：英・算

〈配点・時間〉国・算・英＝各100点50分　理・社＝各75点40分

〈面接〉なし

■2023年春併設大学への進学

内部推薦制度があります。他大学受験希望者に対しては、神奈川大学との併願が認められています。

神奈川大学−8（法0、経営3、国際日本1、人間科1、工2、建築0、情報1、経済0、外国語0、理0）

■指定校推薦枠のある主な大学

早稲田大　慶應義塾大　青山学院大　中央大　法政大　明治大　立教大　東京理科大　学習院大　北里大　昭和薬科大など

■2023年春卒業生進路状況

卒業生数	大学	短大	専門学校	海外大	就職	進学準備他
197人	169人	0人	2人	2人	0人	24人

■2023年度入試結果

【中学校】　男／女

募集人員		志願者数	受験者数	合格者数	競争率
1回	60	324/329	302/307	136/147	2.2
2回	120	371/378	288/292	114/112	2.6
3回	20	271/294	167/178	11/19	11.5

【学校説明会】　要予約

学校説明会　10/21 11/18 1/13 1/20 3/23

入試説明会　10/7 10/21 11/1 11/8

帰国生入試説明会　10/21 11/1

学校見学会（4・5年生）　12/23

【見学できる行事】　くすのき祭　9/16・9/17

※詳細は学校ホームページをご覧ください

説明会・行事等は日程・内容が変更される場合があります。必ず学校HP等でご確認ください

鎌倉学園 中学校 高等学校

（かま くら がく えん）

〒247-0062　神奈川県鎌倉市山ノ内110　☎0467-22-0994　学校長　松下　伸広

〈URL〉https://www.kamagaku.ac.jp/

沿革　鎌倉五山の第一刹建長寺が、子弟教育のため明治18年(1885)設立した「宗学林」を前身とします。一般社会の教育に対する関心が高まったので、広く門戸を開放し、大正10年(1921)、鎌倉中学校として発足しました。昭和22年(1947)、学制改革により法人名を鎌倉学園とし、中学校と高等学校を併設。同27年(1952)、高等学校に普通科のほか商業科を設置。同50年(1975)、校名を鎌倉学園中学校・高等学校と改称。昭和57年(1982)度より商業科募集停止。令和3年(2021)、学校創立100周年。

校風・教育方針

礼義廉恥を校訓として人材を育成してきました。「礼義廉恥」とは、中国の古典「管子」という書物にある言葉からとられたもので、「礼」とは「節度を守ること」。「義」とは「自分を実際以上に見せびらかさないこと」。「廉」とは「自分の過ちを隠さないこと」。「恥」とは「他人の悪事に引きずられないこと」です。

教育目標は、父の厳と母の慈を根本として、知徳体一体の教育を行うことです。殊に現代社会の進歩に適応できるよう進路指導を重視し、適性・能力に応じて指導をすると共に、生徒会活動・クラブ活動・ホームルーム等を通じて、社会の一員として理想的な生活態度を養い、情操豊かな人間の育成に努めています。校風は、豊かな自然環境の中、学校全体が家庭的友愛精神に結ばれ、誠実の気風に満ち、生徒たちは明朗な生活を楽しんでいます。

カリキュラムの特色

中学からの入学生は中高6年一貫体制をとり、高校からの入学生とは別クラス編成となります。

また、週6日制を採用して授業時間数を十分確保しながら、英語・数学・国語を中心にした先取り教育が行われ、高校3年次には大学受験を意識した入試問題演習が行われています。

中学3年間は自ら学ぶ姿勢と基礎学力を身に付ける大切な期間です。英・数・国に重点を置き、基礎学力の修得を徹底します。特に英語は「話せる英語」を重視し、ネイティブと日本人教師とのTTによる少人数英会話プログラムを実施しています。

土曜日は「鎌学セミナー」3時間と通常授業1時間が行われています。「鎌学セミナー」とは英・数・国の特別授業のことで、通常の授業とは一線を画した1回完結の内容となっています。

高校では、2年次から文系・理系コースの2つに分かれ、習熟度別授業や選択教科制により、きめ細かな進学指導体制をとっています。3年次に理Ⅰ発展クラス、文Ⅰ発展クラスが設置され、難関国公立大と難関私立大を目指します。

環境・施設設備

北鎌倉駅から鎌倉へ向かう緑に包まれた道を10分余り歩いたところ、750年の伝統を持つ建長寺に隣接して建っています。この環境の中で、豊かな理性と感性が育っています。

第1グラウンドは2006年から人工芝になり、天候に関係なく使用できます。3年かけての校舎全体のリニューアル工事が2017年3月に完了。中央棟に、新たに自習室、電子黒板4台を備えたマルチスペース、425人が収容できる星月ホール、2

今春の進学実績については巻末の「高校別大学合格者数一覧」をご覧ください

基のエレベーター、カフェテリアが出来上がりました。さらに一般教室すべてに電子黒板と無線LANが設置されています。

体育館兼講堂は、大アリーナ・小アリーナ・柔道場・剣道場・卓球室・屋上テニスコートなどを持ち、多目的建築として利用されています。またCAI教室にはiMac48台が設置され、インターネットを使った授業や課外活動、そして放課後の個人利用と幅広く利用されています。2022年4月より、全生徒が端末1台を携帯しています。

生活指導・心の教育

ホームルーム時間を使って建長寺本堂において行われる坐禅教室では、本格的な坐禅体験をすることができます。

学校行事・クラブ活動

夏の林間学校や研修旅行、学園祭、スキー教室など年間を通じて様々な行事があります。

クラブ活動を重視し、奨励しているのも「知・徳・体」三位一体の調和のとれた教育をめざす鎌倉学園の特徴です。充実した体育施設を活用し、先輩と後輩が汗を流し、自分自身に挑戦し、鍛える中で人間形成が行われていきます。運動部は柔道、剣道、山岳、硬式野球、軟式野球、サッカー、ラグビー、アメリカンフットボールなど。文化部には、吹奏楽、軽音楽、天文、放送、無線、考古学などがあります。また、同好会もマジックや鉄道研究などユニークなものがそろっています。

データファイル

■2023年度入試日程（参考）

中学校

募集人員		出願期間	試験日	発表日	手続締切日
算数選抜	15	1/10～1/30	2/1午後	2/2	2/3
1次	100	1/10～1/30	2/1	2/1	2/2
2次	40	1/10～2/1	2/2	2/2	2/3
3次	15	1/10～2/3	2/4	2/4	2/5

高等学校　＊一部延納可

募集人員		出願期間	試験日	発表日	手続締切日
一般A方式	90	1/23～1/28	—	2/10	2/14*
帰国	若干	10/15～11/2	—	11/9	12/2*
一般B方式	20	1/23～1/28	2/11	2/13	2/15*
帰国	若干	1/23～1/28	2/11	2/13	2/15*

■2023年度選考方法・入試科目（参考）

中学校

4科　算数選抜は算数のみ
〈配点・時間〉4科：国・算＝各100点50分　理・社＝各60点30分　算数選抜：算＝150点60分
〈面接〉なし

高等学校

一般A方式：書類選考（調査書、課題作文）
一般B方式（オープン）：国語、数学、英語
〈配点・時間〉国・数・英＝各100点50分
〈面接〉なし

■指定校推薦枠のある主な大学

横浜市立大　慶應義塾大　早稲田大　上智大　東京理科大　中央大　法政大　明治大　学習院大　青山学院大　成城大　明治学院大　東京都市大　芝浦工業大　同志社大　立命館大など

■2023年春卒業生進路状況

卒業生数	大学	短大	専門学校	海外大	就職	進学準備他
329人	176人	1人	1人	1人	0人	150人

■2023年度入試結果

中学校　帰国生を含む

募集人員		志願者数	受験者数	合格者数	競争率
算数選抜	15	172	163	44	3.7
1次	100	265	252	153	1.6
2次	40	367	290	65	4.5
3次	15	304	248	46	5.4

高等学校　B方式は帰国生を含む

募集人員		志願者数	受験者数	合格者数	競争率
A方式 一般	90	381	365	365	1.0
帰国	若干	33	23	23	1.0
B方式 一般	20	81	79	48	1.6

学校説明会

★中学校　10/3 10/21 11/4 11/19（生徒による学校説明会）11/28　12/2　要予約（HP・1カ月前より受付）
★高等学校　10/21 11/4 11/25 12/2　要予約（HP・1カ月前より受付）
ミニ説明会（中高）　12月までの月曜（水・木曜も可能な場合あり）　HPで日程を確認の上、要電話予約

見学できる行事

学園祭　6/10・6/11（終了）
中学体育デー　10/7（入試相談コーナーあり）

説明会・行事等は日程・内容が変更される場合があります。必ず学校HP等でご確認ください

神奈川
か

鎌倉女学院中学校・高等学校

〒248-0014　神奈川県鎌倉市由比ガ浜2-10-4　☎0467-25-2100　校長　大野　明子

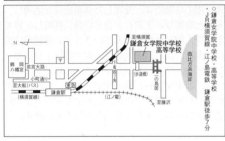

・鎌倉女学院中学校・高等学校
・JR横須賀線・江ノ島電鉄 鎌倉駅徒歩7分
由比ガ浜海岸

〈URL〉https://www.kamajo.ac.jp/

沿革　明治37年（1904）、漢詩人としても著名な田辺新之助により私立鎌倉女学校が開学。大正2年（1913）私立鎌倉高等女学校と改称。昭和23年（1948）、学制改革により鎌倉女学院設立。平成5年（1993）に高校募集を停止し、中高一貫の教育を実施。令和6年（2024）に創立120周年。

校風・教育方針

　教育の目標は「知的で洗練された女性エリートの育成」です。生徒一人ひとりの能力を、自らの努力によって伸ばし、社会に貢献できるように導いていきます。歴史と文化の街"鎌倉"から日本、そして世界へと目を向ける魅力的な教育内容で、確実な知識と深い教養、洗練されたマナーの修得をめざします。

カリキュラムの特色

　6カ年一貫のカリキュラムで、生徒各人の個性を尊重しながら、希望進路を実現する高い学力を身につけます。

　中学では、基礎学力の定着を徹底します。国語・英語・数学の授業時間数を標準より多く確保。単元ごとのテストで理解度を確認し、十分でなければ追試や補習でフォローします。高校に上がると、身につけた基礎力を土台に、それぞれの目標にむけた応用力や実践力を養います。2年次からは文系・文理・理系の3コースを設置。文系コースでは多様な選択科目を設け、目的や適性に沿って指導を心がけています。英語・数学等ではクラスを分割し、学習到達度に合わせた細やかな指導

を行っています。

　また、学校独自の特色ある授業も多く用意しています。中学では、鎌倉の街すべてをキャンパスとした「鎌倉学」を実施。学校周辺を細かくリサーチする「鎌倉散策」、鎌倉国宝館館長に話を聞く「歴史講座」など、多彩なプログラムで日本文化についての造詣を深めます。一方、高校では「国際・環境学」を学びます。湘南国際村での国際セミナー研修、沖縄でのフィールドワークなど充実した内容です。異文化や環境について理解する広い視野と豊富な知識を修得し、将来国際社会で活躍できるよう指導していきます。

　さらに、感性豊かな青年期に、生涯にわたって親しむことのできる教養を身につけられるよう「特修科」を設置しています。現在、茶道、書道、バイオリン、フルート、華道の5つの講座を開講し、各分野の専門の先生が指導にあたります。多

Information

土曜講座
異文化、日本文化、自然科学、情報などの各分野で、より深く専門的に学びを広げるために開講しています。
〔中学校〕世界の食文化、弓道、ブリティッシュカルチャー、考古学体験、日本の食文化、バードウォッチング、植物学など
〔高校〕中国語、海外生活のマナー、ボールルームダンス、鎌倉彫、日本画、ハワイアンキルト、コンピュータなど

今春の進学実績については巻末の「高校別大学合格者数一覧」をご覧ください

2期制 | **登校時刻** 8:15 | **昼食** 弁当持参 | **土曜日** 土曜講座、クラブ活動

くの生徒がクラブ活動と両立しています。

なお、授業は週5日制が基本です。土曜日は、自主学習やクラブ活動のほか、土曜講座を選択できます。

国際教育

英語をはじめとする授業の中で多彩な国際教育を展開しています。希望者対象のプログラムとしては、2018年度に中3対象のニュージーランドターム留学（3カ月）を新設。40年以上も続くアメリカの姉妹校との交換留学（約3週間）、毎年約30人が参加するカナダ英語研修（約3週間）のほか、イギリスやニュージーランドへの1年留学の制度もあります。英語だけではなく、異文化体験を目的として、マレーシア・シンガポールへのアジア研修も実施しています。

環境・施設設備

創立100周年に完成した校舎のテーマは"21世紀を展望するミュージアムスクール"です。演奏会なども開かれる吹き抜けのアトリウム、各種講義・講演に使用する陸奥ホール、つくばいや小間を備え本格的な茶道の稽古ができる和室など、さまざまな設備を整えています。明るく開放的な環境で、生徒たちはのびのびと学校生活を送っています。また、校外施設として伊豆に天城山荘があり、クラスや部活動の合宿に利用しています。

学校行事・クラブ活動

上級生からバラの花が贈られる入学式に始まり、さまざまな行事に参加します。体育祭、文化祭、鎌倉散策、奈良・京都研修、能鑑賞、スキー研修などがあります。また、沖縄研修（高2）では、海洋スポーツ実習を行い、シュノーケリングやドラゴンボートを体験します。

クラブ活動も盛んです。すべてのクラブが中学生・高校生が一緒に活動しています。文化系は、理科、演劇、歴史研究、E.S.S、アニメまんが、鎌女オーケストラなど14部。運動系は、バトン、ダンス、バレー、剣道など9部が元気に活動しています。これらのクラブは、白菊会（生徒会）によって運営されています。

データファイル

■2024年度入試日程

中学校

募集人員		出願期間	試験日	発表日	手続締切日
1次	120	未定	2/2	2/2	未定
2次	40		2/3	2/3	
帰国生11月	5		11/25	11/25	

※1次・2次ともに帰国生も若干募集

高等学校

募集を行っていません

■2024年度選考方法・入試科目

中学校

1次・2次：国語、算数、理科、社会（帰国生は国語、算数、英語の作文、面接）

帰国生11月：作文（英語・日本語）、面接

〈配点・時間〉国・算・理・社＝各100点45分

〈面接〉帰国生のみ保護者同伴

■指定校推薦枠のある主な大学

横浜市立大　早稲田大　慶應義塾大　東京理科大　国際基督教大　明治大　青山学院大　立教大　中央大　法政大　学習院大　成蹊大　成城大　明治学院大　東洋大　東京都市大　芝浦工業大　津田塾大　東京女子大　日本女子大　聖心女子大　清泉女子大　北里大　昭和薬科大など

■2023年春卒業生進路状況

卒業生数	大学	短大	専門学校	海外大	就職	進学準備他
152人	137人	0人	0人	1人	0人	14人

〈大学合格状況（浪人含む）〉

東京大1　大阪大1　名古屋大1　千葉大2　東京外国語大2　東京藝術大1　東京医科歯科大2　電気通信大1　東京海洋大1　横浜国立大3　東京都立大2　横浜市立大7　慶應義塾大17　早稲田大36　上智大33　東京理科大9　明治大43　青山学院大20　立教大39　中央大17　法政大15など

■2023年度入試結果

募集人員		志願者数	受験者数	合格者数	競争率
1次	120	383	343	262	1.3
帰国若干		3	3	1	3.0
2次	40	280	118	63	1.9
帰国若干		3	3	3	1.0

学校説明会・入試説明会 要予約

入試説明会 10/6 10/10 10/31

土曜の学校見学会 9/9 9/16

学校説明会 11/18

見学できる行事 要予約

文化祭 9/30・10/1

説明会・行事等は日程・内容が変更される場合があります。必ず学校HP等でご確認ください

神奈川 か

鎌倉女子大学 中等部 高等部

〒247-8511　神奈川県鎌倉市岩瀬1420　☎0467-44-2113（直）　FAX 0467-44-2103　部長　高橋　正尚

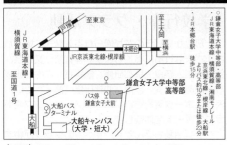

〈URL〉https://www.kamakura-u-j.ed.jp

沿革　昭和18年（1943）、神奈川県で最初の女子専門学校として京浜女子家政理学専門学校を設立。同23年(1948)、中学校を設立。同25年(1950)の学制改革に伴い、京浜女子短大に移行。高等学校、幼稚園を設立。同26年(1951)に小学校、同34年(1959)には京浜女子大学を設立。平成元年(1989)、現校名に変更し、2023年には創立80年目を迎えました。

2021年夏に新校舎が完成

2021年夏、緑あふれる新しいキャンパスが完成しました。新校舎には、ラーニングコモンズと呼ばれる広々とした共同学習スペースを2階に設け、生徒たちはグループディスカッションやプレゼンテーション  を行う環境やパソコンを自由に使えるラウンジを利用することができます。

2つのコースで夢を実現

2020年4月から中等部・高等部ともに、「国際教養コース」と「プログレスコース」の2つのコースを設置し、新しい時代の多様な教育ニーズに幅広く応えていきます。

国際教養コースは異文化理解の見識を備えた世界に通用する真の国際人を育成していくコースです。国公立や難関私立大学、海外大学への受験を

目標に、オンライン英会話プログラムなどを授業に取り入れ、英語4技能を伸ばし、グローバル社会のリーダーとして、高い学力を幅広く育てていきます。**プログレスコース**は多様な進路を保障しながら、基礎的な知識や技能の定着を図っていくコースです。部活動や課外活動を通して豊かな人間性を育み、5教科の基本的な学力を基盤にして、難関私立大学への進学や鎌倉女子大学への内部進学を目指していきます。

英語・異文化理解への取り組み

中等部3年生では、語学研修としてカナダのバンクーバーで語学研修を実施します。また、高等部2年生では、アメリカのロサンゼルスへの研修旅行で現地のハイスクールでの交流、UCLAの見学、ディズニーランドでの英語でのキャスト体験などを行う計画です。さらに希望者は姉妹校であるオーストラリアのブリジディンカレッジでの10日間の語学研修、または60日間のターム留学に参加することができます。

その他にも、ネイティブ講師による英語集中研修やiPadを用いた英語の多読学習プログラムが用意されています。

多様な学習・進路サポート

国際教養コースは、中等部3年間で、高等部の学習内容を先取りした授業を行います。そのため、高等部2年までに高等部の学習内容を終了し、高等部3年生では、難関国公立大学や難関私立大学の受験のための演習授業を中心に行います。

プログレスコースは、基礎的な学力の定着とと

今春の進学実績については巻末の「高校別大学合格者数一覧」をご覧ください

もに発展的な学習も行います。総合型選抜（AO入試）や一般選抜（一般入試）などの様々な受験形態に対応した進路サポートも行っています。

鎌倉女子大学への進学

保育士、幼稚園教諭、小・中学校教諭、管理栄養士になりたい人は、鎌倉女子大学への学校推薦型選抜(併設校)を利用できます。鎌倉女子大学は保育士就職者数全国8位、幼稚園教諭就職者数全国4位、小学校教諭就職者数全国女子大1位、管理栄養士国家試験合格者数全国8位（いずれも2022年度）といった高い就職実績を誇っています。

クラブ活動と施設設備

運動部・文化部合わせて18のクラブが活動しています。全国大会通算32回金賞のマーチングバンド部やハープとフルートのアンサンブルが魅力のフェアリーコンソート部、至藝館とよばれる弓道場を備えた弓道部などが関東大会や全国大会で活躍しています。どのクラブも中・高等部6学年の生徒で構成され、教室の授業だけでは学べない貴重な経験と、仲間と共有できる多くの感動があります。テニスコートが6面、体育館が3つあるなど、運動部は広々とした環境で練習ができます。

鎌倉女子大学岩瀬キャンパスは充実した施設も魅力の一つです。

教養を身につける

年2回、専門の講師から礼法を学ぶ立居振舞講座、人間関係づくりのエンカウンター学習プログラムやコミュニケーション講座、芸術鑑賞教室や全校コーラスを通して豊かな教養を身につけます。

データファイル

■2023年度入試日程（参考）

中等部　＊午後試験の合格発表は翌日

募集人員		出願期間	試験日	発表日	手続締切日
国際	2/1午前20 午後15		2/1午前・午後	2/1＊	
	2/2午前10 午後5		2/2午前・午後	2/2＊	
	2/3午後　　5		2/3午後	2/4	
	2/4午前　　10	1/6～各試験当日	2/4午前	2/4	2/13
	2/5午前　　10		2/5午前	2/5	
プロ	2/1午前10 午後5		2/1午前・午後	2/1＊	
	2/2午前5 午後5		2/2午前・午後	2/2＊	
	2/3午後5		2/3午後	2/4	

高等部　※試験の成績に応じてコースを判定する

募集人員		出願期間	試験日	発表日	手続締切日
推薦	国際35プロ75	1/16～1/18	1/22	1/22発送	1/27
一般	国際35プロ75	1/24～2/1	2/10(専願)	2/10発送	専2/16併3/2
オープンⅠ	15※	1/24～2/10	2/10	2/10発送	3/2
Ⅱ		1/24～2/12	2/12	2/12発送	3/2

■2023年度選考方法・入試科目（参考）

中等部

国際教養コース：2/1午前・午後、2/2午前、2/4午前、2/5午前…4科または適性検査型
2/2午後・2/3午後…4科
プログレスコース：2科

高等部

推薦：面接
一般：専願（プログレスのみ）－国・数・英　併願－書類選考のみ
オープン：国・数・英

■2023年春併設大学・短大部への進学

鎌倉女子大学－19(家政6、児童11、教育2)
鎌倉女子大学短期大学部－5(初等教育)

■2023年春卒業生進路状況

卒業生数	大学	短大	専門学校	海外大	就職	進学準備他
95人	72人	9人	10人	0人	0人	4人

■2023年度入試結果

中等部　帰国生入試を含む

募集人員	志願者数	受験者数	合格者数	競争率
国際教養 80	393	157	140	1.1
プログレス 40	102	30	29	1.0

高等部　国際教養／プログレス　帰国生入試あり

募集人員	志願者数	受験者数	合格者数	競争率
推薦 35/75	11/51	11/51	11/51	1.0/1.0
一般 35/75	19/145	19/145	19/145	1.0/1.0
オープン 15	15	15	12	1.3

学校説明会　要予約
★中等部
9/9 /10/21 11/18 12/9(小5以下)
親子でチャレンジ入試過去問演習　9/30
入試対策会(小6)　12/9
入試練習会(小6)　1/13
★高等部
9/23 10/14 10/29 11/4 11/18 11/25
個別相談会・ミニ説明会　12/2
見学できる行事　予約不要
みどり祭　11/11・11/12

説明会・行事等は日程・内容が変更される場合があります。必ず学校HP等でご確認ください

カリタス女子中学校高等学校

〒214-0012　神奈川県川崎市多摩区中野島4-6-1　☎044-911-4656　学校長　萩原　千加子

カリタス女子中学校・高等学校

○カリタス女子中学校高等学校
・JR南武線、JR南武線・小田急線中野島駅より徒歩10分
または市営バス約5分「カリタス学園」下車
登戸駅より徒歩20分

〈URL〉https://www.caritas.ed.jp/

沿革　カナダのケベック・カリタス修道女会を母体に昭和35年（1960）カリタス学園設立。翌年カリタス女子中学高等学校が開校しました。男女共学の幼稚園と小学校を併設しています。2020年に創立60周年を迎えました。

校風・教育方針

校名の「カリタス」は、ラテン語で「慈しみ・愛」を意味する言葉です。一人ひとりの生徒が、日々神様に生かされている喜びを感じながら、自分自身とともに他の人々を心から大切にし、普遍的な愛で他者に尽くす人間を育てることを目指しています。「祈る心」「学ぶ心」「交わる心」「奉仕する心」の4つの心を身につけられるように努力し、探究（自ら学び、探究する人間）、グローバル（グローバルな視野を持ち、共生社会を作り上げる人間）、人間性（豊かな人間性を持った人間）を教育目標に掲げています。

学園の設置母体「ケベック・カリタス修道会」の本部があるカナダの公用語である英語とフランス語の両言語を必修とする「英仏複言語教育」は特徴の一つです。また、カトリック倫理の教科があり、キリスト教について学びます。

カリキュラムの特色

教科ごとに6年一貫の流れを作り、きめ細かな指導で各教科への関心や興味を深めていきます。中学の数学・英語・フランス語は、1クラスを2つに分けた少人数授業（ハーフクラス）を実施。補習制度や特別講座も充実しています。

創立当初より中学では全員が英語とフランス語を学びます。ネイティブの教員が担当する会話の授業もあります。フランス語はCEFRに準拠したテキストを使った世界標準レベル。高校では第1外国語としてどちらかの言語を選択し、大学受験にも対応しています。

総合的な学習の時間「i-Time（探究）」では、「問う」「調べる」「考える」「表現する」「振り返る」という探究のサイクルを通して、社会の様々な現状に目を向け、視野を広げます。各教科でもこのサイクルを活用し、自ら探究する力を育てています。国語では読書感想文や小論文を仕上げる「学芸コンクール」の実施、数学は系統立てて深く学ぶ「体系数学」を学び、中学3年の夏休みには「課題レポート」を作成、理科は多摩川で植物や水生生物の観察、地学実習を行う「Tamalogy」、社会は高校1年の「年間研究レポート」の作成などを実施しています。情報では1人1台のiPadを使用、他教科の学習にも活用しています。放課後講習や土曜講座も充実しています。

グローバル教育プログラム

中学3年と高校1年の希望者対象のカナダ研修では、カリタス修道女会ゆかりの地を訪問し、ホームステイと、英語、フランス語いずれかの語学研修に参加します。セブ島やマルタで行われる短期研修、オーストラリアやニュージーランドへのターム留学、フランスとの交換留学などのプログラムもあります。校内では、留学生との交流やハーバード大の学生による特別授業、グローバル・リレー講演会などを実施しています。

今春の進学実績については巻末の「高校別大学合格者数一覧」をご覧ください

環境・施設設備

各教科の教室へ移動して授業を受ける「教科センター方式」を採用し、ロッカーや下駄箱を備えたホームベースと教科教室を分け、教室を学習の場として確立させています。1日の行動計画を自分で決め、主体的、能動的に学ぶ姿勢が養われています。主な施設には、自習スペースを備えた蔵書4万冊の図書館、落ち着いた雰囲気のカフェテリア、聖堂などがあります。

生活指導・心の教育

「制服は正しく着用する」「勉強に関係のないものは持ってこない」などの基本的ルールを定めています。また、生徒自らが発案したオリジナルの手帳を使って、自分の学習を設計し、安定した生活のサイクルが作れるように指導しています。

カウンセリングルームには毎日2人のカウンセラーが在室し、プライバシーに配慮しながら生徒や保護者に対応しています。

学校行事・クラブ活動

文化祭、体育祭をはじめ球技大会、合唱コンクール、中学研修旅行など多彩な行事を実施しています。宗教行事はマリア祭、クリスマス会など。教科行事には、学年やグループごとに特色あるパフォーマンスを披露する外国語発表会、TGG英語研修などがあります。

クラブは中学生と高校生が一緒に活動しています。フットサル、ソフトボール、卓球、コーラス、ダンス、オーケストラ、華道、クッキング、演劇など20以上のクラブがあります。毎週木曜日は生徒有志の宗教奉仕活動「アンジェラスの会」の活動日としており、クラブ活動はありません。

データファイル

■2024年度入試日程

中学校

募集人員		出願期間	試験日	発表日	手続締切日
1回	約30	1/9〜1/31	2/1	2/1	2/6
2回	約35	1/9〜1/31	2/1午後	2/1	2/6
3回	約30	1/9〜2/2	2/2午後	2/2	2/6
4回	約15	1/9〜2/3	2/3	2/3	2/6
英語資格	若干	1/9〜2/2	2/2午後	2/2	2/6
帰国生	12月 定めず	12/1〜12/14	12/16	12/16	2/6

※帰国生2月試験は一般と同日程

高等学校

募集を行っていません

■2024年度選考方法・入試科目

中学校

1回・4回：国語、算数、理科、社会

2回：国語、算数

3回：国語／算数・理科から1科目選択

英語資格：国語1科（英検3級以上取得者対象）

〈配点〉国・算＝各100点50分　社・理＝各50点30分　3回選択科目の理は100点50分

〈面接〉なし

帰国生：2月試験1回・2回・4回は国語、算数3回・英語資格は一般同様　12月試験は作文（日本語・50点40分）、算数（50点30分）、英語またはフランス語（100点50分）　いずれも面接あり

■指定校推薦枠のある主な大学

慶應義塾大　上智大　東京理科大　明治大　青山学院大　立教大　学習院大　中央大　法政大　津田塾大　東京女子大　日本女子大　北里大　東京薬科大　明治薬科大

■2023年春卒業生進路状況

卒業生数	大学	短大	専門学校	海外大	就職	進学準備他
166人	140人	1人	1人	0人	0人	24人

■2023年度入試結果

中学校

募集人員		志願者数	受験者数	合格者数	競争率
1回	約30	147	139	42	3.3
2回	約35	310	302	138	2.2
3回	約30	311	234	71	3.3
4回	約15	177	135	25	5.4
帰国生	定めず	25	23	20	1.2

学校説明会　すべて要予約

★**中学校**　9/30（帰国生）10/28

入試説明会・過去問題解説　11/23

カリタスDEナイト（オンライン）　12/13

入試直前説明会　1/13　1/27（オンライン）

カリタス見学会　3/9

ツール・ド・カリタス　3/26

＊学校見学は随時実施しています。お電話にてお問い合わせください。

見学できる行事

文化祭（マルグリット祭）　9/17・9/18

説明会・行事等は日程・内容が変更される場合があります。必ず学校HP等でご確認ください

川崎市

中

女子

高

女子

高校募集なし

関東学院中学校 高等学校

〒232-0002　神奈川県横浜市南区三春台4　☎045-231-1001　学校長　森田　祐二

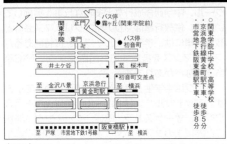

〈URL〉https://www.kantogakuin.ed.jp/

沿革　関東学院は、横浜バプテスト神学校（明治17年創立）、東京中学院（明治28年創立）を源流とし、大正8年(1919)現在地に私立中学関東学院（男子校）として創立。関東大震災により全施設が損壊したものの、昭和2年（1927）、財団法人関東学院を組織し、中学関東学院を関東学院中学部と改称。戦後の学制改革により、新たに女子も迎え昭和22年（1947）新制中学校設立、同23年（1948）、新制高等学校が設立され、現在に至ります。

校風・教育方針

　関東学院の新教育ビジョン "Olive STREAM" は、STEM（Science, Technology, Engineering, Mathematics）に創造性を豊かにする芸術・教養（Art・liberal Arts）を加え、現代社会に必須なコミュニケーションツールであるEnglishの意味も込めています。そしてその中心にキリスト教（宗教）Religionを据えました。キリスト教を建学の精神とし、校訓「人になれ 奉仕せよ」のもと、一人ひとりが自分自身に誠実に生き、本当の自分を見つけ、互いに尊重しあうことをあらゆる教育活動の基本としています。Oliveは、校章のモチーフであり、聖書に登場する平和の象徴と言われる植物です。幅広い知識と技能を持ち、混迷の時代において優しさとしなやかさを合わせ持つサーバントリーダーを育てます。

カリキュラムの特色

　英数国理社の5教科の時間を多く配当し、基礎学力を定着させます。特に英語は通常の授業に加

え、2018年度よりベルリッツ®から派遣されたネイティブ講師による授業を中1から高2まで導入。スピーキングとリスニング力の伸長、そして多文化理解を重視しています。さらに高1は、リスニング能力を高めるメソッドとして、マンツーマンの「オンライン英会話」も導入しました。

　また、あえて週1時間の「LHR」を全学年に設置しています。学校行事等に向けて準備運営をし、クラス担任からの働きかけや共同作業を通じて教科指導とは異なる達成感を得ることで、学校への帰属意識を深めることになると考えています。文化祭、スポーツ大会、合唱コンクール等の諸行事がさらに活性化することが期待されます。

　高校1年生までに、基礎・基本を徹底的に学んだあと、高校2年生からは自分の進路に適した科目の選択が可能です。関東学院大学に進学する生徒は例年5%程度ですが、カリキュラムでは当たり前に外部大学（GMARCH以上）に進学することを念頭においています。

国際教育

　「現場主義・地球的な視点・人権・平和・校訓が人生訓になる」をモットーに、さまざまな研修の機会があります。ひとつは、オーストラリア研修旅行（夏休み・2週間）、フィリピン語学研修（夏休み・10日間）、そのほか国立天文台で実地研修を行うハワイ研修（夏休み・1週間）、姉妹校との交流さかんな台湾研修旅行（冬休み・1週間）。またイートンカレッジサマープログラムは、イギリスの名門「イートンカレッジ」の寮に滞在し授

業を受けるという、まさにイギリスのパブリックスクールの生活を肌で感じられる、ほんものに触れるプログラムです。語学にこだわらず、国際社会に生きるための視野を広げる目的で実施されています。

環境・施設設備

横浜市街を見渡せる小高い丘の上に校舎は立っています。中学1年生～3年生までの教室、県内随一の最新設備の5つの理科実験室、学校食堂や陶芸室があります。ウッドデッキや屋上庭園等のゆとりの空間も多数あり、新しく明るい環境の中で学ぶことができます。

生活指導・心の教育

カリヨンベルが奏でる「朝風静かに吹きて…」の讃美歌のメロディー、そして敬虔な礼拝から関東学院での1日が始まります。

学校生活のルールとジャッジをキリスト教にお

き、他者と共に生きることをルールに、そして生き方を変える悔い改めをジャッジとしています。

また、男女3人のカウンセラーが常駐するカウンセリングセンターが、生徒の成長をサポートします。

学校行事・クラブ活動

キリスト教学校らしい行事として、中1、高3の修養会や12月のクリスマス礼拝があげられます。しんと静まりかえったなか、ほの暗いろうそくの灯がゆらめき、礼拝は静かに進行していきます。その時誰もが神様の存在を身近に感じることができるでしょう。

クラブ活動はスクール・ライフのもうひとつの大切な時間です。運動部(18)、文化部(15)があります。学園独自のもので、インターアクトやハンドベル、オーケストラなどがあります。ダンス、少林寺拳法は全国トップレベル、バドミントンも県内トップレベルです。

データファイル

■2024年度入試日程

中学校

募集人員		出願期間	試験日	発表日	手続締切日
一期A	50	1/6～1/31	2/1午前	2/1	
B	65	1/6～2/1	2/1午後	2/1	2/4
C	65	1/6～2/3	2/3午前	2/3	
二期	20	1/6～2/5	2/5午後	2/5	2/7
帰国	若干	11/1～11/21	11/23午前	12/1	1/15

高等学校

募集を行いません

■2024年度選考方法・入試科目

中学校

一期A・C：4科

一期B・二期：2科

〈配点・時間〉国・算＝各100点50分　理・社＝各60点30分

帰国生：算・国または算・英（各100点40分）

〈面接〉なし

■2023年春併設大学への進学

関東学院大学への入学については、推薦入学制度が適用され、外部より有利な条件で進学できます。

関東学院大学－8（法0、建築・環境0、人間共生0、経済0、経営3、理工1、教育3、栄養0、看護1、社会0、国際文化0）

■指定校推薦枠のある主な大学

慶應義塾大　青山学院大　学習院大　国際基督教大　中央大　法政大　東京理科大　明治大　津田塾大　東京女子大　日本女子大など

■2023年春卒業生進路状況

卒業生数	大学	短大	専門学校	海外大	就職	進学準備他
237人	195人	1人	6人	2人	0人	33人

■2023年度入試結果

中学校　男／女

募集人員		志願者数	受験者数	合格者数	競争率
一期A	50	197/103	187/99	64/16	2.9/6.2
B	65	406/154	376/146	197/67	1.9/2.2
C	65	285/162	209/120	82/51	2.5/2.4
二期	20	313/141	232/84	23/4	10.1/21.0
帰国	若干	16/3	16/3	14/2	1.1/1.5

学校説明会 要予約（1カ月前より受付開始）

★**中学校** 10/14 11/11 1/20

入試説明会 12/2　はじめての方対象　1/8

オープンキャンパス（部活動体験）10/21

最新情報は、学校HPをご覧ください

見学できる行事 要予約

かんらんさい（文化祭） 9/23

クリスマスツリー点灯式 11/24

説明会・行事等は日程・内容が変更される場合があります。必ず学校HP等でご確認ください

神奈川（か）

関東学院六浦中学校 高等学校

〒236-8504　神奈川県横浜市金沢区六浦東1-50-1　☎045-781-2525　学校長　黒畑　勝男

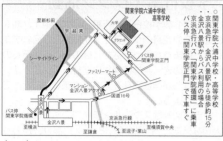

〈URL〉https://www.kgm.ed.jp/

沿革　横浜バプテスト神学校（明治17年設立）、東京中学院（明治28年設立）を源流とし、大正8年（1919）、横浜市南区に中学関東学院が設立。戦災によって校舎を焼失し、昭和21年（1946）に現在地へ移転。昭和28年（1953）に、三春台中高から独立し、関東学院六浦中学校・関東学院六浦高等学校を設立。平成21年（2009）に併設型中高一貫校に移行。

校風・教育方針

キリスト教の精神を基本とし、校訓「人になれ奉仕せよ」のもと、隣人愛をもち、地球市民として平和の実現のために行動できる人を育てていきます。建学の理念を堅持しつつ、10年後、20年後のよりグローバル化が進んだ社会へ対応するため、新たな教育を展開しています。

カリキュラムの特色

グローバル化が急速に進む社会で活躍できる人となるため、多くの体験ができるカリキュラムを組んでいます。魅力のひとつが、CLIL（クリル）を取り入れた英語教育。英語をツールとして身につけることは、将来の選択肢を飛躍的に広げることにつながります。アメリカ、カナダ、オーストラリアなどから集まった個性豊かな外国人教員が日々の英語の授業を行い、社会科学や自然科学などさまざまなテーマを扱いながら、それらを英語で学ぶ実践的な教育を展開しています。英語の授業は外国人教員と日本人教員とのティーム・ティーチングを基本スタイルとし、生きた英語に触れることができる授業を展開しています。

オリジナル授業「地球市民講座」では、地球市民としての素養を身につけ、地球規模の課題である「持続可能な社会」の実現に向けて、多文化理解・多文化共生について考え、主体的に行動するための学びを得ます。SDGs（持続可能な開発目標）を指標として、自分たちが取り組むべき課題や役割を発見し、プレゼンテーションを通して共有します。

生徒たちは全員一人1台Chromebook（ノートパソコン）を使い、個人学習用のアプリやデジタル教材など、さまざまな学習で活用しています。また、インターネットを通してさまざまな情報に触れ、情報収集能力を高めます。さらに、集めた情報を整理しわかりやすく伝えるプレゼンテーションの機会を通して、思考力や判断力、表現力を高めます。

高1からはじまるGLEクラスは、独自のカリキュラムで「探究力・日本語で書く力・英語力」を伸ばし、地球市民としてグローカルマインドをもった人を育てるためのクラスです。

変わらぬものを以て変わるべきものを見つめる。関東学院六浦は、未来への道を確かな道にする教育を展開します。

国際教育

選択制グローバル研修は、国内外あわせて現在10コース以上。カナダでのホームステイ、オーロラ観測がメインのアラスカ、教育ボランティアを体験するカンボジアなどの海外プログラムとともに、京都・奈良や北海道、屋久島・種子島、釜石

今春の進学実績については巻末の「高校別大学合格者数一覧」をご覧ください

防災など国内のプログラムも実施。生徒たちは各自の興味や関心に応じて、主体的に研修プログラムへ参加します。さらに、マレーシア、オーストラリア、ニュージーランドなどへのターム・長期留学制度もあります。

年度末に「学習報告会」を実施し、それぞれの研修プログラムへ参加した生徒たちが、どのような学びをしてきたか、どのようなことを感じてきたか、その成果を全校生徒の前で発表します。

学校行事・クラブ活動

特別伝道礼拝やクリスマス礼拝など行事の中にも「愛と奉仕の精神」が生かされ、スポーツ大会や六浦祭などは生徒会が主体となって運営します。

中高合わせて運動系14、文化系16のクラブが活動しています。朝の礼拝でパイプオルガンの賛美を行うオルガニストギルドやボランティア活動などを行うインターアクトといった関東学院六浦ならではのクラブもあります。また、神奈川県内では初の女子ラグビー部は全国で一、二を争う強豪です。全面人工芝のグラウンドやトレーニングセンター、大学の天然芝のグラウンドなど、充実した環境の中で活動しています。

データファイル

■2024年度入試日程

中学校

募集人員	出願期間	試験日	発表日	手続締切日
A-1 50/A-2 25	1/9〜2/1	2/1※	2/1	2/4
B-1 20/B-2 10	1/9〜2/2	2/2※	2/2	2/4
C 5	1/9〜2/4	2/4	2/4	2/6
英語型 10	1/9〜1/27	2/2午後	2/2	2/4
自己アピール型 10	1/9〜1/27	2/3午後	2/3	2/5

※A-2日程、B-2日程は午後入試

高等学校

募集人員	出願期間	試験日	発表日	手続締切日
推薦 10	1/16〜1/17	1/23	1/24	1/26
一般 30	1/24〜2/5	—	2/11	専2/19併2/29
オープン 若干	1/24〜2/5	2/12	2/13	2/29

■2024年度選考方法・入試科目

中学校

A-1・B-1：2科か4科
A-2・B-2・C：2科
英語型：英語、英語面接
自己アピール型：総合、自己アピール（プレゼンテーション）
〈配点〉国・算＝各100点　理・社＝各50点　英＝100点　総合＝100点
〈面接〉英語型のみ

高等学校

推薦：書類審査、面接
一般（書類選考）：書類審査
オープン：英語、グループディスカッション、面接

■2023年春併設大学への進学

関東学院大学への入学については、推薦入試制度が適用され、外部より有利な条件で進学できます。

関東学院大学－23（法2、経済2、経営8、理工4、人間共生2、教育3、栄養1、看護1、国際文化0、社会0、建築・環境0）

■指定校推薦枠のある主な大学

青山学院大　中央大　東京理科大　日本大　法政大　明治大　明治学院大　横浜市立大など

■2023年春卒業生進路状況

卒業生数	大学	短大	専門学校	海外大	就職	進学準備他
164人	133人	2人	6人	0人	2人	21人

■2023年度入試結果

中学校　AはA-1/A-2、BはB-1/B-2

募集人員	志願者数	受験者数	合格者数	競争率
A 50/25	145/207	121/151	62/76	2.0/2.0
B 20/10	201/182	110/82	55/34	2.0/2.4
C 5	175	49	27	1.8
英語10/自己10	9/20	9/11	7/5	1.3/2.2

高等学校

募集人員	志願者数	受験者数	合格者数	競争率
推薦 15	38	38	38	1.0
一般 65	57	57	57	1.0
オープン 若干	9	9	6	1.5

学校説明会 要予約
★中学校　9/23 11/11 12/2 12/16 1/13 1/20
6年生の勉強会　11/11
体験！自己アピール型入試　11/25 12/16
オープンキャンパス　10/14
★高等学校　9/30 10/21 11/25

見学できる行事
文化祭（六浦祭）10/27・10/28（10/28のみ個別相談コーナーあり）

説明会・行事等は日程・内容が変更される場合があります。必ず学校HP等でご確認ください

神奈川
か

函嶺白百合学園 中学校 高等学校
(かんれいしらゆりがくえん)

〒250-0408　神奈川県足柄下郡箱根町強羅1320　☎0460-87-6611　FAX 0460-87-6614　学校長　広瀬　節枝

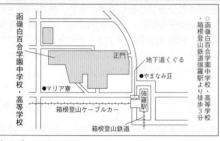

〈URL〉http://www.kanrei-shirayuri.ed.jp

沿革　昭和19年(1944)、東京の白百合高等女学校ならびに付属小学校の疎開学園として出発。昭和21年(1946)に現在の湘南白百合学園の分校となりました。同24年(1949)に独立して函嶺白百合学園と名称変更、小学校(現在募集停止)から高等学校までを擁する一貫校として発足。2023年創立74周年。

校風・教育方針

キリスト教的精神に基づく正しい世界観と道徳的信念を養い、一人ひとりの個性と可能性を伸ばし世界に通用する『新しい時代の国際人』の育成に力を注いでいます。『新しい時代の国際人』とは社会に奉仕するために、国や人種を越えて互いの違いを認め合い、愛し合うことのできる人です。そして、自己の才能を伸ばす努力を怠らない人でもあります。

カリキュラムの特色

創立当初より英語学習には特に力を注ぎ、現在はAIによる適性に基づく個別学習を進めています。高校1年生の希望者はオーストラリアへ2週

間ホームステイをする研修旅行に出かけます。生徒一人ひとりの可能性を引き出すために1クラスを分割する少人数教育も行っています。2020年度から中学では中国語も学んでいます。高校ではフランス語を学ぶことができます。高校の選択科目では進路を実現するために、ごく少数の生徒に対しても授業を開講します。

SDGsとアントレプレナーシップ

生徒たちは近い将来、変化の激しい時代を生きていくことになります。その未来を生き抜く力を一人ひとりが身につけるために、課題探求型の学習に取り組んでいます。

1つはSDGsの活動です。生徒会を中心に『Blue Earth Project』に参加しています。これは女子高生の視点で地球環境を守ろうという活動で、毎年SDGsの17のテーマに沿った活動をしています。例えば、「海の豊かさを守ろう」から海洋プラスチックゴミ削減を目指し、ビーチクリーンを行ったり、ウミガメの保護を訴える動画を作成し、各所で上映したりしています。

また、社会で起きている問題に対して生徒が自ら考え、解決策を考えるプロジェクト型学習に取

Information

高い現役大学合格率

毎年4年制大学を中心として、高い現役合格率を維持しています。例えば2023年春の卒業生31人は、全員が現役で進学しました。そのうちの90%が4年制大学でした。特筆すべきはそのうちの87%が、学校推薦型選抜や総合型選抜で進学したことです。数多くの大学に指定校推薦

枠があり、また上智大学カトリック特別入試も受けることができます。それらを活用して、高い現役合格率を維持しています。

これらの入試は小論文と面接のみによって合否が決まります。生徒たちはSDGsの活動やアントレプレナーシップの活動に積極的に参加し、その成果を小論文や面接にいかしています。

今春の進学実績については巻末の「高校別大学合格者数一覧」をご覧ください

2期制　登校時刻 8:40　昼食 弁当持参、売店　土曜日 休日　寮

り組んでいます。例えば箱根観光の活性化について、箱根町や地元企業と協働して新しい名物の企画を開発し、企業に提案しています。

マリア寮

自然に囲まれた学園の隣接地にあります。毎日2時間の学習時間があり、英語、数学は教員が指導に当たることがあります。食事はすべて手作り、昼食時には学校に出来立てのお弁当が届けられます。寮生活を通じて育まれる友情や思いやりの心、規則正しい生活は生涯の宝物になることでしょう。

環境・施設設備

富士箱根伊豆国立公園の中心「箱根」にあります。目の前には大文字山、背後には早雲山、大涌谷という絶好のロケーションに恵まれています。体育設備としては体育館、テニスコート、グラウンドがあります。また、宿泊研修施設「パウロ館」があり、活用しています。

学校行事・クラブ活動

学園記念日ミサ、修養会、クリスマス会など宗教にまつわる行事の他、白百合祭、体育祭、遠足、芸術鑑賞会、姉妹校球技大会、修学旅行、オリエンテーションキャンプ、姉妹校英語の集いなど、学園生活を彩る行事が目白押しです。

部活動は、文化部・運動部・同好会計18の部があり、中学高校が一緒に活動しています。生徒会が中心となって箱根町主催の美化大会への協力や東日本大震災の被災地への支援などをしています。

箱根町
中
女子
高
女子

データファイル

■2024年度入試日程

中学校 　帰国は1/6に実施（若干）

	募集人員	出願期間	試験日	発表日	手続締切日
1回	15	1/9～1/30	2/1	2/1	2/6
2回	15	1/9～1/30	2/1午後	2/1	2/6
3回	10	1/9～1/30※	2/2	2/2	2/6

2回は小田原会場
※3回は国算選択者のみ試験当日受付あり

高等学校 　帰国は1/6に実施（若干）

	募集人員	出願期間	試験日	発表日	手続締切日
推薦	20	1/16～1/19	1/23	1/24	1/26
一般	30	1/24～2/7	2/10	2/11	2/13
2次	若干	2/26～3/4	3/7	3/8	3/11

■2024年度選考方法・入試科目

中学校

1回：国語、算数、面接　**2回**：国語、算数、英語※、思考力テストから1科目選択
3回：国・算・自己表現入試から1科目選択
帰国：国・算・英※から1科目選択、面接
※英検3級以上合格者は英語試験免除
〈配点・時間〉国・算・英・思考力＝各100点40分
〈面接〉1回、帰国は保護者同伴　重視

高等学校

推薦：書類審査、面接、作文（1200字・出願時提出）
一般・帰国・2次：英語※（リスニング含む）、数学、国語（各100点50分）、面接　※英検3級合格者は40点加点、準2級合格者は英語試験免除
〈面接〉生徒個人　推薦はきわめて重視　一般・帰国・2次は重視

■2023年春併設大学への進学

在学中一定の成績をとった者は、大学へ進学できます。人数に制限はありません。
白百合女子大学－5（文3、人間総合2）

■指定校推薦枠のある主な大学

上智大　成城大　聖心女子大　中央大　昭和薬科大など

■2023年春卒業生進路状況

卒業生数	大学	短大	専門学校	海外大	就職	進学準備他
31人	28人	3人	0人	0人	0人	0人

■2023年度入試結果

中学校

募集人員		志願者数	受験者数	合格者数	競争率
1回	15	10	10	8	1.3
2回	15	10	10	9	1.1
3回	10	8	2	2	1.0
帰国	若干	0	－	－	－

高等学校 　帰国子女入試、2次あり

募集人員		志願者数	受験者数	合格者数	競争率
推薦	20	8	8	8	1.0
一般	30	6	6	6	1.0

学校説明会　要予約

10/14　11/25　**入試説明会**　11/18（湯本富士屋ホテル）**入試直前説明会**　1/13
学校見学は随時可（要電話連絡）

見学できる行事

白百合祭（要予約）9/10（個別相談コーナーあり）
クリスマス会（要予約）12/20（学校説明会あり）

説明会・行事等は日程・内容が変更される場合があります。必ず学校HP等でご確認ください

中 女子　高 女子 普通科・音楽科

北鎌倉女子学園中学校 高等学校
（きたかまくらじょしがくえん）

〒247-0062　神奈川県鎌倉市山ノ内913　☎0467-22-6900　学校長　佐野　朗子

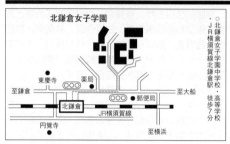

○北鎌倉女子学園中学校・高等学校
・JR横須賀線北鎌倉駅徒歩7分

〈URL〉https://www.kitakama.ac.jp/

沿革　昭和15年（1940）、北鎌倉高等女学校開校。同23年（1948）、北鎌倉高等学校に改称、中学校併設。同40年（1965）、中学校に音楽コース設置。同43年（1968）、高等学校に音楽科設置。同53年（1978）、学校名を北鎌倉女子学園に変更。

校風・教育方針

「精神的にも肉体的にも健康で科学的な思考力を身につけた女性を育成する」という創立者額田豊博士の考えを受け継ぎ、北鎌倉女子学園はのびやかな自立した女性を育てます。個々の生徒の自主性を生かし、多様な価値観に心ひらく明るく国際性豊かな女性の育成をめざしています。

カリキュラムの特色

【中学先進コース】

中学は週6時間英語の授業があります。そのうちの1時間はネイティブ教員による少人数のオールイングリッシュ授業で、2時間はアプリやYouTubeを活用し、動画制作などを行う先進英語の授業です。「聞く」「話す」に力を入れ、3年間で英語の基礎力を養います。

【高校普通科】

高校は、高1では先進コース、特進コースに分かれ、高2からは先進コース、特進文系コース、特進理系コースに分かれます。KGプロジェクトと呼ばれる総合探究の時間の他に、グローバル探究では国際問題について学んでいます。また、必修選択や自由選択が豊富で進路に適したカリキュラム編成が可能です。

【中学音楽コース・高校音楽科】

中学の音楽コースは、神奈川県内唯一の音楽専門コースです。音楽を専門的に学ぶためには、専門実技に加え、基礎として必要なソルフェージュや音楽理論、音楽史などの学習が必要になります。中学から高校へと発展的に学べる環境が整っています。高校音楽科は声楽・ピアノ・弦楽器・管楽器・打楽器・作曲・音楽総合の各専攻があり、優れた音楽技術と高い芸術性を育成します。

環境・施設設備

自然豊かで、周囲は古刹が並ぶ歴史的な環境を生かし、鎌倉に密着した体験学習を行っています。

各教室は冷暖房完備。全館Wi-Fiが利用でき、一人一台iPadを配布、ICT設備が充実しています。音楽科はレッスン室や練習室がさらに充実しました。2020年の創立80周年を機に設備を一新、新教室や新しい形の自習室の開設など、明るい空間に

---Information---

放課後や土曜日を充実した学びの時間に

開放的な自習室や職員室をはじめ様々な活動の場が整えられています。ネイティブ教員常駐のEnglish Roomでは楽しく英語を学ぶことができます。SIM（Science Information and Mathematics）Clubでは教えあいながら理数系の力を育成できます。インターアクトクラブでは鎌倉ロータリークラブのご支援のもと、自主性と奉仕の精神を養うための研修やボランティア活動を行っています。2023年度にはユネスコスクールの認定を受けました。

今春の進学実績については巻末の「高校別大学合格者数一覧」をご覧ください

生まれ変わりました。

学校行事・クラブ活動

中1は前期に宿泊研修があります。中2で奈良・京都歴史学習、中3では劇団四季の観劇があります。高1は鎌倉能舞台で能・狂言を鑑賞。高2は鶴岡八幡宮のご厚意により学園の講堂で雅楽や舞を鑑賞します。高3は国立劇場で歌舞伎鑑賞。高1・高2の夏休みに希望者対象の海外研修を実施。中高合同の行事には体育祭、合唱コンクール、文化祭、球技大会等があります。

クラブ活動は12の文化部と11の運動部があり、同好の者が集まって、異年齢活動を行っています。

データファイル

■2024年度入試日程

中学校　2科は帰国生含む　プロはプログラミング

募集人員		出願期間	試験日	発表日	手続締切日
先進2科①		1/8~2/1	2/1	2/1	2/6
算数①		1/8~2/1	2/1午後	2/1	2/9
2科②		1/8~2/2	2/2	2/2	2/9
4科総合		1/8~2/2	2/2午後	2/2	2/9
エッセイ①・英語①・プロ	95	1/8~2/3	2/3午後	2/3	2/9
国語①		1/8~2/4	2/4	2/4	2/9
算数①		1/8~2/4	2/4午後	2/4	2/9
国語②		1/8~2/5	2/5	2/5	2/9
エッセイ②・英語②		1/8~2/5	2/5午後	2/5	2/9
音楽	25	1/8~1/25	2/1・2/2	2/2	2/9

高等学校　帰国生入試あり

募集人員		出願期間	試験日	発表日	手続締切日
推薦	普通45音楽3	1/16~1/19	—	1/22	1/26
書類選考	普通30		—	2/10	
一般	普通45	普1/24~1/30	2/10	2/10	3/1
オープンA	普通20		2/10	2/10	3/1
オープンB		普1/23~1/30	2/11	2/11	3/1
一般・オープン	音楽23		2/10	2/10	3/1
二次	普通若干音楽若干	3/5	3/6	3/6	3/8

■2024年度選考方法・入試科目

中学校

先進コース2科：国語・算数　**4科総合**：4科総合　**国語**：1科（60分）　**エッセイ**：エッセイ（30分）、質疑応答（約5分）　**英語プレゼン**：英語プレゼン・質疑応答（約10分）　**算数**：1科（60分）　**プログラミング**：プログラミング（60分）、質疑応答（約10分）　**音楽コース**：国語・算数、実技〈配点・時間〉国・算＝各100点45分　4科総合＝100点60分　〈面接〉なし

高等学校

推薦：書類審査のみ　**書類選考**：書類審査のみ　**一般・オープン**：国、数、英、面接（オープンのみ）　**音楽科**：国、英、実技、専門科目（聴音・視唱・楽典）、面接（オープンのみ）**二次**：普通科は作文（60分）　音楽科は作文（60分）と実技〈配点・時間〉国・数・英＝各100点45分〈面接〉生徒個人　オープンのみ実施　参考程度

■指定校推薦枠のある主な大学

青山学院大　成蹊大　成城大　日本女子大　法政大　明治学院大　立教大　横浜市立大など

■2023年春卒業生進路状況

卒業生数	大学	短大	専門学校	海外大	就職	進学準備他
105人	93人	2人	6人	0人	2人	2人

■2023年度入試結果

中学校　プログラミング、オンライン入試あり

募集人員		志願者数	受験者数	合格者数	競争率
2科	①30/②10	40/26	39/5	36/5	1.1/1.0
4科総合	10	11	6	6	1.0
国語①10/②3/算数3		20/24/20	7/4/6	7/4/3	1.0/1.0/2.0
英語①5/②3/日本語10		6/3/3	2/0/1	2/—/1	1.0/—/1.0
エッセイ	①5/②3	9/17	0/4	—/4	—/1.0
音楽	25	3	3	3	1.0

高等学校　二次募集あり　スライド合格含む

募集人員		志願者数	受験者数	合格者数	競争率
推薦	普45/音 3	67/1	67/1	67/1	1.0/1.0
書類	普30	52	52	52	1.0
一般	普45/音23	34/8	33/8	33/8	1.0/1.0
オープン	普20/音若干	54/1	39/1	28/1	1.4/1.0

学校説明会　要予約
★中学校　9/16 10/14・15（文化祭）12/9 1/13
入試体験会（5・6年生対象）10/28
過去問題学習会（5・6年生対象）11/11
★高等学校　9/2 10/14・15（文化祭）11/3 11/19　個別相談会　11/25 12/2
〈音楽コース（中）・音楽科（高）〉
個別相談会（予約不要）　9/9 10/21 11/25
入試実技試演会（小6・中3対象）12/9

見学できる行事
文化祭　10/14・10/15（入試説明会あり）
音楽科定期演奏会　11/18（鎌倉芸術館）

説明会・行事等は日程・内容が変更される場合があります。必ず学校HP等でご確認ください

鵠沼高等学校
（くげ ぬま）

〒251-0031　神奈川県藤沢市鵠沼藤が谷4-9-10　☎0466-22-4783　学校長　井上　奈々

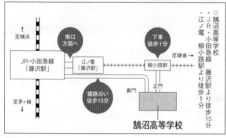

〈URL〉https://kugenuma.ed.jp

沿革　大正14年（1925）に家政女塾として創立。昭和2年（1927）に平塚高等家政女学校、昭和19年（1944）に相模女子商業学校、昭和23年（1948）に藤嶺学園女子中高等学校、昭和36年（1961）に鵠沼女子高等学校と改称。平成16年（2004）より、鵠沼高等学校と改称し、共学になりました。今年、創立98年目を迎えました。

校風・教育方針

「知識・情操・意欲の調和した豊かな人格を備えた人間の育成」を教育理念とし、この達成のために「自己と社会をより良く変えていく資質の育成、社会に貢献できる有為な人材の育成」を教育目標に掲げています。今日の社会は科学技術の進展が目覚ましく、私たちの想像をはるかに超える勢いで進化し続けています。そのような社会に適応し、自らの未来を、自身の力で切り開いていけるよう、生徒の成長を日々サポートしています。

カリキュラムの特色

各自の夢、進路が実現できる3コース制です。

○**英語コース**

UCR（カリフォルニア大学リバーサイド校）にて語学研修（必修）を行います。また、国際的な探究・発表活動やボランティア活動を行い、世界遺産検定に挑戦することで、広く世界に触れます。

○**理数コース**

理系大学への進学を目指し、理数科目を中心に勉学に励みます。また、鵠沼サイエンス・プログラムを通して将来どのような視点から社会で活躍していきたいかを考えます。1・2年次に行う国内研修旅行では日本国内を支える科学技術や環境・生態の「本物に触れる」経験ができる地域・企業を訪問します。また、各分野の専門の先生による講演会や大学を訪問しての実験・実習を行います。

○**文理コース**

「勉強も部活動（必須）も頑張りたい！」という生徒が集まっています。行事などの学校生活を楽しみながら、1年次に進路をじっくりと考え、2年次より文系・理系に分かれていきます。文系クラスは国語・地歴・英語に、理系クラスは数学・理科・英語に重点を置く授業が特色です。また、土曜日は講習・補習、部活動など、各自の希望に合わせた過ごし方ができます。

○**進学講習**

全学年を対象として、夏期・冬期進学講習を実施しています。大学進学に必要な講習を受講できます。

○**習熟度別授業や小テストの取り組み**

英語や数学では習熟度別授業を行い、学力向上を図ります。1年次から英単語テストや古文単語テスト、英文法テストなどを毎週行います。

○**きめ細やかな進路指導**

大学講義体験や卒業生座談会など進路イベントを各学年で行っています。受験ガイダンスや進路面談など、フォローも万全です。

国際教育

希望者は夏休みにイングリッシュ・キャンプ

（国内）、冬休みにイギリスでクリスマス体験ホームステイ研修、春休みはオーストラリア研修に参加することができます。

生活指導・心の教育

全生徒が演劇やオーケストラなどの芸術鑑賞を行う視聴覚行事や、学年ごとに著名人を招いて行う講演会など、情操を高める機会を多く設けています。生活の悩みなどは、専門のカウンセラーに相談できる体制があります。

環境・施設設備

藤沢駅（JR・小田急線）から江ノ電で3分の柳小路（鵠沼高等学校）駅近くに位置し、周辺は住宅地に囲まれ静かな環境です。部活動で江の島までランニングをすることもあります。

現在、校舎建て替え事業を計画しています。2024年度秋より、グラウンドに仮校舎を建設し、

2025年度と2026年度は仮校舎にて教育活動を行う予定です。体育館は継続利用しますので、体育の授業は校内で行います。

学校行事・部活動

鵠沼高等学校三大行事には「合唱コンクール」「体育祭」「鵠輝祭（学校祭）」があり、毎年とても盛り上がります。新入生歓迎会や球技大会も人気です。

部活動も多彩で活発です。運動部10部、文化部14部があり、多くの生徒が加入し、勉強との両立を果たしています。バドミントン部女子は関東大会（24年連続29回）、インターハイに出場。バドミントン部男子はインターハイに出場。バスケットボール部女子は関東大会、インターハイ、ウィンターカップに出場。ダンス部は全国大会に出場。ソフトテニス部、卓球部、陸上競技部、ソフトボール部、合唱部は県大会に出場し活躍しています。

藤沢市

高

共学

データファイル

■2024年度入試日程　※詳細はHP参照

募集人員		出願期間	試験日	発表日	手続締切日
推薦	90	1/16〜1/18	1/22	1/23	1/26
一般　専	145	1/24〜1/26	2/11	2/12	2/16
併			—	2/12	2/29
オープン	15		2/11	2/12	2/29
2次　若干		2/28・2/29	3/1	3/1	3/4

コース別の募集人員は、英語コース30人、理数コース30人、文理コース190人

■2024年度選考方法・入試科目

推薦：書類審査、面接【出願条件】2年＋3年の内申［英語・理数コース］5科44／50［文理コース］5科38／50　9科に1は不可、英語・理数コースは5科に2があると不可　英検・漢検・数検合格、皆勤等は加点、文理は生徒会、部活動等も加点あり　欠席各学年10日未満（病気、けがは相談）　推薦・専願は特別奨学金制度あり

一般：〈専願〉国語、数学、英語〈併願〉書類選考

オープン：国語、数学、英語、面接

〈配点・時間〉国・数・英＝各100点50分

※オープンは3科の合計点と面接で判定

チャレンジ制度……専願入試、併願入試で文理コースを受験した者のうち英語コース・理数コースへの変更を希望する場合は、学科試験（国・数・英）得点結果に応じて変更を認められることがあります（選考は2/11）。希望者は、出願する際に

希望コースを選択してください。

〈面接〉生徒個人　きわめて重視【内容】志望理由、入学後の抱負など

■指定校推薦枠のある主な大学

横浜市立大　中央大　明治学院大　成城大　成蹊大　専修大　日本大　駒澤大　東京都市大　芝浦工業大　東京電機大　工学院大　北里大　神奈川大　玉川大　東海大　関東学院大　工学院大　獨協大　フェリス女学院大　鎌倉女子大など

■2023年春卒業生進路状況

卒業生数	大学	短大	専門学校	海外大	就職	進学準備他
263人	220人	1人	28人	1人	0人	13人

■2023年度入試結果　一般は専願／併願

募集人員		志願者数	受験者数	合格者数	競争率
推薦	90	42	42	42	1.0
一般	145	32/699	32/699	32/699	1.0
オープン	15	36	36	17	2.1
2次　若干		2	2	2	1.0

学校説明会 全てHPより要予約
10/21　11/11　11/18
平日説明会（保護者対象）　11/15
個別相談会　11/25
オープンスクール授業体験 9/16 9/30
見学できる行事
文化祭（鵠輝祭）　9/9・9/10

説明会・行事等は日程・内容が変更される場合があります。必ず学校HP等でご確認ください

神奈川
く

公文国際学園 中等部 高等部

〒244-0004　神奈川県横浜市戸塚区小雀町777　☎045-853-8200　学校長　梶原　晃

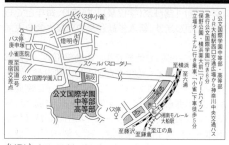

〈URL〉https://www.kumon.ac.jp

沿革　公文式学習の創始者である公文公により設立されました。1993年に中等部を開校、1996年に高等部を開校。2008年に公文毅記念講堂および新校舎（グリーンゾーン）が完成。2012年にグラウンドをリニューアル（人工芝に）。2014年から2018年まで、文部科学省のSGH（スーパーグローバルハイスクール）に指定されました。

校風・教育方針

公文国際学園には制服や校則がなく、生徒には「自ら考え、判断し、行動する」ことが求められます。生徒一人ひとりの個性を大切にし、生徒の能力を最大限に伸ばすことにより、平和で豊かな国際社会を築く人材を育成したいと考えています。

豊かな個性と確たる自立心を持つ人間の育成、創造性あふれる発想と高度な学力を持つ人間の育成、国際社会で活躍できる広い視野と行動力を持つ人間の育成を教育目標に掲げ、学園生活の中に反映され、教育活動の中で実践されています。

カリキュラムの特色

授業は2週で1セットになっています。全学年60分授業を行っています。高2から文系と理系の選択を前提とした選択科目が増え、高3で文系と理系にはっきりと分かれ、必修の授業と自由選択の授業が用意されています。

国語の授業では、豊かな読解力、思考力、表現力を身につけさせるとともに、言葉を大事にする生徒を育てていきます。さらに自国の文化を深く理解するとともに、他国の文化を理解し、受容を

していく態度を育てます。高校から習熟度別の授業を行っています。

数学の授業では、基本的な知識や技能の習得を図るとともに、それらを活用して課題を解決していく豊かな思考力と、主体的な学習姿勢を育てます。中1から習熟度別の授業を行っています。

英語については、入学時の英語学習の経験度により、少人数での経験度別の授業を行っています。帰国生が中心のクラスは、ネイティブ教員の授業の割合が7割、日本人教員の授業が3割、その他のクラスは、日本人教員の授業が7割、ネイティブ教員の授業が3割となっています。

高2になると、科目の選択を自分の興味、関心や希望する進路に合った形で行うことが可能となっています。高2の後期からは、難関大学への受験に向けた「学習ゼミ」が放課後に行われています。

公文式の教材を使った学習も行われており、中2までは必修で数学の学習を行います。希望をすれば、国語と英語の学習も可能となっています。もちろん、中3以降も学習をそのまま続けることが可能となっています。

環境・施設設備

豊かな自然に囲まれた広大な敷地の中に、3つの校舎と男女寮が併設されています。職員室の前には、学習スペースが設けられ、放課後の自習の場として活用されています。図書館には洋書も含めた数多くの書籍やDVDが収蔵されています。

今春の進学実績については巻末の「高校別大学合格者数一覧」をご覧ください

また、集会や公文式の学習でも利用されている
ホール、パソコンを使うことができるPCルーム
やメディアセンター、体育館の機能を備えた講堂、
人工芝のグラウンド、屋内プール、テニスコート、
ビーチバレーコート、ハンドボールコートなどの
文教施設が完備されています。

生活指導・心の教育

　生活指導は、自由と自立を重んじ、生徒一人ひ
とりの個性を大切にしながら、その能力を最大限
に引き出して国際社会を築く人材を育成する、と
いう教育方針に則って行われます。国際学園にふ
さわしい風土を培うため、あえて制服や校則はお
かず、生徒一人ひとりの生活のあり方、権利、義
務を表した「公文国際学園生徒憲章」を掲げてい
ます。

学校行事・クラブ活動

　2大行事は、体育祭と表現祭（文化祭）になり
ます。いずれも生徒が主体となって、実行委員会
を立ち上げ、教員がサポートをする形で、企画や

運営が行われます。「体験」を重視した学年ごと
の行事もあります。中1では「ふれあいキャンプ」、
中2ではいろいろなアクティビティにチャレンジ
をする「冒険型体験学習」、中3では「日本文化
体験」が行われます。「日本文化体験」では、興
味のある日本各地の文化をテーマとして選び、プ
レゼンテーションを行いながら、最終的に6つに
コースを絞ります。9月の下旬に現地に向かい、
研修を行い、論文としてまとめるプログラムです。
さらに高2ではLEEと呼ばれる、英語で学ぶ約1
週間の研修行事を行います。ニュージーランド・
大分（APU）から行き先を生徒が選択し、大学
を活動の拠点として、大学生とのディスカッショ
ンやフィールドワークを通じて現代におけるさま
ざまな課題について学びます。

　クラブ活動については、体育系は11、文化系は
12のクラブが活動をしています。高校の男子バ
レーボール部はビーチバレーのみになりますが、
毎年全国大会に出場し、好成績を収めています。
科学技術研究部は、毎年ツインリンクもてぎで開
催されるエコカーの大会に参加をしています。

データファイル

■2024年度入試日程
必ず学校にご確認ください

中等部

募集人員		出願期間	試験日	発表日	手続締切日
A入試	110	1/9～1/24	2/1	2/2	2/2
B入試	40	1/9～2/2	2/3	2/4	2/4
帰国生入試	10	11/27～12/8	12/16	12/16	12/16

高等部
募集を行っていません

■2024年度選考方法・入試科目
中等部

A入試：2科（①国算、②国数、③国英、④数英
のいずれか選択）
②、③、④は自己推薦書あり（なくても受験可）
〈配点・時間〉国・算・数・英＝各100点50分

B入試：4科
〈配点・時間〉国・算＝各100点50分　理・社＝
各75点40分
〈面接〉A入試・B入試ともなし

帰国生入試：適性検査・英語（各100点50分）、面接

■指定校推薦枠のある主な大学
横浜市立大　学習院大　慶應義塾大　上智大　国
際基督教大　成城大　中央大　東京理科大　法政
大　早稲田大　北里大（医）など

■2023年春卒業生進路状況

卒業生数	大学	短大	専門学校	海外大	就職	進学準備他
159人	121人	0人	2人	5人	0人	31人

■2023年度入試結果
中等部　男／女

募集人員		志願者数	受験者数	合格者数	競争率
A入試	110	124/130	121/123	77/79	1.6/1.6
B入試	40	96/78	59/42	17/23	3.5/1.8
帰国生入試	10	7/17	6/17	2/12	3.0/1.4

入試説明会　要予約
必ず学校HPをご確認ください
10/7　11/3　12/2
公文式学習者対象入試説明会　9/16
見学できる行事　要予約
表現祭（文化祭）10/21・10/22
（入試相談コーナーあり）

説明会・行事等は日程・内容が変更される場合があります。必ず学校HP等でご確認ください

神奈川け

✕ 慶應義塾普通部
（けいおうぎじゅくふつうぶ）

〒223-0062　神奈川県横浜市港北区日吉本町1-45-1　☎045-562-1181　普通部長　森上　和哲

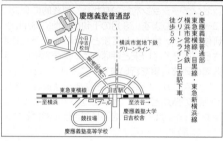

〈URL〉https://www.kf.keio.ac.jp/

沿革　福澤諭吉の名とともに輝かしい伝統を誇る慶應義塾は、安政5年（1858）、福澤が江戸築地の鉄砲洲に蘭学塾を開き、慶応4年（1868）に、芝新銭座に塾を移して慶應義塾と呼んだのがはじまりです。その後明治31年（1898）に幼稚舎（小学校）から大学までの一貫教育の体制が整えられました。普通部は三田より昭和26年（1951）に現在地に移転、現在に至ります。

校風・教育方針

福澤諭吉の建学の志を脈々と受け継ぐ普通部は、優れた知性を積み重ね、品性をもった人間関係を広めて、かつ個人の独自性を基に行動のできる人格の育成を目指しています。

大学までの一貫教育のため、必要以上の暗記学習や競争意識から距離を置いていますが、日々の学習レベルは高く、課題も多いため、楽なわけではありません。普通部独自の行事も多く、人間関係を広げ、また刺激を受ける機会となっています。

校風としては全体にのびやかで、多くの生徒が生き生きとしていますが、自律に裏打ちされたのびやかさだと言えます。このような場で学んだ多くの卒業生が、全社会の先導者として様々な分野の第一線で活躍しています。

カリキュラムの特色

土曜日にも授業があり、1週間の授業数は公立中学よりはるかに多い34時間です。卒業生のほとんど全員が慶應義塾大学に進学しますので、将来に渡る活躍を見すえて、基礎学力の育成を重視す

るとともに、より広い教養を身につけ、より深い思考力を伸ばすカリキュラムや授業内容となっています。国社数理英の5科目はどの学年でもすべてⅠとⅡに分かれ、別の教員が教えます。英語や数学などは小テストを頻繁に行いますが、一方で実験や作業、調査・発表、議論などを取り入れる教科が多いのも特色です。理科では2時間続きの実験がほぼ毎週あります。

3学期制で、各学期末に期末試験が行われます。成績はその結果だけで付けるのではなく、普段の授業で随時行われたテスト、レポートや作文、調査・発表なども総合して付けられます。

1年生は24人学級10クラス、2・3年生は40人学級6クラスですが、2・3年でも英語や理科実験などクラスを分割しての授業となっています。

環境・施設設備

東急東横線・目黒線・新横浜線、また横浜市営地下鉄グリーンラインの日吉駅から徒歩5分の緑多い閑静な住宅地の一角に位置しています。

2015年2月に2・3年生の教室が入る本校舎（教室棟）が竣工しました。普通教室の広さは旧校舎の1.3倍の90㎡、そこに幅70cmの机を配置、ゆったりと学習できる環境となっています。分割授業などで使用する12教室も含め、ほとんどの教室に電子黒板システムとWi-Fi環境が整備され、多彩な授業形態に対応しています。

2001年に竣工した本館には、事務室、教員室、図書室、250人収容のホールなどのほか、1年の

24人学級に対応した普通教室があります。

この他に音楽、美術、技術などの教室が入る4階建ての特別教室棟、講堂兼用の体育館、柔道・剣道などで使う小体育館、また弓道場も整備されています。校舎に隣接してグラウンドがありますが、徒歩数分のところに第2グラウンドがあり、テニス部、野球部、ラグビー部などが使用しています。水泳の授業や水泳部の活動は大学日吉キャンパス内の室内プールを使用しています。

生活指導・心の教育

学級担任は教科以外にも「教養」という時間を受け持ち、様々な課題や問題について取り上げたり、福澤諭吉の教えを紐解いたりしています。個人的な悩みについては、担任のほかスクール・カウンセラーが週2回来校し、相談に乗っています。

学校行事・クラブ活動

普通部を特色づける行事として9月下旬に行われる「労作展」と11月上旬に行われる「目路はるか教室」を挙げることができます。

労作展は、1927年に始まる伝統行事で、生徒自身が設定したテーマに基づき、ひと夏（あるいは1年）を費やし取り組んだ成果を披露する場です。毎年多くの見学者が訪れます。

目路はるか教室は、様々な分野の第一線で活躍している卒業生を講師に招いて行う特別授業です。各コース20人程度で、主として学校外で開講されます。単なる職業体験ではなく、先輩の人生経験などもたっぷり語ってもらっています。

また、近年フィンランド・トゥルク市の中学校やオーストラリアのパース市郊外の中・高校と、生徒が相互に訪問する国際交流も進めており、成果を上げています。

この他に、遠足、校内大会（クラス対抗のスポーツ大会）、大学野球早慶戦応援（1年は全員）、林間学校・自然学校、運動会、書初め大会（1年）、音楽会などがあります。また希望参加の行事として、海浜学校、キャンプ教室、多摩川40キロハイク、蔵王スキー学校（2・3年）、志賀高原スキー学校（1年）などが開かれます。

普通部ではクラブ活動を部会といっていますが、運動部会は21、文化部会は15あります。

運動部会では、少数の者が特に選ばれて訓練を積むのではなく、より多くの生徒が参加する方針で進めています。文化部会は少人数のところが多いのですが、趣味を同じくする者がよくまとまり、活発に活動しています。部会活動が生活の中心にならないよう、月〜土曜日で、三日までの活動となっています。

データファイル

■2024年度入試日程　＊出願は郵送・Web

募集人員	出願期間	試験日	発表日	手続締切日
約180	1/6〜1/13	2/1	2/3	2/5

■2024年度選考方法・入試科目

国語、算数、理科、社会、面接、体育実技

〈配点・時間〉国・算＝各100点40分　理・社＝各100点30分

〈面接〉生徒個人

■2023年春併設大学への進学

普通部卒業後、学力・人物・身体等の各方面から適当と認められた者は普通部長の推薦を受け、無試験で慶應義塾高等学校、慶應義塾志木高等学校、慶應義塾湘南藤沢高等部（若干名）、またはニューヨーク学院のいずれかへ進学することができます。

また原則として、塾内の高等学校を卒業すると、慶應義塾大学の各学部へ進学することができます。

慶應義塾高等学校　卒業者数724人

慶應義塾大学711（文15、経済210、法225、商93、医22、理工102、総合政策16、環境情報20、看護医療0、薬8）※2022年8月卒業者1人を含む

慶應義塾志木高等学校　卒業者数237人

慶應義塾大学234（文13、経済80、法74、商20、医7、理工33、総合政策2、環境情報5、看護医療0、薬0）

慶應義塾湘南藤沢高等部　卒業者数232人

慶應義塾大学231（文5、経済60、法64、商16、医7、理工37、総合政策15、環境情報21、看護医療0、薬6）

■2023年度入試結果

募集人員	志願者数	受験者数	合格者数	競争率
約180	587	557	195	2.9

学校説明会　詳細は学校HPをご覧ください。
9/9 9/10（Web予約制）慶應義塾普通部体育館、校舎にて
説明会内容の動画配信予定あり

見学できる行事
労作展　9/23・9/24

説明会・行事等は日程・内容が変更される場合があります。必ず学校HP等でご確認ください

慶應義塾高等学校
けい　おう　ぎ　じゅく

〒223-8524　神奈川県横浜市港北区日吉4-1-2　☎045-566-1381　学校長　阿久澤　武史

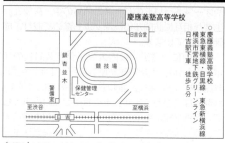

〈URL〉https://www.hs.keio.ac.jp/

沿革　福澤諭吉の名とともに輝かしい伝統を誇る慶應義塾は、安政5年（1858）福澤が江戸築地の鉄砲洲に蘭学塾を開いたことを建学の礎とし、以来150年を超えて多くの人材を各界に送り出してきました。慶應義塾高等学校は、慶應義塾の一貫教育校として昭和23年（1948）に設立され、慶應義塾第一高等学校、第二高等学校の名称で、仮校舎を東京都港区麻布に構えました。翌24年（1949）に、両校を統合し慶應義塾高等学校と改称、同時に校舎を三田山上に移転。同年秋、現在地に再度移転し、現在に至ります。

校風・教育方針

「独立自尊」の気風を養うことを目的とする義塾の基本方針にのっとり、自主性と品位ある明朗な人物を育成することをめざし、社会における智徳の模範、先導者となることを期待しています。

従って慶應義塾生としては次のような人が望まれます。

1. 人の言うことを素直に聞ける、心身ともに健全な人
2. 他人の考えや立場を理解できる柔軟な頭と、思いやりの心のある人
3. 学問に対して意欲的で、判断力の基礎となる高度の知性をめざす人
4. 社会から何かを得ようとするのではなく、社会に何かを与える人間になろうと志す人
5. 慶應義塾に愛着を持ち、慶應義塾で学ぶ喜びを求める人

また、卒業後はほとんどの生徒が推薦により慶

應義塾大学に進学するため、日々の学習や課外活動に落ち着いて取り組み、個性を伸ばせるようになっています。

カリキュラムの特色

2022年度より学期は3学期制をとり、1学期は4月1日より7月31日まで、2学期は8月1日より11月30日まで、3学期は12月1日より3月31日までとなっています。

授業時間は50分単位とし、週31時間。始業は年間を通して8時20分、終業は14時50分です。

教育課程は、教育目標を達成させるにふさわしいカリキュラムを編成し、学力の充実を図っています。

2022年度からのカリキュラムでは、全学年の必修科目（英語は習熟度別クラス）で特定の分野に偏らない知性と教養を獲得します。そして3年生の選択科目と「卒業研究」により、総合的な学びを目指し、幅広い知性を養います。

3年生で用意された多くの選択科目は、進学希望学部にあわせて履修することになります。

環境・施設設備

渋谷・横浜から東急電鉄東横線で約20分、横浜市の北端、川崎市に隣接する地に日吉があります。かつて橘樹郡日吉村といわれたこの地は武蔵野台地に対する多摩川台地のほぼ末端に位置していて、一般に「日吉台」と呼ばれる小丘陵です。この丘

今春の進学実績については巻末の「高校別大学合格者数一覧」をご覧ください

陵のほぼ中央に向かって、日吉駅から続く銀杏並木のだらだら坂、この並木のつきるところに白亜の校舎があります。

緑多い約50万㎡に及ぶ広大な丘陵の敷地に、すばらしい国宝級の出土品が発掘された古墳と弥生式竪穴住居跡。また、見渡せば四季折々にキャンパスからの箱根・丹沢、はるかに美しい富士の姿や秩父連山さえ望まれ、勉学の地として最も理想的な環境にあります。

施設としては、鉄筋3階の第一校舎と、近代的設備を整えた4階建ての特別教室A棟、地下1階地上3階の特別教室B棟、日吉会堂(講堂兼体育館)、柔道場、すばらしい眺望の食堂、広々とした人工芝のグラウンド、野球場などがあります。2018年度には図書室、特別教室、トレーニングルーム、ホールなどを設置した日吉協育棟が完成しました。

生活指導・心の教育

教職員180人、校医5人、スクール・カウンセラー3人が常時生徒たちのからだとこころの健康をみまもっています。

学校行事・クラブ活動

年間を通じて様々な行事が行われています。

〈球技大会(5月)〉ソフトボール、バスケットボール、バレーボール、サッカーの4種目クラス対抗戦です。全校の覇を争う楽しい生徒会主催の行事です。

〈陸上運動会(10月)〉日吉キャンパス内にある日本陸上競技連盟第4種公認の陸上競技場で行われるクラス対抗戦の運動会です。

〈日吉祭(10月末〜11月)〉文化祭で、企画運営は日吉祭実行委員会の生徒が主体となって当たります。来場者も多く、賑やかな2日間となります。

修学旅行は行わず、「選択旅行」という形式(多数のコースから生徒各自が選択して卒業までに1回は参加)で実施しています。

クラブ活動は、文化系クラブと体育系クラブに分かれ、それぞれ文化団体連盟(文連)、体育団体連盟(体連)を構成しています。

文化団体連盟には39のクラブがあります。文連活動の大きな目標の一つは、日吉祭に参加することです。また、各クラブは、それぞれの目標に向かって練習に励み、発表会や演奏会等で成果を披露しています

体育団体連盟には44のクラブがあり、練習に励んでいます。全国大会に出場しているクラブも多数あります。

データファイル

■2023年度入試日程(参考)

出願期間※	試験日	発表日	手続締切日
推薦1/16郵	1次書類 2次1/23	1次1/22 2次1/24	1/27
一般1/21〜1/27郵 帰国12/18〜1/8郵	1次2/10 2次2/13	1次2/12 2次2/14	2/16

※いずれもWebによる出願が必要

■2023年度選考方法・入試科目(参考)

推薦:書類審査、面接、作文

【出願条件】内申9科38 運動・文化芸術活動などにおいて相応の成果を上げた者

一般・帰国:1次は国語、英語、数学 2次は面接(1次試験合格者のみ)

〈配点・時間〉国・数・英=各100点60分

〈面接〉生徒個人

※新型コロナウイルス感染症の影響により変更になる場合があります

■2023年春併設大学への進学

慶應義塾の一貫教育制度に基づいて、原則とし

て、慶應義塾高等学校を卒業すると、慶應義塾大学の各学部へ進学することができます。

卒業者数724人

慶應義塾大学−711(文15、経済210、法225、商93、医22、理工102、総合政策16、環境情報20、看護医療0、薬8)

※2022年8月卒業者1人を含む

■2023年度入試結果

	募集人員	志願者数	受験者数	合格者数	競争率
推薦	約40	89	—	41	2.2
一般	約330	1,277	1,206	457	2.6
帰国		60	52	24	2.2

一般、帰国は補欠合格を含む(一般149人、帰国4人)

学校説明会 要予約 場所:日吉会堂
10/7 11/11 午前・午後、4回とも同じ内容
(終了後、校舎内の見学を予定)

見学できる行事
日吉祭(文化祭) 10/28・10/29

説明会・行事等は日程・内容が変更される場合があります。必ず学校HP等でご確認ください

神奈川 け

慶應義塾湘南藤沢 _{中等部}_{高等部}
（けい おう ぎ じゅく しょう なん ふじ さわ）

〒252-0816　神奈川県藤沢市遠藤5466　☎0466-49-3585・3586　中等部・高等部部長　尾上　義和

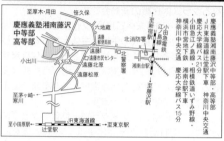

〈URL〉https://www.sfc-js.keio.ac.jp/

沿革　安政5年（1858）、福澤諭吉が東京築地に蘭学塾を開いたのが始まりです。慶応4年（1868）に慶應義塾とし、明治4年（1871）、東京三田へ移って以後、幼稚舎、大学部設置に続き、同31年（1898）普通科を設けて中等教育を開始。平成2年（1990）、藤沢に大学2学部を新設し、同4年（1992）、同地に湘南藤沢中等部・高等部を開校。

校風・教育方針

生徒一人ひとりを大切にして、基本を重視し、基礎を確実に身につける、きめ細かな指導を行います。国際的な場で活躍するために不可欠なものとして、語学と情報リテラシーを身につける教育に力を注ぎ、変革の時代に対応して、個性を伸ばす新しい教育をめざしています。

高等部の卒業者は、原則として全員が慶應義塾大学のいずれかの学部に推薦入学を許可されますので、自分自身の志望に応じて、好きな学業に打ち込み、クラブ活動やボランティア活動などを行うことができます。情操豊かで、創造力に富み、思いやりが深く、広い視野に立って物事を判断し、社会に貢献するために積極的に行動する人、「社会的責任を自覚し、知性、感性、体力にバランスのとれた教養人の育成」が目標です。

カリキュラムの特色

中高一貫教育のカリキュラムを編成し、中等部を1・2・3年生、高等部を4・5・6年生と呼んでいます。

生徒個人に見合ったきめの細かい教育を実践し

ているのも特色です。なかでも時代の要求する異文化間の交流に対応するための基礎的学習として、日本文化を日本語で正しく表現すると同時に英語を媒介とした異文化との意思疎通を可能とするコミュニケーションの育成、さらにコンピュータを授業に取り入れ、自然にコンピュータを利用した情報処理能力を身につけさせることにも力を注いでいます。

学部進学、進路選択にはおいては、授業をはじめ「福澤先生記念講演会」等の特別なカリキュラムを設けています。社会で活躍する卒業生の話を聞いたり、大学生との懇談会として、一歩先に大学へ進学した先輩たちから大学生活について知る機会を設けるなど、縦のつながりを生かし、将来を検討することができるようにしています。

国際交流プログラム

〈慶應義塾一貫教育校派遣留学制度〉
慶應義塾内の高等学校より選ばれた者は、イギリス・アメリカの各提携校へ約1年間派遣留学することができます。
〈交換留学〉
湘南藤沢中高等部独自の留学プログラムとしても、イギリス・アメリカ・シンガポール・ニュージーランド・オーストラリア・韓国・カナダの各提携校との間で、1～3週間の交換留学を毎年（一部のプログラムは隔年で）行っています。

環境・施設設備

　大学の総合政策学部、環境情報学部、看護医療学部と同じ敷地内に設置されており、大学からの知的刺激を受けることができます。

　広大なキャンパスは半分以上が緑化され、都心を離れた静けさの中で、情報機器の充実した図書館他、学習の場にふさわしい環境がつくられています。

生活指導・心の教育

　ユニークで多種多様な授業やクラブ活動を通し

て、情操豊かで、広い視野に立って物事を判断でき、最終的には社会に貢献するために積極的に行動できる人になって欲しいというのがねらいです。

学校行事・クラブ活動

　学校行事は、球技大会、早慶戦観戦、修学旅行、高原学校、文化祭などが行われています。

　クラブ活動は体育系クラブが空手、弓術、競走、剣道、硬式テニス、柔道、水泳、バスケット、バレー、フェンシング、サッカー、ソフトボール(女)、体操(女)、野球(硬・軟)、スキー、ダンス、文化系は吹奏楽、コンピュータ、室内楽、棋道などがあります。

藤沢市　中　共学　高　共学

データファイル

■2024年度入試日程（予定）

中等部　Webによる登録が必要

募集人員	出願期間	試験日	発表日	手続締切日
一般　約70	1/6〜1/13	1次2/2	1次2/3	2/6
帰国生約30	12/1〜12/14	2次2/4	2次2/5	

※2次試験は1次試験合格者のみ受験

高等部　Webによる登録が必要

募集人員	出願期間	試験日	発表日	手続締切日
全国枠若干	1/19〜1/24	2/12	2/13	2/14
帰国生約20	12/7〜1/9			

■2024年度選考方法・入試科目（予定）

中等部

一般・帰国生1次：国語・算数・理科・社会または国語・算数・英語＊のいずれかを選択
2次：体育実技、面接
＊英語は英検2級〜準1級程度の筆記試験（リスニングを含む）
〈配点・時間〉国・算＝各100点45分　理・社＝各50点25分　英＝100点60分
〈面接〉保護者同伴

高等部

※全国枠（神奈川、東京、千葉、埼玉を除く国内・国外の地域に中学校全期間と小学校6年生の全期間〈4年間〉以上在住、かつ在学した者）と帰国生のみ募集
全国枠：[1次選考] 書類審査　[2次選考] 面接【出願条件】内申　9科41かつ英5、国・数4以上　学校内外での充実した諸活動を行い、出願書類によって示すことができる者
帰国生：書類審査、国語（小論文・45分）、数学（45分）、面接
〈面接〉受験生のみ

■2023年春併設大学への進学

原則としてほぼ全員が推薦されます。
卒業者数　232人
慶應義塾大学－231（文5、経済60、法64、商16、医7、理工37、総合政策15、環境情報21、看護医療0、薬6）

■2023年度入試結果

中等部

募集人員	志願者数	受験者数	合格者数	競争率
一般　　約70	454	405	86	4.7
帰国生　約30	134	106	40	2.7

繰上合格は一般2人、帰国生4人。内部進学者を含まない

高等部

募集人員	志願者数	受験者数	合格者数	競争率
全国枠　若干	27	27	6	4.5
帰国生　約20	139	124	47	2.6

繰上合格は全国枠0人、帰国生14人

学校説明会

中等部
9/9 10/14
高等部
7月に実施
中等部、高等部とも動画配信のみのオンライン説明会も開催予定。
※開催内容や参加申し込み方法の詳細は学校ウェブサイトをご覧ください。
https://www.sfc-js.keio.ac.jp/

説明会・行事等は日程・内容が変更される場合があります。必ず学校HP等でご確認ください

神奈川
こ

光明学園相模原高等学校
こう みょう がく えん さがみ はら

〒252-0336　神奈川県相模原市南区当麻856　☎042-778-3333　学校長　天野　雅秀

〈URL〉https://www.komyo.ed.jp

沿革　大正8年（1919）時宗大本山当麻山無量光寺第61世、山崎弁栄聖者が寺内に創立した3年制中学校が前身。昭和26年（1951）、光明学園相模原中学校・高等学校設立。平成15年（2003）、創立85周年を記念し、新校舎竣工。同29年（2017）、創立100周年を記念し、グラウンド人工芝化。

校風・教育方針

　「すべてに智慧と慈悲をもって一生懸命やる」ことをモットーとし、智慧と慈悲をもって明るく幸せな社会の実現に努める人間を育成します。

　知育・徳育・体育・霊育の4つを柱に、学習指導、生活指導、進路指導、部活指導のバランスのとれたきめ細やかな指導を行い、生徒の個性や特性を伸ばす教育を行います。

カリキュラムの特色

　生徒一人ひとりの目標に対応するため、3つのコースを設置しています。

　総合コースは、生徒一人ひとりが持つ「個性」と「可能性」を伸ばし、さらに発展させることを目的とするコースです。カリキュラムは基礎学力の向上を柱とし高校生活の中で、自分自身の適性や個性を見つめながら、学習や部活動に積極的に取り組み、多様な進学を目指します。

　体育科学コースは、全国でも数少ない、体育を専門とするコースです。スポーツを理論的に学び、将来スポーツを通して社会に貢献できる人材の育成を目指します。カリキュラムでは、多くのスポーツ実技のほかに、体育理論や栄養学、テーピ

ング実習など、体育を実践と理論の両面から学べるように配慮しています。2年次には海洋実習があり、ダイビングのライセンスを取得します。

　文理コースは、きめ細やかな学習指導で、志望大学への現役合格を目指すコースです。カリキュラムでは、入試を意識した主要科目に重点をおいています。1年次に基礎力を十分に固め、2年次からは志望進路にあわせて文系・理系に分かれ、

┌Information┐

①ICTを利用した授業の実施

　総合・体育科学コースはICT教材「すらら」を導入。個々の理解度に応じた学習もでき、習熟度に応じて理解、定着、活用のサイクルを反復し、学習内容を定着させていきます。

　全コースで、インターネットのビデオ通話による英会話レッスンを取り入れています。英語の外部検定試験のスピーキングテスト対策として、実際の口頭試験に近い形で、講師の指導を受けながら練習することができます。

②視点を広げる多様な教育

　キャリアガイダンスでは各大学、専門学校の講師から職業別授業が受けられます。様々なジャンルの仕事に触れ、興味が広がります。

　体育科学コースでは、スポーツ理論や、スポーツ選手に欠かせないテーピングの授業を行っており、幅広く学習に取り組んでいます。

　文理コースは語学研修の事前学習として東京都英語村（TGG）での体験型英語学習やカナダとのオンライン研修を実施。4技能のバランスがとれた総合的な語学力を習得します。

今春の進学実績については巻末の「高校別大学合格者数一覧」をご覧ください

少人数での授業が展開されます。また、全学年を通じて、土曜日の特別補習、春・夏・冬の特別講座などのバックアップ体制が整っています。

環境・施設設備

校舎は、自然素材を用いた美しい外観となっています。北側は、日常の学園生活をおくる「学園・生活ゾーン」です。学園のシンボル「智慧の塔」は、1階に多目的ランチルームを設置し、2階には個別ブース式の自習スペースを備えた図書室・PC教室などがあり、快適な学習環境を実現しています。また、全教室に電子黒板を導入しました。南側は「部活動・自主活動ゾーン」。クラブガーデンやトレーニングルームが置かれ、生徒の自主活動や部活動を応援しています。校庭は夜間照明（LED）8カ所を備え、多種目に対応した人工芝総合グラウンドです。

生活指導・心の教育

月1回、人格の向上を目的に、「修養会」を行っています。仏教の教え、修養を通して自分自身を見つめ直し、自分に今何が必要なのかを考えます。

また、ボランティア活動に力を入れており、現在は定期的に通学路や学校周辺の清掃を行っています。

専門カウンセラーに相談することができる「なんでも相談室」を設けており、生徒だけでなく、保護者の相談にも応じます。

学校行事・クラブ活動

コース別の特色を生かした海外修学旅行を実施しています。総合コースは、ホームステイ・ファームステイを取り込んだ英語圏への修学旅行（オーストラリア、ニュージーランドなど）。体育科学コースは、スクーバダイビングライセンス取得を目的とした沖縄海洋実習。文理コースは、現地語学学校での講習を中心としたカナダ語学研修を実施しています。

部活動は盛んで、県大会にとどまらず、関東大会・全国大会で活躍する強豪がそろっています。運動部では、空手道部・新体操部・男女ソフトボール部・硬式テニス部・柔道部・野球部・陸上部が特に盛んであり、文化部では和太鼓部が全国大会を目指しながら、地域活動やボランティア活動に積極的に参加しています。

データファイル

■2024年度入試日程

募集人員		出願期間	試験日	発表日	手続締切日
推薦	220	1/16～1/18	1/22	1/24	1/29
一般	210	1/29～2/5	2/10	2/11	専2/16 併3/2
オープン	10	2/7～2/8	2/12	2/13	専2/16 併3/2
二次	若干	2/28～3/2	3/4	3/5	3/8

■2024年度選考方法・入試科目

推薦：書類審査、面接（グループ）

【出願条件】内申 総合5科13か9科24 体育科学5科13か9科24 文理5科15か9科27 総合・体育科学は3科に1、文理は3科に2があると不可 3年次欠席20日以内 英検・漢検・数検、3年間欠席5日以内などは加点

一般・オープン（総合・文理）・二次：国語、数学、英語、面接（一般はなし、オープンは個人、二次はグループ） 体育科学コースは実技あり

※総合コース・文理コースは書類選考入試あり（一般一次・併願のみ・出願基準あり）

〈配点・時間〉国・数・英＝各100点50分

■指定校推薦枠のある主な大学

青山学院大 桜美林大 大妻女子大 専修大 大正大 帝京大 東海大 武蔵野大 実践女子大

神奈川大 フェリス女学院大など

■2023年春卒業生進路状況

卒業生数	大学	短大	専門学校	海外大	就職	進学準備他
372人	182人	19人	120人	0人	26人	25人

■2023年度入試結果

募集人員			志願者数	受験者数	合格者数	競争率
推薦	男	220	121	121	121	1.0
	女		71	71	71	1.0
一般	男	210	898	896	896	1.0
	女		824	818	818	1.0
オープン	男	10	9	8	4	2.0
	女		1	1	0	—
二次	男	若干	1	1	1	1.0
	女		0	—	—	—

（学校説明会）要WEB予約
11/4 11/12 11/19 11/25 12/4 12/5 12/6 12/7
学校見学会 9/3 9/10
個別相談会 11/26 12/2
学校見学は随時可（要予約）
（見学できる行事）要WEB予約
光明祭（文化祭） 10/28・10/29

説明会・行事等は日程・内容が変更される場合があります。必ず学校HP等でご確認ください

神奈川 さ

相模女子大学 中学部 高等部

〒252－0383　神奈川県相模原市南区文京2-1-1　☎042-742-1442　中高等部校長　武石　輝久

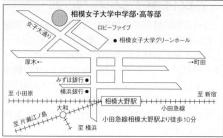

〈URL〉https://www.sagami-wu.ac.jp/chukou/

沿革　明治33年（1900）、東京本郷に日本女学校設立。同42年（1909）、東京小石川に帝国女子専門学校開設。日本高等女学校（日本女学校を改組）を付設。大正4年（1915）、静修実科女学校併設。昭和21年（1946）、現在地に移転。同24年（1949）、相模女子大学開設。同26年（1951）、相模女子大学高等部、相模女子大学中学部と改称。

校風・教育方針

創立120年余の伝統校。創立者である西澤之助が掲げた建学の精神「高潔善美〜固き心を以ってやさしき行いをせよ〜」に基づき、女子教育の先駆として、高い志とたおやかさを持って社会に生きる女性を育成しています。「研鑽力・発想力・協働力を育てる」の教育目標の下、「自ら学ぶ姿勢を探求する生徒」「しなやかに発想し実践する生徒」「個の力を社会の中で発揮する生徒」の育成を目指しています。

カリキュラムの特色

①新コース設置（高校2年次より）

従来の「進学・特進」の2コースを進化・発展させ、2年次より「進路系統別で具体的な到達度目標を明確にした特色ある4コース」を設定し、生徒の自己実現を力強く支援しています。

②放課後学習サポートシステム「まなLab」

常駐の専属サポーターが週2時間の「自学自習」の時間や放課後の学習計画・時間割作成、勉強の仕方などについてアドバイスします。また、チューターが対面・オンラインで生徒一人ひとり

の疑問・質問に対応します。

③国際理解教育

グローバル社会に対応できるよう、多数の専任教諭とALTのティームティーチングによる英語指導を行っています。高等部では、ニュージーランド修学旅行を実施しており、ファームステイや現地校の訪問を通し、現地の方たちとの継続的な交流などを行っています。語学研修・海外研修も充実しており、希望者は、オーストラリア（中高生対象）、カナダ（高校生対象）での研修に参加することができます。中3から高2を対象とした、ニュージーランドでの9週間のターム留学制度もあります。

④進路実現に向けて

社会と自分の結びつき、そして進路を考える機会として、「講話」「キャリア講演会」「大学研究室訪問」などのキャリア教育を実施。個々の状況把握を緻密に行う模試分析、希望進路に即した講習や放課後支援等と併せて、生徒一人ひとりが「生き方」を見据えた進路実現を目指しています。

環境・施設設備

県内と都内の広い地域から通える交通至便で、明るく発展する都市の文教地区に位置しています。東京ドーム4つ分の広大な構内には、相模野の自然が保存され、緑のオアシスと呼ばれています。

キャンパスには、本校舎のほかに、特別校舎（自習室などを含む）、図書館棟（図書館、PC教室、多目的ホールなど）、体育館（トレーニングルーム、シャワールーム、更衣室等）、茶室（返照庵）、各クラブ部室などの建物が整備されており、教育施設は充実しています。

今春の進学実績については巻末の「高校別大学合格者数一覧」をご覧ください

🏫 **3学期制**　🕗 **登校時刻** 8:25　🍴 **昼食** 弁当持参、売店　📅 **土曜日** 授業

学校行事・クラブ活動

　球技大会や体育祭、文化祭など、さまざまな行事が行われます。体育祭は5月に行われ、女子だけとは思えないほど迫力ある競技が展開されます。文化祭は11月に行われ、幼稚部から大学・大学院まで、学園全体をあげて大いに盛り上がります。

　クラブ活動では、運動部・文化部とも、多数の

クラブが放課後の学園を賑わしています。バスケットボール、バトントワーリング、スキー、水泳、モダンダンス、吹奏楽、軽音楽など、全国・関東レベルで活躍するクラブも多く、生徒達は勉強との両立を図りながら好きなことに打ち込んでいます。また、中学生と高校生が一緒に活動しているクラブも多く、中高の連携を図っています。

データファイル

■2023年度入試日程（参考）

中学部　※公立一貫校受験者は延納可

募集人員	出願期間	試験日	発表日	手続締切日
1回	1/6～1/31	2/1午前	2/1、適2/2	2/8※
2回	1/6～2/1	2/1午後	2/1	2/8※
3回 ⎫ 120	1/6～2/2	2/2午後	2/2	2/8※
4回 ⎬	1/6～2/4	2/5午前	2/5	2/8※
5回 ⎭	1/6～2/12	2/13午前	2/13	2/14

高等部　（特進・進学共）

募集人員	出願期間	試験日	発表日	手続締切日
推薦 125	1/16～1/19	1/22	1/23	1/30
一般 ⎫ 135	1/24～2/3	2/10	2/11	⎫ 3/2
書類 ⎭	1/24～2/3	－	2/11	⎭

■2023年度選考方法・入試科目（参考）

中学部

1回：2科・適性検査・プログラミングの選択

2・3回：2科・4科の選択

4回：2科

5回：プログラミング

〈配点・時間〉国・算＝各100点45分　理・社＝各100点計45分　適＝100点45分　プログラミング＝100分、発表・ディスカッション約20分、基礎計算力20分〈面接〉なし

高等部

推薦：面接

一般：国語、数学、英語(リスニング含む)、面接（オープンのみ）

一般（書類選考型）：自己アピール作文

〈配点・時間〉国・数・英＝各100点50分

〈面接〉生徒グループ　参考

■2023年春併設大学・短大部への進学

相模女子大学および短期大学部へ推薦入学ができます。他大学を第1志望、本大学を第2志望にする確約併願制度があります（内申基準あり）。

相模女子大学－57(学芸33、人間社会11、栄養科13)

相模女子大学短期大学部－2（食物栄養）

■指定校推薦枠のある主な大学

青山学院大　中央大　法政大　成蹊大　成城大　東京薬科大　津田塾大　日本女子大など

■2023年春卒業生進路状況

卒業生数	大学	短大	専門学校	海外大	就職	進学準備他
292人	243人	6人	30人	0人	4人	9人

■2023年度入試結果

中学部　1回は2科／適性／プログラミング　2回・3回は2科／4科

募集人員	志願者数	受験者数	合格者数	競争率
1回 ⎫	65/67/15	56/67/14	36/64/13	1.6/1.0/1.1
2回 ⎪	69/24	55/22	21/19	2.6/1.2
3回 ⎬ 120	64/23	32/13	11/6	2.9/2.2
4回 ⎪	94	37	8	4.6
5回 ⎭	19	4	2	2.0

高等部　一般は書類／オープン　スライド合格あり

募集人員		志願者数	受験者数	合格者数	競争率
特進	推薦 25	25	25	25	1.0
	一般 35	127/2	127/2	127/2	1.0/1.0
進学	推薦 100	166	166	166	1.0
	一般 100	372/13	372/12	372/6	1.0/2.0

学校説明会　要HP予約

★**中学部**　9/30

適性検査型入試体験＆説明会（6年生対象）
9/9 11/18 12/9

プチセツ　9/13 12/14 1/10

プログラミング体験会　4年生以上対象　9/16 10/14　6年生対象(入試体験)　11/18 12/9 1/20

過去問解説会　11/25

ナイト説明会（場所は学校HPで確認してください）
10/13 11/15 12/15 1/19　（予約不要）

★**高等部**　9/2 10/21 11/25 12/2

入試個別相談会　12/4 12/5

見学できる行事

相生祭（文化祭）　11/3・11/4

説明会・行事等は日程・内容が変更される場合があります。必ず学校HP等でご確認ください

サレジオ学院中学校高等学校

〒224－0029　神奈川県横浜市都筑区南山田3－43－1　☎045－591－8222　学校長　鳥越　政晴

・サレジオ学院中学校・高等学校
・横浜市営地下鉄グリーンライン「北山田駅」
　下車徒歩5分

〈URL〉http://www.salesio-gakuin.ed.jp/

沿革　1926年、サレジオ会宣教師が来日し、宮崎、大阪、東京に青少年教育のための事業を創設し現在に至っています。このサレジオ会を母体として、昭和35年（1960）4月、目黒サレジオ中学校を創立。平成3年4月、中学校をサレジオ学院中学校に、高等学校をサレジオ学院高等学校に名称変更し、中学・高校6カ年の一貫教育を実施。

校風・教育方針

　教育方針は、カトリック精神に基づく全人教育と、サレジオ会の創立者ドン・ボスコ（1815〜1888）の教育理念である“信仰・愛・理性”による人格の陶冶をめざしています。サレジオ学院が求める生徒は、毎日の目標をより高い所におき、それに挑戦しようという気持ちのある人です。
　主な特色を要約しますと、
1. 教師と生徒との人間的な触れ合いを重視し、生徒の能力を最大限に発揮させています。
2. 国際性豊かで、国際社会に活躍できるように養成しています。
3. 知育に偏ることなく、宗教的雰囲気の中に、運動や文化的な活動を重視しています。
　その上、当学院はミッションスクールですので神を信じ、弱いものに手を差し伸べる校風を大切にしています。

カリキュラムの特色

　教育課程は、中学・高等学校6カ年一貫教育の利点を生かすべく、中学校段階での英語・数学を中心として授業の先取りをするとともに、高校2

年からは文理別のクラス設定・カリキュラムの適用により、個々の生徒の進路選択に向けて、より適切な教科指導を可能としています。
英語カリキュラム　“ニュートレジャー”をテキストにして、英語の「聞く」「読む」「書く」「話す」という4つの技能を立体的に学び、国際的にも十分通用する英語力の養成を目標としています。
数学カリキュラム　中学・高校を通じて、数学の基本的な考え方を徹底させることに重点をおいています。また、演習を十分行うことによって実力を高めています。

──**学校長からのメッセージ**──

学校長　鳥越　政晴

　聖書には、「命を愛される神よ、あなたは存在するものすべてを愛し、いとおしまれる。」という言葉がありますが、サレジオ学院は、生徒の「存在」が認められ、「いのち」がいきいきと成長していくための教育の場です。
　世界中に姉妹校を持つサレジオのキーワードは「アッシステンツァ」です。これはイタリア語で「共にいる」という意味で、教師が生徒と「共にいる」ことによって、生徒一人ひとりの「存在」を支え、「いのち」を育んでいきます。本校で6年間学ぶ若者は、お互いを認める肯定的な人間関係を築き上げ、総合的に自分の可能性を伸ばしていきます。サレジオは、将来リーダーとして人に奉仕し、社会に貢献できる人間を育てるため、「25歳の男づくり」を標語に、長期的展望で教育に取り組んでいます。

今春の進学実績については巻末の「高校別大学合格者数一覧」をご覧ください

国語カリキュラム 読み・書きのほか、プレゼンテーション・ディスカッション・ディベートの能力も身につけることを目標としています。

進路指導は中学3年からで、「しごと講演会」や「職場訪問」を通して、将来をイメージ。高校1年秋の「進路ガイダンス」(2泊3日)では、大勢のOBと話し合いながら志望を固めていきます。

ICT教育

生徒が1人1台持つChromebookは、プログラミング教育のほか、各授業での課題や論文執筆、発表資料準備などで活用されます。

環境・施設設備

横浜市営地下鉄グリーンライン「北山田駅」下車徒歩5分。高台に位置し教育環境にすぐれています。施設も、生徒が落ち着いて学園生活を送れるように配慮されています。

生活指導・心の教育

「カテキスタ部」と呼ばれる神父と教員のチームがあります。カテキスタ部は、宗教教育と生徒の心の指導を行い、思春期を迎えた子供たちのよき相談相手となります。人生の悩みや将来のことなど、生徒が相談にやってくるために用意されたのが「コミュニケーションルーム」。誰でも気軽に出入りできる、オープンな部屋となっています。サレジオ会の創設者ドン・ボスコの「共にいる」という言葉の象徴ともいえる部屋です。

学校行事・クラブ活動

中1林間学校や中2スキー教室をはじめとして、体育祭やサレジオ祭、サレジオならではの感謝祭やクリスマスの集いなど、学校行事の一つひとつがよき体験です。中3修了時の春休みに全生徒を対象にしたイタリア研修旅行があります。感受性の強いこの時期に、友達と一緒に世界を体験することは、その後の人生に大いに役立つことでしょう。また、フィリピン語学研修をはじめとする5つの海外研修プログラム(希望制)があります。

部活動への参加も奨励しており、中学での入部率は98%です。運動系では剣道部、サッカー部、卓球部、テニス部、バスケ部、バドミントン部、バレー部、野球部、陸上部があり、文化系では、軽音部、自然科学部、吹奏楽部、鉄道・模型部、パソコン部、文芸部(文芸班・歴史班)、美術部、ジャグリング部があります。

データファイル

■2024年度入試日程

中学校

募集人員	出願期間	試験日	発表日	手続締切日
A　110	1/7～1/30	2/1	2/2	2/3
B　50	1/7～2/3	2/4	2/5	2/5
帰国　若干	12/1～1/12	1/14	1/14	1/15

高等学校

募集を行っていません

■2024年度選考方法・入試科目

中学校

A・B：国語、算数、理科、社会
帰国：国語、算数、作文
〈配点・時間〉国・算＝各100点50分　理・社＝各75点40分　作文＝配点なし30分
〈面接〉なし

■指定校推薦枠のある主な大学

青山学院大(理工2)　学習院大(経済1、理5)　中央大(商1、総合政策1)　東京理科大(創造理工1、先進工1、経営1)　日本大(法1)　早稲田大(文化構想1、商1、基幹理工1、創造理工1、先進理工1)　北里大(医2、薬1)

■2023年春卒業生進路状況

卒業生数	大学	短大	専門学校	海外大	就職	進学準備他
178人	127人	0人	0人	0人	0人	51人

■2023年度入試結果

中学校

募集人員	志願者数	受験者数	合格者数	競争率
A　110	359	350	167	2.1
B　50	487	409	116	3.5
帰国　若干	30	28	14	2.0

学校説明会 要Web予約
9/9 10/7
入試説明会(6年生対象)　11/4
入試報告会(新6年生対象)　3/17
見学できる行事
サレジオ祭(文化祭)　9/16・9/17

説明会・行事等は日程・内容が変更される場合があります。必ず学校HP等でご確認ください

神奈川
し

自修館中等教育学校
（じ しゅう かん）

〒259-1185　神奈川県伊勢原市見附島411　☎0463-97-2100　学校長　小河 亨

〈URL〉https://www.jishukan.ed.jp/

沿革　明治40年（1907）に小田原の瑞雲寺内に組織された自修学会を発祥とし、同43年（1910）自修学校が開校、現在の向上高等学校へと歴史が継承されています。学校法人向上学園により平成11年（1999）自修館中等教育学校が開校。同30年（2018）創立20周年を迎えました。

教育目標「自学・自修・実践」

自主・自律の精神に富み、自学・自修・実践できる「生きる力」の育成を教育目標に、理想の中等教育を求めて創立されました。建学の精神は、「明知・徳義・壮健の資質を磨き実行力のある優れた人材を輩出し、人間教育の発揚を目指す」。独自の教育プログラムや完全6年一貫教育を通じて、「こころが育つ進学校」を目指しています。

カリキュラムの特色

理想的な完全6年一貫教育を実現するために、独自の「2・3・4システム」を採用しています。6年間を大きく前期課程と後期課程の**2つのス**テージに分け、前期は「自己の発見」、後期は「自己の実現」がテーマ。さらに2年ごとに**3段階**の

ステップを設け、生活習慣や学習態度を身につけます。1年間を**4つの学期**に分け、3カ月間を学期区分の基本とし、一定のリズムで焦らず休まず進みながら自分の力を伸ばしていけるようにしています。合唱コンクールなどの大きな学校行事を各学期に1回は開催し、ゆとりとメリハリのある時の流れを作っています。

授業は1クラス30人で一人ひとりの生徒をきめ細かくサポート。2021年度より定期考査を廃止。日々の学習をより重視する形となりました。また、知識と考える力を身につけることを目的に、模擬試験や普段の小テスト、単元ごとのテストなどを活用しています。英語検定、GTEC、漢字検定は全員が受検します。

探究（総合学習）

総合的な学習である**探究**は生徒一人ひとりが自分の興味関心に即したテーマを設定し、調べ、まとめ、発表する週2回の授業。個々人がゼミに所属し、文献や学術雑誌、インターネットなどにより基礎研究を重ね、討議やプレゼンテーションを行います。より専門的な内容については長期休みを利用し、フィールドワークが行われます。専門家や大学教授、企業に訪問して直接インタビューすることで、自身の好奇心から湧いてきた「なぜ？」「何？」を解消し、より見識を深めます。こうした活動を通じて「課題を見つけ、それを解決していく能力」を養います。そして4年次には「探究修論」（1万字）を書き上げます。5年次にはより深い実践的な学びを行い、6年次は選択探究

TOPICS

2024年度入試のポイント

○2月1日（AM）に探究入試（適性検査型入試）を実施。公立一貫校または国立校を受験する場合、1次手続きを10日13時まで延納できます。

今春の進学実績については巻末の「高校別大学合格者数一覧」をご覧ください

| 4学期制 | 登校時刻 8:25 | 昼食 食堂、売店、弁当持参 | 土曜日 授業 |

があり、新たな大学入試制度にも対応します。

環境・施設設備

「グローバルプログラム」のさらなる充実を目指して2023年より「Global Lounge」を設置し、校舎内で異文化体験ができるようになりました。また校舎のエントランスホールにはフーコーの振り子が置かれ、生徒たちに考える意義を語りかけています。このほか図書館com＋comでは生徒の興味関心を惹きつけるイベントが随時行われ、一番の人気スポットとなっています。

EQ教育～こころの教育～

創立当初より、セルフ・サイエンス（SS）というEQ理論に基づいた授業を週１回行っています。EQとは感情を上手にコントロールしながら表現する技術を指し、「こころの知能指数」とも訳されます。授業は話し合いやロールプレイングなどのワークショップを通して展開され、楽しく体系的に自己と他者を理解していきます。科学的な見地からこころの様子を探り、本来自分が持っている「コミュニケーション能力」や「問題解決能力」といった様々な能力を最大限に生かすことができる知性を養うことで、より豊かで温かな、強いこころを育てています。

2023年春主な現役合格実績（卒業生112人）

国公立大学

東京大	1	北海道大	1
一橋大	1	東京農工大	1
東京芸術大	1	横浜国立大	2
福島県立医科大	1	防衛医科大	1

私立大学

早稲田大	4	慶應義塾大	3
上智大	4	東京理科大	3
明治大	14	青山学院大	16
立教大	1	中央大	9
法政大	3	同志社大	2

データファイル

■2024年度入試日程

| 中等教育学校 | 帰国の募集人員はCに含む |

募集人員		出願期間	試験日	発表日	手続締切日
探究	45	1/6～試験当日	2/1午前	2/2	
A1			2/1午前	2/1	
A2	35		2/1午後	2/1	
B1	10		2/2午前	2/2	1次2/7 2次2/10
B2	15		2/2午後	2/2	
C	10		2/3午後	2/3	
D	5		2/5午前	2/5	
帰国	若干	12/1～12/7	12/9	12/9	1次1/8 2次1/11

■2024年度選考方法・入試科目

| 中等教育学校 |

探究：探究Ⅰ・Ⅱ（適性検査Ⅰ・Ⅱ）

A1・B1・D：２科か４科の選択

A2・B2・C：２科

帰国：国語、算数、英語から２科選択　面接

〈配点・時間〉国・算＝各100点50分（帰国は各40分）　理・社＝各50点30分

〈面接〉帰国のみ　生徒個人　参考

■2023年春卒業生進路状況

卒業生数	大学	短大	専門学校	海外大	就職	進学準備他
112人	100人	0人	6人	0人	0人	6人

■2023年春大学合格状況（浪人含む）

東京大 1　北海道大 1　一橋大 1　東京農工大 1　東京芸術大 1　横浜国立大 1　国際教養大 1　福島県立医科大 1　横浜市立大 1　防衛大 1　防衛医科大 1　早稲田大 4　慶應義塾大 3　上智大 4　東京理科大 3　明治大14　青山学院大17　立教大 1　中央大10　法政大 3 ほか多数

■2023年度入試結果

| 中等教育学校 | 男／女　C日程は帰国を含む |

募集人員		志願者数	受験者数	合格者数	競争率
探究	45	55/48	50/47	34/29	1.5/1.6
A1		56/38	43/34	22/19	2.0/1.8
A2	35	141/72	111/53	53/19	2.1/2.8
B1	10	100/60	44/27	19/11	2.3/2.5
B2	15	138/73	56/24	25/10	2.2/2.4
C	10	126/76	44/19	22/11	2.0/1.7
D	5	124/79	23/10	10/5	2.3/2.0

| 学校説明会 | 要予約 |

学校説明会　11/4

入試体験会　11/25

一般入試説明会　12/16

探究入試説明会　1/20

学校見学は随時可（要予約）

| 見学できる行事 | 要予約 |

自修祭　10/14・10/15（入試相談コーナーあり）

説明会・行事等は日程・内容が変更される場合があります。必ず学校HP等でご確認ください

♪ 湘南学院高等学校

しょう なん がく いん

〒239-0835　神奈川県横須賀市佐原2-2-20　☎046-833-3433　学校長　石原　弘嗣

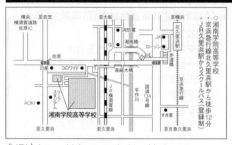

〈URL〉https://shonangakuin.ed.jp/

沿革　昭和7年（1932）に設立された軍港裁縫女学院を前身とし、同26年（1951）湘南女子学園高等学校設立。平成12年（2000）男女共学となり湘南学院高等学校開設。同25年（2013）、創立80周年記念事業として横須賀市日の出町から現在地へ移転。

校風・教育方針

　社会に貢献しリーダーシップを発揮する人材の育成を教育目標に掲げています。校訓「進まざるものは退く～道徳的にも、学術的にも、また体育的にも～」の基本理念のもと、「文武両道、人間性を高め、向上心をもって、人生を自らの手で切り拓ける力をつける」ことを柱に据え、偏りのない学力や幅広い教養を身につけ、種々の分野に果敢にチャレンジする姿勢を育てます。進路指導においては、進路選択と実現に向けた手引きとなる学年別プログラム（スタディーナビ・プログレスノート・キャリアナビ）を独自に開発し、徹底した面倒見主義により、生徒自身が納得し、悔いのない進路決定へと導きます。

カリキュラムの特色

　2022年度より新たにサイエンス、アドバンス、アビリティ、リベラルアーツの4コースへコース改編しました（※2年生よりコース変更可能・基準あり）。新たなカリキュラム、整った環境の中で、「想像力と創造力」をモットーに生徒一人ひとりの興味・関心、個性や将来像に合わせた学習活動が行われます。1年生は全コース、2年生はアドバンス、アビリティ、リベラルアーツコー

スで土曜授業（希望者のみ）を開講予定（2年生サイエンスコースの土曜授業は必須）。また、3年生には総合型・推薦型選抜対策として「小論文サプリ」、就職対策として「就職・公務員サプリ」があり、様々な進路に対応しています。

　サイエンス（特進理数）コースは理数探究を軸に、興味ある分野の学習を深め、理系国公立大・難関大進学を目指すコースです。2年生より国公立進学型カリキュラム、理数探究型カリキュラムに分かれ、自身の志望や興味関心に合わせた選択ができます。2年生より土曜授業が必修です。

　アドバンス（特進）コースは難関大進学を目指すコースです。2年生より文系理系に特化したカリキュラム選択を行います。また、志望大学への合格機会を広げるため、一般選抜の実力養成を基本としながら、推薦型選抜や総合型選抜対策も行います。

　アビリティ（進学）コースは1年生より基礎学力を養成し、中堅大進学を目指すコースです。アドバンスコース同様に2年生より文系理系に特化したカリキュラム選択を行います。

　リベラルアーツ（総合）コースは大学から就職まで様々な進路に対応し、幅広い学びがあるコースです。情報・芸術・福祉を含めた幅広い科目を学び、一人ひとりの適性を踏まえた多様な進路希望に対応します。

海外教育研修

　夏休みと冬休みに希望者対象の海外研修を実施しています。期間は10日間で、夏はオーストラリ

今春の進学実績については巻末の「高校別大学合格者数一覧」をご覧ください

3学期制 **登校時刻** 8:35 **昼食** 弁当持参、売店 **土曜日** 休日または特講

ア、冬はアメリカで行い、ホームステイをしながら現地私立高校での英語研修や地域行事などを体験し、ホストファミリーとも交流を深めます。

環境・施設設備

　海風が吹き抜ける広々とした校地は横浜スタジアムの約2.5倍の広さがあります。クラスルーム棟、特別教室棟では、生徒たちの憩いの場となるカフェテリアのほか、図書室や自習室、コモンスペースなど、先生に相談や質問がしやすい環境が整います。校舎の周囲にはサッカー場、野球場、陸上競技場、テニスコート、アリーナ棟、サブアリーナ棟など体育施設が充実しています。

生活指導・心の教育

　毎年4月末、1年生全員にSNSをテーマに、その利用方法や注意点について講演があります。また、5月には全校個人面談があります。カウンセリング室では週3日スクールカウンセラーが常駐し、教育相談員と併せて学校生活の相談に対応します。

学校行事・クラブ活動

　クラスの結束力が高まる6月のスポーツフェスティバルと、数カ月をかけて準備する10月の文化祭は清湘祭と呼ばれ、一人ひとりの生徒が主役となる行事です。12月には3年生の書道系・美術系科目選択者による卒業制作展、音楽系科目選択者による卒業演奏会なども行われます。2年生の修学旅行は国内を予定。事前学習ではグループ単位でテーマを決め、課題に取り組みます。

　クラブは主に放課後に活動しています。運動部は優秀な成績を収めるクラブが多数あり、関東大会にも続々と出場しています。弓道、空手道、硬式野球、ゴルフ、サッカー（男女）、硬式テニス、ダンス、なぎなた、バスケットボール（男女）、バレーボール（男女）など22部があります。文化部は本物を体験しスキルを磨くことを目的に、学内だけでなく地域のイベントでも活躍しています。AIC、茶道、数学研究、ギター、吹奏楽、パソコン、書法研究など10部があります。

横須賀市

高

共学

データファイル

■2024年度入試日程

募集人員	出願期間	試験日	発表日	手続締切日
推薦 200	1/16～1/18	1/22※	1/23	1/26
一般 245	1/24～1/26	−※	2/10	2/29

※2/11にチャレンジ入試あり。2/12発表
コース別募集人員（推薦／一般）
サイエンス(特進理数)10/10　アドバンス(特進)30/70
アビリティ(進学)60/80　リベラルアーツ(総合)100/85

■2024年度選考方法・入試科目

推薦：書類審査、面接（生徒個人）
内申　サイエンス5科20　アドバンス5科19または9科34　アビリティ5科17または9科29　リベラルアーツ9科27　各種検定・出欠席などによる加点あり（サイエンスは除く）
※合格者はチャレンジ入試（コースアップ試験）の受験可。学科試験（国・数・英＝各100点50分）あり
一般：書類選考（調査書・志望理由書）

■2023年春卒業生進路状況

卒業生数	大学	短大	専門学校	海外大	就職	進学準備他
407人	226人	10人	124人	0人	14人	33人

■指定校推薦枠のある主な大学

青山学院大　中央大　明治学院大　國學院大　日本大　東洋大　駒澤大　専修大　東海大　東京都

市大　神奈川大　日本女子大など

■2023年度入試結果

募集人員	志願者数	受験者数	合格者数	競争率
推薦サイエンス 10	6	6	6	1.0
アドバンス 30	30	30	30	1.0
アビリティ 60	101	101	101	1.0
リベラル 100	94	94	94	1.0
一般サイエンス 10	47	47	47	1.0
アドバンス 70	368	368	368	1.0
アビリティ 80	582	582	582	1.0
リベラル 85	408	408	408	1.0

チャレンジ入試による繰上合格を含まない

▼▼入試アドバイス・学校からのメッセージ

サイエンスコースの推薦入試合格者は、入学時納入金半額を免除します（奨学生は除く）。また、チャレンジ入試ではコースアップのほか、試験の上位者には入学時納入金半額を免除します（チャレンジ入試は受験料無料）。

```
学校説明会　要予約
10/21 10/28 11/18 11/25 12/2
見学できる行事　要予約
文化祭　9/30
```

説明会・行事等は日程・内容が変更される場合があります。必ず学校HP等でご確認ください

神奈川
し

湘南学園 中学校 高等学校

〒251-8505　神奈川県藤沢市鵠沼松が岡4-1-32　☎0466-23-6611　学校長　伊藤　眞哉

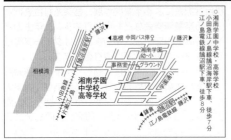

〈URL〉https://www.shogak.ac.jp/highschool/

沿革　昭和8年(1933)、鵠沼の住民有識者が私財を出し合い設立。創立70周年に校舎・諸施設をリニューアル。創立80周年の2013年に「ユネスコスクール」に加盟し、ESD(Education for Sustainable Development)を推進しています。
※Education for Sustainable Development＝持続可能な社会のつくり手を育成する教育

建学の精神を湘南学園ESDで体現

「個性豊かに、身体健全、気品高く、社会の進歩に貢献できる実力ある人間の育成」という建学の精神は、いま、持続可能な社会のつくり手を育てる「湘南学園ESD」によって体現されています。これは、"戦争は人の心の中でうまれるものだから、人の心の中に平和のとりでを築かなければならない"というユネスコの理念を一本の太い樹木の幹にすえ、教科教育や独自の総合学習、多様なグローバル教育プログラムはもちろん、リテラシーを重視したICT教育、生き方を考えるキャリアデザイン、そして自らの健康と持続可能な"農"のあり方を学ぶ食育という6つの分野を軸に展開されています。

ユネスコスクール加盟から10年。「日常のすべてを学びに」という視点にたち、生徒たちがありのままの自分を大切にすること、そして多様な他者との関わりのなかでゆたかに学びつづける人として成長することを願っています。

教科教育カリキュラムの特色

中高の学習内容を系統的に精選・整備した独自のカリキュラムのもと、完全一貫教育を行います。中学では基礎学力の定着に努め、全員が参加する夏期講習(英語・数学)は習熟度別で実施、到達度に応じた学習で確実な理解を目指します。高2・高3では、豊富な選択科目が設定され、「文理融合型の学部を目指したい」、「総合型選抜受験の準備を始めたい」など、生徒個々が目指す新しい大学入試スタイルのニーズに応えていきます。25年度からは、足元の問題から世界を見つめる視点を育てる「グローバル地域研究」、社会課題解決のためにデータサイエンスの基礎を学ぶ「ソーシャル・リサーチ＆デザイン」、そして持続可能な生き方について模索する「サステナブル・キャリア」という新しい学校設定科目も加わり、海外大学受験や留学、総合型選抜を視野に入れた生徒の受講が期待されます。

"どこか遠くのこと"を"ジブンゴト"に

総合学習では、身のまわりの小さな問題から、世界人類が抱える課題へと、中高6年間、各学年の発達段階に沿ったテーマでの学びを展開。同時に、互いの違いを認めあう難しさに気づきながらも、みんなで力を合わせて一つの課題に立ち向かうことの価値を、さまざまな体験を通して学びます。

中1では、「となりにいる友達も、自分と同じく、かけがえのない存在であること」をテーマに、自分とは違う他者、障害がある人、LGBTQ＋など、さまざまな多様性との出会いを通じて、互いを尊重しあうことの大切さについて学びます。

中2では、人と人とのつながりを大切にするまちづくり、海や山の自然、そこにつながる川の流

今春の進学実績については巻末の「高校別大学合格者数一覧」をご覧ください

域、どれをとっても、多くの人々の努力と工夫、協力と協働のなかで成り立っていることを学習。みんなで協力して取り組むことの価値を、体験的に学びます。

中3では「持続可能な暮らし方・働き方に触れ、自分はどう生きるのか」をテーマに、フィールドワークや研修旅行に取り組みます。平和・人権・環境・地域づくりと共に、カナダ・バンクーバーへの研修旅行を通じて、異なる文化へのゆたかな理解も広げていきます。

高1では、「一人ひとりが尊重される社会は、本当に実現できるのか」、フィールドワークを含めた探究学習で、仲間と共に考え、解決への糸口を探ります。平和・人権・環境・まちづくりや、いのちの尊厳・ジェンダー平等にも注目します。

高2では、"誰一人取り残さない、自由で、平和な社会"の実現のためには何が必要か、問題解決の方法を模索します。"どこか遠くで起きている問題"を、自分の足元の問題に引きつけて考え、"ジブンゴト"と捉える主体性を醸成していきます。

高3では"自分たちが望む未来"をイメージしつつ、各界のスペシャリストから学びます。「働くことの意味」「学び続けることの意味」に眼を向けつつ、「自分のよさを社会の中でどういかすか」を考える機会とします。

学校行事・クラブ活動

「生徒自治活動」が特色で、"三大行事"の体育祭・学園祭・合唱コンクールはすべて生徒主体の実行委員会形式でつくられます。中高一貫の環境をいかした縦割りチームで行う体育祭、クラスやクラブが本気で取り組む学園祭、1年間を共に過ごしたクラスの仲間と最後に取り組む合唱コンクールでは、多くのドラマと学びが生まれます。

運動部・文化部ともに専門のコーチやトレーナー制度を積極的に導入し、全国大会に出場する部もあるなど、実績を残しています。

グローバル教育

台湾、イギリス、カナダ、ポーランド・リトアニア、オーストラリアと多彩なグローバルセミナーズは6年間を通して何度でも参加が可能。中1ハートグローバル、中2イングリッシュキャンプ、中3海外研修旅行と新たなプログラムも加え、グローバル市民の育成を目指しています。

データファイル

■2024年度入試日程

中学校

募集人員	出願期間	試験日	発表日	手続締切日
ESD 約15	1/7〜1/27	2/1午後	2/2	2/4
A日程 30	1/7〜1/31	2/1	2/1	2/4
B日程 35	1/7〜2/1	2/2	2/2	2/4
C日程 35	1/7〜2/3	2/3	2/3	2/4
D日程 15	1/7〜2/5	2/5	2/5	2/6

高等学校　募集を行っていません

■2024年度選考方法・入試科目

中学校

湘南学園ESD：事前提出動画および記述・論述

A・B：2科か4科の選択

C・D：2科

〈配点・時間〉国・算＝各150点50分　理・社＝各100点40分

〈面接〉なし

■指定校推薦枠のある主な大学

青山学院大　学習院大　慶應義塾大　上智大　成蹊大　成城大　中央大　東京理科大　法政大　明治大　明治学院大　立教大　日本大　駒澤大ほか

■2023年春卒業生進路状況

卒業生数	大学	短大	専門学校	海外大	就職	進学準備他
176人	140人	1人	4人	0人	0人	31人

■2023年度入試結果

中学校　男／女

募集人員	志願者数	受験者数	合格者数	競争率
湘南ESD 約15	17/22	17/21	5/12	3.4/1.8
A日程 30	69/54	66/52	24/19	2.8/2.7
B日程 35	148/104	121/83	51/19	2.4/4.4
C日程 35	99/94	77/75	27/23	2.9/3.3
D日程 15	99/74	74/52	12/3	6.2/17.3

学校説明会　要予約
9/16
入試説明会 11/18（5・6年生対象）12/16（6年生対象）
オープンキャンパス 10/22
入試直前・ミニ説明会（6年生対象）1/13 1/20

見学できる行事
学園祭　9/30・10/1　※要予約

説明会・行事等は日程・内容が変更される場合があります。必ず学校HP等でご確認ください

神奈川 し

湘南白百合学園 中学校 高等学校

〒251-0034　神奈川県藤沢市片瀬目白山4-1　☎0466-27-6211（代）　学校長　林 和

〈URL〉https://www.shonan-shirayuri.ac.jp

沿革　昭和11年（1936）片瀬乃木幼稚園を創立。昭和13年乃木高等女学校を設立。昭和21年乃木高等女学校を湘南白百合高等女学校と改称。昭和23年学制改革により、湘南白百合中学校・同高等学校を設立。昭和54年現在地に移転しました。

校風・教育方針

明治11年（1878）に来日して以来、教育や社会福祉事業に献身している、フランスのシャルトル聖パウロ修道女会によって創立されました。その流れを汲んで、キリスト教精神に根ざした世界観および価値観を養成することによって、神と人の前に誠実に歩み、愛の心をもって社会に奉仕できる女性を育成することを目的としています。そして、この教育目的を達成するために、

1　従順＝真の自由を生きるよろこび
2　勤勉＝能力をみがき役立てるよろこび
3　愛徳＝互いに大切にし合うよろこび

を生活指針としています。これらは、全校生徒に深く受け入れられ、一人ひとりが清純に明るく、活発で意欲に満ちた学園生活を送っています。

カリキュラムの特色

中学校から高等学校までの6年間による一貫教育の実践によって、キリスト教精神に基づいた、調和のとれた人間の育成を図っています。

全員がさらなる高度な学問を追究することを考えているために、高等学校を卒業した後の進路として、大学へ進学することを希望しています。したがって、豊かな教養を修得すると同時に、国際

的に開かれた女性を育成するため、特に外国語教育においては、中学校・高等学校ともに、熱心な指導を行っています。湘南白百合学園のルーツと関係するフランス語に中1から高3までの全員が触れる機会があります。また中学1年時より英語に堪能な生徒を対象とした極少人数のEクラスでは、海外のテキストを使用したハイレベルな授業を行っています。習熟度別少人数制を英語は中2から、数学は中3から取り入れています。また高2から、自分の進路に応じて選択できる選択科目制を導入しています。

中1～中2は「基礎学力の定着」の期間として、小テストなども盛んに行われます。中3～高1は「進路への意識付け」の期間とされ、大学や社会の仕組みについての情報を提供します。高2からは「大学入試に対応できる実力の養成」期間として、各々の進路に合わせて多様な科目から選択した科目を履修します。高2の2学期からスタートする受験対策講座をはじめ、高3でもさまざまな補習・補講で生徒の実力アップをサポートしています。また、放課後や長期休暇に生徒が自立した学習をする場所として「学習サポートセンター」を開設。大学生メンターへ質問することができます。

今春の進学実績については巻末の「高校別大学合格者数一覧」をご覧ください

3学期制 | **登校時刻 8:15** | **昼食 弁当持参、売店** | **土曜日 休日**

環境・施設設備

「片瀬山」駅（湘南モノレール）から徒歩7分、「江ノ島」駅（江ノ電）から徒歩15分の、片瀬目白山の小高い丘の上に位置しています。眼下に青い海と江ノ島を見下ろし、はるか遠くに富士山を望み、清澄な空気と緑豊かな自然に囲まれており、毎日通学するのが楽しみな場所です。

一方、施設も充実しており、平成23年（2011）には白百合ホール（講堂）が、令和2年（2020）にはメディアネットラボ（図書室）がリニューアル。また令和3年（2021）に生徒がリノベーションを手がけたリリースペース（カフェテリア）が完成するなど、施設の充実が図られています。

生活指導・心の教育

湘南白百合学園小百合会の名称で、社会福祉施設の訪問をはじめ、清掃奉仕、募金活動などの社会奉仕活動を、教育目標の実践のために、積極的に行っています。

学校行事・クラブ活動

神への志向性と隣人に奉仕する心を育成するために、修養会・ミサ聖祭・クリスマス奉仕活動のような、キリスト教精神にのっとった行事が組まれています。そのほかにも、研修旅行・聖ポーロ祭（文化祭）・体育大会・合唱コンクール・球技会など、豊かな学園生活を送るためのさまざまな学校行事が、1年間を通して実施されています。充実した学校生活を送ることができるでしょう。

また、心身の鍛練やチームワークの形成を目的に、クラブ活動は盛んに行われています。バレーボール部・バスケットボール部・卓球部・バドミントン部・新体操部・ソフトボール部などの運動部は、それぞれの大会をめざして、日頃の練習に打ち込んでいます。一方、カトリック研究部・書道部・茶道部・管弦楽部・コーラス部・軽音楽部・美術部・文芸部・英語部・演劇部・物化部・生物部・写真部・放送部などの文化部も、聖ポーロ祭などにおいてそれぞれ発表・展示を行っています。

データファイル

■2024年度入試日程

中学校

募集人員		出願期間	試験日	発表日	手続締切日
1回（1科）	20	1/6～1/30	2/1午後	2/1	2/4
2回（4科）	45		2/2	2/2	
2回（英語）	若干		2/2	2/2	
帰国	10	11/1～12/8	12/16	12/16	12/23

高等学校

募集を行っていません

■2024年度選考方法・入試科目

中学校

一般：

〔1回〕算数1教科または国語1教科　※両科の受験も可

〔2回〕4科または英語資格（国算＋英検3級以上を点数化）

〈配点・時間〉算数1教科＝100点60分　国語1教科＝100点60分　国・算＝各100点45分　理・社＝各100点40分

帰国：

〔A方式〕国語、算数、英語（スピーキングあり）高得点の2科により判定する

〔B方式〕国語、算数

〈面接〉なし

■2023年春併設大学への進学

併設の白百合女子大学へは、在学中一定の成績をとった者は優先的に進学できます。

白百合女子大学－6（文4、人間総合2）

■指定校推薦枠のある主な大学

横浜市立大　早稲田大　慶應義塾大　上智大　東京理科大　青山学院大　中央大　立教大　など

■2023年春卒業生進路状況

卒業生数	大学	短大	専門学校	海外大	就職	進学準備他
165人	146人	0人	0人	1人	0人	18人

■2023年度入試結果

中学校　一般1回は算／国、2回は4科／英語

募集人員		志願者数	受験者数	合格者数	競争率
一般1回	20	152/271	148/261	60/70	2.5/3.7
2回	45/若干	332/23	227/19	116/11	2.0/1.7
帰国生	10	44	39	31	1.3

入試説明会　要予約

オープンスクール　10/28

入試説明会　11/18

入試直前説明会　12/9　※6年生のみ

学校見学会　9/1　10/5

見学できる行事　予約推奨

聖ポーロ祭（文化祭）　9/16・9/17

説明会・行事等は日程・内容が変更される場合があります。必ず学校HP等でご確認ください

神奈川 す

逗子開成中学校 高等学校
ず し かい せい

〒249-8510　神奈川県逗子市新宿2-5-1　☎046-871-2062　学校長　小和田　亜土

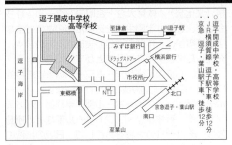

〈URL〉https://www.zushi-kaisei.ac.jp/

沿革　創設者田邊新之助は、湘南の海辺という豊かな環境を教育の場に選び、明治36年（1903）、東京の開成中学校の分校、私立第二開成中学校として創設。同42年には逗子開成中学校と改称して独立。昭和22～23年、学校教育制度の改革により、新制の逗子開成中学校・逗子開成高等学校として出発。2023年4月18日には創立120周年を迎えました。逗子開成はさらなる進化をめざします。

校風・教育方針

建学の精神と教育方針

校名の一部である「開成」は「易経」の「開物成務（物を開き務めを成す）」という言葉に由来します。「物事の理（ことわり）を開き示し、天下の務めを達成する」という意味で、逗子開成では「真理を探究し、目標を定め、責務を果たす」ことのできる人間を育てることをめざしています。

この教育方針を実現させるため、生徒にレベルの高い学問を修めさせています。あわせて、海洋教育をはじめとし、様々な情操教育、及び外国語教育やコンピュータ教育により、これからの国際社会で活躍できる能力を身につけさせる。これが教育目標です。

週5日制の導入

98年度より週5日制を導入しましたが、「週5日制は週7日制」であるととらえています。通常の授業は5日間で行い、施設は年中無休で開放するとともに、土曜日は授業ではなかなかできない内容の講座と行事及び集中講義等で有効に利用されます。

カリキュラムの特色

カリキュラムは、英語・国語・数学は、基礎力をしっかり付け、かつ高3では大学受験に向けた授業を展開するために進度を速め、授業数も多く取っています。理科・社会では、中高6年間一貫して効率の良いカリキュラムが組まれています。また、長期休みには補習期間を設けています。主に国・数・英において、基礎学力の定着を確かなものにするタイプの補習と、発展的な内容を扱うタイプの補習とを各学年で行っています。

高2で理系・文系の2コース、高3では国公立文系・理系、私立文系・理系の4コースに分かれます。さらに、高3の国公立文系、国公立理系の2コースで、それぞれ1クラスずつ「難関国公立クラス」が設置されます。

また、授業の効果を上げるため、中3から高3まで達成度別授業を導入しています。あわせて、中3で2クラス、高1で2クラス、高2の文系・理系に各1クラス（計2クラス）の選抜クラスを設置しています。

環境・施設設備

逗子海岸を前面に臨み、緑と陽光に恵まれた環境でありながら、JR線、京浜急行線が乗り入れ、交通の便のとても良いところにあります。また現在は敷地を囲う塀も取り払い、開放感あふれる学園となっています。

今春の進学実績については巻末の「高校別大学合格者数一覧」をご覧ください

| 2期制 | 登校時刻 8:15 | 昼食 弁当持参、食堂、売店 | 土曜日 土曜講座など |

特色ある施設では、徳間記念ホール、海洋教育センター、セミナーハウス、コンピュータ棟、自習室のある研修センターなどがあります。また、クラブハウスを増築し、2015年4月より使用開始しています。

Information

特色ある教育

▶海洋教育

中1から中3まで学年ごとに、逗子湾でヨットの帆走実習があります。ヨットは、中1後半から3月まで、講義にあわせて生徒が製作します。また、中3では逗子湾での1500m遠泳があります。

▶映像教育

徳間記念ホールで毎年5本のペースで選りすぐりの映画の上映会があります。そのうち年間2本は各学年で授業として鑑賞します。

▶土曜講座

通常の授業では出来ない内容のものを土曜講座として開講しています。進学、世界、体験、達成、地域の5分野約100講座以上が開かれています。また、キャリア教育の一環として、高校2年生を対象に、校外の講師を迎えての特別講座も実施しています。

▶海外研修

中3はニュージーランド、高2はアジア・オーストラリアへの研究旅行があります。希望者対象の研修は、1年間留学制度、ニュージーランド交流校との3カ月間の交換留学制度、フィリピン・セブ島（2週間）・アメリカ・サンディエゴ（10日間）・カナダ・ヴィクトリア（10日間）・イギリス（10日間）への短期留学制度等があります。

▶総合学習

2002年度より、生徒たちが将来、グローバルな社会で大いに活躍できるための「力」を養い、また教科の学習能力を高めるための総合学習「人間学」を導入しました。

データファイル

■2024年度入試日程

中学校

募集人員		出願期間	試験日	発表日	手続締切日
1次	150	1/6〜1/30	2/1	2/2	2/4
2次	50	1/6〜2/2	2/3	2/4	2/4
3次	50	1/6〜2/4	2/5	2/6	2/6
帰国	若干	12/1〜12/15	12/26	12/26	1/7

出願はインターネット

高等学校

募集を行っていません

■2024年度選考方法・入試科目

中学校

1次・2次・3次：国語、算数、理科、社会
帰国：国語・算数または英語・算数
〈配点・時間〉1次・2次・3次：国・算＝各150点50分　理・社＝各100点40分　帰国：国・算・英＝各100点60分
〈面接〉なし

■指定校推薦枠のある主な大学

早稲田大　慶應義塾大　上智大　学習院大　明治大　青山学院大　立教大　国際基督教大　中央大　法政大　東京理科大　北里大　東京都立大　立命館アジア太平洋大など

■2023年春卒業生進路状況

卒業生数	大学	短大	専門学校	海外大	就職	進学準備他
270人	204人	0人	0人	0人	0人	66人

■2023年度入試結果

中学校

募集人員		志願者数	受験者数	合格者数	競争率
1次	150	485	464	211	2.2
2次	50	463	404	86	4.7
3次	50	496	446	99	4.5
帰国	若干	60	57	27	2.1

▼▼入試アドバイス・学校からのコメント

1次〜3次の出題傾向・難易度はほぼ同じです。65%が合格最低ラインの目安となっています。

入試説明会 要ホームページ予約
11/4 11/18

学校見学会 要ホームページ予約
9/16 12/9 1/13　5年生以下 3/16

見学できる行事
開成祭　10/20・10/21（公開予定）
OPヨット帆走実習 9/19 9/20 9/21 9/25
10/5 10/6（当日の朝、実施決定）

説明会・行事等は日程・内容が変更される場合があります。必ず学校HP等でご確認ください

聖光学院中学校 高等学校

（せいこうがくいん）

〒231-0837　神奈川県横浜市中区滝之上100　☎045-621-2051　学校長　工藤　誠一

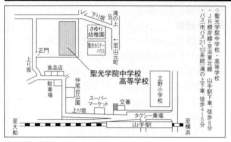

〈URL〉http://www.seiko.ac.jp

沿革　カトリック・キリスト教教育修士会という、カトリック修道士の団体を母体とする学校法人聖マリア学園によって、昭和33年（1958）聖光学院中学校、同36年同高等学校が設立されました。

校風・教育方針

カトリックの精神を基盤にして、キリストの教えである愛と奉仕の精神を尊重し、中高一貫教育のもとに将来社会に貢献できる健全で有為な人材の育成を目指しています。「紳士たれ」をモットーに、学力面ばかりでなく、礼儀を重んじ、強い意志と他者への優しさを大切にしています。

聖光学院の教育は、伝統・文化を大切にしながら、時代に合った価値観で進化をし続けています。学内の学びの拡充は当然のこととして、生徒が外の世界に向かう後押しをし、視野を広げるチャレンジの手助けをしています。

国際教育を例にとれば、学内の学びとしては、少人数制の英会話の授業や、電子端末を利用したオンライン英会話などを通じた実践的な語学力の向上があります。そして、学外への後押しとしては、ホームステイはもちろん、海外企業の訪問や海外でのボランティアなどがあります。近年、年間や学期単位で留学する生徒も増えており、学校としてのサポート体制作りをしています。国際人を育てるという目標は、自己を知り、他者を理解しようとする不断の努力の延長線上にあります。学校の内外の教育が生徒に有機的に働きかけるような土台となることを考えています。

カリキュラムの特色

中高一貫教育のメリットを生かし、効率的、効果的な独自のカリキュラムを組んでいます。それぞれの教科の特性に合わせて、内容の定着と深化のための工夫を凝らした授業が行われています。

日々の学習としては、授業に全力で取り組むことが大切です。高校2・3年生ではそれに加えて、来たるべき大学受験のために、今まで学んできたことを磨き上げる作業が必要になります。自身の弱点の克服と大学受験に向けての対策のために、通常授業以外にも、学期中のテーマ別の補講や数多くの夏期講習が設置されます。

勉強で苦労している生徒への指導には特に力を入れています。定期試験ごとの指名制補習、課題ノートの提出、夏期講習などの学習機会を用意し

聖光塾

「聖光塾」とは、教養を高めることを目的とした講座の集まりのことを言います。自由参加・学年非限定で、授業期間中や夏休みなどの一日から数日を使って開講されます。ほとんどの講座で外部の専門家を講師として招いて行い、大学で学ぶようなアカデミックな内容を盛り込んだ体験的な学習を実現しています。
【開講講座の例】　「里山の自然」「海辺の生物」「天体観測」「茶道入門」「バイオ実験」「手話」「数学特別講座」「漢を書く」「フィッシング」「ロボットを作る」「宇宙エレベータ」「ヤングアメリカンズ」「アメリカ西海岸研修」など

今春の進学実績については巻末の「高校別大学合格者数一覧」をご覧ください

ています。担任との面談で自分の思いを話すことで学習意欲が高まる場合も多くあります。

環境・施設設備

横浜駅よりJRで4駅の山手駅から徒歩8分。根岸森林公園に近接した落ち着いた地域です。

2014年12月に新校舎が竣工し、人工芝のグラウンドや武道場、二つの体育館、テニスコート、プールなどの体育施設に加えて、本格的なコンサートホールにもなる音響に優れた講堂や屋上庭園など、環境にも配慮した風通しのよい新しい校舎で、生徒達は伸び伸びと活動しています。

生活指導・心の教育

校訓の「紳士たれ」が合言葉となっており、学校生活の随所に「紳士」を意識する機会があります。折にふれて、教員からあるいは生徒間で発せられる「紳士」という言葉が、聖光生たちの自ら襟を正す気持ちに働きかけています。

また、全校でのミサや「聖句放送朝礼」などの際にカトリック的世界観やカトリック的な精神にふれることは、自らの行いをふり返るひとつのよい機会になっています。

学校行事・クラブ活動

例年4月末に行われる文化祭（聖光祭）は、高校2年生が幹部として運営の全てを取り仕切ります。下級生と上級生がそれを支え、入学したての中学1年生は先輩達が本気で作り上げる聖光祭を見て回ります。新入生の志望理由で例年一位を獲得する聖光祭は、中高生ばかりでなくむしろ小学生が楽しめる企画が目白押しです。

秋に行われる体育祭は、クラスごとに5色に分かれて行います。各色の大将・応援団長は高校2年生が務め、後輩達と一丸となって優勝を目指します。学年を越えて上級生と下級生が一体となるイベントの一つです。

クラブ活動は、文化部が12、運動部が13あり、それぞれの生徒の学校生活の大きな割合を占めています。【運動部】サッカー・硬式テニス・水泳・軟式野球・バスケットボール・卓球・空手道・バドミントン・剣道・陸上・柔道・バレーボール・少林寺拳法【文化部】吹奏楽・囲碁将棋・交通研究・地学天文・地理歴史巡見・コンピュータ・美術書道・物理科学・弦楽オーケストラ・生物・グリー（合唱）・ギター

また、生徒有志による「公認団体」の活動を推奨しているのも聖光学院の特色の一つです。部活動や生徒会などの既存の枠組とは異なる形での生徒の多面的な活躍を支援しています。これは一人でも多くの生徒がそれぞれの「輝ける場所」を持って欲しいという思いの表れでもあります。【公認団体（例）】ボールぽこぽこ（ジャグリング）・英語劇・数学研究会・かるた会（百人一首）・マジック研究会・ポケモンセンター聖光・宇宙開発研究会・聖光コンサートプロジェクトなど

データファイル

■2024年度入試日程（予定）

【中学校】

募集人員		出願期間	試験日	発表日	手続締切日
1回	175	1/14～2/1	2/2	2/3	2/3
2回	50	1/14～2/3	2/4	2/5	2/5
帰国	若干	12/1～1/11	1/13	1/14	1/14

【高等学校】　募集を行っていません

■2024年度選考方法・入試科目（予定）

【中学校】　1回・2回：4科　帰国：算国か算英
〈配点・時間〉1回・2回：国・算＝各150点60分
理・社＝各100点40分　帰国：国・算・英＝各100点60分
〈面接〉なし

■指定校推薦枠のある主な大学

早稲田大　上智大　国際基督教大　中央大　学習院大　東京理科大　東京都市大　明治薬科大　北里大（医・薬）など

■2023年春卒業生進路状況

卒業生数	大学	短大	専門学校	海外大	就職	進学準備他
229人	181人	0人	0人	0人	0人	48人

■2023年度入試結果

【中学校】

募集人員		志願者数	受験者数	合格者数	競争率
1回	175	740	711	219	3.2
2回	50	718	587	120	4.9
帰国	若干	164	158	35	4.5

【学校説明会】　要Web予約、保護者対象
9/30　10/28
両日ともに帰国生入試説明会あり

【見学できる行事】
文化祭（聖光祭）　4/29・4/30（終了）

神奈川 せ

聖セシリア女子 中学校 高等学校

〒242-0006　神奈川県大和市南林間3-10-1　☎中046-274-7405　高046-275-3727　学校長　森永　浩司

〈URL〉https://www.cecilia.ac.jp

　○聖セシリア女子中学校・高等学校

・東急田園都市線　中央林間駅下車、小田急江ノ島線　南林間駅下車、徒歩10分・徒歩5分

沿革　昭和4年（1929）に大和学園開設。同5年（1930）大和学園女子高等学校と改称。同22年（1947）学制改革により旧来の高等女学校を大和学園中学校に移行、翌23年（1948）大和学園女子高等学校を開校。同54年（1979）、創立50周年を記念し、現校名に改称しました。

校風・教育方針

　カトリック精神に基づき、「信じ　希望し　愛深く」を心の糧として、知育・徳育・体育のバランスのとれた総合教育をめざしています。学校を「人間形成の場」と考え、生徒たちが21世紀をたくましく生きるために、学校生活全般を通して健全な「心と力」をともに備えられることをめざします。

カリキュラムの特色

　中学・高校とも、継続的で効果的な学習を可能とする指導内容・指導時間を配置しています。

　中学校では、まず正しい学習習慣を身に付けることをめざします。各科目のガイダンスのほか、学習方法が身につくような学習課題を提示します。3年の後半から一部高校の学習内容に入りますが、生徒の発達段階に合わせた無理のない内容になっています。

　また、少人数制の利点を生かし、「レコーディングスタディ」を通して生徒一人ひとりに担任が毎日アドバイスをするなど、きめ細かな個別課題や指導を行います。

　教科では、特に英語を重視し、「読める英語」から「使える英語」の習得をめざします。

┌─ **聖セシリア　バレエスタジオ** ─

　クラシックバレエ部があります。全国でも珍しく、また現役のバレエダンサーによる本格的なレッスンは人気があり、バレエを続けたい人の入学希望が毎年一定数あります。他の部活動と兼部も可能です。

　高等学校では、生徒の進路に合わせ、多彩な選択科目を用意しています。

　1年次で基礎学力の総仕上げを行い、2年次では「学習計画を自ら立案し、それを実行する力を養う」ことを主眼とした指導を行います。3年次には、自由選択教科の設定により、教師一人に数名の生徒という恵まれた学習環境のなかで、集中的な学習をすることができます。

　芸術科目では、"音楽の聖人聖セシリア"の名にふさわしく、3学年を通して「音楽」に触れられるカリキュラムとなっています。

　また、高校3年まで、キャリアプログラムを設定しています。自己を深く知り、未来像を描き、自己実現をめざすという、広い意味での進路学習の時間です。1年次に将来の生き方を探求することから始め、3年次には進路ガイダンス、面接試験Q＆Aなどへと展開していきます。

進学実績　2023年の卒業生は、国公立・難関私大（早慶上理GMARCH）、医療系学部、芸術系学部への進学者がいます。進路指導では、「進路カルテ」を使ってきめ細かく指導するほか、補習、講習、勉強合宿、土曜講座など授業外プログラムも豊富。学習センターは自主学習を応援します。また、指定校推薦枠は600人以上あります。

今春の進学実績については巻末の「高校別大学合格者数一覧」をご覧ください

2期制 | 登校時刻 8:50 | 昼食 弁当持参、売店 | 土曜日 休日（土曜講座、行事）

環境・施設設備

校舎は豊かな自然に囲まれ、絶好の学習環境です。アリーナ（体育館）、温水プール、総合グラウンドのほか、学習センター、カフェテリア、和室を備えた「テレサ館」があります。

生活指導・心の教育

生徒一人ひとりが社会全体に視野を広げ、体験を通して、人とのつながりを学んでいく時間を大切にし、さまざまな福祉活動を行っています。中学校では、赤い羽根共同募金、被災地支援、講話など。高等学校では、ボランティア実践、老人ホーム・老人保健施設での奉仕活動などを行っています。そのほか生徒会活動、行事においても奉仕活動を実践しています。

学校行事・クラブ活動

5月の体育祭や10月の生徒主体の聖セシリア祭は大いに盛り上がります。8月には中学3年〜高校2年の希望者を対象としたカナダ・ビクトリアの語学研修があります。

そのほか、林間学校、修学旅行（中学：奈良・京都、高校：長崎・島原）、発表会、スキー教室、クリスマス会など、多彩な行事を実施しています。

部活動は、バレーボール、バスケットボール、水泳、硬式テニス、バドミントン、ソフトボール、ハンドベルクワイア、吹奏楽、演劇、コーラス、ギター・マンドリン、ボランティア、美術、聖書研究、クラシックバレエなどがあります。

データファイル

■2024年度入試日程

中学校

募集人員		出願期間	試験日	発表日	手続締切日
A1次	30	1/10〜1/31	2/1	2/1	2/6
2次	25	1/10〜2/2	2/2午後	2/2	2/6
3次	25	1/10〜2/3	2/3午後	2/3	2/6
B①	10	1/10〜2/1	2/1午後	2/1	2/6
②	10	1/10〜2/1	2/2	2/2	2/6
③	5	1/10〜2/2	2/3	2/3	2/6
帰国	若干	12/1〜12/9	12/10	12/10	12/20

高等学校

募集人員		出願期間	試験日	発表日	手続締切日
推薦	15	1/16〜1/19	―	1/22	1/26
専願・併願	15	1/24〜1/26	―	2/10	3/1
オープン			2/10	2/10	3/1
帰国生	若干	12/1〜12/9	12/10	12/10	12/20

■2024年度選考方法・入試科目

中学校

A方式1次・2次：2科か4科　**3次**：2科
B方式①スカラシップ入試：国か算　**②英語入試**：英語　**③英語表現入試**：身体表現、英語面接
帰国：国算英より2科（各50分）、面接　※海外在住型（オンライン入試）は適性検査（40分）、面接
〈配点・時間〉国・算＝各100点50分　理・社＝各50点30分　英（英語入試）＝100点50分
〈面接〉英語表現は生徒個人、帰国は保護者同伴

高等学校　※作文は出願時提出

推薦：書類審査、作文※　**一般**（専願・併願）：書類審査、作文※　**一般**（オープン）：国、数、英

〈配点・時間〉国・数・英＝各100点50分
〈面接〉なし

■指定校推薦枠のある主な大学

青山学院大　法政大　日本女子大　明治学院大　成蹊大　成城大　日本歯科大　昭和薬科大など

■2023年春卒業生進路状況

卒業数	大学	短大	専門学校	海外大	就職	進学準備他
79人	65人	1人	5人	0人	0人	8人

■2023年度入試結果

中学校　2科／4科　帰国生入試あり

募集人員		志願者数	受験者数	合格者数	競争率
A1次	30	40/44	36/36	14/16	2.6/2.3
2次	25	59/72	49/56	20/23	2.5/2.4
3次	25	147	85	55	1.5
B①スカラ	10	25	22	11	2.0
②英語	10	31	25	21	1.2
③英表現	5	25	10	9	1.1

高等学校　一般は専併／オープン　帰国生入試あり

募集人員		志願者数	受験者数	合格者数	競争率
推薦	15	20	20	20	1.0
一般	15	37/11	36/8	36/8	1.0/1.0

学校説明会　学校見学は随時可（要予約）
★中学校（要予約）　9/13 10/7 11/15 12/9（12/9は入試体験あり）1/10
B方式入試説明会（要予約）　12/16
★高等学校（要予約）　9/9 10/7 11/11 11/25 12/2
見学できる行事　要予約
聖セシリア祭　10/21・10/22

説明会・行事等は日程・内容が変更される場合があります。必ず学校HP等でご確認ください

清泉女学院中学校高等学校
（せいせんじょがくいん）

〒247-0074　神奈川県鎌倉市城廻200　☎0467-46-3171　学校長　小川　幸子

〈URL〉https://www.seisen-h.ed.jp

沿革　スペイン発祥の聖心侍女修道会を設立母体とし、昭和22年（1948）横須賀市稲岡町に清泉女学院中学校創立。翌年、高等学校創立。同38年（1963）現在地に移転。令和5年（2023）創立75周年を迎えました。

校風・教育方針

清泉女学院のモットーは「神の　み前に　清く　正しく　愛ふかく」です。どんな困難に遭っても神の志を探し、人々のために惜しみなく尽くす人を育てること。そのために生涯を捧げたシスターたちの果敢な挑戦と情熱は、今も教育の中に脈々と受け継がれています。世界25カ国にある50校以上の姉妹校が同じ教育理念を共有しています。

カリキュラムの特色

2021年度から学習体制を刷新し、伝統的でアカデミックな授業を拡充しました。一人一台のICT機器を利用したグループワークなどを通して、思考力・判断力・表現力を伸ばす協働学習を実施しています。授業時間が45分から65分に増え、作業や実験を軸にしたり、知識を応用して課題を解決したりしていく体験型・討論型授業がいっそう充実したものとなりました。国語と数学は学習指導要領の約1.5倍、英語は約1.6倍の授業時間を確保し、中3から高校の学習がスタート。英語は、入学時から習熟度別に3クラス（SE／AE／AREクラス）に分かれ、中学卒業時に英検準2級にチャレンジできる力を養います。

土曜日は、中高隔週で学校行事やライフナビゲーションプログラムなど、教育課程に縛られない独自の探究活動を行っています。

教育は大きく4つのプログラムによって構築されています。

1．ライフオリエンテーションプログラム

キリスト教精神に基づいて心を育てる、清泉の根幹をなすプログラムです。6年間を通じて「祈る心」「自己を見つめる心」「他者を大切にする心」「世界の人々とつながる心」を育み、一人一人の生きるミッションを探っていきます。

2．グローバルプログラム

清泉の考える「グローバル」とは「地球市民として生きること」です。習熟度別・少人数の授業による語学学習だけでなく、異文化理解と国際交流を意識したプログラムが充実しています。希望者はニュージーランド短期留学やベトナムスタディーズツアーなどの多様な海外プログラム、模擬国連、都内の姉妹校「清泉インターナショナルスクール」への1週間留学などに参加可能です。

3．ライフナビゲーションプログラム

中学3年間を通じて自らの興味関心を深める「My Story Project」では、①課題の発見、②情報の収集、③整理・分析、④まとめ・表現というプロセスに重点を置き、自分らしい表現方法で成果を形にします。高校では、卒業生やさまざまな分野で活躍する社会人の講演、大学出張授業、職場見学などに参加することで、経験を通して視野を広げ、能動的に進路を探求します。

4．サイエンス・ICTプログラム

清泉には4つの理科教室があり、実際に自分の手を動かし、目で確認する機会を大切にしてい

今春の進学実績については巻末の「高校別大学合格者数一覧」をご覧ください

す。また、中1からChromebookを持ち、各授業や委員会、部活動に活用しています。

環境・施設設備

　北条早雲により築城された玉縄城跡にあり、現在も一部当時のおもかげを残しています。高台にある7万平方メートルの自然豊かな敷地に、オレンジ色のレンガの校舎が良く映えます。クラスはすべて南向きに配置され、窓からは江ノ島、箱根、富士山が一望できます。

生活指導・心の教育

　かばんや傘、髪形の指定はなく、自ら考えて学生にふさわしい行動をするように指導しています。

心の教育については「ライフオリエンテーションプログラム」を中心に据え、自分の価値に気付き、他者との関係を築いて世界へ視野を広げ、いのちの尊厳や国際平和への理解を深めます。

学校行事・クラブ活動

　清泉祭（9月）、体育祭（10月）や合唱祭（中学12月、高校5月）は実行委員会を中心に生徒が企画・運営を行います。創立記念日ミサ、平和祈念ミサ、クリスマスミサなど宗教行事もあります。

　クラブ活動への参加率は90％以上。運動部はダンス、器械体操、テニス、ソフトテニス、バスケットボールなど9部、文化部はE.S.S.（英語）、演劇、音楽、化学など14部が活動しています。

データファイル

■2024年度入試日程

中学校　＊APとSPは続けて両方受験可能

募集人員		出願期間	試験日	発表日	手続締切日
1期	40	1/5〜1/31	2/1	2/1	2/5
2期	20	1/5〜1/31	2/1午後	2/1	2/5
3期	25	1/5〜2/1	2/2午後	2/3	2/5
AP	10	1/5〜2/4	2/4午後＊	2/5	2/9
SP	10	1/5〜2/4	2/4午後＊	2/5	2/9
帰国1期	約15	11/13〜12/7	12/9午前	12/9	12/12
2期		12/11〜1/4	1/6午前	1/6	1/10

高等学校　募集を行っていません

■2024年度選考方法・入試科目

1期：4科　　**2期**：2科

3期：4科か3科（国語・算数・英語＊）かグローバル（英語1教科＊：100点45分、英語による面接10分あり）

AP（アカデミックポテンシャル入試）：思考力・表現力・総合力（100点60分）

SP（ステムポテンシャル入試）：算数（100点60分）

＊3科の英語は英検4級程度、グローバルは英検2級程度

帰国生：〈A方式〉算数（100点45分）、作文（45分）、面接（10分）〈B方式〉英語（100点45分）、作文（45分）、英語面接（10分）

〈配点・時間〉国・算・英＝各100点50分　理・社＝各100点45分（3期は各50点計60分）

〈面接〉グローバルは生徒個人、帰国生は保護者と生徒別々

■2023年春系列大学（姉妹校）への進学

〈姉妹校高大接続入試〉一定の出願条件を満たせば、高3の12月中に優先的に合格できます。他大学を受験し合格した場合は進学を辞退することもできます。

清泉女子大学―5（文）

■指定校推薦枠のある主な大学

青山学院大　学習院大　北里大　慶應義塾大　上智大　東京薬科大　成城大　中央大　東京女子大　東京都市大　東京理科大　日本大　法政大　明治大　明治学院大　立教大　横浜市立大など

■2023年春卒業生進路状況

卒業生数	大学	短大	専門学校	海外大	就職	進学準備他
168人	153人	1人	1人	1人	0人	12人

■2023年度入試結果

中学校　帰国生入試あり

募集人員		志願者数	受験者数	合格者数	競争率
1期	40	129	127	59	2.2
2期	20	166	156	73	2.1
SP	10	73	39	19	2.1
3期	25	313	166	79	2.1
AP	10	52	40	11	3.6
帰国	約15	27	25	17	1.5

学校説明会　すべて要予約
入試説明会　11/18（午前・午後）
ミニ入試説明会　12/16
保護者見学会　10/27　11/24
親子見学会　2/17　3/23

見学できる行事
文化祭（清泉祭）　9/16・9/18（ミニ説明会開催予定）

説明会・行事等は日程・内容が変更される場合があります。必ず学校HP等でご確認ください

聖ヨゼフ学園 中学校 高等学校

〒230-0016　神奈川県横浜市鶴見区東寺尾北台11-1　☎045-581-8808　学校長　多田　信哉

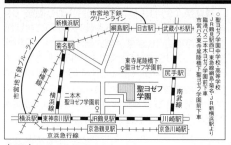

〈URL〉https://www.st-joseph.ac.jp/

沿革　昭和28年(1953)、ニューヨークに本部を置くカトリック修道会が、白百合学園を経営するシャルトル聖パウロ修道女会の応援を得て、鶴見聖ヨゼフ小学校を設立。同32年(1957)に中学校、続いて同35年(1960)に高等学校を開校。全学年2学級編成の学園です。2020年度の中学新入生より男子の募集を開始。神奈川県内で初のカトリック男女共学校となりました。2023年、高校共学化。

校風・教育方針

キリスト教精神による正しい自己受容を育て、清くあたたかい心と正しく強い意志を持って、主体的に人びとの幸福のために働くことのできる人の育成を目指しています。

創立者は戦後の荒廃の中で、どんなに苦しい時でも正しい判断力と意志、真の奉仕の精神の必要性を感じました。そこで、キリスト教の道徳観を中核に据えて、そのような生き方に子供たちを教え導きたいと考え、学園を創立しました。

昨今、世界中で争い事はまだまだ絶えることはありません。そのような中で聖ヨゼフ学園が目指していることは、平和と幸福のために喜んで人のためにつくせるような、あたたかな心と正しい道徳観を大切にすることです。

そのため、聖ヨゼフ学園の1日は、朝の祈りで始まります。日々に感謝しながら、家族やお友達の幸せを願って祈ります。英語でのお祈りの時間も週1回用意されています。英語で聖歌を歌ったり、英語のことわざを使ったりします。また、お昼の時間になると学園中に美しい鐘の音が鳴り響き、生徒達に心のやすらぎを与えています。

信仰・希望・愛の力によって一人ひとりが生かされていくように、この3つの力を「信・望・愛」の校訓として掲げています。

カリキュラムの特色

〈中学〉　2019年、国際バカロレア教育(IB)の中等教育プログラム(MYP)候補校に。週5日制を採用し、月・木は7時間、火・水・金は6時間の週32時間の授業を実施。土曜日は原則休日ですが、行事や各種検定試験などを行うこともあります。中学ではとくに英語に重点を置きながら、しっかりとした幅広い基礎学力を身につけることに力を入れています。中学1年では1週間に英語6時間、数学4時間、国語4時間、理科3.5時間、社会3時間という独自のカリキュラムを組むとともに、毎時間の小テストや日々の課題、徹底した補習により学習習慣を確立させていきます。さらに、『課題に対して自分の意見を持ち表現する力、探究し続ける力』が必要とされる中、教科学習の根幹をなすさまざまな能力の充実をはかるため「言語技術の育成」を行います。国語では中学1年から「論理エンジン」と「言語技術」の学習を行います。また、英語では中学1年よりクラスを分割し、1クラス15人程度の徹底した少人数授業で「聞く」「読む」「話す」「書く」の4技能の習得と実践を行います。通常の授業では、ペアで意見交換を行う「スモールトーク活動」を毎回実施したり、テーマについて自分の意見を表現したり、「多読」の時間を設けたりして、実際に"使う"訓練を多く取り入れています。

〈高校〉　高校は2023年より3コースになりました。

総合進学コース　少人数制によるきめ細かな指導

を行います。土曜講座では大学と連携した授業などを展開します。これまでは東京大学地震研究所、東海大学観光学部服部研究室、麻布大学生命・環境科学部などの協力のもとで実施しました。また、英語力のレベルによりアドバンスト・イングリッシュコースの授業を一部履修することも可能です。

アドバンスト・イングリッシュコース プロジェクト型の学習を通して、英語の発信力を伸ばすコースです。コミュニケーション英語、英語会話に加えて、Advanced Englishの授業があり、週10〜11時間の英語科目を履修します。スピーチ、プレゼンテーション、ディベート、ディスカッションなど発信の技能を高めます。高校卒業までにCEFR B 2 レベル（英検準 1 級相当）の英語力をつけることを目指していきます。

インクワイアリー・ベースト・ラーニングコース（2023年新設） 主体的なプロジェクト型・発信型の学びを通じて、「世界の諸問題を他人事とせず自らの課題として積極的に捉え、人々の真の平和を創り出す人」となるための『実践』を行い、生涯学び続ける姿勢を養います。自分が興味をもった社会課題に関するプロジェクトを計画し、世の中をよりよくするアクションをしていきます。

クラブ・学校行事

バスケットボール・バレーボール・テニスなど 5 つの運動部、グリークラブ・ＥＳＳ・サイエンス・軽音楽など10の文化部に加え、茶道・華道・箏曲など 4 つの課外教室があり、加入率は90％を超えます。

学校行事は「体育祭」と「ヨゼフ祭」が二大行事。とくに、学年対抗で競う体育祭は、勝っても負けても涙・涙・涙の完全燃焼。得意な生徒も不得意な生徒も楽しみ、競い、そして生徒全員で創り上げていく『誰もが活躍する』行事です。

データファイル

■2024年度入試日程

中学校 帰国生入試を12/1、1/6に実施

募集人員		出願期間	試験日	発表日	手続締切日
1 回	15	1/10〜1/30	2/1※	2/1	2/10
2 回	10	1/10〜1/30	2/2※	2/2	2/10
3 回	10	1/10〜2/2	2/3※	2/3	2/10
総合・グループ	10	1/10〜1/30	2/1午後	2/1	2/10

※面接日は1/13、1/20、試験当日のいずれかを指定

高等学校 帰国生についてはお問い合わせください

募集人員		出願期間	試験日	発表日	手続締切日
推薦	20	1/16〜1/18	1/22	1/22	1/30
書類選考	15	1/24〜2/8	—	2/10	3/4
オープン	5	1/24〜1/31	2/12	2/13	3/4

■2024年度選考方法・入試科目

中学校

1 回：2 科か 4 科選択、面接　**2・3 回**：2 科、面接

総合・グループワーク型：総合問題（100点45分）、グループワーク（20点20分）

〈配点・時間〉国・算＝各100点45分　理・社＝各50点計45分

〈面接〉1 〜 3 回のみ保護者同伴　参考

高等学校

推薦：書類審査、面接（生徒個人）

書類選考：書類審査のみ

オープン：国・数・英（各100点50分）、面接

■指定校推薦枠のある主な大学

白百合女子大（姉妹校推薦）　聖心女子大　上智大　清泉女子大　中央大　日本大　日本女子大　明治学院大　フェリス女学院大など

■2023年春卒業生進路状況

卒業生数	大学	短大	専門学校	海外大	就職	進学準備他
39人	34人	0人	4人	0人	0人	1人

■2023年度入試結果

中学校 1 回は 2 科／ 4 科

募集人員		志願者数	受験者数	合格者数	競争率
1回	15	13/8	11/6	8/5	1.4/1.2
2回	10	32	11	6	1.8
3回	10	28	5	4	1.3
総合・グループ	10	15	13	13	1.0

高等学校 一般は書類／オープン

募集人員		志願者数	受験者数	合格者数	競争率
推薦	20	10	10	10	1.0
一般	15/5	24/2	24/—	24/—	1.0/—

学校説明会 要予約

★**中学校** 11/4（勉強会あり）1/8（総合・グループワーク型体験あり）

体験入試 12/17

★**高等学校** 10/7 11/11 11/25 12/2

個別相談会 10/28 11/18

個別学校説明会 10〜11月

オープンスクール（中高） 10/14

見学できる行事（中学・高等学校共通）

文化祭 9/17・9/18

説明会・行事等は日程・内容が変更される場合があります。必ず学校HP等でご確認ください

聖和学院中学校・高等学校
せいわがくいん

〒249-0001　神奈川県逗子市久木2-2-1　☎046-871-2670　学校長　佐々木　富紀子

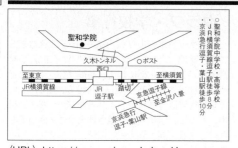

○聖和学院中学校・高等学校
・JR横須賀線逗子駅徒歩8分
・京浜急行逗子・葉山駅徒歩10分

〈URL〉https://www.seiwagakuin.ed.jp

沿革　昭和17年（1942）湘南女学塾創立。同24年（1949）聖和学院中学校・高等学校に改称。同62年（1987）高等学校に英語科設置。令和2年（2020）WGL（ウィメンズ・グローバル・リーダーシップ）プロジェクト開始。

聖和発、未来へ向かって共創力

2023年は卒業生数に対する現役合格者数の割合が、国公立早慶上智が27.3%、GMARCHと関関同立の現役合格を加えると86.4%となりました。

聖和学院では英語力の強化とともに、世界で貢献できる人材の育成を目標としています。聖和学院のグローバル教育は1987年にスタートしました。神奈川県唯一となる英語科を設置し、神奈川県内で初めてニュージーランド語学研修を実施するなど充実した英語教育を実施してきました。

みんなが主役、毎日主役

高度IT社会と複雑な世界情勢を生き抜く21世紀型スキルを身に付けるために、コ・クリエイションプラザを2022年に新設しました。SEIWAコモンズやクリエイションカフェでは主体的な学びを支援し、ICTツールを活用して「みんなが主役、毎日主役」で探究活動に取り組んでいます。テーマはSDGs、フェアトレードなどのエシカル消費問題、地域の防災・減災プロジェクト、ボランティアなどの社会貢献、フィールドワークなど多岐にわたります。湘南青少年環境会議2023では、逗子市民まつりに参加した体験をもとに「チェンジメーカーの循環」のプレゼンを行いました。本

の魅力を紹介するビブリオバトルでは、テレビ局が取材に訪れるほどの熱戦を繰り広げ、生徒全員が「主役」として発信しました。また、キャリア形成では、グローバルに活躍する女性リーダーを育成するWGL（ウィメンズ・グローバル・リーダーシップ）プロジェクトを導入しています。

中学校に2つの新コース

中学校に新しく2コースが開設されました。
【インターナショナルコース】　英語に興味がある生徒の力をどこまでも伸ばすために、ネイティブ教員とのコミュニケーションを通して英語四技能を鍛えます。卒業時には英検準1級を取得し、国公立・早慶上智レベルの現役合格を目指します。
【リベラルアーツコース】　多分野を幅広く学び、教養を高めます。教科学習に加えて文学や歴史や芸術、自然科学、職業体験、地域ボランティアなど多彩な分野の学びを深め、卒業時には英検2級の取得と、MARCHレベルの現役合格を目指します。

2科4コースから選択できる教育プログラム

6年間で個々の能力を伸ばせるようきめ細かに指導。中1・2は基礎を定着させるファーストステップ、中3・高1は応用拡充のセカンドステップ。探求心や豊かな感性を身につけて自己を確立していく時期です。高2・3は進学目標を達成し、「22歳の夢」に向けてのファイナルステップです。

高等学校では2年より文系・理系に分かれます。
【英語科文系コース】英語教育を重視したコース。コミュニケーション能力と高度な知識を養うための専門科目を設定し、理論と実践の両面から英語力の強化を図り、国公立・難関私大を目指します。
【英語科理系コース】英語と数学が得意で、難関

今春の進学実績については巻末の「高校別大学合格者数一覧」をご覧ください

2期制	**登校時刻** 8:30	**昼食** 弁当持参、コンビニの販売	**土曜日** 授業あり（午後は特別講座など）

大学の理学・工学・医学・薬学部等を受験する生徒のためのコースです。情報社会において特に数学は、広範囲にわたる高度な内容を学習します。

【普通科文系コース】人文科学や社会科学を重視し、選択科目が充実、多様な進路に対応しています。課外授業や特別講習、各種受験対策講座なども実施。一人ひとりの個性と学力を伸ばします。

【普通科理系コース】国公立大や私立の理学・工学・医学・薬学部等を目指すコースです。文系と同様、特別講習・受験対策講座が充実しています。

ICTを活用した協働的探究学習

校内全館にWi-Fiを完備。生徒全員が一人1台のiPadを活用して「Seiwaわくわく探究活動」という協働的探究学習に取り組み、「教科書の外」に広がる学びの楽しさを体験しています。「逗子市こども議会」「SDGsユースプロジェクト」といったプロジェクトのほか、逗子久木地区の人たちとZOOM会議を介して進めた「地域の防災・減災プロジェクト」では、協働で防災ハンドブック・避難所マニュアルを作成しました。その活動の様子は市の広報誌やJ:COM、湘南ビーチFMでも紹介されました。

環境・施設設備

逗子の海と山の自然に恵まれた静かな環境です。

データファイル

■2023年度入試日程（参考）

中学校 帰国生入試は12/6、1/11に実施

募集人員		出願期間	試験日	発表日	手続締切日
1回	15	1/10〜2/1	2/1	2/1	2/13
特待①	10	1/10〜2/1	2/1午後	2/1	2/13
2回	10	1/10〜2/2	2/2	2/2	2/13
特待②	10	1/10〜2/2	2/2午後	2/2	2/13
3回	5	1/10〜2/3	2/3午後	2/3	2/13
特待③	10	1/10〜2/4	2/4午後	2/4	2/13
特別①	若干	1/10〜2/6	2/6午後	2/6	2/13
特別②	若干	1/10〜2/11	2/11午後	2/11	2/13

高等学校 帰国生入試は11/10、12/16、1/22に実施

募集人員		出願期間	試験日	発表日	手続締切日
推薦	英10普10	1/19〜1/20	1/22	1/24	1/25
一般1回	英30普30	2/7〜2/8	書類・筆記2/10	2/13	3/1
オープン	英5普5	2/7〜2/8	2/11	2/13	3/1
一般2回	若干	2/28〜3/1	3/1	3/2	3/2

■2023年度選考方法・入試科目（参考）

中学校 Ⓐ2科Ⓑ4科Ⓒ英語（英語〈スピーチか筆記〉、日本語作文各100点）Ⓓ英語プログラミング（事前説明・英語プログラミングテスト100点）Ⓔビブリオバトル（ビブリオバトル・感想文100点）Ⓕプレゼンテーション（作文、自己PRプレゼン〈いずれも英語可〉各100点）

※**1回**はⒶ〜Ⓔ、**特待①**はⒶⒷⒸ、**2回**はⒶⒻ、**特待②**はⒶⒷⒸ、**3回**はⒶⒹ、**特待③**はⒶⒷⒸ、**特別①**はⒶⒹⒺⒻ、**特別②**はⒹⒺⒻから選択
帰国生：英語（100点45分）、面接
〈配点・時間〉国・算＝各100点45分　理・社＝各50点計45分
〈面接〉帰国生のみ

高等学校 **推薦**：書類審査、面接
一般：〈書類選考方式〉書類選考〈筆記試験方式・オープン〉国語、数学、英語、面接
帰国子女：書類審査、英語、面接
〈配点・時間〉国・数・英＝各100点50分
〈面接〉生徒個人

■指定校推薦枠のある主な大学

横浜市立大　日本大　日本女子大　清泉女子大　フェリス女学院大など

■2023年春卒業生進路状況

卒業数	大学	短大	専門学校	海外大	就職	進学準備他
22人	19人	2人	0人	0人	1人	0人

■2023年度入試結果

中学校 特待生入試は普通合格を含む

募集人員	志願者数	受験者数	合格者数	競争率
1回15/特待①10	11/10	9/8	9/7	1.0/1.1
2回10/特待②10	12/13	2/6	2/6	1.0/1.0
3回5/特待③10	13/13	3/6	3/6	1.0/1.0
特別①/②各若干	15/4	1/0	0/−	−/−

高等学校 英語科／普通科　追試含む　一般2回あり

募集人員		志願者数	受験者数	合格者数	競争率
推薦	10/10	2/1	2/1	2/1	1.0/1.0
一般1回	30/30	3/7	3/7	3/7	1.0/1.0
書類		0/4	−/4	−/4	−/1.0
オープン	5/5	0/6	−/5	−/5	−/1.0

学校説明会
★中学校　9/9 10/7 11/11 12/9 1/13
★高等学校　9/9 10/7 10/21 11/11 11/18 11/25 12/2 12/9
学校見学は随時可（要予約）

説明会・行事等は日程・内容が変更される場合があります。必ず学校HP等でご確認ください

捜真女学校 中学部 高等学部

そう　しん　じょ　がっ　こう

〒221-8720　神奈川県横浜市神奈川区中丸8　☎045-491-3686　中高校長　中山　謙一

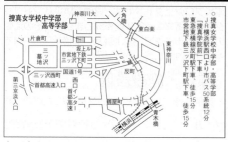

〈URL〉http://soshin.ac.jp/jogakko/

沿革　1886年に米国バプテスト派宣教師により英和女学校として創立、1892年捜真女学校と改称。1910年山手より現在地に移転。今年で創立137年。

校風・教育方針

「やさしさと　たくましさと」という教育ビジョンを掲げ、毎日の礼拝・聖書の授業・修養会などのキリスト教教育を通じ、愛に基づいた人格形成を目指しています。礼拝では人生を支える軸となる本物の価値観が育ちます。また、教員と生徒自身が語ることばの交流を通して深まる人格的な交わりによって、自己理解と他者受容が生まれます。6年間の捜真の生活を通して自分の能力と個性、使命に気づいた生徒たちは、それを最善にいかし、自分と隣人を愛し、社会と他者に貢献しようと卒業していきます。

カリキュラムの特色

4技能を重視した英語教育、多くの実験を行う理科教育、プロの講師陣による芸術教育など「本物に触れ、本物の力を身につける」授業を展開し、ことばによる思考力・表現力を養う「ことばにフォーカスした教育」を全学年にわたって進めています。

中学生の英語はラウンドシステムを利用して学習を進めています。国語表現では日本語の「聞く・話す」を意識して敬語や文法について学びます。理科は実験とその後のレポート作成を通して物事を論理的にとらえる習慣を身につけます。高1までは全員が必修科目を履修、高2からは進路に合わせて約50科目から選択して履修することが可能です。

国際教育

「平和をつくり出す」人となることをめざして、オーストラリア、アメリカ、カンボジアへの研修を独自に行っています。期間は10日間から3カ月

Information

ことばにフォーカスした教育

中高校長　中山　謙一

「ことばにフォーカスした教育」とは、捜真女学校の特長をとらえた言葉です。英語、国語の特色ある教育だけでなく、多くの教科でレポート、プレゼンテーションなどの機会をもうけ、思いと考えを伝える力を身につけます。捜真ではアウトプットする力の育成に力を注いでいます。

また、礼拝を通して生徒たちは人生を支える言葉に出会い、心にたくわえます。生徒たちは大学受験のさらに先を見据えた広い視野で人生を考え、やさしさとたくましさとを兼ね備えた人格へと育ちます。ことばが育つとは、人が育つことにほかなりません。

今春の進学実績については巻末の「高校別大学合格者数一覧」をご覧ください

間と中1からでも参加できるよう設定しています。AFS、YFUなどを通しての留学生の派遣や受け入れも盛んです。

環境・施設設備

横浜駅からバスで12分と便利でありながら、周囲は閑静な住宅街です。ホームルームのある本館に飾られている多くの絵画は生徒たちの本物を見る目を養う大切なものとなっています。全校生徒が集うチャペルは学校の中心的な場所であり、パイプオルガンの伴奏で礼拝が毎日行われます。

7号館にはカフェテリア「コルビーメモリアルホール」と自習室「ブラウンセンター」があり、健康的な学校生活を支えます。

生活指導・心の教育

生徒と生徒、生徒と教員が、お互いをかけがえのない大切な人格ととらえて学校生活を送っています。毎日の礼拝、聖書の授業、自然教室や行事で培われる友人や教職員との深い信頼関係を通して、自分を見つめ、他者を尊重する心が養われています。担任、学年教員や部活動の顧問など、どの教員にも相談をしやすい雰囲気があるうえ、常駐する学校カウンセラーによる個別の相談もできます。

学校行事・クラブ活動

大きな盛り上がりを見せる捜真三大行事（合唱コンクール・捜真祭・体育祭）は実行委員の生徒が主体となって開催します。行事だけでなく、海外研修や生徒の自発的な取り組みなど、生徒による活動が大変盛んです。

クラブ活動は体育系13、文化系19。文化祭等が活動発表の機会となっています。

データファイル

■2024年度入試日程

中学部　※帰国生入試は12/9・2/1午前に実施

募集人員		出願期間	試験日	発表日	手続締切日
スカラA1	50	1/6〜1/31	2/1	2/1	2/5
スカラA2	40	1/6〜2/1	2/1午後	2/1	2/5
スカラA3	20	1/6〜2/1	2/2	2/2	2/5
B	20	1/6〜2/2	2/2午後	2/2	2/5
対話学力	5	1/6〜2/2	2/3	2/3	2/6
C	10	1/6〜2/3	2/3午後	2/3	2/6

高等学部

募集人員		出願期間	試験日	発表日	手続締切日
推薦	10	1/16〜1/18	1/22	1/23	1/26
一般	15	1/24〜1/26	—	2/10	3/1

■2024年度選考方法・入試科目

中学部

スカラシップA1・スカラシップA3：2科か4科、面接　**帰国生・スカラシップA2・B・C**：2科、面接　**対話学力**：口頭での4科学力試験（約40分）

〈配点・時間〉国・算＝各100点50分　理・社＝各50点30分

〈面接〉生徒個人　参考

高等学部

推薦：書類選考、面接（生徒個人）
一般：書類選考、志望理由書

■指定校推薦枠のある主な大学

青山学院大　慶應義塾大　国際基督教大　上智大　東京理科大　法政大　明治大　立教大など

■2023年春卒業生進路状況

卒業生数	大学	短大	専門学校	海外大	就職	進学準備他
154人	137人	2人	4人	1人	2人	8人

■2023年度入試結果

中学部　2科／4科　帰国生入試あり

募集人員		志願者数	受験者数	合格者数	競争率
A	50	52/50	49/38	42/36	1.2/1.1
スカラ1	40	172	160	135	1.2
スカラ2	20	44/54	21/32	10/26	2.1/1.2
B	20	126	48	31	1.5
対話学力	5	36	6	4	1.5
C	10	124	29	19	1.5

高等学部

募集人員		志願者数	受験者数	合格者数	競争率
推薦	15	12	12	12	1.0
一般	25	32	32	32	1.0

学校説明会　中学は要予約

★中学部
10/21　1/13
ナイト説明会　12/1
捜真クルーズ　9/9　11/11　12/16
★高等学部
9/16　10/7　10/28

見学できる行事　予約未定
捜真祭　9/22・9/23（入試相談コーナーあり）

説明会・行事等は日程・内容が変更される場合があります。必ず学校HP等でご確認ください

神奈川（そ）

相洋中学校・高等学校

〒250-0045　神奈川県小田原市城山4-13-33　☎0465-23-0214（中学校）　中学校長　渡邉　祐一
☎0465-22-0211（高等学校）　高等学校長　小林　悟

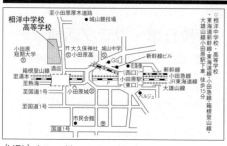

〈URL〉https://www.soyo.ac.jp

沿革　相洋中学校・高等学校は、昭和13年（1938）4月、神奈川県立小田原中学校内に小田原夜間中学校として設置認可を受け、入学生徒100人をもって開校しました。翌14年1月、校名を「相洋中学」と改称。同22年7月、学制改革に伴い新制中学校を併設し、男女共学となり、同23年3月、校名を「相洋中学校・相洋高等学校」としました。昭和59（1984）年、中学・高校6年間独自のカリキュラムを持つ、一貫コースが発足しました。令和6年（2024）より高等学校の商業科を募集停止。

校風・教育方針

　教育理念は、碑文にも掲げられている校訓『質実剛健・勤勉努力』が示すように、第一に人間の本質的なものとしての「真心に満ちあふれる」青年を育成するために、すべての価値観に勝る徳育に力点を置き、礼節を重んじ、規律正しい人間をつくること。第二に「節操を曲げない崇高なる精神の強さ」と、「したたかに逞しい健康」を育てること。第三に「悩み苦しみながらも勇気をもって困難に立ち向かって行くために多くの力を結集する」大切さを学ぶことです。

カリキュラムの特色

　「中・高一貫コース」では、学習を確かなものにするために、中高6カ年を3期に分けています。
第1期（中1～中3前半）：主要5教科において無駄な重複を避け、徹底した基礎学力の習得とともに、自学自習の精神を養成します。

第2期（中3後半～高2）：学力を大いに伸ばす伸長発展のための期間で、この第2期までに、中学と高校の教育課程をほぼ修了させます。

第3期（高3）：この期間は「大学進学対応準備期」として、効果的な復習と実践的な演習を中心に行い、難易度の高い大学入試にも対応できる確かな学力を身につけさせます。

　公立中学校から募集する高校普通科は3コースを設置。「特進コース（選抜クラス・特進クラス）」は国公立大および難関私立大を目指します。「文理コース（理科クラス・文科クラス）」は難関私立大から中堅私立大を目指します。「進学コース」は個人の能力や適性に合わせた目標を定め、大学・短大進学などを目指します。

環境・施設設備

　相模湾を眼下に望む、緑豊かな丘陵地の小峰丘に建っています。施設は、普通教室や各種実験・実習室などがある1～8号館の建物と、第一体育館、柔・剣道場、学生食堂、雨天体育館、第一研修会館、テニスコート、上庭グラウンド、中庭グラウンド、部室棟、トレーニング室があり、小田原市内に野球場もあります。

　校門をくぐると斬新なデザインの地上4階、地下1階の「相洋インテリジェントセンター」がそびえています。センター内には、マルチメディアシステム、大学受験講座も行われ、学び舎としての一面も備えています。さらにタブレットやオンラインシステムを活用した授業も実践しています。

今春の進学実績については巻末の「高校別大学合格者数一覧」をご覧ください

生活指導・心の教育

常に学校、家庭、地域社会との連帯を密にして、様々な角度から、生徒たちの心と身体の安全と健康を見守っています。

学校行事・クラブ活動

中学校では春休みの春期宿泊研修や、3年生3学期の約2ヵ月間、現地の中学校に編入し、授業や文化を肌で感じられるホームステイプログラムのニュージーランドターム留学を行っています。

高等学校ではカナダ研修を行っています。約3週間、ネイティブの先生のもとで、英語の上達を図ります。さらに、ホームステイを通して、異なった国の生活習慣や文化を学ぶとともに規則正しい生活をして、自ら学ぶ環境に身をおいて語学の実力を向上させるねらいもあります。

ボランティア活動として、社会福祉部の校内献血運動、チャリティコンサート、美化委員を中心に行っている海岸や周辺環境の清掃等、積極的に取り組んでいます。

クラブ活動では、運動部19、文化部19、委員会6があり、県大会・関東大会・インターハイ・国民体育大会などに出場して優勝するなど活躍しています。

データファイル

■2024年度入試日程

中学校 帰国生入試は1/6に実施

募集人員		出願期間	試験日	発表日	手続締切日
1回A	30	1/6〜1/31	2/1	2/1	2/6
B	20	1/6〜2/1	2/1午後	2/1	2/6
2回A	20	1/6〜2/2	2/2	2/2	2/6
B	10	1/6〜2/2	2/2午後	2/2	2/6
3回	10	1/6〜2/4	2/4	2/4	2/6

高等学校

募集人員		出願期間	試験日	発表日	手続締切日
推薦	180	1/16〜1/18	1/22	1/23	1/25
一般	380	1/24〜1/31	2/10	2/11	専2/15併3/4
二次・チャレンジ	25	2/19〜3/4	3/4	3/5	3/7

■2024年度選考方法・入試科目

中学校

1回A・2回A・3回：2科か4科、面接
1回B・2回B：2科、面接
〈配点・時間〉国・算＝各100点45分 理・社＝各100点30分 〈面接〉生徒個人 重視 【内容】志望動機、中学校生活への抱負、長所・短所など

高等学校

推薦：作文（600字45分）＊2023年度テーマ「夢の実現のため中学生活で最も力を入れたこと」「夢の実現のため高校生活で最も力を入れようと考えていること」「2022年度に活躍した日本人を一人あげ、その印象について」から選択
一般：国語・数学・英語、または書類選考
二次・チャレンジ：国語・数学・英語
〈配点・時間〉国・数・英＝各100点45分
〈面接〉なし

■指定校推薦枠のある主な大学

青山学院大 東京理科大 学習院大 成蹊大 日本大 専修大 東洋大 駒澤大 明治大など

■2023年春卒業生進路状況

卒業生数	大学	短大	専門学校	海外大	就職	進学準備他
437人	308人	20人	73人	0人	8人	28人

■2023年度入試結果

中学校 男／女

募集人員		志願者数	受験者数	合格者数	競争率
1回A	30	29/14	23/14	17/9	1.4/1.6
B	20	29/16	18/13	13/8	1.4/1.6
2回A	20	30/16	16/12	11/10	1.5/1.2
B	10	28/15	11/8	8/7	1.4/1.1
3回	10	30/16	12/10	9/9	1.3/1.1

高等学校

募集人員		志願者数	受験者数	合格者数	競争率
普通推薦	180	126	126	126	1.0
一般	380	1,876	1,876	1,876	1.0
商業推薦	20	10	10	10	1.0
一般	20	186	186	186	1.0

学校説明会 要予約
★中学校 10/14 入試結果報告会 9/16
オープンスクール 9/10
部活動見学会 9/30 授業見学会 10/7
11/22
入試説明会 11/3 12/10
★高等学校 9/20茅ヶ崎 9/26平塚 9/30秦野
授業見学会 10/4〜10/6
入試説明会 11/11 11/18 11/25 11/26 12/2
見学できる行事
文化祭（相洋祭） 9/9・9/10
体育祭（高校のみ） 9/28（城山陸上競技場）
中学音楽会 11/10（小田原三の丸ホール）

説明会・行事等は日程・内容が変更される場合があります。必ず学校HP等でご確認ください

橘学苑高等学校
（たちばながくえん）

〒230-0073 　神奈川県横浜市鶴見区獅子ヶ谷1-10-35 　☎045-581-0063 　学校長 　外西 俊一郎

〈URL〉https://www.tachibana.ac.jp

沿革 昭和17年（1942）、土光登美により創立。同22年、女子中学を設置。翌年、橘女子高等学校となりました。平成16年（2004）3月新校舎竣工。4月には校名を橘学苑中学校・高等学校と改称。中学校を共学化し、高等学校はコース制を導入、一部共学化。同18年（2006）、全面男女共学化。令和4年（2022）創立80周年。同6年（2024）より中学校募集停止。

校風・教育方針

教育の原点は、以下の創立者の精神にあります。
- 心すなおに真実を求めよう
- 生命の貴さを自覚し、明日の社会を築くよろこびを、人々とともにしよう
- 正しく強く生きよう

カリキュラムの特色

文理コース特別進学クラス、文理コース総合進学クラス、デザイン美術コースの3つのコースを設置しています。

文理コース特別進学クラスは、国公立・難関私立大学の現役合格を目指すクラスです。国公立大学入試に対応し、カリキュラムでは国語、数学、理科、社会、英語の5教科を重視。2年次からは文系と理系に分かれ、より少人数で主体的に学ぶ環境になります。定期的に面談を行い、毎日の学習状況をPDCAサイクル、Plan（計画）→Do（実行）→Check（評価）→Action（改善）で振り返り、学習習慣を確立するとともに実力アップを図ります。授業はもちろん、朝学習、放課後学習

サークル、長期休暇中の講習が充実し、目標達成に向けた生徒の具体的な取り組みをきめ細かくサポートします。

文理コース総合進学クラスは、充実した高校生活を送ることで進路を開拓し、中堅私立大学への現役合格を目指すクラスです。基礎学力を育成するとともに、各クラスがオリジナルの合唱曲をつくりあげる「音楽祭」などの学校行事や部活動、生徒会活動、ボランティア、検定受検に打ち込み、自己の適性や興味、能力を生かす活動に取り組みます。キャリアガイダンスや総合的な学習の授業にも力を入れています。2年次からは進路希望に応じてクラスを選択。学習に専念して難関私立大の一般選抜合格を目指す「選抜受験クラス文系」「選抜受験クラス理系」、一般選抜や学校推薦型選抜、総合型選抜などの多様な入試形態に対応した「普通クラス文系」「普通クラス理系」の4つのクラスがあり、希望する進路の実現を目指します。

デザイン美術コースは、専門性の高い授業と環境で、美術系大学の現役合格を目指します。「素描」「美術」「デザイン」を軸に、「情報デザイン」「絵画」「美術概論」など、豊富な専門科目があります。さまざまな表現方法で作品をつくり、スキルを身につけ、3年次には集大成として「卒業制作（自由制作）」に挑みます。また、美術展の鑑賞や美術大学の教授による出張授業、日本の森林問題を学んだ上で椅子をデザインし制作する授業など、広い視野と多様な価値観を学ぶ取り組みを

今春の進学実績については巻末の「高校別大学合格者数一覧」をご覧ください

大切にしています。イタリアで行う海外研修では、ウフィッツィ美術館やパラティーナ美術館など本物との出会いを用意しています。

国際交流

2年次に文理コースはシンガポール・台湾、デザイン美術コースはイタリアで海外研修を実施しています（2023年実施予定）。また、希望者を対象に、2週間のカナダ海外研修も行っています。

2023年度より高校の全生徒を対象にした新たな一年留学プログラムが始まりました（留学には条件あり）。

環境・施設設備

2004年に完成した校舎は、自然光と風を取り入れたキャンパス。木の温もりを生かした教室、吹き抜けによる自然換気システムを採用しています。また、音楽堂、創作館などの芸術専用施設、SAKURA DOME（屋内運動施設）、長野県飯島町には野外体験ができる宿泊施設があるなど、施設が充実しています。2014年には、体育館もリニューアルしました。

生活指導・心の教育

スクールカウンセラーに心の問題を相談できます。本人だけでなく周りの環境、現状を把握して生徒の成長を適切にサポートします。

学校行事・クラブ活動

スポーツフェスティバル、海外研修旅行、橘花祭など様々な行事があり、協調性・自主性を育てます。

クラブは、20以上の部が活動しています。文化系は軽音楽、吹奏楽、美術、琴など。運動系は硬式テニス、弓道、サッカー、チアなどがあります。

横浜市　高　共学

データファイル

■2024年度入試日程

募集人員		出願期間	試験日	発表日	手続締切日
推薦	100	1/16・1/17	1/22	1/23	1/27
一般(専願・併願)	100	1/24〜1/26	2/10	2/11	専2/15併3/2
オープン		1/24〜2/1	2/12	2/13	3/2

■2024年度選考方法・入試科目

推薦：書類審査、面接（デザイン美術は提出課題あり）

一般・オープン：国語、数学、英語、面接（オープンのみ）　※デザイン美術はデッサン（100点90分）あり

〈配点・時間〉国・数・英＝各100点50分
〈面接〉推薦とオープンのみ生徒個人　重視

■指定校推薦枠のある主な大学

日本大　東洋大　駒澤大　専修大　獨協大　國學院大　東京農業大　桜美林大　産業能率大　神奈川大　関東学院大　玉川大　帝京大　東海大　東京電機大　立正大　女子美術大など

■2023年春卒業生進路状況

卒業生数	大学	短大	専門学校	海外大	就職	進学準備他
225人	178人	9人	28人	0人	1人	9人

■2023年度入試結果　男／女　複数コース受験を含む

募集人員		志願者数	受験者数	合格者数	競争率
特進推薦	10	11/7	11/7	11/7	1.0/1.0
一般(専・併)	10	57/59	57/59	30/42	1.9/1.4
オープン		9/6	9/6	3/5	3.0/1.2
総進推薦	75	63/37	63/37	63/37	1.0/1.0
一般(専・併)	75	492/444	491/444	491/444	1.0/1.0
オープン		15/6	14/5	9/5	1.6/1.0
デ美推薦	15	3/18	3/18	3/18	1.0/1.0
一般(専・併)	15	19/78	18/77	16/76	1.1/1.0
オープン		2/8	2/7	1/4	2.0/1.8

学校説明会 すべてHPより要予約
9/30　10/28　11/4　11/18　11/25
個別相談会　12/2
見学できる行事 HPより要予約
橘花祭　10/25

説明会・行事等は日程・内容が変更される場合があります。必ず学校HP等でご確認ください

神奈川
た

立花学園高等学校
<ruby>立<rt>たち</rt>花<rt>ばな</rt>学<rt>がく</rt>園<rt>えん</rt></ruby>

〒258-0003　神奈川県足柄上郡松田町松田惣領307-2　☎0465-83-1081　学校長　矢藤　慎一

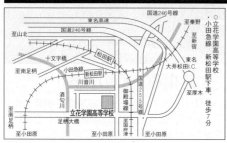

・立花学園高等学校
小田急線・新松田駅下車、大井松田I.C.
東名
新松田駅下車、
徒歩7分

〈URL〉https://tachibana-g.ac.jp

沿革　昭和3年（1928）、松田和洋裁女学校が開校。昭和37年（1962）に男女共学となり、立花学園松田高等学校に校名を変更しました。平成4年（1992）、現在の立花学園高等学校になりました。

校風・教育方針

　校訓「誠実・実践・奉仕」のもと「知・徳・体」を重んじ、社会に貢献できる人材の育成に力を注いでいます。

　高校での3年間、それは「未来」への夢や希望を実現するためのとても大切な時間です。それまでどこか漠然としていた「将来」が、具体的に見えはじめてくるこの時期、教育の場に何よりも必要とされるものは「豊かな人間形成」と「能力の伸長」です。

　生徒の可能性をじっくりと見据え、将来に生かすことのできる知識と学力を伸ばすとともに、“心の教育”を通じ、一人ひとりの個性を大切に育てていきます。

カリキュラムの特色

　生徒の多様な進路にこたえるべく、特進・進学・総進の3コースを設けました。

　特進コースは国公立大学および難関私立大学の現役合格を目指すコースです。少人数のクラス編成で、1年次は大学入学共通テストを視野に入れ、すべての科目の実力を養成します。2年次からは志望する学部によって文系・理系に分かれ、専門科目をより深く学びます。補習体制も万全で、習熟度別授業と自習時間も多く取り入れています。

　進学コースは、大学・短大を中心に目指すコースです。生徒の習熟度に応じたクラス編成を行い、生徒一人ひとりの特徴を生かした進路決定ができるよう、幅を持たせた体制をとっているのが特徴です。大学受験に対応できる授業を展開しつつ、放課後の時間の使い方は生徒自身が自分の求めるものを選択します。勉強と課外活動がバランスよく両立できます。

　総進コースは、進学や就職など卒業後の進路が生徒によって多岐にわたります。高校生としての基礎学力の向上と、社会に貢献できる人材の育成を目標としており、進路先で必要とされる実践的で行動的なスキルを養成するためのガイダンスを数多く設けています。

環境・施設設備

　酒匂川のほとり、秀麗富士を仰ぐ足柄平野に抱かれる立花学園では、四季折々の変化を肌に感じ、感性豊かに学校生活を送ることができます。

　校舎は大きく分けて4棟から成り、近代的デザインを取り入れ、明るく、生徒の利便性に配慮した設計になっています。本格的な武道場、最新の設備を備えたOA室や視聴覚室、個々でビデオを見ながら自学できる自習室等がその一例です。

　大井グラウンドは、ナイター設備が整った野球場をはじめ、雨天練習場、トレーニングルーム、合宿所など近隣には見られない充実した設備です。生徒たちの利用頻度が高い食堂はメニューが豊富

でデザート類も多種そろえてあり、昼食時は生徒たちの満足した笑顔と明るい声で溢れています。

生活指導・心の教育

人として信じ合える・助け合える・思いやる…。そのような"心を育てる"ことを目標として、ホームルームや各種行事を通じて指導助言を行っています。

学校行事・クラブ活動

最大のイベントは「立花祭」と銘打って実施している文化祭と体育祭です。実行委員会を立ち上げ、テーマに沿って毎年、様々な創意工夫が凝らされ、地域からも楽しみにされています。

その他、新1年生は、学力の伸長と健康祈願のため、2時間半の徒歩による「大雄山登拝」を行っています。木漏れ日を浴びて友と語らいながらの登拝は忘れられない思い出の1ページを飾ってくれます。

12月には情操教育の一環として「芸術鑑賞会」を実施したり、生徒各自の進路決定の参考になればとの思いから「卒業生による講演会」と題し、生徒に身近な立場である卒業生を招き、高校時代の話や進路先での体験などを話してもらっています。

3年間の高校生活では、勉強だけでなく、スポーツや文化活動で精一杯力を発揮することも大切です。立花学園では、生徒の皆さんがそのように充実した学園生活を送ることができるような多種多様な部活動があります。先輩や友達と汗を流し、1つの目標に向かって努力する精神と連帯感は、かけがえのない財産になるでしょう。

運動系が15部、文化系が14部、同好会が1部あります。

松田町

高

共学

データファイル

■2024年度入試日程

募集人員	出願期間	試験日	発表日	手続締切日
推薦 180	1/16〜1/18	1/22	1/23	1/26
一次 300	1/24〜1/29	2/10	2/11	2/15※
二次 若干	3/4	3/5	3/5	3/6

※一次併願の手続締切日は3/4

■2024年度選考方法・入試科目

推薦：書類審査、面接

一次：専願　国語、数学、英語
　　　併願　書類選考か筆記試験（国語、数学、英語）のどちらかを選択

二次：国語、数学、英語、面接

〈配点・時間〉国・数・英＝各100点50分

〈面接〉推薦：生徒グループ　二次：保護者同伴

【内容】志望動機、中学校での生活、高校生活への抱負、得意・不得意科目、将来の進路など

■指定校推薦枠のある主な大学

法政大　國學院大　日本大　東洋大　駒澤大　専修大　東海大　神奈川大　大東文化大　帝京大　国士舘大　拓殖大　東京電機大　関東学院大など

■2023年春の主な合格大学

茨城大　東京理科大　明治大　青山学院大　立教大　中央大　法政大　学習院大　成蹊大　成城大　國學院大　明治学院大　駒澤大　専修大　東洋大　日本大　芝浦工業大　東京都市大　北里大　東海大　大東文化大　亜細亜大　桜美林大　拓殖大　玉川大　帝京平成大　帝京大　日本体育大　神奈川大　関東学院大　東邦大　順天堂大　東京薬科大　津田塾大　白百合女子大　フェリス女学院大など

■2023年春卒業生進路状況

卒業生数	大学	短大	専門学校	海外大	就職	進学準備他
497人	389人	26人	64人	0人	7人	11人

■2023年度入試結果

	募集人員		志願者数	受験者数	合格者数	競争率
推薦	特進	20	20	20	20	1.0
	進学	100	130	130	130	1.0
	総進	60	68	68	68	1.0
一次	特進	60	179	179	179	1.0
	進学	140	794	794	794	1.0
	総進	100	400	400	400	1.0

二次入試あり

```
入試説明会 要予約
9/30 10/21 11/12 11/18 11/25 12/2
個別相談会 要予約
12/4 12/6 12/8
見学できる行事
立花祭 9/9・9/10(入試相談コーナーあり)
```

説明会・行事等は日程・内容が変更される場合があります。必ず学校HP等でご確認ください

中央大学附属横浜中学校 高等学校

〒224-8515　神奈川県横浜市都筑区牛久保東1-14-1　☎045-592-0801　学校長　木下 耕児

〈URL〉https://www.yokohama-js.chuo-u.ac.jp/

沿革　1908（明治41）年、日本最初の女子の夜学校として横浜女子商業補習学校設立。1994（平成6）年横浜山手女子中学校・高等学校と改称。2009（同21）年、中央大学の系属法人となり、2010（同22）年4月、中央大学横浜山手中学校・高等学校と改称。2010年10月に附属化。2012年4月、中学校共学化。2013年4月、移転とともに、現校名に変更。2014年4月、高校共学化。

校風・教育方針

校訓は「謝恩礼節・自立実践」。社会の構成員としてのしかるべき社会性を身に付け、主体的な行動を心がけることで、生徒一人ひとりが自分らしく生きていく力をつけることを目指しています。

カリキュラムの特色

カリキュラムでは、論理的思考能力を強化し、また、グローバルに活躍するための基礎力を養成します。与えられた知識を積み上げるのではなく、主体的に学ぶことによって、自分で考え、追究していく力を身に付けます。

中学校からの入学生については、生徒の心身の発達段階と学習指導要領のねらいを考慮して、独自の教育スタイルとプログラムを組み立てています。

中学校では、国語・数学・英語の3教科の学習は、中学3年の1学期までに中学校分野を終了し、その後は高校の内容を取り入れた授業を行います。社会・理科は中学分野と高校分野の組み替えや精選・集約を行います。また、検定外教材や高校教科書の内容も活用します。

高校では、国語・数学・英語の3教科の学習は大学入学共通テスト範囲相当を高校2年までに終了します。高校1年時のみ内進生と高校からの入学者は別クラスです。文理のクラス分けは高校2年のはじめに行い、高校3年からは、進路志望に合わせた4コースでクラス編成を行います。高校卒業レベルの学力の獲得と大学進学後に結びつく（＝役立つ）基礎・基本の修得を第一目標とし、この時期の有効な活用を目指します。

中学・高校を問わず、学習理解が遅れている生徒には、補習、課題などを課します。長期休暇中の集中講座、大学受験対応の特別講座、英検・漢検等各種検定も推奨しています。

なお、2022年度卒業生（2023年春卒業）の68.8%が中央大学へ進学しました。高校3年間の学校内での学習成績および模擬試験の結果に基づいて判定され、さらに出席状況、課外活動、行事への取組みなども加味して総合的に判断されます。

環境・施設設備

横浜・港北ニュータウンに位置する校舎は環境との共生をテーマに、積極的な緑化により緑豊かな周辺環境との調和を図ります。内部の素材には自然木を選定し、木のぬくもりや自然な色合いが感じられます。

今春の進学実績については巻末の「高校別大学合格者数一覧」をご覧ください

また、防犯カメラの設置、敷地内のバリアフリー化など安全面にも配慮しています。

生活指導・心の教育

社会性を身に付けさせるために、自分の心と身体をコントロールすることが大切であると考えています。挨拶の励行、校則の遵守、善悪の判断・けじめ、規範意識、愛校心などを日常の学校生活の中で指導しています。

また、行事や総合学習に自主運営と体験・実習も取り入れ、自主性や主体性を育てるとともに、部・同好会・生徒会・委員会活動など課外活動により、たくましいコミュニケーション力を育てます。

学校行事・クラブ活動

中学入学直後には1泊2日の宿泊研修、8月には林間学校（中1・中2）やカナダへの語学研修（高1・希望者）、秋には学園祭、体育祭、研修旅行（シンガポール・高2全員）、1月はスキー教室（中1・中2）、3月には、ニュージーランドへのホームステイ体験（中2・希望者）など、多くの行事があります。

クラブは、多くの部・同好会で中1〜高3がともに活動しています。運動系には関東大会・全国大会出場レベルの陸上競技部や、ワンダーフォーゲル部、バトン部、ダンス部等16部、文化系には競技歌留多部等18部があります。

横浜市

中

共学

高

共学

データファイル

■2024年度入試日程

中学校

募集人員		出願期間	試験日	発表日	手続締切日
1回	80	1/6〜1/26	2/1	2/1	2/5
2回	80	1/6〜1/26、2/1・2/2	2/2午後	2/3	2/5

高等学校

募集人員		出願期間	試験日	発表日	手続締切日
推薦	30	1/16〜1/18	1/22	1/22	1/23
一般A	30	1/24〜2/2	—	2/12	2/15
B	40		2/12	2/12	

■2024年度選考方法・入試科目

中学校

国語、算数、理科、社会

〈配点・時間〉国・算＝各150点50分　理・社＝各100点35分

〈面接〉なし

高等学校

推薦：書類審査【出願条件】①第一志望②所定の内申基準を満たしていること（要進路相談）③欠席3年間20日以内　英検・漢検・数検準2級以上は各1点加点

一般A方式：書類審査【出願条件】所定の内申基準を満たしていること（要進路相談）　英検・漢検・数検準2級以上は各1点加点

一般B方式：国語、数学、英語（リスニング含む）

〈配点・時間〉国・数・英＝各100点50分

■2023年春併設大学への進学

中央大学の内部推薦は、条件付きで他大学併願も認められており、この制度を活用するなどして毎年約50%の生徒が他大学受験に挑戦しています。2022年度卒業生（2023年春卒業）は68.8%が中央大学へ進学しました。

中央大学－216（法75、経済23、商55、理工20、文23、総合政策8、国際経営5、国際情報7）

■2023年春卒業生進路状況

卒業生数	大学	短大	専門学校	海外大	就職	進学準備他
314人	306人	0人	0人	0人	0人	8人

■2023年度入試結果

中学校　男／女

募集人員		志願者数	受験者数	合格者数	競争率
1回	80	170/234	154/225	58/89	2.7/2.5
2回	80	483/497	406/390	154/137	2.6/2.8

高等学校　男／女

募集人員		志願者数	受験者数	合格者数	競争率
推薦	35	8/28	8/28	8/28	1.0/1.0
一般A	35	107/305	107/305	107/305	1.0/1.0
B	45	229/172	216/163	56/36	3.9/4.5

学校説明会　要予約
※説明会はアーカイブ配信あり（要登録）
★中学校（全学年対象）
12/2
学校見学会（要予約）　10/21
★高等学校（全学年対象）
10/28 11/25
学校見学会（要予約）　10/21
見学できる行事　要予約
学園祭　9/9・9/10

鶴見大学附属中学校・高等学校

〒230-0063　神奈川県横浜市鶴見区鶴見2-2-1　☎045-581-6325（代）　学校長　岸本　力也

〈URL〉https://tsurumi-fuzoku.ed.jp/

沿革　創立は大正13年（1924）。平成20年（2008）4月より中学を共学化、高校は特進コースを共学化し「鶴見大学附属中学校・高等学校」へと校名変更しました。大学附属の共学校として新たにスタートし、同時に制服も改訂。平成21年（2009）には完全共学となり、同年春に横浜市で初めての「教科エリア型教室配置」の新校舎が完成しました。

校風・教育方針

　創立以来、90年以上にわたって仏教、特に禅の精神に基づいた教育を実践してきました。禅の言葉にある「随所に主となる」のように、置かれたところで自らが主人公となり、主体的に生きる力を育てます。そして、「学力向上」と「人間形成」と「国際教育」を3つの柱に、使命感に支えられた知識を発揮することこそ生きた智慧となるという教育を実践しています。

　また、禅の教えに基づいた正しい判断能力と人間としての心の豊かさを身に付け、真に自立した人間を育てています。週6日制50分授業、土曜日に4時間授業を実施しています。高等学校では各コースの特色を生かした授業カリキュラムを実践しています。

カリキュラムの特色

　中学校は難関進学クラスと進学クラスを設置。

　難関進学クラスは先取り授業など、より発展的な授業内容を特色とし、高校では特進コースに進学します。

　進学クラスは基礎学力をより確かに身に付ける

ことがねらいです。一人ひとりの学力に応じた指導で中学3年間の学習内容をじっくりと完成させます。

　高等学校には、特進、総合進学の2コースがあります。

　特進コースは国公立大学・難関私立大学への進学を希望する生徒を対象とし、2年次からは受験に即応した授業選択を行います。

　総合進学コースは、大学を中心とした幅広い進路希望に対応。2年次より各進路分野に対応した授業選択を行います。

　看護・医療技術系学校への進学希望者には、1年次より病院での体験学習など、常に身近に看護・医療の現場に接しながら学習を進めます。

環境・施設設備

　緑あふれる總持寺の広大な境内に接し、閑静で落ち着いた環境の中で教育が行われています。

◆教科エリア＋ホームベース型校舎

　「21世紀の先進的教育を推し進めるべき、ゆとりといやし・安心・安全で清潔感のある校舎」が基本構想です。教科に専用のフロア（教科エリア）があり、授業の際に各自のホームルーム教室（ホームベース）から移動して授業を受けます。これは、生徒一人ひとりの自主性を重んじ、学ぶ姿勢を育成し才能を最大限に引き出すのが目的。教科エリアは各教科独自のアイデアがあふれ、質問、宿題、受験勉強のための自習室や約8万冊の蔵書数を誇る図書室があります。

今春の進学実績については巻末の「高校別大学合格者数一覧」をご覧ください

| 3学期制 | 登校時刻 8:30 | 昼食 弁当持参、売店、弁当販売 | 土曜日 50分4時間授業 |

学校行事・クラブ活動

中学では、1年次イングリッシュキャンプⅠ、2年次イングリッシュキャンプⅡ、3年次でオーストラリア語学研修旅行があり、英語の力を養います。高校では、2年次にスタディキャンプで大学入試の準備をします。修学旅行は2年次に広島・関西体験研修を行います。また、希望者には夏休みと冬休みに海外語学研修があります。その他、耐寒参禅会、光華祭（文化祭）、体育祭、合唱祭、弁論大会、観劇会などの行事があります。

30ものクラブが盛んに活動を行っており、体育部のクラブでは、野球部、サッカー部、テニス部、バドミントン部、文化部のクラブでは、自然科学部、放送部、書道部、JRC国際ボランティア部、鉄道研究部などの活躍が、特に目立っています。

データファイル

■2024年度入試日程

中学校

募集人員		出願期間	試験日	発表日	手続締切日
進学1次	40	1/6～1/31	2/1(午前)	2/1	
2次	15		2/2(午前)	2/2	
難関進学1次	30	1/6～当日	2/1(午後)	2/1	2/10
2次	15		2/2(午後)	2/2	
3次	10		2/4	2/4	
適性	30	1/6～1/31	2/1	2/1	

高等学校

募集人員		出願期間	試験日	発表日	手続締切日
推薦	20	1/16～1/17	1/22	1/23	1/23
一般書類	40	1/24～1/25	―	2/13	
A	30	1/24～1/25	2/10	2/13	3/2
B	10	2/13～2/17	2/18	2/19	

■2024年度選考方法・入試科目

中学校

進学1次・2次：2科か4科

難関進学1次・2次：2科か4科

難関進学3次：2科、4科、3科（国算英）、1科（算）から選択

適性検査：適性検査、算数

〈配点・時間〉国・算・英＝各100点45分　理・社＝各50点計45分

〈面接〉なし

高等学校

推薦：書類審査、面接

一般書類選考（併願）：書類選考のみ

一般A・B（併願・オープン）：国語、数学、英語

〈配点・時間〉国・数・英＝各100点45分

〈面接〉推薦のみ生徒個人　重視

■2023年春併設大学・短大部への進学

内部推薦により、優先的な進学ができ、希望する生徒が進学しています。

鶴見大学－1（文）

鶴見大学短期大学部－4（保育2、歯科衛生2）

■指定校推薦枠のある主な大学

明治学院大　駒澤大　専修大　日本大など

■2023年春卒業生進路状況

卒業数	大学	短大	専門学校	海外大	就職	進学準備他
191人	170人	5人	7人	0人	1人	8人

■2023年度入試結果

中学校　男／女　スライド合格あり

募集人員		志願者数	受験者数	合格者数	競争率
進学　　　1次	40	47/39	36/31	29/29	1.2/1.1
2次	15	84/54	33/12	30/10	1.1/1.2
難関進学1次	30	85/61	64/54	46/33	1.4/1.6
2次	15	96/69	41/33	14/12	2.9/2.8
3次	10	125/71	44/21	13/5	3.4/4.2
適性	30	86/62	85/61	80/57	1.1/1.1

高等学校　男／女　スライド合格を含む

募集人員		志願者数	受験者数	合格者数	競争率
推薦	20	13/8	13/8	13/8	1.0/1.0
一般書類	40	212/194	212/194	212/194	1.0/1.0
A	30	74/35	73/35	47/28	1.6/1.3
B	10	15/11	13/8	13/8	1.2/1.3

学校説明会　要予約

★**中学校**　9/9　10/7　11/11

校長先生と学校散歩　9/16　10/21　11/18

入試問題の傾向と対策　11/25

サテライト説明会　12/1（鶴見大学会館）

入試模擬体験　12/9

入試直前説明会　1/13

個別相談会　1/20　1/27

★**高等学校**　9/9　9/23　10/7　10/21　11/18
11/25　12/2　個別相談あり

※学校見学は随時可（要予約）

見学できる行事

体育祭　9/30

光華祭（文化祭）　11/3・11/4

中学合唱祭　11/21

説明会・行事等は日程・内容が変更される場合があります。必ず学校HP等でご確認ください

神奈川
と

桐蔭学園 中等教育学校 高等学校

〒225-8502　神奈川県横浜市青葉区鉄町1614　☎045-971-1411　中等教育学校長　玉田　裕之　高等学校長　岡田　直哉

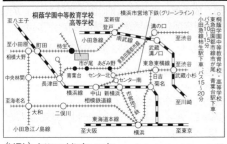

〈URL〉https://toin.ac.jp

沿革　昭和39年（1964）桐蔭学園高等学校を設立。昭和41年桐蔭学園中学校を設立。昭和56年桐蔭学園中学校・同高等学校にそれぞれ女子部を併設、平成13年桐蔭学園中等教育学校を新設しました。同30年（2018）高等学校が男女共学化。2019年から中学校（男子部・女子部）と中等教育学校が一本化され、男女共学の中等教育学校になりました。

校風・教育方針

　私立校ならではの独自の校風を確立し、桐蔭学園の理想とする教育を徹底的に行っています。開校から50年が経過、これまでに蓄積されたノウハウを生かし、"自ら考え判断し行動できる子どもたち"を育成するという新たなビジョンのもと、新時代を「たくましく」かつ「しなやかに」生き抜いていける人材の養成を目指します。そのプログラムの一つが、「思考力」「判断力」「表現力」を培う「アクティブラーニング型授業」です。「個→協働→個」の標準的な学習の流れを通して、バランスの良い学力を育てます。そしてさらに、将来に向かって学び続ける力を育む「探究」、自分

を育て、成長し続ける力を養成する「キャリア教育」が加わり、"教育3本柱"として展開していきます。

国際教育

　グローバル教育のさらなる充実を図るために、選考試験を経て参加する海外留学・研修制度をはじめ、多くの生徒を対象にした幅広い取り組みを展開しています。学園内には、ネイティブの教員や友人たちとコミュニケーションを取ることができる「グローバルラウンジ」や、使用言語を英語に限定し、さまざまなアクティビティを提供する「桐蔭英語村」があり、英語を使ってスキルを向上させることはもちろん、国際的に視野を広げる環境があります。

環境・施設設備

　生徒が効果的かつ快適な学習・生活の環境を得られるように、共用施設であるシンフォニーホールを中心に各校舎が機能的に配置されています。

Information

新しい進学校のカタチ

　2015年度から本格的に導入しているアクティブラーニング型授業。講義型授業に「書く・話す・発表する」などの活動を取り入れた授業です。これからの社会を力強く生きるために、何事にも主体的に取り組み、多様性を尊重し、他者と対話的に協働していく能力を育んでいきます。これからの大学入試で求められる思考力・判断力・表現力を伸ばすこの先進的授業の効果をさらに高めていくために、中等教育学校／高等学校ともに男女共学化を実施しました。

今春の進学実績については巻末の「高校別大学合格者数一覧」をご覧ください

教室にはプロジェクターとスクリーンが配備され、先進的で質の高い授業を可能にしています。また、学校行事・舞台芸術鑑賞・生徒発表等に使用するシンフォニーホールは、文化施設として情操教育の役割を担っています。体育施設は、総合体育館のほかに人工芝のサッカー場・ラグビー場・野球場、屋内プール、武道館、陸上競技用トラックなどがあり、授業はもちろん、運動部の活動を支えています。

学校行事・クラブ活動

　桐蔭学園が実践している教育活動において、学校行事やクラブ活動も重要な役割を果たしています。学園祭等の文化行事、スポーツ行事、宿泊行事など、イベントは多彩です。

　クラブ活動や委員会活動も種類が多く、生徒が学習以外に取り組むことができる機会が幅広く用意されています。

データファイル

■2024年度入試日程

中等教育学校 帰国生入試あり

募集人員（男／女）	出願期間	試験日	発表日	手続締切日
1回午前 30/30	1/9〜1/31*	2/1	2/1	2/8
1回午後 35/35	1/9〜2/1	2/1午後	2/1	
2回午後 30/30	1/9〜2/2*	2/2午後	2/2	
3回 10/10	1/9〜2/3	2/5	2/5	

2回は特別奨学生選抜（約20人）

＊1回探究型、2回グローバルは1/26まで
各試験で特別奨学生合格あり。若干

高等学校

募集人員	出願期間※1	試験日	発表日	手続締切日
推薦 200	1/16〜1/18	1/22	1/23※2	1/30
一般A 90	1/24〜2/2	2/11	2/11	2/22
B 370	1/24〜2/2	書類	2/10	2/22

募集人員（プログレスコース／アドバンスコース／スタンダードコース）：推薦30/80/90、一般A30/40/20、一般B130/160/80

※1出願書類提出は郵送 ※2合否書類発送
一般Aで特別奨学生合格あり。約30人

■2024年度選考方法・入試科目

中等教育学校

1回午前：4科または探究型（総合思考力・算数基礎＝各100点50分）

1回午後：2科

2回午後：2科またはグローバル（国語・算数基礎＝各100点50分。英語資格による加点あり）

3回：2科または4科

〈配点・時間〉4科：国・算＝各150点50分、理・社＝各100点40分　2科：国・算＝各100点50分
〈面接〉なし

高等学校

推薦：面接（生徒個人）

一般A方式：国語、数学、英語

一般B方式：書類選考（課題作文あり）

■2023年春併設大学への進学

桐蔭横浜大学の受験者は他校生より有利に扱われます。推薦合格者は8人。

■指定校推薦枠のある主な大学

青山学院大　学習院大　慶應義塾大　上智大　中央大　東京女子大　東京理科大　日本歯科大　日本女子大　法政大　明治大　立教大　早稲田大　金沢医科大　東京都立大　横浜市立大など

■2023年春卒業生進路状況（上段：中教、下段：高校）

卒業数	大学	短大	専門学校	海外大	就職	進学準備他
142人	97人	0人	1人	0人	0人	43人
858人	678人	0人	6人	2人	2人	170人

■2023年度入試結果

中等教育学校 1回は探究/4科、2回はグローバル/2科、3回は2科/4科

募集人員	志願者数	受験者数	合格者数	競争率
1回午前 60	29/152	28/141	22/63	1.3/2.2
午後 70	469	447	212	2.1
2回午後 60	87/358	69/273	42/135	1.6/2.0
3回 40	90/196	64/126	18/30	3.6/4.2

高等学校

募集人員	志願者数	受験者数	合格者数	競争率
推薦 200	309	309	309	1.0
一般A 90	919	888	93	9.5
B 370	3,271	3,271	3,271	1.0

学校説明会 要予約

★中等教育学校
受験生・保護者対象 10/7 3/23
保護者対象 10/24 11/10 1/20
入試体験会・入試説明会（小6対象）12/16
★高等学校
10/28 11/11 11/18
学校見学は随時可（要予約）

見学できる行事
学園祭 9/23・9/24

説明会・行事等は日程・内容が変更される場合があります。必ず学校HP等でご確認ください

神奈川
と

桐光学園 中学校 高等学校
（とうこうがくえん）

〒215-8555 神奈川県川崎市麻生区栗木3-12-1 ☎044-987-0519（代） 学校長 中野 浩

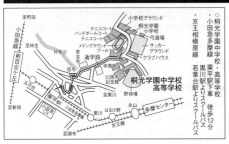

〈URL〉http://www.toko.ed.jp

沿革 昭和47年（1972）学校法人桐光学園認可。昭和53年桐光学園高等学校開校。昭和56年桐光学園中学校設立認可。平成3年（1991）女子部開設。

校風・教育方針

「他者との関わりの中で自己を高めていこう」「失敗を恐れず失敗から学んでいこう」「一生続けられる好きなことを見つけよう」というヴィジョンを掲げ、教育活動を展開します。

環境・施設設備

6万1千冊超の蔵書をもつ図書館、カフェテリア、各種選択教室（18室）、各種理科室（6室）、音楽室（3室）、美術室（4室）、全面人工芝のサッカー場、メイングラウンド、屋内アップコート、8つの体育館・室内体育施設、野球場、屋根付きテニスコートなどがあります。常に施設を更新し、充実した教育環境を提供します。

進路指導・キャリア教育

日本の知の最前線で活躍されている大学教授など各界の専門家を招いて行う年間20回の「大学訪問授業」は、進路選択のきっかけとなるだけでなく、学び続けることの大切さを感得できます（これまでの実績：ノーベル化学賞受賞の根岸英一氏、ジャーナリストの池上彰氏、棋士の羽生善治氏、音楽家の坂本龍一氏など）。また、600を超える講座を有する講習制度は、基礎を練成するものから志望大学別の対策や各種添削に特化したものまで、放課後や夏期に実施しています。

中学3年時には、職業研究の一環として憧れの職業に就いている卒業生にリアルな実情を語ってもらう「ディスカバーマイセルフ」を実施。

生活指導・心の教育

言葉遣いや礼儀を重視して、現代社会にふさわしい、洗練された知性と豊かな感性を備えた人格の形成をめざします。また、高等学校では、地域清掃活動などの社会奉仕活動（ボランティア）に積極的に参加しています。

特色ある学校行事・クラブ活動

中学校では、サマースクール・ウインタープログラム・グローバルプログラムなど準備や運営に生徒が積極的に関わる行事が盛りだくさん。文化祭や体育大会、合唱コンクールなど、クラスや学年の一体感を味わえる行事もあります。

■**グローバルプログラム** 帰国生が全体の10〜20％を占める桐光学園では、生徒の多様性を尊重しそのニーズにこたえるためにグローバルプログラムも充実しています。2023年度は新たにイギリスの名門パブリックスクールであるラグビースクールとチェルトナムカレッジのサマースクールや、世界から注目されているアメリカのチャー

> **桐光学園のグローバルプログラム**
> 1 イギリス イートンカレッジサマースクール
> 2 イギリス ケンブリッジ大学リーダーズ研修
> 3 ニュージーランド／オーストラリア ターム留学
> 4 イングリッシュサマーワークショップ
> 5 イングリッシュスプリングワークショップ
> 　　　　　　　　　　　 など希望者対象

今春の進学実績については巻末の「高校別大学合格者数一覧」をご覧ください

2期制	登校時刻 中8:20 高8:30	昼食 弁当持参、食堂、売店	土曜日 授業・講習他		

タースクール「High Tech High」の授業を盛り込んだサンディエゴでの研修が加わりました。希望者参加の英語研修・留学プログラムは多様な国際理解を促す貴重な経験です。

クラブ活動も盛んに行われています。運動部は、インターハイ優勝のサッカー部をはじめ、甲子園出場の硬式野球部、ウインターカップ連続出場の男子バスケットボール部、インターハイ常連で個人男子平泳ぎで優勝した水泳部、全国大会出場のダンス部、剣道部、ハンドボール部など、全国レベルで目覚ましい活躍をしています。

文化部も、Nコン出場の合唱部や全国コンクールで優秀賞に輝いた文藝部、まんが甲子園最多出場の美術部など、すばらしい実績を残しています。

データファイル

■2024年度入試日程

中学校　3回Bは英語資格か各種実績入試

募集人員		出願期間	試験日	発表日	手続締切日
帰国生	男女若干	12/9〜1/4	1/5	1/6	1/8
1回	男80女50	1/8〜1/29	2/1	2/1	2/3
2回	男80女50	1/8〜2/1	2/2	2/2	2/4
3回A	男60女30	1/8〜2/2	2/3	2/3	2/5
B		1/8〜1/29	2/3	2/3	2/5

高等学校

募集人員	出願期間	試験日	発表日	手続締切日
帰国生男女若干	12/9〜1/4	1/5	1/6	1/8
推薦男40女若干	1/15〜1/17	1/22	1/23郵	1/29
一般1回男60女20	1/24〜2/4	2/10	2/11	2/12
2回男40女20	1/24〜2/8・2/11	2/12	2/13	2/14

■2024年度選考方法・入試科目

中学校

帰国生：国・算・英から2科目選択（各100点・計80分）、面接

一般1回・2回・3回A：国語、算数、理科、社会

3回B：国語、算数、面接　※英検3級以上（それに準ずる英語資格）を有する者または各種有実績者

〈配点・時間〉国・算＝各150点50分　理・社＝各100点40分

〈面接〉帰国生と3回Bのみ　生徒個人

高等学校

帰国生：英語（60分）、面接（生徒個人）

推薦：書類審査、面接、作文（600字60分）＊2023年度テーマ：「オンライン化が進む中で生じた学び方や働き方の変化は、社会をどのように変えるのか」

【出願条件】①〜③のいずれか内申男女①24／25 ②41／45　③英検2級かつ2科3　男女とも英検か漢検か数検準2級以上取得者・皆出席は加点　欠席・遅刻・早退3年間20回以内　ほか

一般：英語、国語、数学

〈配点・時間〉国・英＝各100点50分　数＝100点60分

〈面接〉帰国生と推薦のみ　生徒個人　参考程度

【内容】志望動機、高校生活への抱負など

■指定校推薦枠のある主な大学

早稲田大　上智大　国際基督教大　明治大　立教大　中央大　法政大　東京理科大　青山学院大　学習院大　東京薬科大　津田塾大　東京女子大　東京都立大　横浜市立大など

■2023年春卒業生進路状況

卒業生数	大学	短大	専門学校	海外大	就職	進学準備他
572人	464人	0人	1人	0人	1人	106人

■2023年度入試結果

中学校　男／女

募集人員		志願者数	受験者数	合格者数	競争率
1回	男80女50	205/111	181/103	83/53	2.2/1.9
2回	男80女50	399/194	288/144	97/73	3.0/2.0
3回A	男60女30	334/152	236/90	81/44	2.9/2.0
B		37/22	32/16	12/10	2.7/1.6
帰国	男女若干	56/16	56/15	39/8	1.4/1.9

高等学校　男／女

募集人員	志願者数	受験者数	合格者数	競争率
推薦 男40女若干	77/31	77/31	77/31	1.0/1.0
一般① 男60女20	266/158	261/157	205/129	1.3/1.2
一般② 男40女20	142/62	99/48	88/42	1.1/1.1
帰国 男女若干	15/14	15/14	11/7	1.4/2.0

学校説明会　要Web予約

★中学校
9/17 10/7（3回B）10/28 11/11 12/24
入試問題説明会（オンライン）　11/6〜（帰国生）
12/2〜（一般生）

★高等学校
9/10 10/8 11/18 12/17
学校見学ツアー（中高）　10/29 3/10
学校見学は随時可（要電話・メール連絡）

見学できる行事　公開予定
文化祭（輝緑祭）9/23
体育祭　10/19
予約の要・不要は学校HP参照

説明会・行事等は日程・内容が変更される場合があります。必ず学校HP等でご確認ください

中 **男子** 高 **男子** 普通科（一貫・普通）

ⓣ 藤嶺学園藤沢 中 学 校 高等学校

（とうれいがくえんふじさわ）

〒251-0001 神奈川県藤沢市西富1-7-1 ☎0466-23-3150 学校長 林 学

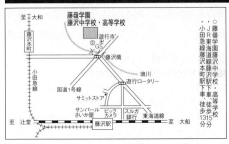

〈URL〉 https://www.tohrei-fujisawa.ed.jp/

沿革 前身は鎌倉時代の一遍上人が開いた時宗の総本山・清浄光寺（遊行寺）の僧侶養成機関である「時宗宗学林」です。1915年旧制藤沢中学校として認可され、学制改革後、藤嶺学園藤沢高等学校となりました。2001年に中学校を開校し、2015年に創立100周年を迎えた伝統ある学校です。

校風・教育方針

　中高とも21世紀を担う柔軟な発想と旺盛なチャレンジ精神を持った人材を育成するために「生徒一人ひとりの能力を最大限に伸ばす」ことをモットーとし、知識や技術面での教育、人間としてのより正しく美しい生き方に関する面での教育、身体健康面での教育、これら知育・徳育・体育をバランスよく追求しています。

　「努力や忍耐、社会のルールを学ぶことも人間形成には必要な条件」と考え、中・高時代に勉強と表裏一体で学び、自立に向けた人間形成をめざしています。

カリキュラムの特色

　中高一貫コースは、独自のカリキュラムで、基礎学力の充実を図るとともに、日本文化研究（茶道・剣道）を通して五感の芽を養い、21世紀の社会を担うやさしくたくましい心身の生徒を育成します。学習面では進路選択の幅を広げられるようなカリキュラム構成になっています。

　高校募集コース（普通科）は、「知育・徳育・体育をバランスよく追求する」ことをスローガンに、2年次から文系・理系に分かれ、志望する進路に合わせた学習形態を強化しています。通常授業に加えて勉強合宿や補習指導が定期的に行われ、塾・予備校に頼らない学習指導を実践しています。学習指導以外にも生徒のやる気を引き出すさまざまなイベントが行われています。大学説明会や大学出張講義などを通して受験に向けてモチベーションを維持し、ほとんどの生徒が大学へと進学しています。また、生徒と先生、生徒同士の人間的なふれあいを大切にし、学習面のみならず、生活や人間性の育成も大事にしています。

国際教育

　国際社会に対応できる人材を育成するため、中学3年次で希望者を対象に上海研修を実施、高校では希望者を対象に海外語学研修を積極的に進めています。西オーストラリア・パース、ニュージーランド・オークランドの地元の高校で授業も体験。積極的に学生たちと交流し、国際感覚を磨きます。修学旅行を海外研修旅行と位置づけ、アジアの国々とも交流を図っています。

環境・施設設備

　藤沢市の中央藤嶺台上で、西に丹沢・箱根連山・富士の秀麗を仰ぎ、南に江の島・相模湾の洋々たる大観を一望できる静かな丘陵地に位置しています。

　豊かな自然と稀にみる恵まれた教育環境とが勉学に最適な環境を整えています。

今春の進学実績については巻末の「高校別大学合格者数一覧」をご覧ください

| 3学期制 | 登校時刻 8:30 | 昼食 弁当持参、食堂、売店 | 土曜日 授業 |

生活指導・心の教育

　人間として生きるための平生の心構えとして一遍上人が説いた「質実剛健」「勇猛精進」を創立以来の建学の精神としています。

　また、知識や技術面での教育、人間としてのより正しく美しい生き方に関する教育、身体健康面での教育、すなわち「知育」「徳育」「体育」をバランスよく追求し、生徒が心身ともに成長することを望んでいます。

学校行事・クラブ活動

　弁論大会・坐禅を組む修養の時間・球技大会など、知・徳・体の学校行事が行われ、藤嶺祭や体育祭、研究発表会などの行事は、エネルギッシュに生徒自身が企画・運営しています。

　クラブ活動は、全国大会・インターハイ・国体優勝の実績を持つバレーボール部、県下の古豪といわれる野球・柔道・サッカーなどの運動部や、文化部、同好会も活躍しています。

データファイル

■2023年度入試日程（参考）

中学校　12/17に帰国生入試を実施

募集人員	出願期間	試験日	発表日	手続締切日
2科4科①	1/8〜1/30	2/1	2/1	
2科 ｝60	1/8〜1/30	2/1午後	2/1	1次2/4
得意2科A 25	1/8〜2/2	2/2午後	2/2	2次2/8
2科4科② 10	1/8〜2/3	2/3	2/3	
得意2科B 10	1/8〜2/5	2/5	2/5	1次2/6 2次2/8

高等学校　※書類選考方式は書類のみ

募集人員	出願期間	試験日	発表日	手続締切日
推薦 15	1/16〜1/18	1/22	1/23	1/25
Ⅰ期一般A 80	1/24〜1/31	2/10※	2/11	3/1
Ⅰ期一般B 10	1/24〜1/31	2/11	2/12	3/1
Ⅱ期一般 若干	2/28〜3/1	3/2	3/2	3/3

■2023年度選考方法・入試科目（参考）

中学校

2科4科①・②：2科か4科選択　※配点・時間：国・算=各100点50分　社・理=各70点40分
2科：国算　※配点・時間：国・算=各100点50分
得意2科目選択型A・B：国算、国社、国理、算社、算理のいずれか（Aは各100点50分、Bは計100点60分）
〈面接〉なし

高等学校

推薦：書類審査、面接、作文（50分）【出願条件】あり　各種検定、部活動実績、3カ年皆勤、説明会参加者などは加点
一般：国語、数学、英語（Ⅰ期はリスニング含む）、面接　Ⅰ期A類選考方式は書類選考のみ　Ⅰ期Bは3科のうち英・数または英・国の得点の高い2科の合計点で合否を判定。
〈配点・時間〉国・数=各100点50分　英=100点60分（Ⅱ期は50分）
〈面接〉生徒個人　重視

■指定校推薦枠のある主な大学

青山学院大　学習院大　駒澤大　成城大　専修大　中央大　東京理科大　東洋大　日本大　明治大　明治学院大　関西学院大など

■2023年春卒業生進路状況

卒業生数	大学	短大	専門学校	海外大	就職	進学準備he
168人	130人	0人	11人	0人	3人	24人

■2023年度入試結果

中学校　帰国生入試あり

募集人員	志願者数	受験者数	合格者数	競争率
2科4科① ｝60	37	35	｝110	1.5
2科	135	132		
得意2科A 25	108	63	45	1.4
2科4科② 10	57	22	11	2.0
得意2科B 10	63	18	13	1.4

高等学校　※一般Aは書類／筆記

募集人員	志願者数	受験者数	合格者数	競争率
推薦 15	35	35	35	1.0
Ⅰ期一般A 80	76/72	76/72	76/72	1.0/1.0
Ⅰ期一般B 10	4	4	4	1.0
Ⅱ期一般 若干	0	—	—	—

学校説明会　すべて要予約

★中学校　10/7 11/11 11/24 1/20
オープンスクール（小4〜6対象）　10/14
入試問題対策説明会　12/16
★高等学校　9/30 10/21 11/11
個別相談会・ミニ学校説明会　11/25 12/2
部活体験会　9/2
学校見学は随時可（要予約）

見学できる行事

藤嶺祭（文化祭）　10/28・10/29（相談コーナーあり

説明会・行事等は日程・内容が変更される場合があります。必ず学校HP等でご確認ください

日本女子大学附属中学校・高等学校

〒214-8565　神奈川県川崎市多摩区西生田1-1-1　☎044-952-6705　中学校長　野中 友規子　高等学校長　薄 由美

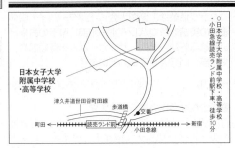

〈URL〉https://www.jwu.ac.jp/hsc/

沿革　明治34年（1901）日本女子大学校および附属高等女学校開校。昭和22年附属高等女学校を母体として目白に附属中学校（新制）開校。昭和23年日本女子大学（新制）発足と同時に日本女子大学附属高等学校（新制）開校。昭和35年高等学校の目白校を西生田校に合併。昭和53年、中学校が目白より西生田に移転。昭和54年中学・高校の合同校舎が完成して移転を完了、現在に至ります。

校風・教育方針

創立者成瀬仁蔵は、女子を「人として」教育することを第一に掲げました。その心を受け継いで、まずなによりも豊かな人間性を涵養することが日本女子大学の教育方針です。その目標に向かって、創立者の提唱した教育理念である「信念徹底」、「自発創生」、「共同奉仕」の三綱領を具体的にどのように実現していくかが、全学園に共通したテーマとなっています。附属中学校・高等学校はこの理念を踏まえながら、人生で最も多感な、可能性にあふれた思春期の生徒たちを、自ら学ぶ姿勢をもった情操豊かな人間へと育てていきます。

中学校では、お互いを尊重しあい、自己や人間について考えさせる中から、他者への深い理解や思いやりの心を培うようにしています。さらには、それが社会的関心や問題意識に繋がるように、さまざまな工夫を授業や自治活動の中で行っています。

高等学校では、自治の精神を重視しています。自由な気風の下で学校生活や行事を企画・運営していく中から、多様な分野で活躍できる女性に成長していきます。

カリキュラムの特色

中学校では、国語、数学、理科、音楽（バイオリン）、美術、体育（プール）、技術家庭、英語において、複数教員・少人数クラスでレベルの高いきめ細やかな授業を実施しています。どの授業や学校行事でも生徒が意欲的に、積極的に参加できるよう工夫されています。

高等学校では、普通に学校生活を送っていれば日本女子大学へ推薦されることから、文系・理系に分けず、大学での勉学の基礎となる幅広い基礎学力の充実を図ります。数多くの実験・実習やその度に課すレポート、記述式の試験、卒業時の英文レポートなどを通じて論理的な思考力や表現力を養い、受験に縛られない勉強の面白さを味わえます。英語や情報は分割の少人数授業を行っています。2・3年次に12時間分の選択科目を履修し、自分の興味を高いレベルで追究できます。

環境・施設設備

小田急線読売ランド前駅から徒歩10分、京王相模原線京王稲田堤駅前の城下バス停からバスで10分（JR南武線稲田堤駅から城下バス停まで徒歩7分）、京王相模原線京王よみうりランド駅からバスで15分と、便利な通学環境にあります。

緑に囲まれた東京ドーム6個分以上の広大な敷地の中に、西生田成瀬講堂、グラウンド、テニスコート6面、25m・6コースの温水プールが校舎に隣接しています。

校外施設として長野県軽井沢町に豊かな自然に

今春の進学実績については巻末の「高校別大学合格者数一覧」をご覧ください

囲まれた軽井沢三泉寮があります。軽井沢銀座から徒歩ですぐという好立地でありながら、寮の周辺は静かな環境で、中学校の夏季寮、高校の軽井沢セミナーなどに利用されています。

多様な学びの機会

　教科の授業以外にも様々な学びの機会を提供しています。中学校では、事前授業を行うことで深い学びにつながる芸術鑑賞会、社会で活躍する卒業生から「働く」ということについて学ぶキャリア教室。高校では、土曜日や長期休暇に主体的に参加できる特別講座「知の泉」、ニュージーランド語学研修などの国際理解教育、日本女子大学教員による講義や大学の単位先取りもできる高大接続プログラムなど、多様です。

学校行事・クラブ活動

　中学校では、軽井沢において夏季寮（1年次）、東北方面（2年次）、3年次には、テーマ別選択校外授業が実施されます。そのほか運動会、十月祭（文化祭）、スキー教室（希望者）なども行っています。高等学校では、運動会・もみじ祭（文化祭）・音楽会といった全校行事のほか、九州など4コースに分かれて行う地域研究（3年次）、軽井沢セミナー（2年次）、遠足（1・2年次）などが実施されています。

　クラブ活動は中学・高校とも、文化部・運動部の別を問わず、熱心に活動しています。

データファイル

■2023年度入試日程（参考：募集人員は2024年度入試のもの）

中学校　Web入力後、書類は郵送必着

募集人員		出願期間	試験日	発表日	手続締切日
1回	約110	Web1/6〜1/26 （2回は2/1・2/2もあり）	2/1	2/1	2/3
2回	約40		2/3	2/3	2/5
帰国	若干		2/1	2/1	2/3

高等学校　Web入力後、書類は郵送必着

募集人員		出願期間	試験日	発表日	手続締切日
推薦	約65	1/17〜1/19	1/22	1/22	1/28
一般	約65	1/25〜2/3	2/10	2/11	2/15

帰国は一般と同日程で実施

■2023年度選考方法・入試科目（参考）

中学校

1・2回：国語、算数、理科、社会、面接
帰国：国語、算数、面接
〈配点・時間〉1・2回：国・算＝各60点50分
理・社＝各40点30分　帰国：国・算＝各40分（配点非公表）
〈面接〉一般：生徒個人（1回・2回同時出願の場合は、1/20〈2024年度予定〉に事前面接可）参考　帰国：生徒個人　重視　【内容】志望動機、入学後の抱負、小学校での生活など　帰国は海外生活についてなど

高等学校

推薦：書類審査、面接、
一般（専願・オープン）・帰国：国語、数学、英語（リスニング含む）、面接
※推薦・専願については、生徒募集要項をご覧ください。
〈配点・時間〉国・英＝各100点50分　数＝100点
60分　〈面接〉生徒個人　推薦は重視、一般は参考

■2023年春併設大学への進学

普通に高校生活を送っていれば進学できます。
日本女子大学―277（家政129、文13、人間社会74、理26、国際文化35）

■2023年春卒業生進路状況

卒業生数	大学	短大	専門学校	海外大	就職	進学準備他
374人	363人	0人	1人	1人	0人	9人

■2023年度入試結果

中学校

募集人員		志願者数	受験者数	合格者数	競争率
一般1回	約100	245	213	120	1.8
2回	約40	336	163	59	2.8
帰国	約10	3	3	2	1.5

高等学校　帰国生を含む

募集人員		志願者数	受験者数	合格者数	競争率
推薦	約65	75	75	75	1.0
一般	約65	139	138	70	2.0

学校説明会　要予約
★中学校　9/9
学校説明会（オンライン）　10/21
入試問題解説会（6年生）　11/18
説明会と授業見学　10/17（保護者対象）
★高等学校　11/11
学校見学・相談会　9/16　10/14

見学できる行事　要予約
文化祭　中学：10/7・10/8　高校：10/28・10/29
運動会　中学　5月（今年度は非公開）
親子天体観望会（中学）　12/2（抽選）

説明会・行事等は日程・内容が変更される場合があります。必ず学校HP等でご確認ください

神奈川 に

日本大学中学校 高等学校
にほんだいがく

〒223-8566　神奈川県横浜市港北区箕輪町2-9-1　☎045-560-2600(代)　学校長　田村　隆

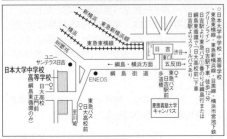

〈URL〉https://www.yokohama.hs.nihon-u.ac.jp

沿革　日本大学の付属校として昭和5年（1930）に創設され、今年で93年目を迎えます。創設以来4万8千人もの卒業生の夢を育んできました。私学がもつ最大の特長である不易流行の精神のもとで築き上げられた歴史と伝統を礎に、常に進化を目指した教育活動を推進し、社会に貢献する有為な人材を育成することを使命としています。

校風・教育方針

　日本大学の教育理念「自主創造」の精神にある"自ら学ぶ・自ら考える・自ら道をひらく"を体現するため、校訓「情熱と真心」と教育目標「自覚と責任」を掲げた教育活動を展開しています。これからの社会を生き抜くための確かな力として「主体的に考え行動する力」「世界の人と協働する力」を育むために、「ICT教育」「グローバル教育」「人間教育」を推進し、さらに、体験型キャリア教育として各種体験研修や部活動に全力投球できる環境を整えています。「Aiming high!（さらなる高みをめざそう！）」を合言葉に展開される教育活動は、自立した学習者としての礎を築きます。

カリキュラムの特色

　2022年度入学生から、「中高一貫2-1-3システム」がスタート。中学校1・2年次は新設の「アカデミックフロンティア」と「グローバルリーダーズ」の2コース制、3年次は高等学校での「特別進学コース」「総合進学コース」「総合進学コース・スーパーグローバルクラス」の2コース1クラス制のプレコース化を実現しました。理想とす

る学校生活のスタイルや進路目標に応じたコース（クラス）が選択でき、早い段階から進路を意識することでさらに高みを目指した大学合格を目指します。

　ICT教育では、タブレットPCやインタラクティブボード形式の電子黒板を効果的に用いて、主体的・対話的で深い学びを実現します。さらに、「キャリア教育」「SDGs教育」「進学支援プログラム」からなる「キャリアデザインプログラム」を展開し自考自律の姿勢を養い、様々なニーズに応えるべく生徒の夢の実現をサポートします。近年、国公立大学や難関私立大学、海外大学への進学者数が顕著な伸びを見せています。

国際教育

　ネイティブ講師7人による少人数制英会話授業や放課後のイングリッシュラウンジで、生きた英語に触れ自ら実践する機会を増やし、英語4技能の「聞く力」「話す力」の向上に努めています。さらに、短期・中期研修や1年留学など多彩な海外研修プログラムが準備されており、多様性理解力を育みます。

学校行事・クラブ活動

　中高合わせて22の運動部と17の学芸部がそれぞれ目標を掲げながら活発に活動しており、人工芝グラウンドや屋内温水プールなどの施設も充実しています。また、中高共通行事として芸術鑑賞教室や体育祭、文化祭を開催するほか、中学校では

今春の進学実績については巻末の「高校別大学合格者数一覧」をご覧ください

| 3学期制 | 登校時刻 8:20 | 昼食 弁当持参、食堂、売店 | 土曜日 授業、行事 |

中高大連携教育としての日本大学16学部訪問や各種プレゼン発表を、高等学校では各種講演会を開催するなど、キャリアデザインプログラムを推進し、人格形成とキャリア形成を促しています。

データファイル

■2024年度入試日程

帰国生入試：中学・高校とも12/9

中学校

募集人員		出願期間	試験日	発表日	手続締切日
A-1	90	1/8～1/31	2/1午前	2/1	2/4
適性		1/8～1/31	2/1午前	2/2	2/10
A-2	50	1/8～1/31	2/1午後	2/1	2/4
B	40	1/8～2/2	2/2午後	2/2	2/4
C	20	1/8～2/4	2/5	2/5	2/7

高等学校

募集人員		出願期間＊	試験日	発表日	手続締切日
推薦	100	1/15～1/17	1/22	1/22	1/31
一般併願A			2/10	2/10	2/17
オープンA	160	1/24～2/4	2/10	2/10	2/17
一般併願B			2/12	2/12	2/17
オープンB			2/12	2/12	2/17

＊インターネット出願のうえ、郵送で出願書類提出（推薦は1/19必着、一般・オープンは2/8必着）
※一般の手続締切日は分納の場合、Ⅰ期2/17、Ⅱ期3/1

■2024年度選考方法・入試科目

中学校

A-1・C：国語、算数、理科、社会　A-2：国語・算数、または英語・算数　B：国語・算数

適性検査型：適性検査Ⅰ・Ⅱ

〈配点・時間〉国・算・英＝各100点50分　理・社＝各50点計60分　適Ⅰ＝100点50分　適Ⅱ＝200点50分

〈面接〉なし

高等学校

推薦：〔専願〕書類審査、志望理由書、面接
【出願条件】推薦：5科22かつ9科38（英検準2級以上は各－1でも可）　9科3以上　特別進学コースは5科24　SGクラスは英検2級以上または5科23かつ英検準2級　スポーツ推薦あり
一般併願優遇・オープン：国語、数学、英語（リスニング含む）

〈配点・時間〉国・数＝各100点50分　英＝100点60分

〈面接〉推薦のみ　生徒個人

■2023年春併設大学・短大部への進学

併設の日本大学、日本大学短期大学部へは、内部試験と内申によって進学できます。

日本大学－259（法44、文理40、経済32、商21、芸術10、国際関係4、危機管理7、スポーツ科2、理工47、生産工6、松戸歯2、生物資源科41、薬3）
日本大学短期大学部－3

■指定校推薦枠のある主な大学

東京理科大　上智大　早稲田大　横浜市立大　学習院大　明治大　青山学院大　立教大　中央大　法政大など

■2023年春の主な大学合格実績

東京工業大1　東京農工大1　電気通信大1　東京都立大1　横浜国立大7　横浜市立大7　千葉大1　早稲田大12　慶應義塾大8　上智大10　東京理科大24　学習院大8　明治大35　青山学院大25　立教大19　中央大24　法政大42　他

■2023年春卒業生進路状況

卒業生数	大学	短大	専門学校	海外大	就職	進学準備他
515人	482人	1人	7人	2人	0人	23人

■2023年度入試結果

中学校　AF／GL

募集人員		志願者数	受験者数	合格者数	競争率
A-1	90	194/60	152/44	49/17	3.1/2.6
適性		138/61	138/60	69/31	2.0/1.9
A-2	50	332/118	303/106	134/46	2.3/2.3
B	40	362/100	239/51	44/13	5.4/3.9
C	20	329/98	180/45	31/13	5.8/3.5
帰国	若干	11/37	11/37	8/25	1.4/1.5

高等学校　スライド合格を含まない

募集人員		志願者数	受験者数	合格者数	競争率
推薦	100	129	129	129	1.0
一般併願A		365	363	363	1.0
オープンA	160	134	131	80	1.6
一般併願B		16	16	16	1.0
オープンB		84	67	40	1.7
帰国	若干	27	26	18	1.4

学校説明会　詳細は9月以降にHPで公開
★中学校　10/21　11/11　11/25（全て午前）
★高等学校　10/21　11/11　11/25（全て午後）
その他学校見学会あり（要予約）

見学できる行事　詳細は9月以降にHPで公開
桜苑祭　9/16・9/17

説明会・行事等は日程・内容が変更される場合があります。必ず学校HP等でご確認ください

日本大学藤沢中学校・高等学校

（にほんだいがくふじさわ）

〒252-0885　神奈川県藤沢市亀井野1866　☎0466-81-0125（中）・0123（高）　学校長　楠本　文雄

〈URL〉https://www.fujisawa.hs.nihon-u.ac.jp/

沿革　昭和24年（1949）日本大学農学部の付属として設立され、日本大学農林高等学校の名称で学業を開始、昭和26年（1951）校名を日本大学藤沢高等学校と改名しました。普通課程の付属高等学校となり、現在は生物資源科学部直属の付属高校となっています。平成21年度（2009）、中学校を開設。

校風・教育方針

「日本大学の目的及び使命」を教育の根幹において、「健康」「有為」「品格」の校訓のもと、伸び伸びとした心身ともに健康な人間作りを目標に、知育・徳育・体育のバランスのとれた教育指導を心がけています。
○希望科目の選択など、個性を重視した教育をめざします。　○国際感覚を身につけ、地球レベルで物事を考えることができ、広い視野を持った人間づくりをめざした教育を考えています。　○社会で信頼される、思いやりと努力を惜しまない人間、人々に好感を持って受け入れられる人格を育成する、人間の品格を重んじた教育をめざしています。　○また教育目標として、基礎学力の向上・社会性の育成・教科以外の特別活動の奨励を重視した指導・教育を行っています。

カリキュラムの特色

〈中学校〉

3年間は高校の特別進学クラスを目指して、基礎・基本を大切にしています。特に国語・数学・英語に関しては、公立中学校の1.7倍の時間数を確保し、個々の理解度に差が出やすい英語・数学で習熟度別授業を実施。第3学年では、応用力の定着を主眼に置きます。また、三者面談や授業参観、教員・家庭間の連絡をこまめに行い、進路に対する意識や目標を把握します。併設の生物資源科学部と共有する自然環境と設備の中で、フィールド実習を体験し、食の大切さを学ぶことができます。

〈高等学校〉

ほとんど全員が大学進学を希望していることから、それに対応した教育課程を設定しており、相対的に国語・数学・英語の授業を多くして、基礎学力の向上をめざします。

1年次では、芸術を除き、共通の教科・科目を履修。なお、芸術は音楽・美術から1科目を選択して履修します。

2年次から、生徒の進路希望や個人の適性によって文系コースと理系コースに分かれます。

1年次より特別進学クラスを設置しています。進学対策として、補習授業や放課後講座、2・3年生の希望者に対する夏季特別講習の実施、3年次3学期における受験直前対策の特別授業、英語検定2級以上の取得の奨励と指導、豊富な資料をそろえ、きめ細かい指導を行う進路指導室など、完全バックアップ体制を敷いています。

なお、本人の適性・能力に応じ、日本大学の各学部・学科への推薦入学があります。日本大学及び高校独自の特待生規定及び奨学金給付規定に基づき、学業成績・人物に優れた生徒に対して、「日本大学付属高等学校特待生制度」「日本大学藤沢

今春の進学実績については巻末の「高校別大学合格者数一覧」をご覧ください

3学期制 | 登校時刻 8:30 | 昼食 弁当持参、食堂、売店 | 土曜日 授業

高等学校特待生制度」「日本大学藤沢高等学校奨学生制度」を設けて、授業料相当額及び奨学金の給付を実施しています。

環境・施設設備

日本大学生物資源科学部に隣接し、約115,412平米の校地は、各種教育棟や運動施設があり、質量ともに恵まれた教育環境を形成しています。

学校行事・クラブ活動

4月の校外学習、6月の日藤祭(文化祭)、7月の校内水泳・球技大会、10月の修学旅行、11月の芸術鑑賞会、体育祭、1月のマラソン大会、2月の合唱コンクールなど、充実した学校生活を送るために、1年を通じてさまざまな学校行事があります。中学の修学旅行は関西・中国地方、高校の修学旅行はカナダと国内の選択制です。

部活動は、運動部・文化部あわせて37が活発な活動を展開。運動部では、水泳部・サッカー部・硬式野球部・レスリング部・ソフトテニス部・ウエイトリフティング部などが、各大会において優秀な成績をおさめています。一方文化部も、吹奏楽部・演劇部・放送部・コーラス部・生物部などが熱心に活動しています。

データファイル

■2024年度入試日程

中学校

募集人員	出願期間	試験日	発表日	手続締切日
1回 男20 女20	1/9~1/30	2/1	2/1	2/3
2回 男女 若干	1/9~2/2	2/2午後	2/2	2/4
3回 男10 女10	1/9~2/3	2/4	2/4	2/7

高等学校

募集人員	出願期間	試験日	発表日	手続締切日
推薦 160	1/16~1/18	1/22	1/22	1/25
一般 200	1/24~2/3	2/10	2/10	2/14

■2024年度選考方法・入試科目

中学校

1・3回：国語、算数、理科、社会
2回：国語、算数
〈配点・時間〉国・算=各100点50分 理・社=各60点30分 ※1・3回は計320点、2回は高得点科目を2倍、計300点
〈面接〉なし

高等学校

推薦：書類審査、面接 【出願条件】 Ⅰ：2年次の5科と3年次の5科の合計45 Ⅱ：2年次は5科21かつ9科36 3年次は5科23かつ9科39 いずれも2以下がないこと 漢検・数検・英検準2級、皆勤などは優遇あり
一般：国語、数学、英語
〈配点・時間〉国・数・英=各100点50分
〈面接〉推薦のみ生徒個人 重視

■2023年春併設大学・短大部への進学

日大付属高校の統一のテストの成績もしくは3年間の学業成績により、各学部・学科へ推薦され、入学が許可される制度になっています。
日本大学−290(法48、法二部0、文理62、経済35、商20、芸術7、国際関係6、危機管理8、スポーツ科6、理工32、生産工2、工1、医1、歯1、松戸歯1、生物資源科57、薬3)
日本大学短期大学部−1(ビジネス教養0、建築・生活デザイン1)

■指定校推薦枠のある主な大学

横浜市立大 慶應義塾大 早稲田大 青山学院大 学習院大 上智大 明治大 中央大 東京理科大 法政大 明治学院大 成蹊大 成城大 芝浦工業大など

■2023年春卒業生進路状況

卒業生数	大学	短大	専門学校	海外大	就職	進学準備他
581人	534人	1人	13人	5人	3人	25人

■2023年度入試結果

中学校 男/女

募集人員	志願者数	受験者数	合格者数	競争率
1回 男20 女20	120/91	109/86	40/45	2.7/1.9
2回 男女 若干	231/101	198/79	23/23	8.6/3.4
3回 男10 女10	140/76	111/57	20/16	5.6/3.6

高等学校

募集人員		志願者数	受験者数	合格者数	競争率
推薦 男	160	106	106	106	1.0
女		63	63	63	1.0
一般 男	200	282	281	275	1.0
女		424	422	418	1.0

入試説明会 要予約
★中学校・高等学校 11/4 11/11 11/25
※高等学校は日本大体育館で実施
※詳細は学校HPでご確認ください
見学できる行事 要予約
文化祭 6/17・6/18(終了)

説明会・行事等は日程・内容が変更される場合があります。必ず学校HP等でご確認ください

神奈川
は

白鵬女子高等学校

（はく　ほう　じょ　し）

〒230-0074　神奈川県横浜市鶴見区北寺尾4-10-13　☎045-581-6721　学校長　玉川　匡彦

〈URL〉http://www.hakuhojoshi-h.ed.jp

沿革　昭和11年（1936）京浜女子商業学校として創立。昭和63年（1988）現校名となりました。

校風・教育方針

　三綱領「知力の練磨」「体力、意志力の練磨」「清楚なる情操」をもとに、学問の研鑽を通して正しい判断力を養い、社会進出に必要な基礎的な能力を高めることを建学の精神としています。

　これからの時代を見通した「国際性豊かな」「清楚で落ち着いた」「明るくさわやかな」生徒の育成を指導方針として、「自分力」の向上を目指し、取り組んでいます。

カリキュラムの特色

　2022年より、普通科9コース制となりました。

●**進学アドバンスコース／進学スタンダードコース**（2022年新設）　基礎学力の定着に加え、応用力、思考力、表現力を向上させ、上位大学～中堅大学への進学を目指します。放課後自主学習支援プログラム「Self Study Laboratory」を導入し、週2回、7時間目として必修にしています。その他、スタディサプリと連動した到達度テスト、各種模試等を行います。一人ひとりに寄り添う指導の中で、保護者とも連携しながら、メンタル面のサポートも含めて、大学入試に臨んでいきます。進学アドバンスコースは上位大学、進学スタンダードコースは中堅大学を目指します。

●**グローバルアドバンスコース／グローバルスタンダードコース**（2022年新設）　英語をツールとしたコミュニケーションスキル、リサーチ・プレゼンテーションスキルに磨きをかけていきます。また、国際社会の中で必要な基礎教養を身につけることを目的とした「国際教養」という授業を行っています。国際情勢を学ぶほか、英語茶道・香道など日本文化を学び、自国の良さを世界に発信できる女性の育成を目指しています。2年次には10日間のアイルランド語学研修を行います。グローバルアドバンスコースは国内上位大学や海外大学を、グローバルスタンダードコースは、国内中堅大学を目指します。

●**メディアアート表現コース**　メディア関係の仕事、クリエイターを目指し、デザイン、イラスト、音響・映像の基礎を学びます。iMac、ペンタブレットなどの最新機材も充実。デザイン・メディア・IT系への大学進学を目指します。

●**スポーツコース**　体育系大学・専門学校への進学を目指し、体育の専門知識と運動技能を養います。救護、トレーニング関連などの実技も多彩です。

●**保育コース**　2020年度、神奈川県の私学で初めて東京純心大学と教育連携協定を結びました。これにより、夏休み期間にこども文化学科の特別講座が受講でき、学校外での単位取得が可能になります。保育技術検定などの資格にもチャレンジし、保育系の大学への進学を目指します。

●**フードコーディネートコース**　畑でのファーミング実習、明るくスタイリッシュな調理室での調理実習、テーブルコーディネートなど実習授業が豊富です。栄養素の特性や、日本の食生活、食文化についても学びを深めていきます。

●**総合コース**　大学や専門学校から講師を招き、

今春の進学実績については巻末の「高校別大学合格者数一覧」をご覧ください

動物看護、ダンス、声優など多彩な選択科目を用意。やりたいことを見つけ、進路につなげます。

進路指導

　1年次からキャリアガイダンスを実施し、学習指導から進路決定までていねいにアドバイスします。1年次では将来の職業選択に向けて実習形式で知識を身に付けます。2年次には職業について深く知るために大学の先生などから話を聞きます。

　学習面では、定期的に外部模試を取り入れ、自己検証と担任によるキャリア教育を行っています。また、Self Study Laboratory（通称SSラボ）という放課後の自主学習のサポートも行っています。さらに、夏期・冬期・春期講習などを行い、教員による大学入試対策講座を設定し、休暇中の学習時間を確保しています。

環境・施設設備

　校舎の周囲は緑あふれる住宅街。落ち着いた学習環境が整っています。2023年3月、スポーツ施設とホール施設を兼ね備えた「白鵬アリーナ」が完成しました。校内はWi-Fiによる通信がどこでも可能。iPadを使った授業も行っています。広

い中庭は、生徒たちの憩いの場として親しまれています。

学校行事・クラブ活動

　多彩な行事を実施しており、体育祭などクラス対抗の行事の盛り上がりは、女子校の中でも群を抜きます。記念祭（文化祭）は、クラス展示や販売のほか、ステージにおける演技発表が盛り上がる名物行事。2年次の修学旅行は、進学・メディアアート表現はイギリス、保育・フードコーディネート・総合はオーストラリア、スポーツはフィジーへ行きます。グローバルはアイルランドへ2週間の語学研修旅行となります（行き先は変更になる場合があります）。

　クラブ活動は、運動部・文化部・同好会合わせて30以上の部が活動しています。陸上部は全国高校駅伝に15回出場し、2022年は5位入賞。硬式テニス部はインターハイでダブルス優勝、水泳部、体操部もインターハイに出場、バスケ部は2020年ウインターカップに出場。このほか、バレー、柔道、サッカー、ソフトボール、書道、吹奏楽、茶道などの各部があり、2020年は弓道部が新設されました。

データファイル

■2024年度入試日程　詳細はHPでご確認ください

募集人員		出願期間	試験日	発表日	手続締切日
推薦	200	1/16～1/18	1/22	1/23	1/26
一般	200	1/24～1/31	2/10	2/11	専2/15併3/4
オープン	若干		2/11	2/11	

■2024年度選考方法・入試科目

推薦：書類選考・面接
【出願条件】内申 〈推薦・専願/併願〉進学アド5科16/17　進学スタ5科15/16　グローバルアド5科16/17かつ英語4　グローバルスタ5科15/16　メディア9科25/27　スポーツ・保育・フード9科24/27　総合9科20/24　欠席3年間20日以内が望ましい。英検・漢検・数検3級、説明会・記念祭等参加者は加点（進学アドバンス・グローバルアドバンスは除く）
一般：書類選考
オープン：国・数・英・面接
〈配点・時間〉国・数・英＝各100点50分
〈面接〉生徒個人　重視

■指定校推薦枠のある主な大学

亜細亜大　専修大　日本大　東京農業大　神奈川大　関東学院大　国士舘大　城西国際大　女子美術大　帝京科学大　文京学院大　東京工科大　大妻女子大　東洋英和女学院大　相模女子大など

■2023年春卒業生進路状況

卒業生数	大学	短大	専門学校	海外大	就職	進学準備他
357人	205人	29人	98人	8人	16人	1人

■2023年度入試結果　2次あり

募集人員		志願者数	受験者数	合格者数	競争率
推薦	200	200	200	200	1.0
一般	200	421	421	421	1.0
オープン	若干	20	20	20	1.0

学校説明会
10/15 10/29 11/11 11/23（午前は推薦・専願）
12/2 特待生対象12/2
オープンスクール 9/24
白鵬フェスタ（グローバル・メディアアート・保育・フードコーディネート） 9/16
個別相談会 12/10
見学できる行事
記念祭（文化祭）　9/30・10/1（入試相談コーナーあり）

説明会・行事等は日程・内容が変更される場合があります。必ず学校HP等でご確認ください

横浜市

高

女子

神奈川
ふ

フェリス女学院 中学校 高等学校
（じょ がく いん）

〒231-8660　神奈川県横浜市中区山手町178　☎045-641-0242　学校長　廣瀬　政明

〈URL〉https://www.ferris.ed.jp/

沿革　明治3年（1870）婦人宣教師メアリー・エディー・キダーによって、国内最初の女子学校として創設。明治8年現在地に移転、フェリス・セミナリーと改称。昭和22・23年の学制改革にともない、中学校・高等学校を設置。なお「フェリス」という名称は、創設者のキダーを送り出したアメリカ改革派教会の外国伝道局総主事・フェリス博士父子の名前に由来しています。また、校章の「盾」は私たちを外部の嵐から守る信仰の力を表し、「F」と「S」はFerris Seminaryの頭文字を、白・黄・赤の色はそれぞれ「信仰・希望・愛（コリントの信徒への手紙―第13章13節）」を表しています。平成26年(2014)、体育館の新築工事、翌27年(2015)には2号館（校舎）の建替え工事が終了。令和2年（2020）創立150年を迎えました。

校風・教育方針

　創設当時、社会的地位を認められていなかった日本女子の教育に積極的に取り組んだ、キダーをはじめとする宣教師たちの志を受け継ぎ、キリスト教の信仰を土台とした自由な校風の中で神を畏れ人を恐れない気品と豊かな教養を身につけます。また、教育方針としては、以下に記す3点が挙げられます。

1．キリスト教信仰

　創立以来今日に至るまで一貫して追求し、今後も変わることのない方針です。毎朝行われる礼拝、聖書の授業、修養会などへの出席を義務づけていますが、これらの形に表れた営みだけにとどまらない、キリスト教信仰に基づいた教育を行っています。

2．学問の尊重

　自分に役立つのみならず、他人に役立つ質の高い本物の学問の修得をめざしています。また、単に高等教育（大学）への準備期間としてだけでなく、6年間を通して一人ひとりの個性と能力の発達を促し、各自に最適な進路を見いだすことをめざしています。

フェリス女学院の創立者

メアリー・エディー・キダー
Mary E. Kidder（Mrs.Miller）
　1870(明治3)年、維新政府の体制もまだ整いかねていたころ、開港地横浜は日本の表玄関として、すでに文明開化の気風がみなぎっていました。この年、アメリカ改革派教会外国伝道局が派遣した婦人宣教師メアリー・キダー女史が日本最初の女子教育機関である本校を創立しました。

　1875(明治8)年、現在の山手町に新校舎が落成。アメリカ改革派教会外国伝道局総主事であったアイザック・フェリスを記念して、アイザック・フェリス・セミナリー（日本名フェリス和英女学校）と命名し、本格的に女学校の体制を整備しました。

今春の進学実績については巻末の「高校別大学合格者数一覧」をご覧ください

3．まことの自由の追求

外的規制や強制に頼らず、各自が自主的な判断によって、規則の意味を把握し、他人への配慮をもってこれを重んじる、他人への愛の関わりにおいて発揮される自由を追求します。

カリキュラムの特色

学習指導要領に準拠しながら、独自の教育方針および中高6年間一貫教育の観点から、特色あるカリキュラムを編成しています。信仰の基盤である聖書と、礼拝に関わる音楽の授業は、6年間必修です。

また、開校以来2学期・週5日制（土曜日を休校日として、日曜日の教会出席を奨励）を採用しており、中学・高校とも外国人教師によるオーラル・イングリッシュの指導を行っています。

中学校では、自主的な学習姿勢を育てることを心がけており、全教科について基礎学力の充実をめざします。

高校では、より深い学習展開を図るとともに、一人ひとりの興味や関心を最大限に伸ばすために選択科目を設けています。

3年次では、ほとんどの生徒が大学への進学を希望していることにあわせて、進路に応じた選択制度を大幅に採り入れています。

なお、中高一貫教育を実践するために、高等学校の募集はしていません。

環境・施設設備

港を見下ろす山手の丘に、豊かな緑とともに各施設が広がっています。教育環境としては、とてもいい場所となっています。普通教室（HR）をはじめとして、カイパー講堂、コンピューター教室・大教室（1学年収容）などの特別教室、小礼拝堂、体育館・生徒ホール・部室・進路資料室など、充実した施設が整備されています。特に図書館は、約9万4千の蔵書を持ち、すべての業務がコンピュータ処理されています。

生活指導・心の教育

11月には奉仕週間があります。いつも多くの人に助けられて生きている生徒達にも、人のために何かしてあげる大切さ、尊さを学んで欲しいというのがねらいです。

学校行事・クラブ活動

5月の遠足や体育大会、7月の修養会（中1、中2、高1）、音楽鑑賞会、11月の文化祭など、1年を通じてさまざまな年間行事が行われています。そのなかでも12月に行われるクリスマス礼拝は印象的な行事です。

またクラブ活動も、音楽部・華道部・茶道部・演劇部・文芸部などの文化系、バレーボール部・テニス部・バドミントン部・体操部などの運動系、そのほかハンドベル・クワイア・聖歌隊などが、それぞれ熱心な活動を行っています。

データファイル

■2024年度入試日程

中学校

募集人員	出願期間	試験日	発表日	手続締切日
180	1/6〜1/14	2/1	2/2	2/3

高等学校　募集を行っていません

■2024年度選考方法・入試科目

中学校

国語、算数、理科、社会、人物考査（10分）
〈配点・時間〉国・算＝各100点50分　理・社＝各60点30分
〈面接〉なし

■2023年春併設大学への進学

併設のフェリス女学院大学へは、内部試験を受験することによって、優先的に進学できます。

フェリス女学院大学－進学者なし

■2023年春卒業生進路状況

卒業数	大学	短大	専門学校	海外大	就職	進学準備他
173人	121人	0人	0人	1人	0人	51人

■2023年度入試結果

中学校

募集人員	志願者数	受験者数	合格者数	競争率
180	450	432	200	2.2

（学校説明会）要予約
11/11
校舎見学会　11/25
（見学できる行事）要予約
フェリス祭（文化祭）
11/3・11/4

説明会・行事等は日程・内容が変更される場合があります。必ず学校HP等でご確認ください

中 男子　高 男子 普通科

神奈川
ふ

武相中学校・高等学校
（ぶそう）

〒222-0023　神奈川県横浜市港北区仲手原2-34-1　☎045-401-9042　学校長　石野　雅子

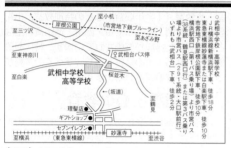

〈URL〉http://buso.ac.jp

沿革　昭和17年（1942）武相中学校創立、同23年武相高等学校設置。令和4年（2022）に80周年を迎えた男子校です。

校風・教育方針

「武」蔵国と「相」模国を一望できる丘に立つ学舎という名の由来を持ちます。学校長の祖父であり、創設者の石野瑛は歴史学者で、「道義昂揚」「個性伸張」「実行徹底」を建学の精神としています。

クラスごとに窓口の担当教諭を設けるほか、学年の先生方全体で生徒の指導にあたることにより、幅広く適切に対応を行うことができています。また、教員と生徒の距離は近いうえ、職員室も開放的なので、休み時間などに積極的に質問や相談に来ることができる環境です。

カリキュラムの特色

●中学入学生

規律ある集団生活を通じて自分の個性と役割を自覚し、学年を超えたコミュニケーションの中で、心身ともに成長できる環境です。中学生全体の仲の良さは男子校ならではです。

学習面では、毎週授業内で5教科の定着度を確認するための小テストを実施し、各種検定試験にも積極的にチャレンジしています。また、計算力コンテストや英単語コンテスト、百人一首大会を通じ、切磋琢磨して学力の向上を図っています。

体育では「集団行動」を教材の柱に取り入れ、率先垂範を身に付ける安全教育を実施しています。総合学習では国際理解（環境・平和・人権）をテーマに調べ学習をし、発表を行います。

高校からは、生徒の希望進路に合わせ、高校募集の3コース（体育・総合・進学〈進学〉・進学〈特進〉）にクラス編成。

●高校入学生

◎体育コースはアスリートや指導者を目指し、様々な種目の実技を自ら実践します。体育の授業が、1年次に週5単位、学年が進むごとに3単位ずつ増え、体力向上や理論の学習にも取り組みます。

◎総合コースは文系・理系を総合的に学びます。基礎学力を定着させ、自分の得意を伸ばします。大学・短大・専門学校・就職など幅広い進路に対応。

◎進学コースは、早い段階で志望大学を明確にし、2年次から文系・理系に分かれます。さらに、コース内に**特進クラス**を編成し、現役での大学合格（国公立・早慶上理・GMARCH）進学を目指します。特進クラスは2年から一般受験に特化した独自のカリキュラムへ移行します。

環境・施設設備

東急東横線「妙蓮寺駅」徒歩10分、市営地下鉄「岸根公園駅」徒歩10分、JR横浜線「新横浜駅」徒歩18分と、どこからも通うのに便利。みなとみらい21や富士山も遠望できる緑豊かな環境です。

体育館は、ジムと同様のトレーニングルームや柔道場、ランニングコースなどが充実。創立80周年記念でリニューアルされた特別棟は、生徒たちが主体的に利用できる施設です。2022年6月にはグラウンドがリニューアル。人工芝では、体育の授業で思い切り身体を動かせるとともに、硬式野球部の5回目の甲子園出場達成を後押しします。

今春の進学実績については巻末の「高校別大学合格者数一覧」をご覧ください

生活指導・心の教育

「いじめ防止基本方針」のもと、年2回のアンケートや教育相談、また20年以上前から「生活指導なんでも相談電話」を設置、早期対応に努めます。挨拶や掃除、制服の着こなしなど、当たり前のことを当たり前にできるよう生活習慣を整え、将来、社会人としてたくましく活躍できる素地を養います。

学校行事・クラブ活動

新入生オリエンテーション・修学旅行・学園祭・体育祭・芸術文化会は、机上では学べない人と人との心のふれあいを体験します。

中学はバレーボール部を始めとしたクラブが積極的に活動しています。中学バレーボール部は2022年の県大会で準優勝し、本年度のさらなる飛躍が期待されます。高校は18の運動部と9つの文化部が活動中。硬式野球部、バレーボール部は全国制覇を目指しています。また、ボクシング・陸上競技・柔道・スケート（アイスホッケー）など、多くのクラブが関東・全国大会出場を目指し、部員が生き生きと躍動しています。また、文化部には吹奏楽・軽音楽・考古学・ビジネス研究部などの部があります。

横浜市

中

男子

高

男子

データファイル

■2024年度入試日程

中学校　2・3回は特待生募集あり

募集人員		出願期間	試験日	発表日	手続締切日
1回	20	1/10～1/26・試験当日	2/1	2/1	2/7
2回	20		2/2午後	2/2	2/7
3回	20		2/8	2/8	2/14

高等学校

	出願期間	試験日	発表日	手続締切日
推薦	1/10～1/17	1/22	1/23	1/26
一般2月A	1/24～1/30	2/10	2/13	単2/16併3/2
B	1/24～1/30	2/11	2/13	3/2
書類	1/24～1/31	—	2/13	単2/16併3/2
一般3月	2/29～3/4	3/5	3/6	3/8

募集人員は進学（特進クラス含む）120、総合180、体育60　推薦140、一般220

■2024年度選考方法・入試科目

中学校　**1回**：2科または1科選択（国か算）＋面接（生徒グループ）　**2回**：2科または1科選択（国か算）　**3回**：2科または算数1科
〈配点・時間〉国・算＝各100点50分

高等学校
推薦：書類、面接（生徒グループ・参考）
書類選考：書類、エントリーシート
一般：書類、国語、数学、英語
〈配点・時間〉国・数・英＝各100点50分

■指定校推薦枠のある主な大学

桜美林大　神奈川大　工学院大　國學院大　駒澤大　専修大　創価大　東京電機大　東京都市大　東京農業大　東洋大　日本大など

■2023年春卒業生進路状況

卒業生数	大学	短大	専門学校	海外大	就職	進学準備他
252人	164人	4人	49人	0人	16人	19人

■2023年度入試結果

中学校

募集人員		志願者数	受験者数	合格者数	競争率
1回	15	10	9	9	1.0
2回	10	15	9	9	1.0
3回	15	3	0	—	—
4回	10	15	7	7	1.0
5回	10	10	2	2	1.0

高等学校　スライド合格を含まない

募集人員		志願者数	受験者数	合格者数	競争率
推薦	140	101	101	101	1.0
一般AB	145	443	437	436	1.0
書類	60	182	182	182	1.0
3月	15	1	1	1	1.0

▼▼入試アドバイス・学校からのメッセージ

中学校：過去問の傾向は変えずに出題します。倍率に関係なく正答率5割が合格ラインです。

高等学校：秋には公式YouTubeで「入試アドバイス」動画をUPする予定です。ぜひご視聴ください。

学校説明会
★中学校 9/3 11/18 12/20(ナイト) 1/20
個別相談会（要電話予約）　9/16 10/21
プレ入試にチャレンジ（要Web予約）　12/16
★高等学校　説明会・個別相談会（要Web予約）　10/21 11/11 11/25 12/2
直前個別相談会（平日のみ・要電話予約）
11/27～12/1 15:30～　12/4～12/13 14:00～
学校見学は随時可（要事前連絡）
見学できる行事
学園祭　9/24
体育祭　10/27(雨天延期)

説明会・行事等は日程・内容が変更される場合があります。必ず学校HP等でご確認ください

法政大学国際高等学校

〒230-0078　神奈川県横浜市鶴見区岸谷1-13-1　☎045-571-4663　学校長　和仁　達郎

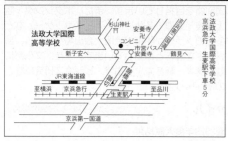

〈URL〉https://kokusai-high.ws.hosei.ac.jp

沿革　昭和8年（1933）潤光学園を設立。昭和24年（1949）法政大学に移管し法政大学女子高等学校と改称。平成29年（2017）IB（国際バカロレア）校認定。平成27年（2015）4月から令和2年（2020）3月まで文部科学省よりSGH（スーパーグローバルハイスクール）に指定されていました。平成30年度（2018）から「法政大学国際高等学校」に校名変更、共学化。

校風・教育方針

　主体的に学び、考え、行動し、多様な他者とつながる21世紀のグローバルシチズン（地球市民）を育てる付属校として、現代社会にふさわしい学校作りを進めています。生徒一人ひとりが学ぶ権利を自覚し、自由に考え、自分自身を豊かに表現する力を身につけることを目指しています。生徒たちの主体的な学習や自治活動を尊重し、生徒と教師が協力し合って学園生活を作り上げていくことを大切にしています。

カリキュラムの特色

　IB（国際バカロレア）コースとグローバル探究コースの2つのコースがあります。

　IBコースでは世界中の大学への出願入学資格が得られる国際バカロレア・ディプロマプログラムを実施します。

　グローバル探究コースでは、自らの頭で考え、自らの言葉で表現する主体的な学びを大切にしています。1年目は基本的な学力を身につけ、2・3年目は自分の興味、関心、進路に合わせて自由に授業を選択します。興味のある分野、伸ばしたい分野を重点的に学ぶことができます。

　また、独自の探究プログラムとして「Critical thinking」と「地球市民」があります。1年目の「Critical thinking」では、論理的・批判的思考力の向上を目指し、2年目から始まる「地球市民」では社会の課題解決に挑み、卒業エッセイ、卒業研究、卒業制作に取り組みます。

Information

在校生の声

　私たちの学校は、高校では珍しく選択授業がたくさんあるので、自分が興味を持った分野を深く学ぶことができます。部活や生徒会活動では、全てが生徒によって組織、運営されているため、とても活発です。さらに、行事においては強く団結する傾向があって、オレンジ祭、体育祭等では全生徒が一体となって盛り上がります。

　そしてもう一つの特徴は、"自由"な校風であるということです。自由の中でのさまざまな選択を通して、私たちは責任と判断力の大切さをおのずと知り、人間的に大きく成長します。

　このような一歩先を行く学校は、私たちにとって、新しい自分に出会うことができる、そんな場所になっています。

今春の進学実績については巻末の「高校別大学合格者数一覧」をご覧ください

横浜市

生活指導・心の教育

　校則は、生徒自身の手によって、真の自由と自主性を追求させるようにしているため、ゆるやかな校則規定と日常生活の基本的な注意にとどめています。

学校行事・クラブ活動

　生徒会の活動は、生徒自身の学園生活を豊かにするために、組織的に運営されています。また、オレンジ祭（文化祭）や体育祭など、さまざまな行事が生徒自身の手によって運営されています。

　クラブ活動は、学習との両立を図るためにゆとりある活動を心掛けています。体育系では、ソフトボール部、サッカー部などが活躍。文化系では、放送部をはじめ、吹奏楽部、軽音楽部、弦楽部、ゴスペル部などが活動しています。

高

共学

データファイル

■2024年度入試日程

募集人員		出願期間	試験日	発表日	手続締切日
IB自己推薦	20	1/16～1/22	1/26	1/29	1/30
帰国・海外		11/18～11/29	12/4	12/7	12/8
グローバル　書類	210	1/24～※	—	2/12	2/14
学科	50	1/24～2/3	2/12	2/13	2/14
思考力	約10	2/2～2/15	2/20	2/22	2/24
帰国・海外Ⅰ期	約10	11/18～11/29	12/4	12/6	12/8
帰国・海外Ⅱ期		1/18～1/26	2/3	2/5	2/7

※神奈川県・東京都・千葉県は1/31まで、埼玉県及びその他は1/26まで

■2024年度選考方法・入試科目

〔IBコース〕要英語資格

IB自己推薦：日本語小論文、英語小論文、数学能力適性検査、面接（英語）、書類審査

帰国・海外生入試：日本語小論文、数学能力適性検査、書類審査　※自己推薦とは英語資格要件が異なる

〔グローバル探究コース〕

書類選考：書類審査

学科試験：国語、数学、英語

思考力入試：論述試験（日本語）※要英語資格

帰国・海外生入試：作文（日本語・英語）、数処理能力基礎試験、面接（日本語）

〈配点・時間〉国・数・英＝各100点50分

〈面接〉IB自己推薦、グローバル探究コースの帰国・海外生はあり

■2023年春併設大学への進学

学力が基準以上と認められる希望者全員に資格が与えられます。他大学の併願ができます。

法政大学－235（法36、文28、経済21、社会31、経営32、国際文化12、人間環境15、現代福祉9、キャリアデザイン13、スポーツ健康2、GIS（グローバル教養）3、情報科6、デザイン工12、理工8、生命科7）

■指定校推薦枠のある主な大学

横浜市立大　上智大　立教大　中央大など

■2023年春卒業生進路状況

卒業生数	大学	短大	専門学校	海外大	就職	進学準備他
297人	282人	0人	4人	3人	0人	8人

■2023年度入試結果

募集人員		志願者数	受験者数	合格者数	競争率
IB自己推薦	20	34	33	11	3.0
帰国・海外		13	13	8	1.6
グローバル　書類	210	212	212	212	1.0
学科	50	423	397	139	2.9
思考力	約10	46	38	13	2.9
帰国・海外Ⅰ期	約10	36	36	16	2.3
帰国・海外Ⅱ期		21	15	7	2.1

学校説明会 要WEB予約
10/14 11/4 11/25

見学できる行事
文化祭　9/16・9/17

説明会・行事等は日程・内容が変更される場合があります。必ず学校HP等でご確認ください

神奈川
ほ

法政大学第二 中学校 高等学校

〒211-0031　神奈川県川崎市中原区木月大町6-1　☎044-711-4321（代）　学校長　五十嵐 聡

〈URL〉https://hosei2.ed.jp/

沿革　明治13年（1880）東京法学社（法政大学の前身）創設。昭和14年（1939）法政大学の付属学校として設立。昭和23年（1948）学制改革にともなって、法政大学第二高等学校となりました。昭和61年（1986）法政大学第二中学校を併設。平成28年（2016）中学・高校とも共学化。

校風・教育方針

「自由と進歩」を建学の精神とする法政大学の付属校として、「自由を生き抜く実践知」の育成を目指し、受験勉強にとらわれない付属校ならではの取り組みを行います。知識を獲得することにとどまらず、知識を用いて自ら論理的に思考し、他者に表現することができる力の育成を重視します。生徒会活動も活発で、生徒が主役の学校生活となっています。

カリキュラムの特色

中高6カ年の基礎となる中学1・2年では、30人以下の少人数学級できめ細かい指導を展開します。また中学のうちは、知識の習得だけではなく、さまざまな体験を通じて学んでほしいと考えています。例えば、理科では1週間に1回必ず実験を行い、考察をまとめます。中学3年間で70回以上もの実験を行います。またその他の教科においても多くのレポート課題に向き合います。こうした機会が主体的に学習する姿勢を育んでいます。高校では、1～2年で全教科にわたる幅広い教養を身につけ、進路の可能性を広げます。3年次に各自の進路に合わせて文系と理系に分かれます。ど

の学年も「調べる・討論する・発表する」形式の授業が多く取り入れられており、それらを通じて知識を活用する力を育成します。

国際教育

中学では、希望制のニュージーランドへの研修を実施。約3週間現地の家庭にホームステイをしながら姉妹校であるオレワカレッジに通います。高校では、カナダとニュージーランドの研修があります（希望制）。また、「生徒がつくる国際交流委員会」を設立し、留学生歓迎会の運営、オンラインによる海外との交流、地域の国際交流行事への参加などを行っています。

環境・施設設備

最寄り駅の武蔵小杉駅は交通網の整備が進み、東京・神奈川はもとより埼玉・千葉からの通学者も増えています。利便性が良い地でありながら、周囲は閑静な住宅地という勉学に励むには絶好のロケーションです。

校舎は、電子黒板、無線LANなど最新のICT機器を備えた教室、情報センターの役割をもつ図書館、理科実験室、PC教室のほか、さまざまな競技の公式戦が行える体育館、トレーニングセンター、テニスコート、多目的グラウンド、野球場、サッカー場、陸上競技場、ホッケー場など充実した環境が整っています。

今春の進学実績については巻末の「高校別大学合格者数一覧」をご覧ください

右側余白：川崎市 / 中 / 共学 / 高 / 共学

生活指導・心の教育

　自主活動を通じ、民主主義の担い手として求められる力を培うことを目指し生徒会活動を重視しています。生徒が中心となってつくりあげる文化祭・二高祭は毎年来場者が1万人を超えます。

　カウンセリングルームには、3人のカウンセラーが配置され、生徒のケアにあたっています。

学校行事・クラブ活動

　フェンシング、ハンドボール、ボート、自転車、陸上競技、アメリカンフットボールなど多彩なクラブがあります。毎年二桁を超えるクラブが関東大会に出場するほか、インターハイ出場クラブも多数です。オリンピック選手やプロスポーツで活躍している卒業生も多数輩出しています。

　文化系のクラブも全国大会常連の社会科学歴史研究部、放送部、物理部をはじめ充実した活動を展開しています。

　中高一貫教育の充実化に取り組んでおり、中高で活動しているクラブや、男女で一緒に活動するクラブもあります。

データファイル

■2024年度入試日程

中学校 ＊出願期間、手続締切日は予定

募集人員		出願期間	試験日	発表日	手続締切日
1回	未定	1/5〜1/28	2/2	2/3※	2/4
2回	未定	1/5〜2/3	2/4	2/5※	2/7
帰国生	若干	12/1〜12/18	1/7	1/9※	1/27

※試験当日インターネット発表あり
募集人員は入試要項（9月）にて発表

高等学校 ＊出願期間、手続締切日は予定

募集人員	出願期間＊	試験日	発表日	手続締切日＊
書類 未定	1/24〜1/25	－	2/12	2/16
学科 未定	1/28〜2/3	2/11	2/13	2/17

募集人員は入試要項（9月）にて発表

■2024年度選考方法・入試科目

中学校

1回・2回：国語、算数、理科、社会　面接なし
帰国生：国語、算数、面接
〈配点・時間〉国・算＝各100点50分　理・社＝各75点40分
〈面接〉帰国生のみあり　保護者同伴　参考
※詳細は入学試験要項をご覧ください

高等学校

書類：調査書、小論文
学科：国語、英語（リスニング含む）、数学
〈配点・時間〉国・数・英＝各100点50分
〈面接〉帰国生と既卒生のみあり　保護者同伴

■2023年春卒業生進路状況

卒業数	大学	短大	専門学校	海外大	就職	進学準備他
623人	609人	0人	0人	3人	1人	10人

■2023年春法政大学への進学（無試験入学制度）

法政大学－545（法74、文60、経営68、国際文化23、人間環境31、キャリアデザイン27、GIS（グローバル教養）3、経済77、社会63、現代福祉10、理工41、生命科13、情報科16、デザイン工28、スポーツ健康11）

■2023年度入試結果

中学校

募集人員		志願者数	受験者数	合格者数	競争率
1回男	90	630	549	144	3.8
女	40	430	323	78	4.1
2回男	50	491	423	67	6.3
女	30	357	295	43	6.9
帰国生男	若干	40	35	16	2.2
女	若干	29	26	15	1.7

高等学校 帰国生は学科に含む

募集人員		志願者数	受験者数	合格者数	競争率
書類男	180	184	184	184	1.0
女	90	151	151	151	1.0
学科男	70	498	473	141	3.4
女	55	299	293	114	2.6

▼▼入試アドバイス・学校からのメッセージ

中学・高校ともに合否は合計点で判断します。各教科の基準点はありません。苦手な教科は少しでも克服し、得意な教科はさらに伸ばしてください。

学校説明会 要予約
★中学校
9/9 9/30 10/21 11/18
★高等学校
9/30 10/14 11/11 11/25
学校公開日　9/16
見学できる行事
文化祭　10/28・10/29（開催形態未定）
※オンライン説明会やオンライン個別相談も実施。詳細は学校HPでご確認ください。

説明会・行事等は日程・内容が変更される場合があります。必ず学校HP等でご確認ください

三浦学苑高等学校
みうらがくえん

MIURA GAKUEN

〒238-0031 神奈川県横須賀市衣笠栄町3-80 ☎046-852-0284 学校長 吉田 和市

○三浦学苑
高等学校

○JR横須賀線
衣笠駅より徒歩5分

○京浜急行線
三浦高校前・汐入駅よりバス

○京浜急行線「三浦高校前」横須賀中央駅よりバス
「衣笠駅」下車

〈URL〉https://miura.ed.jp

沿革 昭和4年（1929）三浦中学校開校。同23年新制高等学校を設置。同35年高校を男女共学化。平成21年（2009）、三浦学苑高等学校に校名変更。平成25年（2013）普通科に特進コース設置。令和2年（2020）普通科にIBコースを設置。令和4年（2022）工業技術科をものづくりコースとデザインコースへ再編。

校風・教育方針

校訓「初心忘るべからず」のもと、「自主独立・質実剛健」という建学の精神を掲げ、地域に根ざした学校として全人教育を行ってきました。学校教育目標として「個性と自主性を持った国際人の育成」を掲げ、主体的に行動し、社会に貢献できる人材の育成をめざします。

カリキュラムの特色

多様な進路にこたえるコースとカリキュラム、確実に進路を決めるサポートシステムを用意しています。普通科は「特進コース」「IBコース」「進学コース」「総合コース」を、工業技術科は「ものづくりコース」と「デザインコース」を設置。全コースで大学・企業・地域連携に力を入れ、さまざまな形で外部との関わりを強めています。

普通科 特進コースは、国公立や早慶上理、GMARCHなどの難関大学合格を目指し、国際社会で活躍する人材を育成します。英会話力の向上とキャリア教育、課外活動に力を入れ、英語力を磨く2泊3日のイングリッシュキャンプや留学生を案内する鎌倉ガイドツアーを実施しています。

IBコースは、国際バカロレア資格と日本の高校卒業資格を取得し、国内大学はもちろん、海外の大学も目指せるコースです。

進学コースは、大学進学を目指しながら部活動・ボランティアなど課外活動にも力を入れ、社会で活躍する人材を育成するコースです。日東駒専などの中堅大学や看護医療系学校などを目指し、大学入試に向けた放課後講習や季節講習など、一人ひとりに合わせたプログラムを用意しています。

総合コースは自分の夢や目標を探し、それを実現する進路を目指して、基礎学力とコミュニケーション力の向上に力を入れ、社会で必要とされる人材を育成するコースです。進路は4年制大学や短期大学、専門学校、就職など多岐にわたります。基礎学力を付けることを重要視し、テスト対策補習などで授業のフォローをしています。

特進コースとIBコースは、週3日の7時間授業、土曜の午前授業と、夏休み・冬休みに英・数・国の集中講義を実施しています。また、全コースで漢字検定受検に取り組み、合格を目指します。特進コース・進学コースは、大学入試でも活用されている実用英語技能検定を受検します。

工業技術科 ものづくりコースは、工業技術の基礎からものづくりを学び、進化し続ける社会で活躍できる対応力を持つ技術者を育成します。将来は電子系・機械工学系・情報工学系の大学や短期大学、専門学校、就職などを目指します。

デザインコースは、工業に関わる全てのデザインについて開発から設計まで総合的に学び、工業デザイナーを育成します。将来は人間工学系・インタラクティブメディア系・デザイン系の大学や短期大学、専門学校、就職などを目指します。

今春の進学実績については巻末の「高校別大学合格者数一覧」をご覧ください

進路指導 大学・短大・専門学校の授業を体験する「進路を考える日」や、大学などの先生に直接相談ができる「校内進路相談会」を通して、1年次から進路について具体的に考えていきます。就職希望者のための「企業インターンシップ」、「公務員試験対策講座」や、看護医療系学校を希望者向けの「病院看護体験」など、さまざまな進路系イベントを実施し、進路決定をサポートします。

環境・施設設備

校内には図書室や調理室、茶道室、e-sports室、最新のゲーミングパソコンが整ったパソコン室などの特別教室、美術室・音楽室・書道室などの芸術教室、視聴覚設備が整ったLIS（Learning Innovation Space）、工業技術科ならではの施設などがあります。2023年5月にオープンしたカフェテリアは、昼休みに温かい食事をとることができ、生徒に人気の憩いの場です。体育施設は人工芝グラウンド、冷暖房完備の体育館、温水プール、トレーニングルーム、柔道場、弓道場などがあります。校外には佐原グラウンド（野球グラウンド・テニスコート）、佐島グラウンド（サッカーグラウンド）、セミナーハウスがあります。

学校行事・クラブ活動

最大の学校行事はささりんどう祭（文化祭）とカラー対抗スポーツ競技会（体育祭）です。この2つの行事に向けてそれぞれ行事週間を設定し、準備や練習に励みます。このほか球技大会や遠足など、四季を彩る行事があります。修学旅行は2年次に行われ、特進コースは10泊11日のセブ島への語学研修、進学・総合・ものづくり・デザインの各コースは3泊4日で海外コースか国内コースの選択制で実施します（修学旅行の日程や行先は変更の可能性があります）。

クラブ活動は活発です。運動部は全国大会に出場した陸上競技・駅伝競走・女子バレーボール・卓球・軟式野球・女子柔道・水泳、関東大会に出場したソフトテニス・男子バレーボールなどがあります。サッカー・硬式野球・男子バスケットボール・女子バスケットボール・バドミントン・チアダンス・弓道・硬式テニスなども活動しています。文化部は、吹奏楽・美術・情報研究会などが全国大会やコンクールに出場しており、このほか書道・茶道・写真・科学・漫画・機械研究会なども充実した活動を行っています。

横須賀市

高

共学

データファイル

■2023年度入試日程（参考）

募集人員	出願期間＊	試験日	発表日	手続締切日
推薦　　普176工42	1/7～1/15	1/23	1/24	1/31
一般書類選考筆記　普176工42	1/7～1/23	— 2/10	2/12	専2/15 併3/1

＊登録期間。登録後、書類郵送
一般・書類選考入試でのIBコースの募集なし

■2023年度選考方法・入試科目（参考）

推薦：書類審査、面接　※IBコースは、小論文、面接（英語・日本語）、書類審査
一般：書類選考入試は書類審査　チャレンジ筆記入試は国語、数学、英語、書類審査　※IBコースは、英語、小論文、面接（英語）、書類審査
〈配点・時間〉国・数・英＝各100点50分
〈面接〉生徒個人

■指定校推薦枠のある主な大学

明治学院大　東洋大　駒澤大　日本大　神奈川大
立命館アジア太平洋大など

■2023年春卒業生進路状況

卒業生数	大学	短大	専門学校	海外大	就職	進学準備他
374人	196人	10人	115人	1人	44人	8人

■2023年度入試結果　※IB以外の一般は書類／筆記

募集人員		志願者数	受験者数	合格者数	競争率
普IB推薦	5	2	2	2	1.0
一般	5	4	4	3	1.3
特進推薦	10	14	14	14	1.0
一般	10	16/38	16/38	16/38	1.0/1.0
進学推薦	83	113	113	113	1.0
一般	83	153/74	153/74	153/74	1.0/1.0
総合推薦	78	186	186	186	1.0
一般	78	305/63	305/63	305/58	1.0/1.1
工業技術推薦	42	48	48	48	1.0
一般	42	104/14	104/14	104/12	1.0/1.2

学校説明会 すべて要予約
10/28 11/11 11/18
オープンスクール 9/30
入試イベント（特進・IBコース、工業技術科）
10/21
入試相談会 11/25 12/2　**平日相談会** 12/5～12/8
見学できる行事 要予約
ささりんどう祭（文化祭） 10/14

説明会・行事等は日程・内容が変更される場合があります。必ず学校HP等でご確認ください

神奈川 み

聖園女学院 中学校 高等学校
（みそのじょがくいん）

〒251-0873　神奈川県藤沢市みその台1-4　☎0466-81-3333　学校長　ミカエル・カルマノ

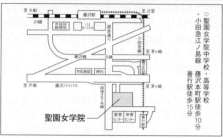

○聖園女学院中学校・高等学校
　藤沢本町駅徒歩10分
・小田急江ノ島線
　善行駅徒歩15分

〈URL〉https://www.misono.jp/

沿革　大正9年（1920）聖心の布教姉妹会創立。昭和21年（1946）旧制聖園女学院高等女学校設立。昭和22年（1947）聖園女学院高等学校に名称変更。聖園女学院中学校併設。昭和51年（1976）中高6カ年完全一貫教育開始。平成28年（2016）学校法人南山学園と合併。令和6年（2024）高校募集再開。

校風・教育方針

「一人の存在は必ず一つの貴い使命を持っている。一人ひとりを大切に…」。これは南山学園の創立者であり、聖園女学院の設立母体「聖心の布教姉妹会」を創ったヨゼフ・ライネルス神父の言葉です。「人間の尊厳のために」をすべての教育基盤とし、「Find Your Mission！ 新しい自分に出会う学校」を教育方針としています。生徒一人ひとりが「かけがえのない存在」である自分を他者とともに磨きながら成長できるよう、温かな雰囲気の中でカトリック女子教育を実践しています。

教育の特色

聖園女学院の教育理念はカリキュラムにも表れています。目まぐるしい変化が続く現代社会を主体的に生き、異なる価値観をもつ他者との関係性を築いていくため、広い視野と幅広い教養を培うための授業を展開しています。

中学校では基幹となる英語・数学・国語の授業を多く確保し、基礎学力の定着を図ります。英会話はネイティブ教員による少人数制で行い、高い英語力を持つ生徒には取り出し授業を実施しています。理科では自然豊かな校地を舞台にフィール

ドワークを展開するほか、チームティーチングによる実験が多く設定されていることも特徴です。

高等学校では、大学入試に活用される科目のほとんどが2年次までの必修科目に設定され、3年次には各自の進路に応じた多様な選択科目を履修します。

中・高を通して小テストや希望制の講習・指名制の補習も実施。放課後の学習支援も充実しています。カトリック校ならではの中高大連携の取り組みも進んでおり、学園内の南山大学はもちろん、上智大学との教育連携講座も行われ、生徒の学習意欲を高め、可能性を広げています。

他者理解の心を育む国際教育としては、学校独自の海外研修・留学制度（カナダ・ニュージーランド）のほか、ネイティブ教員と毎日「校内留学」ができるプログラムが人気です。海外大学協定校推薦制度（UPAS）によって進学の道も開かれています。

環境・施設設備

江の島や富士山を見渡す湘南の小高い丘の上にあり、豊かな自然に囲まれたキャンパスでのびのびと生活することができる環境です。広々としたアリーナを2つ有する文化・体育施設「マリアホール」はいつも生徒でにぎわっています。ヒノキのぬくもり溢れる「イエスの聖心聖堂」はカトリック校ならではの祈りの場で、毎年1月には卒業生が集い「成人のミサ」が行われます。

今春の進学実績については巻末の「高校別大学合格者数一覧」をご覧ください

藤沢市

中

女子

高

女子

生活指導・心の教育

週１回宗教の授業が行われるほか、毎授業前には黙想の時間を取り入れています。『相互尊重』を体験的に学ぶコミュニケーションプログラムとして、中学１・２年次には「プロジェクトアドベンチャー研修」を実施。中学１年次と高校１年次には、「小笠原流礼法講座」を受講し、相手を思いやる心とかたち（所作）を学びます。

学校行事・クラブ活動

球技大会、聖園祭（文化祭）、現地研修、芸術鑑賞など、年間を通して多彩な行事が行われています。ミサやクリスマス行事、キャンドルサービスといった宗教行事も特色の一つです。

部活動は運動部が９団体、文化部が８団体あり、入部は任意です。聖歌隊やハンドベルクワイアなど、ミッションスクールならではの活動も盛んです。

データファイル

■2024年度入試日程

中学校 ※出願：詳細は募集要項またはHP

募集人員		出願期間※	試験日	発表日	手続締切日
1次	30	1/6〜1/31	2/1	2/1	2/4
2次	25	1/6〜1/31	2/1午後	2/1	2/4
3次	25	1/6〜2/1	2/2	2/2	2/4
得意1科	15	1/6〜2/2	2/2午後	2/2	2/4
得意2科	10	1/6〜2/2	2/3	2/3	2/4
国算ハーフ	5	1/6〜2/4	2/4午後	2/4	2/5
特待適性	10	1/6〜1/31	2/1午後	2/1	2/10
英語	定めず	1/6〜2/2	2/2午後	2/2	2/4
帰国	定めず	11/3〜12/1	12/2*	12/2	12/18

＊同日オンライン入試あり（出願期間11/3〜11/20）

高等学校 2024年より募集を再開します

募集人員		出願期間	試験日	発表日	手続締切日
推薦	15	1/16〜1/19	1/22	1/23	1/26
一般	15	1/24〜1/26	2/10	2/11	専2/15併2/29

■2024年度選考方法・入試科目

中学校

1次・3次：2科か4科
2次・国算ハーフ：2科
得意1科：国語か算数
得意2科：国算か国社か国理か算社か算理
特待適性：適性検査
英語：英語によるグループ活動（20分程度）
※英検加点制度あり（特待適性・英語を除く）
帰国：「日本語作文と計算力確認」または「英作文・スピーキングと計算力確認」、面接
〈配点・時間〉国・算・日本語作文＝各100点50分　理・社＝各50点計50分　適性＝100点45分　計算力確認＝100点30分（得意2科と国算ハーフは国・算・社・理＝各50点30分）
〈面接〉帰国のみ保護者同伴

■高等学校

推薦・一般：書類審査、作文（800字程度50分）、面接（約15分）
〈面接〉生徒個人　参考

■指定校推薦枠のある主な大学

上智大　青山学院大　学習院大　明治学院大　日本大　東京都市大　東京女子大　日本女子大など

■2023年春併設大学への進学

南山大学への内部推薦制度があります。

南山大学—1（理工）

■2023年春卒業生進路状況

卒業生数	大学	短大	専門学校	海外大	就職	進学準備他
96人	82人	0人	3人	0人	0人	11人

■2023年度入試結果

中学校 1次・2次Aは2科／4科、1次Bは2科／総合力

募集人員		志願者数	受験者数	合格者数	競争率
1次A	30	29/32	29/32	14/21	2.1/1.5
B	25/5	82/5	60/5	31/4	1.9/1.3
2次A	20	27/28	21/18	15/15	1.4/1.2
B	20	88	43	23	1.9
3次	10	52	19	14	1.4
4次	5	45	10	7	1.4
帰国	5	8	8	7	1.1

学校説明会 すべて要予約
★**中学校** 10/14 11/25
ナイト説明会 9/29
帰国生説明会 10/18(動画配信型)
個別校内ツアー 随時(平日)
入試直前相談会（6年生限定）12/26 1/11
★**高等学校** 10/14 11/25

見学できる行事
聖園祭 9/16・9/17(入試相談コーナーあり)

説明会・行事等は日程・内容が変更される場合があります。必ず学校HP等でご確認ください

神奈川
も

森村学園中等部・高等部

もり むら がく えん

〒226-0026　神奈川県横浜市緑区長津田町2695　☎045-984-2505　中等部・高等部校長　ブレット マックスウェル

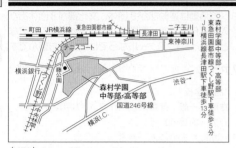

〈URL〉https://www.morimura.ac.jp

沿革　明治43年（1910）、私立南高輪幼稚園を開園、私立南高輪尋常小学校を開校したのがはじまりです。昭和53年（1978）、現在の横浜市に移転。平成9年（1997）、中高をひとつの組織にし、同16年（2004）からは授業6日制を導入しました。令和5年（2023）、113周年を迎えました。

建学の精神と校訓

創立者は、幕末から明治の荒波を乗り越え、日米貿易の先駆者として活躍した森村市左衛門です。「依頼心を起こさず、胆力至誠の決心にて困難に打ち勝ち、人類社会の幸福を求める為に奮励努力する」という「独立自営」の志を建学の精神とし、人生訓「正直・親切・勤勉」を校訓として1910年に学園を創立しました。

イノベーションマインド

森村学園では現在、建学の精神「独立自営」を土台として自ら挑戦・活躍・貢献する人材を育てる「イノベーションマインドプロジェクト」を推進しています。このプロジェクトには、生徒の学力面を支える「アカデミックマインド」、社会と向き合いながら次世代の学びと探究を深める「テクノロジーマインド」、世界を自らのフィールドとして活躍する土壌をつくる「グローバルマインド」の3つの学びのプログラムがあり、それらが相互関係的に、また教科学習や課外活動とも連携しながら生徒たちの認知的、非認知的な能力両面を伸ばすために機能しています。

特に「アカデミックマインド」に当たる「言語技術教育」は言葉の運用力と論理的思考力・批判的思考力・創造的思考力を鍛える学びとしてあらゆる教科や活動の土台となっています。

また、「グローバルマインド」における英語教育の特徴は、6年間の英語学習を2年間ずつに分け段階的に指導を行っていることです。中1・中2の「コミュニカティブアプローチ」の段階では「ルート別授業」を導入し、少人数で基礎からしっかり学習を進める「通常クラス」と、英検準2級以上を対象としたオールイングリッシュの授業を行う「EEルート」に分けることで、入学前の英語使用経験の違いを踏まえたそれぞれの学習方法で、中3以降の「ロジカルアプローチ」、「クリティカル・アナリティカルアプローチ」への土台を作ります。

「テクノロジーマインド」では整備されたICT環境のもと、生徒一人一台所有している2 in 1 PCでMicrosoft（teams）をハブとした情報共有の一元化や、学習ツールとして理科実験への活用、授業データの共有、プレゼンテーション資料の作成など広く活用をしています。

グローバル教育

「国際交流・多言語教育センター」が世界に目を向ける様々な取り組みを校内で行っています。「多言語・多文化講座」ではスペイン語・フランス語・アラビア語・プログラミング言語などの様々な講座を開講しています。他にもオンラインでア

今春の進学実績については巻末の「高校別大学合格者数一覧」をご覧ください

（3学期制）（登校時刻 8:30）（昼食 弁当持参,カフェテリア）（土曜日 授業）

メリカの卒業証書を取得する「US Dual Diploma Program」（希望制）があり、第一期修了生は海外大学への進学を決めています。

学校行事・クラブ活動

　心身を鍛え、人格形成を促す場として、また、生涯にわたる友情や思い出を育む場として部活動が盛んです。新体操部、サッカー部、ゴルフ部、管弦楽部、美術部など学内外で活躍している部が多数あります。

　学校行事としては、イングリッシュキャンプ（中等部2年）、オーストラリア修学旅行（中等部3年）、合唱コンクール（中等部）、ロンドン、マルタ島、ロサンゼルスなど募集企画型海外研修、球技大会（高等部）や京都・奈良への修学旅行（高等部2年）などがあり、体育祭や文化祭では、学年を超えた縦のつながりも強くなります。こうした活動を通して、豊かな心が育まれています。

データファイル

■2024年度入試日程

（中等部）

募集人員		出願期間	試験日	発表日	手続締切日
1回	40	1/6～1/30	2/1	2/1	2/6
2回	30	1/6～2/1	2/2	2/2	
3回	20	1/6～2/3	2/4	2/4	
帰国	若干	12/1～12/15	12/17	12/17	1/9

（高等部）

募集を行っていません

■2024年度選考方法・入試科目

（中等部）

1回・2回・3回：国語、算数または国語、算数、理科、社会のどちらかを選択
〈配点・時間〉国・算＝各100点50分　理・社＝各75点40分
＊2科目受験者は200点満点、4科目受験者は350点満点。ただし合格判定の際に4科目受験者は350点満点を200点満点に換算。また、4科目受験者は4科の換算得点と2科目（国語・算数）の合計点とを比較して、いずれか高い方で判定します。
帰国：国語、算数または国語、算数、英語資格のスコア
〈配点・時間〉国・算＝各100点50分
〈面接〉なし

■2023年春卒業生進路状況

卒業生数	大学	短大	専門学校	海外大	就職	進学準備他
168人	137人	1人	2人	4人	0人	24人

■2023年春の主な大学合格状況

〈国公立大学〉
東京大1　京都大2　東京医科歯科大1　東京農工大1　電気通信大3　お茶の水女子大1　山梨大1　金沢大1　東京都立大3　川崎市立看護大1　横浜市立大3
〈私立大学〉
早稲田大12　慶應義塾大7　上智大13　東京理科大11　国際基督教大1　明治大14　青山学院大14　立教大12　中央大22　法政大22　学習院大4　津田塾大1　東京女子大1　日本女子大11　日本医科大1　聖マリアンナ医科大3　など
〈海外大学〉
Taylor's University 1　Trueman State University 1　Charles University 1 など

■2023年度入試結果

（中等部）　2科／4科

募集人員		志願者数	受験者数	合格者数	競争率
1回男	40	9/76	6/64	0/28	―/2.3
女		23/56	19/54	7/29	2.7/1.9
2回男	30	24/144	21/104	3/34	7.0/3.1
女		32/100	16/66	2/15	8.0/4.4
3回男	20	19/180	13/104	1/22	13.0/4.7
女		34/102	23/53	3/6	7.7/8.8
帰国男	若干	27	27	21	1.3
女		10	9	7	1.3

（学校説明会）すべて要予約
10/28 11/22 1/13
入試問題解説会　12/2
（見学できる行事）要予約
みずき祭（文化祭）　9/23・9/24

説明会・行事等は日程・内容が変更される場合があります。必ず学校HP等でご確認ください

神奈川
や

山手学院中学校 高等学校
やまてがくいん

〒247-0013　神奈川県横浜市栄区上郷町460　☎045-891-2111　学校長　時乗　洋昭

〈URL〉https://www.yamate-gakuin.ac.jp/

沿革　「世界を舞台に活躍でき、世界から信頼される真の国際人の育成」と「ひとりひとりの夢と可能性を健やかに育てること」を目標に1966年に中学校設立。1969年の高校開校と同時にアメリカ研修旅行開始。1970年には、アメリカ・カナダ・ニュージーランド・オーストラリアから14人の留学生が来校、1年間の交換留学が始まる。1987年からは研修旅行の行き先はアメリカとカナダ両国に広がり、これまでに10,000人以上の生徒が海を渡りました。

校風・教育方針

「自由の学院」と言われる山手学院では、力の強い人、声の大きい人が好き勝手にできる状態を自由とは言いません。個性は環境がつくり、環境は生徒がつくるものです。多くの個性が集まる場所では、集まった人の数だけ学べることがあります。山手学院の自由とは、一人一人の自由と機会が守られてこその自由、すなわちWise Freedom。生徒たちは自由には責任が伴うことをここで学びます。

国際交流活動

ア．北米研修旅行
　　（高2全員参加、ホームステイ、2週間）
イ．北米研修リターンヴィジット
ウ．オーストラリアホームステイ(中3全員参加)
エ．海外留学（1年間、行き先自由、単位認定あり）
オ．国連世界高校生会議参加
カ．シンガポール・イマージョンプログラム
キ．ニュージーランド留学(中3希望者、3カ月間)

カリキュラムの特色

中学入学生は6年一貫カリキュラムを実施。数学での検定外教科書利用や、ネイティブ教員によるEnglishの授業（オリジナルテキスト使用）など、中学から大学進学を意識した授業を展開。中3・高1では、選抜クラス編成、少人数授業の実施など個の学習状況に応じたきめ細かい指導を行い、文系・理系の進路選択に備えます。

高校入学生は、高2以降文系・理系の選択を行う進学コースと難関国公立大学への進学を目指す特別進学コースの2コース制。高3では、豊富な選択授業で大学受験に対応します。

施設・環境

総面積約66,000㎡を誇るキャンパスには、7,000本を超える樹木や花々が四季折々の表情を見せてくれます。普通教室、社会科教室、コンピュータ教室、視聴覚教室のある1・2号館を中心に、体育館、総合グラウンド、テニスコート、室外プールなどがバランスよく配置されています。特別教室棟には物理・化学・生物の実験教室、図書館、芸術教室などが配置されています。

学生食堂はカフェテリア風です。

生活指導・心の教育

明るく、率直に、自分の意見をはっきり主張する。そして、人の考えを聞き、場合によっては相手の主張と真っ向から衝突しても、相手と自分の主張を含めた、より高次元の考えを見いだしていこうとする姿勢をもった生徒像を考えています。

今春の進学実績については巻末の「高校別大学合格者数一覧」をご覧ください

3学期制	登校時刻 中8:30 高8:40	昼食 弁当持参、食堂、売店	土曜日 休日、土曜講座

　やや緩やかな生徒指導といえますが、集団生活をおくるにあたってのマナーを遵守することや、他人の尊厳をおかす行為・反社会的行為には停学・退学を含めた厳しい対応をしています。

学校行事・クラブ活動

　クラブ活動への参加は自由ですが、協調性・自主性・創造性の育成や、豊かな人間形成、リーダーシップ育成に大きく関与する要素がありますから、積極的に活動することを願っています。各クラブには必ず顧問がつき、明るい雰囲気と適度な規律の中で活動しています。

　四季を通じて多彩な行事を開催しています。
（春）新入生歓迎スポーツ大会、遠足
（夏）水泳大会（秋）山手祭（冬）ロードレース
　その他、芸術鑑賞会など。
中学1年：校外学習　1泊2日
　　2年：野外教室　2泊3日
　　3年：オーストラリアホームステイ　6泊7日

データファイル

■2024年度入試日程

| 中学校 | 全日程に帰国生を含む |

募集人員		出願期間	試験日	発表日	手続締切日
A	80	1/6〜1/31	2/1	2/1	2/6
特待	60	1/6〜2/1	2/1午後	2/1	2/6
B	40	1/6〜2/2	2/3	2/3	2/6
後期	20	1/6〜2/5	2/6	2/6	2/8

| 高等学校 |

募集人員		出願期間	試験日	発表日	手続締切日
併願A	80	1/24〜2/3	2/10	2/13	2/18
B	30		2/12	2/13	2/18
オープンA	40		2/10	2/11	2/18
B	20	1/24〜2/3・2/11	2/12	2/13	2/18

■2024年度選考方法・入試科目

| 中学校 |

A・B・後期：2科か4科

特待：2科

〈配点・時間〉国・算＝各100点50分　理・社＝各80点40分

〈面接〉なし

| 高等学校 |

併願・オープン：国語、数学、英語

〈配点・時間〉国・数・英＝各100点50分

〈面接〉なし

■指定校推薦枠のある主な大学

青山学院大　学習院大　慶應義塾大　上智大　中央大　津田塾大　東京女子大　東京理科大　日本大　日本女子大　法政大　明治大　明治学院大　立教大　早稲田大　東京歯科大　立命館大　横浜市立大など

■2023年春卒業生進路状況

卒業生数	大学	短大	専門学校	海外大	就職	進学準備他
496人	429人	0人	2人	7人	0人	58人

■2023年度入試結果

| 中学校 | 帰国生を含む　2科／4科 |

募集人員			志願者数	受験者数	合格者数	競争率
A	男	80	46/164	45/141	14/50	3.2/2.8
	女		32/125	32/110	12/46	2.7/2.4
特待	男	60	434	380	234	1.6
	女		206	181	96	1.9
B	男	40	45/224	38/132	8/53	4.8/2.5
	女		35/151	25/89	10/38	2.5/2.3
後期	男	20	60/307	49/194	6/38	8.2/5.1
	女		45/148	29/69	6/10	4.8/6.9

特待選抜は一般合格を含む。特待生合格の内訳（男44人、女22人）

| 高等学校 |

募集人員			志願者数	受験者数	合格者数	競争率
併願A	男	80	490	490	490	1.0
	女		672	672	672	1.0
併願B	男	30	45	45	45	1.0
	女		40	38	38	1.0
オープンA	男	40	87	87	32	2.7
	女		38	37	9	4.1
B	男	20	39	36	14	2.6
	女		18	18	6	3.0

| 学校説明会 | 要予約(いずれも来校型・オンライン型) |

★中学校
10/14 11/11 12/2
入試直前説明会 1/13
★高等学校
10/14 11/11 12/2
学校見学は随時可（校舎内は不可）

| 見学できる行事 | 要予約 |

山手祭（文化祭）　9/30・10/1

説明会・行事等は日程・内容が変更される場合があります。必ず学校HP等でご確認ください

中 共学　高 共学 普通科

神奈川 よ

横須賀学院中学校 高等学校

よこすかがくいん

〒238-8511　神奈川県横須賀市稲岡町82　☎046-822-3218　学校長　川名　稔

〈URL〉https://www.yokosukagakuin.ac.jp

沿革　横須賀学院は、青山学院横須賀分校を受け継ぐ形で1950年4月に誕生しました。小学校・中学校・高等学校があり、キリスト教に基づく教育を行っています。2009年に青山学院と教育提携協定を締結し、現在に至っています。

校風・教育方針

「敬神・愛人」を建学の精神に、「誠実・努力・奉仕」を生活目標として、キリスト教に基く人格形成・学力向上を目指しています。

カリキュラムの特色

中学校では、土曜日に、数学・英語の実力養成を目指す発展講座があります。オンラインで行われていますので、部活動などで出席できない場合でも受講することが可能です。また平日は、夜7時まで開室している学習室を自由に利用することができ、専属の管理者が幅広く学習のサポートを行っています。

高等学校は、学習に重点を置いた「S選抜コース」と、学習だけでなく様々な活動にバランスよく取り組める「A進学コース」の2コース制となっています。それぞれ2年次に文系・理系に分かれ、3年次には多くの選択科目を設け、土曜日に特別講座を開講し、個々の進路に応じています。また長期休暇中の講習以外に、S選抜コースでは夏期学習合宿なども実施しています。さらに卒業生の現役大学生による「チューター制度」があり、勉強、進路選択、大学生活など、何でも気軽に相談することができます。なお、3年次には国公立大

を目指すSS選抜コースも設置されます。

国際交流

希望者は、中学3年次に行われるシドニーホームステイの他に、様々な国内・国外研修プログラム、葉山インターナショナルスクールでのボランティアなど、英語が身につく多彩な機会が用意されています。

高等学校では、ゴールドコーストの現地校に通うホームステイプログラムが夏休みに実施されています。中学生・高校生共通のプログラムとして、セブ島語学研修と3カ月間のニュージーランドターム留学制度があります。

環境・施設

横須賀学院は東京湾に面している三笠公園に隣接した閑静な環境の中にあります。4万㎡の敷地には、冷暖房完備の教室と体育館アリーナ、3面あるグラウンドやチャペルなどがあります。創立70周年記念事業として、中庭にカフェテリアがオープンし、さらにチャペルには念願のパイプオルガンも設置されました。

生活指導・心の教育

建学の精神の下、賜物（神様から授かったタラント）を用いて、使命（一生涯を貫くミッション）を担う人となることを生徒に求めます。

中高ともに礼拝が毎日あり、週1時間の聖書の授業を通して、キリスト教の理解を深めます。また、花の日や収穫感謝礼拝後の施設訪問等によって、奉仕する心を養います。

今春の進学実績については巻末の「高校別大学合格者数一覧」をご覧ください

横須賀市

中

共学

高

共学

学校行事・クラブ活動

【中高一貫】中学では入学式前の新入生オリエンテーションから「共に生きる」を実感する行事がたくさんあります。6月の体育祭は、縦割り色別対抗で行われ、大変盛り上がります。沖縄自然教室では平和について深く考えます。クラブ活動は、バスケットボール部、陸上競技部、理科学部、ハンドベルクワイアなどの活動が盛んです。

【高等学校】全国大会常連の女子柔道部をはじめ、陸上競技部、空手道部、テニス部、男子ソフトボール部、吹奏楽部、理科学部などが充実した活動を行っています。2023年3月には、チアダンス部が初めて全国大会に出場しました。そのほか、文化祭・体育祭はもちろん、クリスマスの諸行事も特色の一つです。高2体験学習は、沖縄とグアムからの選択制で実施する予定です。

データファイル

■2024年度入試日程

中学校 帰国生入試あり

募集人員		出願期間	試験日	発表日	手続締切日
1次A	25	1/6〜2/1	2/1	2/1	2/10
適性検査型	20	1/6〜2/1	2/1	2/1	2/10
1次B	25	1/6〜2/1	2/1午後	2/1	2/10
2次	20	1/6〜2/1	2/2午後	2/2	2/10
英語資格利用	若干	1/6〜2/2	2/2午後	2/2	2/10
3次	20	1/6〜2/3	2/3午後	2/3	2/10

高等学校

募集人員		出願期間	試験日	発表日	手続締切日
推薦	80	1/6〜1/15	1/22	1/23	1/26
一般A進学	120	1/6〜1/26			
S選抜	120		2/10	2/11	3/1
オープンⅠ	若干				
オープンⅡ	10		2/12	2/13	

■2024年度選考方法・入試科目

中学校

1次A：2科か4科　1次B・2次・3次：2科
適性検査型入試：適性検査Ⅰ・Ⅱ　英語資格利用入試（通知表および資格証明のコピーを事前に郵送）：面接、国・算（各50点30分）
〈配点・時間〉国・算＝各100点50分　理・社＝各75点40分　適Ⅰ・Ⅱ＝各100点50分
〈面接〉帰国生・英語資格利用入試のみ　保護者同伴

高等学校

推薦：面接、作文（600字、出願時に提出）＊2023年度テーマ「人との関わりの中で、今の自分ができること」
一般A進学・S選抜：3科または書類選考（事前提出の課題作文〈600字〉あり）　オープン：3科
〈配点・時間〉国・数・英＝各100点50分
〈面接〉推薦のみ生徒個人　参考

■指定校推薦枠のある主な大学

横浜市立大　国際基督教大　東京理科大　法政大　明治大　立教大　青山学院大　学習院大　成蹊大　成城大　日本大　東京女子大　関西学院大など

■2023年春卒業生進路状況

卒業生数	大学	短大	専門学校	海外大	就職	進学準備他
634人	488人	17人	44人	1人	5人	79人

■2023年度入試結果

中学校 男／女

募集人員		志願者数	受験者数	合格者数	競争率
1次A	25	61/47	40/39	20/14	2.0/2.8
適性	20	25/25	23/24	11/11	2.1/2.2
1次B	25	98/59	67/41	34/10	2.0/4.1
2次	20	106/75	61/45	31/17	2.0/2.6
英語資格	若干	7/2	5/1	2/1	2.5/1.0
3次	20	132/77	68/31	34/11	2.0/2.8

高等学校 男／女

募集人員		志願者数	受験者数	合格者数	競争率
推薦	80	38/53	38/53	38/53	1.0/1.0
一般書類 選考	30	161/257	161/257	161/257	1.0/1.0
Ⅰ期 進学	120	252/313	252/312	242/296	1.0/1.1
Ⅱ期 選抜	90	209/192	203/191	188/181	1.1/1.1
アビリティ	10	88/40	73/34	53/19	1.4/1.8

学校説明会 要Web予約

★中学校　9/9　11/11　12/9　1/13
水曜ミニ説明会　11月までの水曜（詳細HP）
入試問題体験会（6年生）　11/11　1/13
★高等学校　11/23　12/2
オープンデー　11/3
直前入試相談会　12/4〜12/6
月曜学校説明会　11月まで（詳細HP）

見学できる行事

文化祭　9/23
メサイア公演　12/19（よこすか芸術劇場）
クリスマスページェント　12/21（要予約）
※詳細はHPで確認してください

説明会・行事等は日程・内容が変更される場合があります。必ず学校HP等でご確認ください

横浜中学校・高等学校

中 学 校 〒236-0053 神奈川県横浜市金沢区能見台通47-1 ☎045-781-3395
高等学校 〒236-0053 神奈川県横浜市金沢区能見台通46-1 ☎045-781-3396

学校長 葛 蔵造

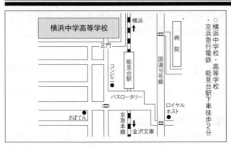

〈URL〉https://www.yokohama-jsh.ac.jp

沿革 昭和17年（1942）、黒土四郎が横浜基督教青年館（YMCA）を仮校舎として横浜中学校を創立。同21年（1946）現在地に移転。同23年（1948）、学制改革により横浜高等学校を設立。同60年（1985）に中高一貫コースを設置し中学募集再開。2020年4月より高等学校共学化。

校風・教育方針

2020年より高等学校が共学となり、学園は大きな改革を進めています。新たな学校のミッションとして「思いやりあふれる青少年の育成」と「社会で活躍できるグローバル人財の育成」を掲げ、21世紀を生き抜くためのグルーバル教育を展開していきます。海外5カ国9大学との高大接続提携をしたため、英検2級で海外進学が可能となり、進路選択の幅も広がりました。

カリキュラムの特色

中学 家庭学習指導、確認テストなどによって自立・自律型学習の習慣をつけ、基礎力を養い、確かな学力を定着させます。デジタル教材「すらら」を導入しており、自分にあった進度で学習できます。また、校外体験学習などの体験教育も盛んに行い、生きた教材に触れ、豊かな感性を養います。

高校 グローバル化、大学入試改革などの変化に対応すべく、キャリア教育をベースに、3つの柱（グローバル・ライフデザイン・深い学び）を打ち立てました。2020年度の高校入学生より、共学校として、新たにスタートしました。

○プレミアコース……第一志望大学への現役合格

を経て、グローバル社会での活躍を目指します。2019年度から、教室を刷新。Wi-Fi環境を整え、インターネットを活用する映像授業も行っています。また、専用の学習室も設置し、放課後の自立的・主体的学習をサポートします。

○アドバンスコース……希望選択制で、高校1年次にはグローバルセレクト、高校2年次から受講可能なグローバルパスポートという週4時間のネイティブ教員とTTの授業をします。クラスは2年次に文系と理系で分かれます。

○アクティブコース……スポーツや文化・芸術の分野で、校内での部活動や校外での活動を通して、スペシャリストになることを目指します。学習面もしっかりとサポートし、学校推薦型選抜や総合型選抜に対応した指導も行います。

国際教育

中1では、全員参加のグローバルキャンプを行います。グループごとに外国人（AC）が付き、スキットやゲーム、スポーツなどのプログラムの中で英語を使うことを体験します。希望者対象のプログラムとして、高2ではニュージーランド海外研修（19日間）があり、さらに3カ月のニュージーランド短期留学を用意しています。海外大学でのプログラムなどもあり、多彩です。

生活指導・心の教育

校訓である三条五訓に「信頼を受くる人となれ」という言葉があります。いずれ社会に出た時に、

今春の進学実績については巻末の「高校別大学合格者数一覧」をご覧ください

3学期制 **登校時刻** 8:30 **昼食** 弁当持参、食堂、売店 **土曜日** 第2・4休日（アクティブコースは全休日）

周囲から信頼される人間であってほしい。そのために必要な、あいさつや言葉遣い、服装、礼儀作法などを、毎日の学校生活の中で、あるいは剣道を通じて身につけていきます。

校内環境・施設

　最寄り駅から徒歩2分という近さにある広い校地に校舎や2つの体育館、グラウンドがゆったりと配置されています。2017年には人工芝グラウンドが完成しました。校内には学生食堂や中高2つの図書館、学習室、自由に使える卓球場などがあ

ります。高校学習室は19時まで利用可能です。新校舎の4号館も完成しました。

クラブ活動

　中学はサッカー、剣道、科学、鉄道研究などのクラブがあります。高校は硬式野球、アーチェリー、バドミントン、剣道、柔道などの運動部をはじめ、囲碁・将棋、吹奏楽、和太鼓、茶道、生物、料理研究、美術などの部があります。全国大会に出場する部もあり、いずれも活発に活動しています。

横浜市 中 男子 高 共学

データファイル

■2023年度入試日程（参考）

中学校

募集人員		出願期間	試験日	発表日	手続締切日
1回	15	1/7〜2/1	2/1	2/1	2/4
2回	15	1/7〜2/2	2/2午後	2/2	2/4
3回	5	1/7〜2/3	2/3午後	2/3	2/4

高等学校

募集人員		出願期間	試験日	発表日	手続締切日
推薦公募	200	1/16〜1/17	1/22	1/22	1/24
書類	200	1/24〜1/26	—	2/10	2/16※
一般		1/24〜1/26	2/10	2/11	2/16※
オープン	50	1/24〜2/3	2/12	2/13	2/16※

※併願者の手続締切は3/1

■2023年度選考方法・入試科目（参考）

中学校

1回：2科か4科
2回：2科か4科
3回：2科か4科
〈配点・時間〉国・算＝各100点50分　理・社＝各50点30分
〈面接〉なし

高等学校

推薦：書類選考、面接
書類選考：書類選考、作文
一般：国・数・英
オープン：英（必須）と国・数から1科目選択、面接
※英はリスニング含む
〈配点・時間〉国・数・英＝各100点50分
〈面接〉推薦・オープンともに生徒個人　参考

■指定校推薦枠のある主な大学

学習院大　東京理科大　成蹊大　成城大　法政大
明治大　明治学院大　立教大など

■2023年春卒業生進路状況

卒業生数	大学	短大	専門学校	海外大	就職	進学準備他
889人	491人	48人	257人	8人	35人	50人

■2023年度入試結果

中学校

募集人員		志願者数	受験者数	合格者数	競争率
1回	15	14	13	9	1.4
2回	15	17	11	8	1.4
3回	5	20	10	10	1.0

高等学校　男／女

募集人員		志願者数	受験者数	合格者数	競争率
推薦	200	110/165	110/165	110/165	1.0/1.0
書類	200	689/883	689/883	689/883	1.0/1.0
一般		387/313	385/313	384/313	1.0/1.0
オープン	50	65/33	63/33	58/28	1.1/1.2

学校説明会 要予約
★中学校（6年生対象）
9/30　12/9
入試過去問解説会　12/9
★高等学校
10/21　11/23　11/25　11/26
ミニ説明会　9/9　9/10　9/16　11/4
個別相談会　11/26（対象者限定）12/2〜12/7
見学できる行事
横校祭　10/28・10/29（相談コーナーあり）

説明会・行事等は日程・内容が変更される場合があります。必ず学校HP等でご確認ください

665

神奈川 よ

横浜共立学園 中学校 高等学校
（よこ はま きょう りつ がく えん）

〒231-8662 神奈川県横浜市中区山手町212 ☎045-641-3785 学校長 小澤 伸男

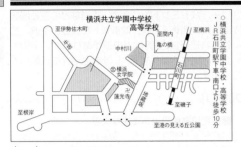

・横浜共立学園中学校・高等学校
・JR石川町駅下車、南口より徒歩10分

〈URL〉http://www.kjg.ed.jp

沿革 1871（明治4）年母体である亜米利加婦人教授所（American Mission Home）を創立。1872年現在地に移転、日本婦女英学校と改称。1875年共立女学校と改称。1932（昭和7）年財団法人「横浜共立学園」設立。1947年学制改革により中学校を設置、横浜共立学園中学部と改称。1948年学制改革により高等学校を設置、横浜共立学園高等学部と改称。1951年私立学校法により財団法人から学校法人に組織変更、それぞれ横浜共立学園中学校、横浜共立学園高等学校と改称。2021（令和3）年創立150周年を迎えました。

なお、横浜共立学園の英語名DOREMUS SCHOOL（ドリーマス・スクール）は、3人の女性宣教師を派遣した米国婦人一致外国伝道協会の初代会長S.P.Doremusにちなんで名付けられたものです。

校風・教育方針

プライン、クロスビー、ピアソンの3人のアメリカ人女性宣教師によって「これからの日本を担う優れた女性を育成する」ことを目的として創立されて以来、キリスト教教育を推進しています。

最も大切なことは、まことの神を指し示すこと、すなわち中核になるキリスト教教育にあるとして、敬虔なキリスト教信仰に基づいた教育の実現を目標としています。また、真理と愛を学ぶ校風をしっかり受け継いで、新しい時代を創造する女性を育成し、創造主なる神を敬い、常に人間としての生き方を問う教育に努めています。毎朝礼拝を守り、授業5日制を導入して、日曜日には教会に

出席することを奨励しています。さらに、全学年に週1時間「聖書」の授業を設け、「生きる意味」について深く学ぶことができるように配慮しています。

カリキュラムの特色

中学校から高等学校にわたる一貫教育を行っています。6カ年を、基礎の充実・学業の推進・将来への目標の確立と3段階に分け、成長段階に合わせた授業に努めています。また、高校2年次では I 類（文系）と II 類（理系）に分かれ、選択科目を大幅に取り入れているため、一人ひとりの進路や、適性に対応した学習が可能です。

こうした独自の教育課程と、工夫した教授法により、全教科において成果をあげています。特に、英会話は、4人のアメリカ人教師による1クラスを二分しての、きめ細かな少人数教育を実施しています。

また、高等学校では英語、数学の授業の一部を習熟度別で行い、十分な効果が上がるようにしています。

なお、完全なる中高一貫教育を実現するため、高等学校では新入学の生徒は公募していません。

環境・施設設備

横浜市中区の閑静な山手の丘の上にあり、西に

今春の進学実績については巻末の「高校別大学合格者数一覧」をご覧ください

遠く富士山を仰ぎ、北東に横浜港やみなとみらい地区を望む、優れた教育環境にある学校です。

学園の施設の中心には、1931年落成の横浜市指定有形文化財第1号である木造3階建ての本校舎があります。その東側には中学の教室や理科・家庭科・芸術科の特別教室のある東校舎があり、南側には高校の教室や礼拝堂（1200席）等のある南校舎があります。また、西側には多目的ホール等のある西校舎があり、4つの校舎間は渡り廊下を通ってバリアフリーで行き来することができます。

体育館は、本校舎の北側に位置し、バスケットボールコート2面とバレーボールコート1面が同時にとれる広さがあります。

また、グラウンドは緑の鮮やかな人工芝で、中学校・高等学校の全校生徒1000人余りでの運動会を実施するのに十分な広さがあり、さらにテニスコート2面がある球技コートを有しています。

生活指導・心の教育

「人を大切にする」キリスト教の愛の教育に基づき、人と人との関係を大切にするとの観点から、「あいさつをする」「時間を守る」「物を大切にする」

ということに、生活の基本をおいています。6カ年の間に、生徒たちは自然に、こうした基本をわきまえた女性に成長していきます。

学校行事・部活動

修養会・収穫感謝礼拝・クリスマス礼拝などのキリスト教行事をはじめとして、運動競技大会・球技大会・持久走大会・秋桜祭（文化祭）・修学旅行などの学校行事が1年を通して行われており、心身ともに充実した学園生活を送るうえで重要な役割を担っています。

部活動の目的は、特定の選手を育成することではなく、生徒各人の趣味・適性などにしたがって同好の者同士が集まり、自主的に活動する中で個性を伸ばしていくことです。英語部・演劇部・美術部・天文部・家庭科部・管弦楽部・バスケットボール部・硬式テニス部・ソフトボール部・自然愛好会・YWCA・ハンドベルクワイヤーなど、文化系15・体育系8・同好会8・宗教系3があり、土曜日や休暇中の一定期間も、熱心な活動を行っています。

縦書き欄外: 横浜市　中　好子　高　好子　高校募集なし

データファイル

■2024年度入試日程
変更となる場合がありますので、学校HPでご確認ください

中学校

募集人数		出願期間	試験日	発表日	手続締切日
A	150	1/9〜1/21※	2/1	2/2	2/3
B	30	1/9〜1/21※	2/3	2/3	2/5

※A・B両方式同時出願者は1/7・1/8

高等学校
募集を行っていません

■2024年度選考方法・入試科目
中学校

A方式は4科（国語、算数、社会、理科）　B方式は2科（国語・算数）
〈配点・時間〉A方式：国・算=各100点45分　理・社=各100点40分　B方式：国・算=各100点50分
〈面接〉なし（2024年度は中止）

■指定校推薦枠のある主な大学
非公表

■2023年春卒業生進路状況

卒業生数	大学	短大	専門学校	海外大	就職	進学準備他
178人	157人	0人	0人	0人	0人	21人

■2023年度入試結果
中学校

募集人員		志願者数	受験者数	合格者数	競争率
A	150	237	215	168	1.3
B	30	384	161	98	1.6

学校説明会　要予約
11/4(学年等の制限あり)
入試説明、校内見学、個別相談あり
※学校HPでご確認ください

見学できる行事　要予約
秋桜祭（文化祭）
10/7・10/9
※学校HPでご確認ください

説明会・行事等は日程・内容が変更される場合があります。必ず学校HP等でご確認ください

横浜女学院中学校高等学校
よこ はま じょ がく いん

〒231-8661　神奈川県横浜市中区山手町203　☎045-641-3284　学校長　平間 宏一

〈URL〉https://www.yjg.y-gakuin.ed.jp/

沿革　明治19年(1886)創立の横浜千歳女子商業学校と昭和18年(1943)創立の神奈川女子商業学校が同22年(1947)に合併し、横浜学院女子商業学校・横浜女子中学校として開校。同27年(1952)キリスト教教育開始。平成11年(1999)現校名に改称。

校風・教育方針

プロテスタントのキリスト教精神に基づいて、主による「感謝・信頼・希望」を重んじ、「聖書こそ人間を創る真実の教えであり、これを中心に置いた女子の人間教育を行う」ことを建学の精神に掲げています。「キリスト教教育」「共生教育」「学習指導」の3つの教育理念に則り、校訓である「愛と誠」の人間教育に力を注いでいます。

カリキュラムの特色

横浜女学院では、2015年度より文部科学省からSGHアソシエイト校に指定され、ESD(持続可能な開発のための教育)に取り組んできました。2021年度からは、SGHグローバルネットワーク校に指定されました。7つの力と態度の育成を教育目標とし、継続的・発展的に取り組みます。

2018年度からは、「週6日制授業」「国際教養クラスの新設」「英語で学ぶための手法CLILを導入」しました。

〈2022年度教育改革〉予測困難な時代だからこそ、主体的に学び、知識を統合し、他者と話し合い協働し、創造的に思考し、自らの考えを再構築する必要性があると考えます。2022年度からは、授業時間を45分から65分に変更し、「主体的に学ぶ姿勢」を身につけています。具体的には、国際教養クラスでは、コンセプトを中心に据えて、複数の教科からアプローチをしていくことで、思考の過程で知識を流動的に結合させ、実社会と関連付けながら活用していく力を身につけていきます。また、英語で学ぶ「CLIL(内容言語統合型学習)」でも地理や生物、美術、聖書などの科目と密接に関連付けて得た知識を活用し、その過程で英語でのコミュニケーション能力や思考力、主体性を学んでいきます。

〈学びプロジェクト〉オンラインも活用し、放課後の時間に実施します。授業では扱わないテーマやトピックを設定し、自分の考えを発表や対話をするプロセスで、思考力や表現力、リサーチ能力を育みます。また、他校と協働してグローバル化についてのイベントをオンラインで企画し、学校の枠を超えた取り組みを行います。

〈第二外国語〉国際教養クラスでは中学1年生より必修で中国語・ドイツ語・スペイン語を中心に学習をします。言語を通じて文化を感じることを目標とし、横濱中華学院や東京横浜独逸学園とも交流イベントを行い、幅広い視野を身につけます。

〈国際教育〉中3では、全員がニュージーランドセミナー(アカデミークラスは12日間、国際教養クラスは約1カ月間)に参加します。「エネルギー問題」、「多文化共生」「生物多様性」について、姉妹校や提携校でパネルディスカッションなどの協働学習を実施し、お互いの考えや文化を認め合い、他者を受け入れることの大切さを学びます。

高大連携プログラム

大学の先生を招いての講座だけではなく、大学

今春の進学実績については巻末の「高校別大学合格者数一覧」をご覧ください

の設備などを使用することにより、効果的な学習ができるよう、協力をお願いしています。

〈提携大学〉関東学院大　成城大　成蹊大　明治学院大　武蔵大　東京女子大　東洋英和女学院大　國學院大　慶應義塾大＊　上智大＊

＊慶應義塾大、上智大は学部学科連携

環境・施設設備

　JRと横浜市営地下鉄が利用でき、横浜市外からの通学者も少なくありません。学校施設はすべて耐震補強がされています。また、生徒は一人一台ずつ端末を持っているので、校舎のどこででもWi-Fiからインターネットにアクセスできます。教室の備え付けのプロジェクターとスクリーンを利用すれば、どの教室でもプレゼンやディスカッションが行えるようにしています。

生活指導・心の教育

　他者を思いやり、友情を築き、人間性を高める

共生教育を実践しています。自分で考えて行動し、自分で決めていく力を身につけるために、さまざまなことにチャレンジしていく心をサポートしていきます。専任カウンセラーが常駐し予約制で面談に応じるほか、養護教諭、生活指導教諭も組織的・積極的に指導にあたります。

学校行事

　6月の体育祭、9月のコーラスコンクール、11月のなでしこ祭は生徒が企画から運営までを担い、自主性や積極性が養われています。中3の10月には全員参加のニュージーランド海外セミナーを実施。希望者はアメリカ、ヨーロッパ、ニュージーランドで短期・長期の国際教育プログラムに参加できます。宗教行事はイースターやクリスマスの礼拝のほか、神様に祈り讃美し、人生について、共に生きることについて学ぶ重要な行事「八学会」が行われます。

░░░░░ データファイル ░░░░░

■2024年度入試日程

（中学校）　募集人員は国際教養クラス/アカデミークラス

募集人員		出願期間	試験日	発表日	手続締切日
A入試	5/40	1/6～試験当日	2/1	2/1	2/12※
B入試	10/27		2/1午後	2/1	2/12※
C入試	5/30		2/2	2/2	2/12※
D入試	5/25		2/2午後	2/2	2/12※
E入試	5/22		2/3午後	2/3	2/12※
帰国A	若干	11/7～11/26	11/27	11/27	1/9
B		11/7～12/3	12/4	12/4	1/9※
C		2/6～2/19	2/21	2/21	3/4※

※入学書類受け取りは、一般2/5、帰国B12/5、帰国Cは2/22まで

B入試、E入試は特別奨学生入試を実施（各日3人募集）

帰国Aはオンライン入試（海外滞在型）

（高等学校）　帰国生のみ募集します

■2024年度選考方法・入試科目

（中学校）

国際教養クラス・特別奨学生：①4科②国・英③算・英から選択

アカデミークラス・特別奨学生：①2科②4科③英・国④英・算から選択

帰国：国算・国英・算英から選択、作文・面接あり

〈配点・時間〉国・算＝各100点50分　理・社・

英＝各60点30分　〈面接〉帰国のみ　生徒個人

■指定校推薦枠のある主な大学

上智大　青山学院大　立教大　中央大　法政大　学習院大　国際基督教大　東京女子大　國學院大など

■2023年春卒業生進路状況

卒業生数	大学	短大	専門学校	海外大	就職	進学準備他
99人	74人	1人	2人	1人	0人	21人

■2023年度入試結果

（中学校）　国際教養／アカデミー　特奨はⅠ／Ⅱ

募集人員		志願者数	受験者数	合格者数	競争率
A	5/40	134/173	56/79	19/64	2.9/1.2
B	10/27	219/291	167/221	52/172	3.2/1.3
C	5/30	192/254	75/102	15/62	5.0/1.6
D	5/25	259/366	104/141	36/87	2.9/1.6
E	5/22	281/396	87/121	46/89	1.9/1.4
特奨Ⅰ3/Ⅱ3		382/483	295/154	5/4	59.0/38.5

（学校説明会）　すべて要予約
9/16　11/11　12/16　1/6　※体験プログラム等あり
ミニ説明会　10/4　10/12　10/28　11/17　11/25
スクールツアー　9/2　10/7　10/28
学校見学は随時可（要予約）
（見学できる行事）　要予約
文化祭　11/2・11/3

説明会・行事等は日程・内容が変更される場合があります。必ず学校HP等でご確認ください

神奈川 よ

横浜翠陵中学校・高等学校

（よこ　はま　すい　りょう）

〒226-0015　神奈川県横浜市緑区三保町1　☎045-921-0301　学校長　田島　久美子

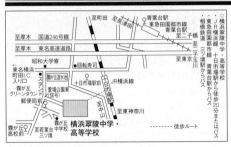

〈URL〉https://www.suiryo.ed.jp

沿革　昭和61年（1986）、横浜国際女学院翠陵高等学校開校。平成11年（1999）、中学校開校。平成23年（2011）、横浜翠陵中学・高等学校と名称変更し、共学化しました。

教育方針

学校生活を通し、一人ひとりに大きな自信をつけさせ、人生の大きな目標に向かっていくたくましい「人間力」を育成します。「Think & Challenge!」をモットーに、学校生活のすべてを生徒の挑戦の場とし、成長を促すきっかけを多く用意しています。

カリキュラムの特色

学習活動も"自分への挑戦の場"ととらえ、一人ひとりの「わかった」「できた」を引き出すために十分な授業時間数を確保。さらに学習プロセスを「DUT理論」に基づきD＝Desire（意欲）、U＝Understand（理解）、T＝Training（実践演習）に分類。挑戦する心＝Dを育てることが、学力をつけるために必要となる訓練＝Tを可能にします。挫折しそうな時は、教員が一人ひとりと向き合いFollow Up。DUTのどの段階でつまずいたかを探り、自分の力で正解にたどり着けるよう導きます。また、部活動やホームステイをするニュージーランド海外教育研修、6年間行われるトレッキングデーなど、自分の限界を乗り越え、たくさんの「できた」を実感できる行事も多彩。苦しいことに正面から向き合った体験が自信へとつながり、無限の可能性を引き出していきます。

6年間で「考えるちから」と「挑戦するこころ」を育みます。中学では主要5教科を基礎基本から応用まで徹底的に学び、先取りよりも定着・積み上げを大切にします。体験や実習も用意し、知的好奇心を刺激します。中3では、高校のコース別学習に備えたブラッシュアップレッスンを行います。

高校は3コース制

高校では特進・国際・文理コースに分かれ、希望する進路をかなえる学力を身につけます。

特進コースは、国公立入試に対応します。週2日の7時間目授業など授業数を十分に確保して、高1から大学入試に向けた授業を展開するほか、軽井沢でのサマースタディーキャンプなども実施しています。

国際コースは難関私大や国際関係学部を望む生徒にも最適なコースです。時事英語やTOEIC演習

┌Information┐
国公立・早慶上理・GMARCHに66人現役合格

【国公立大/早慶上理】12人
東京海洋大2、東京学芸大1、宇都宮大1、東京都立大3、東京理科大5

【GMARCH】54人
学習院大3、明治大9、青山学院大9、立教大11、中央大6、法政大16

【成成明獨國武】43人
成蹊大7、成城大6、明治学院大17、國學院大10、武蔵大3

【日東駒専】101人
日本大26、東洋大30、駒澤大11、専修大34

今春の進学実績については巻末の「高校別大学合格者数一覧」をご覧ください

なども含まれています。また、第2外国語（中国語・スペイン語）や英検対策講座も充実。イギリスへの海外教育研修やニュージーランドへの中期留学制度も用意しています。

文理コースでは私立理系・文系の4年制大学を目指します。理系と文系に分かれてさまざまな進路に対応する選択カリキュラムが特徴です。

環境・施設設備

緑に囲まれた広大なキャンパス内には、サッカーグラウンドや野球場、テニスコートが配置さ

れています。四季を感じながら過ごせる生活環境は、何にも代えがたい貴重な財産です。

学校行事・クラブ活動

毎年、「歩ききる！」をテーマに行われるトレッキングデーや海外教育研修（中3全員/高2希望制）などの校外行事のほかにも、数学オリンピック・Suiryo Words Olympicなど教科行事も充実。さまざまな場面で達成感を味わいチャレンジ精神を伸ばします。部活動も野球部やサイエンス部など22の部活を用意しています。

データファイル

■2024年度入試日程

中学校 ＊1・3回は英語資格型入試・帰国生入試も実施

募集人員		出願期間	試験日	発表日	手続締切日
1回＊	30	1/8～1/31	2/1	2/1※	2/6※
2回	30	1/8～1/31	2/1午後	2/1	2/6
3回＊	10	1/8～2/2	2/2	2/2	2/6
4回	10	1/8～2/3	2/3午後	2/3	2/6
5回	10	1/8～2/5	2/5	2/5	2/6

※1回適性検査型の発表は2/2、手続締切は2/10

高等学校

募集人員		出願期間	試験日	発表日	手続締切日
推薦	60	1/16～1/19	1/22	1/23	1/27
一般	55	1/24～1/30	2/10	2/11	｝3/2
オープン	5		2/12	2/13	

■2024年度選考方法・入試科目

中学校 1・2・3・5回：2科か4科 4回：国か算 1回は適性検査型あり 1・3回は英語資格型（英語資格＋国か算）あり

帰国：国算（A方式）か国算英（B方式）、面接

〈配点・時間〉国・算＝各100点50分※ 理・社＝各50点計50分 適Ⅰ・Ⅱ＝各100点50分 英＝100点50分 ※帰国B方式の国・算は各50点計50分

〈面接〉帰国のみ生徒個人

高等学校 推薦：書類審査、面接

一般・オープン：国・数・英（リスニング含む）、面接

〈配点・時間〉国・数＝各100点50分 英＝100点60分 〈面接〉推薦・オープンは生徒個人 一般は生徒グループ

■2023年春併設大学への進学

横浜創英大学へは大学の受け入れ人数制限内で進学できます。

横浜創英大学－1（看護）

■指定校推薦枠のある主な大学

青山学院大 駒澤大 成蹊大 専修大 獨協大 東京都市大 東京理科大 東洋大 日本大 法政大 明治学院大 白百合女子大など

■2023年春卒業生進路状況

卒業生数	大学	短大	専門学校	海外大	就職	進学準備他
262人	215人	2人	20人	0人	0人	25人

■2023年度入試結果

中学校 男／女 1・3回は英語資格型・帰国生含む

募集人員		志願者数	受験者数	合格者数	競争率
1回	30	44/13	22/8	13/7	1.7/1.1
2回	30	71/20	49/14	33/9	1.5/1.6
3回	10	62/17	21/3	10/2	2.1/1.5
4回	10	90/36	41/17	30/9	1.4/1.9
5回	10	102/32	20/5	14/4	1.4/1.3

高等学校

募集人員		志願者数	受験者数	合格者数	競争率
推薦	60	23	23	23	1.0
一般	55	600	598	598	1.0
オープン	5	33	30	6	5.0

学校説明会 すべて要予約

★中学校
説明会＆授業見学 9/9 10/14 10/28 12/16
適性検査型ミニ説明会 11/18
オープンキャンパス 9/23
模擬入試（5・6年生） 11/23
模擬入試＋適性体験（5・6年生）1/8
★高等学校 9/16 10/14 11/11 11/25
ライブ配信12/2

見学できる行事
翠陵祭 11/4・11/5（入試相談コーナーあり）

説明会・行事等は日程・内容が変更される場合があります。必ず学校HP等でご確認ください

横浜清風高等学校
（よこはませいふう）

〒240-0023 神奈川県横浜市保土ヶ谷区岩井町447 ☎045-731-4361 学校長 植野 法稔

〈URL〉https://www.y-seifu.ac.jp/

"進路に対応する充実のコース制"

特進コースは、国公立・難関私立大学進学を目標としています。2年次から希望や学習成績により私大文系、私大理系、国公立文系、国公立理系の選択を行い、それぞれの希望大学に対応した入試科目を重点的に履修します。さらに早朝0限補習、7限授業、土曜進学講座、長期休暇中の進学補習と学習強化週間、入試対策講座等により、基礎力から応用力までを計画的に養成します。

総合進学コースは、私立大学を中心に多方面への進学を目標としています。さまざまな教科を学ぶことで、多彩な進路希望に応えるコースです。

特に1年次から大学進学希望生徒を対象とした「選抜進学クラス」を編成。基礎基本を徹底的に固め、一般選抜入試を目指します。また、総合型選抜（旧AO）や学校推薦型選抜（指定校制・公募制）など多様な入試スタイルでの大学受験にも対応できるように積極的な学習を展開します。

進路指導の特色

生徒の希望を最大限尊重する指導を行っています。各学年で実施する進路ガイダンスは、卒業生による進路体験報告会や大学、専門学校等から講師を招いた進路相談説明会、大学見学会など多様

Information

学園生活　多彩な行事と独自の取り組み

年5回の仏教行事

釈迦降誕の「花まつり」（4月）弘法大師生誕の「青蘭祭」（6月）お盆の法要の「盂蘭盆会」（7月）釈迦成道の「成道会」（12月）釈迦入滅の「涅槃会」（2月）

土曜日の活用 ── 土曜進学講座 ──

特進コースでは、大学進学に必要な学力を効率的に養成するために、毎週土曜日に進学講座を設け、知識の醸成を図っています。また、総合進学コースは第1・第3・第5の奇数週は2時間の授業を行い、基礎学力の向上を目指しています。

清風メソッド

学力アップのカギは「自主学習力の獲得にあり」と横浜清風では考えます。その実現のため

には、自分の力で学習計画を立てること、そして毎日の目標学習時間を定めて学習習慣を身につけることが重要です。横浜清風の教員は、みなさんが希望する進路を実現できるよう、サポートしながらともに歩んでいきます。これが学力アップの方法、「清風メソッド」です。

グローバルクラス9期生募集！

国際社会で活躍できる人材を育成するために総合進学コース内にグローバルクラスが設置されています。

グローバルクラスの特徴

①**絶対的な英語力の養成** 英語外部試験対応、英語4技能の強化、国内英語合宿（任意）

②**探究力の養成** 模擬国連、オーストラリア研修旅行・ターム留学（任意）

今春の進学実績については巻末の「高校別大学合格者数一覧」をご覧ください

な進路に対応した内容となっています。

　また、自主学習の場として放課後18時まで5教科の先生が日替わりで常駐する自習室があり、学習サークル「風」（現在会員数約680人）に入会すると放課後19時半まで大学入学共通テストをはじめ一般入試対策の学習ができるなど、生徒一人ひとり希望進路に向けサポートしています。

抜群の教育環境

　横浜のほぼ中心、保土ヶ谷の丘陵地に位置し、東にMM21、西に丹沢連峰、霊峰富士を望むことができます。2013年に創立90周年を迎え、その記念行事として新校舎を建設。採光を考慮した明るい教室や各階に3カ所の生徒ラウンジ、オープンテラスを併設した食堂、その他多目的ホールや特別教室を配置した本館棟と、3階建ての広さを持つARENA棟からなります。どちらも冷暖房完備で近代的設備の整った学習環境抜群の校舎です。

部活動

　学習と部活動の両立を目指し、体育系17、文化系13、同好会7と多種多様な部活動を用意しています。

体育系　陸上競技部は2023年、3年連続11回目のインターハイ出場、ソフトボール部（女子）は2023年に東日本大会ベスト16（12回目出場）、男子バスケットボール部は2018、2020年に関東大会ベスト8、2023年5年連続関東大会出場、バトントワーリング部は2022年6年連続関東大会銀賞、女子バスケットボール部、ソフトテニス部が2019年関東大会出場を果たしています。

文化系　吹奏楽部は、2018、2020、2022年に全国コンクールに入賞、写真部は2018年関東大会に入選、インターアクトクラブは2021年「次世代育成プログラム」小論文審査で全国ベスト10、ボランティア活動にも力を入れています。

データファイル

■2024年度入試日程　＊書類選考入試は書類のみ

募集人員		出願期間	試験日	発表日	手続締切日
推薦	特進25総進140	1/16～1/20	1/22	1/23	1/26
一般専願	特進32	1/24～1/28	2/10＊	2/12	2/14
併願	総進137	1/24～1/28	2/10＊	2/12	3/3
オープン	特進3総進3	1/24～1/28	2/10	2/12	2/14
二次	特進・総進各若干	3/2	3/4	3/4	3/5

■2024年度選考方法・入試科目

推薦：面接、志願者シート、調査書

一般　書類選考入試（専願・併願）：書類審査

一般　筆記試験入試（専願・併願・オープン）：国語、数学、英語（リスニング含む）、面接（原則専願・オープンのみ）、志願者シート、調査書（オープンはなし）

【出願条件】内申　特進 推薦・一般専願・一般公立併願ともに5科19　総合進学 推薦・一般専願9科31、一般公立併願9科32　いずれも5科に1があると不可　欠席3年次15日以内　特進は英検3級以上で加点　総合進学は英検・漢検・数検3級以上、3年間皆勤者、生徒会役員経験者、部活動県大会出場、学校説明会参加は加点

〈配点・時間〉国・数・英＝各100点50分

〈面接〉生徒個人　重視

■指定校推薦枠のある主な大学

法政大　日本大　東洋大　駒澤大　専修大　大東文化大　東海大　亜細亜大　帝京大　国士舘大　大妻女子大　二松学舎大　神奈川大　関東学院大　玉川大　帝京平成大　東京工科大　東京電機大　武蔵野大　立正大　鎌倉女子大　東洋英和女学院大など

■2023年春大学合格状況

横浜国立大　長崎大　富山県立大　早稲田大　慶應義塾大　上智大　明治大　青山学院大　立教大　中央大　法政大　学習院大　関西学院大　成蹊大　成城大　明治学院大　國學院大　武蔵大　日本大　東洋大　駒澤大　専修大　東京薬科大　日本女子大　東京女子大　神奈川大など

■2023年春卒業生進路状況

卒業生数	大学	短大	専門学校	海外大	就職	進学準備他
412人	291人	16人	82人	0人	3人	20人

■2023年度入試結果　2次募集あり

募集人員		志願者数	受験者数	合格者数	競争率
特進 推薦	25	8	8	8	1.0
一般	32	156	156	156	1.0
オープン	3	3	3	0	—
総合進学 推薦	140	122	122	122	1.0
一般	137	1,238	1,235	1,235	1.0
オープン	3	7	7	4	1.8

学校説明会 要予約
10/28 11/11 11/25 12/2　夜間相談会　11/17

見学できる行事 文化祭　9/23（要予約）

説明会・行事等は日程・内容が変更される場合があります。必ず学校HP等でご確認ください

横浜創英中学校
高等学校

よこ　はま　そう　えい

〒221-0004　神奈川県横浜市神奈川区西大口28　☎045-421-3121　学校長　工藤　勇一

〈URL〉https://www.soei.ed.jp/

青山学院・立教・法政他

沿革　平成14年（2002）年より男女共学。平成15年（2003）年、中学校を開校しました。平成24年（2012）4月、横浜創英大学が開学しました。

校風・教育方針

「考えて行動のできる人」の育成を建学の精神に、授業・学校行事・部活動により、「学力」と「人間力」の両方を育み、激変するこれからの社会の中で求められる人材育成を目指します。

カリキュラムの特色

中学校は、国・数・英3教科に重点を置いてきめ細やかに学習到達度をチェックして、確実に学力の定着を図ります。

高校は、一人ひとりの生徒が高いステージで夢を育み、夢を実現するために創英独自のコース制を導入しています。

●**特進コース**　国公立大学、最難関私立大学への進学をめざすコースで、受験に対応する実践的な能力を養成していきます。2年次から多数の選択科目を用意し、3年次は演習を多く実施します。
進学先：東京・千葉・東京学芸・東京都立・電気通信・横浜国立・横浜市立・慶應義塾・東京理科・早稲田他

●**文理コース**　高校の中心となっているコースで、2年次より文系・理系に分かれ、一人ひとりの進路に応じた科目を重点的に学習できます。3年次は受験科目の時間数を増やし、演習を多く取り入れて、効率よく絞り込んだ履修ができます。
進学先：神奈川県立保健福祉・東京理科・明治・

研修旅行

中学校では、国内の宿泊研修において、学校生活や社会生活のためのスキルを身につけることを目的に様々なワークショップを行います。研修では、アイディアを出して意見をまとめてプレゼンテーションを行います。意見が対立しても試行錯誤をして対話を繰り返す機会も多くあります。

高校の修学旅行は、生徒全員が、希望する行き先を選びます。各行き先の有志の生徒がプランを作成し、旅行代理店との交渉・折衝も行います。大切な思い出となる行事を、自らの手でつくることで、さらに前向きに参加することができます。

環境・施設設備

横浜港からの汽笛が聞こえる、緑あふれる閑静な丘の上にあるキャンパス。2020年に、地下1階・地上3階（屋上テニスコート）建ての新校舎が完成しました。大講堂・図書館・メディアセンター・カフェテラスや、Wi-Fi環境の整った各種教室において、「仲間と協働して新しいものを考え出すことのできる学びの場」となることをコンセプトにしています。

┌**Information**─────────
2024年度高校入試の変更点

○普通コースの募集停止
○一般入試の併願確約での募集を中止
○帰国生入試を新たに導入
※詳細は募集要項をご確認ください
└─────────────────

今春の進学実績については巻末の「高校別大学合格者数一覧」をご覧ください

また、2021年にはグラウンドも人工芝化され、ますます充実したキャンパスライフを送ることができるようになりました。

生活指導・心の教育

専門家による本格的なスクールカウンセリングを実施しています。カウンセリングルームには臨床心理士が週2〜3回訪れ、先生や親に言えない悩みや相談ごとにも親身になって対応しています。

クラブ活動

クラブ活動は盛んで、なかでも、サッカー部、男子ソフトテニス部、バトン部、女子ハンドボール部、吹奏楽部は全国大会出場の実績があります。バトン部は全日本チアダンス選手権大会でグランプリに輝きました。サッカー部は、全国高等学校総合体育大会神奈川県予選で、2013年度は準優勝、2016年は優勝して全国大会への出場を果たしました。

データファイル

■2024年度入試日程

中学校

募集人員		出願期間	試験日	発表日	手続締切日
1回	45	1/6〜1/30	2/1	2/1	2/4
2回	30	1/6〜1/30	2/1午後	2/1	2/4
3回	30	1/6〜2/1	2/2	2/2	2/4
コンピテンシー	20	1/6〜1/25	2/3	2/3	2/4
4回	15	1/6〜2/5	2/6	2/6	2/7
帰国	若干	12/18〜1/15	1/28	1/29	2/2

高等学校

募集人員		出願期間	試験日	発表日	手続締切日
推薦	115	1/16・1/17	1/22	1/23	1/27
オープン	115	1/24〜2/4	2/11	2/12	2/29
帰国	若干	12/18〜1/15	1/28	1/29	3/1

■2024年度選考方法・入試科目

中学校

1・3回：4科か2科

2・4回：2科

コンピテンシー入試：プレゼンテーション（約16分）またはグループワーク（約55分）

帰国：コンピテンシー試験（プレゼンテーション5分、口頭試問15分）

〈配点・時間〉国・算＝各100点50分　理・社＝各100点60分

〈面接〉なし

高等学校

推薦：書類審査、課題作文（1200字程度）、コンピテンシー試験【出願条件】内申　特進9科39/45または5科21/25　文理9科37/45または5科19/25

オープン：国語、数学、英語（リスニング含む）

帰国：コンピテンシー試験（プレゼンテーション5分、口頭試問15分）

〈配点・時間〉国・数＝各100点50分　英＝100点60分

〈面接〉なし

■2023年春併設大学への進学

横浜創英大学−5（看護2、こども教育3）

■指定校推薦枠のある主な大学

青山学院大　北里大　國學院大　上智大　専修大　日本大　日本女子大　法政大　明治大　明治学院大など

■2023年春卒業生進路状況

卒業生数	大学	短大	専門学校	海外大	就職	進学準備他
439人	335人	3人	39人	0人	4人	58人

■2023年度入試結果

中学校　男／女

募集人員		志願者数	受験者数	合格者数	競争率
1回	40	149/103	120/89	32/18	3.8/4.9
2回	30	187/116	147/103	20/10	7.4/10.3
3回	40	220/125	143/85	27/4	5.3/21.3
4回	10	47/26	43/21	4/6	10.8/3.5
5回	20	119/64	107/56	14/10	7.6/5.6

高等学校　男／女

募集人員		志願者数	受験者数	合格者数	競争率
推薦特進	20	13/14	13/14	13/14	1.0/1.0
文理	50	37/83	37/83	37/83	1.0/1.0
普通	30	16/22	16/22	16/22	1.0/1.0
一般特進	50	98/217	98/217	98/217	1.0/1.0
文理	175	130/373	129/373	129/373	1.0/1.0
普通	40	71/180	71/180	71/180	1.0/1.0
オープン特進	10	28/19	27/18	1/4	27.0/4.5
文理	15	38/22	36/21	4/3	9.0/7.0
普通	10	39/25	37/24	7/5	5.3/4.8

学校説明会 すべて要予約

★中学校　9/16 10/21 11/25 12/16

学校見学会　9/16 12/16

★高等学校　10/21 10/28 11/25

個別相談会　12/2

見学できる行事 文化祭　9/30

説明会・行事等は日程・内容が変更される場合があります。必ず学校HP等でご確認ください

神奈川 よ

横浜創学館高等学校
（よこ　はま　そう　がく　かん）

〒236-0037　神奈川県横浜市金沢区六浦東1-43-1　☎045-781-0631　学校長　廣瀬　裕

〈URL〉https://so-gakukan.ed.jp

沿革　昭和33年（1958）横浜商工高等学校開校。平成15年（2003）横浜創学館高等学校に校名変更。

校風・教育方針

「恒心…ゆるぎなく正しい心」という校訓のもと、人としての優しさや、努力、勇気、心の充実を大切にして、内面的な個性を伸ばします。また、真の国際化への第一歩は自己表現であると考え、自分のことをはっきりと表現できる人材、創造性のある人材の育成を教育目標として掲げています。

カリキュラムの特色

大学受験はもちろんのこと、それぞれの進路に対応する学力の充実を目指し、以下の重点項目に基づきカリキュラムを編成しています。
①生きる力となる学力の向上
②生徒の多様な進路・ニーズに対応した選択系列
③進路保障ときめ細かいキャリアガイダンス

〈特別進学クラス〉
○週4回の7時間授業（週時間数34時間）
授業時間を保障することで、国公立大学、難関私立大学への進学に対応する学力の充実と進度を図るカリキュラムとなっています。学業優先、一般受験に対応できる力をつけます。
○入試を意識した入試対策科目の設置
英文特講、理数探究など入試を意識した授業を展開する科目を設置。また1年次から予備校との連携講座を必修にしています。英語・数学といった基幹科目は基礎から応用までの学力養成を目標にしています。

〈文理選抜クラス〉
○勉強と課外活動の「文武両道」を目指す
大学進学に対応する基礎学力を養成。放課後は部活動や生徒会活動に勤しみ、メリハリをつけた高校生活を送ります。時間を効率よく使うことがテーマになっており、課外活動に支障を来さないよう、朝HR前に朝学習を行うことで基礎固め。学力の底上げを図ります。
○2年進級時に特別進学への移動が可能
学力や進学希望等により、特別進学に移動することができます。

〈総合進学クラス（一般コース）〉
○2年次から資格取得にチャレンジ
2年次からの文理選抜で文系は商業系の簿記、情報系のプログラミング、身体表現のダンスを選択、情報処理等の資格も取得できます。理系は実験や卒業研究など理工系科目を履修、危険物取扱者等の資格を取得します。大学入学後の学習にも対応できるカリキュラムになっています。

〈総合進学クラス（国際英語コース）〉
○英語に特化した学習プログラム
3年間で英語の授業はトータル27時間。英会話はもちろん英文法、リーディングなど基礎から学習し、外国留学や語学系大学進学を目指します。

〈総合進学クラス（スポーツコース）〉
○1年次から特化したカリキュラム編成
運動部に所属することが条件。実技面が重視されるだけでなく、理論学習も実施し、体育系大学等の進学を目指します。

予備校提携セミナー
予備校等と連携した進学講座を放課後や土曜日に

今春の進学実績については巻末の「高校別大学合格者数一覧」をご覧ください

開講しています。参加は希望者、費用はテキスト代のみです。

環境・施設設備

快適な教育環境の充実につとめています。コンピュータ室は全部で3教室あり、150台あまりのコンピュータがインターネットに接続されています。敷地面積1万㎡の広大な釜利谷総合グラウンドは部活動や体育の授業で利用。

このほかに室内プール、食堂、アンサンブルルームなどがあります。

修学旅行・研修旅行

修学旅行（4泊5日） コロナ禍以前は、特別進学、総合進学国際英語コースはハワイ、文理選抜はシンガポール、総合進学一般コースは沖縄、スポーツコースはグアムで実施していました（現在は国内、今後は検討中）。

海外研修 3カ月間の中期海外研修はシアトル、マルタ。2週間の短期海外研修はデンバー（再検討中）。いずれも希望者のみの参加です。

学校行事・クラブ活動

年間を通じて、さまざまな行事を行っています。メインとなるスポーツ祭、夕照祭（文化祭）を始め、芸術鑑賞、スケート、遠足などがあります。著名人を招いて講演していただく「文化講演会」は、各界のいろいろなお話を聞くことができ、毎年好評です。

高校生活をより充実したものにするため、クラブ活動が盛んに行われています。30以上のクラブから選べます。運動部は全国大会常連の空手道部やハンドボール部、チアダンス部をはじめ、硬式野球、軟式野球、サッカー、バレーボールなど多くの部活動が実績を残しています。文化部も近年活躍しており、吹奏楽、書道、生活研究、合唱などが盛んに活動しています。

データファイル

■2024年度入試日程

出願期間※	試験日	発表日	手続締切日
推薦　郵1/16〜1/18	1/22	1/23	1/26
一般専願　郵1/26〜	一＊	2/11	2/15
併願　　　1/28まで	一＊	2/11	3/4

※出願期間は書類提出期間。インターネット出願は1/9より入力可

＊一般はチャレンジ試験（転系列希望者）のみ2/10に筆記あり

■2024年度選考方法・入試科目

推薦：書類審査、面接
【出願の目安】特別進学5科19 文理選抜5科17 総合進学5科15または9科27 ※9科に5がある者、部活動・委員会活動で実績を残した者、検定取得者、3年間皆勤者などに加点

一般（書類選考）：書類選考 ※チャレンジ試験受験者のみ国語、数学、英語
〈配点・時間〉国・数・英＝100点
〈面接〉推薦のみあり 生徒個人 きわめて重視
【内容】志望動機、中学校での生活、高校生活への抱負、長所・短所、将来の進路など

■指定校推薦枠のある主な大学

麻布大 亜細亜大 桜美林大 神奈川大 関東学院大 共立女子大 駒澤大 拓殖大 玉川大 帝京大 東海大 東京工科大 東京電機大 二松学舎大 日本大 武蔵野大 立正大 など

■2023年春卒業生進路状況

卒業生数	大学	短大	専門学校	海外大	就職	進学準備他
401人	265人	12人	74人	0人	23人	27人

■2023年度入試結果　スライド合格を含む

募集人員		志願者数	受験者数	合格者数	競争率
推薦　男	170	184	182	182	1.0
女		96	96	96	1.0
一般専願 男	170	20	20	20	1.0
女		11	11	11	1.0
併願　男		565	564	564	1.0
女		505	505	505	1.0

▼▼入試アドバイス・学校からのメッセージ

全入試、Web出願です。また全系列、書類選考入試を実施。希望者のみ、チャレンジ試験が受けられます。チャレンジ試験とは、上位の系列への移動や奨学生認定を希望する受験者のための試験です。

学校説明会 要予約
9/23 9/30 10/28 11/5 11/25
オンライン（映像のみ）　10/15 11/18 12/2
入試相談会　11/16 11/20 12/4〜12/9

見学できる行事
夕照祭（文化祭）　9/16・9/17

説明会・行事等は日程・内容が変更される場合があります。必ず学校HP等でご確認ください

横浜市

高

共学

神奈川
よ

横浜隼人 中学校 高等学校

〒246-0026　神奈川県横浜市瀬谷区阿久和南1-3-1　☎045-364-5101㈹　学校長　吉野　純三

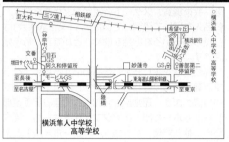

合格実績

過去5年間（2019〜2023年度）の主な大学の合格者人数

国公立
東京大1、京都大1、東京工業大7、一橋大2、横浜国立大18、横浜市立大33、東京都立大11

私立
早稲田大41、慶應義塾大17、上智大30、東京理科大57、学習院大40、明治大138、青山学院大163、立教大85、中央大128、法政大172

就職 0.4%
専門学校 5.7%　進学準備等 6.9%
短期大学 1.5%
四年制大学 85.5%

2023年度卒業生の85%が現役で四年制大学に進学!!

〈URL〉https://www.hayato.ed.jp/

沿革　昭和52年（1977）隼人高等学校、同54年隼人中学校を開設。同60年中学校、同62年高等学校が男女共学となりました。平成5年横浜隼人中学・高等学校と現在の校名に改称しました。

校風・教育方針

「必要で信頼される人となる」これが横浜隼人の校訓です。将来それぞれの場で重要な役割を担えるよう、「人間教育」を最重要課題としています。他人への思いやり、環境への優しさ、差別や偏見のない広い視野、そして困難に打ち勝つ勇気を身につけることこそ新しい時代の扉を開く鍵となります。その鍵で一人ひとりが可能性を無限に広げていくよう心から願っています。

2015年度に新校舎が完成。2016年度には正門まで相鉄バスが乗り入れ、2017年度には神奈中バスが正門前に乗り入れ、ますます便利で快適な環境が整いました。

全校生徒がタブレットを持ち授業で活用し、充実したICT環境で時代を先取りした教育を実践しています。GTECの4技能試験の全校受検など、大学入試改革へもしっかりと対応しています。

カリキュラムの特色

在校生の大多数が四年制大学への進学を希望しており、それを「現役」で達成できるようさまざまな工夫をしています。授業時数の確保として「2期制」「土曜日隔週授業」を採用するだけでなく、効率的な授業展開ができるよう「習熟度別クラス授業」を取り入れています。さらに放課後には基礎補習・応用講座が充実しており、自分で希望するものを無料で受講できます。それにより部活動との両立も可能にしています。

中学校　中高6年の教育を視野に入れ、学校においては、ゆとりをもって基礎学力が身につく学習を展開すると同時に、全教科にアクティブラーニングを取り入れ、「教師主体の覚える授業」から「生徒主体の考える授業」にシフトしています。将来、国際社会で活躍できる人間の育成のため特に英語教育に力を入れ、その集大成として、カナダのバンクーバーへ一週間の語学研修に行きます。

高等学校　高校には普通科と国際語科があります。
【普通科】　進学コース・特進コース・特別選抜コースに分かれており、そのほとんどが四年制大学を希望しています。特に特別選抜コースは国公立大学、特進は難関私立大学への現役合格を視野に入れた授業を展開しています。また、特進コース・進学コースにおいては2年次より文系・理系に再編成され文系は英・国・社、理系は英・数・理に教科を絞り込み、より効率的に力を伸ばす工夫をしています。

【国際語科】　英語を中心としたハイレベルの文系大学を目指す学科で、国際社会で活躍する人間の育成を目指しています。授業ではTOEFL、TOEIC対策や、英語の実践力を鍛えるために、ネイティブの教師による「聞く、話す、読む、書く」の4技能を重視したEFLを取り入れています。1年次の終わりに実施される海外語学研修には全員が参加し、午前中は英語の授業、午後は主に異文化の体験学習をします。希望者を対象にした海

今春の進学実績については巻末の「高校別大学合格者数一覧」をご覧ください

2期制 | **登校時刻** 8:20 | **昼食** 弁当持参、大食堂 | **土曜日** 第2・4休日

外留学は長期と短期があります。また、校内・校外でのスピーチコンテストやNGO団体などが主催するボランティア活動にも参加し、自主性及び積極性を養う場を多数設けています。

学校行事・クラブ活動

学校行事は隼輝祭（文化祭）、スポーツ・フェスティバル、修学旅行（中3、高2）、国内語学研修（中2）、宿泊研修（中1）、校内英語スピーチ・コンテスト、合唱祭などが実施されています。

約50のクラブ活動が活発に行われています。ほとんどのクラブ活動で、高校生・中学生が一緒に活動しています。関東大会への出場経験がある部も多く、硬式野球部は夏の甲子園に、水泳部はインターハイに、軟式野球部は全国大会に、また女子バレー部も春高バレー（全国大会）に出場しています。美術部は25年連続全国展に出品し、吹奏楽部は17年連続東関東大会に出場しています。

┌─ **Information** ─────────────
詳しい情報は学校ホームページをご覧ください。
https://www.hayato.ed.jp

データファイル

■2024年度入試日程

中学校 ＊適性検査型。受験はいずれか1回

募集人員		出願期間	試験日	発表日	手続締切日
1回	40	1/6～1/30	2/1	2/1	2/5
2回	20	1/6～2/1	2/2	2/2	2/5
3回	10	1/6～2/5	2/6	2/6	2/10
公立中高一貫*30		1/6～1/30	2/1	2/1	2/10
自己アピール*20		1/6～2/1	2/2午後	2/2	2/5

高等学校 （2023年度参考）

募集人員		出願期間	試験日	発表日	手続締切日
推薦	80	1/16～1/17	1/22	1/23	1/31
一般1次書類	160	1/24～1/31	—	2/12	2/18
オープン	15	1/24～1/31	2/10	2/12	2/18
2次	若干	3/1～3/3	3/4	3/4	3/7

■2024年度選考方法・入試科目

中学校 1回～3回：国語、算数
公立中高一貫：適性Ⅰ（論述）、適性Ⅱ（総合）
自己アピール：基礎計算・自己アピール作文（60点40分）、グループ面接
〈配点・時間〉国・算＝各100点50分　適性Ⅰ・Ⅱ＝各100点45分
〈面接〉自己アピールのみ　生徒グループ　重視

高等学校 （2023年度参考）
推薦：書類選考および課題作文
一般：1次書類選考―書類選考　1次オープン・チャレンジ試験・2次―普通科は3科　国際語科は国語、英語（リスニングあり）　※2次は面接あり
〈配点・時間〉普通科：国・数・英＝各100点50分
国際語科：国＝100点50分　英＝150点70分
〈面接〉生徒個人　重視

■指定校推薦枠のある主な大学
横浜市立大　明治大　青山学院大　立教大　法政大　学習院大　中央大　東京理科大　明治学院大　日本大　東洋大　芝浦工業大　成蹊大　他多数

■2023年春卒業生進路状況

卒業生数	大学	短大	専門学校	海外大	就職	進学準備他
524人	448人	8人	30人	0人	2人	36人

■2023年度入試結果

中学校 男／女

募集人員		志願者数	受験者数	合格者数	競争率
1回	40	53/43	43/36	37/29	1.2/1.2
2回	20	62/44	20/14	14/8	1.4/1.8
3回	10	62/36	14/9	6/6	2.3/1.5
公立一貫	30	62/36	61/34	55/31	1.1/1.1
自己アピール	20	15/10	7/6	5/6	1.4/1.0

高等学校 男／女　2次あり

募集人員		志願者数	受験者数	合格者数	競争率
普通推薦	60	30/34	30/34	30/34	1.0/1.0
一般書類	120	813/631	813/631	813/631	1.0/1.0
オープン	10	23/7	23/7	16/6	1.4/1.2
国際推薦	20	14/37	14/37	14/37	1.0/1.0
一般書類	40	55/117	55/117	55/117	1.0/1.0
オープン	5	4/0	4/—	3/—	1.3/—

┌─ **学校説明会** ─ 学校見学は随時可（要電話連絡）
★**中学校**（要予約）
11/4　12/2（入試体験プレテスト・6年生）1/13
ミニ説明会（要予約）　9/6
★**高等学校**（要予約）　9/9　9/16　10/14　10/28
11/11　11/25　12/2　**個別相談会**（要予約）
11/11　**オンライン**11/6～12/1

┌─ **見学できる行事**
隼輝祭（文化祭）　9/30・10/1
英語スピーチコンテスト（高・要予約）　11/4

説明会・行事等は日程・内容が変更される場合があります。必ず学校HP等でご確認ください

神奈川
よ

横浜富士見丘学園中学校 高等学校
（よこはまふじみがおかがくえん）

〒241-8502　神奈川県横浜市旭区中沢1-24-1　☎045-367-4380　学校長　駒嵜 健

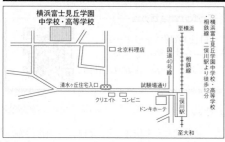

〈URL〉https://www.fujimigaoka.ed.jp

沿革　大正12年（1923）、前身の日の出女学校創立。昭和22年（1947）学校改制により富士見丘中学校認可、翌年高等学校認可。平成19年（2007）現在地に移転、横浜富士見丘学園中等教育学校を設立。同30年（2018）中学校・高等学校を新設、2019年に共学化。令和5年（2023）創立100周年。

校風・教育方針

建学の精神に基づく教育の中心を「和」と定め、校訓は「敬愛」「誠実」「自主」。教育目標「未来社会の主人公である子供たち一人ひとりが、自らの個性、資質を活かし、幸せに生きる力を育む」に基づき、さまざまさを大切にし、自己肯定感と他者理解を育み、感性を磨き、共感力や気づく力、創造力、発信力やレジリエンス（心のしなやかさ）を養い、自己有用感と自立心を育てます。生徒たちの明るさ、優しさと、先生の熱意が、活気ある伸びやかな校風を醸成しています。

カリキュラムの特色

「確かな学力」「活きた英語力」「理数教育」「生きる力（ジェネリックスキル）」の4つをポイントに、カリキュラムを編成しています。

中学では、女子と男子の成長の違いを考慮し、中学3年間は男女別の少人数クラスで学びます。6年間を3つのステージに分け、中1・中2は基礎学力の定着、中3・高1は個人能力の伸長と目的意識の育成、高2・高3では個の確立と進路選択力の育成を目指します。国語の一部で聴く力と書く力を養う国語ディクテーションを取り入れ、

英語では日常的に英語を聴く・話す環境を作るネイティブ副担任を配置、理数教育では数多くの実験・観察や体験学習を行い、多様なプログラムを通して、未来を「幸せに生きる力」を育みます。

高校では、特進クラス（男女）と進学クラス（女子）を設置。特進クラスは2年から国公立・早慶上ICUを目指す文系特進クラスと、医学部・国公立・早慶上理を目指す理系特進クラスに分かれます。進学クラスはMARCHが目標です。特進クラスは週3日、進学クラスは週1日、7時間目に授業や講習があり、3年次には進路希望に合わせた自由選択科目が履修できます。確かな学力をつけるため、受験英語特訓講習、長期休暇講習、校内予備校の開講や放課後学修支援を行い、さらに授業動画「スタディサプリ」により学習内容の定着を図ります。また、企業連携型探究学習をはじめ、英語を母語としない留学生と英語で取り組む課題解決型プログラム「Global Eye」、理科と数学の教科横断型授業「理数探究」や「理系の学び講座」などを通して視野を広げます。

国際教育

オンライン英会話や「Global Eye」などの必修科目、社会問題から課題を発見・探究し発表まですべて英語で行う「ソーシャルチェンジイングリッシュ」などにより、英語コミュニケーション力を培います。

海外研修は、中3必修のオーストラリア研修、希望者対象のセブ島英語研修、オーストラリア短期留学を実施しています。

今春の進学実績については巻末の「高校別大学合格者数一覧」をご覧ください

[2期制]　[登校時刻 8:30]　[昼食 食堂、売店、弁当持参]　[土曜日 授業]

環境・施設設備

　レンガ造りの外観に木製の床や壁、間接照明の廊下ギャラリースペースや空中庭園を配した校舎は、震度6強の地震にも耐えられる構造となっています。大講堂、カフェテリア、自習室、交流ラウンジ、礼法室のほか、グラウンド、体育館などの運動施設も充実しています。

生活指導・心の教育

　中学では担任と学習記録ノート「あしあと」をやりとりし、生活と学習のリズムを身につけます。

　また、中学、高校ともに、未来社会に不可欠な考える力を培う「哲学対話」の授業があります。

学校行事・クラブ活動

　5月に体育祭、7月に音楽祭、10月に文化祭を実施。校内・校外学習（中1・中2）、林間学校（中1）、スキー教室（中2）、修学旅行（高2）など多数の年間行事があります。

　クラブ活動は、運動部7部2同好会、文化部9部2同好会が活動しています。バドミントン、ダンス、チアリーディング、吹奏楽、地理研究などが優れた成果を収めています。

データファイル

■2024年度入試日程

中学校

募集人員	出願期間	試験日	発表日	手続締切日
1回	30	1/6〜1/31	2/1	2/1	2/5
2回	30	1/6〜2/1	2/1午後	2/1	2/5
3回	10	1/6〜2/2	2/2	2/2	2/5
4回	10	1/6〜2/2	2/2午後	2/2	2/5
5回	10	1/6〜2/3	2/3	2/3	2/5
6回	10	1/6〜2/5	2/5	2/5	2/7
表現力	5	1/6〜2/3	2/3午後	2/3	2/7

高等学校

募集人員	出願期間	試験日	発表日	手続締切日
推薦	60	1/16〜1/20	1/22	1/23	1/25
一般	55	1/24〜2/8	2/10	2/13	3/4
オープン	5	1/24〜2/8	2/11	2/13	3/4

■2024年度選考方法・入試科目

中学校

1回・5回：2科、4科、英国、英算、英国社理、英算社理から選択　**2回**：2科、英国、英算から選択　**3回・6回**：2科か4科　**4回**：2科　**表現力**：国語力（20分）、面接（自己PR・10分）

〈配点・時間〉国・算・英＝各100点50分　社会・理科＝各50点30分

〈面接〉表現力のみ（自己PRと質疑応答）

高等学校

推薦：作文（800字50分）、面接、書類審査

一般・オープン：国語、数学、英語

〈配点・時間〉国・数・英＝各100点50分

〈面接〉推薦：生徒個人　一般・オープン：なし

■指定校推薦枠のある主な大学

成蹊大　東京都市大　芝浦工業大　清泉女子大　白百合女子大　昭和女子大　帝京大など

■2023年春卒業生進路状況

卒業生数	大学	短大	専門学校	海外大	就職	進学準備他
59人	49人	4人	2人	1人	0人	3人

■2023年度入試結果

中学校　男／女

募集人員		志願者数	受験者数	合格者数	競争率
1回	10/20	15/14	12/11	11/7	1.1/1.6
適性		0/2	—/2	—/2	—/1.0
2回	10/20	24/18	16/12	14/6	1.1/2.0
3回	計10	18/12	3/6	3/3	1.0/2.0
4回	計10	17/11	4/5	4/1	1.0/5.0
5回	計10	23/25	6/13	4/9	1.5/1.4
6回	計10	20/24	3/8	3/4	1.0/2.0

高等学校　進学／特進

募集人員		志願者数	受験者数	合格者数	競争率
推薦	15/35	11/16	11/16	11/16	1.0/1.0
一般	15/35	40/39	40/39	40/39	1.0/1.0
オープン	5	3/16	3/16	3/16	1.0/1.0

学校説明会

★中学校　9/9 10/13 11/11 12/16 1/19 2/4

オンライン説明会（要予約）　9/22 10/21 11/17 12/15 1/12

過去問解説会（要予約）　10/22

入試対策会（要予約）　11/26

プレ入試体験会（要予約）　1/6

★高等学校　10/28 11/11

オンライン説明会（要予約）　9/1 10/13 11/10

ミニ説明会　9/2 9/9 9/16 10/14 11/25

個別相談会（要予約）　11/18 11/25 12/2 12/9

見学できる行事

文化祭　10/1（個別相談コーナーあり）

説明会・行事等は日程・内容が変更される場合があります。必ず学校HP等でご確認ください

神奈川
よ

横浜雙葉中学校 高等学校
よこはまふたば

〒231−8653　神奈川県横浜市中区山手町88　☎045−641−1004　学校長　木下　庸子

横浜雙葉中学校
高等学校

〈URL〉https://yokohamafutaba.ed.jp

沿革　明治5年（1872）創始者マザー・マチルド来日。居留地の女子教育を開始。明治33年（1900）横浜紅蘭女学校を開校。昭和8年（1933）横浜紅蘭高等女学校を設立。昭和23年新学制による紅蘭女学院高等学校を設立。昭和26年財団法人サンモール学院の組織を変更、学校法人横浜雙葉学園を設立、学校名を雙葉高等学校・雙葉中学校と変更。昭和33年学校名を横浜雙葉高等学校・横浜雙葉中学校と変更、現在に至ります。

校風・教育方針

校訓「徳においては純真に義務においては堅実に」のもと、生徒一人ひとりが自己のかけがえのない価値に目覚め、他者との深い人間関係に生き、内心の声に従って正しく行動することのできる、成熟した精神性をもった人間に成長するように、また、生徒たちがそれぞれに与えられた資質、能力を人々の幸福のために生かしつつ、奉仕的な生き方を通して地球社会に貢献することができるよう促すことを教育目的としています。

姉妹校として、雙葉学園、田園調布雙葉学園、静岡雙葉学園、福岡雙葉学園、サンモール・インターナショナルスクールがあります。

カリキュラムの特色

中学校の学習は、義務教育の最終段階として一つの完結したものですが、さらに中学と高校をトータルにとらえており、教科によっては高校の課程を先取りしています。学習の基本を大切にする中学1年と中学2年、将来の進路選択をふまえた基礎学力の向上をめざす中学3年と高校1年、生徒それぞれが進路別にわかれていく高校2年と高校3年と、段階をふまえたカリキュラムを編成しています。

中1からの少人数クラスでの英語と英会話の授業や、中3からの英語と数学の習熟度別授業などによって、きめ細やかな学習指導を展開しています。各教科では、質の高い授業とともに小テストや課題などを通して、予習と復習を繰り返しながら学習できるように指導しています。英語や漢字の基礎を確認する統一試験や、中3での学力の到達度を確認する学力テストによって自己の学力を客観的にとらえるようにしています。

中学校の教育課程では、理数系の強化、少人数クラスでの授業、英・数・国の指名制の補習、中3からの希望者対象の数学の発展的内容補習などを通して、きめ細やかな指導を展開しています。また、豊かな人間性を育てることを目標にキリスト教の理念を基本にすえた総合学習にも力を入れています。生徒自身による調査やディベート、講演などさまざまな授業形態の中で体験的に学習を深め、高校での総合の探究活動につなげていきます。各教科の学習で培われた知識の充実と技能の向上を図るために高等学校の教育課程では、生徒の将来の希望を実現させるためにさまざまな進路にあわせた柔軟な科目構成が取り入れられています。

学校の基本的な精神であるキリスト教に触れるために、宗教の授業を設けたり、音楽や美術などの芸術では、聖歌や聖画に触れるなどの内容を盛り込むなど、カトリックの学校らしい側面を随所

今春の進学実績については巻末の「高校別大学合格者数一覧」をご覧ください

に備えています。また、中学3年生以上の希望者を対象にした特別フランス語の課外授業は、土曜日と平日の放課後に行われています。

環境・施設設備

「港の見える丘公園」から山手へ続く緑豊かな丘陵地にあります。晴れた日には遠く房総の山が望まれ、登下校の折には西に富士山を一望できます。明治の開港当時のたたずまいが残る異国情緒豊かな街並みを通学します。グローバル時代の学園生活に最適な落ち着いた環境です。みなとみらい線の元町・中華街駅から山手の丘に登るエスカレーターができ、通学も一層便利になりました。

各教室には、電子黒板やプロジェクターが配備されており、一人一台タブレット端末を用いて効果的な教育が実施されています。設備の整った図書館には、ソファーや畳スペースなどもあり、落ち着いた雰囲気が生徒に人気の場所です。

姉妹校のサンモール・インターナショナルスクールが隣接しており、交流が行われています。

生活指導・心の教育

一日の始まりと終わりに祈りを捧げます。「一人ひとりをかけがえのない存在として大事にすること。人間のありのままを受け入れること。人生の土台となる価値観の育成に努めること。人間同士のかかわりを大切にすること。自己の可能性を生かそうとすること。ボランティア精神の涵養に努めること。地球社会の一員として行動しようとすること。正しい判断ができ、責任を持って積極的に行動しようと努めること。そして神に生かされている人間の神秘に気づくこと」をめざし、豊かな人間性を育てるための様々な取り組みを行っています。

学校行事・クラブ活動

雙葉祭（文化祭）や球技大会、運動会などでは、生徒たちの生き生きとした表情を見ることができます。また、1年を通してミサやクリスマスなどの宗教行事が、学園生活に彩りを添えています。

テニス・ハイキング・バレーボール・バスケットボール・ダンス・器楽・音楽・吹奏楽・軽音楽・演劇・茶道・新聞・競技かるた・カトリック研究・生物・科学・家庭・仏語など、クラブ活動も盛んで、中学生と高校生が一緒になって活動しています。

データファイル

■2024年度入試日程

中学校 Web出願

募集人員		出願期間	試験日	発表日	手続締切日
1回	60	1/6～1/20	2/1	2/1	2/3
2回	30	1/6～1/20	2/2	2/2	2/4
帰国	若干	11/17～12/2	12/9	12/10	12/15

高等学校
募集を行っていません

■2024年度選考方法・入試科目

中学校
国語、算数、理科、社会
帰国生入試は算数・作文・面接か、算数・英検スコア・面接
〈配点・時間〉国・算＝各100点50分　理・社＝各80点40分
〈面接〉帰国生入試のみ

■指定校推薦枠のある主な大学 (2023年度)
横浜市立大　慶應義塾大　早稲田大　上智大（カトリック校推薦）　国際基督教大　学習院大　東京理科大　青山学院大　立教大　中央大　津田塾大　東京女子大　北里大　東京都市大　同志社大

など

■2023年春卒業生進路状況

卒業生数	大学	短大	専門学校	海外大	就職	進学準備他
177人	166人	0人	0人	0人	2人	0人	9人

■2023年度入試結果

中学校

	募集人員	志願者数	受験者数	合格者数	競争率
一般	90	186	170	101	1.7
帰国生	若干	22	19	14	1.4

▼▼入試アドバイス・学校からのメッセージ

- 1科目の得点が低い場合でも、4科目の総合点が合格ラインに入っていれば合格とします。
- 2024年度より入試を2回実施。2月の帰国生入試を取りやめ、12月のみとします。また、2月入試の面接は取りやめます。

学校説明会 要予約
入試問題を解く会(小学6年生)　11/18
校内ツアー　2/17(小学1～5年生)
見学できる行事
雙葉祭（文化祭）　10/14・10/15

説明会・行事等は日程・内容が変更される場合があります。必ず学校HP等でご確認ください

埼玉
あ

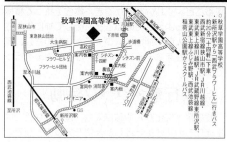

秋草学園高等学校
（あきくさがくえん）

〒350-1312　埼玉県狭山市堀兼2404　☎04-2958-4111　学校長　関口　恭裕

〈URL〉https://www.akikusa.ac.jp/hs/

沿革　昭和24年（1949）東京・中野に秋草学園創立（後に所沢に移転）。同54年（1979）秋草学園短期大学開学。同57年（1982）狭山市に秋草学園高等学校開校。

校風・教育方針

生徒一人ひとりを大切にし、生徒の「やってみたい」を「やってみる」にする学校を目指しています。「礼節・勤勉・協調」の３つの精神に加え、豊かな人間性や社会性、多様な価値観の尊重、社会貢献ができる教育に力を入れています。

カリキュラムの特色

◆進路にあわせたコース制

特選コース（Ｓクラス・Ａクラス）は、週６日制で、国公立・難関大学への現役合格を目指し、充実した学習環境ときめ細やかな個別受験指導で学力を強化します。一定の基準を満たした生徒には、国公立・早慶・医療系等に特化したハイレベルな「チャレンジプログラム」も用意しています。

選抜コースは、週５日制。目標とする有名私立大学への現役合格と部活動、どちらも譲れない生徒向けの文武両道コースです。効率よく基礎を固め、各種講座を活用して学力を伸ばします。

AGコースは、基礎基本の徹底とともに、「礼法」や「ゆかたの着付け」といった秋草ならではの授業を展開しながら、四年制大学合格を目指す「秋草のスタンダードコース」です。自分を見つめるとともに、SDGsなど社会や世界に目を向け行動できる人材を育成します。

幼保コースは、教育・保育系大学合格を目標に、

「ピアノ」「リトミック」「パネルシアター」など、他校にはない大学での学びを先取りし、幼児教育のスペシャリストを目指すコースです。

【2022年度よりコース改編】

コース	募集定員
特選コース（Ｓクラス）	20人
（Ａクラス）	20人
選抜コース	60人
ＡＧコース	100人
幼保コース	60人

環境・施設設備

英語教育は雰囲気も大切です。イングリッシュゾーンやユニバーサルラウンジは、少しだけ異国に迷い込んだ気分になります。また、桔梗ホール、ピアノ室（防音の個別レッスン室）、メディア図書館等を備える秋草記念館、茶道やゆかたの着装・礼法マナーを学ぶ茶室「芳勝庵」など、日本の伝統文化を学び、心を育む施設が充実しています。

通学は、西武新宿線新所沢駅より路線バス。また、川越（30分）、ふじみ野（30分）、東所沢（25分）、稲荷山公園（25分）、狭山市（15分）の各駅からスクールバスが利用できます。登下校の時間帯は最寄り駅と学校を結ぶバスが多数発着し、帰りの最終便は19時15分です。

生活指導・心の教育

登下校時、正門から校舎に向かい一礼をすることが約束事になっています。コミュニケーション力は自己表現力であり、その積み重ねが自分への

今春の進学実績については巻末の「高校別大学合格者数一覧」をご覧ください

自信につながると考え、その基本として、心からの自然な挨拶ができるように指導しています。

　総合的な探究の時間に実施してきた「心の教育」は、文部科学省教育改革推進校モデル事業の指定を受けました。科学的検証に基づくEQトレーニングと、伝統的な和文化・和装を統合させた点が特徴です。プログラムは1年生で人柄の育成（EQトレーニング）、2年生がゆかたの着装と礼法マナー、3年生が和文化講習（茶道、華道等）という内容で、高等学校では全国初の試みです。

学校行事・クラブ活動

　体育大会や桔梗祭（文化祭）といったビッグイベントから、針供養やひな祭といった女子校ならではの行事、ハロウィンパーティーやバレンタインクッキングといった季節のイベントなど、多彩な行事でいっぱいです。

　部活動は運動部12部、文化部15部があります。全国大会レベルのダンス部や卓球部、吹奏楽部をはじめ、インターハイ、関東大会で活躍する部も増えてきました。

> 夏はセーラーブラウス、冬はブレザーの「キリッとカワイイ」をコンセプトにした、人気ブランド「オリーブ・デ・オリーブ」の制服です。カラー展開ありのブラウス・セーター・ベスト、ショートとロングから選べるソックス、スカートとスラックス等、気分や好みでカラーやスタイルを選べるのも特徴です。その可愛さでメディアに取り上げられたことも。

狭山市

高

女子

データファイル

■2024年度入試日程　インターネット出願後、書類を提出

募集人員		出願期間	試験日	発表日	手続締切日
1回単（奨学生・推薦・一般）	260	12/1〜1/5	1/22	1/25	1/30
併（奨学生・推薦・一般）			1/22*	1/25	1/30
2回併（奨学生・推薦・一般）			1/23*	1/25	延納可
3回（一般）		3/1〜3/3	3/5	3/6	3/7

＊1回併願はAGはなし、2回併願は幼保はなし

■2024年度選考方法・入試科目

推薦・奨学生推薦：国語、数学、英語、奨学生推薦は面接あり

【出願基準】内申　**推薦**：選抜単願3科9か5科16か9科29　併願3科10か5科18か9科32　AG・幼保単願3科9か5科15か9科27　併願3科10か5科17か9科29　**奨学生推薦**：学力S奨学生（特選Sクラス対象）単願3科13か5科22　併願3科14か5科23　学力A奨学生（特選Aクラス・選抜・幼保対象）単願3科11か5科19　併願3科12か5科21　学力B奨学生（特選Aクラス・選抜・AG・幼保対象）単願3科10か5科18　併願3科11か5科19　※特選は9科に2以下があると一般受験、選抜・AG・幼保は9科に1があると一般受験　欠席3年次1学期7日以内、1・2学期計14日以内　一部加点あり　選抜・AG・幼保は部活動奨学生推薦あり

一般：国語・数学・英語

〈配点・時間〉国・数・英＝各100点50分

〈面接〉奨学生推薦のみ保護者同伴　重視【内容】志望動機、中学校での生活、高校での目標、将来の進路など

■2023年併設短期大学への進学

特別推薦制度があり、高校内での推薦選考を経て、優先的に進学できます。

秋草学園短期大学—38（幼児教育I部21、同II部5、文化表現4、地域保育8）

■指定校推薦枠のある主な大学

大妻女子大　共立女子大　女子栄養大　清泉女子大　東京医療保健大　東京家政大　東京電機大　東洋大　二松学舎大　日本女子大　武蔵野大など

■2023年春卒業生進路状況

卒業生数	大学	短大	専門学校	海外大	就職	進学準備他
232人	111人	57人	48人	0人	9人	7人

■2023年度入試結果　スライド合格あり

募集人員		志願者数	受験者数	合格者数	競争率
1回単	260	216	216	214	1.0
併		188	185	182	1.0
2回併		293	290	285	1.0
3回単		0			

コロナウイルス・インフルエンザ対応入試あり

学校説明会　学校HPより要予約
学校説明会・個別入試相談会　9/24 10/22 10/29 11/12 11/26 12/10 12/17 12/23 12/24 1/5
オープンスクール　10/8
トワイライトミーティング　11/17
平日入試相談（電話予約）　9/1〜11/30

見学できる行事
桔梗祭（文化祭）　9/16・9/17
　　　　　　（個別相談は要予約）

説明会・行事等は日程・内容が変更される場合があります。必ず学校HP等でご確認ください

埼玉
う

浦和明の星女子中学校 高等学校

〒336-0926 埼玉県さいたま市緑区東浦和6-4-19 ☎048-873-1160 学校長 島村 新

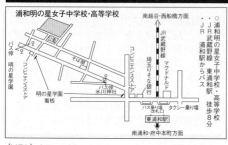

〈URL〉https://www.urawa-akenohoshi.ed.jp

沿革 昭和12年（1937）、青森市に青森技芸学院の名称の下に開校。同21年（1946）、青森明の星高等学校と組織変更。同42年（1967）、浦和市（現さいたま市）に浦和明の星女子高等学校を創設。平成15年（2003）、浦和明の星女子中学校を開校。

校風・教育方針

カトリック精神に基づいた人間教育を大きな目標とし、正しく、浄（きよ）く、和やかな女性の育成をめざしています。また "Be your best and truest self"（最善のあなたでありなさい。そして最も真実なあなたでありなさい）を教育のモットーとし、本物の自分になるための自己実現をめざします。

カリキュラムの特色

中学校では、基礎・基本の習得をめざし、充実した中・高一貫の6年が送ることができるよう土台作りをします。

高校においては、1年生では全員が共通科目を学習し、基礎的な学力を幅広く修得します。英会話の授業は、1クラスを半分に分け、英語を母国語とする教師による指導も行われ、発音や音声など質の高い語学力をつけるようにしています。

2年生からは科目の半数以上が選択科目となり、自身の適性や将来の進路に応じて、文系か理系かを選択します。また、学校設定科目として「課題探究」が設置されています。

3年生の選択科目には大学受験に対応した演習科目や「クリエイティヴライティング」など多様な科目が設置され、生徒一人ひとりの進路に必要な科目を選んで集中的に学習し、応用力を身につけます。

受験についての進路指導は、高校生を対象に講習なども行いますが、基本的には日常の教科指導の中で、より高度な学力がつくように指導しています。選択授業では少人数制の利点を生かして、一人ひとりの学力に即したきめ細かな指導を行い、基本的事項の確認と定着に重点をおきながら、応用力の養成を図っています。

Information

受験生のみなさんへ あなたはあなた

明の星が大切にしていることは、「一人ひとりを大切にする」ということです。それは、「その生徒をその生徒としてみる」「その生徒が神から与えられたその固有の使命に生きるよう手助けをする」教育を行うということです。

誰かと比較していては、本物の自分にはなれません。

自分一人でも本物の自分にはなれません。

自分を律して、曇りのない浄（きよ）い心を保ちながら、お互いに助け合って自己実現をめざしましょう。

今春の進学実績については巻末の「高校別大学合格者数一覧」をご覧ください

2期制　**登校時刻** 8:25　**昼食** 弁当持参、カフェテリア（高校のみ）　**土曜日** 原則として休日

国際教育

　高校では、夏休み期間を利用して、カナダ・ブリティッシュコロンビア州への短期留学が1年生希望者を対象に行われています。

環境・施設設備

　2018年7月に創立50周年の記念事業として進められてきた新校舎の建築もすべて終了し、3つの棟すべてが旧来の校舎の雰囲気を保ちつつ、落ち着いたものになっています。校門を入って左手にある校舎は中央玄関棟で、音楽室や美術室、ステラホールなどが入っています。坂を下ったところにある校舎は教室棟で、各HR教室をはじめ、3つの理科実験室、LL教室、PC教室などが入っています。他にもカフェテリア、図書館、ジュビリホール、2つの体育館、温水プール、全天候型のトラック、4面の人工芝のテニスコートなどがあります。

生活指導・心の教育

　カトリック精神に基づいた全人教育を進めるため、中高各学年とも毎週1時間、宗教の時間のなかで、聖書について学びます。自分自身の幸せだけでなく、世界の人々の幸せのためにも思いをめぐらせることのできる心の豊かな女性の育成をめざしています。

　また、学校生活においてはホームルームやクラブ活動、学校行事などを通して「守るべきルールは自分から守る」「自分の責任を他人に転嫁しない」「周囲の人々への配慮を忘れない」といった基本的生活習慣を確立させるための指導にも力を入れています。

学校行事・クラブ活動

　4月の新入生オリエンテーション合宿から始まる行事は、球技大会、文化の会、合唱コンクール、文化講演会、スポーツデー、文化祭、修養会、クリスマスの集いなど、年間を通じて豊富にあります。

　クラブは、各部とも活発に活動しており、学年や中高の枠を超えた豊かな交流が行われています。現在活動中の30の部活は、ほとんどが中高合同で活動しています。

データファイル

■2024年度入試日程

中学校　出願はインターネット

募集人員		出願期間	試験日	発表日	手続締切日
1回	120	12/14〜1/6	1/14	1/16	1/20
2回	40	1/22〜2/3	2/4	2/5	2/6

高等学校
募集を行っていません

■2024年度選考方法・入試科目

中学校

国語、算数、理科、社会
〈配点・時間〉国・算＝各100点50分　理・社＝各50点計50分
〈面接〉なし

■指定校推薦枠のある主な大学

青山学院大　学習院大　関西学院大　北里大　慶應義塾大　国際基督教大　埼玉医科大　上智大　成蹊大　聖心女子大　成城大　清泉女子大　中央大　津田塾大　東京女子大　東京歯科大　東京薬科大　東京理科大　東邦大　獨協大　獨協医科大　南山大　日本女子大　明治薬科大　立教大　立命館大　早稲田大など

■2023年春卒業生進路状況

卒業生数	大学	短大	専門学校	海外大	就職	進学準備他
169人	139人	0人	0人	2人	0人	28人

■2023年度入試結果

中学校

募集人員		志願者数	受験者数	合格者数	競争率
1回	120	1,987	1,949	1,047	1.9
2回	40	335	305	69	4.4

学校説明会　要Web予約
10/7 11/4 12/2
各回とも同一内容。全体会および校内見学（質問コーナーあり）を含め約90分を予定しています。
日程や内容は変更になる場合があります。
最新の情報を学校HPでご確認ください。

見学できる行事　要Web予約
明の星祭（文化祭）　9/2・9/3
学校HPよりご予約ください。質問コーナーあり。

説明会・行事等は日程・内容が変更される場合があります。必ず学校HP等でご確認ください

埼玉
う

浦和学院高等学校
うらわがくいん

〒336-0975 埼玉県さいたま市緑区代山172 ☎048-878-2101 学校長 石原 正規

〈URL〉https://uragaku.ac.jp/

沿革 昭和53年（1978）4月、男女共学の普通科として開校。平成29年（2017）、創立40周年。

校風・教育方針

建学の精神「吾道一貫」に導かれた校訓「克己・仁愛・共生」を基盤に、どのような世界でも通用し必要とされる人格像を育成します。また、新しい時代のニーズに適合し、社会で生かせる学力と国際感覚を養う教育を提供します。生徒一人ひとりの能力と将来の目標に合ったきめ細やかな教育システムを用意しています。

カリキュラムの特色

3類型11コースを設置しています。

国際類型

―国際バカロレアコース― 浦和学院の実施するIBプログラムは、国内外の大学進学に活用できるディプロマプログラムです。文部科学省設置科目の必修科目も受講するため、日本の高等学校卒業に必要な単位も取得できます。国内外の難関大学への進学を目標としています。

―グローバルコース― 1年次1月からの1年留学を必修として、確かな英語運用能力と異文化理解力を育成し、難関大学への進学を実現します。

特進類型

―T特コース― 「Tプロジェクト」を推進し、東大・京大などの最難関国立大学の現役合格を目指すコースです。2年次より文系・理系に分かれます。8時間目に講座があり、原則、部活動には所属できません。

―S特コース― 筑波大などの難関国立大学、早慶などの最難関私立大学の現役合格を目指すコースです。2年次より文系・理系に分かれます。8時間目に講座があり、原則、部活動には所属できません。

―特進コース― 明治大・中央大などの難関私立大学や国立大学の現役合格を目指すコースです。2年次より文系・理系に分かれます。8時間目に講座がありますが、一部の部活動には参加可能で、学習との両立を図ることもできます。

進学類型

―文理選抜コース― 部活動に打ち込みながら、指定校などの推薦制度を利用して中堅私立大学合格とさらに高いレベルの進学を目指します。

―文理進学コース― おもに推薦入試での進学を目指すコースです。2年進級時に文系・理系の中から進路希望に合ったクラスを選択します。

―総合進学コース― 私立大学文系学部を中心に、希望進路に合った多様な進路選択ができるコースです。2年進級時に総合系と情報系に分かれます。各種の検定試験を受検し、多くの資格取得ができます。

―アスリート選抜コース― 強化スポーツ部（野球部・サッカー部）に入部して勉学と部活動の両立を図り、現役での大学進学を目指します。

―保健医療コース― 看護・医療系の大学、短大への進学希望者を対象としたコースです。

―アート（美術）コース― 美術系への大学・短大への進学希望者を対象とし、美術関連の授業を3年間で20単位学びます。

今春の進学実績については巻末の「高校別大学合格者数一覧」をご覧ください

国際教育

単なる行事としてではなく、「真の国際性を身に付ける」という観点から、3年間の体系的な国際理解・異文化理解のプログラムを提供しています。夏休みに希望者対象の「クロスカルチャーツアー」（語学研修）を実施します。

また、2年次の修学旅行は、海外への行き先を選べる選択制です。

環境・施設設備

東京ドーム2.5倍という広大な敷地内には、校舎のほか第1グラウンド、第2グラウンド、体育館、テニスコート、パソコン教室、茶道室などがあります。

学校行事・クラブ活動

様々な学校行事や生徒活動を通じて、「よりよく生きるための力」ライフスキルを向上させる機会を設定しています。

9月の白翔祭（文化祭）は最も盛り上がるイベントです。また、部活動が盛んなため、部活動応援も学校行事の一つとして全校生徒が一丸となって応援します。

「部活動の浦学」と呼ばれるほど、伝統的に部活動が盛んです。甲子園大会県内最多出場で2013年選抜高等学校野球大会では初優勝した野球部を始め、テニス、ハンドボール、パワーリフティング、吹奏楽、ソングリーダーなど、多くのクラブが顕著な実績を残しています。

TOPICS

全館、全教室とも冷暖房完備の快適な従来の施設に加え、校内でもっとも高い5階建ての図書館、浦学リテラシータワー「ULT（アルト）」があります。館内には、自習室やAVルームも完備。インターネットの閲覧やDVDの鑑賞もでき、自動貸出も可能です。専属の司書2人が常駐し、わからないことには随時対応してくれます。

また、各教室へのプロジェクター・スクリーンの設置およびWi-Fi環境の整備が進められ、ICT教育に向けた環境つくりが行われています。

データファイル

■2024年度入試日程

募集人員		出願期間＊	試験日	発表日	手続締切日
単願推薦	480	12/1～1/10	1/22	1/25	1/30
併願推薦	320	12/1～1/10	1/22・1/23・1/24試験3日後のいずれか		2/2※
一般		1/12～1/16	1/30	2/1	3/4

※2/2までに延納手続きをすれば3/4まで延長可
＊出願書類は郵送（推薦：1/10消印有効、一般：1/16消印有効）

■2024年度選考方法・入試科目

単願推薦：国語、数学、英語、面接
併願推薦・一般：国語、数学、英語
※国際類型は推薦募集のみ（英語面接を実施）
※アートコースは英語、デッサン（100分・200点）
〈配点・時間〉国・数・英＝各100点50分
〈面接〉単願推薦：生徒グループ（国際類型のみ生徒個人）　重視【内容】志望動機、中学校での生活、将来の進路など

■指定校推薦枠のある主な大学

上智大　國學院大　芝浦工業大　成蹊大　清泉女子大　専修大　中央大　東京造形大　東京電機大　東京理科大　東洋大　法政大　立教大　埼玉医科大　獨協大など

■2023年春卒業生進路状況

卒業生数	大学	短大	専門学校	海外大	就職	進学準備他
718人	627人	18人	59人	0人	6人	8人

■2023年度入試結果　スライド合格あり

募集人員		志願者数	受験者数	合格者数	競争率
単願推薦	400	671	670	637	1.1
併願推薦	400	2,888	2,855	2,769	1.0
一般		73	64	27	2.4

学校説明会・個別相談会　要予約

浦学オープンスクール（学校説明会、個別相談会、校内見学）　9/17 10/15 10/22 11/19 11/25 12/17
体験学習会　10/9
土曜日個別相談会　11/11 12/9 12/23
平日個別相談会　12/11～12/15 12/18～12/20 12/22 12/25～12/27

見学できる行事

文化祭（白翔祭）　9月（公開予定）

説明会・行事等は日程・内容が変更される場合があります。必ず学校HP等でご確認ください

埼玉
う

浦和実業学園中学校・高等学校

〒336-0025　埼玉県さいたま市南区文蔵3-9-1　☎048-861-6131　学校長　岡田　慎一

・○浦和実業学園中学校・高等学校
・JR武蔵野線・京浜東北線・南浦和駅徒歩12分

ハワイ短期留学

〈URL〉https://www.urajitsu.ed.jp

沿革　1946年九里總一郎、私塾を創設し、珠算・簿記・英語を指導。1963年浦和実業学園商業高等学校を設置。1975年浦和実業学園高等学校と改称。2003年浦和大学開設、2005年浦和実業学園中学校開設。

校風・教育方針

「実学に勤め徳を養う」を校訓とし、国際人として世界的なスケールで活躍できる有能な人材の育成を目指しています。

カリキュラムの特色

【中学】「すべての生徒に価値ある教育を」をモットーに、中高6年間を見据えた一貫教育を実践します。価値ある教育とは、ネイティブ教員の指導の下、"英語に浸る"生活を送る「英語イマージョン教育」、生徒の10年後の姿まで意識した進路・進学指導「キャリアガイダンス」、ディベートや福祉体験学習などを通し、人間関係を深め、人を思いやる人間性にあふれた「徳育」の3つを教育目標とします。さらにシラバスに則った系統的かつ効率的な授業や、放課後・夏休みのフォローアップ学習など、新しい教育スタイルを確立しています。

【高校】〈普通科〉生徒の進路・適性に応じた独自の教育課程を編成し、きめ細かな指導により大学進学を目指します。各コースとも2年次から文系と理系に分かれます。進級時の成績によって、コースを移動する場合があります。なお、2年次には国際感覚を養うハワイ短期留学を実施します。

特進選抜コース：少人数で密度の濃い学習内容によって、国公立大学や最難関私立大学を目指し

ます。3年次には特別補習講座を実施します。

特進コース：国公立大学や最難関私立大学を目指します。1・2年次には特進選抜コースとともに探求学習に取り組みます。

選抜αコース：難関私立大学への進学を目指します。あらゆる選抜入試に対応しています。

選抜コース：主要私立大学現役合格を目指し、演習科目や選択制を導入しています。

進学コース：カリキュラムは、選抜α・選抜コースと同じです。中堅私立大学を目指します。

〈商業科〉2年次に2つのコースに分かれます。昨年、大学進学希望者の現役合格率は93%、就職内定率は100%でした。

プログレスコース：簿記会計の検定級を取得、学校推薦型入試や総合選抜型入試を活用して主に商業・経済・経営系の大学へ進学します。

キャリアアップコース：簿記や会計の他にビジネス系の科目が充実し、大学や専門学校はもちろん、就職にも対応します。

国際交流

ハワイにあるセント・ジョセフ高校と姉妹校提携しており、隔年で10余人の生徒が海と国境を越えて互いの高校に短期留学し、文化・教育交流の実を上げています。その他、交換留学制度を利用し、欧米を中心に1年間留学する生徒もいます。

環境・施設設備

2022年度、理科実験室4室、書道室2室、PCルーム5室が設置された新2号館が完成しました。

今春の進学実績については巻末の「高校別大学合格者数一覧」をご覧ください

3学期制	登校時刻 8:30	昼食 弁当持参、食堂、売店	土曜日 中 授業 高 第2・4休日

さらに2023年春、1階にUJカフェ（食堂）、2階に図書室と音楽室2室、3階にスポーツスタジオを設置した新1号館も完成しました。1・3階には可動式大型スクリーンもあり、多目的ホールとして使用可能です。

生活指導・心の教育

「学校は人格形成の場」として、思いやりの心と規律ある生活に重点をおき、基本的生活習慣を体得させます。特に自主性、根気強さ、向上心、公共心、協調性などを育成します。

学校行事・部活動

オリエンテーションキャンプ、浦実祭（文化祭・体育祭）など、行事は多彩です。2年次には全員参加のハワイ短期留学を実施（一貫部は4年次）。

部活動は運動部26、文化部33が活動し、男女ハンドボール部はインターハイ優勝経験、空手道部も出場経験があります。チアダンス部は全国大会の常連です。

データファイル

■2024年度入試日程

中学校　1回・2回は特待入試

募集人員	出願期間	試験日	発表日	手続締切日
1回午前15午後15	12/1～1/10	1/10	1/10	2/9
2回午前10午後10	12/1～1/12	1/12	1/12	2/9
3回　5	12/1～1/25	1/25	1/25	2/9
適性1回　10	12/1～1/11	1/11	1/11	2/9
2回　10	12/1～1/19	1/19	1/22	2/9
英語　5	12/1～1/17	1/17	1/17	2/9

高等学校　※Web出願後、書類提出

募集人員	出願期間(Web)※	試験日	発表日	手続締切日
普通科 440	単願推薦	1/22	1/23	1/25
商業科 240	併願1回	1/22		1/30
	2回	1/23	1/25	（延納可）
	3回	1/24		

出願期間（Web）※併願：12/25～1/11

■2024年度選考方法・入試科目

中学校

1回午前・2回午前・3回：4科

1回午後：2科

2回午後：3科（国算英）

適性検査型：1回は適性検査Ⅰ・Ⅱ、2回はⅠ・Ⅱ・Ⅲ　＊適性検査Ⅰ＝作文型　適性検査Ⅱ＝科目複合型　適性検査Ⅲ＝数理思考型

英語入試：筆記（100点50分）、英語面接（50点10分）

〈配点・時間〉国・算・英＝各100点50分　理・社＝各50点30分　適Ⅰ・適Ⅱ・適Ⅲ＝各100点50分

高等学校

単願推薦：国・数・英の基礎学力

併願（推薦・一般）：国・数・英（リスニングあり）

〈配点・時間〉単願：国・数・英＝計100点計60分　併願：国・数・英＝各100点50分

■2023年春併設大学への進学

併設大学へは優先入学・金額面で特典あり。

浦和大学－20（こども10、社会10）

■指定校推薦枠のある主な大学

成蹊大　中央大　東京理科大　学習院大　東洋大　日本大　法政大　明治学院大　日本女子大など

■2023年春卒業生進路状況

卒業生数	大学	短大	専門学校	海外大	就職	進学準備他
801人	617人	15人	119人	0人	14人	36人

■2023年度入試結果

中学校

募集人員	志願者数	受験者数	合格者数	競争率
1回午前15/午後15	536/497	489/446	337/287	1.5/1.6
2回午前10/午後10	330/155	200/98	135/73	1.5/1.3
3回　5	306	83	51	1.6
適性1回　10	494	451	348	1.3
2回　10	546	464	373	1.2
英語　5	62	28	17	1.6

高等学校　普通科／商業科　スライド合格を含まない

募集人員	志願者数	受験者数	合格者数	競争率
単願	373/217	370/215	370/215	1.0/1.0
併願1回	1,525/559	1,509/558	1,484/530	1.0/1.1
2回	575/170	564/169	551/157	1.0/1.1
3回	313/96	288/95	269/84	1.1/1.1

併願募集人員：640

学校説明会　すべて要予約

★中学校

9/24 10/15 11/12

入試問題学習会　12/10

ミニ説明会（説明会未出席者）　12/24 1/5

公開授業（予約不要）　11/7～11/9

★高等学校

9/23 10/22 11/23 12/17

個別相談会　9/16 10/14 11/18 12/24

見学できる行事　要予約

浦実祭（文化祭）　9/10（個別相談あり）

スポーツフェスティバル（中）　10/7

説明会・行事等は日程・内容が変更される場合があります。必ず学校HP等でご確認ください

埼玉
う

浦和麗明高等学校
（うらわれいめい）

〒330-0054　埼玉県さいたま市浦和区東岸町10-36　☎048-885-8625　学校長　矢菅　隆

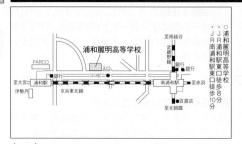

〈URL〉https://www.eimei-urawareimei.ac.jp/reimei/

沿革　昭和11年(1936)、洋裁学校として開校。後に商業学校を併設。同23年(1948)、新制の小松原女子高等学校発足。平成27年(2015)、浦和麗明高等学校に名称を変更。同30年(2018)より共学化。全館Wi-Fi環境完備など、快適な学習環境を提供。

校風・教育方針

　教育理念として「叡智」「高志」「協調」を掲げ、高い志を持った生徒を育成します。

　教育方針は「自主自律の精神を養い、自ら学び自ら考える力を育む」「確かな学力と規範意識に基づく豊かな社会性を養い、たくましく生き抜く力を育む」「思いやりの心や個性を伸ばし、一人ひとりの夢や希望を育む」としており、社会の変化に適応し、百年生き抜く力を養います。

カリキュラムの特色

●浦和麗明の学習指導
「インプット」・「アウトプット」・「フィードバック」
　長期休暇講習や映像授業視聴＋教員の解説を通して理解や知識の定着（インプット）を図ります。ここで得た知識を模試や定期試験だけでなく、浦和麗明独自の「復習テスト」で繰り返しの復習（アウトプット）を促します。そして各種テストの結果を受けて「身についていない」箇所を認識させ、そのまま放置させないように定期試験・模擬試験の復習に取り組ませ（フィードバック）、その評価を平常点に組み込んでいます。

○特選コース［Ⅰ類、Ⅱ類、Ⅲ類］
　Ⅰ類は難関国公立大、早稲田大、慶應義塾大、

Ⅱ類は中堅国公立大、上智大、東京理科大、Ⅲ類はGMARCHレベルを目指す生徒を対象にしたコースです。長期休暇を利用することで豊富な授業時間を確保して先取り学習を行い、3年生の5月までに3年間の学習内容を終了。その後の授業時間を大学入試に向けた問題演習や過去問対策に充てます。特に難関国公立大志望者にはＺ会の通信添削を利用した記述問題対策の講習を9月以降に実施します。土曜講習では、1年次は模擬試験の対策を年間通して行います。2年次からは国公立大学志望者は文系クラスが数学、理系クラスは国語が必修で、その講座には私立大学志望者も参加可能です。豊富な授業時間を利用し、クラブ活動と受験勉強を効率よく進めたり、大学入試改革や社会の変化に適応するための取り組み、さらに社会の変化に対応する取り組みを行っています。

　①「総合的な探究の時間」では1年次「科学」を通して「課題→仮説→検証→発信」というサイクルによって基本的な「探究する力」を養います。2年次は校内インターンシップに取り組み、「働く」ということを体験します。社会課題の解決に貢献する商品の企画・アイディアを各自が出し合い、より良いものを作り上げ、プレゼンテーションに向けて具現化していく能力を養います。3年次は培った知識や探究学習を通じて英語でのディスカッションにチャレンジしていきます。英会話教材の「Daily News」を用いて世界で注目されているニュースを読み、そのテーマでのディスカッションを行います。事前にしっかりと予習し、自分の考えをまとめてから望むこともできるので、

今春の進学実績については巻末の「高校別大学合格者数一覧」をご覧ください

誰でも安心して取り組むことができます。

②英語力を自分の力で伸ばせるよう、放課後に希望者対象の「Reimei English Gym」を開設。現在の英語力の測定→カウンセリング→「オンライン英会話・英文多読」など、一斉授業では難しい個別対応で英語教員がサポートを行います。

③夏と春の長期休暇中に希望者対象の「海外研修」を実施。「異文化を肌で感じ、世界の人々と相互理解を深める経験を持つことにより、国際社会における日本の役割を考え、柔軟な思考と広い視野を持つ人材になる」ことを目的とし、夏はアジア圏、春はヨーロッパ圏を予定しています。

学習環境

iPadを活用し、映像授業の受講や、英会話のレッスンを重ねます。自宅でも利用することができ、何度も繰り返すことで学力の定着を図ります。また、土曜日には浦和麗明の教員や大手予備校講師による講習を受講します。

施設設備

浦和駅および南浦和駅から徒歩10分以内で通学でき、便利で明るい通学環境です。新体育館・新校舎に加え、東浦和駅のそばの第二グラウンドは全面人工芝となりました。

学校行事・クラブ活動

文化祭、体育祭、球技大会など、クラスやコースで協力して準備する行事が多数あります。2年次の修学旅行では「ニューヨーク」、「国内」の選択制を予定しています。

テニス部は2022年度も女子が関東大会を制覇し、インターハイにも出場しました。男子も個人での出場権を獲得しています。野球部や全国大会連続出場中のチアダンス部、バレーボール部、バドミントン部など、運動が盛んです。文化部はエコ活動研究会をはじめ、合唱部・吹奏楽部なども活発に活動しています。

データファイル

■2024年度入試日程　※併願は3/4まで延納可

区分	出願期間	試験日	発表日	手続締切日
推薦単願	Web入力 12/1〜1/8 出願 1/5〜1/12	1/22	1/24	1/30
併願1回		1/22	1/24	1/30※
併願2回		1/23	1/24	1/30※
一般単願	Web入力 1/9〜2/1 出願 1/24〜2/2	2/7	2/7	2/8
併願		2/7	2/7	3/4

〈募集定員〉特選Ⅰ・Ⅱ・Ⅲ類計320人

■2024年度選考方法・入試科目

推薦：書類審査、国・数・英の学力試験（各100点45分、マークシート方式）　単願は面接あり

【出願条件】学校推薦：特選コース（5科のみ単/併）Ⅰ類24/25　Ⅱ類23/24　Ⅲ類22/23　9科に1は不可　欠席3年間15日程度　※自己推薦あり

一般：国・数・英の学力試験　単願は面接あり
〈配点・時間〉国・数・英＝各100点45分
〈面接〉単願のみ　生徒個人　重視

■指定校推薦枠のある主な大学

法政大　駒澤大　獨協大　東京薬科大　東洋大
日本大　東京女子大　日本女子大など

■2023年春卒業生進路状況

卒業生数	大学	短大	専門学校	海外大	就職	進学準備他
393人	343人	0人	24人	0人	5人	21人

■2023年度入試結果　スライド合格を含まない

募集人員		志願者数	受験者数	合格者数	競争率
推薦単願	320	214	214	208	1.0
併願1回		566	564	552	1.0
併願2回		260	254	248	1.0
一般単願・併願		29	33*	8	4.1

＊は推薦からの振り替えを含む

▼▼入試アドバイス・学校からのメッセージ

マークシート形式ですが、自身で解を求める姿勢が必要です。数学では自身で導いた解をマークする方式です。過去問題に取り組み、出題方式に慣れておいてください。

2020年度よりWeb出願を開始しました。各種イベント予約で登録した情報を、そのまま入試出願に利用できます。詳しくはHPでお知らせしますので、参照してください。

学校説明会（要予約）　上履き持参
学校説明会・校内個別相談会　9/23 10/14
10/21 11/18 11/25 12/16
個別相談会（要予約）　12/24
部活動体験　日程はHPをご覧ください
学校見学は随時可（要予約）

見学できる行事
文化祭　9/17（入試相談コーナーあり）

埼玉 え

叡明高等学校

〒343-0828 埼玉県越谷市レイクタウン7-2-1 ☎048-990-2211 学校長 宮本 智樹

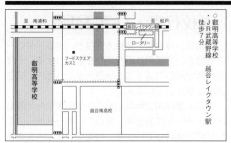

〈URL〉https://www.eimei-urawareimei.ac.jp/eimei/

沿革 昭和34年（1959）小松原高等学校開校。平成27年（2015）、越谷市レイクタウンに校舎移転。同時に叡明高等学校と校名変更、男女共学化し、学科・コースを改編しました。令和2年（2020）、情報科の募集停止。

校風・教育方針

建学の精神として「みんなから愛される人」「社会に役立つ人」「勤労を尊び前進する人」の3つを掲げています。創立当初から知育に偏ることなく、心の教育も重視しています。また、徹底した学習指導とともに、挨拶や言葉遣いに始まる礼儀、規律のある生活習慣、公共心の育成など、豊かな人格形成の基礎となる教育に力を注いでいます。

カリキュラムの特色

普通科を設置しています。日常の予習・復習を習慣づけ、模試受験後のフィードバックを丁寧に指導し、学習内容の理解と定着を図ります。土曜講習、長期休暇講習などのサポート体制も整えています。

●普通科

特進選抜コースⅠ・Ⅱ類では、難関国公立大学、早稲田・慶應などの難関私立大学を目標としています。また、受験指導の経験豊富な教員による授業を行い、一人ひとりの実力を伸ばします。

特別進学コースでは、GMARCHレベルの大学を目指します。私立大学の受験に必要な3科に特化したカリキュラムとなっており、文系は英・国・社、理系は英・数・理を重点的に学習できるよう

になっています。また、演習の時間を2年次からきちんと確保することで、早期から受験対策に取り組むことができます。

進学コースでは、私立大学を目標に、基礎学力を高め、実力を養成します。総合型・学校推薦型の入試に対応するべく、文系・理系に分かれた後も国語演習や小論文の授業を通して対策を行います。

ICT教育

生徒全員が入学時にタブレット端末を購入し、学校生活のあらゆる場面で活用しています。

また、教員と生徒が情報を共有することができ

┌─ **Information** ─────────

学習を深める多彩な学習活動

■英単語小テスト

毎朝、HRの時間に英単語・熟語の小テストを行い、確実な定着を図ります。

■代ゼミサテライン

多数の講座の中から、好きな講座を選べる映像講座。学校のパソコン教室でも家でも視聴可能です。

■スタディサプリ

予備校講師による配信制講座。中学の内容の復習から大学受験対策まで、幅広く受講できます。

■＋Study

AIを利用して弱点を克服します。

今春の進学実績については巻末の「高校別大学合格者数一覧」をご覧ください

| 3学期制 | 登校時刻 8:35 | 昼食 弁当持参、食堂、売店 | 土曜日 休日(土曜講習〈映像〉) |

るGoogle Classroomを導入しています。家庭学習はもちろん、授業でも活用し、主体的な学びを行います。生徒同士が授業内でそれぞれの考えを共有したり、教員に考えを示したり、投稿やコメント機能を使ってクラスでディスカッションを行ったりするなど、より深い学びへとつなげることができます。さらに、生徒それぞれの授業・授業以外の生活面・成績・部活動・学習記録などの活動記録とその振り返りを記録します。振り返りを通じて、自分自身を客観的に捉えなおすことができ、より深い学びを実現することができます。

環境・施設設備

学習施設として、ブースに区切られ集中して自習できるスタディルームや、過去問題をそろえたメディアセンターなどがあります。さらに、メニュー豊富なランチルーム、ランチデッキ、バスケットボールコート3面分のアリーナ、野球とサッカーが同時に行える広大なグラウンド、テニスコート、多目的ホールなどさまざまな施設を設置しています。

学校行事・部活動

文化祭、体育祭、芸術鑑賞会など多彩な行事があります(2022年度より姉妹校の浦和麗明高校との部活動交流戦を開始)。修学旅行は今年度は関西、今後は海外を予定しています。

部活動は盛んで、全国大会出場経験のある強豪がそろっています。男子硬式野球、バドミントン、合唱、男子サッカーが強化部に指定されています。このほか運動部は、バスケットボール、テニス、ゴルフ、女子硬式野球、女子ソフトボール、バレーボール、チアリーディング、ダンス、弓道、自転車競技など。文化部は、演劇・映画、書道、吹奏楽、科学、放送など。同好会は、ロックバンド、ウエイトトレーニングなどがあります。

データファイル

■2024年度入試日程

募集人員		出願期間	試験日	発表日	手続締切日
推薦単願	520	1/5〜1/12	1/22	1/24	1/26※
推薦併願1回			1/22		
2回			1/23		

募集人員　普通科：特進選抜コースⅠ・Ⅱ類80、特別進学コース180、進学コース260
※推薦併願は、公立高校発表翌日まで一部延納可

■2024年度選考方法・入試科目

推薦単願：国語、数学、英語
推薦併願：国語、数学、英語
※単願・併願ともに学校推薦または自己推薦
〈配点・時間〉国・数・英＝各100点50分
〈面接〉なし

■2023年春卒業生進路状況

卒業生数	大学	短大	専門学校	海外大	就職	進学準備他
481人	421人	7人	31人	0人	1人	21人

■指定校推薦枠のある主な大学

学習院大　國學院大　国士舘大　駒澤大　成蹊大　大東文化大　中央大　帝京大　東京電機大　東洋大　獨協大　日本大　立教大など

■2023年度入試結果　男／女

募集人員		志願者数	受験者数	合格者数	競争率
推薦単願特選	520	10/21	10/21	10/19	1.0/1.1
特進		57/53	57/53	55/53	1.0/1.0
進学		119/204	119/204	114/197	1.0/1.0
推薦併願特選		141/110	135/108	135/108	1.0/1.0
特進		458/489	444/483	438/480	1.0/1.0
進学		440/548	432/540	386/497	1.1/1.1

スライド合格を含む
インフルエンザ罹患者に対する追試験を含む

▼▼入試アドバイス・学校からのメッセージ

イベント予約、個別相談から、出願ともにインターネットで申し込めます。合格発表もインターネットで行います。

| 個別相談会 | 要予約 | ＊上履き持参 |

学校説明会・入試説明会　HPで映像配信
特進選抜コース希望者対象学校説明会　9/2
個別相談会　9/23 10/14 11/18 12/16
イブニング相談会　11/2
冬期相談会　12/25 12/26 12/27
※詳細はHPにて確認してください。

見学できる行事

叡明祭(文化祭)　9/17
体育祭　9/29

説明会・行事等は日程・内容が変更される場合があります。必ず学校HP等でご確認ください

大妻嵐山中学校・高等学校
おお　つま　らん　ざん

〒355-0221　埼玉県比企郡嵐山町菅谷558　☎0493-62-2281　学校長　榎本　克哉

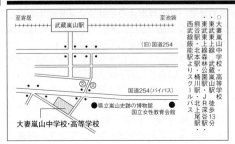

〈URL〉https://www.otsuma-ranzan.ed.jp

沿革　昭和42年(1967)嵐山女子高等学校として創立。同47年(1972)大妻女子大学嵐山女子高等学校と改称。平成7年(1995)現校名に改称。同15年(2003)中学校を開校。2024年度より高校は大妻進学・総合進学・特別進学の3コース制となります。

校風・教育方針

校訓「恥を知れ」・建学の精神「学芸を修めて人類のために－Arts for Humankind－」を柱に、学祖大妻コタカが目指した「思いやりのある自立した女性」、「教養豊かな聡明な女性」、社会が求める「国際的な視野を持った女性」を育成しています。「グローバル＆サイエンス」と「学校社会貢献活動」を学びのキーワードとし、特徴ある探究学習や多種多様な体験型プログラムを用意しています。心の教育を重んじながら、社会に貢献する自立した「大妻スピリット」をもつ女性を、豊かな自然環境の中で育成しています。

カリキュラムの特色

サイエンス教育　豊かな自然環境に恵まれ、校内には大妻の森（自然観察園）やビオトープ（野生生物の生育場所）があります。理数系の体験学習を重視し、特に中学生の理科の授業では、週5時間のうち必ず1回は実験を行っています。また、中学生は、国蝶オオムラサキの飼育・観察研究をします。生徒はオオムラサキとのふれあいを通して、大きな感動とともに生命の尊さや自然の営みを学びます。飼育のための下調べから、観察・研究、科学論文の作成、プレゼンテーションにより、考

える力や発表する表現力を養います。

国際理解教育　小テストや音読、スキットの暗唱をくり返すことにより、土台となる基礎力を鍛え、ALT（ネイティブの英語講師）の授業やスピーチの練習などを通して表現力を磨きます。実践的な生きた英語を学ぶことによって、大学入試に通用する4技能（聞く、話す、読む、書く）を習得します。また、国内・海外の研修・留学制度も多彩です。中学2年生での英会話合宿や、希望者を対象に実施する中学3年生のイギリス研修、高校生のオーストラリア研修、ターム留学（オーストラリア）、中・長期留学制度など、本格的に外国の文化に触れる機会も数多く設定しています。

学校行事・クラブ活動

中学1年生のサイエンス発表会は、1年かけて飼育・観察したオオムラサキの生態をスライドにまとめて、3月に発表を行います。また、大妻女子大学見学会では中学1年生の早い時期に大学のキャンパスに足を踏み入れ大学生活を体感することで、自己の興味や適性をいかす将来の学問専攻を考えるきっかけとしています。百人一首大会は、国語の授業で鑑賞した歌を一首でも多く覚えて臨み、非常に盛り上がる行事となっています。また、イングリッシュ・フェスティバルでは、ミュージカルなど舞台にチャレンジする溌剌とした姿を見せてくれます。他にも体育祭、大妻祭（文化祭）など、中学生・高校生が力を合わせて盛り上がる行事が数多くあります。

宿泊行事は、中学2年生の英会話合宿、中学3年生の関西修学旅行（2021年度から実施）、高校

２年生の海外修学旅行（2018年度から実施）などがあります。

　学校生活を楽しく充実したものにするためにクラブ活動は欠かせません。学習以外の経験を重ね、力をつけることも大切と考え、中学生には入部を推奨しています。運動部では、成長過程にある中学生の体力づくりに配慮した指導を行っています。強化指定クラブの中学バレーボール部は、2021年度関東大会に出場しました。

○運動部／バスケットボール、バレーボール、ダンス、ハンドボール、バドミントン、剣道、ソフトテニス、硬式テニス、サッカー
○文化部／吹奏楽、美術、サイエンス、ギター、コーラス、書道、華道、茶道（高校生のみ）
○同好会／アドミッション・スタッフ、文芸、キャリアスタディ、食物（高校生のみ）

嵐山町

中

女子

高

女子

データファイル

■2024年度入試日程

中学校　帰国生入試は12/2　1/10・1/11は大宮会場あり

募集人員		出願期間	試験日	発表日	手続締切日
まなび力エキスパート	30	12/1～1/5	1/10	1/10	1/16
一般1回		12/1～1/5	1/10午後	1/11	2/5
適性	30	12/1～1/5	1/11午後	1/13	2/5
一般2回		12/1～1/20	1/23	1/23	2/5
大妻特待	20	12/1～1/5	1/11	1/12	2/5

高等学校　帰国生入試は12/2

募集人員		出願期間	試験日	発表日	手続締切日
1回単・併	特進20総進80	12/18～1/16	1/22	1/24	単1/26
2回単・併	大妻80		1/23	1/24	併3/1*

＊1/26までに延納手続き

■2024年度選考方法・入試科目

中学校

まなび力エキスパート：国語・算数・英語から2科選択　※出願前にエントリーシート提出
一般1回・2回：2科か4科
大妻特待：4科　**適性**：適性検査型問題
帰国生：総合（国語・算数）、面接（英語、日本語）
〈配点・時間〉国・算・英＝各100点50分　理・社＝各50点計50分　※大妻特待は理・社＝各60点30分
〈面接〉帰国生のみ　生徒個人　重視

高等学校　（英語はすべてリスニングを含む）

1回・2回：国語・数学・英語
帰国生：国語・数学、面接（英語、日本語）
〈配点・時間〉国・数・英＝各100点50分
〈面接〉帰国生のみ　生徒個人

■2023年春併設大学・短大部への進学

大学の定める成績および出席状況等の基準を満たした者は内部推薦による進学が可能（ただし、学科・専攻ごとに定員が設けられています）。
大妻女子大学—37（家政14、文14、社会情報7、人間関係1、比較文化1）〈進学者数〉
大妻女子大学短期大学部—1（国文）〈進学者数〉

■指定校推薦枠のある主な大学

学習院大　立教大　法政大　成蹊大　成城大　明治学院大　日本大　東洋大　駒澤大　日本女子大　東京女子大　埼玉医科大　立命館大など

■2023年春卒業生進路状況

卒業生数	大学	短大	専門学校	海外大	就職	進学準備他
119人	104人	5人	3人	0人	1人	6人

■2023年度入試結果

中学校　帰国生入試あり

募集人員		志願者数	受験者数	合格者数	競争率
まなび力		47	43	42	1.0
エキスパート	30	39	39	37	1.1
1回		329	314	230	1.4
2回	30	224	112	78	1.4
3回	若干	111	28	21	1.3
大妻奨学	20	125	106	58	1.8

高等学校　併願は1回／2回　帰国生入試あり

募集人員		志願者数	受験者数	合格者数	競争率
単願	SS20 SA80	66	66	66	1.0
併願	大妻G80	72/16	72/16	72/16	1.0/1.0

学校説明会・入試説明会　すべて要予約

ホームページで確認してください
★中学校　9/16　10/15
入試問題解説会　11/12
入試体験会　12/10
わくわくワークショップ　9/16　11/25　3/20
個別相談会　12/23　12/25
★高等学校　9/23　10/29
個別相談会　9/16　10/15　10/21　11/12　11/18　11/26　12/10　12/23　12/25　1/6
推薦入試対象者特別講座　9/23　10/29
入試問題解説会　11/26

見学できる行事

大妻祭（文化祭）　9/9・9/10
（ミニ説明会あり）

説明会・行事等は日程・内容が変更される場合があります。必ず学校HP等でご確認ください

中 共学 　高 共学 　普通科

大宮開成中学校・高等学校

おおみやかいせい

〒330-8567　埼玉県さいたま市大宮区堀の内町1-615　☎048-641-7161　学校長　松﨑　慶喜

〈URL〉https://www.omiyakaisei.jp

沿革　昭和34年（1959）大宮開成高等学校設立。平成9年（1997）普通科の男女共学の特進コースを設置し、進学校を目指す。平成17年（2005）には大宮開成中学校を開設。令和6年（2024）より特進選抜先進・Ⅰ類・Ⅱ類の3コースで募集。

校風・教育方針

校訓「愛知和」。自分も他者も幸福にし、正しい知識・知性に基づく的確な判断力をもって"80億の他者"を受け容れることを意味します。

カリキュラムの特色

中高一貫部

2019年から英数特科コースのみに統一。土曜授業や「アドバンスト演習」・「スタンダード演習」など十分な授業時数を確保し、小テストや日々の学習課題で「学力の幹」を築きます。放課後質問対応や生活記録ノート、高校での綿密な進路指導など、"生徒と教員の近さ"は学校の文化となっています。週2時間連続の中3科学実験、4技能をバランスよく鍛える英会話など、自ら考え楽しむ授業も人気です。年間かけての探究「プレゼンテーション教育」は、学習指導と並ぶ教育の柱。SDGs等をテーマに社会貢献意欲を育みます。高2生が中1生をリードする「フレッシュマン・ジュニアキャンプ」、留学生と国際課題を話し合う「グローバルビレッジ」なども特徴です。

高校部

──大学現役合格に向けた3つのコース──

（1）　特進選抜先進コース

東大・京大など最難関国立大や、慶應義塾・早稲田・上智・東京理科などの最難関私立大への現役合格をめざすコースです。1日7時間週38時間の授業を基本に、国立大受験に必要な5教科7科目に完全対応しています。放課後の志望大学別補習や添削指導により、一人ひとりを大切に指導しています。

（2）　特進選抜Ⅰ類・Ⅱ類コース

難関国公立大・早慶上理・GMARCHなどの難関私立大への現役合格をめざすコースです。授業カリキュラムは先進コースと同じ1日7時間週38時間の授業を基本に、国公立大受験にも完全に対応しています。進級時には本人の学力、適性に応じて、希望があればコース変更も可能です。全コース文武二道を掲げており、「限られた時間でベストを尽くす」をモットーに、進路目標達成と充実した部活動との両立が可能です。

愛知和ラーニング　2019年より開始された愛知和ラーニングは「総合的な探究の時間」に行う自らが選択する講座です。40講座以上が用意されています。大きく分けて「探究系の講座」と「学習系講座」があり、学年を越えて受講できます。3年生には「入試対策講座」が開かれ、志望大学へ現役合格できる実力を身につけます。

国際理解教育

グローバル社会で活躍できる人材を育成するために、異文化と本物の語学を学ぶプログラムを用意しています。夏休みにフィリピン・セブ島で13泊14日の夏期留学、オーストラリア・ニュージーランドでの3カ月ターム留学、英語漬けの4日間

今春の進学実績については巻末の「高校別大学合格者数一覧」をご覧ください

で行う国内留学などが希望者に用意されています。

　9月にはニュージーランド、オーストラリアで全生徒必修の語学研修を実施。感性豊かな高校時代、海外体験を通して多様な文化を学んでほしいと思っています。

環境・施設設備

　緑多き学園内の施設は、充実した学校生活・学校活動が行えるよう整備されています。3つの屋内体育施設（体育館、プライムホール、清心館）、テニスコート、アーチェリー場、野球場、サッカー場がある芝川グラウンドなど、充実した施設があります。2012年には校舎全館の耐震工事が終了。2016年完成の図書館は、個人ブース200席がある自習室、5万冊蔵書の図書室があり、生徒に

は人気の施設です。2019年に建てられた新体育館は、直線は50mあり、ハンドボールコートもある大きな体育館で、2,000人収容することができます。

学校行事・部活動

　学校行事は人を成長させるための行事と位置づけ、多くの経験を通して学校生活に彩りを与えています。体育祭、文化祭、合唱祭を三大祭とし、夏の校外研修、秋の海外研修、球技大会など、年間を通して多くの行事が企画されています。

　部活動は週5日の活動で、学習との両立を図っています。特に活躍が顕著な部活動は、吹奏楽（西関東大会連続出場）、アーチェリー（インターハイ連続出場）、なぎなた（全国選抜出場）、チアダンス（全国大会出場権獲得）などがあります。

データファイル

■2024年度入試日程

中学校

募集人員		出願期間	試験日	発表日	手続締切日
1回	80	12/1～1/8	1/10	1/11	2/5
2回	20	12/1～1/12	1/14	1/15	2/5
特待生	50	12/1～1/10	1/12	1/13	2/5

高等学校

募集人員		出願期間	試験日	発表日	手続締切日
単願	120		1/22	1/26	1/28
1回併願	20	12/1～1/7	1/22	1/26	1/28※
2回併願	240		1/23	1/26	1/28※

募集コース：特進選抜先進コース、特進選抜Ⅰ類コース、特進選抜Ⅱ類コース
※併願は延期手続制度あり

■2024年度選考方法・入試科目

中学校

国語、算数、理科、社会
〈配点・時間〉国・算＝各100点50分　理・社＝各50点30分
〈面接〉なし

高等学校

単願・1回併願・2回併願：国語、数学、英語
〈配点・時間〉国・数・英＝各100点50分
〈面接〉なし

■指定校推薦枠のある主な大学

早稲田大　東京理科大　明治大　立教大　青山学院大　中央大　学習院大　法政大　日本大　明治学院大　成蹊大　成城大　津田塾大　東京女子大　日本女子大　同志社大　など

■2023年春卒業生進路状況

卒業生数	大学	短大	専門学校	海外大	就職	進学準備他
625人	581人	1人	2人	1人	2人	38人

■2023年度入試結果

中学校

募集人員		志願者数	受験者数	合格者数	競争率
1回男	80	1,207	1,175	679	1.7
女		905	884	486	1.8
2回男	20	796	512	194	2.6
女		554	356	95	3.7
特待生男	50	580	457	69	6.6
女		449	356	35	10.2

特待生は選抜入試。このほか一般合格あり（男181人、女171人）

高等学校　アップスライド合格あり

募集人員		志願者数	受験者数	合格者数	競争率
単願		202	202	178	1.1
併願A	380	1,595	1,566	1,491	1.1
B		206	201	170	1.2

学校説明会　すべて要予約
★中学校　9/16 12/2
入試対策会〈授業体験〉　10/21 11/23
★高等学校　9/16 10/21 11/23
ミニ説明会　10/14 10/15 11/19 11/26
個別相談会　10/9 10/14 10/15 10/21 11/19 11/23 11/26 12/17
見学できる行事　要予約
文化祭　10/28・10/29

説明会・行事等は日程・内容が変更される場合があります。必ず学校HP等でご確認ください

埼玉
（か）

開智中学校・高等学校

〒339-0004　埼玉県さいたま市岩槻区徳力186

中☎048-795-0777　学校長　菅沼　健児
高☎048-793-1370　学校長　小島　克也

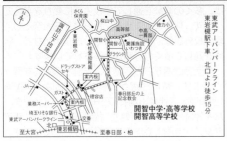

〈URL〉https://www.kaichigakuen.ed.jp

沿革　昭和58年（1983）、埼玉第一高等学校創立。平成9年（1997）、中高一貫教育校として開智中学校を創立。平成11年度より、埼玉第一高等学校を開智高等学校に改称しました。中学からの入学者は「中高一貫部」、高校からの入学者は「高等部」として別コースで学びます。

校風・教育方針

　21世紀社会の国際社会で活躍していくためには、与えられた問題に答えられるだけではなく、問題発見能力や創造的な学力が求められますが、その力を育てるために、徹底した知識学習を基盤に、探究・発信型学習に力を入れています。

カリキュラムの特色

「中高一貫部」自分で選ぶ新しいコース制

　入学前の登校日に、4つのコースから生徒が一番適していると思うコースを自分で選びます。「探究型の授業」「知識を獲得する授業」「英単語や漢字・計算力をつける繰り返しの学び」など、中1・中2の2年間は、どのコースも授業や行事、講習等は同じ内容です。コースによって学級活動や道徳の時間の取り組みが少し異なります。

　中2の3学期に新たにコースを選択、中3・高1は学力別のクラス編成をします。どのクラスも授業内容は同じですが、より深い内容まで学ぶクラス、幅広く学ぶクラス、丁寧に学ぶクラスなど一人ひとりに適した授業が受けられるよう編成します。

東大入学は手段であって目的ではない！（先端ITコース）　東大、京大、東工大、一橋大、早稲田、慶應など、目標の大学が決まっている人のコース。

医学部へ行くのは、人助けのためなのか！（先端MDコース）　医師、歯科医師、薬剤師、獣医師などを目指す人のコース。

社会貢献はグローバル社会での義務か？（先端GBコース）　グローバルな仕事、未来の仕事、AIやロボット、新しい社会で挑戦する人のコース。

これから将来を見つける人の可能性は無限大だ！（先端FDコース）　「将来何をしたいか」「どんな大学へ行きたいか」が、決まっていない人のコース。

「高等部」特徴のある3コース制

　「高等部」では「Tコース」「S1コース」「S2コース」の3コースに分かれて学習します。

　「Tコース」は教材の中に探究のテーマを数多く配置し、じっくりと思考するとともにインタラクティブなやり取りを中心とした授業が展開されます。進路目標を東大および国立医学部に焦点化し、最高水準の教師陣が智力を鍛え上げます。

　「S1コース」は旧帝大をはじめとした難関国公立大学へ現役合格するためのカリキュラムが組まれています。ハイレベルな学力を習得するために、質の高い授業が展開され、放課後の特別講座や講習会とも密接なリンクを張り、効果的かつ合理的な学習が自然とできるように工夫されています。

　「S2コース」では授業をじっくりと丁寧に行い、生徒個々の可能性を見つけ、学びを通してそれを育てていきます。3年次には進路別に多くの選択科目を配置し、その中から必要な科目だけを徹底的に学習することができるカリキュラムとなっており、国公立大学のみならず、早稲田や慶應といった難関私立大学への現役合格を目指します。

今春の進学実績については巻末の「高校別大学合格者数一覧」をご覧ください

| 3学期制 | 登校時刻 中・高8:25 | 昼食 弁当持参、食堂、売店 | 土曜日 授業（午前） |

　3コースともに1・2年次は放課後特別補習が設けられており、3年次では毎日放課後特別講座が実施され、より一層の「学習効果」と「合格力」を目指しています。

環境・施設設備

　豊かな自然の中の近代的な校舎には、優れた音響装置を備えたプラザホールやフィリアホール、マルチメディア室、大食堂、3つの体育館が整備されています。また、4つのグラウンドと室内温水プール、生徒会館であるプラザ棟には個人机250席の自習室と多目的ルームを備えています。

生活指導・心の教育

　中高一貫部では、創造型・発信型の国際的リーダーを育成するために、探究・発信型学習として、疑問の発見、仮説の設定、調査、検証を行う「探究テーマ」「フィールドワーク」を実施しています。

　高等部では、「広範囲な知識に基づく知的解析力」「国際的な視野に立つ意志決定能力」「意見を的確に伝える表現力」「感受性に基づく共感能力」をさまざまな教育活動を通じて育成します。

学校行事・クラブ活動

　中高一貫部には、体育祭・開智発表会・探究テーマ発表会・合唱コンクール等の行事が、高等部には、時鐘祭・体育祭・球技祭・ロードハイク等の行事があります。共通で夏休みには海外語学研修、1学期・2学期には芸術鑑賞を実施しています。

　クラブ活動は、中高一貫部が32部・同好会1部、高等部が16部・同好会4部で別々に活動しています。

データファイル

■2024年度入試日程

詳細は学校HP『募集要項』でご確認ください

| 中学校 | 各回とも複数会場より選択可能 |

募集人員		出願期間	試験日	発表日	手続締切日
1回	110	12/1〜各試験当日	1/10	1/10	2/9
特待A	30		1/11	1/11	
特待B	85		1/12	1/12	
算数特待	10		1/12午後	1/12	
2回	40		1/15	1/15	
日本橋併願	5	1/10〜2/4	2/4	2/4	

| 高等学校 | ※Tコース50人　S1コース100人　S2コース70人 |

募集人員※		出願期間	試験日	発表日	手続締切日
1回単願	220	12/11〜1/13	1/22	1/26	2/3
併願		12/11〜1/13	1/22	1/26	3/1
2回単願		12/11〜1/13	1/23	1/26	2/3
併願		12/11〜1/13	1/23	1/26	3/1
3回単願		12/11〜1/13	1/24	1/26	2/3
併願		12/11〜1/13	1/24	1/26	3/1

■2024年度選考方法・入試科目

中学校

1回・2回・特待A・B：国語、算数、理科、社会
算数特待：算数1科　日本橋併願：2科か4科
〈配点・時間〉国＝100点50分　算＝120点60分
理・社＝各60点30分（日本橋併願：国＝100点50分　算＝120点50分　理・社＝各50点25分）
〈面接〉帰国生のみあり

高等学校

国語、数学、英語

〈配点・時間〉国・数・英＝各100点50分
〈面接〉なし

■2023年春卒業生進路状況

卒業生数	大学	短大	専門学校	海外大	就職	進学準備他
546人	441人	0人	2人	2人	0人	101人

■2023年度入試結果

| 中学校 | 男／女　帰国生を含む |

募集人員		志願者数	受験者数	合格者数	競争率
先端1	110	929/707	887/675	558/396	1.6/1.7
先端特待	30	272/162	182/97	65/29	2.8/3.3
先端A	90	563/400	398/262	220/124	1.8/2.1
算数特待	10	308/102	226/56	64/11	3.5/5.1
先端2	40	660/481	329/254	119/84	2.8/3.0

| 高等学校 | 単願は1・2・3回合計 |

募集人員		志願者数	受験者数	合格者数	競争率
単願	220	239	231	83	2.8
併願1回		636	1,511	887	1.7
2回		526			
3回		617			

学校説明会　学校見学は随時可（要予約）
★中学校（要予約）　9/30　10/28　12/2
入試問題説明会（動画配信）　11/25〜12/3
★高等学校　学校説明会・個別相談会（要予約）
9/24　10/14　10/29　11/18　11/26　12/17

見学できる行事
中高一貫部　開智発表会　9/16・9/17
高等部　体育祭　9/30（順延10/7）

　説明会・行事等は日程・内容が変更される場合があります。必ず学校HP等でご確認ください

中 共学　高 共学 普通科　　　　　　　　　　　　　大

埼玉 か

開智未来中学校高等学校
（かいちみらい）

〒349-1212　埼玉県加須市麦倉1238　☎0280-61-2021　学校長　藤井　剛

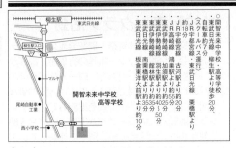

○開智未来中学校・高等学校
　柳生駅より徒歩20分、
〈自転車〉
　東武日光線柳生駅より20分、
　東武伊勢崎線羽生駅より35分、
　JR宇都宮線栗橋駅より25分、
　JR宇都宮線古河駅より20分、
　JR高崎線鴻巣駅より約55分
〈スクールバス・運行〉
　約18分　　栗橋駅より約10分
　約7分
　約50分

〈URL〉https://www.kaichimirai.ed.jp/

沿革　平成23年（2011）、開智中学・高等学校（さいたま市）のパイロットスクールとして、開智未来中学・高等学校開設。

校風・教育方針

　開智未来は開智学園2番目の中高一貫校として、「教育開発」をコンセプトに開校しました。

　3 I's（探究活動・世界水準の英語発信力・つなげる知能としてのICT）を教育の柱として、「知性と人間をともに育てる」をモットーに、開智学園が共通で掲げる「国際社会に貢献する心ゆたかな創造型発信型リーダーの育成」を目指します。

カリキュラムの特色

　習熟度別に、「T未来クラス」・「未来クラス」・「開智クラス」を設置します。「T未来クラス」はより質の高い集団でより質の高い授業を行い、一人ひとりの能力をさらに伸ばすことを目的としたクラス。「未来クラス・開智クラス」は充実した教育により一人ひとりの実力を確実に、そしてていねいに育てます。年度ごとの入れ替えがあり、T未来クラスは東大や国立医学部をはじめとする最難関大学進学、「未来クラス」・「開智クラス」は国公立大学、難関私立大学進学を目指します。

　授業の特色として、関根顧問（初代校長）が開発した「学びのサプリ」の考え方のもと、中学3年間で「哲学」の授業を行います。「6つの授業姿勢（ねらい・メモ・反応・発表・質問・振り返り）」、「メモのスキル」、「学び合い」、「思考・論文の作成・発表のプロセス」、「英語発信力」など、

「国際社会に貢献するリーダー」としての資質を高める「学びの基盤」を徹底して鍛えます。そして哲学の授業で身についた「学びのスキル」が身体化し、日常の授業自体が「アクティブ・ラーニング」となり、質の高い授業で生徒の教科学力と志を育てます。

　また、中学課程で行う「里山フィールドワーク」・「ブリティッシュヒルズフィールドワーク」・「探究フィールドワーク」、自らの興味関心を究める高校1年の「才能発見プログラム」、英語論文や英語のプレゼンテーションを行う高校2年の「海外探究フィールドワーク」など、「探究活動」が開智未来の特色です。さらに2017年度入学生より、段階的にタブレットを導入。2020年度は特に新型コロナによる休校中もスムーズにオンライン授業に移行できました。メモに代表される伝統型知性とICT活用の未来型知性を融合させ、より本質的で先進的な学びを目指します。

環境・施設設備

　県立高校跡地の校舎を改装し、300人が独習できるアカデメイアや質問スペースなど開智未来独自の「学びの空間」があります。また、ICT環境においても2019年度に1人1台のタブレット導入が実現、HR教室にもプロジェクターや電子黒板が計画的に設置され、今後さらに充実した学校生活・学習活動が行えるよう環境を整備します。

　通学は、栗橋・南栗橋・加須・羽生・古河・鴻巣・館林・板倉東洋大前の各駅からスクールバスを運行しています。

今春の進学実績については巻末の「高校別大学合格者数一覧」をご覧ください

生活指導・心の教育

　関根顧問が哲学の授業を実施します。各教科の学習やほかの教育活動と連動し、学びを統合化します。人間の生き方、価値、社会の課題などを幅広く扱い、開智未来が掲げている「志づくり（貢献教育）」の柱となります。

　生徒会が主催して、「貢献活動」を年2回実施しています。最寄り駅からの通学路や、バス拠点駅前の清掃活動を通じて、地域に根付いた学校を目指します。

学校行事・クラブ活動

　未来祭(文化祭)・体育発表祭(体育祭)・合唱祭(中学のみ)などの行事を行います。また、探究行事の集大成として6泊8日の海外フィールドワーク（カナダおよびワシントン）に全員参加します(高2)。

　部活動では、運動部は硬式野球部・陸上部・サッカー部・バスケット部・バドミントン部・ダンス部・卓球部など、文化部は科学部・ESS・将棋部・コーラス部・情報部・探究部などがあります。2022年度より高校に吹奏楽部が創設されました。

加須市

中

共学

高

共学

データファイル

■2024年度入試日程

中学校　＊開智併願は試験当日まで、当日窓口なし

募集人員		出願期間	試験日	発表日	手続締切日
探究1	25	〈Web出願〉12/1〜試験前日＊当日出願(窓口)あり	1/10	1/11	2/10
1回	20		1/10午後	1/10	2/10
探究2	20		1/11	1/12	2/10
T未来	20		1/11午後	1/11	2/10
算数	10		1/12午後	1/12	2/10
2回	15		1/14	1/14	2/10
開智併願	10		1/15	1/16	2/10

募集人員（T未来/未来/開智）　開智併願型：5/5/－　探究1：10/5/10　1回：10/5/5　探究2：5/5/10　T未来：20/－/－　算数1科：5/5/－　2回：5/5/5

高等学校　募集人員は、T未来30、S未来30、開智30

募集人員		出願期間	試験日	発表日	手続締切日
1回単併	90	12/1〜1/15	1/22	1/23	単 1/31 併 公立発表日
2回単併			1/23	1/23	
3回単併		12/1〜1/15＊	1/25	1/25	

＊3回のみ試験当日窓口出願可

■2024年度選考方法・入試科目

中学校

探究1・2：計算基礎（50点20分）・読解基礎（50点30分）・探究（1は科学、2は社会・100点40分）2は探究にかえて英語選択可　**1回**：2科　**T未来**：国・算・理　**算数1科**：算（100点60分）　**2回**：4科か2科か国・算・英　**開智併願型**：国（100点50分）・算（120点60分）・社・理（各60点30分）〈配点・時間〉国・算・英＝各100点40分　理・社＝各50点計40分　＊T未来は100点40分〈面接〉なし

高等学校　国語、数学、英語（リスニング含む）単願は面接あり

〈配点・時間〉国・数・英＝各100点50分〈面接〉生徒グループ　参考

■2023年春卒業生進路状況

卒業生数	大学	短大	専門学校	海外大	就職	進学準備他
117人	94人	0人	4人	0人	0人	19人

■2023年度入試結果

中学校　男／女

募集人員		志願者数	受験者数	合格者数	競争率
探究1	約20	43/31	35/30	28/28	1.3/1.1
1回	約20	147/129	133/123	115/112	1.2/1.1
探究2	約20	56/37	38/32	34/29	1.1/1.1
T未来	15	93/70	51/45	30/22	1.7/2.0
算数	10	83/44	37/21	22/13	1.7/1.6
2回	20	96/68	38//36	31/32	1.2/1.1
開智併願	約10	410/316	214/180	185/156	1.2/1.2

高等学校　単願／併願

募集人員		志願者数	受験者数	合格者数	競争率
1回	90	30/85	30/83	27/80	1.1/1.0
2回		12/36	12/36	12/35	1.0/1.0
3回		7/27	6/23	5/22	1.2/1.0

学校説明会　要予約

★中学校
オープンスクール　10/7 11/4
体験授業　9/23
探究型入試演習(小6対象)　10/29 12/2
4科型入試解説会(小6対象)　11/26 12/17
★高等学校
オープンキャンパス　9/30 10/28 10/29
入試説明会(中3対象)　11/25 12/17
入試対策講座(中3対象)　9/23 11/26

見学できる行事
未来祭　9/2・9/3(個別相談コーナーあり)

春日部共栄中学校・高等学校
（かすかべきょうえい）

〒344-0037　埼玉県春日部市上大増新田213　☎048-737-7611　学校長　小南　久芳

埼玉（か）

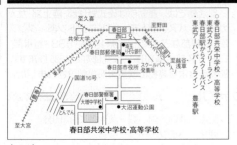

春日部共栄中学校・高等学校

〈URL〉https://www.k-kyoei.ed.jp/

沿革　昭和8年(1933)、東京都葛飾区に岡野弘・岡野さくによって創設された共栄学園高校の実績をもとに、春日部市の誘致を受け、同55年(1980)男女共学の高校を開校。2003年4月には「世界のリーダー」の育成を目指して、中学校がスタート。

校風・教育方針

「至誠一貫」を建学の礎とし、知育・徳育・体育の調和のとれた全人的人間の育成を目指し、文武両道をモットーとします。「大学までの人ではなく、大学からの人」の育成を目指します。

2022年度より「2期制」「週5日制」「45分7限授業」を実践しています。それにより、能動的な自学自習力を高め、部活動とのゆとりある両立を図ります。

春日部共栄中学校（創立21年目）

最高レベルの大学、大学院を目指すことのできる世界標準の進学教育を目指しています。本物に触れる機会を数多く設けるとともに、世界を担うリーダーに求められる「高い道徳心」を養います。

●「5つの育む力」と2つのコース

未来社会を創造する力を育てるために「表現力」「行動力」「思考力」「自己肯定力」「判断力」の「5つの育む力」を身につけ、活用する2つのコースを設置しています。

プログレッシブ政経コースは、圧倒的な英語力を用いて、国際的なリーダーシップを発揮する人材を育てます。ビブリオバトルや模擬国連、ディベートなどのプログラムにより、世界のリーダー

にふさわしい知識や発信力を身につけます。

IT医学サイエンスコースは圧倒的な数学力を軸に、研究者や開発者としてリーダーシップを発揮する理系人材を育てます。プログラミング、メディカル論文講習、理科実験などのプログラムにより、問題解決力や論理的思考力を身につけます。

●グローバルリーダースプログラム

世界のリーダーに必要な人間力を伸ばす、2つのコース共通のプログラムです。毎朝の時事問題への取り組みや、実践型キャリア教育を実施。外国人講師による英語漬けプログラムや希望制の海外語学研修など生きた英語を学ぶ機会が豊富です。高2のオーストラリア修学旅行は全員参加で、日ごろ鍛えた英語力を試します。

●全員難関大合格を目指して

高校は今年74人が国公立大に現役で合格し、現役合格実績はトップクラス。経験豊かな教員チームが、中学では6年間一貫教育で全員難関大合格を可能とする指導を展開します。海外名門大学への進学に向けた指導も実施しています。

春日部共栄高等学校

●モットーは「文武両道」

「興味あることに"とことん"取り組むこと」と「学校の勉強に没頭すること」の両立が、モットーであり校風です。3年連続で全国コンクールに出場した吹奏楽部の部長が東大に合格、甲子園で準優勝したレギュラーが千葉大や早稲田大に合格するといった実績は、校風を語るものです。

コース制（文系・理系）、シラバス、東大対策講習、早稲田対策講習、数学オリンピック、セミナーハ

今春の進学実績については巻末の「高校別大学合格者数一覧」をご覧ください

ウスや勉強合宿など、多彩なメニューを活用してください。

●進路指導「世界を視野に、勝負は大学院」

国際化の時代です。しっかりとした専門分野を持って欲しいと願っています。大学院への進学率、海外留学率が高いのも特徴。オンライン英会話、卒業生（大学生・大学院生）による受験講座、交換留学制度などを大いに活用して欲しいと思います。

今春の大学合格状況は、87人が国公立大学合格、早慶上理GMARCHも200人を超える合格者が出ました。しかし春日部共栄高校の特徴は、この合格者数ではありません。国公立大学合格者のほとんどの生徒が高校3年まで部活動に取り組んでい

たことです。そのほか全国大会レベルの水泳部、野球部、男女バレーボール部など、多くの部活動が「文武両道」を実践し、後輩たちに受け継がれています。

┌─ **Information** ─────────┐

2023年春合格実績（浪人含む）

● 京都大1人、北海道大1人、東京工業大2人、東京外国語大2人、筑波大4人、千葉大9人をはじめ、国公立大87人合格
● 早慶上理、GMARCH272人合格
● 医学部（医学科）10人合格

└────────────────────┘

データファイル

■2024年度入試日程

中学校

募集人員	出願期間	試験日	発表日	手続締切日
1回	プロ80 IT 80	12/1 9:00〜各試験前日の23:59まで	1/10午前・午後	1/10	2/7
2回			1/11午前・午後	1/11	2/7
3回			1/13午後	1/13	2/7
4回			1/15午前	1/15	2/7

受験会場：1回午後は本校か大宮、3回は大宮のみ

高等学校　＊再受験者は1/29まで出願可

募集人員	出願期間	試験日	発表日	手続締切日
1回 単願 160 　　併願 110	12/22〜1/11	1/22	1/24	1回単1/31 併は公立発表翌日
2回	100		1/24	1/26	
3回	50	1/24〜1/27*	2/1	2/3	

■2024年度選考方法・入試科目

中学校

1回午前・2回午前：4科
1回午後（本校）・2回午後：2科か4科
1回午後（大宮）・4回：2科
3回：IT医学サイエンス入試（算数1科）か2科
2回午後は特待、4回は特待チャレンジ入試
〈配点・時間〉国・算＝各100点50分　理・社＝各50点計60分
〈面接〉なし

高等学校

国語・数学・英語（リスニング含む）　1回単願のみ面接あり
〈配点・時間〉国・数・英＝各100点50分
〈面接〉単願のみ生徒個人　参考

■2023年春併設大学への進学

併設の共栄大学へは優先入学できます。

共栄大学－1（国際経営）

■指定校推薦枠のある主な大学

上智大　明治大　立教大　青山学院大　中央大　学習院大　法政大　東京理科大　津田塾大など

■2023年春卒業生進路状況

卒業生数	大学	短大	専門学校	海外大	就職	進学準備他
441人	374人	2人	16人	0人	0人	49人

■2023年度入試結果

中学校　1・2回は午前／午後

募集人員		志願者数	受験者数	合格者数	競争率
1回	プロ80 IT 80	247/340	228/321	149/208	1.5/1.5
2回		211/282	98/197	54/68	1.8/2.9
3回		298	154	109	1.4
4回		296	148	106	1.4

高等学校

募集人員		志願者数	受験者数	合格者数	競争率
1回 単願	150	280	278	267	1.0
併願	100	972	961	899	1.1
2回	90	529	498	454	1.1
3回	40	181	179	168	1.1

┌─ **学校説明会** ─ 学校HPより要予約 ─┐

★**中学校**　10/21 12/16(小5以下)
ナイト説明会　9/5(越谷)
部活動見学会　9/16
入試問題体験会・過去問解説会　11/11 11/25
★**高等学校**　9/2 10/28 11/12
個別相談会　9/16 9/23 10/15 10/21 11/18 11/25 12/16
※日程等は変更になる可能性があります。学校HPをご確認ください。

└────────────────────┘

説明会・行事等は日程・内容が変更される場合があります。必ず学校HP等でご確認ください

慶應義塾志木高等学校
（けいおうぎじゅくしき）

〒353-0004　埼玉県志木市本町4-14-1　☎048-471-1361　学校長　髙橋　美樹

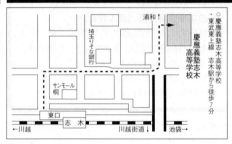

○慶應義塾志木高等学校
東武東上線　志木駅から徒歩7分

〈URL〉https://www.shiki.keio.ac.jp/

沿革　昭和23年（1948）開設の慶應義塾農業高等学校を前身として、同32年（1957）慶應義塾志木高等学校を発足。同43年（1968）、現在地に校舎が完成しました。

校風・教育方針

「独立自尊」なる建学の精神に基づき、慶應義塾大学に進学する前段階としての高等普通教育を行うことを目的として、次の4つの教育目標を掲げています。

1．**塾生としての誇りを持たせること**－自主性のある、品格の高い、明るい塾生となる教育を行う
2．**基礎的な学問の習得**－慶應義塾大学に進学する前段階として基礎的な学問を習得させ、学問・研究の必要性を知らせるとともに、自主的に学習するよう指導する
3．**個性と能力をのばす教育**－教員と生徒との人間的接触につとめながら個性と能力をのばす特色ある教育を行う
4．**健康を積極的に増進させること**－生徒一人ひとりに適したスポーツに参加することによって積極的に健康を増進させる

カリキュラムの特色

大学進学にふさわしい学力の充実と向上を目標に、在学中の3年間を通じて自学自習の習慣を体得させることに留意しています。2年次の「総合的な探究の時間」では24言語講座から前後期に分かれて2つ選択することができます。さらに、どの学年でも受講できる「語学課外講座」では、ド

イツ語・フランス語・中国語・イタリア語・アラビア語・スワヒリ語・モンゴル語・サンスクリット語などバラエティに富んだ外国語が開講されています。

3年次は、25科目から10単位の選択制による授業を実施しており、教師のガイダンスによって、任意に選択科目を履修することが可能です。また選択制により、生徒一人ひとりの将来の志望に応じた学習活動を通じて、大学における専門教育の準備をすることになります。

環境・施設設備

最寄り駅である東武東上線「志木駅」は、池袋駅から急行電車で20分の位置にあり、地下鉄有楽町線・副都心線も乗り入れているため、都内から通学するのにたいへん便利です。また、JR武蔵野線の利用によって、東京・多摩地区や千葉県からの通学も容易になっています。武蔵野の一角・武蔵野台地の北東に位置する、107,000㎡もの広大な校地には、美しい森、竹林、柿畑などがあり、

今春の進学実績については巻末の「高校別大学合格者数一覧」をご覧ください

いまなお武蔵野の風趣をとどめています。美しさと静けさを兼ね備えた絶好の学習環境です。休憩時間には、生徒が勉学に疲れた目を休ませるため、森の中を散策する姿もよく見られます。

また、生物・物理・化学などの理科実験室、LL教室、視聴覚教室、音楽室などの特別教室はもちろんのこと、体育館、柔剣道場、弓道場、温水プール、野球場、ラグビー場、4面の硬式テニスコート、サッカー場、ホッケー場、2面のソフトテニスコートなどの各施設も十分に整備されています。図書館は閲覧席80席、パソコン室55席、蔵書数は約50,000冊という規模を誇ります。図書の分類整理は行き届き、オンライン目録も整っています。そのほか、体育館裏手に、去来舎（合宿所）と有朋舎・陽光舎（いずれも部室棟）があります。ちなみに、去来舎は福澤諭吉の「戯れ去り戯れ来る、自ら真あり」という言葉に、有朋舎は論語の「朋あり遠方より来たる。亦た楽しからずや」に、その名を由来しています。

生活指導・心の教育

公式時には、所定の学生服（夏期は白のワイシャツまたは開襟シャツとグレーのズボン）の着用が義務付けられていますが、通学時は塾生としての品位を保った清潔な服装であれば、自由な服装を認めています。一方、専門のカウンセラーによる相談室が常設されており、学校生活を送っていく中で出会うさまざまな問題についての相談や解決に当たっています。また、大学保健管理センターと連携して、校医と保健師が生徒の健康相談や保健管理を担当しています。

学校行事・クラブ活動

3学年それぞれで、**研修・見学旅行**が実施されています。1学年では「総合的な探究の時間」として、三浦方面における2泊3日の研修旅行を行います。2学年では理科を中心として、信越方面への研修旅行を行います。3学年では東北方面において3泊4日の見学旅行を実施します。

10月下旬には**収穫祭**（文化祭）があります。これは、教室で学び得たものや課外活動によって得られたものを、広い意味で「収穫」と考える見地から、農業高等学校以来の名称をそのままに継承しているものです。各クラスや各クラブによる展示会・発表会・音楽会・演劇・研究発表、さらに運動部による招待試合・交換試合などの多彩な催し物が、すべて生徒主体で運営されています。

そのほかの行事としては、7月初旬と11月下旬にクラス対抗で行われる**クラスマッチ**、12月に全校生徒が健脚を競う**マラソン大会**、各界の著名人を招聘して年2回行われる**志木演説会**、各教科主催による博物館見学や芸術鑑賞などがあります。

クラブ活動においては、各クラブのキャプテンやマネージャーで構成される文化部・運動部常任委員会が、クラブ活動の活性化とクラブ相互の問題の処理にあたります。英語・新聞・マンドリン・囲碁将棋・硬式野球・サッカー・ホッケー・バスケットボール・庭球・スキーなどのクラブが、それぞれ積極的に活動しています。

データファイル

■2024年度入試日程

出願期間	試験日	発表日	手続締切日
自己推薦 郵 1/5※	2次 1/23	1次1/22 2次1/24	1/24
一般 郵 1/11〜1/18	1次2/7 2次2/11	1次2/10 2次2/12	2/13

※配達日指定郵便

■2024年度選考方法・入試科目

推薦：（自己推薦）1次－書類選考　2次－面接
一般：1次－国語、数学、英語　2次－面接
〈配点・時間〉国・数・英＝各100点60分
〈面接〉生徒個人（推薦はグループ面接もあり）

■2023年春併設大学への進学

大学までの一貫教育を行っているので、卒業すれば、学校長の推薦により、いずれかの学部に進学することが認められます。

卒業者数　237人

慶應義塾大学－234（文13、経済80、法74、商20、医7、理工33、総合政策2、環境情報5、薬0、看護医療0）

■2023年度入試結果

募集人員		志願者数	受験者数	合格者数	競争率
自己推薦	約40	104	104	46	2.3
一般	約190	1,105	1,015	348	2.9
帰国		59	53	22	2.4

学校説明会
11/3

見学できる行事
収穫祭（文化祭）　10/28・10/29

説明会・行事等は日程・内容が変更される場合があります。必ず学校HP等でご確認ください

埼玉栄中学校・高等学校
（さい たま さかえ）

〒331-0078　埼玉県さいたま市西区西大宮3-11-1　☎中048-621-2121　高048-624-6488　学校長　町田 弦

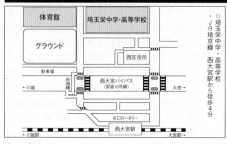

〈URL〉https://www.saitamasakae-h.ed.jp/

沿革　昭和47年（1972）自動車科・保健体育科を設立し、翌年に普通科を設立。同60年（1985）には国際情報技術科を設立しました。平成11年（1999）より、普通科と保健体育科のみ募集しています。平成12年4月、埼玉栄中学校を併設しました。

校風・教育方針

建学の精神「人間是宝」のもと、生徒の可能性を最大限に伸ばすことを目標に、主体的・創造的に何事にも全力で取り組む生徒を育成します。

カリキュラムの特色

中学校では、心の教育を重視し、自ら考え、行動する力を身につけた心豊かな人間育成に努めています。中高一貫の6年間を3段階に分ける教育システムが生徒の個性と能力を伸ばします。

6年一貫で最難関大学進学をめざす難関大クラスに加え、2016年度には医学クラスがスタートしました。

高等学校には普通科と保健体育科を設置し、普通科には難関国公立、医学部をめざすα（医学選択・難関選択）、国公立、難関私大をめざすSと、文系、理系、芸術に細分化され多彩な進路希望に対応する**特進**の3コースがあります。

保健体育科では、日本最大規模を誇る体育施設で、高レベルの体育教育を実践しています。体育的理論や実技の専門性を高めるとともに、スポーツを通じて人間教育を行っています。

キャリア教育の拠点である進路指導センターでは、進路や学習に関する相談に専門スタッフが応

じ、生徒カルテを作成し、3年間継続的な指導を行います。始業前の0時限目と放課後7〜10時限目には選択授業として、54の講座を開講し、生徒それぞれの目的達成に向け、自主的に受講しています。

国際教育

国際理解教育を重視し、海外修学旅行、独自の留学プログラムにより、国際的な視野を養います。

環境・施設設備

最寄りの西大宮駅は都心から30分余りで、駅からは徒歩4分の便利な場所にあります。

2016年8月に校舎が新しくなり、生徒が主役の機能的な施設と、憩いの場として樹木と花壇を配した中庭を設け、緑に包まれた豊かな学習環境を実現しました。

生活指導・心の教育

5つの教育目標（・けじめある心を育てる・自己開発に努力する心を育てる・創意工夫する心を培う・敬愛と感謝の心を育てる・健全な体と心をスポーツと文化で育てる）を定め、自己を発展させていく心豊かな人間の育成に努めています。

学校行事・クラブ活動

文化祭、体育祭、修学旅行が3大イベントです。

部活動は67部あり、高校に入学してからチャレンジできるクラブも多数あります。2022年度は中学で2部、高校では14部が全国大会優勝を果たしました。オリンピックや世界選手権など運動部・

今春の進学実績については巻末の「高校別大学合格者数一覧」をご覧ください

🏫 **3学期制** ｜ **登校時刻** 8:45 ｜ 🍴 **昼食** 弁当持参、食堂、売店、中学は給食 ｜ **土曜日** 第3休日

文化部共に、活躍の舞台は世界へ広がっています。

データファイル

■2024年度入試日程

中学校

募集人員		出願期間	試験日	発表日	手続締切日
1回 医・難・進学	50	12/1〜試験前日	1/10	1/10	2/6
2回 医・難	10		1/10午後	1/10	2/6
3回 医・難・進学	30		1/11	1/11	2/6
4回 医・難	10		1/11午後	1/11	2/6
5回 医・難・進学	20		1/13	1/13	2/6

1回・2回は大宮ソニックシティ会場を選択可

高等学校

出願期間		試験日	発表日	手続締切日
単願・併願Ⅰ	12/19〜1/13	1/22	1/23	1/31※
併願Ⅱ		1/23	1/24	1/31(延納可)
併願Ⅲ		1/25	1/26	1/31(延納可)

※併願Ⅰは延納可

■2024年度選考方法・入試科目

中学校

1回・3回・5回：4科
2回・4回：2科
〈配点・時間〉国・算＝各100点50分
理・社＝各50点計50分
〈面接〉なし
※試験の得点でクラスを決定
※特待生制度あり

高等学校

単願・併願－書類審査、学力試験(国数英)　単願・併願とも保体は実技あり【学力目安（併願）】内申　普通科：α3科14、5科23、9科40　S3科13、5科21、9科37　特進3科11、5科18、9科33　保健体育科：3科10、5科17、9科30
〈配点・時間〉国・数・英＝各100点50分
〈面接〉なし

■2023年春系列大学への進学

内部進学制度はなく、一般入学試験を受けますが、他校の生徒より有利に扱われます。
平成国際大学－11〈合格者数〉

■指定校推薦枠のある主な大学

東京理科大　立教大　武蔵大　明治薬科大　成蹊大　明治学院大　日本大　駒澤大　専修大　東洋大　獨協大　神田外語大　文教大　清泉女子大など

■2023年春卒業生進路状況

卒業生数	大学	短大	専門学校	海外大	就職	進学準備他
839人	682人	5人	58人	0人	17人	77人

■2023年度入試結果

中学校

募集人員		志願者数	受験者数	合格者数	競争率
1回 医学	5	1,710	1,672	640	1.4
難関	10			305	
進学	40			239	
2回 医学	3	1,231	1,190	407	1.7
難関	3			312	
3回 医学	5	640	510	142	1.5
難関	10			108	
進学	15			100	
4回 医学	2	507	386	125	1.6
難関				120	
5回 医学	5	496	327	52	2.0
難関	5			52	
進学	15			59	

高等学校　スライド合格を含む

募集人員		志願者数	受験者数	合格者数	競争率
普通 単願	560	411	409	387	1.1
併願		1,683	1,514	1,371	1.1
保体 単願	160	197	193	184	1.0
併願		105	80	43	1.9

学校説明会　要予約

★中学校
9/2　10/14　12/2　2/24
入試リハーサルテスト(小6対象)　11/12
入試問題分析会(小6対象)　11/23　11/25
★高等学校
入試相談会　9/9　9/23　10/15　10/22　10/29　11/11　11/18　11/26　12/9　12/16
αコース説明会　9/23　10/15　10/22　11/18　11/26　12/16
学校見学は随時可(電話でご確認ください)

見学できる行事

文化祭　中高　9/16・9/17(公開予定)
体育祭　中　10/28(公開未定)
　　　　高　10/24(公開未定)

説明会・行事等は日程・内容が変更される場合があります。必ず学校HP等でご確認ください

埼玉 さ

栄北高等学校
さかえ きた

〒362-0806　埼玉県北足立郡伊奈町小室1123　☎048-723-7711　FAX 048-723-7755　学校長　澁谷　千秋

〈URL〉http://www.sakaekita.ed.jp/

沿革　昭和45年（1970）に制定した建学の精神・教育使命をもとに、県内9校を擁して教育の実践を続けてきた学校法人佐藤栄学園が、平成12年（2000）4月に設置しました。平成27年（2015）より自動車科は募集を停止しています。

校風・教育方針

「人は生きた資本・資産なり」という「人間是宝」の具現化を教育使命とし、教師が一丸となって教育に取り組んでいます。「生徒と教師が共に学び、共に生活する」精神を持って、生徒一人ひとりの内在する可能性を伸ばし、夢を実現させる「心の教育」を重視しています。建学の精神にもとづいた教育が行われているため、落ち着きのある校風が特色です。

カリキュラムの特色

最大の特色は、徹底した少人数指導です。「わかるまで」「できるまで」「伸びるまで」を合言葉にきめ細かな指導をします。

細分化した学習計画に立脚した学習指導が行われ、次のステップに進む前には学習到達度を確認するため、復習と確認テストを行います。教職員の多さもきめ細かな指導ができる理由の1つです。

コースは特類選抜（100人）、特類S（100人）、特類A（120人）の3つに分けられています。特類選抜は超難関大学に特化したカリキュラム、特類Sは難関私立大学現役合格をめざします。特類Aは中堅から難関私立大学をめざします。類型・コース制の習熟度別クラス編成となっているため、自分の実力に応じた教育を受けることができます。1年次には英・国・数を中心とした基礎学力の定着を図り、2年次からは希望進路別に文・理の2コースから選択し、志望大学の現役合格をめざします。

進路指導

大学進学を全面的にバックアップしている進学サポートシステムは、少人数教育の徹底ときめ細かなカリキュラムに基づき、早朝学習、放課後演習を実施しています。その他、英検対策、小論文指導、夏休みの夏期講習・冬休みの冬期講習や校内学習会、予備校講師の演習、校内での大学相談会、進学講演会等大学進学に必要な学力やさまざまな知識を身につける指導を行い、現役合格に向けて力強くサポートします。

フォーサイト

生徒全員が目標や計画を記入し、実行して振り返ることができる学習手帳です。「その日にやること」を記入し、実行することができたかを振り返ることによって、時間を上手に使って自ら学ぶ習慣が身につきます。また、教員は「フォーサイト」を用いて二者面談を行うことにより、夢の実現へ向けた具体的なアドバイスをすることができます。

国際教育

学園独自の留学システムによって語学力を飛躍的に伸ばすだけでなく、同じ年代の外国人とふれあい、真の国際人を育成します。

夏休みを利用して、アメリカの大学生たちと交

今春の進学実績については巻末の「高校別大学合格者数一覧」をご覧ください

流するエンパワーメントプログラムを実施。問題意識とグローバルマインドを持った海外の一流の大学生との「協働」によって、お互いに意見交換をし合うことで、さまざまな視点で物事を見ることができます。最終日の発表会では、堂々とした生徒の姿に成長が感じられます。

また、オーストラリアへの修学旅行が2年次の10月に行われます。ホームステイを通じて異文化を学べる高校生活最大の行事となっています。

環境・施設設備

全教室にWi-Fi環境を整備し電子黒板を設置。生徒1人1台iPadを導入。また、80台のパソコンを設置しているIT教室、茶道室、100インチの大スクリーンのある視聴覚教室など充実した施設が整っています。さらに、20時まで使用可能な自習室もあり、部活と勉強の両立をサポートします。

ほかにも、コンビニや食堂、図書館、記念館ホールなどがあります。記念館ホールでは入学式や卒業式、講演会などが行われます。

学校行事・クラブ活動

「生きる力」のもととなる思考力や感受性を育むため、普段の授業ではできない体験学習を実施しています。校外学習や観劇会など、多くの行事があります。

部活動では、硬式野球、陸上、サッカー、男子ソフトボール、バスケット、バレーボール、空手道、ダンス、卓球、自転車、硬式テニス、エア・ライフル、バドミントンの運動部と、吹奏楽、美術、家庭、情報技術、書道、茶道、コーラス、写真、英語研究同好会、社会科同好会、理科同好会、カルタ同好会、数学研究同好会の文化部がそれぞれ積極的に活動しています。エア・ライフル部は、全国大会で優勝し、国体や海外の大会にも出場して好成績を残しています。また、自転車競技部、ダンス部、空手道部は全国大会に連続出場中です。

※奨学金授与制有

伊奈町

高

共学

データファイル

■2024年度入試日程

募集人員	出願期間	試験日	発表日	手続締切日
1回（単・併）320 2回（併）	1/6〜1/12	1/22 1/23	1/24	1/31※

※併願は公立高校発表翌日まで延納可

■2024年度選考方法・入試科目

国語、数学、英語（リスニング含む）
【出願条件】内申　単願：普通科 特類選抜5科23　特類S5科21　特類A5科19　併願：普通科　特類選抜5科23　特類S5科22　特類A5科20　原則として9科に1がないこと　検定取得者は加点あり

欠席日数3年間20日以内
〈配点・時間〉国・数・英＝各100点50分
〈面接〉なし

■2023年春系列大学への進学

平成国際大学への内部推薦制度があり、在学中一定の基準を満たせば進学が認められます。

■指定校推薦枠のある主な大学

東京理科大　法政大　中央大　学習院大　成蹊大　東京女子大　日本女子大　國學院大　武蔵大　芝浦工業大　日本大　東洋大　駒澤大　専修大など

■2023年春の主な大学合格実績

東京大　北海道大　宇都宮大　千葉大　埼玉大　東京学芸大　東京農工大　新潟大　信州大　高崎経済大　埼玉県立大　都留文科大　防衛大　早稲田大　慶應義塾大　上智大　東京理科大　明治大　青山学院大　立教大　中央大　法政大など

■2023年春卒業生進路状況

卒業生	大学	短大	専門学校	海外大	就職	進学準備他
380人	349人	2人	7人	0人	3人	19人

■2023年度入試結果

募集人員	志願者数	受験者数	合格者数	競争率
1回単願	333	333	251	1.3
併願 320	1,192	1,190	1,049	1.1
2回併願	189	185	158	1.2

スライド合格を含まない

> **学校説明会** 要予約
> 9/24
> 10/15
> 11/18 11/26
> 12/9 12/16
> ※学校見学・入試相談会あり（12/16は入試相談会のみ）
> **見学できる行事**
> 文化祭　9/16・9/17

説明会・行事等は日程・内容が変更される場合があります。必ず学校HP等でご確認ください

埼玉
さ

栄東中学校・高等学校
（さかえ ひがし）

〒337-0054　埼玉県さいたま市見沼区砂町2-77　中☎048-667-7700　高☎048-651-4050　学校長　田中　淳子

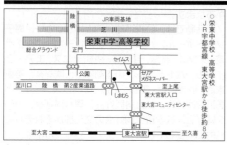

・○ 栄東中学校・高等学校
JR宇都宮線・東大宮駅から徒歩約8分

クイズ研究部　東大王全国大会で優勝

〈URL〉https://www.sakaehigashi.ed.jp/

沿革　昭和46年（1971）、学校法人佐藤栄学園認可。同53年（1978）、埼玉栄東高等学校開校。平成4年（1992）、校名を栄東高等学校に改称。栄東中学校の開校に伴い、中高一貫教育を開始。同時に女子の募集を開始し、男女共学の進学校としてスタート。

校風・教育方針

　全生徒が大学進学を希望している中にあって、勉強するだけでよいと思わない雰囲気が第一にあげられます。栄東祭（文化祭・体育祭）をはじめとする学校行事、部活動にも積極的に参加し、一人ひとりが興味あること、目標とすることに熱中する。そして、皆がそれを尊重する校風があります。

カリキュラムの特色

　中高ともに、アクティブ・ラーニング（以下AL）を柱に特色あるカリキュラムを展開しています。ALとは能動的・活動的な学習のことです。教師が生徒に知識を伝達する講義形式ではなく、課題研究やディスカッション、プレゼンテーションなど、生徒の能動的な活動を取り入れた授業の総称です。

　中学校には「東大クラス」と「難関大クラス」が設置されています。東大クラスは、将来に向けて高い目標を掲げることで、幅広く、奥深い学習を行います。難関大クラスもカリキュラムと授業進度は東大クラスと同じです。

　具体的な取り組みとしては、各教科をはじめ、20年後の履歴書、キャリア教育や授業の中での校内AL。それをステップアップさせ現地調査・研究を目的とした、宿泊を伴う京都、オーストラリ

アへのALと展開していきます。このような活動を通して、主体的な学習態度やプレゼンテーション能力を育むことが目的です。

　高校には「東・医」、「α（アルファ）」という2種類のクラスが設置され、どちらのクラスも、ALを展開し、部活動に励みながら社会に貢献するために必要な学力を身につけることを目標としています。両クラスとも3年間という限られた時間の中で目標を達成するために、2年次から文系・理系および習熟度別に授業クラスが編成されます。将来の志望と自らの興味・適性に合わせ、科目を選択できるようになっています。

　3年次には、志望する大学の入試形態に合わせた授業クラスが編成されます。最大限の効果が得られるよう、個々の志望に応じた入試対策演習を重ね、第一志望校合格をより確実なものにします。

国際教育

　海外ALは中学はオーストラリア、高校はアメリカを訪れます。また、生徒4～5人に1人、海外一流の大学生や大学院生がグループリーダーとして付き、自分自身についての問題からグローバルに至るまでのさまざまなテーマについて英語でディスカッションやグループワークを行う、エンパワーメントプログラムへの参加を有志で募集しています。

心の教育

　人はそれぞれ生きた宝であり、限りない可能性を秘めた存在です。栄東中高では、創造する心と知性を育て、人間性豊かな徳操を養い、広く世界

今春の進学実績については巻末の「高校別大学合格者数一覧」をご覧ください

| 3学期制 | 登校時刻 8:35 | 昼食 中 給食 高 弁当持参、食堂、売店 | 土曜日 第3休日 |

に貢献できる人材の育成に力を注いでいます。

環境・施設設備

体育館は床面積が5000㎡で、1階には柔道場・剣道場・小体育館、2階にはバスケットコート2面のアリーナ、そして3階には650席のギャラリーが備えられています。プールは室内温水式で冬でも利用できます。講堂は700人以上収容可能な観客席のあるホールとなっており、500席の可動式座席が設置され、多目的ホールとしてさまざまな場面で利用されています。2階建ての図書館は1階が閲覧室、2階が自習室として、生徒の学習活動に利用されています。そのほか、ゆったりと食事ができるカフェテリアや茶道部の活動拠点となっている瑞想庵など、社会のリーダーとしての人材を育成する教育環境が整備されています。

学校行事・クラブ活動

文化祭、夏の校外学習、体育祭など、さまざまな学校行事があります。

また、アーチェリー、水泳、コーラス、クイズ研究、鉄道研究、理科研究など、中学30・高校38のクラブがあり、全国大会に出場するなど盛んに活動しています。

データファイル

■2024年度入試日程　中高とも（ ）は2023年度参考

中学校 帰国生入試あり

募集人員		出願期間	試験日	発表日	手続締切日
A	(140(東大40含む))	(12/1～1/6)	1/10か11	(1/12)	
東大特待I	(30)	(12/1～1/11)	1/12	(1/13)	(2/10)
B	(40)	(12/1～1/15)	1/16	(1/17)	
東大II	(30)	(12/1～1/17)	1/18	(1/19)	

A日程・B日程：難関大クラス入試（A日程は東大クラス・特待生へのスライド合格あり。B日程は複数回受験者を対象に30点を加点）
東大特待I・東大II：東大クラス入試

高等学校

	出願期間	試験日	発表日	手続締切日
1回単・併	(12/5～1/12)	1/22	(1/24)	(単1/31併※)
2回併		1/23	(1/24)	(※)
特待併	(12/5～1/24)	1/25	(1/26)	(※)

※併願は分納可。最終締切は公立発表日まで

■2024年度選考方法・入試科目

中学校

A・B・東大II：4科
東大特待I：4科または算数①（150点50分）②（150点50分）
帰国生は国・算・日本語面接か、英（100点50分）・算・英語面接
〈配点・時間〉A・B：国・算=各100点50分　理・社=計100点計50分　東大：国・算=各150点50分　理・社=各75点40分
〈面接〉帰国生のみあり

高等学校

1・2回：3科（国・数・英〈リスニング含む〉）
特待生選抜：3科（国・数・英〈リスニング含む〉）または5科（国・数・英〈リスニング含む〉・理・社）

〈配点・時間〉国・数・英=各100点50分　理・社=各50点40分
〈面接〉単願のみ生徒個人　参考

■2023年春卒業生進路状況

卒業生数	大学	短大	専門学校	海外大	就職	進学準備他
498人	375人	0人	1人	2人	0人	120人

■指定校推薦枠のある主な大学

早稲田大　慶應義塾大　東京理科大　学習院大　明治大　青山学院大　中央大　法政大　立教大　獨協医科大　埼玉医科大　日本歯科大など

■2023年度入試結果

中学校 男／女　帰国生入試あり

募集人員		志願者数	受験者数	合格者数	競争率
A	140	5,064/2,805	4,957/2,732	3,246/1,647	1.5/1.7
東大特待I	30	1,227/372	1,071/295	529/107	2.0/2.8
B	40	2,036/1,289	1,211/758	477/313	2.5/2.4
東大II	30	676/302	424/173	229/68	1.9/2.5

高等学校 1回は単／併　帰国生を含む

募集人員		志願者数	受験者数	合格者数	競争率
1回単併	400 (内進者含む)	40/1,167	40/1,095	28/1,008	1.4/1.1
2回併		1,002	898	821	1.1
特待		738	673	320	2.1

学校説明会 すべて要予約
★中学校　9/30
入試説明会　11/23
★高等学校　9/16
進学相談会　10/14　11/18　11/19　12/16
学校見学は随時可（要予約）

見学できる行事
文化祭　7/22・7/23（終了）

説明会・行事等は日程・内容が変更される場合があります。必ず学校HP等でご確認ください

埼玉（さ）

狭山ヶ丘高等学校付属中学校
狭山ヶ丘高等学校

〒358-0011　埼玉県入間市下藤沢981　☎04-2962-3844　学校長　小川　義男

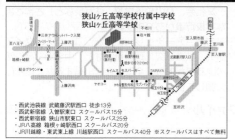

狭山ヶ丘高等学校付属中学校
狭山ヶ丘高等学校

・西武池袋線　武蔵藤沢駅西口　徒歩13分
・西武新宿線　入曽駅東口　スクールバス15分
・西武新宿線　狭山市駅東口　スクールバス25分
・JR八高線　箱根ヶ崎駅西口　スクールバス20分
・JR川越線・東武東上線　川越駅西口　スクールバス40分　※スクールバスはすべて無料

〈URL〉中 https://www.sayamagaoka-h.ed.jp/juniorhighschool/
　　　高 https://www.sayamagaoka-h.ed.jp/highschool/

沿革　1950年飯能高等家政女学校を飯能町（現飯能市）に開校。1960年学校法人狭山ヶ丘高等学校として、現在地に移転開校。2013年付属中学校開校。

教育方針および教育の特色

　狭山ヶ丘の特徴は「面倒見の良さ」です。生徒たちにとことん向き合い、面談期間を多く設定し、生徒たちの変化をとらえて成長を促しています。生徒たちは穏やかで素直です。人間関係に悩みを抱えることなく様々なことに打ち込める校風です。
　また、塾等に通う必要のない教育体制で、「自学自習」を身につけるようサポートしています。例えば、以下のような補習等を開講しています。
①**入学前英語特別ゼミ**　高校入学前に5日間実施。小川校長による講義もあり、英語だけではなく「自学自習」の姿勢を身に付けます。
②**朝ゼミ・放課後ゼミ**　朝ゼミは7:20〜8:10の講座。早朝の学習は効果の高いものです。放課後ゼミも開講され、受験勉強に邁進していきます。
③**英検・TEAP対策講座**　中学は英検対策として4〜2級の一次試験前と3級以上の二次試験前に講座を行っています。高校2・3年生はTEAPのスピーキング・ライティング対策を実施しています。
④**夏期講習**　中高とも1・2年生では主要3教科、3年生では5教科の夏期講習を開講。多くの生徒が積極的に参加し、学力を伸ばしていきます。

生活指導・心の教育

　心の教育「内観」を重視しており、以下のような3つの「自己観察教育」を柱としています。
①**内省を育む黙想教育**　授業の始めに黙想をして集中力を高め、自分を律する強さを身につけます。
②**心身の動と静を育む茶道教育**　高校3年生が週1回授業を受け、伝統文化に触れて「和敬清寂」の精神を体得し豊かな人間性と国際性を培います。
③**コミュニケーションと対話教育**　クラスや部活動で同じ目標に向かう者同士が切磋琢磨し合える言葉がけを大切にしています。爽やかな挨拶が、身近で高度なコミュニケーション能力を育みます。

付属中学校の教育の特色

　「生徒をやる気にさせる」教育で中学段階から「自ら学ぶ」生徒を育てます。そのために3年間かけて思考力を培います。1年次には「自己」を知るために、マインドマップの製作やブレインストーミングをします。2年次には思考を他者や社会へと広げ、「自己」を相対化します。最終学年では、自身の興味あるテーマで研究論文を執筆します。自己を相対化する過程で、学ぶ意義を認識し、自ら学ぶ意欲を持つようになっていきます。

高校の4つのコース

①**I類（難関国立進学コース）**　東京大学等の最難関国立大学への現役合格を可能にするカリキュラムを設定し、少数精鋭で学ぶコースです。
②**II類（特別進学コース）**　難関国公立大学や早慶上理等の難関私立大学への現役合格を可能にするカリキュラムを設定したコースです。
③**III類（総合進学コース）**　多彩な活動を展開しやすく着実に学習するカリキュラムを設定し、上位の大学への現役合格を実現するコースです。
④**IV類（スポーツ・文化進学コース）**　当該スポー

今春の進学実績については巻末の「高校別大学合格者数一覧」をご覧ください

🏫 3学期制　登校時刻 8:25　昼食 弁当持参、売店、手作りパン・牛めしの販売　土曜日 授業

ツ・文化活動を3年間継続して行う強化クラブ所属の生徒で構成され、私立文系大学への現役合格を実現するコースです（事前相談が必要）。

Ⅰ～Ⅲ類では入学後、年度ごとに再編成を行い、Ⅰ・Ⅱ類の次年度継続、数字の小さくなる類への変更は、所定の学力要件を満たす必要があります。

環境・施設設備

新2号館（7階建て）が2015年3月完成。300人収容の生徒ホールや売店、理科室が3室、図書室、自習室、美術室、技術室、音楽室があり、いずれも空調設備や耐震性能も万全です。新体育館は2014年3月に、3号館（茶室「悠久庵」や130席のキャレルを備えた図書室等）は2010年完成。さらに400人収容の講堂のある1号館も2000年完成と全施設が新しく、県内随一の学習環境を整えています。野球場、サッカー場、多目的グラウンド、弓道場、テニスコートを備えた総合グラウンドも2014年3月に大きく拡充し、2020年6月にはトレーニングルームを備えた新施設が完成。2022年には野球グラウンドを大幅リニューアルしナイター設備も完備。

グローバル教育

高校の修学旅行はイギリス・フランス・ニュージーランド・ハワイ等で実施してきましたが、現在は九州や沖縄で実施しています。グローバル教育の一環として、再びヨーロッパに戻す予定です。

学校行事・クラブ活動

体育祭（6月）や狭丘祭（9月）、高校2年の修学旅行など、充実した行事が多数あります。その他にも、登山や博物館見学、バーベキュー等をする校外学習、演劇やバレエ等の本物に触れる芸術鑑賞会があります。中学独自の行事として軽登山や理科実習・宿泊研修・校外学習・スピーチコンテスト・合唱コンクールを実施しています。

運動系18・文化系21の部活動や同好会があり、8割以上の生徒が参加しています。勉強だけでなく様々な活動に参加するのが狭山ヶ丘の特徴です。

データファイル

■2024年度入試日程

中学校 ※1/9より試験当日まで窓口受付あり

募集人員	出願期間	試験日	発表日	手続締切日
1回 40	12/4～1/8※	1/10	1/11	2/5
2回 25		1/12	1/13	2/5
3回 15	12/4～1/11※	1/16	1/16	2/5
4回 若干	12/4～1/31※	2/6	2/6	2/13

高等学校 ＊併願の延納希望者は手続きが必要

募集人員※		出願期間	試験日	発表日	手続締切日
推薦	Ⅰ類 80	12/4～1/12	単・併① 1/22	1/23	単2/3
	Ⅱ類120		単・併② 1/23	1/24	併3/2＊
	Ⅲ類120		単・併③ 1/24	1/25	
一般		12/4～1/31	単・併 2/5	2/6	単2/17併3/2＊

※Ⅳ類（80人募集、単願推薦のみ）は事前相談等必要
※募集人員には内部進学者80人含む

■2024年度選考方法・入試科目

中学校 4科または2科または1科（算数）
〈配点・時間〉国・算＝各100点50分　理・社＝各60点30分　〈面接〉なし

高等学校 推薦：書類審査、国語、数学、英語（リスニング含む）、面接
一般：国語、数学、英語（リスニング含む）、面接
〈配点・時間〉国・数＝各100点50分　英＝100点65分　〈面接〉単願は個人面接、併願はグループ面接

■2023年春大学合格実績（浪人含む）

【国公立44　早慶上理29　GMARCH102等、難関大学に合格者多数】東京大2　北海道大1　東北大2　大阪大1　千葉大1　埼玉大7　東京外国語大1　防衛医科大1　早稲田大8　慶應義塾大4　上智大1　東京理科大16　明治大22　青山学院大16　立教大11　中央大16　法政大33など

■2023年度入試結果

中学校 男／女

募集人員	志願者数	受験者数	合格者数	競争率
1回 40	39/63	39/60	31/48	1.3/1.3
2回 25	43/51	30/30	23/20	1.3/1.5
3回 15	31/38	18/15	16/8	1.1/1.9
4回 若干	21/19	5/4	4/3	1.3/1.3

高等学校 単願／併願　スライド合格を含む

募集人員	志願者数	受験者数	合格者数	競争率
推薦 400	143/655	139/616	135/613	1.0/1.0
一般	4/26	1/20	1/20	1.0/1.0

学校見学説明会 予約可・当日参加可
★中学校　9/10 10/21 11/4 12/2
★高等学校　9/23 10/29 11/19
個別相談会（高校のみ）　10/14 12/16 12/26
見学できる行事 文化祭 9/9・9/10

説明会・行事等は日程・内容が変更される場合があります。必ず学校HP等でご確認ください

埼玉
し

秀明中学校・高等学校

〒350-1175　埼玉県川越市笠幡4792　☎049-232-6611　学校長　尾上　純一

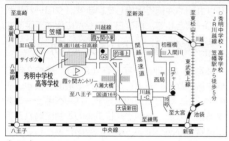

〈URL〉https://www.shumei.ac.jp

沿革　全寮制・中高一貫・全人英才教育を三大特色として昭和53年（1978）秀明中学校創立。翌昭和54年（1979）秀明高等学校を開校。平成8年（1996）から男女共学化。**高校では内部進学生とは別に40人を外部募集しています。また中学校は、進路目標に合わせた3コース制、「スーパーイングリッシュコース」「医進・特進コース」「総合進学コース」**となっています。

なお、中学校は全寮制、高校は「寮制」「通学制」を選択できます。

校風・教育方針

建学の精神「常に真理を追究し、友情を培い、広く社会に貢献する人間形成を目的とする」を体し、校訓は「知・技・心」。寮生活における規則正しい生活習慣と学習習慣が学力を大きく伸長させ、東大理Ⅲをはじめ難関大学や医歯系学部に毎年数多く合格しています。特に医学部合格実績は全国トップクラスです。

学習指導の特色

中学は全寮制をとり、ムリ・ムダ・ムラのない学習システムがより効果的に学力を向上させます。

1．全生徒参加の夜間学習　毎夕食後は全生徒参加の夜間学習があります。中学校では徹底した問題演習と授業、さらに学んだことをスモールステップで確認するチェックテストにより基礎学力の定着を図ります。高校では、コース別に過去の入試問題を中心に演習する大学受験講座も開かれます。

2．進路に合わせたカリキュラム　難関大学へ進学できる学力を養成するため、中学1、2年から徹底して基礎・基本を身につけます。中学3年、高校1年では計画学習・自主学習を進め、高校2年からは文系・理系コースに分かれて受験科目に合わせた選択授業を取り入れ、大学受験に備えます。

3．生徒に合わせたさまざまな学習指導　週末は、その週に行われた授業の復習や演習をもとに、生徒一人ひとりに合わせた課題が与えられ、学力をつけます。また夏休みと冬休みには講習が行われるなど、実力アップのための学習支援体制は万全です。

4．到達度別学習と検定テスト　主要教科は学習到達度に応じたクラス編成を行います。また5教科の学習単元ごとに「級」を設定。学力がどこまで到達しているかを判定する検定テストにより、学習理解度を確認し、ムラなく学習をさせます。

5．「秀明博士」「躍進賞」「努力賞」　学習成果を称えることで生徒の意欲を引き出す「秀明博士」の制度を設け、毎学期、各学年、各教科の成績優秀者に授与しています。また成績の伸長が著しい生徒には「躍進賞」や「努力賞」を贈ります。

6．各種検定への取り組み　実用英語技能検定をはじめ、数学検定、漢字検定、ICTプロフィシエンシー検定、TOEFL Junior® などの外部資格や、校内での弁論大会、英語スピーチコンテスト、作文コンクールなどにも取り組ませ、生徒たちの学習目標の一つとしています。

7．「心の学習」　先人の言葉や新聞記事を題材に、善と悪の区別、感謝やいたわりの心などを学ぶ「心の学習」が行われます。

今春の進学実績については巻末の「高校別大学合格者数一覧」をご覧ください

| 3学期制 | 登校時刻 7:50 | 食事 寮生 3食給食 通学生 昼食は給食 | 土曜日 休日 | 寮 |

国際教育

　中学2年に2週間、高校1年に3週間、全員がイギリス英語研修に参加。期間の半分はイギリス人家庭にホームステイしてイギリスの文化やマナーに触れ、週末には英語劇鑑賞や、ロンドンやパリへの小旅行などの行事も用意しています。また、ブリティッシュ英語に特化した指導ができる6人のイギリス人専任教員がいるため、自然に英語力が身につけられる理想的な環境と条件が整っています。英語力向上に特化した「スーパーイングリッシュコース」を中学校に設置しています。

環境・施設設備

　校内は最新のセキュリティーシステムと守衛により24時間体制で安全が守られます。65,000㎡の校地に中学・高校校舎、男子・女子寄宿舎、第1・第2体育館、スポーツセンター（温水プール、柔道、剣道場）、メディアセンター（図書館、ITエリア、メディアルーム）、グラウンドがあります。

学校行事・クラブ活動

　体育大会、文化発表会の「知泉祭」、球技大会、校外学習、スピーチコンテスト、強歩大会などの行事が行われます。

　中学生は全員がクラブ活動に参加します。野球部は85年春と92年夏の甲子園出場、スキー部は国体に出場。ほかに運動部はバスケットボール、サッカーなど、文化部は囲碁・将棋、演劇、写真、ブラスバンドなどが活発に活動しています。

データファイル

■2024年度入試日程

中学校　※専願入試で奨学生10人を募集

募集人員		出願期間	試験日	発表日	手続締切日
専願※		11/12〜12/1	12/3	12/5	12/15
一般Ⅰ期	80*	12/6〜1/14	1/16	1/18	1/26
Ⅱ期		1/19〜2/8	2/10	2/13	2/20

＊スーパーイングリッシュ20人、医進・特進、総進計60人

高等学校　＊難関国公立単願入試で奨学生8人を募集

募集人員		出願期間	試験日	発表日	手続締切日
単願*		12/9〜1/19	1/22	1/25	2/1
併願	40	12/9〜1/19	1/22か23	1/25	2/1※
一般		1/25〜2/8	2/10	2/13	2/20※

※併願、一般は公立発表後1週間まで延納可

■2024年度選考方法・入試科目

中学校

専願・一般：国語・算数・英語から2科選択（スーパーイングリッシュコースは国語・算数・英語）、面接　※専願は資料を提出
奨学生：スーパーイングリッシュコースは国語・算数・英語必須、理科または社会、面接
医進・特進コースは国語・算数必須、英語・理科・社会から2科選択、面接
〈配点・時間〉国・算・英・理・社＝各100点50分
〈面接〉親と生徒を別々に面接　きわめて重視

高等学校

単願・併願・一般：国・数・英（医学部進学は英・数・理、単願総合進学は国・英か数・英も可）、面接
〈配点・時間〉国・数・英・理＝各100点50分
〈面接〉生徒個人　単願のみ親と生徒を別々に面接　重視

■指定校推薦枠のある主な大学

北里大（医）　埼玉医科大（医）　獨協医科大（医）
日本歯科大　東京医科大　鶴見大（歯）　東洋大
日本大（松戸歯他）　国際医療福祉大など

■2023年春卒業生進路状況

卒業生数	大学	短大	専門学校	海外大	就職	進学準備他
62人	40人	1人	1人	0人	0人	20人

■2023年度入試結果

中学校

募集人員		志願者数	受験者数	合格者数	競争率
専願		67	67	52	1.3
一般Ⅰ	80	39	39	27	1.4
Ⅱ		6	6	4	1.5

高等学校

募集人員		志願者数	受験者数	合格者数	競争率
単願		25	25	24	1.0
併願	40	11	11	11	1.0
一般		5	4	3	1.3

学校説明会・個別相談　要予約
※オンラインと来校型同時開催予定
★中学校　11/12　相談会　11/19
★高等学校　11/19　12/9
個別相談会　9/23 9/24 10/21 10/22 10/28 10/29 11/25 11/26 12/16 12/17 12/24
学校見学は随時可（要予約）
見学できる行事　要予約
文化発表会（知泉祭）　9/16・9/17(17日は見学会あり)

説明会・行事等は日程・内容が変更される場合があります。必ず学校HP等でご確認ください

埼玉
し

淑徳与野中学校高等学校
しゅく とく よ の

〒338-0001 埼玉県さいたま市中央区上落合5-19-18 ☎048-840-1035 学校長 里見 裕輔

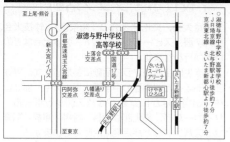

新校舎

〈URL〉https://www.shukutoku.yono.saitama.jp/

沿革 明治25年（1892）、東京小石川に校祖輪島聞声先生により設立された淑徳高等女学校を前身とし、昭和21年（1946）淑徳高等女学校与野分校設立。同23年（1948）淑徳与野高等学校として正式に認可。平成17年（2005）4月、中学校開校。

校風・教育方針

「大乗仏教精神に基づいた心の教育」「国際人としての自覚を高める国際教育」「4年制大学への進学希望を現役で実現する学習・進路指導」という3つの特色によって、生徒の夢の実現を応援します。

カリキュラムの特色

中学校は1学年3クラスで、全員が難関大学合格をめざす進学指導を行います。卒業後は、原則として全員が淑徳与野高校に進学し、高校からの入学生とは別のクラスとなります。

高等学校では、多様化する大学入試に対応するため、T類（難関国公立大学コース）、SS類（難関理系大学コース）、SA類（難関文系大学コース）、R類（総合文理系大学コース）、MS類（MSコース）という類型制を導入しています。独自の英語力向上プログラム、小論文講座、進学講座、進学特別指導など多彩なプログラムで、進路の実現を応援しています。

土曜進学講座 外部講師によるハイレベル講座が開講されます。普段の授業とは違う、ハイレベルな演習授業で受験に向けての力をつけていきます。中学生は語学など教養講座が開講されます。T類はT類対策の講座で中高一貫生の進度に追いつき、

2年次以降、中高一貫のクラスと併行授業を行います。

進学講座 高校3年生は7・8月の夏季講座で受験に対応できる力を養成し、冬季講座では入試直前の受験対策を行います。中学生および高校1・2年生も、7・8月の夏季特別指導や冬季特別指導で実力養成のための講座を行い、集中的な学習指導が進められます。また、放課後や土曜日を利用した進学講座も設けられています。

国際教育

中学校では、2年次に3泊4日の台湾海外研修旅行を実施。台北・高雄を観光し、姉妹校での交歓会で交流を深めます。

高等学校では、2年次に6泊8日のアメリカ修学旅行を実施。全員が2人1組で3泊4日のホームステイを体験し、英語力を磨きます。

環境・施設設備

中学校の校舎は、「共生」の精神を生かし、環境に配慮したエコスクールとなっています。

高校は、2015年度から中学校に隣接する新都心キャンパスへ移転し、新校舎での学校生活が始まりました。新校舎は地上7階地下1階、地中熱を利用した冷暖房システムを採用するなど、環境に優しい「スマートスクール」です。1階に食堂、シアター、2階に図書館、3〜5階が普通教室、6階は音楽室などの特別教室、7階は礼拝堂と屋

今春の進学実績については巻末の「高校別大学合格者数一覧」をご覧ください

| 5ステージ通年制 | 登校時刻 8:30 | 昼食 弁当持参、食堂、売店 | 土曜日 進学ハイレベル講座あり |

上運動場が設置されています。

生活指導・心の教育

「清純・礼節・敬虔」という校訓は、人として生きるうえで最も大切とされる3つの徳目を示しています。これらを身につけるための指導を、1年を通して行っています。3つの徳目を、心・言葉・体で繰り返し実践し、生活習慣として身につけ、品性や人格にまで高めることを目標にした心の教育を徹底しています。

学校行事・クラブ活動

文化祭やスポーツ大会など、学校行事は常に活気にあふれています。花まつりをはじめとする仏教行事を通じて、仏教の教えが自然と身についていきます。

高校のクラブ数は31。運動部の活躍は目覚ましく、何度も関東大会に出場しているバレーボール部、インターハイ出場の剣道部などがあります。文化部も、県大会に何度も出場している吹奏楽部、ミスダンスドリルチーム世界大会に出場しているバトン部など、熱心に活動しています。

データファイル

■2024年度入試日程

中学校　＊定員変更認可申請中（120→160）

募集人員		出願期間	試験日	発表日	手続締切日
医進コース	25*	12/1～1/8	1/11午後	1/12	2/4
1回	110*	12/1～1/8	1/13	1/14	2/4
2回	25*	1/14～2/3	2/4	2/5	2/5

高等学校

募集人員		出願期間	試験日	発表日	手続締切日
1回	200	1/5～1/11	1/23	1/24	単1/25 併3/1*
2回		1/24～1/27	2/4	2/5	単2/6 併3/1*

＊延納金、延納手続は不要
募集人員は1回単願80・併願100、2回単願若干・併願若干

■2024年度選考方法・入試科目

中学校

医進コース：算数、理科
1・2回：国語、算数、理科、社会
〈配点・時間〉1・2回：国・算＝各100点50分
理・社＝計100点60分　医進：算・理＝各100点50分
〈面接〉なし

高等学校

第1回：単願―MS類以外は学力テスト（国語、数学、英語〈リスニング含む〉）、面接　MS類は思考力テスト、英語、面接
併願―学力テスト（国語、数学、英語〈リスニング含む〉）
第2回：国語、数学、英語〈リスニング含む〉
〈配点・時間〉国・数・英＝各100点50分　思考力テスト＝200点120分
〈面接〉1回単願のみ　生徒個人
〔傾斜配点〕単願・併願ともSA類は国語が1.0倍、数学が0.5倍、英語が1.5倍　SS類は国語が0.5倍、数学が1.5倍、英語が1.0倍

■指定校推薦枠のある主な大学

青山学院大　学習院大　慶應義塾大　上智大　成蹊大　成城大　聖心女子大　中央大　津田塾大　東京女子大　東京理科大　日本大　日本女子大　法政大　明治大　立教大　早稲田大など

■2023年春卒業生進路状況

卒業生数	大学	短大	専門学校	海外大	就職	進学準備他
357人	345人	0人	1人	0人	0人	11人

■2023年度入試結果

中学校

募集人員		志願者数	受験者数	合格者数	競争率
1回	95	1,771	1,705	884	1.9
2回	25	242	231	26	8.9

高等学校　転合格を含まない

募集人員		志願者数	受験者数	合格者数	競争率
1回単願	240	100	98	92	1.1
併願		471	463	351	1.3
2回単願		13	13	7	1.9
併願		23	23	11	2.1

学校説明会　要予約

★中学校
9/30　10/14　11/11　12/8
★高等学校
9/2
入試個別説明会
9/17　10/21　11/18　12/2
学校見学は随時可(TELでご確認ください)

見学できる行事　要予約

文化祭　なでしこ発表会(中)　9/9
　　　　淑煌祭(中高)　6/24・6/25(終了)

説明会・行事等は日程・内容が変更される場合があります。必ず学校HP等でご確認ください

埼玉（し）

城西川越中学校
城西大学付属川越高等学校

〒350-0822　埼玉県川越市山田東町1042　☎049-224-5665　学校長　渡辺　聡

〈URL〉https://www.k-josai.ed.jp

沿革　創立者の新藤富五郎は、戦後の日本は「物質文明を求めることを急いだあまり、人間生活の根幹である精神文化の育成がおろそかになった」と憂え、新しい学校の設立を決意しました。昭和47年（1972）、環境秀抜な川越の地に高校を開校、中学校は平成4年（1992）に併設されました。

校風・教育方針

校是の「報恩感謝」は、新藤富五郎が定めたものです。画一的な教育を避け、個人の特性を見つけ、精神的に豊かな人間の育成を目指しました。その流れをくむ現在の教育方針は、「心豊かな人間の育成」と「個性・学力の伸長」です。

学業とクラブ活動の両立を目指して入学してくる生徒がほとんどで、高校1年のクラブ活動の加入率は100%に近く、個性豊かで志の高い生徒が多いです。教員と生徒の距離の近さも特徴的でとても質問しやすい雰囲気になっています。

カリキュラムの特色

生徒にキャリアデザインを意識させながら、進路指導を行っています。中学では、中高一貫のカリキュラムのもと、主要教科の授業時間を多く配当しており、2年次では、各教科とも中学の学習内容の完成を目指し、3年次には主要5教科で、高校の先取り学習を実施しています。高校は、難関国公立大の受験に充分対応できる学力養成を目標に、全方位型のカリキュラムになっています。

高校から入学する生徒は、特別選抜・特進・進学の3コースに分かれます。特別選抜コースでは、

週3回の7時間授業などの特別カリキュラムで最難関大学への現役合格を目指します。特進コースでは、難関国公立と難関私立大学の受験に対応できるカリキュラムになっています。進学コースでは、基礎学力の向上を重視し、個々の生徒に対応したきめ細かな指導により、難関私立大学への現役合格を目指します。

3年次では、中高一貫生も高校から入学の生徒も、受験科目中心のコース選択制（14コース）を導入し、大学受験に的を絞った指導を徹底しています。放課後には、希望者を対象に課外講習を実施するほか、夏・冬期休暇中にも講習会を開講するなど、課外授業は非常に充実しています。

国際教育

中学3年で、特別選抜クラスは5週間のターム留学、総合一貫クラスは14日間の短期海外研修を行います。高校からは、高校1年の夏期休暇中、希望者に対して短期留学を実施しています。

環境・施設設備

色々な施設とすべてのグラウンドが同じ敷地内にまとまっているオールインワンの学校で、生徒が安心して、クラブ活動と学業に取り組める教育環境が整っています。サッカー場、野球場などは中学、高校別々にあります。また、大学並みの理

┌Information┐

2022年度、高校50周年、中学30周年を迎えました。記念事業として、屋外テニスコートを6コートに増設しました。食堂は、食事に限らず集い語らえる多目的な憩いの場へとリニューアルしました。

今春の進学実績については巻末の「高校別大学合格者数一覧」をご覧ください

科室など設備は充実しています。校内を流れる古川の近くにある「生物多様性実験池」はユニーク。

生活指導・心の教育

　階段を3段飛ばしで成長する時もあれば、成長の気配がなく立ち止まっているかのように見える時もある、それが男子の成長の特徴です。そこを、絶妙のタイミングでアドバイスする、見守る、時には見送る。長年検証し先駆的に積み上げてきた信頼の男子教育を実践しています。

学校行事・クラブ活動

　今年で49回目を迎える文化祭「けやき祭」は、中高合同で行われ、企画・準備・実行を生徒自ら行います。本部実行委員長は高校2年生で、1年前から準備を始めています。各クラスでの個性豊かな出し物や、本部実行委員の企画は、来校者に好評です。高校生だけでなく、中学生の研究発表、演劇など手の込んだ企画も満載です。

　クラブ活動は、中学：運動系11、文化系9部。ラグビー部が2015年、2018年、2019年県大会優勝。高校：運動系15、文化系15クラブ。陸上競技部が関東大会・全国大会で活躍、美術部が各種コンクールで上位入賞。和太鼓「欅」は、男子校ならではの力強い楽曲を演奏し、2023年、通算9回目の全国大会出場を果たしました。

データファイル

■2024年度入試日程

中学校　帰国は1/10（総合1回と同日程）

募集人員		出願期間	試験日	発表日	手続締切日
特別選抜1回	約25	12/12〜1/9	1/10午後	1/10	2/6
2回		12/12〜1/10	1/11	1/11	2/6
総合一貫1回	約60	12/12〜1/9	1/10	1/10	2/6
※2回		12/12〜1/10	1/11午後	1/11	2/6
3回		12/12〜1/19	1/20	1/20	2/6
※4回		12/12〜2/4	2/5	2/5	2/8

※総合2・4回は標準学力重視型入試

高等学校　＊併願1回と帰国併願は3/1まで延納あり

募集人員			出願期間	試験日	発表日	手続締切日
一般単願	特選約40		12/25〜1/15	1/22か1/23	1/25	1/30
併願1回	特進105		12/25〜1/15	1/22か1/23	1/25	2/18*
併願2回	進学約40		1/26〜2/1	2/5	2/5	2/18
帰国			12/25〜1/15	1/22	1/25	単1/30か2/18*

一般単願は校長推薦または自己推薦

■2024年度選考方法・入試科目

中学校　特別選抜1回：2科　2回：2科か4科　総合一貫1・3回：2科か4科　2・4回：2科　帰国：2科と面接

〈配点・時間〉国・算＝各100点50分　理・社＝各50点計50分　〈面接〉帰国のみ

高等学校　調査書・面接（併願1回はなし）・学科試験（国語・数学・英語各100点50分）・推薦書または自己推薦書（単願生のみ）の総合判定

〈面接〉単願は生徒グループ　併願2回・帰国は生徒個人　参考

■2023年春併設大学への進学（付属校推薦）

日本医療科学大学—3（保健医療）

城西大学—3（現代政策1、経営2）

■指定校推薦枠のある主な大学

早稲田大　東京理科大　明治大　中央大など

■2023年春卒業生進路状況

卒業生数	大学	短大	専門学校	海外大	就職	進学準備他
206人	191人	0人	1人	0人	3人	11人

■2023年度入試結果

中学校　特選はスライド合格あり

募集定員		志願者数	受験者数	合格者数	競争率
特選1回	約25	129	128	43	3.0
2回		116	86	63	1.4
総合1回	約60	174	172	133	1.3
2回		151	83	72	1.2
3回		94	27	18	1.5
4回		20	4	1	4.0

高等学校　帰国生入試あり

募集人員		志願者数	受験者数	合格者数	競争率
一般単願	200	136	133	127	1.0
併願		365	363	360	1.0

学校説明会　要予約

★中学校　9/23　10/8　11/11　12/2

オープンスクール　9/23　10/8

問題解説学習会　11/23（オンライン配信）

入試相談会　11/25　12/2

★高等学校　9/30　10/28　11/25　12/9

オープンスクール　11/14

問題解説学習会　11/14（オンライン配信）

個別相談会　9/30　10/7　10/22　10/28　11/14　11/25　12/9　12/16　12/22　12/23　12/24

見学できる行事

文化祭　9/9・9/10（入試相談会あり・要予約）

説明会・行事等は日程・内容が変更される場合があります。必ず学校HP等でご確認ください

埼玉
し

昌平中学校・高等学校
しょうへい

〒345-0044　埼玉県北葛飾郡杉戸町下野851　☎0480-34-3381　学校長　城川　雅士

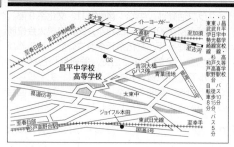

東武伊勢崎線・昌平中・高等学校　東武日光線・杉戸高野台駅より自転車徒歩10分　バス5分　バス8分

〈URL〉https://www.shohei.sugito.saitama.jp

沿革　昭和54年（1979）4月に創立。平成22年（2010）、中学校を開校。

教育方針

〈才能開発教育〉個々の生徒の能力を最大限に引き出します。
〈国際教育〉国際的視野に立って考え、行動する力を養成します。
〈人間教育〉高い品性と正しい判断力を養成します。
〈健康教育〉心身ともに健康な人間を育てます。

特色

　国際化の進む現代社会において、語学の習得は不可欠です。そこで昌平では、世界に通用する英語力と国際感覚を養い、「英語の勉強は大学に合格するためだけでなく、世界へ羽ばたくために必要であること」を生徒に実感させています。それが、全教員が一丸となって取り組んでいる英語教育計画「パワー・イングリッシュ・プロジェクト」です。
　授業時間以外でも語学力と国際感覚を磨くオープンスペースとして「インターナショナル・アリーナ」があり、ネイティブの教員が常駐しています。休み時間や放課後にはこの部屋で英会話で対話する生徒の姿が見られます。さらに、オーストラリアの2校と姉妹校提携を結んでおり、毎年夏休みには短期語学研修として、2週間のホームステイをしながら姉妹校の授業に参加しています。
　昌平は全国でも数少ないIB（国際バカロレア）ワールドスクールです。中学は全生徒を対象に授業を実施する、MYP（ミドルイヤーズプログラム）認定校です。2019年度から高校でもIBコースを新設し、DP（ディプロマ・プログラム）認定校になりました。

コース・クラス概要

・**中学校**　「Tクラス」（最難関大学をめざす）と「一般クラス」があります。105人を定員とし、中高6年一貫生のクラス編成（3～4クラス）を行います。IB（国際バカロレア）、PEP（パワー・イングリッシュ・プロジェクト）、SDGs（持続可能な開発目標）等を柱とし、グローバル人材育成プログラムを実践します。
・**高等学校**　「特別進学コース」（難関国公立大学をめざす）には、「T特選」「特選」「特進アスリート」の3種類のクラスがあります。「選抜進学コース」（難関私立大学をめざす）には、「選抜アスリート」「選抜」の2種類のクラスがあります。また、2019年度より「IB（国際バカロレア）コース」（海外大学・国内難関大学をめざす）を新設しました。「IB［DP］クラス」で世界基準のカリキュラムを学びます。

環境・施設設備

　インターナショナル・アリーナ、図書室、情報教室、視聴覚ホール、体育館などがあり、体育館を除く全館が冷暖房完備です。2011年秋に新校舎、第2体育館、全面人工芝のグラウンドが完成しました。

部活動

　中学・高校ともに一流の指導者による指導を受

今春の進学実績については巻末の「高校別大学合格者数一覧」をご覧ください

3学期制	登校時刻 8:40	昼食 弁当持参、食堂	土曜日 中 第4休日 高 第2・第4休日 （一部コースは第4のみ休日）

けることが可能です。

　高校の部活動加入率は7割を超えており、運動部・文化部ともに活動が盛んです。サッカー部、ラグビー部、陸上競技部、バスケットボール部、ソフトテニス部、野球部、パソコン部、書道部などが全国大会レベルの活躍をしています。

データファイル

■2024年度入試日程

中学校　出願はインターネット

募集人員		出願期間	試験日	発表日	手続締切日
一般1回・G1回		12/1～1/6	1/10	1/10	2/5
Tクラス4科1回			1/10午後	1/11	2/5
一般2回・G2回	105		1/11	1/11	2/5
Tクラス算数			1/11午後	1/12	2/5
一般3回		12/1～1/12	1/12	1/12	2/5
Tクラス4科2回		12/1～1/13	1/13	1/13	2/5
一般4回		12/1～2/5	2/5	2/5	2/6

※学校のほか、1/10は大宮・越谷会場、1/11は大宮会場も設置。

高等学校　推薦併願は両日受験可

募集人員		出願期間	試験日	発表日	手続締切日
推薦単願 併願	390	12/21～1/11	1/22 1/22・23	試験翌日	単1/27 併＊
一般		1/25～1/26	1/31	2/1	単2/3併＊

＊併願者は公立発表翌日（延納手続が必要）

■2024年度選考方法・入試科目

中学校

一般：2科（国算）か4科（国算理社）選択
グローバル：国語、算数、英語
Tクラス4教科型：4科
Tクラス算数1教科型：算数（200点60分）
〈配点・時間〉国・算・英＝各100点50分　理・社＝各50点計50分　※Tクラスの4科は国・算＝各100点50分　理・社＝各50点計60分
〈面接〉なし

高等学校

推薦：書類審査、学力試験（国・数・英各100点）ただし特別進学コースの学力試験は国・数・英・理・社各100点、英語はリスニングを含む　単願者は面接あり
一般：国・数・英、面接（単願者のみ）
IB［DP］コース　推薦・一般：国・数・英（各100点50分）、面接（個人）、作文（日本語800字、100点40分）　推薦の英語はリスニングを含む
〈配点・時間〉国・数・英＝各100点50分　理・社＝各100点40分
〈面接〉生徒グループ（IBは個人）　重視

■帰国子女入試

中学校（募集人員5人）・高校（募集人員定めず）帰国子女のみ対象の入試を12/22に実施。選考方法、試験科目は他の入試と異なります。

■指定校推薦枠のある主な大学

青山学院大　学習院大　上智大　中央大　東京理科大　法政大　立教大　早稲田大など

■2023年春卒業生進路状況

卒業生数	大学	短大	専門学校	海外大	就職	進学準備он他
486人	429人	2人	12人	1人	5人	37人

■2023年度入試結果

中学校　帰国生入試あり

募集人員		志願者数	受験者数	合格者数	競争率
一般1回/G1回		223/23	208/23	154/17	1.4/1.4
2回/G2回		227/24	112/11	52/8	2.2/1.4
3回		258	89	36	2.5
4回	105	201	36	22	1.6
T1回		187	175	104	1.7
2回		108	49	7	7.0
3回		158	76	14	5.4

高等学校　スライド合格あり

募集人員		志願者数	受験者数	合格者数	競争率
推薦単願		308	308	274	1.1
併願	375	789	784	697	1.1
一般単願		10	10	1	10.0
併願		4	4	2	2.0

学校説明会　要予約
★中学校
9/16　10/22　11/11　12/9
腕だめしテスト　10/22
入試直前対策講座　12/9
★高等学校
9/17　10/15　11/19　12/17　IB10/14　T特選9/30　10/21　特進アスリート9/28　10/24
すべての学校説明会後、入試個別相談あり
個別相談Day　12/17　12/23

見学できる行事
文化祭　9/9・9/10

説明会・行事等は日程・内容が変更される場合があります。必ず学校HP等でご確認ください

723

城北埼玉中学校・高等学校
じょうほくさいたま

〒350-0014　埼玉県川越市古市場585-1　☎049-235-3222　学校長　森泉　秀雄

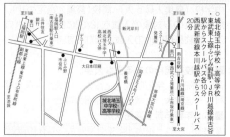

〈URL〉https://www.johokusaitama.ac.jp/

沿革　東京都板橋区にある城北中学校・高等学校理事長であった故近藤薫明が、「城北教育」を埼玉県でも実践するために、昭和55年（1980）に高校を創立。平成14年（2002）に中学校を併設。

校風・教育方針

「心身ともに健全で自律的な努力に徹し得る人間の育成」を建学の精神とし、校訓「着実・勤勉・自主」を遵守し、自らの生活を厳しく律することのできる強固な意志を持った人間を育成します。人間形成と大学進学を2本の柱とした教育を行っています。

カリキュラムの特色

中学1・2年では学校生活の基本や正しい生活習慣を身につけさせ、基礎的な学力の習得を目指します。「JSノート」を活用して個々の生徒の取り組みを把握し、適性に合わせたサポートを行います。3年では自律的・自主的な姿勢を養いながら様々な教科や分野に接して学習の探究心を深め、自己の適性や志望への意識を促すことを目標とします。

高校では2020年度よりコース制を導入しました。「**本科コース**」では2年次から文理分けを行い、3年次で文系Ⅰ型、文系Ⅱ型、理系Ⅰ型、理系Ⅱ型の志望別クラス編成を行います。

「フロンティアコース」では独自の「フロンティアミッション」を取り入れたカリキュラムで、文理融合型の学習に取り組み、課題解決力に秀でた人材を養成することを目指します。

どちらのコースもレベルの高い学力と多様な教養を習得しながら、社会に貢献できる人材を養成します。そのために、授業以外の様々なサポート体制を構築し、一人一人の学力向上を図ります。具体的には長期休暇中の講習会や補習、勉強会、勉強合宿などを行い、また、OBスタッフによるサポートも受けられます。3年次はほぼ通年開講される受験講座や夏期・冬期の受験合宿で、塾・予備校に頼ることなく志望大学に合格できる学力を身につけられます。

環境・施設設備

ふじみ野、南古谷、本川越の3駅からスクールバスが運行し、通学しやすい環境です。

学習施設も充実しています。本館、中学棟、高校棟のほか、グラウンド、体育館、武道館、室内温水プールなどのスポーツ施設、多目的ホールや宿泊施設を備えた近藤記念ホールなどがあります。

国際教育

夏休みに、希望者を対象としたオーストラリア語学研修を実施。「読む・書く・聞く・話す」の4技能のスキルアップをはかります。現地の高校生との交流やホームステイなどのプログラムがあり、貴重な異文化体験ができます（2020年度以降休止中〈コロナウイルス感染症のため〉）。

生活指導・心の教育

ホームルームや各授業時間の最初に「静座」を行っています。目を閉じて姿勢を正し、精神を集

今春の進学実績については巻末の「高校別大学合格者数一覧」をご覧ください

中させることで、心を整え、落ち着いた気持ちで物事に臨む、創立以来の伝統的な指導法です。また、校則は中学・高校生らしい生活態度を求めるもので、特に厳しいものではありません。

学校行事・クラブ活動

6月の体育祭、9月の文化祭（けやき祭）、芸術鑑賞会、球技大会などの行事があります。体験学習の機会も豊富で、新入生対象のオリエンテーション合宿のほか、中1〜高1でイングリッシュキャンプを開催し、中学ではスキー教室、林間学校、校外学習、修学旅行など、高校は修学旅行、受験合宿などを実施しています。

クラブ活動は「人間形成」のための教育の一環と位置づけ、協調性や自主性を育て勉学との両立をはかる指導方針を重視しています。体育系クラブは野球、サッカー、硬式テニス、剣道、少林寺拳法、スキー、陸上競技など、文化系クラブは物理、地歴、吹奏楽、囲碁将棋、デジタル技術研究、鉄道研究、模型などがあり、一部を除いて中高合同で活動しています。全国大会や関東大会で活躍するクラブも少なくありません。

データファイル

■2024年度入試日程

中学校

募集人員		出願期間	試験日	発表日	手続締切日
特待	20	12/11〜1/8	1/10午後	1/10	2/6
1回	60	12/11〜1/8	1/10	1/10	2/6
2回	40	12/11〜1/10	1/11	1/11	2/6
3回	40	12/11〜1/11	1/12	1/12	2/6
4回	若干	12/11〜1/17	1/18	1/18	1/20
5回	若干	12/11〜2/3	2/4	2/4	2/6

本校のほか、特待・2回はさいたま新都心、3回は所沢にも試験会場を設置

高等学校　※併願Ⅰの手続締切日は3/1

募集人員		出願期間＊	試験日	発表日	手続締切日
本科単願・併願Ⅰ	100	12/18〜1/17	1/22	1/25	1/31※
本科併願Ⅱ			1/23		3/1
フロンティア単願・併願Ⅰ	20		1/22		1/31※
フロンティア併願Ⅱ			1/23		3/1

＊窓口での出願は単願・併願Ⅰ:1/22　併願Ⅱ:1/23

■2024年度選考方法・入試科目

中学校

特待入試：算・理または算・英　**1回**：4科
2回・3回：2科か4科　**4回・5回**：2科
〈配点・時間〉国・算＝各100点50分　理・社＝各50点30分＊　※特待入試の理・英は各70点40分
〈面接〉なし

高等学校

単願・併願Ⅰ：国、数、英
併願Ⅱ：国、数、英の3科もしくは国、数、英、理、社の5科（英語はリスニングを含む）
※フロンティアは出願前にコースの説明を受けることが必要
〈配点・時間〉国・数・英・社・理＝各100点50分
〈面接〉なし

■指定校推薦枠のある主な大学

青山学院大　学習院大　慶應義塾大　芝浦工業大　上智大　中央大　成蹊大　成城大　東京薬科大　東京理科大　日本大　法政大　明治大　明治学院大　明治薬科大　立教大　早稲田大　獨協大など

■2023年春卒業生進路状況

卒業生数	大学	短大	専門学校	海外大	就職	進学準備他
225人	148人	0人	1人	0人	1人	75人

■2023年度入試結果

中学校　2回・3回は2科／4科

募集人員		志願者数	受験者数	合格者数	競争率
特待	20	400	391	158	2.5
1回	60	363	354	297	1.2
2回	40	22/369	14/263	6/215	2.3/1.2
3回	40	16/327	6/193	2/158	3.0/1.2
4回	若干	97	52	37	1.4
5回	若干	28	5	4	1.3

高等学校　本科／フロンティア　単願は内部進学者を含む

募集人員		志願者数	受験者数	合格者数	競争率
単願	200/40	129/21	129/21	129/21	1.0/1.0
併願Ⅰ		61/4	59/4	59/4	1.0/1.0
併願Ⅱ3科（内進含む）		56/2	56/2	56/2	1.0/1.0
5科		104/4	103/4	103/4	1.0/1.0

> ### 学校説明会　要予約
> ★中学校　9/18 10/28 11/25 12/9 12/10
> ★高等学校　9/16 10/14 11/18 12/17
> 個別相談会　9/16 9/23 10/14 11/18 12/16 12/17
> ナイト個別相談会　詳細はHPにて発表
> 土曜個別相談会　説明会以外の土曜。HP参照
> 学校見学は随時可（要電話連絡）
>
> ### 見学できる行事
> けやき祭（文化祭）　9/9・9/10

説明会・行事等は日程・内容が変更される場合があります。必ず学校HP等でご確認ください

埼玉　せ

BUNRi'S 西武学園文理中学校
せいぶがくえんぶんり 高等学校

〒350-1336　埼玉県狭山市柏原新田311-1　☎04-2954-4080　学校長　マルケス・ペドロ

〈URL〉https://www.bunri-s.ed.jp/

沿革　昭和56年（1981）西武学園文理高等学校を、平成5年（1993）西武学園文理中学校を開校。

校風・教育方針

　開校43年目を迎え、西武文理は今春、新校長にマルケス ペドロが就任し、育てたい生徒像を「情報技術を活用して、グローバルな視点から新しい世界を創造し、また、自ら課題を発見し、多様な仲間と協働しながら解決し、そしてホスピタリティ精神をもって多様な人間と尊重し合いながら、日本の魅力を発信できる人」と掲げました。西武文理の特色であるグローバル教育や英語教育は不易とし、未来にたくましく生きる若者を育てます。

カリキュラムの特色

《中学》2021年度の新入生から「グローバルクラス」、「グローバル選抜クラス」のクラス編成に変更しました。文理高校進学後は、内進生と高入生の混成クラスとなります。これは、新しい人間関係を築く経験を積み重ね、異なる考えや文化を持つ人々と相互理解を深めるための施策です。学力差がつきやすい教科においては習熟度別授業を行い、一人ひとりに合わせた指導を実現しています。《高校》2024年4月より、**普通科**に新クラスを開設し、2学科4クラスから2学科6クラス体制に移行します。**グローバル特進クラス**はグローバル選抜と同内容のカリキュラムで、最難関国公立大学や私立大学医学部、海外大学をめざします。3年次のコース選択により最難関私立大学をめざすこともできます。**グローバル総合クラス**はプロ

ジェクトベースドラーニングや探究学習を通して身につけた非認知能力を武器に、総合型選抜や学校推薦型選抜を利用して進路実現をめざします。**グローバルクラス**は、1・2年次に幅広い科目を学び、緩やかに文系・理系を選択。3年次からは各自の希望に応じ、科目の自由度を高めています。英語科で培ったグローバル教育プログラムを色濃く反映し、高度な語学力と知的土台をベースに、グローバルシチズンシップを備えた国際人を育成します。**グローバル選抜クラス**は、難関国公立大学への現役合格をめざし、全ての科目を高い水準で効率的に学びます。大学入試に特化したカリキュラムや綿密な受験指導により、希望進路の実現に導きます。**理数科の先端サイエンスクラス**は「自律した理系人として世界を創れる人材の育成」をスローガンに、グローバルな世界観、万物との対話能力、人間固有の良心・感性を養うことが目標です。「教科の学び」「探究の学び」「学内外で行う研修プログラム」を連動させた独自のカリキュラムGlobal STEAM Packageを展開し、大学進学を含む総合的なキャリアを開発します。

国際教育

　中3でイタリア研修旅行、高2で海外研修旅行（グローバル選抜クラス、グローバルクラスはオーストラリアまたはシンガポール・マレーシア。先端サイエンスクラスはアメリカ）と、2回の海外研修旅行を実施しています。その他、UCLA語学研修、ハーバード英語研修や留学単位認定制度、ターム留学など、多彩なプログラムを設けています。また、2021年度よりグローバル選抜クラス、グローバルクラスでは「GLOBAL COMPETENCE PROGRAM」を導入。実用的な語学力、知識・教養、高度な思考力、伝え合う力、ホスピタリ

今春の進学実績については巻末の「高校別大学合格者数一覧」をご覧ください

3学期制　登校時刻 8:30　昼食 中 給食 高 弁当持参、食堂、売店　土曜日 第2休日

ティの精神、行動力の6つのコンピテンスを習得し、次代のリーダーに必要な基盤をつくります。

校内には彫刻が点在し、日常的に本物かつ一流の芸術に触れて感性を磨く機会を提供しています。

環境・施設設備

　豊かな自然の中、広大で美しいキャンパスに、生徒が快適に過ごせる環境を整備。広い中庭を囲う日差しをたっぷり採り込む明るい教室や、個別ブースタイプの自習室、高度な器具を揃えた各種実験室、8面のグラウンドと3棟の体育館を有します。

学校行事・クラブ活動

　体育祭や文理祭（文化祭）、スキー教室、海外研修旅行、芸術鑑賞、文化教養セミナーなど、中高とも様々な行事を実施しています。現在、中学では22、高校では33のクラブが活動しています。ライフル射撃部や、スキー部など珍しいクラブもあります。

データファイル

■2024年度入試日程

中学校 全日程特待生判定あり（特待入試は3年間特待あり）

募集人員		出願期間	試験日	発表日	手続締切日
1回	35	12/1〜1/8	1/10	1/11	単願1/12
1回特待	20	12/1〜1/8	1/10午後	1/11	併願2/10
2回	20	12/1〜1/11	1/12	1/13	単1/14併2/10
2回特待	13	12/1〜1/13	1/13	1/15	指1/16併2/10
適性検査	20	12/1〜1/13	1/13	1/17	単1/18併2/10
英語4技能	7	12/1〜1/11	1/13	1/15	単1/16併2/10
3回	10	12/1〜1/22	1/23	1/24	単1/25併2/10

※感染症り患者に対する代替入試は、振替可（複数回出願でも振替は1回のみ）

高等学校 特待生制度あり　併願者は延納手続可能

募集人員		出願期間	試験日	発表日	手続締切日
普通科	300	12/15〜1/15	1/22・1/23・1/24	1/27	1/31
理数科	80				
代替入試		——	2/10	2/10	2/10

普通科は、グローバル総合(NEW)・スペシャルアビリティ・グローバル・グローバル特進(NEW)・グローバル選抜。理数科は、先端サイエンス

■2024年度選考方法・入試科目

中学校

1・2回：2科か4科　3回：2科　特待：4科　適性検査型：適性検査Ⅰ・Ⅱ　英語4技能：英Ⅰ・Ⅱ・Ⅲ（面接形式）　※単願受験、複数回受験、英検取得者は加点優遇制度あり

〈配点・時間〉国・算＝各100点50分
理・社＝計120点60分　適Ⅰ・適Ⅱ＝各100点45分
英Ⅰ＝80点50分、英Ⅱ＝60点20分、英Ⅲ＝60点10分
〈面接〉英語4技能入試のみ英Ⅲ（面接形式）

高等学校

1〜3回：国語・数学・英語（3回理数科は理科・数学・英語）、面接（SAと帰国生のみ）　英語はリスニングを含む

※SA＝スペシャルアビリティクラス（指定クラ

ブに所属する男子）は単願のみ
※単願、複数回受験は加点優遇制度あり
〈配点・時間〉国・数・英・理＝各100点50分
〈面接〉SAと帰国生のみ生徒個人

■2023年春併設大学への進学
西武文理大学－1（看護）

■指定校推薦枠のある主な大学
早稲田大3　上智大2　中央大10　東京理科大10　明治大5　青山学院大7　立教大7　法政大3　学習院大12　津田塾大5　東京女子大5　明治薬科大3　埼玉医科大9　日本歯科大2 他

■2023年春の大学合格実績（浪人含む）
国公立39人（東京大1　東北大1　大阪大1）
医歯薬獣医64人　早慶上理GMARCH186人

■2023年度入試結果

中学校 合格者数はグローバル選抜／グローバル

募集人員		志願者数	受験者数	合格者数	競争率
1回	25	905	—	708/127	—
1回特待	10	301	—	157/0	—
2回	10	256	—	78/38	—
2回特待	10	109	—	53/0	—
3回	10	148	—	55/20	—
適性検査	15	537	—	233/173	—
英語4技能	4	17	—	6/10	—

高等学校 男／女

募集人員		志願者数	受験者数	合格者数	競争率
普通科	300	508/357	—	466/329	—
理数科	80	120/41	—	118/39	—

学校説明会 すべて要予約
★中学校　9/30 10/22 11/11
★高等学校　9/24 10/14 10/29 11/19 12/17
個別相談会　9/24 10/14 10/29 11/19 12/2 12/17 12/24

見学できる行事
文理祭　9/9・9/10（公開予定）

説明会・行事等は日程・内容が変更される場合があります。必ず学校HP等でご確認ください

埼玉
せ

聖望学園 中学校 高等学校

せい ぼう がく えん

〒357-0006　埼玉県飯能市中山292　☎042-973-1500　学校長　関　純彦

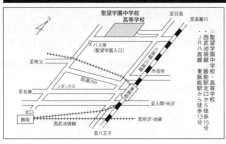

〈URL〉http://www.seibou.ac.jp/

沿革　大正7年(1918)寿多館蚕業学校創立。その後飯能実業学校、飯能暁高等学校と名称変更、昭和24年(1949)に中学校併設。同26年(1951)名称を聖望学園に改め、ルーテル教団の経営により再出発。

校風・教育方針

キリスト教主義教育を通して、神を敬い人を愛し、正義を重んじ信仰にたつ人間の育成を目指しています。

カリキュラムの特色

中学校はキリスト教に基づき「人間教育」と「進学教育」を実践しています。そのための「3つの実」を育てます。ICTを活用できる人材、英語を活用できる人材、グローバルな世界を達成できる人材育成により、世界で活躍する力を養います。「ME」「RISM」など独自の教育プログラムがあり、全力でサポートします。

高等学校は2022年度から4コース制を2コース制に変え、進学体制を強化しました。1年次はそれぞれのコースに選抜クラスを設け4種類クラス編成とします。隔週土曜日は授業です。2年次以降は3コース制にし、より細分化することで一人ひとりの学力に対応した指導を行います。放課後ゼミでは受験指導はもちろん、スペシャル講座を多数設置し興味ある事に対して深い学びができる講座を多数設置します。8時まで開放の自習室、Web教材学習で自分のペースで学習を進めます。

特進コース（選抜クラス）は難関国公立大学、難関私立大学合格を目標としたコース、特進コース（一般クラス）は難関私立大学合格、進学コースは中堅私立大学レベル以上に合格するコースです。2年次以降は特進選抜Sコース、特進Eコース、進学Iコースの3コース制で生徒の学力に対応した適切な指導を行っていきます。

中高とも電子黒板、一人1台のiPadを使った授業を行い、双方向型ICT教育を実践しています。

国際教育

教育目標の一つに「国際感覚にあふれた世界人の育成」を掲げています。世界6500万人の信徒を抱えるルーテル教会に連なる学校である特色を生かし、海外研修制度が充実しています。ニュージーランドのターム留学、オーストラリア、ニュージーランド、カナダへの短期留学を実施しています。

環境・施設設備

奥武蔵野の豊かな自然に恵まれ「森林文化都市」を宣言する飯能市に位置しています。校舎は市街化が進む市内北部にあり、緑あふれる郊外2カ所に広大なグラウンドがあります。主な施設にチャペル、大教室、パソコン教室、体育館、カフェテリア、宿泊施設が整備された研修センターなどがあり、充実した学園生活を支えています。教室はもちろん、体育館を含め全館冷暖房完備です。

2023年度から制服がマイナーチェンジしました。

生活指導・心の教育

イエスを知り、イエスを通して隣人を愛すること、奉仕の心を学ぶことを目的に、聖書の授業があります。自分中心から他者へ、神へと視点を移

今春の進学実績については巻末の「高校別大学合格者数一覧」をご覧ください

すことにより、隣人と環境の保全へと目を向け、奉仕の心や弱者を思いやる気持ちを育てていけるように指導しています。

学校行事・クラブ活動

　主な行事には体育祭、文化祭、クリスマス礼拝、キリスト教強調週間などがあります。中学はオリエンテーション、弁論大会、サステナブルデザインキャンプ、高校では文化講演会・芸能鑑賞会、冬期野外研修なども実施。今年度の体育祭は、天候や暑さに左右されずに実施できる所沢市民体育館で行いました。

　クラブは運動、文化部門合わせて中学15部、高校は30部があり、活発に活動。昨年は、野球部、陸上部、山岳部、美術部、書道部、将棋部が全国大会に出場しました。サッカー部はインターハイ、野球部は昨年度13年ぶり4度目の甲子園を決めました。さらに、女子バレー部、体操部、アメリカンフットボール部、女子バスケットボール部、ダンス部、科学部、写真部が活躍しています。

データファイル

■2024年度入試日程

中学校　2回・3回は本校・所沢会場

募集人員	出願期間	試験日	発表日	手続締切日
1回　35	12/4〜1/9	1/10	1/11	専1/19 他2/9
2回　5	12/4〜1/10	1/11	1/18	
3回　20	12/4〜1/11	1/12午後	1/14	
4回　20	12/4〜1/17*	1/18	※	専1/25他2/9
5回　若干	12/4〜2/2	2/3	2/5	2/9

2科・4科・適性検査で特待奨学生選抜あり
＊プレゼンテーション入試の出願締切は1/14
※2科4科は1/19、他は1/20

高等学校　※公立高校併願者は延納可

募集人員	出願期間＊	試験日	発表日	手続締切日※
推薦1回	1/4〜1/17	1/22	1/23	2/1
2回　300		1/23	1/24	2/1
3回		1/26	1/27	2/5
一般	郵1/18〜1/31窓2/1	2/3	2/4	2/13

＊Web出願の締切日は、推薦1/15、一般1/31

■2024年度選考方法・入試科目

中学校

1回・3回・5回：2科か4科　**2回**：適性検査型Ⅰ・Ⅱ・Ⅲ　**4回**：2科か4科または英語（英語面接あり）またはプレゼンテーション
〈配点・時間〉国・算＝各100点50分　理・社＝各50点25分

高等学校

国語、数学、英語
※推薦入試受験者は、自己推薦書を提出
〈配点・時間〉国・数・英＝各100点50分
〈面接〉なし

■指定校推薦枠のある主な大学

上智大　青山学院大　国際基督教大　駒澤大　成蹊大　成城大　聖心女子大　中央大　東京女子大　東京理科大　東洋大　日本大　日本女子大　法政大　明治学院大　立教大　埼玉医科大　獨協大　立命館大など

■2023年春卒業生進路状況

卒業生数	大学	短大	専門学校	海外大	就職	進学準備他
281人	215人	7人	30人	0人	0人	29人

■2023年度入試結果

中学校　男／女　特待を含む

募集人員	志願者数	受験者数	合格者数	競争率
1回　35	72/76	68/75	63/69	1.1/1.1
2回　5	218/259	218/257	207/253	1.1/1.0
3回　20	52/44	24/27	23/27	1.0/1.0
4回　20	39/21	21/6	19/5	1.1/1.2
5回　若干	10/6	3/2	3/2	1.0/1.0

高等学校　単願／併願（スライド合格を含む）

募集人員	志願者数	受験者数	合格者数	競争率
推薦1回	111/477	111/473	107/468	1.0/1.0
2回　300	86/63	84/62	83/61	1.0/1.0
3回	70/152	9/46	7/43	1.3/1.1
一般	2/13	2/13	2/12	1.0/1.1

学校説明会　要予約
★中学校　10/21 12/10
入試直前入試相談会　12/23 12/26 12/27
入試対策特講　11/18
★高等学校　9/9 10/14 10/28 11/25 12/10
入試対策特講　10/22
個別相談　9/5〜12/19の月曜〜土曜（第2・4土曜除く）9/24 11/12 11/19 12/10 12/17 12/24 12/27 12/28 1/5

見学できる行事
中山祭（文化祭）　9/16・9/17（個別相談会あり。中学は両日、高校は9/17に説明会あり〈入試相談・説明会ともに要予約〉）
クリスマスツリー点火式（要予約）　11/24

説明会・行事等は日程・内容が変更される場合があります。必ず学校HP等でご確認ください

東京成徳大学深谷中学校 高等学校

とうきょうせいとくだいがくふかや

TOKYO SEITOKU

〒366-0810　埼玉県深谷市宿根559　☎048-571-1303　学校長　石川　薫

〈URL〉 中 https://tsfj.jp/　高 https://tsfh.jp/

沿革　昭和38年（1963）東京成徳学園深谷高等学校として設立。同54年（1979）、東京成徳短期大学附属深谷高等学校と改称。平成8年（1996）特別進学コースで男子の募集を開始。同9年（1997）東京成徳大学深谷高等学校と改称。同17年（2005）コースを細分化。同23年（2011）全コースを共学化。同25年（2013）4月、中学校を開校。

校風・教育方針

　幼稚園から大学院までを擁し、90余年の歴史を持つ東京成徳学園の一員として、建学の精神「成徳＝徳を成す」を基本理念とし、心身ともに健全な人づくりが目標です。「明るく楽しいクラス」「充実した授業」「活気ある部活動」を合言葉に、21世紀の社会で活躍できる人材を育成します。また、生徒が「入学して良かった学校」「卒業して良かった学校」を実感できる学校の実現を目指しています。

カリキュラムの特色

　中高一貫コースは、一人ひとりの可能性を最大限に伸ばすために、少人数制と最高の教師陣により、特別な教育を行います。教育の特色は、「実践的英語力の育成」「進路学習の充実」「発展的体験学習」。英語教育では独自の方法を開発し、「読む」「書く」「話す」「聞く」の4つの能力を磨きます。特徴的な授業として、討論・発表を含む授業を週1時間行い、高い学力と豊かな人間性を養います。進路指導では、長年培ったノウハウを生かし、高い意識を持たせて志望大学合格を実現します。

　高等学校では、目指す進路に合わせて、3つのコースを設置しています。

特進Sコース　一般選抜で国公立大・難関私大を目指す少数精鋭のコース。数学では習熟度別授業を展開、不得意科目を解消し、得意科目はさらに伸ばします。2年次からは文系・理系に分かれ、それぞれの進路目標に合った授業を展開し、一人ひとりの夢を実現します。

進学選抜コース　一般選抜・学校推薦型選抜・総合型選抜などのあらゆる入試形態で、有名私大を目指すコース。2年次から文系・理系に分かれ、カリキュラムは私大の3教科型入試に対応しています。1・2年次は平日（放課後）と土曜日（午前中）の進学センターの講習で、受験に必要な教科を徹底的に学習します。部活動と両立しながら放課後講習や進学センターを活用し、進路の実現を目指します。

進学コース　勉強はもちろん、部活動にも積極的に参加しながら、学校推薦型選抜・総合型選抜による大学・短大進学を目指します。2年次から文系・文理系・保育系に分かれ、理系希望者は2年次に進学選抜にコース変更可能。学校推薦型選抜・総合型選抜に必要な小論文や面接の指導も段階ごとに行い、進路実現に向け力をつけます。

┌─ **生徒の学習を支援する進学センター** ─

　進学センターでは、月曜から金曜の7・8時間目に全46講座の選択科目を用意。自分の興味・関心に合った講座を自由に選択できます。また夏期・冬期・春期講習では、志望校に対応した講座を開設し、進路実現のための学習支援を行っています。

今春の進学実績については巻末の「高校別大学合格者数一覧」をご覧ください

環境・施設設備

　緑豊かなキャンパスが自慢です。各教室に冷暖房を備え、自習室も充実。サテライン室、情報処理室、イングリッシュ・ラボ、ピアノ教室など、各コースの実習に必要な施設や、総合体育館Fアリーナ、サッカーグラウンド（人工芝）、弓道場、テニスコートなど、体育施設も整っています。

生活指導・心の教育

　各部活動で奉仕活動を行っています。吹奏楽部は施設訪問を、チアダンス部、ダンス部は地域の行事に参加し、演技を披露しています。

学校行事・クラブ活動

　体育祭、中高別の桐蔭祭（文化祭）、校外学習、創作ダンス発表会、芸術鑑賞会などがあります。国際教育として、高2の修学旅行、中3の希望者対象のホームステイをニュージーランドで実施します。

　部活動は全校生徒の80%が加入。運動部は17あり、パワーリフティングが世界大会に出場、ダンス、チアダンスが全国大会出場、弓道がインターハイに出場、サッカーが2大会連続埼玉県大会で優勝し、関東大会では準優勝。その他バドミントン、バレーボール、陸上競技などが埼玉県大会へ進出しています。文化部は13あり、吹奏楽が埼玉県大会入賞。

深谷市 中 共学 高 共学

データファイル

■2024年度入試日程

中学校

募集人員	出願期間	試験日	発表日	手続締切日
1回	12/1〜1/9	1/10	1/10	1/31（単願1/11）
2回	（70）	1/11	1/11	1/31（単願1/12）
3回	12/1〜1/12	1/13	1/13	1/31（単願1/15）
4回	12/1〜1/19	1/20	1/20	1/31（単願1/22）

募集人員 70

高等学校 　※2月併願の手続き締め切りは3/2

募集人員		出願期間	試験日	発表日	手続締切日
単願		12/1〜1/8	1/22	1/26	2/3
併願①	特進S40		1/22	1/26	3/2
併願②	進学選抜80		1/23	1/26	3/2
2月単願/併願	進学160	1/25〜1/29	2/2	2/5	単2/10※
3月単願			3/1	3/2	3/2

■2024年度選考方法・入試科目

中学校

1・2回：2科、4科、英語Ⅰ（英語、リスニング、国算基礎）、英語Ⅱ（英語、リスニング）から選択
3回・4回：2科か英語Ⅱ
〈配点・時間〉国・算・英・リスニング＝各100点40分　理・社＝各50点計40分　英語Ⅰ型の国算は各50点計40分　〈面接〉なし

高等学校

単願・2月単願・3月単願：書類審査、国、数、英、面接
併願①②・2月併願：国語、数学、英語
〈配点・時間〉国・数・英＝各100点50分
〈面接〉単願のみ生徒個人　重視

■2023年春併設大学・短大への進学

受け入れ人数の枠内で進学できます。
東京成徳大学－4（経営1、応用心理1、子ども2）

東京成徳短期大学－4（幼児教育）

■指定校推薦枠のある主な大学

青山学院大　立教大　東洋大　大東文化大など

■2023年春卒業生進路状況

卒業生数	大学	短大	専門学校	海外大	就職	進学準備他
319人	192人	22人	84人	0人	11人	6人

■2023年度入試結果

中学校　男／女

募集人員	志願者数	受験者数	合格者数	競争率
1回	6/15	5/15	5/14	1.0/1.1
2回	7/14	5/12	5/12	1.0/1.0
3回	8/12	4/10	4/9	1.0/1.1
4回	9/11	4/7	4/7	1.0/1.0

募集人員 70

高等学校　スライド合格あり

募集人員	志願者数	受験者数	合格者数	競争率
単願推薦	178	176	174	1.0
併願①	905	899	879	1.0
併願②	30	28	24	1.2
2月単願/併願	2/7	2/7	1/5	2.0/1.4
3月単願	0	—	—	—

募集人員 280

学校説明会　要予約
★中学校　10/8　11/3　入試相談　12/2
★高等学校　9/16　10/7　10/14　11/11
個別相談　9/9　9/10　10/15　10/22　10/29　11/3　11/12　11/19　11/23　11/26　12/9　12/16　12/23　12/24　1/5
外部会場説明会　行田9/2　11/4　上里9/30　鴻巣10/21　本庄11/25
見学できる行事
桐蔭祭（文化祭）　中11/25　高9/9・9/10

説明会・行事等は日程・内容が変更される場合があります。必ず学校HP等でご確認ください

東京農業大学第三 高等学校附属中学校 高 等 学 校

とうきょうのうぎょうだいがくだいさん

〒355-0005　埼玉県東松山市大字松山1400-1　☎0493-24-4611　学校長　神山　達人

〈URL〉https://www.nodai-3-h.ed.jp/

沿革　明治24年（1891）榎本武揚によって、東京農業大学が創設。昭和60年（1985）、併設校として、東京農業大学第三高等学校を現在地に設立。平成21年（2009）、中学校を開校。

校風・教育方針

「不屈・探究・信頼」を校訓として、
1．いかなる逆境も克服する不撓不屈の精神
2．旺盛な科学的探究心と強靭な実証精神
3．均衡のとれた国際感覚と民主的な対人感覚
　以上の「建学の精神」にのっとって、人間尊重の理念のもとに一人ひとりの個性を伸ばし、健全な精神と実行力に富む国際人の育成を教育方針としています。

カリキュラムの特色

　高等学校では、2016年から新コース制がスタートしました。コースの選択は入学試験時に行い、すべてのコースが6時間授業。Ⅰコース内に理数探究課程・グローバル課程を設置。
　Ⅰコース（進学重視）は、独自のシラバスによる授業展開を行い、主要3教科は先取り授業を実施。5教科7科目に対応したカリキュラムで最難関国立大・首都圏国公立大、最難関私立大への現役合格を目指します。
　Ⅱコース（文武両道）は、学習と部活動を両立し、難関大・東京農業大への現役合格を目指します。2年次より文理別クラス編成、3年次は多様な進路に対応する選択授業を設置し、効率よく学習に取り組んでいきます。

　Ⅲコース（スポーツ科学）は、クラブ活動で全国大会、関東大会、県上位の成果を上げ、大学進学を目指します。強化クラブが対象で現在8クラブ（陸上部、野球部、サッカー部、男子バスケットボール部、剣道部、男子ハンドボール部、男子バレーボール部、テニス部）です。
　中高一貫コースは、実学教育をベースに学力、人間力、進路選択力を育て、難関国公立・難関私大現役合格を実現します。
　夏期・冬期・春期の休暇中の進学講習や、サマーセミナー、朝・放課後講習などがあり、適性・能力・目標に応じて、自分に適した講座を選択・受講できます。このほか、放課後の自習教室、始業前の朝読書、進学関係の豊富な資料やデータを集めた進路資料閲覧室など、バックアップ体制を整え、生徒の学力向上の一役を担っています。
　なお、大学の併設校ではありますが、生徒の進路希望を叶えるためのバックアップの結果、他大学への進学実績も内外から評価されています。

農大三中・三高は未来のリーダーを育てます

【大胆なグローバル化】オンライン英会話・河口湖アチーブイングリッシュキャンプ・クイーンズランド語学研修・オーストラリア修学旅行・華語講座など、多彩なプログラムで生徒をサポート。
【学内完結型学習指導体制】スタディプラスに自己学習時間を記録し、担任の面談に活用。自ら学ぶ姿勢を構築します。自習室5教室を完備、長期休業中も開放し学習環境を整備します。
【実学で真の力を育てる】国語・地歴・数学・理科・英語・芸術などの教科でフィールドラーニング（校外学習）を実施。「足尾銅山研修・ジャム作り・

今春の進学実績については巻末の「高校別大学合格者数一覧」をご覧ください

「奥の細道を訪ねて」などのプランがあり、本物に触れ、学ぶ楽しみを感じ取ります。

環境・施設設備

　北に岩鼻運動公園、東に滑川を隔てて吉見丘陵と、四方を緑に囲まれた、静かで自然が豊富な学習環境にあります。校地は61,000㎡以上と広く、普通教室をはじめ、図書室・視聴覚室・マルチメディア教室・音楽教室・化学実験室・美術教室・特別教室、体育館、野球グラウンド、運動場、弓道場、全天候型陸上トラック（120m）、テニスコート、武揚会館（食堂・合宿所・部室）、美術館など、学習・運動施設ともに充実しています。

クラブ活動・生徒会活動

　クラブ活動では、バスケットボール、サッカー、陸上競技、ゴルフ、テニス、弓道、オリエンテーリング、剣道、ワンダーフォーゲル、文芸百人一首、美術、書道などが全国大会に出場・出展して、優秀な成績を収めています。野球、陸上競技、男子バスケットボール、剣道、サッカー、男子ハンドボール、男子バレーボール、テニスは、強化クラブに指定されています。

　生徒会も、生徒の規律ある生活態度を確立することを目的として、ボランティア・浪漫祭などの諸委員会などを設けて、積極的に活動しています。

データファイル

■2024年度入試日程　詳細は募集要項をご確認ください

中学校　※ 1回と2回の会場は大宮・川越

募集人員		出願期間	試験日	発表日	手続締切日
1回 ※	35	12/10〜1/9	1/10	1/10	
2回 ※	15		1/10午後	1/10	2/5
3回 本校	15	12/10〜1/10	1/11	1/11	
4回 本校	5	12/10〜1/26	1/27	1/27	

高等学校　※推薦 I は自己推薦（単・併）とスポーツ・特別推薦（単）。推薦 II は自己推薦（併）

募集人員		出願期間	試験日	発表日	手続締切日
推薦 I	約330	12/20〜1/12	1/22	1/24	単1/27
推薦 II			1/23	1/24	併3/2
一般	若干	1/23〜1/27	1/31	2/1	単2/3併3/2

■2024年度選考方法・入試科目

中学校　**1・3回**：2科か4科
2回：総合理科…120点60分　**ことば力**…120点60分
世界と日本…120点60分　1科目を選択
4回：2科
〈配点・時間〉国・算＝各100点40分　1回：理・社＝計100点40分　※3回は国算理社各100点40分
〈面接〉なし

高等学校　**推薦 I・II**：書類審査、国語、数学、英語（各100点45分）　**一般**：総合問題（100点60分）
〈面接〉なし

■2023年春併設大学への進学

進学条件は①3年次までの評定平均値が3.2以上　②欠席日数が3年間で原則として15日以内、遅刻・早退が3年間で原則として15日以内　③生活および学習の態度が良好①〜③を満たしている者
東京農業大学−110（農17、応用生物科21、生命科13、地域環境科19、国際食料情報37、生物産業3）

東京情報大学−3（総合情報）

■指定校推薦枠のある主な大学

東京理科大　明治大　立教大　中央大など

■2023年春卒業生進路状況

卒業生数	大学	短大	専門学校	海外大	就職	進学準備他
489人	431人	4人	29人	3人	2人	20人

■2023年度入試結果

中学校　男／女

募集人員		志願者数	受験者数	合格者数	競争率
1回	35	83/43	82/41	76/39	1.1/1.1
2回	15	71/30	70/30	47/24	1.5/1.3
3回	15	55/28	25/10	22/10	1.1/1.0
4回	5	34/14	9/2	8/2	1.1/1.0

高等学校　男／女

募集人員		志願者数	受験者数	合格者数	競争率
I	推薦400	141/116	139/115	139/115	1.0/1.0
II	一般若干	442/284	437/279	428/277	1.0/1.0
III		61/0	61/−	61/−	1.0/−

学校説明会　中高とも校内会場はすべて要予約
★**中学校　学校説明会**　9/9 10/21 12/9
イブニング説明会　11/13（成増）11/16（大宮）
入試模擬体験 11/23
★**高等学校　学校説明会**　9/16 9/17 9/23
10/7 10/14 10/15 10/28 11/18 11/19 11/25
個別説明会　9/16 9/17 9/23 10/7 10/14
10/15 10/28 11/18 11/19 11/25 12/16 12/25
イブニング個別説明会（要予約・川越）　10/23
クラブ説明会　9/24 10/22

見学できる行事
浪漫祭（文化祭）　9/9・9/10（個別相談会あり）

説明会・行事等は日程・内容が変更される場合があります。必ず学校HPでご確認ください

埼玉
と

D 獨協埼玉中学校 高等学校
（どっ きょう さい たま）

〒343-0037　埼玉県越谷市恩間新田寺前316　☎048-977-5441　学校長　尾花　信行

〈URL〉https://www.dokkyo-saitama.ed.jp/

| 沿革 |　明治14年（1881）、ヨーロッパ文化の摂取を目的として設立された獨逸学協会を前身とする獨協学園が、矢嶋仁吉理学博士を初代校長として、昭和55年（1980）4月に現在地に開校しました。平成13年（2001）、獨協埼玉中学校を設立しました。

校風・教育方針

獨協学園の教育方針「教育において何よりも優先されるべきは人間形成である」を基礎にして、知・情・意のバランスのとれた人格、真に人間として生きる力を備えた人間の育成をめざします。そのため「開拓・創造・信愛」をモットーに、語学教育の重視と基礎学力の充実を柱としています。

カリキュラムの特色

中学校を併設

中学校では、6カ年一貫教育のカリキュラムを設置。中学3年間は、実験や体験学習を中心にじっくりと思考力を養い、高校3年間は大学受験に向けて個々の進路希望に対応できる指導を行います。

基礎学力の充実

高校1年次には、基礎学力に重点を置き、自然・社会・人間・文化への関心を高めて、将来のさまざまな進路に十分に対応できるよう、基礎学力の充実に力を注いでいます。

多様な選択制

高校2年次には、文理によるコース制をとります。

高校3年次には、幅広く設けられたコースの中

から、興味・進路にあったものを選択できます。学習内容についての多様な要求を満たすためで、国公立・私立、文系・理系を問わず、いずれの大学受験にも柔軟に対応することができます。

語学教育の重視

外国語教育にはとりわけ力を入れており、高度な外国語運用能力をそなえた国際性に富んだ人材を育成するために努力しています。そのために、英語についてはネイティブを6人採用しています。さらに希望者には、アメリカ・サンフランシスコなどにおける語学研修及びホームステイを夏休みに実施しています。また、選択科目として3年間ドイツ語を履修することができます。

進学実績

2023年度は獨協大学に43人が推薦で合格しており、国公立19人、早慶上理18人、GMARCHに107人が現役で合格しています。また成績上位者に関しては、獨協大学を併願できるというシステムがあります。

環境・施設設備

緑豊かな敷地は総面積80,000㎡と広大です。14,300㎡の校舎には、近代的な施設・設備が備わっています。視聴覚・Wi-Fiルームなど各教科の設備が整った特別教室、蔵書5万冊の図書館をはじめ、食堂、体育館、300mトラック、ラグビー場兼用のサッカー場、野球場、7面のテニスコート、25mプールなど、屋内外の施設が整備されています。第2体育館はバスケットボールコート2面の

今春の進学実績については巻末の「高校別大学合格者数一覧」をご覧ください

広さです。

生活指導・心の教育

校則は①服装は定められた制服を着用し、染髪などは禁止する　②社会生活でのルールを守るなど、基本的な約束事にとどまっています。

また、生徒と教師との信頼関係を重視して、生活指導の中心に対話をおき、個々の生徒に直接かかわっていく個別指導に力を入れています。

学校行事・クラブ活動

蛙鳴祭（学校祭）や体育祭など、学校行事は、生徒の代表が中心になって運営されています。中1にはオリエンテーション合宿が、高2には沖縄への修学旅行が実施されています。

クラブ活動は、30以上の文化部・運動部・同好会があり、自主性・社会性・協調性などを高め、人間性を深める場として活発に行われています。

データファイル

■2024年度入試日程

中学校

募集人員	出願期間	試験日	発表日	手続締切日
1回男50 女50	12/1〜1/10	1/11	1/11	1/12
2回男20 女20	12/1〜1/11	1/12	1/12	1/13
3回男10 女10	12/1〜1/16	1/17	1/17	1/18

1回は武蔵浦和会場あり

高等学校

募集人員	出願期間	試験日	発表日	手続締切日
1回 2回 160	12/1〜1/12	1/22 1/23	1/23	1/24

※第1回（単・併）・第2回（併）。併願は両日受験可

■2024年度選考方法・入試科目

中学校

4科

〈配点・時間〉国・算＝各100点50分　理・社＝各70点30分

〈面接〉なし

高等学校

単願：国語、数学、英語（リスニング含む）、面接　併願：国語、数学、英語（リスニング含む）
【出願条件】単願：内申9科30以上　単・併とも3年次に評定に「1」がないこと　3年次欠席10日以内
〈配点・時間〉国・数・英＝各100点50分
〈面接〉単願のみ　生徒グループ　参考　【内容】志望動機、長所・短所、通学時間・経路など

■2023年春併設大学への推薦制度

獨協大①志望学科が特定する教科の評価基準を満たすこと　②人物、出席状況ともに良好
獨協医科大①3年間の評定平均値が3.7　②数学・理科および外国語の3年間の評定平均値が3.7　③人物、出席状況ともに良好かつ身体健全であること。
獨協大学−43（外国語22、経済14、法7）
獨協医科大学−1

■指定校推薦枠のある主な大学

早稲田大　青山学院大　学習院大　立教大　中央大　東京理科大　法政大　成蹊大　成城大　芝浦工業大　東京女子大　埼玉医科大など

■2023年春卒業生進路状況

卒業生数	大学	短大	専門学校	海外大	就職	進学準備他
304人	270人	3人	6人	2人	0人	23人

■2023年度入試結果

中学校

募集人員		志願者数	受験者数	合格者数	競争率
1回男	50	758	732	488	1.5
女	50	577	559	428	1.3
2回男	20	409	190	96	2.0
女	20	280	113	69	1.6
3回男	10	404	129	77	1.7
女	10	288	64	42	1.5

高等学校　帰国生を含む

募集人員		志願者数	受験者数	合格者数	競争率
単願男		47	47	45	1.0
女	160	74	74	67	1.1
併願男		256	252	233	1.1
女		275	271	254	1.1

学校説明会　予約制

詳しくは学校HPでご確認ください

★中学校
9/24 10/22 11/19 12/17

★高等学校
9/24 10/22 11/19 12/17

個別相談会　9/24 10/22 11/19 12/17 12/24

見学できる行事　要予約

文化祭　9/16・9/17

説明会・行事等は日程・内容が変更される場合があります。必ず学校HP等でご確認ください

越谷市

中

共学

高

共学

埼玉
は

花咲徳栄高等学校
（はな　さき　とく　はる）

〒347-8502　埼玉県加須市花崎519　☎0480-65-7181　学校長　関　正一

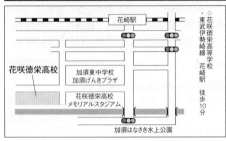

〈URL〉https://www.hanasakitokuharu-h.info

沿革　昭和46年（1971）に学校法人佐藤栄学園が許可され、同57年（1982）には花咲徳栄高等学校の設置が許可されました。平成26年（2014）、食物科を食育実践科に名称変更しました。

校風・教育方針

教育理念「人間是宝－生徒の内在する可能性を開発する」を基礎として教育を行っています。計り知れないほどの可能性を秘めている生徒の人格の完成をめざし、徳操を身につけ、心身ともに健康で明るい人間に育つことが目標です。さらに次の教育目標と教育方針を定めています。

教育方針

1．理論と実践の一体化
2．生活指導そく学習指導
3．生徒と教師が共に学ぶ

教育目標

1．けじめのある心を育てる
2．自己開発の心を培う
3．創意工夫する心を育てる
4．敬愛と感謝の心を育てる
5．体育を奨励し、強じんな体力と精神力を養い、真のスポーツマンシップの心を育成する

また、教育理念に基づき、多様なニーズに応え、可能性を最大限に開く選択コース制を採用しています。この教育システムは内在する可能性の開発に努めながら〈よく学び・よく遊べ〉を実践する「豊かな人間形成」と「確かな学力形成」をねらいとしています。

カリキュラムの特色

普通科は、最難関国公私立大学、医歯薬理系大学などへの現役合格をめざすアルファコースと、難関国公私立大学、GMARCHなどへの現役合格を目指すアドバンスコースがあり、現役の大学合格率は9割を超えています。

アルファコースは、理数選抜、特別選抜、文理選抜の3クラスに分かれています。3年1学期までに高校3年間の学習範囲を終わらせ、2学期から入試問題演習を中心に徹底した受験対策を行い、第1志望校の現役合格をより確かなものとします。駿台サテネット21やスタディサプリ高校講座などによる進学サポートシステムも充実しています。

アドバンスコースは、選抜進学、特別進学、総合進学の3つのクラスに分かれています。7、8時間目の演習授業や大学入試対策センターの利用、スタディサプリ高校講座などによる進学サポートシステムで大学への現役合格を可能にしています。

食育実践科は厚生労働大臣より調理師養成施設の認定を受けているため卒業と同時に調理師免許の取得ができ、社会の即戦力として活躍できる人材を育成します。

国際・情報教育

普通科、食育実践科ともに修学旅行はアメリカ西海岸を訪問します。普通科は現地のハイスクールで学校間交流、食育実践科は現地の郷土料理店や高級店でのフルコースを味わうなど、科の適性

今春の進学実績については巻末の「高校別大学合格者数一覧」をご覧ください

を生かした多彩なプログラムで「世界」を学んでいます。また、夏休みには希望者対象の海外語学研修も行われます。

環境・施設設備

進学サポートシステム

有名予備校の多岐にわたる講座がオンデマンドで受講できるサテライト講座や、大学入試対策センター、図書館など、快適な環境を目的に応じて選択でき、自己のペースで学習できます。また、スタディサプリ高校講座を各自の端末で受講できます。

超高校級の体育施設

13万㎡（東京ドーム3個分に相当）の広大な敷地に広がる関東最大級の体育施設など、全クラブ専用施設が準備されています。400mトラック＆フィールドの陸上競技場のほか、観客収容数1,500人の温水プール、屋内練習場、2,400人収容可能な総合体育館などが整備されています。

学校行事・部活動

海外への修学旅行や文化祭、体育祭、校外学習などの心に残る行事があります。

部活動は、"めざせ日本一"を合い言葉に44部が活発に活動しています。運動部は甲子園大会通算12回出場の硬式野球をはじめ、陸上競技、駅伝競走、レスリング、空手道、女子サッカー、女子ソフトボール、女子硬式野球、ボクシング、競泳などが全国レベルの実力です。関東大会レベルで活躍する運動部、文化部が多数あります。

加須市

高

共学

データファイル

■2024年度入試日程

出願期間		試験日	発表日	手続締切日
1回単願		1/22	1/24	1/31
併願	12/1～1/15	1/22	1/24	1/31※
2回併願		1/23	1/24	1/31※
3回単願	1/24～1/27	1/29	1/30	2/2
併願		1/29	1/30	2/2※

※併願は3/4(県外は公立発表翌日)まで延期可

■2024年度選考方法・入試科目

書類審査、学力試験（国語・数学・英語）による総合判定。英語はリスニングあり

〈配点・時間〉国・数・英＝各100点50分

〈面接〉なし

■2023年春併設大学への進学

一般志願者と同じ試験を受けますが優遇されます。

平成国際大学－17（法13、スポーツ健康4）

■2023年春主な大学の合格状況

秋田大　山形大　宇都宮大　群馬大　埼玉大　琉球大　釧路公立大　高崎経済大　埼玉県立大　都留文科大　新潟県立大　公立諏訪東京理科大　防衛大　防衛医科大　早稲田大　東京理科大　明治大　青山学院大　立教大　中央大　法政大　学習院大　成蹊大　成城大　日本大　専修大　東洋大　駒澤大　獨協大　國學院大　武蔵大　大東文化大　芝浦工業大　北里大　埼玉医科大　東京女子医科大　東京薬科大　明治薬科大　日本赤十字看護大　同志社大　立命館大など

■2023年春卒業生進路状況

卒業生数	大学	短大	専門学校	海外大	就職	進学準備他
552人	405人	16人	96人	1人	22人	12人

■過去5年間の国公立大学（大学校含む）合格者数（浪人含む）

2019	2020	2021	2022	2023
34人	41人	48人	30人	33人

■2023年度入試結果　単／併　スライド合格を含まない

募集人員		志願者数	受験者数	合格者数	競争率
普通1回		334/1,640	333/1,635	332/1,619	1.0/1.0
2回	440	263	256	251	1.0
3回		6/20	6/20	5/18	1.2/1.1
食育1回		59/7	59/7	59/7	1.0/1.0
2回	80	0	—	—	—
3回		0/1	—/1	—/1	—/1.0

入試説明会 要予約

○説明会・個別相談　9/17 9/24 10/14 10/15 10/21

○個別相談　11/12 11/19 11/25 12/10 12/17 12/24

○ICT教育・協働学習体験　9/17

○アチーブメントテスト　10/29

○食育実践科体験　9/9 10/7 11/11

※すべて要予約、中3対象

見学できる行事

文化祭　6/10・6/11（終了）

説明会・行事等は日程・内容が変更される場合があります。必ず学校HP等でご確認ください

武南中学校・高等学校

〒335-0002　埼玉県蕨市塚越5-10-21　☎048-441-6948　学校長　遠藤　修平

〈URL〉https://www.bunan.ed.jp/

沿革　昭和38年（1963）武南高等学校開校。平成25年（2013）武南中学校開校。

校風・教育方針

　建学の精神である「自主・自立・自学・協同」を基盤として、豊かな人間性を育む教育、高い学力と知性と教養を身に付けるための学習指導、自己実現を図るための進路指導を行っており、21世紀に活躍できる未来を創造する人材を育成します。生徒は授業にも部活動にも意欲的に取り組み、活気あふれる校風です。

カリキュラムの特色

　中学校は、グローバルリーダーとして必要な確固たる人間性と知性の育成を教育目標に掲げています。課題解決学習を全教科で導入し、完全週6日制、授業日数大幅確保、中学3年から高校課程に入る完全6年一貫のカリキュラムで学びます。英語とICT（Information and communication technology）に力を入れ、英語は授業時間数を大幅に確保、ネイティブ教員による英会話授業も設け、中学で英検準2級が目標です。また、各自が専用タブレットPCを使い、教科学習で活用しながら高度なICT運用能力を身につけます。

　高等学校は特進、選抜、進学の3コースを設置。学習合宿や長期休業中の講習などを行い、やりたい仕事につながる希望の大学へ入学できる学力を身につけます。**特進コース**は週に4日は7時間授業を実施します。東京大・一橋大・東京工業大や早稲田大・慶應義塾大・上智大など国公私立の最

難関大学への現役合格を目指します。**選抜コース**は難関国公立、最難関私立、難関私立大学への現役合格、**進学コース**は国公立、難関私立、中堅大学への現役合格を目指します。2年次からI型とII型に分かれますが、両コースは同じカリキュラムで、部活動と勉強を両立させ希望の大学を目指します。進学コースの成績上位者は、選抜コースへのステップアップが可能です。

環境・施設設備

　駅から徒歩10分の閑静な住宅街にあります。高校校舎は、自習室を備えた図書室、PC教室などの教育施設が整い、200人を収容できる食堂は売店も併設しています。スポーツ施設は第一・第二体育館、第一グラウンド、3階建ての武道場のほか、越谷にサッカー専用グラウンドがあります。中学生が学ぶ専用校舎は、太陽熱エネルギーの利用や屋上緑化など、環境に配慮した設計です。

生活指導・心の教育

　中学校は、生徒、教員、保護者、地域が共に学びあう教育、オープンスクール化を目指しています。スクールカウンセラーの配置、登下校メール・緊急メール配信システムの導入、緊急時食料・飲料の備蓄など、安心して学べる環境です。

　中学・高校ともスクールカウンセラーと複数の教育相談員を配置し、生徒のさまざまな悩みに応え、心のケアを行います。

今春の進学実績については巻末の「高校別大学合格者数一覧」をご覧ください

学校行事・クラブ活動

学校全体で取り組む文化祭、体育祭、予餞会をはじめ、多彩な行事を実施しています。高校の修学旅行は選抜・進学コースがオーストラリア、特進コースは沖縄へ。中学校はアジア・英語圏への海外研修、豊かな教養を身につける芸術鑑賞、理科・社会科フィールドワークなどを行います。

高校では運動部と文化部を合わせて49のクラブが活動しています。クラブの活躍は全国的に知られ、獲得したタイトル数はこれまでに1000を超えました。運動部はサッカー、水泳、陸上、野球、柔道、ダンスなど23部、文化部は吹奏楽、放送、英会話、美術など26部があります。中学は「BACC（BUNAN Advanced Culture Club）」という名称で、日本文化理解を目指して活動しています。月1回の囲碁は全員参加、週2回の卓球、バスケットボール、合唱、華道、茶道などは希望制です。

〽〽〽〽〽〽〽〽〽〽〽〽〽〽〽 **データファイル** 〽〽〽〽〽〽〽〽〽〽〽〽〽〽〽

■2024年度入試日程

中学校

募集人員		出願期間	試験日	発表日	手続締切日
1回午前		12/10〜1/9	1/10	1/10	2/9
午後	80		1/10午後	1/11	2/9
2回		12/10〜1/11	1/12	1/13	2/9
3回		12/10〜1/19	1/20	1/21	2/9
4回		12/10〜1/26	1/27	1/28	2/9
5回		12/10〜2/3	2/4	2/5	2/9

高等学校 Web出願後、書類郵送

募集人員			出願期間（書類郵送期間）	試験日	発表日	手続締切日
単願特進		※	1/9〜1/12	1/22	1/25	2/1
選抜・進学180			1/9〜1/12	1/22	1/25	2/1
併願	1	特進 ※	1/9〜1/15	1/23	1/27	2/2＊
	2	選抜・進学180	1/9〜1/15	1/25	1/29	2/2＊
	3		2/1〜2/3	2/11	2/14	2/17＊

※特進は単併合わせて40、併願3は選抜・進学のみ
＊併願は3/1まで延納可

■2024年度選考方法・入試科目

中学校

1・2回：2科か4科か適性検査型（1回午後を除く）の選択

3回：2科か4科の選択

4回：2科、面接

5回：2科（高得点科目を1.5倍配点）、面接

〈配点・時間〉国・算＝各100点50分　理・社＝各50点30分　適性検査型：Ⅰ・Ⅱ＝各100点50分

〈面接〉4・5回のみ実施　生徒個人　重視

高等学校

単願：国語・数学・英語(リスニング含む)　マーク式

併願1・2：国語、数学、英語(リスニング含む)　マーク式

併願3：国語・数学・英語（リスニング含む）記述式　面接（個人）

〈配点・時間〉国・数・英＝各100点50分
〈面接〉併願3のみ　生徒個人　参考

■2023年春卒業生進路状況

卒業生数	大学	短大	専門学校	海外大	就職	進学準備他
449人	393人	5人	21人	1人	3人	26人

■2023年度入試結果

中学校 男／女

募集人員		志願者数	受験者数	合格者数	競争率
1回午前		230/214	219/210	168/156	1.3/1.3
午後		144/152	138/140	104/99	1.3/1.4
2回	80	75/68	66/57	50/45	1.3/1.3
3回		45/39	39/32	26/24	1.5/1.3
4回		9/12	5/7	2/5	2.5/1.4
5回		6/4	3/3	1/1	3.0/3.0

高等学校 スライド合格を含まない

募集人員		志願者数	受験者数	合格者数	競争率
単願		239	239	207	1.2
併願1	400	927	913	695	1.3
併願2		419	393	272	1.4
併願3		27	26	13	2.0

学校説明会 要予約

★中学校
9/24 10/29
授業公開＆説明会　10/7
イブニング説明会　11/10 12/8
入試体験会　11/26 12/17

★高等学校
学校説明会　10/8 10/14 10/29 11/11 11/26
オープンスクール　9/24
イブニング説明会　11/2
個別相談会　10/21 10/29 11/4 11/11 11/18 11/26 12/16 12/26

見学できる行事
文化祭　9/9・9/10

説明会・行事等は日程・内容が変更される場合があります。必ず学校HP等でご確認ください

本庄東高等学校附属中学校
本庄東高等学校
ほん じょう ひがし

中学校 〒367-0025 埼玉県本庄市西五十子大塚318 ☎0495-27-6711
高等学校 〒367-0022 埼玉県本庄市日の出1-4-5 ☎0495-22-6351

理事長・学校長　小林　弘斉

〈URL〉https://www.honjo-higashi.ed.jp

沿革　昭和22年（1947）学園を創立。同35年学校法人小林学園創立、武蔵野女子高等学校と改称。同39年本庄東高等学校と改称し、翌年共学化。平成13年度生より特進コース・プログレッシブ進学コース・ジェネラル進学コースをスタート。平成18年（2006）、特進選抜コース・本庄東高等学校附属中学校を設置。平成20年度より進学コースを設置。

校風・教育方針

　人としての生き方をしっかりと踏まえ、これからの国際社会で活躍できる人間に成長して欲しいとの願いから掲げられた「人間の尊さを教え、社会に期待される素地を創り、人生に望みと喜びを与える」という建学の精神に基づいて、「素直な心」を最も大切なものとしてとらえています。

カリキュラムの特色

高校　特進選抜・特進・進学の3コースに分かれます。特進選抜コースは、東大・京大・東工大・一橋大・国立大医学部への合格を目指します。特進コースは、難関国公立大・最難関私大合格、進学コースは国公立大・難関私大を目標とし、中堅私大までを視野に入れ、いずれも現役合格を目指します。

　特に進学指導に力を入れており、通常授業のほかに、タブレット等を利用し自分のペースで学習できる「スタディサプリ」、定期考査前の質問対応体制、長期休業中の教員による特別補習、そして生徒と担任との二者面談など、バックアップ体制は万全。保護者・教員が一体となり各生徒の進路を考える三者面談や、家庭と学校とを結ぶ学級報告会も実施しています。

中学　中高一貫の「特進一貫コース」を設置。高校から入学する生徒とは、別のクラス編成となります。主要5教科の授業では大学現役合格を実現してきた本庄東高校の豊富な経験を生かし、スタッフ一丸となって最高のものを提供しています。高校の学習内容の先取り学習も行いますが、生徒が息切れしないよう、余裕のあるペースで授業を行いながら、深い学習にも踏み込みます。その結果、最難関国公立大や、医学部受験にも対応できる、幅広い履修科目と入試対策演習授業を両立することができます。

環境・施設設備

高校　ＬＬ教室、コンピュータ室、図書室、視聴覚室、和室などの特別教室、ビデオ・ＤＶＤ装置のある自習室、2つの体育館、第1グラウンド、1階に柔道場・美術室が備わったプール棟など。校外には2つのグラウンド、軽井沢寮などがあります。サッカーグラウンドは人工芝完備です。

中学　高校から約800m離れて、中学校専用の4階建て校舎があります。時代のニーズに応え、安全面についても最善の工夫をしています。

国際教育

高校　オーストラリアにある姉妹校とは2023年で

交流28周年となります。今年度は9月に来校し、本庄東の生徒と交流する予定です。日頃はインターネットを利用してリアルタイムでコミュニケーションを取っています。また夏にはシンガポールにて大学交流プログラムに生徒たちが参加します。

中学 世界に羽ばたくファーストステップとして、自国の文化・伝統を理解し、大切にする姿勢を通じて、世界市民として活躍するためのWorld wideな精神を育てます。英会話の授業では、単なるコミュニケーション手段の育成ではなく、英語圏の人々のもつ文化や思考も学びます。

学校行事・クラブ活動

高校 2年次の探究研修のほか、体育祭、きりぐるま祭（学園祭）、芸術鑑賞会、球技大会などの行事があります。

クラブは、例年インターハイに出場している女子陸上部や水泳部、関東大会出場の柔道部、全国書道パフォーマンス甲子園出場の書道部など、運動部・文化部とも充実した活動を行っています。

中学 2年次の京都・奈良校外研修では自国の文化や歴史を学びます。3年次のオーストラリア修了研修の目的は、異文化生活体験とSDGsの学びです。

データファイル

■2024年度入試日程

中学校

募集人員		出願期間	試験日	発表日	手続締切日
1回	80	12/15～1/6	1/10	1/10	1/19
2回	40	12/15～1/13	1/17	1/17	1/27

高等学校

募集人員		出願期間＊	試験日	発表日	手続締切日
自己推薦・単願	205	12/15～1/11	1/22	1/26	1/31
自己推薦・併願①②	115		1/22・1/23	1/26	3/1
自己推薦・併願③		1/26～1/29	2/5	2/7	3/1

＊インターネット出願期間

■2024年度選考方法・入試科目

中学校

1回・2回：2科（国・算）または4科（国・算・理・社）の選択

〈配点・時間〉国・算＝各100点50分　理・社＝各50点30分

〈面接〉なし

高等学校

自己推薦・単願／併願：書類審査、面接（生徒個人・重視）、国語、数学、英語（各100点50分）、併願は面接なし

【出願条件】内申（単願／併願）特選5科22/22 特進5科21/22　進学5科19/19　欠席　単願・併願ともに3年間で14日以内が望ましい

〈配点・時間〉国・数・英＝各100点50分

■指定校推薦枠のある主な大学

慶應義塾大　上智大　学習院大　東京理科大　明治大　青山学院大　立教大　中央大　法政大　成蹊大　成城大　明治学院大　日本大　東洋大　東京女子大など

■2023年春卒業生進路状況

卒業生数	大学	短大	専門学校	海外大	就職	進学準備他
432人	388人	1人	9人	0人	0人	34人

■2023年度入試結果

中学校　男／女

募集人員		志願者数	受験者数	合格者数	競争率
1回	60	44/51	40/49	32/44	1.3/1.1
2回	40	50/52	42/43	37/41	1.1/1.0
3回	20	43/47	28/32	23/29	1.2/1.1

高等学校　男／女　スライド合格を含まない

募集人員			志願者数	受験者数	合格者数	競争率
特選	単願	15	34/27	34/27	26/23	1.3/1.2
	併願	15	355/286	342/276	252/208	1.4/1.3
特進	単願	100	27/33	26/33	23/32	1.1/1.0
	併願	60	239/205	226/202	180/168	1.3/1.2
進学	単願	60	62/30	60/30	60/29	1.0/1.0
	併願	40	78/68	77/63	73/62	1.1/1.0

学校説明会 要予約
★中学校　10/1
トライアルテスト（6年生）　11/11
入試問題解説授業・入試説明会（6年生）　11/23
受験相談会　11/23 12/9 12/16
プチ見学会　10/7 10/11 10/14 10/16 11/8 11/9 11/15 11/16 11/21
★高等学校　9/16 10/14
部活動体験入部会　9/16 10/14 10/28 11/11
受験相談会　10/14 10/15 10/29 11/18 11/19 11/23 11/26 12/9 12/17 12/23 12/24

見学できる行事
文化祭（きりぐるま祭）　9/9・9/10

説明会・行事等は日程・内容が変更される場合があります。必ず学校HP等でご確認ください

本庄市　中　共学　高　共学

审簪 立教新座 中学校 高等学校

りっ きょう にい ざ

〒352-8523　埼玉県新座市北野1-2-25　☎048-471-2323　学校長　佐藤　忠博

2014年完成の本館

〈URL〉https://niiza.rikkyo.ac.jp/

沿革　明治7年（1874）に創立された私塾「立教学校」が立教学院のはじまり。昭和23年（1948）学制改革により立教高等学校を創設。昭和35年（1960）、現在の地に移転。平成12年（2000）4月立教新座中学校を併設し、立教新座高等学校と改称しました。

校風・教育方針

「キリスト教に基づく人間教育」を建学の精神とし、「テーマをもって真理を探究する力」と「共に生きる力」を育てることを教育目標に掲げ、世界の人々と共に生きる、グローバルリーダーを育成しています。

多種多様な選択科目や校外学習、自身の興味・関心を追究する卒業研究論文など、学校生活のさまざまな局面で自ら学び考える教育が貫かれています。正しい解答を得るだけでなく、そこにたどり着くための過程を重視し、模索していく力と豊かな人間性を養います。

進路に関しては高校1年からきめ細かく指導。立教大学への進学、他大学への進学に関わらず、生徒が決めた進路をサポートします。

カリキュラムの特色

中学の3年間は、特定の教科に偏ることなく、総合的な学力・能力を養うことを目標としています。教科によっては習熟度別少人数授業を進め、補習や補講を実施するなど、きめ細かな学習指導を展開しています。また、社会科および理科校外学習、校外研修旅行等、本物に触れ、自ら体験する学びの場を提供しています。

高校は、自ら考え判断・行動する大人（大学生）となるための時期ととらえており、自立した人間として成長する力を伸ばしていきます。3年次の「自由選択科目」は、大学での研究につながる専門分野を学ぶ講座や立教大学の教員による講座、英語はもちろんスペイン語・ラテン語・アラビア語など9つの外国語科目など、約90講座の中から、生徒自身が自分の興味や将来の目標に合った「自分の学び」を主体的に選択し、適性を見極めながら学問を深めていきます。

また、2年3学期から約1年をかけて取り組む「卒業研究論文」は、「テーマをもって真理を探究する力」と「豊かで的確な日本語の能力」の育成をめざす教育目標の集大成として実施、研究能力と自己表現力の向上にもつながります。

立教大学以外の大学進学をめざす生徒を支援するため、高校2年から「他大学進学クラス」を設置しています。例年約20%の生徒が他大学への進学をめざし、受験に挑んでいます。医・歯・薬学系や理工系の立教大学にはない学部をめざす生徒が多いことが特長です。

国際教育

中学では約2週間のアメリカ・サマーキャンプ、高校では約3週間のオーストラリア短期留学、英国サマースクール、進路の決定した3年生対象のギャップイヤー留学（約1カ月）、教科による海外研修を実施しています。中高ともに提携校への派遣留学制度（1年）があり、高校2年生を対象

今春の進学実績については巻末の「高校別大学合格者数一覧」をご覧ください

🏫 **3学期制** **登校時刻** 8:30 🍴**昼食** 弁当持参、食堂、売店 **土曜日** 授業

とした4カ月間のワンターム留学プログラムも開設しています。また、海外の提携校からの留学生を受け入れています。留学生のホームステイ先は在校生から募集して、日本での留学生活をサポートしています。

生活指導・心の教育

一人ひとりの個を大切に、生徒自ら考え判断し、行動する自由と自律の精神を養います。

環境・施設設備

2014年に本館校舎と総合体育館、400mトラックの全天候型グラウンドが、2015年には50m×10コースまたは25m×8コース2面の分割展開が可能な室内温水プールが完成しました。サッカー場は2019年3月に人工芝ピッチに改修しました。図書館は、約17万5千冊と中高では国内有数の蔵書数を誇ります。

学校行事・クラブ活動

S.P.F.（文化祭）や芸術鑑賞、スポーツ大会のほか、イースター礼拝、収穫感謝礼拝、人権学習などが行われています。

中学校では体育部15、文化部10、高校は体育部22、文化部18のクラブがあり、中学生は約95%、高校生は約90%が参加しています。近年では、関東大会やインターハイへの出場、コンクールでの受賞など、体育部、文化部共に素晴らしい成績や研究成果をあげています。

データファイル

■2024年度入試日程

中学校 ※帰国は書類郵送（1/9～1/18必着）

募集人員	出願期間※	試験日	発表日	手続締切日
1回約100帰国若干	12/18～1/18	1/25	1/26	2/2
2回約40	12/18～2/2	2/3	2/3	2/4

高等学校 ※調査書は郵送必着。別途指定

募集人員	出願期間※	試験日	発表日	手続締切日
推薦約20	12/11～1/4	2次1/22	1次1/12 2次1/23	1/26
一般約60	1/9～1/24	2/1	2/2	2/8

■2024年度選考方法・入試科目

中学校

一般：国語・算数・理科・社会

帰国：国語・算数・面接

〈配点・時間〉国・算＝各100点50分　理・社＝各50点30分

〈面接〉帰国のみ　生徒個人　きわめて重視

高等学校

推薦：〈1次〉書類審査〈2次〉面接

【出願条件】9科36　9科に2があると不可　体育または文化活動において、都道府県レベル以上の大会・コンクールで所定の成績を残した者　欠席3年間21日以内

一般：国語・数学・英語（リスニングあり）

〈配点・時間〉国・数・英＝各100点60分

〈面接〉推薦のみ　生徒個人　きわめて重視

■2023年春併設大学への進学

3年間で一定の成績をおさめた者全員に資格があり、成績上位者から志望の学部・学科を決定します。

立教大学－254（文26、異文化コミュニケーション12、経済60、経営36、理9、社会42、法49、観光13、コミュニティ福祉0、現代心理4、スポーツウエルネス3、GLAP 0）

■2023年春卒業生進路状況

卒業生数	大学	短大	専門学校	海外大	就職	進学準備他
308人	291人	0人	0人	1人	0人	16人

■指定校推薦枠のある主な大学

青山学院大　学習院大　慶應義塾大　国際基督教大　中央大　東京理科大　早稲田大　日本歯科大　明治薬科大　埼玉医科大　北里大など

■2023年度入試結果

中学校

募集人員		志願者数	受験者数	合格者数	競争率
1回	約100	1,760	1,685	804	2.1
2回	約40	280	217	46	4.7
帰国	若干	3	3	3	1.0

高等学校

募集人員		志願者数	受験者数	合格者数	競争率
推薦	約20	35	35	23	1.5
一般	約60	1,589	1,517	711	2.1

学校説明会 要予約・オンライン同時開催

★中学校　11/19
生徒による学校説明会　9/16
★高等学校　11/19
生徒による学校説明会　9/16

見学できる行事
S.P.F.（文化祭）　10/28・10/29　※参加方法などの詳細は決まり次第HPで発表

説明会・行事等は日程・内容が変更される場合があります。必ず学校HP等でご確認ください

埼玉 わ

早稲田大学本庄高等学院
（わせだだいがくほんじょう）

〒367-0032　埼玉県本庄市栗崎239-3　☎0495-21-2400　学院長　半田　亨

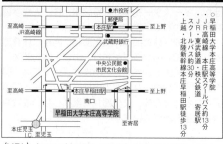

○早稲田大学本庄高等学院
JR・東武鉄道本庄駅スクールバス約30分・秩父鉄道寄居駅13分
JR高崎線本庄早稲田駅徒歩13分
上越・北陸新幹線本庄早稲田駅徒歩13分

〈URL〉https://www.waseda.jp/school/honjo/

沿革　明治15年（1882）、大隈重信により創設された早稲田大学（当時の名称は東京専門学校）が、創立100周年を機に、早稲田大学の附属高校として昭和57年（1982）に本庄高等学院を創立。平成19年（2007）男女共学。平成24年（2012）、新校舎、早苗寮（男子）が完成。平成30年（2018）梓寮（女子）が完成。令和2年（2020）には体育館が完成。

校風・教育方針

　早稲田大学での生活を含めた7年間をトータルに考え、受験のための詰め込みや知識偏重の画一的な教育ではなく、ユニークな個性、才能の育成をめざし、学力・体力・気力、さらにプラスアルファを養う教育を行っています。

　プラスアルファを養うためのポイントとして、以下の4つを掲げ、自由と創造に満ちた教育を行っています。1.「自ら学び、自ら問う」学習の基本姿勢の確立　2.総合的な理解力、独自の批評精神を含めた個性的な判断力の養成　3.知識と実行力の結合　4.人間、社会、自然に対するみずみずしい感性の育成

男女別募集定員

2024年度の募集定員は下記の通りとなります。

募集定員	男子	女子
一般入試	約100人	約70人
帰国入試	約15人	約10人
α選抜	約45人	約30人
I選抜	約20人	

カリキュラムの特色

　早稲田大学の附属校なので、進学条件を満たした生徒は全員早稲田大学に進学できます。とかく視野が偏狭になりがちな受験勉強に煩わされることのない、教育本来の姿を志向しています。知的関心を高め、論理的な思考力、豊かな感性を育成し、さらに大学における専門的な学問研究の分野も模索させ、それに必要な基本的な学力・体力を養成することを目指します。

　また、確かな基礎学力に加え、思考力・判断力・表現力や主体性をもって多様な人々と協働する態度など、真の「学力」を兼ね備えた人物を育成する観点から、2022年度入学生から新カリキュラムを導入しました。1・2年次は全員が共通科目で学び、3年次から文理コース分けを導入し、大学での専門へと接続するカリキュラムを組んでいます。

　また、3年間の学習のまとめとして、すべての学院生に卒業論文の作成を課しています。「自ら学び、自ら問う」という教育方針を具体化したもので、①長文を書くことによって自分自身の考え方を確認する、②学部進学への自覚を促進する、などの学習効果をねらっています。テーマは、選択科目に関連したものや、学院周辺の自然や地域に関連したものなどもあります。

　生徒の独創性を重視した独自のカリキュラムと、教育への熱い情熱を持った各教科の教師陣によって、創意あふれる教科の指導が行われています。

今春の進学実績については巻末の「高校別大学合格者数一覧」をご覧ください

本庄市

国際教育

　国際化・情報化の新しい力の１つとしてのCCCP(Communication, Collaboration, Creation, Presentation)を総合的に養成するため、授業のほかに他校や他国の生徒との交流プログラムを導入しています。単なる会話の交換ではない学術交流プログラム等にも参加しています。また、３年次の修学旅行は、韓国、台湾、中国に分かれ交流校を訪れます（年によって行き先は変更になる場合があります）。

環境・施設設備

　前景に本庄市街を見下ろす、広大な丘陵地の大自然の中に早稲田大学本庄高等学院は立地しています。2012年に、新校舎と早苗寮（男子寮）が、2015年に、図書館、稲稜ホール、音楽室を備えた稲稜ホール棟が竣工しました。2018年には、新たに梓寮（女子寮）が竣工し、男女合計256人の寮

員を有する体制を整えました。

生活指導・心の教育

　独創的で自由な考え方のできる、個性的な人間の育成をめざしています。自分の個性を大切にすると同時に多くの人々と出会い多様性を尊重できる、心豊かな早稲田人となり、スケールの大きな人間として成長できるようにサポートしています。

学校行事・クラブ活動

　５月の早慶戦観戦を皮切りに、体育祭、キャリアデザインウィーク、芸術鑑賞教室、稲稜祭（文化祭）など、年間を通して多彩な行事が実施されています。

　クラブは、文芸、スーパーサイエンス、ブラスバンド、ピアノ、囲碁・将棋などの文化部21部、陸上、サッカー、ラグビー、野球、剣道、テニス、スキーなどの運動部15部が活発に活動しています。

高

共学

データファイル

■2024年度入試日程

募集人員	出願期間	試験日	発表日	手続締切日
α選抜　約75	郵12/18〜1/5（必着）	1次書類選考 2次1/23	1/15 1/25	1/29※
帰国生（Ⅰ選抜）約20	郵12/18〜1/5（必着）	1次書類選考 2次1/23	1/15 1/25	1/29※
帰国生　約25	郵1/11〜1/25（消印有効）	2/9	2/12	2/16※
一般　約170	郵1/11〜1/25（消印有効）	2/9	2/12	2/16※

※オンライン申請　16時締切
入学手続に関する詳細は入試要項をご確認ください

■2024年度選考方法・入試科目

推薦：〈α選抜（自己推薦）〉第１次選考：書類審査　第２次選考：面接【出願条件】９科２年次38・３年次40　９科に２以下を含まない　欠席３年間30日未満で、①②③のいずれかに該当する者。①学校内外の活動等を通じ、文化・芸術・スポーツなどの分野において都道府県以上の大会で優れた成績をあげた②資格・技能試験等で優れた成績・評価を得た③学業において総合的に極めて優秀であり、学校内外で積極的な諸活動を行った
〈Ⅰ選抜（帰国生自己推薦）〉第１次選考：書類審査　第２次選考：基礎学力試験（数学、国語、各30分）、面接
一般・帰国：英語、数学、国語

※帰国生（Ⅰ選抜を含む）は事前に出願資格の認定を受けることが必要
〈配点・時間〉国・数・英＝各100点50分
〈面接〉生徒個人面接（α選抜・Ⅰ選抜の１次合格者のみ）

■2023年春併設大学への進学

進学条件を満たした者全員が早稲田大学に進学できます。卒業生308人。
早稲田大学ー303（政治経済73、法35、文化構想21、文16、教育14、商32、基幹理工38、創造理工28、先進理工13、社会科20、人間科０、スポーツ科０、国際教養13）

■2023年度入試結果　男／女

募集人員	志願者数	受験者数	合格者数	競争率
一般　　男約100女約70	1,796/774	1,744/741	493/228	3.5/3.3
帰国　　男約15女約10	108/70	99/63	40/24	2.5/2.6
α選抜　男約45女約30	97/133	56*/46*	46/32	2.1*/4.2*
Ⅰ選抜　男女約20	81	39*	21	3.9※

＊α選抜・Ⅰ選抜の受験者数は１次試験合格者数
※α選抜・Ⅰ選抜の競争率は志願者数÷合格者数

学校説明会（ホームページで申し込み）
9/30　11/4

見学できる行事（詳細はホームページ参照）
稲稜祭（文化祭）　10/28・10/29

説明会・行事等は日程・内容が変更される場合があります。必ず学校HP等でご確認ください

千葉
い

市川中学校・高等学校
いち かわ

〒272-0816　千葉県市川市本北方2-38-1　☎047-339-2681(代)　学校長　及川　秀二　〈URL〉https://www.ichigaku.ac.jp/

●バス ①市川北高行き・柏井車庫行き・動植物園行きで約11分 ②姫宮団地経由本八幡駅行きで約11分 ③市川学園行きで約21分 ④市川学園行きで約15分 ※バス停「市川学園」より徒歩2分

沿革　昭和12年（1937）4月15日市川中学校として開校。同22年（1947）新制市川中学校、同23年（1948）市川高等学校を設置。諸施設の整備、拡充をし、現在に至っています。また、2003年度より新校舎に移転し、中学校が共学となり、2006年度より高校も共学となりました。

校風・教育方針

　個性の尊重と自主自立を教育方針としています。これを明確に打ち出すべく、3本の柱を立て、生徒一人ひとりの個性を見つめ育て、生徒が自分で自分を教育していく喜びと出会えるよう指導していきます。

『独自無双の人間観』

　人間はだれでもたった一度の人生です。似ているようでみんな違います。素晴らしい個性、持ち味があり、異なった可能性を持っているのです。本来人間とは、かけがえのないものだ、という価値観が、教育の基盤になっています。

『よく見れば精神』～一人ひとりをよく見る教育

　「よく見ればなづな花咲く垣根かな〔芭蕉〕」という句があります。よくよく見れば、雑草のかすかな花にも、他の花と比べることができない独自無双の美しさがあります。生徒一人ひとりに光をあてて、じっくりと「よく見る」精神が、生徒の潜在している能力を引き出し、開発し、進展していく…。「よく見れば精神」は市川の先生たちの使命であり、教育道の根幹をなすと考えています。

『第三教育』～学ぶ喜びと生きる力を大切にする教育

　家庭で受ける親からの教育を第一教育、学校で受ける教師による教育を第二の教育とよびます。これら2つの教育のほかに、自分で自身を教育する、いわゆる、第三教育が必要です。この3つの教育は、永い間併存して互いに影響しあって成就していくもの、そして、やがてはこの第三の教育のみが残ることになります。よい家族、よい市民、よい日本人、よい世界人、であるように、市川に学ぶ人々が、その持って生まれたよいところを存分に伸ばすことが、第三教育の根幹になります。第三教育は主として自分の力で、作り上げていくものです。自ら生涯学んでいける力を養っていくことが大切です。主役は生徒本人、これが市川が掲げる「自分で自分を教育する」第三教育なのです。

カリキュラムの特色

　生徒の自発的な活動を推進していきます。課外活動は、受験勉強という枠組みを超えた学びであり、自らの興味関心をさらに引き出し、能動的な学びを進め、将来の進路選択や教養を深めることに役立ちます。活動を進める際、基礎学力・教養が必要ですが、5教科授業で学ぶ知識に加え、芸術・体育・プログラミング等の知識が土台となります。根拠を持って自分の意見を述べ議論する力、論理的な思考力、多面的に物事を見る力、相手を説得する力を付ける必要があります。国語で学ぶ読解力と数学の設問要求を読みとる力、理科のレポート作成や社会の小論文作成、英語のスピーチ発表と技術の作品発表などの学習は、教科を越えてつながっています。主役である生徒自身が、各教科の授業の目的を理解して、自分の興味関心あ

今春の進学実績については巻末の「高校別大学合格者数一覧」をご覧ください

る活動や将来の進路につなげていくことが重要です。

①SSH（スーパーサイエンスハイスクール）　高校2年生理系選択者必修で行う探究的・課題研究カリキュラムです。高1で物理・化学・生物の3科目を実験・観察を通じて学習、高2より研究テーマを決め探究活動に取り組みます。英語でのプレゼン、海外校との連携など世界で通用する成果を目指しています。

②市川アカデメイア　教養教育の一環をなす対話型セミナーです。西洋・東洋の人文学・社会科学の古典をテキストとし、自由な対話の構築によって古典への理解と教養を深め、主体的・協調性に基づくコミュニケーション能力を磨きます。他者を理解・尊重し、自己の認識と追究に努め、高い倫理観と冷静な判断力を有した品格・教養のあるリーダーの育成を趣旨としています。

③リベラルアーツゼミ　高校2年生文系選択者が主体的に学ぶ少人数授業です。英語・社会・芸術

分野の13講座があり、各自が調べた成果の発表や議論を通して思考力・判断力・表現力を鍛えます。

④国際教育プログラム　WWL（World Wide Learning）コンソーシアム構築推進事業の一環として、「全国高校生SRサミットFOCUS」に参加しました。また私立高校8校合同による連携プログラムDouble Helixにおいて、芸術・言語・医療・歴史の各分野に関して、イギリスの第一線で活躍する講師とオンラインで学びました。さらに神田外語大学との高大連携プログラムとして「グローバルイシュー探究講座」を企画。国際社会における地球規模の課題を構想的に理解して、英語による研究発表を行うことを国際教育プログラムのゴールとしています。

⑤土曜講座　外部から、大学教授・研究者・芸術家・作家・企業の専門家等を招いて行われています。学術的なものを中心としながらも広く多彩な内容で、その形態もテーマに沿って、講義・ディスカッション・体験学習等、多岐にわたります。

データファイル

■2024年度入試日程

中学校　1回に帰国生入試含む

募集人員	出願期間	試験日	発表日	手続締切
1回 男180女100	12/15～1/16	1/20	1/22	1/24
2回 男女40	1/22～2/3	2/4	2/4	2/5
12月帰国生 若干	11/17～11/30	12/3	12/4	12/6

高等学校　一般に帰国生含む

募集人員	出願期間	試験日	発表日	手続締切日
単推30・一般90	12/22～1/12	1/17	1/19	1/22※

※一般の併願者は一部延納可

■2024年度選考方法・入試科目

中学校

1回（一般・帰国生）・2回：4科

12月帰国生：国、算、英Ⅰ（ライティング、リスニング）、英Ⅱ（リーディング）

〈配点・時間〉国・算＝各100点50分　社・理・英Ⅰ・英Ⅱ＝各100点40分　〈面接〉なし

高等学校

単願推薦：書類審査、学科試験（国・数・英・理・社）

【出願条件】A：9科38以上　B：9科36以上で、スポーツで活躍した者　C：9科36以上で、科学・芸術・文化で活躍した者

一般：国、数、英、理、社

帰国：国、数、英

〈配点・時間〉国・数・理・社＝各100点50分

英（リスニングを含む）＝100点60分

〈面接〉なし

■指定校推薦枠のある主な大学

早稲田大　慶應義塾大　東京理科大　立教大　国際基督教大　明治大　法政大　青山学院大など

■2023年春卒業生進路状況

卒業生数	大学	短大	専門学校	海外大	就職	進学準備他
423人	305人	1人	3人	0人	0人	114人

■2023年度入試結果

中学校　男／女　1回に帰国生を含む

募集人員	志願者数	受験者数	合格者数	競争率
1回 男180女100	1,815/927	1,774/895	760/313	2.3/2.9
2回 男女40	326/238	308/224	57/29	5.4/7.7

高等学校　男／女　一般は帰国生入試を含む

募集人員	志願者数	受験者数	合格者数	競争率
単願推薦 30	55/45	55/45	23/8	2.4/5.6
一般 90	706/405	702/404	406/217	1.7/1.9

学校説明会　HPで予約申込受付

★中学校　10/21 3/2

★高等学校　10/28 11/25

土曜スクールツアー（中高）　日程等は学校HPにてご確認ください

見学できる行事　HPを確認

文化祭　9/23・9/24

説明会・行事等は日程・内容が変更される場合があります。必ず学校HP等でご確認ください

千葉
う

植草学園大学附属高等学校

〒260-8601　千葉県千葉市中央区弁天2-8-9　☎043-252-3551　学校長　植草　和典

〈URL〉https://u-u-a.uekusa.ac.jp

沿革　明治37年（1904）、千葉和洋裁縫女学校に始まり、昭和54年（1979）、文化女子高等学校を開設。昭和60年（1985）、植草学園文化女子高等学校と校名変更。平成16年（2004）学園創立100周年を迎えました。平成21年(2009)4月、植草学園大学附属高等学校と校名変更。平成25年（2013）、普通科特進コースと英語科が共学化。

校風・教育方針

2013年度入試より普通科特進コースと英語科が共学部となりました。徳育を教育の根幹とする建学の精神に基づき、校訓に「誠実・努力・謙譲」を掲げています。植草学園の特色である「進路指導の徹底」「国際理解の促進」は、男女を問わずそれぞれの将来に大きな展望をもたらします。しっかりと実力をつけ、世界で活躍する人材を育てます。

カリキュラムの特色

普通科と英語科があり、普通科は、普通コースと特進コースに分かれます。

普通科普通コース（女子部）は、レギュラークラス、タイアップクラスの2つがあります。レギュラークラスでは、選択科目を充実させ、幅広い進路選択ができるように考慮されています。タイアップクラスでは植草学園大学と同短期大学との連携により、教育・医療・保育に関する特別授業を行い、広く将来について考える機会を設定しています。また進学後も、進学先の専門教育に円滑に対応できる基礎学力を養成します。

普通科特進コース（共学部）では、難関大学受

験を目指しており、1日7時限授業です。2年から選択授業が設けられ、より高いレベルの授業が展開されます。課外補講として、土曜・平日講座や夏期・冬期講座を開いています。

英語科（共学部）では、国際化社会に対応するため、実践的な英語の運用能力を高めます。海外プログラム、外国人講師による授業、少人数制クラスなど、あらゆる角度からの教育実践が行われています。また、生徒のほとんどは進学を希望し、大学受験において実績をあげています。

資格取得にも積極的に取り組んでいます。全校をあげて実用英語技能検定を受験し、英語科では2級以上取得が目標です（2022年実績：1級1人、準1級1人、2級46人、準2級136人）。この他、普通コースの生徒は日本語ワープロ検定にも積極的にチャレンジしています。2022年度は準1級に2人合格しています。

国際教育

修学旅行は、2年次に海外（英語圏）に行きます。現地高校を訪問し、同年代の友人と交流を深めます。生きた英語力を身につける絶好のチャンスとなっています。

希望者には1年間の留学制度があります。留学先は、アメリカ、カナダ、イギリス、ニュージーランド、オーストラリアなどです。留学中に取得した単位は、学校の単位として認められます。夏休み前後を利用して交換留学に参加する生徒がいます。2カ月ほどの密度の濃い英語体験になります。

今春の進学実績については巻末の「高校別大学合格者数一覧」をご覧ください

千葉市

高

女子

共学

環境・施設設備

　ＪＲ千葉駅から徒歩５分、京成千葉駅から徒歩６分のところにあり、通学に便利です。

　校舎には、華道、茶道などに利用できる和室、書道室、AL（アクティブラーニング）教室などを設置しています。体育館も冷暖房完備です。校舎の耐震工事と合わせて、体育館や各教室の床貼り、トイレなどを近代的設備に改修。また、セキュリティーを万全にし、災害に備えて全校生分の水・食料・簡易トイレなどを備蓄しています。

生活指導・心の教育

　教育環境を整備し、心身の健全な発達に努めています。日常生活における基本的生活習慣を培い、責任感を身につけるよう指導しています。

　また、相談室も設けており、生徒たちを温かく見守っています。

学校行事・クラブ活動

　４月に行われる校外学習では、１年はディズニーランドで親睦を深め、２年はTGG（東京英語村）で英語体験をし、３年は観劇をします。そのほか、体育大会、文化祭、海外修学旅行など、多彩な行事があります。

　また、全国高等学校野球選手権大会千葉大会開会式において、生徒が協力して、国旗・大会旗・各高校のプラカードを持っています。千葉県高等学校野球連盟より高い評価を得ています。

　クラブ活動は盛んで、運動系11、文化系16の部・同好会が日々活動しています。運動系は全国大会出場のソフトテニス、バトントワリング部をはじめ、バレーボール、バスケットボール、バドミントン、なぎなた、弓道など、文化系は、合唱、美術、演劇、華道、吹奏楽、軽音楽などがあります。

データファイル

■2024年度入試日程

募集人員		出願期間	試験日	発表日	手続締切日
前期A	280	12/17〜1/10	1/17	1/19	1/20※
B	若干	1/16〜1/24	1/26	1/26	1/27※
2次	若干	3/4〜3/5	3/6	3/6	3/6

※併願は延納あり
募集人員：前期〔女子部〕普通200　〔共学部〕特進40英語40　2次各若干

■2024年度選考方法・入試科目

前期A（第一希望推薦・併願推薦・一般）：国・数・英（リスニング含む）、面接（一般と英語科チャレンジ受験者のみ）

【推薦出願条件】内申 普通科：第一希望3科9または5科15（特進20）または9科28　併願5科16（特進21）　英語科：第一希望5科18または9科32　併願5科19　特待生推薦（特進・英語共通）：特待生S＝5科23か3科15　特待生A＝5科22か3科14　特待生B＝5科21　欠席3年次15日以内

前期B・2次：国・数・英、面接

〈配点・時間〉普通科：英・国・数＝各100点50分　英語科：英＝130点50分　国・数＝各85点50分　前期B・2次：国・数・英＝計150点60分

※前期Aはスカラシップ同時判定

〈面接〉生徒個人　きわめて重視【内容】志望動機、高校生活への抱負、部活、長所・短所、将来の進路など　英語科は英語面接あり

■2023年春併設大学・短大への進学

在学中一定の成績をおさめた者が推薦されます。

植草学園大学−26（発達教育24、保健医療２）

植草学園短期大学−10（こども未来）

■指定校推薦枠のある主な大学

立命館大　大妻女子大　神田外語大　共立女子大　千葉工業大　二松学舎大　東京医療保健大　など

■2023年春卒業生進路状況

卒業生数	大学	短大	専門学校	海外大	就職	進学準備他
189人	125人	16人	37人	0人	3人	8人

■2023年度入試結果　スライド合格を含まない

募集人員		志願者数	受験者数	合格者数	競争率
普A第一/併願		118/502	117/496	117/484	1.0/1.0
B第一/併願	240	4/14	4/14	2/11	2.0/1.3
2次		1	1	1	1.0
英A第一/併願		32/53	32/52	28/37	1.1/1.4
B第一/併願	40	0/2	−/2	−/2	−/1.0
2次		3	3	2	1.5

入試説明会 要予約
11/4 11/18 11/25

個別相談会 10/21 10/28 12/2

平日個別相談会 11/27〜12/1

見学できる行事
文化祭　10/7

説明会・行事等は日程・内容が変更される場合があります。必ず学校HP等でご確認ください

千葉
こ

光英VERITAS中学校 高等学校

こう えい

〒270-2223　千葉県松戸市秋山600　[FREE]0800-800-8442　☎047-392-8111　学校長　川並　芳純

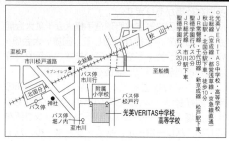

〇光英VERITAS中学校・高等学校
　北総線・都営浅草線・京急線
　秋山駅より京成線
　JR武蔵野線・千代田線
　聖徳学園前バス20分
　聖徳大学行バス20分
　JR松戸駅より
　市川松戸道路バス20分
　至市川

〈URL〉https://www.veritas.ed.jp

沿革　昭和58年（1983）学園創立50周年記念事業として、附属中学校・高等学校（本校）を開設。令和3年（2021）、「人・社会・自然に貢献する次世代リーダー」を育成する進学校として光英VERITAS中学校・高等学校に校名変更、男女共学化。

校風・教育方針

校名には、光り輝く個性を大切にして、英知に富んだ人材になるという決意が込められています。また、「真理こそ最上なり」Optima est Veritasというラテン語のVERITAS「真理」を校名に取り入れ、独自性を発揮し、協力し合うことで共に成長する人間を育てます。答えを求める学びから問いを持つ学びへの変革を行い、地球を守る自覚と実践力ある次世代リーダーを育成します。

カリキュラムの特色

すべての学びの土台となるのは、**探究プロジェクト学習（ヴェリタス・トルネード・ラーニング）**です。「テーマ設定（情報収集・分析）」→「課題発見（解決策の策定）」→「発表・表現（プロセスの評価）」。この探究的な学びのサイクルを「理数・サイエンス教育」「英語・グローバル教育」「小笠原流礼法教育」の各分野で回しながら、学校行事や特別活動などにも波及させ、さらには大学研究室や企業と連携させるなど、学校の外まで学びを拡げていきます。大学入試への対応だけでなく、社会での学びへと発展していきます。

学びの特徴は、英語・グローバル教育、理数・サイエンス教育にあります。英語・グローバル教育では、入学前英語研修に始まり、国内でのオールイングリッシュの環境や体験型プログラムで実践的な英語力を鍛えます。英語教育は、4技能5領域（リーディング、リスニング、ライティング、スピーキング〈コミュニケーション・プレゼンテーション〉）をバランスよく伸ばす授業を展開。ICTを活用したプレゼンテーション活動や英語劇などを取り入れ、英語を楽しく学びます。オンライン英会話、多読なども用意しています。海外プログラムとして、全員参加の海外修学旅行、希望制の留学制度があります。

理数・サイエンス教育では、理科実験、自然観察、アクティブラーニング、グループ学習などにより、探究的な学びの手法を用いて、課題発見力、構想力を身につけていきます。さらに、大学や企業との連携、コンテストへの参加など、高度な研究につながる学びも用意しています。

高等学校は、2コース制です。グローバルランゲージアーツコースは、人文社会系・グローバル系の進学を目指し、メディカルサイエンスコースは、理工系・医歯薬系への進学を目指します。

一人1台iPadを所有し、授業で使用するほか、理解度や振り返りをiPadに蓄積し、一人ひとりの学習到達度に合わせて課題や学習動画を選べるなど、自分の学びをカスタマイズします。

生徒の主体的な学びを支援する放課後の自習室システム「VERITAS AFTER SCHOOL」があります。平日は19時、土曜は17時まで開室。東大生をはじめとする現役の大学生がメンターとして常駐し、質問への対応、受験相談や試験対策など、多様な学習支援を行っています。このほか、年4

今春の進学実績については巻末の「高校別大学合格者数一覧」をご覧ください

回以上、教員と個別面談を行い、生徒の希望や適性を探り、ベストの進路選択に導く進路サポートにも力を入れています。

には、中学1年生・高校1年生の全員が参加し、探究授業の基礎を学びます。クラブ活動は、ダンス、バトン、スキー、吹奏楽、書道、ゴルフなどの各部が全国大会に出場するなど活躍しています。創部3年目の野球部の活躍も期待されています。

学校行事・クラブ活動

4月に行われるVERITAS Navigation Camp

データファイル

■2024年度入試日程

中学校

募集人員		出願期間	試験日	発表日	手続締切日
第一志望	35	11/1～11/30	12/1	12/2	12/5
1回	35		1/20	1/20	2/4
探究	若干	12/2～1/19	1/20午後	1/20	2/4
理数特待	10		1/20午後	1/20	2/4
特待選抜	20	12/2～1/21	1/22	1/22	2/4
2回	25	12/2～1/23	1/24	1/24	2/4
英語	5		1/24	1/24	2/4
3回	若干	12/2～2/3	2/4	2/4	2/7
帰国生	若干	11/1～11/30	12/1	12/2	2/4

本校のほか外部試験会場あり。1/20・1/22・1/24
津田沼会場（探究入試・英語入試を除く）

高等学校 ＊両日受験可 ※併願は3/6

募集人員		出願期間	試験日	発表日	手続締切日
推薦①②	100	12/17～1/15	1/17・1/18*	1/20	1/22※
一般①②			1/17・1/18*	1/20	1/22※
特待①②	40		1/17・1/18*	1/20	1/22※

■2024年度選考方法・入試科目

中学校

第一志望：2科か4科、面接

1回・特待・2回：2科か4科

VERITAS探究：SDGsに関するテーマの探究活動（100点70分） **VERITAS理数特待**：算数・理科融合問題（100点60分） **VERITAS英語**：2科、英語（150点） ※英語は筆記45分とインタビューテスト **3回**：2科 **帰国生**：2科か4科、面接
〈配点・時間〉国・算＝各100点50分 理・社＝各60点30分
〈面接〉第一志望と帰国生のみ生徒個人 重視

高等学校

推薦：3科（国数英）【出願条件（単願/併願）】
5科19/20 全科に1は不可 欠席3年間15日以内 各種検定、生徒会役員等で加点あり
一般：3科（国数英）、面接
特待選抜：5科、面接（推薦試験は免除）
※英語はリスニングを含む

※帰国生、英検取得者は合否判定の際に優遇
〈配点・時間〉国・数・理・社＝各100点50分
英＝100点60分
〈面接〉生徒個人 重視

■2023年春併設大学・短大部への進学

聖徳大学－22（教育12、心理・福祉4、人間栄養1、看護4、音楽1）
聖徳大学短期大学部－4（保育）

■2023年春卒業生進路状況

卒業生数	大学	短大	専門学校	海外大	就職	進学準備他
106人	94人	7人	3人	1人	0人	1人

■2023年度入試結果

中学校 男／女 帰国生入試あり

募集人員		志願者数	受験者数	合格者数	競争率
第一志望	35	27/36	26/35	17/24	1.5/1.5
1回	35	173/174	160/165	109/111	1.5/1.5
英語	10	5/9	4/9	3/4	1.3/2.3
理数特待	10	43/29	39/27	14/7	2.8/3.9
特待	20	77/95	56/75	16/24	3.5/3.1
2回	25	100/81	64/60	43/43	1.5/1.4
3回	若干	40/17	24/11	16/7	1.5/1.6

高等学校 男/女 ＊志願者には特待出願者含む

募集人員		志願者数	受験者数	合格者数	競争率
推薦・一般①②	100	158*/178*	121/157	116/143	1.0/1.1
特待	40	111/195	107/191	29/22	3.7/8.7
一般③	10	0/4	―/4	―/1	―/4.0

学校説明会 要予約

★中学校 4・5年生 11/11 2/17 3/9
入試説明会 10/9 11/25 12/9 1/7
個別相談会 11/4 12/23 12/24
★高等学校
入試説明会 10/14 11/12 12/2
個別相談会 11/4 11/25 12/23 12/24
部活動見学会（中高） 9/9 10/14

見学できる行事

文化祭 9/23・9/24（両日入試相談コーナー、9/24は学校説明会あり）

説明会・行事等は日程・内容が変更される場合があります。必ず学校HP等でご確認ください

国府台女子学院 中学部 高等部
こうのだいじょしがくいん

〒272-8567 千葉県市川市菅野3-24-1 ☎047-322-7777 047-322-7770(中) 047-326-8100(高) 学院長 平田 史郎

〈URL〉 https://www.konodai-gs.ac.jp/

沿革 大正15年（1926）国府台高等女学校を設立。昭和22年（1947）国府台女子中学校・国府台女子高等学校と改称。同26年（1951）学校法人平田学園を設立、国府台女子学院と改称しました。令和8年（2026）には創立100周年を迎えます。

校風・教育方針

浄土真宗の教えをもとに、智慧（より深く学ぼうとする心）と慈悲（共感し合う心）の二つを大切にできる生徒の育成を目指しています。

カリキュラムの特色

6カ年一貫教育校として、効率的により深い知識形成のできる体制が組まれています。そうした中で、大学への進学はもとより、実社会においても自立した女性としての素養を身につけます。

中学部では、まず基礎力の充実を図りつつ学習に対する前向きな姿勢を育てることに主眼を置きます。主要5教科をバランス良く学習しつつも、ネイティブスピーカーによる英会話の授業や、図書館で調べ物・発表学習を行う情報リテラシーの授業など、国際化・情報化に対応するカリキュラムも用意されています。3年生になると選抜クラスを設置し、その他のクラスも英語・数学で習熟度授業を行います。

高等部は、**選抜クラス**と**進学クラス**に分かれます。2年次以降は文理別クラスになり、志望校合格を目指します。**美術・デザインコース**は、少人数制クラスと専門教員による丁寧な技術指導により、芸術系大学への高い進学実績があります。

高等部では、21世紀を生き抜くために「探る→学ぶ→考える→まとめる→伝える」の5つの「チカラ」を鍛える様々な学びの場を用意しています。

「探るチカラ」として、広告代理店クリエイターの指導のもと、CM制作に取り組みます。製品のニーズやターゲット調査から、企画書の検討・準備、撮影、編集まで生徒が行います。また、「考えるチカラ」では、テーマに沿ってフィールドワークや調査を行う探究型学習を実施します。

「学ぶチカラ」は、通常授業に加えて夏期講習・課外学習、冬休み集中学習を開講。このほか語学研修として、夏季語学研修、英国語学研修、ターム留学、海外の研修校での英会話マンツーマン指導や、ハワイでホームステイと提携校への6週間の留学を体験する制度があります。

「まとめるチカラ」の育成には、ポートフォリオを作成し、学校生活を振り返り、自分の進むべき道、取り組むべき課題を認識。さらに、自分が理解したことを相手に説明できる力こそが本当の学力だと考え、「伝えるチカラ」を育むため、様々な取り組みの中で発表の機会を設けています。

環境・施設設備

自発的学習を支える図書館を中心に配置し、朝早くから放課後まで学習に取り組める自習室や、少人数授業が行われる選択教室、生徒と話し合うための面談室を多数用意。特別教室を含む全ての教室は、ICTに対応した環境が整っています。

今春の進学実績については巻末の「高校別大学合格者数一覧」をご覧ください

生活指導・心の教育

周囲の人々によって生かされている自分であることを認識し、他人に対する思いやりの心を育む指導を行っています。学院内では、男子がいれば任せるような事柄も自分たちで取り組み、解決していきます。それによって生徒たちは周囲への気配りの心を落ち着きある学校生活の中で育てつつ、自立した人間として成長していくことができます。

学校行事

運動会や学院祭は中高合同で実施します。修学旅行やスポーツ大会（中学）など多くの行事が学校生活に彩りを添えます。また、アメリカやイギリスでの海外語学研修や、セブ島での語学集中講座を実施するなど国際教育にも力を入れています。さらに、花祭りなどの仏教行事が人とのご縁について考えを深める機会となっています。

創立100周年に向けて、記念事業が始動

2026年には多機能教室を備える3階建ての「創立百周年記念館」が竣工予定。
次の100年を見据え、さらなる学習環境の充実に努めます。

「創立百周年記念館」完成イメージ

データファイル

■2024年度入試日程

中学部

募集人員	出願期間	試験日	発表日	手続締切日
推薦 約50	11/2～11/26	12/1	12/2	12/11
1回 約95	12/3～1/18	1/21	1/22	1/27
2回 約15	1/23～2/4	2/5	2/5	2/8

高等部　後期は実施しません

募集人員	出願期間	試験日	発表日	手続締切日
普通　単願推薦約50 併願推薦約70	12/18～1/9	1/17	1/18	1/23 （併願は一部延納可）

■2024年度選考方法・入試科目

中学部

推薦：4科　**一般**：4科
〈配点・時間〉国・算＝各100点50分（推薦は各100点40分）　理・社＝各60点30分（推薦は各50点計50分）
〈面接〉なし

高等部

書類、学科試験（国・数・英）　英はリスニング含む　美術・デザインコースは実技試験（鉛筆デッサン100点60分）あり
【推薦基準】評定合計〈単願推薦〉5科21（英検準2級取得者は20）以上〈併願推薦〉5科23以上
〈配点・時間〉国・数・英＝各100点50分
〈面接〉なし

■2023年春主な大学への合格状況（浪人含む）

〈国公立大〉筑波大1　埼玉大1　千葉大4　東京大1　東京農工大1　長岡技術科学大1　三重大1　千葉県立保健医療大1　都留文科大1　防衛医科大1　国立看護大1

〈私立大〉早稲田大22　慶應義塾大7　上智大13　東京理科大13　明治大33　青山学院大13　立教大40　中央大11　法政大17　学習院大23　明治学院大14　津田塾大9　東京医科大1　東京女子医科大3　日本女子大31　星薬科大7　東邦大35　多摩美術大11　武蔵野美術大15

■2023年春卒業生進路状況

卒業生数	大学	短大	専門学校	海外大	就職	進学準備他
323人	303人	2人	4人	1人	0人	13人

■2023年度入試結果

中学部

募集人員		志願者数	受験者数	合格者数	競争率
推薦	約50	147	147	72	2.0
1回	約95	856	816	511	1.6
2回	約15	90	80	31	2.6

高等部

募集人員		志願者数	受験者数	合格者数	競争率
普通　単願推薦	30	48	48	48	1.0
併願推薦	70	210	207	207	1.0

学校説明会　要Web予約

★中学部
学校説明会（全学年）　9/9
入試説明会（小6対象）　10/14　11/11
学校見学会　12/17
★高等部
11/4　11/18

見学できる行事

学院祭（文化祭）　9/23・9/24（公開予定）
※学校ホームページで随時更新中です。

説明会・行事等は日程・内容が変更される場合があります。必ず学校HP等でご確認ください

千葉
し

中　高 **芝浦工業大学柏**中学校
高等学校
しば　うら　こう　ぎょう　だい　がく　かしわ

〒277-0033　千葉県柏市増尾700　☎04-7174-3100　学校長　中根　正義

〈URL〉https://www.ka.shibaura-it.ac.jp/

沿革　昭和55年（1980）、芝浦工業大学の併設校として芝浦工業大学柏高等学校を設立。平成２年（1990）男女共学校に移行し、平成11年（1999）に中学校を開校しました。

校風・教育方針

　創立以来の「創造性の開発」と「個性の発揮」を建学の精神として、１．広い視野（興味・関心・知的好奇心）の育成　２．豊かな感性と情緒の育成　３．思考力の強化と厚みのある学力の養成を教育方針に掲げ、これらを具現化するため、学習活動・部活動・生徒会活動・学校行事・社会見学会・大学見学会などを実施しています。

カリキュラムの特色

　中学校は、毎日ML（モーニングレッスン）と50分授業が６コマ行われています（土曜日はMLなしで50分授業が４コマ）。MLの授業は、洋書を読んだり、数学の小テストを行ったりしています。また、土曜日の授業では道徳の授業や総合学習の内容を盛り込んだWD（ワールドデイ）の授業が行われます。WDの時間に行われる探究活動では、身近なテーマから始まり、中学３年次では世界に目を向けて取り組みます。

　高校ではグローバルサイエンス（GS）クラスとジェネラルラーニング（GL）クラスの２コースがあります。GSクラスは東京大学をはじめとする最難関国公立大学を、GLクラスは地元の千葉大学や筑波大学などの国公立大学や早稲田大学、慶應義塾大学などの私立大学をそれぞれ目指しま

す。高校生もGSクラス、GLクラスを問わず皆探究活動に参加します。高校生の探究は自ら問いを立て掘り下げていきます。そして、探究の成果を様々なコンテストで発表し卒業後の進路につなげていきます。

英語教育　中学１年次からイングリッシュリッチな形式で英語の授業を行っています。また、ネイティブ・スピーカーの教員による英会話の授業やオンライン英会話もあります。中学３年次に全員が海外ホームステイを行うほか、中学の各学年のフロアには洋書を常備し、多読指導をするなど、気軽に英語に親しめる環境を整備しています。

アカデミック・ライティング指導　グローバル・サイエンスクラスで、学術的な論文にも対応できるアカデミックライティングの指導をスタートしました。大学入試に必要な英語力の育成に向け、授業はもちろん、英語の４技能をはかるGTEC、TOEFL®、TEAP、IELTSなどの試験対策にも役立ちます。

環境・施設設備

　千葉県柏市の郊外に位置し、増尾城址公園の丘陵地帯に隣接した、緑豊かで閑静な環境にあります。ホール、カフェテリア、開閉式ソーラーハウスプール、冷暖房完備の体育館など様々な施設・設備が整い、校内LANにより大学とのネットワークも可能です。

生活指導・心の教育

　自由で穏やかな校風、というのが芝浦柏の大きな特徴です。あえて色々と強制しないということで、かえって生徒一人ひとりがけじめや責任感を

今春の進学実績については巻末の「高校別大学合格者数一覧」をご覧ください

🏫 2学期制　🕐 登校時刻 中8:15 高8:45　🍴 昼食 弁当持参、食堂、売店　📅 土曜日 授業

自然と抱くようになっています。

学校行事・クラブ活動

　高校では、文化祭（増穂祭）、修学旅行、球技大会、合唱祭などの行事が、生徒自身の手で企画、運営されています。また中学校では、中1でグリーンスクール、中3で海外研修を実施しています。

　クラブ活動は、生徒の主体性や自立心を育成するための教育活動の一環として位置づけられています。中学校には運動部11・文化部9、高校には運動部14・文化部15があり、中学生の9割、高校生の8割がいずれかのクラブに所属して、日々の活動に励んでいます。

データファイル

■2024年度入試日程

中学校　延納制度あり

募集人員		出願期間	試験日	発表日	手続締切
1回	約110	12/18〜1/18	1/23	1/24	1/25
2回	約55	12/18〜1/25	1/27	1/28	1/30
課題作文	約15	12/18〜2/3	2/4	2/4	2/6

1・2回は学外試験会場あり（英語入試は本校のみ）

高等学校　延納制度あり

募集人員		出願期間	試験日	発表日	手続締切
1回	約120	12/18〜1/12	1/18	1/20	1/22
2回			1/19		

※グローバル・サイエンスクラス判定あり、約40人募集（内部進学者含む）

■2024年度選考方法・入試科目

中学校

1・2回：4科

課題作文：課題作文（人文社会系・理数系）、面接
※1・2回において、希望者は「英語入試」を追加可（英語によるリスニングを課し、その結果を若干加点）
〈配点・時間〉国・算＝各100点45分　理・社＝各75点40分
〈面接〉課題作文は生徒グループ、帰国生は生徒個人

高等学校

3科（国語・数学・英語）と内申点または5科（国語・数学・英語・理科・社会）と内申点
※いずれも第一志望は面接あり
【2023年度出願条件】第一志望は3年間で欠席30日以内
〈配点・時間〉国・数・英・理・社＝各100点50分
〈面接〉第一志望は生徒グループ、帰国生徒は生徒個人　重視【内容】志望動機など

■2023年春併設大学への進学

大学には70人程度の推薦枠があり、その枠内で進学できます。進学の際には内部試験が行われます。
芝浦工業大学−29（工15、システム理工4、デザイン工2、建築8）

■指定校推薦枠のある主な大学

東京都立大　早稲田大　慶應義塾大　上智大　東京理科大　立教大　法政大　明治大　中央大　青山学院大　学習院大　東邦大　日本女子大など

■2023年春卒業生進路状況

卒業生数	大学	短大	専門学校	海外大	就職	進学準備他
308人	268人	0人	1人	5人	0人	34人

■2023年度入試結果

中学校　帰国生徒を含む　男／女

募集人員		志願者数	受験者数	合格者数	競争率
1回GS	約110	768/371	673/326	84/36	8.0/9.1
一般			(589/290)	227/119	2.6/2.4
2回GS	約55	501/266	280/142	12/5	23.3/28.4
一般			(268/137)	67/33	4.0/4.2
課題作文	約15	240/146	66/51	9/7	7.3/7.3

（　）は一般合格の判定対象者数。＊はGS再挑戦の人数を含む。GS再挑戦者の内数は、男子受験者42人、合格者10人。女子受験者13人、合格者2人。

高等学校　帰国生徒を含む　男／女

募集人員		志願者数	受験者数	合格者数	競争率
GS1回	約120	377/177	367/175	56/36	15.3/11.4
2回		502/242	488/237		
GL1回		321/141	311/139	215/108	3.5/3.1
2回		446/206	432/201		

学校説明会　要予約
★中学校
9/3　9/24　10/8　11/5　12/10
★高等学校
9/30　10/15　11/5　11/19
中高学校見学会　10/7　11/11
学校見学は随時可（要予約）

見学できる行事
文化祭　9/30・10/1

説明会・行事等は日程・内容が変更される場合があります。必ず学校HP等でご確認ください

渋谷教育学園幕張中学校・高等学校

〒261-0014　千葉県千葉市美浜区若葉1-3　☎043-271-1221（代）　学校長　田村　聡明

〈URL〉https://www.shibumaku.jp/

沿革　昭和58年（1983）、千葉の新たな文教地区として開発された幕張に学校法人渋谷教育学園が高等学校を設立。86年には「一人ひとりを大切にして個性豊かな人間を育てる6カ年の統合された中高一貫教育」を狙い中学を開校。

校風・教育方針

21世紀へ向けて「理想的な教育を」という目的で出発。自分の体で自ら調べ、自分の心で自ら考えるという「自調自考」を校是としています。個性豊かでスケールの大きな人間を育てるという校風から、自主性を持つ生徒が多く、県内トップの高い大学合格実績のみならず、様々な分野で活躍する生徒が多数います。

カリキュラムの特色

6年間を3ブロックに分け、段階ごとの効果的な指導を目指します。

中1・中2では1クラス約30人、少人数のきめ細かな授業。高2でコース別クラス編成をとりながら大幅な科目選択を導入し、高3ではほとんどの科目が、選択授業となります。中1より高3まで、すべての授業のカリキュラムがシラバスで生徒に提示されており、自発的な学習意欲を喚起する工夫もなされています。

国際教育

国際人としての資質を養成するため、中1から英会話をカリキュラムに取り入れています。また、帰国生や留学生の受け入れや海外研修、留学の制

度など、異文化に触れる機会を多く設けています。中3からは放課後に第二外国語講座が開講され、希望者は、中国語、フランス語、スペイン語、ドイツ語、ハングルのうちの1科目を選択して受講できます。

2014年、文部科学省よりスーパーグローバルハイスクールに指定されました。

環境・施設設備

全教室エアコン完備で、人間工学に基づいて設計された机と椅子が設置されています。物化生地合わせて6つの実験室をもつ理科棟、田村記念講堂、マルチメディア教室をはじめ、人工芝のグラウンドや第1・2体育館、柔剣道場、卓球場、プール棟（温水プール・トレーニングルーム）、テニスコート、星を自動追跡できる天体望遠鏡が設置されている天文台、プラネタリウム、茶室など、学習や運動のための施設が充実しています。

開校30周年にあたり、メモリアルタワーが2013年春に竣工しました。中学校・高等学校では最大規模の図書館のほか、ICTセミナー室、コンピュータ室、音楽室、美術室などを移転、拡充し、生徒の活動場所がさらに広がりました。

学校行事・クラブ活動

渋幕の学校行事は、自調自考の精神に基づき、生徒が主体となって作り上げます。スポーツフェスティバル、文化祭はもちろんのこと、修学旅行、校外宿泊研修では、自分でテーマを決めて下調べをし、旅行計画も自分たちで立てて現地集合・現

今春の進学実績については巻末の「高校別大学合格者数一覧」をご覧ください

地解散で行われます。ほかにもメモリアルコンサート、歌舞伎教室、オペラ鑑賞会などの芸術鑑賞会、合唱祭、マラソン大会、模擬裁判なども彩りある学校生活を演出します。また、ニュージーランドホームステイをはじめとした国際交流行事も盛んです。

クラブ活動は希望制ですが、ほとんどの生徒が参加し、学業以外の自分の個性を伸ばし、魅力ある人間へと成長しています。運動部、文化部とも活動は盛んで、サッカー、水泳、テニス、陸上、ドリルチーム、空手、化学、電気・物理、ディベートなど多くの部が各種の大会で好成績をおさめ、さらに卒業後プロとして活躍している生徒もいます。

❖❖❖ データファイル ❖❖❖

■2024年度入試日程

中学校

募集人員		出願期間	試験日	発表日	手続締切日
1次	約215	12/15〜1/10	1/22	1/24	1/25(延納可)
2次	約45	1/24〜1/27	2/2	2/3	2/3
帰国生	約20	12/15〜1/10	1/20	1/23	1/25(延納可)

高等学校

募集人員		出願期間	試験日	発表日	手続締切日
学力		12/20〜1/10	1/19	1/21	1/23(延納可)
帰国生	295	12/20〜1/10	1/20	1/23	1/24(延納可)
特別活動	※	12/20〜1/10	1/20	1/21	1/23(延納可)

※募集人員は中学校からの内部進学者を含む

■2024年度選考方法・入試科目

中学校

1次・2次：国語、算数、理科、社会
〈配点・時間〉国・算=各100点50分　理・社=各75点45分
帰国生：英語（筆記・リスニング50分、エッセイ30分）、面接（英語・日本語）

高等学校

学力選抜：国語、数学、英語（リスニング含む）、社会、理科
〈配点・時間〉国・数・英=各100点60分　理・社=各100点50分
帰国生選抜：英語（筆記・リスニング50分、エッセイ30分）、面接（英語・日本語）
特別活動選抜：1次-書類選考　2次-作文（50分）、実技（60分）、個人面接

【2024年度　募集要項】

中学校入学試験・高等学校入学選抜試験「募集要項」は、学校主催の入試説明会実施日までに学校ホームページで発表します。入試関係書類の配布はありませんので、出願に必要な書類は、募集要項発表後にダウンロードしてください。

■系列大学

系列大学として**東京医療保健大学・大学院、多摩**大学・大学院を設置しています。

■2023年春卒業生進路状況

卒業生数	大学	短大	専門学校	海外大	就職	進学準備他
349人	247人	0人	0人	7人	0人	95人

■2023年度入試結果

中学校

募集人員		志願者数	受験者数	合格者数	競争率
1次一般男	約215	1,337	1,282	515	2.5
女		650	616	189	3.3
帰国男	約20	55	53	10	5.3
女		84	84	24	3.5
2次一般男	約45	332	305	48	6.4
女		190	183	19	9.6

高等学校

募集人員		志願者数	受験者数	合格者数	競争率
学力男		472	470	191	2.5
女		199	199	44	4.5
帰国生男	295	13	13	6	2.2
女	※	23	23	10	2.3
特別活動男		11	11	5	2.2
女		10	9	5	1.8

※募集人員は中学校からの内部進学者を含む

入試説明会 要予約
★中学校
11/4
★高等学校
11/5
※中・高ともに学校見学は学校ホームページをご確認ください。
入試説明会は今後の状況変化に応じて、変更する場合があります。詳細は学校ホームページでご確認ください。

見学できる行事
文化祭（槐祭）　9/10

千葉
し

秀明大学学校 教師学部附属 秀明八千代 中学校 高等学校

〒276-0007　千葉県八千代市桑橋803　☎047-450-7001　学校長　富谷　利光

〈URL〉https://www.shumeiyachiyo.ed.jp/

沿革　埼玉県川越市にある秀明学園、上尾市の秀明英光高等学校に次いで、昭和56年（1981）秀明八千代中学校を設立、同59年（1984）に秀明八千代高等学校を設立。平成27年（2015）中学校を現校名に変更、同30年（2018）高等学校を現校名に変更。

校風・教育方針

「常に真理を追究し、友情を培い、広く社会に貢献する人間形成を目的とする」を建学の精神として、健康で、知性豊かな創造力に富む人間の育成を目標としています。

また、校訓として「知・技・心」を掲げており、知力を充実させて思考力・創造力をつけます。身体を使って技を鍛え、磨きます。さらに豊かな心と強い精神力を持った、心身ともに調和のとれた、明日の世界でたくましく生き、各分野で活躍できる真のリーダーの育成をめざしています。

カリキュラムの特色

中学校課程では、きめ細かい指導により基礎・基本を培うとともに、21世紀に求められる思考力・判断力・表現力を高め、新しい大学入試で問われる学力の土台を固めます。数学・英語は、ホームルームクラスとは別に少人数の到達度別の授業クラスを編成し、理解しやすい授業を展開します。英語の授業は、イギリス人教員による英会話を週2時間、日本人教員による授業を週4時間設けています。イギリス人教員は、全員が"英語を母語としない人々に英語を教える"資格と経験を持った、プロ教師です。また、イングリッシュ・スタ

ディ・センターなど、英語を使う場を豊富に設けています。

平日の放課後には、各教科の復習のための補習や発展的な学習のための特訓があります。さらに、土曜日には土曜講習、長期休暇中には夏期・冬期講習を行います。

高等学校は、進路に合わせて必要教科に重点を置いたカリキュラムで、学力の深化・充実をはかります。定期テストのほかに「秀明検定テスト」を実施し、できるまで学習させる指導をしています。特別進学コースは、難関大学への現役合格をめざし、実践演習の時間を含む、特別カリキュラムの授業を行います。国際英語コースでは、外国語系大学への合格をめざし、学習指導要領の標準時間数を大幅に上回る英語重視のカリキュラムで授業を行います。文理進学コースでは、各自の志望校ごとの受験科目に的を絞った授業を行います。総合進学コースでは、文系科目に的を絞った特別カリキュラムを設置しています。

併設の秀明大学との連携も盛んです。大学での特別授業、大学との共同授業研究、大学生による学習サポートなどの発展学習が行われ、生徒の視野を広げています。

資格の奨励と表彰　英検・漢検・数検の受験に向けて対策講座を開講し、全生徒に英検受験を奨励しています。また、学期ごとに各教科の成績優秀者は「秀明博士」として表彰され、賞状と盾が贈られます。

PGTプログラム　未来をたくましく生きる力を育てるため、さまざまな活動を通して、世の中と

今春の進学実績については巻末の「高校別大学合格者数一覧」をご覧ください

| 3学期制 | 登校時刻 8:25 | 昼食 給食 | 土曜日 土曜特別指導（希望者） |

つながる力を育てます。Pスキル（プラクティカル：実践力）はプレゼンテーション、コミュニケーションの力を高めます。Gスキル（グローバル：国際力）は確かな英語力と異文化理解力を育みます。Tスキル（トラディショナル：伝統力）は日本とイギリスの伝統を学び、作法を身につけます。また、大学や企業など外部機関と連携した希望選択制の「キャリアプログラム」として50以上の講座を用意しています。

環境・施設設備

敷地面積約70,000㎡の中に、校舎4棟をはじめ、図書館・コンピュータ室・茶道教室などの学習設備、全天候型テニスコート・野球場・サッカー場・プール・スポーツセンター（剣道場・柔道場）などの運動施設があります。また、600人を収容できる食堂があり、完全給食制をとっています。

学校行事・部活動

イギリス英語研修（中2・高1）、体育大会、校外学習、球技大会、演劇鑑賞会、光風祭（文化発表会）、強歩大会、各種講演会など、心身を鍛え、友情を深める行事が行われます。

部活動では、柔道、剣道、空手道、ダンスや文化系などは、中高合同で活動しています。特に、高校硬式テニス部と空手道部、女子硬式野球部、女子水球部、吹奏楽部は、全国大会で輝かしい実績をあげています。

データファイル

■2024年度入試日程

中学校

募集人員		出願期間	試験日	発表日	手続締切日
専願		11/14～11/24	12/1	12/2	12/7
一般A日程	60	1/6～1/15	1/20	1/21	1/25
B日程		1/19～1/24	1/28	1/29	2/2
C日程		1/29～2/3	2/6	2/7	2/11

高等学校　※公立校発表日翌日まで延納可

募集人員		出願期間	試験日	発表日	手続締切日
前期推薦単願		12/17～1/9	1/17	1/20	1/25
併願	310	12/17～1/9	1/17か18	1/20	3/5※
後期一般		1/27～2/7	2/15	2/17	3/5※

募集人員：特別進学コース50　国際英語コース60
文理進学コース100　総合進学コース100

■2024年度選考方法・入試科目

中学校

専願：書類審査、適性検査（国語・算数・英語から2科選択、各30分）、面接
一般：書類審査、国語、算数、面接
〈配点・時間〉国・算＝各100点50分
〈面接〉生徒・保護者別々

高等学校

前期・後期：書類審査、国語、数学、英語、面接
〈配点・時間〉国・数・英＝各100点50分
〈面接〉生徒グループ

■指定校推薦枠のある主な大学

東京理科大　学習院大　國學院大　専修大　日本大　獨協大　東洋大　創価大　千葉工業大　学習院女子大など

■2023年春併設大学への進学

併設の秀明大学へは、在学中一定の成績をとった者は内部進学できます。

秀明大学―35（英語情報マネジメント9、看護6、観光ビジネス3、総合経営12、学校教師5）

■2023年春卒業生進路状況

卒業生数	大学	短大	専門学校	海外大	就職	進学準備他
362人	241人	5人	86人	0人	8人	22人

■2023年度入試結果

中学校　男／女

募集人員		志願者数	受験者数	合格者数	競争率
専願		22/21	22/21	14/15	1.6/1.4
一般A	60	20/6	18/6	14/2	1.3/3.0
B		14/12	12/11	10/7	1.2/1.6
C		3/5	1/3	0/2	―/1.5

高等学校　推薦は単願／併願

募集人員		志願者数	受験者数	合格者数	競争率
前期推薦	310	219/1,926	218/1,893	215/1,875	1.0/1.0
後期一般		48	43	12	3.6

学校説明会　すべて要Web予約
※社会情勢によっては、オンラインで実施する場合もあります
★中学校　10/28 11/11
入試直前学習会　11/23 1/13
★高等学校　10/1 10/28 11/11 11/23 12/2
見学できる行事
光風祭（文化祭）　10/7・10/8
※詳細は学校HPでご確認ください

説明会・行事等は日程・内容が変更される場合があります。必ず学校HP等でご確認ください

千葉
し

昭和学院中学校・高等学校
（しょうわがくいん）

〒272-0823　千葉県市川市東菅野2-17-1　☎047-323-4171（代）～5　学校長　大井　俊博
〔午後5時以降〕☎047-323-4174（中学校直通）　047-323-4175（高等学校直通）

昭和学院中学校・高等学校及び京成成田線都営新宿線本八幡駅又は JR武蔵野線 JR総武線 北総鉄道東松戸駅下車、バス約15分 JR成田線 JR武蔵野線八幡駅下車、徒歩約15分 または

〈URL〉https://www.showa-gkn.ed.jp/js/

沿革・教育方針

建学の精神「明敏謙譲」は、創立者である伊藤友作先生が定めた校訓です。

昭和学院では、この精神をもとに「明朗にして健康で、自主性に富み、謙虚で個性豊かな人間の育成を実践しています。

1940年創立以来、教育現場の真のあり方を見つめながら歩み、発展し続け、現在、幼稚園から短期大学まで一貫して併設する総合学園として、多方面から厚い信頼を得ています。

私学の特性を最大限に生かしながら、生徒一人ひとりの可能性を大きく拡げ、より高い自己を目指す向学心の育成に努めています。

◆３つの指導方針　―昭和学院が求める生徒―
①自ら考え、自ら学び、自ら行動できる生徒
②高い志を持ち、学習やスポーツ文化活動に励む「文武両道」を目指す生徒
③自らを律することができ、人を思いやることのできる人間性豊かな生徒

昭和学院は「知」「徳」「体」のバランスのとれた全人教育を目指し、将来さまざまな分野のリーダーとして活躍できる生徒を育成します。

カリキュラムの特色

2020年昭和学院は創立80周年を迎えました。80年の歴史の上に新たな教育をイノベーションし、「新コース制」をスタートしました。
①インターナショナルアカデミーコース
②トップグレードアカデミーコース
③アドバンストアカデミーコース
④サイエンスアカデミーコース
⑤ジェネラルアカデミーコース

中学入学時は①、③、④、⑤の４つのコースでスタートし、中３進級時に５つのコースに分かれます。子どもたちの未来に向けて夢や希望に合わせた教育を実践し、進路変更や適性についても柔軟に対応できるシステムになっています。

国際教育

英語を母国語とするネイティブ教員による授業や、世界で活躍する将来にふさわしいスキルが身につく、さまざまなプログラムが用意されています。また、インターナショナルアカデミーコースを中心に、充実した国際交流プログラムを選択することができるなど貴重な体験を積みます。

環境・施設設備

東京近郊都市である市川市のほぼ中央に位置し、江戸川の清流を西にのぞみ、「真間の手児奈」伝説で名高い真間川が流れ、空気も清らかで理想的な勉学の地です。最新のキャンパスには、生徒一人ひとりの豊かな学びを約束する充実した施設設備が整っています。

●南に普通教室、北に特別教室、中央に光と風を
日当たりよい南面と東面に生徒の活動の中心と

中学校入試 Information

・1/20（土）に国語１科（11:30開始）を実施
・英語資格検定保持者には加点およびみなし得点措置あり
・２回目以降の受験料免除

今春の進学実績については巻末の「高校別大学合格者数一覧」をご覧ください

🏫 3学期制 ⏰ 登校時刻 8:20 🍴 昼食 弁当持参、売店、パン自販機 📅 土曜日 授業

なる普通教室を配置し、安定した採光が確保できる北面に特別教室を配置します。また、中央に吹き抜けを設け、自然光を取り入れるなど、随所に知的好奇心を誘う空間的仕掛け（見通しのよい教室、特別教室毎の掲示板や展示棚）を設けました。

●メディアセンターを中心に　図書館と自習室、コンピュータ教室を2・3階にまとめて配置し、2層のメディアセンターとし、キャンパスの中央に配置しました。生徒の活動の中心に配置することで、気軽に立ち寄れ、自ら学び、考え、行動する力を育みます。

●教養情操教育　各界からさまざまな講師をお招きし、ご講演をいただくＳＧアカデミー未来講座を始め、芸術鑑賞会や文化講演会を開催。生徒の教養と情操の育成に努めます。

●豊かなまちづくりにも貢献　学園すべての子どもたちが憩うオープンスペースを配置。敷地内を流れる真間川の緑は地域に開放されています。

学校行事・部活動

中学校では、1年次のイングリッシュ・アクティビティ、2年次に国内イングリッシュキャンプ、3年次にオーストラリア海外教育研修を実施。高校では1年次にフレッシュマンキャンプ、2年次に修学旅行（海外）が行われます。

運動部は県下でも名の知られた優秀なチームが多く、特にバスケットボール部は全国大会で6回も優勝しています。また、新体操部は全国高校総体で優勝するなど、全国の名門です。ハンドボール・ソフトテニス・体操競技・水泳など、多くの部が全国レベルにあります。共学化に伴い創設された硬式野球部（高）、軟式野球部（中）、サッカー部なども毎日練習に励んでいます。

データファイル

■2024年度入試日程

中学校

募集人員		出願期間	試験日	発表日	手続締切日
第一志望2科	52	11/18～11/26	12/1	12/1	12/11
プレゼン①		11/18～11/26	12/1	12/1	12/11
一般（国語・プレゼン②）	72	1/6～1/17	1/20	1/21	1/30＊
（算数）		1/6～1/17	1/20午後	1/21	1/30＊
（適性検査）		1/6～1/19	1/22	1/23	1/30＊
（アドバンスト）		1/6～1/21	1/24	1/25	1/30＊
帰国生①	20	11/18～11/29	12/1	12/1	12/11＊
帰国生②		1/6～1/17	1/20	1/21	1/30＊
帰国生③		1/6～1/21	1/24	1/25	1/30＊

＊2/5（公立一貫校併願者は公立発表）まで延納可

高等学校　※A推薦は1回のみ、帰国生は2回のみ

募集人員		出願期間	試験日	発表日	手続締切日
1回	※ 176	12/20～1/10	1/17	1/19	1/24＊
2回		12/20～1/10	1/18	1/20	1/25＊

＊3/5まで延納可（A推薦を除く）

■2024年度選考方法・入試科目

中学校　2科（特待生）：国算英から2科

マイプレゼンテーション①②：自己表現文、プレゼン、質疑応答

国語1科：国語　算数1科：算数

適性検査型（特待生）：適性検査Ⅰ・Ⅱ

アドバンストチャレンジ（特待生）：国算英から2科または国算英から2科と理・社

帰国生（特待生）：①国算英から2科、面接　②プレゼン、質疑応答　③国算英から2科と面接または国算英から2科と理・社と面接

〈配点・時間〉国・算＝各100点50分　理・社＝各50点30分　〈面接〉生徒個人

高等学校　A・B推薦・併願優遇・一般：国・数・英（リスニングを含む）　帰国生：英と数、英、数から1つ選択（英はリスニングを含む）、面接（日本語）　＊IAコース希望者は英語面接あり　TAコース希望者は理・社あり（帰国生は5科）

【出願条件】A推薦5科18かつ9科33　B推薦5科22かつ9科36　A・B推薦共通：欠席各学年10日以内　併願優遇はB推薦と同じ

〈配点・時間〉国・数・英・理・社＝各100点50分

■2023年春系列短大への進学

在学中一定の成績を修めた者は優先入学できます。
昭和学院短期大学－11

■2023年春卒業生進路状況

卒業生数	大学	短大	専門学校	海外大	就職	進学準備他
333人	253人	11人	45人	0人	4人	20人

学校説明会　要WEB予約
★中学校
入試説明会　10/21　11/11　12/16
★高等学校　9/30　10/14　11/18　11/25
見学できる行事
桜和祭（文化祭）9/17（入試相談あり）

説明会・行事等は日程・内容が変更される場合があります。必ず学校HP等でご確認ください

千葉
し

昭和学院秀英中学校高等学校
しょうわがくいんしゅうえい

〒261-0014　千葉県千葉市美浜区若葉1-2　☎043-272-2481　学校長　石坂　康倫

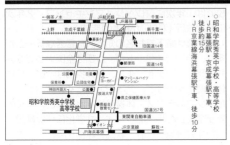

〈URL〉https://www.showa-shuei.ed.jp/

沿革　昭和58年（1983）昭和学院秀英高等学校を設立。同60年（1985）に中学校を設立しました。

校風・教育方針

校訓の「明朗謙虚」「勤勉向上」を理想とし、真の学力と主体的な課題解決能力、より高い目標に挑む強い意志、他者を尊重する精神と豊かな人間性を身につけるため、次の3つの柱を掲げています。

（1）質の高い授業
（2）きめ細かな進路指導
（3）豊かな心の育成

この3つの柱を体現するため、次のカリキュラム・ポリシーを教育方針としています。
①6年間・3年間それぞれに効率的・効果的な教育課程　②次世代を担う人材の育成とICT・AI化への対応を促す教育　③探究的な見方や課題発見能力　④一人ひとりの可能性を最大限に引き出すキャリア教育　⑤豊かな人間性をはぐくむ自主性の伸長とリーダーシップの育成　⑥ボランティア活動や福祉講演会の奨励

これら3つの柱に基づく6つのカリキュラム・ポリシーで、秀英は生徒の自己実現を支えます。

豊かな心の育成

部活動や学校行事の他に、芸術鑑賞教室や文化講演会等、毎年全校生徒を対象に行っています。また、歌舞伎鑑賞、能楽鑑賞など文化・芸術に触れる機会を数多く設けています。福祉講演会も毎年実施し、ボランティア活動も活発で、「心のバリアフリー推進校」にも指定されました。このよ

うな豊かな心の育成は創立以来取り組んできた伝統ともいえるものです。

カリキュラムの特色

中学校　2021年度の中学校入学生より、中高一貫カリキュラムを取り入れています。それまでも中学段階で数学や古典など高校の先取りを実施していましたが、2021年度からは生物基礎など、高校の科目を中3で履修するなど、中高一貫カリキュラムを強化しています。

高等学校　高校入学生は独自のシラバスにより、古典は1年末、数学は2年末に進度が同じになるように調整しています。高1では学びの基礎・基本の完成から、応用力を養成する段階に入ります。身につけた基礎力を使って課題を解決し、高度な内容を理解・解決していける力を養います。高2・高3は発展的学習と目標達成の段階です。自ら学び、課題を見つけ、夢を叶える第一歩となる目標達成へと進んでいきます。

選択科目に応じた文理分けは高2で実施します。さらに進学のための補習・講習を課外や夏期冬期の休暇中に多数実施。高3の夏期講習では、希望進路に応じた講座が70近く開講されます。各種進路講演会も効果をあげています。中高一貫カリキュラムは高校入学生の学力も上げます。高1・2での進度は少し速くなりますが、高3では余裕をもって進路実現に向けて取り組むことができます。

グローバル教育

グローバル人材の育成のプログラムとして、中1で東京グローバルゲートウェイという体験型英

今春の進学実績については巻末の「高校別大学合格者数一覧」をご覧ください

3学期制　**登校時刻** 中8:00 高8:15　**昼食** 弁当持参、売店　**土曜日** 授業

語学習施設への訪問、中2で福島県のブリティッシュヒルズという国内留学体験施設での宿泊学習、中3では米国・カナダでのホームステイプログラムを実施します。授業で鍛えた英語力と学校生活で培った仲間と協力し合う力をいかんなく発揮し、生き生きと英語を使って自分を表現します。高1・2では、神田外語大学との連携によりオーストラリアのスウィンバーン工科大学マレーシア校での語学研修を実施。放課後に神田外語大で講義を年間15回受講するプログラムも実施します。また、中学・高1を対象に、世界各国からの留学生たちと協力して英語だけで課題解決に挑むプログラム「パワー・イン・ミー」という校内で行うグローバルキャンプも実施。現地で学ぶプログラム、通い慣れた場所から始めるグローバル人材育成へのプログラムと、応用力の養成時期に多彩なプログラムを準備して生徒たちの成長を応援しています。

環境・施設設備

　昭和学院秀英高校は、1983年4月に千葉市の幕張の地に設立されました。女子教育を中心とした昭和学院の歴史と伝統の上に、新しい教育理念を

もった共学校として、理想的な教育を実践しようとするものです。1985年度より中学校（男女）を併設し、中高一貫教育を実現しました。

　施設面では、全館全室の冷暖房完備をはじめ、図書館、第1・2体育館、武道館、小講堂、天井開閉式プール、全天候のテニスコート、全面人工芝グラウンド、LL教室、視聴覚室、情報処理室など、各種の特別教室を整備。6階建ての中央棟には、理科実験室、レクチャールーム、ゼミ室などの特別教室があります。また全教室に電子黒板が設置され、多様なITを駆使した授業が展開されます。

学校行事

　中学の体育祭は生徒主体で実施され、高校のスポーツ大会はクラス全体で盛り上がって応援します。雄飛祭（文化祭）では、中1は学年全体での発表、中2以上はクラス展示、部活動は各々の活動の集大成を見せるために奮闘します。修学旅行は、中3では京都・奈良、高2では沖縄を訪れます。修学旅行委員を中心に、旅行のルールを話し合うなど、生徒たちが主体的に動いて行事を進めていきます。

データファイル

■2024年度入試日程　Web出願のみ

<table>
<tr><td rowspan="6">中学校</td><td></td><td>午後特別（一般）</td><td>1回（一般）</td><td>2回（一般）</td></tr>
<tr><td>募集人員</td><td>30</td><td>110</td><td>約20</td></tr>
<tr><td>出願期間</td><td colspan="2">12/16(土)〜1/15(月)</td><td>1/25(木)〜2/2(金)</td></tr>
<tr><td>入試日</td><td>1/20(土)</td><td>1/22(月)</td><td>2/3(土)</td></tr>
<tr><td>合格発表</td><td>1/21(日)</td><td>1/24(水)</td><td>2/3(土)</td></tr>
<tr><td>手続期間</td><td>1/21(日)〜23(火)
延納2/5まで</td><td>1/24(水)〜25(木)
延納2/5まで</td><td>2/3(土)〜5(月)</td></tr>
<tr><td rowspan="5">高等学校</td><td></td><td colspan="2">一般</td><td>帰国生</td></tr>
<tr><td>募集人員</td><td colspan="3">80</td></tr>
<tr><td>出願期間</td><td colspan="3">12/23(土)〜1/9(火)</td></tr>
<tr><td>入試日</td><td colspan="3">1/18(木)</td></tr>
<tr><td>合格発表</td><td colspan="3">1/20(土)</td></tr>
</table>

手続期間　1/20(土)〜22(月)　延納は3/5(火)まで

■2024年度選考方法・入試科目

中学校

1・2回：国語、算数、理科、社会
午後特別：国語、算数
〈配点・時間〉国・算＝各100点50分　理・社＝各50点40分　午後特別は国80点40分、算120点60分
〈面接〉なし

高等学校

一般：国語、数学、英語（リスニングを含む）、理科、社会
帰国生：国語、数学、英語、英語Ⅱ
〈配点・時間〉国・数・英＝各100点50分　理・社＝各60点40分　英Ⅱ＝120点50分
〈面接〉なし

■指定校推薦枠のある主な大学

慶應義塾大　早稲田大　明治大　法政大　立教大　東京理科大　中央大　学習院大　青山学院大　明治学院大　津田塾大　東京女子大など

■2023年春卒業生進路状況

卒業生数	大学	短大	専門学校	海外大	就職	進学準備他
229人	179人	0人	0人	0人	0人	50人

学校説明会　ホームページで要予約
★中学校（保護者・受験生）　10/14　10/21
★高等学校（保護者・受験生）　11/4
※校舎外からの学校見学は休日を除き随時可（要電話連絡）

見学できる行事　ホームページで要予約
文化祭　9/10

説明会・行事等は日程・内容が変更される場合があります。必ず学校HP等でご確認ください

中 共学　高 共学　普通科

西武台千葉中学校高等学校
せいぶだいちば

〒270-0235　千葉県野田市尾崎2241-2　☎04-7127-1111　学校長　須田　秀伸

〈URL〉https://www.seibudai-chiba.jp

沿革　昭和61年（1986）、前身となる武陽学園高等学校（男子校）が開校。昭和64年（1989）、西武台千葉高等学校へ校名変更。平成元年（1989）、男女共学化。平成4年（1992）、西武台中学校開校。同24年（2012）中学校が校名変更。

校風・教育方針

「豊かに知性を磨き　美しく心情を養い　逞しく身体を鍛えよ」を校訓としています。先哲の教えにならい、新しい知識・技術を学び、身体を鍛え、社会に役立つ人間を育てることをめざします。文武両道の明るく活発な校風で、毎日、元気なあいさつが交わされています。

カリキュラムの特色

中学校は総合コースとして一括募集します。

中学校では、1・2年は総合コースとして、共通クラスで学習します。ただし、習熟度の差が出やすい科目については、伸ばしこぼしや落ちこぼれが出ないように、レッスン授業を展開するなど、きめ細かく指導します。3年生では、高校でスムーズに外部生と合流できるよう、特選クラスと進学クラスに分かれて学習します。

高等学校では、選択科目を数多く設けているので、受験科目に特化したカリキュラムから教養科目に重点を置いたカリキュラムまで、進路目標や興味、関心に応じた自分だけのカリキュラムを作

高校　　　　　　　　中学

ることができます。特に選択科目には、中国語をはじめとした多様な学校設定科目も含まれ、他校にはない学習活動が展開できます。一方、クラス編制は、特選クラスと進学クラスに分かれます。

特選クラスは、一般入試で国公立大学や難関私立大学に合格できる学力を身につけることを目標としています。もちろん、推薦入試での受験も可能です。

進学クラスは、中堅私立大学や専門学校への進学をめざします。カリキュラムは受験科目に集中した選択が可能なので、入学後のがんばり次第では、難関大学への挑戦も可能です。

従来のアスリート選抜コースは、進学コースの一部としての募集に変更され、同じカリキュラムで学習することになります。なお、スポーツ推薦制度は継続されますので、入試では中学校までの競技実績を加味した選抜も行われますし、高レベルで運動に打ち込みたい生徒のためのクラスも設けられます。

環境・施設設備

校舎のある川間周辺は、バードウォッチングでも人気があり、緑豊かな大自然に囲まれています。キャンパスは東京ドームとほぼ同じ広さで、校舎は全室冷暖房完備です。約100台のパソコンを設置した情報処理室は2019年にリニューアル。生徒会館（志道館）、進路指導室・自習室などの施設も充実しています。第2体育館には、プロジェクターを完備した多目的ホール、卓球場・ボクシン

今春の進学実績については巻末の「高校別大学合格者数一覧」をご覧ください

グ道場などがあります。2012年4月に第2グラウンド（人工芝テニスコート5面）完成。

生活指導・心の教育

始業前の10分間、「朝読書」を実施し、集中力が自然に身についています。

学校行事・部活動

4月に行われる新入生ガイダンスでは、西武台生としての心構えを学びます。9月の輝陽祭（文化部門、スポーツ部門）は、西武台あげての年に一度のスペシャルフェスティバル。生徒が中心となり、ユニークなアイディアで盛り上がります。

部活動には、全生徒の約8割以上が加入しています。バドミントン・ボクシング・陸上・ゴルフ・ダンスドリルなどは全国大会常連。このほか、水泳、ソフトテニス、吹奏楽などは関東大会常連です。その他さまざまな運動部、文化部があります。

データファイル

■2024年度入試日程

中学校

募集人員		出願期間	試験日	発表日	手続締切日
第一志望	50*	11/16〜12/1	12/3	12/4	12/6
1回	30	12/16〜1/18	1/20	1/21	2/7
特待選抜	10	12/16〜1/26	1/27午後	1/28	2/7
2回	10	1/20〜2/3	2/4	2/5	2/7

出願最終日の締切時間は13:00

＊第一志望入試には、帰国子女・外国人5人を含む

高等学校

募集人員		出願期間	試験日	発表日	手続締切日
単願推薦			1/18	1/21	2/8
併願推薦Ⅰ	276	12/17〜1/11	1/17	1/20	3/5※
Ⅱ			1/18	1/21	

※県外生の手続締切日は埼玉県3/4、茨城県3/13
出願は最終日15:00締切
募集人員は帰国子女・外国人10人及び内部進学者を含む

■2024年度選考方法・入試科目

中学校

第一志望：2科か3科※、面接　帰国子女・外国人は2科、面接

一般1回・2回：2科か3科※

※3科は国・算必須、理・社・英（リスニング含む）より1科選択

特待選抜：算・英（リスニング含む）より1科選択（100点50分）

〈配点・時間〉国・算＝各100点50分　理・社・英＝各50点30分

〈面接〉第一志望のみ生徒個人　重視

高等学校

単願推薦：国語、数学、英語（リスニング含む）
帰国子女・外国人は作文、面接

併願推薦Ⅰ：国語、数学、英語(リスニング含む)

併願推薦Ⅱ：国語、数学、英語(リスニング含む)

帰国子女・外国人は国語、数学、英語（リスニング含む）、面接

〈配点・時間〉国・数・英＝各100点50分
〈面接〉帰国子女・外国人は生徒個人　重視

■指定校推薦枠のある主な大学

東京理科大　法政大　芝浦工業大　成蹊大　成城大　東洋大　獨協大　日本大　神田外語大など

■2023年春卒業生進路状況

卒業生数	大学	短大	専門学校	海外大	就職	進学準備他
317人	222人	7人	64人	1人	10人	13人

■2023年度入試結果

中学校　男／女

募集人員		志願者数	受験者数	合格者数	競争率
第一志望	50	19/23	18/23	18/22	1.0/1.0
1回	30	3/8	2/5	1/5	2.0/1.0
特待選抜	10	8/14	8/11	1/0	8.0/−
2回	10	1/2	0/1	−/1	−/1.0

高等学校　特選／進学

募集人員		志願者数	受験者数	合格者数	競争率
単願推薦		52/179	52/178	47/178	1.1/1.0
併願推薦Ⅰ	276	194/615	193/613	171/609	1.1/1.0
Ⅱ		21/38	20/38	20/37	1.0/1.0

スライド合格を含まない

学校説明会 要予約
★中学校
10/7 10/21 11/4 11/19 12/24
★高等学校
10/7 10/21 11/4 11/19
入試相談会
10/7 10/21 11/4 11/19 12/24
学校見学は随時可(要予約)

見学できる行事 要予約
輝陽祭（文化祭）　9/9・9/10
（入試相談コーナーあり）

説明会・行事等は日程・内容が変更される場合があります。必ず学校HP等でご確認ください

千葉
せ

中高 専修大学松戸中学校
高等学校

せんしゅうだいがくまつど

〒271-8585　千葉県松戸市上本郷2-3621　☎047-362-9102(中) 9101(高)　学校長　五味　光

〈URL〉https://www.senshu-u-matsudo.ed.jp/

沿革　昭和34年（1959）専修大学松戸高等学校を設立。平成12年（2000）中学校を開校。2019年、創立60周年を迎えました。

校風・教育方針

「報恩奉仕」「質実剛健」「誠実力行」の建学の精神に基づいて、1．広い視野と国際感覚をもち、個性・資質と知識を生かし、世界人類の福祉に役立つ人物の育成　2．虚飾を排し、簡素をたっとび、健康で自主性と行動力を持つ人物の育成　3．温かい豊かな心と健全な批判精神をもち、何事も力をつくして行う人物を教育の目標とし、社会に貢献できる知性豊かな人材の育成を目指しています。

カリキュラムの特色

中学校では、基礎学力となる5教科の学習を充実させたカリキュラムを編成しています。6年後、国公立大学・難関私立大学への進路を切り開くことを目標に、先取り学習やコース編成を行います。英語は教科書にNew Treasureを採用。英会話を週2時間設け、外国人教員とのチームティーチングの授業を取り入れることで、「話す」「聞く」「読む」「書く」の4つの力がバランス良く身につくよう指導しています。土曜日は授業と道徳、特活を実施し、かつフィールドワークなどの多彩な行事も行います。中学校3年の修学旅行は、学校手作りのプログラムで、アメリカ・ネブラスカ州を訪れ、現地の生徒と一緒に、演劇、絵画、工作、コンピュータ学習などを勉強する「サマースクール」に参加するほか、買い物体験や博物館訪問などを

通じて歴史文化にも触れます。

高等学校は、中高一貫のX類型に加えて専修大学進学と上位大学進学を目指すA類型、難関大学進学を目指すE類型、スポーツで全国大会優勝を目指すS類型の3類型を用意し、さまざまな高校生活に対する希望に応えます。

英語教育についてはネイティブ教員を多数擁し、少人数チームティーチングによる英語の授業を行っています。また昼休み、昼食を取りながらネイティブ教員と気軽な雑談で英会話能力を伸ばすランチタイムアクティビティー・放課後の英会話講座・英検対策講座などがあります。

付属高校として、高大連携の良さを生かし、生徒会や部活動などに力を入れられる専修大学推薦がある一方、難関他大学を目指す生徒向けには速めの教科進度、3年では豊富な演習科目をそろえています。放課後や長期休業中には、多数の補習や講座が開講され、授業の補習や大学受験に向けて実力アップを図る態勢を整えています。

国際教育

高等学校のグローバル研修では、中・高・大の提携校があるアメリカ・ネブラスカ州での研修と、ニュージーランド・オークランド市郊外でのホームステイをしながら高校の授業に参加する研修とが、いずれも2週間で開かれます。現地校との交流や企業訪問などを行うマレーシアでの研修もあります。また校内の英語研修館（アンビション・ホール）を利用して行われる国内グローバル研修があります。さまざまな研修、姉妹校との交流などを通して、会話の実践訓練を積み重ねるなど、

今春の進学実績については巻末の「高校別大学合格者数一覧」をご覧ください

語学力の向上と国際感覚の養成を図ります。

生活指導・心の教育

　建学の精神の「報恩奉仕」を具体化するため、「小さな親切運動推進委員会」が中心となって、活発な実践活動を行っています。また高校では、1年次に生徒一人ひとりが奉仕活動を計画し、公立図書館・小学校・高齢者施設・駅前の花壇・子ども食堂などで奉仕活動を行っています。

環境・施設設備

　全館冷暖房完備で、英会話授業のための教室がある洋風建築アンビションホール、自習室やグループ学習室の学習環境、蔵書数36,000冊の図書室、大小2つの体育館、カフェテリア、人工芝のグラウンドなど、学習・運動施設ともに充実。中学校はアメリカ・ネブラスカ州のラックス中学校、高等学校は同じくネブラスカ州のリンカーンサウスウエスト高校と姉妹校の提携を結んでいます。

学校行事・クラブ活動

　体育大会・文化祭は生徒会の自主的な活動により企画・運営されています。特に文化祭は中高合同で行う一大イベントで、各クラスによる発表・装飾や文化系クラブの発表などが行われます。
　中学のクラブ活動は週3回行われています。高校のクラブ活動では、野球部・陸上部・放送部・合唱部などが全国大会出場を果たしています。

データファイル

■2024年度入試日程

中学校　1・2回の出願は最終日13時まで受付

募集人員		出願期間	試験日	発表日	手続締切日
1回	100	12/17〜1/19	1/20	1/21	1/22
2回	30	12/17〜1/25	1/26	1/27	1/28
3回	20	12/17〜2/2	2/3	2/3	2/5

高等学校

募集人員		出願期間	試験日	発表日	手続締切日
前期	256	12/17〜1/9	1/17・1/18	1/19	1/21

■2024年度選考方法・入試科目

中学校

国語、算数、理科、社会
〈配点・時間〉国・算＝各100点50分　理・社＝各50点30分〈面接〉なし

高等学校

前期E類型　一般：3科または5科
前期A類型　一般：3科または5科
第一志望：3科、面接　帰国：3科
※英検・数検・漢検3級以上は優遇
※3科は国・数・英、5科は国・数・英・理・社
英語はリスニングを含む
〈配点・時間〉国・数・英・理・社＝各100点50分
〈面接〉A類型第一志望のみ　生徒グループ

■2023年春併設大学への進学

大学の受入れ人数の枠内で推薦入学できます。
専修大学－51（経済2、法18、経営11、商15、文2、人間科2、ネットワーク情報0、国際コミュニケーション1）

■指定校推薦枠のある主な大学

早稲田大　上智大　東京理科大　国際基督教大　明治大　青山学院大　立教大　中央大　法政大　学習院大　成城大　成蹊大　同志社大など多数

■2023年春主な大学の合格状況（浪人含む）

卒業生数408人　東京大1　北海道大3　東北大1　大阪大1　秋田大1　茨城大4　筑波大5　埼玉大3　千葉大14　電気通信大3　東京外国語大1　東京農工大2　金沢大1　広島大2　鹿児島大1　会津大1　千葉県立保健医療大3　防衛大1　早稲田大31　慶應義塾大9　上智大20　東京理科大51　明治大69　青山学院大34　立教大57　中央大47　法政大70　聖マリアンナ医科大3ほか

■2023年度入試結果

中学校　男／女　2回は帰国生を含む

募集人員		志願者数	受験者数	合格者数	競争率
1回	100	962/601	933/587	373/236	2.5/2.5
2回	30	618/431	401/271	80/46	5.0/5.9
3回	20	380/264	113/77	26/23	4.3/3.3

高等学校　スライド合格あり

募集人員		志願者数	受験者数	合格者数	競争率
前期男	256	1,773	1,754	634	2.8
女		1,273	1,253	415	3.0

スポーツ指定校推薦を含む

学校説明会　要予約
★中学校
10/9 11/3 12/9 1/7（ダイジェスト版）
★高等学校
10/9 11/3 11/23
見学できる行事
文化祭　9/16・9/17（学校説明会あり）

説明会・行事等は日程・内容が変更される場合があります。必ず学校HP等でご確認ください

千葉
ち

ちばけいざいだいがくふぞく
千葉経済大学附属高等学校

〒263-8585　千葉県千葉市稲毛区轟町4-3-30　☎043-251-7221　学校長　佐久間　勝彦

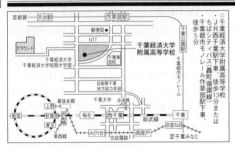

〈URL〉https://www.cku-h.ed.jp/

沿革　昭和8年（1933）、前身の寒川高等女学校創立。昭和29年（1954）男子部併設と同時に千葉経済高等学校と改称。平成5年（1993）、現校名の千葉経済大学附属高等学校に改称しました。

校風・教育方針

　「明朗・真摯・友愛」の校風のもと、生徒一人ひとりの人間性を尊重しています。生徒たちは明るく、のびやかに学んでいるのが特色です。

　建学の精神は「片手に論語・片手にそろばん」。人間的な生き方の根本である徳性と生活を支える技術を培うことを目指します。

カリキュラムの特色

【普通科】特進コースは、国公立・難関私大現役合格を目指す少人数編成のコースです。一人ひとりが自律した学習者となって、志望大学の合格と夢や目標を実現できるように、個々に対応した指導に力を入れています。

　また、文理一般コースでは、1、2年次には基礎力を充実させ、3年次から文系コース、理系コースに分かれ、各自の希望進路に合わせた科目を学習します。文Ⅱコースは、3年間部活動をしながら文系をベースとし、進路に適した学習をします。

【商業科】商業教育90年の歴史と伝統から会社経営を目指したキャリア教育に力を入れています。1年次から簿記・情報処理（経理）、ビジネス基礎などの基礎科目を行います。2年次ではビジネスコミュニケーション・商品開発と流通などが加

わり（市場調査）、3年次ではビジネス法規など起業に必要な知識やマナーを身に付けます。課題研究では会社を設立します。各種検定にも力を入れており、ビジネス計算、簿記、ビジネス文書、情報処理、商業経済、秘書、英語、ペン字など多数合格しています。大学への進学者も多く、在学中に取得した資格が有利に働いています。

【情報処理科】現在は高度ICT化が推進され、今後もコンピュータに関する知識・技術はますます重要視されることになります。そこで、千葉経済大学附属高校ではそのような社会に対応できる人材を育成しています。生徒は情報処理に関するさまざまな検定試験や国家試験を受験し、資格を取得しています。そして、それを進学する際の糧として生かし、自分の将来を見据えています。情報処理室には280台を超えるコンピュータがそろい、放課後などに開放された実習室を利用しています。ソフト利用からプログラムの開発まで、一貫してコンピュータに関するさまざまなことを学び、知識を身に付け将来に役立てます。

国際理解教育

　グローバルな視点で日本を見つめ、世界に発信できる力の育成に努めています。英語力だけでなく、異文化体験や複数のネイティブ・スピーカーとの学習を通して、広い視野と主体性を持った人間作りを目指しています。希望者を対象として、夏休みに2週間の海外研修と、福島県にある「パスポートのいらない英国・ブリティッシュヒルズ」で行う1泊2日の英語研修の2つの国際理解研修を実施しています。

今春の進学実績については巻末の「高校別大学合格者数一覧」をご覧ください

環境・施設設備

9階建ての高層校舎は基礎免震構造で建築され、49の普通教室のほか、7つのコンピュータ室、展望レストラン、女子更衣室などを設置。エレベーターとエスカレーターが各階をつないでいます。また、2019年7月に第二体育館が完成しました。

学校行事・クラブ活動

さまざまな行事が、学園生活を彩ります。4月の校外レクリエーションに始まり、陸上競技会（6月）、文化祭（9月）、などが実施されます。

部活動は運動部17、文化部22です。過去5回甲子園に出場し、2度ベスト4に輝いた野球部のほか、2022年度は女子ソフトボール部がインターハイ第3位、女子バスケットボール部がウィンターカップ2022でベスト8をはじめ男子卓球部・自転車競技部・ボクシング部がインターハイに出場しました。さらに、珠算部・バトントワラーズ部・将棋部が全国大会に出場しました。また、女子卓球部が関東大会に出場しました。ほかにも多くの部活動が熱心に活動しています。このほかに、水泳・折り紙など7つの同好会があります。

高

共学

データファイル

■2024年度入試日程

	出願期間	試験日	発表日	手続締切日
前期	12/20～1/9	1/17	1/18	1/19※
後期	1/22～1/29	2/15	2/17	2/19※

＊募集人員：前期は普通科300人、商業科110人、情報処理科110人。後期は普通科20人、商業科10人、情報処理科10人。
※併願は50,000円を振り込めば3/5まで延納可。

■2024年度選考方法・入試科目

前期：書類審査、面接、作文（400～600字40分）
＊2023年度テーマ「羽生結弦選手について書かれた課題文を読んで思ったことや考えたこと」
【出願条件】単願：普通科5科17（特進20） 商業科5科16 情報処理科5科16 併願：普通科5科18（特進22） 商業科5科17 情報処理科5科17 いずれも9科に1がないこと 欠席3年間30日以内 校風「明朗・真摯・友愛」にふさわしい者
※特待生推薦、スポーツ推薦（普通科・商業科のみ）、文化推薦（吹奏楽〈普通科・商業科のみ〉・珠算〈商業科のみ〉）、同窓生子女推薦あり
後期：国語、英語（リスニング含む）、数学、面接
〈配点・時間〉国・英・数＝各100点50分
〈面接〉生徒グループ きわめて重視【内容】志望動機、高校生活への抱負、将来の進路など

■2023年春併設大学・短大部への進学

大学・短大の受入れ人数の枠内で進学できます。好成績者を対象とした、入学年度の授業料が全額免除となる特生生制度があります。
千葉経済大学－77（経済）
千葉経済大学短期大学部－45（ビジネスライフ23、こども22）

■指定校推薦枠のある主な大学

亜細亜大 大妻女子大 学習院大 神奈川工科大 神田外語大 共立女子大 國學院大 国際医療福祉大 国士舘大 駒澤大 駒沢女子大 実践女子大 城西大 専修大 大正大 大東文化大 拓殖大 千葉工業大 千葉商科大 帝京大 東京家政大 東京経済大 東京工科大 東京国際大 東京電機大 東京農業大 獨協大 二松学舎大 日本大 文教大 立正大 など

■2023年春卒業生進路状況

卒業生数	大学	短大	専門学校	海外大	就職	進学準備他
586人	357人	50人	124人	0人	24人	31人

■2023年度入試結果

募集人員			志願者数	受験者数	合格者数	競争率
普通 前期	単	300	226	226	226	1.0
	併		518	517	517	1.0
後期		20	53	48	25	1.9
商業 前期	単	110	109	109	109	1.0
	併		109	109	109	1.0
後期		10	20	19	5	3.8
情報 前期	単	110	171	171	171	1.0
	併		140	140	140	1.0
後期		10	22	21	5	4.2

入試説明会 要予約
10/28 11/4 11/11 11/25

休日入試個別相談会 要予約
11/18

放課後入試個別相談会
11/1～12/8（土・日・祝日・11/15は不可）

見学できる行事
文化祭（経高祭） 9/9（公開予定）

説明会・行事等は日程・内容が変更される場合があります。必ず学校HP等でご確認ください

千葉
ち

千葉商科大学付属高等学校

〒272-0835　千葉県市川市中国分2-10-1　☎047-373-2111　学校長　浅川　潤一

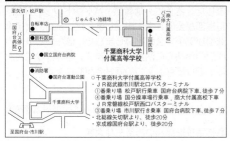

〈URL〉https://www.hs.cuc.ac.jp/

沿革　昭和26年(1951)千葉商科大学附属第一商業高等学校として創立。同49年(1974)千葉商科大学付属高等学校と改称。同52年(1977)普通科を設置。普通科は平成16年度より男女共学化。商業科は平成20年度より女子の募集を開始し、男女共学化。

教育方針

(1)建学の精神・柏葉教育・生徒目標を教育活動において具現化します。(2)グローバルな公共性を創出できる力、社会の進歩に貢献する力、将来の目標と展望を明確に示す力を備えた、指導力ある人材の育成を目指します。(3)変化と多様化の時代の中で、主体的に生きる力、未来を切り開くたくましい創造力と、豊かな人間性を育む教育を展開します。

カリキュラムの特色

2022年度より新コースでの募集を開始。これまでの3コース制を2コース制に統合し、より柔軟な指導システムとなりました。

普通科特進選抜クラスは、積極的に他大受験を目指すコースです。少人数クラスでの堅実な指導、豊富な授業時間数により、MARCHなどの難関大学受験で成果を出せるよう学力を磨いていきます。**普通科総合進学クラス**は、他大受験・千葉商科大学への進学を視野に入れ、しっかりとした基礎学力を身につけて、一般受験・指定校推薦・総合型選抜(旧AO入試)等、一人ひとりに合った進学ルートで希望進路の実現を目指します。

この二つのクラス間ではそれぞれ進級時に移籍

することが可能で、進路希望に合わせてクラス(コース)を変更することができます。

商業科は会計・情報・商品開発の三部門の学びを柱として、経営や情報系の大学進学を目指し、それと並行して将来につながる簿記等の資格を取得していきます。「商品開発」は企業とのコラボで新しい商品を世に送り出すことを目標とする独自の実践演習です。

高大連携、iPad活用のアクティブラーニングなどさまざまなプログラムを実施しています。

IT教育

校舎内は毎秒1ギガビット(高速ブロードバンドの10倍強)という高速回線を柱に、各普通教室までネットワーク回線が整備され、常時インターネットへの接続が可能です。情報技術教育は常に一歩先をいっており、千葉商科大学との連携の中、ユーザー管理の大切さやネットワーク上でのマナー、インターネット上での自己防衛の方法などを実践的に学んでいます。

環境・施設設備

2023年5月末に新校舎が完成し、明るく広々とした新しい教室棟での授業が始まりました。

新校舎は全館Wi-Fiを完備し、理科室や芸術系科目にも実験や制作に専念できる高機能の専門教室を揃え、図書室や各所に設けられたフリースペースのテーブルや椅子なども自由に使うことができ、学内での学びを総合的に考えた作りとなっ

今春の進学実績については巻末の「高校別大学合格者数一覧」をご覧ください

3学期制 | **登校時刻 8:20** | **昼食 弁当持参、食堂、売店** | **土曜日 土曜講座（1年）**

ています。

国際理解

　国際的な視野と英語力の育成のために、希望者にアメリカ ポートランドとフランス イッシー・レ・ムリノー市でのホームステイを実施しています。英語の学習、グローバル力を高めることはもとより、いろいろな体験を通し、人間的な成長が期待できます。

心の教育

　ボランティア活動に積極的に取り組んでいます。各クラスでボランティア委員を募り、地域活動や対外的なボランティア活動に励んでいます。

学校行事・部活動

　修学旅行（2年次／九州地方）、柏葉祭（文化祭）、芸術鑑賞会などを通じて知識・教養・情操を深め、体育祭、球技祭などによって、体力の向上と健康な身体の維持を図ります。

　部活動も盛んに行われています。運動部では、甲子園出場経験のある硬式野球部をはじめ、水泳、ワンダーフォーゲル、バレーボール、ソフトテニス、卓球、柔道、弓道などが各大会で常に活躍しています。文化部では、写真、書道、美術などが輝かしい実績を残しています。

データファイル

■2024年度入試日程

出願期間		試験日	発表日	手続締切日
前期1回		1/18		
2回	未定	1/19	未定	未定
後期（一般）		2/15		

募集人員（2023年度参考）：普通科　特進選抜クラス35人、総合進学クラス200人、商業科40人

前期：A推薦（単願）、B推薦（併願）、C推薦（部活動推薦）、一般（単願・併願）。A推薦・C推薦は1/18のみ実施。B推薦は普通科、C推薦は普通科総合進学クラスが対象

後期：一般（単願・併願）

■2024年度選考方法・入試科目

推薦：書類審査、国・数・英　C推薦は事前に当該部活顧問との相談要

一般：書類審査、国・数・英、面接

【出願基準】3年間の欠席20日以内　内申　A推薦：普通科特進選抜5科20か3科12　総合進学9科34か5科18か3科11　商業科9科32か5科17か3科10　B推薦：普通科特進選抜5科22か3科13　総合進学9科36か5科20か3科12　いずれも普通科は全科に1・2は不可　商業科は1は不可　9科と5科は各種検定などで加点あり

※B推薦は普通科のみ実施　C推薦・一般は内申基準なし

〈配点・時間〉国・数・英＝各100点50分
〈面接〉生徒個人　きわめて重視

■2023年春併設大学への進学

千葉商科大学へは、在学中の成績および入学試験の成績によって優先的に入学することができます。

千葉商科大学－78（商経47、政策情報10、サービス創造12、人間社会4、国際教養5）

■指定校推薦枠のある主な大学

國學院大　東京経済大　東洋大　獨協大　日本大　文教大　武蔵野大　立正大　亜細亜大　拓殖大　帝京大　帝京平成大　国士舘大　淑徳大　白百合女子大　大妻女子大など

■2023年春卒業生進路状況

卒業生数	大学	短大	専門学校	海外大	就職	進学準備他
286人	231人	5人	39人	0人	4人	7人

■2023年度入試結果　スライド合格を含まない

募集人員		志願者数	受験者数	合格者数	競争率
普前期	235	712	698	570	1.2
後期		26	22	3	7.3
商前期	40	77	77	52	1.5
後期		9	8	0	―

▼▼入試アドバイス・学校からのメッセージ

〔優遇措置〕A推薦・B推薦は9科と5科に加点措置があります（9科、5科ともに1ポイントまで）：英検・漢検・数検

学校・入試説明会 要予約
10/7　10/21

イブニング説明会　10/13　10/23
学校見学は随時可（要予約）

見学できる行事
文化祭　9/16（個別相談コーナーあり）
　　　　予約の要・不要は未定

説明会・行事等は日程・内容が変更される場合があります。必ず学校HP等でご確認ください

千葉日本大学第一 中学校・高等学校

ち　ば　に　ほん　だい　がく　だい　いち

〒274-0063　千葉県船橋市習志野台8-34-1　☎047-466-5155　学校長　村中 隆宏

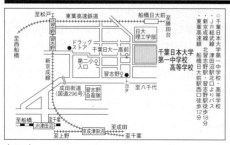

千葉日本大学第一中学校・高等学校
JR総武線、北習志野駅北口よりバス
新京成線、北習志野駅北口よりバス
東葉高速線、船橋日大前駅西口徒歩
習志野駅駅18分
12分

〈URL〉http://www.chibanichi.ed.jp/

沿革　昭和43年（1968）、日本大学第一高等学校の分身校として、千葉日本大学第一高等学校を開校。昭和45年（1970）、千葉日本大学第一中学校を併設開校。平成10年（1998）に中学、平成13年（2001）に高等学校をそれぞれ共学化。

2017年秋　新校舎完成

校風・教育方針

校訓は「真・健・和」。日本大学の建学の精神である「自主創造」に基づき、「学力」と「自立した人間」の育成をめざしています。また、学習だけでなく、人間形成の場として重要な学校行事、生徒会活動、部活動にも力を入れています。

カリキュラムの特色

中高一貫教育の特色を生かし、効果を最大限に発揮できるカリキュラムとなっています。

中学では、基礎学力をつけることを目標に、英語・数学・国語など主要教科の時間数を増やしています。また、時間外講習を開講し、完全な理解に基づいた学力を養成します。

英語は中1からクラスを2分し、2人のネイティブスピーカーと日本人教員による少人数英会話授業を行います。数学は中2より2時間の演習時間を設け、先取り学習を行います。国語は中1から漢字検定の受検を推奨し、中3までに全員3級取得を目指します。また、古典・書写も学習します。

高校では、1年次のみ内部進学者と高入生のクラスを別とし、それぞれに特進クラスを1クラス編成します。2年次は生徒の特性や進路等に合わせ、文系・理系に分かれます。それぞれに特進クラスを1クラス設け、3年次につなげていきます。特進クラスは国公立大学・難関私立大学への志望をサポートし、その他の進学クラスは日本大学進学はもちろんのこと、GMARCHレベルの大学にも対応できるように徹底した教育を行っています。3年次では大学入試問題を使い、受験対策を中心として授業を展開していきます。

また、中高大連携授業や各学部教授による学部説明会、大学主催のケンブリッジ語学研修など日本大学の付属校であるメリットを最大限に生かしています。こうしたキャリア教育にも力を入れ、医歯薬看護系の進学者が増加しています。

環境・施設設備

約8万㎡という広大な校地に、テニスコート、体育館、多目的ホール、生徒食堂、図書室（蔵書7万冊）、芸術棟などがあります。芸術棟には、音楽室・書道室・美術室・家庭科室・技術室などが設けられているほか、地下1階は剣道場となっています。また、中学・高校別のコンピュータルームを完備。一人一台ずつ使うことができます。放課後には、図書室と同じように開放されています。正規サイズのサッカーコートが取れる人工芝グラウンドは熱中症対策にミスト装置が設けられています。1周400mの本格的陸上競技用トラックや900mのランニングロード、専用野球場があります。

生活指導・心の教育

「真を求めるために、健やかな身体と協調の心を大切にする」ことを実践し、勉強にクラブ活動に思い切り取り組めるよう指導しています。

学校行事・クラブ活動

古典芸能・演劇鑑賞（高校）、音楽鑑賞会（中学）、移動教室（中1）、修学旅行（中3・高2）、自然体験学習（中3）、文化祭、体育祭、百人一首大会（中学）、校外学習（中学）、スキー教室（中2）など、さまざまな行事があります。

クラブ活動は広い校地と恵まれた施設を利用し、活発に行われています。近年ではゴルフ部・アメリカンフットボール部・書道部・吹奏楽部などが全国大会に出場しています。その他、ラグビー部・サッカー部・硬式テニス部・野球部などが県大会上位に進出しています。

データファイル

■2024年度入試日程

中学校　第1期の募集人員は内進生を含む

募集人員		出願期間	試験日	発表日	手続締切日
自己推薦	70	11/13〜11/29	12/1	12/2	12/6
第1期	150	12/4〜1/19	1/21	1/22	1/25＊
第2期	20	12/4〜1/24	1/26	1/27	2/5

＊1期合格者は入学手続金の一部を2/5まで延納可
出願手続きはインターネット、自己推薦は書類提出

高等学校

募集人員		出願期間	試験日	発表日	手続締切日
特進	40	12/18〜1/15	1/17	1/18	1/24※
進学	80	12/18〜1/15	1/17	1/18	1/24※

入試区分：特進クラス（単願推薦、併願推薦、一般）
進学クラス（単願推薦、併願推薦、第一志望、一般）
出願手続きはインターネット、書類は1/16郵送必着
※併願推薦、一般入試は延納手続きをした場合3/4

■2024年度選考方法・入試科目

中学校
自己推薦・第1期：4科　第2期：2科
※いずれも、英検4級以上取得者は加点あり
〈配点・時間〉国・算＝各100点50分　理・社＝各80点40分〈面接〉なし

高等学校
特進（単願推薦・併願推薦・一般）：書類審査、国・数・英（リスニング含む）【推薦出願資格】内申単願5科22、併願5科23　3年次欠席10日以内
進学（単願推薦・併願推薦・第一志望・一般）：国語、数学、英語（リスニング含む）※英検準2級は5点、2級以上は10点を加点（出願時に合格証のコピーを提出）
〈配点・時間〉国・数・英＝各100点50分
〈面接〉なし

■2023年春併設大学・短大部への進学

基礎学力到達度テストの受験者を対象として、次の4方式により実施します。①基礎学力選抜（基礎学力到達度テストの結果に基づく推薦）②付属特別選抜（学部等のアドミッションポリシーに基づく推薦）③国公立併願方式　④追加募集
日本大学－196（法25、法二部3、文理23、経済21、商11、芸術8、国際関係0、危機管理1、スポーツ科3、理工54、生産工15、工0、医0、歯3、松戸歯1、生物資源科15、薬13）
日本大学短期大学部－進学者なし

■指定校推薦枠のある主な大学

上智大　東京理科大　明治大　学習院大　青山学院大　成城大　明治学院大　芝浦工業大　東京都市大　白百合女子大など

■2023年春卒業生進路状況

卒業生数	大学	短大	専門学校	海外大	就職	進学準備他
331人	297人	2人	5人	0人	0人	27人

■2023年度入試結果

中学校　男／女

募集人員		志願者数	受験者数	合格者数	競争率
自己推薦	70	125/85	123/85	53/31	2.3/2.7
第1期	150	523/308	513/299	265/159	1.9/1.9
第2期	20	138/99	122/88	35/36	3.5/2.4

高等学校　男／女　スライド合格を含まない

募集人員		志願者数	受験者数	合格者数	競争率
特進 単推	40	34/18	34/17	34/17	1.0/1.0
併推		94/78	94/78	94/78	1.0/1.0
進学 第一	80	29/9	29/9	16/9	1.8/1.0
一般		96/61	93/59	35/14	2.7/4.2

学校説明会　要予約
★中学校　9/16　10/21　11/11
★高等学校　10/7　11/25
学校見学はwebページ参照
見学できる行事
文化祭　11/3・11/4　個別相談あり（要予約）

説明会・行事等は日程・内容が変更される場合があります。必ず学校HP等でご確認ください

千葉
ち

千葉明徳中 学 校 高等学校
ちば めい とく

Meitoku since1925

〒260-8685　千葉県千葉市中央区南生実町1412　☎043-265-1612　学校長　宮下　和彦

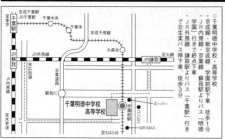

〈URL〉https://www.chibameitoku.ac.jp/chuko/

沿革　大正14年（1925）千葉淑徳高等女学校設立。昭和22年（1947）千葉明徳高等学校に改称。昭和38年（1963）男子部を創設し、昭和49年（1974）に男女共学化。平成23年（2011）、中学校開校。

校名・教育方針

校名の"明徳"は中国の古典「大学」の一節に由来し、建学の精神として今に受け継がれています。人が生まれながらに持っている優れた特性＝"明徳"に磨きをかけ、高い知識と見識のもとで自ら判断し行動ができる「行動する哲人」の育成が千葉明徳の使命です。

カリキュラムの特色

中高ともに、知識を蓄積するだけでなく、自ら思考し、それを表明し合い、周囲と学び合う「思考する学び」の実践に力を注いでいます。

中高一貫教育を行う中学校では、ひとり１台のiPadとインタラクティブなアプリシステムをフル活用した学び合いを各教科で実践。日頃からプレゼンテーションの機会も多く、自ら学ぶ姿勢を育てます。積み重ねが重要な英語と数学は、中１の２学期から習熟度別編成を組み、きめ細かく指導します。また、毎日「朝学習」で家庭学習の成果を確認するテストを行い、放課後には指名制の補習を行います。

総合的な学習では「つながり」をテーマに持続可能な未来社会を考える「土と生命の学習」や、自分自身で設定したテーマについて探究する「課題研究論文」に取り組みます。

高等学校では、**全コースが四年制大学進学対応**。週６日制カリキュラムで、各コースの特徴を生かしながら目標大学への現役合格を目指します。**特別進学コース**は、豊富な授業時間数と充実した自習室や補習体制で、国公立・早慶上理を目標に学習を進めます。**進学コース**は、GMARCH以上を目標とする**ハイレベル進学クラス(HS)**と、日東駒専以上を目標とするSクラスの構成で、目標大学を明確にしながら、各自の到達度に合わせた学習スタイルです。**アスリート進学コース**は、運動系部活動での中心的役割を担いながら、進学コースのカリキュラムを基本にコースの独自性を加えた学習スタイルで大学進学を目指します。全コースで始業前の「朝学習」を毎日行い、家庭学習と合わせた学習の習慣化をはかります。

環境・施設設備

体育施設は、県内最大級の規模を誇ります。夜間照明を備えた本格的な総合運動場が校舎に隣接しており、外野に天然芝を配した野球場、全面人工芝のサッカー・ラグビー兼用グラウンド、テニス場、全天候型陸上競技場が整っています。2020年には本格的なトレーニングルームも新設されました。中学校校舎には、40cmカセグレン望遠鏡設置の天体ドームがあります。

生活指導・心の教育

「こころを磨くのは、学校生活のすべての場面」と考え、身だしなみ指導、あいさつ励行、正しい言葉遣い、仲間との協力・心遣いなどを、日ごろから心がけていきます。メンタル面では、カウンセラーによる心のカウンセリングも実施します。

今春の進学実績については巻末の「高校別大学合格者数一覧」をご覧ください

| 3学期制 | 始業時刻 中8:15 高8:15 | 昼食 給食（中学）、弁当持参、食堂、売店 | 土曜日 授業 |

学校行事・クラブ活動（高校）

　学年ごとに行き先を決めて一斉に行う全校遠足、クラスや部活動の発表の場としてにぎわう文化祭など多彩な行事があります。修学旅行は、コースごとに特徴的な海外研修旅行を実施します。

　部活動は、運動系・文化系各18の部・同好会があります。最近、顕著な実績を残しているのは、運動部ではチアリーディング、柔道、剣道、バドミントン、水泳など。文化部では書道、吹奏楽、合唱など。地域行事などに積極的に参加している部もあります。

データファイル

■2024年度入試日程

中学校　※延納2/12まで　＊延納2/6まで

募集人員		出願期間	試験日	発表日	手続締切日
第一志望	約30	11/1～11/26	12/1	12/2	12/6
ルーブリック	約5	11/1～11/19	12/1午後	12/2	12/6
適性検査型	約20	12/1～1/14	1/20	1/21	1/30※
一般①	約20	12/1～1/14	1/20	1/21	1/30＊
一般②	約15	12/1～1/20	1/21	1/22	1/30＊
一般③	約10	12/1～1/24	1/25	1/26	1/30＊
一般④	約5	12/1～1/27	1/28	1/29	2/2＊
一般⑤	若干	12/1～2/3	2/4	2/5	2/9

高等学校　＊併願は一部3/7まで延納可

募集人員	出願期間	試験日	発表日	手続締切日
前期A	12/17～1/9	1/18	1/20	1/23
B・C	12/17～1/9	1/17か18	1/20	専1/23＊
D	12/17～1/23	1/28	1/29	専2/1＊

※募集人員 270

■2024年度選考方法・入試科目

中学校

第一志望・一般⑤：2科、面接

ルーブリック評価型：プレゼンテーション（英語可・20分）、グループディスカッション（20分）

適性検査型：「適性検査Ⅰ・Ⅱ、面接」「適性検査ⅢA・ⅢB、面接」「適性検査ⅢC、面接」（以上本校会場）、「適性検査Ⅰ・Ⅱ・Ⅲ、面接なし」（市川会場）より1つ選択

一般①・②・③・④：2科か4科、面接

〈配点・時間〉国・算＝各100点50分　理・社＝計100点50分　適性検査Ⅰ・Ⅱ・Ⅲ・ⅢA・ⅢB・ⅢC＝各100点45分

〈面接〉生徒個人、適性検査型はグループ　重視

高等学校

国語、数学、英語（リスニングあり）　前期C・Dは面接あり

【出願条件】前期A（専願推薦）：特進5科22　進学HS5科19　進学S・アスリート5科17　**前期B（併願推薦）**：特進5科23　進学HS・進学S5科20　検定試験取得状況や出席良好等により、前期A・Bは内申緩和の優遇条件あり（最大1ポイント）、内申及び入試成績による特待生制度あり（特進および進学HS）　**前期C・D（一般）**：定めず

〈配点・時間〉国・数・英＝各100点50分

〈面接〉前期C・Dのみ生徒個人　きわめて重視

■2023年春併設短大への進学

特別推薦制度があり受け入れ人数の枠内で進学可。

千葉明徳短期大学－進学者なし

■2023年春卒業生進路状況

卒業生数	大学	短大	専門学校	海外大	就職	進学準備他
292人	229人	10人	32人	0人	5人	16人

■指定校推薦枠のある主な大学

東京理科大　駒澤大　東洋大　日本大　獨協大　帝京平成大　拓殖大　武蔵野大　立正大など

■2023年度入試結果

中学校

募集人員		志願者数	受験者数	合格者数	競争率
第一志望	約30	58	56	39	1.4
ルーブリック	約5	7	7	7	1.0
適性検査型	約25	247	243	224	1.1
一般①	約25	49	44	27	1.6
一般②	約10	65	62	24	2.6
一般③	約10	32	30	19	1.6
一般④	若干	7	6	3	2.0

高等学校　スライド合格を含む

募集人員		志願者数	受験者数	合格者数	競争率
前期A	135	158	158	145	1.1
B	120	816	812	740	1.1
C	35	220	218	122	1.8
D	若干	69	64	48	1.3

学校説明会　すべて要予約
★中学校　9/24　10/15　11/12　12/17
チャレンジ！MEITOKU　10/22　10/29　11/19
小6対象個別相談会　1/6
★高等学校　10/22　11/3　11/23
特進コース体験授業　9/30
入試相談会　11/18　11/25　12/2
見学できる行事　文化祭　9/16

説明会・行事等は日程・内容が変更される場合があります。必ず学校HP等でご確認ください

千葉
ち

千葉黎明高等学校

〒289-1115　千葉県八街市八街ほ625　☎043-443-3221　学校長　吉田　英雄

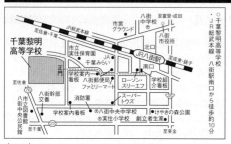

〈URL〉http://www.reimei.ac.jp/

沿革　大正12年(1923)実業学校令により乙種農業学校として西村繁が八街農林学園を創立。昭和24年(1949)八街農林学園高等学校設置許可。同52年(1977)八街学園高等学校に改称。平成元年(1989)女子の募集を開始。同7年(1995)現校名に名称変更。同25年(2013)、ユネスコスクール加盟校となりました。同27年(2015)、千葉教育大賞特別賞を受賞。令和5年(2023)創立100周年。

校風・教育方針

建学の精神は「文武両道」「師弟同行」。これらの実践を通して、基本的な生活習慣を身につけ、自分で考え、自分で行動し、自分で人生を切り開いていく力を持った生徒の育成を目指します。

100年の歴史と進学及び部活動実績に加えて、地域密着・地域貢献、防災学習、環境学習の教育活動がユネスコから持続発展教育の実践として認められ、ユネスコスクールへの加盟が承認されました。千葉県内私立高では5番目の加盟校です。

カリキュラムの特色

普通科は特進コースと進学コースを設置。

特進コースは習熟度別に「特進Ⅰ」と「特進Ⅱ」の2コースを編成。2年次以降は文系、理系に分かれて学びます。教材は教員が作成したオリジナル教材を多く取り入れ、他の使用教材はすべて大学受験に対応するものを選定しています。高大連携や産学連携なども活発で、大学や社会へ広く目を向ける機会も豊富です。授業と部活動を両立しながら、国公立大・難関私立大現役合格を目指します。

進学コースは、大学・短大・専門学校・就職等の幅広い進路希望に対応します。1年次より緩やかな習熟度別のクラス「選抜進学」「総合進学」に分かれ、基礎学力の定着と伸長を図り、応用力と総合的な学力を養います。1年次末には特進コースへ変更できる制度もあります。2年次以降も引き続き、大学進学を目指す「選抜進学」と進学から就職まであらゆる進路に対応する「総合進学」に分かれ、個々の状況に応じた学習支援をしています。

生産ビジネス科は、農業に加えて商業と情報処理が学べる、幅広い進路に対応できる学科です。体験学習を中心に据え、農業体験をはじめ近隣小学校でのサツマイモやシクラメンの栽培、特別支援学校でのパンジー等の販売、環境学習として校舎の壁面緑化や風力発電、ソーラー発電の研究なども行います。農業を通じてものづくりと経済、人と人との関わりや心を学び、真のキャリア教育が実践されています。

【黎明ラーニングメソッド始動及び2期制スタート】「高大接続改革」(高校・大学の一体改革)に備え、新しい学力観の育成に向けてICT活用の充実や、いわゆる「アクティブ・ラーニング」の実践など多様な取り組みを進めています。2017年より、これまでの実践に基づいてカリキュラムや学習システムを見直し、放課後や土曜日の展開も考え策定した「新しい教育の在り方＝黎明ラーニングメソッド」を導入しました。平日は「アカデミック・ウィークデー」として、1日7コマから8コマの授業や連続90分授業、あるいは放課後の特別講座(無料)や部活動を自主的に選択できます。土曜日は「アクティブ・サタデー」として第1・3土曜日を登校日(半日)とし、体育祭、学園祭、

今春の進学実績については巻末の「高校別大学合格者数一覧」をご覧ください

芸術鑑賞会などの学校行事を行っています。また、2021年度より2期制がスタートし、学校行事が効率化され授業時間数が十分に確保できるようになり、じっくりと学習に取り組めるようになりました。

が足並みを揃えて行っています。新入生研修をはじめ登下校の駅・通学路・校門等での指導、電車通学者・自転車通学者向けの指導や警察などの専門機関による講演会も実施しています。

環境・施設設備

北総台地に広がる広大なキャンパスに、教室棟、野球場、総合打撃練習場、サッカー場、ソフトボール場、室内ソフトボール練習場、テニスコートや柔剣道場、空手道場、ゴルフ練習場、合宿所などのスポーツ施設、花や野菜を育てる農場があります。また、2019年1月に佐倉・ユーカリ方面のスクールバスの運行を開始しました。10月には新校舎（RLM棟）の建設とサッカーグラウンドの総天然芝化が完成しました。また、2021年夏には体育館の冷暖房設備及び全棟でネット接続を可能にするWi-Fi環境が整い、2023年には体育館リニューアル・トレーニングルーム増設が完了しました。

生活指導・心の教育

生活指導を教育活動の根幹をなすものと考え、社会で生きるための基本である躾と基本的生活習慣をしっかりと身につけるための指導を全教職員

学校行事・クラブ活動

主な行事は、宿泊研修、体育祭、野球全校応援、特進勉強合宿、夏期講習、学園祭など。2年次の修学旅行は2022年は東北・北海道方面を訪れ、新型コロナ対策を講じながら、被災地の現状を肌で感じる防災・震災学習として実施しました。

部活動は、体育会がゴルフ、野球、ソフトテニスなど20部（2022年は8部が関東大会へ、うち4部が全国大会へ進出）、生徒会文化部11部が活動中です。アーチェリーは2014年インターハイで2度目の優勝、創部3年目のライフル射撃部は2022年全国高等学校ライフル射撃競技選抜大会・男子エア・ライフル立射60発競技優勝。体育会は「練習は不可能を可能にする」をモットーに日々練習に励んでいます。文化部は日本最初のスクールバンドと言われる吹奏楽のほか、書道、美術が全国レベルで活躍。工学はソーラーカーで全国大会優勝経験があり世界への挑戦を目指しています。

八街市

高

共学

データファイル

■2024年度入試日程　※併願者は延納可（分納金35,000円）

募集人員	出願期間	試験日	発表日	手続締切日
前期Ⅰ 普236	12/17〜1/9	1/17か1/18	1/19	1/23
Ⅱ 生ビ40	12/17〜1/30	2/2	2/3	2/5

■2024年度選考方法・入試科目

前期推薦：国語、数学、英語、作文＊
【出願条件】特進＝部活動・第一5科19　併願5科21　進学＝部活動9科25か5科14　第一9科28か5科15　併願9科30か5科16　生ビ＝部活動9科25か5科14　第一9科28か5科15　併願9科30か5科16　いずれも中学校長推薦が必要

前期（専願・併願）：国語、数学、英語、作文＊、面接
＊作文：200字20分　2023年度テーマ「コロナ後の社会」または「私の十年後」どちらかを選択（題は事前に発表）
〈配点・時間〉国・数・英＝各100点50分
〈面接〉前期専願・併願のみ生徒グループ

■指定校推薦枠のある主な大学

順天堂大　日本大　大東文化大　東京電機大　東洋大　駒澤大　二松学舎大　共立女子大　拓殖大　亜細亜大　女子栄養大　神田外語大　東邦大など

■2023年春卒業生進路状況

卒業生数	大学	短大	専門学校	海外大	就職	進学準備他
281人	182人	18人	50人	1人	24人	6人

■2023年度入試結果　専願/併願　スライド合格を含む

募集人員		志願者数	受験者数	合格者数	競争率
普通推薦		190/589	190/583	190/583	1.0/1.0
前期Ⅰ	236	18/31	18/29	14/24	1.3/1.2
前期Ⅱ		6/16	6/15	4/15	1.5/1.0
生ビ推薦		25/38	25/38	25/38	1.0/1.0
前期Ⅰ	40	6/4	6/4	4/1	1.5/4.0
前期Ⅱ		2/1	2/1	0/1	―/1.0

推薦入試の専願は第一推薦＋部活動推薦

学校説明会　要予約

入試個別相談会　9/18 10/15 11/5 12/10
オープンスクール　9/16 11/18
特進コースフェア　10/7 11/11 11/25
入試説明会　10/21 11/4 11/16 11/23 11/28 12/2
出張説明会　旭10/24 山武10/26 成田11/1 東金11/7 四街道11/13 佐倉11/21
インターネット出願サポート（予約不要）　12/22 1/5

説明会・行事等は日程・内容が変更される場合があります。必ず学校HP等でご確認ください

中央学院高等学校

〒270-1131　千葉県我孫子市都部765　☎04-7188-1101　学校長　横田　一弘

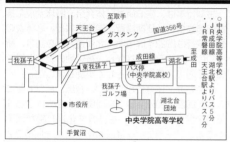

〈URL〉https://www.chuogakuin-h.ed.jp/

沿革　昭和45年（1970）中央学院高等学校設立。令和2年（2020）に創立50周年を迎えました。

校風・教育方針

学校法人中央学院の創立者高楠順次郎の建学の精神「誠実に謙虚に生きよ、温かい心で人に接し、奉仕と感謝の心を忘れるな、常に身を慎み反省と研鑽を忘れるな」に基づき「誠実で健康」「素直で明朗」「豊かな人間性と情操」を教育方針として次代を担う人材を育てることを目指しています。

カリキュラムの特色

教育課程は1年次にS特進コース（SXクラス）、進学コース、スポーツコースの3コースでスタートします。1年次は基礎的なカリキュラムで各コース共通の科目が中心となりますが、S特進コースでは標準の学習時間以上の確保を主眼として国公立・難関私大合格を目標としています。2年次から選択できるS特進コース（SSクラス）も組まれ、いずれのコースも将来の進学を中心とする進路目標に視点を定め、生徒の学びのニーズに応えたものとなっています。

国際教育

希望者対象のブリティッシュヒルズでの英国文化体験、約2週間のオーストラリア語学研修、進学コース2年次のハワイ修学旅行（現在は国内、今後検討中）など、ネイティブ英語に触れる機会を設けています。外国人講師のオンラインスピーキングによる授業もその一環です。このような実践を経て、語学力を磨き、国際感覚を育てることをねらいとしています。

■学習の取り組み

【正課外学習の拡大】通常の授業以外に補習や模擬試験、さらに一人ひとりの成績や目標に合わせた対策講座など、多くの学習機会を設定します。学習意欲を高め、家庭学習の質の向上も図りながら、将来の進路に向けてきめ細かく指導します。

【タブレット端末の活用】全員にタブレット端末を導入し、専用の学習アプリを活用した学習を行います。一人ひとりの成績状況を把握し、復習・予習に役立て、受験に向けた学力向上を図ります。

【より充実した英語学習】「話す・読む・聞く・書く」のレベルアップを図ります。タブレットを活用したスピーキングトレーニング、校外研修など、充実した学習環境で使える英語を習得します。

環境・施設設備

常磐線天王台駅（南口）よりバスで7分の「中央学院高校」で下車。豊かな自然に包まれた環境の中で、ゆとりある高校生活を過ごすことができます。食堂・合宿施設（研修館）・武道館・弓道場を備え、充実した教育環境となっています。

また併設の中央学院大学との連携で、在学中の特別講座の履修により、入学後の単位認定が行われています（商学部・法学部・現代教養学部）。

生活指導・心の教育

生活の基本である「あいさつ」をはじめ、「他を思いやる心」「何事にもがんばる姿勢」に重点

今春の進学実績については巻末の「高校別大学合格者数一覧」をご覧ください

を置いて指導し、日常の生活習慣や生活規律の確立を目指しています。校技として男子に剣道・女子に弓道を必修としているのも、礼節を大切にする指導の基本として位置づけているためです。

また、各種検定・資格取得者には報奨・褒賞制度を充実させています。このほか、環境の美化についても全校で取り組んでいます。

学校行事・クラブ活動

教育活動の一環として学年単位の行事や全校行事が組まれています。入学時のオリエンテーション研修、海外修学旅行（検討中）、国内修学旅行（S特進）、林間学校（S特進）、体験実習（スポーツ）、体育祭、学院祭、校技大会（剣道・弓道大会）、短期海外語学研修、芸術鑑賞会などがあります。

クラブ活動への参加は自由ですが、協調性や自主性の育成や豊かな人間形成に大きく関与する要素があるため、積極的に活動することを求めています。

文化部では書道部、インターアクト（福祉活動）部、生物部、吹奏楽部、クッキング部、パソコン部など12部、運動部は野球部、サッカー部、バスケット部、バレー部、バドミントン部、卓球部、テニス部（硬式・軟式）、体操部（女子）など15部が活躍しています。特に陸上部、剣道部、バドミントン部、2018年春の選抜甲子園に出場した野球部、サッカー部、弓道部、体操部は、関東大会、高校総体、国体に出場するなど優秀な成績を収めています。

データファイル

■2024年度入試日程

募集人員		出願期間	試験日	発表日	手続締切日
前期A・C		12/17～1/9	1/17	1/18	1/31
S特進		12/17～1/9	1/17	1/18	単願1/31
B I 期	320	12/17～1/9	1/18	1/19	—
Ⅱ期		12/17～1/9	1/19	1/20	— ※
一般		12/17～1/9	1/19	1/20	単願1/31
後期	3	1/21～2/8	2/15	2/16	単願2/20

※併願者は併願校発表日を含む3日以内

■2024年度選考方法・入試科目
●前期選抜入試
〈A選抜（単願）〉
推薦基準：5科17以上
特技等出願要件を満たす場合は5科15以上
試験科目：書類審査・面接・作文（事前提出）・基礎学力テスト（国英数）

〈B選抜（併願）〉※特待生選抜を兼ねる
出願基準：5科18以上
特技等出願要件を満たす場合は5科16以上
試験科目：国語・英語・数学（高得点2科目判定、特待生は3科目判定）、書類審査

〈C選抜（スポーツ・単願）〉※特定種目のみ
推薦基準：5科14以上
試験科目：書類審査・面接・作文（事前提出）・基礎学力テスト（国英数）

〈S特進選抜（単願・併願）〉※特待生選抜を兼ねる
出願基準：5科20（単願は19）以上　特技等出願要件を満たす場合は5科19（単願は18）以上
試験科目：国語・英語・数学・面接、書類審査
※A・B・C・S特進選抜は欠席3年間30日以内

〈一般選抜（単願・併願）〉
試験科目：国語・英語・数学、書類審査
●後期選抜入試〈後期選抜（単願・併願）〉
試験科目：国語・英語・数学、書類審査
〈配点・時間〉国・数・英＝各100点50分
〈面接〉生徒個人　重視　※A・C・S特進のみ

■2023年春併設大学への進学
中央学院大学への入学は、入学金が免除されます。他大学との併願も可能です。

中央学院大学－34（法21、商8、現代教養5）

■指定校推薦枠のある主な大学
専修大　日本大　駒澤大　東洋大　亜細亜大　東京電機大　武蔵野大　獨協大ほか

■2023年春卒業生進路状況

卒業生数	大学	短大	専門学校	海外大	就職	進学準備他
276人	224人	5人	39人	0人	3人	5人

■2023年度入試結果　男／女

募集人員		志願者数	受験者数	合格者数	競争率
前期A		40/49	40/49	40/49	1.0/1.0
C		88/4	88/4	88/4	1.0/1.0
B I・Ⅱ	320	418/411	414/407	414/407	1.0/1.0
S		27/24	25/24	25/24	1.0/1.0
一般		42/25	41/24	35/20	1.2/1.2
後期選抜	3	2/3	2/3	1/3	2.0/1.0

入試説明会　要予約・上履き持参　14時開始
10/14　10/28　11/4　11/11　11/18　11/25
学校見学は随時可（要予約）
個別相談会　12/2　12/9　12/23
見学できる行事　文化祭　10/1

説明会・行事等は日程・内容が変更される場合があります。必ず学校HP等でご確認ください

千葉
と

東邦大学付属東邦中学校／高等学校

（とうほうだいがくふぞくとうほう）

〒275-8511　千葉県習志野市泉町2-1-37　☎047-472-8191　学校長　松本　琢司

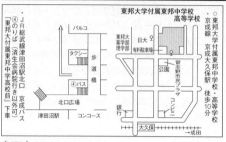

東邦大学付属東邦中学校　高等学校

〈URL〉https://www.tohojh.toho-u.ac.jp

沿革　昭和27年（1952）、東邦大学付属東邦高等学校創立。同36年（1961）、中学校を開校。平成29年（2017）より高校一般募集を停止、千葉県初の完全中高一貫校になりました。

校風・教育方針

「自然・生命・人間」の尊重という建学の精神のもと、自然を畏敬し、生命を尊び、心の向上をめざす明るい学園生活の中で、生徒一人ひとりの「自分探しの旅」を支援します。

カリキュラムの特色

リベラル・アーツ型カリキュラムを編成し、圧倒的な学習量と深化させた学習内容、多様な学習活動を通じて真に豊かな学力の養成を図っています。

中学校では国語、数学、理科、英語などは教科の授業時間を標準時間に比べて多く取っています。プロセスを重視して学習し、基礎学力を徹底的に身につけさせるとともに、中学3年生からは高校の内容にも入ります。中学校には専用の理科棟があり、実験の時間を多くとり入れています。「国語読書マラソン」（中1～高2全員対象）、「英語リーディングマラソン」（中学生全員対象）、「数学トレーニングマラソン」（中学生希望者対象）などは自学自習の学習習慣の確立をめざす、独自の取り組みです。

高等学校では、1年生は全員が共通科目を履修し、将来の進路に備えて幅広く基礎的な学力を習得します。2年生では必修選択科目を設け、適性に合わせて文系か理系科目のいずれかを選択する

ことができ、3年生になると、将来の進路に合わせて文系と理系のクラスに分かれ、さらに自由選択科目によって国公立・私立の特色を出して受験に備えます。高校3年生の一学期には主要教科の全範囲を完習します。卒業生には伝統的に医歯薬系の進学者が多く、毎年約7割の3年生が理系を志望しています。また、文系志望の生徒には科目選択等で配慮しており、その成果には目を見張るものがあります。

正規の授業のほかに、高等学校では希望者対象の「特別課外講座」があり、英・数・国・理・地歴9科目から選ぶことができます。また、主として東邦大学の施設と講師による、自然科学・生命科学・人間科学の内容からなる「学問体験講座」も開かれます。

中学校では、各定期考査の前に指名制の補習があり、夏休みには中高とも希望制の講習や指名制の補習があります。

環境・施設設備

広大なキャンパスに中学校舎、高校校舎、本館、サッカー場や野球場・テニスコート・ハンドボールコートなどを擁するグラウンドなどが整備されています。

特別教室棟には、コンピュータ教室、CALL教室、蔵書8万冊180人収容の図書館、400人収容の多目的ホール、エコロジーホールなどがあります。

第2体育館の1階には温水プールもあります。

「セミナー館」1階には400席のカフェテリア、2階はIT教室群、3階は特別演習室群、4階は

今春の進学実績については巻末の「高校別大学合格者数一覧」をご覧ください

450席の視聴覚大ホール、5階には天体観測室も備えています。

生活指導・心の教育

「自然・生命・人間」の尊重という建学の精神の、具体的な道すじのひとつとして、「自分探しの旅」というテーマが定着しています。これは、学習はもとより、部活動や委員会活動、学校行事、大学受験も含めてさまざまな経験を積みながら、常に真の自分を探し、見つめようというものです。学校は、そのための手助けをするというスタンスに立ち、生徒の意欲と主体性を重んじた指導がなされています。

学校行事・クラブ活動

文化祭は、中高合同で行われる最大の行事です。

企画・運営はすべて生徒の手で行われ、クラスや部活動の出し物や研究発表、クラシックコンクールなどバラエティに富んだ演出で、学園の中に活気があふれます。ほかに、中学校独自の行事に体育祭、音楽祭、スピーチコンテスト。高等学校独自の行事には、SPORTS DAYがあります。

中学校の部活動は、美術陶芸、科学、オーケストラ、地形模型など、文化系クラブ12部。水泳、陸上、サッカー、テニス、バレーボール、バスケットボール、ハンドボール、スキーなど、体育系クラブは13部あります。

高等学校の部活動は、考古学、吹奏楽、美術、合唱、演劇、茶道、弱電など、文化系クラブは13部。硬式野球、ソフトテニス、硬式テニス、ラグビー、バスケットボール、バレーボール、スキーなど、体育系クラブは16部あります。

データファイル

■2024年度入試日程

中学校

募集人員		出願期間	試験日	発表日	手続締切日
推薦	40	11/6～11/10	12/1	12/2	12/3
前期	240	12/3～1/9	1/21	1/23	1/24※
後期	20	1/23～2/2	2/3	2/4	2/4

※前期のみ延納あり

推薦入試は11/10（消印有効）までに書類を郵送。帰国生入試は推薦と同日程、若干人を募集。延納可。

高等学校

募集を行いません

■2024年度選考方法・入試科目

中学校

推薦・前期・後期：国語、算数、理科、社会　推薦は書類審査（自己推薦書）あり

帰国生：国語、算数、英語（各100点45分）

〈配点・時間〉前期：国・算・理・社＝各100点45分　推薦・後期：国・算＝各100点45分、理・社＝各50点30分

〈面接〉なし

■2023年春併設大学への進学（特別推薦）

在学中一定の成績をおさめた者が、希望により大学が指定した人数枠の中で優先入学できます。

東邦大学−17（医15、薬1、理1）

■指定校推薦枠のある主な大学

早稲田大　慶應義塾大　東京理科大　上智大　明治大　立教大　中央大　法政大　北里大など

■2023年春卒業生進路状況

（　）内は現役合格者内数

東京大5（2）、北海道大6（4）、東北大1（1）、大阪大2（0）、筑波大7（6）、千葉大18（13）、東京医科歯科大2（1）、一橋大2（2）、東京工業大11（8）、東京農工大4（3）、電気通信大1（1）、横浜国立大2（2）、神戸大1（1）、防衛医科大2（2）、早稲田大53（39）、慶應義塾大43（33）、上智大42（32）、東京理科大131（90）、明治大105（74）、青山学院大39（33）、立教大47（30）、中央大46（37）、法政大60（48）、国際基督教大3（3）、日本医科大4（2）ほか

■2023年度入試結果

中学校　男／女

募集人員		志願者数	受験者数	合格者数	競争率
推薦	40	313/262	310/262	22/18	14.1/14.6
帰国生	若干	32/40	32/37	21/16	1.5/2.3
前期	240	1,395/871	1,329/818	632/335	2.1/2.4
後期	20	256/236	235/222	11/11	21.4/20.2

学校見学会・説明会 要予約
9/2　10/28　11/4
入試説明会（6年生） 10/14
帰国生説明会 12/23　オンライン　9/16　10/23
見学できる行事
銀杏祭（文化祭）　9/16・9/17(公開未定／特設HPあり)

説明会・行事等は日程・内容が変更される場合があります。必ず学校HP等でご確認ください

千葉
な

成田高等学校付属中学校
成田高等学校

〒286-0023　千葉県成田市成田27　☎0476-22-2131　学校長　鈴木　隆英

〈URL〉https://www.narita.ac.jp/

沿革　明治20年（1887）成田山山主三池照鳳大僧正により、前身である成田英漢義塾創立。明治31年（1898）旧制私立成田中学校設立。明治41年（1908）私立成田山女学校を創立。昭和23年（1948）学制改革に伴い、中学校と女学校を統合し、成田高等学校の設置認可を受けました。昭和42年（1967）付属中学校を開校しました。

校風・教育方針

　成田山の宗教的使命の達成と地方文化の向上のために創設されました。この理念に基づいて、行き届いた教育により、生徒の全体的な発達を促すことを教育目標として、社会に貢献する人材を育成します。

カリキュラムの特色

　中学・高校の6年間で無駄なく学べるよう、教科書の内容を充分検討し、合理的なカリキュラムを組んでいます。特に英語・数学・国語などの主要教科は、大学入試との一貫性を重視しています。

　中学では、数学や英語を中心に先取り学習を行い、3年次からは習熟度別クラス編成となります。数学や英語の授業は、標準時間よりも多く設定しています。また、理科・社会は高校と関連させて教科内容を専門化します。たとえば理科は「物理・化学」「生物・地学」の2科目となり、それぞれ専門の教員が授業を担当します。

　高校では、現役での国公立・難関私立大学合格はもとより、その後も学問の追究を通して社会に貢献する生徒を育てます。高校からの入学者のう

ち、特進αは難関国公立大学等を目指すとともに、新たな学力観である主体的・対話的で深い学びを実現するための様々な取り組みを積極的に行っていくクラスです（2クラスを編成）。他のクラスも同様に、新学習指導要領実施を機に教育課程を見直して生徒一人ひとりの学ぶ意欲を育て、幅広く知識を習得し、自分で考え、相手に伝わるような表現力を養っていきます。こちらは入試の成績により習熟度別クラスを編成。全クラス2年次から文理選択・成績を基に学級を再編成し、授業も文理でカリキュラムが分かれます（高入生と内進生は3年間別クラス）。

　「総合的な探究の時間」では、生活に身近な科学から国際問題まで生徒自身の興味をもとに深い探究活動を行います。研究やフィールドワークを通して学ぶ楽しさや大切さに気づき、その後の生き方や学問へと導く大切な機会となります。

　通常授業のほか、指名制による補習授業や、希望者対象の夏季特別講座（中高）、土曜課外（高3）などを実施し、希望進路の実現を目指します。

環境・施設設備

　2012年完成の1号館は全生徒のHR教室が入り、Wi-Fiと電子黒板付きプロジェクターを完備しています。またラーニングセンターは朝7時から19時まで開館し生徒の知的好奇心・自学自習をサポートします。このほか特別施設として、講堂兼体育館、教科教育棟、コンピュータ教室、武道館（柔剣道場）、400Mトラック全天候型グラウンド、人工グラウンド、野球場、弓道場、テニスコート、サッカー練習場、プール、合宿所などがあります。

今春の進学実績については巻末の「高校別大学合格者数一覧」をご覧ください

成田市

中

共学

高

共学

生活指導・心の教育

　人間形成（徳育）の立場から、礼儀や生活全般を重視します。学校生活の中心をホームルームにおき、生徒の自主的精神を養成します。また、日ごろから進路を含む個人面談を行っています。

　多くの宗教系学校とは異なり、授業には宗教的なものはありませんが、年に一回、宗教講話会を実施します。僧侶から道徳的な内容の話を聞くことにより、思いやりのある生徒が育っています。

学校行事・クラブ活動

　年間を通して様々な行事を行っています。葉牡丹祭（文化祭）、体育祭、芸術鑑賞会、スキー教室などをはじめ、中学では宿泊研修（1・2年）、京都・奈良への修学旅行（3年）、カナダへの海外語学研修（3年の希望者）などがあります。高校では、海外語学研修（1・2年の希望者）、オーストラリアへの修学旅行（2年、2023年度は国内）などを実施します。

　「文武両道」を目標としており、中学・高校ともクラブ活動は活発です。中学は、文化系10部、運動系13部、同好会が1つあります。高校は、学術系として自然科学、美術、書道、社会科研究、家庭科など7部。文化系として文芸、新聞、茶道、演劇、インターアクト、軽音楽など10部。運動系として野球、陸上競技、ソフトテニス、柔道、剣道、山岳、水泳、サッカー、ダンスドリルなど15部。同好会は将棋、クイズ研究、コンピュータの3つがあります。

データファイル

■2024年度入試日程

中学校

募集人員	出願期間	試験日	発表日	手続締切日
第一志望 35	11/10〜11/21	12/1	12/2	12/4
一般 60	12/8〜1/18	1/25	1/26	1/27※

※併願合格者は1/27の12時（正午）までに一時金を納入すれば2/6の15時まで延納可

高等学校

募集人員	出願期間	試験日	発表日	手続締切日
特進α・進学・特技 200*	12/18〜1/9	1/17	1/18	1/19※

＊募集人員は特進α・進学150、特別技能生（専願推薦指定制）50

※併願の入学保留者は1/19の15時までに一時金を納入すれば3/5の12時（正午）まで延納可

■2024年度選考方法・入試科目

中学校

国語、算数、社会、理科

〈配点・時間〉国・算＝各100点50分　理・社＝各50点計50分

〈面接〉なし

高等学校

国語、数学、英語（リスニング含む）

【出願条件】特技生：第一志望　強化指定クラブ（陸上競技、野球、柔道、剣道、水泳、女子ソフトテニス）またはスポーツ・文化・学術的に特に優れている者で本校校長から指定を受けた者

※詳細は生徒募集要項で確認のこと

〈配点・時間〉国・数・英＝各100点50分

〈面接〉なし

■指定校推薦枠のある主な大学

青山学院大　学習院大　駒澤大　成城大　中央大　東京歯科大　東京都市大　東京薬科大　東京理科大　日本大　東洋大　法政大　明治大　明治学院大　立教大　早稲田大　獨協大　同志社大など

■2023年春卒業生進路状況

卒業生数	大学	短大	専門学校	海外大	就職	進学準備他
288人	222人	0人	6人	0人	1人	59人

■2023年度入試結果

中学校

募集人員	志願者数	受験者数	合格者数	競争率
第一志望 35	129	128	46	2.8
一般 60	237	185	81	2.3

高等学校　コロナ関連追試含む

募集人員	志願者数	受験者数	合格者数	競争率
特進α 80	644	644	232	1.4
進学 70			237	
特技（専） 50	52	52	52	1.0

【学校説明会】要予約

★中学校
10/28（現地・録画配信）

★高等学校
11/4（現地・録画配信）

午後の学校見学（中学）　9/25　10/2　10/23

スクールツアー（中高）　11/25

【見学できる行事】

文化祭　9/10（個別相談会あり）

学校説明会
特設ページ

千葉
に

二松学舎大学附属柏 中学校 高等学校

〒277-0902　千葉県柏市大井2590　☎04-7191-5242　学校長　七五三　和男

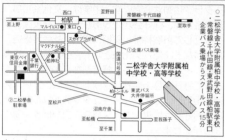

〈URL〉https://www.nishogakusha-kashiwa.ed.jp/

沿革　明治10年(1878)、漢学塾二松學舍創立。昭和24年(1949)二松學舍大学設置。同44年(1969)、二松學舍大学附属沼南高等学校開設。平成23年(2011)、中学校開校。校名も現校名に変わりました。2019年、高校創立50周年を迎えました。

校風・教育方針

校訓は「仁愛（いつくしみ）」「正義（人間のふみ行うべき正しい道）」「誠実（まごころがあって偽りがなくまじめなこと）」。教育目標として（1）自律をはかり、主体性を身につける、（2）思いやりのある人間性を身につける、（3）社会への関心を高め、豊かな国際性を身につける、の3項目を掲げています。生徒のことを第一に考え、熱心に指導を行うエネルギッシュな教師が多いことが特徴で、先生と生徒が気さくに語り合える明るく温かな校風の学校です。

カリキュラムの特色

中学校では、2022年度入試から「グローバル探究コース」「総合探究コース」の2コース制がはじまりました。従来の特徴である伝統の「論語教育」と21世紀型教育の「探究教育」をさらに深めます。探究教育は、①学習支援プログラム②自問自答プログラム③進路支援プログラムを3本の柱とし展開していきます。国公立大をはじめ難関大学への合格実績が着実に伸びています。

高等学校は、難関国公立・私立難関大学を目指す「スーパー特進コース」と「特進コース」、生徒の目的に応じた大学進学を目指す「進学コース」。

高校3年間の勉強を「将来のために自分を鍛え上げるチャンス」ととらえ、自分自信をレベルアップさせて納得できる進路を実現することができるように、親身な進路指導を行っています。7校時の平常講習をはじめ、夏期講習、英会話特別講習、学習クラブ、予備校と連携した講習、受験サプリなど特別講習も充実しています。

中高共に「『論語』を基盤とした人間教育」「ICT教育」「グローバル教育」に特に重点を置いています。論語は全学年通しての必修科目で、自分自身を磨き、社会で役立つさまざまな考え方を身につけます。中学校、高等学校の新入生全員がタブレットを持ち、授業や学校生活での活用を図ります。語学は英語によるコミュニケーション能力に加えて異文化への理解、広い視野を養います。韓国語、中国語も学ぶことができます。

環境・施設設備

キャンパスは豊かな緑に囲まれ、グラウンドは東京ドーム3個分の広さ。同じ敷地内に校舎がある二松学舎大学の図書館や学食も利用できます。通学には柏駅のほか、新柏駅、我孫子駅、北総線、新鎌ヶ谷の5ルートの**無料スクールバス**が利用できます。2011年2月、新体育館が誕生しました。

生活指導・心の教育

生徒の学習面や人間関係など、日ごろの問題や悩みの解決・改善のために専用の部屋があり、週2回、非常勤カウンセラーが来校しています。

今春の進学実績については巻末の「高校別大学合格者数一覧」をご覧ください

学校行事・クラブ活動

体育祭や松陵祭（文化祭）のほか、球技大会、留学生との交流会などの行事があります。

クラブ活動は、運動部はハンドボール、バレーボール、バスケットボール、野球、サッカーなど9部、文化部は書道、美術、写真、吹奏楽、軽音楽、茶道、コンピュータ、ＥＳＳ、演劇など12部が活動しています。

データファイル

■2024年度入試日程

中学校

募集人員	出願期間	試験日	発表日	手続締切日
第一志望 30	11/18～11/29	12/1	12/2	12/4
総合① 25	12/10～1/18	1/20	1/21	2/4
G特待① 20	12/10～1/18	1/20午後	1/21	2/4
G特待② 15	12/10～1/21	1/22	1/22	2/4＊
総合② 10	12/10～1/24	1/24	1/24	2/4
全コース 若干	1/25～2/5	2/5	2/5	2/8

総合：総合探究入試、G特待：グローバル特待入試　全て帰国生含む　G特待①②は特待選考あり
＊思考力検査受験生で東京都公立併願者は2/10まで

高等学校

募集人員	出願期間	試験日	発表日	手続締切日
前期Ⅰ 〉210	〉12/17～1/7	1/17	1/21	1/27＊
Ⅱ		1/19	1/21	1/27＊
後期 5	1/28～2/9	2/15	2/16	2/23＊

※前期Ⅰ：A推薦・B推薦・一般　前期Ⅱ：B推薦・一般　後期：一般

※特待生選考は前期のみ。単願受験者は1/17に受験
＊前期のB推薦・一般、後期は第一志望校発表翌日まで延納可（延納金不要）

■2024年度選考方法・入試科目

中学校

第一志望入試：算数・英語・作文型から2科選択＋表現力検査（自己アピール、面接）

総合探究入試1・2回：2科（国・算）・4科（国・算・社・理）から選択

グローバル特待入試1・2回：2科・3科（国・算・英）・4科から選択。2回は思考力検査型（思考力検査Ⅰ・Ⅱ各100点45分）も選択可

全コース入試：2科
〈配点・時間〉国・算・英・作文＝各100点45分　理・社＝各50点計60分
〈面接〉第一志望・帰国生のみ　生徒個人

高等学校

前期：書類審査、国・英・数（マークシート）、一般のみ個人面接あり【推薦基準】スーパー特進＝A推薦5科21　B推薦5科23　特進コース＝A推薦5科20　B推薦5科22　進学コース＝A推薦5科19　全コースとも全教科に1がないこと、欠席年間10日以内　※英検、漢検、数検などで加点
※試験得点によりスーパー特進、特進へのスライドアップ合格あり

後期：書類審査、国・英・数（記述）、個人面接
〈配点・時間〉国・数・英＝各100点50分
〈面接〉前期一般、後期で実施　生徒個人

■2023年春併設大学への進学

二松学舎大学－24（文15、国際政治経済9）

■2023年春卒業生進路状況

卒業生数	大学	短大	専門学校	海外大	就職	進学準備он他
268人	230人	2人	18人	0人	0人	18人

■2023年度入試結果

中学校　スライド合格を含まない

募集人員	志願者数	受験者数	合格者数	競争率
第一志望 30	43	43	39	1.1
総合① 25	134	122	106	1.2
G特待① 20	126	105	47	2.2
G特待② 15	111	53	21	2.5
総合② 10	125	26	20	1.3
全コース 若干	12	11	7	1.6

高等学校　推薦／一般

募集人員	志願者数	受験者数	合格者数	競争率
前期Ⅰ 〉190	441/56	437/54	437/20	1.0/2.7
Ⅱ	184/64	170/61	170/36	1.0/1.7
後期 5	4	4	4	1.0

学校説明会 要予約
★中学校　10/7 11/23
第一志望、グローバル　10/21 11/11
入試説明会　12/9 1/6
授業見学会　9/30　入試体験会　11/3
★高等学校
9/30 10/14 10/28 11/11 11/25 12/9

見学できる行事 要予約
文化祭　9/16・9/17

説明会・行事等は日程・内容が変更される場合があります。必ず学校HP等でご確認ください

千葉
ひ

日出学園中学校・高等学校
（ひのでがくえん）

〒272-0824　千葉県市川市菅野3-23-1　☎047-324-0071　学校長　堀越　克茂

〈URL〉http://high.hinode.ed.jp/

沿革　昭和9年（1934）日出学園を創立。同22年（1947）に日出学園中学校を設立。同25年（1950）、日出学園高等学校を併設しました。

校風・教育方針

「誠（学力向上）・明（言語力醸成）・和（社会性会得）」を校訓として、生徒の個性を重んじる教育を行っています。

カリキュラムの特色

step1（基礎期／中1・2）では、感性を磨き、個性を伸長する情操教育に重点をおいています。最も多感なこの時期に、臨海学校など多方面にわたる体験を積み、それぞれが持っているさまざまな可能性を発展させ、啓発します。

step2（発展期／中3・高1）では、将来に向けて自分の進路を考える時期としています。そこで、そのための指針となるように、豊富な情報データをもとにして、的確な指導を行っていきます。

step3（錬磨期／高2・3）では、実戦に即した進路別の受験指導を行います。1年次から徹底した習熟度別授業を展開し、2年次から文系・理系に分かれてそれぞれの進路・適性に対応した教科・科目の編成にしたがって学習していきます。3年次になると、さらに国公立大学理系・文系、私立大学理系・文系の4コースへ細分化され、主要科目は問題演習の時間が大部分を占めるようになります。また、大幅な選択科目制を導入していますので、志望にあった最適な学習が可能です。

2013年度より「学校週6日制」を実施し、土曜日の授業を開始しました。中学校では各教科指導のさらなる充実を図り、高校では理系・文系の枠を超えて自由に選択できる授業を増やした、バランスの取れたカリキュラムで授業を行っています。

─Information─

受験する人、保護者へのアドバイス

平成29年度（2017）4月より高校に「特進コース」を設置。全国初の取り組みとして、生徒たちの将来のために、中学・高校ともにTOEIC・TOEFLを全員に受験させています。

「学び」のすべてはあなたのものに…日出学園はこれをモットーに一人ひとりを大切に、根気強く指導している学校です。本校の校訓は「誠・明・和」です。「誠」とは、心身共に健全で、自主的に学ぶ姿勢を持ち、実行力を伴うひと。「明」とは、自ら調べ、考え、意見を持ち、的確に表現できるひと。「和」とは、仲間と助け合い、他の意見を聴き、公正に判断できるひとを育成します。時代が大きく、激しく変化しても、本学園の進むべき姿勢は確固たるもので将来への要求にも十分対応できるものであると考え、その実践をめざしています。

教育の基本方針は、①進路を十分に意識し、自学自習の力を培うべく、基礎学力の確立。②人間が生きていくうえで最も必要な「共生」を考えさせるための、けじめある生活の習慣化です。ぜひ一度、学校にお越しください。

今春の進学実績については巻末の「高校別大学合格者数一覧」をご覧ください

| 3学期制 | 登校時刻 8:25 | 昼食 弁当持参、売店 | 土曜日 授業 |

環境・施設設備

　文化都市・市川の閑静な住宅地に位置しており、また、最寄りの京成電鉄菅野駅からは徒歩5分、総武線市川駅からは徒歩15分と、交通の便もよく、勉学の場としては申し分のない環境にあります。施設としては、最先端技術を備えた視聴覚室をはじめとして、理科の各実験室などの特別教室、図書室、進路相談室、教育相談室などを整備しており、全教室に冷暖房が完備されています。また、軽井沢に学園所有の山荘があり、学習合宿などに利用されています。

学校行事・クラブ活動

　修学旅行、臨海学校、オリエンテーション合宿、球技大会など、心身を鍛えるための学校行事が実施されています。また、クラブ活動も、個性や興味を伸ばすために役立っています。

データファイル

■2024年度入試日程

中学校

募集人員	出願期間※	試験日	発表日	手続締切日
推薦 50程度	11/1～11/17	12/1	12/2	12/7
Ⅰ期 30程度	12/3～1/12	1/20	1/21	1/26*
Ⅱ期 20程度	12/3～1/19	1/23	1/24	1/28*

※書類締切日は推薦11/18、Ⅰ期1/13、Ⅱ期1/20
＊Ⅰ期・Ⅱ期は2/7まで延納可

高等学校

募集人員	出願期間※	試験日	発表日	手続締切日
前期推薦 20程度	12/17～1/9	1/18	1/20	専1/25
前期一般 20程度				併3/5

※書類締切日は1/11

■2024年度選考方法・入試科目

中学校

推薦：国語、算数（各30点30分）、面接、作文（40点40分）

Ⅰ期・Ⅱ期：2科か4科選択、面接
〈配点・時間〉国・算＝各100点50分　理・社＝各50点25分
〈面接〉生徒グループ　参考　【内容】志望動機、小学校での生活、入学後の抱負、長所・短所、趣味・特技など

高等学校

推薦：国語、英語（リスニング含む）、数学【出願条件】欠席3年間30日以内（3年次は7日以内）
内申：5科専願21併願23

一般：国語、英語（リスニング含む）、数学、面接
一般のみ英検準2級以上は5点の加点措置あり
〈配点・時間〉国・数＝各100点50分　英＝100点60分
〈面接〉一般のみ生徒グループ　参考　【内容】志望動機、中学校での生活、入学後の抱負など

■指定校推薦枠のある主な大学

上智大　東京理科大　立教大　学習院大　成蹊大　成城大　明治学院大　日本大　東邦大　東京都市大　獨協大　白百合女子大　清泉女子大　フェリス女学院大など

■2023年春卒業生進路状況

卒業生数	大学	短大	専門学校	海外大	就職	進学準備他
159人	127人	1人	8人	1人	0人	22人

■2023年度入試結果

中学校　男／女　第一志望制度あり

募集人員		志願者数	受験者数	合格者数	競争率
推薦	約50	49/29	49/29	23/20	2.1/1.5
Ⅰ期	約30	113/76	108/74	56/53	1.9/1.4
Ⅱ期	約20	99/66	61/33	25/13	2.4/2.5
サンライズ	若干	4/1	3/1	0/0	-/-

高等学校　特進／進学

募集人員			志願者数	受験者数	合格者数	競争率
推薦	男	約20	95/23	94/23	39/23	2.4/1.0
	女		82/63	79/62	33/55	2.4/1.1
一般	男	約20	15/13	14/12	2/4	7.0/3.0
	女		10/7	10/5	1/2	10.0/2.5

▼▼入試アドバイス・学校からのメッセージ

中学・高校とも、入学試験の成績上位5％以内の者には、特待生制度を適用します。中学の推薦合格者にも適用しますので、Ⅰ期入試を受験してください。

学校説明会 要予約
★中学校
10/21（推薦）12/2（一般）
★高等学校
11/18
学校見学は随時可（要予約）

見学できる行事 入試相談コーナーあり
文化祭　10/7・10/8
体育祭　6/6（終了）

説明会・行事等は日程・内容が変更される場合があります。必ず学校HP等でご確認ください

中 共学　高 共学 普通科

千葉
や

八千代松陰中学校
八千代松陰高等学校
（やちよしょういん）

〒276-0028　千葉県八千代市村上727　☎047-482-1234　学校長　櫻井　丸

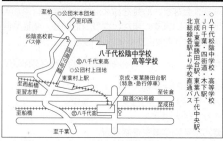

〈URL〉https://www.yachiyoshoin.ac.jp

沿革　昭和53年（1978）、創立者山口久太先生が40年にわたる教育の集大成として八千代松陰高等学校（普通科・普通コース）を開校しました。同57年には、中高6カ年一貫教育による人材の育成を目指して八千代松陰中学校を設置、平成3年（1991）にはIGS（特進）コース、令和3年（2021）にはAEM（英数特進）コースを設けました。令和6年（2024）4月より、中学のIGS（6カ年特進）コースがスタートします。

校風・教育方針

「さわやか、はつらつ、ひたむき」が校風。生徒達は、伸び伸びとした中にもけじめのある学校生活を送っています。「明日の国際社会を担う個性豊かな青年の育成」を教育目標に、学習と課外活動との両立で心身共に健全な若人を育てます。

カリキュラムの特色

中高とも、ホームルームは自然クラスですが、英、数、国、理、社の5教科は習熟度に合わせたクラス編成をしており、一人ひとりの個性と学力を十分に生かせるシステムになっています。

高校では3年次に生徒一人ひとりの進路・学力・適性に応じて数多くの科目（17単位）が選択履修できます。IGSコースは難関大学進学へ向けて徹底した学習指導を行うとともに、国際的な視野を兼ね備えた豊かな知性と人間性を育みます。AEMコースは、英語と数学を軸に徹底した学力育成のカリキュラムが組まれ、難関国立大学・医学部・海外大学への進学を目指します。

中学校では6年後の大学進学を目指し、基礎力の錬成、応用力の養成に努め、英会話やICT機器を使った学習など、充実した指導をしています。中学のレッスンルームコースでは、2年次の3学期から高校進学後の特進コースに向けて先取り学習を行う授業クラスと、基礎学力の充実を図る授業クラスに分かれます。IGS（6カ年特進）コースは、徹底した学習指導・キャリアデザイン・グローバルをキーワードに、次世代を自らの手で切り拓く若人を育てます。

土曜日には、中高ともにハイレベルな学習系講座とバラエティ豊かな探究系講座を自由に選択できる「土曜講座」が行われ、好評を博しています。

グローバル教育

生徒が豊かな国際性を身につけられるよう、海外6校の学校と姉妹校の提携を結び、交換留学や親善訪問、語学研修などを実施しています。また、夏期休暇中には学校が主催する短期留学プログラムが複数組まれています。

これとは別に、IGS・AEMコースでは2年次の夏、希望者を募り、アメリカの有名大学へ語学研修に出かけます。

環境・施設設備

京成・東葉「勝田台駅」から東洋バスの米本団地行きに乗り、八千代松陰高校前で下車。徒歩1分です。登下校時は直通バスが出ています。

豊かな緑に恵まれた自然環境のもと、蔵書6万冊のメディアセンター、山口記念館（ホール、自

今春の進学実績については巻末の「高校別大学合格者数一覧」をご覧ください

習室など）、500席のカフェテリア、2つの全天候型グラウンドを含む7面のグラウンド、15面のテニスコート、冷暖房完備の2つの体育館などの施設が整っています。

学校行事・クラブ活動

　生徒が中心になって行われる行事が多く、生徒の自主性を高める好機になっています。松陰祭のほか、著名なアーティストを招くSHOINスペシャルステージも開かれ、これまでにNovelbright、平原綾香、大原櫻子、一青窈、家入レオなどが来演しました。生徒会活動やクラブ活動も活発に行われています。最近では陸上競技、駅伝、新体操、中高硬式テニス、中高男子バスケットボール、中学野球、漫画、囲碁、合唱、吹奏楽、韓国文化が全国大会に出場しました。

データファイル

■2024年度入試日程

中学校

募集人員		出願期間	試験日	発表日	手続締切日
特待推薦	10	11/1～11/15	12/1	12/3	12/5
自己推薦	}95	11/1～11/15	12/1	12/3	12/5
学科推薦		11/1～11/15	12/2	12/3	12/5
一般IGS	20	12/4～1/15	1/20	1/20	1/23
20日	}85	12/4～1/15	1/20	1/20	1/23
21日		12/4～1/15	1/21	1/21	1/24
2月5日 若干		12/4～2/4	2/5	2/5	2/7

※募集コース：特待推薦と一般IGSはIGSコース、その他はレッスンルームコース

高等学校　募集人員は内部進学を含まない

募集人員		出願期間	試験日	発表日	手続締切日
前期1回	約440	12/20～1/8	1/18	1/19	1/22
2回			1/20	1/21	1/24

※コース別募集人員（内部進学者を除く）：進学コース約340人、特進（IGS）コース約70人、特進（AEM）コース約30人
※1回、2回どちらか1回だけの出願となります
※単願・併願あり

■2024年度選考方法・入試科目

中学校

自己推薦：2科の基礎学力（国算各50点計40分）、面接、自己推薦書（20分）、通知表　※英検4級以上取得者は取得級に応じて加点
学科推薦：2科（国算各100点40分）、面接
特待推薦・一般IGS・一般20日：4科
一般21日：2科（国算）か4科の選択
一般2月5日：2科（国算）
〈配点・時間〉国・算＝各100点50分　理・社＝各75点35分
〈面接〉自己推薦・学科推薦のみ生徒個人　参考
【内容】志望動機、小学校での生活、友人について、長所短所など

高等学校
前期1回・2回：国、数、英
〈配点・時間〉国・数・英＝各100点50分
〈面接〉なし

■指定校推薦枠のある主な大学

早稲田大　慶應義塾大　東京理科大　明治大　青山学院大　立教大　中央大　法政大　学習院大　成蹊大　成城大など

■2023年春卒業生進路状況

卒業生数	大学	短大	専門学校	海外大	就職	進学準備他
606人	498人	14人	37人	0人	1人	56人

■2023年度入試結果

中学校　男／女

募集人員		志願者数	受験者数	合格者数	競争率
推薦 約105		218/160	217/157	75/69	2.9/2.3
一般20日	約105	74/27	70/27	46/21	1.5/1.3
21日		58/27	44/18	23/10	1.9/1.8
2月5日 若干		21/10	17/7	3/2	5.7/3.5

高等学校

募集人員			志願者数	受験者数	合格者数	競争率
前期1回	男	約440	596	593	547	1.1
	女		495	495	479	1.0
2回	男		743	473	413	1.1
	女		460	318	301	1.1

スライド合格を含む

入試説明会　要予約
※は中高ともオンラインで実施
★**中学校**　9/23 10/14※ 11/18※ 12/16
オープンスクール　9/9
★**高等学校**　9/23※ 10/7※ 10/14 11/18 12/9※

学校見学　要予約
12/10までの土・日・祝日
説明会と学校見学は、予約制です。

見学できる行事　要予約
松陰祭（文化祭）　6/3(終了)

説明会・行事等は日程・内容が変更される場合があります。必ず学校HP等でご確認ください

千葉
れ

麗澤中学校・高等学校

〒277-8686　千葉県柏市光ヶ丘2-1-1　☎04-7173-3700　学校長　櫻井　譲

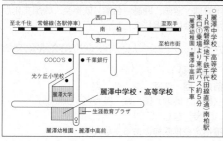

〈URL〉https://www.hs.reitaku.jp

沿革　法学博士・廣池千九郎により昭和10年
(1935)に前身である道徳科学専攻塾を開校。昭和
23年に道徳科学専攻塾高等部を開校し、昭和26年
には現校名に改称。平成14年（2002）中学校を開校。
令和4年（2022）高校に通信制課程を開校。

校風・教育方針

創立者である法学博士・廣池千九郎が提唱した
「モラロジー」（道徳科学）に基づく「知徳一体の
教育」を基本理念に、「心を育てる」ことに重点を
置き、その上に知識や体力、教養を身につけ、深
い知性と高い品性を兼ね備えた人物を育成します。

「道徳」を教育の中心として、週1時間「道徳」
の授業を実施しています。日々の生活の中でも道
徳を実践し、「心の力」を育み鍛えています。

カリキュラムの特色

中学は、アドバンスト叡智（AE）コースとエッ
センシャル叡智（EE）コースの2コースで募集
します。独自の言語技術教育、英語教育、キャリ
ア教育などに加え、5つのL（Language・
Logical Thinking・Liberal Arts・Literacy・
Leadership)を鍛えることで、豊かな智恵を備え、
グローバル社会で活躍できるリーダーを育成しま
す。AEコースは東大をはじめとする最難関国立
大学・国立医学部を目指します。EEコースは高
校2年次から目標大学別のクラスに分かれます。

高校は、叡智スーパー特進コース（S特進）、
叡智特選コース（特選）の2コースで募集します。
2年次からは、難関国立大学・国公立医学部を目

指すTKコース、難関私立大学・国公立大学を目
指すSKコースに分かれます。

学びの集大成となる「自分プロジェクト」によ
り、目標とする将来像を見定め、自分自身としっ
かり向かい合うプログラムを用意しています。

言語技術教育

文章構成・コミュニケーション能力の土台を育
成する麗澤独自のプログラムで、中1から高1ま
でが週1時間取り組む授業です。欧米の国語教育
の手法（Language ArtsとLiterature）を用いて、
相手の言葉に真摯に耳を傾ける力、文章や資料を
じっくりと観察する力を養います。授業の多くは
ディスカッション形式で行い、文学作品や唱歌、絵
本の分析、説明・報告の方法など、毎時間課題が提
示され、教員がファシリテータとなって進行しま
す。議論終了後には、自分の主張を文章化し、論理
的思考力、批判的思考力へとつなげます。

創立以来の国際的日本人教育

語学教育だけが国際教育ではありません。麗澤

Information

SDGs研究会が大活躍！

麗澤には「SDGs研究会」という部活動が
あり、生徒主体でフェアト
レードコーヒーなどの活動に
取り組み、成果を上げていま
す。詳しくは、こちらをご覧
ください→

今春の進学実績については巻末の「高校別大学合格者数一覧」をご覧ください

では、語学教育に一層の力を注ぐとともに、他の国々の姿、文化、歴史への理解を深め、他方で日本の文化、伝統への理解を進めていくことで、国際社会から信頼される「国際的日本人」を育成します。

心の力を育むキャンパス

41万平方メートル(東京ドーム9個分)の広大なキャンパスは、「心の力」を育み、鍛えるには最適の学習環境です。麗澤幼稚園の園児や麗澤大学の学生、大学院の院生が学び、生徒の学園生活をサポートする教職員、さらには一般の社会人が訪れ、生徒には道徳実践のフィールドとなっています。

施設・設備

昼食は中央食堂でとります。ラグビー場(人工芝)、2つのグラウンド、2つの体育館、武道館、9ホールショートコースのゴルフ場があります。

学校行事・クラブ活動

「心の力」を育てる教育の一環として、体育祭や文化祭(麗鳳祭)、研修旅行など、数多くの行事が催されます。クラブ活動には大部分の生徒が参加し、運動部には、空手道、弓道、ゴルフ、サッカー、野球など、文化部には、書道、日本文化、演劇、吹奏楽、競技かるた、SDGsなどがあります。

データファイル

■2024年度入試日程

中学校

募集人員		出願期間	試験日	発表日	手続締切日
1回	AE30 EE30	12/17～1/21	1/21	1/22	2/3
2回	AE25 EE30	12/17～1/25	1/25	1/26	2/3
3回	AE15 EE15	12/17～1/28	1/28午後	1/29	2/3
4回	AE 5 EE若干	12/17～2/1	2/1午後	2/2	2/5

本校会場と学外会場(船橋、英語は本校のみ)
※出願期間は12/17(日)午前9：00～最終日(試験当日)午前6：00
※特別奨学生：1～3回の成績上位合格者(1回23人、2回17人、3回若干)

高等学校　特別奨学生制度あり

募集人員		出願期間	試験日	発表日	手続締切日
1回	S特進30	12/17～1/12	1/17	1/20	1/25＊
2回	特選70		1/19		

＊B(併願)方式は公立高校発表翌日まで延納可
方式別募集人員　A(第一志望)方式・B(併願)方式：85　C(自己推薦/寮生・部活動・特待生)：15

■2024年度選考方法・入試科目

中学校

1・2回：4科または国算英　※AEコースは4科のみ、国・算を1.2倍とする傾斜配点(340点満点)
3・4回：国語、算数
〈配点・時間〉国・算=各100点50分　理・社=各50点30分　英=100点60分
〈面接〉なし

高等学校

S特進：国、数、英(リスニング含む)、理、社、面接
特選：国、数、英(リスニング含む)、面接
〈配点・時間〉国・数=各100点50分　英=120点60分　理・社=各50点30分
〈面接〉生徒グループ

■併設大学への進学

麗澤大学への内部推薦があります。

■指定校推薦枠のある主な大学

青山学院大　学習院大　中央大　津田塾大　東京女子大　東京理科大　日本大　日本女子大　法政大　明治大　明治学院大　立教大　早稲田大など

■2023年春卒業生進路状況

卒業生数	大学	短大	専門学校	海外大	就職	進学準備他
216人	177人	2人	2人	3人	0人	32人

■2023年度入試結果

中学校

募集人員	志願者数	受験者数	合格者数	競争率
1回AE25/EE35	392/577	376/495	64/125	5.9/4.0
2回AE20/EE35	320/498	257/347	64/81	4.0/4.3
3回AE5/EE15	219/357	171/264	25/33	6.8/8.0
4回AE5/EE10	89/177	63/123	6/20	10.5/6.2

高等学校　S特進/特選

募集人員		志願者数	受験者数	合格者数	競争率
1回	S特進30	90/202	89/145	55/78	1.6/1.9
2回	特選 70	131/272	126/179	80/93	1.6/1.9

学校説明会　すべて要Web予約

★中学校　9/24
入試説明会(6年生対象)　10/15 10/21 11/19
ミニ入試説明会　12/17
★高等学校　10/15 10/22 11/19
受験直前対策講座　12/17
部活動見学・体験会(中高)　9/16 10/14 2/17
オープンキャンパス(中高)　2024年3/20

説明会・行事等は日程・内容が変更される場合があります。必ず学校HP等でご確認ください

和洋国府台女子 中学校 高等学校

〒272-8533　千葉県市川市国府台2-3-1　☎047-371-1120　学校長　宮﨑 康

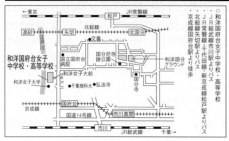

〈URL〉https://www.wayokonodai.ed.jp

沿革　明治30年(1897)和洋裁縫女学院（現在の和洋女子大学）を設立。昭和23年（1948）和洋国府台女子高等学校を設立。同25年（1950）和洋女子大学附属国府台女子中学校・高等学校と改称。同57年（1982）中学校を市川市国分に移転。平成4年（1992）、現校名に改称。平成29年（2017）、中学校舎を移転、高校校舎と統合。令和2年（2020）より高大接続7年制「和洋コース」開始。令和5年（2023）より制服リニューアル。

教育目標

「凛として生きる」の教育目標に基づいて、日本文化の素養を身につけ、知性と品格を備え、社会に貢献する女性を育成します。

カリキュラムの特色

中学校

週6日制34時間授業。英語は独自の和洋ラウンドシステムで3カ年週6単位。数学は問題解決能力を育成（3カ年週5）。国語は言語技術指導を実施（3カ年週5）。社会は思考力向上と現場学習、理科は実験実習と表現力向上に力を入れています。日本文化の授業では1年生は「礼法・華道」、2年生は「箏」、3年生は「茶道」を学びます。

高等学校

週2時間ある探究科ではWIQ（和洋探究プログラム）で自分の興味関心を学問として深める方法を学びます。1年生ではゼミ形式で日本文化を探究し、3年生で茶道を基本とした礼法を学び、美しい所作や「和の心」を学びます。

普通科特進コース　週6日制34時間授業。国公立・難関私大進学を目的とするため、5教科7科目の対応を可能にするカリキュラムです。大学受験を研究する専任チームが、特進の生徒一人ひとりの学力や達成度を常に分析し、チームでサポート。また、進学分野の学力を伸ばすため、2・3年生では文系と理系に分かれ、特に3年生では週3日、5、6時間目に受験特訓講座を受講できます。

普通科進学コース　週6日制34時間授業。1年生は5教科の基礎固めが十分に可能な単位数。2年生から文理に分け、どちらのコースも様々な入試制度に対応した多くの選択科目があり、多彩な演習とサポートが用意されています。3年生では英語の必修単位は文系、理系共に週8。また、選択科目も用意しています。

普通科和洋コース　2020年度より新設の、高大接続7年制コース。大学教員と連携した授業では、アカデミックスキルを養成し、将来役立つ思考法やプレゼンテーション力を身につけます。和洋女子大学への進学意志がある生徒に向けたコースで、大学入学後は、高校在学中に受けた大学の授業を大学の単位として認定、その分、自身に必要なリベラルアーツを追究する時間をとることができます。

国際交流

【毎年】オーストラリア研修2週間、2カ月（高2）
　　　　佐倉冬期語学研修　（中1～高1）
　　　　カナダ留学1年　（高1）
【隔年】英国文化研修　（中3～高2）
　　　　イタリア文化研修　（中3～高2）

環境・施設設備

　緑に囲まれた中・高・大総合キャンパスには、数多くの実験・実習室のほか、温水プール、図書室などの最新施設も充実しています。また大学の施設を使った連携プログラムも実施されています。

学校行事・クラブ活動

　修学旅行、学園祭、体育大会、林間学校など、学園生活を彩る行事が多く用意されています。クラブ活動も、中学・高校、文化系・運動系を問わず、熱心な活動を行っています。

データファイル

■2024年度入試日程

中学校　※推薦の提出書類は11/25必着

募集人員	出願期間	試験日	発表日	手続締切日
推薦　　45	11/1～11/24※	12/1	12/1	12/4
一般 1回45	12/2～1/15	1/20	1/20	2/7
2回20	12/2～1/22	1/24	1/24	2/7

高等学校

募集人員	出願期間	試験日	発表日	手続締切日
単願推薦 特30	12/18～1/10 （提出書類は1/13必着）	1/17	1/18 Web	1/27
併願推薦 進60		1/17・1/18	1/19 校内掲示	3/7
一般 和洋50		※		

※併願推薦はいずれか1日、一般は両日受験可

■2024年度選考方法・入試科目

中学校

推薦:「国算基礎テスト」「国算英基礎テスト」「探究型テスト（100分）」から1つ選択、面接（探究型テストは面接なし）

一般: **1回** 2科か4科か国算英
　　　 2回 2科か4科

〈配点・時間〉推薦：国・算・英＝各100点40分
一般：国・算＝各100点50分　理・社＝各60点30分　英＝100点40分
〈面接〉推薦（探究型テストを除く）は生徒グループ、一般はなし

高等学校

推薦・一般: 英（リスニングあり）・国・数、面接
【推薦出願条件】共通 ＝ 3年間の欠席が40日以内、英国数社理が3以上、評定に1がない
特進 ＝単願5科21　併願5科22　英国数いずれかの評定が5、英検・数検3級以上は加点　**進学** ＝単願5科19または9科33以上　併願5科20または9科35以上　**和洋** ＝単願9科33以上　併願9科35以上　進学・和洋とも加点制度あり（英検・数検・漢検3級以上、文化・スポーツ活動の実績）
〈配点・時間〉国・数・英＝各50分
〈面接〉生徒グループ（特進は個人）　重視

■2023年春併設大学への進学

成績基準に達すれば受入れ人数枠内で進学可能。

和洋女子大学－49（人文16、家政15、国際6、看護12）

■2023年春大学合格状況

筑波大1　東京農工大1　早稲田大1　上智大1　東京理科大1　明治大1　立教大2　法政大2　成蹊大4　成城大1　明治学院大2　日本大2　専修大3　東洋大1　獨協大4　國學院大1　東京都市大1　芝浦工業大2　日本女子大3　昭和薬科大1　星薬科大1など

■2023年春卒業生進路状況

卒業生数	大学	短大	専門学校	海外大	就職	進学準備他
163人	147人	3人	10人	0人	0人	3人

■2023年度入試結果

中学校

募集人員	志願者数	受験者数	合格者数	競争率
推薦 45	80	76	55	1.4
1回 45	667	643	524	1.2
2回 20	366	149	94	1.6

高等学校　スライド合格を含まない

募集人員		志願者数	受験者数	合格者数	競争率
推薦単願	特30	70	70	70	1.0
併願	進60	223	223	223	1.0
一般	和洋50	28	27	8	3.4

学校説明会　すべて要web予約

★中学校
9/10　10/28（推薦入試対策講座）12/9（一般入試対策講座）1/6
オープンスクール　9/10
★高等学校
10/14　11/11
オープンスクール　9/10
ミニ見学会　11/25
学校見学は年末年始を除いて随時可（要予約）

見学できる行事
学園祭　9/23・9/24

説明会・行事等は日程・内容が変更される場合があります。必ず学校HP等でご確認ください

茨城 い

茨城中学校・高等学校
（いばらき）

〒310-0065　茨城県水戸市八幡町16-1　☎029-221-4936　学校長　梶　克治

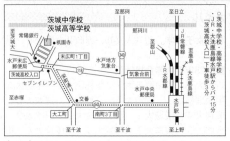

〈URL〉https://www.ibaraki-jsh.ed.jp/

沿革　明治・大正・昭和の3期に県内外の政界・財界・教育界において屈指の活躍をした飯村丈三郎により昭和2年（1927）茨城中学校設立。同23年（1948）茨城高等学校と改称、茨城中学校を併設。平成7年（1995）男女共学、中高一貫制度導入。令和9年（2027）に創立100周年を迎えます。

校風・教育方針

建学の精神である「報恩感謝」、校訓の「1.真理と正義を愛する　2.強健な身体と不屈の精神を養う　3.共同友愛の念を熱くする」を生かし、質実剛健で社会奉仕の念の強い人物の育成を目指しています。教員と生徒、さらに生徒同士が心を一つにして、授業や行事などを通して限りない信頼関係を育み、生徒一人ひとりに備わった才能を引き出す質の高い教育を展開します。"人づくり"の教育と高い学力の養成が特徴です。

カリキュラムの特色

中学校は中高6年一貫カリキュラムで学びます。学ぶこと、知ることが楽しくなる教育と、学力と個性に応じたきめ細かい指導を実践しています。中学1・2年次は主体的に学ぶ興味を育む知的好奇心育成期。英語と数学は週6時間、国語は中学1年で週5時間・中学2年で週6時間授業を行い、理科・社会は実験や野外学習を多く取り入れています。中学3・高校1年次は知識を深化・充実させる知的発展統合期として高校の必修科目を重点的に学習し、ハイレベルな授業で進路を確立します。高校2・3年次は進路に即した主体的学習に比重

を置く知力実力完成期で、幅広い選択科目と進路に応じた指導により、志望校合格を実現させます。

大学現役合格に向けて、進路選択のための職業教育講演会などを通して職業観を育み、未知の専門分野に対する不安感を除いています。授業では、大学で学ぶ内容にまで踏み込み、学部・学科への興味・関心を刺激します。

高等学校からの入学者は、高校課程の学習内容を着実に理解し、志望校に現役合格できる実力を培います。1年次から担任と緊密に面談を重ねて大学受験の現状を的確に捉え、授業はもちろん長期休業中や放課後の課外講座などを活用し、大学進学を意識して勉強に取り組める環境を整えています。1年次は芸術と地歴を除き全員が同じ科目を学習します。2年次は理科と社会で選択科目を設定し、その選択の内容に応じて文系と理系に進路の方向が分かれます。3年次には、選択科目が多種多様に設定され、一人ひとりの学力や進路に応じて基礎演習と応用演習を中心としたきめ細かい授業により実力向上を図ります。中高一貫生と多くの授業で交流し切磋琢磨する環境の中で志望校に合格できる学力を身につけます。

医学コース、国際教養コース設立

【医学コース（2019年設立・希望者）】　医歯薬医療系志望者への支援　キャリア教育の観点から、自己の医療従事者としての適性を確認し、その倫理観・人間性を育成するとともに、医療技術に触れたり、医療従事者の生の声を聞いたりして、具体的な職業のイメージを持つインターンシップ体験とチュートリアル（少人数教育）などを行います。また、医療系大学進学のための面接・小論文対策などの進路対策も行います（2020年2月に国立病院

今春の進学実績については巻末の「高校別大学合格者数一覧」をご覧ください

機構水戸医療センターと連携協定、2022年11月には国際医療福祉大学と連携協力を結びました)。

【国際教養コース（2020年設立）】グローバル人材の育成　コース生全員が高校2年で約6カ月間ニュージーランドに長期留学します。頭が柔らかい高校時代に留学をすることで、「圧倒的な英語力」を身につけます。また異国の地で親元を離れて生活することで、骨太で自立した精神を養います。最終的に英検準1級レベルの英語力獲得を目指します。授業にChromebookを導入し、カリフォルニア大学デービス校の協力のもと国内外の教育機関と協働学習を行う「COIL*」などの先進的な教育を実施します。オンライン英会話（外国人とのマンツーマンの英会話）も毎日実施します。〈＊Collaborative Online International Learning〉

環境・施設設備

2011年に新校舎が完成しました。教室や廊下は木の温もりを感じる板張りで、水戸藩藩校「弘道館」から引き継いだ漢書を含む6万5千冊以上の蔵書を誇る図書館をはじめ自習室、理科実験棟などがあります。このほか宿泊学習や各部の合宿が可能な合宿所「求道館」や体育館、3つのグラウンド、テニスコート、柔道場、剣道場、弓道場、トレーニングルームなどを備えています。

学校行事・クラブ活動

中学校は体育祭、林間学校、奈良京都方面の研修旅行、高校ではカナダ・シンガポール・台湾への海外研修旅行（行き先は選択制）、文化祭などを実施。このほか創立記念マラソン大会、百人一首かるた大会、合唱発表会など様々な行事があります。

クラブ活動は、運動部、文化部ともに活発です。運動部の一部を除き、中高一体となってレベルの高い活動をしています。

データファイル

■2024年度入試日程

中学校

募集人員		出願期間	試験日	発表日	手続締切日
1回A	約110	Web10/16～11/23	12/2	12/8	12/12
B	約20		12/3	12/8	12/12
2回A・B	約30	Web10/16～1/22	1/28	2/2	2/6

高等学校

募集人員		出願期間	試験日	発表日	手続締切日
推薦	約80	Web11/1～12/8	1/9	1/12	1/15
一般			1/16	1/24	3/13

■2024年度選考方法・入試科目

中学校

A方式：4科※1回専願は評価点（検定等）を加算
B方式：適性Ⅰ・Ⅱ、面接（1回のみ）
〈配点・時間〉国・算＝各150点60分　理・社＝各100点40分　適性Ⅰ・Ⅱ＝各100点45分
〈面接〉1回B方式のみ　生徒グループ　重視

高等学校

推薦：国語・数学・英語（各100点・40分）、面接、作文（800字、出願時に提出）**【出願条件】**内申9科36以上または9科34以上＋特別活動
一般：国語、数学、英語、社会、理科
〈配点・時間〉一般コース：国・数・英・理・社＝各100点50分　国際教養コース：英180点50分　国・算・理・社＝各80点50分
〈面接〉推薦のみ　生徒個人　重視

■指定校推薦枠のある主な大学

早稲田大　東京理科大　明治大　立教大　中央大　法政大　学習院大　成蹊大　芝浦工業大　津田塾大　日本歯科大　獨協医科大　同志社大　など

■2023年春卒業生進路状況

卒業生数	大学	短大	専門学校	海外大	就職	進学準備他
226人	167人	1人	3人	1人	0人	54人

■2023年度入試結果

中学校　男／女

募集人員		志願者数	受験者数	合格者数	競争率
1回A	約110	123/143	123/142	84/108	1.5/1.3
B	約20	79/56	79/54	43/39	1.8/1.4
2回A	約30	31/25	23/18	17/14	1.4/1.3
B		13/9	10/5	7/3	1.4/1.7

高等学校　男／女

募集人員		志願者数	受験者数	合格者数	競争率
推薦	80	15/22	15/22	14/21	1.1/1.0
一般		488	481	337	1.4

入試説明会　すべて要予約、詳細はHPにて
★中学校　10/22（水戸）10/28（日立）
★高等学校　10/7 10/17（イブニング）
土曜見学会（中高）　9/9 10/21 11/4 11/25（中のみ）12/16 1/20（中のみ）2/3

見学できる行事
文化祭（高校）・体育祭（中学）　6月（終了）

説明会・行事等は日程・内容が変更される場合があります。必ず学校HP等でご確認ください

茨城
（え）

江戸川学園取手中学校高等学校

〒302-0025　茨城県取手市西1-37-1　☎0297-74-8771（代）　学校長　山本　宏之

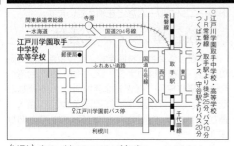

〈URL〉http://www.e-t.ed.jp/

沿革　昭和53年（1978）江戸川学園取手高等学校設立。同62年（1987）江戸川学園取手中学校を併設。平成26年4月小学校が開校。同29年（2017）、創立40周年を迎えました。

校風・教育方針

　「規律ある進学校」として、心力・学力・体力のバランスのとれた三位一体の教育を行い、新しい時代にふさわしい「心豊かなリーダーの育成」をめざしています。

カリキュラムの特色

　江戸取は「授業が一番」をモットーに、授業重視を貫いています。2009年度から教科の特色を生かした画期的な新カリキュラムを導入しました。45分授業を基本とし、それに100分授業を組み合わせて展開されています。

　また、土曜日を原則隔週登校としています。特に100分授業では、数学や英語などの難問や論述問題を扱うことが可能になり、効果的に授業を進めることができます。理科では充実した実験が実施できます。

　生徒は授業においても高い集中力を保ち、熱心に授業を受けています。その授業中心の学習姿勢こそが難関大合格への鍵となります。

　2023年度大学入試では、東京大学4人、北海道大学5人、東北大学2人、大阪大学1人、筑波大学12人、東京工業大2人、一橋大1人など国公立大学94人、早慶上理201人が合格し、多くの難関大学へ進学しています。また、医学部医学科へは、国公

立大学医学部へ18人、私立大医学部へ80人で合わせて98人が合格し、多くの生徒が医師への道を切り開いています。

国際教育

　国際色豊かな人間を育成するために、カナダ（高校）への修学旅行（5月に実施）やオーストラリア・ニュージーランドへの短期留学制度（夏休み）、アメリカメディカルツアー（夏休み）、ハーバード大学やマサチューセッツ工科大学、国連本部などを訪問するアメリカアカデミックツアー（春休み）があります。

環境・施設設備

　都心より40分の位置にありながら、利根川が眼前に広がる素晴らしい環境にあります。また、さまざまな研究機関が存在する研究学園都市を控えた新文教圏として、注目を集めています。

　1,300席（メモ台付）からなるオーディトリアム（大講堂）には、100台のパソコンを備えたインターネットホール、中高のスタディルーム、カンファレンスルームがあります。また、理科実験室5室、図書館を含む自然科学棟、食堂を兼ねた500席の机・イスを備える「コミュニティホール2001」があります。そして第1・第2グラウンドに加えて、2020年4月には新体育館Sakura Arenaも完成し、教育施設は大変充実しています。

生活指導・心の教育

　進学指導だけではなく、心の教育を重視しています。その1つが道徳教育であり、道徳の授業に

今春の進学実績については巻末の「高校別大学合格者数一覧」をご覧ください

2期制　登校時刻 8:30　昼食 弁当持参、食堂　土曜日 隔週登校

よって人間性を高めるとともに、ディスカッションを通してみんなの前で発表する力や、他人の意見をしっかり聞く力が養われます。またノートに感想文をまとめて提出することで、考える力、書く力が培われます。実践面においては「5つの心の誓い」（感謝・思いやり・努力・忍耐・不正をしない）を大切にしています。

さらに、生徒による校則改定委員会により校則の見直しが進んでおり、規律は他者への思いやりという方針のもと、自律を促す教育を行っています。

学校行事・クラブ活動

紫峰祭（学園祭）、体育祭など、学園全体の行事が多いのが特色です。イベント教育として、著名人の講演会やクラシックコンサートや能や観劇会などを、年数回実施しています。

クラブ活動は、硬式野球、アメフト、バレーボール、サッカー、バスケットボール、硬式テニス、ディベート、美術、茶道、書道、吹奏楽、演劇などの各部・同好会が活動しています。

データファイル

■2024年度入試日程

中学校

募集人員		出願期間	試験日	発表日	手続締切日
適性型	40	11/1〜12/15	12/16	12/19	12/20
1 回	180	11/1〜1/16	1/17	1/18	1/19
2 回	70	11/1〜1/24	1/25	1/27	1/29
3 回	30	11/1〜2/4	2/5	2/6	2/7

〔募集人員〕東大ジュニアコース80、医科ジュニアコース80、難関大ジュニアコース160（内部進学者を含む）

高等学校　＊1回はアドミッション方式あり

募集人員		出願期間	試験日	発表日	手続締切日
1 回	医科20東大20	11/1〜1/10*	1/15	1/16	1/17
2 回	難関大100	11/1〜1/17	1/20	1/22	1/23

■2024年度選考方法・入試科目

中学校

1〜3回：5科（4科＋英）か英語型（国・算・英）か適性型（2回のみ）

適性型：適性A・B（各100点50分）、英語、質問シート

〈配点・時間〉国・算＝各100点50分　理・社＝計100点60分　英語（5科・適性）＝50点20分　英語（英語型）＝100点60分

高等学校

5科か3科（英語はリスニングを含む）
アドミッション方式（医科・東大・難関大コース）は面接あり

※入試区分はアドミッション方式・一般・特待単願

〈配点・時間〉国・数・英＝各100点60分（3科の数・英は各150点）　理・社＝各50点40分

※英語重視方式は英200点、5科の他教科各50点、3科の他教科各100点

〈面接〉生徒グループ　重視

■指定校推薦枠のある主な大学

慶應義塾大　早稲田大　東京理科大　法政大　明治大　立教大　中央大　青山学院大　学習院大　津田塾大　北里大　東京女子大　日本女子大など

■2023年春卒業生進路状況

卒業生数	大学	短大	専門学校	海外大	就職	進学準備他
412人	348人	0人	1人	0人	0人	63人

■2023年度入試結果

中学校　男／女　スライドを含む

募集人員		志願者数	受験者数	合格者数	競争率
適性型	30	185/223	182/218	53/57	3.4/3.8
1 回	180	410/350	393/330	239/162	1.6/2.0
2 回	60	296/286	199/204	104/96	1.9/2.1
3 回	30	247/238	100/103	10/15	10.0/6.9

高等学校　男／女　帰国生を含む　＊はスライドを含む

募集人員		志願者数	受験者数	合格者数	競争率
医科アド		8/7	8/7	6/5	1.3/1.4
一般1回	30	24/29	24/28	9/9	2.7/3.1
2 回		22/25	16/15	5/5	3.2/3.0
東大アド		6/6	6/6	6/6	1.0/1.0
一般1回	30	84/53	84/53	27/20	3.1/2.7
2 回		73/47	56/29	14/4	4.0/7.3
難関大推薦		18/20	18/20	18/20	1.0/1.0
一般1回	80	134/101	203*/153*	166*/123*	1.2*/1.2*
2 回		85/65	106*/76*	48*/36*	2.2*/2.1*

医科アドミッションは難関大へ男女各2人スライド

学校説明会　要予約

★中学校　9/3 9/9 9/16(御茶ノ水) 9/18 10/21 11/3 11/18 12/3
★高等学校　9/16(御茶ノ水) 10/7 10/28 11/25
学校見学は随時可（要予約）

見学できる行事

紫峰祭　10/14・10/15

説明会・行事等は日程・内容が変更される場合があります。必ず学校HP等でご確認ください

茨城か

開智望中等教育学校
かい ち のぞみ

大

〒300‐2435　茨城県つくばみらい市筒戸字諏訪3400　☎0297‐38‐8220　学校長　渡邉　英樹

〈URL〉https://nozomi.kaichigakuen.ed.jp/secondary/

沿革　平成27年（2015）開智望小学校開校、同30年（2018）国際バカロレアPYP（初等教育プログラム）認定校に承認。令和2年（2020）開智望中等教育学校が開校。同4年（2022）国際バカロレアMYP（中等教育プログラム）認定。DP（ディプロマプログラム）認定予定（2023‐2024）。

校風・教育方針

　「平和で豊かな世界の実現のために貢献する、創造力・発信力・コミュニケーション力を持ったリーダー」の育成を理念に掲げています。学習指導要領に国際バカロレアの教育プログラムを取り入れた新しい教育課程のもと、1クラス24人の少人数教育を行っています。開智学園が取り組んできた「探究型の学び」「グローバル社会に通用する英語学習」「最新の機器を駆使しICTを活用した授業」「探究型のフィールドワーク」「哲学対話やワークショップ型の道徳」に、バカロレア教育の良さを加味し、高い志を持ち、専門分野で社会貢献できるリーダーを育てます。

カリキュラムの特色

　中1から高1までは学習指導要領と国際バカロレアMYPの学びを取り入れ、知識と理論をしっかり学ぶ対話型の授業と、皆で考えながらよりよい解を導いていく探究型授業で学びます。教科を横断した探究型の学びと、教科領域の習得型の学び、繰り返し学習で記憶にとどめる反復型の学びを軸にして、4年間で圧倒的な基礎学力と知識の活用力を身につけ、質の高い探究型学習の基礎を

つくります。週34時間の教科の授業と授業中の確認テスト、放課後の補習、夏期講習や冬期講習、ICTのアプリを使った家庭学習によって基礎学力の強化を図るとともに、フィールドワークや自分で決めたテーマに取り組む「探究活動」を通して、知識の活用力を育成します。また、単元ごとにルーブリック評価や定期テスト、外部テストを実施し、自分の学力・理解力を客観的に確認しながら、確実な学力を身につけていきます。

　高2、高3は、めざす進路にあわせて「GLA（グローバル・リベラルアーツ）コース」「GMS（グローバル・メディカル＆サイエンス）コース」と、海外の大学をめざす「DP（ディプロマ・プログラム）コース」を編成。問題解決力と応用力、学力をより伸ばすためのカリキュラムを組み、大学進学教育を行います。

英語力の育成

　一つのコミュニケーションツールとして英語を活用できるよう、プロジェクトベース型かつAll Englishまたはバイリンガルで授業を行っています。また、夏季英語研修（希望制）や海外フィールドワーク（高2）を実施し、実際に英語を使用する場を設定します。

環境・施設設備

　つくばエクスプレス守谷駅で関東鉄道常総線に乗り換えてひと駅の「新守谷駅」から徒歩1分の場所に、6万平方メートルのキャンパスがありま

す。冷暖房が完備されており、４つの理科教室や
ICT教室、50m×50mの大体育館や人工芝の第一
グラウンドなど、新しい校舎・施設で学びます。

合唱祭・Project発表会など、ほぼ全ての行事は
実行委員会を立ち上げて企画・運営を進めます。

部活動・同好会としては、テニス、バレーボール、バスケットボール、ダンス、イラスト、家庭科、ボードゲーム、文芸、写真などが活動し、毎年新しい部活動・同好会が企画されています。

生活指導・奉仕活動

探究型の学びの一環として、教科の学びや探究によって獲得した知識がどのようにして実社会につながるのかを考えて実践する奉仕活動を行っています。小さな規模からチャレンジを始め、身近な人々への奉仕活動から、グループでの社会貢献へと経験を重ねます。高２では国際バカロレアDPのコアカリキュラムの１つとして、これまでのすべての学びを活用する形で全員が実践。卒業後に自分の得意を生かし他者に貢献する人材となるための大切な過程となっています。

学校行事・クラブ活動

体育祭・望祭（文化祭）・フィールドワーク・

データファイル

■2024年度入試日程

募集人員		出願期間	試験日	発表日	手続締切日
一般型	約10	12/1～1/16	1/17	1/17	
専願型	約15	11/1～12/8	12/9	12/9	
適性検査型	約15	11/1～12/15	12/16	12/20	専願12/15 その他2/9
開智併願型	約10	12/1～1/14	1/15	1/15	
日本橋併願型	若干	12/1～2/3	2/4	2/4	
帰国生	若干	11/5～11/20	11/23	11/23	

〔開智併願型入試〕開智中学校第２回入試を利用して開智望中等教育学校の合否を判定
〔帰国生入試〕開智日本橋学園中学校の同入試を利用して開智望中等教育学校の合否を判定
〔日本橋併願型入試〕開智日本橋中学校の第４回入試を利用して開智望中等教育学校の合否を判定

■2024年度選考方法・入試科目

一般型：２科か４科の選択
専願型：国語、算数、面接
適性検査型：適性検査Ⅰ（100点45分）、適性検査Ⅱ（100点45分）、面接
開智併願型：国語、算数、理科、社会
日本橋併願型：２科か４科の選択
帰国生：国語、算数、英語エッセイライティング（各100点50分）、口頭試問・面接（英語・日本語）
〈配点・時間〉国＝100点50分　算＝120点60分（帰国生は100点50分）　理・社＝各60点30分（日本橋

併願型は各50点25分）
〈面接〉専願型、帰国生入試は生徒個人　適性検査型は生徒グループ

■2023年度入試結果

募集人員		志願者数	受験者数	合格者数	競争率
1回	約10	32	18	9	2.0
2回	若干	24	7	3	2.3
専願型	約10	12	12	10	1.2
適性検査型	約15	53	49	39	1.3
開智併願型	約15	627	341	291	1.2
帰国生	若干	16	16	15	1.1

▼▼入試アドバイス・学校からのメッセージ

入学試験の成績が特に優れている受験生に対し、特待生として教育支援金を給付する制度があります。次年度以降は審査を経て継続します。

（学校説明会）要予約・オンライン配信あり
9/9 10/7
入試説明会　11/4 11/12
適性検査型入試対策会　12/24
学校見学は随時可（要予約）
（見学できる行事）
望祭（文化祭）　2月（今年度は公開未定）

説明会・行事等は日程・内容が変更される場合があります。必ず学校HP等でご確認ください

つくばみらい市

中教

共学

茨城 か

霞ヶ浦高等学校
kasumigaura （かすみがうら）

〒300-0301 茨城県稲敷郡阿見町青宿50 ☎029-887-0013 学校長 下田 陽一郎

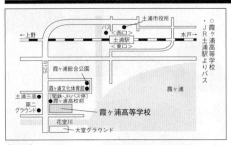

〈URL〉https://www.kasumi.ed.jp/houjin/

沿革 昭和21年(1946)私立霞ヶ浦農科大学(現・茨城大学農学部)併設霞ヶ浦農業学校として土浦海軍航空隊跡地に創立。同24年(1949)、霞ヶ浦高等学校と改称、農業科に併せて普通科を設立して独立。平成16(2004)年度より男女共学となりました。2009年4月、併設霞南至健中学校が開校。2017年、霞ヶ浦高等学校附属中学校に名称を変更。2023年中学校募集停止。

校風・教育方針

校訓は、至誠・自由・責任・勤勉・敬愛です。そして「社会を構成する自立した人間を育成」「生きる力となる学力の獲得」「豊かな人間性の涵養」を教育目標にしています。生徒一人ひとりを、21世紀の変化の激しい時代でも自ら学び、主体的に判断・行動しながら、自分の考えを表現できるコミュニケーション能力を持った社会性のある人間に育てます。生徒が主役の学校です。

カリキュラムの特色

大学入試改革に対応できるよう、「授業」「ICT」「探究活動や自己表現」の3つを中心に、改革を進めて実践しています。

2015年より3コースを設置し、2023年度より一部改編しました。

◆**特進選抜コース**

少数精鋭によるクラス編成でハイレベルな学習環境で国公立・難関私立大学を目指します。進路に応じた柔軟なカリキュラムで生徒の意欲をサポートします。

◆**特進コース**

中堅以上の私立大学進学を目指しながら、クラブ活動との両立を高いレベルで実現します。多様な入試スタイルを選択できます。

◆**総合進学コース**

大学・専門学校・就職等多様化する生徒の進路ニーズに対応し、基礎学力の確かな定着を図りながら目標達成に努めます。

環境・施設設備

全教室冷暖房を完備しています。最新型のパソコンを設置したコンピュータ室、生きた英語演習ができるLL教室、5万冊の蔵書数を誇る県内高校随一の図書室などがあります。

体育施設は、県内でも有数の充実した施設が整っています。明るく広々とした総合体育館は、バスケットコート2面を擁します。講堂としても活用しています。屋内運動場は、1階がレスリング場(マット2面)、2階が音楽ホールとなっています。このほか、プール、特別合宿所、武道館、硬式野球グラウンド、硬式テニスコート、ソフトテニスコートなどがあります。

総合グラウンドの整備 大室グラウンドには、人工芝サッカーコート2面があり、2019年7月にはクラブハウスが完成し、2021年に陸上グラウンドが完成しました。第1グラウンドは、2018年7月に硬式野球部室内練習所を設置しました。

専用スクールバス 遠方から通学する生徒のために、登校・下校時にスクールバスを運行しています。

今春の進学実績については巻末の「高校別大学合格者数一覧」をご覧ください

稲敷・美浦ルート、守谷ルート、龍ヶ崎・牛久ルート、つくばルートの4つです。

国際教育

英語検定試験取得をサポート　英検を始め、各種検定試験の取得を奨励しています。英検は2級以上取得に向けて、朝補習・放課後補習などで指導しています。2次試験対策にはマンツーマン個別指導を行っています。このほかにも、オンライン英会話等、英語学習の機会を増やす予定です。

充実した短期留学プログラム　2つのプログラムを用意しています。「ニュージーランド短期留学プログラム」では、現地に約3週間ホームステイします。現地の学校の授業に参加し、パートナーの生徒と過ごしたり、ホームステイ先で現地の文化に触れたりします。「カナダ短期留学プログラム」では、UBC生徒寮に約2週間滞在します。「学ぶ・遊ぶ・体験する」を実現するプログラムで、午前中に英語学習を行い、午後は多様なアクティビティに参加。世界各国から集まった学生とコミュニケーションをとることができます。

生活指導・心の教育

　服装や身だしなみ、あいさつ等の基本的な生活指導を徹底するとともに、21世紀のキーワードは「こころ」であるとし、教師と生徒とのコミュニケーションを大切にしています。このような社会のニーズに応えた21世紀にふさわしい教育を実践していきます。

学校行事・クラブ活動

　ウェルカムキャンプ（1年）、遠足、球技大会、体育祭、帆掛祭（文化祭）、沖縄と海外（選択）への修学旅行（2年）など、3年間を彩る、多彩なイベントを実施しています。

　クラブ活動は、スポーツ部に、テニス、硬式・軟式野球、バドミントン、バスケットボール、陸上、サッカー、卓球、柔道、水泳、ソフトテニス、ハンドボール、剣道、弓道など19部があります。ヨット部は、先輩たちがオリンピックに4回出場し、メダリストを輩出している伝統ある部です。レスリング部も、オリンピックメダリストを輩出しています。バレーボール部は春高バレーに15回出場しています。また多くの部活動が全国大会に出場し、それぞれ輝かしい成果を収めています。文化部は、将棋、写真、演劇、放送、グローバルスタディーズクラブ、自然科学、軽音楽、図書、書道、美術、調理同好会、PC同好会、JRCボランティア同好会があり、写真部は全国展出展、将棋部は関東大会準優勝、吹奏楽部は東関東大会出場などの実績があります。

阿見町 高 共学

データファイル

■2024年度入試日程

募集人員	出願期間	試験日	発表日	手続締切日
推薦	}480 11/1～12/5＊	1/9	1/12	1/19
併願推薦・一般		1/21	1/29	単願2/5※

募集人員は内部進学者を含む

＊出願書類は郵送（12/15消印有効）、あるいは窓口受付（12/14・12/15）

※併願推薦は3/5、一般併願は公立発表日翌日まで

■2024年度選考方法・入試科目

推薦：書類審査、国語・英語・数学（各100点各45分）、面接

併願推薦型（千葉県生対象）・一般：国語、数学、英語（リスニング含む）、社会、理科　※記述式
〈配点・時間〉国・数・英・理・社＝各100点50分
〈面接〉推薦のみ　生徒グループ　重視

※いずれの入試も、英検取得者は加点あり（3級は10点、準2級は20点、2級は30点）。

■指定校推薦枠のある主な大学

学習院大　駒澤大　拓殖大　東京電機大　東洋大　二松学舎大　日本大　日本女子大ほか

■2023年春卒業生進路状況

卒業生数	大学	短大	専門学校	海外大	就職	進学準備他
393人	226人	17人	109人	0人	31人	10人

■2023年度入試結果

募集人員		志願者数	受験者数	合格者数	競争率
推薦	}480	179	179	179	1.0
一般		1,786	1,741	1,585	1.1

入試説明会　要予約
10/14　10/28　11/11
個別相談会　10/31　11/1　11/2　11/29　11/30

説明会・行事等は日程・内容が変更される場合があります。必ず学校HP等でご確認ください

茨城
し

  # 常総学院中学校高等学校

じょう そう がく いん

〒300-0849　茨城県土浦市中村西根1010　☎029-842-0708(中)・8771(高)　中学校長　坂田 英一　高等学校長　壁谷 恵

高等学校校舎

〈URL〉https://www.joso.ac.jp/

沿革　1905年（明治38）常総学院創立、戦況の悪化に伴い1943年（昭和18）閉鎖。同校の名称を継承し、1983年（昭和58）学校法人常総学院認可、高等学校開校。1996年（平成8）中学校が開校。

校風・教育方針

常総学院では、社会に貢献するリーダーの育成を教育目標とし、真のエリートを育てるために、育てたい能力JOSO Core Skillと育てたい資質JOSO 未来 Skillを掲げています。建学以来の伝統を礎に、一方で時代の変化にも対応できる能力の育成を推進します。魅力的な特色のあるコースを用意し、皆さんの思い描く夢を具現化するために、多彩な面からサポートしていきます。

カリキュラムの特色

中学の英語教育は、文法・読解の授業が週5時間と、ネイティブスタッフによる少人数制英会話を週4時間実施し、4技能をバランスよく育成します。探究フィールド活動では、医学・科学・人文の3つのフィールドに分かれ、キャリアアップ講座や校外学習などの課外活動を通して、進路や社会への興味・関心を深めます。これらの活動に

中学校校舎

ICTを活用するのはもちろん、常総学院独自のプログラムで2日間実施するプログラミング授業を通して、専門的なものづくりも体験します。

高等学校は、生徒一人ひとりの目的達成のため、以下のようにコース設定をしています。特進選抜コースは難関国公立大学入試に対応したカリキュラムを編成し、旧帝大をはじめとする国公立大学への合格をめざします。主要5教科をバランスよく配置した授業と指名制・希望制の特別講座を開講。進学選抜コースは、プログレスとフロンティア2つのコースに分かれていて受験時に選択できます。プログレスは、発展的なカリキュラムで、多様なニーズに対応し、難関私立大学や国公立大学への合格をめざします。学習中心の特別講座に加え「探究活動」も充実させ、多様な入試形態に対応。フロンティアは、オールラウンドに挑戦し、有名大学への進学をめざします。放課後には、希望制で多彩な特別講座を受講できます。3年次にはそれぞれの希望先に対応したカリキュラム編成をし、重点的に受験指導を行います。一方、部活動に専念し、3年間の活動実績によって四年制大学進学をめざすことも可能です。

東京大学ならびに医学部医学科を中心とする超難関大学合格に向けて、入学試験での成績最上位者（上限30人）を選抜した「エクセレントクラス」を2020年度より新設しました。

環境・施設設備

校地は約9万4千平方メートルの広さ。中学校舎、体育館、高校校舎、グラウンド（サッカー場、ラグビー場）などがあります。図書館は蔵書3万

今春の進学実績については巻末の「高校別大学合格者数一覧」をご覧ください

冊、朝7時半から夜7時45分まで利用できます。ラウンジは、休み時間は生徒たちの歓談の場として利用され、放課後は勉強を教え合う姿が見られます。昼食は完全給食制度で、月曜から土曜まで栄養士がバランスを考えた献立を用意しています。

生活指導・心の教育

規則正しい生活習慣を確立し、落ち着いて学習できる環境づくりをめざしています。また、コミュニケーション能力とロジック力の向上を目的とし、テーマハッカソンと自分プレゼン、さらに2019年度からは生徒たちが1冊好きな本を持ち寄り、書評を展開しあうビブリオバトルを行っています。この活動を通して、グローバルな視点を持ち、リーダーシップを発揮し、社会貢献することを喜びと感じる卒業生を多数輩出できるよう、心

の教育に取り組んでいます。

学校行事・クラブ活動

多様な行事が1年を彩ります。中学1年次に国内留学(TOKYO GLOBAL GATEWAY)、2年次に広島京都国内研修、3年次はニュージーランド海外研修を実施。高校1年次に林間学校、2年次は修学旅行を行います。

中学はドローンなど最新機器を活用するPCプロジェクトや高校生から指導を受けるスポーツプロジェクトなど、サークルと委員会が融合した11団体があります。高校は運動系21、文化系14の部が活動中。運動系は全国大会、関東大会で好成績を挙げる強豪ぞろい。なかでも野球部は春夏の甲子園大会で優勝実績があります。文化系は吹奏楽部が全国大会で金賞をたびたび受賞しています。

土浦市

中

共学

高

共学

データファイル

■2024年度入試日程

中学校

募集人員		出願期間	試験日	発表日	手続締切日
適性検査型	40	11/1～11/27	12/2	12/6	2/7
推薦・専願	70	11/1～12/6	12/9	12/12	12/18
1回	40	11/13～12/25	1/8	1/11	2/7
2回	10	1/11～1/23	1/25	1/27	2/7

高等学校　募集人員は内部進学を含む

募集人員		出願期間	試験日	発表日	手続締切日
推薦	290	11/1～12/4	1/9	1/12	1/26
一般・併願推薦	310	11/1～12/4	1/16	1/24	3/13

■2024年度選考方法・入試科目

中学校

適性検査型：適性検査Ⅰ・Ⅱ（各100点45分）、面接
推薦・専願：2科（英検や数検などの取得条件により1科選択可）、面接
一般1回：4科　**一般2回**：2科か4科
〈配点・時間〉国・算＝各100点50分　理・社＝各50点30分　〈面接〉推薦は生徒個人　重視　適性は生徒グループ　参考

高等学校

推薦：3科（記述式）、面接
一般：5科（記述式）
〈配点・時間〉国・数・英・理・社＝各100点50分　〈面接〉推薦のみ生徒グループ　参考

■指定校推薦枠のある主な大学

早稲田大　上智大　東京理科大　青山学院大　明治大　立教大　中央大　学習院大　法政大　芝浦工業大　成蹊大　東京女子大など

■2023年春卒業生進路状況

卒業生数	大学	短大	専門学校	海外大	就職	進学準備他
565人	517人	1人	2人	0人	1人	44人

■2023年度入試結果

中学校　スライド合格あり

募集人員		志願者数	受験者数	合格者数	競争率
適性検査型	40	749	737	607	1.2
推薦・専願	70	47	46	40	1.2
1回	40	144	140	107	1.3
2回	10	57	54	40	1.4

高等学校　推薦の募集人員には内部進学含む

募集人員		志願者数	受験者数	合格者数	競争率
推薦	290	148	148	146	1.0
一般	310	3,180	3,136	2,830	1.1

入試説明会　要予約

- ★中学校　10/7　11/18
- 　柏の葉会場　11/23
- 　オンライン　11/25
- ★高等学校　10/21　11/3　11/18
- 常総学院チャレンジテスト　9/24
- 授業見学会　フロンティア9/16　プログレス10/7　特進選抜10/14
- 特進選抜コース説明会　2/3
- 中高ともに学校見学は随時可（要電話予約）

見学できる行事

常友祭（文化祭）　11/12

説明会・行事等は日程・内容が変更される場合があります。必ず学校HP等でご確認ください

茨城
つ

つくば国際大学高等学校

〒300-0051　茨城県土浦市真鍋1-3-5　☎029-821-0670　学校長　横島　義昭

〈URL〉https://www.tiuh.ed.jp

沿革　昭和21年（1946）土浦第一高等女学校開校。昭和27年（1952）土浦第一女子高等学校と名称変更。平成10年（1998）つくば国際大学高等学校土浦校舎と名称変更。平成15年（2003）男女共学化。平成21年（2009）つくば国際大学高等学校に名称変更。令和2年（2020）家政科募集停止。

校風・教育方針

創立の理念を「白梅」に託しています。

寒苦風雪に耐え、百花に先駆けて花開き、やがて立派な実を結ぶ。この「白梅の花実両全の姿」を教育の理想としています。

つくば国際大学高等学校は、2020年度から生徒一人ひとりが未来に向かって、さらに前進（アドバンス）できる学校：「アドバンススクール」（愛称）に移行し、自分を生かし「社会の役に立つ人材」を育成する学校、厳しい時代を生き抜くための「生きる力」を身に付けられる学校、地域に根差し地域に信頼され愛される学校を目指しています。

具体的には、「キャリア教育の充実」、「併設大学・短大との連携強化」、「確かな学力の育成」、「豊かな人間性の育成」、「国際教育の推進」、「地域貢献活動の推進」を重点目標に掲げてさまざまな取り組みを実施しています。

カリキュラムの特色

キャリア教育をさらに充実させるために、2年生から2コース・5エリア制の選択となります。

コースについては、自分のキャリア実現に向けた学習ができるよう、次の2コースを設置しています。

・**キャリア特別進学コース**
難関大学への進学を目指します。

・**キャリア探究進学コース**
大学・短大・専門学校への進学や就職を目指します。

エリアについては、基礎学力の定着を重視しつつ、興味・関心や進路希望に応じた学習ができるよう次の5つのエリアを設置しています。

「メディカルエリア」…医療、看護、保健系の進学を目指します。

「生活デザインエリア」…保育、福祉、服飾、食物系の進学を目指します。

「カレッジエリア」…文系や理系の大学への進学を目指します。

「地域デザインエリア」…地域との関わり、地域の創造に関わる職業を目指します。

「エキスパートエリア」…情報処理、美容、自動車整備などの資格取得や検定試験合格を目指します。

どちらのコースからでも好きなエリアを選ぶことができます。

環境・施設設備

スクールバスについては、八千代・下妻コース、新利根・江戸崎コース、坂東・つくばみらいコースの3コースで運行しています。

運動施設が充実しており、テニスコート、野球

今春の進学実績については巻末の「高校別大学合格者数一覧」をご覧ください

| 2学期制 | 登校時刻 8:30 | 昼食 弁当持参、売店 | 土曜日 休日 |

場、サッカー場などがあります。

学校行事・クラブ活動

　年間を通じて、さまざまな行事を実施しています。クラスが一丸となって取り組む好文祭（文化祭）をはじめ、クラスマッチ、芸術鑑賞会など、多くの感動体験によって充実した高校生活を送ります。

　部活動は、人間としての幅と可能性を広げる貴重な体験の場として、力を入れています。23の部活動・同好会などがあり、それぞれの活動は年々活発になっています。特に、硬式野球、柔道、バドミントン、ソフトテニス、サッカー、ラグビー、バスケットボール、バレーボールなどの部を強化しています。このほか、運動系として剣道、卓球、陸上競技など。文化系には、吹奏楽、茶道、

ファッション＆クッキング、パソコン、文芸、軽音楽、書道、写真メディア、ダンス同好会、ライフル射撃同好会などがあります。

データファイル

■2024年度入試日程

募集人員	出願受付期間	試験日	発表日	手続締切日
推薦 一般	普240	12/11〜12/15	1/9	1/12	1/18
			1/20	1/29	単2/2※

※併願の手続き締切日は3/13

■2024年度選考方法・入試科目

推薦：

一般推薦・部活動推薦・部活動特別奨学生－書類審査、面接、作文（400字40分）
学業特別奨学生－書類審査、学力試験／国語、数学、英語（記述式）、面接
【出願条件】学業特別奨学生は評定3.0
一般：国語、数学、英語（マークシート方式）
単願のみ面接あり
〈配点・時間〉国・数・英＝各100点50分
〈面接〉生徒個人　きわめて重視

■2023年春併設大学・短大への進学

つくば国際大学－5（医療保健）
つくば国際短期大学－8（保育）

■指定校推薦枠のある主な大学

東京家政大　文化学園大　江戸川大　開智国際大
千葉商科大　中央学院大　東京情報大　明海大
麗澤大　常磐大　流通経済大　など

■2023年春卒業生進路状況

卒業生数	大学	短大	専門学校	海外大	就職	進学準備他
143人	46人	9人	58人	0人	29人	1人

■2023年度入試結果

募集人員		志願者数	受験者数	合格者数	競争率
推薦	男	30	30	30	1.0
	女	20	20	20	1.0
単願	男	29	29	27	1.1
	女	10	10	9	1.1
一般	男	976	951	935	1.0
	女	731	700	690	1.0

（募集人員 240）

▼▼入試アドバイス・学校からのメッセージ

一般入試は3会場に分かれて実施します。会場は受験票に明記されていますので、よく確認し、間違えないよう注意してください。

| 入試説明会 （要予約・当日は上履き持参） |
| 11/11　11/18　11/25 |
| 個別相談会 （要予約・当日は上履き持参） |
| 11/19　11/26 |
| 部活動体験会 （要予約） |
| 9/2(男女バドミントン) |

※申し込みはHP

説明会・行事等は日程・内容が変更される場合があります。必ず学校HP等でご確認ください

中等教育学校 共学　大 短

土浦日本大学中等教育学校
（つちうらにほんだいがく）

〒300-0826　茨城県土浦市小松ケ丘町4-46　☎029-822-3386(代)　029-835-3907(情報入試)　学校長　堀切　浩一

〈URL〉https://www.tng.ac.jp/
〈E-mail〉sec-sch@tng.ac.jp

沿革　昭和38年（1963）日本大学の付属高校として土浦高等学校設立。翌年、土浦日本大学高等学校と改称。平成15年（2003）土浦日本大学中学校が開校。同19年（2007）土浦日本大学中学校を廃止し、茨城県初の中等教育学校として土浦日本大学中等教育学校が開校。

校風・教育方針

入学から卒業まで一貫した教育のもと、6年間かけて、生徒の可能性を着実に引き出し、世界で活躍するリーダーを育むことを目指します。教育方針は、「多様化する世界において格差を乗り越え、国際社会に貢献できる人材の育成」。さらに教育理念として3つのリスペクトを掲げ、「自分を信じ、大切にすること」「自分以外の人を、尊重すること」「自然をいつくしみ、感謝の気持ちを持つこと」を生徒指導上の標語としています。

カリキュラムの特色

高校受験のための勉強の負担がない6年一貫教育のメリットを生かし、6年を2年間ごとに3つのターム（Foundation Term〈1・2年〉/Academic Term〈3・4年〉/Bridging Term〈5・6年〉）に分けています。1年次は校長が担当する対話型の授業「グローバル・エシックス」を通して多様性の理解と思考力やリテラシーを育成。各タームの到達目標とリンクした宿泊をともなう国内研修・海外研修、教科学習、総合学習は、「調査→分析→整理→理解」を進める「リサーチ学習」に

よって、学習内容を確実に身につけます。このように、様々な視点から多角的な知が育まれていきます。

教科では英語学習に力を入れ、様々な国籍の外国人教師と経験豊富な日本人教師の指導により実践的な英語スキルを磨き、海外研修によって異文化を理解し共感しあえる教養を身につけます。理科は実験を重視し、レポート作成やプレゼンテーションを通じて論理的な考察力を養います。情報教育は、全員がタブレットPCを使うICT教育を実践します。ICTの高度な技術を身につけ、調べ学習やレポート作成、プレゼンテーション、理科実験データの分析にもPCを活用しています。

理系インタークラスは1・2年次の成績と志望理由、学力テスト、グループディスカッション等で選抜し、医歯薬獣医学部・最難関理系大学受験に特化したカリキュラムを学習しています。

国内研修・海外研修

国内研修は1年次に蓼科研修、京都・奈良研修、3年次に広島研修を実施します。蓼科研修で土浦日本大学中等教育学校の生徒としての自覚とスタディスキルを形成。京都・奈良研修では日本の歴史・文化への理解を深め、それを英語で伝える力を養成します。広島研修では近代日本の歴史学習と世界平和を考えます。

海外研修は2年次にイギリスで約4週間の寮生活を体験。実践的な英語コミュニケーション能力を育むとともに、精神的自立を促します。4年次にはアカデミックな環境が整ったケンブリッジで2週間の研修を実施。リサーチ学習を取り入れ、

今春の進学実績については巻末の「高校別大学合格者数一覧」をご覧ください

滞在中の調査に基づいて帰国後に論文を作成し、オープンハウスで発表します。

グローバル・エシックス

1年次の校長先生による「グローバル・エシックス」の授業では、身近で解があるかどうか分からない問題に対して、自分はどう思うかを示し、そして学年の仲間はどう思っているのかを知ることで、いろんな意見があり、少数派を尊重しなくてはならないことを学びます。これは多様化した国際社会で貢献するための人材、グローバルリーダーに必要な世界観・価値観を身に付けるための第一歩となっています。

環境・施設設備

校内施設は安全で機能的、かつ心地よい空間作りを心がけています。全館LAN対応でネットワーク化され、オーラルコミュニケーション室や400席のセルフスタディルームを備えた図書室、充実した設備を誇る理科室など、効率的に学習を進めるための環境がそろっています。また、校外施設として蓼科林間学園を設置しています。

学校行事、クラブ・サークル活動

オープンハウス（文化祭）、スポーツデイ（体育祭）、地域奉仕活動、スポーツ大会、芸術鑑賞会など、様々な学校行事があります。日ごろの学習成果を発表する秋のオープンハウス、クラスが一致団結する合唱コンクールは、伝統行事として定着しています。

クラブ・サークル活動では、運動系12団体、文化系14団体が活動しています。切磋琢磨しながらお互いを高めていく気風を確立し、社会性や連帯性を身につけています。

データファイル

■2024年度入試日程　ICAP入試あり

募集人員		出願期間	試験日	発表日	手続締切日
CSAT	5	11/7〜11/21	11/25	12/1	12/22※
ICL英語	10	11/14〜11/28	12/2	12/5	12/8
ICL総合	60	11/14〜11/28	12/2	12/5	12/8
ISAT	20	11/21〜12/5	12/9	12/15	12/26＊
KBT	30	12/5〜12/25	1/6	1/8	1/16※
KBT特待	5	12/15〜1/19	1/23	1/25	2/6

＊は1/31まで延納可、※は2/6まで延納可
KBTは校内の他取手会場あり。KBT特待はつくば会場と流山おおたかの森会場（4科方式のみ）、CSATは取手会場で実施。

■2024年度選考方法・入試科目

【CSAT】Ⅰ型（国語・社会総合）、Ⅱ型（算数・理科総合）（各100点45分）

【ICL】英語方式：リスニング主体の問題、英語面接　総合学力方式：書類、面接（グループ）、総合学力試験（100点60分）

【ISAT】Ⅰ型（算数・理科総合）、Ⅱ型（国語・社会総合）（各100点45分）

【KBT】4科（国算理社）

【KBT特待】4科方式：4科（国算理社）　帰国・国際方式：英語・面接（生徒保護者別々）か2科・面接（生徒個人）

※国・算・英＝各100点45分　理・社＝各50点計50分

■2023年春併設大学・短大部への進学

5年次と6年次の「基礎学力到達度テスト」の標準化点と後期課程の評定、特別活動等人物評価を参考に、日本大学の各学部に推薦します。

日本大学－34（法3、文理2、商1、芸術3、危機管理2、理工11、生産工1、工3、医1、松戸歯2、生物資源科3、薬2）

日本大学短期大学部－進学者なし

■2023年春卒業生進路状況

卒業生数	大学	短大	専門学校	海外大	就職	進学準備他
88人	80人	0人	0人	2人	0人	6人

■2023年度入試結果　男／女　帰国・国際生入試あり

募集人員		志願者数	受験者数	合格者数	競争率
ICAP	10	13/19	12/19	7/13	1.7/1.5
ACE	10	4/9	4/8	3/7	1.3/1.1
CSAT	10	166/184	161/179	90/105	1.8/1.7
ICL	60	47/32	45/32	35/27	1.3/1.2
ISAT	20	179/192	173/190	116/134	1.5/1.4
KBT	30	131/132	123/121	78/87	1.6/1.4
KBT特待	若干	38/25	29/22	16/17	1.8/1.3

学校説明会　オンライン相談会は随時可（要予約）
学校説明会（要予約）　10/14
土曜見学会（要予約）　9/2 9/9 9/16 9/30 11/11 11/18 12/16 1/13 1/27 2/3 2/24

見学できる行事　要予約
オープンハウス（文化祭）　10/28・29
（相談会あり）

説明会・行事等は日程・内容が変更される場合があります。必ず学校HP等でご確認ください

土浦市

中教

共学

茨城
つ

つちうらにほんだいがく
土浦日本大学高等学校

〒300-0826　茨城県土浦市小松ケ丘町4-46　☎029-822-3382（代）　029-823-4439（情報入試）　学校長　伊藤　哲弥

〈URL〉https://www.tng.ac.jp/

沿革　昭和38年（1963）日本大学の付属高校として、土浦高等学校を設立。同39年（1964）土浦日本大学高等学校と改称。平成15年（2003）、従来のコースを発展的に改編し、特別進学、総合進学の2コースを導入。同17年（2005）グローバル・スタディコースを開設し3コース制となりました。2021年4月広域通信制課程開校。

校風・教育方針

創立60年目を迎え、夢の実現に向け充実した学園であり続けるため、教育力の向上と環境整備に取り組んでいます。日本大学建学の精神を基として、「調和・至誠・自立」を校是とする活気あふれる進学校を目指します。生徒一人ひとりが、自分の生き方の指針となるような大きな目標を発見し、探究していける学校生活を提供しています。

カリキュラムの特色

3コース5クラス制を導入し、進路希望に応じた適切な学力を効率よく養成します。生徒一人ひとりに合わせて学習指導が行われ、心の内面までサポートします。

●特別進学コース

最難関国公立大学や難関私立大学への現役進学が目標です。課外授業に加えICT教材の活用により、その日学んだ学習内容の定着をはかります。また、GWや夏・冬休みには集中講座を実施しています。

《スーパーハイクラス》　最難関国立大学、国立大医学部を目指し、徹底的に学力を鍛える授業を展開。文理混合のクラス体制により、文系にも強い理系、理系にも強い文系といったジェネラリストを育成します。特別教育体制ときめ細かなカウンセリングによりハイレベルな学力を身につけます。

《特進クラス》　2年次から文系理系に分かれ、志望校の受験科目に合わせた演習授業によりレベルアップを図ります。国公立大学や難関私立大学の現役合格が目標です。

●総合進学コース

「文武不岐」をキーワードに、高校生活を充実させ、日本大学各学部や難関私立大学への進学を目指します。日本大学への付属推薦に対応したカリキュラムになっています。

《進学クラス》　2年次から文系理系に分かれ、日本大学医歯薬学部志望者のためには医歯薬系クラスを設置。生徒の個性や適性に合った進学ができるように高大一貫教育を充実させています。

《スポーツクラス》　全国レベルの競技力養成と学業の両立を図り、特技・実績を生かして日本大学、国公私立大学へ現役合格を目指します。

●グローバル・スタディコース

「基礎から積み上げる実力の養成」と、留学や教養学習など「体感型学習」を通じて難関私立大学と海外の大学への留学を目指します。

《グローバル・スタディクラス》　実践的英語の習得と国語力の強化に力を入れ、グローバル化に対応する人材を育成します。オーストラリアでの短期留学、カナダでの中期留学が必修となっており、世界を肌で感じることができます。

今春の進学実績については巻末の「高校別大学合格者数一覧」をご覧ください

広域通信制課程
―2021年（令和3年）4月開校―

日本大学への進学を念頭においた、あらゆる学習および進路支援を展開します。自分に合った学習・高校生活を通して、多様な社会に応じた生徒一人ひとりの夢の実現を目指します。

〒300-0837 茨城県土浦市右籾1521-1 〔右籾桜キャンパス〕

TEL029-893-3030（直通）FAX 029-823-6624

環境・施設設備

全館冷暖房完備の快適な従来の施設に加え、2007年に完成した『総合学習情報センター』は、AVギャラリー・図書館・理科室・家庭科室・音楽室・多目的学習室・生徒ラウンジなど最新設備を備えています。体育施設は、全国屈指の設備と規模を誇る冷暖房完備の総合体育館、球技場、テニスコート、弓道場のほか、校外に、右籾桜グラウンド・かすみがうら桜グラウンドがあります。

校外教育施設として宿泊施設やサマースクール（勉強合宿）が行われる蓼科林間学園があります。

学校行事・クラブ活動

4月の入学式を皮切りに、宿泊学習や夏のサマースクール、6月の桜華祭、9月の体育祭、12月のスポーツ大会、翌年の卒業式まで数多くのイベントが開催され、2年生の2月にはイギリス修学旅行を行います。

クラブ活動も盛んで、全国レベルの活動を展開。運動部は23部あり、2022年度全国高等学校総合体育大会に、男子バレーボール、女子バスケットボール、柔道（個人女子）、レスリング（団体・個人）、陸上（短距離）、ウエイトリフティングが出場。文化部は13部が活動中で、囲碁・将棋、音楽は全国大会出場と活躍しています。

データファイル

■2024年度入試日程　併願推薦型は千葉県生対象

募集人員		出願期間	試験日	発表日	手続締切日
単願推薦試験	630*	窓12/18・12/19 郵12/18〜12/22 （一般は窓1/6のみ）	1/9	1/12	1/16
併願推薦型試験			A1/15 B1/20	A1/17 B1/24	3/5
一般試験			1/20	1/24	単1/26併3/13

＊帰国生入試あり。海外は30、国内は併願推薦・一般に含む

■2024年度選考方法・入試科目

単願推薦：国・数・英（各100点50分）、面接

併願推薦型：国・数・英・理・社（各100点50分）

一般：単願3科、併願5科（各100点50分）、面接（単願のみ）

※併願推薦型と一般はスポーツクラスの募集なし

〈面接〉生徒個人　きわめて重視

■2023年春併設大学・短大部への進学

在学3カ年の学習成績と2学年4月・3学年4月・9月に実施する「基礎学力到達度テスト」、小論文・面接等の試験により、日本大学の各学部に推薦します。

日本大学−330（法26、法二部13、文理52、経済42、商21、芸術10、国際関係11、危機管理8、スポーツ科1、理工63、生産工28、工3、歯2、松戸歯2、生物資源科35、薬13）

日本大学短期大学部−1（ものづくり・サイエンス総合）

■指定校推薦枠のある主な大学

早稲田大　上智大　明治大　青山学院大　立教大　中央大　法政大　東京理科大　学習院大　国際基督教大　成蹊大　成城大　東京女子大など

■2023年春卒業生進路状況

卒業生数	大学	短大	専門学校	海外大	就職	進学準備他
718人	656人	2人	19人	2人	3人	36人

■2023年度入試結果　帰国国際生・帰国生入試あり

募集人員		志願者数	受験者数	合格者数	競争率
単願推薦	260	263	261	254	1.0
併願推薦型・一般	370	2,390	2,298	2,160	1.1

> **学校説明会・見学会**　要予約
> **入試説明会**　10/15 10/22 11/11
> **スーパーハイクラス説明会**　11/3
> **部活動体験会**（中3対象）　9/3
> **グローバル・スタディコース授業見学会**　10/7
> **土曜日学校公開イベントやコース別説明会**等も実施。詳細はHPをご確認ください。

説明会・行事等は日程・内容が変更される場合があります。必ず学校HP等でご確認ください

茨城 と

東洋大学附属牛久中学校 高等学校

〒300-1211 茨城県牛久市柏田町1360-2 ☎029-872-0350 学校長 金澤 利明

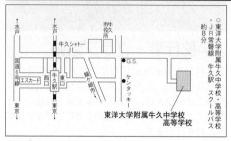

東洋大学附属牛久中学校・高等学校

〈URL〉https://www.toyo.ac.jp/ushiku/

沿革 明治20年(1887)哲学者・井上円了によって、東京・本郷(現在の文京区・湯島)に私立哲学館を創立。同30年(1897)現在の文京区白山に移転。同36年(1903)私立哲学館大学と改称。同39年(1906)私立東洋大学と改称。昭和39年(1964)東洋大学附属牛久高等学校を、平成27年(2015)東洋大学附属牛久中学校を開設。2014〜2018年度文部科学省「スーパーグローバルハイスクールアソシエイト校」。令和3年度(2021)より、「スーパーグローバルハイスクールネットワーク参加校」に認定。

学校改革

学祖、井上円了の建学の精神「諸学の基礎は哲学にあり」「知徳兼全」「独立自活」を基本理念に、高校では「特別進学」「グローバル」「進学」「スポーツサイエンス」「中高一貫」のコース別教育課程により、知的好奇心と高い志をもち、自ら考え行動できる生徒を育成します。2015年度に開校した中学校、高校ともに世界で活躍できるグローバル人材の育成を推進しています。

カリキュラムの特色

中高ともに一人一台のノートPC「Chromebook」を導入し、ICTを用いたインタラクティブな教育を行っています。さらに、海外語学研修等の宿泊型学習も充実。中学校では、中学校課程を2〜2年半で修了し、3年次から高校課程の学習に入ります。

高等学校は5つのコースを編成しています。

●**特別進学コース** 国公立および私立の4年制大学への進学をめざすコースです。基礎学習とそれに続く発展的学習で大学進学に向けた確かな学力を育みます。さらに海外留学やシンポジウムでのプレゼンなどを通して発信力を養います。

●**グローバルコース** 国内外の4年制大学への進学をめざすコースです。英語・中国語のほか諸外国と自国の文化や歴史、その違いを学び、これからのグローバル社会に向けて多様な価値観をもって柔軟に対応できる力を養います。

●**進学コース** 東洋大学および4年制大学への進学を目指すコースです。きめ細やかな指導で、基礎学力をしっかりと身につけることができます。

●**スポーツサイエンスコース** 自らの専門性を高める進路をめざすコースです。それぞれの競技の力を伸ばすとともに徹底した基礎学習を行います。

●**中高一貫コース** 6年間の独自教育プログラムで、一人ひとりの希望進路を早期に見定めて学習指導し、6年次には十分な余裕を持って大学研究、受験準備を行うことができます。

国際理解教育

英語や異文化に触れる機会を増やすため、国内外の語学研修を強化。英語検定受検へのサポートが充実しています。2019年度は577人が海外研修に参加、108人の生徒を海外から受け入れました(2020・2021年度は新型コロナウイルスにより中止、2022年度より一部再開)。また、例年オーストラリア、イギリス、カナダ、台湾、フィリピンなどへの交換留学・交流や語学研修を行います。

最新設備の新校舎

2019年10月に人工芝グラウンド(&400mタータントラック)が完成。2016年完成の1号館は、

今春の進学実績については巻末の「高校別大学合格者数一覧」をご覧ください

2学期制	登校時刻 8:35	昼食 弁当持参、食堂、売店	土曜日 授業

Wi-Fi環境完備の教室、グループ学習ができる演習室やキャレルを配置した学習室、アクティブラーニングのための特別教室など、フレキシブルに活用できる教育環境を備えています。この他、蔵書約4万8千冊の図書館、オールイングリッシュゾーン、ナイター設備のあるグラウンド・野球場・テニスコート、トレーニングルーム・シャワー室を備えた冷暖房完備の体育館など、勉強とスポーツに打ち込める環境が整っています。

学校行事・部活動

　生徒会が中心となって企画・運営するスポーツフェスティバルや創造祭（文化祭）、学年・コースごとに行う芸術鑑賞や修学旅行などがあります。講演会も実施し、知識と教養、情操を育みます。
　部活動は、運動部23団体、文化部14団体、同好会4団体が活動しています。特に文武両道を掲げる運動部の活躍はめざましく、相撲、硬式テニス、軟式野球、陸上競技・駅伝、空手道部は関東大会やインターハイの常連となっています。

データファイル

■2024年度入試日程　中高ともWeb出願

中学校　＊2/2まで延納可（適性検査型は1/22まで）

募集人員		Web出願期間	試験日	発表日	手続締切日
専願	30	11/2〜11/29	12/2	12/7	12/19
一般①		12/1〜12/19	1/5	1/11	1/17＊
一般②		1/9〜1/18	1/21	1/24	2/2
英語特別入試	30	11/1〜11/16	11/19午後	11/22	12/1＊
適性検査型入試		11/1〜11/16	11/19午前	11/22	12/1＊
総合型入試		1/19〜2/5	2/7	2/9	2/14

高等学校　併願推薦は千葉県受験生対象

募集人員		Web出願期間	試験日	発表日	手続締切日
単願推薦	245	11/15〜12/14	1/9	1/12	1/25
併願推薦	290	11/15〜12/14,1/4-1/5	1/15	1/22	3/14
一般		11/15〜12/14,1/4-1/5	1/15	1/24	①1/26 ②③3/14※

※①は第1志望の合格者、②は第2志望以下の合格者

■2024年度選考方法・入試科目

中学校

専願・一般：国語、算数、理科・社会、面接
適性検査型：適性検査Ⅰ・Ⅱ、面接
英語特別：英語リスニング、英語スピーキング（グループ面接を含む）、課題作文（日本語）
総合型：総合Ⅰ（国社）・Ⅱ（算理）、面接
〈配点・時間〉国・算＝各100点50分　理・社＝計100点50分　〈面接〉生徒グループ　重視

高等学校

単願推薦：書類審査、国語、数学、英語、面接等
併願推薦：書類審査、国語、数学、英語
一般：書類審査、国語、数学、英語、理科、社会
※英語はリスニングあり
〈配点・時間〉国・数・英・理・社＝各100点50分　〈面接〉単願推薦のみ生徒グループ

■2023年春併設大学への附属推薦進学

東洋大学−269（文29、経済34、経営41、法28、社会31、国際15、国際観光20、情報連携2、生命科3、食環境科1、福祉社会デザイン27、健康スポーツ科13、理工6、総合情報14、文二部0、経済二部1、経営二部1、法二部1、社会二部1、国際二部1）

■指定校推薦枠のある主な大学　（2022年度実績）

東京理科大　学習院大　法政大　明治大　成蹊大　成城大　獨協大　明治学院大　日本大　芝浦工業大　東京電機大　東京農業大　神田外語大など

■2023年春卒業生進路状況

卒業生数	大学	短大	専門学校	海外大	就職	進学準備他
645人	571人	3人	30人	6人	2人	33人

■2023年度入試結果

中学校

募集人員		志願者数	受験者数	合格者数	競争率
専願	30	44	39	35	1.1
一般①		79	74	66	1.1
一般②		13	13	9	1.4
英語特別	30	5	5	3	1.7
適性検査型		104	103	93	1.1
総合型		3	3	1	3.0

高等学校　＊併願推薦を含む

募集人員		志願者数	受験者数	合格者数	競争率
単願推薦	210	262	262	262	1.0
スポーツ	35	38	38	38	1.0
一般＊	290	1,651	1,630	1,163	1.4

入試説明会　要予約　学校見学は随時可（要予約）
★中学校　9/30 10/14 10/22
プレテスト（小6対象）　10/22
★高等学校　10/15 10/29 11/5
見学できる行事
創造祭（文化祭）　9/16

説明会・行事等は日程・内容が変更される場合があります。必ず学校HP等でご確認ください

茨城
め

茗溪学園中学校高等学校

〒305-8502　茨城県つくば市稲荷前1-1　☎029-851-6611（代）　校長　宮﨑　淳

〈URL〉https://www.meikei.ac.jp/

沿革　昭和54年（1979）、東京高師・東京文理科大・東京教育大・筑波大等の同窓会である茗溪会が創立100周年記念事業として学園を創立。文部科学省より、平成23年（2011）にスーパーサイエンスハイスクール、同27年（2015）スーパーグローバルハイスクールアソシエイト校指定。国際バカロレア・ディプロマプログラム（IBDP）認定校。

校風・教育方針

　「生命尊重の精神を育て、自分で考え行動できる人づくり」を教育目標に、国家や人類のために貢献できる世界的日本人を育成するため、知・情・意・体の調和した人格の形成を図りつつ、連帯感や責任感の強い、創造的思考力に富む人材作りに努めています。生徒各自の能力・興味・適性を把握して、将来につながる進路指導を行っています。

カリキュラムの特色

　中学校からの一貫教育を行っています。フィールドワークやテーマ研修を、中学1年次から系統的に行うことで、総合的・偶発的・具体的な体験を重ね、創意工夫や問題解決の能力を養成します。

　基礎学力定着の徹底とともに、各自の理解度や学習のつまずきなどの状況を把握するため、英語と数学は習熟度別授業を実施。また、各自の進路・適性に対応するため、高校では科目自由選択制を採用。2年次には特設科目として「個人課題研究」が設置されます。これは1年間の研究テーマを各自選択し、調査研究の方法を自分で考え、資料文献を調べてそれを論理的に検証したり実験・観察を

整理して論文にまとめるもので、各自の個性や適性について深く考える機会を持つことが目的です。

　一方、豊かな感性を育成するために、芸術の授業にも力を入れています。美術では、油絵・彫刻・版画など10種類以上の作品制作を全員に課し、音楽では、ギターなどの器楽演奏や合唱を学習。体育は生涯スポーツも視野に入れ、多種目を学びます。

　さらに、異文化への理解を深め、国際社会で活躍できる人材の育成を目標として、外国人との交流会・英語劇などの定期開催や、海外研修で現地校との交流会を行うことで国際感覚を養います。また、米国よりSATの受験会場の認定を受けており、海外の大学も視野に入れた学習が可能です。

　「教育の情報化」構想に向け、中学でパソコンの操作活用方法を指導、また、インターネットを利用した高校の英語や社会の授業を展開しています。また教室（特別教室も含む）には、パソコン、プロジェクターが設置され、授業で日常的にインターネットやコンピュータを利用できます。

　さらに自分を理解し、将来を見据えた進路意識を育てる機会として、進路適性検査・進路講演会のほか、進路指導部や卒業生などによる進路ガイダンス（学習方法・履修科目の選択・大学の学部選択など）、大学訪問などの進路指導も充実しています。二者面談や三者面談も繰り返し行われ、より的確な進路を見つけることができます。

環境・施設設備

　校地は、研究学園都市つくばの、緑豊かな公園に隣接した落ち着いた環境にあります。

　約25,000坪の広大な敷地には、普通教室をはじめ、2つのコンピュータ室を含む各特別教室、図書館、体育館（2つ）、テニスコート、グラウン

| 2学期制 | 登校時刻 8:50 | 昼食 給食(中全員・高希望者)食堂、売店 | 週6日 |

ド（2つ）、プールなどの施設が整備されています。なお、元教員およびその家族とともに生活を送る、4棟からなる学寮は校地に隣接しています。

学校行事・クラブ活動

野外研修、国内研修旅行、理科巡検、公民フィールドワーク、海外研修旅行などの行事が実施されています。

クラブ活動は、中学生はほぼ全員、高校生も約8割が部・同好会に所属しています。運動部では、全国大会制覇の実績を誇るラグビー部のほか、7部が全国大会に出場。また文化部も、全日本学生美術会から29回連続の団体表彰を受けている美術部など、それぞれ熱心に活動しています。

データファイル

■2024年度入試日程

【中学校】　1回国際Bと2回は入学金延納可(2/4まで)

募集人員		出願期間	試験日	発表日	手続締切日
国際生特別	25	10/6〜10/20	11/18*1	11/27	12/20
1回推薦・国際B※		11/10〜11/28	12/16*2	12/19	12/20★
2回国際AB・一般※		12/1〜12/20	1/7*3	1/10	1/11
3回一般 AC5 MG10		1/5〜1/12	1/20*4	1/23	2/4

※募集人員　12/16推薦・国際生B方式：AC30 MG65　1/7国際生A方式：国際生特別に含む　国際生B方式・一般：AC35 MG55
＊面接はオンラインで事前に実施　＊1：11/4・11/11　＊2：12/2・12/9　＊3：12/16・12/22
＊4：1/13　国際生特別は筆記試験もオンライン
★1回国際Bは1/11まで

【高等学校】　国際生特別とIB生特別はオンライン入試

募集人員		出願期間	試験日	発表日	手続締切日
国際生特別	定めず	10/6〜10/20	11/18*1	11/27	3/13
IB生特別	若干				
推薦	15	12/1〜12/20	1/9	1/10	1/11
一般、IB	25	1/5〜1/12	1/20*2	1/23	3/13

＊面接はオンラインで事前に実施（推薦は当日）
＊1：11/4・11/11　＊2：1/13

■2024年度選考方法・入試科目

【中学校】
国際生A方式（国際生特別・2回）：〔AC〕2科・英語エッセイ・面接〔MG〕日本語エッセイ・英語エッセイ・面接　**国際生B方式**（国際生特別・1回・2回）：2科・面接　**推薦**：2科・面接　**一般**：2回は4科　3回は総合学力（100点50分）寮生・国際生は面接あり（保護者同伴と生徒個人）
〈配点・時間〉国・算＝各100点50分　理・社＝各50点30分
〈面接〉国際生は保護者同伴と生徒個人　推薦は生徒個人、寮生・国際生は保護者同伴もあり

【高等学校】
国際生特別：A方式は英語、日本語エッセイ、面接　B方式は3科、面接　C方式は日本語エッセイ（日本人学校在籍者は免除）、書類審査、面接　**IB生特別・IB**：A方式は英・数、日本語エッセイ、面接　B方式は3科、面接　**推薦**：書類審査、面接　**一般**：A方式は英語、日本語エッセイ、面接　B方式は国・数・英（リスニング含む）、面接（寮生・国際生のみ）
〈配点・時間〉国・数・英＝各100点50分
〈面接〉国際生特別・IB生特別・IB・一般A・一般B（寮生・国際生）は保護者同伴と生徒個人　推薦は生徒個人、寮生・国際生は保護者同伴もあり

■指定校推薦枠のある主な大学
青山学院大　学習院大　慶應義塾大　国際基督教大　上智大　中央大　津田塾大　東京理科大　法政大　明治大　立教大　早稲田大など

■2023年春卒業生進路状況

卒業生数	大学	短大	専門学校	海外大	就職	進学準備他
293人	230人	0人	6人	11人	0人	46人

■2023年度入試結果

【中学校】　1回は推薦/国際、2回は国際/一般　スライド除く

募集人員		志願者数	受験者数	合格者数	競争率
国際生特別		82	82	17	4.8
1回推薦/国際B	210	197/24	193/23	65/7	3.0/3.3
2回国際AB/一般		55/463	42/390	10/92	4.2/4.2
3回一般	15	339	197	23	8.6

【高等学校】　男／女

募集人員		志願者数	受験者数	合格者数	競争率
国際生特別	定めず	33/25	32/25	23/14	1.4/1.8
IB生特別	若干	10/3	10/3	8/3	1.3/1.0
推薦	15	14/7	14/7	14/7	1.0/1.0
一般	25	22/14	21/14	14/12	1.5/1.2
IB		5/2	5/2	4/0	1.3/—

【学園説明会】　要予約
学園説明会　9/16
中高入試説明会(オンライン)　10/21
授業公開(小6・中3対象、要予約)　9/16
※開催日・詳細は学校HPにてご確認ください。日程変更・中止となる場合があります。

説明会・行事等は日程・内容が変更される場合があります。必ず学校HP等でご確認ください

栃木
こ

國學院大學栃木中学校高等学校

〒328-8588　栃木県栃木市平井町608　☎0282-22-5511　学校長　實島　範朗

〈URL〉https://kokugakuintochigi.jp

沿革　明治15年（1882）皇典講究所創設、同39年（1906）私立國學院大學に改称。昭和35年（1960）國學院大學栃木高等学校開校。同41年（1966）國學院大學栃木短期大学開学。平成8年（1996）國學院大學栃木中学校開校。

校風・教育方針

　國學院大學の建学の精神をもとに「たくましく直く　明るく　さわやかに」を校訓としています。また、頭・心・体の「3つの力をバランスよく鍛える教育」が特色です。

カリキュラムの特色

　中学入学者は6年一貫のカリキュラムで学びます。1年から国語・数学・英語で習熟度別授業が始まり、上位者には上級レベル特別課題や個人添削が行われ、さらに実力を伸ばします。進路実現に向けてキャリア教育を重視し、職場体験や税教育などを通して視野を広げ、自分自身を知り社会を見る力を養います。英語4技能をしっかり身につけるため、語彙の習得や、時事問題、エッセイなど多様な英文の読み込み、外国人講師による英会話を実施。3年終了時には中学教育の集大成としてオーストラリア語学研修が行われます。実験や体験を中心とした理数教育も特徴です。

　高校は「学力向上」「キャリア教育」「国際理解」「感動体験」の4つを柱とした教育が行われています。進学目標別に4コースを設置。特別選抜Sコースは最難関国公私立大学、特別選抜コースは国公立大学、難関私立大学、選抜コースは國學院

大學、有名私立大学、文理コースは國學院大學、私立大学への進学をめざします。生徒全員の学習を全教員がサポートする密着型の学習指導に加え、早朝講習や放課後講習、多様なテストを活用して学力の向上を図ります。長期休暇中も、講習や合宿制のサマースクールを実施しています。特別選抜Sコース上位者対象のKTベクトルプロジェクトは、専属の教科担当者が課題設定や添削指導を行い、東大合格をめざすもので、実際に合格実績を挙げています。

環境・施設設備

　四季折々の自然が楽しめる太平台の広大な校地に、校舎や図書館、四十周年記念館（講堂）、体育施設などを配置。2018年春には人工芝ラグビー場、男子寮が完成しました。栃木駅前には学園教育センター（自習施設）があります。

生活指導・心の教育

　中学、高校ともに1年次の生徒研修で仲間との関係を築き、生活の基本を学習します。また、協働する力や、思いやり、感謝の心など、人として大切なものを得ることができるように学校行事や部活動を奨励しています。中学では日誌「あすなろ」を提出、担任がコメントを記入して返却しています。

学校行事・クラブ活動

　多数の学校行事があり、中でも國學院祭（文化

今春の進学実績については巻末の「高校別大学合格者数一覧」をご覧ください

祭、体育祭）は、クラスやチームが力を合わせて盛り上がります。高校2年次の修学旅行では、高校入学生は関西、中高一貫生は台湾を訪れます。
　部活動は盛んで、体育部は野球部が2022年夏の甲子園ベスト16、ラグビー部が2022年全国高校ラグビー大会（花園）でベスト16のほか、柔道、なぎなたが全国大会に出場。文化部は書道、天文、囲碁将棋が、全国レベルでの受賞歴があります。

データファイル

■2024年度入試日程

中学校

募集人員	出願期間	試験日	発表日	手続締切日
1回併	11/1～11/17	11/26	11/26	単12/4併2/9
2回併　80	11/20～12/1	12/9	12/9	単12/18併2/9
3回併	12/10～1/12	1/20	1/20	単1/29併2/9

高等学校

募集人員	出願期間	試験日	発表日	手続締切日
1回単併	11/20～12/15	1/6	1/11	単1/18併3/13
2回単併　600	11/20～12/15	1/7	1/11	単1/18併3/13
3回単併	1/6～1/23	1/27	1/29	単2/5併3/13

募集人員：特別選抜S 30、特別選抜150、選抜150、文理270

■2024年度選考方法・入試科目

中学校

一般入試（1・2・3回単願・併願）：2科か4科の選択、面接
〈配点・時間〉国・算＝各100点50分　理・社＝各50点計50分

自己推薦入試（1・2・3回単願）：国語基礎・算数基礎（各100点50分）、面接

英語入試（2回単願・併願）：国語基礎・算数基礎・英語（各100点50分、英語は得点を2倍、計400点）、面接

適性検査入試（2回単願・併願）：適性検査（100点50分）、作文（50点50分）、面接
〈面接〉生徒個人　総合的に判断

高等学校

推薦入試（1回単願）：面接

体育技能入試（1回単願）：国語、数学、英語、面接
【出願条件】推薦：①5段階評定に1がない②3年間欠席30日以内③5科校内順位が特別選抜：上位30%、選抜：上位45%、文理：上位60%　英検・漢検・数検3級以上は優遇あり　または5科の評定平均値が特別選抜4.2、選抜3.6、文理3.2　**体育技能**：指定強化部対象、要事前相談

一般入試（1～3回単願・併願）：国語・数学・英語または国語・数学・英語・社会・理科、単願は面接
〈配点・時間〉国・数・英・理・社＝各100点50分
〈面接〉単願のみ生徒個人　重視

■2023年春併設大学・短大への進学状況

大学・短大の受け入れ人数枠内で進学できます。
國學院大學－95（文17、経済41、人間開発16、法12、神道文化3、観光まちづくり6）
國學院大學栃木短期大学－6（日本文化4、人間教育2）

■指定校推薦枠のある主な大学

東京理科大　青山学院大　学習院大　中央大　同志社大　成蹊大　成城大　明治学院大　日本大など

■2023年春卒業生進路状況

卒業生数	大学	短大	専門学校	海外大	就職	進学準備他
421人	358人	12人	30人	0人	4人	17人

■2023年度入試結果

中学校　※1・2・3回は自己推薦／一般

募集人員	志願者数	受験者数	合格者数	競争率
1回※	22/74	22/73	20/71	1.1/1.0
2回※　80	4/12	4/12	2/10	2.0/1.2
英語／適性	2/17	2/17	2/16	1.0/1.1
3回※	2/5	2/4	2/3	1.0/1.3

高等学校

募集人員	志願者数	受験者数	合格者数	競争率
1回単併	1,037	1,021	非	—
2回単併　600	484	480	公	—
3回単併	84	81	表	—

学校説明会　すべて要予約
★中学校
9/2 9/23 10/14* 10/28 11/4
＊は学園教育センター（栃木駅前）で開催
★高等学校
9/23 10/22 11/4 11/11 11/23

オープンスクール
中学10/7　高校9/30
国栃チャレンジ（中3対象）　10/8
※一部学園教育センターで実施
学校見学は随時可（要予約）

見学できる行事
國學院祭（文化祭）　9/9・9/10
　　　　　（体育祭）　9/16

説明会・行事等は日程・内容が変更される場合があります。必ず学校HP等でご確認ください

佐野日本大学中等教育学校
（さのにほんだいがく）

〒327-0192　栃木県佐野市石塚町2555　☎0283-25-0111　学校長　舩渡川　重幸

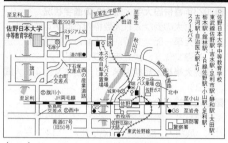

〈URL〉https://ss.sano-nichidai.jp

沿革　昭和39年（1964）、高等学校普通科を開校。同63年（1988）、佐野日本大学中学校を開校。平成2年（1990）佐野女子短期大学（現在の佐野日本大学短期大学）を開学。同22年（2010）4月に中学校は中等教育学校へ移行。

校風・教育方針

「磨こう心　輝く知性　拓こう未来」を教育目標にしています。自ら学習に取り組み、常に向上心を持って、その個性と能力を開発し続ける積極的な姿勢を持った生徒の育成を目指します。また、さまざまな体験学習を通じて、豊かな人間性と感性を育成し、社会や他者に貢献することに価値を見出し、進んで行動できる生徒を育てることを目標としています。

カリキュラムの特色

6年間を3つのステージに分け、発達段階に合わせた行事や学習プログラムを実施しています。学習面では「授業を大切に」を合言葉に、「授業」をすべての学習活動の中心に据えます。1・2年次（ファースト・ステージ）では「予習→授業→復習」の学習サイクルを定着させながら徐々に学ぶスピードを加速し、緩やかに先取り学習へと導きます。さらに、小テストや単元テストを取り入れ、学習効果を上げます。

1・2年次では体験を重視し、知性習得のベースである「感性」を磨きます。そのため、同年代の生徒同士の交流を深める体験、さまざまな時・場所・人・目的に応じたふるまいを身につける体験、学びの基礎を身につける体験を行います。ステージのまとめとして、2年次に国内短期研修（農山漁村ふるさと生活体験）を実施します。

3・4年次（セカンド・ステージ）では、中学課程から高校生の学習内容を効果的に学び、確かな学力を身につけます。5年次のイギリス研修旅行を視野に入れ、ネイティブ教員による英会話授業など、英語教育に力を入れます。

5・6年次（ファイナル・ステージ）では、大学入試を視野に入れた総合的な能力の養成を中心とします。習熟度別のターゲットゼミ、校内・校外セミナーなど、課外講座によるバックアップ体制も万全です。

ICT機器の活用　「21世紀型スキル」を養うために、ICT機器を活用した学習活動を実践しています。生徒全員が自分専用のタブレット端末を所持しています。校内全域に無線LANが完備されているため、どこにいてもインターネットに接続できます。学習活動での情報収集や発表の準備をはじめ、個別対応型課外授業や授業の振り返りにも活用されています。

独自の学力向上プログラム　生徒一人ひとりの進度に合わせた個別演習のeトレ講座、東大・京大等の難関大学から付属推薦制度による日大進学まで対応するターゲットゼミ、夏の校外セミナーなどにより、基礎から応用、そして大学入試までを見通したワンランク上の学力を身につけます。

語学研修

4年次にはブリティッシュヒルズにて、2泊3日の国内語学研修を行います。5年次のイギリス

研修旅行は7泊9日で、姉妹校での語学研修、一般家庭でのホームステイ、史跡めぐりなどのプログラムが用意されています。ロンドンでの班別自主研修では自分たちで目的地を目指して活動し、コミュニケーション能力や問題解決力を養います。

心の教育

「一人一活動」を推進しています。毎日の学習活動に加え、部活動や学外での活動を積極的に行うことで生徒たちの主体性や協調性を磨き、人間的な成長を促す取り組みです。また日本人の精神を磨く礼法学習（茶道）も実施しています。

環境・施設設備

豊かな自然に恵まれた14万㎡の広大な敷地内に、中等教育学校棟（3号棟）があります。温水プールが設置されたプラザ40（講堂兼総合体育館）、CAI教室、イングリッシュルームなど、高等学校と共有の最先端の設備が整備されています。図書館は蔵書数約8万冊、閲覧席約230席を誇ります。

学校行事・クラブ活動

学校行事は、新入生宿泊研修、スキー教室、顕桜祭（文化祭・体育祭）、クラスマッチなど、思い出を作る行事を数多く実施しています。

部活動は盛んに行われています。運動部はソフトテニス、バスケットボール、軟式野球、サッカー、剣道など。文化部は合唱、管弦楽、和太鼓、SELC（英語研究）、美術、ディベートなど。同好会は書道、数学研究などがあります。

データファイル

■2024年度入試日程　※HP発表

募集人員		出願期間	試験日	発表日	手続締切日
推薦		10/28〜11/5	11/25午後	11/26※	12/3
1回一般		10/28〜11/5	11/25	11/26※	12/3
2回一般		10/28〜12/3	12/10	12/11※	12/17
英語アドバンス	140	10/28〜12/3	12/10	12/11※	12/17
自己アピール		10/28〜12/3	12/10	12/11※	12/17
3回一般		10/28〜1/14	1/21	1/22※	1/29
首都圏入試		10/28〜12/5	12/17	12/19※	2/5*

＊首都圏入試の入学手続書類請求期限は1/19
1〜3回一般、英語アドバンスは併願あり（手続締切2/5）

■2024年度選考方法・入試科目

推薦：作文（400字30分）、面接
一般：**1回・2回** 2科か4科、面接
　　　　3回 2科、面接
英語アドバンス：英語＋国・算から1科、面接
自己アピール：作文（400字50分）＋国・算から1科、面接
首都圏入試：2科か4科（面接はなし）
〈面接〉生徒個人　きわめて重視
〈配点・時間〉国・算＝各100点50分　理・社＝各50点計50分

■2023年春併設大学・短大への進学

日本大学推薦入学制度に基づき、本人の適性や能力に応じて各学部に推薦されます。推薦された生徒は、在学中の学業成績、基礎学力到達度テストおよび面接試験等の総合判定により、日本大学の各学部への入学が許可されます。また、併設の佐野日本大学短期大学（共学）へは、成績等の条件を満たせば、全員が推薦入学できます。
日本大学―27（法1、法二部0、文理2、経済5、商2、芸術2、国際関係1、危機管理0、スポーツ科0、理工3、生産工2、工3、医1、歯1、松戸歯1、生物資源科3、薬0）
日本大学短期大学部―進学者なし
佐野日本大学短期大学―進学者なし

■2023年春卒業生進路状況

卒業生数	大学	短大	専門学校	海外大	就職	進学準備他
72人	66人	0人	1人	0人	0人	5人

■2023年度入試結果

推薦入試志願者14人を含む

募集人員		志願者数	受験者数	合格者数	競争率
1回・推薦		132	130	126	1.0
2回	140	44	39	35	1.1
3回		18	13	9	1.4
4回		4	3	2	1.5

▼▼入試アドバイス・学校からのメッセージ

2022年度入試から、英語力重視の「英語アドバンス入試」と意欲重視の「自己アピール入試」がスタートしました。

入試説明会・進路相談会 要予約
10/8
佐日中等模擬試験　9/24（結果発表・学習相談会10/8）
見学できる行事
文化祭 6/24（終了）　運動会 10/15

説明会・行事等は日程・内容が変更される場合があります。必ず学校HP等でご確認ください

佐野市

中教

共学

栃木
さ

佐野日本大学高等学校
（さのにほんだいがく）

〒327-0192　栃木県佐野市石塚町2555　☎0283-25-0111　学校長　髙原　健治

○佐野日本大学高等学校
東武線佐野駅・吉水駅・足利市駅、
板倉東洋大前駅・静和駅・壬生駅・太田駅、
栃木駅・館林駅・JR線佐野駅、
小山駅・足利駅・古河駅、
自治医大駅よりスクールバス

〈URL〉https://high.sano-nichidai.jp

沿革　昭和39年（1964）、高等学校普通科を開校。同63年（1988）、佐野日本大学中学校を開校。平成2年（1990）佐野女子短期大学（現在の佐野日本大学短期大学）を開学。同18年（2006）から令和2年（2020）までスーパーサイエンスハイスクール（SSH）指定校。

校風・教育方針

校訓は、「自主創造」「文武両道」「師弟同行」です。「一人ひとりの個性を伸ばし、希望する進路を実現する」ことを教育の柱としています。

コース・専攻の特色

生徒一人ひとりの学力を高め、希望進路へとつなげるために、3コース＋αクラスを設置しています。全生徒がiPadを所有しており、授業におけるアクティブラーニング等で活用しています。1・2年生は全員「探究学習」として1人1テーマに取り組み、問題解決能力を身につけます。

特別進学コースαクラス　東大・京大・国公立大学医学部など最難関大学への現役合格を目指します。少人数クラス編成で、ハイレベルな授業や「トップ講座」などによる、きめ細かな指導体制が整っています。3年間、学業奨学生となります。

特別進学コース　難関国公立・難関私立大学、日本大学難関学部への現役合格を目指します。放課後の「Tマラソン」や「個別最適化学習」によって学力向上を図ります。

スーパー進学コース　国公立・難関私立大学および日本大学への現役合格を目指します。放課後に

Switch On

夢をつかむ

コース独自の学習サポートを実施。部活動終了後にも対応しており、「個別最適化学習」とあわせて学習と部活動の両立を支えます。

進学コース　日本大学や有名私立大学への現役合格を目指します。例年、約6割の生徒が日本大学へ進学しています。放課後の個別指導や「個別最適化学習」により、学力向上へのサポートも充実しています（2024年度から「N進学コース」に改名）。

国際交流

姉妹校（イギリス、アメリカ、ハンガリー）・交流校（中国）との交流、イギリスへの短期海外研修、ニュージーランドへの3カ月ターム留学など様々なプログラムを行っています。また、春・夏に行われる、日本大学の提携校であるケンブリッジ大学ペンブルック・カレッジでの研修など、費用の一部の補助が受けられる魅力的な研修制度もあります。

環境・施設設備

豊かな自然に恵まれた14万㎡という敷地内に6つの校舎、武道館、研修所、野球場と陸上競技場が設置された総合グラウンドのスタジアム30、講堂兼アリーナ、温水プールが設置されたプラザ40、人工芝のサッカー場などが配置されています。また、イングリッシュカフェ、CAI教室、個別自習室、進路資料センターなどがあり、図書館は県内屈指の蔵書数を誇ります。その他にも小ホールやスタジオ、桜萩庵（和室）などがあります。

iPadの導入に伴い、全教室に無線LANを整備。いつでもどこでも積極的に学べる環境を構築して

今春の進学実績については巻末の「高校別大学合格者数一覧」をご覧ください

2期制 | 登校時刻 8:50 | 昼食 弁当持参、売店 | 土曜日 隔週休日

います。

学校行事・クラブ活動

学校行事は4月の新入生宿泊研修、6月の顕桜祭（文化祭）、芸術鑑賞会、百人一首大会、クラスマッチなど、多数実施しています。

クラブ活動は運動部18部、文化部20部、同好会3会が積極的に活動しています。なかでも、選抜高校野球大会、全国高校野球選手権大会に出場経験のある硬式野球部をはじめ、インターハイ、全国高校サッカー選手権大会出場のサッカー部、全国駅伝大会、インターハイ出場の陸上競技部、インターハイ、全国高校選抜大会出場の剣道部のほか、ラグビー部、吹奏楽部、合唱部、チアリーディング部、ダンス部、囲碁将棋同好会などが活躍、優秀な実績を残しています。

データファイル

■2024年度入試日程　web出願

出願期間	試験日	発表日	手続締切日
指定校・単願・SN推薦			1/15
併願推薦	12/1～12/18	1/6	1/9	※
第1回一般			1/15※
推薦ランクアップ	1/9～1/18	1/21	1/22	1/25※
第2回一般			
第3回一般	1/22～1/26	1/28	1/29	2/1※

募集人員は特別進学αクラス30、特別進学120、スーパー進学160、N進学200
※併願の手続締切日は公立高校合格発表日

■2024年度選考方法・入試科目

推薦 指定校推薦 書類選考、作文（出願時提出）
単願推薦・併願推薦・推薦ランクアップ 3科か5科 SN推薦 英国か英数、エントリーシート
【推薦の目安】 単願推薦 特別進学αは3年次の学年順位が上位約3％以内　特別進学は2・3年次の学年順位が上位約20％以内または内申5科22　スーパー進学は2・3年次の学年順位が上位約35％以内または内申5科19　N進学は2・3年次の学年順位が上位約50％以内または内申5科17か9科31〔優遇措置〕①英検、漢検、数検のいずれか3級以上の取得者は、特別進学α以外は順位で5％、内申で1基準を優遇②特別活動や学校生活の状況、ボランティア、スポーツ等の学校外活動の実績が評価されたN進学希望者は、順位で5％、内申で1基準を優遇 SN推薦 特別活動や学校生活の状況が評価され、入学後、該当の部活動に3年間熱心に取り組むことができる者で、スーパー進学は2・3年次の学年順位が上位40％以内または内申5科18か9科32、N進学は2・3年次の学年順位が上位60％以内または内申5科15か9科28 併願推薦 2・3年次の学年順位が上位約40％以内または内申5科18か9科32〔優遇措置〕①の場合は順位で5％、内申で1基準を優遇 推薦ランクアップ 単願・併願推薦の受験者のみ受験可能

一般：単願・併願とも3科か5科
〈配点・時間〉国・数・英・社・理＝各100点50分　※英語はリスニングを含む

■2023年春併設大学・短大への進学

日本大学推薦入学制度に基づき、本人の適性や能力に応じて各学部に推薦されます。推薦された生徒は、在学中の学業成績、基礎学力到達度テストおよび面接試験等の総合判定により、日本大学の各学部への入学が許可されます。また、併設の佐野日本大学短期大学（共学）へは、成績等の条件を満たせば、優先的に入学できます。

日本大学－242（法12、法二部5、文理23、経済22、商17、芸術5、国際関係20、危機管理3、スポーツ科3、理工30、生産工38、工25、医0、歯1、松戸歯3、生物資源科30、薬5）〈その他通信教育3〉
日本大学短期大学部－6（ビジネス教養4、建築・生活デザイン2）
佐野日本大学短期大学－2（総合キャリア教育）

■2023年春卒業生進路状況

卒業生数	大学	短大	専門学校	海外大	就職	進学準備他
432人	384人	10人	22人	0人	2人	14人

■2023年度入試結果

募集人員		志願者数	受験者数	合格者数	競争率
単願推薦		252	250	250	1.0
併願推薦	510	1,024	1,015	1,015	1.0
併願推薦再受験		78	76	76	1.0
一般		257	252	161	1.6

学校説明会 要予約
オープンキャンパス入学説明会　9/23 10/22 11/3 11/19 11/23　出張相談会　9/26 9/27 9/28 10/5 10/6 10/25 10/26 10/30 10/31 11/1 11/7 11/9　個別相談会　10/21 11/4 11/18 12/2 12/16　One to One　9/2 9/16 9/30
佐野日大学力判定テスト　10/14
学力判定テスト解説講座　10/28

説明会・行事等は日程・内容が変更される場合があります。必ず学校HP等でご確認ください

栃木
は

HAKUOH

白鷗大学足利中学校高等学校
はく　おう　だい　がく　あし　かが

中学校　〒326-0054　栃木県足利市伊勢南町4-3　☎0284-42-1131　学校長　髙久　哲史
高等学校　〒326-0054　栃木県足利市伊勢南町3-2　☎0284-41-0890　学校長　大橋　芳樹

〈URL〉中学　https://www.hakuoh-j.jp
　　　　高校　https://hakuoh-h.jp/

沿革　大正4年（1915）、足利裁縫女学校創立。昭和27年（1952）足利学園高等学校に名称変更。同36年（1961）足利学園中学校を新設。平成6年（1994）、白鷗大学足利中学校・高等学校に校名変更。同27年（2015）創立100周年。

校風・教育方針

　個性を伸ばし、広く国際的な感覚を身につけた情操豊かな人材の育成を目標としています。また、従来の常識や既成概念にとらわれることなく、未知の世界へ挑戦する勇気や情熱を持って前進し続けて欲しいという願いから、ラテン語の「プルス・ウルトラ〜さらに向こうへ〜」を校訓にし、可能性を最大限に引き出す教育を行っています。

カリキュラムの特色

■中学校

　少人数制の家庭的な雰囲気が特徴です。英語と数学は習熟度別授業を実施し、一人ひとりの能力に応じた先取り教育で、基礎学力を定着させます。また、シーガルセミナー（有識者による学習講座）、体験学習、道徳教育、ボランティア活動などを実施し、豊かな人間性を育成します。異文化理解教育のため、全学年で英語コミュニケーション授業を実施し、オーストラリアへの海外研修旅行も行います。卒業後は、難関国公立私立高校へ進学しており、内部進学をする生徒もいます。

■高等学校

　2024年4月、富田キャンパスは明るく快適なデ

ザインと次世代教育を担う設備を整えた新校舎を建設し、本校舎のあるメインキャンパスと一体化します。

　また、生徒一人ひとりの進路に応える3コースで募集をします。**特別進学コース**では、富田キャンパスでの徹底した受験指導を引き継ぎ、入試に直結した発展的な授業で、様々な入試を突破できる学力を養い、高いレベルでの指導体制の実現を図ります。さらに、選抜クラスとしてSクラスを設置、東京大学、京都大学などの難関国立10大学および国公私立大学医学部医学科への合格を目指します。**進学コース**では、国公立大学および首都圏私立大、白鷗大学への現役合格を目指し、富田キャンパスでの徹底した受験指導と文武両道を融合し、一人ひとりの個性を大切にした進路希望の実現を図ります。**総合進学コース**では、課外活動の実績や本人の特性に応じた上級大学への進学を目指し、基礎学力の向上と共に、様々な未来に幅広く対応する教育課程で学ぶことで、専門分野の知識を身につけた進路希望の実現を図ります。

環境・施設設備

　高等学校には、自学自習室、食堂、ホール、コンピュータ室、テニスコート、温水プールなど様々な設備が整っています。さらに新校舎には、書籍＋情報＋学習スペース＝ラーニングコモンズを建物中央に配置します。また、佐野・栃木、結城、古河の3コースでスクールバスを運行し、有料化を予定しています。

今春の進学実績については巻末の「高校別大学合格者数一覧」をご覧ください

学校行事・クラブ活動

中学校では、林間学校、体育祭、予餞会が三大行事になっています。高等学校では、3年間で文化祭が1回、体育祭が2回行われます。修学旅行は、沖縄を予定しています。

部活動は、中学校にはバスケットボール、野球、サッカー、科学部など8つの部と同好会があります。高等学校は、全国レベルで活躍している部が多く、運動部には、硬式野球、ソフトボール、柔道、陸上、ソフトテニス、ボクシング、バレーボール、バスケットボール、サッカー、水泳など。文化部には、演劇、書道、茶道、軽音楽、バトントワーリングなどがあります。

データファイル

■2024年度入試日程

中学校

募集人員	出願期間	試験日	発表日	手続締切日
1回	60	10/30～11/5	11/18	11/20	11/27
2回		1/8～1/14	1/27	1/27	2/3

高等学校

区分	出願期間	試験日	発表日	手続締切日
1回学業特待生	11/25～12/5	1/5	1/11	単2/19
一般Ⅰ		1/5	1/11	併3/14
特別進学コース		1/5	1/11	1/18
単願		1/6	1/11	1/18
部活動特待生		1/6	1/11	1/16
2回ランクアップ	1/11～1/17	1/28	2/1	単2/19
一般Ⅱ		1/28	2/1	併3/14

〔募集人員〕特別進学コース105人（Sクラス35人）進学コース280人　総合進学コース280人

〔試験別募集コース〕特別進学：特別進学Sクラス、特別進学　学業特待生・ランクアップ：特別進学Sクラス、特別進学、進学　一般Ⅰ・単願・部活動特待生・一般Ⅱ：進学、総合進学

■2024年度選考方法・入試科目

中学校

1・2回：国語、算数、面接
〈配点・時間〉国・算＝各100点50分
〈面接〉生徒個人

高等学校

学業特待生：国・社・数・理・英（リスニング含む）
一般Ⅰ・一般Ⅱ：国・数・英（リスニング含む）
特別進学コース（単願）：国・社・数・理・英（リスニング含む）、面接
単願：国・数・英、面接
部活動特待生：国・数・英、面接、実技（硬式・軟式野球は実技なし）【出願条件】中学の部活動や課外活動等で個人または団体で優れた活動実績を残し、学業成績・生活態度ともに良好である者
ランクアップ：国・数・英（リスニング含む）
〈配点・時間〉国・数・英・理・社＝各100点50分

〈面接〉生徒個人　重視

■指定校推薦枠のある主な大学

青山学院大　上智大　成蹊大　東京理科大　東京薬科大　明治学院大　立教大　早稲田大　自治医科大　獨協医科大など

■2023年春卒業生進路状況

卒業生数	大学	短大	専門学校	海外大	就職	その他
387人	287人	9人	56人	0人	21人	14人

■2023年春併設大学への進学

優先入学制度があり、在学中、一定の成績をとった者は進学できます。
白鷗大学―65（経営30、法9、教育26）

■2023年度入試結果

中学校

募集人員		志願者数	受験者数	合格者数	競争率
推薦		7	7	7	1.0
一般1回	60	62	60	48	1.3
2回		14	14	8	1.8

高等学校

募集人員		志願者数	受験者数	合格者数	競争率
1回学業特待生		2,742	2,698	2,336	1.2
特別進学コース		24	24	8	3.0
単願推薦	665	83	83	73	1.1
運動部・文化部特待		109	109	109	1.0
2回学特ランクアップ		928	906	426	2.1
一般		442	423	325	1.3

学校説明会 すべて要予約
★中学校　オープンキャンパス・説明会　10/21
模擬試験（小6対象）9/9
★高等学校（中3対象）
学校説明会・見学会　9/30　オープンキャンパス　富田 10/7 10/21　入試相談会　本校舎 10/14 11/3 11/11 11/23 12/3　白鷗大 10/28　埼玉（市民プラザかぞ）9/21 11/29

見学できる行事
体育祭　中10/8　高10/18（本校舎）10/19（富田）

説明会・行事等は日程・内容が変更される場合があります。必ず学校HP等でご確認ください

山梨
に

日本大学明誠高等学校

〒409-0195　山梨県上野原市上野原3200　☎0554-62-5161　meisei.nyushi@nihon-u.ac.jp　学校長　松井 寛之

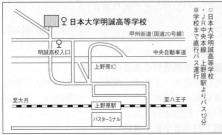

〈URL〉https://www.meisei.hs.nihon-u.ac.jp

沿革　昭和35年（1960）、日本大学創立70周年記念事業の一環として開校しました。

校風・教育方針

　明るく、清々しく、素直な誠の心を基盤に、自主創造の精神を養うことを目標にしています。校訓「至誠・努力・調和」を重んじ、人間力を高める教育を徹底していますが、大学付属校ならではの余裕が、自由でおおらかな校風を育てています。

カリキュラムの特色

　生徒一人ひとりの可能性をできるだけ引き出すために充実した個性的なカリキュラムを設置しています。

　生徒の関心や興味、希望進路に合わせて選択できる2つのコースを設置しています。コースごとに独自の科目編成を行うことで、生徒は自分のはっきりとした目標に向かって自主的に学習を進め、個性を伸ばすことができます。何よりも大切なのは、自分の可能性にチャレンジしていくこと。そんな生徒を明誠高校はバックアップしています。

特別進学コース

●**独自のカリキュラムで難関大学進学を目指す**

　主体的に判断できる能力を育て、学力の向上とともに、日常生活に必要な社会性を培い、バランスのとれた人材を育成します。

〈特進コース文系〉国語・英語に重点を置いた学習指導によって、文系国公立大学および難関私立大学への進学を目指します。

〈特進コース理系〉数学・理科を中心に、徹底した学習指導によって、理系国公立大学および難関私立大学への進学を目指します。

　1年次は基礎学力の充実と自主学習態度の育成に重点を置き、的確な目標設定と学習計画の策定・実行によって、目標達成に向けた進学指導を行います。2年次からは志望大学に合わせて文系・理系のカリキュラムに分かれ、3年次では演習科目により国公立大学・難関私立大学受験に対応できる力を養います。

普通コース

●**日本大学への進学が第一目標**

　日本大学各学部への優先入学の制度を最大限に生かし、日本大学への推薦入学を目指します。1年次は基礎を徹底的に習得し、2年次より文系・理系に分かれ、さらに応用へ理解力を高めます。さらに、選択制の導入により、本人の進学志望に合わせて学習を進めることができます。一方、他大学への進学にも対応できる充実したカリキュラムになっています。毎日の授業で基礎を固め、さらなる可能性を引き出すために、課外補習や合宿セミナーなども用意されています。

環境・施設設備

　冷暖房設備を完備しています。視聴覚室・多目的ホール・理科実験室・家庭科調理室・体育館・野球場・グラウンドのほか、47台のパソコンを備えるCAI教室などが整備されています。第1グラウンドは人工芝で、体育の授業で使用しています。また、2021年より一人一台タブレットを導入しました。現在、2024年完成を目指し、新校舎を建設しています。

今春の進学実績については巻末の「高校別大学合格者数一覧」をご覧ください

生活指導・心の教育

感動を通して豊かな人間的成長を遂げていくよう、ホームルームや部活動、学校行事などでも積極的な指導をしています。

野に咲く草花にも生命のたくましさと美しさを感じる豊かな感性、人に対しては思いやりの心をもって行動する深い人間愛、可能性に向かって立ち向かうチャレンジ精神を備えた人間の育成に力を入れています。

学校行事・課外活動

芸術鑑賞教室、文化祭、体育祭、強歩大会など年間を通して多彩な行事があります。

２年生の修学旅行はオーストラリアに行きます。そのほか、各分野の専門家による講演会や吹奏楽部定期演奏会など、文化的行事も恒例になっています。

文化部は吹奏楽部など10部あり、県や地域での行事に積極的に参加し、高い評価を得ています。体育部は15部あり、毎年全国大会や関東大会に出場しています。センバツ甲子園出場を果たした野球部をはじめ、2019年度選手権大会に出場したサッカー部、ハンドボール部、陸上競技部、水泳部、ラグビー部など、特にダンス部は６年連続して全国大会に出場しました。

日本大学付属高校間での交流試合や大会もあり、年間を通して活発に活動しています。

データファイル

■2024年度入試日程

募集人員		出願期間	試験日	発表日	手続締切日
推薦	20/140	1/9～1/12	1/19	1/20	1/25※
一般1回	35/105	1/17～1/23	1/30	1/31	2/5※
2回	5/15	2/2～2/8	2/15	2/16	2/19※

募集人員は特進／普通
Web登録は、推薦12/18より、一般１回1/10より、一般２回1/26より可能。登録後、書類郵送
※併願合格者は延納可

■2024年度選考方法・入試科目

推薦：［単願・併願］書類審査、面接
【出願条件】いずれも９科は３以上　内申［単願・併願］特別進学コース５科20（併願21）普通コース５科18（併願19）か９科30（併願31）
一般：国語、数学、英語（いずれもマークシート方式、英語はリスニングを含む）、面接
〈配点・時間〉国・数・英＝各100点50分
〈面接〉生徒個人　きわめて重視

■2023年春併設大学・短大部への進学

在学３年間の学業成績と日本大学付属高校等基礎学力到達度テストの成績によって決定されます。
日本大学－279（法14、法二部17、文理34、経済38、商43、国際関係４、危機管理６、スポーツ科１、理工34、生産工15、工１、歯１、松戸歯１、生物資源科68、薬２）
日本大学短期大学部－２（ビジネス教養）

■2023年春他大学合格状況

東京都立大　亜細亜大　北里大　工学院大　実践女子大　昭和大　専修大　拓殖大　玉川大　中央大　帝京科学大　東京医療保健大　東京経済大　東京電機大　東京理科大　日本体育大　法政大　明治大　明星大　山梨学院大　横浜薬科大など

■2023年春卒業生進路状況

卒業生数	大学	短大	専門学校	海外大	就職	進学準備他
374人	345人	3人	20人	0人	4人	2人

■2023年度入試結果

募集人員		志願者数	受験者数	合格者数	競争率
推薦単願		143	143	143	1.0
自己	160	79	79	79	1.0
併願		170	170	170	1.0
一般1回	140	167	162	137	1.2
2回	20	15	13	5	2.6

学校説明会　すべて要予約
開催日程は変更になる場合があります
入試説明会　10/14 11/4 12/2　※部活動発表・校内案内ツアー・個別相談あり
入試説明会（夜・八王子）　9/14　※部活動発表あり
オンライン入試説明会　9/30
キャンパスツアー　9/9 9/16 10/7 10/28 10/29 11/11 11/12 11/18 11/25
見学できる行事
文化祭　11/22・11/23

説明会・行事等は日程・内容が変更される場合があります。必ず学校HP等でご確認ください

全寮協加盟校（27校）所在地マップ

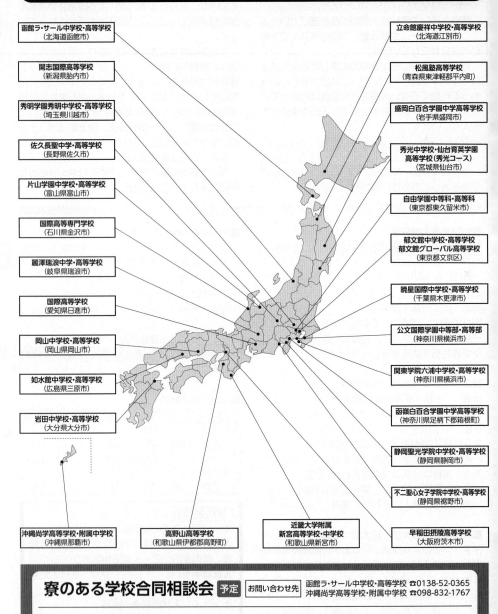

函館ラ・サール中学校・高等学校
（北海道函館市）

開志国際高等学校
（新潟県胎内市）

秀明学園秀明中学校・高等学校
（埼玉県川越市）

佐久長聖中学・高等学校
（長野県佐久市）

片山学園中学校・高等学校
（富山県富山市）

国際高等専門学校
（石川県金沢市）

麗澤瑞浪中学・高等学校
（岐阜県瑞浪市）

国際高等学校
（愛知県日進市）

岡山中学校・高等学校
（岡山県岡山市）

如水館中学校・高等学校
（広島県三原市）

岩田中学校・高等学校
（大分県大分市）

沖縄尚学高等学校・附属中学校
（沖縄県那覇市）

高野山高等学校
（和歌山県伊都郡高野町）

近畿大学附属
新宮高等学校・中学校
（和歌山県新宮市）

立命館慶祥中学校・高等学校
（北海道江別市）

松風塾高等学校
（青森県東津軽郡平内町）

盛岡白百合学園中学高等学校
（岩手県盛岡市）

秀光中学校・仙台育英学園
高等学校（秀光コース）
（宮城県仙台市）

自由学園中等科・高等科
（東京都東久留米市）

郁文館中学校・高等学校
郁文館グローバル高等学校
（東京都文京区）

暁星国際中学校・高等学校
（千葉県木更津市）

公文国際学園中等部・高等部
（神奈川県横浜市）

関東学院六浦中学校・高等学校
（神奈川県横浜市）

函嶺白百合学園中学高等学校
（神奈川県足柄下郡箱根町）

静岡聖光学院中学校・高等学校
（静岡県静岡市）

不二聖心女子学院中学校・高等学校
（静岡県裾野市）

早稲田摂陵高等学校
（大阪府茨木市）

寮のある学校合同相談会 予定

お問い合わせ先
函館ラ・サール中学校・高等学校 ☎0138-52-0365
沖縄尚学高等学校・附属中学校 ☎098-832-1767

● 11/3（金・祝） 名古屋・マリオットアソシアホテル
（名古屋駅）13:00〜17:00

● 11/4（土） 神戸・スペースアルファ三宮
（三宮駅）16:00〜20:00

● 11/11（土） 横浜・崎陽軒本店
（横浜駅 東口）15:00〜19:00

● 11/12（日） 東京・赤坂インターシティコンファレンス
（溜池山王駅・国会議事堂前駅）
12:00〜16:00
協力：大学通信

寮のある学校編

〈中学校・高等学校〉

函館ラ・サール中学校・高等学校（北海道）.............. 826

北嶺中学校・高等学校（北海道）......................... 828

片山学園中学校・高等学校（富山）....................... 830

佐久長聖中学校・高等学校（長野）....................... 832

早稲田摂陵高等学校（大阪）............................. 834

西大和学園中学校・高等学校（奈良）..................... 836

岩田中学校・高等学校（大分）........................... 838

〈高等専門学校〉

国際高等専門学校（石川）............................... 840

寮制教育は、古くて新しい教育制度です。欧米では高水準の教育を行う場として欠かすことができません。寮での生活を通して自主性や独立心が育ち、規則正しい団体生活によって協調性が培われます。家族や友人、先生など周囲の人に対するいたわりや感謝、自己に対する厳しさの礎ができるのも、寮生活ならではでしょう。本当の「生きる力」を身につける最適な環境が、寮生活であるといえます。同じ世代の仲間と共に生活し、理解し合う環境である寮制学校を、進路選択肢の一つに加えてみてはどうでしょうか。

函館ラ・サール <small>はこだて</small> 中学校 高等学校

〒041-8765　北海道函館市日吉町1-12-1　☎0138-52-0365　学校長　齋藤　瑞木

〈URL〉https://www.h-lasalle.ed.jp/

沿革　昭和35年（1960）、カトリック・ラ・サール修道会によって現在の地に設立。平成11年（1999）、中学校を開校。中高一貫のカトリックミッションスクールとして現在に至ります。

校風・教育方針

校風は、北海道の鷹揚な精神風土を反映して自由闊達。基本的教育方針は「進学教育と人間教育の高いレベルでの両立」。また、スローガンとしている「ファミリースピリット」には教師と生徒、生徒同士の関係にとどまらず、保護者もその一員と考えます。さらに全世界80か国900に及ぶ他のラ・サーリアン、ラ・サール学校との精神的つながりをもっていることも独特のものです。

特色

■50人大部屋寮

個室とは次元の異なる濃密で多様な人間関係の中に日常的に身をおくことで、社会人となってから必要な、しかし現代の若者に欠けがちな柔軟で逞しい人間関係力・コミュニケーション力が自然に身に着くだけでなく、男子にとっては財産とも言うべき生涯にわたる友人関係を築くこともできます。また、ここで培われる力は、大学入試改革で求められている人材と符合しているとも言えるでしょう。中学入学者は高1から、高校入学者は高2から4人部屋になります。

■全国No1とも言われる全国区性

中学においては、開校以来24年間、地方にありながら、入学者の過半数が毎年東京・大阪・名古

屋出身であるのは函館ラ・サールだけでしょう。異なる地域文化を背負った友人との日常的接触は、卒業生の言によれば「ラ・サールにいた時は、生徒が全国から集まるのは当たり前だと思っていた。しかし卒業して気づいた。あれは特殊な環境だった。そしてあそこから得たものが大きかった。」

■問題を抱えた生徒をあくまでも支援すること

カトリックミッションスクールの良心として、様々な問題を抱えた生徒を、卒業に向けてあくまでも支援しています。それは「ラ・サール卒業」ということが、人生の様々な局面で自分の矜持になることがあるからでもあります。

■部活が非常に盛んで強いこと

バスケット、バレーボールが2面とれる大きな体育館が2つあるのに加えて、野球・サッカー・ラグビーが同時にできる広大なグランドが寮に隣接し、都会では考えられない恵まれた練習環境をもっていることもあって、進学校としては出色の戦績を修めています。特にラグビー部は、この5年間で3回花園に出場しています。多くの部活ではレギュラーになるのは容易ではありません。このことも、学力偏差値至上主義ではない人間教育重視の実践のひとつと考えています。

■低廉な経費

授業料と寮費（休日の食事・洗濯を含む）合わせて月約11万円です。「経費が安いから」を入学理由の一つにしている方も少なくありません。

■函館という街で暮らすこと

函館は、全国住みたい街コンクール2年連続1位にもなった歴史的情緒と北海道の豊かな自然を併せ持つエキゾチックな魅力にあふれた港町です。

今春の進学実績については巻末の「高校別大学合格者数一覧」をご覧ください

 2期制｜登校時刻 8:25｜昼食 弁当持参、食堂｜土曜日 授業｜寮

ここでの生活は一生心に残ることでしょう。都会の刺激は大学生からでも遅くありません。

カリキュラムの特色

①入学から卒業まで「倫理宗教」の授業でキリスト教を学ぶと同時に、多くのディスカッションを通じて多様な問題意識を深めることができます。②バランスの取れた教育が大切と考え、中学では公立と同じ芸体教科時数を確保しています。③5教科の時数が多いので必然的に「先取り」になりますが、「無理のない先取り」を基本としています。④2021年度から高校で東大・京大・医学部への進学をめざす「特進コース」を新設。中学からの内部進学生で成績上位者は、高校からの特進入学者とともに高2から特進クラスで学びます。⑤文理分けは高2から。高3では私文コースもあります。

また大学入試に即応する「特講」の授業もあり、難関国公立大学や医学部受験を想定した個別指導もあります。

学校行事

学園祭、雪中運動会、奥尻島研修旅行（高1）、スキー研修（中）、球技大会（中高）、函館フィールドワーク（中学生による研究発表）、速歩遠足（27キロ完走歩）に加えて中学の海外研修旅行では、アメリカの高校でホームステイをしながら現地校の授業に生徒として参加します。

クラブ活動

学年によりますが、加入率は70〜90%。毎年10〜15のクラブが北海道大会に出場し、2〜4のクラブが全国大会に出場するほどの戦績を誇ります。

データファイル

■2024年度入試日程

中学校

募集人員		出願期間	試験日	発表日	手続締切日
1次	80	12/1〜12/11	1/8	1/10	1/15
2次		1/16〜1/22	2/3	2/4	2/13

〔学外会場〕札幌（1次のみ）、東京、名古屋、大阪

高等学校　募集人員は内部進学者を含む

募集人員		出願期間	試験日	発表日	手続締切日
推薦・県外	160	1/4〜1/6	1/13	1/16	1/22
一般		2/1〜2/2	2/15	2/22	3/4

海外特別入試あり

〔学外会場（前年度参考）〕推薦・一般：札幌、旭川、帯広、北見、青森、盛岡（推薦のみ）、仙台、東京、名古屋（推薦のみ）、大阪　県外：青森、盛岡、仙台、東京、名古屋、大阪

■2024年度選考方法・入試科目

中学校

3科（国・算・理か国・算・社）か4科（国語・算数・理科・社会）　※2次入試は2科（国語・算数）も可

〈配点・時間〉国・算＝各100点60分　理・社＝各50点40分

〈面接〉なし

高等学校

推薦・県外：国語、数学、英語（リスニング含む）

一般：国語、数学、英語（リスニング含む）、理科、社会

〈配点・時間〉国・数・英＝各100点60分　理・社＝各100点50分

〈面接〉なし

■指定校推薦枠のある主な大学

早稲田大　上智大　中央大　東京理科大　法政大　明治大　立教大　国際基督教大など

■2023年春卒業生進路状況

卒業生数	大学	短大	専門学校	海外大	就職	進学準備他
112人	78人	0人	1人	0人	0人	33人

■2023年度入試結果

中学校

募集人員		志願者数	受験者数	合格者数	競争率
1次	80	354	342	234	1.5
2次		86	74	48	1.5

高等学校

募集人員		志願者数	受験者数	合格者数	競争率
推薦		82	82	41	2.0
県外	160	23	22	15	1.5
一般		73	72	46	1.6

学校説明会　予約不要

★中学校
11/11（見学会もあり）
東京　9/17 11/18 11/23

★高等学校
10/28（見学会もあり）
東京　11/18 11/23

見学できる行事
学園祭　7/15・7/16（終了）

説明会・行事等は日程・内容が変更される場合があります。必ず学校HP等でご確認ください

北海道 ほ

北嶺中学校・高等学校
(ほくれい)

〒004-0839　北海道札幌市清田区真栄448-1　☎011-883-4651　学校長　谷地田 穰

北嶺中学校・高等学校へは、地下鉄東豊線・福住駅からバス、大谷地駅・福住駅からタクシーで20分。地下鉄東西線大谷地駅から地下鉄東豊線福住駅下車徒歩10分

〈URL〉https://www.kibou.ac.jp/hokurei/

沿革　昭和61年（1986）北嶺中学校開校。平成元年（1989）北嶺高等学校開校。同27年（2015）、開校30周年。

校風・教育方針

創立の理念「だれもが夢を描いて、常に高きに登ろうとすれば、道は必ず拓ける」に基づき、「めざすなら高い嶺」を校訓としています。中高一貫を生かした独自のカリキュラム、少人数教育が特徴です。教育目標は「未来を洞察し、開拓しうる高い知性と教養を養う」「誠実で敬虔な心情を培い、真理を求める態度を養う」「豊かな情操を培い、おおらかな人間性を養う」「優れた体力と気力あふれる精神を養う」「己に偏せず、広い視野から社会に貢献できる人間性を育てる」の5つ。将来、日本はもちろん、世界で社会のために献身的に貢献できるリーダーの育成をめざしています。

カリキュラムの特色

週6日間毎日授業があります。難関大学に合格することのできるゆるぎない「基礎学力」の獲得と、英語力の向上、グローバル教育、たくましい精神の涵養を教育の柱に据えています。

中学1、2年では、知識が増していく楽しさを味わいながら、基本的な学習姿勢を身につけます。国語力や表現力を育むための読書習慣や、小テスト等で毎日の学習成果を確認するなど学習習慣を養います。2年間で中学の学習内容を終えますが、授業の進度が公立中学校よりも速いわけではありません。主要5科目の時間数が公立中学校に比べ

て約1.6倍と多く、ゆっくりした授業で内容の濃い学習を進めていきます。

中学3年、高校1年は、進路選択に向けて自分の適性を理解する時期としています。学習の基礎を身につけるだけでなく、将来にどう結びつけるのかを考えながら学習に取り組みます。職業・進路指導なども本格化し、自分の適性を見極め、めざす将来像を固めていきます。また、英検は高校1年生の海外修学旅行までに、準2級・2級に合格することを目標に掲げ、高い合格率を残しています。

高校2年では、共通テストの基本教科である英語・数学・国語で高校の学習内容を終え、選択科目の物理・化学・生物や地理・歴史・公民などは高校3年で学び終えます。高校1年以降は、習熟度や志望校に応じて細分化された授業・講習が開講され、実践的な学力を伸ばしていきます。

仲間との励まし合い、先生方の手厚い学習サポート、開校以来授業で必修のラグビー・柔道や毎年実施する登山で得た強い精神力により、現役での難関大学合格をめざしています。6年一貫カリキュラムの完成度は高く、大学進学という結果を通じて証明されています。

英語教育・国際理解教育

授業で学んだ英語の4技能（聴く・読む・話す・書く）の習熟を確認するために、英検やTOEFL®、TOEIC®などの英語能力テストに挑戦します。

また、深い見識と広い視野、先を読む洞察力を備え、グローバルな視点から世界をより良く変え

今春の進学実績については巻末の「高校別大学合格者数一覧」をご覧ください

ていく革新的な力を備えた人材養成をめざす「Gプロジェクト」を実施しています。その一環として、高校1年生の修学旅行ではハーバード大学における「グローバルリーダー養成プログラム」、ニューヨークでは国連研修など、多彩なプログラムを受講します。実践的な英語能力を高めるために、外国人講師による英会話・国際理解学習を実施。中学3年生の奈良・京都修学旅行は京都大の外国人留学生と交流します。

環境・施設設備

大自然に囲まれた広大な敷地に、充実した学習・運動施設を整えています。教室にはエアコンを完備し、静かな環境の中で落ち着いた授業が展開されます。

寮生活

難関大学への進学をめざし、高い志を持つ若者達の夢をかなえるために青雲寮コースを設けています。放課後の学習時間は前半19時〜21時、後半21時30分〜23時で、中学生は学習室の個別ブース、高校生は各自の部屋で学習します。夜間講習や個別指導、チューター制度など特別学習のプログラ

ムも用意されています。2021年に新寮棟が増設され、より快適な学習・生活環境が整備されました。寮生は学級担任のほか、寮生担任、寮母・寮監などたくさんの先生に見守られ、安心して6年間を過ごすことができます。

学校行事・クラブ活動

6月に、中学1年から高校2年まで、学年が上がるにつれて難易度の高い山に挑戦する全校登山を行います。"校技"のラグビーは10月に、柔道は11月に校内大会を実施。こうした行事を通して、たくましい精神を養い、技術だけでなく相手を敬う精神・協調性の大切さを学び取ります。Gプロジェクトでは、海外修学旅行（高校1年3月）のほか、北嶺ハーバードキャンプ（中学3年・高校1年1月）、ニュージーランドへの語学研修・ホームステイ（8月）などを実施します。

クラブ活動は、体育系が柔道、ラグビー、卓球、テニス、野球、サッカーなど10部、文化系は美術工芸、囲碁将棋、科学、数楽、ディベートなど10部があります。このほか2016年から公認団体として、鉄道研究会、ロボット研究会、パソコン研究会などが活動しています。

データファイル

■2024年度入試日程

中学校　試験会場は北海道・仙台・東京・名古屋・大阪

募集人員	出願期間	試験日	発表日	手続締切日
120	Web11/24〜12/21	1/8	1/11	1/19※

受験区分は「専願」「併願A」「併願B」
青雲寮コースの定員は60人（うち特待選抜20人）
※専願者および北海道・仙台会場受験者は1/12。
東京・名古屋会場の特待選抜合格者は2/6

高等学校
募集を行っていません

■2024年度選考方法・入試科目

中学校
国語、算数、理科、社会
〈配点・時間〉国・算＝各120点60分　理・社＝各80点40分
※大阪会場受験者は国語、算数、理科で受験可。
3教科型は得点を1.25倍し400点に換算

■指定校推薦枠のある主な大学

慶應義塾大　早稲田大　東京理科大　中央大　学習院大　芝浦工業大　東京都市大　北里大　獨協医科大　同志社大　関西学院大ほか

■2023年春卒業生進路状況

卒業数	大学	短大	専門学校	海外大	就職	進学準備他
126人	67人	0人	0人	1人	0人	58人

■2023年度入試結果

中学校

募集人員	志願者数	受験者数	合格者数	競争率
120	1,333	1,295	1,033	1.3
（東京会場/内数）	(228)	(220)	(167)	(1.3)

▼▼入試アドバイス・学校からのメッセージ

2023年度入試より、「特待選抜入試」を実施。合格した場合、入学金・授業料の免除および「奨励金（1万円/月）」が給付される特待生として入学できます（奨励金は返還不要）。一般入試と同一日・同内容の入試問題となります。

学校説明会
オープンスクール（校内）10/14
横浜学校説明会　12/2
東京学校説明会　10/1 12/3
※すべてHPから完全予約
見学できる行事　文化祭　7/22・7/23

説明会・行事等は日程・内容が変更される場合があります。必ず学校HP等でご確認ください

富山
か

片山学園中学校高等学校

かたやまがくえん

〒930-1262　富山県富山市東黒牧10　☎076-483-3300　中学校長　片山　愛子　高等学校長　武島　直樹

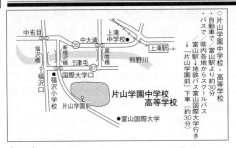

〈URL〉https://www.katayamagakuen.jp/

沿革　昭和52年（1977）に発足した学習塾　育英センターグループの一環として、平成17年（2005）、片山学園中学校が設立されました。

平成20年（2008）に高等学校が開校し、富山県初の中高一貫校となりました。

校風・教育方針

「孝・恩・徳」の考えを教育の基盤に据えています。まず、すべての始まりとなるのが「孝」です。「孝」は、無償の愛を与えてくれる家族への愛、いたわり、慈しみの心です。「恩」は、友人や教師、地域の人々など、周囲の人々へ報いようとする感謝の気持ちです。そしてこの「孝」と「恩」が、激動する現代社会において正しく善く生きていく力である「徳」を育みます。このように、学業のみにとらわれず、健全な心身を修得し、よりよい社会の構築のために貢献できる人材の育成する「全人教育」を学園の目標としています。

カリキュラムの特色

中高6年間を3つのステージに分け、ゆとりある一貫教育の長所を生かして生徒一人ひとりの個性を磨くていねいな指導を行います。

第1期〈中1・中2〉では、"基礎の徹底"を目標に掲げ、中学3年次までの学習内容を修了します。第2期〈中3・高1・高2〉は、"発展と充実"の期間とし、高校3年間の学習内容を修了。第3期〈高3〉は"完成と飛躍"をめざし、大学受験に向けた学習を集中的に行います。

学習時間は、正規の授業35時間に加え、土曜塾

といった演習型、テーマ探究型の特別授業があります。英語、数学、理科については重点的に授業を実践し、体育、音楽、美術などすべての教科で生徒の学ぶ意欲を引き出す授業を行っています。

教員は、北陸最大の学習塾「育英センター」の実力講師として活躍していた人材を起用しています。社会人としての経験や活力をも身につけた教員による実践的な指導は、片山学園が目標とする全人教育に大きく寄与しています。さらに、学生寮の夜間授業は、育英センターの現役の講師や医学部生がチューターとして指導しています。

片山学園の授業では、AL（アクティブラーニング）、ICT教育の充実、英語4技能の向上、継続した課題探究の実践、SDGsをベースとした課外活動の導入など、大学入試対策や社会で自己実現できる生き方を学ぶことができます。あわせて国際交流教育活動にも力を注ぎ、高校1年生全員がイギリスに約10日間短期留学し、他にもスイス、オーストラリアの学校とも提携して、語学スキルの向上や国際感覚を身につける取り組みも行っています。

高校から入学できる「3年制進学コース」では、自ら探究したいテーマを見つけ、社会的科学的な問題に向き合っていきます。海外での研修、大学と連携した授業等を通して、探究したテーマを研究発表、論文作成まで行っていきます。

環境・施設設備

山と海に囲まれ、美しい自然に恵まれた富山県は、食べ物や水がおいしく、居住水準はトップレベルを誇ります。こうした環境の中、片山学園は

今春の進学実績については巻末の「高校別大学合格者数一覧」をご覧ください

| 3学期制 | 登校時刻 8:40 | 昼食 レストラン | 土曜日 授業 | 寮 |

最新の学習設備を備えた広大な校舎を構えています。学園周辺は多くの教育機関や企業の研究施設などが集まる文教地区で、学習に最適な環境です。

「自主自律」の精神を養う学生寮

学校敷地内には、「つるぎ寮」（男子寮）、「さくら寮」（女子寮）を併設し、県外からの入学者を積極的に受け入れています。寮生活を通して「**規範意識**」「**コミュニケーション能力**」「**自己管理能力**」「**問題解決能力**」の４つの力を高め、「**自主自律**」の姿勢を身につけてほしいと考えています。

学習面では、学習担当寮監３人と医学部に進学した先輩寮生らが、寮生の学習をサポートします。寮内でPCやタブレットを使って映像授業が受講できます。学習システムや自習室の整備により、寮生の進学実績も好調です。生活を共にした先輩が難関大学に合格すれば後輩寮生も大きな刺激を受けます。学校や学生寮での生活を通し、６年で必ず人間力・学力を伸ばします。

学校行事・部活動

学園祭、体育大会、宿泊学習、球技大会、地域奉仕活動、合唱コンクールなど、たくさんの学校行事が行われ、仲間との結束を強めます。

部活動は、現在、硬式テニス、サッカー、陸上、弓道、剣道、バドミントン、吹奏楽、バスケットボール、ダンス、放送演劇、ゴルフ、科学の各部が週４〜５日間活動しています。

HOW TO ACCESS

東京から…飛行機で／羽田→富山（約１時間）
北陸新幹線で／東京↔富山（約２時間）
大阪から…ＪＲ・新幹線で／大阪→富山（約３時間）
名古屋から…ＪＲ・新幹線で／名古屋→富山（約３時間）

データファイル

■2024年度入試日程

中学校　国内：東京、名古屋、大阪　※HPは1/9

募集人員		出願期間	試験日	発表日	手続締切日
推薦	80	12/6〜12/15	12/17	12/19	12/25
国内		12/11〜12/30	1/8	1/11※	専1/26併2/9
前期		1/9〜1/19	1/21	1/23	専1/26併2/2
後期		1/24〜2/2	2/4	2/5	2/8

高等学校　（2023年度参考）

募集人員		出願期間	試験日	発表日	手続締切日
推薦	32	12/1〜12/22	1/13	1/17	1/27
一般		12/1〜1/19	2/2	2/8	2/17

■2024年度選考方法・入試科目

中学校

推薦：面接、作文（400字20分）【**出願条件**】富山育英センター主催の「中学入試プレテスト」において所定の成績を収めていること

国内：４科か算数選抜（60分）　大阪のみ国・算・理も選択可　**前期・後期**：４科

〈配点・時間〉国内：国・算＝各50点50分　理・社＝各50点40分　前期・後期：国・算・理・社＝各50点45分

〈面接〉推薦のみ生徒個人

高等学校　（2023年度参考）

推薦：作文、面接（口頭試問を含む）
一般：５科（英語はリスニングを含む）

■2023年春卒業生進路状況

卒業生数	大学	短大	専門学校	海外大	就職	進学準備他
95人	81人	1人	1人	0人	0人	12人

■指定校推薦枠のある主な大学

早稲田大　慶應義塾大　立教大　学習院大　東京理科大　津田塾大　立命館大など

■2023年度入試結果

中学校　男／女

募集人員		志願者数	受験者数	合格者数	競争率
推薦	80	9/6	9/6	9/6	1.0/1.0
国内		255/238	249/233	231/220	1.1/1.1
前期		68/59	67/58	60/49	1.1/1.2
後期		4/3	4/3	4/2	1.0/1.5

高等学校

募集人員		志願者数	受験者数	合格者数	競争率
推薦	32	13	13	13	1.0
一般		20	20	19	1.0

学校説明会　学校見学は随時可（要予約）
★中学校（要予約）
9/24　11/19
理科実験教室（要予約）　10/15

見学できる行事
体育祭(中)　9/2
学園祭　10/29

説明会・行事等は日程・内容が変更される場合があります。必ず学校HP等でご確認ください

中 共学　高 共学 普通科

佐久長聖中学校 高等学校
（さくちょうせい）

中学校　〒385-0022　長野県佐久市岩村田3638　☎0267-68-6688　理事長　イチカワドイル　徳恵
高等学校　〒385-8588　長野県佐久市岩村田951　☎0267-68-5588　校長　佐藤　康

体験学習・乗馬：乗馬前に馬の世話（ブラッシングなど）や厩（きゅう）舎内の清掃も行います。

〈URL〉https://www.sakuchosei.ed.jp

沿革　昭和39年（1964）4月、佐久高等学校開学。平成7年（1995）4月に佐久長聖中学校が開学、それにともない佐久長聖高等学校と改名しました。

校風・教育方針

「高校創立50周年・中高一貫課程創設20年」を経て、「世界の佐久長聖」を目指します

　「教育は自由と愛」を合言葉に、中高6年間を通して、生徒の秘められた能力を見いだし、また、生徒の自主性を重んじながら、寮生活と体験学習により、21世紀をリードするにたる、深い見識と豊かな情操を兼ね備えた「紳士・淑女」の育成を図っています。「知育・徳育・体育・気育（心配りや思いやりの心の錬成）・美育（美的感覚の錬成）・食育（食による健全な心身の育成）」の総合的な人間教育に全力を傾けています。

カリキュラムの特色

　中学2年時より、それぞれの個性と学力を伸ばすために習熟度別クラス分けとなります。さらにプラスアルファの学習を行う「東大医進講座」を設け、英語と数学で習熟度別授業を行います。

　高等学校のⅠ類は、医師、弁護士、国家公務員などを目指し、最難関大学を志望する生徒の集団で、50分授業、週4日7限授業を行っています。2年次から文・理分けを行い、進路実現に最適なカリキュラムに移行します。Ⅱ類は、大学進学とハイレベルな部活動の両立を目指す生徒の集団で、一人ひとりの個性を生かした活動や学習ができる

ような時間割編成を行います。2年次からは、文・理分けにより、授業の効率化を図っています。

国際理解教育

　中学校は、専任の外国人講師による生きた英語に触れることができます。また、国際的視野に立った物事の考え方を学ぶため、2年次3学期にホームステイを含む約2週間の日程で、カナダ語学研修を実施します。その成果として英語学習もさらに意欲的になり、高校進学時には約7割の生徒が英検準2級を取得しています。また、独自のEnglish Learning Programで生徒個々の英語力伸長をはかっています。

　高等学校では、国際社会で活躍できる有為の人材を育成するため、外国人講師の招へいや外国人留学生の受け入れ、また進級留学はもちろん、県下高校に先駆けて海外研修を実施してきました（カナダ、アメリカなどから選択）。多感な高校時代にホームステイを通じて、異文化を肌で感じ、様々な体験をすることにより国際感覚、国際性を育成します。

今春の進学実績については巻末の「高校別大学合格者数一覧」をご覧ください

寮生活と中学の体験学習

グローバル化は寮生活から　中学1年生はできるかぎり、入寮を勧めています。「聖朋館」は中学校校舎に隣接する学習環境の整った寮です。専任の教職員が宿泊して、心身の健康、生活、学習などあらゆる角度から親身に生徒の指導と援助に努めています。土曜の体験学習による心豊かな人作りも特徴です。高等学校には、「聖修館（男子寮）」「聖心館（女子寮）」「聖徳館本館（男子寮）」「聖徳館南館（男子寮）」の4つの生徒寮があります。教員と寝食をともにした集団生活を通して、教育目標の一層の徹底を図りたいとの願いから、寮ではなく「館」、寮生ではなく「館生」と呼んでいます。家庭に代わり、生徒一人ひとりの生活面、学習面、心身の健康面の指導と援助に努めます。6年間の寮生活は一生涯の財産となります。

生活指導・心の教育

　生徒は自律した学校生活を送っています。制服着用ですが、私服での登校を認める「カジュアル・デー」があります。また、時間の自己管理・先取りが大切との考えで「ノーチャイム」が実施されています。また、スクールカウンセラー（臨床心理士）による心のケアにも力を入れています。

クラブ活動

　中学はほとんどの生徒がクラブに所属。ソフトテニス、バスケット、卓球、管弦楽、英語などのクラブが活動。2020年度より軟式野球・剣道・柔道は強化部指定となりました。2016年は野球が全国大会初勝利。高校は、甲子園出場10回の野球、都大路2回優勝の駅伝など多くのクラブが全国規模の活躍をしています。

データファイル

■2024年度入試日程　最新情報は学校HPでご確認ください
中高ともにWeb出願、特待生入試あり

中学校

募集人員		出願期間	試験日	発表日	手続締切日
本校①		10/23～11/13	11/18	11/24	12/15
本校②	140	1/5～1/17	1/20	1/24	
東京①		12/4～1/4	1/8	1/12	2/9
東京②			1/9	1/13	

※東京①は東京、長聖高校で実施。②は東京で実施

高等学校　東京入試は長聖高校でも実施

募集人員		出願期間	試験日	発表日	手続締切日
推薦	130	1/10～1/12	1/19	1/22	1/29
一般	40	1/15～1/23	2/2	2/7	3/19
東京・帰国	10	12/18～12/25	1/8	1/11	3/15

■2024年度選考方法・入試科目

中学校

本校①：4科か3科（国語・算数・理科）　**本校②**：4科　**東京①②**：4科
〈配点・時間〉国・算＝各100点50分　理・社＝各75点計60分（本校①の3科型の理は75点30分）
〈面接〉なし

高等学校

推薦・東京・帰国生入試：書類審査、学力検査（国・数・英）
一般：書類審査、学力検査（国・社・数・理・英）
〈配点・時間〉国・数・英・理・社＝各100点50分

〈面接〉なし

■2023年春の主な大学合格先

大阪大　東京学芸大　東京芸術大　金沢大　信州大　滋賀医科大　奈良女子大　福島県立医科大　国立看護大　早稲田大　慶應義塾大　上智大　東京理科大　明治大　青山学院大　立教大など

■2023年春卒業生進路状況

卒業生数	大学	短大	専門学校	海外大	就職	進学準備他
325人	263人	2人	10人	5人	4人	41人

■2023年度入試結果

中学校

募集人員		志願者数	受験者数	合格者数	競争率
東京	140	4,284	3,988	3,381	1.2
本校		245	242	175	1.4

高等学校

募集人員	志願者数	受験者数	合格者数	競争率
180※	707	702	674	1.0

※募集人員は推薦140/一般30/東京・大阪・帰国生10

学校説明会（予定）※HPでご確認ください
★中学校（要予約）　10/28（授業体験）東京9/9
★高等学校（要予約）　本校9/30（G・Pのみ）
12/2　東京9/9　長野11/18　松本11/19
オープンスクール（要予約）　10/28

見学できる行事（予定・すべて公開未定）
文化祭(中)　9/16・9/17
合唱祭・体育祭(中)　12/8　収穫祭(中)　11/11

説明会・行事等は日程・内容が変更される場合があります。必ず学校HP等でご確認ください

早稲田摂陵高等学校
わ せ だ せつ りょう

〒567-0051 大阪府茨木市宿久庄7-20-1 ☎072-643-6363 学校長 村上 徹

〈URL〉http://www.waseda-setsuryo.ed.jp/

沿革 昭和37年（1962）日本紡績協会が現在地に大阪繊維工業高等学校を設立。同49年（1974）普通科の摂陵高等学校に校名変更。同60年（1985）中学校を併設。平成21年（2009）早稲田大学の系属校になり現校名に改称。翌年、男女共学化。令和3年（2021）創立60周年を迎えました。

校風・教育方針

校訓である「自律・責任・質実」を教育の根幹に据え、「地域社会・国際社会に貢献する人材育成」を目指します。早稲田大学と連携して行う特別講座、スポーツや音楽を通じ地域と交流する早摂公開講座、ボランティア活動などを通じ、生徒たちの向上心を大きく刺激し、学力とともに自己表現力と社会貢献力をもつ生徒を育てます。早稲田大学への推薦入学枠が約40人あります。

カリキュラムの特色

《高大接続》
早稲田大学との連携による多様な教育活動を実践しています。生徒の興味関心に応じて早大教授の講義を選択し受講できる模擬講座「知に触れる」、早大に通う留学生から母国について学ぶ「ICCプログラム」、早大ボランティアセンター（WAVOC）の学生によるボランティア講演会、「関東研修」など、早稲田大学系属校ならではの教育を展開しています。

《コース制》
W（早稲田大学進学）、B（スーパー特進）、A（特進）、吹奏楽の4つのコースを設置。

2024年度より、Wコースは早稲田大学への進学に特化し、定員30人に対して早稲田大学特別推薦枠30人を設定、コース独自のカリキュラムで高大連携教育を実践します。Bコースは、生徒一人ひとりの学力に合わせた指導を展開し、国公立大学・早稲田大学・難関私立大学を目指します（早稲田大学特別推薦枠約10人）。Aコースは難関私立大学・有名私立大学を目指し、総合型選抜や学校推薦型選抜にも対応。高校2年次からのB（スーパー特進）コースへの編入も可能です。

また、「音楽で躍動と感動を！」を合言葉に、年間40回を数える演奏活動を行う吹奏楽コースを設置。活動の場を海外へも広げ、全国トップクラスのバンドとして国内外で高い評価を得ています。

環境・施設設備

緑があふれ、四季折々の自然を感じることができる環境です。広々としたキャンパスに1・2号棟（多機能教室）、IT棟などの教育施設、グラウンドやテニスコート、体育館などの運動施設も充実しています。また、約850人を収容できる学園生徒会館（ホール）では、さまざまな学校行事や講演会・演奏会を開催しています。

寮生活

学園敷地内に附設寮があります。寮長をはじめ寮スタッフが食事や洗濯など、日常生活をサポート。部屋はプライバシーに配慮した個室。また、寮生同士の絆を結ぶ楽しい行事も企画。学習面で

今春の進学実績については巻末の「高校別大学合格者数一覧」をご覧ください

は、専属スタッフによる夜間学習支援を実施し、集中して学業に取り組める環境を整えています。

学校行事・クラブ活動

　生徒会が中心となって取り組む文化祭・体育祭・球技大会は大いに盛り上がります。宿泊行事では、海外修学旅行（高2）以外にも、関東研修（高1）があり、仲間との絆が深まります。夏休みには希望者を対象に早稲田大学附属・系属校合同オーストラリア研修を実施しています。

　また、クラブ活動も大変盛んです。体育系クラブは、硬式野球、テニス、剣道、バレーボール、サッカー、ラグビー、チアダンスなど12。文化系

クラブは、演劇、囲碁・将棋、生物研究、吹奏楽、写真、書道、ESSなど14が、日々活動しています。

高
共学

データファイル

■2024年度入試日程

高等学校

募集人員		出願期間	試験日	発表日	手続(納入)締切日
本校		1/22～2/2	2/10	2/12	専2/21 併3/19
大宮	240	1/5～1/14	1/26	1/31	
所沢		1/5～1/14	1/28	1/31	

※募集人員：Wコース30、Bコース70、Aコース105、吹奏楽コース（女子）35

■2024年度選考方法・入試科目

【本校会場】[一般] 5科　[資格点数化] 5科　[帰国生] 3科、面接 [吹奏楽] 3科、実技、面接
【大宮会場】[一般] 3科
【所沢会場】[一般] 5科か3科　[帰国生] 3科、面接
〈配点・時間〉国・数・英・理・社＝各100点50分

■2023年併設大学への進学

早稲田大学全学部への推薦枠があります。高校3年間の成績で選考し、学部の特徴及び本人の適性・成績に応じて推薦します。推薦枠は40人程度。
早稲田大学—31(政治経済3、法2、商3、教育4、文化構想3、文3、社会科3、基幹理工2、先進理工2、創造理工1、国際教養1、人間科1、スポーツ科3)

■指定校推薦枠のある主な大学

東京理科大　明治大　青山学院大　中央大　法政大　同志社大　立命館大　関西学院大　関西大など

■2023年春卒業生進路状況

卒業生数	大学	短大	専門学校	海外大	就職	進学準備他
322人	278人	1人	8人	1人	2人	32人

■2023年度入試結果

高等学校　スライド合格を含む

募集人員		志願者数	受験者数	合格者数	競争率
本校A		173	169	426	—
B		424	422	308	1.4
W	245	179	177	31	5.7
所沢W		402	399	388	1.0
大宮W		44	40	37	1.1

▼▼入試アドバイス・学校からのメッセージ

資格点数化入試：英語と数学の学科試験を、英検および数検の取得級に応じた得点に換算する選考方式です。換算点と当日の入試点とを比較し、高い方の得点を採用します。

```
┌─────────────────────────────────┐
│ 学校説明会  すべて要予約          │
│ 入試説明会  11/18 12/9 12/16      │
│ オープンスクール  10/7 11/4       │
│ 関東会場(早稲田大学早稲田キャンパス) │
│   入試説明会 9/3 11/19            │
│ 見学できる行事  予約不要          │
│ 文化祭  9/16                     │
└─────────────────────────────────┘
```

説明会・行事等は日程・内容が変更される場合があります。必ず学校HP等でご確認ください

奈良 に

西大和学園中学校高等学校
（にしやまとがくえん）

〒636-0082 奈良県河合町薬井295 ☎0745-73-6565 学園長 岡田 清弘

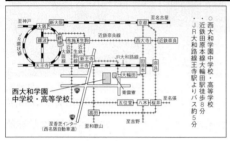

〇西大和学園中学校・高等学校
・近鉄田原本線大輪田駅徒歩8分
・JR大和路線王寺駅よりバス約5分

〈URL〉https://www.nishiyamato.ed.jp

沿革 昭和59年（1984）、学校法人西大和学園設立。昭和61年（1986）、西大和学園高等学校開校。昭和63年（1988）、西大和学園中学校開校。平成14年（2002）、文部科学省「スーパーサイエンスハイスクール」指定。平成26年（2014）、中学校が女子募集開始。同年より5年間、文部科学省「スーパーグローバルハイスクール」指定。平成31年（2019）、独自の取組み「アクションイノベーションプログラム」開始。

校風・教育方針

「探究」、「誠実」、「気迫」の3つを校訓に掲げ、次代を担う高い理想と豊かな人間性を持ったリーダーを養うための独自の教育を実践しています。

中高6年間を通して、幅広く奥深い知識と教養、人を思いやる心、自らを厳しく律する倫理観、さらには国際的な視野と先見性を身につけ、世界をリードするに足る人材の育成を目指します。

カリキュラムの特色

中高一貫教育を実践し、低学年（中1・2）では基礎学力をしっかりと身につけ、中学年（中3・高1）では高校段階の基礎学力の定着化と伸長を図ります。高学年（高2・3）では、きめ細かな進路指導により、志望大学への進学を目指します。

中学校では、希望者を中心に様々な体験学習を実施。これまでに、ウミガメの産卵観察、ふたご座流星群天体観測会、大学附属病院医療体験、裁判所体験などが行われ、生徒の知的好奇心を育んでいます。また、3年次には各自で関心のある

テーマを決め、卒業研究に取り組みます。

高等学校は2002年からスーパーサイエンスハイスクールに指定され、大学や研究機関等の協力を得て、研究室実習、高大連携課題研究などを実施し、生徒たちの探究心を高めています。2年次からスーパーサイエンスコースを編成し、「ライフ」、「ナノ」、「インフォメーション」の各分野について研究に取り組み、研究室体験や研究室に滞在して実験実習などを行います。さらに、大学在学中の卒業生とも連携し、将来の研究を見据えた大学選択を考えます。2019年にはスーパーグローバルハイスクールをさらに進化させたアクションイノベーションプログラムを開始し、従来の高等学校の水準を超えた教育の実現を目指しています。

国際教育

グローバルな視野に立ち、国際感覚に富んだ真の国際人の育成に力を注いでいます。

中3では全員が12日間のアメリカグローバル研修プログラムに参加し、ホームステイ、現地校との交流などの様々な体験をします。西大和学園カリフォルニア校を拠点として、希望者は1年間のアメリカ留学プログラムも利用できます。

高1の秋には、アジアを中心とした3～4カ国から選択する海外探究プログラムを実施します。自然を体験し、文化遺産に触れるとともに、現地の同世代の若者との交流を通して、国際人としての教養を身につけます。高1・高2の夏休みには希望者対象のアメリカホームステイプログラムやハーバード大学での次世代リーダー養成プログラム、ケンブリッジ大学での数学を英語で学ぶプログラムも実施し、世界水準の視点を養成します。

今春の進学実績については巻末の「高校別大学合格者数一覧」をご覧ください

生活指導・心の教育

　様々な分野の第一線で活躍する人物を講師に招いて「心の教育講演会」を実施し、日々の生活における心の持ち方を学ぶ機会としています。これまで、映画監督の河瀬直美さんや、東京大学名誉教授の養老孟司先生による講演会等が行われました。

環境・施設設備

　学園敷地内にある青雲寮（男子のみ）では、現在約150人の生徒が寮生活を送っています。集団生活を通して基本的な生活習慣と学習習慣を身につけ、バーベキュー大会や球技大会、クリスマス会などの行事もあり、仲間との友情と協調性を育みます。また、日々のできごとを保護者とメールでやりとりをしたり、寮生保護者が専用のホームページで寮生活の様子を見ることもできます。安心で快適な環境が整えられています。

学校行事・クラブ活動

　創立時より多彩な学校行事を実施しています。生徒が中心となって行う清栄祭（文化祭）・清雅祭（体育祭）のほか、ファームステイ（中1）、スキースクール（中1）、芸術鑑賞会、マラソン大会などがあり、中学2年次には富士登山にも挑戦します。

　クラブ活動は、体育系では陸上、サッカー、硬式テニス、バレーボール、バスケットボール、硬式（高）・軟式（中）野球等、文化系では科学、数学研究、吹奏楽、囲碁将棋、ESS、鉄道研究、クイズ研究など28のクラブが活動しています。

河合町　中　別学　高　共学

データファイル

■2023年度入試日程（参考）

※9月に発表する募集要項を必ずご確認ください

【中学校】　帰国生入試あり　※県外は延納可

募集人員		出願期間	試験日	発表日	手続締切日
本校		12/5～1/4	1/15	1/16	1/17
県外＊1	男約180	12/5～12/22	1/8	1/11	1/12※
＊2	女約40	12/5～12/22	1/10	1/13	1/14※
21世紀特色		12/5～1/4	1/14	1/16	1/17

＊1 東京・東海・岡山・福岡・広島　＊2 札幌

【高等学校】　帰国生入試あり　※併願は延納可

募集人員		出願期間	試験日	発表日	手続締切日
本校		1/6～1/13	2/6	2/8	2/9※
県外＊1	約120	12/5～12/22	1/9	1/12	1/13※
＊2		12/5～12/22	1/7	1/10	1/11※

＊1 仙台・東京・東海・高松　＊2 福岡・岡山

■2023年度選考方法・入試科目（参考）

【中学校】

4科・3科：4科または3科＊（国語・算数・理科）
英語重視型　A＊：国語、算数、英語（筆記100点40分・エッセイ70点30分）、英語面接（30点）　B（英検2級取得者など）：国語、算数、日本語面接
21世紀型特色入試（専願、出願資格あり・本校のみ）：適性検査型総合問題、グループディスカッション、プレゼンテーション、入学希望理由書、面接
＊3科は本校・岡山、英語重視型Aは本校・東京のみ選択可
〈配点・時間〉国・算＊＝各150点60分　理・社＝各100点40分　※岡山会場の3科は国・算＝各200点60分　本校は3科合計の5/4倍と4科合計の高い方を総合点とする

〈面接〉英語重視型、21世紀型のみ　生徒個人

【高等学校】

一般：5科か英語重視型　※英語重視型Aは国語（50点60分）・数学（50点60分）・英語（筆記・エッセイ・英語面接）、B（英検準1級取得者など）は国語・数学・日本語面接　Aは本校・東京のみ
〈配点・時間〉国・数・英＊＝各100点60分　理・社＝各80点50分　＊英語重視型Aの英は計200点
〈面接〉英語重視型のみ　生徒個人

■2023年春主な大学合格実績（浪人含む）

東京大73　京都大39　大阪大25　神戸大29　北海道大8　九州大5　国公立大医学部医学科56など

■2023年度入試結果

【中学校】　男／女

募集人員		志願者数	受験者数	合格者数	競争率
本校	男約180	1002/262	903/246	398/91	2.3/2.7
21世紀	女約40	96/109	84/105	15/11	5.6/9.5
県外		724	714	362	2.0

【高等学校】　英語重視型を含む

募集人員		受験者数	合格者数	競争率
本校／県外　約120		781/268	598/145	1.3/1.8

【入試説明会】　要予約

★中学校　9/30 10/1 10/9 11/9 11/10 11/11 11/16 11/17 12/3　**21世紀型**　9/16 10/12 10/13 11/9
★高等学校　10/14 11/25 12/3 12/9 12/16 12/23　**合格に向けて体験する会**　12/28
サテライト（中高）　11/26（東京）

【見学できる行事】　文化祭　9/9（説明会あり）

説明会・行事等は日程・内容が変更される場合があります。必ず学校HP等でご確認ください

大分 い

🏫 岩田中学校・高等学校
いわた

〒870-0936　大分県大分市岩田町1-1-1　☎097-558-3007　学校長　児玉 洋司

2016年3月、3号館完成

〈URL〉http://www.iwata.ed.jp

沿革　明治33年（1900）岩田英子により大分裁縫伝習所として創設。岩田実科高等女学校、岩田高等女学校を経て、昭和58年（1983）に大分県下初の中高一貫6年制男子校岩田中学校・高等学校となりました。平成12年（2000）創立100周年を迎え、翌年から男女共学となりました。平成18年（2006）に立命館アジア太平洋大学（APU）と、平成19年（2007）に学校法人立命館と連携協力協定を結びました。

校風・指導方針

「Festina lente（ゆっくり急げ）」をモットーにしています。ローマ時代のスエトニウスという人が2000年も前に残した言葉で、あせらず着実にものごとを行えという意味です。また、教育方針として次の4つのことを掲げています。

1. 社会に有為な人材の育成
2. きめ細かく、一人ひとりを大切にする教育
3. 自ら学ぶ姿勢を示す意欲的な人材の育成
4. 公平と正義を重んじ、礼儀やマナーなどの躾を保護者と共に考える教育

2つの大学進学コース

中高一貫の「IWATAコース」と、高等学校から7年間一貫の「APU立命館コース」があります。

IWATAコース

1学年100人程度の人数で、これまで（1～33回生）、東京大学理科Ⅲ類に7人の合格者を輩出し、卒業生の7人に1人が医学部医学科へ進学するという九州でトップクラスの実績をもっていま

す。これに歯薬獣医学科を加えると、その進学率は5人に1人となり、医療系（看護を除く）学部への進学が非常に高い学校として評価を受けています。また、2013年度入学者より「医進クラス」を設置しました。中3より「**医進クラス**」または「**文理特進クラス**」を選択し、それぞれの目標の実現に合わせたより細やかな学習指導・進路指導を展開します。「医進クラス」では難関大医学部合格実績で培われた独自のカリキュラムのもと、医師という目標にまい進する教育指導を実践します。また、より早くから医師としての使命感や責任感を養うため、医療現場で活躍している卒業生や保護者の体験談を聞く機会を設けます。

高1でオーストラリアへ9泊10日の修学旅行へ行きます。ホームステイを通して異文化理解に努めます。

APU立命館コース

高校生1クラス（30人）を募集します。平成20年（2008）4月、岩田高等学校に「国際社会で活躍する次世代リーダー」の育成を目指した「立命館アジア太平洋大学（APU）・立命館大学進学コース」（通称APU立命館コース）を開設しました。言語・異文化理解・社会貢献を意識した高大連携プログラムを用意しています。最大の特徴として高3から週2日APUへ行き、大学生と共に講義を受けます。大学の単位を最大16単位取得できます。言語学習では英語のみならず、中国語・韓国語・インドネシア語等の諸言語に取り組みます。また、APUの国内・国際学生とのグループワークを通して、アジア太平洋諸国の抱える環境・教育・食料問題などについて調べ学習をします。修

今春の進学実績については巻末の「高校別大学合格者数一覧」をご覧ください

【3学期制】【登校時刻 8:25】【昼食 弁当持参、食堂、売店】【土曜日 授業】【寮】

学旅行は高1が台湾、高2がマレーシアに行き、異なる文化・異なる慣習を体験します。

寮について

敷地内にある男子寮と、学校から自転車で20分ほどの距離にある女子寮を完備しています。男子寮は、専任の寮監や寮母、学習監督の教員により、生活と学習の指導が行われます。食事や洗濯にも専門職員がいるため、より学習に専念できる環境が整えられ、学習中心の規律ある生活態度を育成します。女子寮は令和3年（2021）に現在の位置に移転しました。部屋は机・イスの他、電動ベッド・クローゼット・冷蔵庫・エアコンが備え付けになった1Kタイプ（トイレ付き）の個室です。男子寮同様、寮母と教員が生活指導と学習指導を行います。

学校行事・クラブ活動

芸術鑑賞会や特別講演会を毎年開いています。幅広いジャンルの芸術家を招いて本物に触れる機会を作り、各界の著名人の言葉に耳を傾けたりします。生徒会が中心に運営する体育大会が5月、文化祭が9月に実施されます。自主性や協調性、責任感などの社会生活に必要な人間性を育成するのに役立っています。

クラブ活動は、体育系・文化系ともに盛んで、加入率は中学で90%、高校で80%に及びます。学業との両立を第一とし、17:50までの活動です。
〈体育系〉サッカー、バスケットボール、卓球、テニス（高校のみ）
〈文化系〉科学、囲碁・将棋、報道、ギター、家庭、書道、インターアクトクラブ

大分市

中

共学

高

共学

データファイル

■2024年度入試日程

中学校

募集人員	出願期間	試験日	発表日	手続締切日
135	11/22〜12/13	1/4	1/6	1/19

高等学校

募集人員		出願期間	試験日	発表日	手続締切日
帰国子女	30	10/19〜10/28	11/2	11/2	11/18
推薦		1/9〜1/13	1/16	1/16	1/23
前期		1/23〜1/30	2/1	2/1	3/16
後期		3/11〜3/15	3/20	3/20	3/20

■2024年度選考方法・入試科目

中学校　※入試成績優秀者は授業料免除

国語、算数、理科、社会
〈配点・時間〉国・算＝各100点60分　理・社＝各50点40分
〈面接〉なし

高等学校

推薦：国語・数学・英語、面接
一般前期：国語・数学・英語
一般後期・帰国子女：国語・数学・英語、面接
〈配点・時間〉国・数・英＝各100点60分
〈面接〉推薦は生徒個人　一般後期・帰国子女は保護者同伴　＊試験後に実施

■指定校推薦枠のある主な大学

早稲田大　明治大　中央大　日本大　学習院大　東京理科大　津田塾大　東京歯科大　同志社大　立命館大　関西学院大　西南学院大　立命館アジア太平洋大など

■2023年春の主な大学合格実績

●IWATAコース（卒業生86人）
[国公立大] 京都大　大阪大　九州大ほか
[私立大] 早稲田大　慶應義塾大　青山学院大　学習院大　中央大　法政大　明治大　立教大　同志社大　関西大　関西学院大ほか
医進クラスは医学部医学科へ12人合格（国公大5人、私立大7人）、歯・薬・獣医学部へ16人合格
※過年度生を含む
●APUコース（卒業生34人）
立命館アジア太平洋大22人　立命館大11人

■2023年春卒業生進路状況

卒業生数	大学	短大	専門学校	海外大	就職	進学準備他
120人	97人	0人	2人	1人	0人	20人

■2023年度入試結果

中学校

募集人員	志願者数	受験者数	合格者数	競争率
135	243	243	220	1.1

高等学校　海外指定校推薦あり

募集人員		志願者数	受験者数	合格者数	競争率
推薦	30	33	33	30	1.1
一般					
帰国生					

学校説明会
10/7　11/5
10:30〜11:30

説明会・行事等は日程・内容が変更される場合があります。必ず学校HP等でご確認ください

839

ICT 国際高等専門学校

〔金沢キャンパス〕　〒921-8601　石川県金沢市久安2-270　☎076-248-1080　　学校長　鹿田　正昭
〔白山麓キャンパス〕　〒920-2331　石川県白山市瀬戸辰3-1

〈URL〉https://www.ict-kanazawa.ac.jp/

１年生、２年生が過ごす全寮制の白山麓キャンパス

カリキュラムの特色

■15歳から英語で、数学や物理、化学、コンピュータやAI、ロボットなどを学ぶ

　国際高等専門学校（ICT）は教授、准教授から学ぶ15歳からの高等教育機関です。１年生から、英語で、数学や物理、化学、生物、画像編集や映像編集、３Dモデリングやプログラミング、WEBデザイン、AIやIoT、データサイエンスやロボットなどを幅広く横断的に学ぶ「English STEM教育」を実施。学生たちは「やってみたいこと」「没頭できるもの」を見つけます。学ぶキャンパスも多彩です。「自然豊かな白山麓キャンパスでの全寮制教育」（１年生、２年生）、「ニュージーランド・オタゴポリテクニクでの１年間の留学生活」（３年生）、「併設校・金沢工業大学と施設・設備を共有した金沢キャンパスで大学生と共に学び、研究活動」（４年生、５年生）という３つの異なる活動フィールドを通じて、新しい価値を創出できるグローバルイノベーターを目指します。

　国際高専では２年生終了までに海外の大学進学レベルとされるIELTS 5.5達成を目標としています。外国人教員が６割もいて、日常的に英語を使う機会が多く、英語力が伸びていきます。学内で年１回、全員がIELTSを受験する機会が設けられているほか、入学早々から行われる「ブリッジイングリッシュ」という授業では、国際高専で学ぶ理工系分野の英語の語彙や表現方法を事前に学び、スムーズにEnglish STEM教育に入れるようサポートしています。

■授業で新しいモノを生み出すワクワク・ドキドキ感を体験する

　国際高専ではプロジェクトを通して新しいモノやコトを創造する「エンジニアリングデザイン教育」を教育の柱にしています。工学教育の世界標準のプロセスであるCDIO（Conceive：考え出す→Design：設計する→Implement：実現させる→Operate：運用する）を授業で実践。あらかじめ用意されたゴールに向かって学ぶのではなく、学生自身が問題を発見し、アイデアをプロトタイプ（試作モデル）としてカタチにし、運用することで、よりよい解決策を考えます。世界標準の創造的な活動体験を通じて、イノベーションを創出する力を実践的に身につけていくのです。白山麓キャンパス内にあるMaker Studioにはレーザー加工機や３Dプリンターなど装置・機器が揃うほか、さまざまなデバイスも用意されているので、授業で学んだ３Dモデリングやプログラミングの知識を使って、浮かんだアイデアをすぐに具体化できる環境が整っています。

　さらに国際高専は、文部科学省が高専をスタートアップ教育の拠点とする「高等専門学校スタートアップ教育環境整備事業」に選定されたことを受け、学生がアイデアを実用的な商品にまで具体化できるハード・ソフト環境がさらに充実します（補助金額は１校あたり約１億円）。Tシャツやトレーナー、トートバック、タオルの綿製品へのプ

| 2学期制 | 昼食 カフェテリアあり 1・2年生は寮のカフェテリア | 土曜日 自由時間 | 寮 |

国際高専では、ほとんどの授業は英語で行われる

土日もMaker Studioでロボット製作に没頭する学生

リントが可能なガーメントプリンターや、Tシャツプレス、スマホケースなどに印字ができるUVプリンターなど、アイデアからプロトタイプの作成までを一貫して行えるデジタルファブリケーション機器を新たに導入し、学生がCADソフトや3Dスキャナーで作成したデータから素早くプロトタイプを作成できるようになります。将来、起業をしたいという方にとっても魅力的な環境と言えるでしょう。

■大学受験を意識せず、やりたいことに5年間、没頭できる

国際高専は中学校を卒業後、5年間、やりたいことに没頭できるのも特色です。Maker Studioでは放課後はもちろん、土日もロボット製作に没頭している学生や、各種のコンテストに挑戦し、全国レベルで優秀な成績をあげている学生がいます。

国際高専で没頭してきたことは、大学編入や海外の大学への進学、就職の際に強みにもなります。2023年3月に卒業した国際高専第一期卒業生には、データサイエンティストを目指して「QS世界大学ランキング」45位のオーストラリアのUNSW Sydneyに進学した学生もいます。

グローバル社会で英語やテクノロジー、ビジネスの知識などを駆使して新しいモノを生み出したいという人には、国際高専で挑戦できる環境が整っています。

データファイル

■2024年度入試日程

入試区分		出願期間	試験日	発表日	手続締切日
グローバル入試	10	受付中〜11/17	※1	※2	12/14
自己推薦入試A	5	11/21〜12/7	12/16	12/19	1/11
B		2/13〜2/29	3/9	3/12	3/19
一般入試A	20	1/9〜1/18	1/28	2/2	2/15
一般入試B		1/23〜2/8	2/17	2/22	3/7

※1 （試験日） 9/23、10/21、11/25
※2 （発表日） 9/28、10/26、11/30
グローバル入試は終了回あり（7/15、8/26）、出願は各試験日の8日前締切
〔試験場〕一般入試は金沢、東京、大阪で実施
グローバル入試・自己推薦入試はオンラインで実施

■2024年度選考方法・入試科目
グローバル入試：面接（英語、30分、オンラインで実施）、出願書類
一般入試A・B：数学・英語（80分）、面接（英語および日本語、20分）、出願書類

自己推薦入試：面接（英語および日本語、30分、オンラインで実施）、出願書類

学校説明会
オンライン進学説明会・学校見学会（要予約）
10/1 12/2
オープンキャンパス（要予約）
11/3 11/4

国際高専SNS
学生たちの活動は国際高専SNSでご覧ください
YouTube @ICTKanazawa
X(Twitter) @ICTKanazawa
Facebook @ICTKanazawa
Instagram @ictkanazawa
TikTok @ictkanazawa
LINE @ictkanazawa
Threads @ictkanazawa

説明会・行事等は日程・内容が変更される場合があります。必ず学校HP等でご確認ください

東京圏私立中学校・高等学校一覧

※学校案内編に掲載されていない学校（東京都、神奈川県、埼玉県、千葉県）です。
通信制の高等学校、特別支援学校は除いています。
※学校名の前の●は男子校、○は女子校、◎は男女校を示します。

[東京都]

○安部学院高等学校　〒114-0005　北区栄町35-4　☎03-3913-2323
○川村中学校・高等学校　〒171-0031　豊島区目白2-22-3　☎03-3984-8321
◎関東第一高等学校　〒132-0031　江戸川区松島2-10-11　☎03-3653-1541
◎錦城学園高等学校　〒101-0054　千代田区神田錦町3-1　☎03-3291-3211
◎国立音楽大学附属中学校・高等学校　〒186-0005　国立市西2-12-19　☎042-572-4111
◎晃華学園中学校・高等学校　〒182-8550　調布市佐須町5-28-1　☎042-482-8952
●サレジオ中学校　〒187-0021　小平市上水南町4-7-1　☎042-321-0312
◎品川学藝高等学校　〒142-0042　品川区豊町2-16-12　☎03-3786-1711
○品川女子学院中等部・高等部　〒140-8707　品川区北品川3-3-12　☎03-3474-4048
○下北沢成徳高等学校　〒155-8668　世田谷区代田6-12-39　☎03-3468-1551
◎自由学園中等科・高等科　〒203-8521　東久留米市学園町1-8-15　☎042-422-3111
◎修徳中学校・高等学校　〒125-8507　葛飾区青戸8-10-1　☎03-3601-0116
○昭和女子大学附属昭和中学校・高等学校　〒154-8533　世田谷区太子堂1-7-57　☎03-3411-5115
○昭和鉄道高等学校　〒170-0011　豊島区池袋本町2-10-1　☎03-3988-5511
○白梅学園清修中学校　〒187-8570　小平市小川町1-830　☎042-346-5129
○聖心女子学院中等科・高等科　〒108-0072　港区白金4-11-1　☎03-3444-7671
◎聖ドミニコ学園中学校・高等学校　〒157-0076　世田谷区岡本1-10-1　☎03-3700-0017
◎清明学園中学校　〒145-0066　大田区南雪谷3-12-26　☎03-3726-7139
◎大成高等学校　〒181-0012　三鷹市上連雀6-7-5　☎0422-43-3196
○瀧野川女子学園中学校・高等学校　〒114-0016　北区上中里1-27-7　☎03-3910-6315
◎中央学院大学中央高等学校　〒136-0071　江東区亀戸7-65-12　☎03-5836-7020
○田園調布雙葉中学校・高等学校　〒158-8511　世田谷区玉川田園調布1-20-9　☎03-3721-(中)5087　(高)1772
◎東海大学菅生高等学校中等部・高等学校　(中)〒197-0801　あきる野市菅生1468　☎042-559-2411
　　　　　　　　　　　　　　　　　　　　(高)〒197-0801　あきる野市菅生1817　☎042-559-2200
◎東京音楽大学付属高等学校　〒171-8540　豊島区南池袋3-4-5　☎03-3988-6214
◎東京実業高等学校　〒144-0051　大田区西蒲田8-18-1　☎03-3732-4481
◎東京シューレ葛飾中学校　〒124-0024　葛飾区新小岩3-25-1　☎03-5678-8171
○東京純心女子中学校・高等学校　〒192-0011　八王子市滝山町2-600　☎042-691-1345
◎東邦音楽大学附属東邦中学校・高等学校　〒112-0012　文京区大塚4-46-9　☎03-3946-9668
○桐朋女子中学校・高等学校(普通科)　｜〒182-8510　調布市若葉町1-41-1　☎03-3300-2111
○桐朋女子高等学校(音楽科)　　　　　｜　　　　　　　　　　　　　　　☎03-3307-4101
◎ドルトン東京学園中等部・高等部　〒182-0004　調布市入間町2-28-20　☎03-5787-7945
◎日本体育大学荏原高等学校　〒146-8588　大田区池上8-26-1　☎03-3759-3291
○日本体育大学桜華中学校・高等学校　〒189-0024　東村山市富士見町2-5-1　☎042-391-4133
◎新渡戸文化中学校・高等学校　〒164-8638　中野区本町6-38-1　☎03-3381-0408
●日本大学豊山中学校・高等学校　〒112-0012　文京区大塚5-40-10　☎03-3943-2161

◎日本大学豊山女子中学校・高等学校　〒174-0064　板橋区中台3-15-1　☎03-3934-2341
◎羽田国際高等学校※　〒144-8544　大田区本羽田1-4-1　☎03-3742-1511
　※現・蒲田女子高等学校（2024年4月名称変更予定・女子校から共学校へ変更予定）
◎武蔵野中学校・高等学校　〒114-0024　北区西ヶ原4-56-20　☎03-3910-0151
◎武蔵野東中学校　〒184-0003　小金井市緑町2-6-4　☎042-384-4311

　［神奈川県］
◎大西学園中学校・高等学校　〒211-0063　川崎市中原区小杉町2-284　☎044-722-2332
◎向上高等学校　〒259-1185　伊勢原市見附島411　☎0463-96-0411
◎シュタイナー学園中等部・高等部　（中）〒252-0187　相模原市緑区名倉2805-1　☎042-686-6011
　　　　　　　　　　　　　　　　　（高）〒252-0183　相模原市緑区吉野407　☎042-687-5510
◎湘南工科大学附属高等学校　〒251-8511　藤沢市辻堂西海岸1-1-25　☎0466-34-4114
◎星槎中学校・高等学校　（中）〒226-0016　横浜市緑区霧が丘6-13　☎045-442-8687
　　　　　　　　　　　（高）〒241-0801　横浜市旭区若葉台4-35-1　☎045-442-8686
◎聖ステパノ学園中学校　〒255-0003　中郡大磯町大磯868　☎0463-61-1298
◎洗足学園中学校・高等学校　〒213-8580　川崎市高津区久本2-3-1　☎044-856-2777
◎東海大学付属相模高等学校中等部・高等学校　〒252-0395　相模原市南区相南3-33-1　☎042-742-1251
◎平塚学園高等学校　〒254-0805　平塚市高浜台31-19　☎0463-22-0137
●藤沢翔陵高等学校　〒251-0871　藤沢氏善行7-1-3　☎0466-81-3456
○緑ヶ丘女子中学校・高等学校　〒238-0018　横須賀市緑が丘39　☎046-822-1651
◎横浜学園高等学校　〒235-0021　横浜市磯子区岡村2-4-1　☎045-751-6941
◎横浜商科大学高等学校　〒241-0005　横浜市旭区白根7-1-1　☎045-951-2246

　［埼玉県］
◎青山学院大学系属浦和ルーテル学院中学校・高等学校　〒336-0974　さいたま市緑区大崎3642　☎048-711-8221
◎開智所沢中等教育学校※（仮称）　〒359-0027　所沢市大字松郷169　☎03-6661-1551
　※2024年4月開校予定（設置認可申請中）
●川越東高等学校　〒350-0011　川越市久下戸6060　☎049-235-4811
◎国際学院高等学校　〒362-0806　北足立郡伊奈町小室10474　☎048-721-5931
◎埼玉平成中学校・高等学校　（中）〒350-0435　入間郡毛呂山町下川原375　☎049-294-8080
　　　　　　　　　　　　　　（高）〒350-0434　入間郡毛呂山町大字市場333-1　☎049-295-1212
◎自由の森学園中学校・高等学校　〒357-8550　飯能市小岩井613　☎042-972-3131
◎秀明英光高等学校　〒362-0058　上尾市上野1012　☎048-781-8821
◎正智深谷高等学校　〒366-0801　深谷市上野台369　☎048-571-6032
◎西武台新座中学校・西武台高等学校　〒352-8508　新座市中野2-9-1　☎048-481-1701
◎東邦音楽大学附属東邦第二高等学校　〒350-0015　川越市今泉84　☎049-235-2401
◎東野高等学校　〒358-8558　入間市二本木112-1　☎04-2934-5292
◎星野学園中学校・星野高等学校（共学部）　〒350-0824　川越市石原町2-71-11　☎049-(中)223-2888 (高)222-4489
　星野高等学校（女子部）　〒350-0064　川越市末広町3-9-1　☎049-222-4488
◎細田学園中学校・高等学校　〒353-0004　志木市本町2-7-1　☎048-471-3255
◎本庄第一中学校・高等学校　（中）〒367-0002　本庄市仁手2167-1　☎0495-24-1332
　　　　　　　　　　　　　　（高）〒367-0002　本庄市仁手1789　☎0495-24-1331
◎武蔵越生高等学校　〒350-0417　入間郡越生町上野東1-3-10　☎049-292-3245
◎武蔵野音楽大学附属高等学校　〒358-8521　入間市中神728　☎04-2932-3063
◎山村学園高等学校　〒350-1113　川越市田町16-2　☎049-225-3565
◎山村国際高等学校　〒350-0214　坂戸市千代田1-2-23　☎049-281-0221

[千葉県]

◎愛国学園大学附属四街道高等学校　〒284-0005　四街道市四街道1532-16　☎043-421-3533
◎我孫子二階堂高等学校　〒270-1163　我孫子市久寺家479-1　☎04-7182-0101
◎市原中央高等学校　〒290-0215　市原市土宇1481-1　☎0436-36-7131
◎桜林高等学校　〒264-0029　千葉市若葉区桜木北1-17-32　☎043-233-8081
◎鴨川令徳高等学校　〒296-0001　鴨川市横渚815　☎04-7092-0267
◎木更津総合高等学校　〒292-8511　木更津市東太田3-4-1　☎0438-30-5511
◎暁星国際中学校・高等学校　〒292-8565　木更津市矢那1083　☎0438-52-3291
◎敬愛学園高等学校　〒263-0024　千葉市稲毛区穴川1-5-21　☎043-251-6361
◎敬愛大学八日市場高等学校　〒289-2143　匝瑳市八日市場ロ390　☎0479-72-1588
◎三育学院中等教育学校　〒298-0271　夷隅郡大多喜町中野589　☎0470-83-0830
◎志学館中等部・高等部　〒292-8568　木更津市真舟3-29-1　☎0438-37-3131
◎翔凜中学校・高等学校　〒299-1172　君津市三直1348-1　☎0439-55-1200
◎拓殖大学紅陵高等学校　〒292-8568　木更津市桜井1403　☎0438-37-2511
◎千葉英和高等学校　〒276-0028　八千代市村上709-1　☎047-484-5141
◎千葉学芸高等学校　〒283-0005　東金市田間1999　☎0475-52-1161
◎千葉敬愛高等学校　〒284-0005　四街道市四街道1522　☎043-422-0131
◎千葉県安房西高等学校　〒294-0045　館山市北条2311-3　☎0470-22-0545
○千葉聖心高等学校　〒260-0006　千葉市中央区道場北1-17-6　☎043-225-4151
○千葉萌陽高等学校　〒287-0003　香取市佐原イ3371　☎0478-52-2959
◎東海大学付属市原望洋高等学校　〒290-0011　市原市能満1531　☎0436-74-4721
◎東海大学付属浦安高等学校中等部・高等学校　〒279-8558　浦安市東野3-11-1　☎047-351-2371
◎東京学館高等学校　〒285-0902　印旛郡酒々井町伊篠21　☎043-496-3881
◎東京学館浦安高等学校　〒279-0023　浦安市高洲1-23-1　☎047-353-8821
◎東京学館船橋高等学校　〒274-0053　船橋市豊富町577　☎047-457-4611
○東葉高等学校　〒274-0822　船橋市飯山満町2-665-1　☎047-463-2111
○時任学園中等教育学校　〒270-1616　印西市岩戸3315　☎0476-99-0314
◎日本体育大学柏高等学校　〒277-0008　柏市戸張944　☎04-7167-1301
◎日本大学習志野高等学校　〒274-8504　船橋市習志野台7-24-24　☎047-469-5555
○不二女子高等学校　〒272-0021　市川市八幡4-5-7　☎047-333-6345
◎茂原北陵高等学校　〒299-4122　茂原市吉井上128　☎0475-34-3211
◎横芝敬愛高等学校　〒289-1733　山武郡横芝光町栗山4508　☎0479-82-1239
◎流通経済大学付属柏中学校・高等学校　〒277-0872　柏市十余二1-20　☎04-7131-5611

海外校編

慶應義塾ニューヨーク学院 846

立教英国学院中学部・高等部 848

　転勤などによる外国への移住で、一番の悩みは子どもの教育のことでしょう。現地の学校や日本人学校がありますが、うまくなじめるか、勉強が遅れないかなど悩みがつきません。

　海外には、文部科学省から在外教育施設に指定されている日本の私立学校もあり、語学教育や国際教育が熱心に行われています。卒業後は、帰国して日本の大学を受験することができます。日本に系列大学を持つ付属校の場合、優先入学制度が利用できます。

　寮を備えている学校もあり、通学範囲内に居住していなくても入学が可能です。また、海外在住者だけを対象とするのではなく、日本で受験できる学校もありますので、選択肢のひとつとして考えてみてはいかがでしょうか。

慶應義塾ニューヨーク学院
（けい おう ぎ じゅく）（がく いん）

3 College Road, Purchase, NY 10577 USA　学院長　巽　孝之

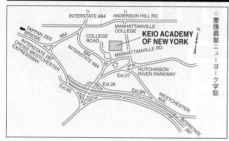

■位置

ニューヨーク市グランドセントラル駅からメトロノース鉄道でホワイトプレインズ駅下車、車で10分程度。

校風・教育方針

9年生（中学3年）〜12年生（高校3年）が在籍する男女共学の高等学校であり、慶應義塾唯一の在外一貫教育校です。

「バイリンガル・バイカルチュラル教育」の実践を設立理念の一つに1990年に発足し、英語と日本語のどちらの言語でも意思疎通ができ、かつ「情報発信能力」のある人間の育成を目指しています。また、寮での共同生活、更には活発に行われている現地校との交流や近隣コミュニティでのボランティア活動などを通して、自立心や協調性を育むことにより、学業面のみでなく、生活面においても人間力を涵養（かん）します。創立より30年以上を経た現在、日、米のバイカルチュアルに加え、慶應の文化の理念を併せ持つユニークな教育を実践します。

カリキュラムの特色

慶應義塾ニューヨーク学院では、日米両国の教育課程に基づいてカリキュラムが編成されています。言語だけでなく、文化の面でもグローバルな視野に立った物の見方・考え方の養成が可能になります。さらに、生徒の柔軟な観察力・思考力・表現力などをより良く引き出せるような、生徒の自発性に重点を置いた教育を採用しています。

英語や日本語の力が不足している場合は、ESL・日本語の授業が各生徒の語学力向上のために設けられています。

2019年度より新しくアカデミックエクステンションプログラム（放課後クラス）、土曜日クラス（音楽、美術など）がスタートしました。主要科目以外にも充実した学習機会を提供し、多角的な視野を持った人間形成に努めています。

生徒がニューヨークでの学習・生活環境を最大限に活用できるよう、授業の一環として、ブロード

┌Information┐

慶應義塾ニューヨーク学院の入学試験

2024年度入試は2023年度と同様の秋季アドミッションズ、春季アドミッションズⅠ、春季アドミッションズⅡの年3回行います。3回とも選抜方法は同じです。出願手続きはオンラインで行いますので、入試ポータルにアカウント登録が必要です。

第一次選考は書類審査で、出願書類は、志願者情報、Portfolio/活動報告書、エッセイ、ペアレント・ステートメント、在籍校からの書類等になります。第二次選考はニューヨークおよび東京会場での筆記試験（英語・数学・日本語）と面接（日本語および英語）です。

詳細は学院ウェブサイトの入試募集要項をご確認ください。

ウェイミュージカル鑑賞や校外学習などのさまざまなプログラムを実施しています。新年度は9月に始まり、翌年6月に終了します。

卒業後の進路

卒業生は学院長の推薦により、原則として慶應義塾大学の10学部のいずれかに進学できます。また、米国内の大学受験資格も取得できます。進学担当教員が各学部に関する情報や学部の選択等に関する生徒の相談に対応します。

環境・施設設備

学院が所在するニューヨーク州パーチェスは、豊かな緑に包まれた閑静な住宅地です。近くにはニューヨーク州立大学やマンハッタンビル大学があり、教育に適した環境です。27エーカー（109,330㎡）のキャンパスでは、約300人の生徒が寮生活を送っています。学年を縦割にした6つのハウス（グループ）で構成されています。専任の寮監は寮で生活しており、寮生活全般にあたって援助・指導を行っています。

生活指導・心の教育

カウンセリング室ではバイリンガルで経験豊富な男性と女性カウンセラー2人が生徒の生活に関わるすべてのことの他、勉強面、大学進学に至る広い範囲の相談にのっています。生徒がいつでもアクセスしやすい場所となるようオープンドアにしたり、くつろげる空間作りを工夫しています。また、保護者からの相談にも応じています。

課外活動

スポーツプログラムには、選抜制で参加できるバーシティスポーツと、ハウススポーツがあります。バーシティスポーツはウエストチェスター郡のBOCES（連合教育機関委員会）に加盟しており、シーズン中は現地校と対戦します。ハウススポーツはシーズン毎に様々なスポーツの機会を提供しています。文化部としては、美術部、チェス部、福澤諭吉研究会、数学部、科学部、茶道部があります。書道、茶道、剣道は地域のイベントや文化交流での実演、ボランティアを行っています。

募集の概要（2024年度）

募集人員　秋季・春季Ⅰ・春季Ⅱ〈男女〉第9学年（中3）・第10学年（高1）計約90人（予定）

出願資格　学院に入学を希望する前年の12月末日時点において、日本国内または日本国外の学校（日本人学校を含む）で学校教育の、第9学年は8または9年目、第10学年は9または10年目の課程に在籍し、希望する入学年の8月末日までに同課程を修了している、または修了見込みであること。国籍、居住地、および親権者との同居に関して制限はありません。

【秋季アドミッションズ】

要項配布　配布中

出願期間　2023年9月5日〜9月22日（必着）

試験日　NY：2023年12月2日・3日
　　　　　東京：2023年12月9日・10日

発表日　1次：2023年10月26日
　　　　　2次：2023年12月26日

試験会場　NY：慶應義塾ニューヨーク学院
　　　　　東京：慶應義塾三田キャンパス

選抜方法　第一次選考：書類審査　**第二次選考**：筆記試験（英語・数学・日本語）、面接＝本人（英語および日本語）

【春季アドミッションズⅠ】

要項配布　2023年12月予定

出願期間　2024年1月予定※

試験日　2024年3月予定※

発表日　2024年4月予定※

【春季アドミッションズⅡ】

要項配布　2024年3月予定

出願期間　2024年4月予定※

試験日　2024年6月予定※

発表日　2024年7月予定※

※出願期間、試験日、発表日は決まり次第、学院ウェブサイトに掲載されます。

試験会場　NY：慶應義塾ニューヨーク学院
　　　　　東京：慶應義塾三田キャンパス

選抜方法　第一次選考：書類審査　**第二次選考**：筆記試験（英語・数学・日本語）　面接＝本人（英語および日本語）

【学費】（2023-2024年度：単位 US$）

入学金$3,900　授業料$31,800　施設設備費$2,600　寮費$17,500　通学生費$3,700　教材費等預り金$3,000

問い合わせ先：admissions@keio.edu

学院ウェブサイト：www.keio.edu

中 共学　高 共学 普通科　　　　　　　　　　　　　大

立教英国学院 中学部高等部

りっ きょう えい こく がく いん

Guildford Road, Rudgwick, West Sussex RH12 3BE England　学校長　岡野　透

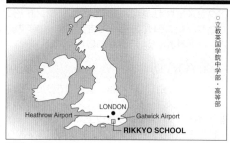

○立教英国学院中学部・高等部

Heathrow Airport　LONDON　Gatwick Airport
RIKKYO SCHOOL

■位置

　LONDONのWATERLOO駅よりPORTSMOUTH方面行き急行電車で約35分、GUILDFORD駅下車、タクシーで約20分。LONDONの南西約60kmの地にあり、LONDONから車で約1時間20分です。

〈URL〉 https://www.rikkyo.co.uk

沿革　　日本で最初の私立在外教育施設として、昭和47年（1972）立教英国学院小学部開校、翌年中学部が開校。同51年（1976）には高等部が開校しました。文部科学省認定の在外教育施設であり、英国教育科学省からIndependent Schoolとして認可されています。

校風・教育方針

　キリスト教に基づく教育を基盤として、寮生活を通じ他者を思いやり共に生きることを学び、国際社会に通用する人材の育成をめざしています。全寮制により、生徒と教員が大きな一つの家族として生活する大家族体験を大切にしています。

カリキュラムの特色

　学習指導要領に基づく「日本と同じ教育」を基礎としながら、イギリス人による授業や、地元の人々とのさまざまな交流を通して国際感覚が養われる独自の日英融合カリキュラムが特色です。

　英語教育は、日本人とイギリス人の教員が授業を担当します。イギリス人教員による授業は少人数のグレード別クラスで行われ、新聞や雑誌、ビデオを教材に用いたり、ディスカッションやスピーチ、現地校生や村のお年寄りとの交流など、さまざまな実践を通して英語運用能力を磨きます。

　理科は中学部1年からイギリス人教員が英語で授業を担当し、中学部3年からはイギリスのカリキュラムに基づくI.G.C.S.E（英国中等教育試験）のBiology取得をめざします。現地校とほぼ同じカリキュラムで実験や英語でのレポート作成に取り組み、最終試験を受験します。日本人理科教員がアシスタントについて全生徒が理解できるように配慮しています。

　イギリスの私立学校は芸術科目への積極的な取り組みによっても評価されるため、特に音楽教育に力を入れています。中学部では生徒全員が外国人専門教員から希望する楽器のレッスンを受けます。高等部では芸術選択科目として受講し、より高度な演奏技術を磨くことができます。

大学進学サポート

　UCLロンドン大学、サリー大学と進学協定を締結しており、高等部在学中に一定以上の成績を修め、IELTSで規定のポイントを取得した生徒は、それぞれの大学の入学準備コースへ推薦されます（UCLは大学独自の試験あり）。

　イギリスの大学進学をめざす生徒のために、「英国大学進学コース」を置いています。進学に必要なIELTSやケンブリッジ英検など英語資格試験合格のための授業をはじめ、英語を使って学ぶイギリス人教員による選択制の授業（History、Literature、Critical Thinkingなど）が用意されています。これらの授業を通して、より高度な英語力を養うことができます。

　日本の大学をめざす生徒は、高等部2年から理系、文系に分かれ、習熟別少人数制クラスで大

学受験に向けた指導が行われます。難関大学の受験に対応し、春休みや夏休みには特別補習を実施します。全寮制であることのメリットを最大限に生かし、夜も遅くまで教員が学校に残って学習の質問に答えています。

環境・施設設備

　ロンドンの南西に広大な敷地を有し、美しい自然の中で安心して学べる環境が整っています。教室、体育館、図書館、理科実験棟、食堂、チャペル、寄宿寮、400メートル陸上トラック、サッカーグラウンド3面、テニスコート8面など、充実した施設を完備。2015年春には56人収容の新女子寮が完成しました。

学校行事・クラブ活動

　球技大会、ロンドン、オックスフォードなどへのアウティング（遠足）、ミュージカル観劇、キャロリングなどのほか、ウィンブルドン・テニス観戦なども年間行事に組み込まれています。現地校との文化交流、スポーツの対外試合、音楽コンクールや地元フェスティバルへの参加など課外活動も盛んです。毎年1学期のハーフターム、夏休み・春休みの最初の1週間は地元イギリス人家庭にホームステイをするチャンスがあります。また、現地校への短期留学の機会もあります。

　クラブ活動は自由参加です。兼部ができ、いろいろな活動が楽しめます。

■卒業後の進路（2023年春実績）
卒業者数45人
合格実績：早稲田大　国際基督教大　武蔵野美術大　聖路加国際大　同志社大　関西学院大　東北医科薬科大　ロンドン大キングスカレッジなど
指定校推薦枠：立教大25※　関西学院大4　同志社大2　聖心女子大2　東京理科大2　早稲田大1　国際基督教大1　南山大1　学習院大1など
※2025年度より推薦人数の制限を撤廃
■学校説明会
●オンライン学校紹介　HPから学校説明会をクリックし、オンライン学校紹介にて随時視聴可能。
●オンライン個別相談　HPから学校説明会をクリックして、オンライン個別相談からお申込みください（予約制）。
学校ホームページ　https://www.rikkyo.co.uk

募集の概要（2024年度）

募集人員　【4月入学】
中学部：A日程約10人／B日程若干名
高等部：A日程約20人／B日程若干名

出願資格
中学部：（1）イ. 2024年3月に小学校卒業見込みの者、ロ. 2024年3月までに外国の学校教育における6カ年の課程を修了した者または修了見込みの者（2）寮生活に適応していける者

高等部：（1）イ. 2024年3月に日本の中学校あるいは海外の日本人学校中学部を卒業見込みの者、ロ. 2024年3月までに外国の学校教育における9カ年の課程を修了した者または修了見込みの者。ただし、9カ年の課程とは日本の義務教育の課程に相当するものであること（2）寮生活に適応していける者

出願期間　A日程：2023年11月1日〜11月22日（必着）
B日程：2023年12月18日〜2024年1月11日（必着）

試験会場　立教池袋中学校・高等学校

選考方法　中学部：国語、算数、保護者同伴面接
高等部：国語、数学、英語、生徒面接

選考期日　A日程2023年12月10日
B日程2024年1月21日

合格発表　A日程2023年12月15日
B日程2024年1月25日

手続締切　A日程2024年1月5日
B日程2024年2月2日

【学費】（2023年度参考・年額、単位ポンド）
入学金£3,600　施設維持費£1,800　学費（授業料＋寮費）中£31,200／高£32,700

問い合わせ先
英国　Rikkyo School in England
　　　住所は左頁上部をご覧ください
　　　☎：01403-822107
　　　Fax：01403-822079
　　　e-mail：eikoku@rikkyo.uk
日本　〒171-0021　東京都豊島区西池袋3-34-1
　　　立教学院内　立教英国学院
　　　　　　　　　東京事務所
　　　☎/Fax：03-3985-2785
　　　e-mail：tokyo@rikkyo.uk

国公立中高編

〈国立中学校・高等学校・中等教育学校〉

東京 851

埼玉 856

併設高校のない国立中学校............. 857

〈公立中高一貫校〉

東京 858

神奈川... 863

埼玉 866

千葉 868

※東京都内の公立中高一貫校については、一般枠のほかに特別
　枠・海外帰国・在京外国人生徒枠がある学校の入試科目・入試
　結果は、一般枠募集のみ記載しています。2023年度に特別枠募
　集を行った学校は都立小石川中等教育学校、都立白鷗高等学校
　附属中学校、海外帰国・在京外国人生徒枠募集を行った学校は
　立川国際中等教育学校、白鷗高等学校附属中学校です。

お茶の水女子大学附属中学校・高等学校

所在地 〒112-8610 東京都文京区大塚2-1-1
☎中03-5978-5862 高03-5978-5855
URL （中）https://www.fz.ocha.ac.jp/ft/
　　（高）https://www.fz.ocha.ac.jp/fk/
通学区域（中学）東京都23区、武蔵野、三鷹、府中、調布、狛江、小平、西東京、東村山、清瀬、東久留米、小金井、国分寺の各市　埼玉県さいたま（一部の区を除く）、ふじみ野、富士見、草加、八潮、三郷、和光、朝霞、新座、志木、戸田、蕨、川口の各市、三芳町　千葉県市川、浦安、松戸、流山の各市
最寄り駅 東京メトロ丸ノ内線茗荷谷駅から徒歩7分　有楽町線護国寺駅から徒歩13分
沿革 明治15年（1882）東京女子師範学校附属高等女学校創立。昭和27年（1952）お茶の水女子大学文教育学部附属に改編。平成31年(2019)スーパーサイエンスハイスクール指定校。
教育の特色 中学は自主研究や情報活用教育、高校は高大連携特別教育プログラムやSSHとしての授業などが特色です。中学から高校へは23年度は55人が進学。高校は女子のみです。

■**2024年度入試日程**
[中学校]（2023年度参考）試験日2/3　発表日2/4
[高等学校]　試験日2/13　発表日2/16

■**2024年度選考方法**
[中学校]（2023年度参考）検査Ⅰ・Ⅱ・Ⅲ
[高等学校]　5科

■**2023年度入試結果**
[中学校]　男／女（一般学級）

募集人員	志願者数	受検者数	合格者数	競争率
男約25 女約35	57/270	45/195	30/41	1.5/4.8

[高等学校]

募集人員	志願者数	受検者数	合格者数	競争率
女　約60	392	346	106	3.3

学校説明会 要予約
★**中学校** 10/21 11/3 11月録画配信あり
★**高等学校** オンデマンド型で実施

筑波大学附属中学校・高等学校

所在地 〒112-0012 東京都文京区大塚1-9-1
☎中03-3945-3231 高03-3941-7176
URL https://www.high-s.tsukuba.ac.jp/
通学区域（中学）東京都23区、清瀬、小金井、国分寺、小平、狛江、調布、西東京、東久留米、東村山、府中、三鷹、武蔵野の各市　神奈川県川崎市　埼玉県朝霞、川口、さいたま、志木、戸田、新座、和光、蕨、所沢、草加、八潮、三郷の各市　千葉県市川、浦安、松戸、流山、柏の各市
最寄り駅 東京メトロ丸ノ内線茗荷谷駅から徒歩10分　有楽町線護国寺駅から徒歩8分
沿革 明治5年（1872）師範学校創設。同21年（1888）尋常中学科設置。昭和24年（1949）東京教育大学附属中学校・高等学校となる。同53年（1978）現校名に改称。平成26年（2014）から5年間スーパーグローバルハイスクール指定。
教育の特色 敷地内に中学、高校の校舎が隣接し、それぞれに教育方針を掲げ、筑波大学の教育・研究および教育実習の場を提供しています。

■**2024年度入試日程**
[中学校]　試験日2/3　発表日2/4
[高等学校]　試験日2/13　発表日2/16

■**2024年度選考方法**
[中学校]　学力検査（国語、算数、社会、理科）、報告書
[高等学校]　国語、数学、英語(リスニング含む)、理科、社会、調査書

■**2023年度入試結果**
[中学校]　男／女

募集人員	志願者数	受検者数	合格者数	競争率
男女約80	289/320	209/226	62/62	3.4/3.6

[高等学校]　男／女（海外校入試あり）

募集人員	志願者数	受検者数	合格者数	競争率
男約40　女約40	390/217	340/191	90/65	3.8/2.9

学校説明会 要申込
★**中学校** 9/2　9/23
★**高等学校** 10/7

筑波大学附属駒場中学校・高等学校

所在地 〒154-0001 東京都世田谷区池尻4-7-1 ☎03-3411-8521
URL https://www.komaba-s.tsukuba.ac.jp/
通学区域 東京都23区、昭島、稲城、清瀬、国立、小金井、国分寺、小平、狛江、立川、多摩、調布、西東京、八王子、東久留米、東村山、日野、府中、町田、三鷹、武蔵野の各市 埼玉県上尾、朝霞、川口、さいたま（一部の区を除く）、志木、草加、所沢、戸田、新座、富士見、ふじみ野、三郷、八潮、和光、蕨の各市 千葉県市川、浦安、習志野、船橋、松戸の各市 神奈川県厚木、海老名、川崎、相模原（一部を除く）、座間、大和、横浜（一部の区を除く）の各市
最寄り駅 京王井の頭線駒場東大前駅から徒歩7分
沿革 昭和22年（1947）東京農業教育専門学校附属中学校開校。1952年東京教育大学附属駒場中学校・高等学校に、1978年現校名に改称。平成14年（2002）よりスーパーサイエンスハイスクール。
教育の特色 学校目標は「自由・闊達の校風のもと、挑戦し、創造し、貢献する生き方をめざす」。中学から高校へは全員が連絡進学をします。

■2023年度入試日程（参考）
[中学校] 試験日１次抽選1/17（実施せず）２次学力2/3 発表日2/5
[高等学校] 試験日2/13 発表日2/15
■2023年度選考方法（参考）
[中学校] ２次４科、報告書
[高等学校] ５科、調査書
■2023年度入試結果
[中学校] １次選考は実施せず

募集人員	志願者数	受検者数	合格者数	競争率
男 120	627	521	128	4.1

[高等学校] 海外帰国生募集あり

募集人員	志願者数	受検者数	合格者数	競争率
一般男約40	144	129	44	2.9

学校説明会 要申込
中学校 10/7 10/8 高等学校 10/7 10/8

東京学芸大学附属高等学校

所在地 〒154-0002 東京都世田谷区下馬4-1-5 ☎03-3421-5151
URL https://www.gakugei-hs.setagaya.tokyo.jp/
通学区域 定めず
最寄り駅 東急東横線学芸大学駅から徒歩15分 東急田園都市線三軒茶屋駅から徒歩20分 渋谷駅・目黒駅・三軒茶屋駅からバス「学芸大学附属高校」下車
沿革 昭和29年（1954）下馬を本部として竹早、世田谷に校舎開校。同35年(1960)、下馬校舎を設置。同36年（1961）大学の小金井移転に伴い竹早、世田谷校舎を廃止し下馬校舎に統合。平成24年（2012）スーパーサイエンスハイスクール、同26年（2014）スーパーグローバルハイスクールアソシエイト指定（2018年終了）。
教育の特色 「清純な気品の高い人間」「大樹のように大きく伸びる自主的な人間」「世界性の豊かな人間」を教育方針に掲げています。「本物教育」を授業のモットーとして実験・実習とフィールドワークを重視し、生徒間の議論とレポート、プレゼンテーションを大切にしています。実物に触れる授業、学問の深みを感じる授業により、学問の本質を学びます。東京学芸大学、工学院大学との高大連携教育なども実施しています。中学段階で募集を行う附属中学校からは200人が進学しています。

■2024年度入試日程
試験日2/13 発表日2/15 約120人を募集
■2024年度選考方法
国語、数学、英語、理科、社会、調査書
■2023年度入試結果 帰国生入試あり

募集人員		志願者数	受検者数	合格者数	競争率
一般	男 120	647	534	153	3.5
	女	429	388	113	3.4

学校説明会
10/7 10/8
見学できる行事 文化祭（辛夷祭） 9/9・9/10

東京学芸大学附属小金井中学校

所在地 〒184-8501 東京都小金井市貫井北町4-1-1 ☎042-329-7833
URL https://www2.u-gakugei.ac.jp/~gkoganei/
通学区域 定めず
最寄り駅 JR武蔵小金井駅から徒歩20分またはバス「学芸大東門」か「学芸大正門」下車 JR国分寺駅から徒歩20分またはバス
沿革 昭和22年（1947）東京第二師範学校男子部附属中学校として創設。同26年（1951）東京学芸大学附属小金井中学校に改称。同41年東京学芸大学教育学部附属小金井中学校に改称、平成16年（2004）から現校名。
教育の特色 育てたい生徒像として「自ら考え実践する生徒、こころとからだを鍛える生徒、思いやりや奉仕の気持ちを持つ生徒、創意を働かせ工夫する生徒、考えや気持ちを的確に表現できる生徒、そして他から学び自らを変革できる生徒」を掲げています。大学と同じ敷地内にあり、豊かな自然環境を題材とした学び、大学教授からの専門的な学びなど、大学と連携した教育活動が展開されていることも特徴です。「学を修める」ことを目的とする3年間で3回の修学旅行は、事前学習・実地学習・事後学習と約半年をかけて取り組み、「生きた本物との出会い」を通して学びの面白さを実感できます。卒業後は東京学芸大学附属高校をはじめ公立高、私立高へ進学しています。

■2023年度入試日程（参考）
試験日2/3 発表日2/5
■2023年度選考方法（参考）
国語、算数、社会、理科、報告書
■2023年度入試結果

募集人員		志願者数	受検者数	合格者数	競争率
男	58	83	—	31	—
女		63	—	27	—

学校説明会 要申込
9/24（対面・オンライン） 11/3（対面・オンライン、授業公開あり） 12/3（オンライン）

東京学芸大学附属国際中等教育学校

所在地 〒178-0063 東京都練馬区東大泉5-22-1 ☎03-5905-1326
URL http://www.iss.oizumi.u-gakugei.ac.jp/
通学区域 定めず
最寄り駅 西武池袋線大泉学園駅から徒歩8分 西武新宿線上石神井駅、JR中央線・京王井の頭線吉祥寺駅などからバス「学芸大附属前」下車
沿革 平成19年（2007）に東京学芸大学附属大泉中学校・東京学芸大学附属高等学校大泉校舎を統合・再編して発足。同26年（2014）スーパーサイエンスハイスクール、スーパーグローバルハイスクールアソシエイト指定。同27年（2015）スーパーグローバルハイスクール指定校。同28年（2016）国公立学校初のMYP・DP一貫教育実践校となる。
教育の特色 全教科・科目を国際バカロレア（IB）の趣旨に基づいて学習します。英語で教科を学ぶ授業も取り入れています。2010年から1～4学年で国際バカロレア機構（IBO）が提供する中等教育プログラム（MYP）を実施。2016年からは5～6学年で国際バカロレア・デュアルランゲージ・ディプロマプログラム（DLDP）を実施しています。

■2023年度入試日程（参考）
試験日2/3 発表日2/8
※帰国生等対象の9月編入学も実施
■2023年度選考方法（参考）
A方式：外国語作文（英語、フランス語、ドイツ語、スペイン語、中国語、韓国・朝鮮語のいずれか）、基礎日本語作文、書類審査、面接
B方式：適性検査Ⅰ・Ⅱ、書類審査、面接
※面接は志願者のみ日本語のグループ面接
■2023年度入試結果

募集人員	志願者数	受検者数	合格者数	競争率
A男女約30	160	154	34	4.5
B男女約30	159	141	34	4.1

学校説明会
10/14

東京学芸大学附属世田谷中学校

所在地 〒158-0081 東京都世田谷区深沢4-3-1 ☎03-5706-3301
URL http://www.u-gakugei.ac.jp/~setachu/
通学区域 東京都23区、調布、狛江、稲城、町田、三鷹、武蔵野の各市 神奈川県横浜、川崎、大和、相模原（南区）、藤沢の各市 埼玉県和光、朝霞の各市
最寄り駅 東急田園都市線駒沢大学駅徒歩25分 JR渋谷駅・恵比寿駅・目黒駅、東急東横線自由が丘駅、東急大井町線等々力駅などからバス
沿革 昭和22年（1947）東京第一師範学校男子部附属中学校として世田谷区下馬に開校。同24年（1949）東京学芸大学東京第一師範学校世田谷附属中学校に改称。同27年（1952）現在地に移転。平成16年（2004）より現校名。
教育の特色 自由で自律的な教育環境を特色としています。教育目標は「個性的で人間性豊かな人格をつくる」「創造性豊かな人間を育てる」「敬愛の精神にあふれた人間を育てる」。教育課程は「基本学習」としての教科の学習と「総合学習」「生活学習」の三つの学習から成り立っています。これらが密接に関係して全体として生徒の力をのばし、知識の習得だけにとどまらず、将来タフなリーダーとして活躍するための基礎となっています。卒業後は約半数が附属高校へ進学。このほか国都県立高、都内・近県の私立高へ進学しています。

■2024年度入試日程
試験日2/3 発表日2/4
■2024年度選考方法
国語、算数、社会、理科、自己推薦書
■2023年度入試結果

募集人員		志願者数	受検者数	合格者数	競争率
男	約60	110	79	50	1.6
女		126	85	50	1.7

学校説明会
オープンスクール（要予約） 9/23
見学できる行事
テーマ研究発表会 11/11（保護者対象）

東京学芸大学附属竹早中学校

所在地 〒112-0002 東京都文京区小石川4-2-1 ☎03-3816-8601
URL http://www.u-gakugei.ac.jp/~takechu/
通学区域 東京都23区、武蔵野、三鷹、府中、調布、小金井、小平、東村山、国分寺、西東京、狛江、清瀬、東久留米、稲城の各市 神奈川県川崎、横浜（鶴見区、港北区）の各市 埼玉県さいたま（岩槻区を除く）、川越、川口、所沢、狭山、草加、越谷、蕨、戸田、入間、朝霞、新座、和光、志木、八潮、富士見、ふじみ野、三郷の各市、三芳町 千葉県市川、船橋、松戸、習志野、柏、流山、鎌ケ谷、浦安の各市
最寄り駅 JR大塚駅・池袋駅からバス「春日2丁目」下車 東京メトロ丸ノ内線茗荷谷駅から徒歩12分 都営大江戸線・三田線春日駅から徒歩15分など
沿革 昭和22年（1947）創設の東京第一・第二師範学校女子部附属各中学校を母体に同29年（1954）東京学芸大学附属「新設」中学校を設置。平成16年（2004）より現校名。
教育の特色 教育目標は「自ら求め、考え、表現し、実践できる生徒を育てる」「他人の立場や意志を尊重できる、視野の広い生徒を育てる」「心身ともに明るくたくましい生徒を育てる」。大学附属学校として教育に関する研究や学生の実習の場となるほか、幼小中が連携した教育も行われています。

■2023年度入試日程（参考）
試験日2/3 発表日2/5
■2023年度選考方法（参考）
国語、算数、社会、理科、報告書、自己PRカード
■2023年度入試結果

募集人員	志願者数	受検者数	合格者数	競争率
男 約43	151	106	41	2.6
女 約43	147	113	41	2.8

学校説明会
11/4
見学できる行事
文化研究発表会 11/2・11/3（公開未定）

東京藝術大学音楽学部附属音楽高等学校

所在地 〒110-8714 東京都台東区上野公園12-8 ☎050-5525-2406
URL https://geiko.geidai.ac.jp/
通学区域 定めず
最寄り駅 JR鶯谷駅から徒歩10分 JR上野駅（公園口）から徒歩13分 東京メトロ千代田線根津駅から徒歩11分
沿革 昭和29年（1954）専門家育成の早期教育を推進するために東京芸術大学が音楽学部に附属音楽高等学校を創設。作曲と器楽（ピアノ・弦楽器・管打楽器）専攻を設置。平成7年（1995）お茶の水の旧校舎から現在地に移転。同11年（1999）邦楽専攻を設置。同15年（2003）声楽専攻を設置するが、同25年（2013）募集中止。同28年（2016）スーパーグローバルハイスクール指定校。
教育の特色 日本で唯一の国立音楽高校で、「グローバルな視点をもち音楽の力で未来を切り拓く人材の育成」を教育目標としています。専攻実技・副科実技をはじめ、音楽理論、音楽史、演奏研究、鑑賞研究、ソルフェージュなどの音楽科目はもちろん、一般教科の教育も行います。ドイツ語、フランス語の基礎クラスも開講しています。さらに、定期演奏会や2年生の演奏研修旅行、国際交流事業などを通して、高い教養と魅力的な人間性の涵養に努めています。

■2024年度入試日程
入学試験期間 1/20〜1/25
■2023年度選考方法（参考）
国語、数学、英語(リスニングあり)、実技、音楽、面接、調査書
■2023年度入試結果 男／女

募集人員	志願者数	受検者数	合格者数	競争率
男女40	17/72	17/72	8/29	2.1/2.5

学校説明会
7/9（終了）
見学できる行事 要申込
定期演奏会 10/28

東京工業大学附属科学技術高等学校

所在地 〒108-0023 東京都港区芝浦3-3-6 ☎03-3454-8529・8530
URL https://www.g.hst.titech.ac.jp/
通学区域 定めず
最寄り駅 JR田町駅から徒歩2分
沿革 明治19年（1886）東京商業学校附設商工徒弟講習所の職工科として設立。平成17年（2005）東京工業大学附属科学技術高等学校と改称。同27年（2015）スーパーグローバルハイスクール指定、同28年（2016）スーパーサイエンスハイスクール再指定。令和6年（2024）秋、東京工業大学と東京医科歯科大学の統合により東京科学大学附属科学技術高等学校と改称。同8年（2026）4月、大岡山キャンパスに移転予定。
教育の特色 科学・技術科の1学科を設置。科学と技術の視点から総合的思考力をもって社会に貢献できるような自主性と創造力を育むことを教育理念に掲げています。専門教科では科学技術系の共通科目を増やし、理数科教育・技術教育が充実。2年次以降は、「応用化学分野」「情報システム分野」「機械システム分野」「電気・電子分野」「建築デザイン分野」の5つの専門分野に分かれ、学習意欲と目的意識を培います。

■2024年度入試日程
推薦（Ⅰ型・Ⅱ型）：試験日1/10 発表日1/11
一般：試験日2/13 発表日2/15
■2024年度選考方法
推薦：小テスト（数学、理科第1分野）、面接
一般：国語、数学、英語
■2023年度入試結果 男／女 繰上合格を含まない

募集人員		志願者数	受検者数	合格者数	競争率
推薦男女	200	51/19	51/19	36/12	1.4/1.6
一般男女		311/100	262/90	185/65	1.4/1.4

学校説明会 要申込
10/21 11/18
見学できる行事
文化祭（弟燕祭） 10/7・10/8

東京大学教育学部附属中等教育学校

所在地 〒164-8654 東京都中野区南台1-15-1 ☎03-5351-9050
URL https://www.hs.p.u-tokyo.ac.jp/
通学区域 通学時間が90分以内の地域
最寄り駅 京王新線幡ヶ谷駅から徒歩15分 東京メトロ丸ノ内線中野新橋駅から徒歩10分 JR新宿駅・中野駅からバスなど
沿革 旧制東京高等学校尋常科を前身とし、昭和23年（1948）新制中学校発足。同26年（1951）東京大学教育学部附属中学校・高等学校となる。平成12年（2000）中等教育学校となる。
教育の特色 東京大学と連携し、中高一貫教育により「ことばの力」「論理の力」「身体・表現の力」「関係の力」「情報の力」を養う実践的な学習活動を展開、「未来にひらく自己の確立」をめざしています。総合学習では、1・2年次で研究の基礎を学び、3・4年次には2学年混合グループでの課題別学習、5年生からは2年間をかけて卒業研究に取り組みます。東京大学の研究施設での実習、総長や副学長、東大教授による専門分野の講義なども実施しています。

■2023年度入試日程（参考）
推薦：試験日1次書類 2次12/22
発表日：1次11/24（結果通知発送） 2次12/24
一般：試験日2/3 発表日2/5
■2023年度選考方法（参考）
推薦：〈1次〉書類 〈2次〉適性検査、面接、書類
一般：適性検査Ⅰ・Ⅱ、実技、書類
■2023年度入試結果 男／女

	募集人員	志願者数	受検者数	合格者数	競争率
推薦	約15/約15	218/236	218/236	15/15	14.5/15.7
一般	約45/約45	190/206	173/184	45/45	3.8/4.1

※一般は双生児含む

> **学校説明会**
> 9/23・9/24
> **見学できる行事**
> 銀杏祭（文化祭） 9/23・9/24

筑波大学附属坂戸高等学校

所在地 〒350-0214 埼玉県坂戸市千代田1-24-1 ☎049-281-1541
URL https://www.sakado-s.tsukuba.ac.jp/
通学区域 通学時間が片道1時間30分程度以内が望ましい
最寄り駅 東武東上線若葉駅から徒歩7分
沿革 昭和21年（1946）学校組合立坂戸実務学校・坂戸実修女学校創立。同28年（1953）国立に移管し東京教育大学附属坂戸高等学校となる。同53年（1978）現名称に変更。平成6年（1994）全国初の総合学科開設。同26年（2014）スーパーグローバルハイスクール（SGH）指定校。同29年（2017）国際バカロレア（IB）認定校。
教育の特色 総合科学科を設置。日頃の学習や学校行事、部活動はもちろん、海外フィールドワークや校外学習、多様な背景をもった人との交流、最先端の大学の授業などの実践を通して、課題発見力・解決力、批判的思考力、判断力、表現力など、将来にわたって主体的に学び続ける総合力を養います。IBコースの生徒はSGクラスに所属し、2年次から少人数授業でIBDP必修科目（英語による授業を含む）を学びます。

■2024年度入試日程
SG・IB・IG推薦：試験日1/18 IG一般：試験日2/2
■2024年度選考方法
SG：国英か数英、面接、書類 IB：推薦は小論文・一般は3科、面接（個人および保護者同伴）、書類 推薦：小論文、面接、書類 一般：5科、面接、書類
■2023年度入試結果 男/女 海外・帰国生・外国人を除く

	募集人員	志願者数	受検者数	合格者数	競争率
IB	男女約10	8/8	8/8	3/4	2.7/2.0
SG	男女約25	31/38	31/38	14/19	2.2/2.0
推薦	男女約70	89/173	89/173	19/55	4.7/3.1
一般	男女約60	88/122	87/119	23/23	3.8/5.2

> **学校説明会** 要申込
> 入試説明会 10/14

横浜国立大学教育学部附属鎌倉中学校

所在地 〒248-0005 神奈川県鎌倉市雪ノ下3-5-10 ☎0467-22-2033

URL https://www.kamachu.ynu.ac.jp/

通学区域 神奈川県内

最寄り駅 JR横須賀線・江ノ島電鉄線鎌倉駅から徒歩15分

沿革 昭和22年（1947）神奈川師範学校男子部附属中学校として開校。平成29年（2017）より現校名。

教育の特色 小中一貫の教育目標として「自立に向けてたくましく生きる」を掲げています。横浜国立大学教育学部と連携し、「小中9年間を一貫した教育課程」の理論的・実践的教育研究を行っています。また、ユネスコスクールとして、総合的な学習の時間「LIFE」を中心に、これからの子どもたちに求められる「資質・能力」を育成することを目指しています。合唱活動が盛んで、特別活動を中心に全校体制で取り組んでいます。帰国生徒教育には40年以上の長い歴史を誇ります。

横浜国立大学教育学部附属横浜中学校

所在地 〒232-0061 神奈川県横浜市南区大岡2-31-3 ☎045-742-2281

URL https://yokochu.ynu.ac.jp/

通学区域 神奈川県川崎、横浜、横須賀、逗子、鎌倉、藤沢、茅ヶ崎、綾瀬、海老名、座間、大和の各市、寒川町、葉山町、相模原市および平塚市の指定小学校学区

最寄り駅 横浜市営地下鉄弘明寺駅から徒歩1分 京浜急行線弘明寺駅から徒歩8分

沿革 昭和22年（1947）神奈川師範学校女子部附属中学校として発足。同56年（1981）中区立野から現在地に移転。平成29年（2017）より現校名。

教育の特色 横浜国立大学教育学部と連携をとりながら、最先端の教育理論に直結した独創的な教育が行われています。2012年度から県立光陵高校との中高大連携が始まり、1クラスの連携枠が設けられました。帰国生徒が全生徒の1割以上を占め、留学生や海外視察団等との国際交流活動にも積極的に取り組んでいます。

埼玉大学教育学部附属中学校

所在地 〒336-0021 埼玉県さいたま市南区別所4-2-5 ☎048-862-2214

URL http://www.jhs.saitama-u.ac.jp/

通学区域 さいたま市、川口市、戸田市、蕨市

最寄り駅 JR浦和駅から徒歩20分 JR中浦和駅から徒歩10分

沿革 昭和22年（1947）埼玉師範学校附属中学校として開校。同26年（1951）現在の学校名に改称。同32年（1957）現在地に移転。

教育の特色 教育目標は「正しい判断力とたくましい実践力をもった自主的人間の形成」です。各学年、週2回設けている総合的な学習の時間（附中トライアル）では、1年で職場体験を学習し、2年で林間学校に向けた探究学習「志賀トライアル」、3年では日本文化を探究する講座と舞台表現を体験的に学習する講座に取り組みます。卒業生は県内公立高校や県内外の国立・私立高校へ進学しています。40年以上にわたる実績と成果をあげている帰国生徒教育も特色です。

千葉大学教育学部附属中学校

所在地 〒263-8522 千葉県千葉市稲毛区弥生町1-33 ☎043-290-2493

URL http://www.jr.chiba-u.jp/

通学区域 千葉市、習志野市、船橋市、市川市、八千代市、四街道市、佐倉市、市原市で通学時間片道60分以内

最寄り駅 JR総武線西千葉駅から徒歩約13分 京成線みどり台駅から徒歩約12分

沿革 昭和22年（1947）設置の千葉師範学校男子部附属・同女子部附属中学校両校を前身とする2校を統合し、昭和40年（1965）に設立。

教育の特色 千葉大学教育学部と一体となり、教育の理論や教育技術その他の諸問題に関する科学的な実験研究が行われる研究学校です。教育目標は「自己理解」「自己決定」「自己実現」。教科指導では、実践的な活動の中で思考力や表現力を養う「総合的な学習の時間」、得意教科をさらに探究する「選択教科」に力を入れています。一人一台の端末を活用したICT教育も特色です。

東京都立桜修館中等教育学校

所在地 〒152-0023 東京都目黒区八雲1-1-2
☎03-3723-9966
URL https://www.metro.ed.jp/oshukan-s/
通学区域 東京都
最寄り駅 東急東横線都立大学駅から徒歩10分
沿革 昭和4年（1929）、旧制府立高等学校設置。同24年（1949）、東京都立大学附属高等学校となる。同校を改編し、平成18年（2006）4月開校。
教育の特色 6年間の一貫教育課程を編成し、世界の中の日本人としてのアイデンティティをもって国際社会を担う人材の育成を教育方針に掲げています。「国語で論理を学ぶ」「数学で論理を学ぶ」という独自の教科や、5年生の「研究論文作成」などにより、確かな学力と論理的思考力や表現力を身につけ、困難な課題を粘り強く解決しようとする生徒を育てます。また、自国・他国の文化を理解し、国際社会に貢献しようとする態度を養うとともに、体験的な学習や実験・実習を重視し探究心や知的欲求を高めます。大学教育や地域の生涯学習との開かれた連携も積極的に進めています。

■2024年度入試日程
一般枠のみ：試験日2/3　発表日2/9
■2023年度選考方法（参考）
報告書、適性検査Ⅰ（作文あり）・Ⅱ

	報告書	適性Ⅰ	適性Ⅱ	満点
点	300	200	500	1000
分	−	45	45	

■2023年度入試結果

募集人員		志願者数	受検者数	合格者数	競争率
一般男	80	357	340	80	4.3
女	80	507	469	80	5.9

（学校説明会） 要申込
学校紹介日 10/7　10/14
ようこそ小学生 10/28
授業公開週間 11/14～11/18
出願手続等説明会 11/25

東京都立大泉高等学校附属中学校

所在地 〒178-0063 東京都練馬区東大泉5-3-1
☎03-3924-0318
URL https://www.oizumi-h.metro.ed.jp/main/index.html
通学区域 東京都
最寄り駅 JR中央線・京王井の頭線吉祥寺駅、西武新宿線上石神井駅からバス　西武池袋線大泉学園駅から徒歩約10分
沿革 昭和16年（1941）東京府立第二十中学校として開校。同23年（1948）都立大泉高等学校に改称。平成22年（2010）附属中学校が開校。令和4年（2022）より高校入学生の募集を停止。
教育の特色 「自ら学び、真理を究める」「自ら律し、他を尊重する」「自ら拓き、社会に貢献する」を教育目標としています。自ら課題を見つけて意欲的に学ぶ力を育み、国際社会にリーダーとして貢献できる資質の高い人材を育成します。また、高校では「探究と創造（QC）」を中心に、物事の心理を深く考え、筋道を立てて明らかにしていく探究の活動を大切にしています。

■2024年度入試日程
一般枠のみ：試験日2/3　発表日2/9
■2023年度選考方法（参考）
報告書、適性検査Ⅰ（作文あり）・Ⅱ・Ⅲ

	報告書	適性Ⅰ	適性Ⅱ	適性Ⅲ	満点
点	540(300)	100(200)	100(200)	100(300)	(1000)
分	−	45	45	45	

※（　）内は換算後の満点

■2023年度入試結果

募集人員		志願者数	受検者数	合格者数	競争率
男	80	323	312	80	3.9
女	80	411	388	80	4.9

（学校説明会） 要申込
10/21（小6児童・保護者）
入学説明会 11/23（小6保護者）
授業公開 11/4　11/13～11/17
（見学できる行事）
文化祭 9/9・9/10

東京都立小石川中等教育学校

所在地 〒113-0021 東京都文京区本駒込2-29-29 ☎03-3946-7171
URL https://www.metro.ed.jp/koishikawa-s/
通学区域 東京都
最寄り駅 都営三田線千石駅から徒歩3分 JR・都営三田線巣鴨駅から徒歩10分 JR・東京メトロ南北線駒込駅から徒歩13分
沿革 大正7年（1918）東京府立第五中学校として創立。昭和25年（1950）都立小石川高等学校に名称変更。平成18年（2006）中等教育学校に改編。
教育の特色 「立志」「開拓」「創作」の教育理念の下に、「自ら志を立て、自分が進む道を自ら切り拓き、新しい文化を創り出す」ことのできる人材の育成を目指しています。6年間の課題探究型学習や、文系・理系に分けず全教科を学習、学校図書館の活用、後期課程での第2外国語開講などの「小石川教養主義」、第4期となったスーパーサイエンスハイスクールとして活動を続ける「理数教育」のほか、「国際理解教育」を特色としています。

■2024年度入試日程
一般枠：試験日2/3 発表日2/9
■2023年度選考方法（参考）
一般枠：適性検査Ⅰ・Ⅱ・Ⅲ、報告書

	報告書	適性検査	満点
点	450(200)	100×3(600)	(800)
分	−	45×3	

※（ ）内は換算後の満点

■2023年度入試結果 特別枠あり

募集人員		志願者数	受検者数	合格者数	競争率
一般枠男	80	356	325	80	4.1
女	80	389	360	80	4.5

学校説明会 要申込
10/7 11/3（小5・6対象）
授業公開 11/18
見学できる行事 要申込
創作展 9/16・9/17

東京都立立川国際中等教育学校

所在地 〒190-0012 東京都立川市曙町3-29-37 ☎042-524-3903
URL https://www.metro.ed.jp/tachikawa-s/
通学区域 東京都
最寄り駅 JR立川駅・多摩都市モノレール立川北駅から徒歩18分またはバス約12分「立川国際中等教育学校」下車
沿革 都立北多摩高等学校を母体として、多摩地区で初めての中等教育学校として平成20年（2008）開校。令和4年（2022）附属小学校が開校。公立で初めて小・中・高すべての校種がそろう学校になりました。
教育の特色 教育目標は「国際社会で貢献できるリーダーとなるために必要な学業を修め、人格を陶治する」。生徒の約2割を海外帰国・在京外国人生徒が占め、「日常から養える国際感覚と多様性」が特色です。英語の授業数が多く、ネイティブスピーカーが関わる時間が他の都立校の倍以上あり、英語関連の行事も多数実施し確かな英語力を育成します。東京大学、東京学芸大学、東京都立大学、早稲田大教職大学院との連携を行っており、在学中から大学の高度な授業に触れることができます。

■2024年度入試日程
一般枠：試験日2/3 発表日2/9
■2023年度選考方法（参考）
一般枠：適性検査Ⅰ・Ⅱ、報告書

	報告書	適性Ⅰ	適性Ⅱ	満点
点	360(250)	100(250)	100(500)	(1000)
分	−	45	45	

※（ ）内は換算後の満点

■2023年度入試結果 海外帰国・在京外国人生徒枠あり

募集人員		志願者数	受検者数	合格者数	競争率
一般枠男	65	213	204	65	3.1
女	65	281	271	65	4.2

学校説明会
10/7（授業公開あり） 10/28

東京都立白鷗高等学校附属中学校

所在地 〒111 - 0041 東京都台東区元浅草3 - 12 - 12 ☎03 - 5830 - 1731
URL https://www.metro.ed.jp/hakuo-h/
通学区域 東京都
最寄り駅 東校舎：都営大江戸線・つくばエクスプレス新御徒町駅から徒歩7分 東京メトロ銀座線田原町駅から徒歩7分など
沿革 明治21年(1888)東京府高等女学校創立。昭和25年（1950）白鷗高等学校に名称変更。平成17年（2005）附属中学校が開校。令和5年（2023）より高校からの生徒募集を停止予定。
教育の特色 高校併設型、都立初の中高一貫教育校です。「開拓精神」の理念のもと、自己の人生を切り開き、社会の進展に寄与する旺盛な意欲をもつ生徒の育成を目指しています。伝統文化教育と国際理解教育が特徴です。ダイバーシティ（多様性）を尊重し、音楽授業での三味線演奏や地域の伝統行事参加などにより日本の伝統・文化を理解し、広く海外に目を向け国際社会に貢献できる真の国際人育成を目指しています。

■2024年度入試日程
一般枠：試験日2/3 発表日2/9
■2023年度選考方法（参考）
一般枠：適性検査Ⅰ・Ⅱ・Ⅲ、報告書

	報告書	適性Ⅰ	適性Ⅱ	適性Ⅲ	満点
点	360(200)	100(300)	100(300)	100(200)	(1000)
分	－	45	45	45	

※（ ）内は換算後の満点

■2023年度入試結果 特別枠、海外帰国・在京外国人生徒枠あり

	募集人員	志願者数	受検者数	合格者数	競争率
一般枠男	85	307	282	83	3.4
女	85	439	412	83	5.0

学校説明会 要申込
学校説明会 9/30 11/3
学校公開 9/16 10/7 11/18 12/16
見学できる行事
文化祭 9/9・9/10

東京都立富士高等学校附属中学校

所在地 〒164 - 0013 東京都中野区弥生町5 - 21 - 1 ☎03 - 3382 - 0601
URL https://www.metro.ed.jp/fuji-s/
通学区域 東京都
最寄り駅 東京メトロ丸ノ内線中野富士見町駅から徒歩1分 JR中野駅・京王線幡ヶ谷駅・京王線笹塚駅・井の頭線西永福駅からバス
沿革 大正9年（1920）東京府立第五高等女学校開設。昭和25年（1950）都立富士高等学校と改称、男女共学に。平成22年（2010）附属中学校が開校。令和3年（2021）より高校からの生徒募集を停止。
教育の特色 教育目標は「知性を高め、教養を深める」「品性を養い、感性を磨く」「自ら判断し挑戦する精神を高める」。2021年スーパーサイエンスハイスクール指定。6年間の理数教育カリキュラムにより科学的グローバルイノベーター「富士山型探究者」を育成します。課題研究「富士未来学」では高1からラボごとに研究に取り組み、高2で深化、高3では英語で発表します。

■2024年度入試日程
一般枠のみ：試験日2/3 発表日2/9
■2023年度選考方法（参考）
報告書、適性検査Ⅰ（作文あり）・Ⅱ・Ⅲ

	報告書	適性Ⅰ	適性Ⅱ	適性Ⅲ	満点
点	450(300)	100(200)	100(200)	100(300)	(1000)
分	－	45	45	45	

※（ ）内は換算後の満点

■2023年度入試結果

募集人員		志願者数	受検者数	合格者数	競争率
男	80	267	257	80	3.2
女	80	307	297	80	3.7

学校説明会 要申込
10/7 11/4
募集案内配布会 11/25
見学できる行事 要申込
文化祭 9/9・9/10

東京都立三鷹中等教育学校

所在地 〒181-0004 東京都三鷹市新川6-21-21 ☎0422-46-4181
URL https://www.metro.ed.jp/mitaka-s/
通学区域 東京都
最寄り駅 JR三鷹駅からバス約15分 JR吉祥寺駅からバス約10分 京王線仙川駅からバス約10分 京王線調布駅からバス約25分
沿革 母体校は昭和24年（1949）三鷹町立三鷹新制高等学校として開設、同30年（1955）都立三鷹高等学校となり、平成22年（2010）東京都立三鷹中等教育学校が開校。同25年（2013）新校舎完成。
教育の特色 「思いやり・人間愛(ヒューマニティ)を持った社会的リーダーの育成」を基本理念に掲げ、多様な人々と協力し主体性をもって人生を切り拓いていく力、問題を発見し答えを生み出し新たな価値を創造していくための力を伸ばす教育を実践しています。総合的な学習及び探究の時間を「人生設計学」とし、多くの体験を通して社会のリーダーとしての資質を養います。

■2024年度入試日程
一般枠のみ：試験日2/3 発表日2/9
■2023年度選考方法（参考）
報告書、適性検査Ⅰ（作文あり）・Ⅱ

	報告書	適性Ⅰ	適性Ⅱ	満点
点	720(200)	100(300)	100(500)	(1000)
分	－	45	45	

※（ ）内は換算後の得点

■2023年度入試結果

	募集人員	志願者数	受検者数	合格者数	競争率
男	80	404	387	80	4.8
女	80	520	500	80	6.3

（**学校説明会**）要申込
10/7 10/21 11/25(願書配布のみ)
土曜授業公開 9/2
（**見学できる行事**）
鷹校祭（文化祭） 9/9・9/10

東京都立南多摩中等教育学校

所在地 〒192-8562 東京都八王子市明神町4-20-1 ☎042-656-7030
URL https://www.metro.ed.jp/minamitama-s/
通学区域 東京都
最寄り駅 京王線京王八王子駅から徒歩3分 JR中央線八王子駅から徒歩12分
沿革 明治41年（1908）東京府立第四高等女学校として開校。昭和24年（1949）男女共学、翌年、都立南多摩高等学校と改称。平成22年(2010)、中等教育学校開校。同27年（2015）、都立南多摩高等学校が閉校。
教育の特色 心・知・体の調和から生まれる人間力を育み、国際社会の様々な場面で活躍するイノベーティブなグローバル人材を育成します。2019年度より文部科学省WWL（ワールド・ワイド・ラーニング）コンソーシアム構築支援事業の全国10拠点の一つに指定され、国内外の大学、企業、国際機関等との協働をはじめ、東京都教育委員会の様々な指定校事業に意欲的に取り組んでいます。

■2024年度入試日程
一般枠のみ：試験日2/3 発表日2/9
■2023年度選考方法（参考）
報告書、適性検査Ⅰ（作文あり）・Ⅱ

	報告書	適性Ⅰ	適性Ⅱ	満点
点	360(200)	100(100)※	100(200)※	(1000)
分	－	45	45	

※（ ）内は換算後の点数、ただし適性検査Ⅰ・Ⅱは換算後の300点をさらに800点満点に換算する

■2023年度入試結果

	募集人員	志願者数	受検者数	合格者数	競争率
男	80	308	303	80	3.8
女	80	354	344	80	4.3

（**学校説明会**）要申込
授業公開・学校見学会 9/30 10/21 11/18

東京都立武蔵高等学校附属中学校

所在地 〒180-0022 東京都武蔵野市境4-13-28 ☎0422-51-4554
URL https://www.metro.ed.jp/musashi-h/
通学区域 東京都
最寄り駅 JR中央線・西武多摩川線武蔵境駅から徒歩10分 西武新宿線田無駅または西武池袋線ひばりヶ丘駅からバス「桜橋」下車徒歩7分
沿革 昭和15年（1940）東京府立第十三高等女学校開校。同25年（1950）都立武蔵高等学校となり男女共学。平成20年（2008）中高一貫6年制学校が開校。令和3年（2021）高校募集停止。
教育の特色 「向上進取」と「奉仕」の精神を大切にし、「国際社会に貢献できる知性豊かなリーダー」の育成を目指しています。授業では、難関大学進学にも対応した教養教育を進め、実践的で発展的な内容を取り入れながら地球規模の環境問題や社会問題を考える「地球学」という講座を設定。高校段階では自分の得意分野を生かした社会貢献活動等を展開しています。

■2024年度入試日程
一般枠のみ：試験日2/3 発表日2/9
■2023年度選考方法（参考）
適性検査Ⅰ（作文あり）・Ⅱ・Ⅲ、報告書

	報告書	適性Ⅰ	適性Ⅱ	適性Ⅲ	満点
点	450	100	100	100	1600※
分	-	45	45	45	

※満点は報告書の点数（400点に換算）＋適性検査の合計点×4

■2023年度入試結果

	募集人員	志願者数	受検者数	合格者数	競争率
男	80	246	238	80	3.0
女	80	225	215	80	2.7

（学校説明会） 要申込
10/21・10/22
応募説明会（小6保護者対象） 11/23
（見学できる行事）
武蔵祭 9/9・9/10

東京都立両国高等学校附属中学校

所在地 〒130-0022 東京都墨田区江東橋1-7-14 ☎03-3631-1878
URL https://www.metro.ed.jp/ryogoku-h/
通学区域 東京都
最寄り駅 JR・東京メトロ半蔵門線錦糸町駅から徒歩5分 都営新宿線菊川駅・住吉駅から徒歩10分
沿革 明治34年（1901）東京府第三中学校創立。昭和25年（1950）都立両国高等学校に改称。平成18年（2006）附属中学校開校。令和4年（2022）より高校入学生の募集を停止。
教育の特色 教育方針は「自律自修」。特色ある教育活動としては、言語能力・国語力の育成、英語による実践的コミュニケーション能力の育成、実験・観察を重視する理科教育や数学的な見方や考え方を重視する数学教育などがあげられます。総合的な学習の時間を「志（こころざし）学」として、職場訪問や職場体験、社会の最前線で活躍する人々による講義を通して、職業観や勤労観、社会に貢献する高い志と使命感を養います。

■2024年度入試日程
一般枠のみ：試験日2/3 発表日2/9
■2023年度選考方法（参考）
適性検査Ⅰ（作文あり）・Ⅱ・Ⅲ、報告書

	報告書	適性Ⅰ	適性Ⅱ	適性Ⅲ	満点
点	720(200)	100(300)	100(200)	100(300)	(1000)
分	-	45	45	45	

※（ ）内は換算後の満点

■2023年度入試結果

	募集人員	志願者数	受検者数	合格者数	競争率
男	80	393	373	80	4.7
女	80	382	371	80	4.6

（学校説明会） すべて要申込
学校見学会・説明会（小5・6対象） 9/23 10/7
授業公開（小5・6対象） 9/30 10/28
願書配布説明会 11/23（保護者対象）

千代田区立九段中等教育学校

所在地 〒102-0073 東京都千代田区九段北2-2-1 ☎03-3263-7190
URL http://www.kudan.ed.jp/
通学区域 東京都
最寄り駅 東京メトロ東西線・半蔵門線、都営新宿線九段下駅から徒歩3分　ＪＲ・東京メトロ有楽町線・南北線、都営大江戸線飯田橋駅から徒歩10分
沿革 大正13年（1924）第一東京市立中学校開校、昭和23年（1948）都立九段高等学校と改称。平成18年（2006）千代田区立九段中等教育学校が開校。
教育の特色 教育目標は「豊かな心 知の創造」。リベラルアーツ（文理融合）を教育の基本とし、「学ぶ」「生きる」「鍛える」の三つの柱で次世代のリーダーを育成します。「九段自立プラン」では、本物に触れる体験を通して、主体的に学び行動できる力や将来の生き方を考える力を養います。また、科学技術が進展する社会で必要とされる論理的思考力や批判的思考力を培うとともに、新たな価値を創出する探究的学習に重点を置き、STEAM人材育成にも取り組んでいます。

■2023年度入試日程（参考）
試験日2/3　発表日2/9
■2023年度選考方法（参考）
適性検査1・2・3、志願者カード、報告書

	報告書	適性1	適性2	適性3	満点
点	200	200	300	300	1000
分	－	45	45	45	

※換算後の満点

■2023年度入試結果

募集人員		志願者数	受検者数	合格者数	競争率
A区内男	40	104	95	40	2.4
女	40	104	91	40	2.3
B区外男	40	177	157	40	3.9
女	40	230	219	40	5.5

学校説明会
10/8　11/11
※詳細は学校HPに掲載

神奈川県立相模原中等教育学校

所在地 〒252-0303　相模原市南区相模大野4-1-1 ☎042-749-1279
URL https://www.pen-kanagawa.ed.jp/sagamihara-chuto-ss/
通学区域 神奈川県
最寄り駅 小田急線相模大野駅から徒歩約10分
沿革 神奈川県立相模大野高等学校を母体とし、平成21年（2009）神奈川県立相模原中等教育学校開校。
教育の特色 教育目標は「人格の完成をめざし、高い知性と豊かな人間性をそなえ、心身ともに健全な、次世代を担う人材を育成する」。授業は「読書・暗誦・ドリル」、「発表・質疑応答・レポート」、「探究・ディベート」という３つのメソッドを柱に展開。６年間を「基礎期」「充実期」「発展期」に分けてじっくり指導し、次世代を担うリーダーに必要な「科学・論理的思考力」、「表現コミュニケーション力」、「社会生活実践力」を育成します。前期課程での「働く」ワークショップ、職業体験をはじめ、大学訪問、キャリア講演などで自己の進路について考えを深め、国公立大学進学など生徒一人ひとりの進路実現に向けて、キャリアプランニング・体験活動などの充実したキャリア教育も特色です。

■2024年度入試日程
試験日2/3　発表日2/10
■2024年度選考方法
適性検査Ⅰ・Ⅱ（各45分）、調査書　※グループ活動による検査は実施しない

■2023年度入試結果

募集人員	志願者数	受検者数	合格者数	競争率
男女　160	982	935	160	5.8

学校説明会 すべて要申込
8/10（終了）
志願説明会 11/12（相模女子大学グリーンホール）
学校見学 終了

神奈川県立平塚中等教育学校

所在地 〒254-0074 神奈川県平塚市大原1-13
☎0463-34-0320
URL https://www.pen-kanagawa.ed.jp/hiratsuka-chuto-ss/
通学区域 神奈川県
最寄り駅 JR平塚駅よりバス「共済病院前総合公園西」下車徒歩10分 小田急線伊勢原駅よりバス「中原下宿」下車徒歩7分
沿革 昭和59年（1984）、母体である神奈川県立大原高等学校開校。平成21年(2009)、神奈川県立平塚中等教育学校を中高一貫校として開校。
教育の特色 「生きる（Live）」「慈しむ（Love）」「学ぶ（Learn）」という3つのLを教育理念として、1・2年を「基礎・観察期」、3・4年を「充実・発見期」、5・6年を「発展・伸長期」の3期に分けて教育活動を展開しています。教科指導は「表現コミュニケーション力」「科学・論理的思考力」「社会生活実践力」の育成・伸長を重視。「かながわ次世代教養」では、前期課程で英語コミュニケーション、IT活用、地球環境、伝統文化・歴史の4分野を学び、後期課程は課題研究・発表に取り組みます。合唱コンクールや歩行大会、かながわ探究（職場訪問）、研修旅行などの体験活動も充実。多彩な教育内容により個性や創造性を伸長します。

■2024年度入試日程
試験日2/3 発表日2/10
■2024年度選考方法
適性検査Ⅰ・Ⅱ（各45分）、調査書 ※グループ活動による検査は実施しない
■2023年度入試結果

募集人員		志願者数	受検者数	合格者数	競争率
男女	160	737	725	160	4.5

学校説明会
7/27（終了）
志願説明会（要申込） 11/12（伊勢原市民文化会館）

川崎市立川崎高等学校附属中学校

所在地 〒210-0806 神奈川県川崎市川崎区中島3-3-1 ☎044-246-7861
URL http://www.kaw-s.ed.jp/jh-school/
通学区域 川崎市
最寄り駅 JR川崎駅から徒歩約20分またはバス「市立川崎高校前」下車 京浜急行大師線港町駅から徒歩12分
沿革 明治44年（1911）川崎町立女子高等技芸補習学校開校。川崎高等女学校を経て、昭和23年（1948）に新制の川崎市立川崎高等学校となる。平成26年（2014）、附属中学校開校。高等学校は普通科（全日制〈2021外部募集停止〉）、生活科学科、福祉科を設置。
教育の特色 「体験・探求」「ICT活用」「英語・国際理解」を柱に据えた中高一貫教育を行います。この基本理念をもとに将来の川崎のリーダーとして、国際的視野に立って活躍できる生徒の育成を目指す「かわさきLEADプロジェクト」を通して、次代を切りひらく生徒にとって必要な学ぶ力、探究する力、コミュニケーション力、実行力、体力の育成を目指します。教科センター方式を採用し、中学3年生から各教科専用教室で授業を実施。高校（普通科）へは無試験で進学できます。

■2024年度入試日程
試験日2/3 発表日2/10
■2024年度選考方法
適性検査Ⅰ・Ⅱ（各45分、Ⅱは作文を含む）、調査書 ※適性検査と調査書を9：1の割合により換算
■2023年度入試結果

募集人員		志願者数	受検者数	合格者数	競争率
男女	120	588	564	120	4.7

学校説明会
入学志願者説明会（要申込） 11/3
学校公開日 9/25～9/27
見学できる行事
神無祭 9/9

横浜市立南高等学校附属中学校

所在地 〒233-0011 神奈川県横浜市港南区東永谷2-1-1 ☎045-822-9300
URL https://www.edu.city.yokohama.lg.jp/school/jhs/hs-minami/
通学区域 横浜市 ただし、定員の30%を上限として市外（神奈川県）からも入学を許可
最寄り駅 市営地下鉄上永谷駅から徒歩約15分 市営地下鉄港南中央駅からバス約7分 京浜急行・市営地下鉄上大岡駅からバス約10分
沿革 昭和29年（1954）創立の横浜市立南高等学校を母体に、平成24年（2012）、同高等学校の敷地内に附属中学校が開校。同27年（2015）母体高がスーパーグローバルハイスクール指定校となる。
教育の特色 横浜市立としては初の中高一貫教育校（併設型）として開校しました。教育理念は「知性、自主自立、創造」。入学から卒業までを2年ごとに養成期、伸長期、発展期に分け、大学進学を意識した教育を実践しています。EGG（エッグ）の愛称で呼ばれる総合的な学習の時間が特徴で、さまざまなプログラムを通して豊かな人間性の基礎となるコミュニケーション力や、論理的思考力を育成します。高校では「TRY＆ACT」としてグローバル人材の育成とSDGsをテーマに学び、国内・海外研修、国際交流活動を実施。2年生全員がシンガポール海外研修に参加します。

■2024年度入試日程
試験日2/3
発表日2/10
■2024年度選考方法
適性検査Ⅰ・Ⅱ（各45分）、調査書
■2023年度入試結果

募集人員		志願者数	受検者数	合格者数	競争率
男女	160	865	836	160	5.2

学校説明会 要申込・小6対象
学校見学会 7/28 7/29(終了)
見学できる行事 要申込
南高祭 9/9・9/10

横浜市立横浜サイエンスフロンティア高等学校附属中学校

所在地 〒230-0046 神奈川県横浜市鶴見区小野町6 ☎045-511-3654
URL https://www.edu.city.yokohama.lg.jp/school/jhs/hs-sf/
通学区域 横浜市内全域
最寄り駅 JR鶴見線鶴見小野駅から徒歩3分
沿革 平成21年（2009）横浜市立横浜サイエンスフロンティア高等学校が開校。同22年(2010)スーパーサイエンスハイスクール（SSH）指定校（5年間）、翌年（2011）コアSSHに採択。同24年（2012）横浜市の進学指導重点校に指定。同26年（2014）スーパーグローバルハイスクール指定校（5年間）。同29年（2017）、附属中学校開校。
教育の特色 学問を広く深く学ぼうとする精神と態度を培いながら、生徒一人ひとりが持つ潜在的な独創性を引き出し、日本の将来を支える論理的な思考力と鋭敏な感性をはぐくみ、先端的な科学の知識・智恵・技術、技能を活用して、世界で幅広く活躍する人間を育成することを教育理念としています。考察・討議、実験、体験、発表を通して内容を深く掘り下げながら生徒の興味・関心を引き出す「Deep学習」、課題探求型の学習「サイエンススタディーズ」など、探究力や思考力を養う教育が特色です。

■2024年度入試日程
試験日2/3
発表日2/10
■2024年度選考方法
適性検査Ⅰ・Ⅱ（各45分）、調査書
■2023年度入試結果

募集人員		志願者数	受検者数	合格者数	競争率
男女	80	467	446	80	5.6

学校説明会 要申込
志願説明会 11/11
オープンスクール 11/25
見学できる行事
蒼煌祭（文化祭） 9/9・9/10

埼玉県立伊奈学園中学校

所在地 〒362‐0813　埼玉県北足立郡伊奈町学園4‐1‐1　☎048‐729‐2882
URL https://inagakuen.spec.ed.jp/jhs/
通学区域 埼玉県
最寄り駅 埼玉新都市交通ニューシャトル羽貫駅から徒歩10分　ＪＲ高崎線上尾駅・桶川駅・宇都宮線蓮田駅からバス「伊奈学園」下車
沿革 昭和59年（1984）全国で初めての総合選択制の普通科高校として、伊奈学園総合高等学校開校。平成15年（2003）中高一貫教育校の伊奈学園中学校が開校。
教育の特色 校訓「自彊創生（じきょうそうせい）」のもと、努力することによって、個性を最大限に開花させ、自己実現を図る生徒の育成に努めています。朝の読書やスキルアップタイム、サタデーセミナーや各種検定への挑戦を通し、確かな学力の向上に取り組んでいます。3年生の総合的な学習の時間は表現・国際・科学を開講、ティームティーチングで授業を実施しています。語学教育や国際理解教育の充実も特徴です。伊奈学園総合高校へは入学試験を受けずに進学でき、人文系、理数系のいずれかを選択します。

■2024年度入試日程
第1次（作文）：1/13　1/18結果発表（Web）
第2次（面接）：1/20　1/25結果発表（Web）
■2023年度選考方法（参考）
作文Ⅰ・Ⅱ（各50分）、面接（生徒個人）、調査書
■2023年度入試結果

募集人員	志願者数	受検者数	合格者数	競争率
男 ｝80	｝365	1次 361	1次 199	(1.8)
女		2次 175	2次 80	4.5

学校説明会 要申込
10/28　11/25
授業公開　10/28
見学できる行事 要申込
いなほ祭（文化祭）9/2・9/3　**体育祭**　9/14

さいたま市立浦和中学校

所在地 〒330‐0073　埼玉県さいたま市浦和区元町1‐28‐17　☎048‐886‐8008
URL http://www.m-urawa.ed.jp/
通学区域 さいたま市
最寄り駅 ＪＲ京浜東北線北浦和駅から徒歩12分
沿革 昭和15年（1940）浦和市立高等女学校設立。同18年（1943）浦和市立中学校設立。両校が統合し同25年浦和市立（現さいたま市立浦和）高等学校となる。平成19年（2007）併設型中高一貫教育校としてさいたま市立浦和中学校開校。
教育の特色 教育目標は、高い知性と豊かな感性・表現力を備えた国際社会に貢献できる生徒の育成です。6年一貫の教育課程で全員が浦和高等学校に進学し、内進生のみのクラスで学びます。1人1台のタブレット型コンピュータを利用して、朝1時間、MSU（Morning Skill Up Unit）と名付けた英語、数学、国語の基礎学力向上のための指導が行われています。中3では7日間の海外フィールドワークを実施します。学校行事や部活動、進路学習などで、高校生との交流も積極的に行っています。

■2023年度入試日程（参考）
試験日：1次1/14、2次1/21
発表日：1次1/18、2次1/25
■2023年度選考方法（参考）
1次：適性検査Ⅰ・Ⅱ（各45分）
2次：適性検査Ⅲ（45分、作文）、面接（個人・グループ）調査書
■2023年度入試結果

募集人員		志願者数	受検者数	合格者数	競争率
男	40	307	1次 301	120	(2.5)
			2次 77	40	7.5
女	40	333	1次 324	120	(2.7)
			2次 76	40	8.1

学校説明会 要申込
募集要項説明会　10/28
学校説明会　9/16　9/30

さいたま市立大宮国際中等教育学校

所在地 〒330-0856　埼玉県さいたま市大宮区三橋4-96
URL http://www.city-saitama.ed.jp/ohmiyakokusai-h/
通学区域 さいたま市
最寄り駅 ＪＲ・東武野田線・埼玉新都市交通大宮駅西口からバス「大宮国際中等教育学校」下車
沿革 昭和37年（1962）大宮西高等学校開校。同41年（1966）現在地に移転。平成26年（2014）グローバル人材を育成する中等教育学校設置を決定。同30年（2018）大宮西高等学校募集停止。同31年（2019）さいたま市立大宮国際中等教育学校開校。令和3年（2021）国際バカロレア（IB）機構から中等教育プログラム（MYP）認定。
教育の特色 Grit（やり抜く力）Growth（成長し続ける力）Global（世界に視野を広げる力）の3つのGを6年間通してバランスよく身につけます。一人1台PCを貸与、同一教科2時間連続授業、少人数授業展開などを行い、探究学習に力を入れています。校外行事は海外でも実施し、グローバルな視点を育みます。なお、国際バカロレア（IB）のディプロマ・プログラムに基づく新しい学習の取り組みが進んでいます。

■2023年度入試日程（参考）
試験日：1次1/15、2次1/21
発表日：1次1/18、2次1/25

■2023年度選考方法（参考）
一般選抜：〈1次〉適性検査Ａ・Ｂ　〈2次〉適性検査Ｃ（作文）、集団活動　※一般選抜のほか、帰国生と外国人を対象にした特別選抜を実施

■2023年度入試結果

募集人員		志願者数	受検者数		合格者数	競争率
男	約80	283	1次	280	200	(1.4)
			2次	164	80	3.5
女	約80	401	1次	391	200	(2.0)
			2次	161	80	4.9

学校説明会
募集要項説明会　10/21　10/28

川口市立高等学校附属中学校

所在地 〒333-0844　埼玉県川口市上青木3-1-40　☎048-483-5513
URL https://kawaguchicity-jh.ed.jp/
通学区域 川口市
最寄り駅 埼玉高速鉄道鳩ヶ谷駅から徒歩20分　JR西川口駅から徒歩25分　JR西川口駅・川口駅・東川口駅・蕨駅・埼玉高速鉄道鳩ヶ谷駅からバス
沿革 川口市の市立高等学校3校（1929年創立の川口総合高等学校、1956年創立の川口高等学校、1942年創立の県陽高等学校）を再編・統合し、平成30年（2018）、川口市立高等学校設置。令和3年（2021）、川口市内では初の公立中高一貫校である川口市立高等学校附属中学校が開校。同4年（2022）高等学校がスーパーサイエンスハイスクールに指定されました。
教育の特色 「学習者起点」を基本理念に掲げ、「未来を創る しなやかで たくましい人材の育成」を教育目標としています。授業は週35コマ、1クラス30人未満学級で行い、応用・発展的な内容も学びます。ネイティブ教員の英語授業や、TGG東京英語村での1日英語研修なども行います。高校では高校入学生とは別クラスで学びます。文化祭、体育祭は中高合同で実施します。

■2023年度入試日程（参考）
試験日：1次1/14　2次1/21
発表日：1次1/19　2次1/26

■2023年度選考方法（参考）
適性検査Ⅰ・Ⅱ（各45分）・Ⅲ（60分）、作文、集団面接

■2023年度入試結果

募集人員		志願者数	受検者数		合格者数	競争率
男	40	211	1次	204	96	(2.1)
			2次	93	40	5.1
女	40	207	1次	203	96	(2.1)
			2次	95	40	5.1

学校説明会
生徒募集要項説明会　10/21（保護者対象）

千葉県立千葉中学校

所在地　〒260−0853　千葉県千葉市中央区葛城1−5−2　☎043−202−7778
URL　https://cms1.chiba-c.ed.jp/chiba-j/
通学区域　千葉県
最寄り駅　JR本千葉駅から徒歩10分　京成千葉線千葉中央駅から徒歩15分　千葉都市モノレール県庁前駅から徒歩9分
沿革　明治11年（1878）千葉中学校創立、昭和25年（1950）千葉県立第一高等学校と改称、同36年（1961）千葉県立千葉高等学校に改称。平成20年（2008）、併設型中高一貫教育校が開校。
教育の特色　「高い知性」「豊かな人間性」「高い志」が教育目標です。英語と数学は少人数授業、理科と国語はティーム・ティーチング、社会科では校外学習を実施。総合的な学習の時間は、課題発見・追究・解決力を育て、社会の中で自己実現を遂げる意欲を高めていきます。学校行事や部活動は高校生と一緒に活動する場面もあり、併設の県立千葉高等学校へは、無試験で入学できます。

■2024年度入試日程
試験日：1次12/9、2次1/24
発表日：1次12/20、2次1/31
■2024年度選考方法
1次：適性検査
1次合格者のみ：報告書、志願理由書など
2次：適性検査、面接
■2023年度入試結果

募集人員		志願者数	受検者数		合格者数		競争率
男	40	292	1次	288	1次	165	(1.7)
			2次	154	2次	40	7.2
女	40	278	1次	276	1次	161	(1.7)
			2次	151	2次	40	6.9

学校説明会
8/25（終了）
見学できる行事
文化祭　9/16・9/17

千葉県立東葛飾中学校

所在地　〒277−8570　千葉県柏市旭町3−2−1　☎04−7143−8651
URL　http://cms1.chiba-c.ed.jp/tohkatsu-jh/
通学区域　千葉県
最寄り駅　JR常磐線・東武野田線 柏駅（南口または西口）から徒歩約8分
沿革　併設高校は大正13（1924）年千葉県立東葛飾中学校として開校、昭和23年（1948）学制改革により千葉県立東葛飾高等学校となり、共学。平成19年（2007）、進学指導重点校指定、同27（2015）年中高一貫教育指導重点校に移行。同28年（2016）千葉県立東葛飾中学校開校。
教育の特色　「揺るぎない学力」と「自己規律力」を高めることで、「学力」「人間力」「教養」とグローバル社会で活躍するための基礎を養い、6年間の一貫教育を通じて、生涯キャリアを見据えた「世界で活躍する心豊かな次代のリーダー」の育成を教育理念としています。また、中3の3月にはアメリカで海外研修を実施します。中学から高校へは無試験で進学できます。

■2024年度入試日程
試験日：1次12/9、2次1/24
発表日：1次12/20、2次1/31
■2024年度選考方法
1次：適性検査
1次合格者のみ：報告書、志願理由書など
2次：適性検査、面接
■2023年度入試結果

募集人員		志願者数	受検者数		合格者数	競争率
男	40	396	1次	390	164	(2.4)
			2次	157	40	9.8
女	40	397	1次	384	160	(2.4)
			2次	151	40	9.6

学校説明会
8/22（終了）
見学できる行事
学習発表会　9/1・9/2

千葉市立稲毛国際中等教育学校

所在地 〒261-0003 千葉県千葉市美浜区高浜3-1-1 ☎043-270-2055

URL https://www.city.chiba.jp/school/hs/001/index.html

通学区域 千葉市

最寄り駅 ＪＲ稲毛駅からバス「稲毛高校」下車
京葉線稲毛海岸駅から徒歩15分

沿革 昭和54年（1979）千葉市立稲毛高等学校開校。平成15年（2003）スーパー・イングリッシュ・ランゲージ・ハイスクール指定。平成19年（2007）附属中学校開校。令和4年（2022）中等教育学校へ移行し、千葉市立稲毛国際中等教育学校が開校。1学年定員160人（4学級）。

教育の特色 「地域・世界・未来を切りひらくグローバルリーダーの育成」を教育目標に掲げています。探究活動では、地域や世界の視点に立ってさまざまな課題を探究する課題発見・解決型学習を行い、次世代社会を支える資質・能力や幅広い教養、異文化を理解する姿勢を養います。持続可能な社会の創生に向けて、思考力・表現力を伸ばしていきます。また、国際教育を積極的に進め、海外語学研修や姉妹校からの海外中高生の受け入れなど、国際交流も活発です。前期課程では、数学と英語は少人数で時間数多く設定し、後期課程は単位制を導入、多様な科目設定が特徴です。

■2024年度入試日程

試験日：1次12/9 2次1/24
発表日：1次12/15 2次2/1

■2024年度選考方法

1次：適性検査Ⅰ・Ⅱ 2次：報告書、志願理由書、適性検査Ⅲ、面接

■2023年度入試結果

募集人員		志願者数	受検者数		合格者数	競争率
男女	160	851	1次	831	323	(2.6)
			2次	304	160	5.2

学校説明会
7/29 7/31（終了）

大学通信の刊行物

大学通信は、自社刊行・共同編集の情報誌を通じ、進学希望者とその保護者、教育関係者に向けて小学校から大学までの的確かつ良質な情報を発信しています。個性あふれる学校の良さを引き出すとともに、読者のニーズに合った誌面づくりに努めています。

自社刊行物

■ 君はどの大学を選ぶべきか 【3月発行】

各大学の最新トピックスから学部・学科ガイド、施設・設備、資格・就職、入試制度まで、大学進学に必須の情報を凝縮した「大学選び」の決定版。

■ 名門小学校 【5月発行】

各界のリーダーたちが学んだ「名門小学校」の魅力を徹底紹介。学校説明会・公開行事の日程や著名国公私立中学校への合格実績などの特集も充実。

共同企画＆共同編集

■ サンデー毎日増刊 私立中・高入試 志望校を決める! 【10月発行予定】

中高一貫校の大学合格実績をはじめ、『学習塾が勧める学校』など、中高受験に必須の情報が満載。

■ AERA進学MOOK カンペキ中学受験 【3月発行】

学校の沿革から進路情報、入試難易度、入試結果速報まで掲載した首都圏335校の完全ガイド。名物授業や制服スタイルなど気になる特集も必見。

大学通信 〒101-0051 東京都千代田区神田神保町3-2-3
TEL.03(3515)3591 FAX.03(3515)3558 https://univ-online.com/

美しい時代へ── 東急グループ

創立100周年に向けて
世界で活躍できる
専門的実践力を有する
人材育成を推進

1929年創立。
武蔵工業大学と東横学園女子短期大学の
伝統と研究力を未来に受け継ぐ
先端の工学技術に加え、建築、都市環境、
情報、人工知能（AI）、データサイエンス、
メディア、応用化学、幼児教育など、
特色ある学びで理想を叶える実践力を磨く

著名400社
実就職率ランキング
卒業生1,000人以上2,000人未満

**全国
私立大学 第1位**

出典：大学通信調べ

ウイズコロナ時代でも
安心して学べる環境を整備

学びを止めない施策として、本学では対面
型とオンライン型を掛け合わせた「ハイブ
リッド型授業」を展開しています。
学生の皆さんが安心して学修・研究に取り
組み、成長し続けられるよう、これからも本
学は「教育の質」にこだわった学びを追求し
てまいります。

2023年4月、8学部18学科の新体制スタート

- ■理工学部／機械工学科、機械システム工学科、電気電子通信工学科、医用工学科、
　応用化学科、原子力安全工学科、自然科学科
- ■建築都市デザイン学部／建築学科、都市工学科
- ■情報工学部／情報科学科、知能情報工学科
- ■環境学部／環境創生学科、環境経営システム学科
- ■メディア情報学部／社会メディア学科、情報システム学科
- ■デザイン・データ科学部／デザイン・データ科学科
- ■都市生活学部／都市生活学科
- ■人間科学部／人間科学科

世田谷キャンパスリニューアル推進中

東京都市大学
TOKYO CITY UNIVERSITY

世田谷キャンパス
- ●理工学部
- ●情報工学部
- ●人間科学部
- ●建築都市デザイン学部
- ●都市生活学部

横浜キャンパス
- ●環境学部
- ●メディア情報学部
- ●デザイン・データ科学部

詳しくはコチラ

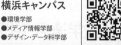

〒158-8557 東京都世田谷区玉堤1-28-1　TEL.03-6809-7590（入試センター）　https://www.tcu.ac.jp

大学案内編

学習院大学	872	東京農業大学	886
金沢工業大学	874	東京理科大学	888
慶應義塾大学	876	日本女子大学	890
千葉経済大学	878	法政大学	892
中央大学	880	明治大学	894
東京情報大学	882	立教大学	896
東京都市大学	884	早稲田大学	898

　中学校、高校選びの案内書でなぜ、大学のことを？と思う人は多いのではないでしょうか。しかし、なぜ、私立中学校、高校選びに真剣になるかといえば、3年または6年間、充実して過ごしたい、過ごさせたいと思うと同時に、大学進学のことも考慮しているからではないでしょうか。例えば、付属校に進学すると、併設大学のことを意識せざるを得ません。入学してから研究するよりは、付属中学・高校受験の時に大学研究をしておくべきではないでしょうか。

　付属校にかかわらず、他の私立校を受験する場合も将来の大学受験をはっきりと意識するのはまた当然のことでしょう。

　ここでは、人気私立大学について、中学・高校受験者のために、どのような学部があって、就職はどうなのかなど、知っておきたい情報を掲載しました。データ編の「高校別大学合格者数一覧」とあわせてご活用いただければ、さらに志望校への認識が深まることと思います。

※各大学紹介ページの「合格者出身高校別ランキング」は、東京、神奈川、千葉、埼玉、茨城、栃木、山梨にある高校・中等教育学校の一般選抜合格者数の集計です（一般選抜以外の合格者を含む場合は注を付しました）。

学習院大学

〒171-8588　東京都豊島区目白1-5-1　学長室広報センター　☎03-5992-1008　学長　荒川　一郎

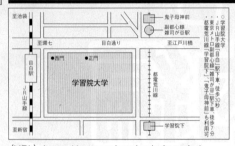

〈URL〉https://www.univ.gakushuin.ac.jp/

学科組織

法学部　法学科250
　　　　　政治学科230
経済学部　経済学科250
　　　　　　経営学科250
文学部　哲学科95
　　　　　史学科95
　　　　　日本語日本文学科115
　　　　　英語英米文化学科115
　　　　　ドイツ語圏文化学科50
　　　　　フランス語圏文化学科65
　　　　　心理学科90
　　　　　教育学科50
理学部　物理学科48
　　　　　化学科54
　　　　　数学科60
　　　　　生命科学科48
国際社会科学部　国際社会科学科　200
大学院　法学研究科　政治学研究科　経済学研究科　経営学研究科　人文科学研究科　自然科学研究科　法務研究科〈法科大学院〉

併設校からの進学状況

【進学条件】推薦のための実力テストの成績、平素の学習状況、出欠席状況などの基準を満たした生徒は、本人の希望によりいずれかの学部・学科へ推薦され、大学の審議を経て進学が決定します。ほとんどの生徒が第一志望の学科に進学しています。

●学習院中等科・高等科〈男子〉（東京都豊島区）
【卒業者数】196人【進学者数】115人（法30、経済53、文11、理4、国際社会科17）
●学習院女子中等科・高等科〈女子〉（東京都新宿区）
【卒業者数】184人【進学者数】83人（法18、経済30、文16、理11、国際社会科8）

大学ガイド

　弘化4年（1847）、京都御所日ノ御門前に学習所開講。明治10年（1877）、神田錦町の校舎で学習院が開業し、現在では5学部17学科の総合大学として発展しました。いつの時代にも大切な「人間力」の育成を追究しつつ、常に新たなチャレンジをしており、2013年4月には文学部に教育学科を、2016年4月には国際社会科学部を開設しました。2027年学習院は創立150周年を、2039年新制学習院大学は開学90周年を迎えます。

　法学部では、法と政治を中心に人間と社会について学び、現代社会の諸領域に広く目を向け、高度な問題発見・分析能力を養います。

　経済学部では、多様で複雑な経済・経営問題の解決に、柔軟かつ自由な発想で取り組みます。実社会で役立つ講義も豊富に開設しています。

　文学部では、言語・文学・歴史・文化・人間を見つめ、豊かな教養と知性を磨きます。大学全体の共通科目をフレキシブルに履修でき、広い視野を養います。

　理学部では、実験重視のカリキュラムで実践的に学ぶことができます。学生数に対する教員の数が多いのが特徴で、少人数制のきめ細かい指導を行います。

国際社会科学部

グローバルビジネスの舞台へ

　世界の人と対等に渡り合い、国際的なビジネスの第一線で活躍できる人材の育成を目指します。

　教育においては「実践的な英語教育」と「社会科学による国際社会の理解」の2つを柱としています。在学中、4週間以上の海外研修をすることを前提とし、国際社会を肌で感じ、国際感覚を身につけます。国際社会での活躍に不可欠な英語の能力を高めるため、1年次ではまず英語を集中的に使いながら学びます。2年次からは国際社会に関係した教材を利用したり、社会科学の授業でも英語を使用する機会を増やしていきます。一方で、国際社会の仕組みを、法律・経済・経営・社会学等といった面から総合的に理解します。3年次以降の授業はすべて英語で行い、演習では、国際社会のさまざまな課題について、教員と学生が共に議論し、広い視野を養います。

キャンパス情報

　JR山手線「目白」駅から徒歩30秒の交通至便な場所にあり、都心かつ緑豊かで四季折々の自然を楽しむことができるキャンパスです。約18万㎡の広さの構内には、歴史ある建築物と新しい教室棟や研究棟が調和しています。2023年度には東1号館が竣工し、アクティブラーニングエリアやグループ学習室を備えた新図書館が開館しました。また、マルチメディア機能を完備した教室や模擬法廷教室、中央教育研究棟や自然科学研究棟など、施設も充実しています。

データファイル

■合格者出身高校別内訳ランキング

◎印は私立、無印は公立

男子校

①◎	川越東（埼玉）	26
②◎	城北（東京）	21
③	川越・県立（埼玉）	20
③◎	高輪（東京）	20
⑤◎	鎌倉学園（神奈川）	19
⑥◎	芝（東京）	17
⑦	春日部（埼玉）	16
⑧	熊谷（埼玉）	15
⑨	栃木（栃木）	12
⑨◎	佼成学園（東京）	12

女子校

①	浦和第一女子（埼玉）	35
②◎	淑徳与野（埼玉）	26
③	川越女子（埼玉）	24
④◎	豊岡女子学園（東京）	20
⑤◎	国府台女子学院（千葉）	18
⑥◎	大妻（東京）	17
⑦	宇都宮女子（栃木）	14
⑦◎	東京女学館（東京）	14
⑦◎	富士見（東京）	14
⑦◎	鎌倉女学院（神奈川）	14
⑦◎	横浜共立学園（神奈川）	14

共学校

①◎	大宮開成（埼玉）	72
②	佐倉（千葉）	35
③	不動岡（埼玉）	34
③◎	開智（埼玉）	34
⑤◎	栄東（埼玉）	33
⑥	北園（東京）	31
⑦◎	安田学園（東京）	29
⑧	船橋東（千葉）	28
⑨◎	国学院（東京）	27
⑩	千葉東（千葉）	26

■進路状況　主な就職先と人数（2023年3月卒業生）

東京23特別区人事委員会19、学習院、アクセンチュア各14、千葉銀行12、日本生命保険、埼玉県市町村（除：さいたま市）各10、SMBC日興証券、千葉県市町村（除：千葉市）、東京都教育委員会各9、千葉県教育委員会、リクルート、埼玉県教育委員会、りそなホールディングス、三井住友信託銀行各8、中央労働金庫、東京都人事委員会他各7など

■入試ガイド（2024年度）

①**一般選抜**／**コア試験**：全学部、**プラス試験**：法学部、経済学部、文学部（心理学科、教育学科）、理学部（物理学科、数学科）、国際社会科学部、**大学入学共通テスト利用入学者選抜**：法学部、経済学部（経済学科）、文学部（日本語日本文学科・心理学科を除く）、理学部（化学科、生命科学科）、国際社会科学部

②**学校推薦型選抜**／**指定校**：全学部、**公募制**：法学部（政治学科）、経済学部、文学部（日本語日本文学科・心理学科を除く）、理学部、国際社会科学部

③**総合型選抜（AO）**／国際社会科学部

④**海外帰国入試**／法学部、経済学部、文学部（教育学科を除く）、理学部

⑤**外国人留学生入試**／経済学部、文学部（哲・史・日本語日本文学科）

⑥**社会人入学**／文学部（教育学科を除く）

⑦**編入学試験**／法学部、経済学部、文学部（史学科）、理学部（生命科学科を除く）

■オープンキャンパス（要登録）

①来場型　10/21（土）

②オンライン型　10/16（月）～11/10（金）

※日程変更や中止になる可能性があります。最新情報は学習院大学ホームページでご確認ください。

※受験生応援サイト「intro!」（イントロ）にて学習院大学がよくわかる各学科カリキュラム等の動画を公開しています。

https://gakushuin-admissions.jp/

金沢工業大学
かなざわこうぎょう

〒921-8501　石川県野々市市扇が丘7-1　入試センター　☎076-248-0365　FAX076-294-1327　学長　大澤　敏

〈URL〉https://www.kanazawa-it.ac.jp

学科組織

工学部

機械工学科200　航空システム工学科60　ロボティクス学科100　電気電子工学科220　情報工学科200　環境土木工学科100

情報フロンティア学部

メディア情報学科120　経営情報学科60　心理科学科60

建築学部

建築学科200

バイオ・化学部

応用化学科80　応用バイオ学科80

大学院　工学研究科　心理科学研究科　イノベーションマネジメント研究科

大学ガイド

■技術者教育

　イノベーションの創出を可能にする「世代・分野・文化を超えた共創教育」を実践します。プロジェクトデザイン教育を主柱とした正課教育と、知識の応用力を高める課外プロジェクトを通じて、「自ら考え行動する技術者」の育成を目指します。

■プロジェクトデザイン教育

　問題発見から解決にいたる過程・方法をチームで実践しながら学ぶ、全学生必修の金沢工業大学オリジナルの教育です。学生は5〜6人でチームをつくり、AIやIoT（Internet of Things）を活用しながら、何が社会で必要とされているのかを考え、創出したアイデアは具体化し、実験、検証、

評価していきます。身近な問題や専門分野に関する問題のほか、地方自治体から提供されるテーマに取り組む機会もあり、実践的な教育を行っています。

■課外活動プロジェクト

　授業での学びを課外で実践し学びを深める、アカデミックな課外活動があります。12の夢考房プロジェクトでは、ロボットやソーラーカー、小型無人飛行機などを製作し、国内外の大会に挑戦しています。学科プロジェクトでは、建築模型制作、心理学、SDGs、プログラミングなどをテーマに、様々なプロジェクトが活動を行っています。

■研究環境

　アイデアを具体化できる「夢考房」や学科横断型の研究の拠点「Challenge Lab」、14の研究所が集積し、卒業研究で生み出された理論や仮説を具体化し実験できる「やつかほリサーチキャンパス」、実証実験キャンパスとして整備された「白山麓キャンパス」など高度な研究環境が整っています。

[再生可能エネルギーを地方で活用する]

　代表的な研究として、再生可能エネルギーや蓄電池・EV（電気自動車）・熱活用などを組み合わせた小規模エリア電力制御システムを構築する「エネルギーマネジメントプロジェクト」があります。このプロジェクトは、再生可能エネルギーを軸に、エネルギーを地産地消する、大規模災害時にも対応可能な、地方創生のエネルギーコミュニティモデルの構築を目指しています。太陽光発電や風力発電、バイオマス発電などを使って発電した電気・熱エネルギーを活用し、地域のエネルギーを融通し合う実証実験を行うほか、EVを仮

想配電網と見立てて電気エネルギーが不足する地域に電気を運ぶ実験も行っています。

[学科横断型のクラスター研究室]

　異なる研究室に所属する学生たちが集まり、イノベーション創出に挑戦する場が「クラスター研究室」。様々な学科から学生が集まり、学部や学科の垣根を超えた卒業研究（プロジェクトデザインⅢ）や修士研究にチームを組んで取り組んでおり、「VR型チェアスキーシミュレータ」「環境に優しい未来の洗濯・洗浄技術の追究」「日本舞踊の自動採点システムの構築」などのテーマに学生たちが取り組んでいます。

■データサイエンス・AI教育

　2022年度入学生より、データサイエンス入門、データサイエンス基礎Ⅰ、データサイエンス基礎Ⅱの3科目が全学科必修となりました。データサイエンスとは、社会の様々なデータを数学、コンピュータサイエンスの手法を用いて解析し、それぞれの分野の専門家がデータを読み解くことで、社会の発展に役立てる学問分野です。

　また、AIを問題発見に活用できるようAI基礎が全学科で必修化されています。さらに「AIとビッグデータ」「IoTとロボティクス」「ICTと情報セキュリティ」という発展・応用系のコースも導入し、高度な情報技術を身につけることができます。

■KITコーオプ教育

　産学協同教育「コーオプ教育」を2020年よりスタート。KITコーオプ教育は、企業が特別講義を実施し、受講生の中から選抜された学生が企業に数カ月間勤務。企業の第一線で活躍する技術者を「実務家教員」として大学に招聘し、学生が実際の業務に従事しながら企業が持つ最先端の技術について実践的に学ぶことができます。2020年にはNTT西日本との間でデータサイエンスをテーマに、2021年にはNECグループとの間でサイバーセキュリティをテーマにプログラムが実施されています。

■特別奨学生制度

　KITの特別奨学生制度は、「自ら考え行動する技術者」に向けて、授業と課外活動の両面で優れた成果を収め、リーダーとなる人材の育成を目指す制度です。中でも特に優秀な学生には、「リーダーシップアワード生」の名称を与えると共に、奨学金を給付します。スカラーシップフェローには国立大学標準額との差額が、スカラーシップメンバーには年額25万円が給付されます（2023年度実績）。

データファイル

■合格者出身高校別内訳ランキング

◎印は私立、無印は公立

男子校

①◎鎌倉学園（神奈川）5
②◎武蔵（東京）4
③◎京華（東京）3
③◎城北（東京）3
③◎逗子開成（神奈川）3
⑥　真岡（栃木）2
⑥　川越・県立（埼玉）2
⑥◎暁星（東京）2
⑥◎桐朋（東京）2
⑩◎城北埼玉（埼玉）1
⑩◎世田谷学園（東京）1

女子校

①　千葉女子（千葉）3
②　宇都宮中央女子（栃木）2
③　栃木女子（栃木）1
③　浦和第一女子（埼玉）1
③◎山脇学園（東京）1

共学校

①　甲府南（山梨）12
②◎日本航空（山梨）11
③　石橋（栃木）8
④　千葉西（千葉）6
④　甲府昭和（山梨）6
④　中央（山梨）6
⑦◎麗澤（千葉）5
⑦　豊島（東京）5
⑦　甲府第一（山梨）5
⑩◎智学館（茨城）4
⑩◎栄東（埼玉）4
⑩◎駒澤大（東京）4
⑩　厚木（神奈川）4

■進路状況

　2023年春の就職者のうち、71.9%が上場企業、大手企業、公務員、教員に就職しています。

2023年春卒業生の主な就職先

いすゞ自動車、NEC、エヌ・ティ・ティ・データ、大林組、オカムラ、鹿島建設、川崎重工業、関西電力、熊谷組、小松製作所、JR東海、JR西日本、JR東日本、澁谷工業、清水建設、スズキ、SUBARU、積水ハウス、ソフトバンク、大成建設、大和ハウス工業、竹中工務店、東京電力ホールディングス、東芝、凸版印刷、日産自動車、ニデック、日立造船、富士通、北陸電力、本田技研工業、三菱自動車工業、ヤフー、YKKグループほか

■入試ガイド（2024年度）

①目的志向型入学（AO入学）　全学部
②専門高校特別選抜　全学部
③推薦試験A・B　全学部
④一般試験A・B　全学部
⑤大学入学共通テスト利用A・B・C　全学部
⑥一般試験B・共通テストプラス　全学部

875

慶應義塾大学
けい　おう　ぎ　じゅく

〒108-8345　東京都港区三田2-15-45　入学センター　☎03-5427-1566（直通）　塾長　伊藤　公平
〈URL〉https://www.keio.ac.jp/

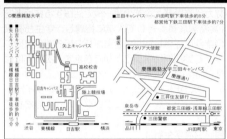

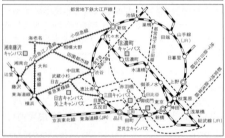

薬学部　定員210人（150人）薬学科（6年制）薬
科学科（4年制）

〈大学院〉　文学研究科　経済学研究科　法学研
究科　社会学研究科　商学研究科　医学研究科
理工学研究科　政策・メディア研究科　健康マネ
ジメント研究科　薬学研究科　経営管理研究科
システムデザイン・マネジメント研究科　メディ
アデザイン研究科　法務研究科（法科大学院）

> 三田キャンパス

〒108-8345　東京都港区三田2-15-45

☎03-5427-1566　入学センター（直通）

※文学部の2〜4年　経済、法、商学部の3・4年

> 日吉キャンパス

〒223-8521　神奈川県横浜市港北区日吉4-1-1

☎045-566-1000　日吉キャンパス事務センター運
営サービス担当（直通）

※文、医、薬学部の1年　経済、法、商、理工学
部の1・2年

> 矢上キャンパス

〒223-8522　神奈川県横浜市港北区日吉3-14-1

☎045-566-1454　理工学部総務課（直通）

※理工学部の3・4年

> 信濃町キャンパス

〒160-8582　東京都新宿区信濃町35

☎03-5363-3662　信濃町キャンパス学生課（直通）

※医学部の2〜6年　看護医療学部の3・4年

学科組織・キャンパス

文学部　定員800人（一般選抜募集人員580人）
人文社会学科
哲学系（哲学、倫理学、美学美術史学専攻）／史
学系（日本史学、東洋史学、西洋史学、民族学考
古学専攻）／文学系（国文学、中国文学、英米文
学、独文学、仏文学専攻）／図書館・情報学系
（図書館・情報学専攻）／人間関係学系（社会学、
心理学、教育学、人間科学専攻）

経済学部　定員1200人（630人）経済学科

法学部　定員1200人（460人）法律学科　政治学科

商学部　定員1000人（600人）商学科

医学部　定員110人（66人）医学科

理工学部　定員932人（650人）　機械工学科
電気情報工学科　応用化学科　物理情報工学科
管理工学科　数理科学科　物理学科　化学科　シ
ステムデザイン工学科　情報工学科　生命情報学
科

総合政策学部　定員425人（225人）総合政策学科

環境情報学部　定員425人（225人）環境情報学科

看護医療学部　定員100人（70人）看護学科

湘南藤沢キャンパス

〒252-0882　神奈川県藤沢市遠藤5322

☎0466-49-3407　湘南藤沢事務室アドミッションズ・オフィス（直通）

※総合政策、環境情報学部の1〜4年　看護医療学部の1・2・4年

芝共立キャンパス

〒105-8512　東京都港区芝公園1-5-30

☎03-5400-2488　芝共立キャンパス学生課（直通）

※薬学科の2〜6年、薬科学科の2〜4年

併設校からの進学状況

【進学条件】普通部・中等部は塾内の高等学校に進学できます（湘南藤沢中等部は同高等部へ進学、同高等部へは同中等部と普通部〈若干〉からのみ）。各高等学校からは慶應義塾大学の各学部に進学可。

- ●慶應義塾普通部〈男子〉（神奈川県横浜市）
- ●慶應義塾中等部〈共学〉（東京都港区）
- ●慶應義塾湘南藤沢中等部〈共学〉（神奈川県藤沢市）
- ●慶應義塾高等学校〈男子〉（神奈川県横浜市）
- ●慶應義塾志木高等学校〈男子〉（埼玉県志木市）
- ●慶應義塾女子高等学校〈女子〉（東京都港区）
- ●慶應義塾湘南藤沢高等部〈共学〉（神奈川県藤沢市）

※このほかに慶應義塾ニューヨーク学院〈共学〉

（アメリカ）があります。

大学ガイド

1858年福澤諭吉によって創立されました。独立自尊の建学の精神を受け継ぎ、新しい時代、新しいものに挑戦する心を土台にした自由でおおらかな気風が伝統です。

学科・専攻の選択は、文学部では1年次は幅広い学問を学び、2年次から17専攻に分かれます。理工学部でも入試時は5つの「学門」のいずれかを選択し受験。各学科に分かれるのは2年次からです。

6つのキャンパスにはそれぞれメディアセンター（図書館）があり、約526万冊にも及ぶ蔵書や様々な資料を保管しています。また、コンピュータネットワークを提供する機関としてITC（Information Technology Center）があり、高度情報化の推進、情報環境の管理・運営を行っています。

国際交流

世界各国に400を超える協定校があり、研究・教育の両面で活発な国際交流を行っています。海外へ多数の塾生が留学し、85カ国から約2,100人の留学生を受け入れています（2023年5月現在）。

データファイル

■合格者出身高校別内訳ランキング

※印は国立・◎印は私立、無印は公立

男子校

①	◎開成（東京）	189
②	◎浅野（神奈川）	135
③	◎聖光学院（神奈川）	127
④	◎海城（東京）	113
⑤	◎麻布（東京）	112
⑥	◎駒場東邦（東京）	108
⑦	◎攻玉社（東京）	94
⑧	◎本郷（東京）	85
⑨	◎栄光学園（神奈川）	80
⑩	◎芝（東京）	76

女子校

①	◎頌栄女子学院（東京）	130
②	◎豊島岡女子学園（東京）	105
③	◎桜蔭（東京）	102
④	◎洗足学園（神奈川）	95
⑤	◎女子学院（東京）	73
⑥	◎鷗友学園女子（東京）	65
⑦	◎雙葉（東京）	46
⑧	◎フェリス女学院（神奈川）	43
⑨	◎浦和明の星女子（埼玉）	36
⑩	◎白百合学園（東京）	36

共学校

①	横浜翠嵐（神奈川）	146
②	◎渋谷教育学園幕張（千葉）	136
③	湘南（神奈川）	112
④	※東京学芸大附（東京）	109
⑤	◎市川（千葉）	99
⑥	日比谷（東京）	90
⑦	千葉・県立（千葉）	89
⑧	西（東京）	82
⑨	◎渋谷教育学園渋谷（東京）	78
⑩	◎広尾学園（東京）	76

■2022年度卒業生の主な就職先と人数

慶應義塾85、楽天グループ71、アクセンチュア65、NTTデータ64、有限責任監査法人トーマツ60、PwCコンサルティング、リクルート各58、東京海上日動火災保険、みずほ銀行、三井住友信託銀行各55、EYストラテジー・アンド・コンサルティング52、デロイトトーマツコンサルティング51、ベイカレント・コンサルティング48、三菱UFJ銀行46など（2022年9月卒業生を含む）

■入試ガイド（2024年度）

①**一般選抜**　全学部

②**総合型選抜**　〈自主応募制による推薦入学者選考〉文学部　〈FIT入試〉法学部　〈AO入試〉理工、総合政策、環境情報、看護医療学部

③**学校推薦型選抜**　〈指定校による推薦入試〉法、商、理工、薬（薬）学部

④**帰国生入試**　全学部

⑤**国際バカロレア（IB）入試**　法学部

⑥**外国人留学生入試**　全学部

⑦**PERL入試**　経済学部

■2022年度資格試験合格状況

司法試験　104人　国家公務員総合職　71人

公認会計士試験　187人（48年連続1位）

千葉経済大学
（ちばけいざい）

〒263-0021 千葉県千葉市稲毛区轟町3-59-5 入試広報センター ☎043-253-5524 学長 佐久間 勝彦

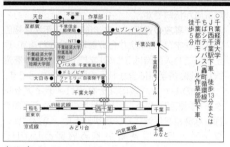

〈URL〉https://www.cku.ac.jp/

学科組織・入学定員

経済学部250

経済学科 経営学科（2年次より学科選択）

大学院 経済学研究科（会計税務コース 公共政策（経済・経営）コース）

付属校からの進学状況

【進学条件】在学中、一定の成績をおさめた者は、学校長推薦を経て、大学の受入れ人数の枠内で進学できます。

【学費免除】内部推薦入試に限り、検定料3万円と入学金21万円が免除（特待生合格の場合は、授業料71万円も免除）となります。

●千葉経済大学附属高等学校〈共学〉（千葉県千葉市）

【卒業者数】586人【進学者数】77人（経済）

大学ガイド

　昭和9年（1934）に創立された県下初の女子の商業学校、千葉女子商業学校が前身です。創立者佐久間惣治郎が唱えた「片手に論語 片手に算盤」を建学の精神とし、人間としての倫理・道徳をわきまえるとともに、自立した生活ができる知識・技術を修めた人材の育成を目指しています。この建学の精神を土台に、「良識と創意」を校是としています。良識とは「社会が望ましいとする健全な考え方」であり、創意とは「新しい視点からの深い思索」としています。そして、当初から"Small is beautiful"をモットーにしてきました。心がけているのは、学生一人ひとりに対する面倒見の良さです。学生は「未来からの留学生」です。学生の未来を切り拓く千葉経済大学は、道端に咲く小さな花々に心を注ぐ大学です。

学びの特徴

■3つの強み

1．あたたかく面倒見が良い　1クラス30人以内の講義が全体の約6割を占め、ゼミは全て15人程度と少人数教育を徹底しています。学生と教員の「距離」が近く、講義の理解度が深まります。

2．人間力・社会人基礎力が身につく　建学の精神に通じる「論語と算盤」の科目や一般教養科目などを通じ人間力を高め、グループワーク型授業やインターンシップなどで社会人基礎力を身につけます。

3．千葉の経済に強く、就職に強い　4年間を通して、学生全員をきめ細かく、就職支援しています。1年次から所属できる「キャリア別コース制」、少人数だからこそできる「顔と名前」を知り個別ニーズに合わせた就職支援、独自の就活プログラムを実施しています。

■2年次学科選択制度

　学部一括入試制度により、受験時に学科（経済学科・経営学科）を決める必要はありません。入学後は、1年次生は全員必ず、経済学入門と経営学入門を履修し内容を理解してから学科を選択できます。学問の理解を表面的でなく本質的に理解して学科を選択できるので、その後の学修と進路も安心です。

■独自の資格取得

学芸員、司書、教員免許(中学(社会)、高校(公民)、小学校2種、幼稚園2種)の資格や免許の取得が目指せます(一部、短期大学部の科目履修が必要です)。また、千葉経済大学大学院へ進学すると、税理士や公認会計士も目指せます。

■キャリア別コース制

全てのコースが1年次から所属でき(無料)、在学中にコース変更も可能です。学業と職業のつながりを意識した効果的・効率的な学修が望めます。必要な科目を適切な順番で学修するためのアドバイス、就職や資格試験に向けた勉強会、目指す職業のインターンシップ、図書館3階に専用の学修支援室があるなどの特徴があります。

公務員コース 国家公務員、地方公務員、公安職、公益法人などを目指す人のコース。公務員指導専門の講師陣による学修指導、豊富な情報提供によって公務員試験対策を万全にしています。

会計コース 税理士、公認会計士、その他経理部門などを目指す人のコース。会計という職業に必要な技術を習得できるよう、学生一人ひとりに合わせて、教員、先輩がバックアップします。

ビジネス経営コース 将来ビジネスパーソン・ビジネスリーダーを目指す人のコース。女子学生に向けて、販売士や秘書、ファッション関係の資格取得や就職に繋げることも目指します。

金融コース 銀行業界、証券業界などを目指す人のコース。企業における資金の役割を理解するために簿記・会計について学び、企業の状況を分析・評価する能力を身につけます。

教職コース 中学(社会)・高校(公民)の免許取得、教員を目指す人のコース。併設の短期大学部で小学校教諭免許を取得することもできます。

学芸員コース 学芸員資格の取得、関連する仕事を目指す人のコース。学内の「地域経済博物館」での履修も生かして、学芸員の国家資格を取得できます。

ITコース IT関係への就職を目指したい、ビジネスでITスキルの活用を目指す人のコース。プログラミング、ハードウェア、ソフトウェアといったコンピュータ科学の基本、またはデータ分析の基本知識のマスターを目指すサブコースがあります。

キャリア教育・支援

キャリアセンターが中心となって、少人数教育の利点を生かし、学生のニーズに合わせた個別対応の就職支援を行っています。個別指導に重点を置き、進路や就職に関する相談に応じています。

また、きめ細かなサポートを通じて学生の希望内容や就職活動状況を把握し、一人ひとりに対して的確なコーチングを行い、適性にマッチした求人を紹介しています。

※プログラムは変更になる場合があります。

データファイル

■2023年春卒業生の主な就職先

アインホールディングス、イオンリテール、ウエルシア薬局、コカ・コーラボトラーズジャパンベンディング、コジマ、西友、千葉トヨタ自動車、東武ストア、ノジマ、ヤオコー、ミロク情報サービス、京葉銀行、城北信用金庫、千葉銀行、千葉興業銀行、中央労働金庫、東京シティ信用金庫、水戸信用金庫、積水ハウス、創研、大京建機、社会福祉法人共生会、トヨタレンタリース新千葉、明和地所、鴻池運輸、佐川急便、JR東日本ステーションサービス、日本交通、日本郵便、安房農業協同組合、市原市農業協同組合、つくば市農業協同組合、国際医療福祉大学高邦会グループ、三幸学園、千葉市立土気中学校、浦安市立富岡中学校、御宿町役場、芝山町役場、千葉県警察など

■入試ガイド(2024年度)

①総合型選抜入試 ②学校推薦型選抜入試(附属高校、指定校、公募制、附属高校特別) ③一般選抜入試 ④社会人入試 ⑤帰国子女入試

★特待生制度

授業料71万円が免除となります。

〈代表例〉

・学校推薦型選抜入試(指定校、公募制)/評定平均4.3以上、欠席日数10日以内、総合的評価が優秀

中央大学

〒192-0393　東京都八王子市東中野742-1 入学センター　☎042-674-2144　学長　河合 久

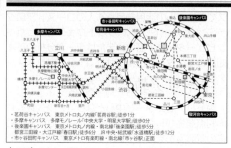

・茗荷谷キャンパス　東京メトロ丸ノ内線「茗荷谷駅」徒歩1分
・多摩キャンパス　多摩モノレール「中央大学・明星大学駅」徒歩0分
・後楽園キャンパス　東京メトロ丸ノ内線・南北線「後楽園駅」徒歩5分
　都営三田線・大江戸線「春日駅」徒歩5分　JR中央・総武線「水道橋駅」徒歩12分
・市ヶ谷田町キャンパス　東京メトロ有楽町線・南北線「市ヶ谷駅」正面

〈URL〉https://www.chuo-u.ac.jp/connect/

学科組織・キャンパス（数字は入学定員）

茗荷谷キャンパス

〒112-8631　東京都文京区大塚1-4-1

法学部　法律学科882　国際企業関係法学科168　政治学科389

大学院　法学研究科

多摩キャンパス

〒192-0393　東京都八王子市東中野742-1

経済学部　経済学科467　経済情報システム学科180　国際経済学科265　公共・環境経済学科150

商学部　経営学科300　会計学科300　国際マーケティング学科300　金融学科120

文学部　人文社会学科990（国文学専攻、英語文学文化専攻、ドイツ語文学文化専攻、フランス語文学文化専攻、中国言語文化専攻、日本史学専攻、東洋史学専攻、西洋史学専攻、哲学専攻、社会学専攻、社会情報学専攻、教育学専攻、心理学専攻、学びのパスポートプログラム）

総合政策学部　政策科学科150　国際政策文化学科150

国際経営学部　国際経営学科300

大学院　経済学研究科　商学研究科　文学研究科　総合政策研究科

後楽園キャンパス　〒112-8551　東京都文京区春日1-13-27

理工学部　数学科70　物理学科70　都市環境学科90　精密機械工学科145　電気電子情報通信工学科135　応用化学科145　ビジネスデータサイエンス学科115　情報工学科100　生命科学科75　人間

総合理工学科75

大学院　理工学研究科

市ヶ谷田町キャンパス

〒162-8478　東京都新宿区市谷田町1-18

国際情報学部　国際情報学科150

大学院　国際情報研究科

駿河台キャンパス　専門職大学院　法務研究科　戦略経営研究科（戦略経営専攻）

大学院　戦略経営研究科

併設校からの進学状況

●**中央大学高等学校**〈共学〉（東京都文京区）

【進学条件】調査書に基づき、一般の入学試験とは別に大学が選考を行い、各学部への入学が許可されます。【卒業者数】158人【進学者数】148人（法42、経済39、商15、理工33、文6、総合政策7、国際経営2、国際情報4）

●**中央大学杉並高等学校**〈共学〉（東京都杉並区）

【進学条件】在学3年間の成績と本人の希望に基づいて推薦され、大学が選考を行い、合否を決定します。【卒業者数】312人【進学者数】280人（法81、経済48、商55、理工35、文27、総合政策20、国際経営7、国際情報7）

●**中央大学附属中学校・高等学校**〈共学〉（東京都小金井市）

【進学条件】学部・学科ごとに推薦枠があり、定期試験と学力テストの結果から推薦席次が決まり、順位の高い生徒から希望学部・学科を選択できます。【卒業者数】378人【進学者数】315人（法102、経済54、商63、理工27、文30、総合政策22、国際経営8、国際情報9）

●**中央大学附属横浜中学校・高等学校**〈共学〉（神

奈川県横浜市）

【進学条件】大学の受け入れ人数に制限があり、3年間の学業成績を重視して進学する学部・学科を決定します。**【卒業者数】**314人**【進学者数】**216人（法75、経済23、商55、理工20、文23、総合政策8、国際経営5、国際情報7）

幅広い教育活動とともに、知的な刺激にあふれた学びの場を学生に提供しています。

大学ガイド

　中央大学は1885年に英吉利法律学校として創設されました。「實地應用ノ素ヲ養フ」という建学の精神のもと、知識や技能を磨き、その知性が公共性を有することを自覚して社会のために発揮する力を養う「実学教育」の伝統を継承しています。今日では、ユニバーシティ・メッセージ「行動する知性。—Knowledge into Action—」を掲げ、総合大学のメリットを生かして他学部生と同じテーマの演習に取り組むFLP（ファカルティリンケージ・プログラム）や、AI・データサイエンス全学プログラムを展開し、高い水準の学問研究や

キャンパス情報

茗荷谷キャンパス　2023年4月に開設した法学部の新拠点。主要な駅へのアクセスも便利で、都心の他学部との連携も可能。「グローバルなリーガルマインド」を育成する新キャンパスです。

多摩キャンパス　5つの文系学部があり、日本屈指の広さを誇ります。のびのびと学ぶことのできる学習環境、充実した研究機関やスポーツ施設が整い、自分自身の可能性に思い切り挑戦できる「All in one キャンパス」です。

後楽園キャンパス　理学・工学系の10学科があり、学科横断的な研究を推進しています。都心の好立地を生かし、世界レベルの研究交流や企業との共同研究を数多く行っています。

市ヶ谷田町キャンパス　国際情報学部のホームキャンパス。4路線が利用可能です。

データファイル

■合格者出身高校別内訳ランキング

学校名の前の◎は私立、無印は公立

男子校		女子校	
①◎川越東（埼玉）	118	①◎吉祥女子（東京）	96
②◎桐朋（東京）	84	②◎豊岡女子学園（東京）	78
③◎鎌倉学園（神奈川）	83	③◎鷗友学園女子（東京）	73
④　春日部（埼玉）	80	④◎洗足学園（神奈川）	52
④　川越・県立（埼玉）	80	⑤◎頌栄女子学院（東京）	47
⑥　浦和・県立（埼玉）	77	⑥　川越女子（埼玉）	45
⑦◎本郷（東京）	75	⑦◎桜蔭（東京）	43
⑧◎逗子開成（神奈川）	69	⑧◎淑徳与野（埼玉）	42
⑨◎城北（東京）	66	⑨　浦和第一女子（埼玉）	37
⑩◎世田谷学園（東京）	65	⑩◎大妻（東京）	36

共学校			
①◎大宮開成（埼玉）	139	⑥◎国学院大久我山（東京）	99
②◎桐光学園（神奈川）	119	⑦◎山手学院（神奈川）	94
③◎桐蔭学園（神奈川）	116	⑧◎開智（埼玉）	90
④◎東京都市大等々力（東京）	108	⑨　国立（東京）	88
⑤　厚木（神奈川）	101	⑩　八王子東（東京）	86

■2022年3月卒業生の主な就職先

東京都庁、国税庁、外務省、楽天グループ、NEC、日立システムズ、三井住友銀行、みずほフィナンシャルグループ、日本政策金融公庫、三井住友信託銀行、富士通、SCSK、りそなホールディングス、警視庁、ソフトバンク、大塚商会、富士ソフト、埼玉県庁、パーソルキャリア、日立ソリューションズ、ニトリ、リクルート、エヌ・ティ・ティ・データ、トヨタなど

■難関資格試験合格実績

2022年度司法試験合格者数　50人（全国8位）
2022年度国家公務員総合職試験合格者数　54人（私立大4位）
2022年度公認会計士試験合格者数　54人（全国5位）

■入試ガイド（2024年度）

①一般選抜
6学部共通選抜／学部別選抜（一般方式、英語外部試験利用方式、大学入学共通テスト併用方式）／**大学入学共通テスト利用選抜（単独方式）**〈前期選考・後期選考〉

②総合型選抜
特別入試　チャレンジ入試／自己推薦入試／高大接続入試／海外帰国生等特別入試／英語運用能力特別入試／ドイツ語・フランス語・中国語・スペイン語・朝鮮語特別入試／スポーツ推薦入試／外国人留学生入試／社会人入試／指定校推薦入試など

■学園祭

※詳細は大学のWebサイトをご確認ください。

東京情報大学

〒265-8501　千葉県千葉市若葉区御成台4-1　入試・広報課　☎043-236-1408　学長　布広　永示

〈URL〉https://www.tuis.ac.jp/

学科組織・入学定員

看護学部100
看護学科
総合情報学部400
総合情報学科（情報システム学系　データサイエンス学系　情報メディア学系）
大学院
総合情報学研究科　総合情報学専攻（博士前期課程　博士後期課程）

付属校からの進学状況

【進学条件】在学中一定の成績を取った者に資格が与えられ、校内進学テストを経て、大学の受け入れ人数枠内で推薦合格者を決定します。
●**東京農業大学第一高等学校中等部・高等学校**〈共学〉（東京都世田谷区）
【卒業者数】329人【進学者数】なし
●**東京農業大学第二高等学校中等部・高等学校**〈共学〉（群馬県高崎市）
【卒業者数】509人【進学者数】5人（総合情報5、看護0）
●**東京農業大学第三高等学校附属中学校・高等学校**〈共学〉（埼玉県東松山市）
【卒業者数】489人【進学者数】3人（総合情報3、看護0）

大学ガイド

　来るべき未来を見据え、時代の要請する新しい専門的能力と国際感覚、均衡感覚に優れた人材の

育成を目指して、1988年（昭和63）に開学しました。設置者である学校法人東京農業大学は、榎本武揚が1891年（明治24）に創設した「徳川育英会育英黌」に始まります。榎本武揚は、近代を切り拓いた優れた政治家であるとともに、実用的な応用技術に力を注ぐ「実学」の重要性を唱えた科学者でもありました。東京情報大学では、その精神を発展的に継承し、情報を生かして新しい未来を切り拓く人材育成を建学の精神に掲げ、教育理念を「現代実学主義」としています。

　「現代実学主義」とは、実践的な学びの姿勢を尊重すること、情報を活用した応用技術を社会に還元すること、そのための基礎学問を重視することの3点に要約されます。情報と看護の相乗効果により、未来を切り開く人材の育成を目指しています。

総合情報学部

　総合情報学部は「体験して選択する」学びが特徴で、基礎を学びながら段階的に専門を選択していきます。1年次後期に情報システム学系、データサイエンス学系、情報メディア学系から学系を選択、2年次後期からは理系から文系まで9（2023年度より）の多彩な研究室から自分に合った学びを見つけ、高度な専門研究へと学びを深めることができます。

　高度化する情報リテラシー教育や学生の意欲に応え、情報教育環境の高性能化が着々と進んでいます。また、研究室・学年の枠を超えて学べる資

格取得講座「スコーラ」は、コンピュータ、数学、AI、マルチメディア各分野の資格試験・検定試験の対策講座を無料で開講し、少人数制で一人ひとりの進捗状況に合わせた指導が行われています。

情報システム学系の研究室 AI・システムデザイン／ゲーム・IoT／ネットワーク・セキュリティ

データサイエンス学系の研究室 データサイエンス基盤／生命・環境科学／心理学

情報メディア学系の研究室 メディアデザイン／メディア文化／経営情報

看護学部

看護学部は自立と共創を基盤とし、多様な人々と新しい価値をつくり出す力を養成し、地域で貢献するたくましい看護職を育成します。

学生が主体的に学ぶ力をつけられるように、「情報活用・発信力」「職業人としての基礎力」「現場から学ぶ力」のそれぞれを各学年で段階的に伸ばしていくカリキュラムを編成しています。

実習は200を超える多彩な実習施設の協力のもとで実施。地域ケア、医療を支える中心的な役割を担い、時代と環境の変化に対応する看護師を育成します。

キャンパス情報

キャンパスへはJR千葉駅から直通ノンストップ通学バスで約25分。学生駐車場・駐輪場があり、自動車やバイクでの通学もできます。

緑豊かなキャンパスで感性を磨き、充実した施設で心ゆくまで学べる環境が整っています。400台のパソコンがそろうコンピュータ実習室、テレビ局並みの映像編集室・スタジオを備えた総合演習室のある1号館を中心に、研究室棟、看護実習棟、総合情報センター（図書館）などの校舎が建ち並び、サッカー場、野球場、テニスコート、体育館・トレーニングルームなどの体育施設もゆったりと配置されています。

行事や大学祭は学生の手で企画・運営され、運動部・文化部のほか、多数の体育系サークル、文化系サークルが活動しています。運動部は硬式野球部、サッカー部、バドミントン部は強化指定部、陸上競技部が準強化指定部となっており、全国レベルでの活躍を目指しています。

千葉市

データファイル

■卒業生の主な就職先
〔総合情報学部〕
システムエンジニアやネットワークエンジニアなどの技術職だけではなく、営業職・販売職・事務職などの幅広い職種へ就職しています。情報を収集・分析するサービス業やシステムインテグレータ、システムを構築する業界やインターネットを活用した新たな商品やサービスを生みだす業界など、情報社会の浸透や変化とともに多様な分野に進出しています。

主な就職先 ヨドバシカメラ、シー・エス・イー、CTCテクノロジー、アイ・エス・ビー、ピーシーデポコーポレーション、セラク、システナ、千葉県警察本部、エス・イー・シー・ハイテック、チームラボエンジニアリングなど（2023年3月卒業生）

〔看護学部〕
入学時から看護職としてのキャリア教育を開始し、看護師・保健師国家試験受験対策の支援、就職・進学の支援を行っています。

主な就職先 東千葉メディカルセンター、成田富里徳洲会病院、成田赤十字病院、千葉中央メディカルセンター、東京ベイ・浦安市川医療センター、船橋中央病院、東京歯科大学市川総合病院、船橋二和病院、新松戸中央総合病院、新東京病院など（2023年3月卒業生）

■入試ガイド（2024年度）
①総合型選抜（未来創造型／課題研究型／Ⅰ〜Ⅲ期）全学部
②学校推薦型選抜（公募制推薦Ⅰ・Ⅱ期／指定校推薦／併設校推薦／運動選手推薦※）全学部
※運動選手推薦は看護学部では実施しない
③一般選抜（Ⅰ・Ⅱ期）全学部
④共通テスト利用選抜（Ⅰ〜Ⅲ期）全学部
⑤外国人留学生選抜（Ⅰ・Ⅱ期）総合情報学部
⑥帰国生選抜 総合情報学部
⑦社会人選抜 看護学部

■オープンキャンパス・学園祭
オープンキャンパス 9/23（土・祝）、12/2（土）定員制・要予約
学園祭（翔風祭） 10/22（日） 進学相談会あり（要予約）

東京都市大学 (旧：武蔵工業大学)

〒158-8557　東京都世田谷区玉堤1-28-1　入試センター　☎03-6809-7590(直)　学長　三木　千壽
〈URL〉https://www.tcu.ac.jp

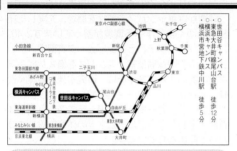

入学から卒業までワンキャンパスで学べます

学科組織・キャンパス

世田谷キャンパス

〒158-8557　東京都世田谷区玉堤1-28-1

理工学部　機械工学科120　機械システム工学科110　電気電子通信工学科150　医用工学科60　応用化学科75　原子力安全工学科45　自然科学科60

建築都市デザイン学部　建築学科120　都市工学科100

情報工学部　情報科学科100　知能情報工学科80

都市生活学部　都市生活学科160

人間科学部　人間科学科100

大学院　総合理工学研究科（機械専攻／電気・化学専攻／共同原子力専攻／自然科学専攻／建築都市デザイン専攻[*1]／情報専攻）環境情報学研究科（都市生活学専攻）　＊1 2024年4月名称変更予定

横浜キャンパス

〒224-8551　神奈川県横浜市都筑区牛久保西3-3-1

環境学部　環境創生学科90　環境経営システム学科90

メディア情報学部　社会メディア学科90　情報システム学科100

デザイン・データ科学部　デザイン・データ科学科100

大学院　環境情報学研究科（環境情報学専攻／東京都市大学・エディスコーワン大学国際連携環境融合科学専攻[*2]）　＊2 2024年4月設置構想中

付属校からの進学状況

　付属校から東京都市大学への推薦は、学校長の推薦と大学による面接試験の結果等で入学が許可される、付属進学制度があります。

●**東京都市大学付属中学校・高等学校**〈男子〉(東京都世田谷区)

●**東京都市大学等々力中学校・高等学校**〈共学〉(東京都世田谷区)

●**東京都市大学塩尻高等学校**〈共学〉(長野県塩尻市)

大学ガイド

　東京都市大学の興りである武蔵高等工科学校(武蔵工業大学の前身)は、1929年、工学教育の理想を求める学生たちが中心となって創られた大学です。独立自主の思い溢れる学生らが掲げた「公正 自由 自治」という建学の精神は、90年以上の時を経てなお力強く継承されています。

　理工系を軸とする伝統ある私立総合大学として進化を続け、現在、約7000人の学部生と約850人の大学院生が勉学に励んでいます。

　11万人以上の卒業生を輩出し、就職内定率が97％を超え「就職に強い」と称される東京都市大学は、東急グループに属する大学であり、企業に選ばれる高い研究力があることも魅力の一つです。

　全学生に「数理・データサイエンス教育」を実施し、多分野におけるAI専門家の育成を図っています。

伝統ある専門的実践教育

　東京都市大学では、学生自身が現実の課題と対峙し、その解決プロセスに参画することを通じて実践的思考力を鍛えており、在学中から様々な経験を積み重ねることで、社会で通用する力を育ん

でいます。

| 理工学部 | 社会変革のエンジニア＆リーダーを育成します。あらゆる社会インフラを学問領域とし、ゲームチェンジ時代の到来を見据えます。

| 建築都市デザイン学部 | 建築・都市を新たにデザインする設計者・技術者、また、災害に強い都市づくりに寄与するエンジニアを養成します。

| 情報工学部 | 情報工学、IoT、AI（人工知能）、ビッグデータ解析技術などを学び、Society5.0（超スマート社会）を実現する専門家として、「知の創造」を担う人材を育成します。

| 環境学部 | 文系・理系の枠を超えた実践的な教育・研究を通して、地球温暖化や生物多様性保全といった地球規模の問題から、人々の生活に関わるエネルギー問題や水質汚濁の解消といった身近な問題まで、幅広い環境問題の解決に貢献できる人材の育成を目指します。

| メディア情報学部 | 現代の人間社会や情報通信技術が生み出す新しい情報環境を正しく理解し、情報技術と人間・社会の共生のため、社会やコミュニケーション、情報システムを調査・分析・評価し、新しい提案や改善ができる人材の育成を目指します。

| デザイン・データ科学部 | データサイエンスに基づく分析力と創造力を磨き、社会にイノベーションをもたらす人材を育成します。

| 都市生活学部 | 「都市生活」という新しい概念に基づき、「都市のライフスタイル」「都市のマネジメント」「都市のデザイン」「都市のしくみ」という４つの領域から新時代の都市づくりを探ります。都市におけるさまざまな社会的課題を解決し、「価値ある都市生活」の持続的な実現を目指します。

| 人間科学部 | 児童学コースは幼稚園教諭と保育士資格の取得を目指し、人間総合科学コースは広く人間科学・STEM教育、海外留学経験での学びを目指します。いずれも人間力を追究します。

進化し続けるキャンパス

東京都世田谷区と横浜市都筑区にあるキャンパスの合計面積は東京ドーム3.2個分。無料シャトルバスで結ばれ、他学科の講義履修や課外活動、イベント時に学生らが活用しています。世田谷キャンパスは、大規模リニューアルが進行中で、2024年に向けて新校舎が建築されています。

東京都市大学留学プログラム

東京都市大学では世界中のどこの地域でも自分の実力を発揮できる“国際力”を身につけるために、オーストラリアのエディスコーワン大学等への留学プログラムを展開。そのための奨学生制度〈対象：一般選抜（前期）／参加費用の全額免除〉を用意し、より多くの学生にグローバル社会に対応する実力を磨く機会を用意しています。

データファイル

■合格者出身高校別内訳ランキング
◎印は私立、無印は公立

①◎山手学院（神奈川）121	⑪◎鎌倉学園（神奈川）66
② 柏陽（神奈川）117	⑫ 横浜サイエンスフロンティア（神奈川）64
③◎朋優学院（東京）89	⑬ 厚木（神奈川）60
④◎東京農業大第一（東京）81	⑭ 海老名（神奈川）58
⑤ 横須賀・県立（神奈川）78	⑮ 秦野（神奈川）52
⑥◎桐蔭学園（神奈川）76	⑮ 横浜緑ケ丘（神奈川）52
⑥◎桐光学園（神奈川）76	⑰ 大宮（埼玉）51
⑧◎洗足学園（神奈川）75	⑰ 川和（神奈川）51
⑨ 大和（神奈川）70	⑰ 平塚江南（神奈川）51
⑩ 鎌倉（神奈川）69	⑳◎国学院（東京）50

■2023年3月卒業生の主な就職先・進学先
全学部就職内定率97.7％（女子のみ99.4％）
「有名企業400社実就職率ランキング」全国私立大学第１位（大学通信調べ、2022年卒、卒業生数1,000人以上2,000人未満）
東急電鉄、JR東日本、JR東海、日本航空、三菱重工業、日立製作所、NEC、富士通、キヤノン、日本IBM、HONDA、SUZUKI、NTTデータ、三菱UFJ銀行、鹿島、清水建設、大成建設、東京都、神奈川県、横浜市、国土交通省他／東京都市大学大学院、東京工業大学大学院、東北大学大学院 他

■入試ガイド（2024年度）
★特待生制度 一般選抜（前期）の成績上位者は４年間の授業料を全額免除。2023年は52人が特待生に。
★英語の外部試験利用 一般選抜（前期・中期）は、英検やGTEC、TOEFL iBT、TEAP、TOEIC等を利用できます。
①一般選抜（前期・中期・後期）
②共通テスト利用入試（前期・後期）
③総合型選抜
④学校推薦型選抜（指定校制・公募制）
⑤国際バカロレア特別入試
⑥帰国生徒特別入試

東京農業大学

〒156-8502　東京都世田谷区桜丘1-1-1　入学センター　☎03-5477-2226　学長　江口　文陽

◎世田谷キャンパス
・小田急線　経堂駅・千歳船橋駅下車、徒歩15分
◎厚木キャンパス
・小田急線　本厚木駅下車、バス約15分
※時間は世田谷キャンパスまでの所要時間

〈URL〉https://www.nodai.ac.jp/

学科組織・キャンパス

【世田谷キャンパス】 ☎03-5477-2226

〒156-8502　東京都世田谷区桜丘1-1-1

応用生物科学部　農芸化学科150　醸造科学科150　食品安全健康学科150　栄養科学科120

生命科学部　バイオサイエンス学科150　分子生命化学科130　分子微生物学科130

地域環境科学部　森林総合科学科130　生産環境工学科130　造園科学科130　地域創成科学科100

国際食料情報学部　国際農業開発学科150　食料環境経済学科190　アグリビジネス学科150　国際食農科学科110

【厚木キャンパス】 ☎046-247-4433

〒243-0034　神奈川県厚木市船子1737

農学部　農学科170　動物科学科140　生物資源開発学科125　デザイン農学科123

【北海道オホーツクキャンパス】 ☎0152-48-3814

〒099-2493　北海道網走市八坂196

生物産業学部　北方圏農学科91　海洋水産学科91　食香粧化学科91　自然資源経営学科90

併設校からの進学状況

●**東京農業大学第一高等学校中等部・高等学校**
〈共学〉（東京都世田谷区）
【進学条件】3年間の成績・出席および選考試験の成績により推薦され、合格の決定は大学で実施する推薦型選抜によります。【卒業者数】329人【進学者数】12人（農0、応用生物科8、生命科0、地域環境科1、国際食料情報3、生物産業0）

●**東京農業大学第二高等学校中等部・高等学校**
〈共学〉（群馬県高崎市）
【進学条件】3年間の成績・出席および選考試験の成績により推薦され、合格の決定は大学で実施する推薦型選抜によります。【卒業者数】509人【進学者数】44人（農3、応用生物科0、生命科0、地域環境科11、国際食料情報27、生物産業3）

●**東京農業大学第三高等学校附属中学校・高等学校**〈共学〉（埼玉県東松山市）
【進学条件】3年間の成績・出席および選考試験の成績により推薦され、合格の決定は大学で実施する推薦型選抜によります。【卒業者数】489人【進学者数】110人（農17、応用生物科21、生命科13、地域環境科19、国際食料情報37、生物産業3）

"実学主義"の農学系総合大学

　農学は、実社会のさまざまな現象にかかわる総合科学であり、環境問題・食料問題などを解決に導く学問として注目されています。実験・実習・演習を重視したカリキュラムを実施し、最先端の研究施設・機関を設置。また、海外留学・実習・語学研修制度も充実しています。卒業後は、実学を通して進学か就職を選択します。"就職に強い"といわれており、人気の食品業界（上場企業26社）就職率は私立大学では1位です。

　遺伝子から地球環境まで、自然科学・社会科学を網羅した6学部23学科の農学系総合大学です。

　農学部では、動・植物の生産を支える環境と生命について研究し、その成果を農学の発展につなげることをめざします。

　応用生物科学部では、基礎化学をベースに、農学の知識と知恵を食品・発酵・健康・エネルギー

分野に広く応用し、国際的視野に立って実社会での活躍をめざします。

　生命科学部では、分子・遺伝子・微生物から動植物まで、生命の本質を科学します。

　地域環境科学部では、自然と人間が調和する地域環境と生物資源を保全し、それを利用しながら管理していくための科学技術の確立をめざします。

　国際食料情報学部では、国境の壁を超えた食料自給システムの問題に取り組みます。

　生物産業学部では、先端バイオを活用し生物産業学と自然・社会科学を融合して、研究に取り組み、また社会経済的な視点から改善していくことをめざします。

個性豊かな3キャンパス

世田谷キャンパス　東京農業大学の都市型メインキャンパス。都市と自然が一体化した絶好の環境にあり、最先端の研究を支える最新機器を導入した研究施設、環境にも配慮した設備を完備しています。2023年4月に「東京農業大学の叡智を世界に発信する『NODAI FLAGSHIP』となる」をコンセプトに国際センターが建設されました。東京農業大学の建学の精神である「人物を畑に還す」を、「人物を世界の畑に還す」に拡げ、国内外におけるグローバルリーダー育成の拠点をめざします。

厚木キャンパス　キャンパス内に多種多彩な農学施設や、最先端の研究・教育施設を配置している緑豊かな田園都市キャンパス。教育理念"実学主義"を実現するため、理論と実践を一体化させた研究を行っています。2019年6月に、新たに実験実習棟が完成しました。肉加工、乳加工、農産加工実習室、また生物系実験室や化学系実験室があり、最新の設備を用いた幅広い実験・実習を行える環境です。

北海道オホーツクキャンパス　雄大な自然に囲まれたキャンパス。北海道の地域性をいかし、生産から加工、流通まで、すべての生物産業を視野に入れた研究に取り組みます。学生の8割以上が道外の出身で、就職先は全国に広がっています。

全国に広がる農場　日本全国に農場・演習林があり、気候や地域性をいかした本格的な施設・設備で、ものづくりの面白さを体験します。網走寒冷地農場、伊勢原農場、富士農場、宮古亜熱帯農場、奥多摩演習林などがあります。

データファイル

■合格者出身高校別内訳ランキング（一般・共通テスト）
◎印は私立、無印は公立

男子校
① 川越・県立（埼玉）33
②◎鎌倉学園（神奈川）29
③◎佼成学園（東京）24
④◎芝（東京）22
④◎成城（東京）22
⑥ 浦和・県立（埼玉）18
⑥◎川越東（埼玉）18
⑧ 春日部（埼玉）17
⑨ 熊谷（埼玉）15
⑨◎逗子開成（神奈川）15

女子校
① 川越女子（埼玉）46
②◎富士見（東京）37
③ 宇都宮女子（栃木）34
③◎横浜共立学園（神奈川）34
⑤◎恵泉女学園（東京）30
⑥◎鎌倉女学院（神奈川）28
⑦◎田園調布学園（東京）26
⑧◎国府台女子学院（千葉）25
⑨◎大妻（東京）24
⑩◎淑徳与野（埼玉）21
⑩◎鷗友学園女子（東京）21

共学校
①◎東京農業大第一（東京）75
②◎桐蔭学園（神奈川）64
③ 生田（神奈川）45
④◎宝仙学園（東京）39
⑤◎錦城（東京）36
⑤ 大和（神奈川）36
⑦ 竜ケ崎第一（茨城）34
⑦◎江戸川学園取手（茨城）34
⑦ 柏・県立（千葉）34
⑦◎専修大学松戸（千葉）34

■2023年春卒業生の主な就職先
味の素、伊藤園、カゴメ、カネコ種苗、環境省、キユーピー、麒麟麦酒、クリエイトエス・ディー、サカタのタネ、住友林業、積水ハウス、全国農業協同組合連合会（JA全農）、WDB株式会社 エウレカ社、東京都庁、日清医療食品、日清食品ホールディングス、日本食品分析センター、国立研究開発法人農業・食品産業技術総合研究機構、農林水産省、農林水産消費安全技術センター（FAMIC）、ハウス食品、不二家、ブルボン、明治、森永乳業、山崎製パン、雪印メグミルク、林野庁、LEOC

■入試ガイド（2024年度）
①**一般学校推薦型選抜**　全学部
②**大学入学共通テスト利用選抜（前期・後期）**
全学部
③**一般選抜（A日程・B日程）**　全学部
④**総合型選抜**　全学部（キャリアデザイン総合型選抜、高校で学んだ実践スキル総合型選抜は生物産業学部を除く。大自然に学ぶ北海道総合型選抜、"私の夢"北海道総合型選抜は生物産業学部のみ）

■学園祭（収穫祭）
〈世田谷キャンパス〉11/3(金)〜11/5(日)
〈厚木キャンパス〉11/4(土)・11/5(日)
〈オホーツクキャンパス〉10/8(日)・10/9(月・祝)

東京理科大学

〒162-8601　東京都新宿区神楽坂1-3　入試センター　☎0120-188-139　学長　石川　正俊

〈URL〉https://www.tus.ac.jp/

※掲載内容は2023年度現在のものです。

学科組織・キャンパス（2024年度予定）

神楽坂キャンパス　神楽坂校舎

〒162-8601　東京都新宿区神楽坂1-3
☎0120-188-139（フリーダイヤル）

理学部

（第一部）	（第二部）
数学科　115	数学科　120
物理学科　115	物理学科　120
化学科　115	化学科　120
応用数学科　120	
応用化学科　120	

工学部

建築学科　夜間主社会人コース（2年次編入学）　20

神楽坂キャンパス　富士見校舎

〒102-0071　東京都千代田区富士見1-11-2
☎03-3556-2505

経営学部

経営学科　180　ビジネスエコノミクス学科　180
国際デザイン経営学科（2年次以降）　120

葛飾キャンパス

〒125-8585　東京都葛飾区新宿6-3-1
☎03-5876-1717

工学部

建築学科　110　工業化学科　110
電気工学科　110　情報工学科　110
機械工学科　110

先進工学部

電子システム工学科　115　マテリアル創成工学科　115
生命システム工学科　115　物理工学科　115　機能デザイン工学科　115

野田キャンパス

〒278-8510　千葉県野田市山崎2641
☎04-7124-1501

薬学部※　薬学科　100　生命創薬科学科　100
※2025年度より葛飾キャンパスへ移転予定

創域理工学部　数理科学科　90
先端物理学科　100　情報計算科学科　120
生命生物科学科　110　建築学科　120
先端化学科　120　電気電子情報工学科　150
経営システム工学科　110
機械航空宇宙工学科　130　社会基盤工学科　110

北海道・長万部キャンパス

〒049-3514　北海道山越郡長万部町字富野102-1
☎01377-2-5111

経営学部　国際デザイン経営学科（1年次）

大学ガイド

　東京理科大学は、1881年（明治14年）に創立された東京物理学講習所を起源として、2021年に創立140周年を迎えました。現在7学部33学科、7研究科30専攻を擁する理工系総合大学です。創立当時から、真に実力を身に付けた学生のみを卒業させる「実力主義」の伝統を受け継ぎ、卒業生たちは、技術者、研究者、教育者として幅広い分野で活躍しています。

〈教育の特色〉

　講義と演習を組み合わせたカリキュラムにより基礎学力の養成を徹底するとともに、講義と連動

し学びの質を高める実験も多く取り入れています。「講義と実験の効果的な連動」は、その後の研究室配属後に必要なスキルを着実に育てます。また、理工系総合大学の強みを生かし、学問分野を横断した幅広い教育・研究を実施しています。学生が他学科の学生とともに研究に取り組むことで、幅広い知識や視野はもちろん、研究と研究をつなぐマネジメントスキルなども身に付けています。加えて、Society5.0と言われるこれからの時代に必須となる数学、統計学、情報学（プログラミング）、データサイエンス等の基礎科目を在籍キャンパス、学部学科に関わらず、全ての学生が履修できる制度「データサイエンス教育プログラム」を設置。また、専門分野だけでなくグローバル化に対応した実用英語教育や広い教養と俯瞰的な視点を養うことを目的に「教養教育研究院」も新設するなど、時代にあわせて必要なスキルを身に付けさせるため、絶えず教育課程も進化しています。

〈学部・学科の再編およびキャンパス移転等〉

2025年度には、薬学部が野田キャンパスから葛飾キャンパスへ移転する予定です。

2023年度は先進工学部に物理工学科と機能デザイン工学科を新設。理工学部を創域理工学部に名称変更し、一部の学科名称も変更しました。
※詳細は大学HPをご確認ください。

キャンパス情報

神楽坂キャンパス ＪＲ・地下鉄の飯田橋駅から各徒歩５分〜10分とアクセスに恵まれ、学問と社会とのつながりが実感できます。理学部と経営学部からなる「サイエンスキャンパス」として整備されています（経営学部は富士見校舎利用）。

野田キャンパス 広大で緑豊かな敷地を誇るキャンパスは、落ち着いた雰囲気の中、学修・研究活動に専念することができます。生命医科学研究所をはじめ、多領域に及ぶ研究施設が集結した「リサーチキャンパス」として発展を続けています。

葛飾キャンパス 公園の緑に隣接し、敷地内には各施設がゆったりとレイアウトされ、充実した環境です。先端融合分野を研究する「イノベーションキャンパス」として整備されています。

北海道・長万部キャンパス 比較的温暖な道南部、札幌と函館の中間にあり、経営学部国際デザイン経営学科１年生が全寮制で学びます。

データファイル

■合格者出身高校別内訳ランキング
学校名の前の◎印は私立、無印は公立

男子校
①◎芝（東京）	147
②◎本郷（東京）	130
③◎海城（東京）	126
④　浦和・県立（埼玉）	111
⑤◎浅野（神奈川）	109
⑥◎城北（東京）	108
⑦◎攻玉社（東京）	106
⑧　川越・県立（埼玉）	103
⑨◎逗子開成（神奈川）	101
⑩◎麻布（東京）	94

女子校
①◎豊島岡女子学園（東京）	112
②◎女子学院（東京）	83
③◎桜蔭（東京）	75
④◎鷗友学園女子（東京）	67
⑤◎洗足学園（神奈川）	60
⑥◎吉祥女子（東京）	47
⑦◎浦和明の星女子（埼玉）	42
⑧◎頌栄女子学院（東京）	41
⑧◎フェリス女学院（神奈川）	41
⑩　浦和第一女子（埼玉）	38

共学校
①◎栄東（埼玉）	247
②◎市川（千葉）	240
③　横浜翠嵐（神奈川）	184
④　船橋・県立（千葉）	166
⑤　東葛飾（千葉）	157
⑥　千葉・県立（千葉）	150
⑦◎渋谷教育学園幕張（千葉）	145
⑧　大宮（埼玉）	138
⑨◎東邦大付東邦（千葉）	131
⑩◎大宮開成（埼玉）	127

■2023年春卒業生の主な就職先と人数
【企業】NTTデータ38、日立製作所32、NECソリューションイノベータ25、富士通23、SCSK21、アクセンチュア20、東京電力ホールディングス、日本IBM各18、NTTドコモ、京セラ、ホンダ、清水建設、キオクシア、ソニーセミコンダクタソリューションズ、NEC各15、日本総合研究所、野村総合研究所各14、伊藤忠テクノソリューションズ、大林組各13【公務員、中学・高校教員】経済産業省３、東京都庁10、公立校42、私立校30

■入試ガイド（2024年度）
①A方式入学試験（大学入学共通テスト利用）／全学部
②B方式入学試験（大学独自試験）／全学部
③C方式入学試験（大学入学共通テストと大学独自試験併用）／理学部第二部以外の学部
④グローバル方式入学試験（英語資格・検定試験のスコアと独自試験併用）／理学部第二部以外の学部
⑤S方式入学試験（大学独自試験）／創域理工学部数理科学科、電気電子情報工学科
⑥学校推薦型選抜（指定校制・公募制）／全学部
⑦総合型選抜（女子）／工・創域理工（建築・先端化・電気電子情報工・経営システム工・機械航空宇宙工・社会基盤工学科）・先進工学部
⑧帰国生入学者選抜／全学部

日本女子大学
（にほんじょし）

〒112-8681　東京都文京区目白台2-8-1　入試課　☎03-5981-3786（直）　学長　篠原　聡子

〈URL〉https://www.jwu.ac.jp/unv/

学科組織・募集人員

建築デザイン学部　建築デザイン学科100

家政学部　児童学科97　食物学科（食物学専攻31・管理栄養士専攻50）　被服学科92　家政経済学科85

文学部　日本文学科126　英文学科146　史学科97

人間社会学部　現代社会学科97　社会福祉学科97　教育学科97　心理学科73

理学部　数物情報科学科92　化学生命科学科97

国際文化学部　国際文化学科121

大学院　家政学研究科　人間生活学研究科　文学研究科　人間社会研究科　理学研究科　建築デザイン研究科

付属校からの進学状況

●日本女子大学附属中学校・高等学校〈女子〉
（神奈川県川崎市多摩区）

【進学条件】進学希望者は原則として推薦されます。大学による課題や面接の結果と、それまでの学校生活で総合的に判断します。【卒業者数】374人【進学者数】276人（家政129、文12、人間社会74、理26、国際文化35）

女子総合大学として文理融合の教育を推進

　日本女子大学は、日本初の組織的な女子高等教育機関として成瀬仁蔵により創立されました。創立120周年を迎えた2021年4月、山手線内という都心にありながら緑豊かな創立の地・目白キャンパスに家政学部・文学部・人間社会学部・理学部

教室・研究室棟「百二十年館」（手前）と百年館

の全学部と大学院全研究科を統合しました。2023年に国際文化学部、2024年に建築デザイン学部を開設し、2025年には食科学部（仮称）を開設予定（構想中）＊です。2025年には7学部16学科となる女子総合大学として文理融合の多様な教育環境を推進しています。幼稚園から大学院までの一貫教育、さらに卒業生以外にも門戸を開くリカレント教育など、誰もが生涯を通じて学び、成長し続ける社会を創るための機会を提供しています。

▼新しい明日を共に創る人材を育成

　1901年の創立以来、成瀬仁蔵の建学の精神を継承し、「信念徹底」「自発創生」「共同奉仕」の三綱領のもと、学生一人ひとりが自己の能力・関心に応じて自由に学び、自らが考える力を養成してきました。全学科で少人数によるゼミ形式の授業を行い、教員と学生の距離が近く、卒業論文（卒業研究・卒業制作）は全学科必修です。また、卒業後も教員や卒業生同士の交流が盛んで、一生続く友人関係を作る機会に恵まれています。女性の特性や感性を伸ばし、リーダーシップや独創性を発揮しうる女性を育てるための環境を整え、教育・研究・社会貢献活動を実行することが使命です。

　成瀬仁蔵の教育方針である「自学自動」、すなわち自ら学び、自ら行動する学修姿勢を育む環境で、新しい明日を共に創る人材を育てています。

▼新しい目白キャンパスでの学びがスタート

　2021年から利用が開始した百二十年館（教室・研究室棟）と杏彩館（学生棟）。デザインを手がけたのは、卒業生で世界的な建築家の妹島和世氏で

す。百二十年館は、2019年に開館した図書館に続き、自らの学びと社会とを連携させる「ラーニング・コモンズ」を備えた明るい空間となっています。

各学部の特色

家政学部では、人間生活に関わる問題を科学的に研究します。各分野のスペシャリスト養成のための専門教育を実践し、さらに全学科共通の科目を重視し、バランスの取れた人材を育成します。

文学部では、人間の精神文化に関する学問の中でも特に、文学・言語・歴史の分野について研究します。授業は少人数制の演習形式が多く、学生と教員間の討論を通して、広く深く学びます。

人間社会学部では、人間・社会に関する学問を専門的かつ横断的に学びます。少人数制による演習・実習に重点を置くとともに、4年間を通じて系統的かつ自由度の高い科目履修ができるよう、教育環境を整えています。学科間の連携を重視したカリキュラム構成が特色です。

私立女子大学で唯一である**理学部**は、優れた女性科学者・技術者を育成するため、サイエンスを総合的に学びます。数学・物理学・化学・生物学を学び、さらに情報科学・分子生命科学・環境科学を含む応用諸科学分野とも連携した学びが得られます。

国際文化学部では、"脱教室・脱キャンパス型"の実践的なカリキュラムで、「国際力」「実践力」「発信力」を身につけ、国境やジェンダー格差といった「境界」だけではなく、自分の殻を破っていく「越境力」を育みます。

2024年 建築デザイン学部を開設

建築デザイン学部では、人文、理工、芸術を融合した総合学問として『住まう』人のための「建築デザイン」を学びます。住居から都市空間までの広範な専門分野の理解とそれらを統合するデザイン教育をカリキュラムの根幹としており、住生活、歴史文化、安全性、快適性、構造・材料、審美性など、広い視野から住居学および建築学を総合的に学修します。所定科目を履修すれば、卒業と同時に一級建築士や建築施工管理技士、建築設備士などの国家資格の受験資格が取得可能です。

2025年 食科学部(仮称)の開設を構想中＊

食科学部（仮称）は、現在の家政学部食物学科を発展させる構想です。『生活者』の視点を重視して「食」を科学的に学び、食関連のさまざまな領域で活躍するプロフェッショナルを育成する「食科学科（仮称）」と、栄養領域で科学的な視点をもつ専門家としての管理栄養士を養成する「栄養学科（仮称）」の2学科で構成します。

＊構想中であり、内容は変更となる場合があります。

データファイル

■合格者出身高校別内訳ランキング

（2023年度入試　一般・共通テスト）

女子校		共学校	
①◎淑徳与野（埼玉）	110	①◎大宮開成（埼玉）	64
② 浦和第一女子（埼玉）	94	②◎開智（埼玉）	47
③ 川越女子（埼玉）	70	③ 千葉東（千葉）	38
④◎大妻（東京）	39	④ 蕨（埼玉）	36
⑤◎東京女学館（東京）	38	⑤ 東葛飾（千葉）	33

◎印は私立、無印は公立

■進路状況（2023.3卒業生）

主な就職先　日本生命保険、明治安田生命保険、三井住友信託銀行、東京海上日動火災保険、アクセンチュア、JALスカイ、住友生命保険、あいおいニッセイ同和損害保険、第一生命保険、TIS、トランスコスモス、NEC、清水建設、野村證券、三菱UFJ銀行　ほか公務員・教員多数

主な進学先　日本女子大学大学院、東京工業大学大学院、東京大学大学院、筑波大学大学院、早稲田大学大学院、東北大学大学院、千葉大学大学院、名古屋大学大学院、奈良先端科学技術大学院大学、一橋大学大学院、慶應義塾大学大学院　ほか

■入試ガイド（2024年度）

①**総合型選抜**　全学部

②**学校推薦型選抜（公募制）**　家政学部（児童学科、食物学科、被服学科）、文学部、人間社会学部（社会福祉学科、教育学科）、理学部

③**一般選抜（個別選抜型）**　全学部
※学科・入試方式により受験科目数が異なる

④**一般選抜（英語外部試験利用型）**　全学部

⑤**一般選抜（大学入学共通テスト利用型）**〈前期〉全学部

⑥**一般選抜（大学入学共通テスト利用型）**〈後期〉全学部（家政学部食物学科を除く）

■学園祭「目白祭」

10/14(土)・15(日)

＊詳細は大学ホームページをご確認ください。

法政大学

〒102-8160　東京都千代田区富士見2-17-1　入学センター　☎03-3264-9300　総長　廣瀬　克哉
〈URL〉https://nyushi.hosei.ac.jp/

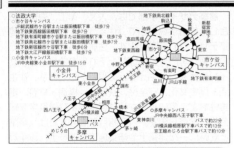

キャンパス・学部・学科・入学定員

市ケ谷キャンパス　☎03-3264-9300

〒102-8160　東京都千代田区富士見2-17-1

法学部　法律学科493　政治学科176　国際政治学科152

文学部　哲学科79　日本文学科191　英文学科129　史学科102　地理学科101　心理学科68

経営学部　経営学科326　経営戦略学科237　市場経営学科218

国際文化学部　国際文化学科254

人間環境学部　人間環境学科343

キャリアデザイン学部　キャリアデザイン学科300

デザイン工学部　建築学科135　都市環境デザイン工学科82　システムデザイン学科82

GIS（グローバル教養学部）　グローバル教養学科102

多摩キャンパス　☎042-783-2041

〒194-0298　東京都町田市相原町4342

経済学部　経済学科492　国際経済学科249　現代ビジネス学科153

社会学部　社会政策科学科221　社会学科323　メディア社会学科215

現代福祉学部　福祉コミュニティ学科150　臨床心理学科86

スポーツ健康学部　スポーツ健康学科185

小金井キャンパス　☎042-387-6008

〒184-8584　東京都小金井市梶野町3-7-2

情報科学部　コンピュータ科学科80　ディジタルメディア学科80

理工学部　機械工学科（機械工学専修116　航空操縦学専修30）　電気電子工学科113　応用情報工

学科113　経営システム工学科80　創生科学科113

生命科学部　生命機能学科74　環境応用化学科82　応用植物科学科80

大学院　人文科学研究科、国際文化研究科、経済学研究科、法学研究科、政治学研究科、社会学研究科、経営学研究科、人間社会研究科、政策創造研究科、公共政策研究科、キャリアデザイン学研究科、スポーツ健康学研究科、情報科学研究科、デザイン工学研究科、理工学研究科、法務研究科〈法科大学院〉、イノベーション・マネジメント研究科

併設校からの進学状況

【進学条件】 3年間の総合成績、学力試験、英語資格等の基準を満たした生徒は、いずれかの学部への推薦入学資格を得ることができます。

●**法政大学中学校・高等学校**〈共学〉（東京都三鷹市）
【卒業者数】 232人　**【進学者数】** 203人（法29、文22、経済30、社会27、経営28、国際文化9、人間環境12、現代福祉4、キャリアデザイン9、GIS1、スポーツ健康4、情報7、デザイン工12、理工6、生命科3）

●**法政大学第二中・高等学校**〈共学〉（神奈川県川崎市）
【卒業者数】 624人　**【進学者数】** 545人（法74、文60、経済77、社会63、経営68、国際文化23、人間環境31、現代福祉10、キャリアデザイン27、GIS3、スポーツ健康11、情報16、デザイン工28、理工41、生命科13）

●**法政大学国際高等学校**〈共学〉（神奈川県横浜市）
【卒業者数】 296人　**【進学者数】** 235人（法36、文28、経済21、社会31、経営32、国際文化12、人間環境15、現代福祉9、キャリアデザイン13、GIS3、スポーツ健康2、情報科6、デザイン工

12、理工8、生命科7）

大学の学び

　法政大学では「自由を生き抜く実践知」の大学憲章のもと、地球社会の問題解決に貢献することを使命として、15学部で多様な学びを展開しています。アクティブ・ラーニングを積極的に推進し、全学部で多彩な科目を設置。ゼミナールでは指導教員の助言を受けながら、仲間と切磋琢磨し、「自ら考える力」を培います。

グローバル教育

　キャンパスでの学びをとおして、異文化への理解を深め、広い視野を持てるよう多彩な機会を用意しています。日本人学生と留学生が交流する機会をさまざまな場で設けており、キャンパス内がグローバル化しています。

　ERP（英語強化プログラム）では、授業は少人数・双方向の形態で全て英語で行われ、英語4技能のスキルアップを図ることができます。年間763科目（2023年度）の授業が英語で開講され、留学生と同じ教室で講義を受けることができます。

　他にも留学生と気軽に交流ができるGラウンジで身に付けた実践的な語学力を、全学部対象の派遣留学や、カリキュラムに合わせた学部独自の留学・海外研修で生かすことができます。派遣留学制度では全員に最大100万円の奨学金が支給され、派遣先の授業料は全額免除されます。

データファイル

■合格者出身校別内訳ランキング
◎印は私立、無印は公立

男子校
① 川越・県立（埼玉）107
② ◎川越東（埼玉）104
③ 春日部（埼玉）98
④ ◎城北（東京）80
⑤ ◎鎌倉学園（神奈川）78

共学校
① ◎大宮開成（埼玉）224
② ◎朋優学院（東京）165
③ ◎山手学院（神奈川）141
④ 千葉東（千葉）138
⑤ 厚木（神奈川）136

女子校
① 川越女子（埼玉）112
② ◎吉祥女子（東京）76
③ 浦和第一女子（埼玉）74
④ ◎富士見（東京）69
⑤ ◎大妻（東京）65

■進路状況　主な就職先（2023年3月卒業生）
富士通、楽天グループ各25、リクルート、東京国税局各21、東京都庁17、NEC15、横浜銀行13、三菱電機、日本生命保険、NTTドコモ各12、本田技研工業、ジェーシービー各11など

■入試ガイド（2024年度）
①**一般選抜T日程入試（統一日程）**　14学部（GIS〈グローバル教養学部〉除く）※
②**一般選抜A方式入試（個別日程）**　全学部※
③**英語外部試験利用入試**　法学部、文学部英文学科、経済学部国際経済学科、社会学部、経営学部、国際文化学部、人間環境学部、現代福祉学部、キャリアデザイン学部、GIS（グローバル教養学部）、スポーツ健康学部、情報科学部、デザイン工学部、理工学部（※）、生命科学部
④**大学入学共通テスト利用入試**
B方式（3教科型）　全学部全学科※
C方式（5教科6科目型）　法学部、文学部、経済学部、社会学部、経営学部、人間環境学部、現代福祉学部、キャリアデザイン学部、スポーツ健康学部、情報科学部、デザイン工学部、理工学部（※）、生命科学部
⑤**理工学部機械工学科航空操縦学専修一般選抜**
⑥**自己推薦入試**　法学部国際政治学科、理工学部機械工学科航空操縦学専修、文学部日本文・地理学科、国際文化学部、人間環境学部、スポーツ健康学部、GIS（グローバル教養学部）、経済学部、キャリアデザイン学部
⑦**公募推薦入試**　キャリアデザイン学部、情報科学部
⑧**まちづくりチャレンジ自己推薦入試**　現代福祉学部福祉コミュニティ学科
⑨**分野優秀者入試**　国際文化学部
⑩**国際バカロレア利用自己推薦入試**　文学部哲・日本文・英文学科、経済学部、国際文化学部、人間環境学部、キャリアデザイン学部
⑪**グローバル体験公募推薦入試**　文学部哲・日本文・英文学科、経営学部経営戦略学科、現代福祉学部、キャリアデザイン学部
⑫**学校推薦型選抜／指定校推薦入試**
⑬**学校推薦型選抜／スポーツ推薦入試**
⑭**学校推薦型選抜／商業高校等推薦入試（全商協会推薦入試）**　経済学部現代ビジネス学科
※は理工学部機械工学科航空操縦学専修を除く

■WEBオープンキャンパス
入試制度やキャンパスツアーを動画でもご紹介。

法政 入試　　検索

明治大学

〒101-8301　東京都千代田区神田駿河台1-1　入試広報事務室　☎03-3296-4139(直)　学長　大六野　耕作

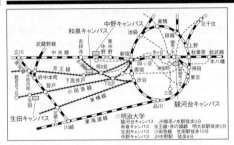

〈URL〉https://www.meiji.ac.jp/exam/

駿河台キャンパス・リバティタワー

キャンパス・学部学科・入学定員

駿河台キャンパス　〒101-8301　東京都千代田区神田駿河台1-1　☎03-3296-4545(代)
6学部（法、商、政治経済、文、経営、情報コミュニケーション学部）の3・4年次
法学部　法律学科920
商学部　商学科1150
政治経済学部　政治学科290　経済学科695
地域行政学科165
文学部　文学科465（日本文学専攻　英米文学専攻
ドイツ文学専攻　フランス文学専攻　演劇学専攻
文芸メディア専攻）史学地理学科290（日本史学
専攻　アジア史専攻　西洋史学専攻　考古学専攻
地理学専攻）心理社会学科155（臨床心理学専攻
現代社会学専攻　哲学専攻）
経営学部※745　経営学科 会計学科 公共経営学科
（※学科所属は2年次から）
情報コミュニケーション学部　情報コミュニケーション学科520
大学院　法学研究科　商学研究科　政治経済学研究科　経営学研究科　文学研究科　情報コミュニケーション研究科　グローバル・ガバナンス研究科
専門職大学院　ガバナンス研究科（公共政策大学院）　グローバル・ビジネス研究科（ビジネススクール）　会計専門職研究科（会計大学院）　法務研究科（法科大学院）
和泉キャンパス　〒168-8555　東京都杉並区永福1-9-1　☎03-5300-1121(代)

6学部（法、商、政治経済、文、経営、情報コミュニケーション学部）の1・2年次
大学院　教養デザイン研究科
生田キャンパス　〒214-8571　神奈川県川崎市多摩区東三田1-1-1　☎044-934-7171(代)
理工学部　電気電子生命学科236（電気電子工学専攻　生命理工学専攻）　機械工学科138　機械情報工学科138　建築学科173　応用化学科127　情報科学科127　数学科63　物理学科63
農学部　農学科150　農芸化学科150　生命科学科150　食料環境政策学科150
大学院　理工学研究科　農学研究科
中野キャンパス　〒164-8525　東京都中野区中野4-21-1　☎03-5343-8000(代)
国際日本学部　国際日本学科400
総合数理学部　現象数理学科90　先端メディアサイエンス学科120　ネットワークデザイン学科90
大学院　国際日本学研究科　先端数理科学研究科　理工学研究科

付属校からの進学状況

●**明治大学付属明治中学校・高等学校**〈共学〉
（東京都調布市）
【**進学条件**】中学・高校・大学と推薦進学による

一貫教育が基本方針です。中学から高校は「明治高等学校推薦基準」により推薦。高校から大学へは高校3年間の学習成績と人物・適性・志望理由に基づいて推薦されます。【卒業者数】278人【進学者数】244人（法18、商57、政治経済48、文13、理工33、農11、経営17、情報コミュニケーション17、国際日本10、総合数理20）

●**明治大学付属中野中学校・高等学校**〈男子〉（東京都中野区）

【進学条件】高校3年間の学業成績など。【卒業者数】406人【進学者数】325人（法56、商57、政治経済60、文24、理工33、農16、経営38、情報コミュニケーション20、国際日本9、総合数理12）

●**明治大学付属八王子中学校・高等学校**〈共学〉（東京都八王子市）※2024年度より校名変更

【進学条件】高校3年間の学業成績など。【卒業者数】318人【進学者数】282人（法49、商47、政治経済48、文17、理工23、農16、経営38、情報コミュニケーション23、国際日本10、総合数理11）

圧倒的な就職実績・サポート

「就職に力を入れている大学」13年連続1位

高校の進路指導教諭が選ぶ「就職に力を入れている大学」ランキング（大学通信調べ）で、13年連続1位に輝くなど、"就職の明治"として高い評価を得ている明治大学。その特長は、以下7つのキーワードに集約されます。

◎**相談**……進路相談から選考対策まで、経験豊かな相談員が学生一人ひとりに合わせて対応。

◎**企業との連携**……多数の企業とコラボレーションし、さまざまな種類の支援行事を実施。

◎**就職活動のノウハウ**……長年のノウハウを詰め込んだ「就職活動手帳」を学生全員に配付。

◎**情報提供**……独自システムでOB・OG名簿、先輩の就活体験記、求人情報などを簡単に検索。

◎**選考対策**……面接練習、エントリーシート添削、オンライン選考対策など各種講座を多数実施。

◎**仕事体験**……1・2年生限定プログラム「Meiji Job Trial」に加えて、3年生のインターンシップ参加のための各種対策イベントも実施。

◎**迅速・柔軟なサポート**……コロナ禍でいち早くオンライン支援に移行し、対面とオンラインを組み合わせたハイブリッド型へと進化しています。

■**公式LINEで最新の入試ニュースを取得！**

明治大学入学センター公式LINEにて、入試・イベント情報を配信中。キャンパス見学の予約もこちらから。

データファイル

■**合格者出身高校ランキング**

全選抜合計（付属校は除く）◎印は私立、無印は公立

① 湘南（神奈川）225
② 川和（神奈川）216
③ 厚木（神奈川）207
③ 柏陽（神奈川）207
⑤◎市川（千葉）201
⑥ 横浜翠嵐（神奈川）196
⑦◎山手学院（神奈川）188
⑧ 船橋・県立（千葉）169
⑨ 東葛飾（千葉）168
⑩ 青山（東京）166
⑪ 川越・県立（埼玉）163
⑫ 新宿（東京）161
⑫ 横浜緑ケ丘（神奈川）161
⑭◎開智（埼玉）157
⑮◎洗足学園（神奈川）156
⑯◎大宮開成（埼玉）153
⑯◎桐蔭学園（神奈川）153
⑱ 西（東京）152
⑲ 国立（東京）149
⑲◎逗子開成（神奈川）149

■**入試ガイド**（2024年度）

①**学部別入試** 全学部 ※商、経営、国際日本学部は英語4技能試験の活用方式あり

②**全学部統一入試** 全学部 ※農、経営、国際日本、総合数理学部は英語4技能試験の活用方式あり

③**大学入学共通テスト利用入試** 〈前期〉全学部〈後期〉商、理工（機械工学科除く）、総合数理学部

④**自己推薦特別入試** 文、農、国際日本、総合数理（ネットワークデザイン学科除く）学部

⑤**公募制特別入試** 商学部

⑥**地域農業振興特別入試** 農学部（食料環境政策学科）

⑦**AO入試** 理工学部（電気電子生命学科、機械情報工学科、建築学科、応用化学科）

⑧**グローバル型特別入試** 政治経済学部

⑨**イングリッシュ・トラック入試** 国際日本学部

⑩**海外就学者特別入試** 法学部

⑪**スポーツ特別入試** 全学部

⑫**指定校推薦入試** 全学部

⑬**外国人留学生入試** 全学部

⑭**UNHCR難民高等教育プログラム特別入試** 全学部

⑮**社会人特別入試** 文学部

■**学園祭**

〈和泉・生田キャンパス〉11/3(金・祝)〜11/5(日)

895

立教大学

りっきょう

〒171-8501　東京都豊島区西池袋3-34-1　入学センター　☎03-3985-2660　総長　西原　廉太
〈URL〉www.rikkyo.ac.jp

現代心理学部　心理学科　映像身体学科
スポーツウエルネス学部　スポーツウエルネス学科

学科組織・キャンパス

池袋キャンパス　〒171-8501　東京都豊島区西池袋3-34-1　☎03-3985-2660

文学部　キリスト教学科　文学科（英米文学／ドイツ文学／フランス文学／日本文学／文芸・思想専修）　史学科（世界史学／日本史学／超域文化学専修）　教育学科

異文化コミュニケーション学部　異文化コミュニケーション学科

経済学部　経済学科　経済政策学科　会計ファイナンス学科

経営学部　経営学科　国際経営学科

理学部　数学科　物理学科　化学科　生命理学科

社会学部　社会学科　現代文化学科　メディア社会学科

法学部　法学科　国際ビジネス法学科　政治学科

Global Liberal Arts Program（GLAP）

新座キャンパス　〒352-8558　埼玉県新座市北野1-2-26（お問い合わせは入学センターへ）

観光学部　観光学科　交流文化学科

コミュニティ福祉学部　コミュニティ政策学科（コミュニティ学／政策学専修）　福祉学科

併設校・関係校からの進学状況(2023年実績)

【進学条件】推薦要件（卒業単位、卒業研究論文、英語についての一定の能力、自己推薦等の認定）を満たした生徒を立教大学に推薦します。

併設校

●立教池袋中学校・高等学校〈男子〉（東京都豊島区）
【卒業者数】144人【進学者数】128人（文22、経済27、経営16、理9、社18、法24、観光2、コミュ福祉0、現代心理2、異文化6、スポーツ1、GLAP1）

●立教新座中学校・高等学校〈男子〉（埼玉県新座市）
【卒業者数】308人【進学者数】254人（文26、経済60、経営36、理9、社42、法49、観光13、コミュ福祉0、現代心理4、異文化12、スポーツ3、GLAP0）

関係校

●立教女学院中学校・高等学校〈女子〉（東京都杉並区）
【卒業者数】185人【進学者数】122人（文14、経済28、経営15、理2、社24、法19、観光1、コミュ福祉1、現代心理11、異文化6、スポーツ0、GLAP1）

●香蘭女学校中等科・高等科〈女子〉（東京都品川区）
【卒業者数】162人【進学者数】97人（文15、経済21、経営12、理2、社15、法17、観光4、コミュ福祉3、現代心理3、異文化5、スポーツ0、GLAP0）

●立教英国学院中学部・高等部〈共学〉（英国）
【卒業者数】45人【進学者数】25人（文4、経済1、経営6、理0、社3、法3、観光2、コミュ福祉2、現代心理1、異文化2、スポーツ0、GLAP1）

大学ガイド

立教大学は1874年の創立以来、「キリスト教に基づく人間教育」を建学の精神とし、「専門性に立つ教養人」の育成を目指しています。知性、感性、そして身体のバランスに配慮した全人格的な教育「リベラルアーツ」を理念に掲げてきました。

2016年度から導入した「RIKKYO Learning Style」にも、その建学の精神が反映されています。大学4年間の学修の基礎を身につける「立教ファーストタームプログラム」から始まる専門教育と教養教育、さらに正課外活動を有機的に結びつけた4年間のカリキュラム体系が組まれており、これにより専門分野の枠を超えた幅広い知識と教養、そして豊かな人間性を育成します。

創設以来培われてきた立教のリベラルアーツの一つの核と言えるのが、長い伝統を持つ言語教育。その中でも英語教育においては、1年次生全員が年間を通じて週3回徹底した少人数クラスでの実践的な英語の授業を受講しており、高校までに得た英語の知識を実際のコミュニケーションの場で使うことで、自分の意見を発信できるインタラクティブな英語力を身に付けることができます。英語以外の初習言語も含め、「多様な言語」を学ぶ機会が数多く用意されています。

キャリアセンターでは、入学から卒業、それ以降のキャリアまでも視野に入れた「キャリア支援」と、就職活動をサポートする「就職支援」を行っています。情報提供や各種プログラム、個人相談など、社会を支える一員として社会へ旅立つことができるよう、4年間通してサポートしています。

Global Liberal Arts Program（GLAP） 学部から独立したプログラム。少人数で国際性を養います。

キャンパス情報

池袋キャンパス 1918年に建てられたフランス積みのレンガが特徴的なチューダー・ゴシック様式校舎と、最新の設備を誇る近代的な施設が共存するキャンパスです。

新座キャンパス 臨床性、実践性、学際性を重視し、立教大学の21世紀の教育研究の発展を図っています。チャペルを中心とする伝統的な雰囲気のシンボルゾーンと、開放感と親しみにあふれたアメニティスペースを合わせ持つキャンパスです。

データファイル

■合格者出身高校別内訳ランキング

◎は私立、無印は公立

男子校			女子校		
①	◎川越東（埼玉）	92	①	◎頌栄女子学院（東京）	130
②	川越・県立（埼玉）	69	②	◎淑徳与野（埼玉）	123
③	春日部（埼玉）	53	③	川越女子（埼玉）	122
④	◎本郷（東京）	51	④	◎鷗友学園女子（東京）	118
⑤	◎城北（東京）	48	⑤	浦和第一女子（埼玉）	110
⑤	◎サレジオ学院（神奈川）	48			

共学校					
①	◎大宮開成（埼玉）	235	③	千葉東（千葉）	107
②	◎山手学院（神奈川）	117	⑤	◎国学院大久我山（東京）	102
③	稲毛（千葉）	107			

■進路状況　主な就職先（2023.3卒業生）

東京都特別区、国家公務員一般職、みずほフィナンシャルグループ、りそなグループ、東京都教員、横浜市役所、三井住友銀行、三井住友信託銀行、JTB、楽天グループ、リクルート、富士通、東京都庁、東京海上日動火災保険、日本生命保険、ファーストリテイリング、TIS、SMBC日興証券、NTTデータ、野村證券　など

■入試ガイド（2024年度）

①一般選抜　全学部
立教大学独自の試験問題2科目と、英語資格・検定試験の成績または大学入学共通テストの「英語」の成績を使って合否判定を行う制度です。なお、文学部については、大学独自の英語試験で受験できる試験日があります。試験日が異なれば全ての学部・学科・専修で併願が可能です（同一学科・専修の併願も可）。

②大学入学共通テスト利用入試（英語資格・検定試験利用制度あり）　全学部

③自由選抜入試　全学部

④アスリート選抜入試　全学部

⑤国際コース選抜入試　異文化コミュニケーション学部、社会学部、法学部、GLAP

⑥指定校推薦入学　全学部、GLAP

⑦関係校推薦入学　全学部、GLAP

⑧帰国生入試　経営学部

⑨社会人入試　現代心理学部、スポーツウエルネス学部

⑩外国人留学生入試　全学部

■学園祭

詳細は大学ホームページよりご確認ください。

早稲田大学

〒169-8050　東京都新宿区西早稲田1-6-1　入学センター　☎03-3203-4331（ダイヤルイン）　総長　田中　愛治

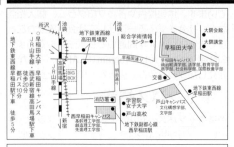

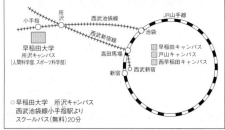

〇早稲田大学　所沢キャンパス
西武池袋線小手指駅より
スクールバス（無料）20分

〈URL〉https://www.waseda.jp/

学科組織・キャンパス

数字は一般選抜の募集人員

早稲田キャンパス

政治経済学部　300人　政治学科　経済学科　国際政治経済学科

法学部　350人

教育学部　690人　教育学科（教育学専攻〈教育学専修　生涯教育学専修　教育心理学専修〉初等教育学専攻）　国語国文学科　英語英文学科　社会科（地理歴史専修　公共市民学専修）　理学科（生物学専修　地球科学専修）　数学科　複合文化学科

商学部　535人

社会科学部　450人　社会科学科

国際教養学部　175人　国際教養学科

戸山キャンパス

文化構想学部　475人　文化構想学科

文学部　415人　文学科

西早稲田キャンパス

基幹理工学部　320人　数学科　応用数理学科　機械科学・航空宇宙学科　電子物理システム学科

情報理工学科　情報通信学科　表現工学科

創造理工学部　315人　建築学科　総合機械工学科　経営システム工学科　社会環境工学科　環境資源工学科

先進理工学部　300人　物理学科　応用物理学科　化学・生命化学科　応用化学科　生命医科学科　電気・情報生命工学科

所沢キャンパス

人間科学部　385人　人間環境科学科　健康福祉科学科　人間情報科学科

スポーツ科学部　150人　スポーツ科学科

併設校からの進学状況

●早稲田大学高等学院中学部・高等学院〈男子〉（東京都練馬区）

【卒業者数】487人【進学者数】470人（政治経済110、法76、文化構想27、文14、教育25、商45、基幹理工68、創造理工35、先進理工30、社会科30、人間科0、スポーツ科0、国際教養10）

●早稲田大学本庄高等学院〈共学〉（埼玉県本庄市）

【卒業者数】308人【進学者数】303人（政治経済73、法35、文化構想21、文16、教育14、商32、基幹理工38、創造理工28、先進理工13、社会科20、人間科0、スポーツ科0、国際教養13）

●早稲田実業学校中等部・高等部〈共学〉（東京都国分寺市）

【卒業者数】394人【進学者数】375人（政治経済

65、法33、商55、文化構想25、文20、教育42、基幹理工29、創造理工16、先進理工23、社会科50、人間科4、スポーツ科2、国際教養11）

●早稲田中学校・高等学校〈男子〉（東京都新宿区）
【卒業者数】315人【進学者数】153人（政治経済20、法13、文化構想11、文9、教育17、商15、基幹理工15、創造理工13、先進理工15、社会科15、人間科7、スポーツ科1、国際教養2）

●早稲田摂陵高等学校〈共学〉（大阪府茨木市）
【卒業者数】322人【進学者数】31人（政治経済3、法2、文化構想3、文3、教育4、商3、基幹理工2、創造理工1、先進理工2、社会科3、人間科1、スポーツ科3、国際教養1）

●早稲田佐賀中学校・高等学校〈共学〉（佐賀県唐津市）
【卒業者数】215人【進学者数】92人（政治経済7、法6、文化構想10、文10、教育9、商9、基幹理工4、創造理工1、先進理工1、社会科8、人間科10、スポーツ科10、国際教養7）

大学ガイド

　大隈重信によって明治15年（1882）に創設された東京専門学校が早稲田大学の起源です。「学問の独立」を中心とした三大教旨や、「進取の精神」「在野精神」「東西文明の調和」といった理念に支えられ、"私学の雄"としての道を着実に歩んできました。多様性を認め合い、違いから学び合う文化があります。

　この伝統を基盤に教育・研究を展開し、"世界で輝くWASEDA"として存在感を高めることを目指します。

世界で評価される早稲田の人材育成力

　英国QS社が発表した「QS World University Rankings 2024」において、順位が付与された世界の大学の上位約13％に入りました。また、ランキングを構成する指標の雇用者評価では世界24位で、いずれも過去最高評価となりました。これは主に、卒業生の活躍が客観的に評価されたものです。

　日本国中さらには世界中から集まる仲間が切磋琢磨し、人間的に成長する環境が早稲田にはあり、それが自由と多様性を尊重する学風を形成しています。これまでも、時代を導く傑出した人材が早稲田を巣立っていきましたが、今も早稲田の人材育成力は健在です。

データファイル

■合格者出身校別内訳ランキング
◎印は私立、無印は公立

男子校		女子校	
①◎開成（東京）	210	①◎豊島岡女子学園（東京）	150
②◎聖光学院（神奈川）	171	②◎桜蔭（東京）	149
③◎麻布（東京）	151	③◎女子学院（東京）	143
④◎海城（東京）	135	④◎洗足学園（神奈川）	118
⑤◎駒場東邦（東京）	128	⑤◎頌栄女子学院（東京）	104
⑥◎本郷（東京）	123	⑥◎吉祥女子（東京）	72
⑥◎浅野（神奈川）	123	⑦◎鴎友学園女子（東京）	71
⑧◎芝（東京）	115	⑦◎フェリス女学院（神奈川）	71
⑨　浦和・県立（埼玉）	110	⑨◎雙葉（東京）	58
⑩◎早稲田（東京）	100	⑩　川越女子（埼玉）	52

共学校			
①◎渋谷教育学園幕張（千葉）	226	⑥　西（東京）	139
②　横浜翠嵐（神奈川）	188	⑦◎市川（千葉）	130
③　日比谷（東京）	184	⑧　国立（東京）	129
④　湘南（神奈川）	163	⑨◎栄東（埼玉）	127
⑤　船橋・県立（千葉）	141	⑩　千葉・県立（千葉）	125

■2022年度卒業生の主な就職先と人数
NTTデータ101、楽天グループ91、富士通82、アクセンチュア81、東京都職員Ⅰ種70、国家公務員一般職65、ベイカレント・コンサルティング63、野村総合研究所62、日本IBM、PwCコンサルティング各59、国家公務員総合職57、東京海上日動火災保険52など（2022年9月、2023年3月卒業生）

■入試ガイド（2024年度）

①一般選抜
早稲田大学の試験場で試験を受ける必要がある入試。独自試験のみの方式、英語4技能テストを利用する方式、大学入学共通テストと独自試験を組み合わせる方式があります。

②大学入学共通テスト利用入試
大学入学共通テストの成績のみ、あるいはそれに書類選考を加えて合否判定を行い、早稲田大学の試験場で試験を受ける必要がない入試です。

③総合型選抜
書類、筆記、面接など複数の審査を組み合わせて志願者の能力を総合的に評価する方式です。

④学校推薦型選抜
志願にあたって、学校長からの推薦が必要となる方式です。

⑤その他　帰国生、外国学生、通信教育課程など。
＊学部・学科により実施制度は異なります。

高輪
 捜真女学校
 関東学院六浦
 桐光学園
 法政大第二
 青山学院横浜英和
 湘南学園
 堀越
 武蔵野大
 学習院

 聖学院
 東洋
 桐蔭学園
 城北
 中央大附
 富士見丘
 明治大付中野
 富士見
 神奈川学園
明治大付明

 佼成学園
 頌栄女子学院
 麻布
 武蔵
 成城学園
 立教新座
 立教池袋
明星
 目白研心
 本郷

 中央大杉並
 かえつ有明
鶴見大附
普連土学

横浜
立正大付立正
横須賀学院
 芝浦工業大

東京農業大第一
明治学院東村山
 京華
成蹊

 国士舘
 広尾学園小石川
サレジアン国際学園世田谷
獨協

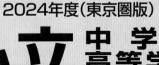

2024年度（東京圏版）
私立 中学校 高等学校 受験年鑑
バッジ説明

 駒場東邦
 鷗友学園女子
 青山学院
 慶應義塾
 巣鴨
 渋谷教育学園幕張
 日本女子大附
 早稲田大高等学院
 成城
桜蔭

 大東文化大第一
 淑徳巣鴨
法政大
 東洋英和女学院
 開成
 玉川学園
 海城
 二松学舎大附柏
十文字
藤嶺学園藤

大妻中野
栄東
攻玉社
女子聖学

豊島岡女子学園
和洋九段女子
聖徳学園
芝

校章は、その学校の“顔”ともいえるもの。
いろいろと意味や由来があるので、
探ってみるのもおもしろいでしょう。
校章には学校からのメッセージが
込められているのです。

東洋大京北
桜美林
吉祥女子
大妻

 麹町学園女子
 逗子開成
 共立女子
 駒込
 駒場学園
サレジアン国際学園
日本工業大駒場
神奈川大附
山脇学園
二松学舎大

駒澤大
保善
芝浦工業大柏
東京家政大附女子
拓殖大第一
東洋女子
東京女学館
文化学園大杉並
広尾学園
聖セシリア

日本女子体育大附二階堂
トキワ松学園
帝京
城西大付川越
城西大附城西
藤村女子
安田学園
和洋国府台女子
東京電機大
東京都市

データ編

2023・2018・2013年
高校別大学合格者数一覧 907

2023年度私立中学校・高等学校
学費一覧 978

2024年度私立中学校・高等学校
予想偏差値一覧 993

50音順索引 1020

伸びている学校はどこ？

5年前、10年前との比較が一目瞭然！

2023年 2018年 2013年 高校別 大学合格者数一覧

世の中が変わっていくように、大学合格状況も毎年、変わっています。それがよく分かるのは、東大ランキングです。次ページからの1972年〜2023年の52年分の東大ランキングの推移を見てください。

時代と共にランキングが動いていることがわかります。60年代は都立高全盛時代でした。戦前の一中（旧制東京府立第一中学）→一高（旧制第一高校）→東大（当時は東京帝国大）のいわゆるエリートコースが、戦後は番町小→麹町中→日比谷高→東大に変わり、日比谷をはじめとする都立高が上位を独占していました。「公立優位」が続いていたのです。

それが大きく崩れたのは、都立高の学校群制度（82年からはグループ合同選抜）の実施です。この制度は受験できる高校を制限し、ひとつの高校に優秀な受験生が集中するのを防ぐのが目的でした。都は教育を福祉と見て、都立高の学費を抑制した

ため、私立高との格差が広がりました。そのため、都立高人気になったわけです。しかし、トップ校があるから落ちこぼれも出る、教員も進学実績の高い学校に行きたがるようになり、同じ税金で運営されている高校を公平な条件にしたいという観点から、この制度が考え出されたわけです。ただ、この後、都立高の進学実績がこれほど落ちるとは、誰も想像しなかったのです。

それは、学校群制度による卒業生が初めて出た70年に明らかになります。日比谷は5位に急落。以後、ベスト10から姿を消しました。都立高全体でも78年以降、ベストテンに入った学校は一校もありません。

かわって、上位に進出するのが私立・国立の6カ年一貫教育校です。学校群制度が、私立校の追い風になったことは疑う余地がありません。特に現在、42年連続トップの開成は、この制度の卒業生が初めて出る前に61人合格でしたが、70年に86

【P. 907からの表の見方】

データは原則として各高校が発表したデータを基本にしています。従って、一般選抜だけではなく、学校推薦型選抜、総合型選抜などの結果を含んでいます。ただ、高校がデータを公表しない、あるいは未集計の学校については、大学発表のデータを掲載しています。この場合、大学発表データは一般選抜だけのものであることが多く、数字は少なめになっていると思われます。

また、国公立大のデータは、一部大学発表のデータを含みます。早稲田大についても2013年は大学発表データがなく、空欄はゼロとは限りません。

表中、3列のデータは上から2023年、2018年、2013年のものです。合格者数の「−」は男子校から進学できない女子大の時に入っており、過去に男子校から共学校に変わった学校では、過去のデータには「−」が入っていませんので、注意してください。卒業生数の「−」は未発表または非公表を示します。また、設立されて間がない学校については、過去のデータがないことを表中に明記してあります。さらに、表中の大学に合格者が少なかった高校、卒業生が出ていない高校などをまとめて別記してあります。なお2024年4月から校名が変更される私立高校については、新校名で掲載しています。

人に増え、その後ベスト10に定着しました。

　都立高の制度改革によって、進学実績を伸ばし始めた私立校でしたが、さらに追い風が吹きます。それがカリキュラム改革です。

　最近でも2002年から新学習指導要領が導入され、3割削減された内容に、学力低下に不安を覚える保護者が増えて、公教育不信から空前の私立中高人気につながりました。この学習指導要領改定はほぼ10年ごとに行われ、その度に私立校は東大合格者数を増やしてきたといえます。

　90年、初めて東大合格者に占める私立校出身者合計が、公立校出身者の合計を抜き、それ以降、状況は変わっていません。東大進学における私立校優位は、これからも続いていきそうです。

　このように、大学合格実績は年々、動いています。3年後、6年後、卒業する時の大学合格実績はどうなっているのか、知りたいところではないでしょうか。確かに合格者が出ない未来の状況を判断することは不可能に思われます。しかし、ある程度、予測することはできます。

　判断基準になるのが、その学校の大学合格実績が伸びているのか、下がっているのかということ

です。前年と比べるだけではなく、長い目でどのような状況にあるのかを判断することが、将来の合格実績がどうなるのか予測する貴重な情報になります。進学に力を入れているのか、そうでないのかは、学校の方針の違いでもあるわけで、将来に大きく関わってくるといえます。

　同じ偏差値、同じような合格実績、さてどちらの学校を選ぶか、といった時に、合格実績がこの10年伸びている学校を選んだ方がいいことは明らかです。つまり、卒業する時にあたる6年あるいは3年後、もっと伸びている可能性が高いと考えられる学校を選ぶべきではないでしょうか。

　そこで、これまでの大学合格状況データの分析をしてきた実績を基に、さらにはこのような情報を充実させていこうという観点から、5年前、10年前のデータも同時に掲載した一覧表を作成しました。学校案内書では初めての画期的な試みです。

　これによって、ひと目で伸びている学校かどうかがわかります。また、伸びている学校も今後、さらに伸びるのか、頭打ち状態なのかも判断することが可能です。907ページ以降の表を有効に活用してください。

1972年〜2023年
過去52年の東大合格者ランキングベスト10

【ランキングの見方】

　表は過去52年間の東大合格者ランキングを掲載したものです。表中は順に、順位、設置者別（◎印は私立、※印は国立、無印は公立を表す）、高校名、所在県、合格者数になっています。高校名は当時の名前を使っており、例を挙げますと、教育大付駒場は今は筑波大付駒場になっています。データは東大発表（1972年〜75年）、東大の合格者氏名を基に大学通信が高校名を特定して集計（76年〜99年）、高校発表で判明分のみのデータ（2000年〜23年）です。

1972（昭和47）年	1973（昭和48）年	1974（昭和49）年	1975（昭和50）年
①◎　灘　（兵庫）115	①※教育大付駒場（東京）133	①◎　灘　（兵庫）120	①◎　灘　（兵庫）126
②※教育大付（東京）98	②◎　灘　（兵庫）128	②※教育大付駒場（東京）115	②※教育大付駒場（東京）123
③※学芸大付（東京）84	③※学芸大付（東京）109	③◎　開　成（東京）98	③◎　麻　布（東京）106
④※教育大付駒場（東京）83	④※教育大付（東京）107	④※学芸大付（東京）91	④◎　開　成（東京）104
⑤　戸　山（東京）81	⑤◎ラ・サール（鹿島）87	⑤◎ラ・サール（鹿島）86	⑤※学芸大付（東京）95
⑥　西　（東京）80	⑥　西　（東京）81	⑥※教育大付（東京）84	⑥◎ラ・サール（鹿島）83
⑦◎開　成（東京）79	⑦◎麻　布（東京）80	⑦◎麻　布（東京）74	⑦※教育大付（東京）75
⑧　湘　南（神奈川）78	⑧　湘　南（神奈川）78	⑧　湘　南（神奈川）66	⑧　湘　南（神奈川）60
⑨◎麻　布（東京）77	⑨　戸　山（東京）77	⑨　浦　和（埼玉）60	⑨◎武　蔵（東京）57
⑩◎ラ・サール（鹿島）74	⑩◎開　成（東京）74	⑩　西　（東京）57	⑩　浦　和（埼玉）55

1976(昭和51)年

①◎　　灘　　（兵庫）117
②※教育大付駒場（東京）113
③※学芸大付（東京）99
④※教育大付（東京）94
⑤◎麻　　布（東京）84
⑥◎ラ・サール（鹿児島）77
⑦◎開　　成（東京）76
⑧◎武　　蔵（東京）67
⑨　浦　　和（埼玉）59
⑩　戸　　山（東京）56

1977(昭和52)年

①◎開　　成（東京）124
②◎麻　　布（東京）108
③◎　　灘　　（兵庫）100
④※学芸大付（東京）88
　※教育大付駒場（東京）88
⑥◎ラ・サール（鹿児島）87
⑦　湘　　南（神奈川）67
⑧◎武　　蔵（東京）63
⑨◎栄光学園（神奈川）61
⑩　　西　　（東京）53

1978(昭和53)年

①◎　　灘　　（兵庫）128
②※教育大付駒場（東京）124
③◎開　　成（東京）111
④※学芸大付（東京）89
⑤◎ラ・サール（鹿児島）86
⑥◎麻　　布（東京）80
⑦※教育大付（東京）79
⑧◎武　　蔵（東京）77
　　湘　　南（神奈川）77
⑩◎栄光学園（神奈川）63

1979(昭和54)年

共通一次試験スタート
東京教育大が筑波大となる
①◎開　　成（東京）121
②◎　　灘　　（兵庫）114
③※学芸大付（東京）102
　※筑波大付駒場（東京）102
⑤◎麻　　布（東京）97
⑥◎ラ・サール（鹿児島）96
⑦◎武　　蔵（東京）86
⑧※筑波大付（東京）61
⑨　湘　　南（神奈川）60
⑩　浦　　和（埼玉）59

1980(昭和55)年

①◎　　灘　　（兵庫）131
②◎開　　成（東京）129
③※筑波大付駒場（東京）107
④◎麻　　布（東京）106
⑤◎ラ・サール（鹿児島）104
⑥※学芸大付（東京）100
⑦◎武　　蔵（東京）77
⑧※筑波大付（東京）74
⑨　湘　　南（神奈川）67
⑩　浦　　和（埼玉）58

1981(昭和56)年

①◎　　灘　　（兵庫）139
②◎開　　成（東京）135
③※筑波大付駒場（東京）110
④※学芸大付（東京）89
⑤◎ラ・サール（鹿児島）88
⑥◎麻　　布（東京）84
⑦◎栄光学園（神奈川）75
⑧※筑波大付（東京）72
⑨◎武　　蔵（東京）68
⑩　浦　　和（埼玉）51

1982(昭和57)年

都立校グループ合同選抜制
による初めての入試実施
①◎開　　成（東京）134
②　　灘　　（兵庫）121
③◎麻　　布（東京）115
④◎ラ・サール（鹿児島）104
⑤※学芸大付（東京）103
⑥※筑波大付駒場（東京）93
⑦◎栄光学園（神奈川）61
⑧※筑波大付（東京）60
　◎武　　蔵（東京）60
⑩　浦　　和（埼玉）54

1983(昭和58)年

①◎開　　成（東京）129
②　　灘　　（兵庫）123
③◎麻　　布（東京）106
④※筑波大付駒場（東京）102
⑤※学芸大付（東京）92
⑥◎ラ・サール（鹿児島）82
⑦◎武　　蔵（東京）73
　◎栄光学園（神奈川）73
⑨　湘　　南（神奈川）58
⑩　浦　　和（埼玉）57
　※筑波大付（東京）57

1984(昭和59)年

①◎開　　成（東京）134
②　　灘　　（兵庫）119
③※学芸大付（東京）110
　◎ラ・サール（鹿児島）110
⑤◎麻　　布（東京）94
⑥※筑波大付駒場（東京）89
⑦◎武　　蔵（東京）86
⑧◎栄光学園（神奈川）62
⑨　浦　　和（埼玉）54
⑩※筑波大付（東京）51

1985(昭和60)年

都立校グループ合同選抜制
による入学者が初めて卒業
①◎開　　成（東京）157
②◎　　灘　　（兵庫）121
③◎ラ・サール（鹿児島）117
④※学芸大付（東京）100
⑤◎麻　　布（東京）82
⑥◎武　　蔵（東京）73
⑦※筑波大付駒場（東京）72
⑧◎栄光学園（神奈川）62
⑨　浦　　和（埼玉）61
⑩※筑波大付（東京）59

1986(昭和61)年

①◎開　　成（東京）162
②◎　　灘　　（兵庫）122
③※学芸大付（東京）102
④※筑波大付駒場（東京）98
⑤◎麻　　布（東京）97
⑥◎ラ・サール（鹿児島）87
⑦◎栄光学園（神奈川）74
⑧◎武　　蔵（東京）73
⑨◎桐　　朋（東京）64
⑩※筑波大付（東京）59

1987(昭和62)年

国公立大入試改革。東大
と京大の併願が可能に
①◎開　　成（東京）141
②◎　　灘　　（兵庫）131
③◎ラ・サール（鹿児島）115
④※学芸大付（東京）96
⑤※筑波大付駒場（東京）81
⑥◎武　　蔵（東京）79
⑦◎麻　　布（東京）75
⑧◎栄光学園（神奈川）71
⑨◎甲陽学院（兵庫）57
⑩※筑波大付（東京）56
　◎洛　　星（京都）56

1988(昭和63)年

①◎開　　成（東京）162
②◎　　灘　　（兵庫）130
③※学芸大付（東京）115
④◎ラ・サール（鹿児島）96
⑤◎栄光学園（神奈川）78
⑥◎武　　蔵（東京）77
⑦※筑波大付駒場（東京）73
⑧◎麻　　布（東京）72
⑨◎洛　　星（京都）66
⑩◎東大寺学園（奈良）63

1989(平成元)年

①◎開　　成（東京）167
②※学芸大付（東京）114
③◎　　灘　　（兵庫）102
④◎麻　　布（東京）94
⑤◎ラ・サール（鹿児島）92
⑥※筑波大付駒場（東京）75
⑦※筑波大付（東京）66
⑧◎桐蔭学園（神奈川）65
⑨◎武　　蔵（東京）63
⑩◎栄光学園（神奈川）62

1990(平成2)年

共通一次試験に代わる大
学入試センター試験実施。
分離・分割方式入試実施。
①◎開　　成（東京）155
②◎　　灘　　（兵庫）123
③※桐蔭学園（神奈川）102
④※学芸大付（東京）100
⑤※筑波大付駒場（東京）95
⑥◎麻　　布（東京）88
⑦◎栄光学園（神奈川）67
⑧◎武　　蔵（東京）65
⑨◎ラ・サール（鹿児島）64
⑩　千葉・県立（千葉）62

1991(平成3)年

①◎開　　成（東京）191
②◎ラ・サール（鹿児島）105
③◎麻　　布（東京）102
④◎　　灘　　（兵庫）101
⑤※学芸大付（東京）96
⑥◎桐蔭学園（神奈川）90
⑦◎武　　蔵（東京）70
　◎栄光学園（神奈川）70
⑨※筑波大付駒場（東京）65
⑩　千葉・県立（千葉）61

1992（平成4）年	1993（平成5）年	1994（平成6）年	1995（平成7）年
①◎開　　成（東京）201	①◎開　　成（東京）171	①◎開　　成（東京）197	①◎開　　成（東京）170
②◎麻　　布（東京）126	②◎ラ・サール（鹿児島）107	②◎麻　　布（東京）105	②※学芸大付（東京）110
③◎桐蔭学園（神奈川）114	③※学芸大付（東京）104	③◎灘　　（兵庫）100	③◎桐蔭学園（神奈川）107
④◎灘　　（兵庫）105	◎灘　　（兵庫）104	④◎桐蔭学園（神奈川）90	④◎麻　　布（東京）101
⑤※学芸大付（東京）95	⑤◎麻　　布（東京）96	⑤※筑波大付駒場（東京）87	⑤◎灘　　（兵庫）95
⑥◎武　　蔵（東京）85	⑥◎桐蔭学園（神奈川）85	⑥※学芸大付（東京）83	⑥◎筑波大付駒場（東京）84
⑦※筑波大付駒場（東京）81	⑦※筑波大付駒場（東京）75	⑦◎ラ・サール（鹿児島）81	⑦◎ラ・サール（鹿児島）73
◎ラ・サール（鹿児島）81	⑧◎巣　　鴨（東京）59	⑧◎桜　　蔭（東京）70	⑧◎桜　　蔭（東京）72
⑨◎巣　　鴨（東京）78	⑨　千葉・県立（千葉）56	⑨◎栄光学園（神奈川）66	⑨◎栄光学園（神奈川）70
⑩◎栄光学園（神奈川）74	⑩◎駒場東邦（東京）54	⑩◎駒場東邦（東京）65	⑩◎海　　城（東京）68

1996（平成8）年	1997（平成9）年	1998（平成10）年	1999（平成11）年
①◎開　　成（東京）158	①◎開　　成（東京）188	①◎開　　成（東京）205	①◎開　　成（東京）165
②◎灘　　（兵庫）104	②※学芸大付（東京）111	②◎麻　　布（東京）101	②◎灘　　（兵庫）110
③◎麻　　布（東京）103	③◎灘　　（兵庫）96	③◎桐蔭学園（神奈川）96	③◎麻　　布（東京）109
④※筑波大付駒場（東京）102	④◎桐蔭学園（神奈川）94	④◎灘　　（兵庫）92	④※筑波大付駒場（東京）104
⑤◎桜　　蔭（東京）93	⑤◎麻　　布（東京）93	⑤※学芸大付（東京）80	⑤※学芸大付（東京）103
⑥※学芸大付（東京）90	⑥◎桜　　蔭（東京）92	⑥※筑波大付駒場（東京）79	⑥◎ラ・サール（鹿児島）71
⑦◎ラ・サール（鹿児島）87	⑦※筑波大付駒場（東京）90	⑦◎ラ・サール（鹿児島）77	⑦◎武　　蔵（東京）64
⑧◎桐蔭学園（神奈川）83	⑧◎洛　　南（京都）68	⑧◎栄光学園（神奈川）63	⑧◎洛　　南（京都）59
⑨◎武　　蔵（東京）66	⑨◎巣　　鴨（東京）63	⑨◎桜　　蔭（東京）58	⑨◎桜　　蔭（東京）57
⑩◎洛　　南（京都）63	◎ラ・サール（鹿児島）63	⑩◎駒場東邦（東京）55	◎栄光学園（神奈川）57

2000（平成12）年	2001（平成13）年	2002（平成14）年	2003（平成15）年
①◎開　　成（東京）166	①◎開　　成（東京）175	①◎開　　成（東京）164	①◎開　　成（東京）181
②◎灘　　（兵庫）103	②※筑波大付駒場（東京）96	②◎灘　　（兵庫）94	②※筑波大付駒場（東京）112
③※筑波大付駒場（東京）97	③◎灘　　（兵庫）94	③◎麻　　布（東京）93	③◎麻　　布（東京）109
④◎麻　　布（東京）91	④◎ラ・サール（鹿児島）87	④※学芸大付（東京）87	④◎灘　　（兵庫）88
⑤※学芸大付（東京）86	⑤◎麻　　布（東京）84	⑤※筑波大付駒場（東京）79	⑤◎栄光学園（神奈川）77
⑥◎桜　　蔭（東京）74	⑥※学芸大付（東京）74	⑥◎ラ・サール（鹿児島）78	⑥※学芸大付（東京）72
⑦◎ラ・サール（鹿児島）73	⑦◎駒場東邦（東京）68	⑦◎桜　　蔭（東京）74	◎桜　　蔭（東京）72
⑧◎桐蔭学園（神奈川）58	⑧◎桜　　蔭（東京）67	⑧◎巣　　鴨（東京）63	⑧◎ラ・サール（鹿児島）52
⑨◎海　　城（東京）57	⑨◎海　　城（東京）65	⑨◎駒場東邦（東京）62	⑨◎海　　城（東京）51
◎洛　　南（京都）57	⑩◎巣　　鴨（東京）58	⑩◎海　　城（東京）53	◎駒場東邦（東京）51

2004（平成16）年	2005（平成17）年	2006（平成18）年	2007（平成19）年
①◎開　　成（東京）177	①◎開　　成（東京）170	①◎開　　成（東京）140	①◎開　　成（東京）190
②※学芸大付（東京）90	②※筑波大付駒場（東京）105	②◎麻　　布（東京）89	②◎灘　　（兵庫）100
③◎灘　　（兵庫）89	③◎灘　　（兵庫）101	③※筑波大付駒場（東京）86	③◎麻　　布（東京）97
④※筑波大付駒場（東京）81	④◎麻　　布（東京）87	④◎灘　　（兵庫）80	④※筑波大付駒場（東京）84
⑤◎桜　　蔭（東京）80	⑤※学芸大付（東京）79	⑤※学芸大付（東京）77	⑤※学芸大付（東京）72
⑥◎麻　　布（東京）68	⑥◎桜　　蔭（東京）64	⑥◎栄光学園（神奈川）70	⑥◎桜　　蔭（東京）68
⑦◎駒場東邦（東京）57	◎駒場東邦（東京）64	⑦◎桜　　蔭（東京）68	⑦◎海　　城（東京）51
⑧◎栄光学園（神奈川）49	⑧◎海　　城（東京）60	⑧◎海　　城（東京）52	⑧◎聖光学院（神奈川）48
⑨◎巣　　鴨（東京）48	⑨◎栄光学園（神奈川）56	⑨◎ラ・サール（鹿児島）50	◎ラ・サール（鹿児島）48
⑩◎桐　　朋（東京）43	⑩◎ラ・サール（鹿児島）50	⑩◎駒場東邦（東京）46	⑩◎栄光学園（神奈川）44

2008（平成20）年

1. ◎開成（東京）188
2. ◎灘（兵庫）114
3. ◎麻布（東京）76
4. ※筑波大付駒場（東京）75
5. ※学芸大付（東京）74
6. ◎桜蔭（東京）59
7. ◎海城（東京）44
   ◎聖光学院（神奈川）44
8. ◎栄光学園（神奈川）43
   ◎東大寺学園（奈良）43

2009（平成21）年

1. ◎開成（東京）138
2. ※筑波大付駒場（東京）106
3. ◎灘（兵庫）103
4. ◎麻布（東京）77
5. ※学芸大付（東京）74
6. ◎桜蔭（東京）69
7. ◎栄光学園（神奈川）59
8. ◎ラ・サール（鹿児島）53
9. ◎聖光学院（神奈川）49
10. ◎東大寺学園（奈良）44

2010（平成22）年

1. ◎開成（東京）168
2. ◎灘（兵庫）103
3. ※筑波大付駒場（東京）100
4. ◎麻布（東京）91
5. ◎桜蔭（東京）67
6. ◎聖光学院（神奈川）65
7. ◎駒場東邦（東京）61
8. ◎栄光学園（神奈川）57
9. ※学芸大付（東京）54
10. ◎海城（東京）49

2011（平成23）年

1. ◎開成（東京）171
2. ※筑波大付駒場（東京）103
3. ◎灘（兵庫）99
4. ◎麻布（東京）79
5. ◎桜蔭（東京）75
6. ◎駒場東邦（東京）64
7. ◎栄光学園（神奈川）63
8. ◎聖光学院（神奈川）60
9. ※学芸大付（東京）58
10. ◎東大寺学園（奈良）43

2012（平成24）年

1. ◎開成（東京）203
2. ◎灘（兵庫）98
3. ◎麻布（東京）90
4. ※筑波大付駒場（東京）83
5. ◎栄光学園（神奈川）70
6. ◎駒場東邦（東京）69
7. ◎聖光学院（神奈川）65
8. ◎桜蔭（東京）58
9. ※学芸大付（東京）55
10. ◎渋谷教育学園幕張（千葉）49

2013（平成25）年

1. ◎開成（東京）170
2. ◎灘（兵庫）105
3. ※筑波大付駒場（東京）103
4. ◎麻布（東京）82
5. ※学芸大付（東京）68
6. ◎桜蔭（東京）66
7. ◎聖光学院（神奈川）62
8. ◎渋谷教育学園幕張（千葉）61
9. ◎駒場東邦（東京）59
10. ◎栄光学園（神奈川）52

2014（平成26）年

1. ◎開成（東京）158
2. ※筑波大付駒場（東京）104
   ◎灘（兵庫）104
4. ◎麻布（東京）82
5. ◎駒場東邦（東京）75
6. ◎聖光学院（神奈川）71
7. ◎桜蔭（東京）69
8. ◎栄光学園（神奈川）67
9. ※学芸大付（東京）56
10. ◎渋谷教育学園幕張（千葉）48

2015（平成27）年

1. ◎開成（東京）185
2. ※筑波大付駒場（東京）112
3. ◎灘（兵庫）94
4. ◎麻布（東京）88
5. ◎駒場東邦（東京）82
6. ◎桜蔭（東京）76
7. ◎聖光学院（神奈川）74
8. ◎渋谷教育学園幕張（千葉）56
   ◎海城（東京）56
10. ※学芸大付（東京）54

2016（平成28）年

1. ◎開成（東京）170
2. ※筑波大付駒場（東京）102
3. ◎麻布（東京）94
   ◎灘（兵庫）94
5. ◎渋谷教育学園幕張（千葉）76
6. ◎聖光学院（神奈川）71
7. ◎桜蔭（東京）59
8. ※学芸大付（東京）57
   ◎駒場東邦（東京）57
   ◎栄光学園（神奈川）57

2017（平成29）年

1. ◎開成（東京）161
2. ※筑波大付駒場（東京）102
3. ◎灘（兵庫）95
4. ◎麻布（東京）79
5. ◎渋谷教育学園幕張（千葉）78
6. ◎聖光学院（神奈川）69
7. ◎桜蔭（東京）63
8. ◎栄光学園（神奈川）62
9. ◎駒場東邦（東京）52
10. ◎海城（東京）49

2018（平成30）年

1. ◎開成（東京）175
2. ※筑波大付駒場（東京）109
3. ◎麻布（東京）98
4. ◎灘（兵庫）91
5. ◎桜蔭（東京）77
   ◎栄光学園（神奈川）77
7. ◎聖光学院（神奈川）72
8. ※学芸大付（東京）49
9. ◎渋谷教育学園幕張（千葉）48
   日比谷（東京）48
   ◎海城（東京）48

2019（平成31）年

1. ◎開成（東京）186
2. ※筑波大付駒場（東京）119
3. ◎麻布（東京）100
4. ◎聖光学院（神奈川）93
5. ◎灘（兵庫）74
6. ◎渋谷教育学園幕張（千葉）72
7. ◎桜蔭（東京）66
8. ◎駒場東邦（東京）61
9. ◎栄光学園（神奈川）54
10. ◎久留米大付設（福岡）50

2020（令和2）年

1. ◎開成（東京）185
2. ※筑波大付駒場（東京）93
3. ◎桜蔭（東京）85
4. ◎灘（兵庫）79
5. ◎渋谷教育学園幕張（千葉）74
6. ◎麻布（東京）65
7. ◎駒場東邦（東京）63
8. ◎聖光学院（神奈川）62
9. ◎海城（東京）59
10. ◎栄光学園（神奈川）57

2021（令和3）年

1. ◎開成（東京）146
2. ◎灘（兵庫）97
3. ※筑波大付駒場（東京）89
4. ◎麻布（東京）86
5. ◎聖光学院（神奈川）79
6. ◎西大和学園（奈良）76
7. ◎桜蔭（東京）71
8. ◎渋谷教育学園幕張（千葉）67
9. 日比谷（東京）63
10. ◎駒場東邦（東京）56

2022（令和4）年

1. ◎開成（東京）193
2. ※筑波大付駒場（東京）97
3. ◎灘（兵庫）92
4. ◎聖光学院（神奈川）91
5. ◎西大和学園（奈良）79
6. ◎桜蔭（東京）77
7. ◎渋谷教育学園幕張（千葉）74
8. 日比谷（東京）65
9. ◎麻布（東京）64
10. ◎駒場東邦（東京）60

2023（令和5）年

1. ◎開成（東京）148
2. ※筑波大付駒場（東京）87
3. ◎灘（兵庫）86
4. ◎麻布（東京）79
5. ◎聖光学院（神奈川）78
6. ◎渋谷教育学園幕張（千葉）74
7. ◎西大和学園（奈良）73
8. ◎桜蔭（東京）72
   ◎駒場東邦（東京）72
10. 日比谷（東京）51

東　京

上段は2023年、中段は2018年、下段は2013年のデータ

凡例（大学名）：東京大学・東北大学・筑波大学・電気通信大学・東京外国語大学・東京工業大学・一橋大学・東京都立大学・横浜国立大学／青山学院大学・北里大学・慶應義塾大学・駒澤大学・芝浦工業大学・上智大学・成蹊大学・成城大学・専修大学／中央大学・東海大学・東京都市大学・東京理科大学・東邦大学・東洋大学・日本大学・法政大学・明治学院大学・明治大学／立教大学・早稲田大学・津田塾大学・東京女子大学・日本女子大学

高校名	卒業生数	東京大	東北大	筑波大	電通大	外語大	工業大	一橋大	都立大	横国大	青学	北里	慶應	駒澤	芝工	上智	成蹊	成城	専修	中央	東海	都市	理科	東邦	東洋	日大	法政	明学	明治	立教	早大	津田	東女	日女
※お茶の水女子大附	120	4		2	3	1	4	3	2	2	9	4	12			6	19	2	1	34	2		34		2	8	24	38	7	25	33	6	4	4
	119						3	3	3	1	5	1	6	17	2	4	20	2	1	16			17	2	3	7	8	27	4	15	20	4	5	
	117	5	2	1	3		3	3	2	1	8	8	28			17	7	4		10	4	6	12	7	1	6	8	16	4	24	37	4	2	11
※筑波大附	242	29	6	4	6	1	2	5		1	22	11	79		6	22	45	5	1	37	1	8	75	1	9	30	25	64	13	44	99	3	3	7
	231	38	4	5	13	2	5	5	5	1	14	4	75	13	2	8	37	4	1	43	4	5	59	3	6	23	16	65	6	20	110	1	10	3
	239	38	6	5	10	3	3	4	10	2	14	3	75	4	5	38	5	7	2	35	2		50	4	4	15	18	70	14	24	110	3	3	10
※筑波大附駒場	160	87	2	1	2	2	1	4	4		5	5	72			7	25	1		14		5	28		5	2	10	24		3	97	-	-	-
	162	109	2	2	1		4	2	1		2	1	80		1	2	7		1	9	1	1	10		1	4	1	18		2	87	-	-	-
	163	103	3	1	1		5	5	1	3	2	2	64			2	7			10	1		14		6	3	19			2	115	-	-	-
※東京学芸大附	307	14	11	6	6	2	2	10	10	4	33	8	114	14	7	21	78	10	8	71		2	80		16	38	65	107	12	53	119	13	5	6
	334	49	7	3	8	2	4	9	21	5	28	7	113	16	8	20	35	7	7	73	4	3	91	1	12	16	33	95	1	32	155	12	14	14
	340	68	7	2	8	1	10	8	9	2	14	5	108	9	1	5	36	5	1	73		1	75	3	10	28	16	84	2	20	168	8	3	7
※東京学芸大附国際中教	123	3	2		2		2		5		13	4	20		3	1	30	6	2	25		7		8	6	5	23	2		17	36	7		1
	134	4		1	3		1		1		3	1	18	2	2	2	22	5	1	11		4	18			17	13	7	2	10	16	2	2	3
	123	2	2		2	2	2		2		6	2	34	1	5	9	3	1		9		4	12		6	14	10	17	4	10	18	5	3	6
※東京工業大附科学技術	186	1		4	3		4		1	1	5	2	1	11		21	5	6		12	17	23	52	2	6	27	15	15	2	5	11			
	182	1		2	7		13		5	4	10	3	6	8		37	4	5		6	13	25	31	3	16	24	12	19		3	12	1		
	196		1	4	6		15	1	2	1	7	1	5	7		5	31	5	1	5	16	31	36	1	5	24	8	18	2	3	13			
※東京大附中教	115		4	1	1						4	1	3	1	2	9	6		7	7	8	4	2		4	14	9	7	6	1	2		2	
	115	1	2	1	2		2				4	1	3	1	2	5	3		5	8	2	7	1	2	10	14	20	8		12	11	3	2	
	113	1	2	1							9	4	3			3	6	6	5	3	2	5	4		11	7	11	11	5	11	5		1	
青　山	270	2	5	8	13	3	8	5	13	7	61	23	4	69	16	58	51	22	20	81	1	14	107	3	21	51	74	166	17	91	83	11	21	12
	319	7	3	4	9	8	3	5	11	10	47	11	4	59	5	19	35	12	10	79	5	8	58	1	35	35	62	111	18	32	72	5	16	17
	285	1		3	11	1	3	7	6	5	38	17	12	41	6	21	39	16	3	38	6	4	36	5	19	32	37	121	31	79	93	8	10	14
浅　草	163																			1														
	199																			1														
	299																		2	1	3													
飛　鳥	248										1			1	1	6	3		3	1	4					9	9		3	2		1		2
	231				1						1			1			1		1	1			1	2	1	2	1			2				
	286										1			1	2	3			3	1	1	1			8	4	6	2		2	1		1	
足　立	262												1		4				1	3	1	1	1			13	16	4						
	266										1			3					2	1	1	1	1			11	7	2		1				
	308														2		1		1	1						10	3							
足立新田	264																			1	1				5		1							
	273										1	2				1				1										2				
	230														1					1							1	1	1					
足立西	184														1											1	2	2	1					
	229																								6		1							
	234																								5		1							
井　草	270				1						16	23	2	2	23	14	8	26	19	37	11	10	5	4	72	65	69	31	16	40	16	10	10	9
	273			2	1			1			11	13	1	4	18	17	9	15	7	25	6	5	11		54	69	41	26	8	22	14	2	7	3
	279			1	1	1					10	14	6	3	27	5	5	13	6	8	8	6	3	1	51	41	18	12	10	8		2	7	6
板　橋	265														1	1			4	3						5	8							
	261														3				1	3						6	2							
	253														3				1	2	1					7	1	1						

高校名の前の※印は国立、◎は私立、無印は公立を示す

東 京

上段は2023年、中段は2018年、下段は2013年のデータ

高校名	卒業生数	東京大学	京都大学	東北大学	筑波大学	電気通信大学	東京外国語大学	東京工業大学	一橋大学	東京都立大学	横浜国立大学	青山学院大学	学習院大学	北里大学	慶應義塾大学	駒澤大学	芝浦工業大学	上智大学	成蹊大学	成城大学	専修大学	中央大学	東京海洋大学	東京都市大学	東京理科大学	東邦大学	東洋大学	日本大学	法政大学	明治大学	明治学院大学	立教大学	早稲田大学	津田塾大学	東京女子大学	日本女子大学
板橋有徳	206											1			3				2	3	2						4	3	2	3	2	4	2			
	246																										7	8	1							
	261											1	1		3												1	8	1							
上野	312			2	2	2	1			2		23	17	5	3	5	3	11	22	8	60	28	16	6	5	6	135	93	80	52	23	27	10	1	2	7
	317			1	3	3				3		9	10	7	2	10	16	3	9	22	12	16	12	13	7	1	77	51	72	14	22	22	3	3	4	6
	320			2	2		1			1	1	13	5	3	1	24	6	4	6	9	10	7	12	5	9	4	73	47	39	21	27	13	14			2
江戸川	354									1	1	2	6	1	3	5	14	2	3	24	6	12	10	4		6	132	90	43	20	7	17	1		1	6
	349							1			1	4	8	4	1	23	19		10	11	8	8	4	3	8	5	61	51	19	5	9	4	5		1	7
	312											5			17	4		1		5	12	2	4		1	11	57	39	13	11	3	4	1		1	1
王子総合	226		1													2					2	3								1	3					
	230		1													2					2	1								3	5					
		2014年に初めて卒業生が出たため、10年前のデータはない

（王子総合の下段）2014年に初めて卒業生が出たため、10年前のデータはない

高校名	卒業生数	東京大学	京都大学	東北大学	筑波大学	電気通信大学	東京外国語大学	東京工業大学	一橋大学	東京都立大学	横浜国立大学	青山学院大学	学習院大学	北里大学	慶應義塾大学	駒澤大学	芝浦工業大学	上智大学	成蹊大学	成城大学	専修大学	中央大学	東京海洋大学	東京都市大学	東京理科大学	東邦大学	東洋大学	日本大学	法政大学	明治大学	明治学院大学	立教大学	早稲田大学	津田塾大学	東京女子大学	日本女子大学
桜修館中教	156	1	5	2	1	1	2	3	6	3	17	31	7	7	38	16	16	23	10	10	6	38	4	6	44	2	17	31	57	77	14	55	63	1	3	9
	152	5		1	3			2	3	10	9	15	1	4	21	9	15	10	6	7	6	26		14	22	2	20	23	29	46	17	21	34	3	6	7
	154	6	2	2	2	2	3	4	1	6	4	26	6	4	21	6	4	18	6	5	3	28	3	5	22	1	9	28	28	37	21	38	44	2	1	8
青梅総合	283				1							1		1	1		1	1			4	3	1				6	7	4		3	2			1	
	229															7	1	2			4	1					23	7	5	7	2					2
	298											1	1			4					3	1							3	3	3					
大泉	175	2		1	3	1	2	3	3	3	5	18	13	1	19	10	17	20	26	15	11	26	1	2	4	5	40	37	55	66	6	47	43	7	1	4
	190	2	2	2	3			1	6	3		13	15	3	8	6	25	14	12	3	4	20	1	6	21		34	36	37	32	7	28	25	3	5	6
	199	1		3	2	1			6	2		13	9	3	5	15	14	13	14	6	18	42	4	2	17		47	48	45	58	6	47	31	2	9	2
大泉桜	180																											4	1			1				
	223																													2						
	234															1					2						6	5	1	1	3					
大江戸	159		1									1	1	1								1					2	4								
	121														1							2							2	2	2					
	202																					2								1	1					
大崎	265											2		1		18			2	1	10	7	19	6	2	1	19	12	11	3	13					
	270											4	2	1	3	4	2			2	2	6	5				6	8	2	1	2		3			
	260																			1		6	1				1	9	2							
大島	42													1																						
	38																																			
	50																											2				1	2		3	3
大島海洋国際	65																						2													
	78											1		1			4				1	1	4					4	2	2		1	2			1
	69																			1	1	1	3	1								1	1			
大田桜台	148											1			3													2								
	188																					1						1								
	130															2			2	1	6	2						3	2	1	1					
小笠原	16																																			
	13																										5									
	15																					1													2	2
小川	265											2	1		3	7				1	10	5	49		2	2	10	14	9	4	3	2	3			1
	306											1		2		6				2	14	4					27	5	6	3	3	1	2			
	266											1			3		1		2		13	19					5	2	6		1					

上段は2023年、中段は2018年、下段は2013年のデータ

高校名	卒業生数	東京大	京都大	東北大	筑波大	電気通信大	東京外国語大	東京工業大	一橋大	東京都立大	横浜国立大	青山学院大	北里大	慶應義塾大	駒澤大	芝浦工業大	上智大	成蹊大	成城大	専修大	中央大	東海大	東京都市大	東京理科大	東邦大	日本大	法政大	明治大	明治学院大	立教大	早稲田大	津田塾大	東京女子大	日本女子大
荻窪	252																1				1							3						
	201																		1		1							1						
	199						1												1									3	1					
科学技術	200							1				1	7			4	1	1		1	4	8	18	3	1	5	19	4	2	1				
	202				1			4				1				16	6		2		2	3	19	3	3	1	11	5		2	1			1
	200				1	1						1			2		1			4	2	3		2	4	8	1							
片倉	277																1			3	3	2					3	1						
	308													1	1					5	4	2				2	2	1	2	1	1			2
	488							1							1	2			1	4	2	1		1		2	3							
葛飾総合	217																			1	1								1					
	232														2					1						1	1	2						
	233														1				1							1	3	7						
葛飾野	301	1													2					3	4	2	3			6	1	2	2	2	3			
	305													1		5	1		1		1	2				4	6	10		1				
	300														3	1	1			3	3					4	2	2						
北園	313	1	1			1		5	2	5	5	22	3	11	21	12	11	21	25	18	36	8	9	23	6	171	87	83	76	79	27	6	4	19
	312			5	2	1	3	8	3			9	21	3	2	15	24	8	9	14	25	7	11	20	5	110	76	58	40	35	23	6	9	10
	324	1					5					8	12	7		24	12	3	9	5	7	7	6		9	36	33	52	20	17	8		5	9
清瀬	269			1				2				3	9	2	31	9	1	30	8	23	29	17	12	7		104	80	39	12	22		3	16	8
	270											4	3	5	14	10	2	14	2	9	15	12	6	3	3	85	53	30	5	26	4	2		2
	276											4	1	4	14	7	3	7	9	8	8	3	3		58	30	28	9	1	14	4	1	2	1
桐ヶ丘	143																2											1		2				
	101																2										2	1						
	117																											1						
九段中教	147	1	1	2	2	1	1	4	1	3	2	15	5	3	14	7	12	39	3	15	24	3	1	20	3	27	38	33	42	43	36	2	6	4
	140		2	1	6	3	2	1	1		4	12	3	7	17	4	13	16	3	9	23	5		24	5	24	33	30	26	18	19	4	1	4
	139	2		2	10		2	3	2	4	2	16	7	5	18	6	3	13	12	8	17	1	1	23	2	15	34	17	31	29	20		3	7
国立	318	10	17	6	8	3	8	16	22	21	11	35	8	72	6	3	45	47	17	5	88	2	46	97	7	37	95	149	7	56	129	12	6	4
	321	26	14	4	11	1	15	7	21	21	6	24	5	72	10	3	30	27	11	6	84	7	3	82	1	4	41	126	8	38	143	13	13	21
	322	22	10	8	7	3	12	10	15	14	10	18	2	61	5	2	7	34	8	3	67		3	61	5	16	18	106	7	54	117	4	10	12
久留米西	227																											2	1					
	272														2				2							2	3	1						
	226																		2									2						
小石川中教	153	16	1	3	5	1	2	6	11	3	2	20	4	48	8	12	61		2	3	28	2	3	56	2	15	14	26	69	37	81	3		2
	155	12	2	4	5	1	2	8	4	6	5	15	5	35	4	4	9	14	2	3	26	3		45	9	10	25	61	1	16	59	5	5	7
	158	5		3	4	1		3	3	7	7	13	10	35	2	4	11	15	3	8	27	4		44	2	14	25	32	44	36	57	2	5	7
小岩	345												1		1	10			2	16	2				6	8	19	1	1	1	1			2
	352														8			2		5	6	1			4	27	17	1	5	1				2
	297							1						1	1	4		1		2	1	3	1	2	1	5	13	2	1	1			1	2
工芸	172																									8	5	2						
	248							1																			1	2						
	256							1							1	2			1		3	1		1		1	1	1		2				
江北	304										1	2	3	3	1	25	7		4	1	28	5	4	2	6	79	47	11	11	3	10	2		
	357											1	1		6	5		2	5	10	1	4	1	1	6	36	23	4	3	4				1
	375											1	1		3	4		1	1	5	1	10	1			29	24	6	5	2	2			

東　京

上段は2023年、中段は2018年、下段は2013年のデータ

高校名	卒業生数	京都大	東北大	筑波大	電気通信大	東京外国語大	東京工業大	一橋大	東京都立大	横浜国立大	青山学院大	学習院大	北里大	慶應義塾大	駒澤大	芝浦工業大	上智大	成蹊大	成城大	専修大	中央大	東海大	東京都市大	東京理科大	東邦大	東洋大	日本大	法政大	明治大	明治学院大	立教大	早稲田大	津田塾大	東京女子大	日本女子大
小金井北	241			2	3	5	2		7	1	24	11	5	7	33	27	6	44	21	23	55	2	6	10	2	62	73	101	66	15	57	20	4	8	7
	234			2	3	1	2		7	1	23	6	1	6	13	8	10	17	10	14	51	8	7	15		34	55	38	43	11	40	24	10	22	11
	279			1	1	1				3	7	8	2	1	29	7	6	22	6	25	20	5	16	8	3	51	68	42	32	6	29	11	2	5	6
国　際	225		1	2		8		1	3	1	28	9	7	18	18	3	5	21	4	16	40	2		7		30	18	19	58	23	72	38	11	9	10
	226			1	1	6				3	24	5	3	19	5		32	5	8	3	13	1		3		15	17	16	19	11	28	43	3	2	3
	229			4	1	3	1		1	1	27	4	2	32	3		39	5	3	4	24	2	1	6		8	9	13	15	17	18	30	7	1	6
国分寺	312	1	5	6	4	3	1	4	13	3	35	12	4	16	18	32	12	31	5	22	70	8	14	26	1	61	59	106	105	10	41	26	25	19	9
	316	1		2	6	10	6	1	21	9	26	9	8	20	9	33	29	27	6	9	69	8	15	39		64	63	78	90	10	53	64	19	23	9
	318	1		5	4	11	2	1	23	4	28	10	4	16	12	6	24	17	3	9	71	5	5	25	5	30	43	54	91	13	60	46	13	8	24
小　平	272			1	1					2	8	6	4	5	21	2	4	22	8	27	38	9	4	9		115	50	46	27	17	38	10	7	7	3
	275								3		13	8		1	24	4	4	30	6	31	49	5		7		34	13	8	19	13	22	6	7	1	2
	318				1						1		2		17	1	1	3	3	10	8	14	2			33	16		5	5	5	2			
小平西	267																	2	1	4						3	8	5	1						
	258																	2									3	1							
	221																			1								1	2						
小平南	279				1					2	4	3		1	18	9	3	9	6	52	30	11	6	5	2	88	69	35	18	10	8	4	3	2	2
	269											2		4	17		3	9	6	29	7	2	1	1		24	26	19	9	6	6	2			
	277								1			1		3	16	1		13	4	14	3	23	2	1		35	32	20	2	1					
狛　江	319			2			2		1	10	18	5	10	4	39	13		16	10	94	52	42	16	6	1	86	81	71	38	54	30	5	3	1	5
	354			1	2	1			6	2	18	12	8	2	34	11		15	13	58	29	34	9	5	3	69	34	83	12	11	15	9		2	4
	323									3	12	2	4		26	1	2	11	3	50	26	35	13	6	1	46	41	30	18	16	3	4	1		1
小松川	307	2	2	7	1	3	3	4	10	3	19	17	11	3	27	34	10	12	7	43	38	10	14	38	18	126	86	98	79	20	58	39	1	16	19
	348		1	3			6	1		10	11	21	10	12	19	62	14	15	11	17	35	8	10	27	19	105	117	74	72	16	34	38	2	5	3
	314			3	3		2		5		12	12	6	3	38	37	8	8	5	14	34	7	6	51	14	104	105	57	49	22	20	9		3	3
駒　場	317	1	2	4	3			2	3	4	35	17	11	8	26	20	22	18	10	37	46	18	15	22	3	61	68	84	78	24	49	38	7	16	8
	315	1		3	3	4	2	1	15	5	26	9	5	9	26	22	20	12	9	20	42	13	37	12	5	54	55	56	88	14	57	42	3	15	10
	356	1	1	2			2	2	13	1	45	14	8	19	24	11	22	25	12	26	40	3	14	25	4	35	77	58	97	41	73	51	4	9	14
小山台	324	4	2	4	3	4	1	5	5	10	33	13	11	36	26	26	36	20	20	19	60	10	15	32	7	100	61	101	131	27	69	58	8	7	12
	309		1			5	4	2	10	10	13	7	9	9	24	54	6	9	12	12	52	17	19	34	4	52	83	65	67	27	32	28	2	2	10
	317	1			1	5	1	4	2	16	24	10	12	6	17	33	21	14	12	9	36	18	12	23	3	42	57	49	64	59	42	32	4	12	7
鷺　宮	260													2	2	11		4	4	14	1	15	6			26	21	3	5	2	1	1			
	266											3		3	9	1		1	1	7	1	4	1	1		24	19	4	1	2	1				
	262								1		2	1	3	5	1	2	2	1	4		4					6	4	2	1					4	
桜　町	307										3				5			1	1	6	11	3				7	16	2	2	1					
	305										3				5					7	1	6				8	2	3	1	4					
	292														4	2		1	2		6	9				6			1	2					
篠　崎	269																			1						8	6	1	3		1				
	267																				1						7	3							
	221										1																		1	4					
忍　岡	209										2																	2	1				1	1	3
	217																				4						1	1	5	3					
	223										2																3	3	2	2	3				
石神井	275				1	1					4	5	3	1	33	6	4	22	4	27	19	20	3	6	2	91	73	38	22	5	4	7		4	3
	266										2	5	3	19	8	1	11	5	3		11	4	2	2		54	30	21	14	4	11	2		1	3
	279				1						3	2	2	1	10	3		9	2	6	7	10	4	3	1	38	25	14	2	4	3	1			

東　京

高校名	卒業生数	東京大	京都大	東北大	筑波大	電通大	外語大	東工大	一橋大	都立大	横浜国立大	青山学院大	北里大	慶應大	駒澤大	芝浦工大	上智大	成蹊大	成城大	専修大	中央大	海洋大	都市大	理科大	東邦大	東洋大	日本大	法政大	明治大	明学大	立教大	早稲田大	津田塾大	東京女子大	日本女子大
上水	231										2	1	2				17		3	16	7	3	7	4			24	18	6	3	6				1
	231										1	2	3	1	12	9	2	4		14	7	2	1	2			20	8	9	8	3	1			1
	240											2					7		3	11	5	3		2	1	13	5	5	2					2	1
城東	315				4	1				1	1	21	11	4	3	25	34	9	18	19	29	18	14	23	7	178	107	80	52	30	32	24		4	3
	317				3	1					1	7	10	3	1	11	30	6	18	17	21	8	9	13	16	89	76	40	32	9	16	3		1	6
	315				1						2	9	6	4	5	22	20	6	8	13	10	6	15	8	12	61	72	32	32	15	15	5			4
翔陽	233											2	2	5	7	1	3	12	3	9	7	15	6			11	25	13	6	2	6			1	1
	233											2	2		1	5		6	2	15	7	9	5			14	19	8	7	3	1	1			
	234										2	5	3	2	1	17	1	1	11	27	19	13	9	1	1	15	29	9	8	5	1	1	1	5	2
昭和	314			3	1	3				11	1	16	9	9	2	28	9	4	50	39	58	18	26	6	2	77	83	78	42	8	23	14	6	8	7
	313				1	1				6		12	7	9	1	15	20	7	12	19	35	5	10	12	2	100	45	41	17	3	22	9		6	7
	313											2	2	6	16	3	1	12	1	28	22	13	6	1		35	26	23	9	1	4	3			
新宿	307	1	1	6	3	2	7	5	5	4	6	62	15	11	28	16	25	25	19	20	85	2	9	61	3	58	65	105	161	28	57	65	8	12	31
	316	2	1	2	5	1	3	8	6	17	7	17	13	14	29	10	36	17	15	7	53	11	9	45	6	37	46	67	108	15	75	66	13	15	24
	318	2			4	3	3	3	1	12	6	28	20	9	27	15	52	24	22	20	57	4	16	44	4	40	52	54	117	24	56	52	8	29	25
新宿山吹	353				1					1		1	4	6	17	11	2	3	6	18	21	10	10	2		31	43	12	14	4	14	9	2	10	3
	341				1							2	1	2	5	4	3	6	4	10	7	7		4	2	16	9	10	13	3	4	22			1
	137											2	6	4	4	2	1	3	8	4	3	4		4	1	4	1	3	4	1	4	1		1	5
神代	285				1						2	6	4	3	23		5	14	14	55	24		25	3		35	57	30	13	24	7	1		6	3
	287										2	3	3	4	16	11	2	9	3	22	17	6	9	2		32	33	11	8	2	8	6			1
	319			1	1						1	15	1	5	14	1	2	20	13	22	26	11	10	1	3	31	34	15	15	8	8	6			1
杉並	305											2	3			13	2		4	24	6		26	1		22	31	13	7	8	2	3			
	307										1	6	5	2	9	1		6	4	7	2	14	1	3		19	20	6	3	1	2				
	321											4	4			7	3		4	28	1	5		1		17	25	15	9	8	7	4			1
杉並総合	221										1					5	2			3	3	3				2			16		1				
	234															1	1	2		7	1	1					7	4	2	3					
	233											3	1	1		5	2		1	2	4	4	1	1		10	9	2	2		3	3		2	1
砂川	336											1							5	2						3	6	5							
	240					1										1	1			1							1	3			1				
	315					1											1										3	2							
墨田川	305				1						2	10	8	3	1	23	5	2	4	29	12	15	10	5		87	62	24	25	7	20	5	2		8
	315				2						3	13	6	9	2	14	20	7	3	8	14	14	3	10	6	91	64	30	22	13	17	9	1	2	1
	321				2						1	1	3		2	4	9	1	9	28	8	16	2	5	11	45	50	15	11	9	6	5		2	3
世田谷泉	144											2	1	2				1	2	2	5					4	2	2	2	2	1				
	133																1				1						2	1							
	154																	1	1	1													1	1	1
世田谷総合	187																		2	1	2	2					1	1			1				
	226				1												1			1							2	3							
	230										1	1				4	2		2	4	1	1	1			6	5	2	4	2	1	1			
総合芸術	155															1	4				2							4	2		1				
	161																1	2			1						1	1	1	1	3	1		1	2
	159				1												2		1								6	2	2	1	2				
高島	310											1				7	3		1	25	2	4				30	31	5	2	5	1				
	319											1				3	1		4	2	3	7				23	21	1	4	2	1				
	316											3				7	1		1	7	5					9	11	3	1						

東 京

上段は2023年、中段は2018年、下段は2013年のデータ

高校名	卒業生数	東京大	京都大	東北大	筑波大	電気通信大	東京外国語大	東京工業大	一橋大	東京都立大	横浜国立大	青山学院大	学習院大	北里大	慶應義塾大	駒澤大	芝浦工業大	上智大	成蹊大	成城大	専修大	中央大	東海大	東京理科大	東京都市大	東邦大	東洋大	日本大	法政大	明治大	明治学院大	立教大	早稲田大	津田塾大	東京女子大	日本女子大
田柄	155																													1		1	1			
	167																					2								4	2					
	167																	1				1														
竹台	188											2						1	1			1		3					1	1		1	2			
	194											2						2				1							3	1	2					
	232															1		2	1	1	2	1				2	6	7	4		2	1				
竹早	238		1	3	1	1	3			10	3	13	14	3	5	19	32	12	15	19	33	51	1	13	39	107	56	47	36	31	2	51	35	5	7	12
	237		2			1	1		8	5		8	6	3	9	6	33	17	6	6	9	30	6	1	11	2	73	45	35	45	6	22	30	1	4	2
	280	1	1	2		2	1		4			24	16	5	10	10	8	14	9	11	22	34	8	1	23	2	69	41	46	49	24	59	44	1	2	4
立川	361	3	5	7	4	1	9	5	9	23	4	40	13	19	16	13	21	23	35	11	12	75	3	16	47	1	17	35	81	108	12	60	60	13	13	17
	314	3	4	7	4	2	7	11	5	25	1	22	9	11	21	10	23	16	28	16	13	73	4	13	56		21	44	52	64	6	39	44	20	27	17
	309	5	4	6	5	2	6	9	5	20	5	33	4	12	33	5	12	17	15	4	6	87	8	9	39	1	10	30	41	95	10	49	67	14	17	13
立川国際中教	145	3	2	1	3	2	2	2	1	4	2	28	4	5	13	3	9	33	8	4	9	41	6	7	35		19	21	41	51	8	42	42	2	9	4
	149	4		4	1	1	6	1	4	2	2	13	4	7	15	4	7	14	3	3	4	43	1	1	15	2	33	27	21	30	2	13	30	4	8	7
		colspan=2014年に初めて卒業生が出たため、10年前のデータはない																																		
田無	311				1											8					6	1	5				6	1	5							
	310	1										4			4	2		2		1		6	2				6	4	2	1						
	308											2				1	1	2				6		4	1											
多摩科学技術	201		1	2	3		2			7		6	1	10	1	3	25	2	13	1	10	17	17	9	22	1	12	42	27	17		7	1	2	2	
	209		5					1				1	2	5	3	4	2	5				8	12	12	8	2	7	25	14	4		4	1			
	189		4	1			4					1	7	13	5		7	4	8	1		5	1	7	13	5		7	4	8	1	1	1			
千歳丘	244																					1	1				2	1	1							
	238											1			1	4	2			2		1	2				1	1		1						
	349																					1						1								
千早	193											2		2			1					5	4					5	4	1		2			1	1
	204																					1	2	5	1	3						1	4			
	204											3		2			1					2	2		2	3	1					1				
調布北	232			1	1	3					10	8	5	4		27	17	8	25	16	40	58	7	14	2	2	43	73	68	47	7	17	7	1	9	9
	234	1				1	1	1	1	5	1	8	5	7	5	27	11	3	18	13	23	33	8	19	10	1	41	69	52	34	2	27	11	1	7	14
	244				1						3	10	5	4	1	17	11	8	18	6	21	28	12	19	11		35	49	40	34	8	18	12		3	2
調布南	235			1	2						1	7	4	4		21	9	2	18	6	43	23	40	9	1	3	27	73	32	13	6	4	3	2	1	3
	240			1			1					3	2	3		28	3	1	9	8	27	11	17	10	2	1	33	55	23	6	2	2	1		1	1
	239											3			9			6	4	34		6	37	1		24	30	7		1		2	1			
つばさ総合	236																1	5				12	1			1	6		1							
	232			1								2			1	4	1		1	1	4	8	2			17	9	2	4	2		2				
	234											1	2	4			1	3				1	10	3			4	4	2							
田園調布	233			1							1	2	4		24	2		10	9	22		13	24	13	2	4	31	47	27	7	16	9	1	3	3	4
	229			1			3					6	8	1	1	8	2	9	9	22		5	17	13	5	2	14	24	19	6	12	7	5		3	
	234											5	3	2		11	4	2	4	4	13	10	15	10	3		18	26	7	2	9	3	3			
豊島	270						1					2	2	2		16	3		4	1	28	10	11	5		1	68	60	17	9	2	11	2		3	1
	275			1								3	6	1	2	15	12	4	11	8	6	10	5	4	1	5	125	22	5	2	5	9	1		1	
	322			1								2	1	2	1	11		2	6	2	11	5	8	2	1		39	24	12	4	2	4	1		2	3
戸山	312	9	6	5	11	9	5	9	9	5	9	22	9	7	51	3	38	42	4	3	3	34	6	7	116	3	22	31	39	146	11	59	75	1	11	11
	324	11	5	8	11	2	1	7	9	12	9	19	13	15	9	4	27	34	23	7	3	71	2	26	79	5	37	53	60	115	18	50	117	12	11	10
	321	10	1	3	4	2	7	7	8	11	15	34	14	13	54	10	11	43	11	6	5	55	6	5	79	6	144	53	114	14		74	114	17	19	15

東　京

上段は2023年、中段は2018年、下段は2013年のデータ

注：各高校は上段＝2023年、中段＝2018年、下段＝2013年のデータ。数値は合格者数。

高校名	卒業生数	東京大	京都大	東北大	筑波大	電気通信大	東京外国語大	東京工業大	一橋大	東京都立大	横浜国立大	青山学院大	学習院大	北里大	慶應義塾大	駒澤大	芝浦工業大	上智大	成蹊大	成城大	専修大	中央大	東海大	東京都市大	東京理科大	東邦大	東洋大	日本大	法政大	明治学院大	明治大	立教大	早稲田大	津田塾大	東京女子大	日本女子大
豊多摩	313		1		3	1			4	2		27	13	11	16	4	11	2	5	3	21	44	20	7	8	4	8	49	59	28	15	62	23	7	30	19
	309		1		2	1			4			13	17	7	6	24	30	4	32	18	25	18	20	19	3		5	47	25	24	5	15	23	4	7	7
	312		1		1	1				9		8	6	8	2	14	13	5	15	4	13	16	14	12	7	1	34	40	44	22	14	16	10	1	5	6
成瀬	268						1			2		11	4	4	2	3	3	8	10	8	3	17	7	8	10	1	37	33	36	17	8	7	12		3	1
	276		1									13	4	4		17	4	2	4	3	29	18	25	24	1		17	38	18	11	7	4	3	1		2
	277								2	1		2		3		14		1	3	4	22	12	4	1	14		16	14	20	3	5	9	3			2
西	312	17	18	6	5	2	7	10	20	6	8	21	8	10	82	8	27	43	5	3	6	54	7	2	122	1	7	26	43	152	1	55	139	8	11	4
	319	19	11	8	8	1	10	12	12	12	12	13	5	9	72	3	23	18	10	9	5	74		2	106	1	8	23	43	113	11	24	112	19	15	18
	326	34	10	2	4	2	9	13	23	10	10	19	3	10	86	7	8	45	13	4	1	74	3	9	62	3	16	29	135	13		54	185	9	8	12
日本橋	226														3						4	5						6		6	3	3				
	267																				1	1							2	6	1					
	205														2				1		1	1						1	2		2					
練馬	263														1														2							
	255														1				1									2	1	2						
	252														1				1									2	2							
野津田	144											1																1								
	196														1							2					2		1							
	199																																			
白鷗	226	1	1	2	4	1	4	3	2	5	3	15	11	5	14	15	27	16	8	10	11	20	16	4	32	6	55	37	39	45	10	29	20	3	9	10
	230	6		2	7	2	2	3	4	5		13	6	9	18	8	13	22	5	6	7	24	7	1	25	8	40	36	38	54	8	24	48	2	4	6
	230	5			3	1	3	1	1	3	1	11	6	3	12	13	14	6	3	4	7	14	8	1	24	2	21	37	31	33	18	22	27	1	2	9
八王子北	197														2	2		1	1	1		3	2							3	2	1	4			
	195														2				1			2	1						1	1	1					
	188																																			
八王子桑志	199														1				3						4											
	206											1					3					1	1		2		3	2	3	2	2					
	212																												2							
八王子拓真	296																		1			1							2							
	231																		1		3								2	1						
	299																												2							
八王子東	310	2	3	4	10	3	4	6	8	19	6	55	12	16	17	17	22	17	21	17	19	86	8	22	71	4	21	46	124	121	24	47	53	13	20	7
	316		3	9	4	8	2	6	8	23	13	33	5	16	17	8	23	14	26	9	7	59	5	3	42	1	19	31	62	74	5	22	37	18	19	16
	324	9	4	11	1	6	19	4	19	14		42	7	14	39	10	27	30	7	3	16	117	5	9	44		19	37	58	76	18	42	77	18	33	26
八丈	55														1			1				1						5	2		1	1				
	43											1			2							1	1													2
	68								2													1			2	4	2	2				1	1			
羽村	211																																			
	260											1							1										1							
	286											1			1			2	1										1							
晴海総合	253																					3					2	6	4	1	1	1				
	228											1	2		1		1	2	5	1	5	3	3	1	1	2	8	6	9		3	2	3			4
	230				1	1		1				4	1	1		2		2	2	3	5	3	3	1	2	9	5	8	4	2		3	1			2
東	234							1				2	9	1	1	25	1		6	5	38	3	12	1	7	6	43	20	8	2		2	1		1	
	272											5	1	1	9	3		5	2	3		1	9		22	19	7	4	4			1	3			
	283														7	4		2	1	3		2	3		12	19	1	1					3			

東　京

上段は2023年、中段は2018年、下段は2013年のデータ

高校名	卒業生数	東京大	京都大	北大	筑波大	電気通信大	東京外国語大	東京工業大	一橋大	東京都立大	横浜国立大	青山学院大	学習院大	北里大	慶應義塾大	駒澤大	芝浦工業大	上智大	成蹊大	成城大	専修大	中央大	東海大	東京理科大	東邦大	東洋大	日本大	法政大	明治大	明治学院大	立教大	早稲田大	津田塾大	東京女子大	日本女子大
東久留米総合	193											3			5			3			10	2					19	6	4	1	1			2	
	275											1			6		3		1	1	2	3	1			14	18	10	1	3		7	1		
	271				1							1	1		3						4	3	8	1	1	17	11	3	2			2	5		
東　村　山	186											1						1			2	1						2	1						
	185											1						1			2	1						3							
	208											1									1	1						2							
東村山西	212																					1													
	272														3							1		1										1	
	225																					1													
東　大　和	276											2			6			7	2	22	7	17		2			11	24	3	4	4		1		
	275											3			1	3		1	2	8	5	5					10	17	6	1		5		1	
	317											2				12			4	9	3	3	4	2			16	11	3	4					
東大和南	275				1	1						13	6	4	1	33	13		14	17	47	36	14	11	3		83	69	27	16	4	7	3	6	3
	277		1	1			3					8	6	1	1	15	11		9	5	17	16	7	2	4		42	34	27	11		9	7	3	2
	320				1							4	5	2		21	1	2	11	5	33	12	2	6		1	62	32	26	7	2	10	9	1	3
光　　丘	206																		1			1	2					2							
	260											1	1										2					1	1	1					
	216																					1													
一　　橋	332											1	1			1	1					2	3					6	4	1	1	1			
	375																				1							1							
	396														1						1	7	3					4	1						
日　　野	300											4	3			2			5	2	30	17	20				9	20	8	7	1	4	3	2	
	308			1								3	2	1		8			1	1	10	5	4	1	1		20	17	1			1	2		
	270												1			8	5				12	7	2	1	1		2	7	4	1					
日　野　台	315			1	3	4	2		16			39	6	13	4	23	17	12	28	17	78	68	13	7	10		125	67	87	50	10	60	37	11	10	8
	311			1	2	1			6	1		8	5	8	2	29	5	3	26	10	50	53	8	8	5		55	60	59	30	5	17	13	5	13	12
	325					1			3	1		23	6	6	2	32	6	8	21	12	42	42	23	24	6	2	49	51	51	26	6	10	19		4	3
日　比　谷	314	51	4	4	6	1	7	4	10	3	9	31	4	2	90	2	17	69	6	2	1	58	5	99	3	3	15	23	85	3	64	184	8	1	1
	325	48	6	4	7		7	10	25	4	11	16	6	8	139	5	15	40	5	2		60	1	107	2	8	11	22	107	4	40	162	12	1	10
	315	29	6	5	5	2	6	4	10	9	13	16	13	9	153	2	8	49	5	3	2	61	1	83	5	4	14	25	94	7	33	163	14	9	13
広　　尾	194											11	9	1	4	24		4	1	9	11	14	12	5	4	2	43	23	23	15	11	10	4		
	193							1				2	1		5			4	8	1		3	2	2			22	19	11	4	3	4	1		1
	226											5						2	3			6	3	3			9	6	6	10	3	5	1	1	
深　　川	318								1			8	10	4	4	26	5	3	11	11	53	9	23	2	1	7	82	81	30	16	13	16	2		2
	317					1						3	2		1	24	4	10	4	3	20	4	5	1		4	54	30	17	7	8	7	2	2	1	5
	326											4	1		7	4	4	3	12			2	2	1		3	93	32	14	9	10	4	7	3	1	1
富　　士	191	2	1	2	1		3	8	3	4	3	20	14	7	21	10	57	14	14	6	15	34	13	18	25	2	55	33	31	60	16	46	52	1	8	9
	193	2	1	2	2		4	2	1	4	3	11	7	5	8	1	14	11	11	9	6	17	9	10	15	4	35	47	29	42	7	24	25	4	7	8
	326	1			2	1		1	9	1		13	14	7	10	22	19	22	25	14	16	46	5	7	15	2	43	59	55	48	17	41	35	3	21	11
富　士　森	301											2	3	1	2			4		7		11	19		1	1	6	10	4	4			3	1	
	314			1	1							1				7	2		5		11	3	6	4		2	4	6	2	3					
	269								1						4				4			2	2	2	1		8	6	4	1					
府　　中	267								3			2			2	11	2		5	2	26	8	17	3			27	31	6	3	3			1	4	4
	278								1			3				16			1	13	5	13	8	7	11	2	30	14	6	3	2	2				
	271						1					1				4					10	2	2	1			16	7	1	1	2				1	

東京

高校名	卒業生数	東京大	京都大	東北大	筑波大	電気通信大	東京外国語大	東京工業大	一橋大	横浜国立大	横浜市立大	青山学院大	北里大	慶應義塾大	駒澤大	芝浦工業大	上智大	成蹊大	成城大	専修大	中央大	東海大	東京都市大	東京理科大	東邦大	東洋大	日本大	法政大	明治大	明治学院大	立教大	早稲田大	津田塾大	東京女子大	日本女子大
府中西	310											2		3					2	7	3	4	1			3	8	3	1						
	350		1									1	1	2	1				1	2	2	1					8	4							
	316									1									2	1	2	1	1			4	3	2	1		1	1			
府中東	305											1					5		2	4	2	1					7	8	4						
	302																			1	1	3	1			1	5	4	1			2			
	299														2					2						3	6	2	1	1					
福生	269																			1	6						17	2	2	1					
	302											1					5			4	1						6	6	1	1					
	278														1				1	4	1	5				1	5	3	5	3	1				
文京	348			1	1					3		11	16	4	1	40	16	1	14	35	25	29	9	6	1	235	107	68	50	20	94	16	2	6	19
	357			1	1					4		12	9	1	1	15	29	3	15	9	11	6	11	2	2	97	42	40	35	7	29	14	1	3	2
	313									2		5	2	1	10	17	2	9	14	12	11	6	11	13	1	84	44	13	17	3	21	8			1
保谷	313											2	1		10			5	3	17	8	8	9	1		36	25	14	6	2	6	4		2	3
	306									1		3	1		5	6	1	9	2	4	4	7	3	1		17	14	6	2	1	4	2			
	305									1		2	1	1		9	2	6	4	1	6	2	4	2	1	22	12	11	6	1	4	2			
本所	231											2	3		27		6	2	7	29	3	6		2	2	35	44	13	10	3	8	1			
	235														3				2	3	3					2	7	9	1						
	281																			1	1					1	4	1	1	2	2				
町田	344			1	1	2	1	1		14		37	6	10	34	6	17	5	33	68	63	55	27	4		41	69	78	72	28	37	12	7	12	13
	315	1				1	1	2		20	4	20	3	10	10	17	15	11	7	13	48	41	20	12		29	68	45	55	16	31	25	8	14	26
	393			3		5			1	11	4	20	3	23	13	2	10	6	12	30	50	23	27	8	1	27	47	65	72	42	32	27		6	5
町田総合	231																		1		1	2						3							
	228																			3	4						1	8							
	228																1				1	5					9	1	2	1	1	1			
松が谷	305											1	3		11		1		4	31	10	22	5			20	17	6	3	3	3	2			
	310											1	2		1				3	7	3	4	1			15	9	3	1	1	4				
	271											2						2	2	8	1	6				4	5	5	1	1					
松原	182																		2	5							24	1	2	5	2	5			
	214														3				1	7	1	2	1			5	8	1	1						
	253																			2	1	1	2			3	1	10	1	1	1				
三田	271	1	1		4	1	2	2	2	4	3	49	15	7	22	27	20	34	13	22	38	24	11	9	13	6	26	98	106	44	96	32	3	13	17
	276			2	2	3	1	1		3	1	26	19	3	8	20	18	19	6	15	30	6	14	30	8	74	61	62	72	30	43	31	5	10	7
	316	1		1	2	3	1	2	2	1		24	4	5	4	20	8	16	8	20	13	15	8	11	4	58	60	43	51	39	31	27	1	5	6
三鷹中教	155	5	1	3	3	6	5	1	6	3		25	7	3	27	12	11	36	8	14	31	2	4	41	1	16	22	46	112	15	39	38	5	22	9
	149	2	2	2	2	4	4	3	2	3		14	1	4	17	11	15	10	4	2	27	3	23	1	21	24	26	46	4		15	25	4	13	9
		2016年に初めて卒業生が出たため、10年前のデータはない																																		
南平	319					1	2			7	1	11	7	6	21	5	6	18	19	48	37	19	12	9		58	84	60	13	9	7			6	5
	323					1				3		20	9		29	2	4	16	12	38	31	12	17	4		42	55	38	25	16	20	4	3	6	5
	319									4		15	7		14	13	3	20	6	34	37	10	23			39	42	37	19	6	12	8	4	2	6
南多摩中教	150	2	1	2	3	3	2	1	9	2		17	3	6	16	11	3	9	9	11	51	4	8	13	1	15	19	50	42	3	11	11	4	3	4
	152	5			2	3	2	2	14	4		17	2	4	10	6	5	25	9	11	27	3	7	14		9	34	37	35	4	30	56	5	3	6
		2016年に初めて卒業生が出たため、10年前のデータはない																																		
稔ヶ丘	151																1			1	2	2	2	1			6	2	1		1				
	199																				4					6	5	6	4					2	3
	197											3	2								1	1			1	1	8	2	3	3	1	1			

東　京

上段は2023年、中段は2018年、下段は2013年のデータ

高校名	卒業生数	東京大	京都大	東北大	筑波大	電気通信大	東京外国語大	一橋大	東京工業大	東京都立大	横浜国立大	青山学院大	北里大	慶應義塾大	駒澤大	芝浦工業大	上智大	成蹊大	成城大	専修大	中央大	東海大	東京都市大	東京理科大	東邦大	東洋大	日本大	法政大	明治大	明治学院大	立教大	早稲田大	津田塾大	東京女子大	日本女子大
美原	225										1			1						3	1				1										
	228											1	1								2	1	2		2										
	230													1			2																		
向丘	267											5	4	5	2	13	8	4	8	46	13	19	11	1	9	53	8	15	7	21	16	3			
	309											1	6	2		19		6	3	4	1	1	3	2	1	43	36	14	4	3	7			1	
	269											1	2		7			3	3	7	2	3			13	15	2	2	2		1				
武蔵・都立	187	9	2	6	4	1	2	7	10	6	1	25	10	3	33	4	24	45	10	4	33	7	9	41	2	30	19	40	61	2	29	59	6	17	7
	194	13	1	1	2	1	2	1	6	7	5	14	2	6	26	6	32	8	9	2	26	2	3	33	1	19	36	29	51	3	16	35	15	11	2
	201	1	1		2		7	2	7	2		21	8	4	5	3	9	13	8	6	38	3	6	19		19	26	29	42	16	44	53	4	8	3
武蔵丘	307											4	3		13			7	6	36	5	9	2		2	37	27	12	3	2	17	1	1	3	4
	310											1	4		10	4	1	13	2	8	5	15	1	1	2	50	26	8	9	2	2	2		4	1
	278											4	2		2		5		1	7	3	8	1			39	24	9	5	3	5			1	4
武蔵野北	232		2	2		2		4		7	3	24	7	4	5	20	14	5	25	33	40	21	14	12	5	56	55	8	16	12	47	24	4	18	8
	239		1	1		4	2	2	1	22	1	11	5	5	1	22	16	5	22	21	48	7	5	15	1	56	46	5	14	9	42	18	4	21	3
	241								2	2	3	15	7	9	4	17	21	13	9	21	32	10	13	6	3	64	45	34	42	14	25	17		5	15
武蔵村山	237										1	1	1		1					3	6		3		1	6	1	3	1		1				
	276																1									2	2								
	264																											1							
目黒・都立	231					1	2			6		15	12	7	3	30	9	10	9	27	22	24	20	3	9	92	73	50	39	41	32	9	2	1	5
	229											8	4	3	5	16	6	1	9	30	12	12	14	3	3	60	50	25	30	22	12	4		4	1
	267											5	4	1		11	2	1	6	8	27	22	10		8	19	4	3			4	3	1		6
紅葉川	232											1							2	3	6					5	10	3	1						
	233																	1	1		1					3	5	2	1						
	265																1				1						7	2	1						
八潮	202											1								5	4					1		1							1
	222																3									1		2	2						1
	192											1																							
山崎	188																				7						1								
	220																2			3	7		1				3	2							
	210									1																	1	2							
雪谷	276			2	1					2	1	7	7	4	2	37	5	2	14	53	24	35	29	2	3	93	66	43	34	35	25	9	4		2
	271									2		5	7	4	1	17	6	3	6	13	2	12	18	3		50	42	22	12	14	9	5		1	2
	283									1		2	1		10		3	2	5	14	5	23	20	4	4	23	34	10	5	15	2	4			
両国	198	6	2	1	10	1	2	3	3	4	2	20	11	6	38	11	11	27	12	15	36		5	5	11	48	46	48	69	17	51	45	11	7	9
	188	3	3	3	5	2	2	8	3	5	3	18	11	11	7	5	23	12	6	5	17	3	3	38	10	54	33	23	58	7	32	44	2	8	7
	196	5	1	3	10	2	6	5		3	4	11	9	16	7	19	11		6	6	37	7	3	42	14	33	54	24	42	14	30	49	5	10	6
芦花	266											4	4			28			5	3	29	6	46	3	1	36	40	13	4	2	4	1		1	1
	233														8			5	1	8	2	1				8	17	11	1	1		1			1
	233										1	1	1		4		1	1	1	4	3	3				12	10	2	2		1			1	
六本木	194																3																		
	128																										1								
	145										1																1	1							
若葉総合	225													1						1	3	3						3		1					1
	232																		2		3	3					1								
	232										1									4	1	4	1	1	2		3	2	2		2				2

東京

高校名	卒業生数	東京大学	京都大学	東北大学	筑波大学	電気通信大学	東京外国語大学	一橋大学	東京工業大学	東京都立大学	横浜国立大学	青山学院大学	学習院大学	北里大学	慶應義塾大学	駒澤大学	芝浦工業大学	上智大学	成蹊大学	成城大学	専修大学	中央大学	東京海洋大学	東京都市大学	東京理科大学	東邦大学	東洋大学	日本大学	法政大学	明治大学	明治学院大学	立教大学	早稲田大学	津田塾大学	東京女子大学	日本女子大学
◎愛国	137																																			
	211																											1								
	188																																			
◎青山学院	408	2						2				373	1		27	3	1	29			1	10			19	3	2	12	5	10		18	21			
	404	2			1				1			328	1	3	20	3	4	15	5	5		15	2		13	1	2	7	4	11	4	7	14			
	408	1			4				1	1		335	3	6	18		2	12		2	2	4	1		9	5	5	5	4	14	6	3	21		2	1
◎麻布	295	79	14	7	5	1	1	18	10	2	3	15	1	6	112	5	38	74	4	1	1	41	11	1	294		3	21	29	89	11	12	151	-	-	-
	304	98	16	4	6	1	1	17	14	1	9	3	7	1	130	4	10	11	4	5	2	64	1	3	61	2	6	17	17	59		1	116	-	-	-
	309	82	10	5	2	4		22	11	6	4	14	2	5	161	1	5	19	3	2	1	53	10	3	41	2	2	10	19	86		23	163	-	-	-
◎足立学園	280	1		2							1	5	16	2	2	6	10	3	6	11	14	21	20	3	11	4	47	73	18	20	9	19	7	-	-	-
	341			4	1		1		1	1		8	10	3	5	12	9	6	5	4	16	11	9	18	25	15	47	64	23	21	10	20	21	-	-	-
	293			4	1				1			9	7	1	2	10	8	9	11	7	16	16	19	8	17	9	56	45	30	26	9	15	17	-	-	-
◎跡見学園	135											5	11	2	1	3	1	3	2	5	6	3	2		1	6	16	4	11	4		4	5	1	3	7
	266						1		2			12	10	6	2	4	1	2	12	13	6	9	4		5	1	44	23	12	22	15	19	6	7	32	19
	257	1				2			3			31	15	8	10	6	6	20	23	14	20	10	5	1	6	29	37	25	46	31		53	40	9	30	34
◎郁文館	248	1			2	1		1	1	1		7	6	7	9	6	1	6	4	5	14	8	12	8	10	2	23	47	18	18	10	5	10		1	2
	227				1							7	3	1	5	3		1	1	5	5	10	8	10	6	4	12	21	19	10	5	11	4			1
	296	1			3	2						3	4		7	9	6	5	4	3	20	10	17	7	14	8	8	27	15	23	16	8	10			
◎郁文館グローバル	78			1								9	3		3	1	8		2	1		6		1	2	1	2	5	9	1	2	7				1
	123											5	2		8	1	3					1		1	1		4	4	6			10	6	1		
	40					1						2	2		8	1	1	2							1	5	3					3	2	1		
◎岩倉	441				1							2			1	7			3	13		10	6	4	4		26	22	8	6	4	4	2		1	1
	409											2	3		1	3	5				5	1	3	1		26	9	11	2	1						
	260											1	2			2			2	2		2	2													
◎上野学園	188								1			1	2		2	7		1	5			3		2	10	8	4	1	2	4		4				
	160								1			1		2	1		1	7	2			1	7	1	1	4	10	9	1		1					2
	154											1		3	1		2	2	3			1	2	1	4	9	2	2	4			3	2	1		
◎穎明館	172	3	1				1		5	4		28	4	20	13	6	26	13	6	9	13	45	2	2	24	15		22	50	37	37	12	25	14	8	10	8
	190		3			3	1	2	7	1		11	2	3	20	8	10	12	8	7	20	36	6	18	24		14	39	28	36	4	13	48	2	1	5
	171	4	1	5	2	1	3	3	4	6	6	27	5	12	57	1	12	39	7	1	5	84	10	5	52		3	29	27	75	10	7	69	2	3	1
◎江戸川女子	292			2	2		2		1	1		13	14	7	14	13	8	15	4	14	17	15	2	4	14	31	26	34	25	33	16	46	28	16	17	42
	351			8	1	1			1	2		13	8	15	11	11	20	23	6	9	1	10	4	5	15	24	30	30	31	20	14	34	15	6	37	26
	353			3	3	1		1	1			29	13	6	14	12	2	22	11	16	7	13	10	1	17	24	23	42	38	61	39	38	31	7	29	28
◎NHK学園	1223											4	7	3	2	7	5	7	6	8	26	16	4		3	1	17	15	23	7	6	4	8	1	7	1
	1164	1			1							1	2	1	1	3	1			1	5	2	5	3	1		6	8	9	4		2	2			
	1177			1	1							2			4	3	2	1		7		5	4	2	1		10	2	2	8	3	4	1	2		
◎桜蔭	231	72	6	4	3		1	4	5	2	2	24	4	3	102	1	4	57	2	2		43	2	4	75	9	7	14	51	3		17	149	2	16	2
	231	77	3	4			1	4	5	2	1	5	1	9	96		2	23	1	1		46	5	1	66	4	1	11	45			12	120	9	10	1
	232	66	3	3	5	2	1	4	10		7	8	5	4	75	1	1	9	29	1	1	24	5	1	62	2	4	7	10	50	7	33	143	5	2	8
◎桜美林	420			1	2		1		2	11	1	33	12	21	7	26	3	16	16	23	83	48	7	22	4	9	1	36	72	57	39	35	18	13	11	13
	458			1	2		1			10	1	37	12	12	7	45	12	17	17	24	60	49	6	34	11		1	50	89	61	42	47	21	8	3	17	18
	266								3	2		22	6	9	5	19	2	10	13	15	40	30	16	24	9	1	12	32	41	18	33	15	4	2	1	7
◎鷗友学園女子	228	3	4	3	4		8	8	3	5	5	53	13	7	68	7	29	95	6	10	10	73	6	40	67	3	14	29	51	118	22	118	75	10	24	20
	220	6	4	3	4	2	7	6	4	7	6	33	6	20	58	7	47	48	12	4	4	44	9	13	64	7	12	22	35	101	12	86	59	26	48	59
	264	11	1	1	2	2	8	2	7	16	8	53	5	12	36	8	14	57	19	4	7	54	3	12	30	1	6	20	37	115	45	84	105	22	49	42

東　　京

高校名	年	卒業生数	東京大	京都大	北大	筑波大	電気通信大	東京外国語大	一橋大	東京工業大	東京都立大	横浜国立大	青山学院大	学習院大	北里大	慶應義塾大	駒澤大	芝浦工業大	上智大	成蹊大	成城大	専修大	中央大	東海大	東京都市大	東京理科大	東邦大	東洋大	日本大	法政大	明治大	明治学院大	立教大	早稲田大	津田塾大	東京女子大	日本女子大
◎大妻	2023	281	1			3			5	1			29	21	14	15	19	21	34	9	22	17	36	3	10	32	12	41	64	65	75	28	60	16	9	27	39
	2018	272	1	1	1	3			2		2	6	1		22	17	17	20	20	18	23	11	22	23	33	7	10	33	12	70	71	64	54	28	67	34	6	31	43
	2013	276				2	3		5				52	30	12	29	13	14	47	10	10	10	27	3	1	24	19	30	53	55	88	25	96	61	11	53	67
◎大妻多摩	2023	141				2				2	1		12	1	13	5	7	3	10	8	13	20	24	6	5	2	1	20	24	20	9	18	13	6	1	10	12
	2018	153			1	2	1		2				15	11	7	13	7	1	8	6	7	11	21	20	5	7	1	14	14	14	26	15	19	12	9	31	43
	2013	154			1	1					8	3	27	10	22	16	10	5	21	11	8	6	40	17	4	11	1	12	30	19	26	16	41	31	2	19	42
◎大妻中野	2023	199			1	1	1						6	10	10	4	3	2	10	12	12	10	18	4		4	4	24	19	10	15	4	24	9	8	11	16
	2018	221	1				1	1		2			14	13	4	6	4	4	4	7	4	3	14	3	4	4	17	21	17	16	6		29	11	4	12	22
	2013	235				1			1				27	12	5	3	11	5	8	14	10	4	11	2	2	6	13	24	18	19	13		33	16	6	22	16
◎大原学園	2023	55																	1				1					1	1	2							
	2018	76											1	1		1				1	1		2	2	1												
	2013	54												1			2					1	1			2			1								
◎大森学園	2023	222			1					1	1		3		1	1	7	1	2	1	1	5	3	8	2	6	1	3	15	8	3	1	2	2			
	2018	388				2							1		2	1	8	4	2		1	11	6	10	7	7	1	1	23	4	7	2	4	1			
	2013	277			1						2		2	1		2	4	1					4	1	1	5	2	6	3	6			4	2			
◎海城	2023	302	43	7	12	6	3	1	12	10	1	5	27	2	8	113	4	15	37	11	4	1	53	6	3	126	9	29	31	1	13	2	22	140	-	-	-
	2018	320	48	11	16	8	2		10	16	1	4	7		4	129	4	40	21	2	3		34	7	6	115	5	10	30	17	57	1	12	161	-	-	-
	2013	371	40	10	9	12	2		14	16	1	13	17	8	7	131	3	20	33	7	3	6	84	15	4	101	10	9	34	31	110	6	35	176	-	-	-
◎開成	2023	393	148	10	8	7	4	1	5	9	1	7	14	10	1	189	3	1	55			2	32	1		89	8	9	10	11	66		5	210	-	-	-
	2018	398	175	14	4	10	1		9	9	1	9	9	9	1	217	1	2	15	3	2		57	2		93	1	11	21	18	63	1	8	230	-	-	-
	2013	399	170	6	5	5	1	1	4	6		6	2	2	4	156	1	2	24			1	30	1	3	69	7	2	20	3	38	1	8	196	-	-	-
◎開智日本橋学園	2023	140	1				2						11	4		4	17	6	8	3	11	9	8	1		13	1	33	33	35	13	9	23	9		2	6
	2018	72										2	2	1		1							1	1		1	1						2	4			
	2013	104										1	1	1		2	2					1	1	2	1	9	14	2	1								
◎かえつ有明	2023	191			1	1					2		18	5	2	9	14	17	15	5	14	8	12	11	5	16	4	34	29	37	25	9	26	12	3	5	4
	2018	147			2		1						6	3	2	3	7	11	6	5	7	3	7	4	3	10		14	40	25	8	7	8	8	1		2
	2013	184			1		1						12	4	4	9	6	8	5	7	4	7	8	2	2	16	4	16	21	25	18	15	11	10		1	5
◎科学技術学園	2023	245					1						1										2	3		3	6		3	6	4		2	1			
	2018	183	1																1				2			1	4										
	2013	195																	1	2	5		2	1	2	1	1	2					1				
◎学習院	2023	196				1					1	2		116	3	11	3	6	7	4	2	5	9	2	1	7	3		21	10	18	2	10	14	-	-	-
	2018	197	2	1	1							1	10	103	1	21	6	8	21	1	3	1	13	3	7	9		20	17	21	2		6	21	-	-	-
	2013	190	5	1	1	3			1	3	4		1	14	91	2	42	1	9	15	2	1	1	12	1	4	24	2	5	8	25	5	9	52	-	-	-
◎学習院女子	2023	184	2	1							1	1	17	91	6	34	2	2	46	2		2	9		10	2	20	9	19	4			20	29	4	3	
	2018	201											2	129	1	18	4	2	11	3			5		5	2	7	1	12				10	12	1	3	8
	2013	201									1	5	6	132	2	28		14				1	8		5	1	2	1	17	1			6	18		1	
◎川村	2023	70											1	2	1	1			1	2	1		1			3	1		2	3			3			1	4
	2018	65											2	3	1			2	4	4			1		2	1	1	2					3		1	3	2
	2013	162							1	1			3	6		2	6	2	2	7	3		3	2	1	5	5	6	7	2			3	1	3	3	2
◎神田女学園	2023	100											1			2	1	1					6			1	1	1					1	4
	2018	106																					1		1	2	2										
	2013	115												1									2	1			1						1				
◎関東国際	2023	408											6	3	3	1	7	2	11	5	2	7	3	1	2		12	9	10	18			9	2	5	1	2
	2018	347											4	4		1	5		8	7	4	15	5	11	1	1	9	14	11	5	11		9		1	3	
	2013	340										1	14	3		1	6		12	5	5	9	5	12	4	2	12	13	15	5	11		8	7	1	1	2

東　京

上段は2023年、中段は2018年、下段は2013年のデータ

列見出しの大学名（略称）：
東京＝東京大学、京都＝京都大学、東北＝東北大学、筑波＝筑波大学、電通＝電気通信大学、外語＝東京外国語大学、一橋＝一橋大学、東工＝東京工業大学、横国＝横浜国立大学、横市＝横浜市立大学、青学＝青山学院大学、学習院＝学習院大学、北里＝北里大学、慶應＝慶應義塾大学、駒澤＝駒澤大学、芝工＝芝浦工業大学、上智＝上智大学、成蹊＝成蹊大学、成城＝成城大学、専修＝専修大学、中央＝中央大学、東海＝東海大学、都市＝東京都市大学、理科＝東京理科大学、東邦＝東邦大学、東洋＝東洋大学、日本＝日本大学、法政＝法政大学、明治＝明治大学、明学＝明治学院大学、立教＝立教大学、早大＝早稲田大学、津田＝津田塾大学、東女＝東京女子大学、日女＝日本女子大学

高校名	卒業生数	東京	京都	東北	筑波	電通	外語	一橋	東工	横国	横市	青学	学習院	北里	慶應	駒澤	芝工	上智	成蹊	成城	専修	中央	東海	都市	理科	東邦	東洋	日本	法政	明治	明学	立教	早大	津田	東女	日女
◎関東第一	699				2	1						2		5	6	17	13	2	2	2	40	16	10	1	3	3	60	87	8	11	7	4	3			9
	799					1			1			2	4	4	2	8	5	1	1	2	6	7	1	4	5	2	33	32	6	3	2	4	4			
	590			2	3	2						4	1								6	3	7	3	3	1	12	15	2	1	2	3	2			
◎北豊島	85											2	1	1		3		2	2	3	1	2	1				7	5	1	2		7	1			2
	81															3			1	2		1	3				3	3	1							
	104				2						2	1	2	1		1	2	3	2		1	1	3		3	4	2		3							
◎吉祥女子	242	6		3	1	2	2	6	6	2		38	11	15	38	5	27	70	19	9	11	96	4	4	51	1	244	67	61	120	7	87	75	16	59	30
	263	3		3	3	2	6	4	6	9		25	12	15	36	9	27	41	13	9	6	47	5	5	50	1	235	64	99	55	11	71	60	21	32	35
	224	4	1		2	1	9	3		8	5	33	17	16	30	12	13	38	7	4	4	45	3	4	40	2	9	35	25	76	10	53	73	15	61	65
◎共栄学園	226				1							3				1				3	1	7	1	1	3	3	18	38	1			1				1
	386					1						2	2	2		2	4	5	6	4	6	8			3	6	9	21	10	5	3	9	2		2	1
	258					1	1					2	3	2			5	5			6	4	3		12	1	9	19	3	4	1	3	1			
◎暁星	157	5	2	3	4	1		2	2			13	4	8	40	2	6	25	2	9	7	23	9	8	37	4	7	30	24	53	2	17	47	-	-	-
	164	9		1	1			3	1	2	1	7	4	6	42	2	5	22	4	4	2	21	17	5	29	6	12	29	9	35	5	8	49	-	-	-
	183	17	3	2	3			4	4	4	6	6	3	7	59	6	7	32	7	2	3	24	3	2	23	7	4	19	13	76	1	25	91	-	-	-
◎共立女子	311			1			1			2		29	19	11	16	9	12	15	15	21	25	22	4	1	23	11	55	72	35	37	23	57	20	12	33	32
	313				1					2	2	23	15	17	17	1	25	42	10	8	2	19	1		40	12	15	36	36	55	15	60	33	15	46	65
	340			2	3		2	1	1	1	2	59	40	12	37	1	14	35	17	11	6	21	1	2	43	12	12	33	57	42	1	98	91	3	3	1
◎共立女子第二	147										1	3	1		3	1		6	5	8		6	2				1	9	9	2		2			6	3
	179										1	2	1	1	1	4		4	10	5	4	2			4		10	5	4	1		1			3	
	205										1	2	1	1	1		1	5	3	8		7	2	1	1	1	2	18	4	17						
◎錦城	470	1			3	3	4		18	3		47	26	15	8	13	34	27	41	26	39	85	19	10	26	3	78	92	87	85	9	42	36	28	18	15
	525	1	1	2	1	2	2		19	1		32	17	19	12	18	33	49	39	11	15	74	9	4	36	4	74	81	84	91	13	64	54	14	24	9
	599		1	2		2			7	2		54	28	22	11	38	41	24	62	18	26	68	26	7	41	2	77	114	87	87	17	86	48	15	31	15
◎錦城学園	357															14				1	24	7			3		28	40	2			2				
	230										1	1	1						3	2	15	4	5				12	14	1	2	3	2				
	260											1	1	1	1	2		2	1	4		1	3				8	15	2	1	3	4	1			
◎国立音楽大附	147											1	2		2		1	2	5	2		10	11				4	2	2	2	2	2		1	3	3
	118											1							2	3	1	2					4	3	1			1			2	1
	138										1	2	2		1			3	1	3		1	2		1		2	3	2			4			1	1
◎国本女子	55																			1		1														
	47											2								1	2	1					1									1
	73																				1	1					1									1
◎慶應義塾女子	197														188							1		1			3			1		2				
	203														196	1											2						1			
	197	1													185																					
◎京華	211				1	1			1			6	2		5	2	7	12		5	20	21	12	26	13	2	86	57	19	14	7	21	6	-	-	-
	271			1	2	1	3	1	2			3	2	5	2	6	7	20	9	9		13	20	9	18	2	41	26	25	19	5	6	5	-	-	-
	267				3	2						2	3	2	6	3	7	4	8	3	14	20	14	23	16	1	27	57	23	19	11	8	6	-	-	-
◎京華商	153															1					9	4	6				1	1								
	189											1						4			10	4	4				1	1								
	185											2				3				3		2	5				1									
◎京華女子	141											2	2		1	7	2	5	2		6	2	7	1	3	2	13	2	5	1		2	2	3	4	1
	140						1					5	2			3			1	2		1	3		9	1	3	1	2			2		4	3	6
	162										1	2		1		4		1	2	1	3	3	1	1	1		13	2	3	1	2	1	1	1	1	3

東京

高校名	卒業生数	東京大	京都大	東北大	筑波大	電気通信大	東京外国語大	一橋大	東京工業大	横浜国立大	青山学院大	北里大	慶應義塾大	駒澤大	芝浦工業大	上智大	成蹊大	成城大	専修大	中央大	東海大	東京都市大	東京理科大	東邦大	東洋大	日本大	法政大	明治大	明治学院大	立教大	早稲田大	津田塾大	東京女子大	日本女子大
◎恵泉女学園 2023	183							1			22	4	14	7	5	9	11	8	9	11	31	10	13	2	26	30	15	27	20	39	21	17	19	9
◎恵泉女学園 2018	188						2			4	11	7	11	7	3	2	8	6	19	23	4	5	1	2	12	28	16	15	18	18	13	8	24	12
◎恵泉女学園 2013	190				1				1	3	26	6	5	10	5	6	10	21	7	13	3	7	4	2	19	25	12	22	33	39	16	10	18	20
◎啓明学園 2023	122										5	1	1			5	3	3	1	1	3					1	5	5	2	3	1	1		1
◎啓明学園 2018	108										2	2	2	1	1			1	2	7	2	1			3	9	10		1	2	6	1		1
◎啓明学園 2013	134		1					2	2	1	8	2	3	5	4	1	7	3		7	4		5		5	4	3	6	4	4	9		1	
◎小石川淑徳学園（現・淑徳SC）2023	50																													1				
◎小石川淑徳学園（現・淑徳SC）2018	44															1																		
◎小石川淑徳学園（現・淑徳SC）2013	28																											1	1					
◎光塩女子学院 2023	129	1						1	1	1	5	8	8	13	4	5	21	3	2	18	1	1	17	6	9	22	19	18	8	14	15	11	15	16
◎光塩女子学院 2018	134	2	1					1	1	2	9	3	9	16	1	7	21	12	3	17		4	20	2	3	17	11	12	6	8	10	18	20	21
◎光塩女子学院 2013	140	4			3			2	8	2	24	20	16	45	4	3	39	7	6	21		3	17		3	10	10	39	6	40	69	29	38	26
◎晃華学園 2023	140	2			1			3	1	1	25	3	10	10	6	17	16	7	16	26	3	7	9	2	8	24	23	26	6	49	30	8	18	15
◎晃華学園 2018	141	4				2	1	4		4	9	9	7	20	9	9	23	7	9	37	3		12	8	9	26	14	36	6	26	26	15	21	16
◎晃華学園 2013	143	2	1	1			2	1	4	2	21	11	11	30		6	25	6	7	20	1	1	13	5	2	9	18	37	15	42	45	16	26	22
◎工学院大附 2023	269					1	1				6		7	1	6	4	2	6	2	10	17	1	8	1	21	17	13	10	2	3				
◎工学院大附 2018	309								1	1	11	7	4		9	5	5	10	1	13	14	5	6		10	23	15	11	6	12				
◎工学院大附 2013	250								2		3	2	2	1	6	3	1	6	1	3	9	5	2		4	13	2	6	3	5				
◎攻玉社 2023	240	13	1	5	2	2	1	10	5	2	45	3	9	94	15	33	53	8	7	51	6	18	106	3	16	70	43	137	11	38	96	-	-	-
◎攻玉社 2018	242	13	1	3	2	2		9	4	5	21	8	4	96	10	23	34	2	5	50	7	19	68	1	14	33	40	99	6	20	111	-	-	-
◎攻玉社 2013	231	14	1	4			10	6	4	3	25	4	5	113	7	38	46	5	1	65	3	22	71	2	4	24	45	98	21	28	127	-	-	-
◎麹町学園女子 2023	156													1			1	1	2	1	2					6	9	3	1	2		1	2	3
◎麹町学園女子 2018	97										1	1	1	1	5	1	1	1	2	2	1					13	5	2	1	2	1		1	1
◎麹町学園女子 2013	177										2	2	3	1	3			3	1	4	6				3	2	15	3	9	3	3		3	7
◎佼成学園 2023	227		2	3	2			1		6	18	17	4	5	8	24	9	17	11	36	21	14	41	2	20	52	42	31	6	13	13	-	-	-
◎佼成学園 2018	203		1					2	2	2	7	6	1	7	13	16	5	7	9	28	8	9	21	2	12	34	15	22	3	9	3	-	-	-
◎佼成学園 2013	239	1						1		1	9	6	5	15	7	5	8	11	14	20	11	14	11	2	15	27	23	19	12	10	6	-	-	-
◎佼成学園女子 2023	195								1		3	2	4	4	2		19	3	5	10	3	1	5		9	7	8	22		13	6		4	5
◎佼成学園女子 2018	192						1		1		8	3	1	6	1		13	2	4	14	5	1			4	3	10	13	2	18	4	4	18	17
◎佼成学園女子 2013	195								1		5	5				6		7	3	14	6	3	7	1	17	8	15	2	1	4	1	7	12	23
◎香蘭女学校 2023	162	1						2			3	1	3	2	1	27	4	3	1	4	1	6	6			5	7	8	4	102	11		4	2
◎香蘭女学校 2018	168							2			3	5	5	3	8	2	4		8	2	3	1	3	4	3	12	4	10	8	88	11	1	9	9
◎香蘭女学校 2013	181										4	3	6	4	1		7		5	2	2	1	1	1	4	9	3	10	18	82	5	2	7	6
◎国学院 2023	566									3	51	39	14	11	35	23	21	43	36	65	22	50	26	4	86	110	134	116	60	87	31	7	16	23
◎国学院 2018	546				1				1		39	29	8	10	40	26	20	27	24	50	17	58	15	6	50	109	71	82	24	43	32	3	17	12
◎国学院 2013	563	1					1	1	1	2	39	25	8	6	20	24	24	38	21	40	26	14	25	2	56	84	54	51	41	41	29		6	13
◎国学院大久我山 2023	411	4		2	6	2	3	4	3	8	73	17	13	50	18	41	64	39	14	99	18	30	59	8	51	117	92	130	30	102	63	10	23	18
◎国学院大久我山 2018	466		4		6	1	1	3	5	1	50	24	14	56	22	47	25	21	23	28	77	63	15	3	59	146	24	75	13	45	79	6	22	7
◎国学院大久我山 2013	429		3		3	4	2	1	2	3	33	20	8	46	17	22	37	22	8	71	15	16	53	2	22	53	36	132	41	77	72	7	26	9
◎国際基督教大 2023	244	2	1	2	3			2	3	1	24	3	2	33	6		51	6	3	32	4	1	29	2	4	18	16	19	7	23	46	1	2	3
◎国際基督教大 2018	266	2	2	1		1	4	1	2	2	12	3	7	43	3	10	67	5	6	17	2	6	22	2	4	18	16	19	7	21	30	12	9	2
◎国際基督教大 2013	251	3	1		1			3	4	1	31	5	4	47	5	2	47	8	4	12	2		11	6	4	8	13	16	9	23	43	5	7	4
◎国士舘 2023	333										1	1			5		1	4	2	5	6	1	2	18	13	5	2	6		7				
◎国士舘 2018	178										3	2	5	1	3		1		6	1	2	1			1	4	1	1	3	1	1		1	
◎国士舘 2013	269									1	1		1		2			1	1	6	5	1				5	6	4	1	8				

東京

高校名	卒業生数	東京大	京都大	東北大	筑波大	電気通信大	東京外国語大	東京工業大	一橋大	東京都立大	横浜国立大	青山学院大	北里大	慶應義塾大	駒澤大	芝浦工業大	上智大	成蹊大	成城大	専修大	中央大	東京都市大	東京理科大	東邦大	東洋大	東海大	日本大	法政大	明治大	明治学院大	立教大	早稲田大	津田塾大	東京女子大	日本女子大
◎駒込	484				3	2	1	1		1	1	18	11	4	8	35	2	1	1	22	10	44	20	10	10	38	19	96	1	12	70	40	31	40	11	11
	364				1	1						9	8	2	2	20	23	6	16	9	8	14	16	9	28	15	66	6	14	027	15	10	8	2	4	3
	393	1		1		1	2					5	3		1	19	9	9	9	2	13	10	11	3	12	3	30	39	18	18	5	9	9	1	4
◎駒沢学園女子	140											4				2	1					1										2	1			
	82											4				3						1	1		2	1							1			
	160				1							1		8		1	3		5	4		1	3	1		2			2							
◎駒澤大	564		1									13	6	4	2	416	4	6	4	7	17	8	30	15	3	5	2	24	44	44	17	27	23	8	2	4
	506						1					12	1	2	3	376	11	3	8	2	15	5	11	1	1	21	22	15	12	10	4	6	5			
	493		1									4	4	1	383	3	1	4	5	3	3	4	6	2	5	6	11	7	7	5	4	3				
◎駒場学園	555											10	6	12	4	40	7	2	5	14	68	11	68	15	7	2	41	99	28	29	18	11	5	1	3	
	534											1		6	2	21	2	1	3	6	20	4	38	9		2	23	24	12	3	3	2	1			
	342										1	3	2	1	1	10		1	3	20	5	14	5	1		12	11	6	7	3	4	4		1	1	
◎駒場東邦	229	72	11	6	4	2	1	8	13	2	9	15	3	2	108		2	42	0	7	1	6	25	5	15	87	2	5	9	25	86	9	128	–	–	–
	233	47	11	6	9	2	1	12	5	2	7	7	2	1	95	1	24	17	2		1	47	5	2	54	8	6	24	18	64	1	5	95	–	–	–
	238	59	3	6	4	3		12	11		7	5	4	3	103	1	3	22	2		1	18		4	55	3	4	10	6	49	1	17	126	–	–	–
◎桜丘	238				1							11	12	3	2	24	23	7	5	8	25	26	3	8	10	5	97	60	52	30	9	16	13	1	3	
	320		1					1				5		1		29	2	3	6	5	5	15	6	1	6	3	102	43	28	22	11	16	10	3		
	387		1	1			3					9	3	5	4	21	8	2	9	6	19	18	12	6	17	9	75	57	43	36	11	18	9	3	1	
◎サレジアン国際学園	51											1			1	4	3	1	1			1			4	2	2				2		2	2		
	84											2	4			9	3					1	2	1	3	2	1				8	2	1	1	5	
	113				1							4	2	1		9	4		2	3	2		2	6	4	3	6				4	1	1			
◎サレジアン国際学園世田谷	55											2	2	1			6	1	1	2		1				9	1	1	2		3	2	1	3		
	75					1						4	3	1		7	6		3	3	2	1		1	5	4	3	1		3	4	2	11	9		
	112	1										6	7	1	7	3	2	6	4	1	6		6	2	2	3	1	5	8	6	6	8	6	4	5	5
◎実践学園	298				1	1					1	4	4	6	2	7	5	3	5	4	18	17	16	7	5		24	23	10	9	10	16	5		6	7
	370				1	1					1	11	5	1	3	17	4	4	16	8	24	23	1	8	7		36	42	31	11	8	28	20	11		1	6
	330										1	9	9	4	2	11	5		8	2	16	9	21	6	5		12	34	17	10	4	4	4	1	2	3
◎実践女子学園	190											9	5	3	2	5	4			4	3	10	7	2	2	1	6	8	13	5	5	10	6		13	7
	274										1	10	2	4	3	8	3	6	6	5	1	7	6	2	4	2	20	12	18	16	10	19	2	4	15	18
	313				2	4					2	28	13	19	6	14	7	17	14	7	22	8	7	5	11	3	23	31	32	37	25	47	23	5	24	34
◎品川エトワール女子	176																					1			1	4	2					2				
	213												1	1								1														
	236											1										1														
◎品川学藝	51																					1														
	59																	1				2												1		
	68																					1														
◎品川翔英	268				1									6	1	2	2	4	1	5	5	3	6	2	2	2	3	11	2	6	3	3				
	81																					1							1				2		2	
	44																					2		6	1								2		2	
◎品川女子学院	183				2		1	3	1	18	12	9	15	12	12	2	9	6	9	31	21	8	7	9	1	4	5	29	34	37	37	6	13	1	5	16
	211				1		2		6	1	17	9	8	11	3	9	9	4	5	9	18	11	11	5	20	16	25	26	24	43	26	22	20	1	23	147
	201	1		1		1	1	4	1	26	27	15	8	15	19	11	11	11	13	14	20	13	22	3	23	37	28	5	44	3	50	32	4	25	28
◎芝	283	13	6	12	2	1	2	12	8	2	5	21	17	8	79	8	37	49	12	4	7	60	15	14	147	6	17	43	53	99	4	18	120	–	–	–
	283	11	4	7	8	7	2	10	8	3	10	15	3	13	94	4	59	18	9	4	3	30	5	18	120	9	14	55	30	58	3	13	86	–	–	–
	273	16	6	2	4	4	2	13	8	3	12	20	13	6	81	3	16	49	4	3	11	47	6	2	93	4	7	26	24	120	15	30	143	–	–	–

東　京

各セルの3行は上から順に 2023年 / 2018年 / 2013年 のデータ。「卒業生数」の数値がそれぞれの年度に対応する。

高校名	卒業生数	東京大	京都大	東北大	筑波大	電気通信大	東京外国語大	東京工業大	一橋大	東京都立大	横浜国立大	青山学院大	学習院大	北里大	慶應義塾大	駒澤大	芝浦工業大	上智大	成蹊大	成城大	専修大	中央大	東海大	東京都市大	東京理科大	東洋大	東邦大	日本大	法政大	明治大	明治学院大	立教大	早稲田大	津田塾大	日本女子大	東京女子大
◎芝浦工業大附	200				1	2		3		1	1	11	2	1	2	5	9	7	7	5	5	11	8	3	28	5	11	22	16	14	8	14	7	1		
	182							1			1	1	1	2	1	3	8	9	2	1	2	7	6	2	8	1	9	20	13	5	4	2	6			
	169	1				2		2			1	4	2	3	4	5	8	4	4	2	9	13	1	5	24	4	12	15	11	4	4	6	14			
◎芝 国 際	32																1					1	2													
	80											3	3	1	1	3	2	1	7			2	1		4	1	5	2				1	1	4	7	
	147										1	4	1	1	4	1	2	1	3	5		10	3	1	4	3	7	15	6	5	13	5	4	2	6	5
◎渋谷教育学園渋谷	201	40	7	7	1			5	10	1	8	16	2	1	85	27	43	1	2			16		3	57	6	2	15	58	1		11	119	1	1	5
	206	25	5	4	1			3	5	11	9	13	6	8	75	3	4	18	2	4		32	4	3	51	2	5	17	18	68	1	20	68	2	3	3
	200	12	1	2	2	1	4	5	6	2	4	14	4	6	49	4	5	18	2	2	4	24	4	3	32	1	4	14	16	49	8	17	87	2	2	2
◎下北沢成徳	93											1			2	2	1	1	4			5		1	1	10	7	5	1	1		2	1	1	11	
	101											1			1	1	2	4		2		1	2	1		4	4	1		1		2	1	5		
	113							1				2	1		4		1	1	1	4		2	4	1	2		1	5	3	1	3	1	2	3		
◎自由ケ丘学園	198											1			6			2	2	1		2	5	2	1		10	29	2	3	3	2				
	268											3			8			1		1		4	4			1	6								
	196											1			4				1			2			2	4	1	1				2	3			
◎自 由 学 園	74						2					1		1	3	2	2		5	1		3	4	2		6	4	7				1	1			
	59												2				4	1				3	2	1		3	3	1				3		1	1	2
	85														1			1				1	1													
◎修　　　徳	236											1			5	3	3					2	4		4	2	45	43	5	1						
	220											1			4	1			5			1	1	1		18	9	3	1	1		1	1			
	195											3			1				1			1	4		6	3	1									
◎十 文 字	215					1	1					3	5	5	7	2	4	4	2	9	6	6		2	13	1	14	8	12	13	10	20	7	6	14	9
	337				2			1				6	11	4	1	7	9	10	7	4	6	9	7	2	11	6	47	44	19	18	5	26	9	7	32	30
	302	1			1			1				7	16	2	3	14	5	3	12	7	9	17	4	3	9	5	27	32	27	23	18	23	11	8	13	19
◎淑　　　徳	446	1	1		2				3		1	23	13	7	16	17	43	32	17	20	27	47	5	10	58	7	99	67	81	62	20	60	26	5	7	6
	401	1			2	2	3		1		2	15	13	8	22	13	40	24	19	11	13	32	4	1	46	3	52	35	63	50	17	29	26	7	11	16
	370	1		2	3	1	2		1	3	2	23	9	3	9	19	16	15	8	10	14	29	17	6	36	3	42	55	39	46	23	38	21	2	3	8
◎淑徳巣鴨	364				1				1	2	2	23	16	10	5	31	34	17	24	17	47	41	8	13	29	4	81	72	51	61	24	53	18	4	10	4
	428				3				1	3	1	16	11	2	2	30	29	6	9	16	26	30	11	20	33	4	121	59	47	25	16	30	19		6	10
	397	1	1	1		1					1	18	2	5	1	40	16	1	17	16	43	23	23	7	4	5	60	58	45	25	13	19	5		1	2
◎順　　　天	250				3				1			15	4	11	9	17	32	19	9	7	12	26	14	6	20	6	68	102	42	32	9	40	22	2	10	4
	278	2			1			2		1	2	14	5	7	8	15	44	16	13	4	20	32	15	12	50	5	81	54	40	25	7	23	22	4	2	
	258				3			2	1	1	3	19	7	6	8	24	6	22	8	8	14	34	12	8	13	8	51	53	41	48	14	32	22	2	4	8
◎潤徳女子	220				1							2	1		5							3	1		4	7	1		1							3
	113											4			1		2			2		1			5	5	6	3	1			1				2
	148											1	1	1	2					1					4	2	1									1
◎松蔭大附松蔭	41											2	1					4	1	3		1	1	1		5	3	6	3	1		6	1			
	75						1					1	1					7				3	2		5	5	4					2	3			
	60											1	1	3	2			3		1	13	2		3	5	4	3	2	2			1				
◎頌栄女子学院	195	5	1		3	1	3	1	9	3	4	63	12	9	131	5	20	150	6	10	6	47	1	6	41	9	14	22	51	133	26	130	107	11	51	32
	217	2	1	5		5	4	5	3	1		41	10	10	72	7	8	81	13	6	1	23	6	7	47	4	9	19	37	93	14	70	103	15	42	37
	218	3		1	3	1	4	5	2	4		51	9	10	70	2	6	91	11	9	3	12	1	4	26	5	9	14	21	62	29	93	110	2	28	55
◎城西大附城西	252								1			2	5			13	2	1	23	1	6	2	2	3	1	2	28	22	9	2	3	2	1	1	2	
	266	1										3	1	2	11	1	2	4	3	7		4	5	1	1	13	12	3	1	1		1	2			
	258											2	1	3	5	14	1	3	1			3	2	3	4	1	10	14	6	6	2	4				

東　京

高校名	卒業生数	東京大	京都大	東北大	筑波大	電気通信大	東京外国語大	東京工業大	一橋大	東京都立大	横浜国立大	青山学院大	北里大	慶應義塾大	駒澤大	芝浦工業大	上智大	成蹊大	成城大	専修大	中央大	東海大	東京都市大	東京理科大	東邦大	東洋大	日本大	法政大	明治大	明治学院大	立教大	早稲田大	津田塾大	東京女子大	日本女子大
◎聖徳学園	141	1	1	1	1				1	1	1	6	9	2	1	5	13	3	8	6	16	20	13	14		13	24	15	12	5	16	5	2	1	4
	154									2		4	6	3		7	22	1	8		7	13	5	7	5	7	24	15	6	3	5	5	2	2	3
	157			1	1		1			4	2	5	1	1	4	2	8	4		7	9	22	7	13	16	3	18	25	15	10	9	2	8	2		2
◎城　北	330	6	3	9	7	9	3	7	5	6	2	23	25	2	6	41	27	44	13	21	66	11	4	108		27	115	80	119	9	48	85			
	358	12	5	7	5	4	1	18	8	4	10	14	35	5	107	15	79	22	7	7	70	3	9	129	4	29	77	77	129	11	37	132			
	349	12	2	14	11			2	21	6	12	15	36	11	67	11	56	33	23	4	61	2	5	142	4	54	39	133	16		45	152			
◎昭和女子大附昭和	179		1		1			1	1			23	6	4	2	5	2	17	11	2	1	12		5	2	4	4	9	7	10	13	16	3	2	3	2
	223		1					1	1			5	5	1	3	4		11	12	9	4	7		3	3	1	2	16	14	12	9	9	7	4	1	4
	218		1			1			1	1		3	8	6	4	3		4	8	8	13	5	1		1	3	5	6	7	9	21	7	6	4	2	1
◎昭和第一	287						1					1	2		9					3	19	9	1	1	1	4	12	25	3	3	2				1
	314											1		5		1		3				3		1	1	8	15	11	1						
	259											2		4	1		2		2	2	2	2	1		5	7	1	1							
◎昭和第一学園	506						1					6	4	1		13	2			6	18	8	12	1	1		22	34	15	3	1				
	629						1					2	3	2	9	3			6	4	12	8	10		1	2	20	29	5	6	1	3			1
	554														7	1		2			10	2	8	4		3	8	4	1	1		1			
◎昭和鉄道	181																		1		1	1	1			2	2								
	217											1			2				1	1	2		1			1	2	1		2					
	221																										2	5	1						
◎女子学院	214	27	6	5	2		7	8	9	2	1	41	7	7	7	6	3	8	8	4	6	9	1	33	3	2	4	8	7	4	10	22	40	116	4
	224	33	11		8		3	9	12	4	4	14	4	10	92		5	6	12	2	2	50	1	2	6	4	3	1	16	19	8	3	7		
	222	37	4	1	6	1	1	5	11	4		12	6	7	80	3		2	5	2		25	2	1	60	4	1	9	12	56	8	37	174	8	12	13
◎女子聖学院	120											3	6	1	2		3	1	1		2			3	5	6	3	4	2		5	1	2	7	4
	120										1	2	2	1				5	2	4	1	3	1	1	1	2	12	1		4	9	1	1	8	1
	210	1										8	6	3	4	4	1	10	2	6	3	1	4	1	5	2	13	14	7	13	12	15	6	3	10
◎女子美術大付	206																						1	1	2									
	203			1											1					1					3		1		1	1					
	206														1	1		1	1	1				1			6			5	1		1	1
◎白梅学園	259			1		1		1				5	3			1	1	2	4	3	7	6	5	2	2			9	1	5	1	7	3	8	12	13
	312											3	1			3		6	1	1	1	5	2	1	1		13	11	4	4			4	2	5
	288				1				4			4	3		2	10	1	2	4	2	9	11		2			24	9	10	9	6	8	3	12	9
◎白百合学園	159	7	1	1	1		2		3		1	23	8	11	4	1	7	6	0	5	5	1		14	6	1	2	3	7	4	20	16	35	9	47	56	5	12	10
	171	9	2	1	1	3					2	15	4	8	36		5	29	3	1	2	20	3		16	7		19	9	26	4	21	35	17	11	19
	173	6							1	3	1	15	9	3	49		4	4	5	8	2	7	1		11	4	1	15	2	22	8	40	54	5	11	7
◎巣　鴨	221	3	2	2	4	3			1	2	1	3	18	7	8	34	3	50	7	8	4	19	49	19	5	60	10	19	76	52	53	6	19	45			
	237	11	2	7	3	3			5	3	1	1	4	3	8	48	1	29	11	8	2	33	6	9	78	7	26	43	31	42	4	7	53			
	258	25	4	7	8	2	2	8	7	2	6	12	6	2	67	3	2	27	1		4	50	2	4	48	3	2	20	4	44	4	17	97			
◎杉並学院	449			2			2					16	8	3	1	38	11	7	15	12	28	24	28	15	12		58	69	47	22	17	5	5	3	15	9
	364				1			3				10	5	1	9	3		2	15	4	17	12	11	1	3	1	35	39	9	15	2	9	5	1	2	4
	367			1	1							11	2	1	3	17		2	3	4	14	14	11	3	9		35	40	19	13	6	7	5	2	7	6
◎駿台学園	111											1			1	1				2		2	1	3	1		6	10	1	1					
	162													1		1	1	1	1	2	6	2	1		2	1	10	6	1	1		1			
	201				1					1		2			1	1	0	1	2	2	7		2	7	2	3		8	8	3	1	5			
◎聖学院	118			1	1							10	4		4	6	5	7	6	16	10	16	5	4		40	24	12	9	7	8	8			
	111				2		1					6	5	3		3	4		3		5	9	1	14	15	5	7		3	1					
	196			1		1						13	9	1	2	10	9	4	9	17	9	7	20	10	6	1	18	21	25	15	19	8	8			

923

東　京

高校名	卒業生数	東京大	京都大	筑波大	北海道大	電気通信大	東京外国語大	一橋大	東京工業大	東京都立大	横浜国立大	青山学院大	学習院大	北里大	慶應義塾大	駒澤大	芝浦工業大	上智大	成蹊大	成城大	専修大	中央大	東海大	東京都市大	東京理科大	東邦大	東洋大	日本大	法政大	明治大	明治学院大	立教大	早稲田大	津田塾大	東京女子大	日本女子大
◎成蹊	324	3	2	2			1	1	1	1	3	20	7	4	28		13	42	116	9	2	26	12	12	13	1	33	38	32	49	20	36	21	1	2	5
	324	2		1	2			3	5	1	2	13	13	10	36	4	13	26	78	15	1	32	8	10	27	5	18	36	37	37	8	26	40	6	3	4
	327	1	1	1			2	2	3	5		29	8	10	50	6	4	37	111	12	6	33	7	9	30	4	9	34	118	46	7	48	53	4	5	3
◎成女	16																												1							
	18																																			
	23																																			
◎成城	253	2		3	2	2	1	1	1			17	10	6	25	18	39	25	21	8	34	59	17	27	42	2	57	102	71	93	23	32	35	-	-	-
	276	1		1	2	1			1	1	2	13	14	5	9	10	53	13	17	12	13	34	15	26	38	1	84	79	95	64	14	25	37	-	-	-
	316	1		1	1	2			3		4	22	21	4	15	13	34	18	16	8	18	28	16	14	40	14	32	108	45	72	12	28	47	-	-	-
◎成城学園	274										1	11	7	1	10	2	2	20	3	153	2	16	1		1		2	9	11	13	2	21	8			
	271								2			19	6		9	5	8	20	8	142		17	3		4	2	1	16	14	10	16	22	10		3	4
	281									1	1	18	14	1	12	3	4	15	10	173	2	13	5	4	3	1		5	17	19	15	25	21		1	4
◎聖心女子学院	112	3	1					1				9	3	6	12			23	6	2	2	15			3		3	7	6	14	14	25	14	3	1	
	116	1									1	5	1	2	10	1		10	2	3	4	1	1			5	3	1	2	2	2	3	5		1	
	131	2					1					4		2	7			3	9	2	2	2	1			1	1	4	2	4	2	6	10		1	1
◎正則	231						1					1		2	4	13	5			4	11	1	8	7	1	1	26	22	7	3	5					
	280											3	1	1		8	3	2		1	10	17	4	1			12	24	4		1					
	325											2			11	5		7	1	13	4	15	10		2	13	3	28	2	6						
◎正則学園	184											2		1	4			1	1	8	4		2		11	11	1	1				-	-	-		
	157											1	1		2				1	5	2	4	3					1								
	130											2			2	1	1	2	4	2																
◎聖ドミニコ学園	38											6	2		1		2	2	4	2	3	1			1	3	7	1	3		7		1			
	57							1				3	2	1	3	7	10	5	1	2	2	1		3	1	1		1	2	4	2	10	1		5	
	69											3	3		3	1		4		2	3	2			1	2	1	2		2	4					
◎聖パウロ学園	91												1	6			6	1	1		2	1	1				1		1							
	103											7		2	1	1	1				2	1	1	1		1										
	79											1		4			4	3	2			4														
◎成立学園	318			1	1			1				11	16	3	2	26	3	1			10	30	4	4	3		73	122	28	13	1	16	4	1	1	1
	362			1	1			1				5	30		13			4	4	6		34	1	42	9		49	274	61	38		6	11			
	319							1				8	13	2	1	13	13			1	3	13	1	18	16	2	28	37	35	17	2	6	12			1
◎青稜	273			1	4	1	1			4	3	48	10	10	12	21	25	23	13	14	30	45	20	43	32	3	24	72	54	77	25	44	35	3	2	6
	390	1	1		1	4	1	6	1	5	7	39	9	18	18	30	59	16	12	16	14	43	41	6	55	8	9	20	109	65	77	37	31	3	6	21
	384	2		2	3	1	2			5	6	39	13	16	13	24	22	19	19	10	35	50	39	35	22	3	32	63	49	60	52	29	43		6	8
◎世田谷学園	205	6	1	4	1	3	1	5	1	1	5	33	10	3	50	38	79	33	13	13	18	65	20	34	92	5	21	77	63	95	8	37	58	-	-	-
	212	5	1	4		2		10	1	2	10	16	8	5	44	25	39	29	4	3	4	35	10	38	101	5	2	41	47	82	12	15	58	-	-	-
	210	12	1	2		4	1	13	5	1	4	19	7	12	74	33	40	98	16		1	70	3	22	100	2	5	24	37	115	22	37	116	-	-	-
◎専修大附	464											5	1			1	2	398				5		2	1	1	8	10	4			1				
	411							1				3	1			1	3	1	2	341		3	1	1		1	6	5	6	3	1	2				
	399											3	1		1	3	1	2	364			1	2	1	1		8	3	14	2	16					
◎創価	346	2		2	1	2		2	1			6	8	2	14		5	4	11			14	6	8	2	9	6	10	15	3		11	13			2
	344	3	1	4	3			1	2			1	3	4		7			1			2	1	1	1	4	8	8	1			3	4			2
	354		1	3		1	3					1	1	1	6	2	1		1			4	5	4	8	1	3	2	5	5	2	1	15	1		
◎大成	401										2	9	1	1	14	4	1	10	4	1	24	9	24	6	2		39	40	17	7	1	10	3	1	1	
	464						1	3				2	1	1		12	1		7	1	15	2	11	2		18	25	7	1	2		1	1	2		
	501										2	2	2	1		8	3	1	4	2	16	5	9	2	1	13	9	5	2	22		2				

東京

上段は2023年、中段は2018年、下段は2013年のデータ

高校名	卒業生数	東京大	京都大	東北大	筑波大	電気通信大	東京外国語大	東京工業大	一橋大	東京都立大	横浜国立大	青山学院大	北里大	慶應義塾大	駒澤大	芝浦工業大	上智大	成蹊大	成城大	専修大	中央大	東海大	東京理科大	東邦大	東洋大	東京都市大	日本大	法政大	明治大	明治学院大	立教大	早稲田大	津田塾大	東京女子大	日本女子大
◎大東学園	258																												1		1				
	287																												2						
	374																				1														
◎大東文化大第一	353											6	5	1	1	10	1	3	9	15	1	1	3	2	29		31	1	1		3	2			4
	353		1		1							23	7	11	2	27	14	7	14	11	7	2	4	2	3	38	20	9	8	5	2	2			
	317											18	9	2	5	21	6	12	28	9	4	4	4	4	1	30	8	12	3	1	2			1	3
◎高輪	218	2		4	1	1		7		4	7	24	26	4	13	13	4	23	18	11	52	27	18	7	2	33	74	67	115	11	39	49	-	-	-
	211	3						1	1	4	1	12	3	1	16	10	5	13	5	8	24	17	31	35	8	18	60	38	40	8	22	25	-	-	-
	223	2	1	1	2	2	2	1	1	4	4	27	20	1	3	26	3	26	25	13	27	11	13	49	3	21	33	57	19		38	55	-	-	-
◎瀧野川女子学園	115																				1	1	1		2		1								4
	114				1			1			1	1							2		1	1			1		10		1	4	4	1			1
	122	1												3				1		1							7	2	3	2	4	2			2
◎拓殖大第一	379			2	3					5	1	25	15	7	2	34	18	23	20	69	63	15	32	18	2	66	101	45	43	11	29	26	3	6	6
	284		1	1	1	5	1				1	23	7	11	2	27	14	7	14	11	34	15	18	17		60	44	31	23	11	19	12	9	2	5
	340			1	1	1		1		2	2	18	9	2	5	21	6	12	28	9	51	10	9	8		49	50	30	37	10	36	43	3	12	10
◎立川女子	202																										1								
	258																1										1		1						
	230																1										1				1				
◎玉川学園	223			1							2	10	2	7	9	1	4	8	4	3	10	6	1	5	2	2	9	6	11	2	15	4			
	214			1		1		1				7	5	4	1	1	12	5	4	5	5	3	1	1	4	14	10	7	6		6	7		1	2
	245										2	9	3	4	8	4	2	5	3	6	5	3	5	1	1	7	10	9	5	12	6	8			
◎玉川聖学院	197											13	1	3	1	2	1	3	5	1	2	7	2	2	1	3		14	2		2	1		14	4
	167											10	1	1	2	4	3	6			1	2	2		4		19		16		5	3		7	4
	174										1	8	2	4	1	2		6	6		1	3	1	4	3	3	2	13			2	1	1	3	4
◎多摩大附聖ケ丘	106											7	5	10	1	2	5	6	5	13	13	7	3	2	14	17	15	7	1		4	2	2	1	
	120	1									1	2	5	4	4	5	2	2	5	4	7	11	6	6	12	2	6	6			1				1
	147										1	4	5	6	1	6	8	3	3	16	33	12	13	5	9	20	14	23	15		5	9		1	2
◎多摩大目黒	242			1			1				1	15	7	3	3	16	14	8	6	15	19	25	18	9	22	55	44	34	26		15	17	5	6	7
	349				1	3				2	1	7	7	3	5	11	23	13	11	14	12	30	11	4	9	25	85	50	26	16	17	11		1	7
	243			1			2				2	8	5	3	2	9	6	1	8	4	13	19	12	15	5	14	37	19	15	21	6	2		1	1
◎中央学院大中央	191																1			1							1	2	1		1				1
	114																				1														
	175														1														1						
◎中央大	158							1		1	2	1		4				2	3		149	2					1	5	1		2	4			
	168		2						1	2		3		1	5		2		3	1	148	8	1	3	1		1	1	6		5	3		1	
	176		1						1	3		7	1	1	1				1		163	1	1					6			7	8			
◎中央大杉並	312							2	1			3	1		3	1		4	3		289	3	7				2	1	2		1	1	1		
	321	1	1						1			3	1		3			5	7		294	5					2	1	1		5	3	1		
	329				1	1						4				1		2			307	4					1								
◎中央大附	378				1	1			1	1		1		10		1	6		2		321		1		1		1	3	6		2	3			
	409	1	1	1	1					2	1	1		7		1	15		3		347	6		2			1	2	3		2	5		1	
	470				1	1						1	2	1	3		13	2	2	1	428	1	3	4	2		1	5	1		3	6		1	1
◎帝京	354											6	5	2	8	9	4	2	1	2	5	16	10	4	1	31	31	7	6	1	4	3			
	323											3	3	1	1	8	4		1	4	4	1	2	2	10	10	6	5			1	1		1	
	303	1						2				3	4	1	9	3	1	3	4	5	2	4	1	11	11	8	7	4			1	1			

東 京

上段は2023年、中段は2018年、下段は2013年のデータ

高校名	卒業生数	東京大	京都大	東北大	筑波大	電気通信大	東京外国語大	東京工業大	一橋大	東京都立大	横浜国立大	青山学院大	学習院大	北里大	慶應義塾大	駒澤大	芝浦工業大	上智大	成蹊大	成城大	専修大	中央大	東海大	東京都市大	東京理科大	東邦大	東洋大	日本大	法政大	明治大	明治学院大	立教大	早稲田大	津田塾大	東京女子大	日本女子大
◎帝京大	180	2	4		1	1	3	2	14	3		39	11	5	33	14	16	43	12	9	16	59	14	11	48		20	40	49	7	6	24	36	46	5	16	11
	197	6		1	3	2	5	10	3			19	5	8	25	14	30	31	8	6	33	53	10	20	49	1	15	31	26	69	9		27	59	3	6	12
	170	1	1		3	5	3		22	3		19	8	8	29	6	4	31	13	7	13	37	6	7	54		9	8	40	56	8	32	81	6	9	6	
◎帝京八王子	144							1							2		2	2		3		3	1				2		6	2							
	173												3		5		2	5				2	5														
	188			1				2				1		1	3			3		3		4	10	1		1	1	9	1	4					2	1	
◎貞静学園	127											1			4			4				2					11	9									
	152											1										3	1				5	2									
	116																					2					2										
◎田園調布学園	201			2		1	2			2	1	33	14	11	17	17	4	19	12	22	14	35	8	19	15	6	22	39	29	50	54	32	21	9	11	12
	197	1		1		2	2	2	1	5	8	21	6	10	20	19	19	27	6	14	12	27	10	7	35	3	8	29	37	44	32	31	41	7	22	20
	195	2	1	1	1		1				4	30	12	15	23	4	6	14	10	12	9	24	15	21	27	2	11	39	19	53	44	35	30		14	20
◎田園調布雙葉	103	2		1								7	2	8	1	6	5	9	2			6	4	3	1		2	7	6	8		18	9	3	4	5	
	105	1		1	1		2	1				10	4	6	20		18	14	2			8	4	4	3	3	2	6	10	11	9	11	12	6	6	9
	116	4										13	5	5	22		11	4	7	1		3	1	2	2		9	4	8	14		20	18	1	7	8
◎東亜学園	193								1			1	4		3	2		4	1	10		6	4	2	1	1	17	18	5	3	2	4	2		1	
	312				1							3	3	2	9	4	1	7	4	15		4	6	2	6		23	22	10	12	6	2	1		1	
	381				2				1			2	4	3	3	15	1		6		25	10	14	2	1	1	30	24	18	7	3	6	1	2	4	4
◎東海大菅生	399											1		2	1			1	1	8		5	145	1		6	7	4	1				1				
	480											1	1		6	2	1	3		16		4	118	4	1	11	10	2	3	1		3	1		1		
	455						1					3	1	2	1	4		3	5			5	148	1	2		8	8	3	1		3	2				
◎東海大付高輪台	519																1	1				459	1		2		3										
	457					1			1							1		2				386	1		1	1	3	1									
	449											1	1	1		1			1		1	373		2	1	2	1	2				1					
◎東海大付望星	159											2	1	1	4		1	34	2		6	6	3	2	2				4				1				
	226											1	2	1	1	2	1	1	6		1	73	2	6	2	5	4	3	5		3		1				
	643											2	1	3	1	2	5	1	111	1		3	5	5	1	1	3									
◎東京	306			1								4		3	1	6	4	1	2	24		4	16	15	1	1	8	26	1	7	9	1	1			
	396			1								9	1	1	12	6	1	5	10	17		11	19	11	5	21	33	15	5	11		5	5	1		
	364			1		1						6	6	1	10	3	2	2	1	15		11	33	17	1	2	18	26	9	9	17	3	1			
◎東京家政学院	72											1				1	3	2				2															
	105					1											3	3				2	1	1	1	1	1	1				1	1	7			
	153					2						5	3	3				2	3	3	2	9	1	3	3	1	4	3	10								
◎東京家政大附女子	272				1	1	1					7		4	1	1	9	4	14			2		2	2	9	3	4	2	5		4	1	1	5	13	
	278											4	1	3			9	2				1	1	1	3	4	3	2	5		5	1	4				
	361											1	1	2	2	1	4	1	1			1	1	3	7	6	2	3	3	4	1	1	12				
◎東京実業	276											2										1			2	1						1					
	341											1										1		2	1		1					1					
	376																					1															
◎東京純心女子	65											1			4							3		6	2	4	8					8	3	1	4	1	
	103								1			3	1	6				3	2	2		5	3	1	2	3	3	16	2	2		2	2	5	12	9	
	129			1	1	1		1				8	5	9	4	7		19	4	1	5	25	3	3	3	1	11	11	12	9	11	14	10	5	3	8
◎東京女学館	209	1		1		3						26	20	10	34	8	16	29	9	28	5	26	11	8	14	6	28	31	35	41	36	47	20	18	24	38
	239	1		1		1	3					23	12	5	23	6	30	8	14	3		7	5	3	10	4	12	33	17	27	26	29	38	10	34	43
	247	1		1	1		5	1	1	2		31	23	8	33	9	2	23	9	12	3	13	3	9	11	3	11	23	23	41	39	48	30	8	17	31

東　　京

上段は2023年、中段は2018年、下段は2013年のデータ

高校名	卒業生数	年	東京大	京都大	東北大	筑波大	電気通信大	東京外国語大	東京工業大	一橋大	東京都立大	横浜国立大	青山学院大	学習院大	北里大	慶應義塾大	駒澤大	芝浦工業大	上智大	成蹊大	成城大	専修大	中央大	東海大	東京都市大	東京理科大	東邦大	東洋大	日本大	法政大	明治大	明治学院大	立教大	早稲田大	津田塾大	東京女子大	日本女子大
◎東京女子学院	90	2023											3									1	2	2	2						2						1
	33	2018											2		4							2									4						
	25	2013																				1	1	1													
◎東京成徳大	416	2023				3	1	1				1	6	7	7	3	2	11	7	7	6	33	11	24	5	11		71	41	36	17	10	42	7	3	3	7
	486	2018		1	1	1	2	1			3	1	11	7	7	2	16	22	5	12	10	8	22	25	13	16	4	66	55	44	33	12	23	9	3	5	1
	552	2013				1	2		2			2	13	6	4	2	30	16	2	7	8	34	22	16	4	29	6	74	63	52	17	22	32	10	1	2	3
◎東京電機大	257	2023					2		2		2		7	4	3	2	4	17	1	7	4	5	16	16	8	9	3	26	22	12	7	9	5	5		4	4
	245	2018					4		2			6	6	4	7	4	3	17	3	9	4	8	24	12	3	4	25	18	51	38	20	2	8	10		3	
	255	2013				3	1	1			1	3	7	7	3	7	9	11	3	16	1	9	23	11	12	19	4	31	34	35	29	2	14	13	2	10	2
◎東京都市大等々力	284	2023		1	2	5	5	2	3		7	8	63	26	13	15	29	44	34	19	7	30	108	38	46	71	2	21	59	97	128	52	54	34	5	8	22
	176	2018	1		1	1	3	5	1		7	4	18	3	2	14	15	25	20	1	5	3	48	10	50	37	3	8	18	55	31	5	23	38	1	1	3
	377	2013			1	2			2				13	1	1	2	5	1	9	11	3	5	101	3	207	12		11	9	11	12	7	7	8		1	3
◎東京都市大付	228	2023	7	1	1		8	3	10	9	4	5	29	4	3	60	14	31	41	5	4	11	55	7	19	81	2	18	38	42	117	7	36	64	-	-	-
	275	2018	1		3	2	4	3	6	3	8	10	36	7	15	32	15	39	15	19	8	15	58	17	81	86	1	17	52	49	116	29	28	49	-	-	-
	226	2013	1	2	3	6	5	2	1	11	6		36	4	16	21	6	21	18	15	2	3	42	22	51	46	1	16	44	38	66	23	18	40	-	-	-
◎東京農業大第一	329	2023	3	1	5	2	3	3	2	2	6	1	31	7	19	28	20	65	16	26	21	32	72	27	81	37	3	60	101	71	120	33	54	47	4	7	4
	364	2018	1	1	3	1	4	3			7	4	24	12	11	17	10	22	18	17	22	15	43	26	46	43	6	29	84	47	83	8	40	47	4	11	4
	306	2013	1	1	5	3		2			8	1	23	14	10	21	5	12	22	16	4	21	55	38	15	28	1	21	70	42	57	16	27	28		7	5
◎東京立正	155	2023											1									9	1	2	1			8	7	4							1
	182	2018											1								1	2	1	1	2			6	7							1	1
	181	2013											1							3		3	12	1				10	5	1	1	1	3				
◎東星学園	22	2023													1	3																					1
	39	2018					1								1				3										3	1							
	20	2013											2	1					2										1				1	2	1	1	1
◎桐　　朋	315	2023	9	4	6	8	7	1	5	8	3	10	51	11	14	60	7	35	42	19	24	20	84	7	15	76	2	31	74	65	120	20	36	76	-	-	-
	313	2018	13	5	11	2	6	2	14	16	6	6	20	4	8	80	7	51	36	14	7	14	77	10	23	108	5	18	53	56	110	8	21	115	-	-	-
	326	2013	23	8	4	6	6	4	13	14	15	13	19	6	12	105	4	20	56	12	4	10	87	2	6	92	2	10	25	30	100	6	41	130	-	-	-
◎桐朋女子	173	2023					1				1		10	6	10	4	1	4	13	7	3	2	11	2	1	6		2	16	10	11	2	19	8	4	11	11
	337	2018	2				1	1			3	2	13	5	6	8		4	9	7	17	7	15	6	1	6		13	22	11	15	5	18	17	9	14	25
	287	2013				1	1	2	1			3	16	13	10	8	11	3	14	9	7	8	20	9	12	7	2	12	30	16	19	9	27	17	11	20	6
◎東　　洋	453	2023		1	8	1					8		19	18	4		47	26	6	24	21	42	26	31	14	9	8	127	107	57	32	35	22	7	6	7	12
	469	2018			3		1		5	1			19	14	11	1	12	26	2	15	17	23	25	10	9	8	13	71	70	29	20	23	14	7	1	2	5
	336	2013			2	1				2	1		13	9	4	1	18	6	3	20	9	25	9	30	6	11	7	76	50	22	23	15	11	11	1		1
◎東洋英和女学院	172	2023	1	1		1	2	1			1	1	34	9	7	23	1	2	6	5	12	4	19		3	17	8	10	33	21	34	17	52	28	14	30	32
	176	2018	1	1		2						2	32	10	3	28	1		22	10	7	1	18		9	4	7	24	3	25	15		32	20	6	23	20
	175	2013	1	1		1		1	1	1			40	17	9	39	4	5	20	6	7		3		8	5	20	15	11	30	36		59	40	8	16	13
◎東洋女子	100	2023											1			4			1			2	1			4	2	3	1				1				1
	94	2018										1	3	3	3							2	5			10	3	1								2	4
	139	2013											2	1	2		5		1		2		2	1		2	7	6	5	4	2		1	1		2	8
◎東洋大京北	366	2023					1		3	1			22	18	9	12	8	2	14	9	31		27	8	1	10	3	172	40	49	42	35	22	16	2	7	11
	362	2018								1			6	6	1	1	2	1	1	5	4	14	8	8	3	7	3	128	33	9	6	5	5	2			
	157	2013											4	4		2		1	2	1	2		3	6	4	4	3	16	15	3	5	2	5	2			
◎トキワ松学園	109	2023											3	2	1	6	2					1	3	1		4		2	1	1	2		2				2
	133	2018											1			3			3		2	6	2	1		3	4	1	3	2						1	3
	153	2013											1	2	4	1	2		3	5		6	3	1	1	2	3	3	4	6	5		5	5			3

東京

高校名	卒業生数	東京	京都	東北	筑波	電通	東京外国語	東京工業	一橋	東京都立	横浜国立	青山学院	学習院	北里	慶應義塾	駒澤	芝浦工業	上智	成蹊	成城	専修	中央	東海	東京都市	東京理科	東邦	東洋	日本	法政	明治	明治学院	立教	早稲田	津田塾	東京女子	日本女子
◎豊島岡女子学園	332	30	13	5	10	2		11	14	5	4	45	21	15	107	4	26	74	9	4	6	78	1		112	1	11	52	138	119	7	47	152	14	20	18
	346	21	5	5	12	4		11	7	3	4	17	16	23	99	3	24	56	6	1	1	40	3	1	141	5	7	26	30	90	5	52	93	13	21	27
	358	27	1	1	8	1	7	11	9	2	4	22	13	15	102	3	36	76	14	1	7	67		2	115	9	6	14	28	124	5	105	176	15	24	28
◎豊島学院	316				1							4	5	2		21	3		3	11	7	29	2	2	2	3	5	14	41	13	13	7	6	2	2	6
	348									2		3	6	3		19	8		8	1	20	7	6	9	2	2	6	33	5	19	5	8	6	2		4	6
	429			1						3		7	2	6		11	6	2	6	4	14	8	16	5	3	8	29	32	12	7	11	10	4		8	5
◎獨協	191	1			1					1		3	15	14	1	14	10	7	18	12	17	19	20	7	13	5	28	66	32	24	11	15	15	—	—	—
	197		1									11	9	11	4	6	13	8	7	2	6	8	6	5	24	1	16	55	17	22	6	8	18	—	—	—
	193	2		1		1			1			16	16	6	4	7	16	12	7	8	13	24	12	5	20	4	24	43	26	26	26	21	26	—	—	—
◎中村	44											1	1		1				1	1	1				1	2	4	1	3		2		2	2	3
	94											1	2	1		2		3	2	1	1	1	1			2	8	5	5	4	1	3	1	1	7	4
	105											5	3	2	2	14		2	3	7	4	7	5		3	3	6	8	6	5	7	11	4		10	9
◎二松学舎大附	201											2	1		11			5	1	5		2	4	1		1	10	21	3	2	4		2			2
	239											3			11	2	1		2	13		2	3	14		9	17	4	5	2		2	4			1
	233											2			8			1	2	9		5			4	14	4	4	4		2	1	1			
◎日本工業大駒場	265				1		1					4	1	6		2	6	1	2	3	4	7	18	23	3	1	9	35	14	11	2	6	7			
	388					1						2	1		7	3				6	3	18	13		1	13	19	5	2	1	2					
	511				1							3	3	1	1	3	5	3	19	12	7		10	22	4	3	2	1	1	1						
◎日本体育大荏原	371											2	1		3				7	1	4	3			5	6	1		1						2	1
	383											1			2			5	2			1	1	3	2											
	352											2							1	1	2	3	1													
◎日本体育大桜華	181																					3														
	180																					1	4													
	179																					5														
◎新渡戸文化	48											1																3								
	32												1	2																						1
	41												1			1						1			1									2	2	2
◎日本学園	120											2				2	1	31	16	1		6	11	4	1	1							—	—	—
	160											1			2			8	3	5	2	3	9	6	6	6	3	2	2				—	—	—
	169											1		7		1	1	8	7	4	3	11	13	3		5						—	—	—		
◎日本女子体育大附二階堂	110											1	2																							
	146																					1						1	1			1				
	169																											1	1							
◎日本大櫻丘	467			2	1				1			8	9	2	3	6	4	4	12	2	9	19	11	7	1	21	578	18	9	13	7	1	1	4	4
	408											6	4	1		3	2	6	8	6	1	3	3	1	1	8	324	11	2	3	7	4				
	461			1	1							7	1	2	3	2	1	7	4	2	3	11	3	1	8	342	10	18	4	12	6				1	
◎日本大第一	336											3	7	1	2	1	5	2	2	10	1	1	7		16	309	8	7	6	3	2					
	345									1	1	3	3		3	1	5	2		4	2	1	6	6	13	265	3	5	5	6	10					
	314									2		3	1	1		3	3	5	2	3	3	5	1	3	9	8	208	7	14	8	5	4			2	
◎日本大第二	400			1	1							13	11	4	7	8	11	13	19	9	18	31	5	5	23	2	26	349	34	19	19	15	12		6	3
	399					1	1					16	12	12	5	5	10	20	16	10	10	26	1	3	17	5	25	224	44	32	8	29	8	2	8	5
	423	1	1			2	1	2	1	15	20	8	7	12	9	9	19	10	16	44	7	8	27	6	28	157	51	51	18	35	38	3	4	7		
◎日本大第三	367	1		1				1	1			15	6	5	2	5	2	5	10	13	23	28	5	7	1	14	312	25	15	9	9	5	1	3	2
	322						3				11	5	7		5	1	3	6	2	11	13	13	7	10		10	166	14	14	6	5	3		1	3		
	422			2		2	1	7			16	7	11	4	10	13	8	14	12	23	28	17	14	12	1	12	175	24	21	16	17	16	1	3	4	

東京

上段は2023年、中段は2018年、下段は2013年のデータ

高校名	卒業生数	東京大学	京都大学	東北大学	筑波大学	電気通信大学	東京外国語大学	東京工業大学	一橋大学	東京都立大学	横浜国立大学	青山学院大学	学習院大学	北里大学	慶應義塾大学	駒澤大学	芝浦工業大学	上智大学	成蹊大学	成城大学	専修大学	中央大学	東海大学	東京都市大学	東京理科大学	東邦大学	東洋大学	日本大学	法政大学	明治大学	明治学院大学	立教大学	早稲田大学	津田塾大学	東京女子大学	日本女子大学
◎日本大鶴ケ丘	423				1	1	1			4	1	12	12	2	4	5	3	3	6	11	2	10		3	9	1	13	324	23	19	6	12	10	2	12	3
	426			2		2		1		1		7	10	3	2	5	7	8	6	10	4	9	9	2	14	2	9	343	11	13	6	8	9	6	4	5
	410				1			1		4		6	1	6	1	3	4	2	3	5	8	5	9	3	9	1	7	281	15	15	9	6	6		5	1
◎日本大豊山	487	1			2							10	5	1	6	6	3	5	2	7	1	13		4	11		10	524	12	18	3	5	2	－	－	－
	476									1	1	2	3		2	4	7	9	3	4		11			10	1	2	401	6	10	1	7	3	－	－	－
	492							1				3	7	2	6	3	2	3	3	5	5	10	4	2	9	2	3	379	9	18	3	12	10	－	－	－
◎日本大豊山女子	255											4				1			4	5			2			3	7	213	4		5	4			1	5
	209											10	2		1		1		4	3	3	1	1	1	1		3	109	1	2		1	1			4
	254											6	1		1	2	2		2	3							1	146	2	2		2	1		4	4
◎八王子学園八王子	483			1		2	2		1	14	2	29	4	15	10	12	9	8	18	15	31	38	30	9	16	1	33	56	62	35	28	17	17	14	14	2
	535		1	1	1	3	1	2		14	2	31	7	8	12	23	18	7	19	12	26	56	27	26	29	2	39	93	53	50	22	28	16	10	10	20
	568	1			2		1			13	8	31	3	12	8	25	11	12	14	13	56	63	24	22	14	2	26	83	85	64	45	37	18	3	2	7
◎八王子実践	628				1	1	1			2		4	4	6	1	13	3	2	7	5	67	7	31	12	5		31	32	11	3	6	6	1	2	5	
	541									1				1		4			2	2	10	4	6	1			11	9	3		1	1				
	401					1										1	1				2		4				2									
◎羽田国際	73													3		2					3		1				1	2								
（現・蒲田女子）	145																											1								
	201																				1							2								
◎広尾学園	270	9	3	3	4	3	2	6	4	4	4	38	7	18	86	10	35	96	10	6	7	36	12	20	85	13	19	43	48	93	10	50	119		5	1
	260	1	1		3	3	3	8	2	3	6	22	5	11	34	8	15	28		11	7	28	9	7	37	8	20	31	40	81	18	36	54	2	15	7
	237			1			1	1		1		16	12	10	18	12	8	29	6	7	16	24	20	11	11	4	21	40	25	35	21	17	15	3	7	14
◎広尾学園小石川	58											1		1		1					3						5	3					1	1		
	115													1	1						1						3	1		1						2
	121															1			1		5	1				1	4	1		1				1		
◎フェリシア	159																						1													
	324																																			
	241																						1													
◎富士見	228				2	1	2			6	1	28	14	13	10	15	18	14	15	10	10	31	10	6	37	1	94	92	69	50	15	78	25	6	18	32
	224				1	2	2		2	6		16	15	8	13	10	27	30	9	14	9	29	10	9	12		74	46	66	40	14	64	23	13	27	30
	245			1	2	1	2		2	4	1	27	17	10	26	13	30	36	21	5	9	23	1	2	18	4	43	55	60	81	30	94	60	17	56	54
◎富士見丘	101									2		11	4	2		3	5	22	6	5	3	7			2	5	7	7	10	10	4	21	6	3	8	8
	100						2					1	1	1	1	4		5	7	6		12				1	5	1	8	2	8	10	3	4	5	9
	130				1							3	2	1	1	7	1	1	8	4	6	6	3	1			6	10	10	7	4	4	2		2	7
◎藤村女子	139												1			1			2		3		2				5			2	1			1		2
	104									1				1					1				5				1	2	1			1	2	1		
	122															2			1	1			2				1	1								
◎雙葉	166	13	2		2		1	3	1		2	19	7	7	54	2	12	39	2	7		22	1	2	31	14	2	14	23	40	5	24	68	6	12	7
	176	13	3	2	2		4	5	4	1	3	16	4	9	55	2	3	41	1	5	2	28	1	1	41	7	4	13	13	43	6	28	57	4	7	11
	181	11					3	1	9		4	8	10	10	53	2	4	42	7	6	2	9		2	38	8	1	15	12	30	6	36	85	10	23	21
◎普連土学園	126				2		2		1	2		15	6	1	25	6	4	21	10	10	25	7	5	3	9	1	26	13	14	25	21	38	20	6	13	7
	131				1					1	1	12	11	9	11	4	7	5	1	7	4	19		7	14	12	3	13	10	11	12	16	9	4	35	18
	131	2			2	1	2			2		8	16	7	17	8	8	13	6	6	2	5	8	3	4	7	11	14	7	15	30	40	18	10	22	17
◎文化学園大杉並	249			1						1	1	11	4	2	2	13	4	12	4	4	16	17	5		4	1	21	31	22	5	3	19	7	1	4	1
	253											2	4		1	5		7	7	8	7	15			1		32	4	6	18	2	15	7	3	9	6
	283						1					5	4			5		1	13	2	5	9	7	1	1		18	10	7	7	2	10	3	4	8	7

東　京

上段は2023年、中段は2018年、下段は2013年のデータ

高校名	卒業生数	東京大学	京都大学	東北大学	筑波大学	電気通信大学	東京外国語大学	東京工業大学	一橋大学	東京都立大学	横浜国立大学	青山学院大学	学習院大学	北里大学	慶應義塾大学	駒澤大学	芝浦工業大学	上智大学	成蹊大学	成城大学	専修大学	中央大学	東海大学	東京都市大学	東京理科大学	東邦大学	東洋大学	日本大学	法政大学	明治学院大学	明治大学	立教大学	早稲田大学	津田塾大学	東京女子大学	日本女子大学
◎文華女子	70																											3								
	94						1					3						1				1	2					4			4					
	104				1													1										5	1		1	3	2			
◎文京学院大女子	169											2	3	1	3			1	3	5	3	1					4	6	5	8	2	3	1	2	4	3
	235							1				2	2		8	5	1	4		5		1	3		2	2	13	10	7	3	2	11	3	1	7	1
	312			1							1	1	2	4	3		4	6	4	2		3	11	2		4	20	7	7	5	11	4	1		1	6
◎文教大付	237				1			1				11	3	5	1	30	1	4		10	22	9	14	13	1	1	23	28	15	9	18	3	2	1	1	4
	257				1				3	1		3	9	3	2	13	10	4		4	17	6	9	29	16		18	29	17	12	8	8	1		7	3
	238							1			1	2	3	2		10	3	5	3		10	4	12	13	1		14	10	7	6	11	3	2		1	2
◎法政大	232											1			5			7				2	1					1	207	7	1	3	6			
	229				1					1		1			2			15	1			2		1					194	4	1	3	6	2	1	
	225											3	2	1	4			1		3	1	5	1	1	4		1	1	190	5	1	2	1		1	1
◎宝仙学園	251	1	1	2		1	1	1			2	14	9	4	8	18	13	27	15	10	21	22	11	11	22	7	34	63	46	40	17	34	16	4	8	8
	179			2	4	2	1	1	2	8	2	17	3	4	16	13	25	9	7	4	15	12	11	13	31	3	26	48	24	27	13	21	27	4	7	9
	118			1	3							4	4	1	6	2	3		2	1		6	1	3	9	1	1	8	9	12	1	4	13	3	2	1
◎豊　　南	312											2	2	5		2		1		5	13	5		3	1		9	9	2	3	2	1			2	7
	265											2			2					2	4	4	5	2	1		11	10	6	1	1	3				
	249										1	1	1		8	2	2		5	5	3	1	3	3	4		14	10	7	1	3	2	1	1	1	1
◎朋優学院	337			3	1	4	2	1	4	8	4	77	24	19	10	26	53	57	25	17	30	73	13	89	52	4	81	74	165	125	29	79	51	9	16	19
	292	2	1	3	2	1		2	4			28	7	5	3	28	40	23	7	15	13	40	47	25	21	1	38	59	42	48	28	28	19		8	9
	427						1	1				22	1	3	4	25	16	3	7	8	30	27	28	26	18	2	21	35	40	28	30	22	9		3	4
◎保　　善	228											2	1	3	1	9	2				5	2	2	3	4	5	10	21	6	2	4	1	1	–	–	–
	291											3	1	1		14	3	1	5	4	24	9	14	9	3	1	12	45	9	6	5	8	–	–	–	
	287								1			8	1		8	2	3	1			9	2	14	5	3		13	29	1	6	5	8	–	–	–	
◎堀　　越	397											2		1	1			1				2	1				1	7	1	1	3					
	548											1			1		1					3						1	1	2	1		1			
	447											1	1			3	1				2	2						3	2	1	1	1	1			
◎本　　郷	314	14	6	9	9	5	4	5	3	4	7	24	10	6	89	19	9	85	7	10	7	75	5	18	132	5	36	9	27	142	6	51	128	–	–	–
	303	17	3	1	6	1		10	10	2	3	14	7	3	74	8	40	37	8	11	23	43	10	26	93	7	15	63	46	126	13	25	118	–	–	–
	298	7	1	7	6	1	4	9	7	5	6	24	17	11	51	10	45	53	8	4	14	55	17	9	89	4	22	56	33	130	22	44	90	–	–	–
◎三田国際学園	163	1			3					1	1	24	7	10	19	20	17	32	9	14	14	19	14	16	14	3	43	30	28	36	21	34	24	2	1	2
	229											5	3		4	8	1	11		7	6	2	11	6		8	10	6	6	11		4	2	1	1	2
	86											2	1		4	1	1	1		2		1	1	1	5	1	1	1		1	2	1	2		1	3
◎明星学園	244				2						1	5	4	1	1	4	2	2	3		3	5	8	1	3		8	20	8	4	3	4	2	1	2	4
	224			2		1						1	2	4	1	5	1	5	7	1	6	3	11	1	1		14	18	3	11	4	8	2		1	
	244									1		1	1		1	4		1		4	4	1	1	3			3	7	1	1	1	4	2	1	2	4
◎三輪田学園	150				1							5	3	2	5	3	3	4	5	4		1		2	2	3	30	14	13	9	6	6		4	9	6
	160						1					7	10	7	4	4	1	1	6	7	4	3	3	3	3	5	3	37	18	15	7	26	11	6	12	10
	164					1						10	8	8	3	10	4	9	4	5	10	7	2	5	3	6	18	22	11	9	12	17	6	2	8	12
◎武　　蔵	171	21	10	4	1	5		11	6	2	2	11	6		57	3	13	21	2	2	8	46		7	67		7	20	25	60	2	19	84	–	–	–
	168	27	10	2	2		2	8	4	2	1	5	5	2	51	2	14	12	1	1	2	34	15	2	39	3	6	14	13	35	4	7	53	–	–	–
	168	29	10	4	3	3	5	9	7	1	2	2	3		70		4	18	2		1	44	2	1	49		1	7	13	40		11	103	–	–	–
◎武蔵野	270																	8			8	2						8	3		1					
	231												1			1					6	3					1	8	1	2	1	1	2	1		
	302																	2				2	1					4	1	1	1					

東　京

高校名	卒業生数	東京大	京都大	東北大	筑波大	電気通信大	東京外国語大	東京工業大	一橋大	東京都立大	横浜国立大	青山学院大	学習院大	北里大	慶應義塾大	駒澤大	芝浦工業大	上智大	成蹊大	成城大	専修大	中央大	東海大	東京都市大	東京理科大	東邦大	東洋大	日本大	法政大	明治大	立教大	早稲田大	津田塾大	東京女子大	日本女子大
◎武蔵野大	434								1			3	3	2	1	9	1	9	10	3	13	12	6		2	1	14	8	16	5	7	6	1	2	7
	198											2	3		2			6	5	3		4	2		1		7	6	1		1				6
	260											2	2	1	1	3			6	6	2	4	2		1		9	5	10	2	7	1		2	5
◎武蔵野大附 千代田高等学院	260											2		1	2	3	2	5	4	1	6	2	2				9	12	3	1	2	1			6
	86								1					1				5		1		1	3				2	1			2	2		1	3
	63								1						1							1	1						1		1	1			1
◎明治学院	302								1			30	8	3	8	9	8	11	13	9	9	22	16	7	5		18	50	43	34	145	32	9	1	4	8
	330				1	2						21	16	4	11	4	7	24	13	10	5	26	4	7	16	1	20	33	41	40	100	40	18		4	3
	300									1	1	23	8	2	7	9	1	17	10	5	15	29	2	9	6	1	22	25	31	32	122	29	17	2	6	5
◎明治学院東村山	255							1				8	10		3	5	1	2	6	2	4	18	9	5	3		18	10	8	2	135	13	5		3	
	252			1								4	7	3	1	2	5	3	11	13	8	17	8	3	2	1	18	15	16	1	179	16	5	6	11	6
	248										3	13	9	4	4	10	4	12	17	7	8	14	1	1	4		6	18	14	7	103	13	10	1	2	3
◎明治大付中野	406	1		2			1	5		1	1	2		3	1	2	3	5	4	2	5	7	1		17	1	3	8	7	356	1	13	−	−	−
	403	1	1				2	1			1	5	1	2	9	2	1	4	3	2	1	4	2		15		7	11	5	337	2	13	−	−	−
	400			2	1					2	3	1	2	4	7	2	2	7	3	2	2	2	5	1	7	6	2	11	8	312	5	11	−	−	−
◎明治大付八王子 （現・明治大付中野八王子）	318											3			2								3		2		5	3	284	1	1	3			
	309		1				2		1					2	1	1						3	2	4	1		6	3		268	2	6			2
	308		2	1	1		2					1	6				1		6			1	6			1	4			262	1	2	1		
◎明治大付明治	278			1	1								3		23			1	3			1	1		20		1		1	265	4				
	274			1	1		2		1			2		13	18	7	1	1				4			22		8			256	3	15			2
	264	1		1	2							2	11	3	1			1		4	2	1	1							253	6	1			
◎明星	371		2		2			1				5	7	4	2	7	10	3			30	40	11	11	10	2	37	41	35	16	5	15	17	8	4	3
	326		1	1	1		2					6	5	1		9		2	15	3	16	16	9	11			23	28	14	7	4	7	1	2	1	2
	302			1			2					2	4	2	3		4		9	4	11	3	9	5	2	2	16	9	6	5	1			2	2	2
◎明法	127		1	1				1				1	4	1	9	1		1	1	3	9	7	11	1		6	18	17	13	10	3	3	1		1	
	140		1					1				3	2	1		6	2		11	3	3	16	2			4	14	12	9	6	5	2				
	144			2				1				5	6	1		4	4	5	8	3	18	17	12	3	9		8	30	6	16	2	6	2			
◎目黒学院	267											2	1	2	10	6	1	5	5		15	7	42	14	2	2	18	23	9	8	6	6	3	2	5	
	268									1		4	2		3	8	5	1	1		6	5	10	10	2		9	30	7	4	7	1				
	201									1	1	7	1	3	2	6	2	3	2	4	6	8	33	10	5		8	23	4	7	10	1				
◎目黒日本大	301				1				2			2	3	2	4		8	7		5	1	17	2	3	7	1	11	277	11	13	7	13	3			1
	304											2	1	1	3	7			7			4	1		5	1	2		4			1	1			
	258											1		1	4							3	1		1	3	5	1								
◎目白研心	284											5	4		12	7	4	14	5		40	5	16	6	3	1	48	35	9	10	8	8		3	4	3
	245											3	3	1		12		1	6	2	4	3	1		1		13	16	7	4	4	2			1	8
	187											2	1	1		8		5		1		1	3	1	2		16	15	4	6		1	1			
◎八雲学園	89								1			4	3		1	5	1	1	1	4	4	1	7	7		3	1	6		4		2	1	1	3	
	144											9	2	2	4	1	1	1	4	11	10	4	3	2	1	6	9	10	9	14	9	7	9	13		
	172											9	3	2	4	8		4	6	9	13	2	6	5	6		9	14	14	7	13	8	3	2	1	13
◎安田学園	375	1		4		2	2		2	1		21	31	8	15	22	44	45	7	10	47	28	13	10	46	10	81	102	75	61	16	28	37	1		
	311			1							3	10	8	6	2	23	25	2	13	4	24	16	27	5	14	10	46	68	46	22	15	11	8		1	
	407										3	11	14	1	4	12	14	6	5	5	17	7	10	11	17	9	27	58	21	11	10	5	3			
◎山脇学園	253	1			1	1	1			1	1	24	15	10	6	14	17	15	11	30	27	22	12	21	16	11	74	42	62	45	45	45	11	11	24	27
	238				1		1					17	6	9	2	8	2	3	2	8		14	19	29	5	5	16	32	14	18	13	24	5	3	27	21
	242				1	1					1	31	24	8	10	19	18	20	22	28	28	23	11	19	13	8	38	49	36	45	28	52	27	2	46	44

931

東　京

高校名	卒業生数	東京大学	京都大学	北海道大学	筑波大学	電気通信大学	東京外国語大学	東京工業大学	一橋大学	東京都立大学	横浜国立大学	青山学院大学	学習院大学	北里大学	慶應義塾大学	駒澤大学	芝浦工業大学	上智大学	成蹊大学	成城大学	専修大学	中央大学	東海大学	東京理科大学	東京都市大学	東邦大学	東洋大学	日本大学	法政大学	明治大学	明治学院大学	立教大学	早稲田大学	津田塾大学	東京女子大学	日本女子大学
◎立教池袋	144	1							1			5						1			1	1	1				6		1	5		128	5	-	-	-
	146							1			1	3			1							5						1				127	4	-	-	-
	129	1	1						1			1	3		1	4										4	1	2		2		118	3	-	-	-
◎立教女学院	185	1							1			3	1	5	23		6	13				1		9	4	6	1	3	11	2		129	13	3	2	4
	182	1							1			2	1	5	23	1	13	1	2			2	1	7	5	1	4	7	14	11	3	98	21	4	6	2
	192	1					1	1	1	2	1	5	3	7	17	2	1	14		3		1	3		8	3		3	4	17	3	134	22	3	4	14
◎立志舎	208																	1																		
	234														1						1	1				1	2	1	1							
	353	1										1				2		2	1		1	2	1		1		4			1		1	1			
◎立正大付立正	312				1	1						2	7	2	1	5	7	2	8	3	34	4	10	14	5		17	21	6	1	11	9	2			
	389											9	1	1	1	10	2	1	4	2	33	6	9	7	4	1	40	36	9	9	13	5				2
	193											6	6	2		15	5	3	7	2	14	5	2	8	6		17	26	6	5	18	10	2			
◎和光	239										1	1		2	1	6		4			3	7	4	2			5	4	4			2				
	233										1	1	1		1		1			1	5	1	3	2	1		4	8	2	3		2	2			
	235							1	1			1	1	1	1		1	1	1	3		4	2	1		3	4	2	1			1				
◎早稲田	315	39	8	3	4	1		10	5	1	1	5		1	7	2	21	6	19		1	2	11		3	5	6	6		10	1	5	30	3	253	-	-	-
	298	38	3	3	3	2		13	12		2	4	2	3	7	6		12	6	3	4	1	10	1	1	6	6	1	4	11	9	28	6	240	-	-	-
	299	13	3	7	3	2		12	12	3	1	2	4	4	52	8	7	14		1	24	3		40	3	2	21	10	40	4	5	239	-	-	-
◎早稲田大系属 早稲田実業学校	394	2	1						1			4									1	2										375				
	417																			1	6	1	1	2	2	1		408								
	387	1	1	1														3				2	1				380									
◎早稲田大高等学院	487											1									1					470	-	-	-							
	486	1													2						1	1	2		1		482	-	-	-						
	492											1	1						2							489	-	-	-							
◎和洋九段女子	82											1	2	1		1		3	2	4		1			1	2	3		1	1	1	2				
	100											4	2	1	3		3	2	2	2		3	1	3		5	5	2	2		4	1	1	4	5	
	243											1	3	3	2	8	2	3	8	7	5	5	2	2	2	2	12	12	9	3	2	7	3	2	4	8

※東京芸術大附音楽、青井、赤羽北桜、秋留台、足立東、五日市、大森、大山、小台橋、葛西南、蒲田、神津、橘、多摩、永山、新島、拝島、深沢、淵江、南葛飾、三宅、◎安部学院、◎東京音楽大付、◎東邦音楽大附東邦、◎ドルトン東京学園は2023年、2018年、2013年に表の大学に合格者が少ないか、まだ卒業生がいないため、掲載していません。

神奈川

高校名	卒業生数	東京大	京都大	東北大	筑波大	東京外国語大	東京工業大	一橋大	東京都立大	横浜国立大	横浜市立大	青山学院大	学習院大	神奈川大	関東学院大	慶應義塾大	駒澤大	芝浦工業大	上智大	成蹊大	成城大	専修大	中央大	東海大	東京都市大	東京理科大	東洋大	日本大	法政大	明治大	明治学院大	立教大	早稲田大	津田塾大	東京女子大	日本女子大
相原	227													1								3														
	225																											1								
	238													1																						
麻生	310				1							1		5	16		2	4		1	1	8	4	16	2	2	9	14	4	3	1	1				
	275											1		8	3		3	2	1	4	2	8	8	13	7		19	8	3	1		3	1			
	272													3	23		5			3	1	17	7	25	9	1	8	18	5				2			
麻生総合	143																																			
	211													3	1									2				1								
	283													1	2						1			2				1								
旭	312													3	5		3			2	1	2	1	23				6		1						
	269											1		3	6						1	3		4				3	2	1		1				
	231										1	2		7	27		2			2	1	1	5	2				2	3	2	1					
麻溝台	353									2	1	8	2	55	24		23	6		10	4	9	23	68	6	10	1	43	61	29	15	8	6			1
	360									1		9	4	47	24		22	5	5	12	11	30	25	59	22	2	11	52	23	15	9	3	8		2	3
	316									1		10	4	29	11		15	4		3	3	21	19	20	19	3	20	20	13	9	10	2			1	1
足柄	230													1	8					1		1		13					1	1						
	269											3		25	14					3	1	12	1	19	2	2		5	2	2						
	280											1		30	19					3		23	1	12			3	5	7	2	5					
厚木	351	6	2	2	4	5	11	2	3	26	5	8	9	17	12	3	24	24	22	20	9	44	101	38	60	48	26	47	136	207	37	81	89	9	8	27
	356	5	2	10	6	2	6	3	21	25	9	54	6	14	6	39	4	30	27	16	13	33	91	38	56	50	16	61	109	129	18	46	48	4	3	18
	319	2	2	3	6	4	10	2	23	20	2	72	15	24	5	48	13	13	56	12	4	29	78	7	28	53	10	39	56	112	45	53	101	1	4	10
厚木北	259														1							1		2					1	2						
	267													2	1					2		2		1				3	1	2						
	270													2	2		8							1				3		4						
厚木清南	558													1										5												
	203					1								4	4									1				1								
	432														2									1				1								
厚木西	241													1	1									5												
	275													5	12					1		6		1				1	3	1						
	239											6	1	11	20						2	8	1	12	6		4	4	3	2		1				
厚木東	234											5		12	20		7	4			2	16	6	33	3	1	13	17	2	6	2	1	1	1	2	1
	271											1		12	14		2	1		2	1	19	3	31	6		9	5	1	3	1					
	274											1	1	36	19		9	2			2	20	7	33	20		12	15	15	4	13	3				
綾瀬	320									1		1		1	4							1	1	6				1	1	1	1					
	354											1		10	2		3			1	2	1	1	9				3	6	3		1	1			
	314													17	11							2		6				2	1							1
綾瀬西	286																							2												
	293													1							2	1		1						1						
	264													4	5									2												
有馬	302											2	1	16	48						3	3	4	42	7	2	3	10	5	3	1	1				
	309													17	10		7			1	1	7		16	3		3	5	1	1						1
	271											1	1	33	20		14	3			4	24	2	22	7	1	10	6	4	2	5					1
生田	357				1					6		19	5	34	8	3	29	12	3	18	21	59	49	67	34	8	42	53	49	52	22	34	14	1	9	6
	352	1	2				1			4	5	32	7	26	16	7	18	14	4	14	18	35	45	32	32	12	35	88	48	54	16	12	8	1	1	5
	317					2	3			2		32	8	31	7	1	9	4	5	8	6	27	32	36	33	12	23	55	33	34	15	16	13	1	1	5

神奈川

高校名	卒業生数	東京大学	京都大学	東北大学	筑波大学	東京外国語大学	一橋大学	東京工業大学	横浜国立大学	横浜市立大学	青山学院大学	学習院大学	神奈川大学	関東学院大学	慶應義塾大学	駒澤大学	芝浦工業大学	上智大学	成蹊大学	成城大学	専修大学	中央大学	東海大学	東京理科大学	東京都市大学	東洋大学	日本大学	法政大学	明治大学	明治学院大学	立教大学	早稲田大学	津田塾大学	東京女子大学	日本女子大学
生田東	293												3	1		1						1													
	310								1		5		5		2	1		2	1		1	3	3				2	4	1			1			
	238												2	2		1	1						4				3	2							
伊志田	262				1						7	3	12	1	1	6	2		1	8	32	10	56	8	1	16	15	12	14	6	8	3	5	4	2
	275										9	2	27	12		5			3	5	30	3	40	14		3	17	12	3	4	1	1			1
	275										34	8			8	2			1	1	30	1	28	1	11	14	5	2	11		1				
伊勢原	273												1								6		3												
	276												2								2	1													
	311												1	1									1												
市ヶ尾	391				2				5	8	19	4	54	20	2	27	14	1	8	17	66	37	61	33	11	47	96	58	27	34	26	4		1	2
	390			1	1		1	1	4	2	28	3	43	10	4	3	21	8	10	11	50	34	45	48	14	50	99	69	73	35	33	15	1	3	24
	398			1			1	1	1	4	17	6	57	22	6	36		11	5	6	55	23	39	52	7	37	74	34	35	43	21	13		1	7
荏田	389				1					1	1	1	1	15	2	3			3		17	3	28	10		8	16	4	3	3	1				
	387												33	19		6				2	22	1	23	10	2	10	18	5	1		2	1			
	396									1	1	1	3	22		13	1	1	3		25	2	24	7	2	4	15	5	2	6	1				
海老名	387	1			1			1	2	3	33	10	76	36	1	37	5	1	10	11	86	54	103	58	4	65	60	67	58	34	18	6		1	9
	398			1					2	3	25	7	54	20	1	31	7	1	15	19	34	38	74	42	9	27	54	63	28	17	11	4			4
	357								4	2	28	2	56	10	5	39	8	4	10	13	45	38	64	27	14	18	65	57	37	35	9	19	1	1	2
大井	107																																		
	196																																		
	190												1	5																					
大磯	273			1							4		23	67	1	14	1	1		2	57	9	112	8	2	19	21	8	4	3					
	273				1					1	4	2	42	27		15	3		4	7	23	3	78	14	1	19	24	15	5	15	4	1			
	278								1	1	7	4	46	31		5	3		3	5	27	8	39	21	3	13	28	17	16	16	4	6		1	1
大船	386							1	2	3	10	7	62	51		19	5		9	7	49	18	89	28	3	60	72	34	16	29	9	1		4	5
	351							1		3	14	8	35	41	1	13	13	1	4	10	26	26	34	21	11	27	34	35	16	23	18	5			1
	271			1	1				2	1	9	1	48	27	5	21	14	2	5	14	26	26	34	21	11	27	34	35	16	23	13	21		2	2
小田原	332	3	1	3	6	3	4	2	14	20	9	6	21	4	26	5	27	25	15	11	12	21	57	76	52	42	44	34	60	91	105	48	49	35	4
	311	1		1		2	2	3	2	7	12	7	44	15	15	6	20	26	27	25	7	11	39	68	28	34	20	7	61	59	80	14	25	49	3
	321	1		7	2	1	6	1	18	15	9	38	14	19	5	19	19	11	16	10	12	29	58	22	18	24	23	40	52	91	50	50	67		1
小田原東	181												2														1								
	225																																		
	228												2	3									2												
追浜	290						1		3	8	8	9	48	71		17	2	1	6	7	27	15	30	34	5	21	37	43	26	15	15	3	1		3
	276						1		1	3	14	8	66	31	1	17	10	2	4	11	7	11	27	12	6	22	56	30	19	27	17	10			2
	287								2	5	13	7	52	27	2	25	14	7	4	5	29	16	32	33	10	29	40	33	31	31	9	7		1	2
金井	307									1	3	1	24	76		2	2			2	11	3	44	5	1	5	12	7	5	2	2				
	352									1	3	5	53	4		13	2		6	3	18	2	29	6	1	10	35	9		7	2	3			1
	233									1	8	3	35	41	4	11	1	7	4	7	18	11	27	12	5	13	19	15	8	19	7	3			
神奈川総合	255				1	1	1	7	4	5	5	41	7	26		12	9	8	4	13	8	17	21	34	14	17	11	45	36	56	57	50	62	24	4
	254	2			2	2		3	2	7	21	12	17	4	21	22	5	21	3	18	6	31	12	13	7	11	29	30	44	13	23	34	1	1	3
	271	1		3	4			2	3	8	15	19	11	13	8	9	17	17	28	27	9	17	17	28	27						22	24	2	6	7
神奈川総合産業	279										4	3	1	2	1						3	1	13	1		3	8	1	3						
	219									1	2		16	3	2	1	7		1	1	1	1	20	6	3	3	8	2		2	2				
	236									1	1	1	18	5		5	1		2	1	16	4	11	18	2	3	11								2

神奈川

高校名	卒業生数	東京	京都	東北	筑波	東京外国語	一橋	東京工業	横浜国立	横浜市立	青山学院	学習院	神奈川	関東学院	慶應義塾	駒澤	芝浦工業	上智	成蹊	成城	専修	中央	東海	東京都市	東京理科	東洋	日本	法政	明治	明治学院	立教	早稲田	津田塾	東京女子	日本女子
金沢	311		1	1			2	6	7	15	27	11	54	16	7	4	44	28	13	11	45	41	25	40	16	60	78	80	77	38	28	31	1	2	2
	315	1			4		1	5	5	15	21	14	46	12	2	3	4	17	8	9	21	32	31	33	14	31	97	53	33	32	27	21		2	6
	275		1		1			6	3	16	29	12	42	9	3	2	22	24	18	10	24	35	28	24	15	20	71	39	46	38	29	23	1	3	4
金沢総合	268										2		10	2							3	1					5	1							
	227												10	8							2		3	1		2	7	1							
	275												16	8				2					2			6	3								
鎌倉	312		1		4		1	5	10	9	53	5	25	20	16	25	16	6	10	16	33	38	26	46	9	5	30	70	77	85	33	22	1		2
	309		2		4		2	2	10	5	38	12	25	21	12	6	13	9	6		12	31	73	61	11	14	69	54	58	36	33	29	3	6	9
	311		1		2		2	4	6	7	46	11	32	8	20	24	5	23	8	9	28	61	19	39	14	32	62	68	84	72	59	38		1	5
釜利谷	198																																		
	229												1	10																					
	251																																		
上鶴間	264												1	3							1	2					1	1							
	345												3	7		1	1		1	2	1	1	11	2		1	1	1							
	308											1	14	6		2			2	1	4	2	11	3		3	6	2	2		1				
上溝	238										1		8	15							4	4	2	3		2	5	6	1						
	240										2		19	4		6			1	1	13	5	19	3		2	7	1	1	1					
	239							1			1		9	5	2	2					5	2	19	2		4	1	2	2		4	5			1
上溝南	351					1					4	2	37	10		11	1			4	5	26	4	58	7		13	12	9	8	1	6			
	311					1					11		32	4		6	4	1	2	2	21	4	44	18	5	6	29	10	2						
	322				3						10	1	60	9		15	3	1	10	3	39	13	27	19	3	10	31	20	8	9	4	6			
上矢部	278										1	1		1							8			2	1										
	315										1	7	4		2	1					1			1	3	2					1				
	272										4	18	1								1				1										
川崎・県立	270										4	10									8	1	6		2	3	1	1							3
	268										4	9		2							1	3	2		3	5	2	3	1						
	277							1			15	19		2	1						2		8	3		4	5	1							
川崎・市立	222	1		2	1	4	2	3	4	12	26	7	7	25	9	6	7	22	8	5	20	24	5	4	16	34	24	44	52	29	32	30	2	3	2
	305										1	9	11		1	1					6	4	1	4	8	1									
	273										3	11														1									
川崎北	284										1		4	8		3					4	1	5			14	5		2		4				
	312												9	3		3		1			2		7	5		4	4								
	316										1		9	5	1	8					5	1	2	1	2	3	4	1	2						
川崎総合科学	237						1	3			5		6	14		1	10				3	8	9	7	8	4	22	9	3		3	1			
	229				2		3	1		2	1	16	7	1		25			2		4	5	11	11	13	1	12	16	4		3	2			1
	222	1					1				8	1	1		5						1	2	14	12	4	4	16	3	4		1	1			1
川和	312		1	2	5	1	7	7	25	4	74	3	13	1	36	17	13	20	10	19	10	51	18	5	13	43	91	93	216	42	79	72	8	6	18
	322	2	1	1	2	2	5	12	27	8	61	15	13		46	13	19	27	3	9	14	54	3	52	30	19	98	83	175	25	71	86	6	21	30
	354	2	1	1	2		2	1	5	18	60	9	39	5	27	24	12	4	11	7	26	70	17	44	33	21	75	46	165	48	59	84	1	7	13
岸根	311									1	2		26	74	1	1		1			23	1	31	13		6	16	15	3			1		1	
	318										3	2	26	29		10	2		2	2	14	7	14	2	2	14	11	7	6	1					
	313								2		3	1	37	19		8	1	1	1		10	4	31	13	1	8	11	9	4	3	3	2			
希望ケ丘	366				1			6	15	10	48	11	52	27	16	39	12	6	8	24	46	59	36	48	34	39	78	86	103	34	37	26	3	4	10
	319	1		3	1	2		7	9	8	42	6	43	4	22	32	24	15	15	15	26	54	27	46	20	25	73	80	101	35	34	35		5	17
	277	2	1				1	6	7	8	29	9	23	2	7	22	3	26	6	7	20	47	38	20	12	14	49	51	81	51	33	57	1	2	9

神奈川

高校名	卒業生数	年	東京大	京都大	東北大	筑波大	東京外国語大	東京工業大	一橋大	横浜国立大	横浜市立大	青山学院大	学習院大	神奈川大	関東学院大	慶應義塾大	駒澤大	芝浦工業大	上智大	成城大	専修大	中央大	東海大	東京都市大	東京理科大	日本大	法政大	明治学院大	明治大	立教大	早稲田大	津田塾大	東京女子大	日本女子大
霧が丘	366	2023										13		25			3		2	2	5	3	15	3		1	6		1					
	382	2018										2	1	28	17		6		1	2	14	1	27	4		3	11	2	4	6				
	312	2013										18		31			2		2		15		23	2		4	9	3	1	1				
港北	308	2023								1	3	15	5	72	56		27	4	5	9	46	17	80	23	4	21	51	23	20	8	2			3
	318	2018									3	9	1	35	24	1	13	6	1	33	18	13	26	19	5	18	32	20	6	1	4			
	277	2013					1			1	2	5	1	29	30	1	18	4	5	5	40	8	23	33	3	18	22	16	11	1	2			
光陵	312	2023	1	1	1	2	2	1		5	11	37	16	54	11	7	31	10	16	15	30	66	30	40	2	15	97	27	25	20	27	3	3	6
	316	2018				4	2			6	13	37	21	38	12	14	17	33	20	3	13	48	35	34	26	39	109	77	86	37	37	6	2	8	10
	236	2013		2			2	1		13	13	39	8	13	2	10	14	8	28	5	16	61	5	15	10	6	29	35	85	30	32	46		5	
幸	227	2023										1		2	8		2		1	1	1	1		1		1	2	1	1	1				
	228	2018												4	5		1				5						3		1					
	271	2013												2																				
相模田名	271	2023										1		3			1				7	1					1		1					
	267	2018																																
	275	2013																					2											
相模原・県立	269	2023	1			1	2	1	1	20	2	60	12	29	10	9	26	7	8	17	21	56	69	52	40	15	21	52	84	77	32	34	21	4	7	11
	276	2018	2		1			2		19	17	3	45	12	18	2	6	13	19	15	13	11	32	87	19	36	19	19	49	63	85	14	31	33	5	3	20
	280	2013			2	1	6			8	11	4	30	10	30	1	8	26	16	8	8	10	45	56	20	28	18	11	53	49	50	25	19	38	1	2	2
相模原中教	144	2023	3	4	2		8	2	6	9	5	29	5	10	5	24	4	5	22	7	14	13	33	6	11	37	8	26	29	65	9	19	31	5	3	3
	154	2018	9	2	2	3	1	5	4	11	8	5	24	3	8	2	18	11	8	11	5	5	10	30	13	10	26	4	24	25	50	17	30	44	1	3	8
		2013	2015年に初めて卒業生が出たため、10年前のデータはない																															
相模原総合	233	2023																																
	235	2018									1	1		9	1		2				1	2	1	1			1	1						
	276	2013										1		10	7		1				1	2	1			1	1	3	1					
相模原弥栄	356	2023								1	1	13	1	20	8	8	12	2	6	3	35	27	22	12	3	16	25	28	21	10	19	22			1
			2021年に初めて卒業生が出たため、5年前、10年前のデータはない																															
桜丘	311	2023								3	3	17	11	64	46	4	26	15	8	10	43	28	68	36	4	64	61	42	31	28	4		4	5
	313	2018				1	2			1	5	14	14	40	13	7	20	25	7	9	8	30	27	34	25	13	40	78	45	28	15	10	2	1	3
	275	2013			1						11	21	10	42	29	4	16	5	7	8	7	17	19	38	30	6	20	42	32	26	14	10		2	5
座間	273	2023								3	1	17	6	47	37	2	23	2		7	15	58	30	116	35		29	36	35	22	21	9	2	2	2
	275	2018								4	2	16	1	71	22		14	1	3	9	15	41	21	51	28	3	15	31	32	28	11	12	13		2
	272	2013								3		16	1	53	16	1	25	6	2	1	4	38	22	38	31	3	12	27	29	13	11	1	5	1	
座間総合	236	2023										1	1	2	2		3			1	1	2	4						2	1				
	226	2018												10	5		3			1	8													
	226	2013										1		9	4		2				7	1	4			1	1	1	1	1				
寒川	230	2023																												1				
	296	2018												2																				
	313	2013																			1													
七里ガ浜	351	2023										11	3	6	16	1	39		2	8	13	66	39	74	10	2	37	68	45	26	34	21	7		1
	352	2018							1			14	4	50	20	2	32	13	3	6	15	37	16	34	17	3	27	51	34	15	21	13	4	1	2
	277	2013							1	1		17	2	38	12		14	7	5	11	35	19	20	18	5	13	30	32	16	29	5	5		1	1
湘南	356	2023	20	8	4	3	4	11	11	6	31	7	69	5	4	112	7	11	45	11	9	7	61	9	30	64	133	190	225	33	62	163	1	1	4
	358	2018	25	5	6	10	4	18	21	4	33	6	30	6	6	5	109	8	16	30	2	5	12	84	12	14	8	7	3	53	73	205	12	51	196
	352	2013	14	5	2	6	5	15	10	7	27	5	41	4	7		90	3	5	66	5	6	3	75	10	11	66	5	27	47	156	44	70	171	8

神奈川

高校名	卒業生数	東京大学	京都大学	東北大学	筑波大学	東京外国語大学	東京工業大学	一橋大学	横浜国立大学	横浜市立大学	青山学院大学	神奈川大学	関東学院大学	慶應義塾大学	駒澤大学	芝浦工業大学	上智大学	成城大学	専修大学	中央大学	東京海洋大学	東京都市大学	東京理科大学	東洋大学	日本大学	法政大学	明治学院大学	明治大学	立教大学	早稲田大学	津田塾大学	東京女子大学	日本女子大学
湘南台	248										2	46					1	9	7	3				49	7	1	4	11	4	3		1	3
	273										4	1	27	21	4			1	17	1				36	45	1	3	15	8	3	7	1	2
	278				1						5	19	17		8		2	3	13	2				39	5	1	6	17	5	3	5		1
松陽	277		1							8	8	16	64	47	25	5	2	6	3	27	16	7	11	6	49	48	26	14	19	8	2		2
	239		1							3	12	1	47	29	3	21	3		4	5	36	7	26	13	1	8	30	17	18	18	4	7	1	1
	239		1							7	5	2	30	24	1	11	5		2	9	32	18	23	18	2	8	22	17	7	8	3	2		1
城郷	248										2	1	9	12		2			2	8	1	3			1	6	2	4	1			1	1
	309											10	22		4	2				3	1	11				2	4	1					
	279											15	19		4			1	3	1	15	2		1	4		2	1	3				
城山	256																		1														
	266											6	3						1	1	4			1	1								
	304																		1	1					3								
新栄	346											13	15		5			3	3	2	11			2	16	3	2	1				1	
	341											28	35		10	2	1	2	6		12	2		3	2					1			
	313											4	14		1			1	4	2				1	1	1							
新城	268		1	1			4	1	1		27	3	51	23	7	37	9	9	9	28	57	5	3	17	35	5	41	71	67	64	30	32	19	1	1	7
	265						1	3			7	8	45	24		20	1	4	2	7	19	14	18	15	6	19	35	27	24	21	19	8	1	2
	277		1		1						13	4	40	10		14	6	6	9	10	33	18	26	20	3	22	31	14	18	22	13	8	1	2
菅	340											3	4						3														
	339											4	1		1				2	6													
	312											2	1						2	2							2						
逗子	262											7	17		1				2	4	5				4	5							
	273				1						2	1	30	27		1			1	2	6	4	7	3	2	8	10	8	7	8	2			
	279										2	1	28	30		5	1		2	3	1	20	4	1	15	15	5	1	5	1	1		2
住吉	356								1		5	1	36	74		14	2		3	3	37	15	33	8	3	17	62	15	4	3	1		1	1
	355										3	1	29	25		13			3	5	25	3	14	10	8	24	17	7	8	2	1			
	276										3		25	32		8	3		1	18	3	6	8	1	5	7	10	6	7	2	7			
逗葉	308										1	2	9						2	2					2	1		2					
	274											2	9	2					2	5					2	1							
	260											20	15	2					1	4	1				3	3	1						
西湘	305		1	1			1	1			2		28	45	1	13	1	3		3	31	18	80	7		20	9	11	14	2	7			
	311						1	1			3	1	36	25	1	9	5	2	3	4	13	9	38	3	1	5	22	11	5	13	3	3		2
	315						5				7	1	37	27		7	1	4	5	3	37	9	50	21	7	11	28	22	22	14	6	9		1
瀬谷	310									1	3		42	42		11			3	4	22	6	62	9		10	21	8	2	2			
	313										1	1	38	56		11					22	8	24	12		4	24	17	2	4		1	1
	274									1	6	3	42	26		3	1	1	1		35	6	35	16		6	18	8	7	10		2	1	1
瀬谷西	283										1		10					2								3							
	341										1		15	23						2					1		2	1	1				
	269												2	1					1	4													
大師	157												1						3														
	196																																
	233												1																				
高津	306										1		22	14	2	15		1	2	1	33	2	28	1		2	15	4	1	3		2	
	336										2	1	12	13		5	8			2	5	4	13	10	3	3	7	4	1	1		1	3
	301										1		31	6		11			3	16		13	7		10	13	4	3				1	

神奈川

高校名	卒業生数	東京大学	京都大学	東北大学	筑波大学	東京外国語大学	東京工業大学	一橋大学	横浜国立大学	横浜市立大学	青山学院大学	神奈川大学	関東学院大学	慶應義塾大学	駒澤大学	芝浦工業大学	上智大学	成蹊大学	成城大学	専修大学	中央大学	東京海洋大学	東京理科大学	東洋大学	日本大学	法政大学	明治大学	明治学院大学	立教大学	早稲田大学	津田塾大学	東京女子大学	日本女子大学
高浜	246										9	13							2	8	3			7	2	3	3	1	1				
	230										10	9									5						1	1					
	260										2	4													3	1							
橘	299								1	1	11	8	36	18	1	9	8	5	4	55	28	22	10	3	39	37	26	14	44	10		1	
	275									1	7	6	23	4	1	23	4	4	9	28	14	20	6	18	23	18	8	17	3	1	3	4	4
	268			1					1	1	4	31	25		14		6	2	4	19	7	28	9	2	14	27	15	15	2	3			
田奈	81																																
	199											1												2									
	209											3	1		1						1												
多摩	268		6	1	2	3	4	5	12	4	66	4	25	5	11	15	26	18	11	27	53	18	31	24	40	75	88	100	53	34	1	2	8
	273	1			1	1	5	2	13	11	33	9	18	6	12	24	14	20	6	23	63	9	21	24	22	88	49	80	36	61	9	8	11
	278	2	1		1	3	3	1	11	12	45	10	14	2	22	19	18	26	8	26	50	8	18	23	13	55	33	72	54	49	3	4	4
茅ヶ崎	306											19	27		1				1	14	2	2	11	8	5	1	1	1					
	352										3	2	32	42		8		1	1	11	5	35	4	2	7	22	4	25	1				1
	415											27	32	6				2	2	9	3		28	6	14	2	11	10					
茅ヶ崎西浜	332											6	9							6					1			1					
	368										1	2	1							5						2							
	309										1	2	10		24	1	2			4	2			5	3	1		1					
茅ヶ崎北陵	274			1	1	1		1	3	5	14	7	30	24	19	8	6	6	4	65	31	11	8	21	14	21	51	42	16	4	5	7	4
	276								3	3	27	16	19	7	3	40	4	11	11	27	34	29	38	7	32	61	60	41	31	20	3	1	10
	275						1	5	3	2	40	4	47	13	9	14	6	16	12	34	38	20	39	8	14	33	42	57	25	23	2		4
津久井浜	243											5	29							2	1			6				1					
	230											11	15	3						4	4				6	4							
	236											8	12			1	1			1	5			2			1	1					
鶴見	308										2	55	52	12	2	2	6	6		22	13			50	16	49	20	10	2	1			
	314									2	4	24	29	2	13	7	2	2	2	7	11	20	18	3	9	40	11	15	2	11			
	277								1	3	13	6	53	27	1	12	8	2	4	18	7	18	12	10	20	40	18	16	7	5	1	1	3
鶴見総合	229												8							1	1			8	2		2						
	239											1									1												
	209											3	3								1												
鶴嶺	391										6	19	60		6	2	1		3	25	6		58	22	4	7	21	12	6	1			
	394										8	3	65	41	13	3	3		7	28	8	61	12	2	21	43	14	6	4	2		1	2
	318										6	2	41	32	11	1	1	1	3	33	2	36	16	1	14	23	15	8	5	2			1
戸塚	316				1		1	1	2	7	12	7	58	58	29	5	1	3	8	63	23	58	21	3	30	49	38	17	7	3			
	315						1			4	11	3	69	51	19	9		7	3	19	17	41	9	2	26	60	30	17	11	1			4
	274								1	3	7	45	37		25	6	1	3	1	38	11	45	18	2	18	48	7	9	3	4			2
永谷	117																										4						
	249												1							1					3								
	249											1									1												
新羽	392										1	6	6						1	3	2				4		2						
	377										1	18	26						1	3	2						1						
	343										1	1	6		7					4	3			1		2	1	1					
二宮	237											3							1	1													
	234											3						1	1								4	2					
	273											17	13							2				10		2	2						

神奈川

高校名	卒業生数	東京大	京都大	東北大	筑波大	東京外国語大	一橋大	東京工業大	横浜国立大	横浜市立大	青山学院大	神奈川大	関東学院大	慶應義塾大	駒澤大	芝浦工業大	上智大	成蹊大	成城大	専修大	中央大	東京都市大	東京理科大	東洋大	日本大	法政大	明治大	明治学院大	立教大	早稲田大	津田塾大	東京女子大	日本女子大
白山	295											5	4								1						1	2					
	341											2															2						
	296											1	4														1						
柏陽	311	1	2	3	5	3	8	2	5	38	84	15	16	8	32	15	60	35	8	17	66	17	117	88	30	124	207	56	83	98	1	4	8
	316		1	2	5	4	8	2	11	29	33	13	18	2	47	13	36	17	1	5	45	12	28	6	1	135	269	116	33	58	4	11	13
	279	3	2	1	4	1	21	3	10	34	39	7	20	5	56	2	34	46	5	5	55	11	30	77	6	23	28	139	62	127		7	9
橋本	283										3	18	8	3				2	1	22	5	13		2	14	5	2		1				
	277										2	13	4	2						7	2	8	2			15	1		1				
	275					1					2	1	15	5		3			1	14	13	10	8	6	7	4	6	1	5	2			
秦野	360		1					3	1		29	6	58	28	2	35	3	2	9	66	42	125	52	2	36	60	27	20	20	3			3
	357					3	2	2			31	5	61	25		34	5	5	13	37	48	68	67	6	20	43	36	31	16	11		1	6
	358	1					3	2	4		22	8	46	18	3	21	3	7	7	52	49	66	44	5	34	38	42	22	21	12			7
秦野総合	192																				1												
	245											1																					
	280											8	9							11					1				1				
秦野曽屋	255											3	2							10						1							
	272							1			2	10	9	1			3			4	10				9	3	1						
	233											8	10		2					12	9												
東	273							1	7		16	14	77	89	4	26	9	3	7	42	15	48	32	2	63	34	31	23	20	7	1		2
	271							2	7		20	3	61	25	1	20	8	2	3	27	12	27	20	5	25	46	28	32	9	7			1
	268							2	5		15	1	48	21		23	3	6	7	39	12	47	32	3	27	31	22	13	7	4	1		4
平塚中教	156	5	2					4	4	3	18	7	19	12	9	6	12	7	8	10	30	28	16	18	19	21	44	51	29	24	4	5	10
	149	1	4		2	1	4	2	5	10	12	5	12	4	17	8	7	11	1	11	26	25	8	14	10	14	17	32	18	25	1		3
		2015年に初めて卒業生が出たため、10年前のデータはない																															
平塚江南	308	1	2	1	1	3	2	5	6	8	46	16	20	4	13	50	19	4	5	64	62	76	51	2	44	56	77	70	20	16	4	11	4
	309	1	2	2				7	6	7	29	5	31	3	4	23	15	2	7	20	41	35	40	18	17	71	61	80	26	23	3	7	17
	316	2	3	3	1	2	1	12	6	5	38	2	21	10	25	21	16	25	10	32	50	45	39	38	13	41	41	78	38	67	2	4	10
平塚湘風	175											1																					
	215											7	10													1	1						
	205											3	4													1	1						
深沢	228										1	23	47		9				1	17	7	22		8	12	7	1	5					
	196											16	19		2				1	8		18	3	2	9		1		1			1	
	194										1	12	13		2		1	3		1	2	11	1	1	2	3			1				
藤沢清流	269											11	28				3			5	1	16		1	8	1	1	1					
	229										1	24	20		2				2	6	1	17	2	8	18	6	2	1	2	2			1
	232									1		24	23		5					13		25	3	10	10	3		1					1
藤沢総合	273										1	4	14	1						2	1	3				5	2	2					
	263										1	14	13							1		8	1		2	3							
	271											9	14	1						1		5			1	1							
藤沢西	278										2	13	55		5		14		3	31	5	47	18	39	24	17	5	32	10	1			
	270		1						1		2	24	12	3	1	10	1	1	5	17	3	20	6	1	7	30	14	2	3	1		2	2
	280										2	40	26		12	1	1	6	5	26	8	42	9	1	122	21	8	5	1	2			
保土ケ谷	245											3									2												
	306																			1						1							
	304										1		8					2		1						1		1	1				

神奈川

上段は2023年、中段は2018年、下段は2013年のデータ

高校名	卒業生数	東京大	京都大	東北大	筑波大	東京外国語大	一橋大	東京工業大	横浜国立大	横浜市立大	青山学院大	神奈川大	関東学院大	慶應義塾大	駒澤大	芝浦工業大	上智大	成蹊大	成城大	専修大	中央大	東京都市大	東京理科大	東洋大	日本大	法政大	明治大	明治学院大	立教大	早稲田大	津田塾大	東京女子大	日本女子大
舞岡	310										1	12	21						2	1				8		2	3	2	3					
	312										2	16	39		2			1	1	7	1	1		13	4	4	9	1	1					
	274										1	29	32					7	1	12	2	2		27	7	3	10	2	1	13				
三浦初声	170																			1														
	193											6	9							1														
	227											4	16							4														
みなと総合	225									3	1	15	68		7		1	1		8	2	7	1	9	9	2	2	3		1				
	237									3	3	15	11		5			1	2	1	11	2	4	4	3	3	6		1					
	229									2	3	2	15		1	4				9	5	15	1	3	4	7	4	9	5	2			1	
南	191	1	2	1	3	1	3	7	4	11	29	3	11	34	19	8	27	5	1	11	37	9	15	23	26	30	45	8	65	57			11
	197	5	2	1		5	1	4	18	8	17	7	17	3	12	5	30	18	2	9	16	9	23	34	13	35	35	42	23	25	3	6	5	
	319							1	1	9	19	8	54	21	4	16	15	4	6	23	21	26	20	5	26	51	38	29	20	13		1	8	
元石川	346									1	7	15	14		3	21	4		6	75	16	8	110	4	37	44	22	10	4	1				
	318					2					1	38	25	23			1	3	3	21	7	20	15	21	36	16	9	7	5	4				
	274										3	2	44	26	11	3		3		35	13	35	20	3	12	15	7	12						
山北	193												2							4														
	195											10	1					1		1	8					1	1							
	231										1	4	2							1	1					1			1	1				
大和	274		1		4	1	1	2	6	8	53	5	37	8	6	37	22	11	13	43	58	67	70	2	26	45	105	113	53	31	4	3	17
	281		3			1	1	7	9	4	30	5	42	6	12	34	14	21	15	33	59	29	75	17	14	94	87	85	30	23	3	8	6
	275		1		1	1	1	8	3	5	30	6	29	10	8	24	5	13	3	26	35	32	28	8	12	42	94	48	21	18	2	1	6
大和西	268							1			4	2	37	29	3			3	10	4	11	7	5	6	2	11	36	17	9	9		2		1
	276		1					1			5	2	39	10	1	9		1	4	29	9	21	13	1	14	19	12	8	15	5				
	274		1					1			9	4	33	1	1	10	2		5	36	6	20	4	4	7	19	9	3	14	1	2	1	2	
大和東	194																																	
	309																			1						3	3							
	264												1							2						2	1							
大和南	303											1	2											5	2									
	314										1	9	3				1		1	6	10					5	1							
	274											26	11		1	2				8	8				2	4	1	1						
百合丘	345										3	3	4	1	2		1			3	3	23	1	1	3	7			1					
	352				2						5	2	10	4	2	13	3	1	2	15	9	33	17	2	15	17	8	9	5				1	
	308										1	1	15	2	2				3	1	17	6	16	7	5	9	7	4	1	1				1
横須賀	287			1	1	2	1	3	10	15	34	20	37	38	16	34	17	20	6	25	46	16	78	3	14	36	78	66	48	22	1	2	4
	277	1		1	3	2			2	11	6	24	14	31	10	10	13	16	13	25	27	8	28	13	30	73	48	49	32	36	1	2	1
	314	1	1	1	3		2	3	3	9	27	11	49	11	13	22	16	12	3	9	54	16	41	23	13	44	47	77	36	41	1	1	3
横須賀大津	315							1		1	3	3	55	75	1	15	2	2	6	24	8	47	11	3	20	46	15	6	13	8	3		1
	276							1	1		2	1	24	20	1	13	4		1	11	4	17	13	6	6	28	8	7	4	2	3		1
	238							2	1		10	1	37	41	12	7	1	3	3	19	5	20	10	3	13	30	14	8	20	7	1		
横須賀総合	361				1			2			6	1	42	60	11				4	21	10	34	11	1	23	27	22	12	18	2	2	1	1	2
	315										6	2	21	28	10	9		5	1	10	4	20	2	1	13	23	1	2	6	1			1
	318									1	6	1	29	34	6			1	1	7	1	11	6	3	16	13	3	7	6	3			1
横浜桜陽	230												3							1														
	260											13	15							5			1	1		2	2							
	257											5	7		2			1		1	10	2		2	2									

940

上段は2023年、中段は2018年、下段は2013年のデータ

高校名	卒業生数	東京大	京都大	東北大	筑波大	東京外国語大	一橋大	東京工業大	横浜国立大	横浜市立大	青山学院大	神奈川大	関東学院大	慶應義塾大	駒澤大	芝浦工業大	上智大	成蹊大	成城大	専修大	中央大	東京海洋大	東京理科大	東洋大	日本大	法政大	明治大	明治学院大	立教大	早稲田大	津田塾大	東京女子大	日本女子大
横浜旭陵	185																				1												
	243																																
	266										3	3	1		2																		
横浜国際	174				2				1	9	7	2	9		11	3	19	1	3	9	20		6	2	1	4	8	9	13	10	4	1	3
	195		1	1	3		1			11	28	5	10	5	15	9	1	24	7	15	30	5	3	3	12	7	23	33	19	21	12	7	4
	159				3					9	25	5	16	3	16	9	3	39	4	7	27	7	4	4	7	18	20	39	20	37	5	1	5
横浜サイエンスフロンティア	225	4		7	4			10	3	4	19	5	22	4	21	4	20	8	1	11	29	19	64	61	10	21	33	66	19	31			3
	234	2	1	6	7			14	1	8	17	3	14	5	24	3	35	4	1	6	29	10	34	68	2	33	27	52	7	22	2		
	231	3	1	4	2		6		10	23	21	3	32	7	16	8	16	5	4	4	30	32	35	66	4	31	23	47	10	22	1	1	
横浜栄	308							1		3	13	3	70		1	1	7	1	3	25	15	5	9	41	44	41	32	18	15	5			3
	275							5		1	5	106	43	1		14	12	2	4	25	7	30	14	4	22	35	11	14	3			1	
	237							3		2	14	5	44	22	1	13	5	4	4	16	14	16	18	7	12	30	23	21	4	3		2	1
横浜修悠館	409										1		6	12	1					5	3	3		2	2	4			5				
	355										4		1							2	1	1			3	2	1						
	472										1									1									1	2			
横浜翠嵐	390	44	14	15	5	5	5	2	25	9	4	46	7	146	7	14	45	4	4	2	50	6	21	184	16	24	69	196	52	188		3	5
	350	14	13	15	1	4	17	12	6	39	36	4	4	92	6	20	23	4	4	7	61	2	34	97	4	34	43	184	25	112	8	5	6
	270	17	5	6	6	5	5	16	7	36	22	3	3	2	100	4	6	44	2	6	47	3	4	62	1	8	16	121	39	144	4	14	17
横浜清陵	269										1	25	63		6	1		3		12	3	4	1	2	2	6	21	2	1				
	266				1						2	2	23	30		3	1		3	1	6	1	11	14	1	5	8	4	2	1	1		
	267										2	4	13	13		3	1			13	1	11	4		5	9	7	1	6	1			
横浜総合	232										1	2									1					3							
	257										4	3	3							1	1					1		1	1				
	215										6	1									1		1	2									
横浜立野	233										3	25		2						2	8			7		1	2		1				
	274						1				15	22		3	2					3	3	14	3		5	13		3	6	2			
	230						1				12	29		1				2		1		16	2		6	9	1		2				
横浜南陵	235										1	6	28		3					2	1	9	4	1		3	3		1				
	269										18	18	8				1	2		10	9	3	1		6	5	4	9	1	2			
	274										2	25	30		3		1			9	4	10	6	1	7	12	8	2	1	1			
横浜氷取沢	355								1	2	3	2	53	77	1	24	7		3	5	37	12	28	6	1	17	22	11	9	6	1	5	2

2021年に初めて卒業生が出たため、5年前、10年前のデータはない

高校名	卒業生数	東京大	京都大	東北大	筑波大	東京外国語大	一橋大	東京工業大	横浜国立大	横浜市立大	青山学院大	神奈川大	関東学院大	慶應義塾大	駒澤大	芝浦工業大	上智大	成蹊大	成城大	専修大	中央大	東京海洋大	東京理科大	東洋大	日本大	法政大	明治大	明治学院大	立教大	早稲田大	津田塾大	東京女子大	日本女子大
横浜平沼	312			2			4		3	5	8	37	11	59	15	8	40	13	16	19	17	36	42	40	37	24	63	57	61	58	57	44	16	2	5	16
	272		1		1	1		2	10	23	19	11	26	4	18	13	11	23	20	12	21	7	13	48	29	30	17	24	11	10	12
	278				1	4	6	5	21	8	28	11	2	24	8	5	8	7	30	13	25	33	7	20	43	39	32	43	25	6	5	6	21
横浜緑ケ丘	274			2	2	4	2	4	1	8	6	70	14	13	10	37	11	10	24	5	13	29	56	15	52	13	41	69	85	161	69	9	65	7	3	9	24
	274	1		4	1	1		1	7	9	38	5	21	10	29	19	56	30	8	11	17	58	7	29	25	15	88	63	111	36	65	71	1	18	29
	319		1	2		3	3	5	12	13	46	22	32	2	33	30	24	15	3	4	24	23	12	28	36	16	43	48	103	77	89	65	3	10	16
横浜緑園	219										1	2								4	1		2			2	3	1	1				
	267										8	13									1						3						
	269									1		1	2	3							2	1				1		1					
◎青山学院横浜英和	154						1				92		8	4	3	1			5		1	5	5	6		1	3	10	2	2	4	1	6	2
	129								2		132	14	9	2	2			2	1	3	1	3	3		3	7	12	13	16	6	2	2	3	4
	178								3		7	3	14	11	6	5	1	5	2	2	11	5	14	6	1	13	14	6	15	13	3	1	8	3

神奈川

注）各高校名の上段＝2023年、中段＝2018年、下段＝2013年の合格者数。国公立・私立大学別一覧。

高校名	卒業生数	東京大	京都大	北大	東北大	筑波大	東京外国語大	東京工業大	一橋大	横浜国立大	横浜市立大	青山学院大	学習院大	神奈川大	関東学院大	慶應義塾大	駒澤大	芝浦工業大	上智大	成蹊大	成城大	専修大	中央大	東海大	東京都市大	東京理科大	東洋大	日本大	法政大	明治大	明治学院大	立教大	早稲田大	津田塾大	東京女子大	日本女子大
◎浅野	257	43	7	4	3	9		10	2	22	4	32	5	7	1	135	7	11	33	2	5	13	33	14	17	109	14	20	35	87	10	19	123	-	-	-
	259	42	5	5	2	1	26	15	2	11	3	8	4	9	2	138	2	19	21	2	5	3	30	13	8	85	2	25	20	85	3	8	109	-	-	-
	270	27	4	7	2	18		16	2	16	4	15	6	6		155	4	9	28	5	4	3	24	5	8	88	1	10	12	92	16	21	182	-	-	-
◎旭丘	326											1		7	7	1	3					1	14					3	2	1			1			
	401											1			2							2											1			
	524																											1								
◎麻布大附	490		1					4		1	1	31	7	63	46	3	29	7	1	13	35	88	36	154	42	11	47	77	46	28	30	12	5	1	5	1
	488							1				2		44	18		11			5	1	17	7	66	11	3	38	36	11	3	4	1				1
	243							1				2		7	5		4	1			2	2		11	2	1	2	14	2	1	1					1
◎アレセイア湘南	138											5	3	13	3	2	6		2		2	13	3	18	2		10	9	9	7	15	2	6			
	218										1	5		18	12	2	6	1				3	3	15		2	2	14	2	3	23	5	3		3	
	127											1		12	16						1	3		6	1		1	4	2		2					
◎栄光学園	178	46	6	1	1			14	9	6	5	12		6	2	80	4	5	35	6	2	4	26		7	51	2	7	14	40	12	14	93	-	-	-
	173	77	3	3	3	6		10	3	7	8	4		4		93	2	7	7		12		37	1	6	43		4	9	49		4	101	-	-	-
	184	52	4	3				10	17	7	3	11	1	2	3	107	3		12	1	1		32	1	1	37		2	6	44	1	13	126	-	-	-
◎英理女子学院	166											4	2	18	5		5	2			2	1	3	3	6		7	6	4	2	8	3	1	2		1
	170											1		2	4								2					1								
	271											4	2				2				1							1								
◎大西学園	50																												1	1						
	63																																			
	87											2			2	1	2				1	1														1
◎鹿島山北	138													2		1	1					1	4	1			2	5	1	2		6				
									2019年に初めて卒業生が出たため、5年前、10年前のデータはない																												
◎柏木学園	326													2	7		1					5						4	6							
	247													5	5		4				1	5	2					3	9							
	300													4	5							2						1	1							
◎神奈川学園	169											9	7	24	15	2	11		8	2	7	11	9	11	6	4	27	10	25	6	18	16	2		7	8
	191					1				1	1	11	14	15	15	3	6	5	5	3	1	9	5	14	11	5	17	20	23	9	33	9	2	1	4	9
	183									1	1	13	8	31	6	7	6	1	15	14	7	8	11	10	10	4	10	16	18	15	33	16	15	3	10	11
◎神奈川大附	197	3	2		1	2	3	3	6	9	4	39	4	59		32	4	24	26	15	21	19	41	18	23	52	22	36	66	92	30	58	45	4	11	2
	200	2	2	1		3	3	1	6	10	3	21	11	37	1	25	6	9	6	7	12	22	39	5	36	34	23	41	53	79	25	34	42	1	4	1
	212	3	1	1	2	2		4	1	8		35	11	64	5	12	6	21	25	16	6	9	48	20	31	21	2	28	47	81	35	55	32	1	3	2
◎鎌倉学園	329	3	6	3	2			2	9	2		48	20	45	31	28	16	38	34	5	18	26	83	49	66	45	49	99	78	120	44	44	49	-	-	-
	345	3	1	3	4	4	4	2	6	9	5	45	15	36	17	40	27	31	24	7	15	9	76	29	58	50	19	90	67	108	25	45	80	-	-	-
	314	2		1	4	2	13	2	1	2	5	36	16	54	4	34	11	29	34	7	7	19	52	26	39	60	12	50	44	104	58	48	76	-	-	-
◎鎌倉女学院	152	1		2		2		3		7		20	16	23	1	17	6	6	33	3	5	18	8	22	14	9	13	28	18	43	28	40	36	10	17	13
	155	1		5		4		3		4		18	3	11	10	7	3	22	24	2	4	5	13	10	11	6	13	30	24	38	25	28	24	9	4	6
	163	2		4	1	1	2	6	12			51	15	15	5	18	8	3	28	6	12	7	12	15	9	15	12	25	29	57	63	54	57	8	16	14
◎鎌倉女子大	95													4	5		1					1	4				1	3	4	1	1					1
	125		1									1	1	6	11		2				2	3	1	8	2	1	5	4	2	3	8					1
	150		1									1		4			2				1	1	1	3	2		2	2	1	1						1
◎カリタス女子	166	1	1				1				1	13	3	11	2	15	10	9	27		7	9	18	21	7	7	23	20	13	29	19	19	23	4	5	9
	179	1						2		1	1	16	4	2	4	8	4		16	6	11	13	16	11	8	1	12	10	20	13	21	19	8	2	5	11
	179	1	1		2		2				2	27	18	4	6	17	10		35	9	16	9	26	15	2	3	3	26	16	28	35	22	28	4	18	13

神奈川

上段は2023年、中段は2018年、下段は2013年のデータ

高校名	卒業数	東京大	京都大	東北大	筑波大	東京外国語大	一橋大	東京工業大	横浜国立大	横浜市立大	青山学院大	学習院大	神奈川大	関東学院大	慶應義塾大	駒澤大	芝浦工業大	上智大	成蹊大	成城大	専修大	中央大	東海大	東京都市大	東京理科大	東洋大	日本大	法政大	明治大	明治学院大	立教大	早稲田大	津田塾大	東京女子大	日本女子大
◎関東学院	237							1	1	3	23	10	24	29	9	2	16	5	5	22	14	18	28	19	20	16	41	19	18	15	27	5			3
	256				1			1	1	3	12	7	17	30	9	12	10	2	4	10	8	24	14	43	10	17	40	26	21	22	16	9	1	2	5
	241			1	1			2		3	16	14	37	35	7	16	6	7	10	9	21	21	21	24	3	25	20	26	20	24	21	18	1	2	1
◎関東学院六浦	164	1								1	7	2	8	32	3	2	1	1		3	10	2	19	6	4	6	8	4	2	10	5	2		1	1
	177									3	4		7	52	1	6		1	1	1	1		5	3	2	1	11	5	3	3	1				1
	185									1	2	1	14	56		5	1			3	6	2	9	4		3	9	2	1	3	1				1
◎函嶺白百合学園	31													1				5																1	1
	41					1					1	1	1					9		1		2						1	2		2			1	2
	51																	5	1											1				1	1
◎北鎌倉女子学園	105									1	3	2	4	2				3	1	2	3	10	2		6		2			2	4	7	2	2	2
	136									1	3	2	12	2	1	4					1	2			4	8	5	5		6	6		2	3	2
	162					1			1	2	7	1	8	13				3	1	2	2	2	12		1	4	15	7	5	12	6	4		4	5
◎鵠沼	263								1	2	9		37	21		15	4	2	2	10	10	8	47	8	6	12	28	12	6	16	4			1	1
	240				1				1	1	4	7	35	15	1	15	6	1	4	2	15	3	14	10	4	14	26	15	7	26	4	4	1	2	1
	332										4	2	34	56		8	3			2	11	3	44	15		20	17	4	2	14					3
◎公文国際学園	159	5		2	1	1	3	1	4	3	26	4	26	6	38	9	9	38	7	3	7	26	11	29	23	18	41	40	43	35	33	40	2		6
	170	6		6	3	3	1	6	3	3	19	6	13		51	1	14	38	4	2	2	43	6	12	26	3	21	33	59	15	29	64	5		
	164	4	1	1	6	1	2	1	1	3	14	2	5	1	19	5	2	2	1	13	6	27	6	2	21	3	14	12	37	12	22	37	2		
◎慶應義塾	724							3			2				714					1											2		-	-	-
	689							1		1					678																		-	-	-
	711							2			1				703							1						1					-	-	-
◎慶應義塾湘南藤沢	232														231														1						
	232														228														3		1				
	242														235														1						3
◎向上	438			1	1				1	2	10	5	8	7		11		1	2	9	25	20	51	8		28	16	22	8	6	6	3			2
	535				1					2	11	3	37	15		6	2	2	4	9	34	12	40	18	4	6	24	23	8	9	7	8		1	2
	566							2	1	1	4	2	45	23		21	1	1	2	2	26	9	40	12	4	8	29	12	4	14	3	5		1	1
◎光明学園相模原	372										1		7	7		2				1	3	3	12	1		1	7								
	447												4	8		3					1	14					2	1			1				
	444												5	1						1	2		7	1		3									
◎相模女子大	292									1	3	1	9	8	1	2	2	1	7	6	5	3	8	3		6	4	8	2	3	2		2	5	12
	294										2	3	15	2	1	1	2	2	4	3	6	5	5	11		5	9	5		7	2	3	2	1	6
	298								1		2	2	11	8	1	7		5	4	2	11	4	12	1		3	6	9	2	2	4		1	1	7
◎サレジオ学院	178	8	3	3	2	1	8	9	4	8	22	7	8	7	60	7	23	43		2	4	34	6	28	65	15	28	36	90	28	48	60	-	-	-
	182	9	3	5	1	1	7	14	3	11	7	3	4	1	57	3	9	25		1	9	31	2	19	65	3	15	19	72	16	24	64	-	-	-
	172	7	2	6	3	3	3	7	6	9	22	3			55	10	12	5	7	4	6	46	8	12	49	2	13	19	92	15	20	76	-	-	-
◎自修館中教	112	1							2	1	17		20	14	4	7	3	4	1	5	11	10	60	19	3	9	17	34	14	15	2	4			
	117							1	2	1	12	1	10	16	1	5	6	4	2	5	14	7	23	33	6	3	30	12	6	1	3	3		1	2
	113						1		3	1	12	1	13	17	1	8	7	4	3	1	16	19	22	18	5	3	19	22	12	15	4	6		1	1
◎秀英	107												3										10										-	-	-
	130																																-	-	-
	155																																-	-	-
◎シュタイナー学園	20														2						1	1				5									
	–		1								1															2									

2015年に初めて卒業生が出たため、10年前のデータはない

神奈川

高校名	卒業生数	東京大	京都大	東北大	筑波大	東京外国語大	東京工業大	一橋大	東京都立大	横浜国立大	横浜市立大	青山学院大	学習院大	神奈川大	関東学院大	慶應義塾大	駒澤大	芝浦工業大	上智大	成蹊大	成城大	専修大	中央大	東京海洋大	東京都市大	東京理科大	東洋大	日本大	法政大	明治学院大	明治大	立教大	早稲田大	津田塾大	東京女子大	日本女子大
◎湘南学院	407											5	3	35	33	3	12			1	1	5	3		17	10	1	4	17	5	18	2				1
	639													14	31		6	3			2	4	1			11	7		4	8	5	1				
	422										1	1	1	18	32	1	5	1	2	2	1	4	3		11	2	1		6	1	13	1				1
◎湘南学園	176				2					1	2	11	4	18	10	5	9	5	4	3	6	10	7		24	6	1	9	26	10	23	16	15		2	5
	184						1		3		2	9	9	33	8	4	2	8	5	2	6	5	12		15	5	10	8	27	7	9	14	5			1
	174	1								1	2	11	2	22	4	6	4			10	11	13	13		21	5	5	10	23	20	14	24	15	1	2	11
◎湘南工科大附	579									1	1	3	1	48	33		12	3			6	29	5		73	13	22	31	5	9	15	4	1			
	565			1						1	1	8	1	55	51	5	17	6		3	1	23	5		50	20	2	11	35	19	3	6	5		1	1
	493											10	5	51	73		21	5		5	4	33	11	6	3	9	3	17	45	17	7	7	9		1	
◎湘南白百合学園	165	1	1	1	1				2	3	3	25	9	11	1	27	7	9	23	6	15	3	25		14	9	7	4	18	20	23	41	18	10	4	10
	164	2								3	6	16	5	5	3	28	3	2	25	1	6	4	14	8		13	1	17	20	18	11	10	22	10	13	21
	174	2							2	3	9	35	7	5		38	4	12	32	1	16	4	15	7	2	10		17	6	38	29	43	53	5	11	23
◎逗子開成	270	7	5	10	4		7	6	4	21	2	35	6	16	3	62	6	9	35	8	5	8	69	23	21	105	26	64	59	155	18	48	84	-	-	-
	268	7	2	9	4	3	11	5	6	20	3	23	9	32	6	65	7	5	63	4	6	8	61	8	27	89	13	50	39	118	27	29	67	-	-	-
	261	14	1	6	2	3	10	10	4	15	5	34	17	27	7	72	9	33	46	8	4	106	41	72	16	7	9	45	31	117	59	47	118	-	-	-
◎聖光学院	229	78	6	6	3		6	4		8	9	9	1			127	2	8	54		1	9	23	4	6	62	2	10	8	6	11	18	175	-	-	-
	231	72	3	5	1	8	10		7	9		3	1	2		121		18				22	4		4	47		8	12	38		9	172	-	-	-
	226	62	5	4	5	3	17	13		10	7	8	1			135		5	26	1	1	31	1	7	44		10	7	41	6		8	178	-	-	-
◎星槎	120													1			1					3		6			5	1	1		1					
	103																					2														
	86																					1	2													
◎聖セシリア女子	79											6		1	2	1	5		6	2		6	4			1	1	4	2			3	2		2	1
	108					1						3	1	6	13	1			5	4	3	2	1	11	2		5	6	3	8	6	5	3		1	3
	119											10	1	3	15		6	2	6	5	4	6	2	9	9	2	6	12	3	8	10	14	2		2	9
◎清泉女学院	168				1		1			1	2	13	11	14	7	10	2	2	24	2	9	5	14	12	1		11	5	12	17	20	16	7	2	8	20
	166		1							1	2	10	9	18	7	10	3	11	13	3	8	4	4	2	16	15	3	21	22	13	22	24	12		7	26
	171			2			1	1	1	4		32	9	21	6	17	2	1	19	8	4	7	5	8	12	2	6	17	16	20	47	28	23	7	9	29
◎聖ヨゼフ学園	39											1	2		1				7			2				1			1			4			4	3
	47											4	4	5	4		2		6			2	2		1	1	3		2	4		7	2	3	7	6
	77									1	1	2	6	1				5				3	2		4	4	2	3	7			2			3	3
◎聖和学院	22				1							1	2	3					2			4			1	1	1		1			3	3			
	29									1	1	1		1		2	1									1	1									
	32				1							1	1		1	1	2					1	2		1					2	1	1	2			
◎洗足学園	229	22	1	2	6	4	2	5	1	16	4	65	8	3	3	104	9	45	108	4	23	17	52	8	75	60	12	29	60	156	23	79	127	12	14	13
	238	7	4	1	4	4	4	11	5	12	6	45	4	6	3	67	15	19	35	12	14	9	33	9	18	56	12	21	58	142	25	38	70	5	9	10
	261	4		1	1	7	2	4	7	12		46	4	10	4	49	16	3	35	9	8	13	32	2	13	13	5	33	25	64	41	60	46	10	15	37
◎捜真女学校	154				1					1	2	8	2	8	13	4	1		6		2	4	11	1	1		19	4	8	9		2		5	9	
	181			1	1					1	3	12	5	14	8	6	4	4	9	2	5	5	3	6	3	2	7	7	13	9	17	13	3	5	8	12
	169			1	1						6	23	11	14	13	11	7	1	9	2	5	10	5	7	6	2	5	13	13	18	40	21	8	1	12	12
◎相洋	437				1							4		34	12	1	7	1			1	16	3	42	5	3	10	17	5	2	5					3
	452									1		2		17	19		8	3	3	1	6	13	3	22	4	2	7	18	4	3	5	2	5			
	470											6	1	23	17		9				2	19	3	34	6	4	5	14	3	5	2	3	4			1
◎橘学苑	225											2		25	19					1	1	15	2	9	4		9	9	2	1	2					
	294											2		18	16		9	2	1	3	1	9		15	7		9	9	4	1	1	1				
	284						1					2		15	25	1	1			2	2	1	2	10	3	2	1	10	4	1	2	2				

神奈川

高校名	卒業生数	東京	京都	東北	筑波	東京外国語	一橋	東京工業	横浜国立	横浜市立	青山学院	神奈川	関東学院	慶應義塾	駒澤	芝浦工業	上智	成蹊	成城	専修	中央	東京都市	東京理科	東洋	東邦	日本	法政	明治	明治学院	立教	早稲田	津田塾	東京女子	日本女子
◎立花学園	497										9	6	3	6	2	1	12	4	2		22	6	87	19	1	28	82	12	6	4	8		1	
	458										3	2	7	33			8	5	1	4	4	11	3	47	2	3	41	52	13	4	6	5		2	
	382										1		12	11		2			2	1	7	1	26		2	5	14	3	2	2	1			1
◎中央大附横浜	314		1	1	1	6	3	5	13	1	14		4	3	24		4	16		2	26	1	5	7	43		11	7	38	1	10	18		1	2
	385			1	1	2	1		17	3	13	2	5	1	13	3	5	9	1	3	2	285	4	7	7	5	10	10	26	5	2	13	1	2	2
	97									1	1	2	3	4	1		2	1			33				3	1		1	4		2			2	2
◎鶴見大附	191		1							1	5	2	27	36	3	12	4	1	3	2	11	9	11	7	2	11	22	14	17	12	2	3		1	
	228										5	3	18	27		9	3	1		7	15	5	12	8	1	13	11	6	4	6	1			1
	132										1		8	10		8		2		2	4	1	8	1	1	3	9	3		2				
◎桐蔭学園	858	3	1	2	6	5	6	4	18	13	11	80	25	81	15	51	42	46	46	30	37	62	116	139	76	51	89	178	126	127	60	51	57	14	16	27
	891	4	1		8	3	6	2	17	21	6	101	21	62	29	66	41	76	49	21	23	35	113	80	100	71	43	203	86	126	41	62	53	12	15	23
	1118	5		3	7	3	10	5	18	30	16	117	29	82	26	83	55	44	69	34	28	66	144	93	72	115	29	195	106	188	86	88	123	25	41	51
◎桐蔭学園中教	142	5		1		3	3	2	5	2	45	8	7	6	35	9	7	32	4	7	12	50	13	26	42	1	45	38	72	16	29	33			
	162	9		4	2		7	8		17	2	24	3	4		45	14	22	20	3	10	11	37	7	21	58	8	49	31	67	7	5	39			
	171	13		1	2	6	7	5	5	4	17	2	6	4	52	4	14	27	4	2		5	24	6	13	42	2	24	18	77	4	10	70			
◎東海大付相模	490										3		4	1	5			1	1		5		37	2	9	1	2	3	2	1	1	1			
	570										2	3	2	1	1	3	2		1	6	4	23	5	1	4	5	7	2							
	550										3	3		2	1	1		1		3	1	4	53		2	1	4	1		2	1				
◎桐光学園	572			3	6	3	1	3	19	16	7	96	19	16	11	60	18	46	55	20	25	49	119	42	76	70	51	109	99	153	30	59	62	4	6	5
	587	6	1	7	8	5	1	2	20	15	7	47	13	21	3	60	12	40	46	18	24	28	113	45	50	58	18	70	84	123	21	43	69	9	11	12
	593	6		5	5	10	16		25	19	10	82	13	32	4	53	18	22	77	34	8	34	145	35	51	78	21	60	54	220	63	105	129	7	15	28
◎藤嶺学園藤沢	168			1							1	1	13	25	1	2		2			6	9	16	4	2	5	25	5	4	6	9	−	−	−	
	194		1				2	1		7	4	30	20	1	8	20	3	5	8	19	20	30	20	16	9	44	19	16	10	15	7	−	−	−	
	234		2			2	2	3	3	5	15	5	38	43	8	10	11	4	4	6	22	24	37	22	14	20	36	23	21	24	13	15	−	−	−
◎日本女子大附	374			1			1	1			12	2	1		19	3	4	25	2	3	4	20	1	1	4	1	6	8	13	2	17	14	3		285
	372	3						2			6	1		19		1	13	1	3	1	20	1	1	2	4	16	2	8	2	10	13		1	291
	359	2		1			2	1			5	1		13		1	13	2		7	1		6		4	4	1	4	7	11	2	1	291		
◎日本大	515			1			2	7	8		26	8	17	1	8	8	24	10	12	20	8	35	29	27	31	40	246	41	15	29	14	1	2	4	
	527			1		1			7	10	16	7	17	8	4	7	22	6	8	7	8	21	11	15	13	17	394	32	27	18	14	19		2	6
	417	1	1		1			1		3	13	5	2	1	5	3	2	1	5	3	4	8	6	4	7	5	8	261	6	14	8	5	5		3
◎日本大藤沢	581	1		1				3	3	4	29	18	22	14	4	11	15	12	6	12	19	28	15	13	13	290	44	32	30	16	14		4	7	
	397			1	1	1			4	5	17	10	19	2	6	13	12	3	3	9	10	11	29	32	11	9	293	25	22	19	11	3		4	10
	371				1	1	2	3	5		16	5	10	2	4	9	1	2	6	5	9	14	17	13	4	3	206	13	20	31	10	4	1	1	4
◎白鵬女子	357			1						2	2		4	6		7				3	7	1	2		7	9	1	2	3		4			1	
	331										4	8	1	2		1					3	4		1	3	2		1		1	1		1		
	213			1							3	2	2										2												
◎平塚学園	439									1	25	5	8	65	3	1	12	6	4	4	8	25	12	88	30	7	13	53	32	23	26	17	4	2	15
	577					1	2		2	1	2	27	10	60	15	5	9	21	18	6	12	16	33	43	143	9	15	37	28	27	16	16	15	3	19
	552	2			1		1	1	1		16	5	5	24	2	2	12	8	10	3	13	17	19	74	36	9	10	41	21	11	24	17	17		5
◎フェリス女学院	173	9	4	1	3	4	1	4	1	2	3	45	11	9		49	3	13	57	13	8	6	27	2	7	41	12	15	24	60	37	50	77	2	15
	185	13	3	2	3		5	6	4	2	6	29	10	5	2	62	2	7	31	2	5	1	26	7	32	35	1	17	25	68	22	28	76	3	12
	181	10	1	2	5	2	5	11	9	11	26	4	10		48	3		33	1	3	4	17		3	30	3	7	18	78	15	47	103	6	9	12
◎藤沢翔陵	192										4		14	8	2	5		1			13	3	15			3	6		4	2	1	−	−	−	
	251										1		22	13	14		2			14	1	5		7	5	3	2	5	1		1	−	−	−	
	322										1	2	18	28		5			1	6	2	10	4		3	6	3	3	2		2	−	−	−	

神奈川

上段は2023年、中段は2018年、下段は2013年のデータ

高校名	卒業生数	東京大	京都大	東北大	筑波大	東京外国語大	東京工業大	一橋大	東京都立大	横浜国立大	横浜市立大	青山学院大	神奈川大	関東学院大	慶應義塾大	駒澤大	芝浦工業大	上智大	成城大	専修大	中央大	東京都市大	東京理科大	東洋大	日本大	法政大	明治大	明治学院大	立教大	早稲田大	津田塾大	東京女子大	日本女子大
◎武相	252											3	2	14	10	1	7	1			1		1			13	2	17	5	1	10	5	3
	249		1												6	4		1								1	1	2	15	5	6	2	
	261				2							2	1	17	16			6	1	1	3	1		7	1	9	4	8	14	2	1	2	
◎法政大国際	297				1		1			2	2		1	1	7			1	20				2			236	3		5	8			
	263						1		2			1	1		6				9							225	2		10	5		1	
	257							2	2			1	2		1			6	1		4	1		2	1	232	3		5	4			
◎法政大第二	624			2	1				4			9			19	1		12	2		3	9	3	13	6	554	16		4	13			1
	531				3	1						4	2	1	3	5		1	2	1	1	13	1	5	3	5	453	6	1	4	2		
	543			1	1				2	2		8		8	2	5	4	8	2	3	3	8	9	2	4	4	13	435	13	3	5	11	
◎三浦学苑	374											3	3	34	27	1	3		1	1	4	5	9	14	1	6	26	7	1	3			
	418				1		1	1	1			2	6	26	27	1	12	2	1	2	1	8	17	4	6	12	5	7	4		5	1	
	461											1	1	24	32	8	2	1		2	2	10	4	1	5	13	1			5	1		2
◎聖園女学院	96	1							1			9	1	5	10	2		10	1	1	3	4	10	1	1	1	5	2	8	4	5	1	5
	115											6	2	14	7		6		7	1	4	2	5	1	4	5	2	3	14	1	1	2	5
	125						1			2	1	5	2	10	4	2	2	13	1	4	4	3	4	3	2	1	11	2	4	10	13	3	5
◎緑ケ丘女子	98											2	3							2		2		1			1						1
	115											3	3	1						1	1		1		1	4							1
	127											2	3							1	1												
◎森村学園	168	1	2					3	3			14	4	10	7	5	22	13	10	3	11	22	4	25	11	9	28	22	14	9	12	12	1
	183	2	1	1				5	2	3		20	5	9	1	9	16	28	4	10	7	13	36	15	30	24	10	39	34	31	22	22	1
	166			1	1	2	4	1	2	1	2	35	6	12	6	15	10	6	21	8	13	18	23	29	21	17	8	34	24	35	19	25	1
◎山手学院	496	2	6	1	1	5	5	6	17	10		103	24	141	34	6	22	37	50	1	6	36	51	9	34	121	100	76	10	141	117	61	11
	500	2	1	3	1	5	4	1	6	16	13	62	26	134	17	4	14	17	6	38	15	27	45	9	37	104	104	34	116	120	89	75	8
	414			1	1	4	4	2	11	15	9	78	27	137	18	38	17	48	40	17	24	32	87	31	41	79	196	87	161	124	77	102	1
◎横須賀学院	634							1	2	6		42	15	88	92	5	21	4	3	15	11	52	12	60	22	10	34	60	34	46	26	11	1
	460							1	6			24	4	41	42	4	8	6	3	6	5	19	15	23	19	7	23	52	13	24	12	9	1
	490		1						3			32	7	68	47	2	18	9	5	13	10	28	10	28	20	5	16	40	26	17	6	4	
◎横浜	890								1			2	1	54	48	9	2	1	1	12	1	34	10	13	22	8	5	12	11	2	1	3	
	306								1			1	2	20	24	7	3	7	2	5	1	16	20	2	7	16	6	1	8	1	1		
	389		1					1	1	3		6	3	42	43	13	13	3	4	11	20	14	59	32	9	12	46	19	14	15	6	2	
◎横浜学園	237											2	8		2					9		12			3		2						
	230											1								1													
	231											3	8		1					1	1												
◎横浜共立学園	178	2			1	2	1	1	3	2	4	39	15	34	5	35	4	7	23	5	15	17	25	4	6	20	16	32	33	70	55	51	6
	173	2	1		2	1	4	3	2	2		34	15	14	3	56	4	3	34	3	8	5	13	4	14	24	25	26	101	47	75	74	6
	174	2			3	2	3		2	11	5	32	11	11		42	5	7	28	1	6	6	17	6	7	23	1	12	127	94	3	75	57
◎横浜商科大	338											3		8	9	1		2		7	2	13	1	3	4	2	8		2				
	429									1		3	1	29	27	4	1			7	3	20	3	5	11	4	1	1	1				
	526								2			4	1	22	27	9	1	1		12	1	22	4	1	2	18	8	11	4			4	5
◎横浜女学院	99		1					1	1	3		2	1	5	4	3	1	1	7	2	4	15	2	2	12	2	1	4	4		3	6	4
	173					1	5					5	6	10	8		2	5	6	8	9	8	8	3	4	2	5	8	7	8	15	8	2
	200		1	1				5				11	4	17	20	8	1	12	5	9	9	13	8	4	1	11	15	6	11	26	20	7	7
◎横浜翠陵	262				1		3	1				9	3	52	35	13	6		7	9	43	6	73	29	5	45	33	15	12	17	16	1	2
	230				1		2					6	1	29	19	1	14	1	2	3	3	16	4	25	9	2	14	23	9	9	12	6	1
	80											2		6	5		8		2	1	1	5		10		3	2		5		1		1

神奈川

高校名	卒業生数	東京大	京都大	東北大	筑波大	東京外国語大	一橋大	東京工業大	横浜国立大	横浜市立大	青山学院大	神奈川大	関東学院大	慶應義塾大	駒澤大	芝浦工業大	上智大	成蹊大	成城大	専修大	中央大	東京都市大	東京理科大	東洋大	日本大	法政大	明治大	明治学院大	立教大	早稲田大	津田塾大	東京女子大	日本女子大
◎横浜清風	412									1	5	2	53	51	1	8	1	1	3	11	7	25	2	21	31	10	15	8	13	6		2	5
	357										2	17	30					2	1	2	3	8	6	5	5	1	1	3					1
	503										14	25	3	1	1	1				3	7	2	1	4	5	1	1	1	1				
◎横浜創英	439							1	2	4	11	2	58	64	21	8	2	9	3	42	15	61	11	7	6	150	50	24	19	3		6	7
	413							1	1	2	10	6	39	24	1	11	17	3	1	27	6	25	60	8	133	119	12	16	8	3		1	3
	386			1				1	1	2	9	34	27	2	14	4	1	3		28	6	29	16	2	132	41	5	6	1	1		1	2
◎横浜創学館	401			1								22	37		5			3	2	3	1	13	2	9	13	5	1	5					2
	383										1	13	30		4					4	12	1	5	4	3	2	1		1				1
	475											31	33		8					2	1	11	2	2	5	8	1	3					
◎横浜隼人	524			1				2	3	6	33	117	83	6	5	21	6	7	16	33	23	9	14	16	56	63	37	19	29	8	6	5	6
	682			1	2			2	8	7	34	129	63	9	6	23	33	5	8	42	33	9	26	1	7	39	63	33	14	14	3	9	7
	641				2			10	5	6	29	86	63	49	7	28	6	6	15	39	27	7	63	21	22	95	63	32	14	19	1	1	3
◎横浜富士見丘学園	59								1		4		6	4		3		1	5	3	3	1	2		2	6	10	1					2
		2021年に初めて卒業生が出たため、5年前、10年前のデータはない																															
◎横浜雙葉	177	2		2	3	2		2	1	4	5	35	9	31	4	27	7	3	37	2	10	6	26	10	13	28	4	12	18	41	22	40	36
	175	5	1	4		3	1	6	1	1	1	3	9	22	9	15	1	34	2	6	32	3	4	26	8	19	1	8	17	49	23	34	38
	183	3	1	1	6	1	1	1	1	6	32	13	12	55	4	5	5	13	4	1	15	2	5	10	1	13	8	32	22	43	52	12	30

愛川、海洋科学、相模向陽館、津久井、二俣川看護福祉、横須賀南、横浜明朋、吉田島、◎厚木中央、◎清心女子は2023年、2018年、2013年に表の大学に合格者が少ないか、まだ卒業生がいないため、掲載していません。

埼玉

高校名	卒業生数	東京大	京都大	東北大	筑波大	埼玉大	千葉大	東京外国語大	一橋大	東京工業大	東京都立大	青山学院大	学習院大	慶應義塾大	駒澤大	芝浦工業大	上智大	成蹊大	成城大	専修大	中央大	東京都市大	東京理科大	東邦大	東洋大	獨協大	日本大	文教大	法政大	明治大	明治学院大	立教大	早稲田大	津田塾大	東京女子大	日本女子大
※筑波大附坂戸	151				1						1	1	1	1	1				1	1							1	4	1	6	4		3	1		1	2
	161		2																											1	1						
	153		2	2													1					3			1	1	3		3								
上　　尾	364				1							1			11	2		3	6	7	8		2	1	44	18	42	17	4	10	1		6			2	
	368			2	1							3	8		8	12	1	4	4	4	6	1	7		47	21	36	5	17	10			5	1		1	
	380			4											13	7		2	3	4	4	3	1	1	59	11	19	13	11	2	3		2				
上尾鷹の台	220											1					1								2	3	5										
	232																									3											
	203			1																		1			1		1										
上　尾　南	229											1																									
	255																		2	1					2	4	4			2							
	314																		1		1						3		2								
朝　　霞	327	1				1						4	4	2	11	2		4	5	13	5	1	1		55	8	23	4	15	4			1				
	323				1		1					1	1	13	6	1	1			5	2	1	2	1	24	6	21	7	9	5	1		2	1			
	394			3				1				2		2	24	10		8	5	3	12	3	1	2	42	11	9	6	21	4			9				
朝　霞　西	313		1			1									2			5	2			6	1	1	1	2	1	1	5				5				
	321											1		7	1	3			1			1	17	2	9		2	1					2	2			
	356											1		5		1	2						18	2	4	1											2
伊奈学園総合	786	2		1	3	14	1	3		1	2	13	22	2	24	21	10	12	17	46	33	1	16	1	122	59	85	35	46	31	9		36	9	10	3	4
	797					4	2				2	12	16	5	18	20	6	18	16	9	18	1	7	6	92	39	53	22	30	16	6		21	13	1	3	4
	796			2	6		1	1		1		18	15	5	21	22	8	14	10	16	22	2	9	4	118	85	75	32	31	29	5		23	12	5	2	4
入　間　向　陽	308																					1			3	2											
	323											1													4		2	1		2			1				
	358														1						2				9		5	1		1			1				
岩　　槻	300														1			1	1			1	5	5	1	4	1	1									
	316											1		1				1		3	1	1		7	5	5	7	2					1				
	315					1						1			4	1			3				3	3	1	5	2		1				1				
浦和・県立	353	36	9	24	13	9	15	1	7	20	3	9		67	2	50	24	1	3	3	77	2	111	1	27		26	3	46	131	3		42	110	–	–	–
	368	22	14	36	19	9	22	1	11	17	3	14	5	77	6	49	21	8	6		73	135	4	21	1	47	2	42	127	2			20	128	–	–	–
	400	46	10	30	23	9	23	4	9	16	3	11	7	94	6	20	20	2	2	3	72	2	98		10	2	34	3	29	147	8		47	174	–	–	–
浦和・市立	310	7	2	9	7	23	3	3	3	2	3	30	14	37	15	3	11	7	9	22	46	8	61	6	97	125	72	11	107	130	24		85	74	24	20	29
	364	2	2	4	5	21	3	3	2	3	6	24	21	19	17	43	16	9	19	8	46	6	29	2	107	237	0	166	18	212			68	37	7	32	20
	319	1		2	10	23	5	1	1	1	13	16	18	14	17	60	23	32	12	11	41	5	40	8	72	294	6	296	98	6	7		78	54	20	34	27
浦　和　北	309					1							1	7	1		2	5	5			2		18	10	14	7	6	3	3			1	3			1
	318		1	1								3	4		5	5		7	3	5	1	3	3		36	15	14	13	1	1	3		1	3			1
	360			3				2				3	4		10	6	1	3	4	12	5	1	4	2	63	18	30	13	8	9	2		7	2			
浦和第一女子	351	6	2	7	12	19	11	6	1	2	7	24	3	5	19	8	18	37	13	14	14	37	5	38	5	61	154	11	174	112	11		110	46	36	57	94
	363	4		4	7	12	16	9			2	26	39	22	16	52	20	11	18	8	35	4	47	3	59	105	7	184	68	4	9		82	54	26	57	68
	406	3	1	5	10	27	15	7	2	1	8	37	39	33	7	23	37	15	13	3	59	58	4	34	9	49	177	9	108	20			147	89	25	61	93
浦　和　西	357			1	2	21	3	1				26	15	7	26	47	2	18	27	39	24	5	13	2	200	37	96	40	91	63	23		54	14	3	10	32
	359			1	3	20	1		2	1	3	7	12	4	8	23	4	19	23	14	23	3	19		117	26	43	12	40	33	16		26	9	4	4	9
	360	1		3	14	4		1	2			14	12	5	11	45	10	16	14	11	33	20	19	4	119	33	59	9	37	46	20		31	13	1	3	7
浦　和　東	311											1													4	1							2				
	305				1							1	1	1	7							2		4	2	4	8	1		1							
	353													8	3		1		3			1		2	2	11	4	2	1				2				

埼玉

高校名	卒業生数	年	東京大	京都大	東北大	筑波大	埼玉大	千葉大	東京外国語大	東工大	一橋大	東京都立大	青山学院大	慶應義塾大	駒澤大	芝浦工業大	上智大	成蹊大	成城大	専修大	中央大	東京理科大	東京都市大	東洋大	獨協大	日本大	法政大	文教大	明治大	明治学院大	立教大	早稲田大	津田塾大	東京女子大	日本女子大
浦和南	306	2023				1	3						4	10	17	11	1	4	4	22	3	5	1	76	27	57	16	15	13	8	14	3		2	3
	324	2018						3					9	7	2	13	14	15	7	8	6	9		100	29	38	14	19	9	6	11	1		2	3
	324	2013						4					13	5	2	21	14	6	12	3	15	5	6	1	55	21	48	13	16	8	14	3		2	9
大宮	350	2023	19	1	17	16	17	14	5	11	9	4	32	21	56	10	67	21	22	10	74	51	1	38	64	5	40	8	82	145	73	97	8	13	24
	393	2018	5	2	9	19	19	20	7	11	11	7	22	25	40	5	60	18	22	20	72	3	1	32	54	19	72	13	83	172	78	76	7	21	22
	368	2013	11		3	17	20	12	3	3	7	8	23	13	46	12	38	41	12	4	67	5	95	3	28	9	34	13	45	137	67	88	13	13	22
大宮北	312	2023			1	7	1	2					3	7	2	28	25	14	8	14	10	4	5	4	157	36	80	31	3	13	4	3			2
	360	2018			1	4						1	5	8	4	17	16	2	5	10	7	3	5	4	78	14	41	14	25	21	14	2		1	1
	321	2013					3						4	2	1	22	4	3	4	14	2	1	3	67	15	40	8	13	4	3	9	2			
大宮光陵	323	2023				1	2						1	1	4	3	1	2	8	1		1		28	10	12	12	3			1				
	318	2018				1							3	3	1	7	2	2	1	10	2		17	7	11	16	8	3	2	4			1	1	
	353	2013				2	1							13	1	5	11	4	1	3	28	7	16	17	12	5	2			2	7	2			
大宮中央	707	2023											5	5	1							14	1	5	1	2	2				1				
	539	2018											1									4	2	1											
	877	2013											2		1	1						1	5	1	3	1	2	2			1	1	3		
大宮東	312	2023																				4	2	1											
	349	2018											1									3	2	1							1				
	307	2013											1									2	2	2	1										
大宮南	348	2023											3		2	5			2	5	1	9	6	8	3	3	1			1	1				
	360	2018											1		2	2		1		5		3	1	17	5	10	4	1	2						
	310	2013				1							1		5	2		1	3			9	4	1	4	1	1	2			1	1			
大宮武蔵野	215	2023											1									2	2												
	217	2018																				1	1		1										
	221	2013											1									4		1											
小川	202	2023																				1		5											
	226	2018											2									9													
	249	2013											1									1	5	5	1										
桶川	313	2023											1									1	2	1		1									
	311	2018											1	1		1						6		6	9	2									
	313	2013											1	2								8	4	13	1	2					1	2			
春日部	358	2023	4	3	16	8	17	17	3	1	3	7	17	16	40	30	73	19	10	13	17	27	79	4	94	128	31	19	8	120	53	56	-	-	-
	365	2018	6	2	15	13	33	18	3	1	1		13	24	24	11	11	21	15	9	47	7	82	50	129	3	7	72	98	3	42	50	-	-	-
	364	2013	2	1	9	12	18	19	4	4	2	5	24	30	34	17	45	36	15	9	77	5	90	5	56	18	103	146	41	40	62	87	-	-	-
春日部女子	311	2023										1	1	3	1	10		4	3	14	1	6	19	22	11	51	4	8	5		7	2	4	7	3
	320	2018				4	1	1					4		5	2		1	2	3		4	3	34	27	9	33	6	2	2	9		3	7	12
	319	2013				1	1					1	2	4		9	3		2	6	1	2	1	3	27	17	11	8	11	2	2	1	1	3	2	6
春日部東	345	2023				1	6	2					3	16		21	20		6	3	17	8	2	5	11	99	56	60	85	29	15	4	12		1	
	357	2018				1							1	21		19	17	1	5	10	10	13	1	16	1	62	30	44	23	20	14	4	9	2	1	4	5
	366	2013				1	5	1					5	11		24	13	2	7	7	9	13	6	14	3	111	46	54	27	16	13	12	6		2	4
川口	320	2023					1						2	1		1	4		2	3	4	1	2	29	11	15	4	4	3		1				
	364	2018											1						2			3	3	4	1	1									
	345	2013											3	2								1	1	13	7	17	3								
川口北	356	2023				3	16	3			1	4	8	16	9	25	39	2	25	21	46	46	15	19	11	150	49	102	48	72	28	23	38	4	4	6	2
	366	2018			1	10	6	1			1	3	8	13	2	20	37	10	13	12	3	6	11	7	7	97	25	72	14	37	27	11	12	10	2	4	2
	359	2013			1	1	15	4			1	13	8	2	38	23	2	34	6	14	19	15	15	118	30	72	53	45	21	14	26	11	1	4	

埼　玉

高校名	卒業生数	東京大	京都大	東北大	筑波大	埼玉大	千葉大	東京外国語大	一橋大	東京工業大	東京都立大	青山学院大	慶應義塾大	駒澤大	芝浦工業大	上智大	成蹊大	成城大	専修大	中央大	東京都市大	東京理科大	東邦大	東洋大	獨協大	日本大	法政大	明治大	明治学院大	立教大	早稲田大	津田塾大	東京女子大	日本女子大
川口市立	474				1	4	12	1			1	7	4	2	38	11			8	5	38	13	3	8	6	128	35	90	38	26	12	5	14	1
		2019年に初めて卒業生が出たため、5年前、10年前のデータはない																																	
川口青陵	261																											8	2	1		1	1		
	264																											3							
	237	1																										2							
川口東	258																							1		3			2					
	275													3						4				1	1			3						
	297													1												2		3						
川越・県立	352	5	6	16	13	22	7		7	6	3	15	20	40	5	65	15	11	3	118	4	103	2	86	8	37	11	107	163	69	78	–	–	–
	397	1	6	9	4	24	7		4	4	3	9	14	14	22	7	82	14	19	9	7	78	137	2	3	77	8	68	169	136	2	52	69	–
	361	4	2	21	8	14	6	1	6	8	7	13	16	29	14	39	33	7	5	6	64	70	31	5	48	136	2	142	52	105	–	–	–	
川越・市立	279													4					2	2	3	2	1	2	3									
	292													6					5	1	7	1	3	1	2	1		2						
	279						1							3					2	2	1	1		6	1	8	1	2						
川越女子	348	2		1	4	23	3	7	1	6	6	28	24	11	13	15	32	11	23	24	45	6	23	123	25	43	17	112	89	11	122	52	35	75	70
	401			2	19	3	3		7	8	14	20	10	20	52	19	15	10	103	7	5	21	4	87	26	62	23	77	71	5	91	39	23	74	64
	362	4	1		5	19	3	2		2	4	30	31	11	21	16	19	22	8	4	30	7	25	3	44	34	52	21	59	89	7	124	68	22	69	81
川越西	304													2					1		4	1	1											
	318																				3	1	3											
	312													1							1	1		1								1	1	
川越南	353			1	6	1	1			2	5	10	1	46	5	1	9	9	17	12	1	1	117	15	64	10	32	19	7	30	10	1	3	5
	363		1							4	6	1	13	6		13	4	6	10	4	1	51	14	28	10	12	5	2	7	1	3	1		
	366		2							3	2	1	13	7		16	3	15	5	2	1	76	9	35	7	20	4	1	7	2	1	1		
久喜	265																		1				1	4										
	276													1							1	5	2	3	7					1	5			
	295													1								4	1	7	2									
久喜北陽	310																1				1	4	4	2	9			1		1				
	315											1			2			1	1	1	7	7	1	1	1	1				1				
	350							1	1		4	3			9	1	2	22	18	10	18	3	3	1										
熊谷	325			4	1	11	4			1	2	5	15	4	164	9	10	9	142	23	4	6	20	3	147	116	73	141	41	12	29	8	–	–
	367	1		3	1	18	2	1	1	2	6	15	9	18	25	5	14	3	12	32	4	12	1	117	16	117	33	39	7	30	18	–	–	
	369	1	1	2	10	18	5	2	1	1	18	26	5	256	31	11	3	11	14	58	16	45		66	16	104	136	56	62	12	49	35	–	–
熊谷女子	307		1	1	9			2	6	11		27	10	4	12	14	12	11	3	2	2	78	32	22	31	22	12	19	14	4	8	13	23	
	366			8			1	9	11	14	5	1	11	12	5	12	91	20	31	26	11	6	7	20	5	7	12	10						
	368	1	3	12	1	3		1	8	13	1	42	5	4	10	9	13	4	3	69	17	38	16	36	20	17	34	4	5	13	30			
熊谷西	322			2	1	23				2	4	9		26	36	1	13	9	17	15	4	3	3	143	23	71	43	26	10	9	8	1		2
	322			8			1	6	13		18	18	1	5	5	5	5	2	2	3	82	17	35	20	17	6	4	7	2	7	2			
	327			2	6	2				2	9	6	1	22	30	1	7	11	10	5	6	5	3	80	19	42	28	20	14	10	18	9		2	4
芸術総合	145																											1						
	149																		1	2							1	9						3
	156				1																							8						
鴻巣	277																	2		3					3		5		2					
	274													1	2									5	1		1							
	271													2	1			1	2					1						1				

埼　玉

高校名	卒業生数	東京大	京都大	東北大	筑波大	埼玉大	千葉大	東京外国語大	東京工業大	一橋大	東京都立大	青山学院大	慶應義塾大	駒澤大	芝浦工業大	上智大	成蹊大	成城大	専修大	中央大	東京都市大	東京理科大	東洋大	獨協大	日本大	文教大	法政大	明治学院大	明治大	立教大	早稲田大	津田塾大	東京女子大	日本女子大
越ヶ谷	336				2	10	6	1		1		22	17	1	27	5	1	8	5	22	2	13	5	16	85	92	42	78	47	36	20	7	3	22
	324				1	13	2			1		3	13	16	33	2	10	10	8	13	3	11	9	97	35	53	22	54	30	24	11		1	2
	361				2	9				1		12	14	15	24	7	15	9	14	22	7	10	7	97	55	88	29	43	20	19	16	1	5	7
越谷北	344				3	5	8	1	1		1	11	19	6	27	45	3	11	18	28	4	17	19	70	76	45	79	63	2	49	29	10	16	29
	394				9	20	10		3		2	13	22	4	34	35	6	9	23	14	7	22	13	132	36	60	22	68	46	35	22	9	15	15
	363	1		1	10	12	10		2	1	1	31	21	7	24	15	13	12	6	15	4	39	6	57	46	58	25	54	68	42	31	2	10	14
越谷総合技術	149																										3							
	259																				2				2									
	261																										1							
越谷西	312											4	1			2						15	12	11	11	2	1		1	2				
	366											2	2			3					2	3	9	6	5	8	3			3				
	321											5	2			1	1				2	1	15	7	8	13	6	1	3					
越谷東	270											1									1	4	1	4	2									
	260															1					2	4	1	5										
	264											1									4	2	3	5										
越谷南	348					1				1		3	3		17	1		2	4	24	8	2	1	65	61	63	53	10	8	2	6		2	6
	402				1	2		1				1	5		8	14	1	5	8	12	2	5	6	56	37	41	22	12	10	2	6	1		2
	362				1	10						1	6		13	10		11	7	8	4	3	2	37	46	26	16	11	12	3	7			
坂戸	358				6	2						2	8	1	30	9		10	9	25	13	2	2	138	36	49	28	30	11	5			1	2
	362				1	4	1	1				1	3	1	19	16		10	1	6	8	2	7	59	27	17	18	3	2	6				
	352				9							10	6	3	30	9	3	3	4	12	2	1	1	94	5	28	15	14	11	9	3	1		
坂戸西	313																					1	1		1									
	324											1			1	2						11	2	4		2	2							
	354											3		1			1	1				8		6	3									
志木	269																					1	1											
	270																					1												
	304											1				1						1	1	1										
白岡	151																																	
	177															1						3	1	1										
	267											1				1						4		1	2	1								
進修館	297											1			1						1	1	2	1	2					2	1			
	299											3									1		1	1	2	1				2				
	371				1	1						1									3	1		2	1	1								
杉戸	274					1								1	2	6		1	1	13	2	2		17	28	35	16	3	3	1			3	
	315				1	2					1	1			7	6		4	5	9	6	3	1	31	32	15	13	6	3	4	1			
	317				2							4	3		9	15	2	4	2	5		5	6	45	84	123	5	10	5	1	4	2		1
草加	342				1	1	1					1	2		11	1		4	3	10	2		32	16	31	32	7	8	1	3	2		1	
	358				1							1	2		12	5		2	2	3		4	30	29	27	22	8	4		2				
	347				1							2	1		7	2						1	22	17	18	8	2	1		2			2	
草加西	230											5										3	7	3	2									
	239											1										2	1	3										
	228																					2		2	2									
草加東	308											3						2	1			1	7	9	3	3	1		2					
	315															1					1	1	1		1	2	1							
	311																						1		2	2								

951

上段は2023年、中段は2018年、下段は2013年のデータ

高校名	卒業生数	東京大	京都大	東北大	筑波大	埼玉大	千葉大	東京外国語大	一橋大	東京都立大	青山学院大	慶應義塾大	駒澤大	芝浦工業大	上智大	成城大	成蹊大	専修大	中央大	東京都市大	東京理科大	東邦大	獨協大	日本大	文教大	法政大	明治大	明治学院大	立教大	早稲田大	津田塾大	東京女子大	日本女子大
草加南	269												2	1				6	1			5	13	5	10	1	1	1		2			
	276										1	1	2	3	1			1	1	1		1	13	11	14	6	2	1	3				
	278												3		6				2			2	12	14	9	6	3	1					
秩父	219				1	1					1				2			3	1		1	5	2	15	5	4	1		1			1	3
	241	1			1	1					2	4			2	1		1	2	4	5	1	1	28	2	19	2	7	4	1			3
	235			3	3		1				1	3			6				1	3	1	16	6	21	2	5	3	1	2	2			
所沢	343				6	1					4	3	26	11	2	15	9	25	29	6	2	100	9	59	10	22	24	11	12	4	2	5	8
	387				4		1				8	5	1	33	9	5	6	8	19	2	2	5	76	2	36	6	26	16	4	14	3	1	3
	361				4		2				6	9		23	15	4	17	9	7	15	2	3	5	76	6	44	6	27	13	1	9	11	2	4	3
所沢北	347	1		1	4	17	3		1	1	4	10	13	5	23	23	2	14	13	22	34	13	14	2	167	24	80	27	56	32	8	40	10	5	11	3
	365			1		1	2			6	13	6	7	24	49	3	17	11	8	41	5	11	2	149	16	80	105	66	1	50	23	1	9	6
	359	2		1	1	15			1	6	13	21	7	32	35	10	16	8	15	27	16	19	103	18	73	127	152	5	41	33	3	10
所沢中央	313																					1	2										
	316																					6	4	1									
	317											1										3	1	3									
所沢西	313										3		1	6	3		2	1	6	3	2		1	21	3	38	6	10	4				
	317										1		10			6	5	2	1	1		27	2	12		10	7	3	2				
	362						1				4		10	2		10	1	9	1		48	5	20	3	10	7	9						
戸田翔陽	165																					1	1										
	178			1							1					1						8	1	1									
	192										1		1					1		1	1		1	2	1							
豊岡	311										1		4				2	4		8		23		1			1		1	4	2		
	306										1		7	1		1	1	1		15	2	17	5	1		1							
	305										1	1	4	3		13	2	5	2	1	7	1	16	5									
滑川総合	270										1											1	1										
	279																	1		1	1	1											
	271										1											3	2	1									
南稜	351							1			1		9		1	1		5	5	2		22	6	9	6	3	2	2		1	1		
	359										2	1	6			4		1	2			15	7	10	2	2	1	2	2				2
	313				1						1	1			1			1	2	2	3		14	7	11	8	6	5					
鳩ケ谷	267										1								1			3	1		1								
	275																					4	1										
	273												3									2	1	1									
羽生第一	175										1		1					1		1		1	2	3	1	1		1					
	227												2				1					11	6	5	2								
	276			3			1				2		3	22		2				1		22	20	7	2	4	3						
飯能	226										1		4			1						4	2			2							
	239																	1					2			2				1			
	251																					1											
深谷	189																					2		1									
	218												1									2											
	230			1												1			4	1	1	1		1		1							
深谷第一	276										3			1	1					1		1			3	1							
	315			1							1	1								9	2	2	1	2	1		2						
	324												8					4			12		14	2	1								

埼玉

上段は2023年、中段は2018年、下段は2013年のデータ

高校名	卒業生数	東京大	京都大	東北大	筑波大	埼玉大	千葉大	東京外国語大	東京工業大	一橋大	東京都立大	青山学院大	学習院大	慶應義塾大	駒澤大	芝浦工業大	上智大	成蹊大	成城大	専修大	中央大	東京都市大	東京理科大	東邦大	東洋大	獨協大	日本大	文教大	法政大	明治大	明治学院大	立教大	早稲田大	津田塾大	東京女子大	日本女子大
不動岡	348			1	3	8	21	8			3	24	34	6	36	38	5	25	16	22	28	6	22	6	219	59	59	56	59	45	18	66	12	8	13	9
	363			1	5	17	5				4	13	19	2	34	68	5	21	17	10	34	4	20	1	151	32	64	38	49	33	4	40	10	8	10	14
	364				9	28	8	3		1	1	11	13	6	14	22	14	11	17	9	27	3	23	4	86	40	60	38	51	48	12	52	29	7	6	18
本庄	323				1											7			5	5	1		2		30	2	13	9	2	2	2	4	1			
	328				1	1						2		4	4	3		4	3	3	1	2			30	5	20	5	8	2	2	2			1	
	346											3	2	2	10	3	1	1	2	2	2		4	9	13	13	11	7	2	2		4	2			
松伏	178																											1								
	231																									1			4							
	222																										2		2	2						
松山	313	1			3	5		1			1	1	5	1	9	16	3		6	25	19		5		87	11	45	15	7	11	2	14	13	-	-	-
	314					9				1	2	5		11		8	20	9	4	6	18	38	6	1	82	10	37	2	9	10	3	7	4	-	-	-
	362	1				8		1			3	12		16	13	26	2	7	6	11	19		6	9	102	16	51	13	29	23	6	12	4	-	-	-
松山女子	313											1		1			4		4		1		7		3	8	1	1	4						1	2
	321					1						2		2				2	1		2		1		9	3	4	3	2	1					1	1
	321					1						1		6			6		3	2	3		2		15	8	5	2	7	5		4			2	2
三郷北	263																										2	1								
	270																											1								
	276																											4								
与野	354					3						6		2		26	4	11	6	24	7	4	2	1	73	30	51	49	10	6	11	2			1	2
	362					1						4	9	1	13	8		5	5	5	2	7	4	1	27	15	18	8	11	8	1	5	3			
	358					2						5			9	6	3	2	2	10	4	5	8	2	32	12	19	8	5	9		4	1		1	1
和光国際	305				2	9	1	3			1	11	11	1	15	5	4	13	25	25	35	10	1	1	94	69	37	26	38	34	12	70	9	3	3	11
	323			1	1	7	1	1				14	19	2	24	10	7	16	10	4	11	3	4		68	39	22	19	35	14	6	35	4	6	7	3
	320					4	5					13		8		22	6	14	3	5	16	1	6	1	83	24	7	9	28	17	8	21	10	1	2	4
鷲宮	269																				1					4										
	264																									1										
	316											1		2		1			1		2						2		3			2				
蕨	350			2	3	25	5	4	1		3	12	22	4	41	49	7	25	25	32	59	6	14	1	190	86	97	34	92	89	26	76	23	7	44	36
	402	1			4	26	5	2	1		9	19	29	5	25	50	11	24	23	15	29	2	23	3	133	39	90	33	51	41	9	37	15	11	20	36
	367				5	21	9	2	2		4	17	25	5	30	44	12	21	12	12	37	12	36	3	97	45	97	33	72	75	31	50	28	6	13	23
◎青山学院大系属 浦和ルーテル学院	75													1					1	2		2	2		9	2	14	1	3	6		14	3			
	48				1							1		1			2		2	1	2		2	2	2		4		2	3		1	1			1
	61										1	4	7	1	1		3	3	4	4	3	3	1	3	6	6	3		1	7	4	4	5	1	1	3
◎秋草学園	232											1					4		2	2					3		3	1	3	1		1		2	3	1
	261															4	4			2	1				4		4	5	1			4				
	244											3								5			2		11	3	4			1		1	1		1	2
◎浦和明の星女子	169	4		2	2		4			1	1	21	11	46	1	16	45	5	5	7	22	7	44	2	18		20	1	19	69	12	58	52	7	13	18
	171	3		3	3	4	3	1		3	1	7	11	37	8	16	39	6	7	4	21	27	30	4	18	4	34	2	17	49	5	43	37	8	18	24
	170	6		2	7	1	5	6	3		2	24	6	37	2	11	46	11	1	4	21	1	37	5	7	6	13	1	15	57	10	52	67	12	18	22
◎浦和学院	718			1	2	1		2				3		3	6	2	3	5	13	2	8	4	3		38	13	15	12	12	4	2	6	3		2	3
	931				2							3			9	2	7	4	1	3	2	7	3	1	36	13	26	10	7	1		5	2			1
	780				2	3						1		3	4	6	11	3	1	9	9	6	7	2	39	8	33	7	13	10	2	9	3			
◎浦和実業学園	801					1						1		3	13	12	2	9	6	13	10	6	2		35	51	9	125	17	12	5	8	3	2	9	2
	898					5						5	1	2	8	9	1	7	3	14	9	10	6		40	6	47	11	13	10	5	5	5			3
	733					4	1					5	4	1	18	11	2	8	2	17	8	15	10	2	48	20	52	15	19	11	5	5	3			3

埼　玉

上段は2023年、中段は2018年、下段は2013年のデータ

高校名	卒業生数	東京大	京都大	東北大	筑波大	埼玉大	千葉大	東京外国語大	一橋大	東京工業大	東京都立大	青山学院大	慶應義塾大	駒澤大	芝浦工業大	上智大	成蹊大	成城大	専修大	中央大	東京理科大	東京都市大	東洋大	獨協大	日本大	法政大	文教大	明治大	明治学院大	立教大	早稲田大	津田塾大	東京女子大	日本女子大
◎浦和麗明	393				2	1	1					9	9	1	21	12	1	6	5	13	12	5	5		5	36	5	35	32	24	10	6			
	269											1													4	6								4	
	268					1								1				3				2	1	1							1	1			
◎叡　明	481				1		1					3	6		15	7		5	4	7	9	11	2	2	7	43	54	27	5	6	3		9	3	1	7
	633				1		2					1			8	3	1	1	2	5	3	2	32	7	16	13	7	3	2				6	3		
	464				1	1	1					1		1	1			3				1		5	1	4	1	4	1							
◎大妻嵐山	119											4	1			1	2	2				6	5	5	4	3	2	3					2		1	1	5
	134				1							1	3	1	1	1	1	4	1		2	1	4	1	3	6	3	1					3	1	2	2
	197				1	1						5	4	2	2		2	3	3		2	2	17	8	18	2	2	3					4	1	1	2	3
◎大宮開成	625	1		9	8	24	6	2	1	2	6	65	96	55	57	82	39	26	44	42	139	14	128	12	44	3	96	219	16	226	160	54	235	85	133	0	68
	543	2	1	6	13	35	1			3		40	62	27	26	32	36	18	28	27	124	17	61	8	253	30	106	33	121	82	25		98	61	2	10	11
	473	1	3	1	16	21	1		1	1		25	27	9	16	37	16	13	6	15	52	10	50	1	86	289	1	9	100	60	16		52	39	5	17	18
◎開　智	546	8	1	14	12	11	10	1	7	2	3	63	39	51	36	55	35	37	47	31	90	17	128	17	178	73	132	23	114	170	21	100	96	11	20	47
	586	18	4	9	14	12	12	1	11	4	1	29	32	57	19	94	30	24	27	16	63	37	121	15	90	30	78	16	71	144	16	61	113	12	16	16
	605	11	1	9	14	12	6	3	6	2	2	38	35	73	39	61	45	19	14	25	95	5	140	15	80	43	123	28	86	159	32	79	132	5	16	14
◎開智未来	117	1		2	1	1		1				8	7	7	6	20	2	3	4	11	9	6	17		39	36	29	26	11	12	3		7	4	1	5	2
	148	2		2	4	7	1		3	1	2	4	9	14		5	3	9	13	6	27	1	31	11	28	5	11	26	3				9	21		7	2
		2014年に初めて卒業生が出たため、10年前のデータはない																																	
◎春日部共栄	441			1		4	6	9	2	2		15	16	8	30	19	11	7	15	22	25	3	20	3	84	24	67	31	56	57	14	51	15	6	8	11
	579			1	6	11	3			3		11	22	9	17	15	8	12	8	10	34	4	26	6	70	27	65	22	61	37	18	25	21	1	7	11
	581			11	8	6	1	2	1	1		16	18	13	25	15	0	16	17	11	11	36	6	50	8	68	27	107	19	73	55	14	40	32		3	8
◎川越東	441	2		3	6	16	3	4	1	1	3	27	35	24	29	108	18	30	17	36	118	15	66		212	36	133	10	104	124	13	92	43	–	–	–
	468	2		7		16	5		3	2		17	36	8	41	58	15	25	26	23	72	15	40		75	17	120	19	65	75	8	45	45	–	–	–
	450	1	4	1	1	16		2	2	2		28	36	9	29	53	10	31	9	6	99	12	36	6	100	19	120	7	97	83	22	73	37	–	–	–
◎慶應義塾志木	237												234									1				1					3	–	–	–
	275												272																		–	–	–	
	248												246									1									–	–	–	
◎国際学院	254											1	3	1	1			5	5			1	2	4	6		3	2	1		1		1		
	232											1					1		2			1	7	1	8	2									
	237														1			1				3	2	1											
◎埼玉栄	839					5	1	1			3	8	4	1	16	19	3	11	6	27	10	15	14	1	72	17	94	14	19	18	3	16	5	1	1	
	871			1	3	2	1				1	5	2	3	27	4	1	4	8	15	17	3	4	2	65	15	63	22	23	18	8	12	8	1	6	3
	765				2	3	2					8	3	4	26	9	4	9	7	25	14	5	8	11	49	17	44	17	9	18	2	9	11		3	2
◎埼玉平成	320				1							4		3								13	3	3	2								1		2	
	302						1					1		5			1	3	1	2		1	18	2		1							3			
	305				1	3						2		1	5			5	3	1	1	3		11	6	6	2	9	2				3	2		
◎栄　北	380	1			3	2						13	14	2	13	37	1	12	25	20	44	20	31	2	99	45	87	13	58	14	4	24	7	1	11	24
	257			1	2							1	5		12	28	1	8	4	3	6	7	1	59	11	37	4	17	7				11	3		
	359			1	3							4	1	14	14	1	6	1	5	7		3	6	1	49	3	41	4	21	10	1	11	7		1	
◎栄　東	498	13	3	15	11	24	8	2	2	3	7	36	35	77	17	121	29	9	10	19	56	11	266	14	64	22	124	7	100	116	15	65	143	8	26	21
	446	14		13	11	25	12	2	3	4	10	21	24	72	9	66	23	6	10	6	68	14	187	12	53	5	81	25	57	89	8	50	146	5	11	17
	357	12	1	7	6	30	26	5	3	8		22	16	76	13	15	29	11	4	7	41	16	75	9	23	2	51	7	64	87	20	44	123	2	14	9
◎狭山ヶ丘	324	2		2		7	1	1			1	16	4	4	20	14	1	1	9	30	16	9	16	3	54	31	61	14	38	23	8	11	8	7	5	
	357	1	1		1	3		1			4	11	8	3	6	27	4	14	4	43	1	4	22	3	46	7	29	3	19	27	6	18	12	4	5	5
	272	1		2			1	1				16	10	5	22	17	5	11	6	4	12	7	11		48	5	34	4	18	20	6	16	15	2	2	4

埼玉

高校名	卒業生数	東京大	京都大	東北大	筑波大	埼玉大	千葉大	東京外国語大	東京工業大	一橋大	東京都立大	青山学院大	慶應義塾大	駒澤大	芝浦工業大	上智大	成蹊大	成城大	専修大	中央大	東京都市大	東京理科大	東洋大	獨協大	日本大	文教大	法政大	明治大	明治学院大	立教大	早稲田大	津田塾大	東京女子大	日本女子大
◎自由の森学園	217												1	1				1	1	1			3	1	4	1	2	2	1			1	1	
	154												1												1		2					1	4	
	195											1	2					1	3		1		3	1	3		3	3	4			2		
◎秀　明	62			1									1									1		1	11									
	99												2	2				3	1		1	5	2	7		8	1	2	1			2		
	148			2	1	1						1		3	1	1	1	1	2	1	5		5	6	2		19		2	5	3		1	
◎秀明英光	307											1					1	1				7		1										
	534			1													2	1				10	4	4										1
	525													2		2																1		1
◎淑徳与野	357			1	3	5	5	1			6	31	29	5	11	12	60	8	20	12	42	2	42	2	47	19	42	7	58	80	16	138	47	25	49	123
	362	1	1	1	4	10		5		1	2	19	25	23	10	14	44	12	5	3	25	2	34	4	33	10	40	22	40	69	4	94	53	16	70	83
	405		1	2	7	3	2			3	22	46	5	10	37	37	24	22	10	32	4	41	2	38	31	40	11	58	70	10	94	45	29	107	114
◎城西大付川越	206				5			1	1			5	14	3	11		29		8	2	24	23	8	24	5	62	31	105	3	32	12	5	3		
	266	1	1	2	2	2	1				9	18	4	14	22	2	4	8	6	20	4	13	3	47	22	76	4	26	19	1	11	1	1	—	—	—
	325			4	1				2	11	21	5	29	18	2	15	9	22	26	19	17	5	63	12	96	1	36	31	8	16	10	—	—	—
◎正智深谷	387			2								5	3	1	9	2		6	1	4	1		32	13	8	14	6	1	4		2			
	314			1								5	2	1	7	3	1	4	3	4	3		1	28	6	7	7	6	3	2		3			
	341		1	3						1	9	7	1	12	22	5	7	1	1	3	2	5	1	31	13	26	3	21	13	2	2	1	1	
◎昌　平	486			1	10	7	4		2	1	19	19	7	23	45	7	14	16	24	36	4	48	3	77	33	43	24	41	28	10	27	19	6		3
	419	2		2	5	7	4		2	2	9	15	5	24	33	7	8	9	15	18	33	18	6	74	25	21	32	64	2	5	27	24	3	5	1
	353		1	3	4	3			4	9	10	5	26	23	7	3	13	2	42	14	33	10	24	12	1	9	9		2	3
◎城北埼玉	225			2	2						8	13	3	14	21	1	9	4	18	17	11	23	1	41	7	56	8	16	8	5	5	7	—	—	—
	263		2		2	3	1		2	9	9	23	7	50	6	3	13	42	13	35	46	9	58	11	22	34	8	16	26	—	—	—
	215	2		1	2	1			2	8	7	15	11	9	15	10	3	4	38	7	40	1	28	7	37	7	22	31	5	16	32	—	—	—
◎西武学園文理	303	1		1	1						14	15	3	6	10	15	15	27	12	22	9	17	6	46	15	56	9	36	25	8	26	15	6	7	5
	417	2		1	3	7	4	2	1	1	21	13	13	10	20	14	16	9	26	44	6	37	4	21	36	6	3	24	3	5	27	32	8	7	6
	542	4	1	3	3	3	6	1		6	41	28	19	32	58	35	36	28	20	53	8	44	5	68	31	82	2	87	72	35	75	52	10	53	21
◎西　武　台	375			1							4	2		14	5	2	4	2	12	8		2	4	1	35	11	28		18	8	3	5	2		1	1
	556				1					1	5		12	6	1	6	3	9		3	1	31	13	26	3	9	5		4	2		2
	512		2	2	1					6	2	2	16	7		3	4	25	11		3	4	2	41	5	24	3	11	6	3	9	1	2	
◎聖望学園	281			1							3	1		9	1	1	10	2	9	12		2	4		8	2	9	1	9	4		4		4	2	4
	286	1		1	2				1	3	2	6	11	10		3	13	13	7		23	2	25	1	14	11	5	8	2	1	
	348			1						8	6	1	17	20	2	7	1	10	14	3	12		35	5	32	3	23	12	6	2	2	1	2	1
◎東京成徳大深谷	319			1							2	2		3		1	2		5	1			11	3	6			1	4		13	5			
	229										1												7	3	3									
	334			1							2		1	3	1		2	3	4	4	1	2	2	17	2	10	6	4	2	5	1		
◎東京農業大第三	489			5	1	1					4	6	3	13	1		2	9	13	5	1	5	1	41	12	33	7	7	11	5	10	2		1	
	457	1		5							1	9	2	14	12	1	1	3	13	7	20	1	9	5	52	7	38	4	21	11	4	18	4		4
	411		1	4						8	8	1	9	3	6	10	15	11	2	12	3	73	16	60	11	30	9	6	17	3	2	2	1
◎獨協埼玉	304			1		1	1				15	17	3	14	12	1	8	16	22	15	3	9	8	41	78	57	14	42	20	15	15	6	2	7	4
	338			3		2					18	22	1	9	15	8	11	12	16	13	5	14	3	37	90	46	6	29	18	7	33	7	2	11	9
	309			2	2	3	1				26	18	1	30	12	5	5	13	24	13	4	14	13	46	98	50	6	30	26	10	36	8	2		11
◎花咲徳栄	552			2							1	1		8	4		5	1	6	4		7	1		18	22	37	8	13	4		4	1		
	468			1	1						2	1		7	16		5	6	2	1		1	1	33	41	38	8	7	2	2	2	5		
	648			1	1	4		1		4	3	1	21	4	3	2	6	9	7	6	7		50	20	66	7	12	6	4	7	1	

埼玉・千葉

上段は2023年、中段は2018年、下段は2013年のデータ

高校名	卒業生数	東京大	京都大	東北大	筑波大	埼玉大	千葉大	東京外国語大	東京工業大	一橋大	東京都立大	青山学院大	学習院大	慶應義塾大	駒澤大	芝浦工業大	上智大	成蹊大	成城大	専修大	中央大	東京理科大	東京都市大	東邦大	獨協大	日本大	文教大	法政大	明治大	明治学院大	立教大	早稲田大	津田塾大	東京女子大	日本女子大
◎東野	283				1												9		7	8	2	1				103	7	35	1	2	2	1			
	322														1	3		1		2	2	1	2	1		20	3	5	1		2				
	330																	1		2	1	1	1		10	1	2	2							1
◎武南	449				4	1				1	1	6	11	2	28	7	2	12	10	4	1	13	1	9	4	9	24	96	92	22	25	14	12	4	7 5 8
	424			1	3	1	2				1	9	9	1	16	18	4	15	6	8	15	4	10	5	63	28	41	4	12	11	4	19	5		1 2
	389			3	5	1					2	2	6		20	18	2	7	5	9	11	1	4	1	32	15	43	2	19	15	3	3	1	2	4 1
◎星野	737				3	9	2	1			1 3	13	23	6	30	20	11	24	21	41	31	25	1	104	33	68	33	49	37	20	41	14	21	19	43
	729	1		8	2		1				3	12	2	17	13	8	11	18	18	21	3	6	5	84	22	44	17	24	18	7	19	5	7	23	32
	691	1	2	13	11	1		1			20	28	3	24	7	13	22	14	30	42	6	9	7	99	29	80	27	48	26	8	52	18	13	39	54
◎細田学園	362				2		1					7	5	3	4	1	1	3	6	1	10	3	9		46	16	29	8	28	14	3	12	12	1	6 1
	286				2		2					2	2	2	1	8	2	2	2	4	3	1	4		27	11	19	3	5	6		7	6		
	225											3		2	4	6	1	1		3		2		1	13	8	1	4				5	2	1	
◎本庄第一	252											3		1	1			2	2	2		1		16	4	3		1	2	1		4			3 4
	484				1						1	5	6	1	6	11		3	3	12	16	2	11		42	13	17	5	12	3	2	5	2	2	3 5
	462			2	1							14	9		18	8	2	1	6	9	23	1	18	3	51	13	26	4	45	16	5	21	5		
◎本庄東	432		1	5	2	15	3		1			20	21	11	13	28	12	16	11	26	31	6	33	2	87	36	79	20	126	52	16	31	21	9	6 9
	628	2		6	1	9	1			1	2	13	14	14	15	59	9	16	18	15	40	5	33	7	119	33	70	25	73	53	12	35	20	3	11 9
	448	1		7		3	2			1	3	10	9		12	22	19	10	9	14	9	15	3	35		89	25	64	5	43	33	20	31	21	3	4 5
◎松栄学園	250																				1		2		3		2	1							
	220																																		
	291																1				1					1		1							
◎武蔵越生	325				1						1	1	1		5	2	2	1	3			3	1	17		4		5	3		3				5
	361				3							2	2		2	6		1	1	1	1	6		11		7	2		2	2	1		2		
	373				1							2	1		3	3	1	1	1	1	3	2		14	1	14		3	3	4	1				
◎山村学園	316											1	5		12	5	4	3	1	1	2	3	2	3	32	5	14	9	6	4		4	1	2	10 9
	446				3	2						8	8	2	11	18	1	3	4	18	15	1	10		46	5	28	14	12	9	4	10	4		4 5
	348											6	2		19	5	1	7	5	4	1	1	4		38	7	31	7	11	10		8	3	1	7 10
◎山村国際	235				2							4	1		1		1		1		10	1	18	3	1		1		1						
	250												1	3		2			1		2 1	7	2	1		1					1				
	292													2								1	6	6		5					1	2	1		
◎立教新座	308	2				1			3	2 1	3	1	16		7	7	1	8		17		2	29	1		16		15	22	1	259	11	—	—	—
	322	1	1			1			1		1	1	11	2	4	11	2		13			3	18	1	6	1	10		6	11	1	249	15	—	— —
	316	2	1			1			6		3		20		2	12	2	2		10		29			6	1	1	14	2		254	28	—	— —
◎わせがく夢育	68																	3				4	2	1			1					1			
		2023年に初めて卒業生が出たため、5年前、10年前のデータはない																																	
◎早稲田大本庄高等学院	308																							1								303			
	340																															339			
	309																1												1			309			
我孫子	314											3	1		9	5	1	3	1	9	3		3		14	13	23	4	10	6	1	3			
	318														1	4		2	1	1	1	3	4	9	7	14	4	6	1						
	323											1	1		10	1		2	1	4	2	5	6	15	8	21	2	3	1	3		1		1	
安房	225			1	1		2					4	1		12	1	1	3		9	6	1	4	9	2	25	12	10	10	2		1	2		
	244			1		2		1				3	5	3	7	3		2	6	1	10	2	5	3	9	3	15	8	13	4	5	1	4		
	325	1		3	10	1						3	3	2	7	3	2	3	2	14	18	4	4	24	5	26	6	21	10	11		3	5		2 3

千　葉

高校名	卒業生数	東京	京都	東北	筑波	埼玉	千葉	東京外国語	東京工業	一橋	東京都立	青山学院	慶應義塾	駒澤	芝浦工業	上智	成蹊	成城	専修	中央	東京都市	東京理科	東邦	獨協	日本	文教	法政	明治	明治学院	立教	早稲田	津田塾	東京女子	日本女子
磯辺	314				1							1		13		3	3	1	13	1	4	1	6		25	1	8	2	9	7	1			1
	359											1	1	12	1	4	2	1	10	3		4	11	3	22		8	9	3	4	2			1
	315											2		7				1	4	4		9	16	4	20		10							
市川昴	310													6	1			2	1	1		2			18		2	2						
	358																					2			19					1				
	318																					3			3		5							
市川東	317				1							1	1	11				3	4	29	1	1	4	3	21	1	42	9	9	2	1		1	1
	353		1									2	1	14	5	1	2	1	3	2	1	1	23	10	20	2	7	3	1	1	2		1	
	365											1	2	9		2	3	2	1	5	1	8	19	11	29	4	2	1	4	2				
市川南	312																								1									
	311																1					2	3	1			1							
	265																								2									
市原八幡	234																								1									
	243																					2			1									
	282																					1			2		1							
稲毛	309	1		1	28	2			2			20	23	11	3	24	34	9	16	27	50	45	2	17	29	14	11	13	4	10	11	89	12	6
	319	2		1	1	1	12	1	1	2	1	28	38	10	17	26	20	13	17	10	24	4	21	25	9	4	8	9	7	16	9	16	9	29
	313			2	2		1	12	3			15	17	10	18	18	19	9	8	9	17	4	18	19	5	41	3	56	1	6	14	73	4	30
印旛明誠	195											1		10	1			2	7	1	1	3	17	4	32	7	2	4		2				
	157											3	2				2		2		1	2	17	4	3	1					1			
	153											1	1							1		2	1											
浦安	220																								1									
	234																					2	1		2			1						
	188																	1							1									
生浜	286																								3									
	201															3																		
	310																								1									
大多喜	149				1											1	2			1		1			3		1			1				
	159															2	2			1		3					4			1				
	185				1	1						1				1		1				2	1	3	4		2	1	2	1				
柏・県立	312	1		2	7	7	17		2		1	7	23	4	19	26	8	6	24	18	39	4	39	24	5	34	39	12	8	66	55	8	31	14	4	4	20
	319		1	8	3	7	1		1	1		15	13	3	18	22	13	5	8	6	17	18	31	16	37	20	8	4	13	3	138	1	25	30	2	3	13
	325			7	2	7		1		2		12	26	4	10	15	12	5	3	11	18	2	49	16	66	19	64	19	52	48	7	64	31	1	5	9
柏・市立	312																	2	2			7		12										
	314											1		1				1				3		4	5			1		1	1			
	308											1	1									1		5	2	4		1						
柏井	263											1		2				1	1	4		12				1				3				
	353											1	1				1	2				1		1			2	1						
	320											1	1	1								2		1		1								
柏中央	351					1	1					1	4			20	10		4	7	20	3	3	4	44	61	64	13	27	7	5	3	4			
	363											3	5			16	6		2	5	7	5	3	12	36	17	56	17	13	5	3	3	2			2
	365					1	1					2	2			11	2		1	7	3	1	7	21	8	26	6	9	4			2	5		
柏の葉	279											4	1			22	1		5	8	20	4	1	1	34	25	35	19	10	2	1	1	1			1
	280										1	5	3			4	3	3	1	2	6	2	3	10	17	8	24	4	3	3	1	3	2			2
	323											3				7	2	1	2		4	2	4	30	19	15	2	5	7	3				

千　葉

高校名	卒業生数	東京大	京都大	東北大	筑波大	埼玉大	千葉大	東京外国語大	一橋大	東京工業大	東京都立大	青山学院大	慶應義塾大	駒澤大	芝浦工業大	上智大	成蹊大	成城大	専修大	中央大	東京都市大	東京理科大	東邦大	日本大	獨協大	文教大	法政大	明治大	明治学院大	立教大	早稲田大	津田塾大	東京女子大	日本女子大
柏南	358				1	3	3		1			22	18	1	38	36	4	24	44	41	27	5	25	6	141	58	175	13	85	56	19	49	12		10	18
	364				3		2					12	25	2	22	30	3	10	15	10	15	10	16	12	84	40	96	15	55	27	10	21	4	1	6	7
	366				2		1					8	12	1	19	23	7	16	12	3	11	4	10	9	88	26	79	18	34	39	12	40	19		1	4
鎌ケ谷	312	1			2	5						26	14		41	13	3	20	17	35	18	7	5	15	107	28	55	16	64	28	8	41	8		6	20
	324		1	2	3			1	1			7	12	2	18	24	2	9	11	21	12	6	7	26	59	16	87	31	34	20	9	16	5	1	2	4
	327			5								9	10	2	30	12	1	13	7	13	12	3	15	14	77	11	73	33	35	7	13	11	3	1	1	8
木更津	315	1	1	1	26	1	2					11	13	4	15	12	7	3	19	13	26	2	18	44	99	13	125	4	37	67	13	40	21	4	5	9
	322	1	1	1	16		2					10	13	6	14	14	6	6	6	11	19	1	24	27	43	6	81	4	49	50	18	20	19	1	6	6
	325		1	1	4	29	1	1	1			24	10	4	8	30	12	11	4	17	22	4	27	35	25	8	98	2	44	42	30	32	14	3		8
君津	312				2							1	1	16			1	1	3	3		3	11	16	1	31	4	8	3	2		1			2
	285				1									12	3			2	2	5			16	17	2	32		10	2	2					2
	315				1					1		1		2			2	5	3	12	6	1	1	8	18	1	34		5	5	7		3			
検見川	317				1	1						2	8	3	38	24		12	13	42	20	1	3	4	106	14	121	5	41	26	8	20	6	1	3	6
	315				2							2	11	2	17	5	1	8	6	2	9	2	4	17	33	20	66	2	23	11	4	5	1			1
	357											3	8		17	5		5	5	14	5	4	3	12	33	7	62	1	13	3	2	5				
国府台	305		1		4			1				7	17	2	36	19	3	8	14	34	19	4	7	9	109	29	120	11	48	40	10	18	3		1	6
	322		1		5			2				8	16	1	34	11	2	8	10	8	9	2	8	18	53	11	67	8	29	23	8	11	8	3	4	6
	323						1					5	13		17	6	3	16	8	17	10		8	12	46	16	41	5	23	8	8	6	5		1	
小金	312		2	10	7	17	1		3			18	21	3	24	31	4	41	34	23	32	7	36	34	173	35	134	25	131	104	31	101	30	4	17	30
	325		1	5	2	8		1	2			19	13	9	18	37	6	14	24	6	20	6	33	27	85	30	81	22	93	66	19	67	26	2	5	16
	326		2	4	5							8	13		16	13	3	7	13	15		8	5	22	94	41	25	22	4	8		24	4		4	7
国分	315			1								3	4		25	15		10	6	23	4	4	6	11	57	20	59	1	32	11	2	3	1		1	7
	324				1							4	4	1	17	15		1	11	14	13	1	2	2	15	44	24	63	26	23	5	12	1			3
	315											3	2		5	6	1	6	6	3	1	3	5	7	16	12	38	6	5	4	2	4	2			
佐倉	309	2	1	5	16	6	42	3	1	3	1	25	35	1	31	22	8	23	20	8	26	55	6	66	37	97	6	85	8	106	105	18	93	59	3	10	6
	320	1		3	4	1	36	3	5	1	4	12	15	1	18	13	5	22	20	9	15	6	54	1	78	48	41	11	21	123	9	74	82	6	46	52
	322	1		8	2	40	1		1	4		18	22	18	15	20	16	9	7	9	31	5	35	18	41	12	72	10	56	65	22	53	42	1	7	6
佐倉南	162																								1		2									
	186																								1		1									
	212																	1							8							1				
佐原	280			3	7	3	18		2	1	3	6	2	3	22	31	2	10	4	22	26	3	18	8	68	4	89	103	117	3		11	3	3	4	4
	324	1	2	6	3	19	2	1	1			6	7	4	26	16	1	9	6	14	28	3	14	34	47	6	77	19	26	24	12	16	9	9	2	4
	340			2	11	4	14	2	1			9	5	7	17	8	1	16	5	22	18		23	19	33	3	72	19	11	31	18	9	8	1	4	
佐原白楊	198											2	1	1	6	6	1	1	1	6	1		4	18		33	3	3	1	1						
	202											1		2	3	3		1	1	2			5	10	5	13	1		2	2		1				
	201				1										1			1	13	2		1	3	2	13		2	1		2		2	3			
匝瑳	211						1					1	3		1		3	7				2	4	1	224	5	4	4		3	2		2			
	310				1	2						1	1	1	6	3	1	3		2	5		6	12	24	2	32	3	10	8		6	3	1	1	1
	322		2	1	1	12		1				6	1	3	1	4	2		7	13		1	7	7	20	9	44	5	15	15	6	13	5	1	1	1
袖ケ浦	276															1				1		1	1	2	11	1										
	277													2				2	1			2			1					1						
	321																		1	1			3	1	4		1	1	2			1				
千城台	308				1								6	2			5	2				2	2	2	19											
	307											2	3				1	1	1			1	3	8	1	10	1									
	321											3		2	2		2	2		1		5	10		19		1	3				2			1	1

千　葉

高校名	卒業生数	東京大学	京都大学	筑波大学	埼玉大学	千葉大学	東京外国語大学	一橋大学	東京工業大学	東京都立大学	青山学院大学	慶應義塾大学	駒澤大学	芝浦工業大学	上智大学	成蹊大学	成城大学	専修大学	中央大学	東京都市大学	東京理科大学	東邦大学	東洋大学	獨協大学	日本大学	文教大学	法政大学	明治大学	明治学院大学	立教大学	早稲田大学	津田塾大学	東京女子大学	日本女子大学
千葉・県立	311	25	9	12	5	1	48	3	14	13	22	8	89	4	12	57	5	1	11		48	3	150	13	27	4	35	106	11	117	5	67	125	10
	318	22	8	7	6	2	45	4	10	8	3	20	9	70	3	15	34	2	3	9	26	83	10	17	13	31	1	42	75	11	38	134	11	10
	325	25	5	8	7	1	44	1	11	12	16	7	116	5	12	50	2	1	7	50	2	109	26	7	3	18	43	94	5	46	161	11	10	22
千葉・市立	315			4	4	1	42		3		4	26	19	13	54	12	10	23	60	4	53	50	106	10	135	5	119	107	10	75	43	4	7	18
	318	1		4	4	3	35	1		2	15	15	8	144	15	4	6	14	26	14	42	32	70	14	85	8	69	68	15	46	30	3	8	17
	319	1		1	4	3	28	1		5	25	19	8	25	20	12	8	7	20	31	16	19	27	60	4	89	7	59	40	31	43	20	1	4
千葉大宮	265										1			2			2	2																
	245				2								1								2	2				1								1
	323													1								1	1	2		1								
千葉北	312				2						1	1	2	12	1		1		9	6		1	6	30	5	52	5	7	3	2	5	2		
	354											1		5	4		2	1		1	1	8	13	3	22	1	7	3	2					
	362										1	2		8	1	3	2	3	6	2	3	11	22	7	37	2	8	1		2				
千葉女子	303											5			1	4	2				12	4	2	18	6	4	1	2		5		10	4	
	311										2	8		10		3	3	3	1	1		10	9	2	9		4	2	6	3		3	6	5
	319				5						3	3		12		1		4	1		4	13		13	2	4	2	6		4		1	5	6
千葉西	314			1	1	2					4	11		23	9		12	14	37	9	7	15	76	24	127	12	53	23	12	8	8		2	6
	356				5		1		1		4	5		23	4		8	5	7	7	2	8	21	72	6	116	14	26	14	8	9	4	1	6
	319			2		1					2	5		36	12	1	8	10	8	5	6	6	17	71	4	68	3	27	17	11	19	10	2	1
千葉東	315	1		9	9	1	6	1		6	3	1	30	26	28	9	46	35	16	17	29	82	17	105	45	87	3	82	8	138	120	27	107	50	3	19	38
	365	3		3	8	4	55	1	5	4	18	8	10	8	43	26	6	9	7	33	1	55	48	41	6	83	6	73	89	13	71	49	6	8	23
	325	2	2	8	11	2	58	1	2	1	2	28	17	33	10	26	43	11	4	3	50	5	76	38	30	2	65	2	91	102	19	63	63	9	17	27
千葉南	314			3							1	2		18	2		3	3	38	7	3	3	158	41	190	16	15	6	8	4	2		3	
	322									2	5	9	1	10	9	2	4	18	4	2	2	33	4	2	56	6	20	4	9	4	1	1	2	
	325			1							4	1		24	1		2	2	18	5	6	17	53	2	52	3	19	9	5	7	1		1	
銚子・県立	162											2			4						1	1	1	3										
	161											1				1	1					3		2		2								
	201											3					1					6		2	1									
銚子・市立	309	1		1	1		5			1	3	2	2	10	5		2	8	16	6	2	1	9	60	6	31	17	11	8	9	4			
	325				2	1					3	1		7	7	1	5	3	13	2	3		9	33	5	31	10	9	6	7	1	1		1
	326			1	5	2	7	1			3	9	7	4	14	9	1	4	1	25	8	5	9	10	31	3	4	11	7	7	21	9	5	5	2
長生	282	1		4	1		23	2	1	1	2	12	15	6	26	30	10	11	14	28	30		27	48	77	8	88	7	62	60	18	46	17	4	4	4
	330			6	3	1	28	1	2		2	10	11	9	18	23	12	10	14	8	44	5	25	42	58	15	97	11	39	50	20	23	13		1	6
	342	2	1	1	4	5	31	1		1	1	9	11	7	12	17	11	17	4	11	16	7	21	39	37	6	70	7	49	25	14	22	18		3	8
津田沼	312			2	4						4	5		30	8		5	3	35	14	4	5	15	74	12	116	13	29	31	3	6	5		4	8
	360			2	2					1	12	10		17	4	4	6	11	1	4	9	3	12	34	14	88	10	25	10	6	8	3		2	1
	369			1							5	5		16	3	1	13	7	17	3	6	5	14	31	13	44	2	19	6	6	11	3		2	
東金	194											3				1	2	1			12	4	12		6	1								
	244				2						3	2			2		1	2	3		1	2	11	2	13		5	1	3					
	301				4						2	2			4			1	5	1	1	1	17		28	4	5	2	1	3				
土気	308													1			1	1			1	9	1											
	312										1	1						1			6		11	2	2					1				
	314											1									1	4	2	1	5									
流山	189											6						2					1											
	196																		1															
	193										1	1										1										2		

千　葉

高校名	卒業生数	東京大	京都大	東北大	筑波大	埼玉大	千葉大	東京外国語大	一橋大	東京工業大	東京都立大	青山学院大	慶應義塾大	駒澤大	芝浦工業大	上智大	成蹊大	成城大	専修大	中央大	東京理科大	東京都市大	東邦大	獨協大	日本大	文教大	法政大	明治大	明治学院大	立教大	早稲田大	津田塾大	東京女子大	日本女子大
流山おおたかの森	351															10	1		1	6				1	23	17	18	6	4	3				
	361															1		1		2				1	5	2	8	1	4	1	1			
	348																			1					4	1	3		1	1	1			
流山南	297																		3					1	5		1		1					
	317																																	
	230																																	
習　志　野	315															9				4				1	10		4	1	1					
	316											2	1	1	1				8	1	1	1	3	6	1	18	3	2	3	2	2	3		
	321	1												3	2		1	1	3	1		1	11		25	3	4		1	1	1			1
成　田　北	275												1	1	6				9	1		1	15		9			9						
	319												1		1			1		1		1	5	6	1	6	1	2						
	315														3							3	11		11	1	1	3		2				
成　田　国　際	317				1	15	3					5	8	1	12	17	14	3	12	25	13	2	9	25	11	02	17	21	34	02	92	1	57	24	1	10	5
	320			1		6						13	9		24	1	9	5	4	3	7	4	4	78	23	3	5	9	19	11	10	25	8	1	3
	322			4								9	8		8	9	3	2	5	4	6	1	18	49	24	39	6	39	9	4	20	7	1	3	1
成　　　東	266			1	2	1	17	1				9	5	1	16	10		10	8	15	25	4	9	28	47	2	88	6	28	22	14	13	3	1	1
	281				3	23		1				1	4	1	14	5		4	1	13	9	4	11	34	38	3	53	4	28	19	5	6	5	1	4
	322	1		1	2	21						13	10	2	8	1	3	4	9	7	12	1	11	15	54	4	53	5	30	14	10	16	10	1	2	7
野　田　中　央	304																		1															
	324																		1	1					4	1	1							
	224																								1	3	1							
柏　　　陵	348															1									2	1	2	1						
	350															3			1	1		2	3	4	1	8		2	1					
	352											1		2			3	1				2	3	1	4		1							
東　葛　飾	343	9	2	3	34	4	32	1	10	12		18	24	43	17	41	55	7	20	16	53	3	15	73	14	5	3	62	7	127	168	13	93	115	10	25	33
	349	3	3	3	32	8	25	2	10	4		22	11	53	5	11	6	5	28	6	8	12	37	22	112	27	11	8	56	11	58	94	12	61	75	13	16	32
	362	2	2	3	25	5	31	5	5	13	5	23	18	44	7	17	43	7	9	5	30	1	100	19	18	7	33	4	32	101	6	91	111	15	27	19
船橋・県立	355	11	5	17	18	3	54	1	16	27		39	16	71	7	30	65	9	4	7	68	4	166	22	37	2	46	93	169	5	94	141	4	16	16
	363	14	7	15	26	5	51	5	15	8	2	23	12	44	5	24	30	3	14	6	70	3	128	26	33	5	58	9	79	113	8	57	105	7	13	21
	323	9	3	6	26	3	54	4	5	5	2	18	12	51	2	8	25	3	3	6	50	5	76	23	3	5	34	3	42	106	9	61	111	13	8	18
船橋・市立	398				1									7	1					3			4	4	5	3	4	2						
	402														2								1											
	398				1									3					3	2		1	10		10	2	3		1					
船　橋　啓　明	311				1	1								10	5		1	1	6	5		4	3	16	9	31	8	2	5	2			1	1
	322												1	8	2		1		7			5	19	4	46	1	5		3		2			
	311				2									4					5	2		1	3	4	48	2	3	3		2	6			
船　橋　芝　山	313											7	9		21		1	9	13	4	6	1	8	7	22	37	1	2	26	10	2		2	
	360				1							1	1		13	1	1	2	3	2	2	1	0	24	8	35	2	12	1	4	3	2		
	366											1	1		12	1		2	4	6	1	5	4	13	45	3	1	6		1				
船　橋　東	318			4	1	18	2	2	1	2		14	28	9	27	33	23	16	15	60	47	11	36	23	144	41	27	103	84	16	71	135	5	26	23
	319			2	2	4	17	2		2		19	12	7	22	25	8	14	6	6	17	3	22	19	89	13	78	21	69	63	13	32	33	6	17
	321			1	5	19						15	16	1	33	30	10	22	17	11	16	2	28	27	82	19	77	9	62	47	22	42	31	4	6
船　橋　二　和	306													1				5				5	4											
	358														1							3	1	1										
	296																						1	2		1								

千　葉

高校名	卒業生数	東京大	京都大	東北大	筑波大	埼玉大	千葉大	東京外国語大	東京工業大	一橋大	東京都立大	青山学院大	慶應義塾大	駒澤大	芝浦工業大	上智大	成城大	成蹊大	専修大	中央大	東京理科大	東京都市大	東邦大	東洋大	獨協大	日本大	文教大	法政大	明治大	明治学院大	立教大	早稲田大	津田塾大	東京女子大	日本女子大
幕張総合	703				1	2	8	1			1	13	22	5	9	48	10	16	24	8	12	23	28	199	39	21	7	25	11	26	45	4	1	10	14
	762			2		3					1	17	11	7	5	50	10	7	18	9	9	12	26	157	15	157	10	93	44	19	27	20	1	2	6
	768			3		11	1		1			12	10	3	4	9	10	2	14	10	5	9	19	133	20	94	18	37	29	33	36	19	1	3	7
松戸・県立	234											3					2				3	5	1	2		1		2							
	239											2		1	5						1	6	3	8	1	1	6								
	236											1		6								7	7	7	3	4	3	2		2					
松戸・市立	318					1						1	1		4	1		1	1	9	2	5	7	18	3	3	1	5				1			
	360						1					2									1	2	2	10	5	2					1	1			
	336											3									1	5	1	10	4		1	1							
松戸国際	343				1							8	13		3	2	3	1	15	11	32	6	2	15	107	54	77	15	30	27	14	26	6	6	8	5
	359		1									5	1		6	12	4	2	2	3	3	1	1	9	38	31	21	20	9	5	2	8	2		1	
	320			2								4	3		4	4	1	6	6	4	4	1	2	30	27	17	11	6	3	4	6	1			2
松戸馬橋	311											1	1					1			7			2											
	308																																		
	233											1									1														
松戸南	188											2									3														
	183																				1	2		2											
	249																				1	1													
松戸六実	317											1	4		8	3				8	4	1	3		12	7	18	2	4	5	1	3	2			
	357											1	1		4	1			3	4	2	4	15	5	16	2	2		1	1		1			
	356											2		9	1	1			1		1	6	3	20	1	1	1	1			2				
実籾	304											2			1						3	8	5												
	349				1										1	1	1	1			7	13	1								1				
	306											1	1					1	1		2	9	1		1	1					1				
茂原	197											1		4					7	3	5	11		15	1	3	2	7							2
	200				1							2		9	3		2		1		1	2	15		8	1	1		3						
	200			1	1				1			1		2	5				2	1	1	1	2	11	4	7	7	8	1		1				
薬園台	312		2	3	3	3	1	1	1		2	22	21	15	8	12	24	11	22	29	46	1	49	12	85	19	106	7	97	81	25	47	33	4	13	23
	320	1		1	5	1	2	3	2	1	1	15	15	8	9	18	9	14	16	5	37	5	27	32	48	16	64	11	83	83	13	59	57	4	26	20
	322			2	1	20	2				1	28	9	7	12	15	16	14	5	7	19	1	25	18	38	17	69	7	56	60	14	36	28	1	8	9
八千代	350		1	1	2	9					1	10	14	3	22	18	4	10	12	20	21	7	14	15	106	10	110	7	78	65	18	54	25	3	6	28
	356			2	2	9			1	2		14	17	5	22	7	4	8	16	8	23	15	24	80	109	1	187	04	9	10	30	10		2	12
	319			2		5	1		1		17	8	2	40	6	5	12	9	4	13	5	14	12	82	23	46	2	75	48	8	39	26		5	2
八千代東	303											10						4	2		3	4	5		2	1									
	311											2			1						4	1	10												
	265											5			1						2	6	3		1	1	1								
四街道	315											2		4	1		6				14	4	24		3	1		4							
	322											3		4			1	2			1	1	8	1	12	5	4		2						
	282											2					2				1	1	1	3	2										
若松	308																				1	3	2		4	2		4							
	311											2						1	2		1	3	2		4	2									
	340											1				1	2				1	9	1	3	1	1		1							
◎あずさ第一	191											1	1								6	1	1		1										
	105											1									1	1													
	685													1		1	4				2	2	2												

千　葉

上段は2023年、中段は2018年、下段は2013年のデータ

高校名	年	卒業生数	東京大	京都大	東北大	筑波大	埼玉大	千葉大	東京外国語大	東京工業大	一橋大	東京都立大	青山学院大	慶應義塾大	駒澤大	芝浦工業大	上智大	成蹊大	成城大	専修大	中央大	東京理科大	東京都市大	東邦大	東洋大	獨協大	日本大	文教大	法政大	明治大	明治学院大	立教大	早稲田大	津田塾大	東京女子大	日本女子大
◎市川	2023	423	15	7	12	17	1	35	5	17	9	2	37	13	105	9	53	89	8	12	156	240	12	14	24	12	64	9	90	201	11	74	140	1	11	20
	2018	412	18	5	9	10	3	39	3	10	7	5	32	14	81	4	42	22	11	4	60	121	1	17	38	6	76	4	64	130	9	54	120	8	4	12
	2013	482	13	2	7	15	2	26	5	15	6	2	29	34	100	9	27	59	12	8	48	99	3	17	13	14	71	4	52	133	16	95	173	10	17	10
◎市原中央	2023	208				2		4					3	16	11	2	8	1	5	3	29	8	2	12	32	9	65	1	26	8	12	11	5	1	2	4
	2018	313				2		7				1	5	5	21	8	1	4	9	10	5	21	14	16	4		55	6	26	12	3	3	2			1
	2013	307				1		7				1	7	4	4	16	7	3	4	3	24	12	2	19	30	3	51	6	25	18	13	9	10	2	2	5
◎植草学園大附	2023	188															2			3							1		1	1		1				1
	2018	199						1					2								1	1	1	2	1	1	1			1		1				
	2013	165													2												1		1	3						1
◎桜林	2023	153													1												1			1						
	2018	163													1												1		1	1						
	2013	115													1												1			1						1
◎鴨川令徳	2023	39													1												1			1						
	2018	36																																		
	2013	78																		2							1		1			6	1			
◎木更津総合	2023	586											1	2	2						5	8	3	1	12		3		1			3	1			2
	2018	688											1	1	1					1	1	7	6	2	7	1	2	1	1			1	1			
	2013	534											2	4	1					5	2	8	7	2	3		2						3			
◎暁星国際	2023	94											6	2	3	2	4	2	2	2		2	3	7	12	6	5		4			2	4			
	2018	147				1				1			2	2	8		2				6	8	8		5	1	9		5	1		6				
	2013	107				2							4		1		5		1	1	2	1	8	3	12		3		3	4		6				
◎敬愛学園	2023	391				1		4					4	6	3	14	7	1	11	5	9	12	2	4	28	7	48	4	18	10	4	5	7			1
	2018	382						2					2	3	1	7	2	4		10	1	9	3	13	7		31		3	5	2	4	1			
	2013	427						3				2	4	3	8	7	3	2	2	4	4	6	1	13	14	7	29		6	6		3	3		1	2
◎敬愛大八日市場	2023	91																									1									
	2018	156																											1	3	1					
	2013	126																												3						
◎光英VERITAS	2023	106	1										1				1					2	1	1	2	3	1		2	2		2			4	2
	2018	152	1										2	1			5				5	3	1	2			5		2	1		3		1	2	3
	2013	177	1										2	2			3		1		1	2	1	1	8	2	4	1	2			3	2		6	4
◎国府台女子学院	2023	323	1					1	1	4			13	23	7	6	3	13	6	11	12	13	1	35	38	9	30	17	33	14		40	22	9	37	31
	2018	317	1	1		2		2		2		1	15	13	8	6	3	15	8	8	13	16	3	19	23	9	30	2	15	39	15	26	20	9	30	25
	2013	325	1					1	6	1	1	1	20	19	6	11	5	20	7	10	13	16	14	18	4		26	7	27	25	14	31	28	6	36	41
◎志学館	2023	290			1	3	1	4				1	9	12	14	7	1	8	4	7	17	9	1	29	17		44		26	19	9	27	9		1	5
	2018	274	2					1	4			1	11	4	2	11	12	6	6	4	5	17	12	15	17	4	39	1	10	13	7	13	4		1	4
	2013	369			1	1	1	8					12	8	8	24	7	6	11	4	18	13	6	24	22	5	59	7	20	35	12	13	17		3	12
◎芝浦工業大柏	2023	308	1	1	1	13	5	14		4	2	3	18	15	19	119	6	27	12	8	38	100	6	17	31	13	71	9	46	62	7	34	37	4	14	7
	2018	284			3	1	8	11		1	1	4	16	14	15	125	9	25	28	25	42	53	3	25	62	16	68	7	40	59	9	46	43	2	4	12
	2013	302	1			5	4	17		4			19	19	18	138	6	38	26	10	53	85	8	24	23	5	70	5	41	51	19	53	51	4	4	30
◎渋谷教育学園幕張	2023	349	7	4	12	4	13	28	1	11	19	1	27	138	1	18	70	3	1	12	37	145	8	5	22	2	20		28	97	4	26	235		10	4
	2018	376	48	13	9	16		24	3	12	14		10	122	7	3	28	1	3	4	30	98		7	1	1	15		16	71	2	9	160			1
	2013	336	61	9	10	15	1	22	3	16	18		11	138	10	3	49	4	7	1	27	149	1	6	4	1	22		26	98	2	22	190	1	3	6
◎秀明八千代	2023	362													3					1	7	3	3	10	3		26		1		1					
	2018	266						1							2					2	5	1	1		4	2	7		1	1	1					
	2013	393											2	1	3		3	5	2	1	3	3	8	10	4		18	1	5	3	1	1	5			

千　　葉

高校名	卒業生数	東京大	京都大	東北大	筑波大	埼玉大	千葉大	東京外国語大	東京工業大	一橋大	東京都立大	青山学院大	学習院大	慶應義塾大	駒澤大	芝浦工業大	上智大	成蹊大	成城大	専修大	中央大	東京都市大	東京理科大	東洋大	東邦大	獨協大	日本大	文教大	法政大	明治学院大	明治大	立教大	早稲田大	津田塾大	東京女子大	日本女子大
◎翔凛	144						1					9	1		3	3	5	1	4	3	10	2	7	2	3	2	10	9	7	2		6		3		1
	171						2					3	1	1	1		3			2	5		6	2	6	2	19	2	10	7	3	8	5			2
	124											3			2	1			1			2	1	2	7		12		1	4	1	1	2			
◎昭和学院	333				1		3					3	1	1	11	1	1	3	5	35	4		1	7	33	8	40	6	19	3	9	9	3	2		1
	419				2	1	4	2	1			4	1	2	7	3	1	4	4	9	12		15	19	27	6	28	2	12	12	4	19	6	2	1	4
	312						1	1				2			4	1	4			3	6		4	12	13	3	19	1	6	4	5	4	3			2
◎昭和学院秀英	229	8		11	5		18	2	5	5	1	23	10	45	1	55	31	6	11	9	42	4	107	19	48		44	1	58	105	21	88	62	4	12	20
	303	6		5	4		32	3	4	2	3	38	18	79	9	47	43	7	7		20	3	107	20	18	6	51	11	79	98	14	57	89	16	36	42
	343	1	1	2	3	1	38	1	3	4	2	35	30	35	15	14	55	13	6	10	33		70	16	20	16	62	6	93	119	24	78	85	4	10	22
◎西武台千葉	317						1				1	4			2	5	3	2	1		8	10	1	13	15	30	16		10		1	3	6			2
	297											1			1	2	4			1	1		4	1	19	5	19		9	4	1	1				
	284				1		1					1	6	2	4	5	3	7	2	3	4	2	7	1	14	3	30	2	8	3	4	4	3			2
◎専修大松戸	408	1			1	5	3	14	1			34	18	9	10	39	20	21	30	68	47	4	51	16	77	20	174	9	84	69	33	65	31	3	17	12
	442			2	1	9	5	14	1	1	2	20	17	20	12	28	36	14	18	43	30	6	42	21	25	23	103	11	73	56	12	48	32	6	12	16
	490			2	7	7	19	1			3	23	23	11	25	52	20	26	23	82	35	6	58	18	53	26	73	12	56	63	16	51	26	3	10	10
◎拓殖大紅陵	460											1			8		1		6			1	4	2	13			3				2	1			2
	413																					1														
	361														4				1			1	6	3					1		2					
◎千葉英和	404						1					5	1	1	11	3	2	3	6	14	3		6	8	25	17	46	5	7	4	10	2	2	2	4	3
	419											6	6	1	8	3	2	7	6	7	1	3	2	8	36	10	40	3	12	7	13	10	1	2	9	3
	348				2			1				2	3		7	11	3	3	2	5	3	5	13	11	22	11	40	12	4	4		7	1		1	1
◎千葉学芸	168																										1									
	107											1															2				2	2				
	114															1	2																			
◎千葉敬愛	497						5					5	9	1	15	5		4	7	32	8	4	7	104	31	45	3	7	21	11	5	4	6	1	5	1
	525						1					2	6	1	8	2	2	4	3	9	3	2	8	153	1	5	41	2	13	6	2	7	3			1
	421											4	4		13	8		3	1	8	3	3	5	5	16	5	37	4	18	4	5	6				1
◎千葉経済大附	586				1		1					3			2	8				6		1	7	7	14	3	1		1		1	4				
	640						1					2	1			10		2	1		4	1	8	1	5		4		1		1	1	1			1
	470						3					1			2	3				2			11	6			1		4	5						3
◎千葉県安房西	74																										1		1						2	3
	112																								1				1			2				
	82																										1							2		
◎千葉商科大付	286											3	4		10	3		1	1	3	1	5	2	6	24	10	25	4	5	1	4	4				
	306						2					1	3		2	2	1	2	6	7	3		4	2	5	6	22	2	8	3	1	1	1		2	2
	312						1					1	2			1	2	1	3	4		3	1	7	2	19	2	5	2	1		2	1		1	
◎千葉日本大第一	331		1			2			1			8	10	2	9	6	8	3	10	11	24	7	21	14	24	4	426	1	39	25	11	23	7	4	8	5
	363						1			1		6		10	9	4	6	12	5		4	1	9	19	19	11	270	1	13	13	7	3	3			3
	361						3	1				4	6	5	6	4	7	14	1	5	21	5	11	8	7	6	201	1	22	11	1	11	5		1	1
◎千葉明徳	292						7					1	2		4	1	5	3	2	20	5	2	6	15	33	12	147	5	7	6	2	2	1			
	347						3	1				1			16	2	4	4	7	9	3	4	3	6	31	5	35	2	9	11	2	9	3			1
	292						1					2	1	1	11		2	1	2	1	3	3	3		11	3	10		4	9	3	3	4			
◎千葉黎明	281						1					2			4	1	1	1	5		4	1		6	7	9			7		4	3			2	3
	241											1	3			1	2	1	3	1		1	1	1	6		7		2		4	2				
	247											1				1	1			1	2	1	6	2		4					2	3	2			1

上段は2023年、中段は2018年、下段は2013年のデータ

高校名	卒業生数	東京大	京都大	東北大	筑波大	埼玉大	千葉大	東京外国語大	東京工業大	一橋大	東京都立大	青山学院大	慶應義塾大	駒澤大	芝浦工業大	上智大	成城大	専修大	中央大	東京都市大	東京理科大	東邦大	獨協大	日本大	文教大	法政大	明治大	明治学院大	立教大	早稲田大	津田塾大	東京女子大	日本女子大
◎中央学院	276											2	1	7				11	2			6	6	3	2	3	4	5	2	1		2	2
	329				1							2				2	2		1		2	1	1	6	15	5	12	2	3			2	2
	340						1					1			6	1		1	3	3		4	14	5	10	1	1	1	1			1	
◎中央国際	857						1					3	3		9	4	1	2	5	11	11	1	1	1	27	7	40	1	13	5	2	16	4
	563						1					1	1		3	1		1	1		2	3	3	4	13	7	5	3		1	1		2
◎東海大付市原望洋	309																				6	2	4			2	1	2		2			
	318				1																4	3	3		1			1		1		1	1
	322																					1											
◎東海大付浦安	435											1		3		1	2	2	1	5	1	1	14	3	17	2	4	2	1	6	1		
	398											1	1		2	1	1		2	1	2	3	2	7		8	1	1	2				
	356											3	1	1	1	3	2	3	1	4	4	2	3	2	8	4	10	1	6	6	3	3	4
◎東京学館	344											1	2					4	6	2	5	7	1	7	6	2	2		3	3	2	1	
	362			2									1	2	2				1	1	3	3	4	1	2	1	2		2	2	1		
	314				1	1				2				1		1	3	4		3	2	8	2	14		5	6	2	2	2			3
◎東京学館浦安	490											1	1		10	6	2	1		5	4	4	11	2	21	7	36	1	12	4			3
	528				2		1						2		11	3		2	2	1	6	1	1	15	8	43	3	8	4	1	2		1 2
	477				2	4						2	3		9	3	3	3	2	8	1	2	3	24	1	16	8	12	8	2	6	3	
◎東京学館船橋	326														1	1				1													
	271											1		1		2						1		2	1	1							
	288																																
◎東邦大付東邦	310	5		1	7	2	18		11	2		39	11	43	5	30	42	13	18	8	46	18	13	4	24	8	71	5	60	105	12	47 53	6 4 12
	358	6	2	4	8	1	18	2	9	6	4	17	9	35	5	25	26	10	7	2	30	5	134	31	16	4	49	8	52	70	5	34 64	5 10
	443	10	2	6	21	2	39	2	13	6	2	22	25	69	10	15	46	12	7	6	44	2	169	54	16	6	52		88	110	13	57 129	4 14 14
◎東葉	424											3	4	2	15	1	3	3	1	6	3	1		13	16	12	4	8	8	5	5	8	1 3 1
	194													6	2				1		1	1	3	1	3		14		1	2	1	1	
	162													2									2	3	7								
◎成田	288		1	2	3	12					1	15	9	9	16	13	10	7	10	22	16	9	21	22	59	14	102	1	23	27	8	22 12	11 8
	329			2	2	12					5	12	9	7	8	23	17	6	5	13	19	3	17	32	31	12	73	7	28	32	11	16 20	1 4
	337		1	1	3	3	12	1			2	10	16	8	26	12	7	2	8	14	20	5	25	17	34	12	84	8	48	40	11	19 24	2 4 2
◎二松学舎大附柏	268				2		2				1	2	6	1	10	11	2	3	2	9	4	1	8		55	11	28	1	5	2	5	9 3	2 3 6
	349				1	1						1	2	1	9	3	1	4	3	3	7	2	8	11	23	33	4	13	6	2		3 1	1 1
	196											1		6		3		2	1	1		1	2	5	8	11	5	4	3	3			
◎日本体育大柏	293				1		1					2	1	2	2	1	1		4	3		1	2	3	12	12	19		4	1		3	1 1
	454				1										5			1	2	4		5	1	2	8	1	17	1	6	2		1	1
	356																						1	2	5	8	11	5	4	3	3		
◎日本大習志野	379			1	5		14	1	1			12	9	10	6	18	13	7	15	12	39	13	25	14	43	10	547	1	51	34	14	24 8	5 9
	423			2	3	14	1					16	15	8	10	15	15	13	14	6	36	27	14	36	12	375	4	46	33	9		27 22	2 5 4
	438			1	3	6		1		2		22	23	4	8	28	16	22	14	3	31	7	32	27	27	11	142	1	42	37	24	28 16	7 7
◎日出学園	159			1	4							4	12		12	18	6	4	11	10	14	2	7	19	30	3	38	7	24	15	11	12 3	1 3
	132						1					4	5	1	6	3		7	2	4	5	4	6	9	19	7	29	4	10	7	3	12 12	2 2 2
	140				1							1	4	2	16	2	3	9	4		2	5	3	15	15	6	23		8	5	6	10 5	1 5 6
◎明聖	408															4						2	1	5	1	1	1		1	1		1	1
	384													1										1	2				1	3			
	229																	1				3		3	1	4							

※中央国際：2014年に初めて卒業生が出たため、10年前のデータはない

千　葉

高校名	卒業生数	東京大	京都大	東北大	筑波大	埼玉大	千葉大	東京外国語大	東京工業大	一橋大	東京都立大	青山学院大	慶應義塾大	駒澤大	芝浦工業大	上智大	成蹊大	成城大	専修大	中央大	東京理科大	東邦大	東洋大	獨協大	日本大	文教大	法政大	明治大	明治学院大	立教大	早稲田大	津田塾大	東京女子大	日本女子大
◎茂原北陵	164															1			1	2					2									
	137						1												1	2					1		1							
	108						1																		2	1								
◎八千代松陰	606		1	6	3	13	1			1	1	24	19	9	30	9	7	14	10	3	1	40	6	30	45	91	27	155	14	54	48	32	38	12
	655		2	4	3	10				4		17	24	10	28	33	12	18	28	17	30	2	26	42	117	33	142	21	74	31	20	41	18	4
	667			2	1	14	2	1		1	11	20	9	21	5	9	21	6	18	20	4	21	26	51	167	112	44	26	14	23	11	1	5	1
◎流通経済大付柏	317	1			2	5	2					3	8		7	6	1	3	3	12	5		3	7	5	20	21	32	12	7	13	10	9	3
	320	1			5	2	1	1				5	6	1	2	8	1	3	3	4	4		5	4	13	7	23	5	13	13	1	7	6	1
	338			1	3							4	5	3	15	4	2	1	7	7	3	3	5	6	32	9	23	5	14	9	4	9	5	1
◎麗澤	216	1	1	2	1	4				1	1	8	7	3	4	12	12	7	13	7	18	2	18	14	20	11	50	9	27	19	7	18	4	1
	252			4	5	3	1				1	13	16	4	14	28	9	11	7	7	17	22	24	41	18	32	14	28	33	16	14	10	6	16
	259	1	1		7	3	3	1			4	17	20	4	16	7	5	10	16	7	16	2	21	9	38	35	33	12	30	32	15	33	12	5
◎わせがく	754											3	2	2	11	3	1	1	2	5	2		2	12	11	17	4	13	9	4	10	1	1	6
	404											1	6			3	3		3	7	2	2	1	2	1						2		1	
	467				1				1			3	1			3		2	3	3	1	13	3	8		6	5				4	1		
◎和洋国府台女子	163						1							2	1	4	1	3			1	1	3	1	4	2		2	1	2	2	1		3
	199						2	1				4	3		2	1	1	3		6	1	3	10	4	3	16	6	2	2	3	1	3	3	1
	438					1	1					5	6	1	13	25	24	8	9	8	6	16	31	25	24	8	9	8	18	13	6	1	8	13

〔埼玉〕上尾橘、いずみ、岩槻北陵、大宮国際中教、小鹿野、桶川西、越生、川越総合、川越初雁、北本、栗橋北彩、鴻巣女子、児玉、児玉白楊、幸手桜、狭山経済、狭山清陵、狭山緑陽、庄和、誠和福祉、鶴ケ島清風、常盤、新座、新座総合技術、新座柳瀬、蓮田松韻、鳩山、羽生、羽生実、飯能南、日高、吹上秋桜、富士見、ふじみ野、三郷、皆野、宮代、妻沼、八潮、八潮南、吉川美南、寄居城北、和光、◎大川学園、◎霞ケ関、◎志学会、◎清和学園、◎創学舎、◎東邦音楽大附東邦第二、◎武蔵野音楽大附、◎武蔵野星城

〔千葉〕姉崎、我孫子東、天羽、安房拓心、泉、市原、市原緑、稲毛国際中教、浦安南、大網、大原、小見川、鎌ケ谷西、木更津東、君津青葉、行徳、九十九里、京葉、犢橋、佐倉西、佐倉東、清水、下総、沼南、沼南高柳、白井、関宿、多古、館山総合、富里、長狭、流山北、成田西陵、船橋北、船橋古和釜、船橋豊富、船橋法典、松尾、松戸向陽、茂原樟陽、八街、八千代西、四街道北、◎愛国学園大附四街道、◎我孫子二階堂、◎千葉科学大附、◎千葉聖心、◎千葉萌陽、◎時任学園中教、◎中山学園、◎ヒューマンのぞみ、◎不二女子、◎横芝敬愛

以上は2023年、2018年、2013年に表の大学に合格者が少ないか、まだ卒業生がいないため、掲載していません。

茨　　城

高校名	卒業生数	年	東京大	京都大	東北大	筑波大	茨城大	宇都宮大	群馬大	埼玉大	千葉大	東京外国語大	一橋大	東京工業大	東京都立大	青山学院大	学習院大	慶應義塾大	駒澤大	芝浦工業大	上智大	成蹊大	成城大	専修大	中央大	東海大	東京都市大	東京理科大	東邦大	東洋大	獨協大	日本大	法政大	明治学院大	立教大	早稲田大
麻生	166	2023				5																										3				
	197	2018				2	4																	1		8			1	4	2	3	1	1		
	234	2013									1							5						2	2	14	1	1		10		14	1	1	1	
石岡第一	303	2023			1	13															5			5	1	15				10	4	8	1	1	4	
	320	2018				9	1											1							1	2	3			10	4	2	1	1		
	323	2013				8												2								3				6		6	1			
伊奈	239	2023				2												2				1		2	1					4		5	1	1		
	235	2018				3																				2				1	1	8				
	235	2013				3				1					1	1		2		2						4		6	4	7		2	1	1		1
牛久	236	2023			3	8	1																1	1	6	1	3		2	7	3	12	1	1		2
	235	2018				5	1									1			6					12	1	2		1		15		17	9	1	1	1
	232	2013				10	1									1	1		15			3	3	1	2	9			11	15	5	14	3			
牛久栄進	307	2023			7	39	5	1	6	5		1		1		8	6		36	18		4	3	23	20	21	24	7	10	9	24	16	53	17	18	1
	316	2018	1		8	37	4		2	3				1		4	1		18	18		6	9	17	2	6	2	7	15	54	29	27	16	9	10	3
	318	2013	2		7	43	5		4	4		1		2		8	6	1	12	5	2	11	4	23	9	8	12	13	15	34	23	61	17	8	14	2
太田第一	171	2023				13							1								2	1	1	6	2	9	2	1	1	6		22	1	1		
	238	2018				17	1				3							5			3		1	8	1	11	2			11	1	30	1	3	1	
	286	2013			1	37	2				1					2	1	1			5		1	14	1	26	1	2	9	2	38	1	4	4	1	
笠間	149	2023																																		
	154	2018																																1		
	152	2013			1	3																														
鹿島	222	2023			1	1									1			3						7	1		2	4				11	2	2		
	280	2018				4	1											5						7		1						4	1			
	269	2013				6										1		3		1		1	1		5	3				6	2	11				1
勝田	157	2023				13															2				5	9	1			2	1	8	3			
	198	2018				10	1												6						1	5				11	1	18	1		1	
	196	2013			1	9	1				1					1	2	2			2		1		3	3	12	3	1	18	3	13	2			1
古河中教	114	2023	3		2	8	4	3	3	3	1				1	4	5	4	6	10	1	3	9	11	9	12	2	11	2	31	3	20	16	10	8	6
			2019年に初めて卒業生が出たため、5年前、10年前のデータはない																																	
古河第一	258	2023																3							1								2			
	286	2018																														1	2			
	273	2013			1	3									1			5			2				4	2	2					6	2			
古河第二	226	2023																						8									1		1	
	227	2018																																		
	215	2013																														1				
古河第三	221	2023			1	7	1			5	1					1		13					4		10	8	2	2		10		12	10			
	233	2018			3	5	1				2					2	3			8			3		4	5	2	3	53	8	22	2	3	2	1	
	236	2013			7	7	1			5	1					3	1		11	7			3	4	1	15	7	6	1	48	3	39	7	4	3	1
境	217	2023				2																			1	2	2					4	4		1	
	233	2018			1	1	2											2								2	1			11	2	6	1		1	
	279	2013				5	4				1										2					4	1	1		5	2	4	1			
佐和	237	2023				4	1																	4	1	10							1			
	237	2018																																		
	229	2013				3																											1	1		

966

上段は2023年、中段は2018年、下段は2013年のデータ

高校名	卒業生数	東京大	京都大	東北大	筑波大	茨城大	宇都宮大	群馬大	埼玉大	千葉大	東京工業大	東京外国語大	一橋大	東京都立大	青山学院大	慶應義塾大	駒澤大	芝浦工業大	上智大	成蹊大	成城大	専修大	中央大	東海大	東京都市大	東京理科大	東邦大	東洋大	獨協大	日本大	法政大	明治学院大	明治大	立教大	早稲田大
下館第一	236			5	12	12	2	4						1	4	1	1	10	1		1	1	9	21		2	4	41	23	27	6	1	3	9	
	272		2	5	29	12	3	5	2						1			2	17	4		2	2	6	22	9	2		55	12	22	5	4	3	1	
	275	1		5	27	19	2	12	7					2	4		2	16	17		3	5	34	8	10	9	6		36	12	24	12	6	11	1	2
下館第二	222																					5		1				1		2	1				
	279																		1								6	4	7			1	1		
	274			3	1										1				1					4		1	7	6	12	2	4	1		1	3
下妻第一	272	1	1	1	8	34	19	3	4	1					1	2	1	16	13		3	1	18	7	28		3	3	44	9	39	7	10		9	1
	279	1		4	6	31	13	2	9	3				2	3	3	4	12	13		5	2	8	5	19	2	10	9	45	8	28	14	8	6	6	5
	278			4	12	42	17	1	12	3		1		4	6	2	3	16	23	3	6	6	10	22	20	3	22	6	28	15	40	16	15	4	9	6
下妻第二	268				2																	1								2					
	275				1	1																		3				4			2				
	279				2	4	1												2		1			2				16		16	2				
大子清流	58																													1					
	83				1																							1		3					
	112																														1				
多賀	230																													1	7				
	274				3																		1		2				1		7				
	276				5																2		2		10				1		10	1	2	1	2	
竹園	309	5	2	6	32	34	2		7	4	2	1	1		17	15	9	16	41	7	6	12	33	10	5	48	20	46	18	64	39	4	87	32	16
	317	4	1	5	55	28	3	5	7	9	4	2	3		14	12	12	13	33	7	9	5	8	28	11	5	6	21	33	7	9	47	38	27	24
	320	4	1	5	8	47	26	1	2	8	21	4	2	7	14	12	10	19	38	23	1	7	8	19	2	3	71	12	14	6	44	43	70	10	34	46
中央	185																											4							
	196																							1											
	139				6	2																	1					4		2	2		1		
土浦湖北	232				3														1				1							2	1				
	274				7										1			3						3				10		4	4	2			
	273				6																		1		3				10		1	4	1		
土浦第一	310	15	5	22	32	21	1		4	19	3		1	2	25	19	3	7	19	4		17	6	6	1	117	8	34	6	31	8	39	90	56	49
	326	15	11	16	40	20	1	1	4	18			5	2	13	11	3	4	11	21	7	2	5	59	3	2	104	7	15	4	27	36	55	37	70
	326	24	2	19	42	13		1	2	10	4	4	1	1	15	14	4	5	3	21	7	4	6	11	30	1	7	61	8	11	1	18	36	73	15
土浦第二	309		1	13	59	4		5	3	1				3	3	10	1	20	12	2	7	9	25	11	11	3	8	17	71	35	66	19	19	4	13	2
	316		1	12	49	1		6		1				3	5	8		17	18	4	5	4	6	8	11	8	12	24	24	17	26	17	8	3	12	5
	314		1	15	41	3	2	1	3					3	9	6	1	17	34	5	6	1	16	11	9	10	9	7	48	16	48	32	23	17	35	9
土浦第三	235			12	1	1	1												6			2	2	7				9	8	9	1		1		
	240	1			9										1			1	2			1	1	8	4		1	6	5	11	4	2		2	
	235				5														3					1	8					2	4				
取手松陽	196				2																		1		1				2	2	5				
	228																							1					2	3	3				
	250				4	1	2												1			1		1				2	2	6	1	11		4	4
取手第一	236				3																		1						9	1	2				
	236				3														2		2	1	2	2				7	6	4	1		1		
	237																		3					3	1			9	1	1				1
那珂	151																							2											
	160				2																									1					
	154				3																									1					

茨　　城

高校名	卒業生数	東京大学	京都大学	東北大学	筑波大学	茨城大学	宇都宮大学	群馬大学	埼玉大学	千葉大学	東京外国語大学	一橋大学	東京都立大学	青山学院大学	学習院大学	慶應義塾大学	駒澤大学	芝浦工業大学	上智大学	成蹊大学	専修大学	中央大学	東海大学	東京都市大学	東京理科大学	東邦大学	東洋大学	獨協大学	日本大学	法政大学	明治学院大学	明治大学	立教大学	早稲田大学
並木中教	144	9	5	4	13	7	2		2	7	1	2	4	7	3	13	3		9	16	1	3	1	4	47		15	2	22	17	31	2	7	31
	155		2	2	9	23	7		2	5	2	1		8	7	6	5	15	1	1	1	16	2		28	1	17	3	9	22	12		13	19
		2014に初めて卒業生が出たため、10年前のデータはない																																	
波　　崎	195																						2				1	1	1					
	201																						3	1					1					
	228				1																													
波崎柳川	83																																	
	190																													1				
	194				4													4				1	4						2					
日　立　北	230				19	1	1	1						2		1	1			1	10	2	34		19	5	15	3	1	1				4
	236				23	2	2							1	1		3	3		3	4	7	4	17	9	1	6	9	9	26	3	1		
	236				25		2	1	2					1		5	3		2	2	5	1	7	12	2	13	3	21	4	2	2			1
日　立　第　一	231	2		9	13	41	6	7	4	1			3	7	2	3	14	23	2	2	3	12	16	9	17	53	3	36	24	13	1		7	2
	238	1	1	4	17	36	2		6	9	1	1	5	7		4	7	14	2	4	2	3	12	10	6	9	30	10	21	9	9	1	5	5
	331			7	13	55	5	1	6	7	1	1	7	7	4	2	18	22	1	2	11	29	15	18	20	4	28	9	55	18	22	31	10	5
日　立　第　二	155																																	
	231				2																					1								
	233				4																		2			2								
藤　　代	227				2	15								2		7	1			13	2		20		15	7	23	1	1	1				4
	238				6	1								1		8	1		2	3	3		6	1	5	24	29	16	7	6	2		6	
	241				3	11	1		1	1				3	2	15	2		3	3	5		4	1	18	10	25	15	11	5			7	2
鉾　田　第　一	218				2							1		2		7			1	1	6	4	46	4	1	5	27	7	14	4	10	2	1	1
	275	1		2	26	2	1							5	1	6	5		2	1	13	7	14	2	13	4	26	8	5	3	1		1	
	276			2	29	3	2					1		2	7	1	1	3	1	21	4		27	3	3	18	3	35	10	2	6			
鉾　田　第　二	228																																	
	272				3																	2												
	277																												1					
水　海　道　第　一	266			2	3	11	2	1	7					3	3	1	8	3	1	4	4	26	5	30	3	1	7	79	22	55	4	3	6	6	2
	272				7	16			4	2				2	5	1	13	8	5	5	6	2	6	10	3	12	3	27	19	35	9	9	3	5	5
	291				5	22		2		4				2	3		15	21	3	3	1	9	9	4	3	8	6	45	20	47	12	11	5	4	1
水　海　道　第　二	221													1	1		2										2	2	7					
	239				3												2																	
	237																											3	3	1				
水　戸　桜　ノ　牧	312			3	43	3		4					2	5		13	4	1	6	3	38	8	42	3	2	2	67	17	40	20	15	2	3	2
	317			3	48	4	2	1				1		3		11	5		2		7	8	28	2	1	54	25	14	10	5	6		3	3
	312			2	43	2	2					1		9	2	10	9		3	6	39	10	23	16	2	5	47	26	42	21	8	9	7	4
水　戸　第　一	316	15	7	28	41	17	4	1	4	7	2	2	4	21	11	34	10	39	11	3	5	41	29	3	104	3	21	12	27	49	82	8	29	55
	320	14	6	29	63	11	7	4	8	6	4	7	4	14	6	19	14	21	10	10	5	51	8	2	61	2	15	6	154	51	9		22	44
	323	6	6	22	30	18	1	2	3	10	5	5	3	18	4	23	2	7	13	4	9	53	5	2	65	4	6	7	19	38	117	9	65	71
水　戸　第　二	311		1	3	52	2	2					2		3	1	3			2	3	11		19	1	1	24	6	18	4	6	7	8	1	
	311		2	4	47	2	1	1				1		4	7	1	18	6	2	3	2	10	6	4	2	5	1	46	9	19	5	3	10	7	3
	312		1	7	53	3	2	3	2	1		1		13	2	5		2	6	5	8	10		1	1	17	17	22	6	13	6		8	2
水　戸　第　三	285				14										3		2						5		1	1	2	1	1					
	301				11	1								1	1					3		5		8	2	5	2	1						
	304				1	21								1	1		1		4		3		5	4	5	1	1	1					1	

茨　　城

高校名	卒業生数	東京大	京都大	東北大	筑波大	茨城大	宇都宮大	群馬大	埼玉大	千葉大	東京外国語大	一橋大	東京工業大	東京都立大	青山学院大	慶應義塾大	駒澤大	芝浦工業大	上智大	成城大	成蹊大	専修大	中央大	東海大	東京都市大	東京理科大	東洋大	獨協大	日本大	法政大	明治大	明治学院大	立教大	早稲田大
緑　　岡	270	3	5	5	2	6	3	6		2				4	2	6	1	19	14	1	9	1	44	25	24	3	4	2	9	31	32	42	16	1
	275	7	8	6	8	5	1	5	4	2	1			2	6	4	2	17	14	2	3	5	14	14	16	3	13	3	52	9	48	17	13	3
	273	1	1	8	3	6	5	2	8	3				2	11	1		12	22	1	4	3	9	11	21	7	12	4	18	10	37	21	21	5
守　　谷	211																																	
	228																												1	1				
	220		1																										1					
竜ケ崎第一	244	1		2	13	53	1		2	2		1		4	4	10	1	21	7	2	8	10	25	28	12		15	10	65	33	74	29	19	9
	274			4	20	44	1	1	6	5		1		3	10	7	3	9	30	4	11	5	8	18	2	3	22	21	31	11	34	21	20	12
	308	1		5	23	38	3		5	13				5	9	11	5	15	18	3	5	14	20	19	8	5	32	8	37	34	63	52	26	12
◎茨　　城	226	1		3	8	16	1	1	1	2				1	3	2	5	6	9	5	3	3	9	16	28	6	9	6	22	4	38	16	21	13
	236	2	2	9	13	20	4	1	1	2					3	3	11	9	21	3	1	3	10	20	26	4	31		25	1	38	12	7	12
	252	2	1	18	18	35	5	1	3	2		1	2	1	9	3	10	2	21	4	6	7	7	18	8	4	37	3	9	6	33	18	17	20
◎茨城キリスト教学園	244			3	16	1									4	1		3	1	1		3	8	2	25	3	1		13	12	15	3	8	1
	281			1	1	12			2	1					2	1		3	4	1	1	3	6	5	14	5	4	1	6	10	10	7	9	5
	289			1	4	12	2								4			7	4	1	1	4	27	3	15	7	7	1	7	4	8	6	22	1
◎岩瀬日本大	214				4	3												1	1				1		5			15	4	206	1			
	188				3	1	1								1			1						2	2			1	1	157	2			
	245				6	3			1						4			7	1	1	4	2	7	3	10	1	1	1	7	4	130	3	4	4	1	1
◎　　S	847			1											5	3	3	10		1	2	8	8	9	13	1	1		19	9	12	13	14	5
		2022年に初めて卒業生が出たため、5年前、10年前のデータはない																																
◎江戸川学園取手	412	4		2	12	9		1	2	8	2	2	1	1	29	24	36	15	32	20	19	10	12	36	9	4	107	17	46	27	108	71	55	38
	413	7		5	14	12		1	3	10	1	7	1	1	15	16	37	9	35	17	8	6	4	25	13	8	102	29	36	16	79	54	32	46
	342	13	2	10	19	5		1	2	16	3	4	2	4	17	10	51	6	36	13	5	7	8	45	2	3	135	14	8	104	33	21	44	76
◎鹿島学園	254			2						1					11	9	2	2	6	1	1	5	10	17	29	7	11	2	30	11	38	24	9	5
	233	1			5										4	7	2	9	3	3	3	8	12	5	20	1	2	2	29	8	36	11	8	9
	154			1	1										1	3	1	1		2			2	2	5	1	3		3	3	7	3	2	1
◎霞ケ浦	394			1	3			1							3	5		7	2		1	4	16	2	8	1	2		21	17	13	8	6	3
	372			1	5										3		3		1		1	1		3	2	1		7		13	1	3		
	294				1											7										1				1	1	1	1	
◎常総学院	566	2			13	35		1	2	2				1	8	12	5	24	37	7	3	1	17	17	13	5	26	4	23	10	41	39	21	3
	655			4	31			2						1	4	10	4	13	7	2	1	1	11	14	13	1	20	13	27	9	38	17	11	5
	550	1	1		10	26	3	1	8	2	1	1			5	7	13	14	5	5	4	6	13	19	22	4	20	10	19	9	40	40	25	11
◎翔洋学園	1290					1									2	1	4			1	1	1			3	3	7		2	3	3	2	3	
	671														1		1		1		2	3	2	1			1		7	2	2		6	1
	536				1										1		4	1	1		2	1		1		1	1							
◎水　　城	543			1	10	39	5	1	2	3	1	1	6		11	4	1	9	20	2	4	4	19	23	42	11	23	4	25	5	43	20	29	6	4
	650	2	1	8	12	48	7	1	4	2		2			5	3	2	11	12	4	2	2	12	14	22	19	8	24	7	4	32	15	11	3	4
	561	2	1	6	13	43	7	4	6		4	3		3	16	2	7	11	20	5	7	3	12	14	13	18	44	5	29	10	59	14	27	16	12	14
◎青丘学院つくば	11					1									1											4	1					2		1
	7																															1		
		2017年に初めて卒業生が出たため、10年前のデータはない																																
◎清真学園	166	1	2	2	5	9				4		2			13	2	5	6	7	1	5	1	2	7	18		15	1	14	4	13	11	8	10
	159	2		5	4	8			2	5	2			2	5	4	4	8	8	4	3	2	7	19	5	20	11	6	23	9	21	18	13	8	6
	182	5	1	7	11	10	1	2	1	7	1			3	8	2	11	11	7	6	7	7	14	22	17	2	18	5	3	6	20	9	33	5	4

茨城

高校名	卒業生数	東京大	京都大	東北大	筑波大	茨城大	宇都宮大	群馬大	埼玉大	千葉大	東京外国語大	一橋大	東京都立大	青山学院大	学習院大	慶應義塾大	駒澤大	芝浦工業大	上智大	成蹊大	成城大	専修大	中央大	東京海洋大	東京都市大	東京理科大	東邦大	獨協大	日本大	法政大	明治学院大	明治大	立教大	早稲田大
◎聖徳大附取手聖徳女子	53																1					1							1	1	1		1	2
	108													1	1		1			1			2	1	1				1	1	2	3	1		2
	96			2	2											1	2			1					2	1				5	3				
◎第一学院（高萩校）	2250			2										5	1	2	11	1	9	2	6	17	17	44	11	4	2	20	31	34	15	7	3	11	5
	–														1	2				2	6	4		10				13	6	11	7	5	2	1	2
	1248													3	4	1	8	1	2	5	2	9	4	21	4	1		17	11	9	6	3		1	7
◎大成女子	167			1												1																			
	192			2	1																			2			2								
	168			2												1								1	1			1							
◎つくば開成	242	1	1											1		1						1	2			3	4	1	3		6		6	1	
	356			1								1		3		1	1				2		2		2	4	6		11	2	3	1	4	3	
	1862			1										4	2	1	8	1	3	4	3	11	5	13	1	1	7	11	3	18	10	9	7	7	5
◎つくば国際大	143																				1														
	223																																		
	177																							3			1								
◎つくば国際大東風	123			1																				1	1	1			5	2				
	62																																	
	83													1	1		2								1		1	1	1	2		1	1	
◎つくば秀英	217			1											2					1	2		1	1	4	5	2		1					
	251			2	1									1		4	1				1		1	15	3	14	2								
	273			4	3									2	2	1	5			1	2	1	1	4	1	1	2	1	0	1	1		2	1	
◎土浦日本大	718	1		4	32	25	2	4	1	2				18	9	4	7	18	5	9	4	22		12	12	24	21	13	22	75	5	19	28	10	19	14
	550	1		1	19	18	1	2					1	5	4	2	7	15	4	6	3	5	18	24	6	11	10	20	13	375	13	10	4	10	8
	544			11	17	5		5		1		1	1	3	7	2	9	22	4	4	4	3	13	10	2	16	11	7	6	238	18	13	9	13	10
◎土浦日本大中教	88			1	4			1					1	1	4	1		2	2	2	1	3		11		1	9	9	3	6				4	3
	120			1	5			2					1	1	1	6		2	2	3		4	2	8		1	3	158	4	8	1			3	7
	103			3	1			2					2	4		3	3		3	1	2	4		6	2	4	6	45	9	5	3			6	3
◎東洋大附牛久	645			5	8			2					5	7		3	13		6	7	5	2	12		4	6	298	8	32	12	6	6	8	1
	560			3	1		1	2					1		4				2	5	8		2	1	9	214	11	20	6	4	12	4	3
	509			1	6								1		5	8			4	3	1	2	18	6	2	5	217	12	35	11	9	5	1	1
◎常磐大	412			6	1	1								4			3	1	9		12			1	31		13	5			1	
	361			1	6										1	2		4								2	1	1				
	356			4														3	2	1	1			1	3	3	1	1	1		
◎水戸葵陵	259			3	9	1	1							4	1				6		5	1	1	2	7	1	3	1	5	3	1	3
	310			5	11	1	1	1					1	1	1	3	2		1	5	2	5	1	1	15	2	11	3	2	1
	281			2	6			1					2	1	1		1	2	1	5	3	2	4	4	12	2	16	73	1
◎水戸啓明	226			1	5									4	1		3		3		4	7	2	1	
	271			8	1			1					1	3		3	8	1	4	1	5	1	8	1	3	2
	259			7	1			3	1		4	4	2	3	39	2	4	6	3	8	16	5	2	3	3	2
◎水戸平成学園	130			1									1	1	3	1	1	1		
	86																			
	90																			
◎茗溪学園	293			1	20	10			1		1	3	2	21	7	11	8	16	9	13	7	1	26	8	5	26	5	15	12	33	36	19	8	32	18
	248	1	1	2	23	6		2	1	2	1	15	11	14	4	12	22	14	4	10	14	13	3	16	17	14	14	37	21	22	5	27	24
	243	2		1	15	4		1	4	3		1	2	18	10	21	16	14	26	13	5	4	8	11	8	23	15	11	16	38	35	39	15	25	30

茨城・栃木

高校名	卒業生数	東京大	京都大	東北大	筑波大	茨城大	宇都宮大	群馬大	埼玉大	千葉大	東京外国語大	一橋大	東京工業大	東京都立大	青山学院大	慶應義塾大	駒澤大	芝浦工業大	上智大	成蹊大	成城大	専修大	中央大	東京海洋大	東京都市大	東京理科大	東洋大	東邦大	獨協大	日本大	法政大	明治大	明治学院大	立教大	早稲田大
◎明秀学園日立	325				16				3	2	1			2	1	1		1	1	2	3		8			22	2	6		11	3	23	11	4	3
	526				1										3			1		1		4	8			5			8	2	13	5	4	1	1
	440				1	6			1	1				1	1			2				9	7			6	2	1		9	1	9	16	1	2
◎ルネサンス	637								1	1													3	1		6	2		16		6	3	1	10	1
	290																		2	2		1	6	1				1	5	2	1	1		3
	814																	1	2	1		3	1			4			3	1	3			2
足利	311			1	4	10	31	3	7	1			3		6	1	1	6	21		8	1	18	11	17	12	7	2	53	23	22	10	12	10	1 2
	198	1		3		2	6	16	3	5		1	1	1	2		2	9	9	1		3	7	12	1	5	5	24	12	12	6	15		4	9
	234			5	4	3	3	19	4	1	1	2			6	2	1	13	9	2	5	5	18	2	22	5	8	8	21	25	36	12	16	7	11 8
足利清風	182				1										1				2						1		4	1							
	194																									1									
	201																																		
石橋	230			7	10	10	30	1	10	11	2			3	9	2	1	22	54		6	8	29	20	21	5	8	5	75	26	41	26	29	8	12 8
	232	1	2	4	9	15	3	13	7		1		2	6	3	3	8	27	1	5	3	8	14	24	17	7	4	26	8	55	22	20	8	10 5
	234			2		7	17	2	16	2	1			6	3	5		5	21	2	10	4	17	12	16	8	6	4	39	9	39	18	10	10	8 2
今市	195																												1						
	196					1	1																	2			2	1	2			1			
	236																												2						
宇都宮	279	11	5	35	8	3	6	4	4	11	1	5	3		7	3	24	7	38	9	4	3	10	41	15	1	69	1	15	7	28	46	43	3	12 25
	351	16	6	30	10	5	4	2	5	16	1	3	7	4	13	4	48	5	34	9	7	2	5	66	10	29	82	1	10		41	26	61		14 47
	404	21	3	37	8	1	4	3	5	7	1	12	5		15	4	30	8	14	9	5	2	3	53	2	5	61		8		27	24	51	4	11 38
宇都宮北	315			1	9	29	1	5	2						17		11		9		1	6	2	19	8	2	8	37	3	41	4	5	1	2 8
	317		1	1	6	22	2	3	1	1				1	2	2		14	7	1	8	1	16	5	20	16	1	38	9	18	6	1	1	4 1
	318			2	1	5	22	2	4	1					2		8	11	2		7	6		12	3	2	1	34	18	40	4	4	3	12 1
宇都宮女子	274	1	3	9	1	5	13	4	6	8	3	1	2	1	11	14	11	19	14	11	8	5	16	28	3	1	35	2	31	15	22	26	40	17	25 11
	274	3	1	7	6	9	12	3	3	2	3			3	11	3	5	9	17	5	9	5	6	24	3		21	2	24	9	32	22	31	6	19 11
	276	3	2	11	6	2	9	3	6	8	3	1	1	4	16	6	13	9	10	20	8	9	6	31	6		29	4	9	9	23	17	33	12	33 23
宇都宮清陵	223				1										1										10		1		2						
	228					1																					1	7							
	237					4									6							2		4	1		3		4	1	1	2		1	
宇都宮中央女子	276			2	1	7	13	3	3						3		12	1		1		24	4	16			1	26	16	16	4	3	11		1
	275			1	1	4	21	1	4						2	2	1	7	5		1	5	5	5	5		2	32	7	10	1		2		3
	276			2	2	7	17	3	6					2	3	2		8	3	5	4	2	17	8	8	4	1	3	23	10	26	5	9	7	7 5
宇都宮白楊	283																																		
	275																																		
	280				1	6			1																										
宇都宮東	153	3	3	12	1	7	17	3	4	5		1		3	15	7	10	10	13	6	3	4	7	8	14	4	1		19	8	19	12	24	4	13 11
	161	4	2	3	4		13	1	1	5	3	1		2	8	4	3	6	25	1	5	5	2	28	7	3	18	4	15	1	16	13	23	5	3 10
	159			9	5	2	10	1	9	2		1		3	10	3		5	12	2	5		5	22	3	2	18		22	3	25	24	20	17	11 2
宇都宮南	300					5	3	1									4	1							35			12	1	20	1	1			
	276			1	1	1	9										2								11			7	4	1					
	317			2	10		1								1			3	1		1	1	4		9			6	3	14	1				
大田原	197			6	2	2	18	2	3	4	1	1			1		2		10	1			11	16	17		3		47	10	46	7	6	1	6 2
	232	1	1	7	1	6	19	2	4	2				3	5		1	3	18	4	1	1	6	11	20	3	3		10	3	52	4	6	2	1 2
	239	1		13	3	3	12	3	9	6		2	1	3	9		6	11	17	3	1	2	17	17	26	11	20	3	15	4	50	7	17	1	4 12

971

栃　木

高校名	卒業生数	東京大	京都大	東北大	筑波大	茨城大	宇都宮大	群馬大	埼玉大	千葉大	東京外国語大	東京工業大	一橋大	東京都立大	青山学院大	慶應義塾大	駒澤大	芝浦工業大	上智大	成蹊大	専修大	中央大	東海大	東京都市大	東京理科大	東洋大	獨協大	日本大	法政大	明治大	明治学院大	立教大	早稲田大
大田原女子	190				1	1	15	1	4										5	4		1	2	2		2		6	2	6			
	230				2	4	11	1	4						1				2		1	1	2			6		8	7	3	2	4	1
	237				3	5	17	1	6	3					2				5		2	3	6	6	7	2	1	3	11	3	16	6	7
小　山	230									1					1			5	3		1	1	2	1	18	6	3	17	7	12	5		
	234				1	3	13	5	4						1	3			10	10	1		8	2	3	3	4	15	12	10	5	5	2
	232				2	2	2	12							2				7		5	1	1	8	2	4	1	5	1	21	14	16	4
小山城南	193						2																1						1				
	194															1													1				
	194				1																		1					1		1			1
小山西	198						2												4	1		2						4	3	4		3	
	198						2									3			5	1	1		3		17	5		10	2	4			
	237				1		6	4												1		2	7		11	4	21	1	1				
学悠館	260									1					1		2		2			2	1		2	3	3	2	2				
	213																											1	1				
	217				1															1		1	7		1	3	1	2	1			3	3
鹿　沼	229			3	3	3	17	1	3	3				1	3		1	9	15		4	1	6	5	27	6		23	5	22	3	4	4	5
	237			2	2	4	21	4	1	2					1	1	1	1	5		3	1	3	7	4	1	3	33	7	18	4	4	1
	275			5	3	4	11	6	6	3	1			5	4	1		10	7	1	1	2	15	31	20	3	2	18	6	29	13	6	13
鹿沼東	196						5										1	2				11	3	9		1	5	4	8	1	3	1	
	195				2		5									1	1		1						11	1		13	4	8			
	236				1	1	16	4	2						1	1			2			2	3		1	13	1	15	1			1	
上三川	155						2																					2					
	155																																
	154																												1				
烏　山	148				2	2	1												1									3					
	172				2	5										1							2		1			3	11				
	196			1	1	6	1	1							2		1	1				1	3	2	3		4		9		1	1	
黒　磯	193				2	10	1									1					1	3	3			9	4	11	1				
	197				1	8	2									2	12		1			2	7		1	9	2	4		2			
	194			1		2	11		1							1	1		1		1	2	2		2	2	16	4	2				
さくら清修	233				1	2										2	1		1			1	1		1	1	7	1					
	237				4											1							5	2		1	1	4					
	229				5																		2		2	3		2					
佐　野	147	2		3	5			7	7	1	1				2	1	2	6	4	1	4	6	8	8	3		7	2	6	4	5	8	8
	153			1	2			3	5	1		2		1	2	1	1	1	3		4	5	10	3	2		23	9	4	5	5	3	6
	160			3		3	4	8	2		1				1	2	9			4	11		9	9	4		23	10	21	9	5	2	5
佐野東	191			2	3	1	1								2				2	1		3	3			6	4	10	1	4			
	200			2	2	1			1			1			1	3							8	10								1	
	—	2014年に初めて卒業生が出たため、10年前のデータはない																															
栃　木	231	5	3	18	6		18		1	1		4			17	12	11	30	36	5	14	10	9	13	16	14	37	3	58	16	5	44	36
	234	4	2	23	9		17	11	10	3	1	1		2	7	7	8	15	43	6	8	7	13	27	11	5	22	2	39	13	27	24	30
	237	5	3	14	7	4	8	6	5	4	1	1	1	1	11	7	7	9	20	4	6	13	22	12	1	43	7	23	10	30	29	49	9
栃木翔南	192				3	5	2	1	2						2		4			2	3		8		12	3	9	2	1				
	192			1		4	4		1	1					3	2			1				6	3	1	26	8	10	1	1	1	2	
	224				4	1	2									4	1				15	1	3	1		16	2	6					

972

栃　木

上段は2023年、中段は2018年、下段は2013年のデータ

高校名	卒業生数	東京大学	京都大学	東北大学	筑波大学	茨城大学	宇都宮大学	群馬大学	埼玉大学	千葉大学	東京外国語大学	一橋大学	東京工業大学	東京都立大学	青山学院大学	慶應義塾大学	駒澤大学	芝浦工業大学	上智大学	成蹊大学	成城大学	専修大学	中央大学	東海大学	東京都市大学	東京理科大学	東洋大学	獨協大学	日本大学	法政大学	明治学院大学	明治大学	立教大学	早稲田大学
栃木女子	233			2	2	5	14	5	3	1	1					3		7	3	2	1	2	4	7	4	2	3	6	3	12	3	18	6	5	4
	238			1	2	3	3	11	8	5	3	2		1	2	3	2		1	10	2		7	3	2	7	3		1	2	36	15	9	4	5
	240			5	3	1	16	5	5	5	1		1			9		2	6	8	1	1	4	8	13	5		9	2	25	16	12	16	11	16
那須拓陽	234					2															1			2											
	228																									1									
	235				1	2																1	1		1			1	2						
真岡	209			8	4	5	19	1	6	3	1		1	2		2	5	6	8	18		5	3	11	20	14	8	13		20	6	27	11	12	1
	207	2		4	2	1	8	2	4		1					5	3	3	12	14		2	2	8	10	14	4	7	1	15	2	25	6	15	5
	259	4	1	8	2	4	20	4	2	2	2			3		2	1	7	4	12	4	1	2	7	6	15	1	17		20	2	36	10	14	7
真岡女子	187			2	2	6	10	3		2								1	1				2	7	8			14	5	6	3	3	1	7	1
	198			1	4	5	1	6	1							1	2		3	2				3		5	1	3	1	16	3	5		1	1
	239			3		8	9		2	2	1												2	2	8	10	1		12	4	11		7	2	7	2
茂木	154			1	2															1	1	1			3		1	1			1				
	160				7	1										1	1			1	3					1		3		5		1			
	196			1	2	2	1													1	1	1		2	2			4		8		3			
矢板東	138			8	3	2	5		2	2	1					3	2		2	6	1		3	6	2	3	5	4	2	5	16	3	4	1	1
	152			2		3	2	1	2	2		1				1	1		1				5	1	1	3	3		3	3	5	2	4		
	208			3	1	2	14	1	4	4						2		1	2	9	1	2	1	6	2	7	4	7		15	1	17	5	10	2	9	5
◎足利大附	274			1																				1	1	1									1
	344					1														2								1	1	2	2	1			1
	367			1	1															1					6	1		1		2					
◎宇都宮短大附	515				2	14	1	2	1		1					6	1	1	4	9	1	1	3	9	5	26	1	1		20	12	24	9	7	9	13	7
	609			1		4	18		1						1	1	3	1	12	19		4	2	7	8	33	4	2	9	16	4	35	8	7	2	2	1
	741	1		1	1	5	8	3	4	1	1	1				2	4	3	7	8	2	3	3	9	11	8	2	12	2	12	6	28	5	4	4	5	2
◎宇都宮文星女子	217				1	1	2										3			2				1					1	1	1			2	
	291					1										2			1	1			1	2				6	7	2		3	1	2	
	315			1	3	4		1								1	2							2		1		1	4	2	1	3		3	3
◎幸福の科学学園	75	1			1				1	2						2	4	5	1	2			7	11	1	1		10		18	4	8	1	6	11
	92			1		2		4	1							1	3		8	1	2		5		1	4		4	1	7	6	11	4	1	7
	115	2		2			1	1								10	1		7		3		1	9	3	1	4		8	1	7	9		3	
◎国学院大栃木	421			1	4	7	1	2			1					2		1	7	6		1	3	5	10	5	1	1	19	13	11	2	6	4	4	6
	493			1	2	3	4	1		1						5	5	5	2	6	6	1	2	5	8	18	4	7	16	8	13	8	6	8	4	4
	531			2	3	4	8	6	4	2						5	4	4	7	3	3	3	1	4	6	2	6	3	11	2	4	29	4	10	5	3	2
◎作新学院	1190	1		1	3	3	17	4	2	3	1	1		2		3	3	1	22	9	13	9	5	11	21	37	6	6	1	37	6	61	17	13	7	5	3
	1028	3		7		5	14	1		1				2		4		4	4	10	2	2	1	11	9	32	5	14	3	25	3	32	13	8	5	4	7
	1276			2	3	1	16	3	2	2				1		8	2	2	13	9				3	10	14	19	5	5		22	4	41	10	2	6	3	5
◎佐野清澄	124																													3					
	126																	2											6	1	1				
	94																																		
◎佐野日本大	432	1			1		1	1	1							1	4	6	3	1		1	4	6	7		6	4	4	1	357	5	5	4	2	4
	368			1	2	2	2	5	2	1		1		1		2	1	3	5		1	2		2	6	4	7	13	5	10	3	306	3	6		1
	491	1		3	3	4	4	6	2							2	5	6	7	5	3	3	2	7	17	2		8	5	5	2	274	14	11	12	9	9
◎佐野日本大中教	72			2	1	1		1		1				1		3	1	1	1	4	3	1	6	3	7	3		4	2	1	2	207	9	6	3	3	2
	71	1	1		1	2		1	1							1	1	1	2	1	1				1	2	1	1		2	6	43	2	2	2	1	2
		2014に初めて卒業生が出たため、10年前のデータはない																																	

973

栃木

上段は2023年、中段は2018年、下段は2013年のデータ

高校名	卒業生数	東京大	京都大	東北大	筑波大	茨城大	宇都宮大	群馬大	埼玉大	千葉大	東京外国語大	東京工業大	一橋大	東京都立大	青山学院大	学習院大	慶應義塾大	駒澤大	芝浦工業大	上智大	成蹊大	成城大	専修大	中央大	東海大	東京都市大	東京理科大	東洋大	獨協大	日本大	法政大	明治大	明治学院大	立教大	早稲田大
◎白鷗大足利	387				1	1	6	3	1						1	5	1	8	4	2	3	3	3	10	7	1	6	3	17	12	9	8	3	2	1
	554				1	4	2	1	1	1	1				2		1	4	5	2	4	2	1	7	6	1	2		13	6	2	2	3	5	6	2
	558				1	1	3	10	1						5	1	1	6	5	3	2	2	3	4	6	2	4	1	12	11	13	5	4	5	5
◎日々輝学園	80																			1	7		1	1	3	5	3			10	2	5	1	1		
	56													1	2					1				4	1					2	3			1	
	495																			1				1	9	1									1
◎文星芸術大附	331	1	1	1	1		5	4	1						1	3	2	4	1	1		4		7	13	2	1	4	11		5	4	3	1	1	2
	326	1		1	1	1	1	2	1						2	1		3	2	1			3	9	3		3	4		4	4	2	1		5
	280				1	2	5	1	1						2	1		3	3	2			4	3	8	6	2	7		19	9	5		1	3
◎星の杜	49														1					2			1	1	1							1	2	2	
	49			1			1								1					3					1						1			3	1
	115						3													4				1	5					2	3				
◎矢板中央	150				2												1								1										
	201				2																							2	1					1	
	235																																		

〔茨城〕明野、石岡第二、石下紫峰、磯原郷英、潮来、茨城東、岩瀬、江戸崎総合、大洗、太田西山、小瀬、海洋、鹿島灘、勝田中教、神栖、茎崎、三和、高萩、高萩清松、筑波、東海、友部、取手第二、那珂湊、坂東清風、常陸大宮、藤代紫水、真壁、水戸南、八千代、結城第一、結城第二、竜ケ崎第二、竜ケ崎南、◎愛国学園大附龍ケ崎、◎開智望中教、◎晃陽学園、◎智学館中教、◎日本ウェルネス、◎水戸女子

〔栃木〕足利南、宇都宮中央、大田原東、小山北桜、小山南、鹿沼南、黒磯南、黒羽、佐野松桜、高根沢、那須、那須清峰、日光明峰、馬頭、益子芳星、壬生、真岡北陵、矢板、◎足利短大附、◎青藍泰斗

以上は2023年、2018年、2013年に表の大学に合格者が少ないか、まだ卒業生がいない、または募集停止のため、掲載していません。

山　梨

上段は2023年、中段は2018年、下段は2013年のデータ

高校名	卒業生数	東京大	京都大	東北大	東京外国語大	一橋大	東京工業大	東京都立大	山梨大	信州大	静岡大	青山学院大	学習院大	神奈川大	関東学院大	慶應義塾大	駒澤大	芝浦工業大	上智大	成蹊大	成城大	専修大	中央大	東海大	東京市科大	東京理科大	東洋大	日本大	法政大	明治大	明治学院大	立教大	早稲田大	津田塾大	東京女子大	日本女子大
上野原	80								1																											
	151								1							2			1			3	1						1			1				
	142									1						4	1	1				1	2	3					3							
甲府昭和	237								15	3	2	1		10	15					5	2	12	6	5	3	1	6	8	2	1						
	274		1						21	1		2		7	2	2	1		1		1	6	3	2		14	10		2	1		1	2			
	313								26	3	5	1	1	18	8	3					1	7	4	1	5	15	14	3								
甲府第一	232	1	1				1		27	10	7	5	3	14	19	7	5	1	4			22	9	10	4	5	22	15	10	10	4	12	4	4	3	5
	272		1	1		1		4	31	8	5	5	2	9	4	5	10	4	2	3	3	11	17	8		3	11	14	8	11	5	2	1		2	
	280	1	2			1		2	30	8	2	3	4	22	6	2	3	9	4	2	4	24	12	2	2	3	9	19	12	12	17	11	4	3	5	7
甲府西	203		1	1				4	31	12	6	10	4	9	5	2	16	8	3	4	5	18	17	15	5	5	30	26	23	9		9	3	3	3	7
	230		1	1		1		7	49	8	8	8	3	10	4	3	2	15	2	3	1	12	23	6		10	15	15	18	12	2	5	3	3	8	4
	279		6	2		1	1	9	50	9	18	8	3	13	5	5	12	13	2		1	6	19	3	7	12	6	27	21	20	4	4	6	5	1	2
甲府東	235		2			1		3	37	6	4	3		18	8	2	6	8	3	2	1	3	16	6	4	8	35	20	19	12	6	3	3		4	1
	239		1	2		1		1	25	5	5	1	1	14	9	4	2	6	3		3	14	11	1	6	9	9	10	6	4	1	3	3		2	2
	275		1	5				2	21	10	10	5	3	28	5	7	11	2	8			17	10	3	10	10	12	19	19	13	8	5	6			11
甲府南	231	1	1			1		5	47	9	10	3		11	5	7	10	6	2	6	1	18	8	26	7	10	12	32	11	9	2	4	4			1
	275		8	4		8	1		47	3	7	3	1	6	6	2	8	1	5		1	3	2	3	4	6	17	8	25	19	18	2	7	7		2
	277	4	3	10	1	2	2		41	7	8	1	1	20	7	12	6	8	2		2	15	18	2	5	17	8	20	12	19	5	9	9	1	3	2
甲陵	118	2	2	2		1		3	11	5	3	4	1	2		4	4	7	3		2	4	19	1	3	13	8	12	20	4		4	9		2	6
	114	1	3	2	1			1	21	8		1	4	2	1	4	1	15	2			6	15	3		14	3	8	13			2	6			1
	118	2	2	1		1	1		7	3		4	1	9	2	3	1	2	1	2		4	3	1		9	5	8	6	7		10	14	1	2	4
巨摩	202								1	1	1			2	5							1	1				10	1		3						
	242								1	1	1			5	2							1	1				1	5	3							
	236								10	2	1			9									1				9	6		3						
白根	125								1														2													
	176								1														1				3									
	213								1	2													1									1				
青洲	263								8					2	5	1	1					2	3			3	1		2			2				
										2023年に初めて卒業生が出たため、5年前、10年前のデータはない																										
都留	168							1	8	1	1	1	1	3		5			1	1	1	5	9	24	1		10	9	4	2	1	2	1			
	233							3	19	1	5	3	4		2		9	8		6	1	16	9	8	17	3	11	9	12	10	4				5	3
	265	1				1		7	20	5	1	6	2	12	12	1	14	3				17	16	12	8	5	11	19	11	7	8	2	4		1	1
都留興譲館	178																																			
	260													4	3									2									1	2		1
										2017年に初めて卒業生が出たため、10年前のデータはない																										
韮崎	234								14	3	1	2	3	5	7		3	1	7	2	1		10	2			10	13	2	3	2	13	1			1
	262		1						10	4	1	11	3	1		1	1	3				3	4				8	8	2	2	1	1	1			1
	274							1	22	3	2	1		16	5	7				1	3	6	2	8		1	6	7	1	1	7	2	1			1
日川	215								21	4	3	1		5		4	1					5	3	1			5	7	1			3				
	234								14	4	4	7	1		1		5					14	4	4	6		3	4	6	1			1	1		2
	275		2						4	10	5	3		2	5	1		3	3			2	1		5	14	4	7	2	6	6	9	2		2	1
笛吹	246									2													1	3				1	1							1
	281									2																										
	291								1							1												1								

975

山　梨

上段は2023年、中段は2018年、下段は2013年のデータ

高校名	卒業生数	東京大	京都大	東北大	東京外国語大	東京工業大	一橋大	東京都立大	山梨大	信州大	静岡大	青山学院大	学習院大	神奈川大	関東学院	慶應義塾大	駒澤大	芝浦工業大	上智大	成城大	専修大	中央大	東京都市大	東京理科大	東洋大	日本大	法政大	明治大	明治学院大	立教大	早稲田大	津田塾大	東京女子大	日本女子大
富士河口湖	178								3	1						6			2		3	4				3								
	233								3	1						6					1	1			6	2	3	5	1					1
	264									1	3	1	1	3		6	1	2	1	1	4	4	3		3	2	1	1		1	1			
北　杜	178									3				1											5		1	1						
	239									2											1						1	1						
	285			1	2	1			1							3			1						5	10		2		1				
身　延	61																				2													
	81															1					1	1												
	99				1					1	3	1		1		6	1		1	1	2	1			2	2	1	2	1					
山　梨	148								4							2					1													
	192																									4								
	225								2							1	1																	
吉　田	235	2	1	3	1	1			29	5	1	4	2	2	3	6	8	9	13	5	9	12	26	17	14	49	21	20	23	7	12	8	9	3
	261	5		9		1		3	12	4	2	3	1	14	7	6	4	24	3	4	15	27	5	3	14	26	25	15	19	3	13		1	3
	315	1	1	3		1	1	4	29	7	4	1	3	1	28	7	8	3	18	2	26	12	20	5	20	33	34	12	18	5	10	3	2	6
◎甲斐清和	218															1					2	1												
	206					1															4							1	1					
	179																																	
◎自然学園	78															3																		
	16																											1	1					
	8																																	
◎駿台甲府	731	1	1	2	1				15	4	1	4	2	5	4	7	7	8	4	3	7	22	8	3	10	14	15	4	11	8	10	2	1	
	255	5		2		1		1	23	8	1	4	6	9	5	10	5	9	4	3	11	22	4	3	14	10	15	10	23	7	20	1	3	
	274	3	1	4	2	1		3	15	6		4	5	7	2	11	4	7	5	5	4	12	5	4	22	7	26	13	22	9	19		5	3
◎東海大付甲府	272																								75									
	261																								89		1							
	223																								84									
◎日本航空	1457		1									5	5	12	14	1	13	1	1	2	18	12	45	4	2	32	32	17	10	10	7	12	4	9
	1076											1	1	4	8	1	4	1	1	1	5	3	8	3	6	12	6	2	3	1				
	773													2							2					1	1							
◎日本大明誠	374				1											1					2	3	2	1		279	4	2	1					
	336				1											1					3	4	1			225	3							
	336															2	1	1	1		1	1				199	1							
◎富士学苑	148	1				1			1		1	2	1								3	1		1	2	5	1	7		4	1			
	138	1						1				1				2					2	1		1	2	2	2	1		2			1	1
	150				2											1	1			1	1	1			1	3	3	2		1				
◎山梨英和	80								5			1				1			1	2	2					1								
	114															1					4	3			2	2	4						1	1
	132								1	2	1	6	1	2	4	3			1	1	1	1			6	1	4	2		1		1	3	5
◎山梨学院	369		1			1		1	13	1		1	1	1	2	2	5	16	4	3	9	7	7	2	4	4	15	5	10	5	3			
	417		1		1	1		1	13	5		3	1	6	2	4	3	1		2	7	10	1	7	5	12	6	9	1	2	4		3	
	357	1				1		1	11	4	2	2	1	9	4	5	1	2	2	1	4	6	3	2	7	7	14	5	4	1	3		2	1

塩山、甲府城西、中央、ひばりが丘、富士北稜、◎帝京第三、◎身延山は2023年、2018年、2013年に表の大学に合格者が少ないか、まだ卒業生がいないため、掲載していません。

寮のある学校・その他の学校

上段は2023年、中段は2018年、下段は2013年のデータ

高校名	卒業生数	東京大	京都大	北海道大	東北大	筑波大	東京工業大	一橋大	信州大	静岡大	名古屋大	大阪大	神戸大	大阪公立大	九州大	青山学院大	学習院大	慶應義塾大	芝浦工業大	上智大	成蹊大	中央大	東京都立大	東京理科大	日本大	法政大	明治大	立教大	早稲田大	津田塾大	東京女子大	日本女子大	同志社大	立命館大	関西大	関西学院大
◎クラーク記念国際（北海道）	3803		2	3	1						1	4	1			11	7	5	4	8	5	31	4	3	65	33	39	34	16	5	2	4	16	35	34	28
	4231	1	1	1	1	2					1	2	1	2		6	5	4	11	8	13	9	7	8	28	24	17	9	9		1		25	24	11	7
	3948															2	4	3	1	2	1	6	4	4	15	12	10	8	4	2	2	2	8	19	10	16
◎函館ラ・サール（北海道）	112		1	5		2	1	1	1						1	7	2	4	1	6		3		7	10	8	9	8	8	-	-	-	1	2	2	2
	186	1	1	10		2	1	1							1	4	2	3	14	1	1	7	4	14	19	9	10	3	10	-	-	-	5	15		3
	178	2	1	12	1	3	1								1	3	2	4	6	2	2	12	4	17	18	6	6	12	14	-	-	-	5	7		
◎北嶺（北海道）	126	9	1	13	3		2				2	2		1	1	5	1	8	4	4	1	11		15	3	3	6	2	13	-	-	-	7	2	4	1
	123	13	2	25	4		3	2	1		1	2		1		1		8	10	2		17		22	3	7	8		9	-	-	-	1	1	1	
	117	6		24	1	2	2	2				1	1			2	3	4	4	1	3	15	3	13	2	2	13		19	-	-	-		2		
◎大智学園（福島）	114															1			2		2	3				1		1								
	111																2					3				1										
	61															1						3				1	1									
◎片山学園（富山）	95	1	6		1	1		1	2	3	4		1			8		7	7	4	2	9	4	9	12	8	15	8	11		1		11	21	5	1
	95	3	1	1	1				1	2		1	1				6	2	2		5		9	7		2	3	2	7				4	13	1	
	118	3	1	1	8		1	2		2						3	2	8	1		2	1	16	2		6	16	6	7	5	2	9	13	39	4	3
◎佐久長聖（長野）	325						10				1	1				3	2	2	4	2	10	3	5	22		5	5	5	3	3	2	1	4	4	3	1
	281						5	1	1							5		5	6	3	2	6	19	5	17	7	13	4	17		1		5	10	4	2
	346	2	1	4	3	2		19	3		2					3	5	8	6	3	7	31	2	11	23	16	14	10	15	5	1	3	5	8	10	1
◎早稲田摂陵（大阪）	322		1																	1			1	3		2	1	1	32				4	19	11	41
	318														1	2	1	1	1			4		4		1	4	3	35				19	29	24	15
	206	1																				1							35				11	8	11	2
◎西大和学園（奈良）	355	73	39	8	3	3	4	2			6	25	19	29	5	12		54	5	27	2	12		36	2	6	25	7	56				127	75	45	39
	311	30	57	4	2		1	2	4		2	21		27	3	4		26	2	5		8		36	2	10	3		37				124	63	44	21
	348	29	82	4	1	4		2		4	23		31	2		1		24	1	3		16		11	2	4	8	1	32				96	105	55	21
◎岩田（大分）	120		1		1		2	1			1					2		2			5	1		3		1	4	1					1	7	1	1
	88	2						1			1						1	17		15	6	1				3		1	2					6		4
	112	2					4									1	2		1	4	6		4	8		3	8	1	9		1	3	5	3		1

◎大智学園の2023年の卒業生数は新宿校の人数。

2023年度 私立中学校・高等学校
学費一覧

■表の見方

　表は学校案内編および寮のある学校編に掲載した学校の2023年4月に入学した1年生の学費（寄付・学債は除く）です。中学校編は中等教育学校を含みます。原則として通信制課程は除いています。

　「諸会費・その他年額」には委託徴収金を含む場合もあります。修学旅行などの費用は原則として含みません。寮のある学校は寮費を含む場合もあります。

　高等学校編の「延納」欄の記号は、公立高校併願者に対する以下の納入金の措置を示します。
A＝納入金の全額延納が可能（手続締切が公立高校発表より後）　　B＝納入金の一部延納が可能　　C＝納入金の延納は認めないが、公立高校の発表後、辞退者に納入金の一部を返還　　D＝納入金の延納は認めないが、公立高校の発表後、辞退者に納入金の全額を返還　　無＝延納は認めず、納入金も返還しない（手続締切が公立高校発表より前）

　2024年度から校名を変更する学校は新校名で掲載。2024年度の学費は各学校の募集要項などで確認してください。

中学校編

中　学　校　名	受験料	入　学　金	授業料年額	施設費・維持費年額	諸会費・その他年額	初年度納入金合　　　計	入学手続時納　入　金
〈東京・男子校〉							
麻　　　　　布	30,000	300,000	494,400	222,000	63,800	1,080,200	300,000
足　立　学　園	25,000	230,000	408,000	100,000	135,800	873,800	330,000
海　　　　　城	25,000	300,000	492,000	228,000	88,160	1,108,160	300,000
開　　　　　成	28,000	320,000	492,000	192,000	112,200	1,116,200	440,000
学　　習　　院	30,000	300,000	698,000	282,000	14,300	1,294,300	300,000
暁　　　　　星	25,000	300,000	480,000	329,000	82,400	1,191,400	300,000
京　　　　　華	21,000	250,000	450,000	240,000	29,000	969,000	315,000
攻玉社　（一般）	24,000	250,000	420,000	268,800	57,200	996,000	250,000
（国際）	24,000	250,000	540,000	268,800	57,200	1,116,000	250,000
佼　成　学　園	25,000	255,000	444,000	90,000	254,400	1,043,400	345,000
駒　場　東　邦	25,000	300,000	492,000	48,000	288,000	1,128,000	300,000
芝	30,000	300,000	486,000	192,000	57,300	1,035,300	300,000
城　　　　　北	25,000	270,000	456,000	238,000	31,700	995,700	270,000
巣　　　　　鴨	25,000	330,000	480,000	200,000	33,000	1,043,000	330,000
聖　　学　　院	25,000	250,000	456,000	173,000	150,900	1,029,900	375,000
成　　　　　城	25,000	280,000	450,000	218,000	18,800	966,800	280,000
世　田　谷　学　園	24,000	260,000	432,000	144,000	197,800	1,033,800	260,000
高　　　　　輪	25,000	250,000	468,000	150,000	166,000	1,034,000	250,000
東　京　都　市　大　付	25,000	250,000	516,000	250,000	127,220	1,143,220	50,000
桐　　　　　朋	25,000	270,000	494,400	250,000	44,300	1,058,700	400,000
獨　　　　　協	25,000	250,000	471,000	243,000	52,000	1,016,000	250,000

中 学 校 名	受験料	入 学 金	授業料年額	施設費・維持費年額	諸 会 費・その他年額	初年度納入金合　　計	入学手続時納 入 金
日 本 学 園	23,000	200,000	444,000	80,000	131,200	855,200	280,000
本　　　　郷	25,000	260,000	456,000	200,000	136,200	1,052,200	260,000
武　　　　蔵	30,000	370,000	520,000	300,000	22,600	1,212,600	370,000
明 治 大 付 中 野	30,000	280,000	570,000	240,000	37,000	1,127,000	280,000
明　　　　法	23,000	300,000	468,000	120,000	61,200	949,200	300,000
（サイエンス GE）	23,000	300,000	552,000	120,000	61,200	1,033,200	300,000
立 教 池 袋	30,000	300,000	624,000	378,000	60,000	1,362,000	400,000
早 稲 田	27,000	300,000	444,000	259,200	18,000	1,021,200	300,000
早稲田大高等学院	30,000	260,000	855,000	285,000	21,500	1,421,500	844,500
〈東京・女子校〉							
愛　　　　国	20,000	250,000	300,000	100,000	65,000	715,000	250,000
跡 見 学 園	25,000	250,000	550,000	200,000	69,400	1,069,400	250,000
江戸川女子（一般）	23,000	300,000	468,000	156,000	124,000	1,048,000	300,000
（国際SC）	23,000	300,000	492,000	156,000	124,000	1,072,000	300,000
（国際AC）	23,000	300,000	528,000	156,000	124,000	1,108,000	300,000
桜　　　　蔭	25,000	380,000	447,600	192,000	26,500	1,046,100	380,000
鷗 友 学 園 女 子	25,000	250,000	576,000	183,000	139,000	1,148,000	250,000
大　　　　妻	22,000	250,000	491,000	300,000	26,780	1,067,780	250,000
大 妻 多 摩	22,000	250,000	491,000	300,000	25,380	1,066,380	250,000
大 妻 中 野	22,000	250,000	471,000	250,000	32,800	1,003,800	250,000
学 習 院 女 子	30,000	300,000	698,000	282,000	13,000	1,293,000	300,000
神 田 女 学 園	20,000	250,000	456,000	200,000	18,000	924,000	300,000
北 豊 島	20,000	210,000	360,000	120,000	156,000	846,000	338,000
吉 祥 女 子	25,000	250,000	508,200	202,000	90,600	1,050,800	320,000
共 立 女 子	25,000	300,000	500,000	220,000	86,000	1,106,000	300,000
共 立 女 子 第 二	25,000	250,000	500,000	210,000	25,980	985,980	250,000
国 本 女 子	20,000	200,000	432,000	204,000	13,200	849,200	320,000
京 華 女 子	21,000	250,000	450,000	240,000	29,000	969,000	315,000
恵 泉 女 学 園	22,000	300,000	492,000	110,000	106,000	1,008,000	300,000
小石川淑徳学園（現：淑徳SC）	20,000	250,000	444,000	249,200	57,600	1,000,800	250,000
光 塩 女 子 学 院	23,000	300,000	480,000	50,000	163,000	993,000	350,000
麹 町 学 園 女 子	20,000	220,000	432,000	166,800	199,200	1,018,000	220,000
佼 成 学 園 女 子	25,000	255,000	468,000	60,000	217,800	1,000,800	315,000
香 蘭 女 学 校	25,000	300,000	476,000	200,000	127,200	1,103,200	300,000
駒 沢 学 園 女 子	20,000	250,000	420,000	162,000	128,200	960,200	250,000
実 践 女 子 学 園	22,000	230,000	502,000	171,000	112,400	1,015,400	230,000
十 文 字	20,000	200,000	456,000	170,000	177,600	1,003,600	250,000
頌 栄 女 子 学 院	25,000	450,000	396,000	0	204,800	1,050,800	450,000
女 子 学 院	25,000	380,000	492,000	193,200	16,220	1,081,420	380,000
女 子 聖 学 院	25,000	280,000	468,000	160,800	94,000	1,002,800	280,000
女 子 美 術 大 付	22,000	232,000	569,000	120,000	16,800	937,800	354,000
白 百 合 学 園	25,000	300,000	468,000	336,000	0	1,104,000	300,000
成 女 学 園	20,000	220,000	408,000	160,000	23,490	811,490	385,000
玉 川 聖 学 院	20,000	290,000	468,000	82,000	126,100	966,100	290,000
田 園 調 布 学 園	22,000	250,000	468,000	96,000	201,360	1,015,360	250,000

中 学 校 名	受験料	入 学 金	授業料年額	施設費・維持費年額	諸 会 費・その他年額	初年度納入金合　　計	入学手続時納 入 金
東 京 家 政 学 院	20,000	200,000	450,000	180,000	24,100	854,100	200,000
東京家政大附女子	20,000	280,000	468,000	240,000	109,160	1,097,160	280,000
東京女学館（一般）	25,000	290,000	582,000	256,000	18,000	1,146,000	290,000
（国際）	25,000	290,000	816,000	256,000	18,000	1,380,000	290,000
東 京 女 子 学 院	20,000	220,000	468,000	200,000	92,900	980,900	320,000
東 洋 英 和 女 学 院	25,000	300,000	510,000	250,000	186,000	1,246,000	300,000
ト キ ワ 松 学 園	20,000	220,000	483,000	240,000	31,600	974,600	370,000
豊 島 岡 女 子 学 園	25,000	300,000	480,000	210,000	88,000	1,078,000	300,000
中　　　　村	22,000	250,000	456,000	192,000	43,400	941,400	273,000
富　　士　　見	23,000	245,000	480,000	50,000	201,200	976,200	297,000
富　士　見　丘	23,000	250,000	504,000	120,000	126,000	1,000,000	250,000
藤　村　女　子	20,000	230,000	420,000	80,000	145,600	875,600	230,000
雙　　　　葉	25,000	240,000	529,200	171,600	72,000	1,012,800	240,000
普 連 土 学 園	25,000	300,000	459,000	200,000	36,000	995,000	300,000
文 京 学 院 大 女 子	23,000	250,000	409,200	114,000	232,000	1,005,200	250,000
三 輪 田 学 園	22,000	300,000	444,000	150,000	172,160	1,066,160	300,000
山　脇　学　園	25,000	350,000	513,000	171,000	97,660	1,131,660	350,000
立 教 女 学 院	30,000	250,000	600,000	156,000	91,600	1,097,600	250,000
和 洋 九 段 女 子	25,000	300,000	400,000	150,000	41,700	891,700	300,000
〈東京・男女校〉							
青　山　学　院	30,000	320,000	570,000	362,000	40,000	1,292,000	320,000
郁文館（特進／進学）	23,000	250,000	387,600	75,000	273,400	986,000	250,000
（GL特進）	23,000	250,000	483,600	75,000	273,400	1,082,000	250,000
上野学園（普通）	20,000	200,000	432,600	216,000	117,400	966,000	350,000
（音楽）	20,000	200,000	432,600	216,000	261,400	1,110,000	350,000
穎　明　館	25,000	300,000	480,000	100,000	280,330	1,160,330	300,000
桜　美　林	25,000	100,000	471,000	253,500	200,000	1,024,500	376,500
開 智 日 本 橋 学 園	20,000	100,000	480,000	108,000	110,000	798,000	100,000
か え つ 有 明	25,000	250,000	492,000	228,000	61,000	1,031,000	275,000
共　栄　学　園	20,000	250,000	408,000	158,000	51,270	867,270	330,000
慶 應 義 塾 中 等 部	30,000	340,000	870,000	200,000	15,000	1,425,000	990,000
啓　明　学　園	23,000	260,000	456,000	165,000	103,200	984,200	260,000
工学院大附（先進）	30,000	240,000	480,000	238,000	20,980	978,980	290,000
（インター）	30,000	240,000	576,000	238,000	80,980	1,134,980	290,000
国 学 院 大 久 我 山	22,000	250,000	420,000	132,000	226,000	1,028,000	250,000
国　士　館	25,000	200,000	438,000	154,000	260,516	1,052,516	354,000
駒　　　込	20,000	350,000	456,000	48,000	42,200	896,200	350,000
桜　　　丘	23,000	250,000	468,000	199,600	63,600	981,200	350,000
サ レ ジ ア ン 国 際 学 園	25,000	280,000	450,000	120,000	210,000	1,060,000	280,000
サレジアン国際学園世田谷	25,000	280,000	480,000	150,000	301,000	1,211,000	280,000
実　践　学　園	24,000	270,000	494,400	120,000	280,000	1,164,400	390,000
（LA＆S）	24,000	270,000	673,200	120,000	280,000	1,343,200	390,000
品　川　翔　英	20,000	250,000	456,000	320,000	36,000	1,062,000	450,000
芝 浦 工 業 大 附	25,000	280,000	496,000	240,000	187,480	1,203,480	642,480
芝 国 際（本科）	25,000	300,000	480,000	105,000	92,500	977,500	300,000

中学校名	受験料	入学金	授業料年額	施設費・維持費年額	諸会費・その他年額	初年度納入金合計	入学手続時納入金
（国際生 ADVANCED）	25,000	300,000	480,000	105,000	182,500	1,067,500	300,000
（国際生 CORE）	25,000	300,000	480,000	105,000	122,500	1,007,500	300,000
渋谷教育学園渋谷	23,000	290,000	510,000	244,000	42,000	1,086,000	290,000
淑　　　徳	25,000	250,000	420,000	222,000	114,000	1,006,000	292,000
淑　徳　巣　鴨	23,000	250,000	378,000	236,000	31,800	895,800	300,000
順　　　天	25,000	260,000	468,000	236,000	43,200	1,007,200	400,000
城西大附城西	25,000	250,000	432,000	132,000	173,000	987,000	250,000
聖　徳　学　園	23,000	330,000	495,600	119,400	94,400	1,039,400	330,000
駿　台　学　園	23,000	250,000	396,000	135,000	149,000	930,000	385,000
成　蹊（一般）	30,000	300,000	668,000	200,000	140,900	1,308,900	741,300
（国際）	30,000	300,000	668,000	200,000	468,900	1,636,900	905,300
成　城　学　園	30,000	250,000	750,000	310,000	106,000	1,416,000	250,000
成　立　学　園	20,000	250,000	420,000	110,000	138,400	918,400	250,000
青　　　稜	20,000	200,000	498,000	150,000	210,780	1,058,780	200,000
創　　　価	18,000	240,000	465,600	210,000	70,400	986,000	360,000
玉川学園（一般）	30,000	150,000	854,000	220,000	192,700	1,416,700	470,000
（IB）	30,000	150,000	1,341,000	220,000	202,700	1,913,700	590,000
多摩大附聖ヶ丘	20,000	250,000	468,000	120,000	33,300	871,300	250,000
多　摩　大　目　黒	20,000	250,000	444,000	120,000	12,000	826,000	250,000
中　央　大　附	30,000	290,000	552,000	280,000	101,800	1,223,800	290,000
千　代　田　国　際	25,000	250,000	590,400	199,200	100,400	1,140,000	250,000
帝　　　京	20,000	260,000	372,000	208,000	49,000	889,000	260,000
帝　　京　　大	25,000	260,000	372,000	206,000	19,000	857,000	260,000
帝　京　八　王　子	20,000	300,000	420,000	144,000	8,000	872,000	300,000
貞　静　学　園	20,000	200,000	432,000	228,000	12,000	872,000	377,000
東海大付高輪台	25,000	280,000	384,000	160,000	114,000	938,000	380,000
東　京　成　徳　大	25,000	250,000	468,000	170,000	28,150	916,150	348,000
東　京　電　機　大	23,000	250,000	480,000	204,000	165,250	1,099,250	250,000
東京都市大等々力	25,000	230,000	468,000	250,000	204,600	1,152,600	230,000
東　京　農　業　大　第　一	25,000	230,000	432,000	162,000	303,000	1,127,000	230,000
東　京　立　正	20,000	240,000	384,000	108,000	127,000	859,000	240,000
東　星　学　園	20,000	220,000	420,000	135,000	86,240	861,240	220,000
東　洋　大　京　北	22,000	250,000	456,000	120,000	228,320	1,054,320	250,000
日　本　工　業　大　駒　場	23,000	230,000	444,000	230,000	171,600	1,075,600	230,000
日　本　大　第　一	20,000	240,000	456,000	100,000	100,800	896,800	240,000
日　本　大　第　二	25,000	250,000	480,000	240,000	193,040	1,163,040	350,000
日　本　大　第　三	25,000	270,000	420,000	100,000	210,100	1,000,100	270,000
八王子学園八王子	23,000	250,000	456,000	206,400	40,200	952,600	250,000
八　王　子　実　践	20,000	210,000	252,000	86,000	35,100	583,100	267,500
広尾学園（本科）	25,000	388,000	480,000	54,000	58,200	980,200	388,000
（医進・サイエンス/インターナショナルSG）	25,000	388,000	480,000	54,000	202,200	1,124,200	388,000
（インターナショナルAG）	25,000	388,000	480,000	54,000	322,200	1,244,200	388,000
広尾学園小石川（本科）	25,000	300,000	480,000	54,000	57,600	891,600	300,000
（インターSG）	25,000	300,000	480,000	54,000	201,600	1,035,600	300,000
（インターAG）	25,000	300,000	480,000	54,000	321,600	1,155,600	300,000

中 学 校 名	受験料	入 学 金	授業料年額	施設費・維持費年額	諸 会 費・その他年額	初年度納入金合　　　計	入学手続時納 入 金
文化学園大杉並（DD7）	20,000	280,000	684,000	146,000	113,520	1,223,520	330,000
（アドバンス/スターター）	20,000	280,000	444,000	146,000	113,520	983,520	330,000
文 教 大 付	20,000	280,000	420,000	170,000	213,600	1,083,600	280,000
法 政 大	25,000	300,000	570,000	240,000	62,000	1,172,000	300,000
宝 仙 学 園	22,000	300,000	483,600	180,000	68,000	1,031,600	420,000
三 田 国 際 学 園	25,000	300,000	480,000	218,000	46,900	1,044,900	300,000
明 星 学 園	23,000	250,000	492,000	208,000	37,500	987,500	250,000
武 蔵 野 大	30,000	250,000	498,000	50,000	251,000	1,049,000	250,000
明 治 学 院	25,000	280,000	480,000	198,000	75,000	1,033,000	280,000
明治大付八王子（現：明治大付中野八王子）	30,000	280,000	570,000	240,000	94,937	1,184,937	280,000
明 治 大 付 明 治	30,000	300,000	632,400	282,000	37,000	1,251,400	410,000
明 星	22,000	240,000	480,000	170,000	13,200	903,200	240,000
目 黒 学 院	10,000	270,000	492,000	380,000	30,000	1,172,000	440,000
目 黒 日 本 大	25,000	250,000	444,000	213,000	96,000	1,003,000	250,000
目 白 研 心	23,000	200,000	472,000	170,000	110,400	952,400	200,000
八 雲 学 園	25,000	330,000	552,000	246,000	126,000	1,254,000	330,000
安 田 学 園	20,000	235,000	420,000	172,000	126,600	953,600	335,000
立 正 大 付 立 正	20,000	250,000	447,000	165,000	218,820	1,080,820	250,000
和 光	25,000	250,000	465,840	150,000	105,040	970,880	400,000
早稲田大系属早稲田実業学校	30,000	300,000	612,000	252,000	59,600	1,223,600	426,000
〈神奈川・男子校〉							
浅 野	25,000	250,000	492,000	300,000	77,100	1,119,100	250,000
栄 光 学 園	25,000	300,000	528,000	250,000	27,600	1,105,600	300,000
鎌 倉 学 園	25,000	250,000	456,000	382,000	19,200	1,107,200	250,000
慶 應 義 塾 普 通 部	30,000	340,000	870,000	200,000	15,000	1,425,000	990,000
サ レ ジ オ 学 院	25,000	250,000	468,000	270,000	50,600	1,038,600	250,000
逗 子 開 成	25,000	250,000	480,000	360,000	22,000	1,112,000	250,000
聖 光 学 院	30,000	250,000	492,000	524,000	68,900	1,334,900	250,000
藤 嶺 学 園 藤 沢	20,000	200,000	408,000	200,000	68,000	876,000	400,000
武 相	20,000	200,000	420,000	284,000	10,000	914,000	400,000
横 浜	20,000	200,000	444,000	320,000	29,000	993,000	400,000
〈神奈川・女子校〉							
神 奈 川 学 園	20,000	250,000	444,000	150,000	234,600	1,078,600	250,000
鎌 倉 女 学 院	25,000	340,000	450,000	178,000	123,900	1,091,900	340,000
鎌 倉 女 子 大	22,000	250,000	348,000	278,000	21,000	897,000	250,000
カ リ タ ス 女 子	22,000	240,000	480,000	380,000	121,000	1,221,000	440,000
函 嶺 白 百 合 学 園	20,000	200,000	324,000	278,000	12,000	814,000	350,000
北鎌倉女子学園（先進）	10,000	200,000	354,000	170,000	186,600	910,600	370,000
（音楽）	20,000	200,000	378,000	220,000	384,600	1,182,600	420,000
相 模 女 子 大	20,000	220,000	420,000	284,000	40,600	964,600	440,000
湘 南 白 百 合 学 園	25,000	300,000	498,000	344,000	9,600	1,151,600	300,000
聖 セ シ リ ア 女 子	20,000	250,000	396,000	130,000	60,000	836,000	250,000
清 泉 女 学 院	23,000	300,000	432,000	228,000	24,000	984,000	420,000
聖 和 学 院	20,000	200,000	372,000	200,000	138,200	910,200	400,000
捜 真 女 学 校	20,000	250,000	450,000	282,000	84,600	1,066,600	250,000

中 学 校 名	受験料	入 学 金	授業料年額	施設費・維持費年額	諸 会 費・その他年額	初年度納入金合　　計	入学手続時納　入　金
日本女子大附	25,000	250,000	511,000	283,000	73,000	1,117,000	345,000
フェリス女学院	25,000	300,000	516,000	403,000	25,400	1,244,400	300,000
聖 園 女 学 院	20,000	240,000	480,000	212,000	24,000	956,000	240,000
横 浜 共 立 学 園	25,000	300,000	504,000	368,000	0	1,172,000	300,000
横浜女学院 (国際教養)	20,000	300,000	552,000	156,000	21,600	1,029,600	300,000
(アカデミー)	20,000	300,000	432,000	156,000	21,600	909,600	300,000
横 浜 雙 葉	25,000	300,000	552,000	392,000	76,800	1,320,800	300,000
〈神奈川・男女校〉							
青山学院横浜英和	20,000	280,000	528,000	204,000	171,600	1,183,600	400,000
アレセイア湘南	20,000	210,000	360,000	248,000	158,600	976,600	410,000
神 奈 川 大 附	25,000	250,000	610,000	180,000	176,000	1,216,000	250,000
関 東 学 院	22,000	230,000	408,000	368,000	111,600	1,117,600	430,000
関 東 学 院 六 浦	22,000	230,000	450,000	365,600	91,000	1,136,600	430,000
公 文 国 際 学 園	25,000	270,000	690,000	210,000	55,200	1,225,200	270,000
慶應義塾湘南藤沢	30,000	340,000	880,000	270,000	25,000	1,515,000	1,075,000
自 修 館 中 教	22,000	230,000	396,000	174,000	72,000	872,000	364,000
湘 南 学 園	20,000	250,000	528,000	246,000	103,200	1,127,200	400,000
聖 ヨ ゼ フ 学 園	20,000	200,000	324,000	260,000	212,600	996,600	340,000
相 洋	24,000	220,000	396,000	150,000	43,000	809,000	370,000
中 央 大 付 横 浜	30,000	290,000	588,000	290,000	137,200	1,305,200	290,000
鶴 見 大 附	20,000	200,000	420,000	308,000	87,600	1,015,600	200,000
桐 蔭 学 園 中 教	25,000	240,000	612,000	321,900	115,700	1,289,600	240,000
桐 光 学 園	22,000	220,000	528,000	187,320	145,800	1,081,120	230,000
日 本 大	25,000	230,000	516,000	165,000	56,500	967,500	230,000
日 本 大 藤 沢	20,000	230,000	468,000	165,000	56,500	919,500	230,000
法 政 大 第 二	30,000	300,000	558,000	290,000	83,000	1,231,000	350,000
森 村 学 園	25,000	250,000	600,000	227,000	116,240	1,193,240	375,000
山 手 学 院	25,000	200,000	480,000	342,000	89,800	1,111,800	200,000
横 須 賀 学 院	20,000	230,000	408,000	320,000	64,800	1,022,800	430,000
横 浜 翠 陵	20,000	190,000	432,000	170,000	138,000	930,000	360,000
横 浜 創 英	20,000	190,000	408,000	150,000	131,100	879,100	340,000
横 浜 隼 人	20,000	200,000	438,000	236,000	50,000	924,000	400,000
横浜富士見丘学園	20,000	250,000	456,000	292,000	80,400	1,078,400	410,000
〈埼玉・男子校〉							
城 西 川 越	25,000	250,000	372,000	200,000	142,458	964,458	450,000
城 北 埼 玉	26,000	260,000	408,000	180,000	108,400	956,400	260,000
立 教 新 座	30,000	300,000	624,000	310,000	31,000	1,265,000	400,000
〈埼玉・女子校〉							
浦 和 明 の 星 女 子	25,000	250,000	336,000	442,000	49,200	1,077,200	250,000
大 妻 嵐 山	25,000	250,000	380,000	200,000	145,580	975,580	250,000
淑 徳 与 野	25,000	200,000	384,000	273,000	18,800	875,800	252,000
〈埼玉・男女校〉							
浦 和 実 業 学 園	20,000	230,000	312,000	152,500	118,270	812,770	382,500
大 宮 開 成	25,000	210,000	360,000	252,000	143,884	965,884	360,000
開 智	20,000	100,000	480,000	0	92,000	672,000	100,000

中 学 校 名	受験料	入 学 金	授業料年額	施設費・維持費年額	諸 会 費 ・その他年額	初年度納入金合 計	入学手続時納 入 金
開 智 未 来	20,000	100,000	480,000	0	132,400	712,400	100,000
春 日 部 共 栄	23,000	250,000	384,000	196,000	27,200	857,200	350,000
埼 玉 栄	20,000	250,000	300,000	200,000	40,000	790,000	250,000
栄 東	25,000	250,000	300,000	200,000	25,000	775,000	250,000
狭山ヶ丘高付	20,000	250,000	360,000	172,000	110,000	892,000	350,000
秀 明	15,000	250,000	300,000	136,000	71,000	757,000	250,000
昌 平	20,000	250,000	345,600	168,400	58,000	822,000	250,000
西 武 学 園 文 理	25,000	250,000	360,000	150,000	381,000	1,141,000	250,000
聖 望 学 園	20,000	240,000	372,000	229,600	26,600	868,200	342,000
東 京 成 徳 大 深 谷	22,000	200,000	324,000	184,000	165,500	873,500	200,000
東 京 農 業 大 第 三 高 附	20,000	250,000	372,000	140,000	254,500	1,016,000	250,000
獨 協 埼 玉	20,000	230,000	444,000	200,000	47,500	921,500	350,000
武 南	20,000	250,000	360,000	210,000	75,522	895,522	400,000
本 庄 東 高 附	22,000	220,000	312,000	158,000	77,700	767,700	270,000
〈千葉・女子校〉							
国 府 台 女 子 学 院	22,000	200,000	360,000	288,000	84,300	932,300	350,000
和 洋 国 府 台 女 子	25,000	300,000	306,000	168,000	30,000	804,000	300,000
〈千葉・男女校〉							
市 川	28,000	330,000	420,000	210,000	23,600	983,600	330,000
光英VERITAS	22,000	150,000	384,000	342,000	160,630	1,036,630	300,000
芝 浦 工 業 大 柏	22,000	250,000	402,000	273,000	118,780	1,043,780	250,000
渋 谷 教 育 学 園 幕 張	26,000	280,000	444,000	222,000	51,000	997,000	280,000
秀明大学校教師学部附属秀明八千代	15,000	250,000	264,000	184,000	303,270	1,001,270	350,000
昭 和 学 院	25,000	160,000	396,000	304,000	90,760	950,760	320,000
昭 和 学 院 秀 英	25,000	150,000	360,000	318,000	61,100	889,100	300,000
西 武 台 千 葉	20,000	150,000	396,000	196,000	153,700	895,700	310,000
専 修 大 松 戸	25,000	360,000	384,000	48,000	178,200	970,200	360,000
千 葉 日 本 大 第 一	20,000	200,000	366,000	196,000	117,400	879,400	300,000
千 葉 明 徳	22,000	195,000	372,000	130,000	328,000	1,025,000	195,000
東 邦 大 付 東 邦	25,000	340,000	408,000	192,000	51,300	991,300	340,000
成 田 高 付	20,000	120,000	336,000	190,000	176,400	822,400	222,000
二 松 学 舎 大 附 柏	20,000	200,000	348,000	330,000	64,400	942,400	264,400
日 出 学 園	25,000	150,000	324,000	212,000	228,800	914,800	350,000
八 千 代 松 陰	20,000	170,000	312,000	252,800	75,155	809,955	310,000
麗 澤	22,000	300,000	354,000	201,000	297,000	1,152,000	300,000
〈茨城・男女校〉							
茨 城	20,000	250,000	408,000	340,000	26,640	1,024,640	350,000
江 戸 川 学 園 取 手	20,000	150,000	360,000	404,000	12,000	926,000	350,000
開 智 望 中 教	20,000	250,000	540,000	128,000	52,000	970,000	250,000
常 総 学 院	20,000	250,000	360,000	252,000	183,240	1,045,240	400,000
土 浦 日 本 大 中 教	20,000	250,000	444,000	362,000	30,400	1,086,400	360,000
東 洋 大 附 牛 久	20,000	210,000	348,000	358,000	105,600	1,021,600	400,000
茗 溪 学 園	20,000	250,000	390,000	160,000	392,300	1,192,300	410,000
〈栃木・男女校〉							
國 學 院 大 栃 木	18,000	180,000	324,000	240,000	56,600	800,600	180,000

中 学 校 名	受験料	入 学 金	授業料年額	施設費・維持費年額	諸会費・その他年額	初年度納入金合 計	入学手続時納 入 金
佐野日本大中教	20,000	100,000	420,000	260,000	114,000	894,000	230,000
白 鷗 大 足 利	20,000	200,000	420,000	105,000	27,600	752,600	300,000
〈寮のある学校・男子校〉							
函館ラ・サール（通学）	20,000	150,000	456,000	102,000	38,200	746,200	150,000
（寮）	20,000	150,000	456,000	102,000	1,014,200	1,722,200	250,000
北 嶺 （通学）	20,000	300,000	540,000	0	33,500	873,500	300,000
（寮）	20,000	300,000	540,000	0	1,345,500	2,185,500	400,000
〈寮のある学校・男女校〉							
片山学園（通学）	10,000	150,000	360,000	240,000	0	750,000	150,000
（寮）	10,000	150,000	360,000	240,000	1,058,000	1,808,000	150,000
佐久長聖（通学）	20,000	200,000	432,000	100,000	268,560	1,000,560	300,000
（寮）	20,000	200,000	432,000	100,000	1,266,560	1,998,560	470,000
西大和学園（通学）	25,000	200,000	576,000	60,000	139,200	975,200	200,000
（寮）	25,000	200,000	576,000	60,000	1,325,200	2,161,200	200,000
岩田 （通学）	10,000	150,000	432,000	141,000	36,000	759,000	150,000
（寮・男子）	10,000	150,000	432,000	141,000	825,000	1,548,000	150,000
（寮・女子）	10,000	150,000	432,000	141,000	840,000	1,563,000	150,000

高等学校編

高 校 名	受験料	入 学 金	授業料年額	施設費・維持費年額	諸会費・その他年額	初年度納入金合 計	入学手続時納 入 金	延納
〈東京・男子校〉								
足 立 学 園	20,000	230,000	408,000	100,000	135,800	873,800	330,000	A
開 成	28,000	320,000	492,000	192,000	112,200	1,116,200	440,000	C
科学技術学園（定時制）	20,000	200,000	456,000	220,000	73,000	949,000	420,000	A
学 習 院	30,000	300,000	658,000	272,000	13,300	1,243,300	300,000	無
京 華	21,000	250,000	462,000	240,000	29,000	981,000	315,000	A
攻玉社学園（難関国公立／総合進学）	25,000	255,000	420,000	138,000	113,400	926,400	345,000	A
（グローバル）	25,000	255,000	560,000	138,000	113,400	1,066,400	345,000	A
城 北	25,000	270,000	444,000	238,000	31,700	983,700	270,000	A
巣 鴨	25,000	330,000	450,000	200,000	33,000	1,013,000	330,000	A
聖 学 院	25,000	250,000	444,000	173,000	153,300	1,020,300	375,000	A
正 則 学 園	20,000	210,000	420,000	220,000	120,000	970,000	210,000	A
桐 朋	25,000	270,000	482,400	250,000	44,300	1,046,700	400,000	C
日 本 学 園	23,000	250,000	465,600	80,000	127,600	923,200	250,000	A
保 善	22,000	250,000	438,000	160,000	66,000	914,000	384,000	A
明 治 大 付 中 野	30,000	280,000	570,000	240,000	37,000	1,127,000	288,000	無
立 教 池 袋	30,000	300,000	624,000	378,000	60,000	1,362,000	400,000	C
早稲田大高等学院	30,000	260,000	684,000	228,000	22,500	1,194,500	731,500	B
〈東京・女子校〉								
愛国（普通／商業）	20,000	230,000	390,000	110,000	60,000	790,000	230,000	A
（家政）	20,000	230,000	390,000	110,000	95,000	825,000	230,000	A
（衛生看護）	20,000	230,000	390,000	110,000	100,000	830,000	230,000	A
江 戸 川 女 子	23,000	300,000	456,000	156,000	123,000	1,035,000	603,000	A

高 校 名	受験料	入 学 金	授業料年額	施設費・維持費年額	諸会費・その他年額	初年度納入金合　　計	入学手続時納入金	延納
神 田 女 学 園	20,000	250,000	456,000	200,000	18,000	924,000	300,000	A
北 豊 島	20,000	230,000	396,000	100,000	121,600	847,600	338,000	A
共 立 女 子 第 二	25,000	250,000	500,000	210,000	32,180	992,180	250,000	A
国本女子（総合）	20,000	240,000	432,000	244,000	13,200	929,200	400,000	A
（DD）	20,000	240,000	1,032,000	244,000	13,200	1,529,200	400,000	A
慶 應 義 塾 女 子	30,000	340,000	700,000	200,000	13,000	1,253,000	903,000	C
京 華 女 子	21,000	250,000	462,000	240,000	29,000	981,000	315,000	A
小石川淑徳学園（現・淑徳SC）	20,000	250,000	432,000	249,200	57,600	988,800	250,000	A
麴 町 学 園 女 子	20,000	220,000	432,000	166,800	171,760	990,560	220,000	A
佼成学園女子（特進/進学/国際SG）	25,000	255,000	420,000	60,000	181,800	916,800	315,000	A
（国際SA）	25,000	255,000	315,000	60,000	163,800	793,800	315,000	A
駒 沢 学 園 女 子	20,000	250,000	420,000	162,000	128,200	960,200	250,000	A
品 川 エ ト ワ ー ル 女 子	22,000	200,000	468,000	180,000	108,000	956,000	380,000	A
十 文 字	20,000	200,000	456,000	170,000	177,600	1,003,600	250,000	A
潤 徳 女 子	20,000	220,000	360,000	100,000	130,400	810,400	328,000	A
女 子 美 術 大 付	24,000	232,000	569,000	130,000	17,800	948,800	364,000	C
白 梅 学 園	22,000	230,000	468,000	90,000	91,400	879,400	235,000	A
成 女	20,000	230,000	408,000	160,000	24,510	822,510	395,000	A
立 川 女 子	25,000	250,000	468,000	117,200	142,200	977,400	374,200	A
玉 川 聖 学 院	20,000	290,000	468,000	82,000	127,300	967,300	290,000	A
鶴 川	20,000	200,000	468,000	61,800	63,000	792,800	200,000	A
東 京 家 政 学 院	20,000	200,000	450,000	180,000	24,100	854,100	200,000	A
東 京 家 政 大 附 女 子	20,000	280,000	438,000	240,000	31,720	989,720	280,000	A
東 京 女 子 学 院	20,000	200,000	450,000	200,000	48,400	898,400	300,000	A
東 洋 女 子	20,000	200,000	432,000	120,000	134,400	886,400	200,000	A
ト キ ワ 松 学 園	20,000	220,000	483,000	240,000	31,600	974,600	370,000	A
中村（先進/探究）	22,000	250,000	456,000	192,000	79,400	977,400	286,000	A
（国際）	22,000	250,000	456,000	192,000	115,400	1,013,400	286,000	A
日本女子体育大附二階堂	20,000	210,000	456,000	132,000	32,500	830,500	210,000	A
富 士 見 丘	23,000	250,000	504,000	120,000	126,000	1,000,000	250,000	A
藤 村 女 子	20,000	230,000	450,000	80,000	109,600	869,600	230,000	A
文 華 女 子	20,000	180,000	396,000	204,000	111,770	891,770	300,000	A
文 京 学 院 大 女 子	23,000	250,000	402,000	114,000	218,800	984,800	250,000	A
和 洋 九 段 女 子	20,000	300,000	400,000	150,000	40,200	890,200	300,000	A
〈東京・男女校〉								
青 山 学 院	30,000	320,000	600,000	220,000	62,000	1,202,000	540,000	B
郁文館（特進/進学/e特進）	23,000	250,000	453,600	75,000	274,500	1,053,100	250,000	A
（国立選抜）	23,000	250,000	501,600	75,000	274,500	1,101,100	250,000	A
（東大）	23,000	250,000	501,600	75,000	274,500	1,101,100	250,000	A
郁 文 館 グ ロ ー バ ル	23,000	250,000	415,000	95,000	258,500	1,018,500	250,000	A
岩 倉	24,000	240,000	468,000	200,000	77,300	985,300	240,000	A
上野学園（普通）	22,000	220,000	448,800	236,000	39,400	944,200	390,000	A
（音楽・器楽）	30,000	220,000	475,800	290,200	39,400	1,025,400	410,000	A
（音楽・演奏）	30,000	220,000	509,000	290,200	39,400	1,058,600	410,000	A
桜 美 林	25,000	100,000	471,000	252,000	55,000	878,000	376,000	B

高　校　名	受験料	入 学 金	授業料年額	施 設 費・維持費年額	諸 会 費・その他年額	初年度納入金合　　計	入学手続時納 入 金	延納
大 森 学 園	23,000	200,000	468,000	130,000	120,040	918,040	355,000	A
か え つ 有 明	25,000	250,000	480,000	228,000	61,000	1,019,000	255,000	A
関東国際（普通）	25,000	240,000	378,000	163,000	50,700	831,700	474,200	A
（外国語）	25,000	240,000	438,000	163,000	50,700	891,700	479,200	A
共 栄 学 園	20,000	240,000	408,000	176,000	51,270	875,270	320,000	A
錦 　 　 城	20,000	230,000	372,000	173,200	25,300	800,500	360,000	A
京 華 商 業	21,000	250,000	462,000	240,000	29,000	981,000	315,000	A
啓 明 学 園	23,000	300,000	438,000	165,000	104,400	1,007,400	300,000	A
工学院大附（文理/先進文理）	25,000	230,000	454,800	238,000	25,550	948,350	280,000	A
（インター）	25,000	230,000	648,000	238,000	109,550	1,225,550	280,000	A
国 　 学 　 院	25,000	200,000	424,000	200,000	97,000	921,000	280,000	B
国学院大久我山	22,000	250,000	420,000	132,000	226,000	1,028,000	250,000	B
国 際 基 督 教 大	30,000	330,000	591,000	180,000	23,100	1,124,100	330,000	無
国 　 士 　 舘	25,000	250,000	462,000	154,000	149,314	1,015,314	404,000	A
駒 　 　 込	21,000	350,000	456,000	48,000	42,200	896,200	350,000	A
駒 　 澤 　 大	22,000	250,000	448,800	178,400	51,740	928,940	300,000	A
駒場学園（普通）	22,000	250,000	414,000	250,000	162,090	1,076,090	250,000	A
（食物）	22,000	250,000	414,000	200,000	312,090	1,176,090	250,000	A
桜 　 　 丘	23,000	250,000	468,000	199,600	18,600	936,200	350,000	A
サレジアン国際学園（本科）	25,000	280,000	450,000	120,000	253,000	1,103,000	280,000	A
（グローバルスタディーズ）	25,000	280,000	450,000	120,000	333,000	1,183,000	280,000	A
実 　 践 　 学 　 園	24,000	270,000	494,400	120,000	280,000	1,164,400	390,000	A
（LA&S）	24,000	270,000	673,200	120,000	280,000	1,343,200	390,000	A
（SS）	24,000	270,000	494,400	180,000	280,000	1,224,400	450,000	A
品 　 川 　 翔 　 英	20,000	250,000	456,000	320,000	36,000	1,062,000	450,000	A
芝 浦 工 業 大 附	25,000	280,000	496,000	240,000	136,820	1,152,820	591,820	B
芝国際（最難関/難関/特進）	25,000	300,000	480,000	105,000	112,500	997,500	300,000	A
（国際生 ADVANCED）	25,000	300,000	480,000	105,000	202,500	1,087,500	300,000	A
（国際生 CORE）	25,000	300,000	480,000	105,000	142,500	1,027,500	300,000	A
自 由 ヶ 丘 学 園	20,000	250,000	456,000	100,000	228,000	1,034,000	250,000	A
淑 　 　 徳	25,000	250,000	420,000	222,000	94,000	986,000	292,000	A
淑 徳 巣 鴨	23,000	210,000	378,000	228,000	31,800	847,800	252,000	A
順 　 　 天	25,000	260,000	468,000	236,000	83,200	1,047,200	440,000	A
松 蔭 大 附 松 蔭	20,000	250,000	432,000	50,000	193,800	925,800	250,000	A
城 西 大 附 城 西	25,000	250,000	432,000	132,000	143,000	957,000	250,000	A
聖 徳 学 園	23,000	180,000	495,600	269,400	35,000	980,000	330,000	A
昭 和 第 一	20,000	230,000	420,000	110,000	54,800	814,800	340,000	A
昭 和 第 一 学 園	23,000	240,000	420,600	180,800	42,000	883,400	380,000	A
杉 並 学 院	22,000	240,000	456,000	232,000	59,600	987,600	310,000	A
駿 台 学 園	23,000	230,000	396,000	168,000	136,400	930,400	380,000	A
成 　 　 蹊	30,000	300,000	668,000	200,000	15,200	1,183,200	745,600	B
成 城 学 園	30,000	250,000	750,000	310,000	114,500	1,424,500	250,000	無
正 　 　 則	20,000	250,000	444,000	183,000	67,350	944,350	250,000	A
聖 パ ウ ロ 学 園	25,000	250,000	450,000	200,000	30,000	930,000	450,000	A
成 立 学 園	23,000	250,000	444,000	110,000	98,400	902,400	350,000	A

高 校 名	受験料	入 学 金	授業料年額	施設費・維持費年額	諸会費・その他年額	初年度納入金合　計	入学手続時納入金	延納
青　　　　稜	20,000	220,000	498,000	150,000	210,780	1,078,780	220,000	A
専　修　大　附	25,000	220,000	456,000	170,000	51,000	897,000	220,000	A
創　　　　価	18,000	240,000	441,600	210,000	82,000	973,600	360,000	A
大　東　学　園	20,000	200,000	477,000	150,000	32,400	859,400	250,000	A
大東文化大第一	20,000	200,000	444,000	177,000	46,700	867,700	200,000	A
拓　殖　大　第　一	23,000	250,000	444,000	234,000	30,300	958,300	400,000	A
玉川学園（普通）	30,000	150,000	870,000	220,000	192,700	1,432,700	790,000	A
（IB）	30,000	150,000	1,350,000	220,000	202,700	1,922,700	1,030,000	A
多摩大附聖ヶ丘	20,000	300,000	480,000	120,000	33,300	933,300	300,000	A
多　摩　大　目　黒	22,000	250,000	444,000	120,000	12,000	826,000	250,000	A
中　　央　　大	30,000	300,000	528,000	250,000	32,500	1,110,500	309,500	B
中　央　大　杉　並	30,000	290,000	498,000	290,000	39,400	1,117,400	305,000	B
中　央　大　附	30,000	290,000	498,000	280,000	110,800	1,178,800	290,000	無
帝　　　　京	20,000	290,000	456,000	168,000	53,400	967,400	290,000	A
帝　　京　　大	25,000	330,000	372,000	206,000	27,110	935,110	330,000	A
帝　京　八　王　子	20,000	300,000	456,000	180,000	8,000	944,000	300,000	A
貞　静　学　園	20,000	200,000	432,000	240,000	12,000	884,000	380,000	A
東　亜　学　園	23,000	250,000	440,400	98,000	254,200	1,042,600	250,000	A
東海大付高輪台	25,000	280,000	384,000	160,000	192,100	1,016,100	380,000	B
東　海　大　付　望　星	6,000	20,000	228,000	23,000	94,000	365,000	209,000	C
東　　　　京	20,000	280,000	420,000	90,000	82,335	872,335	402,335	A
東　京　成　徳　大	25,000	250,000	468,000	170,000	33,130	921,130	348,000	A
東　京　電　機　大	23,000	250,000	431,000	200,000	95,200	976,200	250,000	A
東京都市大等々力	25,000	230,000	468,000	250,000	123,600	1,071,600	230,000	A
東京農業大第一	25,000	230,000	432,000	162,000	135,000	959,000	230,000	A
東　京　立　正	20,000	240,000	423,600	108,000	101,000	872,600	240,000	A
東　星　学　園	20,000	220,000	420,000	135,000	86,240	861,240	220,000	A
東　　　　洋	20,000	200,000	444,000	300,000	25,000	969,000	320,000	A
東　洋　大　京　北	22,000	250,000	456,000	120,000	228,320	1,054,320	250,000	A
豊　島　学　院	23,000	240,000	460,800	70,000	133,700	904,500	240,000	A
二　松　学　舎　大　附	20,000	220,000	408,000	232,000	69,400	929,400	220,000	A
日本工業大駒場（特進/総進）	23,000	230,000	444,000	190,000	161,050	1,025,050	230,000	A
（理数特/文理未来）	23,000	230,000	444,000	210,000	175,450	1,059,450	230,000	A
日　本　大　第　一	20,000	240,000	456,000	100,000	100,800	896,800	240,000	A
日　本　大　第　二	25,000	250,000	480,000	240,000	180,510	1,150,510	350,000	C
日　本　大　第　三	25,000	270,000	420,000	100,000	210,100	1,000,100	270,000	B
日　本　大　櫻　丘	25,000	230,000	480,000	198,000	94,500	1,002,500	230,000	B
日　本　大　鶴　ヶ　丘	20,000	230,000	474,000	192,000	55,700	951,700	230,000	B
八王子学園八王子	23,000	250,000	468,000	206,400	40,200	964,600	250,000	A
八　王　子　実　践	23,000	300,000	372,000	162,000	45,600	879,600	404,000	A
広尾学園（医進・サイエンス）	25,000	388,000	480,000	54,000	202,200	1,124,200	388,000	A
（インターナショナル）	25,000	388,000	480,000	54,000	322,200	1,244,200	388,000	A
文化学園大杉並（進学/特進）	25,000	280,000	444,000	146,000	33,600	903,600	330,000	A
（ダブルディプロマ）	25,000	280,000	1,044,000	146,000	33,600	1,503,600	330,000	A
文　教　大　付	20,000	280,000	420,000	170,000	230,400	1,100,400	280,000	A

高　校　名	受験料	入学金	授業料年額	施設費・維持費年額	諸会費・その他年額	初年度納入金合計	入学手続時納入金	延納
法　政　大	25,000	300,000	531,000	240,000	64,000	1,135,000	300,000	A
宝仙学園共学部	22,000	300,000	483,600	180,000	68,000	1,031,600	420,000	A
豊　　　南	22,000	250,000	468,000	220,000	30,200	968,200	355,000	A
朋　優　学　院	25,000	270,000	444,000	132,000	36,600	882,600	418,000	A
堀越（総合／体育）	20,000	250,000	476,400	0	169,800	896,200	250,000	A
（TRAIT）	20,000	250,000	476,400	0	169,800	896,200	250,000	A
明　星　学　園	23,000	250,000	480,000	208,000	20,500	958,500	250,000	A
武　蔵　野　大	20,000	250,000	498,000	50,000	251,000	1,049,000	250,000	A
武蔵野大附千代田高等学院	20,000	250,000	498,000	199,200	110,400	1,057,600	250,000	A
明　治　学　院	25,000	275,000	468,000	202,000	13,200	958,200	275,000	A
明治学院東村山	25,000	280,000	456,000	198,000	78,000	1,012,000	280,000	A
明治大付八王子（現・明治大付中野八王子）	30,000	280,000	570,000	240,000	94,937	1,184,937	288,000	無
明治大付明治	30,000	300,000	602,400	282,000	37,000	1,221,400	410,000	B
明　　　星	22,000	240,000	480,000	170,000	13,200	903,200	240,000	A
明　　　法	23,000	240,000	444,000	120,000	61,200	865,200	240,000	A
目　黒　学　院	23,000	250,000	486,000	290,000	44,000	1,070,000	250,000	A
目　黒　日　本　大	25,000	250,000	444,000	213,000	96,000	1,003,000	250,000	A
目白研心（総合／特進）	23,000	200,000	460,000	170,000	96,170	926,170	200,000	A
（SEC）	23,000	200,000	460,000	170,000	117,910	947,910	200,000	A
八　雲　学　園	25,000	330,000	552,000	246,000	126,000	1,254,000	330,000	A
安　田　学　園	20,000	235,000	408,000	172,000	126,600	941,600	350,000	A
立　正　大　付　立　正	20,000	250,000	447,000	165,000	178,820	1,040,820	349,850	A
和　　　光	25,000	250,000	465,840	150,000	105,440	971,280	400,000	A
早稲田大系属早稲田実業学校	30,000	300,000	552,000	252,000	59,600	1,163,600	426,000	B
〈神奈川・男子校〉								
鎌　倉　学　園	25,000	250,000	456,000	382,000	19,200	1,107,200	150,000	B
慶　應　義　塾	30,000	340,000	750,000	200,000	21,000	1,311,000	936,000	C
藤　嶺　学　園　藤　沢	20,000	200,000	408,000	212,000	62,407	882,407	400,000	A
武　　　相	22,000	200,000	420,000	284,000	10,000	914,000	400,000	A
〈神奈川・女子校〉								
英理女子学院（iグローバル）	20,000	200,000	444,000	242,000	153,400	1,039,400	370,000	A
（キャリア）	20,000	200,000	384,000	242,000	123,400	949,400	370,000	A
鎌　倉　女　子　大	22,000	250,000	348,000	276,000	21,000	895,000	250,000	A
函嶺白百合学園	20,000	200,000	396,000	278,000	22,000	896,000	350,000	A
北鎌倉女子学園（普通）	20,000	200,000	354,000	170,000	294,600	1,018,600	370,000	A
（音楽）	20,000	200,000	378,000	220,000	522,600	1,320,600	420,000	A
相　模　女　子　大	20,000	220,000	444,000	266,000	43,600	973,600	412,000	A
聖セシリア女子	20,000	200,000	396,000	130,000	60,000	786,000	200,000	A
聖和学院（普通）	20,000	200,000	372,000	200,000	138,200	910,200	400,000	A
（英語）	20,000	200,000	396,000	200,000	138,200	934,200	400,000	A
捜　真　女　学　校	20,000	250,000	432,000	234,000	84,600	1,000,600	250,000	A
日　本　女　子　大　附	25,000	250,000	511,000	283,000	45,860	1,089,860	392,000	B
白　鵬　女　子	20,000	210,000	456,000	248,000	90,000	1,004,000	380,000	A
〈神奈川・男女校〉								
旭　　　丘	25,000	220,000	396,000	256,000	25,700	897,700	450,000	A

高　校　名	受験料	入　学　金	授業料年額	施設費・維持費年額	諸会費・その他年額	初年度納入金合　　計	入学手続時納　入　金	延納
麻　布　大　附	25,000	220,000	498,000	160,000	103,400	981,400	402,000	B
アレセイア湘南	20,000	210,000	360,000	248,000	128,600	946,600	410,000	A
柏　木　学　園	23,000	200,000	420,000	120,000	108,000	848,000	347,000	A
関東学院六浦	22,000	230,000	450,000	365,600	91,000	1,136,600	485,000	A
鵠沼（英語／理数）	25,000	200,000	444,000	212,000	60,000	916,000	400,000	A
（文理）	25,000	200,000	420,000	212,000	56,400	888,400	400,000	A
慶應義塾湘南藤沢	30,000	340,000	880,000	270,000	25,000	1,515,000	1,075,000	C
光明学園相模原	22,000	200,000	384,000	170,000	66,000	820,000	370,000	A
湘　南　学　院	20,000	200,000	408,000	200,000	166,800	974,800	400,000	A
聖ヨゼフ学園	20,000	200,000	324,000	260,000	212,600	996,600	340,000	A
相　　　　洋	26,000	240,000	420,000	150,000	64,000	874,000	390,000	A
橘　　学　　苑	20,000	208,000	444,000	226,000	47,000	925,000	350,000	A
立　花　学　園	25,000	200,000	384,000	280,000	49,500	913,500	400,000	A
中央大附横浜	30,000	290,000	588,000	290,000	137,200	1,305,200	290,000	無
鶴　見　大　附	20,000	200,000	444,000	308,000	91,200	1,043,200	200,000	A
桐　蔭　学　園	25,000	200,000	534,000	290,900	113,600	1,138,500	200,000	B
桐　光　学　園	22,000	220,000	516,000	177,320	131,000	1,044,320	220,000	B
日　本　　大	25,000	230,000	516,000	165,000	56,500	967,500	230,000	B
日　本　大　藤沢	20,000	230,000	492,000	195,000	56,500	973,500	230,000	B
法　政　大　国際	25,000	330,000	650,000	220,000	49,780	1,249,780	330,000	A
法　政　大　第二	30,000	300,000	528,000	290,000	90,000	1,208,000	350,000	A
三浦学苑（普通）	20,000	200,000	420,000	320,000	25,200	965,200	400,000	A
（普通IB）	20,000	200,000	420,000	320,000	265,200	1,205,200	400,000	A
（工業技術）	20,000	200,000	420,000	320,000	85,200	1,025,200	400,000	A
山　手　学　院	25,000	200,000	468,000	336,000	95,800	1,099,800	440,000	B
横　須　賀　学院	20,000	230,000	408,000	320,000	67,200	1,025,200	430,000	A
横浜（プレミア）	20,000	200,000	444,000	320,000	194,000	1,158,000	400,000	A
（アドバンス／アクティブ）	20,000	200,000	444,000	320,000	110,000	1,074,000	400,000	A
横　浜　翠　陵	20,000	190,000	432,000	170,000	115,200	907,200	360,000	A
横　浜　清　風	20,000	190,000	456,000	286,000	16,800	948,800	427,400	A
横　浜　創　英	20,000	190,000	408,000	150,000	189,600	937,600	373,000	A
横　浜　創学館	20,000	220,000	444,000	236,000	196,140	1,096,140	372,000	A
横　浜　隼　人	20,000	200,000	438,000	236,000	86,000	960,000	400,000	A
横浜富士見丘学園	20,000	250,000	456,000	292,000	80,400	1,078,400	410,000	A
〈埼玉・男子校〉								
慶應義塾志木	30,000	340,000	760,000	200,000	47,500	1,347,500	967,500	C
城西大付川越	25,000	250,000	372,000	200,000	137,958	959,958	450,000	B
城　北　埼　玉	26,000	260,000	408,000	180,000	155,600	1,003,600	260,000	A
立　教　新　座	30,000	300,000	624,000	310,000	31,000	1,265,000	540,000	C
〈埼玉・女子校〉								
秋　草　学　園	25,000	224,000	380,000	175,000	75,000	854,000	224,000	B
大　妻　嵐　山	25,000	250,000	430,000	250,000	35,710	965,710	250,000	B
淑　徳　与　野	25,000	200,000	384,000	273,000	18,800	875,800	252,000	A
〈埼玉・男女校〉								
浦　和　学　院	25,000	250,000	360,000	220,000	49,300	879,300	350,000	B

高　校　名	受験料	入学金	授業料年額	施設費・維持費年額	諸会費・その他年額	初年度納入金合計	入学手続時納入金	延納
浦和実業学園	25,000	230,000	312,000	232,700	63,700	838,400	402,500	B
浦和麗明	25,000	235,000	396,000	192,000	36,000	859,000	235,000	B
叡明	25,000	235,000	396,000	192,000	36,000	859,000	235,000	B
大宮開成	22,000	210,000	360,000	252,000	23,000	845,000	360,000	B
開智	25,000	250,000	375,000	75,000	112,000	812,000	250,000	A
開智未来	25,000	250,000	375,000	75,000	152,400	852,400	250,000	A
春日部共栄	25,000	260,000	384,000	196,000	25,200	865,200	360,000	A
埼玉栄	25,000	220,000	360,000	200,000	42,000	822,000	220,000	B
栄北	25,000	220,000	360,000	160,000	32,000	772,000	220,000	B
栄東	25,000	220,000	360,000	190,000	25,000	795,000	410,000	B
狭山ヶ丘	25,000	250,000	360,000	172,000	170,000	952,000	350,000	B
秀明	20,000	250,000	360,000	136,000	107,000	853,000	350,000	A
昌平（特別／選抜）	25,000	230,000	396,000	137,200	35,720	798,920	230,000	B
（IB）	25,000	230,000	396,000	137,200	323,720	1,086,920	230,000	B
西武学園文理	25,000	250,000	420,000	222,000	172,000	1,064,000	250,000	B
聖望学園	20,000	240,000	372,000	229,600	31,400	873,000	342,000	B
東京成徳大深谷	22,000	200,000	283,200	160,000	47,800	691,000	240,000	A
東京農業大第三	25,000	228,000	372,000	198,000	49,000	847,000	228,000	A
獨協埼玉	25,000	230,000	432,000	200,000	47,500	909,500	350,000	B
花咲徳栄	25,000	220,000	360,000	130,000	32,000	742,000	310,000	B
武南	25,000	230,000	288,000	184,000	75,012	777,012	390,000	B
本庄東	22,000	220,000	264,000	158,000	92,000	734,000	276,000	A
早稲田大本庄高等学院	30,000	260,000	684,000	228,000	39,500	1,211,500	738,000	C
〈千葉・女子校〉								
国府台女子学院（普通）	22,000	100,000	288,000	338,000	84,300	810,300	336,500	B
（美術）	22,000	100,000	312,000	338,000	84,300	834,300	336,500	B
和洋国府台女子	23,000	300,000	306,000	168,000	30,000	804,000	300,000	A
〈千葉・男女校〉								
市川	26,000	280,000	420,000	210,000	23,600	933,600	280,000	B
植草学園大附	19,000	150,000	396,000	130,000	63,400	739,400	150,000	B
光英VERITAS	22,000	150,000	384,000	342,000	160,630	1,036,630	300,000	A
芝浦工業大柏	22,000	200,000	402,000	286,600	35,120	923,720	200,000	B
渋谷教育学園幕張	26,000	160,000	444,000	352,000	51,000	1,007,000	290,000	B
秀明大学校教師学部附秀明八千代	20,000	180,000	276,000	204,000	291,270	951,270	300,000	A
昭和学院	25,000	160,000	396,000	304,000	58,930	918,930	320,000	B
昭和学院秀英	25,000	150,000	396,000	270,000	61,100	877,100	300,000	B
西武台千葉	20,000	150,000	396,000	184,000	123,700	853,700	310,000	A
専修大松戸	25,000	350,000	327,600	48,000	178,200	903,800	350,000	B
千葉経済大附（普通）	21,000	150,000	396,000	249,600	89,400	885,000	300,000	B
（商業）	21,000	150,000	396,000	249,600	96,600	892,200	300,000	B
（情報処理）	21,000	150,000	396,000	261,600	120,600	928,200	300,000	B
千葉商科大付（普通・特進）	22,000	180,000	456,000	240,000	228,000	1,104,000	300,000	B
（普通・総合）	22,000	180,000	456,000	240,000	221,000	1,097,000	300,000	B
（商業）	22,000	180,000	456,000	240,000	230,000	1,106,000	300,000	B
千葉日本大第一	20,000	200,000	366,000	196,000	116,800	878,800	300,000	B

高　校　名	受験料	入学金	授業料年額	施設費・維持費年額	諸会費・その他年額	初年度納入金合計	入学手続時納入金	延納
千　葉　明　徳	20,000	160,000	396,000	130,000	227,600	913,600	290,000	B
千　葉　黎　明	20,000	150,000	402,000	226,000	58,640	836,640	280,000	B
中　央　学　院	20,000	180,000	396,000	204,000	235,988	1,015,988	300,000	A
成　　　　田	20,000	120,000	336,000	190,000	132,200	778,200	222,000	B
二松学舎大附柏	22,000	150,000	324,000	330,000	64,400	868,400	214,400	A
日　出　学　園	25,000	150,000	288,000	212,000	220,900	870,900	350,000	A
八　千　代　松　陰	22,000	170,000	312,000	252,800	76,000	810,800	310,000	B
麗　　　　澤	22,000	300,000	354,000	201,000	273,000	1,128,000	300,000	B
〈茨城・男女校〉								
茨　　　　城	20,000	250,000	408,000	340,000	28,440	1,026,440	350,000	A
江戸川学園取手	20,000	150,000	360,000	404,000	12,000	926,000	350,000	B
霞　ヶ　浦	20,000	180,000	276,000	288,000	144,000	888,000	300,000	A
常　総　学　院	20,000	250,000	360,000	294,000	169,240	1,073,240	400,000	A
つくば国際大	20,000	180,000	276,000	294,000	44,400	794,400	330,000	A
土浦日本大 (総合/特進)	20,000	250,000	360,000	316,400	93,000	1,019,400	425,200	A
（グローバル）	20,000	250,000	360,000	316,400	153,000	1,079,400	425,200	A
東　洋　大　附　牛　久	20,000	210,000	348,000	358,000	104,900	1,020,900	400,000	A
茗渓学園（MG）	20,000	250,000	390,000	160,000	378,700	1,178,700	410,000	A
（IBDP）	20,000	250,000	960,000	160,000	378,700	1,748,700	410,000	A
〈栃木・男女校〉								
國學院大栃木	18,000	180,000	324,000	240,000	59,000	803,000	180,000	A
佐　野　日　本　大	20,000	100,000	396,000	200,000	156,000	852,000	200,000	A
白　鴎　大　足　利	15,000	150,000	378,000	135,000	62,600	725,600	280,000	A
〈山梨・男女校〉								
日　本　大　明　誠	20,000	200,000	402,000	120,000	150,362	872,362	200,000	B
〈寮のある学校・男子校〉								
函館ラ・サール（通学）	15,000	150,000	517,200	150,000	46,200	863,400	300,000	B
（寮）	15,000	150,000	517,200	150,000	1,004,200	1,821,400	300,000	B
〈寮のある学校・男女校〉								
片山学園（通学）	10,000	150,000	420,000	240,000	0	810,000	150,000	B
（寮）	10,000	150,000	420,000	240,000	1,058,000	1,868,000	150,000	B
佐久長聖（G・通学）	20,000	150,000	456,000	150,000	210,000	966,000	300,000	A
（G・寮）	20,000	150,000	456,000	150,000	1,220,000	1,976,000	300,000	A
（P・通学）	20,000	150,000	456,000	150,000	110,000	866,000	300,000	A
（P・寮）	20,000	150,000	456,000	150,000	1,120,000	1,876,000	300,000	A
早稲田摂陵 (普通・通学)	20,000	200,000	600,000	80,000	12,000	892,000	200,000	A
（普通・寮）	20,000	200,000	600,000	80,000	1,256,400	2,136,400	200,000	A
（吹奏楽・通学）	20,000	200,000	520,000	0	112,000	832,000	200,000	A
（吹奏楽・寮）	20,000	200,000	520,000	0	1,356,400	2,076,400	200,000	A
西大和学園（通学）	25,000	200,000	576,000	60,000	151,200	987,200	200,000	A
（寮）	25,000	200,000	576,000	60,000	1,337,200	2,173,200	200,000	A
岩田（通学）	10,000	150,000	432,000	141,000	156,000	879,000	150,000	無
（寮・男子）	10,000	150,000	432,000	141,000	945,000	1,668,000	150,000	無
（寮・女子）	10,000	150,000	432,000	141,000	960,000	1,683,000	150,000	無

2024年度 私立中学校・高等学校
予想偏差値一覧

〈表の見方〉

☆中学校は四谷大塚、首都圏模試センター、高等学校は駿台中学生テストセンター、進学研究会、総進図書、新教育の偏差値です。

☆中学校、高等学校とも80％合格ラインの偏差値（総進図書は60％）です。

☆2023年春中学・高校合格者のデータや、各社が独自に実施した合不合判定テスト、公開模試受験者の成績などに基づいた7月時点の予想偏差値です（各社の推測を含み、今後変動します。また、今年の結果ではありません。新教育研究協会は前年参考）。各社の算出した偏差値は、それぞれ母集団が異なり、算出方法も異なるため、比較はできません。入試制度・コースなどの変更については6月判明分まで対応しています。帰国生のみを対象とする入試は除いています。

☆中学4教科欄は2024年度4教科入試校（一部前年度実績を含む）。選は2教科か4教科選択受験可能。

☆すべての偏差値は中学・高校をランク付けしたものではありません。あくまでも合格の目安です。

中学校編

中 学 名	4教科	回	四谷大塚	首都圏模試センター
〈東京都・男子校〉				
麻布	4		68	76
足立学園	選	1回		44志39
	選	2回		46
	選	3回		47
	選	4回		48
	4	特奨1回	48	57
	4	特奨2回	48	59
	4	特奨3回	48	59
	4	特奨4回		59
	4	特奨5回		59
海城	4	1回	64	74
	4	2回	67	75
開成	4		71	78
学習院	4	1回	54	65
	4	2回	56	66
暁星	4	1回	55	66
		2回	58	69
京華	選	1回一貫	38	44
	4	1回特選午前	42	47
	4	1回特選午後	44	57
		適性特選		48
	選	2回一貫午後	40	46
	4	2回特選午後	44	54
	選	3回一貫	38	47
	4	3回特選	42	53
攻玉社	4	1回	55	66

中 学 名	4教科	回	四谷大塚	首都圏模試センター
	4	2回	61	70
		特別選抜	64	73
佼成学園	選	1回	40	51
	選	2回	40	53
	選	3回	40	53
		特奨1回	50	62
		特奨2回	47	62
		適性特奨1回		57
		適性特奨2回		56
	選	グローバル特奨		51
		グローバル特奨	51	63
駒場東邦	4		65	74
サレジオ				36
芝	4	1回	60	70
	4	2回	64	73
城北	4	1回	56	67
	4	2回	58	68
	4	3回	60	69
巣鴨	4	Ⅰ期	55	66
		算数選抜	64	73
	4	Ⅱ期	58	68
	4	Ⅲ期	58	68
聖学院	選	1回一般	37	48
	選	1回アドバンスト	43	57
		ものづくり思考力		51
	選	2回一般	37	49
	選	2回アドバンスト	43	58
		特待生		63
		デザイン思考力		52

中　学　名	4教科	回	四谷大塚	首都圏模試センター
	選	3回アドバンスト	43	59
		G思考特待		61
		表現力		50
成　　　城	4	1回	51	64
	4	2回	55	65
	4	3回	55	67
世 田 谷 学 園	4	1次	56	本66理69
		算数午後	60	本72理73
	4	2次	56	本68理70
	4	3次	56	本68理71
高　　　輪	4	A	52	64
	4	B	54	66
	4	C	55	67
		算数午後	60	70
東 京 都 市 大 付	4	1回Ⅰ	53	67
	4	1回Ⅱ	57	70
		2回Ⅰ	56	69
		2回Ⅱ	60	71
	4	3回Ⅰ	56	69
	4	3回Ⅱ	60	71
	4	4回Ⅰ	56	69
	4	4回Ⅱ	60	71
		グローバルⅠ		62
		グローバルⅡ		65
桐　　　朋	4	1回	56	67
	4	2回	61	71
獨　　　協	4	1回	47	58
		2回午後	52	64
	4	3回	48	60
	4	4回	48	63
日 本 学 園	4	1回	50	61
	4	2回	51	63
	4	3回	51	64
日 本 大 豊 山	4	1回	47	59
		2回	52	63
		3回	49	61
		4回	51	63
本　　　郷	4	1回	60	70
	4	2回	62	72
	4	3回	62	73
武　　　蔵	4		65	74
明 治 大 付 中 野	4	1回	57	67
	4	2回	57	68
明　　　法	選	1回午前		43
		1回適性		45
		1回午後		46
	選	2回午前		41
		2回午後		46
		3回		46
立 教 池 袋	4	1回	57	67
		2回	59	69

中　学　名	4教科	回	四谷大塚	首都圏模試センター
早　稲　田	4	1回	65	74
	4	2回	67	75
早稲田大高等学院	4		65	73
〈東京都・女子校〉				
愛　　　国		1回		37
		2回		37
		3回		37
跡 見 学 園	選	1回	43	51
	選	2回	44	52
		特待1回	50	61
		特待2回	50	61
		特待3回思考力		55
		特待3回英語		50
	選	特待4回	49	57
江 戸 川 女 子	4	1回	40	53
	4	2回	40	52
	4	3回	40	53
		基礎学力1回	41	56
		基礎学力2回		56
桜　　　蔭	4		71	78
鷗 友 学 園 女 子	4	1次	62	71
	4	2次	66	73
大　　　妻	4	1回	54	66
	4	2回	55	67
	4	3回	56	67
	4	4回	56	68
大 妻 多 摩	4	総合1回	39	52
		適性思考力		52
		総合2回午後	43	57
		総合3回午後	40	51
	4	総合4回	40	54
		国際1回		52
		国際2回午後		52
		国際3回午後		52
大 妻 中 野		グローバル1回		52
		グローバル2回		52
	4	1回アドバンスト	48	55
		2回アドバンスト	51	61
		3回アドバンスト	51	61
		4回アドバンスト	48	55
	4	新思考力		51
学 習 院 女 子	4	A	57	68
	4	B	62	70
川　　　村		プレミアム		40
		セレクト1回		41
		セレクト2回		41
		セレクト3回		41
		セレクト4回		41
		セレクト5回		41
神 田 女 学 園		①適性		40
		①2科選択		40

中学名	4教科	回	四谷大塚	首都圏模試センター
	4	②特待適性		45
		②特待2選	43	45
		③特待2選	42	45
		③特待4科		45
		④2科選択		40
		④得意科目		40
		⑤新思考力		40
		⑤2科選択		40
		⑥得意科目		40
北豊島		一般		40
		適性検査型		40
	選	特待1回		45
		特待2回		45
		特待3回		45
吉祥女子	4	1回	64	73
	4	2回	65	74
共立女子	4	2／1	52	63
	4	2／2	53	64
		合科型	54	63
		英語4技能		59
共立女子第二	選	1回AM		41
		適性検査型		41
		1回PM	36	41
		2回AM		43
		2回PM		44
		3回AM		43
国本女子		1回		38
		2回		38
		3回		38
		4回		38
京華女子	選	1回午前		41
	選	1回午前特待		46
	選	1回午後		42
	選	1回午後特待		47
		2回英検		40
		2回英検特待		45
	選	2回午後		43
	選	2回午後特待		48
	選	3回午後		43
		3回午後特待		48
	選	特待特別		49
		適性検査型特待		43
		適性検査型一般		40
恵泉女学園		1回	55	66
	4	2回	52	62
		3回	54	66
小石川淑徳学園（現・淑徳SC）		1回		35
		特待		41
		2回		36
		3回		35
		4回		35

中学名	4教科	回	四谷大塚	首都圏模試センター
光塩女子学院		1回	44	55
	4	2回	46	56
	4	3回	44	54
晃華学園	4	1回	50	60
		2回	55	66
	4	3回	51	61
麹町学園女子	選	1日一般		41
		1日英語		41
	選	1日午後特待	41	48
		1日午後特待英語		46
	選	2日一般		41
	選	2日午後特待	40	49
	選	3日一般		42
	選	5日一般		42
佼成学園女子	選	1回午前		38
		1回午前適性		38
		1回午後特待	44	55
		1回午後適性		39
	選	2回午前		55
		2回午前適性		38
		2回午後特待		55
		3回午前2科		38
		3回午後		40
	選	4回午前		39
		4回午後適性		38
	選	5回		55
香蘭女学校	4	1回	58	67
		2回	62	70
駒沢学園女子	選	1回午前		37
		1回1科		38
		1回午後		38
		2回午前		38
		2回1科		38
		2回午後		38
		3回		38
実践女子学園	選	1回	44	55
		2回	46	61
	選	3回	44	56
		4回	46	60
		5回	47	61
		6回	47	60
		思考表現		49
		英語資格1回		55
		英語資格2回		55
品川女子学院	4	1回	52	62
		算数午後	58	67
	4	2回	52	63
	4	表現総合型	52	64
十文字	選	1回	41	45
		2回	46	49
	選	3回	42	44

中 学 名	4教科	回	四谷大塚	首都圏模試センター
		4回	42	45
		5回		48
		思考作文		44
		英検利用		42
		得意型		49
頌栄女子学院	4	1回	61	70
	4	2回	62	70
昭和女子大附昭和	選	本科A	46	59
		本科AP	50	64
	選	本科B	49	61
	選	本科C	50	62
	選	GA		62
	選	GB		62
		SA	48	61
		SB		61
女 子 学 院	4		69	76
女 子 聖 学 院	選	1回	40	48
		2回	40	51
	選	3回		46
		4回		45
		5回		43
		スカラシップ	43	55
		英語表現		45
		BaM		45
女子美術大付	選	1回	43	53
		2回	45	62
		3回	45	62
白梅学園清修	選	1回午前		41
		1回午前適性		41
		1回午後		41表現40
		2回		41
		3回		41
		4回		41
		5回		41
		6回		41
白 百 合 学 園	4		64	73
成 女 学 園		1回		35
		2回		35
		3回		35
		4回		35
		5回		35
		6回		35
聖ドミニコ学園		1回		43
		2回		43
		3回思考力		42
		4回		43
		後期		43
瀧野川女子学園	選	1回		37
	選	2回		37
		3回		37
		4回		37
玉 川 聖 学 院	選	1回		45
		2回		47
	選	3回		45
		4回		46
		適性		43
		多文化共生		41
田園調布学園	4	1回	52	62
		午後算数	60	69
	4	2回	53	63
	4	3回	53	63
東京家政学院		1日午前		40
		1日午後		40
		2日午前		40
		2日午後		43
		5日午前		40
		10日		43
東京家政大附女子		1回		E48i43
		1回特奨適性		E47i46
	選	2回特奨	40	E50i47
	選	3回	36	E48i44
		4回		E49i45
		5回		E48i44
		6回		E48i44
東京純心女子	選	私立1回		45
		適性1回		46
		私立2回		49
	選	私立3回		44
		数的処理型		45
	選	私立4回		54
		適性2回		54
東京女学館	4	1回	50	60
		2回	54	65
		3回	52	63
	4	4回	52	61
		国際	49	59
東京女子学院	選	1回午前		37
		1回午後		37
	選	2回午前		37
		2回午後		37
	選	3回午前		37
		3回午後		37
	選	4回午前		37
		4回午後		37
	選	5回午前		37
		5回午後		37
桐 朋 女 子		A		44
	選	B		48
		論理思考&発想力		45
東洋英和女学院	4	A	61	69
	4	B	63	70
トキワ松学園	選	1回		40

中　学　名	4教科	回	四谷大塚	首都圏模試センター
	選	2回		44
		3回		45
		4回		42
		適性検査型		40
		英語型		42
豊島岡女子学園	4	1回	69	76
	4	2回	70	77
	4	3回	70	77
中　　　村	選	2科4科1回		42
	選	2科4科2回		44
		国算基礎		44
	選	特待1回	40	49
	選	特待2回		49
		適性検査型		42
		エクスプレス		42
		ポテンシャル		42
日本体育大桜華		1回		36
		2回		36
		3回		35
日本大豊山女子	選	4科2科	37	47
		算数1科	39	50
		2科1回	41	50
		2科2回	40	49
		2科3回	40	49
		2科選択	39	47
		適性検査型		45
		プレゼン		45
富　士　見	4	1回	50	61
	4	2回	54	63
		算数1科	57	68
	4	3回	54	63
富　士　見　丘		WILL		41
		一般2/1午後		43
		一般2/2午前		41
		一般2/2午後		43
		一般2/3午後		42
		一般2／4		40
		英語資格2/1午後		43
		英語資格2/2午前		42
		英語資格2/2午後		42
		英語資格2/3午後		41
		英語資格2／4		40
		適性検査型思考力		41
		グローバル2/1		40
藤　村　女　子	選	一般①		40
		適性検査型		38
		国語1科		40
		ナゾ解き		38
	選	一般②		40
		一般③		40
		一般④		40

中　学　名	4教科	回	四谷大塚	首都圏模試センター
		一般⑤		40
		一般⑥		40
雙　　　葉	4		67	75
普連土学園	4	1日午前	48	60
		1日午後算数	55	67
		2日午後	54	66
	4	4日午前	49	62
文京学院大女子		P①文京		41
		特待選抜①	40	49
		P②文京		42
		P③文京		44
		特待選抜②		50
		適性検査型		42
		探究プレゼン		42
三　輪　田　学　園	選	1回2科4科	44	53
		1回英検利用		48
		1回午後	48	58
	選	2回2科4科	45	56
		2回英検利用		50
	選	3回	47	57
山　脇　学　園	4	A	53	64
		B	55	66
	4	C	55	66
		国算1科	58	国69算68
		英語A		60
		英語B		61
		英語C		63
		英語ＡＬＡ		62
		英語ＡＬＢ		62
		探究サイエンス		66
立　教　女　学　院	4		60	69
和洋九段女子	選	1回		本科41GL42
		2回		本科41GL42
	選	3回		本科44GL44
		4回		本科41GL42
	選	5回		本科46GL46
		6回		本科42GL44
		7回		本科42GL44
〈東京都・男女校〉				
青　山　学　院	4	男	59	70
	4	女	65	74
郁　文　館		総合1回	40	46
		総合2回	38	45
	選	総合3回		46
	選	総合4回		46
		総合5回		47
		iP1回		61
		iP2回		61
		ＧＬ特進	45	
		未来力		42
		適性1回		42

中　学　名	4教科	回	四谷大塚	首都圏模試センター
		適性2回		42
		適性iP回		60
上　野　学　園	4	1日2科		38
	4	1日4科		37得意38
		1日適性		38
		1日午後		38
		2日得意2科		38
		4日得意1科		39
	4	4日特待		44
		4日2科音楽		39
		6日2科		39
穎　明　館	4	1回	男44女45	男55女56
		グローバル		54
	4	2回	男45女46	56
		3回	男47女48	60
	4	4回総合	男45女46	56
桜　美　林	選	1回午前	男43女44	57
		1回午後	男47女48	男60女61
		2回午後	男47女48	男60女61
		3回午後	男47女48	64
		総合学力1回		54
		総合学力2回		56
開智日本橋学園	選	1回	男54女56	男66女67
		適性検査型		男62女63
	4	特待4科	男61女63	71
		特待算数	男61女63	
	選	2回	男56女58	68
	選	3回	男56女58	68
	選	4回	男54女56	男66女67
か え つ 有 明	選	1日午前	男46女47	男59女60
	選	1日午後	男52女53	男62女63
	選	2日午後	男52女53	男62女63
	選	3日午後	男52女53	男62女63
		思考力特待		67
		ＡＬ特待		67
		Hon. /Adv.		62
共　栄　学　園	選	1回		41
		2回		42
		3回1科		42
		4回		41
		5回		41
国立音楽大附		1回演奏		40
		総合		40
		2回総合		40
		3回演奏		40
		総合		40
慶應義塾中等部	4	男	65	74
	4	女	70	77
啓　明　学　園		1回		40
		2回		40
		3回		40

中　学　名	4教科	回	四谷大塚	首都圏模試センター
		適性検査型		40
		算数特待	41	48
		国語4技能		41
工学院大附	選	1回A		男50女49
		1回B特待	男40女41	56
	選	2回A		男50女49
		2回B		男53女52
		3回		男53女52
		4回		男53女52
		適性MT1回		46
		適性MT2回		46
国学院大久我山	4	1回	男51女49	男63女61
	4	2回	男52女49	男64女62
		1回ＳＴ	57	68
		2回ＳＴ	57	68
		3回ＳＴ	男55女52	66
国　士　舘		1回		39
		2回		40
		3回		40
		4回		40
駒　　込	選	1回	男42女43	52
		2回	男44女45	57
	選	3回	男44女45	56
		4回(特待)	男48女49	64
		5回	男44女45	56
桜　　丘	選	1回	男39女40	44
	選	2回特待	男42女43	54
	選	3回	男39女40	45
	選	4回特待	男42女43	58
		5回	男39女40	47
サレジアン国際学園	選	1回		本科42イン43
		1回自由選択		本科43イン44
	選	2回		本科42イン43
		2回自由選択	本科男40女41	本科44イン45
	選	3回	本科42女43	本科53イン54
		21世紀型		本科45イン46
サレジアン国際学園世田谷	選	1回	本科39女40	本科47イン48
	選	2回	本科42女43	本科52イン53
	4	3回特待	本科43女44	本科59イン60
		4回	本科42女43	本科男53女54イン54
	4	5回	本科39女40	本科52イン53
実　践　学　園	選	1回		42
	選	2回		42
		特待1回	男43女44	55
		特待2回	男43女44	55
		ＬＡＳ1回		39
		ＬＡＳ2回		39
		特別		43
		適性検査型		41
		自己ＰＲ		40
		Ⅱ期		40

中　学　名	4教科	回	四谷大塚	首都圏模試センター
品　川　翔　英	選	1回		41
		1回適性		男41女40
		2回算理		43
	選	3回	男44女45	42
		4回ラーナー		40
		5回表現		40
	選	6回		44
芝浦工業大附		1回	男53女55	男66女67
		2回	男55女57	68
		言語探究		68
		英語		69
芝　国　際	4	1回	男52女54	
		2回	男55女57	
		3回	男55女57	
		4回	男55女57	
渋谷教育学園渋谷	4	1回男	67	74
	4	1回女	69	76
	4	2回男	68	75
	4	2回女	70	77
	4	3回男	68	76
	4	3回女	70	77
自　由　学　園		1回		
		2回		
修　　　徳		1回		37
		2回		37
		3回		37
		4回		37
		5回		37
		6回		37
		7回		37
淑　　　徳	選	スーパー1回	男48女49	62
		スーパー2回	男49女51	63
		東大1回	男54女56	66
		東大2回	男52女54	64
		東大3回		66
淑　徳　巣　鴨		スカラシップ1回	男46女47	男62女61
	選	スカラシップ2回	男46女47	62
	選	スカラシップ3回	男46女47	62
		一般1回	男40女41	53
		一般2回		54
		一般3回	男40女41	57
順　　　天	4	1回A	男44女45	57
		1回B	男48女49	61
	4	2回A	男44女45	57
		2回B	男48女49	59
		3回多面的		57
城西大附城西	選	1回午前		42
	選	1回午後		43
	選	2回午前		42
	選	3回		男45女44
	選	4回		44

中　学　名	4教科	回	四谷大塚	首都圏模試センター
聖　徳　学　園		AO		42
		適性検査型		41
		PM1回		44
		PM2回		44
		AM1回		43
		AM2回		45
	4	特別奨学生	男42女43	52
		プログラミング		41
駿　台　学　園	選	1回午前		37
		1回午後		37
	選	2回午前		37
		2回午後		37
		3回		37
		4回		37
成　　　蹊	4	1回男	51	63
	4	1回女	56	67
	4	2回男	53	64
	4	2回女	59	68
成　城　学　園	4	1回男	51	63
	4	1回女	54	65
	4	2回男	52	65
	4	2回女	55	67
清　明　学　園				
成　立　学　園	選	1回		41
		2回		43
	選	3回		42
		4回		43
青　　　稜	選	1回A	男52女54	男64女65
	選	1回B	男56女58	69
	選	2回A	男53女55	66
	選	2回B	男58女60	69
創　　　価	4	1回	男45女46	55
		2回		54
玉　川　学　園	選	1回		45
		2回		49
	選	3回		46
		4回		49
		IB1回		
		IB2回		
多摩大附聖ヶ丘	選	1回	39	46
		2回	40	49
		3回		49
		4回		48
	選	5回		46
		適性型		46
		リスニング		45
多　摩　大　目　黒	選	進学1回		44
	選	進学2回		51
	4	特待1回	男42女43	54
	4	特待2回	男43女44	56
		特待3回	男43女44	58

中学名	4教科	回	四谷大塚	首都圏模試センター
		特待4回	男43女44	60
		特待5回	男43女44	57
中央大附	4	1回	男57女60	男68女69
	4	2回	男57女60	男68女69
千代田国際	選	1回		47
	選	2回		48
		3回		48
		4回		47
		5回		48
		適性検査		44
		思考力		45
帝京	選	1回午前		進学41特進44
		1回午後		進学41特進44
		2回午前		進学42特進47
		2回午後得意		進学41特進45
	選	3回		進学41特進44
	選	4回		進学41特進44
帝京大	選	1回男	52	63
	選	1回女	54	63
	4	2回特待・一般男	54	64
	4	2回特待・一般女	56	64
		3回男	53	65
		3回女	55	65
帝京八王子		1回A		38
		1回B		38
		2回A		38
		2回B		38
		3回A		38
		3回B		39
		4回		38
		2次		37
貞静学園		1回午前		36
		1回午後		37
		2回午前		36
		2回午後		36
		3回午前		36
		3回午後		36
		4回		36
		5回		36
		適性検査型1回		36
		適性検査型2回		36
東海大菅生		1回A		一貫37医難43
		1回B		一貫37医難44
		2回A		一貫37医難43
		2回B		一貫37医難44
		3回		一貫37医難47
		4回		一貫37医難47
東海大高輪台	4	1回	男40女41	44
	4	2回	男40女41	46
	4	3回	男40女41	48
東京成徳大	選	1回一般		44

中学名	4教科	回	四谷大塚	首都圏模試センター
		1回特待	男38女39	54
	選	2回一般		44
		2回特待		55
	選	3回一般		44
		3回特待		55
東京電機大	選	1回	男42女41	男53女50
		2回	男47女46	男59女56
	選	3回	男43女42	男61女56
		4回	男47女46	男59女55
東京都市大等々力	4	1回特選男	53	63
	4	1回特選女	55	64
	4	2回特選男	55	S65
	4	2回特選女	57	S65
	4	1回S特男	58	68
	4	1回S特女	60	69
		S特・算数		71
	4	2回S特	男58女60	68
		AL		63
		英語		
東京農業大第一		1回算国	男59女62	}男70
		1回算理	男59女62	}女71
		2回算国	男59女62	}71
		2回算理	男59女62	
	4	3回	男58女61	70
東京立正		1回午前		41適性45
		1回午後		39
		2回午前		39
		2回午後		44
		3回午前		44
		3回午後		39
		4回		40
東星学園		1回		36
		2回		37
		3回		38
		4回		37
		国語1科		37
東邦音楽大附東邦				36
東洋大京北	4	1回	男48女49	62
		2回	男50女51	64
	4	3回	男50女51	63
	4	4回	男50女51	65
ドルトン東京学園	選	1日午前	男46女47	59
		1日午後特待	男53女55	69
	選	2日午前	男46女47	62
		2日理数特待	男53女55	69
		4日午後	男49女50	男61女62
		思考・表現型		58
日本工業大駒場	選	1回	39	43
		2回	41	46
	選	3回		45
		4回		47

中学名	4教科選	回	四谷大塚	首都圏模試センター
	選	5回		47
	選	6回		47
	選	特別選抜		52
新渡戸文化		2科1回		39
		適性検査型		男39女38
		2科2回		39
		教科選択		38
		2科3回		42
		2科4回		42
日本大第一	4	4科1回	男40女41	48
	4	4科2回	男41女42	52
		2科1回	男43女44	56
		2科2回	男45女46	男57女58
日本大第二	4	1回	男45女46	男57女56
	4	2回	男46女47	59
日本大第三	選	1回	39	男50女48
	選	2回	40	男54女53
		3回	42	男58女56
八王子学園八王子	選	東大・医進1日		57
		東大・医進適性		55
		東大・医進1日PM	男47女48	男60女61
		東大・医進2日		58
		東大・医進2日PM	男46女47	60
		特進		49
八王子実践		適性1回		39
		適性2回		40
		適性3回		39
		プレゼン1回		39
		プレゼン2回		39
広尾学園	4	1回	男61女64	男70女73
	4	2回	男65女68	男72女75
	4	2回インターSG	男66女69	男73女76
	4	3回	男62女65	男73女74
	4	3回インターSG	男63女66	男74女75
	4	医進・S	男66女69	男73女76
		インターAG		70
広尾学園小石川	4	1回本科	男56女58	男67女68
	4	1回SG	男56女58	69
		2回本科	男58女60	68
		2回SG	男58女60	69
		3回本科	男59女61	69
		3回SG	男59女61	70
		4回本科	男59女61	69
		4回SG	男59女61	70
		5回本科	男59女61	69
		5回SG	男59女61	70
		AG		67
文化学園大杉並		1回		47
	選	2回	男40女41	男48女50
	選	3回	男37女38	46
		4回	男40女41	47

中学名	4教科選	回	四谷大塚	首都圏模試センター
	選	5回	男37女38	46
		6回	男37女38	47
		適性検査型		46
		英語特別①		47
		英語特別②		47
文教大付	選	1回	男37女38	43
	選	2回	男41女42	47
	選	3回	男38女39	47
	選	4回	男40女41	48
	選	5回	男38女39	50
法政大	4	1回男	55	67
		1回女	57	68
	4	2回男	57	67
	4	2回女	58	68
	4	3回男	57	68
	4	3回女	59	69
宝仙学園(共学部)	選	1回	男42女43	59
	選	2回午後	男45女46	60
	4	新4科	男45女46	59
		公立一貫1回		52
		公立一貫2回		54
		公立一貫3回		55
		リベラル1回		48
		リベラル2回		48
		AAA1回		48
		AAA2回		47
		グローバル1回		48
		グローバル2回		47
		理数インター1回		49
		理数インター2回		48
		読書1回		48
		読書2回		48
		オピニオン		48
		英語AL		48
三田国際学園	4	1回IS	男56女58	67
	4	1回インター	男54女56	66
	4	2回IS	男58女60	68
	4	2回インター	男57女59	67
	4	3回IS	男58女60	69
	4	3回インター	男57女59	69
	4	4回IS	男58女60	69
		MST	男61女63	男71女72
明星学園		A		41
	選	B		43
		C		45
		D		44
武蔵野		1回		37
	選	2回		37
		3回		37
		4回		37
		1回適性検査		36

中 学 名	4教科	回	四谷大塚	首都圏模試センター
		2回適性検査		36
		1回アクティブ		37
		2回アクティブ		38
武 蔵 野 大	選	1回	男38女39	46
	選	2回	男40女41	51
	選	3回	男38女39	48
	選	4回	男40女41	51
		アドベンチャー		47
		適性検査型		46
武 蔵 野 東	4	4科①		45
		2科AB①		45
		算数①		46
		適性型①		45
		2科AB②		A50B46
		算数②		47
		適性②		47
	4	4科②		50
		2科AB③		46
		算数③		50
		適性③		48
		2科A④		52
		算数④		53
		EE		49
		AO特待		
明 治 学 院		1回男	46	61
		1回女	47	62
	4	2回男	44	59
	4	2回女	45	60
	4	3回男	44	56
	4	3回女	45	57
明治大付八王子	4	A1回男	52	64
(現・明治大付中野八王子)	4	A1回女	54	65
	4	A2回男	54	66
	4	A2回女	56	66
	4	B男	54	67
	4	B女	56	67
明 治 大 付 明 治	4	1回男	60	71
	4	1回女	63	73
	4	2回男	60	72
	4	2回女	63	74
明 星		総合1回		40
		総合2回		40
		総合3回		41
		総合4回		41
	4	特選1回4科		45
		特選1回適性		43
		特選2回		48
		特選3回		48
		特選4回		49
目 黒 学 院		1回		39
	選	2回		39

中 学 名	4教科	回	四谷大塚	首都圏模試センター
	選	3回		39
		4回		39
目 黒 日 本 大	4	1回	男44女45	54
		2回	男49女50	60
	選	3回	男46女47	59
		3回適性		61
		4回特待	男49女50	64
目 白 研 心	選	1回		42
	選	2回		45
		3回		44
		4回		46
		5回		45
		算数アド		46
		英語資格1回		43
		英語資格2回		42
		適性検査型		42
八 雲 学 園	選	1回	男37女38	47
	選	2回	男39女40	52
	選	3回	男38女39	51
	選	4回		51
		未来発見		男51女50
安 田 学 園	4	先進1回	男50女52	61
		先進1回適性		63
	4	先進2回	男52女54	64
	4	先進3回	男50女52	男64女65
		先進3回適性		62
	4	先進4回	男52女54	66
	4	先進5回	男52女54	65
立 正 大 付 立 正	選	1回午前		41
	選	1回午後		44
	選	2回		男46女45
	選	3回		47
	選	4回		47
和 光		1回		43
		2回		男48女47
		3回		男48女47
早稲田大系属早稲田実業	4	男	64	74
	4	女	68	75
〈神奈川県・男子校〉				
浅 野	4		64	74
栄 光 学 園	4		66	75
鎌 倉 学 園	4	1次	51	63
	4	2次	55	67
	4	3次	54	66
		算数選抜	62	72
慶應義塾普通部	4		63	73
サ レ ジ オ 学 院	4	A	60	70
	4	B	62	72
逗 子 開 成	4	1次	56	69
	4	2次	57	71
	4	3次	58	71

中　学　名	4教科	回	四谷大塚	首都圏模試センター
聖　光　学　院	4	1回	70	78
	4	2回	70	78
藤嶺学園藤沢	選	2科4科①		44
		2科	41	48
		得意2科Ⓐ		48
	選	2科4科②		46
		得意2科Ⓑ		42
武　　　　相		1回		39
		2回		40
		3回		39
横　　　　浜	選	1回		41
	選	2回午後		41
	選	3回午後		41
〈神奈川県・女子校〉				
神　奈　川　学　園	選	A午前	39	50
		A午後	46	58
	選	B	38	51
	選	C	38	50
鎌　倉　女　学　院	4	1次	49	61
	4	2次	48	62
鎌　倉　女　子　大	選	2／1午前		K42P41
	選	2／1午後	K35	K44P41
	選	2／2午前		K41P42
	選	2／2午後		K43P41
	選	2／3午後		K41P42
	4	2／4午前		K41
	4	2／5午前		K41
		適性1		42
		適性2		44
		適性3		41
カリタス女子	4	1回	44	56
		2回	47	59
		3回	47	59
		英語資格		55
	4	4回	45	57
函嶺白百合学園		1回		40
		2回		41
		3回		40
北鎌倉女子学園		2科①		42
		2科②		40
	4	4科総合		41
		国語①		42
		国語②		42
		算数①		42
		算数②		42
		エッセイ①		40
		エッセイ②		40
		プログラミング		42
		音楽		40
相　模　女　子　大		1回		43
	選	2回		42

中　学　名	4教科	回	四谷大塚	首都圏模試センター
	選	3回		40
		4回		44
		適性検査型		43
		プログラミング①		42
		プログラミング②		42
湘南白百合学園		算数1科	58	67
		国語1科	58	68
	4	4科	52	62
		英語資格		60
聖セシリア女子	選	A1次	38	51
	選	A2次	40	52
		A3次	40	45
		Bスカラ	44	60
清　泉　女　学　院	4	1期4科	45	57
		2期2科	51	64
	4	3期4科	47	59
		3期3科		58
		SP		64
		AP		59
聖　和　学　院	選	1回		42
		2回		42
		3回		41
	選	特待①		47
	選	特待②		47
	選	特待③		47
		特別①		41
		特別②		41
洗　足　学　園	4	1回	67	75
	4	2回	67	76
	4	3回	67	76
捜　真　女　学　校	選	A		40
		スカラ1		50
	選	スカラ2		50
		B		47
		C		47
	4	対話		43
日　本　女　子　大　附	4	1回	53	62
	4	2回	53	63
フェリス女学院	4		64	74
聖　園　女　学　院	選	1次	39	51
		2次	41	54
	選	3次	39	50
		適性検査型		52
		得意1科	41	50
		得意2科		50
		国算		48
緑　ヶ　丘　女　子		1回午前		37
		1回午後		37
		2回		37
		3回		37
横浜共立学園	4	A	52	64

中学名	4教科	回	四谷大塚	首都圏模試センター
		B	59	70
横浜女学院	4	A国際教養	43	52
	選	Aアカデミー	39	47
	選	特別奨学I		66
	4	B国際教養	48	54
	選	Bアカデミー	43	49
	4	C国際教養	43	52
	選	Cアカデミー	49	47
	4	D国際教養	47	53
	選	Dアカデミー	42	48
	選	特別奨学II		66
	4	E国際教養	46	52
	選	Eアカデミー	41	47
横浜雙葉	4	1回	52	65
	4	2回		68
〈神奈川県・男女校〉				
青山学院横浜英和	4	A男	55	66
	4	A女	57	67
		B男	58	69
		B女	60	69
		C男	57	69
		C女	59	70
アレセイア湘南	選	1回午前		39
	選	1回午後		39
		2回午前		38
		2回午後		39
		3回午前		39
		3回午後		38
		ポテンシャル1回		39
		ポテンシャル2回		39
		グローバル		39
		特待生		45
大西学園		A		36
		B		36
		C		36
神奈川大附		1回男	57	70
		1回女	59	70
	4	2回男	53	67
	4	2回女	55	67
	4	3回男	57	68
	4	3回女	59	68
関東学院	4	一期A	男44女45	男58女59
		一期B	男49女51	男61女62
	4	一期C	男47女48	60
		二期	男49女51	65
関東学院六浦	選	A–1		42
		A–2		45
	選	B–1		43
		B–2		43
		C		44
		自己アピール型		42

中学名	4教科	回	四谷大塚	首都圏模試センター
公文国際学園		A男	国算52	63
		A女	国算54	63
	4	B男	52	63
	4	B女	54	63
慶應義塾湘南藤沢	4	4科男	65	74
	4	4科女	68	76
		3科男		72
		3科女		73
自修館（中教）		探究		53
	選	A1	男40女41	53
		A2	男42女43	56
	選	B1	男40女41	51
		B2	男41女42	53
		C	39	50
	選	D	39	51
湘南学園		ESD		58
	選	A	男48女49	60
	選	B	男49女50	60
		C	男49女50	59
		D	男49女50	63
聖ステパノ学園				
聖ヨゼフ学園	選	1回		42
		2回		44
		3回		44
		総合		44
相洋	選	1回A		40
		1回B		40
	選	2回A		40
		2回B		40
	選	3回		40
中央大附横浜	4	1回	男57女59	68
	4	2回	男58女60	70
鶴見大附	選	進学1次		40
	選	進学2次		43
	選	難関1次	39	47
	選	難関2次		48
	選	難関3次		48
		適性検査		43
桐蔭学園（中教）	4	1回午前男	49	61
	4	1回午前女	50	60
		1回午後男	52	65
		1回午後女	54	64
		2回午後特奨男	55	66
		2回午後特奨女	57	65
	選	3回男	52	65
	選	3回女	54	64
東海大付相模	選	A	男40女41	42
		B	男40女41	46
		C	男40女41	46
桐光学園	4	1回	男48女43	男61女56
	4	2回	男49女43	男62女55

中 学 名	4教科	回	四谷大塚	首都圏模試センター
	4	3回A	男50女43	男62女55
		3回B英語・資格		男55女52
		3回BT&M		男55女50
日 本 大	4	A1GL	男49女50	63
	4	A1AF	男47女48	61
		A2GL	男53女55	65
		A2AF	男51女53	63
		BGL	男51女52	64
		BAF	男49女50	63
	4	CGL	男51女52	64
	4	CAF	男49女50	62
		適性GL		58
		適性NS		56
日 本 大 藤 沢	4	1回男	45	58
	4	1回女	46	57
		2回男	48	64
		2回女	49	63
	4	3回男	47	61
	4	3回女	48	58
法 政 大 第 二	4	1回男	56	69
	4	1回女	58	70
	4	2回男	57	69
	4	2回女	59	70
森 村 学 園	選	1回	男49女51	62
	選	2回	男50女52	62
	選	3回	男50女52	男62女63
山 手 学 院	選	A	男51女53	64
		特待選抜	男58女60	70
	選	B	男52女54	65
	選	後期	男53女55	66
横 須 賀 学 院	選	1次A		47
		1次B		49
		2次		50
		3次		48
		適性検査型		45
		英語		45
横 浜 翠 陵	選	1回		42
	選	2回		42
	選	3回		41
		4回		43
	選	5回		42
		適性検査型		41
		英語型2/1		40
		英語型2/2		40
横 浜 創 英	選	1回	男41女42	本科49S49
		2回	男44女45	本科52S52
	選	3回	男44女45	本科52S52
		4回		
		5回	男43女44	本科53S53
横 浜 隼 人		1回		40
		2回		41

中 学 名	4教科	回	四谷大塚	首都圏模試センター
		3回		40
		適性検査型		42
		自己アピール		41
横浜富士見丘学園	選	1回		43
		2回		43
	選	3回		45
		4回		44
	選	5回		43
	選	6回		44
		表現力		42
〈埼玉県・男子校〉				
城 西 川 越	選	1回	41	43
		2回		40
	選	3回		41
		4回		42
		1回特別選抜	49	55
	選	2回特別選抜	45	52
城 北 埼 玉	4	1回	43	53
		特待	52	63
	選	2回	41	53
	選	3回	41	53
		4回		46
		5回		46
立 教 新 座	4	1回	59	71
	4	2回	58	71
〈埼玉県・女子校〉				
浦和明の星女子	4	1回	65	74
	4	2回	62	72
大 妻 嵐 山		エキスパート		45
	選	1回	38	47
	選	2回		44
	4	大妻特待	44	55
		適性検査型		46
淑 徳 与 野		医進特別		71
	4	1回	59	70
	4	2回	57	68
〈埼玉県・男女校〉				
青山学院大学系属浦和ルーテル学院	4	1回	男51女53	63
	4	2回	男51女53	63
浦和実業学園	4	1回午前特待	男42女43	54
		1回午後特待	男44女45	55
	4	2回午前特待	男42女43	52
		2回午後特待	男44女45	53
	4	3回		43
		適性1回		45
		適性2回		45
大 宮 開 成	4	1回男	53	66
	4	1回女	55	66
	4	2回男	54	65
	4	2回女	56	66
	4	特待男	55	69

中　学　名	4教科	回	四谷大塚	首都圏模試センター
	4	特待女	57	69
開　　　　智	4	1回	男54女56	67
	4	2回	男52女54	65
	4	特待A	男62女64	72
	4	特待B	男56女58	68
		算数特待	男59女61	男72女73
	選	日本橋併願		
開智所沢(中教)	4	1回		41
(2024年4月開校予定)	4	2回		42
	4	3回		42
		算数特待		47
	4	4回		42
	選	5回		42
開　智　未　来		算数		55
	4	開智併願		52
		1回	男41女42	51
	選	2回	男39女40	49
		T未来	男47女48	55
		探究1		47
		探究2		47
春 日 部 共 栄	4	1回午前	男39女40	政46医47
	選	1回午後	男40女41	政48医49
	4	2回午前	男40女41	政46医47
	選	2回午後	男43女44	政53医54
		3回	男40女41	政46医47
		4回特待		政49医50
埼　玉　栄	4	1回進学	男42女43	54
	4	1回医学	男45女46	57
	4	1回難関大	男45女46	56
		2回医学	男46女47	61
		2回難関大	男46女47	61
	4	3回進学	男42女43	54
	4	3回医学	男45女46	57
	4	3回難関大	男45女46	56
		4回医学		60
		4回難関大		60
	4	5回進学	男40女41	55
	4	5回医学		58
	4	5回難関大		57
埼　玉　平　成	選	1回		39
	選	2回		39
		3回		39
		STEM		39
		1科1回		40
		1科2回		40
栄　　　　東		A1／10	男58女60	72
	4	A1／11	男58女60	72
	4	東大特待Ⅰ	男66女69	75
	4	B	男57女59	71
	4	東大特待Ⅱ	男61女64	74
狭山ヶ丘高付	選	1回		47

中　学　名	4教科	回	四谷大塚	首都圏模試センター
	選	2回		47
	選	3回		48
	選	4回		44
自由の森学園		A		37
		B		37
		C①		38
		C②		37
		C③		37
秀　　　　明		Ⅰ期		39
		Ⅱ期		39
	4	奨学生		45
昌　　　　平	選	1回	男39女40	48
	選	2回	男39女40	52
	選	3回		52
	選	4回		51
		グローバル1回		48
		グローバル2回		50
	4	Tクラス1回	男44女45	57
		Tクラス2回		64
	4	Tクラス3回	男44女45	59
西 武 学 園 文 理	選	1回	男41女42	50
	選	1回選抜	男47女48	
	選	2回	男41女42	47
		3回		47
	4	特待1回	男49女50	61
	4	特待2回		60
		適性検査型		50
		英語4技能		
西 武 台 新 座	選	1回特進		47
	選	2回特進		46
	選	1回特進選抜		51
	選	2回特進選抜		47
	選	特待		55
		適性検査		44
	選	チャレンジ		47
聖　望　学　園	選	1回		40
		2回適性		43
	選	3回		40
	選	4回		40
	選	5回		41
東京成徳大深谷	選	1回		42
	選	2回		41
		3回		41
		4回		41
東京農業大第三高附	選	1回特待		47
		2回特待		49
	選	3回		45
		4回		45
獨　協　埼　玉	4	1回	男41女42	54
	4	2回	40	男52女51
	4	3回	39	50

中　学　名	4教科	回	四谷大塚	首都圏模試センター
武　　　　南	選	1回午前	男37女38	45
	選	1回午後	男38女39	45
	選	2回		43
	選	3回		43
		4回		43
		5回		43
星　野　学　園		1回	男42女43	55
		2回	男44女45	56
		理数1回	男49女50	62
	4	理数2回	男47女48	60
	選	総合選抜	男45女46	57
細　田　学　園	4	1回	男42女43	49
	4	2回	男42女43	53
		3回		47
		適性検査型		47
	選	特待1回		65
	4	特待2回		65
本　庄　第　一		1回単願		40
	4	2回		39
		3回		41
本　庄　東　高　付	選	1回		43
	選	2回		43
〈千葉県・女子校〉				
国府台女子学院	4	1回	51	63
	4	2回	48	60
	4	推薦	46	58
和洋国府台女子	選	1回	40	46
	選	2回	40	46
		推薦		42
〈千葉県・男女校〉				
市　　　　川	4	1回	男65女67	男74女75
	4	2回	男64女67	男75女76
暁　星　国　際		Ⅰ期A		41
		Ⅰ期A2		42
	選	特色化選抜		41
		Ⅱ期		40
光英 VERITAS	選	1回		48
	選	2回		45
		3回		45
		理数特待	男47女48	男58女59
		探究		44
	選	特待選抜	男45女46	57
		英語		45
	選	第一志望		41
志　学　館	選	A		40
	選	B		40
		C		39
芝浦工業大柏	4	1回	男53女55	66
	4	2回	男56女58	67
		課題作文		男68女67
	4	ＧＳ1回	男57女59	68

中　学　名	4教科	回	四谷大塚	首都圏模試センター
	4	ＧＳ2回	男57女59	69
渋谷教育学園幕張	4	1次男	70	77
	4	1次女	72	78
	4	2次男	69	77
	4	2次女	71	77
秀明大学校教師学部附秀明八千代		専願		37
		A		39
		B		39
		C		38
翔　　　凜		一般		38
		推薦		男38女37
		特別		42
昭　和　学　院		第一志望2科		45
		第一プレゼン		41
		国語1科	男45女46	59
		算数1科	男45女46	60
		プレゼン		44
		適性検査型		55
	選	アドバンスト	男46女47	60
昭和学院秀英		午後特別	男63女66	男72女73
	4	1回一般	男58女60	男71女72
	4	2回一般	男58女60	72
西武台千葉		1回総合		39
		2回総合		39
		特待選抜		44
		第一志望		38
専　修　大　松　戸	4	1回男	53	66
	4	1回女	55	66
	4	2回男	53	66
	4	2回女	55	66
	4	3回男	53	66
	4	3回女	55	66
千葉日本大第一	4	自己推薦	38	51
	4	1期	男43女44	57
		2期	男48女49	男61女60
千　葉　明　徳		第一志望		41
	選	一般1		41
	選	一般2		43
	選	一般3		41
	選	一般4		40
		一般5		
		適性検査型		43
		ルーブリック評価型		
東海大付浦安		A	男40女41	50
	選	B	男40女41	50
	4	推薦		41
東邦大付東邦		前期男	61	72
		前期女	64	72
	4	後期男	60	73
	4	後期女	62	73
	4	推薦男	62	72

中 学 名	4教科	回	四谷大塚	首都圏模試センター
	4	推薦女	65	73
成 田 高 付	4	第一志望		56
	4	一般	男45女46	57
二松学舎大附柏	選	総合探究1回	35	42
	選	総合探究2回		43
	選	G特待1回	男42女43	52
	選	G特待2回		52
		全コース		43
		第一志望		42
日 出 学 園	選	Ⅰ期	男41女42	54
	選	Ⅱ期	男43女44	55
		推薦		48
八 千 代 松 陰	4	IGS1/20		52
		一般1/20	38	49
	選	一般1/21		48
		一般2/5		54
	4	特待推薦		55
		自己推薦		
		学科推薦		45
流通経済大付柏		第一志望		47
	4	1回		51
	4	2回		49
		3回		49
		4回		51
麗 澤	4	1回AE	男53女54	65
	4	1回EE	男48女49	61
	4	2回AE	男53女54	64
	4	2回EE	男48女49	61
		3回AE	男49女50	64
		3回EE	男45女46	61
		4回AE	男49女50	64
		4回EE	男45女46	62
〈茨城県・男女校〉				
茨 城	4	1回	男41女42	
	4	2回		
江戸川学園取手		適性東大		69
		適性医科		68
		適性難関		66
		1回東大	男59女61	70
		1回医科	男59女61	69
		1回難関大	男53女55	66
		2回東大	男58女60	68
		2回医科	男58女60	68
		2回難関大	男50女52	64
		3回東大	男57女59	68
		3回医科	男57女59	68
		3回難関大	男50女52	64
開智望（中教）	選	1回		42
	選	2回		41
		適性検査型		41
	4	開智併願型		42

中 学 名	4教科	回	四谷大塚	首都圏模試センター
		専願型		40
常 総 学 院		推薦・専願AD		50
		推薦・専願ST		44
		適性AD		50
		適性ST		44
	4	1回AD		54
	4	1回ST		45
	選	2回AD		50
	選	2回ST		45
土浦日本大（中教）		ISAT		50
		CSAT		57
		ICL		40
	4	KBT	男40女41	47
	4	KBT特待		男52女51
東洋大附牛久	4	1回一般		41
	4	2回一般		42
		英語		40
		適性検査型		41
	4	総合型		40
	4	専願		41
茗 溪 学 園	4	1回	男50女52	AC65MG60
		2回	男47女48	AC66MG61
		推薦		AC64MG58
〈栃木県・男女校〉				
國學院大栃木	選	1回一般		43
		1回自己推薦		
	選	2回一般		43
		2回自己推薦		
		2回英語		43
		2回適性		42
	選	3回一般		43
		3回自己推薦		
佐野日本大（中教）	選	1回		43
	選	2回		43
		3回		42
		4回		42
白 鷗 大 足 利		1回		
		2回		
		推薦		
〈北海道・男子校〉				
函館ラ・サール	4	1次東京	56	67
	選	2次東京		54
北 嶺		一般・東京	58	66
	4	一般・特待	67	71
〈長野県・男女校〉				
佐 久 長 聖	4	東京①	48	61
	4	東京②	46	59
〈奈良県・男女校〉				
西 大 和 学 園	4	東京	男66	男76女70
〈大分県・男女校〉				
岩 田	4			

高等学校編

高校名	課程・コース	駿台中学生テストセンター	進学研究会	新教育
〈東京都・男子校〉				
足立学園	文理		59	61
	総合	}44	54	56
	探究		63	65
開成	普	69	77	—
学習院	普	52	66	66
京華	進学		54	58
	特進	}42	60	64
	スーパー特進		65	69
佼成学園	総合進学		59	62
	難関国公立	}46	65	66
	グローバル		63	65
城北	普	56	68	69
巣鴨	普	56	68	68
聖学院	グローバル		58	
正則学園	普		44	47
世田谷学園	普		—	—
桐朋	普	57	69	69
日本学園	特進		56	54
	進学		49	48
日本大豊山	特進		61	60
	進学	}40	57	57
	スポーツ		—	
保善	大学進学		51	51
	特進		58	59
	大進選抜		54	54
明治大付中野	普	52	69	68
立教池袋	普		67	67
早稲田大高等学院	普	65	74	74
〈東京都・女子校〉				
愛国	普		44	44
	商		44	44
	家政		44	43
	衛生看護		50	49
安部学院	商		39	40
江戸川女子	普(II類)		61	63
	普(III類)	}50	65	67
	英語		63	65
川村	普		50	49
神田女学園	アドバンスト		54	54
	キャリアデザイン		44	45
	グローバル		54	54
北豊島	I P		57	57
	V P		46	47
	G P		51	50
共立女子第二	特進		60	61
	総合進学		55	55
	英語		58	56
国本女子	総合進学		47	47

高校名	課程・コース	駿台中学生テストセンター	進学研究会	新教育
	DD			
慶應義塾女子	普	70	76	—
京華女子	普(特奨)		63	67
	普(特進)		60	62
	普(進学)		51	54
小石川淑徳学園（現・淑徳SC)	特別選抜		50	50
	選抜		41	46
麹町学園女子	東洋大グローバル		54	55
佼成学園女子	進学		51	52
	特進		58	58
	国際(SG)		61	61
	国際(留学)		56	57
駒沢学園女子	進学		48	48
	英語		51	
	特進		54	54
品川エトワール女子	キャリアデザイン		40	40
	マルチメディア		43	43
	国際キャリア		46	45
	ネイチャー		43	44
	保育		41	41
下北沢成徳	G L		54	56
	B R		51	53
	B R S		59	58
十文字	リベラルアーツ		58	60
	自己発信	}47	60	62
	特選		65	67
潤徳女子	特進		54	55
	進学		47	47
	美術デザイン		49	46
女子美術大付	普		56	53
白梅学園	特選国公立		64	62
	特選文理		59	59
	選抜	}40	55	55
	進学進学		51	51
	進学保育		51	51
成女	普		42	43
瀧野川女子学園	特進		50	51
	進学		42	44
	特進選抜		56	57
立川女子	総合		44	45
	特進		52	49
玉川聖学院	普		55	54
東京家政学院	リベラルアーツ		50	51
	アドバンスト		54	57
東京家政大附女子	進学i	}40	55	56
	進学E		60	60
東京純心女子	セレクト		58	59
	特進		62	63
東京女子学院	S A		48	52
	S L		48	50
	F C		44	47

高校名	課程・コース	駿台中学生テストセンター	進学研究会	新教育
桐朋女子	普	48	62	60
東洋女子	総進		50	51
	特進		59	59
トキワ松学園	文理探究A		58	59
	文理探究S		50	51
	美術		50	51
中村	先進		59	57
	探究		54	55
	国際		59	57
日本体育大桜華	総合進学		42	}44
	アドバンスト		51	
	総合スポーツ		42	
日本女子体育大附二階堂	特進		48	49
	キャリアデザイン		43	46
	ダンス		44	47
	スポーツ		—	47
日本大豊山女子	普(N進学)		56	59
	普(A特進)	44	61	62
	理数		59	61
フェリシア	総合		39	}43
	保育		39	
富士見丘	アドバンスト	41	60	A60 B62
	グローバル		56	57
藤村女子	キャリアデザイン		47	48
	スポーツ		47	49
	アカデミック		57	56
文華女子	普		46	46
文京学院大女子	理数特進		59	60
	理数進学		51	56
	国際特進		59	59
	国際進学		51	57
宝仙学園(女子部)	普(こども)		46	48
和洋九段女子	普(グローバル)		60	57

〈東京都・男女校〉

高校名	課程・コース	駿台中学生テストセンター	進学研究会	新教育
青山学院	普男	56	70	70
	普女	62	73	72
郁文館	東大		65	64
	国立選抜	41	62	
	特進		58	59
	進学		54	56
郁文館グローバル	国際(LA)		58	58
	国際(GS)			59
	国際(オナーズ)			
岩倉	普(7限)		54	55
	普(6限)		48	49
	運輸(6限)		50	50
上野学園	音(器・声)		47	}44
	音(演奏)		47	
	普(総進)		48	48
	普(特進α)		58	58
	普(特進β)		54	54

高校名	課程・コース	駿台中学生テストセンター	進学研究会	新教育
桜美林	国公立		68	67
	特進	47	65	65
	進学		62	63
大森学園	工業男		41	43
	普(選抜)		51	54
	普(特選)		59	59
	普(総進)		46	48
かえつ有明	普	42	62	65
科学技術学園	定普男(総合)		39	41
	定普男(特進)		48	47
	通信制普			
関東国際	普(日本文化)		—	
	普(文理)		52	54
	外(英語)		54	54
	外(中国語)		50	
	外(ロシア語)		50	
	外(韓国語)		50	
	外(タイ語)		48	}50
	外(インドネシア語)		48	
	外(ベトナム語)		48	
	外(イタリア語)		50	
	外(スペイン語)		50	
	外(フランス語)		54	
関東第一	特進		59	62
	進学A(選抜)		55	
	進学A(A)		52	55
	進学G		46	51
	スポーツ男		—	
共栄学園	未来探究		60	
	理数創造		58	
	国際共生		58	
	探究特進		55	
	探究進学		48	
錦城	特進	51	68	68
	進学		63	64
錦城学園	普男		52	}53
	普女		52	
国立音楽大附	普(特進)		61	61
	普(総進)		56	56
	音(総合)	54		56
	音(演奏・創作)			55
京華商業	商		43	46
啓明学園	普		53	54
工学院大附	文理		55	55
	先進	43	59	59
	インターナショナル		57	58
国学院	普男	45	64	}65
	普女	47	64	
国学院大久我山	普男	54	67	67
	普女	54	66	67
国際基督教大	普男	59	71	71

高校名	課程・コース	駿台中学生テストセンター	進学研究会	新教育
	普女	60	72	71
国士舘	選抜		58	58
	進学		53	53
	国士舘大進学			41
駒込	S	男44 女45	62	67
	特S		65	69
	国際教養		67	70
	理系先進		68	71
駒澤大	普男	41	60	}62
	普女	41	60	
駒場学園	普（進学）		51	52
	普（特進）		58	59
	普（国際）		56	56
	食物調理		46	47
桜丘	Sアカデミック		66	62
	Aアカデミック	42	62	58
	Gグローバル		59	60
	Cキャリア		57	57
サレジアン国際学園	普（本科）		54	55
	普（グローバル）		54	56
サレジオ高専	デザイン		54	52
	電気		54	53
	機械電子		54	54
	情報		54	56
実践学園	特進		61	60
	LA&S	42	58	58
	文理		57	56
	スポーツS男		—	56
品川学藝	普（LA）		46	42
	普（eSE）		46	42
	音（M）		46	41
	音（PA）		46	42
品川翔英	総合進学		52	53
	特別進学		58	
	国際教養		58	57
	難関進学		62	62
芝浦工業大附	普男	44	66	65
	普女	44	66	64
芝国際	最難関選抜	40	64	67
	国際生		—	63
自由ケ丘学園	AC文理		45	46
	ACサイエンス		45	46
	ACグローバル		45	46
	ACアスリート		45	46
	AD理数		51	48
	AD国際教養		51	48
	PGプログレス		55	54
自由学園	普男		50	54
	普女		50	54
修徳	特進		56	56
	文理進学		46	47

高校名	課程・コース	駿台中学生テストセンター	進学研究会	新教育
淑徳			66	67
	スーパー特進	51	70	71
	留学		63	—
淑徳巣鴨	選抜		62	63
	特進	48	60	61
	アルティメット		67	68
	プレミアム		65	66
順天	理数選抜		66	66
	特進選抜	男44 女45	63	64
	英語選抜		63	64
松蔭大附松蔭	特別進学			
	総合進学		54	53
城西大附城西	AC		55	55
	CS		52	
聖徳学園	文理進学		60	61
	データサイエンス	44		
	難関国公立		64	65
昭和第一	特進		55	58
	進学		48	52
昭和第一学園	総進探究		48	}52
	総進文理		50	
	デザイン		50	
	選抜進学		55	59
	特別選抜		59	64
昭和鉄道	鉄道		49	50
杉並学院	特進	43	60	61
	総進		56	55
駿台学園	特選		56	55
	進学		47	49
	Sハイブリッド		44	}46
	Sオリジナル		41	
成蹊	普男	50	65	}66
	普女	52	66	
成城学園	普男	45	62	}61
	普女	46	62	
正則	普		50	52
聖パウロ学園	セレクティブ		43	46
	グローバル		49	48
成立学園	特進	40	52	53
	スーパー特選		59	62
青稜	普男	52	66	}69
	普女	53	66	
専修大附	普男	42	59	59
	普女	42	59	62
創価	普	52	61	63
大成	文理進学		53	55
	特進		59	61
	情報進学		50	52
大東学園	普		41	44
大東文化大第一	進学		54	53
	特進		62	62

高校名	課程・コース	駿台中学生テストセンター	進学研究会	新教育
	選抜進学	}40	58	58
拓殖大第一	進学	}49	62	63
	特進		67	68
玉川学園	普(一般)		57	56
	普(IB)		—	58
多摩大附聖ヶ丘	普男	41	58	}59
	普女	41	58	
多摩大目黒	普		59	61
中央学院大中央	商		41	43
	普		44	46
中央大	定普男	53	69	}70
	定普女	57	69	
中央大杉並	普男	53	69	}69
	普女	54	69	
中央大附	普男	53	69	}71
	普女	54	69	
帝京	特進		59	60
	進学		53	56
	インター		58	57
	アスリート		—	52
帝京大	普男	52	68	}69
	普女	52	68	
帝京八王子	普	40	54	51
貞静学園	特進		53	54
	総合進学		45	49
	幼児・保育		45	48
東亜学園	総合選抜		53	53
	特進		60	59
東海大菅生	進学		49	50
	特進		57	57
東海大付高輪台	普男		54	}54
	普女		54	
東海大付望星	単位普			47
東京	普		54	56
東京音楽大付	音		52	52
東京実業	普(探究)		45	48
	普(総合)		43	46
	普(ビジネス)		43	45
	機械		42	44
	電気(電気)		42	43
	電気(ゲームIT)		48	47
東京成徳大	特進S		66	68
	特進	}43	62	63
	進学選抜		57	58
	進学		54	54
東京電機大	普男	43	60	}60
	普女	43	59	
東京都市大等々力	特進選抜男	48	66	}67
	特進選抜女	48	66	
東京農業大第一	普男	47	65	65

高校名	課程・コース	駿台中学生テストセンター	進学研究会	新教育
	普女	48	65	65
東京立正	アドバンスト		56	56
	イノベーション		53	53
	スタンダード		49	51
東星学園	普		50	49
東邦音楽大附東邦	音		48	47
桐朋女子(音楽科)	音		59	58
東洋	特進選抜	男46	65	66
	特進	女47	62	64
東洋大京北	普	40	60	62
豊島学院	普通進学		51	54
	選抜進学	}42	56	58
	特別進学		60	62
	S特進		64	66
二松学舎大附	普(進学)		53	56
	普(特進)		59	60
日本工業大駒場	特進		60	61
	総合進学		52	54
	理数特進		58	58
	文理未来		50	50
日本体育大荏原	普(アド)		45	47
	普(アカ)		51	52
	普(スポーツ)		—	46
新渡戸文化	探究進学		55	54
	美術		47	48
	フードデザイン		47	48
日本大第一	普男	42	59	}58
	普女	42	59	
日本大第二	普男	47	64	}65
	普女	49	64	
日本大第三	特進		65	68
	普	}46	62	63
	スポーツ		—	
日本大櫻丘	総合G	男42	59	61
	特進S	女43	64	65
日本大鶴ケ丘	総進	男46	59	60
	特進	女48	65	66
八王子学園八王子	文理特選	男51	68	69
	文理特選	女52	65	67
	文理進学		60	61
	総合LA		58	
	総合音楽系	}47	58	}58
	総合美術系		58	
	アスリート		—	51
八王子実践	選抜		54	57
	総合進学		49	54
	特進		57	62
	J特進		63	67
	特進選抜		59	64
羽田国際	特別進学		49	49
(現・蒲田女子)	総合進学		44	44

高　校　名	課程・コース	駿台中学生テストセンター	進学研究会	新教育
	幼児教育女		44	45
広 尾 学 園	医進	}男55 女56	71	71
	インターナショナル		—	
文化学園大杉並	進学	}44	52	52
	特進文理		60	}59
	特進国公立		63	
	ダブルディプロマ		60	60
文 教 大 付	普（普）		58	}61
	普（アルティメット）		63	
法 政 大	普男	48	68	}68
	普女	48	68	
宝 仙 学 園	普（理数）	50	66	68
豊 南	特進		58	60
	選抜		53	54
	進学		47	49
朋 優 学 院	特進SG	}45	66	67
	国公立AG		68	71
	国公立TG		73	73
堀 越	普		40	42
明 星 学 園	普		59	57
武 蔵 野	進学		43	46
	特進		51	49
武 蔵 野 大	本科	}42	56	57
	HG選抜		62	61
	PBLインター		59	60
武蔵野大附千代田	附属進学		53	55
	選抜探究		61	58
明 治 学 院	普男	46	64	66
	普女	48	67	69
明治学院東村山	普男	46	62	}62
	普女	46	63	
明治大付八王子 （現・明治大付中野八王子）	普男	49	69	}69
	普女	51	69	
明治大付明治	普男	59	73	72
	普女	61	73	73
明 星	本科		55	56
	MGS		59	60
	SMGS		63	62
明 法	特進	}42	62	65
	総進		58	60
	GSP特進		62	65
	GSP総進		58	60
目 黒 学 院	スーパープレミアム	}40	62	62
	プレミアム		58	60
	スタンダード		49	51
	アドバンス		55	56
	スポーツサイエンス		—	44
目 黒 日 本 大	進学選抜	}40	61	62
	N進学		57	59
目 白 研 心	特進		59	60
	総合		55	56

高　校　名	課程・コース	駿台中学生テストセンター	進学研究会	新教育
	SE		61	60
八 雲 学 園	特進		59	62
	進学		54	57
安 田 学 園	S特	}43	65	65
	特進		58	62
立 正 大 付 立 正	普（進学）		53	54
	普（特進）		58	59
和 光	普		53	54
早稲田大系属早稲田実業学校	普男	66	74	74
	普女	66	76	—
〈神奈川県・男子校〉				
鎌 倉 学 園	普	53	67	67
慶 應 義 塾	普	64	74	—
藤 嶺 学 園 藤 沢	普		55	56
藤 沢 翔 陵	普（探究得意）		45	47
	普（探究文理）		50	54
	商		42	44
武 相	特進		56	55
	進学		46	48
	総合		42	44
	体育		—	43
〈神奈川県・女子校〉				
英 理 女 子 学 院	iグローバル		60	64
	進学教養		48	51
	ビジネスデザイン		45	46
	ライフデザイン		43	47
	情報デザイン		46	48
鎌 倉 女 子 大	国際教養		57	62
	プログレス		48	51
函嶺白百合学園	普		54	54
北鎌倉女子学園	普（特進）		61	60
	普（先進）		51	52
	音		51	49
相 模 女 子 大	進学	}41	53	55
	特進		59	61
清 心 女 子	通信普			41
聖セシリア女子	普		55	57
聖 和 学 院	英語		58	56
	普		51	49
捜 真 女 学 校	普		58	57
日 本 女 子 大 附	普	46	66	63
白 鵬 女 子	進学アドバンス		49	50
	進学スタンダード		44	48
	総合		41	43
	メディア		44	45
	スポーツ		—	43
	グローバルアド		49	52
	グローバルスタ		45	47
	保育		43	46
	フード		43	46
聖 園 女 学 院	普			

高校名	課程・コース	駿台中学生テストセンター	進学研究会	新教育
緑ケ丘女子	特進・看護		52	54
	総合・進学		45	46
	幼児教育		46	47
〈神奈川県・男女校〉				
旭丘	普		39	40
	総合(大学)		42	43
	総合(進路)		39	40
	国際		39	40
麻布大附	S特進		65	65
	特進	}40	60	61
	進学		56	58
アレセイア湘南	探求		49	52
	特進選抜		59	59
大西学園	普(大学進学)		44	45
	普(特進)			
	家庭(生活)女		42	44
柏木学園	スタンダード		40	42
	アドバンス		44	47
	情報		40	43
関東学院六浦	普		55	56
	普(GLE)		—	59
鵠沼	普(英語)		61	64
	普(理数)		62	63
	普(文理)		55	57
慶應義塾湘南藤沢	普(全国)	59	74	
向上	文理		48	50
	特進		60	64
	選抜		53	55
光明学園相模原	総合		43	46
	文理		48	50
	体育		—	44
湘南学院	アドバンス		54	56
	サイエンス		59	61
	リベラル		45	47
	アビリティ		49	51
湘南工科大附	進学特化		62	
	セレクト		59	59
	アドバンス		54	56
	スタンダード		51	52
	技術		48	48
	体育		—	
星槎	普		40	
聖ヨゼフ学園	総進		54	57
	AE		59	58
	IL		54	
相洋	普(特進選抜)		63	65
	普(特進)		57	58
	普(文理理科)		50	50
	普(文理文科)		46	48
	普(進学)		44	46
立花学園	特進		52	54

高校名	課程・コース	駿台中学生テストセンター	進学研究会	新教育
	進学		45	46
	総進		42	44
橘学苑	文理総進		45	49
	文理特進		54	55
	デザイン美術		49	51
中央大附横浜	普男	54	70	}70
	普女	54	70	
鶴見大附	総進		54	55
	特進		59	60
桐蔭学園	プログレス男	56	69	}70
	プログレス女	57	69	
	アドバンス男	50	64	}67
	アドバンス女	51	64	
	スタンダード	44	62	63
東海大付相模	普		59	58
桐光学園	特進男	53	68	69
	特進女	55	68	69
日本大	総進		62	64
	特進	}47	66	66
	SG		66	68
日本大藤沢	普男	45	63	}65
	普女	45	63	
平塚学園	特進選抜		65	66
	特進	}42	61	61
	進学		53	54
法政大国際	普(G探究)	男51	68	}68
	普(IB)	女52	—	
法政大第二	普男	51	72	68
	普女	53	72	68
三浦学苑	普(特進)		60	57
	普(進学)		51	52
	普(総合)		44	44
	普(IB)		—	59
	工業技術		43	44
山手学院	進学	}54	68	69
	特進		71	72
横須賀学院	A進学	}42	56	58
	S選抜		61	63
横浜	プレミア		57	59
	アドバンス		50	53
	アクティブ		45	48
横浜学園	アカデミー		41	43
	クリエイティブ		46	49
横浜商科大	普(特進)		54	57
	普(進学)		47	49
	普(スポーツ選抜)		—	
	商		45	46
横浜翠陵	文理		55	57
	特進		62	62
	国際		58	60
横浜清風	特進		52	55

高 校 名	課程・コース	駿台中学生テストセンター	進 学研究会	新教育
横 浜 創 英	総進		47	50
	文理		55	59
	特進		61	63
横 浜 創 学 館	普（特進）		54	53
	普（文理選抜）		48	50
	普（総進）		44	46
横 浜 隼 人	普（進学）		57	58
	普（特進）	40	63	65
	普（特選）		66	67
	国際語		59	60
横浜富士見丘学園	進学女		51	52
	特進		60	59
〈埼玉県・男子校〉				
川 越 東	普	48	66	65
	理数	54	69	68
	特待生	57		
慶應義塾志木	普	66	74	74
城西大付川越	特選		64	64
	特進	45	60	61
	進学		56	58
城 北 埼 玉	選抜		68	67
	本科	51	63	62
	フロンティア		63	62
立 教 新 座	普	59	70	68
〈埼玉県・女子校〉				
秋 草 学 園	特選S		59	57
	特選A		55	55
	選抜		50	50
	AG		46	47
	幼児・保育		47	47
大 妻 嵐 山	大妻進学		53	52
	総合進学	42	57	59
	特別進学		64	64
淑 徳 与 野	T類	56	71	71
	SS類		70	69
	SA類	50	69	68
	R類		65	67
	MS類		61	63
星野（女子部）	III類特選	52	67	68
	文理	42	56	54
	文理選抜		59	60
	文理特進	46	62	63
〈埼玉県・男女校〉				
青山学院大系属浦和ルーテル学院	普		62	60
浦 和 学 院	文理選抜		53	54
	文理進学		50	50
	総合進学		47	46
	保健医療	42	51	52
	特進		56	58
	S特		61	63
	T特		64	64

高 校 名	課程・コース	駿台中学生テストセンター	進 学研究会	新教育
	グローバル		61	61
	アート	42	49	49
	アスリート		—	48
浦 和 実 業 学 園	普（特進）		58	58
	普（進学）		48	48
	普（選抜α）		54	55
	普（選抜）		51	51
	普（特選）		61	60
	商		46	45
浦 和 麗 明	特選I		63	62
	特選II		60	59
	特選III		57	58
叡 明	進学II		52	51
	進学I		54	54
	特進II		56	56
	特進I		58	58
	特進選抜II		60	62
	特進選抜I		64	64
大 宮 開 成	特進選抜先進		69	69
	特進選抜I	46	66	67
	特進選抜II		64	65
開 智	T	56	71	71
	S1	男48	69	69
	S2	女49	67	67
開 智 未 来	開智		58	60
	T未来	44	66	67
	S未来		61	63
春 日 部 共 栄	選抜	51	66	68
	特進E系	43	63	65
	特進S系		59	60
国 際 学 院	普（アドバンス）		55	57
	普（セレクト）		51	51
	総（選抜進学）		48	46
	総（進学）		45	43
	総（食物調理）		45	46
埼 玉 栄	普（α）		62	63
	普（S）	40	58	58
	普（特進）		54	53
	保健体育		—	45
埼 玉 平 成	S特進		55	59
	特進		49	53
	進学		43	44
栄 北	特類選抜		63	64
	特類S		60	60
	特類A		57	56
栄 東	アルファ男	57	70	70
	アルファ女	57	70	70
	東大・医男	62	72	71
	東大・医女	63	72	71
狭 山 ヶ 丘	I類	男46	65	67
	II類	女47	60	63

高　校　名	課程・コース	駿台中学生テストセンター	進学研究会	新教育
	III類	}男46 女47	56	58
	IV類		—	—
自由の森学園	普		44	43
秀　明	総合進学		53	50
	医学部進学		58	56
	難関国公立		65	61
秀明英光	特別進学		46	46
	国際英語		44	46
	総合進学		40	40
正智深谷	特進S	}40	63	65
	特進H		58	60
	総進I		51	52
	総進P		46	47
昌　平	T特選	}42	68	68
	特選		62	64
	選抜		58	59
	特進アスリート		—	63
	選抜アスリート		—	52
	IB		64	65
西武学園文理	グローバル選抜	57	68	68
	グローバル特進		66	
	グローバル	51	61	63
	グローバル総合		57	
	先端サイエンス	52	63	64
	Sアビリティ男		—	
西　武　台	特進S	}40	61	62
	STEAM		59	
	選抜I		56	58
	選抜II		52	54
	進学		49	49
聖　望　学　園	進学一般	}45	51	52
	進学選抜		54	55
	特進一般		56	59
	特進選抜		63	65
東京成徳大深谷	特進S		56	58
	進学選抜		50	52
	進学		45	46
東京農業大第三	I進学重視	}42	60	62
	II文武両道		55	57
	IIIスポーツ科学		—	
東邦音楽大附東邦第二	音		48	46
獨　協　埼　玉	普男	46	64	}64
	普女	46	64	
花　咲　徳　栄	理数選抜	}42	58	62
	特別選抜		58	59
	文理選抜		54	56
	選抜進学		51	52
	特別進学		49	51
	総合進学		45	46
	食育実践		43	45
東　野	進学A		42	42

高　校　名	課程・コース	駿台中学生テストセンター	進学研究会	新教育
	特進I		48	50
	特進S		48	46
武　南	特進	}44	66	65
	選抜		62	62
	進学		57	57
星野(共学部)	β	}46	59	58
	α選抜		62	64
	S類		67	68
細　田　学　園	進学α	}41	54	54
	選抜L		59	59
	選抜G		60	60
	特進		63	64
	特進H		67	67
本　庄　第　一	S類型	}45	60	64
	AI類型A		56	59
	AI類型S		52	55
	AII類型		46	48
本　庄　東	特進	}47	61	64
	特進選抜		67	68
	進学		56	57
武　蔵　越　生	スーパー特進		58	62
	選抜I		51	54
	選抜II		45	46
	アスリート男		—	41
武蔵野音楽大附	音		51	49
山　村　学　園	特進EL	}43	59	62
	特選SA		65	64
	総進GL		55	56
山　村　国　際	特進選抜		58	61
	特進		54	55
	進学		49	49
早稲田大本庄高等学院	普男	65	73	73
	普女	65	73	73

高　校　名	課程・コース	総図書	進学研究会	新教育
〈千葉県・女子校〉				
愛国学園大附四街道	普	40	39	41
国府台女子学院	普(普)	60	61	64
	普(選抜)	63	64	67
	普(美術デザイン)		61	64
千　葉　聖　心	普	40	40	40
千　葉　萌　陽	普	40	41	42
不　二　女　子	普	40	40	42
和洋国府台女子	特進	60	60	61
	和洋	54	53	54
	進学	54	54	55
〈千葉県・男女校〉				
我孫子二階堂	普(総合)	40	40	42
	普(進学)	44	45	45
市　　　川	普男	}71	73	}75
	普女		73	

高校名	課程・コース	総図書	進学研究会	新教育
市原中央	HLC I類	63	67	66
	HLC II類	60	59	62
	GL	62	60	63
植草学園大附	普女	44	44	45
	普(特進)	55	54	56
	英語	52	52	53
桜林	特進	50	44	44
	総合	44	40	40
鴨川令徳	総合進学	40	}39	39
	特進	44		43
木更津総合	特進	56	55	57
	進学	48	50	53
	総合	42	42	44
	美術	42	42	44
暁星国際	特進	61	60	}63
	進学	55	55	
	インターナショナル アストラ		55	57
敬愛学園	特別進学	60	59	58
	進学	50	51	51
敬愛大八日市場	特進	54	54	56
	進学・情報	44	42	進46情45
光英VERITAS	普	57	55	54
	特待	61	63	
志学館	普	60	61	64
芝浦工業大柏	GL	64	68	69
	GS	66	71	73
渋谷教育学園幕張	普男	}72	75	}—
	普女		75	
秀明大学校教師学部附 秀明八千代	特進	57	53	59
	文理進学	46	46	52
	総合進学	44	42	46
	国際英語	53	50	54
翔凜	国際(進学)	47	49	49
	国際(選抜)	51	53	54
	国際(特進)	60	58	60
昭和学院	ジェネラル	52	53	54
	アドバンスト	56	59	60
	サイエンス		59	
	インターナショナル	58	60	63
	トップグレード	61	63	63
昭和学院秀英	普男	}69	71	}72
	普女		71	
西武台千葉	特別選抜	61	58	63
	進学	53	49	55
専修大松戸	A類	65	66	66
	E類	66	68	69
	S類	—		
拓殖大紅陵	アクティブ	43	42	44
	進学トライ	54	53	55
千葉英和	特進選抜	61	60	64
	特進文理	59	56	60
	総進文理	54	52	56
	英語	57	57	59
千葉学芸	普	42	39	41
	特進	51	49	49
千葉敬愛	総合進学	53	56	}57
	特進	60	63	
千葉経済大附	普(文理)	52	50	52
	普(特進)	58	59	60
	普(スポーツ)		—	
	商	45	46	47
	情報処理	47	48	49
千葉県安房西	普(一般)	}40	41	41
	普(進学)		50	49
千葉商科大付	普(総合進学)	51	50	53
	普(特進選抜)	56	57	60
	商	47	46	49
千葉日本大第一	進学	60	60	63
	特進	64	62	65
千葉明徳	特進	60	60	60
	進学HS	56	53	56
	進学S	53	50	53
	アスリート		—	46
千葉黎明	普(特進I)	63	57	}54
	普(特進II)	57	55	
	普(選抜進学)	53	}44	}45
	普(総合進学)	48		
	生産ビジネス	45	40	43
中央学院	進学	50	50	53
	S特進	56	58	59
	スポーツ		—	
東海大付浦安	普男	}57	56	}57
	普女		56	
東海大付市原望洋	総進	50	50	51
	スーパー特進	56	56	57
東京学館	特進	57	53	58
	S特進	63	61	64
	総進文理	48	44	48
	総進スポーツ		—	45
東京学館浦安	特進選抜	61	61	64
	特別進学	57	56	58
	総進選抜		48	
	総合進学	49	46	48
	国際教養	53	52	54
	スポーツ進学		—	49
東京学館船橋	普	44	40	46
	情報ビジネス	42	39	44
	食物調理	41	40	46
	美術工芸	41	41	46
東葉	進学	45	52	46
	S特進	56		52

高校名	課程・コース	総図書	進学研究会	新教育
	特進	53	56	52
成田	特進α	67	66	67
	進学	64	63	64
二松学舎大附柏	進学	50	54	55
	特進	56	58	60
	スーパー特進	60	63	65
日本体育大柏	普(アドバンス)	49	49	50
	普(アカデミック)	60	56	57
	普(アスリート)		—	46
日本大習志野	普男	} 64	66	} 67
	普女		66	
日出学園	特進	63	65	65
	進学	59	61	62
茂原北陵	普(総合)	42	42	44
	普(特進)	50	51	52
	家政女	40	40	41
八千代松陰	進学	58	59	61
	IGS	66	65	68
	AEM	68	67	70
横芝敬愛	普(特進)	53	52	54
	普(普)	43	39	44
流通経済大付柏	総合進学	57	58	61
	特別進学	62	64	67
	スポーツ進学		—	50
麗澤	叡智特選	62	60	63
	叡智S特進	66	64	67

高校名	課程・コース	駿台中学生テストセンター	進学研究会	新教育
〈茨城県・男女校〉				
茨城	一般	52	67	
	国際教養		69	
江戸川学園取手	医科	58	69	74
	東大男	55	69	} 74
	東大女	55	69	
	難関男	51	67	} 71
	難関女	52	67	
霞ヶ浦	特進選抜		60	60
	特進		53	52
	総進		46	43
常総学院	特進選抜	} 50	65	67
	プログレス		57	57
	フロンティア		49	49
つくば国際大	普		41	39
土浦日本大	スーパー	} 男54 女55	69	69
	特進		64	64
	進学	} 44	58	58
	グローバル		64	64
	スポーツ		—	
東洋大附牛久	特進	} 40	61	62
	グローバル		58	58
	進学		56	57

高校名	課程・コース	駿台中学生テストセンター	進学研究会	新教育
	スポーツ	} 51	—	—
茗溪学園	普		66	
	普(IBDP)		—	
〈栃木県・男女校〉				
國學院大栃木	特選S	} 47	67	67
	特選		61	58
	選抜		57	51
	文理		53	45
佐野日本大	特進α	男49 女50	70	69
	特進		65	62
	スーパー進学		58	55
	進学		54	49
白鷗大足利	文理進学	} 43	52	
	総合進学		47	
	特進		66	
	進学		58	
〈山梨県・男女校〉				
日本大明誠	普(特進)	} 40	58	58
	普(普)		52	53
〈北海道・男子校〉				
函館ラ・サール	普	51		
〈石川県・男女校〉				
国際高専	国際理工			
〈長野県・男女校〉				
佐久長聖	普	45		
〈大阪府・男女校〉				
早稲田摂陵	普	46		
〈奈良県・男女校〉				
西大和学園	普男	63		
	普女	65		

中・高ガイド

あ

青山学院中・高等部 46

か

開智日本橋学園中・高校 76

学習院中・高等科 20

学習院女子中・高等科 21

吉祥女子中・高校 77

国本女子中・高校 78

クラーク記念国際高校 47

慶應義塾高校 73

慶應義塾志木高校 73

慶應義塾女子高校 73

慶應義塾中等部 73

慶應義塾普通部 73

慶應義塾湘南藤沢中・高等部 ... 73

慶應義塾ニューヨーク学院 73

京華中・高校 .... 表紙4・102

京華商業高校 表紙4

京華女子中・高校 表紙4

恵泉女学園中・高校 103

麹町学園女子中・高校 48

国学院大学久我山中・高校 ... 79

さ

栄東中・高校 31

実践学園中・高校 49

芝浦工業大学附属中・高校 .. 80

常総学院中学校 105

聖徳学園中・高校 .... 22・50

湘南学園中・高校 87

昌平中・高校 51

城北中・高校 52

昭和学院中・高校 90

聖学院中・高校 53

成女学園中・成女高校 81

成城中・高校 82

成城学園中・高校 23

聖和学院中・高校 88

青稜中・高校 54

た

拓殖大学第一高校 55

多摩大学目黒中・高校 56

千葉商科大学付属高校 32

千葉明徳中・高校 105

中央学院高校 91

中央大学附属横浜中・高校 ... 57

鶴見大学附属中・高校 58

田園調布学園中・高等部 19

東京家政学院中・高校 59

東京家政大学附属女子中・高校 .. 60

東京スクールオブミュージック＆ダンス専門学校 ... 93

東京都市大学 870

東京都市大学付属中・高校 ... 84

東京都市大学等々力中・高校 ... 83

東京立正中・高校 2

桐光学園中・高校 26

東洋大学 表紙2

東洋大学京北中・高校 .... 表紙2・104

東洋大学附属牛久中・高校 ... 表紙2

藤嶺学園藤沢中・高校 27

獨協中・高校 24

な

日本大学中・高校 28

日本大学藤沢中・高校 29

は

広尾学園中・高校 61

文京学院大学女子中・高校 ... 85

法政大学中・高校 62

宝仙学園中・高校共学部 理数インター ... 63

保善高校 64

本庄東高校附属中・本庄東高校 ... 65

ま

明治大学付属明治中・高校 ... 74

や

八雲学園中・高校 86

八千代松陰中・高校 92

山脇学園中・高校 1

横須賀学院中・高校 30

ら

立教池袋中・高校 75

立教新座中・高校 89

麗澤中・高校 66

わ

早稲田大学高等学院中学部・高等学院 ... 72

早稲田大学本庄高等学院 ... 72

和洋国府台女子中・高校 67

和洋九段女子中・高校 25

中学校・中等教育学校 高等学校・高等専門学校

50音順索引

あ

愛国中・高（東京）……………… 138
青山学院中・高等部（東京）… 140
青山学院横浜英和中・高（神奈川）
…………………………………… 548
秋草学園高（埼玉）……………… 684
浅野中・高（神奈川）…………… 550
旭丘高（神奈川）………………… 552
麻布中・高（東京）……………… 142
麻布大附高（神奈川）…………… 554
足立学園中・高（東京）………… 144
跡見学園中・高（東京）………… 146
アレセイア湘南中・高（神奈川）556

い

郁文館中・高（東京）…………… 148
郁文館グローバル高（東京）… 148
市川中・高（千葉）……………… 746
茨城中・高（茨城）……………… 794
岩倉高（東京）…………………… 150
岩田中・高（大分）……………… 838

う

植草学園大附高（千葉）……… 748
上野学園中・高（東京）………… 152
浦和明の星女子中・高（埼玉）686
浦和学院高（埼玉）……………… 688
浦和実業学園中・高（埼玉）… 690
浦和麗明高（埼玉）……………… 692

え

栄光学園中・高（神奈川）…… 558
叡明高（埼玉）…………………… 694
穎明館中・高（東京）…………… 154
英理女子学院高（神奈川）…… 560
江戸川学園取手中・高（茨城）796

江戸川女子中・高（東京）…… 156

お

桜蔭中・高（東京）……………… 158
桜美林中・高（東京）…………… 160
鷗友学園女子中・高（東京）… 162
大妻中・高（東京）……………… 164
大妻多摩中・高（東京）………… 166
大妻中野中・高（東京）………… 168
大妻嵐山中・高（埼玉）………… 696
大宮開成中・高（埼玉）………… 698
大森学園高（東京）……………… 170
お茶の水女子大附中・高（東京・国立）
…………………………………… 851

か

海城中・高（東京）……………… 172
開成中・高（東京）……………… 174
開智中・高（埼玉）……………… 700
開智日本橋学園中・高（東京）176
開智望中教（茨城）……………… 798
開智未来中・高（埼玉）………… 702
かえつ有明中・高（東京）…… 178
科学技術学園高（東京）………… 180
学習院中・高等科（東京）…… 182
学習院女子中・高等科（東京）184
柏木学園高（神奈川）…………… 562
春日部共栄中・高（埼玉）…… 704
霞ヶ浦高（茨城）………………… 800
片山学園中・高（富山）………… 830
神奈川学園中・高（神奈川）… 564
神奈川県立相模原中教（神奈川・公立）……………………………… 863
神奈川県立平塚中教（神奈川・公立）……………………………… 864
神奈川大附中・高（神奈川）… 566

鎌倉学園中・高（神奈川）…… 568
鎌倉女学院中・高（神奈川）… 570
鎌倉女子大中・高等部（神奈川）572
カリタス女子中・高（神奈川）574
川口市立高附中（埼玉・公立）867
川崎市立川崎高附中（神奈川・公立）……………………………… 864
神田女学園中・高（東京）…… 186
関東学院中・高（神奈川）…… 576
関東学院六浦中・高（神奈川）578
関東国際高（東京）……………… 188
函嶺白百合学園中・高（神奈川）580

き

北鎌倉女子学園中・高（神奈川）582
北豊島中・高（東京）…………… 190
吉祥女子中・高（東京）………… 192
共栄学園中・高（東京）………… 194
暁星中・高（東京）……………… 196
共立女子中・高（東京）………… 198
共立女子第二中・高（東京）… 200
錦城高（東京）…………………… 202

く

鵠沼高（神奈川）………………… 584
国本女子中・高（東京）………… 204
公文国際学園中・高等部（神奈川）
…………………………………… 586
クラーク記念国際高（東京）… 206

け

慶應義塾中等部（東京）………… 208
慶應義塾普通部（神奈川）…… 588
慶應義塾高（神奈川）…………… 590
慶應義塾志木高（埼玉）………… 706
慶應義塾湘南藤沢中・高等部（神奈

川）……………………… 592
慶應義塾女子高（東京）……… 210
慶應義塾ニューヨーク学院（アメリカ）…………………………… 846
京華中・高（東京）…………… 212
京華商業高（東京）…………… 214
京華女子中・高（東京）……… 216
恵泉女学園中・高（東京）…… 218
啓明学園中・高（東京）……… 220

■■■■■ こ ■■■■■■■■■■■■■■■■

小石川淑徳学園（現・淑徳SC）中・高（東京）…………………… 222
光英VERITAS中・高（千葉） 750
光塩女子学院中・高等科（東京）224
工学院大附中・高（東京）…… 226
攻玉社中・高（東京）………… 228
麴町学園女子中・高（東京）… 230
佼成学園中・高（東京）……… 232
佼成学園女子中・高（東京）… 234
国府台女子学院中学部・高等部（千葉）…………………………… 752
光明学園相模原高（神奈川）… 594
香蘭女学校中・高等科（東京） 236
国学院高（東京）……………… 238
国学院大久我山中・高（東京） 240
國學院大栃木中・高（栃木）… 814
国際高専（石川）……………… 840
国際基督教大高（東京）……… 242
国士舘中・高（東京）………… 244
駒込中・高（東京）…………… 246
駒沢学園女子中・高（東京）… 248
駒澤大高（東京）……………… 250
駒場学園高（東京）…………… 252
駒場東邦中・高（東京）……… 254

■■■■■ さ ■■■■■■■■■■■■■■■■

埼玉県立伊奈学園中（埼玉・公立）…………………………… 866
埼玉栄中・高（埼玉）………… 708
さいたま市立浦和中（埼玉・公立）…………………………… 866
さいたま市立大宮国際中教（埼玉・公立）………………………… 867
埼玉大教育学部附中（埼玉・国立）…………………………… 857

栄北高（埼玉）………………… 710
栄東中・高（埼玉）…………… 712
相模女子大中学部・高等部（神奈川）…………………………… 596
佐久長聖中・高（長野）……… 832
桜丘中・高（東京）…………… 256
佐野日本大中教（栃木）……… 816
佐野日本大高（栃木）………… 818
狭山ヶ丘高付中・高（埼玉）… 714
サレジアン国際学園中・高（東京）…………………………… 258
サレジアン国際学園世田谷中・高（東京）……………………… 260
サレジオ学院中・高（神奈川） 598
サレジオ工業高専（東京）…… 262

■■■■■ し ■■■■■■■■■■■■■■■■

自修館中教（神奈川）………… 600
実践学園中・高（東京）……… 264
実践女子学園中・高（東京）… 266
品川エトワール女子高（東京） 268
品川翔英中・高（東京）……… 270
芝中・高（東京）……………… 272
芝浦工業大柏中・高（千葉）… 754
芝浦工業大附中・高（東京）… 274
芝国際中・高（東京）………… 276
渋谷教育学園渋谷中・高（東京）278
渋谷教育学園幕張中・高（千葉）756
自由ヶ丘学園高（東京）……… 280
秀明中・高（埼玉）…………… 716
秀明大学校教師学部附秀明八千代中・高（千葉）……………… 758
十文字中・高（東京）………… 282
淑徳中・高（東京）…………… 284
淑徳巣鴨中・高（東京）……… 286
淑徳与野中・高（埼玉）……… 718
順天中・高（東京）…………… 288
潤徳女子高（東京）…………… 290
松蔭大附松蔭高（東京）……… 292
頌栄女子学院中・高（東京）… 294
城西川越中（埼玉）…………… 720
城西大付川越高（埼玉）……… 720
城西大附城西中・高（東京）… 296
常総学院中・高（茨城）……… 802
聖徳学園中・高（東京）……… 298
湘南学院高（神奈川）………… 602

湘南学園中・高（神奈川）…… 604
湘南白百合学園中・高（神奈川）…………………………… 606
昌平中・高（埼玉）…………… 722
城北中・高（東京）…………… 300
城北埼玉中・高（埼玉）……… 724
昭和学院中・高（千葉）……… 760
昭和学院秀英中・高（千葉）… 762
昭和第一高（東京）…………… 302
昭和第一学園高（東京）……… 304
女子学院中・高（東京）……… 306
女子聖学院中・高（東京）…… 308
女子美術大付中・高（東京）… 310
白梅学園高（東京）…………… 312
白百合学園中・高（東京）…… 314

■■■■■ す ■■■■■■■■■■■■■■■■

巣鴨中・高（東京）…………… 316
杉並学院高（東京）…………… 318
逗子開成中・高（神奈川）…… 608
駿台学園中・高（東京）……… 320

■■■■■ せ ■■■■■■■■■■■■■■■■

聖学院中・高（東京）………… 322
成蹊中・高（東京）…………… 324
聖光学院中・高（神奈川）…… 610
成女高（東京）………………… 326
成城中・高（東京）…………… 328
成城学園中・高（東京）……… 330
成女学園中（東京）…………… 326
聖セシリア女子中・高（神奈川）…………………………… 612
清泉女学院中・高（神奈川）… 614
正則高（東京）………………… 332
正則学園高（東京）…………… 334
聖パウロ学園高（東京）……… 336
西武学園文理中・高（埼玉）… 726
西武台千葉中・高（千葉）…… 764
聖望学園中・高（埼玉）……… 728
聖ヨゼフ学園中・高（神奈川） 616
成立学園中・高（東京）……… 338
青稜中・高（東京）…………… 340
聖和学院中・高（神奈川）…… 618
世田谷学園中・高（東京）…… 342
専修大附高（東京）…………… 344
専修大松戸中・高（千葉）…… 766

そ

創価中・高（東京）……………… 346
捜真女学校中学部・高等学部（神奈
　川）…………………………… 620
相洋中・高（神奈川）…………… 622

た

大智学園高（東京）……………… 348
大東学園高（東京）……………… 350
大東文化大第一高（東京）……… 352
高輪中・高（東京）……………… 354
拓殖大第一高（東京）…………… 356
立川女子高（東京）……………… 358
橘学苑高（神奈川）……………… 624
立花学園高（神奈川）…………… 626
玉川学園中学部・高等部（東京）360
玉川聖学院中・高等部（東京）… 362
多摩大附聖ヶ丘中・高（東京）… 364
多摩大目黒中・高（東京）……… 366

ち

千葉経済大附高（千葉）………… 768
千葉県立千葉中（千葉・公立）… 868
千葉県立東葛飾中（千葉・公立）868
千葉商科大付高（千葉）………… 770
千葉市立稲毛国際中教（千葉・公
　立）…………………………… 869
千葉大教育学部附中（千葉・国立）
　………………………………… 857
千葉日本大第一中・高（千葉）… 772
千葉明徳中・高（千葉）………… 774
千葉黎明高（千葉）……………… 776
中央学院高（千葉）……………… 778
中央大高（東京）………………… 368
中央大杉並高（東京）…………… 370
中央大附中・高（東京）………… 372
中央大附横浜中・高（神奈川）… 628
千代田区立九段中教（東京・公立）
　………………………………… 863
千代田国際中（東京）…………… 504

つ

つくば国際大高（茨城）………… 804
筑波大附中・高（東京・国立）… 851
筑波大附駒場中・高（東京・国立）
　………………………………… 852

筑波大附坂戸高（埼玉・国立）… 856
土浦日本大中教（茨城）………… 806
土浦日本大高（茨城）…………… 808
鶴見大附中・高（神奈川）……… 630

て

帝京中・高（東京）……………… 374
帝京大中・高（東京）…………… 376
帝京八王子中・高（東京）……… 378
貞静学園中・高（東京）………… 380
田園調布学園中・高等部（東京）382

と

東亜学園高（東京）……………… 384
桐蔭学園中・高（神奈川）……… 632
東海大付高輪台高中等部・高（東
　京）…………………………… 386
東海大付望星高（東京）………… 388
東京高（東京）…………………… 390
東京学芸大附高（東京・国立）… 852
東京学芸大附小金井中（東京・国
　立）…………………………… 853
東京学芸大附国際中教（東京・国
　立）…………………………… 853
東京学芸大附世田谷中（東京・国
　立）…………………………… 854
東京学芸大附竹早中（東京・国立）
　………………………………… 854
東京家政学院中・高（東京）…… 392
東京家政大附女子中・高（東京）394
東京芸術大音楽学部附音楽高（東京・
　国立）………………………… 855
東京工業大附科学技術高（東京・国
　立）…………………………… 855
東京女学館中・高（東京）……… 396
東京女子学院中・高（東京）…… 398
東京成徳大中・高（東京）……… 400
東京成徳大深谷中・高（埼玉）… 730
東京大教育学部附中教（東京・国
　立）…………………………… 856
東京電機大中・高（東京）……… 402
東京都市大等々力中・高（東京）404
東京都市大付中・高（東京）…… 406
東京都立桜修館中教（東京・公立）
　………………………………… 858
東京都立大泉高附中（東京・公立）

……………………………… 858
東京都立小石川中教（東京・公立）
　………………………………… 859
東京都立立川国際中教（東京・公
　立）…………………………… 859
東京都立白鷗高附中（東京・公立）
　………………………………… 860
東京都立富士高附中（東京・公立）
　………………………………… 860
東京都立三鷹中教（東京・公立）861
東京都立南多摩中教（東京・公立）
　………………………………… 861
東京都立武蔵高附中（東京・公立）
　………………………………… 862
東京都立両国高附中（東京・公立）
　………………………………… 862
東京農業大第一高中等部・高（東
　京）…………………………… 408
東京農業大第三高附中・高（埼玉）
　………………………………… 732
東京立正中・高（東京）………… 410
桐光学園中・高（神奈川）……… 634
東星学園中・高（東京）………… 412
桐朋中・高（東京）……………… 414
東邦大付東邦中・高（千葉）…… 780
東洋高（東京）…………………… 416
東洋英和女学院中学・高等部（東
　京）…………………………… 418
東洋女子高（東京）……………… 420
東洋大京北中・高（東京）……… 422
東洋大附牛久中・高（茨城）…… 810
藤嶺学園藤沢中・高（神奈川）… 636
トキワ松学園中・高（東京）…… 424
豊島岡女子学園中・高（東京）… 426
豊島学院高（東京）……………… 428
獨協中・高（東京）……………… 430
獨協埼玉中・高（埼玉）………… 734

な

中村中・高（東京）……………… 432
成田高付中・高（千葉）………… 782

に

西大和学園中・高（奈良）……… 836
二松学舎大附高（東京）………… 434
二松学舎大附柏中・高（千葉）… 784

日本工業大駒場中・高（東京）436
日本学園中・高（東京）………438
日本女子体育大附二階堂高（東京）
………………………………440
日本女子大附中・高（神奈川）638
日本大中・高（神奈川）………640
日本大第一中・高（東京）……442
日本大第二中・高（東京）……444
日本大第三中・高（東京）……446
日本大櫻丘高（東京）…………448
日本大鶴ヶ丘高（東京）………450
日本大藤沢中・高（神奈川）642
日本大明誠高（山梨）…………822

は

白鷗大足利中・高（栃木）820
白鵬女子高（神奈川）644
函館ラ・サール中・高（北海道）826
八王子学園八王子中・高（東京）452
八王子実践中・高（東京）454
花咲徳栄高（埼玉）736

ひ

日出学園中・高（千葉）………786
広尾学園中・高（東京）456
広尾学園小石川中・高（東京）458

ふ

フェリシア高（東京）…………460
フェリス女学院中・高（神奈川）646
富士見中・高（東京）…………462
富士見丘中・高（東京）464
藤村女子中・高（東京）466
武相中・高（神奈川）648
雙葉中・高（東京）468
武南中・高（埼玉）738
普連土学園中・高（東京）……470
文化学園大杉並中・高（東京）472
文華女子高（東京）…………474
文京学院大女子中・高（東京）476
文教大付中・高（東京）478

ほ

法政大中・高（東京）…………480
法政大国際中・高（神奈川）650
法政大第二中・高（神奈川）652

宝仙学園（理数インター）中・高（東京）………………………………482
豊南高（東京）484
朋優学院高（東京）486
北嶺中・高（北海道）…………828
保善高（東京）488
堀越高（東京）490
本郷中・高（東京）492
本庄東高附中・高（埼玉）740

み

三浦学苑高（神奈川）…………654
聖園女学院中・高（神奈川）656
三田国際学園中・高（東京）494
明星学園中・高（東京）496
三輪田学園中・高（東京）498

む

武蔵中・高（東京）500
武蔵野大中・高（東京）502
武蔵野大附千代田高等学院（東京）
………………………………504

め

茗溪学園中・高（茨城）………812
明治学院高（東京）506
明治学院中（東京）508
明治学院東村山高（東京）508
明治大付中野中・高（東京）510
明治大付八王子（現：明治大付中野八王子）中・高（東京）512
明治大付明治中・高（東京）514
明星中・高（東京）516
明法中・高（東京）518
目黒学院中・高（東京）520
目黒日本大中・高（東京）522
目白研心中・高（東京）524

も

森村学園中・高等部（神奈川）658

や

八雲学園中・高（東京）526
安田学園中・高（東京）528
八千代松陰中・高（千葉）788
山手学院中・高（神奈川）660

山脇学園中・高（東京）………530

よ

横須賀学院中・高（神奈川）…662
横浜中・高（神奈川）…664
横浜共立学園中・高（神奈川）666
横浜国立大教育学部附鎌倉中（神奈川・国立）857
横浜国立大教育学部附横浜中（神奈川・国立）857
横浜女学院中・高（神奈川）…668
横浜市立南高附中（神奈川・公立）
………………………………865
横浜市立横浜サイエンスフロンティア高附中（神奈川・公立）865
横浜翠陵中・高（神奈川）670
横浜清風高（神奈川）672
横浜創英中・高（神奈川）674
横浜創学館高（神奈川）676
横浜隼人中・高（神奈川）678
横浜富士見丘学園中・高（神奈川）
………………………………680
横浜雙葉中・高（神奈川）682

り

立教池袋中・高（東京）………532
立教英国学院中学部・高等部（イギリス）848
立教女学院中・高（東京）534
立教新座中・高（埼玉）742
立正大付立正中・高（東京）…536

れ

麗澤中・高（千葉）……………790

わ

和光中・高（東京）……………538
早稲田中・高（東京）540
早稲田摂陵高（大阪）834
早稲田大高等学院中学部・高等学院（東京）542
早稲田大系属早稲田実業学校中・高等部（東京）544
早稲田大本庄高等学院（埼玉）744
和洋九段女子中・高（東京）…546
和洋国府台女子中・高（千葉）792

私立中学校・高等学校受験年鑑（東京圏版）（2024年度版）

2023年 8 月31日発行　　　　　定価＝本体1,500円＋税10％

発行人　　田 所 浩 志

発行所　　大 学 通 信

〒101-0051　東京都千代田区神田神保町 3 － 2 － 3
☎(03) 3515 － 3591(代)

印刷・製本　㈱厚 徳 社　　（禁無断転載放送）
ISBN978-4-88486-351-7